RÉPERTOIRE

GÉNÉRAL ET RAISONNÉ

DE L'ENREGISTREMENT

LA LOI CIVILE ET LA LOI DE L'ENREGISTREMENT COMPARÉES
— DOCTRINE ET JURISPRUDENCE —

NOUVEAU TRAITÉ EN FORME DE DICTIONNAIRE

DES

DROITS D'ENREGISTREMENT, DE TRANSCRIPTION, DE TIMBRE, DE GREFFE, D'HYPOTHÈQUES

ET DES CONTRAVENTIONS DONT LA RÉPRESSION EST CONFIÉE A L'ADMINISTRATION DE L'ENREGISTREMENT

II

Paris. — Imp. Tolmer et Cie, rue du Four-Saint-Germain, 43.

RÉPERTOIRE

GÉNÉRAL ET RAISONNÉ

DE L'ENREGISTREMENT

LA LOI CIVILE ET LA LOI DE L'ENREGISTREMENT COMPARÉES
— DOCTRINE ET JURISPRUDENCE —

NOUVEAU TRAITÉ EN FORME DE DICTIONNAIRE

DES

DROITS D'ENREGISTREMENT, DE TRANSCRIPTION, DE TIMBRE, DE GREFFE, D'HYPOTHÈQUES

ET DES CONTRAVENTIONS DONT LA RÉPRESSION EST CONFIÉE A L'ADMINISTRATION DE L'ENREGISTREMENT

Par M.-D. GARNIER

Conseiller-Maître à la Cour des Comptes, ancien Député au Corps législatif,
Ancien Employé supérieur de l'Enregistrement et des Domaines

SIXIÈME ÉDITION REVUE, CORRIGÉE, AUGMENTÉE
MISE AU COURANT DE LA JURISPRUDENCE
Jusqu'au 1er Août 1878

Tome Deuxième

CABOTAGE — ÉCHANGE

PARIS
DELAMOTTE FILS ET Cie, ÉDITEURS-ADMINISTRATEURS
53, QUAI DES GRANDS-AUGUSTINS
—
1878

RÉPERTOIRE GÉNÉRAL

ET RAISONNÉ

DE

L'ENREGISTREMENT

NOUVEAU TRAITÉ

EN FORME DE DICTIONNAIRE

DES DROITS DE L'ENREGISTREMENT, DE TRANSCRIPTION, DE TIMBRE, DE GREFFE, ETC.

C

CABOTAGE.

3253. **Définition.** — Mot dérivé de l'espagnol *cabo* (cap). On nomme ainsi la navigation qui se fait sur les côtes de cap en cap, de port en port, ou sur des côtes peu éloignées.

Il y a le grand et le petit cabotage, distinction qui est essentielle, soit quant à la police; soit quant aux droits de douane.

Un grand nombre de dispositions réglementaires sont intervenues sur ce point; les dernières sont du 19 mars 1852. Elles concernent le rôle d'équipage, et ont intéressé l'administration de l'Enregistrement, quand les receveurs étaient chargés du recouvrement des amendes (1949 I. G.). — L'examen de ces dispositions est devenu sans intérêt.

1. ACTE ADMINISTRATIF. — Les procès-verbaux de visite relatifs au petit cabotage, leurs extraits et leur dépôt au greffe, sont exempts de timbre et d'enregistrement (435).

2. CONNAISSEMENT. — Les connaissements servant au cabotage sont soumis au timbre. — V. *Connaissement.*

CADASTRE.

3254. **Définition.** — Espèce de registre public dans lequel la quantité et la nature des biens-fonds du territoire d'une ou de plusieurs communes sont indiquées en détail, pour servir de base à la répartition de la contribution foncière. — Le cadastre est la base de la répartition de l'impôt foncier; il simplifie cette opération, par la facilité qu'il donne de répartir la somme à imposer sur les contribuables proportionnellement à la valeur des biens que chacun possède.

3255. **Direction des travaux.** — Dans chaque département, un géomètre nommé par le préfet, est chargé, en chef, des travaux qui constituent la *partie d'art* du cadastre, tels que le levé des plans par parcelles de propriété, la délimitation et la triangulation des communes, le registre et le canevas trigonométriques, le calcul des contenances et le tableau indicatif des propriétés et des propriétaires.

3256. **Géomètre en chef.** — L'arrêté du préfet contenant le traité passé par ce magistrat avec le géomètre en chef pour l'arpentage des terres à cadastrer, peut être fait en *minute* sur papier non timbré et ne doit pas être soumis à l'enregistrement, comme acte d'administration publique, sauf à n'en délivrer expédition que sur papier timbré. (D. m. f. 29 flor. an 11, 5847 J. E. et 20 nov. 1862, 904 Roll.)

1. AGENTS SECONDAIRES. — La fixation des salaires à allouer aux agents secondaires ne peut, lorsqu'elle est comprise dans les arrêtés des préfets, changer leur nature d'actes purement administratifs, parce que cette fixation, qui servira de base aux sous-traités ne porte pas, par elle-même, ce dernier caractère. Les sous-traités doivent ensuite être faits sur papier timbré; mais, comme tous les actes privés entre particuliers, non transmissifs de propriété ou de jouissance immobilière, ils ne sont passibles de l'enregistrement que lorsqu'on en veut faire un usage public. (D. m. f. 20 nov. 1822, 904 Roll.)

2. SOUS-TRAITÉ. — Les traités passés pour l'arpentage d'une commune entre un géomètre en chef et des arpenteurs secondaires, contenant affectation d'immeubles par ces derniers, pour la garantie des conventions, sont soumis au droit proportionnel de 1 pour 100, comme marchés, sur la somme qui forme le prix de la convention, sans qu'il y ait lieu de percevoir de droit particulier pour l'affectation d'hypothèque, puisqu'elle dérive de la convention principale (D. m. f. 16 juin 1807 et 10 sept. 1817, 2629 et 5847 J. E., D. N. t. 2 p. 606 n° 80).

3257. Extraits. — Les extraits des matrices ou des plans cadastraux sont exempts du timbre lorsqu'ils sont joints à des demandes en dégrèvement ou à des réclamations contre les opérations du cadastre (137 I. G., D. m. f. 14 nov. 1821, 1006 I. G., D. N. t. 2 p. 605 n° 78).

1. ANNEXE. — Mais un notaire ne peut annexer ces extraits délivrés sur papier libre à un de ses actes dans l'intérêt purement privé des parties contractantes (Sol. 25 juin 1831, 10124 J. E., Sol. 13 mars 1854). — V. *Acte passé en conséquence.*

3258. Réclamation. — Les réclamations faites par les propriétaires contre les opérations du cadastre sont exemptes de timbre (D. m. f. 31 mai 1808, 387, 1291, 1834 I. G.).

Mais si cette réclamation a pour but d'obtenir, après la mise en recouvrement du rôle, un dégrèvement de contribution, elle est sujette au timbre.

3259. Communication. — Les matrices cadastrales et les plans doivent être communiqués aux préposés de l'Enregistrement. — V. *Communication.*

3260. Revenu cadastral. — Le revenu cadastral, étant fictif et conventionnel, ne peut être considéré comme formant une base légale pour la perception des droits d'Enregistrement (Sainte-Affrique 8 juin 1848, 14507 J. E.).

Il en est autrement en Corse, par suite de règles particulières applicables à cette île. — V. *Corse.*

V. pour la révision du cadastre, 4308 R. P.

CADUC. — CADUCITÉ.

3262. Définition. — On entend par *caducité* l'inutilité des dispositions entre-vifs ou testamentaires, par le refus ou par l'impossibilité de les recueillir, de la part de ceux auxquels elles ont été faites.

1. RÉVOCATION. — Bien que la caducité et la révocation produisent en définitive le même résultat, l'annulation de la disposition, il ne faut cependant pas confondre les cas de caducité des dispositions entre-vifs ou testamentaires avec les cas où ces actes sont nuls ou peuvent être révoqués. — Les cas de caducité sont spécialement déterminés par la loi. Il en est qui sont relatifs aux donations entre-vifs, et d'autres qui s'appliquent aux dispositions testamentaires.

3263. Donation. — Toute donation faite en faveur de mariage est caduque, si le mariage ne s'ensuit pas (1088 C. C.), alors même que la donation est faite sous forme de vente (Cass. 7 mars 1820, S. 20-1-290). Celles également faites par contrat de mariage aux époux ou à l'un d'eux, ainsi qu'à leurs enfants à naître, de biens présents et à venir, sont caduques si le donateur survit aux donataires et à leur postérité (1082, 1084, 1086, 1089 C. C.). — V. *Contrat de mariage.*

3264. Dispositions testamentaires. — Toute disposition testamentaire sera caduque si celui en faveur de qui elle est faite n'a pas survécu au testateur (1039 C. C.). Il en est de même lorsque le legs dépend d'une condition qui n'est point encore arrivée lors du décès du légataire ou de l'héritier institué (1040 C. C.). Le legs est également caduc si la chose léguée périt pendant la vie du testateur, et même après sa mort, sans la faute de l'héritier (1041 C. C.). Enfin, la disposition testamentaire est encore caduque lorsque l'héritier institué ou le légataire répudie le legs ou est incapable de le recueillir (1042 C. C.).

3265. Insuffisance de la succession. — Il y a également caducité d'un legs si l'héritier prouve l'insuffisance de la succession; mais l'insuffisance n'est pas suffisamment établie, à l'égard du légataire, par l'inventaire fait à la requête de l'héritier : le légataire a droit d'exiger une liquidation régulière et contradictoire (C. Paris 3 mars 1820, S. 20-2-154, Dalloz *Jurisp. gén.* 12-214).

3266. Substitution. La caducité des legs ne porte aucune atteinte aux substitutions qu'ils contiennent, et qui sont permises par les art. 1048 et suivants du C. C. — C'est ce qui arrive lorsque le légataire décède avant l'exécution du testament ou l'accomplissement de la condition sous laquelle il a été gratifié, quand il refuse ou qu'il est incapable d'accepter le legs.

3267. Reconnaissance de dette. — Lorsqu'un legs produit l'effet d'une obligation *naturelle*, cette obligation, une fois existante, ne peut se résoudre que par une quittance. Elle ne cesse donc pas d'exister par suite de la caducité du testament (Nîmes 9 déc. 1824, 8039 J. E.). — V. *Testament*.

3268. Usufruit. — Le légataire *à titre universel*, de l'usufruit, qui décède avant d'avoir demandé la délivrance de son legs, ne transmet aucun droit à ses héritiers. Le legs est censé caduc (5206 J. E.). — V. *Succession*.

CAHIER DES CHARGES.

3269. Définition. — Acte par lequel on règle les conditions d'une adjudication publique, soit qu'elle ait pour objet la vente ou la location de biens meubles ou immeubles, soit qu'il s'agisse de marchés ou entreprises, pour constructions, réparations et fournitures.

Le cahier des charges doit contenir aussi l'indication des droits et qualités des parties, et la désignation sommaire de la chose. Il faut de plus, en matière de vente d'immeubles, établir la propriété. Si la vente est judiciaire, la loi requiert diverses énonciations spéciales.

1. NÉCESSITÉ DU CAHIER DES CHARGES. — Dans tous les cas où l'adjudication doit être judiciaire (V. *Adjudication*), la rédaction d'un cahier des charges est nécessaire ; ainsi, elle doit avoir lieu pour les ventes de rentes constituées sur particuliers (C. proc. 642) et pour les ventes par autorité de justice de certains meubles dependant de successions, tels que brevets d'invention, fonds de commerce et autres droits incorporels.

Ces adjudications peuvent être renvoyées par le tribunal devant un notaire, qui dresse le cahier des charges, le dépose au rang de ses minutes (C. proc. 957) et procède à la vente. Ce renvoi peut toujours être ordonné d'office, excepté en matière de saisie réelle; dans ce dernier cas, la poursuite ne peut être convertie en vente sur publication volontaire qu'à la demande des parties intéressées (C. proc. 743).

Si la poursuite se continue devant le tribunal, le cahier des charges doit être rédigé par l'avoué et déposé au greffe (C. proc. (690 et 957).

2. MODIFICATION. — DIRES. — Les parties intéressées ont la faculté de demander que le cahier des charges soit modifié, ou de le ratifier (Arg. 973 C. proc.). Ces dires ou cette ratification se consignent à la suite du cahier des charges. (694 C. proc.).

Lorsque les dires donnent lieu à des difficultés, elles sont vidées à l'audience sans aucune requête et sur un simple acte d'avoué à avoué (973 C. proc.).

Le dispositif du jugement qui intervient est transcrit à la suite du cahier des charges, qui ne peut jamais être modifié dans sa contexture matérielle. Le cahier des charges maintenu ou modifié fait la loi des parties (Cass. 11 août 1813); des placards indiquent le dépôt public où l'on peut en prendre connaissance (958 C. proc.), et il en est donné lecture avant l'adjudication, ce que le procès-verbal doit constater.

3270. Tarif. — La loi de frimaire n'ayant pas nommément tarifé le cahier des charges, on a fait à cet acte l'application de l'art. 68 § 1er nº 51 de cette loi qui tarife à 1 franc les actes innommés (400 nº 4 I. G., 2689 J. E.). — Ce droit est aujourd'hui de 3 francs (Art. 8 L. 18 mai 1850, art. 4 L. 28 fév. 1872).

1. AVOUÉ. — Cependant, toutes les fois que le cahier des charges est rédigé par un avoué, l'acte n'est plus considéré comme un acte civil et administratif, mais comme un acte de procédure ou un acte judiciaire auquel on ne peut appliquer la disposition de l'art. 8 L. 18 mai 1850. — Le droit de 1 fr. 50 cent. reste le seul exigible (14962 J. E., Sol. 20 juill. 1850, 14980 J. E.). — V. 2495.

2. NOTAIRE COMMIS. — M. Demante pense qu'il faut considérer comme judiciaires les actes reçus par les notaires commis (C. proc. 957, 977) et que dès lors les cahiers des charges dressés par eux sont sujets au droit fixe de 1 franc (1 fr. 50) applicable aux actes judiciaires (nº 67). — Mais cette opinion est contraire à la pratique et nous la croyons en effet inexacte. Le cahier des charges, comme tout autre acte, ne perd pas son caractère d'acte notarié par cela seul qu'il a été rédigé en vertu d'une commission de justice. Il est soumis à toutes les formalités de la loi du 25 ventôse an 11 : hormis la présence d'un second notaire ou de témoins, et sous le rapport de l'enregistrement, les dispositions de la loi du 22 frimaire an 7, sur l'enregistrement des actes notariés lui sont applicables. Ainsi que l'a reconnu, d'ailleurs, une Sol. du 8 juillet 1852, il faudrait donc le soumettre au droit de 2 francs (3 fr.). — V. 14962 et 16311 J. E

3271. Actes séparés. — Le cahier des charges peut former un acte distinct de l'adjudication ou de la vente volontaire à laquelle il se rapporte ; il peut aussi en faire partie intégrante et se confondre avec elle comme les conditions qui précèdent ou qui suivent les contrats d'aliénation ordinaire. C'est par l'examen du contexte du procès-verbal qu'il est possible de se fixer à cet égard. Ainsi, quand le cahier des charges a été signé par les parties, les témoins et le notaires, il est difficile de n'y pas voir un acte distinct devant être enregistré et répertorié séparément, et de penser, avec une Sol. du 5 juin 1833, que le seul fait de la rédaction immédiate de l'adjudication suffit pour confondre les deux actes en un seul (D. N. t. 2 p. 629 nº 177, 11257-10 J. E.).

Le tribunal de Caen a cependant jugé en ce sens, le 19 janvier 1827 (9109 J. E.) qu'aucun droit n'est exigible pour un cahier des charges qui fait partie intégrante du procès-verbal d'adjudication rédigé à la suite et dans le même contexte par le même officier public, quand même ce cahier des charges serait signé séparément. Mais, ce qui justifie cette solution c'est que l'existence des signatures n'empêche pas le cahier des charges d'être compris dans le contexte du procès-verbal d'adjudication comme certains dires ou interventions insérés dans les actes avec des signatures spéciales.

On enseigne que si le notaire avait fait suivre le cahier des charges de la formule *dont acte*, et s'il l'avait séparément répertorié, il y aurait lieu aussi de l'enregistrer à part (14312-2 J. E.). Cela ne paraît pas en effet douteux, car la réunion de ces deux faits caractérise bien l'intention de faire du cahier des charges un procès-verbal séparé.

En résumé, et comme le porte une Sol. du 12 mai 1851,

« le cahier des charges et le procès-verbal d'adjudication rédigés séparément, mais à la suite l'un de l'autre, ne constituent deux actes distincts, susceptibles chacun d'un enregistrement spécial et d'une inscription particulière au répertoire, qu'autant qu'il résulte clairement de leur contexture que telle a été l'intention du notaire ou des parties. Spécialement si le procès-verbal d'adjudication ne rappelle ni les noms des vendeurs et des témoins, ni le lieu de résidence du notaire, ni la date du cahier des charges, il fait corps avec ce dernier et quoique daté et signé séparément, il ne forme avec lui qu'un seul et même acte. » — C'est ce qui résulte encore de deux autres Sol. des 20 novembre 1852 et 17 mars 1853. — V. 1606-4.

1. ADJUDICATION JUDICIAIRE. — En matière d'adjudication judiciaire, le cahier des charges constitue toujours un acte distinct. — V. 1739. — On trouvera sous ce numéro, les dispositions qui gouvernent la perception sur ces actes.

2. DIRES. — Les dires et les observations des parties, lorsquelles ne constituent pas un acte séparé du cahier des charges, forment une partie intégrante de ce dernier acte, et ne donnent lieu à aucun droit particulier. Ces dires ne sont pas passibles du droit de rédaction quand ils sont passés au greffe.

3272. Dépôt. — Le cahier des charges pour parvenir à la vente de biens immeubles, déposé au greffe ou chez les notaires commis à cet effet, doit être enregistré avant le dépôt. Cet acte et le dépôt sont distincts et sont soumis chacun à un droit particulier, l'un de 1 franc (1 fr. 50) pour le cahier des charges, et l'autre de 2 francs (3 fr.) ou de 3 francs (4 fr. 50) pour le dépôt, suivant qu'il a eu lieu en l'étude d'un notaire ou au greffe d'un tribunal de première instance (D. m. f. 16 août 1808, 400 § 4 I. G., 436-74 I. G).

1. INDICATION DU JOUR DE LA VENTE. — L'indication du jour de la vente dans le dépôt du cahier des charges ne forme pas une disposition particulière sujette à un droit distinct de celui du dépôt.

3273. Biens de l'État. — Les cahiers des charges rédigés administrativement pour l'aliénation des forêts de l'État sont exempts de la double formalité du timbre et de l'enregistrement sur la minute ; mais il ne peut être délivré aux parties aucune expédition que sur papier timbré, lesquelles expéditions doivent comprendre le contrat de vente entier, composé du cahier des charges et du procès-verbal d'adjudication (D. m. f. 30 sept. 1831, 10190 J. E., 1388 § 10 I. G.). L'assujettissement au timbre avait déjà été reconnu par une décision du 27 mars 1831 (1379 I. G.), pour les expéditions délivrées aux parties contractantes, c'est-à-dire à l'adjudicataire, et à l'État représenté par le directeur des domaines. — Le même principe résultait aussi d'une Déc. 26 janvier 1826 (1397 Roll.).

Il y a sur ce point d'assez nombreuses distinctions à faire selon la nature des opérations auxquelles se rapporte le cahier des charges; elles ont été toutes indiquées au mot *Bois et Forêts* dans la nomenclature qui termine l'article; nous y renvoyons le lecteur.

1. ACADÉMIE. — Une délibération du 27 septembre 1842 porte également que le cahier des charges rédigé par le recteur d'une académie pour la vente d'immeubles appartenant à l'Université est, comme acte administratif, exempt de la double formalité.

3274. Etat. — Communes et établissements publics. — La perception des droits sur les cahiers des charges concernant les adjudications qui intéressent soit l'État, soit les communes, a été soumise aux règles suivantes par une décision ministérielle du 29 juillet 1874 (3899 R. P.).

La minute du cahier des charges ou original de ce cahier, soumise à l'approbation de l'autorité supérieure, est exempte du timbre et de l'enregistrement, parce que, considérée isolément du procès-verbal d'adjudication, elle n'est qu'un acte administratif exempt de tout droit en vertu de l'art. 80 de la loi du 15 mai 1818 (*Conf.* D. m. f. 28 janv. 1832, 1401 § 10 I. G., 10238 J. E.; Dél. 27 sept. 1842. D. Fessard p. 113 n° 18, D. m. f. 1er déc. 1856, 2089 I. G., 793 R. P.).

La copie ou le double du cahier des charges, annexé au procès-verbal afin de dispenser de la transcription des clauses du contrat dans le corps de ce procès-verbal, est considérée comme partie intégrante de la minute du procès-verbal d'adjudication, en vertu de l'art. 78 de la loi du 15 mai 1818 ; mais il ne saurait être question de percevoir un droit particulier d'enregistrement sur cette annexe qui est une partie intégrante du procès-verbal d'adjudication.

Les expéditions du cahier des charges délivrées avec celles du procès-verbal d'adjudication sont assujetties au timbre, par application du dernier alinéa de l'art. 80 précité de la loi du 15 mai 1818.

Mais il peut arriver que, pour éviter l'annexe d'une copie du cahier des charges, on se borne à insérer une mention de référence, dans le procès-verbal d'adjudication, entre ce procès-verbal et la minute du cahier des charges revêtue de l'approbation de l'autorité supérieure.

Dans ce cas, la minute du cahier des charges cesse, à partir de la rédaction du procès-verbal d'adjudication, de constituer un acte isolé de ce procès-verbal, et devient une partie intégrante de cet acte, lequel, dans son ensemble, doit être assujetti à la formalité du timbre, par application de l'art. 78 de la loi du 15 mai 1818 (*Conf.* Sol. 30 nov. 1833, Fessard p. 113; Sol. 7 mai 1852 et 9 janv. 1855, D. N. t. 2 p. 628 n° 168 ; D. m. f. 4 mai 1875, 4113 R. P.). En effet, au moyen de la référence établie entre ces deux actes, la minute du cahier des charges perd son caractère d'acte d'ordre intérieur purement administratif ; elle complète le contrat de la même manière que la copie dont elle tient lieu et qui aurait dû être annexée au procès-verbal, si la mention de référence entre ce procès-verbal et la minute du cahier des charges n'avait pas eu pour effet de suppléer au défaut d'annexe d'une copie de ce cahier.

1. NOTAIRES. — ARCHITECTES. — AGENTS VOYERS. — On comprend qu'il n'existe plus aucune cause d'exemption quand le cahier des charges est rédigé par une personne étrangère aux fonctions administratives. Ainsi nul doute que l'art. 80 L. 15 mai 1818 ne s'étend pas aux cahiers des charges dressés par un notaire dans l'intérêt de la commune ou de l'établissement public (V. 2031 I. G.). Il a été également décidé qu'un cahier des charges rédigé par un agent voyer en dehors de ses fonctions administratives est, comme celui émané d'un architecte, un acte sous seing privé ordinaire, soumis au timbre et devant être enregistré avant tout usage (Sol. 4 nov. 1858. — V. 2089 I. G.).

L'Administration a même reconnu, en thèse générale, que les cahiers des charges dressés par des ingénieurs, architectes et autres particuliers, dans l'intérêt des communes, devaient être écrits sur papier timbré, ce qui est fort juste, et enregistrés avant d'être présentés à l'approbation (2361 § 2 J. E., 2783 § 2 R. P.). Mais nous avons pensé que l'approbation d'un acte assujetti à cette formalité n'en constitue pas l'usage dans le sens légal du mot. — V. *Acte en conséquence.*

2. ACCEPTATION DE L'ADJUDICATAIRE. — La dispense de formalités ne s'applique pas non plus aux cahiers des charges constatant l'acceptation de l'adjudicataire et formant, lorsqu'ils ont été consentis et approuvés par l'autorité, le titre de l'adjudication. Ainsi, le cahier des charges dressé pour l'entreprise du théâtre d'une ville par lequel le maire promet une subvention à l'adjudicataire, doit être considéré comme une adjudication administrative soumise au timbre et à l'enregistrement dans le délai de vingt jours, lorsqu'il est revêtu de l'acceptation du directeur de ce théâtre et de l'approbation du préfet (Strasbourg 27 mai 1856, 16293 J. E., 15829 J. N., 10835 C.). — *V.* 395 § 7.

3275. Publications. — Les procès-verbaux de publication de cahier des charges à l'audience doivent être soumis à l'enregistrement dans le délai de vingt jours, comme les autres actes judiciaires (Sol. 13 oct. 1815).

Mais la note que le greffier remet à l'huissier pour procéder à la publication n'est sujette ni au timbre ni à l'enregistrement (2843 J. E.).

3276. Port de mer. — Les cahiers des charges des adjudications de travaux à faire dans les ports de mer sont assujettis au timbre; mais à défaut de timbre extraordinaire dans les villes où ils sont rédigés, le papier peut être visé pour timbre (D. m. f. 19 août 1817, I. G. 798).

3277. Procuration. — Le mandat donné à un tiers par le vendeur dans le cahier des charges pour recevoir le prix de la vente projetée forme une disposition indépendante sujette à un droit particulier de 3 francs. — S'il est convenu que, par le seul fait de l'adjudication, les acquéreurs donnent pouvoir à ce tiers de faire aux créanciers inscrits la notification à fin de purge, il ne saurait être actuellement perçu aucun droit, mais les mandats se réalisant par l'adjudication, les droits sont exigibles sur le procès-verbal.

3278. Ratures. — Lorsque le cahier des charges ne forme qu'un seul contexte avec le procès-verbal d'adjudication, les ratures qu'il contient doivent être approuvées par tous les adjudicataires. — V. *Acte de notaire.*

3278 *bis*. Acte à la suite et en conséquence. — Les cahiers des charges donnent lieu à plusieurs questions au sujet de la défense d'écrire deux ou plusieurs actes à la suite les uns des autres sur la même feuille de papier timbré, ou d'agir en conséquence d'actes non enregistrés. Nous nous en sommes occupés aux mots : *Acte écrit à la suite l'un de l'autre* et *Acte passé en conséquence d'un autre.*

CAISSE D'AMORTISSEMENT.

3279. Définition. — La caisse d'amortissement est une administration qui est principalement chargée de toutes les opérations relatives à l'extinction de la dette publique.

3280. Lois fondamentales. — Il y a eu trois caisses d'amortissement qui ont été successivement créées : 1° par l'édit du mois de décembre 1764; — 2° par la loi du 6 frimaire an 7; — 3° et par la loi de finances du 28 avril 1816. — Dans l'origine, et jusqu'à la loi du 28 avril 1816, elle était chargée de recevoir les dépôts et consignations. — Cette loi a modifié la caisse d'amortissement en créant une caisse particulière des dépôts et consignations; et la loi du 11 juin 1833 a réglé plus particulièrement l'emploi des fonds destinés à l'amortissement de la dette publique.

1. LOI DU 14 JUILLET 1866. — La caisse d'amortissement avait été réorganisée sur de nouvelles bases par la loi des 11-14 juillet 1866, dont nous donnons le texte.

Art. 1er Sont affectés à la caisse d'amortissement les bois de l'État, la nue-propriété des chemins de fer dont la jouissance a été concédée et doit faire retour à l'État.

Art. 2. La dotation annuelle de la caisse d'amortissement se compose : 1° du produit net des coupes ordinaires et des produits accessoires des forêts; — 2° du produit de l'impôt du dixième sur le prix des places et sur le transport des marchandises dans les chemins de fer; — 3° des sommes à provenir du partage des bénéfices entre l'État et les compagnies de chemins de fer, stipulés par les conventions passées avec ces compagnies; — 4° des bénéfices réalisés chaque année par la Caisse des dépôts et consignations; — 5° des arrérages des rentes qui seront rachetées par la caisse d'amortissement, et immatriculées en son nom, en exécution de la présente loi; — 6° des excédants de recette du budget de l'État qui seront affectés par la loi à cette destination.

Art. 3. La dotation de la caisse d'amortissement comprendra, en outre, à titres de recettes extraordinaires, les produits nets des coupes extraordinaires et aliénations de forêts qui pourront être autorisées par les lois, et dont le montant n'aura pas été déjà, ou ne serait pas à l'avenir affecté à des améliorations forestières.

Art. 4. La caisse d'amortissement est chargée : 1° du payement annuel des intérêts, primes et amortissements des emprunts spéciaux pour canaux; — 2° du payement annuel des sommes dues par l'Etat pour le rachat des actions de jouissance des canaux soumissionnés; — 3° du payement annuel des sommes dues par l'État pour le rachat de concessions de canaux et de ponts; — 4° du payement annuel des intérêts et de l'amortissement des obligations trentenaires du Trésor.

Art. 5. La caisse d'amortissement est, en outre, chargée de faire l'avance des sommes que l'État s'est engagé à payer aux compagnies de chemins de fer, à titre de garantie d'intérêt. Le recouvrement ultérieur de ces avances et des intérêts à 4 pour 100 y afférents, viendra en accroissement des ressources qui lui sont attribuées en vertu de l'art. 2 ci-dessus.

Art. 6. Les excédants annuels des ressources de la caisse d'amortissement seront employés chaque année, en achat de rentes 3 pour 100, qui seront immatriculées en son nom. Ces achats devront s'élever au minimum de 20 millions, et, en cas d'insuffisance des excédants, il y sera pourvu par un prélèvement sur le budget de l'État. La commission de surveillance déterminera, chaque mois, la somme qui pourra être employée à ces achats.

Art. 7. Les achats de rentes seront effectués avec publicité et concurrence. Ils ne pourront avoir lieu qu'en rentes dont le cours sera au-dessous du pair.

Art. 8. Les rentes appartenant à la caisse d'amortissement ne pourront être aliénées ni distraites de leur affectation au rachat de la dette publique. Elles pourront être annulées, en vertu d'une loi spéciale, mais seulement après le 1er janvier 1877.

Art. 9. Les ressources et les charges de la caisse d'amortissement formeront un budget spécial, soumis chaque année au Corps législatif.

Art. 10. Les sommes versées à la caisse des retraites pour la vieillesse, et qui doivent être employées en rentes sur l'État, en exécution des lois qui régissent ladite caisse, seront portées en recette et en dépense au budget de la caisse d'amortissement. Ces sommes pourront être employées en rentes 4 1/2 pour 100 et 4 pour 100, conformément à l'art. 12 L. du 18 juin 1850. Les rentes ainsi acquises continueront d'être immatriculées au nom de la caisse des retraites pour la vieillesse.

Art. 11. Sont abrogées, la loi du 10 juin 1833 et les dispositions des lois des 28 avril 1816 et 23 mars 1817, contraires à la présente loi. Seront rayées du grand-livre de la dette publique les rentes 3 pour 100 inscrites au Trésor au nom de la caisse d'amortissement, et provenant des consolidations des fonds de réserve de l'amortissement, effectuées du 8 août 1865 au 31 décembre 1866. Ces rentes seront définitivement annulées en capital et en arrérages, à dater du 1er octobre 1866. Tous les bons qui représentent, au 31 décembre 1866, la réserve de l'amortissement pour les trois mois précédents, seront restitués au Trésor par la caisse d'amortissement, sans qu'il lui soit restitué de rentes en échange.

2. LOI DU 16 SEPTEMBRE 1871. — Mais cette loi a été abrogée par l'art. 22 de la loi du 16 septembre 1871. Les lourdes charges résultant de la guerre de 1870-1871, n'ont pas permis de maintenir la dotation de l'amortissement. Cet amortissement ne fonctionne aujourd'hui que par le remboursement à la Banque de France d'une annuité de 200 millions sur le prêt consenti à l'État par cet établissement. Il paraît devoir fonctionner aussi prochainement par la création d'un fonds d'État remboursable par tirage au sort

3281. Acte écrit à la suite d'un autre. — Les actes de cautionnement en matière de ventes de bois de la caisse d'amortissement pouvaient être rédigés à la suite du procès-verbal d'adjudication (588).

3282. Quittances. — Les quittances qui étaient données par l'ancienne caisse d'amortissement, ou en son nom, quoique passées devant notaire, étaient exemptes de l'enregistrement, comme celles données au nom de l'État (3911, 4193 J. E.).

3283. Rentes. — Il avait été affecté ou cédé à la caisse d'amortissement des rentes dues à l'État par des particuliers; les transferts qu'elle en faisait étaient assujettis au timbre (3892 J. E.). Elle pouvait les faire aliéner devant les préfets ou en recevoir le remboursement; les actes n'étaient sujets qu'au droit d'*enregistrement* de 1 franc fixe, outre le timbre (Déc. 9 déc. 1809, Circ. 11 janv. 1810).

CAISSE DES DÉPOTS ET CONSIGNATIONS.

DIVISION

SOMMAIRE

CHAPITRE PREMIER. — DISPOSITIONS GÉNÉRALES

[3284-3288 *bis*]

3284. Définition. — La caisse des dépôts et consignations est une administration publique établie pour recevoir les dépôts des sommes dont un débiteur veut se libérer, nonobstant les refus ou autres empêchements qui arrêtent sa libération, du prix des meubles et des immeubles vendus judiciairement, et de tous les revenus et deniers saisis qui donnent lieu à des contestations.

1. ATTRIBUTIONS. — La L. 28 nivôse an 13 avait enjoint à la caisse d'amortissement de recevoir les consignations ordonnées, soit par jugement, soit par décision administrative, et l'avait autorisée à être dépositaire des consignations volontaires, aux mêmes conditions que les consignations judiciaires. — La loi de finances du 28 avril 1816, qui institua la nouvelle caisse d'amortissement, changea cet état de choses; l'art. 110 de cette loi défendit à cette nouvelle caisse de recevoir aucun dépôt ni consignation de quelqu'espèce que ce fût, et créa un établissement spécial, sous le nom de *Caisse des dépôts et consignations*, pour administrer les dépôts, les consignations, les services relatifs à la Légion d'honneur, à la compagnie des canaux, aux fonds de retraite, et les autres attributions (excepté l'amortissement) confiés à l'ancienne caisse d'amortissement. — Cette caisse a été organisée par une ordonnance du 22 mai 1816, dont il serait trop long de rapporter ici les dispositions.

Nous rappelons seulement que la caisse reçoit les dépôts judiciaires ou volontaires (Ord. 3 juill. 1816); les sommes provenant des retenues pour pensions des employés des administrations départementales et communales (L. 9 juin 1853); les produits de la dotation de la Légion d'honneur (Ord. 31 mai 1838 art. 560); les fonds provenant des dépôts dans les caisses d'épargne (L. 31 mars 1837 art. 1er); les sommes versées pour les assurances créés par l'État (L. 15 juill. 1868).

2. PRÊTS. — La caisse des dépôts fait aussi des prêts aux départements, communes et établissements publics qui souscrivent à son ordre des bons ou des obligations négociables; les titres sont passibles des mêmes droits de timbre et d'enregistrement que les autres obligations, ils donnent également lieu à la taxe sur le revenu — V. *Abonnement*, *Droit de transmission*, *Impôt sur le revenu et Sociétés.*

3285. Administration. — La Caisse des dépôts et consignations et la caisse d'amortissement étaient soumises à la même administration. Il n'y avait qu'un seul directeur général, un seul sous-directeur et un seul caissier pour ces deux caisses. — Toutefois, ces deux établissements, quoique placés dans le même local et sous les mêmes chefs, étaient très-distincts: il était tenu, pour chacun, des livres et des registres séparés; leurs écritures et leurs actes n'étaient jamais confondus.

Les préposés de la Caisse des dépôts et consignations dans les départements sont les trésoriers généraux et les receveurs particuliers, et c'est dans leurs caisses ou au caissier général à Paris, que les versements doivent être effectués.

1. RÉCÉPISSÉ. — Tout versement en numéraire ou autres valeurs, fait aux caisses du caissier central du Trésor public à Paris et à celles des receveurs généraux et particuliers des finances, pour un service public, donne lieu à la délivrance immédiate d'un récépissé à talon. Ce récépissé est libératoire et forme titre envers le Trésor public, à la charge toutefois, par la partie versante, de le faire viser et séparer du talon, à Paris, immédiatement, et, dans les départements, dans les vingt-quatre heures de la date, par les fonctionnaires et les agents administratifs chargés de ce contrôle (L. 24 avr. 1833 art. 1er).

2. INTÉRÊTS. — La Caisse des dépôts et consignations paye l'intérêt de toute somme consignée à raison de 3 pour 100, à compter du soixante-et-unième jour à partir de la date de la consignation, jusques et non compris celui du remboursement. Les sommes qui restent moins de soixante jours en état de consignation ne produisent aucun intérêt; lorsque les sommes consignées sont retirées partiellement, l'intérêt des portions restantes continue de courir sans interruption (L. 20 niv. an 13 art. 2).

3. RESTITUTION. — Les sommes consignées sont remises, dans le lieu où le dépôt aura été fait, à ceux qui justifient de leurs droits, dix jours après la réquisition de payement au préposé de la caisse (L. 20 niv. an 13 art. 15).

Les préposés ne peuvent refuser les remises réclamées que dans les deux cas suivants: 1° sur le fondement d'opposition dans leurs mains, soit sur la généralité de la consignation, soit sur la portion réclamée, soit sur la personne requérante; — 2° sur le défaut de régularité des pièces produites à l'appui de la réquisition (*Ibid.* art. 16).

Les décharges n'ont pas besoin d'être faites par acte notarié (Cass. 4 avr. 1836), sauf le cas où la loi exige une quittance notariée, comme en matière de remboursement de prix d'immeubles distribué par voie d'ordre (C. proc. 770) ou quand la partie prenante ne sait pas signer.

3286. Établissement public. — C'est une question très-discutée que celle de savoir si la Caisse des dépôts et consignations a le caractère d'une institution privée assujettie aux mêmes règles que les particuliers au point de vue fiscal, ou bien si elle est un établissement public proprement dit.

Cette seconde opinion nous paraît préférable.

En effet, la Caisse des dépôts est administrée par l'État, et le Trésor public profite de ses bénéfices. Son objet est sans doute de gérer des intérêts particuliers en recevant les dépôts et les consignations ordonnés par le juge ou ceux qui lui sont volontairement faits. Mais la loi, guidée par des considérations d'ordre général, a précisément voulu que cette gestion appartînt à une administration publique se rattachant à l'Administration des finances et placée sous la dépendance directe de l'État. La caisse des dépôts ne se borne pas d'ailleurs à gérer les intérêts particuliers, elle a encore des attributions qui sont exclusives de l'intérêt public, telles que la gestion de l'amortissement, celle des caisses d'assurances créées par l'État, les caisses de dons et secours aux armées, etc. Il est impossible de lui refuser à ce point de vue le caractère d'une administration publique. Et il semble difficile de décomposer son caractère pour ne la considérer, à l'égard du service des consignations, que comme une institution privée. La jurisprudence l'assimile tellement d'ailleurs, sous ce rapport, à une administration de l'État, qu'elle lui reconnaît le droit de n'exécuter un jugement rendu contre elle, qu'après que son adversaire a fourni caution (Cass. 23 mars 1864, S. 64-1-183). On objecte que l'État peut avoir à plaider contre la Caisse des dépôts, ce qui prouve qu'il a des intérêts opposés. Mais cela est sans importance, car il peut y avoir antagonisme entre deux services de l'État sans que pour cela ces services publics cessent d'être des dépendances du Trésor, et sans que surtout ils cessent d'être des établissements publics proprement dits Tous les jours, en effet, il arrive que les administrations réclament contre des perceptions indûment faites par d'autres administrations. Et si le ministre ne tranchait pas la question par la voie administrative, la difficulté devrait être soumise aux tribunaux. Cela a lieu ainsi parce que chaque administration ayant son budget spécial et son existence propre, se meut distinctement des autres, sans que pour cela, elle cesse d'être toutes des dépendances de l'État (1519-17 I. G.).

Nous pensons donc que la Caisse des dépôts doit être traitée comme une dépendance de l'Administration des finances et qu'elle doit profiter dès lors, de toutes les dispositions fiscales relatives aux actes concernant le Trésor public. C'est pourquoi notamment les récépissés qu'elle délivre sont exempts de l'enregistrement en vertu de l'art. 70 § 1er n° 2 L. 22 frimaire an 7 et peuvent être mentionnés sans cette formalité dans des actes publics (1519 I. G.). — *V.* 3289.

3287. Obligation des officiers publics. — Le produit des ventes de meubles doit être versé à la Caisse des dépôts et consignations dès qu'il y a opposition (Lett. m. j. 23 nov. 1814, 5098 J. E.; — Ord. 3 juill. 1816, I. G. 736, 7662 J. E.). Pour assurer l'exécution de cette mesure, tout notaire, greffier, huissier, commissaire-priseur, courtier, etc., qui a procédé à une vente de meubles, doit déclarer au pied de la minute du procès-verbal, en le présentant à l'enregistrement, et certifier par sa signature, qu'il a ou n'a pas d'opposition, et qu'il a ou n'a pas connaissance d'oppositions aux scellés ou autres opérations qui ont précédé ladite vente. — La contravention à ces dispositions peut être punie de la révocation, sans préjudice des autres peines portées par les art. 7 et 10, Ord. 1816. — *V.* 1671, 1714.

3288. Obligation des employés. — Les préposés de l'Enregistrement sont chargés de surveiller l'exécution des dispositions rappelées sous les numéros précédents (795 I. G.). — Il faut d'ailleurs remarquer que ce n'est que dans le cas de vente judiciaire et dans celui où le propriétaire qui fait vendre volontairement ses meubles ne s'est pas réservé, *par le procès-verbal de vente*, le droit d'en toucher lui-même le prix, qu'il y a lieu, de la part de l'officier public, de certifier au bas du procès-verbal, qu'il a ou non des oppositions à la délivrance du prix; et c'est aussi dans ce seul cas qu'il a besoin d'en obtenir la décharge (8879 J. E. — *V.* cependant 7746 J. E.). — *V.* 1671, 1714.

3288 *bis*. Incendies de Paris. — Reconstitution. — Une loi du 15 septembre 1871, promulguée le 12 octobre suivant, contient diverses mesures destinées à la reconstitution des consignations effectuées dans le département de la Seine *antérieurement au 31 mars* 1871, et ces mesures sont déclarées applicables aux versements effectués dans les départements pour les services de la caisse des dépôts dont les opérations sont centralisées à Paris.

Aux termes de l'art. 6, les actes faits et les copies ou pièces justificatives fournies en exécution de cette loi, ainsi que tous actes de procédure et d'instance auxquels elle donnerait lieu sont dispensés des droits de timbre et d'enregistrement. Il en est de même pour les actes portant mainlevée des oppositions que la Caisse des consignations aurait inscrites d'office, s'il est justifié que la mainlevée avait été donnée avant le 31 mars 1871 (2429 I. G.).

CHAPITRE II. — ENREGISTREMENT

[3289-3304]

3289. Récépissé. — Le récépissé délivré au déposant par la Caisse des consignations n'est pas nécessaire pour la validité des versements (D. m. f. 10 déc. 1845, 13905-2 J. E.). — Les parties peuvent le faire enregistrer quand elles le jugent à propos, et le droit fixe de 1 franc (3 fr.) est le seul exigible (272 I. G., 7345 J. N., D. N. t. 2 p. 662 n° 86, Sol. 5 juill. 1873). — D'après l'art. 3 L. 28 nivôse an 13, ils doivent être enregistrés dans les cinq jours de leur date; mais ce délai n'est fixé que pour assurer le recours des déposants contre la Caisse des consignations : il ne crée aucune obligation fiscale proprement dite.

1. ACTE EN CONSÉQUENCE. — Aussi avons nous établi *suprà* v° *Acte en conséquence*, que ces pièces pouvaient être mentionnées dans un acte ou un jugement sans devenir sujettes à la formalité.

2. QUITTANCE. — Le récépissé d'un versement fait à la Caisse des dépôts et consignations par l'acquéreur d'un immeuble, en vertu d'une clause de son contrat de vente, constate sa libération à l'égard du vendeur et donne ouverture au droit de libération (Evreux 17 juin 1837, 11821 J. E.). « Proposition, dit Dalloz n° 550, qui, au premier aperçu, paraît offrir quelque difficulté, mais qui, néanmoins, est juste au fond, en ce que ce dépôt étant le premier acte qui constate d'une manière authentique la libération de l'acquéreur, il est conforme aux principes de l'assujettir au droit de quittance » (9868 J. E.; — *Conf.* : D. N. t. 2 p. 663 n° 89).

3. DISPOSITIONS INDÉPENDANTES. — Il faudrait dire la même chose de toutes les dispositions étrangères que ce récépissé pourrait renfermer. Les principes que nous développerons tout à l'heure au sujet des décharges sont entièrement applicables aux récépissés et autorisent la perception

d'un droit particulier sur les stipulations étrangères au versement et destinées à produire un effet distinct entre les parties.

4. SUBROGATION. — Ainsi, par exemple, lorsque, suivant la faculté donnée par l'art. 3 L. 28 nivôse an 13, et l'art. 12 de l'Ord. 3 juillet 1816, la reconnaissance porte subrogation au profit du prêteur de la somme consignée, il est dû 1 pour 100, indépendamment du droit fixe, pour la reconnaissance, à moins que le prêt ne soit constaté par un acte enregistré, qui aurait supporté le droit d'obligation (1574-1749 J. E.).

3290. Décharge. — Parties prenantes. — D'après une D. m. f. 4 août 1836 (9339 J. N., 1519 I. G.) contraire à une opinion émise (9223 J. E.), les actes portant purement et simplement quittance et décharge de la part des parties prenantes, au profit de la Caisse des dépôts et consignations, doivent être enregistrés *gratis*. — On avait voulu induire de cette décision que les décharges données par les déposants ou leurs héritiers étaient seules susceptibles d'être enregistrées *gratis*, et que celles qui émanaient de tiers créanciers des déposants étaient sujettes au droit proportionnel de quittance. On se fondait sur ce que, dans ce dernier cas, la décharge ne constatait pas seulement la libération de la Caisse des dépôts et consignations, mais encore celle des déposants envers leurs créanciers (Sol. 13 oct. 1842, 13101-2, 10897 J. E.). — Mais cette interprétation n'a pas été admise : l'expression générale de *parties prenantes*, employée dans la décision ministérielle, exclut la distinction qu'on voulait établir. Aussi, par une seconde décision, 14 août 1843 (12049 J. N., 1712 I. G.) le ministre des finances a déclaré que les décharges données par les créanciers des déposants ou de leurs héritiers doivent également être enregistrées *gratis*.

3291. Stipulations particulières. — Quittance. — Mais le bénéfice de l'enregistrement *gratuit* est expressément limité aux actes portant *purement et simplement décharge* au profit de la Caisse des consignations. Toute disposition qui, n'intéressant point directement cette caisse, est insérée dans l'acte de décharge, soit par la partie prenante, soit par des tiers, telle que déclaration, consentement, acquiescement, quittance, mainlevée emportant quittance, doit acquitter le droit dont elle est passible suivant sa nature. Cette restriction, qui est conforme à l'art. 11 L. 22 frim. an 7, résulte des deux décisions ministérielles qui ont fait l'objet de l'article précédent.

Ce principe trouve surtout son application au sujet du droit de quittance. Il arrive fréquemment, en effet, que la somme est retirée de la caisse par un créancier du déposant en des termes qui confèrent réellement à ce dernier un titre libératoire de son obligation. Dans ce cas, il n'est pas douteux que le droit de 50 centimes pour 100 est exigible indépendamment du droit fixe de décharge.

Mais il n'est pas toujours facile de reconnaître quand l'acte implique cette libération, et la jurisprudence a été souvent appelée à déterminer le sens de pareilles déclarations.

3292. Prix de vente. — L'hypothèse la plus habituelle est celle d'un dépôt de prix de vente par l'acquéreur.

D'après l'art. 2186 C. C., cet acquéreur peut consigner. La consignation précédée des offres n'est pas un payement proprement dit, tant qu'elle n'est pas acceptée par le créancier ou qu'elle n'a pas été validée par un jugement définitif. Elle n'est, jusqu'à cette époque, qu'un dépôt de la chose offerte entre les mains d'un tiers préposé à cet effet, et le déposant n'est pas pour cela libéré de sa dette primitive (Art. 1287, 1261 C. C., Dalloz v° *Obligations* n°s 2051, 2155, 2223 et 2246, Larombière, sur les art. 1259 et 1262). On ne saurait donc exiger alors aucun droit de quittance.

1. DROIT FIXE. — En recevant le montant du dépôt, la Caisse des consignations s'engage à le restituer soit au débiteur lui-même, soit à son représentant. Si cette restitution est opérée entre les mains du créancier, le contrat peut produire un double effet : ou bien il renferme une décharge pure et simple de la chose déposée, sans que rien implique l'acceptation formelle par le créancier des offres du débiteur ; ou bien, tout en déchargeant le dépositaire, le créancier manifeste la volonté de libérer en même temps son débiteur.

Dans le premier cas, l'acte a le caractère d'une simple décharge; et comme les frais en retombent quelquefois sur la Caisse, qui est une dépendance du Trésor public (*V.* C. Paris 30 déc. 1848, P. 1849, 2-382; — Grenoble 23 août 1867, S. 1868-2-285; — Metz 23 janv. 1868, S. 1868-2-335; — *adde* Inst. de la Caisse des consignations du 1er déc. 1851, rapportée par Dumesnil *Suppl.* p. 80), il a été décidé que l'enregistrement aurait lieu gratis (D. m. f. 4 août 1836 et 14 août 1843, 1519 et 1712 I. G.). — *V.* 3118.

2. DROIT PROPORTIONNEL. — Dans la seconde hypothèse, l'acte renferme à la fois une décharge en faveur de la Caisse et une quittance au débiteur. Cette dernière disposition est indépendante de l'autre; elle rentre évidemment sous l'application de la loi générale, et si elle est suffisamment explicite pour former le titre de la libération du débiteur, le droit de quittance devient exigible. C'est un point que nous avons plus complètement discuté au n° 2902 R. P.

3. MAINLEVÉE. — La difficulté revient à examiner si l'acte renferme l'une des libérations précédentes ou les contient toutes les deux.

Or, on fait résulter généralement cet effet des mainlevées qui accompagnent les décharges, parce que de tels consentements, intervenus après la réception des deniers consignés et comme conséquence du payement, semblent déterminés par l'intérêt exclusif du débiteur, afin de lui fournir le titre libératoire qui lui manquait. Ils témoignent tout au moins que le créancier accepte la consignation et qu'il entend lui faire produire les résultats ordinaires du payement (Saint-Gaudens 14 août 1845; — Versailles 8 juin 1847; — Châteaudun 22 mars 1850, 13839, 14336, 14924 J. E.; — Marmande 2 avr. 1862, 17553 J. E.; — Albi 29 avr. 1857, 16104 J. N., 16549 J. E.; — Bourg 10 fév. 1869, 2902, R. P.). — *V.* D. N. t. 2 p. 663 n° 90, Champ. et Rig. t. 6 n° 70 et 17030 J. E.

La même doctrine a été appliquée dans un cas où la mainlevée au lieu d'être contenue dans la décharge, faisait l'objet d'un acte séparé rédigé le même jour (Beauvais 10 avr. 1850, 14924 J. E.).

3293. Consignation validée. — La situation serait différente, on le comprend, si la consignation avait été entièrement validée en justice. D'une part, le jugement aurait produit la libération du débiteur et autorisé la perception du droit de quittance (Sol. 5 juill. 1863). — D'un autre côté, le consentement à radiation des inscriptions se trouverait renfermé dans le jugement ou l'ordonnance du juge. La décharge postérieure en faveur de la Caisse serait donc étrangère à la libération du débiteur, elle pourrait être rédigée par acte sous seing privé (Cass. 14 avr. 1836, S. 36-1-396; — Metz 23 janv. 1868, *suprà* Inst. des consignations du 1er déc. 1851, nº 142), et elle ne donnerait lieu à aucun droit proportionnel (Marmande 2 avr. 1862, 17553 J. E.; — *Comp.* Albi 29 avr. 1857, 16104 J. N., 16549 J. E.).

Décidé cependant que si, dans ce cas, le payement est subordonné à la mainlevée de l'inscription, le droit de quittance est dû (Sol. 30 oct. 1874, 19630 J. E.).

3294. Intervention du vendeur. — Quand l'intervention du déposant dans la décharge a eu lieu sur la demande seule du préposé de la Caisse et pour la validité complète du retrait, cette intervention donne lieu au droit fixe de 2 fr. (3 fr.) et non pas au droit de quittance (Évreux 9 avr. 1864, 2043 R. P., 18138 J. N., 12889 C., 1213 Rev.); mais si rien n'indique la cause de l'acquiescement, il paraît naturel d'en conclure que l'acquéreur ou le déposant n'est intervenu que pour prendre acte de sa libération et le droit de quittance se trouve justifié.

3295. Créancier du retrayant. — Aucun doute n'existe plus sur l'exigibilité de ce droit, si le retrait a lieu au profit d'un créancier du propriétaire des fonds déposés. Le tribunal de Marmande l'a décidé avec raison, le 2 avril 1862, à propos d'une décharge donnée par le créancier du vendeur, lequel avait été autorisé par jugement à recevoir, du chef de son débiteur, le dépôt fait au nom de ce dernier par un acquéreur (17553 J. E.).

3296. Ordonnance de référé. — Mais nous croyons que l'ordonnance de référé portant autorisation au créancier colloqué de retirer de la Caisse des dépôts la somme déposée par celui sur lequel un bordereau lui avait été délivré, n'est pas passible du droit de libération; car, d'une part, l'ordonnance ne tient pas lieu d'un jugement de validité de consignation, et de l'autre, elle ne peut remplacer la décharge que le créancier devra donner ultérieurement à la Caisse.

3297. Consignation forcée. — Lorsque, en vertu de son contrat, l'acquéreur est tenu de verser le prix à la Caisse et est libéré par la seule consignation, le récépissé donne lieu au droit de quittance (V. 3289-2). Peut-on le percevoir encore sur la décharge donnée avec mainlevée par les créanciers hypothécaires? L'affirmative a été soutenue par le motif que la seconde perception s'appliquait à la libération de la dette du vendeur envers les créanciers inscrits. Mais l'Administration a reconnu qu'un seul droit de 50 centimes pour 100 était exigible, quand l'acquéreur d'un immeuble dont le prix n'a pas été délégué paye ce prix aux créanciers hypothécaires du vendeur (V. *Quittance*). Or, la consignation suivie de la décharge équivaut réellement à une quittance émanée de ces créanciers, lesquels reçoivent le prix en vertu d'une affectation inhérente au contrat de vente et produisant les mêmes effets que si la délégation leur en avait été régulièrement consentie. Il semble donc que la décharge n'est qu'un complément de la libération antérieure et ne donne plus ouverture qu'au droit fixe.

3298. Délai. — Dans tous les cas, bien que la décharge soit exempte de tout droit d'enregistrement, si le notaire qui l'a reçue ne la présente pas à l'enregistrement dans le délai, il contrevient à l'art. 20 L. 22 frimaire an 7, et encourt l'amende déterminée par l'art. 33 même loi (14648-2 J. E.). — *V.* 999.

3299. Pluralité. — En cas d'expropriation forcée, la distribution amiable ou judiciaire qui se fait du prix de vente entre les divers créanciers saisissants ou inscrits (art. 759 C. proc.), a pour effet de créer pour chacun d'eux un titre spécial, soit contre les acquéreurs, soit contre la Caisse des consignations. En vertu de ce titre, chaque créancier peut donner quittance ou décharge valable, sans être obligé de requérir le concours des autres créanciers qui ont participé à la distribution du prix. La réunion de tous les créanciers, dans le but de donner décharge, par un seul et même acte, au préposé de la Caisse, ne peut pas avoir pour effet de former de plusieurs créances distinctes une seule créance dont le payement ne serait assujetti qu'à un seul droit. Du moment où l'on admet que chaque créancier possède une action spéciale contre la Caisse, la décharge qu'il donne à celle-ci est entièrement distincte de celle qui émane des autres créanciers. Il est donc dû autant de droits fixes qu'il y a de créanciers (D. m. f. belge 31 janv. 1872, 11732 J. E. belge).

3300. Délégation. — Les délégations de sommes déposées à la Caisse des dépôts et consignations sont-elles sujettes au droit proportionnel de 1 franc pour 100? La négative ne saurait être douteuse. La Caisse des dépôts et consignations est un établissement institué pour conserver temporairement les sommes et valeurs qui lui sont confiées, et dont il doit faire la restitution à qui de droit aussitôt que les motifs qui ont nécessité le dépôt n'existent plus. Cette caisse ne peut donc pas être considérée comme un débiteur ordinaire. — D'un autre côté, les sommes déposées ne cessent pas d'appartenir à celui qui en était créancier à la charge des oppositions existantes, et lorsque ces oppositions sont levées et qu'il délègue tout ou partie de ces sommes, c'est comme s'il tirait sur son propre caissier : le payement fait par la Caisse, à la personne déléguée, a le même effet que si le délégant payait lui-même (Dél. 29 janv. 1828, 9022 J. E.)

1. QUITTANCE. — Cependant, dans l'hypothèse que nous venons d'examiner, si la délégation était acceptée par le créancier, l'acte opérerait la libération du débiteur, et le droit de quittance serait exigible (Dél. 29 janv. 1828, 9022 J. E.)

3301. Prêt sur dépôt. — Les prêts faits par la Caisse des dépôts et consignations, sur nantissement d'effets publics, ou de toute autre manière, sont, comme les prêts par les simples particuliers, passibles du droit d'obligation (D. m. f. 1er déc. 1832, 29 mai 1833, 9868, 10515, 10617 J. E.). Une décision analogue avait été prise pour les avances faites par l'État en vertu de la loi du 17 septembre 1850 (Dél. 8 avr. 1838, 10019 J. E.) — V. *Prêt sur dépôt.*

3302. Collocation du Trésor. — Quand le Trésor est colloqué sur des sommes consignées ou déposées à la Caisse, une quittance antérieure n'est pas nécessaire pour les recevoir : il suffit de celle du préposé comptable de l'administration colloquée (D. m. f. 23 juill. 1811, 4173 J. E.).

3303. Indemnité de Saint-Domingue. — Les pièces à délivrer ou à produire au sujet de l'indemnité de Saint-Domingue sont exemptes d'enregistrement. — *V.* 1428.

3304. Succession. — On trouvera au mot *Succession* le développement des règles servant à déterminer dans quel cas la somme consignée par un débiteur doit être comprise parmi les valeurs dépendant de sa succession.

CHAPITRE III. — TIMBRE

[3305-3310]

3305. Récépissé. — Les récépissés à talons délivrés aux déposants par la Caisse des dépôts et consignations sont sujets au timbre (Ord. 3 juill. 1816, art. 12). Ils devaient être timbrés à l'extraordinaire ou visés pour timbre, d'après leur dimension, *abstraction faite de celle du talon* (D. m. f. 23 sept. 1851, 15279-2 J. E., Inst. des fin. 28 juin 1859, n° 523).

Depuis la loi du 23 août 1871, on les assimile aux quittances et reçus, et on admet qu'ils peuvent être revêtus d'un timbre mobile de 10 centimes. Cette interprétation ne nous paraît pas justifiée, car les récépissés de l'espèce ne sont pas des actes sous seing privé tombant sous l'application de l'art. 18 de la loi précitée. Nous pensons qu'ils ont le caractère des quittances délivrées par les comptables publics et qu'ils sont, à ce titre, assujettis au droit de timbre spécial de 25 centimes dû pour ces quittances (L. 8 juill. 1865 art. 4 et 23 août 1871 art. 2). — *V.* 3286.

Une D. m. f. 12 novembre 1846 avait antérieurement reconnu que les récépissés des versements faits par les officiers publics dépositaires de deniers qui ont été l'objet d'oppositions entre leurs mains, ne peuvent être délivrés que sur papier timbré (5485, 14130-2 J. E.).

1. ÉTAT ET DÉPARTEMENT. — ENTREPRENEURS. — Les récépissés constatant le versement à la Caisse des dépôts et consignations de sommes à titre de dépôt de garantie des soumissions de travaux et fournitures pour le compte de l'État et des départements, et les déclarations de versements délivrées aux adjudicataires de ces mêmes travaux ou fournitures, sont assujettis au timbre (D. m. f. 13 déc. 1851, 15347-3 J. E.). Il en est de même des récépissés délivrés aux receveurs municipaux pour remboursement d'emprunts contractés par les communes envers la Caisse.

2. EXEMPTION. — Sont cependant exempts du timbre : 1° les récépissés pour le versement du prix de vente des terrains expropriés (L. 3 mai 1841 art. 5 et 6) ; — 2° les récépissés de retenues par suite d'oppositions sur les traitements et émoluments des employés des administrations publiques, départementales et municipales ; — 3° les récépissés de sommes excédant 10 francs lorsqu'il ne s'agit pas d'un à-compte ou d'une quittance finale sur plus forte somme ; — 4° les récépissés de sommes consignées par les receveurs de l'Enregistrement et provenant de produits de successions vacantes, cautionnements de liberté provisoire, prix de vente d'effets déposés dans les greffes, condamnations pour délits dans les bois en litige (Inst. des fin. 28 juin 1859, n° 523).

En admettant, ce que nous ne croyons pas, que les récépissés de l'espèce soient régis par la loi de 1871, il semble que les exceptions précédentes qui se fondent sur l'application de l'art. 16 L. 13 brumaire an 7, ou sur des lois spéciales, sont maintenues par l'art. 20 L. 23 août 1871, à l'exception de celles qui se rapportent aux retenues exercées sur les traitements, puisque la quittance de ces traitements est sujette au timbre de 10 centimes. — *V.* pour les récépissés concernant les gens de guerre le n° 13407.

3. QUOTITÉ DE L'AMENDE. — Avant cette loi, il avait été reconnu que quand le récépissé a été délivré sur papier non timbré, en contravention aux dispositions précédentes, l'amende exigible est celle de 20 francs applicable aux officiers et fonctionnaires publics (Sol. 17 oct. 1850). — On ne considérait pas cette pièce comme un acte sous seing privé ordinaire tombant sous l'empire de la loi du 2 juillet 1862, et de l'amende de 50 francs qu'elle prononce contre les particuliers. Cette interprétation nous semble devoir être maintenue. Mais si l'acte était considéré comme ayant le caractère privé, c'est l'art. 23 L. 23 août 1871 qui réglerait la pénalité. — V. *Quittance.*

4. TIMBRE SPÉCIAL. — Toujours avant la loi du 23 août 1871, on avait reconnu soumis au droit de timbre spécial de 20 centimes (actuellement 25 cent.) créé pour les quittances délivrées par les comptables publics, les récépissés à délivrer pour les *services de la Caisse des dépôts et consignations*, pour le prix de publication que les receveurs des finances sont appelés à recouvrer et pour les dépôts de garantie des entrepreneurs (D. m. f. 11 oct. 1865, 2246 R. P.).

3306. Décharge notariée. — La décharge donnée par les parties prenantes à la Caisse des consignations doit être écrite sur papier timbré ordinaire de dimension, si elle est notariée (Cass. 14 avr. 1836, 9258 J. N., 1519 I. G.).

1. QUITTANCE. — PLURALITÉ. — Les sommes déposées à la Caisse des dépôts et consignations ne forment qu'une seule créance relativement au propriétaire du dépôt ; mais les droits des créanciers de ce propriétaire sont distincts, et

les quittances données à la Caisse, qui le représente, sont passibles d'un droit de timbre particulier pour chaque créance remboursée, comme elles l'auraient été en cas de payement direct par le débiteur lui-même (D. m. f. 17 mai 1831, 10013 J. E.).

Cette décision défendait d'écrire plusieurs quittances à la suite les unes des autres sur la même feuille de papier timbré. Cette prohibition est sans objet par suite de l'art. 18 L. 23 août 1871, si on considère les récépissés comme des actes sous seing privé. — V. *Acte à la suite.*

3307. Bordereaux. — On doit considérer comme n'ayant pas été atteints par l'art. 13 L. 5 juin 1850, qui assujettit au timbre les bordereaux et arrêtés des agents de change, ceux de ces bordereaux relatifs aux achats de rentes, pour le compte de la Caisse des retraites, faits par la Caisse des dépôts et consignations (Dél. 28 sept. 1850, 3378 *Bull.*, 14185 J. N., D. N. t. 2 p. 519 n° 6).

3308. Certificats. — Etats. — Les certificats, états, extraits ou expéditions délivrés sur la demande et dans l'intérêt d'une administration publique sont dispensés du timbre: il doit être fait mention sur ces pièces de leur destination (L. 13 brum. an 7 art. 16 § 2). Mais les mêmes états ou certificats délivrés aux particuliers sont assujettis au timbre.

3309. Indemnité de Saint-Domingue. — Les pièces à délivrer ou à produire au sujet de l'indemnité de Saint-Domingue sont exemptes de timbre. — *V.* 1428.

3310. Caisse d'assurances. — La loi du 11 juillet 1868 a créé, sous la garantie de l'État, deux caisses d'assurances, l'une en cas de décès et l'autre en cas d'accidents résultant de travaux agricoles et industriels. Elles sont administrées par la Caisse des dépôts et consignations (11e sér. *Bull.* 1609 n° 16152).

D'après l'art. 19 de cette loi « les certificats, actes de notoriété et autres pièces relatives exclusivement à l'exécution de cette loi, sont délivrés gratuitement et dispensés des droits de timbre et d'enregistrement. »

3310 *bis*. Actes divers. — On trouvera, aux nos 4236, 4291 et 4613 R. P., la nomenclature des autres pièces de service assujetties au timbre.

CAISSE D'ÉPARGNE.

3311. Définition. — On donne le nom de caisses d'épargne et de prévoyance à des caisses publiques, autorisées par le Gouvernement, ayant pour mission de recevoir, même par fractions les plus minimes, les sommes qu'on vient leur confier, d'en payer l'intérêt suivant certaines conditions, et de les restituer en tout ou partie à la volonté des déposants.

La plus ancienne caisse d'épargne connue est celle de Hambourg, constituée en 1778. Une ordonnance du 25 juin 1817 a créé, à Rive-de-Gier, un premier établissement analogue à ceux de prévoyance fondés depuis 1804 en Angleterre.

Les principales lois qui ont réglementé les caisses d'épargne sont celles des 5 juin 1835, 31 mars 1837, 22 juin 1845, 30 juin 1851 et 7 mai 1853.

1. CONSOLIDATION. — Les caisses d'épargne sont tenues de placer en acquisition de rentes sur l'État les dépôts qui dépasseront une certaine somme. La loi du 30 juin 1851 règle ainsi qu'il suit l'exécution de cette obligation :

« A partir de la promulgation de la présente loi, aucun versement ne sera reçu par les caisses d'épargne sur un compte dont le crédit aura atteint 1,000 francs, soit par le capital, soit par l'accumulation des intérêts (Art. 1er.).

« Lorsque, par suite du règlement annuel des intérêts, un compte excédera le maximum fixé par l'article précédent, si le déposant, pendant un délai de trois mois, n'a pas réduit son crédit au-dessous de cette limite, l'administration de la caisse d'épargne achètera pour son compte 10 francs de rente en 5 pour 100 de la dette inscrite, lorsque le prix sera au-dessous du pair, et en 3 pour 100, si le cours de la rente 5 pour 100 dépasse cette limite. Cet achat aura lieu sans frais pour le déposant (Art. 2.).

« Les marins portés sur les contrôles de l'inscription maritime continueront à être admis à déposer en un seul versement le montant de leurs solde, décomptes et salaires, au moment, soit de leur débarquement, soit de leur embarquement, à quelque somme qu'il s'élève.

« Les dispositions de l'art. 2 seront appliquées à ces divers dépôts pour les ramener au maximum fixé par l'art. 1er (Art. 3).

« Tout déposant, dont le crédit sera de somme suffisante pour acheter 10 francs de rentes au moins, pourra faire opérer cet achat sans frais par les soins de l'administration de la caisse d'épargne (Art. 5.).

« Tout déposant peut faire transporter ses fonds d'une caisse à une autre. Les formalités relatives à ce transfert ont été réglées par le ministre des finances (Art. 8). »

La loi du 7 mai 1853 ajoute que : « lorsqu'il s'est écoulé un délai de trente ans, à partir tant du dernier versement ou remboursement que de tout achat de rente et de toute autre opération effectuée à la demande des déposants, les sommes que détiennent les caisses d'épargne aux comptes de ceux-ci sont placées en rentes sur l'État, et les titres de ces rentes, comme les titres de rentes achetées soit en vertu de la loi du 22 juin 1845, soit en vertu de la loi du 30 juin 1851, à la demande des déposants ou d'office, sont remis à la Caisse des dépôts et consignations pour le compte des déposants. »

3312. Nature. — C'est à l'association de citoyens réunis dans une pensée de bienfaisance que la France a dû, en 1818, la fondation des caisses d'épargne, qui furent constituées sous forme de sociétés anonymes, ce qui leur avait d'abord fait attribuer le caractère commercial. La loi du 5 juin 1835, paraissait, dans son art. 10, assimiler les caisses d'épargne aux établissements d'utilité publique « Les caisses « d'épargne pourront, dans les formes et selon les règles « prescrites pour les établissements d'utilité publique, rece- « voir les dons et legs qui seraient faits en leur faveur. » D'ailleurs, comme elles sont le résultat ou d'un acte de bienfaisance, si elles sont fondées par des particuliers, ou d'une pensée analogue, si elles sont fondées par des communes, il semblait rationnel d'en induire qu'elles avaient le caractère d'institution d'utilité publique, et qu'elles rentraient par suite dans la catégorie des établissements de bienfaisance. Cette interprétation n'a cependant pas prévalu en jurisprudence. Il a été jugé : 1° Que les caisses d'épargne ne sont pas des établissements publics dans le sens de l'art. 2121 C. C., par suite qu'elles n'ont pas hypothèque sur les biens de leurs caissiers ou receveurs (Cass. 8 juill. 1856, S. 56-1-878, cassant un arrêt d'Amiens du 29 mars 1855, S. 55-2-350, 740 R. P.); — 2° Qu'elles ne sont pas considérées non plus comme des établissements publics dans le sens de l'art. 1032 C. proc. et qu'elles ne sont pas soumises, à ce titre, à la nécessité d'une autorisation préalable pour ester en justice (Caen 18 mai 1854, S. 55-2-697. — *V.* cependant Cass. 3 avr. 1854, S. 54-1-301); — 3° Que les caisses d'épargne sont des établissements privés et non des établissements publics, et qu'en conséquence, elles sont soumises, quant aux condamnations prononcées contre elles, aux mêmes modes d'exécution que les particuliers (Caen 18 mai 1854, S. 55-2-697; — Cass. 5 mars 1856, S. 56-1-517); — 4° Enfin, que les caisses d'épargne, bien qu'assimilées sous certains rapports aux établissements d'utilité publique, ne sont, en réalité, que des établissements particuliers, et que les employés qui y sont attachés, pas plus que ceux qui les dirigent, n'ont de caractère public (Paris 18 mars 1854, S. 55-1-564).

3312 *bis*. Communication. — De ce que les caisses d'épargne sont des institutions privées, il en résulte que les préposés de l'Enregistrement n'ont pas le droit de demander communication des pièces et documents qui s'y trouvent (1492 I. G., D. m. f. 24 mars 1855). Cette dernière décision, rendue au sujet de la recherche des droits de mutation par décès est évidemment applicable à tous les cas.

3313. Livret. — Les versements à la caisse d'épargne sont constatés sur un livret numéroté, portant les noms et prénoms du titulaire, et destiné à l'inscription de toutes les sommes qui seront successivement versées ou retirées pour son compte. Chaque versement est signé sur le livret par le caissier et par un des directeurs ou administrateurs.

3314. Registres et livrets. — L'art. 9 L. 5 juin 1835, que nous venons de citer, exempte du timbre les registres et livrets des caisses d'épargne (11240 J. E., 1492 I. G.).

1. COMMUNICATION. — D'après cette exemption, les préposés n'ont point à demander aux administrateurs des caisses d'épargne la communication de leurs registres (1492 I. G.). — *V.* 3312 *bis*.

2. ACTE EN CONSÉQUENCE. — Mais ces registres et livrets ne sont pas exempts de l'enregistrement, en ce sens qu'ils ne peuvent, sans contravention, être énoncés dans un acte notarié avant leur enregistrement (Sol. 11 sept. 1855).

3314 *bis*. Quittances. — Concours des percepteurs. — Les mentions de payement ou de remboursements inscrites sur les registres et livrets à l'usage des caisses d'épargne sont exemptes du timbre (Décr. du 23 août 1875, art. 9, 2528 I. G., 4102 et 4268 § 51 R. P.), — de même que les quittances de retraits opérés à la caisse des consignations (D. m. f. 14 déc. 1875, 4413 R. P.).

1. PIÈCES DIVERSES. — La même exemption s'étend aux demandes des caisses d'épargne tendant à obtenir le concours des percepteurs ou des receveurs des postes, aux affiches à apposer dans les bureaux de ces comptables, aux demandes et reçus de livrets, bulletins de dépôt, demandes de remboursements et autres pièces analogues. Mais le timbre est dû pour les commissions délivrées aux comptables et pour les pièces justificatives exigées en cas de perte des quittances à souche ou des bulletins de dépôt (2528 I. G.; 4268 § 51 R. P.).

3315. Pièces diverses. — Règle. — Lors de la discussion de la loi du 5 juin 1835, on avait proposé d'exempter du timbre et de l'enregistrement : 1° toutes les procurations relatives aux fonds déposés; — 2° toutes les pièces nécessaires au retrait des fonds appartenant aux héritiers des déposants décédés. Mais ces dispositions n'ont pas été adoptées et les actes de l'espèce restent sujets aux règles ordinaires.

3316. Acquisitions. — Ainsi, les dons et legs faits aux caisses d'épargne sont sujets au droit proportionnel (1492 I. G.). — *V.* 317.

Il en est de même de toutes leurs autres acquisitions (L. 18 avr. 1831 art. 17).

3317. Procurations. — De même, les procurations par acte notarié pour retirer des sommes déposées aux caisses d'épargne non consolidées (*V.* 3318), sont assujetties au timbre et à l'enregistrement; mais les administrateurs des caisses d'épargne n'étant pas une autorité constituée, les procurations sous seing privé peuvent être admises par eux sans qu'il soit nécessaire de les faire enregistrer (D. m. f. 11 oct. 1834, 11027 J. E., 1490 § 11 I. G., 8943 J. N.).

3318. Consolidation. — L'art. 7 Déc. 21 novembre 1848 (13582 J. N., 14615-2, 14620-1 J. E., 1826 § 2 I. G.) concernant les déposants aux caisses d'épargne dont les livrets avaient été ou devaient être consolidés en rentes sur l'État, en vertu du décret du 7 juillet 1848, porte : « Les pouvoirs à donner par les porteurs de livrets qui voudront vendre leurs inscriptions seront exempts du timbre et de l'enregistrement Les autres pièces à produire pour la vente dans certains cas, telles que certificats de propriété, intitulés d'inventaires, etc., sont aussi exemptes du timbre et de l'enregistrement. » Comme l'exemption du timbre et de l'enregistrement accordée par cet article est absolue, il s'ensuit que les actes publics, aussi bien que les actes sous signature privée qui ont exclusivement pour but la vente des inscriptions provenant de la *consolidation des livrets* des caisses d'épargne, sont exempts de la double formalité.

Ce décret n'a pas été abrogé par celui du 14 mars 1852 sur la conversion de la rente 4 1/2 pour 100 (D. m. f. 11 juill. 1856, *V.* 12419 C.). Mais on ne saurait l'étendre au delà du cas qu'il a limitativement prévu. Ainsi, il a été décidé : 1° que si la procuration donnée par le porteur du livret était exempte du timbre et de l'enregistrement, celle qui émane du cessionnaire de l'inscription y est assujettie (Sol. 26 déc. 1851); — 2° que les actes tendant à l'immatriculation des inscriptions de rente provenant de la consolidation des livrets étaient également sujets à cette double formalité du timbre et de l'enregistrement (Sol. 8 sept. 1851).

3319. Décharge. — L'Administration, par des raisons d'équité, a donné à l'art. 7 L. 21 novembre 1848 une extension que ne comportaient pas ses termes, mais qui était certainement dans l'esprit du législateur, en déclarant, par une Sol. 17 avril 1849 (14708-3 J. E., 13806 J. N., D. N. t. 5 p. 568 n° 51), que l'exemption du timbre et de l'enregistrement s'appliquerait aux décharges données par les porteurs de livrets des caisses d'épargne aux mandataires qu'ils ont chargés de vendre leurs inscriptions de rente sur l'État.

1. HÉRITIERS. — De même, l'acte par lequel des héritiers reconnaissent avoir reçu du trésorier d'une caisse d'épargne les sommes qui avaient été déposées à cette caisse par leur auteur, n'est passible que du droit de 3 francs comme décharge, par la raison que les caisses d'épargne doivent être assimilées à la Caisse des dépôts et consignations, et qu'elles ne peuvent être considérées *comme des débiteurs ordinaires*, mais comme de simples mandataires (Béziers 31 août 1840, 10843 J. N., Dél. 18 déc. 1840, 1634 § 1er I. G., 10842 J. N., D. N. t. 4 p. 319 n° 37).

3320. Bordereaux. — Les bordereaux délivrés par les agents de change pour les achats de rentes faits pour la Caisse des dépôts et consignations, pour la caisse d'épargne ou pour la caisse de retraite sont exempts de timbre (D. m. f. 28 sept. 1850, 14185 J. N., D. N. t. 5 p. 568 n° 52, D. m. f. 12 sept. 1860, 2187 I. G., 1448 R. P.). — *V.* 2020, 5634.

3321. Receveurs des finances. — Les mandats entre receveurs généraux et particuliers, pour le service des fonds des caisses d'épargne, sont considérés comme ayant pour objet un service public, et, comme tels, exempts de timbre (D. m. f. 2 oct. 1850, 15159-8 J. E., 14185 J. N.).

CAISSE DE RETRAITE POUR LA VIEILLESSE.

3323. Définition. — Caisse destinée à recevoir les économies qui doivent assurer l'existence de la vieillesse.

Dès l'année 1843, un projet ayant pour but d'organiser une caisse de retraite pour les vieillards avait été formulé par une réunion d'hommes dévoués aux intérêts des classes souffrantes, et présenté au Gouvernement (*Moniteur* du 11 juin 1843). En 1847, le gouvernement rédigea lui-même un projet qui, au moment où commençait la session de la chambre des députés, était annoncé comme devant être converti en loi. L'Assemblée constituante se préoccupa à son tour de cette question, qui fut enfin l'objet d'une loi votée par l'Assemblée législative dans sa séance du 18 juin 1850. — Nous en rapportons ci-après les dispositions principales :

1. LOI DU 18 JUIN 1850. — Art. 4. — Les versements peuvent être faits au profit de toute personne âgée de plus de trois ans. Les versements opérés par les mineurs âgés de moins de dix-huit ans devront être autorisés par leur père, mère ou tuteur. Le versement opéré antérieurement au mariage reste propre à celui qui l'a fait. Le versement fait pendant le mariage par l'un des deux conjoints profite séparément à chacun d'eux par moitié. En cas de séparation de corps ou de biens le versement postérieur profite séparément à l'époux qui l'a opéré.

En cas d'absence ou d'éloignement d'un des deux conjoints depuis plus d'une année, le juge de paix pourra, suivant les circonstances, accorder l'autorisation de faire des versements au profit exclusif du déposant. Sa décision pourra être frappée d'appel devant la chambre du conseil.

Art. 6. — L'entrée en jouissance de la pension sera fixée, au choix des déposants, de cinquante à soixante ans. Dans le cas cependant de blessures graves ou d'infirmités prématurées, régulièrement constatées, entraînant incapacité absolue de travail, la pension pourra être liquidée même avant cinquante ans, et en proportion des versements faits avant cette époque.

Art. 9. — Il sera remis à chaque déposant un livret sur lequel seront inscrits les versements effectués et les rentes viagères correspondantes.

Art. 12. — La caisse des retraites sera gérée par l'administration de la Caisse des dépôts et consignations.

2. LOI DU 28 MAI ET DÉCRET DU 18 AOUT 1853. — La loi du 28 mai 1853 a permis (art. 3) de faire des versements à la caisse, aux étrangers admis à jouir des droits civils, aux mineurs nés à l'étranger de parents français ayant perdu cette qualité, à la charge de remplir les conditions prescrites par les art. 9 et 10 C. C. ou par la loi du 22 mars 1849.

D'après l'art. 8 de la loi de 1853, au décès du titulaire de la rente avant ou après l'époque d'entrée en jouissance, le capital déposé est remboursé sans intérêts aux ayants droit si la réserve en a été faite au moment du dépôt, et s'il n'a pas été fait usage de la faculté accordée par l'art. 7, c'est-à-dire, si le déposant n'a pas fait l'abandon de tout ou partie du capital déposé, à l'effet d'obtenir une augmentation de rentes.

Tout déposant qui, soit par lui-même, soit par un intermédiaire, opère un premier versement, fait connaître ses noms, prénoms, qualités civiles, âge, profession et domicile. Il produit son acte de naissance, ou à défaut, un acte de notoriété qui en tienne lieu, délivré dans les formes prescrites par l'art. 71 C. C. (Déc. 18 août 1853 art. 3).

Si le déposant est marié, il fait connaître les noms, prénoms, âge, profession et domicile de son conjoint, dont il produit l'acte de naissance, ou, à défaut, un acte de notoriété qui en tienne lieu (*Ibid.* art. 4).

Dans le cas prévu au § 6 de l'art. 4 L. 18 juin 1850, le déposant produit l'autorisation accordée par le juge de paix (*Ibid.* art. 4).

En cas de séparation de corps ou de biens, le déposant n'est tenu de produire que l'extrait du contrat de mariage ou du jugement qui a prononcé la séparation. L'extrait du jugement sera accompagné des certificats et attestations prescrits par l'art. 548 C. proc. civ. et, en outre, dans le cas prévu par l'art. 1444 C. C., des justifications établissant que la séparation des biens a été exécutée (*Ibid.* art. 5).

Le mineur âgé de moins de dix-huit ans doit justifier que le versement par lui effectué, la désignation de l'âge auquel il entend entrer en jouissance de la rente viagère et l'abandon du capital versé, s'il déclare faire cet abandon, ont été autorisés par ses père, mère ou tuteur. L'autorisation peut être donnée par le juge de paix (*Ibid.* art. 6).

S'il survient un changement dans l'état civil du déposant, il est tenu de le déclarer au premier versement qui suit. Il produit en même temps les justifications qui pourraient être nécessaires pour constater le changement survenu (*Ibid.* art. 7).

Si un déposant veut soumettre de nouveaux versements à des conditions autres que celles qu'il a fixées pour ses versements antérieurs, il est tenu d'en faire la déclaration. Tous les versements fait avant cette nouvelle déclaration restent soumis aux conditions des déclarations précédentes (*Ibid.* art. 8).

Dans le cas où le versement est effectué au profit d'un tiers, les déclarations et productions exigées par les art. 3, 4, 5, 6, 7 et 8 doivent être faites en ce qui concerne ce tiers. Si le versement a lieu au profit d'une femme mariée, le consentement du mari doit, en outre, être produit. Celui qui fait le versement au profit d'un tiers doit, indépendamment des déclarations et productions ci-dessus, faire connaître s'il entend stipuler en sa faveur le retour du capital au décès de ce tiers (*Ibid.* art. 9).

Les déclarations prescrites par les art. 3, 4, 5, 6, 7, 8 et 9 sont consignées sur une feuille spéciale pour chaque déposant. Cette feuille est signée par le déposant, ainsi que par le caissier de la Caisse des dépôts et consignations, à Paris et dans le département de la Seine, et par le préposé de la Caisse dans les autres départements. Si le déposant ne sait pas signer, il en est fait mention. Les pièces justificatives exigées par les mêmes articles sont annexées à ladite feuille. Les autorisations et consentements exigés par les art. 6 et 9 peuvent y être consignés (*Ibid.* art. 10).

Les feuilles spéciales et les pièces justificatives à l'appui sont réunies à la Caisse des dépôts et consignations et y demeurent déposées. Elles servent à l'établissement du registre matricule de tous les déposants, contenant le compte de chacun (*Ibid.* art. 11).

Le livret qui doit être remis à chaque déposant, aux termes de l'art. 9 L. 18 juin 1850, est émis par la Caisse des dépôts et consignations; il est revêtu de son timbre. En cas de perte du livret, il est pourvu à son remplacement dans les formes prescrites pour le remplacement d'un titre de rente sur l'État (*Ibid.* art. 12).

L'intermédiaire qui verse dans l'intérêt de plus de dix déposants dresse un bordereau en double expédition des sommes versées pour chacun d'eux. Le caissier de la Caisse des dépôts et consignations, en ce qui concerne Paris et le département de la Seine, les préposés de cette caisse, dans les autres départements, donnent quittance du versement sur l'une des expéditions du bordereau. Cette quittance ne forme titre envers l'État qu'à la charge, par l'intermédiaire qui fait le versement, de la soumettre dans les vingt-quatre heures de sa date, à Paris et dans le département de la Seine, au visa du contrôleur près la Caisse des dépôts et consignations et dans les autres départements au visa du préfet ou du sous-préfet (*Ibid.* art. 16).

Lors du retrait du livret par suite de la liquidation définitive de tous les versements, il est délivré, s'il y a lieu, aux ayants droit, un certificat constatant le chiffre du capital réservé (*Ibid.* art. 21).

3324. Enregistrement et timbre. — L'art. 11 L. 18 juin 1850 (15042-1 J. E., 14501 J. N., 1880 I. G.) exempte de tout droit de timbre et d'enregistrement les certificats, actes de notoriété, et autres pièces exclusivement relatives à la caisse des retraites. L'Administration, dans l'Instruction que nous venons de citer, donne une nomenclature de celles de ces pièces que la loi exempte du timbre et qui doivent être enregistrées *gratis* lorsqu'il y a lieu à cette formalité. — Ce sont notamment :

1. ACTE DE NAISSANCE. — L'acte de naissance du déposant et celui de son conjoint, s'il est marié, et les actes de notoriété destinés à en tenir lieu.

2. AUTORISATION. — L'autorisation donnée aux mineurs âgés de moins de dix-huit ans par leur père, mère ou tuteur, et à leur défaut, par le juge de paix, conformément au deuxième paragraphe de l'art. 4 L. 18 juin 1850 et à l'art. 6 du règlement.

L'autorisation accordée par le juge de paix, dans le cas prévu par le sixième paragraphe de l'art. 4 de la loi précitée, à une personne mariée de faire des versements qui lui profiteraient exclusivement ; ce cas est celui de l'absence ou de l'éloignement de l'autre conjoint depuis plus d'une année.

3. APPEL. — Le septième paragraphe du même article porte que la décision du juge de paix pourra être frappée d'appel devant la chambre du conseil. Les actes auxquels cet appel donnera lieu sont également dispensés des droits de timbre et d'enregistrement.

4. EXTRAITS DE CONTRATS DE MARIAGE. — CERTIFICATS. — Les extraits de contrats de mariage ou de jugements que les déposants mariés doivent produire, d'après l'art. 5 du règlement, en cas de séparation de corps ou de biens. Le deuxième paragraphe de cet article dispose que l'extrait du jugement de séparation sera accompagné des certificat et attestation prescrits par l'art. 548 C. proc., et, en outre, dans le cas prévu par l'art. 1444 C. C., des justifications établissant que la séparation a été exécutée.

Ces pièces, auxquelles s'applique l'exemption des droits de timbre et d'enregistrement, consistent dans un certificat de l'avoué de la partie poursuivante contenant la date de la signification du jugement faite au domicile de la partie condamnée, dans une attestation du greffier constatant qu'il n'existe contre le jugement ni opposition ni appel, et dans les copies ou extraits des actes authentiques établissant, ou le payement réel des droits et reprises de la femme, ou le commencement des poursuites dans la quinzaine qui a suivi le jugement de séparation.

5. CHANGEMENT D'ÉTAT CIVIL. — Les pièces que les déposants sont tenus de remettre, aux termes de l'art. 7 du règlement, pour justifier les changements qui ont pu survenir dans leur état civil depuis le dernier versement.

6. CONSENTEMENT. — Le consentement donné par le mari aux versements effectués au profit de sa femme, en conformité du deuxième paragraphe de l'art. 9 du règlement. Ce même article dispose que, dans le cas ou le versement est effectué au profit d'un tiers, il y a lieu de produire les pièces exigées par les art. 3, 4, 5, 6 et 7.

7. FEUILLES DE VERSEMENT. — Les feuilles signées par les déposants et par la personne chargée de recevoir les versements, lesquelles feuilles contiennent d'après l'art. 10 du règlement, les déclarations prescrites par les art. 3, 4, 5, 6, 7, 8 et 9, et servent, aux termes de l'art. 11, à l'établissement d'un registre matricule de tous les déposants.

8. LIVRET. — Le livret dont la remise à chaque déposant est prescrite par l'art. 9 L. 18 juin 1850, et sur lequel sont inscrits tous les versements effectués et les rentes viagères correspondantes.

9. BORDEREAUX. — Les bordereaux que doivent dresser en double expédition, suivant l'art. 16 du règlement, les intermédiaires qui versent dans l'intérêt de plus de dix déposants, et dont une expédition doit recevoir la quittance du caissier ou du préposé de la Caisse des dépôts et consignations.

10. CERTIFICATS. — Les certificats constatant des blessures ou des infirmités prématurées qui entraînent une incapacité absolue de travail dont la production est exigée par l'art. 6 L. 18 juin 1850 pour la liquidation de la pension avant l'âge de cinquante ans.

11. RÉSERVE DE CAPITAL. — Les pièces nécessaires aux héritiers ou légataires du déposant qui a fait réserve du capital, conformément au troisième paragraphe de l'art. 3 L. 18 juin 1860, ou à la personne qui, en effectuant des versements pour un tiers, a stipulé en sa faveur le retour du capital au décès de ce tiers, suivant les dispositions du dernier alinéa de l'art. 9 du règlement, pour obtenir soit le remboursement des capitaux, soit le payement du prorata des arrérages.

12. AMPLIATION DE DÉCRET. — L'ampliation du décret que doivent produire, conformément à l'art. 3 L. 28 mai 1853, les étrangers qui ont été admis à la jouissance des droits civils (1880 I. G., 15042-1 J. E., 14501 J. N.).

3324 *bis*. Destination des pièces. — L'art. 11 L. 18 juin 1850 n'accorde le bénéfice d'une délivrance gratuite et la dispense des droits de timbre et d'enregistrement qu'aux pièces exclusivement relatives à l'exécution de cette loi. Il est donc nécessaire que la rédaction ou la délivrance de ces pièces contienne la mention expresse de leur destination spéciale. Il y aurait également contravention, si les pièces étaient employées pour d'autres justifications que celles relatives à l'exécution des lois des 18 juin 1850 et 28 mai 1853 (1880 I. G.).

3325. Certificat de vie. — Les certificats de vie à produire, soit pour l'inscription des rentes viagères de la vieillesse, soit pour le payement des arrérages desdites rentes, sont exemptés des droits de timbre et d'enregistrement et peuvent être délivrés, soit par les notaires, soit par le maire de la résidence du rentier (Art. 24, Déc. 18 août 1853., D. m. f. 17 déc. 1852 et 7 fév. 1853, 1960 § 2 I. G.).

3326. Bordereaux d'agents de change. — Les bordereaux délivrés par les agents de change pour les achats de rentes faits par la Caisse des dépôts et consignations pour le compte des caisses de retraite, sont exempts du timbre (D. m. f. 28 sept. 1850, 15032 J. E., 14185 J. N.). — V. 2020.

3327. Quittances. — Remboursement de somme. — L'art. 11 L. 18 juin 1850, a dispensé des droits de timbre et d'enregistrement les pièces exclusivement relatives à l'exécution de cet loi, et l'immunité ainsi établie est notamment applicable, d'après les décisions du ministre des finances des 17 décembre 1852, et 7 février 1853 (n° 1960 § 2 I. G.), aux pièces qui ont pour objet les remboursements effectués, en cas de décès des déposants, à leurs héritiers ou légataires (art. 7). Dans le même ordre d'idées et par application des motifs de la décision du 16 août 1808, qui affranchit du timbre les quittances de remboursement de sommes indûment perçues (397-3 I. G.), le ministre a décidé, le 13 décembre 1869, que l'on peut considérer comme exemptes du timbre les quittances de sommes remboursées à des cantonniers pour retenues irrégulièrement opérées sur leurs traitements, au profit de la caisse de retraite pour la vieillesse, au delà du capital maximun prévu par l'art. 8 L. 18 juin 1850 (2400 § 8 I. G., 3370 R. P.).

3328. Succession. — 1. CAPITAL ALIÉNÉ. — Plusieurs distinctions doivent être admises pour régler l'exigibilité du droit de mutation par décès sur les placements faits à la caisse des retraites pour la vieillesse.

Nulle difficulté ne se présente d'abord quand le déposant n'a pas réservé à ses héritiers le droit au remboursement des sommes versées. A son décès, la caisse ne lui doit plus rien et en l'absence d'un objet transmis aux héritiers, il ne saurait être question d'exiger un droit de mutation.

2. CAPITAL RÉSERVÉ. — Mais il en est autrement lorsque la caisse est tenue de rembourser au décès des déposants les versements successifs qu'elle a reçus. Le total de ces versements constitue alors une créance active de la succession du déposant et devient passible de l'impôt au même titre que les autres valeurs héréditaires (1880 I. G.).

3329. Succession entre époux. — D'après l'art. 4 L. 13 juin 1850 : « le versement fait pendant le mariage par l'un des deux conjoints profite séparément à chacun d'eux pour moitié. » — Le rapport de la commission du Corps législatif a expliqué en ces termes le sens de la disposition précédente : « Nous avons pensé qu'il fallait renoncer à la réversibilité proprement dite, même pour une portion de la pension, et cependant la position des veuves nous a paru tout aussi intéressante que celle du pensionnaire lui-même. Nous avons pensé que la meilleure solution était de faire de la pension de la femme, comme de celle du mari, deux titres séparés s'accroissant séparément et profitant à chacun d'eux comme s'ils n'étaient pas unis. A la mort de l'un des deux, la pension de l'autre reste entière. Chacun d'eux a pu, avant le mariage, commencer des versements qui lui restent propres. Pendant le mariage, comme à défaut de contrat de mariage, ainsi que cela existe toujours pour les familles pauvres, le régime de la communauté est de droit; nous avons fait application de cette disposition légale, et nous proposons de décider que tous les versements faits par l'un des conjoints soient considérés comme faits dans l'intérêt des deux et profitent pour moitié à chacun. De cette façon, il ne peut y avoir d'intérêts égoïstes ou opposés. »

Le législateur a donc manifesté l'intention de créer sur la rente et sur le capital des droits personnels aux époux. Cela résulte, en premier lieu pour la rente, de ce que les titres sont séparés, incessibles et insaisissables au moins pour une bonne partie, et s'accroissent séparément au profit de chacun des époux et comme s'ils n'étaient pas unis (Aubry et Rau 4e édit. t. 5 § 507 p. 887 note 19, Marcadé 14e édit. t. 5 p. 109 et 112).

L'intention du législateur de conférer aussi aux époux des droits personnels sur les capitaux à rembourser se manifeste non moins clairement dans l'article portant que le remboursement se fera aux héritiers ou aux légataires du déposant, et que, au cas de déshérence, le capital fera retour à la Caisse des retraites. Cette disposition est générale s'applique à tout dépôt, que le déposant soit marié ou non.

La loi déroge ainsi au principe de la communauté. Quand l'un des époux meurt sans s'être réservé le remboursement des sommes versées, ses héritiers perdent tout droit, soit à la pension due à l'autre époux soit à la valeur des versements faits par ce dernier en biens communs. Ils n'ont donc aucun droit à acquiter de ce chef. — Quant au conjoint survivant, il recueille la pension ou le capital en vertu d'un droit personnel et non comme donataire ou comme héritier de son conjoint prédécédé. Il n'y a ni à lui demander un droit de mutation par décès entre époux ni à faire comprendre dans l'actif commun la valeur des versements portés à son compte.

Le même caractère personnel appartient aux capitaux dus par la Caisse à chacun des époux en vertu d'une stipulation expresse de remboursement aux héritiers en cas de décès. Les sommes à recouvrer restent dans le patrimoine personnel du défunt au même titre que ses biens propres et ne sauraient, dès lors, faire partie de l'actif de la communauté. Les héritiers doivent acquiter sur leur intégralité le droitde mutation par décès (*Conf.*; J. du not. du 18 mars 1874, n° 2714).

1. INDEMNITÉ. — Mais l'époux survivant qui recueille seul le bénéfice des versements au moyen du service de la pension stipulée, ne doit-il pas une indemnité à la communauté en vertu de l'art. 1437 C. C.? A s'en tenir aux règles du droit commun, il faudrait adopter l'affirmative par les raisons que nous avons développées en matière de reversion de rentes viagères provenant de l'aliénation de biens communs (v° *Donation* n° 6693). C'est en effet ce que décide, en matière civile, un jugement de Meaux, du 2 février 1870, 3257 R. P. — Mais nous sommes ici en dehors des principes de la communauté, et la Commission a déclaré elle-même que la loi nouvelle s'écartait à dessein des dispositions des réversibilités. Chacun des époux, en se faisant ouvrir un compte personnel, est censé avoir stipulé séparément pour lui-même : « *comme s'il n'était pas marié,* » ou comme s'il avait fait les versements avec des valeurs propres. Il ne saurait donc être question de récompense, puisque celui qui survit est censé ne profiter en aucune façon des deniers communs. On n'a pas à en comprendre dans la masse de la communauté pour la liquidation du droit de mutation par décès (V. égal. en ce sens J. du not. n° 2196).

3330. Versements pour un tiers. — Quand le versement est fait pour un tiers, trois hypothèses se présentent :

1° Ou le déposant aliène le capital des versements;

2° Ou il stipule le droit de retour en sa faveur, pour le cas de prédécès du titulaire de la rente;

3° Ou il réserve le capital des versements au profit des héritiers du rentier.

Dans le premier cas, il y a incontestablement donation entre vifs de la totalité des versements, et si cette donation est constatée par un acte enregistré ou résulte d'une déclaration de don manuel, le droit de donation est exigible (Sol. 29 juin 1870).

Dans le second cas, il y a donation définitive des versements jusqu'à concurrence de la rente attribuée au tiers, et quant au capital de ces versements, donation au tiers sous la condition résolutoire de son décès avant celui du donateur. Il n'est pas douteux que le droit de donation est néanmoins exigible sur l'intégralité des versements comme pour toute donation sous condition résolutoire, si les versements sont constatés par acte enregistré ou reconnus par le donataire ou ses représentants. Mais la solution du 29 juin 1870 fait remarquer avec raison que lors du prédécès du tiers, le capital rentre dans la possession du déposant sans donner ouverture à aucun droit.

Enfin, lorsque le capital versé est réservé aux héritiers du rentier, on doit considérer qu'il avait été attribué d'abord à ce rentier sous la condition de le conserver à ses héritiers. Le droit de donation est, dans le cas échéant, exigible sur l'intégralité de ce capital. Mais le déposant s'étant dépouillé de tout droit de son vivant, il ne s'opère au moment de sa mort aucune mutation de lui au tiers ou aux héritiers du tiers.

Si ce tiers meurt soit avant, soit après le déposant, le capital retourne dans son patrimoine au même titre qu'y serait la créance ou l'immeuble qu'il aurait reçu entre vifs du déposant. Ce capital passe aux héritiers en vertu d'une mutation par décès, pour laquelle ils ont à acquitter le droit.

CALENDRIER.

3330 *bis*. — Manière de compter le temps. — Le décret du 5 octobre 1793 établissait que la première année de la République avait commencé le 22 septembre 1792, jour où le soleil est arrivé à l'équinoxe d'automne, en entrant dans le signe de la Balance, à 9 heures 18 minutes 30 secondes du matin, pour l'Observatoire de Paris, et finirait à minuit, séparant le 21 du 22 sept. 1793. Dès lors l'ère vulgaire fut abolie pour les usages civils, et de nouvelles combinaisons furent adoptées pour diviser l'année en douze mois égaux, de trente jours chacun, après lesquels suivaient cinq ou six *jours* complémentaires.

Ce nouveau calendrier fut supprimé par le sénatus-consulte du 22 fructidor an 13, portant : « A compter du

11 nivôse prochain (1er janv. 1806), le calendrier grégorien sera mis en usage dans tout l'Empire français » (294 I. G.).

Nous nous abstenons de donner ici le tableau de concordance des calendriers républicain et grégorien, le besoin de le consulter étant devenu très-peu fréquent aujourd'hui.

CANAL.

3331. Définition. — On appelle canal tout cours d'eau fait de la main des hommes. — Il y a diverses espèces de canaux : les canaux d'irrigation, les canaux de dérivation pour les usines, les canaux de dessèchement, enfin les canaux de navigation et de flottage.

3332. Francs-bords. — La propriété d'un canal fait de main d'homme entraîne la présomption légale de la propriété des francs-bords de ce canal et des arbres qui y sont plantés. Toute possession de ces francs-bords par des tiers ne peut être considérée que comme tolérance, et, par suite, elle ne peut faire preuve de propriété en faveur de ces tiers (C. Paris 12 fév. 1830, S. 30-2-138; — Poitiers 7 juill. 1862, S. 62-2-107). Mais c'est une présomption simple qui peut être combattue par des présomptions contraires (Cass. 16 août 1858, S. 58-1-764).

1. MOULIN. — De même, le propriétaire d'un moulin est jusqu'à preuve contraire, présumé propriétaire du canal qui y amène l'eau (Cass. 13 août 1850, S. 50-1-921, 5 mai 1857, S. 57-1-335, 10 juill. 1861, S. 61-1-861 ; — C. Poitiers 7 juill. 1862, S. 62-2-107 ; — Cass. 8 nov. 1869, S. 70-1-429, 13 fév. 1873, S. 73-1-53). — Cette présomption de propriété se restreint néanmoins aux canaux artificiels destinés à dériver les eaux vers le moulin, et non pas à ceux qui sont construits pour rectifier le lit d'une rivière (Cass. 18 août 1863, S. 64-1-13, 3 déc. 1866, S. 67-1-64).

3333. Nature. — Les canaux étant immeubles, les transmissions de propriété qui en sont faites donnent ouverture aux mêmes droits que les transmissions d'immeubles.

3334. Réduction des droits. — Une série de dispositions législatives ont soumis à un simple droit de 1 franc les actes de vente de terrains destinés à l'emplacement de certains canaux. Il en est ainsi : 1° L. 5 août 1821, concernant le traité relatif à la concession du canal Saint-Martin et de ses annexes, ainsi qu'aux actes de cautionnement ; — 2° L. 7 juin 1826, concernant les actes relatifs au canal des Alpines, passés, soit pour la formation de la société, soit pour acquisition de terrains, soit pour adjudication de travaux ; — 3° L. 29 mai 1827, relativement aux actes de vente des terrains destinés à l'emplacement du canal de Digoin à Roanne et aux ouvrages en dépendant, et à l'acte de société pour le perfectionnement du canal de Saint-Quentin, aux actes nécessaires pour la formation de ladite société et aux actes de vente de terrains ; — 4° L. 20 février 1832, par rapport aux actes d'association pour la réunion des fonds nécessaires à l'entreprise du canal des Pyrénées et aux actes d'achat de terrains pour son emplacement; — 5° L. 22 avril 1832, concernant les actes relatifs à la formation de la société pour l'execution d'un canal latéral à la Garonne, ainsi que les actes de vente de terrains qui s'y rapportent; — 6° L. 9 mai 1833, relativement aux actes de vente de terrains pour servir d'emplacement au canal de Vire ; — 7° L. 10 mai 1833 par rapport aux actes de vente de terrains destinés à l'emplacement du canal de jonction de la Sambre à l'Oise et aux ouvrages qui en dépendent; — 8° L. 9 juillet 1852, relativement à tous les actes concernant l'adjudication des travaux et les acquisitions du canal d'irrigation de Carpentras. (15447-2 J. E.).

3335. Actes non prévus par la loi. — Cependant il ne faut pas perdre de vue que les exceptions sont de droit étroit ; aussi l'Administration a-t-elle décidé spécialement, relativement à la concession faite par L. 1827 que nous venons de rappeler : 1° que l'art. 3 L. 29 mai 1827 n'est applicable qu'aux ventes de terrains nécessaires pour l'établissement du canal, et qu'il ne l'est pas aux dispositions de ces actes qui ne dérivent point nécessairement de ces ventes; — 2° que ce même article de la loi n'est point non plus applicable aux quittances de prix de ventes données par actes séparés, ni aux dispositions de tous autres actes relatifs à ces ventes (10558 J. E.).

3336. Concession à temps. — La question de savoir si les concessions de canaux ayant une destination publique attribuent aux concessionnaires une propriété immobilière comporte des distinctions.

Quand il s'agit de canaux temporairement concédés, la jurisprudence a reconnu qu'ils ne constituent pas des immeubles entre les mains des concessionnaires. On l'a décidé ainsi notamment pour l'application de la taxe des biens de mainmorte établie par L. 20 février 1849 sur les immeulbes des sociétés anonymes. Le conseil d'État a exempté les canaux dont il s'agit de la contribution : « Attendu que cet impôt ne porte que sur les biens immeubles, et que le canal n'appartient pas à la compagnie à laquelle l'exploitation temporaire a été concédée, mais fait partie du domaine public » (Déc. du 22 mars 1851, S. 1851 2-450). C'est l'application d'un principe analogue qui a conduit à reconnaître que les compagnies concessionnaires à temps des lignes de chemins de fer n'ont pas la propriété de ces voies (Cass. 15 mai 1861, 1490 R. P.).

Par application de ce principe, lorsque les entrepreneurs d'un canal n'en doivent jouir qu'un temps déterminé, et que la propriété doit, à l'expiration du terme, appartenir à l'État, il n'est dû que le droit fixe sur les *acquisitions* de terrains qu'ils font pour l'ouverture d'un canal, quoique l'ordonnance de concession se taise sur cet objet. Ainsi décidé par le conseil d'administration le 5 octobre 1810, à l'égard du canal d'Aire à La Bassée (Pas-de-Calais), concédé pour quatre-vingt-sept ans.

3337. Concession perpétuelle. — Il en est autrement des canaux concédés à perpétuité. La doctrine avait pensé, en se fondant sur les travaux préparatoires L. 21 vendémiaire an 5, relative au canal du Midi, que ces canaux étaient, comme les autres, exclus du domaine privé (Merlin *Rép.* v° *Canal*, Proudhon *Dom. publ.* t. 3 n° 797, Daviel *Cours d'eau* t. 1er n° 33, Dufour *Droit adm.* t. 4 n° 291, Gaudry *des Dom.* t. 1er n° 197). Mais cette opinion n'a pas prévalu en jurisprudence. Le conseil d'État a décidé, le 19 mai 1864, que les canaux concédés à perpétuité forment une propriété privée aux mains de leurs concessionnaires, sauf les droits de l'autorité administrative quant à l'affectation publique de ces voies de communication. C'est également ce qui a été jugé par la C. cass. dans des arrêts des 22 août 1837 (S. 1837-1-852), 22 avril 1844 (S. 1844-1-416), et 7 novembre 1865 (S. 1866-1-57). Ce dernier arrêt est très-nettement motivé : « Attendu, porte-t-il, que si, sous le rapport de la navigation, les canaux sont une dépendance du domaine public, et si, à ce titre, l'État a toujours le droit de la surveiller et d'exiger la suppression de tous travaux et entreprises qu'il jugerait nuisibles à l'usage public auquel ils sont affectés, rien ne s'oppose néanmoins à ce qu'un canal, construit par un particulier ou une compagnie, en vertu de la concession de l'État, puisse constituer dans les mains du concessionnaire une propriété privée sur laquelle celui-ci pourra, sauf le droit de surveillance et de police de l'État, concéder valablement à des tiers toutes servitudes qui seraient compatibles avec la destination publique du canal. »

1. ACQUISITIONS.— On a donc pu décider, que quand la concession est consentie à *perpétuité*, les acquisitions, étant faites dans l'intérêt privé du concessionnaire sont sujettes aux droits ordinaires d'enregistrement (D. m. f. 31 août 1829, 1303-1 I. G., 7057 J. N.).

2. APPORT EN SOCIÉTÉ. — Dans le même sens, il a été reconnu que la concession d'un canal faite à perpétuité par l'État à une compagnie ou à un particulier constitue entre les mains de cette compagnie ou de ce particulier, sauf le droit de police de l'État, une propriété immobilière, et la cession temporaire qui est faite de la concession à un tiers a le même caractère. Par suite, l'apport à titre onéreux de la concession faite par ce tiers à une société donne lieu à la perception d'un droit de vente immobilière, alors surtout qu'il est exprimé dans l'acte que les canaux ont été hypothéqués par les concessionnaires, et que, depuis la formation de la société, de nouvelles hypothèques ont été consenties par celle-ci (Seine 23 août 1873, 3727 R. P.). — La présentation de l'acte à la transcription donne donc lieu au droit de 1 fr. 50 pour 100 (Pau 9 juill. 1876, 4501 R. P.).

3. CANAL DU MIDI. — Jugé spécialement que le canal du Midi ne fait pas partie du domaine public, mais constitue une propriété entre les mains des représentants des concessionnaires primitifs (Cass. 11 nov. 1867, S. 68-1-171).

3338. Expropriation pour utilité publique. — Les concessions de canaux sont généralement régies aujourd'hui par les lois relatives à l'expropriation pour cause d'utilité publique. Nous en trouverons quelques applications en traitant de ce mot.

3339. Registres. — Aux termes de l'art. 12 L. 13 brum. an 7, les registres des compagnies et sociétés d'actionnaires et généralement tous les registres qui sont de nature à être produits en justice et dans le cas d'y faire foi, sont assujettis au timbre ; d'où la conséquence que les registres des concessionnaires de canaux pour la perception des droits de péage sont sujets au timbre. Mais ce droit de timbre n'est que celui établi par l'art. 9 L. 16 juin 1824 (7126 J. E., Dél. 23 oct. 1827, 8843 J. E., Avis com. fin. 23 janv. 1830, 1320 § 12 I. G.).

Si la société paye une patente, le droit de timbre dont il s'agit est acquitté, comme pour tous les négociants sujets à la patente, au moyen des centimes additionnels à cette contribution (L. 20 juill. 1837, art. 4).

3340. Rôles. — Suivant L. 14 floréal an 11, le recouvrement des sommes dues pour le curage des canaux doit se faire de la même manière que celui des contributions directes. En conséquence, les exploits tendant au recouvrement des rôles pour l'entretien des canaux de dessèchement, doivent être enregistrés gratis, lorsqu'il s'agit de sommes de 100 francs et au-dessous (Sol. 18 déc. 1824, 1156-5 I. G., 7933 J. E.).

1. EXPLOITS. — Les exploits pour le recouvrement des rôles pour travaux de curage de canaux, de dessèchements, sont enregistrablas gratis lorsque les cotisations sont au-dessous de 100 francs. — V. *Acte judiciaire*.

2. MARCHÉ. — L'adjudication des travaux du curage d'aqueducs et de canaux est passible du droit de 1 pour 100. — V. *Acte administratif*.

3341. Eaux. — La concession temporaire des eaux d'un canal est un bail passible du droit de 20 centimes pour 100 — V. *Concession*.

CANCELLATION.

3342. C'est l'action de rendre un écrit nul en le raturant ou déchirant. — Lorsque, du vivant du créancier ou dans sa succession, le titre de créance se trouve raturé, déchiré ou cancellé d'une façon quelconque, il y a présomption légale de payement ou de remise. En effet, il y a lieu de croire alors que la cancellation a eu lieu par celui chez qui l'acte se trouve (Toullier t. 7 n° 340 et t. 8 n° 127). — V. *Quittance*.

CANON.

3343. Ce mot a une double acception. Tantôt il se dit dit des décisions des conciles touchant la foi et la discipline ecclésiastique, et dans ce sens l'on appelait *droit canon* la science du droit ecclésiastique. Quelquefois encore le mot *canon* est employé pour signifier une redevance, une prestation annuelle, mais l'usage en est plus fréquent à l'égard de l'emphytéose : on dit *canon emphytéotique*.

CANTONNEMENT.

3344. Nature de l'usage forestier. — L'usage qui consiste dans la perception des fruits d'une forêt est un droit *sui generis* présentant des dérogations très-graves à la nature de l'usage ordinaire. Le C. C. nous en avertit dès l'art. 636, en renvoyant à des lois particulières pour l'étude des règles qui le gouvernent. Il est donc indispensable d'en bien déterminer d'abord le caractère et les effets. « Les droits d'usage en bois, dit Merlin, sont aujourd'hui comme dans l'ancienne jurisprudence, de véritables servitudes et c'est la conséquence de l'art. 637 C. C. Il y a servitude sur une forêt comme sur un champ, un pré, par cela seul que la forêt, le champ, le pré sont grevés d'une charge au profit d'un héritage voisin. Or, tel est le caractère du droit d'usage forestier, car ce n'est que pour l'utilité des héritages à portée des forêts qu'il est établi (R. P. V. *Usage* § 3). » Si loin que l'on remonte, en effet, l'usage forestier apparaît toujours escorté de cette idée de servitude prédiale. La question ne fait aucun doute aux yeux de la loi romaine : *Non dubitandum est quin jus silvæ cœduæ servitus sit* (D. *loc. cit.* 1 § 1er) ; et tous les feudistes sont du même sentiment (*V.* notamment Coquille art. 15 ch. 17 *Coutume du Nivernais* et Henrion de Pansey *V. Communes* nos 9 et 16). C'est ce qu'enseignent aussi les auteurs modernes (Toullier 3-469, Troplong *Prescrip.* 1-397).

1. DIFFÉRENCE ENTRE L'USAGE FORESTIER ET L'USAGE ORDINAIRE. — On voit combien ce caractère de servitude met de différence entre l'usage forestier et l'usage ordinaire. Celui-ci est un droit essentiellement personnel, inévitablement appelé à une très-prochaine extinction, tandis que le premier, devant satisfaire les besoins sans cesse renaissants d'un immeuble, n'a d'autres limites à son existence que la durée indéfinie du fonds lui-même. Toutefois, cette perpétuité, qui est l'essence des servitudes réelles, n'est qu'un des éléments de l'usage forestier. Il est avant tout un dérivé de l'*usus*. Or, tandis que la servitude constitue une simple charge de l'immeuble, l'usage en est un des démembrements. C'est pourquoi il y a dans un pareil droit une véritable propriété immobilière dont la cession est assujettie, ainsi qu'on le verra ci-après, aux mêmes principes que la vente d'un immeuble.

2. L'USAGE FORESTIER PARTICIPE DE LA PROPRIÉTÉ. —La remarque qui précède est capitale. Elle donne la raison des difficultés que l'on rencontre pour définir juridiquement l'usage forestier. Le mélange intime des deux droits qui l'engendrent en fait un produit assez bizarre qu'il faut renoncer à rattacher exclusivement à l'un d'eux. Nous entendrons donc avec prudence la phrase dans laquelle Merlin semble faire prédominer les caractères de la servitude prédiale et nous tempérerons la doctrine un peu trop absolue des feudistes par cette idée de Proudhon que si l'usage est une servitude, on doit admettre qu'elle entame assez profondément la propriété pour participer à sa nature. Le savant auteur du *Traité de l'usufruit* avait lui-même poussé sa théorie un peu à l'extrême, mais son observation était, en principe, parfaitement exacte, et elle fut reproduite par les orateurs chargés de présenter le Code forestier à la sanction législative. M. Favard de Langlade, devant les députés, et Roy à la Chambre des pairs, répétèrent souvent que l'usage des forêts était une *servitude dévorante, entamant la propriété* et produisant sur les bois domaniaux des résultats tellement graves qu'il importait de les traiter par des moyens plus énergiques que les servitudes ordinaires.

Le cantonnement fut le plus utile palliatif, et c'est lui qui forme surtout le signe de la différence remarquable existant entre l'usage forestier et l'usage ordinaire.

3344 *bis*. Historique. — 1. DÉFINITION. — On donne le nom de cantonnement à l'opération par laquelle le propriétaire d'une forêt attribue à l'usager une portion du sol et de la superficie afin de libérer le reste de l'immeuble des droits d'usage.

2. ANCIEN DROIT. — Cette faculté de conversion est d'origine moderne. Suivant Henrion de Pansey, elle ne remonte pas au-delà du dix-huitième siècle, et il cite un arrêt de cantonnement du 21 décembre 1726, comme le plus ancien qu'il connaisse. Avant cette époque, on aménageait les usages forestiers, c'est-à-dire qu'on en reportait l'exercice sur une partie déterminée de la superficie, affectant ainsi intégralement un canton de bois à la satisfaction de la jouissance usagère pour avoir la disposition absolue du reste. On voit combien ce partage de superficie ressemblait peu au cantonnement actuel. Bien que les auteurs du temps, et notamment Fréminville, l'appellent *cantonnement*, c'était en définitif une simple condensation des droits d'usage sur la superficie, sans influence sur le sort du fonds.

3. ORDONNANCE DE 1669. — Mais lorsque fut promulguée la fameuse ordonnance de 1669, et qu'à la suite de l'établissement des quarts en réserve dans les forêts du royaume, on soumit à des règles sévères la régie des bois autrefois abandonnés aux seigneurs, ceux-ci cherchèrent à se délivrer de tout ce qui ajoutait encore aux embarras de l'exploitation. Ils prirent alors l'habitude de demander au roi la permission d'abandonner aux usagers une portion de toute propriété à la condition d'être propriétaires exclusifs du surplus.

4. LOI DE 1792. — CODE FORESTIER. — C'était là un privilége réservé aux maîtres de la forêt, et il conserva ce caractère jusqu'au décret du 28 août 1792. La réaction qui s'établit à ce moment contre tout ce qui avait l'apparence d'une usurpation féodale, fit considérer la prohibition relative aux usagers comme une atteinte à l'égalité, et on leur accorda le même droit qu'au propriétaire foncier. On avait mal compris, sous l'empire des préoccupations politiques, la nature du cantonnement et la raison pour laquelle il devait être permis au seul propriétaire. La discussion du Code

forestier rappela aux véritables principes. « En droit, disait Favard de Langlade, la règle de la réciprocité n'a pu être prise que dans la maxime : *Nul n'est tenu de rester dans l'indivision*, ou dans cet adage : *L'une des parties ne peut changer la nature de la convention sans le consentement de l'autre*. Or, aucune de ces deux idées n'est vraie pour le cantonnement. L'état d'indivision ne s'applique qu'à une chose dont la substance même appartient en commun à plusieurs. Il faut que les droits de chaque intéressé affectent l'objet possédé, en un mot qu'il y ait pour tous copropriété. Comment reconnaître ces caractères dans le conflit des droits d'un propriétaire et des intérêts d'un usager? Loin que l'usage, qui n'est qu'un usufruit restreint, emporte l'idée de propriété, il l'exclut au contraire, on ne saurait avoir d'usage que sur le fonds d'autrui. » Il ajoutait, à l'égard de la seconde proposition, que si, en thèse générale, on ne pouvait changer une convention sans l'assentiment de toutes les parties, cette règle souffrait des exceptions; qu'on permettait, bien par exemple, au propriétaire d'un immeuble de déplacer une servitude sans consulter le maître du fonds dominant (701 C. C.), que d'ailleurs il y avait dans le cantonnement une question d'intérêt général pour la conservation de la richesse forestière dont les entreprises des usagers compromettait l'existence.

Ces raisons ne rencontrèrent pas de contradicteurs dans les deux chambres, et le retour à l'ancien droit se fitsans difficulté.

3345. Le cantonnement produit l'effet d'un partage. — Il doit paraître assez simple, après cela, de déterminer juridiquement la nature du droit qu'exerce le propriétaire de la forêt lorsqu'il opère le cantonnement. Puisqu'il n'agit pas comme copropriétaire à l'effet d'obtenir un partage, c'est donc qu'il poursuit l'accomplissement d'une condition potestative dont l'usage est affecté dès son origine et qui l'expose à subir dans l'avenir une transformation légale.

S'il était permis de chercher dans les droits personnels des exemples de cette position juridique, on pourrait exactement assimiler l'usager au créancier d'une rente perpétuelle. Tous les deux sont, en effet, indéfiniment soumis à la loi du contrat sans pouvoir y apporter la moindre dérogation, tandis qu'à l'autre aspect de la convention, le débi-rentier aussi bien que le propriétaire de la forêt grevée ont la faculté de se libérer de l'objet principal de l'engagement par des prestations différentes. Or, c'est là une sorte d'obligation *facultative* dont la jouissance usagère forme l'objet unique; et il en résulte directement qu'en offrant le cantonnement, le propriétaire se sert d'un des moyens de satisfaction que la loi lui accorde pour exécuter la convention primitive.

1. TARIF. — NOVATION. — PARTAGE. — Il ne semble donc pas exact de soutenir, comme nous l'avions fait dans nos précédentes éditions, que l'effet du cantonnement est d'anéantir le titre originaire par une *novation*, et que dès lors un nouveau contrat étant substitué à l'ancien, il est dû un droit proportionnel d'enregistrement. Cette théorie pouvait avoir créance au temps des feudistes, parcequ'à cette époque le cantonnement, encore très-près de son origine, apparaissait comme le résultat d'une permission souveraine totalement en dehors de la convention, et c'est ce qui faisait dire à Henrion de Pansey qu'il était l'interversion du titre primitif, l'établissement d'un nouvel ordre de choses; en un mot, un contrat tout différent du premier. Les rédacteurs du Code forestier où se trouvent les principes modernes de cette institution lui ont imprimé une physionomie différente. Ils en ont fait, pour des motifs d'utilité publique, une condition de l'existence même du droit, remontant à sa source et destinée à ouvrir au propriétaire-débiteur une double voie de libération. En d'autres termes et dans la pensée de la loi, la création des droits d'usage susceptibles d'être cantonnés est inévitablement accompagnée de cette stipulation tacite, qu'à la jouissance immobilière se substituera *de plano*, à un certain moment, une portion de la toute propriété. Or, ce moyen d'exécution rentre assez directement, surtout par ses conséquences, dans la classe des partages tarifés au droit fixe de 5 francs par l'art. 68 § 3 n° 2 L. 22 frimaire an 7, et actuellement au droit gradué par l'art. 1 n° 5 L. 28 février 1872.

2. ACTE INNOMMÉ. — Peut-être pourrait-on soutenir aussi avec fondement que le droit exigible est celui de 3 francs créé par le § 1er n° 6 du même article pour les actes contenant le complément et la consommation d'actes antérieurs. Mais ce qui doit détermine à choisir préférablement le tarif des partages, c'est que le cantonnement touche par une foule de points au lotissement d'immeubles prévu par une disposition spéciale de la loi, et que le droit de 3 francs se restreint aux actes d'exécution non indiqués nommément dans le tarif.

3346. Différence entre le cantonnement et le partage. — Malgré toutes les assimilations qu'il est possible d'établir entre le cantonnement et le partage, il ne faudrait cependant pas, en droit civil, les confondre entièrement. Le partage suppose un état antérieur d'indivision, et tous les auteurs reconnaissent maintenant qu'il n'y a rien de semblable entre l'usager forestier et le propriétaire. Proudhon lui-même, qui chercha par tous moyens à faire prévaloir le caractère réel de cette servitude pour donner aux usagers le droit de requérir le cantonnement, et qui fut, si l'on en croit son biographe (M. Lagier *Éloge de Proudhon*, *Traité du Dom. pub.* p. 54), profondément affecté de son insuccès devant les chambres, Proudhon est forcé de reconnaître que les usagers ne sont pas copropriétaires du fonds, dans le sens rigoureux du mot (*Traité des droits d'usage* n° 5). C'est pourquoi la jurisprudence ne fait pas au cantonnement l'application de toutes les règles du partage. Les arrêts de Nancy des 20 juillet 1829, 31 août 1849, de Colmar du 25 janvier 1819, de Metz du 14 mars 1861, S. 61-2-665, et surtout de la C. de cass. du 25 avril 1845 (art. 863 et 914 des *Annales forestières*) font ressortir les différences qui séparent les deux actes en ce qui concerne notamment le mode de fixation des droits des parties. Chaque institution a son caractère propre et reçoit de sa nature des règles spéciales qu'il serait imprudent de vouloir confondre; mais au point de vue qui nous occupe, ces différences secondaires ne réussissent pas à séparer suffisamment les deux contrats, pour qu'on doive refuser au cantonnement l'effet purement déclaratif du partage.

3347. Caractère translatif. — Droit de mutation. — Un auteur spécial fort autorisé en matière de forêts enseigne, au contraire, que le cantonnement lui semble incontestablement passible du droit de mutation, parce qu'il y a, d'un côté, dessaisissement de la propriété et de l'autre acquisition d'un même droit (M. Meaume *Com. du Code forest.* 1-516). Ce motif n'est qu'une pétition de principe : il faudrait d'abord établir que la substitution dont on fait une double vente, n'est pas le résultat d'un partage ou d'un acte déclaratif de même espèce, et c'est précisément ce qu'on oublie de faire. M. Meaume fonde son avis sur une solution du 21 juin 1833, qui est complétement étrangère à la question. Elle décide que le rachat du droit d'usage en bois. moyennant une indemnité pécuniaire, est une vente de droit immobilier soumise à la perception de 5 fr. 50 cent. pour 100, établie pour les transmissions de cette nature. Or, c'est là une hypothèse tout à fait différente du cantonnement et sur laquelle on ne peut pas, en effet, hésiter. — *V.* 3349.

Nous concluerons donc que le cantonnement proprement dit doit être considéré, en matière fiscale, comme une opération de partage sujet au droit fixe. C'est d'ailleurs en ce sens que la question a été maintes fois résolue (Sol. 17 déc. 1831, 9-13 mars 1849, 10-16 août 1849, 19 oct. 1853, 11 avr., 11 juin et 28 juill. 1860, 30 mai 1859, 21 mai et 4 sept. 1860. — *V.* D. N. t. 2 p. 683 n° 31 et le J. du not n° du 5 fév. 1868, 2223). L'opinion contraire, consacrée par le tribunal de Foix le 30 août 1876, et d'après laquelle le cautionnement aurait un effet translatif pour la perception de l'impôt, ne doit pas être suivie (4521 R. P.). Elle n'est pas acceptée par l'administration.

Depuis la loi du 28 février 1872, un tel acte serait passible du droit gradué ; et le droit serait dû, comme nous le verrons en traitant du partage, sur la valeur totale des cantons forestiers grevés de l usage.

3348. Jugement. — Liquidation. — La perception ne varie pas, on le comprend sans peine, soit que le cantonnement se réalise par un acte civil, soit qu'il fasse l'objet d'un jugement. Dans les deux cas, il conserve la même nature ; mais il y a quelques embarras pour déterminer l'exigibilité des droits accessoires auxquels le jugement donne ouverture.

Presque toujours l'évaluation de l'émolument usager soulève des contestations soumises à la décision du tribunal. Les droits des parties sont en litige et c'est le jugement qui, en adoptant telle ou telle base d'opération, fixe la somme représentative des droits d'usage. Or, ne peut-on pas appliquer à cette disposition l'art. 69 § 2 n° 9 L. 22 frimaire an 7, ainsi conçu : « Sont sujets au droit proportionnel de 50 cent. pour 100, les jugements portant condamnation, collocation et liquidation de sommes et valeurs mobilières ? » Il est très-facile de se faire illusion ici sur la portée de cet article. En effet, lorsque le juge, appréciant l'étendue d'un usage, en détermine l'importance sur les prétentions contradictoires des parties, il fait sans doute une liquidation de sommes, parce que dans toutes les discussions sur le partage de droits immobiliers indéterminés, il faut procéder par des chiffres. Mais, et voici l'essentiel, ces chiffres ne correspondent à aucune valeur mobilière ; ils sont la représentation mathématique d'une propriété immobilière ; ils servent seulement à établir l'importance de chaque lot ; en un mot, ils remplacent les estimations qui précèdent la confection d'un partage ordinaire. Or, ce n'est point à cet ordre d'idées que se réfère l'art. 69, quand il parle de sommes et valeurs mobilières. L'interprétation littérale du texte laisse en dehors tous les jugements ayant pour objet la détermination d'un droit immobilier contesté. Le qualificatif, qui détermine la phrase, s'applique, en effet, aux deux mots qui le précèdent : *sommes et valeurs mobilières*, et qui sont réunis l'un à l'autre par une conjonction évidemment destinée à associer deux idées semblables. D'ailleurs, le droit de liquidation est d'une nature identique à celui de condamnation avec lequel il est le plus souvent confondu. Et, comme par la force des choses, ce dernièr ne s'applique qu'à des choses mobilières, il y a lieu de croire que l'objet servant de cause directe à la liquidation, ne peut être également qu'un droit mobilier.

On argumenterait en vain, pour soutenir le contraire, de ce qui a lieu dans l'hypothèse de la séparation de biens, lorsque le mari est condamné à rembourser à sa femme le montant de ses reprises. Le partage de la communauté peut sans doute attribuer des immeubles à la femme pour ses reprises et alors elles seront, selon la jurisprudence, réputées immobilières *ab initio*, mais cet effet rétroactif ne peut influer sur une perception antérieure et puisque au moment où le droit a été acquis au Trésor, la condamnation était mobilière, l'art. 69 était incontestablement applicable.

3349. Cession au nu propriétaire. — On rencontre beaucoup moins d'obscurité pour régler la perception sur les actes auxquels donnent lieu les droits d'usage considérés en dehors du cantonnement.

Et d'abord, leur cession au nu propriétaire moyennant une somme d'argent, ou en d'autres termes, leur rachat est incontestablement passible du droit de transmission immobilière. Qu'il s'agisse de droits non soumis au cantonnement comme le panage, la glandée et la paisson, qu'il s'agisse, au contraire, du maronnage ou de l'affouage, il n'importe, tous constituent, ainsi que nous l'avons établi, des démembrements de la propriété forestière participant à la nature des immeubles et sujets aux mêmes lois. « Le droit d'usage, dit Proudhon *Usuf.* 6 n° 2745, établi sur un immeuble est lui-même un immeuble dont la constitution est passible du droit de transmission immobilière. » Evidemment, cette solution s'applique au transport du droit sur la tête d'un tiers et tel est aussi l'avis de Merlin *Quest. de droit* n° 8.

Tout le monde n'admet cependant pas cette théorie. Selon quelques auteurs la convention est une sorte de rachat de servitude passible du droit de quittance ; ils se déterminent à le penser ainsi, parce que l'usage forestier leur paraît, en effet, un droit analogue aux servitudes ordinaires (16842 J. E., *V.* Champ. et Rig. 3589).

Cette appréciation manque d'exactitude. L'usage en bois est sans doute, à certains égards, une servitude rentrant dans la catégorie de celle de l'art. 638 C. C., mais il est aussi et avant tout un démembrement de la propriété, l'une des fractions tripartites du *dominium*, ayant une entité juridique aussi complète que toute propriété ou que l'usufruit dont il est le frère. Nous avons fait ressortir l'importance de cette double physionomie, et c'est pour ne pas l'avoir saisie que les partisans de l'opinion contraire sont tombés dans l'erreur.

De nombreuses décisions ont sanctionné d'ailleurs la perception du droit de mutation immobilière (Jugements du 6 janv. 1831 et 28 juin 1850 et Dél. de l'Administration des 17 déc. 1831, 21 juin 1832, 23 oct. 1834 et 5 janv. 1835, 11187 J. E.).

1. QUOTITÉ DU DROIT. — Quant à la quotité du droit exigible, cette question est résolue d'avance par les explications qui précèdent. Du moment qu'il n'y a entre l'usager et le propriétaire aucune indivision proprement dite, ils ne sont point copropriétaires et dès lors l'acte qui constate la cession à l'un d'eux des droits de l'autre ne peut jouir du bénéfice de la fiction de l'art. 883 C. C. — Ce n'est donc pas une licitation passible du droit de 4 pour 100 selon l'art. 69 § 7 n° 4 L. 22 frimaire an 7, mais une vente d'immeubles ordinaires tarifiée au droit de 5 fr. 50 cent. pour 100 par l'art. 54 L. 28 avril 1816. Ce droit de 5 fr. 50 cent. pour 100 a été, en effet, reconnu exigible par une Dél. des 23 octobre, 5 janvier 1835, par un jugement du tribunal de Château-Chinon du 28 juin 1850 (14985 J. E.), et par un arrêt de la C. cass. de Belgique, du 29 mars 1867 (n° 2612 R. P.).

3350. Succession. — Il n'est pas douteux, en dernier lieu, que l'usage forestier soit passible du droit de mutation lors du décès de l'usager. On ne conçoit pas pour quelle raison la loi soustrairait à l'impôt de transmission, cette propriété immobilière qui forme entre les mains de l'usager un droit réel soumis, comme les autres valeurs, aux règles de la dévolution des biens aux héritiers. Le patrimoine du *de cujus* étant, suivant l'expression romaine, *jus universum quod defunctus habuit*, et l'usage constituant un démembrement du fonds, il faut reconnaître qu'il doit être compris dans la déclaration de succession de l'usager, comme les fonds eux-mêmes.

1. USAGE CONFÉRÉ AUX HABITANTS D'UNE COMMUNE. — Ici encore, nous nous trouvons en opposition avec Champ. et Rig., mais l'argument de ces auteurs est visiblement erroné. « Quant aux mutations à titre gratuit, disent-ils, n° 3589 de leur traité, les textes dénomment expressément la propriété et l'usufruit ; cette disposition est limitative et il en résulte que, sous aucun prétexte, on ne peut percevoir le droit de mutation sur les droits d'usage transmis héréditairement. » Nous admettons sans difficulté que, quand l'usage en bois appartient *généraliter* aux habitants d'une commune, le décès de chaque propriétaire ne transmet pas, *jure successionis*, à ses héritiers la faveur de la concession. Ici le bénéfice de l'usage est attaché au fait de la résidence dans la commune, à laquelle a été conféré, en tant que corps moral, le droit forestier.

En d'autres termes, ce n'est pas comme héritier de tel ou tel individu que le successeur exerce l'usage, mais tout simplement comme habitant de la communauté et parce qu'il y a pris, n'importe à quel titre, une place vacante. Dès lors il ne peut être question de frapper d'un impôt une mutation qui n'existe pas.

2. USAGE PARTICULIER. — Mais qu'il s'agisse d'un droit d'usage conféré à des propriétaires considérés *ut singuli* (et ce mode de constitution n'est pas rare, surtout dans les forêts de l'Alsace et de la Lorraine), qu'il s'agisse par exemple de la faculté donnée au possesseur d'une ferme enclavée dans les bois d'envoyer au pâturage un certain nombre de bestiaux, la solution sera différente.

Dans l'espèce, la personnalité de celui auquel appartient la pâture n'est plus absorbée par un corps moral possédant pour lui seul et échappant, par son existence indéfinie, aux causes de transmission par décès. Le droit repose, au contraire, sur sa tête d'une manière privative, et quand un héritier ou un légataire se substitue à lui, il recueille évidemment, par droit de succession, le bénéfice de l'usage. Ce droit peut être souvent très-lucratif, et composer, comme dans l'hypothèse précédente, une des meilleures sources de revenu pour l'immeuble. Il est donc naturel qu'il entre en compte pour la fixation de son produit et qu'il acquitte ainsi le droit de mutation par décès.

3351. État. — Lorsque le propriétaire de la forêt est l'État, l'acte, le jugement ou l'arrêt de cantonnement est enregistrable *gratis* (art. 70 § 2 n° 1er L. 22 frim. an 7, 1233 I. G.). — S'il y a plus-value et que cette plus-value soit payée par l'État, aucun droit n'est exigible ; mais si elle est due par l'usager, le droit de 2 pour 100, établi pour les ventes des biens de l'État (*V.* 1802), est exigible (1233 I. G.).

3352. Usages non soumis au cantonnement. — Nous devons faire remarquer, en terminant, que pour attribuer au cantonnement le caractère du partage il faut que les usages puissent faire l'objet d'un contrat de cette nature. Il y a, en effet, certains droits de l'espèce qui ne sont pas soumis au cantonnement : ce sont le panage, la glandée et la paisson. Ces usages constituent de simples droits réels, ne conférant ni au propriétaire ni à l'usager la faculté de demander ou d'offrir une partie du fonds. Dès lors le contrat par lequel l'usager consentirait à recevoir une portion de la propriété pour affranchir le surplus de l'immeuble serait un échange ordinaire d'immeubles ou de droits immobiliers sujet au droit de 2 fr. 50 cent. pour 100.

A cet égard, il a été décidé qu'on ne pouvait pas cantonner le droit de prendre du varech dans un lac ou d'y chasser et d'y pêcher (Cass. 17 juin 1856, S. 56-1-585, 748 R. P.).

Mais les droits de champéage, de brouillage, d'abreuvage et de naisage sur les étangs ne sont pas des servitudes mais des usages susceptibles de cantonnement (C. Dijon 25 juill. 1866, S. 67-2-51).

Il en est de même du droit de pacage (C. Caen 31 janv. 1865, 65-2-201).

3353. Timbre. — Les actes constatant le cantonnement passés entre des particuliers sont sujets au timbre selon la règle générale.

Si le cantonnement concerne l'État, les actes sont faits en la forme administrative par le service forestier (D. 19 mai 1837) et exemptés à ce titre du droit de timbre (L. 15 mai 1818, art. 80).

S'il y a une soulte payée par l'usager, cet usager est censé acquérir une portion de la forêt et il doit acquitter le droit de timbre du contrat. Si la soulte est payée par l'État, on applique le principe admis pour les acquisitions faites par l'État et le contrat est visé pour timbre gratis. — *V.* 299.

Il semble cependant que la perception du droit de timbre pourrait être justifiée, dans ce cas, par l'art. 29 L. 13 brumaire an 7 qui met à la charge des parties le timbre des actes passés entre eux et l'État.

CAPACITÉ.

3353 *bis*.— C'est, en général, l'aptitude ou la disposition à quelque chose; mais, dans le langage des lois, on entend par *capacité* la faculté de contracter, de disposer, de donner ou de recevoir, etc. Ainsi, l'art. 1124 C. C. porte : « Les incapables de contracter sont : 1° les mineurs; 2° les interdits; 3° les femmes mariées, dans les cas exprimés par la loi; et généralement tous ceux à qui la loi a interdit certains contrats. »

Il y a deux sortes de capacités : la capacité *morale* et la capacité *civile*. La capacité est morale lorsque la personne jouit de ses facultés intellectuelles; elle est civile lorsqu'elle réunit les autres conditions requises par la loi.

CAPITAINE DE NAVIRE.

3354. Définition. — On nomme ainsi l'officier chargé de la conduite d'un navire marchand.

3355. Timbre et enregistrement. — Les rapports faits par les capitaines de navire, en exécution des art. 242, 243, 246 et 413 C. Com., ainsi que tous les autres procès-verbaux de cette nature, sont assujettis au timbre et à l'enregistrement.

1. RELEVÉ. — Mais les relevés de ces actes, remis au préfet pour être adressés au ministre de l'intérieur, sont exempts de toute formalité, à charge de faire mention de cette destination sur la pièce (D. m. f. 15 juill. 1808, 402 I. G.).

3356. Grand et petit rapport. — Les petits rapports ou rapports sommaires dans lesquels le capitaine déclare seulement le lieu, le jour du départ, le nom, le port et le chargement du navire, la route et le jour de l'arrivée, sont affranchis des droits de timbre, de greffe et d'enregistrement (402 I. G.). Quant aux grands rapports, c'est-à-dire à ceux d'un voyage au long cours ou d'un cabotage dans lequel il est arrivé quelque chose d'extraordinaire et des avaries considérables, ils sont soumis au timbre, à l'enregistrement et aux droits de greffe. Le droit d'enregistrement à percevoir sur ces rapports est de 3 francs (actuellement 4 fr. 50 cent.) (Dél. 7 avr. 1819, 6398 J. E.).

1. DÉPOT AU GREFFE. — L'I. G. 272 § 2 en maintenant les principes posés par l'I. G. 402 déclare que l'exemption de tous droits, quant aux petits rapports, s'étend aux actes qui en constatent le dépôt au greffe, et qui peuvent être dressés sur papier non timbré, avec dispense de l'enregistrement (1272 § 12 I. G.).

3357. Vérification. — Les vérifications des *petits rapports* sont exemptes de tous droits, comme les rapports eux-mêmes. La vérification des *grands rapports* ne donne lieu à aucun droit particulier, quand elle a lieu immédiatement après le rapport, et qu'elle est constatée par le même acte. Si, au contraire, elle fait l'objet d'un procès-verbal distinct, elle est sujette aux droits ordinaires des actes judiciaires (Dél. 1er fév. 1831, 1370 § 6 I. G.).

3358. Déclaration d'entrée de navire. — Les déclarations d'entrée de navires, que des capitaines de navires étrangers croient devoir faire à leur arrivée dans les ports de France, et qui mentionnent des obligations pécuniaires souscrites en mer par ces capitaines, envers d'autres bâtiments dont ils ont réclamé le secours, ne donnent ouverture qu'au droit fixe (Dél. 22 nov. 1823, 7590 J. E.).

3359. Navires naufragés. — Peuvent être visées pour timbre *en débet* les feuilles destinées aux rapports, ainsi qu'à leur dépôt au greffe, des capitaines de navires naufragés, lorsque le capitaine déclare dans l'acte que son état de dénûment ne lui permet de faire aucune avance : le recouvrement est subordonné à l'amélioration de son sort; mais le greffier ou secrétaire qui aura reçu le rapport n'en délivrera expédition, aux parties intéressées, qu'après justification préalable du payement des droits (D. m. f. 2 août et 24 sept. 1808, 402 I. G.).

3360. Navire capturé.— Ces principes sont applicables aux rapports des capitaines de navires capturés (D. m. f. 4 juill. 1809, 3287 J. E.).

3361. Double droit. — Quoique ces différents actes ne soient soumis à l'enregistrement qu'*en débet*, si ceux qui doivent les y soumettre ne le font point dans les délais, l'amende prononcée par la loi, pour défaut d'enregistrement, n'en est pas moins encourue, indépendamment du payement des droits. (D. m. f. 25 therm. an 13, 2084 J. E.). — *V.* 770, 773-2, 999.

3362. Dépôt. — Le greffier du tribunal de commerce ne peut pas recevoir en dépôt, sans en dresser acte, les états de pertes et dommages faits pour cause d'avaries en mer, par des experts nommés à cet effet et opérant dans les formes que prescrit le Code de commerce (6193 J. E.).

3363. Connaissement. — Les capitaines de navires sont assujettis au sujet des connaissements dont ils doivent être pourvus, à des formalités que nous indiquons au mot *Connaissement*.

3363 *bis*. **Renvoi.** — Nous traiterons plus spécialement au mot *Navire* des questions de timbre et d'enregistrement auxquels donnent lieu les actes rédigés par les capitaines de navire.

CAPITAL.

3364. Définition. — On entend le plus souvent par ce mot une somme d'argent, par opposition aux intérêts qu'elle produit, soit qu'elle soit aliénée, comme dans les contrats de constitution de rente, soit qu'elle soit exigible, comme dans les obligations ordinaires; mais le mot *principal* est plus ordinairement employé dans ce dernier cas. — Dans un sens plus général, le mot *capital* comprend toute fortune mobilière, en argent ou en effets commerciables ; ainsi, on appelle *capitaliste* le possesseur d'une somme considérable en effets, qu'il peut convertir en argent d'un moment à l'autre.

3365. Intérêts. — Les intérêts, n'étant qu'un simple accessoire de la dette, suivent le sort du principal : ils sont prescrits alors que la dette elle-même est prescrite ; également, ils sont éteints lorsque l'obligation est éteinte (1908 C. C., 1791-2224 J. E.), à moins que, par une stipulation spéciale, les parties n'aient déclaré qu'elles entendent constituer, malgré l'extinction de l'obligation principale, une obligation nouvelle relativement au payement des intérêts.

Alors les intérêts dus, qui n'ont pas été imputés sur les payements faits, comme cela était de droit, forment une créance nouvelle qui a son existence distincte. Ils deviennent un capital qui produit de nouveaux intérêts, soit du jour de la demande, soit du jour de l'échéance (1150, 1154 C. C., 314-353 I. G., 5092 J. E.). — V. *Intérêts.*

CAPITAL RURAL.

3366. — On appelle *capitaux ruraux* les animaux attachés à la culture et à la garde des héritages, ceux que le propriétaire y réunit et élève, les ustensiles aratoires, les semences, les pailles, les engrais, et généralement tout ce qui est attaché au service d'une ferme ou destiné à en accroître les productions.

CAPTATION.

3367. — La captation est l'action de celui qui parvient à s'emparer de la volonté d'un autre et à s'en rendre maître.

Quoique le C. C. ne contienne pas de disposition relativement à la captation, comme il résulte de la combinaison des art. 995, 901 et 909 de ce Code, qu'il n'y a de disposition valable, soit entre-vifs, soit testamentaire, que par la *volonté* libre de celui qui les fait, il suit de là qu'il appartient aux tribunaux d'annuler de pareilles dispositions, lorsqu'ils reconnaissent qu'elles n'ont pas été le résultat d'une volonté libre, mais bien celui de *manœuvres frauduleuses* exercées à l'encontre du disposant (Cass. 14 nov. 1831, D. 31-1-30).

CARENCE.

3368. Définition. — On appelle ainsi l'acte par lequel un fonctionnaire compétent, tel qu'un juge de paix, un huissier, constate qu'il ne s'est trouvé, soit dans le domicile d'un défunt, soit dans celui d'un débiteur, aucun effet mobilier susceptible d'être mis sous le scellé, saisi ou inventorié.

3369. Juge de paix. — Les procès-verbaux de carence dressés par les juges de paix, en exécution de l'art. 925 C. proc., en matière d'apposition de scellés, ne sont soumis qu'au droit fixe de 1 franc, quel que soit le temps employé à leur rédaction (D. m. f. 8 oct. 1823, 7204 J. E., 1104 § 1er I. G.).

Ce droit a été élevé à 1 fr. 50 cent. par l'art. 4 L. 28 février 1872.

3370. Notaire. — Si, avant toute démonstration faite par le juge de paix à l'effet d'apposer les scellés, il plaît aux parties intéressées d'appeler un notaire pour constater que le défunt n'a délaissé aucun objet mobilier susceptible d'être inventorié, le notaire peut, sans aucun doute, se rendre à l'invitation qui lui est faite et dresser un procès-verbal de carence qui, dans ce cas, tient lieu de l'inventaire que le juge de paix seul aurait qualité pour faire. — Un pareil acte est sujet au droit de 3 francs d'après la disposition générale de l'art. 8 L. 18 mai 1850 et de l'art. 4 L. 28 février 1872.

1. HUISSIER. — Les questions auxquelles donne lieu l'enregistrement des procès-verbaux de carence dressés par les huissiers sont traitées au mot *Exploit.*

CARRIÈRE.

3371. Définition. — Lieu d'où l'on extrait les pierres, les grès, ardoises, marbres, etc.

3372. Autorisation. — L'autorisation d'ouvrir une carrière est, comme acte administratif, exempte du timbre sur la minute, et de l'enregistrement, tant sur la minute que sur l'expédition. Mais l'expédition doit être délivrée sur papier timbré (L. 15 mai 1818, art. 80).

3373. Exploitation. — L'exploitation des carrières est assujettie à certaines règles dont on trouvera le développement au mot *Mines.*

CARTE DE SURETÉ.

3374. — Acte ou pièce émané de la police, qui est exempt du timbre (Circ. 1566).

CARTES POSTALES.

3375. Définition. — Les cartes postales sont des correspondances privées circulant à découvert par la poste.

Elles ont été établies par la loi du 20 décembre 1872.

1. TIMBRE ET ENREGISTREMENT. — Les cartes postales sont sujettes au timbre et à l'enregistrement dans les mêmes conditions que les lettres missives dont elles tiennent lieu. — V. *Lettres missives.*

2. QUITTANCES ET REÇUS. — Quand les cartes postales contiennent des quittances ou des reçus de la nature de ceux prévus par l'art. 18 L. 23 août 1871, elles sont incontestablement sujettes au timbre de 10 centimes comme les correspondances ordinaires (Avis publié au *Journal officiel* du 29 janv. 1873, 3570 R. P.).

3. AGENTS DE LA POSTE. — Mais il ne paraît pas que les agents de la poste aient été autorisés jusqu'à ce jour à dénoncer les contraventions existant dans les cartes circulant sous leurs yeux. L'administration de l'Enregistrement avait pensé le contraire; mais l'administration des postes a fait décider, par le ministre des finances, le 15 février 1873, « Que la discrétion professionnelle imposait à ses agents le devoir de ne pas prendre connaissance des inscriptions portées au verso de la carte et qu'ils étaient dès lors incompétents pour constater les contraventions résultant de l'expédition des cartes non timbrées qui auraient dû l'être. » Cette décision a été notifiée officiellement aux agents des postes dans l'I. G. n° 80 et confirmée par une autre D. m. f. du 9 septembre 1874 (3916 R. P.). — V. Dieppe 23 mars 1873, 3659 R. P.

CARTOUCHE.

3376. — Titre de congé absolu ou limité délivré aux militaires ou aux marins. Elles sont exemptes de l'enregistrement (Art. 70 § 3 n° 13 L. 22 frim. an 7) et du timbre (Art. 16 L. 13 brum. an 7).

CAS FORTUIT.

3377. — On appelle *cas fortuits* les événements qui sont indépendants de la volonté de celui à qui ils arrivent.

3378. Cas fortuit et force majeure. — Les cas fortuits proprement dits s'entendent des événements qui n'ont d'autre cause que le hasard, tels que les incendies causés par le feu du ciel, les débordements, la grêle, une mort imprévue. — Les cas de force majeure sont, par exemple, les invasions de l'ennemi, les ravages de la guerre et autres accidents semblables qui sont au-dessus de la prévoyance ordinaire, sans être l'effet de ce qu'on nomme précisément le hasard. — Ces derniers accidents diffèrent des accidents qu'on nomme proprement *cas fortuits*, en ce que ceux-ci sont naturels, au lieu que les autres proviennent du fait des hommes. Mais ce qu'il y a de commun entre les uns et les autres, c'est qu'ils sont tous indépendants de la volonté de ceux à qui ils arrivent, et qu'en général il n'y a point de recours à exercer pour le dommage qui en résulte.

3379. Extinction des obligations. — Les obligations s'éteignent par cas fortuits, d'abord lorsqu'il y a destruction totale de la chose qui faisait la matière de l'engagement (1302 C. C.); par exemple lorsqu'une maison vendue a été incendiée avant que l'acquéreur en ait été mis en possession. — Si la chose due n'est pas périe totalement, l'obligation subsiste pour la partie qui en reste. Ainsi, celui qui a acheté une maison qui a été brûlée, avant qu'il s'en fût mis en possession, a droit au terrain sur lequel elle était bâtie et aux matériaux que le feu a épargnés.

3380. Bail. — Le preneur à bail peut être chargé des cas fortuits, tels que grêle, feu du ciel, gelée ou coulure (1772 C. C.). Il peut même l'être de tous cas fortuits *prévus* ou *imprévus* (1773 C. C., 1822 J. E.). Une pareille stipulation ne donne ouverture à aucun droit particulier, et, dans le cas de résiliation de bail, par suite de la perte partielle ou totale de la chose par cas fortuit qui le rend impropre à l'objet auquel elle était destinée, le seul droit fixe est exigible.

V. *Cas fortuit* n° 3.

CAUSE.

3381. Définition. — Ce terme a diverses acceptions. D'abord il est synonyme d'action; et c'est en ce sens que l'on dit *cause réelle*, *cause personnelle*, *cause mobilière*. Le mot *cause* se dit aussi du procès, de l'instance elle-même, et c'est de là que dérivent les dénominations de *cause principale*, *cause d'appel*, *cause incidente*, *cause sommaire*, *cause préjudicielle*, *état de cause*, etc. Enfin le mot *cause* est aussi employé pour exprimer le motif qui détermine un don ou un legs, une obligation ou un contrat.

1. OBLIGATION. — Toute obligation doit avoir une cause. L'obligation sans cause ou sur une fausse cause, ou sur une cause illicite ne peut avoir aucun effet (1131 C. C.). D'après cela, on est tout naturellement amené à demander quelle est la cause d'un contrat. C'est le *motif* qui détermine à contracter l'obligation. Ainsi, dans les contrats *intéressés*, la cause de l'obligation que contracte l'une des parties est ce que l'autre

partie lui donne ou s'engage à lui donner, ou le risque dont elle se charge. Dans les contrats de *bienfaisance*, la cause de l'obligation est la volonté de faire du bien à la personne à qui l'on donne ou envers qui l'on s'oblige (Merlin *Quest. de droit* v° *Cause des obligations*). — V. *Obligations*.

CAUTIONNEMENT-GARANTIE.

DIVISION

SOMMAIRE

CHAPITRE PREMIER. — CONSIDÉRATIONS PRÉLIMINAIRES

[3382-3387]

3382. Cautionnement. — Garantie. — Indemnité. — On peut s'engager de trois manières sur l'obligation contractée par un tiers : ou l'on promet de l'exécuter, si le débiteur ne l'exécute pas, *c'est le cautionnement ;* ou l'on promet d'en maintenir l'exécution, *c'est la garantie ;* ou l'on promet seulement de payer une somme d'argent, dans le cas d'inexécution ou de trouble après l'exécution, *c'est l'indemnité.*

3383. Tarif. — Ce sont ces trois conventions que l'art. 69 § 2 n° 8 L. 22 frimaire an 7 a tarifées au même droit. Cet article est ainsi conçu : « Sont sujets au droit de 50 centimes pour 100 les cautionnements de sommes et objets mobiliers, les garanties mobilières et les indemnités de même nature. — *Le droit sera* perçu indépendamment de celui de la disposition que le cautionnement, la garantie ou l'indemnité aura pour objet, mais sans pouvoir l'excéder. — Il ne sera perçu qu'un demi-droit pour les cautionnements des comptables envers l'État. »

Bien que la loi ait réuni dans un même article le cautionnement, la garantie et l'indemnité, ces trois conventions, comme on vient de le voir, présentent des distinctions caractéristiques. Nous allons les faire ressortir en peu de mots.

3384. Garantie et cautionnement. — Par le cautionnement on s'oblige à *acquitter* la promesse du débiteur principal, si celui-ci ne s'acquitte pas. Par la garantie, au contraire, on s'engage à *maintenir* l'exécution de l'obligation. La caution s'engage à *faire* ou à *donner* quelque chose, le garant ne s'engage qu'à *repousser* le trouble, à *maintenir* la jouissance, à *écarter* l'action. — B... vend une maison à C..., je m'oblige à en payer le prix, à défaut de C... : il y a cautionnement. — Je m'engage, au contraire, à maintenir C... dans la paisible possession de la maison que lui a vendue B... : c'est une garantie.

3385. Indemnité et cautionnement. — La caution s'engage à rendre ou à faire la *même chose* que le débiteur principal ; celui qui promet l'indemnité s'engage à *autre chose* que ce qui fait l'objet de la stipulation. — Je m'oblige à vous rendre dix hectolitres de blé que vous avez prêtés à B.., dans le cas où B... ne vous les rendrait pas : c'est un cautionnement. Je m'engage à vous payer 100 francs si B... ne vous rend pas le blé prêté : c'est une indemnité.

3386. Garantie et indemnité. — La garantie diffère de l'indemnité, en ce qu'elle n'a pas pour objet une somme ou un effet, mais le fait de défendre ; tandis que l'indemnité consiste à donner une chose. L'une est une obligation *de faire,* l'autre une obligation *de donner.*

3387. Observation. — Ces distinctions sont très-essentielles. Si on ne les perd pas de vue, elles sont de nature à aplanir beaucoup de difficultés. Nous avons réuni dans un même article le cautionnement et la garantie, à cause des principes communs qui les régissent et parce qu'on les trouve à tout instant confondus dans les motifs des nombreuses décisions qui sont intervenues sur ces matières. Le rapprochement que nous établirons entre ces deux conventions nous évitera beaucoup de redites, et permettra au lecteur de mieux saisir l'ensemble des règles sous l'application desquelles elles se trouvent placées. L'indemnité, qui est de même nature que le cautionnement et la garantie, en ce que, comme ceux-ci, elle suppose l'existence d'un autre contrat, aurait pu être traitée également ici avec d'autant plus de raison qu'elle a été tarifée par un même article de loi (*V.* 3383). Cependant certaines règles particulières, qu'il nous aurait fallu établir, eussent pu distraire l'attention du lecteur de l'ordre d'idées que nous aurons à suivre en parlant du cautionnement et de la garantie. Aussi avons-nous préféré ne pas intervertir, pour l'indemnité, l'ordre alphabétique que nous suivons dans cet ouvrage.

CHAPITRE II. — DU CAUTIONNEMENT PROPREMENT DIT

[3388-3437]

SECTION PREMIÈRE. — DISPOSITIONS GÉNÉRALES

[3388-3397]

3388. Définition. — « Le cautionnement, dit Pothier *des Obligations* n° 366, est un contrat par lequel quelqu'un s'oblige pour un débiteur, envers le créancier, à lui payer, en tout ou en partie, ce que le débiteur lui doit, en accédant à son obligation. » C'est la même idée que le Code a reproduite en définissant en ces termes, par l'art. 2011, l'obligation de la caution : « Celui qui se rend caution d'une obligation se soumet envers le créancier à satisfaire à cette obligation si le créancier n'y satisfait pas lui-même. »

3389. Diverses espèces. — On distingue trois sortes de cautionnement : 1° le cautionnement *conventionnel*, qui résulte de la volonté des parties ; — 2° le cautionnement *légal*, que la loi impose à certaines personnes, par exemple aux créanciers requérant la mise aux enchères de l'immeuble vendu (2185 C. C.) et dont l'État se trouve excepté (8639 J. E.); aux héritiers présomptifs qui sont envoyés en possession des biens d'un absent (V. *Absence*) ; à l'usufruitier, etc. ; — 3° le cautionnement *judiciaire*, qui est ordonné par jugement; — 4° enfin, on connaît encore, sous le nom de cautionnement, une charge imposée par la loi à certains officiers publics, d'opérer le versement de certaines sommes comme garantie de leurs fonctions.

3390. Forme. — Cautionnement verbal. — Lettre. — Le cautionnement, ainsi que la garantie, n'est assujetti à aucune forme particulière : il peut avoir lieu par lettre et même verbalement. Mais, dans ce dernier cas, il échappe complétement à l'application de l'impôt.

3391. Consentement. — Débiteur. — Le cautionnement est un contrat *unilatéral*. Entre la caution et le débiteur, le contrat peut être à titre onéreux, par exemple, si la caution stipule quelque dédommagement pour le risque auquel elle se soumet (Delvincourt t. 3 p. 251); mais il est, en général, un service d'ami, un contrat de bienfaisance (Pothier *des Obligations* n° 366). — Le contrat se forme donc entre le créancier de l'obligation primitive et celui qui se constitue caution ; le débiteur principal est lui-même étranger à cette nouvelle convention, que l'on peut, aux termes de l'art. 2014 C. C., stipuler sans son ordre et même à son insu. Il n'est donc pas besoin de *son consentement* pour sa réalisation (Troplong n° 128, Pont t. 2 n° 89, Zachariæ, Aubry et Rau t. 4 p. 673). — *V.* 3408.

L'acte peut également être, lorsqu'il est sous seing privé, rédigé en un seul original (C. Grenoble 10 juin 1825; — Cass. 22 nov. 1825 ; — Rouen 5 mars 1824).

3392. Consentement. — Créancier. — Mais en est-il de même à l'égard du créancier, de telle sorte que, s'il n'accepte pas, le contrat reste imparfait, ce qui laisse sans exigibilité le droit proportionnel? Champ. et Rig. se prononcent pour l'affirmative, n° 1418; mais la négative est enseignée par Dalloz, qui fait remarquer, n° 1429, qu'en droit civil le contrat est considéré comme un acte unilatéral, en ce sens que la caution seule y contracte une obligation; d'où la conséquence que l'acceptation par le créancier n'est pas une condition essentielle à la validité de l'engagement.

1. CONCORDAT. — C'est ce que la C. cass. a décidé, le 29 mai 1833, en déclarant que la clause d'un concordat, par laquelle un tiers donne son cautionnement, tant envers les créanciers chirographaires acceptants qu'envers les créanciers hypothécaires restés étrangers au concordat, donne ouverture à un droit distinct d'enregistrement sur chacun des deux cautionnements. « Attendu, en droit, porte l'arrêt, que la loi frappe d'un droit particulier chacune des dispositions d'un même acte qui sont indépendantes et ne dérivent pas nécessairement les unes des autres ; attendu, en fait, qu'il a été constaté par le jugement attaqué, et qu'il résulte, en effet, de l'acte du 23 mai 1831, qu'à la suite d'un cautionnement solidaire souscrit par Bienvenu-Durand, négociant à Marseille, envers les créanciers chirographaires du sieur Saint-Mesmin-Cagniard, ledit Bienvenu-Durand a aussi donné son cautionnement solidaire envers les créanciers hypothécaires dudit Cagniard, ce qui constituait deux dispositions indépendantes l'une de l'autre, passibles du droit proportionnel établi pour les cautionnements par l'art. 69 § 2 n° 8 L. 22 frimaire an 7; attendu que l'objection tirée, par le demandeur, de la nature du contrat et de la circonstance que les créanciers hypothécaires n'ont pas concouru à l'acte litigieux, ne pouvait dispenser de l'application qui a été faite de la loi du 22 frimaire an 7 ; du moment que cet acte contient deux stipulations successives en faveur de deux masses de créanciers, et que les stipulations au profit de tiers étrangers à la confection de l'acte sont admises » (Art. 1121 C. C., S. 33-1-513, 1437-4 I. G., 10629 J. E. — *V.* aussi Dél. 30 oct. 1835, 9076 J. N.).

2. TESTAMENT. — Le créancier qui a accepté le cautionnement contenu dans un testament ne peut plus y renoncer pour échapper à la perception du droit (Nogent-le-Rotrou, 4 mai 1877, 4731 R. P.).

3393. Cautionnement mobilier. — Cautionnement réel. — L'art. 69 § 2 n° 8 L. 22 frimaire an 7 a tarifé le cautionnement de *sommes et objets mobiliers*.

Ainsi, disent Champ. et Rig. 357, l'action en délivrance d'un immeuble étant immobilière (526 C. C.), le cautionnement relatif à cette action est passible du droit fixe. Dalloz cite, n° 1414, comme exemple, à l'appui de cette proposition, une Dél. du 25 février 1836, de laquelle il résulte que, lorsque dans une obligation contenant affectation hypothécaire d'un immeuble grevé d'usufruit, l'usufruitier consent à ce que l'hypothèque du créancier soit exercée sans avoir égard à l'usufruit, l'acte n'est pas sujet au droit de cautionnement, attendu que s'il est vrai que l'abandon de l'usufruit vis-à-vis du créancier constitue une garantie pour lui, cette garantie, étant immobilière, ne donne ouverture à aucun droit.

Cette doctrine est diamétralement contraire aux principes développés au mot *Affectation hypothécaire*. Nous avons vu en effet (n° 1864) que la renonciation par l'usufruitier d'un immeuble en faveur d'un créancier du nu-propriétaire donne lieu aujourd'hui au droit de cautionnement. D'ailleurs, à bien considérer les choses, celui qui garantit la livraison d'un immeuble s'engage moins à la délivrance elle-même qu'au payement des dommages-intérêts, en sorte qu'au fond son obligation est mobilière. Aussi la jurisprudence n'a-t-elle pas hésité à reconnaître que, dans l'espèce dont il s'agit, le droit de cautionnement est exigible. « Attendu, porte un arrêt de la C. cass. du 10 avril 1838, que cette stipulation oblige les sieur et dame Noiron, dans le cas où les acquéreurs seraient troublés ou évincés, à les indemniser, soit par le remboursement des sommes qu'ils auraient payées, soit par les dommages-intérêts qui pourraient leur être dus; mais qu'elle n'oblige pas les cautions à fournir des immeubles en remplacement de ceux dont les acquéreurs seraient évincés; qu'ainsi ce cautionnement, qui se résout en une somme d'argent, est une garantie mobilière prévue par l'article précité de la loi du 22 frimaire an 7; attendu que ce cautionnement n'est pas subordonné à un événement particulier et déterminé, mais qu'il est général et absolu; que, si ses effets dépendent du cas de trouble ou d'éviction, cette éventualité, qui est inséparable de tout cautionnement, ne constitue pas une condition suspensive quant à l'existence de l'obligation et à la perception du droit; qu'aux termes de la loi, le droit est dû en vertu de l'engagement de garantie, quel que soit l'événement postérieur » (S. 38-1-357, 1577-3 I. G., 12027 J. E.). — (*Conf.* : Cass. 31 mai 1813, S. *Préc. chr.* 17 mai 1841, 1661 § 3 I. G., 12764 J. E., 10994 J. N.).

On peut ajouter, avec M. Demante, qu'en se servant des mots « cautionnements de sommes et objets mobiliers, » la loi a eu seulement en vue de poser la contre-partie des cautionnements de sommes à représenter en justice; que « cautionnement de sommes » ne signifie pas la sûreté consistant en une somme, mais d'une manière plus générale le cautionnement, soit personnel, soit réel, intervenu pour sûreté d'une obligation de sommes » (n° 456).

Cette interprétation est pleinement confirmée par les observations que nous avons présentées au sujet de l'affectation hypothécaire qui est le cautionnement réel par excellence. Elle est également consacrée par la jurisprudence.

3394. Obligation de faire. — En suivant le raisonnement tiré de l'article de la loi qui n'a tarifé que le cautionnement mobilier, il semblerait, au premier abord, assez naturel de dire, avec Champ. et Rig., n° 1373, et Dalloz n° 1415, que si l'on se rend caution du peintre qui s'oblige à faire votre portrait, le droit de cautionnement est exigible, car l'obligation a pour objet un corps certain, un corps mobilier, le portrait; que si, au contraire, je m'oblige à faire un voyage pour vous, cette obligation n'ayant pas pour objet un effet mobilier, le cautionnement de l'engagement ne tombe pas sous l'application de l'art. 69 § 2 n° 8 L. 22 frimaire an 7. — Mais nous ferons remarquer que toute obligation de faire est dans son principe *mobilière*, en ce que la créance consiste dans l'intérêt qu'a le créancier à l'exécution, et que, lorsque le débiteur ne fait pas ce qu'il s'est obligé à faire, le créancier a le droit d'exiger de lui la somme à laquelle sera réglé et estimé cet intérêt du créancier qui fait l'objet de la créance et qui est évidemment quelque chose de mobilier. D'où la conséquence que le droit de cautionnement est exigible dans l'un comme dans l'autre des cas posés ci-dessus.

3395. Condition suspensive. — Insolvabilité. — Le cautionnement peut être affecté de toutes les conditions autorisées dans les autres engagements. Il est loisible à la caution, par exemple, de stipuler qu'elle entend n'être obligée à la garantie que dans telle ou telle circonstance déterminée. Dans ce cas, le cautionnement n'existe pas encore; il est suspendu jusqu'à arrivée de l'événement prévu, et c'est à ce moment-là seul que le droit proportionnel devient exigible.

Il faut bien s'entendre, toutefois, sur la nature de cette condition, et on ne devrait pas attribuer ce caractère suspensif à la clause portant que la caution ne sera tenue au payement que si le débiteur devient insolvable ou refuse de se libérer. Ici, ce n'est pas l'obligation du garant qui demeure incertaine en soi, c'est uniquement son exécution. Il est lié d'une façon irrévocable; mais les circonstances le dispenseront peut-être d'accomplir sa promesse. « En d'autres termes, et c'est Pothier qui parle ainsi, le droit appartenant à la caution d'exiger que le créancier s'adresse préalablement au débiteur principal, n'est pas l'effet d'une condition, mais bien une exception qu'elle peut opposer au créancier, et l'exception suppose l'action » (*Oblig.* n° 408). La crainte de l'insolvabilité du débiteur est précisément la cause du cautionnement, le créancier ne l'exigerait point s'il avait dès à présent la certitude que l'engagement sera rempli par l'obligé. La stipulation qui subordonne expressément l'effet de la garantie à cette insolvabilité n'ajoute donc rien à la nature de l'acte: le cautionnement conserve toujours son caractère d'obligation actuelle passible du droit d'enregistrement: « Attendu, dit très-bien un jugement de Limoges du 19 décembre 1863 (1892 R. P., 12708 C.), qu'une pareille obligation de la part de la caution est sans doute conditionnelle et subordonnée dans son exécution au non-payement du prix de la part du command; mais attendu que cette condition, qui est de l'essence du cautionnement, n'a rien de suspensif et n'empêche pas l'obligation d'exister et de prendre naissance au moment où elle est constatée. » — (V. cependant *Contrà* Strasbourg 27 nov. 1869, 3291 R. P.)

1. OPTION DU CRÉANCIER. — Il est encore de l'essence

du cautionnement que son exercice dépende de la volonté du créancier. Si je m'engage à vous garantir l'obligation de Pierre, *quand vous jugerez utile de recourir à moi*, je demeure actuellement lié, parce que le cautionnement est un acte unilatéral, à la perfection duquel le concours du créancier est indifférent (Dalloz v° *Enregistrement* 1420; — Cass. 20 mai 1833, 1437 § 4 I. G. arrêt rapporté 3392). C'est là, à tous les points de vue, malgré l'incertitude apparente de la promesse, un cautionnement ordinaire soumis à l'impôt. La question a été décidée en ce sens par les tribunaux du Havre le 20 juillet 1855, de Rouen le 28 juillet 1856 et de Digne le 31 décembre 1860 (1472 R. P., 17243 J. E., 11907 C., 17056 J. N.).

Mais les expressions de l'acte jouent en cette matière un rôle souverain dans la détermination de la volonté des parties. Par exemple, lorsqu'au moment d'une adjudication d'immeubles, on stipule que l'acheteur restera garant du command *si le vendeur l'exige*, cela peut s'entendre dans le sens que le cautionnement sera contracté, si le vendeur le requiert, à l'époque de l'élection d'ami, — ou bien que la garantie actuellement promise n'obligera le mandataire au payement que lors de la réquisition du créancier.

Nous avions pensé que la première interprétation était la plus rationnelle (n° 1472 R. P.). Les tribunaux du Havre, de Rouen et de Digne ont adopté la seconde. Mais dans toutes les difficultés semblables il n'y a que des questions de fait livrées à l'appréciation des préposés et des magistrats.

2. EXÉCUTEUR TESTAMENTAIRE. — De même, la garantie hypothécaire fournie par un exécuteur testamentaire envers un dépositaire qui n'a consenti que sous cette garantie à remettre aux légataires du testateur les sommes que celui-ci avait remises entre ses mains est un cautionnement soumis à une condition suspensive, passible du droit fixe (Cass. 10 janv. 1833 arrêt rapporté n° 1859). — V. 8297.

3396. Promesse de cautionnement. — Il n'est pas douteux que la promesse faite par le débiteur de fournir une caution ne peut avoir l'effet du cautionnement lui-même, ni rendre le droit proportionnel exigible (Champ. et Rig. 1421). — Mais on a soutenu qu'il en est autrement de la promesse de cautionner donnée par un tiers au créancier avec l'intention de s'obliger. L'obligation de cautionner, dit-on, n'est pas autre chose que l'obligation même de payer à la place du débiteur, si ce dernier ne le fait pas; or, tel est précisément l'effet du cautionnement ordinaire. Cette conclusion est exacte dans le cas ou la stipulation du tiers n'a de promesse que le nom et renferme une obligation actuellement contractée; comme quand on dit dans les formules d'actes que le propriétaire d'un immeuble promet de le vendre pour exprimer qu'il le vend immédiatement. Mais s'il paraît que la personne ajourne la conclusion définitive du cautionnement à une époque postérieure, il ne faut pas hésiter à croire que le cautionnement n'existe pas encore: *aliud enim fide jubere et aliud id permittere.* « Aussi, dit Troplong, le créancier n'a pas sur-le-champ une action pour obliger le promettant à payer, il n'a que le droit de le poursuivre afin de l'obliger à réaliser sa promesse » (*Caut.* n° 42). Tel est aussi l'avis de Champ. et Rig. n° 1420.

3397. Caractères distinctifs du cautionnement. — Division. — Le cautionnement ne se présume pas et doit être expressément stipulé. En outre, c'est un contrat accessoire qui suppose toujours l'existence d'une obligation principale souscrite ou contractée par un tiers. Nous allons l'examiner successivement sous ces deux aspects; nous en préciserons ensuite l'étendue et l'extinction, puis nous étudierons, dans des sections séparées, la garantie proprement dite, les cautionnements judiciaires, le mode de liquidation de l'impôt et enfin les règles particulières applicables aux cautionnements fournis à l'État.

SECTION 2. — LE CAUTIONNEMENT DOIT ÊTRE EXPRÈS [3398-3404]

3398. Présomption de cautionnement. — D'après l'art. 2015 C. C., le cautionnement ne se *présume* pas, il doit être *exprès*. Ainsi, se porter garant de la moralité d'une personne, donner le conseil de lui prêter, ce n'est pas la cautionner dans le sens de la loi (Pothier n° 401). — Le mari qui est intervenu à l'acte d'emprunt qu'a contracté sa femme, pour autoriser celle-ci, ne doit pas être réputé sa caution. On peut agir contre lui, il est vrai; mais c'est seulement en vertu de l'art. 1019 C. C. *principitaliter* (Duranton n°s 318 et 319), et non en qualité de caution.

Ainsi encore, le cautionnement donné pour l'exécution d'un bail ne s'étend pas aux obligations résultant de la tacite reconduction (Troplong n° 149). De même, le cautionnement donné dans l'intérêt d'un fermier, pour ses fermages, ne s'étend pas aux indemnités qu'il pourra devoir au bailleur pour dégradations ou autres causes (Duranton n° 320, Troplong n° 149). A plus forte raison, la caution du prix de la cession d'un office n'est pas tenue du supplément du prix convenu par une contre-lettre (C. Rouen 23 déc. 1840, 10982 J. N.). Celui qui intervient dans un concordat comme caution des engagements du failli ne peut être obligé à payer des créances non vérifiées ni affirmées (C. Rouen 2 juin 1818, 1833-1850 J. N.). — V. 3421.

Les art. 1216, 1431, 1432 et 2016 C. C. présentent, comme l'art. 1419 que nous venons de citer, des hypothèses où le législateur semble s'écarter du principe que le cautionnement ne se présume pas; mais il faut remarquer que les personnes qui sont qualifiées *cautions* dans ces articles sont en réalité des obligés *principaliter*. Ce n'est donc pas par suite d'une présomption, mais au contraire par une disposition de faveur que la loi leur accorde les priviléges et les recours accordés aux cautions (Dalloz *Jur. gén.* t. 7 p. 527 n° 38, Ponsot n° 113, Troplong n° 147).

3399. Mandat. — Mais la loi n'impose aucune formule sacramentelle pour la formation du cautionnement. Il suffit que l'intention du tiers d'acquitter la dette, au lieu et place de l'obligé principal, soit bien manifestée par la nature de l'acte ou l'ensemble des circonstances du fait, et on l'a induit fréquemment soit d'un simple mandat soit d'une affectation hypothécaire.

En effet, le cautionnement donné sur la demande du débiteur est un mandat (Pothier n° 366). Il suit de là qu'il existe entre le mandat et le cautionnement une certaine analogie qui les rend souvent difficiles à distinguer, surtout lorsqu'il s'agit du mandat que l'on appelle en droit *mandatum pecuniæ credendæ*. « Pour que quelqu'un soit réputé *mandator pecuniæ credendæ*, dit Pothier *des Obligations* n° 447, et responsable par conséquent envers moi de la même somme d'argent que j'ai prêtée à un tiers *par son ordre*, il faut que ce qu'il m'a écrit renferme un vrai mandat, par lequel il m'a chargé de prêter la somme à cette personne, avec intention de m'en indemniser. » Champ. et Rig. pensent, n° 1367, que, dans cette hypothèse, le droit de cautionnement n'est pas exigible, et ils s'appuient sur cette considération que le mandat, précédant ici l'obligation, est essentiellement distinct du cautionnement qui, n'étant qu'un contrat accessoire, ne peut jamais que suivre l'obligation. Cela est vrai tant que l'obligation n'est pas formée ; mais du moment que l'argent aura été prêté, que l'obligation aura pris naissance, les principes admis en matière d'obligation future devront recevoir leur application. Ainsi, le droit fixe sera immédiatement exigible ; mais on devra réclamer le droit proportionnel quand l'obligation prendra naissance par le versement des fonds.

Mais il faut pour cela que le mandant ait eu réellement l'intention de garantir le remboursement du prêt. La simple invitation de prêter de l'argent ou des marchandises à une personne dont le correspondant atteste la moralité ne constitue pas un engagement. « Celui, dit Domat, qui reçoit un conseil ou qui accorde quelque chose à une recommandation, ne s'attend pas à ce qu'on lui réponde de l'événement » (L. C. t. 1er tit. 15 sect. 1re n° 13 ; — *Conf.* : Pothier n° 18, Troplong n° 15, Pont n° 834). — Il ne saurait donc être question de percevoir un droit proportionnel.

1. ASSOCIÉ SOLIDAIRE. — De même, lorsqu'un adjudicataire de travaux, qui est tenu de fournir caution, fait agréer un associé solidaire au lieu d'une caution, le droit de cautionnement n'est pas dû, attendu qu'aux termes de l'art. 2015 C. C., le cautionnement doit être exprès et ne se présume pas (7232-9532 J. E.).

3400. — Affectation hypothécaire. — Celui qui affecte ses immeubles à la garantie de la dette d'un tiers contracte encore un cautionnement véritable. On peut dire, à la vérité, qu'en droit civil le cautionnement diffère de l'affectation hypothécaire, en ce que le créancier contracte avec la *chose* et non avec la *personne*. Il acquiert, sans doute, une sûreté qui lui est donnée par un tiers qui n'était pas obligé au payement de la dette; mais, pour cela, ce tiers ne devient pas caution dans toute l'extension du mot, en ce qu'il ne se soumet pas *personnellement* envers le créancier à satisfaire à l'obligation, il restreint l'effet du cautionnement qu'il donne à l'hypothèque qu'il accorde. Ce n'est plus, dès lors, un cautionnement proprement dit, ou du moins le cautionnement est tellement restreint, qu'il perd tout son caractère légal et ne produit plus entre le créancier et la caution les conséquences que déterminent les art. 2021 et suiv. Mais, dans le fond du droit, ce contrat n'en constitue pas moins une sorte de cautionnement qui produira entre le débiteur et la caution tous les effets déterminés par l'art. 2028 et suiv., et, en effet, aux termes de l'art. 2015, le cautionnement peut être *restreint* autant qu'il plaît à la caution, en sorte qu'il lui est permis de déclarer qu'elle n'entend affecter à l'exécution du cautionnement que tel ou tel immeuble qu'elle indique. Celui qui accorde une hypothèque pour le payementt d'une dette qui n'est pas la sienne consent donc, en réalité, un *véritable cautionnement* dont l'effet est *restreint* par la déclaration même contenue dans l'acte d'affectation. Aussi la jurisprudence est-elle invariablement fixée sur ce point qu'un pareil acte donne ouverture au droit de 50 centimes pour 100. — *V.* 1851 et suiv.

1. RETOUR. — Ainsi on doit voir un cautionnement dans l'acte par lequel une affectation hypothécaire est donnée pour garantir, à l'événement, l'exercice d'un droit de retour stipulé à l'égard d'une rente sur le grand-livre, immobilisée depuis la donation qui en a été faite (Dél. 13 nov. 1822, 7390 J. E.).

2. COOBLIGÉS. — Si de deux obligés pour une somme empruntée par moitié, sans solidarité, remboursable par moitié, un seul affecte des immeubles, le droit de cautionnement est exigible sur la moitié de son coobligé (932, 2003, 4883, 13949-1 J. E.). Mais aucun droit ne serait dû s'il s'agissait d'une dette solidaire, par application du principe que le cautionnement fourni par le débiteur lui-même est un acte de complément affranchi de l'impôt proportionnel (3411).

3. COPROPRIÉTAIRES. — L'acte par lequel les copropriétaires d'un immeuble indivis consentent à ce que cet immeuble soit affecté à la garantie d'une obligation souscrite par l'un d'eux est passible du droit de cautionnement de 50 centimes pour 100 (Dél. 18 vent. an 10, 2265 J. E., Sol. 16 août 1832, 10412 J. E., 1403 J. N.).

4. CESSION DE PROPRIÉTÉ. — Si un créancier inscrit sur les immeubles hypothéqués à la garantie d'un prêt déclare céder toute priorité au prêteur, sans prendre, d'ailleurs, aucun engagement personnel, il n'y a pas cautionnement, mais simple cession de préférence passible du droit fixe (Dijon 4 déc. 1867, 2759 R. P.).

3401. Affectation mobilière. — Ce que l'on vient de dire de l'affectation hypothécaire s'applique également par identité de motifs à la dation d'un gage mobilier.

« Dans ses dispositions sur les cautionnements, dit M. Demante, la loi de frimaire a-t-elle compris la sûreté résultant de l'affectation d'une somme à titre de gage? L'affirmative est vraisemblable. En effet, la signification du mot cautionnement, en ce sens, était, depuis longtemps déjà, en l'an 7, établie dans le style des lois (*V.* les documents cités par Bosquet v° *Cautionnement*, et par Merlin *Répertoire* v° *Cautionnement des employés*, et la loi du 15 pluv. an 4. — *V.* en sens contraire, Champ. et Rig. 1413 et D. 1461). Aussi la pratique administrative a constamment envisagé cette opération comme rentrant dans la classification du tarif. Outre l'induction fournie par l'histoire, on peut encore tirer argument de l'art. 68 § 1er n° 16 L. frimaire, qui tarife expressément « les certifications de *cautions* et de cautionnements. » *Caution*, dans l'usage, répond à l'engagement d'une tierce personne, et *cautionnement* à l'engagement d'une chose » (n° 467).

Il faudrait donc percevoir le droit de cautionnement sur

l'affectation d'une créance donnée en garantie d'une obligation fournie par un tiers étranger à la dette. — Dans ce sens, il été jugé que quand, pour accomplir l'obligation qu'il a contracté de fournir un cautionnement, l'entrepreneur de travaux publics dépose entre les mains du maire et fait transférer au nom de la ville des actions individuelles libérées appartenant à des tiers auxquels le maire s'engage de les remettre après l'exécution et la réception des travaux, il est dû indépendamment du droit de marché un droit de cautionnement: « Attendu que ces valeurs sont la propriété de P. à qui le maire s'est engagé de les remettre après les travaux; d'où la conséquence que c'est de son consentement et avec son autorisation que l'entrepreneur en a disposé; qu'ainsi le cautionnement a été fourni par un tiers et que c'est bien là une déposition indépendante » (Metz 30 août 1860, 11983 C., 17299 J. E.).

3402. Abandonnement. — L'abandon aux créanciers de certaines valeurs destinées a être réalisées pour le payement des dettes d'un tiers est un cautionnement. — *V.* 23.

3403. Donateur indigent. — C'est le droit de donation en ligne directe et celui de cautionnement qui sont exigibles sur la constitution dotale faite par une mère indigente sous le cautionnement d'un tiers.

Il a été reconnu, dans le même ordre d'idées, que si un mari décédé sans laisser aucun bien, a fait à sa femme une donation eventuelle garantie par les pére et mère du disposant, la donation n'est passible d'aucun droit de mutation par décès (Sol. 19 avr. 1867, 3281 R. P.). — V. *infrà* n° 3488

Si un tiers se porte caution d'une dot dans le cas de réduction, il y a seulement donation éventuelle (Albi, 12 juin 1876). — *V.* 5361.

3404. Transaction. — L'acte par lequel un associé commanditaire s'engage, envers le syndic de la faillite de la société, pour éviter les poursuites en immixtion dont il est menacé, à verser à la masse des créanciers une certaine somme, avec garantie hypothécaire, est passible du droit d'obligation à 1 pour 100. Le droit de cautionnement n'est pas dû, quoique l'engagement de l'associé commanditaire soit contracté par lui solidairement avec une nouvelle société dont il est membre, et qu'il soit stipulé qu'il n'agit « que comme caution, en son nom personnel, et sans entendre s'immiscer dans la gestion de la société avec laquelle il s'oblige, » cet associé n'ayant, en pareil cas, la qualité de caution, ni vis-à-vis du créancier, ni vis-à-vis de ses coobligés (Cass. 7 nov. 1859, S. 60-1-809, 1270 R. P.).

SECTION 3. — LE CAUTIONNEMENT EST UN CONTRAT ACCESSOIRE

[3405-3420]

3405. Règle générale. — Le cautionnement est un contrat accessoire qui suppose nécessairement l'existence d'une obligation principale due par un tiers. Sous quelque forme que se présente l'engagement, il est donc impossible de percevoir le droit proportionnel de 50 centimes pour 100, quand il n'y a pas d'obligation principale ou que la garantie est fournie par le débiteur lui-même.

Nous allons voir dans les numéros qui suivront des applications très-variées de ce principe.

3406. Obligation principale. — Et d'abord, pour qu'il puisse exister un cautionnement, il doit nécessairement exister une obligation principale à laquelle la caution se soumet accessoirement. « Pour qu'il y ait une caution, a dit l'Administration dans une Dél. 25 novembre 1834 (4701 Roll.), il faut qu'il existe une obligation principale, il faut un obligé et un créancier. » — Dès lors, le droit de 50 centimes pour 100 ne peut être perçu sur le cautionnement promis pour sûreté du remboursement qu'un tiers se *propose d'emprunter*. — Les mêmes règles sont également applicables à la garantie qui suppose aussi une autre convention à laquelle elle se lie.

1. SOMME A PARFAIRE. — Cependant l'Administration a délibéré, le 26 septembre 1828 (1676 C.), que le droit de cautionnement est exigible sur la clause du contrat de mariage portant que le père du futur déclare garantir que la part de celui-ci, dans une entreprise, s'élèvera à une certaine somme qu'il s'oblige à parfaire s'il y a lieu (*V.* dans le même sens 4339-6407 J. E.; — Seine 7 juill. 1830, 2940 Roll.).

Evidemment ici il y a absence complète d'obligation principale; quel sera, en effet, le débiteur principal contre qui le père aura son recours, s'il est obligé de parfaire la somme garantie? Aussi le tribunal de Largentière a-t-il jugé, le 23 août 1843 (13377-1 J. E.), que la clause par laquelle le frère de la future garantit l'efficacité de la donation faite à celle-ci par sa mère et consent à ce que, en cas d'insuffisance des valeurs de la succession pour remplir la donatrice de la dot, cette insuffisance soit comblée par un prélèvement sur sa propre part, donne ouverture au droit de 5 francs (7 fr. 50) comme donation éventuelle, mais non à celui de cautionnement.

2. PENSION. — De même, la clause d'un contrat de mariage par laquelle la mère de la future s'oblige de compléter une pension constituée par le père, dans le cas où, le décès de celui-ci arrivant, ses biens ne suffiraient pas, ne donne point lieu au droit de cautionnement (Dél. 20 sept. 1826, 8577 J. E.). — V. *infrà* n° 3488.

3. INDEMNITÉ D'INCENDIE. — Le transport, à titre de garantie, d'une indemnité à toucher en cas d'incendie, ne peut donner ouverture au droit de cautionnement, attendu que cette indemnité n'existe pas et pourra ne jamais exister. Le droit ne peut donc être assis sur rien de certain; il y a simplement transport d'une chose indéterminée et éventuelle (Dél. 29 avr. 1835, 11227 J. E.).

3407. Étranger à la dette. — « Celui qui ne peut pas trouver une caution, porte l'art. 2041 C. C., est reçu à donner à sa place un gage en nantissement suffisant. » Il suit de là que le débiteur ne peut se cautionner lui-même, et que le cautionnement doit nécessairement être contracté par un étranger à la dette. Le motif de cette règle ressort clairement des explications que nous avons données aux n°s 1856 et suiv. L'obligation que contracte le débiteur, par cela même qu'elle existe, engage tous ses biens, tant mobiliers qu'immobiliers. Or, le cautionnement étant une obligation personnelle engageant tous les biens de la caution, absolument de la même manière qu'ils l'étaient déjà par l'obligation principale, il en résulte que le cautionnement qui serait fourni par le débiteur ne constituerait pas un engagement plus étendu que celui qui dérive de la première obligation, ce qui le rendrait sans utilité. Le même raisonnement s'applique à la *garantie*. C'est sur ce principe que sont fondées les règles que nous avons posées aux n°s 1844 et suivants, et qu'ont été rendues les décisions suivantes :

1. BAIL. — Le preneur qui cède son bail à un tiers reste tenu envers le propriétaire du payement du fermage et de l'exécution des autres clauses de la location. Lorsqu'il donne au bailleur des sûretés particulières à son égard, il garantit donc autant son obligation personnelle que celle du cessionnaire, et le droit de cautionnement n'est pas dû (Sol. 26 juin 1861).

2. CESSION DE CRÉANCE. — Quoique, dans un acte de transport, le débiteur de la créance transportée intervienne et en garantisse le payement au terme indiqué, il n'est pas dû de droit de cautionnement. Le débiteur, en effet, n'ajoute rien à son obligation primitive : par conséquent, son intervention ne peut pas avoir le caractère d'un cautionnement dont l'effet est toujours de donner au créancier une sûreté de plus que celles résultant de la convention principale (7404 J. E.).

3. DÉBITEUR PRINCIPAL. — L'hypothèque consentie par le débiteur principal en faveur de la caution n'est passible que du droit fixe (Dél. 4 janv. 1828, 9029 J. E.), car on ne se cautionne pas soi-même, et, d'ailleurs, la créance de la caution étant soumise à la condition suspensive du payement à l'échéance, le cautionnement, s'il existait, participerait de la même nature.

4. EFFETS DE COMMERCE. — L'acte par lequel le souscripteur d'un effet de commerce donne une hypothèque à la caution (engagée par le billet même) ou à l'endosseur, ou à l'avaliste, pour les garantir du remboursement de la somme due, est-il passible du droit de cautionnement? La négative paraît évidente. Outre que l'obligation de la caution n'existe pas encore puisqu'elle est subordonnée à la condition suspensive du défaut de payement à l'échéance par le souscripteur, il faut remarquer que ce souscripteur garantit en définitive l'exécution de son propre engagement, car il est également tenu de désintéresser la caution, l'endosseur ou l'avaliste du payement fait par eux pour son compte. L'affectation n'est donc qu'un acte complémentaire passible du droit fixe.

Garantie aux signataires. — Le tribunal de Marseille a jugé, en ce sens, le 2 octobre 1855, que l'acte par lequel le souscripteur de billets ou effets de commerce consent une hypothèque en garantie au profit des tiers qui se sont rendus ses cautions en signant ces billets, ne donne pas lieu au droit de cautionnement, attendu que le débiteur ne peut, en aucun cas, devenir caution ou garant de ceux qui l'ont cautionné lui-même.

Garantie aux avalistes. — C'est ce qui résulte également d'un jugement de Nevers, du 8 mars 1864, d'après lequel il faut se borner à percevoir le droit fixe de 2 francs (3 fr.) sur l'acte qui confère un nantissement de marchandises par un souscripteur d'effets de commerce aux donneurs d'aval afin de garantir le payement exact des billets à l'échéance : « Attendu que le cautionnement est l'œuvre d'une tierce personne qui, bien qu'étrangère à la dette, en garantit le payement; qu'on ne trouve rien de semblable dans l'acte du 13 octobre 1861, où l'on voit seulement un débiteur, cautionné antérieurement sous une forme que la loi couvre d'une immunité formelle, donner un nantissement à ses cautions; que, du reste, la Régie reconnaît elle-même l'erreur de son préposé » (1913 R. P.). — *V.* aussi 18163 J. E.).

Garantie à l'endosseur. — Il avait été cependant reconnu qu'on doit considérer non comme une obligation de sommes, mais comme une *garantie* mobilière sujette au droit de 50 centimes pour 100, l'acte notarié par lequel le souscripteur d'une lettre de change, pour garantir un endosseur de l'effet du protêt, consent une hypothèque sur un immeuble, et lui donne pouvoir de le vendre et d'en toucher le prix jusqu'à concurrence du montant de la lettre de change. Il n'y a point ici d'obligation réelle, car l'endosseur n'est pas créancier du tireur, seulement il peut le devenir (Dél. 10 avr. 1822, 26 juill. 1823, 3 avr. 1824, 285 Roll., 7811 J. E.). Mais ces décisions ne doivent plus être suivies.

Lettre de change perdue. — On ne saurait non plus, et par les mêmes raisons, exiger le droit de cautionnement sur l'acte par lequel le propriétaire d'une lettre de change perdue fournit caution, conformément aux art. 151 et 152 C. com., pour en obtenir le payement. Ainsi que le fait remarquer le J. du not. n° 2013, cette obligation éventuelle de restitution de la part de celui qui reçoit le payement d'une lettre de change dont il a perdu le titre est une conséquence même du payement, et ne saurait dès lors donner ouverture à un autre droit que celui qui est dû pour le payement constaté. D'un autre côté, l'obligation principale est tout à fait éventuelle et le cautionnement a le même caractère. Les règles sur la reconnaissance par acte civil d'une dette commerciale actuelle demeurent donc sans application. — V. *Affectation hypothécaire.*

5. MANDATAIRE VERBAL. — Le mandataire *qui ne justifie pas d'un pouvoir* et qui acquiert un immeuble pour le compte de son mandant, dont il se porte fort et garant, ne garantit en définitive que l'obligation qu'il contracte en son propre nom; aussi le droit de 50 centimes pour 100 n'est-il pas exigible sur cette garantie (Sol. 21 déc. 1835, 11609 J. E., 4438 C., Champ. et Rig. t. 6 n° 232).

6. MANDATAIRE. — La stipulation par laquelle un mandataire affecte ses immeubles ou donne une garantie quelconque pour l'exécution de son mandat ne saurait justifier la perception d'un droit de cautionnement, car le débiteur ne se cautionne pas lui-même. La disposition contraire relative aux comptables publics ne saurait être étendue au-delà du cas spécial qu'elle gouverne (Sol. 29 sept. 1858).

Mais, si le mandataire chargé de vendre des immeubles rend compte de son mandat et garantit au mandant la solvabilité des acquéreurs en s'engageant à le désintéresser à leur place s'il y a lieu, il contracte une obligation qui ne dérivait pas de l'acceptation ni de l'exécution de son pouvoir et le droit de cautionnement devient exigible.

7. REMPLACEMENT MILITAIRE. — De même lorsque, dans un traité de remplacement au service militaire, le remplacé ne comparaissait pas, mais seulement un tiers qui se portait fort pour lui et s'obligeait à payer le prix du remplacement avec hypothèque sur ses propres biens, le droit de cautionnement n'était pas exigible, car le remplacé ne comparaissant pas, le tiers garantissait sa propre obligation (Sol. 7 sept. 1830, 9903 J. E.). — Par identité de motifs, si le remplacé s'obligeait, et, en vertu d'un mandat obligeait solidairement avec lui ses père et mère, il n'était pas dû de droit de cautionnement indépendamment du droit du traité; les père et mère du remplacé ne peuvent être ses cautions, puisque le payement qu'ils feront ne leur donne aucun recours contre lui et qu'ils seront censés avoir payé comme obligés personnellement (11706 J. E.). Il n'en eut été ainsi toutefois qu'autant que d'après les circonstances le remplacement a eu lieu dans l'intérêt des parents aussi bien que du fils, car autrement le droit eût été exigible.

8. SOCIÉTÉ. — Lorsqu'une affectation hypothécaire a été donnée par le gérant d'une société en garantie de sa gestion, l'acte par lequel ses cogérants s'obligent à le garantir des suites de cette affectation ne donne pas lieu au droit de cautionnement. D'une part, l'acte étant passé en faveur du gérant et de la société, ce serait supposer que les coadministrateurs se portent caution du gérant envers le gérant lui-même. D'autre part, la convention revient à ceci : que la responsabilité de la gestion sociale appartiendra à tous les cogérants, clause évidemment affranchie du droit proportionnel (Dél. belge 13 juill. 1858, 1119 R. P.).

Il est clair que le droit de cautionnement ne serait pas exigible non plus si le gérant ou un associé indéfiniment responsable des dettes sociales fournissait une garantie aux créanciers de la société. Son engagement ne serait alors que la manifestation civile d'une obligation légale, une sorte d'acte complémentaire n'ajoutant rien aux garanties du contrat même de société.

9. TIERS DÉTENTEUR. — Le tiers détenteur contre lequel la purge n'a pas été poursuivie n'est pas débiteur personnel des créances inscrites; il n'est tenu qu'hypothécairement et peut éviter le payement de la dette en délaissant. S'il déclare s'obliger en sa qualité seule de tiers détenteur au payement de ces créances ou au service des rentes inscrites, il n'ajoute rien à son obligation légale et aucun droit de cautionnement n'est dû. Mais s'il prend un engagement personnel sur ses biens particuliers, il cautionne véritablement la dette de son vendeur et le droit de 50 centimes pour 100 est exigible. C'est ce qu'on a décidé au sujet de l'affectation donnée par le tiers détenteur sur un de ses immeubles personnels pour garantie des créances inscrites (Sol. 8 sept. 1864), — ou de l'engagement indéfini pris par lui, comme condition d'une prorogation de délai accordée par le créancier (17904-2 J. E.).

Jugé de même que, si le débiteur étant poursuivi pour le payement de sa dette, l'acquéreur des biens hypothéqués intervient et déclare se rendre caution envers le créancier et que le tribunal donne acte de cette déclaration, le droit de cautionnement est dû attendu que l'acquéreur contracte ici une obligation personnelle entièrement distincte de la première (Trévoux 27 janv. 1853, 15567 J. E.).

Il en est encore ainsi quand le propriétaire d'un immeuble vendu sur saisie immobilière garantit postérieurement par hypothèque l'adjudicataire de tous troubles et éviction, car cette affectation crée en faveur de l'adjudicataire un droit qu'il n'avait pas (10620 J. E.), — ou de l'acte par lequel le tiers détenteur de l'immeuble hypothéqué au payement d'une créance renonce au droit de le délaisser, se reconnaît personnellement débiteur de la créance et s'oblige à la rembourser (Sol. 15 janv. 1869, 3200 R. P.).

Mais il a pu être décidé que le droit fixe est seul dû sur l'acte par lequel des créanciers colloqués sur le prix des immeubles de leur débiteur vendus en justice accordent une prorogation de délai à l'acquéreur qui leur fournit un supplément d'hypothèque. L'acquéreur est alors, par suite de la délivrance du bordereau de collocation, débiteur direct et personnel du créancier pour le montant des sommes portées dans ce bordereau (Dél. 12-17 mars 1841, 12743-2 J. E).

Novation. — On a même reconnu le caractère d'une novation donnant lieu au droit de 1 pour 100, à l'acte par lequel l'acquéreur d'un immeuble prend à sa charge des créances qui le grèvent et s'en reconnaît personnellement débiteur, à l'intervention du créancier qui décharge les débiteurs primitifs. Peu importe que l'acte de vente porte que les charges grevant l'immeuble seront remboursées au moyen du prix de vente (Charleroi 4 août 1866, 10337 J. E. belge). Mais cette interprétation ne peut être admise que s'il résulte de l'acte la preuve qu'il y a délégation de créances et que le vendeur a cédé sa créance sur l'acquéreur au tiers pour se libérer. — V. *Novation*.

10. CAUTIONNEMENT EN NUMÉRAIRE. — Lorsque celui qui contracte une obligation dépose entre les mains de l'autre partie une somme d'argent destinée à garantir l'exécution de son engagement, cette stipulation ne saurait donner ouverture à un droit de cautionnement parce que le débiteur ne se cautionne pas lui-même. C'est là une disposition dépendante affranchie d'un droit particulier (Sol. 31 août 1870 et 19 oct. 1871).

Si le cautionnement était déposé entre les mains d'un tiers qui se reconnaîtrait le droit d'obligation à 1 pour 100 serait dû en vertu de l'art. 69 § 3 n° 3 L. 22 frimaire an 7.

3408. Obligation verbale ou sur titre non enregistré. — Quand l'obligation principale ne résulte pas d'un titre enregistré, on ne peut pas dire, comme l'avait fait d'abord une Dél. du 23 septembre 1825 (1242 Roll.), que la caution confère au créancier une reconnaissance particulière pouvant justifier ses poursuites, et qu'au droit de cautionnement, il faut substituer le droit même d'obligation. Une seconde Dél. du 23 janvier 1827 (1722 Roll.) a fait une plus saine application des principes. Elle a reconnu que le cautionnement d'une obligation principale non établie par titre enregistré, ne donne ouverture qu'au droit de 50 cent. pour 100, par le motif que, d'après l'art. 2014 C. C., on peut se rendre caution sans l'ordre de celui pour lequel on s'oblige, et même à son insu, ce qui fait que lorsqu'on se rend caution, hors la présence du débiteur, d'une obligation verbale, la reconnaissance de la dette n'est obligatoire, ni pour le débiteur supposé, ni pour la caution (5029 J. E.; — *Conf.*: Dél. 30 oct. 1835, 9076 J. N., 16806-3 J. E., D. N. t. 2 p. 726 n° 149, Champ. et Rig. t. 6 n° 844, 4197 C.).

1. RENONCIATION AU BÉNÉFICE DE DISCUSSION. — Il n'en est plus ainsi quand la caution renonce au bénéfice de discussion, car alors la dette lui devient personnelle. « Si en effet, porte un jugemement du tribunal de la Seine du 4 juin 1858, la caution n'est obligée, d'après l'art. 2081 C. C., qu'à défaut du débiteur principal, il en est autrement quand la caution à renoncé au bénéfice de la discussion ou s'est obligée personnellement. Le créancier peut alors s'adresser (art. 1202 et 1203), soit au débiteur principal, soit à celui qui s'est engagé pour la même chose. La dette première n'étant constatée par aucun acte, l'obligation qui résulte des stipulations donne ouverture au droit de 1 pour 100. Il importe peu que le débiteur principal ne soit pas présent, pour avouer sa dette : car la caution, la reconnaissant légitime, procure valablement un titre contre lui-même (16329 D. N., 1024 R. P, 11388 C., 17763 J. E.; — *Conf.* : Dél. 23 sept. 1825, 1007 C.; — Alkirch 16 déc. 1847, 14377 J. E., 8036 C., Dalloz n° 1428).

2. CAUTIONNEMENT SOLIDAIRE. — Il faudrait décider la même chose, par identité de motifs, pour les cautionnements solidaires en général, puisque la clause de solidarité emporte la renonciation virtuelle au bénéfice de discussion (Rennes 6 mai 1850; — Nantes 22 juill. 1850; — Saint-Quentin 20 août 1851; — Saintes 1er août 1850, 14958, 15000-3, 15276 J. E.; — Mulhouse 15 nov. 1861, 17556 J. N., 17403 J. E.). — *Contrà* J. du not n° 1840).

Mais il va de soi que le droit de cautionnement ne saurait être alors perçu.

3. EFFET DE COMMERCE EN CIRCULATION. — La même règle est applicable au cas où le cautionnement solidaire est contracté avec hypothèque, pour sûreté d'effets de commerce en circulation (Saint-Quentin, 20 août 1851, 15276 J. E; — Saintes 1er août 1850, 15059 J. E.).

3409. Porte-fort. — La caution est obligée d'acquitter la dette quand le tiers ne l'acquitte pas lui-même; et c'est en quoi la caution diffère de celui qui s'est *porté fort*. Ainsi, il ne faut pas appliquer les principes relatifs aux cautions à celui qui, agissant dans l'intérêt d'un tiers, se porte fort pour lui. En stipulant ainsi, il prend seulement l'obligation de faire ratifier l'engagement par celui pour qui il s'est porté fort. Du moment que la ratification a eu lieu, l'obligation principale prend naissance, celle du porte-fort cesse, à la différence du cautionnement qui n'existe qu'avec l'obligation du débiteur. Ainsi, aucun droit de cautionnement ne peut être perçu sur l'obligation du porte-fort, alors même qu'il donnerait hypothèque (Dél. 6 nov. 1834. Sol. 22 déc. 1836. Dalloz 1407).

Vente. — La C. cass. a fait une application directe de ce principe en décidant, le 18 avril 1831 (7425 J. N., 1381 § 8 I. G., S. 31-1-178), que la stipulation d'un contrat de vente par un tuteur se portant fort de ses pupilles, par laquelle il se soumet à des dommages-intérêts pour le cas où les mineurs ne ratifieraient pas, ne donne pas ouverture au droit de cautionnement. « Attendu, porte l'arrêt, que, s'agissant de la vente d'immeubles appartenant à ses trois enfants mineurs, le sieur de Virieux ne pouvait pas la faire en qualité de tuteur, et qu'en effet il n'a pas stipulé en cette qualité dans le contrat du 7 novembre 1828; attendu qu'en se portant fort pour ses enfants, il ne les a engagés ni directement ni indirectement envers l'acquéreur; que, par cette disposition, c'est lui seul qui, de fait, a vendu des biens dont il savait ne pas être propriétaire, en se soumettant à la garantie que les art. 1603 et 1626 C. C. accordent aux acquéreurs contre leurs vendeurs, en cas d'éviction; garantie dont les parties ont pu fixer à l'avance les effets à la somme de 36,000 fr., sans en changer le caractère; qu'il suit de là que les deux dispositions du contrat de vente du 7 novembre 1828 n'étaient pas indépendantes l'une de l'autre; que la deuxième dérivait légalement de la première; qu'ainsi la Régie ne pouvait, aux termes de l'art. 11 L. 22 frimaire an 7, exiger qu'un seul droit proportionnel » (*V.* dans le même sens 3720, 3890, 5959, 8720, 11393-1, 13148-5, 13721-1 J. E., D. N. t. 2 p. 729 n° 165).

Acquisition. — On le reconnaîtrait également à propos de l'acquisition faite par un père au nom de son fils mineur avec affectation hypothécaire sur ses biens personnels pour le payement du prix. Cette affectation se rapporte à l'obligation principale du père en qualité de porte-fort et n'a pas les caractères d'un cautionnement (Sol. 22 juin 1853); — et de la déclaration d'un tiers qui, après avoir été reçu adjudicataire, annonce avoir enchéri pour un tiers auquel il s'oblige de faire ratifier l'acquisition (Rethel 12 avril 1854).

Remplacement militaire. — Ainsi encore, un traité de remplacement militaire dans lequel en l'absence du remplacé un tiers intervenait en se portant fort pour lui et s'obligeait au payement du prix avec hypothèque sur ses biens, n'était pas passible du droit de cautionnement parceque le porte-fort garantit uniquement son obligation et que son engagement cessera avec la ratification du remplacé (Sol. 7 sept. 1839, 9963 J. E.).

Obligation. — Dans le même sens, il a été jugé que si deux époux ont emprunté une somme d'argent destinée à leur fils, la reconnaissance unilatérale de ce fait, par ce dernier, n'est pas passible du droit de cautionnement: « Attendu, qu'en effet, les actes d'emprunt ont été passés par les époux de Suriau sans l'intervention de leur fils, qu'il sont directement obligés vis-à-vis des prêteurs, sans qu'il existe aucun lien entre ceux-ci et le sieur de Suriau fils; que les époux de Suriau ne peuvent donc être vis-à-vis des prêteurs des cautions pour leur fils qui ne doit rien à ces derniers; attendu que le véritable caractère du contrat est celui d'une remise de fonds faite par les époux de Suriau, à leur fils, pour l'aider dans son établissement, que cette remise, ainsi constatée, constitue un véritable contrat de prêt, et se trouve assujettie au droit de 1 franc pour 100 par l'art. 69 § 3 n° 3 L. 22 frimaire an 7 » (Marseille 20 janv. 1868, 2780 R. P.).

1. PORTE-FORT CAUTION. — Mais le porte-fort peut également se porter caution. Dans ce cas, le droit de cautionnement deviendra certainement exigible si l'obligation est ultérieurement ratifiée (Champ. et Rig. n° 1369). Le porte-fort, qui est débiteur principal tant que l'obligation n'est pas ratifiée, ne peut être sujet au droit de cautionnement, mais, aussitôt après la ratification, il est dépouillé du caractère d'obligé principal, pour revêtir celui de caution.

Il a donc été reconnu avec raison que, lorsqu'un immeuble est adjugé à un acquéreur pour lequel un tiers accepte et se porte fort avec promesse de ratification, s'engageant solidairement avec l'adjudicataire au payement du prix et des frais, le droit de cautionnement n'est exigible que s'il est justifié de la ratification de l'acquisition faite par le porte-fort. « Considérant qu'il n'est pas établi que les époux T... aient ratifié l'acquisition faite par le porte-fort M..., ; que, dès lors, celui-ci n'ayant pas cessé d'être propriétaire de l'immeuble à lui adjugé, le droit de cautionnement ne peut être réclamé » (Sol. belge 17 janv. 1873, 12136 J. E. belge).

2. ACQUISITION. — CURATEUR. — La clause d'un acte d'acquisition portant que le curateur d'un mineur émancipé se fait fort au besoin de l'exécution des engagements de ce mineur a été considérée comme un cautionnement, attendu que l'intervention du curateur n'a pas pour objet d'assister le mineur selon le vœu de l'art. 182 C. C., mais de rendre l'intervenant responsable des obligations contenues dans cet acte si elles étaient invalidées (Sol. 12 avril 1821, 6937 J. E.).

3. RATIFICATION. — Lorsque un tiers, sans être obligé comme porte-fort, promet de faire ratifier l'acte par une personne désignée, et consent à être considéré comme caution, le droit de cautionnement a été jugé exigible parce que ce tiers accède à une obligation principale (celle du porte-fort) et en garantit l'exécution (S. 25 mars 1828, 1249 § 6 I. G., 9012 J. E., 6576 J. N.).

3410. Mandataire. — Le mandataire est assimilé au porte-fort. S'il achète un immeuble pour un tiers dont il n'a pas de pouvoir écrit et dont il se porte fort, il est réputé ne garantir que son obligation personnelle et le droit de 50 centimes pour 100 n'est pas dû (Sol, 21 déc. 1835, 1381 § 8 I. G., 11609 J. E.). — On l'a ainsi décidé pour un notaire qui déclare agir en qualité de mandataire du prêteur dans une obligation et garantit le placement (11319 J. N.), — ou pour une mère qui vend des immeubles indivis entre elle et son fils mineur en se portant fort pour ce dernier (13148-5, 16107-1 J. E.).

Mandataire vendeur. — Il en serait de même, comme on le verra dans un instant, si le mandataire agissait en qualité *de vendeur* comme se croyant copropriétaire de l'immeuble et s'engageait solidairement à garantir la vente : « Attendu, porte un arrêt de Cass. du 7 mai 1834 : 1° que la clause par laquelle le sieur de Meypieu fils, après avoir vendu, en son nom personnel, les immeubles dont il s'agit, solidairement avec ses père et mère et avec son frère, a garanti le sieur Quinsonnas, acquéreur, de toutes évictions, est la suite et la conséquence de l'obligation que lui imposait sa qualité de covendeur; attendu, — 2° que la Régie ne peut pas (le cas de fraude excepté) percevoir sur un acte contenant vente, d'autres droits que ceux dont cet acte est susceptible de sa nature, même sous le prétexte que le vendeur n'était pas véritablement le propriétaire du bien vendu, et avait ainsi vendu la chose d'autrui, surtout lorsque, comme dans la cause actuelle, les parties qui auraient pu y avoir intérêt n'ont pas contesté la validité de ladite vente; qu'il suit de là, que l'acte du 20 février 1830 n'était passible que du droit proportionnel de vente; que la clause de garantie, exprimée dans le même acte, était une dépendance de celle contenant la vente » (10927 J. E., 7809, 8480 J. N., S. 34-1, 339. — V. 3417-1).

Garantie personnelle, — Mais il ne pourrait y avoir aucun sujet de doute si le mandataire, en vertu d'un acte en forme, s'obligeait *solidairement* à toutes les garanties de fait et de droit sans se porter vendeur en son nom; le droit de cautionnement serait exigible (Dél. 6 oct. 1826, 28 oct. 1828, 8582-9284 J. E.; — Cosne 6 juin 1849, 14758-6 J. E., 10507, 11306 J. E.; — Dél. 28 oct. 1828, 9284 J. E.; — Dél. 6 oct. 1826); — Charolles 5 janv. 1857, 806 R. P., 16470 J. E., 11126 C.; — Villeneuve-sur-Lot 29 Août 1856).

Cautionnement exprès. — Seulement, il faudrait que l'intention du mandataire de s'obliger personnellement à l'exécution de l'acte qu'il fait au nom d'un tiers en vertu d'un pouvoir régulier fût catégorique. On ne ferait pas résulter le cautionnement, par exemple, de la déclaration portant que le mandataire s'oblige *ès nom qu'il agit* (Bar-sur-Seine 11 juin 1838, D. N. t. 2 p. 729 n° 161).

3411. Cautionnement solidaire. — Il est une condition qui peut être ajoutée au contrat de cautionnement sans en altérer essentiellement la nature, bien qu'il apparaisse que la caution se soumet alors à une obligation plus expresse, et surtout plus directe vis-à-vis du créancier : c'est lorsque la caution consent à se déclarer *solidairement* responsable de la dette. Cette qualification de caution solidaire offre le mélange de deux contrats qui reposent sur des principes essentiellement différents, d'où Champ. et Rig. ont conclu, n° 1364, que le contrat n'était plus alors vis-à-vis du créancier un contrat de cautionnement, mais une obligation pure et simple. Cependant, de ce que la caution a consenti à se constituer solidaire, elle n'a pas moins contracté une obligation purement secondaire, car avant tout elle n'est que caution, et c'est accessoirement au contrat de cautionnement que vient se joindre la solidarité. Ainsi, le créancier a bien contre la caution solidaire l'exercice de l'action directe, comme il l'aurait contre un débiteur solidaire, mais avec cette restriction néanmoins que les deux créances n'en demeureront pas moins distinctes. C'est ainsi que, d'après l'art. 2037 C. C., « la caution est déchargée, lorsque la subrogation aux droits, hypothèques et privilèges du créancier ne peut plus, par le fait de ce créancier s'opérer en faveur de la caution. »

Cet article, bien que l'on puisse citer quelques dissidents (Troplong n° 560 ; — C. Rouen 7 mars 1818; — Limoges 21 mai 1835 ; — Bourges 26 juill. 1837. — *V.* J. P.), doit être appliqué aussi bien à la caution solidaire qu'à la caution pure et simple, alors qu'il ne peut être invoqué entre *codébiteurs solidaires*. Telle est l'opinion de la majorité des auteurs (Merlin *Quest.* v° *Solidarité* § 5, Duranton t. 18 n° 382, Zachariæ t. 3 p. 106, Ponsot n° 329), et la jurisprudence a consacré cette doctrine (C. Bordeaux 19 août 1822 ; — Pau 3 janv. 1824 ; — Cass. 17 août 1836, 29 mai 1838, 14 juin 1841, 20 mars 1843 ; — Limoges 28 mars 1844 ; — Rennes 28 mars 1814 ; — Caen 18 mars 1828 ; — Bordeaux 21 mars 1839 ; — Agen 9 juin 1842 ; — Toulouse 19 mars 1842.

Il résulte incontestablement des rapprochements que nous venons d'établir que Champ. et Rig. sont dans l'erreur lorsqu'ils veulent faire considérer un contrat de cautionnement solidaire comme ne produisant, au regard de la perception du droit, que l'effet d'une obligation pure et simple. D'où la conclusion que le droit de 50 centimes pour 100 est exigible dans le cas de cautionnement solidaire, exactement et de la même manière qu'il l'est lorsqu'il s'agit d'un cautionnement pur et simple. C'est ce qui résulte de l'ensemble de la jurisprudence que nous développerons dans les numéros suivants.

3412. Obligation solidaire. — Parts égales. — La loi du 22 frimaire an 7 ne contient aucune disposition spéciale au sujet des obligations solidaires. Mais les principes du droit civil conduisent à reconnaître qu'il n'y a qu'une seule obligation, au moins dans le cas où les codébiteurs prennent des parts égales dans la créance, et qu'ainsi, malgré la multiplicité des personnes un seul droit proportionnel est exigible. « Conséquemment, dit M. Demante (n° 458) l'obligation solidaire la mieux assurée de toutes, par l'intervention de deux ou plusieurs obligés principaux, ne subit qu'un seul droit proportionnel ; l'obligation, munie de l'intervention accessoire d'une caution, en subit deux ! C'est là, peut être, une anomalie au point de vue des règles économiques de l'impôt ; mais c'est une déduction exacte des principes du Droit civil. »

On n'a jamais douté que ce droit unique d'obligation fût exigible à l'exclusion de celui de cautionnement sur l'obligation solidaire dans laquelle les codébiteurs ont des portions égales (Sol. 27 oct. 1832, 7980 J. N ; — Moissac 11 août 1835, 9198 J. N, 9352 J. E.).

3413. Obligation solidaire. — Débiteur ne prenant rien. — Mais on a refusé d'appliquer les mêmes principes à l'hypothèse prévue par l'art. 1216 C. C. d'une obligation contractée solidairement par des codébiteurs dont l'un est étranger à la dette. « Si l'affaire, dit ce texte, pour laquelle la dette a été contractée solidairement ne concernait que l'un des obligés solidaires, celui-ci serait tenu de toute la dette vis-à-vis des autres codébiteurs, qui ne seraient considérés par rapport à lui que comme ses cautions. » L'Administration a considéré que quand la somme prêtée doit profiter à une seule personne, il est indifférent que l'acte de prêt soit passé sous la forme d'une obligation contractée solidairement avec un autre individu ou sous celle d'une obligation dans laquelle un tiers intervient comme caution solidaire. Une différence qui ne réside que dans le mode de rédaction de l'acte ne peut motiver une distinction dans l'application du droit (1384 § 2 I. G., 9854 J. E., 7392 J. N.). Ces motifs sont loin d'être concluants, et nous en avons essayé la réfutation à plusieurs endroits de notre R. P. (1317 et 2035). L'assimilation que l'Administration établit entre l'obligation solidaire et le cautionnement dans le cas de l'art. 1216 manque, en effet, d'exactitude. Il n'est pas vrai de dire que le coobligé solidaire actionné *in solidum* paye comme la caution plus que *sa part* dans la dette : car, par l'effet de la solidarité, il est bien réellement obligé pour le tout envers le créancier, et, s'il lui paye l'intégralité de la dette, il ne fait que satisfaire à son obligation dans les termes mêmes où il l'a contractée envers lui. Si l'équité veut que la dette se divise entre les codébiteurs et qu'ils soient considérés comme réciproquement cautions l'un de l'autre, tout cela ne concerne pas le créancier : entre les débiteurs solidaires et lui, il n'existe qu'un contrat unique ne produisant ni division de dette ni cautionnement. Cette différence dans la nature de l'engagement solidaire et du cautionnement produit, en droit civil, plus d'un résultat essentiel. Ainsi, pour n'en citer qu'un seul, le créancier perd tout recours contre la caution quand il a omis de conserver, afin de les lui céder, les garanties attachées à sa créance (C. C., 2037), et cela a lieu, parce que la caution n'ayant contracté qu'un engagement accessoire, la perte des sûretés, imputable au créancier, aggraverait injustement son sort. Au contraire, le codébiteur solidaire, dont l'obligation est principale, ne saurait se plaindre de ce défaut de subrogation, et il reste tenu de la dette (Troplong *Caut.* 354 et suiv., Massé *Droit commercial* t. 6 n° 398, Zachariæ et Massé t. 3 p. 359 note 15, Larombière, art. 1208 § 4, Gauthier *de la Sub.* 506 ; — Metz 15 avril 1812, S. *Pr. chr.* ; — Colmar 11 mai 1838, P. 39-97 ; — Cass. 5 déc. 1843, S. 44-1-71 ; — Riom 2 juin 1846, P.46-2-390 ; — Bordeaux 14 fév. 1849 ; — Paris 8 mars 1851, S. 51-2-427 ; — Bourges 10 juin 1851, S. 51-2-681 ; — Nîmes 14 nov. 1855, S. 56-2-335 ; — Cass. 13 janv. 1852, S. 52-1-104). — Est-il une meilleure preuve que la dette solidaire, à la différence du cautionnement, ne se compose pas d'une obligation principale et d'un engagement accessoire formant deux dispositions distinctes, soumises distinctement à l'impôt, mais constitue une stipulation unique qu'on ne saurait diviser en deux parties pour leur appliquer deux tarifs différents ? — L'art. 1216 C. C. ne renferme rien de contraire à ce principe ; il règle seulement le mode de recours des débiteurs entre eux. Pothier, auquel le législateur a fait des emprunts si nombreux dans la matière des obligations, a parfaitement précisé la proposition qui devait fournir plus tard les éléments de l'art. 1216 de notre Code. « Lorsque l'affaire pour laquelle la dette a été contractée par plusieurs qui sont obligés solidairement, dit le grand jurisconsulte (*Traité des obligations* n° 282, édit. Bugnet), ne concerne que l'un d'entre eux, quoi qu'ils soient tous vis-à-vis des créanciers débiteurs principaux, néanmoins *entre eux*, celui que l'affaire concerne est le seul débiteur principal, et les autres sont comme ses cautions. » Et il appuie cette proposition par l'exemple suivant : « Si Pierre, Jacques et Jean empruntent une somme d'argent, qu'ils s'obligent solidairement de rendre, et que Pierre ait retenu la somme d'argent, Pierre est vis-à-vis de ses codébiteurs le seul débiteur principal ; si c'est lui qui a acquitté la dette, il n'a aucun recours contre ses codébiteurs, qui ne se sont rendus débiteurs avec lui que pour lui faire plaisir. Au contraire, si c'est Jacques qui a acquitté la dette, Jacques aura l'action *mandati* contre Pierre, pour la répéter en entier de lui, de *même qu'une caution* a l'action *mandati* contre le débiteur principal, lorsqu'elle a acquitté la dette. » Donc, d'après Pothier, il n'y a pas de caution : Il y a seulement un codébiteur qui se trouve assimilé à la caution par ce fait qu'il a, comme la caution, l'action du mandataire. On pourrait par conséquent soutenir que, quand il s'agit d'une obligation solidaire réelle ne dissimulant pas frauduleusement un simple cautionnement, le droit de 50 centimes pour 100 n'est jamais exigible. C'est aussi l'opinion de M. Demante. « Le débiteur solidaire, dit-il, qui n'a aucun intérêt personnel dans l'affaire, n'en est pas moins, *vis-à-vis du créancier*, considéré comme tenu personnellement et principalement. Cette circonstance est exclusive du cautionnement, lequel implique l'idée d'une personne, tenue accessoirement de la dette d'autrui, et s'engageant comme telle *envers le créancier* » (n° 459).

On trouve la confirmation de ces principes dans les considérants suivants du jugement du tribunal de Lyon, du 22 décembre 1856 : « Attendu en droit, qu'il résulte des principes incontestés que l'obligé solidaire est obligé principalement; que dès lors, il ne peut être considéré comme caution qu'aux termes de l'art. 2015 du C. C., le cautionnement doit être exprès et ne se présume pas; qu'en vain la Régie invoque l'article 1216 et lui donne un sens général; que cet article n'a pour but que de régulariser les rapports de l'obligé solidaire qui n'a pas d'intérêt dans la dette, et celui qu'elle concerne, mais n'a nul rapport au créancier, ce qui serait nécessaire pour constituer un cautionnement; que cet article ne peut s'appliquer aux consorts Dalicourt qui sont obligés au même titre pour la totalité dans le principal et les intérêts de la dette et qu'il ne s'élève aucune présomption de fraude.»

Mais la doctrine de l'I. G. 1384 a toujours prévalu en pratique (*V.* 339, 1727 J. E., Dél. 15 avr. 1813, 4475 J. E., 1027 J. N.). — Le tribunal de Compiègne l'a adoptée le 7 décembre 1848 (14670 J. E., 8520 C.) dans une espèce où une déclaration de destination de deniers dans l'intérêt d'un seul des emprunteurs, était faite dans l'acte même d'emprunt contracté solidairement par plusieurs personnes. — On peut encore invoquer en sa faveur, au moins d'une manière implicite, les arrêts des 27 janvier 1840, 1618 § 17 I. G., S. 40-1-233, P. 40-1-290 et 3 janvier 1865 (2035 R. P. 12802 C., 18205 J. N., S. 65-1-139, D. 65-1-31, P. 65-297, 2325-1 I. G.). — Le même principe a été appliqué par un jugement du tribunal de la Seine du 22 janvier 1876 (4333 R. P.).

3414. Preuve de cautionnement. — 1. CONTEXTE DE L'ACTE. — Dans l'esprit de cette jurisprudence, le droit de cautionnement est donc exigible quand il ressort *du contexte de l'acte* que la somme empruntée ne doit profiter qu'à un seul des obligés (Chartres 21 mai 1842 : — Seine 12 juin 1844 ; — Bernay 22 juin 1846, 13016, 13529, 14024 J. E., D. N. t. 2 p. 726 n° 150; — Seine 8 déc. 1847 14436 J. E. — Compiègne 7 déc. 1848, 14670 J. E.).

C'est ainsi, par exemple, qu'il a été jugé que le droit 50 centimes pour cent est dû sur l'acte d'obligation contractée solidairement par deux personnes qui déclarent, pour l'ordre particulier de leurs affaires, que la somme empruntée sera retenue en entier par l'une d'elles (Versailles 21 mars 1873).

2. PREUVES EXTRINSÈQUES. — Mais on s'est demandé si l'Administration est autorisée à chercher dans des actes ou faits étrangers à l'acte la preuve que l'obligation tombe sous l'empire de l'art. 1216 C. C. — La négative a été décidée par trois jugements de la Seine des 5 juin et 23 juillet 1836, 17 avril 1844 (4387-6930 C.) fondés sur la thèse soutenue par Champ. et Rig., n° 1363, et *Supplément* n° 229, que la preuve du cautionnement sous la forme de l'obligation solidaire doit ressortir de l'acte lui-même et non des circonstances étrangères à l'acte, en d'autres termes que lorsque les contractants ont qualifié leur acte d'obligation solidaire, cette qualification ne peut être contredite, ni le droit de cautionnement perçu. — Mais ces solutions n'étaient pas fondées, car dès l'instant qu'il s'agit d'éclaircir la situation réelle des parties laissées douteuses par le contrat et de prouver pour cela l'existence d'un fait, rien ne peut s'opposer à ce que l'Administration produise toutes les justifications compatibles avec sa loi spéciale. Ainsi que le reconnaît Dalloz, c'est à la prudence du magistrat à apprécier (n° 1389). — « Les tribunaux, décide avec raison un jugement de Carcassonne du 24 mars 1873, ont le droit, par l'examen des clauses du contrat, de ses effets et des circonstances qui ont précédé ou suivi l'acte, de déterminer si l'un ou quelques-uns des codébiteurs sont sans intérêt personnel dans l'acte, et si, par suite, la solidarité stipulée n'a pas eu d'autre but que de dissimuler un cautionnement. » — *V.* ainsi dans le même sens M. Demante n° 459.

Aussi, a-t-il été fréquemment décidé que la preuve que l'un des coobligés solidaires ne prend rien dans la dette, peut être fournie par des actes contemporains de l'emprunt, tels qu'une procuration annexée à cet acte (Versailles 15 juill. 1847, 14328 J. E.); — pourvu que les termes en soient suffisamment explicites (Seine 22 mai 1863, 12498 C.). — Ou par des actes postérieurs, tels qu'un inventaire (Châlon-sur-Saône 29 mai 1845, 14123 J. E.); — un acte de société passé entre les emprunteurs (Hazebrouck 14 juin 1872); — ou un acte quelconque (Angers 30 juin 1838, 12093 J. E.; Sol. 15 sept. 1865).

Jugé, par exemple, que le droit de cautionnement est exigible, outre celui auquel donne lieu l'obligation principale, sur l'acte en vertu duquel deux personnes reconnaissent devoir solidairement à un tiers une certaine somme, alors que cet acte intervient à la suite d'un autre acte par lequel il avait été convenu entre les deux obligés solidaires que, pour le cas où l'un deux interviendrait par cautionnement, obligation solidaire ou collective, à garantir les engagements de l'autre ou à prendre part à ces engagements, les suites de cette garantie ou de cette participation se liquideraient entre eux comme une simple caution (Bruxelles 20 fév. 1860, 8446 J. E. Belge).

De même, s'il est dit dans l'obligation solidaire que la somme empruntée est destinée à régler des comptes résultant d'actes antérieurs concernant un seul des emprunteurs, l'existence du cautionnement est établie et le droit est exigible (Carcassonne 24 mars 1873).

3. CHARGE. — OFFICE. — De même encore, l'acte par lequel des père et mère, déclarant agir uniquement dans l'intérêt de leur fils, acquièrent solidairement avec celui-ci, un office de notaire qui lui est destiné, doit être assujetti au droit de cautionnement (Dél. 21 juill. 1837). — Il en serait ainsi également alors que deux personnes, le gendre et le beau-père par exemple, acquérant la charge, il ne serait pas dit que l'acquisition est faite pour le compte de l'un des deux seulement, car la nature même de l'objet cédé exclut la possibilité d'une acquisition indivise (Chambon 24 mars 1845, 13958 J. E.).

4. COMMAND. — Par le même motif, lorsqu'un acquéreur fait une déclaration de command en demeurant obligé au payement du prix, on décide que le cautionnement est exigible sans distinguer si cet acquéreur primitif déclare se porter caution du command ou solidairement avec lui. « Cela est conséquent, dit M. Demante, puisque la déclaration de command résout la propriété de l'acquéreur primitif et qu'ainsi le payement du prix devient une affaire qui ne le concerne plus personnellement » — V. *Command.* n° 3072.

5. SUPPLÉMENT DE DROIT. — Si c'est après l'enregistrement de la prétendue obligation solidaire qu'on découvre, au moyen d'un acte étranger, le défaut d'intérêt d'une des parties, l'Administration est autorisée à réclamer un supplément de droit sur le contrat antérieur (Auxerre 15 sept. 1858, 1139 R. P., 11518 C.) — Dans ce sens, il a été jugé, 1° que si deux personnes ont acquis solidairement un immeuble moyennant 20,000 francs, et qu'un acte postérieur établisse que la part de l'un d'eux dans cette acquisition a été de 19,900 francs et celle de l'autre de 100 francs, on est en droit de réclamer le droit de cautionnement sur 19,800 francs (Moulins 6 févr. 1840, 12456-2 J.E.); — 2° que quand une vente a été consentie à deux acquéreurs solidaires et qu'ultérieurement ils partagent l'immeuble acquis dans des proportions tellement inégales que l'un deux ait la presque totalité du bien, le droit de cautionnement devient exigible sur ce qui excède la part de ce dernier dans le prix d'acquisition (Marseille 21 févr. 1868, 2740 R. P.).

Mais il n'en est plus de même dans l'hypothèse inverse. Si un acte ultérieur constate qu'une obligation contractée par Pierre sous le cautionnement de Paul était une obligation solidaire de Pierre et de Paul recevant une somme égale; l'engagement de payer que prend Paul, ne saurait motiver un nouveau droit d'obligation, puisque ce droit a été perçu sur la somme entière du chef de Pierre (12873 J. N., D. N. t. 8 p. 665 n° 451.). — *V.* 528, 3416-1.

6. PRESCRIPTION. — Comme il ne s'agit ici ni d'une omission ni d'une insuffisance de perception dans le sens de l'art. 61 de la loi du 22 frimaire an 7, la prescription applicable au recouvrement de ce supplément de droit ne peut être que de trente ans. Il en serait autrement si l'obligation étant solidaire à l'origine, le second acte intervenait pour changer la situation des parties et réduire l'engagement d'un des coobligés à un cautionnement. Alors cet acte donnerait lieu par lui-même au droit de 50 centimes pour 100 et le défaut de perception constiturait une véritable insuffisance prescriptible par deux ans.

7. DONATION. — DETTES. — Lorsque, après une donation sous réserve d'usufruit, mais à la charge de payer les dettes du donateur, celui-ci et le donataire empruntent solidairement une somme pour acquitter ces dettes, le donateur ne peut être considéré comme caution du donataire, puisque, comme lui, il est intéressé au payement des dettes et y est en outre personnellement *obligé* (5413 J. E.).

3415. Obligation solidaire. — Débiteur ne prenant presque rien. — On a cherché à éluder l'application de la jurisprudence précédente en stipulant que l'un des coobligés est débiteur personnel d'une portion insignifiante de la dette. Ainsi, dans un acte d'emprunt de la somme de 40,000 francs contracté solidairement par deux personnes, il était dit que 30900 francs avaient été touchés par l'un et 100 francs par l'autre. Le tribunal de Pontoise ordonna la restitution du droit de cautionnement par le motif que l'acte en question « contient une stipulation de solidarité et non un cautionnement; que les dispositions de l'art. 1216 du C. C., invoquées par la Régie, réprouvent sa prétention, puisque cet article ne dispose que pour le cas où un obligé solidaire n'a aucun intérêt dans l'obligation, et que, dans l'espèce, S. a intérêt personnel dans l'obligation. » Mais l'Administration avait le droit de prouver que l'intérêt de S. n'était pas sérieux et que cette clause était un artifice de style imaginé pour éluder l'application de l'art. 1216 du C. C.. Aussi la C. cass., appréciant l'ensemble des dispositions de l'acte, décida, le 27 janvier 1840, que la comparution de S. n'avait eu pour objet que de donner une pleine garantie au prêteur, et qu'en vertu de l'art. 1216 du C. C., il y avait lieu de considérer S. comme caution de L. « Attendu, porte l'arrêt, que de l'énonciation insérée dans l'acte du 12 février 1835, portant que les 40,000 francs empruntés aux sieur et dame Flan par le sieur Leroy et les sieur et dame de Sèvre, seront touchés, savoir : 39,900 francs par le sieur Leroy et 100 francs par les sieur et dame de Sèvre, et que les emprunteurs contribueront, entre eux, dans la même proportion, soit au payement des intérêts, soit au remboursement de cette somme, il resulte que la comparution des époux de Sèvre à l'acte a eu pour objet de donner une pleine garantie aux prêteurs en leur conférant une hypothèque sur les biens désignés audit acte, et que, comme il ressort du principe consacré par l'art. 1216 du C. C., la Régie les a considérés, avec raison, comme les cautions du sieur Leroy » (1618 § 7 I. G., 12452 J. E., 10611 J. N., S. 1840-1-233, P. 40-1-290).

C'est ce qui avait été reconnu déjà par deux arrêts du 21 février 1838, à propos d'obligations solidaires dans lesquelles l'un des débiteurs prenait seulement 200 francs sur 40,000 francs et 100 francs sur 23,000 francs. La Cour a déclaré que de telles conventions, sainement appréciées, contiennent un cautionnement déguisé sous l'apparence d'une obligation solidaire, et que l'Administration avait avec raison considéré comme cautions les débiteurs réellement étrangers à la dette : « Attendu, porte un des arrêts, qu'il résulte de la saine appréciation des clauses de l'acte du 4 janvier 1833, que l'emprunt de la somme de 23,000 francs fait au sieur Permezel est dans le seul intérêt des époux de Valors, qui y prennent une somme de 22,900 francs, lorsque la dame de Valors, mère et belle-mère, quoique n'y prenant qu'une part minime de 100 francs, non-seulement y contracte une obligation solidaire pour la somme totale, vis-à-vis du prêteur, mais lui confère hypothèque sur ses biens personnels y désignés, et lui provenant de la succession de son père ; qu'il en résulte évidemment que la comparution de la mère à l'acte n'a eu pour objet que de donner une pleine garantie au prêteur ; qu'il y a, dès lors, dans cet acte, deux dispositions indépendantes et ne dérivant pas l'une de l'autre ; qu'il était dû, dès lors, un droit particulier pour chacune d'elles et selon son espèce, et que la disposition de l'art. 1216 du C. C. indique suffisamment que la deuxième disposition est, en réalité, un cautionnement de la part de la mère envers son fils et sa belle-fille, » (1577 § 2 I. G., 9937 J. N., 11990 et

11997 J. E., S. 38-1-268). — Telle est également l'opinion du D. N. t. 2 p. 276 n° 152.

Cette doctrine trouve enfin sa confirmation actuelle dans les considérants d'un arrêt de la chambre civile de la C. cass. du 3 janvier 1865 portant : « Attendu qu'il n'est pas allégué qu'un seul ou plusieurs des coacquéreurs soient sans intérêt dans l'adjudication ou n'y aient qu'un intérêt insignifiant et illusoire qui en réalité dissimulerait un cautionnement sous l'apparence d'une obligation solidaire » (2035 R. P., 12802 C., 18205 J. N., S. 65-1-139, D. 65-1-31, 2325 § 1 I. G.).

Le tribunal d'Evreux l'a aussi reconnu plus récemment au sujet d'une obligation qui, consentie solidairement par trois personnes, était constatée dans l'acte ne concerner que l'une d'elles.

Il en faut conclure que dans tous les cas où l'attribution d'une part dans l'obligation solidaire est tellement faible que ce paraît être un moyen frauduleux de dissimuler l'existence du cautionnement, le droit de 50 centimes pour 100 est exigible.

3416. Obligation solidaire. — Parts inégales. — L'Administration avait même poussé cette interprétation plus avant. Si le coobligé solidaire, disait-elle, qui ne prend rien dans la dette est une caution, pourquoi n'en serait-il pas ainsi de l'obligé qui prend une part moins forte que son codébiteur ? Est-ce qu'il n'est pas, pour le surplus, dans la position de celui qui demeure étranger à l'obligation ? Dès lors, s'il s'engage à payer, il n'y a pas de motif de ne point lui appliquer le droit de cautionnement. On le fit, en effet, longtemps percevoir tantôt sur la différence des parts, tantôt sur la plus forte, tantôt même sur l'intégralité des deux obligations (5513, 6012, 11028 J. E., Dél. 28 juin 1833, 10649 J. E., 8140 J. N.; — Metz 28 août 1834, 11002 J. E., 8657 J. N.; — Lyon.... 11976 J. E., Dél. 20 mars 1837, 11743 J. E.; — Lyon 16 janv. 1838, 11976, 12880-7, 13799-1 J. E.; — Reims 3 juin 1843, 6597 C.; — Seine 8 déc. 1847, 14436 J. E.; — Montdidier 23 mai 1851, 15228 J. E.; — Montpellier 14 janv. 1861, 1517 R. P., 19 mai 1862, 1634 R. P., 12254 C., jugement cassé par l'arrêt du 3 janv. 1865).

Le raisonnement de l'Administration pouvait paraître logique dès l'instant que la jurisprudence autorisait la perception du droit sur les obligations contractées dans l'hypothèse prévue par l'art. 1216 C. C., malgré le caractère évident de solidarité qui leur appartient au regard du créancier. Mais cette prétention rencontra des résistances devant les tribunaux, et plus d'une fois même l'Administration renonça volontairement à en suivre l'application (Dél. 25 mai 1822, 544 C., 9 juill. 1825, 926 C., 24 sept. 1830 et 27 oct. 1832, 7277 et 7980 J. N.; — Vienne, Toul et Moissac 19 mars, 30 avr. 1834 et 11 août 1835, 8508, 8611 et 9198 J. N.; — Pontoise, Seine, Montmorillon 6 avr. 1837, 22 nov. 1838, 6 déc. 1843, 20 juill. 1841, 6138, 6949, 5230, 5435 C., 10282 J. N.; — *Conf.* : Champ. et Rig. 1357 et *Supp*, 228, D. 1384, Demante 461, art. 6389, 7608, 8140, 8657 J. N.). Elle fut enfin condamnée d'une manière définitive par un arrêt de la C. C. du 3 janvier 1865, ainsi conçu : « Attendu que le cahier des charges qui forme, avec l'adjudication et la déclaration de command, la convention des parties, ne contient aucune stipulation de cautionnement ; que les adjudicataires de l'actif social, licité en un seul lot, sont déclarés dans ledit cahier des charges coobligés solidaires ; que ladite solidarité entre les adjudicataires dérive donc de l'obligation commune par eux contractée et ne constitue point une disposition indépendante de cette même obligation ; attendu qu'il n'est point allégué qu'un ou plusieurs d'entre eux soient sans intérêt dans l'adjudication ou n'y aient qu'un intérêt insignifiant et illusoire, qui en réalité dissimulerait un cautionnement sous l'apparence d'une obligation solidaire ; que la Régie reconnaît, au contraire, que tous les adjudicataires sont intéressés ; d'où il suit que le jugement attaqué, en maintenant la perception faite sur ce chef, a faussement appliqué les articles ci-dessus visés » (2035 R. P., 12802 C., 18205 J. N., S. 65-1-139, P. 65, 297). Cet arrêt a été pris pour règle de perception dans l'I. G. 2375 § 1.

Bien plus, il a été reconnu par la C. cass., dans une espèce où l'obligation principale des coobligés était sérieuse, que le droit de cautionnement n'était pas dû, bien que dans une clause accessoire de l'acte, le nom de *caution* leur eût été appliqué (Cass. 7 nov. 1859, 1270 R. P., S. 60-1-809 d'un jugement Seine 8 août 1857, 943 R. P., 16627 J. E.). — Il faut donc, selon la remarque de M. Demante, apporter la plus grande attention en ces matières, pour discerner la variété des espèces et c'est avec réserve qu'il faut apprécier la portée des arrêts.

1. ACTE DE COMPLÉMENT. — Lorsque l'un des coobligés solidaires qui avait d'abord déclaré n'avoir aucun intérêt dans la dette, fait ensuite connaître qu'il y participe pour une certaine somme, il n'est dû qu'un droit fixe. — *V.* 528, 3414-5.

3417. Vente solidaire. — Celui qui vend le bien d'autrui en l'absence et sans mandat du propriétaire, contracte l'obligation personnelle de délivrer et de garantir l'objet vendu. On ne peut pas dire qu'il cautionne l'obligation du propriétaire, puisque ce dernier n'est pas représenté légalement au contrat ; il s'engage seulement à exécuter son engagement personnel dans les limites possibles ou permises par la loi. Le droit de cautionnement ne peut être alors perçu. — *V.* 3409.

On doit décider de même dans tous les cas où la vente est faite solidairement par plusieurs personnes qui ont ou peuvent avoir sur l'immeuble des droits indivis. Chacune des parties, en effet, n'est censée garantir que son obligation de venderesse. Mais il n'en est ainsi que quand il s'agit réellement de covendeurs. Si la participation du tiers au contrat ne se justifie pas par cette qualité, il en est de cette hypothèse comme de l'obligation prétendue solidaire dans laquelle on a attribué une part insignifiante à l'un des débiteurs pour masquer le cautionnement ; l'Administration a le droit de rechercher la fraude et de percevoir l'impôt quand elle est démontrée.

La question a été plusieurs fois soumise à la jurisprudence et elle y a reçu des solutions différentes selon les faits de chaque cause.

1. VENTE PAR UN MANDATAIRE EN QUALITÉ DE COVENDEUR. — Une dame avait légué aux époux de Mepieu la propriété de ses immeubles et fait à leur fils un legs particulier de 40,000 francs à prendre sur ces biens. Le fils agissant comme mandataire de son père et en son nom personnel vendit solidairement les immeubles avec promesse de garantie. Il parut que le fils, n'ayant aucune copropriété dans les immeubles, ne pouvait être covendeur, mais se portait en réalité caution de son père. Mais sur la demande du droit de cautionnement, la Cour décida ; « que la garantie du fils dérivait

de sa qualité de covendeur, que la Régie ne peut pas, le cas de fraude excepté, percevoir sur un acte d'autres droits que ceux dont cet acte est susceptible par sa nature, même sous le prétexte que le vendeur n'était pas véritablement propriétaire de l'immeuble vendu, et avait ainsi vendu la chose d'autrui, surtout, lorsque les parties intéressées n'ont pas contesté la validité de cette vente » (Arrêt du 7 mai 1834, 10927 J. E., 7809-8480 J. N., S. 34-1-339). La Cour pour se décider, admit donc que le fils de Mepieu était réellement un covendeur se croyant propriétaire d'une partie des biens en vertu de son legs (*somme à prendre sur les immeubles*) et elle décida alors que son obligation de garantie est une dépendance de la vente. Mais elle a eu soin de réserver les droits de l'Administration pour le cas où la qualité de covendeur serait démontrée frauduleuse.

Ce cas de fraude se produisit dans une affaire postérieure jugée par un arrêt du 17 mai 1841.

Un fils mandataire de son père avait vendu, au nom de celui-ci et en son nom personnel, des immeubles dont la propriété appartenait exclusivement au mandant. Il avait, en outre, formellement garanti l'acquéreur contre toutes causes d'éviction. La perception du droit de cautionnement fut maintenue, parce que la Cour ne s'arrêta pas à la qualité de covendeur du mandataire, mais vit dans sa promesse une garantie particulière indépendante de la garantie légale due par le père. L'arrêt qui le décide ainsi, est conçu en ces termes : « Attendu qu'il est constaté par le jugement attaqué que, par acte authentique du 30 avril 1833, les époux Legonidec, père et mère, mariés sous l'empire du statut normand, ont vendu à Mallet de Graville et à la dame de Fauville, sa fille, une ferme moyennant 39,000 francs, payables après l'accomplissement des formalités hypothécaires ; que, pour garantir les acquéreurs de l'éviction à laquelle le défaut d'emploi pouvait les exposer, Legonidec fils et sa femme, la demoiselle Legonidec, sœur et belle-sœur des vendeurs, et Ulric-Aimé de Varembras sont intervenus au contrat, ont garanti l'effet de la vente, et en cas de dépossession et de trouble provenant du fait des vendeurs ou de leurs auteurs, se sont obligés solidairement envers les acquéreurs au payement d'une somme de 80,000 francs, tant à titre d'indemnité qu'à titre de dommages-intérêts ; Attendu qu'il est de l'essence et de la nature du contrat de cautionnement et de garantie d'avoir pour objet d'assurer l'exécution de l'engagement contracté par l'obligé principal et de ne donner ouverture à l'exercice des droits qui en résultent que dans le cas d'inexécution de l'obligation principale ; que, néanmoins, la loi, par une disposition absolue, assujettit les cautionnements de sommes et objets mobiliers, les garanties mobilières et les indemnités de même nature au droit proportionnel de 50 centimes pour 100 » (1661-3 I. G., 10994 J. N., 12764 J. E.).

C'est ce qui a été également reconnu par le tribunal de Charolles, le 5 janvier 1857, à propos d'un mandataire qui avait vendu des biens qui lui appartenaient personnellement avec d'autres biens appartenant au mandant et qui avait garanti les acquéreurs de tous troubles et évictions (806 R. P., 16476 J. E., 11126 C.).

C'est également ce qui résulte d'un jugement de Bourg du 28 mars 1878 rendu au sujet d'un mandataire s'engageant à garantir la vente.

2. VENDEURS DISTINCTS. — Le tribunal de la Seine a jugé également, le 9 juil. 1847 (14299, 15579-5 J. E.), que si deux propriétaires de deux immeubles distincts vendent solidairement et pour un prix particulier leurs deux immeubles, le droit de cautionnement est exigible sur chaque prix de vente, à moins qu'il ne soit justifié des droits réguliers de chaque vendeur sur les immeubles aliénés (16686-6 J. E.) — V. 3419 § 1er.

Décidé, de même, que lorsque plusieurs personnes vendent solidairement, par le même acte, des immeubles entièrement distincts et leur appartenant en vertu de titres différents, moyennant des prix différents, la solidarité stipulée réciproquement constitue une véritable garantie passible du droit de cautionnement sur chacune de ces parts (Bourg 27 août 1872 ; — Lyon, 21 fév. 1877, 4642 R. P.).

3. INDIVISION. — Mais si l'immeuble vendu était possédé par indivis quoique par portions inégales, le droit de cautionnement ne serait pas dû. Ainsi que le fait remarquer le tribunal de Charolles, dans un jugement du 5 janvier 1857 (806 R. P., 16476 J. E., 11126 C.), quand plusieurs personnes vendent ensemble, moyennant un prix unique, une chose commune ou indivise, la portion de chaque covendeur n'étant pas déterminée, la garantie porte contre chacun d'eux et pour le tout, par l'effet de son indivisibilité. — V. 3410.

4. USUFRUITIER. — NU PROPRIÉTAIRE. — L'Administration a même fait l'application de ce principe à l'acte par lequel l'usufruitier et le nu propriétaire d'un immeuble le vendent conjointement et garantissent solidairement la vente ; elle a décidé que l'acte ne donne pas ouverture au droit de cautionnement, attendu que cette garantie est, pour l'usufruitier et le nupropriétaire, la conséquence de leur qualité de covendeurs (Dél. 1er oct. 1834, 11047 J. E.). — Mais ce ne peut être là qu'une solution d'espèce motivée sans doute par les circonstances, car il n'y a nulle indivision entre l'usufruitier et le nupropriétaire. Ils sont des vendeurs distincts et non pas des covendeurs, en sorte que chacun d'eux contracte à l'égard de l'autre une garantie à laquelle il n'était point tenu. Si l'usufruitier avait renoncé à son usufruit, le droit de cautionnement serait incontestable (Sol. 25 sept. 1876).

5. PARTAGE VERBAL. — Jugé que le droit de cautionnement n'est pas dû sur l'intervention, en qualité de covendeur, de l'ancien propriétaire auquel l'immeuble a cessé d'appartenir en vertu d'un partage verbal : « Attendu que B..., covendeur, bien que dessaisi de tout droit de propriété sur les biens vendus par le partage verbal pouvait, ce partage n'étant pas constaté par écrit, être considéré par les tiers comme copropriétaire des biens » (Dieppe 11 juin 1857).

6. PRÉCÉDENT PROPRIÉTAIRE. — Le droit de cautionnement est incontestablement dû sur l'engagement personnel que prend dans un acte de vente le précédent propriétaire de l'immeuble, d'affranchir l'acquéreur de tous troubles et évictions. Cette clause constitue une garantie des obligations du vendeur actuel, et il est dès lors constant que rien ne nécessite l'intervention du précédent propriétaire : son engagement ne peut être qu'un cautionnement (Sol. 8 août 1870).

7. — FEMME. REPRISES. — De même, lorsqu'une mère créancière de reprises participe à la vente des propres du mari faite par les héritiers, non-seulement pour renoncer à son action, mais pour vendre solidairement (Riom, 9 mars 1876, 4643 R. P.).

3418. Donateur. — C'est d'après les mêmes principes qu'il faut décider la question de l'exigibilité du droit de cautionnement sur l'acte par lequel un donataire vend solidairement avec le donateur, l'immeuble provenant de celui-ci. En thèse générale, le donateur s'étant dépouillé de tous ses droits de propriété sur l'immeuble, n'a aucune qualité pour intervenir comme covendeur. Sa participation se justifie seulement par le désir de l'acquéreur d'obtenir la renonciation à son privilége ou à son action résolutoire ; mais un tel désistement n'entraînant pas la garantie de l'éviction, il en résulte que l'obligation prise à cet égard par le donateur est passible du droit de cautionnement. C'est ce qu'ont reconnu deux Sol. des 12 août et 2 décembre 1851 (8311 Fess.), et une Dél. du 26 mars 1852 prise pour le département de la Seine.

Le tribunal d'Hazebrouck a également décidé que quand le donateur d'un immeuble intervient à l'acte de vente fait par le donateur, et s'y oblige solidairement à garantir l'acquéreur contre tous troubles ou évictions, il y a cautionnement. « Si le donateur, fait très-exactement remarquer le tribunal, se borne soit à renoncer à ses droits, soit à garantir l'acquéreur contre ses faits personnels et même contre l'éviction provenant de circonstances produites *ab antiquâ causâ* pendant l'existence de son droit *ad rem* ou *in re*, on peut bien ne voir là qu'un accessoire du contrat. Mais il en est autrement quand il y a garantie des évictions pouvant provenir *a novâ causâ*, et des faits du donataire même; l'objet de cette garantie, quoique solidaire, n'intéressant qu'un des obligés, il y a cautionnement » (20 fév. 1863, 17635 J. E.).

Il a été de même reconnu que, lorsque les père et mère du vendeur d'une maison interviennent à l'acte de vente pour déclarer qu'ayant fait donation du terrain vendu à leur fils, ils assurent à l'acquéreur la paisible jouissance du bien, et le garantissent contre tous troubles et évictions, le droit de cautionnement est exigible, alors surtout que la vente comprend, indépendamment du terrain donné, des bâtiments qui y ont été construits postérieurement par les donataires (D. m. f. belge 27 fév. 1868, 3023 R. P.).

1. DONATION NON TRANSCRITE. — On a voulu soutenir qu'il en est différemment pour la donation non transcrite, parce que le défaut d'accomplissement de cette formalité empêche le donataire d'être propriétaire incommutable à l'égard des tiers, et que l'accession du donateur en qualité de covendeur se justifie dès lors parfaitement. La question fut présentée à la Cour à propos d'un contrat par lequel une mère et son fils avaient déclaré vendre conjointement et solidairement des immeubles provenant d'une donation de la mère. Il était expliqué dans l'acte que le concours de cette dernière était nécessité par le défaut de transcription de la donation. L'Administration n'accepta point la qualité de covenderesse de la mère, et le droit de cautionnement fut perçu. Mais la Cour condamna cette perception par un arrêt du 23 avril 1856, motivé sur ce que : « le cautionnement ne se présume pas, que la garantie du vendeur n'est pas un cautionnement, qu'elle dérive virtuellement de la nature du contrat de vente et des dispositions de la loi qui règlent les effets de ce contrat, qu'on ne saurait donc, *sauf le cas de fraude*, rendre une telle garantie passible d'un droit proportionnel distinct de celui de la mutation. » Et la Cour, appréciant les circonstances de l'affaire, ajoutait : « Si, par un acte antérieur de donation, la veuve Bareau avait transmis ses droits de propriété à son fils, cette donation n'avait pas été transcrite, en sorte qu'à l'égard de certains droits des tiers, la veuve Bareau pouvait être considérée comme non complétement dessaisie de la propriété; que cette circonstance suffisait pour motiver et expliquer sa présence comme covenderesse » (683 R. P., S. 56-1-616, P. 56-2-591). — On pourrait contester l'exactitude juridique du motif invoqué par la Cour en ce qui concerne l'influence du défaut de transcription de l'acte sur la transmission de propriété; car, entre le donateur et le donataire, la mutation s'opère par le seul effet du contrat. Les droits du donateur se réduisent à l'action en révocation, et il suffirait d'obtenir la renonciation à ce droit pour procurer à l'acquéreur toute la sécurité désirable. Mais, à tort ou à raison, la Cour y a vu la preuve que la donatrice était réellement intervenue à titre de covenderesse, c'est-à-dire que son obligation de garantie était une dépendance du contrat.

Il suit de là nécessairement que, si la qualité de covendeur du tiers ne se justifiait par aucune raison sérieuse, le droit de cautionnement serait exigible. C'est ce qu'a décidé le tribunal d'Angoulême, dans une hypothèse semblable et malgré le défaut de transcription du contrat (7 juin 1865, 2327 R. P.; — *V.* aussi 17427 J. N.).

2. DROIT FIXE. — En tous cas, lorsque la donatrice a réellement la qualité de covenderesse, son intervention ou sa renonciation à ses droits ne saurait motiver la perception d'un droit fixe particulier (Sol. 15 fév. 1866, 2228 R. P., 18232 J. E. — *Contrà* 14355-3 J. E.).

3419. Acquisition solidaire. — Une Sol. du 2 avril 1849 (7931 Fess.) porte que lorsqu'une adjudication judiciaire d'immeubles est prononcée solidairement au profit de deux acquéreurs qui se divisent les biens dans des proportions différentes, le droit de cautionnement n'est pas dû, à raison de la solidarité, sur la différence existant entre les deux prix. (*V.* dans le même sens, Seine 22 nov. 1838, 12260-5 J. E.).

Le contraire avait cependant été décidé par le trib. de la Seine le 25 mai 1854 (254 R. P.); mais l'exemption du droit a été définitivement reconnue par l'arrêt du 3 janvier 1865 (2035 R. P., 12802 C. 18205 J. N., S. 65-1-139, 65-297 J. P., *rapporté* au n° 3416 et aujourd'hui pris pour règle par l'Administration (2325 § 1er I. G.). — Un jugement du tribunal de Lille, du 17 janvier 1863, avait été également rendu dans ce sens (1737 R. P., 17701 J. N., 550 *Rev.*).

1. ACQUISITION DISTINCTE. — Dans tous les cas, si les ventes étaient *distinctes* et que les acquéreurs s'obligeassent à payer solidairement le prix, le droit de cautionnement deviendrait exigible sur la différence existant entre les deux prix. C'est ce que porte la Sol. du 2 avril 1849 et ce qui résulte d'un jugement du tribunal de Reims du 3 juin 1843, 13272 C., 13316-4 J. E.). — Dans un cas analogue il a même été jugé que le droit de cautionnement est exigible sur chaque prix de vente. — *V.* 3417-2.

2. COMMAND. — L'élection de command par l'un des deux acquéreurs solidaires au profit de l'autre, résout l'obligation solidaire même en l'absence de l'acceptation du vendeur (Lourdes, 17 août 1876).

3420. Mari et femme. — On vient de voir que si l'affaire pour laquelle la dette a été contractée solidairement ne concerne que l'un des débiteurs, celui-ci est tenu de toute la dette, vis-à-vis des autres qui ne sont considérés *par rapport à lui* que comme ses cautions. Ce principe, posé par l'art. 1216 C. C., est un principe général, et il faut regarder comme n'en faisant qu'une simple application l'art. 1341 même Code quand il déclare simple caution, *à l'égard du mari*, la femme qui s'oblige solidairement avec celui-ci pour les affaires de la communauté ou du mari. Le principe étant le même, la perception devrait être également la même. Aussi l'Administration avait-elle prescrit dans l'I. G. 1384 § 2 (7592 J. N., 9854 J. E.), de percevoir le droit de cautionnement, outre celui dû pour l'obligation principale, dans les cas prévus par l'art. 1431 C. C. — Cependant, de nombreuses réclamations s'étant élevées contre cette perception qui, jusqu'au moment où parut l'I. G. 1384, avait constamment été repoussée (D. m. f. 19 avr. 1814, Dél. 4 juin 1818, 16 juin 1827, 7 juill. 1829, 5 mars 1830, *V.* 505, 1177, 1407, 6151, 7608, 7399, 744 J. N., 1331, 1866, 2004, 2037, 2169, 2304 et 2376 C.), la question fut soumise à l'examen du conseil d'État; et, sur l'avis du comité des finances de cette haute juridiction, le ministre des finances décida, le 14 juillet 1832, « qu'il y a lieu de suspendre la perception du droit de cautionnement sur les *ventes et obligations solidaires* de deux époux, jusqu'à ce qu'il soit intervenu, sur cette matière, une disposition législative. » L'Administration prescrivit, dans l'I. G. 1403, de prendre cette décision pour règle de perception.

Depuis lors, elle a toujours été suivie.

L'Administration a essayé quelquefois, dans des circonstances spéciales, de ramener la question devant les tribunaux (*V.* Dél. 27 déc. 1833, 10826 J. E), et elle y a même obtenu des décisions favorables. Ainsi il a été reconnu : 1° que si le comptable d'une société d'assurances affecte, en garantie de sa gestion, *conjointement avec sa femme*, des immeubles de leur communauté, le droit de cautionnement est exigible, *à cause de l'intervention de la femme*, sans qu'il soit nécessaire d'examiner la question de savoir si l'hypothèque conférée par le comptable, a ou non le caractère d'un cautionnement (Seine 22 janv. 1845, 13667 J. E.); — 2° que lorsque la dette du mari est commerciale, et que la femme, en s'engageant solidairement avec lui, donne hypothèque sur ses biens, le droit de cautionnement est dû, outre celui d'obligation exigible pour cause de l'affectation hypothécaire (Toulouse 21 déc. 1849, 14866 J. E.).

Mais, malgré ces jugements, l'Administration n'a pas persisté dans ses résistances et l'I. G. 1403 a constamment servi de règle officielle de perception.

Cependant cette interprétation soulève, en droit, de sérieuses critiques, et il semble facile de démontrer que la perception du droit de 50 pour 100 peut se justifier, soit que l'obligation solidaire de la femme ait rapport aux affaires propres du mari, soit qu'elle ne concerne que celles de la communauté. Si, en effet, dans l'hypothèse de l'art. 1216 où le débiteur solidaire est considéré comme caution *seulement par rapport à celui* que l'affaire concerne (mais non pas par rapport au créancier), le droit de cautionnement a été reconnu exigible, aucun motif n'existe pour le repousser dans les deux cas prévus par l'art. 1341. Dans l'hypothèse d'obligation solidaire pour affaires du mari, la récompense de la femme sera prise, il est vrai, sur les biens personnels du mari, tandis que, quand l'affaire concerne la communauté, c'est par la masse des biens communs que la récompense se prélève (1470 C. C.); d'où l'on peut conclure, au premier abord, qu'il n'y a aucun avantage pour la femme à n'être considérée que comme caution, par rapport au mari, lorsque que la dette pour laquelle elle s'est obligée solidairement concerne la communauté.

Cela est vrai lorsque la communauté est suffisante pour acquitter l'indemnité de la femme. Ainsi, supposons que, la dette étant de 20,000 francs, la communauté présente, à sa dissolution, un actif net de 80,000 francs. Si la femme, au lieu d'être réputée caution, n'était considérée que comme obligée solidaire avec son mari, on appliquerait les art. 1213, 1214 C. C., d'après lesquels la femme aurait à répéter contre le mari la moitié de la dette payée en entier par elle, soit 10,000 francs, somme qui, réunie aux 40,000 francs formant sa moitié dans la communauté, lui donnerait en tout 50,000 francs. Considérée, au contraire, comme caution par rapport au mari, la femme prélèvera d'abord sur le fonds commun une somme égale à celle qu'elle a déboursée, soit 20,000 francs, et comme ce fonds, réduit à 60,000 francs par ce prélèvement, ne lui donnera ensuite que 30,000 francs pour sa moitié, la femme se trouvera encore avoir 50,000 francs dans le second comme dans le premier cas. Ainsi, pourrait-on dire, il n'y a aucune utilité pour la femme à être traitée dans ses rapports avec son mari comme sa caution.

Mais supposons que l'actif soit inférieur au chiffre de la récompense due. Ainsi, soit encore une dette de 20,000 francs payée par la femme, et un actif net dans la communauté de 12,000 francs. Si la femme était débitrice ordinaire elle serait réduite à répéter 10,000 francs contre son mari, pour prendre ensuite sa moitié des 12,000 francs de communauté, en sorte qu'elle ne recueillerait que 16,000 francs des 20,000 francs par elle déboursés. Au contraire, la qualité de simple caution, par rapport à son mari, la rendant créancière contre la communauté pour la totalité des 20,000 francs, elle pourra, après avoir pris les 12,000 francs qui se trouvent dans les fonds communs, recourir contre les biens personnels du mari pour les autres 8,000 francs, puisque le mari, à la différence de la femme, est tenu des dettes de communauté pour le tout et sur ses biens personnels, nonobstant l'insuffisance des biens communs (1472, 1483, 1484 C. C.).

Il résulte évidemment de ces deux exemples que, dans la double hypothèse prévue par l'art. 1431, la femme a un intérêt certain à n'être considérée que comme la caution de son mari. Or, dès l'instant qu'elle n'est réellement que caution, nous ne voyons pas le motif qui fait repousser la perception du droit du cautionnement, alors qu'il s'agit de l'art. 1431, lorsque la jurisprudence fait l'application de ce droit à l'art. 1216. La raison et l'égale répartition de l'impôt exigeraient qu'on se prononcât soit par l'affirmative, soit par la négative, dans les deux cas.

« L'expérience ne prouve-t-elle pas tous les jours, dit Troplong n° 1037, que si la femme s'introduit dans une affaire de la communauté ou de son mari, c'est-à-dire dans une affaire dont elle n'a ni le soin ni la direction, et dont la loi a remis au mari la conduite exclusive, c'est pour remplir un office de bienveillance, éviter des querelles intestines, et fortifier par son crédit le crédit de son mari ? Et qu'est-ce que cela, sinon prêter un cautionnement? La femme (qui renonce à la communauté) sera donc indemnisée de l'obligation qu'elle a contractée ; elle en sera indemnisée comme l'est un fidéjusseur, c'est-à-dire pour la totalité. Elle sera, de plus, subrogée de plein droit dans les droits du créancier qu'elle a payé. Que si elle ne renonce pas, alors sa qualité de femme commune met, sans aucun doute, à sa charge une moitié de la dette; mais pour l'autre moitié qu'elle a payée, elle ne l'a payée que comme caution de son mari : elle a recours contre lui, comme un fidéjusseur a recours contre le débiteur principal; elle est subrogée de plein droit dans les droits du créancier qu'elle a désintéressé. «

On a essayé récemment de soutenir l'exactitude juridique de l'affranchissement du droit de cautionnement par le plus singulier de tous les motifs. On a dit que la femme qui cautionne son mari ne fait qu'exécuter une obligation personnelle parce que d'après l'art. 212 C. C., les deux époux se doivent mutuellement *fidélité, secours, assistance !* Mais cet argument n'est pas sérieux et c'est faire le plus évident abus de mots que d'appliquer l'assistance dont il s'agit aux intercessions pécuniaires de la nature de celles dont nous nous occupons. Avec une pareille théorie, il n'est pas un seul acte de la femme qui ne serait rangé dans cette catégorie. Tout ce qu'elle remettrait à son mari dans l'intérêt du crédit de ce dernier, elle le livrerait donc pour obéir à la loi. Où serait la cause de ses reprises? et sur quoi fonderait-on cette division d'intérêts matériels que la loi a grand soin d'établir entre les époux pour conserver à la femme sa fortune et l'empêcher d'être absorbée par son mari ?

Il n'y a véritablement pas à réfuter un pareil système, que le désir exagéré de tout justifier a seul pu produire [1].

La vérité est que la jurisprudence a voulu apporter un tempérament à la perception en cette matière comme elle le fait en maintes circonstances quand il s'agit du règlement du droit des époux. On en verra des exemples caractéristiques aux mots *Compte* et *Partage de Communauté*. — Il faut donc prendre la situation pour ce qu'elle est; une faveur spéciale accordée aux époux et qui s'explique mieux par des considérations que par des arguments de droit.

Cette interprétation est également admise par l'Administration belge (Sol. belge 13 juill. 1858, 1119 R. P.).

1. SÉPARATION. — RÉGIME DOTAL. — La règle posée par l'I. G. 1403 est générale et paraît ne pas souffrir d'exception. Aussi le droit de cautionnement n'est pas exigible même dans le cas où deux époux *séparés de biens* vendent solidairement des immeubles propres à l'un deux. (*Conf.* : 5286, 13172-4 et 14221 J. E.; — *Contrà* 14753 J. E.). Cette opinion paraît avoir définitivement prévalu, et on doit admettre aujourd'hui que l'I. G. 1403 s'applique à tous les régimes sans distinction, au régime dotal ou au régime de séparation aussi bien qu'à la communauté d'acquêts (Sol. 23 déc. 1863).

2. OBLIGATION ULTÉRIEURE. — Ainsi encore, il a été décidé que lorsqu'un notaire s'est engagé, dans l'acte d'acquisition de son office, à faire obliger solidairement avec lui la femme qu'il épouserait, l'acte ultérieur qui constate l'engagement de la femme au payement solidaire du prix de l'office doit être considéré comme une opération qui profite personnellement à la femme, et non comme un cautionnement (Pithiviers 28 janv. 1846, 12734 J. N., 7573 C., Dalloz n° 1379; — Châteaudun 9 fév. 1838, D. N. t. 2 p. 723 n° 157). — Une Sol. du 18 juin 1860 a été rendue dans le même sens et en ces termes : « Que l'obligation de la femme ait lieu simultanément avec l'engagement du mari ou postérieurement à celui-ci, il suffit que dans tous les cas il ne puisse constituer qu'un cautionnement, pour que, d'après l'I. G. 1403, ce cautionnement soit affranchi de tout droit » (1934 R. P.).

C'est ce qu'il faudrait décider notamment au sujet de l'obligation solidaire contractée par les deux époux pour une dette du mari antérieure au mariage (Sol 4 avr. 1853 et 26 fév. 1859).

3. CAUTIONNEMENT EXPRIMÉ. — Cependant l'Administration avait d'abord posé une limite à cette règle. Elle décidait, le 10 août 1836 (11964-1 J. E.), que si dans une obligation contractée solidairement par un mari et sa femme, il est dit que celle-ci s'oblige, *comme caution de son mari*, le droit de cautionnement est exigible; car, sans examiner l'effet des stipulations générales de l'acte, il parraissait suffisant que le cautionnement fut exprimé pour que le droit fut exigible (13526-2, 14208-1, 16843 J. E.).

Il avait été également décidé par un jugement du tribunal de Périgueux (30 août 1845, 14110-4 J. E.) que si la femme de l'acquéreur s'oblige, *comme caution de son mari*, à désintéresser les créanciers du vendeur, le droit de cautionnement est exigible, attendu que la femme ne comparaît dans l'acte que comme caution, et non comme coobligée solidaire ou acquérant avec son mari.

Mais cette doctrine paraît aujourd'hui abandonnée.

Il est difficile d'admettre, en effet, que le droit proportionnel soit exigible par le motif que la femme au lieu de contracter une obligation solidaire se borne à la garantir, car dans le premier cas l'engagement de la femme est beaucoup plus étendu que dans le second et si le droit pouvait être perçu ce serait plutôt en cas d'obligation solidaire que de simple cautionnement. D'ailleurs, il s'agit de part et d'autre au point de vue fiscal d'une stipulation de cautionnement, il y a donc même raison de les dispenser du droit (Sol. 21 mars 1854, 16 sept. 1856, 18 juin 1860, 1934 R. P., 12 août 1865, 15 et 26 juill. 1870, 26 mars 1872).

Jugé dans cet ordre d'idées, que la femme commune en biens de l'acquéreur d'un office qui se *porte caution* et garante solidaire de son mari pour le payement du prix, ne s'engage que pour une chose sur laquelle elle a des droits éventuels et dès lors aucun droit de cautionnement n'est exigible (Rouen 27 mai 1847, 14311 J. E.) — Une décision analogue

---

1. Les auteurs qui ont émis cette doctrine bizarre ont d'ailleurs maintenu dans une foule de cas et même après l'instruction n° 1403, l'exigibilité du droit de cautionnement.

C'est ce qu'ils ont décidé dans les espèces suivantes : 1° lorsque une prorogation de délai accordée au mari par son créancier, la femme mariée avec exclusion de dettes antérieures au mariage, intervient, s'oblige solidairement avec lui, et hypothèque ses biens propres (14012-2, 14427, 15170-2 J. E.); — 2° quand une femme mariée sous le régime dotal, avec société d'acquêts, intervient dans une affectation hypothécaire formée par son mari, adjudicataire d'une entreprise, *pour cautionner* son mari et fournir hypothèque sur ses biens (13526-2 J. E.; — 3° lorsque, postérieurement à l'acte de vente, la femme s'oblige solidairement avec son mari au payement du prix de l'immeuble acquis comme propre au mari (11205 J. E.); — 4° si deux époux empruntent solidairement une somme déterminée dont une faible portion est retirée par le mari pour éteindre des dettes personnelles et le surplus par la femme pour acquitter les frais d'un procès antérieur à son mariage, le droit est exigible sur la différence entre ces deux sommes (12499-4 J. E.); — 5° si les père et mère de l'un des futurs constituent en dot, savoir : le père 600 francs et la mère 300 francs, qu'ils s'obligent de payer solidairement, le droit de cautionnement est exigible (12447-1 J. E.); — 6° si l'acquéreur d'un office dont le prix n'a pas été délégué *s'engage* solidairement avec sa femme, sous le cautionnement d'un tiers, à payer à un premier titulaire de l'office le prix qui lui reste dû sur cet office, il est dû, outre le droit d'obligation à raison de l'engagement solidaire de la femme, celui de cautionnement, à cause de la garantie donnée par le tiers (14913-3 J. E.).

a été rendue par le tribunal de Pithiviers, le 28 janvier 1846 (12734 J.N.).

4. TIERS. — Mais, il faut le remarquer, l'exception posée par l'I. G. 1403 qui, ainsi qu'on l'a vu, est le résultat de considérations toutes particulières, doit être strictement limitée au cas déterminé, et le droit de cautionnement doit continuer d'être perçu indépendamment de celui d'obligation, sur les obligations solidaires consenties par d'autres personnes que des époux, lorsque la cause est déclarée dans l'acte n'intéresser qu'un seul ou plusieurs codébiteurs : c'est ce que porte formellement le dernier paragraphe de l'I. G. 1403.

De même, lorsque l'obligation solidaire de la femme concerne une dette contractée conjointement par le mari et par un tiers, la garantie de la femme produit les effets d'un cautionnement ordinaire à l'égard du tiers et rien ne saurait de ce chef l'exempter du droit proportionnel (Draguignan 24 juin 1816, 14022 J. E., Sol. 21 nov. 1854 et Sol. 26 janv. 1866).

Ainsi, il a été reconnu que quand une femme mariée sous le régime de la communauté avec exclusion des dettes antérieures au mariage, garantit en qualité de caution, une dette contractée solidairement par son mari et son beau-père avant le mariage, le droit de cautionnement est exigible (16043 J. E.).

Mais quoique le cautionnement ne se présume pas, on peut cependant ici l'induire de l'ensemble de l'acte. Ainsi jugé que les droits supplémentaires de marché peuvent être réclamés à la caution, encore que l'article du marché qui a trait à l'engagement pris par la caution précède l'obligation prise par l'adjudicataire de payer les frais : « Attendu que si les conventions de cautionnement doivent s'interpréter dans un sens limitatif, il faut pourtant reconnaître que quand c'est un marché administratif il ne peut avoir lieu qu'avec une caution qui embrasse toutes les obligations de l'adjudicataire. Il faudrait que l'exception fut spécifiée et loin de l'être en l'espèce, la convention porte que le cautionnement s'appliquera à l'*exécution entière des clauses et conditions* » (Le Havre 6 fév. 1862, 1695 R. P.).

Celui qui a cautionné l'exécution d'un bail est tenu de la moitié des droits d'enregistrement, lorsque le contrat stipule que ces droits, dans le cas où il serait nécessaire de produire l'acte en justice, seront supportés en commun par chacune des parties (C. Turin 26 mars 1806, 1770 J. N.).

Le cautionnement fourni pour sûreté d'un marché jusqu'à concurrence du dixième du prix, n'est passible du droit que sur cette fraction (Dél 27 juillet 1830, 7229 J. N. ; — Bayonne 15 juin 1830, D. N. t. 2 p. 722 n° 126).

SECTION 4. — LIMITES DU CAUTIONNEMENT

[3421-3434]

3421. Règle. — L'art. 2015 C. C. porte : « Le cautionnement ne peut être étendu au delà des limites dans lesquelles il a été contracté. » Cette règle n'eût pas été consacrée d'une manière formelle par la loi, qu'elle n'en existerait pas moins ; elle est une déduction du bon sens. *Fide jussio*, disait la loi romaine, *est strictissimi juris, et non extenditur de re ad rem, de personâ ad personam, de tempore ad tempus.*

1. EXEMPLES. — Ainsi, le cautionnement donné pour l'exécution du bail ne s'étend pas aux obligations résultant de la prolongation (1740 C. C., Troplong n° 149, Ponsot n° 121) ; — celui qui s'applique aux fermages d'un bail ne s'étend pas aux indemnités pour dégradations (*Id.* Duranton n° 320) ; — le cautionnement donné pour le principal ne s'étend point aux intérêts (Pothier n° 405, Delvincourt t. 3 n° 251). — S'il est stipulé pour les intérêts échus, il ne s'étend pas aux intérêts à échoir (Dél. 29 mai 1824). — La caution du prix de la cession d'un office n'est pas tenue du supplément du prix convenu par contre-lettre (C. Rouen 23 déc. 1840, 10982 J. N.). — V. 3398.

3422. Droits d'enregistrement. — Marché. — On ne considère pas les droits d'enregistrement comme un accessoire de la dette dans le sens de l'art. 2016 C. C. Par conséquent celui qui s'est rendu caution d'une obligation, d'un bail, etc., ne peut par cela seul, sans une stipulation particulière, être poursuivi en payement des droits d'enregistrement dus par le principal obligé pour l'obligation ou le bail (Cass. 6 oct. 1806, 2443 J. E., 1603 J. N., D. m. f. 15 déc. 1818, 6287 J. E.).

3423. Indéfini. — Mais le cautionnement, d'après l'art. 2016 C. C., s'étend à toute la dette en capitaux, intérêts et frais, *lorsqu'il est indéfini*, c'est-à-dire lorsque la caution s'est bornée à déclarer qu'elle cautionnait la dette sans mettre à son engagement aucune restriction. Ce sont tous les accessoires de la dette que comprend l'art. 2016 C. C. ; d'où Ponsot et Troplong n° 158, concluent que la caution doit répondre des intérêts, qu'ils aient été ou non stipulés. En se liant d'une manière générale, la caution est en effet présumée avoir eu en vue toutes les conséquences qui devaient naître de la nature même du contrat. Néanmoins, il ne faut entendre par accessoires que ceux qui se rattachent à l'obligation principale comme dépendance ou connexion, ceux qui, en un mot, participent en quelque sorte au lien de droit (Dalloz t. 6 p. 542 n° 96). Plus les termes de la garantie sont larges et étendus, plus il convient de ne point les faire porter sur des actes que la caution n'a pu prévoir. — L'examen des faits de la cause est donc de nature à exercer une grande influence sur la perception lorsque le cautionnement est indéfini.

1. LIQUIDATEUR DE SOCIÉTÉ. — C'est ainsi que la C. cass. a décidé, le 26 février 1823, que la caution du liquidateur d'une société n'est responsable que des frais et faits qui se rattachent à la liquidation, et non pas des sommes auxquelles ce liquidateur a été condamné comme associé.

2. CONCORDAT. — Si le cautionnement donné envers les créanciers du failli exprime la somme pour laquelle il est consenti, le droit est dû sur cette somme ; s'il ne l'exprime pas, il n'est censé applicable qu'aux créances vérifiées, attendu que ce n'est pas le montant des dettes portées au bilan du débiteur failli, mais le montant des créances vérifiées, pour lequel la caution est censée avoir entendu s'obliger. Si l'effet du cautionnement s'étendait, par une clause expresse de l'acte, aux créanciers qui n'avaient ni affirmé, ni fait véri-

fier leurs créances, alors le droit serait dû pour toutes les sommes portées au bilan (5419 J. E.; — C. Rouen 2 juin 1815, 1850 J. E.).

Nous ferons toutefois remarquer que, contenu dans le procès-verbal du juge-commissaire qui constate le concordat, le cautionnement ne peut donner ouverture qu'au droit de 4 fr. 50, égal à celui du concordat, conformément à ce qui sera dit n° 3464.

3424. Cautionnement indéterminé. — Le cautionnement pour une somme indéterminée, mais se rapportant à une dette qui peut être fixée d'après les titres respectifs des parties, est valable. Tel serait celui qu'un gendre, pour obtenir délai en faveur de son beau-père, souscripteur de billets à ordre, donnerait au créancier par *lettre missive* en ces termes : « C'est avec empressement que je me rends garant de ce que peut vous devoir mon beau-père » (C. Grenoble 10 juin 1825, Rolland de Villargues *Cautionnement* n° 28). — Ainsi, un tel engagement serait passible du droit proportionnel de cautionnement. Il en serait de même dans le cas où la caution garantirait les obligations d'un associé envers la société, ou tous les effets en souffrance qu'une maison de banque recevrait d'un correspondant désigné, ou l'exécution d'un marché de fournitures dont le montant n'est pas déterminé.

1. ESTIMATION. — Si, dans un acte de vente, un tiers garantit l'acquéreur qui paye comptant, de toutes les actions relatives aux inscriptions qui existeraient après la transcription, on doit requérir une déclaration estimative de ces inscriptions pour la perception du droit de garantie, sauf à rectifier cette perception dans les deux ans, si la déclaration n'est pas exacte (Charolles 29 mai 1830, Dél. 9 nov. 1830, 9831 J. E., 7315 J. N., D. N. t. 2 p. 729 n° 164).

3425. Obligation nulle. — La seconde conséquence de l'art. 2011 C. C., est que si l'obligation principale n'est pas valable, celle de la caution ne l'est pas davantage. Le cautionnement, porte l'art. 2012 C. C., ne peut exister que sur une obligation valable. Cela résulte, d'ailleurs, soit de ce que le cautionnement, n'étant qu'un contrat accessoire, doit suivre le sort du contrat principal, soit de ce que l'engagement de la caution est le même que celui du principal obligé. Le cautionnement, s'il pouvait s'ajouter à une obligation qui ne serait pas valable, offrirait un moyen indirect de valider des engagements dont la loi prononce la nullité. Aussi, une obligation sans cause licite, ou sans cause suffisante, ou sans objet, ou contraire aux lois, ne saurait être valablement cautionnée (Dalloz t. 6 p. 531 n° 50).

1. NULLITÉ RELATIVE. — Mais lorsque la nullité est purement *personnelle* à l'obligé, le cautionnement est valable, quoique l'obligation puisse être rescindée (2012 C. C.). C'est ce qui a été jugé pour la vente d'un immeuble faite par le mineur sans formalités (Cass. 30 nov. 1812, 1826 J N). — Pour l'obligation contractée par la femme mariée, sans autorisation de son mari (Toullier t. 6 n° 394, Duranton t. 18 n° 305; — Paris 24 juillet 1819, 3459 J. N). — Pour la vente d'un bien dotal consentie par le mari, la femme ou les deux époux conjointement (Cass. 11 mars 1807, 3 août 1825, 5508 J. N., 2 janv. 1838).

Dans tous les cas, tant que la nullité de l'obligation n'est pas judiciairement reconnue, cette circonstance ne saurait avoir aucune influence sur l'exigibilité du droit proportionnel, car l'Administration, ainsi qu'on le voit au mot *Nullité*, n'est pas juge de la nullité des actes ou des contrats, si apparents que soient les vices sur lesquels elle se fonde. L'opinion contraire de Dalloz (n° 1416) ne saurait donc être suivie.

3426. Obligation conditionnelle. — La troisième conséquence qui découle de l'art. 2011 C. C. est que le cautionnement ne peut excéder ce qui est dû par le débiteur, ni être contracté sous des conditions plus onéreuses. Si donc, on peut cautionner conditionnellement une obligation pure et simple, on ne peut cautionner *purement* et *simplement* une obligation *conditionnelle*. Il y aurait une condition plus onéreuse pour la caution que pour l'obligé principal. Néanmoins, un pareil cautionnement n'étant pas nul, aux termes de l'art. 2013 C. C., mais seulement réductible *à la mesure* de l'obligation principale, il en résulte qu'il suit en tous points le sort de l'obligation. Or, l'obligation n'étant passible que du droit fixe, par le motif que sa réalisation est subordonnée à l'accomplissement de la condition, le cautionnement ne doit être assujetti qu'à un droit de pareille nature. Un autre motif tiré d'un principe non moins incontestable a été donné par une Dél. 29 déc. 1834 : c'est, ainsi que nous le verrons n° 3461 et suiv., que le droit du cautionnement ne peut excéder celui de l'obligation principale. — Les mêmes principes s'appliquent à la garantie.

1. ACCOMPLISSEMENT DE LA CONDITION. — *Quid* lorsque l'événement de la condition arrive ? « L'existence de l'obligation, dit Dalloz n° 1440, est incertaine jusqu'à l'événement de la condition, mais cette condition accomplie remonte jusqu'au jour où le consentement a été donné, si bien que l'acte qui constate ce consentement est le titre véritable de la convention, qu'il n'est besoin d'*aucun autre acte*, et que cet acte devient passible du droit d'enregistrement. » — De même, pour le cautionnement, l'acte qui en porte la convention, en étant le titre véritable dès que la condition à laquelle il était subordonné s'est accomplie, devient par cela même passible du droit proprortionnel.

3427. Éventualité. — Mais il ne faut pas confondre la condition proprement dite avec l'éventualité qui est de l'essence même du cautionnement. Le cautionnement, en effet, est toujours conditionnel en ce sens qu'il est subordonné au défaut d'accomplissement des conventions par l'obligé principal. Cependant, c'est en cet état que la loi l'a soumis au droit proportionnel, et il est bien certain que l'incertitude dont est affectée son exécution ne saurait suspendre la perception. Nous en avons déjà fait précédemment la remarque — *Suprà* n° 3395.

Il faut également distinguer les causes qui suspendent l'exercice de l'obligation de celles qui ont un effet actuel pur et simple. L'obligation imposée à l'usufruitier ou au preneur de jouir en bon père de famille, l'obligation de garantie imposée au vendeur sont des obligations actuelles qui lient actuellement l'usufruitier, le fermier ou le vendeur. Seulement, en cas d'inexécution, l'engagement se résout en dommages-intérêts. Au jour du contrat, cette dette de dommages-intérêts est sans doute éventuelle, mais l'incertitude ne réagit pas sur l'obligation dont elle est le produit encore incertain, puisque la personne du vendeur ou du fermier a des effets immédiats.

1. VENTE. — Ainsi, l'acte par lequel un tiers se porte garant envers un acquéreur, par acte antérieur, de tous les faits d'éviction soit de la part du vendeur, soit de celle de ses héritiers, donne ouverture au droit de cautionnement, car cet acte, qui a pour effet d'obliger le garant à indemniser l'acquéreur, au cas où il serait troublé et évincé, soit par le remboursement de la somme qu'il aurait payée, soit par des dommages-intérêts, se résout en une garantie mobilière (Cass. 10 avr. 1838, 12027 J. E., 9997 J. N., S. 38-1-357, P. 38-1-514, 1577 § 3 I. G., arrêt rapporté 3393, 17 mai 1841, 10994 J. N., 12764 J. E., 1661-3, S. 41-1-388, arrêt rapporté 3417-1 ;— Cass. 30 mai 1843, 4573 J. E.;— *Conf.*: Cosne 6 juin 1849, 14758-6 J. E.; — Charolles 5 janv. 1857, 806 R. P., 16476 J. E., 11126 C.; — Hazebrouck 20 fév. 1863, 17635 J. E.).

2. OPINION CONTRAIRE. — Dalloz n° 1431 et suiv., Champ. et Rig. n° 1423, repoussent cette doctrine. « En principe, dit le premier de ces auteurs, il n'y a lieu de percevoir un droit proportionnel sur les obligations contractées, qu'autant qu'il y a existence réelle, positive et certaine d'une obligation au moment où le droit est exigé. Or, une obligation conditionnelle et subordonnée à un événement futur, incertain, ne prend naissance, ne devient certaine et positive qu'après l'accomplissement de la condition prévue ; et, par conséquent, elle ne doit rendre le droit exigible qu'après cet accomplissement. Ce qui est vrai de toute obligation conditionnelle, l'est par cela même du cautionnement conditionnel. »

M. Demante apprécie la difficulté dans le même sens :

« Le tiers, dit-il, qui garantit, sans avoir aucune part dans la propriété, est en réalité une caution du vendeur. Or, dit la C. cass. dans son arrêt du 10 avril 1838, (arrêt rapporté 3393), la caution du vendeur est obligée, « dans le cas où les acquéreurs seraient troublés ou évincés, à les indemniser, soit *par le remboursement des sommes qu'ils auraient payées*, soit *par les dommages-intérêts qui pourraient leur être dus* ; » mais elle n'est pas tenue « à fournir des immeubles en remplacement de ceux dont les acquéreurs seraient évincés ; ainsi ce cautionnement, qui se résout en une somme d'argent, est une garantie mobilière prévue par l'art. 69 § 2 n° 8. Sans jouer ainsi sur le mot de *garantie*, je crois plus exact de dire qu'il y a, dans l'espèce, un *cautionnement de somme*. Mais cette dernière considération autorise-t-elle la perception du droit proportionnel de 50 centimes pour 100 immédiatement sur l'acte de vente ? Non, car le vendeur n'étant actuellement tenu d'aucune obligation *de somme*, c'est l'obligation principale elle-même qui est éventuelle. On peut donc douter de l'exactitude du motif suivant, ajouté avec une intention marquée par l'habile rédacteur de l'arrêt (M. Tripier) : que le cautionnement dont il s'agit « n'est pas subordonné à un événement particulier et déterminé, mais qu'il est général et absolu ; que si ses effets dépendent du cas de trouble ou d'éviction, *cette éventualité, qui est inséparable de tout cautionnement*, ne constitue pas une condition suspensive quand à l'existence de l'obligation et la perception du droit. » Est-ce bien là véritablement l'éventualité inséparable de tout cautionnement ? C'est précisément la question » (n° 482).

Ces raisons ne sont évidemment pas de nature à prévaloir contre la jurisprudence.

3. CESSION DE CRÉANCES. — Quoique le cautionnement ait pour objet une cession de créance sur le Gouvernement, *faite sans garantie* de la part du cédant, le droit proportionnel n'en est pas moins exigible, attendu qu'aux termes de l'art. 1693 C. C., celui qui transporte une créance doit en garantir l'existence au temps du transport, *quoi qu'il soit fait sans garantie* (7011 J. E.). La créance peut être sans doute réduite ou annulée, mais le tiers n'en garantit pas moins l'existence et c'est là une obligation actuelle pouvant donner lieu au droit proportionnel.

4. CONTRAT DE MARIAGE. — Le droit a été également reconnu exigible bien que la dot constituée à la future ne soit garantie par le père du futur que pour le cas où il y aurait lieu à l'exercice du droit de retour (Dél. 10 sept. 1833, 10736 J. E., 8251 J. N.). Mais cette solution ne paraît pas fondée. D'une part, le cautionnement a pour objet la reconnaissance par le futur de la dot apportée par la future. Or, cette reconnaissance étant exemptée du droit, le cautionnement en doit être aussi affranchi. D'un autre côté, l'obligation principale est subordonnée à la condition suspensive du prédécès de la donataire ; cette condition influe sur le cautionnement qui n'est passible que de droit fixe.

5. DISSOLUTION DE SOCIÉTÉ. — Lorsqu'après la dissolution d'une société, un ancien associé se rend acquéreur, conjointement avec un étranger, sous le cautionnement d'un tiers, de tout le fonds social, le droit de cautionnement est exigible sur l'intégralité du prix, sans défalcation de la part de l'ancien associé, car il peut résulter des comptes à faire entre les associés que le colicitant soit tenu de payer tout son prix (Seine 9 déc. 1846, 14147 J. E. ; — *Contrà* : Champ. et Rig. t. 6 n° 251).

6. NULLITÉ. — Mais le cautionnement donné pour le cas où un acte serait annulé est soumis à une condition suspensive proprement dite et le droit fixe de 2 francs (3 fr.) est seul exigible (Sol. 28 déc. 1858 et 27 déc. 1862).

7. RATIFICATION. — Au contraire, le droit est dû lorsqu'un tiers intervient dans une obligation pour s'obliger à faire ratifier par un mineur un acte obligatoire, et, dans le cas où la ratification serait refusée, pour s'engager comme caution et répondant solidaire des causes de l'obligation (Dél. fév. 26. 1828, 1249 § 6-1 I. G., 6576 J. N.) — *V.* 3409-3.

8. RECOURS. — Même règle lorsque, dans la quittance du prix d'une vente passée antérieurement, un tiers déclare garantir l'acquéreur du recours qui pourrait être exercé par le père du vendeur (Dél. 25 mars 1828, 1249 § 6-2 I. G.).

9. TESTAMENT. — Le droit de cautionnement ne saurait être perçu sur la promesse faite par une personne de garantir un tiers des recours qui pourraient être ultérieurement exercés contre lui au sujet de l'exécution d'un testament. — *V.* 1859.

10. CONTRAT DE MARIAGE. — GAIN DE SURVIE. — Le cautionnement relatif au payement d'un gain de survie, stipulé dans un contrat de mariage, éventuel comme la donation même, n'est sujet qu'à un droit fixe, sauf la perception du droit proportionnel du cautionnement, en même temps que celui du gain de survie, si la donation produit son effet (Dél. 29 déc. 1824, 4957 J. N.).

Le droit exigible est celui de 3 francs applicable aux actes innommés.

3428. Obligation future. — Ce que nous venons de dire du cautionnement et de la garantie de l'obligation conditionnelle s'applique parfaitement au cautionnement et à la garantie de l'obligation future. Il est de principe qu'on peut cautionner une obligation future (Pothier n° 399 ; — Cass. 23 août 1854, 243 R. P.). Mais un pareil cautionnement ne peut-être assujetti qu'au droit fixe (Dél. 29 déc. 1834, 4957 J. N.), Décidé, en effet, que le cautionnement d'une somme qu'un tiers se propose d'emprunter n'est passible du droit proportionnel qu'autant qu'il est justifié de la réalisation de l'emprunt (Dél. 25 nov. 1834; — Seine 8 mars 1848, 8790 13496 J. N., D. N. t. 2 p. 723 n° 131-132). — *V.* 3406.

1. OUVERTURE DU CRÉDIT. — Dans ce sens, l'Administration a reconnu (Dél. 9 avr. 1833, 10 juill. 1838, 10579 et 12105 J. E., 10067 J. N.) que le cautionnement contenu dans une ouverture de crédit ou donné par un acte postérieur ne rend exigible que le droit fixe (*Conf.* : 16691-1 J. E.).

Mais aujourd'hui que l'ouverture de crédit est assujettie au droit de 50 centimes pour 100 (L. 23 août 1871), le droit de cautionnement serait exigible. Seulement est-il dû d'après la totalité ou d'après la moitié du tarif ? — *V.* 5658.

2. RÉALISATION DE L'OBLIGATION. — Au moment de la réalisation de l'obligation, le droit proportionnel de 50 centimes pour 100 devient exigible *sans qu'il soit besoin* d'un nouvel acte ou d'une nouvelle stipulation pour constater le cautionnement. En effet, dans cette hypothèse, le cautionnement, ainsi que le font remarquer Champ. et Rig. n° 1427, n'est pas un contrat imparfait, ou un projet, ou une promesse de contrat. L'acte contient tout ce qui est nécessaire à la perfection du cautionnement, savoir : le consentement des parties. S'il ne se forme pas immédiatement, c'est par l'effet d'un obstacle extérieur, qui est le défaut d'une obligation principale; cet obstacle cessant, le cautionnement devient parfait et le droit proportionnel est exigible sans qu'il soit besoin d'un consentement nouveau. — En ce sens, la Dél. du 25 nov. 1834, citée ci-dessus, n° 3428, est inexacte, en ce qu'elle porte « que le cautionnement promis devra être expressément stipulé dans l'acte d'emprunt à faire par le futur débiteur pour que la caution soit véritablement engagée comme caution. » Mais l'Administration a fait une saine application du principe en délibérant, le 9 avril 1833 (3428-1), que le droit de cautionnement devient exigible, cumulativement avec celui d'obligation, sur l'acte qui constate la réalisation du crédit.

3429. Plusieurs cautions. — D'après l'art. 2033 C. C., la même obligation peut être cautionnée par plusieurs personnes ensemble ou séparément. Différentes hypothèses peuvent se présenter. — Si les unes ont cautionné partie de la dette et les autres le surplus, le droit est perçu proportionnellement à la somme cautionnée par chaque personne. — Si chaque caution garantit toute la dette *avec solidarité*, un seul droit est exigible (Dél. 23 avr. 1823, 4372 J. N., 7434, 13579-2 J. E.). — Mais si le cautionnement n'est pas solidaire, il y a autant de droits que de cautionnements, c'est-à-dire que de personnes (Dalloz n° 1417.)

1. OBSERVATION. — Cette dernière solution paraît en opposition avec une Dél. 25 mars 1828 (6576 J. N., 1249 § 6-2 I. G.), intervenue dans une espèce où deux cautionnements, *solidaires* il est vrai, avaient été fournis par deux actes différents pour une même obligation. L'Administration ne s'est nullement préoccupée de la question de solidarité; sa délibération est, en effet, ainsi conçue : « Lors même que la solidarité n'eût pas été stipulée, l'adhésion donnée par le second acte n'avait réellement pour objet que la même garantie, la même sûreté promise par le premier au débiteur qui se libérait; la loi ne s'est point occupée du nombre des cautions ou garants, mais seulement de la disposition qui constitue la garantie; et, sous ce rapport, le second acte, étant le complément du premier, n'est assujetti qu'au droit fixe » (*V.* dans le même sens, 13751-3 J. E., Demante 465, D. N. p. 724 n° 135). — On peut faire remarquer, à l'appui de cette opinion, que si l'engagement des cautions d'un même débiteur n'est pas, sous tous les rapports, une obligation solidaire, puisque la loi leur accorde le bénéfice de discussion, il a cependant avec elle la plus grande analogie, car les cofidéjusseurs sont tenus chacun pour le tout et le bénéfice de division n'est que *in facultate solutionis*. Aussi, comme le fait remarquer Troplong du *Cautionnement* n° 290, appartient-il plutôt à la classe des obligations solidaires qu'à celle des engagements séparés?

3430. Certificateur de caution. — Ce n'est pas seulement pour un débiteur principal qu'on peut se rendre caution : on peut cautionner également la caution même, lorsque le créancier ne la trouve pas suffisamment solvable, et l'on appelle *certificateur de caution* celui qui répond ainsi de la solvabilité de cette caution (2014 C. C.). Rien n'empêche que la seconde caution soit cautionnée par une troisième, et ainsi de suite. Il y a cette différence entre la caution et le certificateur de caution, que le premier répond directement de la dette, au lieu que l'autre, n'étant point caution lui-même, ne fait que certifier la solvabilité du répondant : au moyen de quoi il ne peut être recherché qu'autant que le défaut de cette solvabilité est suffisamment constaté (Cass. 17 fév. 1820, S. 20-1-260).

1. TARIF. — Cette nature de convention a été tarifée à 1 franc par l'art. 68 § 1er n° 16 L. 22 frimaire an 7. Ce droit a

été porté à 2 francs par l'art. 43 n° 6 L. 28 avril 1816 et à 3 francs par l'art. 4 L. 28 février 1872.

2. CERTIFICATEUR SOLIDAIRE. — Lorsque le certificateur de caution n'est qu'une véritable caution solidaire avec les autres cautions, il ne peut être dû de droit particulier sur son intervention. Il n'y a qu'une seule et même obligation. Cependant, dans une espèce semblable, où l'on avait perçu un second droit proportionnel, le conseil d'administration, en délibérant le 23 avril 1823, qu'il y avait lieu de le restituer, paraît avoir pensé qu'il fallait exiger un droit fixe (7434 J. E., 4372 J. N., 840 C.). Mais cette appréciation n'est pas fondée.

3431. Caution envers la caution. — Le certificateur cautionne la caution vis-à-vis du créancier, mais on peut aussi se rendre caution du débiteur envers la caution, en s'engageant à rembourser les sommes payées au créancier par la caution, dans le cas où le débiteur ne ferait pas ce remboursement. Exemple : A... se rend caution des sommes dues à B... par C..., et dans le même acte D... se rend caution envers A... des effets du cautionnement qu'il souscrit. On a enseigné qu'il y a ici deux cautionnements parfaitement distincts, donnant ouverture à deux droits de 50 centimes pour 100 (5293 J. E.); c'est ce qu'a soutenu également M. Dalloz : « Il n'y a, dit-il, d'incertitude que relativement à l'exécution de l'obligation ; de même que, dans le cas de cautionnement simple, il n'y a d'incertitude que sur le point de savoir si le débiteur principal paiera ou ne paiera pas; de même ici, il n'y a d'incertain que le point de savoir si, le payement étant effectué par la caution, le débiteur remboursera ou ne remboursera pas » (1432). Cette appréciation ne nous paraît pas exacte. Pour que le cautionnement produise des effets immédiats, il faut qu'il existe dès à présent une obligation principale actuellement contractée, et dont l'exécution seule est retardée. Or, le recours qui appartiendra à la caution contre le débiteur principal ne prendra naissance que si la caution est obligée de payer. Ce recours est donc subordonné à la *condition* du payement préalable (Troplong *Caut.* 332, Pothier *Oblig.* 423). Jusqu'à cette époque l'obligation du débiteur principal est suspendue; le cautionnement du tiers est par conséquent affecté de la même condition, il n'existera que quand la dette prendra naissance et rien n'autorise la perception actuelle d'un droit proportionnel. « Procéder autrement, dit M. Demante, ce serait violer à la fois et la théorie générale des conditions, et la règle spéciale, suivant laquelle le droit du cautionnement ne peut excéder celui de la disposition principale. Les principes que je rappelle sont appliqués par l'Administration, au cas de cautionnement souscrit pour sûreté d'une ouverture de crédit. Ils sont aussi bien applicables à l'espèce » (n° 466).

3432. Renfort de caution. — Il ne faut pas confondre le certificateur de caution avec la caution supplémentaire, ou renfort de caution. Celle-ci cautionne le débiteur principal, tandis que le certificateur cautionne simplement la caution. Ainsi, le renfort de caution est un supplément de caution que l'on donne lorsque la caution principale n'est pas suffisante. Si dans l'acte on n'a pas exprimé la valeur pour laquelle le renfort de caution est donné, le renfort peut être contraint au payement de *toute la dette*. C'est un nouveau cautionnement passible de 50 centimes pour 100 sur montant de la disposition principale auquel il a rapport. Mais ce droit n'est exigible que sur la somme pour laquelle ce renfort est donné, si elle est exprimée.

1. MÊME ACTE. — Quand le renfort de caution a lieu dans le même acte que le premier cautionnement, il faut lui appliquer les règles que nous avons indiquées pour la pluralité des cautions (3429).

2. ACTE DISTINCT. — Si le renfort de caution est donné par un acte distinct, le droit proportionnel est exigible. C'est, en effet, un cautionnement, et il suffit que l'acte présenté à la formalité soit un cautionnement pour qu'on doive et qu'on ne puisse percevoir d'autre droit que celui fixé pour ces sortes d'actes (2042 J. E., Dalloz n° 1418).

Cependant, une Dél. 21 juillet 1807, Roll. *Cautionnement* n° 61), porte que lorsqu'après s'être réservé, dans une adjudication, le droit d'exiger un renfort de cautionnement, ce renfort est fourni par un un acte subséquent, il n'est pas dû de nouveau droit proportionnel, mais seulement un droit fixe. Cette perception suppose que l'acte de renfort de caution faisait connaître le cautionnement antérieur et la condition à laquelle le supplément de garantie était accordée. S'il en était ainsi, même dans l'hypothèse précédente, il ne faudrait pas exiger le droit proportionnel, car malgré la pluralité des actes il serait démontré que les deux cautions garantissent le même engagement, et comme leur engagement est solidaire (3429), on ne peut pas appliquer deux fois le tarif sans le violer la maxime *non bis in idem*.

3433. Discussion du débiteur. — Nous avons vu que le cautionnement est l'obligation d'acquitter la dette d'un tiers, quand il ne l'acquitte pas lui-même. Dans l'ancien droit romain, le créancier pouvait contraindre les cautions sans s'être préalablement adressé au débiteur principal : c'était une rigueur bien grande contre des personnes qui souvent ne s'étaient obligées que par un sentiment de bienfaisance. Justinien apporta des adoucissements à ce droit, et il introduisit en faveur des cautions l'exception qu'on a appelée le bénéfice de *discussion* : cette exception a pour effet d'obliger le créancier à épuiser les moyens de libération que peut présenter le débiteur principal avant d'être admis à poursuivre la caution (2021 C. C.).

1. RENONCIATION. — La renonciation à ce bénéfice n'enlève pas au contrat le caractère de cautionnement. Malgré la renonciation au bénéfice de discussion, la créancier n'en est pas moins obligé de s'adresser au débiteur principal, parce que la caution ne doit qu'à défaut du débiteur; seulement, le créancier n'est pas obligé de discuter celui-ci, c'est-à-dire de poursuivre l'expropriation et de faire les procédures légales. Ainsi, dans le cas de renonciation par la caution au bénéfice de discussion, le droit de 50 centimes pour 100 ne cesse pas d'être exigible (*Conf.* : Champ. et Rig. n° 1365, Dalloz n° 1403).

3434. Division. — S'il y a plusieurs cautions pour un même débiteur et pour une même dette, et qu'elles n'aient pas renoncé au bénéfice de *division*, chacune d'elles est obligée pour le total de l'obligation principale. Mais celle qui est assignée en payement de toute la dette a le droit d'opposer ce bénéfice, c'est-à-dire d'exiger que le créancier dirige son action en même temps contre les autres, chacune pour sa part et portion (2025, 2026 C. C.).

SECTION 5. — EXCTINCTION DU CAUTIONNEMENT

[3435-3437]

3435. Règle générale. — L'obligation qui résulte du cautionnement s'éteint par les mêmes causes que les autres obligations (2034 C. C.). Outre les causes ordinaires qui mettent fin à toutes les obligations et qui sont énumérées dans l'art. 1234 (le *payement*, la *novation*, la *remise volontaire*, la *confusion*, etc.), il est une cause particulière qui emporte extinction du contrat de cautionnement, et qui se trouve expliquée à l'art. 2037 C. C.; elle a lieu lorsque le créancier ne peut plus, par son fait, transmettre à la caution dans son intégralité le droit de subrogation légale qui doit demeurer attaché au payement de la créance (Toullier t. 7 p. 243 et suiv., Pothier *des Obligations* nos 378 et suiv., Duranton t. 18 n° 372).

3436. Novation. — La novation, dans la dette principale, libère les cautions (1281 C. C.). Il en résulte que si, dans un acte opérant novation de la dette principale, la caution s'oblige à cautionner la nouvelle dette, c'est un nouveau cautionnement qui rend exigible un nouveau droit (Champ. et Rig. n° 1452.) Mais l'acte par lequel une caution renouvelle un cautionnement qu'elle a souscrit en faveur d'un créancier et y ajoute en s'obligeant solidairement, n'opère pas novation de l'ancien cautionnement, et le droit fixe est seul exigible (13838-1 J. E.).

3437. Prorogation. — On a soutenu que si dans l'acte de prorogation le créancier renonce aux hypothèques qui lui avaient été concédées par le débiteur principal, un nouveau droit de cautionnement est exigible, si la caution consent à la prorogation ; car, par le fait de la renonciation à son hypothèque de la part du créancier, la subrogation de la caution à ce privilége se trouvant impossible, l'obligation de la caution est éteinte (10772 J. E.).

Le D. N. objecte, en citant une solution conforme du 12 avril 1821, que le renouvellement de la caution sans modification au titre primitif n'est qu'un acte d'exécution ou de complément de sa promesse antérieure (t. 2 p. 725 n° 145). Les premiers auteurs ont abandonné, en effet, leur avis par le motif que la déchéance du cautionnement n'ayant pas lieu de plein droit, l'Administration n'est pas en mesure de soutenir que le premier engagement de la caution est éteint.

Ces opinions, en apparence contradictoires peuvent se concilier. La question est uniquement de savoir s'il y a substitution d'un nouveau cautionnement à un autre. Quand il s'agit seulement, comme dans l'hypothèse prévue par le D. N., d'un renouvellement sans modification au titre primitif, il est clair que le même engagement subsiste et qu'aucun droit n'est exigible. Mais s'il apparait, d'après les termes de l'acte, que la caution, se considérant comme déchargée, en vertu de l'art 2037, par la renonciation du débiteur principal, contracte un nouveau cautionnement, il y a une cause nouvelle à la perception du droit.

1. CONSENTEMENT. — *Quid* si la prorogation est pure et simple et que la caution y consente ? Il n'est dû qu'un droit fixe pour consentement. En effet, aux termes de l'art. 2039 C. C., si la simple prorogation de terme accordée par le créancier au débiteur ne décharge point la caution, celle-ci ne peut forcer le débiteur au payement : son consentement, qu'elle pouvait refuser, forme donc une disposition indépendante (3178 J. E.).

Si le créancier avait transporté sa créance, et que le cessionnaire consentit une prorogation en présence et du consentement de la caution, il pourrait y avoir novation, et la novation étant une cause d'extinction de l'obligation, le droit de cautionnement sera exigible (9076 J. E.). — Toutefois la novation ne devrait être acceptée ici qu'avec difficultés, car l'art. 1692 C. C. ne laisse pas à la caution la faculté de se désister de son obligation, et son nouvel engagement est présumé l'effet légal du transport. En principe, c'est l'exigibilité du droit fixe qui doit donc prévaloir.

2. TITRE NOUVEL. — Ainsi encore, lorsque dans le titre nouvel d'une obligation renfermant un cautionnement, la même caution renouvelle ses engagements, il n'est dû aucun droit proportionnel nouveau, mais seulement le droit fixe (Dalloz n° 1443, Champ. et Rig. n° 1450; *Contrà* : 3758 J. E.).

CHAPITRE III. — GARANTIE

[3438-3449]

3438. Confusion dans les mots. — On qualifie tous les jours de garantie le cautionnement, le gage, l'antichrèse, l'hypothèque, l'assurance, etc. On a fait passer dans la langue du droit les nombreuses significations que le mot *garantie* a reçues dans le langage ordinaire. Aussi une grande confusion règne aujourd'hui sur la valeur exacte que l'on doit donner à ce mot. Cette confusion est la source de nombreuses erreurs, car du moment que les mots sont habituellement détournés de leur signification, leur véritable sens ne tarde pas à échapper. Il est cependant indispensable de s'entendre sur ce qu'est au juste le contrat de garantie, puisque, ainsi que nous l'avons vu au n° 3383, la loi fiscale l'a tarifé au droit de 50 centimes pour 100, et il tombe sous le sens qu'on ne peut appliquer ce tarif aux conventions si multiples qu'on est dans l'usage de qualifier du nom de garantie.

3439. Garantie conventionnelle. — On a proposé une distinction entre la garantie conventionnelle *donnée par le débiteur*, stipulée dans l'acte même, et celle stipulée par acte postérieur. Dans le premier cas, on la déclare exempte de tout droit, comme dépendant de la convention principale; dans la seconde hypothèse, et *lorsque la garantie n'a pas été promise*, on la considère comme une stipulation nouvelle, sujette au droit proportionnel. — Rien n'est moins justifié. Que la garantie soit donnée *par le débiteur* dans l'acte même ou par acte postérieur, la position est la même. Cette garantie n'est pas plus créée dans la seconde hypothèse qu'elle ne l'est dans la première, par la raison qu'elle dérive de la loi. Or si, contenue dans l'acte d'obligation, la stipulation est considérée comme le complément ou l'exécution de l'obligation principale, on ne peut lui attribuer un autre caractère lorsqu'elle est renfermée dans un acte postérieur. Dans la première hypothèse, elle ne donne ouverture à aucun droit comme stipulation accessoire contenue dans le même acte que l'obligation principale; dans le second cas, elle n'est passible que du droit fixe comme acte de complément.

3440. Définition. — La garantie tarifée par la loi, est l'intervention d'un tiers *étranger à l'obligation principale*, qui s'engage à maintenir l'exécution de cette obligation, et à défendre celui dans l'intérêt de qui elle a été souscrite, *contre une action qui viendrait le troubler*. Cette garantie conventionnelle est différente de la garantie dérivant de l'acte passé entre le créancier et le débiteur principal, et pesant sur ce dernier comme une nécessité légale que la loi fiscale n'a jamais tarifée; elle est un contrat primitif et indépendant, et constitue véritablement une sûreté nouvelle pour le créancier auquel elle donne un second obligé (Dalloz n° 1480). — V. 2447.

3441. Garantie immobilière. — Un autre difficulté résulte de ce que la L. 22 frimaire an 7 a tarifé nommément la *garantie mobilière*, sans expliquer ce qu'elle a entendu par ces mots. La garantie, nous venons de le voir, tend à repousser une action. Il semblerait donc que c'est le caractère de cette action qui doit déterminer le caractère de la garantie. Or, les actions étant mobilières ou immobilières suivant qu'elles s'appliquent à des objets meubles ou immeubles, on pourrait en conclure que la garantie mobilière est le contrat dans lequel le garant s'oblige à mettre le garanti à l'abri d'une action mobilière. C'est du moins la conclusion que Champ. et Rig. n° 1382, tirent des termes défectueux, ou pour le moins incomplets, employés par le législateur. Ainsi, A... vend à B... une table, C... garantit B... contre tout trouble dans la possession de cette table, le droit de 50 centimes pour 100 serait exigible sur cette garantie; mais si, au lieu d'une table, c'est une maison que A... vend à B..., la garantie de C... n'engendrera aucun droit. Tel serait l'effet que l'on voudrait faire produire à l'art. 69 § 2 n° 8 L. 22 frimaire an 7. Cela est évidemment inadmissible. Il résulterait de cette interprétation de la loi une anomalie qui n'a certainement pas été dans la pensée du législateur. Dans l'un et l'autre cas, le tiers qui intervient s'adjoint, comme nouvel obligé, à l'obligé principal; dans l'un et l'autre cas, il y a sûreté nouvelle pour l'acquéreur. Or, c'est précisément en considération de cette sûreté, qu'un droit proportionnel a été établi sur la garantie. « C'est donc, ainsi que le fait observer Dalloz n° 1482, créer une restriction qui n'est pas logiquement explicable que de subordonner l'application de la loi à la nature de l'action que la garantie aurait pour objet d'écarter. » Aussi la C. cass. s'est-elle prononcée dans le sens que nous indiquons (31 mai 1813, 4573 J. E., *P. chr.* 149), et la jurisprudence ne s'est jamais écartée de cette interprétation de la loi. Ce point a été examiné déjà précédemment à propos du cautionnement mobilier (3393). — V. M. Demante n° 480.

3442. Garantie légale. — Règle. — Les garanties de droit, même lorsqu'elles sont surabondamment stipulées dans le contrat, sont une conséquence de la convention. Elles en dépendent nécessairement et ne peuvent donner ouverture à un droit d'enregistrement particulier.

Les Codes fournissent de nombreux exemples de garantie légale. Parmi ceux qui en sont tenus, nous citerons les acheteurs tombés en faillite ou en état de déconfiture depuis la vente, et qui demandent la délivrance des choses achetées (1313 C. C.); les personnes qui veulent obtenir le payement de lettres de change perdues (151 et 152 C. com.); les assureurs et les assurés en certains cas (346 et 384 C. com.); les conjoints survivants qui réclament la succession des conjoints décédés, à défaut d'héritiers (771 C. C.); les créanciers qui requièrent la mise aux enchères de l'immeuble vendu (2185 C. C., 832 C. proc.), l'État est excepté de cette obligation (L. 21 fév. 1827); les endosseurs en cas de faillite du souscripteur d'un billet à ordre, et les endosseurs, ainsi que les porteurs d'une lettre de change, en cas de faillite de l'accepteur ou du tireur, pour le payement à l'échéance (444 C. com.); les étrangers qui veulent poursuivre des Français devant les tribunaux (16 C. C., 166, 167 C. proc.); les héritiers bénéficiaires dans les cas prévus par les art. 807 C. C., 992, 993 C. proc.; les héritiers présomptifs qui sont envoyés en possession des biens d'un absent (120 et suiv. C. C.; — Cass. 2 avr. 1823); avant l'abolition de la contrainte par corps, les marins, pour ne pas être arrêtés pour dettes contractées pour le voyage (231 C. com.); les maris séparés de corps d'avec leurs femmes, pour assurer le préciput dans certains cas (1518 C. C.); les rendant-comptes, reliquataires, lorsque l'oyant est défaillant (542 C. proc.); les tireurs et les endosseurs d'une lettre de change non acceptée (120 C. com); les usagers qui ont des droits d'usage ou d'habitation (626 C. C.); les usufruitiers, avant de prendre possession de l'usufruit, s'ils n'en ont été dispensés (601 et suiv. C. C.); les vagabonds réclamés par délibération du conseil municipal de la commune où ils sont nés (273 C. pén.); les vendeurs, pour obtenir le prix convenu, dont le payement est suspendu par crainte de trouble (1653 C. C.).

Il en existe encore d'autres cas aux art. 884, 886, 1626, 1643, 1693, 1707, 1721, 1784, 1952, 1992, etc. du C. C.

3443. Avoué. — Lorsque l'adjudication en justice a lieu sous la condition que l'avoué qui sera demeuré adjudicataire pour une personne insolvable, restera responsable des effets de l'adjudication, il n'y a pas lieu au droit de garantie, car la responsabilité de l'avoué résulte de la loi (art. 711 C. proc.) qui, dans ce cas, le rend passible de dommages-intérêts (15324-1 J. E.).

3444. Notaire. — Si, dans un acte de prêt, le notaire se porte garant du placement fait sur son indication et ses renseignements, le droit de garantie n'est pas exigible, attendu que la garantie est de droit, et que le notaire n'est pas la caution de l'emprunteur, mais se trouve seulement responsable de ses actes (11319 J. N., D. N. t. 2 p. 725 n° 148).

3445. Vendeur. — Lorsque, en donnant quittance du prix de la vente qu'il a faite, le vendeur affecte d'autres biens à la garantie de ce payement, il n'est dû aucun droit particulier sur cette disposition, attendu que la garantie est de droit; il en serait autrement, si elle était donnée par un tiers : alors il y aurait cautionnement, et le droit de 50 centimes pour 100 serait dû (886 J. E.).

De même, si le vendeur s'engage, par un acte postérieur à la vente, à garantir l'acquéreur de toutes évictions, c'est là une garantie de droit ne donnant pas ouverture au droit de cautionnement (Sol. 2 fév. 1863).

3446. Partage. — Les cohéritiers sont débiteurs du passif de la succession personnellement pour leur part héréditaire et hypothécairement pour le tout. En conséquence, lorsque deux héritiers attributaires, en vertu d'un partage, d'un immeuble hypothéqué à une créance, consentent un titre nouvel de la créance, en se reconnaissant débiteurs hypothécaires pour le tout, sauf recours contre leurs cohéritiers pour l'excédant de leur part virile, on ne saurait voir dans un tel engagement que l'exécution de la garantie légale à laquelle ils sont assujettis et le droit de cautionnement n'est pas dû (Sol. 19 nov. 1861).

Mais il a été jugé exigible sur la garantie extra-légale promise par un copartageant de la solvabilité *actuelle et future* du débiteur des créances comprises dans le lot d'un autre copartageant (Ussel 21 déc. 1854). — V. pour le tiers détenteur *suprà* n° 3407-9.

3447. Curateur. — Lorsque, dans un acte d'acquisition, une clause porte que le curateur d'un mineur émancipé se fait fort, au besoin, de l'exécution pleine et entière des obligations contractées par ce mineur, on considère cette clause comme une garantie mobilière passible du droit de 50 centimes pour 100, attendu que l'intervention du curateur n'a pas pour objet de prêter au mineur l'assistance qui lui est nécessaire dans le cas prévu par l'art. 482 C. C., mais de rendre l'intervenant personnellement passible des obligations contenues dans cet acte, si elles étaient invalidées, dans le cas prévu par l'art. 484 du même Code (Sol. 12 avr. 1821, 6937 J. E.). — V. 3409-2.

Mais la promesse, faite par le vendeur des biens d'un mineur, de garantir et faire ratifier l'acte à la majorité de ce dernier n'est pas passible d'un droit particulier de garantie (D. m. f. 12 janv. 1818, 2394 J. N. — V. 1180 J. N. et D. N. t. 6 p. 281 n° 153). — C'est déjà ce que nous avons vu précédemment au n° 3409.

3448. Héritier bénéficiaire. — L'héritier bénéficiaire est l'administrateur de la succession tenu de rendre son compte aux créanciers. Lorsqu'il fournit une hypothèque ou une garantie mobilière pour sûreté de sa gestion (807 C. C.), il garantit donc son obligation personnelle, et le droit de cautionnement ne saurait être perçu. On a donné pour motif que la garantie s'applique alors à un événement futur et incertain, car il n'est pas sûr que le bénéficiaire soit débiteur d'un reliquat. Mais ce motif est doublement inexact. D'une part, en effet, l'obligation du gérant de bien administrer les valeurs héréditaires est actuelle, et on ne peut pas dire que les sûretés particulières, données pour garantir cette obligation, soient conditionnelles dans leur existence. Leur résultat ou leur exécution seule est retardée. Or, cette éventualité n'empêche pas la formation actuelle du cautionnement. D'un autre côté, l'opinion dont il s'agit conduirait à la perception du droit proportionnel, lorsque le compte étant présenté, il existe un reliquat au profit de la succession. Mais alors le débiteur se cautionnerait lui-même, contrairement à tous les principes.

1. TIERS. — Il est clair que si l'affectation émane d'un tiers, les mêmes considérations ne s'opposent plus à la perception (1131 J. N.). Toutefois, comme le droit ne saurait excéder celui de l'obligation principale, on devra appliquer le tarif de 3 francs fixe, quand la gestion du bénéficiaire reste dans les limites légales et qu'il n'a été stipulé à son profit aucun salaire particulier.

2. GARANTIE PERSONNELLE. — Les principes sont différents à l'égard de l'acte par lequel le bénéficiaire, tout en conservant sa qualité, garantit personnellement envers le créancier la dette de la succession. La séparation des patrimoines résultant du bénéfice d'inventaire laisse à chacune des masses de biens tant actifs que passifs, à celle du bénéficiaire comme à celle de la succession, ses droits et ses charges. Si le bénéficiaire garantit la dette du défunt, c'est donc comme si cette dette était cautionnée par un tiers. Il ne paraît pas possible d'étendre au passif la fiction en vertu de laquelle, pour la perception de l'impôt, l'héritier bénéficiaire est censé propriétaire des biens dont il est devenu l'adjudicataire. — Ainsi le droit de cautionnement est dû si l'héritier bénéficiaire se rend personnellement garant et responsable solidaire de la dette du défunt (Clermont-Ferrand, 22 mars 1876).

3449. Cession de créance. — Les cessions de rentes et de créances peuvent donner lieu à quelques difficultés. D'après l'art. 1993 C. C., celui qui vend la créance ne doit la garantie que de son *existence* au temps du transport. C'est la seule garantie *légale* que le cessionnaire ait contre son cédant. Mais des garanties *conventionnelles*, des garanties de fait peuvent venir s'ajouter à cette garantie de droit. Ainsi, le cédant *peut s'engager* à répondre de la solvabilité du débiteur : dans ce cas, il n'en répond que jusqu'à concurrence du prix qu'il a retiré (1694 C. C.); et il ne répond que de la solvabilité *actuelle* et non de la solvabilité future (1695 C. C.). — Ces dispositions ont fait naître plusieurs questions. On a demandé si le droit de 50 centimes pour 100 est exigible : 1° lorsque le cédant garantit la *solvabilité* du débiteur ; — 2° lorsqu'il la garantit jusqu'à concurrence du capital cédé, quoique le prix de la cession soit inférieur à ce capital ; — 3° lorsqu'il garantit la solvabilité *future* du débiteur. On s'est prononcé pour la négative sur les trois questions (13942-1, 15615-1 J. E.), en se fondant sur la difficulté d'admettre qu'un droit de garantie ou de cautionnement puisse être exigé par cela seul que le cédant assure au cessionnaire, *sans qu'un tiers intervienne*, le recouvrement de la créance. D'après une autre opinion, il semble qu'en appliquant le principe des dispositions indépendantes (Art. 11 L. 22 frim. an 7), le droit de cautionnement est dû : 1° lorsque la différence entre les créances cédées et le prix du transfert étant assez forts pour donner au contrat le caractère d'un forfait, le cédant garantit autre chose que l'existence de la créance ; — 2° dans tous les cas où le cédant garantit la solvabilité future. — Cette dernière appréciation peut se fonder sur un jugement du tribunal d'Ussel, du 21 décembre 1854, portant que le droit de cautionnement est exigible sur la garantie extra-légale promise par un copartageant de la solvabilité actuelle *et future* du débiteur des créances comprises dans le lot d'un autre copartageant. — Cependant la pratique a toujours été établie en sens contraire et elle se justifie même au point de vue de l'art. 11. Les parties peuvent, en effet, à leur gré, soit restreindre ou même rejeter entièrement l'obligation légale de garantie déterminée par l'art. 1693, soit l'étendre au delà des limites de cet article (Marcadé sur les art. 1693 à 1695). Les stipulations de cette nature appartiennent donc au contrat de vente ; elles dérivent toutes de la convention principale et s'y lient d'une manière si intime, qu'elles ne laissent aucune place à l'application de l'art. 11 L. 22 frimaire an 7.

CHAPITRE IV. — CAUTIONNEMENT JUDICIAIRE

[3450-3458]

3450. Tarif. — Les cautions judiciaires peuvent être données par acte civil si les parties y consentent. L'origine du cautionnement ne change pas le droit à percevoir (Champ. et Rig. n° 1416). Mais si les parties ne donnent pas leur consentement, la réception doit avoir lieu au greffe dans les formes tracées par le C. proc. art. 517 et suiv. De ce que la L. 22 frimaire an 7 n'a pas établi la distinction faite par celle des 5-19 décembre 1790, qui tarifait à 10 sols pour 100 les cautionnements conventionnels, et à 5 sols pour 100 les cautionnements faits et reçus en justice, on avait pensé que son art. 69 § 2 n° 8 ne devait s'entendre que des cautionnements conventionnels ; mais il a été reconnu que le droit de 50 centimes pour 100 est applicable dans l'un et l'autre cas (Cass. 3 prair. an 12, rendu sur les conclusions de Merlin 1469, 1852, 2553 J. E., S. 5-1-15. — V. Merlin *Rép.* v° *Caut.* § 7).

1. LIQUIDATION. — D'où il suit que le droit proportionnel n'est dû pour ces cautionnements que sur les sommes qu'ils ont pour objet, et qu'il doit être liquidé de 20 francs en 20 francs, quand même il serait inférieur au droit fixe réglé pour les jugements des tribunaux (235 J. E.).

3451. Exploit. — La caution est présentée par exploit, mais cet acte ne constitue pas encore le cautionnement et n'est passible que du droit fixe selon sa nature.

3452. Dépôt. — L'acte du dépôt fait au greffe des titres constatant la solvabilité de la caution est sujet au droit fixe de 3 francs et au droit de greffe de rédaction de 1 fr. 25 cent. (L. 21 vent. an 7 art. 5, L. 28 fév. 1872, art. 4).

3453. Acceptation. — La déclaration au greffe portant acceptation de la caution est assujettie au droit fixe de 3 francs (Art. 68 § 2 n° 6 L. 22 frim. an 7, L. 28 fév. 1872, art. 4) et au droit de greffe de 1 fr. 25 cent.

Si la déclaration a lieu, comme le plus souvent, par acte d'avoué ou par exploit, le droit est alors de 75 centimes dans le premier cas et de 3 francs dans le second (L. 19 fév. 1874 art. 4).

Si la caution est contestée l'audience est poursuivie par un simple acte d'avoué (C. proc. 520) passible du droit de 75 centimes (2553 J. E.).

3454. Soumission. — Après cette acceptation, la caution est tenue, selon l'art. 519 C. proc., de faire sa soumission au greffe. Cette soumission formant véritablement le cautionnement lorsqu'elle n'a pas été précédée d'un acte de cautionnement, est sujette au droit de 50 centimes pour 100 francs, outre le droit de rédaction (2553 J. E.).

1. FAILLITE. — De même, l'acte signé au greffe d'un tribunal de commerce, contenant cautionnement de sommes dûes à un commerçant en faillite, est passible, outre le droit de greffe de rédaction, du droit de 50 centimes pour cautionnement, attendu que tous les cautionnements reçus en justice ou autres sont assujettis au droit proportionnel. Si la somme n'était pas déterminée, la caution devrait en déclarer le montant (16774-3 J. E.).

3455. Éventualité. — L'acte de cautionnement souscrit conformément à la disposition d'un jugement ordonnant, sous cette condition, l'exécution provisoire des condamnations qu'il prononce, n'a par lui-même rien de conditionnel, puisqu'il procure immédiatement à la partie qui a obtenu la condamnation l'avantage de la faire exécuter provisoirement ; cet acte est donc passible du droit proportionnel de 50 centimes pour 100 (Seine 8 mai 1869, maintenu en Cass. le 19 janv. 1870, 3061 R. P., 19911 J. N., 2401 § 5 I. G., D. 70-1-393).

On a critiqué cette décision par le motif que le cautionnement ayant pour but de garantir au défendeur la restitution de la condamnation dans le cas d'infirmation du jugement, est conditionnel comme cette infirmation elle-même ; que dès lors d'après les principes généraux le droit fixe est seul dû. — V. *Suprà* n° 3426.

Mais l'objection n'est pas fondée. En effet, ainsi que l'a fait remarquer M. le conseiller rapporteur de l'arrêt de 1870 : « Bien que de tels cautionnements soient destinés à garantir les conséquences d'une infirmation, ils sont aussi exigés dans un but plus prochain et plus immédiat, celui d'obliger la partie condamnée à remettre entre les mains de celle qui a obtenu le jugement le montant de la condamnation qu'il prononce, en donnant le moyen de poursuivre l'exécution provisoire. Le cautionnement qui produit cet effet, qui précède et fait naître l'obligation principale et éventuelle de rembourser, ne peut être conditionnel et imparfait; il existe nécessairement, quelles que soient l'éventualité et l'incertitude de ses autres effets ; les décisions ultérieures pourront bien les prévenir, mais elles ne pourront faire qu'il n'ait pas existé » (3061 R. P.).

1. MAXIMUM. — Si le jugement a été enregistré au droit fixe, le cautionnement ne donne lieu qu'à un droit égal (Sol. 18 juin 1869). C'est une application du principe développé n°s 3421 et suivants.

3456. Personnes à représenter en justice. — 1. TIMBRE. — Suivant l'art. 121 L. 14 juillet 1865, rapporté dans l'I. G. n° 2331 : « Si le cautionnement consiste en espèces, il sera versé entre les mains du receveur de l'enregistrement, et le ministère public, sur le vu du récépissé, fera exécuter l'ordonnance de mise en liberté. » Pour faciliter, autant que possible, l'exécution immédiate de mise en liberté, il a été décidé que le cautionnement, dont le versement effectif doit précéder la libération, sera encaissé sur la production, soit d'une expédition complète de l'ordonnance, si cette expédition a été requise par la partie, soit d'un simple extrait de l'ordonnance délivré par le greffier dépositaire du dossier, soit d'un certificat signé par le juge d'instruction ou le procureur de la République, en cas d'urgence, et constatant l'existence de l'ordonnance de mise en liberté, le chiffre du cautionnement et la somme affectée par le juge instructeur ou par le tribunal compétent à chacune des parties du cautionnement. Toutefois cet acte, quel qu'il soit, est soumis au timbre, et, dans le cas où l'urgence aura obligé le magistrat lui-même à dresser le certificat sur papier libre, le receveur de l'enregistrement devra percevoir, au moment du versement du cautionnement, le droit de timbre au comptant (2363 I. G., 2783-10 R. P.). — *V.* 3456.

2. ENREGISTREMENT. — La loi du 22 frimaire art. 68 § 1er n° 15, n'avait tarifé qu'au droit fixe de 1 franc les cautionnements de personnes à représenter en justice ; et, lors même que la somme était déterminée, ce droit était le seul exigible : il n'y avait lieu au droit proportionnel que sur le jugement ou l'acte qui portait règlement de la somme à payer par la caution (432 J. E.). — Mais l'art. 50 L. 28 avril 1816 a fixé à 50 centimes pour 100 les cautionnements de se représenter ou de représenter un tiers, en cas de mise en liberté provisoire, soit en vertu d'un sauf-conduit, dans les cas prévus par le Code de procédure ou par le Code de commerce, soit en matière civile, soit en matière correctionnelle ou criminelle (714, 1203 § 2 I. G.).

3. ENREGISTREMENT AU COMPTANT. — Une Dél. du 6 novembre 1822 (7344 J. E), porte que les cautionnements fournis en matière de police, pour représenter les contrevenants ou pour garantir le payement de l'amende et des frais, sont sujets au droit de 50 centimes pour 100 et doivent être enregistrés *en débet*. Il nous a paru que les actes de cautionnements passés dans les cas prévus par l'art. 114 du Code d'instr. crim. ne tombent pas sous l'application de l'art. 74 L. 25 mars 1817, qui prescrit l'enregistrement en débet des actes et procès-verbaux concernant la police ordinaire, et qui ont pour objet la poursuite et la répression des délits et contraventions aux règlements généraux de police et d'impositions. Ces actes de cautionnement sont rédigés dans *l'intérêt privé et exclusif* du prévenu qui désire profiter d'une faveur de la loi; ils sont donc enregistrables au comptant, au droit de 50 centimes pour 100 établi par l'art. 50 L. 28 avr. 1816. Ce qui vient à l'appui à ce que nous disons, c'est que l'art. 50 L. 1816 n'a pas été visé dans l'ordonnance du 22 mai suivant, relative aux actes à enregister en débet.

Cette opinion a été confirmée depuis par un jugement d'Arras, du 10 août 1853, fondé sur ce que le cautionnement de liberté provisoire intervient dans l'intérêt personnel du prévenu (102 R. P., 2028 J. E.).

4. SOUMISSION. — Les soumissions de représenter les contrevenants en simple police, lorsqu'elles sont mentionnées dans les rapports de police (*V.* 803), doivent être enregistrées en même temps que les rapports (Dél. 6 nov. 1822, 7344 J. E.).

5. RESTITUTION. — Dans tous les cas, le droit perçu sur un cautionnement de représenter une personne en justice n'est pas restituable, alors même que le cautionnement n'a reçu aucune exécution (Sol. 27 sept. 1832, 10453 J. E.). Et si le condamné se présente pour subir la peine prononcée contre lui, il est indispensable, pour obtenir la restitution, qu'il fasse réformer, par voie d'opposition, la disposition du jugement qui a déclaré le cautionnement acquis à l'État (D. m. f. 21 déc. 1849, 14855 J. E.).

3457. Exploit. — Avant l'abolition de la loi sur la contrainte par corps, lorsque, au moment où l'huissier procédait à l'arrestation d'un débiteur contraignable par corps, il intervenait un tiers qui se soumettait à donner un cautionnement pour assurer le payement de la dette, et que l'huissier constatait cette soumission dans son exploit, il était dû un droit de 50 centimes pour 100, sur la somme dont le payement était poursuivi (3229 J. E.).

3458. Étranger. — Si l'étranger demandeur fournit un cautionnement, le droit de 50 centimes pour 100 est exigible; mais s'il consigne la somme à laquelle le cautionnement est fixé, ou s'il justifie qu'il possède en France des immeubles suffisants, le droit proportionnel n'est dû ni sur la consignation, ni sur la déclaration des immeubles (2725 J. E.).

CHAPITRE V. — LIQUIDATION DU DROIT

[3459-3481]

3459. Capital. — Le cautionnement étant une variété de l'obligation de sommes, tombe sous l'application de l'art. 14 n° 2 L. 22 frim. an 7, qui assujettit les cessions et transports de créances et *autres actes obligatoires* au droit proportionnel sur le capital exprimé dans l'acte et qui en fait l'objet.

3460. Intérêts. — Le droit n'est exigible que sur le capital cautionné et les intérêts échus. Il ne l'est point sur les intérêts à échoir, à moins que le cautionnement n'ait pour objet que ces intérêts mêmes (Dél. 29 mai 1824). Nous avons indiqué précédemment à cet égard les principes qui gouvernent l'étendue du cautionnement.

Décidé, en ce sens, que, quand dans un contrat de mariage par lequel le futur se constitue en dot un intérêt dans une entreprise, son père lui garantit que cet intérêt s'élèvera pendant la durée de cette entreprise à 100,000 francs, plus aux intérêts de cette somme, le droit de cautionnement ne peut frapper que le capital et non les intérêts garantis (Seine 7 juill. 1830). — V. 3406-1.

3461. Droit n'excédant pas le droit principal. — D'après la loi civile (2013 C. C.) le cautionnement ne peut pas être contracté sous des conditions plus onéreuses que l'obligation principale. Ce principe, qui se trouvait dans la loi romaine, a été introduit dans la loi fiscale qui veut que le droit de cautionnement ne puisse pas excéder celui de la disposition qu'il a pour objet. « Le droit sera perçu, dit l'art. 69 § 2 n° 8 L. 22 frimaire an 7, indépendamment de celui de la disposition que le cautionnement, la garantie ou l'indemnité aura pour objet, *mais sans pouvoir l'excéder*. »

Cette règle est absolue et elle doit être appliquée sans aucune restriction. Ce n'est pas seulement quand l'obligation principale est sujette au droit proportionnel qu'on peut l'invoquer; elle est également vraie lorsque l'acte contenant cette obligation donne lieu au droit fixe ou doit être enregistré gratis. Dans aucun cas, le cautionnement ne saurait donner ouverture à un droit plus élevé que l'obligation à laquelle il se rapporte. *V.* Dalloz 1447, 1450.

3462. Apprentissage. — Ainsi le cautionnement d'un contrat d'apprentissage donne lieu, comme ce contrat lui-même, au droit fixe de 1 fr. 50 cent. — *V.* 2227.

3463. Bail. — Avances. — Reconnaissance. — Par un acte postérieur au bail, le preneur déclare que le bailleur lui a livré les objets mobiliers compris dans la location; un tiers intervient et se rend caution de ces objets. La déclaration du preneur donnant lieu au droit fixe de 3 francs, on avait pensé qu'aux termes de l'art. 69 § 2 n° 8 L. 22 frimaire an 7, le droit de cautionnement ne pouvait pas excéder 3 francs. Mais c'est une erreur. La disposition principale à laquelle le cautionnement se rapporte n'est pas la déclaration du preneur mais le bail qui lui a été passé, et dans lequel se trouvent compris les objets mobiliers dont la remise ou le payement de la valeur est garanti. Ainsi la quotité du droit de la déclaration est sans influence sur la perception de celui dû sur le cautionnement (6304 J. E.).

Le cautionnement applicable au bail est assujetti à des règles particulières dont on trouvera le développement aux n°s 2566 et suiv.

3464. Concordat. — Le cautionnement pour garantie du payement des dividendes stipulés dans un concordat est passible du droit de 50 centimes pour 100; mais ce droit ne saurait dépasser 4 fr. 50 cent., attendu qu'il faut appliquer aux actes sujets aux droits fixes comme à ceux sujets au droit proportionnel la règle d'après laquelle le droit dû pour le cautionnement ne peut excéder celui de la disposition principale (1713-3 I. G.). Il en est de même dans les cas où des tiers cautionnent le failli et hypothèquent leurs immeubles jusqu'à concurrence du dividende (Dél. 16 avr. 1844, 13488 2 J. E.), — à moins que l'obligation du failli ne soit en même temps novée (Cass. 18 août 1835, 1504-3 I. G., 11299 J. E.). — V. *Faillite*.

3465. Sûreté de dot. — L'art. 68 § 3 n° 3 de la loi du 22 frimaire an 7, après avoir assujetti au droit de 3 francs (aujourd'hui droit gradué) les contrats de mariage qui ne contiennent que des déclarations d'apport, ajoute que la reconnaissance par le futur d'avoir reçu la dot apportée par la future ne donne pas lieu à un droit particulier. Quand un tiers intervient dans le contrat pour cautionner l'obligation de remboursement du futur, il est bien certain qu'on doit appliquer à son engagement le principe d'après lequel le droit du cautionnement ne saurait excéder celui de l'obligation principale. Mais on a controversé la question de savoir si ce cautionnement est totalement affranchi du droit, parce que l'obligation du futur en est elle-même exemptée, ou s'il faut seulement se borner à percevoir un droit maximum de 5 francs (aujourd'hui le droit gradué), égal au tarif du contrat de mariage. Cette dernière opinion a été soutenue par le motif que le droit fixe perçu sur le contrat de mariage s'applique à l'ensemble des clauses dont il se compose, et aussi bien à la réception de la dot qu'à son apport, que cette réception est donc non pas exempte du droit mais atteinte par le droit fixe et que dès lors le cautionnement ne saurait être affranchi de toute perception. C'est ce qu'ont décidé des Dél. 13 janvier 1837 (11942-1 J. E., 9552 J. E.); — 29 décembre 1837 (11942-1 J. E., 9897 J. N., 5202 C.); — 5 janvier 1838, et deux jugements de Versailles du 4 mars 1847 (14203 J. E.) et de Pamiers du 21 février 1866 (2344 R. P.). — Tel est également l'avis de M. Demante (464).

Nous ne pouvons pas partager ce sentiment. L'apport de la future dans le contrat et la reconnaissance par le futur de l'avoir reçue forment deux dispositions distinctes et parfaitement indépendantes l'une de l'autre, puisqu'il peut très-bien y avoir apport sans réception; d'un autre côté il n'est pas contestable que le cautionnement du tiers s'applique restrictivement à la reconnaissance du futur et non pas à une autre clause du contrat. Or, cette reconnaissance, d'après le texte formel de la loi, est dispensée de l'impôt. Les termes de l'art. sont catégoriques sur ce point et on les perd de vue quand on allègue que le droit fixe atteint cette stipulation comme les autres. Pour demeurer dans les limites du texte, et il n'est pas permis en matière fiscale surtout de s'y dérober, on doit donc reconnaître que le cautionnement, s'appliquant à une obligation expressément affranchie de l'impôt, ne saurait lui-même y être soumis (Dél. 7 nov. 1836, 9428 J. N.; — Dijon 22 mars 1837, suivi d'un acquiescement des 11-17 mai 1837, 5040 C.; — Nîmes 7 juin 1836, 5087 Roll., 8231 J. N.; — Orange 25 août 1854, 422 R. P., 13383 J. N., Champ. et Rig. t. 6 n° 249, D. N. t. 2 p. 730 n° 190).

Nous devons ajouter toutefois que la doctrine de l'Administration paraît être bien fixée dans le sens contraire (Sol. 17 déc. 1853, 23 fév. 1856, 22 mai 1863, 30 juill. 1865, 12 et 23 fév. 1878). — Seulement comme le contrat de mariage est actuellement sujet au droit gradué sur le montant des apports, le cautionnement de la dot remise au futur serait assujetti à un droit égal à celui qui est perçu à raison des valeurs y donnant lieu, ou bien si la garantie était limitée à une certaine somme, sur la somme à laquelle se limite le cautionnement.

1. TIERS. — Mais aucun doute n'existe plus quand il s'agit du cautionnement fourni au futur par un tiers pour garantir le payement de l'apport de la future. Il doit être reconnu sans difficulté que ce cautionnement est passible de l'impôt, mais ne peut donner lieu à un droit supérieur à celui du contrat de mariage lui-même (Sol. 22 mai 1863).

C'est ainsi qu'il a été décidé que la disposition d'un contrat de mariage par laquelle un tiers garantit, le cas échéant, un gain de survie stipulé au profit de la future, n'est sujette, comme la donation, qu'au droit fixe de 5 francs (aujourd'hui droit gradué) (Dél. 29 déc. 1824, 4937 J. N., D. N. t. 2 p. 731 n° 174. — V. *Contrà* : Dalloz 1454, Champ. et Rig. 1424).

2. ACTE POSTÉRIEUR. — On résout, par les mêmes principes, la question de l'exigibilité du droit sur les cautionnements de l'espèce renfermés dans des actes postérieurs aux contrats de mariage. Une Sol. 13 septembre 1842 (11522 J. N.) avait cru pouvoir déclarer que le droit proportionnel de 50 centimes pour 100 est dû suivant la règle ordinaire ; mais c'était une erreur, car l'apport de la future et la reconnaissance du futur étant dispensés du droit proportionnel, la garantie y relative ne saurait acquitter un droit plus élevé (Sol. 25 mai 1844, 12055 J. N.; — Grenoble 17 mars 1847, 12987 J. N., D. N. t. 2 p. 730 n° 170). — S'il s'agit du cautionnement de l'apport, un droit égal au droit gradué est incontestablement applicable. Mais, si la garantie se réfère à la reconnaissance du futur, on percevra 3 francs comme acte d'exécution ou un droit égal au droit gradué, selon qu'on adoptera, au sujet de l'affranchissement de l'impôt, l'une ou l'autre des deux opinions indiquées au numéro précédent. — V. *Contrat de mariage*, n° 5219.

3466. Douanes. — Contributions indirectes. — 1. TRANSACTIONS. — Conformément aux règles précédentes, il a été décidé que les cautionnements contenus dans les transactions en matière de douanes ne sont passibles que du droit de 1 franc (1 fr. 50) (D. m. f. 18 juin 1811 et 27 oct. 1812, 4168, 4669 J. E., Dél. 23 nov. 1840, 12627-1 J. E., 1643 § 5 I. G.).

2. SAISIE. — Les procès-verbaux de saisie dressés, soit par les préposés des contributions indirectes, soit par ceux des douanes et dans lesquels *un tiers intervient comme caution* ne doivent donner ouverture qu'au droit fixe de 1 franc (1 fr. 50) *pour le cautionnement*, qu'il soit contenu dans la saisie, ou qu'il fasse l'objet d'un acte séparé. Le cautionnement est souscrit, en effet, en garantie de condamnations qui pourront être prononcées par un jugement qui n'est passible que du droit fixe. Ce cautionnement ne peut donner ouverture à une plus forte perception que celle assise sur la convention principale (D. m. f. 30 juin 1859, 2155 § 2 I. G., 1207 R. P.).

Ce droit est celui de 1 fr. 50 cent. — V. 3486.

3467. Étranger. — Le cautionnement d'une obligation dont la situation est en pays étranger est passible du droit ordinaire. — V. *Étranger*.

3468. Inventaire. — La clause d'un inventaire par laquelle un tiers se porte garant de la représentation des meubles confiés à un des héritiers ne donne ouverture, bien qu'elle constitue un véritable cautionnement, à aucun droit, attendu que le droit ne peut exéder celui de la disposition principale qui n'est elle-même passible d'aucun droit (13288-4 J. E., D. N. t. 7 p. 170 n° 547).

3469. Lettre de change. — On décidait autrefois que le cautionnement d'une lettre de change n'était passible que du droit de 25 centimes pour 100 comme l'effet lui-même (4433 J. E., 16562-3 J. E., G. Demante n° 464). — Vainement avait-on objecté alors que le créancier reçoit ainsi une garantie à laquelle il faut appliquer les principes d'après lesquels la reconnaissance par acte civil d'une dette commerciale justifie la perception d'un droit d'obligations distinct du droit acquitté pour la lettre de change (V. *Affectation hyp.*) : le tiers n'étant pas intéressé directement dans la dette, sa garantie n'est pas un aveu pouvant servir de titre au créancier, mais demeure un simple cautionnement.

Ces principes sont encore applicables. Seulement, le taux de la lettre de change ayant été porté à 50 centimes pour 100 comme celui des billets à ordre (L. 28 fév. 1872), c'est le droit ordinaire de cautionnement à 50 centimes pour 100 qui est exigible.

1. OBLIGATIONS NÉGOCIABLES. — Quand l'obligation principale a donné lieu à la délivrance d'obligations négociables, le droit d'enregistrement de ces obligations est censé avoir été perçu au moyen du timbre payé en vertu de la loi du 5 juin 1850. — V. *Sociétés*.

Dès lors, si le prêt est garanti par un tiers, le cautionnement est sujet au droit ordinaire de 50 centimes pour 100 qui n'excède pas le droit payé pour la disposition principale (Sol. 17 avr. 1872).

3470. Mandat. — Le cautionnement d'un mandat ne peut donner lieu à un droit plus élevé que celui du mandat lui-même. S'il s'agit d'un mandat salarié passible du droit de 1 pour 100, il est dû, selon la règle ordinaire, un demi pour 100 sur le salaire convenu. Mais s'il s'agit d'un mandat gratuit, le cautionnement est, dans tous les cas, passible du droit fixe de 3 francs, soit que le mandat n'ayant pas été enregistré, on considère alors le cautionnement comme un acte de complément ou d'exécution, soit que dans le cas contraire on applique le principe d'après lequel le droit du cautionnement ne peut excéder celui du mandat. Il importe peu que la caution s'oblige jusqu'à concurrence d'une certaine somme. « Cette considération, dit très-justement M. Demante, n'est d'aucune conséquence, puisque pour l'*indemnité*, comme pour le cautionnement, le droit de la convention accessoire ne peut excéder celui de la disposition principale. Dans l'espèce, cette disposition principale est un contrat de mandat passible du droit fixe de 2 francs (3 fr.); le droit proportionnel perçu à titre de cautionnement, de garantie ou d'indemnité, ne peut excéder 2 francs (3 fr.) » (n° 464).

3471. Navire. — Le cautionnement stipulé dans un acte de vente de navire n'était autrefois, comme cette vente, soumis qu'au droit fixe de 1 franc (2 fr.) (Dél. 8 janv. 1836, *Suppl.* D. N. t. 2 p. 731 n° 173 et p. 258 n° 3). Le contraire résultait d'une Dél. 7 août 1835 (8971 J. N., 4166 C.), dont la doctrine a été, avec raison, combattue par Dalloz n° 1451, Champ. et Rig. t. 6 n° 248. — *V.* 11672.

Aujourd'hui que les ventes de navires sont assujetties au droit proportionnel ordinaire par l'art. 5 n° 3 L. 28 février 1872, toute difficulté a disparu.

3472. Quittance. — Le cautionnement fourni pour sûreté d'une quittance est passible de 50 centimes pour 100, comme la quittance elle-même (15532 J. E.).

3473. Rente sur l'État. — La cession d'une rente sur l'État étant passible du droit fixe, le cautionnement pour sûreté de la cession n'est passible que du même droit (Dél. 6 oct. 1826, 8582 J. E., D. N. t. 2 p. 731 n° 175).

Dalloz cite à tort (n° 1452), comme ayant décidé le contraire, un jugement du tribunal de la Seine du 24 avril 1833, car ce jugement a simplement reconnu que le dépôt de rentes sur l'État fait en garantie d'engagements contractés par un tiers, ne peut profiter de l'exemption créée pour les transferts de rente. Il est clair que l'obligation principale n'étant pas une cession de rentes, le cautionnement n'est point dispensé du droit.

3474. Société. — Il en est des apports en société comme des apports en mariage. Ils sont dispensés du droit proportionnel au moyen du droit fixe gradué exigible sur le contrat. Dès lors, si un tiers intervient pour garantir à la société le versement de l'apport ou l'exécution de la promesse qui le constitue, ce cautionnement est passible d'un droit égal au droit gradué perçu sur les valeurs faisant l'objet de l'apport (Sol. 10 mars 1867). C'est donc à tort qu'il a été jugé que quand un tiers s'oblige de laisser à la société pendant 20 ans 1,000 actions, d'une valeur de 200 francs chacune, pour être affectées à la gestion du gérant, cette disposition est un cautionnement passible du droit de 50 centimes pour 100 sur 200,000 francs, capital des 1,000 actions (Seine 29 janv. 1858).

3475. Surenchère. — Il avait été décidé que les cautionnements fournis en exécution des art. 2185 C. C. et 832 C. proc., par un créancier qui provoque la mise aux enchères de l'immeuble hypothéqué à sa créance, sont passibles du droit proportionnel de cautionnement sur le montant de la première vente, augmenté des charges et du dixième auquel le requérant se soumettait de porter ou faire porter la nouvelle adjudication et non pas seulement sur le montant de ce dixième (Dél. 16 fév. 1817, 1200 § 2 I. G.).

Mais on a reconnu postérieurement que le cautionnement fourni en matière de surenchère, conformément à l'art. 2185 C. C., ne peut être soumis à un droit plus élevé que celui qui est perçu sur l'acte de surenchère, et cette perception est définitive, soit que l'adjudication ait lieu au profit d'un tiers, soit qu'elle demeure au surenchérisseur (D. m. f. 4 juin 1828, 1256 § 2 I. G.).

1. RENOUVELLEMENT. — Lorsque le droit a été perçu sur l'exploit ou tout autre acte qui constate le cautionnement, on ne peut plus le percevoir sur le renouvellement qui est fait de ce cautionnement au greffe, ou dans les procès-verbaux de surenchère ou d'adjudication (1279 J. E.). — *V.* 1773.

3476. Usufruit. — 1. EXERCICE DE L'USUFRUIT. — L'acte par lequel le légataire en usufruit fournit caution sur ses biens ou sur ceux d'un tiers, ou qui se fait cautionner par un tiers pour garantir le bon exercice de ses droits d'usufruit, ne donne pas ouverture au droit proportionnel, car l'obligation principale n'est soumise à aucun droit (1693, 11980, 13547-6, 13799-3, 14080-10 J. E., 12851 J. N., D. N. t. 13 p. 291 n° 746).

2. JOUISSANCE LÉGALE. — Le droit de cautionnement n'est pas non plus exigible sur la clause par laquelle un tiers se rend garant de la conservation et de la restitution du mobilier des mineurs à l'expiration de la jouissance légale de leur mère, attendu que l'obligation, ou plutôt la jouissance légale et l'obligation qui en découle ne sont pas passibles du droit proportionnel; le cautionnement ne saurait non plus donner lieu à la perception d'aucun droit, puisque le droit de cautionnement ne doit jamais excéder le droit perçu sur la disposition principale (17471 J. E.).

3. OBLIGATIONS INHÉRENTES A L'USUFRUIT. — Mais on a enseigné que le droit deviendrait exigible si le cautionnement avait pour objet les obligations inhérentes à l'usufruit constitué entre-vifs, soit à titre gratuit, soit à titre onéreux. Dans ce cas, en effet, l'obligation de jouir selon les règles légales résulte du contrat sur lequel le droit proportionnel a été assis : l'obligation principale ayant ainsi supporté l'impôt, rien ne s'oppose à ce qu'il en soit de même du cautionnement. On peut consulter dans le même sens 6074 J. N., 8527, 8582 J. E., 1205 § 1er, 1256 § 2, 1514 I. G.

3477. Hypothèque ou nantissement inférieur au cautionnement. — Lorsque le cautionnement résulte d'une affectation hypothécaire, il peut arriver que l'hypothèque conférée soit inférieure à la valeur de la somme cautionnée. Dans ce cas, le droit de 50 centimes pour 100 est exigible sur la somme, car l'affectation vient corroborer et non restreindre la garantie. S'il n'y a garantie réelle que jusqu'à concurrence de la valeur de l'hypothèque, la garantie personnelle n'en subsiste pas moins pour le tout (D. m. f. 28 mars 1827, 1210 § 2 I. G., 6194 J. N., Dél. 16 fév. 1827, 8624 J. E.; — Caen 3 août 1843, 13533-1 J. E.).

Mais si le tiers qui fournit l'affectation déclare ne pas s'engager personnellement, et n'accorder au créancier qu'une action réelle sur les immeubles hypothéqués, le droit de cautionnement n'est dû que sur la valeur de ces biens (Gex 29 août 1838, D. N. t. 2 p. 723 n° 120). En vain objecterait-on que l'Administration ignore cette valeur et ne peut savoir si le prix de vente n'égalera pas la créance garantie, car, dans ce cas, c'est à la partie à déterminer, au moyen d'une déclaration estimative et sous le contrôle de l'Administration, l'importance du gage auquel est restreinte sa garantie. On peut voir une application directe de ce principe dans une affaire qui a donné lieu, mais sur un autre point, à un arrêt de la C. cass. 31 août 1858 (1083 R. P., 2137-8 I. G., 16401 J. N., 11441 C., 16837 J. E., S. 58-1-128).

3478. Hypothèque supérieure. — Si l'affectation est supérieure à la somme garantie, le droit ne sera exigible que sur cette somme, car il n'y a réellement que cette somme de garantie, et, aux termes de l'art. 2163 C. C., le garant dont l'engagement est limité peut faire réduire l'inscription prise par l'acquéreur en garantie (Bayonne 15 juin 1830 7220, J. N., D. N. t. 8 p. 23 n° 71, Dél. 27 juin 1830, 9911 J. E., Dél. 9 nov. 1830, 9831 J. E.).

« On ne perçoit pas, dit avec toute raison une Sol. 19 novembre 1858, le droit d'obligation sur la valeur des immeubles que le débiteur hypothèque, mais bien sur l'importance de la somme due. Le cautionnement ne peut donc être assis sur des bases plus onéreuses. » — V. *Affec. hyp.*

1. NANTISSEMENT MOBILIER. — Il a été décidé, dans le même sens, que si une créance mobilière est remise à titre de garantie du reliquat éventuel d'un compte de gestion, c'est d'après la fixation faite par les parties de ce reliquat que doit être perçu le droit proportionnel de cautionnement et non pas sur le montant de la créance remise en nantissement.

« Attendu, porte un arrêt de la C. cass. du 1er février 1832, qu'à l'égard des obligations et cautionnements de valeurs mobilières, la loi n'adopte pour base de la perception des droits proportionnels que les capitaux exprimés dans l'acte soumis à la formalité (Art. 44 L. 22 frim. an 7 § 2), et, à défaut de détermination des capitaux dans cet acte, que la déclaration estimative des parties (Art. 16 de ladite loi); que les mesures de vérification prescrites par les art. 17, 18 et 19 de ladite loi sont exclusivement relatives aux transmissions de biens immeubles; — Attendu que, dans l'espèce, il s'agissait uniquement de valeurs mobilières, que le jugement attaqué est fondé sur l'application dudit art. 16 et sur la déclaration estimative faite en exécution de cet article » (S. 32-1-357).

3479. Rente viagère. — Si une caution, pour assurer le service des arrérages d'une rente viagère, créée sans expression de capital, affecte des immeubles jusqu'à concurrence d'une valeur déterminée, le droit de cautionnement est-il exigible sur cette valeur ou sur l'estimation de la rente ?

La dette cautionnée, disent les uns, consiste dans le service des arrérages de la rente. Or, cette obligation n'a pas été estimée par les contractants, puisque la constitution a eu lieu sans expression de capital. D'un autre côté, la valeur est essentiellement aléatoire, car elle dépend des chances de survie du créancier. Que fait-on dans l'acte de cautionnement, en fixant l'importance de la garantie? On détermine tout simplement le capital qui représente l'obligation du service des arrérages. Et, par conséquent, liquider le droit sur ce capital, c'est l'asseoir sur l'obligation principale elle-même. L'Administration l'a ainsi décidé par des délibérations des 13 août 1817, 26 février 1838 (5887 et 10549 J. N.); et un jugement du tribunal de Provins a fait l'application de ces motifs dans une espèce où une hypothèque avait été fournie jusqu'à concurrence de 20,000 francs pour sûreté d'une rente viagère de 1,000 francs créée sans expression de capital (16 août 1850, 14891 J. N., 15239 J. E.).

Il n'est pas vrai, répond le système opposé, que le capital de la rente soit représenté par le chiffre de la garantie. Cette garantie, en effet, couvre non-seulement la dette elle-même, mais encore son exécution future, c'est-à-dire tous les frais que le créancier serait forcé de faire pour obtenir le payement régulier de son obligation. Il n'est pas douteux que le droit de cautionnement n'est pas dû pour cette dette accessoire dont l'existence est essentiellement incertaine. Donc, l'indication de la valeur du gage n'est pas un signe de la valeur de l'obligation. Cela est si vrai que si le débiteur consentait lui-même une affectation hypothécaire supérieure au capital imposable (20 fois ou 10 fois la rente), on ne pourrait lui réclamer néanmoins aucun supplément de droit. On est, dès lors, forcé d'admettre que le seul moyen de connaître la valeur de l'obligation principale, c'est, ou bien d'accepter le capital légal sur lequel a été perçu le droit de constitution de rente, ou bien de le faire évaluer par les parties, conformément à l'art. 16 L. 22 frimaire an 7 (Champ. et Rig. nos 3604, 3605).

Cette seconde doctrine, qui nous paraît préférable, a été adoptée par le tribunal de Cosne, le 12 juillet 1864, dans un jugement auquel l'Administration a acquiescé (2133 R. P., 18240 J. N.).

3479 *bis*. Acte de commerce. — Le cautionnement d'une obligation constatée par un acte de commerce, enregistré ou à enregistrer provisoirement au droit fixe de 3 francs, est-il sujet au droit proportionnel ? — V. *Commerçant, Acte de commerce.*

3480. Supplément de droit. — Si un notaire a déclaré se porter caution de toutes les obligations sur hypothèque passées dans son étude au profit d'un de ses clients, et que le droit de cautionnement soit perçu sur cet acte, d'après une déclaration estimative des obligations, un supplément de droit est exigible à raison de l'insuffisance que l'on reconnaîtrait postérieurement avoir existé dans cette déclaration

(Montreuil 29 août 1846, 14081 J. E., 7668 C., Champ. et Rig. t. 6 n° 15).

Nous avons vu précédemment qu'il est dû aussi un supplément de droit, quand l'Administration acquiert la preuve qu'un cautionnement a été dissimulé sous la forme d'une obligation solidaire. — *V.* 3395-5.

3481. Vente en détail. — En cas de vente en détail, le droit est dû sur le prix total des lots vendus au même acquéreur sous la même caution. — *V.* 1707.

CHAPITRE VI. — QUESTIONS DIVERSES

[3482-3500]

3482. Acte complémentaire. — L'acceptation d'un cautionnement résultant d'une soumission sur laquelle le droit proportionnel a été perçu n'est passible que du droit fixe, comme acte de complément. — Mais le droit proportionnel serait exigible si la soumission n'avait été assujettie qu'au droit fixe. — V. *Acceptation.*

3483. Antichrèse. — Nous avons indiqué au n° 2193, la différence existant entre le cautionnement et l'antichrèse.

3484. Aval. — L'aval qui accompagne un effet de commerce est sujet à des règles particulières dont on trouvera le développement au mot *Aval*, n° 2449 et suivants.

3485. Chemin vicinal. — Le cautionnement contenu dans une adjudication pour un chemin vicinal ne donne ouverture à aucun droit particulier. — *V.* 3799-1.

3486. Contributions indirectes. — Saisie. — Nous avons vu que le cautionnement fourni en matière de saisies opérées par les agents des domaines et des contributions indirectes ne sont pas passibles du droit proportionnel. — *V.* 3466.

L'Administration a tergiversé sur la question de savoir quel est le droit fixe exigible. Il avait d'abord été décidé qu'il n'était dû que 1 franc (2439 J. E., 323 I. G.); ensuite ce droit avait été élevé à 2 francs par une D. m. f. 10 juillet 1839 (12363 J. E.). Après un dernier examen de la question, une Dél. 21 février 1851 (15127 J. E.) a déclaré que, la disposition rentrant dans la classe des actes *extrajudiciaires*, c'était le tarif de 1 franc (1 fr. 50) qui était applicable. C'est ce qui a été reconnu depuis par une D. m. f. 30 juin 1859 (2155 § 2 I. G., 1207 R. P.).

3487. Délégation. — La clause portant que le futur, pour assurer à la future les avantages stipulés en sa faveur, lui délègue des capitaux placés sur des particuliers, ne paraît pas sujette au droit de cautionnement (5755 J. E.).

3488. Don éventuel. — On ne peut considérer comme cautionnement l'engagement pris par une mère dans l'acte d'atermoiement fait par son fils avec ses créanciers de ne point disposer par acte entre vifs ou à cause de mort de tout ou partie de sa succession, car sa promesse ne l'oblige nullement envers les créanciers. Cette disposition est une donation subordonnée à l'événement du décès et, à ce titre, passible du droit de 7 fr. 50 cent. (1951 J. E.).

De même, la clause d'un contrat de mariage par laquelle la mère de la future s'oblige de compléter une pension constituée par le père, dans le cas où, le décès de celui-ci arrivant, ses biens ne suffiraient pas, ne constitue pas un cautionnement mais une donation conditionnelle sujette au **droit fixe** (Dél. 20 sept. 1826, 8577 J. E.), et passible, à l'événement, du droit proportionnel de donation (Albi 12 juin 1876, 4614 R. P.).

L'appréciation résultant des solutions précédentes a été pleinement confirmée par un arrêt de la C. cass. rendu entre parties, le 12 août 1872. Il décide que le cautionnement par le père de famille d'une donation consentie par l'un de ses enfants à sa future épouse dans leur contrat de mariage, afin de suppléer à l'insuffisance des biens du donateur est réductible à la quotité disponible : « Attendu, porte cet arrêt, que si le cautionnement d'un acte à titre onéreux ne peut, en règle générale, être considéré comme une libéralité de la caution envers le créancier, il en est autrement lorsque le cautionnement est souscrit pour garantir une donation et pour suppléer à l'insuffisance des biens du donateur ou de sa succession au moment où la donation devra recevoir son exécution ; — qu'en ce cas, en effet, le cautionnement n'est pas seulement un accessoire de la donation principale, mais qu'on y doit voir une libéralité directe quoiqu'éventuelle de la caution envers le donataire, un engagement né de la même cause que le premier, participant de sa nature et destiné à le suppléer si la condition sous laquelle il a été pris vient à se réaliser. » — V. 3406-2.

3489. Douanes. — Lorsque le procès-verbal de saisie de marchandises contient remise de ces marchandises avec cautionnement de la part du saisi, il est dû un droit particulier pour le cautionnement. — V. *Douanes* 6011.

3490. Marché. — On trouvera au mot *Acte administratif* quelques règles spéciales applicables aux cautionnements des marchés concernant les communes ou les établissements publics.

Nous ferons seulement remarquer ici que les cautionnements des marchés dont le prix est payé par l'État, sont passibles du droit gradué (L. 28 fév. 1872, art. 1er).

3491. Nationalité de navire. — Les cautionnements fournis pour garantir la nationalité des navires sont sujets au timbre : passés devant notaire, ils doivent être soumis à l'enregistrement; mais s'ils sont rédigés sous signature privée, ils ne sont sujets à cette formalité qu'avant d'en faire usage; et, dans ce cas, s'ils se trouvent entre les mains des agents de la marine, cette formalité doit être donnée en débet, et le droit est recouvré conformément à l'art. 70 § 1er L. frimaire an 7 (D. m. 22 prair. an 7, 165 J. E.).

3492. Obligation. — État. — Les obligations souscrites pour les cautionnements ou suppléments de cautionnements dus à l'État, doivent être écrites sur papier au timbre proportionnel (D. m. f. 31 août 1816, 743 I. G.).

3493. Pays étranger. — Le cautionnement passé en France et garanti sur un immeuble français d'une obligation ayant le caractère d'une valeur étrangère, est passible du droit proportionnel.

De même, si pour sûreté du prix d'un bail relatif à des biens étrangers, on donne, dans l'acte même, hypothèque sur des biens situés en France, le droit de cautionnement est exigible. — V. *Acte passé hors du territoire.*

3494. Pêche de la baleine et du cachalot. — L'acte de cautionnement exigé de l'armateur pour obtenir les primes allouées par le gouvernement est sujet au timbre (Ord. 14 fév. 1819, 6355 J. E.).

1. PÊCHE DU HARENG. — Mais l'acte de cautionnement à passer au greffe, par tout armateur, pour la pêche du hareng, et le certificat du greffier, sont exempts de timbre et d'enregistrement. — V. *Acte administratif.*

3495. Ratification. — L'acte par lequel un mari et sa femme déclarent ratifier des ventes antérieurement faites par leurs père et beau-père, et s'obliger comme leurs cautions solidaires à la garantie de ces ventes, donne ouverture au droit de cautionnement sur les prix cumulés (Cass. 10 avr. 1838, 9997 J. N., arrêt rapporté 3393).

3496. Rentes sur l'État.— Le cautionnement en rentes sur l'État est soumis au droit proportionnel, parce que la loi du 22 frimaire an 7 n'excepte de la formalité de l'enregistrement que les transferts d'inscription sur le grand-livre, qu'il ne s'agit pas d'un transfert, mais d'un cautionnement, et que le mode de réalisation n'est qu'un accessoire qui ne saurait affranchir du droit la disposition principale (Dél. 3 août 1827, 1986 Roll.; — Seine 24 avr. 1833, 10648 J. E., D. N. t. 2 p. 729 n° 166). — Par conséquent, les cautionnements fournis en rentes sur l'État par les receveurs des hospices sont sujets au droit de 50 centimes pour 100 (D. m. f. 30 janv. 1834, 10836 J. E., 1458 § 4 I. G.).

1. ADMINISTRATION DE SUCCESSION. — Le droit de cautionnement n'est pas exigible sur le jugement qui nomme un individu administrateur d'une succession à la charge de déposer au Trésor, *conformément à ses offres*, des inscriptions de rentes sur l'État. L'administrateur se cautionne ici lui-même (Dél. 4 mars 1828, 2189 R. Roll.).

3497. Remplacement militaire. — Le droit de cautionnement était exigible lorsque dans l'acte de remplacement militaire le père se portait garant de son fils. — V. 11244.

3498. Société. — 1. CAUTIONNEMENT PAR LA SOCIÉTÉ. — La société donne naissance à un être moral distinct des membres qui la composent. Son patrimoine se sépare tellement des biens que le débiteur de la société ne pourrait opposer en compensation ce que lui doit un des associés (Delvincourt t. 2 n° 576, Troplong n° 79, Larombière art. 1291 § 6, Duranton t. 12 n° 432; — Toulouse 15 janv. 1833; — Cass. 19 déc. 1853, D. 54-5-144).

L'associé lui-même ne pourrait pas davantage compenser une obligation sociale, telle par exemple que sa promesse d'apport, avec sa créance particulière sur ses coassociés.

La Cour suprême a poussé ce principe de séparation jusqu'à décider que la créance provenant à un commanditaire des opérations faites, dans un intérêt individuel, avec la société, ne saurait être compensée avec la commandite dont il est demeuré débiteur : le commanditaire étant créancier de la société comme tiers et débiteur comme associé, il y a manque de réciprocité entre la créance et la dette, et partant point de compensation possible (Cass. 28 fév. 1844, Dalloz v° *Société* n° 1235 § 1er. — A rapprocher du n° 1326 *cod.*).

Cette situation réfléchit sur les effets du cautionnement. En effet, si la société garantit le payement d'une dette contractée individuellement par l'associé, le droit de cautionnement est exigible. On n'a pas même à déduire la part du sociétaire dans l'obligation, sous le prétexte que le débiteur ne peut se cautionner lui-même, car l'individualité de ce débiteur a disparu : c'est la société qui garantit, et non pas chacun des membres qui en font partie. La question a été résolue en ce sens par le tribunal de la Seine, le 29 novembre 1861 (1554 R. P., 17298 J. N., 12129 C., 217 Rev., 17408 J. E.; — *Conf.* : Sol. 15 janv. 1869, 3260 R. P.).

2. CAUTIONNEMENT PAR L'ASSOCIÉ. — Il en serait encore de même, dans l'hypothèse contraire, de l'associé qui cautionnerait particulièrement la société. Ainsi que le porte un jugement du tribunal de la Seine du 8 août 1857, dont la doctrine est confirmée *en principe* par l'arrêt de cassation du 7 novembre 1859 (913 et 1270 R. P.), cet associé, comme individu, était distinct de la société considérée comme être moral, et cela suffit à l'exigibilité du droit proportionnel.

Mais on comprend que cette garantie personnelle ne produirait pas le résultat d'un cautionnement proprement dit, si l'associé qui la fournit était indéfiniment responsable des opérations sociales. Son engagement ne serait alors que la manifestation civile d'une obligation légale, une sorte d'acte complémentaire n'ajoutant rien, en réalité, aux garanties du contrat même de société, et ne pouvant, dès lors, autoriser la perception d'un droit de cautionnement (Dél. 23 prair. an 12, D. N. t. 11 p. 925 n° 411).

En ce sens, il a été reconnu : 1° que l'acte constatant le dépôt par le gérant d'une société d'un certain nombre d'actions pour garantie de sa gestion est sujet au droit fixe de 2 francs (3 fr.) et non au droit proportionnel (Seine 26 déc. 1839);

2° Que le droit de cautionnement n'est pas dû sur un jugement qui condamne au payement d'un billet à ordre, comme débitrice principale, la société en commandite qui a souscrit le billet, et, comme cautions, les associés solidaires, agissant comme associés en nom collectif (Namur 15 mai 1868, 3162 R. P.; — *Conf.* : Sol 8 déc. 1872. — V. *Gage et Affectation hypothécaire.*

3. CAUTIONNEMENT PAR UN TIERS. — Ces règles gouvernent aussi le cautionnement fourni par un tiers, soit à la société pour les obligations de ses membres, soit à ceux-ci pour les dettes de la société. Dans les deux cas, l'impôt sera liquidé sur la totalité de la dette sans que l'on déduise la part de l'associé débiteur ou créancier. Mais si ce cautionnement s'applique à l'apport du sociétaire, il ne saurait être passible d'un droit supérieur à celui qui est perçu pour le contrat de société.

4. DISSOLUTION DE LA SOCIÉTÉ. — Quand l'association a pris fin après la liquidation, l'être moral qui la soutenait s'évanouit et la personnalité des sociétaires reparaît. Ils redeviennent, dans leurs rapports intérieurs et extérieurs, des copropriétaires ayant des droits indivis sur le fonds à partager, et on les traitera comme tels pour la perception. Si l'un d'eux achète l'immeuble social, il faudra déduire sa part dans le prix de licitation, et s'il cautionne envers un tiers la dette commune, on défalquera sa portion dans la créance. Ce dernier résultat semblerait contredit par un jugement du tribunal de la Seine du 9 décembre 1846, d'après lequel le droit de cautionnement du prix d'une adjudication faite au profit d'un ancien sociétaire doit être liquidé sur la *totalité* du prix (14147 J. E.). Mais le tribunal, pour autoriser cette perception, s'est fondé sur le motif, fort contestable d'ailleurs, que l'acquéreur était exposé, par suite d'un compte particulier avec ses coassociés, à n'avoir aucune part dans l'immeuble vendu. Le principe reste donc intact, et il ne saurait être, sérieusement contesté.

5. FORMATION D'UNE SOCIÉTÉ NOUVELLE. — Il peut arriver enfin qu'après la dissolution de la société, ses membres entrent dans une nouvelle entreprise avec les droits qui leur appartenaient dans la première. Ici encore leur individualité s'éclipse complètement. Quoique cette seconde masse puisse reposer sur les mêmes personnes que la précédente, l'être moral qu'elle constitue n'en est pas moins tout à fait distinct. Tellement que, si les immeubles de la société dissoute sont achetés par la nouvelle, le droit de mutation devient exigible sur la totalité du prix. En vain objecterait-on que la propriété ne change pas de mains; que les associés ne peuvent être à la fois vendeurs et acquéreurs, c'est-à-dire se devoir à eux-mêmes délivrance et garantie. Ce ne sont point les associés qui deviennnent propriétaires, mais l'être abstrait qui les représente, que la loi personnifie et qui a une volonté, un domicile, un patrimoine, une activité propres. — Le point de droit a été mis hors de doute par deux arrêts de la C. cass. des 3 avril 1855 et 15 décembre 1857 (2012-2 et 2118-1 I. G., 362 et 966 R. P., S. 56-1-76 et 58-1-551).

Il est logique d'appliquer les mêmes déductions au cautionnement. Le tiers qui garantit à l'ancienne société le payement de la dette contractée par la société nouvelle ne peut prétendre que la confusion a éteint la créance pour la part de l'associé qui était membre de la première entreprise. Le tribunal de la Seine l'enseigne, avec raison, dans un jugement du 23 janvier 1864 : « Aucune confusion n'a pu s'opérer entre un créancier et un débiteur représentant deux individualités complètement distinctes; quels que soient les comptes à intervenir, il n'en est pas moins certain que H..., en déclarant com mand, a contracté l'obligation de garantir au profit de la liquidation de la première société le payement de l'acquisition faite par la seconde; il suit de là que le droit de cautionnement est dû pour la totalité du prix, et que c'est à tort que le receveur de l'enregistrement ne l'a perçu que sur la moitié dudit prix » (1912 R. P.).

3498 *bis*. Testament. — A le caractère d'un cautionnement la déclaration d'un testateur qu'il considère sa succession comme obligée au payement d'une dette contractée par un tiers envers son fils, si ce tiers ne l'acquitte pas (Nogent-le-Rotrou, 4 mai 1877, 4731 R. P.).

3499. Vente. — Double garantie. — Si les enfants du vendeur se portent garants envers l'acquéreur pour le remboursement, en cas d'éviction, du prix de la vente et la valeur des améliorations à faire à l'immeuble dont le chiffre est déterminé, le droit de cautionnement est exigible et sur le prix de la vente et sur la valeur des améliorations estimées (Cass. 17 mai 1841, 10994 J. N., 12764 J. E., 1661 § 3 I. G., arrêt rapporté 3417-1, Dél. 6 déc. 1833, 10794 J. E.).

3500. Vente du mobilier de l'État. — Si l'adjudicataire fournit un cautionnement, le droit de 50 centimes pour 100 est exigible d'après les règles ordinaires.

Le droit ne doit pas être perçu sur les prix réunis, mais sur celui de chaque lot. — V. *Adjudication.*

CHAPITRE VII. — CAUTIONNEMENT FOURNI PAR LES COMPTABLES, FONCTIONNAIRES, OFFICIERS PUBLICS, ETC.

[3501-3528]

3501. Tarif. — Il ne doit être perçu que demi-droit (25 cent. pour 100) pour les cautionnements des comptables envers l'État (Art. 69 § 2 n° 8 L. 22 frim. an 7).

3502. Somme versée au Trésor. — Mais ce droit n'atteint pas les cautionnements en numéraire qui sont versés au Trésor. Le récépissé qui en est délivré au comptable, officier ou fonctionnaire public est exempt de l'enregistrement, aux termes de l'art. 70 § 3 n° 7 L. 22 frimaire an 7. Le législateur de l'an 7 n'a entendu appliquer le tarif de 25 centimes pour 100 que dans le cas où l'on fournit *une caution* (Dalloz n° 1461, Champ. et Rig. n° 1413, M. Demante n° 472). Or, comme dans le cas où le cautionnement est fourni par un tiers, la déclaration du bailleur de fonds n'engendre que le droit fixe, il en résulte que l'art. 69 § 2 n° 8 L. 22 frimaire an 7, en ce qu'il concerne les cautionnements versés à l'État par les fonctionnaires et officiers publics, est à peu près réduit à l'état de lettre morte. Mais, comme nous le verrons ci-après, l'exemption du droit proportionnel se restreint aux cautionnements en numéraire versés par les comptables : les cautionnements en immeubles ou en rentes étant selon les cas sujets au droit ou au demi-droit.

1. COMPTABLE PUBLIC EN DÉFICIT. — Le cautionnement consenti, au profit du Trésor, par un tiers ou par les parents d'un comptable public en débet, à l'effet de garantir le déficit, n'est passible que du droit de 25 centimes pour 100 (4772 J. E., D. m. f. 29 août 1814, 5001 J. E.).

2. COMPTABLE HORS DE FONCTIONS. — Ce droit est exigible sur les cautionnements fournis au Trésor public pour raison du débet d'un comptable qui n'est plus en exercice. La loi ne fait point de distinction entre les receveurs qui sont en exercice et ceux qui n'y sont plus ; elle ne parle que des comptables, et il est de principe que quiconque a eu le maniement de deniers publics est comptable jusqu'à l'entier apurement de ses comptes (3021 J. E.).

3. GARANTIE D'UN TIERS. — L'acte par lequel un particulier qui s'oblige à fournir le cautionnement d'un comptable public est lui-même garanti par un tiers de l'effet de ce cautionnement, est passible de deux droits de 25 centimes pour 100, l'un pour le cautionnement et l'autre pour la garantie, ce dernier droit ne pouvant excéder le premier, relatif à la disposition principale (Sol. 30 juill. 1812, 4261, 5242 J. E.).

3503. Caution de caution. — L'acte par lequel un individu se rend caution envers la caution d'un comptable public, des effets du cautionnement, n'est passible que du droit de 25 centimes pour 100 (Sol. 30 juill. 1812, 4261, 5342 J. E.).

3504. Cautionnement en immeubles ou en rentes. — 1. COMPTABLES PUBLICS. — L'art. 69 § 2 n° 8 L. 22 frimaire an 7 porte: « Sont sujets au droit de 50 centimes pour 100 les cautionnements de sommes et objets mobiliers, les garanties mobilières et les indemnités de même nature. Le droit sera perçu indépendamment de celui de la disposition que le cautionnement, la garantie ou l'indemnité aura pour objet, mais sans pouvoir l'excéder. *Il ne sera perçu qu'un demi-droit pour les cautionnements des comptables envers l'État.* »

Cette dernière disposition s'applique-t-elle aux cautionnements fournis par les comptables *eux-mêmes* ou seulement selon la règle générale à ceux qui émanent des tiers? Nul doute d'abord à l'égard des cautionnements en numéraire versés au Trésor. Le récépissé qui en est délivré au comptable, officier ou fonctionnaire public, est exempté de l'enregistrement par l'art. 70 § 3 n° 7 L. 22 frimaire an 7, soit que le numéraire lui appartienne, soit qu'il provienne d'un bailleur de fonds. La déclaration qui constate ce dernier fait n'est passible que du droit fixe. — *V.* 3502.

En ce qui concerne les cautionnements en immeubles ou en rentes, on a soutenu en premier lieu qu'ils devaient être également affranchis de l'impôt proportionnel. C'est un principe constant, disait-on, que le cautionnement ne peut donner ouverture à un droit plus élevé que l'obligation ou la disposition principale dont il dérive : l'art. 69 § 2 n° 8 de la loi de l'an 7 l'énonce expressément. Or, quand il s'agit d'un comptable public, l'obligation cautionnée résulte d'un mandat exempté de la formalité. Le cautionnement doit jouir de la même faveur, et si on le soumet volontairement à l'enregistrement, le droit fixe est seul exigible (*V.* M. Demante n° 473).

Cette argumentation serait parfaitement juridique si l'art. 69 § 2 n° 8 n'avait ajouté, après la déclaration que le droit du cautionnement ne dépasserait pas celui de la disposition principale, ces mots caractéristiques : « Il ne sera perçu qu'un demi-droit pour les cautionnements des comptables envers l'État. » Ou bien cet alinéa n'a pas de sens, ou il consacre une exception au principe général, car le mandat des comptables ne donnant pas ouverture au droit, jamais il n'y aurait à en percevoir pour le cautionnement. A quoi servirait donc la disposition qui prévoit et tarife les cautionnements des comptables? Ce serait une véritable superfétation, une sorte de naïveté législative qui consisterait à dire d'une part : « Les cautionnements des comptables sont exemptés du droit proportionnel ; » et à ajouter de l'autre : « On ne percevra pour eux que la moitié du droit ordinaire ! » Évidemment, ce résultat n'est pas admissible. Il faut reconnaître que la loi a voulu soustraire les cautionnements des comptables à l'application de la règle générale et les assujettir au droit proportionnel, bien que l'obligation principale en soit elle-même exonérée. C'est la thèse qu'a consacrée avec raison le tribunal de Lyon dans un jugement du 25 février 1856, (1002 R. P., 11317 C., 16771 J. E.).

L'objection précédente écartée, on en fait une autre. Il se peut, a-t-on dit, que les cautionnements des comptables soient passibles du droit proportionnel malgré l'affranchissement de la disposition principale. Mais cela ne se rapporte évidemment qu'au cautionnement fourni par un tiers. Il n'est jamais rien dû quand le débiteur garantit lui-même sa propre dette, soit par une affectation hypothécaire sur ses biens, soit d'une autre manière. Le comptable qui hypothèque ses propres biens est dans la même situation. Rien ne justifierait donc la perception du droit. — Cette seconde prétention n'a pas mieux réussi que la première. Elle a été, dès le 14 frimaire an 12, écartée sur les conclusions du célèbre procureur général Merlin, par un arrêt de la C. cass., dont les termes sont très-catégoriques : « Vu l'art. 7 L. 24 novembre 1790, le n° 2 sect. 1re du tarif annexé à la loi du 5 décembre même année, la loi du 15 germinal an 4 art. 1er, et les subséquentes ; — Attendu que ces lois ne font aucune distinction entre les cautionnements fournis par les receveurs sur leurs immeubles personnels et ceux fournis sur les immeubles d'un tiers qui y consent, et que, de quelque manière que soit donnée cette garantie imposée par la loi aux receveurs de deniers publics sous le nom de cautionnement en immeubles, elle remplit le même but et satisfait au même vœu ; qu'ainsi, aucun motif ne pourrait permettre d'élever une distinction que la loi n'a pas voulu faire ; — Attendu : 1° que la loi du 22 frimaire an 7 titre 10 de la fixation des droits proportionnels, art. 69 § 2, 50 centimes pour 100 n° 8, prononce cette disposition : « Il ne sera perçu qu'un demi-droit pour les cautionnements des comptables envers la République, c'est-à-dire seulement 25 centimes pour 100, » quotité qui s'accorde avec le tarif annexé à la loi du 5 décembre 1790, où l'on lit : première classe, première section, actes sujets au droit de 5 sous pour 100 livres ; — 2° les cautionnements des trésoriers, receveurs et commis, pour sûreté des deniers qui leur sont confiés ; » — Attendu qu'il est impossible d'appliquer au cautionnement dont il s'agit la disposition de l'art. 68 L. 22 frimaire an 7, qui, après avoir énoncé, sous cinquante numéros successifs, les diverses actes qui sont tarifés au droit fixe de 1 franc, ajoute, n° 51 : « et généralement tous actes qui ne se trouvent dénommés dans aucun des paragraphes suivants ni dans aucun article de la présente loi, et qui ne peuvent donner lieu au droit proportionnel, » puisque, loin que les cautionnements des comptables soient omis dans les articles de cette loi, ils se trouvent expressément compris au nombre des actes qui sont soumis au droit proportionnel par l'art. 69 qui suit immédiatement cet art. 68» (1205,1615 J. E., 1425-4 I. G., D. N. t. 2 p. 768 n°s 254, 255, Merlin *Rép.* V. *Caut. des empl.* n° 7).

Cette conclusion paraît désormais irrévocable.

2. COMPTABLES PRIVÉS. — La question qui reste entière, malgré l'arrêt du 14 brumaire an 12 (§ précédent), est celle des cautionnements fournis par les comptables privés. L'Administration a toujours voulu y étendre la théorie admise pour les comptables envers l'État, et elle soutient, dès lors, que les cautionnements en immeubles fournis par les comptables privés eux-mêmes sont passibles du droit proportionnel. « A la vérité, dit-elle, le dernier alinéa de l'art. 68 § 2 n° 8, ne parle que des comptables envers l'État, mais il n'y a pas de raison pour traiter différemment les cautionnements des comptables privés qui ont la même nature et correspondent à des obligations identiques. Ce serait placer les comptables de l'État dans une position d'infériorité qui n'était certainement pas dans la pensée du législateur. Tout ce qui résulte de l'omission des comptables privés, dans l'article, c'est qu'ils ne bénéficient pas de la réduction du droit» (*V.* Dél. 24 déc. 1829, 9514, 9591 J. E.; — Nantes 15 fév. 1830, D. m. f. 2 mars 1833, 10669 J. E., 1425-4 I. G.; — Strasbourg 27 nov. 1869, 3291 R. P.).

La faiblesse du raisonnement saute aux yeux. Pourquoi, en effet, n'applique-t-on pas aux cautionnements des comptables publics la règle générale, d'après laquelle le droit de cautionnement n'est pas dû sur l'affectation hypothécaire fournie par le débiteur lui-même, et ne saurait excéder le droit de l'obligation principale? Parce que, répond-on, la loi a une disposition spéciale pour eux, et que c'est là une exception qu'il faut appliquer dans la rigueur de ses termes. Mais si cela est, l'exception doit être restreinte au cas qu'elle prévoit. La loi ne parlant expressément que des comptables *envers l'État*, les cautionnements des autres comptables rentrent dans la règle ordinaire formulée par les premiers alinéas de l'art. 69 § 2 n° 8. Vainement allègue-t-on qu'il existe de puissantes raisons d'analogie pour traiter tous les cautionnements de la même manière, et qu'on ne concevrait pas pourquoi ceux des particuliers seraient plus favorisés que ceux des comptables publics. Ce sont là des considérations et non des arguments. Or, en cette matière, l'Administration elle-même le soutient, l'interprétation de la loi est stricte et littérale. Il n'y a pas à sortir de son texte. D'ailleurs, les raisons d'analogie ne sont pas reçues en matière fiscale pour justifier la perception d'un droit qui ne résulte pas expressément des tarifs, et cette règle s'applique d'autant mieux ici qu'il s'agirait d'étendre une exception. Enfin, n'y a-t-il pas une véritable contradiction à prétendre que le dernier paragraphe de l'article s'applique aux comptables privés pour motiver la perception du droit, mais y est étrangère pour la réduction qu'elle accorde aux comptables publics? Il nous semble que si les deux contrats sont identiques au point d'être assimilés les uns aux autres pour l'application du tarif, cette analogie existe aussi bien à l'égard de la quotité que de l'exigibilité du droit. Prétendre que le texte qui accorde la réduction du droit aux uns est étranger aux autres, n'est-ce pas avouer, en quelque sorte, qu'il lui demeure également étranger pour le surplus?

La pratique est cependant établie dans un sens contraire. Les cautionnements ou immeubles fournis par les comptables privés sont enregistrés au droit proportionnel de 50 centimes pour 100. — V. *infrà* n° 3522 et suivants.

3505. Cautionnement remplacé. — Lorsque sur le refus de l'Administration d'accepter un premier cautionnement, le comptable en fournit un second, il n'est pas dû de nouveau droit (D. m. f. 30 août 1817, 5896 J. E.).

Mais il en serait autrement si le cautionnement était remplacé pour d'autres motifs, parce qu'alors il constituerait une obligation nouvelle contractée par d'autres débiteurs et que rien ne motiverait alors une dispense d'impôt (290 n° 12 I. G.). — V. *Acte nul et refait.*

3506. Bailleur de fonds. — La déclaration faite au profit du bailleur de fonds par le titulaire du cautionnement, est passible du droit fixe. On trouvera au mot *Bailleur de fonds*, n° 2999 et suivants, le développement de cette matière.

3507. Cautionnement remboursé au bailleur de fonds. — Est passible du droit de quittance l'acte qui constate le remboursement à son bailleur de fonds, par un agent administratif, de la somme versée par le premier dans la caisse de l'État pour le cautionnement dudit agent : « Attendu que la veuve X., en se constituant bailleresse de fonds du pétitionnaire, n'a fait que lui prêter la somme nécessaire pour son cautionnement; que ce dernier était propriétaire de la somme versée et débiteur avec la dame X... de cette somme sur laquelle celle-ci ne conservait qu'un privilége de second ordre; que le remboursement de la somme prêtée à la bailleresse de fonds par le débiteur ne constitue qu'une quittance sujette au droit de 60 centimes (50 cent.) pour 100 et non une cession de cautionnement » (Sol. belge 5 sept. 1866, 10361 J. E. belge).

3508. Cautionnement cédé à l'État. — La cession à l'État d'une créance ou d'un cautionnement pour éteindre le débet d'un comptable est enregistrable gratis. — V. 301, 302.

3509. Armateur. — Les cautionnements fournis par les armateurs de bâtiments armés en course, en exécution de l'art. 20 de l'arrêté du 2 prairial an 11, ne sont passibles que du droit fixe de 1 franc (3 fr.) (172 I. G.).

3510. Conservateur des hypothèques. — Les cautionnements en immeubles des conservateurs des hypothèques ne sont passibles que du droit fixe de 1 franc (L. 21

vent. an 7 art. 5) (aujourd'hui 3 fr. L. 18 mai 1850, art. 8 et L. 28 fév. 1872, art. 4); — lors même que les biens appartiendraient à un tiers, la loi ne faisant pas de distinction (Sol. 14 juin 1825, D. N. t. 2 p. 768 n° 260).

1. JUGEMENT DE RÉCEPTION. — Mais cette disposition ne s'applique qu'aux actes constitutifs de ces cautionnements. Quant aux jugements de réception, comme il n'existe à leur égard aucune exception à la règle commune, ils restent soumis aux droits d'enregistrement et de greffe fixés pour les jugements (Sol. 13 mai 1831, 10051 J. E.).

2. RENTES. — Sur notre proposition, la loi du 8 juin 1864 a autorisé les conservateurs d'hypothèques à fournir un cautionnement en rentes sur l'État. D'après l'art. 8 du décret réglementaire du 11 août 1864, l'acte d'affectation est enregistré au droit fixe de 2 francs (3 fr.), déterminé pour l'enregistrement du cautionnement en immeubles, par l'art. 5 L. 21 ventôse an 7, modifié par l'art. 8 L. 18 mai 1850 (2289 I. G.).

3511. Débet. — Le cautionnement consenti par un tiers pour garantie du déficit existant dans la caisse d'un comptable n'est passible que du droit de 25 centimes pour 100 (4772 J. E., D. m. f. 29 août 1814, 5001 J. E.). Il en serait de même alors que le comptable ne serait plus en exercice, parce qu'il est considéré comme comptable jusqu'à l'apurement de ses comptes (3201 J. E.).

3512. Économe. — Le cautionnement en immeubles fourni par l'économe d'un lycée est passible du droit proportionnel de 25 centimes pour 100 (6773 J. E., 618 I. G.).

3513. Journal. — Les cautionnements souscrits par les propriétaires de journaux ou par des tiers (892 I. G., 6856 J. E.) sont sujets au droit fixe de 1 franc (3 fr.); mais seulement lorsqu'ils sont volontairement présentés à l'enregistrement (D. m. f. 31 oct. 1820, 6832 J. E.). — D'après l'art. 3 du décret du 17 février 1852, ces cautionnements sont actuellement fournis en numéraire, et il y a lieu de leur faire l'application de la règle indiquée au n° 3502.

3514. Navigation intérieure. — L'acte de cautionnement en immeubles des receveurs particuliers de la navigation intérieure n'est passible que du droit fixe de 1 franc (3 fr.), conformément à la loi du 7 germinal an 8 (Arr. du gouv. 8 prair. an 11 art. 11, 6562 J. E.).

3515. Octroi. — Le droit de 25 centimes pour 100 est seul exigible sur le cautionnement des receveurs et préposés des octrois municipaux, attendu que ces employés font partie de l'administration des contributions indirectes (D. m. f. 20 juill. 1815, 4621 J. E.) et sont justiciables de la cour des comptes (M. Demante n° 468).

1. ADJUDICATAIRE. — L'I. G. n° 1501 a même étendu ces dispositions aux personnes qui sont déclarées adjudicataires de la régie de l'octroi; mais cette interprétation n'a pas été maintenue. La question a été tranchée dans les termes suivants par l'I. G. n° 2400 § 1er :

« Si les rentes affectées au cautionnement sont la propriété des adjudicataires, l'acte qui le constate n'est que le complément du procès-verbal d'adjudication sur lequel le droit proportionnel a déjà été perçu, et, à ce titre, il est soumis au droit fixe de 2 francs (3 fr.) (L. 22 frim. an 7 art. 68 § 1er n° 6). Si les rentes, au contraire, sont immatriculées *au nom d'un tiers*, ou si, appartenant à l'adjudicataire personnellement, elles servent à un marché qui, par suite de circonstances exceptionnelles, n'a pas subi antérieurement la perception de l'impôt, il est dû, comme disposition indépendante ou principale, un droit de cautionnement de 50 centimes ou de 10 centimes par 100 francs, suivant la nature des adjudications ou marchés (LL. 22 frim. an 7 art. 69 § 2 n° 8, 27 vént. an 9 art. 9 et 16 juin 1824 art. 1er). Par application de ces distinctions, le directeur général a décidé, notamment, que le droit fixe de 2 francs (aujourd'hui 3 fr.) est seul exigible sur l'acte par lequel l'adjudicataire de droits d'octroi affecte à l'exécution de ses engagements des rentes sur l'État *dont il est titulaire*, lorsque le procès-verbal de l'adjudication a été précédemment enregistré moyennant le droit de 20 centimes par 100 francs sur le montant cumulé des redevances à payer à la commune » (29 mars 1870 n° 2400 § 1er I. G.).

3516. Payeur de la guerre. — Les cautionnements des payeurs de la guerre sont assimilés à ceux des comptables publics, et acquittent les mêmes droits (D. m. f. 31 oct. 1809 et 10 av. 1810, 3796 J. E.).

3517. Receveur d'hospice. — Les receveurs des hospices et des établissements de bienfaisance ne sont pas des comptables envers l'État. Par conséquent, ils ne peuvent jouir de la modération du droit, et leur cautionnement en immeubles est passible du droit de 50 centimes pour 100 francs (D. m. f. 2 mars 1833, 10669 J. E., 1425 § 4 I. G.; — Seine 26 déc. 1833, 4341 Roll.). — Il en est de même des cautionnements en rentes (2400-1 I. G., 3362 R. P.).

Il a été soutenu cependant que les receveurs d'hospices ou receveurs municipaux doivent être assimilés à des comptables de l'État, parce que s'ils manient les fonds de la commune ou de l'hospice, ils dépendent de l'administration des contributions directes (M. Demante 468; — Lyon 25 fév. 1858, 1002 R. P., 11317 C. 16771 J. E.).

Mais le contraire est admis dans la pratique, conformément aux dispositions formelles des Instructions 1425-4 1458-4 et 2400-§1.

3518. Receveur municipal. — La même règle s'applique aux receveurs municipaux (1343 J. E.), d'après l'I. G. 290 nos 14, et 1425 § 4, dont la dernière laisse sans objet l'I. G. 618. Mais il faut remarquer que toutes les fois qu'il s'agit d'un percepteur qui est en même temps receveur municipal des communes arrondies à sa perception, la perception ne peut être scindée, et la qualité de comptable public qui s'attache à la qualité de percepteur doit faire jouir tout le cautionnement du bénéfice du droit de 25 centimes pour 100, dans le cas où il serait admis par tolérance à affecter des immeubles en garantie de sa double gestion (11499-3 J. E.).

Quant aux adjudicataires de services communaux, V. n° 3515.

3519. Caisse d'épargne. — Les actes de cautionnement en immeubles fournis par les caissiers des caisses d'épargne, sont assujettis au droit de 50 centimes pour 100 (Sol. 10 juill. 1852).

3520. Mont-de-piété. — Il en est de même des gardes magasins du Mont-de-piété (Sol. 19 mars 1851).

3521. Employés de la couronne. — Mais les employés de la couronne avaient été (par tolérance sans doute), assimilés aux comptables publics, et leurs cautionnements étaient sujets au demi-droit (Sol. 6 avril 1862).

3522. Agent d'une compagnie. — Nous avons examiné en principe, au n° 3504, la question de savoir si les cautionnements fournis par les comptables privés pour sûreté de leur gestion sont assujettis au droit proportionnel. Nous ne l'avons pas pensé, mais nous avons dû reconnaître qu'en pratique le droit de 50 centimes pour 100 était toujours perçu.

Cette jurisprudence s'appliquerait notamment aux directeurs et agents d'une compagnie quelconque pour l'affectation donnée en garantie de leur gestion.

1. CRÉDIT AGRICOLE. — Mais on n'a pas considéré comme un comptable proprement dit, dans le sens de la loi, le directeur du Crédit agricole en province, et on a, par suite, appliqué à l'affectation hypothécaire par lui fournie pour sûreté de sa gestion, la règle d'après laquelle il n'est dû aucun droit proportionnel pour la garantie fournie par le débiteur lui-même (Strasbourg 27 nov. 1869, 3291 R. P.). En effet, d'après les statuts de la société, les agents commissionnés en province sont pour la plupart des banquiers auxquels on accorde une remise sur les opérations accomplies par leur intermédiaire. Malgré leur titre de directeur, ces banquiers agissent en réalité autant pour leur compte et en vue d'un profit à retirer de la négociation que comme simples agents de la société. Ils ne sont donc pas des comptables dans l'acception rigoureuse du mot, mais plutôt des participants intéressés pour une quotité dans l'opération de banque. A ce titre, leur cautionnement échappe à la règle posée dans le dernier paragraphe de l'art. 89 § 2 n° 8 L. 22 frimaire an 7.

La Société du Crédit agricole a cessé d'exister et s'est fusionnée avec le Crédit foncier.

3523. Directeur de messageries, d'assurances. — Le tribunal de Nantes a déclaré passible du droit proportionnel, comme cautionnement, un acte par lequel un directeur de messageries, d'une compagnie d'assurances, avait affecté divers immeubles à la garantie de sa propre gestion, jusqu'à concurrence d'une somme déterminée (Nantes 15 fév. 1830, Dél. 24 déc. 1829, 9514, 9591 J. E.).

3524. Facteur des halles. — Les facteurs des halles ne peuvent être rangés dans la classe des comptables envers l'État. Leurs cautionnements sont passibles du droit de 50 centimes pour 100 (5621 J. E.).

SECTION PREMIÈRE. — CAUTIONNEMENTS FOURNIS A L'ÉTAT POUR LES ACTES QUI LE CONCERNENT

[3525-3528]

3525. Marchés. — Les cautionnements des marchés dont le prix doit être payé directement par le Trésor public, sont assujettis au droit gradué. — V. *Acte administratif.*

Si le cautionnement est fourni au moyen de rentes sur l'État et par acte distinct du marché, on perçoit 3 francs; quand la rente est immatriculée au nom du débiteur lui-même, l'acte n'est que le complément du marché. Si la rente est immatriculée au nom d'un tiers, l'acte est traité comme un cautionnement ordinaire et il est sujet au droit gradué (2400 § 1er I. G.).

1. CESSION DE MARCHÉ. — Ce n'est pas le droit fixe, mais le droit proportionnel de 50 centimes pour 100 qui est applicable aux cautionnements relatifs aux *cessions* de marché avec l'État. — V. *Acte administratif.*

3526. Baux. — Adjudication de biens. — Mais il faut remarquer que cette exception est spéciale aux objets auxquels elle s'applique. Ainsi, les cautionnements pour tous les autres contrats passés avec l'État, comme les baux, les adjudications des biens de l'État, restent assujettis au droit déterminé par l'art. 69 § 2 n° 8 L. 22 frimaire an 7 (290 n° 13, 390 n° 4 I. G, 850, 924 et 2940 J. E.).

3527. Marchés des établissements publics. — Les cautionnements des marchés dont le prix doit être payé par les départements, communes ou établissements publics, sont assujettis au droit proportionnel ordinaire. — V. *Acte administratif.*

3528. Agent judiciaire du Trésor. — 1. CARACTÈRE. — Quelques cautionnements fournis à l'État se réalisent par l'entremise de l'agent judiciaire du Trésor ou de ses délégués. Il a été reconnu à cet égard que les actes de l'espèce ont un caractère public administratif dans le sens des art. 2074 et 2075 C. C. et des art. 78 et 80 L. 15 mai 1850. Ils ne sont donc pas soumis, pour leur validité entre parties, à la condition de l'enregistrement imposée aux actes sous seing privé, par les art. 2074 et 2075 C. C. Mais ils tombent, en leur qualité d'actes administratifs, sous l'application de l'art. 78 L. 15 mai 1818 et doivent être enregistrés dans les vingt jours de leur date.

2. TARIF. — D'après l'I. G. 2400, le droit à percevoir sur ces cautionnements est de 2 francs (aujourd'hui 3 fr.) fixe, lorsque les rentes affectées sont la propriété des fournisseurs, entrepreneurs ou adjudicataires. Le droit est, au contraire, de 50 centimes ou de 10 centimes pour 100, suivant la nature des adjudications ou marchés (L. 22 frim. an 7 art. 69 § 2 n° 8, 27 vent. an 9 art. 9, et 16 juin 1824 art. 1er), lorsque les rentes sont immatriculées au nom d'un tiers.

3. MARCHÉS CONCERNANT L'ÉTAT. — S'il s'agit des cautionnements des adjudications et marchés dont le prix doit être payé directement par le Trésor, le droit gradué est exigible selon les sommes et valeurs (art. 1er n° 9 et art. 2 L. 28 fév. 1872).

4. COMPTABLES. — Quant aux cautionnements des comptables, sauf ceux des conservateurs des hypothèques, assujettis au droit fixe de 2 francs (3 francs) par le décret du 11 août 1864, et les cautionnements des particuliers qui ont perdu ou adiré des rentes ou d'autres titres analogues, ils sont exempts de la formalité de l'enregistrement (L. 15 mai 1818 art. 80).

Seulement, le droit fixe de 3 francs, auquel donnent lieu les actes innommés, serait perçu si l'enregistrement de ces cautionnements était requis.

5. RENTES. — Ces règles sont applicables aux cautionnements en rentes nominatives reçus par les préposés de l'administration des domaines, spécialement aux cautionnements auxquels sont soumis les propriétaires d'écrits périodiques, lesquels cautionnements, s'ils sont fournis en inscriptions départementales, sont déposés chez le receveur des domaines du chef-lieu et l'acte est dressé par le directeur (892, 1255 et 1343 I. G.). Il en est de même des cautionnements en rentes départementales fournis par les receveurs des hospices et des établissements de bienfaisance (1349 et 1412 I. G.).

CHAPITRE VIII. — TIMBRE

[3529-3534]

3529. Billet simple. — L'acte de cautionnement d'un billet ne peut sans contravention être écrit à la suite de ce billet sur la même feuille de papier timbré. L'amende encourue est de 5 francs (Dél. 16-20 juin 1846, 14094-1), le droit de timbre est de 60 centimes (15125 J. E.).

3530. Jugement. — L'acte de cautionnement reçu en exécution d'un jugement dispensé lui-même du timbre n'en est pas moins assujetti à cette formalité (Cass. 13 pluv. an 11).

3531. Obligation. — Si une obligation pure et simple contenait, de la part du débiteur, l'engagement de fournir ultérieurement une caution, le cautionnement qui serait fourni solidairement ou non, pourrait, sans contravention, être rédigé à la suite de l'acte obligatoire, parce qu'il serait une condition de cet acte, et qu'il en formerait le complément prévu et forcé (7727 J. E.).

Mais si l'obligation ne renfermait pas la déclaration dont il vient d'être parlé, tout cautionnement qui se trouverait à la suite aurait le caractère d'un acte particulier et, dès lors, il y aurait contravention à l'art. 23 L. 13 brumaire an 7.

3532. Obligations souscrites pour les cautionnements ou suppléments de cautionnements dus à l'État. — Elles doivent être écrites sur papier frappé du timbre proportionnel (D. m. f. 31 août 1816, 743 I. G.). Mais les récépissés ou certificats d'inscription qui constatent le versement de ces cautionnements sont exempts de la formalité.

3533. Pêche de la baleine et du cachalot. — L'acte de cautionnement exigé de l'armateur pour obtenir les primes allouées pour le gouvernement est sujet au timbre (Ord. 14 fév. 1819 et 26 avr. 1833, 6355, 10622 J. E.).

3534. Liberté provisoire. — Les cautionnements versés au Trésor par des personnes qui veulent obtenir leur mise en liberté provisoire sont soumis à des règles qui ont été indiquées n° 3456.

CÉDULE.

3535. — Ce mot a une double acception. Il signifie un billet ou une obligation sous seing privé; et on donne aussi le nom de *cédule* à l'ordonnance délivrée par un juge pour citer à comparaître devant lui.

Les lois des 14 octobre 1790 et 26 ventôse an 4 voulaient que les citations en justice de paix ou en bureau de conciliation ne pussent avoir lieu qu'en vertu d'une cédule. Le C. proc. n'a point maintenu ces dispositions; et, excepté pour les cas prévus par les art. 6 et 29 de ce Code, et 146 du C. d'Inst. crim., les citations peuvent avoir lieu sans permission préalable du juge (C. proc. art. 1er 4 et 5).

1. ACTE EN CONSÉQUENCE. — La cédule pour citation en cas d'expertise (29 C. proc.) peut être notifiée avant l'enregistrement du jugement préparatoire (D. m. f. 13 juin 1809, 436 I. G.).

3536. Avertissement. — Une délibération du 21 septembre 1827 (8928 J. E., 1236 § 9 I. G.) a reconnu que les avertissements par lesquels les juges de paix invitent les justiciables à comparaître devant eux pour tenter la conciliation avant toute citation en forme, ne sont pas sujets au timbre. Les motifs de cette décision sont que, d'après l'art. 7 C. proc., les parties peuvent toujours se présenter *volontairement* devant le juge de paix, et qu'un avertissement par lequel un juge de paix invite à une comparution *volontaire* devant lui n'a rien d'impératif et ne peut être assimilé à une cédule ou citation. Il résulte également de là que cet avertissement n'est pas sujet à l'enregistrement (L. 2 mai 1855, 502 R. P., 2049 § 3 I. G.).

Ces dispositions ont été modifiées par l'art. 21 L. 23 août 1871, portant que les avertissements donnés aux termes de la loi du 2 mai 1855 avant toute citation, devront être rédigés par le greffier du juge de paix sur papier au timbre de dimension. — V. *Avertissement.*

3537. Conciliation. — Les cédules pour appeler au bureau de conciliation sont sujettes au timbre et dispensées de l'enregistrement — V. 850.

CERTIFICAT.

3538. Définition. — Attestation d'un fait qui n'intéresse pas personnellement celui qui le fait.

3539. Tarif. — Les certificats purs et simples ont été tarifés au droit de 1 franc par l'art. 68 § 1er n° 17 L. 22 frimaire an 7. L'art. 8 L. 18 mai 1850, a élevé ce droit à 2 francs pour les certificats qui ont le caractère d'actes civils et administratifs.

La loi du 28 février 1872, et celle du 19 février 1874, ont surtaxé de moitié tous les droits fixes, de telle sorte qu'actuellement les certificats qui ont le caractère d'actes civils et administratifs sont sujets au droit de 3 francs et ceux qui constituent des actes judiciaires ou extrajudiciaires sont assujettis au droit de 1 fr. 50 cent.

1. PLURALITÉ. — L'exigibilité du droit étant attachée à la constatation du fait, il s'ensuit que le certificat relatif à un fait unique ne saurait donner ouverture à plusieurs droits, quoique ce fait puisse concerner plusieurs personnes ayant des intérêts distincts. — V. 3552-6, 3566-7 et 3567-8.

3540. Absence. — Le certificat par lequel un maire constate l'absence d'un individu doit être enregistré avant tout usage (Cass. 20 oct. 1813, 4709 J. E.). Si cet acte avait un caractère administratif, il serait affranchi de cette formalité en vertu de la loi du 15 mai 1818 et ne serait plus assujetti qu'au timbre. — V. *Acte administratif.*

3541. Actes de l'état civil. — Les certificats relatifs aux actes de l'état civil donnent lieu à plusieurs questions qui ont été examinées au mot *Acte de l'état civil.*

3542. Acte judiciaire. — Payement des droits. — C'est aux parties et non au greffier à payer directement les droits des ordonnances sur requête des certificats qui leur sont immédiatement délivrés par les juges. — V. 792.

3543. Affiche. — Le certificat d'apposition d'affiche délivré par un maire est exempt d'enregistrement. — V. 1913.

3544. Aptitude. — Les certificats d'aptitude destinés aux élèves des collèges sont exempts du timbre, comme actes d'administration intérieure; mais les expéditions de ces certificats qui en sont délivrées aux parties sont sujettes au timbre de 1 fr. 25 cent. (1 fr. 80 c.) (D. m. f. 26 août 1820, 953 § 1er I. G.) — V. 3549.

3545. Apprentissage. — Les certificats d'acquit d'apprentissage (Arrêté gouv. 9 vendém. an 12) délivrés aux ouvriers travaillant en qualité de compagnons ou garçons pour obtenir leur livret, sont assujettis au timbre et à l'enregistrement avant de pouvoir être produits aux autorités chargées de délivrer le livret (2153 J. E.).

3546. Baux pour la gendarmerie. — Les particuliers qui ont fait l'avance des droits d'enregistrement et de timbre des baux passés pour le casernement de la gendarmerie, doivent, pour s'en faire rembourser par les payeurs, produire comme pièce justificative du payement de ces droits: 1° un certificat du receveur qui a enregistré les baux, constatant le prix du papier qui a été employé tant à la minute qu'à l'expédition, s'il en a été délivré; — 2° un duplicata de la quittance des droits perçus sur la minute de l'acte. — Ces certificats et duplicata doivent être délivrés sans frais et sur papier non timbré (D. m. 16 avr. 1821, 6932 J. E.).

2. PARTICULIERS. — Sont sujets au timbre les certificats de bonne conduite, même ceux qui émanent de particuliers et spécialement les certificats délivrés par l'agent d'une société industrielle aux ouvriers qu'elle emploie. «Attendu que l'art. 12 L. 13 brumaire an 7, soumet au timbre tous actes ou écritures devant ou pouvant faire titre ou être produits en justice pour obligation, décharge, justification, demande ou défense; que dans sa généralité cette disposition embrasse les certificats de bonne conduite, qui ne peuvent être rédigés que sur du papier timbré; — attendu que le document sur lequel a été relevée la contravention n'a pas la forme d'une lettre, mais celle d'un certificat de bonne conduite rentrant dans les termes de l'art. 12 ci-dessus» (Sol. belge 11 nov. 1857, 7837 J. E. belge). — Il en est de même des certificats de moralité à délivrer par les administrations communales et qui doivent accompagner toute demande de permis de colportage (Sol. belge 10 mai 1869, 10986 J. E. belge).

3547. Bonnes vie et mœurs. — 1. MAIRES. — Les certificats de bonnes vie et mœurs que les maires délivrent dans certains cas, devant faire titre aux parties, sont assujettis au timbre (2977 J. E.). Cette décision nous semble applicable même sous l'empire de la loi du 15 mai 1818. Mais ils sont affranchis de l'enregistrement d'après l'art. 80 de cette loi. — V. *Acte administratif.*

3. MILITAIRES. — Les certificats de bonne conduite au corps délivrés aux militaires libérés qui voulaient servir de remplaçants sont exempts du timbre.

4. MARINE MARCHANDE. — Les certificats de bonne conduite délivrés par le capitaine d'un bâtiment de la marine marchande à un homme de son équipage sont sujets au timbre (D. m. f. 18 août 1877, 4771 R. P.).

3548. Caisse d'amortissement. — Les certificats délivrés par les directeurs aux adjudicataires de rentes appartenant à la caisse d'amortissement, pour leur donner le moyen d'exiger le service de ces rentes, doivent être sur papier timbré; mais ils sont enregistrables *gratis*. (Décr. 9 déc. 1809, Circ. 11 janv. 1810).

3549. Capacité. — Les certificats de capacité délivrés aux élèves des écoles de droit sont dispensés du timbre et de l'enregistrement, comme étant institués dans l'intérêt de l'ordre public (D. m. f. 10 juin 1828, 9048 J. E., 1256 § 10 I. G., contraire à la Dél. 4 mai 1827, 2626, 8757 J. E.). — *V.* 3544.

Il en est de même des certificats d'inscription des étudiants, lesquels ont pour unique objet la discipline de l'école.

1. FORÊTS. — Les certificats de capacité et de solvabilité délivrés aux soumissionnaires des travaux d'amélioration dans les bois de l'État, doivent être produits sur papier timbré à leurs frais (D. m. f. 1er déc. 1856, 2089 I. G., 793 R. P.)

3550. Cautionnement. — Les certificats d'opposition ou de non-opposition délivrés aux comptables qui demandent le remboursement de leur cautionnement, sont sujets au timbre (D. m. f. 24 nov. 1820, Dél. 1er mai 1827, 6843, 8769 J. E.).

Ceux qui sont donnés par les administrations financières et par le directeur général de la comptabilité publique pour être produits à l'appui des demandes de remboursement ou compensation de cautionnements fournis par les comptables des finances, ne sont pas sujets au timbre (1171 I. G.).

1. FONCTIONNAIRE DÉCÉDÉ. — Le certificat délivré par le juge de paix en présence de deux témoins, conformément au décret du 18 septembre 1806, aux héritiers d'un fonctionnaire décédé, à l'effet d'obtenir le remboursement de son cautionnement, n'est point un acte de notoriété: car il est qualifié de certificat et de notoriété par l'art. 2 du décret du 18 septembre 1806; par suite il est passible du droit des certificats, et non du droit des actes de notoriété (12300-1 J. E.).

2. COMMISSAIRES-PRISEURS. — HUISSIERS. — Les certificats de *quitus* délivrés aux commissaires-priseurs et aux huissiers, en vertu du décret du 24 mars 1809, par les chambres de discipline de ces officiers ministériels, doivent être enregistrés avant d'être remis à l'appui des demandes en remboursement de cautionnement (4375 J. E., D. N. t. 2 p. 768 n° 252).

3551. Chambre de discipline. — 1. TIMBRE. — Les certificats de stage, capacité ou moralité délivrés par les chambres de discipline soit aux intéressés soit aux tiers, sont sujets au timbre. C'est ce qui a été reconnu pour les chambres d'huissiers par un arrêt de Cass. 17 juillet 1815, relatif à un certificat de non comparution devant la chambre (5203 J. E.), conformément à l'art. 89 du décret du 14 juin 1813 (849 I. G. 4614 J. E.); — pour les chambres des notaires par une D. m. f. du 28 septembre 1829 (1303-11 I. G., 11948 J. E., 7055 J. N.); — pour celle des avoués par une autre décision ministérielle du 27 décembre 1830 (1354-8 I. G., 9872 J. E., 7434. J N.); — enfin pour toutes les chambres disciplinaires et syndicales par une décision ministérielle du 30 juin 1843 (1694 I. G., 11677 J. N.). — *V.* 2482.

2. ENREGISTREMENT. — L'enregistrement de ces certificats n'est obligatoire que quand il en est fait usage devant une autorité administrative ou judiciaire. Ainsi, par exemple, les certificats délivrés aux commissaires-priseurs et aux huissiers en vertu du décret du 24 mars 1809, pour obtenir le remboursement de leurs cautionnements, doivent être enregistrés au droit fixe de 2 francs (3 fr.) avant d'être remis au directeur de la dette inscrite à l'appui de la demande en remboursement (4375 J. E., D. N. t. 2 p. 768 n° 252). Cette opinion est cependant contestable. — *V.* 1066 et suiv.

4. ACTE A LA SUITE. — Il est bien certain que l'on peut attester par un même certificat la remise de plusieurs extraits; mais l'amende serait encourue s'il s'agissait de plusieurs certificats ayant chacun un contexte séparés et rédigés à la suite les uns des autres sur la même feuille de papier timbré. — *V. Acte à la suite.*

3. DÉPOT. — Les certificats de dépôt aux chambres de discipline des contrats de mariage de commerçants, jugement d'interdiction de séparation de biens, etc., sont sujets au timbre et doivent être enregistrés. — *V.* 3738.

5. SÉPARATION DE CORPS. — Les certificats délivrés par les chambres de notaires ou d'avoués pour constater la publication des demandes ou des jugements de séparation sont assujettis au timbre. Ils peuvent n'être enregistrés que quand il en est fait usage, et, comme ils sont alors le complément d'une procédure judiciaire, ils acquittent le droit de 1 fr. 50 cent. établi pour les actes judiciaires. On a soutenu que ces certificats étaient des actes administratits exemptés du timbre et de l'enregistrement par l'art. 80 L. 15 mai 1818. Mais c'est une erreur. L'Administration soutient, en effet, que l'art. 80 ne s'applique qu'aux actes des administrations centrales et municipales qui sont rédigés en minute et donnent lieu à la délivrance d'une expédition. C'est un point que nous avons expliqué au mot *Acte administratif.*

6. PRUDHOMMES. — DÉPOT. — Les certificats constatant le dépôt de dessins faits par les fabricants au conseil des prudhommes sont assujettis au timbre, enregistrés gratis, inscrits au répertoire et exempts du droit de rédaction (Déc. 18 mars 1806, D. m. f. 20 juin 1809, 437 I. G., Ord. 17 août 1825, Dél. 22 juill. 1828, 9122 J. E.). — *V.* 11256 *bis.*

7. CONTRATS DE MARIAGE. — Le certificat constatant la remise à la chambre de discipline des extraits de deux contrats de mariage de commerçants, contient l'attestation de deux faits et donne lieu, lors de l'enregistrement, à deux droits (5003 et 15008 J. E.).

3552. Chasse. — Les certificats du ministère public pour toucher la gratification, en matière de délit de chasse, tiennent lieu d'extraits de jugements et sont exempts de timbre (D. m. f. 14 août 1871, 994 J. E.). — V. 860-2.

Les certificats constatant le dépôt au greffe de l'arme confisquée sont sujets au timbre ; mais on ne devrait les faire enregistrer que pour en faire usage en justice ou par acte public (7427, 11775-8 J. E.). — *V.* n° 3566.

3552. Colonisation de l'Algérie. — Les certificats de libération du service militaire demandés par les personnes qui se rendent en Algérie pour y fonder des colonies agricoles sont exempts du timbre, pourvu qu'ils portent la mention de leur destination (D. m. f. 13 déc. 1848, 14661-3 J. E.).

3553 *bis*. **Commissaires de surveillance administrative.** — Les commissaires de surveillance administrative établis dans les gares de chemins de fer sont souvent appelés à signer des duplicata de bulletins d'expéditions, notamment pour faire obtenir aux compagnies le payement des frais de transports à la charge de l'État. La question de savoir si ces pièces sont assujetties au timbre de dimension a été résolue par une décision du ministre des finances du 16 août 1873, fondée sur ce que les compagnies de chemins de fer, au point de vue fiscal, sont considérées comme de simples particuliers ; que si le duplicata du bulletin d'expédition est demandé par une compagnie, dans son intérêt, pour être produit, à titre de justification ou demande, devant une autorité constituée, cette pièce doit être soumise au timbre. La décision ajoute qu'à défaut de l'usage de ce document dans le sens de l'art. 41 L. 22 frimaire an 7, ou de production en justice, le droit d'enregistrement n'est pas exigible (3687 R. P.).

3554. Communes et établissement public. — La comptabilité des établissements publics donne lieu à la délivrance d'un grand nombre de certificats ; il en est question au mot *Établissement public.*

3555. Compte de retour. — Les certificats délivrés par les agents de change ou par deux commerçants et qui doivent être joints aux comptes de retour, dans le cas prévu par l'art. 181 C. com., sont assujettis au timbre ; ils ne le sont à l'enregistrement que quand on en fait usage (3511 J. E.).

3556. Conseil académique. — Les certificats de stage délivrés par les conseils académiques, conformément à l'art. 61 L. 15 mars 1850, sont assujettis au timbre (Décr. 20 déc. 1850 art. 2, 3394 *Bull.*, 15124-3 J. E.). — *V.* 3592.

3557. Conseil d'État. — Aucune loi ne contient de disposition qui puisse être appliquée aux certificats ou déclarations que le secrétaire général du conseil d'État délivre aux parties intéressées, pour leur faire connaître la situation des affaires soumises à ce conseil. D'un autre côté, aucune disposition législative ne permet d'assimiler ce secrétaire aux greffiers des cours et des tribunaux de justice.

Il résulte de là qu'on ne peut sous aucun rapport exiger l'enregistrement des certificats dont il s'agit lorsque les parties ne veulent pas en faire usage en justice ou autrement (Dél. 4 mars 1831, 9929 J. E., D. N. t. 3 p. 640 n° 36).

3558. Contributions. — Les certificats des maires et commissaires de police et les attestations des voisins fournis à l'appui des demandes en dégrèvement de contributions directes, ne faisant point partie de la pétition, ne peuvent être rédigés à la suite ; ils doivent l'être sur des feuilles particulières de papier timbré (1690 J. E.).

3559. Curés. — Les certificats de baptême, mariage ou décès délivrés par les curés ou desservants ne sauraient faire foi en justice des faits qu'ils attestent. Ce sont de simples renseignements, et les certificats peuvent être, sans contraventions, rédigés sur papier non timbré, sauf à les faire timbrer quand il en est fait usage (Sol. 12 janv. 1862, 30 juin 1862, 11 nov. 1862, 9 nov. 1865, 27 nov. 1865). — V. *Acte de l'état civil.*

3560. Douanes. — Les acquits à caution délivrés par l'administration des douanes proprement dite sont considérés comme des certificats et passibles du timbre. — *V.* 331.

3561. Faillite. — Le certificat par lequel le juge de paix constate qu'il a reçu avis du greffier du tribunal de commerce de la disposition du jugement qui a ordonné l'apposition des scellés en matière de faillite (457 C. com.) doit être considéré comme un acte d'ordre exempt du timbre et de l'enregistrement (2921 J. E.).

3562. Folle enchère. — Les certificats délivrés par les greffiers conformément à l'art. 734 C. proc., constatant que l'adjudicataire sur saisie immobilière n'a point justifié de l'exécution des conditions de l'enchère, sont sujets à l'enregistrement dans les vingt jours de leur date (436-55 I. G., 3081 J. E.).

Le certificat qui serait délivré dans les mêmes conditions par le notaire devant lequel la vente aurait eu lieu (694 C. proc.) devrait également, comme acte notarié, être enregistré et répertorié (D. N. t. 13 p. 512 n° 86.).

3563. Fonctionnaire décédé. — Le certificat délivré par le juge de paix, sur l'attestation de deux témoins, pour obtenir le remboursement du cautionnement d'un fonctionnaire décédé sans qu'il ait été fait d'inventaire, est passible du droit fixe de 1 franc (1 fr. 50), bien qu'il ait tous les caractères de l'acte de notoriété, attendu que cet acte est qualifié de certificat et non d'acte notarié par l'art. 2 du décret du 18 septembre 1806 (12300-1 J. E.).

3564. Forêts. — Les certificats, ainsi que les mandats de payement, délivrés aux préposés et agents forestiers pour toucher leurs traitements, sont exempts du timbre; ce sont des actes d'administration intérieure (D. m. f. 18 therm. an 9, Circ. 2033).

1. VENTE DES BOIS DE LA MARINE. — Les certificats de vente de bois, délivrés par les agents forestiers de la marine aux propriétaires de futaies qui ont fait la déclaration des coupes à vendre sont assujettis au timbre (377 § 3 I. G.).

2. ENLÈVEMENT DES BOIS. — Le certificat délivré par le receveur des domaines pour constater le payement des frais de l'adjudication, et sans lequel l'enlèvement des bois ne peut avoir lieu, est sujet au timbre comme fait dans l'intérêt d'un particulier pour établir une justification; mais il est dispensé de l'enregistrement (L. 15 mai 1818, art. 80).

3. PIÈCES DIVERSES. — La gestion des forêts nécessite la rédaction de beaucoup d'autres certificats qui sont, selon leur nature, affranchis ou sujets au timbre. On en trouvera la nomenclature complète au mot *Bois*.

3565. Gardes du commerce. — Les certificats du vérificateur du bureau des gardes du commerce de Paris, délivrés pour prouver l'exécution des formalités prescrites par l'art. 11 du décret du 14 mars 1808, relatif à la contrainte par corps, et qui sont consignés sur un registre tenu par le vérificateur, sont des actes extrajudiciaires, soumis au droit d'enregistrement de 2 francs (6488 J. E.).

Cette disposition est sans objet depuis que la contrainte par corps en matière civile a été abolie.

3566. Greffiers. — 1. ARMES CONFISQUÉES. — Le certificat délivré par le greffier pour constater le dépôt au greffe d'armes confisquées doit être sur papier timbré, attendu que cette pièce fait foi et peut être produite en justice (7427, 11775-8 J. E.).

2. ACTES DE L'ÉTAT CIVIL. — Les certificats délivrés pour constater soit la non inscription sur les registres de l'état civil, soit l'absence même de ces registres, sont sujets au timbre et dispensés de l'enregistrement (Dél. 30 sept. 1815, 5232 J. E., D. m. f. 25 juin 1823, 1086-2 I. G., 4878 J. N., 563 C.). — V. *Actes de l'état civil.*

3. CASIER JUDICIAIRE. — Il existe au greffe du tribunal de chaque arrondissement un casier divisé par compartiments destinés à recevoir, dans l'ordre alphabétique, des bulletins faisant connaître à l'égard de tout individu né dans l'arrondissement les diverses peines judiciaires qu'il a pu encourir. Les greffiers doivent délivrer des certificats aux personnes qui veulent profiter des renseignements contenus dans les casiers judiciaires.

Administration publique. — Lorsque ces certificats sont délivrés soit aux magistrats, soit aux administrations publiques, ils sont exempts du timbre par l'art. 16 L. 13 brumaire an 7, et de l'enregistrement par l'art. 70 L. 22 frimaire an 7, lorsque, toutefois, il y est fait mention de cette destination (D. m. f. 27 nov., 6 déc. 1852, 1957 I. G.).

Particuliers. — Les greffiers doivent, au contraire, les rédiger sur papier timbré, les inscrire sur leurs répertoires et les faire enregistrer, sous peine d'un droit en sus, dans les vingt jours de leur date, au droit fixe de 1 fr. 50 cent. toutes les fois qu'ils ont été délivrés à des particuliers (*Idem*).

Droit de greffe. — Dans tous les cas, ces certificats ne donnent pas ouverture au droit de greffe, ce droit n'ayant été établi par les lois 21 ventôse et 22 prairial an 7 que pour les actes de greffe prévus par les Codes et par les lois sur procédure (*Idem*).

Militaire. — Les certificats ou extraits du casier judiciaire délivrés pour servir à un engagement volontaire dans l'armée ont été reconnus exempts du timbre. D'une part, les extraits dont il s'agit sont assimilables à ceux qui sont fournis aux administrations publiques et qui sont exempts des droits de timbre et d'enregistrement d'après une décision ministérielle des 27 novembre et 6 décembre 1852. D'autre part, on peut admettre que les extraits dont il s'agit sont délivrés moins en vue de l'intérêt particulier de l'engagé que dans l'intérêt général, et qu'ils tombent sous l'application de la disposition générale de la loi du 13 brumaire an 7, qui affranchit du timbre les engagements, enrôlements, certificats et autres pièces ou écritures concernant les gens de guerre. Ils doivent jouir de la même immunité que les expéditions d'actes de l'état civil et les certificats à produire pour les engagements volontaires, dont la délivrance sur papier timbré a été autorisée par une décision ministérielle du 6 août 1828, rapportée dans l'I. G. n° 852 (D. m. f. 14 nov. 1873, 3760 R. P.; — *Conf.* : Sol. 6 janv. 1857, 16 déc. 1863, D. m. f. 7 juill. 1864, 2342 § 1er I. G., 2428-4 R. P.; D. m. f. 14 nov. 1873, 2479 I. G.).

Mais ceux qui étaient produits pour effectuer un remplacement étaient assujettis au timbre, à l'enregistrement et à l'inscription au répertoire (D. m. f. 7 juill. 1864, 2341 § 2 I. G., 2428-4 R. P.). — *V.* 3587.

4. COPIE COLLATIONNÉE. — Le greffier peut, sans contravention, délivrer sur une feuille à 60 centimes un certificat pour constater qu'une copie collationnée, pour purger une hypothèque légale, a été déposée au greffe (15001-2 J. E.)

5. LECTURE DE JUGEMENT. — Les certificats constatant la lecture des jugements de séparation peuvent être mis à la suite de l'expédition du jugement. Ils sont passibles du droit d'enregistrement et du droit de greffe de rédaction (Sol. 8 fév. 1831, 9904 J. E., 11191 J. E.).

6. OPPOSITION OU APPEL. — Il en est de même des certificats délivrés par ces officiers ministériels pour attester qu'il n'existe point d'opposition ou d'appel à un jugement qui prononce une mainlevée, une radiation, ou un payement quelconque (436 § 15, 17 et 44 I. G.).

Ceux que donnent les avoués dans le même cas n'étant considérés que des écrits sous seing privé ne sont assujettis à la formalité que quand on veut en faire usage (436-44 I. G., 2386, 3081 J. E.).

7. PURGE LÉGALE. — Il a été reconnu que le dépôt au greffe de la copie collationnée nécessaire à la purge se divise

en autant de parties qu'il y a d'acquéreurs non coïntéressés et donne lieu, dès lors, à un nombre égal de droits fixes (Cass. 30 mars 1852, 1929-3 I. G., 15422 J. E., S. 52-1-365).

On a enseigné que la même doctrine est applicable au certificat du greffier attestant le dépôt de cette copie (11858, 12163-8, 12554-2, 12955-8 J. E., J. du not. 13 juin 1868, 2256). Mais l'opinion contraire nous paraît préférable. Le greffier se borne à attester l'accomplissement d'un fait unique : le dépôt; de même qu'en matière d'insertion dans le journal, l'imprimeur certifie uniquement l'existence matérielle de cette insertion. Or, c'est pousser trop loin la décomposition des formalités en autant de parties qu'il y a d'intéressés, que de prétendre que la constatation d'un pareil fait motive la pluralité. Nous croyons que le certificat renferme une seule disposition sujette à un droit unique (Sol. 5 mars 1866, 2429 R. P., 18957 J. N., 18337 J. E., 13285 C.).

On l'a ainsi pensé, du reste, au sujet du certificat du greffier constatant l'affiche de la publication de l'*acte* déposé, attendu que ce certificat énonce un fait indivisible (14201-4 J. E. ; — *Contrà :* 16682 J. E.).

Signification. — La signification du certificat de dépôt au procureur de la République (art. 2194 C. C.), étant dans l'intérêt de la femme ou du pupille, ne doit pas un droit particulier distinct de celui auquel donne lieu la signification du même certificat à la femme ou au subrogé tuteur, car le procureur de la République est ici le coïntéressé de la femme ou du mineur (400-5 I. G., 3312 J. E.).

8. REMBOURSEMENT DE CAUTIONNEMENT. — Les certificats du greffier produits pour le remboursement des cautionnements en numéraire sont assujettis au droit fixe d'enregistrement de 1 franc (1 fr. 50) (Décr. 18 sept. 1806, art. 2, 2313 J. E.), et sujets au droit de greffe de rédaction.

Les greffiers ne peuvent exiger aucun droit de recherche ; mais outre leur remise légale du dixième sur le droit de rédaction, il leur est alloué 25 centimes pour la légalisation de ces certificats (D. m. j. 1er avr. 1836 et D. m. f. 8 avr. 1836, 1528-23 I. G.).

9. RETRAITE. — Le certificat délivré par le greffier, sur la demande du ministère public, pour établir la durée d'exercice d'un magistrat admis à faire valoir ses droits à la retraite, est un acte d'administration intérieure. Le ministère public est chargé, par l'autorité supérieure, de donner son avis sur les droits que peut avoir le magistrat à une pension de retraite, et le certificat qui lui est délivré pour le mettre à même de s'acquitter de sa charge, ne doit être assujetti ni au timbre ni à l'enregistrement (18177 J. E.).

10. SAISIE IMMOBILIÈRE. — PRODUCTION. — Sont passibles de la double formalité du timbre et de l'enregistrement les certificats des greffiers portant : 1° que l'adjudicataire sur saisie immobilière n'a point justifié de l'exécution des conditions de l'enchère ; — 2° qu'un avoué n'a point rétabli les productions par lui prises en communication (2671, 3081 J. E., 436 §§ 15 et 55 I. G.).

11. DÉLAI. — Tous ces certificats doivent être enregistrés dans les vingt jours de leur date ; mais lorsque quelques-uns sont délivrés par les avoués, ils ne sont assujettis à cette formalité, comme actes sous seing privé, que lorsqu'on veut en faire usage (436 §§ 15, 17, 44 et 55 I. G., 2376, 3081 J. E.).

12. RÉPERTOIRE. — Les greffiers sont tenus d'inscrire sur leur répertoire les certificats en brevet qu'ils délivrent aux parties (Cass. 14 nov. 1837, 1562-26 I. G., 11913 J. E., arrêt rapporté n° 507 ; — Seine 1er fév. 1838, 11988-2 J. E.).

3567. Imprimeur. — Les certificats d'imprimeurs constatant des insertions dans un journal ne sont pas des actes judiciaires proprement dits, bien que les insertions soient ordonnées par justice ; ils constituent en eux-mêmes des actes sous seing privé ordinaires non assujettis à l'enregistrement dans un délai déterminé. — *V.* 1243. — Cependant l'Administration a fait une distinction à cet égard pour l'application du tarif : « Ces certificats, porte l'I. G. 1903, sont passibles du droit de 1 franc ou de 2 francs suivant le caractère, soit civil ou administratif, soit judiciaire ou extrajudiciaire des actes à la perfection desquels ils concourent et dont ils ne sont que l'accessoire » (14902 J. E.).

Avant la loi du 19 février 1874 qui a étendu aux actes extrajudiciaires la surtaxe établie par la loi du 28 février 1872 sur les actes judiciaires, on a émis que les certificats d'imprimeur, tout au moins dans les cas où ils ont pour objet de remplacer les significations à faire à des tiers, comme en matière de purge (art. 2194. C. C.), doivent être assimilés à des actes extrajudiciaires et échappent à la surtaxe établie par l'art. 4 de la loi du 28 février 1872 (J. des avoués n° 4003). Cette opinion paraît fondée. Bien que les certificats d'imprimeur soient des actes sous seing privé, ils n'en sont pas moins assujettis au même tarif que les actes à la perfection desquels ils concourent. Si donc le certificat est l'accessoire ou le complément d'un acte extrajudiciaire proprement dit, il peut comme lui profiter de la dispense de surtaxe accordée par l'art. 4 L. 28 février 1872. Cette distinction est devenue sans intérêt aujourd'hui.

1. VENTE JUDICIAIRE. — Aucun doute ne peut exister sur l'exigibilité du droit de 1 fr. 50 cent. pour les certificats d'imprimeurs concernant l'insertion d'une vente qui doit avoir lieu à la barre du tribunal (Sol. 6 juill. 1874, 19498 J. E.).

2. VENTE VOLONTAIRE. — Il n'y a pas plus de difficulté quand le certificat se rapporte à une adjudication à faire à l'amiable devant un notaire : c'est le droit de 3 francs qui est seul dû (*V.* 15650-1 J. E.).

3. NOTAIRE COMMIS. — Mais on a vivement controversé la question de savoir lequel des deux tarifs est applicable au certificat d'insertion d'une vente à faire devant un notaire commis à cet effet par le tribunal. L'Administration a fréquemment soutenu que la délégation judiciaire n'enlève pas à l'acte de vente son caractère d'acte notarié soumis aux règles de la loi du 25 ventôse an 11, que, par conséquent, le certificat étant l'accessoire d'un contrat civil, participe de la même nature et donne lieu au droit de 3 francs. Mais cette doctrine n'a pas triomphé en jurisprudence : « Considérant, en droit, porte en substance un jugement du Mans du 21 mars 1862, que l'insertion, dans un journal, d'une vente judiciaire renvoyée devant un notaire, a pour but principal de faire

connaître une décision de la justice et la mise à prix fixée par le tribunal; que si l'art. 683 C. proc. exige la signature de l'imprimeur au bas du numéro du journal, cette formalité ne saurait transformer cet acte et le rendre propre à l'imprimeur; que cette insertion ne peut se comprendre que comme acte complémentaire; que le tribunal qui a ordonné la vente devant notaire ne s'est pas dessaisi de l'affaire; qu'il peut être appelé à fixer une nouvelle mise à prix; que l'avoué chargé de la poursuite a seul pouvoir de faire faire les insertions; qu'il n'y a donc pas lieu de distinguer entre les insertions de ventes à la barre du tribunal ou envoyées devant notaire, et que toutes deux doivent être enregistrées au droit fixe de 1 franc (1 fr. 50) (1598 R. P., 12428 C., 17867 J. N.). — La difficulté n'a pas été reproduite depuis devant les tribunaux et par Sol. du 6 juillet 1874, l'administration a accepté la doctrine de ce jugement (19498 J. E.).

4. VENTE MOBILIÈRE APRÈS SAISIE. — Lorsqu'il s'agit de l'insertion d'une vente mobilière à faire après une saisie, le certificat de l'imprimeur est l'accessoire de l'acte d'huissier : comme acte extrajudiciaire, il est donc passible du droit de 1 fr. 50 cent. (16454-1 J. E.) y compris la surtaxe.

5. PURGE. — DÉPÔT. — On avait pensé qu'il en est de même du certificat contenant, au cas de purge légale, l'extrait exigé par l'A. Cons. d'Ét. des 9 mai et 1er juin 1807. Comme d'après cet avis l'insertion dans un journal a pour objet de remplacer, en ce qui concerne les hypothèques légales non inscrites, la *signification* que l'art. 2194 C. C. prescrit de faire à la femme et au subrogé-tuteur, de l'acte de dépôt au greffe du titre translatif de propriété, on a pu penser qu'elle a le même caractère que la signification dont elle tient lieu, et que, par conséquent, elle constitue, de même que celle-ci, un acte extrajudiciaire exempté de l'augmentation de droit d'enregistrement édictée par l'art. 4 de la loi du 28 février 1872 (J. des av. n° 4003). — Cette discussion n'a plus d'intérêt actuellement puisque la surtaxe a été étendue aux actes extrajudiciaires par l'art. 2 L. 19 février 1874.

6. FAILLITE. — Les certificats d'imprimeur relatifs aux publications en matière de faillite sont, en qualité d'actes judiciaires, sujets au droit fixe de 1 fr. 50 cent. (I. G. 1903).

7. EXPROPRIATION. — D'après une Dél. 20 octobre 1835 approuvé par le ministre des finances, le 6 novembre suivant, l'exemplaire du journal contenant, afin de purge légale, les publications prescrites par l'A. Cons. d'Ét. du 1er juin 1807 et qui est certifié par l'imprimeur est assujetti à l'enregistrement. Mais cette formalité doit avoir lieu gratis, conformément aux dispositions générales de l'art. 58 L. 3 mai 1841.

8. SOCIÉTÉ. — Le certificat de l'imprimeur constatant l'insertion au journal de l'extrait d'une formation ou dissolution de société, concourant à la perfection d'un acte civil participe du caractère de cet acte et donne dès lors ouverture au droit de 3 francs. — Il doit être de plus enregistré dans les trois mois de sa date, en exécution de la loi du 31 mars 1833 (4065 Roll.). Mais ce délai n'est pas une prescription fiscale, aussi aucune peine n'est encourue pour défaut d'enregistrement dans les trois mois.

8. PLURALITÉ. — On a soutenu ici encore que le certificat d'imprimeur constatant l'insertion de l'extrait d'une adjudication faite au profit de divers acquéreurs est passible d'autant de droits qu'il y a d'adjudicataires non cointéressés, et ce, par application de l'arrêt du 30 mars 1852 (1929-3 I. G., 15422 J. E., S. 52-1-365) sur le dépôt au greffe d'une copie collationnée du procès-verbal de vente (16482-1 J. E.). — *V.* 3566-7. — Nous n'acceptons pas cette interprétation de l'art. 11 L. 22 frimaire an 9, qui conduit à des résultats excessifs. Le but du certificat de l'imprimeur est d'attester l'existence d'un fait unique, en dehors des personnes auquelles il profite et des intérêts engagés à la régularité de l'insertion. Ce certificat, considéré en lui-même, renferme donc une seule disposition (*V.* 3566-7) et il n'est passible que d'un seul droit; nous pouvons citer comme l'ayant ainsi reconnu deux Sol. des 5 juin 1860 et 28 août 1862.

V. pour l'usage de ces certificats dans un autre acte nos 1111 et 1243 ; — et au sujet du droit de timbre n° 1914.

3568. Indigence. — Les certificats d'indigence sont dispensés du timbre par l'art. 16 L. 13 brumaire an 7 (90-978 I. G.)

3569. Individualité. — Les certificats d'individualité ont été tarifés au droit fixe de 1 franc par chaque personne (L. 22 frim. an 7 art. 68 § 1er n° 17).

Actuellement, ces certificats délivrés par acte civil sont sujets au droit de 3 francs (L. 18 mai 1850 art. 8, L. 28 fév. 1872 art 4). Délivrés par actes judiciaires, ils sont assujettis au droit de 1 fr. 50 cent. (L. 28 févr. 1872 art. 4).

Lorsqu'il en est tenu minute, ils ne peuvent être expédiés que sur papier expédition (Circ. 1496).

1. RÉSIDENCE. — Les certificats de résidence sont tarifés au droit de 1 fr. 50 cent. sans distinction (L. 18 mai 1850 art. 8 et L. 28 fév. 1872 art. 4).

3570. Inscriptions hypothécaires. — Les certificats d'inscription ou de non-inscription aux hypothèques sont sujets au timbre et dispensés de l'enregistrement (D. m. f. 21 mars 1809, 433 § 5 I. G., 3130 J. E.).

1. EXPROPRIATION. — Les certificats collectifs d'inscription ou de non-inscription, délivrés aux propriétaires, dépossédés pour cause d'utilité publique, sont sujets au timbre (1189 § 12 I. G.).

2. RADIATION. — Le certificat du conservateur des hypothèques constatant la radiation d'une souscription est assujetti au timbre.

Il n'est pas dû un nouveau droit de timbre pour la mention de radiation faite en marge de l'inscription, puisque le timbre du registre a été payé au moment où l'inscription a été faite. La mention de radiation n'est qu'un acte qui doit être mis à la suite, ou plutôt en marge de l'inscription, et cela sans contravention à la loi du timbre (Circ. 1839).

3571. Instituteur. — Le certificat délivré par le comité local de surveillance d'une école primaire, afin de constater que l'instituteur est resté en fonctions pendant le temps auquel s'applique le mandat de payement de son traitement, est exempt du timbre (D. m. f. 26 sept. 1837, 11904-1 J. E.).

3572. Légion d'honneur. — Les certificats de service produits par les membres de la Légion d'honneur sont dispensés du timbre et de l'enregistrement lorsqu'ils concernent des militaires ; mais ils sont sujets à ces formalités quand ils sont délivrés à toutes autres personnes. Quant aux certificats relatifs à la naissance, ils ne peuvent être délivrés que sur papier timbré (D. m. f. et j. 16 oct. 1816, 5754 J. E. et 11 août 1817, 5918 J. E.).

3573. Librairie. — Dépôt. — Les certificats de dépôt à la Bibliothèque nationale des livres et des gravures, font titre au dépositaire pour la poursuite des contrefacteurs, et sont, par ce motif, assujettis au timbre (4761 J. E.).

3574. Maires. — 1. CRÉANCIERS DE L'ÉTAT. — Les certificats relatifs à des sommes dues à des héritiers de créanciers de l'État, peuvent être délivrés par les maires, quand le montant des créances n'excède pas 50 francs. Ces certificats sont assujettis au timbre quel que soit le chiffre de la créance à laquelle il se rapporte (D. m. f. 24 juin 1867, 2555 et 2783 R. P., 2361 § 4 I. G.).

2. ACTES DE L'ÉTAT CIVIL. — Les déclarations délivrées sous forme de certificats, constatant les naissances, mariages ou décès sont de véritables extraits des actes de l'état civil sujets au timbre d'expédition. Mais demeurent exempts de tout droit les certificats que les officiers de l'état civil délivrent aux parties pour justifier aux ministres des cultes l'accomplissement préalable des formalités du mariage (2329 § 2 I G.).

3. LEGS. — Les certificats des maires constatant la fortune d'un testateur qui a fait un legs à un établissement public sont sujets au timbre (Sol. 7 août 1877).

3575. Maladie. — Les certificats de maladie fournis par les employés, étant destinés à être produits pour justification, doivent être écrits sur papier timbré (5036 J. E, Dél. 25 nov. 1837, 11921 J. E.). — *V.* 3583.

Les honoraires sont dus par l'employé (Clermont 31 janv. 1873, 4249 R. P.).

3576. Mariage. — Le certificat constatant la publication civile d'un mariage est soumis au timbre (371-2 I. G., 10537-5 J. E.). Il en est de même du certificat établissant la célébration civile de ce mariage à moins qu'il ne s'agisse d'un indigent. — V. *Acte de l'état civil.*

Sont affranchis du timbre les certificats des curés ou desservants relatifs à la publication ou à la célébration religieuse des mariages parce que ces pièces renferment de simples renseignements sans influence sur les intérêts civils des parties. — *V.* 3559.

Les certificats d'affiches de promesse de mariage peuvent être délivrés sur papier de toute dimension, à moins qu'ils ne puissent être considérés comme expédition de l'affiche.

Le certificat que le notaire doit délivrer aux parties, après la rédaction du contrat de mariage, conformément à la loi du 10 juillet 1850, est exempt de timbre. — V. *Acte de l'état civil.*

3577. Marine. — Les certificats délivrés par les commissaires de marine, pour constater le décès des marins, sont exempts de timbre, par application de l'art. 16 L. 13 brumaire an 7, concernant les gens de guerre, quel que soit d'ailleurs l'usage qui puisse être fait de ce certificat (D. m. f. 29 juin 1840, 12618 J. E.).

Cette exemption s'applique aux mêmes certificats expédiés dans les bureaux du ministère de la marine (D. m. f. 9 juill. 1819, 6448 J. E.).

1. PÊCHE DU HARENG. — L'acte de cautionnement à passer au greffe par tout armateur pour la pêche du hareng, et le certificat du greffier, sont exempts de timbre et d'enregistrement. — *V.* 435.

2. VISITE DE BOIS. — Les certificats de visite de bois pour la marine étaient sujets au timbre. — *V.* 3173.

3. MARINE MARCHANDE. — Le certificat de bonne conduite délivré par le capitaine d'un navire marchand à un homme de son équipage est sujet au timbre (D. m. f. 18 août 1877).

3578. Médecin. — Les certificats de médecin produits par les particuliers à titre de justification, demande ou défense, sont assujettis au timbre, en vertu de la règle générale de l'art. 12 L. 13 brumaire an 7 (D. m. f. 10 mars 1874).

Ainsi le certificat délivré par le médecin d'une maison d'aliénés au sujet de l'état d'un malade est exempt du timbre s'il a un caractère purement administratif et ne doit servir que dans l'intérieur de l'asile. Il est au contraire sujet au timbre dès qu'il est délivré à des particuliers ou qu'il est employé dans un intérêt privé (Sol. 17 nov. 1864). Le certificat constatant la mort d'un assuré est aussi sujet au timbre (Cosne 15 juin et Angoulême 12 juill. 1875, 4151 R. P.). Mais en est exempt le certificat de vaccine délivré à un enfant indigent qui veut entrer dans un atelier (D. m. f. 31 janv. 1877, 4634 R. P.).

1. POLICE. — Mais les certificats délivrés par les médecins, même à des particuliers, sur la réquisition des agents de l'autorité judiciaire ou de la force armée, sont exempts du timbre comme rentrant dans la catégorie des actes de police générale et de vindicte publique (D. m. f. 10 mars 1874, 19418 J. E.).

2. SECOURS MUTUELS. — Les certificats constatant la maladie de membres de sociétés de secours mutuels sont exempts de timbre et d'enregistrement (D. m. f. 29 janv. 1874, 4988 R. P.).

3578 *bis*. Notaire. — Le certificat d'un notaire énonçant les dispositions d'un acte passé devant lui, est un extrait de l'acte et doit être délivré sur papier d'expédition (D. N. t. 2 p. 772 nº 4, 3948 J. E.).

Le certificat de capacité et de moralité à produire par l'aspirant au notariat, pour obtenir sa nomination doit être sur papier timbré.

Le candidat doit également se faire délivrer par le maire un certificat de jouissance des droits civils et civiques (L. 25 vent. an 11 art. 35). Ce certificat doit être également rédigé sur papier timbré. — *V.* 3592.

3579. Nourrices. — Les certificats constatant la date de la naissance et le nom des père et mère de l'enfant remis à la nourrice, délivrés par le directeur du bureau général, sont assimilés à des actes de police générale, exempts de timbre et d'enregistrement (Dél. 17 juill. 1822, 7261 J. E.). — V. 695.

Il en est de même des certificats attestant que les nourrices sont de bonnes mœurs et ont une bonne santé (D. m. f. 25 fév. 1841, 12697-2 J. E.).

3580. Origine de marchandises. — Les certificats d'origine de marchandises, délivrés en exécution de la loi du 7 juin 1820 et l'ordonnance du 31 octobre 1821 sur les douanes, sont, comme les passavants, dispensés du timbre (D. m. f. 17 juill. 1822, 1051 § 3 I. G. ; — *Contrà:* 7166, 7234 J. E.).

3580 *bis*. Ouvrier. — Les certificats délivrés aux ouvriers par leurs patrons et qui sont écrits sur des feuilles séparées du livret exempté du timbre par la loi du 22 juin 1854, rentrent sous l'application de l'art. 12 L. 13 brumaire an 7 et sont soumis au timbre (Sol. 19 avr. 1861).

3581. Patente. — On doit rédiger sur timbre le certificat délivré par le directeur ou le contrôleur des contributions directes, pour remplacer la formule de patente adirée par le débiteur : mais ce certificat peut être rédigé sur papier minute (1722 I. G.).

3582. Payeurs. — Les certificats de payement ou de sommes restant à payer, délivrés par les payeurs généraux au profit des parties prenantes, sont assujettis au timbre (D. m. f. 26 germ. an 7, Circ. 1566).

3583. Pension. — Les certificats que les employés des divers services devaient fournir, pour constater la durée et la cessation de leur service, à l'appui des demandes en liquidation de retraite (1176 I. G.), étaient sujets au timbre. — Aujourd'hui, ces certificats spéciaux par nature de services ne sont plus exigés ; ils sont remplacés par l'extrait du registre du personnel délivré sur papier non timbré par le directeur (2000 I. G.).

Il y a lieu de rédiger sur timbre : 1° le certificat du directeur de la dette inscrite constatant que les employés ont une pension sur les fonds du Trésor ; — 2° celui du maire portant qu'un employé, né en pays étranger, est devenu Français ; — 3° le certificat destiné à constater les blessures ou les infirmités de l'employé ; — 4° le certificat de résidence délivré par le maire à la veuve pour constater qu'elle n'est pas séparée de corps ; — 5° enfin celui de domicile en France produit par les orphelins d'un employé (881, 1191 § 1er I. G.).

Le certificat du médecin officiel assermenté est rédigé sur papier non timbré ; celui du médecin de l'employé est sujet au timbre (2000 I. G.).

1. MILITAIRES. — Les certificats d'inscription au Trésor, de la pension d'un militaire, produits par les héritiers afin d'obtenir une pension viagère ou un secours, sont exempts du timbre et de l'enregistrement (1073 I. G.). — Il en est de même des certificats de non séparation des veuves de militaires qui sollicitent un secours quand la destination de ces pièces y est mentionnée (D. m. f. 27 oct. 1807, 2737 J. E.).

3584. Pesage, mesurage et jaugeage publics. — Les certificats délivrés par les préposés de ces bureaux, contenant *quittance des droits payés*, sont exempts de l'enregistrement, aux termes de l'art. 70 § 3 n° 5 L. 22 frimaire an 7, et ne sont sujets au timbre que quand les droits excèdent 10 francs (5348 J. E.).

3585. Prime. — Les certificats relatifs aux primes accordées pour la pêche de la morue, de la baleine et du cachalot, sont sujets au timbre (Ord. 21 oct. 1818 et 14 fév. 1819, 866 I. G., 6355 J. E., Ord. 28 avr. 1833, 10622 J. E.).

On l'a aussi décidé au sujet des certificats délivrés pour faire obtenir la prime accordée à la destruction des loups (Sol. 17 avr. 1840).

3586. Quitus. — Les certificats administratifs délivrés aux comptables pour le remboursement de leur cautionnement devaient être écrits sur le papier timbré, d'après deux D. m. f. 16 mars 1815 et 24 novembre 1820 (5438, 6843 J. E.). Ils en sont dispensés maintenant par l'Ord. 22 mai 1825 (1171 I. G.). — Ils sont aussi affranchis de l'enregistrement (1171 I. G.).

3587. Service militaire. — 1. ENROLEMENTS. — Les certificats produits pour les enrôlements volontaires sont dispensés du timbre et de l'enregistrement quand ils portent la mention de leur destination (L. 13 brum. an 7 art. 16, L. 22 frim. an 7 art. 70 § 3 n° 13, D. m. f. 6 août 1818, 851 I. G., 10584 J. E., D. m. f. 7 juill. 1864, 2341 § 1er I. G., 2428 § 4 R. P., D. m. f. 14 nov. 1873, 3760 R. P.). — V. 7678.

2. CERTIFICATS D'EXONÉRATION. — Lorsqu'un jeune homme compris dans le contingent de l'armée a obtenu pour une cause quelconque son exonération, le certificat qui lui est remis pour établir ce fait est dispensé du timbre. « En effet, porte une D. m. f. 10 mai 1859 (2155 § 3 I. G., 1208 R. P.), les jeunes gens compris dans le contingent faisaient partie de l'armée quand leur exonération a été prononcée. Le certificat du préfet constatant qu'ils ont été exonérés du service concerne donc des gens de guerre et doit jouir de l'exemption de timbre, comme le certificat remis par le conseil d'administration aux militaires pour constater leur exonération. » Cette doctrine a été plusieurs fois appliquée (Sol. 23 nov. 1859, 3 sept. 1860, 31 juill. 1862 et 19 mars 1867).

3. CERTIFICATS DE LIBÉRATION. — Mais la même faveur ne profite pas aux certificats attestant que le jeune homme n'a pas été compris dans le contingent annuel et qu'il se trouve ainsi affranchi du service militaire. Les jeunes gens non compris dans le contingent n'ont à aucune époque fait partie de l'armée, et on ne peut pas leur appliquer la gratuité établie pour les militaires.

Ces pièces sont assujetties au timbre et doivent être écrites sur papier de débite ou frappés du timbre extraordinaire (D. m. f. 4 déc. 1847, 14929-10 J. E., 12293-1 J. E., D. m. f. 28 avr. 1835, 11204-2 J. E., Sol. 2 avr. 1856, 18 sept. 1861, 14 nov. 1863, 19 mars 1867). Il y a cependant une exception pour les certificats de l'espèce délivrés aux personnes qui se rendent en Algérie pour y fonder des colonies agricoles, à condition que sur chacun de ces certificats, l'autorité qui les délivre mentionnera sa destination (D. m. f. 13 déc. 1848, 14661-3). — V. *Algérie*.

4. CERTIFICAT DE PRÉSENCE. — L'art. 70 § 3 L. 22 frimaire an 7 qui prononce, sans restriction, l'exemption du timbre des certificats délivrés par le ministre de la guerre s'applique aux certificats de présence au corps (8608 J. E.).

5. CERTIFICATS DE REMPLACEMENT. — Les certificats du casier judiciaire sont sujets au timbre, à l'enregistrement et à l'inscription au répertoire, lorsqu'ils sont délivrés à des personnes qui se présentent pour *remplacer* par voie administrative (D. m. f. 7 juill. 1864, 2341 § 2 I. G., 2428 § 4 R. P.).

La même règle s'applique à tous les autres certificats, et, quand le remplacement était autorisé, les pièces à produire pour le remplacement devaient être écrites sur papier timbré (D. m. f. 7 janv. 1835, 1489 I. G., 23 sept. 1835, 1504-12 I. G., 21 juill. 1836, 1517 I. G.).

3588. Rentes sur l'État. — Les certificats produits pour la liquidation de la dette publique et notamment les certificats de résidence ont été affranchis du timbre et de l'enregistrement par la loi du 26 frimaire an 8 art. 2; et l'exemption a été étendue aux certificats délivrés aux créanciers de l'État pour obtenir soit leur inscription provisoire soit des bons de remboursement (D. m. f. 18 germ. et 18 flor. an 9). Mais pour jouir de l'exception les certificats doivent mentionner leur destination (783, 980 J. E.).

Le certificat que le Trésor délivre aux notaires pour déterminer l'origine de la rente est exempt du timbre et de l'enregistrement comme acte servant aux opérations de liquidation de la dette publique.

1. PAYEMENT DU DROIT DE SUCCESSION. — Il en est de même du certificat de payement du droit de mutation par décès délivré par le receveur de l'Enregistrement et produit à l'appui du transfert en vertu de la loi du 28 juillet 1853 art. 25 (1933 et 1955 I. G.). Ce certificat, même par duplicata, ne donne lieu à aucune rétribution (Sol. 2 avr. 1876, 3914 R. P.).

2. SAINT-DOMINGUE. — Les certificats de tout genre qui sont produits par les colons de Saint-Domingue ou leurs créanciers soit devant la commission, soit devant les tribunaux, pour justifier de leurs qualités et de leurs droits, sont dispensés du timbre et de l'enregistrement (L. 30 avr. 1826 art. 10, 1190 I. G.).

3589. Receveur d'enregistrement. — Authenticité. — Le certificat délivré par le receveur de l'Enregistrement pour attester, dans un procès criminel, le fait du versement de l'amende par le condamné, est un acte authentique qui ne comporte pas la preuve contraire (Cass. 17 fév. 1859, D. P. 62-1-104).

1. DROIT DE TRANSMISSION. — Le certificat constatant le payement des droits de transmission établis par la loi du 23 juin 1857 sur les titres des sociétés, et imputable sur d'autres perceptions à faire, peut être écrit sur papier non timbré (D. m. f. 4 nov. 1857, 16270 J. N., 947 948, 949 R. P., 2111-3 I. G.).

2. RENTES SUR L'ÉTAT. — Il en est de même des certificats délivrés aux parties pour constater le payement des droits de succession applicables à des rentes sur l'État. — V. 3588.

3590. Saisie-arrêt. — Les certificats délivrés par les fonctionnaires publics pour remplacer la déclaration du tiers saisi sont sujets au timbre et au droit d'enregistrement de 2 francs (3 fr.) (339 I. G., 3733 J. E., D. m. f. 6 août 1823, 1097 I. G., Dél. 1er mai 1827, 8769 J. E.).

3591. Séparation de corps et de biens. — Les certificats des maires attestant l'apposition, dans la salle de la mairie, des extraits de jugement portant séparation de corps et de biens sont exempts d'enregistrement, aux termes de l'art. 80 L. 15 mai 1818.

3592. Stage. — Les certificats de stage délivrés aux avocats par les conseils de discipline ou par les procureurs de la République sont sujets au timbre. Ils servent à justifier du droit de plaider ou d'écrire dans une cause (3901 J. E.). — Le certificat d'études délivré conformément à l'art. 31 de l'ordonnance du 4 janvier 1863 pour constater qu'un aspirant travaille dans une étude de notaire en qualité de clerc, à l'effet d'obtenir son inscription au registre de stage, est un acte d'administration intérieure exempt du timbre (D. N. t. 12 p. 73 n° 153).

3593. Témoins. — Sont exempts d'enregistrement les exoines et certificats attestant l'empêchement où ont été des témoins ou jurés à comparaître. — V. 858.

3594. Transport des grains. — Les certificats délivrés par les maires, relativement aux transports des grains dans les deux myriamètres des frontières, sont exempts du timbre (Arrêté du Gouv. 30 frim. an 12, 193 I. G.). — La même exemption s'applique aux déclarations d'expédition de grains, relatives aux envois que les agents des subsistances militaires se font respectivement pour les besoins du service (D. m. f. 22 mai 1818, 6072 J. E.).

3595. Travail des enfants. — Les certificats pour constater l'âge des enfants employés dans les manufactures et usines, relativement aux heures de travail, sont exempts du timbre (L. 22 mars 1841 art. 2, 12711-5 J. E.).

3596. Travaux. — Les certificats que les ingénieurs en chef des ponts et chaussées délivrent aux entrepreneurs de travaux publics, pour constater l'achèvement des ouvrages, sont dispensés du timbre (D. m. f. 18 juill. 1829, 9345 J. E., contraire à celle du 25 sept. 1810, 4000 J. E.).

On considère également comme un acte administratif dispensé du timbre, le certificat ou procès-verbal de réception de travaux émanés d'un agent ou fonctionnaire administratif (D. m. f. 1er déc. 1856, 2089 I. G., 793 R. P., Sol. 3 déc. 1863, 1919-3 R. P.).

1. ARCHITECTES. — Mais les mêmes pièces rédigées par les architectes ou autres gens de l'art sont assujetties au timbre, parce qu'elles constituent des actes sous seing privé ordinaires (13035-4 J. E.). — *V. Acte passé en conséquence d'un autre.*

2. AGENTS VOYERS. — Il en est ainsi des certificats des agents voyers attestant la situation ou l'achèvement des travaux exécutés sur les chemins vicinaux (13035-5 J. E.). — V. 3818, 3835.

CERTIFICAT DE PROPRIÉTÉ.

3597. Définition. — On appelle certificat de propriété l'acte par lequel un officier public atteste le droit de propriété ou de jouissance d'une ou plusieurs personnes sur le capital et les arrérages d'une rente inscrite au grand-livre de la dette publique; sur un cautionnement versé au Trésor; sur les décomptes des arrérages des rentes et pensions viagères sur l'État, éteintes par le décès des titulaires, etc.

3598. Notaire. — Lorsqu'il y a eu inventaire ou partage public, ou transmission gratuite à titre entre-vifs ou testamentaire, le certificat de propriété est délivré par le notaire détenteur de la minute ou de l'original de l'acte (L. 28 flor. an 7 art. 6, Déc. 18 sept. 1806 art. 1er).

3599. Juge de paix. — Lorsqu'il n'existe aucun acte authentique établissant les droits du nouveau propriétaire, le certificat de propriété est délivré par le juge de paix du domicile du décédé, sur l'attestation de deux citoyens (L. 24 flor. an 7 art. 6, Déc. 18 sept. 1806 art. 1er).

3600. Greffier. — Si la mutation s'est opérée par jugement, le greffier dépositaire de la minute doit délivrer le certificat (L. 28 flor. an 7).

1. DROIT DE GREFFE. — Une circulaire du directeur général du 11 décembre 1806 déclarait que les certificats de propriété ne donnaient pas lieu au droit de greffe de rédaction, ces certificats n'étant pas dénommés par l'art. 5 L. 21 ventôse an 7. Il n'en est plus de même aujourd'hui. Le décret du 12 juillet 1808, art. 1er a assujetti sur la minute, aux droits de greffe de rédaction et de transcription, *les actes* rédigés par les greffiers, et une Sol. 8 octobre 1830 porte que les *certificats* et actes de toute espèce rédigés par les greffiers sont, sans distinction, sujets au droit de rédaction (1354 § 13 I. G.).

3601. Forme des certificats notariés. — Les certificats de propriété ne sont pas assujettis aux formalités prescrites par les actes notariés, notamment par l'art. 9 L. 25 ventôse an 11 (D. m. f. 1er août 1821, 3865 J. N.).— En effet, s'ils doivent être signés quelquefois par ceux qui les requièrent, les notaires seuls y parlent toujours, et ils n'agissent pas en leur qualité de notaire, mais comme liquidateurs ou vérificateurs de la dette publique (L. 26 frim. an 8 art. 2, 2172 J. N.).

3602. Timbre. — Les certificats de propriété sont, dans tous les cas, assujettis au timbre, même lorsqu'il n'y a pas lieu, à raison de l'usage qui en est fait, de les soumettre à l'enregistrement (L. 13 brum. an 7 art. 12, Déc. 18 sept. 1806, 4691 J. N., 14489 J. E., 1073 et 1679 I. G., D. N. t. 3 p. 18 n° 127).

1. PENSION. — SECOURS. — Des D. m. f. ont appliqué cette règle à tous les certificats de propriétés produits aux payeurs pour le payement de sommes dues par l'État à titre de pension, de rémunération ou de secours, quelles que soient la forme du certificat et la qualité de l'officier public qui l'a délivré (D. m. f. 13 nov. 1847 et 30 mars 1848, 1814-5 I. G.; — D. m. f. 14 fév. 1877, 4598 R. P.). — V. 3604-3.

2. BANQUE DE FRANCE. — Les certificats de propriété de la Banque de France sont sujets au timbre de 35 cent. (60 cent.) (D. m. f. 7 oct. 1814, 5032 J. E., D. N. t. 3 p. 19 n° 128).

3. OFFRANDES NATIONALES. — Le certificat délivré par le maire aux héritiers de la personne à laquelle avait été alloué un secours provenant d'offrandes nationales versées à la caisse des dépôts, est sujet au timbre (Sol. 19 juill. 1877, 27 février 1878). — V. 3637.

3603. Enregistrement. — L'art. 8 L. 18 mai 1850 a élevé à 2 francs le droit des certificats de propriété, considérés comme actes civils. Ce droit a été porté à 3 francs par l'art. 4 de la loi du 28 février 1872.

1. JUGE DE PAIX. — On avait émis l'avis qu'un certificat de propriété délivré par le juge de paix, sans le concours du greffier et sur l'affirmation de deux personnes, *n'était pas un acte judiciaire* de la nature de ceux prescrits par les lois sur la procédure, et, comme tel, qu'il était passible du droit fixe de 2 francs (3 fr.) (15254 J. E.). Mais le contraire a été décidé en ces termes par une Sol. 20 janvier 1854: « Les certificats délivrés par les juges de paix, en exécution de la loi du 28 floréal an 7, pour les transferts de la dette publique devant être expressément délivrés par ces magistrats ne peuvent être considérés comme ayant le caractère d'actes administratifs assujettis au droit de 2 francs (3 fr.) par l'art. 80 L. 18 mai 1850. Ils sont passibles du droit fixe de 1 franc (1 fr. 50 cent.) par application de l'art. 68 § 1er n° 17 L. 22 frimaire an 7 et de la D. m. f. des 27 août 18[illegible] rapportée dans l'I. G. 1094. » Tel est également l'avis du D. N. t. 3 p. 19 n° 134.

3604. Délai et répertoire. — 1. RENTES SUR L'ÉTAT. — Les certificats de propriété rédigés par les notaires dans la forme prescrite par la loi du 28 floréal an 7 ne sont pas assimilables aux actes notariés ordinaires. « Ce sont, dit M. Roy, des espèces d'extraits *in parte quâ* des actes dont l'officier public est dépositaire, et il faut les considérer comme des sous seings privés non assujettis à l'enregistrement dans un délai déterminé non plus qu'à l'inscription au répertoire » (*Manuel des contrav.* n° 53). — Il avait été décidé, en effet, conformément à cette opinion, que les officiers publics ne sont pas tenus de porter sur le répertoire, ni de soumettre à l'enregistrement, dans un délai déterminé, les certificats de propriété qu'ils délivrent pour constater les droits des héritiers, et pour parvenir notamment au payement des sommes dues par le Trésor à l'auteur d'une succession (D. m. f. 1er août 1821, 3865 J. N., 3325,5803,7810 J. E.). L'Administration ayant voulu depuis revenir sur cette décision, la C. cass. reconnut, le 9 mars 1859, que les certificats de propriété relatifs aux transferts de la dette publique ne sont soumis aux formalités ni de l'art. 39 L. 22 frimaire an 7, ni de l'art. 29 de celle du 25 ventôse an 11, parce qu'il s'agit moins d'un acte de l'officier public que d'un simple certificat émané du détenteur des titres : « Attendu, porte l'arrêt, que les actes et contrats notariés soumis à la formalité du répertoire ne sont, d'après les termes de la loi sur le notariat, que les actes passés devant deux notaires ou un notaire assisté de deux témoins, signés par les parties ou portant déclaration des motifs qui les ont empêchés de signer ; — Attendu qu'on ne saurait assimiler à ces actes un simple certificat de propriété délivré par un notaire, à la demande des parties, mais sans leur concours, pour attester, en vertu des titres dont il est détenteur, le droit de propriété ou de jouissance d'une ou de plusieurs personnes à une rente sur le grand-livre, à un décompte d'arrérages, à un cautionnement, ou à toute autre somme et valeur à délivrer par le Trésor public ; — Que le notaire certificateur procède, dans ce cas, moins comme notaire que comme simple détenteur des titres, et de la même manière que le juge de paix appelé à le suppléer, si ces titres ne sont pas entre ses mains. » (970 et 1170 R. P., 16917 J. E., 11271 et 11313 C., 16324 et 17304 J. N., S. 59-1-302).

2. CAISSE D'ÉPARGNE. — La décision précédente a étendu la même exemption aux certificats de propriété relatifs aux retraits des fonds versés dans les caisses d'épargne : « Attendu, porte l'arrêt, que ces pièces doivent être délivrées en vertu de l'art. 3 L. 7 mars 1858 dans la forme prescrite par la loi du 28 floréal an 7. »

3. PENSION. — RÉMUNÉRATION ET SECOURS. — Dès avant cette époque, l'Administration avait elle-même reconnu que les certificats ne sont pas sujets à l'enregistrement, par suite de leur production au payeur :

1° Lorsqu'il s'agit de toucher des *pensions et secours* par des veuves et orphelins *de militaires* (D. m. f. 15 janv. 1823, 1073 I. G., 435 J. N.) ;

2° Lorsqu'il s'agit d'arrérages de *pensions* dues par le Trésor et à toucher par les héritiers des pensionnaires (D. m. f. 13 nov. 1842, 11482 J. N., 1679 I. G.) ;

3° Et généralement lorsqu'il s'agit de certificats de toute nature relatifs à des sommes dues par l'État *à titre de pension, de rémunération ou de secours*, quelles que soient la forme du certificat et la qualité de l'officier public qui l'a délivré (D. m. f. 13 nov. 1847, 30 mars 1848, 14368-1, 14489 J. E., 13433 J. N., 1814 § 5 I. G., Inst. des fin. du 20 juin 1859 n° 702, D. N. t. 3 p. 19 n° 131).

On a d'ailleurs assimilé à une rémunération dans le sens de la loi, le traitement d'activité de la Légion d'honneur dû aux héritiers d'un militaire (Sol 12 sept. 1873).

4. VALEURS AUTRES QUE DES RENTES SUR L'ÉTAT OU DES PENSIONS. — Mais il nous semble que l'exemption ne saurait être étendue au delà des limites précédentes. Par conséquent lorsqu'il ne s'agira pas de pension, rémunération ou secours, ou que le certificat ne sera pas rédigé en exécution de la loi du 28 floréal an 7, l'attestation de l'officier public retombera sous l'empire du droit commun et devra être enregistrée et répertoriée (*V.* 1814 § 5 I. G., et rapprochez de 1094 § 1er I. G. 3865, 4335 J. N.).

5. CAUTIONNEMENT. — On a enseigné sur ce point que les certificats de propriété délivrés par un notaire et produits aux payeurs par les héritiers des titulaires des cautionnements pour obtenir le remboursement de ces cautionnements sont des actes notariés ordinaires sujets à l'inscription au répertoire (16899-3 J. E.). Cette opinion est contredite dans sa généralité par l'arrêt du 9 mars 1859, portant qu'on ne peut pas assimiler à un acte notarié ordinaire un simple certificat de propriété délivré par un notaire sans le concours des parties pour attester, en vertu des titres dont il est détenteur, le droit de propriété ou de jouissance d'une ou plusieurs personnes à une rente sur le grand-livre, à un décompte d'arrérages, *à un cautionnement ou à toute autre somme et valeur à délivrer par le Trésor public* (*Arrêt rapporté* 3604).

6. COMMUNES. — L'arrêt du 9 mars 1859 ne parle que des sommes dues par le Trésor public et dont le remboursement est sollicité en la forme prévue par la loi du 28 floréal an 7. — Dès lors, quand le certificat de propriété s'applique à une créance sur un particulier, une société, une commune ou un établissement public, on peut soutenir que la dispense doit cesser.

Le tribunal d'Épernay a jugé, en ce sens, le 8 juin 1855 (419 R. P.), que les certificats de propriété délivrés à des héritiers par un notaire détenteur de l'inventaire, à l'effet de toucher une somme due par une commune, ne jouissent pas des exemptions ci-après, et doivent être enregistrés et inscrits au répertoire. — C'est aussi ce qui résulte d'un jugement très-fortement motivé du tribunal de Vesoul du 26 décembre 1864 (2006 R. P., 12962 C.) portant entre autres considérants, « que si l'arrêt du 9 mars 1859, des décisions et instructions ministérielles ont exempté, dans des cas déterminés, ces certificats de la formalité de l'enregistrement, elles doivent y être strictement restreintes ; qu'elles n'ont déclaré cette dispense applicable qu'au transfert de la dette publique, et aux sommes dues par le Trésor ou par des caisses spécialement désignées ; mais qu'elle n'a été étendue jusqu'à ce jour par aucune disposition, au profit des sommes à payer par les communes, qui, sous le rapport des droits d'enregistrement, sont assimilées à de simples particuliers » (*Contrà :* 17305 J. N.). — *V.* 3618.

7. USAGE EN JUSTICE. — En tous cas, s'il était fait usage de ces certificats soit par acte authentique, soit en justice ou devant toute autre autorité constituée, ils deviendraient sujets à l'enregistrement (1679 I. G.).

8. ÉNONCIATION D'ACTES. — Le notaire n'est pas tenu d'énoncer dans les certificats de l'espèce que les actes publics en vertu desquels le certificat est délivré ont été enregistrés (Sol. 19 mai 1851, 14469 J. N.).

3605. Expropriation. — Les certificats de propriété constatant les droits des propriétaires au prix des immeubles dont ils ont été dépossédés pour cause d'utilité publique, ne peuvent être visés pour timbre ni enregistrés gratis (D. m. f. 20 janv. 1835, 1539 § 4 I. G.). Cette décision est encore applicable sous la loi du 3 mai 1841. — V. *Expropriation*.

3606. Pluralité. — Il n'est dû qu'un seul droit fixe sur chaque certificat de propriété, quel que soit le nombre d'individus y dénommés et celui des inscriptions ou créances dont les mutations s'opèrent à leur profit, attendu que tous héritiers n'ont qu'un seul et même intérêt, celui de prouver leurs droits à l'hérédité (D. m. f. 17 sept. 1823, 1004 § 1er I. G., D. N. t. 3. p. 19 n° 135). — V. 2429.

3606 *bis*. — **Alsaciens-Lorrains. — Remplacements.** — Les certificats de propriété produits pour constater les droits des héritiers des Alsaciens-Lorrains à la prime de réengagement sont dispensés du timbre et de l'enregistrement — Déc. 30 avr. 1876, 4495 § 44 R. P.; 2547 I. G.).

CERTIFICAT DE VIE.

CHAPITRE PREMIER. — DISPOSITIONS GÉNÉRALES

[3607-3620]

3607. Définition. — On appelle ainsi l'attestation donnée par un notaire, ou par toute autre autorité compétente, de l'existence d'une personne.

3608. Nécessité du certificat. — Les rentes viagères et les pensions s'éteignant par la mort de ceux en faveur de qui elles ont été constituées, il suit de là que les débiteurs ne peuvent être tenus d'en acquitter le montant qu'autant qu'on leur justifie de l'existence des personnes sur les têtes desquelles existent ces pensions et ces rentes (1983 C. C.).

3609. Mode de constatation. — La loi n'ayant pas réglé un mode particulier pour constater l'existence, la C. cass. a jugé qu'elle peut être établie par tout acte authentique qui peut fournir la preuve de cette existence (Cass. 18 juin 1817, 19 août 1824, 4961 J. N.). — Ainsi, non-seulement l'existence peut être établie par un certificat de vie *ad hoc*, mais par tout autre acte authentique duquel il résulte qu'une personne y a figuré et était par conséquent existante à l'époque de sa passation. Par exemple, le rentier qui donnerait une procuration notariée pour toucher des arrérages échus n'aurait pas besoin d'y joindre une attestation spéciale de son existence.

3610. Rentes et pensions sur particuliers. — La loi du 6 mars 1791, qui est encore en vigueur relativement aux rentes et pensions dues par des particuliers, attribue aux présidents des tribunaux civils et aux maires le droit de délivrer *gratuitement* des certificats de vie. — Toutefois, cette loi n'a pas enlevé aux notaires le droit de faire des actes de cette nature (L. 25 vent. an 11 art. 20; — Cass. 18 juin et 19 nov. 1817).

3611. Rentes et pensions sur l'État. — Mais s'il est vrai que la loi non abrogée du 6 mars 1791 ait laissé dans les attributions des présidents et des maires le droit de dresser des certificats de vie, concurremment avec les notaires, lorsqu'il s'agit de rentes et pensions servies par des particuliers, il n'en est pas ainsi à l'égard des rentes et pensions dues par l'État. Pour cette nature de rentes et pensions, un Déc. 21 août 1806 (604 I. G.) a attribué aux notaires le droit exclusif de délivrer les certificats de vie aux titulaires, et prescrit à cet égard la désignation, par le gouvernement, de *notaires certificateurs* dans chaque arrondissement. D'après une Ord. 6 juin 1839 (12320 J. E.), ces certificats peuvent être aujourd'hui délivrés par tous les notaires indistinctement.

1. REGISTRE. — Suivant une D. m. f. 7 février 1817, les registres que les notaires tiennent, en exécution de l'art. 5 du Déc. 21 août 1807, des certificats de vie qu'ils délivrent aux rentiers et aux pensionnaires de l'État, sont exempts de timbre, comme simples documents d'ordre intérieur (Circ. 10 fév. 1807).

3612. *Idem*. — **Liste civile.** — Il en est de même de ceux à fournir par les pensionnaires de la liste civile (D. m. f. 17 fév. 1817, 769 I. G.).

3613. Forme du certificat notarié. — Les certificats de vie délivrés par les notaires pour rentes viagères dues sur des particuliers, sont soumis aux formalités ordinaires des actes notariés. C'est ce qui a été jugé par l'arrêt de la C. cass. 19 novembre 1817 (2416 J. N.), portant « qu'un notaire, bien que notaire certificateur, n'avait pas pu délivrer seul un certificat de vie dans un cas où il s'agissait d'une rente viagère due par un particulier; que cet acte eût dû être reçu par un notaire et deux témoins, ou par deux notaires, conformément à la loi du 25 ventôse an 11. »

Mais les certificats de vie pour rentes viagères ou pensions sur l'État peuvent être délivrés sans l'assistance d'un second notaire ou de témoins (Déc. 21 août 1806).

3614. Tarif. — Les certificats de vie sont sujets au droit fixe de 1 franc *pour chaque individu* (LL. 22 frim. an 7 art. 68 § 1er n° 17, 18 mai 1850 art. 8). Ce droit a été porté à 1 fr. 50 cent. par l'art. 4 L. 28 février 1872.

3615. Timbre. — Lorsque ces certificats sont délivrés en brevet par un notaire, ils peuvent être sur papier timbré de toute espèce de dimension ; mais quand ils le sont par un maire, ils sont soumis au timbre de 1 fr. 80 cent. — Il en est de même lorsque le notaire les conserve en minute (1496 Circ.).

1. TIMBRE EXTRAORDINAIRE. — Autrefois, on pouvait timbrer à l'extraordinaire les formules de certificats de vie délivrés aux rentiers et pensionnaires de l'État par les notaires (D. m. f. 8-28 déc. 1806, Circ. 2 avr. 1806).

2. FORMULES. — Aujourd'hui, les formules des certificats de vie pour les rentiers et les pensionnaires de l'État sont délivrées par les receveurs de l'Enregistrement aux notaires certificateurs (D. m. f. 23 mai et 7 juill. 1818, 837 I. G.).

3616. Attestation. — Lorsque le rentier ou pensionnaire ne peut se transporter hors de sa demeure, il est adressé au notaire qui doit délivrer le certificat de vie une attestation du maire (Ord. 30 juin 1814). Cette attestation est exempte d'enregistrement, mais elle doit être sur timbre (2440 J. E., Déc. 4 mess. an 13 art. 3).

Si le rentier veut changer de certificateur, il doit obtenir de l'ancien une attestation portant que le rentier lui a déclaré son intention de faire certifier ailleurs son existence (D. m. f. 27 janv. 1839 art. 13). Ce certificat doit être rédigé sur timbre ; mais, comme il n'est que d'ordre entre les notaires, il n'est pas sujet à l'enregistrement (D. m. f. 19 avr. 1822, D. N. t. 2 p. 774 n° 7).

3617. Étranger. — Les certificats de vie des rentiers et pensionnaires résidant à l'étranger sont délivrés par les chancelleries des légations et consulats, ou par les magistrats et officiers publics du lieu (Ord. 30 juin 1814, 20 mai et 29 juill. 1818). Ils profitent des exemptions auxquelles ils auraient eu droit s'ils avaient été rédigés en France (2383 J. E.).

3618. Commune. — Les certificats de vie délivrés par les notaires à l'effet de toucher les arrérages d'une pension sur une commune sont sujets au timbre, à l'enregistrement et à l'inscription sur le répertoire ; l'exemption prononcée par le Déc. 21 août 1806 doit être limitée aux pensionnaires de l'État (Saumur 3 août 1850, 15027-1 J. E.). — V. *Certif. de propriété* n° 3604-6.

3619. Colons réfugiés. — Les certificats de vie produits à l'appui des quittances de secours payés aux colons ou réfugiés sont assujettis au timbre, à moins d'indigence constatée (D. m. f. 5 mars 1844, 13577-2 J. E.).

3620. Répertoire. — Tous les certificats de vie qui sont exempts d'enregistrement, ainsi qu'on le verra aux numéros suivants, ne sont pas susceptibles d'être portés sur le répertoire (1021 I. G., 2525, 2967 J. E., 4028 J. N.).

CHAPITRE II. — CERTIFICATS EXEMPTS D'ENREGISTREMENT, MAIS SUJETS AU TIMBRE

[3621-3630]

3621. Destination. — Sont dispensés de la formalité de l'enregistrement les certificats de vie relatifs aux rentes et pensions *ci-après énoncées*, pourvu que leur destination soit indiquée en tête ou dans le corps de l'acte (Circ. 1604).

3622. Caisse Lafarge. — (D. m. f. 6 oct. 1812, 604 I. G., 930 J. N.).

3623. Caisse des employés et des artisans. — (D. m. f. 10 janv. 1817).

3624. Tontine perpétuelle d'amortissement et autres dont les extinctions profitent à l'État. — D. m. f. 8 fév. 1822, 4028 J. N., 604 et 1021 I. G.).

Il peut être délivré un seul certificat de vie, sur du papier au timbre de 35 centimes (60 cent.), à plusieurs actionnaires d'une tontine établie et reconnue, comme il est dit dans la décision du 8 février 1822, énoncée dans l'I G. 1021 (D. m. f. 22 nov. 1822, 7336 J. E.).

3625. Pensionnaire de la liste civile. — (D. m. f. 17 fév. 1817, 769 I. G.).

Ceux produits par ces pensionnaires pour toucher des secours accordés par l'ancienne liste civile sont exempts du timbre, lorsque les maires qui les délivrent y attestent l'indigence des pensionnaires ; les notaires peuvent également les délivrer sur papier libre, en y joignant un certificat d'indigence (D. m. f. 20 janv. 1834, 11166 J. E.).

1. TRADUCTION. — La même exemption s'applique aux traductions des certificats rédigés en langue étrangère (D. m. f. 2 sept. 1842, 13120 J. E.).

3626. Caisse des invalides de la guerre, de la marine, des hospices et orphelins, fabriques et autres établissements publics. — Circ. 1604.

3627. Caisse de la vieillesse. — *V.* 3323 et suivants.

3628. Rentes et pensions viagères sur l'État. — (Déc. 21 août 1806 art. 10, 604 I. G.).

3629. Pensionnaires sur les fonds de retraite des divers ministères, direction et administrations publiques. — (D. m. f. 17 août 1822, 1051 n° 5 1206 I. G.).

Les certificats de vie des pensionnaires sur fonds de retraite seront exempts du timbre, toutes les fois que les maires qui auront délivré ces certificats attesteront dans ces actes l'indigence des pensionnaires ; ceux de ces certificats de vie dont la délivrance aura été faite par des notaires certificateurs seront également admis sur papier non timbré, quand ils seront accompagnés d'un certificat d'indigence (D. m. f. 31 déc. 1827, 1231 § 3 I G.).

3630. Employés en non-activité pour être payés de l'indemnité qu'on leur accorde jusqu'à leur replacement. — (D. m. f. 31 oct. 1817, 2331 J. N., 5909 J. E.).

CHAPITRE III. — CERTIFICATS EXEMPTS DE TIMBRE ET D'ENREGISTREMENT

[3631-3640]

3631. Destination. — Sont exempts de timbre et d'enregistrement les certificats relatifs aux rentes et pensions *ci-après indiquées;* mais si l'on emploie à un usage auquel ils n'étaient pas destinés des certificats qui jouissent d'une exemption spéciale, ils deviennent sujets au timbre (Circ. 1604).

3632. Militaires. — Pensions de veuves ou mères de militaires et marins (D. m. f. 17 juill. et 28 août 1822, 4179 J. N., 1051 § 4 et 1054 I. G.); — pensions militaires ou soldes de retraite de femmes veuves inscrites au Trésor (Ord. 20 juin 1817, 787 I. G.).

1. RENTES SUR L'ÉTAT. — Cette ordonnance étant spéciale, on ne peut étendre ses dispositions aux certificats relatifs aux rentes sur l'État (D. m. f. 23 mai 1821, 981 I. G.). Il résulte de cette décision que les militaires qui jouissent de rentes sur le Trésor doivent produire des certificats de vie rédigés sur papier timbré.

2. DÉCLARATION. — L'exemption dont jouissent les certificats de vie des militaires pensionnés s'applique à la déclaration devant le notaire certificateur par les veuves et les enfants de ces militaires, que le titulaire ne jouit d'aucun traitement (D. m. f. 15 janv. 1823, 1073 I. G.).

3633. Caisse de la vieillesse. — Les certificats de vie à produire, soit pour l'émancipation des rentes viagères, soit pour le payement des arrérages, sont exempts de timbre et d'enregistrement. — V. *Caisse de la vieillesse* 3323 et suiv.

3634. Chevaliers de Saint-Louis. — Pensions des chevaliers de Saint-Louis, assignées sur la portion attribuée à l'ordre dans la dotation de l'hôtel des Invalides (Déc. 2 fév. 1825, 5570 J. N.; *Contrà* 3096 J. E.).

3635. Légion d'honneur. — Certificats nécessaires pour toucher les pensions, traitements et gratifications sur la Légion d'honneur (D. m. f. 11 et 22 août 1817, et 28 fév. 1826, 5918 J. E., 2400 J. N., — 1189 § 9 I. G., 8303 J. E.).

3636. Dotations. — Le bénéfice de la décision du 22 août 1817, qui exempte du timbre les certificats de vie produits par les membres de la Légion d'honneur pour toucher leur traitement, est applicable aux certificats de vie que les donataires dépossédés sont tenus de produire pour être payés des pensions à eux accordées en indemnité de la perte de leurs dotations (D. m. f. 28 fév. 1826, 1189 § 9 I. G., 5712 J. N., contraire à celle du 18 avr. 1825, 1166 § 14 I. G., 8001 J. E.).

1. MONT DE MILAN. — Cependant, les certificats de vie que les donataires du Mont de Milan ont à produire pour être payés de leur donation sont assujettis au timbre. Le décret du 14 août 1862 ayant eu pour effet de reconstituer en partie les dotations au Mont de Milan, les donataires se trouvent pour la partie reconstituée dans la position des titulaires de majorats qui n'avaient pas été dépossédés et ils doivent par conséquent être soumis aux mêmes obligations (D. m. f. 12 nov. 1862, 1724 R. P.).

3637. Pensions des titulaires de récompenses nationales. — (Inst. min. fin 27 juin 1829, D. N. t. 3 p. 51 n° 7).

Les certificats de vie des héritiers du titulaire d'un secours provenant d'offrandes nationales sont exempts du timbre (Sol. 27 fév. 1878). — V. 3602-3.

3638. Douanes. — Tous les anciens employés des douanes, quels qu'aient été leurs grades et à quelque service qu'ils aient appartenu, ceux de l'administration des poudres et salpêtres, les veuves et les orphelins de ces employés, sont dispensés de produire des certificats de vie sur papier timbré pour toucher leurs pensions sur les fonds de retenue ; mais les pensionnaires d'aucune autre administration ne jouiront de l'exemption du timbre pour ces mêmes certificats, qui devront être écrits sur papier timbré ou revêtus du timbre extraordinaire (D. m. f. 27 janv. et 20 mars 1827, 1051, 1206, § 5 I. G.).

Il a été reconnu que ces règles ne pourraient être étendues de plein droit aux contributions indirectes (Sol. 12 janv. 1863).

3639. Indigence. — Les certificats de vie des pensionnaires sur les fonds de retenue sont exempts du timbre toutes les fois que les maires qui délivrent ces certificats y attestent l'indigence des pensionnaires. Ceux de ces certificats dont la délivrance est faite par des notaires sont également admis sur papier non timbré, quand ils sont accompagnés d'un certificat d'indigence (D. m. f. 31 déc. 1827, 1231 § 3 I. G.).

3640. Nourrices. — Les certificats de vie, délivrés par les maires pour être joints à l'appui des mandats de payement des mois de nourrice ou des pensions des enfants trouvés, sont exempts du timbre (D. m. f. 26 janv. 1832, 1401, § 9 I. G.).

CESSION. — TRANSPORT DE CRÉANCES.

DIVISION

SOMMAIRE

CHAPITRE PREMIER. — PRINCIPES GÉNÉRAUX

[3641-3645]

3641. Cession. — Transport. — Le mot *transport* signifie toute espèce de transmission, soit à titre onéreux, soit à titre gratuit. Il en est de même du mot *cession*, qui comprend toute transmission d'un droit. Nous n'entendons parler ici que du transport ou de la cession, à titre onéreux, de créances dont il est question dans les art. 1689 et suiv. C. C.

3642. Définition. — La cession ou le transport de créance que nous désignons dans cet article tantôt sous l'un de ces noms, tantôt sous l'autre, ainsi que cela est consacré par l'usage, est, à proprement parler, *la vente* d'une créance.

Il ne faut pas confondre la cession de créance auec le transport qui s'opère par la délégation parfaite ou imparfaite, ni avec la subrogation.

3643. Cession — Délégation. — En effet, la cession diffère de la *délégation* parfaite, en ce que cette délégation opère novation, c'est-à-dire extinction de la dette due par le déléguant au délégataire, extinction de celle due par le déléguant au délégué; en sorte qu'il y a création d'une nouvelle dette par le délégué au profit du délégataire, tandis que dans la cession il n'y a pas de novation; la même dette continue d'exister : il y a seulement substitution d'un créancier à un autre; il y a seulement vente de la créance par le cédant au cessionnaire.

La cession diffère de la *délégation imparfaite*, en ce que le délégant ne perd pas toute espèce de droit sur la créance déléguée et confère plutôt l'exercice de ses droits que les droits eux-mêmes; l'obligation du délégant envers le délégataire n'est pas éteinte, et il demeure garant de la solvabilité du débiteur indiqué, tandis que dans la cession le cédant n'est point garant de la solvabilité du débiteur, mais seulement de l'existence de la créance cédée, à moins qu'il ne soit *expressément* obligé à la garantie de la solvabilité du débiteur; et, dans ce cas même, sa garantie ne s'étend que jusqu'à concurrence du prix qu'il aura retiré de sa créance.

3644. Cession. — Subrogation. — La cession diffère de la subrogation purement *conventionnelle*, en ce que dans celle-ci le créancier paraît, par les termes de l'acte, plutôt recevoir en payement que faire la vente de ses droits. Elle diffère encore de la *subrogation légale*, en ce que celle-ci suppose l'extinction de la créance et la transmission au profit de celui qui paye, des sûretés, privilèges et hypothèques, transmission qui a lieu de plein droit, et sans qu'il soit besoin du consentement du créancier ni du débiteur; tandis que la cession comprend la créance entière, la transmet au lieu de l'éteindre, et n'a lieu que du consentement exprès du créancier.

3645. Tarif. — Ainsi que nous l'avons dit au n° 3641, nous n'avons à parler ici que des cessions à titre onéreux de créances; c'est aussi la convention que la loi de frimaire an 7 prévoit tout particulièrement dans son art. 69 § 3 n° 3. Elle la tarife au droit proportionnel de 1 pour 100. Ce droit réduit un instant à 50 cent. pour 100 par l'art. 9 L. 7 août 1850, a été ensuite rétabli par l'art. 15 L. 5 mai 1855.

CHAPITRE II. — DE LA CESSION PROPREMENT DITE

[3646-3682]

SECTION PREMIÈRE. — FORMATION DU CONTRAT

[3646-3653]

3646. Forme. — Le transport peut avoir lieu par acte authentique ou sous seing privé (1582 C. C.). Il peut aussi être fait verbalement.

3647. Acte authentique ou sous seing privé. — Aucune difficulté ne peut s'élever pour la perception du droit au sujet du transport par acte authentique ou sous seing privé. Il ne faut seulement pas perdre de vue que le droit de transport étant un droit d'acte, le sous seing privé qui constate la cession n'est pas sujet à l'enregistrement dans un délai déterminé. Le droit ne devient exigible que lorsqu'il est volontairement présenté à la formalité ou qu'il en est fait usage en justice ou devant une autorité constituée.

1. INDUCTION. — MANDAT. — Il faut, lorsqu'il y a présentation volontaire à l'enregistrement de l'acte sous

seing privé, que l'acte ne laisse pas d'équivoque sur la cession. Ainsi, le tribunal de Lons-le-Saulnier a jugé, le 25 février 1843, (6967 C.), qu'on ne peut percevoir le droit de cession sur la décharge donnée au mandataire de la somme de... provenant de la vente qu'il a faite, en supposant qu'il y a eu cession en sa faveur du prix de cette vente, si d'ailleurs cette cession ne ressort pas d'une manière précise des termes de l'acte.

2. PROJET. — Décidé de même qu'on ne peut considérer comme une cession de créances passible du droit proportionnel l'acte par lequel le fils d'un associé déclare, à la suite de l'état liquidatif de cette société et en présence des créanciers, accepter les créances vérifiées pour leur chiffre reconnu (Rennes 14 mars 1865, 2090 R. P.). Une telle mention était beaucoup trop vague pour constituer un transport : tout au plus pouvait-on y voir une déclaration destinée à arrêter le montant du passif au nom de l'associé.

3. RÉSERVE. — Il a été aussi reconnu que la signification faite au débiteur du prix d'une vente, à la requête du mandataire du vendeur, de l'acte sous seing privé par lequel ce dernier lui a donné pouvoir de toucher le prix et a déclaré lui en faire cession ou délégation pour l'employer ainsi qu'il l'indiquera, ne donne pas de droit de 1 pour 100, car, le consentement des parties pour la cession est indispensable, et la réserve par le créancier d'indiquer l'emploi de la somme exclut toute idée de dessaisissement (10899-1 J. E.).

3648. Cession verbale. — Lorsque la cession a eu lieu verbalement, il est nécessaire, pour rendre le droit exigible, que son existence soit constatée dans un acte pouvant lui servir de titre entre les parties. Ce n'est, en effet, qu'en matière de mutation immobilière que la loi autorise l'Administration à se prévaloir des présomptions pour réclamer les droits auxquels les conventions donnent naissance par leur nature.

En matière civile, il a été jugé que la preuve d'une cession de créances ne peut résulter que d'un écrit. Une simple remise du titre de la créance prétendue cédée serait insuffisante à cet égard (C. Bastia 6 mars 1855, S. 1855-2-329, 55-2-327 J. P.).

3649. Consentement. — La cession de créances est une véritable vente; elle en produit tous les effets. Il est donc indispensable à sa perfection qu'elle réunisse le consentement du cédant et du cessionnaire, de même qu'une vente ordinaire a besoin pour exister du consentement de l'acheteur et du vendeur.

Si l'un ou l'autre fait défaut, l'acte devient une simple promesse de cession impuissante à transférer la propriété de la créance sur laquelle on ne saurait percevoir le droit proportionnel. C'est donc avec raison qu'il avait été reconnu par l'Administration, le 21 octobre 1828 (Dalloz n° 1703), que le droit de cession ne peut être perçu sur l'acte par lequel un père usufruitier et ses enfants nus-propriétaires vendent conjointement un immeuble dont le prix est payable entre les mains des enfants, avec lesquels le père se réserve d'en compter pour la part qui lui revient. Le père, en effet, loin de transmettre la propriété du prix à ses enfants, se réserve d'en compter avec eux. Il y a absence de consentement.

On objecterait en vain que la loi soumet au droit proportionnel les délégations non acceptées. Outre que les principes des deux contrats sont tout à fait différents, nous établirons, au chapitre des délégations, en quel sens il faut entendre cette règle. Il n'en résulte pas que la loi autorise jamais à percevoir un droit de cession quand la cession n'est pas établie au moyen du consentement des deux parties; mais la déclaration unilatérale du délégant produit en dehors du transport de la créance des effets spéciaux qui motivent l'application du tarif des obligations de sommes. La déclaration du cédant ou bien celle du cessionnaire n'ayant aucun de ces caractères et la cause de l'exigibilité du droit reposant uniquement sur le transfert ou le déplacement de l'objet aliéné, il s'en suit que toute base manque à la perception quand le *contrat* n'est pas formé.

Il ne faudrait pas alléguer non plus que l'art. 68 § 1er n° 3 L. 22 frimaire an 7, suppose la possibilité d'une perception du droit proportionnel avant l'acceptation du transport. Car c'est de l'acceptation du débiteur cédé qu'il s'agit, et, en effet, son assentiment est tout à fait inutile pour produire la transmission de propriété. S'il est vrai qu'aux termes de l'art. 1690 C. C., le transport ne saisit point le cessionnaire à l'égard des tiers, tant qu'il n'est pas, ou accepté par le débiteur, ou signifié à ce même débiteur, en ce qui concerne *les parties*, le transport est parfait par l'acte qui constate leur consentement réciproque sur la chose et sur le prix, et par la délivrance de la créance. Aussi, est-ce en se fondant sur cette considération, savoir : que la transmission est complète entre les contractants sans l'intervention du débiteur, qu'il est établi en principe (2535 J. E.) que le droit proportionnel d'enregistrement est exigible sur l'acte passé entre le cédant et le cessionnaire. — Quant à l'accession de ces derniers, elle est aussi indispensable à l'exigibilité du droit proportionnel qu'à la formation du contrat lui-même.

1. ACTE AUTHENTIQUE. — L'acceptation du transport par le débiteur peut d'ailleurs à l'égard du cédant avoir lieu par acte sous seing privé. La propriété n'en est pas moins transmise. C'est seulement à l'égard des tiers qu'il faut un acte authentique ou une signification extrajudiciaire en tenant lieu (Rouen 29 juill. 1861, S. 62-2-225).

3650. Rétrocession. — Les mêmes principes sont évidemment applicables à la rétrocession de créance, puisque ce contrat opère un nouveau transport entre les parties et que le droit exigible atteint aussi la mutation effectuée au profit du rétrocessionnaire. L'Administration a cependant décidé que l'acte par lequel le cessionnaire d'une créance se désiste purement et simplement du transport qui lui a été fait ou renonce à l'effet de ce transport produit le même effet qu'une rétrocession et donne ouverture au droit de 1 pour 100 (Dél. 12-20 août 1836, 11638-5 J. E.). — C'est également ce que le tribunal de la Seine a jugé les 5 avril 1843 et 7 août 1844 (13228 et 13557 J. E.).

L'Administration a encore reconnu, dans le même ordre d'idées, qu'il y a lieu d'exiger le droit de 1 pour 100 sur l'acte unilatéral par lequel le créancier qui avait obtenu de son débiteur la cession de l'indemnité à laquelle ce dernier pourrait prétendre au cas d'incendie d'une maison affectée à la sûreté de la créance, renonce après l'événement à tout droit sur l'indemnité due par la Compagnie (Sol. 28 avr 1829, 1293-10 I. G., 6988 J. N., 9310 J. E.).

Les motifs de ces décisions sont qu'au moyen du transport, le cédant est devenu étranger à la créance et que la renonciation du cessionnaire n'aurait aucune raison d'être si on ne supposait pas le consentement du créancier primitif et son intention de redevenir propriétaire. — Mais de pareilles considérations ne remplacent pas le contrat: elles conduiraient à faire percevoir le droit sur des hypothèses ou de simples inductions, alors que l'impôt exigible sur les cessions de créances est un droit d'acte dont l'exigibilité se fonde sur la présentation du contrat lui-même à la formalité. D'ailleurs, comme nous le faisions observer déjà dans nos précédentes éditions, le cessionnaire ne perd pas nécessairement la propriété de la créance par cela seul qu'il renonce au bénéfice de la notification du transport. Il pourra, si bon lui semble, renouveler cette signification, et elle produira tout son effet si dans l'intervalle le débiteur ne s'est pas libéré. Les décisions du tribunal de la Seine étaient donc le résultat d'une erreur. « En l'absence du rétrocessionnaire, dit très-justement Championnière (t. 6 n° 181 et *Traité* n° 1205), le contrat demeurait imparfait et rien n'autorisait, en pareille matière, à percevoir le droit sur des présomptions. » Aussi, la même question ayant été proposée de nouveau à ce tribunal, un jugement du 5 mai 1847 l'a résolue en sens contraire (13631 J. N.), et l'Administration a appliqué cette doctrine par deux Sol. 8 mars et 28 avril 1849, 13631 et 13650 J. N., 14708-13 J. E. — *V.* aussi Sol. 29 avril 1828, 6614 J. N.

Dans le cas même qui a donné lieu à l'I. G. 1293-10, de la renonciation au transport d'indemnité d'incendie, l'Administration a reconnu que ce transport étant un supplément de garantie accordée par l'emprunteur, le désistement du bénéfice de cette cession après l'événement de l'incendie ne pouvait être considérée comme une rétrocession de créance (Dél. 2 mars 1830, 7155 J. N.). — Cette interprétation est la seule juridique; elle doit prévaloir sur celle de l'I. G. 1293-10, bien qu'on n'ait pas cru devoir la rapporter officiellement. Aussi ne peut-on considérer que comme tout à fait mal fondé un nouveau jugement du tribunal de la Seine, du 13 juillet 1867, portant que l'acte par lequel le cessionnaire d'une créance déclare se désister de la signification du transport opère une véritable rétrocession passible du droit proportionnel (2544 R. P., 14024 C.).

3651. Cession de priorité d'hypothèque. — Les cessions de priorité d'hypothèque peuvent quelquefois, selon l'Administration, donner ouverture au droit de cession de créance. — *V.* 1869.

3652. Cession conditionnelle. — La cession de créance peut être affectée de toutes les conditions permises par la loi, et leur influence sur l'exigibilité du droit est la même que pour les autres contrats. Il n'est pas douteux, par exemple, que si le transport est soumis à une condition suspensive et ne doit se réaliser qu'après l'événement prévu, la transmission de la propriété demeure également suspendue et avec elle la perception du droit proportionnel. Le contrat donnera donc lieu au droit fixe, sauf à percevoir le droit proportionnel lors de la réalisation. C'est ce que l'Administration a reconnu, le 18 octobre 1826 (1205 § 5 I. G.), au sujet du transport de loyers échus ou à échoir, consenti *pour le cas seulement* où le propriétaire qui délègue ses loyers ne payerait pas les sommes dues à son créancier en vertu de titre enregistré. Il a été décidé que le droit proportionnel n'est pas exigible, parce que dans ce cas le transport n'est pas actuel.

3653. Nullité. — On verra au mot *Nullité* que l'Administration n'étant pas juge de la validité des actes, doit percevoir l'impôt sans égard aux vices dont le contrat se trouverait affecté. Il importe peu que la nullité soit absolue ou ait un caractère d'évidence incontestable, si elle n'est point constatée par le tribunal et si l'acte n'est pas judiciairement annulé avant sa présentation à l'enregistrement. La perception du droit proportionnel est régulière, et aucun événement ultérieur n'en autoriserait le remboursement.

Mais nous verrons qu'il ne faut pas confondre l'acte nul ou annulable avec l'acte simplement imparfait. Ce dernier n'a même pas l'apparence d'un acte, puisqu'il lui manque un élément essentiel de perfection et qu'il constitue un simple projet.

On ne doit pas davantage assimiler à l'acte nul celui qui ne renferme pas les conditions nécessaires pour opérer la convention supposée. Ainsi, si l'on peut exiger le droit proportionnel sur la cession de la créance appartenant à un tiers parce que l'Administration n'a pas à examiner si le cédant est bien réellement propriétaire de l'objet qu'il aliène en son nom, il n'en serait plus ainsi de l'acte qui ne constaterait pas positivement un transport. La Cour suprême l'a décidé au sujet de la déclaration par laquelle un conseil de famille autorisait une veuve à toucher des fonds pour se remplir de ses reprises: il n'a pu faire qu'une simple autorisation de l'espèce fût valable pour opérer la transmission des fonds au profit de la veuve et justifier la perception du droit proportionnel (arrêt du 2 sept. 1812, *P. chr.* n° 113). — Nous avons déjà vu précédemment (3647) plusieurs applications du même principe.

SECTION 2. — BIENS POUVANT FAIRE L'OBJET D'UN TRANSPORT

[3654-3670]

3654. Créance à terme. — Le deuxième élément de la cession est la chose cédée, et cette chose est la *créance à terme*, comme l'exprime l'art. 69 § 3 n° 3 L. 22 frimaire an 7, c'est-à-dire, ainsi qu'on l'entend dans l'usage, « une dette active, le droit qu'a un créancier de répéter une *somme d'argent* au payement de laquelle un débiteur s'est obligé envers lui » (Champ et Rig. n° 1124).

3655. Créance échue. — Lorsque le délai pour l'exigibilité d'une créance est expiré, la créance devient *exigible* et cesse d'être *à terme* (1185 C. C.). Mais il ne faut pas conclure de l'expression de *créance à terme* employée dans l'art. 69 § 3 n° 3, que le droit ne serait pas dû d'un transport de créance *échue*. La loi n'a jamais été appliquée, et avec raison, dans ce sens, car telle ne paraît pas avoir été la pensée du législateur qui a employé l'expression *à terme* par opposition avec le prix dont il est fait délégation (Champ. et Rig. n° 1130, Dalloz n° 1736) ou avec les capitaux constitués dont la cession est tarifée par le n° 2 du § 5. « Il importe peu, dit également M. Demante, qu'au moment du transport-cession ou de la délégation, le terme de la créance soit ou non échu. C'est dans le même sens, toujours par opposition aux rentes, que le C. C. (art. 529) emploie la locution : obligations ayant pour objet *des sommes exigibles*» (n° 113).

3656. Créance déterminée. — Dans tous les cas, il faut que la créance soit *certaine et déterminée*. Ainsi, la C. cass. a jugé, le 2 juin 1830 (7231 J. N.), que l'acte par lequel un héritier cède et transporte une somme déterminée, *à prendre et toucher des mains de tous débiteurs sur les premiers deniers qui lui reviendront dans la succession*, sans autre indication des débiteurs cédés, peut n'être considéré que comme une simple indication de payement, plutôt que comme un transport proprement dit, ayant l'effet de transférer la propriété des sommes revenant au cédant sur ses débiteurs. Il n'y a, en effet, ici désignation d'aucun débiteur certain. — Au contraire, l'on considère comme véritable transport de créance, et non comme simple indication de payement, l'acte par lequel un acquéreur donne en payement à son vendeur une créance qu'il avait sur un tiers, pour, de la part du vendeur, l'exercer et faire valoir ainsi qu'il avisera (Cass. 19 juin 1817, 2639 J. N.).

3657. Créance conditionnelle. — L'obligation qui n'existe pas encore et dont la création est subordonnée à un événement incertain peut-elle faire l'objet d'un transport actuel passible du droit proportionnel ? « La cession, disent Champ. et Rig., prend nécessairement dans ce cas le caractère de la créance transmise, c'est-à-dire qu'elle est, comme elle, soumise à une condition suspensive, car la vente suppose une chose vendue ; si donc l'existence de la chose est incertaine, la vente doit l'être également et suivre la condition de la chose. Par conséquent le droit fixe est seul exigible » (*Traité* n° 1131 et *Suppl.* n° 165). Telle est aussi l'opinion de Dalloz (n° 1738). — L'exactitude de cette doctrine n'est pas contestable quand il est démontré que les parties ont voulu subordonner les effets de leur transport à l'accomplissement de la condition qui arrête l'existence même de la créance cédée. Ce transport devient lui-même conditionnel et nous savons que la perception du droit de 1 pour 100 est alors retardée jusqu'à l'arrivée de l'événement prévu.

Mais rien ne s'oppose à ce que la créance conditionnelle fasse l'objet d'une cession définitive en ce sens que le cessionnaire devienne propriétaire, à ses risques et moyennant un prix déterminé, des droits du cédant à la réalisation de l'objet. Seulement, l'objet du contrat change de nature. Il ne s'agit plus ici à proprement dire de la créance éventuelle qui n'existe pas encore, mais bien de *l'alea* auquel elle est soumise. C'est un forfait s'appliquant au droit incorporel appartenant au créancier d'obtenir telle somme si tel événement se produit, ou de ne rien recevoir dans le cas contraire, une convention qui ressemble à l'achat d'un coup de filet. Il est clair que ce contrat produit des effets immédiats et définitifs, pouvant justifier la perception du droit proportionnel.

1. DROITS D'AUTEUR. — Quoi de plus hypothétique, par exemple, que les droits qui seront dus à un auteur, à raison des ouvrages de sa composition qui seront représentés sur les théâtres de Paris et des départements? Décidé néanmoins qu'une cession pareille étant faite à forfait donnait ouverture au droit de 1 pour 100 sur l'acte qui la constatait (D. m. f. 2 nov. 1821, 127 Roll.; — Seine 21 avr. 1846, 13988 J. N., 7547 C., D. N. t. 13 p. 110 n° 295; — *Contrà :* Champ. et Rig. t. 6 n° 165).

2. PRIX DE VENTE A PASSER. — Rien n'est également plus incertain que le prix d'une vente à faire. Jugé cependant que le droit de cession de créance est exigible sur l'acte par lequel un débiteur cède à son créancier le prix d'une vente d'immeubles qu'il doit effectuer ultérieurement (Seine 16 déc. 1840, 6930 C.). Toutefois ce jugement a été rendu au milieu de circonstances de fait qui lui enlèvent une partie de son autorité doctrinale (D. N. t. 13 p. 110 n° 299).

3658. Créance à échoir. — Il importe de distinguer la créance conditionnelle proprement dite de celle qui existe actuellement et dont l'exécution seule est retardée. Telles sont les intérêts ou arrérages à échoir d'une obligation actuellement contractée par le débiteur. Ce dernier a pris l'engagement de servir ces intérêts pendant une certaine période: les droits transmis ont donc pris naissance et l'éventualité qui s'attache à leur prestation constitue une condition résolutoire sans influence sur l'exigibilité de l'impôt.

1. ARRÉRAGES. — INTÉRÊTS. — Ainsi, bien qu'il soit vrai de dire que l'exigibilité des arrérages *à échoir* d'une rente viagère est subordonnée à l'existence du rentier, que ceux de la rente perpétuelle, que les intérêts de la somme due, peuvent être arrêtés par le remboursement, il a été décidé néanmoins que la délégation des intérêts à échoir d'une créance constitue une cession de créance soumise immédiatement au droit proportionnel (Nantes 10 nov. 1840, 5935 C.). La même décision devra donc s'appliquer à la cession des arrérages à échoir d'une rente (*Comp.* Cass. 27 janv. 1875, 4350 R. P.).

2. LOYERS. — FERMAGES. — Ainsi encore, bien qu'il soit incontestable que des loyers, des fermages à échoir constituent une créance incertaine, il a été jugé que la cession faite par un locataire de tous ses droits à la location d'un immeuble qu'il a précédemment sous-loué à une personne autre que le cessionnaire, n'est autre chose qu'une cession de loyers à percevoir, et donne ouverture au droit de cession de créances (Seine 17 fév. 1846, 13956 J. E., 7515 C., D. N. t. 3 p. 110 n° 298).

3659. Créance verbale. — La cession d'une créance verbale ou résultant d'un titre non enregistré ne donne pas lieu, lorsque le débiteur est absent, au droit de titre sur la créance cédée, indépendamment de celui exigible sur la cession. L'énonciation de la dette ne forme pas, en effet, titre contre le débiteur. La convention lui est étrangère et ne le lie en aucune façon. Cette proposition n'a jamais fait l'objet d'une contestation sérieuse (6762, 11084-5 J. E., D. m. f. 7 avr. 1817, 5838 J. E., Sol. 27 fév. 1828, 9068 J. E., D. N. t. 13 p. 109 n° 293).

Mais si le débiteur intervient au contrat, et reconnaît sa dette, cet aveu qui remplace le titre de l'obligation transportée et produit des effets privatifs distincts de ceux de la cession, donne lieu à un droit particulier de 1 pour 100, indépendant de celui du transport (Sol. 27 fév. 1828, 9068 J. E., Dél. 14 nov. 1834, D. N. t. 8 p. 667 n° 463, 11256-1 J. E., Sol. 8 août 1857, 14 nov. 1859, et 20 fév. 1864). Un recueil qui avait d'abord reconnu l'exactitude de cette double perception (13643-1 et 16162-2 J. E.) a contesté ensuite l'exigibilité du droit d'obligation par le motif que le transport opérant novation de la dette, celle-ci se trouve éteinte, et ne peut pas plus donner lieu à l'impôt que quand il s'agit de la quittance d'une obligation verbale. Mais c'est là une erreur évidente. Le transport ne nove pas du tout la créance, il la laisse au contraire subsister, puisque son effet unique est d'en investir le cessionnaire. On ne peut pas dire, sans méconnaître la nature du contrat et les principes du droit, que le débiteur cédé a contracté envers le concessionnaire une nouvelle obligation dont le titre est dans le transport lui-même déjà sujet à l'impôt. On a été trompé sur ce point par des analogies mal comprises entre la cession de créances et la délégation : on en trouvera plus loin l'explication. Mais dès à présent tenons pour certain que la reconnaissance *explicite* du débiteur cédé justifie la perception d'un droit de 1 pour 100.

1. VENTE MOBILIÈRE. — Il en serait du droit de vente mobilière comme du droit d'obligation, si la reconnaissance du débiteur cédé établissait que son obligation procède d'une vente verbale de meubles, et pouvait servir de titre aux parties afin de constater au besoin l'existence de la vente. On a donc critiqué avec raison un jugement de Louhans, du 13 décembre 1844, qui a refusé à l'Administration le droit de titre quelle réclamait, outre celui de transport, sur la cession acceptée par le débiteur du prix d'un office précédemment vendu (avant la L. 1841) sans énonciation de titre enregistré (13651 J. E.). C'est également à tort que pour repousser un droit de vente mobilière dans un cas analogue, le tribunal de la Seine a allégué « que si les actes contenant des obligations de somme peuvent être passibles des droits proportionnels de la vente dont ils tiennent lieu, les transports et cessions ne sont jamais susceptibles que du droit de 1 pour 100 » (Seine 18 juin 1863, 12517 C.). — On comprend très bien que dans l'espèce qui lui était soumise le tribunal ait écarté la perception du droit de 2 pour 100, parce que l'aveu du délateur était trop peu explicite pour tenir lieu du titre de la vente, mais il s'est trompé en énonçant que les clauses de la cession ne comportaient jamais la perception d'un tel droit.

L'Administration belge a mieux interprété la loi en décidant, le 12 août 1861, qu'il faut percevoir, outre le droit de cession de créance, le droit de vente mobilière, sur l'acte de cession d'une créance dans lequel il est dit que la créance cédée constitue le prix d'un matériel de savonnerie et de marchandises vendues et livrées à un tiers, sans énonciation de titre enregistré, et que celui-ci, intervenant, se tient la cession pour bien et dûment notifiée, et s'engage à payer le montant de la créance au cessionnaire : — « Attendu que l'acte forme le titre de la vente mobilière intervenue entre les sieurs R... et C... ; qu'en effet tous les éléments essentiels du contrat de vente se rencontrent dans l'acte, qui peut dès lors être utilement invoqué par chacun des intéressés qui y sont intervenus » (8927 J. E. belge).

3660. Extinction de la dette verbale. — A cette question se rattache celle de savoir si l'acte par lequel un débiteur, par titre verbal, cède à son créancier une somme sur un tiers pour se libérer de sa dette, est passible de deux droits. La négative ne saurait être douteuse. La somme que devait le cédant est le prix de la cession qu'il fait à son créancier, il y a dation en payement et par conséquent extinction de la dette. Aucun droit ne peut être perçu sur une dette éteinte. Le droit de cession de créance est donc le seul exigible (8222 J. E.) ; à moins que la cession soit conditionnelle, auquel cas le droit de 1 pour 100 est dû (Cass. 24 juill. 1875, 4174 R. P.).

1. QUITTANCE. — Dans ce sens, il a été reconnu que le droit de transport ne pourrait être exigé sur la quittance, même passée en présence du cédant, de la créance cédée (Champ. et Rig. n° 1220, Dalloz n° 1751). — Il n'en serait plus de même si la quittance était partielle et *qu'elle contînt la mention d'une cession antérieure*. La présence du cédant à l'acte donnerait la preuve de son acceptation de la cession, et le droit serait exigible sur la portion non quittancée (Mêmes auteurs, *loc. cit.*).

3661. Subrogation à un titre verbal. — Au contraire, l'acte par lequel un débiteur verbal emprunte une somme pour payer son créancier qui, dans l'acte même, subroge le prêteur à ses droits, est passible du droit de transport et de celui de titre pour l'obligation verbale *qui subsiste toujours* (14111-1 J. E.). — Cette Sol. découle naturellement de ce que nous avons dit, au n° 3649, sur l'acceptation du débiteur verbal.

1. ACCEPTATION. — Mais en est-il de même, soit lorsque le débiteur intervient à l'acte pour accepter, soit lorsqu'il accepte ultérieurement ? L'Administration s'est prononcée pour la négative dans la Sol. que nous venons de rapporter, et une Dél. 31 décembre 1834 (11256-1 J. E.) reconnaît que le droit de titre serait exigible si le débiteur intervenait à l'acte de cession pour accepter. Cependant, Champ. et Rig. n° 1219, et Dalloz n° 1750, repoussent cette décision, par le motif que l'acceptation du débiteur n'est que le complément du contrat, qui, pour être parfait à l'égard de tous, exige cette formalité. Et le tribunal de Saint-Lô a adopté cette doctrine, le 16 mars 1842 (11458 J. N.). — Il est vrai que, d'après l'art. 1690 C. C., le cessionnaire n'étant saisi, à l'égard des tiers, que par la signification du transport au débiteur, ou par l'acceptation de celui-ci, on peut dire que cette acceptation n'a pour objet que la saisine du cessionnaire. Mais il faut reconnaître que l'acceptation produit un effet certain à l'égard du cédant. Celui-ci, aux termes de l'art. 1693 C. C., est garant de l'*existence* du transport. Or, dès que la cession

est acceptée, la garantie du cédant, en ce qu'elle se rapporte uniquement à l'existence de la créance, devient sans objet, puisque l'existence de la dette est reconnue par le débiteur. A ce point de vue, nous pensons que le droit de titre est exigible sur l'acceptation du débiteur, qu'elle soit contenue dans l'acte de cession ou qu'elle ait lieu par un acte postérieur.

3662. Capital de rente. — Aux termes de l'art. 1912 C. C., le débiteur de la rente peut être contraint au rachat : 1° s'il cesse de remplir ses obligations pendant deux années ; — 2° s'il manque à fournir au prêteur les sûretés promises. Cependant, il ne s'ensuit pas que le défaut de payement pendant deux ans produise l'effet de transformer la rente en une simple créance ; il faut qu'il y ait un jugement ou un autre acte qui annulle ou détruise le titre constitutif de rente. Ainsi, la cession de la rente, même après deux ans d'interruption du payement des arrérages, est encore une cession de *rente* et non une cession de *créance ;* elle opère encore le droit de 2 pour 100 (5712 J. E., Dalloz n° 1737 ; Champ. et Rig. n° 1133). Si, par suite de l'une ou de l'autre de ces circonstances, le capital de la rente est devenu exigible par suite d'une convention ou un jugement, il n'y a plus de rente, mais seulement une créance. La cession qui en est faite donne lieu au droit de 1 pour 100 (875 J. E. — Mêmes auteurs).

3663. Créances sur l'État. — Les cessions et transferts de rentes sur l'État, de tous effets de la dette publique inscrits ou à inscrire définitivement, ainsi que les rescriptions et mandats sur les caisses du Trésor ont été exemptés de l'enregistrement par l'art. 70 § 3 nos 3 et 4 L. 22 frimaire an 7. Il faut donc distinguer, parmi les créances sur l'État, celles qui *doivent* en définitive être converties en rentes, de celles qui, négociables ou non, sont payables en toute autre valeur qu'en inscription au grand-livre. Dans le second cas, le droit de 1 pour 100 est exigible ; dans le premier, les cessions sont affranchies de la formalité et si elles sont passées devant notaire, il n'est dû qu'un droit fixe (Cass. 27 niv. an 11, 5871 J. E., D. m. f. 14 août 1817).

1. DÉLIVRANCE ULTÉRIEURE DE RENTE. — ASSURANCES. — Lorsqu'il s'agit non plus d'une créance due par l'État mais d'une créance due par un particulier, la circonstance que le payement de la créance doit avoir lieu à l'échéance au moyen de la délivrance d'une rente sur l'Etat ne nous a pas paru de nature à justifier l'application de l'art. 70 § 3 n° 3 L. 22 frimaire an 7. Le droit est dû d'après la nature de l'obligation au jour de la cession et cette obligation ayant alors pour objet une créance sur particulier, doit acquitter le droit de 1 pour 100. C'est ce que nous avons décidé notamment au n° 2394, contrairement à la doctrine administrative, pour la cession des droits résultant d'une police d'assurances sur la vie contractée avec une compagnie qui doit employer les fonds en achat de rentes d'État.

3664. Arriéré. — Les créances arriérées, liquidées même en vertu des lois antérieures à celles de 1816, et pour lesquelles il a été délivré des ordonnances de liquidation payables en rentes, peuvent, depuis la publication de la dernière loi et jusqu'à l'inscription définitive, être payées en reconnaissances du Trésor, au choix des parties, nonobstant l'option qu'elles auraient faite d'être payées en rentes. Aussi, les cessions de ces créances par acte notarié, entre particuliers, ne peuvent, dans aucun cas, être considérées comme cessions de créances inscrites ou à inscrire définitivement, ni comme telles être dispensées du droit proportionnel d'enregistrement (D. m. f. 7 mars 1817, 5781 J. E., 7362 J. E.).

3665. Liquidation d'anciennes créances. — Le droit proportionnel d'enregistrement est dû sur tous les actes de transport de créances liquidées en vertu de la loi du 25 septembre 1814 et autres antérieures, à l'exception de ceux de ces actes qui comprennent des créances définitivement inscrites au moment du transport (Dél. 7 fév. 1817, 5659 J. E., D. N. t. 13 p. 115 n° 331).

1. RECONNAISSANCE DE LIQUIDATION. — Si la créance cédée peut être payée en reconnaissances de liquidation ou autres effets du Trésor public non négociables ou négociables, mais payables soit en numéraire, soit en inscriptions, au choix du porteur, le droit proportionnel est exigible (Déc. 16 août et 3 oct. 1816, et 14 août 1817, 5465, 5659, 5871 J. E., 1180 § 4 I. G., D. N. t. 11 p. 93 n° 73).

3666. Émigré. — La cession d'une créance de 43,000 fr. sur un émigré ayant droit à une indemnité a été consentie moyennant 14,000 francs, avec subrogation, par le cédant, au profit du cessionnaire, à ses droits résultant de l'opposition formée à la délivrance de l'indemnité. On a prétendu que cette cession avait pour objet un transport de rente sur l'État, qu'ainsi l'acte n'était pas sujet au droit proportionnel, et qu'en admettant que ce droit fût dû, il ne devait être perçu que sur la valeur représentative de la rente, et non sur son capital nominal. Cet acte est, au contraire, passible de 1 franc pour 100 sur 43,000 francs (8499 J. E., Dél. 16 juin 1829, 9431 J. E.).

1. INDEMNITÉ. — Mais la cession de l'indemnité, présentée à la formalité postérieurement à la loi du 27 avril 1825, n'est assujettie qu'au droit fixe de 1 franc (3 francs), lors même qu'elle a été consentie antérieurement à cette loi (6793 J. E., Dél. 2 juill. 1825, 8096 J. E.).

3667. Pensions. — Trésor. — Le pensionnaire du Trésor qui cède ou délègue la portion saisissable de sa pension, ne transfère point la propriété de cette pension. Il ne s'opère pas de *mutation*, et, par conséquent, il n'y a point parité entre cette cession et celle des inscriptions ou rentes sur le grand-livre : il est dû 1 pour 100 comme cession de créance (4094 J. E.).

3668. Cautionnement. — Si le bailleur des fonds d'un cautionnement sur le Trésor transporte ses droits à un tiers qui lui rembourse ou lui paye une somme égale au cautionnement, le droit de 1 pour 100 est dû (Dél. 4 déc. 1824, D. N. t. 2 p. 767 n° 248).

3669. Étranger. — Les créances espagnoles, comme toutes les autres créances étrangères sur le gouvernement français, relatives aux fournitures et prestations faites à l'armée, ont du être liquidées et payées en inscriptions de rentes sur le grand-livre. Ainsi, il y a lieu d'appliquer, dans l'espèce, la D. m. f. 26 déc. 1818, portant que, lorsqu'un acte contient sans désignation, cession de tout ou partie d'une inscription que le cédant a droit d'obtenir, et lorsqu'il résulte des termes et des effets de l'acte que le cessionnaire ne peut prétendre qu'à une inscription sur le grand-livre, et non à d'autres valeurs, le droit proportionnel n'est pas exigible (D. m. f. 29 janv. 1819, 6266 J. E.).

Ce principe a été appliqué par la C. de cass. le 14 décembre 1820, dans un arrêt ainsi conçu : « Attendu, que l'acte du 3 septembre 1818, sur lequel a été perçu un droit proportionnel d'enregistrement, a pour unique objet la cession et transfert, sous la simple garantie de faits et promesses, d'une portion aliquote pour laquelle le cédant devait entrer dans la distribution d'une rente de 5 pour 100 consolidés, de 850,000 francs, inscrite au grand-livre de la dette publique, attribuée à l'Espagne par le traité du 25 avril 1818, publié par ordonnance du roi, du 15 juin suivant, pour être répartie entre les créanciers, ses sujets, ce qui suffit pour justifier le jugement attaqué ; attendu, surabondamment, qu'à l'époque dudit transfert le gouvernement espagnol était nanti des rentes à distribuer, et qu'il n'était pas justifié, lors dudit jugement, que ce gouvernement en eût autrement disposé » (7137 J. E., S. 21-1-391).

3670. Arrérages. — Pays étrangers. — La cession d'arrérages échus en 1814, de rentes sur le Mont-de-Milan, donne lieu au droit de 1 pour 100 (D. m. f. 29 oct. 1824, 23 mars 1825, 1156 § 2 I. G.).

SECTION 3. — PRIX

[3671-3675]

3671. Prix indéterminé. — Bien que le prix soit de l'essence de la cession, l'Administration a délibéré, le 8 juin 1827 (8784 J. E.), que le droit de cession de créance est exigible sur la clause d'un contrat de vente ainsi conçue : « L'acquéreur payera le prix au notaire soussigné, auquel le vendeur donne pouvoir de le recevoir sur ses simples quittances, lequel prix restera ès mains du notaire, jusqu'au décès du vendeur, moyennant le payement annuel des intérêts et la remise du capital, à cette époque, aux héritiers de celui-ci. » — Champ. et Rig., n° 1200 et Dalloz, n° 1730, combattent cette décision, par le motif qu'en l'absence de tout prix à payer par le notaire, il ne pouvait y avoir cession. Il semble, en effet, qu'il eût été plus logique de décider qu'il y avait dans l'espèce obligation de somme et non cession de créance. Le Trésor n'aurait rien perdu, car la quotité du droit à percevoir eût été la même, et le principe civil eût été sauvegardé.

3672. Prix déterminé. — Le prix doit être déterminé par la convention. Y aura-t-il détermination suffisante, si l'acte porte que la vente est faite *moyennant bon prix et satisfaction* que le cédant a reçus du cessionnaire ? La négative est enseignée par Champ. et Rig., n° 1201 ; Rol. de Vill. 1re édit. t. 7, p. 310, n° 32 ; D. N., t. 6, p. 719, n° 21 ; et ces auteurs invoquent un arrêt de Cass. (30 avr. 1822, D. N. *loc. cit.*) portant : « que de tout temps les négociations ou transports de créances sur l'État ont été assujettis à des *règles particulières*, et que depuis la publication du C. C., l'usage de déclarer, dans ces sortes d'actes, qu'ils ont lieu moyennant *bon prix et satisfaction*, n'a reçu aucune atteinte. » D'où ils concluent que s'il peut y avoir dérogation à l'art. 1591 C. C., ce n'est qu'en faveur des cessions de créances sur l'État que cette dérogation a lieu. Dalloz, n° 1721, pense qu'on peut dire qu'une telle indication suffit pour la régularité du transport. Il semble, ainsi que le fait observer Marcadé, sur l'art. 1591, que la loi parle trop absolument quand elle dit que le prix doit être *déterminé par les parties* ; il faut entendre par là que la convention des parties doit être telle qu'il y ait certitude sur la détermination soit présente, soit future du prix (*V. Ventes d'immeubles*). Or, dans notre hypothèse, il y a certitude *pour les parties* sur la détermination actuelle du prix, puisque le cédant déclare *l'avoir reçu du cessionnaire*. Nous pensons donc que c'est le cas de faire à l'espèce l'application de l'art. 16 L. 22 frimaire an 7, et de percevoir le droit proportionnel sur l'évaluation à exiger des parties.

3673. Convention principale. — Echange. — Vente. — Bail. — Il est évident que le prix doit être d'une somme d'argent. S'il consistait soit en créances, soit en meubles, soit en immeubles, il n'y aurait plus cession dans le sens employé ici. Dans la première hypothèse, celle où l'équivalent de la cession consisterait en une créance, il y aurait échange ; cependant, le droit ne changerait pas de quotité, il serait toujours de 1 franc pour 100. Mais il n'en serait plus de même pour les deux derniers cas. Le droit à percevoir serait celui de 2 ou de 5 fr. 50 cent. pour 100, selon que l'équivalent de la créance consisterait en meubles ou en immeubles. Le contrat constituerait alors une vente mobilière ou immobilière dont le prix serait l'abandon de la créance. C'est ce qui résulte formellement de l'art. 69 § 3 n° 3, L. 22 frimaire an 7, qui a tarifé la cession de créance, cumulativement avec d'autres contrats, et dans lequel il est dit : « et tous autres actes ou écrits qui contiendront obligation de sommes, sans libéralité, et sans que l'obligation soit le prix d'une transmission de meubles ou immeubles non enregistrée. » Il y a lieu de faire à l'espèce l'application du principe que nous avons établi, nos 546 et suiv. d'après lequel le droit doit toujours être perçu sur la disposition principale. — V. 2856.

1. LINGOTS. — Le tribunal de la Seine a jugé le 1er décembre 1848 (14685 J. E., 13704 J. N.), que l'obligation souscrite par un bijoutier au profit d'un négociant en ma-

tières d'or et d'argent, pour lingots d'or et d'argent reçus et remboursables *en argent* monnayé, donne ouverture au droit de 2 pour 100, comme vente de marchandises, par le motif qu'on ne peut invoquer l'art. 1845 C. C. pour prétendre qu'il ne s'agit ici que d'un prêt à usage, car cet article suppose que l'emprunteur rendra la chose même qui a fait l'objet du prêt, ou une chose de même nature, ce qui ne se rencontre pas dans l'espèce. Il faut en conclure que la cession de créance consentie moyennant l'abandon de lingots est passible de 2 pour 100. C'est une Sol. que fait pressentir M. Dalloz, n° 1734.

Il en serait autrement s'il s'agissait du transport d'une obligation causée pour prêt en lingots, moyennant une quantité de lingots égale à celle prêtée. Le droit exigible serait celui de 1 franc pour 100. L'Administration a implicitement consacré ce principe en décidant, le 12 mai 1814 (4815, 6050 J. E.) que le prêt fait en lingots, et remboursable en lingots, n'est passible que du droit de 1 pour 100.

3674. Convention principale. — Rente. — La question s'est présentée surtout au sujet des rentes constituées moyennant une cession de créances. Personne ne doute aujourd'hui de la validité de cette opération (Troplong n° 423, Dalloz v° *Rente* n° 13, Pont *Traité des petits contrats* n° 673, Demante *Principes de l'enregistrement* n° 446). « La rente viagère, dit M. Pont, peut être créée moyennant un capital en argent reçu par le constituant; c'est là le contrat de rente viagère proprement dit, celui que Pothier a presque exclusivement en vue dans son *Traité* quand il l'a défini : un contrat par lequel un des contractants vend à l'autre une rente annuelle dont la durée est bornée à la vie d'une ou de plusieurs personnes, de laquelle rente *il se constitue envers lui le débiteur pour une certaine somme qu'il reçoit pour le prix de la constitution.* La rente viagère peut aussi être établie en échange d'une chose mobilière appréciable ou d'un immeuble. Dans les deux cas, il intervient entre les parties une opération qui peut s'analyser en une aliénation de la somme, des meubles ou de l'immeuble que le crédi-rentier ou acquéreur de la rente consent au profit du débiteur de cette rente, en retour des arrérages que celui-ci s'engage à lui payer. »

On a soutenu que le transport de la créance forme la disposition principale du contrat, parce que la créance est un titre représentatif de l'argent, tandis que la rente consiste dans le versement même de sommes d'argent (Champ. 1047 C.) — Mais c'est une erreur : « D'une part, dit M. Demante, la créance est la représentation d'une valeur pécuniaire, elle n'existe que pour s'éteindre un jour et ne peut jamais avoir une valeur d'affection. D'autre part, la rente, à raison de sa durée indéfinie, doit être considérée comme le plus important objet de la convention » (n° 446; — *Conf.* : Sol. 29 flor. an 6, 1104 J. E., Dél. 29 sept. 3 oct. 1835, 11486 J. E.).

Les tribunaux de Loudun et de Laon, les seuls auxquels la difficulté a été soumise, l'ont résolue en ce sens les 27 décembre 1848 et 26 septembre 1850. Et ils se sont fondés pour cela, d'une part, sur ce que la création de la rente était bien le but principal des contractants; et d'autre part, sur ce que la doctrine contraire permettrait dans tous les cas d'éviter frauduleusement l'application du droit de 2 pour 100, puisqu'il suffirait de placer d'abord fictivement entre les mains d'un tiers la somme destinée à former le prix de la rente (14079 et 15172 J. E., 14277 J. N.).

Rente sur l'État. — Le même principe résulte encore des arrêts rendus par la cour suprême le 7 novembre 1826 et 20 février 1839, au sujet des transferts de rentes sur l'État consentis moyennant une constitution de rente. On soutenait aussi devant la Cour que la disposition principale de l'acte était le transfert de la créance d'État, que la création de la rente formait seulement le *prix* de la chose transmise, et, par conséquent, que le droit devait être réglé d'après la clause dominante affranchie de l'impôt proportionnel. Mais l'interprétation contraire prévalut et les arrêts décidèrent que le tarif devait être appliqué à la constitution de la rente.

L'arrêt du 7 novembre 1826 porte : « La Cour, Vu les art. 70 § 3 n° 3, 69 § 5 n° 2 de la loi du 22 frimaire an 7; attendu que, si le premier de ces articles exempte du droit proportionnel d'enregistrement les inscriptions sur le grand livre de la dette publique, leurs transferts et mutations, cet article n'ajoute pas que, quelles que soient les stipulations auxquelles ces transferts ou mutations pourront donner lieu, ces stipulations seront également exemptes du même droit; — qu'ainsi, si, dans l'acte portant cession ou transfert d'une inscription, il intervient des stipulations donnant par elles-mêmes ouverture à un droit proportionnel d'enregistrement, comme si, pour prix d'un transfert, le cessionnaire transmet au cédant un immeuble, ou lui constitue une rente perpétuelle ou viagère, l'exemption dont jouit le transfert ne peut avoir l'effet d'affranchir la mutation de cet immeuble, ou la constitution de cette rente, des droits dont la loi frappe ces derniers actes, le vœu de la loi étant que chaque disposition d'un acte, qui ne dérive pas nécessairement des autres dispositions, soit assujettie au droit d'enregistrement qui lui est propre, ainsi que l'explique l'art. 11 de ladite loi, » (S. 27-1-85, 1205-12 I. G.).

L'arrêt du 20 février 1839 est ainsi conçu : « Attendu, en fait, que, par acte des 23 et 24 novembre 1854, les époux Fournier ont transporté aux défendeurs deux inscriptions sur l'État, des effets mobiliers et une maison, moyennant une somme de 23421 francs; pour laquelle lesdits acquéreurs se sont obligés de payer aux vendeurs une rente viagère de 300 francs jusqu'au décès du survivant, et, en outre, de les loger, nourrir, chauffer, tant en santé qu'en maladie, jusqu'à leur décès; attendu que la constitution de la rente viagère, et l'obligation de nourrir et loger les vendeurs, donnaient par elles-mêmes ouverture au droit proportionnel de 2 pour 100 sur les 20000 francs qui excédaient les prix de l'immeuble et des effets mobiliers; que ces conventions, distinctes de la vente, et ne dérivant pas nécessairement de la transmission des inscriptions, ne pouvaient profiter de l'exemption de droit, accordée exclusivement par l'art. 70 § 3 n° 3 aux transferts et mutations des inscriptions; que cette exemption n'a pu être étendue à des stipulations indépendantes du transfert, et qui n'en dérivaient pas nécessairement » (S. 39-1-220, 1590 § 13 I. G.).

C'est également ce qu'enseigne Dalloz n°s 1812 et 1813. — *Contrà* J. du not. 15 sept. 1869 n° 2372.

1. CRÉANCE CONDITIONNELLE. — Ajoutons que ce principe est indépendant de la nature de la créance ou des modalités dont elle est accompagnée. Une créance condition-

nelle, par exemple, peut être tout aussi bien l'objet d'une création de rente qu'une obligation ferme. L'éventualité qui s'attache à la dette ne permet pas sans doute d'en préciser l'importance, mais le droit qui appartient au créancier de recueillir la somme entière, si la condition s'accomplit, est en lui-même une valeur actuelle qu'il peut transmettre à un tiers. Toute la différence entre cette hypothèse et le cas d'une obligation ordinaire, c'est que la convention prête mieux à l'usure, mais une telle possibilité de fraude n'infirme pas le principe du contrat, et comme le fait judicieusement remarquer M. Demante (*loc. cit.*), les tribunaux auraient à cet effet une appréciation discrétionnaire (*V.* aussi Demolombe t. 9 n° 435 ; — Bourges 2 avr. 1828, D. 1829-2-180 ; — Paris 2 déc. 1831, D. 1832-2-50 ; — Cass. 13 août 1845, S. 45-1-714).

C'est donc à tort, selon nous, que le tribunal de la Seine a refusé d'appliquer le droit de 2 pour 100 à l'abandon d'une créance conditionnelle moyennant une rente (10 fév. 1866, 2446 R. P.). D'ailleurs, l'Administration s'étant pourvue contre ce jugement, la partie s'est désistée de son bénéfice (2308 § 1er I. G.).

2. DISPOSITION ACCESSOIRE. — Toutefois, si la constitution de rente n'était qu'un accessoire du prix de la cession, on ne pourrait pas scinder le contrat pour percevoir 2 pour cent sur la rente et 1 pour cent sur le capital cédé. Ainsi, le tribunal de la Seine a jugé, le 21 novembre 1856, que le transport d'une créance consenti à la charge par le cessionnaire de tenir quitte le cédant, jusqu'à concurrence d'une somme déterminée, de celle que ce dernier lui devait, et de constituer à son profit une rente viagère, ne donne ouverture qu'au droit de 1 pour cent sur la somme cédée.

Il a été jugé, d'après le même principe, que quand des immeubles et des créances sont simultanément cédés moyennant des prix distincts convertis en une rente viagère unique, on ne saurait percevoir le droit de vente à l'égard des immeubles et le droit de constitution de rente à l'égard de la créance. La rente a, dans tous les cas, le caractère d'un prix, et le droit exigible est celui du transport de créances qui forme la disposition principale : « Attendu, porte un arrêt de la C. cass. du 29 décembre 1868, que lorsque la loi du 22 frimaire an 7, par son art. 69 § 3 n° 2, a grevé d'un droit de 2 pour 100 les constitutions de rentes viagères, elle n'a entendu parler que de celles de ces rentes constituées à prix d'argent, où la rente est la cause principale du contrat ; que lorsque, au contraire, une rente viagère est stipulée comme prix de l'abandon d'un immeuble ou de la cession d'une valeur mobilière, le contrat ne peut plus être considéré comme une constitution de rente viagère, mais est en réalité une vente soit mobilière, soit immobilière, dont la rente n'est plus que le prix ; qu'en pareil cas, le droit d'enregistrement à percevoir n'est plus celui de l'art. 69 § 6 n° 2, pour les constitutions de rente, mais le droit établi pour les transmissions de biens par l'art. 69 § 3 n° 3, pour les valeurs mobilières, et par l'art. 69 § 7 n° 1er, pour les valeurs immobilières ; attendu que, par l'acte du 1er mai 1863, Millet a d'abord abandonné à ses sœurs un immeuble et une créance, et que la stipulation de la rente viagère n'est venue ensuite que comme représentant dans son chiffre total autant le prix de la cession de créances que celui de la vente d'immeubles ; qu'il n'y a donc eu réellement qu'un seul contrat, une transmission de valeurs ne devant donner ouverture qu'à une seule nature de droits, dont la quotité seulement peut varier suivant que le droit s'applique à l'immeuble ou à la créance » (2850 R. P., B. 195, S. 69-1-86, D. 69-1-265, P. 69-175, 19485 J. N. ; *Conf.* Bordeaux 19 août 1874, 4188 R. P.).

Le principe qui sert plus particulièrement de base à cette décision a été discuté au mot *Acte contenant plusieurs dispositions.*

3675. Convention principale. — Bail. — Nous avons dit, aux nos 546 et suiv., que pour établir la perception d'une manière régulière sur un contrat qui présente des dispositions qui se lient intimement les unes aux autres, il faut s'attacher à distinguer quelle en est la disposition principale, et ne frapper du droit que cette seule disposition. C'est sur ce principe que sont basées les décisions que nous venons de rapporter.

A côté de ce principe, l'Administration en a souvent posé un autre emprunté à l'art. 96 du tarif de 1722, portant : « Pour les actes et contrats qui renferment différentes dispositions concernant les mêmes parties, il ne sera payé qu'un droit, qui sera pris sur le pied de l'article le plus fort de tous ceux du présent tarif. »

Ainsi, dans une espèce où A... s'obligeait à prendre chez lui B..., à le loger, nourrir et entretenir pendant trois ans, au moyen de l'abandon qu'il lui faisait, pendant le même temps, du revenu de ses biens, affermés pour 2,170 francs, l'Administration a décidé, le 12 juillet 1833 (10657 J. E.) que, bien qu'il y eût bail à nourriture, c'était le droit de cession de créance qui était exigible, attendu que si le transport de créance est présenté comme la condition du bail à nourriture, on peut dire également que ce bail est la condition du transport de créance et qu'on ne peut contester à l'Administration la faculté de percevoir le droit sur la stipulation la plus avantageuse au Trésor. — C'est le même raisonnement qui a provoqué une solution inverse dans des espèces où la cession de créance, au lieu d'être le prix d'un bail à temps, était celui d'un bail à vie. Dans ces circonstances, on a décidé que c'était le droit de bail à 2 pour 100 qui était exigible (7614 J. E., Sol. 9 août 1825, 8218 J. E., Sol. 14 mars 1837, Dalloz n° 2027, Champ. t. 6 n° 270).

Il faudrait exposer ici pour expliquer ces décisions la théorie des dispositions principales ou accessoires d'un même contrat, et démontrer comment l'Administration peut découvrir entre deux stipulations réciproques, celle qui motive l'application du tarif. Mais nous avons donné à cette question, au n° 548, le développement quelle comporte et nous ne pouvons qu'y renvoyer le lecteur.

SECTION 4. — RÉTROCESSIONS

[3676-3682]

3676. Tarif. — L'art. 69 § 3 n° 3 L. 22 frimaire an 7 a tarifé les cessions et transports de créances, mais non leurs rétrocessions. Cependant la rétrocession, quoique non textuellement tarifée, n'en est pas moins soumise à l'application du droit de 1 franc pour 100, parce qu'elle constitue une véritable cession nouvelle, une seconde cession entre les mêmes parties remplissant un rôle inverse. C'est ce que l'Administration a décidé, en thèse générale, le 20 août 1836 (11638-5 J. E., 2697 J. N., 6176 J. E.). Toutes les règles de la cession sont donc applicables à la rétrocession.

3677. Consentement. — La rétrocession ne saurait s'opérer, pas plus que la vente ou la cession, sans le consentement du cédant et du cessionnaire. D'un autre côté, le droit de transport est un droit d'acte qui devient exigible par la présentation seule à la formalité du titre de la cession. Dès lors, aucun droit proportionnel ne saurait être perçu sur la simple déclaration unilatérale d'une des parties, qu'elle renonce au transport précédent ou à sa signification. Nous avons établi ce principe à propos des cessions en général sous le n° 3649 qui précède.

3678. Absence de transport. — Lorsque la remise des créances en gage n'a pas opéré transport, et, par suite, n'a pas donné ouverture au droit proportionnel *de cession*, il a été décidé, par application des principes généraux en matière de mutation, que la remise du titre que fait postérieurement le créancier nanti, à son débiteur, ou sa renonciation à la garantie, n'opère que le droit fixe, soit que l'obligation ait été soldée, ou qu'elle existe encore, soit que le droit de *garantie*, à 50 cent. pour 100, ait été perçu, ou qu'il n'y ait pas eu lieu de l'exiger, et encore que le créancier nanti ait fait signifier son acte au débiteur de la créance (Déi. 2 juill. 1835, 12 juin 1841, 11237, 12758 J. E.; — Seine 12 juill. 1854, 230 R. P.). Du moment, en effet, qu'il n'y a pas eu dessaisissement, il ne peut y avoir rétrocession. — *V.* 3649 3677.

3679. Rétrocession verbale. — Les rétrocessions verbales sont exemptées de l'enregistrement. On ne pourrait induire l'existence de la convention, en l'absence d'un contrat, de présomptions ou inductions quelconques.

Le tribunal de Versailles a cependant jugé, le 1er juillet 1841 (12784 J. E.), que si le cessionnaire de partie d'une créance a été subrogé à l'hypothèque du cédant, et que plus tard il déclare donner mainlevée de cette subrogation avec stipulation que l'hypothèque profitera de nouveau au créancier qui lui avait cédé partie de sa créance, il y a preuve que celui-ci est rentré en possession, et le droit de rétrocession est exigible. Mais on a fait remarquer avec raison que le rétrocessionnaire n'ayant pas comparu à l'acte de renonciation, le simple désistement unilatéral du cédant ne pouvait constituer le titre de la convention ni justifier la perception du droit (Champ. et Rig. t. 6 n° 183).

3680. Prix de vente. — Si un vendeur a reçu en payement du prix dont il a donné quittance, des créances dont l'acquéreur lui a garanti le recouvrement, un droit de rétrocession de créance est exigible sur l'acte par lequel ce vendeur, reconnaissant qu'il n'a pu obtenir payement des débiteurs délégués, rend ces créances à l'acquéreur avec déclaration que la délégation faite dans le contrat de vente est comme non avenue (Seine 28 déc. 1849, 15162 J. E.; — *Conf.* : 2697 J. N., D. N. t. 13 p. 113 n° 319).

3681. Nullité du transport. — Le même droit et de plus celui d'acceptation ont été reconnus exigibles sur l'acte par lequel un mari, qui avait reçu, à titre de cession, de la part de sa femme une créance déterminée, rétrocède sa créance à celle-ci, *en présence du débiteur*, encore que l'on prétende que le transport au mari était nul (Bourges 9 sept. 1843, 13350-1 J. E.). — Aujourd'hui le droit d'acceptation ne pourrait être perçu d'après la jurisprudence que nous avons fait connaître au mot *Acceptation*.

3682. Réméré. — Le retrait de réméré d'une créance à terme n'est passible que du droit de 50 centimes pour 100. — V. *Réméré* 12853 § 1er.

Mais l'acte par lequel une personne qui avait cédé une créance non exigible, avec la faculté de racheter dans un délai déterminé, rembourse cette créance avant le terme d'exigibilité, mais après celui stipulé pour le rachat, est passible du droit de rétrocession de créance (Rethel 28 déc. 1848, 14826 J. E.).

CHAPITRE 3. — LIQUIDATION DU DROIT

[3683-3692]

3683. Règle. — D'après l'art. 14 n° 2 L. 22 frimaire an 7, le droit est perçu, pour les créances à terme, leurs cessions et transports, et autres actes obligatoires, sur le capital exprimé dans l'acte et qui en fait l'objet.

De ce que la loi ne dit pas *quel que soit le prix stipulé*, on a voulu conclure, que ces expressions de l'art. 14 n° 2, *sur le capital exprimé dans l'acte et qui en fait l'objet*, ne devaient pas s'entendre du capital exprimé dans l'acte, mais du prix arrêté. Le ministre des finances a rendu à la loi sa véritable interprétation. Il a décidé, le 8 germinal an 8 (451 J. E.), que les expressions de l'art. 14 n° 2, signifiaient clairement que le droit doit être assis sur le montant de la créance, parce que le législateur avait voulu par là prévenir le cas où le transport de la créance à terme se ferait à un prix inférieur à celui du capital.

C'est également ce qui résulte d'un arrêt de la C. cass. du 3 novembre 1807, ainsi conçu : « Vu le n° 2 de la section n° 7 du tarif annexé à la loi du 19 décembre 1790, l'art. 40 de la loi du 22 frimaire an 7, et l'art. 14 n° 2 de la même loi; attendu qu'il résulte de cette dernière disposition que, pour le payement du droit proportionnel sur une créance quelconque, il faut s'arrêter au capital exprimé dans l'acte, quelle que soit la valeur intrinsèque de ce capital; attendu que, dans l'espèce, le capital de la créance de la dame Dublaisel, exprimé dans la contre-lettre, est de 163,738 écus et 33 sous de Luxembourg, et que d'ailleurs, cette contre-lettre porte, en termes exprès, que cette somme est le vrai prix de la vente; d'où il suit que le tribunal civil de Luxembourg s'est jeté dans de vains calculs sur la valeur des billets de la caisse de l'empereur d'Autriche, calculs que la régie de l'Enregistrement n'a pas dû faire, et qu'ainsi ce tribunal a violé les dispositions des lois ci-dessus citées. » (D. N. t. 3 p. 108 n° 280, S. 7-2-753). — *Conf.* : Dél. 16 juin 1829, 9341 J. E.; — Seine, 17 fév. 1846, 13956 J. E., M. Demante n° 415; — Béziers, 26 déc. 1876.).

3684. Adjudication en justice. — Néanmoins, il ne faut pas perdre de vue que ce mode de liquidation tout à fait exceptionnel n'a eu d'autre but, dans la pensée du législateur, que de prévenir les fausses énonciations de prix dans les transports. Aussi, du moment que la dissimulation *n'est pas possible*, il y a lieu de revenir à la règle commune, c'est-à-dire, que le droit est perçu sur le prix exprimé et non sur le capital cédé.

C'est ainsi, comme on l'a vu au n° 1751, que pour les adjudications en justice des rentes et créances, le droit est assis sur *le prix* de l'adjudication : « Attendu, porte un arrêt de la C. de cass. du 1er avril 1816, qu'en décidant que la valeur d'une rente aliénée par vente forcée en justice, après expertise, sur la tête d'un curateur à une succession vacante, est déterminée, pour la liquidation du droit proportionnel, par le prix exprimé, conformément à l'art. 14 n° 5 de la loi du 22 frimaire an 7, le jugement n'a point contrevenu à la loi. » (S. t. 16 p. 413).

Ce principe déjà admis dans l'ancien droit (Bosquet v° *Prix* n° 4 et *Rente* n° 5) a été plusieurs fois appliqué (Dél. 29 mars 1823, 7417 J. E., 16 mai 1837). — Il est approuvé par M. Demante n° 416; et il a été consacré en Belgique par un article de loi (L. 31 mai 1824 art. 16, M. Bastiné n° 650);

1. NOTAIRE COMMIS. — On a étendu le même principe aux adjudications faites devant un notaire commis à cet effet par le tribunal (Dél. 8 déc. 1829, 7050 J. N., 9505 J. E., 1307-1 I. G.).

2. FIXATION JUDICIAIRE DU PRIX. — On a décidé également que le droit est dû sur le prix d'une cession de créances sous seing privé, qui a eu lieu avec l'autorisation du juge et après une adjudication publique infructueuse, car la justice ayant arrêté le prix, aucune fraude n'est possible (Sol. 18 sept. 1851).

3. SUCCESSION VACANTE. — De même un jugement ayant autorisé le curateur d'une succession vacante à céder pour 500 francs une créance de 6000 francs, il a été reconnu que le droit n'est dû que sur 500 francs, par application de l'I. G. 1307-1 (Sol. 1er août 1857).

3685. Adjudication volontaire. — Doit-il en être de même des adjudications volontaires ? Nous ne le pensons pas. Il y a eu, dans la jurisprudence précédente, dérogation formelle à la loi ; mais cette dérogation au texte précis de l'art. 14 n° 2 L. 22 frimaire an 7, n'a été introduite que pour rendre hommage à la pensée qui a présidé à sa rédaction : elle repose sur cette considération que la vente judiciaire donne à l'Administration une *certitude suffisante* que le prix de l'adjudication opérée devant le tribunal ou le notaire commis par lui, n'a été entaché d'aucune dissimulation. C'est par identité de raison que l'expertise a été repoussée en matière de vente judiciaire d'immeubles (V. 1748). Mais il est aujourd'hui reconnu que *l'adjudication volontaire* d'immeubles ne peut présenter, quant à la fixation du prix, les mêmes garanties que les ventes judiciaires et qu'elle tombe comme les ventes ordinaires sous le coup de l'expertise (Cass. 3 juill. 1855, S. 55-1-840, 417 R. P., 2054-3 I. G.). — V. *Expertise.* Il nous semble que les mêmes raisons de décider doivent faire rejeter toute assimilation entre les adjudications judiciaires et les adjudications volontaires de créances, et que pour celles-ci le texte de la loi doit conserver toute sa force. C'est ainsi que l'Administration a fait juger par le tribunal de la Seine : 1° que les cessions judiciaires de créances sont seules assujetties au droit proportionnel sur le prix stipulé et que les autres y sont soumises sur le capital, encore qu'elles aient lieu devant un officier public par adjudication et que la créance dépende de la liquidation d'une société (Seine 17 mars 1871, 3302 R. P.); — 2° que l'adjudication devant notaire, à la requête d'un tuteur non autorisé en justice, d'une créance dépendant d'une succession bénéficiaire, est passible du droit sur le capital nominal de la créance et non pas sur le prix de l'adjudication. « Attendu que, si une exception a été admise pour les ventes faites en justice, elle ne peut pas être étendue aux ventes volontaires, même passées devant l'officier public par une tutrice, mais sans autorisation de justice » (Seine 24 mai 1873, 3817 R. P.). La doctrine contraire est cependant professée par Dalloz n° 4501, Champ. et Rig. *Suppl.*, n° 191 ; et elle s'appuie sur un jugement du tribunal de Reims, du 6 septembre 1834 (D. N. t. 13 p. 108 n° 282).

3686. Créance litigieuse. — L'art. 14 n° 2 L. 22 frimaire an 7 présente une grande rigueur dans l'hypothèse, par exemple, où la créance cédée concerne un débiteur de solvabilité douteuse, ou fait l'objet d'un procès. La perception du droit sur le capital et non sur le prix exprimé, frappe une valeur évidemment supérieure à la valeur vénale de la créance. Il est néanmoins certain que sauf le cas d'adjudication en justice, aucune dérogation au texte de la loi ne peut être admise. Dans ce sens il a été décidé que la cession d'une créance litigieuse donne ouverture, comme celle d'une créance certaine, au droit proportionnel sur le capital cédé et non sur le prix de la cession. (Dél. 2 oct. 1829, 9423 J. E.; — Seine 7 mars 1851, 15319 J. E., 14585 J. N.; — Seine 17 mars 1871, 3302 R. P.).

« Vainement, dit M. Demante, a-t-on voulu soutenir que l'opération était conditionnelle, puisque, par l'évènement du procès, le cessionnaire peut ne rien obtenir. Le profit du cessionnaire est sans doute incertain, mais la cession est pure, actuelle, certaine; l'incertitude du résultat ne fait pas que la vente ne soit pure et simple » (n° 417).

Il est clair que si le transport, au lieu d'être actuel, était subordonné à la reconnaissance par jugement de l'existence ou du chiffre de la créance, il n'y aurait qu'une cession conditionnelle passible du droit fixe.

1. FAILLITE. — DIVIDENDE. — Il a été reconnu, dans le même ordre d'idées, que la cession d'une créance sur un failli, avec condition que si le cessionnaire reçoit moins de 25 centimes pour 100, il lui en sera tenu compte, et

que s'il reçoit plus, il payera le surplus au cédant, donne ouverture au droit proportionnel sur le capital cédé sauf cependant, dans ce cas, restitution si, dans les deux ans, il est justifié de la somme à laquelle le dividende s'est élevé (5420 J. E., Dél. 25 sept. 1829, 12880-13 J. E.).

Cependant, le tribunal de la Seine a jugé, le 28 avril 1830, que le droit est dû sur le montant du dividende tel qu'il est évalué dans la cession (D. N. t. 13 p. 109 n° 285) et l'Administration a plus d'une fois appliqué sa doctrine (V. J. du not. 18 oct. 1871 n° 2491). — Mais c'est là une interprétation de pure bienveillance qui ne nous semble pas, malgré son caractère d'équité, pouvoir être imposée à l'Administration contre le texte précis de loi. — V. 3503-3.

3687. Nue-propriété. — Il avait paru d'abord que la cession de la nue-propriété d'une créance devait, dans tous les cas, subir l'impôt sur le montant intégral du capital cédé sans aucune déduction pour l'usufruit.

En effet, disait-on, l'art. 14 L. 22 frimaire an 7, en statuant sur la valeur de la propriété, de l'usufruit et de la jouissance des *biens meubles*, et notamment des créances, a mis en opposition l'expression de propriété et celle d'usufruit. Considérée ainsi, l'expression de propriété doit s'entendre du droit de propriété dont un autre a l'usufruit, de la même manière que l'art. 598 C. C. définit l'usufruit le droit de jouir d'une chose dont un autre a la propriété. Ainsi, dans l'art. 14 L. 22 frimaire an 7, comme dans l'art. 598 C. C., le mot *propriété* est synonyme de *nue-propriété*. Il en résulte que la nue-propriété des créances est soumise pour le payement des droits à la même perception que la propriété entière. Il ne semblerait pas possible d'étendre à cette matière les distinctions admises pour les transmissions à titre gratuit ou onéreux de la nue-propriété des choses corporelles (9268-10462 J. E., Dél. 17 mai 1834; — Saint-Omer 23 août 1834; — Seine 16 août 1838, 10919, 11093, 12168 J. E.; — Loudun 27 déc. 1848; — Laon 26 sept. 1850, 14679-15172 J. E., 14277 J. N.).

Nous ne croyons pas cette opinion fondée.

L'Administration ne fait plus maintenant nulle difficulté d'admettre que, quand la nue-propriété a une première fois supporté le droit de mutation sur la valeur entière de l'objet, les transmissions secondaires de cette nue-propriété ne donnent plus ouverture à l'impôt que sur la moitié de la valeur imposable. Elle a reconnu que ce principe, proclamé d'abord par la jurisprudence à l'occasion des immeubles (1816 I. G.) s'appliquait également aux meubles sans distinction de nature (2025-3 I. G.) et on n'hésite plus, en effet, à liquider sur la moitié de la valeur entière le droit de donation ou de succession exigible, lors des mutations secondaires de la nue-propriété. V. *Succession* et *Donation*. — Nous verrons, au titre de l'échange, qu'on suit la même base pour le calcul du droit exigible sur les nues-propriétés. Or, il n'y a aucune raison pour ne pas appliquer cette doctrine aux cessions de créances. Si la nue-propriété, dont l'usufruit demeure au cédant se trouve pour la première fois démembrée, le cessionnaire qui la reçoit, reçoit avec elle l'expectative d'obtenir plus tard l'usufruit, et comme le droit afférent à cette réunion est payable par anticipation, il est juste que l'impôt soit acquitté sur la valeur entière comme si l'usufruit n'était pas séparé. Mais, lorsque ce démembrement a eu lieu antérieurement, et qu'à cette époque le nouveau possesseur de la nue-propriété a acquitté le droit sur la valeur entière, c'est-à-dire sur l'usufruit dont il a reçu l'expectative, il n'est plus possible, sans violer la maxime *non bis in idem*, de le réclamer encore aux successeurs généraux ou particuliers de ce nu-propriétaire. S'il donnait ou cédait sa propriété à un tiers le droit ne serait perçu que sur la valeur de la nue-propriété. Il doit en être évidemment de même pour la cession à titre onéreux.

Nous pouvons citer comme ayant résolu la question dans ce sens une Sol. du 16 février 1854 rendue pour le département de la Seine.

3688. Nue-propriété et usufruit. — En suivant le principe que la nue-propriété devait acquitter dans tous les cas le même droit que la propriété entière, on en était venu à soutenir que si deux personnes acquièrent par le même acte, l'une la nue-propriété et l'autre l'usufruit d'une créance de 1000 francs, le droit devait être perçu sur 1000 francs, d'abord, pour la nue-propriété, puis sur la valeur de l'usufruit. Le tribunal de la Seine l'avait, en effet, décidé ainsi, le 16 août 1838 (12168 J. E.) et ce n'était, comme nous le faisions remarquer dans nos éditions antérieures, qu'une conséquence logique de la règle alors admise sur le mode d'évaluation de la nue-propriété des créances. — Mais on se mettait ainsi en opposition avec la jurisprudence d'après laquelle la vente par le même acte de l'usufruit et de la nue-propriété d'un immeuble à deux personnes ne permettait de percevoir le droit afférent à la cession de la nue-propriété que sur la valeur de cette propriété déduction faite de celle de l'usufruit (Cass. 8 janv. 1822, 20 mars 1826, 26 déc. 1826, 3 janv. 1827 1205-14 et 1210-9 I. G. — V. *Usufruit*). Or, il était difficile d'admettre que le principe posé par la loi pour la cession des immeubles ne fût pas le même pour la cession des créances. Aussi, croyons nous devoir décider que le droit de 1 pour 100 n'est dû que sur le capital cédé. Mais il va de soi que la cession ultérieure de la nue-propriété seule donnerait lieu à l'impôt sur la valeur entière, puisque son possesseur n'a pas, lors du démembrement, acquitté le droit sur l'usufruit qu'il est appelé à recueillir. — V. *Usufruit*.

3689. Usufruit. — En ce qui concerne plus spécialement l'usufruit, l'Administration a décidé que si l'on cède l'usufruit d'une créance, le droit doit être liquidé sur un capital formé de dix fois l'intérêt de la créance cédée, par application de l'art. 14 n° 9 L. 22 frimaire an 7, car cette cession n'est autre chose que la cession d'une rente viagère (Sol. 10 mai 1833, 10608 J. E.; Sol. 10 déc. 1849 et 14 fév 1859). — V. *Usufruit*.

1. RÉUNION DE LA NUE-PROPRIÉTÉ A L'USUFRUIT.— Lorsque c'est l'usufruitier de la créance qui acquiert la nue-propriété, la cession n'est passible du droit que sur la moitié du capital cédé, parce que le droit a déjà été perçu sur l'autre moitié. (Sol. 29 sept. 1832, 3909 Roll.; — Dél. 29 avr. 1834, 10919 J. E., D. N. t. 13 p. 109 n° 289).

S'il s'agissait de la consolidation opérée au profit du nu-propriétaire qui a antérieurement acquitté le droit sur la valeur entière, la cession de l'usufruit ne donnerait plus ouverture qu'au droit fixe, ainsi que nous l'expliquerons en traitant des réunions d'usufruit. — V. *Usufruit.*

3690. Intérêts échus. — Aucune difficulté ne peut s'élever au sujet de la cession des intérêts échus d'une créance faite cumulativement avec celle de la créance. Le droit proportionnel est dû sur les intérêts comme sur le capital. (Dél. 1er fév. 1822, D. N. t. 13 p. 109 n° 290, 2804 J. N.).

1. PRESCRIPTION. — Il en serait de même si, outre le capital de la créance, la cession comprenait dix années d'intérêts échus : le droit serait dû sur ces dix années d'intérêts, comme sur le capital, quoique le débiteur puisse opposer la prescription relativement aux cinq premières années d'intérêts. Tant qu'il n'use pas de cette faculté, ces intérêts sont exigibles, et font partie de la créance cédée. Il n'appartient pas aux préposés d'établir les droits et actions des parties autrement qu'elles ne l'ont fait ou voulu faire elles-mêmes dans les actes émanés de leur volonté (6228 J. E., 2804 J. N. — Seine 31 juill. 1822, 1249 § 7 I. G.).

Il n'y a pas à considérer, comme le croit M. Demante, si le débiteur reconnaît ou non l'existence de ces intérêts arriérés. Le savant professeur enseigne que le droit de cession n'est exigible que quand le débiteur a reconnu cette créance accessoire (418) et il annonce que nous paraissons avoir admis cette distinction. Nous avons simplement soutenu que la cession d'une créance et des intérêts échus ne donne pas lieu au droit *de titre* sur ces intérêts indépendamment du droit de transport, quand le débiteur n'intervient pas pour accepter la cession ; et ce point là est incontestable. Mais la question est bien différente pour le droit de la cession intervenue entre le cédant et le cessionnaire. Les intérêts échus forment une dette verbale du débiteur et on sait que la cession d'une créance verbale donne lieu a l'application du tarif aussi bien que le transport d'une obligation résultant d'un titre enregistrés. — V. 3648.

2. INTÉRÊTS A ÉCHOIR. — Les intérêts *à échoir* ne sauraient être ajoutés pour la perception (M. Demante n° 418). Ainsi, la cession faite moyennant 10,000 francs d'une somme de 12,500 francs composée d'un principal de 10,500 francs et de 2,500 francs montant des intérêts à échoir du jour de la cession au terme d'exigibilité, ne donne lieu au droit que sur 10,000 francs, car il ne s'agit pas d'intérêts échus et le véritable objet de la transmission est le capital de 10,000 francs productif d'intérêts (17157 J. E.) — V. *Délégation et Intérêts.*

3. ANNUITÉS. — LIQUIDATION. — Mais si le créancier d'une somme payable en annuités réglées de manière à comprendre les intérêts a cédé son droit aux annuités, le droit de cession est exigible sur la réunion de ces annuités sans déduction aucune pour les intérêts réservés : « Attendu que, si les parties se sont servi du mot annuité pour désigner les fractions du capital qui seraient payables chaque année, et si l'on entend habituellement par le mot annuité, une fraction d'un capital augmenté des intérêts, il résulte des termes formels du contrat de rétrocession qu'il s'agissait d'annuités sans intérêts. (Seine 1er juin 1867, 2493 R. P., 1400 C.).

Ce jugement a été confirmé par un arrêt de cass. du 29 juillet 1868, ainsi conçu : « Attendu, en droit, qu'aux termes de l'art. 14 L. du 22 frimaire an 7, c'est sur le capital de la créance cédée, non sur le prix de la cession, que le droit proportionnel de 1 pour 100 doit être perçu ; attendu que si, lorsque le capital de la créance est productif d'intérêts non encore échus, le droit proportionnel ne porte que sur le capital et non sur les intérêts à échoir, cette règle était sans application à la cause, ou, par l'acte constitutif, la créance cédée était expressément déclarée non productive d'intérêts » (2749 R. P., 14219 C., 2375-3 I. G., S. 69-1-39, 19374 J. N.).

La même interprétation résulte d'une Sol. de l'administration belge du 29 août 1872 (11935 J. E. belge). — V. *Vente d'immeubles.*

Elle s'applique aux rentes comme aux créances (Grenoble 25 juill. 1874, 4415 R. P.). — V. 14039.

3691. Fraction de somme. — La cession de plusieurs créances sur plusieurs débiteurs distincts donne ouverture au droit sur chaque créance cédée et non sur le montant cumulé des créances, attendu qu'il n'y a aucune connexité entre les débiteurs (10023-3 J. E.).

3692. Cession de meubles et de créances. — Si une vente comprend des meubles et des créances, vendus moyennant un seul prix et sans ventilation, on ne peut s'autoriser de l'art. 9 L. 22 frimaire an 7 pour percevoir sur le tout le droit de 2 pour 100, car cet article est spécial aux ventes de meubles et d'immeubles. On doit exiger la déclaration des créances et percevoir les droits sur chaque nature de biens (Sol. 31 mars 1831, Dél. 5 avr. 1833, 8063 et 10589 J. E.). — V. *Vente de meubles.*

CHAPITRE IV. — DU GAGE

[3693-3697]

3693. Principe. — Ainsi que le font observer Champ. et Rig., n° 1218, la circonstance que le créancier est autorisé à toucher, sans le concours de son débiteur, la créance que celui-ci lui remet à titre de garantie, n'a rien d'incompatible avec le contrat de gage. En effet, le créancier devant, aux termes de l'art. 2079 C. C., *rester*, s'il y a lieu, *propriétaire du gage jusqu'à l'expropriation du débiteur*, si le créancier n'avait pas la faculté de toucher le montant de la créance, il en résulterait que, dans le cas où la créance serait devenue exigible le débiteur de la créance exigeant l'anéantissement du titre en se libérant, le créancier resterait sans gage si la somme ne venait remplacer entre ses mains le titre anéanti. Mais la somme provenue de la créance n'est entre ses mains qu'un simple dépôt sur lequel les autres créanciers peuvent former opposition. On peut donc dire que la remise par le débiteur à son créancier d'une créance, à titre de garantie, *même avec pouvoir d'en toucher directement le montant*, ne donne pas ouverture au droit de cession de créance.

3694. Intention des parties. — Mais comme gage est souvent accompagé de conditions particulières destinées à permettre au créancier la réalisation facile de la garantie, lors de l'événement, il arrive que le trait distinctif des deux conventions est souvent peu saisissable. Ni la doctrine ni la jurisprudence ne contiennent de règle sur ce point. Toute la difficulté revient à apprécier les termes de chaque clause, afin d'en faire résulter la preuve de l'intention des parties (Dalloz n° 1766, Troplong *Nantissement* 293). Les exemples suivants empruntés à la jurisprudence pourront servir de guide dans cette recherche.

1° Ainsi, le tribunal de la Seine a jugé, le 21 avril 1846 (13988 J. E.), qu'il y a lieu de s'attacher au sens des actes pour en apprécier la nature et pour en faire ressortir les conventions qu'ils renferment; que l'acte du..., quoique contenant cette clause que la cession qu'il renferme est consentie en garantie du transport de..., n'en contient pas moins des termes qui constatent que les parties *y traitent d'un véritable transport*, et que l'effet de l'acte est, non un simple nantissement, mais un dessaisissement de la chose au profit du cessionnaire, ce qui donne ouverture au droit de transport.

2° Dans cet ordre d'idées, le tribunal d'Orléans a jugé, le 28 mai 1841 (12762 J. E.), qu'il y a transport de créance passible du droit proportionnel, lorsque le créancier nanti a la faculté de toucher *immédiatement* le montant de la créance donnée en gage.

3° Le même droit est exigible, 1° lorsque le débiteur autorise le créancier *à céder les créances comme il le voudra*, et à en conserver le montant comme *à compte* sur sa créance (Mortagne 26 avr. 1850, 15030 J. E.); — 2° lorsque le débiteur *dispense* le créancier des formes prescrites par l'art. 2078 C. C., qui veut que le créancier ne puisse disposer du gage sans se faire autoriser en justice (Seine 27 janv. 1847, 14184 J. E., 28 janv. 1852, 15436-4 J. E., 9718 C.; — Toulouse 9 juill. 1844, 13675 J. E.; — Seine 15 janv. 1845, 13664 J. E.; — Besançon 7 mai 1846, 14058 J. E., 7608 C.; — Mirecourt 24 mars 1851, 15195 J. E.).

4° Le droit est dû lorsque le débiteur cédé intervient à l'acte pour accepter le transport fait à titre de nantissement, et déclarer se le tenir pour signifié, attendu qu'une telle déclaration n'a pu avoir d'autre but que de masquer le transport pour le soustraire au droit proportionnel (Andelys 28 nov. 1842, 13137 J. E.).

5° La question a été résolue de la même manière dans une espèce où la cession de créance avait été consentie par l'endosseur au porteur d'une lettre de change, à titre de garantie (Seine 30 avr. 1847, 14294 J. E.).

6° Il avait été stipulé dans un transport, que si le débiteur qui avait consenti la cession en garantie se libérait lui-même par le payement, il resterait dans la propriété de la créance cédée. On a pensé que cette clause n'était pas exclusive du contrat de cession, à l'égard duquel elle formait une condition résolutoire, et le droit de 1 pour 100 a été jugé exigible (Seine 14 mars 1839, 12271 J. E.).

7° La perception du droit proportionnel a été également consacrée dans un cas où le cédant déclarait « subroger son créancier dans tous ses droits et lui donner tous pouvoirs nécessaires pour toucher directement, hors sa présence, le principal et les intérêts de la somme déléguée à titre de garantie et en donner quittance » (Sol. 23 nov. 1857).

8° De même, à propos d'une cession dite en garantie faite avec stipulation que le cessionnaire pourra toucher la créance, hors la présence et sans le concours du cédant : « Attendu que l'acte n'est pas un véritable nantissement, puisque le créancier peut toucher la somme, contrairement à l'art. 2078 C. C., qui veut qu'il se fasse attribuer la propriété, par autorité de justice; et que le transport est d'ailleurs définitif, puisque les débiteurs ont accepté la cession » (Seine 5 juin 1863, 12503 C., 17786 J. N.). — *Conf.* : Seine, 29 mai 1875.

9° Ou au sujet d'un transport contenant la clause suivante : « Si les époux A. ne se libèrent pas eux-mêmes, leur créancier touchera et recevra, sur ses simples quittances, le prix de vente de l'acquéreur, avec les intérêts, dans les termes et délais fixés par le contrat de vente. L'acquéreur intervient à l'acte et déclare accepter le transport » (Sol. 29 avr. 1862).

10° Ou à l'égard de cette autre clause : « La créancière est subrogée dans tous les droits, actions et hypothèques du débiteur contre ses propres redevables, de telle sorte qu'elle pourra les exercer contre eux par tous les moyen et voies de droit comme il le pourrait faire lui-même, en imputant sur le montant de sa créance les sommes qu'elle touchera en vertu du présent nantissement » (Seine 24 août 1867, 18415 J. E., 14040 C., 2756 R. P.).

11° Il a été décidé également, en matière civile, que l'acte par lequel un débiteur cède une créance, ne perd pas le caractère de cession et ne se réduit pas à un simple nantissement, par cela seul qu'il est stipulé que le cédant demeure obligé solidairement au payement envers le cessionnaire et qu'il aura la faculté de rembourser pour éviter les frais d'enregistrement, sur une simple mise en demeure (C. Lyon 17 mars 1842. — V. aussi Cass. 8 juill. 1824, 3 juill. 1834 et 8 juill. 1844).

12° Décidé, de même, que le droit proportionnel est dû quand le débiteur subroge le créancier dans ses droits, lui remet le double de son inscription et l'autorise à toucher la somme cédée, alors surtout que ce payement a eu lieu plus tard entre ses mains (Seine 4 déc. 1857, 978 R. P., 16656 J. E., 11357 C.).

13° Ce principe a été appliqué dans les termes suivants par un jugement de Vitry-le-François, du 10 juin 1858 (1022 R. P., 11410 C., 16780 J. E.) : « Il est de l'essence du contrat du gage que le créancier ne peut, à défaut de payer, disposer de la chose qui en fait l'objet; il est tenu (2078 C. C.) de faire ordonner en justice que le gage lui demeurera en payement, et toute clause qui l'autoriserait à s'approprier le gage ou à en disposer sans les formalités ci-dessus est nulle. En l'espèce, le cessionnaire a *le droit de toucher directement les loyers* et il est si bien saisi desdits loyers qu'il *doit les imputer* au moment où il les percevra, *non-seulement sur ce qui lui sera dû à cette époque, mais encore sur son capital non échu*. Le caractère de la garantie est que la chose n'est attribuée que sous condition suspensive, tandis qu'en l'espèce, cette attribution n'est subordonnée à aucun événement. On ne peut tirer d'objection de l'art. 2081 du C. C., d'après lequel le créancier gagiste impute les intérêts du gage sur ceux qui peuvent lui être dus. Dans ce cas, en effet, c'est la chose productive de fruits qui est le gage, tandis qu'au cas particulier, ce sont les fruits séparés de la chose qui le constituent. Donner au créancier le droit de les toucher, c'est par cela même anéantir et faire disparaître le gage, c'est en faire la cession. »

14° Au contraire, on a refusé d'admettre l'existence d'un dessaisissement actuel de la créance, lorsqu'une femme à la suite d'une obligation contractée conjointement avec son mari, cède ses reprises au créancier jusqu'à due concurrence, parce qu'il y a là une garantie simplement éventuelle dispensée du du droit (Dél. 14 juin 1826, 5921 J. N.).

15° Ou même quand le créancier reçoit le pouvoir de toucher la créance et que le débiteur cédé accepte le transport. « En effet, dit-on, si le créancier ne peut s'approprier les créances données en nantissement, il ne s'en suit pas qu'il ne puisse en recevoir le remboursement à l'exigibilité; le pouvoir de toucher lui est reconnu comme dérivatif de la conservation de son gage; et l'acte qui lui confère ce droit n'a rien de contraire à la nature même du gage. D'un autre côté, l'acceptation du débiteur est aussi bien nécessaire à la validité d'un transport en garantie que s'il s'agissait d'un transport ordinaire » (17786 J. N.).

16° En droit civil, il a été également jugé : 1° que la remise d'un titre de rente sur l'État, au porteur, faite par un débiteur à son créancier sous la clause que celui-ci aurait le droit, en cas de non paiement de la dette, de négocier la rente et d'en retenir le montant sur sa créance, ne constitue pas nécessairement une cession de la rente; il peut résulter des circonstances qu'il s'agit d'un gage » (C. Dijon 18 déc. 1855, S. 56-2-353).

17° Que la remise de titres au porteur faite à un établissement de crédit pour garantie d'avance de fonds, est un simple nantissement, quand le récépissé donné au remettant porte que le retrait des titres pourra être effectué contre un reçu signé par lui, pour décharge, et qu'il a été tenu compte au remettant des coupons échus afférents aux titres déposés (Cass. 28 juin 1862, S. 1862-1-625).

18° Que celui qui, en vertu d'un compte courant à lui ouvert par un banquier, dépose des valeurs entre les mains de ce dernier en garantie des avances à lui faites, ne perd pas de plein droit, par cela seul et nonobstant l'absence de toute convention à cet égard, la propriété de ces valeurs: cette propriété n'est transmise au banquier qu'éventuellement, au cas où le remboursement des avances faites ne serait pas dûment opéré. « Il appartient d'ailleurs, porte l'arrêt, aux juges du fait, en pareil cas, d'apprécier et d'interpréter les conventions des parties et de leur appliquer, soit les règles établies en matière de nantissement par l'art. 2078 C. C., soit la règle de droit en vertu de laquelle, à moins de stipulation contraire, le dépôt en compte courant a pour conséquence légale l'obligation pour celui qui le reçoit de porter au crédit du déposant, à la date de la réalisation des valeurs déposées, le prix provenant de ladite réalisation » (Cass. 26 juill. 1865, S. 65-1-409).

19° Que la convention par laquelle un éditeur reconnaît le prêteur qui lui fait des avances pour la publication d'un ouvrage, comme propriétaire des caractères et du papier destinés à l'impression d'un ouvrage et de toute l'édition, constitue non une vente, mais un nantissement (C. Bourges 14 juin 1844, D. 46-2-41).

20° Que le dépôt de titres au porteur entre les mains d'un prêteur d'argent pour sûreté du remboursement de la somme prêtée, constitue un véritable nantissement, et ne donne pas au prêteur le droit de disposer du gage (Cass. 28 juin 1862, D. 62-1-305; — C. Paris 22 janv. 1864, D. 64-2-25).
V. aussi. Cass. 24 juillet 1875, 4174 R. P.

3695. Dessaisissement ultérieur. — Lorsque le dessaisissement de la créance n'ayant pas eu lieu au moment de la remise en nantissement, le droit proportionnel de cession n'a pas été perçu, ce droit devient exigible sur l'acte postérieur par lequel l'emprunteur abandonne définitivement la créance à son créancier (Dél. 2 nov. 1831, 19 juin 1834, 10185, 10979 J. E. — *Contrà* 8643 J. N.) — ou un équivalent en remplacement du gage (Dél. 23 déc. 1828, 9235 J. E.). — On critique ces décisions par le motif que les transports ayant été faits sous condition suspensive, et remontant au contrat lors de l'accomplissement de la condition, il faut régler la perception comme si les transports avaient produit leurs effets dès le jour de l'acte. Dans ce cas, dit-on, l'art. 11 s'oppose à l'exigibilité d'un droit particulier distinct du droit d'obligation (D.N., t. 13, p. 112, n° 313). — Cette critique serait exacte s'il s'agissait d'une cession conditionnelle dans le sens de la loi. Mais dès l'instant qu'il est admis que le prétendu transport était un contrat de nantissement, il est clair qu'il ne peut se transformer en un transport qu'en changeant tout à fait de nature et à condition que les deux parties y donneront leur assentiment. Dans ce cas, la cession ne remonte pas au delà du nouvel acte, et l'art. 11 devient sans application. Seulement, il faut remarquer que le droit de 1 pour 100 ne peut être alors perçu que sur la présentation à la formalité de l'écrit constatant la formation du transport. Il en serait autrement de la cession conditionnelle, et l'Administration n'aurait besoin que d'établir la preuve de l'accomplissement de la condition, pour justifier la demande du droit demeuré en suspens dans les cas ou il eût été exigible sur l'acte antérieur de transport.

3696. Gage supérieur à la créance. — Si la créance donnée en nantissement est supérieure à la dette et qu'il résulte des circonstances de la cause que le transport n'a réellement lieu que jusqu'à concurrence de la dette, le droit proportionnel ne doit être perçu que sur le montant de cette dette et non sur la totalité des créances remises en gage (Toulouse 9 juill. 1844, 13675 J. E.).

3697. Crédit. — Les cessions en garantie se rencontrent fréquemment à l'occasion des ouvertures de crédit. Comme elles sont uniquement destinées à assurer au prêteur le remboursement de ses avances, il faut reconnaître qu'eussent-elles tous les caractères de la cession de créances pures et simples, leur effet est suspendu, comme celui de l'obligation même, jusqu'à la réalisation du crédit.

Un jugement du tribunal de la Seine avait cru cependant pouvoir décider que la cession est actuellement passible du droit proportionnel parce que le créditeur devient propriétaire des créances et peut, dès lors, en toucher le montant avant d'avoir versé les fonds (Seine 24 janv. 1855, 16017 J. E., 15447 J. N., 10500 C.). Mais c'était une erreur qu'il a reconnue depuis, en décidant que dans ce cas le droit fixe de 2 francs (3 fr.) est seul exigible quand le transport fait l'objet d'un acte particulier (Seine 31 mars 1865, 2135 R. P., 28 mai 1870, 3491 R. P.). Il est évident, en effet, que si le transport a pour but de garantir le recouvrement d'une obligation non encore existante, il ne peut produire de résultats avant cette époque; et que le créditeur ne pourrait recevoir actuellement *en son nom* une valeur dont l'attribution lui est consentie pour le cas seulement où il sera devenu créancier.

Le droit proportionnel n'est donc exigible qu'après la réalisation du crédit. On le percevra indépendamment du droit d'obligation si la cession de créances fait l'objet d'un contrat distinct (Cass. 26 déc. 1866, 2389 R. P., 2356 I. G., B. C. 209, S. 67-1-134, D. 67-1-165, P. 87-303). Mais, dans le cas contraire, les deux droits se confondent, puisque la cession n'est qu'un mode de remboursement du prêt et que les deux conventions sont dépendantes l'une de l'autre.

D'ailleurs, la cession qu'un particulier fait à un banquier d'une créance actuelle, moyennant l'ouverture d'un compte courant par le banquier, n'est pas une simple garantie de l'ouverture de crédit, mais un transport ordinaire soumis au droit de 1 pour 100 (Le Havre 27 avr. 1864, 2007 R. P.).

La loi du 23 août 1871, qui a assujetti les ouvertures de crédit à un droit provisoire de 50 centimes pour 100, n'a rien changé à ces principes.

CHAPITRE V. — QUESTIONS DIVERSES

[3698-3716]

3698. Acceptation. — Nous avons examiné précédemment, n°s 218 et suiv., dans quels cas l'acceptation d'un transport de créances donne ouverture au droit fixe.

3699. Bail. — S'il est convenu dans un bail que le fermier touchera certaines rentes jusqu'au décès du bailleur, le droit de cession de créances n'est pas exigible. — *V.* 2805.

La délégation faite par un locataire principal de la différence qui existe entre son prix et celui des sous-locataires ne donne lieu qu'au droit de transport de créances et non au droit d'antichrèse. — *V.* 2192.

Quand le propriétaire cède à un tiers le droit de percevoir les loyers, le droit de cession de créances est-il exigible? — *V.* 2580.

3700. Comptable public. — On doit enregistrer *gratis*, comme étant fait dans l'intérêt de l'État, l'acte par lequel les parents d'un comptable *en débet* cèdent une créance sur un particulier pour solder le déficit (D. m. f. 17 mai 1808, 390 § 3 I. G., 3902 J. E. — Autres Déc. 17 mai 1819 et 7 oct. 1824).

3701. Débiteur. — Lorsqu'une créance est cédée au débiteur lui-même, le transport réunit sur la même personne les qualités de créancier et de débiteur, et il se fait une confusion de droit qui éteint l'obligation de payer la première obligation (1300 C. C.). Mais les effets de cette confusion diffèrent selon que le prix du transport a été ou non payé comptant. Si l'acheteur s'est immédiatement libéré, le versement opéré entre les mains du cédant représente le prix moyennant lequel l'ancien débiteur a obtenu le bénéfice de la confusion, c'est-à-dire l'extinction de sa dette. D'après l'art. 14 n° 3 L. 22 frimaire an 7, le droit de quittance est exigible sur le montant des sommes dont ce débiteur est libéré (5927 J. E., D. N. t. 13 p. 109 n° 292, Sol. 8 oct. 1850 [1]). — *V.* 4981.

Si le prix du transport est payable à terme, c'est la nouvelle obligation contractée par le cessionnaire qui devient la cause de la confusion. L'ancien créancier n'a évidemment consenti à renoncer à sa créance qu'en vue de l'engagement contracté dans le transport. En d'autres termes, il y a d'un côté extinction de l'ancienne dette et de l'autre création d'une obligation nouvelle. Or, ce sont là précisément les caractères de la novation, et on sait que ce contrat donne toujours lieu au droit proportionnel sur la nouvelle promesse. Il est impossible d'objecter que, dans la réalité des choses, le cessionnaire reste, après la cession comme auparavant, débiteur de son ancienne obligation, et que le second contrat n'est qu'un acte purement confirmatif du premier. Le transport a si bien éteint au contraire la première dette, que le cédant a désormais perdu les priviléges, actions résolutoires et autres garanties particulières attachées à sa créance; il n'a plus, pour assurer le recouvrement de la seconde obligation, que les sûretés conventionnelles du second contrat (C. C. 1278) (Arg. de Merlin v° *Nov.* § 5, Troplong *Hyp.* 1-199, Marcadé art. 1273 n° 2, Larombière *id.* 8, Pardessus t. 2 n° 221 et les arrêts rapportés par Dalloz v° *Oblig.* n° 2415 et suiv.). L'engagement du débiteur a donc complétement changé de nature : il faut considérer la convention comme une obligation nouvelle pour tout ce qui forme les prix du transport, et l'assujettir dans ces limites au droit de 1 pour 100, indépendamment du droit de quittance exigible, le cas échéant, sur la différence existant entre ce prix et le montant de l'ancienne dette (Seine 2 janv. 1875, 4023 R. P.).

Il en serait différemment, bien entendu, s'il était démontré par les termes de l'acte que le débiteur n'entend pas contracter une obligation nouvelle et que la prétendue cession est une simple forme employée pour modifier les termes de payement ou les conditions accessoires de la dette.

Conformément aux principes précédents, il a été décidé que si l'un des codébiteurs solidaires d'une rente se rend adjudicataire de cette rente avec le consentement de ses codébiteurs qui prennent terme pour se libérer, la cession donne lieu au droit de quittance et le consentement au droit fixe de 2 francs (3 fr.).

« Attendu, porte un arrêt de cass. du 11 août 1836, que la novation ne se présume point; que les actes litigieux n'ont pas eu pour objet d'éteindre une créance et d'en substituer une autre, mais d'en opérer le remboursement en conservant au profit du créancier tous les droits, priviléges et hypothèques dérivant des titres primitifs; qu'en cet état des stipula-

1. D'après l'administration belge, il n'est dû que 2 francs fixes, attendu que le rachat d'une obligation n'est pas tarifé (D. m. f. 12 nov. 1864 et 11 août 1865, 9736 et 9936 J. E. belge).

tions, le jugement attaqué a pu, sans violer aucune loi, déclarer qu'il ne résultait desdits actes ni novation ni obligation passible de l'application de l'art. 69 § 3 n° 3 L, 22 frimaire an 7 » (S. 36-1-193, 1710-6 I. G., 11604 J. E.).

1. CONFUSION. — COMMUNAUTÉ. — Jugé spécialement que lorsqu'un acte constate la cession au profit d'une femme mariée sous le régime dotal avec société d'acquêts et acquérant en remploi de ses propres, de diverses créances dues au cédant par la société d'acquêts, la convention a le caractère d'un transport de créances et non pas d'une quittance : « Attendu qu'il résulte de toutes les expressions de l'acte que les créances étaient transportées et non éteintes, que rien ne s'opposait à ce transport et que les droits se perçoivent d'après la nature des actes » (Laval 13 mai 1872, 3843 R. P.).

3702. Donation. — La cession de créances dissimule quelquefois une véritable libéralité quand les circonstances démontrent que la stipulation d'un prix est purement fictive. Il en est question au mot *Donation* n° 6616.

3703. Don manuel. — Lorsqu'un jugement constate que le titre d'une créance appartenant au défunt a été remis par ce dernier avant son décès à un tiers, et déclare que cette créance est devenue la propriété de ce tiers, il est dû un droit proportionnel. Mais le tribunal peut, d'après les circonstances, décider que ce droit est celui de don manuel et non pas de cession de créances (Auch 22 janv. 1867, 2551 R. P.).

3704. Garantie. — La cession d'une créance, sans garantie de payement, est néanmoins sujette au droit proportionnel (7011 J. E.).

3705. Indemnité. — La cession d'une indemnité tarifée au droit de 50 centimes pour 100 donne-t-elle ouverture au droit de 1 pour 100?

Il faut distinguer : Si la cession a lieu avant la fixation de l'indemnité, on admet généralement que le droit à la chose pouvant être considéré comme la chose même, il n'y a réellement de cédé que le droit à une indemnité, ce qui justifie l'application du tarif de 50 cent. pour 100. Mais si la cession n'avait lieu qu'après la stipulation de l'indemnité, le droit de 1 pour 100 serait exigible car il ne s'agirait plus alors que de la cession d'une créance (Dalloz n° 1735).

3706. Indemnité de Saint-Domingue. — Dans quels cas les cessions de l'indemnité de Saint-Domingue sont-elles passibles des droits de timbre et d'enregistrement? — *V.* 1427.

3707. Obligations non négociables. — Les obligations des sociétés, communes ou établissements publics qui ne sont pas représentées par des titres spéciaux et résultent seulement de l'acte d'emprunt ne sont pas assujetties au droit de transmission établi par la loi du 23 juin 1857. Elles constituent des créances ordinaires dont la cession est passible du droit de 1 pour 100. — V. *Droit de transmission.*

1. LIQUIDATION DU DROIT. — PRIME. — Pour la liquidation du droit sur les obligations des compagnies, lorsqu'elles sont assujetties à l'enregistrement, et par application de l'art. 14 n° 2 de la loi du 22 frimaire an 7, la valeur est déterminée par le capital exprimé dans l'acte et qui en fait l'objet. Si l'obligation comporte une prime remboursable avec le capital, le capital réel de la créance se compose de la somme due par la compagnie et qui sera remboursée à l'obligataire, c'est-à-dire de la prime. Le droit de 1 pour 100 est donc dû sur cette prime. — *V.* 69.

3708. Partage. — Charge. — Lorsque le partage des biens d'une succession porte que les héritiers se régleront postérieurement sur les rapports qu'ils peuvent avoir à faire, et que l'un deux cède ensuite son lot, moyennant 2,000 francs, dont 1,000 francs pour le rapport qu'il aurait été tenu de faire, et que le cessionnaire effectuera pour lui, le droit est dû sur 2,000 francs. Le rapport de 1,000 francs est une charge imposée à l'acquéreur et fait partie du prix (6715 J. E.).

3709. Pays étranger. — La cession d'une créance sur un étranger est passible du droit proportionnel. — *Acte passé hors du territoire.*

3710. Privilége. — Entrepreneur. — Si un entrepreneur cède aux sous-entrepreneurs le privilége qui lui est acquis aux termes de l'art. 2103 n° 4 C. C., avec faculté de suivre eux-mêmes le payement des sommes exigibles, le droit de transport de créance est exigible (4857 J. E.).

3711. Prix de vente. — Lorsqu'une procuration, donnée à l'effet de vendre un immeuble, n'est en réalité qu'une vente au profit du mandataire, elle est passible du droit de mutation ; si ce dernier, après avoir revendu les biens, substitue un tiers à son mandat, il en résulte une cession de créance sur le prix non payé de la revente (Dél. 20 oct. 1829, 7134 J. N.). — La cession de créances en payement d'un prix de marché est sujette au droit de 1 pour 100 (Cass. 25 fév. 1874, 3851 R. P.).

3712. Ratification. — Si le vendeur ratifie la cession par voie d'endossement faite par son mandataire des billets souscrits pour prix de la vente, le droit de transport est exigible (5404 J. E.).

3713. Procuration. — Aucun droit particulier de procuration n'est exigible : 1° lorsque, dans un acte contenant cession d'une créance inscrite, il est donné pouvoir au porteur d'une expédition pour opérer la mention de la subrogation (Déc. belge 14 nov. 1855, 613 R. P., Dél. 21 juin 1842, 11420 J. N., 15 janv., 17 avril, 11 août et 26 nov. 1844, D. N.

t. 13 p. 114 n°334); — 2° lorsque l'acte de transport porte qu'il est donné pouvoir au porteur de l'expédition de faire signifier le transport à qui besoin sera (Déc. belge 14 nov. 1855, 614 R. P.).

Le pouvoir par lequel le mandant charge le mandataire de vendre les biens désignés et le dispense de rendre compte du prix ne peut autoriser la perception du droit de cession de créance. — *V.* 11132.

3714. — Séparation. — L'autorisation, après jugement de séparation de corps, par le mari à sa femme, pour la remplir de ses reprises, et se faire colloquer sur le prix d'un immeuble qui lui est propre, ne donne pas ouverture au droit proportionnel de cession de créance, car cette autorisation n'ajoute rien aux droits de la femme. Le droit fixe est seul exigible (15538 J. E.).

3715. Sommes dues à l'État. — Les préposés ne peuvent, sous aucun prétexte, consentir la cession des sommes dont le recouvrement leur est confié pour droits dus à l'État (D. m. f. 4 fév. 1826, 1189 § 4 I. G., ni, à plus forte raison, en faire remise (Cass. 13 janv. 1875, 4036 R. P.).

3716. Vente de meubles. — Prix payé par l'officier public. — On ne saurait percevoir le droit de cession de créances sur l'acte par lequel l'officier public qui a procédé à une vente verse le prix avant son échéance. — V. 1717 et suiv.

CHAMBRE D'ADJUDICATION.

3717. — On appelle ainsi, à Paris, la salle publique établie dans le lieu des séances de la chambre de discipline des notaires, à l'effet de procéder aux publications, réceptions d'enchères et adjudications d'immeubles *confiées* aux notaires de Paris. — Toutes les publications, réceptions d'enchères et adjudications d'immeubles confiées aux notaires de Paris sont faites dans le lieu des séances de la chambre. Les notaires ne peuvent les faire dans leurs études, ni autres lieux de la ville de Paris, mais seulement à la salle publique établie à cet effet (Dél. de l'ass. gén. du 25 prair. an 12).

3718. Spécialité pour Paris. — Il faut remarquer non-seulement que les chambres d'adjudication ne sont pas reconnues par la loi, mais que partout ailleurs qu'à Paris, ou dans les grandes villes, leur établissement nuirait souvent aux intérêts des vendeurs, comme lorsqu'il s'agit des adjudications d'immeubles en détail. En effet tout le succès de ces adjudications repose sur la facilité que les notaires ont de se transporter sur les lieux pour vendre. Si les habitants des campagnes étaient obligés d'aller d'une extrémité à l'autre de l'arrondissement pour acquérir quelques pièces d'héritages, d'avoir recours à des officiers publics pour enchérir, et d'accepter des déclarations de command, ils renonceraient souvent à tout projet d'acquisition.

CHAMBRE DE COMMERCE.

3719. — On appelle ainsi des réunions de commerçants chargés de présenter au Gouvernement leurs vues sur les moyens d'augmenter la prospérité du commerce et de l'industrie et de l'éclairer sur ce qui peut leur porter préjudice.

1. ACQUISITION. — Les acquisitions faites pour le compte d'une chambre de commerce sont soumises aux droits ordinaires de mutation. — *V.* 318.

3720. Timbre. — L'extrait de la délibération par laquelle sont nommés des syndics chargés de surveiller la pêche du hareng, et dont les fonctions sont gratuites, doit être rangé soit parmi les extraits, copies ou expéditions délivrés par une administration publique à un fonctionnaire public, soit parmi les actes de police générale, exempts les uns et les autres de la formalité du timbre, aux termes de l'art. 16 n° 1er de la loi du 13 brumaire an 7. Mais l'extrait de nomination des syndics-adjoints, qui sont salariés aux frais du commerce, est passible de timbre, conformément à l'art. 12 de la loi précitée (D. m. f. 31 août 1830, 9815 J. E.).

1. LETTRES ET DOCUMENTS. — Les lettres et documents relatifs à l'intérêt général, que les chambres de commerce font imprimer afin de les répandre plus facilement, ne sauraient être assimilés aux écrits non périodiques des particuliers. Avant l'abrogation de la loi sur le timbre des journaux, ces documents, mémoires, rapports, avis et délibérations avaient été reconnus non passibles de cette formalité (D. m. f. 8 juin et 7 juill. 1852, 2106-6 I. G., 915 R. P., 16166 J. N.).

Les correspondances n'ayant pas le caractère de pétitions sont exemptes du timbre; mais les demandes présentées par les particuliers y sont assujetties (D. m. f. 27 sept. 1873, 4116 R. P.). — V. *Communication.*

CHAMBRE DU CONSEIL.

3721. — C'est le lieu où les juges se retirent pour délibérer à huis-clos sur les causes qui ont été plaidées à l'audience, ou que la loi a déclaré devoir être instruites ou jugées de cette manière. On désigne aussi par les mots de *chambre de conseil* la réunion des magistrats qui délibèrent dans cette forme ; et c'est dans ce sens que l'on dit : *La chambre du conseil a décidé*, etc.

Le tribunal expédie en la chambre du conseil tous les actes de juridiction *non contentieuse* qui lui sont attribués par la loi ; mais lorsqu'il délibère en matière contentieuse, le jugement doit être prononcé publiquement, à moins que la loi ne contienne une exception formelle (Carré *Lois de la compétence* t. 2 p. 471). — V. *Instance.*

CHAMBRE DE DISCIPLINE.

3722. — Espèce de juridiction formée dans le sein d'une compagnie, pour le maintien de l'ordre parmi ses membres et la punition des fautes légères dont ils peuvent se rendre coupables dans l'exercice de leurs fonctions.

Les chambres de discipline sont particulièrement chargées de veiller au maintien des règles de discipline de leur communauté ou corporation. Elles jugent en première instance les infractions qui y sont commises, et prononcent les censures déterminées par les règlements. Il y a des chambres de discipline pour les *avoués*, les *commissaires-priseurs*, les *huissiers* et les *notaires*.

3723. Avoués. — Les chambres d'*avoués*, instituées par arrêté du 13 frimaire an 9, donnent leur avis sur les difficultés relatives aux taxes de frais; elles forment dans leur sein un bureau de consultations gratuites, et elles délivrent tous certificats de moralité et de capacité aux candidats. Leurs avis (autres que les décisions sur les cas de police et de discipline intérieure qui prononcent le rappel à l'ordre, la censure l'interdiction de la chambre) sont sujets à homologation. Un trésorier est chargé de la bourse commune, et un secrétaire rédige les délibérations de la chambre, garde les archives et délivre toutes les expéditions (Arrêté du 13 frim. an 9).

3724. Commissaires-priseurs. — Les chambres des *commissaires-priseurs* ont été créées par la loi du 27 ventôse an 9, et organisées par un arrêté du 29 germinal suivant, qui leurs applique les règles prescrites pour celle des avoués.

3725. Huissiers. — Les chambres d'*huissiers* ont reçu leur organisation par un décret du 14 juin 1813 : elle est la même que celle des avoués.

3726. Notaires. — Les chambres de discipline des *notaires* ont été instituées, par un arrêté du 2 nivôse an 12, pour assurer la discipline intérieure des notaires et donner leur avis sur leurs honoraires et vacations (L. 25 vent. an 11, art 50 et 51). — Elles prennent leurs délibérations, dans les affaires particulières, après avoir entendu ou dûment appelé les notaires intéressés et les tierces parties qui veulent être entendues. Ces délibérations sont motivées et signées sur la minute par le président et le secrétaire. — Elles sont chargées de recevoir en dépôt les états des minutes dépendantes des places de notaires supprimées (Arr. 2 niv. an 12).

3727. Organisation. — Chaque chambre de notaires, établie près de chaque tribunal de première instance et dans son chef-lieu, est composée de membres désignés par les notaires de l'arrondissement. Leur nombre est fixé à *dix-neuf* pour Paris, à *neuf* pour les arrondissements qui comptent plus de cinquante notaires, et à *sept* pour ceux qui en ont moins de cinquante (Arr. gouv. 2 niv. an 12 art. 3).

L'entrée en fonctions des membres est fixée au 15 mai; le même jour, ils élisent entre eux un président, un secrétaire, un rapporteur et un trésorier.

3728. Attributions. — Les chambres de discipline sont *juges ;* leurs membres exercent aussi les fonctions de *conciliateurs* et d'*administrateurs*. — Comme *juges*, les chambres de discipline doivent maintenir la discipline intérieure entre les notaires. C'est l'objet principal de leur institution. — Lorsque les chambres de discipline sont seulement *conciliatrices*, leurs attributions consistent: 1° à prévenir ou concilier les différents qui pourraient s'élever entre des notaires et leurs clients, ainsi que toutes les plaintes de la part de ceux-ci contre ceux-là Arr. 2 niv. an 12, art. n°s 2 et 5) ; — 2° à donner leur avis sur toutes difficultés élevées soit entre des tiers et des notaires, soit entre les notaires respectivement, à raison des honoraires et vacations de ceux-ci, ou de garde de minutes, et sur toutes demandes en dommages-intérêts formées judiciairement contre les notaires pour les prétendus délits ou fautes commis dans l'exercice de leurs fonctions, et qui se trouvent soumis aux tribunaux; — enfin, quand les chambres sont *administratrices*, leurs fonctions consistent: 1° à délivrer ou refuser, s'il y a lieu, tous certificats de bonnes mœurs et capacité à elles demandés par les aspirants qui se présentent pour être admis aux fonctions de notaire; prendre à ce sujet toutes délibérations ou donner tous avis motivés, et les adresser ou communiquer à qui de droit (L. 25 vent. an 11, art. 43 et 44; Arr. de niv. an 12 art. 2 n° 5); — 2° à recevoir en dépôt les états des minutes dépendantes des places de notaires supprimées (L. 25 vent. an 11, art. 58 et Arr. précité, art. 2 n° 6 ; — 3° et à représenter collectivement tous les notaires de l'arrondissement, sous tous les rapports de leurs droits et intérêts communs (*Ibid.* n° 7, Ord. 4 janv. 1843). — *V.* 3739.

1. INSTANCES. — Si la chambre de discipline est investie de la mission de représenter collectivement les membres de la compagnie sous le rapport de leurs droits et de leurs intérêts communs, elle n'a pas le droit cependant d'agir pour un notaire dans l'instance engagée entre lui et l'Administration. Cette intervention est contraire aux art. 466 et 474 C. proc. qui exigent que l'intervenant ait un intérêt direct dans l'objet même du litige. D'autre part, le tribunal devrait alors statuer par voie de disposition générale et réglementaire, ce qui est contraire à l'art. 5 C. C. (Versailles 17 fév. 1874, 3813 R. P. ; — Saint-Amand 11 août 1875, 4246 R. P.).

3729. Enregistrement et timbre. — Les diverses chambres de discipline ayant été établies sur les mêmes bases, les règles relatives à l'enregistrement doivent leur être communes. Aussi la disposition de l'art. 12 de l'arrêté du 13 frimaire an 9, sur la chambre des avoués, portant que « les délibérations, n'étant que de simples actes d'administration, d'ordre ou de police intérieure, ou de simples avis, *ne seront, dans aucun cas, sujettes au droit d'enregistrement, non plus que les pièces y relatives,* » a été renouvelée par l'arrêté du 2 nivôse an 12, relatif à celle des *notaires*, et par le décret du 14 juin 1813, art. 89, relatif à celle des *huissiers*.

3729 *bis*. **Appel.** — N'est soumis qu'au droit fixe de 3 francs l'exploit portant appel d'une décision de la chambre de discipline. « Considérant que l'art. 68 § 5, de la loi du 22 frimaire an 7 s'applique seulement aux déclarations et significations d'appel des jugements et tribunaux, et non aux déclarations d'appel des décisions des chambres de discipline ; que ces derniers actes sont soumis au droit de 2 fr. 20 cent. par application de l'art. 68 § 1er n° 51 de la loi précitée» (Sol. belge 16 sept. 1873).

3730. Certificat. — Sont assujettis au timbre tous certificats, tels que ceux de moralité, de capacité et autres délivrés par les chambres de discipline, soit aux parties intéressées, soit aux officiers publics et ministériels individuellement, dans leur intérêt privé, ou dans celui de leurs fonctions. Ainsi décidé pour les chambres d'huissiers par une Déc. 14 juin 1813 (Art. 89, 4375 J. E., 639 I. G.); — pour celles des notaires, par une D. m. f. 28 septembre 1829 (1303 § 11 I. G.); — pour celles des avoués, par une D. m. f. 27 décembre 1830 (1354 § 8 I. G.); — enfin pour toutes les chambres disciplinaires et syndicales, par une D. m. f. 30 juin 1843 (1694 I. G.). — V. 3758.

1. NON-COMPARUTION. — Le certificat d'une chambre d'huissiers, constatant la non-comparution d'un huissier cité devant cette chambre, doit, aux termes de l'art. 12 L. 13 brumaire an 7, être écrit sur papier timbré, comme devant ou pouvant être produit en justice par la partie à laquelle il a été délivré. « Considérant, porte un arrêt de cass. du 17 juillet 1815, que le certificat de non-comparution dont il s'agit est du nombre des actes mentionnés en l'article ci-dessus, devant ou pouvant être produits en justice à l'appui d'une demande; que, dans le fait, ce certificat a été produit par Duverger de Villeneuve à l'appui de la demande qu'il avait formée devant le juge de paix de son canton contre l'huissier Tripier; d'où il suit que cette pièce ne pouvait être expédiée que sur papier timbré; — Considérant qu'aucun des règlements concernant les chambres des huissiers n'exempte du timbre ces sortes d'actes, lorsque, comme dans l'espèce, ils sont délivrés sur la demande de particuliers étrangers à la chambre, et dans leur intérêt personnel » (5203 J. E., S. 16-1-118).

2. CAUTIONNEMENT. — Les certificats délivrés aux commissaires-priseurs et aux huissiers, en vertu du décret du 24 mars 1809 par les chambres de discipline, doivent être enregistrés au droit de 2 francs (3 fr.) avant d'être remis à l'appui des demandes en remboursement de cautionnement (D. N. t. 2 p. 768 n° 252).

3731. Communication. — Une D. m. f. 28 novembre 1809 a reconnu que les chambres de discipline, étant des établissements publics, doivent communication aux employés de l'enregistrement de ceux de leurs registres et actes qui sont sujets au timbre et à l'enregistrement (608 I. G.). — V. *Communication*.

Néanmoins, l'assimilation des chambres de discipline aux établissements publics a été repoussée par un jugement du tribunal de Saint-Quentin du 17 août 1833 (10945 J. E., 8581 J. N.), qui, par suite, n'a pas admis le droit de communication (*Conf.* : D. N. t. 2 p. 164 n° 54). Mais il faut remarquer que ce jugement n'est basé que sur cette considération que l'employé n'avait pas spécifié quel objet il voulait vérifier.

3732. Délibération. — Les délibérations n'étant que de simples actes d'administration, d'ordre ou de discipline intérieure, ou de simples avis, ne sont, dans aucun cas, sujettes à l'enregistrement, non plus que les pièces y relatives (Art. 12 Arr. gouv. 13 frim. an 9, pour les avoués; art. 89 Décr. 14 juin 1813, pour les huissiers ; art. 20 Ord. 4 janv. 1843, pour les notaires). — Elles sont exemptes de timbre, alors même qu'elles sont prises après avoir entendu des tierces parties (608, 1068 I. G., D. N. t. 3 p. 124 n° 480).

S'il s'agissait d'actes tendant à établir des conventions quelconques entre la chambre des notaires et des particuliers, on ne pourrait les rédiger que sur papier timbré. Ils devraient alors être enregistrés dans les vingt jours (D. m. f. 28 nov. 1809, 3422 J. E., 608 I. G.).

3733. Expédition. — Conformément aux principes que nous avons développés aux nos 438 et suiv., toutes les expéditions et extraits des délibérations et registres des chambres de discipline sont sujets au timbre, sauf ceux délivrés au procureur de la République *dans l'intérêt de l'Administration*, en faisant mention de leur but (D. m. f. 28 nov. 1809, 3422 J. E., 608 I. G.; — D. m. f. 28 sept. 1829, 7484 J. E., 1303 § 11 I. G.; — D. m. f. 27 déc. 1830, 9872 J. E., 1354 § 8 I. G.; — D. m. f. 30 juin 1843, 1694 I. G., 13216-4 J. E., D. N. t. 3 p. 125 n° 482).

L'expédition de la délibération d'une chambre d'huissiers à produire au tribunal pour recevoir son homologation doit être sur papier timbré (D. m. f. 3 janv. 1823, 1068 § 2 I. G.).

3734. Extrait. — Il est tenu des tableaux dans les chambres des *avoués* et des *notaires* où l'on doit insérer des *extraits* des demandes en *séparation* de biens ou de corps et de biens, des jugements qui auront prononcé les séparations (867, 872 C. proc.) et des extraits des contrats de mariage entre commerçants (67 C. com.). — On doit aussi insérer au tableau de la chambre des notaires, des extraits des jugements qui prononcent des interdictions de personnes ou leur donnent des conseils judiciaires (501 C. C., 897 C. proc., 175 Tarif, 16 fév. 1807).

3735. Extrait. — Demandes et jugements de séparation. — Les avoués ont seuls qualité pour rédiger et remettre aux greffes des tribunaux et aux secrétariats des chambres des notaires et des avoués, conformément aux art. 866, 867, 872 et 880 C. proc., les extraits des demandes en séparation de biens et des jugements de séparation de corps et de biens (Dél. 8 juin 1827, 8762 J. E., D. m. f. 19 oct. 1828, 9150 J. E., 1261 I. G.). — V. *Acte passé en conséquence*.

1. TIMBRE. — Ces extraits peuvent être rédigés sur du

papier au timbre de 60 centimes ou 1 fr. 20 cent. : « Attendu, porte un arrêt de la C. cass. 16 février 1824, en ce qui concerne le droit de timbre réclamé par la Régie sur lesdits récépissés, que ces sortes d'actes ne rentrent dans la catégorie d'aucune des pièces auxquelles l'art. 63 de la même loi du 28 avril 1816 applique le droit de timbre de 1 franc (aujourd'hui timbre d'expédition à 1 fr. 80 cent.), et qu'en rejetant, à cet égard, la demande de la Régie, le tribunal de Morlaix n'a violé aucune loi » (7700 J. E., 1132 § 3 I. G., S. 24-1-253. — *Conf.* : Dél. 8 juin 1827, 8762 J. E., 6632 J. N.; — D. m. f. 19 oct. 1828, 9150 J. E., 1261 I. G.).

2. ENREGISTREMENT. — Les extraits doivent être enregistrés au droit fixe de 1 fr. 50 cent. avant leur remise aux greffes et aux secrétariats des chambres (Dél. 8 juin 1827, 6632 J. N., 8762, 8763 J. E.; — D. m. f. 19 oct. 1828, 9150 J. E., 1261 I. G.; — Dél. 18 août 1829, 9377 J. E., 1293 § 2 I. G.; — Dél. 25 mars 1831, 9949 J. E., 9197 J. E.). — Mais il résulte d'un arrêt de cass. du 5 décembre 1832 que, lorsque l'extrait de la demande en séparation déposé aux greffes et aux secrétariats des chambres n'est autre que celui de l'exploit d'assignation, signifié au défendeur et enregistré sur l'original, l'extrait, quoique dressé par un avoué, est exempt de cette formalité par application de l'art. 8 de la loi du 22 frimaire an 7 : « Attendu, porte cet arrêt, que la loi du 22 frimaire an 7, art. 8, déclare qu'il n'est dû aucun droit d'enregistrement pour les extraits, copies ou expéditions des actes qui doivent être enregistrés sur les minutes ou originaux ; — Attendu qu'une demande en séparation de biens, quoique soumise à des mesures préalables indiquées dans l'art. 865 C. proc. ne peut être réellement formalisée que par un exploit d'assignation ; — Attendu, dans l'espèce, qu'il résulte des documents du procès et des mémoires respectifs produits devant le tribunal de Vic, que c'est un extrait de l'exploit d'assignation qui a été déposé au greffe et qui a donné lieu à la contrainte ; que cet exploit, ayant été enregistré sur la minute, la copie ou extrait n'était passible d'aucun droit d'enregistrement, aux termes de l'art. 8 sus-relaté » (8059 J. N., 10526 J. E., 1422 § 4 I. G., S. 33-1-198). C'est ce qui a été également reconnu par une Dél. 28 avril 1827 (D. N. t. 2 p. 163 n° 48, 11819-1 J. E.).

Nous ferons remarquer que tous les extraits se trouvent dans le cas prévu par l'arrêt de 1832, puisque la minute a nécessairement été enregistrée. Ainsi restent à peu près sans application les décisions que nous avons citées comme prescrivant l'enregistrement des extraits.

Il ne faut cependant pas perdre de vue que si un extrait était remis par l'avoué et qu'il fût dressé acte du dépôt, avant l'enregistrement de l'exploit contenant la demande en séparation, il y aurait contravention aux art. 41 et 42 L. 22 frimaire an 7, et l'avoué et le greffier ou secrétaire seraient chacun passibles d'une amende (14304-1 J. E.). — V. *Acte en conséquence.*

3736. Extraits. — Interdiction. — Ces règles sont applicables aux extraits rédigés par les avoués des jugements d'interdiction ou de nomination d'un conseil judiciaire, sauf la différence que la publication de ces jugements n'est prescrite qu'à l'auditoire du tribunal de première instance et au secrétariat de la chambre des notaires de l'arrondissement (D. m. f. 12 juin 1829, 1293 § 2 I. G.).

1. NOTIFICATION. — Les notifications des jugements d'interdiction faites aux chambres des notaires, à la requête du ministère public, doivent être sur papier visé pour timbre en débet. Le droit est recouvré sur les parties en même temps que celui d'enregistrement (D. m. f. 19 oct. 1813, 4972 J. E.).

3737. Extraits. — Contrat de mariage. — Ces règles sont encore applicables aux contrats de mariage de personnes dont l'une est commerçante, sauf l'exception que les extraits de ces contrats de mariage à remettre par les notaires, et par les notaires seulement (Dél. 8 juin 1827, 6632 J. N., 8762 J. E.), étant de véritables expéditions, doivent être écrites sur du papier timbré à 1 fr. 80 cent. et sont exemptes de l'enregistrement (D. m. f. 12 juin 1829, 1293 § 2 I. G.).

3738. Dépôt. — Il n'est pas nécessaire de rédiger acte de dépôt de la remise des extraits aux chambres des notaires et des avoués, et, dans tous les cas, s'il en est rédigé un, cet acte, étant considéré comme d'ordre intérieur, est exempt de la formalité (1303 § 11 I. G., Sol. 19 janv. 1867). — La remise est suffisamment constatée par un certificat du secrétaire (1261, 1422 § 4 I. G., 6745, 6864, 6992 J. N., 10526, 10964, 11071-3 J. E.). — Ce certificat rend donc inutile le registre destiné à recevoir l'insertion de ces extraits dont la tenue avait été prescrite (D. m. f. 5 mai 1813, 15 nov. 1817, 2866, 5926 J. E., 637 I. G.). Mais, en tous cas, si cette mention sur le registre avait lieu, elle serait exempte de l'enregistrement (Sol. 10 mai 1832, D. N. t. 3 p. 127 n° 499).

1. ENREGISTREMENT. — La C. cass., considérant ce certificat comme un récépissé, avait statué, le 16 février 1824, que le droit fixe de 2 francs était exigible : « Attendu, porte l'arrêt, que si aucune loi n'exige formellement la tenue, par les chambres des notaires, d'un registre destiné à constater la remise qui doit leur être faite d'extraits des contrats de mariage ou des jugements de séparation de biens entre époux, dont l'un est négociant, pour lesdits extraits être affichés en exécution des art. 67 C. com. et 872 C. proc., et si, dans l'espèce, Barazer a cru pouvoir suppléer à cette mesure si sagement prescrite par la circulaire du ministre de la justice du 5 mai 1813, en se bornant à délivrer à chaque partie un récépissé constatant cette remise, il est constant, du moins, que de tels récépissés étaient passibles du droit d'enregistrement de 2 francs (3 fr.) réglé par l'article précité de la loi du 28 avril 1816, dès lors qu'aucun acte enregistré ne constatait le dépôt dont il s'agit (7700 J. E., 1132 § 3 I. G., 10965 J. E., S. 24-1-253).

Il a été reconnu depuis, par une D. m. f. 19 octobre 1828 (8595 J. N., 9150 J. E., 1261 I. G.), que le droit de 1 franc est seul dû.

Ce tarif est-il encore applicable sous l'empire de l'art. 8 L. 18 mai 1850 ? Il faut distinguer. Le dépôt d'un extrait de *contrat de mariage* n'est ni la suite ni l'exécution d'un acte judiciaire, c'est une formalité prescrite dans l'intérêt public ;

mais ce n'est point une formalité judiciaire dans le sens propre du mot, puisque la justice n'a rien à prononcer. Le nouveau tarif de 2 francs (3 fr. depuis la loi du 28 fév. 1872) paraît donc exigible (14962 et 15975-2 J. E., D. N. t. 3 p. 126 n° 493). Une Sol. 19 janvier 1867 l'a ainsi décidé (V. *Contrà :* Op. des réd. du J. du not., *Bulletin pratiq.* oct. 1866 n° 201).

S'il s'agit d'un *jugement* d'interdiction, de séparation de biens, alors le certificat en est la conséquence, il est un acte extrajudiciaire; la loi de 1850 reste sans application et le droit fixe de 1 fr. 50 cent. doit seul être perçu (D. N. t. 2 p. 163 n° 50, 14962 J. E.).

Pluralité. — Dans tous les cas, il est dû autant de droits qu'il y a eu d'extraits déposés, lors même qu'il ne serait délivré qu'un seul certificat (D. m. f. et j. sans date, 5003 J. E.).

2. TIMBRE. — Ces certificats, qui sont assujettis au timbre, peuvent d'ailleurs être délivrés sur papier timbré de toute dimension; ils peuvent même être écrits sur l'expédition du jugement d'interdiction (D. m. f. 23 juin 1807, 2585 et 2602 4155 J. E.; Cass. 16 fév. 1824, 7700 J. E., 1132-3 I. G.).

3739. Délai. — Dans quel délai doivent être enregistrés les actes des chambres de discipline? Ces chambres sont considérées comme des établissements publics, d'après les dispositions combinées des art. 608, 637, 1293 § 2, 1303 § 11, 1354 § 8 I. G., malgré un jugement contraire du tribunal de Château-Thierry du 17 août 1833 (*Manuel des contraventions*, n° 1788 art. 10945). Les actes de ces établissements, de la nature de ceux dénommés dans l'art. 78 L. 15 mai 1818, c'est-à-dire emportant transmission de propriété, de jouissance et d'usufruit d'immeubles, marché, etc., sont donc, sans difficulté, enregistrables dans le délai de vingt jours.

Quid à l'égard des certificats du dépôt et des publications dont nous venons de parler? Il avait d'abord été reconnu qu'ils devaient être enregistrés dans le délai de vingt jours (D. m. j. 5 mai 1813, 4155 J. E., 637 I. G. — *V.* Cass. 16 fév. 1824, 7700 J. E., 4525 J. N., 1132 § 3 I. G., S. 24-1-253, Sol. 1er août 1834, 10964 J. E.). — Mais il a été décidé depuis que ces actes, n'étant pas dans la catégorie des actes dénommés dans l'art. 78 L. 15 mai 1818, sont exempts d'enregistrement, en vertu de l'art. 80 même loi (7541 J. E., 1303 § 11, 1354 § 8 I. G.).

3740. Registres. — Sont assujettis au timbre : 1° le registre tenu dans les chambres des notaires et des avoués, sur lequel seraient inscrits des actes de la nature de ceux que l'art. 78 L. 15 mai 1818 déclare sujets à l'enregistrement; — 2° le registre de recettes et dépenses du trésorier de la chambre. — Sont exempts du timbre tous autres registres tenus dans les chambres des notaires, soit en exécution des lois et règlements, soit pour l'ordre intérieur (D. m. f. 28 nov. 1809, 608 I. G., 3422 J. E.; — D. m. f. 25 juin 1823, 1090 I. G., 7450 J. E.; — D. m. f. 28 sept. 1829, 9484 J. E., 7055 J. N., 1303 § 11 I. G., — D. m. f. 27 déc. 1830, 9870 J. E., 1354 § 8 I. G.; — D. m. f. 30 juin 1843, 1694 I. G.) — S'il n'existait qu'un seul registre sur lequel seraient transcrits simultanément des actes sujets à l'enregistrement, et des actes de la nature de ceux qui n'y sont pas assujettis, ce registre devrait être timbré (608 I. G.).

Le registre de recettes et dépenses tenu par les syndics des chambres de discipline des huissiers doit être timbré avant de pouvoir être présenté au visa du président du tribunal (Dél. 4 juin 1823, 632 Roll.; — D. m. f. 25 juin suiv., 1090 I. G., 7459 J. E.).

3741. Compte. — Le compte que le trésorier présente à la chambre doit être sur papier timbré (D. N. t. 3 p. 125 n° 486).

3742. Cote et paraphe. — Les procès-verbaux de cote et paraphe des registres des chambres sont exempts de l'enregistrement (D. m. f. 3 sept. 1817, 2281 J. N., 5879 J. E.).

3743. Payement des droits. — C'est contre le syndic et non contre le président d'une chambre des notaires que doit être décernée la contrainte en payement des droits d'enregistrement d'une mutation d'immeubles présumée s'être opérée au profit de la compagnie des notaires d'un arrondissement (Blois 2 fév. 1842, 11254 J. N.).

CHAMBRE DES VACATIONS.

3744. — C'est une division de juges qui, pendant les vacances accordées par la loi à chaque tribunal ou cour, restent à leur poste pour l'expédition des affaires désignées par les règlements qui déterminent l'ordre du service et la distribution des affaires pendant cet intervalle.

3745. Affaires sommaires et urgentes. — La chambre des vacations est uniquement chargée de l'expédition des matières *sommaires* et de celles qui requièrent *célérité* (Décr. 30 mars 1808 art. 44 et 78). — En général cette chambre a compétence dans toutes les affaires pressantes, c'est-à-dire dans celles où les parties éprouveraient un préjudice irréparable si la décision (du moins une décision provisoire) en était différée; — par exemple, les adjudications sur expropriation, les demandes en payement de loyer, les mainlevées de saisies-arrêts, les affaires qui concernent des biens périssables et des prescriptions à interrompre; les nominations et excuses des tuteurs; les aliments, référés urgents, saisies-revendications, etc. (M. Carré *Lois de la compétence* t. 2 p. 473).

La chambre des vacations d'un tribunal peut statuer sur les questions d'enregistrement. — V. *Instance.*

CHAMBRE LÉGISLATIVE.

3746. — Les actes du Corps législatif (Assemblée nationale) sont exempts du timbre et de l'enregistrement (L. 13 brum. an 7 art. 16, L. 22 frim. an 7 art. 70 nº 1er).

CHANGE.

3747. — Ce mot a plusieurs significations. On nomme *change local* ou *manuel* l'échange soit du numéraire métallique, soit du papier-monnaie d'un pays. On donne aussi le même nom au lieu où doivent être portées les monnaies décriées et les matières d'or et d'argent afin d'en recevoir le prix. On entend encore par *change* le prix qu'un banquier prend pour les sommes qu'il fait remettre d'une place à une autre. Enfin, ce mot indique le contrat par lequel on s'engage à faire payer dans un autre lieu que celui de la convention, une somme dont on a reçu ou dont on recouvre l'équivalent.

3748. Change et lettre de change. — Le change est *personnel* lorsque le payement est fait par la personne même qui s'y engage. Le pouvoir de toucher la somme s'appelle alors *Billet*. Lorsque, au contraire, c'est un tiers qui doit payer, le pouvoir s'appelle *Lettre de change*. On voit par là qu'il ne faut pas confondre le contrat de change avec la lettre de change. La lettre appartient à l'exécution du contrat : elle le suppose, mais elle n'est pas le contrat même (Pothier *du Change* nº 3). En telle sorte que le contrat est parfait dès qu'il a été convenu de fournir une lettre de change. Dès lors, l'une des parties ne saurait refuser de fournir la lettre, et l'autre devrait être forcée d'en payer la valeur (Pothier, *loc. cit.* nº 51). — V. *Effet de commerce*.

CHAPITRE.

3749. — Se dit d'un corps d'ecclésiastiques attachés par leur titre à une église cathédrale, ou, ce qui est la même chose, d'un corps de chanoines. On donne aussi le nom de chapitre à l'assemblée même des ecclésiastiques qui ont le droit de s'assembler capitulairement (L. 18 germ. an 10, art. 11).

3750. Etablissement public. — On a émis l'opinion que le chapitre n'étant qu'une espèce de conseil, une sorte de commission administrative, ne peut être, en aucun cas, assimilé à un établissement public. Cependant l'Ord. 2 avril 1817 classe les chapitres parmi les *établissements publics* qui peuvent acquérir des immeubles et des rentes, ou en recevoir par des dispositions entre-vifs ou testamentaires. On objecte à cela que l'ordonnance de 1817 n'est point relative à la perception, et que la loi du 16 juin 1824, spéciale sur ce point, n'y dénomme point les chapitres. Il nous semble qu'une administration qui est classée par la loi civile parmi les établissements publics ne doit pas se trouver déclassée dans les questions d'impôt qui peuvent la concerner, par le seul motif que la loi fiscale aurait omis de la dénommer (Roll. de Vill. *Chapitre* nº 2), et les réd. D. N., vº *Chapitre*, émettent également l'opinion qu'un chapitre est un établissement public et que les divers actes qui le concernent se trouvent régis par les lois spéciales.

3751. Donations. — Deux Dél. 20 mars 1820 et 21 juillet 1826 (8446 J. E.), sans se prononcer sur cette question, avaient décidé, sous l'empire d'une législation aujourd'hui abrogée, que la donation à un chapitre d'une maison susceptible de produire un revenu, était passible du droit proportionnel.

3752. Communication. — L'art. 1er du décret du 4 messidor an 13 (293 I. G.), impose aux receveurs des droits et revenus des chapitres et de tous autres établissements publics, l'obligation de communiquer, sans déplacer, à toute réquisition, aux préposés de l'Enregistrement, leurs registres et minutes d'actes, pour s'assurer de l'exécution des lois sur le timbre et l'enregistrement.

Une décision du 12 mars 1827 (1210-14 I. G.) a reconnu que le décret n'avait pas cessé d'être applicable aux fabriques. Mais tout en affirmant le droit de communication des préposés, le ministre des finances a statué, le 16 septembre 1858, qu'il fallait, jusqu'à nouvel ordre, s'abstenir de faire les vérifications dont il s'agit dans les établissements placés sous la surveillance des évêques. — V. *Communication*.

3753. Registre. — Compte. — Les registres des fabriques sont exempts de timbre, suivant l'art. 81 Déc. 30 décembre 1809 (504 I. G.). Mais aucune exemption n'existe pour les registres des trésoriers des chapitres ; ils sont, dès lors, assujettis à cet impôt, car les exemptions sont de droit étroit. Dans tous les cas, cette exemption, si on l'appliquait par assimilation, ne pourrait faire cesser l'assujettissement au timbre du double des comptes rendus par les trésoriers des chapitres et des quittances de sommes au-dessus de 10 francs.

CHARGE.

3754. Définition. — Ce mot a plusieurs acceptions : ou il est synonyme soit d'une obligation, soit d'une condition à exécuter, ou il désigne un passif d'une nature particulière.

3755. Charge ou condition. — On se sert souvent du mot *charge* et du mot *condition* indistinctement, et on dit à *telle charge* ou à *telle condition*. On emploie aussi les mots de *charges* et de *conditions* au pluriel pour signifier les différentes conventions d'un traité, parce qu'elles obligent toutes : de telle manière que, s'il arrive qu'on y manque ou qu'on y contrevienne, on est sujet aux peines de l'inexécution (Domat *Lois Civ.* liv. prélim.).

3756. Charge. — Passif. — Les charges considérées comme passif sont de diverses espèces : les unes sont de droit, les autres doivent faire l'objet de stipulations particulières entre les parties contractantes. — Les charges de la *communauté* se composent des dettes et dépenses des époux que supporte la communauté, sans qu'elles doivent être acquittées sur les biens personnels des conjoints. — Les charges du *mariage* s'entendent des obligations qui naissent de ce lien : par exemple, de l'obligation, pour les époux, de nourrir, entretenir et élever leurs enfants (203 C. C.); de l'obligation du mari de recevoir sa femme et de lui fournir tout ce qui est nécessaire aux besoins de la vie. — Les charges de *succession* comprennent les frais de scellés, inventaire, vente de mobilier, testament, délivrance de legs, compte d'exécution testamentaire, liquidation et partage (810, 1016 C. C.), etc. — Les charges de l'*usufruit légal* des père et mère sur les biens de leurs enfants sont : celles imposées aux usufruitiers; la nourriture, l'entretien et l'éducation des enfants selon leur fortune, le payement des arrérages ou intérêts des capitaux, et les frais funéraires et ceux de dernière maladie des individus dont les successions échoient aux enfants (135 C. C.). — Les charges *publiques* sont les obligations auxquelles les lois assujettissent chaque citoyen. — Les charges de *police* se rapportent notamment à l'observation de l'ordre public, de la liberté des cultes, de la salubrité, de la tranquillité et de la sûreté publiques, et au commerce et à l'industrie. — Les charges *personnelles* sont celles qui n'obligent directement que la personne qui en demeure tenue ; celles *réelles* ne grèvent, au contraire, que la chose. — Les charges *mixtes* sont celles qui lient à la fois la personne et la chose.

3757. Enregistrement. — Les rapides développements que nous donnons dans cet article ont une grande importance au point de vue qui nous occupe. En effet, la loi du 22 frimaire an 7, voulant, dans plusieurs circonstances, que le droit soit perçu sur les charges, il est essentiel d'être bien fixé sur ce que l'on appelle *charges*. Ainsi, il faut ajouter *au prix des baux* les charges imposées au preneur (Art. 14 n° 1er et 15, n° 1er à 3); *au prix des ventes* et autres transmissions à titre onéreux, le capital des charges qui peuvent ajouter à ce prix (Art. 14 nos 5 et 15, n° 6); lorsqu'il s'agit de mutations *à titre gratuit* par acte *entre-vifs* ou *par décès*, les droits sont dus sur la valeur des biens *sans distraction des charges* (Art. 14 nos 8 et 15, nos 4, 7, 8).

Pour que le principe de l'addition des charges soit applicable, il faut qu'elles ajoutent au prix. Tout ce qui fait un objet onéreux pour le preneur ou l'acquéreur et un objet lucratif pour le bailleur ou le vendeur fait incontestablement partie du prix. D'où il suit que, si les biens affermés ou aliénés sont grevés de charges qui leur soient inhérentes, ces charges ne peuvent être passibles du droit d'enregistrement.

Ainsi, dans les baux on ajoute au prix la contribution foncière, si elle est mise à la charge du preneur, mais on n'y ajoute pas celle des portes et fenêtres; la raison en est que la contribution foncière est de droit à la charge du bailleur et que celle des portes et fenêtres concerne particulièrement le preneur, etc. (V. *Bail*). Dans les ventes immobilières, au contraire, la contribution foncière étant inhérente à la propriété transmise, forme une charge de droit : elle ne s'ajoute pas au prix si l'acquéreur n'est tenu de la payer qu'à partir de son entrée en jouissance; elle est au contraire comprise dans la liquidation du droit si l'acquéreur doit la supporter pour une époque antérieure à cette jouissance.

1. RÉSERVES.—Se réserver quelque chose dans une vente, ce n'est souvent pas imposer une charge à l'acquéreur, c'est uniquement diminuer d'autant la valeur de la propriété qu'on lui vend. Ainsi, vendre une pièce de terre en se réservant d'abattre les arbres qui croissent dessus, c'est vendre l'immeuble moins les arbres; mais vendre cette pièce de terre en imposant à l'acquéreur la condition d'abattre et de façonner les arbres réservés, c'est lui imposer une charge dont l'importance est la valeur de la façon à donner aux arbres. Dans le même ordre d'idées, on n'ajoute pas au prix d'une vente un droit d'usage, une servitude, parce que ces droits diminuent la valeur de la propriété, dont ils sont en quelque sorte distraits, puisqu'ils forment entre les mains d'un tiers une propriété particulière.

On trouve à chaque pas l'application de ce principe dans le cours de cet ouvrage. Nous y reviendrons surtout au sujet des successions.

V. un art. de la *Revue crit.* 1858 p. 289.

CHARGEMENT. — CARGAISON. — MANIFESTE.

3758. — On appelle *chargement*, *cargaison*, ce qui fait la charge d'un navire, et *manifeste* l'état de ce chargement qui est dressé par le capitaine et exhibé dans les bureaux de douanes pour la garantie du payement des droits.

3759. Chargements. — Les reconnaissances de chargements par mer sont passibles du droit de 4 fr. 50 cent. par chaque personne à qui les envois sont faits (L. 22 frim. an 7, art. 68 § 1er n° 20. — L. 28 avr. 1816, art. 44 n° 6. — L. 28 fév. 1872, art. 4).

3760. Manifeste. — Les manifestes sont sujets au timbre de dimension et non au timbre spécial des douanes (D. m. f. 16 nov. 1819, 6564 J. E.).

3761. Vente de cargaison. — La vente de la cargaison est sujette au droit proportionnel, lors même que le navire est vendu en même temps (D. m. f. 6 oct. 1820 et 22 août 1823, 6859, 7524 J. E.). — V. *Navire*.

CHARTE-PARTIE.

3762. Définition. — Par ce mot, qui est synonyme d'*affrètement* et de *nolissement*, on désigne le louage d'un vaisseau et, par extension, l'acte qui constate ce louage. On nomme *fréteur* celui qui donne le navire à loyer; *affréteur*, celui qui le prend; et le prix du louage s'appelle *fret* ou *nolis*.

Le nom de *charte-partie* vient de l'usage où l'on était anciennement de couper en deux la carte ou papier contenant les accords des parties. Chacune d'elles en gardait en son pouvoir une moitié, qu'on réunissait ensuite à l'autre moitié pour reconnaître la sincérité du titre.

3763. Modes de location.— Il y a plusieurs manières de louer un vaisseau. On peut le louer *en totalité*, au mois ou au voyage, ou pour un temps limité. — On peut le louer *en partie*: 1° à *forfait*, c'est-à dire en fixant le fret à raison de telle somme ; — 2° au *quintal*, c'est-à-dire en fixant le fret à tant par quintal métrique (arrêt 13 brum. an 9); — 3° au *tonneau*, en faisant cette fixation à raison d'autant de fois qu'il y aura de 42 pieds cubes occupés dans le vaisseau ; enfin *purement et simplement* ou à la *cueillette* (C. com. 386.)

3764. Forme.— Le contrat de charte-partie doit être rédigé par écrit (273 C. com.) devant un notaire ou un courtier, ou sous seing privé; mais la convention aurait son effet quoique non écrite, si on pouvait la constater par d'autres preuves, telles qu'un connaissement, aveu judiciaire, etc. C'est l'opinion de tous les auteurs.

3765. Interdiction du commerce. — Si, avant le départ du navire, il y a interdiction de commerce avec le pays pour lequel il est destiné, les conventions sont résolues sans dommages et intérêts de part ni d'autre; mais si la sortie du navire n'est empêché que pour un temps, par force majeure, les conventions subsistent, et elles subsistent également si la force majeure arrive pendant le voyage (276, 277 C. com.)

3766. Tarif.— Le louage d'un vaisseau est sujet au même droit que les baux à ferme ou à loyer, c'est-à-dire de 20 centimes pour 100 sur le prix de l'affrètement déterminé par l'art. 1er L. 16 juin 1824 (D. N. t. 3 p. 146 n° 17).

3767. Double bail. — Le plus ordinairement le navire affrété, même en totalité, étant monté et équipé, la charte-partie est à la fois un louage de *choses* et un louage de *services*. La convention contient deux parties distinctes : l'engagement, qui donne le droit d'occuper le navire dans la portion et aux conditions communes, et de plus la convention que les marchandises chargées sur le navire seront conduites dans le lieu fixé (Pardessus *Cours de droit communal*).

Mais ce contrat mixte ne peut évidemment donner lieu qu'à la perception d'un droit unique et il s'agit de déterminer la disposition principale de la convention.

1. LOUAGE DE SERVICE. — Lorsque la charte-partie a simplement pour objet d'assurer à l'affréteur le transport des marchandises, aux risques et périls de l'armateur, la jouissance du navire n'est pas transférée. Le fréteur en conserve la direction, veille à son gréement, acquitte les droits, reste passible de dommages-intérêts en cas de retard ou d'avaries. Il est en outre, par son capitaine, sujet aux mêmes obligations que les voituriers. Dans ce cas, la disposition dominante est un louage de services et le droit de 1 pour 100 est exigible.

2. BAIL.—Mais si l'armateur cède entièrement à l'affréteur la conduite et la direction du navire pendant un temps déterminé ou pour faire tel voyage ou transporter telles marchandises, la circonstance que le navire est revêtu de ses agrès et monté par un équipage ne suffit pas comme l'a enseigné à tort (16558 J. E.), pour lui enlever le caractère d'un bail. Ici, en effet, l'affréteur devient pour le temps convenu et en suivant les conditions du contrat, le seul maître du navire; le fréteur est dégagé de toute responsabilité pour le voyage, et l'équipage passe réellement au service personnel du preneur, de même que quand le propriétaire d'une usine l'afferme avec ses machines et tous ses moyens d'exploitation. Si l'équipage intervenait au contrat pour régler les conditions de son service, on comprendrait qu'il fût possible d'exiger un droit de 1 pour 100, mais quand la charte-partie émane de l'armateur seul qui cède au fréteur la jouissance de son navire tout gréé, c'est là un bail d'objets mobiliers tombant sous l'empire de la loi du 16 juin 1824.

3. ENTREPRISE DE TRANSPORTS. — Il a été spécialement reconnu qu'on doit considérer comme un marché de transport et non comme une location de navire ou une charte-partie l'acte par lequel un entrepreneur s'est engagé envers le gouvernement mexicain à transporter un détachement de soldats de Trieste à la Vera-Cruz : « Attendu, porte un arrêt de Cass. 25 novembre 1868, que, suivant traité du 27 mars 1866, intervenu entre le gouvernement mexicain et la demanderesse en cassation, celle-ci s'est engagée à transporter, moyennant un prix convenu, 1,000 à 1,200 volontaires autrichiens de Trieste à la Vera-Cruz; que ce traité, qui constitue le louage du service et d'industrie tel qu'il est défini par les art. 1711 et 1779 du C. C., est soumis au droit proportionnel de 1 pour 100 édicté par l'art. 69 § 3 de la loi du 22 frimaire an 7; que l'art. 1er de la loi du 16 juin 1824 n'a réduit le droit proportionnel à 20 centimes pour 100 que pour les baux à ferme de biens meubles et immeubles, les baux de pâturage, les baux à cheptel et les baux pour nourriture de personnes; que la réduction du droit proportionnel n'a pas été étendue aux louages de service et d'industrie » (2817 R. P., 2383-1 I. G., S. 69-1-137, D. 69-1-233, P. 69-309 10421 J. N.).

3768. Délai. — Les navires et vaisseaux étant meubles, les chartes-parties ne sont pas assujetties à l'enregistrement dans un délai déterminé.

3769. Timbre. — Les chartes-parties avaient été assujetties au timbre de 1 franc par la loi du 6 prairial an 7, art. 5 ; d'après un décret du 3 janvier 1809, elles peuvent être rédigées sur du papier timbré de toute dimension (419 I. G.).

3770. Communication. — Les préposés de l'Enregistrement, ainsi que ceux des douanes et des octrois, ont le droit de se faire représenter les chartes-parties pour vérifier si elles sont sur timbre (Déc. 16 mess. an 13 art. 2, 7701 J. E.). Ce droit a été accordé par la loi du 2 juillet 1862 (2225 I. G.) aux agents des contributions indirectes.

CHASSE.

3771. Définition. — On appelle *chasse* la poursuite des animaux sauvages.

3772. Nature. — La chasse est un droit inhérent à la propriété. C'en est un attribut essentiel (Proudhon n° 1209 et 3729). De ce principe, il résulte que le droit de chasser appartient au propriétaire du fonds. C'est ce qui est expressément consacré, soit par le décret du 4 août 1789, qui déclare que tout propriétaire a le droit de détruire sur ses possessions toute espèce de gibier, soit de l'art. 1er L. 3 mai 1844, portant que nul n'a la faculté de chasser sur la propriété d'autrui sans le consentement du propriétaire ou de ses ayants droit.

1. DROIT RÉEL. — De ce principe, il résulte encore que le droit de chasse est immobilier aux mains du propriétaire. Cette dernière proposition est importante, au point de vue où nous sommes placés ; elle est de nature à exercer une grande influence sur la perception des droits, puisque les conventions auxquelles il peut donner lieu deviennent passibles des mêmes droits que s'il s'agissait de biens immeubles.

2. BAIL. — A défaut de stipulation écrite dans le bail ou de circonstances de faits équivalentes, le droit de chasse appartient au propriétaire comme attribut de la propriété et non au fermier (Aubry et Rau 3e édit. t. 3 § 366 note 2 ; Champ. *Man. du chass.* p. 160, Troplong *du Louage* n° 162, Gillon n° 436 ; — Riom 21 déc. 1864, S. 65-2-270 ; — Caen 6 déc. 1871, S. 72-2-198).

3773. Vente. — Servitude personnelle. — Peut-on vendre un droit de chasse? La solution de cette question est délicate. Elle se lie évidemment à celle de savoir si l'on peut aliéner le droit de chasse à perpétuité, car *la perpétuité* est de l'essence de la vente, et du moment où elle n'existe pas, la cession du droit de chasse n'est plus qu'un bail (du moins si elle est faite à titre onéreux). Un Av. Cons. d'Ét. 11 octobre 1812 (Dalloz *Jur. gén., Chasse* n° 43) a déclaré nulle la concession à perpétuité d'un droit de pêche, en la considérant comme une division perpétuelle des éléments de la propriété contraire à l'esprit des lois qui ont détruit le système féodal. D'autre part la Cour d'Amiens a jugé, le 2 décembre 1835 (Dalloz *loc. cit.* n° 44), que la réserve du droit de chasse par le vendeur du fonds, pour lui et ses successeurs à perpétuité, est parfaitement valable. Il semble que l'art. 686 C. C., prohibant les servitudes en faveur *de la personne*, toute concession de droit de chasse accordée à perpétuité à *un individu quelconque* est radicalement nulle (Champ. p. 16, Dalloz *Jur. gén., Chasse* n° 44, Gillon et Villepin p. 52 ;—Cass. 4 av. 1865, S. 65-1-655). D'où la conséquence qu'une pareille stipulation, faite à titre onéreux, ne donne ouverture qu'au droit de bail. — *V.* 3774.

Il a été reconnu, dans cet ordre d'idées, que la clause par laquelle une commune cède à des particuliers, à titre onéreux, les droits de chasse, pour eux et leurs descendants, sur la superficie générale des biens communaux tant qu'ils ne seront pas partagés, ne constitue ni un démembrement perpétuel de la propriété, ni une servitude personnelle prohibée par l'art. 686 C. C. (Cass. 13 déc. 1869, S. 70-1-129).

1. SERVITUDE RÉELLE. — Mais l'art. 686 que nous venons de citer, permet aux propriétaires d'établir sur leurs propriétés telles servitudes que bon leur semble, mais seulement à un fonds et *pour un fonds*. Si donc le droit de chasse, au lieu d'être concédé à perpétuité à une *personne désignée*, est accordé aux propriétaires ou possesseurs successifs d'un autre fonds, la convention sera parfaitement valable, et le droit de vente exigible. — Marcadé, sur l'art. 686, n° 2, ne voit dans une pareille stipulation qu'une servitude personnelle déguisée, car, dit-il, le profit et l'agrément que le droit peut amener ne s'attachant pas à l'immeuble, ils sont rigoureusement personnels au propriétaire. Il est cependant incontestable que l'immeuble duquel se trouve dépendre un droit de chasse sur un fonds voisin, reçoit de ce droit un agrément véritable, une utilité réelle; d'où l'on doit conclure que la servitude n'est pas une servitude personnelle dont la concession à titre onéreux ne peut donner lieu au droit de vente, mais une servitude *réelle* qui laisse ce droit parfaitement exigible (*Conf* : Opin. des réd. J. du not., *Bul. prat.* sept. 1866 n° 199).

3774. Bail. — Le Décr. 25 prairial an 13 permet d'affermer le droit de chasse dans les bois communaux ; la loi du 21 avril 1832 et celle du 24 avril 1833 permettent d'affermer le droit de chasse dans les bois de l'État ; il faut conclure de là que le droit de chasse peut être loué par les particuliers sur leurs propriétés (Troplong *du Louage* n° 64). On ne comprendrait pas, en effet, que ce qui est licite à l'égard des biens communaux et de ceux de l'État fut interdit à l'égard des propriétés privées. Mais ce que nous avons dit de la nature immobilière du droit de chasse amène nécessairement la nécessité d'une distinction entre le bail fait pour une durée limitée et celui qui aurait lieu pour la vie ou pour une durée illimitée. Dans le premier cas, le droit exigible serait celui de 20 centimes pour 100 déterminé par l'art. 1er L. 16 juin 1824 ; dans la seconde hypothèse, au contraire, il faudrait percevoir 4 pour 100, taux fixé par l'art. 69 § 7 n° 2 L. 22 frimaire an 7, pour les baux à vie ou à durée illimitée de biens immeubles.

3775. Délai. — Dans l'un et l'autre cas, si le bail a eu lieu *sous signature privée*, il devra être enregistré dans le délai de trois mois fixé par l'art. 22 L. 22 frimaire an 7 pour les baux de biens immeubles, et les règles que nous avons posées au mot *Bail* leur seront de tous points applicables.

1. COMMUNE. — Deux décisions des 4 février 1806 et 17 octobre 1809 (454 I. G., 2218 J. E.), avaient établi, relativement aux baux de chasse faits par les communes, une distinction qui était fondée sur le droit commun en cette matière. Si le bail était fait par adjudication, s'il avait la forme authentique, il devait être enregistré dans les vingt jours; mais s'il n'était que sous seing privé, il suffisait de le faire enregistrer dans le délai de trois mois. La loi du 15 mai 1818 a modifié ces dispositions, et le bail doit, dans tous les cas, être enregistré dans les vingt jours lorsqu'il a été revêtu de l'approbation supérieure.

3776. Bail.—Prix.—Le bail du droit de chasse comporte, comme tout autre contrat, l'expression d'un prix; et l'absence de ce prix le transforme en une libéralité ou en une simple permission. Il avait paru qu'on ne pouvait pas reconnaître ce caractère de prix à une redevance de 2 centimes par hectare imposée aux prétendus locataires parce que la fixation de ce chiffre paraissait hors de proportion avec la valeur de la jouissance cédée. Et on avait décidé que nonobstant la forme de l'acte, il fallait le considérer comme une simple autorisation de chasse passible d'autant de droits fixes qu'il y avait de propriétaires distincts (Sol. Adm. belge du 20 juin 1862, 9128 J.E. belge). — Mais cette interprétation a soulevé de grandes difficultés. Certains tribunaux ont prétendu que la lésion énorme n'était pas admise en matière de prix de bail et que les parties avaient une liberté complète à cet égard (Turnhout 7 mars 1866, 10170 J. E. belge); d'autres ont méconnu au Trésor le droit de discuter l'insuffisance du prix, si minime qu'il fût, et ont admis qu'il représentait toujours la valeur essentiellement aléatoire du droit concédé. — Aussi l'Administration belge a-t-elle dû revenir sur sa première appréciation. « On a été amené, porte une Sol. 29 juin 1866, à faire un nouvel examen du motif sur lequel repose la décision du 20 juin 1862. On a considéré que la jouissance que confère le droit de chasse présente un caractère spécial et restreint dont il faut tenir grand compte dans l'appréciation de sa valeur courante; d'autre part, cette valeur, qui parcourt une échelle très-variée, dépend souvent de circonstances si fortuites et si multiples, qu'il n'est pas sans difficulté de déterminer la juste limite en dessous de laquelle le prix énoncé à l'acte doit être réputé non sérieux. En conséquence, l'Administration a résolu de ne plus soulever sur ce point des contestations qui, en résultat, n'offrent pas un intérêt majeur pour le Trésor; elle appliquera, à l'avenir, les dispositions bursales qui gouvernent les baux à tous les actes qui, réunissant d'ailleurs les autres éléments constitutifs de ces sortes de contrats, portent concession de droit de chasse, moyennant une somme en espèces, quelle qu'elle soit, payée ou à payer aux concédants » (10201 J. E. belge).

C'est ainsi qu'on a attribué le caractère d'un bail à la convention du droit de chasse faite sans forme de location, à la condition que les preneurs supporteront les charges locales incombant aux bailleurs (Sol. belge 5 oct. 1870, 11377 J. E. belge).

3777. Permission. — Comme le prix peut consister non-seulement en une somme annuelle à payer aux propriétaires, mais en prestations différentes imposées en son acquit au fermier, il peut être parfois difficile de discerner le bail de la permission.

Ainsi, il a été reconnu que l'acte par lequel plusieurs personnes accordent à un tiers, à titre de bail, le droit de chasser sur leurs propriétés, à la charge par lui de faire nommer à ses frais un garde particulier non-seulement contre les délits de chasse, mais encore contre le maraudage et autres délits ruraux, ne donne pas ouverture au droit proportionnel de 20 centimes pour 100, attendu que la charge, autant qu'elle s'applique à la chasse, est dans l'intérêt du cessionnaire, et ne forme pas un avantage fait aux propriétaires. Quant à l'extension de la surveillance aux délits ruraux, le propriétaire en profite, il est vrai, mais le concessionnaire ne débourse rien. Il y a donc, dans l'espèce, une simple autorisation passible d'autant de droits de 2 francs (3 fr.) qu'il y a de propriétaires (17125-1 J. E.).

C'est ce qui résulte également d'une Sol. de l'Administration belge, rapportée (sans date) au n° 8142 du J. E. belge.

Cependant la Cour de Bruxelles a décidé, le 17 février 1836 (Dalloz *Jur. gén.*, *Chasse* n° 48), que l'on doit considérer comme une cession du droit *exclusif* de chasse, et non comme une simple permission de chasser, l'acte par lequel un propriétaire a cédé le droit de chasser sur son fonds, à la charge par le cessionnaire de faire surveiller ce fonds par des gardes et de poursuivre à ses frais les délits qui y seraient commis, et cela, quand même cet acte serait révocable à la volonté de chacune des parties.

Quant à la permission de chasse proprement dite, elle ne dépouille pas le propriétaire, puisqu'il conserve intégralement un droit de chasser. On peut facilement supposer que cette permission n'a aucune valeur appréciable en argent, avec d'autant plus de raison que ces actes sont presque toujours rédigés en la forme unilatérale. On les assimile alors à des autorisations pures et simples passibles du droit fixe.

1. PLURALITÉ. — Par son objet, le consentement donné par chacun des propriétaires *est indépendant* des consentements donnés par les autres signataires, et les dispositions contenues dans l'acte, soit qu'elles rentrent dans les termes du n° 21, soit qu'on leur applique le n° 51 de l'art. 68 § 1er, donnent chacune ouverture à un droit particulier, conformément au principe de l'art. 11 L. 22 frimaire an 7.

Le contraire avait été néanmoins décidé par un jugement de Tongres du 21 février 1860: « Attendu que les signataires *s'étant concertés dans un seul et même but*, celui de céder à l'opposant gratuitement les droit de chasse *sur leurs propriétés*; cette cession ainsi consentie collectivement ne peut, dès lors, être envisagée comme contenant quarante-quatre dispositions indépendantes ne dérivant pas nécessairement les unes des autres. » Mais cette jurisprudence ne saurait être suivie. Ainsi que le fait remarquer une D. m. f. de Belgique du 8 août 1860 (8677 J. E. belge), « l'art. 11 L. 22 frimaire an 7 ne renferme pas un mot qui permette de supposer qu'il aurait exclusivement en vue des dispositions ayant pour cause des *faits de diverses natures;* un seul acte peut constater plusieurs mandats, décharges ou autres dispositions qui ne se distinguent pas par leur caractère et auxquelles personne ne songerait à refuser l'application de l'art. 11 ; que si les faits donnant lieu à ces dispositions d'un caractère identique peuvent différer entre eux, cette différence se rencontre également dans l'espèce, en ce que le fait qui consiste à chasser sur les propriétés de l'un des signataires de l'acte diffère absolument d'un fait analogue pratiqué sur d'autres propriétés possédées divisément par un autre signataire; qu'en la place d'une parfaite indépendance des autorisations ayant ces divers faits pour objet, l'on ne conçoit un lien de dépendance ou plutôt l'unité de disposition que lorsque des propriétaires distincts s'unissent par un lien juridique pour faire tous conjointement un seul contrat, tel qu'un bail, avec la personne qui obtient par ce contrat le droit de chasser sur leurs propriétés. »

Cette interprétation a été maintenue par une autre Sol. 5 octobre 1870 (11377 J. E. belge.).

3778. Renonciation. — Commune. — Néanmoins, il a été décidé que l'acte par lequel plusieurs propriétaires renoncent au profit d'une commune, qui l'afferme, au droit de chasse sur leurs propriétés, ne donne ouverture qu'à un seul droit de 2 francs (3 fr.). En effet, les propriétaires ont ici un intérêt et un but communs : c'est d'utiliser au profit de la commune le droit de chasse qui, pour chacun d'eux individuellement, est à peu près improductif (D. m. f. 2 mai 1826, 8461 J. E., Sol. 12 mars 1844, 11970 J. N., 1709 I. G.). — Quoique la renonciation soit gratuite, on ne la considère pas dans cette circonstance comme une donation. On peut dire, en effet, que l'abstention d'exercer la chasse n'est point équipollente à l'aliénation du droit de chasser.

3779. Donation. — Si l'acte n'était ni un bail ni une permission révocable, mais que la concession fût faite dans un contrat synallagmatique sans stipulation d'aucun prix ni d'aucun équivalent, et surtout avec concession du droit exclusif de chasse (11475 J. E.), il faudrait bien admettre qu'il a le caractère d'une donation. Le droit étant immobilier, la perception s'établirait alors sur le revenu annuel déclaré capitalisé par le nombre d'années de jouissance au maximum de 10 (18760 J. E.). Mais de tels contrats sont nécessairement très-rares, et il ne faudrait admettre l'existence d'une libéralité que si l'acte résistait absolument aux effets de bail ou de la permission.

3779 *bis*. Succession. — Le droit de chasse doit-il être compris dans le revenu des biens passibles du droit de succession ? — V. *Successions.*

CHEMIN DE FER.

3780. Définition. — L'Académie le définit celui dont la voie est formée par deux lignes parallèles de barres de fer ou de fonte scellées dans des soubassements de pierre et sur lesquels des chariots garnis de roues en fonte roulent avec très-peu de frottement, de manière à économiser la force motrice.

3781. Concession. — Dans tous les actes de concession de chemins de fer faites aux compagnies, il est stipulé que les actes à passer en vertu de la loi de concession seront passibles du droit fixe de 1 franc (1 fr. 50).

3782. Cession de concession. — La cession par la compagnie à un tiers du droit d'exploiter le chemin est passible du droit de 2 pour 100 : « Attendu, porte un arrêt de Cass. 15 mai 1861, qu'aux termes de l'art. 1er L. 15 juillet 1845, les chemins de fer construits ou concédés par l'État font partie de la grande voirie; qu'ils sont, à ce titre, une dépendance du domaine public, et ne sauraient, dès lors, appartenir aux compagnies, qui n'en ont que l'exploitation; que le droit de propriété de l'État sur les chemins de fer construits par lui et à ses frais n'a jamais pu être mis en doute; que la loi place, et avec raison, sur la même ligne les chemins de fer construits par les compagnies concessionnaires; que ces compagnies, se chargeant de les créer, ne font que se charger d'une entreprise de travaux publics exécutés par les ordres, sur les plans, sous la direction et pour le compte de l'État, qui les reçoit après achèvement, et indemnise les compagnies en leur concédant, pendant une période de temps déterminé, la perception privilégiée sur le chemin de fer de tous les péages ou prix de transport des voyageurs et marchandises, d'après les tarifs arrêtés à l'avance entre les parties contractantes; qu'ainsi, dans les deux cas assimilés l'un à l'autre par la loi, le droit des compagnies, limité aux produits des chemins de fer, distinct de la propriété de ce chemin immédiatement acquise à l'État, ne participe en rien de la nature immobilière de cette propriété; que de l'attribution des chemins de fer au domaine public il résulte encore que la jouissance des compagnies, quelles qu'en soient l'importance et la durée, n'a jamais les caractères d'un usufruit, d'une emphytéose, ou de tout autre droit analogue emportant un démembrement de la propriété publique contraire aux principes qui en assurent la conservation et l'intégrité ; que les énonciations des cahiers des charges ne sauraient, dans aucun cas, prévaloir contre le texte précis de la loi du 15 juillet 1845 ; que, d'ailleurs, sainement interprétés dans leur ensemble et suivant l'esprit qui les a dictés, ces cahiers de charges ne contiennent rien d'incompatible avec les dispositions de cette loi; qu'ainsi, à quelque point de vue qu'on se place, les droits des compagnies sur les chemins de fer sont purement mobiliers » (1490 R. P., S. 61-1-885). — V. *Vente de meubles.*

Mais la propriété du terrain d'une gare supprimée appartient à la Compagnie (D. C. d'Ét. 11 déc. 1874, 4257 R. P.).

V. *Bail*, 2779 *bis*.

3783. Cession d'embranchement. — Une compagnie de chemin de fer peut concéder à des tiers le droit d'établir dans leur intérêt exclusif des embranchements conduisant de leur propriété à la voie ferrée. On ne saurait voir dans un traité de cette nature un abandon du monopole de la compagnie, puisque le transport sur l'embranchement ne peut être exécuté que par elle (Cass. 14 nov. 1860, S. 61-1-629). Cette concession d'embranchement ne confère au particulier que le droit de souder ses rails à la voie et elle l'oblige au payement d'un droit de location à la compagnie pour le matériel servant à la desserte de l'embranchement (C. Lyon 21 juill. 1864, S. 67-1-81).

Une convention pareille peut donner lieu, selon les termes dans lesquels elle est conçue, ou à un droit de bail pour la location du matériel, ou à un droit de marché pour l'engagement pris par la compagnie de faire elle-même les transports sur l'embranchement.

3784. Expropriation. — L'exécution des travaux relatifs à la construction des chemins de fer nécessite presque toujours l'expropriation des terrains destinés à l'établissement de la voie. Les nombreuses difficultés auxquelles cette matière donne lieu sont traitées au mot *Expropriation*.

3785. Chemins de fer locaux. — Les marchés pour la construction des chemins de fer d'intérêt local sont passibles du droit de 1 pour 100 sur la totalité du prix. — V. *Chemin vicinal*, n° 3804.

3786. Chemin de fer particulier. — Le chemin de fer établi par le propriétaire d'une carrière pour le transport de ses produits sur un terrain par lui loué, est immeuble par nature, et peut être saisi immobilièrement (Bourges 22 mars 1867, S. 67-2-358. — V. Champ. et Rig. 3177.).

3787. Agents. — 1. NOMINATIONS. — Bien que la loi qui accorde la concession d'un chemin de fer autorise la compagnie à nommer des agents chargés de la perception des droits et de la surveillance du chemin, l'acte de nomination ne peut être assimilé à un acte administratif exempt du droit d'enregistrement. En effet, le § 1er de l'art. 70 L. 22 frimaire an 7 ne peut pas s'étendre aux commissions délivrées par les sociétés particulières à leurs préposés, alors même que ces préposés seraient admis, après prestation de serment, à dresser des procès-verbaux faisant foi en justice. L'assimilation établie par les cahier des charges des compagnies de chemins de fer entre les agents assermentés et les gardes champêtres n'est pas relative au payement des droits que l'Administration doit percevoir sur les actes qui les concernent, mais seulement au pouvoir qui leur est conféré dans un intérêt d'ordre et de sûreté publique de constater les délits par des procès-verbaux (Cass. req. 28 déc. 1859, 1287 R. P., 2174 § 4 I. G., 16767 J. N., 17068 J. E., 11702 C., S. 60-1-140. — *Conf.*: Seine 10 janv. 1855, 578 R. P.)

2. SERMENT. — Les agents et employés des chemins de fer sont assujettis à un serment. En ce qui concerne les droits d'enregistrement sur les actes constatant la prestation de serment, V. *Serment*.

3788. Procès-verbal. — Les procès-verbaux de contravention à la police des chemins de fer doivent être visés pour timbre et enregistrés en débet (L. 15 juill. 1845, art. 24, 1758 I. G.). — *V.* 803.

3789. Lettres de voiture et récépissés. — Les transports effectués par chemins de fer donnent lieu à la délivrance de lettres de voiture et de récépissés soumis au timbre. C'est au mot *Lettres de voiture* qu'on trouvera le développement de la législation et de la jurisprudence sur ce point.

3790. Billets et bulletins. — Les billets de place et les bulletins de bagages sont, dans certains cas, assujettis au timbre. — *V. Quittance.*

1. BORDEREAU. — Les bulletins, reconnaissances ou bordereaux employés dans les compagnies de chemins de fer, soit pour les souscriptions de titres, soit pour les échanges de ces titres ou pour les payements d'intérêts ou d'arérrages, sont sujets au timbre. S'ils ont le caractère d'un titre négociable, ils rentrent dans la catégorie des actions ou des obligations assujetties au timbre proportionnel. S'ils servent seulement de preuve de libération, c'est le droit de timbre de 10 centimes qui est exigible. — V. *Quittance.*

Enfin, si ce sont de simples pièces de service intérieur et de comptabilité, ces bordereaux peuvent être écrits sur papier non timbré et ils ne deviennent sujets au timbre que quand il en est fait usage, conformément à l'art. 30 L. 13 brumaire an 7.

Il a été spécialement décidé que ce dernier caractère appartient au bordereau fait par le détenteur d'actions ou d'obligations et présentés à la compagnie lors du payement des intérêts ou des dividendes. Une telle pièce ne crée pas un lien de droit entre la compagnie et le signataire, et si elle peut, dans certaines circonstances, fournir un renseignement utile, elle ne constitue pas un titre pouvant par lui-même faire preuve d'une obligation ou décharge; — dès lors, elle rentre, comme les lettres missives et *les factures non acceptées par le débiteur*, dans la catégorie des écritures pour lesquelles le timbre devient seulement exigible quand il en est fait usage en justice (Seine, 19 avr. 1873, 3644 R. P.).—V. *Sociétés.*

3791. Actions et obligations. — Les titres d'actions et d'obligations émis par les compagnies de chemins de fer sont assujettis au timbre, au droit de transmission et à la taxe sur le revenu.

En ce qui concerne le timbre, V. *Abonnement, Effets de commerce et Sociétés.*

En ce qui concerne le droit de transmission, la question a été traitée dans le chapitre spécial consacré à ce sujet.

Enfin la taxe sur le revenu fait l'objet d'un traité particulier. — V. *Impôt sur le revenu.*

On trouvera également au mot *Etranger* et *Successions*, les règles relatives aux droits de mutation et autres à percevoir sur les titres des chemins de fer étrangers.

CHEMIN VICINAL.

DIVISION

CHAPITRE PREMIER. — DISPOSITIONS GÉNÉRALES

[3792-3795]

3792. Définition. — Le chemin vicinal, c'est celui que l'autorité compétente a déclaré nécessaire à la généralité des habitants d'une ou de plusieurs communes, et dont l'entretien est obligatoire pour elles. — La totalité des dépenses nécessitées par l'entretien des chemins vicinaux a été mise à la charge des communes par la loi du 21 mai 1836.

3793. Petite vicinalité. — Grande communication. — Les chemins vicinaux se divisent en deux catégories : ceux de *petite vicinalité*, qui sont légalement reconnus par un arrêté du préfet, pris sur une délibération du conseil municipal; ceux de *grande communication*, ainsi classés, à raison de leur importance, par le conseil général, sur l'avis des conseils municipaux, des conseils d'arrondissement et sur la proposition du préfet. Des règlements spéciaux, qu'il serait sans utilité de reproduire ici, régissent ces deux catégories de chemins. Quant aux questions d'enregistrement et de timbre qui s'y rapportent, elles sont communes aux deux natures de chemins, car l'art. 20 de la loi de 1836, ni aucun règlement ultérieur, n'ont établi de distinction à cet égard.

3794. Acte administratif. — En dérogeant au droit commun sur l'enregistrement, la loi du 21 mai 1836 n'a point privé les actes concernant les chemins vicinaux du bénéfice de certaines dispositions de la loi générale. Ainsi, premièrement, les *actes administratifs* relatifs à ces chemins, et qui ne contiennent ni transmission de propriété, d'usufruit ou de jouissance, ni adjudication ou marché et cautionnement, sont exempts du timbre sur la minute, et de l'enregistrement, tant sur la minute que sur l'expédition, conformément aux art. 78 et 80 L. 15 mai 1818 (D. m. f. 8 janv. 1841, 1627 I. G., 10879 J. N.).

3795. Acte sous seing privé. — Secondement, les actes sous seing privé ayant le même objet peuvent, suivant l'art. 23 de la loi du 22 frimaire an 7, n'être présenté à l'enregistrement que lorsqu'il s'agit d'en faire usage, par acte public, ou en justice, ou devant toute autre autorité constituée (*Idem*).

CHAPITRE II. — ENREGISTREMENT

[3796-3811]

3796. Loi du 21 mai 1836. — Tarif. — La loi de 1836 ayant, ainsi qu'on vient de le voir, mis l'entretien des chemins vicinaux à la charge des communes, son art. 20, pour rendre cet entretien moins onéreux, a voulu que « les plans, procès-verbaux, certificats, significations, jugements, contrats, marchés, adjudications de travaux, quittances et autres actes ayant pour *objet exclusif* la construction, l'entretien et la réparation des chemins vicinaux, soient enregistrés moyennant le droit fixe de 1 franc. »

Ce droit a été porté à 1 fr. 50 cent. par l'art. 4 de la loi du 28 février 1872.

3797. Mention. — Mais pour que les actes soumis à la formalité puissent jouir du bénéfice de cette disposition, il est indispensable qu'ils contiennent la mention expresse qu'ils sont faits en vue de la construction, de la réparation et de l'entretien des chemins vicinaux. Il importe de remarquer que les actes dont il s'agit restent assujettis au timbre, tant sur la minute que sur l'expédition (1521 I. G.).

3798. Minimum. — Dans tous les cas où le droit proportionnel exigible sur un acte concernant les chemins vicinaux, susceptible d'être enregistré, ne s'élève pas à 1 franc, c'est ce droit proportionnel qui doit être perçu, sauf l'application du minimum de 25 centimes déterminé par l'art. 3 L. 27 ventôse an 9 (D. m. f. 8 janv. 1841, 10879 J. N., 1627 I. G.).

L'art. 8 L. 18 mai 1850 n'avait pas modifié l'art. 20 L. 21 mai 1836, et le minimum du droit fixe était, comme par le passé, de 1 franc. La raison en est que l'art. 30 L. 18 mai 1850, avait formellement maintenu les dispositions de l'art. 20 L. 21 mai 1836. C'est ce qui résulte d'une Sol. 24 août 1850, (3324 *Bull.*) et d'une D. m. f. 21 mai 1852, 14727 J. N., 1920 § 1er I. G.), contrairement à l'opinion émise (15086-3 J. E.). — (*V.* dans le même sens Inst. des Fin. 20 juin 1859 n° 892).

La loi du 28 février 1872 ayant augmenté de moitié sans aucune distinction tous les droits fixes exigibles sur les actes civils et judiciaires, il s'ensuit que le minimun applicable aux actes concernant les chemins vicinaux est fixé aujourd'hui à 1 fr. 50 cent. en principal (D. m. f. 8 juin 1872, Circ. du min. int. 17 août 1872, 3549 R. P. et 31 mai 1875, 4113 R. P.).

3799. Pluralité. — Le tarif déterminé par l'art. 20 L. 21 mai 1836 est uniquement le salaire de la formalité. Or, cette formalité étant *une*, quel que soit le nombre des dispositions indépendantes contenues dans le même acte, il en résulte que l'art. 11 L. 22 frim. an 7 est sans application en matière de chemins vicinaux, et que les actes qui s'y rapportent ne donnent jamais ouverture qu'à un seul droit (D. m. f. 26 août 1846, 1763 I. G.).

1. CAUTIONNEMENT. — Cette considération a déterminé l'Administration à décider, le 4 janvier 1839 (Dict. Fess. *Chemin vicinal* n° 20), que le cautionnement contenu dans une adjudication de réparations de chemins vicinaux ne donne lieu à aucun droit particulier.

2. DISPOSITIONS ÉTRANGÈRES. — Mais les dispositions étrangères aux chemins vicinaux sont passibles du droit afférent à leur nature. Ainsi quand un devis ou un marché relatif à l'empierrement de chemins vicinaux porte qu'une partie du prix s'applique à des travaux ordinaires, il est dû, outre le droit fixe de 1 fr. 50 cent. pour le chemin vicinal, le droit de 3 francs sur le devis pour les autres travaux et celui de 1 franc pour 100 sur l'adjudication ou le marché (16835-2 J. E.).

3800. Expropriation. — Une D. m. f. 8 janvier 1841 (10879 J. N., 1627 I. G.) reconnaissait que le droit déterminé par l'art. 20 L. 21 mai 1836 était applicable non-seulement aux actes de gré à gré concernant les acquisitions de terrain, mais encore à ceux qui étaient le résultat d'une procédure en expropriation pour cause d'utilité publique. Le motif de cette décision était que la loi qui régit les chemins vicinaux étant postérieure à la loi du 7 juillet 1833, sur l'expropriation, celle-ci ne pouvait avoir aucune influence en matière de vicinalité. Mais la loi du 3 mai 1841 étant survenue, les motifs invoqués s'évanouissaient. Cependant une D. m. f. 12 janvier 1843 (11564 J. N., 1684 I. G.) persista à vouloir soustraire les actes concernant les chemins vicinaux à l'art. 58 de la nouvelle loi sur l'expropriation pour cause d'utilité publique.

1. ACQUISITIONS. — ACTES Y RELATIFS. — Toutefois, après un nouvel examen de la question, il fut décidé d'abord que l'art. 20 L. 21 mai 1836 avait été abrogé par l'art. 4 L. 3 mai 1841 (D. m. f. 17 janv. 1846, 12810 J. N., 1764 I. G.); — ensuite que le bénéfice de cette exemption s'étendait aussi aux actes de *cession amiable*, à la condition qu'un arrêté du préfet aurait préalablement déclaré les travaux d'utilité publique, et que les propriétés cédées se trouveraient par un second arrêté comprises dans l'emplacement destiné à la voie projetée (Circ. m. f. 4 février 1847, 14264 J. E.).

On ne tarda pas à revenir sur cette interprétation trop large donnée à la loi de 1841. Il a été reconnu, en dernier lieu (1768 I. G., 12889 J. N., *Inst. des fin.* 20 juin 1859 n° 892), que le visa pour timbre et l'enregistrement *gratis* déterminés par l'art. 58 L. 3 mai 1841, profitent seulement aux actes désignés en cet article, c'est-à-dire aux « plans, procès-verbaux, certificats, significations, jugements, contrats et autres actes qui ont pour objet les expropriations ou acquisitions de terrain. »

Il est toujours nécessaire, bien entendu, que les actes appelés à l'enregistrement gratis aient été précédés d'une loi, d'un décret ou d'un arrêté contenant déclaration d'utilité publique (Cass. 31 mars 1856, 2078-1 I. G., 16315 J. E., 15779 J. N., 10793 C., S. 56-1-752). Il faut, en outre, que l'arrêté primitif ou un second arrêté ait déterminé les propriétés qui doivent être cédées. Sans cela le droit fixe serait exigible, sauf restitution, conformément à l'art. 58 de la loi de 1841, dans le délai de deux ans sur la justification de l'arrêté dont il s'agit, pris après l'enregistrement de l'acte (Circ. m. f. 4 févr. 1847, 14264 J. E.).

3801. Marchés. — Adjudications. — A ce point de vue, les *marchés* et les *adjudications* de travaux relatifs à l'entretien, la réparation ou la construction des chemins vicinaux, n'étant pas de l'ordre des actes mentionnés en l'art. 58 L. 3 mai 1841, demeurent sous l'empire de la loi du 21 mai 1836 (1768 I. G., 12889 J. N.). Il en est de même, à plus forte raison, des marchés passés pour la confection des plans d'alignement et de nivellement, nécessités par les travaux (Sol. 14 juill. 1853).

1. MATÉRIAUX. — On devrait appliquer cette solution à l'acquisition d'un terrain nécessaire à l'extraction des matériaux destinés à l'entretien du chemin.

3802. Plans et devis. — On a émis l'opinion (14399-2 J. E.) que les plans et devis dressés par les agents voyers et approuvés par l'autorité supérieure, pour l'adjudication des travaux à exécuter sur les chemins vicinaux, sont assujettis au timbre et au droit fixe d'enregistrement, car on ne peut assimiler ces actes à des actes administratifs, et l'exemption de tous droits ne s'applique qu'aux actes désignés en l'art. 58 L. 3 mai 1841, qui ont pour objet les expropriations ou acquisitions de terrains.

Ces plans et devis peuvent n'être présentés au timbre extraordinaire ou au visa pour timbre qu'après l'approbation de l'autorité compétente, sauf à exiger l'amende s'il était procédé à l'adjudication des travaux avant le payement des droits de timbre dus pour les plans et devis approuvés (D. m. f. 8 juin 1852, 1927 § 7 I. G., 14732 J. N.).

V. *Cahier des charges* n° 3274.

3803. Emprunts. — Une loi du 11 juillet 1868 a créé une caisse spéciale, gérée par la caisse des dépôts et consignations et chargée de faire aux communes ou aux départements, pour l'achèvement des chemins vicinaux, des avances remboursables en annuités.

Appelé à examiner de quels droits d'enregistrement et de timbre sont passibles les contrats intervenus entre les communes et la caisse pour constater les avances, l'Administration a pris les décisions suivantes :

1° Les contrats doivent être rédigés sur papier du timbre de dimension et enregistrés au droit fixe de 1 franc (1 fr. 50 cent.), par application de l'art. 20 L. 21 mai 1836, qui fixe à ce taux le droit d'enregistrement des « plans, procès-verbaux, certificats, significations, jugements, contrats, marchés, adjudications de travaux, quittances et *autres actes*, ayant pour objet exclusif la construction, l'entretien et la réparation des chemins vicinaux » (1521 I. G.) ;

2° Comme les emprunts de l'espèce présentent généralement un caractère d'urgence, la formalité de l'enregistrement devra être donnée, sans aucun retard, par les receveurs, aux actes destinés à les réaliser, dans le cas même où ces actes ne seraient pas encore revêtus de la signature du directeur général de la caisse des dépôts et consignations ;

3° Si les emprunts, au lieu d'être constatés par des contrats synallagmatiques, faisaient l'objet de titres d'obligations négociables, souscrits par les communes ou par les départements, ces titres devraient être soumis aux droits proportionnels de timbre établis par les art. 27 et 31 L. 5 juin 1850 (2382 I. G., 3084 R. P.).

Cette dernière Sol. est conforme à la jurisprudence d'après laquelle, quand un emprunt municipal donne lieu à la délivrance de titres négociables, soumis au droit proportionnel de timbre, l'acte d'emprunt est exempté des droits de timbre et d'enregistrement. — V. *Acte administratif*.

Mais les autres ne paraissent pas juridiques.

En effet, les emprunts qui ont pour objet la construction des chemins vicinaux n'ont pas, au point de vue fiscal, une autre nature que ceux dont les fonds ont une destination différente. Or, il a été reconnu que tous les emprunts réalisés par acte administratif, soit de gré à gré, soit par adjudication publique, demeuraient soumis à l'art. 80 de la loi du 15 mai 1818, qui affranchit du timbre et de l'enregistrement les actes qui ne contiennent ni marché ni transmission de propriété (V. *Acte administratif*). Il n'y avait pas de raison pour ne pas appliquer cette règle aux emprunts autorisés par la loi du 11 juillet 1868. Il a été en effet reconnu depuis que les actes de l'espèce passés dans la forme administrative ne sont pas assujettis à l'enregistrement (D. m. f. 28 mai 1878, 4962 R. P.).

D'autre part, il est de règle que les actes ne sont sujets à l'enregistrement qu'après leur perfection. Ceux qui sont simplement préparés en vue de réaliser le contrat d'emprunt, mais qui ne sont pas encore signés par le directeur général de la caisse ou par les représentants des communes constituent de simples projets sans existence juridique. Il n'y a donc, en droit strict, aucune obligation de les faire enregistrer. Cependant il a été ordonné aux receveurs de les enregistrer sans s'arrêter au défaut d'indication de date pas plus qu'au défaut de signature du directeur général de la caisse (D. m. f. 28 mai 1878, 4962 R. P.).

3804. Chemins de fer locaux. — Les dispositions de la loi du 21 mai 1836, sur l'enregistrement des marchés relatifs à la construction des chemins vicinaux, ne sauraient être étendues aux chemins de fer d'intérêt local, qui doivent donner lieu à une exploitation intéressée. Ces marchés sont sujets au droit de 1 pour 100 sur la totalité du prix à payer aux entrepreneurs, sans déduction de la portion qui serait payée au moyen de la somme accordée à titre de subvention par l'État; cette somme, qui doit être remboursée sur les produits du chemin, forme en réalité un prêt (Sol. 13 sept. 1867, 2567 R. P., 18422-3 J. E.). Depuis lors il a été décidé, mais évidemment par faveur, que le droit est dû sur les bénéfices de l'exploitation (D. m. f. 9 nov. 1874, 4005 R. P.).

3805. Échange. — Le bénéfice de l'art. 20 L. 21 mai 1836 n'a son application qu'en faveur des communes et ne peut profiter aux particuliers à qui les chemins vicinaux fournissent l'occasion de faire des conventions leur procurant un avantage personnel. Aussi a-t-il été décidé que le droit proportionnel n'est point exigible sur la *soulte* que paye une commune qui acquiert à titre d'échange une parcelle de terrain destinée à la construction d'un chemin vicinal, tandis que le droit d'échange doit être perçu sur la plus petite part *que reçoit* le coéchangiste (Sol. 30 janv. 1839, 12474-2 J. E.). — Jugé dans ce même ordre d'idées que l'acte par lequel un propriétaire, dans le but d'augmenter la valeur de ses propriétés, échange avec une commune un chemin vicinal qui les traverse, contre l'obligation qu'il contracte d'en faire construire un autre à ses frais sur un parcours déterminé, est passible du droit proportionnel (Senlis 19 fév. 1837, 12254-2 J. E.). — Nous devons faire remarquer, toutefois, qu'en plusieurs circonstances récentes l'Administration a étendu le bénéfice de la loi du 21 mai 1836 aux actes d'échange considérés dans leur ensemble et aussi bien à l'acquisition de l'échangiste qu'à celle de la commune. — V. *Expropriation*.

1. SOULTE. — Mais, dans tous les cas, la soulte payée par le particulier est passible du droit proportionnel. — V. *Échange* n° 7137.

3806. Cession aux riverains. — Les cessions de terrains provenant des chemins vicinaux, faites aux riverains en vertu de l'art. 19 L. 21 mai 1836 sont, comme les ventes ordinaires des biens des communes, assujetties au droit proportionnel (D. m. f. 7 nov. 1850, 15051 J. E.). Comme la vente a lieu après le déclassement, les terrains vendus ne font plus partie des chemins vicinaux et cela suffit pour écarter l'application de la loi de 1836.

Le droit de préemption des riverains s'applique d'ailleurs non-seulement aux chemins vicinaux proprement dits, mais à tous les chemins communaux, classés ou non, servant de voie de communication (Cass. 19 mai 1858, S. 59-1-152). Les mêmes règles seraient donc applicables à la cession de ces terrains.

3807. Mutation verbale. — On se borne souvent, lorsque des concessions de parcelles sont faites aux communes pour l'élargissement des chemins vicinaux, sans rédiger d'acte, à payer l'indemnité sur la quittance du propriétaire. Dans ce cas, la mutation résulte du seul fait de l'exécution de l'art. 15 de la loi du 21 mai 1836 (Cass. 20 avr. 1868, S. 68-1-301), et, quoiqu'il ne soit pas rédigé d'acte, le droit fixé par l'art. 20 est exigible d'après la disposition générale de l'art. 4 L. 27 ventôse an 9; il doit alors être suppléé à l'acte par une déclaration estimative. Rien ne s'oppose d'ailleurs à ce que les déclarations soient remplacées par un état sur papier timbré contenant les noms des propriétaires qui ont cédé la superficie des parcelles, ainsi que le montant de l'indemnité, et à ce que cet état soit soumis à la formalité au droit fixe de 1 franc (1 fr. 50 cent.) (D. m. f. 9 nov. 1842, Fess. *Chemin vicinal* n° 9).

3808. Pavage des rues. — L'art. 20 de la loi du 21 mai 1836 relative à la construction et à l'entretien des chemins vicinaux n'est pas applicable aux marchés relatifs au pavage des rues des villes; l'objet de cette loi est tout à fait spécial et ne peut être étendu (D. m. f. 5 oct. 1842, Fess. *Chemin vicinal* n° 20).

3808 *bis*. Péage. — Le rachat d'un pont à péage est sujet au droit de 2 pour 100. — *V.* 2527. De cette circonstance que le pont à péage sert à relier les deux parties d'un même chemin vicinal, on ne saurait conclure que la convention peut bénéficier du droit fixe établi limitativement par l'art. 20 L. 21 mai 1836 (D. m. f. 15 sept. 1874, 4854 R. P.).

3809. Procès-verbal. — Les procès-verbaux des agents voyers nommés par les préfets pour les chemins vicinaux, constatant des contraventions et délits, sont visés pour timbre et enregistrés en débet: le délai, pour l'enregistrement de ces procès-verbaux, est de quatre jours suivant l'art. 20 L. 22 frimaire an 7 (D. m. f. 3 juill. 1837, 9689 J. N., 11934 J. E., 1562 § 4 I. G.), et le droit à percevoir est celui de 3 francs, conformément à l'art. 43 n° 16 L. 28 avril 1816 et à l'art. 4 de la loi du 28 février 1872 (13585 J. E.). — *V.* 803.

3810. Souscription. — Les actes sous seing privé ou les listes destinés à constater les souscriptions volontaires pour les dépenses des chemins vicinaux, sont affranchis du timbre et de l'enregistrement (Sol. 1er août 1856, *Inst. des fin.* 20 juin 1859, n° 888 § 13). — L'exemption du timbre est également applicable aux quittances ayant pour objet le produit de ces souscriptions (Sol. 13 mai 1855 et 1er juill. 1857).

3811. Droit de greffe. — Les expéditions délivrées par les greffiers des actes et jugements relatifs à la construction, à l'entretien et à la réparation des chemins vicinaux, sont assujetties aux droits de greffe établis par la loi du 21 ventôse an 7 (D. m. f. 3 nov. 1843, 13452-1 J. E.). On ne peut, en effet, appliquer à l'espèce ni la réduction prononcée par l'art. 21 L. 21 mai 1836, parce que cette réduction est spéciale pour les droits d'enregistrement; ni l'exemption admise par les lois sur l'expropriation pour cause d'utilité publique, cette exemption ne pouvant être étendue d'un cas à un autre : d'où il suit que, à défaut d'exception formelle relative aux droits de greffe, les règles générales sur la perception de ces droits doivent être suivies. — *V.* 8076.

3811 *bis*. **Chemins stratégiques.** — Les actes administratifs, passés pour l'entretien des chemins stratégiques appartenant à la vicinalité ou à l'État, sont dispensés de l'enregistrement et du timbre (D. m. f. 14 juin 1878).

CHAPITRE III. — TIMBRE

[3812-3837]

3812. Règle générale. — En règle générale, les pièces justificatives des dépenses concernant des chemins vicinaux sont sujettes au timbre (1700 I. G.).

3813. Droit en débet. — Les actes d'acquisition et d'échange qui ne tombent pas sous l'application de l'art. 58 L. 3 mai 1841, peuvent être visés pour timbre *en débet*, sous la condition que le droit de timbre sera payé en même temps que celui d'enregistrement, au moment de cette formalité (D. m. f. 11 juin 1839, Sol. 3 avr. 1843, Fess.; V. *Chemin vicinal* n° 14, D. m. f. 13 juill. 1844, 1755 § 17 I. G.), qui laissent sans objet l'I. G. 1627 et une décision postérieure du 22 mai 1843 (Fess. *loc. cit.* n° 7).

D'après une D. m. f. du 19 décembre 1855 (2003-9 I. G.), le papier destiné à la rédaction des adjudications sans exception qui ont lieu devant l'autorité administrative, dans tous les cas où il est stipulé qu'elles ne seront définitives qu'après avoir été approuvées par l'autorité supérieure, sera admis au visa en débet sous la condition que les adjudicataires acquitteront simultanément les droits de timbre et d'enregistrement

3814. Acquisition de gré à gré. — Sont assujettis au timbre: 1° la copie ou l'extrait de la convention passée entre le maire et le propriétaire; — 2° la quittance du vendeur. Sont exempts du timbre: 1° la délibération du conseil municipal ou du conseil général, selon qu'il s'agit de grande ou de petite communication; — 2° l'arrêté d'autorisation du préfet; — 3° la justification de la purge des hypothèques (I. m. de l'int. 30 nov. 1840, p. 295 § 7, 297 § 5).

3815. Acte écrit à la suite. — Adhésion. — Lorsque les propriétaires riverains d'un chemin vicinal signent leur adhésion à la suite du procès-verbal d'estimation dressé par l'agent-voyer, en exécution de la loi du 21 mai 1836, il y a autant de contraventions à la loi du 13 brumaire an 7 et il est dû autant d'amendes qu'il y a eu d'actes d'adhésion (Sol. 11 mars 1841, Fess. *Chemin vicinal* n° 13).

Les entrepreneurs de travaux de la voirie vicinale ne peuvent donner quittance du prix de ces travaux à la suite des certificats de payement délivrés par les agents voyers. L'acquit peut être donné au bas de l'état timbré et joint au mandat si cet état contient le mémoire dûment visé et approuvé des travaux (2400-7 I. G., 3367 R. P.).

3816. Agent voyer. — Lorsqu'il est alloué aux agents voyers par les communes une quotité quelconque sur le prix des travaux pour salaire de leur surveillance, les quittances qu'ils donnent de cette quotité sont assujetties au timbre toutes les fois qu'elles excèdent 10 francs (13514-5, 14461-3 J. E.; *V.* D. m. i. 31 mai 1875, 4113 R. P.).

3817. Cantonnier. — Traitement. — Les quittances de traitement des cantonniers des chemins vicinaux sont sujettes au timbre lorsqu'elles excèdent 10 francs (L. 23 août 1871, art. 18 et 20; D. m. i. 16 oct. 1875, 4235 R. P.).

Les décomptes relatifs à ces traitements ne sont sujets au timbre que pour les cantonniers payés à la tâche ou à la journée (D. m. i. 16 oct. 1875, 4235 R. P.).

3818. Certificat. — Les certificats des gens de l'art constatant la situation ou la réception des travaux exécutés sur les chemins vicinaux sont sujets au timbre. Ces actes pouvant, en effet, être produits pour justification, se trouvent dans le cas de l'application de l'art. 12 L. 13 brumaire an 7. Ce ne sont pas des actes administratifs, et rien ne dispense les communes ou les particuliers qui ont traité avec les communes de payer les droits de timbre auxquels sont soumis ces actes (D. m. f. 22 oct. 1854, 24 janv. 1855, 19 mai 1855, 2034 I. G., 403 R. P.).

Mais le simple visa donné par l'agent voyer dans le corps des mandats de payement relatifs à la réparation et à l'entretien des chemins vicinaux ne donne pas ouverture à un droit de timbre particulier, attendu que le *vu* n'a ni la forme ni le caractère d'un certificat, et qu'il doit être considéré comme un des éléments constitutifs du mandat avec lequel il s'identifie (Sol. 3 nov. 1857, M. Sollier n° 266). Ces certificats ne sont sujets au timbre que quand ils constituent le titre de la créance à payer. — *V.* 3835.

1. VISA. — Les formules imprimées destinées à la rédaction des certificats des agents voyers peuvent être visées dans tous les bureaux indistinctement ou être soumises au timbre extraordinaire au chef-lieu (D. m. f. 21 janv. 1857, 2093-5 I. G.). La même faculté a été accordée à l'égard des formules imprimées pour certificats délivrés par les architectes relativement aux travaux communaux de toute nature (D. m. f. 19 août 1857, 2106-8 I. G.).

2. AGENTS VOYERS. — Les certificats dressés par les agents voyers et constatant que les cantonniers employés sur les chemins vicinaux ont droit à leur salaire mensuel ne font pas titre contre les communes et n'ont d'autre objet que de four-

nir aux maires les renseignements nécessaires pour l'ordonnancement de la dépense; comme tels, ils constituent des documents de pure administration intérieure exempts du timbre suivant le décret du 4 messidor an 13 (Sol. 28 fév. 1867).

3. CAUTIONNEMENT. — Les déclarations de versement de cautionnement représentées par l'entrepreneur à l'appui de la demande de payement sont sujettes au timbre (D. m. f. 5 sept. 1876, 4483 R. P.).

3819. Décomptes. — Si les décomptes de fournitures et travaux pour l'entretien des chemins vicinaux dressés par les agents voyers constituent la preuve de la créance et forment l'élément essentiel de la liquidation et du payement, ils rentrent dans la catégorie des certificats d'à-compte et états de travaux ou fournitures délivrés par les agents voyers ou entrepreneurs de la voirie vicinale reconnus sujets au timbre par des D. min. des 24 janv. 1855 et 4 fév. 1860 (*Inst. des fin.* 20 juin 1859, n° 631 § 2). — Il en est autrement quand ces certificats sont de simples pièces d'ordre. — V. 3821, 3822, 3835, 3836.

3820. Expédition. — Le ministre des finances a repoussé, le 24 février 1837, la demande qui lui avait été faite d'accorder aux préfets la faculté de délivrer sur papier non timbré les expéditions des arrêtés portant autorisation d'acquérir ou d'aliéner des terrains qui doivent faire partie ou être distraits des chemins vicinaux, sauf aux parties intéressées à les soumettre au timbre extraordinaire ou au visa pour timbre, attendu que l'art. 12 L. 13 brumaire an 7, assujettissant au timbre, non les actes mais les papiers à employer pour ces actes, on ne peut admettre au timbre ou au visa les expéditions après qu'elles ont été délivrées (11817 J. E., 9729 J. N.). — V. 440 et 3821.

3821. Expropriation. — Sont exempts du timbre : 1° la délibération du conseil municipal ou du conseil général ; — 2° l'arrêté d'autorisation du préfet; — 3° la copie ou l'extrait de l'acte de cession amiable, relatant la transcription du contrat au bureau des hypothèques ; — 4° le certificat du conservateur délivré après la transcription ; — 5° la quittance du vendeur exproprié ; — 6° la copie ou l'extrait du jugement d'expropriation ; — 7° le certificat du greffier constatant qu'il n'y a pas eu de pourvoi dans les trois jours de la notification, ou copie de l'arrêt de rejet; — 8° l'acte d'acceptation des offres sous forme de convention ; — 9° la copie de la décision du jury portant fixation de l'indemnité. Tous ces actes étant faits en vertu de la loi du 7 juillet 1833 (3 mai 1841), sont timbrés et enregistrés gratis (I. m. f. 30 juin 1840, p. 462).

1. MANDAT DE PAYEMENT. — Les mandats de payement, quittancés, qui ont pour objet le prix d'acquisition, par suite d'expropriation, de terrains nécessaires à la construction des chemins vicinaux, sont les seuls qui ne soient pas assujettis au timbre. Ceux délivrés aux entrepreneurs pour prix de travaux exécutés sont passibles du droit (14131-1 J. E.).

Les certificats des agents voyers mis au bas de ces mandats sont exempts de timbre (D. m. i. 31 mai 1875, 4113 R. P.).

3822. Extraction de matériaux. — Dépôts ou enlèvements de terre. — Occupations temporaires de terrains. — Sont soumis au timbre : 1° la copie ou l'extrait de la convention à l'amiable entre le maire et le propriétaire, ou, à défaut, l'arrêté du conseil de préfecture, portant règlement de l'indemnité sur rapport d'expert; — 2° la quittance du propriétaire. — Est exempt du timbre, l'arrêté d'autorisation du préfet joint au mandat (30 nov. 1840 p. 295 § 10 I. G.), et le certificat de l'agent voyer (D. m. i. 31 mai 1875, 4113 R. P.).

3823. Frais de recherches des matériaux. — Sont assujettis au timbre les mémoires quittancés, ou les quittances selon la nature des objets (*Idem* p. 207 § 18).

3824. Hypothèques. — Est sujet au timbre l'état des frais pour arriver à la purge des hypothèques légales, taxé d'après le tarif ordinaire des frais de justice et par le juge, en conformité du Déc. 16 février 1807, sur la liquidation des dépens.

Sont exempts du timbre : 1° la quittance sur le mandat et l'arrêté du préfet expliquant les motifs pour lesquels on a employé le ministère d'huissier pour les significations ou notifications (*Idem* p. 295 § 13); — 2° les mandats quittancés que les préfets délivrent aux conservateurs des hypothèques pour payement des salaires à raison de la transcription d'actes d'acquisition concernant les chemins de grande communication même lorsqu'ils excèdent 10 francs (Déc. 2 fév. 1843, Fess. *Chemin vicinal* n° 19).

Ces dernières décisions ne sont plus applicables aujourd'hui en présence des termes généraux de l'art. 18 de la loi du 23 août 1871. On verra au mot *Quittance* que le droit de 10 centimes a été reconnu exigible sans distinction aucune sur les quittances des salaires du conservateur des hypothèques quand ces salaires excèdent 10 francs.

3825. Indemnité pour dommages. — Sont exempts du timbre : 1° le procès-verbal d'expertise rédigé par des agents administratifs, *si l'indemnité est réglée à l'amiable;* — 2° la décision ministérielle qui fixe la somme à payer; — 3° la convention amiable entre le préfet et le propriétaire.

Sont assujettis au timbre : 1° le procès-verbal d'expertise dressé par des agents qui n'appartiennent pas à l'Administration; — 2° la copie ou l'extrait de la décision du juge de paix rendue sur le rapport des experts, et, *si l'indemnité est fixée par justice ou par voie arbitrale,* l'expédition du jugement ou la déclaration arbitrale (*Idem* p. 293 § 6, 295 § 11).

3826. Indigent. — Les quittances données aux receveurs municipaux par les indigents employés aux travaux des chemins vicinaux sont exemptées du timbre (D. m. f. 9 oct. 1835, 1513 § 12 I. G., 11375 J. E.).

On a considéré les salaires de cette nature comme secours aux indigents et rentrant à ce titre sous les prescriptions de l'art. 16 L. 13 brumaire an 7 (2003-5 I. G.). — V. *Établissement public.*

L'art. 20 L. 23 août 1871 maintient cette exemption. — V. *Quittance.*

3827. Intérêts du prix des acquisitions ou des indemnités. — Toutes les pièces relatives au payement des intérêts du prix des acquisitions ou des indemnités sont exemptes du timbre ; elles consistent en : 1° décompte d'intérêts; — 2° extrait du contrat qui stipule le taux et le payement des intérêts; — 3° quittance du propriétaire exproprié (30 nov. 1840 p. 295 § 12 I. G.).

3828. Loyers de magasins, bâtiments, terrains, etc. — Sont sujets au timbre : 1° la copie ou l'extrait du bail souscrit par le propriétaire ou principal locataire : cet extrait, dont la production sert pour tous les payements subséquents jusqu'à l'expiration du bail, établit le nom des parties contractantes, le prix et la durée du bail, les époques fixées pour le payement et la date de l'approbation ; — 2° la quittance du propriétaire (*Idem* p. 297 § 17).

Si le bail a eu lieu verbalement, il suffit que le mandat l'indique; s'il rappelle la date de l'original, l'extrait peut être sur papier libre (*Idem*).

3829. Matériaux. — Les quittances des fournisseurs de matériaux destinés aux chemins vicinaux sont soumises au timbre lorsqu'elles excèdent 10 francs (D. m. f. 9 oct. 1835, 1513 § 12 I. G., L. 13 août 1871, art. 18).

3830. Prestations. — Les états excédant 10 francs de frais de poursuites dirigées contre les redevables de prestations relatives aux chemins vicinaux, qui constatent le montant de la dette des communes envers les agents qui ont été chargés des poursuites, sont assujettis au timbre, puisque ces états quittancés par les parties prenantes sont de véritables pièces comptables établissant la libération des communes (D. m. f. 6 mai 1842, Fess. *Chemin vicinal* n° 11). Une D. m. f. 27 oct. 1837 (11900 J. E.) paraissait contraire.

Sont exempts du timbre les états d'indication de travaux à exécuter par suite des prestations en nature, ainsi que les états d'indication de l'emploi des ressources en argent et des travaux en régie (Sol. 4 août 1846 et 10 août 1858, Sollier 276).

Il en est de même des demandes en dégrèvement de prestations pour les chemins vicinaux, quel que soit le montant des actes auxquels elles se rapportent (D. m. f. 22 août 1857, Sollier 749-3).

3831. Salaires d'experts. — Sont sujets au timbre: 1° l'état des journées de travail des experts, indicatif du prix fixé pour chaque journée de travail réglé par l'ingénieur et arrêté par le préfet; — 2° la quittance sur le mandat.

On avait décidé à cet égard que le timbre n'est pas exigible si l'expert est un agent de l'Administration, tel qu'un conducteur (30 nov. 1840, p. 297 § 15 I. G.); mais cette disposition se trouve abrogée par les art. 18 et 20 de la loi du 23 août 1871 qui soumettent au timbre les quittances de tous traitements dès qu'elles excèdent 10 francs. Il n'en serait autrement que si l'indemnité n'était pas payée à l'agent de l'État *à titre de traitement*.

3832. Salaires de surveillants. — Les quittances au-dessus de 10 francs, de sommes payées par les communes pour salaires aux surveillants de travaux des prestations en nature ou autres exécutés sur les chemins vicinaux, sont assujetties au timbre (13078-6 J. E.).

3833. Secours à des ouvriers blessés. — Sont exemptes du timbre toutes les pièces à produire pour le payement de secours aux blessés. Ces pièces consistent en : 1° certificat de l'ingénieur; — 2° quittance (30 nov. 1840 p. 295 § 15 I. G.).

3834. Subventions. — Les quittances délivrées par les receveurs municipaux aux payeurs ou autres agents comptables du Trésor, pour subventions ou secours accordés par l'État aux communes, applicables à l'entretien et à la réparation des chemins vicinaux, lors même que des indigents devraient être employés à ces travaux, sont sujettes au timbre (D. m. f. 9 oct. 1835, 11375 J. E., 1513 § 12 I. G.; — *Contrà*: 1451 § 8 I. G.).

3835. Travaux à l'entreprise. — Une circulaire du ministre de l'intérieur a réglé de la manière suivante l'exigibilité du droit de timbre des pièces relatives aux travaux à l'entreprise.

1° Certificat *timbré* pour payement délivré par les agents voyers et indiquant les à-compte payés; 2° expédition en due forme et *timbrée* du procès-verbal d'adjudication ou du marché; 3° bordereau des prix ou détail estimatif *timbré* (la production de ces pièces est inutile quand la soumission énonce les quantités, les prix et les conditions d'exécution des ouvrages; 4° cahier des charges *timbré*, à moins que toutes les clauses du contrat n'aient été mentionnées dans le corps du procès-verbal d'adjudication, suivant la distinction établie, v° *Cahier des charges*; 5° procès-verbal de réception *timbré* et approuvé par le préfet; 6° décompte général des travaux, *timbré*.

S'il s'agit du payement d'un à-compte, l'entrepreneur doit également fournir un certificat *sur timbre*, délivré par les agents voyers et constatant l'avancement des travaux, les à-compte délivrés, ainsi que le montant de la somme à payer et pouvant servir de mémoire (D. m. f. 15 fév. 1875, 4033 R. P.). Les acquits de sommes supérieures à 10 francs, dont ces certificats sont émargés, sont en outre assujettis au timbre de 10 centimes (D. m. f. 12 mai 1875, 4094 R. P.).

L'entrepreneur, pour toucher le premier à-compte, doit produire un extrait du cahier des charges, faisant connaître le montant du cautionnement, les conditions de payement, les proportions et époques des à-compte, les délais de réception, enfin le montant et la durée des retenues provisoires ou définitives. Mais cette pièce est exempte de timbre, le cahier des charges timbré devant être produit lors du payement de solde, à la fin de l'entreprise (Circulaire du directeur général de la comptabilité publique, en date du 9 mars 1875).

En ce qui concerne le décompte général des travaux, bien que l'art. 239 de l'Instruction générale sur les chemins vicinaux, en déclarant cette pièce soumise au timbre, n'ait eu en vue que le *décompte de travaux* de construction produit en fin d'entreprise, il n'est pas douteux que le timbre est exigible également pour les décomptes de *travaux d'entretien* produits à la fin de chaque campagne, pendant toute la durée du bail. Il n'y a aucune différence à faire entre ces deux espèces de décomptes, puisque, dans les deux cas, ils ont pour but de fixer le montant de la somme due à l'entrepreneur (D. m. f. 15 fév. 1873).

3836. Travaux par économie. — Sont sujets au trimbre de dimension les mandats individuels ou collectifs payables sur la caisse municipale et indiquant le nombre de journées ainsi que la somme due (D. m. f. 12 mai 1875, D. m. i. 31 mai 1875, 4094 et 4113 R. P.). Il a été admis par tolérance que ce droit n'est pas dû sur les mandats individuels ou collectifs inférieurs à 10 francs (*Idem*). D. m. i. 16 oct. 1875, 4235 R. P.).

Les certificats délivrés par les agents voyers au bas des mandats ou états sont dispensés du timbre comme pièces d'ordre intérieur (D. m. i. 31 mai 1875, 4113 R. P.).

Les quittances des ouvriers sont assujetties au timbre (2003 § 5 I. G.; L. 23 août 1871, art. 18).

3837. Travaux par régie. — Sont soumis au timbre : 1° les copies des marchés qui règlent les conditions des fournitures; — 2° les mémoires et factures quittancés par les fournisseurs; — 3° les certificats de réception et prise en charge.

Sont exempts du timbre : 1° la copie de l'arrêté du préfet qui autorise l'exécution des travaux par voie de régie; — 2° la quittance du conducteur, piqueur ou régisseur; — 3° les états de journées employées en salaires d'ouvriers, indiquant les prix convenus, le nombre de journées, et quittancés par les parties intéressées (30 nov. 1840, p. 293 § 4 I. G.; D. m. i. 31 mai 1875, 4113 R. P. et 16 oct. 1875, 4235 R. P.). La quittance seule est sujette au timbre (L. 23 août 1871, art. 18).

CHEVALIER.

3838. — Titre honorifique conféré par des lettres patentes qui donnent ouverture au droit de 12 francs, indépendamment de celui du sceau des titres. Les lettres patentes qui ne font que confirmer un ancien titre sont passibles du droit de 3 francs.

CHIFFRE.

3839. — Caractère dont on se sert pour marquer les nombres.

3840. Usage. — Comme aucune loi n'interdit, *en général*, de mettre en chiffres les sommes et les dates dans les actes privés ou publics, on voit beaucoup d'actes dans lesquels se trouvent des chiffres, malgré les graves inconvénients que ce mode peut offrir. — Il en est autrement des actes *notariés*. La loi du 25 ventôse an 11 art. 13 dispose que les sommes et les dates doivent y être portées en toutes lettres, sous peine d'amende contre le notaire contrevenant. — V. *Acte notarié*.

CHIROGRAPHAIRE.

3841. — On désigne sous le nom de *créancier chirographaire*, par opposition à *créancier hypothécaire*, le créancier qui n'a point d'hypothèque, ou qui, par le défaut de quelque formalité, ne peut être rangé parmi les créanciers hypothécaires.

CHOSE JUGÉE.

3842. — Chose sur laquelle on ne peut revenir, qui a été décidée par des jugements rendus en dernier ressort, ou contre lesquels on ne peut plus se pourvoir ni par opposition, ni par appel, ni autrement.

L'autorité de la chose jugée n'a lieu qu'à l'égard de ce qui a fait l'objet du jugement : il faut que la chose demandée soit la même; que la demande soit fondée sur la même cause; que la demande soit entre les mêmes parties, et formée par elles et contre elles en la même qualité (1351 C. C.). — V. *Instance*.

CIRCONSTANCES.

3843. — Ce sont les incidents ou les particularités qui accompagnent un fait ou un droit. — Les circonstances changent souvent la nature du fait ou du droit et sont cause qu'une affaire qui présente les mêmes apparences est jugée diversement.

CIRCONSTANCES ET DÉPENDANCES.

3844. — Se dit des accessoires de la chose qui fait la matière de la convention. Le plus souvent ces expressions sont employées pour signifier tout ce qui est adjacent ou accessoire à un domaine, à une maison. — Ainsi, lorsqu'on donne une maison à loyer avec ses *circonstances et dépendances*, ces expressions signifient que le preneur doit jouir de la maison et de tous ses accessoires.

CIRCUIT D'ACTIONS.

3845. — Il a lieu lorsqu'on dirige une action contre des personnes qui ne sont tenues qu'indirectement, et qui à leur tour sont obligées de procéder contre celles qui sont tenues directement.

CIRCULAIRE.

3846. — Lettre qui informe plusieurs personnes d'une même chose. — V. *Avis-annonce.*

CITATION.

3847. — Acte d'huissier pour citer au bureau de conciliation, devant les juges ou les tribunaux. — V. *Exploit.*

CLAUSE.

3848. — On entend par *clause* une stipulation particulière insérée dans un acte.

Toute espèce de pacte particulier et accessoire se trouve comprise sous cette dénomination et c'est de là que, dans l'usage, on se sert indifféremment du mot *clauses* et de celui de *conditions* (au pluriel), pour signifier les différentes conventions d'un traité. On peut insérer dans une convention plus ou moins de clauses, selon que la matière y est plus ou moins disposée. La volonté des parties n'a d'autres limites à cet égard que les bonnes mœurs, l'ordre public et les lois prohibitives (art. 6 C. C.). — V. *Convention.*

CLAUSE PÉNALE.

3849. Définition. — La clause pénale est une stipulation par laquelle on s'engage à payer une somme, à faire ou à livrer une chose dans le cas où l'on n'exécuterait pas une obligation.

3850. Effets. — Nous ne pouvons pas indiquer ici les effets de la clause pénale appliquée aux divers contrats et à la perception des droits auxquels ils donnent lieu. Cet examen se trouve plus naturellement lié aux développements dans lesquels nous entrons à propos de chaque convention distincte. Nous devons donc y renvoyer le lecteur.

V. 11975.

CLERC.

3851. — Celui qui travaille dans une étude, qui fait un stage. — Les clercs de *notaires* ne peuvent être témoins aux actes passés dans les études où ils travaillent (L. 25 vent. an 11 art. 10).

CLIENT. — CLIENTÈLE.

3852. — Le mot *client*, dans son sens propre, est corrélatif de *patron*, protecteur. Il se dit des parties à l'égard des avocats, des avoués, des notaires qu'elles chargent de leurs affaires ou de rédiger leurs conventions. *Clientèle* est un nom collectif qui embrasse tous les clients d'un même officier public ou d'un même commerçant.

Les cessions de clientèles sont aujourd'hui assujetties à l'enregistrement dans un délai légal. — V. *Achalandage* et *Mutation.*

CLOTURE.

3853. Définition. — Ce qui clot, enferme, termine. *Clôture* d'un acte, formule qui suit le texte et qui exprime la date de l'acte, le lieu où il a été passé, la présence et les noms et qualités des témoins, s'il y en a, la lecture et l'interpellation faite aux parties de le signer. — Les actes sont réputés clos dès qu'ils sont signés des parties et des officiers qui les rédigent. Un procès-verbal est réputé clos dès que celui qui le rapporte l'a signé. L'acte qui doit être fait en plusieurs vacations n'est censé clos qu'après la dernière vacation; mais chaque vacation peut être close séparément.

3854. Inventaire. — La clôture d'inventaire était autrefois une formalité imposée au survivant de deux époux par plusieurs coutumes, pour empêcher la continuation de communauté avec ses enfants mineurs, et qui consistait, de la part du survivant, à se transporter devant le juge et à y affirmer, en présence du subrogé-tuteur, que l'inventaire était fidèle. La L. 22 frimaire an 7, art. 68 § 2 n° 2, avait tarifé à 2 francs les clôtures d'inventaire; mais il n'est plus fait d'acte particulier pour cette clôture. Aujourd'hui l'on entend seulement par la clôture d'un inventaire le procès-verbal qui le termine et qui contient la prestation de serment qu'il n'a rien été détourné (C. proc. 943-8). — Il ne peut plus être perçu d'autre droit que celui dû sur les vacations employées à l'inventaire (2379 J. E.).

CODE.

3855. Définition. — On appelle *code* la réunion, la compilation des lois ou d'une certaine classe de lois, soit qu'un tel recueil ait été composé par l'autorité du législateur ou seulement par le zèle du jurisconsulte. — C'est ainsi que la France possède aujourd'hui sept codes formés par le législateur lui-même, les codes *civil*, de *procédure*, de *commerce*, d'*instruction criminelle*, *pénal*, *forestier* et le code de la *pêche fluviale.*

3856. Code civil. — Le Code civil est composé de trente-six lois dont la première a été décrétée le 5 mars 1803 et promulguée le 15 du même mois ; elles ont été réunies par la loi du 17 septembre 1804 en un seul corps de lois, sous le titre de *Code civil des Français*. — A compter de la promulgation des diverses lois dont se compose le C. C., les lois romaines, les ordonnances, les coutumes générales ou locales, les statuts, les règlements ont cessé d'avoir force de lois générales ou particulières dans les matières qui font l'objet desdites lois.

Les dispositions du Code civil sont le droit commun à l'égard des conventions commerciales, quand il s'agit du principe et de l'essence même des conventions (Cass. 6 fév. 1812).

3857. Code de procédure. — Le code de procédure civile décrété dans le courant de 1806 n'a été obligatoire que le 1er janvier 1807. Il est le complément du Code civil pour tout ce qui est de forme. — Lors donc qu'une loi ultérieure renvoie pour certaines formalités au Code civil, il faut entendre qu'il y a aussi renvoi aux dispositions du code de procédure sur la même matière.

3858. Code de commerce. — Le code de commerce, décrété sur la fin de 1807, est devenu obligatoire le 1er janvier 1808. C'est ce qui résulte de la loi du 15 septembre 1807, qui porte en même temps « qu'à dater dudit jour, 1er janvier 1808, toutes les anciennes lois touchant les matières commerciales, sur lesquelles il est statué par ledit code, sont abrogées. »

3859. Code d'instruction criminelle. — Le code d'instruction criminelle a été décrété et promulgué en novembre et décembre 1808 ; mais son exécution a été suspendue jusqu'à la mise en activité du code pénal.

3860. Code pénal.— Le code pénal, décrété en février 1810, n'a été, ainsi que le C. d'inst. crim., mis en activité, dans l'étendue du ressort de chaque cour d'appel, qu'à compter du jour de l'installation de celle-ci (Déc. 23 juill. 1810).

3861. Code forestier. — Le code forestier a été sanctionné le 21 mai 1827 et promulgué à Paris le 31 juillet suivant.

3862. Code de la pêche. — Le code de la pêche fluviale a été promulgué le 15 avril 1829.

CODICILLE.

3863. Définition. — Disposition de dernière volonté qui modifie ou annule une disposition précédente : c'est un second testament.

L'expression *codicille* ne se trouve pas dans la loi, parce que la dénomination qu'on donne à un acte de dernière volonté est indifférente, et qu'on peut disposer par testament, soit sous ce titre, soit sous celui de codicille ou sous toute autre dénomination propre à manifester sa volonté (967, 1002 C. C.), pourvu que l'acte soit revêtu des formes prescrites pour les testaments (Merlin, Rép., *Codicille*, Toullier t. 5 n° 355). — V. *Testament*.

COÏNTÉRESSÉ.

3864. — Qui a un intérêt commun avec d'autres, soit en demande, soit en défense,

Les *coïntéressés* ne sont comptés, comme les cohéritiers, que pour une seule personne, relativement aux droits d'enregistrement des exploits (L. 22 frim. an 7, art. 68 § 1er n° 30). — V. *Exploit*.

COLLATÉRAL. — COLLATÉRAUX.

3865. — Le terme de *collatéral* sert à désigner le rapport de parenté qui existe entre des individus qui descendent de la même souche. Les oncles, les tantes, relativement à leurs neveux et à leurs nièces; les neveux et les nièces, relativement à leurs oncles et à leurs tantes ; les cousins entre eux, sont parents *collatéraux*. On appelle *succession collatérale* celle qu'on recueille d'un parent *collatéral; héritier collatéral*, celui qui recueille une succession collatérale.

COLLÉGE.

3866. Définition. — Lieu destiné à l'enseignement des lettres, des sciences, des langues, etc. — Ceux de ces établissements qui sont entretenus par l'État s'appellent *lycées ;* on désigne du nom de *colléges communaux* ceux qui sont à la charge des communes.

3867. Actes divers. — Les baux, les marchés, les ventes, passés avec des personnes étrangères à l'Université, sont sujets aux formalités du timbre et de l'enregistrement dans les délais et suivant les formes prescrites pour les actes des établissements publics (621 I. G.). — Il en est de même pour tous actes translatifs de propriété, d'usufruit, de jouissance, les adjudications aux enchères, au rabais ou sur soumissions pour constructions, réparations, entretiens, approvisionnements et fournitures, et les cautionnements relatifs à ces actes (L. 15 mai 1818, art. 78).

Il y a d'ailleurs lieu de faire aux actes concernant les lycées et les colléges communaux l'application des règles que nous avons établies au mot *Acte administratif*.

3868. Bourses des communes. — Les quittances au-dessus de 10 francs données aux communes pour les sommes qu'elles payent à raison des pensionnaires ou des bourses dans les lycées sont assujetties au timbre (D. m. f. 31 mars 1812, 4685 J. E., D. N. t. 5 p. 554 n° 364).

3869. Communication. — Tous les registres assujettis au timbre doivent être communiqués aux employés de l'Enregistrement (Mêmes autorités). — V. *Communication.*

3870. Institutions privées. — Les collèges communaux ne sont considérés comme établissements publics, dans le sens du Décret du 4 messidor an 13 (293 I. G.) qu'autant qu'ils sont régis pour le compte des villes; mais, lorsque ces établissements sont régis aux risques et périls des principaux de ces collèges ou des particuliers qui ont traité avec la ville, ce sont alors des maisons d'éducation qui perdent le caractère d'établissements publics (Sol. 3 déc. 1839, Fess. *Collège* n° 13).

1. OPPOSITION. — Lorsque le recteur, le préfet ou le procureur de la République croiront devoir user d'opposition, en matière d'établissements particuliers d'instruction secondaire, cette opposition motivée et signée de son auteur pourra être donnée *sur papier libre* (Déc. 20 déc. 1850, 15124-2 J. E.).

COLONIE.

3871. Définition. — Contrée séparée d'un État dont elle dépend et auquel appartiennent les individus par qui elle est habitée. On appelle *îles* ou *colonies françaises* celles qui ne sont pas situées en Europe, ou ne font pas partie des départements de la France.

1. RENVOI. — Nous avons traité du régime fiscal des colonies aux mots *Actes passés en conséquence, Acte passé hors du territoire, Étranger, Effets de commerce, Loi, Succession,* et dans plusieurs autres parties de cet ouvrage. Nous n'avons à indiquer ici que quelques dispositions d'un caractère général, qui n'ont pas pu trouver place dans ces commentaires.

2. ALGÉRIE. — Nous avons également traité de l'Algérie dans un mot particulier, n°s 2031 et suiv.

3872. Émancipation des esclaves. — D'après l'art. 11 L. 30 avril 1840, sur l'émancipation des esclaves aux colonies (14752-1 J. E.), tous les actes judiciaires ou extrajudiciaires, ainsi que les actes notariés et jugements relatifs à l'indemnité accordée aux colons par suite de l'affranchissement des esclaves, doivent être enregistrés gratis.

Ils sont également dispensés des droits de timbre et de greffe (D. m. f. 8 mars 1851, 15138 J. E., 14340 J. N.).

1. LIMITES DE LA LOI. — D'après une D. m. f. du 8 mars 1851 (15138 J. E., 14340 J. N.), sont seuls exempts de timbre, d'enregistrement et de greffe les actes relatifs à la demande et au règlement de l'indemnité produits *par les colons et leurs ayants droit.*

2. STIPULATIONS ÉTRANGÈRES. — Ces actes tombent dans la règle commune du moment qu'ils renferment des conventions autres que celles ayant *expressément trait à l'indemnité.*

3. ACTES ULTÉRIEURS. — La règle commune devient également applicable à toutes les opérations ultérieures au règlement de l'indemnité. C'est ainsi que les cessions que peuvent faire les colons de leur indemnité, les procurations et autres actes se rapportant à ces cessions se trouvent assujettis aux droits ordinaires (D. m. f. 8 mars 1851, 15138 J. E., 14340 J. N., D. m. f. 19 mai 1851, 14379 J. N.).

4. ACTES DIRECTS A L'INDEMNITÉ. — Dans le mêm ordre d'idées, la cour d'appel de la Martinique a décidé 11 mars 1850 (374 Bull. 2e partie) que l'art. 11 L. de 1849 ne s'applique qu'aux actes qui se *rattachent directement* à cette indemnité, et non à ceux, tels qu'une demande en condamnation contenue dans une dénonciation de saisie, dont l'exécution peut être poursuivie sur les autres biens du propriétaire de l'indemnité. — La demande en condamnation ne dérive pas de la dénonciation de saisie pratiquée sur l'indemnité et ne participe pas à l'exemption de droits.

3873. Enregistrement et timbre. — 1. ENREGISTREMENT. — Nous rappelons que l'enregistrement est établi dans la plupart de nos colonies, mais d'après un tarif différent de celui de la métropole. — V. 1423.

2. TIMBRE. — Il en est de même du timbre. Cette contribution existe en vertu de règlements spéciaux notamment à la Guadeloupe, à la Martinique, au Sénégal, à l'île de la Réunion et à la Guyane.

Nouvelle-Calédonie. — Un arrêté du gouverneur, en date du 1er juillet 1859, a également établi l'impôt du timbre dans la Nouvelle-Calédonie. Le droit de timbre des actes et écrits autres que les effets de commerce est fixé à 35 centimes, quelle que soit la dimension, et le droit des effets de commerce est réglé par la loi de 1850. Cet arrêté est encore en vigueur.

Autres colonies. — Le timbre n'a pas encore été établi en Cochinchine, à Taïti, dans nos possessions de l'Inde, à Mayotte, à Nossi-Bé, à Saint-Pierre et Miquelon.

Dans les îles Saint-Pierre et Miquelon, la solution des difficultés relatives à la perception des droits d'hypothèque et de greffe, des frais de justice et des peines ou amendes avant les instances appartient au commandant (Déc. 25 fév. 1876, 4679 R. P.).

3. BANQUES COLONIALES. — Plusieurs des banques coloniales ont été admises, par décrets, à jouir du bénéfice accordé à la Banque de France par l'art. L. 30 juin 1840. Ce sont les banques de la Réunion, de la Martinique et de la Guadeloupe.

Pour ces deux dernières colonies, le décret porte la date du 22 avril 1863 (11e série, Bull. 1109 n° 11152). L'art. 1er de ce décret est ainsi conçu : « Les droits de timbre à la charge des banques de la Martinique et de la Guadeloupe seront perçus sur la moyenne des *billets* au porteur ou à ordre qu'elles auront tenus en circulation pendant le cours de l'année. »

A la Guadeloupe, un arrêté du gouverneur, en date du 1er juin 1863, a étendu cette disposition aux *traites* tirées par la banque de la colonie.

4. HYPOTHÈQUES. — La loi du 5 janvier 1875 sur la tenue d'un double registre de dépôt des formalités hypothécaires est applicable aux colonies (Déc. 16 mars 1876, 4678 R. P.).

COMMAND.

DIVISION

SOMMAIRE

CHAPITRE PREMIER
CONSIDÉRATIONS GÉNÉRALES

[3874-3895]

3874. Définition. — On appelle *élection de command* ou *déclaration de command*, « l'exercice du droit réservé à l'acquéreur de désigner, dans un certain délai, une personne inconnue du vendeur lors de la vente et tout à fait incertaine, qui prendra le marché pour elle. Cette déclaration, une fois faite dans le temps déterminé, s'incorpore avec l'acte de vente et ne forme avec lui qu'un seul et même tout » (Troplong *de la Vente* n° 64).

Le mot *commandé* dit Troplong *de la Vente* n° 64 note, se trouve rarement dans les livres. Néanmoins, il est employé par Dufresne sur l'art. 259 de la *Coutume d'Amiens.* Toullier dit que *comman* est synonyme de *commettant* (T. 8 n° 170).

3875. Origine. — On attribue l'origine des déclarations de command qui remontent à des temps fort anciens, à la répugnance qu'éprouvaient les personnes d'une condition élevée à voir figurer leurs noms dans les actes de ventes publiques (Faber liv. 4 tit. 34 déf. 1re). Mais la cause véritablement déterminante du fréquent usage qu'on en faisait dans l'ancienne législation, qui ne la circonscrivait pas dans les limites étroites où on l'a renfermée aujourd'hui, c'est qu'elle offrait un moyen très-simple de soustraire à un second droit de mutation la revente que faisait l'acquéreur à un tiers. « C'est par une suite de l'opinion que les droits de mutation ont quelque chose de défavorable, dit Merlin *Quest. de droit* vº *Déclaration de command* § 2, qu'on a admis les clauses d'élection d'ami, et qu'on a affranchi de ces droits la rétrocession à un tiers, toutes les fois que l'acquéreur avait déclaré dans le contrat d'acquisition qu'il acquérait pour lui ou pour un ami à élire. Cette jurisprudence est fort ancienne. Elle avait lieu dès le temps de Faber, qui en parle comme d'un usage généralement reçu, en observant néanmoins qu'il est contraire aux principes, *contrà rationem juris*. Cette jurisprudence contredit en effet la maxime fondamentale en cette matière : qu'il est dû des droits de mutation toutes les fois que l'immeuble change de main. »

3876. Caractère. — 1. ANCIEN DROIT. — Pour soustraire au droit de vente les transmissions secondaires opérées par les acquéreurs qui avaient clandestinement agi au nom d'un tiers, les feudistes feignirent de n'envisager le contrat que dans les rapports de l'acheteur apparent avec celui auquel il cédait plus tard la propriété, et ils démontrèrent qu'on devait y appliquer les principes du mandat. En annonçant, en effet, dans le contrat originaire d'aliénation, qu'il se réservait de choisir un command, l'enchérisseur manifestait assez l'existence de la *commission* dont il était chargé. Lorsqu'il rendait compte de son opération, il exécutait donc simplement son mandat ; la convention était purement déclarative. Le vendeur même était prévenu de ce résultat par la clause de réserve, et il s'était en quelque sorte obligé à subir le résiliement lors de l'événement prévu. Telle dut être évidemment la première tentative de la doctrine. Les traces en sont conservées dans les écrits de Fonmaur nº 208, de Dumoulin § 33 gl. 2 nº 24 et de Dargentré *de Laudimiis* nº 211, qui expliquent la déclaration de command au moyen d'un mandat *réel*, et considèrent la cession comme une revente, quand il n'est pas possible d'admettre l'existence de ce mandat au jour de l'aliénation.

Du mandat réel au mandat verbal, il n'y avait qu'un pas, et il fut vite franchi. Merlin nous apprend qu'on en vint à décider qu'il suffisait d'une procuration verbale ou tacite *présumée*, d'après les circonstances (*Rép.* vº *Vente* § 3 nº 4). Puis, comme la position de mandataire verbal et celle de gérant d'affaires ont de nombreuses affinités, il fut facile de faire admettre que l'acquéreur devait profiter de l'exemption de droits, lors même qu'il n'aurait pas reçu de mandat, s'il avait agi dans l'intérêt d'autrui. Cette gestion d'affaires pour un propriétaire inconnu était évidemment contraire aux règles du droit écrit, *contrà rationem juris*, comme dit le président Faber (liv. 4 tit. 34 déf. 1re) ; mais elle passa dans les habitudes, et, au temps de Sudre, la chose ne faisait plus aucun doute. « Dumoulin, écrit-il, est parti d'un faux principe : il a cru qu'il fallait, pour donner lieu à une vraie élection d'ami, que les choses fussent dans les termes où l'on pût présumer un mandat verbal de la part de celui en faveur de qui a été faite dans la suite l'élection ; au lieu que le principe sur lequel cette jurisprudence se fonde, c'est qu'il suffit qu'il paraisse que l'adjudicataire n'ait pas eu le dessein d'acheter pour lui-même. » C'est également l'opinion de Henrion de Pansey. « La rétrocession est affranchie des lods, toutes les fois qu'il paraît que l'intention de l'acquéreur n'était pas d'acheter pour lui-même. On va plus loin ; il ne faut PLUS de mandat antérieur, *il n'est pas même nécessaire qu'il y ait lieu de le présumer* » (*Rép.* vº *Élect. d'ami*). — Dumoulin ne s'était trompé que d'époque ; il avait pris pour la dernière jurisprudence ce qui en était au contraire les débuts (V. Demante nº 217).

2. LÉGISLATION MODERNE. — Depuis le C. C., qui a complétement passé sous silence l'élection d'ami, les auteurs, *tout en admettant le mandat*, font également découler la déclaration de command du principe qui veut qu'on puisse, *sans mandat, acquérir au nom d'une tierce personne*, en promettant qu'elle ratifiera le contrat (1120 C. C.), et que, si le tiers refuse de tenir l'engagement, celui qui l'avait pris au nom de cette personne demeure lui-même personnellement obligé (Pothier t. 8 nº 170). « On serait tenté de dire, dit Troplong sur l'art. 1584 nº 65, que le *commandé* n'a été qu'un mandataire ; il en diffère cependant en ce que le mandataire ne comparaît que pour autrui, ne stipule jamais en son nom personnel et doit produire sa procuration. Au contraire, le commandé ne doit pas justifier de son pouvoir ; le plus souvent il n'en a pas, et il ignore même s'il trouvera un ami qui voudra prendre sa place. » Marcadé sur l'art. 1584 s'exprime ainsi : « C'est là, on le voit, une chose assez bizarre ; car il y a quelque chose de contradictoire à pouvoir ainsi *chercher* et élire, après la vente faite, une personne qui, *n'intervenant qu'après coup*, sera cependant réputée avoir donné des ordres, de sorte que le véritable acheteur sera censé n'être que l'instrument de celui que l'on avoue *n'avoir songé à rien*, qu'un mandataire qui n'est personnellement tenu à rien, ni au payement du prix envers le vendeur, ni à l'acquittement des droits envers le fisc. C'est donc là une stipulation exorbitante du droit commun, qui ne serait pas permise d'après les principes généraux, mais qui, admise partout dans l'ancien droit, se trouve consacrée aujourd'hui par les lois des 5 décembre 1790, 23 septembre, 16 octobre 1791, des 14 thermidor an 4 et 22 frimaire an 7. »

Aussi est-il impossible de classer cette convention parmi celles dont elle emprunte quelques-uns des caractères. Le commandé, par exemple, diffère du prête-nom, en ce que d'un côté il ne se présente pas comme maître apparent de l'affaire et que de l'autre il n'agit pas en vertu d'un mandat préexistant, quoique secret, mais pour lui, sauf l'événement d'une sorte de condition résolutoire qui, en se réalisant, effacera son intervention. Il se distingue aussi, soit du mandataire, soit du commissionnaire : du mandataire en ce qu'il procède non pas au nom d'un mandant dont il puisse représenter les ordres, mais en son propre nom, si bien que selon l'occurrence il peut rester acquéreur définitif ; du commissionnaire en ce que, dans la réalité, il ne procède pas uniquement en son propre nom, et surtout en ce qu'il se trouvera implicitement délié envers le tiers (le vendeur) dès que la déclaration de command aura lieu, la personne nommée devant prendre sa place avec cet effet rétroactif (Paul Pont art. 1998). — Toutefois la double théorie du mandat fictif et de la stipulation pour autrui suffit ici à expliquer la plupart des effets de la déclaration de command dans ses rapports avec le droit fiscal [1].

1. La présomption d'un mandat ou d'une gestion, ajoute M. Demante, n'est même pas le seul fondement de la théorie qui nous occupe.

3877. Stipulation pour autrui.—Suivant Merlin (*Rép.* v° *Command* n° 10), l'acceptation du command déclaré après l'adjudication ou la vente est nécessaire pour le lier envers le vendeur. C'est, dit-il, une vérité qui porte sa preuve avec elle-même, et il cite un arrêt de cass. du 26 octobre qui a consacré ce principe. Il est évident, en effet, que, sans l'acceptation du command, celui-ci ne peut être subrogé aux droits de l'acquéreur, nul ne pouvant acquérir que de *son consentement*.

Or, dans la théorie du mandat fictif, que dire, à l'égard de la propriété, de cette période qui s'écoule entre la vente et l'acceptation du command? Du moment de la vente, la propriété *a cessé de résider* sur la tête *du vendeur*, mais elle *n'a pas encore passé* sur celle du *command* qui n'a pas été élu et qui n'a pas accepté; *elle ne se fixe pas non plus* sur la tête de l'*acquéreur* qui, n'étant qu'un mandataire, ne comparaît que pour autrui et ne peut stipuler pour lui-même. Cependant, il est impossible que la propriété demeure un instant incertaine, c'est dans la nature des choses. La théorie du mandat fait donc ici complétement défaut, et ce n'est que dans celle de la stipulation pour autrui que l'on peut trouver la solution de la question. Dans cette théorie, en effet, l'acquéreur demeurant, ainsi que nous l'avons vu, personnellement obligé, au cas où la personne au nom de laquelle il a pris l'engagement refuserait de tenir cet engagement, la propriété repose sur sa tête jusqu'au moment de l'acceptation du command. Ce temps d'arrêt de la propriété sur la tête du commandé est très-important à constater, car toutes les conséquences fiscales qui se rattachent à la propriété en découlent. Et, pour en citer un exemple, si le commandé décédait avant l'élection ou l'acceptation du command, l'immeuble acquis appartiendrait à sa succession.

3878. Mandat fictif. — Ainsi, du moment que la propriété réside réellement sur la tête de l'acquéreur, il a fallu, comme le dit Marcadé, une stipulation exorbitante du droit commun, pour faire qu'un second droit de mutation ne fût pas exigible à raison du passage de cette propriété de la tête du commandé sur celle du command élu. C'est ici qu'il faut abandonner la théorie de la *stipulation pour autrui*, qui fait reposer la propriété sur le commandé, pour celle du *mandat fictif*, qui la transporte, sans solution de continuité, du vendeur au command élu. La fiction du mandat est nécessaire à la fiction de la déclaration. « La loi du 13 septembre 1791, dit Troplong *de la Vente* n° 65, veut que la personne déclarée soit subrogée de plein droit à l'acquéreur qui aura fait la déclaration de command; d'où il suit qu'au moyen de la déclaration l'acquéreur *est censé* n'avoir jamais acquis, n'avoir jamais traité avec le vendeur, et qu'aucune obligation n'a jamais fait impression sur sa tête. Aussitôt que la déclaration de command est faite et acceptée, une condition résolutoire se réalise et efface son intervention. »

On a vu que, dès les premiers temps de la déclaration de command, cette clause supposait toujours l'existence d'un mandat intervenu entre l'acheteur apparent et celui au profit duquel il avait agi. Il paraît que les agents de la ferme en étaient revenus à ce principe pour la perception du centième denier. Bosquet nous l'apprend du moins en ces termes : « Pour qu'il soit évident, dit-il, que l'acquisition et la déclaration n'aient opéré qu'une seule mutation, il est nécessaire que la vente soit considérée comme réellement faite à l'instant même en faveur de celui qui est ensuite nommé par la déclaration et que celui qui fait cette déclaration n'ait paru dans le contrat que comme mandataire de cet acquéreur sans nulle intention marquée d'acquérir pour lui-même; ainsi tous les actes peuvent être faits par le mandataire ou prête-nom, pourvu qu'il justifie ensuite d'un *mandement de date certaine antérieure au contrat*. Il y a plusieurs arrêts des conseils dans ce sens. Ainsi, quand on dit, par exemple, qu'on acquiert pour un ami *à élire*, c'est annoncer clairement qu'on veut revendre, si on en trouve l'occasion, et qu'on n'a point de command lors de l'acquisition » (Bosquet 2-15 et 12). On exigeait donc le droit de mutation toutes les fois que la supposition du mandat était inadmissible.

Mais cette théorie était contraire au droit féodal lui-même dans lequel on avait été conduit à abandonner la fiction du mandat. Aussi, n'était-elle pas acceptée en doctrine: « On tient universellement, enseigne Merlin, que la rétrocession est affranchie des lods toutes les fois qu'il paraît que l'intention de l'acquéreur n'était pas d'acheter pour lui-même. « On ne va pas plus loin: il ne faut plus de mandat antérieur, il n'est même pas nécessaire qu'il y ait lieu de le présumer. Telle est aujourd'hui l'opinion régnante (Merlin *Rép.* v° *Élection d'ami*). — C'est ce qu'a reconnu, sous l'empire de la législation actuelle, un arrêt de cass. du 4 décembre 1865 ainsi conçu : « Attendu, en droit, dit cet arrêt, que la faculté d'élire command n'implique pas nécessairement un mandat de la personne au profit de laquelle cette faculté est exercée; qu'il suffit qu'au moment où elle adhère à l'élection de command, elle ait capacité légale pour accepter et s'engager » (1802 et 2198 R. P., Bull. 181, S. 66-1-31, D. 66-1-135, P. 66-49).—La même doctrine est enseignée par M. Demante : « Quand même, dit-il, il serait constant, en fait, que l'*électeur* et l'*élu* étaient absolument étrangers l'un à l'autre au moment de l'achat, la déclaration de command ou l'élection d'ami n'encourrait pas le droit proportionnel, bien que l'hypothèse soit exclusive de toute idée de mandat ou de gestion d'affaires » (223).

Cependant Merlin n'était pas allé aussi loin que l'arrêt du 4 décembre 1865. Il croyait que le command devait être capable d'acheter au moment de la vente. « La déclaration, ajoutait-il, serait bien constamment regardée comme une nouvelle vente si celui qui y est nommé n'avait point eu la faculté d'acquérir lors du contrat. La raison en est qu'une déclaration faite dans le temps utile n'est exempte des droits seigneuriaux qu'à cause que la vente est censée faite à la personne nommée dès l'instant du contrat même : ainsi, il faut qu'elle ait pu acquérir dans cet instant » (Merlin v° *Décl. au profit d'un tiers*). — Son opinion n'a pas prévalu. On a pensé que, la fiction du mandat n'étant point indispensable à la déclaration de command et pouvant être remplacée par la stipulation pour autrui, rien ne s'opposait à ce que le porte-

Cette théorie n'est pas sans analogie avec celle du résiliement dans les vingt-quatre heures. Le vendeur, en insérant dans le cahier d'enchères ou dans le contrat la réserve de déclarer command, consent par là même au résiliement vis-à-vis du premier acquéreur, et s'oblige d'ores et déjà à revendre le fonds au command déclaré. Dans l'un comme dans l'autre cas, les dispositions réglementaires sont les mêmes, la loi exige la rédaction d'un acte authentique et la conclusion de l'affaire dans les vingt-quatre heures (224).

fort ait agi au nom d'un incapable, mineur, interdit ou autre, pourvu que cet incapable ratifiât l'opération quand il aurait obtenu ou recouvré l'exercice de ses droits civils (Champ. et Rig. 1917 et suiv.). L'arrêt du 4 décembre 1865 le déclare d'une façon catégorique. Il n'est pas besoin d'ajouter que la déclaration doit être acceptée, pour avoir effet, par le représentant de l'incapable.

1. PERSONNE INEXISTANTE. — Peut-on en conclure que l'élection aurait lieu valablement au profit d'une personne qui n'existerait pas encore au moment de l'achat? Nous ne le croyons pas. Si l'élection d'ami ne procède pas d'un mandat, elle dérive au moins d'une stipulation pour autrui, et on ne peut agir au nom d'une personne qui n'existe pas. D'ailleurs, si la désignation de l'adjudicataire n'avait lieu que plusieurs mois après la vente, ce que la loi civile ne défend pas, il y aurait une lacune véritable dans la transmission de la propriété, puisque l'immeuble qui est censé n'avoir jamais appartenu à l'acheteur apparent ne reposerait pas non plus sur la tête du command dont l'existence est postérieure. Ainsi, dans un cas où un acquéreur avait élu command au profit d'une société dont l'acte constitutif n'avait point été enregistré, la C. cass. a décidé, le 8 juillet 1839, que le droit de revente était exigible, parce que la stipulation n'était point une véritable élection de command : « Attendu, porte son arrêt, que si, par l'adjudication du 21 novembre 1833, le sieur Gros est demeuré seul adjudicataire des forêts de Saint-Maurin et de Saint-Vincent, à l'exception de la partie de ces forêts évaluée à 40,000 francs qu'il a déclaré acquérir pour le compte du sieur de Mazan, le jugement du 23 avril 1834, et l'acte de notoriété du 29 juillet suivant, passé par Gros en exécution dudit jugement, constituaient, au profit du sieur Giraud, une mutation de la moitié des lots dont Gros était demeuré adjudicataire pour la somme de 60,000 francs; que, en l'absence d'une déclaration de command faite dans le délai voulu, et d'un acte de société enregistré avant l'adjudication, la mutation dont il s'agit donnait lieu, à l'égard de la Régie, à la perception du droit proportionnel de 5 1/2 pour 100 » (Cass. 8 juill. 1839, 1405-5 I. G., S. 39-1-567, 12836 J. E.).

L'arrêt du 4 décembre 1865 a cependant admis une solution opposée en déclarant que, quand l'adjudication est prononcée en faveur d'une personne qui fait partie d'une société civile dont l'acte n'est pas enregistré, cet acquéreur peut élire la société pour command, si l'acte de société a acquis date certaine à ce moment : « Attendu que celui des deux associés qui s'est rendu personnellement adjudicataire, mais sous la réserve expresse d'élire command, a pu, dans les vingt-quatre heures, se substituer, par l'exercice de cette faculté, la société dont l'existence se manifestait *à ce moment* d'une manière certaine et qui a accepté la déclaration de command. »

Mais il est difficile de croire que la cour ait entendu consacrer la théorie que nous combattons. Quand elle dit que la déclaration de command peut intervenir, par rapport à l'Administration, au profit d'une société dont l'existence se manifeste alors d'une manière certaine, cela signifie simplement, sans doute, que la *certitude dans la date* du contrat de société n'est point indispensable au moment de l'adjudication, pourvu qu'elle soit acquise à l'époque de la déclaration ultérieure. Cela s'explique plus aisément par la considération que l'irrégularité du contrat de société est un vice que l'Administration n'a pas le droit d'invoquer.

3879. Conditions de la déclaration. — La déclaration de command ainsi justifiée devient simplement *déclarative*, et la perception du droit fixe se trouve commandée par le système général de l'impôt qui réserve le droit proportionnel pour les actes *translatifs*. Cependant, quelque faveur qu'on ait voulu attacher aux élections d'ami, il n'était pas possible de sacrifier entièrement les droits de mutation. En conséquence, on a établi plusieurs règles dont l'objet est de les mettre, au moins en partie, à l'abri des fraudes des redevables. Ces règles se rapportent toutes à ce point essentiel que la *revente*, fictivement décorée du titre d'*élection d'ami*, n'est affranchie des droits de mutation que parce que l'acquéreur est censé avoir stipulé comme mandataire du command. Or, pour que la fiction puisse être acceptée, la loi impose trois conditions ; il faut : 1° que la faculté d'élire un command ait été réservée par le contrat d'acquisition ; — 2° que la déclaration soit faite par acte public ; — 3° qu'elle ait été notifiée à l'Administration dans les vingt-quatre heures du contrat d'acquisition. A ces trois conditions s'en rattachent naturellement deux autres, à savoir : 1° que l'acquéreur, pour élire command, ne doit pas avoir perdu cette faculté en y renonçant ou autrement; —2° que la déclaration doit être pure et simple, c'est-à-dire faite sans novation de clauses, de conditions et de prix.

C'est de l'exécution ou de l'inexécution de ces conditions que découle l'application du droit fixe ou du droit proportionnel.

3880. Tarif. — 1. DROIT FIXE. — « Sont sujettes au *droit fixe* de 3 francs les déclarations ou élections de command ou d'ami, lorsque la faculté d'élire un command *a été réservée* dans l'acte d'adjudication ou le contrat de vente, et que la déclaration est faite par *acte public* et *notifiée* dans les vingt-quatre heures de l'adjudication ou du contrat » (Art. 68 § 1er n° 24 L. 22 frim. an 7 art. 44 n° 3, L. 28 avr. 1816).

Ce droit a été porté à 4 fr. 50 cent. par l'art. 4 L. 28 février 1872.

1. DROIT PROPORTIONNEL. — *Meubles.* — « Sont sujettes au droit de 2 pour 100 les élections ou déclarations de command ou d'ami, sur adjudication, ou sur contrat de vente de biens meubles, lorsque l'élection a été faite après les vingt-quatre heures, ou sans que la faculté d'élire un command ait été réservée dans l'acte d'adjudication ou du contrat de vente » (L. 22 frim. an 7 art. 68 § 5 n° 4).

Immeubles. — « Sont passibles de 4 pour 100 les déclarations ou élections de command ou d'ami par suite d'adjudications ou contrats de vente des biens immeubles autres que celles des domaines nationaux, si la déclaration est faite après les vingt-quatre heures de l'adjudication ou du contrat, ou lorsque la faculté d'élire un command n'y a pas été réservée » (L. 22 frim. an 7 art. 69 § 7 n° 3).

3881. Présomption de fraude. — Le principe qui a présidé à la rédaction des articles que nous venons de citer repose sur une fiction. La loi, *lorsque toutes les conditions qu'elle impose ont été remplies*, admet que l'acquéreur n'a été qu'un intermédiaire, et alors, comme elle tient pour vraie sa déclaration qui fait remonter *ab initio* l'acquisition du command élu, elle ne l'assujettit qu'au droit fixe. Mais, du moment qu'*il y a eu inexécution de ces conditions* ou de quelqu'une d'entre elles, l'élection de command est regardée comme fausse, en ce que la loi ne reconnaît pas que l'acquéreur ait stipulé pour un autre. Elle présume, au contraire, qu'il a acquis pour lui, et que, voulant faire passer *la propriété* sur la tête d'un tiers, il déguise cette nouvelle vente sous la forme d'une déclaration de command. Ainsi, c'est sur une présomption de mutation frauduleuse qu'est fondée la perception du droit proportionnel que la loi prescrit de percevoir sur la déclaration de command irrégulière. Mais il faut bien se garder de confondre ce droit proportionnel avec un double droit. Le double droit est une peine. Ici il n'y a pas peine, il y a tout simplement perception d'un droit simple sur une seconde mutation.

3882. Revente. — Quotité du droit. — Pour déterminer la quotité du droit applicable à la déclaration de command qui ne réunit pas les conditions prévues par la loi fiscale, les auteurs examinent d'abord si elle est de nature à être transcrite, et ils n'ajoutent le droit de 1 fr. 50 cent. pour 100, au droit ordinaire de 4 pour 100, que dans le cas où cette transcription est nécessaire. Or, sur ce point même, ils sont loin de s'accorder. Selon Champ. et Rig., le command ne peut être recherché hypothécairement par qui que ce soit du chef de l'acquéreur (L. sept. 1791); il n'a donc pas besoin de transcrire, et le droit de 1 fr. 50 cent. pour 100 ne peut jamais être perçu (1934 et 1980.— V. dans le même sens Dél. 9 janv. 1829, 6778 J. N. et D. N. v° *Décl. de command* n° 128). D'après M. Demante, au contraire, la tardiveté de la déclaration laisse subsister les hypothèques établies du chef de l'acheteur apparent, et la remise de l'immeuble au mandant est un acte translatif de nature à être transcrit. Il n'en serait autrement que si les parties avaient expressément inséré dans l'acte un délai plus long que vingt-quatre heures, parce que alors cette clause nulle en droit fiscal n'en serait pas moins opposable aux tiers et opérerait la résolution de toutes les charges émanées du propriétaire provisoire. Le droit de 4 pour 100 serait donc, selon lui, exigible dans cette hypothèse (n°s 220-221). D'autres auteurs avaient aussi émis l'avis que le droit de transcription n'est exigible que quand aucune réserve de déclarer command n'avait été insérée dans le contrat, la propriété ayant alors résidé définitivement sur la tête de l'acheteur (5052 J. E.).

Mais toutes ces distinctions nous ont paru sans objet.

En effet, la déclaration de command sujette au droit proportionnel est une seconde vente. Elle tombe donc directement sous l'application de l'art. 54 L. 28 avril 1816 qui tarife au droit indivisible de 5 fr. 50 cent. pour 100 les ventes d'immeubles, et ce n'est pas le cas d'invoquer ici la disposition de l'art. 52 de cette même loi pour restreindre l'exigibilité du droit de 1 fr. 50 cent. pour 100 au cas où l'acte est de nature à être transcrit. Le tarif de la vente a été fixé au taux de 5 fr. 50 cent. pour 100 sans égard à cette nécessité de transcription et l'Administration pour l'appliquer ne peut ni ne doit examiner cette difficulté. Aussi la jurisprudence a-t-elle décidé que, quand le droit proportionnel est reconnu exigible sur une déclaration de command hors des conditions imposées, le droit à percevoir est celui de 5 fr. 50 cent. et non de 4 pour 100, attendu qu'on ne peut *décomposer* le droit de vente tel qu'il a été fixé par l'art. 52 L. 28 avril 1816 (Le Havre 20 nov. 1840, 7732 C., 14129 J. E., Dél. 14 juin 1833, 10634 J. E., 1437 § 6 I. G.).

3883. Licitation. — Mais rien ne s'oppose à l'application des principes ordinaires de la licitation. Par exemple, si la déclaration a lieu sur une vente par *licitation* au profit d'un des colicitants, le droit proportionnel de la transmission, qui résulte de l'adjudication et de la déclaration du command, réunies, n'est exigible que sur la partie du prix qui excède les droits de ce colicitant (D. m. f. 18 brum. an 12, 1585 J. E., Dél. 12 sept. 1818, 6191 J. E., 2749 J. N., Dél. 9 fév. 1830, 7082 J. N.).— Et si, l'indivision cesse, le droit n'est exigible qu'au taux de 4 pour 100 (Dél. 9 fév. 1830, 7082 J. N., D. N. t. 4 p. 358 n° 147). —V. *Licitation* 10845.

1. CAUTIONNEMENT. — Le droit de cautionnement auquel donnerait lieu la garantie promise par le commandé devrait être aussi liquidé sur la même somme, car il n'y a de prix pour l'Enregistrement que celui qui s'applique aux portions acquises (14204 J. N., D. N. t. 4 p. 256 n° 137).

2. TRANSCRIPTION. — Lorsque trois cohéritiers licitent un immeuble et que l'adjudication est tranchée au profit d'un étranger qui élit pour commands deux des colicitants, le droit à 4 pour 100 est exigible sur le tiers acquis conjointement, et le droit de transcription est dû sur la totalité du prix, attendu, que l'indivision ne cessant pas et l'hypothèque étant indivisible, il y a nécessité de faire transcrire le contrat en entier. Ce principe découle des I. G. 1675 § 1er, 1825 § 7, 1912 § 2. — Il a été appliqué par des jugements de Tours du 18 mars 1829 (12316 J. E.) et de Saint-Marcellin du 31 mars 1860 : « Attendu, porte ce dernier jugement, que, pour qu'une licitation puisse être assimilée à un acte de partage et fasse cesser toute indivision, il faut qu'un seul des colicitants demeure seul adjudicataire des immeubles indivis ; que dans l'espèce Frédéric Martel, d'abord seul adjudicataire, a, dans le délai de la loi, fait élection de command en faveur de Philippe Martel son frère, l'un des colicitants, et l'a associé indivisément et par moitié aux bénéfices et aux charges de son adjudication ; — Attendu que l'effet de la déclaration de command a été de constituer *ab initio*, et sans transition, Philippe Martel, propriétaire par indivis et par moitié avec Frédéric de tous les immeubles licités ; qu'ainsi l'indivision de ces immeubles n'a pas cessé un instant et qu'elle a été seulement réduite aux deux adjudicataires. »

3. COMMAND ÉTRANGER. — Si le colicitant adjudicataire n'a payé le droit proportionnel à 4 pour 100 que sur ce qui excède sa part dans l'immeuble adjugé et qu'un étranger soit élu command, il est de règle que celui-ci doit payer le supplément de droit nécessaire pour faire supporter à la vente le droit de 5 fr. 50 cent. pour 100 sur l'intégrité de son prix (12796-2 J. E.).

4. SOCIÉTÉ. — Il en est ainsi encore, si la déclaration a lieu au profit d'une société dont le colicitant fait partie, car cette société est étrangère à la propriété des biens et se

substitue complétement à l'associé qui a agi pour elle (Dél. 15 oct. 1825, D. N. t. 4 p. 358 nº 148, Dél. 15 oct. 1833, 10752 J. E.).

3884. Colicitant. — Acquisition nouvelle. — Si l'adjudicataire ne faisait sa déclaration qu'après expiration du délai, il y aurait alors vente des colicitants à l'étranger et rétrocession de celui-ci au colicitant élu. Deux droits de vente à 5 fr. 50 cent. pour 100 seraient donc exigibles sur la totalité du prix (Ruffec 9 déc. 1839, 12603 J. E. ; — Seine 29 nov. 1854, 279 R. P.).

3885. — Vente judiciaire et volontaire. — C'est ordinairement dans les adjudications et ventes d'immeubles que les élections de command ont lieu. C'est pourquoi la loi de frimaire que nous venons de citer ne nomme que *l'acte d'adjudication ou le contrat de vente...* ce qui s'entend des ventes judiciaires comme des ventes volontaires (Dalloz nº 2560) et ce qui s'applique également aux ventes sur licitation (D. m. f. 18 brum. an 12).

3886. Cession de rentes ou de créances. — Il a été décidé, contrairement à un jugement du tribunal de la Seine du 26 ventôse an 8 (966 J. E.), que toute clause, non défendue par les lois, étant susceptible de faire partie de celles insérées dans un contrat, il ne peut y avoir de motif pour ne pas accorder au transport ou à la cession de créances ou de rentes la faculté dont jouissent les actes translatifs de propriété immobilière, puisque la loi ne l'a pas expressément restreinte à ces derniers (D. m. f. 10 janv. 1809, 172 J. N., 432 nº 2 I. G.). « Mais, ajoute la décision ministérielle, le droit proportionnel serait exigible si la déclaration n'était pas, en vertu d'une réserve antérieure, faite et notifiée dans le délai de la loi, ou si elle présentait novation de clauses, de conditions ou de prix. » Cette dernière solution est la conséquence naturelle de l'application aux cessions de rentes et de créances des dispositions de la loi, en matière de déclaration de command ; elle nous paraît donc inattaquable. C'est ainsi que d'après une Sol. 18 juin 1861 confirmée par un jugement du tribunal de Pontoise, du 27 février 1862, le droit de 1 pour 100 a été reconnu exigible sur la déclaration faite par le cessionnaire d'une créance, que le transport consenti à son profit avait eu lieu au profit d'un tiers command, élu, présent et acceptant, bien qu'aucune réserve n'ait été stipulée dans le contrat.

Cette proposition, pleinement admise par Champ. et Rig. nº 1935, Dalloz nº 2556, en ce qu'elle se rapporte seulement au droit de déclarer command dans les actes de cession de créances et de rentes, et dans les baux à ferme ou à loyer, est repoussée par ces auteurs dans la déduction qu'en a tirée la décision ministérielle du 10 janvier 1809, c'est-à-dire dans la nécessité de se renfermer dans les termes de la loi pour être admis au bénéfice du droit fixe. « Si les principes constitutifs de l'opération et de ses effets, disent Champ. et Rig., sont communs à toutes les déclarations de command, il n'en est pas de même des règles restrictives que la jurisprudence a posées et qui font de l'élection, dans certains cas, une mutation frauduleuse. Cette présomption n'existait dans l'ancien droit que pour les transmissions d'immeubles ; la loi du 22 frimaire an 7 l'a étendue aux ventes de biens meubles ; toute autre vente ou tout autre contrat demeure affranchi de la fiction légale, qui suppose une transmission, car en matière fiscale, moins encore qu'en toute autre, les fictions contraires à la réalité, et surtout celles qui supposent la fraude, ne doivent pas être étendues d'un cas à un autre. Nous avons déjà fait application de ces considérations aux transports de créances qui ne sont pas des meubles dans le sens de l'art. 69 § 5 nº 4. Elles doivent également s'appliquer aux constitutions ou cessions de rentes, et enfin, à toutes stipulations de baux, marchés, ou conventions quelconques, autres que les ventes de biens meubles ou immeubles. Aucune des règles restrictives n'est applicable à ces contrats ; la déclaration doit être tenue pour vraie, par cela seul que la loi ne la tient pas pour frauduleuse, et, comme elle ne produit jamais un nouveau contrat translatif, libératoire ou obligatoire, elle ne peut jamais donner ouverture qu'au droit fixe de 1 franc déterminé pour les déclarations pures et simples » (*Traité* nº 1935).

3887. Bail. — Marché. — Doit-on conclure de ce même principe que l'on peut faire des déclarations de command sur les baux, les adjudications de marchés ou d'entreprises ? L'affirmative paraît certaine. D'abord, le texte de la loi ne paraît pas contraire, car les baux et les autres adjudications dont nous venons de parler sont compris dans le terme *adjudication* qui est employé par la loi comme générique. Ensuite, on ne voit pas la raison de faire une distinction. Dès l'instant que, ainsi que nous l'avons établi nº 3877, l'acquéreur est censé avoir *stipulé* pour le command qu'il élit, il n'y a pas de motif de vouloir que les baux, les adjudications de marchés et d'entreprises restent en dehors de la portée de l'art. 1120 C. C. qui ne fait aucune distinction.

La question a d'ailleurs été tranchée dans ce sens, en ce qui concerne *les baux*, par un arrêt de cass. du 19 prairial an 5 portant : « Considérant que, par leur jugement du 15 ventôse dernier, les juges de Saône-et-Loire n'ont pas contrevenu à l'art. 1er de la quatrième section de la troisième classe du tarif du 19 décembre 1790, puisqu'il s'agissait d'une adjudication de ferme et que l'article précité parle d'adjudications en général sans les restreindre aux immeubles, et que, d'ailleurs, l'afferme doit être assimilée à la vente suivant la maxime du droit romain : *Locatio et conductio proxima est emptioni et venditioni, eisdemque juris regulis consistit.* Inst. lib. 3 t. 25 » (Teste-Lebeau p. 72).

L'affirmative doit s'induire également pour les *marchés*, d'une D. m. f. 15 mai 1810 (3972 J. E., D. N. t. 4 p. 352 nº 122), aux termes de laquelle les déclarations faites par les entrepreneurs des ponts et chaussées sont passibles du droit proportionnel *lorsque la réserve n'a pas été stipulée* dans l'adjudication, ou quand la déclaration *n'a pas eu lieu* dans les vingt-quatre heures.

On a cependant reconnu, en Belgique, que l'application du droit fixe aux déclarations de command ne peut s'étendre au delà des cas de ventes publiques ou à main ferme ; qu'ainsi, en matière de bail, la déclaration de command acceptée par le command doit être considérée comme renfermant une cession de bail. « On a voulu, a-t-on dit, donner au mot adjudication dont il est fait emploi, un sens générique qui comprendrait les adjudications à titre de ferme comme les adjudications à titre de vente ; mais les lois de décembre 1790, du 14 thermidor an 4 et du 22 frimaire an 7 rattachent exclusivement aux ventes, par leur tarification, les déclarations de command qui ne sont pas faites dans les conditions voulues pour jouir du bénéfice du droit fixe. D'autre part, la loi de 1791 est relative aux déclarations de command en matière de ventes de biens nationaux, et celle du 15 août 1854 concerne les ventes sur expropriation forcée. Partout donc, le mot adjudication est nécessairement employé dans le sens de vente publique. De même, ce que disent les auteurs de l'origine de la déclaration de command, la rattache uniquement au cas de vente. Il existe un arrêt contraire du tribunal de cassation, du 19 prairial an 5, mais les motifs sur lesquels il se fonde sont de nature à lui ôter toute autorité. En conséquence, en matière de bail, la déclaration de command acceptée par le command doit être considérée comme renfermant une cession de bail » (D. m. f. 21 nov. 1862).

Cette interprétation ne nous paraît pas de nature à prévaloir.

3888. Enchérisseur élu command. — En thèse générale, lorsque les conditions exigées par la loi, pour la perception du droit fixe, sont accomplies, l'Administration n'a pas à s'enquérir des circonstances qui ont précédé, accompagné ou suivi la vente ou la déclaration.

Ainsi, de cette circonstance que de deux enchérisseurs dans une même adjudication l'un, devenu adjudicataire, avait élu l'autre pour command, on avait conclu à l'exigibilité du droit de revente, en se fondant sur l'absence probable d'un mandat contre eux, puisque le mandant ne peut figurer dans l'acte auquel il est représenté. Mais, outre que cette incompatibilité ne paraît pas absolue et qu'on peut avoir des raisons sérieuses pour ne pas enchérir ostensiblement un lot, alors même qu'on enchérit personnellement tel autre, l'objection ne peut nous arrêter. « Pour que la propriété du command, dit très-exactement M. Demante, remonte immédiatement à l'acte d'acquisition du commandé, il n'est pas nécessaire que le commandé ait eu dès le principe en vue de déclarer telle personne déterminée, ni même qu'il ait eu la pensée d'exercer la faculté d'élire ; il suffit que par sa déclaration il s'efface entièrement, qu'il sorte du fonds sans y avoir fait acte de maître, sans rien retenir sur le prix. La déclaration, dans l'espèce, est parfaitement régulière et doit être tarifée au droit fixe (n° 227). » — C'est, en effet, ce qui résulte d'une délibération du 26 novembre 1841 (11166 J. N.), dont les motifs doivent être rapprochés d'un jugement de Saint-Gaudens du 17 février 1846 (12680 J. N.) et qui a toujours servi de règle (*Conf.:* Champ. et Rig. 1922, 7202 J. E.).

3889. Dation en payement. — Cependant l'Administration semble s'être écartée de cette règle dans l'espèce suivante : A... vend à B... un immeuble pour se libérer envers lui d'une somme de 10,000 francs, et B... se réserve dans l'acte la faculté de nommer un command. En conséquence, il déclare par un acte particulier qu'il a fait l'acquisition pour C..., et celui-ci lui rembourse la somme de 10,000 francs : un tiers se rend caution de la validité du payement. L'Administration a décidé que cet acte, quoique qualifié de déclaration de command, était passible du droit de vente, indépendamment de celui de cautionnement, attendu qu'on ne pouvait plus considérer B... comme n'ayant acquis qu'en vertu d'un mandat de C..., et qu'il était évident qu'il avait fait de l'acquisition, consentie à son profit, sa propre affaire (Dél. 26 mai 1819, 6542, 6794 J. E.).

On peut dire contre cette décision que, bien que le contrat ait présenté le caractère d'une dation en payement entre A... et B..., celui-ci, en se réservant la faculté d'élire un command, s'attribuait le droit d'en faire une simple vente, dans laquelle un autre que lui serait acquéreur ; il faisait sa propre affaire s'il eût conservé l'immeuble, il faisait celle d'autrui en déclarant command. Aussi l'Administration a-t-elle rendu une décision contraire dans une espèce identique (15 déc. 1826, 8801 J. E.). — *V.* 3919.

3890. Preuve contraire fournie par les parties. — Alors même que les conditions imposées par la loi n'auraient pas été remplies, ne pourrait-on pas en invoquant *la preuve contraire*, se soustraire au droit de mutation sur la déclaration de command ? En d'autres termes, peut-on prouver, *en dehors de la vente*, que l'acquéreur, qui n'a pas rempli toutes les formalités propres à assurer à la déclaration le bénéfice du droit fixe, n'a réellement stipulé que pour le command qu'il a élu, ce qui enlèverait à la déclaration le caractère *translatif ?* L'affirmative, enseignée par Dalloz nos 2551, 2561 et suiv., et par Champ. et Rig. nos 1933, 1938 et suiv., nous avait d'abord paru la solution la plus rationnelle. Elle s'appuie, en effet, sur l'analogie existant entre la présomption de mutation qui est la base de la perception du droit proportionnel sur la déclaration de command (*V.* 3881), et les présomptions établies par l'art. 12 L. 22 frimaire an 7 qui doivent toujours céder à la preuve contraire. — On peut même trouver le principe de cette doctrine dans deux arrêts de cass. des 8 juillet et 18 février 1839. Par le premier, rapporté au n° 3838, la cour a décidé que, lorsque, après le délai accordé par la déclaration de command, un adjudicataire reconnaît qu'une portion de l'immeuble a été acquise pour le compte d'un tiers, qui accepte, le droit de mutation est dû pour cette portion, et qu'on ne peut opposer à la demande de ce droit une procuration ou un acte de société sous seing privé d'après lequel l'acquisition a été faite pour le compte commun, *alors que cette procuration et cet acte de société n'ont pas acquis date certaine par leur enregistrement antérieur à l'adjudication.* » Le second arrêt du 18 février 1839 porte : « Attendu qu'une déclaration de command, pour ne donner ouverture qu'au droit fixe déterminé par l'art. 68 § 1er n° 24 L. 22 frimaire an 7, doit être faite aux mêmes prix et conditions que l'acquisition à laquelle elle se réfère ; que l'acquéreur par lequel elle est consentie, étant réputé n'avoir été que le mandataire de celui au profit duquel elle est passée, ne peut changer ni le prix ni les clauses de la vente ; que, s'il opère quelques changements, au lieu de remplir un mandat, il exerce un acte personnel de propriété ; — Attendu que le tribunal d'Arras a fait une saine application des principes et de la loi en rejetant l'allégation produite par le demandeur d'une erreur commise dans cette déclaration ; que, d'une part, ses assertions n'étant justifiées par aucune preuve, ni même par aucun commencement de preuve par écrit, la preuve par témoins ou par simples présomptions n'était pas admissible, et, d'autre part, les droits auxquels le contrat régulier et parfait consenti par les sieurs Framery et Rohart donnait ouverture, étaient acquis à l'État par la présentation de cet acte à l'enregistrement, et ne pouvaient être altérés soit par leurs déclarations postérieures, soit par des présomptions tirées de faits ou de pièces étrangères à l'acte » (1590-3 I. G., S. 39-1-190, 12252 J. E.).

Le tribunal de la Seine s'est également appuyé sur l'*absence* d'un titre authentique *antérieur* pour repousser la demande en restitution du droit proportionnel perçu sur une déclaration de command faite après les délais (15 nov. 1848, 14611 J. E.).

La conclusion à tirer de ces décisions, c'est donc que toutes les fois que l'on pourrait, par une pièce probante, détruire la présomption de mutation, le droit proportionnel ne serait pas exigible.

Mais nous ne pouvons pas aujourd'hui persister dans cette appréciation. Il n'est pas contestable, d'abord, que l'argument *a contrario*, tiré des arrêts précédents, a une valeur très-faible; car il n'est point avéré que la cour aurait affranchi les reventes du droit proportionnel dans le cas même où la preuve offerte par les débiteurs aurait été complète. L'arrêt du 18 février 1839 implique précisément le contraire en disant : « Que les droits auxquels le contrat régulier et parfait donnait ouverture étaient acquis à l'État par sa présentation à l'enregistrement et ne pouvaient être altérés, soit par des déclarations postérieures, soit par des présomptions tirées de faits étrangers à l'acte. »

D'un autre côté, l'analogie existant entre la déclaration de command et la mutation secrète n'est ici qu'apparente. La déclaration de command, en effet, a été renfermée par des textes spéciaux dans des limites précises en dehors desquelles elle perd absolument son caractère. Le défaut d'accomplissement des conditions imposées constitue donc non-seulement une présomption légale de transmission, mais fait perdre à la convention le bénéfice d'une dispense que la loi a rigoureusement subordonnée à des faits prévus; il n'y a plus et il ne peut plus y avoir de déclaration de command. Or, dans ce cas, les art. 68 § 5 nos 4 et 69 § 7 n° 3 sont positifs : le droit de transmission est exigible. En matière de mutation secrète où ces textes n'existent pas, on a pu, par conséquent, admettre les parties à détruire, par des preuves contraires, les présomptions légales invoquées contre elles, sans qu'il en découle aucune règle semblable pour les élections de command. D'ailleurs, la jurisprudence décide, même actuellement, que quand un individu est devenu propriétaire apparent d'un immeuble, en vertu d'un contrat enregistré, le jugement qui constate que l'acquisition a été faite pour un tiers ne saurait échapper au droit de revente; attendu que la déclaration de command régulière est le seul moyen de substituer légalement le nom du tiers à celui de l'adjudicataire au regard du Trésor (Cass. 28 janv. 1811, *P. chr.* 5, 3860 J. E., Dalloz 2565 ; — 6 déc. 1813, Dalloz 2566, *P. chr.* 185 ; — 7 fév. 1838 et 8 juill. 1839, 1577-11 et 1601-5 I. G., S. 37-1-237 et 39-1-167 ; — 9 avr. 1866, 2268 R. P., S. 66-1-223 ; — Seine 28 juill. 1860, 1366 R. P., 11 fév. 1865, 2269 R. P., 20 avr. 1866, 2320 R. P.). C'est un point que nous développons aux nos 11523 et 11556.

Ainsi que le fait remarquer M. Demante, « la justification d'un mandat antérieur à l'acquisition peut bien faire que le rapport obligatoire des parties soit régi par les principes du contrat de mandat, et qu'en droit civil la remise du fonds par l'acquéreur à son mandant ne soit pas une revente, par suite qu'il ne soit dû à celui-ci aucune garantie par son mandataire. Mais il ne suit pas de là qu'il n'y aurait pas mutation, car il n'implique nullement que la propriété ait effectivement reposé sur la tête du mandataire, et que ce dernier, pour obéir à son mandat, en opère la retranslation (*Comp. :* Dumoulin § 33-2 glos. n° 22 *in fine* » *Principes* n° 219).

C'est donc avec raison que le tribunal d'Abbeville a décidé, le 25 janvier 1842 (12942 J. E.). « Qu'il ne s'agit pas ici d'une présomption légale, susceptible d'être détruite par la preuve contraire; qu'il s'agit uniquement de l'inobservation d'une formalité indispensable à remplir pour la perception du droit fixe, que, dès lors, il n'est pas utile d'examiner la bonne foi des parties, ni la sincérité de la date donnée à la déclaration de command par le notaire. » — Des décisions analogues ont été rendues par le tribunal de Strasbourg, le 17 janvier 1849 (14860 J. E.), et par le tribunal de Lectoure, le 8 avril 1864 (1940 R. P., 12746 C., 17853 J. E.).

3891. Preuve contraire fournie par l'Administration. — La proposition inverse de celle que nous venons de développer, c'est-à-dire celle de l'exigibilité du droit de mutation dans l'hypothèse où l'Administration apporterait contre une déclaration de command régulière la preuve d'une mutation opérée du commandé au command élu, est certainement à l'abri de toute controverse, et le tribunal de la Seine l'a consacrée, le 15 février 1843 (13237 J. E.), dans une espèce où il avait été constaté, dans l'acte de vente, contenant réserve d'élire command, que l'acquéreur était entré en jouissance et avait fait acte de propriété plus de trois mois avant l'acte. Le droit de 5 fr. 50 cent. pour 100 a été reconnu exigible sur la déclaration de command.

3892. Acceptation. — Nous avons dit, n° 3877, que le défaut d'acceptation laisse la déclaration imparfaite ; d'où la conséquence que la propriété continue de résider sur la tête de l'acquéreur primitif. Cependant, par une Dél. 21 novembre 1814 (4977 J. E.), intervenue dans une espèce où il s'agissait du pouvoir donné pour déclarer command, pouvoir qui n'avait pas été enregistré dans le délai de vingt-quatre heures, l'Administration, considérant ce pouvoir comme équivalent à la déclaration même, l'a reconnu passible du droit proportionnel, « avec d'autant plus de raison, que cette disposition étant toute dans l'intérêt du command, il n'est pas nécessaire que ce dernier l'accepte et comparaisse dans l'acte, ou qu'il en soit passé un nouveau pour qu'elle puisse être exécutée. » — Cette doctrine ne nous paraît pas devoir être admise. Une déclaration irrégulière fait supposer une transmission. Or, nul ne peut être rendu acquéreur sans son consentement; cela est incontestable. Comment donc percevoir un droit de mutation sur une déclaration de command emportant transmission au profit d'un tiers qui n'aurait pas donné son consentement à cette transmission? (7224 J. N., Champ. et Rig. n° 1930, Dalloz n° 2543, D. N. t. 4 p. 346 n° 72 et t. 10 p. 246 n° 17).

1. DÉCLARATIONS SUCCESSIVES. — De la théorie de la stipulation pour autrui, développée n° 3877, il résulte que la

déclaration d'un premier command et son refus d'accepter, n'est point un obstacle à la déclaration au profit d'un second. Car, s'il est vrai que le mandataire d'une personne ne peut l'être d'une seconde ayant des intérêts contraires, du moment que l'acquéreur n'agit pas comme mandataire, mais comme *stipulant pour autrui*, la propriété continuant de résider sur sa tête, le vœu de la loi n'est pas contrarié, quel que soit le nombre de personnes pour lesquelles, dans le délai de vingt-quatre heures, il déclare avoir stipulé (Dalloz n° 2544, Champ. et Rig. n° 1931, M. Demante n° 227) ; — pourvu, bien entendu, que les conditions ordinaires soient observées à l'égard des déclarations secondaires comme elles l'ont été au sujet de la première.

Ainsi, il a été reconnu que l'adjudicataire peut, tant que le délai de vingt-quatre heures n'est pas expiré, élire command soit pour la portion des biens qu'il s'était réservé, soit pour les biens faisant l'objet de la première déclaration si elle n'a pas été acceptée par le command élu (Dél. 29 mars 1829, 12349-4 J. E.).

2. PORTE-FORT. — On a émis l'avis que le command déclaré par l'adjudicataire pouvait annoncer lui-même, en acceptant l'élection, qu'il avait agi pour un tiers, tellement que l'acceptation ultérieure de ce tiers constituerait une simple ratification exempte du droit de mutation (18568 J. E.). Mais cette opinion ne paraît pas fondée. L'affranchissement dont profite la déclaration de command se fonde sur ce que l'adjudicataire apparent représente le command en vertu des principes combinés du mandat et de la stipulation pour autrui. Or, le mandat et la stipulation pour autrui supposent qu'on agit au nom d'une personne déterminée. Les effets de l'opération se limitent nécessairement à cette personne ; et si au lieu de ratifier l'achat elle se substitue un tiers que l'adjudicataire apparent ne connaissait pas, cela ne peut avoir lieu sans donner naissance à une seconde transmission, parce qu'un tel résultat n'est la conséquence ni du mandat, ni de la gestion d'affaires. D'ailleurs, il n'y aurait pas de raison pour ne pas accorder le même droit au tiers désigné par le command et comme l'acceptation de la déclaration n'est soumise à aucun délai spécial, on créerait ainsi un moyen facile de soustraire à l'impôt toutes les transmissions ultérieures de l'immeuble.

3893. Acte en conséquence. — Payement des droits. — Au principe que le command censé avoir acquis *ab initio* et tenir la propriété non de l'acquéreur qui l'a élu, mais du vendeur directement, peuvent se rattacher les décisions que nous avons fait connaître, au mot *Acte en conséquence*, relativement à la faculté qu'ont les notaires et les greffiers de recevoir les déclarations de command avant que l'acte de vente ait été enregistré, et au mot *Acte sous seing privé*, relativement au payement des droits qui doit être exigé du command élu. Ces décisions, fondées sur des motifs d'ailleurs très-plausibles, auraient pu s'appuyer sur cette autre considération que l'adjudication et la vente, la déclaration et l'acceptation ne forment qu'un seul et même acte.

3894. Vendeur déclaré command. — De ce même principe découle encore cette conséquence que si le command se trouve être le vendeur lui-même, le droit de vente n'est exigible ni sur le contrat ni sur la déclaration, parce que ni l'un ni l'autre ne contient de mutation, l'acquéreur se trouvant acquéreur de lui-même (Sol. 13 vent. an 6, 1132 C.). Chacun de ces actes est seulement passible d'un droit fixe (Dél. 12 sept. 1818, 2749 J. N., D. N. t. 4 p. 358 n° 149).

1. SAISIE IMMOBILIÈRE. — Ainsi le tribunal de la Seine a jugé, le 20 août 1851 (14448 J. N., D. N. t. 1er p. 546 n° 149), que si, dans un acte de vente sur saisie immobilière, l'adjudicataire déclaré par l'avoué enchérisseur élit, en vertu de la réserve stipulée, pour command le débiteur saisi, aucun droit de mutation n'est exigible, car la propriété de l'immeuble adjugé n'ayant pas reposé un seul instant sur la tête de l'adjudicataire, l'exproprié doit être considéré comme l'ayant toujours conservée.

Nous retrouverons l'application du même principe en matière de licitation. — V. *Licitation*.

3895. Double droit. — Les règles édictées par la loi ont eu pour but de mettre les déclarations de command à l'abri de la fraude des redevables. La loi ne considère donc comme purement *déclaratives* que les élections faites dans le délai qu'elle a fixé. Si ce délai est dépassé, la déclaration reprend son caractère propre qui, en définitive, est une véritable mutation, puisque la propriété a réellement reposé sur la tête de l'acquéreur primitif. Or, toutes les fois qu'il s'agira d'une vente d'*immeubles* et que la déclaration n'aura été présentée à l'enregistrement que plus de trois mois après sa date, deux droits proportionnels seront exigibles, l'un comme revente, en vertu de l'art. 69 § 7 n° 3 L. 22 frimaire an 7, l'autre à titre de double droit, par application des art. 22 et 38 de la même loi, qui prescrivent l'enregistrement des mutations immobilières dans les trois mois, à peine du double droit : « Attendu, porte un arrêt de la C. cass. 24 mai 1837, que la réserve de faire déclaration de command, insérée dans un contrat de vente immobilière, n'est passible d'un droit fixe qu'autant qu'elle se confond avec l'acte de vente dans une seule transmission de propriété ; qu'au contraire, elle est soumise au droit proportionnel, dès qu'elle est tardive, parce qu'alors elle opère une nouvelle mutation, laquelle doit être présentée à l'enregistrement dans les trois mois, si elle a lieu par acte sous seing privé, à peine de double droit » (9665 J. N., 11813 J. E., 1562 § 6 I. G., S. 37-1-574 ; — *Conf.* : Seine 15 fév. 1843, 6635 C. ; — Libourne 29 janv. 1847, 7996 C., Champ. et Rig. t. 6 n° 381, Merlin *Rép.*, v° *Command* § 3).

CHAPITRE II. — RÉSERVE D'ÉLIRE COMMAND

[3896-3901]

3896. Nécessité de la réserve. — « Pour qu'on puisse impunément, dit Fonmaur n° 268, faire sa déclaration au profit d'un tiers, il faut avoir déclaré en acquérant, que c'est pour soi ou pour son command qu'on acquiert. » Cette règle de l'ancienne législation a été reproduite dans la loi du 22 frimaire an 7 et forme la première des conditions qu'elle prescrit. Elle est, en effet, de droit commun, car tout particulier qui acquiert sans mandat apparent étant censé acquérir pour lui-même, la faculté de se subroger un tiers ne peut exister qu'autant qu'elle fait l'objet d'une réserve expresse. Le silence du contrat à cet égard démontrerait que le vendeur n'a entendu aliéner qu'en faveur de l'acquéreur, qui seul devait rester son obligé. Ainsi, l'acte de vente ne lui en ayant pas fait une loi, le vendeur serait toujours libre de repousser l'acheteur qu'on lui désignerait. Ce principe du droit civil s'accorde parfaitement avec la règle fiscale qui assujettit au droit proportionnel comme revente, toute élection de command pour une acquisition qui n'en contenait pas la réserve.

1. PROMESSE DE VENTE. — Décidé dans ce sens que la déclaration de command faite par un individu qui avait été condamné à exécuter une promesse de vente est passible du droit proportionnel, par le motif que la promesse n'en contenait pas la réserve (Seine 16 juin 1842, 6993 C., Champ. et Rig. t. 6 n° 384).

2. CAHIER DES CHARGES.—Le cahier des charges s'identifiant avec la vente, la réserve qu'il renferme n'a pas besoin d'être renouvelée dans ce dernier acte et la déclaration de command n'en est pas moins sujette au droit fixe. Le contraire résultait cependant d'une D. m. f. 11 janvier 1814 (4805 J. E.); mais la doctrine de cette décision a été depuis lors complètement abandonnée (Nancy 30 mars 1819, 3131 J. N.; — D. m. f. 25 juin 1819, 3228 J. N., 6504 et 6572 J. E.; — Dél. 13 juill. 1839, 12349-4 J. E., 5758 C.; — Vendôme 12 juill. 1862, 1689 R. P., 17629 J. N.; — *Conf.* : G. Demante n° 222). — *V.* 3901 et 3954.

3897. Réserve par le vendeur. — La loi en voulant que la réserve soit faite dans l'acte de vente, n'a pas imposé la condition qu'elle le serait par l'acquéreur même. On avait cependant pensé que cette condition résultait de la nature des choses, et il avait été décidé, en conséquence, que la réserve devait être nécessairement faite par l'acquéreur (D. m. f. 11 janvier 1814, 4805 J. E.). Mais cette interprétation est abandonnée.

3898. Déclaration par le command. — Lorsque l'adjudicataire a élu son command, celui-ci ne peut plus en élire un autre; la faculté résultant de la réserve est épuisée. On ne pourrait même pas réserver au command qui sera désigné le droit de faire sa déclaration au profit d'un second. Celui-là seul qui a stipulé peut opérer subrogation à ses droits, parce qu'il n'appartient qu'au contractant d'engager un tiers (D. m. f. 28 juin 1808, 390 § 4 I. G., 2892 J. E.).

Ce principe a été confirmé par un arrêt de la C. cass. du 22 août 1809, ainsi conçu : « Vu la loi du 16 octobre 1791 et l'art. 11 de celle du 26 vendémiaire an 7; — attendu que, par cette disposition, le législateur n'a fait que fixer le délai dans lequel les adjudicataires devaient faire leur déclaration de command, s'en rapportant, pour le surplus, aux termes des lois précédentes; — attendu que ces lois précédentes et notamment celle du 16 octobre 1791, citées par les parties, n'ont dit nulle part que l'adjudicataire sous réserve de command ayant fait sa déclaration, l'acquéreur nommé par lui et acceptant pourrait lui-même prétendre, par une nouvelle élection, à affranchir la revente qu'il ferait de son bien, du droit proportionnel établi par la loi » (3622 J. E., S. 10-1-287).

La même interprétation résulte d'un avis du conseil d'État du 24 décembre 1808, approuvé le 30 janvier 1809 et inséré au *Bulletin des Lois* (Merlin v° *Command* n° 7).

Mais l'Administration ne l'applique pas toujours avec rigueur. Ainsi elle n'a pas vu une revente dans l'acte par lequel l'adjudicataire a déclaré avoir acquis pour une personne qu'il désigne lorsque cette dernière intervient et accepte tant pour lui que pour un tiers également présent et acceptant (Dél. 1er avril 1856).

3899. Déclarations successives. — Ainsi que nous le verrons au numéro suivant, aucune formule sacramentelle n'est déterminée pour la stipulation de la réserve d'élire, et les termes plus ou moins explicites que l'on emploierait ne doivent pas être pris dans le sens restrictif qu'ils pourraient présenter; aussi a-t-il été reconnu que rien n'empêche un acquéreur, qui a stipulé la réserve d'élire plusieurs commands, d'en désigner encore d'autres dans un acte postérieur (Dél. 29 mars 1839, 12349-4 J. E.). — *V.* 3892-1.

3900. Forme. — Il est indifférent dans quels termes la réserve ait été faite. La loi ne précise rien à cet égard. Son vœu est rempli du moment que l'acquéreur manifeste l'intention d'acquérir pour un tiers qu'il désigne ou qu'il se réserve de désigner. Il importe peu que cet acquéreur ait dit pour moi *ou* pour un command, ou qu'il ait dit pour moi *et* pour un command. Cette dernière locution, quoiqu'elle pût ne signifier que l'association du tiers à l'acquisition, peut aussi se prendre comme synonyme de la première, et on l'a toujours entendue dans ce sens : tant pour moi (en totalité) si je veux conserver la chose, que pour un tiers (en totalité aussi) dans le cas contraire (Merlin *Répertoire* v° *Vente*, Toullier t. 8 n° 170, Troplong *de la Vente* n° 75, Marcadé *sur l'art.* 1584). — La formule est donc tout à fait libre; il n'y a d'essentiel que la réserve (Cass. 27 janv. 1808, D. N. t. 4 p. 338 n° 24).

1. EXPLOIT. — Mais on ne pourrait suppléer au défaut de réserve dans le contrat par des actes antérieurs dans lesquels cette intention serait exprimée. Ainsi, il a été jugé que le droit de revente était dû sur une élection de command, à défaut de réserve dans l'acte de vente, bien que ce dernier acte n'eût été rédigé qu'après sommation à la requête de l'acheteur et que ce dernier eût annoncé dans l'exploit qu'il déclarerait command (Strasbourg 17 janv. 1849, 14860 J. E., 8855 C.).

3901. Déclaration dans l'acte de vente. — Il ne faut cependant pas donner au principe de la réserve une portée trop rigoureuse. Le but de la loi, en assujettissant à des formalités spéciales les déclarations de command, a été, nous avons déjà eu occasion de le dire, d'empêcher que, sous le voile de ces déclarations, se cachât une revente, une nouvelle mutation d'immeubles. Or, ces précautions deviennent sans objet du moment que la déclaration est faite dans le même acte que la vente. Dans ce cas, la déclaration fait partie intégrante du contrat. Ils s'identifient et se confondent. Impossible d'admettre et de supposer un premier et un second acquéreurs ; le contrat n'en constate qu'un seul, qui est le command déclaré.

D'un autre côté, quand la déclaration de command est contenue dans l'acte même de vente, il n'y a plus, à proprement parler, deux opérations successives : transmissions par le vendeur au mandataire, puis cession par ce dernier à l'acheteur véritable. La personne du command s'efface complétement dès la comparution de l'acquéreur ; celui-ci est censé avoir directement traité avec le vendeur, et en avoir reçu la propriété de l'objet, sans que le mandataire ait fait autre chose que commencer la négociation. De fait, la réserve d'élire command se trouve anéantie par la présence du command au moment de la clôture de l'acte, c'est-à-dire quand la convention se solidifie : on ne peut pas scinder l'acte en deux parties, puisqu'il est présenté comme un tout homogène destiné à constater une seule mutation. « De la déclaration de l'acquéreur et de la comparution de celui-ci à l'acte de vente, disent Champ. et Rig., il résulte que lui seul est acheteur et que le premier n'a agi que pour lui. Ce résultat ne pourrait être rejeté sans rejeter l'acte qui le produit...» Et ils ajoutent très-judicieusement : « La déclaration dont il est question ici n'est pas, à proprement parler, l'élection d'ami. C'est une clause d'une autre espèce : le command n'intervient pas à l'acte d'acquisition, quoique par son acceptation il s'en approprie les effets ; ici le véritable acquéreur concourt à l'acte, c'est lui qui achète, achevant l'opération qu'un autre avait commencée » (1946).

Aussi avait-il été constamment reconnu que cette désignation du véritable acquéreur ne pouvait pas justifier la perception du droit proportionnel (Dél. 26 juin 1816 et 5-21 mai 1821, D. m. f. 6 fév. 1822, 1048, 5475 J. E., 221, 338 C.; D. m. f. 21 mai 1828, 1251 I. G.; — Seine 29 mars 1843, suivi d'acq. 11 juill. 1843).

La C. cass. déclara, il est vrai, par un arrêt du 11 janvier 1847, que le droit proportionnel avait été justement exigé sur une déclaration d'adjudication renfermée dans le contrat de vente et non notifiée à l'Administration en temps utile : « Attendu, en droit, qu'aux termes de l'art. 68 n° 24 § 1er L. 22 frimaire an 7, la déclaration de command, pour n'être assujettie qu'au simple droit fixe, doit être notifiée à la Régie dans les vingt-quatre heures, et que cette condition imposée à l'exemption du droit proportionnel est de droit étroit et rigoureux ; — Et attendu en fait qu'il est constaté que l'acte du 3 septembre 1841, contenant la déclaration de command de Borniche à Targe, n'a été enregistré et connu de la Régie que le septième jour de sa date ; d'où il suit que le droit de mutation était valablement acquis, et que, pour l'avoir ainsi jugé, le jugement attaqué n'a fait qu'une juste application de la loi ; rejette » (14164 J. E., 12893 J. N.). — On s'est fréquemment appuyé sur cet arrêt pour en appliquer le principe à toutes les déclarations faites dans le contexte du procès-verbal d'adjudication. Mais, comme on peut le voir, l'arrêt du 11 janvier 1847 n'a aucune portée doctrinale et l'Administration ne l'a jamais expliqué que par des considérations de fraude spéciales à l'espèce tranchée par la Cour. — Quoi qu'il en soit, il est bien constant aujourd'hui que l'on n'étend plus ni la nécessité de la réserve ni celle de la notification à la déclaration insérée dans le contrat. De nombreuses solutions ont été rendues en ce sens (Sol. 12 août 1853, 11 nov. 1861, 20 sept. 1862, 7 nov. 1863, 15 et 24 avr. 1864, 21 avr. et 21 déc. 1865, 7 nov. 1868, 2911 R. P.). — Celle du 24 avril 1864 (1987 R. P.) résume très-bien en ces termes les motifs de décider : « Pour qu'il y ait déclaration de command, dans le sens de la loi fiscale, il faut qu'il existe deux conventions *distinctes*, une adjudication et une déclaration *postérieure*. On ne peut, dès lors, étendre ces dispositions au cas où la déclaration est faite dans l'acte même de vente, avant la signature du vendeur et de l'adjudicataire, soit que l'acquéreur désigné intervienne à l'acte, personnellement ou par mandataire, et accepte la déclaration faite à son profit, soit qu'il y reste étranger ; dans le premier cas, la propriété ne repose pas un seul instant sur la tête de celui qui a fait la déclaration, elle passe immédiatement des mains du vendeur entre les mains de l'acquéreur qui accepte : la déclaration faite à son profit n'est que la déclaration d'un mandataire ; c'est une stipulation pour autrui, immédiatement acceptée par le tiers qu'elle intéresse. Dans le second cas, l'adjudication est prononcée au profit d'un porte-fort, et si l'acquéreur désigné n'accepte pas ultérieurement, l'adjudication reste au compte du porte-fort. Dans ces deux cas, il n'y a pas de déclaration de command dans le sens de la loi. » — Nous avons d'ailleurs donné à cette question, sous les art. 2088 et 2156 R. P., un développement particulier qui nous dispense de la discuter ici plus longuement.

1. CLOTURE DE L'ACTE. — Il importe peu dans quelle partie du contrat a eu lieu la déclaration de command. Tout ce qu'il faut pour l'exempter du droit, c'est qu'elle intervienne avant la clôture de l'acte ; il n'y a point à considérer si elle suit immédiatement l'acquisition ou si elle en est séparée par d'autres clauses. — Ainsi, le sieur Mohérault ayant été, dans une aliénation en détail d'immeubles, déclaré acquéreur d'un lot, laissa poursuivre l'adjudication des autres lots et fit seulement son élection de command à la fin de l'acte, au moment de la signature des vendeurs. Une délibération du 12 mai 1826 décida : « Que, suivant les articles 14 et 68 de la loi du 25 ventôse an 11, les actes notariés ne sont parfaits que lorsqu'ils ont été signés par le notaire et par toutes les parties, que, dès lors, l'adjudication et la déclaration faites dans un même contexte avant la signature du notaire ne formaient qu'une seule convention d'après laquelle la propriété avait été transmise au command élu. »

2. ACCEPTATION. — De ce que la déclaration faite dans le contrat de vente a le caractère d'une simple stipulation pour autrui, d'après laquelle le tiers est censé avoir acheté lui-même, il en résulte que son défaut d'acceptation immédiate ne modifierait pas les conditions d'exigibilité du droit. L'acte par lequel il notifiera plus tard son consentement équivaudra toujours à une simple ratification passible du droit fixe (Sol. 13 déc. 1859. — *V.* aussi Sol. 24 avril 1864, 1987 R. P., Sol. rapportée n° 3901).

3. RENVOI. — La déclaration serait également dispensée du droit, encore bien qu'elle fît l'objet d'un renvoi sur le

procès-verbal de vente. Si le renvoi est régulier, il s'identifie en effet avec le contrat, et la présomption de fraude qui s'attache à la forme de la déclaration ne peut prévaloir contre l'application des principes. « Il n'y a pas lieu, disent deux décisions ministérielles des 11 avril 1821 et 6 février 1822, de considérer comme revente pour défaut de notification dans les vingt-quatre heures, la déclaration faite au moyen d'un renvoi mis en marge de l'adjudication. » — C'est ce qui résulte également d'une Dél. 6 octobre 1826 (3990, 5899 J. N., D. N. t. 4 p. 353 n° 126).

4. ACTE ADMINISTRATIF. — Le tribunal d'Angers a rendu la même décision dans une espèce qui présentait cette particularité que la déclaration de command avait été faite après la signature de l'adjudication par le notaire et l'adjudicataire. Mais il s'agissait d'un acte administratif qui ne devait être parfait qu'après l'approbation et la *signature* du préfet (5 août 1836, 9543 J. N., 11675 J. E.). Nous n'avons pas à justifier ici l'appréciation du tribunal au sujet de la nécessité de l'approbation préfectorale ; mais en tenant pour établi que l'acte fût jusqu'à cette époque un simple projet, il en ressort évidemment que la déclaration de command se produisait avant la perfection du contrat et qu'elle s'identifiait avec lui quand le consentement de l'autorité lui a attribué sa valeur définitive. — *V.* 3932.

5. DROIT FIXE. — Nous n'avons pas besoin d'ajouter que, si la déclaration de command est exempte du droit proportionnel comme partie intégrante de l'acte, elle ne saurait davantage acquitter le droit fixe. Il n'en serait ainsi que si la déclaration pouvait être considérée comme une disposition spéciale du contrat ; or, du moment qu'elle se confond avec lui et joue, à l'égard de la transmission, le rôle du consentement de l'acheteur dans la vente ordinaire, il est impossible de la tarifer séparément. On a voulu soutenir le contraire (4029, 12796-2, 13225-1 J. E.) par le motif que l'acheteur apparent aurait pu se dispenser de faire cette déclaration et qu'elle n'est pas, dès lors, essentielle à la vente. Mais c'était mal raisonner : car si l'acquisition a été réellement faite pour le dernier acquéreur, c'est que le premier en nom était son représentant, et que, par conséquent, il était tenu, en vertu de cette qualité même, de faire connaître immédiatement l'acheteur véritable. Nous avions déjà combattu cette doctrine dans nos précédentes éditions en invoquant une solution du 30 novembre 1830 (3089 Roll.). Depuis lors, la perception du droit fixe a été condamnée par des solutions des 7 novembre 1863 et 24 avril 1864 (1987 R. P.).— On peut également consulter dans le même sens deux Dél. 13 ventôse an 6 et 12 mai 1826, citées par le D. N. t. 4 p. 353 n° 127.

6. RÉSERVE PRÉVUE. — A plus forte raison doit-il en être ainsi si le cahier des charges d'une adjudication volontaire prévoit le cas où l'adjudicataire élirait des commands, quoique la faculté d'élire n'ait pas été reservée dans l'adjudication (Dél. 13 juill. 1839, 12349-4 J. E., 5758 C. ; — Nancy, 30 mars 1819, 3131 J. N. ; — D. m. f. 25 juin 1819, 3228 J. N., 6504 J. E. ; — V. Vendôme, 12 juill. 1862, 1689 R. P., 17629 J. N. — M. Demante n° 222).

CHAPITRE III. — DE LA DÉCLARATION

[3902-3928]

SECTION PREMIÈRE. — DÉCLARATION PAR ACTE PUBLIC

[3902-3907]

3902. Acte sous seing privé. — L'art. 68 L. 22 frimaire an 7 porte que la déclaration de command doit être faite par *acte public ;* c'est la seconde condition qu'il impose.

Cependant, une Dél. 17 juill. 1806 avait déclaré suffisante une déclaration faite par acte sous seing privé enregistré dans les vingt-quatre heures. Cette délibération était motivée sur ce que le vœu de la loi était rempli du moment qu'il y avait absence de fraude. Mais cette dérogation au texte de l'art. 68 a été rejetée, et la jurisprudence, constante depuis longtemps, est que toute déclaration de command faite par acte sous seing privé, donne ouverture au droit de revente (D. m. f. 15 mars 1808, 386 n° 13 I. G., 2849 J. E., 9665 J. N. ; — Dél. 28 avr. 1826, 8377 J. E., 1128 C. ; — Chartres 23 déc. 1833, 4293 Roll. ; — Cass. 24 mai 1837, 11813 J. E., 1562 § 6 I. G., 9665 J. N., S. 37-1-594, arrêt rapporté 3895 ; — Clermont 21 fév. 1845, 13697-2 J. E. ; — Clermont 29 août 1845, 13828 J. E., 12517 J. N.).

« Cette jurisprudence, dit Dalloz n° 2583, est conforme au texte de la loi, mais elle est repoussée par le raisonnement. Qu'importe, en effet, que l'élection d'ami soit faite par acte public ou sous signature privée, si elle est notifiée dans les vingt-quatre heures ? La fraude est garantie : c'est tout ce que la loi doit vouloir. En s'attachant servilement à la lettre, il faudrait dire aussi que l'élection de command qui serait faite par déclaration sur le registre du receveur ne vaudrait pas, pour la Régie, une déclaration passée devant notaire, et qui lui serait signifiée par huissier ; or, cette conséquence serait évidemment inadmissible. »

« Le but de la loi, dit également M. Demante, serait atteint tout aussi bien par un acte sous seing privé, puisque cet acte, devant être *notifié* dans les vingt-quatre heures, acquerrait par cela même nécessairement date certaine avant l'expiration de ce délai fatal. Mais il est difficile de raisonner contre une disposition réglementaire qui dépend de l'arbitraire du législateur » (n° 222). — *V.* également Champ. et Rig. t. 6 n° 394).

3903. Parenté du notaire. — Lorsqu'une déclaration de command devant un notaire qui a procédé à une vente judiciaire en vertu de délégation du tribunal a été faite au profit d'un parent au degré prohibé de cet officier public, on ne peut, par application de l'art. 8 L. 25 ventôse an 11, qui défend aux notaires de recevoir des actes dans lesquels leurs parents se trouvent parties contractantes, considérer cet acte comme réduit à l'état d'acte sous seing privé et percevoir le droit proportionnel de revente, car, aux yeux de l'Administration, *qui n'a pas à se préoccuper de la validité ou de l'invalidité des actes*, cet acte, qui a toutes les formes apparentes d'un acte authentique, conserve sa qualité d'acte public (10330 J. N.).

3904. Acte sous seing privé déposé. — L'acte sous seing privé acquiert le caractère d'authenticité par le dépôt qui en est fait chez un notaire. Si donc, la déclaration de command sous seing privé est déposée en temps utile dans l'étude d'un notaire, la règle commune lui devient applicable et le droit fixe est seul exigible.

« Attendu, en droit, porte un arrêt de Cass. 7 novembre 1843, qu'un acte sous seing privé, lorsqu'il est déposé dans l'étude d'un notaire, s'identifie avec l'acte dressé pour le dépôt de manière à ne former qu'un seul et même acte avec lui; d'où il suit qu'il acquiert l'authenticité de l'acte public; — attendu, en fait, que la déclaration de command sous signature privée, du samedi 12 mars 1842, a été déposée, le lundi 14, dans l'étude d'un notaire et enregistrée avec l'acte de dépôt le même jour 14 mars, d'où il suit que cette déclaration a dû jouir de la faveur du simple droit fixe d'enregistrement » (13379 J. E., 11824 J. N., 6684 C., S. 43-1-872. — *Conf.*: Champ. et Rig. t. 6 n° 394, D. N. t. 4 p. 339 n° 20).

On a enseigné à cet égard que, malgré son dépôt régulier en l'étude d'un notaire, la déclaration sous seing privé donnerait lieu à la perception du droit de revente si l'on se bornait à faire notifier cet acte sans l'acte de dépôt qui lui confère l'authenticité. — Mais cette opinion nous paraît exagérée. En effet la loi exige d'une part que la déclaration ait lieu par acte public, et de l'autre qu'elle soit notifiée dans les vingt-quatre heures. Or, ces deux conditions sont littéralement remplies puisque la déclaration est déposée et qu'elle a été signifiée en temps utile. On n'aperçoit aucune raison plausible d'ajouter encore à ces exigences la notification du dépôt.

3905. Déclaration verbale. — La déclaration de command doit toujours être constatée par un acte. Il ne suffirait donc pas à l'acquéreur de faire signifier l'indication verbale de son command, lors même qu'il la réitérerait dans les vingt-quatre heures du contrat (D. m. f. belge 17 août 1869, 3113 R. P.).

3906. Procuration pour déclarer. — La prohibition de la loi ne s'applique qu'à la déclaration même. Le pouvoir pour déclarer command peut être donné par acte sous seing privé, même par une simple lettre (Sol. 20 avr. 1821, D. N., *Déclaration de command* n° 28). Il suffit que la déclaration en vertu de ce pouvoir soit en forme authentique et notifiée ou enregistrée dans les vingt-quatre heures.

Par la même raison, on ne peut considérer le mandat comme équivalant à la déclaration même et l'assujettir au droit de revente, si les conditions prescrites par la loi n'ont pas été exécutées. Le contraire résulte cependant d'une délibération du 21 novembre 1814 (4977 J. E., D. N. t. 4 p. 339 n° 31); mais nous croyons que sa doctrine ne doit pas être suivie.

3907. Procuration pour accepter. — Une procuration ne pourrait suppléer la déclaration elle-même. Ainsi, bien que la procuration donnée à l'effet *d'accepter* une déclaration de command ait été enregistrée ou notifiée dans les vingt-quatre heures de l'acte d'adjudication, la déclaration faite ultérieurement est assujettie au droit proportionnel, si elle n'a pas été enregistrée ou notifiée avant l'expiration de ce même délai (Sol. 19 juin 1832, 10402 J. E.). Le motif de cette décision est que le pouvoir d'accepter *n'équivaut pas* à la déclaration et ne peut la suppléer.

SECTION 2. — RENONCIATION A LA FACULTÉ D'ÉLIRE

[3908-3912]

3908. Renonciation ou perte. — L'acquéreur qui s'est réservé d'élire command peut renoncer à cette faculté. On peut supposer également qu'il est possible qu'il la perde d'une façon ou d'autre. Dans l'un et l'autre cas, il est certain que la déclaration qu'il ferait ensuite, eût-elle lieu dans le délai légal, serait passible du droit proportionnel. La question, bien qu'elle soit de nature à se présenter rarement à cause de la brièveté du délai accordé à l'acquéreur pour faire connaître son command, doit cependant être examinée. Elle consiste à savoir quand et comment l'acquéreur est censé avoir perdu la faculté de déclarer son command.

3909. Payement du prix. — Et d'abord, il ne perd pas cette faculté par le payement soit d'une portion, soit de la totalité du prix. « Si l'acquéreur, dit Fonmaur dans son *Traité des lods et ventes* n° 271, si l'acquéreur pour soi ou pour son ami, a payé le prix de son achat ou de son adjudication, ce payement ne l'inhibe pas de nommer son command, parce que l'adjudication cède au profit du commettant, et non au profit du mandataire, et que celui-ci est censé avoir payé en la même qualité qu'il a traité. » (Merlin *Rép.*, v° *Vente* § 3; — Cass. 27 janv. 1808, 386 § 15 I. G.). — *V.* 3919.

3910. Affectation hypothécaire. — Si l'acquéreur a hypothéqué les biens acquis, conserve-t-il encore la faculté d'élire un command? On peut se fonder pour l'affirmative sur la loi du 16 octobre 1791, qui, voulant que la personne au profit de laquelle une déclaration de command a été faite ne puisse être recherchée ni poursuivie, soit *hypothécairement*, soit autrement du chef de l'acquéreur, suppose évidemment que l'acquéreur a pu hypothéquer les biens (Merlin *Rép.*, v° *Vente* § 3).

3911. Acte de propriétaire. — Plusieurs anciens auteurs ont présenté tout acte de propriétaire fait par l'acquéreur dans l'intervalle de la vente à la déclaration, comme une cause d'exigibilité du droit de mutation (*V.* Bosquet, *Déclaration*). « Mais, dit Merlin, cette doctrine était implicitement condamnée par la loi du 5 décembre 1790 et celle du 13 septembre 1791; car il n'était pas possible que dans l'espace de six mois qu'elles accordaient à l'acquéreur pour faire sa déclaration, celui-ci laissât le bien vacant; il fallait nécessairement qu'il en jouît par lui-même ou qu'il l'affermât... La loi de frimaire réduit ce délai de six mois à vingt-quatre heures, mais elle ne dit pas que si, durant ce délai, l'acquéreur affermait le bien, il y aurait ouverture à un nouveau droit pour la déclaration de command; et ce qu'elle ne dit pas, pourquoi le lui ferait-on dire? » — « L'acquéreur, enseigne Troplong, *de la Vente*, n° 74, ne pourrait être considéré comme acquéreur réel si, dans le temps qui s'écoule entre la vente et la déclaration de command, il faisait des actes de jouissance, ou même de propriété. Merlin a prouvé la vérité de cette proposition *Répert.*, v° *Vente*, p. 523) : en effet, ces actes sont censés faits à titre de mandataire; ne faut-il pas d'ailleurs qu'en attendant la déclaration de command, les terres soient cultivées, les maisons louées, etc.? » (*V.* dans le même sens Champ. et Rig. n° 1924, Dalloz n° 2599, Marcadé, sur l'art. 1584).

3912. Renonciation. — Il semble donc que la règle à poser, comme l'enseigne Merlin, *de la Vente* § 3, c'est que l'acquéreur ne doit pas être censé *renoncer* à la faculté qu'il s'est réservée, jusqu'à ce qu'il l'ait fait *par une clause expresse*. Du moins, faut-il que les faits dont on voudrait faire ressortir une pareille renonciation soient décisifs et non équivoques (*V.* Seine 15 fév. 1843, 13237 J. E.).

1. DROIT PROPORTIONNEL. — Ce ne serait donc que dans le cas où l'acquéreur aurait *renoncé* d'une manière formelle à la faculté qu'il s'était réservée, que la déclaration qu'il ferait ensuite serait de nature à rendre exigible le droit proportionnel.

SECTION 3. — NOVATION DANS LES CONDITIONS

[3913-3928]

3913. Principe. — « Il faut, dit Troplong, *de la Vente* n° 72, que la déclaration faite par le commandé, et l'acceptation qu'en fait le command, soient pures et simples, et ne renferment pas un prix différent ou des clauses et conditions différentes de celles portées au contrat d'acquisition. Pour peu qu'il y ait changement dans les conditions de l'achat, l'acquéreur ostensible fait acte personnel de propriété; ce n'est plus un mandat qu'il exécute, il revend d'une manière formelle. » La loi du 22 frimaire an 7 se tait cependant sur ce point, formellement prévu par celle du 5-19 décembre 1790, qui voulait que la déclaration fût faite *aux mêmes conditions que l'acquisition*. Mais il faut reconnaître que le principe proclamé par la loi de 1790 a survécu à l'abrogation de son texte, et se retrouve implicitement dans la loi de frimaire. Aussi, une D. m. f. du 15 mars 1808 (386 § 14 I. G., 1384 J. E.) porte-t-elle que : « Toute déclaration de command, pour être dispensée du droit proportionnel, doit, suivant la nature même de cet acte, et l'*esprit* de la loi du 22 frimaire an 7, ne contenir que la *remise pure et simple* au command, des biens acquis pour son compte, *sans novation de clauses*, de *conditions* ou de *prix*. » Et c'est la même idée qui est reproduite en ces termes dans un arrêt de la C. cass. 31 janvier 1814 (4784 J. E., 1277 J. N., 191 C., S. 14-1-178) : « Si l'acheteur modifie les charges, les conditions ou le prix, il ne remplit plus son mandat, il exerce un acte de propriété qui fait de sa déclaration une véritable revente. » — Tous les auteurs sont unanimes sur le principe (Toullier t. 8 n° 172, Marcadé, sur l'art. 1584, Champ. et Rig. n° 1953, Dalloz n° 2580). Les difficultés ne résident que dans son application.

ARTICLE PREMIER. — MODIFICATIONS ALTÉRANT LE CONTRAT

[3914-3921]

3914. Déclaration gratuite. — Il est évident que pour être pure et simple, la déclaration doit être *gratuite*. Si un bénéfice était stipulé au profit de l'acquéreur, il n'y aurait plus subrogation du command à la place de l'acquéreur, mais revente par celui-ci de l'immeuble acquis, moyennant un prix supérieur à celui primitivement stipulé. Il était admis dans l'ancienne jurisprudence que le droit de mutation ne devait être perçu que sur le bénéfice stipulé, mais cette doctrine se trouve en opposition avec le principe qui fait loi aujourd'hui, à savoir : que la perception du droit proportionnel sur la déclaration de command est corrélative de l'idée de mutation. Or, supposons que l'adjudicataire, qui a acquis pour le prix de 1,000 francs, impose à son command l'obligation de lui payer 200 francs à titre de bénéfice. Cette condition imprime à la déclaration le caractère de revente, et, du moment qu'il y a revente, on doit considérer comme en étant le prix et les 200 francs de prime et les 1,000 francs qui sont le prix de la première vente. C'est là une règle qu'on ne peut contester en matière d'enregistrement. C'est également ce qu'enseigne Dalloz, n° 2582. — *V.* 3918-4.

1. HONORAIRES. — Champ. et Rig. font observer, n° 1971, que ce ne serait pas une stipulation sur le prix que celle par laquelle il serait alloué à l'adjudicataire, par le command, des honoraires pour l'opération qu'il aurait faite, une allocation de cette nature n'ayant rien d'incompatible avec la subrogation qui constitue la déclaration pure et simple. Mais les tribunaux doivent, dans ce cas, disent les mêmes auteurs, examiner avec soin si, sous la dénomination d'honoraires, les parties ne cachent pas une augmentation de prix.

3915. — Déclaration sous condition. — L'existence d'une disposition conditionnelle dans la déclaration en change le caractère, et y suppose une convention translative; pour attacher des conditions à l'appropriement d'une chose par un tiers, il faut avoir un droit sur cette chose; l'adjudicataire ne peut y subordonner l'acquisition du command, sans se supposer le pouvoir de le faire, et ce pouvoir repose sur un droit qui ne peut être autre que la propriété (Champ. et Rig. n° 1961, Dalloz n° 2587). Mais, en cas de condition suspensive c'est le droit fixe de 3 francs qui est seul actuellement exigible, et le droit proportionnel ne peut être réclamé qu'après la réalisation de l'événement prévu.

3916. Servitudes. — Conditions. — Quand la déclaration de command s'applique à une portion seulement de l'immeuble, on ne peut pas considérer comme emportant l'idée d'une propriété antérieure, les clauses relatives au partage pur et simple du bien indivis. Mais il en est autrement des stipulations qui ne sont pas la conséquence de ce partage.

C'est ce que le tribunal de Versailles a reconnu, le 26 mai 1864, dans un cas où le command avait pris l'engagement d'ouvrir une rue à ses frais sur une partie du terrain qu'il recevait : « Attendu que le sieur G. a promis d'ouvrir dans un délai déterminé une rue à ses frais, soit sur la portion qu'il devait acquérir, soit sur tel autre terrain dont il pourrait faire l'acquisition d'un tiers ; que, de leur côté, les époux T. ont pris l'engagement de livrer gratuitement au sieur Gauthier le terrain suffisant pour ouvrir la rue dans le cas où ce dernier ne prendrait pas livraison de la portion de terrain acquise pour son compte ; que de pareilles conventions respectivement arrêtées entre les parties ne peuvent être considérées comme constituant une simple convention de partage, mais bien une revente à des conditions nouvelles, et, par suite, donnant ouverture à un nouveau droit de mutation » (1937 R. P.).

Il en est ainsi, à plus forte raison, si les prestations imposées sont relatives à des immeubles étrangers. Ainsi, si l'acheteur d'une maison la transmet à son command en la grevant d'une servitude en faveur de sa propriété personnelle ou en dégrévant celle-ci d'une servitude dont elle était chargée en faveur de la maison vendue, la déclaration est une revente passible du droit de mutation (Seine 30 juill. 1856, 758 R. P., 16382 J. E., 15974 J. N. ; — Dieppe 31 juill. 1861, 17253 J. N., 12080 C., 17345 J. E.).

C'est ce qu'on a décidé également dans un cas où l'acheteur imposait au command la condition de supprimer ou de changer des fenêtres dans la partie réservée au command, et stipulait qu'une fonderie serait déplacée (Nivelles 29 juin 1865, 9870 J. E. belge) ; — ou demeurait personnellement chargé d'exécuter certains travaux mis par l'adjudication à la charge de l'acheteur (Seine 3 juill. 1857, 929 R. P., 16591 J. E., 11170, 11196 et 11289 C.).

3917. Réméré. — L'acquéreur qui, en déclarant son command, se réserve la faculté de reprendre, dans le cours de cinq années, la propriété et la jouissance des immeubles vendus, moyennant le remboursement du prix et des frais faits par le command, n'est plus un simple intermédiaire, mais un acquéreur revendant, sous de nouvelles conditions, ce qui était devenu sa propre chose. L'acte contient donc deux mutations successives de propriété, sujettes au droit proportionnel (D. m. f. 30 mai 1826, 5817 J. N., 8449 J. E., 1200 § 3 I. G., D. N. t. 4 p. 340 n° 40). La véritable raison de décider est que le retrait conventionnel est un acte résolutoire qui ne peut être attaché qu'à la vente, et, par conséquent, répugne à la déclaration qui n'est que l'affirmation d'un fait préexistant ; elle suppose, dès lors, l'existence de cette convention entre les parties, et cette présomption rend le droit exigible (*V.* Champ. et Rig. n° 1962).

3918. Prix à terme. — Tant que le prix n'a pas été payé, le vendeur est seul créancier : lui seul peut demander des sûretés nouvelles, ou accorder des facilités non stipulées ; l'acquéreur n'a point qualité pour le faire, ni en son nom, parce qu'il ne lui est rien dû, ni en celui du vendeur qu'il ne représente pas. Si donc, dans sa déclaration, il impose au command des conditions autres que celles stipulées, il fait autre chose que de le subroger dans ses droits : il établit une seconde convention qui n'oblige pas le vendeur. Il existe alors deux prix : l'un entre l'adjudicataire et le vendeur, l'autre entre l'adjudicataire et le command, par conséquent deux ventes et deux droits à percevoir.

1. PROROGATION DE DÉLAI. — Ainsi, une déclaration de command serait considérée comme une nouvelle vente, si, pour le payement du prix, elle donnait de plus longs délais que ceux accordés par l'acte d'adjudication : « Attendu, porte un arrêt de Cass. 31 janv. 1814, que, pour caractériser une déclaration de command, il faut qu'elle soit faite simplement et pour les même prix, charges et conditions que l'acquisition faite par le mandataire ; — attendu, dans l'espèce, que des déclarations de command dont les défenseurs excipent renferment d'autres et nouvelles conditions que l'acquisition à eux transmise ; que les termes de payement y sont changés et prorogés ; que, par ces conditions toutes différentes, l'acquéreur a fait acte, non pas de mandataire, mais de propriétaire direct » (1277 J. N., 4784 J. E., S. 14-1-178 ; — *Conf.* : Argentan 25 mars 1843, 13311 J. E., 6518 C. ; — Saint-Gaudens 10 juin 1846, 14032 J. E. ; — Rodez 16 mars 1848, 14458 J. E., 13434 J. N., D. N. t. 4 p. 340 n° 35, Champ. et Rig. t. 6 n° 390).

2. PRIX PAYABLE A L'ACQUÉREUR. — Même règle : Si le prix, au lieu d'être payable au vendeur primitif, devait l'être à l'acquéreur avec des termes et des conditions différents du prix primitif (Saint-Gaudens 17 fév. 1846, 13941-3 J. E., Dél. 9 nov. 1842, 13120 J. E.).

3. PRIX SUPÉRIEUR. — A plus forte raison, le droit proportionnel de revente serait-il exigible si la déclaration de command était faite pour un prix supérieur à celui de l'adjudication (Neufchâteau 20 juin 1845, 13800 J. E. ; — Cass. 18 fév. 1839, 5430 C., 1590 n° 3 I. G., 12251 J. E., arrêt rapporté 3890).

4. IMMEUBLE RÉSERVÉ. — Ou si l'adjudicataire se réservait un quart de l'immeuble vendu en imposant au command la charge de payer tout le prix pour les trois quarts qui lui seraient dévolus (Cass. 18 fév. 1839, 12251 J. E., 1590 § 3 I. G., arrêt rapporté 3890). — *V.* 3914.

3919. Prix payé comptant. — Mais lorsque le prix a été payé comptant par l'acquéreur celui-ci devient directement créancier du command qui est déclaré. Toutes les stipulations qui interviennent sur le remboursement de ce prix peuvent être considérées comme des modifications que le créancier est libre d'apporter à sa dette, sans que la vente, qui se trouve désormais indépendante de ce prix, en soit altérée.

1. OBLIGATION. — L'Administration a pris une décision qui vient à l'appui de ces motifs dans une espèce où une femme séparée de biens, ayant acquis de son mari un immeuble en payement de ses reprises, avait déclaré un command

auquel elle avait accordé des termes de payement. Elle a reconnu qu'il n'y avait point revente, mais seulement un prêt de la part de la femme à son command (Dél. 15 déc. 1826, 8801 J. E.) — La C. cass. a décidé en ce sens, le 10 juin 1845, que l'acte par lequel celui qui a fait une acquisition avec réserve d'élire command et stipulation qu'il resterait solidairement responsable du prix, fait cette déclaration de command et paie, en même temps, le vendeur qui, en le déchargeant de la garantie solidaire, le subroge dans ses droits contre l'acquéreur ou command, renferme non-seulement une déclaration de command passible du droit fixe, mais de plus un acte de prêt soumis au droit proportionnel : « Attendu, porte cet arrêt, que toute ces clauses ainsi réunies dans le même acte renferment deux stipulations donnant chacune ouverture à un droit proportionnel d'enregistrement : une transmission d'immeubles à titre onéreux, et un prêt, par Rolloy aux acquéreurs, des fonds nécessaires pour payer le prix de la vente, et pour lequel en conséquence ces derniers contractent envers lui l'obligation de lui en rembourser le montant aux mêmes charges et conditions que celles qui avaient été consenties à l'égard des vendeurs; que cette seconde stipulation ressort manifestement de l'inutilité, soit de l'acquisition directement faite par Rolloy en son nom personnel et de sa déclaration de command en faveur de parties qui, étant présentes à l'acte, pouvaient agir elles-mêmes dans leur intérêt sans recourir à aucun intermédiaire; soit de l'engagement solidaire pris par lui envers les vendeurs pour l'exécution d'une vente qui se trouvait déjà accomplie par le payement du prix fait hors la vue des notaires; soit de la détermination d'un terme de six ans pour effectuer ce payement entre les mains des vendeurs, qui étaient désintéressés; qu'elle résulte enfin du soin qu'il a pris de se faire subroger aux droits et actions de ces derniers et de faire accepter cette subrogation par les acquéreurs; que toutes ces clauses n'ont été dès lors que des moyens de fraude employés pour donner à la véritable convention consentie entre Rolloy et les mariés Evrard un caractère qu'elle n'avait pas, dans le but de frustrer le trésor public des droits qui en résulteraient pour lui. — Attendu que, cette convention, telle qu'elle doit être entendue, contenant une obligation de sommes, une promesse de payer en faveur de Rolloy, à qui le prix de vente n'était pas dû, parfaitement indépendante de la vente » (S. 45-1-533, P. 45-2-556, 1743 § 13 I. G. ; — *Contrà* : Dél. 17 mars 1821 6024 J. E., D. N. t. 4 p. 340 n° 36).

2. VENTE. — Les conventions, qui auraient pour objet d'augmenter ou de diminuer le prix supposeraient évidemment une vente, car l'augmentation ou la diminution demeurerait sans cause plausible.

3920. Observation. — La règle que l'on peut faire découler des deux numéros précédents, c'est que les conditions qui portent sur la subrogation, telles qu'une augmentation ou une diminution de prix, les changements quelconques opérés sur ce prix lorsque, étant encore dû, il est la propriété du vendeur, sont interdites à l'acquéreur comme altérant la vente, et donnent naissance au droit de mutation ; tandis que celles qui ne se rapportent qu'à l'avance des deniers par l'acquéreur, et au remboursement qui doit lui en être fait par le command, ne forment pas obstacle à ce que le command soit subrogé purement et simplement dans les droits de l'adjudicataire.

En tous cas, lorsque les modifications interviennent entre le command déclaré et le vendeur primitif, il est clair que rien ne peut faire supposer une seconde vente ni justifier la réclamation du droit proportionnel (Champ. et Rig. 1975 et t. 6 n° 390)

3921. Remboursement des frais. — L'acquéreur, en subrogeant le command aux droits qu'il tient du contrat, doit être rendu indemne de tous les déboursés qu'il a faits. Il en résulte que la clause par laquelle il stipule le remboursement des droits d'enregistrement et des frais qu'il a payés, n'augmente pas le prix, et ne donne pas ouverture au droit proportionnel (Seine 1er mars 1826, Dél. 28 avr. 1826, 8377 J. E., D. N. t. 4 p. 356 n° 139).

Mais comme ce remboursement est une conséquence nécessaire de la déclaration de command, il nous paraît certain, comme l'a reconnu le tribunal d'Espalion le 19 février 1867, que si le tiers en était dispensé il faudrait y voir une revente passible du droit proportionnel (2684 R. P.). Dans le cas où les frais à rembourser par celui auquel l'acheteur attribue a titre de command une partie de l'immeuble seraient arrêtés à une somme fixe, la revente ne devrait être admise que si cette fixation avait pour but de modifier la part du command et non pas de prévenir les difficultés ou les détails d'une répartition.

Décidé, de même, que si le command élu stipule qu'il ne payera que les frais ordinaires de vente amiable, alors que la vente a eu lieu en justice, le droit de vente est dû (Sol. 12 oct. 1877).

ARTICLE 2. — MODIFICATIONS N'ALTÉRANT PAS LE CONTRAT

[3922-3928]

3922. Principe. — Si la déclaration ne doit consister que dans la subrogation du command, au lieu et place de l'adjudicataire, tout ce qui n'est pas incompatible avec cette subrogation reste licite; c'est la substance seule du contrat primitif qui ne doit pas être modifiée, mais la déclaration ne cesse pas d'être pure et simple, si elle contient d'autres stipulations, soit entre le command, soit même avec le vendeur pourvu que ces stipulations n'altèrent point la vente. «Il suffit, dit Poquet de Livonnières, liv. 3, chap. 4, que la déclaration puisse cadrer et se rapporter au contrat par un effet rétroactif, n'y ayant rien d'intermédiaire qui empêchât la conjonction des temps et la relation des deux actes » (*V.* Déc. Adm. belge 4 janv. 1854, 39 R. P.).

1. PLURALITÉ. — Seulement, dans ce cas, il est dû autant de droits fixes qu'il y a de commands distinctement élus. — *V.* 3960.

3923. Division des biens. — Dans ce sens, il a été décidé qu'on ne peut considérer comme un changement dans les conditions la subdivision pure et simple que fait l'adjudicataire entre lui et plusieurs commands des immeubles acquis et du prix de l'acquisition. « La raison en est, dit M. Demante, que le partage, en général, est considéré comme acte non-translatif. Or, si la déclaration eût été faite en bloc au profit des commands, ces derniers, devenus propriétaires par indivis, auraient pu partager, moyennant un droit fixe; l'effet rétroactif, attaché au partage, faisait remonter immédiatement à l'acte d'acquisition par indivis la propriété de chacun des copartageants; cet acte d'acquisition par indivis restait donc, par la fiction de la loi, le titre immédiat de la propriété de chacun d'eux. Le même résultat doit se produire quand le partage a lieu *in continenti* dans la déclaration de command. »

Le droit fixe est dans ce cas le seul exigible.

Ce point a été consacré par trois arrêts de la C. cass. des 13 avril 1815, 19 août 1835 et 18 février 1839.

L'arrêt du 13 avril 1815 porte :

« Attendu, que la déclaration faite par le mandat, et des noms des mandataires, et de la répartition entre eux, soit des biens adjugés, soit du prix fixé en masse lors de l'adjudication, sans aucun changement ni altération, ni dans le prix, ni dans les conditions, doit faire présumer que cette déclaration est conforme au mandat primitif, et n'a pas l'effet d'une nouvelle mutation de propriété du mandataire aux mandats» (5112 J. É., 1732 J. N., 8995 J. N.).

L'arrêt du 19 août 1835 est ainsi conçu :

« Attendu, que la subdivision de ce prix, entre l'adjudicataire et les commands, pour partie, est étrangère à l'administration de l'Enregistrement, et ne peut être critiquée d'après les pièces qui ont précédé ladite adjudication, et qui ne peuvent servir de base à des perceptions, lorsque le prix principal de cette adjudication a été soumis en entier aux droits proportionnels » (11282 J. E., 1504 § 1er I. G., S. 35-1-598).

Enfin l'arrêt du 18 février 1839 est ainsi motivé :

« Attendu, que ces déclarations faites pour les deux lots sont entièrement distinctes entre elles; que, si le caractère de revente appartient à la première consentie au profit du sieur Rohart, c'est par une cause qui lui est propre et particulière, et ne peut agir sur celle faite au profit des demandeurs relativement au deuxième lot; que celle-ci ayant été faite aux mêmes prix et conditions que l'adjudication principale, ne peut être considérée comme une revente; — Attendu que l'art. 12 du cahier d'enchères, ni aucune autre disposition n'interdisait au sieur Framery la faculté d'élire plusieurs commands pour le même lot » (12252 J. E., 1590 § 3 I. G., S. 39-1-128; — *Conf* : Merlin *Rép.* v° *Élect. d'ami*, M. Demante n° 227). — *V.* 3961).

1. RÈGLEMENT DES DROITS. — Les clauses relatives au règlement des droits indivis ne seraient pas non plus une raison suffisante pour exiger le droit proportionnel. C'est ce qu'on devrait notamment reconnaître à propos de la stipulation portant que deux commands élus seraient tenus de clore les propriétés acquises, de n'y pas créer d'établissements insalubres, d'établir des trottoirs dans certaines allées communes etc. Il n'en serait autrement que si les conditions n'étaient plus la conséquence du partage.

2. DÉFENSE DE DIVISION. — Lorsque le cahier des charges d'une vente publique d'immeubles a défendu de déclarer plusieurs commands pour les biens adjugés par accumulation, et que le vendeur n'a pas renoncé à cette clause prohibitive, la division par l'acquéreur, qui a dit acheter pour lui et command, des biens compris dans l'accumulation entre plusieurs personnes, constitue une revente, passible du droit proportionnel de mutation (C. Gand 26 mars 1873, 12039 J. É. belge)

3. PLUSIEURS COMMANDS.—LIQUIDATION.—Lorsqu'il y a plusieurs commands, la perception doit être fractionnée, alors même qu'ils seraient solidaires pour le payement du prix (Sol. 12 oct. 1877).

3924. Élections distinctes. — La cour suprême a jugé qu'un bois mis en adjudication en deux lots moyennant un prix distinct ayant été adjugé pour un prix unique à un seul enchérisseur, celui-ci a pu élire un command pour chacun des deux lots; si les conditions imposées à l'un des deux commands ont fait attribuer à la déclaration le caractère de revente en ce qui concerne ce command, il ne s'ensuit pas que le droit proportionnel doive être exigé de l'autre adjudicataire déclaré, si d'ailleurs la déclaration n'a en rien modifié, quant à lui, les conditions de l'adjudication pour son lot (Cass. 18 fév. 1839, Dalloz n° 2592, 1590 § 3 I. G., 12251-12252 J. E., *arrêt rapporté* 3923).

3925. Portion réservée. — Rien ne s'oppose également à ce que l'acquéreur retienne pour lui une portion des immeubles acquis et n'élise command pour le surplus, pourvu d'ailleurs qu'il reste, pour la division et le payement du prix, dans les conditions primitives (Saint-Quentin 9 juill. 1828, 6714 J. N., Dél. 6 fév. 1827, 1300 C., Dél. 10 oct. 1828, 9136 J. E.). — On peut dire, dans ce cas, que le vendeur est censé avoir vendu directement l'entier immeuble tant à l'acquéreur qu'au command par lui élu, et qu'entre eux deux la déclaration n'a que le caractère d'un partage, en tant qu'il fait cesser l'indivision existante à partir de la vente qui est censée leur avoir été faite directement. — La décision devrait être la même alors que le prix assigné à chaque portion d'immeubles ne serait pas en rapport avec les estimations partielles des immeubles (Déc. Adm. belge 4 janv. 1854, 39 R. P.), du moment que la réunion des deux prix cadrerait avec le prix total (Melun 5 fév. 1834, 4528 Roll.; — Cass. 19 août 1835, 12252 J. E., 1590 § 3 I. G., S. 35-1-591, *arrêt rapporté* 3923; — *Conf.* : M. Demante 227).

« Cette faculté, dit Merlin, est contraire à la règle fondamentale qui veut que les déclarations d'ami se fassent dans les termes d'une cession pure et simple, sans aucun bénéfice pour l'acquéreur. Mais si l'on veut porter la condescendance jusque-là, au moins faut-il qu'il y ait réellement un prix quelconque pour la partie réservée; en sorte qu'il doit y avoir double droit toutes les fois que le prix des parties cédées excède et même égale celui du contrat d'acquisition » (Merlin *Rép.* v° *Élect. d'ami*).

3926. Usufruit réservé. — Ce n'est pas changer les conditions de la vente que de faire une déclaration de command dans laquelle on se réserve l'usufruit de l'immeuble acquis: en effet, le commandé peut acheter l'usufruit pour lui et la nue-propriété pour le command (Dél. 6 fév. 1827, 1789 Roll., D. N. t. 4 p. 341 n° 41).

3927. Mobilisation. — C'est dans le sens de cette observation que la C. cass. a reconnu, le 26 novembre 1834, qu'il n'y a pas revente dans la déclaration d'un adjudicataire de bâtiments et de bois, portant qu'il a acquis, pour lui, les matériaux à provenir de la démolition des bâtiments et la superficie des bois, et pour son command le sol des bâtiments et des bois : « Considérant, porte l'arrêt, qu'en droit, les déclarations de command régulièrement faites, n'étant censées former avec le contrat de vente qu'un seul et même acte, le sieur d'Anthieulle, élu régulièrement pour command par le sieur Renard, est censé avoir été partie dans le contrat de vente du 20 août 1831, de même que si le sieur Renard y eût stipulé, tant pour lui que pour le sieur d'Anthieulle ; que par ce contrat de vente, c'est au sieur d'Anthieulle et au sieur Renard collectivement, que le sieur Oberkampf a transmis la propriété entière des objets mobiliers et immobiliers, énoncés dans l'acte, sans désignation de la part de chacun d'eux dans ladite acquisition; qu'ainsi, d'Anthieulle et Renard sont devenus copropriétaires par indivis de tous lesdits objets; que cette indivision qui a commencé à compter de la signature du contrat de vente, a cessé par le partage que Renard et d'Anthieulle ont fait dans le même acte du 20 août 1831, contenant la déclaration de command des biens meubles et immeubles compris dans la vente; que ce partage (qu'elles qu'aient été les conventions faites à cet égard entre les parties dans l'intérêt commun) n'était pas translatif de propriété, et ne pouvait avoir d'autres effets que ceux que l'art. 883 C. C. attribue à tous les actes qui font cesser l'indivision entre copropriétaires ; qu'il devait d'autant plus être borné à cet effet, qu'il n'y a été dérogé ni directement, ni indirectement, au préjudice du sieur Oberkampf, à aucune des clauses et conditions mises par lui à la vente » (11104 J. E., 8755 J. N., S. 35-1-65.).

Même règle lorsque l'adjudicataire attribue à un command le droit d'extraire de la terre à porcelaine et à l'autre le surplus de la propriété en fonds et superficie (Dél. 15 mars 1844, 13599-3 J. E., 12105 J. N.) ;— Ou encore, à l'un le sol d'un bois et à l'autre la superficie (Chaumont 3 mai 1842, 13588 J. E.; — Louvain 17 nov. 1870, 3694 R. P.).

1. LIQUIDATION DU DROIT. — Une question qui peut, au premier abord, paraître offrir des difficultés, naît de cette faculté que conserve l'acquéreur de mobiliser une partie de l'immeuble acquis sans altérer en rien le caractère de sa déclaration, c'est celle de savoir si, malgré cette mobilisation, le droit immobilier doit être perçu sur la totalité du prix. La solution est cependant toute naturelle. De ce que nous venons de dire, il faut évidemment conclure que les conventions de l'espèce ne peuvent, en scindant le bénéfice de la vente, modifier les bases de la perception. La mobilisation ne peut faire que la vente ne soit une vente d'immeubles, elle ne peut remonter au contrat qui a transmis la propriété entière de l'immeuble à l'acquéreur et au command à élire collectivement. Ceux-ci sont devenus propriétaires par indivis de l'immeuble, et cette indivision, qui a commencé à compter de la signature du contrat de vente, n'a cessé que par la déclaration de command, postérieure à ce contrat, qui a divisé la propriété de l'objet vendu entre l'acquéreur et le command élu. Il y a dans ce fait un événement ultérieur qui ne peut pas plus être opposé à l'Administration qu'au vendeur et à ses ayants cause. — Ce principe a été consacré par une Dél. 30 décembre 1831, (10315 J. E.) et par un arrêt de cass. 6 nov. 1830 ainsi conçu : « Attendu, que la loi ne faisant point de distinction entre les ventes pures et simples, et les ventes avec faculté d'élire un command, peu importe que le sieur Renard ait mobilisé une partie de son acquisition, en s'associant le sieur d'Anthieulle en qualité de command ; que la vente consentie par Oberkampf à Renard n'en demeure pas moins une vente d'immeubles, donnant ouverture au droit de 5 1/2 pour 100 sur la totalité du prix ; et les stipulations particulières et modificatives du contrat, arrêtées entre l'acquéreur et le command, ne peuvent pas plus être opposées à la Régie qu'au vendeur et à ses ayants cause » (10531 J. N., 12412 J. E., 5609 C., 1615 § 11 I. G., S. 39-1-345).

Ce principe est pleinement adopté par Dalloz n° 2595, et par Champ. et Rig. *Suppl.* n° 393.

2. FACULTÉ RÉSERVÉE. — Il faut cependant remarquer que, si la faculté de diviser l'immeuble avait été formellement stipulée dans l'acte de vente, on pourrait dire que la division a été l'œuvre des vendeurs, qu'ils y ont consenti et qu'elle a pu leur être opposée, en sorte que, dans cette hypothèse, la perception pourrait être établie au taux de 5 fr. 50 cent. pour les immeubles et à celui de 2 pour 100 pour la partie mobilisée. C'est dans ce sens qu'a été rendu un jugement du tribunal de Langres du 21 août 1845 (7807 C., 12931 J. N., D. N. t. 4 p. 359 n° 151, Champ. et Rig. t. 6 n° 393).

Le tribunal de Louvain a décidé également que quand l'adjudicataire sous réserve d'élire command déclare qu'il a acquis le fonds pour un tiers et la superficie pour lui-même, le droit de vente mobilière est seul exigible sur la partie du prix applicable à la superficie (3694 R. P.).

Jugé, de même, que si le vendeur d'un bois a stipulé, dans le cahier des charges, qu'il pourrait être élu plusieurs commands et qu'il a été réservé formellement, dans ce cas, au profit de l'acquéreur la faculté d'attribuer à l'un de ces commands la superficie et à l'autre le fonds de la propriété, il n'est dû que le droit de 2 pour 100 sur le prix de la vente de la superficie (Seine 28 fév. 1876, suivi d'acq. du 2 mai 1876, 4530 R. P.)

3928. Affectation hypothécaire. — La déclaration de command qui contient de la part du command affectation hypothécaire de ses immeubles personnels pour garantir le paiement du prix de la vente ne constitue pas une obligation distincte des engagements contractés par lui en souscrivant aux conditions de la vente. Loin de les modifier elle se lie étroitement à eux, à ce point qu'on ne peut l'en distinguer. Elle ne doit donc pas être considérée comme constituant une novation dans les conditions de la vente (Op. des Réd. du J. du not., *Bull.*, avr. 1866 n° 143).

CHAPITRE IV. — NOTIFICATION DE LA DÉCLARATION

[3929-3946]

3929. Délai de la déclaration. — Sous l'ancienne législation il n'y avait pas de règle bien fixe sur le délai dans lequel la déclaration devait être faite « Il faut, dit Bosquet,

Dict. des domaines, v° *Déclaration*, que la déclaration soit faite dans le temps fixé par les coutumes. Si les coutumes ne s'expliquent pas, il faut que la déclaration soit faite dans le terme commun pour venir à la foi, qui est de quarante jours; et au plus tard dans deux mois. » On fixait le délai généralement à quarante jours (Fonmaur, n° 285).

Les lois des 5-19 décembre 1790 et 16 octobre 1791 déterminèrent le délai à six mois (Merlin *Rép. Vente* § 2). — D'après les auteurs modernes (Toullier, t. 8 n° 177, Troplong, sur l'art. 1584, n° 69, Marcadé, sur l'art. 1584), il n'y a plus en matière civile, d'autre délai que celui que le contrat de vente a fixé. Les dispositions de la loi de frimaire, qui l'a limité à vingt quatre heures, doivent être considérées comme établies dans le seul intérêt du Trésor. Mais ces dispositions sont impératives, tellement que le droit proportionnel devient exigible si l'acquéreur le laisse expirer sans avoir fait sa déclaration. (Ruffec 9 déc. 1839, 5914 C.).

3930. Nécessité de la notification. — La déclaration de command doit donc être faite dans les vingt-quatre heures; mais cela ne suffit pas, il faut encore qu'elle soit notifiée dans les vingt-quatre heures du contrat de vente. Cette condition est de rigueur, elle est impérieusement prescrite. La forme authentique de la déclaration qui lui donne date certaine ne suffit pas; la loi n'accorde pas au notaire qui imprime aux actes qu'il passe un caractère public et la force légale, une autorité suffisante, en matière d'élection de command, pour fixer cette date relativement à la perception. A défaut de notification dans les vingt-quatre heures, le droit proportionnel est exigible (657 J. E.; — Cass. 3 vent. an 11, 1402 J. E., S. 3-2-291.)

1. POINT DE DÉPART DU DÉLAI. — « Le délai de vingt-quatre heures est tellement de rigueur, dit Favard de Langlade, *Rép.*, *Déclaration de command*, n° 2, que si l'acte de vente était daté *avant midi*, la déclaration du command devrait être faite et notifiée le lendemain *avant midi* » (*V.* 4289, 6401 J. E., D. N. t. 4 p. 342 n° 49). — *V.* 5081.

Les termes de la loi « dans les vingt-quatre heures » expriment, en effet, un temps continu qui commence au moment de l'adjudication, court sans interruption et finit avec la vingt-quatrième heure qui suit le contrat. Ainsi, par exemple, lorsque, à la suite d'une adjudication close le 6 à six heures du soir, une déclaration de command passée le lendemain à quatre heures et demie après la fermeture du bureau n'a été enregistrée ou notifiée que le 8 à huit heures et demie du matin, le droit proportionnel est exigible » (Cass. belge, 26 juill. 1861, 17315 J. N, 12155 C. — *V.* J. du not. n° 1853.)

Si l'acte principal ne renferme pas l'indication de l'heure à laquelle il a été signé, le délai comprend toute la journée du lendemain, car les parties, disent avec raison Champ. et Rig. doivent jouir du bénéfice de la loi tant qu'il n'est pas certain que le délai est expiré, et c'est à l'Administration à prouver la tardiveté de la déclaration. — Il a été reconnu, en ce sens, que le droit fixe est seul exigible sur la déclaration de command, notifiée plus de vingt-quatre heures après l'heure indiquée en tête du procès-verbal d'adjudication, comme du commencement des opérations, quand rien ne fait connaître l'heure de la clôture, sauf le cas de fraude (Sol. 12 juin et 17 déc. 1856.

Il faut remarquer d'ailleurs que le point de départ du délai dans lequel la déclaration doit être notifiée court, non pas, comme on l'a prétendu, du jour seulement de l'expiration du délai dans lequel la déclaration doit être enregistrée, mais de la date de l'acte de vente. « Considérant, porte un arrêt de Cass. du 19 germinal an 12, que la date de l'adjudication ou du contrat de vente est, dans l'intention du législateur, comme dans la lettre de cette disposition législative, le point de départ du délai fatal de vingt-quatre heures, dans lequel la déclaration de command doit être notifiée au receveur du droit d'enregistrement, pour être dispensé du droit proportionnel de 4 francs pour 100 francs, et pour ne payer, par suite, qu'un droit fixe de 1 franc; que cette date de l'adjudication ou du contrat de vente y est determinée d'une manière fixe et indépendante du délai légal de l'enregistrement, quelle que soit la qualité ou la distance du domicile de l'officier public qui reçoit la déclaration de command; au lieu que le délai ordinaire pour faire enregistrer, à l'instar de tout autre acte authentique, celui qui contient une déclaration de command est plus ou moins long, à raison de la distance qui peut séparer le lieu de la demeure de l'officier public qui reçoit cette déclaration, d'avec le lieu où elle doit être enregistrée, et que substituer ce dernier délai, mobile de sa nature, au premier qui est fixe et invariable, c'est évidemment faire tout le contraire de ce qu'a voulu l'article cité » (1808 J. E., D. N. t. 4 p. 342 n° 348, S. 4-2-164).

1. ADJUDICATAIRE DÉCLARÉ. — Il a été décidé que, quoique l'adjudicataire ait élu command dans les vingt-quatre heures, en vertu de la réserve stipulée, le droit de revente est exigible si cette déclaration n'est pas enregistrée dans ce même délai (Dél. 17 mars 1837, 12002-2 J.E.; — Béziers 29 août 1838, 12159 J. E.; — Cass. 29 nov. 1837, 11932 J. E., 9871 J. N., S. 38-1-38; — Ruffec 9 déc. 1839, 5914 C.); encore bien que les fonds pour l'enregistrement aient été déposés entre les mains du greffier (Rodez 6 fév. 1840, 12465 J. E). — *V.* 3949 et suiv.

2. VENTE SOUS CONDITION SUSPENSIVE. — Lorsque l'acquéreur d'un immeuble vendu sous condition suspensive a déclaré le command qu'il s'était réservé d'élire et que cette élection n'a pas été notifiée ou enregistrée dans les vingt-quatre heures, il y a lieu de percevoir le droit proportionnel si la condition accomplie a donné ouverture à ce même droit sur la vente (Soissons 17 janv. 1844, 13436 J. E.).

3. SURENCHÈRE. — La faculté de surenchérir n'affecte l'adjudication que d'une condition résolutoire; par suite, la déclaration de command est passible du droit de mutation immobilière, si elle est faite dans les vingt-quatre heures de l'expiration du délai de surenchère (Sol. belge 23 nov. 1872, 12027 J. E. belge).

4. MUTATION REMONTANT A UNE ÉPOQUE ANTÉRIEURE. — Lorsqu'un acte de vente d'immeubles fait remonter la mutation à une époque antérieure à la date de l'acte, il y a lieu de percevoir le droit proportionnel sur la déclaration de command faite dans les vingt-quatre heures de l'acte. « La loi du 22 frimaire an 7, en exigeant que la déclaration de command soit faite dans les vingt-quatre heures de l'adjudication ou du contrat, a en vue, non l'acte constatant une mutation qui s'est antérieurement opérée, mais la

convention elle-même en vertu de laquelle la transmission a lieu. Si l'interprétation contraire était admise, il serait toujours facile, dans le cas d'une vente non encore constatée par acte authentique, d'éluder le droit auquel donne ouverture une seconde transmission réalisée avant que le délai fixé par l'art. 4 L. 27 ventôse an 9, pour la déclaration de mutation soit expiré; on irait à l'encontre de l'intention du législateur qui a précisément fixé un délai très-court, afin d'empêcher, autant que possible, que les reventes soient soustraites à l'impôt » (Sol. belge. 17 oct. 1873).

3931. Acceptation. — Nous avons vu que la déclaration de command devait être acceptée par celui auquel elle profite. Mais il n'est pas nécessaire que cette acceptation soit donnée dans le contrat de vente ou dans les 24 heures, ni qu'elle soit notifiée au Trésor. La loi a eu pour but unique de restreindre la faculté accordée par le contrat de manière qu'aucune mutation frauduleuse ne pût se faire à la faveur de l'élection de command. Or, dès que la déclaration est notifiée, il n'y a plus de fraude possible.

3932. Biens des communes. — L'adjudicataire d'un immeuble appartenant à une commune est sous l'application de la règle générale posée par l'art. 68 § 1er n° 24 L. 22 frimaire an 7, qui n'accorde que vingt-quatre heures pour notifier ou faire enregistrer la déclaration de command. — Il n'y a que deux exceptions à cette règle : celle posée par la loi du 26 vendémiaire an 7 art. 11 relativement aux biens de l'État (*V.* 3964 et suiv.), et celle introduite par l'art. 709 C. proc. pour les adjudications faites en justice (3855 J. E., Dél. 5 fév. 1823, 524 R. Roll., Dél., 23 déc. 1831, 10224 J. E., D. m. f. 7 janvier 1832, 8025 J. N.). — *V.* 3947.

Cependant, l'Administration a délibéré, le 13 février 1838 (422 *Bull.*), que le délai de vingt-quatre heures fixé pour la notification ou l'enregistrement de la déclaration de command sur une adjudication de biens d'une commune, court de la date de la notification de l'approbation, et non de celle du contrat, et cette délibération a été plusieurs fois appliquée depuis. Il nous semble que c'est donner à la loi une interprétation que ne comporte pas son texte. Il est vrai que le délai pour l'enregistrement de tout acte soumis à l'approbation d'une autorité supérieure ne court que de la date de la réception de cette approbation (V. *Acte administratif*); mais la déclaration de command est tout à fait indépendante de l'enregistrement de l'acte. — Le tribunal de Soissons a reconnu, en ce sens, que la condition suspensive qui peut peser sur une vente ne fait pas obstacle à ce que le délai pour la notification de la déclaration de command, coure de la date du contrat et non de celle de la réalisation de la condition. — Dès l'instant que l'élection du command a été notifiée dans les vingt-quatre heures, son enregistrement ne devient obligatoire que dans les délais ordinaires (10245 J. N).

Cette question a beaucoup perdu de son intérêt pratique depuis que les ventes de biens appartenant aux communes et aux établissements publics sont affranchies de l'approbation ultérieure de l'autorité (V. *Acte administratif*). Il n'est pas douteux que dans ce cas le délai de la notification court du jour même de la vente : « Attendu, porte un jugement de Lectoure du 8 avril 1864, que l'approbation du préfet porte seulement sur la forme suivie pour l'adjudication, chargé qu'il est par son mandat de protéger les intérêts des communes, sans qu'aucun article du cahier des charges ait pu lui attribuer le pouvoir d'annuler un contrat de droit public; attendu, que le contrat d'adjudication existait dès le 22 mars 1863, et son existence était tellement certaine que, quoique soumis par la forme seulement à l'approbation du préfet, il ne devait pas moins, sous peine d'amende, et le jour même de sa rédaction, être inscrit à la date du jour 22 mars sur le répertoire du notaire, cet acte ayant date certaine et, aux termes de l'art. 1319 C. C. faisant foi pleine et entière des conventions qu'il renferme » (1940 R. P., 12746 C., 17853 J. E.).

Mais la difficulté subsisterait si la vente n'avait pas été précédée des formalités prescrites, ou s'il s'agissait d'une de ces conventions telles que celles des baux qui sont soumises par un texte précis de la loi à la nécessité de l'approbation. —*V.* 3901.

1. NOTIFICATION HORS DÉLAI.— NATURE DU DROIT. — Néanmoins, si la déclaration de command n'était pas notifiée ou enregistrée dans les vingt-quatre heures de l'adjudication, un simple droit fixe de 3 francs serait exigible, sauf à percevoir le droit proportionnel de revente lors de la réception de l'approbation.

2. AUTORITÉ ADMINISTRATIVE. — La circonstance que la déclaration de command aurait été reçue par un sous-préfet ne ferait pas disparaître la nécessité de sa notification ou de son enregistrement dans les vingt-quatre heures de sa date. C'est ce qui a été décidé au sujet de l'adjudication d'une coupe de bois dans une forêt communale, passée devant un sous-préfet, et suivie, à la date du lendemain, d'une déclaration de command, dressée au pied du procès-verbal et non notifiée dans les vingt-quatre heures (Arr. d'Adm. 30 nov. 1826, 1219 § 1er I. G.).

3933. Acte homologué. — De même, le délai pour déclarer command sur un acte de vente soumis à l'homologation judiciaire court du moment de la vente et non de l'homologation. On l'a ainsi décidé au sujet d'une vente portant qu'elle ne serait obligatoire pour les parties qu'après la signification du jugement d'homologation (Sol. 21 mars 1854).

3934. Mutation verbale. — Il faut que la déclaration de command soit notifiée dans les vingt-quatre heures du *contrat*. Or, le contrat, ce n'est pas la convention elle-même mais l'acte écrit qui lui sert d'instrument. Un acquéreur en vertu d'une convention verbale peut donc régulièrement dans les trois mois de son entrée en possession, et pourvu qu'il n'ait pas fait acte de propriétaire, passer le contrat avec réserve d'élire command, et il est encore à temps de faire sa déclaration dans les vingt-quatre heures de l'acte. Il y a à cela d'ailleurs une autre raison : c'est que la déclaration doit être précédée d'une réserve insérée dans l'acte; or, l'acquéreur en vertu de convention verbale ne peut justifier d'une semblable réserve, et si le délai fatal courait du jour de la convention, on le priverait d'élire command. M. Demante, qui a traité cette question dans un travail particulier inséré au n° 2388 R. P.

annonce qu'une Sol. du mois de mars 1859 a consacré cette doctrine.

3935. Pays étranger. — La déclaration de command faite en pays étranger d'un immeuble sis en France, vendu en pays étranger, n'a pas besoin d'être enregistrée ni notifiée dans les vingt-quatre heures de sa date.

Le droit fixe est seul exigible, alors même que la vente n'aurait pas été présentée à l'enregistrement dans le délai voulu, — *V.* 1413.

3936. A qui la notification doit être faite. — La déclaration de command est une dérogation au droit commun. Ainsi que le fait observer Toullier t. 8 n° 181, elle n'a été introduite qu'à cause du Trésor, elle n'a d'autre objet que lui. Ce n'est donc pas au vendeur que la notification doit être faite, ainsi qu'il semblerait naturel de le penser, puisque ce n'est que par cette notification que l'acquéreur peut se dégager des obligations qu'il a contractées envers lui: c'est au receveur de l'Enregistrement. La C. cass. l'a ainsi décidé par un arrêt du 3 thermidor an 9, ainsi conçu: « Vu l'art. 68 § 1er n°24, L. 22 frimaire an 7; Attendu que la loi dont il s'agit ne peut et ne doit naturellement s'interpréter que dans le sens où elle peut s'exécuter; qu'elle serait vexatoire et même absolument impraticable, dans la supposition que la notification dût être faite au command dans le délai de vingt-quatre heures; toutes les fois qu'il serait domicilié à une distance éloignée du lieu de la vente ou adjudication; que la loi du 22 frimaire an 7 ne s'est point occupée de régler les rapports des contractants entre eux, mais de la rentrée des droits, et de prévenir les abus et collusions; que c'est violer ouvertement la loi, que de lui supposer un sens vraiment impraticable en plusieurs cas, et détourné de son objet, lorsqu'elle en comporte un autre dont l'application est naturelle et toujours facile; que tout concourait donc à montrer que la notification prescrite par la loi ne peut concerner que la régie de l'Enregistrement, et non le command ou l'ami élu. » — D'autres arrêts ont été rendus dans le même sens les 18 novembre 1806 et 15 novembre 1813, (Teste-Lebeau p. 77, 1219-1 I. G., 4721 J. E., D. N. t. 4 p. 342 n° 50, S. 2-139; 1257 J. E.;— *Conf.*: M. Demante n° 222).

1. BUREAU. — ENREGISTREMENT. — Lorsqu'un notaire qui a reçu une déclaration de command se trouve trop éloigné du bureau où ses actes doivent être enregistrés, pour notifier la déclaration au receveur avant l'expiration des vingt-quatre heures (tel qu'un notaire du chef-lieu de cour d'appel qui a le droit d'instrumenter dans tout le ressort de la cour. La notification peut être faite régulièrement au receveur du bureau dans l'arrondissement duquel l'acte a été passé. C'est, en pareil cas, le seul moyen légal de remplir le vœu de la loi (7943 J. E., Sol. 8 mai 1841, D. N. t. 4 p. 343 n° 62, 13049 J. N.).

Cette notification pourrait-elle être remplacée par l'enregistrement effectif de la déclaration au bureau autre que celui de la résidence du notaire? Nous croyons que la responsabilité de l'officier public serait à l'abri si le receveur, de ce bureau avait consenti à enregistrer l'acte pour tenir lieu de la notification et quoiqu'il ne fût pas compétent. Il est néanmoins prudent de recourir à la notification (13049 J. N.)

3937. Forme. — Le silence que la loi a gardé sur le mode à employer pour notifier la déclaration a fait naître des incertitudes plus longues.

3938. Visa du répertoire. — On avait pensé un instant, et une D. m. f. 17 février 1807 (2508 J. E.) avait consacré cette doctrine, que la présentation au visa du receveur du répertoire du notaire, sur lequel se trouvait inscrite la déclaration, équivalait à la notification; mais cette manière de voir, défendue par Champ. et Rig. n° 1985 et adoptée par les tribunaux de Vassy, le 25 août 1837, et de Grenoble, le 2 septembre 1837, a été repoussée par l'Administration (Dél. 31 déc. 1833, 8337 J. N., approuvée par une D. m. f. 15 janv. 1834, 8337 J. N., 10817 J. E., 1458 § 5. I. G., Dél. 29 janv. 1836, 11506 J. E., 8331 J. N., Dél. 17 nov. 1837, 11942-3 J. E.). Une D. m. f. 1er mars 1841 a formellement abrogé la décision du 17 fév. 1807; *Conf.* Sol. 27 mars 1874, 3993 R. P.).

A plus forte raison, le visa du répertoire doit-il être considéré comme insuffisant, s'il n'a été apposé que par un employé supérieur en opération chez le notaire, et dans un but autre que celui de fixer le délai de la notification (Belfort 25 mars 1844, 13499 J. E., D. N. t. 4. p. 342 n° 55).

3939. Receveur témoin. — La présence du receveur ou d'un employé supérieur comme témoin ou comme partie au contrat ne saurait équivaloir à la notification ou à l'enregistrement dans les vingt-quatre heures. Dans ce cas, en effet, l'agent du Trésor a assisté au contrat en qualité de simple particulier et il n'a pas pu engager les intérêts de l'Administration.

3940. Consignation des fonds. — La présentation de la déclaration à la formalité (Dél. 2 germ. an 8), avec la condition toutefois que les fonds seraient déposés pour permettre l'enregistrement immédiat (Cass, 15 nov. 1813, 4721 J. E., 182 *P. chr.*), de manière à rendre le receveur responsable d'un défaut d'enregistrement qui ne pourrait être attribué qu'à sa négligence (Cass. 31 mai 1825, 8143 J. E 5307 J. N. 1219 § 1er I. G.), avait également paru pleinement répondre aux conditions de la loi. — *V.* 5203 et suiv.

3941. Acte extrajudiciaire. — Enregistrement. — Mais il a été définitivement reconnu que la notification de la déclaration de command au receveur, par un huissier, dans les intervalles fixés par l'art. 1037 C. proc. pour les significations et exécutions de toute nature, est le seul mode à employer pour donner satisfaction complète au vœu de la loi. Cette notification peut seulement être remplacée par l'*enregistrement effectif* (Cass. 31 mai 1825, 8143 J.E., 1219 § 1er I. G., S. 25-1-409) de la déclaration de command dans les vingt-quatre heures de la vente (8704 J. E., D. m. f. 15 janv. 1834, 8337 J. N., 10817 J. E., 1458 § 5 I. G.;—

Conf. : 186 J. E. ; — Seine 26 germ. an 8 ; — D. m. f. 18 brum. an 9, 657 J. E. — Cass., 3 vent. an 11, S. 3-2-291, 1402 J. E. ; — 15 oct. 1806, 2536 J. E., S. 7-2-889).

3942. Équivalents. — La présentation, de la déclaration, faite au receveur dans les vingt-quatre heures, et constatée par un certificat de ce préposé, est même insuffisante pour remplir le vœu de la loi (1219-1 I. G.). Décidé de même qu'on ne peut suppléer la notification au moyen d'une déclaration du receveur qu'il se tient pour signifiée l'élection de command (9303 J. E., Dél. 15 mars 1838 D. N. t. 4 p. 343 n° 59).

La notification ou l'enregistrement d'une procuration à l'effet d'accepter la déclaration, ne peut davantage remplir le vœu de la loi (Sol. 19 juin 1830, D. N. t. 4 p. 342 n° 51. — V. 3906.

L'I. G. 1631 s'exprime ainsi à cet égard : « La *notification par huissier* ou l'*enregistrement effectif* de la déclaration de command dans les vingt-quatre heures de l'adjudication ou du contrat de vente, pourra seul justifier à l'avenir la perception du droit fixe sur cette déclaration. Toute autre voie, *tout prétendu équivalent de notification*, est expressément interdit ; les receveurs qui y auraient égard seraient personnellement responsables des droits proportionnels qu'ils n'auraient point perçus » (M. Demante n° 222 § 2).

1. ENREGISTREMENT MARGINAL. — Mais on a considéré comme un enregistrement réel la mention par laquelle le receveur a constaté en marge de son registre quelques minutes après l'arrêté, la présentation de la déclaration de command : « Attendu que, si le bureau était fermé et que les registres étaient arrêtés, cette circonstance n'ôte point à la mention inscrite en marge du registre son caractère de véracité, ni au préposé sa qualité de receveur, puisque aucune disposition légale ne déclare nul l'enregistrement d'un acte qui serait enregistré après la fermeture du bureau et les registres arrêtés ; donc que, dans l'espèce, la mention, telle qu'elle se trouve inscrite par le receveur dans son registre, est valable et satisfait au vœu de l'art. 68 § 1er n° 24 de la loi » (Furnes 29 juin 1867, 10498 J. E. Belge).

3943. Preuve. — L'enregistrement *effectif* dans les vingt-quatre heures étant le seul moyen de suppléer la notification par acte extrajudiciaire, aucune preuve ne peut être admise pour justifier le défaut de l'enregistrement.

Décidé, dans ce sens, que lorsque, à la suite d'une adjudication passée le 20, l'adjudicataire élit command le 21, et que la déclaration du command n'est enregistrée que le 22, le droit de vente est exigible, et le notaire ne peut être admis à prouver par témoins que la déclaration a été présentée au receveur le 21, encore que celui-ci, en ne percevant que le droit fixe, ait semblé reconnaître qu'il n'y avait pas eu revente par suite de l'expiration du délai (Orléans 12 juin 1833, 10823 J. E. ; — Cass. 23 déc. 1835, 11462 J. E., 9134 J. N. ; — Domfront 21 janv. 1846, 12592 J. N., 13913 J. E. ; — Poitiers 20 mars 1850, 14937-1 J. E. ; — Tours 7 mai 1832, 9134 J. N., D. N. t. 4 p. 345 n° 68 ; — Sol. 25 avr. 1878).

1. RESPONSABILITÉ. — Mais dans tous les cas où le défaut d'enregistrement en temps utile de la déclaration est imputable au receveur, la partie lésée peut intenter directement contre lui une action en responsabilité (Cass. 31 mai 1825, 5207 J. N., S. 25-1-409 ; — 23 déc. 1835, 11462 J. E., 9134 J. N. ; — Domfront 21 janv. 1846, 12592 J. N., 13913 J. E., D. m. f. 15 avr. 1853).

3944. Fermeture du bureau. — Notification. — Si l'heure de la fermeture du bureau, étant arrivée, la formalité de l'enregistrement ne pouvait plus être donnée dans les vingt-quatre heures de la déclaration (Dél. 2 août 1833, 10680 J. E., Dél. 31 déc. 1833, D. m. f. 15 janv. 1834, 1458 § 5 I. G.), cette circonstance ne s'opposerait pas à ce que, si le délai de vingt-quatre heures n'était pas expiré, cette déclaration ne pût jouir du bénéfice du droit fixe par une notification par acte extrajudiciaire faite au receveur.

Les dispositions réglementaires relatives aux heures d'ouverture et de fermeture des bureaux sont spéciales pour l'enregistrement et ne peuvent en rien entraver une notification par le ministère d'huissier. Celle-ci peut être faite pendant toute la durée légale du jour de l'expiration du délai. Dans tous les cas la notification par acte extrajudiciaire est de rigueur (V. 3941). Une attestation du receveur constatant la présentation en temps utile de la déclaration ne suffirait pas (Dél. 2 août 1833 et 31 déc. 1834, 8209 et 8337 J. N., D. N. t. 4 p. 343 n° 61). — V. 3942, 5981.

3945. Jour férié. — La loi n'a pu vouloir compter des instants que l'on ne pourrait utiliser dans un délai aussi bref que celui de vingt-quatre heures. « On ne peut accuser la loi, dit Merlin, *Rép. Command*, d'avoir attaché à la faveur qu'elle accorde une condition impossible à remplir. » Ainsi, pour une adjudication faite le samedi soir, il serait matériellement impossible, dans l'espace des vingt-quatre heures qui suivront, de faire la déclaration de command et sa notification, puisque le lendemain, jour de dimanche et férié, les bureaux de l'Enregistrement sont fermés et que tous actes sont interdits aux huissiers (796, 11918 J. E., 8213, 9068 J. N., Dél. 10 mai 1832, 10349 J. E. ; — Cass. 15 nov. 1837, 9831 J. N., 11911 J. E., 1562 § 7 I. G., S. 38-1-57 ; — Cass. 13 mars 1838, 9969 J. N., 12011 J. E., 1577 § 5 I. G., S. 38-1-344 ; — Cass. 7 nov. 1843, 13379 J. E., 11824 J. N., S. 43-1-872, arrêt rapporté 3904). — V. 3956.

Le contraire résulte cependant d'un jugement du tribunal de la Seine du 11 déc. 1834 (11199 J. E., 8911 J. N.), et d'une Dél. 3 avril 1833 (11335 J. E.), qui se sont réfugiés dans le texte de la loi. Mais cette doctrine ne doit plus être suivie.

La nécessité de faire fléchir la loi devant une impossibilité matérielle a déjà été établie, n° 1413, à l'occasion d'une déclaration de command sur adjudication passée à l'étranger.

3946. Déclaration dans l'acte. — Nous avons établi précédemment (3901) que l'élection de command faite dans le contrat même n'avait pas le caractère d'une déclaration de l'espèce, mais équivalait simplement à la stipulation d'un porte-fort qui annonce immédiatement avoir agi au nom d'un tiers sur la tête duquel repose *ab initio* la propriété acquise. Et nous en avons conclu qu'une telle clause échappait aux dispositions rigoureuses de la déclaration de command proprement dite ; qu'elle n'avait pas besoin, par exemple, d'être précédée d'une réserve. Il avait paru possible de soutenir que la notification dans les vingt-quatre heures était toujours nécessaire pour assurer le bénéfice du droit fixe, par le raison que si la réserve se trouvait virtuellement contenue dans la déclaration elle-même du contrat, et résultait de la simultanéité des deux opérations, la notification constituait un fait postérieur, indépendant, ne pouvant à aucun point de vue être suppléé par les clauses du contrat. Cette doctrine, soutenue par Dalloz (n° 2569) avait été plus ou moins directement consacrée par divers jugements (Abbeville 25 janv. 1842, 12942 J. E.; — Seine 23 juill. 1845, 13878 J. E., 12862 J. E.; — 9 déc. 1845, 12878 J. N., 13899 J. E.; — Les Andelys 12 janv. 1857, 11240 C.), — et par l'arrêt de la C. cass. du 11 janvier 1847 dont nous avons précisé le sens au n° 3901 qui précède.

Mais un nouvel examen de la difficulté n'a pas permis de persister dans cette appréciation. Dès l'instant, en effet, que la clause actuelle n'a pas le caractère d'une déclaration de command proprement dite, on ne saurait lui appliquer aucune des règles spéciales créées pour les élections d'ami. L'acquéreur apparent est alors dans la position d'un porte-fort qui annonce avoir agi au nom d'un tiers. Or, il n'est nullement indispensable à la validité de cette déclaration que le contrat qui la renferme soit enregistré ou notifié dans les vingt-quatre heures. C'est donc avec raison que par jugement du 29 mars 1843, suivi d'un acquiescement du 4 juillet de la même année, le tribunal de la Seine a repoussé la demande du droit de revente sur une déclaration de l'espèce notifiée à l'Administration plus de vingt-quatre heures après le contrat (13367 J. E., 11736 C.). D'autres décisions ont été rendues dans le même sens (Angers 5 août 1836, 11675 J. E., 9343 J. N., Dél. 5 mai 1821, 3990-1 J. N., Dél. 6 oct. 1820, 5839 J. N.). — Aujourd'hui l'Administration ne paraît plus hésiter, dans les cas où il n'y a pas fraude, à admettre ces actes à l'enregistrement au droit fixe. C'est ce qui résulte des solutions récentes rappelées au n° 3901, et de plusieurs autres en date du 12 août, 20 décembre 1853, 4 juin 1859 et 21 décembre 1865. — V. 1987 R. P.

CHAPITRE V. — DÉCLARATION D'ADJUDICATAIRE SUR VENTE JUDICIAIRE

[3947-3963]

3947. Caractère. — « Il ne faut pas, dit Troplong, assimiler aux ventes avec faculté d'élire command celles qui se font à l'audience des criées au profit des avoués. (709 C. proc.). Avant le C. proc. civ., toute personne pouvait enchérir dans une adjudication faite en justice. Dans ce système, les avoués n'avaient pas plus de privilège que tous autres individus qui voulaient acquérir avec faculté d'élire command. Mais le C. proc. ayant mis l'audience des criées dans le domaine exclusif des avoués, la présomption fut désormais que l'avoué enchérisseur n'agissait pas pour son compte, mais pour une partie dont il avait mandat. En déclarant le nom de l'adjudicataire, il ne faisait pas une élection d'ami, mais il se bornait à faire connaître son client. » (Troplong *de la Vente* n° 76). — Deux arrêts de la C. cass. du 3 septembre 1810 (3730 J. E., S. 11-1-26) posent nettement ces principes. On lit dans ces arrêts : « Dans le cas où l'avoué surenchérisseur aura déclaré, dans les trois jours, la personne de son mandant, et où, aux termes de la loi, il aura fourni son acceptation, ou représenté le pouvoir qu'il en aura reçu ; dans ce cas, la déclaration de cet avoué ne présente pas une déclaration de command ; car, pour qu'il soit possible de faire une telle déclaration, pour qu'il soit posssible de transmettre à un tiers le bénéfice d'une adjudication, il faut avoir été soi-même adjudicataire ; et la loi ne reconnaît point ce titre à l'avoué, dernier enchérisseur, avant l'expiration du délai de trois jours. Au contraire, on peut dire que la loi le lui refuse expressément, en reconnaissant que l'adjudicataire doit être une personne autre que cet avoué. *L'avoué dernier enchérisseur*, porte l'art. 709 C. proc., *sera tenu, dans les trois jours de l'adjudication, de déclarer l'adjudicataire*. Il suit de là que, d'après les dispositions de la loi nouvelle concernant les enchères judiciaires, aucune déclaration de command, aucune mutation de propriété ne peut résulter du ministère particulier que cette loi confère aux avoués dans ces sortes de procédure. »

On pourrait peut-être critiquer l'exactitude juridique de quelques-uns de ces motifs, et M. Demante fait remarquer avec raison que la Cour paraît avoir exagéré les différences existant entre le commandé ordinaire et l'avoué (n° 231). « Mais de quelque manière, dit Merlin, que les deux arrêts du 3 septembre 1810 aient été rédigés, la véritable intention de la Cour a été de dire que s'il est évident que l'art. 709 C. proc. n'a pas d'autre objet que de déterminer les cas où les avoués doivent être considérés comme adjudicataires en leur nom, il est impossible qu'après avoir satisfait à toutes les conditions que lui prescrit le Code pour n'être pas réputé adjudicataire en son nom, l'avoué ait encore à remplir une des conditions prescrites par la loi de l'an 7 » (*Rép.* v° *Enregistrement* n° 3). — Et il ajoute ailleurs : « Comme les adjudications ne se font en justice qu'aux procureurs des parties pour lesquelles ils enchérissent, ces adjudications sont censées faites aux parties mêmes. C'est pourquoi la déclaration du procureur adjudicataire ne donne pas lieu à nouveaux droits ; il est dispensé, en sa qualité, de représenter un mandement dont on suppose toujours l'existence par l'acceptation de la partie » (Merlin *Rép.* v° *Décl. au profit d'un tiers*).

3948. Réserve. — Il résulte de là, que les avoués étant nécessairement mandataires, et ne devant en aucune façon être considérés comme des enchérisseurs qui pourraient avoir l'intention d'acquérir pour eux-mêmes, la présomption de fraude qui a motivé la condition de *réserve* imposée par la loi, se trouve tout à fait écartée. — Aussi, a-t-il été reconnu que l'avoué qui se rend adjudicataire, à la barre d'un tribunal, n'a pas besoin de se réserver, dans le procès-verbal d'adjudication, la faculté d'élire command : « Considérant, porte un arrêt de la C. cass. du 23 avril 1816 : 1° qu'aux termes des art. 707 et 709 C. proc., les enchères, en matière d'expropriation forcée, ne peuvent être faites que par le ministère d'un avoué qui ne peut être considéré que comme un mandataire, si, dans le délai fixé par la loi, il fait sa déclaration au profit d'un tiers ; considérant : — 2° qu'il n'est pas même nécessaire qu'il se réserve cette faculté par le procès-verbal d'adjudication puisque l'art. 709 dispose textuellement « qu'il sera tenu, dans les trois jours, de déclarer l'adjudicataire, » expression qui suppose nécessairement que, si cette déclaration a lieu, la propriété de l'immeuble adjugé n'a point été transférée par ce tiers à l'avoué, mais directement à l'adjudicataire par l'effet du jugement » (5483 J. E., S. 16-1-285).

La même doctrine résulte d'un autre arrêt de Cass. du 24 avril 1811 (539 I. G., 16 *P. chr.*), d'une D. m. f. du 18 pluviôse an 10 (290-17 I. G., 514 J. E.), d'un jugement de Dijon du 12 décembre 1854.

Cependant, faute par l'avoué de déclarer l'adjudicataire dans les trois jours de la vente (709 C. P., D. m. f. 22 sept. 1807, 357 I. G.) et de justifier de son acceptation ou tout au moins de représenter son pouvoir, il est réputé avoir enchéri en son propre nom (707 C. P.) et la propriété lui appartient tant que la nullité de l'opération n'a pas été prononcée (*V.* le rapport de M. Persil à la Chambre des Pairs, Chauveau et Carré 2395-5).

1. NOTAIRE COMMIS. — On a émis l'avis (15431 J. E.) que depuis le nouveau C. proc. (L. 2 juin 1841) les avoués n'ont plus qualité pour enchérir devant notaire commis. Cependant, il résulte d'une Circ. m. j. 20 août 1842 (11447 J. N.) et d'un arrêt C. cass. 18 nov. 1844 (12176 J. N.) que, depuis comme avant la loi de 1841, les avoués ont le droit de postuler devant les notaires commis par justice pour les ventes d'immeubles. L'arrêt de la C. cass. 26 février 1827 (6202, 6072 J. N., 8688 J. E., 1210 § 11 I. G., S. 27-1-260) qui avait abrogé la décision contraire, du 5 avril 1808, rapportée au § 17 de l'I. G. 386, et d'après lequel les dérogations établies par l'art. 709 C. proc. aux règles communes en matière de déclaration de command, existent même pour les adjudications devant notaire commis, subsiste donc dans toute sa force (12341 J. E.). D'où la conséquence que dans ces circonstances la réserve n'a pas besoin d'être stipulée (14721 J. N., Dalloz 2577). C'est en effet en sa qualité d'officier ministériel que l'avoué a porté l'enchère, c'est en son nom que la déclaration a été faite; elle a été admise par le notaire revêtu d'un caractère judiciaire et n'est point contesté par les parties. Cet acte rentre donc dans les conditions de l'art. 747 C. proc. — (*Conf.*: G. Demante n° 233, D. N. t. 4 p. 347 n° 78).

2. VENTE VOLONTAIRE. — Mais l'avoué qui s'est rendu adjudicataire sur vente volontaire n'a, pour faire sa déclaration, que le délai ordinaire de vingt-quatre heures, parce qu'il agit dans ce cas comme simple particulier (Cass. 13 mars 1838, 1577-5 J. G., 12011 J. E., 9969 J. N., S. 38-1-344).

3. NOTAIRE ENCHÉRISSEUR. — De même, la faculté de déclarer le véritable adjudicataire sans réserve préalable et dans un délai de trois jours est spéciale aux avoués; elle ne peut être étendue à un notaire qui a enchéri pour son client (Seine 9 nov. 1854, 15370 J. N.).

3949. Déclaration par le command. — De ce que l'avoué enchérisseur et son command ne sont qu'une seule et même personne, il en résulte que si celui-ci déclare command à son tour, le droit proportionnel n'est pas exigible sur l'élection de command faite par l'adjudicataire désigné par l'avoué (Cass. 24 avr. 1811, 3873 J. E., 539 I. G., *P. chr.* 75, 23 avr. 1816, 5483 J. E., S. 16-1-285, 25 fév. 1823, 4400 J. N., Sol. 14 janv. 1852; Toullier t. 8 n° 170, D. N. t. 4 p. 348 n°s 87, 88; — Cass. 1er février 1854, S. 54-1-266, P. 54-1-330 15790, J. E., 15163 J. N., 10176 C.).

L'arrêt du 1er février est ainsi conçu : « Attendu que, dans le cas où l'adjudication a été faite à un avoué dernier enchérisseur, l'art. 707 C. proc. civ. ayant accordé un délai de trois jours à cet avoué pour déclarer l'adjudicataire et fournir son acceptation, le contrat n'est parfait avec l'adjudicataire que du jour où cette déclaration a été faite et cette acceptation fournie; que jusque là ce contrat est imparfait à son égard; que ce n'est donc que dans cette déclaration même, qui consomme l'adjudication à l'égard ne l'adjudicataire, qu'il est tenu de se réserver la faculté de déclarer command, et que ce n'est qu'à partir de ce jour que court le délai de vingt-quatre heures déterminé par l'art. 68 L. 22 frimaire an 7; que la loi, ayant accordé à l'avoué dernier enchérisseur un délai de trois jours pour déclarer l'adjudicataire, a prorogé par cela même, au moment où serait faite cette déclaration dans le délai légal, la réserve d'élire command; que l'adjudicataire ne peut agir lorsqu'il n'est pas connu et lorsque sa qualité n'est pas fixée. »

3950. Faculté réservée au command. — Mais pour que le bénéfice de cette jurisprudence puisse profiter au command déclaré par l'avoué, il est indispensable que celui-ci *ait réservé* à son client la faculté de faire la déclaration, car la dérogation à la loi fiscale introduit par le C. proc. étant spéciale pour les avoués, il en résulte qu'au moment où celui-ci cesse son ministère, la loi fiscale reprend toute sa force, et l'adjudicataire déclaré par l'avoué reste soumis aux conditions qu'elle prescrit; c'est-à-dire que la réserve doit avoir été faite pour lui, puisque, aux yeux de la loi, il est un acquéreur ordinaire (D. m. f. 29 juin 1813, 644 I. G.). Cette question a été traitée d'une façon remarquable par Merlin dont nous reproduisons en note la discussion [1]. — Aussi

1. Que serait-il arrivé, si l'avoué dernier enchérisseur n'eût pas réservé à son commettant, *dans l'adjudication*, la faculté de déclarer un command? Eût-il suffi, pour éviter le double droit proportionnel, que le commettant de l'avoué se fût réservé cette faculté dans l'acte par lequel il avait accepté la déclaration de celui-ci? Deux principes bien simples paraissent décider cette question. Le premier est que l'avoué, dernier enchérisseur, et l'adjudicataire pour lequel il déclare avoir enchéri, ne sont, aux yeux de la loi, qu'une seule et même personne. En effet, dans les adjudications qui se font en justice, le ministère des avoués est forcé. Celui qui emploie un avoué pour enchérir, ne peut pas enchérir par lui-même : il enchérit par l'organe de son avoué. Le second principe est que, pour pouvoir jouir de la faculté de déclarer un command à la suite d'une adjudication, il faut avoir fait la réserve expresse *dans l'adjudication* même. Cette condition est littéralement prescrite par la loi du 22 frimaire an 7, et l'art. 709 C. proc. n'y déroge en aucune manière. Quelle est la conséquence de ces deux principes ? Si le commettant de l'avoué avait enchéri par lui-même, si, par lui-même, il était devenu adjudicataire, sans se réserver, *dans l'adjudication*, la faculté de déclarer un command, très-certainement il ne pourrait pas user de cette faculté; ou du moins la déclaration de command qu'il

a-t-il été décidé que lorsque la faculté d'élire un command n'a pas été réservée à l'adjudicataire déclaré dans le jugement d'adjudication, si cette réserve n'a été faite que dans *la déclaration d'adjudicataire*, l'acte, *postérieur à cette déclaration*, par laquelle celui-ci désigne un command, est passible du droit de vente (Rouen 12 juill. 1838 et 29 mai 1839, 5536 C., 12114 J. E. et 10213 J. N., 12310 J. E.; — Mâcon 22 août 1851, 15342 J. E.).

Cette doctrine n'a cependant pas triomphé devant la Cour suprême. Un arrêt du 1er février 1854 (n° 8 R. P., 15790 J. E., 15163 J. N., 10176 C., S. 54-1-266, P. 54-1-330, *arrêt rapporté* 3949) a décidé: « que jusqu'au jour de l'acceptation du command élu par l'avoué, le contrat reste imparfait, que ce n'est donc que dans cette déclaration même qui consomme l'adjudication à l'égard de l'adjudicataire qu'il est tenu de se réserver la faculté d'élire command et que ce n'est qu'à partir de ce jour que court le délai de vingt-quatre heures déterminé par l'art. 68 L. 22 frimaire an 7 » (*Conf.*: Champ. et Rig. t. 6 n° 218).

Mais l'Administration n'a pas, et avec raison, pris cet arrêt pour règle. Il n'est pas exact que l'adjudication soit imparfaite pendant le délai de trois jours accordé à l'avoué pour faire sa déclaration. Le contrat est, au contraire, complet et définitif, puisqu'il y a consentement sur la chose et sur le prix et que le vendeur est irrévocablement dessaisi. C'est l'acheteur seul qui est encore provisoire, mais dès que la désignation sera faite, son droit remontera au jour de l'adjudication. L'argumentation de Merlin nous paraît de beaucoup préférable, et nous croyons que la Cour y reviendra un jour ou l'autre.

1. DÉLAI ET NOTIFICATION. — ADJUDICATAIRE DÉCLARÉ PAR L'AVOUÉ. — Il avait été reconnu que la déclaration d'élection d'ami faite au profit d'un tiers par le command élu qui s'était réservé cette faculté devait être notifiée ou enregistrée dans les vingt-quatre heures de l'adjudication, et non dans les vingt-quatre heures de la première déclaration de command (Sol. 5 juill. 1820, 6774 J. E.; — Seine 31 mars 1821, 7051 J. E., D. m. f. 5 oct. 1821).

Mais la C. cass. a jugé, le 25 février 1823, que lorsque l'avoué dernier enchérisseur fait connaître, dans les trois jours de l'adjudication, la partie pour laquelle il s'est rendu adjudicataire, celle-ci conserve la faculté de déclarer son command dans les vingt-quatre heures de la déclaration faite par l'avoué, sans qu'il y ait lieu d'exiger le droit proportionnel de revente pourvu que cette seconde déclaration soit faite dans les conditions légales. « Attendu, porte l'arrêt, qu'à l'époque où fut faite la loi du 22 frimaire an 7, il n'existait point d'avoués près les tribunaux, et que l'obligation imposée par l'art. 68 § 1er n° 24, de cette loi, de faire la déclaration du command dans les vingt-quatre heures de l'adjudication, pour que cette déclaration soit exempte du droit proportionnel, n'a pu avoir en vue que les parties qui obtenaient alors par elles-mêmes une adjudication, et qu'aucun n'ostaole n'empêchait de se conformer à cette disposition de la loi; mais que les avoués ayant été établis par la législation postérieure, le C. proc. a voulu (art. 707) qu'on ne pût enchérir, dans les adjudications faites en justice que par le ministère de ces officiers, et que l'art. 709 du même code leur a accordé un délai de trois jours pour déclarer l'adjudicataire, et fournir son acceptation; — Attendu que jusqu'à cette déclaration faite et acceptée, le contrat d'adjudication est imparfait à l'égard de l'adjudicataire, qui n'est constitué acquéreur qu'au moment et par le fait de cette déclaration acceptée, et qui, par suite, ne peut être tenu qu'à partir de la même époque de faire la déclaration de command, dans le délai prescrit par l'art. 68 de la loi du 22 frimaire an 7 » (S. 23-1-158, 7410 J. E., 1219 § 1 I. G). *Conf.*: M. Demante n° 229 et Cass. 1er fév. 1854 cité au numéro précédent.

Jugé spécialement que si l'adjudicataire déclaré par l'avoué fait lui même, en vertu d'une réserve du cahier des charges, élection au profit d'un tiers, et oublie de faire notifier cette élection dans les vingt-quatre heures, le droit de revente est dû (Marseille 19 fév. 1858, 989 R. P., 11338 C.).

2. DIVISION PAR L'ADJUDICATAIRE ENTRE LUI ET DES TIERS. — Si l'avoué fait sa déclaration dans le délai de trois jours au profit d'un tiers qui accepte tant pour lui que pour d'autres personnes également présentes et acceptantes, l'acte n'opère d'autre mutation au profit des déclaratoires que celle qui est constatée par le jugement d'adjudication (Cass. 23 avr. 1816, arrêt rapporté 3498).

ferait, serait considérée comme une rétrocession et donnerait ouverture à un nouveau droit proportionnel. Eh bien ! l'avoué n'est, dans les enchères et dans l'adjudication quienest le résultat, qu'une seule et même personne avec celui au nom duquel il enchérit. L'adjudication faite à l'avoué est donc censée faite à son commettant. Elle est donc soumise aux mêmes règles que si elle était faite au commettant de l'avoué. Or, si l'adjudication était faite au commettant de l'avoué, la déclaration de command que ferait ensuite le commettant, ne serait exempte du droit proportionnel, qu'autant que le commettant l'eût expressément réservée dans l'adjudication. Il en est donc nécessairement de même de la déclaration de command faite à la suite de l'adjudication à l'avoué. Sans doute, la déclaration que fait l'avoué dans la forme et dans le délai déterminés par l'art. 709 C. proc., n'est pas une déclaration de command proprement dite, dans le sens de la loi du 22 frimaire an 7; sans doute, cette déclaration n'est que l'indication du véritable adjudicataire. Mais conclure de là que la personne indiquée par sa déclaration peut encore, en l'acceptant, se réserver la faculté de déclarer un command, ce serait une grande erreur. Encore une fois, point de déclaration de command si elle n'est réservée par l'adjudication; et il y a adjudication, dès le moment où l'avoué a fait une enchère qui n'est pas couverte; or, ce moment passé, il n'est plus temps de réserver la faculté de déclarer un command. Pour qu'il en fût autrement, il faudrait que l'adjudication dépendît de l'acceptation qu'en fait le commettant de l'avoué; mais il est très-certain qu'elle n'en dépend pas. De deux choses l'une : ou l'avoué adjudicataire avait pour enchérir un pouvoir par écrit de son commettant; ou il n'avait de lui qu'un pouvoir verbal. Au premier cas, le commettant est lié par l'adjudication faite à l'avoué; et son acceptation est inutile (*Art* 709 *C. proc.*). Au second cas l'acceptation du commettant est nécessaire pour le lier, mais elle ne l'est nullement pour faire valoir l'adjudication : qu'il l'accepte ou qu'il ne l'accepte pas, l'adjudication conserve toute sa force, tout son effet; seulement, s'il ne l'accepte pas, elle reste pour le compte de l'avoué (*Même article*). Ainsi, du moment que l'adjudication est prononcée sans réserve de la faculté de déclarer un command, cette faculté est irrévocablement perdue; et la régie de l'Enregistrement a un droit acquis à l'impôt indirect de la rétrocession qui pourra avoir lieu sous les couleurs d'une déclaration de command, de la part de l'adjudicataire. La Régie perdrait-elle ce droit si, faute d'acceptation du commettant de l'avoué, l'adjudication restait pour le compte de l'avoué lui-même ? non sans contredit. Comment donc pourrait-elle le perdre par l'acceptation du commettant ?

3951. Command nommé par l'avoué. — Nous avons vu qu'à défaut de déclaration dans les trois jours l'avoué est réputé adjudicataire en son nom (3949). Mais en cette qualité peut-il nommer un command dans les vingt-quatre heures à l'expiration du troisième jour ? Le D. N. enseigne que tel est l'usage à Paris, mais il ajoute que la question est susceptible de controverse (t. 4 p. 319 n° 93, 1475 J. N.).

Nous croyons en effet que cette déclaration n'est pas possible. L'avoué, comme toute autre personne, peut acheter pour lui-même en se réservant la faculté d'élire command, mais alors il se place dans la condition d'un acheteur ordinaire et il faut que l'élection soit notifiée dans les vingt-quatre heures du contrat. Il ne peut pas évidemment invoquer, d'abord son titre d'avoué, pour soutenir qu'il a trois jours avant de désigner son client, puis, soutenir ensuite, qu'il agit comme particulier à partir de l'expiration de ce délai afin de choisir un command ordinaire. — Une Dél. 2 décembre 1814 (4975 J. E.) porte, en ce sens, que si un avoué qui a enchéri déclare s'être rendu adjudicataire pour le créancier qui a poursuivi la vente que celui-ci refuse l'adjudication, et qu'alors l'avoué déclare être devenu adjudicataire *en son nom*, et nomme pour son command un tiers qui accepte, cette seconde déclaration est passible du droit proportionnel, parce que la faculté accordée à l'avoué de déclarer un autre que lui pour adjudicataire est bornée au cas où il était mandataire de la personne déclarée, tandis que, dans l'espèce, l'avoué s'était évidemment rendu adjudicataire, soit pour lui, soit pour un autre que celui à qui, en définitive, la propriété est transmise.

« Cette décision ne doit pas être suivie, disent Champ. et Rig. n° 2000, par le motif que la loi n'impose d'autre condition qu'une déclaration acceptée dans les délais. Il peut arriver souvent que l'avoué n'ait pas pris la précaution de se munir d'un pouvoir écrit; le législateur n'a pas voulu que cette faute fût inévitablement punie, et s'il a déclaré l'avoué adjudicataire, c'est uniquement pour que l'effet de la procédure ne fût pas abandonné au caprice ou à l'imprévoyance des enchérisseurs. Mais, dès qu'un adjudicataire est produit, ayant les qualités requises, et acceptant, son but est rempli. »

3952. Refus du premier adjudicataire. — Mais il ne s'ensuit pas que pendant le délai de trois jours, l'avoué ne puisse désigner un second command à la place du premier qui refuse. On a soutenu le contraire par le motif que l'avoué étant un simple mandataire n'a pu recevoir le mandat d'enchérir pour deux personnes à la fois, que, si le premier adjudicataire déclaré refuse, il est constant que le second a été élu après la vente, que dès lors, l'avoué étant sorti des limites de son ministère, ne peut plus invoquer les règles spéciales du C. proc., tellement que la déclaration faite après les vingt-quatre heures est tardive.

M. Demante a très-bien réfuté cette opinion.

« Sans doute, dit-il, l'avoué contrevient aux règles disciplinaires de sa profession, lorsqu'il engage sciemment sa responsabilité personnelle, et sa réputation est quelque peu notée lorsqu'il demeure adjudicataire en son nom, faute de fournir l'acceptation de son client ou de représenter son pouvoir. C'est donc de sa part une sage précaution, qui lui est toujours recommandée, de ne pas aller aux enchères sans un pouvoir écrit. Mais toutes ces règles sont de pure discipline. En droit, l'avoué (sauf la disposition de l'art. 711 relative à l'avoué poursuivant) a pleine et entière capacité pour s'obliger de sa personne comme *porte-fort* ou autrement. Il n'importe donc nullement, quant à la perception, que l'avoué fasse *élection* d'adjudicataire postérieurement à l'adjudication ; il suffit, pour que sa personne disparaisse et s'efface entièrement, que dans les trois jours il fournisse l'acceptation d'une personne capable d'acquérir » (n° 232). — Nous ajouterons que le refus du premier adjudicataire ne prouve pas péremptoirement que le second command n'ait pas donné mandat à l'avoué. Ce dernier a, au contraire, pu se charger d'acquérir conditionnellement au nom de son second client, pour le cas où le premier refuserait sa ratification. Il suffit qu'une telle supposition soit juridiquement possible pour assurer à la seconde déclaration les privilèges de la première.

3953. Forme. — Du moment que l'avoué à enchéri à ce titre il a fait un acte d'avoué. La déclaration doit être aussi, par conséquent, un acte d'avoué. Or, l'avoué ne peut déléguer sa qualité à un mandataire, pas plus qu'un notaire ne pourrait déléguer à un tiers le droit de recevoir un contrat à sa place. Le mandataire de l'avoué ne ferait donc pas un acte d'avoué proprement dit, et une déclaration de command signée par lui ne produirait pas les effets d'une élection émanée du mandant (15431 J. E.).

3954. Réserve dans la procédure. — Le cahier des charges avec l'énonciation de la mise à prix, le jugement qui constate les lecture et publication du cahier des charges, les enchères et l'adjudication sont les éléments de l'acte judiciaire de l'aliénation. Le législateur les a identifiés pour en former un ensemble. C'est ce que porte formellement l'I. G. 1667 § 1er. — Ainsi, il est indifférent que la réserve ait été insérée dans le procès-verbal d'adjudication ou dans le cahier des charges. Du moment qu'elle existe dans l'un des divers actes qui concourent à l'adjudication, le vœu de la loi est rempli (D. m. f. 25 juin 1819, 3131, 3228 J. N., 6504, 6572 J. E., contraire à une autre décision du 11 janv. 1814, 4805 J. E.). C'est ce qu'à reconnu notamment le tribunal de Marseille, le 19 février 1858, 989 R. P., 11338 C., et celui de Vendôme par un jugement du 12 juillet 1862, auquel l'Administration a acquiescé (1689 R. P., 17629 J. N.). La même interprétation a prévalu également au sujet des déclarations de command faites dans les matières ordinaires. — V. 3896-2.

3955. Délai. — Le délai accordé à l'avoué pour faire connaître son mandant est de trois jours, d'après l'art. 707 C. proc. (D. m. f. 22 sept. 1807, 357 I. G.). — On ne compte pas le jour de l'adjudication, mais la loi veut que la déclaration soit faite dans les trois jours qui suivent (Carré sur l'art. 707 C. proc., D. N. t. 6 p. 347 n° 81). Ce délai ne peut s'appliquer au notaire qui enchérit pour son client (Seine, 29 nov. 1854, 279 R. P.).

L'avoué qui se rend adjudicataire est censé avoir acquis en son nom personnel lorsqu'il ne fait pas la déclaration de son mandat dans le délai de trois jours imparti par l'art. 707 du code de procédure. Il n'est pas recevable à justifier après ce délai de l'existence réelle de ce mandat (Seine, 14 mai 1877, 4741 R. P.), ni à produire la ratification du prétendu mandat verbal dont il aurait été investi (Sol. 20 déc. 1877; — V. C. Alger, 14 mars 1849; Chauveau, *Proc.*, t. 5, p. 815).

Lors même que l'avoué aurait fait enregistrer la procuration, le délai de 24 heures accordé à l'adjudicataire pour déclarer lui-même command ne court que de la déclaration d'avoué (Sol. 14 fév. 1878).

1. LOI DU 3 MAI 1862. — La loi du 3 mai 1862 dispose d'une manière générale que si le dernier jour du délai est un jour férié, le délai sera prorogé au lendemain. Le tribunal de Mirecourt avait décidé que cette disposition s'appliquait au délai fixé par l'art. 707 C. proc. civ. et que dès lors si le troisième jour était férié, l'avoué pouvait déclarer command le lendemain. Mais l'Administration s'est pourvue contre ce jugement, par le motif qu'il est de doctrine et de jurisprudence que dans tous les cas où la loi a prescrit de faire un acte dans un délai déterminé, ce délai n'est pas *franc*. L'acte doit toujours être passé dans ce délai, sans augmentation possible à raison soit des distances, soit des jours fériés; car en se servant *d'une expression inclusive*, le législateur est censé manifester suffisamment son intention de prendre le dernier jour pour limite extrême du délai (Cass. 4 déc. 1865, S. 66-1-22). Ce principe n'a pas été modifié par la loi nouvelle, et comme l'art. 707 C. proc. est rédigé dans ces termes, l'Administration en a conclu que les anciennes règles demeuraient applicables. Son pourvoi ayant été admis par un arrêt de la Ch. req. 27 avril 1868, le débiteur s'est désisté du bénéfice du jugement (2368 § 3 I. G., 2943 R. P.). *Conf.* : Espalion 30 sept. 1876, 4506 R. P.; — Vitry, 8 fév. 1877, 4742 R. P.; — *Contrà* Castres, 9 août 1876, 4506 R. P.). — On peut invoquer, dans le sens de l'administration, un arrêt de cass. du 20 mai 1873 (3635 R. P.). — V. 13011.

3956. Jour férié. — Un arrêt de Cass. 1er décembre 1830 a statué que le délai ne peut pas être augmenté quand même les *deux derniers* jours seraient fériés : « Attendu, porte cet arrêt, que, dans l'espèce présente, l'exception n'était pas nécessaire, puisque l'art. 1037 du même code donne aux parties intéressées la faculté de se faire autoriser par le juge, en cas d'urgence, à faire toutes significations et exécutions les jours de fêtes légales; d'où il suit qu'en créant une exception à l'art. 709 C. proc., et en donnant à la déclaration tardive faite par Violle, le lendemain de l'expiration du délai fixé par cet article, le même effet que si elle eût été faite dans les trois jours qui ont suivi l'adjudication, le tribunal civil de Clermont-Ferrand a commis un excès de pouvoirs » (9858 J. E., 1354 § 1er I. G., S. 31-1-37).

Il nous semble que dans cette circonstance il y aurait lieu à l'application de la règle posée au n° 3945, et que la déclaration pourrait être valablement faite le jour qui suivrait l'expiration des deux fêtes légales (V. 7913 J. E.).

Mais il ne saurait en être de même si c'est le troisième jour seulement qui est férié, car on ne pourrait invoquer alors l'impossibilité matérielle où l'on se serait trouvé de faire la déclaration, puisque l'adjudicataire aurait eu les deux premiers jours du délai accordé par la loi pour satisfaire à cette formalité: « Attendu, porte un arrêt de Cass. 10 mars 1840, que les dispositions de l'art. 707 C. proc. sont conçues en termes impératifs et absolus; que c'est sans distinguer s'il y a ou non des jours fériés dans le délai qu'il a fixé à l'avoué dernier enchérisseur pour déclarer adjudicataire et fournir l'acceptation de ce dernier, que cet article décide que, faute de ce faire, l'avoué sera réputé adjudicataire en son nom; — Attendu qu'il n'appartient pas aux tribunaux de créer des exceptions à la loi; — Attendu que si l'art. 25 L. 22 frimaire an 7 dispose que, lorsque le dernier jour du délai déterminé pour l'enregistrement des actes et des déclarations se trouvera un jour de fête légale, il ne sera pas compté dans le délai, c'est là une exception qu'il n'est pas permis d'étendre à un cas pour lequel la loi ne l'a pas établi » (12651 J. N., 13980 J. E., 1767 § 2 I. G., S. 46-1-315; — *Conf.* : Limoges 14 fév. 1843, 13204 J. E.).

3957. Notification. — De ce que l'avoué n'enchérit pas pour son compte, il en résulte que la déclaration qu'il fait ensuite pour faire connaître l'adjudicataire n'est pas un acte différent de l'adjudication elle-même; il n'est que le complément de cette adjudication. Aussi, quoique le contraire eût d'abord été décidé (2850, 3444, 3527 J. E., 337, 429 n° 2 et 436 n° 53 I. G.), il a été définitivement reconnu que l'avoué dernier enchérisseur, qui, dans les trois jours de l'adjudication, déclare l'adjudicataire pour lequel il a enchéri, n'est pas obligé de notifier cette déclaration dans le délai de trois jours au receveur de l'enregistrement. Il suffit qu'elle soit enregistrée dans le délai de vingt jours fixé pour les actes judiciaires (Cass. 3 sept. 1810, 3730 J. E., S. 11-1-26; — Cass. 9 avr. 1811, 3873 et 3880 J. E., 539 I. G.; — Cass. 14 août 1811, 4056 J. E., 15486-2 J. E.; — *Conf.* : D. N. t. 4 p. 348 n° 90, G. Demante 229).

Les deux arrêts portent : « Attendu que la différence de la nouvelle législation à l'ancienne est entière; que, dans celle-ci, aucun officier ministériel n'avait le droit exclusif de mettre des enchères aux audiences; qu'alors chacun était censé demeurer adjudicataire pour soi; qu'il n'était admis d'exception que quand l'acte d'adjudication même réservait à l'adjudicataire la faculté d'élire un command; que, dans la nouvelle législation, au contraire, mettre des enchères aux adjudications est une fonction privative aux avoués; qu'ils sont tellement censés agir pour autrui, qu'ils n'ont point à réserver de déclarer pour qui ils ont agi ; que la loi présume qu'ils ont un commettant; qu'elle ne leur ordonne que de le faire connaître dans trois jours, et que, quand ils exécutent cette injonction, l'adjudication leur est parfaitement étrangère; que la connaissance que l'avoué donne de l'adjudicataire est constatée par un acte fait au greffe, reçu par un officier public, et dans un lieu perpétuellement ouvert aux recherches et aux vérifications des employés de la Régie, en sorte qu'on ne peut même supposer la possibilité d'aucune fraude; et que telle est sans doute une des raisons pour lesquelles le C. proc. s'est borné à exiger que l'avoué fît connaître l'adjudicataire dans les trois jours, sans exiger qu'il notifiât sa déclaration à la Régie. »

3958. Quotité du droit. — La déclaration de l'avoué n'étant qu'un acte complémentaire et ne pouvant être assimilée à la déclaration de command prévue par les lois des 22 frimaire an 7 et 28 avril 1816, il s'ensuit qu'elle n'est passible que du droit de 1 fr. 50 cent. (10073, 12774-3 J. E., Sol. 3 nov. 1830, 9809 J. E.). On peut ajouter que la déclaration d'adjudication n'est pas une élection de command proprement dite, mais la simple désignation par l'avoué du client au nom duquel il a agi, c'est-à-dire un acte judiciaire innommé sujet au droit fixe de 1 fr. 50 cent. (14961, 15744, 15921-2 J. E. — V. M. Demante 229 n° 5).

1. DISPOSITION INDÉPENDANTE. — La Sol. 30 novembre 1830 portait que le droit était exigible, alors même que la déclaration était contenue dans le procès-

verbal d'adjudication. Les motifs de cette décision étaient que l'adjudication émanait du tribunal, tandis que la déclaration était l'œuvre de l'avoué qui pouvait avoir enchéri pour son propre compte; qu'ainsi cette déclaration pouvait être assujettie à un droit particulier, comme formant une disposition particulière, énonciative d'un fait constaté par le tribunal.—Mais on doit observer que l'avoué n'est qu'un mandataire de nécessité, désigné par la loi, qu'il n'enchérit pas pour son propre compte, que sa déclaration n'est que le complément de l'adjudication, que le prononcé du juge qui tranche l'adjudication et l'enchère forment un tout indivisible, qu'on ne peut pas scinder davantage l'enchère, et qu'ainsi la déclaration qui fait connaître l'adjudicataire ne forme pas une disposition distincte de l'adjudication, lorsqu'elle y est contenue. Aussi une Sol. 30 novembre 1831 (354 Roll.) s'est-elle prononcée contre l'exigibilité de ce droit. C'est également l'avis du D. N. t. 4 p. 359 n° 154. — V. 3901, 3971.

On enseigne (13504-3 J. E.) que si l'acceptation est faite au greffe par acte distinct, elle est passible du droit de 3 francs (4 fr. 50 cent.), plus du droit de greffe.

3959. Droit de rédaction. — Dans tous les cas, quand les déclarations sont faites par actes distincts, comme elles constituent un acte passé au greffe et reçu par le greffier, il est dû un droit de rédaction de 1 fr. 25 cent. (Sol. 3 nov. 1830, 9809 J. E.).

3960. Pluralité. — Lorsque l'adjudicataire élit plusieurs commands entre lesquels les biens sont partagés et qui ne demeurent pas solidaires pour le prix de la vente, il y a autant de contrats séparés que de commands recevant des lots séparés et la déclaration produit pour chacun d'eux une utilité juridique distincte. Il est donc dû autant de droits que de commands élus (Sol. 15 juin 1820, 10646-2, 14392-2 J. E., D. m. f. belge 27 oct. 1869, 3142 R. P. ; — *Contrà :* D. N. t. 4 p. 359 n° 155).

Mais si les commands élus restaient solidaires pour le payement du prix, ce qui arrive presque toujours (C. Nîmes 5 mars 1855, S. 55-2-163), il ne serait dû qu'un seul droit (Seine 10 janv. 1857. — V. 11136 J. E.).

3961. Division des biens. — Aucune loi ne défend à un avoué de se charger d'enchérir pour différents particuliers dans une vente judiciaire d'un immeuble en bloc. Ainsi, l'avoué dernier enchérisseur, bien loin de déroger à son mandat, en remplit les obligations lorsqu'il fait, dans les délais, la déclaration de la portion des droits de chacun de ses commettants dans la chose et dans le prix. Comme il n'en résulte aucun changement dans les conditions de la vente, il n'y a pas lieu à un nouveau droit de mutation. C'est ce que la C. cass. a décidé par arrêts des 13 avril 1813, 5112 J. E., 30 août 1814, *P. chr.* 239, 8 novembre 1815 (5302 J. E., 1732 J. N., *P. chr.* 293; — *Contrà :* Sol. 6 mai 1813, 4504 J. E.).

3962. Supplément de droit. — L'avoué enchérisseur dans une adjudication devant notaire commis, et qui a régulièrement déclaré son command, ne peut pas être poursuivi en payement d'un supplément de droit exigible sur la déclaration. L'avoué, en effet, remplissait son ministère d'officier ministériel en se présentant devant le notaire délégué du juge; il ne pouvait se rendre personnellement adjudicataire (1596 C. C.); il était donc exclu de la solidarité stipulée dans le cahier des charges (Seine 23 déc. 1848, 13657 J. N.).

3963. Payement des droits. — Par la même raison, le command qui accepte la déclaration faite par un avoué, en vertu de l'art. 709 C. proc., doit acquitter le droit du jugement d'adjudication ; l'avoué n'est pas tenu d'en faire l'avance et le greffier ne peut refuser de recevoir sa déclaration. C'est au receveur à poursuivre contre le command, à l'expiration des vingt jours, le payement des droits, tant de l'adjudication que de la déclaration (D. m. f. 22 sept. 1807, 27 oct. suiv. 357 I. G.). Dans ce cas, le greffier doit remettre un extrait de l'adjudication, comme le veut l'art. 37 L. 22 frimaire an 7 (14189-1 J. E.).

Ces droits sont d'ailleurs à la charge du command et non pas de l'adjudicataire. — V. 1529-2.

CHAPITRE VI. — BIENS DE L'ÉTAT

[3964-3971]

3964. Délai. — La loi des 13 septembre-16 octobre 1791 accordait six mois pour faire déclaration de command aux adjudicataires des biens nationaux. Mais ce délai a été successivement réduit. La loi du 6 vendémiaire an 7 art. 11 porte que les adjudicataires de domaines de l'État peuvent, dans les *trois jours* de l'adjudication, faire des déclarations de command, sans qu'il y ait lieu à un droit d'enregistrement autre que celui qu'aurait payé l'adjudicataire lui-même.

3965. Forme. — Cette déclaration doit avoir lieu au secrétariat de la préfecture où l'adjudication a eu lieu (L. 13 therm. an 4).

3966. Notification et réserve. — Elle n'est exceptée du droit proportionnel d'enregistrement qu'autant qu'elle a été précédée d'une réserve et notifiée dans le délai de trois jours après l'adjudication ; le dépôt de la déclaration qui serait fait par le secrétaire de la préfecture, au bureau du receveur, dans les trois jours, mais sans être accompagné du montant des droits, ne pourrait remplacer la notification prescrite, s'il avait négligé de remettre en même temps le droit d'enregistrement (D. m. f. des 5 janv. et 26 avr. 1808, 386 § 16 I. G.; — Cass. 15 nov. 1813, 4721 J. E., *P. chr.* 66).

La circonstance que la déclaration a été faite au secrétariat de la préfecture où était et stipulait en effet le délégué du Gouvernement, mais non pas l'agent du fisc, ne dispense pas de payer un nouveau droit à défaut de notification dans les trois jours (Cass. 25 nov. 1811, 4236 J. E., 386 § 16 I. G., *P. chr.* 66).

3967. Concours d'un préposé de l'Administration. — Lorsqu'une déclaration de command reçue en la forme administrative avec le concours d'un préposé de l'Enregistrement porte une date utile, cette date doit être tenue pour certaine par l'Administration, et les parties sont dispensées de faire enregistrer ou notifier cette déclaration dans les trois jours de la vente (D. m. f. 21 janv. 1857, 8092 J. E., 795 R. P., 16500 J. E.; — Arg. de Cass. 25 nov 1811, 386-16 I. G., 4236 J. E., *P. chr.* 66).

La même règle a été reconnue applicable à la déclaration faite dans le contexte même du procès-verbal d'adjudication (Rodez 5 juin 1856, 16385-1 J. E.).

3968. — Déclaration par le command. — Les adjudicataires *directs* sont les seuls qui, aux termes des lois des 13 septembre-16 octobre 1791 et 26 vendémiaire an 7, aient la faculté de déclarer command lorsqu'ils en ont fait la réserve : ainsi, une déclaration faite par le *command déclaré*, au profit d'un autre, lors même qu'elle aurait eu lieu dans les vingt-quatre heures de l'adjudication, serait passible du droit proportionnel (2892 J. E., D. m. f. 28 juin 1808, 390 n° 4 I. G.; — Cass. 22 août 1809, 3622 J. E., arrêt rapporté 3898).

3969. Déclaration en faveur d'un seul. — En matière d'adjudication de biens appartenant à l'État, la faculté d'élire command ne peut être exercée qu'en faveur d'un seul individu (A. Cons. d'Ét. 30 janv. 1809, 422 I. G.). Ainsi, l'autorité qui reçoit cette déclaration peut refuser qu'elle soit faite au profit de plusieurs; si néanmoins elle l'a reçue, alors elle est censée avoir renoncé à cette disposition, et la déclaration rentre dans le droit commun, d'après lequel elle ne peut être considérée comme revente, si elle remplit, du reste, les conditions prescrites (Dél. 29 avr. 1831, 7581 J. N.).

Il a même été jugé que la division entre deux commands, d'un lot de biens de l'État adjugé à un seul adjudicataire, ne rend pas le droit proportionnel exigible, si cette faculté n'a pas été formellement interdite (Cass. 18 fév. 1839, 1590-3 I. G., 12251, 12252 J. E., S. 39-1-188, *arrêt rapporté* 3923).

3970. Revente. — Quotité du droit. — Dans le cas où la déclaration est considérée comme revente, ce n'est pas le droit de 2 pour 100 qu'il faut percevoir, mais celui de 5 fr. 50 cent. pour 100, puisque la faveur du droit de 2 pour 100 n'est accordée que pour les ventes directes de biens de l'État (D. m. f. des 5 janv. et 26 avr. 1808, 386 § 16 I. G.).

3971. Bois de l'État. — Aux termes de l'art. 23 C. for., aucune déclaration de command, concernant les adjudications de coupes de bois de l'État, ne peut être admise si elle n'est faite *immédiatement* après l'adjudication, et *séance tenante*. Il suit de là : 1° que si le command élu a les qualités requises pour être admis adjudicataire, et que le dernier enchérisseur présente un mandat valable immédiatement et séance tenante, il n'est pas besoin d'une acceptation expresse de la part du command élu ; mais que, si ce command n'a pas donné le mandat, il doit immédiatement et séance tenante, accepter l'adjudication, et que cette acceptation doit être insérée dans le procès-verbal d'adjudication; — 2° que la déclaration de command et l'acceptation, ainsi constatées par le procès-verbal d'adjudication, ne sont passibles d'aucun droit particulier d'enregistrement; — 3° qu'il n'est pas nécessaire de faire notifier l'acceptation du command, soit à l'autorité qui a présidé à la vente, soit au receveur de l'Enregistrement (D. m. f. 21 mai 1828, 1251 § 1er I. G.).

CHAPITRE VII. — QUESTIONS DIVERSES

[3972-3982]

3972. Cautionnement. — Lorsque l'acquéreur, qui déclare son command, reste, en vertu d'une clause du cahier des charges, solidairement tenu avec le command declaré au payement du prix, il en résulte un véritable cautionnement, et les principes que nous avons développés au mot cautionnement solidaire, sont parfaitement applicables. En effet, il est de l'essence de la déclaration de command que le mandataire soit étranger à l'acquisition, et que toutes les charges pèsent sur l'acquéreur déclaré; par conséquent, si ce mandataire contracte l'obligation de rester garant du prix, cette stipulation est indépendante de la déclaration de command et forme une convention particulière passible du droit proportionnel, sans qu'on puisse distinguer entre les ventes où la condition que l'acquéreur restera garant est imposée et celles où elle ne l'est pas.

Cette question longtemps controversée (v° 2726, 2849, 6240, 5666, 5792, 6906 J. E., 11905, 2808, 3990, 4266, 7082 J. N.), est aujourd'hui définitivement résolue.

Les époux Pellegrini ont vendu, moyennnant 180,000 francs payables à termes, une maison aux mariés Abault acquéreurs, soit pour eux-mêmes, soit pour le command qu'ils se sont réservé de déclarer et *dont il resteront garants et obligés solidaires*. Dans le même acte, les mariés Abault déclarent avoir acheté pour le compte des mariés Gloria, qui, intervenant à l'acte, acceptent la déclaration et s'obligent à payer le prix aux époques fixées, *de façon que les époux Abault ne soient nullement inquiétés à ce sujet*. La C. cass. (Ch. civ.) a décidé, le 16 novembre 1846, que le droit de cautionnement était exigible (14128 J. E., 12920 J. N., 1786 § 2 I. G., S. 46-1-810). — Même décision dans une espèce semblable, rendue le 28 décembre 1847 (Ch. civ.), (13493 J. E., 13256 J. N., 1814 § 4 I. G., S. 48-1-246).

Dans ces deux arrêts, la C. cass. a paru s'être préoccupée d'une question de fraude. On lit effectivement dans un considérant du premier arrêt, reproduit dans le second : « Attendu que ce cautionnement est clairement établi, soit par l'inutilité évidente de l'acquisition faite pour leur compte personnel par les mariés Abault, afin de remettre l'objet aux mariés Gloria, qui, *assistant à l'acte*, avaient pu, sans recourir à aucun intermédiaire, l'acquérir eux-mêmes directement. »

On pourrait donc, à la rigueur, dire que ce sont de simples arrêts d'espèce. — Mais dans un troisième arrêt, du 20 août 1850, la Cour, n'ayant envisagé que la question de droit, a rendu un arrêt de doctrine. — Par acte au greffe, un avoué adjudicataire avait fait connaître son command, et celui-ci, usant de la faculté qui lui avait été laissée d'élire command, avait, par acte notarié du même jour, désigné un tiers, en restant, en vertu du cahier des charges, obligé solidairement avec le command, au payement du prix et à l'accomplissement des charges de l'enchère. Décidé que le droit de cautionnement était exigible. « Attendu, porte cet arrêt, que, si le cahier des charges pour l'adjudication de l'immeuble dont il est question au procès portait, art. 17, que, dans le cas où les adjudicataires useraient de la faculté de déclarer command, ils seraient solidairement obligés, avec ceux qu'ils se seraient substitués, au payement du prix et à l'accomplissement des charges de l'enchère, cette solidarité pour la garantie du prix de vente constituait, le cas arrivant, un véritable cautionnement de la part des ajudicataires à l'égard de leur command; qu'en effet, dès que l'adjudicataire dudit immeuble avait déclaré se substituer un command, ce dernier devenait le seul adjudicataire ou acquéreur, et le premier se trouvait, par suite, sans aucun droit sur l'objet vendu; en sorte que son engagement n'était autre que la soumission de sa part envers un créancier de satisfaire solidairement à une obligation due par autrui et à laquelle il était étranger, ce qui constituait les caractères du cautionnement avec solidarité par les déterminés art. 2011 et 2021 C. C. (14130 J. N., 15018 J. E., 1875 § 2 I. G., S. 50-1-688).

« Dès que l'adjudicataire, porte enfin un dernier arrêt du 10 novembre 1858, a déclaré le command, la qualité et les droits qui lui sont attribués par l'adjudication ont passé rétroactivement sur la tête de celui-ci qui est resté seul adjudicataire. Le premier s'est trouvé par suite n'avoir aucun droit sur l'immeuble vendu, en sorte que son engagement de principal est devenu accessoire et n'a présenté que le caractère de cautionnement avec solidarité définis par les art. 2011 et 2021 C. C. » (2142 § 4 I. G., 1008 R. P., 16451 J. N., 16851 J. E., 11460 C., S. 59-1-844).

Autour de cette jurisprudence de la Cour suprême se groupent un grand nombre de décisions secondaires (14177 et 15638 J. E.; — Seine 28 janv. 1848, 14439-3 J. E.; — Seine 15 déc. 1848, 13590 J. N., 14643 J. E.; — Etampes 13 fév. 1849, 14691-3 J. E.; — Seine 26 avr. et 16 mai 1849, 14752-5 J. E.; — Saint-Quentin 20 juin 1849, 14770-5 J. E.; — Seine 5 déc. 1849, 14859 J. E.; — Lille et le Hâvre 21 et 22 août 1850, 15292-1 J. E.; — Le Havre 23 janv. 1581, 15234-2 J. E.; — Seine 20 août 1851, 14448 J. N.; — 5 juill. 1854 108 R. P. Saint-Etienne 25 août 1857; — Limoges 19 déc. 1863, 1892 R. P., 12708 C.; — *Contrà* : Seine 14 avr. 1846, 12719 J. N., 14055-2 J. E.; — Tours 28 janv. 1833, 10720 J. E., 8266 J. N.; — Seine 18 déc. 1844, 12433 J. N., Dél. 9 fév. 1830, 2708, 12920, 13590 J. N.; — Saint-Amand, 17 avr. 1855, 492 R. P.). — V. 3419-2.

1. MANDAT. — Il doit en être ainsi, alors même que l'adjudicataire justifierait d'un mandat émané du command, si d'ailleurs ce mandat paraît n'avoir pas été pris en considération dans les stipulations du contrat, et que ce ne soit réellement pas à titre de mandataire, mais comme command, que l'acquéreur définitif soit déclaré (Aubusson 8 août 1854, 280 R. P.).

Mais si l'acheteur a réellement agi comme mandataire, on ne peut plus lui appliquer la stipulation insérée en prévision d'une déclaration de command et le droit n'est pas dû (Aix 31 janv. 1863, 1987 R. P.).

2. LICITATION. — Lorsque l'adjudicataire est un colicitant et qu'il demeure tenu solidairement au payement du prix avec le command élu, il y a lieu de déduire, pour la perception du droit de 50 cent. pour 100, la portion du prix appartenant au colicitant adjudicataire, celui-ci ne pouvant être sa propre caution et n'y ayant, d'ailleurs, de prix pour l'enregistrement que celui qui s'applique aux portions acquises (Sol. 10 mai 1851, D. N. t. 4 p. 256 nº 137, 14264 J. N.).

3. DÉCLARATION PARTIELLE. — Nous avons établi au mot *Cautionnement* que, d'après la jurisprudence actuelle, le droit de 50 cent. pour 100 n'est pas exigible sur les obligations solidaires dans lesquelles les codébiteurs prennent des parts inégales. — Or, quand l'adjudicataire se réserve une partie des biens ou qu'il divise l'objet de son acquisition entre plusieurs commands, alors que les clauses de la vente obligent cet acquéreur ou ces commands à demeurer solidairement tenus au payement de la totalité du prix, il existe, à l'égard du vendeur, une véritable dette solidaire qui exclut la perception du droit de cautionnement sur la différence entre les prix respectivement dus par chaque copropriétaire. Le contraire avait été décidé autrefois à l'occasion de l'acheteur d'un bien qui avait élu command pour le sol, en demeurant solidaire du command (Sol. 2 déc. 1861), et de l'acquéreur d'un domaine qui avait cédé à un command une partie seulement des biens (Seine 29 nov. 1862, 17609 J. E.). — Mais ces solutions ne pourraient plus être suivies aujourd'hui.

4. CAUTIONNEMENT DANS LA DÉCLARATION MÊME. — Si le cautionnement est stipulé pour la première fois dans la déclaration de command, le droit de 50 centimes est dû indépendamment du droit fixe (Dél. 14 janv. 1817, 5 mai 1821, 31 juill. 1822, 1995, 3990, 4266 J. N., D. N. t. 4 p. 355 nº 132).

5. DÉCLARATION DANS L'ACTE DE VENTE. — On sait que la désignation du véritable acquéreur faite dans le contrat même de vente et avant sa signature, ne constitue pas une élection de command proprement dite. Ce n'est donc point à une hypothèse pareille que s'applique la clause du procès-verbal ou du cahier des charges, portant que le commandé demeure caution du command élu. Et comme le cautionnement ne se présume pas, qu'il ne saurait être étendu au delà du cas limitativement prévu, on en conclut que dans l'espèce le droit de 50 centimes pour 100 n'est point exigible. De nombreuses décisions ont été rendues en ce sens (Seine 14 avr. 1846, 7598 C.; — Réthel 28 août 1856, Sol. 11 nov. 1861, 20 sept. 1862, 23 mai 1863, 27 avr. 1864, 21 avr. 1865, 21 déc. 1865, 1987 R. P., Sol. belge 25 juill. 1862, 9307 J. E. belge).

6. CAUTIONNEMENT EXPRÈS. — Il ne faut pas non plus confondre le cautionnement proprement dit avec la garantie légale, fondée sur les art. 1383 et 1384 C. C., et qui oblige le commandé à indemniser le vendeur du préjudice que lui aurait causé l'insolvabilité du command. Ainsi, il a été jugé qu'en cas de stipulation que : « les acquéreurs au-

ront la faculté de nommer pour commands une ou plusieurs personnes solvables reconnues telles par les notaires instrumentants et les requérants ; que, toutefois, ils seront responsables de la solvabilité actuelle de leurs commands, » l'acte par lequel l'adjudicataire déclare command (lequel accepte) n'est pas soumis au droit de cautionnement : — « Attendu que le commandataire n'y prend nullement l'obligation de la dette, celle de payer au lieu et place du command resté seul adjudicataire ; il en résulte bien que les vendeurs ont voulu s'assurer la solvabilité du command qui pourrait être déclaré, comme ils étaient assurés de la solvabilité du commandataire, et ce n'est là qu'une conséquence de la bonne foi que doit apporter tout enchérisseur qui se présente à la vente ; il est tenu de présenter ensuite pour command une personne solvable au moment actuel et rien de plus, car il ne répond que de sa solvabilité actuelle, de sorte que la responsabilité ne doit pas aller au delà et qu'elle est effacée au moment où la solvabilité du command est acceptée (Tournai 9 avr. 1861, n° 8797 J. E. belge). — Au contraire, on a vu un cautionnement exprès dans la clause portant que les acquéreurs ne seraient pas solidaires avec les commands élus, mais s'obligeraient seulement à payer le prix dû par ces derniers ou à les leur faire payer (Seine 29 nov. 1862, 17669 J. E.).

7. CONDITION POTESTATIVE. — La circonstance que, dans le cahier des charges, il serait dit que l'adjudicataire ne sera solidaire avec le command déclaré qu'autant que le vendeur l'exigerait, ne fait pas obstacle à la perception du droit de cautionnement sur la déclaration du command. Nous avons développé cette question et les difficultés qui s'y rattachent au mot *Cautionnement*.

3973. Subrogation. — Par application de l'art. 11 L. 22 frimaire an 7, il a été décidé que si, pour se décharger de l'obligation solidaire qu'il s'était engagé à contracter, l'acquéreur paye, dans l'acte même de vente, le prix au vendeur pour être subrogé à tous ses droits sur le command élu, qui accepte la déclaration dans le contrat même de vente, le droit de subrogation est exigible (Cass. 10 juin 1845, 12405 J. N., 13777 J. E., 1743 § 13 I. G., *arrêt rapporté* 3919 ; — *Contrà* : D. N. t. 12 p. 132 n° 250).

3974. Décharge. — Il n'est pas dû de droit particulier sur la décharge donnée par l'acquéreur dans l'acte qui constate l'acceptation de l'élection d'ami, des avances qu'il a faites pour le compte du command, car l'obligation de ce dernier naît et s'éteint par le même acte.

3975. Donation. — Lorsque l'adjudicataire, sans s'être réservé la faculté d'élire un command, déclare que l'adjudication à lui consentie est pour le compte de personnes qui veulent rester inconnues, et au nom desquelles il fait donation à un hospice des biens par lui acquis, il y a lieu de réputer acquéreur l'adjudicataire lui-même, et de le considérer comme ayant fait directement la donation à l'hospice 6912 J. E.).

3976. Erreur. — Nouvelle mutation. — Si, après que quatre enfants et leur mère ont été déclarés commands chacun pour un cinquième, il est reconnu dans un acte postérieur qu'il y a eu erreur et que leur mère ne devait comparaître que comme se portant fort pour l'un des enfants qui sont seuls acquéreurs, il y a mutation pour le cinquième qui passe de la mère aux enfants (12356-5 J. E.). — Toutefois, cette décision ne pourrait recevoir son application que si la mère avait accepté la déclaration. — V. 3892.

3977. Expertise. — Lorsque, par une déclaration de command, l'adjudicataire divise l'immeuble en deux lots, et partage le prix en conséquence, l'Administration peut être admise à requérir l'expertise relativement à l'un des deux lots seulement, et à raison du prix payable par celui auquel cette portion est attribuée (Seine 9 mars 1838, 5321 C.). — V. *Expertise*.

3978. Jugement. — Mutation. — Si un jugement déclare qu'un immeuble doit appartenir à un autre que celui qui l'a acquis, parce que ce dernier n'était que mandataire, le droit proportionnel est dû, attendu qu'en supposant que ce jugement produise l'effet d'une *déclaration de command* le délai de vingt-quatre heures, à partir du jour du contrat était expiré. C'est là un point qui a donné lieu à plusieurs arrêts, et dont le développement est présenté au mot *Mutation*.

3979. Quittance. — Lorsque l'acte de vente contient réserve de nommer un command, et que la déclaration a été faite et notifiée dans les vingt-quatre heures, la quittance du prix de la vente contenue dans la déclaration de command n'est sujette à aucun droit, parce que, dans ce cas, cette déclaration ne forme avec la vente qu'un seul contrat, et que la quittance du prix est exemptée du droit par l'art. 10 L. 22 frimaire an 7, lorsqu'elle est contenue dans l'acte même de vente (2550 J. E., D. m. f. 15 mars 1808, 2849 J. E., 386 n° 15 I. G.).

Il semble qu'il doit en être de même lorsque le prix ayant été payé comptant par le *déclarant*, le command lui en fait le remboursement par l'acte de déclaration.

Ou encore quoique la déclaration n'ait pas été notifiée dans le délai légal (Sol. belge. 1 oct. 1875, 4339 R. P.).

3980. Remboursement. — Rente. — Une rente est vendue aux enchères. L'adjudicataire, qui s'est réservé la faculté d'élire un command, fait dans la forme légale sa déclaration au profit du *débiteur de la rente*. Cet acte éteint la rente ; le command, en devenant *adjudicataire direct* de cette rente, se trouve à la fois créancier et débiteur : il n'y a point de transport, mais un simple remboursement, pour lequel le droit de 50 centimes pour 100 est exigible (4029 J. E. — *V.* Cass. 11 août 1836, 1710 § 6 I. G., S. 36-1-693, arrêt rapporté 3701). — V. *Cession de créance*.

3981. Société. — Si le colicitant acquéreur fait sa déclaration du command en faveur d'une société dont il fait partie, le droit de 5 fr. 50 cent. pour 100 est exigible sur la totalité du prix, attendu, d'une part, que la société est tout à fait étrangère à la licitation ; d'autre part, que l'adjudicataire associé n'a aucun droit actuel sur l'immeuble acquis (Dél. 15 oct. 1830, 10752 J. E.). — V. *Société.*

3982. Surenchère. — Restitution. — Le droit proportionnel perçu sur une déclaration de command qui n'a pas été notifiée dans les vingt-quatre heures est restituable lorsque l'adjudication est résolue par suite d'une surenchère, parce qu'il n'y a réellement mutation qu'à l'égard de celui qui, en définitive, devient propriétaire par suite de la surenchère (Dél. 24 avr. 1822, 7219 J. E., D. N. t. 4 p. 355 n° 130).

Dans tous les cas, le droit fixe doit être retenu comme salaire de la formalité (7887 J. E.).

COMMANDEMENT.

3983. Sommation faite par un huissier en vertu d'un jugement ou d'un titre portant exécution parée, de payer une somme, de vider les lieux ou de satisfaire aux condamnations et engagements énoncés dans le titre. — V. *Exploit.*

COMMANDITE.

3984. — Société d'individus dont les uns, appelés *commanditaires*, font une mise de fonds jusqu'à concurrence de laquelle ils sont tenus des engagements sociaux, et dont les autres, nommés *commandités*, sont tenus indéfiniment et solidairement de ces engagements. Cette société est régie sous un nom social qui doit être nécessairement celui d'un ou plusieurs des commandités. — V. *Société.*

COMMENCEMENT DE PREUVE PAR ÉCRIT.

3985. — On appelle ainsi tout acte par écrit qui est émané de celui contre lequel une demande est formée, ou de celui qu'elle représente et qui rend vraisemblable le fait allégué.

Le commencement de preuve n'est, en général, qu'une *présomption* qui rend le fait dont il s'agit vraisemblable (323 C. C.). Il n'est par lui-même qu'une preuve incomplète, imparfaite, qui ne produit pas une entière persuasion ; mais il acquiert une grande force lorsqu'il se puise dans un *écrit*, à cause de la présomption de droit qui existe en faveur de l'écriture (Toullier t. 9 n°s 54 et 64). — V. *Présomption.*

COMMERÇANTS - ACTE DE COMMERCE.

DIVISION

SOMMAIRE

TITRE PREMIER. — DES COMMERÇANTS ET DU DÉPOT DE LEURS CONTRATS DE MARIAGE

[3986-4121]

CHAPITRE PREMIER. — DES COMMERÇANTS ET DE LEUR QUALITÉ

[3986-3998]

3986. Définition. — Sont commerçants ceux qui exercent des actes de commerce et en font leur profession habituelle (C. com. 1er).

Avant la loi du 2-17 mars 1791, qui rendit la liberté au commerce, il ne pouvait y avoir de doute sur l'existence de la qualité de commerçant chez celui qui la réclamait ou à qui elle était attribuée; car nul ne pouvait être marchand s'il n'avait été reçu membre d'une maîtrise et subi un examen sur tout ce qui constituait la connaissance pratique du commerce; mais après l'abolition des jurandes et maîtrises, il n'y eut plus rien de certain sur ce point, et les véritables caractères des commerçants furent longtemps méconnus et livrés à l'appréciation du magistrat. Aujourd'hui, dans le langage ordinaire, on entend par commerçant celui qui achète pour revendre, qui a un magasin où sont étalées ses marchandises et où il reçoit les acheteurs. Mais, dans le langage de la loi, le commerçant est celui qui, ainsi que le porte le C. com., exerce les actes du commerce et en fait sa profession habituelle.

Cette définition est loin de lever toutes les incertitudes. Mais il n'était pas au pouvoir du législateur de les faire disparaître : il ne pouvait établir de règles absolues, énumérer tous les individus qui devaient être rangés parmi les commerçants. Il s'est donc contenté de donner une définition générale.

3987. Justiciables des tribunaux de commerce. — Il ne faut pas confondre la qualité de commerçant avec l'état de celui qui se rend, par ses actes, justiciable de la juridiction consulaire, choses fort distinctes et dont la confusion ou la fausse entente peuvent porter la perturbation dans les idées (Pardessus n° 77). — Ainsi, celui qui ne fait pas du commerce sa profession habituelle, et qui, cependant, exerce quelquefois des actes de commerce, soit en achetant et revendant une partie de marchandises, soit en souscrivant des effets de commerce ayant pour cause un fait commercial, celui-là, quoique non-commerçant, se rend justiciable des tribunaux de commerce, mais il ne peut être déclaré en état de faillite (Cass. 15 mai 1815, 28 juin 1854, 125 R. P.).

3988. Exercice fréquent d'actes de commerce. — L'exercice, même fréquent, d'actes de commerce ne suffit pas pour faire attribuer à celui qui s'y livre la qualité de commerçant, si par cet exercice on n'a pas pour but de se procurer des bénéfices (Pardessus t. 1er n° 79, Orillard n° 144). — Ainsi, le propriétaire d'une usine, qui recevrait chaque année, en payement des loyers qui lui seraient dus, des marchandises dont le placement nécessiterait de sa part une continuité de ventes, ne serait pas réputé commerçant, alors même qu'il se serait muni d'une *patente* (C. Paris 21 mai 1810). — *V.* 3995 et 4104.

3989. Intention. — Toutefois, lors même qu'on n'aurait point encore fait d'actes constituant une profession commerciale, la manifestation de l'intention de s'y livrer serait suffisante pour attribuer la qualité de commerçant. Ainsi, l'on devrait réputer commerçant l'individu qui ouvrirait un magasin, ou annoncerait par circulaires qu'il s'adonne à des spéculations commerciales (Pardessus n° 78).

3990. Qualité non prise. — De ce qu'un futur se serait constitué un fonds de commerce à lui propre, il n'en résulterait pas qu'il soit commerçant, s'il ne prenait pas cette qualité et s'il n'était pas établi qu'il se livre habituellement au commerce (Chambon 10 juin 1844, 13697-1 J. E., 12276 J. N.).

3991. Notoriété publique. — Par contre, l'omission dans un acte de la qualité de commerçant d'une partie, ne suffit pas pour la faire considérer comme non-commerçante, surtout lorsque cette profession est notoire (C. Colmar 16 mai 1855, 476 R. P.; — C. Douai 24 juill. 1848, 14722 J. E., 13632 J. N.; — C. Bordeaux 22 juin 1836, 11724-7 et 11009 J. E., 9412 J. N.; — *Conf.* : Pardessus t. 1er n° 79, Devilleneuve et Massé n° 5).

3993. Nécessité des fonctions. — Les personnes pour lesquelles l'habitude des actes de commerce est une nécessité des fonctions qu'elles remplissent ne sont pas réputées commerçantes (Pardessus t. 1er n° 79, Favard *Rép.* v° *Commerçant* n° 16). Tels sont, par exemple, les comptables des deniers publics, qui ne peuvent opérer leur mouvement de fonds que par des remises de place en place, des revirements et autres opérations de banque, et beaucoup d'agents nommés par le Gouvernement.

3994. Fonctions étrangères au commerce. — Mais celui qui exerce ostensiblement une profession déterminée, étrangère au commerce, peut néanmoins être réputé commerçant s'il a en même temps l'habitude de se livrer à des spéculations commerciales, habitude qu'il appartient aux juges d'apprécier (*V.* 4024, 4068, 4092). — Il en serait de même si l'on affectait une profession ostensible pour avoir un prétexte de se soustraire aux obligations imposées aux commerçants, et se livrer sans crainte aux opérations commerciales.

3995. Patente. La loi ne comprend pas parmi les conditions nécessaires pour être commerçant celle d'être muni d'une patente (Bruxelles 6 avr. 1829; — Caen 24 juill. 1828, Orillard *Compétence* n° 142). — Réciproquement, on peut n'être pas réputé commerçant, bien qu'on ait pris une patente, si l'on n'a rempli cette formalité que par mesure de prudence (C. Paris 21 mars 1810; — Bordeaux 4 déc. 1846). — *V.* 3988, 4100).

La patente, en effet, est avant tout une mesure de fiscalité; elle n'emporte pas à elle seule la preuve que celui qui l'a prise est commerçant (Cass. 5 nov. 1850, S. 51-1-519; — 30 avr. 1862, S. 62-1-687).

3996. Dénomination générale. — Sous la dénomination de commerçants on comprend les marchands, négociants, banquiers et fabricants. — Le marchand est celui qui fait le commerce de détail. — Les négociants sont les marchands en gros ou dont les opérations ont un grand développement. — Le banquier est celui qui se livre aux opérations de change, à l'escompte des effets de commerce et à leur recouvrement, qui reçoit des dépôts, ouvre des crédits et fait tous les actes ayant pour objet le commerce de l'argent et les valeurs négociables. — Dans les fabricants, on comprend généralement ceux qui font fabriquer par des ouvriers et les artisans qui fabriquent eux-mêmes pour leur propre compte (D. m. j. 7 avr. 1811 et 5 mai 1812, 658, 827 J. N., 4243 J. E., Favard, v° *Commerçant*). — *V.* 4025.

3997. Artisan. — On ne peut considérer comme commerçants, portent deux D. *m.* j. des 7 avril 1811 et 5 mai 1812 (658, 827 J. N.), les ouvriers et les artisans qui ne joignent pas à cette qualité celle de fabricants et de marchands. « L'artisan, dit Pardessus t. 1er n° 81, qui, avec les matières achetées, fabrique des objets qu'il tient exposés en vente ou dans ses magasins ou ses boutiques... nous semble devoir être rangé parmi les *commerçants;* mais celui qui travaille lui-même, ou à l'aide de quelques compagnons ou apprentis, à des ouvrages qu'il livre aussitôt aux consommateurs *qui les lui ont commandés*, et dont le travail est plus cher que la matière qu'il fournit, nous semble devoir conserver le nom d'*artisan.* »

Ces distinctions sont fondées sur la raison et l'équité. Il est évident qu'on ne peut soumettre aux obligations imposées aux commerçants les artisans qui ne travaillent que sur commande, et souvent à la journée, et qui, loin de pouvoir spéculer sur leur industrie, ne l'exercent qu'avec le seul espoir de suffire à leur existence. Mais il n'est pas toujours facile de puiser dans les circonstances de la cause une certitude suffisante pour pouvoir apprécier sûrement le véritable caractère de l'artisan. Il est impossible de poser des règles certaines, applicables à telles ou telles professions ; car, dans une même profession, les uns peuvent être considérés comme artisans, les autres comme commerçants, suivant les circonstances. Nous croyons cependant qu'on peut simplifier les questions en divisant les artisans en trois classes : 1° ceux qui fournissent seulement leur main-d'œuvre ; — 2° ceux qui travaillent à l'*avance* la matière qu'ils ont achetée et qui *tiennent boutique* ; — 3° ceux qui fournissent tout à la fois la main-d'œuvre et la matière. La solution ne peut faire l'objet d'un doute pour les deux premières catégories.

Les artisans de la première ne peuvent, sous aucun rapport, être rangés parmi les commerçants. — *V.* 4043, 4044, 4049, 4070, 4088, 4093, 4115, 4117.

Ceux de la seconde sont au contraire des commerçants de profession. Ce sont ceux qui *vendent les marchandises après les avoir travaillées et mises en œuvre*, et dont les actes sont nommément rangés parmi les actes de commerce par l'art. 632 C. com.

Mais des difficultés sérieuses peuvent naître sur la troisième classe, et c'est ici où les circonstances extérieures sont de nature à exercer une influence souveraine sur les décisions à prendre.

3998. Appréciation des tribunaux. — En résumé, aucune loi n'ayant prescrit des formalités extérieures au moyen desquelles on peut être réputé commerçant, comme cela avait lieu dans l'ancienne législation, la difficulté reste à l'appréciation des tribunaux.

Aussi a-t-il été jugé par la C. cass. le 26 mars 1824 (Dalloz *Jur. Gén.* v° *Commerçant* n° 36), que le jugement qui, d'après les circonstances de la cause, décide que la profession exercée par un individu est plutôt celle d'un artisan que celle d'un commerçant, ou *vice versâ*, ne présente qu'une appréciation de fait non soumise à la censure de la Cour suprême.

Comme la qualité de commerçant résulte de l'exercice fréquent d'actes de commerce, le point essentiel est donc, d'abord, d'examiner la nature intrinsèque des opérations sur lesquelles on se fonde. Or, une telle recherche est difficile parce que la jurisprudence offre beaucoup d'hésitations au sujet de la commercialité d'un grand nombre d'actes. — On trouvera plus loin (n°s 3930 et 4089) l'exposé des principes et l'indication des autorités qui gouvernent cette importante matière.

CHAPITRE II. — CONDITIONS ET FORMALITÉ DU DÉPOT

[3999-4011]

3999. Règle. — Tout contrat de mariage entre époux dont l'un sera commerçant sera transmis par extrait, dans le mois de sa date, aux greffes et chambres désignés par l'art. 872 C. proc. civ., pour être exposé au tableau, conformément au même article. Cet extrait annoncera si les époux sont mariés en communauté, s'ils sont séparés de biens, ou s'ils ont contracté sous le régime dotal (Art. 67 C. com.).

« Le notaire qui aura reçu le contrat de mariage sera tenu de faire la remise ordonnée par l'article précédent, sous peine de 100 francs (20 fr.) d'amende, et même de destitution et de responsabilité envers les créanciers, s'il est prouvé que l'omission soit la suite d'une collusion » (Art. 68 *idem*).

4000. Dépôt. — Les préposés de l'Enregistrement sont chargés de s'assurer de l'accomplissement de ces formalités, et doivent s'adresser, pour obtenir les justifications nécessaires, au notaire rédacteur ; si elles leur étaient refusées, procès-verbal devrait être remis au procureur de la République, chargé des poursuites pour les réclamations de cette nature (1089 § 3 I. G.).

4001. Affiches. — La C. de Paris a décidé, le 16 mars 1821 (173 C.), que s'il n'y a point de chambres de notaires et d'avoués dans la commune du domicile du mari commerçant, l'extrait du contrat de mariage peut n'être pas affiché. — Mais il a été reconnu, par une D. m. f. j. 16 juillet 1823 (1089 I. G., D. N. t. 4 p. 564 n° 44, 4388 J. N., Circ. garde des sceaux 30 avr. 1824), que l'extrait du contrat de mariage passé entre époux dont l'un est commerçant doit être affiché aux greffes des tribunaux de première instance et de commerce, et, *à défaut* de l'existence de ce dernier tribunal, dans la principale salle de la mairie du domicile du mari, et toujours dans les chambres désignées par l'art. 872 C. proc., parce qu'elles existent au chef-lieu de chaque arrondissement. Le principe de cette décision a été consacré par un arrêt de la C. de Bourges du 13 juin 1826 (2237 Roll.).

4002. Domicile. — C'est aux greffes des tribunaux et aux chambres des notaires et avoués de l'arrondissement dans lequel le commerçant est *domicilié* que doit être fait le dépôt de son contrat de mariage, encore bien que le siége de son commerce se trouverait dans un autre arrondissement (Nantes 7 janv. 1846, 14073-2 J. E.).

1. DOMICILE DE LA FEMME. — Si c'est la femme qui est commerçante, le dépôt doit avoir lieu dans l'arrondissement de son domicile et non dans celui du domicile du mari. Le but de la loi, qui est de sauvegarder les intérêts des tiers, ne serait pas atteint, en effet, si la publication n'avait pas lieu dans l'arrondissement du domicile du négociant (Sainte-Menehould 11 janv. 1859, 1293 R. P., 17124-3 J. E.).

2. CHANGEMENT DE DOMICILE. — D'après les mêmes motifs, il a été décidé que, lorsqu'un commerçant qui se marie quitte son domicile pour aller s'installer au lieu du domicile de son conjoint, l'extrait de son contrat de mariage doit être déposé au greffe du tribunal de l'arrondissement de son nouveau domicile, et non de celui de l'ancien. — Les art. 68 C. com., 872 C. proc. et 1445 C. C. n'ont entendu parler que du domicile réel des époux après la célébration de leur mariage ; s'il en était autrement, le but que le législateur s'est proposé ne serait pas atteint puisque les publications

faites dans un arrondissement auquel les deux époux sont devenus étrangers ne porteraient aucun fruit et seraient purement illusoires, et qu'il est même arrivé qu'un notaire a été condamné à l'amende pour s'être écarté de cette doctrine (Vassy 12 janv. 1866). — Le contraire a été cependant soutenu par les rédacteurs du J. du not. (*Bull. du not.* fév. 1866 n° 124).

3. DOMICILES SÉPARÉS. — Si le contrat de mariage a été passé entre deux commerçants domiciliés dans deux arrondissements différents, la publication doit être faite au domicile du mari seul (J. du not. n° 1950).

4. MAISON COMMUNE. — De ce que le lieu du domicile de l'époux commerçant n'est pas un chef-lieu judiciaire, il ne s'ensuit pas que le vœu de l'art. 67 C. com. soit rempli par le dépôt à la maison commune de l'extrait de ce contrat. Ce dépôt, sous peine de contravention, doit être fait au greffe du tribunal de première instance de l'arrondissement dont le lieu du domicile de l'époux fait partie (C. Bourges 13 juin 1848, 9066 J. E.).

De même, l'extrait de mariage de deux époux dont l'un est commerçant doit être affiché, à défaut de tribunal de commerce, dans la principale salle de la maison commune du domicile du mari. Le dépôt au greffe du tribunal civil d'un premier extrait pour la juridiction civile et d'un deuxième pour la juridiction commerciale ne suffit pas. On ne saurait interpréter dans ce sens l'art. 872 C. C., car alors il n'y aurait jamais d'insertion à la mairie et un pareil système restreindrait la publicité que la loi a voulu étendre (Saint-Pol 8 mai 1862, 1638 R. P., 17484 J. N.).

4003. Délai. — Le délai d'un mois, accordé pour faire la remise ou le dépôt, court à partir de la date du contrat de mariage, et non du jour de la célébration ; mais ce délai doit être augmenté d'un jour par cinq myriamètres de distance (13273 J. N.) du lieu où a été passé le contrat à celui où le dépôt doit être fait (D. m. f. 19 oct. 1813, 4968 J. E., 1474 J. N., Roy n° 627; — Grenoble 26 mai 1852, 14788 J. N.).

1. DATE DU CONTRAT. — La date du contrat de mariage n'est pas comprise dans le délai d'un mois accordé par l'art. 67 C. com. pour le dépôt à faire aux greffes des tribunaux aux chambres de discipline (12499-2 J. E., 13723 J. N.; — Seine 9 août 1848, 14683-2 J. E., 13451 J. N.).

2. JOUR FÉRIÉ. — Mais ce délai est absolu, et si le dernier jour du mois est un jour férié, le dépôt doit être fait la veille, à peine de contravention (Seine 9 août 1848, 14683-2 J. E., 13451 J. N.; — Lille 13 sept. 1856, 741 R. P; — Yvetot 14 août 1875, 4288 R. P.). — V. D. N. t. 4 p. 563 n° 37.

4004. Étranger. — Le notaire qui reçoit le contrat de mariage d'une Française avec un commerçant étranger dont l'établissement commercial est à l'étranger, est-il tenu de faire les publications prescrites par l'art. 67 C. com.?

Aux termes de l'art. 67, le contrat de mariage de deux époux, dont l'un est commerçant, doit être transmis par extraits aux greffes et chambres désignés par l'art. 872 C. proc. civ. pour être exposé au tableau conformément aux prescriptions de ce dernier article. L'art. 872, auquel se réfère ainsi l'art 67 C. com., est relatif à la publication des jugements prononçant des séparations de biens, et il contient la disposition suivante : « Extrait de ce jugement contenant la date, etc... sera inséré sur un tableau à ce destiné et exposé pendant un an dans l'auditoire des tribunaux de première instance et de commerce du *domicile du mari*, même lorsqu'il ne sera pas négociant; et s'il n'y a pas de tribunal de commerce, dans la principale salle de la maison commune du *domicile du mari*, pareil extrait sera inséré au tableau exposé en la chambre des avoués et des notaires, s'il y en a. » Il est évident que les chambres d'avoués et de notaires dont il est question dans l'art. 872 sont comme les tribunaux de première instance et de commerce, et la maison commune dont parle d'abord le même article, les chambres de l'arrondissement dans lequel se trouve le *domicile du mari*. Les publications exigées par l'art. 67 doivent donc avoir lieu aux tribunaux de première instance et de commerce et aux chambres de notaires et d'avoués de l'arrondissement du *domicile du mari*.

Dès l'instant qu'il en est ainsi, et aucun doute ne peut s'élever à cet égard, on doit en conclure que la publication du contrat de mariage ne saurait être exigée lorsque l'époux commerçant est domicilié à l'étranger. La publication aux tribunaux et aux chambres du domicile du mari est, en effet, impossible. On n'aurait donc à faire le dépôt, ni à l'ancien domicile du commerçant (J. du not. n° 2393) ni à un domicile d'origine (J. du not. n°s 2495 et 2202). — Il en serait autrement, selon nous, si le mari, bien qu'étranger, avait en France son établissement commercial. Le notaire devrait alors se conformer à l'art 67 C. com. et publier le contrat de mariage dans l'arrondissement de ce domicile.

4005. Réduction de l'amende. — L'art 10 L. 16 juin 1824, qui a réduit toutes les amendes prononcées par la loi sur l'enregistrement, le timbre et le notariat, ne fait aucune exception. L'amende de 100 francs prononcée par l'art. 68 C. com. se trouve donc réduite à 20 francs, puisqu'elle rentre évidemment dans les amendes sur le notariat. Le silence que la loi a gardé à l'égard de cette nature de contravention s'explique suffisamment par ses dispositions qui sont générales et absolues (C. Bourges 13 juin 1826, 9066 J. E.; — Cass. 27 août 1828, 6658 J. N., 9138 J. E., 1272 § 1er I. G.; — C. Douai 24 juill. 1848, 14722 J. E.; — C. Colmar 4 mai 1829, 6924 J. N., D. N. t. 4 p. 566 n° 53).

Si l'on devait entendre par lois sur le notariat toutes celles qui imposent des devoirs aux notaires, dit la doctrine opposée, il eût été inutile d'ajouter à l'expression générique dont se sert l'art 10. précité, les lois résultant du *défaut de mention de patentes dans les actes*, puisque ces dernières lois sont du nombre de celles qui prononcent des peines contre les notaires. Ce rapprochement donne lieu de croire que le législateur a entendu, par lois sur le notariat, celles de l'organisation du notariat, et que, s'il n'a pas compris dans l'art. 10 L. 16 juin l'art. 68 C. com., c'est parce que l'importance de la publicité des contrats de mariage entre époux dont l'un est commerçant, ne permettait pas de réduire l'amende de 100 francs qui, lors de la rédaction du C. com., a été jugée nécessaire pour fixer particulièrement l'attention

des notaires sur l'accomplissement de cette formalité (7847 J. E.; — C. Bourges 21 fév. 1825, 7991 J. E., Dél. 13 fév. 1827, 8679 J. E.; — Bourbon-Vendée 25 juin 1845, 13960-3 J. E.; — C. Colmar 10 juin 1834, 11187-8 J. E., 8703 J. N.).
Mais cette interprétation est aujourd'hui abandonnée.

1. CONDAMNATION SANS RÉDUCTION. — Cependant, bien que la réduction de l'amende soit admise par la jurisprudence, si un jugement prononçait la condamnation de 100 francs d'amende, le notaire, s'il n'exerçait pas un pourvoi en cassation, serait tenu de la payer, car il n'appartient pas à l'Administration d'opérer la réduction (13960 J. E., Sol. 14 avr. 1835, 11187-8 J. E.).

4005 *bis*. Qualité prise. — Il y a controverse sur la question de savoir si l'on doit considérer comme commerçant tout individu qui en a pris la qualité dans divers actes, ou qui l'a reçue d'un jugement passé en force de chose jugée. On peut citer, à l'appui de l'affirmative : C. Paris 11 germinal an 11 ; — C. Bruxelles 17 février 1810;—Cass. 7 mars 1811 ;— Cass. 1er avril 1829 ; — C. Bourges 23 déc. 1831 ; — C. Grenoble 31 août 1832. — *V*. P. à leurs dates.

Toutefois, l'opinion que la *preuve contraire* doit toujours pouvoir détruire cette attribution de qualité semble avoir prévalu (C. Turin 20 mai 1807;—C. Paris 21 mars 1810;—Cass. 26 janv. 1814, 15 mai 1815 et 16 mars 1818; — Orléans 16 mars 1839; — Pointe-à-Pître 30 déc. 1852, 5 R. P., Vincens t. 1er p. 533, Boulay-Paty *des Faillites* t. 1er no 10, Pardessus t. 1er no 94, Orillard *Compétence* no 154, Dalloz vo *Commerçant* no 99).

En matière d'enregistrement, il avait été reconnu que la qualification de commerçant prise dans un contrat de mariage suffisait pour donner lieu à l'amende contre le notaire qui n'a pas effectué le dépôt du contrat de mariage (C. Colmar 4 mai 1829, 2767 Roll.). Mais plusieurs tribunaux ont décidé depuis, et avec raison selon nous, que l'obligation du dépôt n'existe pas quand la qualification de commerçant est le résultat d'une erreur dûment justifiée (Foix 10 juin 1862, 1650 R. P., 17530 J. N.; — Valence 10 déc. 1862, 17668 J. N., 12546 C., ; 17601 J. E., S. 63-2-268;—*Conf.*; Roll. de Vill. *Rép.* vo *Dép.* no 10 et Ed. Clerc, t. 1er p. 376;—Largentière, 11 janv. 1877, 4706 R. P.).

Par contre, la qualité de non-commerçant, de propriétaire, de rentier, etc., ne dispenserait pas du dépôt s'il était établi qu'en réalité l'un des futurs est commerçant : « Attendu, porte un jugement d'Avesnes du 3 novembre 1860 (1458 R. P.), que nonobstant la qualification d'ouvrier menuisier prise par S. fils, dans son contrat de mariage, il résulte des stipulations de ce contrat que ledit S. était bien commerçant en réalité, que son apport en marchandises constitue évidemment de sa part une reconnaissance au moins implicite de sa qualité; que Me D., n'ayant pas déposé ledit contrat, a encouru l'amende. »—*Conf.*: Largentière, 11 janv. 1877, 4706 R. P.

1. OMISSION DE QUALITÉ. — Le notaire ne peut, non plus, être affranchi du dépôt par l'omission de la profession des parties, surtout lorsque cette profession est notoire (C. Colmar 10 mai 1855, art. 470 R. P.; — C. Douai 24 juill. 1848, 14722 J. E., 13682 J. M.). — Jugé dans ce sens que si le futur qualifié de tailleur d'habits est notoirement marchand tailleur, et que le dépôt n'ait pas été fait, il y a contravention (C. Bordeaux 22 juin 1836, 11724-7 et 11909 J. E., 9412 J. N., Pardessus t. 1er no 79, Devilleneuve et Massé no 5).

2. PROFESSION PRINCIPALE. — Mais si la profession commerciale n'est pas la principale, et que le notaire ait énoncé celle plus généralement connue, et qui n'oblige pas au dépôt, il peut, sans contravention, ne pas l'effectuer (C. Douai 24 juill. 1848, 13682 J. N., 14722 J. E.).

4006. Prescription. — D'après l'art. 14 L. 16 juin 1824, l'action pour faire condamner aux amendes est prescrite après deux ans à compter du jour où les contraventions auront été commises dans les cas déterminés par l'art. 68 C. com. pour la publication des contrats de mariage des commerçants. Cette question était vivement controversée avant la loi de 1824 (*V*. Roy. *des Contraventions* no 636). — V. *Prescriptions*.

4007. Pluralité. — Il est dû autant d'amendes qu'il y a de contrats non déposés aux lieux désignés par le Code; mais il n'en est dû qu'une seule par contrat, lors même que le dépôt aurait été omis dans plusieurs greffes et chambres (D. m. f. 4 mai 1814 5004 J. E., 1480 J. N., Dél. 5 sept. 1826, D. N. t. 4 p. 567 no 60, Roy *Manuel des contraventions* no 635.; — Seine 23 juin 1852 et 15 nov. 1854, 256 R. P).

4008. Résiliation. — Si le contrat de mariage est résilié par acte authentique *avant* l'expiration du délai accordé au notaire pour effectuer le dépôt, cette formalité devient sans motif, et l'officier public peut s'en dispenser (Bordeaux 22 juin 1836, 9412 J. N., Roll. de Vill., *Rép.* vo *Dépôt de contrat de mariage* no 12, Dalloz vo *Contrat de mariage* no 285). — La question est plus délicate quand le résiliement intervient après cette époque. Il est certain que le notaire est en faute de n'avoir point déposé le contrat dans le mois, car rien n'établissait alors l'impossibilité du mariage convenu. Mais la résiliation postérieure, en annulant le contrat *ab initio*, a-t-elle le même effet sur la responsabilité du notaire? Nous ne le croyons pas. La cause de l'amende résulte uniquement de l'infraction à l'art. 67 C. com., qui prescrit le dépôt dans un délai fatal; or, cette infraction existe dès que la période légale s'est écoulée sans que le contrat de mariage ait été régulièrement annulé. La résiliation ultérieure de l'acte ne saurait empêcher que le notaire n'ait méconnu l'injonction de la loi. Le ministère public a donc une base suffisante pour réclamer l'application de la peine. Le tribunal d'Anvers l'a reconnu le 3 juin 1804 en ces termes : « Attendu que la contravention existe par cela seul que le cité n'a pas rempli l'obligation qui lui était imposée par la loi, et que l'art. 67 C. com. ne cesse d'être applicable que lorsque la cause qui rend impossible la célébration du mariage projeté existe avant l'expiration du délai fixé par cette disposition » (1994 R. P., 18263 J. N.).

1. CESSATION DU COMMERCE. — On a reconnu, dans le même ordre d'idées, que le notaire est tenu de faire le dépôt par cela seul qu'un des époux était commerçant au moment

du contrat et qu'il a été qualifié tel dans ce contrat, bien que, avant l'expiration du délai d'un mois imparti au notaire pour ce dépôt, l'époux ait cessé d'être commerçant (Pau 27 Déc. 1859, 1395 R. P., S. 60-2-543).

2. COMMENCEMENT DU COMMERCE. — Mais si l'un des époux devenait commerçant par le fait de la célébration de son mariage, il ne le serait pas encore au moment de la rédaction du contrat et le notaire ne serait pas astreint au dépôt (Sol. 28 Sept. 1863; — Loches 16 juill. 1841, 11097 J. N.).

4009. Rétablissement de communauté. — Le notaire qui a dressé l'acte portant rétablissement de la communauté entre époux dont l'un est commerçant, et après séparation judiciaire, n'est pas passible d'amende pour défaut de publication de cet acte (Seine 30 juill. 1856, 723 R. P.).

4010. Effet de la loi du 11 juillet 1850. — La loi du 11 juillet 1850, sur la publicité des contrats de mariage, n'a pu avoir pour effet d'abroger les art. 67 et 18 C. com., car cette loi est une loi générale, et les art. 67 et 68 C. com. sont des dispositions spéciales; et il est de principe que les dispositions spéciales ne sont pas abrogées par les dispositions générales et de droit commun (14199 J. N., Circ. m. j. 13 nov. 1850, 14186 J. N.).

4011. Extraits. — Les extraits de contrat de mariage sont des expéditions sujettes au timbre de 1 fr. 80 cent. Leur remise est suffisamment constatée par un certificat du secrétaire de la chambre. Ce certificat est sujet à l'enregistrement. — V. *Chambre de discipline* 3737-3738.

CHAPITRE III. — PROFESSIONS DIVERSES

[4012-4121]

4012. Acteur. — La Cour de Paris avait décidé, le 24 novembre 1834, que les acteurs ne peuvent être réputés commerçants, à moins qu'ils ne s'associent pour faire une entreprise de spectacle. Mais cette cour a décidé le contraire le 28 novembre 1854 (276 R. P.). — V. 4173-4.

4013. Aéronaute. — L'aéronaute qui, moyennant un salaire, donne au public le spectacle d'une ascension, n'est pas par cela seul commerçant (C. Paris 1er août 1832).

4014. Agent d'affaires. — Les entreprises d'*agence* et des bureaux d'affaires sont des actes de commerce, lors même qu'elles ne concernent pas des affaires commerciales; il est donc hors de doute que les agents d'affaires sont commerçants (Cass. 18 nov. 1813, 5484 J. E.; — C. Paris 6 déc. 1814 et 26 déc. 1822; — Cass. 15 déc. 1824; — C. Paris 24 fév. 1831; — C. Montpellier 26 janv. 1832; — Favard v° *Commerçant* n° 24, Merlin *Quest.* v° *Agences d'affaires* p. 186, Dalloz v° *Commerçant* n° 56, Pardessus n° 42, Vincent t. 1er p. 134, Bioche et Goujet *Procéd.*, *Acte de comm.* 104). — V. 4195.

4015. Agent de change. — De la disposition de la loi qui répute commerciales toutes les opérations de change, il résulte que les agents de change, bien qu'ils ne puissent faire le commerce pour leur compte personnel, sont commerçants (C. Paris, 6 déc. 1821; 22 janv. 1875, 4796 R. P.; — C. Rennes, 29 janv. 1839, Mollot *des Bourses de commerce* n° 12, Savary v° *Agent*, Pardessus n° 128, Orillard *Comp.* n° 362, Goujet et Merger v° *Agent* n° 75, Nouguier *Trib. de com.* t. 1er p. 471, Demangeat t. 6 p. 371). Le contraire a été cependant décidé par la cour de Bordeaux le 10 janvier 1865 (S. 1865-2-142). — V. 4196 et suiv.

4016. Armateur. — Tous les actes relatifs au commerce maritime étant réputés commerciaux, les armateurs sont commerçants (C. Paris 1er août 1810; — Bordeaux 1er août 1831, Carré *Compétence* t. 7 p. 235). — V. 4179.

4017. Artisans. — Sont commerçants tous les artisans qui achètent des marchandises pour les revendre après les avoir travaillées et mises en œuvre (Favard *Commerçant* n° 13, Coin-Delisle *Contrainte par corps* p. 75, Carré *Compétence* t. 1er p. 542, Malepeyre et Jourdain *des Sociétés commerciales* p. 6 et 7). — V. 3997, 4159, 4173-3.

4018. Artiste. — L'achat cesse d'être commercial si la chose achetée ne demeure pas principale au moment de la revente, et ne peut être, au contraire, considérée que comme l'accessoire d'une chose non achetée. Ainsi, le peintre, le sculpteur, en achetant, l'un la toile, les couleurs, l'autre le marbre, qu'ils revendent ensuite convertis en tableaux et en statues, ne sont pas des commerçants (Dalloz v° *Commerçant* n° 28, Pardessus n° 13 et suiv., Locré t. 8 p. 302). — V. 4160.

4019. Assurances terrestres. — Les agents des assurances terrestres *à primes* contre l'incendie sont commerçants (Cass. 8 avr. 1828, 9729 J. E.; — C. Rouen 24 mai 1825; — C. Paris 23 juin 1825; — C. Colmar 25 fév. 1839).

4020. Assurances maritimes. — Même décision pour les compagnies d'assurances maritimes (Cass. 1er avr. 1830, 9729 J. E.).

4021. Assurances mutuelles. — Mais on ne peut considérer comme commerçants les agents des compagnies d'assurances *mutuelles*. Ces sociétés sont purement civiles (C. Rouen 9 oct. 1820; — C. Douai 4 déc. 1820; — Cass. 15 juill. 1829; — Malepeyre et Jourdain *des Sociétés* p. 7 et 8).

4022. Aubergistes. — Les aubergistes sont commerçants parce qu'ils achètent des comestibles pour les vendre aux voyageurs, et leur louent habituellement des lits (Metz 17 avr. 1812 ; — Colmar 25 nov. 1814 ; — Trêves 19 avr. 1809 ; — Cass. 26 juin 1821, 27 août 1824 ; — Saverne 2 avr. 1852, 15544-2 J. E.; — C. Bourges 19 déc. 1823, 755, 4817 J. N., Pardessus t. 1er n° 15 ; — *Contrà :* Cass. 6 déc. 1815, 1879 J. N.).

4023. Auteur et rédacteur. — Un auteur et un rédacteur de journal ne peuvent être assimilés à un commerçant (C. Paris 25 mai 1855, 377 R. P., Pardessus t. 1er n° 15). — *V.* 4161.

4024. Avocat. — Avoué. — Est réputé commerçant un avocat qui fait habituellement des actes de commerce (C. Montpellier 11 mai 1844, Dalloz v° *Commerçant* n° 92).

Il en est de même d'un avoué (C. Rennes 11 mars 1851, S. 51-2-363, et 15 déc. 1871, J. des av. n° 4036).

4025. Banquier. — La qualité de commerçant ne peut être déniée au banquier (C. Rennes 29 janv. 1839). — *V.* 4199.

4026. Batelier. — Un batelier est commerçant, et son contrat de mariage doit être déposé (Dinant 29 déc. 1851, 459 R. P.).

4027. Batteur de grains. — L'entrepreneur de battage de grains qui possède plusieurs machines qu'il loue ou qu'il fait fonctionner par des ouvriers sous ses ordres pour battre les grains des récoltes appartenant aux fermiers, moyennant un salaire de tant par heure, est commerçant; car il spécule sur les machines et sur les ouvriers qu'il emploie. Son contrat de mariage doit donc être publié. — Il en serait autrement s'il s'agissait d'un individu, propriétaire d'une seule machine, qui irait personnellement battre les grains moyennant un salaire de tant par heure. Cet individu est un simple artisan vivant de son travail personnel; sa machine n'est qu'un outil destiné à faire son travail, de même que la faux est l'outil du moissonneur, que l'aiguille est l'outil du tailleur, etc., etc. Le contrat de mariage de cet artisan ne devrait pas être déposé.

4028. Bière. — Est réputé commerçant le marchand de bière, lors même qu'il ne fabriquerait pas la bière qu'il vend (Bordeaux 26 janv. 1835, 11187-9 J. N.; — Saverne 2 avr. 1852, 15544-2 J. E.).

4029. Blanchisseuse. — La qualité de négociant appartient à celui qui exploite un établissement important de blanchisserie (C. Paris 16 juill. 1828, Dalloz v° *Commerçant* n° 41).

4030. Blatier. — Un marchand blatier est commerçant et son contrat de mariage doit être déposé (Loches 23 avr. 1853, 15649 J. E.).

4031. Boucher. — Un marchand boucher est réputé commerçant (Aix 15 janv. 1825, D. P. 25-2-223, Massé t. 3 n° 10).

4032. Boulanger. — De ce que le pain que vendent les boulangers était soumis à la taxe de l'autorité municipale, on a conclu que, toute spéculation sur l'augmentation et la diminution leur étant impossible, et leurs profits consistent uniquement dans le salaire de leur travail, ils ne sont pas commerçants (Cass. 23 fév. 1811, 658 J. N.; — C. Dijon 16 mars 1838, 9984 J. N.). — Cependant, le contraire a été admis, avec plus de raison, par les C. de Grenoble, d'Aix et de Colmar, les 26 juillet 1811, 15 janv. 1825 et 28 novembre 1843 (Dalloz v° *Commerçant* n° 21); par la C. de Rennes 20 juillet 1814 (P.); — par le tribunal de Grenoble le 26 mai 1852 (8784 Fess); — par Carré v° *Compétence* t. 7 p. 128 et par M. Roy n° 631.

4033. Bourrelier. — Sellier. — Est réputé commerçant le bourrelier (Poitiers 17 déc. 1840, Dalloz v° *Commerçant* n° 21 ; — Wissembourg 31 mars 1852, 15590-1 J. E.).

4034. Boutiquière. — Il y a lieu, conformément à l'art. 67 C. com., au dépôt de l'extrait du contrat de mariage d'une boutiquière (Malines 2 août 1861, 8820 J. E. belge).

4035. Briqueteur. — Le propriétaire qui établit *sur son fonds* une briqueterie qu'il exploite n'est pas commerçant, car il ne fait en cela que tirer parti de son immeuble. Peu importerait même qu'il fît de fréquents actes de commerce pour se procurer l'argent nécessaire à son exploitation (Molinier t. 1er p. 118, Dalloz v° *Commerçant* n° 75).

4036. Cabaretier. — Est commerçant le cabaretier, alors surtout qu'il achète des voitures de vin qu'il revend (Cass. 23 avr. 1813 ; — Tournay 24 oct. 1854 ; — C. Colmar 14 juill. 1855, 277 et 455 R. P.). — Son contrat de mariage doit être déposé (Malines 2 août 1861, 8820 J. E. belge).

4037. Cafetier. — Le contrat de mariage d'un cafetier doit être déposé (Nantua 10 déc. 1845, 14073-3 J. E.). — En sa qualité de commerçant, il est justiciable du tribunal de commerce pour les billets qu'il souscrit (C. Rouen 4 déc. 1818, S. t. 19 p. 328, Carré *Compétence* t. 7 p. 126 n° 489).

4038. Caisses d'épargne. — Les administrateurs des caisses d'épargne et de prévoyance sont des agents d'affaires réputés commerçants, excepté quand leurs fonctions leur sont conférées par le Gouvernement, ou lorsqu'ils sont les délégués gratuits de sociétés philanthropiques (Pardessus n° 44, Orillard n° 341).

4039. Capitaine de navire. — Il avait été reconnu que tous les actes relatifs au commerce étant réputés commerciaux, les capitaines de navires étaient commerçants (Bordeaux 1er août 1831) ; c'était également l'avis de Carré *Compétence* t. 7 p. 235 quest. 520). — Mais le même tribunal a consacré depuis une distinction qui paraît très-rationnelle. Si le capitaine de navire n'a aucun intérêt dans la propriété du bâtiment ou dans les opérations maritimes, il n'est pas dans une condition différente de celle des autres gens de mer. Si l'accord qui intervient entre lui et l'armateur est un acte de commerce, c'est au point de vue de ce dernier, et si en course il se livre à des opérations commerciales ce n'est pas en son nom, mais comme mandataire ou commis de l'armateur. Il n'est donc pas commerçant, et c'est pourquoi la loi du 28 avril 1854 ne le soumet pas alors à la patente. — Mais le capitaine deviendrait commerçant s'il faisait le négoce pour son compte et s'il était propriétaire d'une partie du navire, car alors il ne serait plus simplement capitaine mais propriétaire-armateur (Bordeaux 19 juill. 1858, 1292 R. P., 17124-2 J. E.).

Quant au second d'un navire marchand, il ne peut pas être considéré comme commerçant (Bordeaux 11 juill. 1866, S. 66-2-344).

Le simple pilote employé au passage de certains endroits dangereux d'un fleuve ne saurait non plus être réputé commerçant (C. Lyon 9 mars 1867, S. 67-1-256). La solution contraire a cependant prévalu à l'occasion des pilotes lamaneurs (C. Aix 23 fév. 1841, 41-2-222 J. P.).

4040. Carrière. — Le propriétaire qui exploite une carrière sur son propre fonds ne peut être réputé commerçant, car il ne fait en cela que tirer parti de son immeuble (Molinier t. 1er p. 118). — *V.* 4090, 4174.

4041. Cercle de lecture. — Ceux qui tiennent un cercle de lecture, avec appointements fixes, alors qu'ils fournissent des objets de consommation, sont commerçants (Dalloz *Jur. gén.* v° *Acte de commerce* n° 198, *Contrà* C. Grenoble 12 déc. 1829, J. P. à la date).

4042. Chapelier. — *V.* 4093.

4043. Charpentier-Menuisier. — Le charpentier-menuisier, qui ne fait que travailler la matière première, n'est pas un commerçant (Bruxelles 11 juin 1812; — C. Rouen 14 mai 1825).

4044. Charron. — Un maître charron qui fait et fournit les voitures qui sortent de ses magasins est incontestablement commerçant (C. Amiens 4 avr. 1826, 8967 J. E. ; — C. Metz 3 mai 1824, P. ; — Pithiviers 30 août 1838, 12511-5 J. E. ; — Fontainebleau 15 déc. 1842, 6819 Roll. ; — Orléans 25 juin 1850, S. 51-2-13 ; — Pau 27 déc. 1859, 1395 R. P., S. 60-2-543). — Mais le charron qui travaille seulement sur commande et avec les matériaux qui lui sont fournis, celui qui fait plutôt profit de sa main-d'œuvre que des matériaux qu'il emploie, est un simple artisan (C. Orléans 31 déc. 1835, 9109 J. N. ; — Pithiviers 6 déc. 1838, 6003 Roll., Orillard *Compétence* n° 150). Dans ce sens, il a été même décidé que le charron qui achète des planches pour sa profession ne peut être réputé commerçant (C. Turin 3 déc. 1810, 879 J. N., Roy 631).

4045. Colporteur. — Ceux qui font le colportage sont commerçants (C. Paris 4 mai 1829).

4046. Commis-négociant. — Quoique justiciable du tribunal de commerce, à raison de ses engagements envers celui qui l'emploie, le commis-négociant non intéressé ne peut être réputé commerçant (Pardessus n° 77, Massé t. 3 n° 7).

4047. Commissionnaire. — Les entreprises de *commission* confèrent à ceux qui s'y livrent la qualité de commerçants, alors même qu'elles ont rapport à des opérations non commerciales (Dalloz v° *Commerçant* n° 45 ; — Dinan 12 janv. 1855, 459 R. P.).

4048. Constructeur. — Les entrepreneurs de constructions et autres travaux sont-ils commerçants ? La question est fort controversée, et nous ne pouvons à cet égard que renvoyer à la discussion qui a fait l'objet des numéros 203 et suivants, *Jur. gén.* de Dalloz, v° *Acte de commerce.* Disons, cependant, qu'il paraît hors de doute qu'ils doivent être considérés comme des commerçants lorsqu'ils fournissent eux-mêmes les matériaux qu'ils emploient (Turin 17 janv. 1807 C. C.; — Caen 27 mai 1818; — Bourges 19 nov. 1819; — Toulouse 15 juill. 1825; — Limoges 21 nov. 1835; — Rouen 26 déc. 1840; — Poitiers 17 déc. 1840; — Poitiers 23 mai 1841; — Cass. 29 nov. 1842; — Orléans 14 mai 1844, D. *loc. cit.* n° 208; — Poitiers 20 fév. 1851, S. 51-2-637). — *V.* 4182 etc., 4210.

4049. Cordonnier. — Un cordonnier non entrepreneur n'est pas commerçant (C. Colmar 22 nov. 1811, S. t. 14 p. 148). — La simple qualification de bottier ou cordonnier ne donne pas la qualité de commerçant lorsque la personne qui exerce cette profession n'est, au moment de son mariage, qu'un simple artisan vivant de son travail (Pithiviers 6 déc. 1838, 6003 Roll.). Mais il en serait autrement s'il s'agissait d'un maître cordonnier (Huy 16 mai 1855, 458 R. P.).

4050. Courtier de commerce. — Les courtiers de commerce sont commerçants (C. Paris 2 août 1832, Mollot *Bourses de commerce* n° 12).

4051. Culte. — Ceux qui se chargent des frais nécessaires à l'établissement d'un culte sont commerçants (C. Paris 15 avr. 1834).

4052. Danses et divertissements publics. — Les directeurs d'établissements des lieux de danses et autres divertissements offerts au public sont commerçants (Pardessus n° 46, Dalloz v° *Acte de commerce* n° 237, Orillard n° 347, Nouguier t. 1er p. 442).

4053. Débitant de tabac. — Les débitants de tabac sont de simples préposés de la Régie; ce ne sont pas des commerçants, encore qu'ils vendent des pipes et des briquets (C. Bruxelles 6 mars-5 mai 1813 ; — Colmar 30 juill. 1814 ; — Carré *Compétence* t. 2 p. 561 et t. 7 p. 166, Pardessus t. 1er n° 16 ; — Lyon 29 août 1861 et Caen 10 juin 1862, S. 62-2-507 ; — *Contrà* P. ; — C. Metz 28 janv. 1817 ; — Saverne 2 avr. 1852, 15544-2 J. E.).

Il est incontestable que si le débitant joignait à son débit un commerce de mercerie d'une certaine étendue, comme cela arrive assez souvent, on devrait lui attribuer la qualité de commerçant (Massé t. 3 n° 9). — *V.* 4695-6.

Il en est de même des débitants de poudre.

4054. Distillateur. — Pour qu'il y ait acte de commerce dans l'achat pour revendre, il n'est pas nécessaire que la chose achetée soit revendue *en nature*; l'art. 632 décide expressément que l'achat conserve le caractère commercial, quoique, avant la revente, la chose ait été travaillée. Ainsi, le distillateur est commerçant, *à moins qu'il ne distille ses propres produits* (Bruxelles 11 déc. 1852 ; — Thermonde 10 mai 1855-6 et 428 R. P.).

4055. Ébéniste. — On doit réputer commerçant celui qui, dans un contrat de mariage où il prend la qualité d'ébéniste, déclare faire apport de son *fonds de boutique* (Bordeaux 19 janv. 1835, Dalloz *Jur. gén.* v° *Commerçant* n° 35, 8839 J. N. ; — Fontainebleau 28 déc. 1843, 6897 Roll.).

4056. Éleveur. — Le propriétaire qui achète habituellement des bestiaux pour les engraisser dans ses herbages et pour les revendre ensuite est réputé commerçant (C. Rouen 14 janv. 1840 ; — Bourges 14 fév. 1840). — *V.* 4154, 4194.

4057. Entrepreneur. — Un entrepreneur de travaux publics qui achète habituellement des matériaux qu'il livre à ceux avec lesquels il traite est un commerçant (Nancy 20 juill. 1870, S. 70-2-28). — *V.* 4174.

Il en est de même de l'entrepreneur de la construction d'un chemin de fer (Cass. 2 fév. 1869, S. 69-1-220). — *V.* 4076.

Ou de celui qui fait exécuter des travaux de confection dans un atelier (Cass. 8 août 1867, S. 68-1-349).

4058. Étalagiste. — Il est des individus qui, bien qu'ils achètent pour revendre, ne sauraient, à raison du peu d'étendue de leur trafic, être qualifiés commerçants : tels sont, comme le fait observer Molinier, *Traité du droit commercial* p. 105, ceux dont tout le fonds est renfermé dans une hotte ou étalé sur un éventaire : « Ceux qui exercent ces modestes industries, dit très-bien cet auteur, ne perçoivent, à titre de bénéfices, que la rétribution de leur travail journalier. On peut moins les considérer comme des spéculateurs faisant le commerce que comme des industriels qui se procurent du travail et à l'aide d'un modique capital. »

4059. Fabricant. — De la disposition de la loi qui répute acte de commerce les entreprises de manufacture, il faut conclure que les fabricants sont commerçants (D. m. j. 7 avr. 1811 et 5 mai 1812, 658, 827 J. N., 4243 J. E.).

4060. Fabricant de sucre. — Celui qui emploie le produit de ses terres à la fabrique du sucre n'est pas commerçant (Douai 22 juill. 1830 ; — Charleroi 19 nov. 1853, 6 R. P.).

Mais il n'en est plus de même si on ne se borne pas à fabriquer les produits récoltés et si l'on en ajoute d'autres provenant de fonds étrangers (Douai 3 av. 1841). — *V.* 4194.

4061. Facteur aux halles. — Ce sont des agents institués par l'Administration pour effectuer la vente des denrées apportées aux différentes halles. Ce sont des espèces de commissionnaires et par suite des commerçants (Paris 9 juill. 1825.).

4062. Fermier. — Le fermier ou le propriétaire qui achète habituellement des bestiaux pour les engraisser dans les herbages dont il est propriétaire ou fermier, est réputé commerçant (C. Rouen 14 janv. 1840, S. 40-2-201). — *V.* 4056, 4154, 4194.

4063. Filateur. — Est réputé commerçant l'entrepreneur de filature qui convertit en fils la laine ou le coton qui lui sont confiés dans cette vue (Pardessus t. 1er n° 35, Molinier *Droit com.* t. 1 n° 35).

4064. Fonds publics. — Ceux qui spéculent habituellement sur les fonds publics sont-ils commerçants? — Pour l'affirmative : (Cass. 18 fév. 1806, 29 juin 1808, C. Paris 29 déc. 1807, 14 févr 1810) ; — Pour la négative : (Paris 15 avr. 1809, 7 avr. 1835, 14 mars 1842). — Dalloz, qui cite ces arrêts, *Jur. gén.* t. 2 v° *Commerçant*, se prononce pour l'affirmative, ainsi que Merlin *Rép.* v° *Effets publics* n° 4).

4065. Foulonnier. — Le foulonnier est commerçant lorsque son établissement est tel qu'il constitue, par son importance, un établissement de manufacture (C. Rouen 2 déc. 1825).

4066. Fournisseurs. — Les entreprises de fournitures étant des actes de commerce, il y a lieu de réputer commerçants les fournisseurs en général. — *V.* 4155.

4067. Garçon coiffeur. — Un garçon coiffeur n'est pas commerçant (C. Paris 20 juill. 1831).

4068. Huissier. — Est réputé commerçant un huissier qui fait habituellement des actes de commerce (C. Paris 14 fév. 1844).

4069. Journaliste. — Un journaliste n'est pas commerçant par cela seul qu'il publie des articles venant de divers collaborateurs (Paris 25 mai 1855, S. 55-2-413; — Lyon 22 août 1860, S. 61-2-103. — *Contrà* Alauzet n° 2020, Orillard n° 264). — *V.* 4161.

4070. Juge. — Un ancien juge d'un tribunal de commerce, qui a accepté ou tiré des effets de commerce, n'est pas par cela seul réputé commerçant (C. Rennes 10 avr. 1811, 922 J. N.).

4071. Limonadier. — Un limonadier-confiseur n'est point réputé commerçant, lorsqu'il ne peut être prouvé qu'il fait habituellement des actes de commerce par l'achat et revente en gros de denrées de différentes espèces (C. Turin 3 déc. 1811 et 7 janv. 1812).

4072. Loterie. — Le titulaire d'un bureau de loterie peut être regardé comme commerçant (C. Paris 26 avr. 1811, 665 J. N., S. t. 11 p. 369).

4073. Loueur de voitures. — Celui qui exploite des voitures dites de place partant d'occasion où à volonté est commerçant. Son contrat de mariage doit donc être déposé (Malines 15 déc. 1859, 1315 R. P., 17089-1 J. E.). — *V.* 4153.

4074. Maçon. — L'extrait du contrat de mariage d'un maçon doit être déposé (Dinan 16 fév. 1855, 487 R. P.).

4075. Maison d'éducation. — Le maître de pension ne peut être réputé commerçant (C. Paris 19 mars 1814, 1879 J. N.; — Cass. 23 nov. 1827, 6518 J. N., J. P.; — C. Paris 10 mars 1831, 21 avr. 1838, 13 juin 1843; — *Contrà* P.; — C. Paris 26 nov. 1807; — Rouen 30 mai 1820).

Mais il devient commerçant s'il se livre habituellement à des actes de commerce (Paris 11 juill. 1829, S. 29-2-219). L'achat par lui fait de la clientèle et du matériel de l'établissement ne constitue pas un acte de commerce (Paris 16 janv. 1835, S. 35-2-199). Il en est de même des achats par lui faits pour l'entretien de ses élèves (Orillard n° 268).

4076. Maison de tolérance. — Les teneurs de maisons de tolérance ne peuvent être assimilés à des commerçants (C. Colmar 28 juin 1866, S. 66-2-364).

4077. Maison de santé. — N'est pas commerçant le médecin qui tient une maison de santé (C. Paris 15 avr. 1837.

4078. Maître de forges. — Est réputé commerçant le maître de forges qui achète du minerai pour le revendre transformé (Dalloz v° *Commerçant* n° 27; — Bourges 2 juill. 1851, S. 53-2-110, P. 51-2-442).

4079. Maître d'hôtel. — Les achats d'objets nécessaires à l'exploitation d'un hôtel garni sont commerciaux; d'où l'on a induit que les maîtres d'hôtels garnis sont commerçants (C. Paris 21 nov. 1812).

Le fait de louer en garni les appartements et les meubles d'une maison dont on est propriétaire n'imprime pas par lui-même au locateur la qualité de commerçant, lors même qu'il payerait une patente (Cass. 30 avr. 1862, S. 62-1-687).

4080. Maître de poste. — Les maîtres de poste sont-ils commerçants? Pour l'affirmative, on dit que leur profession habituelle est d'acheter des chevaux pour les louer et d'entreprendre des transports (C. Bruxelles 30 avr. 1812, 861 J. N.; — C. Paris 6 oct. 1813; — Cass. 6 juill. 1830; — C. Orléans 21 fév. 1837; — C. Paris 22 fév. 1841; — Lyon 7 mai 1841). Cette doctrine paraît exacte, et elle est enseignée par Dalloz *Jur. gén.* v° *Acte de commerce* n° 179.

4081. Manufacturier. — De la disposition de la loi qui répute les actes de commerce, les entreprises de manufactures, il faut conclure que les manufacturiers sont commerçants (Paris 9 sept. 1813, S. 16-2-70). — *V.* 4174 etc.

4082. Marchand de biens. — L'achat pour revendre n'étant réputé commercial qu'autant qu'il a pour objet des denrées et marchandises, ne sont pas réputés commerçants ceux qui achètent habituellement des biens pour les revendre (Cass. 18 brum. an 13, 14 déc. 1819; — C. Paris 14 mai 1812; — Metz 18 juin 1812; — Lyon 26 fév. 1829; — Bourges 4 déc. 1829; — Paris 8 et 11 déc. 1830; — Orléans 16 mars 1839; — Bastia 4 avr. 1843; — Bourges 10 mai 1843; — Nancy 30 nov. 1843; — Merlin *Quest.* v° *Commerçant*, Pardessus t. 1er n° 8, Malepeyre et

Jourdain *des Sociétés* p. 9 ; — *Contrà* C. Paris 11 mars 1806 et 11 fév. 1807). — V. 4193 etc.

1. CONSTRUCTIONS. — Cependant, celui qui achète habituellement des terrains, pour y élever des constructions et les revendre, est considéré comme négociant (C. Paris 11 fév. 1837). — V. 4157, 4182, 4210.

4083. Marchand de grains ou de farines. — L'extrait du contrat de mariage d'un marchand de grains ou de farines doit être déposé (Charleroi 10 déc. 1854 ; — C. Colmar 16 mai 1855, 456 et 476 R. P.).

4084. Marchande de modes. — Il en est de même à l'égard d'une marchande de modes (Dinan 16 fév. 1855, 487 R. P.).

4085. Maréchal-ferrant. — Est réputé commerçant le maréchal-ferrant qui, dans son contrat de mariage, déclare apporter son fonds de maréchalerie, et qui prend cette qualité dans son contrat de mariage (Fontainebleau 28 déc. 1843 ; — Oudenarde 13 mai 1868, 2795 R. P. — V. C. Douai 30 juill. 1850, S. 50-2-482).

4086. Médecin-accoucheur. — Est réputé commerçant un médecin-accoucheur qui fabrique et vend des instruments de chirurgie (Cass. 22 mars 1820).

1. MÉDICAMENTS. — Le médecin ou l'officier de santé qui achète ou revend des drogues à ses malades, conformément à l'autorisation de la loi du 21 germinal an 11, là où il n'y a pas de pharmacie, ne fait pas acte de commerce, attendu que pour qu'il y ait acte de commerce, il faut que la revente ait lieu dans les circonstances ordinaires c'est-à-dire librement et publiquement (Rennes 20 janv. 1859, 1173 R. P., S. 59-2-256, P. 59-755).

4087. Menuisier. — Est réputé commerçant le menuisier qui prend la qualité de commerçant dans son contrat de mariage (Fontainebleau 28 déc. 1843, 6897 Roll.).

4088. Meunier. — Le meunier qui est en même temps marchand de grains ou de farines est réputé commerçant (Cass. 26 janv. 1818 ; — C. Angers 11 déc. 1823, S. t. 24 p. 86, 835 Roll., Pardessus t. 1er n° 14, Carré *Compétence* t. 2. n° 146). — Il en serait autrement s'il se contentait de moudre le grain qu'on lui apporte (Colmar 23 mars 1814 ; — Bruxelles 11 déc. 1852, 6 R. P. ; — Besançon 6 avr. 1859, S. 59-2-521). Cette solution est contestable. — V. 4194.

4089. Militaire. — Ouvrier. — Un militaire (sellier, cordonnier, tailleur, armurier) peut faire des actes de commerce isolés, mais il n'est pas commerçant. Il ne travaille que pour les personnes de son corps, fait fabriquer à des prix fixés par le conseil d'administration et par des ouvriers qui lui sont imposés. Il travaille sur des fournitures que lui donne le régiment et reçoit un salaire déterminé par ses supérieurs. Enfin, le titre de maître ouvrier est conféré ou enlevé par une décision ministérielle ; nous croyons donc que le contrat de mariage de ces personnes ne doit pas être déposé.

4090. Mines. — Les concessionnaires et exploitateurs des mines ne sont pas commerçants (Dalloz v° *Commerçant* nos 73, 74) ; mais est réputé commerçant celui qui extrait des matières minérales sur un terrain qui ne lui appartient pas, et les convertit en des objets qu'il revend (Cass. 15 déc. 1835).

Jugé également que le propriétaire d'une mine ne fait pas nécessairement acte de commerce en vendant les produits de l'exploitation de cette mine (Cass. 31 janv. 1865, S. 65-1-123). Et il en est ainsi, alors même que la propriété de la mine appartient à une société, si rien n'établit que cette société ait un caractère commercial (*Ibid.*). — V. 4174.

4091. Mont-de-piété. — Les agents des monts-de-piété dont l'objet, étranger à tout esprit de trafic, est de venir au secours des classes pauvres, ne sont pas des commerçants (Dalloz v° *Acte de commerce* n° 258).

Jugé, dans ce sens, que les commissionnaires au mont-de-piété ne sont pas des commerçants et ne font pas acte de commerce en cédant leur charge (Seine 12 avr. 1870, S. 72-2-121).

4092. Notaire. — La qualité de notaire n'est pas un obstacle à ce que celui qui se livre habituellement à des opérations de banque et tient une agence d'affaires puisse être réputé commerçant (J. P., Cass. 11 mars 1813 ; — Rouen 9 août 1843 ; — Paris 24 fév. 1831 ; — Cass. 28 mai 1828 ; — C. Paris 29 mars 1827, 6666 J. N.).

4093. Ouvrier. — Les ouvriers qui reçoivent des matières premières pour les travailler et les rendre façonnées ne sont pas des commerçants (Rouen 5 sept. 1811 ; — Bruxelles 9 sept. 1825).

Le contrat de mariage d'un ouvrier chapelier à qui on fait donation d'un fonds de commerce de chapellerie ne doit pas être déposé, attendu que, s'il est vrai que cet ouvrier doive devenir commerçant dans un temps très rapproché, il est également certain que, ne l'étant pas au moment du contrat, le notaire n'est pas dans l'obligation de donner à ce contrat la publicité voulue par les art. 67 et 68 C. com. (Loches 16 juill. 1841, 11097 J. N.).

4094. Peintre en bâtiments. — Est réputé commerçant le peintre en bâtiments qui fait habituellement des actes de commerce et prend cette qualité dans son contrat de mariage (Fontainebleau 28 déc. 1843, 6897 Fess.).

4095. Pension bourgeoise. — Les individus qui tiennent une pension bourgeoise ne sont pas commerçants (C. Limoges 16 fév. 1833; — *Contrà* Dalloz *Jur. gén.* vº *Acte de commerce* nº 199).

4096. Pépiniériste. — Un jardinier pépiniériste n'est pas justiciable des tribunaux de commerce pour fait de vente des arbres provenant de sa pépinière (C. Colmar 17 juin 1809, S. t. 14 p. 370; — Metz 4 août 1819; Carré *Procéd.* t. 2 nº 1518. — *V.* 4194.

4097. Percepteur des contributions directes. — Il n'est pas commerçant, s'il ne fait point habituellement des actes de commerce (C. Paris 25 juill. 1811, 665 J. N.).

4098. Pharmacien. — Un pharmacien est-il commerçant? La jurisprudence paraît se fixer pour l'affirmative (Metz 19 nov. 1813; — C. Nîmes 27 mai 1829, 3167 Roll.; — C. Caen 28 déc. 1840; — Rouen 30 mai 1840; — Beaune 29 mars 1845, 12631 J. N., 13750-1 J. E.; — Draguignan 10 oct. 1854, 275 R. P.; — Paris 25 mars 1858, S. 59-2-25, 1048 R. P.; — Grenoble 28 mars 1859, S. 59-2-257, 1174 R. P., 16938 J. E.; — Molinier 8 1 p. 116; Alauzet 4-2647; — *Contrà* C. Montpellier 19 fév. 1836, 9257 J. N.; — Turin 5 janv. 1811, Roy 631).

Il semble qu'il faut distinguer : Dans les villes, l'exercice de la pharmacie comprend, en dehors de la vente des remèdes, un débit important de substances médicamenteuses simples qui ne subissent aucune manipulation, appelées remèdes officinaux, et d'autres objets utiles à l'hygiène; pour ceux-là, la qualité de commerçant n'est pas douteuse. — Mais le pharmacien d'une petite localité ne vend qu'accidentellement des articles de commerce. Ses fonctions se bornent à préparer des remèdes magistraux, prescrits par les ordonnances et qui tirent presque toute leur valeur de la science qui préside à leur confection. Ainsi limité, l'art des pharmaciens est une profession libérale et les matières premières des remèdes ne sont plus que l'accessoire de l'industrie.

A Paris, dit le J. du not., les notaires font toujours le dépôt des contrats de mariage des pharmaciens (nº 1906).

Du reste, quand le pharmacien est commerçant, la circonstance qu'il a cédé sa pharmacie à sa femme ne saurait modifier sa qualité. La cession, en effet, ne peut emporter transmission du diplôme ni remplacer le titulaire, seul gérant responsable (C. Paris 25 mars 1858, S. 59-2-25, 1048 R. P.). — *V.* 4195-3.

4099. Pompes funèbres. — L'entrepreneur du service public des pompes funèbres doit être rangé dans la classe des commerçants, à raison des fournitures qui lui sont faites relativement à son entreprise; il est réputé avoir acheté pour revendre (Cass. 9 janv. 1810, S. t. 10 p. 125, Carré *Compétence* t. 7 p. 149, Pardessus t. 1er nº 21).

4100. Propriétaire. — Quelques actes isolés de commerce peuvent bien rendre celui qui s'y livre justiciable des tribunaux de commerce, mais ils ne constituent pas l'*habitude* nécessaire pour lui attribuer la qualité de commerçant. Ainsi, le propriétaire qui, sans faire état d'acheter pour revendre, reçoit de ses fermiers, au lieu du papier-monnaie, pour prix de ses fermages, des denrées et marchandises, dont il fait ensuite la vente, n'est pas réputé commerçant (C. Paris 21 mars 1810). — Mais la loi qualifiant d'acte de commerce tout achat de marchandises pour les revendre, on doit réputer commerçant le propriétaire qui se livre chaque année, dans une saison particulière, à l'achat et à la revente de certaines marchandises (C. Nîmes 28 avr. 1831, Dalloz vº *Commerçant* nº 19).

Cependant, le propriétaire qui se bornerait habituellement à vendre les denrées de son cru ne serait pas réputé commerçant. Tel est le propriétaire de matières premières qu'il tire de son propre fonds, qu'il convertit ensuite, soit par ses mains, soit par celles d'ouvriers, en objets d'une autre forme ou qualité, qu'il vend ensuite à des particuliers ou à des marchands (Merlin *Quest.* vº *Commerçant* p. 94, Pardessus t. 1er nº 11). — Tel serait encore le propriétaire d'une ardoisière, bien qu'il façonne lui-même les ardoises, et qu'il ait pris une *patente* (Metz 24 nov. 1840). — *V.* 4194.

4101. Receveur particulier. — Est réputé commerçant un receveur particulier des finances qui fait habituellement des actes de commerce (Cass. 3 juill. 1837).

4102. Régent de la Banque. — Un régent de la Banque n'est pas commerçant (C. Paris 21 mars 1810).

4103. Remplacement militaire. — Étaient commerçants ceux qui assuraient contre les chances du sort (CC. Grenoble 19 juill. 1830; — Colmar 25 fév. 1839; — Paris 28 mai 1842; — Orléans 14 mai 1842); — et ceux qui procuraient des jeunes gens aux directeurs d'assurances (C. Nancy 14 mai 1839; — Rennes 26 avr. 1841; — Cass. 3 juill. 1844).

4104. Restaurateur. — Les restaurateurs sont commerçants (C. Bruxelles 23 avr. 1832).

4105. Revendeur. — Un revendeur est commerçant (C. Colmar 16 mai 1855, 476 R. P.).

4106. Roulier. — Un roulier doit être réputé commerçant (Dinan 12 janv. 1855, 459 R. P.).

4107. Sage-femme. — La sage-femme qui reçoit chez elle des pensionnaires n'est pas commerçante (C. Paris 15 avr. 1837), à moins que le nombre ne soit tel qu'il puisse constituer un établissement commercial (Même arrêt).

4108. Salpêtrier. — Les salpêtriers libres sont commerçants, mais il n'en est pas de même de ceux qui sont commissionnés par le Gouvernement (Angers 28 janv. 1824).

4109. Sculpteur. — Le sculpteur n'est pas un commerçant dont le contrat de mariage doive être déposé (C. Grenoble 28 mars 1859, 1174 R. P., 16938 J. E., S. 59-257).

4110. Serrurier. — Le serrurier en bâtiments qui achète habituellement du fer pour le revendre après l'avoir travaillé est essentiellement commerçant, encore qu'il travaille pour des entreprises ou des commandes (Cass. 5 mars 1812, S. t. 13 p. 187; — Pardessus t. 1er n° 17, Legraverend t. 1er chap. 6 n° 26; — Colmar 28 mai 1850, S. 51-2-487; — Bedaride t. 1er n° 37, Orillard *Comp.* : 150, Nouguier t. 1er p. 370 n° 2, Gouget et Merger *Acte de com.* n° 66, Alauzet t. 4 n° 2041).

4111. Spéculateur. — Un individu peut être réputé commerçant à raison des spéculations auxquelles il se livre habituellement (Cass. 27 avr. 1847, Dalloz v° *Commerçant* n° 93).

4112. Spectacles. — Les directeurs de spectacles sont des commerçants, lorsque les spectacles sont leur propriété. Mais il n'en est pas de même des directeurs de théâtres établis par le Gouvernement (Pardessus n° 46, Dalloz *Jur. gén.* v° *Act. de com.* n° 235 et suiv.).

4113. Taillandier. — Est réputé commerçant le taillandier qui achète du fer pour le revendre transformé (Dalloz v° *Commerçant* n° 27).

4114. Tailleur d'habits. — Un maître tailleur d'habits qui vend les étoffes qu'il confectionne est commerçant (C. Bordeaux 22 juin 1836, 5510 Roll.).

4115. Tailleur de pierres. — Un maître tailleur de pierres n'est pas commerçant s'il se borne à tailler lui-même, ou à faire tailler par ses ouvriers, les pierres qui lui sont confiées pour cet objet. Mais s'il achète habituellement des pierres brutes pour les revendre après les avoir travaillées, il peut être considéré comme un commerçant (Cass. 15 déc. 1830, 3653 Roll., Orillard *Comp.* : n° 150).

4116. Tanneur. — Un marchand tanneur qui achète et revend les peaux après les avoir préparées est réputé commerçant (Cass. 24 juin 1835; — Dinan 22 juin 1855, 429 R. P.).

4117. Teinturier. — Un teinturier imprimeur en toiles n'est pas réputé commerçant (C. Turin 11 déc. 1811).

4118. Tontines. — Sont réputés *agents d'affaires*, et par suite commerçants, les administrateurs des tontines (C. Paris 4 mars 1825; — Cass. 15 déc. 1824).

4119. Transport. — Les entrepreneurs de transport des personnes et des marchandises sont des commerçants, même ceux qui font les transports pour le Gouvernement, lorsqu'ils ne sont pas de simples agents commissionnés (Cass. 22 frim. an 9, 11 vendém. an 10; — Lyon 30 juin 1827). — V. 4173-7, 4175, 4176, 4177.

4120. Tuilier. — Un fabricant de tuiles est commerçant, et son contrat de mariage doit être déposé (Grenoble 26 mai 1852, 8784 Fess.).

Jugé cependant que le tuilier qui exploite dans sa fabrique les matériaux provenant de ses terres n'est pas, quoique patenté, un commerçant dont le contrat de mariage doive être déposé (Beaune 22 janv. 1862, 1776 R. P.)

4120 *bis*. Vétérinaire. — Le vétérinaire qui pratique exclusivement son art n'est pas commerçant (C. Nancy, 19 juill. 1876, 4659 R. P.). — V. 4098.

4121. Voiturier. — Le voiturier est réputé commerçant (Bruxelles 18 fév. 1829).

TITRE II. — DES ACTES DE COMMERCE

[4122-4232]

CHAPITRE PREMIER. — LÉGISLATION ET TARIF

[4122-4125]

4122. Tarif. — Une loi du 11 juin 1859 a accordé à certains actes commerciaux le privilége d'être enregistrés provisoirement au droit fixe et de n'acquitter le droit proportionnel que lors de leur constatation dans un acte public ou dans un jugement. Elle est ainsi conçue :

« Art. 22. Les marchés et traités réputés actes de commerce par les art. 632, 633 et 634 n° 1er C. com., faits ou passés sous signature privée, et donnant lieu au droit proportionnel, suivant l'art. 69 § 3 n° 1er et § 5 n° 1er L. 22 frimaire an 7, seront enregistrés provisoirement moyennant un droit fixe de 2 francs, et les autres droits fixes auxquels leurs dispositions peuvent donner ouverture d'après les lois en vigueur. Les droits proportionnels édictés par ledit article seront perçus lorsqu'un jugement portant condamnation, liquidation, collocation ou reconnaissance, interviendra sur ces marchés et traités, ou qu'un acte public sera fait ou rédigé en conséquence, mais seulement sur la partie du prix ou des sommes faisant l'objet, soit de la condamnation, liquidation, collocation ou reconnaissance, soit des dispositions de l'acte public.

« Art. 23. Dans le cas prévu par l'art. 57 L. 28 avril 1816, le double droit dû en vertu de cet article sera réglé conformément aux dispositions de l'art. 22 de la présente loi, et pourra être perçu lors de l'enregistrement du jugement.

« Art. 24. Les dispositions qui précèdent seront appliquées aux marchés et traités sur lesquels des demandes en justice ont été formées antérieurement à la présente loi, et qui n'auraient pas encore été enregistrés. Néanmoins, il ne sera perçu que les droits simples, si lesdits marchés et traités sont soumis à la formalité de l'enregistrement dans le mois de la promulgation de la présente loi, au plus tard, en même temps que le jugement, s'il est rendu avant l'expiration de ce mois.»

Le droit fixe de 2 francs a été porté à 3 francs par l'art. 4 L. 28 février 1872.

4123. Caractères distinctifs de l'acte de commerce. — La première question à résoudre est de savoir ce que la loi de 1859 entend par un *acte de commerce*. Ces mots n'ont évidemment pas dans son esprit une acception différente du droit commun auquel d'ailleurs son texte prend soin de renvoyer. C'est après avoir déterminé selon les règles du C. com. la nature commerciale de l'acte que le receveur l'admettra au bénéfice de l'enregistrement au droit fixe. Or, en droit commercial, la détermination de la nature d'un contrat présente deux aspects complexes souvent combinés. Quand le contractant est négociant, cette qualité élève contre lui une présomption par l'effet de laquelle il est réputé, jusqu'à preuve contraire, s'être obligé à raison de son commerce : l'acte est donc de plein droit commercial. En second lieu, il y a certains actes tels que les lettres de change qui ont en eux-mêmes, abstraction faite de la qualité de ceux qui les consentent, un caractère pleinement commercial. « C'est pourquoi, disait l'orateur chargé d'exposer les motifs du C. com., la compétence des tribunaux consulaires a dû être déterminée, soit par la nature de l'acte litigieux, soit par la qualité de la personne » (Thiériet p. 234 et 235). — Ces deux éléments doivent donc être aussi consultés pour apprécier le caractère de la convention à enregistrer. L'I. G. n° 2153 avait évidemment tracé une règle inexacte sur ce point, en déclarant « qu'il fallait s'attacher à examiner la nature même de l'acte sans se préoccuper de la profession ou de la qualité des signataires. » Nous avons signalé, au n° 1468 R. P., toutes les inconséquences de cette doctrine sur laquelle du reste il n'a pas été insisté et qui n'a jamais prévalu.

4124. Qualité des parties. — Lorsqu'il s'agit d'un acte qui n'est point en lui-même commercial, il peut avoir ce caractère à l'égard d'un contractant et conserver sa nature civile à l'égard de l'autre : telle est, pour en donner un seul exemple, une vente de grains faite à un spéculateur par le propriétaire. Or, ce contrat pourra-t-il, malgré l'élément civil qui s'y rencontre, profiter du bénéfice de la loi de 1859? Cette difficulté a été prévue dans la discussion de la loi au Corps législatif. On avait même proposé un amendement pour lever tous les doutes que pourrait laisser subsister la rédaction de l'article. Mais le président du conseil d'État déclara que cet amendement était inutile, parce que la loi avait été préparée dans ce sens et qu'il se bornait à développer ce qu'elle avait voulu dire, ce qu'elle disait réellement. Le projet de loi portait, en effet, que ses dispositions ne s'appliqueraient qu'aux actes faits *entre commerçants*. Ces derniers mots furent supprimés, du consentement de l'Administration de l'enregistrement même, sur l'observation du tribunal de commerce de la Seine qu'il y avait des actes réputés actes de commerce qui avaient lieu entre commerçants et non-commerçants (V. *Moniteur* du 26 mai 1859). Nous avons également discuté cette question avec tous les développements nécessaires, au n° 1168 R. P.

C'est ce que le tribunal de la Seine a reconnu, le 29 novembre 1861, au sujet de l'achat fait par un commerçant à un inventeur d'un procédé d'éclairage : « Attendu qu'il résulte de la discussion de la loi du 11 juin 1859, que la loi, au lieu d'être restreinte au cas où les actes seraient faits entre commerçants, s'étendrait à celui d'un acte dans lequel interviendraient concurremment un commerçant et un non-commerçant; qu'il suffit que l'acte considéré en lui-même indépendamment de la condition d'une des parties contractantes soit un acte de commerce (1558 R. P., 17296 J. N., 17421 J. E., 12131 C.; — *Conf.* : Saint-Brieuc 19 fév. 1866, 2287 R. P.; — Seine 18 août 1866, 2366 R. P.).

La chambre des requêtes de la C. cass. a consacré cette opinion, en décidant, le 5 juin 1867 : « que les termes de l'art. 22 de la loi sont généraux et absolus; qu'ainsi, ils sont exclusifs de toute distinction entre le cas où l'acte est commercial à l'égard de toutes les parties qui ont eu à y concourir et qu'il n'a ce caractère que vis-à-vis de l'une d'elles; qu'il ressort de la discussion qui a précédé l'adoption de cet article que le bénéfice de l'exception qu'il crée doit profiter à tout acte qui, en lui-même, et indépendamment de la qualité des personnes est un acte de commerce (2519 R. P., 2358-1 I. G., B. C. 118, P. 67-888).

4125. Règle. — Il faut donc, pour déterminer le caractère commercial d'un contrat, s'en référer aux principes du droit commun. Mais la matière offre de grandes difficultés, parce que la solution dépend, dans la plupart des cas, d'une appréciation de faits qui varie selon les espèces. Le cadre déjà très-étendu de cet ouvrage ne permet pas d'aborder le développement didactique des nombreuses questions soulevées dans la pratique. Néanmoins, comme la difficulté est fréquente et qu'elle a des applications en matière d'enregistrement non seulement au sujet de la loi du 11 juin 1859, mais à l'égard de plusieurs autres points de vue, nous devons présenter le résumé succinct, mais complet, de la doctrine et de la jurisprudence.

CHAPITRE II. — CARACTÈRE DES ACTES DE COMMERCE

[4126-4205]

SECTION PREMIÈRE. — DISPOSITIONS COMMUNES

[4126-4145]

4126. Présomption de commercialité. — En général, toute obligation souscrite par un commerçant est réputée commerciale, à moins de preuve contraire (C. com. 632-638, Pardessus *Droit com.* t. 1er n° 49, Devilleneuve et Massé *Diction. du content. com.* v° *Acte de com.* §§ 1er et 8, Molinier *Droit com.* t. 1er nos 87 et suiv.;— Cass. 14 juin 1865, S. 67-1-440).

Peu importe que l'engagement contracté par le commerçant soit verbal ou rédigé par écrit unilatéral de sa part ou synallagmatique (Pardessus n° 50), ou que le contrat ait pour objet direct des choses se rattachant accessoirement au commerce des parties (Cass. 24 janv. 1865, S. 65-1-153).

4127. Billets. — L'art. 628 C. com., qui répute faits pour son commerce, lorsqu'une autre cause n'y est pas énoncée, les billets souscrits par un négociant, s'applique aux obligations notariées consenties au profit même d'un non-négociant : l'expression *billets* n'est pas limitative (Cass. 6 juill. 1836, S. 36-1-694, D. P. 36-1-407, Pardessus t. 1er n° 50, Despréaux *Compét. des trib. de com.* n° 525).

En conséquence, le créancier d'une telle obligation pouvait requérir contre le débiteur la condamnation par corps. Peu importe, d'ailleurs, que l'obligation contienne constitution d'hypothèque; cette stipulation ne change rien au droit du créancier (Paris 6 août 1829, S. 29-2-316, P. 29-2-169).

Le tribunal de commerce est compétent pour statuer sur la validité d'un acte notarié, lorsque les conventions que cet acte renferme sont de nature commerciale et passées entre négociants (Cass. 23 mars 1824., D. A. 10-672).

4128. Obligations notariées. — Mineur. — Femme. — Les obligations passées devant un notaire avec ou sans affectation hypothécaire, consenties par le mineur et la femme commerçants, sont, comme les simples billets, censées consenties pour faits de commerce (Molinier *Droit com.* t. 1er n° 179, Delvincourt *Inst. de droit com.* t. 2 p. 4, Zachariæ t. 3 p. 335; —*Contrà* Toullier t. 12 n° 249, Duranton t. 2 n° 483 et 14 n° 253). — Mais il a été jugé que le prêt fait à un mineur irrégulièrement habilité à faire le commerce n'est pas commercial. Dès lors, ce mineur n'est pas justiciable du tribunal de commerce, pour le remboursement de ce prêt dans la mesure du profit qu'il en a retiré (Cass. 6 août 1862, S. 63-1-171).

4129. Cause non commerciale. — Mais la présomption de commercialité qui s'attache aux actes des commerçants cesse lorsqu'ils ont une cause, exprimée ou non, tout à fait étrangère au commerce (Massé *Droit com.* t. 3 n° 19), ou que l'engagement n'est pas l'objet du commerce direct (Rouen 28 nov. 1856, S. 57-2-280), ou encore, lorsqu'il est prouvé que l'obligation avait une cause purement civile (Pardessus n° 52).

4130. Preuve contraire. — La présomption que les billets souscrits par un commerçant sont faits pour son commerce, lorsqu'une autre clause n'y est pas énoncée (C. com. 638), peut donc être détruite par la preuve contraire. Et cette preuve peut être opposée aussi bien au tiers porteur qu'à celui au profit duquel les billets ont été souscrits (Metz 22 mars 1839, S. 41-2-272, D. 41-2-59, P. 40-2-371, *Sic* Pardessus nos 52 et 1505).

Cette présomption peut même être combattue par des présomptions contraires (Bordeaux 19 avr. 1836, S. 36-2-421, Pardessus t. 1er p. 52, Despréaux n° 527).

4131. Billet simple. — Ainsi, un billet souscrit par un commerçant peut être réputé fait pour une cause étrangère à son commerce, quoique le billet ne l'énonce pas formellement, si les termes dans lesquels il est conçu pouvaient faire découvrir qu'il n'avait pas réellement une cause commerciale (Cass. 20 janv. 1836, S. 36-1-494, D. 36-1-127).

De même, un billet, quoique souscrit par un commerçant ne doit pas être considéré comme un acte de commerce, lorsqu'il est établi, par une énonciation formelle de la valeur fournie, que le billet a une toute autre cause qu'une cause commerciale (Bruxelles 5 mars 1823, S. 25-2-374).

Les billets souscrits par un marchand et causés valeur reçue, sont, jusqu'à preuve contraire, présumés faits pour raison de son négoce, et le rendent justiciable des tribunaux de commerce (Bruxelles 24 juin 1809).

4132. Billet à ordre. — Mais un billet à ordre, souscrit par un non-commerçant, valeur reçue en marchandises, ne constitue pas par lui-même un acte de commerce, et ne soumet point, dès lors, le souscripteur à la juridiction commerciale (C. com. 636; — Rouen 3 mars 1812, 4-2-50 C. C.).

4133. Chèque. — L'émission d'un chèque, même lorsqu'il est tiré d'un lieu sur un autre, ne constitue pas un acte de commerce (L. 14 juin 1865, D. 65-4-46).

4134. Obligation. — L'obligation souscrite dans la forme des effets de commerce est un acte commercial, qui ne perd pas sa nature par le fait qu'il serait stipulé des échéances éloignées et qu'une hypothèque serait consentie en garantie du payement. Le souscripteur de cet effet était, en conséquence, passible de la contrainte par corps (Bruxelles 15 nov. 1809).

Les simples reconnaissances sous seing privé souscrites par un commerçant sont, comme ses billets à ordre, censées faites pour son commerce, quand une autre cause n'y est pas énoncée (Amiens 4 avr. 1826, D. 27-2-169).

Jugé au contraire, mais sous l'empire de l'ordonnance de 1673, que de simples billets ou reconnaissances entre commerçants, ne sont pas réputés effets de commerce, et qu'en conséquence leurs souscripteurs ne sont pas justiciables des tribunaux de commerce (Cass. 26 vend. an 7, S. 1-1-473 C., D. A. 2-715).

4135. Frais de procès. — Un billet souscrit par un commerçant ne peut être réputé commercial, lorsqu'il est causé pour valeur en frais de poursuites d'une affaire de prises. En ce cas, il n'y avait pas lieu à la contrainte par corps (Cass. 8 janv. 1812, S. 12-1-254, D. 6-747).

De même encore, les obligations que contracte un commerçant pour le payement de frais, déboursés et honoraires d'avoués, agréés ou autres mandataires, dans des poursuites ou contestations devant les tribunaux ou arbitres, ne sont pas des actes de commerce, quoique ces contestations aient eu lieu à cause de son commerce (Pardessus t. 1er n° 52).

4136. Entretien de la famille. — Les engagements que prend un commerçant pour le payement des denrées qu'il a achetées pour son usage personnel ou celui de sa famille, ne sont pas non plus considérés comme des actes de commerce (Pardessus t. 1er n° 51).

4137. Actes civils ordinaires. — Les arrangements de famille, pour effectuer un partage de succession ou d'autres droits semblables, les ventes d'immeubles ou location de ces immeubles pour quelque usage que ce soit, ne sont pas, de la part d'un commerçant, considérés comme actes de commerce; car, dans tous ces cas, le fond même et l'objet de la négociation annoncent qu'elle est étrangère au commerce (Pardessus n° 52).

De même, le prêt, le dépôt, le nantissement faits par un commerçant, le mandat qu'il aurait donné, n'auraient le caractère commercial qu'autant qu'ils seraient relatifs au commerce (Pardessus n° 52).

4138. Prêt d'argent. — Mais le commerçant qui emprunte une somme et la verse dans son commerce, fait en cela un acte de commerce (Cass. 12 déc. 1838, S. 39-1-528, D. 39-1-124, P. 39-1-195).

Il y a plus, un prêt d'argent entre commerçants est présumé fait pour le commerce de l'emprunteur, et, par conséquent, l'action à laquelle il donne lieu est de la compétence du tribunal de commerce (Paris 9 avr. 1825, D. 25-2-174).

Et ce prêt fait au commerçant doit être présumé fait pour son commerce, alors même qu'il ne résulte que d'une convention verbale. Il en est de ce prêt comme des billets souscrits par un commerçant, lesquels sont censés faits pour son commerce, lorsqu'une autre cause n'y est point exprimée. En conséquence, la preuve d'un tel prêt peut avoir lieu devant le tribunal de commerce par tous les moyens autorisés en matière commerciale, sauf à renvoyer les parties devant la juridiction civile, s'il vient à être démontré que le prêt n'a pas eu pour objet le commerce du défendeur (Rennes 2 juill. 1838, S. 39-2-340; — Bourges 29 mai 1824, S. 25-2-147; — Douai 11 juill. 1821, S. 36-2-150, D. 3-336).

Et il en est de même au cas où il a été passé acte notarié du prêt; et encore qu'il y ait eu stipulation d'intérêts au taux légal de 5 pour 100 (Douai 27 fév. 1825, S. 26-2-150).

Jugé de même que le prêt fait par une maison de banque à un individu non commerçant, par une obligation notariée contenant constitution d'hypothèque sur les biens de l'emprunteur, peut être considéré comme une opération commerciale. Un tel acte a pour effet de rendre justiciable du tribunal de commerce non-seulement le prêteur, mais encore son cessionnaire, non commerçant, lorsque surtout il est établi que l'acte de cession se liait à l'acte de prêt, par suite d'une connivence frauduleuse qui avait existé entre le prêteur et son cessionnaire (Cass. 11 fév. 1834, S. 35-1-145).

Jugé au contraire que le prêt verbal fait à un commerçant n'est point présumé fait pour son commerce (Poitiers 22 mai 1829, S. 29-2-194, D. 29-2-247; — 7 janv. 1856, S. 56-2-556).

En conséquence, l'action relative à un prêt verbal d'argent fait à un négociant par un individu non commerçant, doit être portée devant le tribunal civil et non devant le tribunal de commerce (Bourges 21 janv. 1812).

D'après l'Ord. de 1673, les simples prêts d'argent entre négociants, s'il n'était pas prouvé qu'ils eussent pour objet des opérations commerciales, n'étaient point réputés actes de commerce et n'emportaient point la juridiction commerciale (Trèves 23 pluv. an 13).

Sous le C. comm., un prêt d'argent sans intérêt doit être considéré comme n'ayant aucun caractère commercial (Massé *Droit comm.* t. 3 n° 14.

4139. Cautionnement. — La présomption légale qui s'attache aux actes d'un commerçant ne s'applique pas au contrat civil de cautionnement, lorsque ce cautionnement est étranger au commerce de celui qui le souscrit (Nouguier *Trib. de com.* t. 2 p. 319; — Cass. 21 nov. 1855, D. 55-1-459, — Paris 15 juill. 1854, D. 56-2-12; — Bourges 9 juill. 1860, D. 61-5-107; — Lyon 26 juin 1851, D. 53-2-157; — Besançon 21 mai 1860, D. 60-2-180; — Caen 28 janv. 1857, D. 57-2-107; — Cass. 16 mai 1866, D. 66-1-210, S. 66-1-279; — Cass. 27 août 1867, S. 67-1-375; — C. Paris, 26 juill. 1876, S. 77-1-141). — Mais le cautionnement redeviendrait commercial s'il était donné pour des opérations commerciales dans lesquelles la caution est intéressée (Cass. 31 janv. 1872, S. 72-1-106; — Bourges, 13 fév. 1872, S. 73-1-88).

N'est pas non plus réputé acte de commerce l'engagement pris par un tiers de faire les fonds d'une traite (Cass. 30 avr. 1862, D. 62-1-351).

4140. Loyers. — Une demande en payement de loyers entre commerçants n'est pas de la compétence du tribunal de commerce et ne prend pas le caractère commercial, alors même que le demandeur offre de tenir compte du prix de marchandises à lui fournies par le défendeur (Metz 10 déc. 1819).

4141. Travaux de culture. — De même, le commerçant qui, étranger au commerce des grains, s'engage envers une personne à ensemencer son champ et à lui livrer, pour un prix convenu, le produit de sa récolte, n'est pas, pour l'exécution de cette obligation, justiciable des tribunaux de commerce (Liége 21 janv. 1813, S. 14-2-312, D. 2-726).

4142. Mandat. — Un non-commerçant fait acte de commerce en remplissant un mandat à lui donné, quoique l'objet de ce mandat ne soit commercial que par rapport au mandant. Il en est ainsi notamment de celui qui se charge d'agir pour un commerçant en qualité de commissionnaire (Delamarre et Lepoitevin *Cont. de com.* t. 1er n° 44).

Comme aussi le non commerçant qui entreprend une opération commerciale par l'entremise d'un mandataire commerçant ou non commerçant, fait acte de commerce (Delamarre et Lepoitevin t. 1er n° 46).

4143. Interdiction de faire le commerce. — Du reste, les actes commerciaux des personnes à qui le commerce est interdit n'en sont pas moins valables comme actes de commerce (Massé t. 3 n° 32, Pardessus n° 76, Vincens *Législation commerciale* t. 1er p. 142)

4144. Cessation du commerce. — La cessation de la qualité de commerçant de la part de celui qui l'était, lorsqu'il s'est engagé, ne change point la qualité de l'engagement, qui conserve toujours le caractère d'acte de commerce (Pardessus t. 1er n° 50).

4145. Quasi-contrats et quasi-délits. — Les quasi-contrats ou les quasi-délits qui se rattachent à un fait commercial, constituent des engagements commerciaux comme ceux qui naissent d'une convention, et sont, dès lors, de la compétence du tribunal de commerce (Massé t. 6 nos 248 et suiv.).

SECTION 2. — ACHAT ET VENTE PAR DES COMMERÇANTS OU DES NON-COMMERÇANTS

[4146-4161]

4146. Principe. — L'achat ne constitue un acte de commerce que s'il a été fait dans la vue de revendre ou louer l'objet acheté ou son produit; et réciproquement, la vente d'une chose n'est un fait commercial que si elle a été précédée d'un achat qui puisse lui-même être considéré comme commercial (Devilleneuve et Massé *Dict. du cont. comm., hoc verb.* n° 8).

4147. Partage ou liquidation. — Ainsi, la vente des marchandises d'un fonds de magasin, acquise à titre successif, ne rend pas commerciales les opérations de partage ou de liquidation entre les héritiers ou légataires (Pardessus t. 1er n° 11).

4148. Vente d'objets donnés. — De même, la vente que ferait le donataire des objets qui lui ont été donnés, n'attribue point à l'opération le caractère d'acte de commerce (Pardessus *ubi sup.*).

4149. Approvisionnement municipal. — De même, encore, il n'y a pas d'acte de commerce dans le fait d'une ville qui, par précaution contre la disette, achète des grains pour les revendre, et qui retire des bénéfices sur la revente de ces grains (*Id.* n° 12).

4150. Approvisionnement personnel. — Ni dans le fait d'un non-commerçant qui a acheté, mais sans intention de spéculer, plus de denrées qu'il n'en avait besoin pour sa consommation, et qu'il revend parce qu'il craint de les perdre, ou parce que le renchérissement de ces objets lui fait espérer de grands bénéfices (*Id.* n° 12).

De même, celui qui a acheté du bois pour la construction de sa maison, et qui, sa maison construite, a vendu la portion de ce bois qui lui est devenue inutile, ne fait pas en cela un acte de commerce justiciable des tribunaux de commerce (Amiens 8 avr. 1823, D. 2-726).

Mais le marchand de bois qui achète d'un propriétaire des bois destinés à son commerce fait en cela un acte de commerce, à raison duquel il était contraignable par corps (Paris 18 mars 1811).

4151. Vente par un commerçant à un non-commerçant. — Le commerçant qui vend des marchandises de son commerce à un non-commerçant, pour l'usage personnel de celui-ci, fait-il un acte de commerce, et est-il, à raison de ce fait, justiciable des tribunaux de commerce? (*Rés. nég.*, Metz 19 avr. 1823, S. 23-2-312, D. 2-723, *Sic.* Locré *Esp. du C. de comm.* art. 632 p. 12, Carré *Compét.* art. 385, Coin-Delisle *Contrainte par corps*).

Jugé encore, dans le même sens, qu'un particulier non-commerçant, qui n'a point acheté pour revendre, ne peut pas poursuivre la nullité des ventes à lui faites devant les tribunaux de commerce, encore que le vendeur soit négociant, et que les marchandises aient été achetées en foire (Nîmes 19 août 1812, S. 10-2-548).

Mais le principe contraire est plus généralement admis : on tient pour règle que, dans les contestations relatives à un acte qui n'est commercial qu'à l'égard de l'une des parties, celle qui n'a pas fait acte de commerce peut, à son choix, assigner l'autre devant le tribunal de commerce ou devant le tribunal civil (Cass. 12 déc. 1836, S. 37-1-412, D. 37-1-194; — Cass. 6 nov. 1843, S. 44-1-168, D. 43-1-476, P. 44-1-374).

Jugé, en conséquence de ce principe, que le commerçant qui vend, en foire publique, des marchandises de son commerce à un non-commerçant et pour l'usage particulier de celui-ci, peut, à raison de ce fait, être assigné devant le tribunal de commerce (Toulouse 26 déc. 1824, S. 25-2-413. — Vincens *Législ. comm.* t. 1er p. 123, Pardessus nos 20 et 1346 édit. de 1831 : l'auteur avait antérieurement professé l'opinion contraire; Devilleneuve et Massé *Dict. du cont. comm.* V. *Acte de comm.* n° 7, Orillard *Comp. comm.* n° 300, Nouguier Trib. comm. t. 1er p. 347).

Du reste, une vente n'est pas commerciale par cela seul qu'elle a été faite en foire à un marchand, et si le vendeur n'est pas marchand, il ne peut, à raison de cette vente, être justiciable du tribunal de commerce (Poitiers 9 fév. 1838, S. 38-2-250).

4152. Officiers de santé. — Médecins. — Les officiers de santé (établis dans les lieux où il n'y a pas de pharmacie) ne sont pas justiciables des tribunaux de commerce à raison des achats de drogues nécessaires à la composition des médicaments que la loi du 21 germinal an 11 (art. 27) les autorise à fournir eux-mêmes à leurs malades.—

Ce n'est point là un acte de commerce, mais un accessoire de la profession qu'exercent ces officiers (Limoges 6 janv. 1827, S 28-2-27, D. 28-2-25; — Bourges 9 août 1828, S. 29-2-283, D. 29-2-29; — Cass. 9 juill. 1850, D. 50-1-220; — Rennes 20 janv. 1859, D. 59-5-11).

4153. Approvisionnement commercial. — Les achats que font les commerçants ou non-commerçants des objets nécessaires à leur commerce ou à leur profession, donnent lieu à des questions fort délicates, sur le point de savoir si ces achats sont ou non des actes de commerce. En général, on décide l'affirmative, si ces objets sont destinés à être revendus avec profit, ou deviennent d'une manière quelconque l'objet d'un trafic.

Ainsi font des actes de commerce le restaurateur, l'aubergiste, le cabaretier dans l'achat de vivres ou denrées nécessaires à l'exercice de leur profession (Pardessus t. 1er n° 15).

Le maître de poste aux chevaux qui achète un cheval pour le service de son établissement (Paris 6 oct. 1843, S. 44-2-350, D. 2-731; — *Sic.* Molinier *Droit com.* t. 1er n° 130; — *Contrà* Orillard n° 295, Pardessus t. 1er n° 16).

Le maître de poste aux chevaux qui achète des fourrages et autres objets de son exploitation (Pardessus *Ibid.*).

L'achat, par un voiturier, d'une charrette et de chevaux ou mulets pour effectuer le transport des marchandises et autres objets qui lui sont confiés, constitue un acte de commerce (Aix 6 août 1829, S. 29-2-312, D. 29-2-184; — Rennes 19 août 1819, D. 11-645, — Cass. 1er déc. 1851, S. 52-1-23; — Alauzet t. 4 n° 2048, Molinier n° 24). — V. 4073.

De même du commerçant qui achète d'un autre commerçant les ustensiles qui lui sont nécessaires pour son commerce, bien qu'il ne les achète pas pour les revendre (Bruxelles 3 mars 1810, S. 7-2-224, D. 12-140).

Il y a acte de commerce dans l'achat d'outils ou d'instruments propres à l'exercice direct d'une profession ou d'une industrie, et dont l'usage constitue immédiatement l'exploitation commerciale (Pardessus n° 19, Locré *Espr. du cont. de com.* sur l'art. 632, Favard *Répert.* v° *Acte de com.* § 1er n° 5), spécialement d'une batteuse de blé (Dijon 23 août 1858, D. 58-2-168).

4154. Achat d'objets ne faisant pas l'objet direct du commerce. — L'achat des choses nécessaires à l'exercice d'un commerce ou d'une industrie, constitue-t-il un acte de commerce, bien que ces choses ne fassent pas l'objet de ce commerce; tel l'achat d'outils par un artisan ou un manufacturier, l'achat de combustible et de vases destinés à contenir les marchandises? (*Rés. aff.*, Massé *Droit com.* t. 3 n° 20). Cette doctrine comporte des distinctions, notamment pour les cas où il s'agirait d'achats d'une certaine importance se rattachant essentiellement au commerce ou à l'industrie de l'acheteur.

C'est d'après cette distinction que l'on peut décider, avec Pardessus (t. 1er n° 51), qu'il y a un acte de commerce dans l'achat des poids, balances et autres instruments à l'aide desquels un détaillant débite ses marchandises.

Ou de registres, papiers ou autres objets que fait un banquier pour l'approvisionnement de ses bureaux (Pardessus *ubi suprà*).

Ou de l'achat de tonneaux par un distillateur pour y renfermer les liqueurs qu'il fabrique et qu'il revend ensuite avec les tonneaux (Pardessus n° 13).

Ou enfin de l'achat du bois et du charbon que fait ce distillateur pour la préparation de ses distillations (Pardessus t. 1er n° 17, *Contrà* Carré, *Comp.* n° 491).

Décidé, dans ce sens, qu'il y a acte de commerce de la part d'un teinturier, dans l'achat de couleurs pour les employer à la teinture des étoffes qui lui sont remises (Bruxelles 3 janv. 1820, D. 2-730).

Jugé, cependant, que le serrurier qui achète de la houille ne fait pas un acte de commerce qui le rend justiciable des tribunaux de commerce alors même qu'il ferait cet achat exclusivement pour l'usage de sa forge (Bruxelles 28 nov 1815, D. 2-729).

De la part des personnes tout à fait étrangères au commerce, l'achat ou la vente peut encore, en certains cas, être considéré comme un acte de commerce. Ainsi la vente d'une barrique de vin, précédemment achetée par un non-commerçant avec l'intention de la revendre, constitue un acte de commerce (Pardessus n° 20).

Mais le propriétaire qui revend, avec le vin de son crû, les tonneaux qu'il avait achetés pour le renfermer, ne fait pas un acte de commerce, parce que la vente de ce vin n'est pas elle-même un acte de commerce (*Idem* n° 13).

Il en est encore ainsi du propriétaire qui achète des grains pour l'ensemencement de ses terres, des instruments de labourage, ou autres objets nécessaires à la culture (Pardessus n° 14, Locré *sur l'art.* 638).

Jugé, cependant, que l'achat d'une machine à battre le grain par un agriculteur qui veut la louer est un acte de commerce (Nantes 17 fév. 1869, S. 70-2-55).

Il n'y a pas non plus acte de commerce : 1° dans l'achat que fait un cultivateur des animaux nécessaires à la culture de ses propriétés, quoique bientôt il les revende ou échange, soit en foire, soit en tout autre lieu, par le motif qu'ils ne lui conviennent plus, ou parce qu'une occasion favorable de s'en défaire se présente (*Idem* n° 12). — V. 4056.

2° Ni dans l'achat qu'un particulier non-commerçant fait d'une machine destinée à une usine en cours de construction qu'il se propose d'exploiter après son achèvement (Angers 21 mars 1867, S. 68-2-215).

4155. Fournitures aux domestiques ou préposés du négociant. — La fourniture de pain faite par un boulanger à un marchand de bois, non pour l'usage personnel de ce dernier, mais pour la nourriture des ouvriers qu'il emploie dans son industrie, constitue un acte de commerce, non-seulement de la part du boulanger, mais encore de la part du marchand de bois; par suite le tribunal de commerce est compétent pour connaître de la demande formée par le boulanger contre le marchand de bois, en payement de ses fournitures (C. com. 632; — Limoges 21 fév. 1839, S. 40-2-57 et 13 juin 1839; — *Sic.* Molinier, *Droit com.* t. 1er n° 32).

Il en est de même des fournitures faites par un aubergiste à un marchand, pour la nourriture des voituriers et des chevaux que celui-ci emploie dans son industrie (Caen 25 mars 1846, S. 46-2-461, D. 46-4-81, P. 47-1-92).

Mais les commerçants ne sont pas justiciables des tribunaux de commerce, à raison des dépenses faites dans une auberge par eux, leurs domestiques ou leurs chevaux (Metz 9 juill. 1813, S. 14-2-174, D. 2-716).

Alors même qu'il s'agit de fournitures faites tant au commerçant qu'aux ouvriers et aux chevaux employés pour son commerce (Limoges 2 mars 1837, S. 39-2-141, D. 39-2-16, P. 39-1-210).

Jugé en sens contraire (Lyon 16 janv. 1838, S. 39-2-92, P. 38-2-633).

Un marchand de chevaux n'est pas justiciable des tribunaux de commerce à raison des dépenses faites dans une auberge pour la nourriture de ses chevaux et des gens chargés de les conduire (Metz 4 janv. 1823).

L'action pour raison de blanchissage du linge d'un commerçant, même d'un maître d'hôtel, n'est pas de la compétence du tribunal de commerce (Rouen 5 avr. 1838, S. 39-2-300, D. 39-2-204).

4156. Dépenses d'appropriation. — Les dépenses faites pour approprier un immeuble à un commerce ont un caractère commercial (Massé *Droit com.* t. 3 n° 21).

Tel est l'achat de la tôle nécessaire à la couverture d'une usine par celui qui l'exploite (Cass. 11 avr. 1854, S. 54-1-290).

Jugé, dans ce sens, que les travaux de réparations et d'embellissements faits à un établissement de commerce (un café) constituent un acte de commerce qui rend le propriétaire de cet établissement justiciable du tribunal de commerce, à raison des difficultés auxquelles donne lieu le payement du prix de ces travaux (Bourges 15 fév. 1842, S. 43-2-21, D. 44-4-83, P. 43-1-273; — Rouen 2 janv. 1858, S. 59-1-159; — Riom 1er déc. 1862, D. 63-2-18; — *Contrà* Rouen 28 nov. 1856, S. 57-2-280).

Jugé cependant que l'action intentée contre un négociant, à raison de fournitures pour l'éclairage de sa boutique, n'est pas de la compétence du tribunal de commerce (Rouen 9 déc. 1836, S. 39-2-300, D. 30-2-204).

Jugé de même en ce qui touche l'achat d'apareils à gaz pour l'éclairage d'un fonds de commerce (un café). (Rouen 1er mars 1844, S. 2-352, D. 44-4-89).

Décidé également que les achats de parures et habits de décoration que font individuellement des acteurs, pour jouer leurs rôles, ne sont point des actes de commerce (Pardessus t. 1er n° 19).

Mais le manufacturier qui achète des machines pour le service de sa manufacture fait acte de commerce (Pardessus t. 1er n° 51, Molinier n° 21).

4157. Dépenses de construction. — La construction d'une forge ou haut fourneau est une entreprise commerciale, soit que l'entrepreneur l'ait fait construire pour l'exploiter lui-même, soit qu'il l'ait fait construire pour le revendre. En conséquence, l'entrepreneur ou propriétaire du haut fourneau est justiciable des tribunaux de commerce, à raison des achats qu'il a faits pour la construction de ce haut-fourneau, surtout si ces achats ont eu lieu postérieurement à la vente qu'il aurait consentie du haut fourneau (Lyon 14 août 1827, S. 27-2-254).

Des entrepreneurs de constructions et de chaudières pour une usine appartenant à une société commerciale, s'ils ne sont pas payés par les associés propriétaires, peuvent les traduire devant la juridiction commerciale (Toulouse 15 juill. 1825, S. 26-2-131, D. 26-2-21).

4158. Fournitures par le maître à ses préposés. — L'achat de fournitures par un maître de pension pour son pensionnat ne constitue pas un acte de commerce ; en conséquence la demande en payement de ces fournitures ne peut être portée devant les tribunaux de commerce (Douai 14 fév. 1827, S. 28-2-79, D. 28-2-43, *Sic*, Pardessus t. 1er n° 15, Vincens t. 1er p. 133, *Comp.* Colmar 28 juin 1866, S. 66-2-364).

Et il n'était pas soumis pour un tel fait à la contrainte par corps (Paris 19 mars 1814, S. 16-2-85, D. 2-694).

On l'a également décidé pour les fournitures faites par l'entrepreneur d'une rente à ses ouvriers (Nancy 14 mai 1856, D. 56-2-194).

Jugé cependant que l'emprunt fait par un particulier tenant maison à usage de pension, pour le payement du vin qu'il fournit à ses pensionnaires, est un acte de commerce rentrant dans les entreprises d'agences (C. com. 632), et dont la connaissance appartient à la juridiction commerciale (Rouen 30 mai 1820, D. 26-2-147).

4159. Artisans. — L'artisan qui opère par ses mains sur la matière qu'il a achetée pour la revendre après l'avoir travaillée, fait acte de commerce, de même que le manufacturier qui fait travailler la matière par des mains étrangères (Massé *Droit com.* t. 1er n° 19, Pardessus t. 1er n° 17; — Bourges 20 juin 1856, S. 56-2-682; — Colmar 28 mai 1850, S. 851-3-487; — Orléans 25 juill. 1850, S. 51-2-13).

De même, la vente de produits obtenus au moyen de certains procédés ou d'une certaine industrie, avec des matières achetées pour être travaillées et revendues ensuite, est un acte de commerce (Pardessus t. 1er n° 20).

De même de l'achat d'étoffes, pour les convertir en habillements, de l'achat du coton, de la laine pour en faire du fil ou des étoffes, que l'on se propose de revendre (*Idem* n° 17).

Décidé également que l'adjudicataire d'un canton de pêche fait acte de commerce en vendant les produits de sa pêche (Toulouse 27 juill. 1860, S. 61-2-77). — *V.* 4017, 4173.

4160. Achats relatifs à l'exercice d'un art. — Mais les achats qui se rattachent spécialement à l'exercice d'un art ou d'une profession libérale, ne sont pas des actes de commerce. C'est ainsi qu'il a été jugé que le dentiste qui achète des matières, par exemple : des dents d'hippopotame, pour les soumettre aux travaux et emplois de son art, ne fait pas en cela un acte de commerce (Paris 24 janv. 1849, S. 49-2-156; — Paris 8 avr. 1858, D. 58-2-103. — *V.*, dans le sens de ce principe, Nouguier *Trib. de com.* t. 1er p. 372, Orillard. *Comp. des trib. de com.* n° 262 et suiv., Molinier *Droit commun* t. 1er n° 25, *Dict. du content. com.*). — *V.* 4018.

1. SCULPTEUR. — Le sculpteur qui achète du marbre pour en composer des statues, ne fait pas acte de commerce; le marbrier, au contraire, fait un acte de commerce, quand il achète des marbres pour en faire des tables, des chambranles ou autres objets d'architecture (Pardessus t. 1er n° 15; — Metz 7 août 1862, D. 63-5-7, S. 63-2-106; — Nouguier t. 1er p. 372).

2. MUSICIEN. — Jugé, cependant, que l'artiste qui donne un concert public à son profit est soumis à la juridiction commerciale pour les contestations auxquelles ce concert peut donner lieu (Paris 3 juill. 1857, S. 58-2-193).

3. PEINTRE. — L'artiste peintre qui achète des couleurs, des toiles, des cadres qu'il revend ensuite convertis en tableaux, ne fait point acte de commerce pour cet achat, quoique le peintre en bâtiments fasse un acte de commerce en pareille circonstance (Paris 5 mai 1855, D. 56-2-119).

4161. Propriété littéraire. — L'auteur qui vend son ouvrage ne fait point acte de commerce (Merlin *Quest. de droit*, v° *Acte de commerce* § 4, Carré *Comp.* t. 7 p. 143, Vincent t. 1er p. 135, Locré sur l'art. 632 *C. com.*, Pardessus n° 11; — Rennes 13 janv. 1851, D. 52-2-29; — Nantes 4 fév. 1865, S. 65-2-272).

Ainsi, l'homme de lettres, éditeur de ses propres ouvrages, ne peut être réputé commerçant quant à l'achat des objets nécessaires pour la publication et la vente de son livre. Dès lors, il n'est pas justiciable du tribunal de commerce pour le payement des emprunts par lui faits dans cet objet (Paris 3 fév. 1836, S. 36-2-125, D. 36-2-172).

De même encore, le traité fait entre un auteur et un imprimeur, pour l'impression d'un ouvrage, ne constitue pas, de la part de l'auteur, un acte de commerce qui le rende justiciable du tribunal de commerce, quant aux difficultés relatives à l'exécution de ce traité, et cela bien que l'auteur soit l'éditeur et le vendeur de son propre ouvrage. Les faits postérieurs de débit et de vente ne peuvent changer le caractère purement civil du contrat (Paris 23 oct. 1854, S. 34-2-641, D. 35-2-22, P. 38-39. — V., dans ce sens, Renouard *des Droits d'auteur* t. 2 n° 22 p. 52 et suiv.).

Jugé encore que les propriétés littéraires peuvent être exploitées par le propriétaire, de même que les propriétés foncières, sans que les achats ou ventes nécessaires à cette exploitation soient réputés des actes de commerce. — Ainsi, un auteur n'est pas réputé commerçant parce qu'il vend son ouvrage, ni même parce qu'il achète du papier et prend à son compte les frais d'impression; par suite, il n'est pas justiciable pour de tels faits du trib. de comm. (Paris 4 nov. 1809, S. 7-2-1152, D. 2-728, Carré *Lois de la comp.* édit. in-4° t. 2 p. 548, *Quest.* 494, édit. in-8° de Victor Foucher t. 7 p. 141, Merlin *Quest.* v° *Commerce (acte de)* add. § 3, Locré *Esp. du C. de comm.* sur l'art. 632, Pardessus t. 1er n° 15; — Colmar 9 déc. 1857, D. 58-2-23).

Et il en est ainsi, même de l'auteur d'un ouvrage relatif à la profession particulière qu'il exerce (Paris 1er déc. 1809, S. 7-2-1152, D. 2-728).

Le traité passé entre l'auteur d'un ouvrage littéraire et un imprimeur, par lequel celui-ci s'engage à imprimer l'ouvrage dont il s'agit à un nombre déterminé d'exemplaires, moyennant le partage égal avec l'auteur des bénéfices ou des pertes éventuelles de l'entreprise et prélèvement fait, au profit de l'imprimeur, des frais d'impression sur les bénéfices, ne constitue pas un acte de commerce de la part de l'auteur. Dès lors, celui-ci n'était pas soumis à la contrainte par corps à raison des sommes dont il se trouverait ultérieurement débiteur envers l'imprimeur par suite de leurs opérations. Mais ce traité constitue un acte de commerce de la part de l'imprimeur. De plus, ce traité établit entre les parties une société en participation qui a le caractère commercial par rapport à l'imprimeur, et qui, dès lors, le soumet à la juridiction des arbitres forcés, sur les actions contre lui formées par l'auteur relativement aux difficultés auxquelles cette société peut donner lieu entre eux (Paris 16 fév. 1844, S. 45-2-612, D. 44-2-165, P. 44-1-379).

La publication d'une œuvre littéraire par l'auteur lui-même n'est pas un acte de commerce, encore qu'il se soit associé avec une autre personne pour cet objet. Dès lors, l'auteur n'est pas justiciable du tribunal de commerce à raison des obligations qu'il a contractées pour cette publication (Paris 23 déc. 1840, S. 41-2-323, D. 41-2-175, P. 41-1-252, *Sic* Locré *Esp. du C. de comm.* sur l'art. 632 n° 4, Merlin *Quest. de droit* v° *Commerce (acte de)* § 3, Pardessus t. 1er n° 15, Carré *Comp.* t. 7 p. 143 (édit. Foucher); — Lyon 22 août 1860, D. 61-2-72; — Paris 25 mai 1855, D. 56-2-275)

Mais il en est autrement de la publication d'un livre qui ne contient qu'une indication de rues, de monuments et autres renseignements du même genre : une telle publication constitue un acte de commerce, qui soumet l'auteur à la juridiction commerciale (Paris 9 fév. 1841, S. 41-2-324, D. 42-2-175, P. 41-2-253).

Jugé contrairement aux décisions qui précèdent, qu'un auteur fait un acte de commerce en achetant des marchandises pour servir à l'impression ou à l'autographie de ses ouvrages (Limoges 29 fév. 1844, S. 44-2-582, D. 45-4-8, P. 45-1-134 P., *Contrà*, Merlin *Quest. de droit.* v° *Commerce (acte de)* aux addit. § 3, Locré *Esp. du C. de comm*, sur l'art. 638, Vincent *Législ. comm.* t. 1er p. 133, Pardessus t. 1er n° 15, qui excepte toutefois les journaux, Carré *Lois de la comp.* n° 494 t. 2 p. 548 édit. in-4° et t. 7 p. 141 de l'édit. in-8°, Devilleneuve et Massé *Dict. du Cont. de comm.* v° *Acte de commerce* nos 12 et 13, Orillard *Comp. des trib. de comm.* n° 262 p. 238, Gouget et Merger *Dict. de Droit comm.* v° *Acte de commerce* n° 43, Nouguier *Trib. de com.* t. 1er p. 372; — Trib. civil de la Seine 2 oct. 1844).

Il peut aussi, selon les circonstances, faire un acte de commerce quand il vend sa propriété littéraire à un éditeur pour que ce dernier l'exploite à ses risques. Dans ce cas l'acte tomberait sous l'application de la loi du 11 juin 1859, il devrait être enregistré au droit fixe provisoire de 2 francs (3 fr.) (Sol. 5 juill. 1869).

Le libraire qui est en même temps auteur, fait acte de commerce en exploitant ses propres ouvrages dans son commerce de librairie. En conséquence, il est justiciable des tribunaux de commerce, à raison des conventions par lui faites avec un imprimeur pour l'impression de ses ouvrages (Bordeaux 23 nov. 1843, S. 44-2-583).

Le fait d'un homme de lettres d'éditer simplement des articles littéraires composés par d'autres auteurs, constitue un acte de commerce qui le soumet à la juridiction du tribunal de commerce et le rend passible de la contrainte par corps (Paris 25 avr. 1844, S. 45-2-611, D. 44-2-165, P. 44-1-576).

Le libraire-éditeur à qui l'auteur aurait cédé le droit de le publier, fait, en l'éditant et en le publiant pour son compte, un acte de commerce, puisqu'il vend l'ouvrage qu'il a acheté en vue de réaliser des bénéfices (Pardessus n° 15, *V.* cependant Colmar 9 déc. 1857, D. 58-2-23).

De même, si l'auteur qui se borne à éditer l'œuvre de son intelligence ne fait pas un acte de commerce, il en est autrement de celui qui réédite son ouvrage, alors surtout que, pour cette réédition, il emploie un voyageur, envoie des prospectus, circulaires et bulletins de souscription, et s'engage envers son imprimeur à lui tenir compte des intérêts à 6 pour 100 des sommes dont il sera son débiteur (Nantes 4 fév. 1865, S. 65-2-273).

Le créancier d'un auteur qui prend en payement de ses créances les ouvrages de cet auteur, et qui les fait imprimer à son compte pour les débiter ensuite, serait présumé faire un acte de commerce dans l'achat du papier et des autres matières qui ont servi à l'impression (Pardessus t. 1er n° 15).

Celui qui publie un recueil ou journal périodique, dans les sciences, les arts, la littérature ou la politique, lorsqu'il est l'auteur de ces ouvrages, ne peut être considéré comme commerçant même alors qu'il achète ce qui est nécessaire à leur publication (Paris 25 mai 1855, S. 55-2-413). Mais il en est autrement de celui qui ne serait que l'éditeur, pour son compte, d'un recueil ou journal dont il aurait payé ou acheté le travail à autrui (Carré *Compét.* n° 494, Devilleneuve et Massé *D. du Cont. comm.* v° *Acte de comm.* n° 13, Pardessus n° 15 professe sur ce dernier point une opinion contraire).

Un journaliste peut être assimilé à l'éditeur d'un ouvrage, et, par suite, il est justiciable du tribunal de commerce, lorsqu'il est propriétaire du journal et étranger à la rédaction (Orillard *Comp. comm.* n° 264, Pardessus n° 15).

Décidé cependant que l'achat par un journaliste du papier nécessaire à l'impression de son journal, ne constitue pas un acte de commerce qui le rend justiciable du tribunal de commerce alors même qu'il y a entre le journaliste et le marchand de papier une association d'après laquelle celui-ci est chargé de fournir le papier (Bruxelles 13 déc. 1816, D. 2-728; — Bruxelles, 8 oct. 1818, D. 2-729).

Le gérant d'un journal exploité par une société est soumis à la contrainte par corps pour le payement des frais de rédaction du journal (Paris 13 mai 1848, S. 49-2-113).

Il en est de même de l'homme de lettres qui a publié un ouvrage avec le concours de plusieurs collaborateurs, alors même qu'il serait auteur de plusieurs des articles qui le composent, si, pour la vente de cet ouvrage, il a employé les moyens usités dans le commerce, tels que prospectus, commis-voyageurs, etc. (Paris 7 août 1847, S. 49-2-114). — *V.* 4023, 4069.

SECTION 3. — LOUAGE DE CHOSES, D'OUVRAGE OU D'INDUSTRIE

[4162-4173]

4162. Règle. — Le louage des choses et le louage d'ouvrage ou d'industrie peuvent aussi constituer, de la part de l'une ou de l'autre des parties, des actes de commerce, selon l'intention qui a présidé au contrat (Pardessus t. 1er n° 21).

Ainsi, celui qui loue pour opérer une sous-location fait acte de commerce, comme celui qui achète dans l'intention de louer (Nouguier *Trib. de com.* t. 1er p. 368, Pardessus t. 1er n° 32 p. 268 et 269, Merlin *Quest. de droit*, v° *Acte de com.* § 6, *Contrà* Carré *Comp.* t. 7 quest. 490 p. 152).

4163. Location non réalisée. — L'intention même de louer une chose achetée, lorsqu'elle est prouvée, peut donner à l'achat le caractère d'un acte de commerce, quoique la location n'ait pas encore eu lieu (Pardessus n° 18).

4164. Service public. — Postes. — Toutefois, ne sont pas actes de commerce l'achat de voitures et autres objets de transport que fait l'administration des postes, quoique l'achat de ces différents objets ait été fait avec l'intention d'en louer l'usage (*Id.* n° 18).

4165. Location occasionnelle. — Ni la location, faite par simple occasion, d'un cheval qui avait été acheté dans le but principal de s'en servir personnellement (*Id.* n° 18).

Ni la location occasionnelle de chevaux et voitures pour effectuer un transport d'objets quelconques; elle ne doit pas être considérée comme une entreprise de transport (*id.* n° 30).

Ni le louage d'un cheval, par le commis-voyageur d'une maison de commerce, dans l'intérêt des affaires de sa maison (Bordeaux 5 mars 1831, S. 31-2-218, D. 31-2-101).

4166. Meubles. — Mais la location de meubles, faite avec l'intention de les sous-louer, et la sous-location de ces meubles, sont des actes de commerce (Pardessus n° 32).

Ainsi, le maître d'hôtel qui n'a loué des meubles que pour garnir des appartements qu'il loue, n'en fait pas moins acte de commerce, à raison de cette location (Molinier *Droit. com.* n° 26, Pardessus *ubi suprà.*, Merlin *Quest.*, v° *Acte de com.*).

Il en est de même de l'achat de meubles pour garnir un café qu'on se propose d'exploiter, ou un appartement qu'on loue (Pardessus n° 18).

4167. Usine. — La location, par le propriétaire d'une pompe à feu, de la force motrice de cette pompe à divers individus, dans des proportions déterminées, ne constitue pas un acte de commerce, alors même qu'il s'est chargé d'alimenter lui-même et d'entretenir la pompe (Rouen 17 juill. 1840, S. 40-2-388, D. 40-2-248, P. 40-2-397, *V.* également Colmar 28 nov. 1849, D. 52-2-201; — *Contrà* Colmar 28 mai 1850, D. 52-5-7).

4168. Responsabilité de l'aubergiste. — L'obligation que contracte un aubergiste envers les voituriers logeant chez lui, quant à la garde des objets accompagnant ces derniers, a le caractère d'engagement commercial, qui soumet l'aubergiste à la juridiction du tribunal de commerce (Caen 27 févr. 1847, S. 48-2-192, P. 48-2-102).

1169. Octroi. — Places. — Mais il n'y a pas acte de commerce de la part de celui qui se rend adjudicataire de la ferme de l'octroi d'une ville (Toulouse 5 mars 1825, S. 26-2-75, D. 25-2-155).

Ni de la part de celui qui prend à bail des droits établis sur les places des marchés d'une ville (Metz 9 févr. 1816, S. 19-2-56, D. 2-738).

1170. Bail à loyer. — Un bail à loyer d'une maison consenti par un commerçant à un autre commerçant, même pour y établir des magasins, n'offre qu'un traité sur la jouissance d'un immeuble et ne peut être considéré comme un acte de commerce (Pardessus n° 52, Molinier n° 89). Plus généralement, la location d'immeubles pour les sous-louer ne constitue pas un acte de commerce (C. Paris 13 juill. 1861, D. 61-5-9; — Aix 27 déc. 1855, D. 56-2-208).

Celui qui loue sa maison en garni ne devient pas commerçant (Cass. 30 avr. 1862, D. 62-1-351). On ne peut non plus voir un acte de commerce dans le fait de louer un local pour un bal (Nîmes 27 mai 1851, D. 54-2-43).

Il en est de même de celui qui loue un immeuble pour le sous-louer et profiter de l'excédant du prix de la sous-location (Paris 13 juill. 1861, S. 61-2-568; — Marseille 17 mai 1867, S. 68-2-25).

La location d'une loge (dans un marché ou sous une halle), par un marchand à un autre marchand, pour la durée d'une foire, n'est pas non plus un acte de commerce (Caen 24 mai 1826, S. 27-2-193, D. 27-2-83; — Rouen 2 juill. 1849, D. 49-2-48).

1171. Bail à cheptel. — L'achat des bestiaux que fait un propriétaire pour les donner à son fermier, à titre de bail à cheptel, n'est point un acte de commerce, encore bien qu'il retire un prix de la location de ces bestiaux ; dans ce cas, la location des bestiaux ne doit être considérée que comme accessoire de la location du fonds affermé. Mais le contraire arriverait, si les bestiaux étaient donnés à un fermier, à titre de bail à cheptel, par un individu autre que le propriétaire (Pardessus n° 18).

1172. Achat d'outils. — L'achat d'outils que fait un ouvrier pour l'exercice de son métier n'est point un acte de commerce, quoiqu'on puisse dire que, dans le prix de son travail, il comprendra implicitement le loyer de ces mêmes outils; dans ce cas, le loyer des outils n'est que l'accessoire de son industrie (*Id.* n° 19).

1173. Louage d'industrie. — Celui qui fait travailler par des ouvriers à ses gages des matières qu'il n'a pas achetées et qui lui ont été fournies pour être travaillées fait acte de commerce (Massé *Droit comm.* t. 1er n° 20).

1. APPRENTISSAGE. — Toute convention par laquelle une personne s'engage envers une autre à lui faire faire son apprentissage pour l'exercice d'une profession commerciale est un acte de commerce (Pardessus n° 34).

2. GÉRANCE. — La convention entre un fabricant et un particulier non négociant, par laquelle ce dernier s'engage à donner ses soins pendant plusieurs années à la manufacture du premier et à la perfectionner, à l'aide de procédés de physique, est un acte de commerce dont la connaissance appartient aux juges de commerce (Liége 27 déc. 1811, S. 13-2-142, D. 2-734).

3. ARTISANS. — Le briquetier qui loue son travail et son industrie pour faire des briques pour le compte et avec la matière d'autrui ne fait pas un acte de commerce (Bruxelles 15 mars 1851, D. 51-5-89). — Il en est de même du meunier qui se borne à convertir le grain en farine moyennant un payement en argent ou en nature (Besançon 14 mai 1859, D. 60-5-61).

Au contraire, fait acte de commerce celui qui recrute des travailleurs et spécule sur le prix de leurs engagements (Cass. 10 nov. 1858, D. 59-1-79). — Le maître serrurier qui emploie des ouvriers et achète des fers pour revendre (Colmar 28 mai 1850, D. 52-5-102).

4. ACTEURS. — Les acteurs ne sont pas justiciables du tribunal de commerce à raison des engagements par eux contractés envers les directeurs de théâtre (Bruxelles 26 oct. 1857, D. 57-2-222; — Paris 25 fév. 1865, S. 65-2-325; — Bordeaux 1er avr. 1867, S. 67-2-327 ; — Toulouse 17 fév. 1870, S. 70-2-171. — *Contrà* Pau 29 juill. 1865, S. 66-2-195 ; — Toulouse 22 déc. 1866, S. 67-1-107 ; — Nîmes 11 mars 1870, S. 70-2-171). — *V.* 4012.

5. RÉPARATIONS. — Le propriétaire d'une usine n'est pas justiciable des tribunaux de commerce à raison des réparations qu'il fait faire à son usine par un ouvrier. Peu importe que l'exploitation de cette usine puisse, d'ailleurs, le faire considérer comme commerçant (Aix 9 mars 1827, S. 28-2-15, D. 28-2-54 ; — *Sic* Nouguier t. 1er p. 406).

6. NOMINATION D'EMPLOYÉS. — Un directeur de compagnies d'assurances, même purement civiles, qui a pris à forfait les frais de son administration, fait un acte de commerce en traitant avec les employés qu'il choisit (Toulouse 14 fév. 1845, S. 46-2-184, D. 45-4-8; — Toulouse 3 avr. 1845, S. 46-2-185, D. 45-4-7; — Grenoble 25 juin 1852, D. 54-5-51).

Il en est de même, plus généralement, des engagements d'un commerçant envers ses employés, à raison de leur collaboration (Cass. 6 juill. 1868, S. 68-1-396).

7. TRANSPORT PAR EAU. — Le traité que fait un passager avec un armateur ou son capitaine, pour qu'il le transporte aux colonies, n'est pas un acte de commerce (Boulay-Paty sur Émérigon t. 2 p. 369). Mais toutes ventes, locations ou marchés de navire, sont des actes de commerce, même à l'égard d'un non-commerçant (C. com. 633). Ils n'ont plus ce caractère lorsqu'ils sont faits au nom d'un mineur (Pardessus t. 3 n° 600).

La conduite des bateaux par le pilote employé au passage d'un fleuve n'est pas un acte de commerce (Lyon 9 mars 1867, S. 67-2-256).

SECTION 4. — ENTREPRISES DE MANUFACTURES ET DE TRAVAUX

[4174-4192]

4174. Mines. — Les entreprises de manufactures et de travaux ont, en général, le caractère commercial ; mais il en est autrement de l'exploitation des mines (L. 21 avr. 1810, art. 32). En conséquence, le Gouvernement, l'administration locale, le propriétaire ou concessionnaire d'une mine qui exécutent par eux-mêmes leurs entreprises à l'aide d'ouvriers à la tâche ou à la journée qu'ils emploient et payent directement, ne font point acte de commerce dans les locations d'ouvriers, achats de matériaux et outils et autres opérations qu'ils sont obligés de faire (Pardessus t. 1er n° 36). — La question est cependant controversée. Le caractère d'acte de commerce a été reconnu à l'exploitation de la mine et à la cession de son exploitation par un arrêt de Caen du 17 décembre 1847, mais la négative résulte d'un arrêt de la cour de Paris du 22 février 1848 et des considérants d'un arrêt de la C. cass. du 31 janvier 1865 (D. 1865-1-390). — Toutefois le caractère d'acte de commerce est incontestable quand il s'agit d'un exploitant qui est commerçant, et qui se livre à la fabrication des produits extraits de la mine (mêmes arrêts). Ainsi le bail d'une mine de fer fait à la société Petin-Gaudet, fabricants d'acier, a été considéré, pour la perception du droit d'enregistrement, comme un acte de commerce (*V.* Cass. 28 janv. 1868, n° 2601 R. P., *Conf.* : Sol. 10 nov. 1869). — *V.* 4090, 4057.

Quant aux marchés relatifs à l'extraction de mines, nul doute qu'ils constituent des actes de commerce tombant sous l'application de la loi du 11 juin 1859 (Sol. 10 nov. 1869).

4175. Transports faits par l'État. — Lorsque le gouvernement, par quelque raison que ce soit, établit des moyens de transports par terre ou par eau, dont il se fait lui-même l'entrepreneur, ceux qu'il met à la tête d'une telle entreprise ne doivent pas être considérés comme faisant des actes de commerce (Pardessus n° 39).

4176. Chemin de fer. — L'adjudication d'un bail ou de l'exploitation d'un chemin de fer constitue une entreprise de transports et par suite une spéculation commerciale (*C. com.* 632, Orillard *Compét. des trib. de com.* n° 332).

L'entreprise de la construction d'un chemin de fer constitue une série d'actes de commerce (Cass. 2 fév. 1869, S. 69-1-220).

Le traité qui serait passé entre une compagnie de chemin de fer et un agent spécial pour des opérations d'expropriation de cette nature, devrait être enregistré au droit de 2 francs (3 fr.) (Sol. 23 janv. 1865).

L'exploitation d'un chemin de fer est une entreprise commerciale (Massé *Droit com.* t. 3 n° 435; — Cass. belge 14 nov. 1844, D. 46-2-4).

Et il en est de même des actes relatifs à l'établissement de voitures publiques (Cass. 24 déc. 1850, D. 51-1-31).

4177. Transports militaires. — Une entreprise de transports militaires est réputée acte de commerce à l'égard des tiers; en conséquence, les entrepreneurs sont justiciables du tribunal de commerce, à raison des contestations qui s'élèvent entre eux et des sous-traitants (Lyon 30 juin 1827, S. 28-2-123. D. 28-2-73; — *Sic*, Merlin *Quest.* v° *trib. de com.* § 5., Orillard n° 325, *Contrà* Carré t. 2 n° 510)

4178. Halage de bateaux. — Une association de mariniers, qui se charge de haler les bateaux dans un passage difficile, peut être considérée comme une entreprise commerciale de transport par eau, justiciable à ce titre du tribunal de commerce (Cass. 24 fév. 1841, S. 41-1-427, D. 41-1-120, P. 41-2-383).

4179. Armement de navire. — L'armement d'un navire est un acte de commerce dans le sens de l'art. 633 du C. com. — C'est donc aux tribunaux de commerce qu'il appartient de statuer sur les contestations qui s'élèvent entre l'armateur et les actionnaires intéressés à l'entreprise (Paris 1er août 1810, S. 14-2-146, D. 2-708, *Contrà* Carré *Comp.* art. 386, *Quest.* 520). — *V.* 4016.

4180. Nettoiement.—Curage, etc.—L'entreprise pour le nettoiement d'une ville est virtuellement comprise dans les actes de commerce spécifiés par l'art. 632 du C. com. et soumet les entrepreneurs à la juridiction commerciale (Turin 26 fév. 1814, S. 16-2-80, D. 1-667).

Il en est de même du curage ou entretien des canaux ou égouts et autres travaux de cette espèce (Pardessus n° 30);

Et de l'arrosage et de l'éclairage d'une ville (*Id.* n° 21).

4181. Remplacement militaire. — Il en est de même des entreprises de remplacement militaire (Bruxelles 6 avr. 1853, D. 54-5-166.)

4182. Constructions terrestres. — Ne peuvent être considérés comme actes de commerce les entreprises de constructions autres que les constructions maritimes. En conséquence les contestations qui s'élèvent au sujet de la construction d'un édifice sur terre doivent être soumises aux tribunaux civils (Colmar 8 juin 1822; — Chambéry 14 mars 1863, D. 63-5-6; — Nancy 9 août 1850, D. 50-2-202).

Jugé, que l'entreprise de travaux de construction, tels que la construction d'un palais de justice et d'une prison, ne constitue pas de la part de l'entrepreneur un acte de commerce qui le rende justiciable du tribunal de commerce : une entreprise de travaux de construction n'est réputée acte de commerce qu'autant qu'elle a la navigation pour objet (632 et 633 C. com.; Poitiers 21 déc. 1837, S. 38-2-297, D. 38-2-34, P. 38-2-281).

Jugé de même que l'entreprise de travaux de construction,

tels que la construction d'un canal, ne constitue pas un acte de commerce qui soumette à la juridiction commerciale les contestations concernant ces travaux : une entreprise de travaux de construction n'est réputée acte de commerce qu'autant qu'elle a pour objet la construction de bâtiments pour la navigation (C. com. 633; — Bruxelles 22 mai 1819, D. 2-737; — Bruxelles 22 mai 1829; — *Id.* Nancy 15 mars 1842, S. 42-2-480, D. 42-2-107, P. 42-2-193; — Nancy 6 avr. 1843, S. 43-2-491, D. 43-2-171, P. 43-2-649; Cass. 17 mars 1874, 4049 R. P. — *Contrà* Merlin *Quest. de droit* v° *Com. (acte de)* § 5 (*addit.*), Pardessus n° 36, Orillard n°s 308, 309).

Une entreprise de constructions et bâtiments de terre, spécialement de fortifications, ne constitue pas un acte de commerce qui rende l'entrepreneur justiciable des tribunaux de commerce (Bruxelles 5 nov. 1818).

Mais cet entrepreneur est justiciable des tribunaux de commerce à raison des achats de matériaux faits par lui pour être employés aux travaux dont il est chargé : ces achats ont le caractère d'actes de commerce (Bruxelles 23 juill. 1819; — Poitiers 21 déc. 1837, S. 38-2-297).

Jugé, au contraire, que l'entreprise de construction d'une maison, pour le compte d'un particulier, constitue un acte de commerce de la part de l'entrepreneur. Dès lors, c'est au tribunal de commerce qu'il appartient de statuer sur une demande en dommages-intérêts, formée contre l'entrepreneur par le propriétaire constructeur, à raison d'un retard apporté dans la construction de la maison (Poitiers 23 mars 1841, S. 41-2-633, D. 41-2-151; — *Contrà* Orillard *Compét. des trib. de com.* n°s 307 et suiv.).

La construction et l'exploitation d'un canal de distribution d'eaux du domaine public n'est pas une entreprise commerciale (Cass. 6 janv. 1874, 4797 R. P.).

4183. Théâtres. — Les entreprises théâtrales sont des actes de commerce; cependant, les obligations contractées par la direction d'une administration théâtrale envers un architecte ou entrepreneur de travaux pour la construction d'un théâtre n'ont pas un caractère commercial (Orillard *ut sup.* n° 349). — Mais le traité passé entre le directeur et un artiste dramatique est un louage d'industrie et non un acte de commerce (Cass. 8 déc. 1875, 4352 R. P.).

4184. Cessions de marchés. — Les entrepreneurs de travaux publics achetant et traitant en leur nom pour exécuter les marchés qu'ils ont faits, même avec l'État, font en cela des actes de commerce (Molinier *Droit com.* t. 1er n° 33.

4185. Routes. — L'entreprise de confection ou de réparation de routes nationales est une opération de commerce dans le sens de l'art. 632. C. com.; en conséquence, l'entrepreneur est justiciable du tribunal de commerce, à raison des contestations qui s'élèvent entre lui et ses ouvriers (Limoges 21 nov. 1835, S. 37-2-191, D. P. 38-2-103. — *Sic* Pardessus n° 36, Merlin *Quest.* v° *Acte de com.* § 6).

Et, dans ce cas, les fournitures faites sur l'ordre de l'entrepreneur, par un aubergiste, aux ouvriers et aux chevaux employés aux travaux, pour leur nourriture, rendent l'entrepreneur justiciable du tribunal de commerce, pour les sommes dont il est, à raison des objets fournis, redevable envers l'aubergiste (Cass. 29 nov. 1842, S. 43-1-85, D. 43-1-25, P. 43-1-236; — *Sic* Pardessus *Droit com.* n° 51; — *Contrà* : Nancy 14 mai 1856, D. 56-2-194).

De même de l'entreprise de celui qui se charge de réparations de chemins publics, et de l'achat des pierres nécessaires à ces réparations (Caen 27 mai 1818, S. 18-2-350, D. 2-736).

4186. Terrassements. — L'entreprise de travaux de construction tels que les travaux de terrassement d'un chemin de fer constitue, de la part de l'entrepreneur, un acte de commerce. En conséquence, cet entrepreneur est justiciable du tribunal de commerce à raison des contestations qui surviennent entre lui et les sous-entrepreneurs avec lesquels il a traité pour l'exécution d'une portion de ces travaux (Orléans 14 mai 1844, S. 45-2-213, D. 45-2-30, P. 44-1-772; — Bourges 5 août 1853, D. 54-5-11; — Poitiers 20 fév. 1851, P. 52-2-129). — Il en est ainsi notamment à l'occasion des fournitures dont l'entreprise a été la cause (Cass. 29 juin 1853, D. 54-1-288).

4187. Travail à la tâche. — L'ouvrier qui travaille à ses pièces ou à forfait, dans son domicile, ne peut pas être considéré comme commerçant, ni comme facteur ou commis du fabricant auquel il s'engage à fournir son travail pendant un temps déterminé (Cass. 12 déc. 1836, S. 37-1-412, D. 37-1-194).

4188. Marché à prix fait. — Le traité par lequel un entrepreneur de travaux de construction charge un charpentier de faire pour son compte tous les travaux de charpente de l'entreprise, n'est pas un acte de commerce, mais un marché à prix fait, régi par les dispositions du C. C. relatives au louage d'ouvrage (Poitiers 21 déc. 1837, S. 38-2-297, D. 38-2-24, P. 38-2-281).

4189. Fontaine. — Drainage. — L'entrepreneur de fontaines, dont la profession habituelle est de chercher des sources, fait acte de commerce à raison des travaux qu'il exécute (Besançon 30 juin 1856, D. 57-2-63).

L'entreprise de drainage avec fourniture de conduits et matériaux nécessaires a été également considérée comme un acte de commerce (Caen 2 fév. 1858, S. 59-2-160).

4190. Opération de main-d'œuvre. — Une opération de main-d'œuvre est autre chose qu'une opération de manufactures, dans le sens de l'art. 632 C. com. — En conséquence, les ouvriers qui s'engagent à travailler pour autrui en recevant une matière, et s'obligent à la rendre après l'avoir façonnée, ne font pas un acte qui les rende justiciables des tribunaux de commerce (Rouen 5 sept. 1811, S. 12-2-165, D. 2-733; — *Sic* Molinier t. 1er n° 39; — *Contrà* Merlin *Quest. de droit* v° *Acte de comm.* § 6 n° 3 p. 304).

Celui qui, régisseur d'une forge, se charge, moyennant un prix convenu, de la faire valoir pour lui-même, et prend pour son propre compte les effets morts et marchandises qui s'y trouvent, fait, par ce traité, un acte de commerce qui le rend, à l'égard du propriétaire, justiciable du tribunal de commerce (Bourges 4 mars 1825, S. 25-2-359, D. 25-2-205).

4191. Souscriptions. — Les entreprises littéraires, connues sous le nom de souscriptions, qui sont exploitées par d'autres que l'auteur de l'ouvrage ainsi publié, rentrent dans la classe des entreprises de fournitures, et, comme telles, sont considérées comme actes de commerce (Pardessus n° 21).

4192. Établissements thermaux et autres. — Une compagnie subrogée aux droits de l'État pour l'exploitation de sources d'eaux minérales ne fait pas acte de commerce en appliquant, à tous les produits de la propriété soumise à sa jouissance, son exploitation qui conserve son caractère civil (Metz 16 mars 1865, D. 65-2-65).

Mais l'association formée pour l'établissement d'une villa sanitaire constitue une opération commerciale (Paris 9 avr. 1847, D. 47-4-6).

SECTION 5. — ACHAT ET VENTE D'IMMEUBLES ET OBJETS MOBILIERS

[4193-4195]

4193. Achat d'immeubles. — L'acquisition d'immeubles ou de biens-fonds, pour les revendre en détail, ne constitue pas un acte de commerce (C. com. 632; — Bourges 10 mai 1834, S. 44-2-37, D. 44-2-36, 43-2-820 P.; — Cass. 4 juin 1850, S. 50-1-593; — Aix 22 mai 1855, D. 56-2-208; — Paris 24 mai 1864, D. 64-2-216; — Nancy 18 mai 1849, D. 50-2-90, *Sic* Merlin *Quest. de droit* v° *Acte de com.* § 4, Favard v° *Acte de com.* § 1er n° 6, Pardessus t. 1er n° 8, Vincens *Législ. com.* t. 1er p. 123, Malepeyre et Jourdain *Soc. com.* p. 9, Devilleneuve et Massé *Dict. du cont. com.* v° *Acte de com.* n° 24 et suiv., Bravard-Veyrières *Man. du droit com.* p. 908, Massé *Droit com.* t. 3 n° 432, Molinier *Ibid.* t. 1er n° 14, Nouguier *Trib. de com.* t. 1er p. 359). — *Contrà* Colmar 30 déc. 1845, D. 46-4-7; — Paris 18 oct. 1851, D. 54-2-245; — Paris 24 avr. 1849, D. 49-2-245, 24 mai 1849, D. 50-2-11.

L'acquisition par une maison de commerce de la maison nécessaire à l'établissement des bureaux n'est pas un acte de commerce (Paris 22 mars 1851, S. 51-2-205).

Toutefois, on doit ranger dans la classe des actes commerciaux plusieurs des faits qui sont la suite habituelle de l'achat de biens immeubles pour les revendre, tels que la vente en détail des bois, des bestiaux et même des matériaux provenant de la démolition des bâtiments achetés (Bourges 19 mars 1831, S. 32-2-33, D. 32-2-185; — *Sic* Pardessus n° 8).

Celui qui achète des terrains, pour y élever des constructions et les revendre, ne peut être considéré comme commerçant... même vis-à-vis des ouvriers et fournisseurs qui ont concouru à l'établissement des constructions (Lyon 26 fév. 1829, S. 29-2-119; — Paris 28 nov. 1851, D. 54-2-191).

Il en est de même de l'achat d'une concession de mines et des terrains sous lesquels ces mines sont ouvertes, avec intention de les revendre (C. Paris 19 mai 1855, P. 55-2-182). — *V.* 4082.

4194. Vente par le propriétaire de ses récoltes. — La vente qu'un propriétaire ferait des fruits de son fonds, tels que la culture les a produits, ou après les avoir travaillés, n'attribuerait ni à la culture, ni aux engagements y relatifs, la qualité d'acte de commerce (Pardessus t. 1er n° 11; — Orléans 27 avr. 1860, D. 61-2-80; — Aix 7 juin 1858, D. 59-5-12; — Bruxelles 11 déc. 1852, D. 54-5-122; — Orléans 27 avr. 1861, S. 61-2-167; — Cass. 26 juin 1867, S. 67-1-290).

On l'a ainsi décidé spécialement pour l'engagement pris par un propriétaire de fournir à un boulanger le blé nécessaire à son commerce, s'il n'est pas établi que cette quantité de blé dépassait l'importance des récoltes du propriétaire (Poitiers 7 janv. 1856, S. 56-2-556).

Le fermier qui vend les fruits de la ferme qu'il a louée, celui qui achète une récolte future pour la revendre, ne font point non plus acte de commerce (Pardessus n° 11).

Le propriétaire qui, pour ouvrir un débouché avantageux à ses produits agricoles, les fait manufacturer, avant de les vendre, dans une usine qu'il aurait fait construire exprès, ne peut pas être considéré comme se livrant à une spéculation commerciale (Orillard n° 304).

Ainsi, l'établissement d'une fabrication de sucre de betteraves, comme accessoire d'une exploitation rurale, n'est pas une entreprise de manufacture dans le sens de l'art 632 C. com., qui rende le propriétaire justiciable du tribunal de commerce à raison des engagements relatifs à cette fabrique (Douai 21 juill. 1830, S. 31-2-172). — *V.* 4060.

De même, le propriétaire qui a acheté des vins ou denrées pour les revendre avec ceux de sa récolte, ne fait pas un acte de commerce lorsqu'il n'a en vue que d'améliorer celle-ci et d'en faciliter l'écoulement (Bordeaux 12 juill. 1848, S. 49-2-16).

Le cultivateur qui, après avoir conduit ses grains ou denrées à la ville, en ramène des marchandises pour le compte d'autrui moyennant une rétribution, ne doit pas, en raison de ce fait, être considéré comme faisant un acte de commerce (Pardessus n° 39).

L'agriculteur qui achète des bestiaux pour les engraisser avec les produits de ses propriétés, et les revendre ensuite, ne fait pas en cela un acte de commerce qui le rende justiciable des tribunaux de commerce (Dijon 15 fév. 1847, joint à cass. 16 avr. 1849, S. 49-1-409, *Sic* Pardessus n° 14, Despréaux *Compt. des trib. de com.* n° 354, Devilleneuve et Massé v° *Acte de com.* n° 14, Massé *Dr. com.* t. 1er nos 21 et 22). — *V.* 4056-4154.

Il en est de même du fermier qui achète des bestiaux pour les engraisser avec les produits de sa ferme, ou même avec ceux de prés affermés séparément, et les revendre ensuite; il ne fait pas en cela un acte de commerce qui le rende contraignable par corps pour l'exécution de ses engagements (Bourges 14 févr. 1840, S. 41-2-99, D. 41-2-77; — Cass. 7 avr. 1869, S. 69-1-312, *Sic* Pardessus n° 14, Despréaux *ubi suprà* : Devilleneuve et Massé *hoc verb.*).

Les solutions qui précèdent ne sont pas pleinement adoptées par M. Massé. Selon cet auteur, l'agriculteur fait acte de commerce quand, au lieu de vendre un produit agricole à son état naturel, il ne le vend que sous une forme artificielle, par exemple quand il convertit le vin en eau-de-vie, quand il raffine le sucre qu'il récolte, quand il achète et élève des bestiaux dans ses prairies, ou avec des foins et herbages qu'il a achetés ou récoltés pour spéculer à la fois sur les produits de ses terres et sur les bestiaux qu'elles nourrissent) *Droit com.* t. 1er n° 22). C'est ce qu'a décidé la C. Rouen le 9 août 1861 (D. 61-5-9).

D'après le même auteur, l'agriculteur qui, au lieu de vendre ses produits en gros ou par quantités relativement considérables, est dans l'habitude de les vendre en détail, ayant en quelque sorte boutique ouverte aux acheteurs, fait acte de commerce (*Ibid.*).

Jugé, dans ce sens, que fait acte de commerce le meunier qui achète des grains pour les revendre (Caen 21 janv. 1845, D. 45-4-9, *V.* 4188); — ou le pépiniériste qui achète des arbres dans le même but (Toulouse 23 mai 1845, D. 45-3-157, *V.* 4696); — le propriétaire qui vend les cailloux ou les ardoises de sa propriété après les avoir façonnés (Rouen 28 fév. 1861, D. 61-2-166; — Angers 26 déc. 1855, D. 56-2-114). — Mais il en est autrement du meunier qui se borne à prélever sa mouture sur le grain qu'il est chargé de moudre (Besançon 6 avr. 1859, D. 59-5-71) ou qui vend cette mouture (Bruxelles 11 déc. 1852, D. 54-5-122); — ou bien du propriétaire d'une forêt qui vend les arbres de son bois et s'engage à les transporter façonnés pour servir de traverses aux rails d'un chemin de fer (Paris 24 mai 1864, D. 64-2-216).

De même, la vente des produits d'une mine ne constitue pas un acte de commerce quand rien n'indique que le propriétaire a voulu faire un acte de commerce (Cass. 31 janv. 1865, D. 65-1-390; — Paris 22 fév. 1848, D. 54-5-11; — Caen 17 déc. 1847, D. 48-5-4). — *V.* 4090, 4100.

Le traité par lequel un cultivateur s'engage à fournir annuellement une certaine quantité de betteraves à un fabricant de sucre est considéré comme un acte de commerce (Sol, 11 juin et 22 oct. 1877).

4195. Fonds de commerce. — L'achat d'un fonds de commerce, considéré abstraction faite des marchandises, ne constitue pas un acte de commerce. En conséquence, l'acheteur n'est pas justiciable des tribunaux de commerce à raison des difficultés auxquelles la vente peut donner lieu (Paris 18 août 1834, S. 34-2-615).

Jugé même que l'achat d'un fonds de commerce par un non-commerçant pour l'exploiter lui-même plus tard, ne constitue pas un acte de commerce (Paris 12 mars 1829, S. 29-2-164, D. 29-2-196, *Sic* Molinier *Droit com.* n° 21, Gouget et Merger *Dict. de droit com.* v° *Acte de commerce* nos 82, 83; — Cass. 24 avr. 1861, D. 61-1-256).

Jugé, au contraire, que l'achat d'un fonds de commerce peut, d'après les faits et les qualités des parties, être réputé acte de commerce, et, comme tel, soumettre l'acheteur à la juridiction commerciale quant aux contestations qui s'élèvent sur l'exécution du contract (Cass. 7 juin 1837, S. 38-1-78, D. 37-1-444, P. 37-2-251).

Ainsi, l'achat d'un fonds de commerce, pour l'exploiter, constitue un acte de commerce (Paris 7 août 1832, S. 33-2-52, D. 33-2-132; — Paris 12 avr. 1834, S. 34-2-616, D. 34-2-156; — Caen 23 avr. 1845, S. 45-2-478, D. 46-4-85; — Paris 20 juin et 12 nov. 1849, S. 49-2-577; — Douai 5 mars 1850, S. 50-2-481; — Douai 30 juill. 1850, S. 50-2-482; — Lyon 15 mars 1856, D. 56-2-201; — Dijon 16 mai 1859, D. 59-5-9; — Paris 18 janv. 1862, D. 62-5-7; — Montpellier 19 nov. 1852, D. 55-5-8), — alors surtout que cet achat comprend aussi des marchandises qui se trouvent faire partie du fonds (Orléans 25 juin 1850, S. 51-2-13, *Sic* Devilleneuve et Massé *Dict. du cont. com.* v° *Acte de commerce* n° 29, Massé *Droit com.* t. 3 n° 439 et 440, Despréaux *Compét. des trib. de comm.* n° 336 p. 190, Orillard *Id.* 261, Nouguier *id.* t. 1er p. 389 et suiv., Horson *Quest.* t. 2-9-184 et 197, Devilleneuve *Obs. sur les deux arrêts de Paris de* 1849). — *V.* 19099 J. N.

Il en est ainsi surtout, lorsque l'achat du fonds de commerce est fait par un individu déjà commerçant (Paris 12 nov. 1849, S. 49-2-579).

Et il en est ainsi encore, non-seulement au cas où l'achat embrasse les marchandises, l'achalandage et le mobilier professionnel, mais au cas où il est borné à un seul de ces objets (Douai 30 juill. 1850, S. 50-2-481).

Et un tel acte a le caractère commercial, aussi bien à l'égard du vendeur qu'à l'égard de l'acheteur (Paris 11 août 1829, S. 29-2-329).

1. HOTEL GARNI. — Jugé toutefois que l'achat d'un fonds d'hôtel garni ne constitue pas un acte de commerce; qu'en conséquence, les tribunaux civils sont seuls compétents pour prononcer sur les contestations auxquelles l'opération donne lieu (Paris 23 avr. 1828, S. 29-2-188, D. 28-2-139; — Seine 7 mars 1863, 12461 C.).

Même dans le cas ou l'achat de l'hôtel garni est fait par une personne non commerçante, et qui achète pour exploiter elle-même (Paris 14 avr. 1831, S. 31-2-160).

2. POSTE AUX CHEVAUX. — L'achat d'un établissement de poste aux chevaux ne constitue pas un acte de commerce (Caen 28 juin 1830, S. 31-2-176; — *Contrà* Angers 5 mars 1857, P. 57-2-156), même à l'égard des achats de chevaux, fourrages etc. (Pardessus t. 1er n° 16, Carré *Comp. civ.* t. 7 p. 147 édit. Foucher, Despréaux n° 353).

3. PHARMACIE. — L'achat d'un fonds de pharmacie constitue un acte de commerce, qui rend l'acheteur justiciable du tribunal de commerce, à raison des difficultés qui s'élèvent entre lui et le vendeur (Nîmes 27 mai 1829, S. 30-2-212, D. 30-2-270).

Jugé en sens contraire (Paris 19 nov. 1830, S. 31-2-264 D. 31-2-78). — *V.* 4098.

4. IMPRIMERIE. — L'achat d'une imprimerie n'est point un acte de commerce de la part de l'acheteur, alors surtout qu'il n'était point commerçant au moment du contrat (Paris 2 janv. 1843, S. 43-2-269 D., 43-2-77 P., 43-1-141).

Jugé, au contraire, que l'achat d'une imprimerie constitue un acte de commerce de la part de l'acheteur, et que dès lors celui-ci est soumis à la contrainte par corps pour le payement des billets à ordre qu'il a souscrits pour prix de cette acquisition (Bourges 24 avr. 1843, S. 44-2-584. — *V.* Nouguier *Trib. de com.* t. 1er p. 373-389).

5. ACHALANDAGE. — L'achat de l'achalandage ou clientèle d'un ouvrier (un rémouleur) qui ne vend pas de marchandises, ne constitue pas un acte de commerce (Paris 17 nov. 1849, en note de l'arrêt de Paris, 20 juin 1849 et 7 fév. 1848, S. 49-2-577).

6. PORTEUR D'EAU. — Mais la vente qu'un porteur d'eau, avec tonneau à bras, consent de son fonds constitue une opération commerciale (Paris 15 juill. 1831, S. 31-2-319, D. 32-2-12; — Montpellier 19 nov. 1852, D. 55-5-8).

7. GÉRANCE D'UN BUREAU DE TABAC. — La cession de la gérance d'un bureau de tabac a un caractère essentiel-

lement civil (C. Paris 21 nov. 1853, D. 55-2-172);—lors même que la vente comprendrait quelques articles de fumeurs (Lyon 29 août 1861 et Caen 10 juin 1862, S. 62-2-507, Pardessus t. 1er n° 16). — *V.* 4053.

8. AGENCE D'AFFAIRES. — L'achat d'une agence d'affaires, et spécialement de la direction d'une compagnie d'assurances sur la vie, ne constitue pas un acte de commerce...; peu importe que des actions de la compagnie, affectées au cautionnement du directeur, soient cédées comme accessoires de la direction (Paris 24 mars 1849, S. 49-2-717). — *V.* 4014.

9. BREVET D'INVENTION. — La cession faite par un commerçant d'un brevet d'invention, pour un procédé typographique, constitue un acte de commerce (Lyon 4 janv. 1839, S. 39-2-340, D. 39-2-221, P. 39-2-638; — *Contrà* Paris 16 nov. 1852, S. 52-2-677).

Mais la vente d'un procédé industriel et du matériel nécessaire à son exploitation, ne constitue pas un acte de commerce (Paris 14 janv. 1836, S. 36-2-125, D. 36-2-174; — *Contrà* Bourges 5 fév. 1855, D. 55-2-286; — Cass. 23 déc. 1844, D. 45-1-113).

De même, si la cession d'un procédé en dehors de toute exploitation est un acte civil de la part de l'inventeur, il en est autrement lorsqu'au moment du contrat la destination industrielle du procédé, ainsi que les stipulations des parties, en font une opération purement commerciale, et que l'inventeur associe le cessionnaire à son œuvre dans un but exclusif de spéculation et pour l'exploiter à frais communs (Dijon 27 avr. 1865, S. 65-2-205).

SECTION 6. — ACHATS ET VENTES D'EFFETS PUBLICS OPÉRATIONS DE CHANGE

[4196-4205]

4196. Règle. — Les achats et ventes d'effets publics ou actions industrielles ne sont pas eux-mêmes des actes de commerce, mais ils prennent ce caractère lorsqu'ils sont répétés dans la vue de spéculer sur les différences. — (Merlin v° *Effets publics* n° 4, Pardessus t. 1er n° 10, Coin-Delisle *Contrainte par corps* p. 539, Nouguier *Trib. de com.* t. 1er p. 380, Orillard *id.* n° 284, Esnault *des Faillites* t. 1er n° 52, Favard v° *Acte de com.* § 1er n° 6 et *Dict. du cont. com.* n° 28; — Cass. 21 fév. 1890, S. 60-1-362 3 juin 1867, S. 67-1-323, 26 août 1868, S. 69-1-20, 26 août 1868, S. 69-1-20, 21 mai 1873, S. 73-1-469).

Jugé, dans ce sens, que celui qui, sans être négociant, achète des effets publics dans le but de les revendre, fait un acte de commerce qui le rend justiciable des tribunaux de commerce et contraignable par corps (Cass. 18 fév. 1806, S. 6-1-220, D. 2-724; — Cass. 29 juin 1808, S. 8-1-428, D. 2-725). — De même de celui qui achète à la Bourse des effets publics à livrer (Paris 14 fév. 1810; — Paris 22 nov. 1852, D. 54-5-10; — Cass. 24 janv. 1856, D. 56-1-110, — Aix 16 juill. 1861, D. 63-2-71; — Orléans 15 mars 1864, D. 64-56).

Jugé toutefois que l'opération d'achat et de revente d'effets publics, qu'elle soit sérieuse ou fictive, ne constitue point par elle-même, et bien qu'elle ait été réitérée, un acte de commerce qui rende le spéculateur (non négociant) justiciable du tribunal de commerce (Paris 7 avr. 1835, S. 35-2-305; — Aix 6 mai 1861, D. 63-2-72).

4197. Monnaies. — Les négociations relatives aux monnaies métalliques ou aux valeurs que l'on désigne sous le nom de papier-monnaie, peuvent aussi, en certains cas, présenter les caractères d'actes de commerce, lorqu'elles sont fréquemment répétées par la même personne dans la vue d'un profit. Mais le simple échange d'espèces monnayées n'est pas en soi une opération commerciale. Dès lors, le défendeur à la demande en payement de la différence, ne peut, encore qu'il soit marchand, être assigné devant le tribunal de commerce (Riom 2 juill. 1824).

Jugé pareillement que le simple échange, par une personne non commerçante, de monnaies étrangères contre d'autres valeurs, ne constitue pas, de la part de cette personne, un acte de commerce (Paris 11 mars 1833, S. 33-2-227, D. 33-2-140).

4198. Cession de créance commerciale. — La cession d'une créance commerciale constatée par billets à ordre, faite par un commerçant à un autre commerçant, dans une forme même non commerciale, est un acte de commerce (Poitiers 5 janvier 1841, S. 41-2-121, D. 41-2-62; — Bastia 30 janv. 1856, D. 56-2-88; — Dijon 25 juill. 1865, D. 66-2-138, *Sic* Massé *Droit com.* t. 3 n° 440).

Mais il en est autrement si la forme du titre de créance et de la négociation qui les a transmises n'est pas du nombre de celles qu'on peut appeler opérations de change ou de banque (Pardessus n° 10).

4199. Mandat. — Commission. — Le mandat, donné par un commerçant à un autre commerçant, de recouvrer, moyennant un droit de commission, une créance commerciale, est un mandat commercial, encore bien que, pour opérer ce recouvrement, il ait fallu recourir à des voies judiciaires. En conséquence, le tribunal de commerce est compétent pour connaître de l'action formée contre le mandant par le mandataire, en payement de ses honoraires et déboursés (C. com. 631; — Bordeaux 8 mars 1841, S. 42-2-107, P. 41-2-60).

Le mandat donné par un non négociant à un négociant d'une autre ville, de fournir à un tiers désigné l'argent nécessaire pour faire un voyage, ou le crédit ouvert à ce tiers, ne constitue pas un acte de commerce ni une opération de change, qui soumette le mandat à la juridiction des tribunaux de commerce (Paris 13 juin 1828, S. 28-2-256, D. 29-2-94, *Sic* Molinier *Droit com.* t. 1er n° 60).

Le banquier qui, moyennant commission, achète pour un non-commerçant des fonds publics, fait un acte de commerce relatif à sa profession (Bruxelles 23 avr. 1853, D. 53-2-138).

Il en est de même du banquier qui prête des fonds en compte courant sur dépôt de valeurs, même à titre de nantissement (Cass. 26 juill. 1865, D. 65-1-484).

Ne constitue pas un fait de banque l'existence d'un compte courant entre un notaire et son client, si le notaire emploie les fonds au roulement de son étude et n'exige pas de commission (Nancy 30 déc. 1848, D. 50-2-90, 18 mai 1849, D. 50-2-91. — *V.* aussi Cass. 18 mars 1850, S. 50-1-383 et Bastia 16 juill. 1856, D. 56-2-19).

Le mandat donné pour la vente d'un fonds de commerce n'établit qu'une obligation civile (Paris 10 juill. 1857, S. 57-2-555, 23 sept. 1857, S. 57-2-599); — *Contrà* Paris 25 juin 1859, S. 59-2-440).

Celui que l'on donne à un banquier ou à un agent de change pour l'achat de valeurs industrielles a le caractère commercial à l'égard du mandataire (Cass. 25 juill. 1864, D. 64-1-489; — Cass. 12 mai 1864, D. 65-1-199 ; — Cass. 13 juill. 1859, D. 59-1-402), mais non à l'égard du mandant (Bourges 26 déc. 1870, S. 70-1-318 ; — Douai 5 mai 1869, S. 70-2-19). — Il en est de même du mandat donné à une agence d'affaires d'opérer des recouvrements (Cass. 29 nov. 1865, D. 66-1-127, S. 66-1-13).

En supposant même que l'action d'un banquier qui reçoit et paye pour un tiers non négociant, constitue une opération de commerce qui rende le tiers justiciable des tribunaux consulaires, le banquier devrait dans ce cas porter sa demande en reliquat de compte courant devant le tribunal de commerce du domicile de son débiteur (Art. 59 et 420; — Paris 5 août 1811, S. 14-2-371, D. 3-691).

4200. Dépôt de fonds. — Le dépôt de fonds effectué par un officier ministériel dans la caisse d'un banquier, et leur reprise par à-comptes successifs, ne constituent pas, de la part du déposant, un acte de commerce qui l'a rendu justiciable des tribunaux de commerce, lors même qu'il aurait reçu des billets pour garantie de son dépôt (632 C. C.; — Rouen 15 juin 1840, S. 44-2-207).

4201. Souscription ou cession d'actions. — Celui qui prend des actions dans une société anonyme ne fait pas acte de commerce, bien que la société ait un but commercial ; en conséquence, le tribunal de commerce est incompétent pour connaître de la demande formée contre lui par le gérant de la société en payement du prix de ces actions (Rouen 6 août 1841, S. 41-2-636, D. 42-2-96 ; — Dijon 20 mars 1851, D. 52-5-5, 4 août 1857, D. 58-2-117, *Sic* Malepeyre et Jourdain *Sociétés* p. 137, Orillard n° 534, Nouguier t. 1er p. 374, Delangle *Sociétés* t. 1er n° 313, Gouget et Merger *Dict. de droit com.* v° *Acte. de com.* n° 84, Devilleneuve et Massé. *Dict. du cant. com.* v° *Sociétés* n° 9).

De même, la simple cession d'actions dans une compagnie commerciale ou industrielle, par un individu non négociant, ne constitue pas, par elle-même, un acte de commerce; en conséquence, les demandes formées contre le cédant, relativement à cette cession, ne sont pas de la compétence de la juridiction commerciale (Lyon 7 fév. 1850, S. 50-2-369, *Sic.* Devilleneuve *Observ. sur l'arrêt*); alors surtout que ces actions servaient de cautionnement au gérant (Paris 24 mars 1849, D. 49-2-175 ; — Cass. 22 fév. 1859, S. 59-1-321).

Il en est de même de l'acquisition faite par des individus non commerçants, de droits et intérêts dans une société en nom collectif dont ils n'étaient pas membres, et qui ne leur a conféré que la simple qualité de commanditaires : il n'y a pas là acte de commerce de leur part, les soumettant à la juridiction commerciale. — En un tel cas, et bien que l'acquisition ait été faite par le même acte, les acheteurs soumis à la juridiction civile n'attirent pas les autres acheteurs devant cette juridiction si les droits achetés sont distincts, n'ont rien d'indivisible et s'il n'y a aucune solidarité entre les divers acheteurs (Douai 26 janv. 1843, S. 43-2-181, D. 44-4-7, P. 43-2-79).

Jugé également que la simple acquisition par l'intermédiaire d'un agent de change d'actions de chemin de fer ne constitue pas un acte de commerce (Paris 1er mai 1848, D. 49-2-89), — et que les actionnaires ne sont pas soumis à la contrainte par corps (Angers 18 janv. 1865, D. 65-2-67, S. 65-2-111). — Par le même motif, le fait, par le directeur d'une société, de verser à titre de cautionnement une somme convertie en actions non détachées du registre, ne constitue pas un acte de commerce (Cass. 22 fév. 1859, D. 59-1-208).

Jugé, en sens contraire des solutions qui précèdent, que la souscription d'actions dans une société commerciale (une compagnie de chemin de fer) constitue un acte de commerce qui soumet l'actionnaire, pour l'exécution de ses engagements, à la juridiction commerciale et à la contrainte par corps (Paris 3 oct. 1850, S. 50-2-607, 26 juin 1852, D. 54-5-0, 22 janv. 1853, D. 54-2-258; — Cass. 13 août 1856, D. 56-1-343; — Grenoble 25 fév. 1857, D. 59-2-15; — Lyon 21 juill. 1858, D. 59-2-29; — Rouen 25 juin 1859, D. 60-5-7; — Paris 16 janv. 1861, D. 61-5-10; — Cass. 15 juill. 1863, D. 63-1-347; — C. Paris 8 août 1866, S. 67-2-101; — Bourges 26 déc. 1870, S. 70-2-318).

A plus forte raison, l'acquisition, par des individus commerçants, de droits et d'intérêts dans une société en nom collectif dont ils étaient déjà membres, constitue un acte de commerce qui les soumet à la juridiction commerciale (Douai 26 janv. 1843, S. 43-2-181, D. 44-4-7, P. 43-2-79).

La création d'actions au porteur et leur mise en circulation, par les administrateurs d'une tontine, constituent de leur part un acte de commerce qui les rend justiciables des tribunaux consulaires et contraignables par corps (Paris 4 mars 1825, D. 26-2-208).

1. CHÈQUE. — De même les chèques tirés par un commerçant sur un autre commerçant sont présumés souscrits dans l'intérêt de son négoce et constituent dès lors des actes de commerce (Cass. 24 juill. 1872, S. 73-1-485).

4202. Cession de gérance. — Le traité par lequel le gérant d'une société de commerce cède sa gérance à un autre agent de la même société constitue un acte de commerce ; dès lors les difficultés auxquelles ce traité peut donner lieu sont de la compétence des tribunaux de commerce (C. com. 632, 633; — Lyon 5 fév. 1846, S. 47-2-76, D. 47-4-5, P. 46-1-36).

4203. Cession des créances d'une faillite. — La vente des créances et recouvrements d'une faillite, consentie par les syndics au profit d'un individu, même commerçant, ne constitue ni un engagement ou transaction entre commerçants, ni un acte de commerce, dans le sens des art. 631 et 632 C. com.; en conséquence, le tribunal de commerce n'est pas compétent pour connaître de la demande en payement du prix d'une telle vente (Riom 11 mars 1839, S. 39-2-374).

Mais on doit considérer comme acte de commerce la cession faite après faillite et concordat, par un associé failli à son coassocié, de tous ses droits dans la liquidation de la société (C. com. 632, 633; — Cass. 17 juill. 1837, S. 37-1-1022, D. 37-1-420, P. 37-2-592).

Le syndic, même négociant, d'une faillite, qui emprunte dans l'intérêt de la masse des créanciers, sous sa responsabilité personnelle, et souscrit à cet égard des billets, ne fait pas en cela un acte de commerce qui le rend justiciable du tribunal de commerce (Toulouse 15 janv. 1833, S. 33-2-315, D. 33-2-127).

4204. Cession d'une charge de courtier ou d'agent de change. — L'achat d'une charge d'agent de change ou de courtier de commerce ne constitue pas non plus par lui-même un acte commercial (Paris 2 août 1832, S. 33-2-50, D. 33-2-16; — Aix 6 juin 1855, S. 57-2-15; — Rennes 13 avr. 1859, D. 60-2-95).

4205. Assurance. — Le négociant qui fait assurer son commerce contre les chances des faillites fait un acte de commerce (Amiens 27 août 1858, S. 58-2-702). — Il en est de même de l'assurance contre les accidents de voitures (Cass. 24 janv. 1865, D. 65-1-73).

Si l'assurance comprend les bâtiments et le risque locatif, ce n'est plus un acte de commerce (Cass. 3 juill. 1877, 4988 R. P.).

CHAPITRE III. — APPLICATION DE LA LOI DU 11 JUIN 1859

[4206-4332]

4206. Tous les actes de commerce ne profitent pas de la loi. — Tous les actes auxquels nous venons de reconnaître le caractère commercial et qui peuvent servir à déterminer la qualité des parties, ne profitent pas de la loi du 11 juin 1859. Il faut, selon le texte précis de l'art. 22, que ces marchés ou traités soient faits sous signatures privées et se trouvent compris parmi ceux dont il est question à l'art. 69 § 3 n° 1er et § 5 n° 1er L. 22 frimaire an 7.

Les seuls actes favorisés sont donc, en premier lieu, « les adjudications au rabais et marchés... pour construction, réparation et entretien, et tous autres objets mobiliers susceptibles d'estimation, faits entre particuliers, qui ne contiendront ni vente, ni promesse de livrer des marchandises, deniers ou autres objets mobiliers » (L. 22 frim. an 7 art. 69 § 3 n° 1er).

En second lieu, «les adjudications, ventes, reventes, rétrocessions, marchés, traités et tous autres actes, soit civils, soit judiciaires, translatifs de propriété à titre onéreux, de meubles, récoltes de l'année sur pied, coupes de bois taillis et de hautes futaies et autres objets mobiliers généralement quelconques, même les ventes de biens de cette nature faites par la nation; — les adjudications à la folle enchère de biens meubles... » (L. 22 frim. an 7 art. 69 § 5 n° 1er). En tant, bien entendu, que ces actes seront commerciaux.

SECTION PREMIÈRE. — ACTES SOUS SEING PRIVÉ

[4207-4209]

4207. Acte notarié. — Voici en quels termes l'Administration justifie la disposition de la loi qui refuse d'admettre à l'enregistrement au droit fixe les actes de commerce passés devant notaires. « Le législateur, porte une Sol. 20 juillet 1860, a considéré que, dans le système où le marché n'est sujet à l'enregistrement qu'autant qu'il devient nécessaire de le produire en justice ou d'en faire usage par acte public, cet enregistrement n'est qu'une éventualité contre laquelle les contractants peuvent d'autant moins se précautionner qu'ils doivent penser que le contrat sera exécuté sans contestation; car ils ne le concluraient probablement pas s'ils pensaient y trouver une source de difficultés et de procès. Lors donc que la nécessité de l'enregistrement vient de surgir, elle les frappe à l'improviste et dérange toutes leurs combinaisons. Mais aucun de ces inconvénients n'existe à l'égard des marchés qui doivent être soumis à la formalité de l'enregistrement dans un délai déterminé. Dans ce cas, en effet, les contractants, qui connaissent l'obligation du payement immédiat des droits qui leur incombent, règlent leurs conventions dans la prévision de ce payement, qui ne peut jamais être pour eux un mécompte ni une surprise. Lorsqu'un débat s'engage pour l'exécution de ces sortes de marchés, la production des actes peut être faite en tout état de cause, sans que la position d'aucune des parties puisse être modifiée ou aggravée. On aperçoit ainsi la cause de la distinction que l'art. 22 L. 11 juin 1859 a introduite entre les marchés faits sous seing privé, c'est-à-dire ceux qui, selon l'art. 23 L. 22 frimaire an 7, ne sont pas sujets à l'enregistrement dans un délai déterminé, et les marchés auxquels l'enregistrement doit être donné dans un délai de rigueur, d'après les art. 20 L. 22 frimaire an 7 et 78 L. 15 mai 1818. »

1. CRÉDIT. — Ainsi il a été décidé que les dispositions de l'art. 22 L. 11 juin 1859 ne peuvent pas être opposées à la demande du droit proportionnel devenu exigible par suite de la réalisation d'un crédit constaté par acte notarié (Seine 24 mars 1865, 2159 R. P.).

2. SOCIÉTÉ. — CESSION CONDITIONNELLE. — C'est ce qui a lieu également pour le droit exigible en vertu de la clause d'un contrat authentique de société portant que la part des associés décédés appartiendra aux survivants moyennant un prix à payer aux héritiers des associés défunts. Lorsque l'événement prévu se réalise, la convention conditionnelle s'accomplit; mais, comme elle a son titre dans un acte notarié, l'art. 22 L. 11 juin 1859 ne lui est point applicable (Libourne 23 mai 1866).

3. ACTE SOUS SEING PRIVÉ DÉPOSÉ. — Le dépôt en l'étude d'un notaire d'un acte de commerce sous seing privé confère à cet acte les principaux avantages de l'acte notarié lui-même. Les raisons qui ne permettent pas d'appliquer à ces derniers le bénéfice de la loi de 1859, ne permettent pas davantage de le faire pour les sous seing privé déposés, et ces actes rentrent sous l'empire des règles ordinaires (Seine 24 août 1867, 2603 R. P., Sol. 28 janv. 1869, 2869 R. P.).

On n'a pas à considérer pour cela si l'acte a été déposé par toutes les parties ou par une seule. Il n'en participe pas moins à l'authenticité de l'acte de dépôt et il y a même raison d'exiger le droit proportionnel (Sol. juin 1872, Sol. nov. 1872, Sol. 5 mai 1873).

L'exigibilité du droit peut se fonder encore, à cet égard, sur un autre motif, à savoir que l'acte déposé se trouve mentionné dans un acte public. — *V.* 4230-4.

4208. Acte administratif. — Les actes administratifs sont dans la même situation que les actes notariés ; pas plus qu'eux ils ne peuvent être affranchis du droit proportionnel. Ce point est hors de doute pour les procès-verbaux d'adjudication passés en séance publique parce qu'ils revêtent un caractère évident d'authenticité. Mais on a soutenu que, quand l'acte commercial est rédigé en la forme sous seing privé entre le négociant et le représentant de l'autorité, il tombe sous l'application de la loi. Nous n'avons pas accueilli cette doctrine. En effet, l'acte administratif est celui qui est émané d'une autorité ou d'un *fonctionnaire public* agissant dans l'*exercice de fonctions* qui lui sont confiées par la loi. Le concours de ces deux conditions est indispensable, mais suffit aussi pour conférer le caractère administratif dans le sens juridique du mot. L'acte qui les réunit devra être, après son approbation, si elle est nécessaire, présenté à la formalité dans les délais prescrits par l'art. 20 L. 22 frimaire an 7. Or, on ne saurait douter que telle soit la nature du contrat par lequel le maire d'une ville conclut un traité pour l'exécution d'une entreprise municipale. Ce marché se réfère évidemment à un objet d'administration, et, d'un autre côté, l'approbation dont il a été précédé ou suivi démontre que le maire agissait en qualité de fonctionnaire public. Il importe peu, à cet égard, que le contrat ait l'aspect des actes sous signatures privées ; car aucune disposition ne règle la forme des actes administratifs, qui se rédigent, selon les cas, tantôt avec la solennité des procès-verbaux d'adjudication, et tantôt, au contraire, selon les règles des conventions amiables entre particuliers.

« Attendu, dit très-bien le tribunal de Metz dans un jugement du 30 août 1860, qu'un acte passé par un maire dans la limite de ses attributions, telles qu'elles sont fixées par la loi du 18 juillet 1837, tit. 2 ch. 1er art. 16, a essentiellement le caractère d'un acte public ; que ce caractère d'acte public est reconnu par la loi de l'an 7 elle-même, qui régit par son art. 20 les délais relatifs aux actes des administrations centrales et municipales, et qui fait défense par ses art. 41 et 42, aux secrétaires de ces administrations, d'en délivrer des expéditions et de faire mention desdits actes avant leur enregistrement ; que la distinction entre les actes publics de cette nature et les actes sous signatures privées proprement dits résulte formellement de l'art. 22 de la même loi, qui fixe un délai différent pour l'enregistrement des actes sous signatures privées » (11983 C., 1849 R. P.). — C'est ce qui résulte également des deux autres jugements de Dieppe du 10 mai 1860 et de Saintes du 11 août 1863 (1849 R. P., 18152 J. N., 12654 C.).

Depuis lors, la question a été catégoriquement décidée en ce sens par des arrêts de la C. cass. des 19 novembre 1867 (2594 R. P., 19087 J. N., 18459 J. E., 2362 § 4 I. G., S. 68-1-40, D. 67-1-451, P. 68-65, Bull. 187, 28 janvier 1868, 2601 R. P., 19183 J. N., 18474 J. E., 2366 § 4 I. G., S. 68-1-228 et 4 août 1869, 2988 R. P., 2393-8 I. G., S. 70-1-33, 19818 J. N., 18847 J. E.).

« Attendu, porte l'arrêt du 25 janvier 1868, qu'il faut ranger dans la catégorie des actes administratifs les actes de transmission de la propriété ou de la jouissance des biens des hospices et les marchés de toute nature faits par les commissions administratives chargées de la gestion de ces établissements sous la présidence des maires et placées sous la tutelle de l'administration supérieure ; que l'approbation du préfet, nécessaire pour donner à ces actes de l'administration des hospices leur complément et leur force juridique, leur confère, en même temps, le caratère d'authenticité, et qu'ils rentrent ainsi dans le cercle des actes assujettis au timbre et à l'enregistrement dans le délai de vingt jours par l'art. 78 L. 15 mai 1818, qui se réfère à l'art. 20 L. 22 frimaire an 7 et aux articles de la même loi ayant pour objet de déterminer les droits proportionnels à percevoir suivant la nature des actes. »

1. MARCHÉS DES ÉTABLISSEMENTS PUBLICS. — Du reste, les marchés de travaux ou de fournitures, dont le prix est à la charge des établissements publics, échappent encore par un autre moyen à l'application de la loi de 1859. Ils sont tarifés, en effet, par le § 2 n° 3 L. 22 frimaire an 7, alors que l'art. 22 L. 11 juin 1859 désigne limitativement les actes compris dans les §§ 3 nos 1er et 5 n° 1er du même article. — Bien que la loi du 28 avril 1816 ait élevé (art. 51) le droit des marchés concernant les établissements publics au même taux que ceux des particuliers, la distinction établie dans la loi de l'an 7 n'a pas cessé et on ne peut étendre le bénéfice des exceptions nouvelles à des actes qui n'y sont pas compris (Metz 30 août 1860, 11983 C. ; — Saintes 11 août 1863, 1849 R. P., 18152 J. N., 12654 C. ; — Seine 5 août 1865, 2303 R. P. ; — Cass. 19 nov. 1867, 2594 R. P., 19087 J. N., 18459 J. E., 2362 § 4 I. G., S. 68-1-40, 28 janv. 1868, 2601 R. P., 19183 J. N., 18474 J. E., 2366 § 4 I. G., S. 68-1-228 ; — Montreuil, 24 mars 1876, 4331 R. P. ; — Sol. 4 fév. 1878).

4209. Jugement. — La loi du 11 juin 1859 ne s'applique pas non plus, et par la même raison, aux jugements. Dès lors, la résolution judiciaire d'une vente de marchandises ne saurait donner lieu au droit fixe (Carcassonne 9 fév. 1869, 2953 R. P.).

SECTION 2. — L'ACTE DOIT ÊTRE COMMERCIAL ET ÊTRE DÉSIGNÉ PAR LA LOI

[4210-4220]

4210. Double condition. — 1. COMMERCIALITÉ. — La seconde condition pour que l'acte tombe sous l'application de la loi, c'est qu'il ait le caractère d'un acte de commerce. La détermination de ce caractère est souvent très-difficile en présence des incertitudes de la jurisprudence civile. Il nous a paru indispensable, pour éviter des recherches, de présenter le tableau complet de cette jurisprudence, et nous ne pouvons que nous y référer.

Nous nous bornerons à indiquer ici les cas qui se sont plus spécialement présentés pour l'application du droit d'enregistrement.

2. ACTES DÉSIGNÉS PAR LA LOI. — Il faut encore, pour que la loi puisse être invoquée, que l'acte se trouve rangé dans la catégorie de ceux qu'elle prévoit. Nous réunirons cette condition à la précédente dans nos explications.

4210 *bis*. **Constructions.** — L'Administration a tenté plusieurs fois de soutenir que, d'après l'art. 632 du C. com., les marchés de constructions *maritimes* sont, à l'exclusion des marchés de constructions *terrestres*, les seuls que la loi range parmi les actes de commerce. Elle prétendait, dès lors, qu'un marché passé entre un propriétaire et un entrepreneur pour la construction d'un mur, d'une maison, etc., devait être enregistré au droit proportionnel ordinaire. En matière civile, c'est une question controversée que celle de savoir si un marché de constructions terrestres constitue un acte de commerce (V. *suprà*). — Mais il nous a toujours paru que, pour l'application de la loi du 11 juin 1859, il fallait assimiler les marchés de constructions terrestres aux marchés de constructions maritimes. Nous l'avons pensé ainsi parce que, d'une part, l'énumération de l'art. 632 a un caractère simplement démonstratif et que l'on ne s'expliquerait pas, dès lors, pourquoi le législateur de 1859 aurait traité différemment des contrats ayant les mêmes droits à sa sollicitude; et, en outre, parce que telle avait été la pensée manifestée lors de la discussion de la loi (V. nos observ. art. 2287, 2363 et 2519 R. P.).

Conformément à notre opinion, il a été décidé : 1° qu'un marché passé entre un entrepreneur et un propriétaire, pour la construction d'un bâtiment, doit profiter de la loi du 11 juin 1859 (Saint-Brieuc 19 fév. 1866, 2287 R. P.; — Seine 18 août 1866, 2366 R. P.);

2° Qu'il en est de même du traité par lequel un entrepreneur s'engage envers un particulier à faire les travaux et fournitures nécessaires à des constructions sur sa propriété : « Attendu, porte un arrêt de cass. du 5 juillet 1867, que les termes de l'art. 11 sont généraux et absolus; qu'ainsi, ils sont exclusifs de toute distinction entre le cas où l'acte est commercial à l'égard de toutes les parties qui ont eu à y concourir, et celui où il n'a ce caractère que vis-à-vis l'une d'elles; — Qu'il ressort d'ailleurs de la discussion qui a précédé l'adoption dudit article, que le bénéfice de l'exception qu'il crée doit profiter à tout acte qui, en lui-même, et indépendamment de la qualité des personnes, est un acte de commerce; — Attendu que le marché passé entre Branicki et Arnac, entrepreneurs de travaux, avait pour objet, non-seulement la construction par celui-ci d'un mur de clôture autour du parc de Villers, mais encore l'achat et la fourniture des matériaux qui devaient entrer dans cette construction; — Attendu que ce marché a ainsi tous les caractères qui, aux termes de l'art. 632 C. com., doivent le faire réputer commercial à l'égard de l'entrepreneur (2519 R. P., 2358 § 7 I. G., 18391 J. E., 12295 C., Bull. 118, P. 67-880) ;

3° Du marché par lequel des particuliers s'engagent à construire une halle pour une ville (Cass. 19 nov. 1867, 2594 R. P., 19087 J. N., 18459 J. E., 2362 § 4 I. G., B. C. 187, S. 68-1-40, D. 67-1-451) ;

4° Du traité intervenu entre une compagnie de chemin de fer et un entrepreneur pour l'exécution d'une ligne de ce chemin (Seine 1er fév. 1868, 2754 R. P.).

4211. Convention verbale. — La loi du 11 juin 1859 est spéciale aux conventions écrites. « Le projet de loi, disait le rapporteur, étend au cas où un acte *écrit* est produit en justice, la règle que la loi et la jurisprudence avaient établie pour le cas moins favorable où les parties n'invoquaient que des marchés verbaux » (1149 R. P.). Dès lors, quand une convention verbale est énoncée dans un acte ou dans un jugement, il faut lui appliquer le droit commun et on ne saurait trouver, dans les dispositions exceptionnelles de la loi de 1859, aucun motif particulier de l'affranchir de l'impôt. — Le tribunal de la Seine, qui avait d'abord paru vouloir décider le contraire (29 avr. 1864, 1929 R. P., S. 65-2-352 et P. 65-1264) est ensuite très-nettement revenu sur son opinion (25 fév. 1865, 2119 R. P., S. 65-2-352, P. 65-1263). La même interprétation résulte aussi de deux jugements, l'un d'Angoulême du 6 mars 1865, et l'autre d'Annecy du 29 décembre 1866.

4211 *bis*. **Dispositions indépendantes.** — Quand le contrat tombe, au point de vue de sa disposition principale, sous l'application de la loi, il ne saurait perdre ce bénéfice parce qu'à la disposition principale se trouveraient jointes des dispositions dépendantes qui, considérées isolément, ne rentreraient pas dans les prévisions de la loi.

Ainsi, quand une cession de fonds de commerce a lieu à titre de dation en payement, elle est, dans son entier, passible du droit fixe de 3 francs, et on ne saurait prétendre que la dation en payement doit en être détachée pour acquitter le droit de quittance (Sol. 24 sept. 1868, 2809 R. P.).

Il en est de même de la cession faite sous faculté de rachat (Sol. 20 nov. 1869, 2946 R. P.).

Nous considérons donc comme mal rendue une Sol. 18 septembre 1871, d'après laquelle la loi de 1859 n'est pas applicable à l'acte par lequel un négociant achète des marchandises et cède une créance pour en payer le prix. On a décidé que le droit devait être alors perçu à 1 pour 100 sur la cession de créance. Mais c'est une erreur. La cession de créance est une disposition dépendante affranchie de toute perception. Il n'y a de sujet au droit que la cession des marchandises, et elle profite du bénéfice de la loi de 1859.

1. DISPOSITIONS DÉPENDANTES. — La règle est différente pour les dispositions qui ne sont pas dépendantes dans le sens de l'art. 11 L. 22 frimaire an 7 et qui donnent par elles-mêmes ouverture à un droit particulier. Ces dispositions doivent être alors appréciées distinctement et, si elles ne réunissent pas les conditions prévues par la loi, elles restent soumises au tarif ordinaire, bien que les autres dispositions de l'acte aient été enregistrées au droit fixe provisoire.

C'est ce qui aurait lieu pour un marché et une cession de bail. Le tribunal de la Seine l'a ainsi jugé le 23 février 1867 au sujet de l'acte de vente d'un fonds de commerce comprenant la cession du bail et la vente des bâtiments construits par le preneur en son nom. Comme les bâtiments sont immeubles et que la vente avait été faite moyennant un seul prix, le tribunal a décidé que la cession immobilière ne pouvant profiter de la loi de 1859, le droit de 5 fr. 50 cent. était dû sur le tout d'après l'art. 9 de la loi du 22 frimaire an 7.

2. DEUX DROITS. — Il n'est pas besoin d'ajouter que dans ce cas, la perception du droit applicable aux dispositions non régies par la loi de 1859 ne dispense pas celles qui y sont sujettes du droit fixe spécial de 3 francs. Ce droit est toujours exigible cumulativement avec les autres droits ordinaires.

On l'a décidé ainsi au sujet d'une vente de marchandises à laquelle se trouvait jointe une promesse de vente d'autres marchandises. Deux droits fixes ont été reconnus exigibles (Sol. 23 mai 1868).

4212. Actes unilatéraux. — Effets de commerce. — L'art. 22 de la loi du 11 juin 1859 ne désigne que les marchés et traités, c'est-à-dire des actes synallagmatiques. Par conséquent, il exclut les actes unilatéraux tels que billets à ordre, lettres de change et autres effets de commerce. L'Administration en a fait la remarque (2153 I. G.) conformément aux observations de l'exposé des motifs de la loi (1149 R. P.).

4213. Baux. — Les baux sont des actes synallagmatiques, mais ils ne sont pas compris parmi ceux dont il s'agit dans les §§ 3 n° 1er et 5 n° 1er de la loi du 22 frimaire an 7. Aussi faut-il reconnaître qu'ils ne peuvent pas profiter du bénéfice de l'exemption provisoire du droit proportionnel (Sol. 24 août 1866).

1. BAIL D'INDUSTRIE. — Mais les baux d'industrie de toute nature, quand ils sont passés par un négociant dans les termes des art. 632, 633 et 634 du C. de com., c'est-à-dire les entreprises de commission, de transports par terre ou par eau, les entreprises d'agences, bureaux d'affaires, ventes à l'encan et spectacles, les entreprises de constructions, les expéditions maritimes, les affrètements ou nolissements, les loyers d'équipage, les engagements des gens de mer, les conventions passées entre les négociants ou leurs serviteurs tombent tous sous l'application de l'art. 69 § 3 n° 1er de la L. du 22 frimaire an 7 et doivent être dès lors enregistrés comme actes commerciaux au droit fixe provisoire de 3 francs.

La question a été résolue ainsi pour la gérance d'un restaurant (Sol. 10 sept. 1867), — pour l'acte par lequel un individu s'engageait comme employé au service d'une maison de commerce (Seine 21 août 1869, 3069 R. P.), — et pour la convention passée entre une société et un ingénieur au sujet de la direction de l'usine et la livraison d'un procédé de fabrication (Sol. 9 nov. 1872).

2. LOUAGE DE SERVICES. — Nous croyons qu'il en serait de même de cette variété de bail d'industrie qui concerne l'engagement des domestiques et serviteurs à gages. Nous avons démontré, en effet, au mot *Marché*, que cette convention n'est qu'une variété de louage d'industrie passible comme lui du droit de 1 pour 100. Mais si la jurisprudence d'après laquelle c'est là un bail ordinaire assujetti au droit de 20 p. 100 venait à prévaloir, il va sans dire qu'il faudrait faire au contrat l'application de la règle concernant les baux ordinaires et ne pas les faire profiter du bénéfice de la loi de 1859.

4214. Cautionnement. — Arrêté de compte. — Il en est de même pour un motif semblable de l'arrêté de compte et du cautionnement (Seine 23 février 1867, 2486 R. P., 18403 J. E., 13246 C.; — Sol. 26 juill. 1873).

En ce qui concerne le cautionnement, on peut objecter que d'après les principes, le droit de cautionnement ne saurait dépasser le droit principal. Mais on peut répondre avec la Sol. du 26 juillet 1873, que l'acte de commerce n'est pas dispensé du droit, qu'il profite seulement d'un sursis de faveur et qu'il suffit que ce sursis n'ait pas été accordé au cautionnement pour que ce dernier contrat reste sous l'empire de la règle générale. — *Contrà* Seine 26 sept. 1874, 4017 R. P.

4215. Cession de créances. — La loi du 11 juin 1859 ne s'applique pas à une cession de créance faite en garantie d'un prêt antérieur. « Attendu que si un doute peut, à la lecture des dispositions de la loi, s'élever dans l'esprit sur le point de savoir si les cessions ou transports de créances n'y sont pas compris, ce doute est complètement levé par la lecture du n° 3 § 3 du même art. 69, qui, en énonçant expressément les cessions et transports de créances, prouve que ces cessions et transports ne sont pas compris dans les termes énumérés dans le n° 1er du § 3, ni dans le n° 1er du § 5, qui sont seuls affranchis du droit proportionnel par la loi de 1859 » (Le Havre 27 avril 1864, 2007 R. P.)

4216. Vente de meubles et d'immeubles. — Le bénéfice de la loi ne s'applique pas non plus aux actes qui contiennent une vente simultanée de meubles et d'immeubles pour un seul prix, et qui sont dès lors considérés par la loi fiscale comme une vente d'immeubles pour le tout (Seine 23 fév. 1867, 2486 R. P., 13246 C.)

4217. Vente d'un fonds de commerce. — Il avait été reconnu que la vente d'un fonds de commerce faite avec ou sans les marchandises qui y sont jointes constitue un acte commercial tombant, lorsqu'il est fait sous seing privé, sous l'application de la loi du 11 juin 1859 (19099 J. N.; — Evreux 20 fév. 1862, 2109 R. P.; — Seine 7 mars 1863 ; — Sol. 24 sept. 1868, 13 mars 1869, 27 août 1869).

Ces solutions sont sans intérêt depuis que la loi du 28 février 1872 a assujetti les mutations de fonds de commerce à l'enregistrement dans un délai déterminé. Le commentaire de cette loi a été présenté au mot *Mutation*.

4218. Vente d'un journal. — Il a été décidé que l'achat d'un journal fait par un banquier pour en faire l'apport à des sociétés en commandite ayant notamment pour but l'exploitation des annonces et réclames commerciales, constitue un acte de commerce (Cass. 23 mai 1870, 3148 R. P., 2405-2 I. G., S. 70-1-322, D. 70-5-136, P. 70-806, 14608 C., 20051 J. N., 18880 J. E.; — *Contrà* : Seine 1er fév. 1868, 2683 R. P.).

« Attendu, porte l'arrêt du 23 mai 1870, qu'en principe la publication faite par l'auteur des œuvres de la pensée ne peut être assimilée à un trafic, mais que, dans l'espèce, Mirès n'a acheté les deux journaux que pour en faire apport à la Société des journaux réunis, ainsi qu'il est souverainement reconnu par le jugement du 14 août 1863 et l'arrêt du 30 mai 1865; attendu, d'autre part, que les deux journaux appartenaient à des sociétés en commandite ayant notamment pour but l'exploitation des annonces et réclames, entreprises essentiellement commerciales; que Mirès, acquéreur était banquier, c'est-à-dire commerçant; qu'ainsi les acquisitions étaient des actes de commerce au point de vue tant de l'objet du contrat que de la qualité des parties contractantes, et que les actes d'acquisitions ont été produits devant le tribunal de commerce de Paris, comme se rattachant à la contestation commerciale dont le tribunal était saisi. » Mais l'arrêt précédent est une décision d'espèce.

En dehors de faits exceptionnels qui ont motivé l'arrêt, la publication d'un journal, d'une revue ou de tout autre écrit périodique principalement consacré aux lettres, aux sciences, aux arts ou à la politique, ne constitue pas un acte de commerce. On ne pourrait conserver des doutes qu'à l'égard des journaux proprement dits, parce que d'une part ils n'ont pas une spécialité littéraire ou artistique bien définie, et que d'un autre côté ils ont une clientèle d'annonces. Mais ces considérations sont sans importance. Dalloz répond très nettement à la première : « Le journaliste, dit-il, ne se borne pas à rendre compte d'événements qui sont dans le domaine du droit commun. Une feuille publique contient, en outre, des jugements sur les faits, les opinions, les ouvrages. On y trouve souvent sur les arts, la littérature, les sciences et la politique, des notions intéressantes, des aperçus neufs et piquants, quelquefois même des théories approfondies qui sont la propriété de l'écrivain qui les a conçues. Quelle différence y a-t-il entre l'auteur d'un semblable journal et l'auteur d'un recueil scientifique ou littéraire, périodique ou non, si ce n'est que le premier livre chaque jour au public le produit d'un travail que le second ne lui donne qu'en masse à des intervalles moins rapprochés. » V. *Acte de commerce* n° 32.

Quant aux annonces, elles ne forment qu'un accessoire évident du journal, car elles pourraient être supprimées sans qu'il en résultât aucun changement dans le but ou le plan de la publication. L'élément lucratif qu'elles apportent à l'exploitation du journal disparaît dans le caractère général de l'entreprise, et ne saurait, à aucun titre, en déterminer la nature.

4219. Société. — 1. CESSION D'ACTIONS. — On a voulu ranger parmi les achats de marchandises pour les revendre (art. 632 C. com.) les actes constatant la cession d'une part d'intérêt dans une société, sous le prétexte qu'il s'agit d'une acquisition de valeurs mobilières destinées à la spéculation. Mais cette prétention a été plusieurs fois rejetée par les tribunaux.

D'une part, la cession par un associé, de tous ses droits dans une société, diffère essentiellement des actes définis par la première partie de l'art. 632; le cédant, en effet, n'abandonne pas une certaine quantité de marchandises déterminées: une société pouvant posséder d'autres biens, même des immeubles. Si les intérêts dans une société sont réputés meubles (529 C. C.), il n'est pas moins certain que la cession de ces droits ne saurait être assimilée à un traité ayant pour objet l'achat de denrées et marchandises pour les revendre, il en diffère d'une manière radicale, et en conséquence, l'art. 22 de la loi du 11 juin 1859 est inapplicable.

D'autre part, on peut ajouter à l'égard des cessions sujettes au droit de 50 cent. pour 100, qu'elles ne sont pas tarifées par l'art. 69 § 3 n° 1er et § 5 n° 1er de la loi du 22 frimaire an 7, comme le veut la loi de 1859.

C'est un point plusieurs fois reconnu (Toulon 23 janv. 1867; — Mantes 6 juill. 1867, 2516 R. P.; — Seine 28 avr. 1869, 3236 R. P.).

2. CESSION DE PARTS.—SOCIÉTÉ DISSOUTE.—Il a été spécialement décidé que l'acte par lequel des associés cèdent à l'un d'eux leur part indivise dans les marchandises et valeurs commerciales de la société après sa dissolution, ne constitue pas un marché tombant sous l'application de l'art. 22 de la loi du 11 juin 1859, et passible du droit fixe de 3 francs, mais une licitation ordinaire sujette au droit proportionnel de 2 francs pour 100. « Un tel acte, porte un arrêt de Cass. du 16 avril 1872, ne constitue point le marché ou le traité que l'article précité de la loi de 1859 a eu particulièrement en vue, mais une licitation entre communistes, et ainsi il donnait lieu au droit proportionnel, non point suivant les dispositions de la loi de frimaire auxquelles se réfère la loi de 1859, mais par application du n° 6 § 5 de l'art. 69, qui soumet au droit de 2 francs pour 100 les parts et portions acquises par licitation des biens meubles indivis » (Cass. 16 avr. 1872, 3426 R. P., 2449-6 I. G., *Bull.* 73, S. 72-1-41, D. 72-1-174, P. 72-315).

C'est ce qui a été plus récemment décidé au sujet de la réalisation d'une cession conditionnelle stipulée entre deux associés par le prédécès de l'un d'eux, alors que la société était entièrement dissoute par ce décès. « Attendu que l'art. 22 de la loi de 1859 ne s'applique qu'aux actes de commerce sous seing privé tarifés par l'art. 69 § 3 n° 1er et § 7 n° 1er de la loi du 22 frimaire an 7 et qu'il s'agit, dans l'espèce, d'une licitation de biens meubles tarifée spécialement par l'art. 69 § 5 n° 6 » (Seine 6 déc. 1873. — *Conf.* : Meaux 2 avril 1873).

3. TRAITEMENT DU GÉRANT. — La convention de louage de services ayant les mêmes caractères juridiques, soit qu'elle intervienne entre la société et un tiers, soit qu'elle intervienne entre la société et un associé auquel un traitement fixe est alloué, il faut reconnaître qu'elle est régie, dans un cas comme dans l'autre, par le n° 1er de l'art. 634, et que, par suite, elle tombe, au point de vue fiscal, sous l'application de l'art. 22 de la loi du 11 juin 1859.

C'est ce qu'on a reconnu au sujet d'une convention sous seing privé fixant le traitement d'un employé d'une maison de commerce (Seine 21 avr. 1869, 3069 R. P.); — ou d'un gérant d'une société (Sol. 21 oct. 1869, 3031 R. P.).

4220. Droit fixe. — D'après l'art. 22 de la loi de 1859, la perception provisoire du droit fixe ne s'applique qu'aux marchés et traités donnant lieu au droit proportionnel. Ainsi que l'a déclaré le rapporteur de la loi, cela exclut tous les actes qui ne donnent lieu qu'à la perception du droit fixe, et le texte même de la loi le fait bien entendre ainsi, puisqu'il dispose qu'indépendamment du droit spécial et provisoire de 3 francs, il sera perçu sur le contrat les autres droits fixes auxquels leurs dispositions peuvent donner ouverture d'après les lois en vigueur.

1. CONDITION SUSPENSIVE. — Il nous semble cependant qu'il faudrait appliquer le bénéfice de la loi aux marchés et traités qui y sont désignés, mais sur lesquels le droit proportionnel n'est pas actuellement exigible, à cause d'une condition suspensive. Les parties y ont un intérêt évident, afin de pouvoir, après l'événement, poursuivre l'exécution partielle du contrat sans être obligées d'acquitter les droits sur le tout. Or, d'une part, il s'agit bien d'un des actes prévus par les textes; et, de l'autre, cet acte donne lieu au droit proportionnel, quoique la perception en soit retardée. Les conditions nous paraissent donc remplies pour qu'un pareil traité profite des faveurs de la loi.

SECTION 3. — EXIGIBILITÉ DU DROIT PROPORTIONNEL

[4221-4232]

4221. Règle. — L'acte de commerce qui réunit les conditions indiquées par la loi n'est pas exempté définitivement pour cela du droit proportionnel. Le droit fixe de 3 francs, moyennant lequel il peut être enregistré, n'est qu'une perception provisoire. L'art. 22 de la loi du 11 juin 1859 décide que les droits proportionnels édictés par les articles de la loi du 22 frimaire an 7 seront perçus quand un jugement portant condamnation, liquidation, collocation ou reconnaissance interviendra sur les marchés et qu'un acte public sera fait ou rédigé en conséquence.

ARTICLE PREMIER. — JUGEMENTS

[4221 *bis*-4229]

4221 *bis*. Condamnation. — Liquidation. — Collocation. — Les mots condamnation, liquidation et collocation sont employés ici avec leur acception ordinaire. Nous avons indiqué au mot *Jugement*, quel sens et quelle portée il faut leur attribuer. Toutes nos explications s'appliquent à la matière des actes de commerce.

4221 *ter*. Reconnaissance. — L'expression reconnaissance a été ajoutée à la loi pour embrasser dans une formule générale tous les cas où le marché est constaté en justice sans qu'il y ait positivement condamnation, collocation ou liquidation. Il est facile d'en préciser la signification.

La reconnaissance judiciaire à laquelle est subordonnée la perception du droit proportionnel n'est pas la simple constatation du marché dans le jugement; il faut, en outre, que la validité du contrat ait été mise en cause et que la sentence du juge puisse former au profit de l'une des parties contre l'autre un titre d'exécution. « Pour qu'il y ait reconnaissance dans les termes de la loi du 11 juin 1859, dit très-exactement le tribunal de la Seine, dans un jugement du 18 août 1866 il faut que la décision emporte chose jugée relativement à l'existence juridique d'un acte qui était méconnu ou contesté; il ne suffit donc pas qu'un traité soit énoncé dans un jugement pour que les droits proportionnels deviennent par cela même exigibles; une interprétation différente ôterait à la loi toute signification et toute portée, puisque la production d'un acte motiverait nécessairement la perception. » (2367 R. P.). « Equivoquer sur ce mot *reconnaissance*, disait M. le conseiller Du Molin devant la Chambre des requêtes, le 25 mars 1867, n'est pas possible; cela veut dire lorsque le jugement visera ou reconnaîtra l'existence du traité, puisque l'article ajoute qu'il en sera de même lorsque les parties auront fait ou rédigé un acte public en conséquence de ces marchés » (2437 R. P.). « Il faut, en d'autres termes, suivant une Solution du 26 novembre 1877, que le jugement fournisse aux parties un titre utile pour établir l'existence et la validité du traité. »

1. DISPOSITIF. — Il importe peu en général dans quelle partie du jugement la reconnaissance se trouve établie. A la vérité, le dispositif a plus d'importance que les considérants, puisqu'il renferme la décision même du tribunal; et c'est sans doute pour cela que le rapporteur de la loi de 1859 parlait des « dispositions du jugement ou de l'acte public. » Mais les considérants sont aussi une partie de la sentence. On conçoit très-bien que le juge, avant d'arriver à formuler sa décision, en discute les motifs et que pour prononcer, par exemple, un débouté de demande, il établisse d'abord la validité du titre injustement attaqué. Nul doute que quand, dans des hypothèses semblables, le marché commercial recevra des considérants du jugement une consécration judiciaire, le droit proportionnel soit exigible. La difficulté est d'apprécier la portée de ces considérants afin de savoir s'ils ont un caractère simplement énonciatif au quel cas le droit ne serait pas dû, ou s'ils forment une reconnaissance véritable dans le sens de la loi.

4222. Débouté. — Le jugement qui déboute un plaideur de sa demande en nullité du marché renferme par cela même une reconnaissance du titre et autorise la perception. C'est ce qu'on décide également en matière de conventions verbales pour la perception du droit de titre. Il importe peu que la demande en nullité soit subsidiaire et que dans ses conclusions principales le plaideur ait reconnu la validité de l'acte. « L'objection, disait M. l'avocat général Paul Fabre, dans un réquisitoire prononcé devant la Cour suprême, trouve une réponse directe dans ce principe que le juge qui repousse les conclusions principales, est tenu de répondre aux conclusions subsidiaires, lesquelles, forment une seconde ligne de défense. Que le motif par lequel il repousse la nullité soit tiré de ce qu'un aveu antérieur ne permet plus de la soulever, peu importe; ce qui est constant, c'est qu'il ne pourra ordonner l'exécution du traité qu'après avoir repoussé la demande de nullité placée sur son chemin. Or, repousser la demande en nullité d'une convention, c'est donner à cette convention la force qu'on lui devait, c'est la reconnaître » (2109 R. P.).

Ainsi, dans un cas où des créanciers après avoir soutenu qu'un traité passé avec leur débiteur leur assurait un certain dividende, concluaient à l'annulation du traité si le juge n'était pas de cet avis, il a été reconnu que le débouté de demande autorisait la perception du droit proportionnel sur l'intégralité du traité (Cass. 29 mai 1865, 2109 R. P., 12906 C., 18002 J. E., 18309 J. N., 2326-3 I. G.).

« Attendu, porte cet arrêt, que, pour débouter Chevalier de son opposition à la contrainte décernée contre lui par l'administration de l'Enregistrement, le tribunal d'Evreux s'est fondé, en fait, sur ce que le traité sur lequel il n'avait été d'abord perçu que le droit fixe, avait été produit, contesté et validé pour le tout dans le jugement du tribunal de commerce du 20 février 1862; et qu'en décidant, par suite, que, la perception du droit proportionnel faite à l'occasion de ce jugement sur la totalité du prix de ce traité l'avait été justement, le jugement attaqué, loin de violer l'art. 22 de la loi précitée, n'en a fait qu'une saine application. »

Jugé de même : 1° que le droit proportionnel est exigible sur le jugement qui repousse la demande en annulation de traités de commerce formée par des tiers contre une seule des parties contractantes, lorsqu'il est constant que l'instance s'est terminée avec l'intervention et en présence de l'autre partie et que les traités se sont trouvés vérifiés et reconnus contradictoirement avec tous les intéressés. A plus forte raison le droit est-il dû quand le débat a eu lieu entre les parties contractantes. Si la validité des traités a été reconnue pour le tout, il n'y a pas à rechercher jusqu'à concurrence de quelle somme ils peuvent être exécutés au moment du jugement. Le droit proportionnel est dû sur la totalité du contrat (Seine 18 août 1865, 2191 R. P.).

2° Que quand des actionnaires ont fait défense à la compagnie de payer à un entrepreneur le prix d'un marché sous le prétexte que le marché était nul, le jugement qui déclare sur l'intervention de l'entrepreneur que le traité est régulier et déboute les actionnaires de leur demande, contient une reconnaissance du marché. En conséquence, le droit proportionnel non perçu lors de l'enregistrement de l'acte devient exigible et peut être réclamé à la compagnie partie au marché et au jugement (Seine 21 juill. 1866, 2413 R. P. 13210 C.).

3° Que le jugement qui déclare, sur la poursuite des actionnaires d'une société et sur l'intervention des entrepreneurs, qu'il n'y a pas lieu de prononcer la nullité d'un marché conclu entre ces derniers et le gérant de la compagnie, renferme une reconnaissance judiciaire du marché et autorise la réclamation du droit proportionnel.

« Attendu, porte un arrêt de Cass. du 25 mars 1867, que la seule faveur introduite par la loi nouvelle consiste à restreindre l'application du droit proportionnel à la partie du prix ou des sommes faisant l'objet de la condamnation, liquidation, collocation ou reconnaissance, soit des dispositions de l'acte public; et attendu que le jugement du 28 novembre 1864 dans lequel de Framery, père et fils, étaient parties intervenantes, avait *reconnu* l'existence des traités commerciaux passés avec les entrepreneurs de Framery et déclaré qu'il n'y avait pas lieu d'en prononcer la nullité; que ce jugement en validant pour le tout les traités intervenus entre de Framery père et fils et la Compagnie du chemin de fer rendait le droit proportionnel exigible pour la totalité du prix, et qu'en le jugeant ainsi, le jugement attaqué a fait une exacte application de l'art. 22 de la loi de 1859 » (2437 R. P., 2358 § 3 I. G., 18353 J. E., 13241 C., S. 67-1-337, D. 67-1-437, P. 67-889).

4° Que si un marché pour la construction d'un chemin de fer donne lieu à un jugement qui déboute l'une des parties de sa demande en résiliation du contrat, le droit proportionnel devient exigible : un tel jugement, constituant la reconnaissance en justice du marché (Cass. 12 janv. 1869, 2852 R. P., 2384-7 I. G., S. 69-1-183, D. 69-1-430, P. 69-434, 19517 J. N., 18748 J. E.; — *Conf.* : Seine, 1er fév. 1868, 2754 R. P.; — Chartres, 15 mai 1874; — Bordeaux, 30 août 1875; — Limoges, 13 mai 1876; — Le Havre, 7 juill. 1877).

5° Qu'il en est de même d'un jugement qui déclare, dans ses motifs, pour débouter le demandeur de son action en résiliation : « qu'il résulte d'un marché passé sous signatures privées entre les parties le 23 mai 1866, et enregistré provisoirement au droit fixe, le 4 octobre suivant, l'obligation pour le Paslier de fournir à de la Tour du Breuil et Ce tout ce qu'il fabriquerait ou ferait fabriquer de pavés dits parisiens; qu'il établit, en outre, que plus tard, les parties convinrent verbalement de porter le minimum de cette fourniture à 300,000 pavés par an, à répartir à peu près également entre chaque mois ; que dans son dispositif, après avoir dit qu'il n'y a lieu à résiliation du marché, il donne acte à de la Tour du Breuil et Ce de l'engagement qu'ils prennent de recevoir un minimum de 300,000 pavés par année, conformément aux conditions convenues entre les parties » (Cass. 3 déc. 1872, 3561 R. P., 2465-6 I. G., S. 73-1-85, P. 73-174).

6° Que quand un jugement déboute un commerçant de sa demande en résiliation de la convention (enregistrée provisoirement au droit fixe) moyennant laquelle le défendeur avait été attaché à sa maison en qualité d'employé, il y a reconnaissance implicite du traité, donnant lieu au droit proportionnel sur le montant des appointements restant dus (Seine 21 août 1872).

4222 *bis*. **Exécution.** — Quoique le litige ne porte pas sur la validité mais sur les conséquences de l'exécution des marchés, le droit est dû. Ainsi, le jugement qui condamne un constructeur de navires à livrer au demandeur un navire dans les conditions déterminées par un marché enregistré au droit fixe et non contesté, contient une reconnaissance sujette au droit proportionnel (La Rochelle, 5 fév. 1878). — V. Marseille, 18 mai 1874, 4009 R. P.

4223. Reconvention. — Il est également sans importance que la décision du tribunal sur la validité du marché intervienne à l'occasion d'une demande reconventionnelle. Les effets de la reconnaissance sont les mêmes et M. l'avocat général Blanche ne met pas en doute, dans un de ses réquisitoires, l'exigibilité du droit (2220 R. P.).

4224. Dommages-intérêts. — La reconnaissance peut encore résulter d'un jugement qui prononce des dommages-intérêts pour refus, retard ou irrégularité d'exécution du traité. (Marseille 18 mai 1874, 4009 R. P.).

Ainsi, il a été décidé que quand, sur une action en dommages-intérêts fondée sur ce que le vendeur d'un fonds de commerce avait manqué à ses engagements, le tribunal alloue une somme à ce titre, laquelle viendra en déduction du reste du prix, la loi de 1859 est applicable à cette condamnation et le droit de titre est dû sur ce qui en forme le montant (Seine 24 juin 1865, C. 12907, S. 65-2-352, P. 65-1264, 18151 J. E.).

Mais il faut pour cela que la condamnation emporte reconnaissance judiciaire du marché. Si donc le tribunal, sans statuer sur la validité de l'acte, et considérant d'ailleurs la réalisation impossible, condamne simplement l'acheteur à remplacer aux frais du vendeur la marchandise que celui-ci n'a pu lui livrer, cette condamnation à des dommages-intérêts ne motiverait pas la perception du droit de titre sur le marché (Sol. 11 août 1865).

4224 *bis.* **Résolution.** — Si le marché est résolu par le jugement, le droit proportionnel demeuré en suspens est-il néanmoins exigible? On aurait certaines raisons de le penser. En effet, avant de résoudre le contrat, le tribunal a dû constater qu'il avait eu lieu et cette constatation emporte bien reconnaissance du titre. D'un autre côté, dans les principes de la loi du 22 frimaire an 7, la résolution d'un contrat n'affranchit pas ce contrat des droits dont il est passible. Sauf le cas de résiliement dans les vingt-quatre heures, le jugement de résolution autorise l'Administration à réclamer sur le contrat résilié les droits qui auraient dû être payés pour son enregistrement avant la résolution. La loi du 11 juin 1859 n'a pas changé ces règles, elle s'est bornée à accorder un sursis de payement à l'acte de commerce. Mais ce sursis cesse lorsqu'il y a reconnaissance judiciaire, et on retombe pour cette reconnaissance sous l'empire du droit commun.

Cette doctrine n'a pas prévalu. Maintes fois il a été reconnu que le droit de titre n'est pas dû lors même que l'une des parties est condamnée à des dommages-intérêts, parce que la condamnation ne résulte pas de la convention, mais de son inexécution (*V.* Sol. 22 mars 1858, 1036 R. P.).

On peut ajouter que d'après le texte même de la loi de 1859, le droit proportionnel n'est exigible, en cas de reconnaissance judiciaire, que dans les limites du profit qu'en retire le demandeur pour l'exécution du titre, que quand le titre est résolu il demeure certain qu'il ne servira plus aux parties et que, par conséquent, dans l'esprit de la loi de 1859, toute cause manque à la perception d'un droit proportionnel.

4225. Absence de condamnation. — L'existence d'une condamnation n'est pas indispensable, si d'ailleurs le marché se trouve judiciairement reconnu.

Jugé par exemple : 1° que le droit de 2 pour 100 est dû sur les marchandises livrées, lorsqu'un jugement appelé à statuer simplement sur les effets d'un bordereau de commerce, reconnaît « qu'il y a eu entre les parties un contrat parfait et né à l'instant même où le contrat est intervenu entre elles, » sans condamner d'ailleurs à l'exécution du marché (Bordeaux 28 août 1866) ;

2° Qu'il y a lieu de percevoir le droit de titre et le droit de condamnation sur le marché commercial enregistré provisoirement au droit fixe, dont un jugement a prononcé la validité qui était contestée par l'une des parties (Seine 25 janv. 1868, 18485 J. E.);

3° Qu'il y a reconnaissance suffisante quand le jugement après avoir, dans ses motifs, exposé l'objet et les conditions du marché commercial, a ordonné, avec provision, une expertise pour la vérification des travaux exécutés, et une prorogation de deux ans pour l'achèvement des travaux; (Cass. 25 mars 1872, 3424 R. P., 2449-1 I. G., *Bull.* 60, S. 72-1-593, D. 72-1-314, P. 72-436).

4226. Offres. — D'après le même principe, le jugement rendu sur la demande en payement du prix d'une vente de meubles qui donne acte aux parties de l'offre faite par l'acquéreur à la suite de l'exploit d'assignation, et accepté depuis par le vendeur, d'une partie de ce prix et les renvoie devant le juge commissaire pour régler leurs comptes et se concilier, s'il est possible, donne lieu au droit proportionnel de 2 pour 100 sur la partie du prix offerte et acceptée (Milhau 18 fév. 1865).

Conf. : Chartres, 15 mai 1874; — Marseille, 18 mai 1874, 4009 R. P.

4227. Reconnaissance partielle. — Le droit n'est dû, selon l'art. 22 de la loi, que sur la partie du prix ou des sommes faisant l'objet, soit de la condamnation, soit de la collocation, liquidation ou reconnaissance. Condamner à exécuter une partie du marché, c'est bien, à certains égards reconnaître l'existence du marché entier; mais nous avons précédemment déjà fait remarquer la différence existant pour l'application de la loi entre l'énonciation pure et simple de laquelle il ne résulte aucun titre définitif au profit du demandeur (art. 1320 C. C.) et la reconnaissance directe pouvant servir de titre aux parties afin de prouver l'existence et la validité de la convention entière. Mais la question de savoir quand il y a simple énonciation ou reconnaissance formelle est toute d'appréciation.

Il a été décidé, à cet égard, que la condamnation à payer le reliquat d'un prix de vente de marchandises ne donne lieu au droit que sur ce reliquat (Sol. 23 janv. 1866); — que la condamnation à recevoir les récoltes d'une année en vertu d'un marché qui doit durer plusieurs autres années, n'est sujette à l'impôt que pour un an (Sol. 22 oct. 1877); — que la sentence arbitrale fixant le reliquat dû à l'entrepreneur ne donne lieu au droit que sur ce reliquat si le reste du traité, quoique rappelé dans la sentence, n'a donné lieu à aucun débat (Seine, 18 août 1866, 2367 R. P.; — et 15 janv. 1876, 4332 R. P.); — qu'il en est de même d'un jugement condamnant à payer une provision sur un marché (Grenoble, 10 avr. 1862, 1615 R. P.) ou à payer les salaires échus d'un commis de magasin (Seine, 21 août 1872) — ou enfin à exécuter quelques-unes seulement des stipulations du traité, les autres n'étant pas contredites (Seine, 5 avr. 1878).

Au contraire, il a été reconnu que, lorsque des arbitres procèdent au décompte général des travaux exécutés en vertu d'un marché commercial enregistré moyennant le droit fixe provisoire, il y a reconnaissance de la totalité du marché, bien que le solde dû à l'entrepreneur soit d'une partie seulement du prix du traité (Sol. 5 fév. 1876, 4755 R. P.; — Sol. 4 fév. et 7 mars 1878).

Il en est de même si, pour fixer le solde d'un marché de fournitures, le tribunal a dû examiner les éléments contestés du marché dans son ensemble et l'a ainsi reconnu directement (Compiègne, 13 juin 1878).

1. MARCHÉS INDÉTERMINÉS. — Ces principes reçoivent souvent leur application au sujet de marchés conclus avec un maximum et un minimum de livraisons. Lorsque les parties ne sont pas d'accord sur l'importance des livraisons effectuées et qu'un jugement statue à cet égard, le droit n'est dû que jusqu'à concurrence des livraisons au sujet desquelles existait le désaccord et non pas sur les livraisons non contestées (Sol. 15 juin 1866); — à moins que, à l'occasion du procès, le tribunal ait reconnu le marché dans son entier.

4227 *bis*. Reconnaissance implicite. — Assez souvent les conclusions des parties, et par voie de conséquence, les jugements sur lesquelles ils sont rendus, ne mentionnent les marchés ou traités commerciaux que d'une manière implicite. On espère ainsi dissimuler, plus ou moins habilement, la reconnaissance du titre et échapper à l'application du droit proportionnel. Mais il est clair qu'au point de vue des principes et comme le faisait remarquer l'Administration dans le mémoire sur lequel est intervenu l'arrêt de la C. cass. du 3 décembre 1872, cité n° 4222-5, il n'y a aucune distinction à établir entre la reconnaissance formelle et la reconnaissance implicite. Dès lors que le jugement met en évidence la convention des parties de manière à prévenir toute contestation possible sur son existence, il y a reconnaissance dans le sens de la loi et le droit est exigible. C'est aux tribunaux qu'il appartient, en cas de doute, d'examiner si les termes ambigus du jugement renferment une constatation suffisante pour constituer la reconnaissance véritable du marché. — V. Marseille 18 mai 1874, 4009 R. P.

D'un autre côté, il peut arriver qu'en dehors des réticences calculées des parties, le marché ne soit rappelé dans le jugement en termes vagues que parceque sa constatation n'est pas nécessaire pour la solution du litige. Nul doute que dans ce cas le droit proportionnel ne devienne pas exigible.

On conçoit qu'il est impossible d'indiquer ici toutes les hypothèses dans lesquelles cette situation peut se présenter. Elles sont infinies et c'est de l'examen de chaque espèce que peut résulter la solution.

Ainsi on a décidé qu'il n'y a pas reconnaissance : 1° Quand le tribunal statue sur certains détails d'exécution, sans que le fonds soit en cause (Seine 18 août 1866, 2367 R. P.).

2° Quand le tribunal statue sur une demande en garantie formée contre un tiers par une partie qui ne refuse pas d'exécuter le traité (Sol. 7 déc. 1867, 2367 R. P.).

3° Quand le litige a pour cause un simple fait de concurrence par un tiers à l'exploitation d'un marché (Sol. 16 nov. 1868).

4228. Reconnaissance émanée des parties. — Pour que le droit soit exigible, il faut qu'il intervienne un jugement de *reconnaissance*, d'où l'on peut se demander si le droit cesserait d'être dû dans un cas où le tribunal, sans se prononcer sur la validité du titre, constaterait uniquement l'accord des parties à cet égard? L'affirmative nous paraît certaine. Le jugement, en effet, devient désormais pour chacune des parties un titre exécutoire en vertu duquel elle peut agir sans craindre aucune contestation sur la validité du titre. Puisque la simple reconnaissance du marché dans un acte public suffit à justifier la perception, on ne voit pas qu'il en puisse être autrement d'une pareille reconnaissance insérée du consentement des parties dans une décision du tribunal. La question a été virtuellement résolue en ce sens par le jugement de Milhau du 18 février 1865, cité au n° 4226, puisqu'il s'agissait seulement d'une constatation d'offres acceptées, ce qui excluait l'idée d'un litige sur le marché.

4229. Reconnaissance à l'égard des tiers. — Mais il faut nécessairement que le jugement intervienne entre les signataires de l'acte; car s'il était prononcé entre des tiers, il serait, à l'égard des parties contractantes, *res inter alios acta*, et ses constatations leur seraient sans utilité. Pour suivre réciproquement l'exécution du titre, il faudrait qu'elles fissent juger de nouveau la question (Seine 18 août 1865, 2190 R. P.).

4229 *bis*. Débiteur des droits. — Les droits proportionnels devenus exigibles par suite du jugement sont dus sur ce jugement lui-même et doivent être perçus lors de son enregistrement avec les droits de condamnation, de liquidation et autres auxquels il peut donner par lui-même ouverture. — *V.* 4231 *bis*.

Si le jugement n'a pas été enregistré, à qui faut-il réclamer les droits du marché? Cette question se pose dans les mêmes termes que celle des actes produits en cours d'instance. Nous nous référons aux explications dans lesquelles nous sommes entrés sur ce point au mot *Jugement*.

ARTICLE 2. — MENTIONS DANS LES ACTES PUBLICS

[4230-4231]

4230. Acte passé en conséquence. — « Il arrive très-rarement, porte l'exposé des motifs de la loi du 11 juin 1859, qu'un acte public soit fait ou rédigé en conséquence d'un marché ou d'un traité ayant le caractère d'un acte de commerce. Les opérations commerciales et industrielles s'accomplissent, en général, si rapidement que l'on n'éprouve guère le besoin de confirmer par un acte authentique les conventions sous signature privée qui les ont constatées. Pourtant cela se produit quelquefois, et il était logique d'appliquer à la juridiction amiable le principe nouveau établi par le projet de loi à l'égard de la juridiction contentieuse. »

Par conséquent, le droit proportionnel demeuré en suspens deviendra exigible dès qu'un acte authentique sera rédigé en conséquence du traité. Cette condition suffit; il n'est pas nécessaire que la mention renferme, comme en matière de jugement, la reconnaissance formelle de la convention; il faut seulement que l'existence du marché soit constatée (Sol. 18 oct. 1877).

1. EXPLOIT. — Il n'y a pas à distinguer non plus parmi les divers actes authentiques dans lesquels le marché serait mentionné.

Un acte d'offres, par exemple, qui renfermerait la reconnaissance de l'acte de commerce donnerait lieu comme l'acte notarié, aux droits proportionnels (Sol. 16 déc. 1868).

2. AFFECTATION HYPOTHÉCAIRE. — Les cas dans lesquels, un acte de commerce peut être mentionné dans un

acte public, sont infinis. Nous n'en citerons que quelques exemples.

Une hypothèse assez fréquente est celle de l'affectation hypothécaire donnée par le débiteur pour garantir l'exécution du traité. Le droit proportionnel devient alors exigible sur la portion du marché à laquelle s'applique la garantie.

3. CAUTIONNEMENT.—De même le cautionnement fourni par un tiers devant notaire rend exigible le droit proportionnel du marché dont l'exécution est cautionnée et dans les limites de cette exécution (Sol. 21 avr. 1870).

4. DÉPOT.—Nul doute aussi que le dépôt du marché dans les minutes du notaire rende le droit proportionnel exigible. Nous avons déjà examiné cette hypothèse précédemment nº 4207 § 3

Ainsi, lorsque des entrepreneurs chargés de travaux de construction en vertu d'un traité enregistré au droit fixe de 3 francs comme acte de commerce, ont délégué à des tiers une partie du prix de leur marché par un acte sous seing privé ultérieurement déposé en l'étude d'un notaire, ce dépôt rend le droit proportionnel de 1 pour 100 exigible.

« Attendu que si les travaux ou marchés réputés actes de commerce, et faits par acte sous seing privé, sont enregistrés provisoirement au droit fixe de 2 francs, cette faveur cesse lorsqu'un acte public est fait ou rédigé en conséquence de ces marchés ; qu'il est constaté par le jugement attaqué que, pour assurer l'existence et l'exécution des deux marchés indiqués, le dépôt en a été effectué dans les minutes d'un notaire, suivant acte public du 30 juillet 1869, contenant un état descriptif de ces pièces; qu'en outre, ils sont rappelés et analysés dans un traité entre les demandeurs et le sieur Lonault, qui s'est engagé à les exécuter dans leur forme et teneur, traité qui, fait d'abord sous seing privé, a reçu la forme authentique, après dépôt dans l'étude du même notaire et reconnaissance des signatures y apposées, suivant actes par lui dressés les 6 et 19 octobre suivant; qu'en décidant, par suite, que les actes publics faits en conséquence de ces marchés avaient rendu exigibles les droits proportionnels édictés par l'art. 69 § 3 nº 1, et § 5 nº 1 de la loi du 22 frimaire an 7, le jugement attaqué, loin de violer l'art. 22 invoqué de la loi du 11 juin 1859, a fait une exacte application de la disposition finale dudit article » (Cass. 17 mars 1875, 4090 R. P., 2581-6 I. G.).

Liquidation du droit. — Mais le droit n'est dû, dans ce cas, que sur les parties du traité pour laquelle le dépôt a eu lieu. « Le texte de la loi est formel, dit une Délib. du 11 nov. 1873, et, comme l'explique le rapport qui a précédé la discussion, « il était logique d'appliquer à la juridiction amiable le principe nouveau établi par le projet à l'égard de la juridiction contentieuse. » On ne pourrait pas plus exiger le droit proportionnel sur les 8,300,000 francs, prix total du marché, que s'il s'agissait d'un jugement condamnant à payer 3,069,480 fr. 00 cent. à valoir sur ce prix; et pour tout l'excédant, qui ne fait l'objet d'aucune disposition de l'acte public du 19 septembre 1872, le traité du 20 mars 1870 doit continuer à bénéficier provisoirement de l'immunité accordée aux actes de commerce faits sous seing privé » (3771 R. P.). V. le nº 4090 R. P.

5. ANNEXE. — Il en serait de même de l'annexe, car l'acte notarié auquel le traité commercial est annexé, même temporairement, est fait en conséquence de ce traité (Pontivy, 13 déc. 1876).

6. DÉLÉGATION. — Lorsque, dans un acte notarié, le débiteur délègue à son créancier une somme à recevoir sur le prix d'un marché commercial enregistré au droit fixe de 3 francs, la délégation est faite en conséquence du marché et le droit proportionnel demeuré en suspens sur cet acte est dû jusqu'à concurrence de la portion déléguée (Cass. 27 juill. 1875, 4175 R. P.).

Le tribunal de la Seine a cependant refusé d'en reconnaître l'exigibilité dans un cas où il s'agissait d'une délégation éventuelle faite pour garantie d'une ouverture de crédit non réalisée (Jug. 28 mai 1870, 3491 R. P.); mais il nous semble que l'éventualité de la délégation n'empêchait pas le contrat d'être fait en conséquence du marché et de tomber directement, dès lors, sous l'application du texte de la loi de 1859.

7. PARTAGE. — Il y a usage du traité s'il est énoncé dans un partage notarié, en présence des parties, avec indication de l'objet de la vente, du prix et des à-compte payés (Sol. 27 sept. 1877).

4231. Débiteur du droit. — D'après l'art. 22 L. du 11 juin 1859, le droit demeuré en suspens doit être perçu sur l'acte authentique fait en conséquence. Il en résulte directement que l'avance doit en être faite par l'officier public au moment de l'enregistrement (Sol. nov. 1872). — V. 4229 *bis.*

ARTICLE 3. — PRODUCTION EN COURS D'INSTANCE

[4232]

4232. Production en cours d'instance. — L'art. 23 L. 11 juin 1859 porte : « Dans le cas prévu par l'art. 57 L. 28 avril 1816, le *double* du droit dû, en vertu de cet article, sera réglé *conformément aux dispositions de l'art.* 1er *de la présente loi* et pourra être perçu lors de l'enregistrement du jugement. »

Or, l'art. 1er de la loi déclare que les marchés réputés actes de commerce sous seing privé et donnant lieu au droit proportionnel édicté par l'art. 69 § 3 nº 1er et § 5 nº 1er L. 22 frimaire an 7 seront enregistrés au droit fixe de 2 francs (3 fr.), sauf la perception ultérieure du droit proportionnel sur la partie de la convention reconnue ou constatée dans un acte public ou un jugement. — Il résulte de la combinaison de ces articles, que si on présente un acte de commerce à la formalité de l'enregistement après l'assignation en justice, mais avant le jugement, il sera enregistré au droit simple de 2 francs (3 fr.) et au droit en sus de 2 francs (3 fr.). — Mais plus tard, si le jugement porte condamnation, collocation ou reconnaissance de la convention, le droit simple *et le droit en sus* proportionnel de titre seront exigibles, en vertu de ce jugement, sur la partie du marché ayant donné lieu à la reconnaissance.

Le tribunal de la Seine a decidé, dans ce sens, que le traité commercial qui n'a pas été enregistré avant d'être produit en justice et avant de servir de base à une condamnation, est passible du droit en sus proportionnel et non pas du droit en sus fixe de 2 francs (3 fr.). « La loi du 11 juin 1859, dit-il, dans le but de prévenir la dissimulation des marchés commerciaux, en a autorisé l'enregistrement provisoire, moyennant un droit fixe de 2 francs (3 fr.); mais elle aurait été directement contre son but si elle avait frappé la dissimulation de la peine dérisoire du double droit fixe. En effet, elle dispose, art. 23, que dans ce cas, le double droit sera réglé conformément aux dispositions de l'art. 22, c'est-à-dire sur la partie du prix ou des sommes faisant l'objet de la condamnation » (Seine 13 janv. 1872, 3432 R. P. — *V.* aussi Seine 1er fév. 1868, nº 2683 R. P., et Chartres 15 mai 1874).

Le tribunal de Saint-Gaudens à reconnu au contraire, que la loi de 1859, ne s'applique pas à l'acte de commerce enregistré après sa production au cours d'instance (31 août 1866). Mais cette doctrine n'est pas justifiée.

1. USAGE EN JUSTICE. — Ce qui précède s'applique à la production en justice opérée dans le cas prévu par l'art. 57 de la loi du 28 avril 1816, c'est-à-dire, par le demandeur et après la demande introductive d'instance.

S'il s'agissait d'un simple usage du traité en justice, on retomberait sous l'empire des art. 23 et 47 de la loi du 22 frimaire an 7. Aucun droit en sus (fixe ou proportionnel) ne serait exigible

COMMINATOIRE.

4233. — La clause comminatoire se disait autrefois d'une peine qui se trouvait dans un acte ou dans un testament contre ceux qui contreviendraient à ses dispositions; peine qui n'était souvent qu'une simple menace, et ne s'exécutait pas à la rigueur. Notre législation n'admet plus de semblables peines. « Cela était bon, dit Merlin, sous l'ancien régime, où les Cours souveraines, se regardant comme associées au pouvoir législatif, tiraient de là un prétexte pour modifier, dans certains cas, les lois qu'elles trouvaient trop sévères Mais aujourd'hui que les tribunaux ne sont que ce qu'ils auraient toujours dû être, juges des faits et applicateurs de la loi, il n'y a plus, même en matière purement fiscale, de peine de nullité que l'on puisse réputer comminatoire » (R. P. — V. *Clause comminatoire*).

COMMIS-GREFFIER.

4234.—L'employé qui est commis par le greffier en chef pour le remplacer ou le seconder.

Les greffiers des cours et tribunaux sont tenus d'avoir un nombre suffisant de commis-greffiers qui sont assermentés, tiennent la plume aux audiences, excepté à celles qui sont solennelles et aux assemblées générales, où le greffier en chef doit être lui-même, et assistent les juges dans les cas voulus par les lois (Déc. 18 août 1810, art. 24. — V. *Greffe*).

COMMISSAIRE DE LA MARINE.

4235. Définition. — Expression générale qui désigne, soit le commissaire général, soit les sous-commissaires (Ordon. 3 janv. 1835, 4 oct. 1836, 14 juin et 21 déc. 1844).

L'art. 7 L. 27 ventôse an 9 a trait aux ventes de prises et de navires ou bris de navires que doivent faire les officiers de l'Administration de la marine. Nous en parlerons au mot *Navire*. Nous réunissons dans cet article les autres dispositions réglementaires qui mettent les commissaires de la marine en rapport avec l'administration de l'Enregistrement.

4236. Répertoire. — Une D. m. f. du 8 novembre 1808 (3068, 8634 J. E.) porte que les agents de la marine ne sont pas dans la classe des officiers publics soumis à la tenue d'un répertoire.

4237. Délai. — D'après la même décision, c'est dans le délai de vingt jours que ces fonctionnaires doivent présenter à l'enregistrement ceux des actes de leur ministère qui sont assujettis à cette formalité. — V. 4240.

4238 Communication. — Ils sont d'ailleurs tenus de communiquer ces mêmes actes aux préposés de l'administration de l'Enregistrement lorsque le besoin du service l'exige (Même Décision).

4239. Déclaration préalable. — Enfin, il résulte de la même décision que, pour les ventes dont ils sont chargés, ces agents sont dispensés de faire la déclaration préalable prescrite par la loi du 22 pluviôse an 7. — V. 1645.

4240. Bureau. — L'art. 7 L. 27 ventôse an 9, dont nous venons de parler, ayant assujetti les commissaires de la marine, qui ne font pas enregistrer leurs procès-verbaux de vente dans le délai de vingt jours, aux peines portées par l'art. 35 L. 22 frimaire an 7 contre les secrétaires des administrations centrales et municipales, semble les avoir assimilés à cet ordre de fonctionnaires. On doit conclure de là qu'ils doivent faire enregistrer ceux de leurs actes qui sont sujets à la formalité au bureau des actes civils publics (8634 J. E.).

4241. Déclaration de naufrage. — Lorsque les déclarants sont dans l'impossibilité d'acquitter les droits, les déclarations de naufrage doivent être visées pour timbre et enregistrées *en débet* dans le délai de vingt jours. Dans le cas contraire, la déclaration doit être sur timbre et enregistrée au comptant (D. m. f. 2 prair. an 7; — Arrêt. Gouv. 17 flor. an 9, 2875-8646 J. E.).

4242. Echouement. — Les procès-verbaux d'échouement sont assujettis au timbre et à l'enregistrement, comme les déclarations, les inventaires, etc. (Déc. 2 prair. an 7, Circ. 9 frim. an 8, 1705-8646 J. E.).

4243. Epaves. — Les ventes d'épaves sont faites par les commissaires de la marine, et le prix en est versé dans la caisse des invalides de la marine (2740-8651 J. E.).

4244. Inventaire. — Les inventaires et récolements d'inventaires de cargaisons naufragées, auxquels les commissaires procèdent, doivent être écrits sur papier timbré, et présentés à l'enregistrement dans les vingt jours de leur date (D. m. f. 28 juin 1808 I. G., 28 juill. suiv., 390 n° 6, 2875, 8646 J. E.).

COMMISSAIRE DE POLICE.

4245. Définition. — Fonctionnaire chargé de veiller au maintien du bon ordre et de la sécurité publique, de constater les délits, de rechercher et de poursuivre, dans certaines limites toutefois, les délinquants.

4246. Double caractère. — Les commissaires de police sont des magistrats de l'ordre judiciaire et de l'ordre administratif. Leurs fonctions sont donc de deux sortes : judiciaires, administratives. — En matière administrative, ils relèvent : ceux de province, immédiatement des maires, puis des sous-préfets et préfets ; ceux de Paris, du préfet de police (Déc. 21 sept. 1791 art. 2, L. 22 pluv. an 8 art. 18.) — En matière judiciaire, les commissaires de police relèvent des cours d'appel et des procureurs de la République. Ces fonctions leurs sont attribuées directement ou en qualité d'auxiliaires du procureur de la République, et sont entièrement indépendantes de l'autorité administrative.

4247. Ministère public. — Les fonctions du ministère public, pour les faits de police, sont remplies par le commissaire de police du lieu où siége le tribunal. S'il y a plusieurs commissaires de police, le procureur général près la Cour d'appel nomme ceux d'entre eux qui feront le service. (C. Inst. crim. art. 144).

4248. Procès-verbaux. — Leurs procès-verbaux doivent être soumis au timbre et à l'enregistrement dans les quatre jours de leur date, à peine d'amende. (Cass. 22 juill. 1813, 4615, 6111 J. E.) — V. *Acte judiciaire.*

COMMISSAIRE-PRISEUR.

4249. Définition. — Les commissaires-priseurs sont des officiers ministériels chargés de procéder à l'estimation et à la vente publique aux enchères des meubles et effets mobiliers.

4250. Annexe. — Les commissaires-priseurs ne sont pas tenus d'annexer à leurs procès-verbaux de vente les procurations en vertu desquelles ils agissent. — *V.* 2172.

4251. Bureau. — Les procès-verbaux de vente de marchandises et d'achalandages rédigés par un notaire et un commissaire-priseur simultanément, doivent être enregistrés au bureau de la résidence du notaire. — *V.* 976.

4252. Communication. — Les commissaires-priseurs doivent communication de leurs minutes. — *V.* 1735.

4253. Délai. — Lorsqu'un notaire supplée un commissaire priseur dans une vente publique de meubles, le procès-verbal peut n'être enregistré que dans les dix ou quinze jours de sa date. — *V.* n° 994.

4254. Droits et obligations. — Pour tout ce qui concerne les droits des commissaires-priseurs et les obligations qui leur sont imposées, *V.* 1614 et suivants.

1. PATENTES. — La loi du 7 nivôse an 7, et l'ordonnance du 23 décembre 1814, qui prescrivaient aux huissiers ordinaires de faire mention de leurs patentes dans leurs exploits, n'étaient pas applicables aux commissaires-priseurs (8113 J. E.).

4255. Répertoire. — Les dispositions des lois relatives à la tenue, au dépôt des répertoires, sont applicables aux commissaires-priseurs, mais seulement pour les procès-verbaux de ventes de meubles et de marchandises, et pour les actes écrits en conséquence de ces ventes (L. 16 juin 1824 art. 11, 1136 I. G., 5519-5739 J. E.). — Le répertoire est coté et paraphé par le président du tribunal de première instance (2903 J. E.).

COMMISSION-NOMINATION.

4256. Définition. — On nomme commission le mandat ou pouvoir donné à quelqu'un pour remplir une fonction. C'est aussi l'acte de nomination délivré à un agent ou employé du Gouvernement, à un officier public.

4257. Fonctions publiques. — Les commissions délivrées pour des fonctions publiques sont exemptes de l'enregistrement (Art. 70 § 3 n°s 1er, 2 et 13 L. 22 frim. an 7). — Cette exemption s'applique à celles délivrées aux préposés de l'Enregistrement, des Douanes, des Contributions indirectes, aux gardes champêtres (Sol. 1er vent. an 7, 50 J. E. — Circ. 1707, 2033).

4258. Acte administratif. — Sont dispensés de l'enregistrement les arrêtés ou délibérations par lesquels on approuve la nomination d'un garde champêtre ou d'un pâtre communal dont le traitement est déterminé. — V. *Acte administratif* n° 427.

4259. Timbre. — L'art. 12 de la loi du 13 brumaire an 7 soumettant à l'impôt du timbre les actes et écritures, extraits, copies et expéditions pouvant faire titre, les commissions d'emploi se trouvent assujetties au timbre (Décis. 22 brum. an 7, Circ. 1566-2033, 248 I. G. — D. m. f. 15 sept. 1807, 2704 J. E.).

1. QUOTITÉ DU DROIT. — Une D. m. f. 17 février 1811 (1367 I. G.) porte que les nominations et commissions des employés de toutes les régies sont sujettes au timbre *de dimension*, ce qui veut dire au timbre dû en raison de la dimension du papier employé (11504-2 J. E.).

Cette décision ne doit cependant pas être appliquée dans la généralité de ses termes. Il faut distinguer : si les commissions sont des *originaux* ou *brevets* portant la signature de l'autorité ou du fonctionnaire qui confère le grade ou l'emploi, la quotité du droit de timbre est déterminée par la dimension du papier qui a servi à leur rédaction. C'est dans cette forme le plus ordinairement que sont faites les commissions. Mais si la commission est la copie, l'ampliation ou l'extrait de l'arrêté ou de la délibération qui nomme aux fonctions, et dont la minute reste déposée dans les archives de l'Administration, alors elle a le caractère d'une expédition, et ne peut être délivrée que sur papier au timbre de 1 fr. 25 cent. (1 fr. 80 cent.) la feuille (Sol. 20 fév. 1838, 1577 § 20 et 1918 I. G., D. m. f. 21 mai 1864, 2288 § 3 I. G., 1972 § 7 R. P.).

4260. Timbre extraordinaire ou visa pour timbre. — Les administrations ne pouvant, à cause du défaut de fonds, faire l'avance des droits de timbre des commissions qu'elles expédient, ont été autorisées, notamment par une D. m. f. 18 thermidor an 9 (Circ. 2033), à les rédiger sur papier libre. Néanmoins, ces commissions ne devaient être délivrées aux préposées qu'elles concernaient, qu'après avoir été revêtues du timbre extraordinaire au *chef-lieu du département*. Mais des dérogations successives à cette dernière disposition, motivées sur les difficultés qu'éprouvaient les titulaires à faire parvenir au chef-lieu du département leurs commissions, qu'ils recevraient souvent au lieu même de leur résidence, avaient été introduites par les I. G. 1214 § 2 1367, 1398 § 4, 1634 § 15, d'après lesquelles certaines classes d'employés pouvaient faire viser pour timbre leurs commissions, soit dans les chefs-lieux d'arrondissement, soit dans les chefs-lieux de canton. Une D. m. f. 7 avril 1852 (1918 I. G.) a généralisé la mesure. Tous les receveurs de l'Enregistrement de canton sont aujourd'hui autorisés à viser pour timbre, au comptant, les commissions des employés et préposés de toutes les administrations qui résident dans le ressort de leurs bureaux. — Le timbrage se fait aujourd'hui par l'apposition de timbres mobiles. — V. *Timbre*.

4261. Acte écrit à la suite. — On a vu, n° 612, que la prestation de serment des employés peut être mentionnée sur la commission. Aucun autre acte ne peut être écrit à la suite des commissions (Déc. 12 therm. an 12, 248 I. G.). — V. 4270.

4262. Commissions anciennes. — Le ministre des finances ayant décidé, le 23 mai 1831, qu'il ne serait fait aucune répétition des droits de timbre des commissions délivrées jusqu'au jour de cette décision, les employés qui en sont porteurs ne sont tenus de les faire timbrer que lorsqu'ils ont à en faire usage devant l'autorité administrative ou judiciaire, notamment pour la liquidation de leur retraite (1367 I. G.).

4263. Commissions renouvelées. — Les nouvelles commissions délivrées aux employés du Gouvernement dans un but purement politique et dans l'intérêt du Trésor, sont susceptibles d'être visées pour timbre *gratis*, à la charge par les employés de justifier que les anciennes commissions sont timbrées (D. m. f. 11 déc. 1830, conforme à une Dél. 26 nov. 1830, 9844 J. E.).

4264. Garde champêtre. — Les commissions des gardes champêtres sont assujetties au timbre, comme pouvant faire titre (D. m. f. 20 juin 1828, 9064 J. E., 1256 § 11 I. G.); mais elles peuvent être délivrées sur papier libre par l'autorité administrative, à la charge de les soumettre à la formalité du timbre extraordinaire ou du visa pour timbre (D. m. f. 17 nov. 1831, 10191 J. E.). — V. 4260.

Si le garde champêtre est nommé par une simple délibération du conseil municipal, cette délibération est exempte de timbre et d'enregistrement. — V. 427-2.

4265. Garde particulier. — On a vu au n° 427-3 que l'arrêté administratif qui nomme un garde particulier est exempt de timbre et d'enregistrement. Mais la commission délivrée à ce garde par le particulier qui lui confie la surveillance de ses propriétés est assujettie au timbre. Elle doit d'ailleurs, quelle que soit sa forme, être enregistrée avant que l'arrêté administratif puisse être rendu. Et comme en définitive, elle constitue un véritable mandat, le droit à percevoir est celui de 2 francs (3 fr.) (D. m. f. 2 sept. 1830, 9748 J. E., 1347 § 7 I. G.), sauf cependant le cas où elle contiendrait des conventions de la nature du louage ou du marché. — V. 9092.

1. PLURALITÉ. — Il est d'ailleurs dû autant de droits de 2 fr. (3 fr.) que la commission ou mandat énonce de propriétaires différents et ayant des intérêts distincts (1163 J. E., D. m. f. 2 sept. 1830, 9748 J. E., 1347 § 7 I. G.).

4266. Garde-pêche. — Il n'est dû aucun droit de timbre pour la transcription de la commission des gardes-pêche sur le registre spécial tenu dans le greffe, ce registre étant exempt du timbre par l'art. 61 L. 13 brumaire an 7 (D. m. f. 21 mai 1864, 2286-3 I. G., 1972-7 R. P.).

4267. Gardes du génie et de batterie. — Les commissions délivrées aux gardes du génie et aux gardes de batterie sont exemptes du timbre (D. m. f. 4 sept. 1858, 2132-2 I. G., 1078 R. P.).

4268. Gardes d'artillerie. — Les commissions ou lettres de service délivrées aux gardes d'artillerie chargés de constater les contraventions aux règlements sur les servitudes établics autour des magasins à poudre sont exemptées de l'enregistrement (2025 § 1er I. G., 16048 J. E.).

4269. Garde-vente. — L'acte de nomination d'un garde-vente est sujet au droit fixe de 3 francs. — *V.* 3170.

4270. Greffier temporaire. — Les commissions délivrées par les maires aux individus qui doivent exercer les fonctions de *Greffier temporaire*, dans les affaires soumises au tribunal de simple police, peuvent être écrites sur papier non timbré, comme objet d'ordre public. (Déc. 11 août 1811, 537 I. G.). — La mention de la prestation de serment peut être écrite à la suite sans qu'une expédition en soit levée (549 I. G.). — *V.* 4261.

4271. Huissiers. — Les commissions des juges de paix aux huissiers pour citer devant eux sont exemptes de tout droit. — *V.* 851.

4272. Marine. — Sont exempts de timbre les brevets ou lettres de nomination délivrés par le ministre de la marine aux officiers d'administration, aux capitaines de navire, aux maîtres au cabotage, etc. — *V.* 3235, 3236.

4273. Notaire. — L'enregistrement des commissions des notaires aux greffes des tribunaux est exempt de tout droit. — *V.* 851-1.

4274. Octroi. — Les commissions des employés d'octroi délivrées administrativement sont exemptes d'enregistrement, mais les commissions d'employés d'octroi délivrées par le fermier de l'octroi constituent une procuration passible du droit de 3 francs. — *V.* 427-1.

4275. Pâtre. Les nominations de pâtres communaux par les maires sont exemptes de timbre et d'enregistrement, — *V.* 427-4.

4276. Porteurs de contraintes. — D'après l'art. 21 de l'arrêté du Gouvernement du 16 thermidor an 8, qui veut que les nominations de porteurs de contraintes aient lieu *sans frais*, leurs commissions sont exemptes du timbre (Sol. 15 pluv. an 9, 766 J. E.).

4277. Postes. — La lettre administrative qui autorise les receveurs des postes à se faire seconder par des aides et qui sert à admettre ces aides au serment, ne peut-être assimilée à une commission proprement dite; elle est exempte du droit et de la formalité de timbre (D. m. f. du 12 janv. 1864, 2341 § 1er I. G., 2428 § 3 R. P.).

4278. Transcription. — On avait pensé que le registre sur lequel des tribunaux font transcrire les commissions des fonctionnaires ou officiers publics qui prêtent serment devant eux, est sujet au timbre (6083-8105 J. E.); mais le contraire résulte d'une Dél. 19 août 1842 approuvée le 24 du même mois (D. Fess., V. *Commission* n. 16, D. m. f. 21 mai 1864, 2286-3 I. G., 1972-7 R. P.).

COMMISSION D'HUISSIER.

4279. — Les Codes veulent, dans plusieurs cas, que le juge *commette* un huissier pour faire tel ou tel acte.

4280. Jugement. — La disposition d'un jugement par défaut qui commet un huissier pour en faire la signification fait partie intégrante du jugement, puisqu'elle est relative à son exécution, et ne donne ouverture à aucun droit (2717 J. E.). — *V.* 4284.

4281. Ordonnance. — Mais toutes les fois que la commission fait l'objet d'un acte séparé, elle donne évidemment ouverture au droit exigible suivant la nature de cet acte. Ainsi, une ordonnance du tribunal qui commet l'huissier pour faire les notifications prescrites par les art. 2183 et 2185, en matière de surenchère sur aliénation volontaire, est passible de 4 fr. 50 cent. — Il en de même de la commission par ordonnance du juge qui a reçu commission rogatoire (2717-2827 J. E.).

4282. Remplacement. — Dans tous les cas, la commission donnée par le juge de paix pour suppléer l'huissier ordinaire et la mention qui en est faite dans la citation, ne sont pas sujettes au droit d'enregistrement, soit que l'autorisation ait été donnée verbalement, soit qu'elle l'ait été par écrit. Il s'agit, en effet, ici d'une formalité d'ordre intérieur (3008 J. E., 436 n° 1 I. G.). — *V.* 851, 864.

COMMISSION ROGATOIRE.

4283. Définition. — Se dit de la commission qu'un tribunal donne à un juge d'un autre siége pour procéder à quelque acte de l'ordre civil ou criminel (1035 C. proc. 16 C. com., 52, 83, 84, 90, 237, 303, 511, 514, 516 C. inst. crim.).

4284. Jugement. — Donnée dans le jugement même, elle en fait partie intégrante, et aucun droit particulier n'est exigible. Mais si elle faisait l'objet d'un jugement séparé, le droit exigible serait celui dû pour les jugements préparatoires (2717 J. E.). — *V.* 4280.

4285. Ordonnance. — Celle du juge qui, en exécution de l'art. 326 C. proc., commet un autre juge pour procéder à un interrogatoire sur faits et articles, est sujette au droit : il y aurait contravention aux art. 41, 42 et 47 de la loi du 22 frimaire an 7, si elle était signifiée avant d'être enregistrée (436 n° 29 I. G.).

4286. Ministère public. — Les actes faits à la requête du ministère public, relatifs aux commissions rogatoires émanées des tribunaux étrangers, peuvent être rédigés sur papier libre et enregistrés *gratis*. — *V.* 835.

COMMISSION DU SCEAU.

4287. — C'est la réunion de divers fonctionnaires chargés d'examiner les demandes ou concessions de titres et d'armoiries, d'érection de majorats et de lettres de naturalisation, dispenses d'âge, de patente, etc. (Favard de Langlade V. *Conseil d'État.* n° 16). Cette commission supprimée par Ord. du 31 oct. 1830, a été réunie au conseil d'administration établi près du garde des sceaux.

4288. Exemption d'enregistrement. — Les pièces à l'appui de la requête des avocats devant la commission du sceau ne sont pas susceptibles d'enregistrement, à moins qu'il ne s'agisse d'actes qui, par leur nature, y sont assujettis dans un délai fixé (Av. Cons. d'Ét. 13 sept. 1808, 413 I. G.).

COMMISSIONNAIRE.

4289. Définition.— Ce mot qui est surtout usité dans le commerce a plusieurs acceptions; mais dans son expression générale, il désigne celui qui agit pour un commerçant, lequel dans l'usage du commerce, se nomme *commettant.* Le contrat qui les lie l'un à l'autre ne porte pas le nom de mandat, mais celui de *commission*, contrat *sui generis* très-usité dans le commerce.

4290. Mandat. — Le commissionnaire est donc, dans le commerce, ce qu'est le mandataire en matière civile, avec cette différence que le commissionnaire agit en son *propre nom*, tandis que le mandataire agit au nom de son mandant. Aussi l'art. 92 C. com. renvoie au C. C., au titre du *mandat*, relativement aux devoirs et aux droits du commissionnaire qui agit *au nom d'un commettant* ; car on doit alors le considérer comme un mandataire. Il y a encore entre le mandataire et le commissionnaire cette différence, qu'en matière civile le mandat est réputé gratuit, s'il n'y a stipulation contraire, tandis que le commissionnaire est toujours censé agir en vue d'un salaire.

4291. Facteur. — Il ne faut pas confondre non plus le commissionnaire avec un *préposé* ou *facteur*. Ce dernier est un individu chargé de gérer un établissement, une maison, une manufacture, et qui, tout en s'obligeant comme débiteur principal, oblige son commettant comme débiteur accessoire, tandis que dans la commission les tiers n'ont pour obligé que le commissionnaire avec qui ils ont traité. Le commettant est à l'abri de leurs poursuites; il n'y a d'action contre lui qu'en faveur du commissionnaire, qu'on doit considérer à son égard comme un véritable mandataire.

4292. Gestion d'affaires. — La commission diffère aussi de la *gestion d'affaires*, en ce que la gestion suppose que le gérant agit sans en avoir reçu l'autorisation.

4293. Courtage. — Enfin, la commission doit être distinguée du *courtage*. « Les agents de change, dit Pardessus, et les courtiers, soit ceux qui sont commissionnés, soit ceux qui exercent ce genre d'industrie dans les lieux où il n'existe point d'agents commissionnés, ne contractent qu'en qualité de fondés de pouvoirs, et ne peuvent jamais être considérés comme commissionnaires. »

COMMODAT.

4294. — Le commodat, autrement dit, le prêt à usage, est un contrat par lequel une des parties livre une chose à l'autre pour s'en servir, à la charge par le preneur de la rendre après s'en être servi (1875 C. C.).

Le commodat n'est pas compris dans la disposition des lois qui veulent qu'il soit dressé acte de *toutes choses* excédant 150 francs. C'est un fait plutôt qu'une convention (C. Colmar 18 avr. 1806, S. 6-2-965). — V. *Obligation.*

COMMUNAUTÉ ENTRE ÉPOUX.

DIVISION

SOMMAIRE

CHAPITRE PREMIER. — DISPOSITIONS GÉNÉRALES

[4295-4305]

4295. Observation. — Le régime de la communauté est aujourd'hui, pour toute la France, le régime de droit commun, celui auquel se trouvent soumis tous ceux qui, dans un contrat régulièrement fait, n'en ont pas expressément adopté un autre. Les questions fiscales qui se rattachent à ce régime étant nombreuses et de la plus haute importance, il nous a paru utile de donner un rapide aperçu des dispositions civiles qui la régissent. L'article que nous allons consacrer à cet objet sera nécessairement fort incomplet, car il faudrait un volume pour donner à cette matière les développements qu'elle comporte; cependant, nous nous sommes attaché à faire ressortir tout ce qu'il est le plus essentiel de connaître au point de vue où nous sommes placé. D'ailleurs, comme nous aurons souvent occasion d'y revenir dans le cours de cet ouvrage, aux rapides détails dans lesquels nous allons entrer, nous ajouterons, à mesure que l'occasion s'en présentera, toutes les questions spéciales qu'a fait naître l'application du droit fiscal. Nous n'aborderons ici aucune question d'enregistrement. Nous laisserons de côté, sauf à les signaler plus tard, lorsque nous en aurons besoin, les nombreux monuments que fournit la jurisprudence. Nous nous bornerons à exposer les principes du Code civil et la doctrine de ses commentateurs.

4296. Définition. — La communauté est la société de biens subsistant entre le mari et la femme, soit d'après la loi, soit d'après la convention stipulée dans leur contrat de mariage.

Le mariage est une union de personnes. Mais la société des biens n'est point une suite nécessaire de la société des personnes; elle n'en est qu'un accessoire dont elle peut se passer : les biens demeurent séparés, les intérêts distincts.

4297. Origine. — Le régime de la communauté n'était point en usage chez les Romains; seulement, il n'était pas défendu d'établir entre époux une société, même universelle, de biens. C'est le régime dotal qui y était généralement suivi, et qui de là est passé en France dans les provinces méridionales. La communauté nous vient des Germains, qui l'ont apportée lors de leur établissement dans les Gaules (Toullier t. 12 n° 72).

4298. Être moral. — La communauté ne forme pas un être moral distinct de la personnalité des époux. Seulement, dans certains cas, on emploie ce mot pour désigner les époux en tant que communs en biens et comme ayant, en cette qualité, des intérêts collectifs opposés aux intérêts individuels de chacun d'eux en particulier.

C'est dans le sens de la non-personnalité de la communauté que s'est résolue une longue controverse, qui paraît terminée (*V.* Toullier t. 12 p. 82, Battur t. 1er p. 150, Champ. et Rig. *D. d'Enregist.* t. 4 n° 2835, Rodière et Pont t. 1er p. 334, Odier t. 1er p. 212, Marcadé art. 1401 n° 1er, Aubry et Rau § 505; — Cass. 18 avr. 1860, S. 60-1-305. — En sens contraire *V.* Proudhon *Usufruit* t. 1er p. 279, Duranton t. 14 p. 96, Troplong t. 1er p. 306, Pothier *Introd. Cout. d'Orléans* t. 10 n° 134).

4299. Copropriété de la femme. — L'art. 1421 C. C. attribue au mari seul l'administration des biens de la communauté. « peut les vendre, aliéner et hypothéquer sans le concours de la femme. » Ce droit du mari, exorbitant des droits d'un administrateur ordinaire, et que le C. C. a puisé dans les anciennes coutumes, avait fait regarder, par beaucoup d'anciens auteurs, le mari comme *seul propriétaire* de la communauté pendant sa durée. « Le droit de la femme, dit Pothier, de la *Communauté*, nos 3 et 437, se réduit donc, tant que la communauté dure, à une simple *espérance* de partager les biens qui se trouveront la composer lors de sa dissolution. Ce n'est donc que par cette dissolution que le droit de la femme est ouvert et qu'il devient un droit véritable et effectif de *propriété* pour moitié de tous les biens qui se trouvent alors la composer. » Cette opinion a été professée depuis le C. C. par Toullier, t. 12 n° 77, et par Champ. et Rig. t. 3 n° 2835. — Mais la généralité des auteurs reconnaît à la femme, non une simple *espérance*, mais un véritable droit de copropriété sur les biens de la communauté (Duranton t. 14 n° 96, Battur t. 1er n° 64, Zachariæ t. 3 p. 408, Rodière et Pont t. 1er n° 294, Dalloz *Jur. gén.* t. 13 n° 545, Glandaz *Encycl.* v° Com. n° 12). « Le droit de la femme, dit Troplong, n° 855, est un droit virtuel qui, bien qu'il n'ait pas une puissance active, a cependant une force assez réelle pour limiter à un certain degré l'autorité du mari. » Marcadé s'exprime ainsi sur l'art. 1399 n° 5 : « Le système de MM. Toullier et Championnière et Rigaud est, ni plus ni moins, le contre-pied et le renversement de toutes les dispositions du Code, et c'est avec raison qu'il est repoussé par tous les auteurs. »

En effet, les droits du mari, tout en se rapprochant beaucoup de ceux du propriétaire absolu, sont moins étendus. Son pouvoir s'arrête, à l'égard des tiers, devant les aliénations gratuites qui lui sont interdites (1422, 1423 C. C.). A l'égard de la femme, il est limité par le droit qu'a celle-ci de faire prononcer la séparation de biens; il doit récompense pour tout ce qui tendrait à lui procurer un avantage individuel (Art. 1437), de même que pour les amendes encourues par ses délits (Art. 1424). Enfin, il est quelquefois responsable de son imprudence (Art. 1415). Ces prohibitions imposées au mari paraissent bien établir que le droit de la femme a une existence actuelle, puisque le mari ne saurait y porter frauduleusement atteinte (C. Colmar 25 fév. 1857, S. 1857-2-321, P. 57-125, D. P. 57-2-88.

Il faut donc reconnaître que la femme est copropriétaire des biens de la communauté, avant même que cette communauté n'ait pris fin; et lorsque le partage vient déterminer son droit, qui était incertain et éventuel jusque-là, elle est censée avoir été seule propriétaire des objets qui sont compris dans son lot depuis le jour où ces objets sont entrés dans la communauté.

4300. Deux espèces de communauté. — Quoique les conventions matrimoniales soient entièrement abandonnées à la volonté des parties (C. C. 1387), le législateur a dû prévoir le cas où aucun contrat n'aurait été fait. De là, la disposition de l'art. 1393 qui porte qu'à défaut de stipulations spéciales qui dérogent au régime de la communauté, ce régime, tel que le Code l'établit, formera le *droit commun* de la France.

1. LÉGALE. — Ainsi, la communauté est *légale*, c'est-à-dire réglée par les seules dispositions du Code, toutes les fois qu'il n'y a pas eu de contrat de mariage; elle est encore légale lorsque les parties ont simplement déclaré qu'elles se mariaient sous le régime de la communauté (1400 C. C.).

Une remarque essentielle est à faire ici, c'est que, bien qu'appelée légale, la communauté a pour fondement une *convention tacite*, par laquelle les parties sont censées s'en être référées aux dispositions de la loi (Toullier t. 12 n° 87). Cette idée d'une convention présumée a une grande importance; il en résulte que la communauté est un statut personnel qui régit tous les biens *quelle qu'en soit la situation*. Au contraire, imposée par la loi, elle eût constitué un statut réel, applicable seulement *aux biens situés en France*.

2. CONVENTIONNELLE. — Par opposition, la communauté est dite *conventionnelle* lorsque les parties l'ont établie elles-mêmes, qu'elles en ont posé les bases et réglé les conventions (C. C. 1399, 1497, 1528).

3. MIXTE. — Ce sont les deux espèces de communautés dont parle le Code, mais il est rare que la communauté soit purement conventionnelle, c'est-à-dire que tous les cas soient prévus, tous les droits réglés par le contrat. La communauté conventionnelle reste soumise aux règles de la communauté légale, pour tous les cas auxquels il n'a pas été dérogé implicitement ou explicitement par le contrat (1528 C. C.). On peut dire alors que la communauté est *mixte*, en ce sens qu'elle est conventionnelle pour tout ce qui sort du droit commun, et légale pour tout ce qui reste dans ce droit. (Toullier t. 13 n° 293, Rodière et Pont t. 2 n° 3).

4301. Étranger. — L'étranger qui prend son domicile en France, s'y marie sans contrat, est censé avoir adopté le régime de la communauté légale qui forme le droit commun du pays sous la législation duquel il vient placer son union; il n'est pas nécessaire qu'il ait obtenu l'autorisation de domicile, de l'art. 13 C. C. (C. Paris 3 août 1849 et 15 déc. 1853, P. 1850 t. 1er p. 563, S. 54-2-105; — Alger 16 fév. 1867, S. 68-2-48; — Cass. 4 mars 1857, S. 57-1-247, Duranton t. 14 n° 87, Troplong *Cont. de Mar.* 33-34, Rodière et Pont t. 1er n° 33).

1. FRANÇAIS MARIÉ A L'ÉTRANGER. — Par contre, le Français qui se marie à l'étranger avec une étrangère, peut être déclaré avoir eu la volonté d'y constituer son domicile conjugal et de s'y marier sous l'empire de la loi de ce pays (Cass. 30 janv. 1854, 2010-8 I. G., 15796 J. E., 15192 J. N., 10175 C.; — 12 juin 1855, 407 R. P.; — 11 juill. 1855, S. 55-1-699; — Saint-Étienne 11 mars 1863, 1788 R. P., 17750 J. E., 17387 J. N.). — *V.* 8222.

Mais il en est autrement s'il n'apparaît pas des circonstances qu'il ait quitté la France sans esprit de retour (Alger 1er mai 1867, S. 68-2-48, Odier t. 1er n° 45, Toullier t. 5 p. 24, Massé et Vergé t. 4 § 639 p. 63 note 2, Aubry et Rau 3e édit. t. 4 p. 225, Coin-Delisle *Rev. critique* t. 6 p. 193, Demangeat *Dr. intern.* t. 1er p. 210, Gand *Code des étrangers* n° 665 et suiv.).

4302. Mariage nul. — La communauté, soit légale, soit conventionnelle, étant un effet civil du mariage, elle ne peut être établie qu'entre personnes capables de contracter ensemble un mariage civil. — Ainsi, sous l'empire de la loi qui établissait la mort civile, il était admis que dans le cas où l'une des parties aurait été privée, à l'époque de son mariage, de ses droits civils par une condamnation à une des peines emportant la mort civile, comme le mariage serait nul, il n'y aurait pas de communauté conjugale (la mort civile est abolie depuis 1854).

Toutefois, la bonne foi de l'une des parties qui ignore l'empêchement à la validité du mariage peut donner les effets civils à ce mariage, quoiqu'il ne soit pas mariage civil, et même quoiqu'il soit absolument nul (Pothier *de la Communauté* n° 20, Toullier t. 12 n° 90, Marcadé sur les art. 201 et 202; — *Contrà:* Merlin *Quest.*, V. *Légitimité* n° 5, Zachariæ t. 3 p. 243, 244).

4303. Point de départ. — La communauté commence *du jour* du mariage contracté *devant l'officier de l'état civil.* On ne peut stipuler qu'elle commencera à une autre époque que celle du mariage (1399 C. C.). Ainsi, par exemple, on ne pourrait convenir qu'elle commencera du jour *du contrat* de mariage par lequel elle sera stipulée. « Elle ne peut avoir lieu, dit Pothier, n° 23, que lorsque les parties ont acquis, *par la célébration du mariage,* la qualité de *conjoints par mariage.* »

Ce n'est pas à dire qu'une société de biens, contractée entre futurs époux, avant la célébration, soit interdite; mais elle n'est qu'une société ordinaire, ne jouissant pas des prérogatives exceptionnelles que la faveur seule du mariage peut justifier (Troplong nos 322 à 329).

4304. Communauté sous condition. — D'après la plupart des auteurs (Delvincourt t. 3 p. 257, Zachariæ t. [illegible] p. 403, Battur t. 1er n° 89, Toullier t. 12 n° 84, Duranton n° 97, 626 J. N.), rien ne s'oppose à ce que la communauté soit stipulée sous une condition suspensive ou résolutoire. C'est sur les principes de rétroactivité de la condition lors de son accomplissement que se fonde cette doctrine. Par exemple, si la communauté n'a été stipulée que pour le cas où il naîtrait un enfant de l'union : si l'enfant naît, la communauté datera du mariage; dans le cas contraire, la communauté n'aura jamais existé, ce qui fait que *juridiquement* l'association conjugale sera soumise à un seul régime. Mais, ainsi que le fait observer Marcadé (sur l'art. 1399), ce phénomène purement juridique, c'est-à-dire *fictif*, n'empêcherait pas la *réalité* des choses et n'en détruirait pas les inconvénients. « Tout doit être fixe et stable, dit Troplong n° 332, dans le régime matrimonial. La famille, les tiers, les époux eux-mêmes ne sauraient s'accommoder d'un état provisoire, dépendant d'un hasard. Il y aurait donc, durant le mariage, une période où les époux ignoreraient s'ils sont communs ou s'ils ne le sont pas. » — Tel est aussi le sentiment de Pont et Rodière, t. 1er n° 82, Bellot t. 3 p. 4, Dalloz *Jur. gén.*, t. 13 n° 563, et c'est celui qui nous semble devoir prévaloir.

4305. Absence de stipulations particulières de contrat. — Contrat nul. — Nous avons dit au numéro précédent que la communauté est légale : 1° lorsque les époux ont simplement déclaré, dans leur contrat, qu'ils adoptent la communauté ; — 2° lorsqu'il n'existe pas de contrat. Ajoutons ici qu'il faut comprendre, dans ces dernières expressions, tous les cas où le contrat se trouverait légalement *non avenu*, soit parce qu'il serait nul pour vice de forme, s'il était fait sous seing privé, par exemple, soit parce qu'on se serait contenté d'y renvoyer au système d'une ancienne coutume, soit parce qu'il serait trop obscur pour faire comprendre quel régime on a voulu adopter, soit enfin parce qu'il établirait plusieurs systèmes au lieu d'en adopter un seul pour toute la durée du mariage (V. pour la nullité du contrat : Cass. 20 juill. 1859, S. 59-1-859 et le R. P. art. 4462).

L'individu pourvu d'un conseil judiciaire qui se marie sans contrat est soumis au régime de la communauté (C. Caen, 20 mars 1878, 4989 R. P.).

CHAPITRE II. — DE LA COMMUNAUTÉ LÉGALE

[4306-4443]

SECTION PREMIÈRE. — ACTIF DE LA COMMUNAUTÉ

[4306-4334]

4306. Trois espèces de biens. — Dans l'actif de la communauté entre trois espèces *de biens* : les *biens meubles*, les *fruits des propres*, les *immeubles conquêts*. En effet, d'après l'art. 1401 C. C., la communauté se compose activement : 1° de tout le mobilier que les époux possédaient au jour de la célébration du mariage, ensemble de tout le mobilier qui leur échoit pendant le mariage, à titre de succession, ou même de donation, si le donateur n'a exprimé le contraire ; — 2° de tous les fruits, revenus, intérêts et arrérages, de quelque nature qu'ils soient, échus ou perçus pendant le mariage, et provenant des biens qui appartenaient aux époux lors de la célébration, ou de ceux qui leur sont échus pendant le mariage, à quelque titre que ce soit ; — 3° de tous les immeubles qui sont acquis pendant le mariage.

Ainsi, la communauté légale n'est pas une société universelle de biens, il n'y entre que ceux que la loi y fait entrer. Elle fait, au contraire exister pour les deux époux trois masses distinctes de biens : 1° les biens du mari ; — 2° ceux de la femme ; — 3° ceux de la communauté qui constituent un fonds social sur lequel chacun des deux associés a un droit égal de propriété. Les biens de la communauté se nomment *biens communs*, parmi lesquels on distingue du nom de *conquêts* ou *acquêts* ceux qui sont acquis postérieurement à la célébration ; les biens personnels de chaque époux se nomment *propres de communauté* ou simplement *propres*.

ARTICLE PREMIER. — BIENS MEUBLES ENTRANT DANS LA COMMUNAUTÉ.

[4307-4328]

4307. Meubles corporels et incorporels présents ou futurs. — Tous les biens mobiliers appartenant aux époux *au moment de la célébration du mariage* tombent dans la communauté, qu'ils soient meubles par nature ou *corporels*, ou que le caractère de meubles leur ait été attribué par la loi comme meubles incorporels. Ainsi, argent comptant, créances, denrées, marchandises, meubles d'une grande importance et d'un fort volume, matériaux provenant de la démolition d'un édifice, comme ceux destinés à sa reconstruction (Rodière et Pont t. 1er n° 319), rentes sur l'État ou sur particuliers, soit perpétuelles, soit viagères ; en un mot tout droit de propriété, d'usufruit ou de créance que les époux avaient sur des biens déclarés meubles par la loi, deviennent propriété commune et font partie du fonds social. Il n'y a d'exceptés que les meubles qui sont devenus immeubles par la détermination de la loi.

Quant aux biens meubles qui *pourraient échoir* aux époux dans le cours du mariage à titre de succession ou de donation, le principe est le même, seulement il reçoit trois exceptions. Ces meubles sont exclus de la communauté : 1° quand ils sont donnés sous la condition expresse de rester propres au donataire ; — 2° quand ce sont des produits d'un immeuble propre sans en être des fruits ; — 3° enfin, quand ils arrivent à l'époux par subtitution à un propre.

Nous allons successivement développer ces diverses propositions, qui découlent toutes, implicitement ou explicitement, de la première partie de l'art. 1401 C. C.

4308. Action en délivrance. — L'action en délivrance d'une maison et de tout le mobilier qu'elle contient, acquise avant le mariage, entre dans la communauté pour ce qui est relatif au mobilier seulement. L'action en ce qu'elle concerne la maison, étant immobilière, reste propre à l'époux. (Toullier t. 12 n° 96, Rodière et Pont t. 1er n° 331, Troplong n° 369). L'action en délivrance d'arbres vendus *pour être abattus*, entre également en communauté. (Toullier t. 12 n° 104, Duranton t. 14 n° 112, Rodière et Pont n° 328, Bugnet sur Pothier, *Com.* n° 70).

4309. Action en payement de prix. — Entrent dans la communauté : 1° l'action en payement du prix d'un immeuble vendu avant le mariage (Troplong n. 363) ; — 2° l'action en payement du prix ou le prix de l'immeuble propre vendu dans l'intervalle du contrat de mariage à la célébration ; dans cette hypothèse, en effet, le conjoint de l'acheteur subirait, si l'exception n'existait pas, un préjudice à l'abri duquel il est bon de le mettre, tandis que, dans le cas qui nous occupe, si l'époux vendeur subit un préjudice en transformant son immeuble en argent, c'est qu'il le veut bien (Toullier t. 12 p. 171, Bugnet *sur Pothier* t. 7 p. 316, Odier t. 1er p. 77, Rodière et Pont t. 1er p. 329, Bellot t. 1er p. 170, Roll. de Vill. V. *Communauté* n° 214, Marcadé t. 5 p. 449; — *Contrà* Duranton t. 14 n° 184, Zachariæ t. 3 p. 412 n° 3, Battur t. 1er n° 174, Dalloz *Jur. gén.* t. 13 n° 589); — 3° l'action en payement d'une soulte en vertu d'un partage antérieur au mariage (Troplong nos 367 et 368).

4310. Actions dans les sociétés commerciales. — Les actions dans les sociétés commerciales étant meubles par rapport aux associés tant que dure la société, encore bien que des immeubles en dépendent, il en résulte que toute aciton dans une société *commerciale*, non dissoute au moment du mariage, tombe dans la communauté, ainsi que tous ses bénéfices. Si la société était dissoute au moment du mariage, l'action ne tomberait dans la communauté *qu'autant* que des meubles seraient abandonnés en représentation de l'action par l'effet d'un partage (Duranton t. 4 n° 127, Rodière et Pont t. 1er n° 341, Dalloz *Jur. gén.* t. 13 n° 602). *Quid* si la société ne s'est dissoute que pendant le mariage et que des immeubles soient échus en partage à l'époux actionnaire? Ces immeubles entreront-ils en communauté? On doit adopter l'affirmative, puisque l'action y était entrée lors du mariage, avec tous les avantages éventuels qui y étaient attachés (Mêmes auteurs. — *Contrà* Toullier t. 12 n° 97, Roll. de Vill. V. *Communauté* n° 87).

1. SOCIÉTÉ AVEC UN TIERS. — Dans le cas où une société commerciale a été contractée pendant la communauté par le mari avec un tiers, la femme n'a pas la qualité d'associée : cette qualité n'appartient qu'au mari, qui peut, dès lors, procéder seul à la liquidation de la société (Cass. 13 nov. 1860, S. 61-1-886).

Les biens appartenant exclusivement à la société qui forme un être moral, la femme n'a pas sur eux d'hypothèque légale (Cass. 10 mai 1831; — Nancy 24 janv. 1842; — Lyon 5 janv. 1844). — Ce n'est qu'après la dissolution de la société et dans le cas où des immeubles sont compris dans le lot du mari que la femme peut exercer son hypothèque (Paris 16 mai 1860, confirmé en cass. le 17 juill. 1861).

4311. Actions dans les sociétés civiles. — Il avait paru qu'il en devait être autrement à l'égard des sociétés civiles et on pensait que ces sociétés, ne donnant pas naissance à un être moral, attribuaient à leurs membres la copropriété même des biens existant en nature dans la masse; on décidait, par conséquent, que la communauté comprenait seulement les actions relatives à des sociétés civiles mobilières (*V.* Rodière et Pont t. 1er n° 342). Mais depuis que la jurisprudence a assimilé sur ce point les sociétés civiles aux sociétés commerciales (V. *Société*), il faut admettre que l'action du conjoint est toujours mobilière en vertu de l'art. 529 C. C. et tombe dans la communauté, lors même qu'il dépendrait des immeubles de l'entreprise.

4312. Créances exigibles, à terme, conditionnelles. — L'art. 529 C. C. ne déclare meubles que les créances *exigibles*, mais il faut comprendre dans ces expressions les créances *à terme* comme les créances *conditionnelles*, et ces dernières entrent dans la communauté, alors même que la condition ne s'accomplirait qu'après sa dissolution (Dalloz *Jur. gén.* t. 13 n° 584). La créance ne perd pas son caractère mobilier alors même qu'elle est accompagnée d'une hypothèque (Pothier n° 76), d'une antichrèse ou d'une délégation sur un immeuble (Duranton t. 14 n° 107, Rodière et Pont t. 1er nos 327 et 328, Troplong n° 366, Toullier t. 12 n° 109, Odier t. 1er n° 75).

4313. Créance alternative. — Le legs qui consisterait *ou* en une somme d'argent *ou* en un immeuble, à la volonté de l'héritier, entre dans la communauté si c'est l'argent qui est délivré; il en est exclu si c'est l'immeuble qui est abandonné (Marcadé sur les art. 1401 à 1403, 1763 J. N.). Il en serait de même si le choix de l'alternative était déféré à l'époux créancier (Toullier t. 12 n° 102). Dans tous les cas de créance alternative, sa nature restant en suspens jusqu'au payement, c'est le choix qui détermine sa nature, et son entrée en communauté est subordonnée à ce choix (Pothier *Communauté* 74, Troplong n° 372, Rodière et Pont n° 332, Dalloz n° 593).

4314. Créance facultative. — Mais il en serait autrement si le legs *était* d'une somme d'argent *avec faculté* à l'héritier de donner tel immeuble à la place de la somme léguée. Le legs entrerait dans la communauté, quoique ce fût l'immeuble qui eût été délivré (Duranton t. 14 n° 115, Toullier t. 12 n° 103, Rodière et Pont t. 1er n° 333, Marcadé art. 143 Troplong n° 373, Dalloz n° 594). A la différence de la créance alternative, la nature de toute créance facultative est déterminée par la matière de la chose due, abstraction faite de celle qu'on peut donner en payement. Le droit de la communauté est alors fixé *ab initio* par la nature de l'objet unique de l'obligation.

4315. Droit au bail. — Le droit à un bail, étant mobilier, tombe dans la communauté (5394 J. E., Pothier n° 71, 1764 J. N., Toullier t. 12 nos 106-107, Duranton t. 14 n° 120, Odier t. 1er n° 84, Marcadé art. 1403 et 1712). Il ne faut cependant pas confondre dans ce droit celui résultant du bail emphytéotique, ainsi que celui aux autres baux à longues durées, auxquels on reconnaît aujourd'hui un caractère immobilier lorsqu'ils portent sur des immeubles.

4316. Obligation de faire. — Toute obligation de faire est dans son principe mobilière. Ainsi, l'action relative à une pareille obligation tombe dans la communauté, soit qu'elle s'applique à des meubles, soit qu'elle ait pour objet un immeuble, par exemple l'obligation de construire une maison (Pothier *Intr. aux cont.* n° 50, Proudhon n° 190, Troplong n° 401, Dalloz *Jur. gén.* t. 13 n° 596; — *Contrà* Toullier t. 6 n° 408, Rodière et Pont t. 1er n° 336, Marcadé t. 35 p. 435, Merlin *Rép.*, V. *Legs*, Bugnet sur Pothier *loc. cit.*, Taulier t. 2 p. 150).

4317. Office. — Les offices tombent en communauté,

sous certaines distinctions que nous faisons connaître au mot *Office* nº 12505.

4318. Fonds de commerce. — Les fonds de commerce tombent dans la communauté, soit qu'ils aient été acquis pendant le mariage, soit que l'un des époux en eût la possession antérieure (Duranton t. 14 nº 129, Rodière et Pont t. 1er nº 365, Troplong nº 414-432, Dalloz 646; — Paris 22 mars 1834; — Metz 3 juin 1841 ; — Cass. 29 nov. 1842).

1. ACHALANDAGE. — CLIENTÈLE. — Il n'y a pas lieu de faire une distinction à l'égard de l'achalandage et des marchandises, sous le prétexte que l'achalandage, essentiellement variable, est personnel à l'époux qui l'exploite (Mêmes auteurs).

4319. Propriété littéraire. — Les compositions littéraires, scientifiques et artistiques, formant des biens meubles, appartiennent à la communauté, non-seulement pour les éditions qui seraient publiées pendant le mariage, mais encore pour celles postérieures à sa dissolution. Ce point, repoussé par Toullier (t. 12 p. 116) par une fausse interprétation du décret de 1810, est admis par tous les auteurs (Duranton t. 14 p. 131, Zachariæ t. 3 p. 413, Pont et Rodière t. 1er p. 363, Troplong t. 1er p. 434, Marcadé t. 5 p. 440, Dalloz nº 628, Arg. L. 14 juill. 1866 art. 1er 2377 R. P.).

4320. Récompense ou reprise. — Le droit de reprise ou de récompense d'un époux sur une précédente communauté est-il immobilier ou mobilier, selon que la liquidation de cette communauté attribuera à l'époux des meubles ou des immeubles?

L'opinion qui fait dépendre la nature des reprises de la nature des biens attribués à l'époux, consacrée autrefois par un grand nombre d'arrêts même de la C. cass., est aujourd'hui répudiée par cette Cour qui reconnaît aux récompenses une nature essentiellement mobilière (*V.* Cass. 1er juin 1862, S. 1862-1-829, P. 1863-603; — Cass. 13 déc. 1864, S. 1864-1-89, P. 1865-166, — 15 juill. 1867, S. 1868-1-15, P. 1868-19; — 6 juill. 1870, S. 1870-1-348, P. 1870-881 ; — Cass. 15 mai 1872, 3581 R. P.). — Quelques cours d'appel persistent néanmoins dans l'ancienne jurisprudence (*V.* Metz 10 avr. 1862, S. 1862-2-200, P. 1862-760; — Paris 24 juill. 1869, S. 1870-2-45, P. 1870-222). Quelques auteurs protestent également (Rodière et Pont *Cont. de mar.* t. 1er nº 383). Mais la C. cass. paraît fortement attachée à l'opinion que les reprises ont par elles-mêmes un caractère mobilier, indépendant de la nature des biens donnés en payement.

Il faut donc décider, pour rester d'accord avec la C. cass., que le droit de reprise que l'un des époux aurait dans une précédente communauté tomberait toujours dans sa communauté nouvelle, quelle que soit la nature des biens sur lesquels il exercerait ses prélèvements,

1. CLAUSE EXPRESSE. — Les époux peuvent d'ailleurs stipuler valablement, par leur contrat de mariage, que l'action en reprise du prix d'immeubles propres sera considérée comme une valeur immobilière et traitée comme telle lors du partage (Cass. 14 nov. 1871, S. 72-1-217).

4321. Rentes. — Toutes les rentes, foncières ou constituées, perpétuelles ou viagères, sont déclarées meubles par le Code. Donc, toute rente appartenant à l'un des époux doit tomber dans la communauté, de quelque nature qu'elle soit (1323 J. N.). — Toullier t. 12 p. 110 a établi le contraire pour la rente viagère *antérieure* au mariage; il a enseigné que la communauté pouvait seulement en recueillir les arrérages, la rente elle-même étant propre à l'époux. La rente viagère, dans les principes du Code, n'est qu'une rente pure et simple comme les autres, mobilière comme les autres, et tombant complétement dans la communauté comme tout autre effet mobilier. Aussi la doctrine de Toullier est-elle repoussée par tous les auteurs (Duranton t. 14 nº 125, Battur t. 1er nº 166, Bellot t. 1er p. 119, Rodière et Pont t. 1er nº 352, Troplong nº 407, Marcadé t. 5 p. 436, Odier 1-81, Taulier t. 5 p. 45, Massé et Vergé t. 4 § 460, Aubry et Rau t. 4 § 507, Demante *Themis* t. 8, 2e *partie* 170, Duvergier sur Toullier *loc. cit.*; — Rennes 16 juin 1841, 11199 J. N.; — Orléans 28 déc. 1843; — Agen 6 mars 1844; — Cass. 30 avr. 1862, S. 62-1-1036; — Paris 19 fév. 1864, S. 65-2-4).

Pour les rentes viagères *postérieures* au mariage, aucun doute ne peut exister (3409 J. N.).

1. RÉVERSIBILITÉ. — La rente viagère acquise des deniers de la communauté sur la tête des deux époux sans réversibilité, constitue un conquêt, et, par conséquent, les héritiers du prémourant ont droit à la moitié des arrérages (C. Poitiers 1er août 1872, S. 72-2-203).

4322. Rente incessible et insaisissable. — Il en serait autrement de la rente viagère déclarée par le constituant *incessible* ou *insaisissable*, puisque la mise en communauté serait une aliénation, et cette observation s'applique à toutes les pensions dues par l'État, soldes de retraite, traitement de réforme, etc., qui sont déclarées incessibles par la loi (Troplong nº 409, Marcadé t. 5 p. 437 *note*, Dalloz *Jur. gén.* t. 13 nos 615, 616). — Les arrérages seuls de ces rentes et pensions entrent dans la communauté pendant son existence.

4324. Pensions. — On décide, par application des mêmes principes, que les pensions militaires se composant d'annuités éventuelles et ne représentant aucun capital dans le patrimoine de celui qui en jouit, tombent dans la communauté pour les arrérages échus, mais demeurent personnelles au titulaire. En conséquence, la femme séparée de biens ne peut réclamer aucun droit sur la pension militaire de son mari (Cass. 3 fév. 1830, 9727 J. E., 7087 J. N.). — Il en est ainsi de toute pension de retraite. Le traitement n'est tombé dans la communauté que jusqu'à concurrence des sommes encaissées et les sommes annuelles auxquelles s'élève la retenue pour la retraite n'y étant jamais tombées ne peuvent donner lieu à une action en indemnité (Seine 21 janv. 1862, 1670 R. P.). — *V.* 4335.

4325. Trésor. — Si un trésor est trouvé par l'un des époux dans le fonds d'autrui, la propriété de la moitié que la loi attribue à l'inventeur tombera dans la communauté. Tous les auteurs sont d'accord sur ce point. *Quid* pour le trésor trouvé sur le fonds de l'un des époux, soit par lui-même, soit par un tiers? Si le trésor est trouvé par l'un des époux, la moitié revenant à l'inventeur doit entrer en communauté; mais l'autre moitié restera propre à l'époux propriétaire du fonds, parce que la loi considère cette moitié comme une partie de l'immeuble qui le contient dans son sein, et qui appartient au propriétaire *jure accessionis* (Duranton t. 14 n° 133, Demante *Themis* t. 8 p. 181, Zachariæ t. 3 p. 413, Marcadé sur l'art. 716 n° 2). Faisons observer néanmoins que deux systèmes sont en présence de celui-là : l'un qui exclut de la communauté la totalité du trésor (Toullier t. 12 n°s 129 et suiv., Battur t. 1er n° 161, Bellot t. 1er p. 151, Roll. de Vill. V. *Trésor* n° 15); l'autre qui fait entrer tout le trésor dans la communauté (Merlin V. *Communauté de biens* § 2 n° 4, Rodière et Pont t. 1er n° 367, n° 434 [2e édit.], Troplong n° 417, Dalloz t. 13 n° 651, Demolombe t. 13 n°s 44 et 45).

4326. Usufruit. — L'usufruit des choses mobilières entre également en communauté (Duranton t. 14 n° 125, Rodière et Pont t. 1er n° 352. — *Contrà* Toullier t. 12 p. 110).

4327. Toutes espèces de meubles. — En un mot, la communauté est propriétaire de tous les biens meubles des époux, tant de ceux qui leur appartenaient lors de la célébration, que de ceux qui leur arrivent ensuite, soit par succession ou donation, soit par le résultat de leur travail ou industrie, soit comme traitement de fonctions par eux exercées, soit par effet de paris ou de jeux, soit par effet de gratifications, soit par dommages obtenus en justice, soit enfin pour toute autre cause que ce puisse être (Troplong n°s 408, 416, 421, 422, 423, Pont et Rodière n°s 368-370, Marcadé t. 5 p. 439, Dalloz t. 13 n°s 648 et suiv., 634, 5804, 7085 J. N.).

1. HABILLEMENTS DES ÉPOUX. — Par exception, on reconnaît le caractère de propres aux habillements, qui appartiennent au survivant des époux, qui a le droit de les prélever en nature lors de la dissolution de la communauté (Dalloz v° *Contrat de mariage* n° 666, Troplong n°s 446, 447, Proudhon *de l'Usufruit* n° 168). — *V.* en ce sens une décision du ministre des finances de Belgique, en vertu de laquelle les habillements du survivant des époux ne doivent pas être compris dans la déclaration de la succession de l'époux prédécédé (2508 R. P.). — *V.* 4347.

4328. Mobilier échu par succession ou donation. — En ce qui concerne particulièrement le mobilier venu à l'un des époux par succession ou donation, aucune difficulté ne peut s'élever sur celui qui leur est échu, pendant la durée de la communauté, par succession ou donation purement mobilière. Il entre tout entier dans la communauté, sous la condition, néanmoins, que le donateur ou testateur n'aura pas exprimé une volonté contraire.

1. PARTAGE. — *Quid* si la succession échue se compose de meubles et d'immeubles? On doit faire l'application de la fiction de l'art. 883 C. C., d'après laquelle chaque héritier est censé n'avoir jamais eu droit aux objets qui ne sont pas tombés dans son lot. C'est le résultat du partage qui déterminera ce qui doit entrer dans la communauté. Tout le mobilier attribué à l'époux héritier fera partie de la communauté, alors même que son lot ne se composerait que de meubles, et cela sans aucune récompense pour lui, bien qu'il éprouve un véritable préjudice de ce que son lot ne comprenne pas des immeubles, puisqu'il aurait pu soustraire ce lot, même en totalité, à la communauté, en se faisant attribuer uniquement des immeubles (Toullier t. 12 n° 119, Duranton t. 14 n° 117, Zachariæ t. 3 p. 415, Rodière et Pont t. 1er n° 357, Dalloz t. 13 n°s 619 et suiv.).

2. SOULTE. — Dans le cas où il s'agirait d'une succession purement immobilière, la soulte ou le prix de licitation qui serait payé à l'époux cohéritier ne tomberait dans la communauté qu'à charge de récompense.

Pour qu'il en fût autrement, il faudrait que le partage eût eu lieu avant le mariage. Dans ce cas la créance de la somme d'argent due à titre de soulte tomberait dans la communauté (Douai 9 nov. 1849 et Cass. 11 déc. 1850, S. 50-2-180, 51-1-252; — Duranton t. 14 n° 117, Toullier t. 12 n° 119, Odier t. 2 n° 89, Marcadé art. 1408 n° 8 *bis*, Troplong n° 444, Rodière et Pont 3e édit. n° 539).

ARTICLE 2. — FRUITS DES PROPRES

[4329-4333]

4329. Fruits. — Produits extraordinaires. — On appelle fruits d'un bien, les produits que ce bien est destiné à donner périodiquement, *quid ex re nasci* et *renasci solet*. On les divise en fruits naturels et fruits civils. Les fruits civils (les loyers, les fermages, les intérêts et arrérages) s'acquièrent jour par jour; les fruits naturels (ceux pendants par branches et par racines) ne s'acquièrent que par leur séparation du sol (585 et 586 C. C.). En regard des fruits ou produits ordinaires et périodiques, il existe des produits extraordinaires que la chose donne sans que ce soit sa destination, et qui une fois pris ne renaissent plus. Telles sont certaines substances que la terre recèle, les métaux, les pierres, les houilles, les tourbes.

Les fruits étant destinés à satisfaire aux charges du mariage, il était naturel de les attribuer à la communauté appelée à supporter ces charges. La communauté a donc la jouissance des biens propres des époux. Elle a sur ces biens les mêmes droits, en général, qu'un usufruitier. Ainsi, elle recueille tous les fruits que les biens produisent pendant le mariage. Quant à ceux produits avant la célébration, elle les recueille comme meubles, d'après la règle générale posée et développés dans les n°s 4307 et suiv. (Marcadé sur les art. 1401 à 1403 n° 6).

4330. Fruits naturels. — C'est par leur séparation du sol que les fruits naturels sont acquis à la communauté.

Ainsi, dit Pothier n° 206, si un champ est moissonné le matin et que l'époux auquel il appartient meure le soir, toutes les gerbes sont acquises à la communauté, quoiqu'elles soient encore sur le champ. Mais si la récolte n'était coupée que par moitié au moment de la mort, la moitié qui serait encore sur pied appartiendrait à l'époux propriétaire ou à ses héritiers (580 J. N.).

1. RÉCOLTES COUPÉES AVANT LE DÉCÈS. — Il s'ensuit que si les récoltes perçues sur les terrains propres à un époux ont été séparées du sol avant le décès de ce dernier, ses héritiers n'ont pas à les comprendre parmi les biens personnels du défunt ; elles sont entrées dans l'actif de la communauté. Il résulte aussi du même principe que les récoltes pendantes par racines sur les immeubles propres à un époux au moment de son décès étant propres à cet époux comme le fonds même, sauf l'action de la communauté en remboursement des frais de culture, semences, etc., les héritiers doivent déclarer, indépendamment de la moitié de la communauté, les propres du défunt en y comprenant la totalité des fruits adhérents au moment du décès, peu importe, au point de vue du droit de succession, que ces fruits doivent ou puissent appartenir ultérieurement à la veuve en qualité d'usufruitière des immeubles délaissés par son mari (Sol. belge du 20 sept. 1866, 7505 J. E. belge).

2. RÉCOMPENSES. — Nous avons dit, n° 4329, que la communauté a sur les biens propres des époux les mêmes droits, en général, que l'usufruitier. Il y a cependant quelques différences.

Labours et semences. — Ainsi, tandis que l'usufruitier n'a aucune indemnité à payer *pour les frais de semence des fruits* qu'il récolte en entrant, ni à réclamer pour les frais, par lui faits, de ceux *qu'il laisse à récolter après lui*, la communauté au contraire, aura droit au remboursement de ces derniers frais sans rien devoir néanmoins pour les premiers, attendu que la somme payée par l'époux pour ceux-ci, si cet époux ne l'avait pas déboursée, aurait toujours appartenu à la communauté comme valeur mobilière (Toullier t. 12 n° 124, Proudhon *de l'Usufruit* t. 5 n°s 2686, 5685, Duranton t. 14 n°s 151 et suiv., Zachariæ t. 3 p. 414, Rodière et Pont t. 1er n° 384, Marcadé t. 5 p. 443, Troplong t. 1er p. 465 et 467 ; — Rennes 26 fév. 1828 ; — Bordeaux 22 mai 1841, P. 41-2-247; — Douai 20 déc. 1848, P. 50-2-88, 13940 J. N.; — *Conf.* : Bourjon *Droit com.* tit. 10 part. 6 ch. 8, Renusson *Com.* part. 2 ch. 4 n° 14, Lebrun *id.* liv. 1er ch. 5 sect. 2, Ferrière art. 231 de Paris, Pothier *Com.* 212 ; — *Contrà* Delvincourt t. 3 p. 14, Toullier t. 5 p. 49 et Bugnet n° 213). Cette récompense serait due alors même que la récolte faite après dissolution n'aurait rien produit (Proudhon *de l'Usufruit* t. 5 n° 2686, Rodière et Pont n° 385).

Récoltes qu'on n'a pas voulu faire. — Ainsi encore, tandis que l'usufruitier n'a pas droit à l'indemnité pour la récolte qu'il laisse à faire (590 C. C.) au propriétaire, *ayant pu la faire lui-même;* la communauté, au contraire, aura droit à récompense si une récolte, une coupe de bois par exemple (1403 n° 2 C. C.), dont le terme fixé par l'aménagement pour son exploitation était arrivé avant l'expiration de la communauté, n'a été faite qu'après sa dissolution. Et cela à cause de la facilité que le système contraire donnerait aux époux de s'avantager illégalement (Bellot t. 1er p. 145, Marcadé sur les art. 1402 à 1403).

Récoltes perçues. — Mais si la communauté a perçu les récoltes produites par les propres de l'un des époux, elle doit seule acquitter les frais de labours et de semences dus à un tiers, sans récompense (Duranton t. 15 n° 2 Rodière et Pont t. 2 n° 31, Dalloz v° *Cont. de mar.* n° 686).

4331. Fruits civils. — L'acquisition des fruits civils se fait jour par jour, avons-nous dit n° 4329, en sorte que, quoique la communauté se dissolve longtemps avant l'échéance du terme des loyers ou fermages, la communauté aurait cependant droit à une partie de ces loyers : autant il s'est écoulé de jours depuis le terme précédent, autant elle prendra de fois la fraction imputable à une journée.

4332. Revenus extraordinaires. — Comme l'usufruitier, la communauté est sans droit sur les produits qui ne sont pas réputés fruits. Ainsi, les revenus ou émoluments *extraordinaires* qu'on peut tirer des fonds propres de l'un des époux n'entrent point en communauté, ou du moins, ils n'y entrent que sauf récompense ou reprise. En effet, ces revenus sortent du cercle des besoins habituels de la famille et de l'entretien du ménage.

1. COUPES DE BOIS. — Dans cet ordre d'idées, tandis que les bois taillis ou émondables, les forêts aménagées en coupes réglées tombent dans la communauté, d'après les règles expliquées au titre de l'usufruit (1403 C. C.), il est d'autres arbres qui, n'étant pas destinés à produire de *revenu annuel et périodique*, tels que les arbres de décoration, les avenues, les quinconces, les futaies en réserve, sont considérés comme faisant partie du fonds, et, de même que l'usufruitier, la communauté ne peut y toucher, tellement que si, pendant le mariage, on avait abattu de ces arbres, si l'on en avait fait une coupe, il serait dû récompense du prix à l'époux sur l'héritage auquel ils auraient été abattus (Toullier t. 12 n° 127).

2. CARRIÈRES. — MINES. — Un second exemple de revenus extraordinaires qui ne tombent pas *indistinctement* dans la communauté, se rencontre dans les produits des *carrières* et *mines*. Ils n'y tombent aussi que pour tout ce qui est considéré comme usufruit, d'après les règles tracées par le Code, au titre de l'*usufruit* (1403 C. C.). Ainsi, ne tombent dans la communauté que les produits des mines et carrières déjà en exploitation *avant le mariage*. Dans ce cas seulement les matières extraites sont considérées comme fruits. Que si l'exploitation n'a commencé *qu'après le mariage*, on considère ce qu'on en tire comme partie du sol, et il est dû récompense à l'époux propriétaire. — Cependant si l'un des époux a hérité pendant le mariage d'une mine ou carrière en pleine exploitation, les produits de la mine seront des fruits pour la communauté, quoique cette mine n'ait été ouverte que pendant le mariage.

Ainsi, la meilleure formule à employer pour faire connaître les droits que peut avoir la communauté sur les produits d'une mine ou carrière, est celle indiquée par Marcadé

t. 5 p. 444 à la note. « Les produits seront ou non des fruits, selon que la mine a été ouverte avant ou après le moment où a *commencé la jouissance de la communauté* sur cet immeuble. »

4333. Usufruit. — L'usufruit qu'a l'un des époux sur les biens d'un tiers tombe dans la communauté, non par le fond du droit, mais pour le revenu qu'il produit (Rodière et Pont n° 374, 5612 J. E.). — Ainsi, si pendant l'existence de la communauté, on a cédé l'usufruit d'un bien propre à l'un des époux, et que la réunion de l'usufruit à la nue-propriété s'opère avant la dissolution de la communauté, le prix de cet usufruit, qui représente les fruits de l'immeuble, appartient en totalité à la communauté (Pont et Rodière, *loc. cit.*).

ARTICLE 3. — IMMEUBLES CONQUÊTS

[4334]

4334. Acquêt présumé. — La communauté comprend comme troisième élément de son actif tous les immeubles acquis pendant le mariage (1401 C. C.); et l'art. 1402 du même Code veut que tout immeuble soit réputé acquêt de communauté, s'il n'est pas prouvé que l'un des époux en avait la *propriété* ou la *possession légale* antérieurement au mariage, ou qu'il lui est échu pendant le mariage à titre de succession ou de donation (1923 J. N.). Cette disposition de la loi est toute naturelle. Du moment, en effet, que la communauté est en possession de tous les biens, et que le moyen, pour un époux, d'établir que tel ou tel bien lui est propre est on ne peut plus facile, la présomption devait être en faveur de la communauté.

Dans tous les cas, il importe peu, pour que l'immeuble acquis entre dans la communauté, que l'acquisition à titre onéreux ait été faite par les deux époux ensemble ou par l'un deux : car, ainsi que le font observer Rodière et Pont n° 411, il est présumable que les époux mariés sous le régime de la communauté légale, ayant mis en commun et leur fortune mobilière et leur travail, n'ont pu acquérir d'immeubles qu'en en prenant le prix dans le fonds commun.

SECTION 2. — PROPRES MOBILIERS

[4335-4348]

4335. Trois sources de propres. — Bien que le Code ne parle presque jamais de propres mobiliers, il en existe cependant. Tel serait un tableau de prix qui serait donné à l'un des époux pendant le mariage, sous la condition qu'il n'entrerait pas en communauté. Ce serait un *propre parfait*, c'est-à-dire qu'il resterait la propriété de l'époux, pour être repris *en nature*, comme le sont les propres immobiliers. On appelle, par antithèse, *propre imparfait* celui qui entre dans la communauté en laissant à l'époux une créance égale à la valeur de l'objet. Tel est le prix d'un immeuble propre aliéné (Marcadé sur l'art. 1408 n° 8). La disposition qui fait entrer dans la communauté légale tout le mobilier que les conjoints possèdent au jour de la célébration du mariage, ou qui leur échoit pendant le mariage, est donc susceptible de recevoir des exceptions. Ces exceptions, qui comprennent les propres mobiliers, soit parfaits, soit imparfaits, peuvent provenir de trois sources principales. Ce sont : 1° les fractions détachées d'un propre ou ses produits, lorsque ces fractions ou produits n'ont pas le caractère de fruits ; — 2° les choses mobilières substituées durant la communauté à un propre de l'un des conjoints ; — 3° les meubles donnés ou légués à l'un des époux, sous la condition expresse que l'objet donné n'entrera pas en communauté. Ces trois exceptions sont enseignées par Pothier n°s 96-99 et 102.

1. PENSION DE RETRAITE. — Il a été jugé par le tribunal de la Seine, le 21 janvier 1862, qu'une pension civile de retraite constituée par décret en faveur de l'un des époux lui a conféré un droit purement personnel et n'a pu tomber dans la communauté (1670 R. P.).

Il faut décider la même chose pour les pensions militaires (Cass. 3 fév. 1830, S. 30-1-136. — *V.* aussi Rodière et Pont 3e édit. n° 1254).

Mais les gratifications extraordinaires accordées par l'État pour services rendus, n'ayant pas le caractère de pensions alimentaires, tomberaient dans la communauté (Cass. 7 nov. 1827, S. 28-1-186). — *V.* 4324.

4336. Prix d'un propre aliéné. — Le prix des propres de l'un des époux, même sous le régime de la communauté, demeure propre à cet époux : lors donc qu'il s'agit d'un propre de la femme dont le prix est encore dû, les créanciers personnels du mari ne peuvent le saisir entre les mains de l'acquéreur (C. Nancy 7 fév. 1840, Devill. 40-2-484). — Décidé encore que le prix d'un immeuble propre à l'un des conjoints ne fait partie de la communauté qu'autant qu'il y a été versé; tant que le prix est encore dû, il appartient exclusivement à celui des conjoints dont provient l'immeuble propre. En conséquence, et s'il s'agit du prix d'un propre de la femme, les créanciers du mari ne peuvent saisir entre les mains de l'acquéreur le prix représentatif de l'immeuble vendu (C. C. Nancy 20 août 1827, S. 28-2-39; — Besançon 20 mars 1850, S. 50-2-445; — Toullier t. 12 n°s 151 et 5, Duranton t. 14 n° 359, Coulon *Quest. de droit* t. 1er p. 101, Glandaz *Encycl.* — V. *Com.* n° 114, Pont et Rodière t. 1er n°s 430 et 499, Troplong t. 1er n° 443, Marcadé sur l'art. 1408 n° 8 *bis*-2).

Dans le même ordre d'idées, l'Administration a décidé, le 3 avril 1832 (10309 J. E., 7706 J. N.), que la créance dont le titre spécifie qu'elle provient du prix des propres aliénés de la femme, ne fait pas partie de la succession du mari, bien que le femme ait renoncé à la communauté; elle doit être considérée comme un propre de celle-ci.

4337. Part dans une société réservée. — L'époux qui s'est réservé comme propre la part à lui appartenant dans une société dont il était membre, a droit, lors de la dissolution de la société, de prélever sur la masse le prix entier pour lequel il a vendu cette part sociale ; et il en est ainsi, alors même qu'en la vendant à son associé, il s'est interdit de se livrer personnellement à l'exercice de l'industrie qui faisait l'objet de la société : la communauté ne peut réclamer aucune indemnité à raison d'une telle renonciation (Cass. 9 juin 1836, S. 36-1-649).

4338. Soulte de partage. — Licitation. — De même, une soulte de partage, ainsi que le prix qui tient lieu à l'un des époux de l'immeuble héréditaire licité pendant le mariage, n'entrent pas dans la communauté et restent propres à cet époux (Pothier n° 100, Duranton t. 14 n° 118, Toullier t. 12 n° 118, Pont et Rodière t. 1er n° 431, Troplong t. 1er n° 444, Marcadé *loc. cit.*). — *Secus*, s'il s'agit de la soulte d'une succession immobilière. — *V.* 4328-1 et 2.

4339. Supplément de prix.—Il en est ainsi encore du supplément de juste prix, que l'acquéreur d'un immeuble propre à l'un des époux se décide à payer pour conserver l'immeuble, si la vente a été l'objet d'une demande en rescision pour cause de lésion (Dumoulin sur Paris § 33 glose 3 n° 44, Pothier *Vente* 349 et *Com.* n° 598, Toullier t. 12 n° 186, Duranton t. 14 n° 114, Rodière et Pont t. 1er n° 433, Troplong *Vente* 808-837-840, Duvergier *cod.* 2-114; — *V.* Nancy 20 août 1827; — Besançon 20 mars 1850, S. 50-2-447; — — *Contrà* Taulier 5 n° 43, Delvincourt t. 3 n° 287; — Cass. 23 prair. an 12 et 24 mai 1806).

4340. Indemnité d'incendie. — Il a été jugé que l'indemnité payée par une compagnie d'assurances à raison de l'incendie d'un immeuble propre, demeure propre et ne tombe pas en communauté à charge d'indemniser cette dernière des primes payées à la compagnie d'assurances (Bordeaux 19 mars 1857, S. 57-2-534). — Mais si cette indemnité s'applique à un immeuble dotal, elle ne conserve pas pour cela le caractère de la dotalité (Nîmes 20 juin 1860 S. 61-2-358).

4341. Créance facultative. — Dans le cas où une créance facultative dont l'objet est immobilier se trouve acquittée par la livraison d'un objet mobilier. — *V.* 4314.

4342. Objet donné ou légué sous condition. — Doivent encore être considérées comme propres, et, par conséquent, sont à comprendre dans la succession de l'époux auquel elles appartiennent, toutes les valeurs mobilières acquises pendant le mariage par l'un des époux, par suite de legs ou de donation, toutes les fois que le donateur ou le testateur a exprimé la volonté que l'objet de sa libéralité restât propre à l'époux gratifié. Mais il faut que l'intention du donateur ou du testateur ne soit pas équivoque; une volonté qui ne résulterait que de circonstances de fait, sans se manifester par les termes de l'acte, serait inefficace; toutefois il n'y a pas de formule sacramentelle (Marcadé sur l'art. 1403).

4343. Coupes de bois. — Les bois taillis ou émondables, les forêts aménagées en coupes réglées tombent dans la communauté; mais il est d'autres arbres qui, n'étant pas destinés à produire de *revenu annuel et périodique*, tels que les arbres de décoration, les avenues, les quinconces, les futaies en réserve, sont considérés comme faisant partie du fonds, et, de même que l'usufruitier, la communauté ne peut y toucher, tellement que si, pendant le mariage, on avait abattu de ces arbres, si l'on en avait fait une coupe, il serait dû récompense du prix à l'époux sur l'héritage duquel ils auraient été abattus.

C'est donc dans la succession de l'époux propriétaire du sol que doivent être comprises de pareilles coupes.

4344. Produits des mines et carrières. — Ne tombent dans la communauté que les produits des mines et carrières déjà en exploitation *avant le mariage*. Dans ce cas les matières extraites sont seules considérées comme fruits. Si l'exploitation n'a commencé *qu'après le mariage*, on considère ce qu'on en tire comme partie du sol; et il est dû récompense à l'époux propriétaire. — Cependant, si l'un des époux a hérité pendant le mariage d'une mine ou carrière en pleine exploitation, les produits de la mine seront des fruits pour la communauté, quoique cette mine n'ait été ouverte que pendant le mariage.

C'est d'après ces distinctions que les produits des mines et carrières devant être considérés comme propres à l'époux propriétaire, sont à comprendre dans la déclaration de sa succession.

4345. Trésor. — Doit être considérée comme propre à l'époux propriétaire du sol et, par conséquent, être comprise dans la déclaration de sa succession, la moitié du trésor qui revient au propriétaire du terrain dans lequel il a été trouvé. — *V.* 4325.

4346. Armes. — Livres. — Insignes. — Enfin, une dernière cause de propres mobiliers a trait à certains meubles que l'affection fait supposer en dehors de la communauté. — Ainsi, on ne peut enlever au mari survivant ses armes s'il est militaire, sa robe d'audience et de cérémonie s'il est magistrat, ni les insignes de son ordre s'il est membre de la Légion d'honneur (Pothier n° 682, Troplong t. 1er 447). — De même, les livres qui ne sont pas en grand nombre, et dont le survivant des époux tire une utilité quotidienne ne doivent pas être compris dans le partage de la communauté (Troplong t. 1er n° 448).

4347. Habits des époux. — Sous l'ancien droit, Pothier (n° 682), traitant de l'inventaire à dresser des meubles de la communauté après sa dissolution, constate qu'il fallait y comprendre les habits, linges et hardes qui sont à l'usage du survivant, sauf un habillement complet qu'on doit lui laisser, et qui, ne devant pas entrer en partage, ne doit pas être inventorié. — Proudhon *de l'Usufruit* n° 168 cite Louet comme enseignant le même principe d'après la teneur de certaines coutumes; « mais, ajoute-t-il, ces dispositions coutumières étant abrogées, ce point de doctrine ne doit plus être suivi à la lettre : on doit aller plus loin en laissant à l'époux survivant non-seulement un habillement complet, mais encore et généralement toutes les nippes, linges, hardes et vêtements servant immédiatement à l'usage de sa personne, lorsque la quantité n'en est pas excessive ou n'excède pas la mesure d'un honnête entretien, eu égard à la fortune et à la condition de la personne. »

Dalloz v° *Contrat de mariage* n° 666 et Troplong nos 446 et 447, émettent également l'avis que les habillements rentrent dans la catégorie des objets mobiliers qui, par exception, ne tombent pas dans la communauté (D. m. f. belge 28 juin 1865, 2308 R. P.). — V. 4327.

4348. Somme-réserve. — La somme qu'une femme commune en biens s'est réservée de toucher annuellement pour ses besoins constitue à son profit une propriété personnelle (Caen 13 avr. 1864, S. 64-2-205 ; — Cass. 16 avr. 1867, S. 67-1-252).

SECTION 3. — PROPRES IMMOBILIERS

[4349-4396]

4349. Sources diverses des propres. — Un certain nombre de causes font entrer des immeubles dans le patrimoine privé des époux. On peut les classer ainsi : 1° la propriété ou possession légale antérieure au mariage ; — 2° la succession ; — 3° la donation ; — 4° la dation en payement par un ascendant ; — 5° l'échange d'un propre ; — 6° le remploi ; — 7° le retrait d'indivision ; — 8° l'accession. Nous allons rapidement examiner ces divers points.

ARTICLE PREMIER. — PROPRIÉTÉ ET POSSESSION ANTÉRIEURES AU CONTRAT

[4350-4368]

4350. Date de l'acte. — Aux termes de l'art. 1404 C. C., les immeubles que les époux *possèdent* au jour de la célébration du mariage n'entrent point en communauté. Comme le droit de propriété peut exister sans la possession, tous les immeubles sur lesquels les époux ont un *droit de propriété*, au jour du mariage, quoi qu'ils n'en aient pas la possession à la même époque, leur sont propres, et sont exclus de la communauté (V. Troplong t. 1er n° 509, Rodière et Pont t. 1er n° 416, Odier t. 1er n° 116, Duranton t. 16 n° 81). C'est l'application de la maxime *qui jus habet rem ipsam habere videtur*.

Ainsi, c'est la date du titre, et non celle de la mise en possession, qu'il faut considérer. Mais, quoique antérieure à la célébration, la date peut se présenter sous trois phases diverses si on la considère relativement au contrat de mariage. Elle peut être antérieure ou postérieure à ce contrat ; elle peut enfin lui être contemporaine.

§ 1er. — *Date antérieure au contrat de mariage.*

[4351-4361]

4351. Promesse de vente. — S'il y a eu promesse de vente, faite selon l'art. 1589 C. C., on doit considérer la date de la promesse et non celle de la réalisation du contrat. Ainsi, l'immeuble est propre à l'époux acquéreur en vertu de la promesse antérieure au mariage, quoique le contrat de vente soit postérieur (Toullier n° 180, Troplong n° 489).

Dès lors, cet immeuble doit être compris dans la succession de l'époux à qui avait été faite la promesse de vente.

4352. Payement du prix. — De même l'immeuble reste propre à l'époux qui avait fait l'acquisition antérieurement au mariage, alors même que le prix aurait été payé sur les fonds de la communauté, sauf récompense pour ce prix (C. Metz 28 nov. 1817, 2825 J. N., 6582 J. E.).

4353. Condition suspensive. — De même encore la vente sous une condition suspensive qui ne s'est accomplie que depuis le mariage, laisse l'immeuble propre à l'époux qui s'était rendu acquéreur antérieurement au mariage ; car, d'après l'art. 1179 C. C., la condition accomplie a un effet rétroactif qui remonte au jour du contrat (Troplong n° 1199, Duranton n° 170, Toullier n° 179).

4354. Condition résolutoire. — Ainsi encore, lorsque l'un des conjoints rentre, durant le mariage, dans un héritage par la résolution ou la rescision de la vente qu'il en a faite, il redevient propriétaire au même titre qu'il l'était lorsqu'il a aliéné. Il n'y a pas, en effet, nouveau titre d'acquisition obtenu pendant le mariage, puisque la condition résolutoire étant accomplie remet les choses au même état que si le contrat n'avait pas existé (1183 C. C.). Tel serait le cas de l'exercice du droit de réméré ou de la révocation d'une donation, soit pour survenance d'enfant, soit pour cause d'ingratitude. L'immeuble est, dans ces diverses hypothèses, exclu de la communauté (Duranton t. 14 n° 172, Toullier t. 12 nos 193 et 194, Troplong nos 500 et 501). — Il devrait donc être compris dans la succession de l'époux qui en était originairement propriétaire.

4355. Désistement. — Il en est de même de l'immeuble aliéné par l'un des époux avant le mariage et qui lui revient par le désistement pur et simple de l'acquéreur qui ne pouvant payer le prix consent à la résolution de la vente. (Pothier n° 189, Toullier t. 12 n° 195, Troplong t. 1er n° 617).

4356. Titre de propriété vicieux. — Quelque vicieux que soient les titres de l'un des époux, antérieurs au mariage, et non suivis de possession, l'autre conjoint est non recevable à s'en prévaloir si les tiers qui auraient le droit d'en demander la nullité ou la rescision gardent le silence. Cela est évident, puisqu'il est de principe qu'on ne peut exciper du droit d'autrui (Touiller t. 12 n° 181).

Dès lors un immeuble qui aurait été acquis dans ces conditions-là, n'en resterait pas moins propre à l'époux acquéreur, et, comme tel, devrait faire partie de sa succession.

4357. Acquisition du bien d'autrui. — Ainsi, lorsque l'un des époux a acquis, avant le mariage, un immeuble d'un tiers qui n'en était pas propriétaire, et qui ne lui en a fait la tradition que depuis le mariage, l'immeuble n'en sera pas moins exclu de la communauté, sans que l'autre époux ni ses héritiers puissent prétendre, lors de la dissolution, que celui qui l'a vendu n'a pu en transférer la propriété à l'acquéreur (Toullier t. 12 n° 182). — Il en devrait être ainsi, à plus forte raison, si le propriétaire approuvait la vente; par exemple, s'il consentait que l'immeuble restât à l'époux qui l'a acquis, en se réservant la répétition du prix contre le vendeur qui l'aurait reçu. Car, dans ce cas, l'époux acquéreur continue de posséder l'immeuble en vertu de la vente qui lui a été faite avant son mariage. Le propriétaire ne lui a pas fait une nouvelle vente; il n'a fait que consentir l'exécution de celle qui existait (Pothier n° 163, Toullier t. 12 n° 183, Duranton t. 14 n° 181, Rodière et Pont n° 419).

1. NOUVEAU PRIX A PAYER PAR L'ACQUÉREUR. — Mais si, par la convention intervenue avec le propriétaire, celui-ci, au lieu de se réserver la répétition du prix de la première vente, en laissant l'acquéreur en possession, ne l'y laissait que moyennant une somme supérieure, égale ou même inférieure au prix de la première vente, sauf à lui à le répéter du tiers vendeur auquel il l'aurait payé, alors l'immeuble devra être considéré comme conquêt de communauté; car cette convention n'est pas une confirmation de la vente qui avait été faite à l'époux, mais bien une nouvelle vente, qui forme le seul et véritable titre qu'on puisse invoquer. Or elle est postérieure au mariage, et, dès lors, l'immeuble doit être réputé conquêt (Pothier n° 162, Toullier t. 12 n° 183, Duranton t. 14 n° 181, Rodière et Pont n° 419)

4358. Acquisition d'un incapable. — L'immeuble acquis par l'un des époux avant son mariage, d'un mineur, sans formalité, ou d'une femme mariée, sans l'autorisation de son mari, est encore incontestablement propre de l'époux acquéreur, quand même il ne serait pas entré en possession avant le mariage, et que ce mineur, devenu majeur, ou que la femme, devenue veuve, ne ratifierait que depuis. Il suffit toujours, en effet, que le titre d'acquisition soit antérieur (Rodière et Pont t. 1er n° 519, Troplong n° 508).

4359. Acquisition à vil prix. — Si, ayant acquis un héritage à vil prix avant mon mariage, j'étais obligé de fournir un supplément de prix, ce supplément ne ferait pas entrer l'immeuble en communauté; il m'obligerait seulement à une récompense envers la communauté. Sans doute, l'action en rescision que l'on avait contre moi tendait à me dépouiller de l'immeuble; mais je le conserve, et mon titre ou la cause de mon acquisition se reporte au temps qui a précédé la communauté (5859 J. N., Toullier t. 12 n° 189, Rodière et Pont n° 419, Troplong n° 508) — Mais si je préfère abandonner l'immeuble au demandeur en rescision, plutôt que de payer le supplément de prix, le prix que j'aurai payé et qu'on sera obligé de me restituer me restera propre. J'avais titre et possession au moment du mariage; mon conjoint n'a pas dû compter sur un bien qui, par sa nature même, était en dehors de la communauté, et, de mon côté, je ne voulais pas l'y faire entrer. Il est donc juste et conforme à l'intention des parties, que le prix me tienne lieu de l'immeuble (Toullier t. 12 n° 189).

4360. Résiliation. — Rétrocession. — L'un des époux qui avait vendu un immeuble, en redevient propriétaire pendant le mariage, en vertu d'une convention qu'il passe avec l'acquéreur encore débiteur de tout ou partie de son prix, et par laquelle ce dernier consent la résiliation pure et simple de son acquisition. Ce n'est point là une rétrocession ni une nouvelle vente de l'immeuble que l'acquéreur fait à l'époux, ce n'est qu'une résolution de celle que cet époux lui avait faite; c'est plutôt un *distractus quam novus contractus*. L'immeuble ainsi rentré est donc propre de communauté. — Que si la résiliation n'avait été consentie par l'acquéreur que moyennant une augmentation de prix ou à de nouvelles conditions, elle aurait le caractère d'une véritable rétrocession; ce serait une nouvelle vente que l'acquéreur aurait faite de l'immeuble à l'époux qui le lui aurait vendu. Il n'en redeviendrait ainsi propriétaire qu'en vertu d'un nouveau titre d'acquisition; la date de l'ancien titre serait sans influence, et le nouveau titre ayant eu lieu pendant le mariage, l'immeuble serait conquêt.

Il en serait de même si la résiliation, quoique faite sans de nouvelles conditions, n'avait lieu qu'après le payement intégral du prix, parce qu'il n'y avait pas alors de cause de résolution du contrat (Pothier n° 190, Toullier n° 195, Troplong n° 524. — *Contrà* Duranton t. 14 n° 174).

4361. Transaction. — Il peut y avoir doute sur la validité du titre, et, par suite, transaction. C'est encore par la date du titre qu'on décidera si l'immeuble est propre ou conquêt; par la transaction, en effet, on est censé acquérir plutôt le désistement du procès que l'immeuble lui même (Pothier n° 164, Troplong nos 511 à 515).

§ 2. — *Immeubles acquis par le contrat*

[4362-4367]

4362. Observation. — L'art. 1405 C. C. est ainsi conçu : « Les donations d'immeubles qui ne sont faites pendant le mariage qu'à l'un des époux, ne tombent point en communauté, et appartiennent au donataire seul, à moins que la donation ne contienne expressément que la chose donnée appartiendra à la communauté. » Ainsi qu'on le voit, l'art. 1405 s'occupe des donations faites *pendant le mariage*, celles qui ont précédé le mariage, et par conséquent celles qui sont portées au contrat, constatant les conventions matrimoniales, n'y sont pas comprises. Toutefois, ce n'est pas à dire qu'un immeuble donné à l'un des époux avant le mariage, fût-ce même par le contrat de mariage, appartienne à la communauté. Ces dernières donations rentrent dans la classe des choses possédées au jour de la célébration du mariage et sont gouvernées par l'art. 1404. Mais en ce qui concerne spécialement la donation faite par *contrat de mariage*, la formule employée peut quelquefois laisser du doute sur le point de savoir quel est des deux époux le donataire véritable.

A cet égard, les règles d'interprétation qui étaient suivies sous l'ancienne jurisprudence doivent encore être prises comme règles de solution dans les cas identiques. Le Code ne les a pas reproduites d'une manière explicite, il est vrai; mais, disent Pont et Rodière, t. 1er n° 470, « l'application en serait pleinement justifiée par l'art. 1156, d'après lequel on doit rechercher dans les conventions qu'elle a été l'intention des parties plutôt que de s'arrêter au sens littéral des termes. » Ces règles, les voici telles que Pothier les a résumées.

4363. Donation à l'un des futurs. — Les immeubles donnés à l'un des futurs en faveur du mariage, lui sont propres sans aucun doute, à moins que le contrat ne contienne une clause contraire (Toullier t. 12 n° 136, Pothier n° 168).

4364. Donation aux deux futurs. — Si la donation par contrat de mariage était faite aux deux futurs, les immeubles donnés n'en seraient pas moins exclus de la communauté; ils seraient propres à chacun des futurs conjoints pour une moitié : ce seraient des biens indivis, et non des conquêts ou biens communs (Pothier n° 170, Toullier t. 12 n° 137. — *Contrà* 5721 J. E.).

4365. Donataire héritier présomptif du donateur. — Quoique les termes de la donation de quelque héritage faite par le contrat de mariage expriment qu'elle est faite *aux futurs époux*, néanmoins, lorsque l'un des futurs est un des enfants ou descendants du donateur, ou même son héritier présomptif en ligne collatérale, le donateur est facilement présumé n'avoir entendu faire sa donation qu'à lui, et ne s'être servi de ces termes : *aux futurs époux*, que par rapport à la jouissance de l'héritage qui devait être commun aux futurs pendant leur communauté : aussi, l'héritage sera-t-il, pour le total, propre de communauté (Pothier *ibid.*, Toullier t. 12 n° 138).

4366. Futur époux non-héritier du donateur. — La présomption est si forte, *en pareille circonstance*, que quelques auteurs pensent que si, en mariant une fille, son père ou un autre parent dont elle est présomptive héritière, donne *par le contrat* un héritage *en faveur du mariage* au futur époux, le donateur n'a entendu gratifier que la future, n'a eu en vue que sa dot; que l'héritage doit être propre à celle-ci, tant que la donation n'est pas faite au futur pour lui et les siens (Dumoulin sur l'art. 78, *Cout. Paris*, Pothier n° 170, Toullier t. 3 n° 1407). — Au reste, on comprend que l'appréciation de l'intention du donateur doit être souveraine en cette circonstance.

4367. Future épouse non-héritière du donateur. — Si la donation avait été faite *à la future épouse* par un parent du futur, il n'y aurait aucun prétexte pour se dispenser de considérer cette donation autrement que comme faite effectivement et véritablement à la future (Pothier n° 171, Toullier t. 12 n° 141).

§ 3. — *Immeubles acquis entre la date du contrat et celle de la célébration*

[4368]

4368. Acquisition postérieure au contrat. — « Néanmoins, porte l'art. 1404 C. C., si l'un des époux avait acquis un immeuble depuis le contrat de mariage, contenant stipulation de communauté, et avant la célébration du mariage, l'immeuble acquis dans cet intervalle entrera dans la communauté, à moins que l'acquisition n'ait été faite en vertu de quelque clause du mariage, auquel cas elle serait réglée suivant la convention. » — Le motif de cette exception est que cet immeuble, quoique l'époux en soit propriétaire quand le mariage commence, appartient à la communauté, parce qu'il est acquis en remplacement de valeurs mobilières sur lesquelles, d'après le contrat, le conjoint avait dû compter. Mais l'exception doit être rigoureusement restreinte au cas prévu par l'art. 1404. Elle ne s'appliquerait plus, même pour un immeuble acheté très-peu de temps avant le mariage, s'il n'y avait pas eu de contrat, ou si c'était en exécution d'une clause de ce contrat que l'acquisition eût eu lieu (Marcadé sur les art. 1404, 1406 n° 1er, Toullier t. 12 n° 172, Duranton t. 14 n° 183, Rodière et Pont 405, Odier 1-18, D. 733).

1. COMMUNAUTÉ RÉDUITE AUX ACQUÊTS. — Jugé que l'exception de l'art. 1404 s'applique même au cas où les époux ont déclaré adopter le régime de la communauté réduite aux acquêts; en stipulant seulement que certaines sommes déterminées entreraient seules en communauté et que le surplus de leurs biens et droits leur resterait propre (Paris 6 déc. 1855, S. 56-1-28).

ARTICLE 2. — IMMEUBLES ACQUIS PAR SUCCESSION

[4369-4374]

4369. Corporels et incorporels. — Tout ce qui est immeuble dans une succession recueillie par l'un des époux pendant le mariage, est un propre pour cet époux. Peu importe qu'il s'agisse d'un bien corporel ou d'un bien incorporel : la règle comprend l'une et l'autre classe de biens (Pont et Rodière t. 1er nos 458 et 459, Troplong t. 1er no 581 et suiv.).

4370. Partage. — Peu importe que la succession étant en partie mobilière et en partie immobilière, l'époux appelé à prendre une fraction ne recueille que des immeubles dans le partage ; ces immeubles seront propres pour le tout et sans que la communauté ait aucune indemnité à prétendre, de même que la part héréditaire recueillie par l'époux dans ce même cas est commune pour le tout, quand elle ne comprend que des meubles. — L'immeuble reste également propre pour le tout, même quand sa valeur excède la part héréditaire de l'époux, et qu'il ne lui est attribué qu'à la charge par lui de payer une somme déterminée à titre de soulte ou retour de lot ; mais il est bien clair que, dans ce cas, l'époux doit récompense à la communauté de la somme qu'il a alors payée des deniers de cette communauté (Duranton t. 14 no 185, Marcadé art. 1406. — Cass. 11 déc. 1850, S. 51-1-253 ; — Nancy 3 mars 1837 ; — Douai 9 mai 1849, S. 39-2-202 ; 50-2-180).

1. LOTISSEMENT. — Il en est de même de l'immeuble qu'un mari obtient en propriété de ses frères et cohéritiers, avant le partage de la succession des auteurs communs, encore que l'acte de transmission soit qualifié vente (Cons. d'Ét. 2 fév. 1812, S. 12-2-196).

4371. Retour légal. — C'est évidemment un cas de succession que celui de l'art. 747 C. C. — Ainsi, quand deux époux communs ont fait donation à leur enfant d'un immeuble conquêt de leur communauté, et que plus tard, cet enfant mourant sans postérité, ils recueillent, chacun pour moitié, l'immeuble qui se retrouve en nature, la moitié acquise par chacun lui sera propre, parce que c'est une acquisition par succession (Duranton t. 14 no 187, Rodière et Pont no 461, Troplong nos 587 et 588, Marcadé sur l'art. 1404 ; Dalloz *Jur. gén.* t. 13 no 772, Glandaz no 100. — *Contrà* Delvincourt t. 3 p. 11 note 2, Bellot t. 2 no 165).

4372. Retour à l'adoptant. — Le droit de retour, établi par l'art. 351 C. C., en faveur de l'adoptant, est à titre successif, car l'adoptant ne reprend, comme dans l'hypothèse de l'art. 747, les biens donnés à l'adopté qu'à la charge de contribuer aux dettes et sans préjudice des droits des tiers. (Pont et Rodière, no 462, Marcadé sur l'art. 1404.) Ainsi ce que nous avons dit de l'art. 747 (4371) s'applique aussi au cas de l'art. 351. — *V.* 1834-2.

4373. Retrait successoral. — Les immeubles provenus à l'un des conjoints, par retrait successoral, n'entrent pas non plus en communauté. C'est la conséquence de ce que nous venons de dire, puisque, aux termes de l'art. 841 C. C., ce retrait est un droit de succession (Toullier t. 12 no 134 *bis*, Duranton t. 14 no 186, Zachariæ t. 3 p. 422, Pothier 166, Troplong no 586, Rodière et Pont no 460, Odier no 120, Bugnet sur Pothier t. 7 p. 120 ; — Paris 20 fév. 1815 et 8 juill. 1833).

4374. Renonciation. — Sont propres les parts de succession qui échoient à un successible par la renonciation de son cohéritier. (Lebrun *Comm.* liv. 1er dist. 5 ch. no 6 p. 422, Ferrières *sur Paris* art. 220 § 1er no 19, Troplong, t. 1er no 594).

ARTICLE 3. — IMMEUBLES ACQUIS PAR DONATION

[4375-4381]

4375. Observation. — Dans les principes de la législation coutumière, les donations d'immeubles faisaient des conquêts, sauf dans les trois cas suivants : 1o lorsque les dona- tions avaient précédé le contrat de mariage ; — 2o lorsqu'elles constituaient des avancements de succession ; — 3o lorsqu'elles étaient faites à condition que l'immeuble donné serait propre au donataire (Pothier *Comm.* no 168, Renusson *id.* liv. 1er ch. 3 nos 19 et suiv., Troplong no 604, Pont et Rodière t. 1er no 468.) — Le C. C. confirme les anciens principes en ce qui concerne les donations constitutives d'avancement de succession. Mais en ce qui concerne les donations d'immeubles faites pendant le mariage, il pose une règle abso lument contraire, et décide que de telles donations, lorsqu'elles sont faites à l'un des deux époux, ne tombent pas en communauté et appartiennent au donataire seul (C. C. art. 1405).

4376. Donation à la femme par les parents du mari. — Dans le cas où l'immeuble serait donné à la femme par les parents du mari, ce serait là un propre de la femme (Lebrun liv. 1er ch. 5 dist. 5 nos 8 et 9 p. 68, Troplong t. 1er no 603, Pont et Rodière, *loc. cit.*).

4377. Legs. — L'art. 1405 parle des donations seulement ; cette disposition n'est pas limitée aux donations entre-vifs ; elle s'applique aussi aux legs (Pont et Rodière t. 1er no 469, Troplong t. 1er no 612).

4378. Donation conjointe. — Cet article ne parle égalementque des donations faites à un seul époux. S'ensuit-il qu'il ne doive pas recevoir application dans le cas d'une donation ou d'un legs d'immeubles faits au deux époux conjointement? Quelques auteurs estiment que l'art. 1405 n'est pas applicable dans ce cas (Toullier t. 12 no 135, Delaporte *Pand. franç.* t. 5 p. 438, Zachariæ t. 3 p. 417 et note 26, Mourlon t. 3 p. 19, Adier. t. 1er no 125, Bellot des Minières t. 1er p. 176, Aubry et Rau t. 5 p. 293 no 38). — Mais l'opinion la plus générale est que les biens donnés, pendant le mariage, aux deux époux conjointement, ne tombent pas dans la communauté; ils demeurent propres à chacun des époux pour moitié (Toulouse 23 août 1827, S. 28-2-211, D. 28-2-172; — Cass. 27 avr. 1859, S. 60-1-251; — *Conf.* : Delvincourt t. 3 p. 19 n° 4, Battur t. 1er n° 282, Duranton t. 13 n° 180, Glandaz *Encycl.* V. *Comm.* n° 103, Bugnet *sur* Pothier. *Comm.*. n° 170 note 2, Taulier t. 5 p. 59, Gilbert *Cod. ann.* sur l'art. 1405 n° 2, Pont et Rodière t. 1er n° 591, Troplong t. 1er n° 614, Marcadé sur les art. 1405 et 1406 n° 3).

4379. Les deux époux séparément. — Si la donation était faite aux deux époux séparément, c'est-à-dire, s'il était dit que la donation est faite aux deux époux, savoir à l'un pour telle part, et à l'autre pour telle autre part, ou même à chacun pour une moitié, il ne serait pas besoin que le donateur déclarât d'une manière expresse qu'il entend exclure l'objet de la donation de la communauté : il résulterait clairement de l'acte qu'il a voulu que les immeubles donnés fussent propres aux conjoints, chacun pour une moitié, ou pour la part attribuée, car autrement la clause serait complétement inutile; elle n'aurait aucun sens. C'est là un point constant sur lequel tous les auteurs sont et ont toujours été d'accord (Toullier t. 12 n° 135, Bellot t. 1er p. 176, Zachariæ t. 3 p. 417, Odier t. 1er p. 125, Dalloz *Jur. gén.* t. 13 n° 782).

4380. Volonté du donateur. — Dans tous les cas, il dépend du donateur ou du testateur de faire fléchir le principe posé dans l'art. 1405 C. C.; il peut déclarer, en effet, que l'immeuble par lui donné entrera en communauté; si l'immeuble est donné par acte entre-vifs, la déclaration doit être faite dans l'acte même, si c'est par testament, le testateur peut faire sa déclaration jusqu'au décès (Pothier n° 178, Battur t. 1er n° 239, Pont et Rodière t. 1er n° 473).

4381. Donation onéreuse. — Tout ce que nous venons de dire s'applique aux donations purement gratuites; mais en est-il de même des donations à titre onéreux ? En général, les donations sont susceptibles de charges, et ne perdent point pour cela leur nature, pas plus qu'une vente ne cesse d'être considérée comme telle, parce que le prix serait inférieur à la véritable valeur de la chose.

1. IMMEUBLE PROPRE. — Si donc, la donation onéreuse conservait néanmoins les caractères d'une véritable libéralité, elle serait exclue de la communauté, tout aussi bien qu'une donation ordinaire. Il y aurait seulement lieu à indemnité au profit de la communauté, à raison des charges qu'elle aurait acquittées, et qui sortiraient du cercle de celles dont elle est tenue (Toullier t. 12 n° 143).

2. IMMEUBLE COMMUN. — Si, au contraire, la donation onéreuse renfermait des charges telles qu'elle dût être considérée non comme une donation, mais comme une véritable vente, elle devrait entrer en communauté; car c'est par la substance des actes, plutôt que par les dénominations qu'il a plu aux parties de leur donner, qu'il faut en juger la nature. Autrement, les dispositions qui règlent les effets des actes seraient trop facilement éludées; elle deviendraient entièrement illusoires.

ARTICLE 4. — IMMEUBLES ACQUIS PAR SUITE DE CESSION PAR UN ASCENDANT

[4382-4383]

4382. Ascendant. — « L'immeuble abandonné ou cédé *par père et mère, ou autre ascendant*, à l'un des époux, soit pour le remplir de ce qu'il lui doit (pour dot ou pour toute autre cause, car la loi ne distingue pas), soit à la charge de payer les dettes du donateur à des étrangers, n'entre point en communauté. » (1406, C. C.). Le Code, ainsi que le faisait l'ancien droit, regarde les actes dont il s'agit dans cet article, comme des arrangements de famille destinés à produire du vivant de l'ascendant l'effet que produirait plus tard son décès, et il traite l'immeuble venu de cette source, comme s'il arrivait par succession. C'est là le motif de cette exception à la règle qui veut que tout immeuble acquis *à titre onéreux* pendant le mariage entre en communauté, car la dation en payement équivaut à la vente.

La loi ne fait aucune distinction entre les ascendants; chacun d'eux, le père, l'aïeul comme le bisaïeul, peuvent céder l'immeuble, même du vivant de l'ascendant venant dans le degré inférieur. Du moment que la cession est faite par un ascendant, *dans l'un des cas indiqués*, le vœu de la loi est rempli. (Troplong t. 1er 625, Rodière et Pont t. 1er n° 465, Dalloz 797, Odier 123; — Cass. 3 juill. 1844, S. 44-1-679).

4383. Cession hors des conditions de l'art. 1406. — Mais la disposition de l'art. 1406, étant une exception, ne peut s'étendre au delà de l'hypothèse pour laquelle elle est écrite. Ainsi la règle ne s'appliquerait plus et l'immeuble cédé serait un conquêt, si la cession était faite par un descendant à ses ascendants ou par un parent collatéral, ou si, cédé par un ascendant, il l'était non dans les circonstances prévues, mais pour une somme d'argent, ce qui constituerait une vente ordinaire (Toullier t. 12 n° 143, Delvincourt t. 3 p. 11, Duranton t. 14 n° 191, Rodière et Pont n° 466, Marcadé sur l'art. 1406, 151 J. N., Odier 122; — Caen 1er août 1844, S. 32-2-355. — V. au *nouveau Denisart* v° *Acquêts* § 4, les anciens arrêts rendus en ce sens).

ARTICLE 5. — IMMEUBLES ACQUIS PAR SUITE D'ÉCHANGE

[4384-4387]

4384. Principe. — L'immeuble acquis par l'un ou l'autre époux en contre-échange de son propre, devient toujours propre à la place de celui-ci. C'était une règle du droit coutumier consacrée par l'art. 143 de la coutume de Paris qui formait le droit commun dans les coutumes muettes. Lebrun nous apprend d'ailleurs (liv. 1er chap. 5 dest. 3 n° 8, p. 108 et 109 et p. 292 n° 3) que le droit coutumier ne présentait sur ce point aucune ambiguïté. « Si pendant le mariage, dit Bourjon (*Droit commun*, titre *de la Commun.*

part. 2 chap. 10 sect. 2 dist. 1er n° 8), le propre d'un des conjoints a été échangé contre un autre immeuble, cet immeuble lui est propre et non conquêt de communauté. » — *V.* aussi Pothier, *de la Communauté*, n° 197.

Les rédacteurs du C. C. ont consacré cette règle par l'art. 1407, ainsi conçu: « L'immeuble acquis pendant le mariage a titre d'échange, contre l'immeuble appartenant à l'un des deux époux, n'entre point en communauté, et est subrogé au lieu et place de celui qui a été aliéné, sauf la récompense s'il y a soulte.

« Il est évident, dit Troplong sur cet article (*du Contrat de mariage* n° 634), que le but de celui qui échange *n'est pas d'aliéner*, mais d'opérer un remplacement. Le fait même signale hautement la volonté du propriétaire, volonté implicite sans doute, mais éclatante et trop positive pour avoir besoin d'être exprimée. Si une déclaration est exigée alors que l'immeuble propre étant vendu, on en achète un autre avec les deniers en provenant, c'est parce qu'il faut qu'on soit bien sûr que c'est cet immeuble acheté, et non pas un autre qu'on pourrait acheter plus tard, qui prend la place de l'immeuble aliéné; c'est parce qu'il fallait éviter des fraudes faciles à pratiquer pendant le passage des deniers dans la communauté. Ici, rien de pareil n'est à craindre. *C'est un corps immobilier qui prend la place d'un corps immobilier.* La subrogation s'opère naturellement d'elle-même, par la force des choses, par le fait même de l'échange. »

Telle est d'ailleurs la doctrine de tous les auteurs (Toullier t. 12 nos 147 et suiv., Delvincourt t. 3 notes; Bellot t. 1er p. 213, Duranton t. 14 n° 195, Rodière et Pont t. 1er n° 500, Marcadé sur l'art. 1407 n° 1er). — C'est ce qui a été reconnu par la cour de Nancy 3 mars 1869 (S. 69-2-257).

4385. Soulte. — La question de savoir quelle est la nature de l'immeuble acquis en échange d'un propre quand il y a soulte payée par l'époux, est très-controversée parmi les auteurs.

Les uns soutiennent que l'immeuble est toujours propre, quelle que soit l'importance de la soulte (Toullier t. 12 n° 149, Glandaz n° 113, Dalloz t. 10 p. 193). Les autres pensent que l'immeuble devient un acquêt de communauté si la soulte excède sa valeur (Delvincourt t. 3 p. 21, Bellot t. 1er n° 213, Bugnet sur Pothier n° 197). — Selon ceux-ci, l'immeuble est conquêt pour la valeur seulement de la soulte et propre par le surplus (Duranton t. 14 n° 195, Battur t. 1er n° 208). — Selon ceux-là, enfin, l'immeuble est propre sauf récompense du montant de la soulte, à moins que cette soulte ne soit égale ou supérieure à l'immeuble, cas auquel il y a vente et échange (Pothier *Com.* 197, Bourjon *Droit commun* part. 2 chap. 10 sect. 2, Rodière et Pont n° 649, Zachariæ, Aubry et Rau t. 4 p. 256, Troplong n° 637, Marcadé, art. 1407, § 1er Taulier t. 5 p. 62, Odier 1-130).

La C. cass. a admis la subrogation dans un cas où le mari avait échangé un immeuble valant 143,000 francs contre un autre immeuble estimé 168,000 francs, à charge de payer une soulte de 25,000 francs : « Attendu, porte son arrêt, que si, outre l'abandon de l'indemnité industrielle d'expropriation, les époux Reydellet ont été chargés d'une soulte de 25,000 francs, l'immeuble acquis de la ville de Paris n'en demeure pas moins exclu pour le tout de leur communauté, et subrogé au lieu et place de la maison aliénée, sauf récompense, conformément à l'art. 1407 du C. C., que la nouvelle maison qui y a été construite est de même restée propre au mari et n'est point entrée dans la communauté, sauf indemnité envers elle, suivant l'art. 1437 du C. C. » (Cass. civ. 9 août 1870, 3228 R. P. 14642 C., 20046 J. N., 18954 J. E., B. C. 162, S. 70-1-409, D. 71-1-156; — *Conf.* : Seine 5 déc. 1868, 2958 R. P.).

Mais, dans tous les cas, les époux peuvent déroger à la règle de l'art. 1437 du C. C. — *V.* 4185 et 4386.

1. MEUBLES. — Bien que la loi parle seulement des immeubles, il est certain que la règle de l'art. 1407 serait également applicable dans le cas où un objet mobilier est reçu en contre-échange de l'immeuble propre. Cet objet serait subrogé à l'immeuble et serait un bien propre (Toullier t. 12 n° 151, Troplong t. 1er n° 638, Rodière et Pont t. 1er n° 490). — *V.* n° 4343-4.

4386. Convention des parties. — Lorsqu'un immeuble a été acquis en échange d'un immeuble propre de la femme, commune en biens, *moyennant une soulte*, et qu'il a été déclaré que le mari et la femme se réservent de convenir de la portion des biens échangés qui tiendra lieu de remploi; les héritiers de la femme peuvent ne comprendre dans sa succession les immeubles acquis en remploi que déduction faite de la moitié de la soulte qui représente la part du mari. Il y a, en effet, dans l'espèce, renonciation volontaire à l'exécution de l'art. 1407 C. C., qui porte que l'immeuble acquis pendant le mariage, à titre d'échange contre l'immeuble propre à l'un des époux, n'entre point en communauté, sauf récompense s'il y a soulte, et cette dérogation est licite puisque la femme ou ses représentants ont la faculté d'accepter ou de répudier le remploi d'un immeuble personnel aliéné, et qu'il y a eu dans l'espèce acceptation *limitée* d'un remploi. (Cass. 31 juill. 1832, 10440 J. E., 1414 § 3 I. G., S. 32-1-505; — Nogent-sur-Seine, 18 juin 1829, 9477 J. E.).

C'est également ce qui résulte de l'arrêt du 9 août 1870 rappelé au numéro précédent (*V.* dans le même sens en matière d'enregistrement : Chateaudun 11 avril 1851, 15186 J. E., 14471 J. N., 9291 C., Dél. 24 juill. 1863, 1962 R. P.).

4387. Usufruit. — L'immeuble acquis en échange d'un droit d'usufruit immobilier appartenant à l'un des époux constitue non un acquêt mais un propre, lors même que l'usufruit cesserait à la dissolution de la communauté (Angers 25 mai 1859, S. 59-2-614, P. 60-919, Pothier n° 592, Toullier t. 12 n° 348, Proudhon *de l'Usufruit* t. 5 n° 2672, Marcadé art. 1436 n° 3, Merlin *Rép.* v° *Remploi* § 2 n° 2, Rodière et Pont t. 1er n° 945; — *Contrà* Aubry et Rau 3e édit. t. 4 p. 301, Massé et Vergé t. 4. § 644 p. 116).

ARTICLE 6. — IMMEUBLES ACQUIS A TITRE DE REMPLOI

[4388-4390]

4388. Propre aliéné. — Un second cas de la subrogation dont nous avons parlé au n° 4380 se présente lorsqu'un immeuble est acquis pendant le mariage en remploi d'un autre propre. Cet immeuble reste propre, quand il est acheté avec les conditions voulues par la loi, conditions qui diffèrent suivant qu'il s'agit du mari ou de la femme.

1. MARI. — Quand c'est un propre du mari qui a été aliéné, il suffit, d'après l'art. 1441 C. C., qu'il soit déclaré *dans l'acte d'acquisition*, ou *en même temps* que l'acquisition, que l'immeuble est acheté : 1° des deniers provenant de l'aliénation du propre; — 2° pour en tenir lieu. Une seule des déclarations ne suffirait pas.

La double déclaration doit être faite dans l'acte même, ou du moins en même temps que l'acte d'acquisition (Benech *de l'Emploi et du Remploi* n° 36, Pont et Rodière t. 1er n° 504, Mourlon t. 3 p. 42, Marcadé art. 1434 et 1435, Troplong t. 2 n° 1119; — Bourges 26 avr. 1837 et Cass. 23 mai 1838, S. 38-1-525, 9835 J. N.).

2. FEMME. — Si c'est un propre de la femme qu'il s'agit de remplacer, la déclaration du mari, *qui doit toujours porter sur les deux points que nous avons indiqués*, peut être faite postérieurement à l'acquisition ; mais elle doit être accompagnée ou suivie, de la part de la femme, d'une acceptation formelle de l'immeuble pour propre. Cette acceptation, qui ne suffirait pas si elle résultait tacitement de simples circonstances de fait, et qui doit être exprimée dans un acte, soit authentique, soit privé, doit être faite avant la dissolution de la communauté (Malleville t. 3 p. 245, Toullier t. 12 p. 360, Duranton t. 14 p. 393, Zachariæ t. 3 p. 425, Troplong t. 2 n° 1126, Marcadé sur les art. 1434, 1435 nos 2 et 3, Dalloz t. 13 no 1422, Lebrun *Com.* 67, Merlin *Rép.* V. *Remploi* § 2 n° 5, Delvincourt t. 3, Benech nos 85 et 93, Odier 1-522; — Toulouse 22 déc. 1834; — Lyon 25 nov. 1842; — Besançon 11 janv. 1844, S. 43-2-418, 45-2-85; — Cass. 2 mai 1859. — *Contrà* Grenoble 25 avr. 1861).

Cette acceptation n'a d'ailleurs aucun effet rétroactif, et, tant que la femme ne s'est pas approprié l'immeuble par cette acceptation, cet immeuble, simple conquêt, peut être efficacement grevé de charges réelles ou aliéné par le mari. En cas d'aliénation, l'offre que le mari avait faite à la femme par sa déclaration se trouve retirée, et la femme ne peut plus accepter. Que si le mari a seulement concédé des servitudes ou des hypothèques, la femme est libre ou de ne pas prendre l'immeuble, ou de l'accepter dans l'état où il est, en respectant les servitudes et en subissant l'effet des hypothèques, Rodière et Pont t. 1er n° 511, Troplong t. 2 n° 1136, Marcadé sur l'art. 1435 n° 3).

4389. Deniers propres. — Rien dans la loi ne s'oppose à ce qu'un immeuble soit acquis en remploi, et comme propre, avec des deniers propres provenant d'une source autre que l'aliénation d'un immeuble de l'époux; les deux cas sont au fond les mêmes, puisque, dans le cas d'aliénation, l'immeuble n'existant plus, l'époux n'a en définitive qu'une somme d'argent, aussi bien que quand les deniers lui proviennent d'une autre source (Marcadé sur les art. 1434 et 1435 n° 11, Massé et Vergé sur Zachariæ t. 3 p. 644 note 8, Toullier t. 12 n° 356, Battur 1-209, Rolland de Villargues v° *Remploi* n° 25, Rodière et Pont t. 1er n° 513, Troplong t. 2 nos 1156-1157; — Toulouse 27 mai 1834; — Caen 6 mai 1839; — Paris 9 juill. 1841, S. 35-2-175, P. 41-2-385; — Cass. 16 nov. 1859, S. 60-1-241; — Bourges 27 août 1853, *id.*; — Douai 15 juin 1861, S. 62-1-65. — *Contrà* Duranton t. 14 n° 389; — Douai 2 avr. 1846 et Rennes 12 déc. 1846).

1. DON MANUEL. — Le remploi pourrait donc être fait avec des deniers provenant d'une donation manuelle faite à la femme, mais l'emploi ne se réalisera pas, et l'immeuble restera à la communauté, si l'existence de ces derniers n'est pas justifiée (Argentan 17 nov. 1870, 3475 R. P.).

2. DÉCLARATION D'EMPLOI. — Il ne suffirait pas que les biens aient été acquis par le mari avec les deniers de sa femme pour appartenir en propre à cette dernière, s'il n'a pas, par une déclaration d'emploi, fait connaître sa qualité et le nom de la personne pour laquelle il acquerrait (Seine 5 déc. 1868, 2957 R. P.; — Cass. 5 déc. 1871, 3374 R. P.).

3. RÉGIME EXCLUSIF DE COMMUNAUTÉ. — Par conséquent, si les époux sont mariés sous un régime exclusif de communauté, les biens ainsi acquis par le mari lui appartiennent en pleine propriété et dépendent intégralement de sa succession, et si ces biens sont attribués à la femme, dans le partage de la succession, soit pour la désintéresser de ses reprises, soit parce que les deniers ayant servi aux acquisitions proviennent d'elle, il s'opère une mutation de propriété entre vifs passible du droit de mutation à titre onéreux.

4390. Acquisition antérieure. — Remploi in futurum. — Rien n'empêche non plus de faire le remploi sur un immeuble acquis dès avant l'aliénation du propre à remplacer, pourvu que cet immeuble ne soit payé que plus tard avec les deniers provenant du propre vendu, et que toutes les autres conditions voulues par la loi soient égale- ment remplies. C'est ce que l'on appelle le remploi *in futurum*.

La jurisprudence reconnaît, en effet, que les époux peuvent faire le remploi par anticipation du prix des immeubles propres qu'ils se proposent d'aliéner ou des créances personnelles qui vont devenir exigibles (Cass. 5 déc. 1854, 286 R. P.). Mais le remploi qui se prépare alors dans le contrat d'acquisition ne se consomme que quand l'immeuble est réellement vendu ou la créance recouvrée (Cass. 24 nov. 1852, S. 52-1-798, 1982-4 I. G.; — 5 déc. 1854, 286 R. P.; — 6 janv. 1858, 964 R. P., S. 58-1-273, 2118-4 I. G.). — Si cette aliénation n'a pas lieu, le remploi demeure en projet, et l'acquisition reste naturellement pour le compte de la communauté lorsque les époux sont soumis à ce régime (*V.* 3475 R. P.).

Cependant un arrêt d'Angers du 6 mars 1844 (S. 46-2-37) a décidé que si le remploi anticipé était valable quand il avait lieu dans l'intérêt de la femme, il devait rester inefficace si le mari l'avait fait pour son propre compte. Cette opinion restrictive, admise par Troplong, est repoussée par la doctrine (*V.* en faveur du remploi *in futurum* Roll. de Vill. *Rép. du not.* v° *Remploi* n° 39, Glandaz v° *Comm. conjug.* n° 264, Benech *de l'Emploi* p. 203 à 217, Rodière et Pont t. 1er p. 677, Marcadé sur les art. 1434 et 1435, Zachariæ § 507. — En sens contraire, Toullier, t. 12, p. 370, Bellot des Minières t. 1er p. 51, Odier t. 1er p. 326).

La matière du remploi soulève d'autres questions fort importantes, dont on trouvera le développement au mot *Remploi.*

ARTICEE 7. — IMMEUBLES ACQUIS PAR RETRAIT D'INDIVISION

[4391]

4391. Propriété indivise.— Quand l'un des époux est copropriétaire, pour une portion quelconque, d'un immeuble encore indivis, et que la totalité ou une partie du surplus de cet immeuble est acquise pendant le mariage, la portion acquise vient se réunir à la portion indivise appartenant en propre à l'époux et lui est propre comme telle, sauf récompense à la communauté pour la valeur de cette portion. La règle est posée par l'art. 1408 C. C., ainsi conçu : « L'acquisition faite pendant le mariage, à titre de licitation ou autrement, de portion d'un immeuble dont l'un des époux était propriétaire par indivis, ne forme point un conquêt, sauf à indemniser la communauté de la somme qu'elle a fournie pour cette acquisition. — Dans le cas où le mari deviendrait seul, et en son nom personnel, acquéreur ou adjudicataire de la portion ou de la totalité d'un immeuble appartenant à sa femme, celle-ci, lors de la dissolution de la communauté, a le choix ou d'abandonner l'effet de la communauté, laquelle devient alors débi-trice envers la femme de la portion appartenant à celle-ci dans le prix, ou de retirer l'immeuble en remboursant à la communauté le prix de l'acquisition. » — V. *Licitation*, où cette question est traitée avec tous les développements qu'elle comporte, et ci-après 5130.

ARTICLE 8. — IMMEUBLES ACQUIS PAR ACCESSION

[4392-4396]

4392. Principe. — Une huitième et dernière source de propres immobiliers, dont la loi n'avait pas à parler, parce qu'elle découle de la nature même des choses, c'est l'accession à l'immeuble propre d'un époux. Ainsi, toutes les fois qu'on se trouvera, soit dans un cas d'accession immobilière indiqué par la loi (552, 564 C. C.), comme si des plantations ou constructions ont été faites sur le fonds de l'époux, soit dans une circonstance où l'objet de l'acquisition se réunit à ce fonds forcément et ne peut exister séparément de lui, comme si l'on acquiert pour un immeuble, soit une servitude de passage ou de vue, soit la mitoyenneté du mur séparatif, l'objet nouveau sera propre à l'époux, comme et avec l'immeuble dont il est l'accessoire (Marcadé sur l'art. 1408 n° 7).

4393. Ile. — Fonds riverain. — Ainsi, les îles qui se forment dans une rivière voisine d'un immeuble propre à l'un des époux appartiennent par droit d'accession au fonds riverain, et ne tombent, par conséquent, pas dans la communauté (Rodière et Pont t. 1er n° 455).

4394. Alluvion. — Il en est de même des accrues qui se font par alluvion à l'immeuble de l'un des époux, des relais que forme l'eau courante en se retirant insensiblement de l'une de ses rives sur l'autre, et de la portion du terrain enlevée par une force subite et portée vers un champ voisin (Pont et Rodière t. 1er n° 454, Garnier *Régime des eaux* t. 1er n° 242, Demolombe t. 10 n° 85).

4395. Construction. — Enclave. — Il en est ainsi encore de l'accroissement qui s'opère par le fait de l'homme, soit qu'un bâtiment ait été construit sur un terrain propre à l'un des époux, soit qu'il ait été acheté un immeuble voisin d'un immeuble propre ou enclavé dans ce dernier (Pont et Rodière t. 1er n° 457). — Jugé, par suite, que l'époux dont le propre a été aliéné pendant le mariage, a droit à la reprise de l'entier prix de l'aliénation, nonobstant l'augmentation de valeur que ce propre a pu acquérir depuis la célébration du mariage (Cass. 6 juin 1836, S. 36-1-649).

1. AMÉLIORATION. — FONDS DOTAL. — Il a été également décidé que les constructions élevées sur un terrain propre avec des deniers communs, doivent être considérées comme de simples améliorations du fonds et sont la propriété de l'époux, sauf récompense à la communauté (Cass. 18 mars 1856, S. 58-1-413, D. 56-1-129, 2078-6 I. G.) — et même que les constructions élevées sur un fonds dotal sont dotales elles-mêmes (Cass. 29 août 1860, S. 61-1-9; — Rouen 2 mai 1861, S. 62-2-171; — C. Paris 11 avril 1850, D. 52-1-185). — *V.* 6829.

2. ENCLOS. — Il n'en serait évidemment pas de même d'une pièce de terre qu'un époux réunirait au terrain qui lui appartient en formant du tout un seul enclos. La disposition contraire de l'art. 1019 C. C. est spéciale au testament, et ne saurait être étendue à la communauté (Rodière et Pont t. 1er n° 457, Marcadé art. 1408 n° 7. — *V.* cependant Toullier t. 5 p. 54.)

4396. Usufruit. —L'attribution de la qualité de propre à un immeuble acquis pendant le mariage est une exception qui ne peut être admise que par l'effet d'une disposition formelle ou d'une cause qui l'entraîne forcément avec elle. Or, l'attribution de la qualité de propre à l'usufruit qui grève un propre de l'époux, et qui a été acheté pendant le mariage n'est indiquée par aucun texte, et d'un autre côté, ce n'est pas là un cas d'appropriation forcée, comme l'acquisition d'une servitude ou d'une mitoyenneté, puisque l'usufruit et la nue-propriété peuvent bien exister l'un sans l'autre. Donc, l'usufruit acquis dans ces conditions est un conquêt (Cass. 31 mars 1824, S. 7-1-426; —Cass. 16 juill. 1845, S. 45-1-721, Proudhon *Usuf.* 2682, Bugnet sur Pothier, *Comm.* n° 639, Rodière et Pont 1-412, Dalloz 719, Marcadé art. 1408. — *Contrà* Dumoulin *Anc. cout. de Paris* art. 119, Lebrun liv. 3 ch. 2 sect. 1re, Pothier *Comm.* n° 639,Troplong t. 1er 505 et 2 n° 1176).

Mais la solution serait différente et l'usufruit deviendrait propre s'il se réunissait à la nue-propriété par le décès ou la renonciation de l'usufruitier, ou bien par l'expiration du terme fixé.

SECTION 4. — PASSIF DE LA COMMUNAUTÉ

[4397-4402]

4397. Éléments divers. — Le passif suit une marche parallèle à la composition de l'actif, en sorte que toutes les choses qui entreraient dans l'actif de la communauté, si elles appartenaient à l'un des époux, entrent dans le passif, et sont à la charge de la communauté, si elles sont dues par lui, suivant cette règle d'équité : *eadem debet esse ratio commodi et incommodi*. Rien n'est plus naturel, en effet, que celui qui retire les profits d'une chose en supporte les charges.

En conséquence, la communauté se compose passivement :

1° De toutes les dettes mobilières dont les époux étaient grevés au jour de la célébration de leur mariage, ou dont se trouve chargées les successions qui leur échoient durant le mariage, sauf la récompense pour celles relatives aux immeubles propres à l'un ou à l'autre des époux ;

2° Des dettes, tant en capitaux qu'arrérages ou intérêts, contractées par le mari pendant la communauté, ou par la femme, du consentement du mari, sauf la récompense, dans le cas où elle a lieu ;

3° Des arrérages et intérêts seulement des rentes ou dettes passives qui sont personnelles aux deux époux ;

4° Des réparations usufructuaires des immeubles qui n'entrent point en communauté ;

5° Des aliments des époux, de l'éducation et entretien des enfants, et de tout autre charge du mariage (1409 C. C.).

Nous allons entrer dans quelques rapides développements.

4398. Dettes antérieures au mariage. — Les dettes mobilières(c'est-à-dire ayant pour objet un bien meuble) dont sont grevés les époux au jour du mariage, entrent en communauté, parce que la loi y faisant tomber tout leur mobilier, a dû aussi y faire entrer toutes leurs dettes de même nature. — Elles y entrent indéfiniment, quelque considérables qu'elles soient, et quand même elles excéderaient la valeur de l'actif mobilier de l'époux ou même de tous ses biens. La loi ayant fait entrer en communauté l'universalité des droits actifs mobiliers, a dû aussi y faire entrer l'universalité des dettes. Il peut se rencontrer que la balance ne soit pas égale, mais le législateur a voulu établir une règle uniforme et qui prévienne des comptes, des difficultés. — Toutefois, les effets de la disposition dont il s'agit ne sont pas exactement les mêmes pour les deux époux ; et ceci mérite d'être remarqué.

En effet, lorsque les dettes excessives sont du mari, la femme a un moyen de s'y soustraire, si, en définitive, elles ne se trouvent pas acquittées : c'est de renoncer à la communauté. — Au lieu que, lorsque les dettes sont du chef de la femme, le mari n'a aucun moyen de s'en dégager, quelque considérables qu'elles soient. Il est vrai que c'est sa faute, car il devait savoir que, *qui épouse la femme épouse les dettes*, suivant un vieil axiome de notre droit. S'il voulait se garantir de ces dettes, il devait faire un contrat de mariage et les exclure de la communauté. Il est bien entendu cependant que, pour que les dettes de la femme soient à la charge de la communauté, il est nécessaire qu'elles résultent d'un acte authentique antérieur au mariage, ou ayant reçu avant la même époque une date certaine, soit par l'enregistrement, soit par le décès d'un ou plusieurs signataires de l'acte. Des présomptions ne suffiraient pas pour établir que les obligations de la femme ont été souscrites avant le mariage. Mais les juges peuvent admettre toute preuve légale (Angers 2 avril 1851, S. 51-2-529 ; — Paris 10 juill. 1866, S. 67-2-12, Odier t. 1er n° 155, Zachariæ t. 2 § 508 n° 14, Rodière et Pont t. 1er n° 529, Marcadé art. 1410-3, Troplong t. 2 n° 778, Massé et Vergé t. 4 § 641, Aubry et Rau 3e édit. t. 4 p. 272) ; — par exemple l'aveu du mari (Cass. 9 déc. 1856, S. 57-1-353) ; — ou, en matière commerciale, les preuves autorisées par ce droit spécial (Poitiers 26 fév. 1856, S. 56-2-294 ; — Cass. 6 déc. 1858, S. 59-2-227, P. 59-9-25 ; — Rennes 28 mai 1867, S. 68-2-224 ; — Paris 10 juill. 1866, S. 67-2-12).

4399. Dettes contractées pendant le mariage. — Les dettes contractées pendant le mariage sont de deux sortes : 1° celles que les conjoints contractent eux-mêmes ; — 2° celles qui leur viennent avec les successions qui leur échoient et les donations qui leur sont faites. Les premières sont prévues par le n° 2 de l'art. 1409 C. C. ; les secondes font l'objet des art. 1411 à 1418 C. C.

1. DETTES DU MARI. — Le mari étant le chef de la communauté, de telle sorte que ses dettes sont dettes de la communauté et réciproquement, il s'ensuit que les biens communs se trouvent engagés par tous les actes obligatoires du mari, aussi bien par ses actes illicites que par ses contrats ou quasi-contrats. Il n'y a d'exception à cette règle que pour le cas où elles ont été contractées pour des affaires qui concernent son intérêt seul et dont il n'y a que lui qui profite, par exemple, lorsqu'elles ont été contractées en faveur de quelqu'un des enfants qu'il a eus d'un précédent mariage, ou en faveur de quelqu'un de ses héritiers présomptifs (Toullier t. 12 n° 218-227, Rodière et Pont t. 1er n° 624, Troplong t. 2 n° 719, Pothier n° 250, Merlin *Rép.* v° *Com.* § 5 n° 5 ; — Cass. 30 janv. 1843).

Condamnations. — Sauf le cas particulier de la mort civile, les dettes que le mari fait naître par son délit peuvent être d'après l'art. 1424 et 1425 C. C., poursuivies contre la communauté (C. Pau, 23 mai 1877, 4990 R. P.). Le mot *crime* employé dans l'art. 1424 C. C. est d'ailleurs synonyme de *méfait* ; il comprend les simples délits ou contraventions (Delvincourt t. 3 p. 18, Bellot t. 2 p. 433, Battur t. 1er n° 316, Duranton t. 14 n° 298, Rodière et Pont n° 632, Marcadé art. 1425, Taulier t. 5 p. 91, Zachariæ t. 3 p. 441, Dalloz 975 et 976 ; — Bordeaux 10 mai 1871, S. 71-2-236) — et les dommages-intérêts, et les dépens aussi bien que l'amende (Vazeille *Mar.* 2-371, Duranton t. 14 n° 298, Bellot t. 2 p. 433, Rodière et Pont 1-632, Duvergier et Toullier t. 12 n° 224 ; — Colmar 29 déc. 1849).

Il a été soutenu que, dans ce cas, la communauté n'avait pas droit à récompense à propos des dommages et intérêts (Toullier *loc. cit.*, Zachariæ t. 3 p. 441, Troplong t. 2 n° 918, Odier t. 1er n° 244 ; — *V.* Cass. 30 janv. 1840, S. 40-2-322).

Le principe de la récompense ne s'étend ni aux amendes disciplinaires encourues par le mari, ni aux réparations résultant d'un quasi-délit ou des délits et quasi-délits d'un enfant commun (Rodière et Pont t. 1er n° 633, Dalloz 978, Marcadé art. 1425).

La mort civile ayant été abolie par la loi du 31 mars 1864, les dispositions des art. 1424 et 1425 C. C. ont cessé de recevoir leur application (Cass. 2 mai 1864, S. 64-1-321).

2. DETTES DE LA FEMME. — Les dettes contractées par la femme sont à la charge de la communauté lorsque la femme a agi du consentement du mari (1419 C. C.). Ce consentement n'a pas besoin d'être exprès, il peut résulter tacitement de circonstances de fait que le juge est chargé d'apprécier, lorsque, par exemple les obligations de la femme se rapportent aux besoins du ménage dont elle a la direction, ou qu'elles ont eu lieu pour le fait du commerce géré par la femme (Toullier t. 12 n° 240, Rodière et Pont n° 600, Odier t. 1er n° 253, Troplong t. 2 n° 953, Marcadé art. 1420, Demolombe t. 4 n° 301). Quand la femme est obligée solidairement avec son mari, elle n'est réputée s'être engagée envers son mari que comme caution, mais elle est directement obligée envers les créanciers. Seulement, il a été jugé que ces derniers ne peuvent poursuivre l'exécution de l'engagement sur les biens de la communauté que du chef du mari et non de celui de la femme : à ce cas ne s'applique pas l'art. 1419 C. C. (Paris 18 oct. 1854, 24 janv 1855, 21 juin 1855, S. 55-2-81 et 394, D. 56-2-109 ; — Consul. de Coin-Delisle, *Gaz. des tribunaux* 15 nov. 1854; — Lyon 23 juill. 1858, S. 59-2-615). A défaut d'une autorisation expresse ou tacite la femme ne peut engager les biens de la communauté, même après autorisation de justice, que pour tirer son mari de prison ou pour l'établissement de ses enfants en cas d'absence du mari (Art. 1420).

Délits. Quasi-délits. — Les délits de la femme ne sauraient engager la communauté (1425 C. C.), puisqu'un tel effet est refusé à ses actes licites. Il y a cependant des exceptions créées par certaines lois spéciales, notamment pour les contraventions de police rurale (L. 28 sept. 6 oct. 1791 art. 7; — Cass. 23 déc. 1818 et 14 nov. 1830; — Toullier t. 12 n° 231, Rodière et Pont t. 1er n° 587); — ou pour les infractions aux lois sur les contributions indirectes (Déc. 1er germ. an 13 art. 35; — Cass. 15 janv. 1820). — Les obligations résultant des quasi-délits de la femme ne peuvent être poursuivies que sur la nue-propriété des biens de la femme (Marcadé art. 1425).

3. DETTES DES SUCCESSIONS. — Le Code distingue trois espèces de dettes des successions qui échoient aux époux pendant le mariage : 1° les dettes des successions purement mobilières dans lesquelles il ne se trouve pas d'immeubles; — 2° celles des successsions purement immobilières dans lesquelles il n'y a pas de meubles; — 3° enfin, celles des successions en partie mobilières et en partie immobilière 1411 à 1418 C. C.).

Quant au point de savoir par qui ces dettes doivent être définitivement supportées, la règle se réduit à dire que les dettes sont à la charge de la communauté en raison de l'importance mobilière des successions et donations, et à la charge de l'époux héritier ou donataire pour le surplus. Ainsi, que les dettes soient mobilières ou immobilières, qu'elles soient ou non relatives aux immeubles, elles sont supportées par la communauté pour le tout, si la succession ou la donation est entièrement mobilière; elles sont pour le tout supportées par l'époux, si la succession est entièrement immobilière; elles sont enfin à la charge de la communauté pour une partie, et de l'époux pour le reste, quand la succession ou la donation est mobilière et immobilière tout à la fois.

4400. Arrérages et intérêts des dettes. — La communauté est chargée des arrérages et intérêts des rentes ou dettes passives qui sont personnelles aux deux époux (1409 C. C). — En effet, quoiqu'il soit de règle que les dettes des époux tombent à la charge de la communauté, il en est néanmoins qui leur restent personnelles. Nous en avons vu plusieurs exemples dans les numéros précédents. Or, ce sont les arrérages ou intérêts de ces dettes que la loi met à la charge de la communauté. La raison en est que, comme tous les fruits, revenus, intérêts et arrérages des biens personnels des deux époux entrent dans l'actif de la communauté, il est juste de déduire les intérêts et arrérages des rentes ou dettes passives qui leur sont propres.

On peut donc dire que les dettes qui restent personnelles à un époux ne le sont jamais, pendant la communauté, que quant au capital, et c'est pour ce capital seulement que la communauté aura payé, qu'elle aura droit à une récompense lors de sa dissolution.

1. CONVENTION EXPRESSE. — On admet néanmoins pour les époux la possibilité de convenir que les intérêts et arrérages à courir pendant le mariage resteront également propres (Pothier n° 360, Duranton t. 15 n° 99, Troplong t. 2 n° 152, Rodière et Pont n° 640, *V.* cependant Lebrun liv. 3 ch. 2 sect. 4, Delvincourt t. 3 p. 46, Battur n° 417).

4401. Réparations usufructuaires. — Il est encore des charges de la communauté légale dont nous n'avons point parlé, ce sont les réparations usufructuaires des immeubles qui n'entrent point en communauté (1409-4 C. C.) En effet, comme les réparations usufructuaires ou d'entretien sont une charge des biens, on doit les mettre au compte de la communauté, puisqu'elle jouit des biens. Mais, si les réparations ne sont pas d'entretien, si elles sont du nombre de celles qu'on appelle grosses réparations ou extraordinaires, elles ne sont point au compte de la communauté. Si celle-ci les a faites et payées, il lui en est dû récompense. (Rodière et Pont t. 1er n° 642, Toullier t. 5 p. 76, Troplong, t. 2 n° 755, Duranton t. 14 n° 260, Marcadé art. 1410, Toullier t. 13 n° 163).

4402. Autres charges du mariage. — Enfin, la communauté légale est tenue des aliments des époux, de l'éducation des enfants et de toute autre charge du mariage. (1409-5 C. C.)

1. FRAIS D'ENTRETIEN DES ENFANTS. — Cela s'étend même aux frais d'entretien des enfants d'un premier lit (Caen 29 mars 1844, S. 44-2-348 ; — Paris 19 avril 1865, S. 65-2-235, Toullier t. 12 n° 298, Duranton 14-262, Rodière et Pont t. 1er n° 645, Troplong n° 758, Dalloz 1104, Marcadé art. 1410, Aubry et Rau 3e édit. t. 4 p. 276, Demolombe *Mariage* t. 2 n° 13).

2. ENFANT NATUREL. — Mais la pension alimentaire due par l'un des époux à un enfant naturel qu'il a eu avant son mariage d'un autre que de son conjoint, n'est pas à la charge de la communauté (Cass. 16 déc. 1861 d'un arrêt de Paris, du 9 mars 1860, S. 60-2-237, 62-1-421) si l'enfant a été reconnu pendant le mariage.

3. ALIMENTS. — Les autres charges du mariage, que ne spécifie pas l'art. 1409 C. C., sont, notamment, les aliments que les époux doivent à leurs père et mère, aux termes des art. 205 et 206 C. C.

4. FRAIS FUNÉRAIRES. — Ce sont encore les frais de la dernière maladie du conjoint prédécédé (Bastia 26 fév. 1840) mais non les frais funéraires qui sont à la charge des héritiers (Toullier t. 12 n° 31).

5. FRAIS D'ACTES. — On comprend parmi les charges de la communauté les frais de l'inventaire qu'on fait, après sa dissolution, des effets dont elle est composée, et des titres qui en dépendent, les frais de liquidation, les reprises que les conjoints ou les héritiers ont à exercer sur la communauté, enfin les frais de partage et ceux qu'il faut faire pour y parvenir, tels que l'estimation des biens (Pothier n° 274, Toullier t. 12 n° 300).

6. FRAIS DE CONTRAT DE MARIAGE. — Les frais de contrat de mariage forment, à moins de convention contraire, une dette propre aux deux époux et dont ils sont tenus l'un et l'autre par égales parts; ces frais ne constituent pas une dette personnelle au mari (Cass. 21 juill. 1852, S. 52-1-696, P. 52-2-316). Si les apports des époux sont inégaux, la dette se divise entre eux à proportion de leur valeur (Dijon 3 déc. 1869, S. 70-1-17). — V. Aubry et Rau 3e édition t. 4 § 503, Troplong *Cont. de mar.* t. 1er n° 199, Pont et Rodière t. 1er nos 295 et 296). — Le droit de la donation au futur est à sa charge personnelle (Cass. 8 déc. 1874, 4087 R. P.).

SECTION 5. — DE L'ADMINISTRATION DE LA COMMUNAUTÉ ET DE CELLE DES BIENS PROPRES

[4403-4407]

ARTICLE PREMIER. — DE L'ADMINISTRATION DE LA COMMUNAUTÉ.

[4403-4406]

4403. Droits du mari. — Le mari seul administre les biens de la communauté; il peut les vendre, aliéner et hypothéquer, sans le concours de sa femme (1421 C. C.). Une question importante qui peut naître de cet article, celle de savoir si le mari est *seul propriétaire* de la communauté, tant qu'elle dure, a été examinée et résolue par la négative, n° 4299; nous n'y reviendrons pas. Mais si le mari n'est pas unique propriétaire des biens de la communauté, il en est, néanmoins, l'administrateur sans limite de pouvoir (Loisel liv. 1er titr. 2 n° 14, Dumoulin *Cout. de Paris*, Delaurière *id.* art. 225, Pothier n° 470, d'Aguesseau t. 7 *Mém.* 9 p. 574, Coquille *Quest.* 96, Zachariæ t. 3 p. 408, Troplong 858, Rodière et Pont 1-294, Toullier 12-77, Champ. et Rig. 2835, Marcadé art. 1421).

1. RENTE. — Il peut les aliéner à titre onéreux à quelques conditions que ce soit, par exemple moyennant une rente viagère constituée sur sa tête seule (Orléans 14 mai 1864, S. 65-2-71). Dans ce cas, les arrérages de la rente tombent en communauté et les héritiers de la femme prédécédée sont appelés à jouir concurremment avec le mari, pendant sa vie de la moitié de cette rente (Rennes 16 juin 1841, Troplong n° 868, Rodière et Pont t. 1 n° 658). L'aliénation moyennant une rente viagère réversible sur la tête du survivant des époux présente plus de difficultés et on a discuté vivement la question de savoir si la réversion constitue une libéralité ou donne lieu à une récompense. Mais ce n'est pas le lieu d'examiner ici cette grave difficulté sur laquelle no reviendrons plus loin, au mot *Donation*.

2. FRAUDE. — Les aliénations à titre onéreux ne peuven avoir lieu non plus en fraude des droits de la femme (Colmar 25 fév. 1857, Troplong t. 1er n° 333, Rodière et Pont t. 1er n° 293, Duvergier et Toullier t. 12 n° 81, Aubry et Ra t. 3 § 505 n° 2, Glandaz n° 1er).

4404. Donations entre-vifs. — Mais ce pouvoir exorbitant du mari s'arrête, en principe, devant les aliénations gratuites, sauf deux exceptions que l'art. 1422 C. C. apporte à sa disposition générale : 1° le mari peut faire toute donation qu'il juge convenable, quand cette donation a pour but l'établissement d'un enfant commun (Cass. 2 janv. 1844, S. 46-1-9); mais non l'établissement d'un enfant d'un autre lit (Cass. 14 août 1855, 56-1-529, J. P.; — Douai 29 août 1855);

2° Il peut aussi donner à toute personne, quand la disposition n'a pour objet que des biens meubles donnés à titre particulier et pourvu qu'il ne s'en réserve pas l'usufruit ou que le don des valeurs mobilières ne comprenne pas en réalité la majeure partie de l'actif commun (Rouen 25 janv. 1860).

Si on dit que les donations des biens communs faites par le mari en dehors des deux exceptions qui viennent d'être expliquées sont nulles, il ne faut pas prendre cette proposition dans un sens absolu : ces donations ne sont inefficaces que relativement à la femme. C'est seulement pour la part de communauté appartenant à celle-ci ou à ses héritiers en cas d'acceptation, qu'elles sont non avenues et inexécutables; elles ont toute leur valeur et s'exécutent, soit directement, soit par équivalent, sur la part de communauté du mari et sur ses biens personnels (Toullier t. 12 n° 312, Marcadé sur les art. 1421 à 1423).

1. CONCOURS DE LA FEMME AU CONTRAT. — On a soutenu que l'interdiction des libéralités s'applique même en cas de concours de la femme au contrat (Rodière et Pont t. 1er n° 662, Odier 1-225, Devilleneuve 44-3-386, Marcadé art. 1423; — Bourges 10 août 1840; — Caen 3 mars 1843, S. 41-2-357, 44-2-386. — *V.* aussi Douai 29 août 1855, S. 56-2-39). — Mais la jurisprudence tend à établir que la donation est valable quand la femme y donne son consentement (Delvincourt t. 3 p. 260, Duranton t. 14 n° 272, Taulier t. 5

p. 88, Zachariæ t. 3 p. 437, Troplong t. 2 n° 903, Dalloz n° 1167; — Poitiers 10 juin 1841; — Riom 5 janv. 1844, 11901 J. N.; — Amiens 15 fév. 1849, 13877 J. N.; — Cass. 5 fév. 1850, 15803 J. N., 13988 J. N., S. 44-2-385, 49-2-554, 50-1-337; — 20 avr. 1851, D. 52-1-25, — 23 nov. 1861, D. 62-2-106. — Cass. 16 fév. 1852, S. 53-1-18; — Toulouse 24 mars 1866, S. 67-2-9; — Besançon 25 juin 1866, D. 66-2-143; — Cass. 31 juill. 1867, S. 68-1-36; — 23 juin 1869, S. 69-1-358).

4405. Donations testamentaires. — Aux termes de l'art. 1423 C. C., « la donation testamentaire faite par le mari ne peut excéder sa part dans la communauté. S'il a donné en cette forme un effet de la communauté, le donataire ne peut le réclamer en nature, qu'autant que l'effet, par l'événement du partage, tombe au lot des héritiers du mari ; si l'effet ne tombe point au lot de ces héritiers, le légataire a la récompense de la valeur totale de l'effet donné sur la part des héritiers du mari, dans la communauté et sur les biens personnels de ce dernier. »

1. LEGS D'UN OBJET DÉTERMINÉ. — D'après les principes généraux, le legs fait par le mari d'un objet déterminé appartenant à la communauté eût été valable si cet objet fût tombé dans le lot du mari, lors du partage, et nul s'il était tombé dans le lot de la femme; mais le Code décide que le legs sera toujours valable, et qu'il sera exécuté, soit en nature, soit par équivalent dans le cas où les héritiers du mari seront dans l'impossibilité de l'exécuter autrement.

La cour de Paris, dans un arrêt du 6 mai 1861 (1512 R. P.) a décidé que l'art. 1423 C. C., en tant du moins qu'il déroge aux principes généraux cesserait d'être applicable, si le testament du mari n'avait été fait qu'après la dissolution de la communauté; de telle sorte que si le mari survivant a légué un effet de la communauté, avant la liquidation de cette communauté, ce legs ne peut recevoir son exécution pour tout ce qui ne tombe pas dans son lot, et il n'est pas dû de récompense au légataire de ce chef (*V.* en ce sens, Troplong *Donations* n° 1950, Saint-Espès Lescot t. 4 n° 1484, Marcadé art. 1423 n° 6. — *V.* en sens contraire, Rodière *Dissertation au Journal du Palais* 1862 p. 138, Pont *Revue du Notariat* t. 1er p. 173 et suiv., Rodière et Pont *Contrat de mariage* n° 894 3e édition, Mourlon t. 3 p. 58 note 1re, Duranton t. 9 n° 247, Odier t. 1er n° 229, Dalloz n° 1193).

2. LEGS PAR LA FEMME. — On s'est demandé aussi, si l'art. 1423 devait être étendu aux legs faits par la femme. Cette question reçoit en général la même solution que la précédente et les auteurs qui refusent d'étendre l'art. 1423 aux legs faits par le mari postérieurement au mariage refusent aussi de l'étendre aux legs faits par la femme (*V.* C. Liège, 4 mai 1876; — Pont et Rodière, 2e édit. 895; — Aubry et Rau, t. 5 p. 557; — Marcadé, art. 1423).

4406. Constitutions de dot. — Trois hypothèses se présentent dans l'application des art. 1438 et 1439 C. C. qui sont relatifs à la constitution de dot aux enfants communs. La dot peut être fournie, ou en effets de la communauté, ou en biens personnels à l'un des époux, ou à la fois en biens propres et en effets de communauté.

1. DOT CONSTITUÉE EN EFFETS DE COMMUNAUTÉ — *Par le mari :* En premier lieu, si la dot a été constituée par le *mari seul* en effets de la communauté, elle se trouve en entier à la charge de la communauté, et la femme qui accepte la communauté est tenue de la moitié, à moins que le mari n'ait déclaré expressément qu'il s'en chargeait pour le tout, ou pour une part plus forte que la moitié (1439 C. C.). Si elle renonce, elle n'est tenue à aucune partie de la dot. — *V.* 4429.

Par les deux époux : En second lieu, si la dot a été constituée *conjointement* par les deux époux en effets de la communauté, elle forme une dette *personnelle* à chacun d'eux et non une dette de la communauté. La renonciation de la femme ne saurait donc l'affranchir de l'obligation de payer la portion de cette dette qui est à sa charge (Bourges 29 juill. 1851, S. 53-2-345, — Troplong t. 1er p. 550, Marcadé art. 1438-1 ; — *Contrà* Agen 23 mai 1865, S. 65-2-191, Aubry et Rau t. 4 p. 193 et 194). — Mais la présence de la femme comme simple témoin honoraire au contrat de mariage par lequel le mari dote un de ses enfants d'un premier lit avec un immeuble commun ne constitue pas un concours ou un consentement à la donation du mari (Cass. 14 avr. 1855, S. 55-1-716, P. 56-1-529 ; — Nancy 17 mai 1862, S. 62-2-474).

Par la femme seule : Enfin, si la dot a été fournie par la *femme seule* en effets de la communauté, avec l'autorisation du mari, elle n'oblige point personnellement le mari s'il a pris la précaution, en autorisant sa femme, de déclarer qu'il n'entendait pas s'obliger lui-même. La femme en est donc seule comptable sur sa part dans la communauté, et, en cas de renonciation, sur ses propres.

Renonciation à communauté. — La dot constituée conjointement par les deux époux en faveur d'un enfant commun en biens de la communauté, est réputée, en cas de renonciation à la communauté, avoir été faite par le mari seul avec ses biens personnels (C. Bordeaux 17 janv. 1854, D. 55-2-213). — *V.* 4430.

2. DOT CONSTITUÉE SUR LES BIENS PROPRES DES ÉPOUX. — Si l'un des époux donne seul son propre bien pour l'établissement de l'enfant commun, c'est un sacrifice individuel qui ne lui ouvre aucune action contre l'autre époux (Douai 6 juill. 1853, D. 55-2-350). — Mais supposons, et c'est le cas prévu par la loi, que les père et mère aient doté conjointement l'enfant commun en immeubles ou en effets personnels à l'un d'eux, celui-ci a « sur les biens de l'autre une action en indemnité pour la moitié de la dot, eu égard à la valeur de l'objet donné au temps de la donation » (1438 C. C.) ; c'est une avance faite à l'époux qui n'a pas fourni la dot. Peu importe que la dot ait été prise sur les biens de la femme ou du mari ; la femme ne sera point réputée caution du mari : c'est une dette personnelle qu'elle a acquittée (Troplong nos 1233, 1234).

Objet de la donation. — Il a été jugé à cet égard que quand deux époux ont doté en commun leur enfant avec un immeuble personnel à l'un d'eux (par exemple avec un propre du mari), l'époux auquel l'immeuble donné n'appartenait pas est réputé en avoir acquis la moitié de son conjoint, moyennant indemnité, pour la transmettre ensuite à l'enfant donataire. Dès lors, c'est de l'immeuble lui-même et non de l'indemnité due à ce conjoint qu'il est donateur (Cass. 14 janv. 1856, D. 56-1-67).

3. DOT CONSTITUÉE PARTIE EN EFFETS DE COMMUNAUTÉ, PARTIE EN EFFETS PROPRES. — Si la dot est de 60,000 francs, dont 10,000 francs pris dans la communauté, 30,000 francs en un propre du mari et 20,000 francs en un propre de la femme, la femme, même en cas de renonciation à la communauté, sera redevable de 5,000 francs envers le mari, car la dot est censée constituée pour moitié. (Pothier n° 654). — Que si on avait spécifié que la dot, au lieu d'être de 60,000 francs, consiste en 10,000 francs pris dans la communauté, 30,000 francs en un propre du mari, 20,000 francs en un propre de la femme, on présumerait alors que les donateurs ont limité leur obligation à ce que chacun a fourni de la dot.

Nous reviendrons avec plus de détails sur ces questions de dot sous les art. 6834 et suiv. du présent ouvrage. — *V.* aussi 4430.

ARTICLE 2. — ADMINISTRATION DES PROPRES DE LA FEMME

[4407]

4407. Nature de l'administration. — La loi ne règle les droits de la puissance du mari sur les biens personnels de la femme qu'à défaut de conventions spéciales que les époux peuvent faire, en se mariant, comme ils jugent à propos (1387, 1497 et 1527 C. C.). En l'absence de stipulation à cet égard, le mari a de plein droit l'administration de tous les biens personnels de la femme (1428 C. C.). Mais cette administration n'est plus exclusivement attachée à la personne, comme lorsqu'il s'agit des biens de la communauté, au contraire, la femme peut, par contrat de mariage, se réserver l'entière administration de tout ou partie seulement de ses biens (1534 et 1536 C. C.). — De plus, le mari ne peut traiter du droit de propriété des biens de sa femme sans son consentement (1428 C. C.). Enfin, d'après l'article que nous venons de citer, il est responsable de tout dépérissement des biens personnels de sa femme, causé par défaut d'actes conservatoires.

Le mari a donc l'exercice de toutes les actions mobilières de la femme et il peut à ce titre recevoir les capitaux (Angers 29 janv. 1842; — Cass. 25 juill. 1843, S. 42-2-424 et 51-1-258; — Rodière et Pont t. 1er n° 679; — Colmar 23 déc. 1863, S. 64-2-111). — La femme pourrait, d'ailleurs, en cas d'inaction du mari, demander à la justice l'autorisation d'agir elle-même (Duranton t. 14 n° 317, Odier t. 1er 372, Rodière et Pont t. 1er n° 681, Duvergier et Toullier t. 12 n° 383, Dalloz n° 1326, Marcadé art. 1428).

1. ALIÉNATION DE PROPRE. — Le mari n'ayant pas le droit d'aliéner les propres de sa femme ne saurait intenter une action au pétitoire ou y défendre (Cass. 14 nov. 1831; — Cass. 15 mai 1832; — Bordeaux 8 juill. 1839; — Cass. 16 déc. 1840; — Duranton t. 14 n° 316, Zachariæ t. 3 p. 442, Rodière et Pont t. 1er n° 681, Lebrun liv. 2 ch. 2 sect. 4, Pothier 253, Troplong t. 2 n° 1005, Dalloz 1334, Marcadé art. 1428). — Les aliénations immobilières qu'il aurait consenties seraient sans valeur à l'égard de la femme qui, dans le cas où elle renoncerait à la communauté, pourrait sans aucun doute revendiquer contre les tiers acquéreurs les immeubles aliénés. Il en serait de même dans le cas d'acceptation, lorsque le mari a déclaré que lesdits immeubles appartenaient à la femme (Aubry et Rau 4e éd., S. p. 347).

Mais que décider dans le cas où cette déclaration n'aurait pas été faite, en supposant toujours que la femme accepte la communauté? La question est discutée. Dans une première opinion la femme ne pourrait revendiquer que pour moitié (Toullier t. 12 p. 226, Marcadé sur 1428, Troplong *Vente* t. 1er p. 463, *de la Communauté* t. 2 p. 730 et suiv.; — Amiens 18 juin 1814, S. 1815-2-40). — Mais cette opinion admise d'abord par Pothier puis abandonnée par lui (*Communauté* n° 253) est repoussée par Duranton t. 14 p. 321, Odier t. 1er p. 281, Rodière et Pont t. 2 p. 912 (2e édition), Aubry et Rau t. 5 p. 347. Suivant ces auteurs la femme pourrait revendiquer pour le tout ses immeubles propres aliénés par son mari, à charge de rendre la moitié du prix reçu et de payer la moitié des dommages-intérêts qui seraient alloués à l'acquéreur.

La femme ne saurait revendiquer pendant la durée de la communauté sans l'autorisation de son mari, mais avec cette autorisation, elle est recevable à agir (Rodière et Pont t. 2 p. 913 (2e édition), Aubry et Rau t. 5 p. 348; — Rennes 14 juin 1841, S. 41-2-578).

2. BAUX. — Les baux consentis par le mari sont obligatoires pendant toute la durée de la communauté, mais ils n'obligent la femme à la dissolution que pour la période dans laquelle il se trouve. Celui que ferait le mari, plus de deux ou trois ans à l'avance n'obligerait même la femme qu'autant qu'il serait commencé lors de la dissolution (art. 1430 C. C.; — Bellot t. 1er p. 297, Troplong, *du Louage* t. 1er n° 152, Marcadé t. 2 n° 1029, Rodière et Pont t. 1er n° 696, Dalloz n° 1373, Marcadé art. 1430). — Cette dernière règle s'applique à tous les baux, à ceux de plus de neuf ans comme aux autres.

L'inefficacité du bail ne peut jamais, d'ailleurs, être invoquée que par la femme ou ses héritiers et non par le preneur (Duranton t. 1er n° 588, Zachariæ t. 3 p. 4 not. 3, Duvergier t. 1er n° 41, Troplong, *du Louage* t. 1er n° 151, Rodière et Pont n° 693 t. 1er, Dalloz n° 1368, Marcadé art. 1430). — Cette femme est même tenue d'exécuter le bail quand elle y a consenti. (Rodière et Pont t. 1er n° 693, Marcadé art. 1430, Troplong *Mar.* t. 2 n° 1033; — Bourges 17 nov. 1829).

Mais le mari ne peut pas disposer par anticipation du loyer à échoir après la dissolution de la communauté (Cass. 18 août 1868, S. 69-1-17).

SECTION 7. — DE LA DISSOLUTION DE LA COMMUNAUTÉ ET DE SES SUITES

[4408-4431]

ARTICLE PREMIER. — DISSOLUTION DE LA COMMUNAUTÉ

[4408-4409]

4408. Causes de dissolution. — « La communauté se dissout, porte l'art. 1441 C. C. ; 1° par la mort naturelle; — 2° par la mort civile; — 3° par le divorce ; — 4° par la séparation de corps; — 5° par la séparation de biens. » — La mort civile et le divorce sont abolis; d'autre part, la séparation de corps n'entraîne la dissolution que parce qu'elle produit la sépation de biens. Ainsi, ces deux dernières causes n'en font qu'une. Il n'existe donc réellement, dans les termes de la loi, que trois causes de dissolution.

Aux trois causes énumérées dans l'art. 1441 C. C. il faut encore ajouter : 1° le jugement qui prononce la nullité du mariage, dans le cas où la bonne foi des époux ou de l'un d'eux (*mariage putatif*) fait produire au mariage annulable tous les effets d'un mariage qui eût été dissout au moment où ce jugement est prononcé; dans le cas où les deux époux sont de mauvaise foi, on doit liquider l'association conjugale comme s'il n'y avait jamais eu communauté, on ne peut donc pas dire que le jugement qui déclare la nullité, dissout la communauté, puisqu'il l'anéantit rétroactivement; — 2° l'absence déclarée dissout provisoirement la communauté quand l'époux présent n'opte pas pour sa continuation ; l'envoi en possession définitif la dissout dans tous les cas; mais le retour de l'absent fait revivre la communauté dissoute. Dans le cas où l'on apprend la date de sa mort, la communauté doit être liquidée comme si en fait elle avait continué jusqu'à ce moment.

Faisons observer ici que la séparation de biens, qui est aussi l'un des régimes que deux époux peuvent adopter par leur contrat de mariage (1536 à 1539 C. C.), et qui porte alors le nom de séparation *contractuelle* ou *conventionnelle*, ne peut se substituer à la communauté et en opérer ainsi la dissolution qu'au moyen d'un jugement. Du reste, cette séparation *judiciaire* résulte, soit du jugement spécial de séparation de biens, soit, comme conséquence forcée, du jugement de séparation de corps.

1. DÉFAUT D'INVENTAIRE. D'après l'art. 1442 C. C., le défaut d'inventaire ne donne pas lieu à la continuation de la communauté, sauf les poursuites des parties intéressées relativement à la consistance des biens et effets communs dont la preuve pourra être faite tant par titres que par la commune renommée. S'il y a des enfants mineurs, le défaut d'inventaire fait perdre, en outre, à l'époux survivant, la jouissance de leurs revenus; et le subrogé-tuteur qui ne l'a point obligé à faire inventaire est solidairement tenu avec lui de toutes les condamnations prononcées au profit des mineurs.

Héritiers du défunt. — Le droit de prouver l'importance de la communauté appartient aux héritiers du défunt, quels qu'ils soient, non pas seulement aux enfants mineurs (Odier t. 1er n° 360, Rodière et Pont t. 1er n° 762, Troplong t. 2 n° 1284, Dalloz n° 1593, Marcadé art. 1442 ; — Caen 19 janv. 1832; — *Contrà* Toullier t. 13 n° 5 ; — Caen le 4 janv. 1840, S. 41-2-82).

Inventaire notarié. — Il faut un inventaire notarié (Pothier 794, Toullier t. 13 n° 14, Rodière et Pont t. 1er n° 766, Troplong n° 1300, Dalloz n° 1600); — fait en présence du subrogé-tuteur des mineurs (Pothier n° 797, Toullier n° 13, Rodière et Pont t. 1er n° 767, Troplong 1298); — dans le délai ordinaire de trois mois (Proudhon t. 1er n° 172, Duranton t. 3 n° 389, Toullier t. 13 n° 16, Rodière et Pont t. 1er n° 770, Troplong n° 1290, Dalloz n° 1608, Marcadé art. 1442; — Orléans 7 mars 1863; — Douai 14 fév. 1863) — et sans que le juge puisse le prolonger pour aucun motif (Douai 15 nov. 1833, S. 34-2-189, Toullier t. 13 n° 17. Duranton t. 3 n° 389, Zachariæ t. 3 p. 467, Dalloz t. 10 p. 229 et *Cont. de mar.* 1609, Rodière et Pont t. 1er n° 770, Pothier *Garde meub.* § 3 art. 2, Troplong t. 2 n° 1291 1295, Marcadé art. 1442; — *Contrà* Caen 18 août 1842, S. 43-2-49; — Dalloz t. 4 p. 345, Demolombe t. 6 n° 573).

Régime exclusif de communauté. — Mais la règle de l'art. 1442 C. C. étant écrit pour le régime en communauté et ayant le caractère d'une disposition pénale, ne saurait être appliquée sous les autres régimes (Proudhon *Usuf.* t. 1er n° 161, Bellot t. 2 p. 84. Duranton t. 3-390, Taulier t. 5 p. 120, Demolombe t. 6 p. 577, Troplong t. 2 n° 1205, Marcadé art. 1442, Dalloz n° 1662, Bressoles, *Revue de lég.* 1848 t. 2 p. 301 ; — Toulouse 19 déc. 1839, S. 40-2-164; — *Comp.* Cass. 5 mars 1855, *Contrà* Toullier t. 13 n° 10, Battur t. 2 n° 620, Rodière et Pont t. 1er p. 764, Pont *Revue critique* t. 2 p. 600 et *Revue de législation* 1847 t. 3 p. 37).

Droit personnel. — La privation prononcée par l'art. 1442 C. C. contre l'époux survivant qui n'a pas fait inventaire, de la jouissance des revenus de ses enfants mineurs, confère à ceux-ci sur les revenus que perd ainsi le survivant, un droit personnel en vertu duquel ces revenus, même ceux provenant de biens recueillis dans la succession du prémourant, leur appartiennent en propre et non comme héritiers de ce conjoint (Cass. 9 août 1865, D. 66-1-33).

Art. 174 du code de procédure. — La femme ne peut invoquer le bénéfice accordé à l'héritier par l'art. 174 du code de procédure, de faire encore inventaire après l'expiration du délai de 3 mois s'il n'a pas fait adition, ou s'il n'existe pas contre lui de jugement définitif le condamnant comme héritier (C. Rouen, 3 juill. 1874, 4799 R. P.).

4409. Rétablissement de la communauté. — Le consentement des époux peut toujours faire cesser la séparation de biens. La loi n'exige qu'une seule formalité, c'est que ce consentement soit constaté par un acte passé devant notaire et avec minute, dont une expédition doit être affichée (1451 C. C.). La séparation s'évanouit alors rétroactivement, et le régime de communauté auquel elle avait succédé est censé n'avoir jamais cessé; sauf, néanmoins, que les actes faits par la femme dans la limite des pouvoirs que lui conférait la séparation demeurent valables.

1. BIENS ACQUIS PENDANT LA SÉPARATION. — Par

conséquent, si l'un des époux a acquis pendant la séparation quelques biens qui eussent été communs sans cela, ces biens tombent rétroactivement dans la communauté (Dél. 22 pluv. an 10 et 11 juin 1807, 2615 J. E., Marcadé art. 1451 n° 2).

2. COMMUNAUTÉ DIFFÉRENTE. — Les époux ne peuvent, d'ailleurs, se placer sous une communauté qui diffère en quoi que ce soit de la première (1451 C. C.).

ARTICLE 2. — RÈGLES COMMUNES A L'ACCEPTATION ET A LA RENONCIATION

[4410-4417]

4410. — Option de la femme et de ses ayants cause. — De quelque manière que la communauté se dissolve, et aussi bien dans le cas de séparation de biens que dans tout autre, la femme et ses représentants ont, aux termes de l'art. 1453 C. C., la faculté d'y renoncer ou de l'accepter. Toute convention contraire est nulle.

1. CRÉANCIERS. — Le droit d'option accordé à la femme peut toujours être exercé par ses ayants cause; mais il a été jugé que les ayants cause ne comprenaient pas ici les créanciers, attendu qu'il s'agit d'un droit personnel à la femme (Paris 31 mars 1853, S. 53-2-337, Odier t. 1er n° 430; *Contrà* Zachariæ t. 3 § 312 note 31, Rodière et Pont t. 1er n° 870, Troplong t. 3 n° 1501, Dalloz n° 2143).

1. MARI. — Mais ce droit d'option attribué à la femme ne saurait jamais l'être par le mari, même en qualité d'ayant cause de la femme. Sans doute, en principe, le droit d'option passe aux représentants de la femme, mais ce principe est inapplicable au mari, attendu que le droit est précisément établi contre lui et se trouve incompatible avec sa qualité. (Marcadé sur l'art. 1453, Pothier n° 535, Valin sur Rochelle t. 2 n° 556, Tessier n° 196, Odier t. 1er n° 431, Rodière et Pont n° 872, Troplong n° 1503, Dalloz n° 2143, Devilleneuve et Gilbert v° *Com.* n° 596; — Cass. 8 mars 1842, 1675 § 4 I. G., S. 42-1-193; — 26 nov. 1849, 1857-6 I. G.; — Tours 8 mars 1847; — Seine 7 déc. 1848 et 22 févr. 1849; — Lyon 21 mars 1865, 2155 R. P.). — V. *Renonciation.*

4411. Divisibilité de l'option. — Les représentants de la femme ayant le droit d'option, ce droit appartient à chacun d'eux individuellement et pour sa portion héréditaire, de telle sorte que la communauté peut être acceptée par l'un pendant qu'elle est répudiée par l'autre. Et ce droit conserverait la faculté de se diviser, alors même que la femme serait décédée après la dissolution de la communauté, avant d'avoir opté ou ayant encore le droit de le faire.

4412. Option expresse ou tacite. — L'option de la femme ou de ses représentants peut être expresse ou tacite, même en cas de dissolution par suite de la séparation de corps (Pont *Rev.* t. 1er p. 210, Troplong t. 3 n° 1581, — Poitiers 23 fév. 1842; — Cass. 8 fév. 1843, 10 nov. 1845, 14 mars 1855; — Paris 31 juill. 1847 et 2 mai 1850, P. 42 t. 2 p. 42, 43 t. 1er p. 632, 47 t. 2 p. 253, 48 t. 1er p. 894, 50 p. 534 t. 1er, 56 t. 1er p. 297).

Il y a *acceptation expresse* lorsque l'on prend qualité dans un écrit public ou privé; il y a *acceptation tacite* lorsque l'on fait quelque chose que l'on ne pouvait faire qu'après avoir accepté (1454 et 1455 C. C., V. 339 R. P.), ou lorsqu'on laisse expirer, sans renoncer, le délai accordé pour la renonciation. — La *renonciation expresse* se fait par une déclaration passée au greffe (1457 C. C.)

Il y a renonciation tacite quand la personne présumée renonçante par la loi laisse passer, sans accepter, les délais fixés pour son acceptation.

4413. Retour sur l'option. — Celui qui a opté dans un sens ne peut plus revenir au parti contraire, sauf pour le cas où l'option aurait eu lieu en état de minorité ou aurait été surprise par dol ou par fraude. — V. 13974.

1. CRÉANCIERS. — Les créanciers de la femme sont également autorisés à attaquer l'acceptation ou la renonciation faite en fraude de leurs droits: la règle générale de l'art. 1167 C. C. s'applique dans les deux cas, bien que l'art. 1464 ne parle que de la possibilité d'attaquer la renonciation (Bellot t. 2 p. 284 et 342, Zachariæ t. 3 p. 392, Duranton t. 15 n° 437, Rodière et Pont t. 1er n° 816, Marcadé art. 1460-2, Mourlon t. 3 p. 61; — Cass. 26 avr. 1869, S. 69-1-269, *Contrà* Battur t. 2 p. 702, Troplong t. 3 n° 1567, Dalloz n° 2205. — *V.* Bordeaux 2 déc. 1840 et Cass. 3 mai 1848).

4414. Bénéfice d'inventaire. — Dans tous les cas, ni la femme ni ses représentants ne peuvent accepter la communauté sous bénéfice d'inventaire : la loi est venue à leur secours par un autre bénéfice, qui consiste à ne les obliger au payement des dettes de la communauté que jusqu'à concurrence de leur émolument (Pothier n° 547, 1911 J. N.).

4415. Présomption d'acceptation. — Inventaire. — La femme est présumée acceptante lorsque la communauté se dissout, soit par la mort naturelle, soit par la mort civile du mari. Comme elle se trouve alors en possession des biens de la communauté, dont elle pourrait facilement détourner une partie, la loi ne lui permet de renoncer, à moins qu'elle ne le fasse immédiatement, qu'en faisant dresser un inventaire qui doit être terminé dans les trois mois de la mort du mari, à moins qu'elle n'ait obtenu la prorogation de ce délai. L'inventaire terminé, la femme a un nouveau délai de quarante jours pour se prononcer, délai qui peut également être prolongé par le juge. A défaut d'inventaire dans le délai légal ou dans celui de la prorogation, la femme est déchue du droit de renoncer. Mais si l'inventaire a été régulièrement fait, l'expiration du délai de quarante jours ou de sa prorogation, accordé à la femme pour délibérer, ne la prive pas du droit de renoncer. Il permet seulement aux créanciers de la poursuivre comme commune. La femme conserve même pendant trente ans cette faculté de renoncer, sauf pour le cas où, par les poursuites des créanciers, elle aurait été condamnée comme commune (1456, 1459, 1462 C. C.). Autrefois, dans le droit coutumier, le défaut d'inventaire de la part du survivant des époux communs avait pour résultat d'empêcher la dissolution de la communauté et de faire continuer cette communauté entre le survivant et les héritiers du prédécédé (3004 J. E.). L'art. 1442 C. C. supprime cette continuation de communauté.

Si la femme héritière décède dans les délais qui lui sont accordés, soit pour faire inventaire, soit pour délibérer, de nouveaux délais semblables sont accordés, *dans leur intégralité*, à ses héritiers. Et même, si c'est dans le délai de quarante jours, qui lui est accordé pour délibérer, que son décès a lieu, ses héritiers ont, avant et outre le délai de quarante jours, le délai de trois mois accordé à tout héritier pour faire inventaire de sa propre succession (1461, 1462 C. C.).

1. RENONCIATION. — Nous avons dit, dans le numéro précédent, qu'en cas de dissolution de communauté par la mort du mari, c'est la présomption d'acceptation qui domine et que cette présomption ne cède qu'à une renonciation formelle. Qu'arrive-t-il si lorsque c'est par un jugement de séparation que la communauté se dissout ? Dans cette position la femme est-elle présumée renonçante; et pour que cette présomption tombe, faut-il que la femme accepte expressément ou tacitement la communauté dans le délai de trois mois et quarante jours? C'est là une question très-discutée que nous examinerons avec développement au mot *Partage de communauté.*

Mais si la femme laisse passer sans accepter ce délai de trois mois et quarante jours, sauf toujours prorogation, elle devient entièrement étrangère à la communauté comme si elle y avait expressément renoncé, et cette présomption de renonciation ne céderait pas devant une acceptation ultérieure (Agen 21 déc. 1869, S. 70-2-274, Troplong t. 9 n° 1577, Marcadé art. 1463 n° 2, Zachariæ § 517, Rodière et Pont t. 2 n° 1041).

A la différence de ce qui a lieu dans l'hypothèse prévue au numéro précédent, la femme n'est pas tenue de faire inventaire (1463 C. C.).

4416. Héritiers de la femme. — Lorsque la communauté se dissout par la mort naturelle ou civile de la femme, la règle tracée pour ses héritiers participe de l'une et de l'autre des deux règles qui précèdent. Ils ne sont pas tenus de faire inventaire, comme cela a lieu, pour la femme, dans l'hypothèse de séparation; mais, d'un autre côté, la présomption d'acceptation pèse sur eux, comme pour la femme qui a survécu à son mari, jusqu'à renonciation formelle de leur part (1466 C. C.).

4417. Deuil et nourriture. — Soit qu'elle accepte, soit qu'elle répudie, après la mort du mari, la femme a le droit de prélever sur la communauté dissoute: 1° son deuil et celui de ses domestiques eu égard à la position sociale et à la fortune du mari; — 2° le logement et la nourriture, pour elle et ses domestiques également, pendant tout le temps que, dans les limites fixées par la loi, elle consacrera à faire inventaire et à délibérer. Ce droit lui est personnel et ne passe pas à ses héritiers (1465 et 1481 C. C.).

1. DEUIL. — Le deuil qui n'est pas dû à la femme si la communauté se dissout par la séparation de corps, lui est ensuite acquis quand le mari prédécède après la séparation (Toullier t. 13 n° 266, Rodière et Pont t. 1er n° 796, Marcadé art. 1481). — Les frais de deuil doivent être payés en argent et non en nature; ils jouissent du privilége des frais funéraires (*V.* C. Agen 28 août 1834, 9064 J. N.; — Caen 15 juill. 1836, Toullier t. 13 n° 269, Duranton t. 19 n° 48, Tarrible v° *Privilége* sect. 3 § 1er n° 3, Persil *Quest.* t. 1er p. 23, Proudhon n° 212, Odier t. 1er n° 488, Rodière et Pont t. 1er n° 796, Pothier *Com.* n° 678, *V.* cependant Merlin R. v° *Deuil*, Grenier *Hyp.* n° 301, Troplong *Hyp.* t. 1er n° 136).

2. NOURRITURE ET HABITATION. — La nourriture et l'habitation ne sont dues aux enfants d'un précédent mariage de la veuve que quand, du vivant du mari, ils vivaient avec lui comme membres de la famille (Cubain *Droit des femmes* n° 275, Troplong *Mar.* t. 2 n° 1592, Rodière et Pont t. 1er n° 793). — Il a été enseigné que le droit de la veuve était limité au délai invariable de trois mois et quarante jours (Malcville art. 1465, Delvincourt t. 1er p. 93, Battur t. 2 p. 686, Rodière et Pont t. 1er n° 794, D. 2267, Mourlon t. 3 p. 63, Massé et Vergé t. 4 p. 161 § 560; — Metz 10 mai 1860, S. 60-2-401). — D'autres auteurs pensent, au contraire, que le droit s'étend ou se restreint suivant que la femme prend plus ou moins de temps pour délibérer (Duranton t. 14 n° 106, Bellot t. 3 p. 358, Zachariæ t. 3 p. 494, Odier t. 1er n° 479, Troplong t. 13 n° 1596, Aubry et Rau t. 4 § 517 p. 357 note 39, Marcadé art. 1465).

ARTICLE 3. — DES RÉCOMPENSES OU INDEMNITÉS

[4418-4431]

4418. Origine de la récompense. — Le mariage réunit sous la main du même administrateur les biens de la communauté et ceux de chacun des époux, c'est-à-dire trois patrimoines distincts, ce qui amène nécessairement des occasions fréquentes pour les deux époux de recevoir et de payer l'un pour l'autre. Or, la règle étant, en matière de communauté, que les époux ne pourront ni enrichir celle-ci aux dépens de leurs biens personnels, ni s'enrichir eux-mêmes à son détriment, il en résulte que si l'un des trois patrimoines a tiré un profit aux dépens de l'un des deux autres, une indemnité est due à celui-ci par le premier.

4419. Compensation des récompenses. — Il peut se faire en conséquence que des récompenses soient dues respectivement à l'un des époux par la communauté et à la communauté par cet époux; dans cette hypothèse, la C. cass. pense qu'il est contraire à la nature des choses de distinguer la créance de certaines récompenses et la dette de certaines autres récompenses; de rompre le lien qui les unit et de les traiter comme des objets indépendants l'un de l'autre. On devra, en conséquence, compenser les récompenses que l'époux doit à la communauté avec celles que la communauté lui doit, pour savoir de quelles valeurs se compose la succession de l'époux, ce qui exerce une influence directe sur la liquidation du droit de mutation par décès et sur celle des droits exigibles lors de l'enregistrement des partages de communauté. — (*V.* Cass. 15 mai 1872, 3581 R. P.).

L'Administration a décidé, par application de la même idée (Sol. du 3 fév. 1858, 10 juill. 1872 et 8 mars 1873) conformément à la doctrine d'un jugement de la Seine du 20 janvier 1841 (12666 J. E.), qu'à défaut de partage antérieur à la déclaration et ayant adopté un mode contraire, il y a lieu, pour établir les liquidations de communauté, de déduire les récompenses dues par chaque époux du montant de ses reprises.

1. RÈGLEMENT.—Les époux peuvent, au lieu de déduire de leurs reprises ce qu'ils doivent à la communauté, réunir fictivement à la masse le montant de leurs récompenses et précompter cette somme sur la part de l'époux débiteur pour l'éteindre par confusion. Ils peuvent aussi partager également et les valeurs réelles et la créance de la récompense, mais on ne saurait forcer celui qui ne le voudrait pas d'accepter ce dernier mode, qui l'exposerait à subir les conséquences de l'insolvabilité de son conjoint ou de ses héritiers (Rodière et Pont 825, Troplong 1611 et 1612, Dalloz v° *Contrat de mariage* n° 2334).

4420. Récompenses aux époux.—L'art. 1433 C. C. veut que s'il est vendu un immeuble appartenant à l'un des époux, de même que si l'on s'est rédimé en argent de services fonciers dus à des héritages propres à l'un d'eux, et que le prix *en ait été versé* dans la communauté, le tout sans remploi, il y ait lieu au prélèvement de ce prix sur la communauté, au profit de l'époux qui était propriétaire, soit de l'immeuble vendu, soit des services rachetés. Mais tant que le prix reste dû, il n'existe qu'une créance qui demeure propre à l'époux, et si la communauté se dissout pendant cet état de choses, l'époux ayant conservé sa créance comme bien propre, n'a rien à demander à la communauté.

1. MARI. — PREUVE. — A cet égard, on décide que quand c'est le mari qui prétend à une récompense pour le prix de ses propres aliénés, il doit établir que la communauté a profité de ce prix (Cass. 13 août 1832, 10488 J. E., S. 32-1-641 ;—Paris 19 mai 1870, S. 70-2-172 ; — 22 juill. 1863, S. 63-2-225, Marcadé art. 1433). — Mais, à l'égard de la femme, il y a présomption que le mari a reçu le payement de la dette échue, et la récompense subsiste tant que le mari ne prouve pas le contraire (Zachariæ t. 3 p. 453, Rodière et Pont t. 1er n° 711 ; — Metz 18 juill. 1820).

Jugé cependant que le prix d'un propre aliéné pendant le mariage est présumé, jusqu'à preuve certaine, avoir été versé dans la communauté; par suite l'époux, fût-ce le mari, à qui ce propre appartenait ou ses héritiers, ont à cet égard droit à récompense (Cass. 9 avr. 1872, S. 72-1-178).

4421. Quotité de la récompense. — « Dans tous les cas, porte l'art. 1436 C. C., la récompense n'a lieu que sur le prix de la vente, quelque allégation qui soit faite touchant la valeur de l'immeuble aliéné. » Ainsi, le montant de la récompense est le prix de la vente ; par conséquent ce n'est ni la valeur réelle de l'immeuble, ni le prix déclaré dans le contrat, s'il y a eu dissimulation d'une portion du prix (Touillier t. 12 n° 344, Duranton t. 14, n° 352, Rodière et Pont n° 713, Odier n° 307, Marcadé sur l'art. 1436 ; — Cass. 14 fév. 1843, 11593 J. N. et Besançon 21 juin 1845, P. 46-2-601 ; — Douai 28 avr. 1851, S. 52-2-369 ; — Cass. 30 déc. 1857, S. 58-1-276 ; — 18 janv. 1875, S. 76-1-7, 4348 R. P.). — Dans le prix de l'aliénation dont la récompense est due, il faut comprendre tout ce qui est accessoire de ce prix, comme pot-de-vin, épingles et charges appréciables à prix d'argent, imposés à l'acheteur, et dont la communauté profite. L'époux vendeur doit également reprise du prix des servitudes qu'il a, lors de l'aliénation, imposées sur son immeuble au profit d'un conquêt de communauté (Marcadé sur l'art. 1436). — Quant aux intérêts du prix de la vente, ils ne sont dus que du jour de la dissolution de la communauté. Jusque là ils tiennent lieu à celle-ci des fruits de l'héritage aliéné (Duranton t. 14 n° 352).

1. NUE-PROPRIÉTÉ. — INTÉRÊTS. — Si l'un des époux vend, moyennant une somme payée comptant à la communauté, un immeuble propre dont l'acquéreur n'entrera en jouissance qu'à la dissolution de cette communauté, la communauté devra indemnité, non-seulement pour le prix principal, mais pour la valeur de la jouissance qu'elle a conservée (Pothier *de la Communauté* nos 590 et 591, Dalloz n° 1507, Duranton t. 14 n° 339; — *Contrà* Pont et Rodière t. 2 n° 944).

Il a été décidé dans l'hypothèse inverse, que l'époux qui a payé avec les deniers de la communauté le prix de l'acquisition d'une nue propriété qui lui est propre, doit récompense à cette communauté, non-seulement du prix principal de l'acquisition, mais encore des intérêts de ce prix courus jusqu'au jour de la dissolution de la communauté (Tonnerre 3 avr. 1873, 3630 R. P. ; — *Contrà* Vendôme, 15 déc. 1877, 4927 R. P.).

4422. Causes diverses de récompense. — Ce n'est pas seulement la vente des propres des époux, mais toute espèce d'aliénation de ses biens ayant procuré à la communauté quelque avantage appréciable à prix d'argent, qui donne lieu, au profit de l'époux propriétaire, au prélèvement autorisé par l'art. 1433 C. C. (Toullier t. 12, n° 383). Ainsi :

1° La dation, par l'un des conjoints, de son héritage pour prix de services appréciables en argent et dont la récompense était due pour la communauté, le rend créancier du prix de ces services;

2° S'il l'a donné, en imposant au donataire des charges également appréciables dont la communauté a profité, il a droit à la reprise du prix de ces charges;

3° S'il l'a échangé contre des objets mobiliers, il est créancier du prix de ces objets, suivant leur valeur à l'époque où il les a reçus;

4° S'il l'a aliéné par bail à rente et a reçu des deniers d'entrée, il lui en est dû récompense, de même que s'il a imposé au preneur quelque charge dont la communauté ait profité.

Ainsi encore, il est dû indemnité à l'époux :

1° De ce que l'acquéreur à vil prix de l'un de ses immeubles vendu avant le mariage, lui a payé, à titre de supplément de prix, sur l'action en rescision pour lésion intentée pendant le mariage, et à l'effet d'en arrêter le cours;

2° De ce que son copartageant lui a payé, à titre de supplément de lot, pour arrêter le cours de la même action, dans un partage d'immeubles fait avant ou pendant le mariage;

3° De la somme que le débiteur d'un legs d'immeubles, fait à son profit, lui a payée pour s'en libérer, d'après la faculté que lui en laissait le testament, ou d'après une convention faite entre les parties;

4° Des soultes ou retours de lots en deniers payés par ses cohéritiers dans le partage, fait pendant le mariage, d'une succession immobilière échue avant ou pendant;

5° De ce qui lui a été payé en exécution d'une transaction sur des droits immobiliers litigieux et faite pendant la communauté;

6° De ce qui a diminué de valeur le propre sur lequel il a été ouvert, pendant le mariage, une mine ou carrière, si les produits ont enrichi la communauté;

7° Des frais et honoraires d'un acte portant donation à l'un des époux de valeurs lui demeurant possessionnelles (Rodier et Pont *Cont. de mar.* 2e édit. n° 196); — de même d'une rente viagère qui s'est éteinte par la dissolution de la communauté (18805 J. E.); ou d'un acte portant acquisition de parts et portions indivises d'un immeuble devenant propre à l'époux (Merlin R. v° *Récompense* 3401, Pothier v° *Com.* n° 629);

8° Enfin, du montant des dettes de la communauté en payement desquelles un propre a été abandonné.

4423. Droit perpétuel échangé contre un droit perpétuel. — J'échange une terre labourable, qui m'est propre, d'un revenu de 1,000 francs, contre une maison qui produit 2,000 francs de revenu. La communauté ne me devra aucune récompense à raison de l'augmentation de revenu de 1,000 francs que je lui ai procurée. Réciproquement, si le bien que j'aliène produit un revenu de 2,000 francs, tandis que celui que je reçois en place ne donne que 1,000 francs, la communauté n'a droit à aucune récompense. Cette règle n'est contestée par personne.

Pas de récompense non plus si l'époux achète un immeuble grevé d'une rente inférieure au revenu du bien (Cass. 8 déc. 1874, 4264 R. P.).

4424. Droit perpétuel échangé contre un droit temporaire. — Quand l'immeuble propre appartenant à l'un des époux est vendu pendant le mariage moyennant une rente viagère, doit-on considérer l'opération comme un simple échange de valeurs, ou comme une aliénation véritable du capital personnel de l'époux, donnant, dès lors, naissance à une reprise?

Si le contrat produit une aliénation et motive l'exercice d'une reprise, comment le calcul en doit-il être établi?

Ces deux questions, également importantes pour la liquidation du droit d'enregistrement dans les successions où les partages, ont été l'objet de vives controverses. Trois systèmes se sont produits à cet égard.

1° La communauté rendrait le montant des arrérages touchés par elle, moins les intérêts de ces mêmes arrérages (Lebrun liv. 1er chap. 5 dist. 2 n° 14).

2° Elle ne doit ni profiter ni souffrir de l'acte d'un des époux; elle devra donc restituer le montant des arrérages par elle touchés, moins la somme des revenus que le propre aliéné lui aurait procurés (Pothier n° 593, Bourjon t. 1er p. 545 n° 37, Merlin *Quest. de droit* v° *Remploi* § 2, Toullier, t. 13 n° 350, Odier t. 1er n° 308, Zachariæ t. 3 p. 454, Pothier t. 5 p. 106, Troplong n° 1850, Dalloz v° *Contrat de mariage* n° 1509, Duranton t. 14 nos 333 et 343, Pont *Petits contrats* t. 1er n° 701, Bellot t. 2 p. 394; — Douai 9 mai 1849; — Angers 12 mai 1853; — Pithiviers 18 août 1866; — Lyon 17 fév. 1870, S. 70-2-305). — C'est ce système que la chambre des requêtes C. C. a consacré le 1er avril 1868, en prononçant le rejet d'un pourvoi introduit contre un arrêt conforme de la cour de Riom, du 26 juin 1866 (2795 R. P., S. 68-1-24). — *Comp*; Bordeaux 10 mai 1871, S. 71-2-136.

3° Elle ne restituera rien, puisqu'elle a reçu des arrérages qui sont purement des fruits; l'époux a consenti à convertir son capital ou son fonds en une jouissance dont la communauté a dû profiter (Proudhon t. 5 n° 2675, Rodière et Pont n° 716, Bugnet, sur Pothier, t. 7 p. 311, Mourlon *Rép. écrit* t. 3 p. 74, Marcadé t. 5. sur l'art. 1456 2°, Massé et Vergé § 64 note 14; — Besançon 18 fév. 1853; — Nancy 3 juin 1853, S. 53-2-253, 55-2-457).

Cette dernière opinion, qui nous avait paru préférable et que nous avions développée dans nos éditions précédentes, n'a pas été accueillie par la C. cass. Elle a décidé, le 8 avril 1872, qu'il est dû récompense à l'époux et elle a motivé sa décision en ces termes : « Attendu que, lorsque l'immeuble a été, comme dans l'espèce, aliéné moyennant une rente viagère, cette rente constitue le prix, et ses arrérages, dont la durée est aléatoire, représentent pour partie les fruits de la chose, et pour partie la valeur du fonds; que si la communauté qui les a perçus les retenait en totalité, sans récompense, elle retirerait de ce mode d'aliénation à fonds perdu un avantage particulier, en dehors des dispositions de la loi et des prévisions du contrat de mariage; que si les arrérages des rentes, mêmes viagères, sont expressément rangés parmi les fruits civils, et si la communauté, en sa qualité d'usufruitière, a le droit de les percevoir sans être tenue à aucune restitution, l'art. 1401 restreint son usufruit aux arrérages provenant des biens qui appartenaient aux époux, lors de la célébration du mariage, ou qui leur sont échus pendant le mariage à quelque titre que ce soit; que ces dispositions sont ainsi inapplicables au cas où, comme dans l'espèce, la rente viagère dont la communauté a perçu les arrérages a été constituée, pendant le mariage, avec le prix d'un immeuble propre à l'un des époux. » (3552 R. P.).

Conf. : Mortagne 2 mai 1873, 3970 R. P.

1. RENTE VIAGÈRE. — Si pendant la communauté, il a été acquis portion d'un immeuble indivis avec la femme, et que cet immeuble ait été ensuite revendu moyennant une rente viagère, il faut, après le décès de la femme, comprendre pour la récompense que doit la succession à la communauté, pour prix de la portion acquise, les annuités perçues de la rente viagère. S'il y a bénéfice pour la communauté, la moitié revenant aux héritiers de la femme, devra être déclarée avec les biens propres de celle-ci; si, au contraire, la communauté est en déficit, il n'y aura à déclarer que les biens propres de la défunte.

Dans ce cas, comme dans les espèces analogues, le déficit ne peut s'imputer sur les biens propres de la femme, c'est une simple créance du mari pour laquelle il n'a pas *jus in re*.

4425. Usufruit vendu. — Un grave dissentiment s'est élevé en jurisprudence sur la fixation de la récompense due par la masse dans le cas où il a été aliéné un droit d'usufruit propre à l'un des époux.

Selon Pothier (*Communauté* n° 592), l'époux ne peut reprendre le prix de vente de l'usufruit que déduction faite de ce dont la communauté aurait profité des revenus de l'usufruit, pendant tout le temps couru depuis la vente jusqu'à la dissolution de la communauté, au delà des intérêts de la somme reçue pour le prix. Cette opinion a été adoptée par Merlin R. v° *Remploi* § 2, Toullier t. 12 n° 350, Dalloz n° 1509, Glandaz n° 260, Toullier t. 5 p. 106, Zachariæ t. 3 p. 454, Troplong n° 1090, Aubry et Rau t. 4 p. 301, notes 8 à 10, Odier t. 1er n° 308; — (*V.* aussi Douai, 9 mai 1849; — Angers 12 mai 1853; — Bourges 27 août 1853, S. 1850-2-180, 53-2-269).

D'autres auteurs enseignent, au contraire, que la récompense doit être de la totalité du prix perçu par la communauté, sans déduction du bénéfice que la communauté aurait obtenu par la perception du revenu de l'usufruit, si l'aliénation n'avait pas eu lieu (Marcadé art. 1436 n° 2, Proudhon *de l'Usufruit*, t. 5. n° 2675, Mourlon p. 74 Massé et Vergé t. 4 p. 115 note 14, Mimerel, *Revue critique* t. 3 p. 351, Bugnet et Pothier *de la Communauté* n° 592, Pont et Rodière *Contrat de mariage* 2e édit. n° 945). — C'est la doctrine qui a prévalu dans des arrêts de Besançon du 18 février 1853 (P. 1853, t. 1er p. 389); de Nancy, du 3 juin 1853 (P. 1853, t. 2 p. 468); d'Orléans, du 27 décembre 1855) P. 1856, t. 2 p. 78) et de Paris, du 23 novembre 1861 (Dalloz, 1861, 2, 206). — Consultez également deux arrêts C. cass. des 10 avril 1855 et 13 juillet 1863 (P. 1855 t. 2 p. 5 et 1863 p. 1063).

L'Administraton a soutenu et fait prévaloir cette doctrine devant le tribunal de Joigny le 13 février 1868 (2703 R. P.). (*Conf.* : Sol. 4 juill. 1878.)

4426. Dette contractée par la femme solidairement avec le mari. — On sait que lorsque l'affaire pour laquelle une dette solidaire a été contractée ne concerne que l'un des débiteurs, celui que l'affaire concerne est tenu seul de toute la dette, les autres devenant par rapport à lui, de simples cautions. L'art. 1431 C. C. ne présente qu'une application de cette règle, posée par l'art. 1216, C. C. quand il déclare simple caution, quant au mari, la femme qui s'est obligée solidairement avec le mari pour les affaires de celle-ci. Mais la loi va plus loin, elle la déclare également simple caution, toujours quant au mari, même alors que la dette solidaire concerne les affaires de la communauté.

Ainsi, dans les deux cas, la femme n'étant que caution dans ses rapports avec son mari, le payement qu'elle se trouve obligée de faire lui donne droit à une récompense soit contre le mari, si l'affaire concerne celui-ci personnellement, soit contre la communauté dans le cas contraire. Le résultat, on le comprend, n'est pas le même dans les deux cas ; car si c'est le mari qui est personnellement débiteur, la récompense doit être prise sur ses biens personnels, ou, ce qui est la même chose, sur sa part dans la communauté (1478 C. C.). tandis que, quand l'affaire concerne la communauté, c'est sur la masse des biens communs que la récompense se prélève (1470 C. C.).

On trouvera au mot *Reprises* le développement complet de cette proposition.

4427. Récompenses par les époux. — S'il est vrai que la communauté doit restituer à chaque époux tout ce qu'elle a pris des biens propres de celui-ci, cet époux doit, par une juste réciprocité, lui restituer tout ce qu'il a pris des biens communs pour ses affaires personnelles. Ce principe est consacré par l'art. 1437 du Code civil.

1. PENSION DE RETRAITE. — Le tribunal de la Seine, par un jugement du 21 janvier 1862, a décidé qu'il n'était dû aucune récompense à la communauté par l'épouse titulaire d'une pension de retraite, à propos des portions de traitement retenues pendant la durée de la communauté pour le service futur de cette pension (*V.* en ce sens Cass. 3 fév. 1830, S. 30-1-126; — Caen 27 juin 1845, 45-2-265).

2. USUFRUIT. — Si deux époux achètent un usufruit reversible sur la tête du survivant, celui-ci doit à la communauté une récompense à fixer d'après les tables de mortalité, pour la valeur de l'usufruit qu'il recueille (Mortagne, 17 mai 1878). — *V.* 4429.

3. FRAIS DE CULTURE. — La question de savoir si l'époux qui reprend à la dissolution ses propres ensemencés doit récompense des frais de labours et semences est controversée (*Aff.* Limoges, 31 août 1863, S. 64-2-204; — *Neg.* Bordeaux, 3 fév. 1873, S. 74-2-107); — mais il n'est dû aucune récompense pour les biens loués à mi-fruits (C. Pau, 23 mai 1877, 4990 R. P.).

4428. Quotité. — La quotité de la récompense due à la communauté est en général de la dépense faite par cette communauté, sans égard à l'emploi de la dépense ni à l'avantage plus ou moins grand qu'elle à procuré à l'époux (Toullier t. 5 p. 112, Rodière et Pont t. 1er n° 724, Bugnet sur Pothier t. 7 p. 326, Demante t. 3 p. 84, Marcadé art. 1437, Pont *Revue critique* t. 2 p. 135, *Contrà* Duranton t. 14 n° 323, Troplong t. 2 n° 1193, D. 1512, Toullier t. 13 n° 526; — Paris 6 août 1872, S. 72-2-175.

Le tribunal de Tonnerre a jugé cependant que l'époux devait récompense, non-seulement de la somme qu'il avait prise dans la communauté, mais encore des intérêts de cette somme, dans le cas où elle avait été employée à acquérir sur licitation une nue-propriété de divers immeubles qui étaient indivis pour cette nue-propriété entre lui et son conjoint prédécédé sur lesquels il avait un droit d'usufruit par suite du testament de ce dernier (Tonnerre 3 avr. 1873, 3630 R. P.). — *V.* en ce sens : Pothier *Communauté* nos 590 et 591, Dalloz n° 1507, Duranton t. 14 n° 339 ; en sens contraire, Rodière et Pont. t. 2 n° 944 2e édition, Zachariæ § 511 *bis*).

Lorsqu'il s'agit simplement de dépenses utiles, l'époux ne doit indemnité que de la plus-value (Paris 21 juin 1814; — Cass. 14 fév. 1843; — Douai 16 juill. 1853, S. 53-2-577). — Les dépenses voluptuaires qui n'augmentent pas la valeur du fonds ne donnent lieu à aucune récompense (*V.* Pothier 635, 636, 637, Toullier t. 13 nos 167 à 170, Duranton t. 14 nos 375 à 380, Rodière et Pont t. 4 n° 726, Troplong *Mar.* 1182, 1195, 1187, D. 1535-1539; — Cass. 9 nov. 1864, S. 65-1-46).

4429. Rente viagère. — Quel est l'effet de la clause

par laquelle les époux aliénent un bien de communauté moyennant une rente viagère réversible sur la tête du survivant? Cette question fait l'objet d'une ardente controverse en droit civil comme en droit fiscal. L'Administration a toujours soutenu que le survivant recueillait la part du prémourant dans la rente en vertu d'une donation entre époux passible du droit de mutation par décès. Mais nous verrons, avec la jurisprudence, que cette appréciation de la nature de la clause de réversibilité n'est pas admissible. Le survivant ne tient pas son droit de l'époux défunt, mais il le recueille en vertu de la condition qu'il a lui-même imposée à l'acquéreur. Seulement, il est délicat de décider, dans cette hypothèse, si cet époux doit une récompense à la communauté pour le profit personnel qu'il retire de cette stipulation. Troplong (*Mar.* t. 2 n° 1200) s'appuyant sur un arrêt de Cass. du 15 mai 1844, enseigne la négative par le motif principal que la réversion est le résultat d'un pacte aléatoire dont les deux époux étaient également appelés à profiter et qui a rendu leur situation tout à fait semblable (*V.* en ce sens C. Paris 11 juin 1853, S. 53-2-456). Mais il nous paraît plus juridique de décider avec P. Pont (*Petits contrats* 1 n° 701 et *Rev. not.* 1864 p. 817) que la communauté a été amoindrie par la clause de réversion puisque sans elle la rente viagère stipulée à son profit eût été considérable et que cette cause de dépréciation dont profite le survivant suffit à fonder une récompense. C'est en ce sens que s'est prononcée récemment la jurisprudence. — V. *Donation* n° 6693 et suiv., et *suprà* n° 4427-1.

4430. Constitutions de dot. — Parmi les opérations qui donnent le plus souvent naissance aux questions de récompense se trouvent les constitutions de dot des enfants.

1. ENFANT D'UN PREMIER LIT. — Le mari qui dispose des effets mobiliers de la communauté pour doter ses enfants d'un premier mariage doit récompense à cette communauté (Cass. 13 janv. 1862, S. 62-1-249, Marcadé art. 1422 n° 4, Massé et Vergé t. 4 p. 90, *Contrà* Merlin R. v° *Communauté* § 3 n° 5).

Mais la disposition à titre gratuit des immeubles de la communauté faite par le mari, au profit de son enfant du premier lit, est nulle à l'égard de la seconde femme et des enfants de celle-ci, et ce n'est pas seulement une action en récompense que ceux-ci ont, mais une action révocatoire (Cass. 14 août 1855, 467 R. P.).

2. ENFANT COMMUN. — Toutes les fois que la dot constituée à l'enfant commun l'a été par les deux époux conjointement, et sans déclaration de leur part qu'ils entendaient la supporter pour des portions inégales, chacun d'eux, en quelque bien que la dot ait été constituée, en est tenu personnellement pour moitié. Par conséquent, si la dot est prise en totalité sur les biens communs, ou sur ceux d'un des époux, il sera dû récompense, dans le premier cas, à la communauté par chacun des conjoints, pour la moitié, dans le second, à l'un des époux par l'autre, pour la moitié due par celui-ci. Que si les conjoints avaient déclaré se charger de la dot pour des parts inégales, la dette serait personnelle à chacun pour la part déterminée, et la récompense, dans les deux hypothèses ci-dessus, serait due en raison de cette part.

La récompense due à la communauté pour la dot constituée en effets de la communauté par les époux conjointement au profit d'un enfant commun doit se faire par chacun des deux époux en rapportant la moitié de la dette à sa charge : on ne peut prétendre qu'il y a eu compensation et par suite libération réciproque (Amiens 10 avr. 1861, S. 1861-2-413). — *V.* n°s 4402, 6833 et suiv.

Si la dot constituée à l'enfant commun en effets appartenant à la communauté, l'a été par les deux époux avec clause d'imputation sur la succession du prémourant, la succession de l'époux prédécédé doit récompense à la communauté de la totalité de la dot constituée; et si dans le partage l'époux survivant dispense les héritiers du défunt de cette récompense, le droit de donation est exigible, car cette renonciation au droit d'exiger la récompense constitue une remise volontaire de la dette afférente aux héritiers de l'époux prédécédé, faite dans un esprit de pure libéralité. — *V.* 3439.

3. DONATION ET RENONCIATION. — La femme qui a fait conjointement avec son mari donation à un enfant d'un acquêt de communauté et qui ensuite renonce à cette communauté ne doit pas récompense à son mari pour la moitié de la donation. Cette libéralité est alors réputée faite par le mari seul (Bordeaux 17 janv. 1854, S. 54-2-513, *Contrà* Lebrun p. 363, Pothier n° 655, Troplong t. 2 n° 1221, Pont et Rodière n° 93 t. 1er). — *V.* 4402-1, 4406

4. RENTE VIAGÈRE. — La dot consistant en une rente viagère est à la charge de la communauté sans récompense (Saint-Brieuc 25 août 1856, 721 R. P.; C. Amiens, 10 avril 1877, 4991 R. P.) — *V.* 6841.

4431. Caisse de la vieillesse. — D'après la loi sur la constitution de la caisse de la vieillesse, quand l'un des époux communs en biens, meurt sans s'être réservé le remboursement de sommes versées, ses héritiers perdent tout droit à la pension due à l'autre époux qui en profite exclusivement. Doit-il une récompense à la communauté pour le bénéfice qu'il en retire? Le tribunal de Meaux l'a pensé « attendu que si la loi a permis par faveur spéciale la création, moyennant l'aliénation d'un capital appartenant à la communauté, de rentes viagères établies sur la tête des époux personnellement, rien ne peut faire supposer que cette loi ait entendu déroger au principe fondamental en matière de communauté, d'après lequel il n'est pas plus permis à la communauté de s'enrichir aux dépens de l'un des époux qu'à l'un de ceux-ci de s'enrichir aux dépens de la communauté » (Meaux 2 fév. 1870, 3257 R. P.).—Mais cette solution nous a paru très contestable. En effet, les principes qui gouvernent la situation des époux vis-à-vis de la caisse des retraites s'écartent complétement du droit commun en matière de communauté légale. La commission elle-même, dans son rapport sur la loi, déclare que la loi nouvelle a dérogé intentionnellement aux dispositions de la réversibilité ordinaire. Chacun des époux, en se faisant ouvrir un compte personnel, est censé avoir stipulé séparément pour lui-même, « comme s'il n'était pas marié », dit la commission, ou comme s'il avait fait les versements avec des valeurs propres. Comment alors serait-il question de récompense, puisque, d'après la déclaration même du législateur, le survivant est censé ne profiter en aucune façon des deniers communs? Il nous paraît plus juridique de décider qu'il n'y avait aucune indemnité à comprendre dans la masse pour la pension personnelle dont le survivant continue à jouir. — *V.* 3329.

SECTION 8. — DES EFFETS DE L'ACCEPTATION

[4432-4438]

4432. Principe général. — Si la femme ou ses héritiers renoncent à la communauté, tous les biens qui la composaient demeurent confondus irrévocablement avec les biens personnels du mari, en sorte qu'il ne reste plus à la femme ou à ses héritiers qu'à faire valoir les droits qui lui sont personnels. Mais si elle accepte, il y a lieu alors à procéder au partage suivant les règles établies au titre des *successions* (*V.* 815 et suiv. C. C., Delvincourt t. 3 p. 32, Toullier t. 13 n° 146). — Il ne s'agit plus alors que d'un compte à établir entre des coïntéressés qui, se trouvant dans l'indivision, veulent jouir divisément de ce qui leur appartient. Que la masse indivise soit une succession, une communauté, un actif social, ou tout autre objet possédé en commun, les principes seront toujours les mêmes. Si la communauté n'est pas immédiatement partagée, elle n'en sera pas moins dissoute, mais elle sera alors en indivision, de telle sorte que chacun des biens qui la composent appartiendra *in toto et in quolibet parte* à chacun des ayants droit. Elle cessera d'exister comme communauté légale, pour former entre l'époux survivant et les héritiers de l'époux décédé une propriété indivise sur laquelle chacun des communistes aura des droits à exercer jusqu'à ce que le partage en soit demandé.

1. HÉRITIER. — Si l'héritier de la femme décédée avant d'avoir accepté ou répudié la communauté décède lui-même avant d'avoir pris parti, chacun de ses propres héritiers a la faculté de l'accepter pour sa part ou d'y renoncer (Orléans 14 fév. 1862, S. 62-2-48, Marcadé art. 1475 n° 2.)

4433. Rapports. — Chaque époux est tenu au rapport, soit réel, soit fictif, de tout ce qu'il doit à la masse commune. Il est vrai qu'une libération réciproque, par voie de compensation, jusqu'à due concurrence entre ce qui est dû à la communauté par le mari et ce qui lui est dû par la femme semblerait beaucoup plus simple que le rapport, et, dès lors, préférable. Mais ce mode, par suite du droit qu'a la femme d'exercer ses créances sur les biens du mari en cas d'insuffisance des biens communs, serait quelquefois très-préjudiciable à celui-ci ; et, s'il est tout naturel de procéder par compensation quand ce mode ne présentera pas d'inconvénient, la loi devait, néanmoins, adopter comme principe l'obligation du rapport, et permettre ainsi au mari de s'opposer à la compensation quand elle devra lui nuire (1468 C. C., Pothier n°s 702 et 703, Rodière et Pont n° 826, Troplong n°s 1613 et 1614, Dalloz n° 2338, Marcadé art. 1469.

4434. Reprises. — Sur la masse totale, comprenant et les biens communs et les biens propres des époux, chacun des conjoints reprend : 1° Ses biens propres en nature, ce qui comprend les biens acquis en remploi des propres aliénés ;— 2° le prix, non confondu dans la caisse commune, des propres aliénés et non remployés ; — 3° puis il prélève le montant de toutes les indemnités que peut lui devoir la communauté.

1. REPRISES EN NATURE. — HABITS. — Les reprises doivent être faites en nature toutes les fois que cela sera possible, et ce n'est que dans les hypothèses où la reprise ne pourra s'effectuer de cette manière, qu'il y a lieu de recourir à l'argent comptant et subsidiairement aux meubles et aux immeubles (Rodière et Pont n° 1074).

Comme exemple de reprise s'exerçant en nature, nous citerons les habillements de l'époux survivant, que ce dernier gardera en propre et ne sera pas obligé de comprendre dans la masse partageable. — *V.* 4427-4447.

2. MODE D'EXERCICE. — Toute reprise s'exerce par prélèvement, premièrement en faveur de la femme, d'abord sur l'argent comptant, ensuite sur le mobilier, et subsidiairement sur les immeubles de la communauté ; dans ce dernier cas, le choix des immeubles est déféré à sa femme et à ses héritiers (1471 C. C.). — La récompense du prix de l'immeuble appartenant au mari ne s'exerce que sur la masse de la communauté, tandis que celle du prix de l'immeuble, appartenant à la femme, s'exerce sur les biens du mari, en cas d'insuffisance des biens de la communauté (1436 C. C.).— Ainsi, toute récompense due par la communauté *se prélève* à la dissolution, sur la masse à partager, quel que soit celui des deux époux à qui cette récompense est due (1470 C. C.). Mais tandis que pour le mari le droit se borne là, en sorte qu'il perd sa récompense quand la masse ne présente pas de quoi la payer (1472 C. C.), et que la femme n'est pas tenue comme commune sur ses biens personnels (1483 C. C.), cette femme, au contraire, dans ce cas d'insuffisance de biens communs, *exerce* sa récompense sur les biens personnels du mari (1472 C. C.), puisque celui-ci doit personnellement ce que doit la communauté.

3. BIENS IMPARTAGEABLES. — Le droit de prélèvement en nature accordé à la femme, cesse lorsque les immeubles sont impartageables, le prélèvement ne peut plus alors s'exercer que sur le prix (Cass. 21 avr. 1840, 7 mai 1855, S. 56-1-359).

4. CHOIX ENTRE LES MEUBLES. — La femme peut choisir entre les meubles aussi bien qu'entre les immeubles (Toullier n° 186, Roll. de Vill. n° 61, Rodière et Pont n° 831, Dalloz n° 831) ; — quelle que soit la cause des reprises (Caen 19 janv. 1832 ; — Paris 31 déc. 1852, 14865 J. N., Marcadé art. 1470-2, Pont *Revue critique* t. 3 p. 619 ; — *V.* cependant Lyon 3 mars 1841, S. 41-2-347, Troplong 1631).

5. PRÉLÈVEMENT FACULTATIF. — Mais le prélèvement n'est que facultatif, et d'après la plus récente jurisprudence de la C. cass., la femme peut, à son choix, prendre les biens en nature ou les laisser au mari pour recevoir l'argent (Cass. 13 déc. 1864, 1981 R. P.

6. ORDRE ET CHOIX DU PRÉLÈVEMENT. — L'ordre et le choix de prélèvement sur les biens appartiennent au

mari comme à la femme (Caen 19 janv. 1832, Rodière et Pont n° 835, Dalloz n° 2424; — Paris 30 mai 1857, 18 août 1859, S. 63-2-212; — Agen 17 janv. 1868, S. 68-2-4). — Cet ordre doit être observé pour les deux époux, à moins que les parties n'aient adopté un règlement contraire (Troplong t. 3 n° 1627, Rodière et Pont t. 1er n° 830).

7. DROIT DE CRÉANCE. — C'est une question très-controversée que celle de savoir si les époux exercent leurs reprises en qualité de créanciers ou en qualité de propriétaires comme ayant, par suite des reprises qu'ils doivent exercer un droit plus fort dans la communauté. La C. cass. a décidé pendant longtemps que la femme à qui des biens de la communauté étaient attribués par suite d'un prélèvement, devait être considérée comme recevant en qualité de propriétaire les biens qui représentaient le montant des valeurs personnelles tombées dans la masse de son chef pendant le mariage (*V.* art. 4, 46, 77, 78, 131, 479 R. P.).

Concours avec des créanciers. — Cette doctrine, admise d'une manière absolue, avait pour conséquence de constituer, au profit de la femme, un véritable privilége à l'encontre des créanciers de la communauté. Aussi fut-elle vivement combattue par un grand nombre de tribunaux et de Cours d'appel et par la presque unanimité des auteurs (*V.* art. 202 et 282 R. P.).

La C. cass., revenant sur sa jurisprudence ancienne, a décidé, par un arrêt solennel du 16 janvier 1858, que dans ses rapports avec les créanciers de la communauté la femme ne vient exercer ses reprises que comme simple créancière et est obligée, par conséquent, de subir la loi du concours. (S. 59-1-113). Depuis cette époque, la jurisprudence dont nous venons de parler a été constamment appliquée (Cass. 1er déc. 1858, S. 59-1-113; — 15 mars 1859, S. 59-1-193; — 23 août 1859, S. 59-1-193; — *Id.*, 6 juill. 1870; — S. 70-1-348; — Pont *Rev. crit.* t. 9 p. 481, Valette *Rev. prat.* t. 4 p. 530).

Concours avec le mari. — Mais si la femme exerce ses reprises comme simple créancière, quand elle est en concours avec les créanciers de la communauté, ne faut-il pas lui permettre de les exercer en qualité de propriétaire lorsqu'elle est en rapport avec son mari? La question est très-vivement débattue. On peut invoquer, en faveur du droit de propriété, l'autorité d'un grand nombre d'arrêts et l'opinion des jurisconsultes les plus éminents (Cass. 15 fév. 1853, S. 53-1-145; — Besançon 20 déc. 1853. S. 54-2-297; — Douai 8 avr. 1854, S. 54-2-297; — Cass. 11 avr. 1854, S. 54-1-161; — Orléans 24 mai 1854, S. 54-2-499; — Cass. 2 janv. 1855, S. 55-1-10; — 8 mai 1855, S. 55-1-530; — 10 juill. 1855, S. 55-1-530; — Angers 30 mai 1855, S. 55-2-749; — Metz 12 juin 1855, S. 55-2-321; — Bordeaux 27 fév. et 5 mars 1856, S. 56-2-241, — 3 juin 1856, S. 56-2-593; — Colmar 30 avr. 1857, S. 57-2-260). — On décide, en conséquence, que les biens obtenus par l'exercice de l'action en reprise tombent ou non dans la communauté nouvelle, selon qu'ils sont meubles ou immeubles (Caen 19 janv. 1832 et 31 décembre 1852; — Rouen 10 juill. 1845; — Paris 21 fév. 1846 et 31 mars 1853; — Cass. 28 mars 1849, 8 avril 1850, S. 41-2-82, 46-2-305, 49-1-353, 50-1-356, 53-2-337 et 344; — Bourges 20 avril 1855, D. 56-2-41; — Cass. 30 mai 1854, S. 54-1-380; — 26 fév. 1853, S. 53-1-373; — 2 janv. et 10 juill. 1855; — Metz 10 avr. 1862, S. 62-2-200; — Agen 17 janv. 1868, S. 68-2-4; — Paris 24 juill. 1869, S. 70-2-45, — *V.* aussi Pont P. 53-1-513 et 54-1-225 *Rev. crit.* t. 6 p. 398, Valette *le Droit* 25 avril 1855, Mourlon 3e *Examen* p. 67, Marcadé art. 1403, Troplong t. 3 n° 1635, Zachariæ § 511).

Mais en faveur de l'opinion qui ne voit dans l'action en prélèvement que l'exercice d'une simple créance, nous pouvons citer (Bourges 4 déc. 1854, S. 54-2-683; — Dijon 3 avr. 1855, S. 55-2-209; — Paris 4 août 1855, S. 55-2-449; — Douai 14 fév. 1856, S. 56-2-241; — Paris 23 fév. 1856, S. 56-2-139; — Caen 15 mai 1856, S. 56-2-593; — Amiens 3 janv. 1857, S. 57-2-260; — Douai 29 janv. 1857, S. 57-2-401; — Cass. 1er juin 1862, S. 62-1-829, — 15 juin 1867, S. 68-1-19; — 6 juill. 1870, S. 70-1-348; — Caen 27 juin et 19 juill. 1861, S. 62-2-69; — Paris 18 août 1859, S. 63-2-211). C'est également dans ce sens que se sont prononcés les arrêts de la C. cass. rapportés sous le n° 4320.

Il faut donc reconnaître que la jurisprudence de la C. cass. paraît fixée définitivement en faveur de la doctine qui ne reconnaît aux époux, même dans leurs rapports entre eux, qu'une simple créance d'une nature essentiellement mobilière, alors même qu'à défaut de mobilier ces prélèvements s'exerceront sur les immeubles dépendant de la communauté.

8. DATION EN PAYEMENT. — La jurisprudence en tire cette conséquence que la femme exerçant ses reprises comme créancière, conserve toujours les droits attachés à ce titre, notamment celui d'exiger son remboursement en argent et de ne pas être tenue d'accepter en payement autre chose que ce qui lui est dû, des meubles par exemple (Cass. 6 juill. 1870, S. 70-1 p. 348). Mais elle reconnaît que: « soit qu'il s'effectue par l'attribution de certaines valeurs de la masse, soit qu'il s'effectue par le payement d'une somme d'argent, le prélèvement n'est, dans l'une et l'autre hypothèse, qu'un règlement entre époux, et une opération de liquidation destinée à dégager la consistance de la communauté (Cass. 13 déc. 1864, S. 65-1-89). — V. *Partage de communauté.*

9. DROIT DE TRANSCRIPTION. — Remarquons cependant que la C. cass., tout en décidant que le prélèvement opéré par la femme s'exerce à titre de créance et constitue une sorte de dation en payement, n'en reconnaît pas moins qu'il a pour effet de faire cesser par rapport à l'objet sur lequel porte l'indivision qui existait entre les époux et équivaut à ce point de vue à un partage et elle en tire cette conséquence qu'il doit être dispensé du droit de transcription lorsqu'il s'exerce sur un immeuble (Zachariæ § 209, Rivière et Huguet nos 29 et suiv., Mourlon t. 1er p. 47, Gauthier nos 71 et suiv., Flandin t. 1er p. 292 et suiv.; — *V.* aussi Cass. 9 juin 1869, D. 1869, 1-497; — Cass. 3 et 24 août 1858, S. 1858, 1-711 à 719. En sens contraire, Troplong *de la Transcription* n° 62).

10. DROITS DE MUTATION. — Pour le même motif, le prélèvement, qu'il porte sur les meubles ou les immeubles de communauté, ne donne pas lieu à des droits proportionnels d'enregistrement (Zachariæ § 511). — V. *Partage de communauté.*

11. BIENS DU MARI. — Lorsque la femme exerce ses reprises sur les biens personnels de son mari par suite de l'insuffisance de l'actif commun, elle vient évidemment comme créancière et doit subir les droits de mutation et de trans-

cription à propos des biens, qui lui sont abandonnés à titre de dation en payement; la C. cass. a décidé en ce sens par son arrêt du 5 décembre 1871, que les reprises de la femme survivante s'exercent sur les biens propres du mari à titre de simple créance et ne sauraient, dès lors, en être déduites pour la liquidation du droit de mutation par décès. — V. *Partage de communauté.*

4435. Intérêts. — Quant aux intérêts dont les époux se doivent respectivement compte, les art. 1473 et 1479 font une distinction qu'il importe de remarquer.

1. CRÉANCE COMMUNE. — S'il s'agit d'une créance relative à la communauté, elle porte intérêt de plein droit à partir du jour où la communauté s'est dissoute. La raison en est que, la dissolution de la communauté privant ses biens d'un chef par qui, ou contre qui, une demande d'intérêts puisse être dirigée, la loi devait faire courir ces intérêts de plein droit et sans demande.

2. CRÉANCE PROPRE. — S'il s'agit, au contraire, d'une créance relative aux époux qui se trouvent créanciers ou débiteurs l'un de l'autre personnellement, on rentre dans le droit commun qui n'accorde les intérêts qu'à partir du jour de la demande.

3. FEMME RENONÇANTE. — Cependant il est généralement reconnu que les reprises de la femme renonçante portent intérêt de plein droit à partir de la dissolution de la communauté (Zachariæ t. 3 p. 445 n° 73, Rodière et Pont t. 2 n° 262, Odier 1-512, Troplong 1708, Dalloz 2862; — Bruxelles 11 mars 1831; — Cass. 3 fév. 1835, 9 fév. 1870, S. 70-1-299, *Contrà* Marcadé art. 1493, Glândaz n° 435; — Nancy 29 mai 1828).

4436. Partage de l'actif. — Lorsque tous les rapports ont été effectués et les propres prélevés, l'actif commun se partage par moitié entre le mari et la femme ou ceux qui les représentent (1474 C. C.). Ce partage pour tout ce qui concerne ses formes : la licitation des immeubles, les effets du partage, la garantie qui en résulte et les soultes, est soumis à toutes les règles du partage des successions (1476 C. C.).

1. RÈGLES GÉNÉRALES. — Ainsi le partage doit se faire en justice s'il y a des incapables ou des absents (823 C. C.); il est déclaratif de propriété (883 C. C.); et on applique les règles sur la rescision pour cause de lésion de plus d'un quart (Cass. 8 avril 1807; — Paris 21 mai 1813; — Bourges 20 mai 1830, Toullier t. 12 n° 209, Merlin *Droits successifs* n° 12, Zachariæ t. 3, p. 49, Rodière et Pont t. 1er n° 844, Marcadé art. 1476, Troplong t. 3 n° 1681).

2. RETRAIT SUCCESSORAL. — Mais la disposition toute privilégiée de l'art. 841 C. C. qui permet aux cohéritiers d'exclure du partage le cessionnaire des droits successifs de son cohéritier en remboursant le prix de la cession, ne s'appliquerait pas à la cession par l'un des conjoints de sa part indivise dans la communauté (Merlin *Droits successifs* n° 12, Toullier t. 13 nos 201, 211, Zachariæ t. 3 p. 497 Odier, t. 1er n° 523, Rodière et Pont t. 1er p. 844; — Metz 17 mai 1820; — Bordeaux 19 juill. 1826; — Bourges 12 juill. 1831; — V. cependant Riom 23 nov. 1848).

3. RÉTROACTIVITÉ. — La fiction de rétroactivité qui découle du partage remonte, d'ailleurs, au jour où le bien est entré en communauté. L'effet rétroactif d'un partage consiste à faire regarder chaque communiste comme ayant été propriétaire exclusif pendant tout le temps qu'il a été copropriétaire; or, de même que dans les successions, c'est par le décès du défunt que les biens ont été communs, de même ici, c'est du jour où le bien est entré dans la communauté et nullement le jour de la dissolution qu'a commencé l'indivision (Pothier 711, Marcadé art. 1476). — Mais la femme dans le lot de laquelle tombent des biens de la communauté, est obligée de respecter tous les actes que le mari a fait régulièrement sur ces biens.

4. HÉRITIERS EN DÉSACCORD. — Si les héritiers de la femme sont divisés, de manière que l'on ait accepté la communauté à laquelle l'autre a renoncé, celui qui a accepté ne peut prendre que sa portion virile et héréditaire dans les biens qui échoient au lot de la femme. Le surplus reste au mari qui demeure chargé envers l'héritier renonçant des droits que la femme aurait pu exercer en cas de renonciation, mais jusqu'à concurrence seulement de la portion virile et héréditaire du renonçant (1475 C. C.).

5. BÉNÉFICES POSTÉRIEURS. — Les bénéfices réalisés par l'un des époux par l'exploitation des biens de la communauté depuis sa dissolution jusqu'au partage, ne tombent dans la masse à partager, qu'autant qu'ils proviennent d'opérations qui sont une suite nécessaire d'entreprises commencées pendant l'existence de la communauté (Cass. 24 nov. 1869, S. 70-1-72).

4437. Recel et divertissement. — D'après l'art. 1477 C. C., celui des époux qui a diverti ou recelé quelques effets de la communauté est privé de sa portion dans lesdits effets.

1. MINEUR. — DISCERNEMENT. — Cette privation est encourue par l'époux qui agit avec discernement et nonobstant sa minorité (Lebrun liv. 3 chap. 2 sect. 2 dist. 2, Renusson p. 2 ch. 2 n° 14, Marcadé art. 1477-1).

2. IMMEUBLES. — Elle s'applique même aux immeubles (Orléans 23 août 1844; — Paris 7 août 1858; — Poitiers 17 août 1860; — Bordeaux 22 août 1861, S. 62-2-37; — Paris 26 mars 1862, S. 62-2-391, Toullier t. 13 n° 214, Demolombe *Succ.* 2 n° 481).

3. DONATION ENTRE ÉPOUX. — Elle s'étend au droit que le conjoint tiendrait sur l'objet de la libéralité de son conjoint (Colmar 29 mai 1843; — Paris 25 juin 1828; — Cass. 6 avr. 1832; — Bourges 10 fév. 1840; — Nancy 10 déc. 1841; — Paris 21 juin 1843; — Cass. 4 déc. 1844, S. 32-1-526, 40-2-387 et 501, 42-2-220, 43-2-331, 45-1-194; — Bordeaux 22 août 1861, S. 62-2-37; — Paris 7 août 1858 et 26 mars 1862, S. 62-2-391; — Cass. 13 mai 1867, S. 67-1-207, Pothier n° 690, Toullier t. 13 n° 214, Zachariæ t. 3

p. 496, Rodière et Pont 1-842, Troplong t. 3 n° 1692, Dalloz n° 2434, Massé et Vergé t. 5 § 652, Aubry et Rau t. 4 p. 360. § 259).

4. RAPPORT DE L'OBJET. — Mais si l'objet diverti ou recelé d'abord avait été ensuite rapporté spontanément par l'époux, la peine ne serait plus applicable (Lebrun liv. 3 ch. 2 sect. 2 dist. 2 n° 36, Pothier n° 691, Merlin R. v° *Recélé* n° 3, Rodière et Pont 1-841, Troplong 3-1695, Dalloz 2197, Toullier 13 n° 222, Aubry et Rau 3e édit. t. 4 p. 360; — Paris 5 août 1839, S. 40-2-49; — Cass. 24 nov. 1847, 3 mai 1848 et 20 mars 1855, P. 1848-1-105 et 56-1-505; — Paris 7 août 1862, S. 62-2-357. — Paris 22 juill. 20 et 26 août 1863, S. 63-2-228).

5. BONNE FOI. — Il en est de même quand l'époux recéleur était de bonne foi et n'était mû par aucune pensée de fraude (Cass. 21 nov. 1871, S. 71-1-206).

6. ATTRIBUTION DE L'OBJET DÉTOURNÉ. — L'interprétation de l'art. 1477 C. C., quant au prélèvement de l'époux spolié, des objets divertis ou recelés par son conjoint a donné lieu à deux systèmes.

L'un consiste à attribuer hors partage et à titre de prélèvement, les valeurs détournées à l'époux spolié en les déclarant affranchies de toutes dettes (Paris 22 juill. 1863, S. 63-2-225; — 20 août 1863, *idem*; — 26 mars 1862, S. 62-2-391; — Angers 26 août 1863, S. 63-2-225; — Cass. 10 janv. 1865, S. 65-1-40, Demolombe *Succ.* 12 n° 500, Aubry et Rau 3e édit. t. 4 p. 370); — sauf cependant l'exercice des reprises de l'époux recéleur (Cass. 10 janv. 1865, S. 65-1-40; — Orléans 6 août 1868, S. 68-2-272, Lebrun p. 413 n° 35, Troplong *du Cont. de mar.* t. 3 n° 1691, Massé et Vergé t. 4 p. 163).

Dans le second système, la déchéance ne frapperait que la part de l'époux recéleur dans l'actif net, déduction faite des reprises et des dettes (Bordeaux 16 fév. 1864, S. 64-1-160, Rodière et Pont t. 2 n° 1102).

4438. Division du passif. — Le passif de la communauté qui comprend, en outre de ce qui est dû par elle au moment de la dissolution, tous les frais généraux du partage qui ont été nécessités par les besoins de la liquidation même, se divise entre les époux ou leurs représentants, d'après les mêmes principes que l'actif. La contribution aux charges se fait entre les époux par moitié pour chacun (1482 C. C.).

1. ÉMOLUMENT DE LA FEMME. — Mais l'art. 1483 établit en faveur de la femme et de ses héritiers un privilége qui est, sous une autre forme, le bénéfice d'inventaire. Elle est toujours admise à se libérer comme l'héritier bénéficiaire, en faisant abandon aux créanciers de la communauté de tout ce qu'elle a reçu, ce qui revient à dire que la femme n'est tenue des dettes que dans la mesure de l'émolument qu'elle a tiré de l'actif, pourvu qu'elle ait fait bon et fidèle inventaire (1843 C. C.), et en rendant *compte* tant du contenu de cet inventaire, que de ce qui lui est échu par le partage, sauf le cas où elle s'est obligée solidairement avec le mari (1487 C. C.). — Mais le privilége accordé à la femme n'est pas ce que l'on appelle *proprement* le bénéfice d'inventaire. Ce bénéfice n'existe réellement pas en matière de communauté, de manière que la femme ni ses héritiers ne peuvent déclarer que leur intention est d'accepter seulement la communauté sous bénéfice d'inventaire, en gérant leur part et portion pour le compte des créanciers, afin d'éviter la confusion des biens provenant de la communauté avec leurs biens personnels.

3. RENONCIATION AU BÉNÉFICE DE L'ÉMOLUMENT. — Le bénéfice de n'être tenue que jusqu'à concurrence de son émolument est, pour la femme, un privilége qui lui est acquis de plein droit, lors même qu'elle ne l'aurait pas réclamé avant la liquidation de la communauté (Nancy 17 avr. 1859, S. 59-2-475, Pothier 787, Toullier t. 13 n° 247, Duranton t. 14 n° 488, Rodière et Pont t. 1er n° 851, Marcadé art. 1482, Mourlon p. 72, Massé et Vergé 9, Zachariæ t. 4 § 653 p. 167). La femme n'y peut pas renoncer d'avance (Bourges 1-594; — Lebrun 401; — Troplong 1700; — Dalloz, *Cont. de mar.*, n° 2481). Mais elle peut y renoncer lors du partage. — V. 12539 § 2.

4. INVENTAIRE. — REPRISES DU MARI. — Le bénéfice est soumis à la condition d'un inventaire préalable dressé par la femme (1483 C. C.). Si cet inventaire n'a pas eu lieu, la femme reste tenue de la moitié des dettes. Parmi ces dettes figurent les reprises du mari (Cass. 24 mars 1828, S. t. 9 1-61; — Douai 12 déc. 1861, S. 62-2-67; — Amiens 18 mars 1863, S. 63-2-135; — Douai 8 août 1864, S. 64-2-297; — Agen 4 déc. 1866, S. 67-2-217; — *Contrà* Angers 20 mai 1863, S. 64-1-110; — Cass. 18 fév. 1867, S. 67-1-222; — Dijon 23 avr. 1867, S. 68-1-150; — Cass. 16 nov. 1868, S. 69-1-14).

L'inventaire doit être fait dans les 3 mois (C. Nancy 4 août 1875, 4354 R. P.).

2. ÉTENDUE DE L'EMOLUMENT. — L'émolument en proportion duquel la femme supporte les dettes comprend tout l'avantage qu'elle a retiré de la communauté, soit par la moitié qui lui est échue après prélèvement, soit par le préciput qu'elle aurait levé avant cette moitié, soit par la libération des sommes qu'elle pouvait devoir à la communauté et qui auraient été précomptées sur sa part, mais non pas, bien entendu, les sommes ou biens qu'elle a prélevés en acquit des récompenses à elle dues par la communauté (puisque ce n'est là que la reprise de ce qui lui appartenait), (Pothier n° 747, Toullier n° 251, Roll. de Vill. n° 92, Battur n° 806, Pont et Rodière n° 848, Troplong n° 1736, Dalloz n° 2472, Marcadé art. 1490). — C'est tout naturellement d'après l'état et la valeur que les choses avaient au jour du partage que ces choses sont comptées.

5. DROITS DES CRÉANCIERS. — Ce que nous venons de dire s'applique seulement entre les époux. — Relativement au droit de poursuite des créanciers, les dettes de la communauté se divisent en plusieurs catégories. Celles procédant du chef du mari peuvent se poursuivre pour le tout contre le mari, parce que vis-à-vis des créanciers il en est toujours le débiteur personnel; puis contre la femme pour moitié seulement, parce qu'elle n'en est tenue que comme commune. Réciproquement, celles procédant du chef de la femme peuvent se poursuivre contre la femme pour le tout et contre le mari pour sa moitié comme époux commun. Celles qui auraient été contractées par les deux époux soli-

dairement se poursuivent contre chacun pour le tout ; celles qui l'ont été conjointement, mais sans solidarité, peuvent se poursuivre contre le mari pour le tout et contre la femme pour moitié ; mais ce n'est plus en qualité de femme commune qu'elle est tenue, c'est comme personnellement obligée. Enfin, celles pour lesquelles la femme oppose au créancier son bénéfice d'inventaire, ne se poursuivent contre la femme que dans la mesure de son émolument, au lieu de moitié, et contre le mari pour le surplus. (1484 à 1487 C. C.)

6. RECOURS DE L'ÉPOUX. — Toutes les fois que, soit par application des règles qui viennent d'être indiquées, soit par l'effet d'une hypothèque, l'un des époux a payé au delà de ce qu'il doit supporter, il a son recours contre le conjoint pour tout ce qu'il a payé de trop.

SECTION 9. — DES EFFETS DE LA RENONCIATION

[4439-4442]

4439. Perte de tous droits dans la communauté. — Par la renonciation, la femme abandonne tout droit à la communauté, qui devient la propriété exclusive du mari (Delvincourt t. 3 p. 39, Duranton t. 14 n°s 507 à 510, Pothier n° 569, 1492 à 1495 C. C.). — La conséquence directe de cela est-elle que la femme perd, en renonçant, tout droit sur les biens communs, en sorte que si elle conserve, les biens et créances qui lui appartiennent en propre et ne font pas partie de la communauté, elle ne doit plus être considérée, quant aux créances, comme une copropriétaire exerçant ses droits sur une masse à partager entre elle et son mari ?

C'est un point que nous avons indiqué précédemment (4320 et 4434-1) et sur lequel nous aurons occasion de revenir au sujet des *Partages* et des *Reprises*.

4440. Linges et hardes. — L'art. 1492 C. C. autorise la femme renonçante à retenir ses linges et hardes. Plusieurs auteurs enseignent que ces mots comprennent toute la garde-robe, à l'exception des joyaux et bijoux (Toullier t. 13 n° 283, Troplong t. 3 n° 1821, Boileux t. 5 art. 1492, Aubry et Rau 3e édit. t. 4 p. 372.) Ces derniers auteurs étendent cependant le droit de reprise à la bague nuptiale et Toullier et Troplong y ajoutent la montre et la tabatière. Pont et Rodière n'en exceptent que les bijoux acquis depuis le mariage ; mais ils assimilent à ces bijoux les dentelles et les cachemires d'une valeur disproportionnée à la fortune du mari. Marcadé (t. 5 art. 1492) et Massé et Vergé (t. 4 p. 170) refusent aussi à la femme le droit de retirer les effets servant plus à son ornement qu'à ses vêtements, tels que les dentelles non attachées à un objet d'habillement.

4441. Reprises. — La femme renonçante a le droit de reprendre la valeur de ses propres aliénés sans remploi. Dans ce cas, c'est comme simple créancière qu'elle agit, car sa renonciation a attribué à son mari la propriété exclusive des biens communs, et ne lui a laissé qu'une action personnelle d'une nature essentiellement mobilière (Amiens 8 mai 1851, S. 51-2-364 ; — Rennes 17 juin 1853, S. 53-2-520 ; — Paris 13 janv. 1854, S. 54-2-209 ; — 6 mai 1854, S. 54-2-297 ; — Rouen 22 juill. 1854, S. 54-2-609 ; — Caen 10 janv. 1855, S. 55-2-273 ; — Nancy 25 janv. 1855, S. 55-2-118 ; — Paris 4 août 1855, S. 55-2-449 ; — Caen 8 déc. 1855, S. 56-2-593 ; — Douai 21 janv. 1856, 56-2-241 ; — Amiens 6 mars 1856, S. 56-2-241 ; — Orléans 19 juin 1856, S. 56-2-593 ; — Lyon 25 juill. 1856, *id.* ; — Paris 23 août 1856 *id.*, 16 déc. 1856, S. 57-2-260 ; — Amiens 3 janv. 1857 *id.* ; — Douai 29 janv. 1857, S. 57-2-260 ; — Cass. ch. réun., 16 janv. 1858, S. 58-1-9 ; — 1er déc. 1858, S. 59-1-113 ; — 15 mars 1859, S. 59-1-193 ; — 23 août 1859, *id.* ; — Metz 10 avr. 1862, S. 62-2-200 ; — Rodière et Pont 1-834, Pont *Rev. crit.* t. 6 p. 398, Valette *le Droit* 25 avr. 1855, Mourlon t. 3 p. 67, Odier t. 2 n° 504, Zachariæ § 511, Bellot n°s 3626, 3627, Delsol t. 3 p. 66, Berthaud *Hyp. lég.* n° 4, Rouland *Réquis.* rapporté S. 55-2-449, Massé et Vergé t. 4 § 661 p. 203 note 9). — V. en matière d'enregistrement *Partage de communauté*.

Ce n'est, par conséquent, que par voie d'exécution forcée que la femme peut poursuivre le recouvrement de ce qui lui est dû, sur les biens qui ont appartenu à la communauté comme sur les biens de son mari ; et dans le cas où ce dernier lui abandonne volontairement des effets de la communauté pour la désintéresser, c'est à titre de dation en payement qu'elle les reçoit : l'abandon qui lui en est fait donne ouverture à des droits proportionnels de mutation, et même en supposant que l'abandon portât sur un immeuble l'acte qui le constaterait serait passible du droit de transcription. — V. *Partage de communauté*.

4442. Dettes. — La femme renonçante ne peut être tenue, sous quelque prétexte que ce soit, de payer aucune somme à la communauté. Les tiers ne peuvent donc avoir une action contre elle de ce chef, qu'autant qu'elle aura personnellement contracté une obligation envers eux, soit en stipulant avec son mari conjointement ou solidairement. Elle sera également tenue, même en cas de renonciation, à l'égard des obligations qui provenaient de son chef, parce que la renonciation ne peut produire aucun effet contre les tiers ; mais, dans toutes ces hypothèses, elle aura toujours son recours contre la communauté elle-même, qui doit la rendre indemne à raison de tout ce qu'elle pourrait avoir payé pour le compte de la communauté à quelque titre que ce soit.

SECTION 10. — ENFANTS D'UN PREMIER MARIAGE

[4443]

4443. Disposition générale. — L'adoption de la communauté légale peut, dans certains cas, procurer à l'un des époux de très-grands avantages au préjudice de l'autre. La loi place ces avantages dans une catégorie particulière, régie tantôt par les règles des libéralités ordinaires, tantôt par celles des actes à titre onéreux. Quand l'époux qui a enrichi son conjoint à ses dépens laisse pour héritiers des enfants d'un premier lit, l'avantage est réductible sur la demande de ceux-ci, comme toute donation; dans le cas contraire, et quoique l'époux ait pour héritiers des ascendants ou même des enfants du mariage, l'avantage ne peut être critiqué. Si donc la succession de l'époux est acceptée tout à la fois par des enfants du mariage et par des enfants d'un lit précédent, et que ceux-ci fassent prononcer la réduction, les premiers en profiteront (puisque les biens, une fois rentrés dans le patrimoine, doivent s'y partager également); mais ils ne pourront pas intenter l'action (Marcadé sur l'art. 1496, Duranton t. 15 n° 258, Rodière et Pont t. 2 n° 364, Troplong n° 2219; — Colmar 19 fév. 1845).

1. DÉCÈS. — L'action ne peut être exercée qu'après le décès de l'époux qui a procuré un avantage à son conjoint puisque c'est par son décès seulement que les enfants acquièrent la qualité d'héritiers.

2. ENFANTS. — D'un autre côté les enfants ne seraient pas reçus à former l'action s'ils n'avaient pas accepté la succession au moins sous bénéfice d'inventaire (Duranton t. 15 n° 247, Bugnet et Pothier *Mariage* n° 60, Rodière et Pont t. 2 nos 365-366, Troplong *Mar.* 2223, Marcadé art. 1496-3).

CHAPITRE III. — DE LA COMMUNAUTÉ CONVENTIONNELLE

[4444-4470]

4444. Liberté entière des parties. — La communauté, telle que la loi l'a établie comme régime formant le droit commun de la France, peut être modifiée suivant la volonté des parties, qui sont libres d'adopter tel ou tel régime, pour en faire un contrat innommé (Delvincourt t. 3 p. 41, Toullier t. 12 p. 536, Pothier n° 278, Bellot t. 3 p. 3).

D'après l'art. 1497 C. C., les parties peuvent notamment stipuler :

1° Que la communauté n'embrassera que les acquêts;

2° Que le mobilier présent ou futur n'entrera point en communauté ou n'y entrera que pour une partie;

3° Qu'on y comprendra tout ou partie des immeubles présents ou futurs par la voie de l'ameublissement;

4° Que les époux payeront séparément leurs dettes antérieures au mariage;

5° Qu'en cas de renonciation, la femme pourra reprendre ses apports francs et quittes;

6° Que le survivant aura un préciput;

7° Que les époux auront des parts inégales;

8° Qu'il y aura entre eux communauté à titre universel.

Mais, en faisant connaître ces modifications, le législateur n'a pas voulu donner des règles qui dussent servir à l'appréciation rigoureuse de la communauté conventionnelle. Il s'est borné à rappeler les modifications les plus usuelles, sans vouloir exclure toutes autres clauses qui ne seraient pas prohibées par un texte formel, comme portant atteinte aux principes d'ordre public rappelés dans les art. 1387 et suiv. C. C. — Si les époux croient convenable d'insérer dans leur contrat de mariage d'autres conditions prévues ou imprévues, le juge rentre aussitôt dans toute la liberté d'appréciation que la loi lui accorde sur tous les contrats en général. C'est à lui qu'il appartient d'apprécier la clause insérée au contrat, de rechercher quelle a pu être l'intention des parties pour en ordonner l'exécution.

SECTION PREMIÈRE. — CLAUSES RESTRICTIVES DE LA COMMUNAUTÉ LÉGALE.

[4445-4454]

4445. Restrictions. — Les époux peuvent restreindre l'étendue que la loi donne à la communauté ordinaire, soit en stipulant une simple communauté d'acquêts, soit en excluant de leur communauté tout ou partie de leur mobilier.

ARTICLE PREMIER. — DE LA COMMUNAUTÉ D'ACQUÊTS

[4446-4450]

4446. Actif. — La communauté réduite aux acquêts consiste, ainsi que la dénomination elle-même l'indique, à ne comprendre dans son actif que les gains provenant, pendant le mariage, de l'industrie des époux, et les fruits ou revenus de leurs biens, perçus, ou échus pendant le mariage, également. La stipulation exclut de la communauté : 1° tout le mobilier que les époux possédaient au jour de la célébration du mariage; — 2° tout le mobilier qui pourra échoir à l'un des époux pendant le mariage à titre gratuit. — Il faut donc alors considérer tout ce mobilier comme étant immobilisé par la volonté des époux, en sorte que, pendant toute la durée du mariage, cette partie du mobilier étant réputée immeuble, donnera lieu aux indemnités et aux remplois, comme les immeubles, dans le cas où la communauté en aurait tiré profit.

L'actif de la communauté ne comprend ainsi que les gains provenant, soit de fruits ou revenus des *biens des époux*, soit de l'industrie de ces mêmes époux; et ceci doit s'entendre seulement des fruits et revenus qui étaient *à acquérir* au moment du mariage, et non de ceux qui étaient *acquis* et dont la perception a dépendu d'une cause, ainsi l'effet remontait à une époque antérieure au mariage.

1. OBJET RÉSERVÉ. — Ainsi, que l'on vende un objet d'art composé avant le mariage et dont la vente avait été retardée pour une cause quelconque, le prix sera propre à l'époux qui en est l'auteur.

2. GAINS FORTUITS. — Les gains tous fortuits qui surviennent sans travail et sans prévoyance ne tombent pas en communauté : telle est la découverte d'un objet *non cherché*, tel qu'un trésor, une épave (Toullier t. 13 n. 323, Zachariæ t. 3 p. 511, Toullier t. 5 p. 176-177, Rodière et Pont t. 2 n° 36, Pothier n° 323, Troplong 1871).

3. OFFICE. — Il en serait autrement d'un office gratuitement accordé au mari par l'État. La concession de l'office étant faite à la capacité du titulaire, c'est un produit de l'industrie qui tombe dans la communauté (Zachariæ t. 3 p. 511, Rodière et Pont t. 2 nos 39 et 40, Marcadé sur les art. 1498-1499 no 2). — V. *Office*.

4447. Titre de propriété. — Ici, comme dans la communauté légale, tout bien est réputé commun, jusqu'à preuve contraire par l'époux qui le réclame comme propre. « Si le mobilier existant lors du mariage, ou échu depuis, porte l'art. 1499 C. C., n'a pas été constaté par inventaire ou état en bonne forme, il est réputé acquêt. »

1. MOBILIER ÉCHU PENDANT LE MARIAGE. — A défaut de cet inventaire ou de cet état il faut distinguer. — Pour le mobilier échu pendant le mariage, le mari est naturellement responsable du défaut d'inventaire, et les meubles de la propriété personnelle, desquels il ne fera pas la preuve régulière, resteront à la communauté (Pont et Rodière t. 2 no 46, Troplong t. 3 no 1884; — Limoges 3 août 1860, S. 61-2-241). La femme, au contraire, vu son état de dépendance, pourra faire preuve par tous moyens, même par commune renommée (Arg. de l'art. 1504 C. C., Delvincourt t. 3 p. 80; — Amiens 17 déc. 1824; — Cass. 19 déc. 1842; — Bordeaux 19 fév. 1856, S. 56-2-271; — Cass. 19 juill. 1864, S. 64-1-441). — Mais ceci doit s'entendre de la femme vis-à-vis du mari; car à l'égard des tiers la femme ne peut suppléer par aucune preuve au défaut d'inventaire du mobilier qu'elle prétend lui être échu pendant le mariage (Bordeaux 21 janv. et 9 avr. 1853; — Cass. 19 juin 1855, S. 53-2-243 et 423, S. 55-1-506; — Pont et Rodière t. 2 n. 46, Troplong n. 1884, Odier n. 690, Massé et Vergé t. 4 § 655, Aubry et Rau t. 4 § 522 p. 378).

2. MOBILIER POSSÉDÉ LORS DU MARIAGE. — Quant au mobilier que les époux possèdent en se mariant, l'inventaire dressé après la célébration serait inopposable aux créanciers (Bellot t. 3 no 27, Battur 2-367, Roll. de Vill. vo *Com.* n. 641, Duranton t. 15 no 16, Zachariæ t. 3 no 512, Taulier t. 5 p. 179, Toullier t. 13 no 305, Pont et Rodière no 49, Troplong no 1883, Dalloz 2615, Marcadé art. 1499; — Poitiers 6 mai 1836; — Paris 23 fév. 1835; — Angers 26 mai 1869, S. 70-2-85); — mais il produirait son effet entre les époux (Pothier 298, Pont et Rodière t. 2 no 245, Dalloz 2684, Marcadé *loc. cit.*). — A son défaut, les deux époux peuvent-ils également invoquer la preuve testimoniale ou la commune renommée? L'affirmative est enseignée par Maleville t. 3 p. 351, Battur 2-367, Rodière et Pont 2-48, Tessier 145, Troplong 1882, et résulte des arrêts suivants: Cass. 3 août 1831 et 19 décembre 1842; — Bourges 28 février 1832; — Bordeaux 19 février 1856, S. 56-2-271; — Orléans 24 février 1860; — Agen 2 juillet 1869, S. 70-2-43; — Cass. 30 juillet 1872, S. 72-1-326. — Mais il a été décidé, au contraire, que cette preuve n'était permise à aucun d'eux (Duranton t. 15 no 16, Zachariæ t. 3 p. 512, Roll. de Vill. *Com.* 641; — Poitiers 6 mai 1836, D. 37-2-128; — Limoges 3 août 1860, S. 61-2-241. — V. Cass. 19 juillet 1864, S. 64-1-461).

4448. Passif. — Par réciprocité de ce que nous avons dit au no 4446, le passif ne comprend que : 1o les dettes contractées pendant le mariage pour la société; — 2o les intérêts ou arrérages des dettes personnelles aux époux; — 3o les charges usufructuaires des biens de ces époux.

Toutes les dettes existant, lors de la célébration, et celles des successions et donations mobilières qui échoient pendant le mariage restent personnelles aux époux (Marcadé sur l'art. 1498 nos 1er et 2, Duranton t. 13 no 14, Pont et Rodière t. 2 nos 22-42, Troplong 1891 à 1893, Dalloz 2607, Tessier 132, Demolombe *Dict. des biens* 314; — Bordeaux 12 déc. 1834; — Cass. 6 fév. 1833; — Limoges 31 août 1863).

4449. Administration. — La communauté d'acquêts est soumise aux mêmes règles d'administration que la communauté légale. Mais ces règles ne s'appliquent pas avec la même étendue en ce qui concerne les conséquences de la communauté relativement au patrimoine propre des époux.

Chacun d'eux conserve la propriété du mobilier qu'il possédait au jour du mariage ou qui lui est échu depuis (Toullier 13-326, Duranton 14-318, Zachariæ t. 3 p. 516 note 18, Champ. et Rig. 2896, Toullier t. 5 p. 180, Rodière et Pont no 51; — Cass. 9 juin 1836, 11662 J. E.; — Paris 23 fév. 1835, 8887 J. N.).

Cependant, le mari a le droit d'aliéner les choses fongibles de la dot (Cass. 2 juill. 1840, 10686 J. N.; — 4 mars 1848; — 25 fév. 1852; — Grenoble 19 juill. 1851). — V. cependant Pont et Rodière t. 2 no 24.

Il peut exiger le remboursement d'une créance propre à la femme (Colmar 23 déc. 1863, S. 64-2-211).

4450. Clauses constitutives de la communauté d'acquêts. — Il n'y a point de clause sacramentelle ou de rigueur pour réduire la communauté aux acquêts; il suffit que l'intention des parties ne soit pas douteuse (Duranton t. 15 nos 18 et suiv., Zachariæ t. 3 p. 510 note 2, Rodière et Pont no 17, Troplong no 1855, Odier no 683, Marcadé sur les art. 1498, 1499 no 1er, Dalloz 2563, Rodière et Pont t. 2 no 17, Duvergier sur Toullier t. 13 no 317, Taulier t. 5 p. 174; — Cass. 10 déc. 1840, P. 40-2-781; — 1er juin 1853, S. 53-1-513; — *Contrà* Toullier t. 13 no 17, Merlin *Rép.*, vo *Réalisation* § 1er no 2).

1. INTERPRÉTATION. — C'est au juge qu'il appartient de définir, en interprétant le contrat, quelle a été la véritable intention des époux, lorsqu'ils auront joint à la stipulation de la communauté d'autres stipulations qui peuvent autoriser à penser qu'ils n'ont pas voulu restreindre la communauté aux seuls acquêts. En effet, la communauté, qui peut recevoir toutes sortes de modifications, pourra comprendre tout à la fois, et une société d'acquêts, et une société de biens expressément déterminés, comme aussi elle pourra être restreinte, non plus seulement aux acquêts, mais aux immeubles acquêts, et même aux revenus mêmes des acquêts.

2. ATTRIBUTION DE LA PART DU PRÉMOURANT. — La stipulation d'une communauté d'acquêts n'a rien d'incompatible, par exemple, avec l'attribution à l'époux survivant de la part du prédécédé dans la communauté. Elle se combine alors avec la clause prévue à l'art. 1525 C. C., et l'attribution

forme alors une véritable convention de mariage (Cass. 12 juill. 1842, 11465 J. N., Rodière et Pont t. 2 n° 18).

4450 *bis*. Partage. — La communauté d'acquêts se dissout par les mêmes causes que la communauté légale, et le partage de cette communauté est soumis aux mêmes formalités. Jugé, à cet égard, que le mobilier resté propre aux époux doit être, à la dissolution, repris en nature et non en valeur ou par équivalent, lorsqu'il n'en a pas été disposé et que, d'ailleurs, il n'a été ni déprécié ni consommé par l'usage (Cass. 16 juill. 1856, S. 56-1-685).

Les reprises des époux sont soumises aux mêmes règles que dans la communauté légale (V. Pont et Rodière n° 2038).

ARTICLE 2. — DE L'EXCLUSION TOTALE OU PARTIELLE DU MOBILIER

[4451-4454]

4451. Divers modes. — L'exclusion peut s'opérer sous quatre formes différentes ;

1° Quand l'époux déclare directement exclure la totalité ou telle partie de ses meubles ;

2° Quand il déclare, au contraire, mettre telle partie en communauté, ce qui exclut le reste virtuellement ; ces deux formes sont généralement désignées sous le nom de *réalisation proprement dite* ;

3° Quand il stipule que telle partie de son mobilier ou une certaine somme à prendre sur ce mobilier sera employée en acquisitions d'immeubles qui lui seront propres, stipulation qui prend le nom particulier de *clause d'emploi* ;

4° Enfin, quand il ne met son mobilier en communauté que jusqu'à concurrence de telle somme, ce qui exclut l'excédant ; stipulation qui prend le nom de *clause d'apport*.

1. EFFETS DE LA CLAUSE D'EXCLUSION. — La clause d'exclusion a pour effet d'immobiliser entre les mains de chacun des époux toute la partie du mobilier qui n'est pas versée dans la communauté, en sorte que toute cette portion mobilière conserve, à l'égard de chacun des époux auquel elle appartient, le caractère d'un bien propre, soumis, dès lors, à toutes les règles que nous avons déjà expliquées. — Nous allons, néanmoins, leur consacrer quelques développements, en réunissant, sous le titre de *clause de réalisation*, les trois premières formes.

4452. Clause de réalisation. — Quand un époux se réserve propre tout ou partie de ses meubles, soit en les excluant *directement* de la communauté, soit en excluant *indirectement* telle partie par la mise en communauté de telle autre, soit enfin par une clause d'emploi, cette réserve, si elle porte sur l'universalité ou sur une quote-part du mobilier, oblige l'époux à supporter proportionnellement ses dettes mobilières. Si donc l'époux réalise tous ses meubles présents, il supporte toutes ses dettes actuelles ; s'il réalise ceux à échoir par successions ou donations, il supporte les dettes de ces successions ou donations. S'il ne réserve, enfin, qu'une quote-part des uns ou des autres, il supporte dans les dettes une part proportionnelle. Que s'il ne se réservait qu'un ou plusieurs meubles déterminés, il n'aurait aucune dette à sa charge, de même qu'il les aurait toutes si c'était seulement sur un ou plusieurs meubles déterminés que portât sa mise en communauté.

1. EXPRESSE OU TACITE. — La réalisation est expresse ou tacite. Elle peut, à défaut de termes formels, s'induire de l'ensemble du contrat ; il n'y a pas de formule sacramentelle (Rodière et Pont t. 2 n° 84, Troplong nos 1919-1920, Dalloz 2671, Marcadé art. 1500-2, Pothier n° 317).

Ainsi, pour en citer un seul exemple, la réalisation résulte de la déclaration que la somme apportée sera employée en immeubles, lors même que cet emploi ne serait pas effectué (Pothier n° 327, Merlin R. v° *Réal.* §§ 1er et 5, Toullier t. 13 n° 318, Zachariæ t. 3 p. 520, Bellot t. 3 p. 49, Battur t. 3 p. 49, Dalloz 2713, Rodière et Pont t. 2 n° 66, Troplong t. 3 1946 ; — Nîmes 19 déc. 1830, P. à sa date).

2. DROIT ÉTROIT. — La réalisation, comme tout pacte dérogatoire à la communauté légale, est de droit étroit, et ne peut, en conséquence, s'étendre au delà des objets qui y sont expressément compris. Ainsi, l'exclusion du mobilier, sans autre explication, ne s'entendra que du mobilier présent ; la communauté embrassant l'avenir, on ne suppose pas facilement l'exclusion du mobilier futur (Duranton t. 15 n° 28, Zachariæ t. 3 n° 721, Rodière et Pont t. 2 n° 76, Troplong n° 1926, Marcadé sur l'art. 1500 nos 2, 3 et 4, Dalloz 2675). — L'exclusion du mobilier à échoir par succession ne s'étendrait pas à celui qui viendrait par donation et réciproquement (mêmes auteurs). — Ni même à celui qui serait donné par testament, à moins qu'on ne regarde le legs comme une succession anticipée parce qu'il émanerait du père ou de la mère ou d'un autre ascendant (Pothier 322, Bellot t. 3 n° 122, Rolland v° *Com.* 660, 661, Toullier 13-322, Rodière et Pont t. 2 n° 77, Dalloz 2682).

3. PASSIF. — En excluant de la communauté leur mobilier, les époux excluent par là même et de plein droit, de son passif, leurs dettes correspondantes. Celui donc qui exclut l'universalité de son mobilier présent et futur devra payer toutes ses dettes actuelles et futures ; celui qui n'exclut que le mobilier présent, ou le mobilier futur, ou une quote-part de l'un et de l'autre, ou de tous deux, supportera les dettes actuelles seulement, ou seulement les dettes futures, ou une quote-part de ces mêmes dettes. Quant à celui qui ne réalise qu'un objet déterminé, il ne subit aucune part des dettes (Marcadé art. 1500-3, Toullier t. 13 n° 324, Duranton t. 15 n° 50, Zachariæ t. 3 p. 514, Pont et Rodière t. 2 n° 73, Troplong 1939 à 1945, D. 2690 ; — *Contrà* Battur 2-392, Delvincourt t. 2 p. 42).

4. DROIT DU MARI. — Quel est le pouvoir du mari sur les meubles réalisés par la femme ? S'il s'agit de choses fongibles, on reconnaît que le mari a sur elles tous les droits d'un usufruitier (Dalloz 2694). S'il s'agit de meubles estimés par le contrat, on applique l'art. 1551 C. C. pour décider que le mari en devient propriétaire, sauf restitution de leur valeur. — Mais il y a plus de difficultés à l'égard des meubles

qui sans se consommer de suite se détériorent peu à peu par l'usage, comme les meubles meublants. Pothier pense que le conjoint devient seulement créancier de la valeur de ces objets (728) et son opinion est suivie par Troplong (1936), Merlin (*Réalis.* § 1er n° 4), Bellot (t. 3 p. 119), Delvincourt (t. 3 p. 41 édit. de 1819), Battur (t. 2 n° 153). — D'autres auteurs soutiennent au contraire que la femme demeure propriétaire des meubles (Bourjon *Droit commun* t. 3 p. 433, Renusson *Propres* ch. 6 sect. 3 nomb. 3, Toullier t. 12 n° 375, Duranton t. 14 n° 318 § 513 et t. 15 n° 21, Zachariæ t. 3 p. 516 n° 18, Champ. et Rig. t. 4 n° 2896, Toullier t. 5 p. 180, Bugnet sur Pothier *Com.* 325, Pont et Rodière 3e édit. 1276, D. 2698).

La jurisprudence présente sur ce point quelque incertitude : Un arrêt de la Chambre des requêtes, du 2 juillet 1840, avait décidé, conformément à la Sol. donnée par la C. de Paris, que le mobilier réservé par l'effet de la clause de réalisation est la propriété exclusive de la femme, que le mari ne peut l'aliéner pendant le cours de la communauté, et que la femme doit le reprendre en nature lors de la dissolution.

Cette Sol. avait été adoptée par la C. d'Amiens, dans un arrêt du 28 décembre 1854; mais sur le pourvoi formé contre cet arrêt le contraire a été admis par la Cour (Cass. 14 août 1855, 466 R. P.).

4453. Clause d'apport. — La clause par laquelle un époux met en communauté son mobilier jusqu'à concurrence d'une certaine somme, diffère des trois clauses dont nous venons de parler, en ce qu'elle ne produit pas toujours la réalisation, et que celle qu'elle produit quelquefois n'est point une réalisation véritable et proprement dite. D'une part, en effet, il n'y a ici d'exclu de la communauté que ce dont le mobilier de l'époux dépasse la somme par lui promise ; or, il se peut que le mobilier n'excède pas la somme ou même ne l'atteigne pas. D'un autre côté, l'excédant, quand il y en a, n'est pas rigoureusement propre à l'époux ; il appartient, comme tout le reste, à la communauté qui est seulement débitrice de la valeur de cet excédant. L'époux, dans ce cas, a livré son mobilier en libération de la dette qu'il contractait ; il y a dation en payement, la communauté acquiert, sauf à compter, la propriété de tous les meubles, et c'est pour elle qu'ils augmentent ou diminuent de valeur (Marcadé sur les art. 1501, 1503 n° 1er, Zachariæ t. 3 p. 525, Pont et Rodière t. 2 n° 81, *V.* cependant Troplong nos 1957, 9903 J. N., Dalloz n° 2743).

1. JUSTIFICATION. — La justification des apports, se fait, en général, par la déclaration contenue au contrat de mariage. Toutefois, la loi distingue entre le mari et la femme. Quant à celle-ci, l'apport est suffisamment justifié par la quittance que le mari lui donne ou à ceux qui l'ont dotée (1502 C. C.) ce qui résulte souvent de la clause que le fait de la célébration vaudra quittance (Cass. 19 janv. 1836, S. 36-1-198 ; — Caen 3 mai 1845, S. 45-2-536 ; — Orléans 29 mai 1855, D. 56-2-62 ; — Cass. 22 fév. 1860 ; — Bordeaux 29 mars 1851 ; — Dijon 7 mai 1862, S. 63-2-34, Pont et Rodière t. 2 n° 89, Troplong t. 3 n° 1967). — A l'égard du mari la loi se contente de la simple déclaration que le mari fait au contrat (1502 C. C. ; — Cass. 8 mars 1852, S. 52-1-497). — Quand il s'agit du mobilier échu pendant le mariage, la preuve par commune renommée est admissible contre le mari, lors même qu'il aurait fait procéder à un inventaire (Cass. 28 nov. 1866, S. 67-1-110).

2. REPRISE EN NATURE. — Du reste, l'époux qui a fait cet apport n'aurait pas le droit, à la dissolution, de reprendre le mobilier en nature : la communauté est seulement tenue de sa valeur (Cass. 21 mars 1859, S. 59-1-761).

4454. Reprise. — Lorsqu'une créance propre n'existe plus en espèce, mais a été remplacée par un immeuble reçu à titre de payement, cet immeuble n'a pas, en dehors de la déclaration de remploi, la qualité de propre pouvant être repris par la femme. Il est tombé dans la communauté. (Cass. 26 juill. 1869, S. 69-1-461 ; — Rouen 23 fév. 1870, S. 71-2-91).

SECTION 2. — CLAUSES EXTENSIVES DE LA COMMUNAUTÉ [4455]

4455. Ameublissement. — Nous venons de voir les époux restreindre l'étendue légale de la communauté en excluant de leur société tout ou partie de leurs meubles qui, de droit, y entreraient. La loi leur permet de l'élargir en y faisant entrer tout ou partie de leurs immeubles, qui en principe en sont exclus. Cette clause se nomme clause d'*ameublissement* (1505 à 1509 C. C.). — Nous en avons parlé au mot *Ameublissement* avec tous les développements que comporte le cadre dans lequel nous devons nous renfermer. Aussi, nous n'y reviendrons pas.

SECTION 3. — CLAUSE DE SÉPARATION DE DETTES [4456-4459]

4456. Objet. — La clause de séparation de dettes consiste, de la part des époux, à exclure de la communauté leurs dettes personnelles antérieures au mariage ; en sorte que l'époux, pour lequel la communauté aurait payé, devient son débiteur à sa dissolution (1510 C. C.). — Nous avons déjà vu une exclusion de l'*actif* mobilier. Ici c'est aussi une exclusion, mais du *passif* mobilier.

Mais, de ce qu'il a été stipulé qu'il y aurait séparation de dettes, il n'y pas pour cela exclusion des effets mobiliers et des créances de chaque conjoint ; les uns et les autres y tombent à la différence du cas où il y a séparations de biens, clause de réalisation ou convention d'apport, société réduite aux acquêts, exclusion de communauté (Bellot t. 3 p. 159).

4457. Expresse ou tacite. — La clause d'exclusion des dettes est expresse ou tacite.

Elle est *tacite* toutes les fois que les époux apportent dans la communauté une somme déterminée ou un corps certain. Ils sont censés, par là, promettre que ledit apport n'est point grevé de dettes antérieures au mariage ; tellement que, s'il en existe, il doit être fait raison, par l'époux débiteur, de tout ce dont l'apport promis se trouve diminué par le payement des dites dettes. (1511 C. C.).

Elle est *expresse*, quand il est dit au contrat que l'un ou chacun des époux supportera seul ses dettes.

L'exclusion, soit expresse, soit tacite, peut n'être faite que par l'un des conjoints comme elle peut l'être par tous deux simultanément (Toullier t. 13 n° 349, Duranton t. 15 n° 96, Pont et Rodière t. 2 n° 199, Dalloz n° 2797).

4458. Intérêts et arrérages. — La clause de séparation de dettes n'empêche pas que la communauté ne soit chargée des intérêts et arrérages qui ont couru depuis le mariage (1512 C. C., Pothier n° 360, Toullier n° 352, Pont et Rodière t. 2 n° 208).

Mais ce point pourrait être modifié par la convention (V. Lebrun *com.* sect. 4 n° 10, Battur n° 417, Delvincourt t. 3 p. 87, Pothier *loc. cit.*, Pont et Rodière t. 2 n° 709, Troplong n° 2055).

4459. Clause de franc et quitte. — C'est la clause par laquelle un tiers déclare, dans le contrat de mariage, que le futur ou la future sont exempts de toute dette antérieure au mariage, et se porte ainsi garant du préjudice que pourraient occasionner les dettes de l'époux faussement déclaré franc et quitte (Pothier n° 365, Bellot t. 3 p. 191, Delvincourt t. 3 p. 46, Troplong n° 2056).

Aux termes de l'art. 1513 C. C., « lorsque la communauté est poursuivie pour les dettes de l'un des époux, déclaré par contrat, franc et quitte de toutes les dettes antérieures au mariage, le conjoint a droit à une indemnité qui se prend, soit sur la part de communauté revenant à l'époux débiteur, soit sur les biens personnels dudit époux; et, en cas d'insuffisance, cette indemnité peut être poursuivie par voie de garantie contre le père, la mère, l'ascendant ou le tuteur qui l'aurait déclaré franc et quitte. — Cette garantie peut même être exercée par le mari durant la communauté, si la dette provient du chef de la femme, sauf en ce cas le remboursement dû par la femme ou ses héritiers aux garants, après la dissolution de la communauté. »

Par la clause de séparation de dettes on reconnaît que les dettes existent, et on les laisse à la charge personnelle de l'époux. Au contraire, par la clause de franc et quitte, on certifie que l'époux se marie sans dettes antérieures; mais les dettes, s'il y en a, ne tombent pas moins dans la communauté qui, atteinte ainsi à l'imprévu, n'a que le droit d'être indemnisée.

1. DÉCLARATION INEXACTE. — Le payement des dettes de l'époux faussement déclaré franc, peut causer deux de sortes de préjudices : 1° une diminution de sa part dans la communauté; — 2° une réduction du fonds commun à un chiffre insuffisant pour remplir ce conjoint des différents droits ou créances qu'il peut avoir à exercer. Or, l'indemnité est due à la masse pour ces deux causes de préjudice (Delvincourt t. 3, Toullier t. 13 n° 366, Duranton t. 15 n° 123, Bellot t. 3 p. 196, Zachariæ t. 3 p. 543, Dalloz v° *Mariage*, Pont et Rodière t. 2 n° 220, Odier t. 2 n° 780, Rolland t. 2 p. 321).

SECTION 4. — DE LA FACULTÉ ACCORDÉE A LA FEMME DE REPRENDRE SON APPORT FRANC ET QUITTE

[4460]

4460. Règle d'exception. — La clause par laquelle la femme stipule qu'elle reprendra son apport franc et quitte (1514 C. C.) en cas de renonciation de sa part à la communauté, est une clause exorbitante, qu'il est besoin de parfaitement expliquer dans le contrat de mariage, parce que ce prélèvement, contraire à la nature même des choses, devra être rigoureusement restreint aux objets prévus, aux cas déterminés, et même aux personnes dénommées (Duranton t. 15 n°s 156 et 159, Pothier n°s 379 et suiv., Malleville t. 3 p. 293; — Cass. 29 janv. 1866, S. 66-1-141).

En effet, cette faculté de retirer l'apport social, alors qu'on se met à l'abri des pertes que la société a éprouvées, présente une sorte de stipulation léonine qui est admise dans un contrat de mariage en faveur de la femme, mais qui serait interdite dans toute autre convention, comme étant contraire aux règles de l'équité naturelle. Aussi, sous aucun prétexte, la clause n'est-elle susceptible d'extension. L'art. 1514 C. C. l'exprime en ces termes : « La femme peut stipuler qu'en cas de renonciation à la communauté elle reprendra tout ou partie de ce qu'elle y aura apporté, soit lors du mariage, soit depuis; mais cette stipulation ne peut s'étendre au delà des choses formellement exprimées, ni au profit de personnes autres que celles désignées. Ainsi, la faculté de reprendre le mobilier que la femme a apporté, lors du mariage, ne s'étend point à celui qui serait échu pendant le mariage. Ainsi la faculté accordée à la femme ne s'étend point aux enfants; celle accordée à la femme et aux enfants ne s'étend point aux héritiers ascendants ou collatéraux. Dans tous les cas, les apports ne peuvent être repris que déduction faite des dettes personnelles à la femme, et que la communauté aurait acquittées. »

1. FACULTÉ STIPULÉE POUR LA FEMME ET SES HÉRITIERS COLLATÉRAUX. — Quand la faculté sera stipulée pour la femme et ses héritiers collatéraux, on devra y déclarer compris les descendants et ascendants, puisque, le contrat appelant les héritiers les moins favorables, les autres se trouvent appelés *à fortiori*. De même, la vocation explicite des ascendants contiendrait virtuellement celle des descendants (Pothier 390, Toullier t. 13 n° 387, Battur t. 2 n° 453, Zachariæ t. 3 n° 545, Duranton t. 15 n° 158, Rolland n° 738, Pont et Rodière 254, Odier t. 2 n° 849, Troplong n° 2082, Dalloz 2864, Marcadé art. 1514). — Celle des enfants comprendrait tous les descendants (Delvincourt t. 3 p. 92, Duranton t. 15 n° 136, Rodière et Pont 2-248, Troplong 2083, Marcadé art. 1514, Dalloz 2861 2862). — Mais le mot *héritier*, à la différence du mot *successeur*, ne comprendrait pas l'enfant naturel (Bellot t. 3 n° 221, Duranton t. 15 n° 162, Rolland n° 736, Pont et Rodière t. 2 n° 251-252, Dalloz 2868).

2. DROIT TRANSMISSIBLE. — Si le droit de reprise s'est ouvert sur la tête de la personne qui y était appelée, il est ensuite transmissible aux représentants de cette personne,

Mais c'est au jour de la dissolution de la communauté qu'il faut se placer pour examiner les effets de la clause et de sa transmission (Pothier 380, 393, 394, Duranton t. 15 nos 164, 231, 252, Rodière et Pont t. 2 nos 238-256, Dalloz 2848-2871, Marcadé art. 1514, Troplong 2090).

3. DROIT DE CRÉANCE. — Les biens à reprendre ayant été transmis à la communauté qui est devenue pleinement propriétaire et dont le chef a pu disposer et aliéner, la femme ne saurait en exiger la reprise en nature : elle a seulement droit à la valeur que les biens présentaient quand ils sont entrés dans la masse commune ; elle n'a enfin qu'un droit de créance. Et comme par l'effet de sa renonciation, il n'y a plus de communauté et que les biens précédemment communs sont tous devenues biens du mari, cette créance s'exerce contre le mari lui-même (Marcadé art. 1515).

SECTION 5. — CLAUSES MODIFICATIVES DU PARTAGE PAR MOITIÉ.

[4461-4465]

4461. Quatre modifications. — La règle du partage de la communauté en deux portions égales peut être modifiée de quatre manières différentes. On peut convenir :

1° Qu'avant de procéder au partage, d'ailleurs égal, l'un des époux aura droit à un préciput ;

2° Que la division se fera par portions inégales ;

3° Que l'une des parties n'aura droit qu'à une somme fixe pour tout droit de communauté, ce qui constitue un forfait ;

4° Enfin, que la totalité de la communauté sera éventuellement attribuée à tel époux.

4462. Préciput conventionnel. — La clause par laquelle l'époux survivant est autorisé à prélever, avant tout partage, une certaine somme ou une certaine quantité d'effets mobiliers en nature, ne donne droit à ce prélèvement au profit de la femme survivante, que lorsqu'elle accepte la communauté, à moins que le contrat de mariage ne lui ait réservé ce droit, même en renonçant. Hors le cas de cette réserve, le préciput ne s'exerce que sur la masse partageable, et non sur les biens personnels de l'époux prédécédé. Le préciput n'est point regardé comme un avantage sujet aux formalités des donations, mais comme une convention de mariage (1515 et 1516 C. C.).

1. CONDITIONS DIVERSES. — Le préciput peut être stipulé au profit de tel époux seulement, ou du survivant des époux, quel qu'il soit. Il peut encore être stipulé indépendamment de toute idée de survie et pour tout partage à faire de la communauté, quelle que soit la cause de la dissolution ; il suffira alors que l'époux au profit duquel le préciput est stipulé survive à cette dissolution.

2. ACCEPTATION DE LA COMMUNAUTÉ. — Le préciput n'est qu'un prélèvement à faire sur la masse à partager, un acte préliminaire du partage. La femme n'y a donc droit qu'en acceptant la communauté. En effet, par la renonciation de la femme, il n'y a plus de biens communs, partant, plus de prélèvement à opérer, car il n'y a pas de prélèvement avant partage, quand il n'y a pas de partage (Amiens 23 janv. 1851, S. 53-2-142, Pont et Rodière t. 2 n° 290 Troplong 2117, 2118). Le Code s'exprime donc inexactement en disant qu'il y a lieu au préciput, même en renonçant à la communauté ; dans le cas où une pareille stipulation a été faite, elle confère contre le mari un droit de créance qui s'exercera sur tous ses biens, tandis que le préciput ne s'exerce que sur les biens communs, lors même qu'ils seraient insuffisants (Pothier 448, Toullier t. 13 n° 403, Duranton t. 15 n° 187, Zachariæ t. 3 p. 552 note 16, Pont et Rodière t. 2 nos 307 et 309, Marcadé art. 1515 ; — Limoges 6 août 1849 S. 50-2-108, — Cass. 3 août 1852, S. 52-1-833).

Cette doctrine a reçu de nombreuses applications en matièr d'enregistrement. — *V.* 12549.

3. RÉDUCTION. — ENFANTS D'UN PREMIER LIT. — Le préciput n'est pas réputé constituer une donation et ne serait dès lors pas réductible. C'est seulement par les enfants d'un précédent lit de l'époux qu'il pourrait, selon l'art. 1527 C. C., être critiqué en cas d'excès. — On a enseigné que le préciput n'est soustrait aux règles des donations qu'en la forme, mais qu'au fond il est le résultat d'une véritable libéralité (Bugnet sur Pothier t. 7 n° 246). Mais cette doctrine est contraire au texte même de l'art. 1516 qui l'assimile à une convention de mariage. Et d'ailleurs, l'art. 1525, prévoyant un cas bien plus favorable, celui de l'attribution de la communauté entière au survivant, déclare que la stipulation est soustraite pour le fond aux règles des libéralités (Pont et Rodière t. 2 n° 277, Duranton t. 15 n° 1907, Zachariæ t. 3 p. 548 note 3, Troplong n° 2123, Toullier t. 13 n° 400, Dalloz 2907, Toullier t. 5 p. 63, Marcadé art. 1516). C'est pourquoi le préciput ne donne pas lieu au droit de mutation par décès (Cass. 30 juill. 1823, D. m. f. 6 mai 1828, 1256-4 J. E.). — *V.* 5231.

4. OUVERTURE DU PRÉCIPUT. — La mort naturelle (et civile) donne ouverture au préciput (1517 C. C.). — Si le préciput avait été stipulé pour toute dissolution de la communauté, il s'ouvrirait par la séparation de biens. — C'est, d'ailleurs, à celui qui veut réclamer le préciput à prouver que le droit s'est ouvert, et on décide généralement à cet égard que les présomptions de survie réglées dans les art. 720-722 C. C. ne sont pas applicables (Pothier n° 144, Troplong n° 2127, Battur t. 2 n° 472, Bellot t. 3 n° 367, Bugnet sur Pothier *loc. cit.*, Zachariæ t. 3 p. 551, Duranton t. 15 n° 192, Rodière et Pont t. 2 n° 292, Dalloz n° 2923, Marcadé art. 1517).

5. SÉPARATION DE CORPS. — D'après l'art. 1518 C. C., lorsque la dissolution de la communauté s'opère par le divorce ou la séparation de corps, il n'y a pas lieu à la délivrance actuelle du préciput ; mais l'époux qui a obtenu la séparation conserve ses droits au préciput en cas de survie. Si c'est la femme, la somme ou la chose qui constitue le préciput reste provisoirement au mari, à charge de donner caution.

On peut toutefois stipuler que la séparation donnera lieu à la délivrance immédiate du préciput (Rodière et Pont t. 2 n° 188, Merlin R. v° *Préciput* § 1er, Troplong n° 1483, Toullier t. 13 n° 398, Duranton t. 15 n° 181 ; — Cass. 6 janv. 1808, D. 2067 ; — Limoges 6 août 1849).

6. REPRISES. — Le préciput s'exerce après les reprises des époux. — *V.* 12549.

4463. Parts inégales. — Au lieu d'établir des inégalités de gains au moyen d'un préciput, les époux peuvent le faire par une convention directe de parts inégales, en disant que l'actif social se divisera par deux tiers, trois quarts, etc., d'un côté, et un tiers, un quart, etc., de l'autre. — La stipulation peut se faire, ou en vue seulement du décès d'un conjoint, ou en vue de tout partage de communauté (1520 C. C.). Dans tous les cas, l'inégalité de parts de l'actif emporte, sans qu'il soit besoin de l'exprimer, l'inégalité proportionnelle dans le passif, et toute convention qui, en partageant les biens sur telle base, partagerait les dettes sur une base différente, serait nulle, non pas seulement pour la partie relative au passif, mais pour le tout, et laisserait les parties sous la règle commune du partage par moitié (1521 C. C.).

1. COMMENT PEUT SE FAIRE L'ASSIGNATION DE PARTS. — L'assignation de parts peut se faire à l'époux survivant ou au conjoint prédécédé, à l'époux seul ou bien à lui et à ses héritiers. Enfin, quoique l'assignation ne se fasse le plus souvent qu'en prévision du décès d'un époux, elle peut se faire en vue de toute autre dissolution de la communauté (Pothier n° 454, Delvincourt t. 3 p. 96, Bellot t. 3 n° 291, Rolland 772, Pont et Rodière t. 2 n° 340, Troplong n° 2167, Dalloz n° 2985 ; — Cass. 1er juin 1853, S. 53-1-513).

2. STIPULATION SUR LE PASSIF. — Lorsque l'on a stipulé que la part dans le passif ne serait pas la même que celle dans l'actif, la convention est nulle dans son entier et l'on revient au droit commun de la société conjugale, qui est le partage égal des biens et des dettes (Battur t. 2 n° 486, Bellot t. 3 n° 289, Zachariæ t. 3 p. 554, Pont et Rodière t. 2 n° 325, Odier t. 2 n° 893, Troplong t. 3 n° 2150, Rolland v° *Comm.* 757, D. 2964, Marcadé art. 1521, *Contrà* Duranton t. 15 n° 206). — La part assignée n'est d'ailleurs pas franche du passif ni des reprises (Cass. 20 janv. 1875, 4265 R. P.).

4464. Forfait. — Lorsqu'il est stipulé que l'un des époux ou ses héritiers ne pourront prétendre qu'une certaine somme pour tout droit de communauté, la clause est un forfait qui oblige l'autre époux et ses héritiers à payer la somme convenue, soit que la communauté soit bonne ou mauvaise, suffisante ou non pour acquitter la somme. — Si la clause n'établit le forfait qu'à l'égard des héritiers de l'époux, celui-ci, dans le cas où il survit, a droit au partage légal par moitié (1522-1523 C. C.).

1. DETTES. — Le mari ou ses héritiers qui retiennent, en vertu de l'art. 1520, la totalité de la communauté sont obligés d'en acquitter toutes les dettes. Si c'est la femme survivante qui a, moyennant une somme convenue, le droit de retenir toute la communauté contre les héritiers du mari elle a le choix, ou de leur payer cette somme en demeurant obligée à toutes les dettes, ou de renoncer à la communauté et d'en abandonner aux héritiers du mari les biens et les charges (1524 C. C.).

2. ÉMOLUMENT DE LA FEMME. — Lorsque la femme opte pour l'acceptation de la communauté, elle demeure tenue de toutes les dettes communes et n'a pas le bénéfice accordé par l'art. 1483 C. C. à la femme de n'être poursuivie, même en cas d'acceptation, que jusqu'à concurrence de son émolument (Pont et Rodière t. 2 n° 337, Odier t. 2 n° 904, Marcadé art. 1523-2, Troplong n° 2166, Dalloz 2982).

3. DROIT DE MUTATION. — La stipulation d'un *forfait* est une simple convention de mariage, ne donnant pas lieu à un droit de mutation lors de la dissolution de la communauté. Mais c'est avec raison que le tribunal de la Seine n'a pas vu une convention de ce genre dans la clause, en vertu de laquelle l'époux survivant pourrait conserver l'industrie exploitée pendant la communauté, en payant aux héritiers du prédécédé la portion leur revenant dans la valeur de ladite industrie fixée à dire d'experts, et a décidé que, dans ce cas, le droit de vente mobilière était exigible sur l'acte qui constatait de la part de l'époux survivant l'intention de profiter de cette réserve, à raison du prix revenant aux dits héritiers, car la somme à laquelle ils ont droit en vertu de cet acte constitue une véritable soulte de partage (Seine 19 juill. 1854, 228 R. P.).

4465. Totalité de la communauté à un seul. — Il est permis aux époux de stipuler que la totalité de la communauté appartiendra au survivant ou à l'un d'eux seulement, sauf aux héritiers de l'autre à faire la reprise des apports et capitaux tombés dans la communauté, du chef de leur auteur. — Cette stipulation n'est point réputée un avantage sujet aux règles relatives aux donations, soit quant au fond, soit quant à la forme, mais simplement une convention de mariage et entre associés (1525 C. C.).

1. EXCLUSION DE COMMUNAUTÉ. — La clause précédente n'est pas une exclusion pure et simple de la communauté, mais une attribution éventuelle dépendant de la survie de celui au profit duquel elle est stipulée (Pont et Rodière t. 2 n° 342, Odier n° 919, Troplong 2173, Marcadé art. 1525, Dalloz 2999). C'est pourquoi quand la communauté se dissout par la séparation de biens, il faut la partager selon les règles ordinaires (Cass. 1er juin 1853, S. 53-1-513).

2. DROIT DE REPRISE AUX HÉRITIERS. — La stipulation dont il s'agit donne aux héritiers du prémourant le droit de reprendre tous les biens entrés de son chef dans la communauté, soit par les apports faits lors du mariage, soit par les successions ou donations échues pendant le mariage. C'est seulement aux bénéfices provenant soit des revenus de ces biens, soit de l'industrie des époux, que la clause s'applique (Zachariæ t. 3 p. 557, Rodière et Pont t. 2 n° 346, Douai 9 mai 1849, S. 50-2-180). — Mais le droit de reprise des apports ne constitue pas les héritiers copropriétaires de la communauté ; ils sont simplement créanciers de la masse. (*V.* Cass. 7 avr. 1862 et 12 fév. 1867).

3. ENFANTS D'UN PREMIER LIT. — Lorsque l'époux prédécédé laisse des enfants d'un premier mariage, l'attribution de toute la communauté au survivant constitue un avantage indirect devant être restreint à la portion déterminée par l'art. 1098 C. C. (Cass. 13 juin 1855, S. 55-1-513, 3 déc. 1861, Delvincourt t. 2 n° 654, Duranton t. 15 n° 244, Roll. *Com.* 778, Troplong t. 3 n° 2217, Marcadé art. 1525

Pont et Rodière t. 2 n° 348). — Il en est de même, dans le cas précédent, de l'attribution de l'usufruit de toute la communauté (Cass. 13 avr. 1858, S. 58-1-426).

4. DONATION. — L'attribution de la communauté entière pourrait d'ailleurs procéder d'une véritable donation si telle était la volonté des parties. C'est un point que nous examinerons plus spécialement au mot *Contrat de mariage*.

5. ENFANT A NAITRE. — La clause d'un contrat de mariage stipulant le régime de communauté, qui attribue les acquêts aux enfants à naître du mariage est nulle, tant comme donation à cause de mort, que comme portant donation au profit de donateurs non encore conçus (Bordeaux 18 août 1864, S. 65-2-15; — 23 août 1865, S. 66-2-81, Labbé S. 1866-2-81, *Contrà* Pont et Rodière t. 2 n° 19, Troplong n° 1858).

SECTION 6. — COMMUNAUTÉ UNIVERSELLE

[4466-4469]

4466. Diverses espèces. — Les époux peuvent établir par leur contrat de mariage une communauté universelle de leurs biens, tant meubles qu'immeubles, présents et à venir, ou de tous leurs biens présents seulement, ou de tous leurs biens à venir seulement (1526 C. C.).

4467. Quotité quelconque de biens. — Rien ne s'oppose à ce qu'on mette en communauté une quotité seulement, soit un tiers, un quart, etc.

Quid si les époux stipulent simplement une communauté universelle de tous leurs biens, sans rien dire de plus ? Quels biens seront compris dans la clause ? Les biens présents seulement, ou encore ceux à venir ? — Il est certain qu'elle ne comprendra pas tout à la fois les uns et les autres. Elle ne comprendra donc que les biens présents ; et, effectivement, l'intention des parties a été de contracter une société plutôt pour les biens présents que pour les biens à venir (Bellot t. 3 p. 318, Pothier n° 304, Duranton t. 15 nos 59 et 221, Delvincourt p. 85 not. 3, Zachariæ t. 3 p. 529 et 535, Pont et Rodière t. 2 n° 128).

4468. Biens présents et à venir. — Lorsque la communauté comprend tous les biens présents et à venir des époux, le mari peut disposer de tous les immeubles qui appartiennent à sa femme, sans son consentement et sans être obligé au remploi. — Dans le même cas, toutes les dettes quelles qu'elles soient, de chacun des époux, sont à la charge de la communauté sans récompense.

4469. Dissolution. — La dissolution de la communauté universelle est soumise à toutes les règles du droit commun. Si la femme renonce, elle perd tous ses droits, même sur les immeubles qui sont entrés de son chef dans la communauté. Si elle accepte, le partage se fait en la forme ordinaire, sauf l'application de l'art. 1509 C. C. qui permet à l'époux du chef duquel les immeubles seraient entrés en communauté de les retenir lors du partage pour la valeur qu'ils avaient à ce moment.

SECTION 7. — ENFANTS D'UN PREMIER LIT

[4470]

4470. Disposition générale. — On a vu, au n° 4442, que quels que soient les avantages que l'adoption de la communauté légale procure à l'un des époux, ces avantages ne sont considérés comme donation, et par conséquent réductibles, que lorsque l'époux qui a fait l'avantage, laisse des enfants d'un premier lit. L'art. 1527 C. C. établit les mêmes règles pour la communauté universelle.

CHAPITRE IV. — DES CONVENTIONS EXCLUSIVES DE LA COMMUNAUTÉ

[4471-4478]

4471. Deux espèces de régimes. — Lorsque, sans se soummettre au régime dotal, les époux déclarent qu'ils se marient : 1° sans communauté ; — 2° ou qu'ils sont séparés de biens, les effets de cette stipulation sont réglés comme il suit (1529 C. C.) : — La liberté laissée aux époux de déterminer comme il leur plaît le régime qui doit servir de statut matrimonial irrévocable pendant toute la durée du mariage, permet de supposer qu'ils rejetteront tous les systèmes généraux indiqués par la loi, pour s'en tenir à un régime innommé. C'est alors aux époux d'expliquer clairement qu'elle a été leur intention. — Notre législation admet deux régimes généraux, auxquels doivent se rattacher tous les autres : *régime de la communauté, régime dotal ;* tous deux sont parfaitement définis. — Cependant on a voulu, pour mieux préciser encore les droits des époux, distinguer le régime de séparation de biens dans lequel se trouve cette clause assez bizarre, savoir : que les futurs époux déclarent purement et simplement qu'ils rejettent le régime de la communauté établi par la loi, sans rien mettre à la place. Il en résulte alors qu'ils sont mariés séparés de biens ; mais ils sont néanmoins placés sous un régime qui ne se confond pas entièrement avec la séparation de biens, telle qu'on l'envisage d'ordinaire.

SECTION PREMIÈRE. — DE LA CLAUSE PORTANT QUE LES ÉPOUX SE MARIENT SANS COMMUNAUTÉ

[4472-4475]

4472. Origine. — C'est aux auteurs des pays de coutume, et notamment à Pothier, *de la Communauté*, n° 461, qu'a été emprunté le régime sans communauté, de même que toutes les autres clauses que nous avons exposées dans le § 3, et qui ont pour objet de modifier la communauté légale.

4473. Nature. — La clause par laquelle les futurs déclarent, sans autre explication, qu'ils se placent sous un régime purement exclusif de la communauté, constitue elle-même un régime que la loi a voulu définir en avertissant les parties qu'elles tombaient dans un véritable non-sens; car, le régime de la communauté étant le statut général de la France, le rejeter sans établir un régime spécial, c'était ne rien expliquer. Ici la volonté de la loi se substitue donc, à l'aide de simples présomptions, à la place de la volonté des parties.

La clause sans communauté qui exclut tout à la fois la communauté et le régime dotal, ne doit pas néanmoins être considérée comme un troisième système, et être placée sur le niveau des deux autres. C'est un pacte particulier, modificatif du régime de la communauté légale. D'où la conséquence que le régime sans communauté est soumis aux règles de la communauté légale pour tous les cas auxquels il n'a pas été dérogé implicitement ou explicitement (Battur n° 500, Delvincourt t. 3 p. 51, Bellot t. 3 p. 336, Roll. de Vill. — V. *Communauté*, n°s 989-990, Troplong n° 2255).

4474. Administration. — La clause portant que les deux époux se marient sans communauté ne donne point à la femme le droit d'administrer ses biens, ni d'en percevoir les fruits : ces fruits sont censés apportés au mari pour supporter les charges du mariage (1530 C. C.); à moins toutefois qu'il ne soit convenu que la femme touchera annuellement, sur ses seules quittances, certaines portions de ses revenus pour son entretien et ses besoins personnels (1534 C. C.). — Mais le mari, comme chef de famille, est administrateur des biens meubles et immeubles de la femme, et il a, par suite, le droit de percevoir tout le mobilier qu'elle apporte en dot, ou qui lui échoit pendant le mariage, sauf la restitution qu'il en doit faire après la dissolution du mariage, ou après la séparation de biens qui serait prononcée par justice (1531 C. C.).

1. PLACEMENTS FAITS PAR LE MARI. — Le mari perçoit tous les fruits *jure mariti*, parce qu'ils lui appartiennent et qu'il est constitué l'usufruitier des biens de la femme. Si donc, après avoir satisfait aux besoins du ménage, il place ces fruits en acquisitions, les objets acquis lui demeurent propres comme représentant un bien propre. Au nombre des fruits auxquels a droit le mari, il faut comprendre les gains du travail ou de l'industrie quelconque de sa femme (Marcadé art. 1532).

2. PRÉSOMPTION DE PROPRIÉTÉ. — Dans le cas d'un achat fait avec l'excédant des revenus de la femme, l'objet lui appartient. Mais il arrive fréquemment que cette acquisition est faite simplement au nom de la femme ou des deux époux sans indication de l'origine des deniers employés au payement du prix. La loi romaine présumait, dans un cas analogue, que ces deniers provenaient des propres du mari (L. *Quintius Mutius* Dig. liv. 24 t. 1er 51) et Troplong pense qu'il en est ainsi encore de nos jours (t. 3 n° 2245). — Mais la jurisprudence décide, au contraire, que, en tant que présomption, cette présomption *juris de jure* ne résultant d'aucun texte, ne saurait être admise et qu'on peut établir à l'aide de toutes circonstances, le fait du payement avec les deniers de l'un et de l'autre époux. La présomption existant au profit du mari est une présomption *simple* (Grenoble 30 juin 1827; — Pau 10 déc. 1832; — Agen 20 juin 1832; — Montpellier 14 fév. 1843, S. 33-2-240, 35-2-143, 43-2-222; — Aix 10 juill. 1862, D. 62-2-36; — Cass. 29 déc. 1863, D. 64-1-120 et 19 déc. 1871, S. 71-1-192; — C. Rouen 26 avr. 1872, S. 73-1-133 *Contrà* Lyon 11 mai 1848, S. 49-2-286).

Par application de cette présomption, on a décidé, en matière d'enregistrement, que les immeubles acquis par le mari seul sous le régime dotal sont sa propriété personnelle et dépendent par conséquent de sa succession, quand même les fonds proviendraient de la dot de la femme (Seine 5 déc. 1868, 2957 R. P.; — Cass. 5 déc. 1871, 3374 R. P. 2443-4 I. G., S. 71-1-248, D. 72-1-110, P. 71-755.) — V. *Dot* n°6855.

4475. Biens et dettes. — Les époux mariés sans communauté conservent l'un et l'autre leurs biens propres, que ces biens, meubles ou immeubles, soient possédés par eux lors du mariage ou qu'ils leur soient échus depuis. (1531 C. C.). L'actif étant exclu de la communauté, le passif l'est également, et les dettes des époux, antérieures au mariage ou contractées depuis, restent propres à chacun d'eux.

SECTION 2. — DE LA CLAUSE DE SÉPARATION DE BIENS [4476-4478]

4476. Biens des époux. — Le régime de la séparation de biens dont s'occupent les art. 1536 à 1539 C. C., a pour effet, ainsi que la dénomination même l'indique, de réserver à chacun des époux la propriété de tous les biens meubles ou immeubles qui leur appartiennent en propre au jour de la célébration du mariage, et de tous ceux qui pourront leur advenir par la suite pendant la durée du mariage; en sorte qu'il ne s'établit aucune confusion, ni dans le mobilier, ni même dans l'administration, soit des meubles, soit des immeubles (Delvincourt t. 1er p. 81 et t. 3 p. 53, Toullier t. 12 p. 28, Duranton t. 15 n° 308 et 313, Pothier *de la Communauté*, n°s 464 et 465).

Ce qui distingue donc le régime de la séparation de biens du régime simplement exclusif de communauté dont nous venons de parler, c'est que, dans ce dernier, il existe encore une communauté qui se compose uniquement des revenus produits par les biens des époux, ce qui les autorise même, ainsi que nous l'avons reconnu, à demander la séparation de biens; tandis que les époux qui déclarent se marier séparés de biens conservent, pour chacun d'eux, le droit exclusif d'administrer les biens qui lui appartiennent, à la seule condition de se conformer aux principes qui tiennent à la puissance maritale.

4477. Administration. — La femme séparée de

biens reste donc maîtresse de ses droits dont elle a seule la libre disposition. Par conséquent, elle conserve tous les droits d'administration qui appartiennent au propriétaire lui-même, et ce n'est plus par les règles particulières au contrat de mariage que l'exercice de son droit de propriété est réglé, mais par les principes qui s'appliquent au mariage même, abstraction faite du régime que les époux auront adopté.

4478. Séparation volontaire. — Séparation judiciaire. — Quoique le régime de la séparation contractuelle place la femme dans une situation analogue à celle de la femme séparée judiciairement, il y a néanmoins quelque différence entre ces deux sortes de séparations de biens :

1° la première et la plus considérable consiste en ce que la séparation judiciaire peut cesser, pendant le mariage, du consentement des époux qui désirent retourner à leurs conditions matrimoniales, tandis que la séparation conventionnelle est irrévocable. Quelle que soit la faveur que la loi attache à l'adoption du régime de la communauté, elle ne saurait permettre à des époux de modifier les dispositions de leur contrat de mariage, qui sont irrévocables (Pothier n° 465, Duranton t. 15 n° 306, Zachariæ t. 3 p. 564, Troplong n° 2287);

2° Une autre différence, qui mérite d'être signalée, mais qui n'existait pas dans l'ancienne jurisprudence, concerne la part contributive des époux aux charges du ménage. Autrefois cette part contributive était toujours fixée par le juge eu égard aux facultés des époux; elle l'est encore aujourd'hui lorsque les époux son séparés judiciairement; mais, lorsque la séparation est contractuelle, il est libre aux époux de la régler comme il leur plaît; à leur défaut, elle est réglée par la loi, jamais par le juge (Zachariæ t. 3 p. 564, Troplong n° 2287);

3° Troplong n° 2287 signale encore une différence : elle consiste en ce que, dans la séparation de biens contractuelle, la part contributive de la femme doit toujours être versée entre les mains du mari, tandis qu'il n'en est pas toujours ainsi dans la séparation judiciaire; l'inconduite du mari pouvant faire prendre des mesures pour que cette part ne soit pas dissipée.

COMMUNE.

DIVISION

SOMMAIRE

CHAPITRE PREMIER. — CONSIDÉRATIONS GÉNÉRALES

[4479-4482]

4479. Définition. — Une commune est une société de citoyens unis par des relations locales, soit qu'elle forme une municipalité particulière, soit qu'elle fasse partie d'une autre municipalité (Const. de 1791 tit. 2 art. 8 L. 10 juin 1793 sect. 1re art. 2.).

Cette dénomination a été substituée depuis 1791 à celle de communauté d'habitants, de ville, bourg, village et paroisse. L'art. 8 tit. 2 de la Constitution de 1791 était ainsi conçu : « Les citoyens français, considérés sous les rapports des relations locales qui naissent de leur réunion dans les villes et dans certains arrondissements du territoire des campagnes forment les communes. » — La loi du 10 brumaire an 2 a ensuite ordonné que toutes les dénominations de ville, bourg et village seraient supprimées, et que celle de commune leur serait substituée. — Enfin la division territoriale de la France, telle qu'elle existe aujourd'hui, a été faite en départements, arrondissements et communes.

La dénomination de communauté d'habitants était employée autrefois, à cause de l'espèce de communauté ou société existante entre les habitants d'un même lieu, au sujet des biens dont ils jouissent en commun, et de divers objets qui intéressent l'universalité des habitants. Sous ce dernier rapport on n'a fait que revenir à l'expression primitive; car, dans l'origine, on désignait les habitants d'un même lieu par le mot *commune*, à cause des sociétés qui ont commencé à se former dès le douzième siècle entre les habitants des communes, sous l'autorisation du roi, avec pouvoir de s'assembler, de choisir leurs officiers et de se cotiser pour les besoins de la société.

4480. Chef-lieu de commune. — On entend par chef-lieu de la commune l'endroit qui lui donne son nom. La loi de 1790 le plaçait à l'endroit où est le clocher de la paroisse. On a fait observer que toutes les communes n'ayant pas de clocher, cette indication était incomplète, et on a adopté depuis, comme désignation du chef-lieu de la commune, l'endroit où se trouve le siége de l'administration municipale.

4481. Organisation municipale. — La loi du 14 décembre 1789 et la Constitution de l'an 3 réglèrent successivement l'organisation municipale; mais c'est l'organisation créée par la loi du 28 pluviôse an 8 qui est celle en vigueur aujourd'hui. Il n'y a guère eu de changement que relativement à la manière dont les officiers municipaux doivent être nommés. D'après cette loi, l'administration des communes est remise à un maire assisté d'un ou plusieurs adjoints et un conseil municipal. — Cette administration présente deux pouvoirs, l'un délibérant, l'autre exécutif. D'une part, le conseil municipal délibère; de l'autre, le maire, avec son adjoint ou ses adjoints, exécute les délibérations qui sont prises, sans préjudice d'une autorité particulière qui lui est conférée par les lois et sur l'exercice de laquelle le conseil municipal n'a point à délibérer.

La population des communes est établie d'après les recensements qui sont faits tous les cinq ans. — Le préfet détermine le nombre des conseillers à élire d'après le chiffre donné par ce travail. — Les maires et les adjoints sont choisis par le pouvoir exécutif parmi les membres des conseils municipaux.

Cette organisation repose sur la commune elle-même. C'est en elle que se puisent les éléments qui doivent former le conseil municipal, dont le maire et l'adjoint doivent être membres, si ce n'est à Paris où l'organisation est réglée d'une manière spéciale. — Les corps municipaux sont formés par l'élection. — On a pensé qu'en appelant le pays à nommer lui-même le conseil qui statue sur ses intérêts les plus immédiats, c'était le moyen de créer une force de répression plus persuasive et plus efficace, en même temps que c'était appeler un contrôle plus éclairé et plus sympathique aux populations, sur la gestion des intérêts communaux. — Les fonctions des maires, adjoints ou membres des conseils municipaux sont essentiellement gratuites.

4482. Minorité des communes. — Une commune est un être *moral;* sous ce premier rapport il faut que quelqu'un agisse en son nom. — Elle est réputée *mineure;* sous ce deuxième rapport, il faut qu'un conseil examine s'il est utile de louer ou de régir, d'aliéner, d'acquérir, d'emprunter, de plaider, de transiger, d'établir une imposition locale, de faire des travaux pour l'utilité ou l'agrément de la commune. Ce conseil doit être chargé, en outre, d'examiner les conditions auxquelles toutes ces choses seront faites, de régler le budget des recettes et dépenses, de vérifier et débattre le compte annuel de ces recettes et dépenses, etc. — Il faut, enfin, qu'une administration supérieure approuve les avis du conseil, les modifie ou les rejette.

Tout cela se fait dans une société, et une commune est une société. Cela se fait aussi en ce qui concerne les intérêts des mineurs, et, comme nous venons de le dire, une commune est mineure.

En se pénétrant bien de ces observations, on conçoit aisément la législation et les règlements qui veulent, en résultat, que le maire qui agit pour la commune n'ait d'autres pouvoirs que ceux d'un *gérant* ou d'un *mandataire* et qu'il en remplisse les devoirs; que le conseil municipal ne puisse, en général, donner que des avis, et que ces avis soient soumis à l'approbation d'une autorité supérieure.

CHAPITRE II. — RECETTES ET DÉPENSES

[4483-4487]

4483. Budget de la commune. — Le budget d'un État, le budget d'une commune ou tout autre budget, est l'état des dépenses et des recettes de cet État ou de cette commune. — Les recettes et les dépenses de la commune forment sans contredit la partie la plus importante de son administration. C'est le mouvement de sa fortune; ce sont les premières conditions de son existence.

4484. Dépenses. — Les dépenses de la commune sont *obligatoires* ou *facultatives.* Les conseils municipaux ont le droit de régler les dépenses communales, parce que, administrateurs de la réunion d'habitants ayant une communauté d'intérêts, ils doivent participer à la gestion des fonds communs. Mais à côté de ce droit est celui de l'État qui doit maintenir l'unité dans le gouvernement général du pays, et à qui il appartient de protéger et défendre les communes contre elles-mêmes, et de les empêcher de s'anéantir, en les forçant de faire les dépenses qui sont nécessaires pour le maintien du régime municipal (Dalloz *Jur. gén.* — V. *Commune* n° 384).

1. OBLIGATOIRES. — Ainsi toute dépense qui peut affecter l'État et les intérêts généraux, ou qui est ordonnée par une loi, ou qui est l'accomplissement d'une obligation publique ou privée, ou enfin qui intéresse essentiellement l'existence même de la commune, est *obligatoire.* — Au nombre des dépenses obligatoires se rangent les frais d'entretien des édifices; les frais de bureau et d'impressions pour le service de la commune; le traitement des préposés, tels que receveur municipal, garde champêtre; l'acquittement des dettes exigibles et généralement toutes les autres dépenses mises à la charge des communes par une disposition de loi, etc. (*V.* L. 18 juill. 1837, art. 30).

2. FACULTATIVES. — Au contraire, toutes les dépenses que la commune a intérêt à faire pour accroître sa prospérité, pour donner une vie plus active à la commune, mais qui ne sont pas des dépenses nécessaires dans le sens juridique

et rigoureux de ce mot, sont *facultatives*. Ces dépenses sont variées comme les besoins des communes, leur fortune, leur position, les goûts et l'industrie de leurs habitants. Ce sont, en un mot, toutes celles qui ne sont pas comprises dans l'énumération de l'art. 30 L. 18 juill. 1837, que nous avons en partie reproduites dans le numéro précédent.

3. IMPRÉVUES. — « Les conseils municipaux, porte la loi du 18 juillet 1837 art. 37 peuvent porter au budget un crédit pour dépenses imprévues. — La somme inscrite pour ce crédit ne pourra être réduite ou rejetée qu'autant que les revenus ordinaires, après avoir satisfait à toutes les dépenses obligatoires, ne permettraient pas d'y faire face, ou qu'elles excéderaient le dixième des recettes ordinaires. — Le crédit pour dépenses imprévues sera employé par le maire avec l'approbation du préfet et du sous-préfet. — Dans les communes autres que les chefs-lieux de département ou d'arrondissement, le maire pourra employer le montant de ce crédit aux dépenses urgentes sans approbation préalable, à la charge d'en informer immédiatement le sous-préfet et d'en rendre compte au conseil municipal dans la première session ordinaire qui suivra la dépense effectuée » (L. 18 juill. 1837, art. 37).

4485. Recettes. — Les recettes se divisent, comme celles de toutes les fortunes, en *ordinaires*, c'est-à-dire qui se reproduisent tous les ans, qui forment, en un mot, les revenus comptants et réguliers de la commune, et en *extraordinaires*, c'est-à-dire celles comprenant tout ce qui vient augmenter accidentellement les ressources municipales. La loi a d'ailleurs compris sous ce mot *recettes* les revenus que la commune tire de ses biens ou des propriétés dont elle jouit, comme les contributions qui, dans certains cas, sont imposées directement sur les habitants.

1. ORDINAIRES. — Au nombre des recettes ordinaires se rangent : les produits des octrois municipaux ; les produits des droits de place perçus dans les halles, foires, marchés et abattoirs ; les droits de voirie ; le prix des concessions dans les cimetières, etc., etc. (*V.* L. 18 juill. 1837, art. 31).

2. EXTRAORDINAIRES. — La loi du 18 juillet 1837, art. 32, désigne les produits extraordinaires qui se présentent le plus habituellement. Ce sont, entre autres, les contributions extraordinaires dûment autorisées, le prix des biens aliénés, les dons et legs, etc.

4486. Receveur municipal. — Les recettes et les dépenses communales s'effectuent par un comptable chargé seul et sous sa responsabilité de poursuivre la rentrée de tous les revenus de la commune, et de toutes les sommes qui lui seraient dues, ainsi que d'acquitter les dépenses ordonnancées par le maire, jusqu'à concurrence des crédits régulièrement accordés. — Tous les rôles de taxes, de sous-répartitions et de prestations locales doivent être remis à ce comptable (L. 18 juill. 1837, art. 62, Ord. 31 mai 1838, art. 461). — Ce comptable doit également recevoir de l'administration locale une expédition en forme de tous les baux, contrats, jugements, déclarations, titres nouvels et autres concernant les revenus dont la perception lui est confiée, et il est autorisé à demander, au besoin, que les originaux de ces divers actes lui soient remis sur un récépissé (Ord. 31 mai 1838 art. 462).

4487. Comptes des receveurs municipaux. — Les comptes des receveurs des communes doivent être soumis aux délibérations des conseils municipaux dans la session ordinaire de mai (Ord. 23 avr. 1823, art. 5, 31 mai 1828, art. 474). — Ils doivent présenter : 1° le solde restant en caisse et en portefeuille au commencement de chaque gestion ; — 2° les recettes et les dépenses de toute nature effectuées pendant la gestion sur chaque année ; — 3° le montant des valeurs en caisse et en portefeuille composant leur reliquat à la fin de leur gestion (Ord. 23 avr. 1823, art. 11, 31 mai 1828, art. 475). C'est donc à la fois le compte des sommes qui ont été reçues et dépensées dans la durée de l'exercice, et de plus l'état ou le compte de la caisse du receveur municipal. Ainsi, on prend pour point de départ le solde des valeurs restant en caisse et en portefeuille au commencement de chaque exercice, solde constaté par le compte précédent, et l'on a pour résultat définitif le montant des valeurs en caisse et en portefeuille, produit par la récapitulation de leurs opérations au 31 décembre (Inst. sept. 1824 ; Rec. de Circ. t. 4 p. 293).

1. APUREMENT DES COMPTES. — Ces comptes doivent être présentés par le maire au conseil municipal, chargé de les examiner (Ord. 31 mai 1838, art. 479). Cet examen fait, ils doivent être soumis à l'autorité chargée de les juger, avant le 1er juillet de l'année qui suit celle pour laquelle ils sont rendus (Ord. 31 mai 1838, art. 479). Ces comptes sont d'abord remis au sous-préfet, qui y joint toujours son avis et les fait parvenir au préfet. Aux termes de l'Ord. 28 janvier 1815, art. 10, le préfet, en conseil de préfecture, réglait les comptes des receveurs communaux pour les communes dont les budgets n'étaient pas arrêtés par ordonnance royale. Il a été jugé, en conséquence, qu'un conseil de préfecture était incompétent pour faire ce règlement (Ord. Cons. d'Ét. 26 mai 1824). — Mais bientôt les sous-préfets furent chargés de régler les comptes des communes ayant moins de 100 francs de revenu ; les conseils de préfecture, ceux des communes dont les revenus n'étaient pas de 10,000 francs ; la cour des comptes vérifiait et apurait les autres (Ord. 23 avr. 1823, art. 6).

Les comptes du receveur municipal sont aujourd'hui définitivement apurés par le conseil de préfecture, pour les communes dont le revenu n'excède pas 30,000 francs, sauf recours à la cour des comptes ; et par cette dernière cour pour les communes ayant des revenus supérieurs (L. 18 juill. 1837, art. 66, Ord. 3 mai 1838, art. 483).

CHAPITRE III. — BIENS COMMUNAUX

[4488-4493]

4488. Droit de propriété. — Le mot *biens communaux* comprend tout ce qui peut être possédé à titre de propriété privée par une commune ; mais dans le patrimoine communal entrent aussi des choses qui ne seraient pas susceptibles de propriété privée, comme affectées à un service public. Quel que soit d'ailleurs le mode de jouissance du patrimoine de la commune, il ne faut en aucun cas le considérer comme appartenant individuellement aux habitants qui seraient à cet égard dans une espèce de communauté. Rien ne serait plus faux que cette idée. C'est la commune seule qui est propriétaire (Merlin *Rép.* v° *Communauté d'habitants* n° 2, Proudhon *Dom. de prop.* t. 3 n°s 875 et suiv.). La commune étant, aux termes de l'art. 2 L. 10 juin 1793, une société de citoyens unis par des relations locales, c'est-à-dire un corps moral dont la durée doit être indéfinie, les biens communaux qui en sont le patrimoine doivent avoir la même permanence et servir ainsi perpétuellement, soit aux besoins communs, soit à ceux des habitants, sans lesquels il n'y aurait pas de commune. Cette nécessité est évidemment incompatible avec un droit individuel de propriété, en vertu duquel chaque habitant pourrait à sa volonté demander le partage, et ses créanciers le demander au nom de leur débiteur, ou poursuivre l'expropriation forcée de sa part dans la communauté.

Il suit de là que les habitants ne sont que simples usagers en tant qu'ils jouissent *ut singuli* des biens communaux dont les fruits se perçoivent en nature, comme bois, pâturages, carrières, tourbières. Ils n'en jouissent que dans la mesure présumée de leurs besoins, à titre de servitude réelle activement inhérente soit aux aisances de leurs domiciles, soit à leurs héritages particuliers, pour l'utilité desquels ils ont été réservés en commun (Proudhon *Ibid.*). — Quant aux biens productifs dont les revenus ne se perçoivent que par fermages ou intérêts annuels, comme maisons, usines, rentes, les habitants n'y ont aucun droit *ut singuli* : ces revenus sont versés dans la caisse communale, et les habitants n'en profitent que parce que les fonds sont employés utilement pour les communes.

4489. Immeubles d'une utilité communale. — On range dans le domaine communal les places, les rues, les promenades publiques. La loi du 10 juin 1793, art. 5 sect. 1re les y range d'une manière expresse. Par leur nature, ces emplacements sont dans le domaine municipal. La commune en est déclarée propriétaire, parce qu'elle est censée en avoir fourni le fonds primitif, et s'ils changent de destination, ils rentrent dans son patrimoine proprement dit. — La commune est encore censée propiétaire, comme en ayant fourni l'emplacement, les ayant construits ou étant chargée de leur entretien, des hôtels de ville, salles de spectacle, maisons d'école, fontaines publiques, abattoirs et autres édifices publics (Heurion p. 162) et aussi des cimetières. Aux termes du Décret du 23 prairial an 12, les villes ou bourgs sont obligés de se procurer des cimetières hors de leur enceinte.

4490. Terres vaines et vagues. — De la maxime *nulle terre sans seigneur*, qui autrefois était presque générale, il résultait que les terres vaines et vagues et autres biens de la même nature étaient attribués aux seigneurs. Les communes ne pouvaient point, sans titre ou charte, ou sans des déclarations successives faites aux intendants des provinces, ou enfin sans la preuve du payement de certaines redevances censuelles ou autres prix de la concession à elles originairement faite, se prétendre propiétaires des terres vaines et vagues, marais et marécages situés dans leur territoire, et cela quoiqu'elles y conduisissent de temps immémorial leurs bestiaux, parce qu'elles étaient présumées ne l'avoir fait que par suite de la tolérance des seigneurs qui n'avaient aucun intérêt à leur interdire le pâturage sur des terrains qui ne leur produisaient aucun revenu. Mais l'art. 1er sect. 4 L. 10 juin 1793 déclare en principe que les terres vaines et vagues, les hermes, montagnes, marais, marécages et autres terrains non productifs, appartiennent de leur nature à la généralité des habitants ou membres des communes ou sections de commune dans le territoire desquelles ces terrains sont situés.

4491. Biens patrimoniaux. — On appelle biens *patrimoniaux* des communes les maisons, terres, bois, prés et autres immeubles produisant un revenu qui est versé à la caisse du receveur municipal. Les biens patrimoniaux sont dans le commerce et par conséquent aliénables et prescriptibles. Ils sont, en toutes choses, assimilés aux biens possédés par les particuliers.

4492. Biens communaux. — On désigne sous cette dénomination, ainsi que sous celle de *communs* ou *communaux*, les biens dont les habitants *jouissent en commun*, soit pour le pâturage de leurs bestiaux, soit pour leur chauffage, soit pour tout autre objet d'*utilité personnelle*. — Ces biens sont les prairies, les pacages livrés à la dépaissance des bestiaux, les bois dont le produit des coupes est partagé, les tourbières dont le produit est également partagé, en un mot tous les biens qui ne sont pas de la nature de ceux qui font l'objet des articles précédents.

On ne doit point regarder comme *communal* un bien sur lequel une commune n'a qu'un droit d'*usage;* mais ce droit a pu faire passer dans ses mains une portion de la propriété par l'effet du *cantonnement*.

Le mode de jouissance des biens communaux ne peut être changé sans une ordonnance émanée du Gouvernement, soit que les habitants, n'ayant pas profité du bénéfice de la loi du 10 juin 1793, aient laissé subsister l'ancien mode de jouissance, soit qu'ils aient changé ce mode par un acte régulier, mais suivi d'une exécution paisible et de bonne foi (A. Cons. d'Ét. 7 mai 1808, art. 81 *bis* J. N.).

4493. Partage. — Le partage de tous les biens, de quelque nature qu'ils soient, appartenant aux communes, a été autorisé par la loi du 10 juin 1793, sect. 1re art 3. — Néanmoins les art. 4 et 5 exceptent du partage les bois communaux, les places, promenades et voies publiques, ainsi que les édifices à l'usage des communes.

Le partage des biens communaux se faisait d'abord par tête d'habitants domiciliés de tout âge et de tout sexe (Même loi, sect. 2 art. 1er). Mais il a lieu maintenant par feux (A. Cons. d'Ét., 26 avr. 1806 et 20 juill. 1807, 15-82 J. N.; — Cass. 21 janv. 1852; S. 53-1-39, P. 52-1-289; 26 mars 1867, S. 67-1-334; 26 mai 1869, S. 69-1-463). — Chaque habitant jouit en toute propriété de la portion qui lui échoit dans le partage (Même loi, sect. 2 art. 12). En conséquence, il peut la vendre, l'aliéner et en disposer comme il le juge convenable (L. 9 vent. an 13 art. 3).

CHAPITRE IV. — TIMBRE ET ENREGISTREMENT

[4494-4498]

4494. Règle générale. — Les communes sont, relativement à l'État, comme des individus, et elles doivent supporter toutes les charges publiques auxquelles les citoyens sont assujettis. Telle est la règle générale. Il ne peut y avoir d'exceptions que celles qui sont expressément établies par la loi ou par des règlements. — V. *Acte administratif.*

Par la même raison, les communes ne doivent pas être tenues d'acquitter des droits que ne payent pas les citoyens individuellement. Il doit y avoir parité dans l'un comme dans l'autre cas.

Ce principe s'applique à l'administration des biens des communes; mais il n'en est plus de même s'il s'agit d'actes de simple police, ou relatifs à l'administration publique en général. Ces actes ne sont plus des actes d'administration communale, des actes dans l'intérêt privé de la commune : ce sont des actes de l'*autorité publique*, qui sont soumis à d'autres règles. — V. *Acte administratif.*

4495. Expertise. — Lorsqu'une expertise doit être provoquée contre une commune pour dissimulation de prix ou insuffisance de revenu, la demande peut être introduite selon le mode prescrit par la loi du 22 frimaire an 7 sans qu'il soit nécessaire de présenter au préfet le mémoire préalable exigé par l'art. 51 L. 18 juill. 1837 (Sol. 6 sept. 1842 13009 J. E.). — V. 9710-9946.

4496. Poursuites. — Les communes ne pouvant rien payer qu'après autorisation, lorsque l'une d'elles est débitrice envers l'Administration, il n'y a pas lieu de décerner contrainte; le directeur doit se borner à se pourvoir devant le préfet pour qu'il porte au budget la somme réclamée (A. Cons. d'Et. 11 mai 1813, 642 I. G.).

4497. Communication. — Les registres et minutes d'actes relatifs à l'administration des communes et assujettis au timbre et à l'enregistrement doivent être communiqués, sans déplacement, aux préposés de l'Enregistrement (Déc. 4 mess. an 13, 293 I. G.). — V. *Communication.*

4498. Emprunts. — Les emprunts des communes contractés soit de gré à gré, soit par adjudication, sont exempts de l'enregistrement. — V. *Actes administratifs.*

Mais ils donnent ouverture à l'impôt direct sur le revenu. — V. *Impôt direct.*

S'il y a eu émission de titres, ces titres sont sujets au timbre et au droit de transmission. — V. *Effets de commerce* et *Droit de transmission.*

COMMUNE RENOMMÉE.

4499. — Notoriété publique, opinion générale sur l'existence de certains faits, ou sur la consistance et la valeur des biens que quelqu'un possédait à une certaine époque.

4500. Preuve. — Le C. C. admet, en plusieurs cas, ce genre de preuve (1415, 1442 et 1504 C. C.). — Dans le cas de l'art. 1415, la preuve par commune renommée peut être faite non-seulement contre le mari, mais encore à l'égard des tiers (C. Bordeaux 20 juin 1826, S. 26-2-309).

4501. Enquête. — Dans l'enquête par commune renommée, le témoin ne doit pas se borner à déclarer ce qu'il a vu ou entendu; mais il doit émettre son opinion sur la valeur estimative des choses dont on recherche la consistance, comme s'il avait été expert pour en faire l'appréciation, en sorte que les éléments de son opinion peuvent résulter, non-seulement de ce qu'il a vu par lui-même, mais encore de l'opinion publique telle qu'il a pu l'apprécier dans le temps. Il y a donc, dans l'enquête par commune renommée, quelque chose d'exorbitant; mais ce moyen est juste à l'égard de celui qui, omettant de faire inventaire, a voulu se ménager la faculté d'abuser de tout (Proudhon *de l'Usufruit* n° 163, Bellot *du Contrat de mariage* t. 1er p. 80). — Cette sorte d'enquête est d'ailleurs soumise aux mêmes règles que les enquêtes ordinaires; et il a été jugé que la loi, en disant que la preuve par commune renommée *pourra être faite*, s'en réfère à la conscience discrétionnaire des juges pour l'autoriser ou la refuser, d'après l'appréciation des faits articulés (Cass. 26 juill. 1827, S. 27-1-521).

1. RENVOI. — L'enquête est une procédure généralement interdite en matière d'enregistrement. — V. *Expertise*, *Instance.*

COMMUNE (FEMME).

4502. — On appelle *femme commune* celle qui est en communauté de biens avec son mari, et *femme non commune* celle qui a été mariée dans un pays où la communauté n'a pas lieu, ou qui a stipulé en se mariant qu'il n'y aurait point de communauté.

Il ne faut pas confondre la femme *séparée de biens* avec la femme *non commune*. En effet, une femme peut être séparée de biens par contrat de mariage ou depuis, et, dans l'un et l'autre cas, elle a l'administration de ses biens; tandis que la femme qui est simplement *non commune* ne peut devenir telle que par son contrat de mariage, et elle n'a pas pour cela l'administration de ses biens.

COMMUNICATION.

DIVISION

SOMMAIRE

CHAPITRE PREMIER. — DISPOSITIONS GÉNÉRALES

[4503-4515]

4503. Définition. — La communication est la représentation d'actes, de pièces, de registres et autres documents.

4504. Législation. — Dans le but de faciliter la surveillance qui doit être exercée pour assurer l'exécution non-seulement des lois fiscales, mais encore de celles qui ont pour objet direct l'ordre public et l'intérêt des familles, le législateur a accordé aux préposés de l'Enregistrement le droit dese faire représenter les actes, registres ou documents dont la communication a paru nécessaire à l'exercice de leur mission de contrôle.

Les textes qui leur ont attribué ce droit d'investigation sont les suivants :

1. DÉPOTS PUBLICS. — Les dépositaires des registres de l'état civil, ceux des rôles des contributions et tous autres chargés des archives et dépôts de titres publics, seront tenus de les communiquer, sans déplacer, aux préposés de l'Enregistrement, à toute réquisition et de leur laisser prendre, sans frais, les renseignements, extraits et copies qui leur seront nécessaires pour les intérêts de la République, à peine de 50 francs (10 fr.) d'amende pour refus constaté par procès-verbal du préposé, qui se fera accompagner, ainsi qu'il est prescrit par l'art. 52 ci-dessus, chez les détenteurs et dépositaires qui auront fait refus. — Ces dispositions s'appliquent aussi aux notaires, huissiers, greffiers et secrétaires d'administrations centrales et municipales, pour les actes dont ils sont dépositaires » (L. 22 frim. an 7, art. 54).

2. RÉPERTOIRES. — Les notaires, huissiers, greffiers et secrétaires seront tenus de communiquer leurs répertoires, à toute réquisition, aux préposés de l'Enregistrement qui se présenteront chez eux pour les vérifier à peine d'une amende de 50 francs (10 fr.) en cas de refus. Le préposé, dans ce cas, requérera l'assistance d'un officier municipal, ou de l'agent ou de l'adjoint de la commune du lieu, pour dresser, en sa présence, procès-verbal du refus qui aura étéfait (L. 22 frim. an 7, art. 52).

3. ÉTABLISSEMENTS PUBLICS. — Les seuls actes dont il devra être tenu répertoire sur papier timbré dans les préfectures, sous-préfectures et mairies et dont les préposés pourront demander communication, sont ceux dénommés dans l'art. 78 de la présente loi (L. 15 mai 1818, art. 82).

Ces actes sont : 1° ceux portant transmission de propriété, d'usufruit et de jouissance, les adjudications ou marchés de toute nature, aux enchères, au rabais ou sur soumission; — 2° les cautionnements relatifs à ces actes (*Idem*, art. 78).

4. SOCIÉTÉS. — REGISTRES A SOUCHE DES ACTIONS ET OBLIGATIONS. — Le dépositaire du registre à souche (duquel sont tirés les titres ou certificats d'actions) est tenu de le communiquer aux préposés de l'Enregistrement, selon le mode prescrit par l'art. 54 L. 22 frimaire an 7 et sous les peines y énoncées (L. 5 juin 1850, art. 16).

La même injonction a été établie en ce qui concerne le registre à souche des obligations (L. 5 juin 1850, art. 28).

Registres des transferts. — Les dépositaires des registres à souche et des registres de transferts et conversion des titres de sociétés, compagnies et entreprises, seront tenus de les communiquer sans déplacement, ainsi que toutes les pièces et documents relatifs auxdits transferts et conversions, aux préposés de l'Enregistrement, à toute réquisition, et de leur laisser prendre, sans frais, les renseignements, extraits et copies qui seront nécessaires dans l'intérêt du Trésor public, à peine de l'amende prononcée par l'art. 10 L. 23 juin 1857 pour chaque refus (amende de 100| à 5,000 fr.). Le refus de la société ou de ses agents sera établi, jusqu'à inscription de faux, par le procès-verbal du préposé affirmé dans les vingt-quatre heures (Déc. 17 juill. 1857, art. 9).

5. DÉPARTEMENTS. — COMMUNES ET ÉTABLISSEMENTS PUBLICS. — REGISTRE A SOUCHE D'OBLIGATIONS. — Les titres seront tirés d'un registre à souche. Le dépositaire du registre sera tenu de le communiquer aux préposés de l'Enregistrement, selon le mode prescrit par l'art. 54 L. 22 frimaire an 7 et sous les peines y énoncées (L. 5 juin 1850, art. 28).

6. ASSURANCES. — *Assurances terrestres.* — *Répertoires.* — *Polices.* — Les sociétés, compagnies et assurances seront tenues d'avoir, au siége de l'établissement, un répertoire sommaire en un ou plusieurs volumes non sujets au timbre... Ce répertoire sera soumis au visa des préposés de l'Enregistrement, selon le mode indiqué par la loi du 22 frimaire an 7. Les préposés de l'Enregistrement peuvent exiger, au siége de l'établissement, la représentation : 1° des polices en cours d'exécution, ou renouvelées par tacite reconduction depuis au moins six mois; — 2° de celles expirées depuis moins de deux mois (L. 5 juin 1850, art. 35).

Chaque contravention aux dispositions de l'article précédent sera passible d'une amende de 10 francs (L. 5 juin 1850, art. 36).

Assurances maritimes. — *Répertoire.* — Les compagnies d'assurances maritimes seront tenues d'avoir, dans chaque agence, un répertoire non sujet au timbre... Ce répertoire sera soumis au visa des préposés de l'Enregistrement selon le mode indiqué par la loi du 22 frimaire an 7, et, toutes les fois qu'ils le requerront, la représentation des polices pourra être exigée au moment du visa (*Idem*, art. 44).

Idem. — *Assurances particulières.* — Quiconque voudra faire des assurances maritimes, autrement que par l'entremise des notaires ou des courtiers, sera tenu de se conformer à l'art. 43 § 1er de l'art. 44. Le répertoire des assureurs particuliers ne donnera lieu qu'au visa prescrit par l'art. 51 L. 22 frimaire an 7. La représentation des polices pourra être exigée lors du visa (*Idem*, art. 45).

Chaque contravention à l'art. 44 § 2 de l'art. 45 sera passible d'une amende de 10 francs (*Idem*, art. 46).

Idem. — *Courtiers.* — *Notaires.* — *Registres.* — Le livre que les courtiers doivent tenir, conformément à l'art. 84 C. comm., sera assujetti au timbre de dimension. Les notaires seront tenus, comme les courtiers, d'avoir un registre spécial et timbré sur lequel ils transcriront les polices des assurances faites par leur ministère. Le livre des courtiers et le registre des notaires seront soumis au visa des préposés de l'Enregistrement, toutes les fois que ceux-ci le requerront. Toute contravention aux dispositions de cet article emportera une amende de 50 francs (*Idem*, art. 47).

7. ASSURANCES. — *Taxe d'enregistrement.* — Pour opérer la liquidation générale (de la taxe due pour l'exercice entier), les sociétés, compagnies et assurances remettent au receveur de l'Enregistrement, avec la balance des comptes ouverts à leur grand livre, un état récapitulatif de totalité des opérations de l'année précédente. Cet état, dûment certifié, est vérifié au siége social par les agents de l'Administration auxquels sont représentés, à toute réquisition, tous les livres, registres, polices, avenants et autres documents, quelle que soit d'ailleurs leur date (Déc. 27 nov. 1871, art. 8, dernier alinéa).

8. CHEMINS DE FER. — RÉCÉPISSÉS. — Les préposés de l'Enregistrement sont autorisés à prendre communication des registres à souche des récépissés ainsi que de ceux mentionnés par l'art. 50 de l'Ord. du 15 novembre 1846 (registres d'expédition) et des pièces relatives aux transports qui y sont énoncés. — La communication aura lieu selon le mode prescrit par l'art. 54 L. 22 frimaire an 7 et sous les peines y portées (L. 13 mai 1863 art. 10).

9. MAGASINS GÉNÉRAUX. — Les dépositaires des registres des magasins généraux sont tenus de les communiquer aux préposés de l'Enregistrement, selon le mode prescrit par l'art. 54 L. 22 frimaire an 7, et sous les peines y énoncées (L. 28 mai 1858, art. 13).

10. MESSAGERIES ET ROULAGE. — Les préposés de l'enregistrement sont autorisés, tant pour s'assurer de la sincérité des déclarations prescrites que pour y suppléer, à vérifier les registres qui doivent être tenus par les entrepreneurs de messageries et de roulage (Déc. 13 août 1810, art. 1er).

Les livres ou registres de factage ou de camionnage seront présentés à toute réquisition aux agents de l'enregistrement. Chaque contravention sera punie d'une emende de 50 francs et de 100 fr. en cas de récidive dans le délai d'un an (L. 30 mars 1872, art. 2).

11. DISPOSITIONS GÉNÉRALES. — LOIS DE 1871 ET DE 1875. — Ces dispositions ont été confirmées et étendues d'une manière très-caractéristique par les lois du 23 août 1871 et 21 juin 1875.

Après 1870, la situation budgétaire était devenue difficile. Il a fallu trouver des impôts nouveaux. En créant des taxes supplémentaires, le Gouvernement a voulu, en même temps, que les anciennes produisissent tout ce qu'elles pouvaient donner. Il est devenu indispensable, dans ce but, d'armer le Trésor de moyens énergiques pour forcer au payement des anciens droits les contribuables qui s'en exemptaient. La loi du 23 août 1871 a, dans ce but, considérablement élargi le droit de recherche dans les Sociétés. Elle a décidé, par son article 22, que « les Sociétés, Compagnies, assureurs, entrepreneurs de « transports et tous autres assujettis aux vérifications des « agents de l'enregistrement par les lois en vigueur, seraient « tenus de représenter auxdits agents leurs livres, registres, « titres, pièces de recette, de dépense et de comptabilité, afin « qu'ils s'assurent de l'exécution des lois sur le timbre. »

Les sociétés assujetties aux vérifications d'après cette loi sont toujours, comme auparavant, celles, de quelque nature qu'elles soient, qui émettent des titres d'actions ou d'obligations. Mais la communication ne se restreint plus aux titres ou aux registres dont ces titres sont extraits. Elles s'appliquent à toutes les pièces de comptabilité et à tous les livres ou registres spéciaux. D'autre part, au lieu d'être limitée à la perception des droits spéciaux de timbre résultant de la loi du 5 juin 1850, l'investigation porte sur tous les droits de timbre en général, timbre d'effets de commerce, timbre de quittances, timbre d'actes ordinaires, etc.

Le Gouvernement ne s'en est pas tenu là. Les impôts votés en 1870 et en 1871 n'avaient que commencé l'œuvre de la reconstitution financière du budget. Lorsque la liquidation de la guerre fut terminée et qu'on put mesurer la profondeur du gouffre de nos déficits, il fallut faire un nouvel et puissant appel aux contribuables. Les sessions de 1872 à 1875 ne furent qu'une succession de mesures votées pour accroître laborieusement les taxes. Les droits d'enregistrement n'avaient pas été jusqu'alors profondément touchés. Il parut qu'on pouvait leur demander une large contribution complémentaire. De là une série de lois destinées à atteindre les assurances, les ouvertures de crédit, les valeurs étrangères, les successions et la plupart des actes ordinaires de la vie.

En terminant sa tâche, le législateur a dû faire, pour cette partie de l'impôt, ce qu'il avait déjà fait pour le timbre. Il a cherché le moyen d'assurer la perception des droits qu'il venait d'établir ou de majorer. Et pour cela il a étendu de nouveau le droit d'investigation accordé aux agents de l'administration.

C'est la loi du 21 juin 1875 qui a consacré ce résultat dans les termes suivants : « Les Sociétés, Compagnies d'assurances, assureurs contre l'incendie, et tous autres assujettis aux vérifications de l'administration, sont tenus de communiquer aux agents de l'enregistrement, tant au siége social que dans les succursales et agences, les polices et autres documents énumérés dans l'article 22 de la loi du 23 août 1871, afin que ces agents s'assurent de l'exécution des lois sur l'enregistrement et le timbre[1]. »

4504 *bis*. Économie de la loi du 21 juin 1875. — L'économie de cette disposition est facile à saisir.

On voit tout d'abord qu'ici, comme dans la loi de 1871, le cercle des Compagnies sujettes aux investigations de la régie, n'est pas élargi. Il s'agit également des Compagnies civiles ou commerciales qui ont émis des titres sujets à l'impôt du timbre et au droit de transmission.

D'un autre côté, rien n'est changé à l'égard des documents à communiquer. Il faut toujours faire passer sous les yeux des agents « les livres, registres, titres, pièces de dépenses ou de comptabilité. »

Mais deux innovations importantes sont introduites dans la loi.

La première, c'est que les vérifications au lieu d'être effectuées, comme sous l'empire de la loi de 1871, au siége seul des Sociétés, peuvent l'être dorénavant dans leurs agences ou dans leurs succursales.

La seconde modification est de beaucoup la plus grave, c'est que l'Administration peut exercer son droit d'investigation pour recouvrer les droits d'enregistrement des actes qui lui sont communiqués et qui auraient été soustraits à la perception.

Les cas dans lesquels cette circonstance se produit sont très-nombreux. Il suffira d'en citer quelques-uns pour faire comprendre la portée de la mesure.

Beaucoup de sociétés font à leurs clients des ouvertures de crédit. L'acte de prêt est provisoirement affranchi du droit proportionnel d'obligation fixé à 1 30 0/0 du montant de la somme empruntée. Mais ce droit est dû dès que le crédit est réalisé. Or, comme la réalisation résulte du versement des fonds au crédité, l'examen des livres sociaux et des pièces de dépense de la Compagnie, permettra infailliblement à la régie de constater le fait. Elle réclamera donc le droit à la Société.

Une hypothèse plus fréquente est celle des comptes courants créditeurs ouverts à des clients décédés. D'après la loi, ces soldes actifs doivent être compris par les héritiers dans la déclaration de succession de leur auteur. Jusqu'à présent, ils échappaient à la taxe des successions, parce que le retrait en était opéré aussitôt pour les premiers besoins de la liquidation. Les employés de l'administration pouvant vérifier à toute époque les comptes courants de l'espèce, auront inévitablement le moyen de découvrir l'existence de la créance et de la ramener sous la règle du tarif.

Un résultat pareil se produit en ce qui concerne les polices d'assurances sur la vie. Les lois nouvelles ont assujetti au droit d'enregistrement tous les capitaux ou les rentes assurées par le défunt au profit de ses héritiers ou d'autres personnes. Il suffira à l'enregistrement de faire faire le relevé des polices dans les Sociétés d'assurances, pour atteindre toutes ces valeurs jusqu'à ce jour exemptées de la taxe.

4505. Limites au droit de recherche. — Ces points généraux établis, nous avons à déterminer les limites dans lesquelles s'exerce le droit de vérification résultant des lois de 1871 et de 1875.

Trois questions distinctes se présentent à l'examen.

1. L'abrogation de cette loi a été proposée par un amendement présenté à la séance de la Chambre des députés du 21 mars 1878 et retiré par son auteur (4910 R. P.).

Quelles sont les Sociétés ou les Compagnies assujetties à la vérification des agents du Trésor?

Quelles pièces doivent-elles communiquer?

Quelles sont les conséquences fiscales de cette communication?

1. SOCIÉTÉS SOUMISES A LA VÉRIFICATION. — Les Sociétés soumises à la vérification sont de deux natures : les Sociétés en général et les Sociétés d'assurances ou de transports en particulier.

La loi a soumis ces deux dernières à la vérification des agents de la régie d'une manière absolue et sans distinction. Elle accorde même à ces agents le droit de pénétrer chez les assureurs ou chez les entrepreneurs de transports qui ne sont pas en Société et qui exercent individuellement leur industrie. Par conséquent, toutes les Compagnies d'assurances, sous quelque forme qu'elles soient constituées, toutes les Sociétés de transport, de quelque nature que ce soit, doivent se soumettre aux investigations fiscales.

Entrepreneurs de transport. — Il importe cependant de faire une remarque sur ce point. La loi du 23 août 1871, en assujettissant à la vérification « les entrepreneurs de transport » sans distinction, n'a pas néanmoins entendu soumettre à cette obligation les personnes qui font un transport isolé pour le compte d'un tiers. Ces personnes sont bien, pour l'objet spécial du marché qu'elles ont conclu, soumises aux règles du contrat de commission; mais elles n'ont pas le caractère de ces entrepreneurs de transport auxquels s'applique la loi : on réserve cette qualification aux entrepreneurs publics, c'est-à-dire à ceux qui font métier de transporter les voyageurs ou les marchandises. « Ceux qui se chargent, disent les auteurs, de faire conduire dans un lieu désigné par des intermédiaires qu'ils emploient, les choses qu'on leur a confiées, peuvent être appelés des entrepreneurs de transport. Ces derniers sont de deux sortes. Ceux qui ont annoncé leur établissement au public avec des conditions de prix, de périodicité de jours et d'heures pour le départ, sont les entrepreneurs publics. Les autres, qui n'ont pas de prix annoncés d'avance, de service régulier, qui se chargent des transports quand bon leur semble et moyennant une rétribution fixée chaque fois, sont des entrepreneurs particuliers » (Dalloz v° *Commission*, n° 300). » Dans cette dernière classe il faut ranger, *a fortiori*, les entrepreneurs qui ne mettent pas leurs services à la disposition du public, mais qui s'engagent seulement à faire, pour un particulier ou pour une société, des transports déterminés. Il n'en serait autrement que si la convention passée avec la société tendait précisément, comme cela arrive en matière de camionnage de chemins de fer, à fournir au public un moyen de locomotion ou de transport rentrant, par ses effets, dans la catégorie des entreprises publiques (V. Châteaudun, 26 fév. 1875, 4504-2 R. P.). Il appartient aux tribunaux d'apprécier, d'après les circonstances de fait, quand un particulier qui effectue habituellement des transports est ou non un entrepreneur public. Mais quand il est reconnu que l'entreprise a un caractère privé, le droit de vérification ne peut s'exercer (V. Roanne, 23 janv. 1874, 3796 R. P.).

Ainsi, il a été jugé que le commissionnaire de roulage est tenu de communiquer tous les registres relatifs à l'entreprise publique de transports dont il s'occupe, mais que le droit de communication ne s'étend pas aux registres concernant l'exécution d'un marché particulier de transport passé avec une société (Remiremont, 19 mai 1877).

Autres sociétés. — Il n'en est plus ainsi pour les autres sociétés. Le droit de communication n'a été établi par les lois du 5 juin 1850 et du 23 juin 1857 qu'à l'égard des sociétés qui émettent des actions ou des obligations. Les lois nouvelles des 23 août 1871 et 21 juin 1875 n'ont pas modifié ce principe. Elles ont eu soin, au contraire, d'exprimer que la vérification étendue qu'elles autorisaient était limitée aux Compagnies chez lesquelles les agents de l'Etat pouvaient pénétrer en vertu des lois en vigueur. Il s'ensuit que toute société qui n'a pas émis de titres d'actions ou d'obligations est affranchie du contrôle fiscal. De ce nombre, sont notamment les sociétés en nom collectif et les commandites simples. Mais dès qu'une Compagnie a émis des titres, elle tombe sous l'application de la loi, sans distinction aucune. C'est ainsi qu'il a été reconnu par le tribunal de la Seine, le 19 février 1876, que le droit de vérification s'étend sur toutes les sociétés d'actionnaires, sans réserve (4327 R. P.), et que le tribunal de Saint-Quentin a jugé, le 11 décembre 1874, qu'il en est ainsi spécialement des maisons de banque par actions (4003 R. P.).

Ce point là est constant. Peu importe donc la nature des opérations de la société et peu importe aussi son caractère, soit civil, soit commercial. A-t-elle émis des titres soumis aux droits de timbre et de transmission établis par les lois de 1850 et de 1857? Cela suffit pour autoriser l'exercice complet de la vérification du Trésor.

2. DOCUMENTS A COMMUNIQUER. — REGISTRES. — Quels documents doivent être communiqués?

L'article 22 de la loi du 23 août 1871 répond qu'il faut représenter « les livres, registres, titres, pièces de recette, de dépense et de comptabilité. » C'est également la disposition de l'article 7 de la loi du 21 juin 1875.

L'énumération qui précède est générale. Il est difficile de trouver dans les sociétés un document important qui ne tombe pas sous son application.

La loi parle d'abord des livres et des registres sans limitation; il en résulte qu'il faut communiquer tous les registres, quel qu'ils soient, constituant la comptabilité commerciale d'une Compagnie. Le tribunal de la Seine l'a décidé ainsi par plusieurs jugements (19 février 1876, 4327 R. P.; 9 février et 22 juin 1877). — V. *infrà*, § 5.

3. TITRES. — Le texte vise ensuite les *titres*. On a essayé de soutenir que cette expression s'adresse seulement aux titres d'actions et d'obligations émis par les Compagnies. Mais cette interprétation n'a pas été accueillie; la jurisprudence a décidé que le mot titres avait ici un sens général et qu'il s'appliquait à tout acte de nature à constater l'existence du droit, par exemple à un acte sous seing privé par lequel une Compagnie de chemin de fer a acquis d'une autre Compagnie l'exploitation d'une ligne (Seine 8 déc. 1876, 4624 R. P.).

4. PIÈCES DE DÉPENSE ET DE RECETTE. — On doit, en troisième lieu, communiquer les pièces de recette, de dépense et de comptabilité, c'est-à-dire à peu près tous les documents existants dans les sociétés. Il y a peu de pièce, en effet, qui ne rentre pas dans cette énumération. De près ou de loin, tous les écrits conservés par les Compagnies pour justifier l'accomplissement d'une opération faite avec un tiers ou pour son compte sont des pièces de comptabilité.

La Cour de cassation a eu à examiner, à cet égard, quelle devait être l'étendue de la vérification appliquée aux pièces de comptabilité. Elle a rendu, le 7 janv. 1878, deux arrêts portant :

« Sur le moyen unique du pourvoi, tiré de la violation et fausse application de l'art. 22 de la loi du 23 août 1871 et de l'art. 7 de la loi du 21 juin 1875; — Attendu qu'aux termes desdits articles, les sociétés sont tenues de représenter, aux agents de l'enregistrement, leurs livres, registres, titres, pièces de recette, de dépense et de comptabilité; que cette disposition est générale et absolue; qu'elle ne permet pas de distinguer entre les pièces essentielles de la comptabilité et les écritures accessoires qui seraient considérées comme d'ordre et d'administration intérieure; — Que, dès lors, en validant la contrainte décernée par l'Administration pour refus de communication de tous les livres, registres, titres, pièces de dépense et de comptabilité, et de tous autres documents qu'il paraîtrait utile de consulter pour prouver la réalisation d'un certain nombre de crédits ouverts par la Société, le jugement attaqué, loin de violer les articles précités, en a fait, au contraire, la plus juste application » (4860 R. P., I. G. 2591).

5. LETTRES ET CORRESPONDANCES. — Mais faut-il comprendre parmi ces documents les lettres et la correspondance? La question a été posée à l'Assemblée nationale dans la séance du 28 mars 1872, et elle a provoqué, de la part de la commission du budget, l'explication suivante :

« M. Foubert demande que l'Administration n'ait pas le droit de lire toutes les correspondances. Je dois dire que telle est aussi l'intention de la Commission et celle de l'Administration. D'abord il est certain que le droit d'investigation du fisc ne peut s'exercer que dans les sociétés dénommées en l'article 22 de la loi de 1871 et non chez les particuliers, banquiers, commerçants ou industriels. Il est certain, en outre, que lorsqu'une lettre n'a pas pour objet une quittance, un reçu ou une décharge, l'administration n'a pas le droit d'en prendre communication. Il faut donc faire une distinction, tracer une ligne de démarcation bien nette. « Ainsi, pour les lettres qui contiennent reçu, décharge ou quittance et qui sont devenues des documents de comptabilité, la Régie a le droit incontestable d'en prendre connaissance. Quant aux lettres qui sont étrangères à cet objet, l'Administration n'a pas le droit d'en exiger l'exhibition. Comment le saura-t-on? C'est bien simple. On ne prend pas communication de toutes les lettres, mais on prend connaissance des registres de comptabilité. Or, on demandera, au vu des livres, la représentation des pièces qui sont relatives à des réceptions ou à des quittances constatées par ces livres et donnant lieu au droit de timbre. Ce sont là les correspondances dont l'Administration est autorisée à demander communication. C'est là la règle. »

L'interprétation qui précède a été exacte tout le temps que le droit de vérification a été limité à la perception du droit de timbre. Mais elle doit être modifiée depuis que la loi du 21 juin 1875 a étendu le contrôle à l'exécution non-seulement des lois sur le timbre, mais encore des lois sur l'enregistrement. Ce n'est plus uniquement quand la lettre renferme une quittance sujette au droit de 10 centimes que la communication est prescrite; c'est encore quand elle renferme la preuve d'une convention ou d'un fait donnant lieu à un droit d'enregistrement. Mais il nous semble que le mode de vérification n'a pas été changé. L'agent du Trésor ne peut pas demander qu'on lui remette toutes les correspondances, afin de démêler dans les liasses, les lettres dont il a besoin. Il ne peut que requérir la remise des lettres dont l'existence est constatée par les registres de comptabilité et dont le but ressort des mentions inscrites sur ces registres. L'Administration l'a ainsi décidé le 5 nov. 1875.

6. LIVRES OBLIGATOIRES. — D'assez nombreuses difficultés ont surgi en ce qui concerne les livres dont la tenue n'est pas obligatoire d'après la loi. Les sociétés prétendaient que le législateur n'avait entendu parler que des registres prescrits par le Code de commerce.

Mais leur opinion n'a pas été accueillie par les tribunaux. Plusieurs jugements ont décidé que les termes employés par le législateur ont l'extension la plus ample et qu'ils se réfèrent à tous les livres dont la tenue est ou non obligatoire. Ils l'ont ainsi reconnu notamment pour les livres de dépôt de titres, les livres des bons à échéance et les livres de comptes courants de chèques (Chalon-sur-Saône, 8 fév. 1877; — Lyon, 3 juill. 1877; — Mâcon, 20 fév. 1877, 4612 R. P.; — Vienne, 15 juin 1877, 4738 R. P.; — Tournon, 9 janv. 1877 4561 R. P.; — Seine, 19 fév. 1876, 4327 R. P.; — 19 fév. et 22 juin 1877; — Cass., 8 nov. 1876, 4539 R. P.).

Ce dernier arrêt est ainsi conçu : « Attendu que la communication demandée à la société, le 16 août 1875, de ses registre de comptabilité à partir du 1er janvier 1872, l'a été non-seulement en vertu de la loi du 21 juin 1875, mais encore en vertu de la loi du 23 août 1871; — Que déjà assujettie aux vérifications de la Régie par les lois des 5 juin 1850 et 23 juin 1857, elle était tenue de communiquer les livres, registres et pièces de comptabilité indiqués dans l'article 22 de la loi du 23 août 1871, lequel, d'après ses termes formels, a eu pour objet de garantir à la fois le payement des impôts nouvellement créés et celui des impôts de même nature déjà existants; — Que le refus de communiquer les pièces demandées autres que les registres à souche et les registres de transfert des obligations, constituait la contravention prévue par ledit article, et qu'en le décidant ainsi, le jugement attaqué, loin d'en violer les dispositions, en a fait une exacte application. »

7. DOSSIERS DES DÉPOTS ET COMPTES COURANTS. — On s'est demandé spécialement si le registre des comptes courants ou celui des dépôts étant communiqué, il fallait encore remettre les dossiers relatifs à ces comptes courants ou à ces dépôts. L'affirmative a été décidée. Le tribunal de Lyon, par son jugement du 3 juillet 1877, a reconnu que la vérification pouvait s'exercer sur ces comptes, récépissés, décharges et autres documents relatifs aux dépôts de titres et valeurs. Une solution identique résulte d'un jugement du tribunal de Vienne du 15 juin 1877 (4738 R. P.) et d'un jugement du tribunal de Tournon du 9 janvier 1877 (4561 R. P.).

Ce dernier jugement a été maintenu en cassation par un arrêt de la chambre des requêtes du 7 janvier 1878, ainsi conçu :

« Sur le moyen unique du pourvoi, pris de la violation et fausse interprétation de l'art. 22 de la loi du 23 août 1871 et de l'art. 7 de la loi du 21 juin 1875; — Attendu qu'aux termes desdits articles les sociétés sont tenues de représenter aux agents de l'Enregistrement leurs livres, registres, titres, pièces de recette, de dépense et de comptabilité; que cette disposition est générale et absolue; qu'elle ne permet pas de distinguer entre les pièces essentielles de la comptabilité et les écritures accessoires qui seraient considérées comme d'ordre et d'administration intérieure; — Que, dès lors, en validant la contrainte décernée par l'Administration contre le Crédit lyonnais pour refus de communication du registre des dépôts de titres, du livre des bons à échéances et des comptes courants de chèques, le jugement attaqué, loin de violer les articles précités, en a fait, au contraire, la plus juste application » (4860 R. P.; I. G. 2591).

8. LIVRES DE L'EXERCICE COURANT. — Un autre point controversé mais aujourd'hui résolu a été celui de savoir si l'Administration pouvait obtenir la communication de tous les livres ou documents, sans acception de date, ou bien si la communication s'appliquait seulement aux livres et écritures postérieurs aux lois de 1871 et de 1875. La Cour de cassation a décidé, par un arrêt du 23 avril 1877, que la vérification n'est pas limitée aux livres de l'exercice courant : « Attendu, porte cet arrêt, sur le moyen unique du pourvoi, tiré de la violation de l'article 22 de la loi du 23 août 1871 et de l'article 7 de la loi du 21 juin 1875; — Attendu, en premier lieu, que ces dispositions autorisent l'Administration à demander la communication des livres et des autres documents qu'elles mentionnent, sans faire aucune distinction entre les livres qui seraient soumis au timbre et ceux qui n'y seraient pas soumis; — Attendu, en second lieu, qu'elles ne limitent pas aux livres de l'exercice courant l'usage du droit qu'elles confèrent à l'Administration et l'obligation qu'elles imposent aux Sociétés; — Attendu enfin que la réquisition adressée, dans

l'espèce, à la Société du Crédit agricole était justifiée par l'article 22 de la loi du 23 août 1871, et que le refus de déférer à cette réquisition suffisait pour motiver la contrainte qui a été décernée contre ladite Société; qu'il est dès lors inutile d'examiner, en l'état, si la réquisition dont il s'agit ne pouvait pas être également fondée sur l'art. 7 de la loi du 21 juin 1875; — Qu'il suit de ce qui précède que le jugement attaqué, loin de violer les lois précitées, s'est borné à en faire la stricte et nécessaire application; — Rejette » (4696 R. P.).

M. l'avocat général Reverchon a fait au sujet de cette instance les observations suivantes : « La prétention des parties ne peut pas se soutenir en présence des termes généraux et absolus des lois de 1871 et 1875, qui excluent toute exception et ne permettraient guère d'opposer que la prescription de trente ans. Nous pourrions dire que la question a déjà été tranchée en ce sens par votre arrêt du 8 novembre 1876 (*suprà* § 5), qui a reconnu que l'Administration avait pu exiger la communication des livres à dater du 1er janvier 1872; toutefois, comme le débat n'a pas porté alors sur le point spécial dont il s'agit aujourd'hui, nous ne voyons pas dans cet arrêt un précédent topique. Mais le texte précis de la loi suffit, et nous ajoutons que, si le législateur avait voulu restreindre sa disposition, il ne l'aurait sans doute pas limitée aux livres concernant l'exercice courant : ce délai lui eût probablement paru trop court pour atteindre le but qu'il se proposait, et l'on peut supposer que, sans porter ce délai jusqu'à trente ans, il l'aurait fixé tout au moins à trois, quatre ou cinq ans. Quoi qu'il en soit, c'est bien ici un de ces cas dans lesquels la jurisprudence est impuissante à refaire la loi » (4696 R. P.).

9. RÉTROACTIVITÉ. — L'application de la loi de 1875 a soulevé une autre difficulté très-grave. On s'est demandé si elle permettait aux agents de l'Administration de prendre connaissance des documents antérieurs à sa promulgation pour constater l'exigibilité de droits antérieurement acquis au Trésor.

L'affirmative a été admise par les tribunaux (Seine, 4 mars 1876, 4326 R. P.; 8 juill. 1876; 2 mars 1877, 4631 R. P.).

Elle a été contestée devant la Cour de cassation. Et voici en quels termes M. le conseiller Dareste l'a examinée à la chambre des requêtes. « On comprend très-bien que les moyens de preuve autorisés par la loi ancienne, sous l'empire de laquelle l'obligation a pris naissance, soient encore admissibles, bien qu'une loi nouvelle les ait rejetés, car autrement le droit même se trouverait compromis dans son existence; « mais, disent MM. Aubry et Rau (I, § 30, texte et n° 66), il ne faut pas conclure de là, en sens inverse, qu'un moyen de preuve autorisé par une nouvelle loi soit inadmissible par cela seul qu'il s'agirait d'un droit né sous l'empire d'une loi ancienne qui rejetait ce moyen de preuve. » Et les mêmes auteurs ajoutent en note : « S'il est vrai de dire que les droits acquis du créancier se trouveraient compromis par l'application d'une loi nouvelle qui le priverait d'un moyen de preuve autorisé par la loi en vigueur au moment où sa créance a pris naissance, on ne peut pas dire, à l'inverse, que l'admission d'un moyen de preuve autorisé par une loi nouvelle porte atteinte aux droits du débiteur. L'espérance que ce dernier peut avoir conçue, sous la législation antérieure, de se trouver à l'abri de toute recherche, par l'impossibilité où serait le créancier d'établir l'existence de sa créance conformément à cette législation, n'a aucun des caractères du droit acquis, et l'on reste dès lors sous l'empire du principe de l'application immédiate des lois nouvelles qui domine notre matière. » Les auteurs cités en sens contraire n'ont pas, à vrai dire, examiné la question. Ils ont émis des propositions générales, sans se demander si la règle ne comportait pas d'exceptions. On ne peut donc pas se prévaloir de leur silence. Vous penserez peut-être que, la question étant posée dans les termes que vous venez d'entendre, il est difficile de la résoudre autrement que ne l'ont fait MM. Aubry et Rau. En fait, d'ailleurs, il ne s'agit même pas d'une preuve nouvelle introduite par une loi postérieure. Avant comme après la loi de 1875, la preuve pouvait être faite dans l'espèce au moyen des livres et registres de la société, pourvu que ces livres et registres fussent venus régulièrement à la connaissance de l'Administration. La loi de 1875 a ouvert à l'Administration l'accès de ces livres et registres, que la société pouvait jusque-là tenir cachés; mais, si elle a rendu ce mode de preuve plus facile, si en fait elle lui a conféré une utilité pratique, en droit elle ne l'a pas créé; elle n'a fait que le perfectionner. Sans doute, l'Administration se trouve aujourd'hui dans une situation plus avantageuse pour elle à l'égard des redevables; mais cet avantage pourrait résulter de simples circonstances de fait aussi bien que d'une loi. On ne peut pas dire que le principe de la non-rétroactivité des lois est violé par cela seul que les chances de manifestations de la vérité sont devenues plus nombreuses. Il n'est pas non plus exact de dire, avec le pourvoi, que la communication des livres et registres était exclue par le lois antérieures. L'exclusion ne résultait que du silence de ces lois; le législateur ne s'était pas engagé, envers les parties, à ne faire subir à cet état de choses aucune modification. Du moment où cette modification était possible, les parties ont dû tenir compte de l'éventualité. Si elles ne l'ont pas fait, elles ne peuvent s'en prendre qu'à elles-mêmes. Enfin, le principe de la non-rétroactivité des lois n'est, après tout, qu'une présomption qui cède à la preuve contraire; or, en admettant même que la loi de 1875 ne puisse atteindre les faits antérieurs sans produire un effet rétroactif, ne faudrait-il pas alors déclarer que le législateur de 1875 a bien entendu rétroagir quand il a autorisé les agents de l'Enregistrement à exiger les communications dont il s'agit pour s'assurer de l'exécution des lois, sans distinguer entre les anciennes lois et les nouvelles? La preuve de cette intention résulterait forcément du but que le législateur s'est proposé, et qui ne serait pas complètement atteint si la portée de la loi se trouvait restreinte à l'avenir. Il s'agissait d'obtenir la preuve de faits qui jusque-là restaient cachés ou dissimulés, et que l'Administration, désarmée, ne pouvait atteindre. Il n'y avait pas de raison pour distinguer entre les faits postérieurs et les faits antérieurs, car les uns comme les autres étaient soumis au droit et n'y échappaient que par un abus, à la faveur d'une lacune des lois anciennes. Ainsi, à quelque point de vue qu'on se place, il semble que le jugement attaqué n'a nullement violé le principe de la non-rétroactivité des lois (4860 R. P.).

L'arrêt rendu sur ces observations le 13 novembre 1877, porte : « Attendu que d'après l'art. 7 de la loi du 21 juin 1875, les sociétés assujetties aux vérifications de l'Administration sont tenues de communiquer tous les documents énoncés dans l'art. 22 de la loi du 23 août 1871, afin que ces agents s'assurent de l'exécution des lois sur l'enregistrement et le timbre; qu'il résulte de ces termes mêmes que le législateur a eu en vue non-seulement les taxes créées par la loi du 21 juin 1875, mais les droits créés par les lois antérieures; qu'en autorisant les agents à exiger des communications que les lois antérieures ne rendaient pas obligatoires, la loi du 21 juin 1875 n'a porté atteinte à aucun droit acquis, et que par suite le jugement attaqué n'a pas violé le principe de la non-rétroactivité des lois » (4860 R. P.; I. G. 2591).

En transmettant cette décision aux préposés comme règle de perception dans l'Inst. n° 2591, l'Administration l'a accompagnée des observations suivantes : « L'Administration est fondée à invoquer, pour établir la réalisation des crédits et, partant, l'exigibilité des droits proportionnels d'enregistrement, tous les documents prévus par l'art. 7 de la loi du 21 juin 1875, alors même que ces documents remonteraient, comme l'ouverture et la réalisation des crédits, à une époque antérieure à la promulgation de la loi précitée. A ce point de vue particulier, l'application de la jurisprudence pourrait produire, en certains cas, des résultats très-rigoureux pour les compagnies. Elle les exposerait, en effet, à payer, au sujet d'opérations terminées depuis longtemps, des sommes dont il leur serait souvent impossible de récupérer le montant sur les crédités, par suite de décès, d'absence ou d'insolvabilité de ces derniers. Pour éviter ces inconvénients, le ministre a décidé le 16 janvier 1878, sur la proposition du directeur général, que les agents s'abstiendront de relever, au vu des documents mentionnés dans l'art. 7 de la loi du 21 juin 1875 et d'une date antérieure à la promulgation de cette loi, les droits relatifs à des crédits ouverts et réalisés avant la même époque. Les demandes qui auraient été faites dans ces conditions devront être abandonnées. Le directeur général rappelle aux agents de tous grades que le droit de vérification conféré à l'Administration doit être exercé avec une très-grande prudence. Les investigations indispensables pour assurer le recouvrement de l'impôt seront restreintes dans les limites aussi rigoureuses que possible, et il convient de ne pas les multiplier sans nécessité. Les directeurs auront à surveiller plus spécialement cette partie du service; ils ne négligeront rien pour éviter tout froissement, et ils tiendront la main à ce que les employés sous leurs ordres apportent dans leurs recherches la réserve et la modération compatibles avec les intérêts du Trésor; en cas de difficultés, ils devront en référer à l'Administration » (4860 R. P.).

10. LOIS SUR LE TIMBRE ET SUR L'ENREGISTREMENT. — Autrefois la vérification était limitée par l'art. 22 de la loi du 23 août 1871 à l'exécution des lois sur le timbre. D'où nous avions conclu que l'Administration devait d'abord établir que la pièce dont elle demandait communication était de celles qui sont sujettes au timbre (*V.* Seine, 13 déc. 1873, 3847 R. P.). — Mais depuis la loi du 21 juin 1875, elle s'applique également à l'exécution des lois sur l'enregistrement (*V.* le réquisitoire de M. Reverchon, n° 4696 R. P.).

11. ANCIENS ET NOUVEAUX IMPOTS. — Il n'y a aucune distinction à faire, pour cela, entre les anciens impôts et les nouveaux impôts. Il avait paru d'abord que le législateur avait eu l'intention d'assurer réellement la rentrée des nouvelles taxes. Mais la Cour de cassation à laquelle il en a été référé a reconnu par un arrêt du 8 novembre 1876, que les dispositions nouvelles, étant conçues en termes généraux, ont eu pour objet de garantir à la fois le payement des droits nouvellement établis et celui des taxes déjà existantes (*suprà*, § 5).

Elle a confirmé cette jurisprudence par un autre arrêt du 13 novembre 1877 (*suprà*, § 8).

12. MOTIFS DE LA COMMUNICATION. — Nous devons ajouter que les agents chargés du contrôle n'ont pas à spécifier aux Sociétés le but précis de leurs recherches. Ils se présentent d'une manière générale pour s'assurer de l'exécution des lois sur le timbre et sur l'enregistrement. Ils ont le droit d'obtenir, pour accomplir leur mission, la remise des pièces désignées dans la loi. Dans l'état actuel de la jurisprudence, toute tentative faite pour entraver l'exercice de ce contrôle ne peut qu'aboutir à une condamnation (*V.* Seine, 21 août 1875, 247 R. P.; — *Contrà* Brest, 9 août 1876, 44524 R. P.).

13. EXISTENCE DES DOCUMENTS. — En principe, l'administration ne peut demander la communication que des documents dont l'existence est certaine. Mais une Société ne pourrait pas, par exemple, se soustraire à la vérification de ses registres commerciaux sous le prétexte qu'elle n'en possède pas (Alençon, 21 août 1877, 4782 R. P.; — Sol. 13 juill. et 13 août 1877; — Rouen, 20 juin 1876, 4480 R. P. et 6 juin 1878).

Le tribunal de Remiremont a jugé, dans ce sens, le 19 mai 1877, qu'un commissionnaire de roulage ne pouvait objecter qu'il ne tenait pas de registres.

14. PROCES-VERBAUX D'ESTIMATION. — ASSURANCES. — Il a été spécialement reconnu que les compagnies d'assurances contre l'incendie sont tenues, à peine d'amende, de communiquer le procès-verbal d'estimation des objets assurés rédigé avant la rédaction de la police, en exécution des statuts (Rouen, 30 juin 1876, 4480 R. P.; — 6 février 1877; — *Contrà* Seine, 13 déc. 1873, 3847 R. P.). — Cette question est actuellement soumise à la Cour de cassation. Mais elle se trouve implicitement résolue par un arrêt de la chambre civile du 2 janvier 1878 qui a reconnu que ces états estimatifs sont des documents sujets au timbre. L'arrêt est ainsi conçu : « Attendu que la loi du 5 juin 1850 a eu pour objet d'assurer par des mesures spéciales de contrôle et par une pénalité plus sévère le recouvrement du droit de timbre sur les polices d'assurances, et sur les conventions postérieures portant prorogation du contrat, ou augmentation de la prime ou du capital assuré; mais qu'elle n'a pas affranchi de l'impôt du timbre les actes relatifs aux assurances, autres que ceux qui sont énoncés dans l'art. 33; qu'en l'absence de toute exception faite à leur profit, ces actes restent assujettis aux dispositions générales des art. 1 et 12 de la loi du 13 brumaire an VII, qui soumettent au droit de timbre de dimension tous les actes et écritures devant ou pouvant faire titre ou être produits pour obligation, décharge, justification, demande ou défense, lorsqu'ils n'en ont pas été nommément exemptés par la loi;.... Attendu que les états estimatifs, dressés en exécution de l'art. 13 des statuts de la Société, offrent tous les caractères d'actes susceptibles de faire titre entre les parties qui les ont signés à l'effet de constater l'identité et la valeur des objets mobiliers compris dans la proposition et dans la police d'assurance, où ils sont seulement désignés en bloc par leur nature et le chiffre total de leur estimation, qu'ils rentrent, par conséquent, dans la catégorie des actes soumis à l'impôt du timbre par l'art. 12 de la loi du 13 brumaire an VII.... » (4858 R. P.).

15. NOTAIRES ET OFFICIERS PUBLICS. — Les dispositions de la loi du 21 juin 1875, sur le droit de communication ne s'appliquent ni aux notaires ni aux officiers publics (2517 I. G.; 4111 R. P.).

4506. Intervention en justice. — C'est parce que le droit de recherche est renfermé dans certaines limites qu'il a été reconnu que l'art. 54 L. 22 frimaire an 7 ne peut autoriser les employés à intervenir dans des débats judiciaires pour demander communication des pièces en contravention aux lois sur le timbre et l'enregistrement, ou exiger du juge que la production de ces pièces au cours d'instance soit constatée dans le jugement.

L'initiative de cette contestation et du dépôt au greffe des pièces en contravention ne peut appartenir qu'au magistrat (L. 23 août 1871, art. 16).

Procédure criminelle. — C'est encore sur le secret qui est de l'essence de toutes les procédures criminelles qu'a été fondé le refus opposé aux préposés de leur laisser prendre communication des interrogatoires subis par les prévenus et les témoins entendus devant le juge d'instruction (Nancy 21 fév. 1843, 13552-6 J. E., 11622 J. N., D. N. t. 3 p. 425 n° 57 et t. 6 p. 344 n° 74). — Rien ne peut empêcher cependant l'Administration de réclamer les droits exigibles si la connaissance des actes produits dans une procédure criminelle lui est acquise régulièrement, par exemple par l'avis du ministère public. C'est ce que le tribunal de la Seine a jugé le 11 août 1852 (14949 J. N., 15527 J. E.), au sujet d'un bail à ferme.

4507. Jour férié. — Heures de séance. — Pour enlever tout prétexte aux vexations, la loi a voulu que les communications ne pussent être exigées les jours de repos, et que les séances, dans chaque autre jour, ne pussent durer plus de quatre heures de la part des préposés, dans les dépôts où ils font leurs recherches (L. 22 frim. an 7 art. 54, 15 mai 1818 art. 82, 5 juin 1850 art. 16-28-35, 28 mai 1858 art. 13, 13 mai 1863 art. 10).

Mais il n'est pas nécessaire de ne faire qu'une seule séance de quatre heures par jour, il suffit que la durée totale des séances faites dans une même journée et au même dépôt ne dépasse pas quatre heures.

4508. Lieu de la communication. — C'est dans le lieu même où sont déposées les pièces que doit se faire la vérification de celles dont la communication est demandée.

Le législateur a clairement exprimé sa volonté à cet égard par la disposition finale de l'art. 54 L. 22 frimaire, laquelle porte que les séances ne pourront durer plus de quatre heures de la part des préposés *dans les dépôts* où ils feront leurs recherches. La prétention d'un notaire d'assigner au vérificateur un emplacement autre que son étude, serait assimilée à un refus passible d'amende. C'est d'ailleurs ce qu'a décidé le tribunal d'Amiens par trois jugements du 11 août 1842 (13069-1 J. E., 11455 J. N.; — *Conf.* : Champ. et Rig. *Suppl.* n° 962, Dalloz n° 5337, D. N. t. 3 p. 423 n° 48).

La même règle devrait être appliquée à toutes les personnes tenues de communiquer des registres, pièces ou documents. C'est au lieu même où ces documents sont déposés que la représentation doit être faite.

4509. Déplacement des minutes. — L'art. 130 des Ordres généraux de Régie prescrit aux vérificateurs et inspecteurs de se transporter successivement chez tous les notaires, greffiers, etc., domiciliés dans l'arrondissement du bureau où ils travaillent, pour y faire les vérifications, recherches et relevés nécessaires. L'exécution de cette disposition a toujours été sévèrement maintenue. — D'autre part, l'art. 54 L. 22 frimaire an 7 oblige les notaires et autres dépositaires de titres publics à les communiquer aux préposés, à toutes réquisitions, mais *sans déplacement*. Enfin, il est défendu aux notaires, par l'art. 22 L. 25 ventôse an 11, de se dessaisir d'aucune minute, si ce n'est dans les cas prévus par la loi et en vertu d'un jugement. Les notaires pourraient donc compromettre leur responsabilité, en permettant le déplacement de leurs minutes pour les vérifications des employés, et ceux-ci manqueraient à leurs devoirs en sollicitant ce déplacement (9026 J. N., D. m. f. 1er fév. 1855, 2027 § 3 I. G., 379 R. P., D. N. t. 3 p. 423 n° 47).

Les préposés qui déplaceraient ainsi des pièces seraient responsables des événements et de tous dépens ou dommages-intérêts, sans préjudice des mesures disciplinaires que l'Administration pourrait prendre contre eux (Ordres généraux de Régie 144, 1318, 1351-24, 1979 I. G.).

4510. Mode de communication. — Les préposés ont simplement le droit de faire des extraits ou des copies des actes et documents qui leur sont communiqués. Ils n'ont pas le droit d'écrire sur ces actes ni d'y faire aucune mention. Le receveur ne peut même, sans le consentement du notaire, changer la relation d'un acte pour y rectifier une erreur; le refus de l'officier public n'équivaudrait pas à un refus de communication (16358-3 J. E.).

4511. Refus de communication. — Le refus de communication doit être constaté par un procès-verbal (*V.* 4504).

Jugé que le refus de communication de son répertoire fait par un notaire peut être constaté par un procès-verbal rédigé en présence d'un commissaire de police délégué, et que l'amende est encourue encore que le refus n'ait pas été renouvelé devant l'officier municipal, si, d'ailleurs, le notaire reconnaît ce refus (Rennes 10 déc. 1844, 13641 J. E.). Cette décision peut être néanmoins contestée, parce que l'art. 52 L. 22 frimaire an 7 et les lois postérieures parlent de l'officier municipal, c'est-à-dire du maire ou de son représentant et non pas d'un agent de la police (D. N. t. 11 p. 182 n° 145). Il est donc plus prudent de requérir l'intervention de l'autorité municipale.

1. ABSENCE D'OFFICIER MUNICIPAL. — *Quid* si l'officier municipal, *dûment requis*, déclare être empêché, par un motif quelconque, d'assister le préposé? Il résulte de l'art. 52 L. de frimaire que, dans le cas de refus de communication, le préposé requerra l'assistance d'un officier municipal pour dresser en sa présence procès-verbal du refus qui lui aura été fait. Si donc l'employé s'est conformé à ces dispositions en tout ce qui a dépendu de lui, c'est-à-dire s'il a requis le maire ou l'adjoint, il a fait ce qu'il devait et tout ce qu'il pouvait. La loi ne dit pas que le procès-verbal sera nul à défaut de la présence du maire ou de son adjoint. A la vérité, elle n'indique pas explicitement les moyens d'assurer l'efficacité des réquisitions faites aux officiers municipaux; mais il est impossible de ne pas reconnaître que, lorsque leur assistance a été requise, et qu'il demeure prouvé qu'elle n'a pu avoir lieu, le fait constaté par le procès-verbal du préposé doit être tenu pour certain, de même que s'il avait été établi en la présence et avec le concours du maire, car la loi qui appelle son assistance ne peut pas, à son défaut, vouloir refuser confiance un fonctionnaire assermenté. S'il en était autrement, l'exercice des fonctions des employés de l'enregistrement se trouverait subordonné à la volonté des maires, et il en résulterait que des contraventions pourraient être commises impunément (Dél. 1er mai 1829, 9314 J. E.).

4512. Clerc. — Pour être autorisé à dresser procès-verbal, il faut que la contravention soit personnelle. Ainsi, un clerc ne saurait être considéré comme le représentant de l'officier public ou ministériel chez lequel il travaille. Or, les art. 52 et 54 L. 22 frimaire an 7 n'ont prévu que le refus de communication émané de l'officier public. Il est donc nécessaire, pour que l'on soit autorisé à dresser procès-verbal de refus de communication des minutes ou des répertoires d'un officier public ou ministériel, que ce refus ait été formulé par l'officier lui-même; ou, s'il émane du clerc, que l'on puisse établir que le refus du clerc, combiné avec l'absence de l'officier public, rend manifeste l'intention de celui-ci de ne pas représenter ses actes et répertoires.—C'est ce qui a été décidé par la C. cass. 21 mars 1848, dans une espèce où un huissier, obligé de s'absenter, ayant demandé au vérificateur, qui se présentait chez lui, de lui assigner un jour et une heure pour la communication réclamée, celui-ci avait refusé de déférer à cette demande, et avait dressé procès-verbal du refus que le clerc, seul présent à l'étude au moment où le vérificateur s'était présenté, à plusieurs jours de là, avait opposé à la demande de communication : « Attendu, porte cet arrêt, que les art. 52 et 54 L. 22 frimaire an 7, modifiés par l'art. 10 L. 16 juin 1824, en ce qui concerne seulement la quotité de l'amende, n'ont prévu et puni que le refus personnel des officiers publics, et non le refus de leurs clercs, qui ne sauraient être considérés comme leurs représentants pour l'exécution des articles ci-dessus; qu'il n'en pourrait être autrement que dans le cas où le refus du clerc, combiné avec les absences calculées de l'officier ministériel, constitueraient celui-ci en état de contravention personnelle, ce qui n'apparaît pas dans la cause » (14486 J. E. 13334 J. N., 1814 § 17 I. G., S. 48-1-287).

Le tribunal de Saverne avait déjà jugé qu'en cas d'absence d'un notaire, ce n'est pas au clerc que doit être faite la demande de communication, mais au notaire suppléant, et, en cas que celui-ci ne se croie pas autorisé à déférer à la demande, au président du tribunal (18 nov. 1834, 11100 J. E., 8824 J. N., D. N. t. 3 p. 423 n° 49).

Le tribunal de Dieppe avait adopté la doctrine contraire, mais son jugement a été cassé par l'arrêt que nous avons cité (23 juill. 1845, 13812 J. E., 12430 J. N.).

4512. Procès-verbal. — Le procès-verbal constatant le refus de communication n'a pas besoin d'être affirmé (Cass. 26 juin 1820, 1537 sect. 2 n° 12, S. 21-1-17; — Autun 10 juill. 1838, 12102 J. E.); — mais il est assujetti à l'enregistrement dans les quatre jours de sa date, à peine de nullité (1537 n° 121, G.).

L'art. 9 L. 9 juill. 1857, décide catégoriquement que pour le refus de communication dont cet article s'occupe, le procès-verbal fait foi jusqu'à inscription de faux. S'ensuit-il que dans les autres cas il ne fasse foi que jusqu'à preuve contraire? Cette question est examinée au mot *Procès-verbal*.

4514. Pénalités. — Le refus de communication est puni d'une amende de 10 francs dans tous les cas autres que ceux ci-après indiqués. Cette amende est celle qui avait été prononcée par l'art. 54 L. 22 frimaire an 7, modifié par l'art. 10 L. 16 juin 1824.

La plupart des lois qui ont étendu le droit de communication depuis cette époque et se sont bornées à renvoyer pour l'application de la peine à l'art. 54 L. 22 frimaire an 7; elles ont eu certainement en vue non pas l'amende de 50 francs qui avait été prononcée par cette loi et qui ne subsiste plus, mais cette amende réduite par les dispositions postérieures. Cette remarque s'applique notamment aux lois du 5 juin 1850 (Art. 16 et 28) sur les actions des sociétés, et à celle du 13 mai 1863 sur les récépissés de chemins de fer. — La preuve en est d'ailleurs que quand le législateur a voulu fixer un chiffre supérieur à celui de la loi de 1824, il l'a expressément indiqué. Ainsi, dans cette même loi du 5 juin 1850, il a porté nominativement à 50 francs l'amende applicable au refus de communication du livre d'assurances des courtiers et des notaires (Art. 47).

1. REGISTRES ET PIÈCES DES TRANSFERTS. — Ce n'est pas une simple amende de 10 francs, comme dans les cas ordinaires, qui est édictée pour refus de communication des pièces relatives aux transferts. L'art. 9 du décret réglementaire du 17 juillet 1857 punit cette infraction d'une amende de 100 à 5,000 francs. — *V.* 4504-4.

2. LIVRE DES COURTIERS ET DES NOTAIRES. — Les notaires et les courtiers qui refusent de représenter le livre sur lequel ils inscrivent les polices d'assurances maritimes reçues par eux, sont passibles d'une amende de 50 francs (L. 5 juin 1850 art. 47). — *V.* 4504-6.

3. LIVRES OU REGISTRES DE FACTAGE. — La loi du 30 mars 1872 punit également d'une amende de 50 francs le refus de communication des livres de factage et de camionnage sur lesquels les entrepreneurs de transports inscrivent leurs expéditions. Cette amende est portée au double en cas de récidive dans le délai d'un an. — *V.* 4504-7.

4. TIMBRE. — Enfin, en matière de timbre, la loi du 23 août 1871 a élevé à 100 francs, au minimum, et à 1,000 francs au maximum, l'amende encourue pour refus de communication par les sociétés, compagnies, assureurs, entrepreneurs de transports et tous autres assujettis aux vérifications des agents de l'Enregistrement par les lois en vigueur. Cette disposition est générale. Elle remplace donc aujourd'hui toutes les pénalités qui auraient été édictées pour les refus de communication provoquée par la surveillance des lois sur le timbre. — En cas de contestation, l'amende est fixée par le tribunal (Saint-Quentin 11 déc. 1874, 4003 R. P.).

5. ABSENCE D'AMENDE. — L'amende n'est d'ailleurs encourue que quand la loi l'a expressément prononcée. Il y a beaucoup de dépositaires publics qui n'encourent aucune peine pour leur refus de communication. L'Administration ne peut agir contre eux que par les voies hiérarchiques et disciplinaires. Aucune amende n'est prononcée, par exemple, contre les entrepreneurs de roulage ou de messageries ni contre les compagnies de chemins de fer *en ce qui concerne la recherche des colis non réclamés.*

4515. Procédure. — Le refus de communication donne lieu, en général, à une procédure très-simple. Il est constaté par le procès-verbal même du préposé de l'Enregistrement et le recouvrement de l'amende est suivi par voie de contrainte.

Mais il y a des cas où l'Administration a intérêt à ne pas se borner à la constatation du refus qui lui serait opposé.

Elle peut vouloir obtenir de la justice l'autorisation de prendre communication de la pièce litigieuse. Cette hypothèse se présente surtout à propos des vérifications faites dans les études de notaires au moment de la levée des scellés qui y auraient été apposés à la suite du décès du titulaire. La procédure, dans ce cas, est plus compliquée.

La loi civile renvoie en référé devant le président du tribunal *du lieu de l'apposition des scellés* toutes les difficultés qui s'élèvent en cette matière (916 et suiv. C. proc.). Si les parties sont d'accord pour comparaître, il n'y a pas besoin d'assignation, et elles viennent sans frais soit à l'audience des référés, soit au jour officieusement indiqué par le président. Dans le cas contraire, le référé peut être introduit de trois façons : 1° par assignation à l'audience des référés dans les délais ordinaires ; — 2° par assignation à bref délai ou sur l'heure, même les jours fériés, à l'hôtel du président, donnée en vertu d'une autorisation préalable et d'une requête dont le modèle a été donné au n° 1948 R. P ; — 3° enfin sans ordonnance du président, par la déclaration du juge de paix sur son procès-verbal qu'il se transportera en référé devant le président à jour et heures fixes, auxquels les parties devront comparaître sans autre avis. Il n'est pas nécessaire de constituer avoué dans cette phase de la procédure ; les plaideurs présentent eux-mêmes leurs observations. Le président statue, ou bien, si la question lui paraît grave, renvoie devant le tribunal, où l'affaire subit un mode plus complet d'instruction. — Dans le premier cas, l'ordonnance est rédigée en minute par le président ou le greffier et remise à la partie. En cas de défaut d'un des plaideurs, le président commet un huissier pour la signifier, et cet officier ministériel la dépose ensuite au greffe.

L'ordonnance de référé n'est jamais susceptible d'opposition (n° 809 C. proc.). Mais elle peut être attaquée en appel devant la Cour d'appel, si la valeur du litige excède le taux du dernier ressort (1,500 fr.), ou si elle est indéterminée. L'appel est signifié à personne ou à domicile aux représentants du notaire et au juge de paix chargé de la levée des scellés. Cette notification peut être faite avant l'expiration du délai de huitaine à dater de l'ordonnance ; mais l'appel n'est plus recevable s'il a été interjeté après la quinzaine à dater du jour de la signification du jugement ou de l'ordonnance de référé (809 C. proc., Dalloz v° *Référé* 84). — Devant la Cour, on constitue avoué, et il est d'usage de confier à un avocat la défense orale de l'Administration (Délib. Cons. d'Adm. 8 juill. 1864). Le ministère public doit y être entendu.

La procédure de référé s'applique d'ailleurs non-seulement à l'intervention des préposés dans la levée des scellés, mais encore à toutes les contestations auxquelles peut donner lieu la nature des pièces découvertes.

CHAPITRE II. — NOTAIRES

[4516-4533]

4516. Règle générale. — Le droit de communication s'exerce fréquemment, surtout à l'égard des notaires, et en cette matière de sérieuses difficultés ont surgi.

Dans les cas ordinaires, le droit de communication se borne au répertoire et aux actes qui y sont inscrits ou dont le dépôt en l'étude est authentiquement constaté. Rien ne fournit au préposé la preuve légale que l'étude contient d'autres écrits, et il ne saurait par conséquent demander à les voir. D'autre part, ce n'est point à lui qu'il appartient de faire directement les recherches dans les liasses, dossiers ou cartons. Ce soin concerne le notaire seul ou son délégué, et le préposé est obligé d'attendre qu'on lui remette les documents qu'il désigne. Exercé dans ces limites, le droit d'investigation n'est pas très-dangereux pour les parties, car les notaires n'auront garde de placer sous les yeux du préposé d'autres pièces que celles dont il demande la communication.

1. ABANDON DE L'ÉTUDE. — Mais la situation est très-différente, en fait, quand le notaire est décédé ou absent. L'étude se trouve alors abandonnée, et jusqu'à ce que les archives notariales aient été remises à un autre détenteur, personne ne peut sans ordre de justice s'immiscer directement dans les dossiers et y faire les recherches nécessaires. Il est clair que pendant cette période, l'Administration n'a pas le droit de pénétrer dans l'étude ; mais il n'est pas moins certain non plus que les héritiers ou légataires du notaire sont également dans l'impossibilité de s'immiscer dans les archives pour en distraire les pièces qu'il ne leur conviendrait pas utile d'y conserver. La cour de Toulouse a donc décidé à tort que la communication devait être faite, en cette hypothèse, par les représentants du notaire décédé (11 mai 1864, 1948 R. P., S. 64-2-185, P. 64-344).

4517. La communication doit émaner du juge ou du détenteur provisoire. — Le préposé de l'Enregistrement n'étant pas fondé à trier lui-même les papiers, une immixtion directe de sa part dans les liasses et cartons de l'étude serait illicite. Il se borne à assister le juge chargé de la levée des scellés et de la description des dossiers et à requérir du détenteur provisoire, soit la communication directe, soit la description des titres qui passent sous ses yeux et lui paraissent assujettis à l'exercice de ce droit. Lorsqu'on découvre des documents dont le caractère notarial est incertain, c'est naturellement au juge qu'il appartient d'en apprécier la valeur, puisqu'il est le représentant de la justice, et que son opération a pour but de constater la transmission régulière des archives de l'étude entre les mains du nouveau dépositaire. Mais son sentiment ne saurait être souverain. Nul doute que les parties aient le droit de se pourvoir en référé et d'épuiser ensuite les degrés ordinaires de juridiction. Il en est ainsi du préposé de l'Enregistrement ? Ce préposé représente le Trésor, dont les intérêts peuvent être compromis : il ne saurait, de ce chef, avoir des droits moindres qu les héritiers. La C. de Metz l'a ainsi décidé, le 5 octobre 1853, en adoptant les motifs d'un jugement du tribunal de Sedan du 7 septembre précédent ainsi conçus : « Ordonne que les préposés de l'Enregistrement ne pourront avoir en communication les minutes, répertoires, grosses et expéditions non délivrées aux parties, les actes restés imparfaits, et tous autres qui paraîtront au juge de paix avoir le caractère d'un dépôt fait en vue de leur faire donner l'authenticité, sauf, au besoin, à en être référé au président du tribunal » (S. 54-2-141,

7 R. P.; — *Conf.* : Mâcon 11 fév. 1862, 1605 R. P.; — Ord. présid. trib. Metz 14 mai 1864, 1938 R. P.). »

On allègue vainement que ce mode d'instruction peut occasionner de nombreux embarras et des retards très-préjudiciables à l'opération. Rien ne s'oppose d'abord à ce que les pièces litigieuses soient mises en réserve provisoirement, et à ce que, malgré la procédure de référé à leur égard, le juge termine sa levée de scellés sur les autres papiers. Quant aux difficultés que les appréciations contradictoires soulèvent, elles sont la conséquence inévitable de la situation faite au dépôt public par l'absence du notaire. Ou il faut abandonner les archives, et par conséquent les intérêts des clients, aux représentants du notaire, ou il faut en remettre la discussion à la justice. Le choix n'est pas douteux: c'est ce dernier moyen qui seul concilie les exigences légitimes de la société avec la garantie due aux droits des héritiers. Aussi, dans la plupart des instances auxquelles l'exercice de la communication a donné lieu, les tribunaux ont-ils décidé le litige en appréciant le caractère des écrits soumis à leur examen pour savoir s'ils constituaient des actes confidentiels ou des pièces déposées publiquement en l'étude. Telle est notamment la doctrine d'un arrêt de la Cour suprême du 14 avril 1854 (252 R. P., P. 54-2-280) portant: « Attendu qu'il est déclaré, en fait, que les préposés ont eu communication de tous les actes, même sous seing privé, existant dans l'étude, dont le notaire était dépositaire en vertu de ses fonctions, et qu'il ne leur a été refusé que la connaissance des actes purement personnels audit notaire et qui n'étaient en sa possession que comme homme privé. » — D'ailleurs, ajoute avec toute raison un jugement de Metz du 14 mai 1864 : « Il est aisé et naturel, de donner satisfaction aux exigences légitimes de l'Administration, sans qu'il apparaisse même de la possibilité du moindre acte d'inquisition indiscrète de cette Administration dans les affaires privées de familles. Il suffit, pour atteindre ce résultat, que le juge de paix, qui préside à la levée des scellés, en présence des employés de l'Enregistrement, soit constitué seul juge préalable de la nature et du caractère des pièces et documents qu'il y a lieu de communiquer, sauf en cas de difficulté, à en référer à qui de droit » (1938, 2379 R. P.).

4518. Dépôts confidentiels. — Seulement, le droit de communication, s'il s'exerce autrement qu'en présence du notaire lui-même, n'a pas de limites plus étendues. On ne saurait sans contredit l'appliquer aux dépôts confidentiels reçus par l'officier public.

L'Administration soutint cependant, à l'origine, que chez le notaire la qualité d'officier public absorbait toutes les autres, et ne lui permettait, en aucun cas, de recevoir un dépôt confidentiel. Elle fondait ce système sur ce que le notaire abuserait facilement de son double rôle pour nuire au Trésor, et que les ventes à réméré, par exemple, pourraient impunément demeurer secrètes jusqu'à l'exercice du rachat. La difficulté fut soumise à la C. cass. à propos d'un paquet trouvé dans les minutes d'un notaire de Versailles avec cette suscription : *Ce paquet m'a été remis de confiance par M. X. pour n'être ouvert qu'en sa présence.* Par un premier arrêt du 13 décembre 1809, la cour sembla admettre incidemment que la représentation du paquet était due au préposé de l'Enregistrement, « *parce que M. Pérignon avait la qualité de notaire.* » — Mais le litige étant, à la suite d'une involution de procédure, revenu de nouveau à l'examen des magistrats, ils décidèrent très-catégoriquement, le 4 août 1811, que l'art. 54 de la loi de frimaire était inapplicable, attendu que le notaire avait ici le caractère d'un dépositaire particulier et confidentiel (359 et 1125 J. N., S. 13-1-445).

L'exactitude de cette interprétation est manifeste. Le notaire peut très-certainement recevoir, comme homme privé, des dépôts secrets qui échappent aux investigations de l'Administration. Il n'est pas tenu alors d'en dresser acte, ni de les conserver parmi ses minutes : « Attendu, porte un arrêt de la C. cass. 13 juin 1864, qu'aux termes des art. 1er et 22 L. du 25 ventôse an 11, les notaires, institués pour recevoir les actes auxquels les parties veulent faire donner le caractère d'authenticité, sont tenus d'en conserver le dépôt et ne peuvent se dessaisir d'aucune minute ; mais que les actes dont parle la loi sont ceux qu'ils reçoivent comme notaires et ceux qui leur sont remis ou déposés en la même qualité; — Attendu que l'acte dont il s'agit dans la cause avait été remis aux mains de X..., non comme notaire, mais comme particulier investi de la confiance personnelle des parties; que, dès lors, les dispositions ci-dessus de la loi de ventôse ne lui sont pas applicables. » C'est ce qu'a décidé également un autre arrêt plus récent du 5 novembre 1866, ainsi conçu : « Attendu qu'en dehors de leurs fonctions, les notaires ne sont plus vis-à-vis de la Régie que de simples conseils, que non-seulement ils ne sont pas obligés à ce titre de communiquer les papiers ou actes sous seing privé qu'ils tiennent de la confiance des parties, mais que souvent ils ne pourraient le faire sans manquer au secret professionnel dont les convenances et la loi leur font un devoir » (2379 R. P., 1817 R., S. 66-1-49).

4519. Minutes et répertoires. — Le droit de communication, l'Administration le reconnaît aujourd'hui, ne s'exerce que sur les actes ou registres détenus par le notaire en sa qualité de fonctionnaire public, c'est-à-dire qui font officiellement partie de l'étude et constituent les archives notariales. Mais le principe admis, il faut s'entendre sur les différentes pièces qui composent ces archives, et c'est là que commence le dissentiment. Nul doute d'abord à l'égard des minutes et des répertoires. Ce sont bien là des documents publics détenus par le notaire en cette dernière qualité, et dont la transmission doit avoir lieu, de successeur en successeur, conformément aux art. 54 et suivants de la loi organique du 25 ventôse an 11. Le droit de communication ne saurait, par conséquent, rencontrer à leur égard d'obstacles sérieux.

Il n'en est plus de même à l'égard des actes encore imparfaits, ou des actes sous seing privé remis en l'étude, soit pour être annexés à un acte public, soit pour y faire l'objet d'un dépôt régulier.

4519 *bis*. Actes imparfaits. — Les actes auxquels il manque une formalité quelconque, telle qu'une signature du notaire et des témoins, n'en sont pas moins des minutes essentiellement destinées à la publicité et prenant rang parmi les archives notariales. Il est clair que l'officier public manquerait à ses devoirs professionnels s'il se permettait de les soustraire de son étude, sous le prétexte que de tels actes ne sont point complets, et s'il enlevait ainsi aux parties le bénéfice que peut leur procurer l'existence de l'écrit si imparfait qu'il soit comme acte notarié. Ces actes n'ont donc pas un caractère confidentiel et ils tombent sous l'application du droit de contrôle des agents du Trésor. La C. de Metz avait décidé, au contraire, le 27 mai 1864 : « que les actes demeurés imparfaits, soit à raison de la forme, soit par l'absence de signature, et qui n'auraient pas été répertoriés, ne devaient pas devenir après le décès de l'officier public, l'objet d'investigation non autorisée, par la loi » (1939 R. P.). Mais la C. cass. a réformé ce sentiment, le 5 novembre 1866 : « Attendu que les actes publics des notaires sont les seuls dont ils doivent personellement acquitter les droits ; que, pour assurer la régularité des actes, il suffit qu'ils soient communiqués à la Régie sans exception, en quelque état d'imperfection qu'ils soient et lors même qu'ils n'auraient pas encore été portés au Répertoire » (2379 R. P., S. 66-1-49, 1817 Rev.).

4520. Actes déposés ou annexés. — Comment cette jurisprudence s'applique-t-elle aux actes sous seing privé que l'on trouve en l'étude sans que leur présence y soit officiellement constatée par un acte de dépôt ? La jurisprudence actuelle tend à décider que le caractère public de ces documents ne sauraient résulter que des mentions faites dans un acte authentique ou sur le répertoire. C'est ce qu'on peut induire, du moins, des termes d'un arrêt de la C. cass. du 5 novembre 1866 (S. 66-1-49, 2379 R. P., 1817 Rev.) ;[1] et ce qui résulte, plus ou moins directement, des décisions suivantes (C. Douai 29 déc. 1852, S. 53-2-284, maintenu en Cass. le 14 août 1854, S. 54-1-524, 14905 J. N., 15922 J. E., 10374 C. ; — C. Metz 5 oct. 1853, 15085 J. N., S. 54-2-141 ; — C. Douai 16 déc. 1851, 187 R. P., 12292 C., 17549 J. E., 17341 J. N., 230 Rev., S. 62-2-131 ; — C. Metz 27 mai 1864, 1939 R. P., S. 64-2-185 ; — Loudun 5 juin 1866, 2350 R. P. ; — Avallon 30 déc. 1862, 17632 J. N. ; — Mâcon 11 fév. 1862, 1605 R. P.).

Mais nous ne pouvons pas admettre cette doctrine dans sa généralité, et nous ne croyons pas que l'examen des actes notariés soit le seul moyen accordé au Trésor pour établir le caractère officiel du dépôt de l'acte sous seing privé entre les mains du notaire. — En droit, il n'est pas contestable que les pièces remises à l'officier public, afin d'être annexées ou déposées, ont la même nature que les minutes proprement dites. Leur présence en l'étude n'est point le résultat d'une confidence secrète et temporaire des parties, mais, au contraire, d'une intention expresse de faire conférer à ces actes les garanties de la publicité. La fonction du notaire est aussi bien de recevoir des actes en dépôt que de les rédiger lui-même : l'art. 1er L. 25 ventôse an 11 met ces deux faits sur la même ligne. Par conséquent, l'acte remis en l'étude pour être annexé ou déposé revêt un caractère de publicité égal à celui de la minute elle-même : comme celle-ci, il est donc soumis à la vérification du Trésor. Toute la difficulté revient à rechercher quels moyens sont à la disposition du Trésor, pour établir qu'un acte trouvé en l'étude d'un notaire absent lui a été remis pour être déposé dans ses archives. Il est clair d'abord que la faute ou la négligence du notaire ne saurait anéantir l'action du Trésor. Que cet officier public ait ou non constaté le dépôt, le droit de l'Administration est le même ; son exercice peut se trouver sans doute entravé ou compromis par la fraude, mais il est de toute évidence que la loi n'a pas pu en subordonner l'existence à l'existence même de cette fraude. L'art. 43 L. 22 frimaire an 7 punit, au contraire, d'une amende l'officier public qui aura reçu une pièce en dépôt sans en rédiger l'acte conformément à la loi du 25 ventôse an 11. C'est donc qu'en l'absence d'un acte de dépôt, l'Administration a le moyen de prouver à la fois et que le notaire a contrevenu à la loi et que l'acte trouvé entre ses mains faisait partie des archives notariales. Aussi pouvons-nous en conclure que l'absence de ce même acte de dépôt ne suffirait pas pour soustraire au droit de communication les actes existant dans l'étude lors du décès de l'officier public. Dire, comme le plus récent arrêt de la Cour suprême, que la vérification des *actes publics relatifs* à l'annexe à l'usage ou au dépôt des actes sous seing privé peut *seule* établir le caractère de remise entre les mains du notaire, c'est décider en d'autres termes, que le Trésor devra produire l'acte de dépôt avant d'établir que le notaire est punissable de n'en point avoir rédigé. De telles conséquences paraissent

1. L'arrêt du 5 novembre 1856 porte : « Attendu que les art. 42 et 43 L. 22 frimaire an 7 ne parlent de certains actes sous seing privé qui pourraient se trouver entre les mains du notaire en sa qualité d'officier public, qu'à raison de la relation intime de ces actes avec les actes publics auxquels ils se rattachent et avec lesquels ils s'identifient en vue des contraventions qui se rencontreraient dans ces derniers actes, contraventions dont la preuve ressortirait des vérifications auxquelles seuls ils sont assujettis ; Que ces vérifications ainsi limitées suffisent d'ailleurs pleinement à la Régie pour l'accomplissement de sa double mission : le recouvrement de l'impôt et la répression des contraventions des notaires ; qu'en effet, d'une part, les actes publics des notaires sont les seuls dont ils doivent personnellement acquitter et garantir les droits de l'enregistrement (*sic.*) ; de l'autre, pour assurer la régularité de ces actes, il suffit qu'ils soient tous communiqués à la Régie sans exception ni restriction, en quelque état d'imperfection qu'ils soient et lors même qu'ils n'auraient pas encore été portés au Répertoire. »

L'Administration n'a pas complètement adopté les principes de l'arrêt. Elle ne l'a pas officiellement transmis par une instruction, mais l'a seulement fait connaître aux directeurs en l'accompagnant des observations suivantes :

« Les agents continueront, comme par le passé, d'exiger la communication de tous les actes publics sans exception ni restriction, en quelque état d'imperfection qu'ils soient et lors même qu'ils n'auraient pas été portés au Répertoire ; mais ils ne pourront exiger des notaires ou de leurs héritiers la communication des actes sous seing privé remis par les parties à tout autre titre que pour les déposer au rang de leurs minutes ou les annexer à des actes authentiques. Il est bien entendu, toutefois, que l'arrêt du 5 novembre 1866 ne modifie point la jurisprudence antérieure résultant des arrêts des 11 mai 1825 (1173 § 9 I. G.), 11 avril et 11 août 1854 (2019 § 2 I. G., 54 p. 87 J. P.), et que l'Administration est autorisée à réclamer les droits dus sur les actes sous seing privé translatifs d'immeubles, lorsque ces actes sont découverts dans les études des notaires, lors des vérifications prescrites par la loi, ou qu'ils sont mentionnés ou décrits dans les inventaires faits après décès ou disparition, ou enfin qu'ils sont communiqués, sous l'autorité du juge, aux préposés qui assistent à ces inventaires (Lettre commune du 23 déc. 1867).

réellement inadmissibles, puisque, d'une part, la loi charge l'Administration de vérifier tous les documents des archives notariales, et qu'elle lui enjoint, de l'autre, de poursuivre le notaire qui a négligé de constater par un acte le dépôt officiel d'une pièce dans ses archives, c'est qu'elle peut, malgré l'omission du notaire, établir autrement que par cet acte le caractère de la pièce trouvée entre ses mains. Sa position est la même en ce cas que dans toutes les hypothèses où il s'agit d'une fraude à la loi: c'est au Trésor à la prouver, sans doute, mais en l'absence d'un texte prohibitif, il le fera, comme il le fait pour les autres dissimulations, à l'aide des moyens compatibles avec l'économie fiscale.

Dans cet ordre d'idées, la cour de Toulouse a décidé, le 12 mars 1866, que si le notaire chargé provisoirement des minutes est substitué au titulaire de l'étude, et si le droit de communication du Trésor n'est point différent de celui qu'il exercerait en présence de ce titulaire lui-même, l'Administration n'est obligée d'accepter que jusqu'à preuve contraire les déclarations qui lui sont faites sur le caractère des actes déposés en l'étude (2290 R. P.).

C'est aussi ce qui résulte de la jurisprudence des tribunaux secondaires, ainsi que nous allons le faire connaître.

4521. On ne peut pas présumer le caractère public du dépôt des titres. — On s'était d'abord demandé, sur ce point, si le fardeau de la preuve ne devait pas être rejeté sur les parties, et s'il ne fallait pas admettre que, le caractère public dominant chez le notaire le caractère privé, tous les actes trouvés entre ses mains y étaient réputés officiellement déposés. L'affirmative résulte de plusieurs décisions judiciaires.

1° « On doit croire, porte un jugement de Rethel du 9 mars 1857, que les actes placés dans les endroits où se déposent habituellement les minutes, ou avec les minutes, répertoires, registres et cahiers de l'étude, n'ont été remis au notaire qu'en vue de ses fonctions, à moins que des notes, suscriptions ou autres écrits n'indiquent que la remise est confidentielle. On doit avoir une pensée différente pour les actes que le notaire a placés dans les endroits où ne se mettent pas les papiers de l'étude, et surtout dans les meubles tels que secrétaires, tiroirs, bureaux, où la main du préposé ne doit jamais pénétrer » (843 R. P, 16483 J. E, 11095 C.).

2° La Cour de Poitiers décida également, le 4 mai 1858, en confirmant un jugement du tribunal de Bressuire du 2 février précédent: « Qu'en principe, les préposés ont le pouvoir d'exiger la communication de toutes pièces, même privées, qui se trouvent dans les études des notaires, lorsqu'il ne résulte pas, soit de suscriptions, soit d'indications spéciales, qu'elles ont été remises à cet officier public à titre confidentiel, ou à moins encore qu'elles n'aient été placées dans des cartons, bureaux et endroits spéciaux, à part des minutes et répertoires de l'étude, la présomption étant que sans cela elles leur ont été déposées en qualité de notaires » (1082 R. P.).

3° Au décès d'un notaire, on trouva dans un placard de l'étude des minutes quarante-et-un actes privés enliassés. Sur le refus du détenteur provisoire de les décrire dans son inventaire et d'en laisser prendre communication, le tribunal de Brioude statua, le 7 février 1860, que « chez le notaire la qualité de dépositaire public prédominait, et que la déclation des parties ne suffisait pas pour faire présumer que le dépôt faisait ou non partie des archives notariales » (1296 R. P., 16845 J. N., 17075 J. E., 11728 C.).

4° Enfin, le 15 mars 1864, le tribunal d'Ambert a rendu un jugement ainsi conçu: « Attendu, que les employés de l'enregistrement doivent se préoccuper de tous les actes dont les notaires sont dépositaires en leur qualité de notaires; que leurs investigations, indiquées par la nature même de l'acte, doivent se porter sur les actes privés qui n'ont pas été l'objet d'un dépôt régulier, comme sur tous les actes se rattachant aux fonctions du notaire; que la qualité du notaire est prédominante, à moins de preuve contraire; que si l'on admettait que tous les actes non répertoriés sont censés remis d'une manière confidentielle, le droit de vérification serait ainsi réduit aux seuls actes placés au rang des minutes, et les prescriptions des art. 42 et 43 deviendraient illusoires, puisque, dépourvues de toute sanction, elles pourraient toujours être enfreintes; qu'il n'en saurait être ainsi, et que l'examen doit porter sur tout ce qui se trouve avec les minutes, cahiers et registres d'étude, même sur les actes privés remis au notaire à l'occasion de ses fonctions, à moins que le contraire ne soit énoncé. »

Nous ne saurions, après mûr examen, partager cet avis Il est, en effet, très-grave de prouver l'existence d'un dépôt entre les mains de l'officier public qui ne l'a point révélé. Cette prétention tend à le constituer en flagrant délit d'inexécution de la loi; elle expose les clients au payement des droits d'enregistrement souvent considérables, et aggrave dès lors la responsabilité du notaire. De telles conséquences ne peuvent pas s'admettre sans une justification positive du fait qui les produit, et, d'ailleurs, le droit commun met à la charge du demandeur la preuve du dépôt (1924 C. C.). — Or, les textes ne consacrent nulle part la présomption *légale* sur laquelle on s'appuie: le législateur n'a jamais décidé qu'en cas de doute la qualité du notaire dominerait celle du particulier. On ne peut, par conséquent, soutenir qu'une pièce trouvée entre ses mains n'y est réputée à titre confidentiel qu'autant qu'elle en porte la preuve. C'est là une question laissée à l'appréciation souveraine des magistrats.

4522. Découverte dans l'étude. — Mais, s'il en est ainsi, doit-on au moins reconnaître que les tribunaux peuvent s'aider des présomptions simples? Par exemple, lorsque le document se rencontre dans l'étude ou avec les minutes de l'étude, tout porte à croire qu'il s'y trouve au même titre que ces pièces, c'est-à-dire qu'il fait partie des archives notariales. Autrement, l'officier public n'aurait pas manqué de le joindre à ses papiers personnels. Partant de cette idée, la jurisprudence entre dans l'examen des lieux où l'écrit était déposé; puis, selon qu'elle le rencontre dans les dépendances de l'étude ou dans les appartements particuliers du notaire, elle lui attribue ou non un caractère public. Elle va même jusqu'à apprécier dans l'étude la destination des meubles qui la garnissent ou de chaque partie de ces meubles, afin d'en faire ressortir une preuve du fait litigieux.

On a vu tout à l'heure le tribunal de Rethel et la C. de Poitiers relever, à l'appui de leurs décisions, cette circonstance que les écrits se trouvaient dans les cartons ou secrétaires affectés au classement des minutes (*suprà*). — Le tribunal de Béziers a également ordonné la communication d'un acte découvert dans un secrétaire de l'étude, par ce motif que ce meuble, renfermant des minutes, n'avait pas une destination d'intérêt privé (Jugem. du 5 mai 1862, 1663 R. P., 17549 J. E., 12298 C.). La même solution résulte encore d'un jugement de Sarreguemines, du 13 décembre 1850.

Ces motifs sont peu concluants. Chaque notaire classe ses archives pour la plus grande commodité de son travail et selon la disposition matérielle de ses appartements. Il ne lui est pas défendu, que nous sachions, d'affecter un meuble de son cabinet à ses papiers personnels, s'il les y trouve plus en sûreté. D'un autre côté, est-ce que la préparation des actes n'exige pas souvent que le notaire ait sur son bureau même, au milieu de ses minutes, les actes dont la remise lui a été faite confidentiellement? Si la mort le surprend alors, doit-il s'ensuivre que ces actes soient réputés des dépôts ordinaires? Nous voulons bien que le classement des écrits offre quelquefois une certaine probabilité pour la détermination de leur nature; mais l'induction qui en résulte est en elle-même si faible qu'elle n'a isolément aucune puissance juridique. Si les présomptions simples sont parfois des moyens de preuve, on ne doit pas oublier qu'il faut des présomptions *graves*, *précises*, *concordantes* (1353 C. C.), c'est-à-dire qui entraînent la conviction du juge. Or, personne ne saurait évidemment attribuer ce caractère à un fait aussi insignifiant que le lieu du dépôt des pièces. Le tribunal de Mâcon a donc décidé avec raison, dans son jugement du 11 février 1862, que « la circonstance que les actes se trouvaient dans l'étude ne constituait pas une présomption suffisante que le notaire s'en était rendu dépositaire à titre public » (1605 R. P., 17384 J. N., 12229 C., 230 Rev.).

Nous approuvons aussi la doctrine semblable d'un jugement de Limoges du 17 mars 1864 : « Vouloir, dit le tribunal, faire ressortir une présomption contraire de la présence accidentelle et momentanée d'un acte privé dans l'appartement qui sert d'étude, c'est attacher à un fait matériel des conséquences contraires à la raison et à la loi » (1919 § 5 R. P.); — et celle plus récente d'une ordonnance de référé du président du tribunal de Jonzac du 13 mars 1873, portant : « qu'en vain on objecte que le notaire qui reçoit des dépôts confidentiels doit les étiqueter, car, en outre de ce que cette obligation ne lui est pas imposée par la loi, ce serait là un moyen parfois illusoire, d'autre fois impraticable; illusoire, car l'étiquette pourrait être employée pour servir à la fraude, et impraticable, car la prétention de l'Administration peut se révéler dans un moment où le notaire a placé sur son bureau les pièces qui lui sont confiées, afin de s'en servir à la rédaction d'un contrat, ou bien, après s'en être servi, n'avoir pas eu le temps de les étiqueter, surpris par la mort subite, comme il est arrivé dans l'espèce » (3691 R. P.).

4523. Notes et suscriptions mises sur les pièces. — De quoi donc, en définitive, résultera la preuve du caractère confidentiel du dépôt? On ne peut l'indiquer en thèse générale, car, ainsi que nous en avons fait précédemment la remarque, c'est là une question d'appréciation à décider d'abord par le juge de paix, selon les circonstances de chaque affaire, et à soumettre, en cas de contestation, aux lumières des tribunaux. Mais on s'accorde pour reconnaître que si la pièce porte la mention de sa nature, on doit en accepter les indications. La note dont l'écrit est revêtu constitue, en effet, une de ces présomptions graves dont parle l'art. 1353 C. C. Pourquoi aurait-elle été mise sur l'acte par le notaire ou par les clients, sinon pour déterminer le caractère du dépôt? Par conséquent, lorsque cette suscription ne sera pas contredite par d'autres faits et que les parties ne pourront en prouver l'erreur, on devra rigoureusement y tenir.

La jurisprudence l'a maintes fois décidé.

Dans son arrêt du 4 août 1811 (4518), la Cour a motivé son refus de communication sur ce que le paquet portait, de la main de l'officier public, que les pièces lui avaient été remises de confiance par le dépositaire. Le tribunal de Rethel, dont nous avons tout à l'heure critiqué la doctrine trop libérale, reconnaît que la présomption résultant de la situation matérielle des pièces dans les meubles de l'étude cesserait si des notes indiquaient le caractère confidentiel de la détention (4521). Ce sont aussi les termes de l'arrêt de Poitiers du 4 mai 1858 (*eod. loc.*), et d'un jugement de Béziers du 5 mars 1862, d'après lequel « le notaire est à l'abri de toute recherche si le titre découvert porte par son état matériel ou par une inscription quelconque des indications suffisantes pour lui assurer le caractère confidentiel » (1633 R. P.)

La question a été pourtant résolue en sens contraire par le tribunal de Beauvais, le 28 avril 1835. Lors de la levée des scellés apposés sur les papiers d'un notaire en déconfiture, on aperçut dans l'étude un carton portant : *Titres déposés par suite de l'obligation du... à remettre à M. X. après payement de ladite obligation, ainsi convenu* (*signature du débiteur*). A l'ouverture du carton, on trouva deux ventes privées non enregistrées. Le receveur exigea la description de ces titres dans l'inventaire, et le tribunal l'ordonna en ces termes : « Il ne suffit pas que le notaire ait annoncé par une suscription mise sur des pièces qu'elles lui ont été remises à titre de dépôt comme homme privé; la Régie a le droit de vérifier la nature du dépôt, et lui refuser ce droit serait faciliter à un notaire de mauvaise foi la violation de la loi »

Cette interprétation ne doit pas être suivie. On peut sans doute contester la valeur des suscriptions, mais il faut le faire au moyen de justifications précises, et non pas par de simples allégations contradictoires.

4524. Indications d'actes étrangers.—Mention d'inventaire. — Les déclarations sur la nature du dépôt se trouvent quelquefois dans des actes ou documents étrangers. Elles ont néanmoins la même valeur que les suscriptions dont est revêtue la pièce elle-même, et constituent une présomption devant laquelle il est prudent de s'incliner. L'hypothèse la plus fréquente en pratique est celle des mentions faites à la fin des inventaires. On sait que quand un notaire inventorie des actes ou papiers de famille, les parties lui confient souvent la détention provisoire des écrits cotés. L'acte se termine alors par l'indication suivante : « M. X..., notaire rédacteur, est demeuré chargé des titres, papiers, etc., pour représenter le tout quand il appartiendra. » Il est manifeste que dans cette circonstance le dépôt a un caractère confidentiel, car le notaire ne reçoit pas les écrits inventoriés pour les classer définitivement dans ses minutes; il n'en est le détenteur qu'à titre privé, soit parce que les héritiers ne sont pas d'accord sur leur partage, soit que le notaire en ait lui-même besoin pour préparer le règlement de la succession. Les préposés doivent donc arrêter leurs recherches en présence d'une telle déclaration.

Une solution fut cependant rendue en sens opposé, le 2 janvier 1835, sous le prétexte que l'art. 54 L. frimaire était conçu en termes généraux. L'Administration exigea la communication des titres inventoriés, et prescrivit le recouvrement des amendes auxquelles ils donnaient ouverture (8753 J. N.). Mais elle est revenue depuis lors à un autre sentiment. Elle a acquiescé à un jugement du tribunal de Metz, du 2 mai 1837, décidant que le dépôt fait à la suite d'un inventaire avait un caractère purement confidentiel (9673 J. N., D. N. t. 3 p. 424 n° 52, 14865-3 J. E.); et, dans une solution du 26 mars 1860, elle s'est prononcée en ces termes : « Il est très-douteux que l'Administration ait le droit de demander à un notaire communication des titres et papiers qui lui ont été confiés à la suite d'un inventaire, lorsque, comme dans l'espèce, il est exprimé en l'inventaire que le dépôt est temporaire et a conséquemment pour but de mettre le notaire à même de préparer la liquidation à intervenir.»

Pour nous, la question ne fait pas l'objet d'un doute : nous croyons que la communication devra toujours être refusée, à moins que la déclaration de l'inventaire n'établisse que le dépôt a eu lieu dans le but de placer officiellement les papiers parmi les archives notariales.

En ce sens, il a pu être décidé que quand un contrat de vente porte que l'acquéreur a souscrit un billet pour partie du prix de son acquisition, que ce billet a été déposé au notaire pour n'être remis qu'en présence des parties, *et que cet officier public l'a paraphé*, il résulte de ces énonciations que le dépôt a été fait à ce dernier comme notaire. Ainsi, dans ce cas, les préposés sont fondés à se faire représenter le billet pour s'assurer s'il a été écrit sur papier timbré, comme ils pourraient demander la représentation de tout acte qui serait annexé à un acte authentique (Dél. 24 mars 1824, 7761 J. E.).

Contre-lettre. — Mais il a été reconnu que la copie collationnée que délivre, à la demande de l'Administration d'une contre-lettre, le notaire qui en est *dépositaire confidentiel*, est illicite et ne peut servir de base à la demande des droits d'enregistrement (Le Vigan 20 janv. 1842, 12931 J. E., 11374 J. N.).

4525. Description volontaire du titre dans l'inventaire. — Il ne saurait plus y avoir aucune difficulté sur l'exercice du droit de communication quand le titre privé découvert en l'étude a été spontanément décrit dans l'inventaire comme une pièce dépendant des archives publiques. Cette interprétation, émanée du juge et des parties, caractérise complétement la nature du dépôt, et l'Administration n'a plus de justification à fournir.

Il peut, à cet égard, se présenter deux hypothèses. Ou le titre translatif d'immeubles est seulement indiqué sommairement dans l'inventaire, ou il y est décrit avec tous les détails utiles pour établir l'existence de la mutation secrète. Dans ce dernier cas, le préposé n'a plus besoin de se faire représenter le contrat, puisque l'existence de la transmission est établie dans un acte public faisant foi de son contenu jusqu'à inscription de faux. « La perception des droits, porte un arrêt de la Cour suprême du 11 avril 1854, est attachée au fait de la mutation, indépendemment du titre destiné à la constater ou de l'usage qui en serait fait. La mutation de propriété de l'immeuble désigné dans l'acte du 5 juin 1850 était suffisamment prouvée, relativement à la perception des droits, soit par l'existence même de cet acte, soit par la mention dans le procès-verbal judiciaire d'inventaire des actes et papiers trouvés dans l'étude du notaire fugitif, dont le dépôt a été ordonné aux mains d'un autre notaire... La découverte de cet acte ayant été constatée en l'inventaire dressé lors de la levée des scellés, et sa mention ayant été le résultat d'une mesure légale, le fait de la mutation ainsi revélée justifie la perception des droits. » (64 et 136 R. P., 15204 J. N., S. 54-1-365 P. 54-2-280 ; — *Conf.* : Bar-le-duc 10 août 1865, 2260 R. P.).

Mais si la mention de l'acte privé n'établissait pas assez explicitement l'existence de la transmission, le préposé aurait le droit ou d'exiger une description plus complète (Beauvais 6 mai 1835); — ou de demander la représentation de l'acte afin d'en prendre copie : « Attendu, porte un jugement de Montbéliard du 25 mai 1852, que les opérations de levée de scellés et d'inventaire en l'étude du notaire ont eu lieu à la requête du ministère public, qui en avait donné avis à la Régie afin de s'y faire représenter ; que le titre en question ayant été inventorié, il n'y a, dès lors, aucun reproche à faire à l'Administration d'avoir pris copie de cet acte, puisqu'elle n'a usé d'aucune voie illicite pour l'avoir à sa disposition ; que si elle ne l'avait pas aujourd'hui, elle pourrait, à la vue de l'inventaire, exiger l'exhibition de la pièce pour en relever copie » (15533 J. E.).

4526. Erreur de la description ou de la communication. — Quand le préposé a ainsi obtenu la communication du titre ou sa description détaillée, il a agi dans les limites de ses attributions, et les parties ne sauraient lui opposer l'erreur dont elles auraient été dupes lors de l'inventaire. Il en est de ce cas comme de celui où un employé trouve dans les documents présentés à sa vérification des pièces en contravention qu'on y a laissées par mégarde. La jurisprudence décide que la connaissance de ces titres ne résultant pas d'un moyen illicite, le débiteur doit en subir toutes les conséquences, quoique les pièces n'aient pas été expressément communiquées (Cass. 1er juill. 1811, S. 11-1-328; — 16 mai 1815, S. 15-1-280; — 5 mars 1829, 1537 n° 201 et 1293-4 I. G.; — 11 mars 1825, 1173 § 9 I. G., S. 26-1-222, 5309 J. N., Sol. 28 déc. 1827, 1249, § 2 I. G.; — Avesnes 31 juill. 1851; — Montbéliard 25 mai 1852, 15533 J. E.).

Cette solution, hâtons-nous de le dire, est exclusivement juridique. Dans bien des circonstances, son application rigoureuse serait empreinte d'une extrême fiscalité, car en retenant la copie des écrits que les parties ne croyaient pas livrer à son examen, le préposé profiterait d'une erreur ou d'un excès de complaisance, et personne ne pourrait approuver une pareille sévérité.

Mais la position serait différente si l'acte avait été mentionné en détail dans l'inventaire, ou s'il avait été remis au receveur par le ministère public lui-même, ou encore s'il était déposé officiellement au greffe du tribunal. Alors, en effet, la constatation des irrégularités ou des contraventions deviendrait nécessaire, et le préposé ne ferait plus qu'obéir à un devoir mpérieux. Comme il ne lui appartient pas d'apprécier les causes qui ont amené la révélation de l'acte, et que cette révélation a un caractère public, il serait étroitement tenu d'agir. C'est ce que les tribunaux de Joigny et du Mans ont avec raison décidé, les 23 août 1849 et 25 avril 1843, à l'occasion de pièces saisies par le procureur de la République et remises tant au bureau d'enregistrement qu'au greffe du tribunal civil (13248 et 14812-3 J. E.).

4527. But de la communication. — Timbre. — Le but de la communication, est de faciliter aux préposés, dans l'intérêt général, la surveillance des actes notariés, en même temps que de leur donner les moyens d'assurer l'exécution des lois *sur l'enregistrement*. Le législateur, en insérant l'art. 54 dans la loi spéciale de l'enregistrement, sans en reproduire les dispositions parmi les textes de la loi du timbre, paraît avoir voulu soustraire les contraventions de cette dernière espèce aux conséquences de la communication. — Au temps du contrôle déjà, la mesure n'avait pas d'autre portée. C'est Bosquet qui nous l'apprend en ces termes : « Cette règle fut prescrite pour mettre le fermier du contrôle en état de connaître si les notaires, tabellions et greffiers étaient exacts à faire contrôler et insinuer leurs actes, et si les commis se chargeaient en recette des droits dus. Il n'est pas moins essentiel pour le fermier d'avoir cette communication pour relever les différents droits seigneuriaux, de francs-fiefs, d'amortissement et autres dus au roi. C'est bien plus souvent ce motif qui détermine à demander la communication qu'aucun soupçon d'inexactitude de la part des notaires » (V. *Notaires* § 20).

Nous approuvons donc la solution par laquelle l'Administration a reconnu qu'on devait seulement, au point de vue des lois fiscales, s'occuper des actes soumis à l'enregistrement dans un délai déterminé. Elle est ainsi conçue : « En faisant assister un préposé à la levée des scellés apposés dans l'étude d'un notaire décédé ou en fuite, l'Administration n'a pour but que de découvrir, soit les actes notariés, soit les actes sous seing privé translatifs de propriété, d'usufruit ou de jouissance d'immeubles qui n'ont pas été enregistrés conformément aux dispositions de la loi. Elle est, par conséquent, dans l'usage de laisser en dehors des recherches de ses préposés ceux des actes sous seing privé qui ne sont pas sujets à la formalité dans un délai déterminé, et de ne pas poursuivre le recouvrement des droits et amendes de timbre auxquels ces actes peuvent donner ouverture. Cette mesure est d'autant plus prudente que les pièces en contravention ne pourraient être jointes au procès-verbal qu'il y aurait lieu de rédiger, et qu'en pareil cas il est douteux qu'en l'absence des pièces on puisse donner suite au procès-verbal de contravention » (Sol. 5 mars 1861).

Ce dernier motif ne paraît pas déterminant, car les pièces critiquées restant en dépôt aux mains du détenteur provisoire des minutes et devant désormais faire partie des archives, le tribunal peut à son gré en obtenir la représentation. Nous nous rattachons de préférence à cette raison que les textes relatifs au droit de communication sont spéciaux à la loi de l'enregistrement, et qu'à ce point de vue, la surveillance des actes privés se résume à examiner si l'on a soumis à la formalité ceux qui y étaient assujettis dans un délai légal (*Contrà* Schelestadt 19 juill. 1855, 16098 J. E., 10649 C.).

4528. Actes contenant plusieurs dispositions. — D'après le même motif, si l'acte découvert contient plusieurs dispositions, dont une seule soit assujettie à l'enregistrement dans un délai déterminé, l'Administration ne pourrait obliger les parties à payer les droits de chaque disposition, que si l'acte était présenté à l'enregistrement. Mais si cet acte ne devait pas être produit, il n'y aurait lieu de réclamer que le droit relatif à la disposition sujette à l'enregistrement dans un délai légal (Soissons 26 déc. 1827, D. N. t. 7 p. 174 n° 576).

4529. Séquestre. — Si le séquestre avait été apposé sur les biens du notaire, le receveur ne pourrait exciper de sa qualité de gérant pour constater les contraventions existant dans les actes remis confidentiellement à l'officier public.

A la vérité, l'agent du Trésor devient alors le détenteur légal de tous les papiers du contumax ; mais cette mainmise n'a d'autre but que de faciliter la gestion des biens abandonnés, et on ne saurait, sans violer les principes, les faire servir à une destination différente. Ce serait véritablement abuser du dépôt que de s'autoriser de la remise des pièces aux mains des préposés pour demander le payement des droits ou amendes d'enregistrement et de timbre auxquels donnent lieu les papiers du condamné. Les conséquences d'une pareille doctrine seraient aussi contraires à l'institution du séquestre qu'à l'esprit même de la loi fiscale.

Mais le droit de l'Administration pourrait être exercé si la pièce litigieuse avait été décrite, en dehors de la régie du séquestre, dans un titre public tel qu'un inventaire ou un procès-verbal de levée de scellés (Bar-le-Duc 10 août 1865, 2260 R. P.).

4530. Notaire décédé. — Remise provisoire. — Lorsqu'un notaire a été provisoirement chargé des minutes de son confrère décédé, il n'est pas douteux qu'il est tenu de communiquer, sans déplacement, aux employés de l'enregistrement les minutes dont il a ainsi été constitué dépositaire. Une exception à la règle générale ne saurait se justifier dans cette circonstance, car les recherches dans les minutes d'un notaire décédé, sont de nature à présenter le même intérêt que celles à faire dans les minutes d'un notaire vivant (13207 J. N.)

4531. Testament. — La loi a créé une exception en faveur des testaments et autres actes de libéralités à cause de mort, qui ne peuvent être communiqués du vivant des testateurs (Art. 54 L. de frim.). Mais le tribunal de Falaise a exagéré cette prohibition de la loi en jugeant, le 26 avril 1824 (1033 C.), que les employés ne peuvent faire sur le répertoire d'un notaire le relevé de tous les testaments inscrits. L'art. 54 doit évidemment se combiner avec l'art. 21 L. frimaire qui prescrit l'enregistrement des testaments dans les trois mois du décès. Or, c'est au vu du répertoire que l'Administration peut connaître l'existence de ces actes et en poursuivre l'enregistrement. Comme elle a le droit de prendre communication des testaments eux-mêmes après le décès des testateurs, il est impossible d'admettre que la loi lui refuse le moyen d'exercer ce contrôle en lui défendant de faire le relevé des actes soumis à ce droit de communication. Aussi le jugement de Falaise n'a-t-il jamais été suivi.

1. TESTAMENTS CLOS. — Mais c'est une question controversée que celle de savoir si les préposés peuvent provoquer l'ouverture des testaments mystiques afin d'en connaître les dispositions et de les faire enregistrer. Nous ne le pensons pas, et nous exposons au mot *Testament* n° 17080 les motifs de notre opinion.

2. DONATION ENTRE ÉPOUX. — Quand une donation entre époux est qualifiée d'éventuelle sur le répertoire, l'Administration n'est pas fondée à en exiger la communication afin de s'assurer de son caractère réellement éventuel (16955-1 J. E.).

4532. Moyen licite. — S'il est vrai que les employés doivent, dans certaines circonstances, reconnaître aux dépôts faits entre les mains du notaire un caractère confidentiel qui oppose à leurs investigations une barrière qu'ils ne peuvent franchir ; il est certain, néanmoins, que toutes les fois qu'un acte présentant des contraventions aux lois sur le timbre et l'enregistrement a été trouvé par eux dans le cours d'une vérification régulièrement faite dans une étude d'officier public, une pareille découverte ne peut être considérée comme étant le résultat d'une mesure illégale, et ils ont le droit de poursuivre le recouvrement des droits et amendes exigibles (Cass. 11 mai 1825, S. 26-1-222, 5309 J. N., 1173 § 9 I. G., Sol. 28 déc. 1827, 1249 § 2 I. G., Arr. d'adm. 5 mars 1829, 1293 § 14 I. G.). — V. *Instance*.

1. EXPÉDITION. — Mais si, par des voies détournées, des employés parvenaient à se procurer la communication, par les parties, des expéditions d'actes qui leur ont été délivrées, ils ne seraient point fondés à poursuivre contre le notaire le payement des amendes qui résulteraient des contraventions à la loi du timbre, relevées dans ces expéditions (Loudun 6 août 1834) auquel il a été acquiescé le 30 septembre suivant (8557, 8659 J. N.).

4533. Remise par le notaire. — Le notaire qui remet au receveur un acte de vente sous seing privé déposé entre ses mains ne commet aucun fait illicite de nature à l'exposer à des dommages intérêts. — V. 1524.

CHAPITRE III. — DÉPARTEMENTS, COMMUNES ET ÉTABLISSEMENTS PUBLICS

[4534-4555]

4534. Règle générale. — Les receveurs des communes et des établissements publics sont tenus, aux termes du décret du 4 messidor an 13, de communiquer, sans déplacement, à toute réquisition, aux préposés de l'Enregistrement, leurs registres et minutes d'actes concernant l'administration des communes ou établissements, afin que ces préposés puissent s'assurer de l'exécution des lois sur l'enregistrement et le timbre (293 I. G., Déc. 17 juill. 1808, 395 I. G.). Ce décret a reçu la sanction d'un avis du conseil d'État 4 novembre 1851 (14847 J. N., 15455 J. E.) que nous croyons utile de transcrire ici :

« Considérant que les dispositions de l'art. 12 L. 13 brumaire an 7 ont soumis au timbre généralement tous les actes et écritures, extraits, copies et expéditions, soit publics, soit privés, devant ou pouvant faire titre ou être produits pour obligation, décharge, justification, demande ou défense ; que les art. 54 L. 22 frimaire an 7 et 1er du décret du 4 messidor an 8 ont pour objet d'assurer l'exécution de ces dispositions de la loi du 13 brumaire an 7, en soumettant aux vérifications des préposés de l'Enregistrement les archives et dépôts de titres publics ; que, dès lors, pour satisfaire aux prescriptions légales il est nécessaire que ces vérifications puissent porter sur tous les actes ou titres assujettis au timbre ; que, d'autre part, l'art. 54 précité L. 22 frimaire an 7, comprend dans la généralité de ses termes toute espèce d'actes ou de titres, et notamment les pièces de comptabilité ; que l'art. 1er du décret du 4 messidor an 13 n'a pas eu pour objet de restreindre, mais au contraire d'étendre l'application des dispositions L. 22 frimaire an 7 ; que cet article ne recevrait presque aucune application en ce qui touche les vérifications auxquelles il soumet les receveurs des communes, si l'on affranchissait de ces vérifications les actes sous seing privé, tels que mémoires, comptes, factures, quittances, etc., produits à l'appui des comptes. »

1. PRÉFETS. — SOUS-PRÉFETS. — MAIRES. — Mais, depuis la loi du 15 mai 1818, les seuls actes des mairies, préfectures et sous-préfectures dont il est dû communication, sont ceux dénommés en l'art. 78 de la même loi, c'est-à-dire les actes qui portent transmission de propriété ou d'usufruit, les adjudications et marchés de toute nature, etc. (art. 82). Les employés doivent donc borner à ces actes et au répertoire leurs demandes de communication dans les *préfectures*, *sous-préfectures* et *mairies*.

2. ÉTABLISSEMENTS PUBLICS. — Mais il n'en est pas de même des établissements publics. La législation n'ayant point changé à leur égard, ils sont dans l'obligation, aujourd'hui comme autrefois, de donner communication de leurs registres et actes (Dél. 16 juin 1824, 7826, 8291 J. E.), sauf toutefois ceux qui ne concernent que l'administration intérieure.

On verra au mot *Établissement public* à quels caractères on peut reconnaître les *établissements publics* proprement dits.

Nous allons passer successivement en revue un certain nombre d'hypothèses auxquelles on a appliqué les principes qui précèdent.

4535. Départements. — Bien que le décret du 4 messidor an 13 ne parle que des communes et des établissements publics, il semble incontestable que ses dispositions s'étendent *à fortiori* aux départements, et que ces départements sont tenus aux mêmes communications que les communes.

En ce qui concerne spécialement les émissions de titres

d'emprunt, la loi du 5 juin 1850 décide formellement que le registre à souche d'où sont extrait les obligations sera communiqué aux préposés de l'Enregistrement (Art. 28).

4536. Communes. — Établissements publics. — Les receveurs des communes et les établissements publics sont tenus de communiquer leurs registres à souche d'où sont tirés les obligations émises en cas d'emprunt, pour que les agents de l'Enregistrement s'assurent du payement du droit de timbre des obligations émises (L. 5 juin 1850 art. 28).

D'après l'art. 1er du décret du 4 messidor an 13 (293 I. G.), les receveurs de ces communes et de ces établissements publics, sont tenus de communiquer sans déplacer, à toute réquisition, aux préposés de l'Enregistrement, leurs registres et minutes d'actes, à l'effet par ces préposés de s'assurer de l'exécution des lois sur le timbre et sur l'enregistrement. — *V.* 4545.

4537. Trésorier de la ville de Paris.— D'après un A. Cons. d'Ét. du 4 novembre 1851 (Bull. n° 585, *Suprà* 4534), le trésorier de la ville de Paris est obligé, en exécution du décret du 4 messidor an 13, de communiquer aux préposés les actes sous seing privé, tels que mémoires, factures, quittances, qu'il produit comme pièces comptables. Cet avis pose en principe qu'il est nécessaire que les vérifications puissent porter sur tous les actes ou titres assujettis au timbre; que l'art. 54 L. 22 frimaire an 7 comprend, dans la généralité de ses termes, toute espèce d'actes ou de titres, et notamment les pièces de comptabilité; que l'art. 1er du décret du 4 messidor an 13 n'a pas eu pour objet de restreindre, mais, au contraire, d'étendre l'application des dispositions de la loi de frimaire.

1. PIÈCES DE COMPTABILITÉ. — D'après l'art. 28 § 7 du règlement annexé à l'I. G. 1351, les employés supérieurs chargés des vérifications de régies doivent se transporter chez les receveurs des communes et des établissements de bienfaisance pour s'assurer de l'exécution des lois sur le timbre, en ce qui concerne les registres et pièces de comptabilité. L'I. G. 1413 § 2 prescrit en outre aux employés supérieurs de vérifier, aux secrétariats des *sous-préfectures*, les comptes des communes et établissements dont les revenus n'excèdent pas 10,000 francs, et l'I. G. 1680 reproduit cette injonction.

Mais depuis la L. 18 juillet 1837 art. 66 l'Ord. du 31 mai 1838 art. 483 et l'Inst. du min. des fin. 17 juin 1840 art. 1329, les comptes de l'espèce sont vérifiés par le conseil de préfecture, pour les communes dont les revenus n'excèdent pas 30,000 francs; les dispositions des instructions précitées, *en ce qui concerne la vérification à faire dans les sous-préfectures*, se trouvent nécessairement sans objet.

Quant aux comptes des communes dont les revenus excèdent 10,000 francs (aujourd'hui 30,000 fr.), l'Administration a prescrit aux employés supérieurs chargés des vérifications de régies, de vérifier les pièces de comptabilité qui doivent les accompagner, avant le mois de mai de l'année qui suit l'exercice que ces comptes ont pour objet (1413 I. G.). Cette vérification doit porter, non-seulement sur les pièces de la comptabilité expirée, mais encore sur celles de l'année courante, et le ministre des finances a prescrit aux employés supérieurs de mettre un *Vu* sur le registre ou livre de compte que les receveurs des communes et des établissements de bienfaisance sont tenus, d'après les règlements, d'avoir en papier timbré (Déc. 26 oct. 1842, 1680 I. G.).

2. REFUS. — Mais il ne faut pas perdre de vue que le décret de l'an 13 ne prononçant pas d'amende pour refus de communication, on ne pourrait en faire payer si un receveur d'établissement public refusait de se conformer à ce décret (Dél. 3 fév. 1819, 6295 J. E.). Il faudrait donc se borner à demander qu'il lui fût adressé, par l'autorité compétente, les injonctions nécessaires.

4538. Hospices. — Les hospices sont nommément désignés, par le décret du 4 messidor an 13 (293 I. G.), comme soumis à l'obligation de communiquer aux préposés de l'administration de l'Enregistrement les registres et actes sujets au timbre de l'Enregistrement.

4539. Bureau de bienfaisance. — Les bureaux de bienfaisance sont chargés d'administrer les biens des pauvres qui doivent être secourus à domicile, et de faire à ces derniers la distribution des secours de cette nature que réclame leur position. Leur institution a sa base dans une loi du 7 frimaire an 5 et dans une ordonnance royale du 31 octobre 1821. Ils sont considérés comme établissements publics, les dispositions relatives aux dons et legs qui doivent leur être faits sont contenues dans un arrêté gouvernemental du 4 pluviôse an 12 et un décret du 18 février 1809 (185 et 209 I. G.). — Dès lors, ils doivent communication.

4540. Établissement de bienfaisance. — On considère comme des établissements publics, administrés par des directeurs responsables assistés de commissions consultatives, les établissements de bienfaisance connus sous les noms de : — 1° l'hospice des Quinze-Vingts à Paris ; — 2° la maison de Charenton ; — 3° l'institution des Sourds-Muets de Paris ; — 4° celle de Bordeaux ; — 5° l'institution des Jeunes-Aveugles (Ord. R. 13 avr. 1841).

Ces établissements doivent donc communication aux employés. — Il en est de même de tous les établissements analogues.

1. MAISONS HOSPITALIÈRES. — Le décret du 18 février 1809, relatif aux congrégations ou maisons hospitalières, ayant pour but de desservir les hospices, d'y servir les infirmes, les malades, les enfants abandonnés, ou de porter aux pauvres des soins, des secours, des remèdes à domicile, les a autorisées à recevoir des dons et legs et à faire des acquisitions (Art. 11 et 12). Ces maisons doivent donc être considérées comme des établissements publics, qui doivent communication aux employés.

On doit ranger dans la catégorie des congrégations hospitalières : 1° les filles de la Providence (Déc. 8 oct. 1819, 6535 J. E.) ; — 2° les sœurs hospitalières de la Croix (Déc. 12 et

20 mars 1827) ; — 3° les sœurs de Sainte-Catherine de Metz (Sol. 24 déc. 1823, 7606 J. E.) ; — 4° les sœurs de Saint-Joseph, reconstituées par décret du 10 avril 1812 (Déc. min. fin. 31 mai 1826, 1200 § 1er I. G., 7125, 8302, 8406 J. E.); — 5° les sœurs de Saint-Vincent de Paul (7831 J. E.) ; — 6° les sœurs hospitalières de Saint-Charles, autorisées par un décret du 12 janvier 1813 (6302 J. E.), etc.

4540 *bis*. **Chapitres.** — Les chapitres sont des établissements publics.— V. 3750. — Mais en ce qui concerne l'exercice du droit de communication. — V. ci-après *Fabrique* n° 4552.

4541. Caisses d'épargne. — Les caisses d'épargne sont classées au nombre des établissements publics par l'art. 10 L. 5 juin 1835, qui assujettit les dons et legs qui leur sont faits aux droits proportionnels établis par l'art. 33 L. 21 avril 1832 (1399 I. G.), et conformément à l'art. 17 L. 18 avril 1831 (1362 I. G.).

Les registres et livrets à l'usage des caisses d'épargnes étant exempts du timbre, il a été décidé qu'on ne doit pas demander communication de ces registres aux administrateurs des caisses (1492 I. G.). — V. 3314.

4542. Chambres de commerce. — Les chambres de commerce, à raison de l'objet de leur institution, toute d'utilité générale, de leurs attributions et de leur dépendance de l'autorité supérieure, sont considérées comme établissements publics ; leurs secrétaires sont tenus de faire enregistrer dans le délai de vingt jours ceux de leurs actes assujettis à cette formalité (Sol. 11 juill. 1842). Il semble donc qu'elles sont soumises à l'exercice du droit de communication. Cependant le contraire a été reconnu par une décision applicable également aux chambres consultatives des arts et manufactures (D. m. f. 27 sept. 1873, 4116 R. P.).

4543. Chambre de discipline. — On a vu, sous le n° 3731, que les chambres de discipline, étant considérées commme établissements publics, doivent communication aux employés.

4544. Lycée. — Il avait été reconnu que les registres d'administration *temporelle* et *extérieure* des lycées (autrefois colléges royaux) doivent être sur papier timbré et communiqués aux préposés de l'Administration (D. m. f. 26 août 1820 et 7 nov. 1825, 953 et 1187 § 16 I. G.).

On a décidé depuis que ces registres sont exempts du timbre. Mais nous croyons que le droit de communication subsiste à l'égard des quittances, factures ou autres pièces sujettes au timbre.

4545. Colléges communaux. — Les colléges communaux étant entretenus aux frais des villes, leurs registres doivent être sur papier timbré (1187 § 16 I. G.). Dès lors, la communication est due. — V. *Colléges.*

4546. Colléges particuliers. — Lorsque les colléges sont régis aux risques et périls des principaux ou des particuliers qui ont traité avec la ville, les préposés de l'Administration n'ont pas le droit de se faire représenter les registres de comptabilité (Sol. 3 déc. 1839). — Ce ne sont plus alors des établissements publics dans le sens du décret du 4 messidor an 13. Ils portent un caractère d'intérêt tout à fait privé.

4547. Comices agricoles. — Les comices agricoles bien que ne pouvant s'établir sans l'autorisation du préfet qui a toujours le droit de les dissoudre, sont des institutions libres qui n'ont point le caractère d'établissements publics et dont les règlements ne constituent point des actes administratifs (C. Nancy 2 juin 1866, S. 67-2-76. — V. Circ. m. a. et c. 12 août 1851.) Il faut en conclure qu'ils ne devront pas communication de leurs actes.

4548. Congrégations religieuses. — L'art. 22 de l'Ord. du 17 juillet 1825, rendu pour l'exécution de la loi du 25 mai précédent, porte que les registres de chaque établissement où seront inscrits tous les actes, délibérations, comptes en recettes et dépenses seront sur papier *non timbré.* L. l'art. 18 ajoute : « Les dispositions des lois et règlements qui prescrivent les formalités à remplir par les établissements d'utilité publique pour acquisitions, aliénations etc., *et en général pour l'administration des biens*, sont applicables aux actes de cette nature concernant les congrégations et communautés qui seront représentées, suivant les cas, par la supérieure générale ou la supérieure locale. »

Cette assimilation ne paraît pas suffisante, néanmoins, pour assujettir les congrégations à l'exercice du droit de communication, on a toujours considéré que ces associations ont le caractère d'établissements particuliers, et l'Administration s'est toujours dispensée de réclamer la communication de leurs registres.

4549. Consistoires. — Les consistoires des églises protestantes sont des établissements publics dans le sens de l'art. 1032 C. proc., puisqu'ils ne peuvent, comme les fabriques des églises catholiques, plaider sans l'autorisation du conseil de préfecture, qu'il ne suffirait pas de l'autorisation du consistoire général, et que le défaut d'autorisation peut leur être opposé en tout état de cause, même d'office (C. Colmar 13 nov. et 12 déc. 1833).— Ils sont, pour le droit de communication, soumis aux mêmes règles que les fabriques.

4550. Digues, polders, etc. — Les administrations chargées du soin de veiller à l'entretien des digues, des polders ou alluvions, étant sous la surveillance des préfets, sont considérées comme des établissements publics et les dispositions du Déc. du 4 messidor an 13 leur sont applicables (D. m. f. 18 fév. 1806, 2234 J. E.).

4551. Établissements spéciaux d'agriculture. — Les agents comptables des établissements spéciaux dépendant du ministère de l'agriculture pouvant apposer des timbres mobiles sur les quittances, doivent communiquer leurs livres et registres aux préposés de l'Enregistrement, afin que ces derniers puissent s'assurer de l'exécution des lois sur le timbre (D. m. f. 28 juin, 15 juill. et 8 août 1865).

4552. Fabriques. — Chapitres. — Établissements religieux. — Les fabriques, séminaires et autres établissements religieux sont soumis, comme les dépôts publics ordinaires, au droit de vérification des préposés, en ce qui concerne les actes sujets à la formalité du timbre et de l'enregistrement. — On avait prétendu que ce contrôle avait été abrogé virtuellement par le décret du 30 novembre 1809 504 I. G. qui affranchit du timbre les registres de ces établissements; mais deux décisions des 5 mai 1825 (8026 J. E.) et 12 mars 1827 (8672 J. E., I. G. 1210-4) ont reconnu que le décret du 4 messidor an 13 n'a pas cessé d'être en vigueur pour les actes des fabriques sujets au timbre d'après l'art. 78 L. 15 mai 1818, les doubles des comptes des trésoriers et les quittances à l'appui. — De pareilles décisions ont été prises au sujet des séminaires (Déc. 7 nov. 1825 et 17 mars 1828, 1187-16 et 1239-2 I. G.) sans distinction entre ceux qui reçoivent ou non des élèves payant pension (D. m. f. 8 nov. 1830, 6835 J. E.).

Mais des difficultés ayant surgi sur le mode de communication, une D. m. f. du 16 sept. 1858 (2131 I. G., 1076 R. P. 16482 J. N.) tout en affirmant le droit de l'Administration, a déclaré que les préposés doivent s'abstenir de faire leurs vérifications dans les établissements placés sous la surveillance des évêques.

1. ÉVÊCHÉS. — Quant aux secrétariats des évêchés, comme ils ne sont pas désignés dans le décret du 4 messidor an 13, on n'a jamais demandé la communication de leurs registres. (D. m. f. 22 avr. 1806, 2289 J. E.).

4553. Monts de piété. — Sont déclarés exempts du timbre et de l'enregistrement les registres, reconnaissances, procès-verbaux de vente et généralement tous les actes relatifs à l'administration des monts de piété. — Dès lors, ces établissements ne doivent pas communication aux employés.

4554. Synagogues. — Les synagogues consistoriales des israélites sont des établissements publics capables d'acquérir les biens nécessaires à l'entretien des temples et aux frais du culte (Déc. 17 mars 1808, art. 12), surtout depuis la loi du 10 fév. 1831, qui a salarié aux frais de l'État les ministres du culte israélite; il semble, dès lors, que le décret du 4 messidor an 13 leur est applicable.

4555. Banque de France. — La anque de France quoique d'une utilité publique reconnue, n'est point un établissement public, parce que les bénéfices de cet établissement appartiennent à des particuliers. — V. *Banque de France*. Elle n'est donc pas soumise à l'exercice du droit de communication à ce titre, mais elle y est assujettie comme société (LL. 23 mai 1857, 23 août 1871 et 21 juin 1875). — V. *le chapitre suivant*.

CHAPITRE IV. — SOCIÉTÉS ET COMPAGNIES

[4556-4559]

4556. Sociétés. — Les gérants des sociétés sont tenus de communiquer aux préposés de l'enregistrement, selon le mode prescrit par l'art. 54 L. 22 frimaire an 7 et sous les peines y portées, le registre à souche d'où sont tirées les actions et les obligations (L. 5 juin 1850, art. 16 et 28, 1854 J. E.). — V. 4504-4.

Les sociétés et compagnies doivent aussi communiquer leurs registres de transfert et les pièces relatives à ces transferts aux préposés pour assurer la perception du droit de transmission établi par la loi du 23 juin 1857. — V. 4504-4.

La loi du 23 août 1871 a généralisé cette communication en matière de timbre. Elle impose aux sociétés l'obligation de représenter leurs livres, registres, titres, pièces de recette, de dépense et de comptabilité aux agents de l'enregistrement, afin qu'ils puissent s'assurer de l'exécution des lois sur le timbre, à peine d'une amende de 100 francs à 1,000 francs (L. 23 août 1871, art. 22). Cette communication est due par les sociétés de banque comme par les autres (Saint-Quentin, 11 déc. 1874, 4003 R. P.). — V. 4504 § 11 et 4505 § 3.

Enfin la loi du 21 juin 1875, art. 7, a assujetti les sociétés aux mêmes communications, en ce qui concerne l'exécution des lois sur l'enregistrement.

4557. Compagnie d'assurances. — On avait d'abord pensé que les compagnies d'assurances étaient des établissements publics, attendu qu'elles sont instituées en vertu d'ordonnances émanées du chef de l'Etat, et que les inspecteurs chargés de surveiller leurs opérations sont nommés par lui; on avait induit de là qu'aux termes du décret du 4 messidor an 13, les compagnies d'assurances devaient, à toute réquisition, communiquer, sans déplacer, leurs registres aux préposés de l'enregistrement, pour que ceux-ci eussent les moyens de constater l'exécution de la loi sur le timbre; mais il a été reconnu que les compagnies d'assurances, au lieu d'être des établissements publics, sont des sociétés de commerce, et qu'en pareil cas la demande en communication des registres n'est point autorisée (Dél. 16 oct. 1819, 6547, 6652 J. E.).

Aujourd'hui le droit de communication existe en vertu de dispositions législatives spéciales.

Les compagnies d'assurances ont été d'abord tenues de communiquer, au siége de leur établissement, leur répertoire et les polices en cours d'exécution ou renouvelées par tacite reconduction depuis au moins six mois, ainsi que celles expirées depuis moins de deux ans, à peine d'une amende de 10 francs (L. 5 juin 1850, art. 36-35, 1854 I. G.); le répertoire et les polices d'assurances maritimes, sous la même peine (L. 5 juin 1850, art. 44).

Le décret du 27 novembre 1874 les a soumises ensuite à l'obligation de représenter tous leurs livres, registres, polices, avenants et autres documents pour la liquidation de la taxe d'enregistrement établie par L. du 23 août 1871 (Art. 8 dernier alinéa).

Puis les lois des 23 août 1871 et 31 juin 1875, généralisant l'exercice de la communication en matière de timbre, ont décidé que les compagnies d'assurances sont tenues de représenter leurs livres, registres, titres, pièces de recette, de dépense et de comptabilité, aux agents de l'enregistrement, afin qu'ils s'assurent de l'exécution des lois sur le timbre et l'enregistrement, à peine de 100 à 1,000 francs d'amende.

1. ASSURANCE PARTICULIÈRE. — Les dispositions précédentes sont applicable aux assureurs particuliers comme aux compagnies d'assurances (Dreux, 1er août 1876, 4453 R. P. — V. 4504-6), et aux assurances étrangères ayant un bureau en France (Seine, 12 juin 1875).

2. COURTIERS. — NOTAIRES. — Les courtiers et les notaires qui rédigent des polices d'assurances doivent communiquer également le livre sur lequel ces polices sont inscrites à peine d'une amende de 50 francs (L. 5 juin 1850, art. 4.) — V. 4504-6.

3. AGENCES. — DATE. — D'après l'art. 7 de la loi du 21 juin 1875, la communication peut être demandée tant au siége social que dans les succursales et agences. Le contraire avait été décidé antérieurement (3852 et 4030 R. P.). Cette disposition s'applique à tous les assujettis et aux polices d'assurances sans limitation de date (2517 I. G., 4111 R. P.); même à celles antérieures à la promulgation de la loi (Seine 4 mars 1876, 4326 R. P.). — V. 7439. — Elles ne concernent pas les notaires et autres officiers publics (2517 I. G., 4111 R. P.).

On considère comme agence le bureau d'un employé chargé de préparer les polices destinées à être ratifiées par le conseil d'administration (C. Toulouse, 27 juill. 1872, 4600 R. P.); — Cass. 23 août 1877, 4697 R. P.;—Le Havre, 13 juin et 29 août 1877; — Neufchatel, 11 juill. 1877; — Pont-Audemer 4 déc. 1877).

4. RÉASSURANCES. — La communication s'applique aux réassurances (Seine, 12 juin 1875, 4381 R. P.; —29 janv. 1876).

5. ÉTENDUE DE LA COMMUNICATION. — V. ci-dessus 4505.

4558. Entrepreneurs de transports.—L'art. 6 du décret du 13 août 1810, relatif à la vente des objets confiés aux entrepreneurs de roulage et de messageries, et non réclamés, autorise les préposés de l'enregistrement à vérifier les registres qui doivent être tenus par les entrepreneurs de roulage et de messageries, tant pour s'assurer de la sincérité des déclarations d'objets non réclamés faites par les entrepreneurs, que pour y suppléer au besoin (493 I. G.).

La disposition précédente s'applique aux compagnies de chemins de fer, qui ont, comme les entrepreneurs de messageries, à faire la déclaration des colis enregistrés non réclamés (2247 I. G.).

En outre, pour assurer le payement des droits de timbre des lettres de voiture et des récépissés de chemin de fer, l'art. 10 L. 13 mai 1863 (2252 I. G.) donne aux agents de l'enregistrement le droit de prendre communication du registre à souche des récépissés destinés à constater les expéditions non accompagnées de lettres de voiture, ainsi que des livres constatant l'enregistrement des marchandises à transporter, et des pièces relatives aux transports qui y sont énoncés (Art. 50 Ord. 15 nov. 1846, 2252 I. G.). Cette communication a lieu selon le mode prescrit par l'art. 54 L. 22 frimaire an 7 et sous les peines y énoncées 2252 I. G.).

Afin de faciliter la vérification, le ministre de l'agriculture, du commerce et des travaux publics a décidé (Circ. aux compagnies, du 31 juill. 1863), que les agents de l'enregistrement peuvent pénétrer et circuler librement dans les gares, bâtiments et stations affectés aux transports. Lorsqu'ils vont procéder à ces vérifications, ils doivent se munir de leur commission; s'ils éprouvaient un refus de la part du chef de station, ils le constateraient dans la forme réglée par l'art. 54 L. 22 frimaire. Leur surveillance se complète par la vérification, aussi fréquente que les circonstances l'exigent, des pièces relatives aux transports. A l'arrivée des trains, ils peuvent demander la communication des feuilles de route remises aux conducteurs pour justifier de leur chargement (2268 I. G.).

Les lois des 23 août 1871 et 21 juin 1875 ont confirmé et étendu les dispositions précédentes en décidant que tous les entrepreneurs de transports (1) sont tenus de représenter aux agents de l'Enregistrement leurs livres, registres, titres, pièces de recette, de dépense et de comptabilité pour qu'ils s'assurent de l'exécution des lois sur le timbre et sur l'Enregistrement, à peine d'une amende de 100 francs à 1,000 francs.

La loi du 30 mars 1872 a ajouté à cette nomenclature les registres de factage et de camionnage qui n'y étaient sans doute pas compris. Et elle a puni le défaut de communication d'une amende de 50 francs portée en cas de récidive à 100 francs (Art. 2).

1. PREUVES. — Lorsqu'il est établi par la matrice des patentes qu'un négociant (dans l'espèce un marchand de charbon) fait le commerce des transports, il est assujetti à l'application de la loi du 23 août 1871 et doit communication de ses livres (Roanne 23 janv. 1874, 3796 R. P.).—La preuve qu'une personne est entrepreneur de transports résulte également de la patente et d'une lettre de voiture par laquelle cette personne se charge de distribuer des colis envoyés en gare à son adresse (Vesoul, 17 avr. 1877).

2. LETTRE DE VOITURE. — Décidé spécialement qu'un vérificateur de l'Enregistrement qui, assisté d'un commissaire de police, fait des perquisitions chez un commissionnaire de roulage, pour la recherche de faux timbres, a le droit de dresser procès-verbal pour saisir toutes les lettres de voiture, extraits, copies et duplicatas écrits sur papier libre qu'il rencontre dans ses perquisitions (Seine, 24 mars 1846, 13953 J. E., 17 fév. 1847, 14188-7 J. E.).

3 MARCHÉ PARTICULIER. — Mais l'entrepreneur n'est pas tenu de communiquer le registre relatif au transport effectué en vertu d'un marché particulier (Remiremont, 19 mai 1877).

4559. Magasins généraux. — Les dépositaires des registres des magasins généraux sont tenus de les communiquer aux préposés de l'Enregistrement, selon le mode prescrit par l'art. 54 L. 22 frimaire an 7 et sous les peines y portées (L. 28 mai 1858, art. 13, 2149 I. G.). Ces registres sont les livres ordinaires de commerce, le livre de récépissés et warrants, le registre à souche ou sont constatées les consignations (Art. 10, Décr. 12 mars 1859, 2149 I. G.). Les livres ordinaires de commerce sont exempts du timbre (L. 20 juill. 1837, 1544 I. G.); mais le livre des récépissés et des consignations doit être timbré (2149 I. G.).

CHAPITRE V. — ADMINISTRATIONS DE L'ÉTAT

[4560-4571]

4560. Contributions directes. — Les agents des contributions directes sont tenus de communiquer aux préposés de l'Enregistrement les états de mutation. Le directeur de l'Enregistrement doit inviter son collègue des contributions à lui remettre ces états aussitôt qu'il en aura été fait usage pour les rôles, et il doit les adresser aux receveurs de la situation

1. C'est-à-dire aux entrepreneurs publics faisant métier de transporter les voyageurs ou les marchandises (Dalloz, v° *Commissionnaire*, n° 300). — V. 4505-1.

des biens, qui les comparent avec le Répertoire général, et relèvent au sommier douteux toutes les mutations dont ils ne trouvent point la trace dans leur bureau (L. m. f. 14 avr. 1820, 934 I. G.). — Aussitôt que les receveurs auront utilisé convenablement les états de mutation qui leur sont communiqués par l'intermédiaire du directeur de l'Enregistrement, ils les renverront à celui-ci, qui les remettra immédiatement à la disposition du directeur des contributions directes (1111 I. G.). — A ces états doivent être jointes les feuilles de mutation rédigées par le contrôleur (1507 I. G.).

1. CADASTRE. — EXTRAIT OU COPIE DE PLANS. — Le directeur des contributions directes doit communiquer, sans frais, aux employés de l'Enregistrement, les extraits et plans dont ils peuvent avoir besoin pour le bien du service (Lettre adm. du 20 fév. 1852, 9002 Roll.).

S'il est nécessaire de prendre un extrait ou une copie du plan, le directeur des contributions directes reste seul chargé de la confection de ce plan moyennant le remboursement de ses simples déboursés. Ces déboursés sont : pour les copies des plans parcellaires, sur papier ordinaire, 2 centimes 75 par hectare et 1 centime 25 par parcelle; — pour les copies des mêmes plans, sur papier à calque, 1 centime par hectare et un demi-centime par parcelle; — pour les copies, sur papier ordinaire, des tableaux d'assemblage, 1 centime par hectare, sans rétribution par parcelle ; — pour les copies des mêmes tableaux, sur papier à calque, 0 centime 4 par hectare. — Quant aux extraits ou copies de matrices cadastrales et d'états de section, les préposés peuvent les faire eux-mêmes sans requérir le certificat du directeur des contributions directes (D. m. f. 18 mai 1865, 2316 I. G.).

2. MATRICES CADASTRALES. — Les employés peuvent prendre communication, sans déplacement, des matrices cadastrales, dans les mairies où elles se trouvent déposées, lorsqu'elles sont définitivement approuvées (D. m. f. 30 nov. 1813, 5091 J. E., 934, 2316 I. G.).

3. AUTRES DOCUMENTS. — Les matrices des rôles quelconques doivent être aussi communiquées sans déplacement aux préposés de l'Enregistrement (984 et 2316 I. G.). — Mais les seuls documents émanant de l'administration des contributions directes dont on peut légalement se servir pour apprécier la valeur des propriétés sont ceux qui ont été arrêtés ou publiés dans les formes déterminées par la loi et que les contribuables ont pu discuter. Par suite, il faut s'abstenir de demander communication des résultats du travail concernant l'évaluation des revenus territoriaux entrepris en vertu de l'art. 2 de L. 7 août 1850, rappelé dans la circulaire du 19 juin 1851 (Circ. lith. adressée aux directeurs le 1er juin 1855). Des dispositions spéciales ont été prises au sujet des locations verbales.

4561. Contributions indirectes. — Les préposés peuvent demander au receveurs principaux communication des renseignements contenus dans les registres portatifs, lorsque, à défaut d'inventaire, après le décès d'un assujetti, ils ont des motifs de soupçonner une omission de valeurs dans la déclaration de la succession.

En ce qui concerne les tabacs et les poudres, les préposés qui désirent connaître l'importance de l'approvisionnement d'un débitant décédé, peuvent demander communication des livrets qui en présentent la situation (D. m. f. 23 avr. 1855, 2039 I. G., 460 R. P.) — V. *Succession*.

4562. Etat civil. — L'art. 54 L. 22 frimaire an 7 mentionne les registres de l'état civil parmi les documents dont les préposés ont le droit de prendre communication. Il a été recommandé aux employés supérieurs, par l'I. G. 1351, de s'assurer que les registres de l'état civil, le procès-verbal de cote et parafe, les feuilles de supplément et les tables annuelles et décennales sont en papier timbré. L'I. G. 2195 a rappelé cette obligation, en faisant observer qu'il importe que les employés supérieurs procèdent avec soin désormais, à la vérification dont il s'agit. Toutefois, l'Administration paraît admettre que les employés supérieurs n'ont à effectuer cet examen, que dans les communes où ils se transportent pour un autre objet, par exemple pour la vérification des minutes d'un officier public, et qu'ils peuvent se dispenser de se rendre spécialement dans les autres communes pour le seul examen des documents de l'état civil (Sol. 24 sept. 1862). — V. 667.

4563. Écrou. — Les préposés ont la faculté de se faire représenter les registres d'écrou (7517 J. E.).

4564. Douanes. — Les préposés des douanes sont tenus de communiquer à ceux de l'Enregistrement, sans déplacement et à toute réquisition, les registres et documents constatant la propriété des bâtiments de commerce et les mutations qui surviennent dans cette propriété (D. m. f. 10 juill. 1837, 1543 I. G.).

4565. Haras. — Les directeurs de haras ou dépôts d'étalons qui sont en même temps agents comptables de ces établissements, paraissent soumis à l'obligation de communiquer aux préposés de l'Enregistrement les actes et registres sujets à la formalité (15777 J. E.).

4566. Inscription maritime. — Les employés de l'Enregistrement peuvent prendre, au bureau de l'inscription maritime, communication des décomptes dressés d'après les rôles de désarmement et constatant les sommes qui reviennent à différents titres aux représentants et héritiers des marins absents ou décédés en mer, notamment pour solde arriérée, pour part dans les bénéfices réalisés, pour part de vente d'effets mobiliers (2136 I. G.).

4567. Marine. — Les agents de la marine sont tenus de communiquer aux préposés leurs actes soumis au timbre et à l'enregistrement. Ainsi les receveurs sont autorisés à se faire communiquer au bureau de l'inscription maritime les décomptes dressés à l'arrivée de chaque navire des sommes revenant aux héritiers des marins absents ou décédés, afin de faire acquitter les droits de mutations par décès (2136 I. G.).

Les préposés de l'Enregistrement, ainsi que ceux des douanes et des octrois, ont le droit de se faire représenter les chartes-parties pour vérifier si elles sont sur timbre (Déc. 16 mess. an 13 art. 2, 7701 J. E.). — *V.* 3770.

4568. Parquets. — Copies. — Les préposés peuvent demander communication des copies signifiées dans les parquets, en se concertant avec les magistrats du ministère public pour que cette communication n'entrave pas le service de la justice.

« Il a été reconnu, porte une décision du garde des sceaux du 5 avril 1867, que l'exécution des décisions précitées doit nécessairement établir des relations entre les officiers du parquet et les agents de l'Administration ; que ceux-ci doivent être admis à vérifier, dans les parquets, les copies dont la signification a été faite aux procureurs impériaux. Ce contrôle, uniquement destiné à assurer l'observation du décret précité, intéresse la bonne administration de la justice en même temps que le Trésor, et il paraît conforme à l'esprit de la circulaire que les magistrats des parquets en facilitent l'exercice, d'autant plus que la vérification ainsi faite est un des rares moyens que le Trésor puisse employer pour assurer l'exécution des prescriptions sur la matière. Il va de soi que les agents de l'Enregistrement s'entendront à l'avance avec les chefs des parquets pour choisir le moment et le lieu où leur vérification pourra se faire sans gêner le service du parquet et blesser les convenances des magistrats. Par suite, les agents de l'Enregistrement peuvent prendre sur place communication des copies signifiées aux parquets toutes les fois que des motifs particuliers et des raisons de service n'y mettent pas obstacle. » Une décision semblable avait été prise déjà par le ministre de la justice, le 26 juin 1865.

4569. Trésorier-payeur. — Les employés sont autorisés à vérifier dans les bureaux des trésoriers-payeurs, les dossiers des actes exploits, significations concernant les oppositions (D. m. f. 14 nov. 1849, 14842-4 J. E., 1842 I. G.).

4570. Receveur des finances. — Les employés sont autorisés également à vérifier dans les bureaux des receveurs des finances les actes de poursuites concernant les contributions directes et les pièces des dossiers relatifs au service de la Caisse des dépôts et consignations (D. m. f. 14 nov. 1849, 14842-4 J. E., 1842 I. G., Inst. des fin. du 28 juin 1859 n° 536).

4571. Percepteur. — Livre-journal. — Les percepteurs sont tenus de communiquer aux employés de l'Enregistrement le livre-journal sur lequel ils inscrivent par ordre de dates les déclarations qu'ils reçoivent pour le service des mutations (13105, 13613-3 J. E.).

CHAPITRE VI. — PARTICULIERS. — RÉPERTOIRES

[4572-4579]

4572. Règle. — On ne peut, en aucun cas, se présenter chez les citoyens pour y constater des contraventions (D. N. t. 3 p. 424 n° 55) ; les *marchands*, même alors que leurs livres de commerce étaient sous l'empire des lois qui les assujettissaient au timbre, n'étaient pas tenus de les représenter aux employés de l'Enregistrement (6243 J. E.). — *V.* 5414.

Il en est de même des secrétariats des évêchés (D. m. 22 avr. 1806), des avoués, des agréés ou agents d'affaires, des banquiers ou négociants.

Une loi du 30 mars 1872 art. 2. autorise cependant les agents à saisir, dans tous les lieux ouverts au public, ce qui comprend les comptoirs et bureaux de change, les titres étrangers non timbrés. — V. *Étranger*.

4572 *bis*. Faillite. — Les préposés n'ont pas le droit de vérifier les papiers d'une faillite, qu'un huissier aurait en dépôt comme agent de cette faillite, sous prétexte de s'assurer si les pièces sujettes au timbre ont été revêtues de cette formalité (D. m. f. 11 août 1820, 6807 J. E).

Mais ils ont le droit d'examiner dans les greffes les dossiers des faillites : il a été parlé de l'étendue de ce droit au mot *Faillite* n° 8909.

4573. Greffe. — Une D. m. f. 2 août 1851 (15258-3 J. E.) a reconnu que l'art. 54 L. 22 frimaire an 7, donne aux employés la faculté de s'assurer de l'exécution des lois en matière d'enregistrement et de timbre dans tous les dépôts publics et spécialement aux greffes des tribunaux de commerce. — Une D. m. f. et just. des 8 et 16 juill. 1853, 1972 I. G.), a reconnu que le droit de communication des employés s'étendait au registre des déboursés et émoluments que tiennent les greffiers de justice de paix — *V.* 9197-4.

Ces dispositions se trouvent confirmées, en matière de timbre, par les dispositions générales de l'art. 22 de la loi du 23 août 1871. — *V.* 4504-11.

1. ORDRE. — Un vérificateur est autorisé à prendre au greffe communication des pièces jointes par un avoué à la production faite à son ordre (Sol. 28 juill. 1877)

4574. Timbre. — Pièces à joindre. — Dans ce sens, le tribunal de la Seine a jugé, le 28 août 1852 (15440 J. E.), que les contraventions aux lois sur le timbre découvertes dans un greffe du tribunal de commerce peuvent être légalement constatées par procès-verbal ; mais le tribunal a de plus reconnu qu'il n'est pas indispensable que les pièces en contravention soient jointes au procès-verbal, lorsque ce procès-verbal n'a pas été signé par les contrevenants. Les motifs de cette disposition du jugement sont que, si l'art. 31 de la loi du 13 brumaire an 7 prescrit aux employés de l'Administration de joindre à leurs procès-verbaux de contravention aux lois sur le timbre les pièces qui en font l'objet, il ne leur impose pas ce devoir à peine de nullité des procès verbaux ; que cette loi a seulement voulu mettre le tribunal à portée de juger la nature des actes sujets au timbre ; que cette appréciation peut être faite au vu des procès-verbaux qui, émanant d'un officier public, font foi de leur contenu ; que, d'ailleurs, le tribunal aurait le droit de se faire représenter les pièces elles-mêmes, et que, dans l'espèce, cette mesure d'instruction n'est pas nécessaire, puisque la copie donnée par les procès-verbaux n'est pas contestée par les opposants. — *Conf.* : 1537 n° 200 I. G. et *Instance.*

4575. Enregistrement. — Le même tribunal a encore jugé, le 6 décembre 1850 (15097 J. E.), que les préposés ont le droit de réclamer les droits d'enregistrement exigibles sur les actes placés dans les dossiers déposés au greffe, lorsque ces actes tombent sous l'application de l'art. 57 L. 28 avril 1816.

4577. Facteurs aux halles. — Les facteurs aux halles ne sont pas tenus de communiquer leurs écritures aux préposés de l'Enregistrement (Sol. 27 mars 1859). — *V.* 7964.

4578. Protêt. — Huissier. — L'art. 52 L. 22 frimaire an 7, qui prescrit aux officiers publics et ministériels de communiquer leurs répertoires à toute réquisition des employés de l'Enregistrement qui se présentent chez eux, contient une disposition générale qui s'applique spécialement à tous les registres tenus par les huissiers. Or, le registre prescrit par l'art. 776 C. com. est un répertoire spécial pour les protêts ; d'où la conséquence que ce registre doit être communiqué aux employés de l'Enregistrement, qui doivent constater par un procès-verbal le refus de communication qui leur serait opposé (11381 J. E. ; — Soissons 19 avr. 1836, 11622 J. E., 9772 J. N.; — Avignon 4 avr. 1837, 11772 J. E., 9772 J. N.; — Châteaudun 28 avr. 1837, 9772 J. N.; — Périgueux 24 juin 1837, 12843-1 J. E., 9972 J. N.; — Cass. 8 juill. 1839, 12344 J. E., 10463 J. N., 1601 § 22 I. G., S. 39-1-639; — Seine 29 déc. 1848, 13669 J. N., 14636 J. E.). « Attendu, porte l'arrêt du 8 juillet 1839, que l'art. 52 de la loi du 22 frimaire an 7 contient une disposition générale qui s'applique à tous les répertoires tenus par les huissiers ; attendu que le registre prescrit par l'art. 176 C. com. est un répertoire spécial pour les protêts, et qu'en décidant que l'huissier Flesselle était autorisé à refuser aux agents de l'administration de l'Enregistrement la communication de ce répertoire spécial, le jugement attaqué a violé l'article ci-dessus cité de la loi du 22 frimaire an 7. »

Dans le cas de refus de communication, l'Administration a le droit de poursuivre le recouvrement de l'amende encourue, en vertu de l'art. 52 L. 22 frimaire an 7 (Cass. 20 janv. 1840, 12478 J. E.). — V. *Protêt* n° 13243-3.

1. NOTAIRE. — Pour ce qui est des notaires, ils ne sont, aux termes d'une D. m. f. 6 juin 1829, (6978 J. N. 1293 § 18 I. G.) tenus d'avoir un registre particulier pour y inscrire les protêts, que lorsqu'ils font des actes de cette nature. Le motif de cette décision est qu'il serait rigoureux d'imposer aux notaires qui ne font point de protêts, ou qui n'en ont point fait depuis longtemps, l'obligation de tenir un registre sur lequel ils n'auraient aucun acte à inscrire ; que si ces officiers publics sont requis de faire des protêts, ils ne peuvent, il est vrai, refuser leur ministère ; mais que, comme ils sont intéressés à éviter la peine de destitution qu'ils encourraient à défaut de la formalité prescrite, on peut s'en remettre à eux du soin de se procurer en temps utile un registre pour l'inscription des protêts qu'ils auraient faits (D. N. t. 3 p. 423 n° 42).

Il suit de là, qu'on ne peut exiger d'un notaire qui n'a fait aucun protêt la représentation du registre *ad hoc.*

4579. Répertoire. — L'art. 51 L. 22 frimaire an 7, qui prescrit la présentation trimestrielle au visa des receveurs de l'Enregistrement des répertoires, dont la tenue a été prescrite par l'art. 49 de cette loi, était évidemment insuffisant pour assurer l'exécution de la disposition qui veut que le répertoire soit tenu *jour par jour.* Il fallait, en soumettant les officiers publics à une surveillance de tous les instants, les mettre dans la nécessité d'accomplir, sous peine d'amende, les obligations qui leur sont imposées par l'art. 49. C'est dans ce but qu'a été rédigé l'art. 52 L. 22 frimaire an 7. Cet article est ainsi conçu : « Indépendamment de la représentation ordonnée par l'article précédent, les notaires, huissiers, greffiers et secrétaires seront tenus de communiquer leurs répertoires à toute réquisition, aux préposés de l'Enregistrement qui se présenteront chez eux pour les vérifier, à peine d'une amende de 50 francs (10 fr.) en cas de refus. Le préposé, dans ce cas, requerra l'assistance d'un officier municipal, ou de l'agent (du maire), ou de l'adjoint de la commune du lieu, pour dresser, en sa présence, procès-verbal du refus qui lui aura été fait. »

1. PRÉFETS. — SOUS-PRÉFETS. — MAIRES. — Cette obligation s'étend aux répertoires tenus par les préfets, sous-préfets et maires, attendu que ces fonctionnaires remplacent les administrations centrales et municipales établies lors de la promulgation de la loi du 22 frimaire an 7 (L. 27 vent. an 9 art. 6).

2. COMMISSAIRES-PRISEURS. — COURTIERS DE COMMERCE. — Les commissaires-priseurs et les courtiers de commerce ayant reçu une partie des attributions des huissiers et des notaires, sont également astreints à la représentation de leurs répertoires (388-2 I. G., L. 16 juin 1824 art. 11).

3. PORTEURS DE CONTRAINTES. — Il en est de même des porteurs de contraintes qui sont assimilés aux huissiers par l'art. 18 de l'arrêté du 16 thermidor an 8 (363 I. G.).

4. SECRÉTAIRES DES PRUD'HOMMES. — Et des secrétaires des conseils des prud'hommes dont les fonctions sont analogues à celles des greffiers (D. m. f. 20 juin 1809, 437 I. G.).

5. ASSURANCES. — Enfin, la loi du 5 juin 1850 soumet au visa les répertoires des sociétés et compagnies d'assurances, et des assureurs faisant des assurances autres que les assurances maritimes (art. 35), les répertoires des compagnies d'assurances maritimes (art. 44) et ceux de toute personne faisant des assurances maritimes autrement que par l'entremise des notaires et courtiers (art 45). La représenta-

tion des polices d'asssurances maritimes peut être exigée lors du visa (art. 44 et 45, 1854 I. G.).

4579 *bis*. Vente de meubles. — Huissiers. — Les huissiers, greffiers, doivent communiquer leurs minutes de ventes mobilières. — V. 1735.

Doivent-ils représenter les minutes de leur prédécesseur? — V. 1734.

CHAPITRE VII. — QUESTIONS DIVERSES

[4580-4583]

4580. Acte non enregistré. — Un notaire doit la communication aux employés de l'Enregistrement d'un acte inscrit sur le répertoire, quoique non encore enregistré, et bien que les délais ne soient pas expirés; il n'y a d'exception à cet égard que pour les actes contenant des dispositions à cause de mort qui ne doivent s'enregistrer qu'après le décès. (13868-3, 14413-2 J. E.).

4581. Billet. — Assignation. — Les préposés peuvent demander la représentation d'un billet mentionné dans un exploit contenant assignation. « Attendu, porte un arrêt C. cass. du 18 janvier 1815, que pour tenir lieu du protêt dudit billet, l'huissier Creux a assigné le sieur Villain devant le tribunal de commerce, en payement de ladite somme, cet huissier ayant énoncé dans son exploit qu'il avait mis le titre de la créance sous les yeux du débiteur, le receveur de l'Enregistrement auquel cet exploit était présenté pour recevoir la formalité, était bien fondé, d'après l'art. 25 n° 2, aussi précité, à requérir l'exhibition de ce titre, et que cette réquisition n'ayant rien d'illicite, on ne peut pas dire que le billet dont il s'agit soit parvenu à la connaissance de la Régie par un moyen détourné » (1166-13 I. G.).

4582. Prescription. — L'officier ou le dépositaire de titres publics doit communiquer généralement tous les actes et registres dont il a la garde en vertu de ses fonctions sans qu'il puisse assigner de bornes à l'examen, sous prétexte que, par la date de certains actes, toute recherche contre lui serait atteinte de prescription ou autrement, attendu que la loi n'est point restrictive pour l'époque (D. m. f. 15 mai 1819, 6440 J. E.).

4583. Inspecteur des finances. — Les notaires ne sont pas tenus de donner communication de leurs actes et répertoires aux inspecteurs des finances; la loi limite le droit de communication aux préposés de l'Enregistrement et bien qu'ayant une mission de contrôle et de surveillance, les inspecteurs des finances sont des agents indépendants et en dehors du service de l'Enregistrement (16543 J. N.).

CHAPITRE VIII. — TIMBRE ET ENREGISTREMENT

[4584-4587]

4584. Registres de l'Enregistrement. — Aux termes de l'art. 58 L. 22 frimaire an 7, les receveurs de l'Enregistrement ne sont pas tenus de donner communication de leurs registres, mais ils en délivrent des extraits. Ces extraits peuvent être écrits sur du timbre de toute dimension (Circ. 1769).

1. ACTE A LA SUITE. — Ces extraits peuvent être écrits à la suite l'un de l'autre sur la même feuille (Dél. 1er fév. 1839, 1590 § 16 I. G.). — V. *Extrait*.

2. REPRÉSENTATION DES REGISTRES. — La délivrance de ces extraits dispense de demander la représentation même des registres (Pont-Audemer 29 août 1876, 4609 R. P.).

4585. Acte au greffe. — Les actes de communication de pièces passés aux greffes des tribunaux civils sont passibles du droit fixe de 3 francs (L. 22 frim. an 7 art. 68 § 2 n° 6, 28 avr. 1816, art. 44 n° 10), aujourd'hui porté à 4 fr. 50 cent. par l'art. 4 L. 28 février 1872.

4586. Avoué. — La communication de pièces aux avoués a lieu, ou sur récépissés qui ne sont sujets à l'enregistrement que lorsqu'on en veut faire usage, ou par dépôt, dont le greffier dresse un acte qui est sujet à l'enregistrement dans les vingt jours (436 § 18 I. G.).

4587. Ministère public. — L'acte ou l'ordonnance du président du tribunal qui, en matière d'absence, ordonne la communication au *ministère public*, n'est que de forme, et l'enregistrement n'en peut être exigé (436 nos 66 et 69 I. G.). Il doit en être de même de tous les actes de communication au ministère public (7246 J. E.).

COMMUNION. — COMMUNAUTÉ.

4588. — Le mot *communion* exprime l'état de ceux qui possèdent une chose en commun, qui en sont copropriétaires et chacun de ces copropriétaires s'appelle *communiste*.

4589. Vente. — Le communiste peut-il, avant le partage, faire la vente d'une portion de la chose à partager? Oui, pourvu qu'il reste des objets de même nature, valeur et bonté, pour former les lots des autres communistes, lesquels ne sauraient se plaindre de cette vente anticipée, puisqu'elle ne leur causerait aucun préjudice (C. Agen, 31 déc. 1822, 17 déc. 1823).

COMMUTATIF (CONTRAT).

4590. — C'est celui par lequel chacune des parties s'engage à donner ou à faire une chose qui est regardée comme l'équivalent de ce qu'on lui donne ou de ce qu'on fait pour elle.

COMPAGNIE.

4591. — Corps de magistrats, de juges ou d'officiers quelconques, tels que les notaires, ou société d'individus réunis pour une entreprise de commerce, de finances, d'industrie.

4592. Commerce. — Dans le langage commercial, une compagnie s'entend de la réunion de personnes qui conviennent de mettre quelque chose en commun, dans la vue de partager le bénéfice qui pourra en résulter. Dans cette acception, une compagnie serait une *société*. Cependant, l'usage a réservé le mot de *compagnie* aux opérations plus vastes que les sociétés entre plusieurs personnes.

4593. Compagnie de finances, d'industrie. — C'est dans ce sens qu'on appelle compagnie de *finances*, d'*industrie*, les associations dont les membres sont en grand nombre, les capitaux considérables, les entreprises relevées soit par leur importance, soit par les risques qu'elles présentent. Elles se composent ordinairement de personnes de professions différentes, de capitalistes qui chargent plusieurs associés ou agents de diriger l'entreprise suivant les statuts ou plans arrêtés.

4594. Actions. — Les compagnies, pour faire partager les charges des entreprises à un plus grand nombre d'associés, divisent le capital nécessaire en fractions plus ou moins fortes qu'on nomme actions. — V. *Sociétés*.

COMPARAISON D'ÉCRITURE.

4595. — C'est la confrontation que l'on fait de deux écritures l'une avec l'autre, pour reconnaître si elles sont de la même main. On appelle *pièces de comparaison* des pièces reconnues que l'on produit pour les confronter avec celles qui son à vérifier.

COMPARUTION.

4596. — Action de comparaître en justice ou devant un autre officier public.

4597. Comparution devant notaire. — Par exemple, une personne fait sommation à une autre de se présenter tel jour, à telle heure, dans l'étude de tel notaire, à l'effet de réaliser une vente, un bail, ou toute convention arrêtée verbalement ou sous seing privé : le notaire dresse alors *procès-verbal* de la comparution des parties et de leurs observations respectives.

1. ENREGISTREMENT. — Un tel acte était passible du droit de 1 franc sous l'empire de la loi du 22 frimaire an 7. Ce droit a été porté à 2 francs par l'art. 8 L. 18 mai 1850, puis à 3 francs par l'art. 4 L. 28 février 1872.

Notaire commis. — Ce droit de 3 francs est celui qui doit être perçu alors même que le procès-verbal de comparution aurait un caractère judiciaire : s'il était rédigé, par exemple, dans une affaire que le notaire tiendrait de la délégation du tribunal. — V. 758, 1738-2.

2. NON-COMPARUTION. — Lorsque la partie sommée ne comparaît pas, le notaire constate le défaut, et donne acte à la partie présente de sa comparution pour lui servir et valoir ce que de raison.

Dans ce cas, le droit de 3 francs est seul exigible, lors même que le procès-verbal constate le défaut de plusieurs personnes citées à comparaître.

4598. Comparution en justice. — « Les parties pourront toujours, porte l'art. 7 C. proc., se présenter volontairement devant un juge de paix, auquel cas il jugera leur différend, soit en dernier ressort si les lois ou les parties l'y autorisent, soit à la charge de l'appel, encore qu'il ne fût le juge naturel des parties, ni à raison du domicile du défendeur, ni à raison de la situation de l'objet litigieux. — La déclaration des parties qui demanderont jugement sera signée par elles, ou mention sera faite si elles ne peuvent signer » (6738 J. E.). — V. 4728.

1. ENREGISTREMENT. — « Dans le cas où la volonté des parties, porte d'autre part une D. m. f. sans date (1132 § 4 I. G.), de proroger la compétence du juge de paix est constatée par le jugement même et dans son contexte, il n'y a pas lieu de percevoir, indépendamment du droit de 3 francs (4 fr. 50) dû sur le jugement, à raison de cette prorogation, un semblable droit pour le compromis qu'il relate, attendu que ces deux dispositions peuvent être considérées comme n'étant point indépendantes l'une de l'autre. »

Compétence prorogée ou non. — « La déclaration voulue par l'art. 7 C. proc. étant faite *dans un acte particulier et dis-*

tinct du jugement, le droit d'enregistrement doit être de 1 franc (1 fr. 50) si les parties et la cause sont justiciables du juge de paix, parce que, dans cette hypothèse, il n'y a point de compromis, mais une simple déclaration volontaire pour tenir lieu de citation. Le droit de 3 francs (4 fr. 50) est dû sur l'acte, comme compromis, si les parties prorogent la compétence ou la juridiction du juge de paix » (6034, 6748, 7017, 7538, 9177 J. E.).

L'interprétation de cette décision avait été faite de différentes manières. On avait cru qu'il suffisait que la déclaration des parties pour proroger la compétence du juge de paix fût en tête des jugements, pour qu'un droit particulier fût perçu ; mais cette déclaration doit toujours précéder le jugement, puisque c'est d'elle seule que le juge tient la faculté de juger le différend en dernier ressort. Elle doit toujours être signée des parties et séparée du contexte, puisque l'art. 7 C. proc. le porte expressément. Les termes même de cet article du Code « la déclaration des parties qui demandent jugement » prouvent suffisamment que la déclaration ne peut être contenue dans le jugement ; elle doit le précéder. Il faut donc dire, avec la décision même, qu'un droit particulier n'est exigible que quand la déclaration est faite par un acte particulier, et comme il est impossible qu'elle ne soit pas dans un acte distinct du jugement, puisqu'il faut qu'elle existe avant que le juge ait à examiner l'affaire, il est évident que les termes *par acte particulier et distinct du jugement*, employés par le ministre, s'appliqent uniquement au cas où cet acte est sur *une feuille séparée*, ou, s'il se trouve en tête du jugement, au cas où il est d'une *date différente*, mais non lorsque le jugement suit immédiatement la déclaration. Entendue autrement, la décision ministérielle serait sans objet, et c'est ce qu'on ne pourrait supposer.

Aussi, une solution rendue dans le sens que nous venons d'indiquer, le 21 déc. 1829 (9545 J. E.), a-t-elle fait disparaître toutes les incertitudes (*Conf.* : D. N. t. 3 p. 466 n°s 81-82).

2. CONCILIATION. — Le juge de paix est investi, comme juge conciliateur, du soin d'entendre les parties entre lesquelles une contestation judiciaire devient imminente. Il s'interpose alors, non plus comme *juge*, mais comme conseil (*V.* 4870). — Il n'est pas non plus *arbitre*, puisque le procès-verbal qu'il rédige ne saurait acquérir par un *exequatur* la force d'un jugement. Cependant l'Administration a reconnu, dans l'I. G. 1132 § 4, que si les parties citées en conciliation consentent à proroger la juridiction du juge de paix, c'est le procès-verbal rédigé à ce sujet et signé par les parties qui constate le compromis passé entre elles, et qui donne ouverture au droit fixe de 4 fr. 50 cent. (7017 J. E.). — *V.* 4870.

3. DÉLAI. — Au surplus l'Administration a rappelé, dans son I. G. 1132 § 4, que conformément au n° 3 de l'I. G. 436, les actes ou déclarations de comparutions volontaires peuvent n'être soumis à l'enregistrement qu'avec le jugement qui en a été la suite.

Nous ne parlons ici que de la *comparution volontaire*. Pour tout ce qui a trait au *compromis* lui-même, nous renvoyons à ce mot.

COMPENSATION.

DIVISION

SOMMAIRE

CHAPITRE PREMIER. — DISPOSITIONS COMMUNES

[4599-4615]

4599. Définition. — La compensation est l'extinction simultanée de deux obligations qui s'acquittent mutuellement, à raison de ce que le créancier de la première est le débiteur de la seconde, en même temps que le créancier de la seconde est le débiteur de la première. C'est un payement fictif ayant pour but et pour effet d'éviter à chacune des deux parties la nécessité de délivrer d'une main ce qu'elle aurait à recevoir de l'autre. Elle est un des neuf modes d'extinction des obligations qu'indique l'art. 1134 C. C.

4600. Compensation de plein droit. — L'équité de la compensation est évidente : elle est fondée sur l'intérêt qu'a chacune des parties de retenir, par ses mains, ce qui lui est dû, plutôt que d'intenter une action pour se le faire rendre après l'avoir payé. Et cette raison a paru si forte au législateur, que, dans la vue de prévenir autant que possible la naissance des procès, il a statué que la compensation produirait son effet de plein droit, *ipso jure*, même à l'insu des parties, jusqu'à concurrence de la quotité respective des deux dettes (1290 C. C.).

4601. Conditions. — Mais pour que la compensation ait lieu de plein droit, quatre conditions sont nécessaires : — Il faut 1° que l'objet de l'une ou de l'autre dette soit de même espèce ; — 2° que les deux dettes soient liquides ; — 3° qu'elles soient également exigibles ; — 4° qu'elles soient personnelles aux parties pour qui ou contre qui la compensation est demandée (Toullier t. 7 n° 362).

4602. Dettes de même espèce. — La première condition résulte de l'art. 1291 C. C., ainsi conçu : « La compensation n'a lieu qu'entre deux dettes qui ont également pour objet une somme d'argent, ou une certaine quantité de choses fongibles de la même espèce, et qui sont également liquides et exigibles. — Les prestations en grains ou denrées non contestées, et dont le prix est réglé par les mercuriales, peuvent se compenser avec des sommes liquides et exigibles. »

1. ARGENT. — Il n'y a pas de chose se remplaçant plus parfaitement l'une l'autre que des sommes d'argent. Aucune difficulté ne peut donc s'élever. Disons seulement que peu importe quelles sont les causes de l'une ou de l'autre dette. Ainsi le prix d'une vente se compense avec le montant d'une condamnation judiciaire (Pothier n° 589). — De même, il est indifférent que les dettes résultent de contrats de diverses formes. Ainsi la dette contenue dans une obligation notariée peut être compensée avec celle renfermée dans un billet sous seing privé (Merlin *Rép. de Jur.* § 2 n° 1er).

Il est également indifférent que les dettes ne soient pas payables au même lieu, seulement on n'en peut opérer la compensation qu'en faisant raison des frais de la remise (1296 C. C.).

2. ARGENT ET DENRÉES. — La loi donne à cette première règle une étendue qu'on n'aurait pas pu lui donner dans le silence des textes ; elle assimile à des dettes d'argent celles des denrées dont le prix est fixé par les mercuriales. Ainsi, vous me devez de l'argent, je vous dois du blé : il y a compensation jusqu'à concurrence du prix du blé d'après les mercuriales.

Experts. — Remarquez que l'art. 1291 n'admet la compensation légale des prestations en denrées avec une somme d'argent, que dans le cas où le prix de ces denrées est réglé par les mercuriales. S'il ne l'était pas, s'il était nécessaire de le faire régler par des experts, la compensation ne pourrait s'opérer de plein droit (Toullier n° 386).

3. DENRÉES. — *Quid* si je vous dois de l'orge et que vous me deviez du seigle ? Dalloz (V. *Obligation* n° 8), Zachariæ (t. 2 p. 407), Rol. de Vill. (V. *Compensation* n° 64), enseignent que la loi n'ayant pas prévu cette compensation, elle ne doit pas s'opérer. Marcadé professe l'opinion contraire, sur les art. 1291, 1292 n° 820.

Il semble, en effet, assez naturel de conclure que si deux hectolitres d'orge égalent 20 francs et que deux hectolitres de seigle égalent aussi 20 francs, deux hectolitres d'orge égaleront deux hectolitres de seigle.

4. CHOSES FONGIBLES DE MÊME ESPÈCE. — Il faut, d'après le Code, pour que le payement réciproque et fictif, qui constitue la compensation se réalise, que les deux dettes aient un objet semblable, c'est-à-dire que chaque partie puisse payer ce qu'elle doit en livrant ce qui lui est dû (Mar-

cadé *loc. cit.* n° 18). — 1er exemple : Nous nous devons réciproquement dix pièces de vin de Bordeaux ordinaire. Il y a compensation de plein droit ; car, après avoir reçu vos dix pièces de bordeaux, je puis m'acquitter envers vous en vous les rendant. Il n'en serait plus de même si c'était de dix pièces de vin de Bourgogne dont je fusse votre débiteur, puisque, après avoir reçu vos dix pièces de Bordeaux, je serais obligé de les garder pour vous remettre dix pièces de vin de Bourgogne. — 2e exemple : Je suis votre débiteur d'un oranger et votre créancier d'un oranger ou d'un citronnier à votre choix. La compensation ne peut pas s'établir, car vous êtes libre de vous acquitter en me remettant un citronnier, et la loi n'accorde la compensation que de mon oranger à votre oranger, c'est-à-dire entre deux choses de même espèce.

4603. Dettes liquides. — Ce n'est pas assez qu'il y ait identité dans l'objet des deux actes ; il faut encore qu'elles soient *liquides* (1291 C. C.). C'est la deuxième règle.

Si l'une des dettes seulement est claire et liquide, et que l'autre soit sujette à contestation, ce n'est plus alors le cas de la compensation de plein droit, mais simplement de la reconvention (Cass. 19 mars 1811).

Une dette est liquide quand il est *constant* qu'il est dû, et combien il est dû. *Cum certum est, an et quantum debeatur* (Pothier n° 592, Toullier t. 7 n° 369). Ceci est conforme à l'étymologie du mot liquide, qui vient du verbe *liquet*, il est clair, il est constant, il est évident.

1. DETTE LITIGIEUSE. — De là une dette litigieuse, et généralement toute dette contestée, n'étant pas une dette claire et liquide, ne peut être opposée en compensation (Pothier n° 628 ; — Paris 31 août 1855). Néanmoins, si celui qui l'oppose en compensation en a la preuve en main, ou est en état de le faire promptement et sommairement, la mauvaise contestation de son adversaire ne doit pas le priver du bénéfice de la compensation (Pothier n° 592, Toullier n° 371, Marcadé sur les art. 1291, 1292 n° 824).

Spécialement, une créance peut être considérée comme n'étant ni liquide ni exigible, s'il est soutenu que cette créance n'a pas une cause licite et si la détermination du caractère de cette cause nécessite un examen ultérieur (Cass. 1er juin 1851, S. 51-1-740).

2. DETTE CONDITIONNELLE. — Une créance *conditionnelle*, dont l'existence, conséquemment, est tout à fait douteuse, ne peut être opposée en compensation. Cependant si la condition est résolutoire, comme alors l'obligation est pure et simple, que sa résolution seulement est conditionnelle, rien ne s'oppose à l'accomplissement immédiat de la compensation (Toullier t. 7 n° 374).

3. DETTE DÉTERMINÉE. — Enfin, il faut, pour qu'une dette soit liquide, que son objet soit déterminé, c'est-à-dire qu'on en connaisse l'espèce, la quotité et la quantité. Par exemple, la créance des dommages et intérêts que mon adversaire a été condamné à me payer, *à dire d'experts*, est constante, mais elle ne devient liquide que par l'estimation des experts ; ce n'est qu'alors qu'on peut en connaître le *quantum*, et qu'elle est susceptible de la compensation. — De même, les frais que je dois à un avoué qui a occupé pour moi forment en sa faveur une créance certaine, mais qui ne deviendra liquide que par la taxe qui en sera faite (Cass. 18 avril 1854, 67 R. P.).

La règle générale est que toute dette dont la liquidation dépend d'un compte ou d'une estimation, ne se compense pas de plein droit (Toullier t. 7 n° 369, Delvincourt t. 2 p. 575 ; — Cass. 19 mars 1811, 3879 J. E. ; — 24 mars 1813, 4509 J. E. ; — 7 nov. 1825 ; — C. Paris 23 avril 1811 ; — C. Rennes 3 janv. 1826 ; — C. Bordeaux 1er fév. 1845). — La compensation ne s'opère qu'au jour où la liquidation a eu lieu (Cass. 9 nov. 1836 ; — C. Bordeaux 5 mai 1830). — Et, par exemple, lorsqu'il s'agit d'une obligation alternative, la compensation ne se produit qu'après le choix du créancier ou du débiteur, selon les cas (Pothier n° 593).

De même, le juge saisi de la demande en payement d'une créance liquide ne peut surseoir à prononcer la condamnation du débiteur en vue d'une compensation éventuelle avec des dommages-intérêts qui ne sont pas réglés et dont le principe n'est même pas certain (C. Agen 24 juill. 1865, S. 66-2-113).

4. APPRÉCIATION. — La question de savoir si une dette est ou non liquide, est, en général, un point de fait qui est abandonné à l'arbitrage du juge. Ainsi il a été jugé : 1° que le tuteur peut compenser ses créances contre son pupille avec les sommes qu'il reçoit pour le compte de la tutelle, pourvu que ses créances soient liquides, certaines et exigibles (C. Toulouse 21 juin 1832, S. 32-2-404) ; — 2° qu'une dette est réputée liquide si elle peut être liquidée sans retard préjudiciable à celui à qui elle est opposée (C. Toulouse 14 août 1818, S. 19-2-221 ; — C. Paris 13 mai 1830, S. 30-2-352), notamment par la simple présentation de mémoires taxés et de quittances d'officiers ministériels (Cass. 22 août 1865, S. 66-1-153) ; — 3° que la créance d'un médecin pour ses visites est liquide, dans le sens de l'art. 1291, lorsque, étant reconnue au fond, la quotité peut être déterminée sans aucun retard que celui du règlement du mémoire par le jury médical (Cass. 3 fév. 1819, S. 19-1-279) ; — 4° que les honoraires dus à un notaire peuvent, avant même d'être taxés, faire l'objet d'une compensation conventionnelle, sauf taxe ultérieure (Cass. 29 nov. 1852, S. 53-1-358).

5. SUCCESSION INDIVISE. — DÉPOT. — Le dépositaire de sommes provenant d'une succession indivise et qu'il détient pour le compte d'héritiers dont les droits ne sont pas liquidés ne peut, soit à raison de sa qualité de dépositaire, soit à raison de ce que les sommes revenant à chaque héritier ne sont pas liquides, compenser les sommes par lui dues à un des héritiers avec ce que lui doit cet héritier personnellement (Cass. 13 déc. 1854, S. 56-1-424).

4604. Dette exigible. — En troisième lieu, pour que deux dettes soient compensées de plein droit, il faut qu'elles soient également *exigibles* (1291 C. C.), d'où il suit qu'une partie ne peut être forcée d'admettre la compensation d'une dette *à terme* avec une créance exigible. En effet, le débiteur ne peut être obligé d'admettre la compensation d'une dette qu'il ne pourrait être forcé de payer (Pothier n° 591, Toullier t. 7 n° 372. — *V.* aussi Cass. 19 mai 1835 et 14 janv. 1836).

1. TERME DE GRACE. — Toutefois, le terme de grâce n'est point un obstacle à la compensation (1244, 1292 C. C.). Car, un pareil terme n'étant accordé que par la considération que le débiteur est dans l'impossibilité de payer, cette impuissance cesse dès l'instant qu'il devient lui-même créancier (Favard de Langlade, V. *Compensation*).

2. DÉFAUT D'ACTION EN PAYEMENT. — Si l'une des dettes est de celles pour lesquelles la loi ne donne pas d'action, une dette de jeu, par exemple, il n'y aura pas compensation, puisque légalement une telle dette ne peut être exigée à aucune époque.

Rente. — De même, le principal d'une rente constituée ne saurait non plus être compensé avec une obligation pure et simple, car tandis que ce dernier titre produit un engagement actuel, l'autre n'en produit pas, le remboursement du capital d'une rente ne pouvant être exigé par le créancier (Pothier n° 598, *Rép. de Jur.* V. *Compensation* § 2). — A plus forte raison la compensation ne serait point reçue du capital d'une rente contre le capital d'une autre rente, puisque ni l'une ni l'autre ne peuvent être exigées. Les arrérages seuls de ces deux rentes peuvent être compensés (Marcadé sur les art. 1291, 1292, n° 825). — *V.* 4631.

Dette prescrite. — *Quid* dans le cas d'une obligation annulable qui n'est pas encore annulée, ou d'une dette prescrite dont le débiteur n'a pas encore opposé la prescription ? On décide généralement que l'obligation ne peut être opposée en compensation (Merlin R. V. *Compensation* § 2 n° 9, Duranton n° 945, Toullier t. 6 n° 389, Zachariæ t. 2 p. 409, Marcadé sur les art. 1291, 1292, n° 825). La dette, en effet, pouvant être détruite par une exception péremptoire, ne subsiste plus que naturellement, et les dettes naturelles ne peuvent entrer en compensation (Toullier, Merlin, Duranton, *loc. cit.*).

4605. Dette personnelle. — La quatrième condition pour que la compensation légale s'accomplisse est indiquée par l'art. 1289 C. C. — Il faut que les deux parties soient réellement débitrices l'une de l'autre. Ainsi je ne puis me prévaloir pour éteindre votre créance sur moi de ce que vous devez à ceux dont je suis administrateur, syndic, tuteur ou mandataire, à ma femme dont je suis séparé de biens (Pothier n° 594, Toullier. t. 7 n° 375).

Il est évident, au contraire, que je puis invoquer la compensation si je suis en communauté avec ma femme, car du moment que sa créance est plutôt ma chose que la sienne (1401, 1421 C. C.), il m'est permis d'en faire usage pour éteindre ma dette (Mêmes autorités). — *V.* 4606. — Il en est ainsi encore quand les époux sont mariés sous le régime de la communauté d'acquêts, ou avec exclusion de communauté sans séparation de biens, ou bien si, les époux étant mariés sous le régime dotal, la créance fait partie de la dot (Pothier n° 630, Toullier t. 7 n° 375, Duranton t. 12 n° 415). Dans les mêmes cas, les débiteurs du mari peuvent lui opposer en compensation les créances qu'ils ont contre le femme (Duranton t. 12 n° 416).

Jugé, en ce sens, que quand le mari se trouve à la fois créancier comme maître de la dot de sa femme, des intérêts de cette dot dus par les constituants, et débiteur en son nom personnel envers ceux-ci de sommes prêtées, il s'opère de plein droit une compensation des intérêts dotaux, non-seulement avec les intérêts de la dette personnelle du mari, mais aussi et jusqu'à due concurrence avec le capital de la dette (Bastia 26 fév. 1855, S. 55-2-207).

1. VENTE DE MEUBLES. — En matière de vente publique de meubles, le prix dû par l'adjudicataire ne se compense pas avec la créance qu'il aurait contre le propriétaire des meubles vendus, l'officier public qui a procédé à la vente étant, comme responsable du prix, créancier des acquéreurs et débiteur du propriétaire, ou de ses créanciers (Cas. 6 nov. 1860, S. 61-1-15).

4606. Caution. — Débiteur principal. — L'art. 1294 C. C. présente une application de la règle posée n° 4605, que la compensation n'est possible que pour les obligations de personnes qui sont vraiment débitrices l'une de l'autre. Cet article est ainsi conçu : « La caution peut opposer la compensation de ce que le créancier doit au débiteur principal ; mais le débiteur principal ne peut opposer la compensation de ce que le créancier doit à la caution. Le débiteur solidaire ne peut pareillement opposer la compensation de ce que le créancier doit à son codébiteur. »

1. DÉBITEUR SOLIDAIRE. — En ce qui concerne le débiteur solidaire, il peut toujours invoquer la compensation pour la part qui incombe à son codébiteur. Si donc l'un des débiteurs solidaires a une créance personnelle contre le créancier commun, ses codébiteurs peuvent en demander la compensation jusqu'à concurrence de la part que ce débiteur devait supporter dans la dette (Domat *Lois civiles* part. 1re liv. 3 tit. 3 sect. 1re n° 8, Pothier 274, Toullier t. 6 n° 733, et t. 7 n° 377). — La même règle s'applique aux cohéritiers (Paris 7 fév. 1812). — Toutefois, si le débiteur solidaire compense volontairement la dette commune avec une créance qui lui est personnelle, sa libération profite à tous ses codébiteurs solidaires (Cass. 24 déc. 1834, Toullier t. 6 n° 732).

4607. Exceptions. — Du moment que les quatre conditions précédemment indiquées se trouvent réunies, la compensation s'opère, sans qu'il y ait à s'inquiéter d'une autre circonstance. La loi, toutefois, apporte à ce principe trois exceptions. Ces exceptions sont écrites dans l'art. 1293 C. C. « La compensation, porte cet article, a lieu quelles que soient les causes de l'une ou de l'autre des dettes, excepté dans le cas : 1° de la demande en restitution d'une chose dont le propriétaire a été injustement dépouillé ; — 2° de la demande en restitution d'un dépôt ou d'un prêt à usage ; — 3° d'une dette qui a pour cause des aliments déclarés insaisissables. »

A ces trois exceptions, il faut en ajouter une quatrième, tellement évidente par elle-même qu'elle n'avait pas besoin d'être prévue, c'est la renonciation à la compensation faite d'avance par le débiteur.

4608. État. — On admet généralement aussi que les dettes et les créances de l'État ne sont pas compensables (Merlin

R. v° *Compens.* § 3, Roll. de Vill. n° 90 *bis*, Duranton t. 12 n° 419. — *V.* cependant Toullier t. 7 n° 379). Autrement les budgets des différents services pourraient se trouver confondus et les dépenses échapperaient au contrôle de la cour des comptes. — *V.* 4632 et suiv.

4609. Bénéfice d'inventaire. — De ce que l'héritier bénéficiaire ne confond point *ses biens personnels* avec ceux de la succession, et qu'il conserve contre elle le droit de réclamer le payement de ses créances, il s'ensuit que la compensation de ses dettes ou de ses créances personnelles, avec les créances ou les dettes des créanciers ou débiteurs de la succession, ne peut s'opérer de plein droit (Toullier t. 7 n° 380; — Cass. 23 juin 1856, 747 R. P.).

Il est d'ailleurs un principe constatant en matière de bénéfice d'inventaire, c'est qu'il ne se fait de compensation de ce qui est dû ou de ce que doit la succession, que dans le cas où la compensation pourrait avoir lieu *avant son ouverture*. — Cela est fondé sur ce que les droits des créanciers contre la succession et de la succession contre les créanciers, sont fixés dans ce cas à l'instant de l'ouverture (Toullier t. 7 n° 380). — Ainsi, le débiteur d'une succession bénéficiaire qui, *depuis son ouverture*, en deviendrait créancier, ne pourrait pas compenser sa dette avec sa créance, et il serait obligé de payer, sauf à se faire colloquer ensuite pour le payement de sa créance, ce qui suppose qu'il y a des créanciers opposants (808 C. C.).

4610. Faillite. — Il en est ici comme dans le cas de bénéfice d'inventaire : la compensation ne peut s'opérer au profit de celui qui, étant créancier ou débiteur du failli avant l'ouverture de la faillite, n'est devenu que *depuis* son débiteur ou son créancier; car tous les droits des créanciers sont fixés à l'ouverture de la faillite (1298 C. C.). Le débiteur devenu créancier devrait donc payer ce qu'il doit, et il ne pourrait réclamer ce qui lui est dû qu'au marc le franc, comme les autres créanciers.

Mais la compensation opérée avant l'ouverture de la faillite en faveur de celui qui était à la fois créancier et débiteur du failli, conserve tout son effet (Toullier t. 7 n° 381).

1. CRÉANCE NON AFFIRMÉE NI VÉRIFIÉE. — La compensation existe, bien que le débiteur du failli n'ait pas fait vérifier et n'ait pas affirmé la créance antérieurement à la faillite d'où est résulté la compensation. Mais si la dette prétendue compensée paraît n'avoir été liquidée qu'après l'ouverture de la faillite, le motif du défaut d'affirmation et de vérification par lequel la compensation est repoussée peut alors justifier la décision (Cass. 29 avr. 1856, 656 R. P.).

2. DÉCONFITURE. — La déconfiture n'est pas, comme la faillite, un obstacle à la compensation de deux dettes liquides et exigibles (Lyon 25 fév. 1869, S. 69-2-112, Larombière *Oblig.* t. 3 art. 1291 n° 27).

Mais la compensation ne s'opère qu'à partir du jour où le jugement a prononcé la déchéance du bénéfice du terme (Marcadé art. 1291 n° 4, Aubry et Rau t. 4 § 326 note 17 p. 229, Larombière art. 1291).

4611. Débiteur cédé. — Lorsque le débiteur d'une créance a accepté purement et simplement la cession que le créancier a faite de ses droits à un tiers, il ne peut plus opposer au cessionnaire la compensation qu'il eût pu, avant l'acceptation, opposer au cédant. Du reste, que ce soit par *l'acceptation* même du débiteur, ou seulement par la *notification* qui lui en est faite, que le transport ait eu lieu, il est clair qu'il aura toujours pour effet d'empêcher pour l'avenir toute compensation entre la créance cédée et celles que le débiteur pourrait acquérir contre le cédant : celui-ci, en effet, a perdu par la cession la qualité de créancier qui appartient désormais au cessionnaire. C'est uniquement avec les créances contre ce cessionnaire que la créance cédée pourrait désormais se compenser. C'est ce qui résulte de l'art. 1295 C. C.

En matière de cessions d'effets de commerce par voie d'endossement, la signification n'est pas nécessaire pour opérer la saisie complète au profit du porteur : dès lors, le débiteur peut opposer en compensation ce qui lui est dû par les porteurs mais non ce qui lui est dû par les précédents endosseurs (Pardessus n° 227).

Le débiteur cédé, ne peut opposer en compensation au cessionnaire une créance due par le cédant, si cette créance n'est devenue liquide et exigible que depuis la cession, bien que le principe même de la créance existât dès cette époque (Cass. 3 déc. 1851, S. 52-1-241).

Le débiteur cessionnaire d'une créance contre son propre créancier est fondé, tant que ce dernier ne s'en est pas libéré, ou qu'elle n'a pas été saisie-arrêtée entre les mains de celui-ci, à la lui opposer en compensation par voie de demande reconventionnelle, encore que la cession de cette créance n'ait pas été régulièrement signifiée ou acceptée (Cass. 23 mars 1870, S. 70-1-392).

4612. Effet de la compensation. — Imputation. — L'effet de la compensation est d'éteindre les dettes de la même manière que si elles avaient été réellement acquittées. De là cet axiome que la compensation tient lieu de payement; d'où la conséquence que les règles sur l'imputation des payements lui sont applicables. C'est, d'ailleurs, ce que porte formellement l'art. 1297 C. C., ainsi conçu : « Lorsqu'il y a plusieurs dettes compensables dues par la même personne, on suit pour la compensation les règles établies pour l'imputation par l'art. 1256. »

Au cas où plusieurs obligations réciproques ne sont pas devenues compensables simultanément, on ne peut imputer par voie de compensation sur une dette que le débiteur a le plus d'intérêt à éteindre une créance antérieurement échue et qui s'est compensée de plein droit avec une autre dette également échue à la même époque; ici, est inapplicable le mode d'imputation de payement, établi par l'art. 1256 C. C. (Cass. 2 mai 1860, S. 61-1-540).

4613. Tiers. — C'est encore du principe que la compensation constitue un payement que l'on doit conclure qu'elle ne peut s'effectuer dans les différents cas où le payement ordinaire ne pourrait avoir lieu. Ainsi, de même que le payement n'est plus permis au débiteur entre les mains duquel on a formé une saisie-arrêt (1242 C. C.), de même cette saisie-arrêt empêcherait la dette de se compenser avec la créance que ce débiteur pourrait acquérir postérieurement. Ainsi encore, puisque l'acheteur d'un immeuble hypothéqué ne peut pas payer son prix au vendeur et doit le conserver pour les créanciers hypothécaires, il ne pourrait pas non plus prétendre que le prix par lui dû s'est compensé au préjudice des créanciers inscrits avec les créances qu'il pouvait avoir contre ce vendeur : il peut seulement participer à la distribution (Cass. 9 mai 1836; — C. Riom 19 déc. 1814; — C. Paris 31 août 1825; — C. Bourges 28 mai 1827; — C. Bordeaux 19 juin 1835). C'est ce que l'art. 1298 C. C. consacre en voulant que la compensation ne puisse avoir lieu au préjudice des droits acquis à des tiers.

4614. Payement après compensation. — La compensation éteignant la créance, il en résulte que si le débiteur, après avoir payé à son ancien créancier la dette qui avait été neutralisée par la compensation de la créance qu'il avait contre lui, vient agir contre celui-ci pour réclamer, aux termes de l'art 1235 C. C., ce qu'il a indûment payé, il n'exercera pas sa créance qui a été irrévocablement éteinte par la compensation. Dès lors, les priviléges, les hypothèques, les cautionnements ou autres garanties qui protégeaient la créance et qui se sont éteints avec elle, ne pourront plus être invoqués; c'est ce qui résulte de l'art. 1299 C. C. (Pothier, *Oblig.* 639, Merlin R. v° *Comp.* § 1er n° 1er, Toullier t. 7 n° 390, Rol. de Vill. nos 166-179). Toutefois, la loi, par le même article, fait revivre ces garanties au profit de la nouvelle créance et permet de s'en prévaloir comme si la créance primitive subsistait toujours, lorsque celui qui a payé sans invoquer lacompensation ne l'a fait que par ignorance de la créance qui lui appartenait.

4615. Compensation facultative. — Lorque les dettes dont deux personnes sont réciproquement débitrices et créancières ne réunissent pas les conditions nécessaires pour que la compensation ait lieu de plein droit, si, néanmoins, l'une des parties peut, en renonçant à une faculté qu'elle seule avait droit d'invoquer, donner aux deux dettes les qualités requises pour opérer la compensation, l'extinction des deux dettes aura lieu. C'est ce qu'on appelle la compensation *facultative*, ou par *voie d'exception* (Toullier t. 7, nos 346 et 396, Pardessus n° 231).

Ainsi, 1° je vous dois une somme purement et simplement, et vous êtes mon débiteur d'une autre somme payable dans dix ans. Aucune compensation ne peut s'établir entre les deux créances, puisque l'une d'elles n'est pas *exigible* (V. 4604), mais si, sur votre demande, je renonce au terme stipulé et consens à recevoir immédiatement ma créance, la compensation s'établit à l'instant entre les deux créances; — 2° si vous êtes mon débiteur d'un cheval quelconque et mon créancier d'un de mes deux chevaux, il ne peut y avoir entre nous compensation de plein droit, car vous ne pouvez être contraint à garder le cheval *quelconque* que vous me devez à la place du cheval *déterminé* dont je suis votre débiteur (V. 4602-4); mais si vous consentez à garder le cheval que vous me devez en payement de l'un de mes deux chevaux que je vous dois, la compensation s'accomplit.

CHAPITRE II. — APPLICATION DES DROITS D'ENREGISTREMENT

[4616-4631]

SECTION PREMIÈRE. — PRINCIPES GÉNÉRAUX

[4616-4623]

4616. Compensation légale. — La loi du 22 frimaire an 7 tarife au droit de 50 centimes pour 100 les quittances et tous autres actes ou écrits portant libération de sommes et valeurs mobilières (art. 69 § 2 n° 11). Or, voici le raisonnement que l'on fait pour établir que la compensation légale n'est pas comprise dans cette disposition. La loi, dit-on, ne tarife que les actes *portant* libération, c'est-à-dire les actes qui sont la cause et le titre de la libération, car dans le système de la loi fiscale, *porter* et *relater* sont deux choses différentes. Lorsque c'est la loi elle-même qui anéantit la dette, la déclaration des parties devient surabondante : elle ne change rien à la position des choses, n'opère rien de nouveau, relate seulement ce qui est : elle est l'exécution pure et simple de la loi. Le véritable titre de la libération; c'est la loi elle même et ce titre a payé le droit par suite de l'affranchissement dont il jouit. La quittance n'est donc qu'un acte complémentaire ou de renouvellement passible du droit fixe : elle ressemble en tous points à l'acte par lequel les parties constateraient l'existence d'une confusion ou de la prescription, deux faits légaux d'où résulte aussi la remise de dette et qui sont affranchis de l'impôt. Cette théorie qui est plus ou moins directement celle de Champ. et Rig. 1622, Dalloz 1017, M. Demante 537 et du D. N. t. 3 p. 435 n° 75, 14537 J. N., a été adoptée par plusieurs décisions judiciaires (Rennes 10 juill. 1839, D. N. t. 5 p. 714 n° 110; — Seine 24 mars 1847 et 19 nov. 1851, 14537 J. N.; — Le Havre 12 mars 1852, 15805 J. E. 15228 J. N., 10217 C.; — Arras 30 déc. 1852; — Saint-Omer 25 mars 1854, 107 R. P., 15281 J. N.; — Bordeaux 4 avr. 1855, 16046 J. E.; — Seine 6 janv. 1865, 2126 R. P. 12827 C. — Loudéac 18 août 1866, 2575 R. P.; — Narbonne 30 déc. 1869, 3103 R. P.; — Seine 30 fév. 1871, 3322 R. P.).

Toutes se fondent sur ce motif rélevé par le jugement d'Arras : « que dans l'économie du droit civil la compensation légale ayant pour effet d'éteindre les dettes qui en sont l'objet indépendamment de la volonté des parties et par la seule force de la loi, il en résulte que l'acte qui, ultérieurement, constate l'existence de cette compensation, ne peut jamais être considéré comme constituant lui-même la libération des parties, puisqu'il n'est qu'un fait postérieur à cette libération elle-même, et que le vrai titre qui la constitue, c'est la loi. »

Nous avons déjà combattu cette doctrine dans nos éditions précédentes. Mais la question est particulièrement délicate et nous devons y insister ici.

1. EXIGIBILITÉ DU DROIT PROPORTIONNEL. — On sait qu'à l'exception des transmissions d'immeubles et de certaines mutations mobilières qui y sont assimilées, toutes les conventions verbales sont affranchies du droit proportionnel.

Ce n'est pas l'obligation elle-même ou le payement de la dette qui donne naissance à l'impôt, car si elles n'étaient point constatées par écrit, elles échapperaient légalement à toute perception. Le droit ne devient exigible qu'au moment où ces conventions se révèlent dans un acte authentique ou privé. Ce résultat est, d'ailleurs, la conséquence nécessaire de la nature même de l'enregistrement. En effet, le principe de la redevance payée au Trésor pour l'enregistrement, se fonde sur ce que la transcription ou l'analyse des actes constitue un service public dont l'État peut exiger une rémunération. Les exigences fiscales n'ont pas, sans doute, constamment maintenu les proportions légitimes entre l'importance du salaire et l'utilité du service, mais la cause juridique du droit n'en repose pas moins toujours sur le fait matériel de la transcription de l'acte. En elle-même la convention ne produit pas l'impôt, elle sert seulement à en déterminer le chiffre quand la présentation d'un écrit à la formalité l'a rendu exigible. Aussi voyons-nous que dans la L. 22 frimaire an 7, c'est toujours sur l'existence de l'acte que se fonde la perception. — Les droits sont fixes ou proportionnels suivant la nature *des actes*... (art. 2); le droit fixe s'applique *aux actes* (art 3);... *les actes* sont enregistrés sur les minutes (art 7);... le délai pour faire enregistrer *les actes* (art. 20 à 23);... les droits *des actes* seront payés... (art. 28), etc., etc. — Comme le proclamait Crétet au conseil des anciens, en exposant les motifs de la loi : « le droit proportionnel est réglé eu égard à la nature *des actes* et des mutations qu'ils opèrent : *tout acte* qui libère, *tout acte* qui transmet, *tout acte* qui oblige y est soumis; mais parmi les actes sous seing privé ceux qui obligent, qui libèrent ou qui ne contiennent que des conventions indéterminées ne seront soumis qu'à un enregistrement facultatif et éventuel, au moment seulement où l'intérêt des parties les obligera de les produire en matière contentieuse et judiciaire. »

2. L'ACTE EST UN TITRE OBLIGATOIRE. — Nous devons donc tenir pour constant que la nécessité de l'enregistrement et, par suite, la cause de la perception du droit se fondent uniquement sur la présentation à la formalité d'un écrit formant le titre de la convention antérieure. Il n'y a pas à examiner quelles sont les sources de cette convention ou si elles proviennent de la loi ou de la volonté des parties; le seul point d'où dépende l'exigibilité du droit, c'est de savoir si l'obligation, le transport ou la quittance font l'objet d'un écrit enregistré.

Or, est-il vrai que l'écrit rédigé entre le créancier et le débiteur afin d'établir ou de rappeler l'existence de la compensation légale ne soit pas un *titre* libératoire dans le sens de la loi fiscale? A la vérité, l'obligation s'est éteinte sans la volonté du créancier, et même à son insu (art. 1289 C. C.). Si les choses restaient dans cette situation, le Trésor n'aurait assurément pas plus la prétention d'atteindre ce mode de libération qu'il n'atteint le payement opéré sans écrit ou l'acceptilation verbale. Dans tous ces cas, le motif déterminant de la perception fait défaut, puisque les parties n'ont soumis aucun écrit à la formalité. Mais il n'en est plus de même quand l'existence de la compensation légale est constatée dans un acte présenté au receveur. Alors, en effet, se produit un titre destiné à prouver sinon que le créancier a volontairement consenti à décharger son débiteur, du moins qu'il admet la réalité de la compensation. A ce point de vue, l'écrit joue ici le même rôle que la quittance dans le payement ordinaire. Pas plus dans une espèce que dans l'autre, ce n'est l'acte qui opère par lui-même la libération du débiteur, il se borne à relater l'existence d'un fait antérieur qui a produit l'extinction de la créance. Et si on perçoit alors le droit proportionnel, ce n'est point du tout parce que le débiteur est actuellement libéré, c'est parce que le contrat peut établir qu'il l'a été antérieurement. Or, la quittance fondée sur la compensation légale a tout aussi bien le caractère d'un titre que la quittance ordinaire. En effet, quand on dit que la compensation opère de plein droit, cela ne signifie pas que le débiteur soit dispensé d'en rapporter la preuve. Il est évident, au contraire, que, pour se défendre des attaques de son créancier ou des tiers, il aura à justifier que les deux obligations étaient de la même nature, et également liquides et exigibles (1291 C. C.) ; il faudra, en d'autres termes, qu'il prouve sa libération fictive. C'est ce que Pothier fait clairement saisir : « Si celui qui était mon créancier d'une certaine somme, dit-il, et qui est devenu depuis mon débiteur d'autant, forme une demande contre moi pour le payement de cette somme, je serai obligé, pour me défendre, de lui opposer la compensation de la somme dont il est devenu mon débiteur; sans cela, le juge qui verrait son titre de créance, et qui ne peut pas deviner la créance que j'ai de mon côté contre lui, ne manquerait pas de faire droit sur sa demande » (*Des Oblig.* n° 635). Entre les parties, la libération n'est donc certaine que quand la compensation est devenue apparente au moyen de l'aveu du créancier; jusque-là, elle peut donner lieu à des difficultés, et le débiteur, pour les faire disparaître, aurait, chaque fois, à produire en justice une série de justifications souvent très-délicates. Au contraire, dès que le créancier a reconnu l'existence de la compensation, le débiteur a un titre écrit de sa libération. Cet acte constate, pour la première fois, l'existence de l'obligation; il ne saurait donc y avoir de motif pour l'affranchir du droit proportionnel applicable, sans distinction aucune, à tous les écrits portant libération de sommes.

3. OBJECTION TIRÉE DE LA LIBÉRATION LÉGALE. — Ce qui précède à résolu par avance l'objection dans laquelle on soutient que la cause de la libération repose sur la loi, et que ce titre primordial du débiteur est dispensé de l'impôt. Mais en l'examinant, même dans son principe, il est facile d'en démontrer l'erreur. Comment faut-il entendre, en effet, ces mots si souvent répétés que les obligations légales n'acquittent pas de droit d'enregistrement? On n'a jamais prétendu que le texte de la loi suffise pour justifier l'existence d'un engagement passible de l'impôt, et nous reconnaissons volontiers, avec Championnière, que : « si les obligations opérées par la seule force de la loi tombaient sous l'application du tarif, sous le prétexte qu'il ne distingue pas, chaque article du C. C. engendrerait un droit proportionnel, et l'administration du tuteur, du curateur, du mari, de tous les mandataires légaux, deviendrait, pour les particuliers, une cause de ruine» (*Supplément* n° 314). Mais il ne faut pas non plus, se jetant dans l'excès opposé, soutenir qu'une obligation est dans tous les cas dispensée du droit par cela seul qu'elle est le résultat d'une disposition légale. Elle en sera affranchie tout le temps qu'elle restera placée sous la garantie directe du texte qui la consacre; mais le droit deviendra exigible aussitôt que les parties la formuleront dans un acte présenté à l'enregistrement. En vain dira-t-on que l'écrit n'est que l'exécution de la loi, et que la loi ne doit point d'impôt : le droit fiscal répondra

qu'il ne tarife la ni loi ni l'injonction qu'elle renferme, mais qu'il doit atteindre le titre nouveau que les parties interposent entre eux et la loi civile pour régler leur situation. Est-il une obligation légale mieux caractérisée que la dette alimentaire? Cependant qui contestera à l'Administration le droit de percevoir l'impôt proportionnel sur l'acte dans lequel les débiteurs fixent la pension dont il sont tenus? Maintes situations pareilles se présentent chaque jour : nous ne voulons citer ici que l'obligation de réparer un dommage (1382 C. C.), de restituer l'indû (1376 C. C.), d'indemniser le gérant d'affaires de ses dépenses 1375 C. C.), certains engagements inséparables de l'exercice des servitudes (643 et 682 C. C.). Il est évident que, si ces obligations demeurent purement légales, le Trésor n'a aucune tarification à opérer, mais le droit devient régulièrement exigible dès l'instant que le débiteur, au lieu de demeurer sous l'empire de la loi, arrête avec son créancier les effets et les limites de son engagement. Il confère alors à celui-ci un titre qui a une individualité propre, qui produit des résultats distincts de l'obligation légale, et qui fournit, par conséquent, une cause particulière à la perception. L'acte constatant l'existence de la compensation légale rentre tout à fait dans cette catégorie. Quoique l'extinction de la créance soit l'effet de la loi, la libération du débiteur par rapport au créancier n'est définitivement établie que dans la quittance soumise à l'enregistrement. C'est là un titre particulier différent de la loi, et qui tombe sous l'application du tarif.

4. CONFUSION ET PRESCRIPTION. — La confusion et la prescription sont affranchies du droit pour un motif spécial. La confusion, en effet, constitue moins une extinction de l'obligation qu'une impossibilité matérielle d'exécution : *potius eximet personam ab obligatione quam extinguit obligationem.* L'obligation est éteinte en ce sens que le créancier devenant débiteur le payement est impossible (V. 4979). De même pour la prescription : c'est là une exception qui arrête sans doute l'action du créancier, mais qui, pas plus que la confusion ou la perte de la chose due, ne suppose un versement entre les mains de ce créancier, une transmission réelle de valeur. Or, le droit proportionnel n'est assis que sur ce déplacement de propriété. Voilà pourquoi la confusion et la prescription n'y donnent pas lieu, tandis que la compensation dont la cause se fonde sur un double payement y peut être assujettie.

5. ARRÊTÉ DE COMPTE. — Il ne faudrait pas invoquer, avec Champ. et Rig. 1623, et Dalloz 1017, les règles de la perception sur les arrêtés de compte et soutenir que si la jurisprudence borne l'exigibilité de l'impôt au reliquat sans frapper du droit de quittance l'imputation des sommes reçues et des sommes dépensées c'est parcequ'il s'opère alors une compensation légale dispensée de l'impôt. Les principes de la compensation sont étrangers aux arrêtés de compte. Le mandataire ne devient ni créancier, ni débiteur du mandant, dans l'acception légale du mot et quand on le libère après la présentation de son compte on se borne à l'affranchir de la responsabilité de sa gestion : on ne lui donne pas, comme à un débiteur ordinaire, quittance des sommes appartenant aux mandataires.

6. DÉLÉGATION. — Il en est de même de la perception établie sur le payement d'un prix de vente aux créanciers hypothécaires du vendeur. On a expliqué la perception unique du droit de quittance en disant que la libération de l'acheteur à l'égard du vendeur avait lieu par la compensation légale (Champ. et Rig. 1631 V. aussi Dél. 4 août 1837, 1562-4 I. G. *infrà* 13303). — Mais il y a une raison meilleure. C'est que le créancier hypothécaire ayant un droit de suite sur l'immeuble et un droit de préférence sur le prix, ce prix est affecté à la garantie de la dette en vertu d'une délégation légale qui ne permet pas à l'acheteur de la verser en d'autres mains (*Délégation*).—Le créancier hypothécaire est donc comme le cessionnaire du vendeur; et, en acceptant les deniers de l'acheteur, il est censé recevoir ce qui lui appartient : cela est si vrai que s'il s'agit de créanciers cédulaires privés de la même délégation, le double droit de quittance est exigible. Ici encore, par conséquent, on ne peut voir un cas de compensation légale ni se prévaloir de l'exemption dont profite la libération du vendeur.

Ainsi, à quelque point de vue que l'on se place, il paraît certain que le droit de quittance doit être perçu sur les actes qui constatent la compensation légale prévue par l'art. 1290 C. C.

7. JURISPRUDENCE. — Malgré les inductions contraires que l'on pourrait tirer de la délibération du 4 août 1837 précitée, l'Administration a toujours soutenu ce principe. Sa jurisprudence, à cet égard, date de deux délibérations des 8 septembre 1821 et 10 janvier 1824 (D. 1019) et d'une D. m. f. du 6 août 1823 (1097 I. G.) qui prescrit de percevoir le droit de quittance sur tous les jugements sans distinction qui constatent des compensations. Appelé le premier à trancher le débat, le tribunal de la Seine, dont la doctrine a, depuis lors, si varié, n'avait pas hésité à reconnaître le 16 décembre 1835 : « que la compensation légale opérant libération, cette circonstance suffit pour rendre le droit de quittance exigible dès que les parties constatent cette compensation par écrit » (4228 C.). Il persista dans la même interprétation par deux autres jugements des 13 mars 1844 (13500 J. E., 14537 J. N.) et 28 mai 1856 (16295 J. E.), 10836 C. C'est ce qui résulte aussi de deux jugements, l'un du tribunal de Lyon du 6 mars 1863 (17813 J. N., 792 Rev.), et l'autre du tribunal de Joigny du 20 avril 1860 (1350 R. P., 11862 C., 17144 J. E.).

La question a été soumise à la C. cass. à propos d'un jugement rendu sur l'opposition d'un débiteur au commandement de son créancier, et constatant l'existence d'une compensation dont le créancier refusait pour partie d'admettre les effets. Elle y a été résolue par la chambre des requêtes en ces termes :

« Attendu que le droit de 50 centimes pour 100 établi par l'art. 69 § 2 n° 11 L. 22 frimaire an 7, sur les quittances, actes et écrits portant libération de sommes ou valeurs mobilières, ne saurait être étendu à la simple déclaration par laquelle un jugement constate des faits desquels est résultée une compensation ayant opéré de plein droit, même à l'insu des parties, l'extinction de deux créances ; attendu que tel était le caractère du jugement rendu par le tribunal de Narbonne le 13 avril 1869 ; que ce jugement n'opérait pas libération, qu'il se bornait à constater les faits qui antérieurement et indépendamment de la volonté des parties, par la seule force de la loi, avaient éteint par compensation les créances dont le sieur Biscaye réclamait le payement des demoiselles Poursine » (Cass. req. 16 mai 1870, 3182 R. P., 14592 C., 19962 J. N., 18857 J. E., 2987 Rev., S. 71-1-60, P. 70-1-407) ». — Mais nous avons pensé que cet arrêt, rendu sans discussion contradictoire, demeurait sans autorité réelle pour la solution définitive du litige. — Ainsi que l'a reconnu M. l'avocat général Blanche devant la chambre civile le 5 janvier 1869 (n° 2838 R. P.), cette question est l'une des plus délicates du droit fiscal. Il est donc impossible que l'Administration s'arrête devant un simple arrêt de la chambre des requêtes et ne persiste pas dans la perception jusqu'à ce que la chambre civile l'ait condamnée. Le jugement du tribunal de la Seine du 10 février 1871 cité précédemment prouve que telle est, en effet, sa résolution.

4617. Compensation judiciaire. — Les développements qui précèdent s'appliquent aussi bien aux jugements qu'aux actes civils. Dès que la compensation légale est constatée par le magistrat, le droit est dû (1097 I. G ; — Lyon 25 août 1865, 2351 R. P.; — Valenciennes 17 janv. 1866, 2266 — V. *infrà Jugement*). — Mais l'Administration a fait remarquer par une Sol. du 29 août 1865, que, « si le droit proportionnel de collocation a été perçu sur l'intégralité des sommes en distribution, la perception du droit de libération sur une portion des mêmes sommes, formerait double emploi avec le premier droit, puisque la compensation est la conséquence nécessaire et forcée de la collocation déjà frappée de l'impôt, et que les deux dispositions se confondent ainsi forcément l'une dans l'autre » (2291 R. P.).

4618. Compensation facultative. — Dans tous les cas, le doute ne saurait être possible sur l'exigibilité du droit de quittance, quand la compensation ne s'opère pas de plein droit par suite de la non-existence des conditions indiquées aux nos 4601 à 4605, ou lorsqu'elle n'a lieu que par voie d'exception, ainsi que nous l'avons établi n° 4615.

C'est ce qui a été reconnu par la C. cass. dans un arrêt du 14 mars 1854 portant : « Attendu que par acte notarié du 9 février 1850, la créance de Viel sur Ladvocat pour une somme de 130,000 francs, stipulée payable en janvier 1856, a été déclarée compensée jusqu'à due concurrence avec la créance de Ladvocat sur Viel, montant à 71,871 fr. 97 cent., pour prix d'une vente d'immeubles ; attendu que la compensation ainsi déclarée ne résultait d'aucun acte antérieur enregistré ; attendu que, si, aux termes de l'art. 1188 C. C., Ladvocat, qui se trouvait en état de liquidation judiciaire, avait pu encourir la déchéance du bénéfice du terme à lui accordé, cette déchéance n'existait pas de plein droit ; qu'elle ne pouvait résulter que d'une décision judiciaire ou d'une convention expresse ; attendu qu'au cas même de faillite judiciairement déclarée, l'exigibilité des dettes du failli non échues, prononcée à partir du jugement déclaratif par l'art. 444 C. com., n'autorise point la compensation de ces dettes avec les créances antérieurement échues au profit du failli, compensation formellement interdite par l'art. 446 du même Code ; attendu que la compensation opérée entre les créances respectives de Viel et de Ladvocat, et la libération de Viel, qui en est la conséquence, par l'extinction de la partie de la dette ainsi compensée, ne résultent que des stipulations expresses de l'acte notarié du 9 février 1850 ; attendu qu'aux termes de l'art. 4 L. 22 frimaire an 7, le droit proportionnel est établi pour les libérations ou liquidations de sommes et valeurs ; que, d'après l'art. 14-3° de la même loi, ce droit est déterminé, pour les quittances et tous autres actes de libération, par le total des sommes ou capitaux dont le débiteur se trouve libéré ; que, d'après l'art. 69 § 2-11°, le droit est proportionnel pour tous actes et écrits portant libération de sommes et valeurs immobilières » (36 R. P., 2015-5 I. G., D. 54-1-132, S. 4-1-255). — *Conf.* : Fontenay, 27 juill. 1877.

1. DOUBLE PERCEPTION. — « Çeût même été, dit Dalloz, une conséquence logique de soumettre l'acte à un double droit de quittance, puisqu'il constate, en définitive, deux libérations distinctes par l'extinction de deux dettes différentes. Toutefois, la Régie *a reculé devant l'énormité d'une telle perception.* » L'Administration n'a nullement reculé; seulement, elle ne s'est jamais préoccupée de la question, et elle n'avait pas à s'en préoccuper. S'il y a, en effet, dans la compensation deux créances éteintes, on ne peut disconvenir que l'une ne forme le prix de l'autre, ou, si l'on aime mieux, ne soit le payement de l'amortissement de l'autre. Il en est ici comme de la dation en payement. Les deux dispositions sont corrélatives au point de ne pouvoir exister l'une sans l'autre. Il ne peut donc être perçu qu'un seul droit (Dél. 8 sept. 1821).

2. APPRÉCIATION. — Mais c'est un point souvent délicat de rechercher si la compensation a eu lieu légalement ou par la volonté des parties. Cette question a un certain intérêt en matière fiscale, puisqu'avec la compensation facultative on évite la grave controverse qui s'est élevée sur l'exigibilité du droit en matière de compensation légale. Nous allons donc parcourir brièvement les diverses hypothèses soumises à la jurisprudence des tribunaux.

4619. Acquéreur. — Créanciers inscrits. — Le prix de vente d'un immeuble est affecté par la loi au payement des créances inscrites ou privilégiées. L'acquéreur ne saurait donc prétendre compenser sa propre créance contre le vendeur avec le prix de l'aliénation, *au préjudice des créanciers*. Ce prix n'est pas disponible entre ses mains puisqu'il a une affection spéciale : donc, en principe, la compensation n'est pas possible. La jurisprudence civile l'a ainsi décidé par les arrêts que nous avons cités au n° 4613. — Mais si l'acquéreur est lui-même au nombre des créanciers inscrits, il profite directement de l'attribution légale du prix, d'après le rang qui lui appartient. Rien ne peut s'opposer, par conséquent, à ce que la compensation légale s'opère entre la créance et sa dette lorsqu'elles sont également liquides et exigibles. Cette compensation n'empêchera pas sans doute l'ordre ultérieur de s'ouvrir entre l'acquéreur et les autres créanciers, ni le prix de vente d'y figurer dans son entier ; mais l'attribution prononcée alors au profit de l'acheteur ne sera que la reconnaissance de la compensation antérieure opérée dès le jour de l'achat.

C'est pourquoi, dans l'hypothèse de dettes également liquides et exigibles, le droit de quittance ne saurait être perçu sur ce règlement postérieur (Seine 8 avr. et Limoges 2 mars 1837, D. 1028 D. N., t. 10 p. 383 n° 69, 11804-5

J. E., 9618 J. N.). La libération de l'acquéreur se trouve, en effet, constatée dans le contrat de vente lui-même et elle ne saurait être sujette à un droit distinct de celui de cette vente, par application de l'art. 10 L. 22 frimaire an 7.

Il a été cependant jugé que quand l'acquéreur d'un immeuble a payé son prix aux créanciers inscrits avec subrogation, et que le droit de quittance a été alors perçu, le procès-verbal d'ordre amiable qui rappelle et confirme la libération de l'acquéreur en présence de l'adjudicataire, est passible du droit de quittance sur le prix précédemment payé (Lyon 25 août 1865, et 15 juin 1866, 2838 R. P.). — V. *Ordre.*

Mais ces jugements étaient contraires, dans leurs principes, aux motifs suivants d'un arrêt de Cass. rendu en matière civile, le 31 décembre 1861 : « En payant aux créanciers inscrits le montant de leur bordereau, en qualité d'adjudicataire des immeubles sur lequels reposaient les inscriptions hypothécaires, l'acquéreur s'acquittait d'une partie du prix de la vente, et en payant sa propre dette il éteignait aussi celle du vendeur envers les créanciers » (D. 62-1-482). — Le jugement du 15 juin 1866, ayant été déféré à la C. cass., M. l'avocat général Blanche rappelait cet arrêt et ajoutait : « La compensation légale dont le second acte forme directement le titre se trouvait déjà constatée dans un premier acte soumis au droit porportionnel de quittance. Or, dans ce cas, la doctrine et la jurisprudence s'accordent pour exempter le second acte d'un nouveau droit. M. Garnier, qui défend fort bien l'exigibilité du droit de quittance sur la compensation légale, suppose toujours que la libération n'a pas été l'objet d'un contrat antérieur soumis au droit proportionnel (n° 2126 R. P.). Et vous avez vous-mêmes consacré cette doctrine par un arrêt du 14 mars 1854, au rapport de M. le conseiller Raynouard. « Attendu, porte votre arrêt, que la compensation ainsi déclarée ne résultait d'aucun acte antérieur enregistré... qu'elle était, dès lors, sujette au droit proportionnel » (V. 4618). Telle est l'hypothèse actuelle. La compensation se trouve établie dans le premier acte du 30 mars 1865, qui sert de titre au payement effectué par l'acquéreur. Celui du 12 juillet suivant n'en est que le complément et l'exécution. C'est donc le cas d'appliquer la solution de votre arrêt » (2838 R. P.).

Aussi l'annulation du jugement a-t-elle été prononcée en ces termes : « Attendu que, par la quittance du 20 mars 1865, Delestang a payé sur son prix à plusieurs des créanciers inscrits, expressément désignés par le contrat de vente, des sommes s'élevant à 41,722 francs, et que sur ces actes il a été perçu un droit proportionnel de libération calculé sur le capital déboursé ; que Delestang avait donc satisfait à la loi et ne pouvait être recherché pour raison d'un nouveau droit, à propos de la constatation, dans le procès-verbal de distribution amiable de son prix, de la compensation que les payements sus-énoncés avaient précédemment opérée entre les créances par lui remboursées en l'acquit des vendeurs et sa dette envers ces derniers » (Cass. civ. 5 janv. 1869, 2838 R. P., 2384-9 I. G., Bull. civ. n° 2, S. 69-1-132, D. 69-1-252, P. 69-300, 19510 J. N.).

1. CRÉANCE NON EXIGIBLE. — Quand la créance de l'acheteur n'est ni liquide ni exigible, il est clair que la compensation légale ne s'opère point par le fait seul de la vente. Mais elle se produit dès que les deux créances se trouvent plus tard dans les conditions prescrites. Ainsi, l'acheteur d'un immeuble dont le prix était délégué aux créanciers inscrits s'étant rendu cessionnaire de plusieurs de ces créances, le tribunal de la Seine a jugé, avec raison, le 6 janvier 1865 : « que la compensation s'était opérée, aux termes de l'art. 1289 et 1290 C. C. par la seule force de la loi, et même à l'insu des parties, le jour où les créances cédées et le prix de vente étaient devenus exigibles ; que, dès lors, les énonciations de l'ordre amiable n'étaient sur ce point que la constatation de faits antérieurs et des effets légaux qu'ils avaient produits » (2126 R. P., 12827 C.).

Seulement, la compensation n'étant plus renfermée ici dans le contrat de vente, ne peut profiter de l'art. 10 de la L. du 22 frimaire an 7 pour échapper à la perception et elle retombe sous l'application des règles ordinaires. C'est dans un cas pareil que le droit de quittance a été reconnu exigible par le tribunal de la Seine dans un jugement du 13 avril 1844 (13500 J. E., 14537 J. N.).

2. CRÉANCE NON LIQUIDE. — Il en est ainsi encore du défaut de liquidité de la créance de l'acheteur. La question a été décidée en ce sens, le 22 novembre 1843, par le tribunal de la Seine, dans une affaire où la créance de l'acquéreur sur le vendeur n'avait été réglée que par un arrêté de compte postérieur à la vente. Il a été reconnu que la créance n'étant pas liquide au moment de la vente, les art. 1289 et 1290 C. C. n'avaient pu recevoir leur application (13389 J. E.). — De même les reprises d'une veuve ayant été compensées avec le prix d'un objet de la succession qu'elle avait acquis, l'Administration a délibéré, le 28 août 1829 (9384 J. E.), que « le droit de quittance n'eût pas été exigible si la compensation s'était opérée au moment même de l'acquisition, ce qui serait arrivé si l'on eût stipulé dans les conditions de la vente que le prix serait payé à la veuve, *parce que*, dans ce cas, *les deux créances eussent cessé d'exister en même temps*, aux termes des art. 1290 et 1291 C. C. » — Nous dirons, nous, que si, dans l'hypothèse posée par l'Administration, il est incontestable que le droit de libération n'eût pas été exigible, c'est parce que l'adjudication eût opéré l'effet d'une *dation en payement*, mais non pas parce qu'il y aurait eu compensation de plein droit aux termes de l'art. 1290 C. C.

4620. Acquéreur. — Créancier chirographaire. — Quand il n'y a pas de créanciers privilégiés ou inscrits, le prix de vente est disponible entre les mains de l'acheteur et peut servir de suite à compenser sa propre créance. Si cette compensation a lieu sur-le-champ, ce n'est qu'un mode de payement du prix exempt de tout droit (340 J. E.). — Si elle n'a lieu que par acte postérieur, lors d'une distribution, le droit devient au contraire exigible (Privas 19 août 1845, 13832-2 J. E.). — Ces déductions ne sont, on le voit, que la conséquence logique des principes que nous venons d'exposer.

4621. — Liquidation judiciaire. — Terme. — Faillite. — Une somme due à une personne en état de liquidation judiciaire ne pouvant se compenser légalement avec une somme due par elle avec terme, si, d'ailleurs, la déchéance du terme n'a pas été prononcée par jugement, la compensation est conventionnelle, le droit de quittance est exigible

(Cass. 14 mars 1854, 36 R. P., 2025-5 I. G., D. 1854-1-132). — Arrêt rapporté 4618.

4622. Société. — Lorsqu'un partage de société constate la compensation qui s'est opérée entre une créance due à un associé pour avances faites à la société et une dette dont il est redevable envers la société, pour amélioration de ses immeubles, cette disposition donne ouverture au droit de quittance sur la partie de la dette qui n'est pas éteinte par suite de la confusion en la personne de l'associé de la qualité de créancier et de débiteur (Ruffec 25 août 1873, 3931 R. P.).

4623. Succession bénéficiaire. — Distribution amiable. — La distribution amiable du prix de la vente des immeubles d'une succession bénéficiaire, donne ouverture au droit de libération sur les sommes dont la succession se trouve libérée, par compensation envers les acquéreurs des immeubles (Dél. 24 mai 1836; — Privas 19 août 1845, 13832-2 J. E.) — Si c'est l'héritier bénéficiaire qui se rend adjudicataire, la créance qu'il aurait personnellement contre la succession peut se compenser, selon les règles ordinaires, avec le prix de son acquisition. Quand cet héritier ne retient sur son prix que la portion que lui attribue son rang hypothécaire ou cédulaire, c'est-à-dire que la compensation ne préjudicie pas aux créanciers, mais est au contraire l'exécution de la loi, la compensation est légale, dès lors, aucun droit de quittance ne saurait être perçu ni sur la vente, ni sur l'ordre ultérieur, lorsque la compensation est opérée par le fait même de l'adjudication (V. 1320-2 I. G. et 17339 J. E.)

SECTION 2. — QUESTIONS DIVERSES

[4623*bis*-4631]

4623 *bis*. Bail. — Quoique le bail porte que le prix sera compensé avec les intérêts d'une somme que le bailleur doit au preneur, il n'est rien dû sur cette disposition qui est un mode particulier de payement (6608 J. E.).

4624. Compte. — Si le rendant est créancier de l'oyant et qu'il emploie des créances en dépense dans le compte, le droit de quittance est exigible. — V. 4798.

4625. Délivrance de legs. — Créance. — L'acte par lequel un légataire particulier compense, du consentement de l'héritier du testateur, le montant de son legs avec les intérêts d'une somme qu'il devait au testateur, donne lieu au droit de libération sur le montant de ces intérêts (13288-2 J. E.). — V. 4627, 4982.

4626. Jugement. — Saisie. — En cas de saisie sur soi-même, le jugement qui ordonne la compensation est passible du droit de 50 centimes pour 100, comme opérant condamnation, liquidation définitive ou libération (D. m. f. 6 août 1823, 1097 I. G.).

4627. Legs. — Le legs fait sous la condition qu'une créance du légataire sur le testateur se trouvera éteinte, est passible du droit de mutation par décès. On ne peut y voir une simple *compensation de créances* (8259 J. E.). — V. *Succession.*

4628. Mandataire. — Le droit de quittance est dû sur le compte-rendu par un mandataire, dans lequel on compense les sommes touchées par celui-ci des héritiers, ou en leur nom, avec les honoraires et frais qui lui sont dus. (Péronne 25 mars 1835, 4780 R. Rol.).

4629. Partage anticipé. — Le droit de quittance est exigible sur la disposition d'un partage anticipé, par laquelle l'un des donataires, chargé de payer à l'autre une somme de 24,000 francs, se libère par compensation de la somme de 6,000 francs à lui due suivant un acte enregistré (Dél. 4 juill. 1828).

4630. Rapport. — Si dans les biens de communauté il revient aux héritiers de l'époux prédécédé une valeur égale à l'indemnité qu'ils doivent à la communauté pour constructions faites sur un immeuble propre au mari, il s'opère une compensation entre cette indemnité et les reprises, et tous les biens de la communauté passent à l'autre époux (14461-4 J. E.). — V. *Communauté.*

4631. Rente. — L'acte par lequel les parties déclarent compenser des rentes perpétuelles dont elles sont respectivement créancières et débitrices l'une envers l'autre, n'est sujet qu'au droit de quittance, et non à celui de cession de rente, parce que les deux créances s'éteignent simultanément (Sol. 11 oct. 1834, 8303 J. N., 8667 J. N., D. N. t. 10 p. 383 n° 69). — Cette solution semble en opposition avec le principe civil que nous avons posé 4604-2; mais il faut remarquer qu'en admettant qu'il s'agit d'une cession de rente, comme elle a lieu au profit du débiteur lui-même, l'acte emporte simplement libération et donne lieu au droit de quittance. — V. *Cession de créances* 3701.

1. RENTE VIAGÈRE. — Ce n'est point une compensation proprement dite que celle des arrérages d'une rente viagère avec la nourriture et le logement que le détenteur s'oblige de donner au créancier. La compensation ne s'opérerait qu'au fur et à mesure de l'exigibilité des dettes et créances réciproques (7292 J. E.).

CHAPITRE III. — COMPENSATION DES DROITS

[4632-4673]

4632. Règles générales. — La compensation est l'extinction simultanée de deux obligations qui s'acquittent mutuellement à raison de ce que le créancier de la première est le débiteur de la seconde en même temps que le créancier de la seconde est le débiteur de la première. C'est un payement fictif ayant pour but et pour effet d'éviter à chacune des parties la nécessité de délivrer d'une main ce qu'elle aurait à recevoir de l'autre (C. C. art. 1290). Mais, pour que la compensation s'opère et éteigne simultanément les deux obligations, il faut : 1° que l'objet des deux obligations soit de la même espèce, c'est-à-dire consiste également en argent ou en choses fongibles ; — 2° que les deux dettes soient à la fois certaines et déterminées ou autrement dit *liquides ;* — 3° qu'elles soient exigibles ; — 4° enfin quelles soient personnelles aux parties pour qui ou contre qui la compensation est demandée (art. 1291 C. C.).

Les règles précédentes s'appliquent-elles au Trésor public dans ses rapports avec les contribuables ? Ceux-ci peuvent-ils compenser ce qu'ils doivent avec la créance qu'ils ont sur l'État quand, d'ailleurs, les conditions ordinaires de la compensation sont réunies ? A s'en tenir aux principes du droit civil, il n'y aurait aucune raison pour refuser ce bénéfice aux parties. L'État, en effet, si nombreuses et si variées que soient ses attributions, a une personnalité particulière comme celle d'une société ou celle d'un individu. La décomposition administrative du service en régies spéciales ayant chacune leur mission limitée, n'est qu'une mesure d'ordre intérieur tout à fait semblable à celle que prendrait un propriétaire très-riche en confiant la gestion de sa fortune à plusieurs intendants. Le Trésor public demeure toujours le créancier ou le débiteur direct de l'obligation. En droit strict, il devrait donc subir la compensation comme un particulier. On a dû cependant, à toute époque, faire fléchir la rigueur de cette conséquence devant des considérations supérieures d'administration. L'ordre dans les finances est le premier besoin de l'État. On ne peut l'y établir et l'y conserver qu'en opérant entre les recettes et les dépenses du budget des divisions qui facilitent le contrôle des recouvrements aussi bien que la vérification de leur emploi. Si ces divisions étaient confondues, si les recettes acquises à telle ou telle régie pouvaient être payées à telle ou telle autre par le motif que le Trésor reçoit toujours l'intégralité de sa créance, il n'y aurait bientôt plus que trouble et désordre dans la gestion financière de l'État. Les prévisions les mieux réfléchies seraient à chaque instant compromises par des compensations inattendues ; des conflits d'attributions surgiraient incessamment entre les divers services ; aucune vérification sérieuse ne serait, en définitive, possible, parce que les opérations auraient perdu leur clarté. Voilà pourquoi les règles civiles sur la compensation ne sont pas totalement admises en matière d'impôt (*V.* Rol. de Vill. n° 90, Duranton t. 12 n° 419, Toullier t. 7 n° 379).

1. ANCIEN DROIT. — Elles ne l'ont jamais été, d'ailleurs, même avant la Révolution, quoique à cette époque le contrôle de la comptabilité financière eût très-peu d'exigences. Pothier enseignait déjà que, de son temps, un redevable ne pourrait pas opposer en compensation de la capitation qu'il doit à Orléans les arrérages de la rente qui lui sont dus sur les tailles de Paris. Et il invoquait à l'appui de son opinion une loi romaine du temps de Justinien qui ne permettait de compenser avec le fisc que les dettes ou créances dépendant de la même régie (*Traité des obligations* n° 625). C'est aussi l'opinion exprimée par le procureur général Merlin à une époque contemporaine de la promulgation L. du 22 frimaire an 7. « Si le receveur des tailles d'une généralité, dit-il, est pourvu en même temps d'un autre office semblable dans une autre généralité, et que par le compte de l'un de ses deux offices il se trouve redevable, tandis que par les comptes de l'autre il est créancier du fisc, on n'admettra point alors de compensation par la raison que les deux offices de ce receveur sont de deux généralités différentes et qu'il *importe de ne pas confondre les comptes de deux généralités, considération qui ne permet pas d'admettre de semblables compensations* » (Rép. v° *Comp.* § 3).

2. SUCCESSION. SÉQUESTRE. — On ne pourrait donc pas faire servir à la compensation des créances ressortissant aujourd'hui à des administrations différentes, par exemple demander l'imputation d'un impôt direct sur un droit d'enregistrement, ou opposer à la réclamation d'une taxe sur les vins la somme payée en trop pour une déclaration de succession. C'est ce principe que la C. cass. a appliqué en décidant, par deux arrêts des 22 vendémiaire an 9 et 8 vendémiaire an 14, que la compensation n'était point admise entre des droits de mutation par décès dus au Trésor et des revenus ou des prix de vente que le Gouvernement devait restituer aux héritiers à l'occasion d'une gestion de biens séquestrés.

« Attendu, portent les arrêts, que les droits d'enregistrement forment un impôt indirect qui ne rentre pas dans la classe des créances ordinaires établies par des contrats synallagmatiques ; Que ces droits sont assimilés, par leur destination, aux contributions indirectes ; Que la compensation des créances sur le Trésor public avec le montant des contributions directes, n'ayant jamais été admise, on ne peut non plus l'admettre à l'égard des contributions indirectes, dont la destination est essentiellement la même » (2370 J. E., S. t. 6 p. 707).

3. TIMBRE ET ENREGISTREMENT. INDEMNITÉ POUR DOMMAGES. — Il a été également décidé que les droits de timbre et d'enregistrement dus à l'Administration ne pouvaient être compensés avec l'indemnité que les contribuables prétendent avoir le droit de réclamer à l'État pour le préjudice qu'il leur a causé en les laissant exposés aux violences d'émeutiers qui les ont forcés à verser les droits entre leurs mains (Cass. 27 nov. 1872, 8 arrêts, 3544 R. P., 2465-4 I. G., S. 73-1-259).

4. CRÉANCE SUR LA GUERRE. — De même on ne peut pas opposer à une réclamation faite par le Domaine, une créance due par le département de la guerre « attendu qu'en vertu des règlements sur la comptabilité publique, les créances que P. opposent en compensation fussent elles liquides et exigibles ne sauraient être compensées avec leur dette envers le Domaine, puisque ces créances ressortent du ministère de

la guerre tandis que leur dette est afférente aux ministère des finances et qu'un ministre ne peut solder une dette à la charge de son département en la compensant avec une somme due à un autre département ministériel » (Blois 27 janv. 1874).

5. APPLICATIONS. — La régle d'intérêt public que nous venons d'exposer ne se limite pas seulement aux différents services les uns par rapport aux autres; elle s'étend aussi aux diverses natures de produits confiés à la même administration, et même, dans les produits semblables, aux créances et aux dettes qui n'ont pas une origine absolument commune. Cette matière est assez complexe. Il faut pour l'étudier avec quelque méthode la soumettre à plusieurs divisions.

4633. Effets de la compensation. — Prescription. — Mais avant il est éventuel de faire remarquer que la compensation a un double intérêt. Le premier, c'est d'éviter, tant au Trésor qu'aux parties, les lenteurs et les frais d'actions dont les résultats se neutralisent. Le second, de beaucoup le plus important, concerne la prescription. Si chacune des obligations conservait son existence, il faudrait leur appliquer séparément les causes de déchéances. Par conséquent, si l'Administration réclamait avant l'expiration du délai de deux ans le payement d'un droit insuffisamment perçu sur un acte, le débiteur ne pourrait plus après ce même délai opposer à l'action la demande reconventionnelle de remboursement d'un droit perçu en trop sur ce même acte. Il en est autrement lorsque, d'après les règles que nous allons développer, la compensation a éteint les deux créances. Le Trésor est alors sans action pour agir contre la partie, de même que la partie est aussi sans intérêt pour agir contre le Trésor. Si l'un ou l'autre réclame le payement de son obligation, cet acte ne saurait faire revivre un droit anéanti, et l'autre partie est toujours fondée, après l'expiration du délai de la prescription comme auparavant, à invoquer l'effet de la compensation. Des solutions opposées ont été cependant rendues : 1° contre *le contribuable* qui invoquait la compensation d'un droit indûment perçu avec un supplément de droit réclamé, alors que l'Administration seule avait interrompu la prescription (Seine 30 juin 1841, 12786, 13975 J. E.; — 11 déc. 1844, 13647 J. E., *V.* aussi Seine 21 janv. 1863, 12458 C.); — 2° *contre l'Administration*, qui, ayant négligé d'interrompre la prescription, demandait pareille compensation avec une restitution réclamée par la partie en temps utile (Bar-le-Duc 12 août 1846, 14073-5 J. E.). — Mais il ne faut pas hésiter aujourd'hui à abandonner cette doctrine. Elle est condamnée par toute la jurisprudence que nous allons exposer et qui n'a été provoquée, en grande partie, que par des questions de prescription.

Parmi les décisions qui ont le plus nettement dégagé ce principe, il faut citer l'arrêt du 17 novembre 1857, *infrà* n° 4636. Cet arrêt a reconnu que si l'Administration réclame par contrainte à un acquéreur le payement d'un supplément de droit exigible sur un acte enregistré à Paris, cet acquéreur ne peut plus, deux ans après la prescription, former lui-même une demande reconventionnelle en restitution de tous les droits perçus, en objectant qu'il a assigné l'Administration depuis moins de deux ans à lui rembourser des droits de mutation secrète acquittés à un autre bureau. « Loin de présenter les éléments d'une compensation (avec le droit perçu sur l'acquisition), laquelle ne peut s'opérer qu'entre deux dettes réciproques, la demande reconventionnelle en excluait l'existence puisqu'elle tendait à faire décider que le droit proportionnel déjà perçu et dont la Régie réclamait le supplément n'était dû pour aucune partie. La prescription de l'action en restitution des droits perçus sur l'adjudication n'a pu être interrompue par la demande formée sans succès (pour les droits exigés sur la vente) afin d'obtenir la restitution d'autres droits perçus sur un acte de mutation tout différent » (Cass. 17 nov. 1857, 973 R. P., 2118-3 I. G., 16245 J. N., 16646 J. E., 11200 C.).

« C'est également ce qui résulte d'un arrêt de cass. du 30 mars 1808, ainsi conçu : « Vu l'art. 61 § 1er L. 22 frimaire an 7; — Considérant qu'il s'était écoulé plus de deux ans depuis la perception du droit dont le tribunal d'arrondissement de Toulouse a ordonné la restitution, lorsque la demande de cette restitution a été faite. Que l'interruption civile de la prescription ne profite qu'à celui qui la forme, et qu'ainsi l'action de la Régie n'a pu conserver celle que l'on pouvait avoir contre elle » ; (2936 J. E. — *Conf.:* D. m. f. 30 août, 24 sept. 1808, 424-2 I. G.)

D'ailleurs, quand la reconvention est admissible, ce ne peut être que comme défense à l'action principale. Si cette demande principale est écartée, la reconvention tombe de plein droit, et les parties ne sauraient prétendre qu'elle peuvent en poursuivre l'effet pour tout ce qui excédait l'action dirigée contre elle (Seine 18 août 1860, 17195 J. E.)

SECTION PREMIÈRE. — MÊME ACTE ET MÊMES PARTIES [4634-4639]

4634. Principe. — Le cas le plus simple est celui où un seul acte renferme des erreurs en faveur et au préjudice des mêmes parties. Bien que ces erreurs se rapportent à des clauses diverses, l'acte ou la déclaration est considéré dans son ensemble, et rien ne s'oppose à l'application du droit commun. Les deux dettes s'éteignent donc jusqu'à concurrence de la moindre, et au moyen de cette compensation, il n'y a pas de prescription à interrompre pour la créance éteinte.

La question a été maintes fois décidée en ce sens dans des espèces différentes.

4635. Obligation. — Délégation. — La clause d'un acte avait été frappée à tort du droit de délégation à 1 pour 100 au lieu du droit d'obligation de la même quotité. Plus de deux ans après, la partie soutint que le droit perçu par suite d'une fausse application du tarif devait lui être restitué, sans que le Trésor pût retenir en compensation le droit réellement exigible et actuellement prescrit. Mais la compensation fut, au contraire, admise sans difficulté : « Attendu que la Régie, remplie *à un titre quelconque* de ce qui lui était dû, ne peut être passible d'une action en restitution qui présuppose qu'il n'existait pas de dette; que sous ce rapport la Régie n'est pas en dehors du droit commun » (Seine 13 janv. 1847, n° 14192 J. E.; — *Conf.*: Seine 3 fév. 1847, n° 14212 J. E.).

4636. Société. — Droit de transcription et de vente. — Lors de l'enregistrement d'un acte de société, on avait perçu un droit de vente mobilière et de transcription sur un apport qui fut reconnu plus tard passible du droit de vente d'immeubles. La première perception dut se compenser jusqu'à due concurrence avec la seconde: « Attendu que la première somme se trouvait avoir été payée à valoir sur la seconde ; qu'ainsi elle doit être retenue par le Trésor, nonobstant la demande en restitution de l'associé » (Seine 7 août 1858, 16853 J. E.).

4637. Partage. — Rapport. — Obligation et quittance. — Dans un partage de succession un des héritiers rapportait à la masse des sommes à lui prêtées par le défunt. Une portion de ces sommes était immédiatement payée, le surplus était stipulé remboursable à terme. Le receveur perçut le droit de quittance sur les premières et n'exigea aucun droit d'obligation pour les autres. On pensa ensuite qu'il aurait dû faire le contraire, c'est-à-dire percevoir le droit d'obligation et ne pas exiger le droit de quittance. Bien que plus de deux ans se fussent écoulés depuis l'enregistrement de l'acte jusqu'au jour de la demande en rectification de la perception, le tribunal admit la compensation : « Attendu que le supplément de droit d'obligation était exigible et par conséquent liquide ; que, d'un autre côté, la restitution demandée du droit de quittance était due dès le jour de la perception effectuée ; qu'ainsi ces deux dettes existaient simultanément à dater du même jour ; qu'elles se sont donc éteintes réciproquement aux termes de l'art. 1209 C. C. » (Le Mans 9 oct. 1862, n° 1688 R. P., 12571 C.).

4638. Succession. — Insuffisance et excès de perception. — La même règle s'étend nécessairement aux déclarations de succession. On peut compenser les droits insuffisamment perçus sur certaines valeurs avec ceux qui ont été exigés en trop sur d'autres valeurs revenant aux mêmes héritiers : « Attendu, dit la C. cass., que ces erreurs donnaient lieu à une action en restitution au profit des héritiers d'Aligre et à une action en supplément de droit au profit de la Régie ; que ces deux créances étaient exigibles du jour où la perception avait eu lieu ; qu'elles étaient liquides ; que, par conséquent, la compensation s'était opérée de plein droit, et que la prescription ne pouvait s'appliquer à une dette éteinte par compensation avant l'expiration du délai de deux ans » (Arrêt 30 janv. 1855, n° 314 R. P., n° 2033 § 8 I. G., 15984 J. E., 15475 J. N., 10469 C., S. 55-1-130).

Jugé, de même, que le supplément de droit résultant d'une insuffisance dans le revenu des immeubles déclarés est imputable, même d'office, sur les droits perçus en trop sur la même déclaration (Saint-Amand. 16 mars 1877, 4791 R. P.).

De nombreuses solutions ont ainsi admis la compensation des droits dus pour une omission avec des droits perçus en trop, même depuis plus de 2 ans (Sol. 18 mai et 12 nov. 1872, 24 octobre 1873, 7 mai 1874, 2 mars 1875, 19 février 1877), pourvu que les droits soient également liquides (Sol. 5 juill. 1876 et 26 juin 1877).

4639. Clauses distinctes du même acte. — La jurisprudence ne distingue pas, on le voit, entre les droits perçus sur la même clause ou sur des clauses distinctes de l'acte. Qu'il s'agisse de compléter le droit insuffisamment exigé sur une stipulation, ou bien de réclamer le droit totalement omis sur une disposition indépendante, il n'importe. Pourvu que la double action en supplément de droit et en restitution concerne la même personne, la compensation s'opère, et la créance s'éteint jusqu'à concurrence de la dette la plus faible. « Lorsque, porte en thèse générale une Dél. 26 mars 1827, la perception des droits d'un acte contenant deux dispositions indépendantes est excessive sur l'une et insuffisante sur l'autre, la compensation s'effectue si les dispositions concernent la même partie » (8737 J. E., 6287 J. N.). — C'est ce qu'exprime également en termes généraux le tribunal de Nancy dans un jugement du 18 janvier 1848 : « Considérant que la Régie ayant à restituer à Germain des droits indûment perçus sur l'acte du 22 mars 1822, a été fondée à retenir par la voie de compensation d'autres droits dus au même moment, pour le même acte par le sieur Germain, et dont la perception n'avait pas eu lieu ; que, la compensation entre les deux dettes réciproques n'ayant pu s'opérer que jusqu'à concurrence de la moindre, la prescription a frappé l'excédant » (14457 J. E.).

SECTION 2. — MÊME ACTE. — PERSONNES DISTINCTES

[4640-4647]

4640. Principe. — Une des conditions essentielles de la compensation, c'est qu'elle s'opère entre les mêmes parties ou, en d'autres termes, que la créance opposée en compensation soit due à la personne même qui est débitrice de la somme réclamée. Si cette condition fait défaut, les deux dettes subsistent séparément sans se neutraliser, et chacune d'elles subit les causes d'extinction ou de déchéance qui lui sont propres. C'est ce qui arrive quand des erreurs de perception, quoique commises dans le même acte ou dans la même déclaration, concernent des personnes différentes. Il n'y a pas de compensation possible. Le Trésor d'un côté et le redevable de l'autre doivent agir séparément pour obtenir, dans le délai légal, le redressement des insuffisances ou des excès de perception.

On objecterait en vain que, d'après la loi, toutes les parties qui ont figuré volontairement dans un acte sont indistinctement tenues des droits de cet acte, et que cette qualité de débiteur motive suffisamment la compensation. Nous avons déjà fait remarquer, en effet, au n° 1299 du R. P., que cette argumentation serait spécieuse. La compensation est régie par les principes du droit civil et non pas du droit fiscal. Or, en droit civil, le débiteur de l'impôt est celui à la charge duquel il retombe définitivement, en vertu de l'art. 31 L. 22 frimaire an 7, l'acquéreur dans une vente, le débiteur dans une obligation ou dans une quittance, etc.; ce n'est pas celui qui peut être contraint à en faire l'avance. Ce dernier n'a donc pas, en matière civile, la qualité nécessaire pour justifier la compensation (Sol. 13 juill. 1874 et 6 juin 1876). La jurisprudence est unanime sur ce point.

4641. Société. — Être moral. — Ainsi, une société ayant demandé la restitution d'un droit indûment perçu à son préjudice sur l'acte de société, l'Administration, pour repousser cette demande, crut pouvoir, après le délai de la prescription, opposer qu'une clause du même acte constatait une mutation immobilière au profit d'un des associés personnellement et donnait ouverture à un droit de vente qui n'avait pas été perçu. Mais la C. cass. a repoussé cette exception : « Attendu qu'il faut, pour que la compensation s'opère, que celui qui s'en prévaut soit à la fois créancier et débiteur de la personne à qui il l'oppose, ce qui n'existait pas au cas particulier, puisque le créancier était l'être moral de la société et le débiteur l'associé en son nom personnel » (Arrêt du 14 mars 1860, 1299 R. P., 11724 C., 17102 J. E., S. 60-1-576).

4642. Idem. — Personnalité des associés. — Dans l'acte de partage d'une société, il était établi que l'immeuble apporté par l'un des associés appartiendrait à un autre associé, et ensuite que cet associé rembourserait au premier diverses sommes dont celui-ci était son créancier personnel pour diverses avances. On reconnut que le droit de quittance perçu sur la seconde disposition n'était pas exigible, mais l'Administration crut pouvoir le retenir en compensation du droit de vente non perçu par erreur sur l'attribution de l'apport. Sa prétention a été écartée : « Attendu que le droit de quittance dont la restitution est réclamée a été exigé sur une disposition de l'acte tout à fait indépendante de celle qui a fait l'objet de la contrainte; qu'il n'y a donc pas lieu d'ordonner l'imputation du premier sur le second » (Seine 30 juin 1841, n° 12786 J. E.). — La solution est exacte, mais le motif est incomplet. Ce n'est pas parce que les deux dispositions de l'acte sont indépendantes que la compensation est impossible, c'est parce que les droits auxquels elles donnent ouverture sont dus par des personnes distinctes, l'un le droit de vente, étant à la charge de l'associé qui recevait l'immeuble, et l'autre, le droit de quittance à la charge de l'associé qui l'abandonnait.

4643. Vente. — Quittance. — Une situation analogue s'est produite à propos de la vente faite moyennant un prix payé par l'acquéreur aux créanciers du vendeur. Le receveur omit d'exiger le droit de quittance pour cette libération, mais il perçut une somme trop forte pour la vente. Ces deux erreurs ne pouvaient évidemment se compenser, puisque le débiteur du droit de quittance n'était pas le même que celui du droit de vente. Chacune d'elles devait donc être séparément rectifiée. C'est ce que décida avec raison une solution du 26 avril 1828 (n° 9009 J. E.).

4644. Adjudication par lots. — Par application du même principe, il a été justement reconnu que, quand il y a lieu de restituer le droit indûment perçu sur un lot d'une adjudication en détail d'immeubles, ce remboursement doit être opéré sans compensation possible avec le supplément qui peut être redû sur un autre lot par un adjudicataire différent (Riom 7 fév. 1867).

4645. Assistance judiciaire. — Dépens. — Avances. — En matière d'assistance judiciaire, le condamné doit rembourser au Trésor le montant des dépens. Lors même qu'il serait créancier de l'assisté de sommes liquides et exigibles, il ne peut les opposer en compensation pour éviter le payement des dépens, parce que le Trésor, créancier de ses créances, n'est pas débiteur des sommes réclamées à l'assisté (C. Grenoble 30 juin 1857). — V. *Assistance judiciaire.*

4646. Succession. — Frais de justice. — Celui des héritiers qui a passé la déclaration de succession et payé tous les droits exigibles, peut obtenir la restitution intégrale du droit en sus dont la remise lui a été accordée, sans subir la compensation que l'Administration veut opérer entre la part d'un autre cohéritier et les frais de justice dont ce dernier est personnellement débiteur (Arras 11 mai 1869, 3237 R. P.).

4647. Consentement de l'Administration. — L'Administration peut toujours consentir à la compensation. Mais elle est alors maîtresse de régler les conditions dans lesquelles cette compensation peut s'exercer. Ainsi, il a été jugé que, si l'Administration a consenti à imputer le droit dû par un légataire sous condition résolutoire sur le droit indûment payé par le légataire sous condition suspensive, et si un jugement a consacré son offre, on ne peut pas l'obliger à aller au delà et à effectuer la restitution entre les mains de l'héritier, sauf à poursuivre le légataire pour la totalité des droits de son legs (Cass. 9 août 1871, 3372 R. P., Bull. 24, S. 71-1-83, D. 71-1-314, P. 71-216).

SECTION 5. — ACTES DISTINCTS. — MÊMES PARTIES

[4648-4661]

4648. Principe. — Lorsque les droits à réclamer et à rendre concernent les mêmes parties, mais s'appliquent à des actes distincts, les principes ordinaires autorisent la compensation. Aucune disposition légale, en effet, n'exige que, pour s'éteindre mutuellement, les deux obligations tirent leur origine d'un même acte. Il est certain, au contraire, qu'en droit commun on compense les dettes de toute provenance, pourvu qu'elles soient également liquides et exigibles. En matière fiscale, il faut une condition de plus : c'est que la compensation ne soit pas de nature à troubler l'organisation des services financiers et à détruire par conséquent l'économie des budgets. Les règles du droit commun, nous l'avons expliqué au début, ont toujours fléchi devant les nécessités de cette raison d'État. Malheuseusement, il n'est pas toujours possible d'indiquer avec précision quand commence le trouble financier et quels caractères il doit revêtir pour arrêter les effets de la compensation. C'est là un point de droit administratif dont la solution exige une connaissance complète de la marche du budget, en même temps qu'une appréciation attentive des faits de chaque cause.

4649. Règles différentes. — Certaines hypothèses ne comportent pas l'hésitation. Il est évident, par exemple, comme nous l'avons déjà dit, qu'on ne peut pas compenser des recettes appartenant à des administrations différentes, une contribution directe avec un droit d'enregistrement, un droit de succession avec un droit de douane, etc. Ce serait bouleverser complètement les attributions de chaque service et jeter dans les opérations de contrôle le plus grand désordre.

4650. Même régie. — Produits différents. — Le doute commence lorsqu'il s'agit de produits confiés à la même administration. Il semblerait assez naturel alors d'autoriser la compensation, puisque c'est la même caisse qui doit recevoir et payer. Cependant, les grandes régies financières embrassent une telle variété de recettes, qu'il a fallu, pour en assurer le recouvrement et la vérification, les classer dans des divisions qui forment comme autant de services particuliers conservant leur individualité propre. Les recettes attribuées à chacun d'eux ne peuvent donc pas plus se confondre que celles des diverses administrations entre elles. Le point délicat est d'apprécier jusqu'où il faut pousser cette spécialisation, mais c'est là le travail réservé à la jurisprudence.

4651. Succession. — Revenus de biens séquestrés. — L'administration de l'Enregistrement recouvre les produits des biens séquestrés sur les contumaces et perçoit les droits de succession. Néanmoins, elle ne pourrait pas compenser des droits de cette nature à elle dus par les héritiers du contumax défunt avec les revenus qu'elle est tenue de leur restituer en sa qualité de séquestre. Ce sont là deux produits trop différents (Arrêts de cass. des 22 vend. an 9 et 8 vend. an 14, n° 2370 J. E., S. t. 6 p. 707. — Arrêt rapporté n° 4632).

1. SUCCESSIONS DIFFÉRENTES. — On ne compense pas les droits applicables à des successions distinctes échues aux mêmes parties (Sol. 25 fév. 1873, 2 mars 1875, 17 avril 1877).

2. ACTE NOTARIÉ. — On ne compense pas non plus les droits dus sur un acte notarié avec ceux d'une succession (Sol. 24 fév. 1875).

4652. Amende correctionnelle. — Droit d'enregistrement. — Il a été également reconnu qu'un droit d'enregistrement indûment perçu ne devait pas être retenu en compensation d'une amende correctionnelle due par le même redevable au même bureau (Libourne 23 juin 1857). Outre que les deux recettes sont d'une nature très-distincte, il faut remarquer qu'elles n'appartiennent pas, à proprement parler, au même créancier, car les amendes correctionnelles sont destinées au fonds commun du département, tandis que les droits d'enregistrement restent au Trésor public.

4653. Amendes attribuées. — Droit de timbre. — Cependant des sommes dues aux communes pour leur part dans des amendes attribuées ont été, par décision ministérielle du 6 avril 1813, compensées avec des droits de timbre dont elles étaient redevables (n° 6411 J. E.). Mais ce n'a pu être là qu'une mesure tout exceptionnelle à laquelle il n'y a pas lieu de s'arrêter.

4654. Collocation. — Folle-enchère. — Nous ne considérons non plus que comme décision d'espèce un arrêt par lequel la C. cass. a admis que l'Administration était fondée à compenser les droits indûment perçus lors de l'enregistrement d'une folle-enchère, avec les sommes dont elle avait obtenu la collocation sur le prix de vente de la première adjudication (Cass. 6 fév. 1833, Dalloz v° *Enregistr.* n° 2401). — Ce résultat ne s'explique qu'en supposant à la fois que le fol-enchérisseur, devenu adjudicataire définitif, était débiteur personnel de la créance colloquée et que cette créance avait pour objet un droit d'enregistrement de même nature que celui à restituer. Or, ce sont là des circonstances que les faits de la cause laissent ignorer.

4655. Succession. — Donation entre-vifs. — D'autres arrêts ont fait une application plus juridique, quoique fort rigoureuse, du principe de la spécialisation des produits. A première vue, il semblerait assez naturel d'assimiler les droits de mutation entre-vifs ou par décès auxquels les mêmes immeubles peuvent donner ouverture. On serait donc tenté d'imputer ceux qui ont été indûment perçus sur ceux qui deviennent réellement exigibles. La cour n'a pas pensé que cette compensation fût compatible avec les règles de la matière.

Ainsi, des immeubles qui avaient été mal à propos compris dans une déclaration de succession firent ultérieurement l'objet d'une donation entre-vifs aux mêmes héritiers. Devait-on, lors de l'enregistrement du contrat, leur tenir compte des droits de succession ? La négative a été admise par un arrêt du 5 juillet 1820 : « Attendu, porte cet arrêt, qu'une perception irrégulière, lors même qu'elle n'est plus susceptible d'être rectifiée par l'effet de la prescription, ne peut faire obstacle à une perception régulière que la loi autorise à faire sur un acte translatif de propriété ; qu'aucune compensation ne pouvait être exigée par les donataires avec le droit par eux précédemment payé et non restituable ; que la compensation accordée en pareil cas par la Régie ne serait qu'un acte d'indulgence fondé sur un motif d'équité » (Dalloz v° *Enregistr.* n° 5433, 6796 J. E., 3964 J. N., S. 21-1-101).

Cet acte d'indulgence est généralement dans les habitudes de l'Administration. Il lui répugne de se prévaloir de la prescription pour faire payer deux fois le droit d'une seule mutation, et, à moins de raisons particulières, elle admet la compensation des droits indûment acquittés. On en trouve la preuve dans deux arrêts de la C. cass. intervenus sur des hypothèses inverses à celle qui précède. Des libéralités éventuelles ayant été par erreur soumises au droit proportionnel de donation, il s'éleva au décès la question de savoir si le droit de succession était néanmoins exigible. L'Administration le soutint, mais offrit de tenir compte des droits de transmission entre-vifs mal à propos perçus. Sa demande fut accueillie par un premier arrêt du 24 décembre 1821, portant : « Attendu que la mutation ne s'étant opérée que par le décès de la donatrice, le donateur devait faire la déclaration et payer les droits résultant de ce décès, sauf l'imputation qu'il pouvait être autorisé à faire, par voie d'exception contre la Régie, de ce qui avait été indûment payé par lui à raison de cette donation, lors de l'enregistrement de son contrat de mariage » (Dalloz v° *Enregistr.* n° 3870, S. 22-1-334). Un second arrêt consacra la même règle le 13 avril 1825 : « Attendu qu'en écartant la contrainte décernée par la Régie en recouvrement du droit de succession, sous l'offre qu'elle faisait d'imputer sur le montant dudit droit ce qui avait été mal à propos perçu lors du contrat de mariage, le jugement attaqué a violé l'art. 59 L. 22 frimaire an 7 » (Dalloz v° *Enregistr.* n° 3870, n° 1173 § 6 I. G., S. 26-1-191). — V. *Succession*.

1. TRANSACTION. — Le droit perçu sur une transaction ne peut être compensé avec le droit dû sur une déclaration de succession (Cass. 13 fév. 1878, 4893 R. P.).

4656. Bureaux différents. — Il ne suffit pas que les produits à compenser appartiennent à la même catégorie de recettes, il est encore indispensable qu'ils ressortissent au même bureau. Autrement, les règles d'attribution desquelles dépend surtout la bonne gestion des finances publiques seraient à chaque instant compromises. C'est pourquoi, en thèse générale, si des biens dépendant d'une succession ont été par erreur déclarés dans un autre bureau que celui de leur situation, les héritiers n'en sont pas moins tenus de les déclarer de nouveau au bureau compétent, sans pouvoir imputer sur les droits exigibles ceux qui ont été perçus lors de leur première déclaration. Ce principe, appliqué dans sa rigueur, ne souffrirait aucune exception, même dans le cas où, les premiers droits étant prescrits, les héritiers ne pourraient en obtenir la restitution. Mais l'Administration est encore entrée ici dans la voie de la mansuétude, et nous croyons savoir que, quand les premiers droits sont prescrits, elle n'insiste pas pour faire acquitter les seconds.

La compensation a été également repoussée dans un cas où, pour échapper au payement d'un droit supplémentaire sur une licitation enregistrée à un bureau, le débiteur alléguait qu'il avait demandé la restitution de droits de mutation secrète indûment perçus dans un autre bureau pour les mêmes biens : « Attendu, avait dit le tribunal, que cette action portée devant un autre tribunal a pour objet la restitution d'autres droits perçus sur un titre différent dans un autre bureau et que les deux droits pouvaient exister simultanément et indépendamment l'un de l'autre. » La Cour a confirmé ce jugement : « Attendu que la prescription de l'action en restitution des droits perçus à Paris sur la licitation n'avait pu être interrompue par la demande formée sans succès contre la Régie devant le tribunal de Colmar, afin d'obtenir la restitution d'autres droits perçus à Colmar sur un acte de mutation tout différent. » (Cass. 17 nov. 1857, R. P. n° 973, I. G. n° 2118 § 3, 16245 J. N., 16646 J. E., 11200 C.).

Ce principe a été appliqué plusieurs fois (Sol. 6 avril 1872, 7 mai 1873, 13 juill. 1874, 14 fév. 1876).

4657. Même bureau. — Produits semblables. — Lorsque les deux créances dépendent du même bureau et sont d'une nature identique, la compensation nous paraît devoir être admise sans difficulté, quoique les créances tirent leur origine de deux actes distincts. En quoi cette circonstance peut-elle sérieusement troubler l'économie des budgets? Il y aura tout au plus quelques embarras pour le classement méthodique des produits dans la comptabilité du bureau. Mais cet inconvénient, sans influence réelle sur les opérations de recette et de contrôle, a une importance trop secondaire pour qu'on l'érige en raison d'État et qu'on l'oppose à la loi civile.

La jurisprudence offre néanmoins à cet égard des solutions contradictoires.

4658. Cautionnement. — Surenchère. — Le sieur C..., ayant fourni un cautionnement en immeubles pour parvenir à une surenchère, se rendit acquéreur du bien surenchéri. Un excès de perception commis sur ce cautionnement fut imputé sur les droits non payés de la surenchère : « Lorsque le supplément à réclamer, répondit l'Administration, et la restitution à faire concernent la même personne, la compensation s'opère de plein droit, d'après le principe des art. 1289, 1290 et 1291 C. C. » (Sol. 10 juin 1832, 10060 J. E.).

4659. Obligation. — Inventaire et partage. — Un héritier réclamait la restitution d'un droit de reconnaissance de dette indûment perçu sur un inventaire. L'Administration trouvait sa demande fondée, mais objectait que ce droit était devenu exigible sur le partage ultérieur enregistré au même bureau, et demandait à le retenir par voie de compensation. Elle y fut autorisée par un jugement du tribunal de la Seine du 26 février 1864 : « Attendu que, le tribunal croyant devoir déclarer qu'aucune perception ne pouvait être faite sur l'inventaire, il y a lieu d'admettre la Régie, créancière du droit de 1 pour 100 sur l'obligation consignée dans le partage, à retenir ce droit sur le montant de ladite somme. » (1954 R. P.).

4660. Crédit. — Ouverture et réalisation. — De même, le droit d'obligation mal à propos perçu sur un acte d'ouverture de crédit peut être conservé par l'Administration, en compensation de celui qui est dû sur l'acte ultérieur constatant la réalisation de ce crédit (Arg. de cass. 29 avril 1844, S. 44-1-549, Dalloz v° *Enregistr.* n° 1762, 13521 J. E.; — Versailles 6 mai 1841, 12768 J. E.). — *V. Restitution* n° 13821-2.

4661. Ventes successives. — Marchés. — Au contraire, il a été décidé, dans une hypothèse cependant bien favorable, que, si l'on a omis de percevoir un droit de vente sur un acte translatif de propriété et qu'on l'ait au contraire perçu sur un second acte qui ne l'était pas et se rapportait aux mêmes immeubles, la partie peut réclamer la restitution du second droit sans que l'Administration soit fondée à le retenir en compensation du droit non perçu (Falaise 18 janv. 1828, 8954 J. E.). — La C. cass. a fait elle-même une application sévère des principes en déclarant, par un arrêt du 4 avril 1864, que la perception établie sur l'évaluation excessive du prix d'un marché de travaux ne se compense pas avec les droits ou les suppléments de droits exigibles sur des marchés complémentaires passés dans la même entreprise (n° 2288 § 3 I. G., S. 64-1-189, P. 54-1-122. — *Conf.:* Cass. 23 juin 1873, arrêt rapporté n° 402). — V. *Acte administratif* 402.

SECTION 4. — ACTES ET PARTIES DISTINCTS

[4662-4664]

4662. Principe. — Lorsque, à la diversité des actes, se joint la diversité des personnes, il est à peine besoin de faire remarquer que la compensation est inadmissible. La seconde circonstance suffirait à elle seule pour l'écarter, puisqu'une des conditions essentielles du droit civil c'est que les deux obligations réciproques concernent les mêmes parties. La première y ajoute une énergie nouvelle en vertu du principe de droit financier qui ne permet pas de confondre les recettes d'une nature différente. Aussi la question n'a-t-elle jamais été sérieusement controversée. Les rares discussions qui se sont produites portaient plutôt sur la détermination de la qualité des parties que sur le fond même du droit. C'est la seule chose également qu'il importe d'y relever.

4663. Notaire. — Prêt au receveur. — On s'est demandé, par exemple, si un notaire qui présente à l'enregistrement des actes de son ministère pouvait compenser les droits dus avec le montant d'un prêt qu'il avait fait antérieurement au receveur. La négative était manifeste, car le notaire agit ici en deux qualités distinctes : d'une part, comme mandataire légal de ses clients pour les droits des actes à enregistrer, et d'autre part en son nom personnel pour le recouvrement des avances faites au receveur. Elle a été consacrée par un arrêt de C. cass. du 26 mai 1807 : « Attendu que les sommes qu'un notaire a pu prêter ou avancer à un receveur d'enregistrement ne peuvent être données en payement ou en compensation des droits dus par ce notaire pour l'enregistrement des actes qu'il rapporte, sans quoi les recouvrements seraient exposés à mille entraves » (n° 2628 J. E., D. N. t. 1er p. 381 n° 603, S. 7-2-93).

4664. Idem. Forcement et restitution. — Il a été décidé de même que, si le notaire demande au nom des parties la restitution de droits perçus sur un acte, on ne peut pas lui opposer la compensation avec un supplément de droit sur un acte différent concernant d'autres parties : « Attendu que le notaire est en pareil cas mandataire salarié de son client pour lequel il a avancé ce droit, et non le créancier de la Régie, qu'on ne peut lui opposer la compensation résultant de l'art. 1289 C. C. contre des sommes dont la restitution est par elle consentie au profit d'autres clients » (Nantes 19 janv. 1837, Dalloz v° *Enregistr.* n° 5435).

SECTION 5. — IMPUTATION ET DOUBLE EMPLOI

[4665-4673]

4665. Principe. — Le sujet que nous venons de traiter se rattache par certains points à un autre avec lequel on le confond souvent : celui de l'imputation ou du double emploi. L'imputation proprement dite se réfère aux droits exigibles sur les actes successifs destinés à réaliser la même convention. Elle repose sur le principe qu'une seule mutation ne donne lieu qu'à un impôt unique, quel que soit le nombre des instruments qui la constatent. Quand les conditions sous lesquelles l'imputation peut avoir lieu sont réunies, la perception établie sur le premier acte en dispense le second. Il ne s'opère pas alors de compensation dans le sens juridique du mot, puisque les actes postérieurs ne doivent rien au Trésor. Cette exemption d'impôt se fonde uniquement sur la règle : *non bis in idem.*

Les cas qui y donnent lieu sont très-nombreux et on les trouvera tous dans le cours de cet ouvrage. Nous rappelons seulement ici les principaux.

4667. Donation alternative ou en remplacement. — Ainsi, lorsqu'un donateur a fait donation d'une somme d'argent ou d'un immeuble à son choix ou au choix du donateur, la perception s'établit provisoirement selon le droit le moins élevé. Plus tard, lorsque le donateur se libère d'une façon définitive, la perception se liquide d'après la nature de l'objet réellement cédé, mais on impute alors le droit perçu lors de l'enregistrement de la libéralité. C'est là un principe admis par l'Administration (766 I. G.) et dont le développement aura lieu à propos du contrat de mariage n° 5272. — *V.* aussi 6720.

Mais si l'abandon ultérieur au donataire d'un objet distinct de celui qu'il avait d'abord reçu a le caractère d'une dation en payement, il ne s'agit plus d'un acte complémentaire dans le sens légal du mot, puisque la convention se trouve au contraire modifiée. Le second acte produit des effets primitifs différents de ceux du premier : on ne saurait admettre la compensation à leur égard. — Par exemple, si, après avoir fait donation d'une somme d'argent sans aucune condition ni réserve, le donateur se libère de cette constitution au moyen d'une seconde donation d'immeubles, le droit perçu sur la première donation, qui l'a été régulièrement, n'est pas imputable sur celui auquel donne ouverture la seconde (Cass. 2 avr. 1828, 9038 J. E., 1272 § 7 I. G., S. 28-1-225).

Il en est ainsi, alors même que la somme aurait été donnée à prendre sur un immeuble désigné, au décès du donateur, et que celui-ci, pour se libérer de cette dot, ferait donation, de son vivant, de la nue-propriété du même immeuble (Dél. 27 déc. 1833, 10818 J. E.). — *V.* 5025.

Ce serait également opérer une restitution de droits régulièrement perçus que d'imputer les droits d'une donation de sommes, pour sûreté de laquelle on hypothèque des immeubles, sur les droits auxquels donne ouverture le partage anticipé de ces mêmes immeubles fait par acte postérieur entre les donataires de ces sommes. Dès lors cette imputation ne peut avoir lieu (Nevers 12 juin 1849, 14807 J. E., 13879 J. N.).

Même principe lorsqu'une somme ayant été donnée en avancement d'hoirie, on déclare, dans un partage anticipé, fait postérieurement de tous les biens du donateur, que, cette somme n'ayant pas été payée, la donation en sera considérée comme non avenue (15185-6 J. E.).

Il en est ainsi encore des biens attribués au donataire en remplacement de ceux dont il a été évincé et pour l'indemniser de cette éviction. L'imputation du second droit sur le premier serait un mode de restitution auquel s'oppose l'art. 60 L. 22 frimaire an 7 (Sol. sans date 11296 C.).

1. DONATION SECONDAIRE. — Lorsqu'un donateur impose au donataire l'obligation de donner lui-même une somme d'argent à un tiers, cette seconde libéralité est dispensée d'un nouveau droit. « Attendu, porte un arrêt de Cass. du 21 janvier 1812, que la dame Jarnac, veuve de Lhuille, n'a disposé, par l'acte du 14 août 1806, que de l'immeuble y relaté; que sa fille aînée a payé la totalité du droit dû pour cette mutation; et qu'ainsi il faut dire, à l'égard de la donation entre-vifs dont il s'agit, ce qui est dit dans l'avis du conseil d'État, approuvé par Sa Majesté le 10 septembre 1808, relativement aux donations testamentaires, savoir que, le droit proportionnel ayant été perçu sur l'universalité de l'objet donné, le vœu de la loi a été rempli, et que du système contraire il résulterait que le même objet serait assujetti à deux droits de mutation, ce qui n'est ni dans l'esprit, ni dans le texte de la loi » (S. 20-1-488). Il n'est dû, le cas échéant, qu'un complément de droit, à raison de la différence des tarifs.

Lorsque la somme n'est payable qu'au décès du donateur, il s'est élevé la question de savoir si, à ce moment, le bénéficiaire devait acquitter un droit de mutation par décès. On trouvera l'exposé de la controverse au mot *Donation*.

4668. Succession. — Les hypothèses d'imputation les plus fréquentes se rencontrent en matière de droits de succession.

Ainsi on déduit de l'actif héréditaire pour la perception du droit de mutation par décès, les legs particuliers de sommes existant ou non en nature, — les legs non payés au décès de l'héritier ou du légataire universel, — les sommes données entre-vifs et non payées au décès du donateur, — les sommes grevées d'usufruit et confondues dans la succession de l'usufruitier.

Chacun de ces points nécessiterait un développement particulier. Nous le présenterons en traitant des successions.

1. LEGS OU DONATIONS ANNULÉES. — L'imputation se produit encore, dans un autre ordre d'idées, quand certaines annulations d'actes font rentrer des biens dans la succession.

Par exemple, lorsqu'un partage anticipé est annulé en justice après le décès des donateurs, les droits de succession ne sont pas exigibles des donataires appelés en qualité d'héritiers. Ce sont, en effet, les mêmes possesseurs et s'ils payaient à titre d'héritiers ce qu'ils ont acquitté déjà en qualité de donataires, ils supporteraient deux droits pour la même mutation. On peut considérer que la succession n'est que le complément du partage anticipé (Cass. 5 juill. 1820, 6969 J. E., D. N. t. 5 p. 105 n° 624, S. 21-1-140). Nous verrons v° *Succession* quelles limites comporte l'application de cette jurisprudence.

En principe, les droits de succession acquittés par un légataire ultérieurement évincé ne devraient pas être imputés sur ceux dont l'héritier se trouve personnellement tenu : c'est une règle bien constante aujourd'hui que l'annulation du testament ne rend pas les droits de succession restituables (*V.* 14575), et l'imputation, dans ce cas n'est autre chose qu'une restitution. Cependant, la cour a décidé que, lorsqu'un légataire, envoyé en possession, a payé les droits de mutation par décès, on ne peut exiger de nouveaux droits du légataire, au même degré de parenté, qui a été postérieurement envoyé en possession par suite de la production d'un second testament. Le droit perçu et le droit dû se compensent (Cass. 13 oct. 1814, S. 15-1-58, 5020 et 5395 J. E., — 15 juill. 1840, 1634-13 I. G., 10722 J. N., 12588 J. E., — 13 août 1860, 1860 R. P., 2185-6 I. G., 16901 J. N., 17166 J. E., 11812 C.).

Mais une veuve ne saurait imputer sur les droits de succession auxquels donne lieu son legs d'usufruit, les droits perçus pour une donation de ses reprises faite à ses enfants en fraude du Trésor et considérée comme non avenue. « Il ne s'agit pas de *l'imputation* d'un droit provisoirement perçu sur le droit définitivement exigible relativement au même acte et à la même disposition ; les deux perceptions procédaient d'actes distincts et de dispositions différentes ; la perception du droit de donation n'a pas eu lieu à titre provisoire ; elle présente au contraire un caractère définitif et irrévocable. La veuve G... ne peut, dès lors, en demander la restitution sous la forme d'une imputation ou d'un précompte sur le droit à percevoir en ce qui concerne le legs d'usufruit » (Cass. 18 août 1860, 1368 R. P., 2185-6 I. G., 16901 J. N., 17166 J. E., 11812 C.).

2. TRANSCRIPTION. — De même, le droit de transcription perçu lors de l'enregistrement d'un testament contenant une substitution ne doit pas être imputé sur le droit de mutation par décès. — V. *Substitution*.

3. OFFICE. — Les cessions d'offices sont sujettes à des règles particulières tracées par la loi du 25 juin 1841. Le droit de cession à titre onéreux payé sur le traité s'impute sur le droit que les héritiers ont à payer lors de la déclaration de succession. — V. *Office* 12065.

4669. Acte modifié. — 1. ACTE SOUS SEING PRIVÉ CONVERTI EN ACTE AUTHENTIQUE. — Lorsqu'une vente d'immeubles par acte sous seing privé a été réalisée par acte notarié et que l'Administration poursuit le recouvrement des droits dus sur l'acte sous seing privé tenu secret, dans lequel a figuré un prix supérieur à celui porté en l'acte notarié précédemment enregistré, les droits *perçus* sur ce dernier acte doivent être *déduits* de ceux dus pour l'acte de vente sous seing privé (Civray 26 juin 1851, 15251 J. E.).

4670. Acte déguisé. — On considère encore, quoique le point soit plus contestable, comme acte complémentaire la déclaration ou le jugement par lequel on restitue à un acte le caractère véritable qui lui appartient et qui avait été dissimulé. Par conséquent, le droit exigible sur le second acte ne peut être perçu que déduction faite de celui qui a été acquitté pour le premier (D. N. t. 5 p. 161 n°s 44 à 46).

Si après une vente faite à un non-parent et enregistrée au droit de 5 fr. 50 cent. pour 100 les parties déclarent qu'il s'agit réellement d'une donation entre-vifs passible du droit de 9 francs pour 100, il y a lieu d'imputer le premier droit sur le second, parce qu'il n'y a qu'une mutation effective (Sol. 31 mars 1857). — Mais s'il s'agissait par exemple d'une vente à un enfant, alors que le droit de la donation est inférieur à celui de la vente, il n'y aurait pas lieu de restituer ce qui se trouve avoir été perçu en trop sur le premier acte (D. N. t. 5 p. 161 n° 47).

De même l'échange que l'on déclare dissimuler une vente ne donne lieu qu'à un complément de droit (Sol. 1er août 1856) ; — et c'est ce qui a été également décidé pour un partage testamentaire déguisant une constitution de rente (La Roche-sur-Yon 8 déc. 1856, 923 R. P., 11203 C.).

Décidé également que, s'il y a eu expertise antérieure à la découverte d'une contre-lettre, cette circonstance ne s'oppose pas à la réclamation du triple droit, mais il faut imputer le droit simple et le droit en sus payé par l'acquéreur (Colmar 4 mai 1857, 930 R. P., 16640 J. E., 11212 C.). — V. *Contre-Lettre* n° 5222.

4671. Acte conditionnel. — Le droit fixe perçu sur un acte soumis à une condition suspensive ne saurait être imputé sur le droit auquel donne lieu l'événement de la condition. Le droit fixe n'a pas été perçu comme à-compte du droit encouru par la suite. La transmission ou l'obligation incertaine ne comportait aucun impôt, et le droit fixe n'a pas été exigé provisoirement. Il était encouru par cela seul qu'on a présenté à la formalité un acte non sujet au droit proportionnel; il est donc définitivement acquis au Trésor (M. Demante n° 36).

1. CRÉDIT. — Ainsi, on n'impute pas sur le droit de réalisation de crédit le droit fixe perçu pour l'acte d'ouverture de ce crédit (1968 I. G.). — V. *Crédit* nos 5703 à 5705. — V. aussi *Crédit foncier.*

4672. Reconnaissance de dette. — Quand il y a reconnaissance par acte civil d'une dette commerciale, le droit perçu sur le titre commercial ne s'impute pas sur celui auquel donne lieu la reconnaissance. — *V.* 1866.

On n'impute pas non plus sur le droit de réalisation de crédit les droits perçus lors de l'enregistrement des effets souscrits par le crédité au créditeur (Seine 7 mars 1850, 8 juill. 1851, 15039 et 15287 J. E., 14552, 14553 J. N.). — Mais on doit imputer ceux qui auraient été perçus sur un jugement qui, ayant reconnu la réalisation du crédit, aurait été frappé du droit auquel donne ouverture la réalisation (Lure [6 mars 1850, 760 R. P.).

4673. Vente. — 1. FOLLE-ENCHÈRE. — Il y a compensation légale entre la somme pour laquelle l'Administration a été colloquée sur le prix d'une vente aux enchères et celle qui est réclamée contre elle comme irrégulièrement perçue sur l'adjudication par suite de folle-enchère du premier acquéreur. — *V.* 1757 et suiv.

2. SURENCHÈRE. — Dans quel cas il y a lieu d'admettre la compensation au sujet des surenchères. — 1783.

3. PROMESSE. — CESSION. — RÉALISATION. — Lors de l'enregistrement de la réalisation de la promesse de vente, il n'y a pas à tenir compte du droit acquitté pour la cession de la promesse. — *V.* 1580-2.

4673 *bis*. Droit en sus. — V. 16883.

COMPÉTENCE.

DIVISION

SOMMAIRE

CHAPITRE PREMIER. — CONSIDÉRATIONS GÉNÉRALES

[4674-4692]

4674. Définition. — La compétence est le droit attribué par la loi à tout fonctionnaire d'exercer ou de faire exercer tous les actes de son ministère sur de certaines choses, (Berriat Saint-Prix p. 30). Dans un sens plus restreint elle est le pouvoir que la loi défère au juge d'exercer ses fonctions dans les limites qu'elle détermine.

4675. Division des pouvoirs. — Deux grands pouvoirs dominent et gouvernent toute société : le pouvoir de faire la loi, et celui de la faire exécuter. L'exercice de ce pouvoir est réparti entre différents corps, ou réuni et confondu dans la main du chef de l'État, suivant les formes diverses de gouvernement. La séparation de ces pouvoirs a été établie chez nous par les diverses constitutions qui ont successivement régi la France depuis 1789. Le *pouvoir législatif* appartient aujourd'hui collectivement à la Chambre des députés et au Sénat, tandis que la puissance exécutive appartient au Président de la République.

SECTION PREMIÈRE. — POUVOIR LÉGISLATIF

[4676]

4676. Compétence. — La compétence du pouvoir législatif s'étend à un très-grand nombre de matières dont il serait difficile de donner l'énumération complète et dont il suffit ici d'indiquer les principales. C'est à ce pouvoir seul qu'il appartient de fixer les divisions administratives du territoire de la France ; de régler l'état des personnes, leurs droits civils ou politiques ; de statuer sur l'exercice du droit de propriété ; de tracer les conditions auxquelles il s'acquiert, se transmet ou se perd ; de déterminer les effets civils des conventions ; d'établir les impôts nécessaires pour la satisfaction des besoins de l'État, et d'édicter les peines encourues par ceux qui troublent d'une manière plus ou moins grave le bon ordre de la société.

SECTION 2. — POUVOIR EXÉCUTIF

[4677-4681]

4677. Chef de l'État. — Le Président de la République est seul investi de la plénitude du pouvoir exécutif ; d'où il résulte que les actes faits, les décisions prises par ce pouvoir dans les limites de ses attributions, ne peuvent être contrôlés ni réformés par aucune autorité. Les hautes et nombreuses attributions du pouvoir exécutif se divisent de la manière suivante :

4678. Pouvoir gouvernemental. — Les unes ont un caractère purement politique : ce sont celles qui consistent à régler les rapports de la France avec les nations étrangères et à diriger à l'intérieur la marche générale des affaires publiques ; elles constituent la portion de la puissance exécutive qu'on a appelée pouvoir gouvernemental.

4679. Pouvoir administratif. — Les autres se rapportent à l'administration proprement dite ; ce sont celles qui consistent à protéger les personnes et les propriétés, à garantir l'usage des choses communes, à faire exécuter les mesures d'intérêt général, à gérer la fortune de l'État et à surveiller la gestion des intérêts collectifs. Leur ensemble constitue le pouvoir administratif.

4680. Pouvoir judiciaire. — Enfin, la puissance exécutive comprend encore le pouvoir judiciaire dont la mission est de résoudre, par l'application des lois de droit privé, les procès élevés entre les particuliers et de réprimer, par l'application des lois de droit pénal, les individus qui les ont violées. C'est à tort que quelques publicistes ont considéré l'autorité judiciaire comme un troisième pouvoir principal, étranger et en quelque sorte supérieur au pouvoir exécutif ; elle n'est au contraire qu'une branche de ce pouvoir ; car les fonctions judiciaires se réduisent à appliquer la loi à certains ordres de faits, ou, en d'autres termes, à concourir à son exécution ; or, toute exécution de la loi rentre essentiellement dans les attributions de la puissance exécutive (Dalloz V. *Compétence* n° 7).

4681. Action et juridiction. — Les fonctions du pouvoir exécutif, considérées dans leur nature, sont réductibles à deux principales. L'une consiste à exercer l'*action administrative* soit à l'aide de règlements généraux, soit à l'aide de prescriptions particulières, telles, par exemple, que celles qui déterminent les propriétés sujettes à l'expropriation pour cause d'utilité publique. — La seconde constitue « *une juridiction spéciale*, établie au sein de l'Administration, pour statuer par voie de jugement sur les litiges que les actes de l'Administration font naître » (Macarel *Elém. de droit polit.* p. 417).

Ainsi, les deux éléments du pouvoir exécutif sont l'*action* et la *juridiction*.

1. ACTION. — L'administration active exerce une action spontanée ; elle ordonne et dispose, et les règlements qu'elle fait, les mesures qu'elle emploie, se modifient à l'infini comme les causes qui les déterminent. L'action administrative se manifeste, non-seulement par des décrets (actes par lesquels s'exerce le pouvoir exécutif), mais encore par des arrêtés des ministres, des préfets et des maires, par des instructions et des circulaires.

Ce n'est point, en général, aux agents actifs de l'Administration qu'est attribuée la juridiction administrative, mais bien aux conseils de préfecture et au conseil d'État.

2. JURIDICTION. — La juridiction administrative, au contraire, prononce sur des intérêts particuliers. Comme tous les autres organes du pouvoir judiciaire, elle a le devoir, et non pas seulement la faculté, de statuer sur les causes qui lui sont soumises. Ces décisions ne créent pas des droits, mais se bornent à déclarer ceux qui résultent des lois ou des contrats. Elles sont d'ailleurs de véritables jugements et produisent tous les effets attachés aux actes de cette nature (Dalloz V. *Compétence* n° 11).

Les actes de la juridiction contentieuse sont, en première instance, les arrêtés des conseils de préfecture, et, dans quelques cas particuliers, les arrêtés des préfets ou des ministres et, au second degré, les ordonnances rendues en conseil d'État sur le rapport du comité du contentieux.

SECTION 3. — POUVOIR JUDICIAIRE

[4682-4692]

4682. Attributions. — En général, c'est à ce pouvoir seul qu'il appartient de statuer sur l'état des personnes, c'est-à-dire, sur les questions relatives à la nationalité, à la jouissance des droits politiques, civils et de famille; sur les contestations concernant le droit de propriété ou ses démembrements, tels que : l'usufruit, les servitudes, etc.; sur les difficultés auxquelles donnent lieu les successions, les donations, les testaments, les contrats, les priviléges et hypothèques et enfin sur l'application des lois pénales aux individus prévenus de crimes ou de délits.

4683. Éléments du pouvoir judiciaire. — Le pouvoir judiciaire se décompose en deux éléments distincts: la *juridiction* et le *commandement*. Cette décomposition a une importance réelle: elle sert à classer les divers tribunaux suivant la portion d'autorité qui leur est départie. La *juridiction*, c'est le pouvoir d'appliquer la loi aux cas particuliers. Le *commandement* est la portion de force publique nécessaire pour assurer l'éxécution des décisions et des mandements de justice.

4684. Distinction entre la juridiction et la compétence. — La juridiction et la compétence sont deux choses distinctes, bien que ces mots soient souvent employés l'un pour l'autre. La juridiction est le pouvoir de juger, et la compétence est la mesure de la juridiction (Carré loi *sur l'Org. et la Comp.*, t. 1er p. 463). Néanmoins, quoique distinctes, ces deux choses sont constamment liées entre elles par des effets réciproques ou communs; et il est difficile que les lois ou les principes qui règlent l'une ne règlent pas en même temps l'autre. Ainsi la distinction admise par la loi entre la juridiction ordinaire, la juridiction extraordinaire, la juridiction prorogée, etc., s'applique dans des rapports semblables à la compétence.

4585. Diverses sortes de compétences et de juridictions. — Il y a autant de sortes de compétences qu'il y a de juridictions. Ainsi, la loi ayant reconnu la juridiction administrative (L. 24 août 1790), les juridictions civile, criminelle, commerciale, maritime, militaire, etc., il résultera de ces diverses natures de juridictions, des compétences particulières déterminées par les lois spéciales qui les concernent. La juridiction se divise en plusieurs espèces, suivant son origine, son étendue, son objet et ses effets; elle est propre ou déléguée, ordinaire ou extraordinaire, forcée ou volontaire, en premier ou en dernier ressort.

4686. Juridiction propre et déléguée. — La première consiste dans le droit de juger tout le contentieux administratif; elle appartient par délégation au Président de la République comme dépositaire de la puissance exécutive; la seconde est exercée par les tribunaux chargés de rendre la justice en matière civile, commerciale et criminelle.

4687. Juridiction ordinaire, et juridiction extraordinaire ou d'exception. — La première est celle qui est conférée à titre universel et au droit du territoire, c'est-à-dire celle qui tient de la loi primitivement, dans une circonscription déterminée, la plénitude de l'autorité judiciaire.—La seconde est celle qui n'est instituée que pour statuer sur certaines matières déterminées (Dalloz V. *Compétence* n° 26).

1. LIMITES DE LA JURIDICTION. — La dévolution que fait la loi, de la juridiction ordinaire, entraîne des effets beaucoup plus étendus que ceux de la juridiction extraordinaire ou d'exception; et ils doivent servir, dans le doute, à déterminer la compétence. Ainsi, en matière civile, la juridiction ordinaire embrasse toutes les matières civiles qui ne lui sont pas *expressément* enlevées par une loi, tandis que la juridiction extraordinaire ne peut s'appliquer qu'aux matières spéciales nommément déterminées par la loi, et elle doit d'office se dessaisir comme incompétente, si les matières soumises à son examen excèdent ces limites. La même règle s'applique en matière criminelle.

2. TRIBUNAUX AUXQUELS SONT DÉFÉRÉES CES JURIDICTIONS. — La juridiction *ordinaire* appartient, dans sa plénitude, en matière civile, aux tribunaux de première instance et aux cours d'appel, et la juridiction *extraordinaire*, aux tribunaux de commerce, aux juges de paix, et aux conseils de prud'hommes. Ces tribunaux non-seulement ne peuvent sortir des bornes de leur compétence exceptionnelle, mais ils ne peuvent pas même connaître de l'exécution de leurs jugements. La loi leur dénie le *commandement*.

En matière criminelle, la plénitude de la juridiction est dévolue aux cours d'assises. Les tribunaux de simple police, de police correctionnelle, les conseils de guerre de terre, de mer, et tous les autres tribunaux bornés à un certain genre de délits et de délinquants n'exercent que la juridiction extraordinaire.

4688. Juridiction naturelle et juridiction prorogée. — On nomme juridiction naturelle celle qui appartient à un tribunal en vertu des règles générales qui ont présidé à son institution, et juridiction prorogée, celle qu'il n'exerce qu'accidentellement, par suite du consentement des parties, ou par l'effet d'une disposition exceptionnelle de la loi. — La prorogation peut avoir pour objet de saisir le juge d'un différend des parties domiciliées hors de son territoire, ou de lui soumettre une contestation qui excède la somme jusqu'à laquelle il lui est permis de juger (Henrion de Pansey *de l'Aut. jud.* ch. 18).

4689. — Juridiction contentieuse et juridiction gracieuse. — La première est celle qui s'exerce à l'occasion de contestations élevées entre les parties qui en ont légalement saisi les tribunaux. La seconde s'exerce, au contraire, indépendamment de toute contestation; elle intervient, soit lorsque l'Administration prononce sur des réclamations qu'elle a le pouvoir discrétionnaire d'admettre ou de rejeter, soit lorsque l'autorité judiciaire confère le caractère et la force de jugements à certains actes qui, par leur importance, et alors même que les droits qu'ils consacrent ne sont l'objet d'aucune contradiction, ont paru exiger particulièrement l'examen et la sanction des tribunaux (Dalloz V. *Compétence* n° 28).

4690. Juridiction forcée et juridiction volontaire. — Ces expressions n'ont pas besoin de définition; elles s'expliquent d'elles-mêmes. — Tout tribunal compétemment saisi d'une contestation élevée entre deux Français, ou entre un Français et un étranger, doit la juger, à peine de déni de justice (4-14 C. C.). Mais, dans le cas où la contestation existerait entre deux étrangers, il serait loisible au tribunal français qui en aurait été saisi, de refuser d'en connaître, s'il le jugeait à propos, encore bien que le déclinatoire ne fût point proposé par le défendeur. Cette règle, toutefois, souffrirait exception si l'objet du litige était un immeuble situé en France, ou si l'un des deux étrangers avait été admis par le chef de l'État à fixer son domicile en France; dans l'un et l'autre de ces cas, il y aurait obligation, et non pas simplement faculté pour le juge français, de prononcer sur le différend à lui soumis (3 et 13 C. C., Dalloz *loc. cit.* n° 29).

4691. Juridiction en premier ou dernier ressort. — La juridiction est en premier ou dernier ressort, suivant que le jugement par lequel elle s'est exercée est ou n'est pas susceptible d'être réformé par un tribunal supérieur.

4692. Diverses espèces de compétence. — Un tribunal peut être incompétent pour connaître d'une contestation portée devant lui, soit à raison de la nature de cette contestation, *ratione materiæ*, soit seulement à raison de ce que sa juridiction ne s'étend point jusqu'au territoire où la partie défenderesse est domiciliée, ou jusqu'au lieu de la situation de la chose litigieuse, car tout tribunal a son territoire circonscrit à la limite duquel s'arrête son pouvoir juridictionnel. — De là, deux sortes d'incompétence : l'une appelée matérielle ou absolue, l'autre dite personnelle ou relative. (Dalloz *Jur. gén.* t. 10 n° 33).

1. Incompétence matérielle ou absolue. — L'incompétence matérielle existe, soit lorsqu'on saisit un tribunal ordinaire d'une action dont la loi lui interdit la connaissance, et qu'elle a soumise, par des considérations d'intérêt public, à des tribunaux d'un ordre totalement différent, ou d'un ordre supérieur, soit lorsqu'on saisit un tribunal spécial, ou d'exception, d'une action autre que celles que la loi lui a expressément déférées. — Ainsi encore, un tribunal de commerce est matériellement incompétent pour prononcer sur un procès civil.

2. Incompétence personnelle ou relative. — L'incompétence est simplement relative lorsqu'une action personnelle est portée devant un tribunal autre que celui du domicile du défendeur.

CHAPITRE II. — COMPÉTENCE ADMINISTRATIVE

[4693-4705]

4693. Observation. — La compétence administrative n'entrant nullement dans le plan de cet ouvrage, nous nous contentons d'un rapide aperçu, que nous ne donnons que pour permettre au lecteur d'embrasser d'un coup d'œil les principales règles de la compétence en général.

La compétence administrative est, en général, le pouvoir conféré aux divers fonctionnaires de l'ordre administratif, et en particulier, le pouvoir juridictionnel dont les tribunaux administratifs sont investis. — C'est à l'autorité administrative à prononcer sur les difficultés que fait naître l'exécution des actes administratifs, et la compétence de l'autorité administrative, en matière contentieuse, présuppose toujours l'existence d'un acte administratif qui lui sert de fondement.

4694. Attributions administratives. — On a vu, au n° 4681, que les fonctions administratives consistaient en actes d'administration généraux et particuliers, et dans l'appréciation des réclamations faites par les intérêts particuliers. C'est sur les oppositions que peut faire naître l'action de ses agents que s'exerce l'autorité de juger qui est dévolue au pouvoir administratif. Ainsi, l'Administration se divise en administration pure et en administration contentieuse. Par exemple, lorsqu'il répartit les contributions directes, le pouvoir administratif fait acte de commandement d'administration pure; au contraire, lorsqu'il prononce sur les réclamations particulières élevées à l'occasion de cette répartition, il fait un acte d'administration contentieuse, il rend un véritable jugement.

4695. Voie gracieuse et voie contentieuse. — Les réclamations que soulèvent les actes de l'Administration ne se produisent pas toujours de la même manière. Tantôt, elles ne peuvent être formées que par la voie gracieuse, tantôt, elles peuvent l'être par la voie contentieuse. Le recours par la voie gracieuse n'est autre chose qu'une prière adressée à l'Administration pour obtenir qu'elle modifie ou rétracte un de ses actes. Ce recours n'est assujetti à aucune forme particulière ni à aucun délai; il s'exerce ordinairement par simple pétition, présentée, soit à l'auteur même de l'acte dont on se plaint, soit à son supérieur dans l'ordre hiérarchique. L'autorité à laquelle la réclamation est adressée y fait droit ou la rejette, suivant qu'elle le juge à propos, sans que sa décision à cet égard ait le caractère ou les effets d'un acte de juridiction. — Le recours par la voie contentieuse est soumis au contraire à une procédure déterminée; il doit être formé dans certains délais, à peine de déchéance; les autorités devant lesquelles il doit être porté soit en première instance, soit en appel, exercent, en y statuant, une véritable juridiction, et rendent par conséquent des décisions qui ont la forme et les effets des jugements. — Le pouvoir de juger le contentieux administratif appartient, aux termes des lois des 22 frimaire an 8 et 28 pluviôse suiv., aux conseils de préfecture, et, en dernier ressort, au conseil d'État (Dalloz V. *Compétence* n° 25).

4696. Actes de Gouvernement. — Le pouvoir exécutif, lorsqu'il pourvoit par des règlements généraux à l'ordre et à la sûreté publics, ne fait point des actes administratifs proprement dits : les ordonnances qu'il rend sont des actes souverains, qui ont, en quelque sorte, le caractère et l'autorité des lois, et qui ne sont, comme celles-ci, susceptibles d'aucun recours contentieux.

4697. Actes de pure administration. — Tantôt l'Administration fait des règlements ou les applique aux cas particuliers qui se présentent ; tantôt elle statue sur les réclamations que ses actes soulèvent. Dans le premier cas, elle exerce un pur commandement ; dans le second, elle use du pouvoir de juger attaché à son droit de commandement. En général, les actes de commandement, les actes d'administration pure, ne peuvent être attaqués que par la voie gracieuse. Tels sont notamment, les ordonnances et règlements qui prescrivent des mesures d'administration publique ou de police. Au contraire, les actes qui tiennent plus du jugement que du commandement, sont sujets au recours contentieux, excepté lorsqu'ils sont intervenus dans les limites du pouvoir discrétionnaire confié par la loi à l'autorité administrative, et qu'en conséquence ils blessent plutôt de simples intérêts que de véritables droits (Dalloz V. *Compétence* n° 42).

4698. Gestion du domaine de l'État. — On doit distinguer les actes dans lesquels le Gouvernement figure comme propriétaire des biens du domaine de l'État, de ceux qui ont pour objet l'administration proprement dite. Toutes les fois qu'il agit comme propriétaire, l'État, soit qu'il stipule, soit qu'il s'oblige, est considéré comme simple particulier, et les actes qu'il fait, quelle qu'en soit la forme, prennent le caractère de conventions privées, de la compétence des tribunaux ordinaires, sauf le cas où, par des motifs particuliers, il serait dérogé à cette règle par un texte exprès (Ord. 25 mars 1830, 64).

1. TRAVAUX PUBLICS. — MARCHÉS. — Mais comme ce n'est pas en qualité de propriétaire, mais bien comme représentant des intérêts généraux, que l'État agit lorsqu'il poursuit l'exécution de travaux publics, ou lorsqu'il passe des marchés avec des particuliers pour les fournitures à faire aux troupes, les contestations relatives à ces travaux et à ces marchés sortent du domaine de la juridiction civile pour rentrer dans celui de l'autorité administrative.

4699. Conseil d'État. — Le conseil d'État forme le second degré de la juridiction administrative. La compétence s'exerce tantôt en matière non contentieuse, tantôt en matière contentieuse.

1. MATIÈRE CONTENTIEUSE. — Il est chargé de l'instruction en matière contentieuse, et il propose les ordonnances qui statuent : 1° sur les conflits d'attribution entre l'autorité administrative et l'autorité judiciaire ; — 2° sur les questions de compétence qui s'élèvent entre les autorités administratives en matière contentieuse ; — 3° sur les recours dirigés pour incompétence ou excès de pouvoir contre toutes les décisions administratives ; — 4° sur les recours dirigés, pour violation des formes et de la loi, contre les arrêts de la Cour des comptes et autres décisions administratives rendues en dernier ressort, en matière contentieuse ; — 5° sur les recours dirigés contre les décisions administratives en matière contentieuse, qui ne sont pas rendues en dernier ressort ; — 6° sur les oppositions formées à des ordonnances et sur les demandes en interprétation de ces ordonnances ; — 7° sur les affaires administratives contentieuses qui, en vertu des dispositions législatives ou réglementaires, doivent être directement soumises à son examen.

2. MATIÈRE NON CONTENTIEUSE. — Le conseil d'État peut être appelé à donner son avis sur les projets de loi ou d'ordonnance, et, en général, sur toutes les questions qui lui sont soumises par les ministres. — Il est nécessairement appelé à donner son avis sur toutes les ordonnances portant règlement d'administration publique, ou qui doivent être rendues dans la forme de ces règlements. — Il propose les ordonnances qui statuent sur les affaires administratives ou contentieuses dont l'examen lui est déféré par des dispositions législatives ou réglementaires (L. 19 juill. 1845 art. 12).

4700. Conseil de préfecture. — De même que pour le conseil d'État, la compétence du conseil de préfecture s'exerce, soit en matière non contentieuse, soit en matière contentieuse.

1. MATIÈRE CONTENTIEUSE. — Les conseils de préfecture sont appelés à connaître de presque tout le contentieux administratif. Cette attribution générale résulte, non-seulement de la multiplicité des attributions spéciales dont ils ont été successivement investis par une foule de lois particulières, mais encore des termes mêmes d'un décret du 6 décembre 1813, décret rendu, il est vrai, à l'occasion d'une affaire particulière, mais qui a été inséré au *Bulletin des lois* (9917), et qui décide expressément « que les conseils de préfecture sont institués pour prononcer sur toutes les matières contentieuses administratives. »

On comprend que le principe posé par cette disposition est de nature à faciliter, dans nombre de cas, la solution de difficultés particulières de compétence (Dalloz v° *Compétence* n° 354).

2. MATIÈRES NON CONTENTIEUSES. — Il est toujours loisible au préfet de prendre, avant d'agir, l'avis du conseil de préfecture ; mais il est des cas où c'est un devoir pour lui de consulter ce corps ; et cela a lieu notamment toutes les fois qu'aux termes des lois ou règlements, ses arrêtés doivent être pris en conseil de préfecture. — Alors même qu'il est astreint

à consulter le conseil de préfecture, le préfet n'est pas obligé de suivre l'avis de ce conseil : qu'il s'y conforme ou qu'il s'en écarte, l'arrêté pris en conseil de préfecture émane uniquement du préfet, qui en demeure seul responsable (*Même auteur*).

4701. Ministre. — Le plus grand nombre des actes des ministres rentrent dans l'administration pure ; cependant, il en est un certain nombre qui constituent une véritable juridiction contentieuse. C'est ainsi que l'arrêté du 18 ventôse an 8, autorise le ministre des finances « à prendre tous arrêtés nécessaires et exécutoires par provision, contre les comptables, entrepreneurs, fournisseurs, soumissionnaires et agents quelconques *en débet*, dans le cas et aux termes prévus par les lois des 12 vendémiaire et 13 frimaire de la même année. »

4702. Préfet. — Les préfets sont essentiellement administrateurs; cependant, dans un certain nombre de questions, ils ont une véritable juridiction qu'ils exercent tantôt seuls, tantôt en conseil de préfecture. Ainsi, la décision définitive, sauf recours au conseil d'État, leur a accordé pour les contestations qui peuvent naître au sujet des règlements pour les prix de courses de chevaux entre concurrents (Décr. 4 juill. 1806 art. 28 et décr. 15 oct. 1810 art. 7, Ord. 11 juin 1817, Arr. 19 therm. an 9). — Parmi les questions contentieuses que les préfets décident en conseil de préfecture, sauf recours au conseil d'État, on peut citer les contestations entre les débitants de boissons et la Régie sur le taux des abonnements à substituer au droit de détail (L. 28 avr. 1816 art. 70 et 78. — *V.* encore Décr. 17 mai 1809 art. 136, Décr. 9 brum. an 13).

4703. Maire. — Parmi les attributions des maires en matière contentieuse, on peut citer entre autres, les décisions qu'ils rendent sur les indemnités qui peuvent être dues par les officiers et fonctionnaires militaires, employés dans les cantonnements et rassemblements, aux habitants qui leur ont fourni, par billets des officiers municipaux, le logement en nature et les écuries nécessaires pour leurs chevaux (*V.* art. 20 et 52 du règlement annexé à la loi des 23 mai 1792-18 janv. 1793). — Si le logement, au lieu d'avoir été fourni par billets des officiers municipaux, l'avait été par convention amiable, les difficultés naissant de ce bail seraient de la compétence des tribunaux.

4704. Cour des comptes. — La Cour des comptes statue, tantôt en premier et en dernier ressort tout à la fois, tantôt comme cour d'appel seulement.

Comme tribunal de premier et de deuxième degré, la cour des comptes est chargée de juger les comptes des recettes et des dépenses publiques qui lui sont présentés, chaque année, par les trésoriers généraux des finances, les payeurs du Trésor public, les receveurs de l'Enregistrement, du timbre et des domaines, les receveurs des douanes, les receveurs des contributions indirectes, les directeurs comptables des postes, les directeurs des monnaies, le caissier central du Trésor public et l'agent responsable des virements des comptes. Elle juge aussi les comptes annuels des trésoriers des colonies, du trésor général des invalides de la marine, des économes des lycées, des commissaires des poudres et salpêtres, de l'agent comptable du grand-livre et de celui des pensions, du caissier de la caisse d'amortissement et de celle des Dépôts et consignations, de l'Imprimerie nationale, des receveurs de communes, hospices et établissements de bienfaisance dont le revenu s'élève au delà de 30,000 francs (L. 16 sept. 1807 art. 11, L. 18 juill. 1837 art. 66, Ord. 31 mai 1838 art. 331).

Comme tribunal de second degré, la Cour des comptes, statue sur les pourvois qui lui sont présentés contre les règlements prononcés par les conseils de préfecture sur les comptes annuels des revenus des communes, hospices et établissements de bienfaisance dont le revenu n'excède pas 30,000 francs (L. 18 juill. 1837 art. 66).

4705. Tribunaux exceptionnels. — Parmi les juges exceptionnels du contentieux administratif, il faut ranger les commissions et les conseils chargés de statuer sur certaines affaires. — Les commissions diffèrent des conseils en ce qu'elles n'ont qu'une mission temporaire qui cesse avec les affaires également temporaires qui les ont fait établir (Foucart 1876).

CHAPITRE III. — COMPÉTENCE DES TRIBUNAUX D'ARRONDISSEMENT ET DES COURS D'APPEL

[4706-4720]

SECTION PREMIÈRE. — TRIBUNAUX D'ARRONDISSEMENT

[4706-4719]

4706. Règlement de la compétence. — Cinq considérations ont déterminé le législateur dans le règlement de la compétence civile, savoir : 1° la simultanéité ou le concours des causes qui paraissent entraîner des compétences diverses ; — 2° la valeur de la chose demandée, ce qui sert aussi à déterminer le ressort ; — 3° le territoire ; — 4° la nature même des actions ; — 5° les suites nécessaires du fait par lequel la justice est saisie d'une demande.

4707. Cause mixte. — Une cause peut se trouver composée et mêlée de diverses causes particulières qui rendent douteuse sa compétence. Il faut alors recourir à ce principe, que la justice civile ordinaire emportant plénitude de juridiction sur les personnes et sur les choses, sa compétence devra, dans le doute, prévaloir sur celle des juridictions particulières qui n'ont d'existence réelle et obligatoire que par des attributions formelles de la loi (A. Cons. d'Ét. 9 déc. 1810, Berriat-Saint-Prix p. 30).

4708. Valeur de la demande. — Les tribunaux civils de première instance connaissent, en dernier ressort, des actions personnelles et mobilières, jusqu'à la valeur de 1,500 francs de principal, et des actions immobilières jusqu'à 60 francs de revenu, déterminé soit en rentes, soit par prix de bail (L. 11 avr. 1838 art. 1er).

1. ACTIONS. — Les actions personnelles sont celles dans lesquelles le défendeur est obligé *personnellement* en vertu d'un contrat ou quasi-contrat, d'un délit ou quasi-délit, ou d'une prescription de la loi, et où il transmet son engagement à ses héritiers ou successeurs (Dalloz v° *Action* n° 75). — Quant aux actions mobilières et immobilières, nous renvoyons à ce que nous avons dit v° *Actions*.

4709. Objet de la demande. — Pour déterminer la compétence on ne doit considérer ni ce qui est dû, ni la quotité de la condamnation, mais bien ce qui est *réellement demandé*, soit par l'exploit introductif d'instance, soit par l'énoncé même des titres, soit par les conclusions (Merlin *Rép. de jurisp.* v° *Dernier ressort.* §. 4, Carré t. 1er p. 4 et 5).

4710. Valeur indéterminée. — Si la valeur de ce qui forme l'objet de la demande est indéterminée, la compétence est elle-même indéterminée (*Rép. Ibid.* § 3, *Quest. de droit ibid.* § 23, Berriat p. 32). — Ainsi, bien que la récusation soit proposée devant le juge de paix incidemment à une instance dans laquelle il est juge en dernier ressort, ou devant le tribunal de première instance, dans des instances où ce tribunal peut juger en dernier ressort, la récusation doit nécessairement parcourir les deux degrés de juridiction. (Art. 47 et 391 C. proc.).

4711. Sommes réunies. — Le tribunal dont la compétence est bornée à une certaine somme ne peut statuer en dernier ressort sur plusieurs sommes qui, prises séparément, n'excéderaient pas sa compétence définitive, mais qui, réunies l'excéderaient (Merlin *Rép.* § 6, *Quest. de droit Ibid.* § 6).

4712. Demande principale et reconventionnelle. — Il en est de même du cas où la demande principale réunie à la demande reconventionnelle, formée même à titre de dommages et intérêts excéderait la limite de cette compétence (*Idem*).

4713. Compensation. — Il y a plus, le tribunal qui prononcerait en dernier ressort la compensation d'une somme principale placée dans les limites de sa compétence, avec une somme supérieure à cette compétence et demandée par voie de reconvention, statuerait incompétemment (*Idem*).

Toutes ces questions de ressort seront d'ailleurs longuement développées à propos des jugements.

4714. Compétence d'attribution. — Les tribunaux d'arrondissement connaissent, comme juges de second degré : 1° de l'appel des sentences des juges de paix, quand elles ne sont pas rendues en dernier ressort; — 2° de l'appel dirigé contre les sentences arbitrales rendues sur des matières qui eussent été, soit en premier, soit en dernier ressort, de la compétence du juge de paix.

Ils connaissent, comme juges du premier degré, de toutes les contestations qui ne rentrent point dans le domaine des juridictions administratives, et qui n'ont point été formellement attribuées aux juges de paix, aux tribunaux de commerce ou aux prud'hommes. — Leur compétence embrasse même les affaires commerciales, lorsqu'il n'existe pas de tribunal de commerce dans le ressort (C. com. 640). Elle embrasse les contestations dévolues par leur nature à des juridictions exceptionnelles, mais qui sont connexes à des affaires ressortissant de la juridiction ordinaire (Req. 29 juin 1820), ou que les parties sont convenues de déférer à cette juridiction (Req. 20 avr. 1825) ; les demandes en règlement de juges, lorsqu'un même différend est porté devant deux ou plusieurs juges de paix du ressort (C. proc. 363) ; les actions civiles relatives à la perception des contributions indirectes, quelle qu'en soit la valeur (L. 11 sept. 1790 tit. 4 art. 2) ; les difficultés d'exécution de leurs jugements et de ceux rendus, soit par des arbitres, des juges de paix et des tribunaux de commerce, soit par des tribunaux criminels, en ce qui concerne les condamnations civiles (Carré t. 2 p. 457) ; et les actions civiles en réparation du préjudice résultant de crimes ou de délits lorsqu'elles sont formées séparément de l'action criminelle (Dalloz V. *Compétence* n° 11).

4715. Tribunal d'appel. — Les tribunaux d'arrondissement siégent, comme on vient de le voir, tantôt comme juges d'appel, tantôt comme tribunaux de premier degré. Il importe de ne pas confondre les attributions qui leur appartiennent en l'une et l'autre de leurs qualités; car, lorsqu'ils prononcent comme juges d'appel, ils n'ont de compétence, relativement à la cause qui leur est soumise, que celle du tribunal dont ils ont à apprécier la décision. Ainsi, ils ne peuvent, sur l'appel d'une sentence du juge de paix, statuer que sur les demandes et les défenses pour lesquelles ce juge était compétent.

4716. Territoire. — La répartition des affaires civiles entre les tribunaux civils, en raison du territoire dans lequel s'exerce leur juridiction, constitue leur compétence territoriale.

La loi prend en considération le territoire lorsqu'elle détermine devant quel juge devra être porté le litige relatif à un immeuble situé dans le ressort de plusieurs tribunaux. C'est au juge du chef-lieu d'exploitation ou à celui de la partie la plus productive des biens (C. C. 2210, C. proc. 628, 676, 684, L. 15 nov. 1808, art. 1er), ou lorsqu'elle statue qu'un étranger peut être cité devant les tribunaux français pour des obligations contractées avec un Français, même en pays étranger. (C. C. art. 14).

4717. Action. — Domicile. — Situation. — La loi fait résulter la compétence de la nature de l'action lorsqu'elle prononce que les tribunaux civils d'arrondissement connaîtront de toutes les affaires personnelles, réelles ou mixtes (L. 24 août 1790, tit. 4 art. 4, Carré t. 1er p. 465); elle la fait résulter du domicile du défendeur ou de la situation de l'objet litigieux, lorsqu'elle attribue au juge de ce domicile toute action personnelle ou mobilière, et à celui de la situation de l'objet litigieux, toute action réelle (C. proc. art. 59, Carré *Ibid.* p. 478 et 490).

4718. Questions de propriété. — En général, les questions de propriété sont du ressort des tribunaux civils, à l'exclusion du conseil de préfecture; c'est ce qui a été décidé : 1° sur le fait de savoir à qui, des communes ou de l'État, appartiennent des bois litigieux (Ord. roy. 18 avr. 1821, 4019 J. N.); — 2° sur celui de savoir si un chemin appartient à une commune ou à un particulier (*Ibid.* 18 juill. 1821 art. 4729 J. N.); — 3° sur des questions de propriété relatives aux domaines de l'État, autres que ceux vendus comme biens nationaux (*Ibid.* 18 avr. 1821, art. 4019 J. N.); — 4° et sur des questions de propriété de chemins vicinaux (*V.* encore, pour diverses questions analogues, 2009, 2351, 2495, 2498, 2615, 2646, 3155, 3836, 3844 J. N.).

4719. Prorogation de juridiction. — La juridiction du juge de paix peut, dans certains cas, être étendue au delà des bornes que la loi lui assigne. C'est ce qu'on nomme *prorogation de juridiction.* La prorogation est volontaire ou légale. — De même qu'il y a deux sortes d'incompétence, l'incompétence à raison des lieux ou de la personne, et celle à raison des matières, il y a aussi deux sortes principales de *prorogations volontaires :* celle qui a pour objet de porter une contestation devant un tribunal autre que celui du domicile des parties ou de la situation des biens litigieux, et celle qui tend à soumettre à un juge un différend de la nature de ceux dont la loi lui défend la connaissance. — Quant à la *prorogation légale*, elle a lieu par la seule force de la loi en matière de reconvention, de garantie et de demandes incidentes ou connexes.

SECTION 2. — COURS D'APPEL

[4720]

4720. Compétence. — La justice est rendue souverainement par les cours d'appel (L. 20 avr. 1810, art. 7). — Elles statuent sur les appels : 1° des jugements des tribunaux civils et de commerce (L. 27 vent. an 8 art. 27, C. com. 664); — 2° des sentences rendues par des arbitres volontaires, lorsque la contestation était de nature à être soumise aux tribunaux civils (C. proc. 1023), et, dans tous les cas, des sentences des arbitres forcés (C. com. 52); — 3° des ordonnances de référé (C. proc. 809); — 4° des jugements des conseils les plus voisins de leur ressort (Ord. 1631 liv. 1er tit. 9 art 18); — 5° des décisions rendues par les préfets en conseil de préfecture en matière électorale (L. 2 juill. 1828, art. 18); mais elles ne connaissent point des appels des sentences des juges de paix et des prud'hommes.

CHAPITRE IV. — COMPÉTENCE CIVILE DES TRIBUNAUX EXCEPTIONNELS

[4721-4729]

4721. Observations. — Ces compétences se composent, comme nous l'avons dit au n° 4687-2, de la juridiction commerciale, des justices de paix, des arbitrages, des conseils de prud'hommes.

SECTION PREMIÈRE. — COMPÉTENCE COMMERCIALE

[4722-4724]

4722. Bases de la compétence. — La compétence commerciale est fondée : 1° sur la qualité des personnes; — 2° sur la nature des faits ou des actes; — 3° sur l'une des trois conditions exprimées dans l'art. 420 C. proc., et qui ont pour but de donner plus de promptitude et de sécurité à l'exécution des engagements commerciaux.

1. QUALITÉ DES PERSONNES. — En ce qui concerne la qualité des personnes, l'art. 631 C. com. dispose que les tribunaux de commerce connaîtront de toutes contestations relatives aux engagements et transactions entre négociants, marchands et banquiers; et l'art 634 ajoute : « Des billets faits par les receveurs, payeurs, percepteurs ou autres comptables des deniers publics. » Nous ne pouvons que renvoyer, pour savoir ce qu'on entend par négociants, marchands et banquiers, à notre art. *Commerçant.*

2. FAITS ET ACTES. — L'art. 632 fait reposer la compétence commerciale : 1° sur les divers faits ou actes qu'il énumère et répute actes de commerce, même entre toutes personnes; — 2° sur les lettres de change, encore entre toutes personnes. Les art. 633 et suiv. déterminent d'autres faits ou actes qu'ils réputent aussi commerciaux. Nous renvoyons également, pour savoir ce qu'on entend par *acte de commerce,* à notre art. *Commerçant.*

4723. Limite de compétence. — Les tribunaux de commerce ne sont, comme on l'a vu, que des tribunaux d'exception; ce qui veut dire que leur compétence est renfermée dans des bornes précises au delà desquelles ils cessent d'être juges, et doivent renvoyer, même d'office, aux tribunaux ordinaires. Ainsi, toute question d'état, celle de savoir si un individu est Français ou étranger, s'il est sain d'esprit ou dans le cas d'interdiction, etc., échappe à leur compétence. Cependant les juges de commerce ont le droit de décider si la personne traduite devant eux est ou n'est pas commerçante, parce qu'ils sont les juges naturels de leur compétence, et que, d'ailleurs, cette question appartient essentiellement au droit commercial (Locré t. 8 p. 481, Pardessus t. 4 p. 23).

4724. Exécution et opposition. — Quoique, aux termes des art. 442 et 553 du C. proc. civ., les tribunaux de commerce ne puissent connaître de l'exécution de leurs jugements, ils peuvent cependant connaître des oppositions et tierce-oppositions faites à leurs jugements préparatoires et interlocutoires; ainsi, ils peuvent statuer sur la régularité d'opérations d'experts, comptes et vérifications par eux ordonnés (Pardessus t. 4 p. 27).

SECTION 2. — COMPÉTENCE DES JUGES DE PAIX [4725-4729]

4725. Taux de la compétence. — La loi des 16-24 août 1790 portait, art. 9 tit. 3 : « Le juge de paix connaîtra de toutes les causes purement personnelles et mobilières, sans appel, jusqu'à la valeur de 50 livres, et, se charge d'appel, jusqu'à la valeur de 100 livres. » — Mais une loi du 25 mai 1838, en abrogeant les dispositions antérieures, avait établi de nouvelles règles à cet égard. Voici celles des nouvelles dispositions qu'il est le plus utile de connaître :

Les juges de paix connaissent de toutes les actions purement personnelles ou mobilières, en dernier ressort jusqu'à la valeur de 100 francs, et à charge d'appel jusqu'à la valeur de 200 francs.

Les juges de paix prononcent sans appel, jusqu'à la valeur de 100 francs, et, à charge d'appel, jusqu'au taux de la compétence en dernier ressort des tribunaux de première instance. — Sur les contestations entre les hôteliers, aubergistes ou logeurs, et les voyageurs et les locataires en garni, dépense d'hôtellerie et perte ou avaries d'effets déposés dans l'auberge ou dans l'hôtel ; entre les voyageurs et les voituriers ou bateliers pour retards, frais de route, et perte ou avarie d'effets accompagnant les voyageurs; entre les voyageurs et les carrossiers ou autres ouvriers, pour fournitures, salaires et réparations faites aux voitures de voyage (*Id.* art. 2). Les juges de paix connaissent sans appel jusqu'à la valeur de 100 francs, et à charge d'appel, à quelque valeur que la demande puisse s'élever. — Des actions en payement de loyers ou fermages, des congés, des demandes en résiliation de baux fondées sur le seul défaut de payement des loyers ou fermages; des expulsions de lieux et des demandes en validité de saisie-gagerie, le tout lorsque les locations verbales ou par écrit n'excèdent pas annuellement, à Paris, 400 francs, et 200 francs partout ailleurs (*Id.* art. 3.)

Les juges de paix connaissent, sans appel, jusqu'à la valeur de 100 francs, et, à charge d'appel, jusqu'au taux de la compétence en dernier ressort des tribunaux de première instance : 1° des indemnités réclamées par le locataire ou fermier pour non-jouissance provenant du fait du propriétaire lorsque le droit à une indemnité n'est pas contesté; — 2° des dégradations et pertes, dans les cas prévus par les art. 1732 et 1735 C. C. ; néanmoins, le juge de paix ne connaît des pertes causées par incendie ou inondation que dans les limites posées par l'art 1er de la présente loi (*Id.* art. 4).

Les juges de paix connaissent également, sans appel, jusqu'à la valeur de 100 francs, et, à charge d'appel, à quelque valeur que la demande puisse s'élever : 1° des actions pour dommages faits aux champs, fruits et récoltes, soit par l'homme, soit par les animaux, et de celles relatives à l'élagage des arbres ou haies, et au curage, soit des fossés, soit des canaux servant à l'irrigation des propriétés ou au mouvement des usines, lorsque les droits de propriété ou de servitude ne sont pas contestés ; — 2° des réparations locatives des maisons ou fermes mises par la loi à la charge des locataires ; — 3° des contestations relatives aux engagements respectifs des gens de travail au jour, au mois et à l'année, et de ceux qui les emploient ; des maîtres et des domestiques ou gens de service à gages; des maîtres et des ouvriers ou apprentis, sans néanmoins qu'il soit dérogé aux lois et règlements relatifs à la jurisprudence des prud'hommes; — 4° des contestations relatives au payement des nourrices, sauf ce qui est prescrit par les lois et règlements d'administration publique à l'égard des bureaux de nourrices de la ville de Paris et de toutes les autres villes ; — 5° des actions civiles pour diffamation verbale et pour injures publiques ou non publiques, verbales ou par écrit, autrement que par la voie de la presse ; des mêmes actions pour rixes ou voies de fait ; le tout, lorsque les parties ne sont pas pourvues par la voie criminelle (*Id.* art. 5).

Les juges de paix connaissent, en outre, à charge d'appel : 1° des entreprises commises, dans l'année, sur les cours d'eau servant à l'irrigation des propriétés et au mouvement des usines et moulins, sans préjudice des attributions de l'autorité administrative dans les cas déterminés par les lois et par les règlements ; des dénonciations de nouvel œuvre, complaintes, actions en réintégrande et aux autres actions possessoires fondées sur des faits également commis dans l'année ; — 2° des actions en bornage et de celles relatives à la distance prescrite par la loi, les règlements particuliers et l'usage des lieux, pour les plantations d'arbres ou de haies, lorsque la propriété ou les titres qui l'établissent ne sont pas contestés ; — 3° des actions relatives aux constructions et travaux énoncés dans l'art. 674 du C. C., lorsque la propriété ou la mitoyenneté du mur ne sont pas contestés ;—4° des demandes en pensions alimentaires n'excédant pas 150 francs par an, et seulement lorsqu'elles sont formées en vertus des art. 205, 206 et 207 C. C. (*Id.* art. 6).

Depuis 1838 est intervenue la loi du 20 mai 1854 (n° 127 R. P.), dont l'article unique a modifié ainsi qu'il suit les dispositions précédentes :

Art. 3. Les juges de paix connaissent sans appel, jusqu'à la valeur de 100 francs, et à charge d'appel, à quelque valeur que la demande puisse s'élever :

Des actions en payement de loyers ou fermages, des congés, des demandes en résiliation de baux fondés sur le seul défaut de payement de loyers ou fermages, des expulsions de lieux et des demandes en validité de saisie-gagerie ; le tout lorsque les locations verbales ou par écrit n'excèdent pas annuellement, dans les circonscriptions des justices de paix de Paris, Lyon, Marseille, Bordeaux, Rouen, Nantes, Lille, Saint-Étienne, Nîmes, Reims et Saint-Quentin, 400 francs, et 200 francs partout ailleurs.

Si le prix principal du bail consiste en denrées ou prestations en nature, applicables d'après les mercuriales, l'évaluation sera faite sur celles du jour de l'échéance lorsqu'il s'agira du payement des fermages. Dans tous les autres cas, elle aura lieu suivant les mercuriales du mois qui aura précédé la demande. Si le prix principal du bail consiste en prestations non appréciables d'après les mercuriales, où il s'agit de baux à colons partiaires, le juge de paix déterminera la compétence, en prenant pour base du revenu de la propriété le principal de la contribution foncière de l'année courante, multiplié par 5.

4726. Actions diverses. — On ne saurait prendre à la lettre la disposition de la loi qui attribue aux juges de paix toutes actions purement personnelles n'excédant pas 200 francs; il ne suffit pas qu'une action soit personnelle pour qu'elle rentre dans la compétence du juge de paix, il faut encore qu'elle soit mobilière. Il est unanimement reconnu que les demandes immobilières sont hors du domaine de ce magistrat, à l'exception toutefois des actions possessoires.

Mais le juge de paix a le caractère pour connaître de toute action mobilière n'excédant pas 200 francs, quand même elle ne serait pas personnelle.

4727. Valeur de la demande. — C'est la valeur de la demande, et non celle de la condamnation, qui sert à déterminer la compétence du juge de paix. Telle est l'opinion de tous les auteurs, notamment de Henrion *Compét. des juges de paix*, p. 96 et Boncenne t. 1er, p. 333.

La demande doit s'entendre de ce qui fait l'objet de la contestation actuelle; de sorte que la demande, dès qu'elle n'excède pas 200 francs, est de la compétence du juge de paix, bien que la somme demandée ne soit que le reliquat d'une somme ferme, et que le juge ait à examiner un titre qui contenait une obligation originaire excédant sa compétence. « Le litige ne porte point, dit Carré, sur la question de savoir si cette créance est ou n'est pas valide; il s'agit uniquement de décider si la demande du reliquat doit être admise ou rejetée » (*Loi de la compét.* t. 2 p. 28).

4728. Prorogation de compétence. — Les parties peuvent toujours se présenter volontairement devant un juge de paix, auquel cas il jugera leur différend, soit en dernier ressort si les lois ou les parties l'y autorisent, soit à la charge de l'appel, encore qu'il ne fût pas le juge naturel des parties, ni à raison du domicile du défendeur, ni à raison de la situation de l'objet litigieux. La déclaration des parties, qui demanderont jugement, sera signée d'elles, ou mention sera faite qu'elles ne peuvent signer (C. proc. 7).

Cet article ne permet aux parties de proroger la juridiction du juge de paix qu'à l'égard de la valeur de la chose en litige, du domicile du défendeur et de la situation de l'objet litigieux. Il excepte par son silence, et parce que la juridiction des juges de paix est exceptionnelle, les causes dont la loi du 24 août 1790 et autres n'ont pas fait une attribution spéciale à ces magistrats. En conséquence, les parties ne peuvent point soumettre au juge de paix en cette qualité leur différend sur le pétitoire, une demande relative à des injures consignées dans un écrit rendu public (Favard sect. 1re Henrion chap. 8).

Lorsque, incidemment à une demande portée devant le juge de paix, une question d'état s'élève entre les parties, il doit d'office, et nonobstant tout consentement contraire de leur part, les renvoyer sur cette question préjudicielle devant le tribunal civil, et attendre que ce tribunal l'ait résolue pour statuer au fond (Carré p. 400).

4729. Observation. — Nous ne parlerons pas ici de la compétence des *Arbitres* et des *Prud'hommes*. — V. ces mots.

CHAPITRE V. — COMPÉTENCE CRIMINELLE

[4730-4735]

4730. Période de juridiction. — Le but de l'art. 1er du C. pén., en distinguant, par la gravité de la peine encourue, la *contravention*, le *délit* et le *crime*, a été de déterminer la compétence du tribunal d'après la nature de la peine à appliquer. C'est donc la *qualification* donnée aux faits coupables qui forme la mesure d'attribution départie aux juges chargés tant de la poursuite que du jugement. Ainsi, il y a dans la juridiction criminelle deux périodes bien distinctes : l'*instruction* ou la *procédure antéjudiciaire*, et le *jugement*. — La première période embrasse trois ordres de juridiction : 1° le juge d'instruction ; — 2° la chambre du conseil; — 3° la chambre des mises en accusation. Nous avons fait connaître, au n° 846, quel était le rapport des actes faits pendant cette première période avec la formalité de l'enregistrement et du timbre. Ils sont par leur nature virtuellement exempts de tout droit. Les actes relatifs à la seconde période ont fait l'objet des §§ 9 et 10 du mot *Acte judiciaire*.

Les juridictions criminelles se divisent en deux catégories: celles du droit ordinaire et celles du droit exceptionnel. Les premières sont: les tribunaux de simple police, les tribunaux correctionnels, les cours d'assises.

4731. Compétence des juges de paix comme juges de police. — L'art. 139 C. inst. crim., porte: « Les juges de paix connaîtront exclusivement: 1° des contraventions commises dans l'étendue de la commune chef-lieu du canton ; — 2° des contraventions dans les autres communes de leur arrondissement, lorsque, hors le cas où les coupables auront été pris en flagrant délit, les contraventions auront été commises par des personnes non domiciliées ou non présentes dans la commune, ou lorsque les témoins qui doivent déposer n'y sont pas résidants ou présents ; — 3° des contraventions à raison desquelles la partie qui réclame conclut, pour ses dommages-intérêts, à une somme indéterminée ou à une somme excédant quinze francs; — 4° des contraventions forestières poursuivies à la requête des particuliers ; — 5° des injures verbales ; — 6° des affiches, annonces, ventes distributions ou débits d'ouvrages, écrits ou gravures, contraires aux mœurs; — 7° de l'action contre les gens qui font le métier de deviner et pronostiquer, ou d'expliquer les songes. »

L'art. 140 du même Code ajoute: « Les juges de paix connaîtront aussi, mais concurremment avec les maires, de toutes autres contraventions commises dans leur arrondissement. » Enfin la loi du 22 mars 1841, relative au travail des enfants employés dans les manufactures, usines ou ateliers, dispose, art. 12, que : « En cas de contravention à la présente ou aux règlements d'administration publique rendus pour son exécution, les propriétaires ou exploitants des établissements seront traduits devant le juge de paix du canton et punis d'une amende de simple police qui ne pourra excéder 15 francs.

4732. Taux de la compétence des tribunaux de police. — « Sont considérés comme contravention de police simple les faits qui, d'après les dispositions du 4e livre du C. pén., peuvent donner lieu, soit à 15 francs d'amende ou au-dessous, soit à cinq jours d'emprisonnement ou au-dessous, qu'il y ait ou non confiscation des choses saisies, et quelle qu'en soit la valeur. »

4733. Compétence des tribunaux correctionnels. — La compétence des tribunaux correctionnels embrasse deux rapports : 1° la connaissance des appels des jugements de simple police, dans le cas où ceux-ci ont prononcé, soit un emprisonnement, soit des amendes ou des réparations pécuniaires excédant 5 francs outre les dépens (Cod. inst. crim. 72); — 2° la connaissance des délits qui leur sont spécialement déférés par la loi dans les termes suivants. Les tribunaux de première instance, en matière civile, connaîtront, en outre, sous le titre des tribunaux correctionnels, de tous les délits forestiers poursuivis à la requête de l'administration, et de tous les délits dont la peine excède cinq jours d'emprisonnement et 15 francs d'amende (Cod. inst. crim. 179).

4734. Taux de la compétence des tribunaux correctionnels. — Le taux de la compétence des tribunaux correctionnels embrasse deux points de vue différents : 1° l'emprisonnement et l'amende ; — 2° les dommages-intérêts. — Pour l'emprisonnement, la compétence commence à six jours et s'arrête à cinq ans (C. pén. 40, Inst. crim. 179). — Quant à la quotité de l'amende, tantôt la loi la détermine d'une manière pure et simple, tantôt elle fixe un minimum et un maximum. D'après l'art. 179 Cod. inst. crim., la compétence du juge correctionnel pour l'amende commence à 15 francs. — Quant aux dommages, toutes les fois qu'ayant été déterminés à l'avance, ils excèdent 15 francs, le tribunal correctionnel est seul compétent ; il en est de même lorsque la valeur en a été *indéterminée*. Que si les dommages considérés comme réparation civile sont prononcés accessoirement à la peine, la compétence des tribunaux de police est sans *limite* (Dalloz *Jur. gén.* 572 et suiv.).

4735. Compétence des cours d'assises. — L'art. 231 C. inst. crim. dispose : « Si le fait est qualifié *crime* par la loi, et que la cour (chambre d'accusation) trouve des charges suffisantes pour motiver la mise en accusation, elle ordonnera le renvoi du prévenu aux assises... » La loi appelle crime tout fait passible de peines afflictives et infamantes ou seulement infamantes (C. inst. crim. 133, 193, 214 et C. pén. 7). Ainsi, tous les faits qui sont de nature à être punis de peines afflictives ou infamantes sont de la compétence des cours d'assises.

COMPROMIS.

4736. Définition. — Convention par laquelle deux ou plusieurs personnes s'engagent à faire juger par des arbitres la contestation élevée entre elles.

4737. Nature du contrat. — Le compromis est un contrat d'une nature particulière qui a ses règles et un nom qui lui sont propres. Il a de l'affinité avec la transaction, qui est aussi un contrat d'une nature particulière. — Par le compromis, on se donne des juges, on se soumet à la décision d'autrui ; par la transaction, on devient son propre juge, on s'impose la loi à soi-même. Dans le compromis, on promet de s'en rapporter à ce qui sera décidé par la sentence arbitrale ; la transaction est un arrêt contre lequel il n'est pas possible de revenir (Toullier t. 6 n° 827). — Les parties peuvent, d'ailleurs, par le compromis, conférer aux arbitres le pouvoir de terminer leur différend en qualité de mandataires ordinaires sous forme d'une *transaction*. (8169 J. N.).

4738. Personnes qui peuvent compromettre. — D'après l'art. 1003 C. proc. toutes personnes peuvent contracter sur les choses dont elles ont la libre disposition. Il suit de là que pour compromettre il faut être capable de contracter. Ainsi, le compromis passé par un mineur, un interdit, une femme mariée, non autorisée par son mari, etc., ne serait pas valable. — Mais la nullité d'un compromis, fondée sur l'incapacité de l'une des parties, est relative et non absolue ; elle ne peut être proposée que par la partie incapable. La jurisprudence est constante sur ce point (C. Bordeaux 22 mai 1832, S. 32-2-537).

Cependant, si la partie qui a compromis avec un mineur, un interdit, une femme mariée, ne peut opposer la nullité, elle a le droit tant que la sentence arbitrale n'est point intervenue, de demander que le compromis soit ratifié d'une manière légale ou qu'il reste sans effet (Carré n° 3259 C. proc.).

4739. Des choses qui peuvent faire l'objet des compromis. — En général, tout ce qui peut être l'objet d'une convention privée peut former la matière d'un compromis. Mais le rang que certaines choses occupent dans la classe des intérêts privés a déterminé, dans tous les temps, le législateur à les environner de formes plus graves et plus solennelles. A Rome, l'état des citoyens, la liberté, l'adultère le meurtre, etc., ne pouvaient être soumis à la justice privée des arbitres ; il fallait des juges d'un ordre plus relevé.

Les mêmes principes ont été adoptés chez nous. Ainsi, d'après l'art. 1004 C. proc., « on ne peut compromettre sur les dons et legs d'aliments, logements et vêtements; sur les séparations d'entre mari et femme, divorces, questions d'état, ni sur aucune des contestations qui seraient sujettes à communication au ministère public. »

4740. Personnes qui peuvent être nommées arbitres. — Quoique la nomination des arbitres paraisse exclusivement subordonnée à la volonté des parties, il est des situations sociales ou purement physiques qui ne permettent pas d'accepter cette fonction : les premières, parce qu'elles touchent à l'ordre public ; les secondes, parce qu'elles enlèvent les moyens de satisfaire aux conditions de l'arbitrage. — Ainsi ne peuvent être choisis pour arbitres les mineurs, les furieux, les sourds et muets, les femmes, les morts civilement, les individus frappés de condamnations infamantes, les domestiques à gages.

1. NOTAIRE. — L'art 8 L. 25 ventôse an 11, qui défend aux notaires de recevoir des actes qui contiennent des dispositions en leur faveur, est-il un obstacle à ce qu'un notaire passe un compromis dans lequel il est choisi pour arbitre? Un arrêt Toulouse 17 juillet 1826 (8091, 6055 J. N.), s'est prononcé pour la négative. Cet arrêt ayant été dénoncé à la C. cass., le pourvoi avait été admis sur les conclusions conformes de M. le procureur général Mourre; mais, par arrêt du 26 mars 1839 (7862 J. N.), la chambre civile l'a rejeté (*V.* 374, 6511 J. N.;—C. Lyon 9 fév. 1836, 9422 J. N.).

4741. Forme du compromis. — Le compromis peut être fait par procès-verbal devant les arbitres choisis, ou par acte devant notaire, ou sous signature privée (1005 C. proc.).

1. JUGE DE PAIX. — Il peut être valablement constaté par le procès-verbal dressé par le juge de paix devant lequel comparaissent les parties (C. Bordeaux 13 juill. 1830, Carré n° 3271), encore que le juge de paix, auteur du procès-verbal, soit nommé arbitre par le compromis (C. Grenoble S. 22-2-114), et encore que le procès-verbal ne soit pas signé des parties, mais seulement du juge de paix et du greffier (Cass. 11 fév. 1824, S. 25-1-209; — C. Toulouse 26 juin 1831, S. 31-2-319).

2. ACTES SOUS SEING PRIVÉ. — Le compromis doit réunir les diverses conditions requises pour la validité des conventions, et peut être annulé pour les mêmes causes que celles qui les vicient (Pardessus *Droit com.* t. 4 n° 1390, Carré *Lois de la proc.*, t. 3 p. 402). — Ainsi, lorsque le compromis a lieu par acte sous seing privé, il doit être fait en autant d'originaux qu'il y a de parties intéressées, à moins que le compromis ne soit fait devant les arbitres, par un procès-verbal souscrit des parties, cas auquel il n'est pas nécessaire qu'il soit en plusieurs originaux, puisque, demeurant aux mains des arbitres, la condition des parties est égale, et qu'il n'est pas à craindre que l'une d'elles le supprime (Toullier t. 8 n° 332).

3. STIPULATIONS PARTICULIÈRES. — On peut, dans un compromis, renoncer d'avance au droit de se pourvoir contre la sentence arbitrale, par la voie d'opposition à l'ordonnance d'exécution (Cass. 31 déc. 1816, 2222 J. N.).

La clause d'un compromis portant renonciation à toute espèce de recours contre la décision à intervenir et dispense de formalités judiciaires, n'a pas pour effet de convertir en volontaire un arbitrage qui était forcé, à raison de la matière (Cass. 21 nov. 1832 ; — Montpellier 25 avr. 1831, J. P.).

On peut aussi renoncer à la voie de la requête civile (Cass. 18 juin 1816, 2222 J. N.).

Mais on ne peut convenir que le jugement arbitral à intervenir sera déposé dans les mains d'un notaire qu'on désigne, avec la stipulation qu'il aura le droit de donner la force exécutoire par une ordonnance du président du tribunal (1020 C. proc., 1457 J. N.).

4742. Comment finit le compromis. — Le compromis finit : 1° par la mort, par le refus, le départ ou l'empêchement des arbitres ; 2° par l'expiration du délai ; 3° par le partage, si les parties n'ont pas le pouvoir de prendre un tiers arbitre ; 4° par le décès de l'une des parties, si tous les héritiers ne sont pas majeurs (C. proc. 1012 et 1013).

1. PROROGATION TACITE. — Lorsque le délai d'un compromis volontaire est expiré, il n'est pas nécessaire, pour que les pouvoirs des arbitres soient prorogés, qu'il soit passé un nouveau compromis, ou rédigé un écrit quelconque entre les parties ; il suffit d'une prorogation tacite, telle, par exemple, que celle résultant de ce que les parties se seraient rendues depuis, avec les arbitres, sur les lieux contentieux, sans faire de réclamation (Pardessus *Droit commercial* n° 1414 ; — Cass. 17 janv. 1826, 5711 J. N.).

4743. Tarif. — Les compromis qui ne contiennent aucune obligation de sommes et valeurs donnant lieu au droit proportionnel sont assujettis au droit fixe de 3 francs (L. 22 frim. an 7 art. 68 § 1er n° 19 et 28 avr. 1816 art. 44 n° 2) porté à 4 fr. 50 cent. (L. 28 fév. 1872 art. 4).

Un seul droit est dû sur le procès-verbal, quel que soit le nombre d'arbitres nommés (3912 J. E.).

1. EXPERTS. — Il ne faut pas confondre les compromis avec les nominations d'experts tarifées à 3 francs par la loi du 28 avril 1816 art. 43 n° 15 et par l'art. 4 L. 28 février 1872. Les experts sont seulement appelés à donner leur avis sur le différend ou sur un point spécial de ce différend, tandis que les arbitres le jugent comme le ferait un tribunal.

4744. Prorogation de compétence. — Lorsque, aux termes de l'art. 7 C. proc., les parties se présentent volontairement devant un juge de paix qui juge leur différend, il n'y a ni *compromis* ni *arbitrage* proprement dit ; c'est en sa qualité de juge que le magistrat prononce. Il y a simple *prorogation de compétence*, car, s'il était compétent *en raison de la matière*, le juge ne l'était pas en raison du domicile des parties, ou de la situation des objets litigieux, ou, s'il était le juge naturel des parties, il ne pouvait prononcer entre elles qu'à la charge d'appel. Quand la volonté des parties de proroger la compétence du juge de paix est constatée par le jugement même, il n'y a pas lieu de percevoir, indépendamment du droit de 4 fr. 50 cent. dû sur le jugement à raison de cette prorogation un semblable droit pour le compromis qu'il relate. Il en est autrement quand la déclaration fait l'objet d'un acte particulier (1104 § 2 et 1132 § 4 I. G.). — C'est un point que nous avons discuté au n° 4598.

4745. Conciliation. — Nous avons rappelé, au n° 4598-2, la décision de l'Administration qui prescrit de percevoir le droit de 4 fr. 50 cent. lorsque les parties déclarent au bureau de paix *proroger la compétence du juge* de paix. Mais si, au lieu de la prorogation de compétence dont nous avons parlé dans le n° précédent, le procès-verbal de paix ou de conciliation ne contient que *compromis* proprement dit, c'est-à-dire nomination d'experts ou d'arbitres, c'est le droit fixe de 1 fr. 50 cent. qui est exigible comme sur les procès-verbaux ordinaires de même nature, sans qu'il y ait lieu (5341 J. E.) de percevoir un droit particulier pour la conciliation et un autre pour la nomination (9177 J. E., D. m. 10 sept. 1828, 7538 J. E., V. 1104 § 2 I. G.); — *Contrà* 5529, 6219 J. E.).

4746. Nomination devant le juge. — Si ce n'est pas devant le magistrat conciliateur, mais devant le juge que les parties se présentent, non pour lui conférer le droit de juger lui-même leurs différends, ainsi que nous l'avons vu n° 4598-1, mais seulement pour nommer des arbitres, le droit de 4 fr. 50 cent. est exigible sur l'acte de nomination, qui tombe alors, comme compromis, sous l'application de l'art. 44 n° 2, L. 28 avril 1816 et de l'art. 4 L. 28 février 1872. On peut dire, en effet, qu'il ne s'agit pas d'un procès-verbal du bureau de paix ou d'un jugement; le compromis malgré sa forme judiciaire n'en constate pas moins une nomination *volontaire* d'arbitres, ce qui suffit à l'application du tarif des nominations d'arbitres par les parties (12774-2, 14745-3 et 16000-3 J. E.).

4747. Bornage. — Le procès-verbal de plantation de bornes rédigé par des experts, par suite d'un compromis, est passible de 3 francs comme jugement en dernier ressort, V. 3219.

4748. Clause pénale. — La stipulation, dans le compromis, d'une peine en cas de dédit ou d'appel, ne changeant rien à la nature de l'acte, et tendant au contraire à en assurer l'exécution, ne donne pas lieu à un droit particulier. « Les peines stipulées dans un compromis, disait déjà Bosquet, en cas de dédit ou d'appel de jugement ne changeant point la nature de l'acte, on ne peut diviser l'acte en disposition principale et condition accessoire pour percevoir un droit sur l'objet du dédit» (t. 1 p. 532). — V. *Clause pénale.*

4749. Clause compromissoire. — On ne peut pas assimiler à un compromis ordinaire la stipulation portant, en général, que les difficultés relatives à l'exécution d'un acte seront jugées par des arbitres. Le compromis, en effet, doit essentiellement désigner les objets en litige et surtout le nom des arbitres; on ne peut donc reconnaître ce caractère à une soumission anticipée à l'arbitrage alors que le point à décider n'est pas spécifié et que les arbitres ne sont pas désignés (Cass. 12 avr. 1821; — Limoges 5 janv. 1839; — Nîmes 16 mars 1842; — Paris 9 janv. 1843; — Metz 31 août 1843; — Grenoble 14 nov. 1843; — Rouen 4 déc. 1843; — Cass. 21 fév. 1844, 2 déc. 1844; — Agen 17 déc. 1844; — Colmar 28 déc. 1849, S. 51-2-331). — Une pareille convention serait un contrat innommé passible du droit fixe de 3 francs.

4750. Disposition indépendante. — Mais il arrive assez fréquemment que les parties prévoyant la possibilité d'un désaccord sur l'exécution de telle ou telle clause de leur contrat déclarent par l'acte même se soumettre au jugement d'arbitres désignés. C'est là certainement un compromis ordinaire puisque le différend est précis et que les arbitres sont personnellement indiqués. (V. Cass. 17 mai 1836, Dalloz *arbitrage* n° 448). Ce compromis, renfermé dans le contrat lui-même, est-il passible d'un droit particulier? Des auteurs qui avaient d'abord adopté la négative (6138 J. E.) sont ensuite revenus sur leur opinion pour soutenir que le compromis, n'étant lié au contrat principal que par l'intention des parties, en forme une disposition indépendante dans le sens de l'art. 11 L. du 22 frimaire an 7. Il a été, en effet, reconnu que si des arbitres sont nommés dans un acte de société pour décider les difficultés relatives à des travaux que les associés se sont obligés de faire, le droit de 3 francs (4 fr. 50 cent.) est exigible, outre le droit perçu sur le contrat de société (Nantes 21 août 1843, 13400 J. E., 6724 C.) Le sentiment contraire nous a paru préférable et nous y persistons. Le compromis n'était pas sans doute une nécessité du contrat, mais il en forme l'une des conditions essentielles, car on peut supposer que les parties ne se seraient point entendues si, dès à présent, elles n'étaient tombées d'accord sur le mode d'exécution de leurs arrangements. C'est donc bien là une clause aussi intimement unie à l'obligation principale que le mode de payement du prix, et échappant comme toute condition ordinaire ou comme toute clause pénale à l'application d'un droit particulier (*Conf.*: 2625 J. N. et D. N. t. 3 p. 466 n° 80).

4751. Prorogation de délai. — L'acte par lequel des parties prorogent le délai accordé aux arbitres pour juger leur différend est, comme nouveau compromis, passible du droit de 1 fr. 50 cent. ou de 4 fr. 50 cent., selon qu'il est fait ou non au bureau de paix (14036-4 J. E.). — *V. Prorogation de délai.*

1. PLURALITÉ. — Un seul droit est exigible quand l'acte de prorogation contient en même temps nomination d'un nouvel expert à la place de l'un des anciens (5764 J. E.). — V. 4743.

4752. Acte à la suite. — On ne peut, sans contravention, rédiger sur la même feuille que le compromis, le rapport et le jugement qui en est la suite.

On ne peut mettre une prorogation du délai accordé aux arbitres à la suite du compromis. — V. *Acte à la suite.*

COMPTABILITÉ.

4753. — Obligation de rendre compte ; état ou situation d'un comptable. On appelle *pièces de comptabilité*, ou même *pièces comptables*, celles qui sont fournies à l'appui d'un compte. — V. *Établissement public.*

COMPTABLE.

4754. — C'est en général celui qui, ayant géré les affaires d'autrui, ou manié ses deniers, est tenu de lui en rendre compte. On donne particulièrement le nom de *comptables* à ceux qui manient les deniers du gouvernement, et dont les comptes sont apurés par la cour des comptes ou d'autres autorités déléguées par le Gouvernement. Il y a aussi les administrateurs et receveurs *comptables* des communes et des établissements publics. Ces deux dernières espèces de comptables prennent le nom de comptables de deniers publics,

4755. Bénéfice de cession. — Les comptables ne sont point admis au bénéfice de cession (905 C. proc.), et l'action en reddition de comptes ou en payement de débet ne se prescrit que par trente ans (Cass. 23 janv. 1822, 7407, 8265, 8606 J. E.).

4756. Acquisition. — Si un comptable en débet a acquis des biens par des actes sous seing privé non enregistrés, ces actes doivent être soumis à la formalité, et les droits payés, encore qu'en résultat ces droits soient prélevés sur les sommes à toucher par le Trésor (4466 J. E.).

COMPTE.

DIVISION

SOMMAIRE

CHAPITRE PREMIER. — DISPOSITIONS GÉNÉRALES

[4757-4765]

4757. Définition. — Un compte est l'état des recettes et des dépenses des biens dont on a eu l'administration. — Il peut arriver, néanmoins, qu'une gestion ne donne lieu à aucune recette ni dépense ; que le compte ne soit alors qu'un simple rapport, que la relation de faits ou d'actes, comme il arrive parfois en matière de tutelle ou de mandat.

4758. Compte et liquidation. — Il ne faut pas confondre le compte avec la *liquidation*. On entend par liquidation la fixation de l'actif et du passif, ou de la situation définitive d'une *communauté*, d'une *succession*, d'une *société*, ou d'une entreprise dans laquelle plusieurs personnes sont intéressées. C'est au mot *Partage* qu'il sera traité de la liquidation. Nous ne nous occupons ici que du compte, défini dans le précédent numéro, qui suppose l'existence antérieure d'un mandat exprès ou tacite, et, par suite, l'administration des biens ou la gestion des affaires d'un tiers.

4759. Dénominations diverses. — Celui qui rend son compte s'appelle *rendant-compte* ou simplement rendant. — On appelle *oyant-compte*, ou *oyant*, la personne à laquelle le compte est rendu. Les pièces justificatives des articles de recettes et de dépenses se nomment *pièces comptables*. L'*arrêté de compte* est le résultat que présente la récapitulation ou la balance des recettes et des dépenses. — Le *reliquat* est ce qui reste dû après le compte fait.

4760. Personnes qui doivent compte. — Tous ceux qui ont administré les biens d'autrui, à quelque titre que ce soit, avec ou sans mandat, sont obligés de rendre compte de leur administration.

Ainsi sont comptables : le tuteur (469, 2208 C. C.) ; l'administrateur provisoire donné à celui contre lequel on poursuit l'interdiction (497) ; le curateur (393, 482 C. C., 126 C. proc.); le père qui, durant le mariage, administre les biens personnels de ses enfants mineurs (389 C. C.); l'héritier bénéficiaire (803); le curateur à une succession vacante (813, 814); le curateur donné à l'immeuble délaissé (2174); les copartageants entre eux (828); les exécuteurs testamentaires (1031, 1033 C. proc., 1002 C. C.); l'époux survivant dans le cas de communauté (1442, 1454, 1476 C. C.) ; le mari, lorsque sa femme séparée lui a laissé la jouissance de ses biens (1539), ou lorsqu'il a administré les biens paraphernaux (1577, 1578); les associés (1872); le dépositaire (1937); le dépositaire chargé du séquestre conventionnel ou judiciaire (1956, 1962); le créancier gagiste (2079, 2081); le créancier à antichrèse (2085, 2086); le simple possesseur (549, 2060-2°); les envoyés en possession des biens de l'absent (125); tout mandataire ou gérant (1093, 1372); l'héritier qui a géré la succession (60 R. P.).

4761. Personnes qui peuvent demander compte. — C'est, en général, ceux dont les biens ont été administrés, ou leurs représentants, qui peuvent demander une reddition de compte. C'est cependant le mari qui poursuivra la reddition de compte contre un administrateur des biens dotaux de sa femme. (1549 C. C.) — Les créanciers de l'oyant pourraient aussi, exerçant ses droits, poursuivre une reddition de compte (1166 C. C.).

4762. Forme du compte. — Les comptes se rendent *à l'amiable* ou en *justice*. Aucune forme n'est tracée pour les comptes à l'amiable. Ils peuvent être faits devant notaire ou sous seing privé. Ils peuvent être rédigés dans tel ordre d'idées qu'il plaît aux parties d'adopter. Quant aux comptes en justice, leur forme est fixée dans les articles 527 à 542 du C. proc. Ils doivent comprendre : 1° un *exposé préliminaire des faits*, dit *préambule*, dans lequel on suit l'ordre chronologique, sauf à l'intervertir pour établir, sous des observations ou paragraphes distincts, ce qui peut se rapporter aux mêmes affaires ; — 2° un chapitre des *recettes ;* — 3° un autre des *dépenses*, tous deux par ordre de dates ; — 4° une *balance* de ces chapitres ; — 5° un *arrêté de compte*. Cette forme est, d'ailleurs, la plus rationnelle que l'on puisse adopter; aussi est-elle généralement suivie dans les comptes à l'amiable.

4763. Compte et arrêté de compte. — De ce que nous venons de dire il résulte que l'arrêté est la dernière opération du compte. Ainsi, il ne faut pas le confondre avec le compte lui-même. Nous insistons sur ce point, car il a une influence capitale sur la perception. Le compte, on l'a vu consiste dans l'état ou tableau des recettes et des dépenses, état qui se termine par une balance de laquelle résulte, soit un excédant de la recette sur la dépense, soit un excédant de la dépense sur la recette. C'est cet excédant que l'on nomme *reliquat*. Dans le premier cas, le rendant demeure débiteur ; dans le second, c'est l'oyant ; si la recette égale la balance, les parties se trouvent réciproquement quittes l'une envers l'autre.

Ainsi, le compte n'établit rien de plus que ce qui est, seulement il le fait connaître. L'*arrêté* est la déclaration par laquelle les parties reconnaissent que le compte est exact. C'est le compte qui détermine la situation des parties, et prouve l'obligation qui en résulte ; mais c'est l'arrêté seul qui constitue la reconnaissance et fait le titre de l'obligation. Le compte est un projet de contrat que l'arrêté transforme en contrat définitif.

4764. Comptes de tutelle et autres, judiciaires. — Il n'y a aucune distinction à faire, pour la perception, entre les comptes de tutelle et tout autre compte de gestion ; entre les comptes rendus en justice et ceux rendus à l'amiable, par acte sous seing privé ou devant notaire. Les mêmes règles générales sont applicables aux uns et aux autres (Senlis 28 déc. 1826, Dél. 10 nov. 1829, 6028, 7051 J. N.). Tout ce que nous allons dire leur sera donc commun, et nous renverrons au paragraphe des *questions diverses* les décisions qui seraient tout à fait spéciales.

4765. Tarif. — Le tarif de 1722 avait fixé le droit du contrôle à 10 sols pour 100 livres, jusqu'à 10,000 livres, et à 20 sols par 1,000 livres sur ce qui excédait 10,000 livres, des comptes dans lesquels les sommes étaient *certaines*. Le droit était de 12 livres, 8 livres, et 4 livres 10 sols, lorsque les sommes *n'étaient pas certaines*, selon que les comptes étaient entre gens d'affaires, marchands ou particuliers. La loi de frimaire ne s'est pas occupée des comptes entre particuliers.

1. COMPTABLE PUBLIC. — Elle ne parle que des comptes de recettes et gestions publiques, rendus par les comptables publics, et elle les exempte de l'enregistrement (Art. 70 § 3 n° 7.)

2. PARTICULIERS. — A l'égard des particuliers, la loi de frimaire ne prévoit que l'*arrêté de compte*. Elle le tarifie à 1 pour 100 (Art. 69 § 3 n° 3.)

3. DÉCHARGE. — Dans tous les cas, si le rendant-compte balance la recette par des actes en forme authentique, par des quittances sous seing privé *enregistrées* ou non susceptibles de l'être, et qui lui ont été délivrées par ceux auxquels il a fait des payements au nom des mineurs ou autres personnes à qui le compte est rendu, il n'est dû que le droit fixe d'enregistrement de 2 francs (3 fr.) comme décharge pure et simple, attendu que ces quittances libèrent le comptable (Circ. 1954, Sol. 29 sept. 1808, 3082 J. E.; — D m. f. 10 déc. 1827, 6474 J. N., 1236 § 2 I. G.; — Dél. 19 janv. 1830, 7075 J. N.)

CHAPITRE II. — DU PROJET DE COMPTE

[4766-4768]

4766. Compte de tutelle. — Les comptes de tutelle doivent être soumis à l'enregistrement, en vertu de l'art 47 L. 22 frimaire an 7, avant d'être présentés au juge commissaire et affirmés (436 n° 41 I. G.). Mais la question s'étant élevée de savoir s'ils étaient passibles du droit proportionnel, il avait été décidé que le droit d'obligation était exigible pour le cas où le rendant-compte se constitue reliquataire (D. m. f. 20 nov. 1823, 6905, 7591 J. E., 4613 J. N., 1132 § 2 I. G.)

Cependant, le tarif de 1722 avait fait une distinction essentielle entre le cas où les sommes portées au compte étaient certaines et celui où elles ne l'étaient pas. « Les sommes *sont certaines* dans un compte, dit Bosquet, *Dict. des Dom.* V. *Compte*, lorsqu'il est arrêté par l'oyant; et, dans ce cas, le droit de contrôle est dû sur le reliquat, soit actif, soit passif, c'est-à-dire sur ce qui reste définitivement dû par le comptable à l'oyant, ou sur les sommes dont le comptable est en avance, et dont l'oyant devient son débiteur par le *finito* du compte arrêté. Les sommes *ne sont pas certaines* lorsqu'elles ne sont pas établies par le résultat; mais l'on ne doit point qualifier de compte les mémoires qui tendent à l'établir et qui ne sont point arrêtés réciproquement. » Et un arrêté du conseil, du 2 juin 1726, avait décidé qu'un compte de tutelle non débattu, clos, ni arrêté, mais seulement présenté, n'était sujet au contrôle que comme un acte simple.

Ces solutions sont rationnelles. Ce serait, en effet, convertir en une mesure fiscale une simple précaution ordonnée par la loi, dans l'intérêt du mineur, que de faire supporter un droit proportionnel à un projet de compte qu'il ne dépend pas de la volonté des parties de clore immédiatement, et qui, d'ailleurs, ne présente *rien de certain*, puisque la vérification ultérieure peut faire reconnaître des erreurs, omissions ou doubles emplois tels qu'en définitive il présente, au lieu d'un reliquat, une avance au profit du tuteur.

D'ailleurs, l'assujettissement d'un projet de compte au droit proportionnel serait en contradiction avec la disposition de cette loi qui assujettit nommément les *arrêtés de compte* au droit proportionnel. Ce droit ne pouvant être perçu deux fois, il est évident que, si on l'exige sur le *projet de compte*, l'acte désigné par la loi comme devant être assujetti au droit proportionnel ne supportera que le droit fixe, tandis que celui dont la loi ne fait pas mention sera frappé du droit proportionnel. Aussi, une D. m. f. 10 décembre 1827 (8730, 8891 J. E., 1236 § 2 I. G.) a-t-elle décidé que les projets de compte de tutelle ne sont passibles que du droit fixe de 1 franc (3 fr.), soit qu'ils présentent ou non un excédant de recettes sur la dépense, et *vice versa* (*Conf.* : Demante n° 408.)

4767. Compte de mandataire. — L'I. G. n° 1236, que nous venons de citer, ne parle que du projet de compte de tutelle. La règle qu'elle pose est-elle applicable aux projets de compte établis par tout administrateur de la chose d'autrui? L'affirmative ne saurait être douteuse. Les motifs de décider, que nous avons fait connaître, existent dans l'un comme dans l'autre cas.

C'est ce qui a été décidé notamment au sujet : 1° d'un compte produit par un commerçant en compte courant avec un autre commerçant pour acquit de traites, remises de fonds, frais de commission et de négociation (Sol. 15 juin 1825, 8104 J. E., 987 C.); 2° et d'un compte rédigé entre particuliers pour raison d'intérêts dans des acquisitions de terrains (Dél. 15-19 fév. 1831, 9921 J. E.). — Dans ces deux cas, le droit proportionnel n'est dû sur le reliquat constaté qu'autant que le compte a été apuré.

1. DÉCLARATION. — Mais la règle cesserait d'être applicable si le compte était suivi d'une déclaration par le rendant qu'il est exact, avec promesse d'en payer le montant. On ne perçoit pas, en effet, le droit d'obligation sur les projets de compte parceque le rendant n'y prend aucun engagement définitif et n'est pas encore constitué débiteur du reliquat : l'acte ayant un caractère simplement énonciatif. Il n'en est plus de même quand le mandataire entend s'obliger actuellement et d'une façon définitive au payement du solde. Bien que sa déclaration puisse être discutée par le mandant qui ne l'a point acceptée, elle n'en forme pas moins contre le rendant-compte une reconnaissance définitive produisant à son égard les effets d'un compte arrêté, et le droit proportionnel peut être perçu dans tous les cas où il l'eût été sur l'arrêté lui-même (Dalloz n° 1157).

2. HOMOLOGATION. — Dans ce système de la seule exigibilité du droit fixe, tant que le compte ne présente pas un caractère définitif, qu'il n'a pas été débattu dans les formes légales, il a été décidé que, quand le compte, à raison de la position des oyants, doit être soumis à l'homologation du tribunal, le droit fixe est seul exigible, alors même que le rendant-compte s'oblige à payer le reliquat après l'homologation (Sol. 19 mai 1837, 9750 J. N.; — Marseille 13 juin 1837, 10197 J. N., 12273-2 J. E., Champ. et Rig. t. 6 n° 47).

Le motif de cette solution est facile à saisir. Le comptable, bien qu'il ait rendu un *compte définitif* reste dépositaire des fonds au même titre qu'avant la reddition du compte, car il ne peut se libérer valablement du reliquat; dès lors, un droit proportionnel d'obligation ne peut être perçu, puisque la conservation des fonds est forcée pour le rendant.

Mais l'exception que, par application du principe de l'exemption du droit proportionnel pour les projets de compte, l'on a créée pour les comptes définitifs *sujets à homologation*, cesserait d'être applicable, et la règle commune reprendrait son empire si l'administrateur provisoire, avant l'homologation de son compte, consentait à garder des sommes revenant à des héritiers mineurs et à leur en payer l'intérêt. Il deviendrait réellement leur débiteur, et le droit d'obligation serait exigible (Marseille 13 juill. 1837, 12273-2 J. E., 10197 J. N.; Champ. et Rig. t. 6 n° 61; D. N. t. 3 p. 497 n° 88).

4768. Récépissé. — L'art. 472 C. C. est ainsi conçu : « Tout traité qui pourra intervenir entre le tuteur et le mineur devenu majeur, sera nul, s'il n'a été précédé de la reddition d'un compte détaillé et de la remise des pièces justificatives; le tout constaté par un récépissé de l'oyant-compte, dix jours au moins avant le traité. » D'après cet article, le but unique des actes qu'il prévoit est de fixer le point de départ de l'intervalle qui doit séparer la reddition du compte et tout traité entre les parties; la présentation du compte et le récépissé sont donc deux faits corrélatifs et nécessairement dépendants l'un de l'autre. Quelle que soit la forme de rédaction de l'acte il n'est passible que d'un droit. Or, le récépissé remplissant l'objet de l'acte et faisant produire à la reddition du compte l'effet déterminé par la loi, ce récépissé doit être considéré comme la disposition principale. C'est donc le droit de récépissé qui doit être perçu (Sol 1er mars 1836, 1528 § 4 I. G., 11458 J. E., 9446 J. N.; — Loudéac 30 août 1845, 12540 J. N., 13829 J. E., 7330 C., 14154 J. E.; — *Contrà* 10633J.E., D. N. t. 3 p. 528 n° 6, et 554 n° 182).

La question de la quotité du droit est sans importance sous l'empire des lois du 18 mai 1850 et du 27 février 1872 qui tarifent à 3 francs le projet de compte, comme le récépissé; la seule portée que conserve la solution de 1836, c'est que les deux dispositions (le projet et le récépissé) n'en font qu'une, et qu'un seul droit est exigible toutes les fois qu'elles ne font pas réellement l'objet de deux actes distincts; c'est, d'ailleurs, ce qui résultait déjà de plusieurs solutions, en date des 23 juillet, 29 août et 14 septembre 1831 (3434 Roll.).

V. n° 4811.

CHAPITRE III. — DE L'ARRÊTÉ DE COMPTE

[4769-4794]

SECTION PREMIÈRE. — RELIQUAT SOLDÉ

[4769-4778]

4769. Recettes et dépenses. — Du moment que le compte est arrêté, avons-nous dit au n° 4763, il forme un contrat. Dès lors, comme dans tout contrat, il convient d'examiner les différentes parties qui le composent pour reconnaître quels sont les droits auxquels elles peuvent donner ouverture. A cet effet, nous allons successivement étudier les différentes questions auxquelles ont donné lieu les dettes, soit passives, soit actives, de l'oyant, dont l'existence est constatée aux chapitres de la recette et de la dépense.

4770. Sommes remises par l'oyant. — Le chapitre des recettes peut comprendre des sommes remises par l'oyant au rendant-compte. La constatation de ces sommes ne donne ouverture à aucun droit, soit de libération, soit d'obligation; car, d'un côté, la reconnaissance du comptable de les avoir reçues ne libère pas l'oyant, qui en opérant ce versement n'a pas acquitté une dette, d'autre part, elle n'oblige pas le rendant qui, en recevant la somme, a fait un acte de l'essence de son mandat.

4771. Sommes remises par le rendant. — Quand, après l'arrêté du compte, le rendant verse immédiatement le reliquat entre les mains de l'oyant, il ne fait que remettre à celui-ci les deniers qui lui appartenaient et dont le comptable avait la gestion. Il ne s'opère aucune transmission dans le sens légal du mot et le mandataire n'est pas libéré d'une dette; il obtient simplement décharge de son administration. C'est pourquoi le droit proportionnel de quittance ne saurait être exigé.

L'Administration avait d'abord méconnu ces principes, en décidant que dans le cas où le rendant est déchargé de ses recettes au moyen de payements faits sans énonciation de quittances enregistrées, il y avait lieu de percevoir le droit de 50 centimes pour 100 sur le montant des sommes dont il est déchargé, par le motif que le comptable est débiteur de ses encaissements et que ne justifiant d'aucune quittance il se trouve libéré par l'arrêté de compte (Circ. 1954, 436 § 32 I. G., 4652, 6825 J. E., Dél. 22 mai 1822, 340 Roll.; — Caen 30 mai 1823, 8230 J. E., 1200-10 I. G., 8230 J. E.).

Mais cette doctrine n'a pas prévalu. Aucun article des lois sur l'enregistrement n'assujettit à un droit proportionnel les sommes qui figurent soit en recette, soit en dépense, dans un compte; le reliquat seul du compte constate si le rendant est créancier ou débiteur de l'oyant d'un reliquat quelconque. Ce reliquat seul peut donc donner ouverture à un droit d'enregistrement. D'autre part, rien n'oblige un mandataire ou tout autre comptable à appuyer, par la production de pièces justificatives, les articles de recette et de dépense de son compte, et les art. 471 et 472 C. C., en prescrivant aux tuteurs la production et la remise des pièces justificatives de leur compte, n'ont point astreint les mineurs devenus majeurs à exiger ces justifications, et ne leur ont point interdit de s'en rapporter à la bonne foi de leurs tuteurs.

Ainsi, au sujet du compte d'un exécuteur testamentaire énonçant des payements non justifiés par les quittances, la C. cass. a jugé que le droit de 50 centimes pour 100 n'était pas dû, attendu que l'acte contenant cette énonciation ne constituait, à cet égard, aucune libération au profit de la succession, libération qui ne pouvait résulter que des quittances des créanciers eux-mêmes (Cass. 22 avr. 1823, 6825, 7586, 8055, 14254-3 J. E., S. 23-1-329, 1204-7 I. G.; — *Conf.*. Sol. 21 déc. 1832, 3397 Roll.). — Ce point-là est maintenant bien établi en pratique (D. N. t. 3 p. 496 n° 82, Demante 532).

Si celle des parties qui est constituée reliquataire se dessaisit, au moment même de l'arrêté de compte, du reliquat constaté, il ne peut y avoir libération, car il n'a pas existé de dette antérieure. L'arrêté n'est plus que le titre d'une dette éteinte. Le seul droit de décharge est exigible (8730 J. E., D. m. f. 1827, 8891 J. E., 1236 § 2 I. G., Dél. 19 janv. 1830, 9513 J. E., 1320 § 3 I. G., *Contrà* Sol. 19 juin 1813, Dél. 18 nov. 1818, 4652, 6241 J. E., 26 juill. 1826, 1204 § 7 I. G., 5977 J. N.).

1. FAILLITE. — De même, lorsque, après un concordat, les syndics rendent leur compte définitif au failli, les sommes qu'ils peuvent lui remettre avec ses biens, livres et papiers ne donnent pas ouverture au droit proportionnel (4379 J. E.). — *V.* 8895, 8896-3.

Quant au bordereau que le séquestre des biens d'un failli remet périodiquement aux syndics, il n'est pas un compte sujet au droit proportionnel sur le reliquat, excepté lorsqu'il est rendu en fin de gestion. — *V.* 3207, 3208.

Il a été spécialement reconnu que le droit fixe est seul dû sur l'acte par lequel un débiteur promet à ses créanciers qui interviennent, sans énonciation du montant de chacune des créances, de leur payer un dividende de 25 pour 100 dans les deux mois et 20 pour 100 d'année en année, ou le restant en une fois s'il revient à meilleur fortune. « Considérant que l'acte ne fait pas connaître le montant des sommes dues par les époux X...; qu'il n'est pas dans le présent et ne peut être dans l'avenir le titre d'une reconnaissance de dette, d'une obligation de somme par ces époux au profit des personnes intervenant comme créanciers; que l'acte est dénué de cette force probante par cela seul que, ni par son texte, ni en se référant à des éléments extérieurs auxquels il serait possible aux créanciers de recourir, il ne détermine les sommes à payer; qu'il ne forme dans cet état qu'un commencement de preuve par écrit et n'a pas donné ouverture à un droit proportionnel » (D. m. f. 4 oct. 1871, 11591 J. E. belge).

4772. Droit de quittance. — Cependant, il peut se présenter telle circonstance où le droit de décharge ne remplirait qu'imparfaitement le but de la loi, c'est celle par exemple, où le rendant, ayant employé des sommes à son usage, est tenu d'en payer l'intérêt, aux termes de l'art. 1996 C. C., à dater de cet emploi. Le droit de libération devient alors exigible. Le mandataire, en effet, a échangé sa qualité, il a converti par le fait de l'emploi des sommes pour son compte particulier, le mandat ou dépôt qu'il gérait en une véritable obligation qu'il a contractée envers l'oyant. A ce titre, le droit proportionnel de quittance est exigible (Dél. 19 janv. 1830, 7075 J. N., Sol. 19 janv. 1836, 1320 § 3 I G., D. N. t. 3 p. 500 n° 103).

4773. Tuteur. — Il n'en serait pas de même pour un compte de tutelle, à l'égard de l'excédant du revenu dont, à défaut d'emploi, le tuteur devrait les intérêts, aux termes des art. 455 et 456 C. C. Dans ce cas, les intérêts sont dus par le tuteur, non à titre de débiteur, mais comme dépositaire ou comme administrateur des biens du pupille (Caen 7 juill. 1871, S. 72-2-197). Le payement des intérêts est une peine dont la loi frappe sa négligence, mais il ne change pas son caractère. C'est ce que porte la solution du 19 janvier 1836 que nous venons de citer (4772). Aussi, a-t-il été reconnu que si, dans un compte de tutelle, l'oyant fait remise à son tuteur des intérêts qui seraient dus pour défaut d'emploi des capitaux, aucun droit particulier n'est exigible, car si le tuteur pouvait être rendu responsable des intérêts, il n'était pas tenu formellement à leur payement, puisqu'il ne les avait pas touchés (12475-3 J. E.).

Par la même raison il a été décidé que si l'oyant décharge son tuteur de la responsabilité encourue par ce dernier pour avoir laissé périr une créance due par un insolvable, cette stipulation ne donne lieu à aucun droit proportionnel d'acceptilation ou de quittance (Sol. 21 janv. 1867).

4774. Avances. — On peut également dire, avec Dalloz n° 879, et Champ. et Rig. n° 1539, qu'il y a libération, et partant ouverture au droit proportionnel de quittance, lorsqu'un acte constate le remboursement au mandataire ou au dépositaire des avances faites dans l'intérêt du mandant ou du déposant. Il y a là une transmission véritable, puisque les deniers avancés par le mandataire ou par le dépositaire n'appartenaient à aucun titre au déposant ou au mandant. Le droit proportionnel qui, dans le système de la loi, saisit le passage des deniers des mains du débiteur à celles du créancier, s'applique tout naturellement à cette situation dans laquelle la transmission des deniers se produit avec évidence.

D'après un arrêt de la C. cass. du 22 avril 1823 (1586, 8085, J.E.) le payement constaté par l'acte même d'arrêté de compte, de la somme dont l'oyant est constitué reliquataire pour *avances* faites par le rendant est passible du droit de quittance. — Mais la cour suprême n'a pas persisté dans sa jurisprudence et un arrêt du 1er mars 1836 que l'Administration a inséré dans l'I. G. 1528 § 3, veut que le droit proportionnel ne soit pas perçu lorsque, dans l'acte d'arrêté de compte, l'oyant rembourse au rendant les sommes dont ce dernier se trouve être *en avance*. « Attendu, porte cet arrêt, en droit, que c'est le résultat seul d'un compte qui constate si le rendant est créancier ou débiteur, et que le reliquat seul est susceptible d'un droit proportionnel d'obligation ou libération; Attendu, en fait, que, dans l'espèce, l'administration de l'Enregistrement ne méconnaît pas que l'acte du 17 mai 1834, soumis le 27 du même mois à la formalité de l'enregistrement, contenait, pour résultat final du compte qu'il renfermait, une balance de la recette et de la dépense, qui n'opérait aucune obligation respective en faveur des parties qui l'avaient souscrit, mais seulement une libération réciproque en qualité de mandataire comptable, d'une part, et d'oyant compte de ce mandataire, d'autre part; qu'ainsi, il n'y avait lieu à la perception d'aucun droit proportionnel » (11450 J. E., 9177 J. N., D. N. t. 3 p. 440 n° 100, S. 36-1-391).

Cette décision nous paraît contestable.

Quand le rendant-compte verse entre les mains de l'oyant les sommes qu'il a reçues pour lui, il se borne à exécuter son mandant et à remettre au mandant ce qui lui appartenait déjà. Rien de plus naturel, dès lors, dans cet ordre d'idées, que l'opération soit affranchie de l'impôt proportionnel. Mais la situation est bien différente lorsque c'est l'oyant qui rembourse les avances faites par son tuteur ou s'en reconnaît débiteur. On ne peut pas dire que l'oyant soit le mandataire du rendant et qu'il se borne à restituer alors le montant d'un dépôt. Il se libère réellement d'une dette ou prend l'engagement de la payer à terme; de part et d'autre, il y a une translation de valeurs donnant régulièrement naissance au droit proportionnel. L'enregistrement du mandat ne saurait couvrir les conventions dont ces avances sont l'objet, car elles n'en sont pas la suite légale et rigoureuse. Le tuteur n'était point tenu de prendre dans son patrimoine personnel les ressources nécessaires à l'acquit des dettes du mineur; son devoir n'allait pas jusque-là. S'il a bien voulu le faire, et si cette avance a été utile au pupille, la loi en assure le remboursement par les voies qu'elle accorde au mineur lui-même pour le payement de son reliquat. Mais la ressemblance s'arrête aux moyens d'exécution, et les deux engagements conservent une nature aussi bien qu'une origine différente. Quoi qu'on dise, les avances du tuteur constitueront toujours un véritable prêt que les nécessités légales du mandat n'obligeaient point à faire, et on ne voit pas pourquoi la libération du mandant ne serait pas passible du droit de quittance. Il a été reconnu exigible par l'Administration belge dans une délibération du 1er février 1854 (30 R. P.).

4775. Frais et honoraires. — Il avait été également décidé que les sommes payées au notaire rédacteur pour frais et honoraires du compte d'exécution testamentaire dont il était chargé, donnaient lieu au droit de quittance (Cass. 22 avr. 1823, 7586 et 8085 J. E., S. 23-1-329, 1204-7, I. G.; — Épernay 5 janv. 1826, 1205 § 10 I. G.). — Et l'Administration a enseigné, en généralisant cette doctrine, que le droit de libération est dû si l'arrêté définitif du compte constate que le mandataire a reçu ou retenu une somme quelconque à titre d'émolument pour sa gestion, cette somme formant une dette à la charge du mandant (1320 § 3 I. G.; — Seine 28 fév. 1838, 5598 R. Rol.; — Péronne 27 mars 1835, 11179 J. E.). *V.* 4628.

Ces solutions qui confirment le principe développé au numéro précédent ne sont pas, il faut le reconnaître, en harmonie parfaite avec l'arrêt de la C. cass. du 1er mars 1836 que nous y avons discuté. Cet arrêt est conçu en termes généraux. Il déclare formellement que c'est le résultat seul du compte qui constate si le rendant est créancier ou débiteur, et que le *reliquat seul* est susceptible d'un droit proportionnel de libération ou de condamnation. Il a refusé, en conséquence, d'autoriser la perception du droit de quittance sur le remboursement au mandataire des avances faites au nom du mandant, bien que ces avances fussent, comme les frais de gestion, une dette de ce dernier. Si sa doctrine était exacte, il faudrait donc l'appliquer aux deux espèces de créances.

A l'égard du notaire spécialement, la question se complique encore de la circonstance que, d'après la plus récente jurisprudence, la mention des sommes qui lui sont dues ou payées ne forme pas titre contre lui ou en sa faveur (1786-9 I. G.). C'est un point que nous discuterons en son lieu. — *V. Partage.*

4776. Dation en payement. — Le rendant-compte est débiteur d'un reliquat en numéraire. S'il abandonne, pour se libérer, des valeurs qui lui sont personnelles telles que des créances, des meubles ou des immeubles, il s'opère une dation en payement passible du droit selon la nature des biens cédés. La question s'était élevée, dans l'ancien droit, lorsque le père ou la mère survivant, après le partage de la communauté, cédait sa part des conquêts aux enfants pour leur payer le reliquat du compte de la tutelle ou de la communauté. Guyot avait pensé que les droits de lods et vente n'étaient pas dus quand les coutumes n'en disposaient pas autrement (des Fiefs t. 3 p. 383); mais son opinion fut repoussée par un arrêt du parlement de Paris du 5 mai 1744 qui fixa la jurisprudence. L'exigibilité du droit de centième denier fut également reconnue par des décisions du conseil du 28 juillet 1722 et 17 janvier 1739 (Bosquet t. 1er p. 523 et 535). « L'arrêt et les décisions précitées, dit Merlin, s'appliquent naturellement au droit d'enregistrement » (R. v° *Dat. en payement*).

Aussi a-t-il jugé que si, pour se libérer du reliquat d'un compte de tutelle rendu ou à rendre, un père abandonne à ses filles sa part indivise dans les biens de la communauté, moyennant quoi il ne reste débiteur que d'une somme indiquée, le droit de mutation à 5 fr. 50 cent. pour 100 sur la valeur des biens et celui d'obligation sur la somme à payer sont exigibles (Nantes 29 mai 1850, 14994-4 J. E., Sol. 28 fév. 1856, *Conf.* : Circ. 1954).

1. RENTE. — De même la rente qui serait constituée par le rendant pour le reliquat du compte serait passible du droit de 2 pour 100 (Circ. 11 niv. an 9 n° 1954).

2. DÉCLARATION DU MANDATAIRE. — Il arrive fréquemment que le reliquat est soldé par la remise à l'oyant de titres de créances au nom du rendant et que celui-ci déclare provenir des recettes de sa gestion. En droit, il n'est pas douteux qu'une telle déclaration ne saurait empêcher la perception du droit de dation en payement, puisque les créances appartiennent au mandataire et que l'Administration n'est pas juge de la nullité des actes. — C'est par application de ce principe qu'il a été jugé que le droit de cession de créances est exigible sur la clause d'un contrat de mariage, par laquelle la mère de la future, pour se libérer d'un reliquat de compte de tutelle, cède à sa fille des créances souscrites au profit personnel de la tutrice (Bordeaux 7 mai 1867, 2548 R. P.). Mais l'administration supérieure a plus d'une fois tempéré la rigueur du principe quand il était justifié que les placements provenaient en effet des deniers du mandant. — La difficulté n'existe pas, bien entendu, si le reliquat est soldé au moyen de valeurs au porteur déclarées acquises par l'oyant, puisque ces valeurs ne portent point la preuve de la propriété du rendant (Sol. 8 nov. 1855). — *V.* Beaune 19 décembre 1873, 4189 R. P.

4777. Somme remise par un débiteur. — 1. PRINCIPE. — Lorsque le rendant-compte constate, dans le chapitre des recettes, que les débiteurs de l'oyant se sont libérés entre ses mains, il n'a pas évidemment pour but de conférer à ces débiteurs une quittance de leurs obligations. Cette déclaration, indispensable à l'établissement du compte, forme sur ce point une simple énonciation dans le sens de l'art. 1320 du C. C. et ne pourrait servir que de commencement de preuve par écrit pour établir le fait de la libération. Il est donc bien certain, qu'à la différence de ce qui a lieu dans les décharges de prix de vente d'immeubles, l'indication des sommes reçues n'autorise pas la perception du droit de quittance (Dalloz 1160, 4365 J. E.) « Attendu, porte un arrêt C. cass. du 11 février 1828, qu'aucun texte n'assujettit au droit proportionnel les sommes qui figurent en recette dans un compte sans énonciation de quittances données aux débiteurs desdites sommes, parce que, en effet, la simple énonciation faite par le comptable des sommes par lui reçues ne constitue pas, par elle même, au profit de ces débiteurs, un titre de libération suffisant pour donner ouverture à un semblable droit » (1249-8 I. G., 6501 J. N.).

2. PRIX DE VENTE DE MEUBLES. — Dans ce sens, il a été reconnu que si la somme portée en recette est le prix de la vente d'un *objet mobilier*, aucun droit particulier n'est exigible, attendu que l'emploi de ce prix, fait par le rendant, dans son compte, ne suffit pas pour constituer un contrat de vente qui soit sujet au droit (6279 J. E.).

3. COMPTE JUDICIAIRE. — Dans un compte rendu à des héritiers devant un tribunal, les mandataires du défunt avaient fait figurer, à la dépense, 109,804 francs pour lesquels on n'énonçait et on ne rapportait aucune quittance. Il a été décidé, par arrêt du 8 mai 1826, qu'il n'y avait pas lieu de percevoir un droit de quittance sur cette somme : — « Attendu, porte cet arrêt : 1° qu'aucune loi n'oblige un mandataire ou tout autre comptable qui rend un compte à appuyer, par la production de pièces justificatives, les divers articles de la dépense de ce compte, alors que ces articles de la dépense sont reconnus et non contestés par l'oyant-compte, et qu'à cet égard le jugement attaqué établit un principe qui n'est justifié par aucune disposition expresse de la loi ;—Attendu, 2° qu'aucun article des lois sur l'enregistrement n'assujettit indistinctement à un droit proportionnel toutes les sommes qui figurent, soit en recette, soit en dépense, dans un compte rendu ; qu'il n'y a, en effet, ni obligation résultant de la déclaration que fait le comptable des sommes par lui reçues, ni créance résultant de l'emploi qu'il fait des sommes par lui dépensées, lorsque les sommes reçues et celles dépensées se compensent entre elles ; que le résultat seul du compte constate si le rendant est créancier ou débiteur de l'oyant d'un reliquat quelconque, et que ce reliquat seul est susceptible d'un droit d'obligation ou de condamnation, suivant que l'apurement du compte est opéré par un acte passé entre les parties, ou qu'il l'est par un jugement ou un arrêt ; — Qu'à la vérité si, dans un compte arrêté, soit par un acte public ou privé, soit par un jugement ou arrêt, il est fait mention de quittances ou autres pièces justificatives de la dépense, comme les art. 41 42 et 47 L. 22 frimaire an 7 s'opposent à ce qu'il soit fait aucun usage en justice de pièces non enregistrées, et à ce qu'il soit fait aucun acte civil ou judiciaire en vertu de semblables pièces, il en résulte bien que le droit proportionnel de libération est exigible sur le montant de ces quittances ou autres pièces justificatives de la dépense, à moins qu'elles n'aient été antérieurement enregistrées ou qu'elles ne soient de la nature de celles que l'art. 537 C. proc. civ. exempte de cette formalité ;—Mais qu'on ne peut appliquer indistinctement l'exigibilité du droit de libération à tous les articles de la dépense du compte, sous prétexte qu'en les allouant, l'acte ou le jugement produit, à l'égard de tous ces articles, une libération au profit du comptable ; — Attendu, dans l'espèce, que le jugement attaqué, s'appuyant sur le principe erroné dont on a établi plus haut la réfutation, a appliqué indistinctement l'exigibilité du droit de libération à tous les articles de la dépense des comptes rendus par le sieur Louis-Adrien de Robillard, alloués par le jugement du 12 juillet 1822, sous prétexte que ce jugement, en les allouant, avait constitué, à l'égard de tous ces articles, un acte de libération au profit du comptable, disposition qui, par sa généralité, présente à l'égard des articles admis sans énonciation des pièces produites, une fausse application de l'art. 69 § 2, n° 11 L. 22 frimaire an 7 et une violation de l'art. 68 § 3 n° 7 de la même loi » (5725 J. N., 8469 J. E., 1200 § 10 I. G., S. 26-1-448).

4. EXÉCUTEUR TESTAMENTAIRE. — Ainsi, le droit de quittance n'est pas exigible sur un acte qui constate : 1° qu'un exécuteur testamentaire a remis aux héritiers et aux légataires dont il a été constitué mandataire, une somme de 72,000 francs qu'il a reçue à titre de transaction, en vertu des pouvoirs qui lui avaient été conférés par le mandat et par le testament, pour une libéralité qui avait été faite à l'auteur de la succession par sa femme ; 2° qu'il est alloué à cet exécuteur testamentaire, en dépense, 3,594 francs pour des payements par lui faits à des créanciers, sans énonciation de quittances enregistrées ; 3° que quatorze legs en argent, dont la délivrance a été ordonnée par un jugement qui a prescrit l'exécution du testament, mais qui ont subi une réduction à cause des dettes de la succession, ont été actuellement acquittés, ainsi que les légataires le reconnaissent, en présence des héritiers, et avec les deniers dont l'exécuteur testamentaire a rendu compte ; mais il est dû un droit de décharge de 2 francs (aujourd'hui droit gradué) pour chaque legs (Cass. 22 avr. 1823, 8085 J. E., 4458 J. N., 549 C., S. 23-1-329, 1204-7 I. G.). Le motif de cette décision a été que l'acte qui contenait les énonciations ne constituait à cet égard aucune libération au profit de la succession.

Deux arrêts de Cass. des 7 et 30 août 1826 : ont également décidé que la remise faite par l'exécuteur testamentaire, à chacun des légataires universels, du montant de leur legs, n'est pas de sa part le payement d'une dette personnelle, mais seulement l'exécution du mandat qui lui a été confié, exécution pour laquelle il n'est dû que le droit de simple décharge ; que, par conséquent, le droit de libération n'est pas exigible sur la disposition du compte où est employé en dépense, comme ayant été précédemment payé aux *oyants*, le montant des legs revenant à chacun d'eux. « Attendu, porte le dernier arrêt, que l'art. 68 § 1er n° 25 L. 22 frimaire an 7 ne soumet qu'à un droit fixe les délivrances pures et simples de legs ; que cette disposition de la loi est générale et embrasse toutes les délivrances de legs, quels que soient la nature et l'objet de ces libéralités ; — Attendu, au surplus, que cette disposition générale est en harmonie avec les principes de droit rappelés dans l'avis du conseil d'État du 10 septembre 1808, d'après lesquels la loi ne considère, dans la délivrance des legs particuliers, les héritiers ou légataires universels qui font cette délivrance, que comme de simples intermédiaires entre le testateur, qui est censé donner lui-même, et les légataires particuliers qui reçoivent ;— Que ces principes s'appliquent également et au cas où les legs portent sur des corps certains, ou sur des sommes d'argent existantes en nature dans la succession, et au cas où les sommes léguées n'existant pas en nature dans la succession, l'héritier ou le légataire universel qui a accepté cette succession est, néanmoins, censé les avoir trouvées en valeurs représentatives desdites sommes » (1204 § 2 et 3 I. G., 8085 et 8480 J. E., 8452 et 8797 J. N., D. N. t. 3 p. 490 n° 101, S. 27-1-448 et 449).

5. COMPTE DE TUTELLE. — Cependant, on avait voulu restreindre la portée de cette jurisprudence et soutenir qu'elle n'était point applicable aux comptes de tutelle, par le motif que la cour suprême, en écartant le droit proportionnel, supposait la non production de quittances, supposition qui ne peut avoir lieu pour les comptes de tutelle, puisque l'art. 471 C. C. veut qu'on n'alloue au tuteur que les dépenses suffisamment *justifiées* (1200 § 10 I. G., 8469 J. E., 1249 § 8, 6501 J. N). — Mais ce système ne pouvait pas être admis, car, d'une part, l'énumération des payements n'a pas plus le caractère dispositif dans un compte de tutelle que dans un compte ordinaire, et d'un autre côté les précautions prises par la loi civile dans l'intérêt des mineurs tourneraient à leur préjudice. Aussi le conseil d'administration a-t-il acquiescé, le 16 février 1827, à un jugement de Senlis, du 26 décembre 1826 (8736) qui avait repoussé la perception du droit de quittance; et la doctrine de ce jugement a été définitivement prise pour règle dans une Dél. postérieure du 10 novembre 1829 (1307-3 I. G., 9473 J. E., 7051 J. N., D. N. t. 3 p, 500 nos 104 et 107).

6. PRÉSENCE DES DÉBITEURS. — Dans tous les cas, le droit de quittance doit toujours être perçu lorsque le débiteur, dont la libération résulte des pièces énoncées au compte, est présent à l'acte en qualité de partie. Il y a, en effet, dans la reddition du compte, un élément qui y est étranger et qui a nécessairement pour objet de constater autre chose que la situation respective du rendant et de l'oyant (Seine 28 fév. 1838, 12101 J. E.).

Mais il faut, bien entendu, que le débiteur agisse en qualité de partie. Le droit commun reprendrait son empire s'il comparaissait en qualité de mandataire, de témoin, etc. (Sol. 24 juill. 1851).

7. DÉBITEUR PROCÉDANT A UN COMPTE. — La règle du droit fixe sur les balances de compte repose sur le principe de la compensation qui suppose un effet légal. Il s'ensuit que tout compte dans lequel la libération ne résulte pas d'une compensation, doit donner ouverture au droit de quittance. Ainsi, un prêteur et un emprunteur déterminent leur situation; il résulte de leur compte que l'emprunteur a successivement remboursé au prêteur les sommes que celui-ci lui avait prêtées : le droit de quittance sera dû, parce que la libération n'est point l'effet de la compensation, que la jurisprudence affranchit du droit de quittance, *en matière de compte*, mais du payement dont l'acte passé sous la forme de compte est le premier titre.

4778. Quittances sous seing privé non enregistrées. — 1. COMPTE SOUS SEING PRIVÉ. — Si l'énonciation dans un compte des sommes payées au mandataire par les débiteurs n'entraîne pas la perception du droit de quittance, en est-il encore de même lorsque le compte mentionne l'existence de quittances écrites délivrées aux débiteurs? La négative ne saurait être douteuse à l'égard des comptes faits sous signatures privées. Il est certain que l'on peut mentionner dans un pareil contrat, sans les faire préalablement enregistrer, tous actes sous seing privé non assujettis par eux mêmes à la formalité dans un délai légal. Les art. 23, 41 et 47 L. 22 frimaire an 7, n'imposent cette obligation d'enregistrement que dans le cas d'un usage en justice ou par acte public.

2. EXEMPTION DE LA FORMALITÉ. — D'un autre côté, il n'est pas moins évident qu'on ne saurait non plus appliquer les articles précédents aux quittances dispensées de l'enregistrement par la loi. Telles sont, d'après l'art. 537 du C. proc., les quittances des fournisseurs, ouvriers, maîtres de pension et autres de même nature, produites comme pièces justificatives du compte (2414, 3485, 3486. J. E.) — A ces quittances il faut ajouter celles pour frais funéraires qui, bien que non prévues par le C. proc., sont analogues à celles des fournisseurs (5444 J. E.), et cette exemption s'applique aux comptes rendus à l'amiable ou devant notaire, comme aux comptes judiciaires (436 § 12 et 1343 I. G.). Dans le même ordre d'idées, l'art. 15 L 24 mai 1834 a soumis au droit fixe de 2 francs (3 fr.) quel que soit le nombre d'émargements sur chaque état de répartition, les quittances données par les créanciers aux syndics de la faillite, en exécution de l'art. 569 (nouveau) C. com. — V. pour l'étendue de l'art. 537 et son application le n° 1165 § 13 *suprà*.

3. ACTE EN CONSÉQUENCE. — La difficulté n'existe qu'à l'égard des autres quittances mentionnées dans des comptes rendus par acte public. — On a décidé que l'art. 23 L. 22 frimaire an 7 autorisait l'Administration à exiger l'enregistrement de ces pièces (Déc. 4 frim. an 7, 43 J. E., Sol. 26 mess. an 7, Dalloz 1163, Circ. 1954, Dél. 9 oct. 1827, 8857 J. E., Cass. 8 mai 1826, *Suprà* 4777; — Senlis 28 déc. 1826 et dél. 10 nov. 1829, 7051 J. N.; M. Demante n° 533, D. N. t. 3 p. 500 n° 105). — Mais cette solution ne nous paraît pas la meilleure. Pour que l'enregistrement soit obligatoire, il faut qu'il ait été fait usage des quittances dans l'acte authentique. Or, il a été reconnu que l'énonciation faite dans un inventaire ou un partage de titres de créances, sur des débiteurs non présents, ne constituait pas l'usage légal des pièces et n'astreignait pas le notaire ou les parties à les soumettre à la formalité (V. *Acte en conséquence*). Le compte n'a pas une autre nature. Il est uniquement destiné à constater la situation du rendant à l'égard de l'oyant et non pas de fournir un titre à des dettes actives ou passives ou d'établir la libération des débiteurs du mandant. Les mentions faites sur ce point ont donc un caractère simplement énonciatif, et si elles contiennent l'indication d'un écrit, on ne saurait prétendre que l'officier public a agi en conséquence, quand, d'ailleurs, le débiteur ne figure pas au contrat. C'est donc avec raison que, dans une hypothèse semblable, le tribunal de Châteaudun a refusé de reconnaître l'exigibilité des droits des quittances produites et de l'amende de contravention à l'art. 41 L. 22 frimaire an 7, réclamés au notaire (2 juill. 1846, 12748 J. N.).

La même solution est applicable à tous les comptes qui ont le même caractère et sont assimilables à des inventaires ou à des partages (Strasbourg 23 oct. 1817; *conf.* en cass. le 10 mai 1821, *arrêt rapporté* n° 1167 § 13; Dél. 30 janv. 1819, 6303 J. E., 2890 J. N.); — notamment: un compte de reprises rendu par un mari à sa femme (Seine 4 déc. 1834). — V. 1165 § 13.

SECTION 2. — DU RELIQUAT DÛ

[4779-4794]

4779. Observation. — Nous venons d'examiner les différentes hypothèses dans lesquelles le reliquat du compte est immédiatement soldé. Il faut indiquer maintenant les principes de la perception, quand le reliquat reste dû. Deux situations différentes peuvent se présenter à cet égard. Ou bien, les recettes excédant les dépenses, le rendant-compte demeure débiteur; ou bien au contraire c'est l'oyant qui doit rembourser au mandataire les sommes dont celui-ci s'est mis en avance. Chacun de ces résultats doit être considéré isolément.

ARTICLE PREMIER. — RECETTES EXCÉDANT LES DÉPENSES

[4780-4789]

4780. Novation. — A n'envisager la question que d'après les principes du droit commun, on serait conduit à dispenser dans tous les cas du droit proportionnel d'obligation le reliquat dû par le rendant-compte.

En effet, c'est une règle de la législation fiscale que le droit proportionnel est seulement exigible d'une convention parfaite, car on ne saurait appliquer le tarif de la vente, de la donation, du bail, ni de toute autre stipulation dénommée, à ce qui n'est ni vente, ni donation, ni bail. Quand l'art. 69 § 3 n° 3, qui fixe à 1 pour 100 le droit des obligations de sommes et énumère les différentes formes qu'elles revêtent, parle de l'arrêté de compte, il paraît donc naturel de penser qu'il se rapporte à l'arrêté formant une obligation dans le sens juridique du mot. Or, le rendant-compte ne devient débiteur, c'est-à-dire engagé en vertu d'un prêt, que quand il intervertit sa qualité de mandataire. Alors, seulement, il contracte un engagement qui l'assujettit à toutes les conséquences de la promesse ordinaire de payer, et l'acte devient passible du droit de 1 pour 100.

Le tarif de la loi de l'an 7 avait été d'abord interprété de cette façon par l'I. G. n° 1236 § 2 : « Quand le compte est arrêté, porte-t-elle, le mandat du rendant expire et si la balance présente un excédant des recettes sur la dépense, la dernière période de la gestion est le payement que doit en faire le mandataire. Si donc celui dont l'administration cesse, ne paye pas le reliquat, *il ne peut plus le conserver qu'à titre de débiteur*; dès lors, c'est une *obligation ordinaire qu'il contracte*, et cette obligation donne incontestablement ouverture au droit proportionnel» (Dél. 10 déc. 1827, 8105 J. E.).

Mais c'était là, en droit civil, une erreur évidente. — De ce qu'un mandataire ne solde pas immédiatement le reliquat de son compte, mais, au contraire, prend terme pour se libérer, et ajoute à son obligation des stipulations d'intérêts ou une dation d'hypothèque, il ne s'ensuit pas qu'il substitue une nouvelle obligation à son engagement antérieur. La novation ne résulte pas d'une simple prorogation de délai, ni d'une affectation hypothécaire, et pour qu'elle existe il faut, ou que la reconnaissance postérieure soit réellement incompatible avec la précédente, ou que l'intention de nover soit clairement manifestée. Or, rien de semblable n'existe dans l'obligation du mandataire. C'est le même engagement qui subsiste, c'est toujours le *reliquat* qu'il doit rendre. Il n'intervertit pas son titre primitif, ne *contracte* pas, en un mot une *obligation* ordinaire. Dès lors, il n'y aurait pas lieu de percevoir le droit de 1 pour 100. Cet impôt ne serait exigible que si l'intention de nover était évidente, mais il serait alors incontestablement dû, puisque l'engagement du mandataire donnerait naissance à une créance nouvelle distincte de l'obligation d'acquitter le reliquat.

1. DÉPÔT. — Ainsi, par exemple, dans un cas où il avait été convenu que la tutrice conserverait *à titre de dépôt proprement dit* le montant de son compte, le tribunal de Montluçon a reconnu que le droit de 1 pour 100 était exigible, parce que la clause avait substitué au reliquat de compte une nouvelle reconnaissance de dépôt de sommes (21 août 1863, 1843 R. P., 17871 J. E., 12719 C.).

2. TRANSACTION. — Il en est de même si l'arrêté intervient à la suite d'un procès et a le caractère d'une transaction dans laquelle les parties remplacent les obligations du tuteur par des engagements nouveaux (Le Havre 24 juin 1864, 1944 R. P, 17871 J. E.).

3. DONATION. — Mais lorsque, dans la donation d'un immeuble, le donateur s'est réservé une somme pour en disposer à sa volonté ; qu'en effet il use en partie de ce droit en faveur de diverses personnes et du donataire, l'acte subséquent par lequel il est établi que, ce dernier ayant fait divers payements pour le compte du donateur, il ne reste plus à employer qu'une somme déterminée, laquelle sera productive d'intérêts et payable à une époque convenue, ne peut être assujetti au droit d'obligation, puisque, le titre des parties reposant sur l'acte de donation, on ne peut dire qu'il s'opère une novation (Dél. 20 avr. 1822, Dict. Rol., V. *Compte* n° 25).

4. USUFRUIT. — Ce n'est pas non plus opérer novation que de convenir que le rendant-compte conservera le reliquat en sa qualité de légataire en usufruit de l'auteur de l'oyant. Il n'y a là aucune obligation nouvelle substituée à l'ancienne mais une exécution pure et simple du legs. Le droit proportionnel de 1 pour 100 n'est donc pas dû (Sol. 23 janv. 1854, 17090-1 J. E.).

Mais si l'usufruitier était obligé de faire emploi d'après les conditions de son legs et que l'arrêté de compte l'en dispensât, il ne serait plus censé conserver la somme pour en jouir conformément au titre de son usufruit, mais en qualité de débiteur ordinaire et le droit pourrait être perçu (15177 J. E.

4781. L'arrêté de compte est un titre particulier de la dette. — Mais, en dehors de la novation, il existe un autre motif pour autoriser, en certains cas, la perception du droit proportionnel sur les arrêtés de compte.

L'impôt de l'enregistrement ne frappe pas seulement les conventions contractées *hic et nunc* dans les actes soumis à la formalité et qui en sont la preuve écrite ; il est destiné à atteindre tous les titres, quels qu'ils soient, dont le créancier peut s'emparer pour établir la réalité de l'engagement, et tel est, notamment, le sens du mot *reconnaissance* inséré dans l'art. 69 § 3 n° 3, sur la proposition du conseil des Cinq-Cents. Pourquoi dispenserait-on du droit le titre d'une convention, par cela seul que cette convention a été antérieurement conclue ? Du moment que ce titre réclame le bénéfice de l'enregistrement, et qu'il est utile au créancier, sinon comme *instrumentum* du contrat, au moins comme preuve de son existence, il doit acquitter une taxe égale à celle de l'acte qu'il remplace ; et si cet acte n'a point supporté l'impôt proportionnel, le droit devient alors exigible. Ce n'est plus, on le voit, parce que l'écrit enregistré constate une convention parfaite qu'il est soumis à l'impôt ; c'est parce qu'il crée au profit du créancier *un titre* civil d'une obligation jusque-là douteuse et indéterminée. Il importe peu, dès lors, que le titre nove ou non l'engagement antérieur, cette question devient indifférente à la perception : le droit n'est pas dû parce qu'il y a *création* d'une obligation, mais *reconnaissance* d'une *dette antérieure et titre suffisant pour en poursuivre le remboursement.*

Or l'arrêté de compte qui constate le montant du reliquat à la charge du mandataire donne contre celui-ci au mandant un titre civil de la dette. C'est pour lui un moyen précieux d'en réclamer le payement en justice sans être contraint de suivre préalablement les longues formalités réglées par les art. 527 et suiv. du C. proc. L'arrêté, comme nous le verrons dans un instant, produit des effets qui lui sont propres, peut recevoir des garanties spéciales, se présente enfin avec une individualité et une indépendance parfaites. Il constate pour la première fois l'existence certaine d'une créance que le mandat faisait bien pressentir, mais n'avait pas révélée. Il rentre donc sous l'application du tarif destiné à frapper les contrats obligatoires ou les actes qui en tiennent lieu. Ce sont les mêmes principes que l'on retrouve pour régler l'exigibilité du droit de 1 pour 100 sur la reconnaissance des intérêts échus d'une obligation enregistrée, ou sur la constatation civile d'une créance commerciale soumise à l'impôt. Ainsi que le proclame la jurisprudence désormais invariable de la C. cass. sur cette dernière matière, « de ce que le défendeur a souscrit des billets à ordre pour le même objet que son obligation civile, il ne s'ensuit pas sans doute qu'il y ait eu novation ; mais les billets et l'acte civil, quoique relatifs au prêt de la même somme, ont formé *les titres* de deux obligations différentes devant produire des effets distincts, et chacune de ces obligations a son caractère propre » (Arrêts des 8 avr. 1839, 14 nov. 1849, 5 août 1854, V. *Affectation hypothécaire.*)

En résumé, l'arrêté de compte sera passible du droit proportionnel de 1 pour 100 quand il pourra servir de *titre* à l'oyant afin de suivre le recouvrement du reliquat, et *que ce reliquat n'aura pas été antérieurement constaté dans un acte soumis au droit* (*Conf.*: M. Demante n° 410).

4782. Il n'est pas l'exécution simple du mandat. — C'est dans ces derniers mots que réside la difficulté du sujet. Il est de principe, en matière d'impôts, que si un objet ou une convention ont payé une fois le droit, ils ne doivent plus ultérieurement l'acquitter : la dette est éteinte et le débiteur libéré. Toutes les lois fiscales ont posé le même principe ; on le retrouve écrit en maints endroits dans les auteurs qui ont, au quinzième siècle, traité de la gabelle : *De contractu uno debet solvi una gabella*, disait Bertachinus (*pars* 5 n° 3 *De gabellis*). Il a passé avec leurs livres dans la jurisprudence des droits seigneuriaux, puis dans la législation du centième denier, et définitivement dans nos lois fiscales. Ces dernières contiennent un grand nombre de dispositions qui supposent l'existence de cette règle fondamentale ; et telle est, par exemple, l'art. 68 § 1er n° 6 L. 22 frimaire an 7 qui tarife au droit fixe de 1 franc (3 fr.) les actes ne contenant que l'exécution, le complément et la consommation d'actes antérieurs enregistrés, Or, on soutient que ce texte s'applique aux arrêtés de comptes et voici comme on raisonne : Le mandat, dit-on, comme toute convention, produit des conséquences obligatoires : celles qui en dérivent naturellement sont l'obligation de rendre compte, celles de rembourser les avances, de payer le reliquat. Que le mandat soit légal, comme celui qui résulte du contrat de mariage, de la tutelle, ou qu'il soit conventionnel, il implique ces obligations complémentaires. Le mandat est donc le titre véritable des sommes dues ; la dette en dérive, et l'arrêté ou reconnaissance n'est qu'un acte d'exécution de la nature de ceux dont parle l'art. 68 de la loi. Si donc le mandat, qui est l'origine de la dette, est enregistré, ou si, ce qui est la même chose, puisque l'exemption équivaut à payement, ce mandat est, par sa nature, dispensé du droit comme les mandats légaux, l'arrêté de compte sera seulement passible du droit fixe, pourvu, bien entendu, qu'il ne contienne pas novation. Ce système est développé, en thèse générale, par Champ. et Rig. dans leur *Traité des droits d'enregistrement* (nos 1049-1523). Il est également adopté, quoique avec une certaine hésitation, par Dalloz (*Jur. gén.*, v° *Enregistr.* nos 1171-1283).

Nous croyons que l'argument repose sur une fausse interprétation du texte de la loi et sur une appréciation inexacte des effets du mandat. L'art. 68 § 1er n° 6, tarife bien au droit fixe les actes qui ne contiennent que l'*exécution*, le *complément* et la *consommation* d'actes antérieurs enregistrés; mais aucune disposition ne fait connaître ce qu'il faut entendre par l'*exécution* d'un contrat, son *complément* ou sa *consommation*. A les prendre dans leur signification grammaticale, elles embrasseraient toutes les opérations qui se rattachent de près ou de loin à un premier acte ; et, dans une vente d'immeubles par exemple, il faudrait considérer comme acte d'exécution et les quittances du prix et les mainlevées qui en sont la suite. Ce sont là, en effet, des opérations qui consomment la transmission, complètent le premier contrat. Personne n'acceptera pourtant cette interprétation. Or, la raison ne résiste-t-elle pas de même à considérer comme l'exécution du mandat, dans l'acception juridique du mot, la reconnaissance par laquelle le rendant-compte établit le chiffre de sa dette et prend terme pour la solder. Sans doute, c'est là une exécution du mandat, mais c'est une exécution éloignée, qui est seulement comprise dans le mandat comme l'effet l'est dans la cause, d'une manière occulte, future, indéterminée. Par acte d'exécution passible du droit fixe, il faut entendre seulement ceux qui se réfèrent immédiatement à des contrats enregistrés contenant l'obligation et déjà soumis au droit proportionnel quand ils n'en sont pas dispensés par leur nature. Cette conclusion est, d'ailleurs, tout à fait rationnelle. Ici, de même que dans toutes les matières d'exceptions, il faut entendre la pensée de la loi avec sagesse pour ne point arriver tout droit à la destruction du principe écrit au frontispice de la loi dans les art. 3 et 4. Ce n'est pas à une corrélation quelconque avec le contrat primitif que les art. 11 et 68 ont attaché le bénéfice de l'exemption du droit proportionnel. Il faut que les actes nouveaux ne créent par eux-mêmes aucun titre particulier ou différent du premier contrat, et que, si des valeurs ont été mises en mouvement par celui-ci ils se bornent à en continuer l'impulsion, sans en changer le cours. Champ. et Rig., les adversaires de la perception, expliquant au chapitre *Des libérations* ce qu'il faut considérer comme l'exécution d'un contrat, au point de vue de la dispense des droits, reviennent directement à notre doctrine. « Pour décider, disent-ils, si un acte est l'exécution d'un précédent, il faut se demander s'il engendre une obligation, *ou s'il est le titre d'une convention*; dans ce cas, il n'est pas l'exécution d'un autre, il est primitif et originaire, le droit de la convention doit être perçu. Mais s'il ne fait que confirmer, reconnaître ou constater *une convention précédemment établie par un titre enregistré*, il en est l'exécution et ne donne ouverture qu'au droit fixe » (*Traité* n° 1523).

Il doit paraître certain, après ces développements, qu'aujourd'hui comme sous la loi de 1790, l'arrêté de compte est seulement passible du droit fixe quand l'obligation qu'il révèle a déjà subi l'impôt. C'est par un véritable abus de mots que l'on a voulu appliquer la nécessité de l'enregistrement au mandat lui-même, et non point à l'obligation postérieure qu'il entraîne. Évidemment, dans aucun cas, l'impôt payé pour le mandat ne saurait tenir lieu de celui auquel l'obligation donne ouverture. Ce sont là deux dettes d'une nature différente, puisque l'une est d'un droit fixe et l'autre d'un droit proportionnel. Et dire qu'en acquittant l'une on a payé l'autre par anticipation, c'est dire qu'on se libère d'un droit proportionnel au moyen d'un droit fixe. Ainsi que le faisait remarquer avec beaucoup de raison le tribunal de Toulouse dans un jugement rendu sur la question analogue des conversions de lettres de change en obligations civiles : « toute équité serait rompue dans la répartition de l'impôt si, au moyen d'un droit de 25 centimes pour 100, perçu pour les titres commerciaux, on pouvait se dispenser de payer le droit de 1 pour 100 exigible sur les titres civils » (Toulouse 21 déc. 1849). — V. *Affectation hypothécaire.*

L'Administration a constamment soutenu cette doctrine, et la jurisprudence en a fait l'application dans tous les cas ordinaires.

Une décision ministérielle du 8 décembre 1807, insérée à l'I. G. n° 366 § 4, résume en ces termes les principes de la matière : « Sans doute le reliquat dérive du mandat enregistré, mais il n'en est pas moins vrai que l'arrêté de compte est le premier titre de l'obligation de payer le reliquat dû au créancier, qui, jusque-là, n'avait en son pouvoir que des preuves plus ou moins fortes, mais non un acte faisant foi pleine et entière et le dispensant de toute autre justification. Ce premier titre n'ayant jamais été soumis au droit, il doit donc y donner ouverture... Dans le cas même ou les créances reconnues et liquidées sont établies ou fixées par des actes antérieurement enregistrés » (*V.* Dalloz n° 1173 et Seine 24 avr. 1844, *ibid*).

1. TUTEUR. — Ainsi, lorsque le tuteur d'un interdit est autorisé à garder en ses mains la somme formant le reliquat de son compte, à charge de prendre une inscription hypothécaire sur ses immeubles, il en résulte une convention qui sort des limites des obligations ordinaires des tuteurs envers leurs pupilles, et qui devient passible du droit de 1 pour 100 (Cass. 13 nov. 1820, 6896 J. E., D. N. t. 3 p. 555, n° 188, *arrêt rapporté* n° 2479. — *Conf.* : Sol. 9 juill. 187?, 19466 J. E.

2. CURATEUR. — Bien que le tuteur d'un mineur émancipé, soit devenu son curateur, si, par suite du compte qu'il lui rend, en vertu de l'art. 471 C. C., un reliquat est constaté à sa charge et qu'il le conserve entre ses mains, comme dépositaire, *pour en faire l'emploi convenable*, le droit d'obligation est exigible, attendu que, s'il est vrai que, d'après l'art. 482 C. C., le mineur émancipé ne pouvait donner décharge sans l'assistance de son curateur, qui doit surveiller l'emploi du capital reçu, il est aussi vrai que le curateur pouvait se décharger de son obligation en versant le reliquat à la Caisse des dépôts et consignations (10276 J. E.).

3. CONTRAT DE MARIAGE. — Dans une espèce analogue et sur la disposition d'un contrat de mariage qui fixait le reliquat d'un compte que le père tuteur conservait entre ses mains jusqu'à ce qu'il en fût fait emploi, l'Administration a délibéré, le 5 mars 1830, que le droit d'obligation était exigible (9563 J. E.; — *Conf:* Versailles 21 mars 1833, 10667, J. E. 7177 J. N.).

4. SIMPLE ÉNONCIATION. — Mais si la fixation du reliquat n'a lieu que par aperçu sans aucune intention d'arrêter définitivement la dette du mandataire, il n'y a là qu'une clause énonciative ne pouvant donner lieu au droit proportionnel Par exemple, lorsqu'un mineur se constitue en dot une somme faisant partie de la succession paternelle, détenue par la mère, présente au contrat, et qui s'oblige à la payer dans un délai déterminé, aucun droit proportionnel n'est exigible (Montauban 19 avr. 1846, 7694 C., *V.*, dans le même sens, Strasbourg 15 avr. 1823, Dél. 24 sept. 1823, D. n° 1188, D. N. t. 3 p. 555 n° 189).

De même, si dans un inventaire après décès, la veuve établit l'actif et le passif de la communauté, et promet de payer la moitié de l'actif restant à ses enfants à leur majorité, il ne résulte de là aucune obligation nouvelle; ce à quoi la veuve s'engage est de droit : elle est toujours comptable envers ses enfants jusqu'à leur majorité (5331 J. E., *V.*, dans le même sens, Dél. 11 oct. 1826, 1577 R. Roll.; — Versailles 1er fév. 1830, 7161 J. N., suiv. d'un acq. du 19 mars 1830, D. N. t. 3 p. 556 n° 191).

On doit, au contraire, considérer comme formant un arrêté de compte de tutelle, passible du droit de 1 pour 100 l'ensemble des dispositions d'un contrat de mariage portant que la future se constitue en dot : 1° 50,000 francs, somme capitale à laquelle s'élèvera, d'après le calcul qui en a été fait entre les parties, le reliquat du compte de tutelle que devra à la future son père à l'époque de la célébration du mariage; 2° 1,200 francs pour les fruits et revenus à courir de cette époque jusqu'à la majorité de la future; portant en outre que le tuteur ne sera tenu de rembourser que lorsqu'il en sera fait emploi en biens fonds, et après avertissement

(Dél. 5 mars 1830, 7177 J. N., 9563 J. E.; — Château-Gontier 22 déc. 1849, 15218 J. E.). — *Conf.:* Seine 5 juill. 1873, 19272 J. E.

5. GAGE. — Dans un cas où le tuteur avait conservé, à titre de gage, pour garantie du payement d'une rente viagère, le reliquat composé de sommes reçues par lui dans son contrat de mariage, le tribunal de Lyon a décidé, le 23 novembre 1861, que le droit de 1 pour 100 était, néanmoins, exigible. « Attendu que la loi ne distingue pas le cas où les sommes figurant dans le reliquat de compte proviennent des énonciations d'un acte précédemment enregistré, d'avec celui où lesdites sommes proviennent d'un acte non enregistré; qu'au contraire, le texte de l'art. 69 est absolu et s'applique à tout arrêté de compte » (12142 C.).

6. PROMESSE SOUS SEING PRIVÉ. — Il en est de même du contrat portant que le reliquat est payé au moyen d'une promesse exigible dans un an, à compter de ce jour, avec intérêts; car il n'y a pas eu payement, mais substitution d'un titre à un autre (Sol. 18 mai 1849).

7. EFFETS NÉGOCIABLES. — De même, si le reliquat d'un compte, au lieu d'être payé en numéraire, l'est en effets de commerce, le droit d'obligation est exigible, car il n'y a pas payement ou extinction de dette (Villefranche 30 déc. 1847, 14256-2, 14401 J. E.).

8. INTÉRÊTS. — S'il s'agit d'intérêts de capitaux et de reprises à exercer, et que le reliquat porte sur ces intérêts, le droit proportionnel reste exigible, à moins que le débiteur ne soit pas présent au contrat (3562, 7741, 8093 J. E.). La raison est que les intérêts forment une nouvelle dette, dont le compte ou la liquidation est le titre.

9. NOVATION. — Dalloz cite, n° 1193, et Champ. et Rig invoquent *Suppl.* n° 58, une Dél. de l'Administration du 10 novembre 1846, qui semblerait repousser, dans tous les cas où il n'y a pas *novation*, la perception du droit proportionnel, par le motif que le véritable titre du mineur est toujours dans la qualité de son tuteur, et que la déclaration de celui-ci n'est pas constitutive de la dette, mais en règle seulement le montant. Quoi qu'il en soit du système qui répudie la perception du droit d'obligation toutes les fois que la dette a son principe dans une cause autre que l'arrêté de compte, système que nous exposons au numéro suivant, et dont l'application perdrait de son exactitude si l'on en exagérait la portée, nous dirons que de la Dél. de 1846, on ne peut tirer aucune induction qui lui soit favorable. Cette délibération, rapportée 7879 C. et 13002 J. N., est intervenue dans un cas où, par son contrat de mariage, la future, encore mineure, se constituait en dot le reliquat de son compte de tutelle non encore rendu, reliquat évalué à 60,000 francs par le tuteur intervenant, avec offre, de sa part, de garder pendant un temps déterminé, *à partir de l'arrêté de compte de tutelle*, cette somme de 60,000 francs sur celle dont il serait définitivement reliquataire, en payant l'intérêt annuel de ce capital. L'Administration a décidé que le droit d'obligation n'était pas exigible. Le motif de cette décision a été, non pas que le titre de la dette était dans la qualité du tuteur, *mais qu'il n'y avait de la part du tuteur qu'une simple proposition qui n'établissait, à défaut d'acceptation, aucun lien de droit entre les parties.*

4783. Jurisprudence de la cour suprême. — La question fut soumise une première fois à la cour suprême dans une affaire où un mari s'était, à la suite d'un acte de liquidation, reconnu débiteur des reprises de sa femme. Ces reprises se composaient de 3,800 francs, montant de sa dot énoncée au contrat de mariage, et de la somme de 13,000 francs, à laquelle on arrêta la valeur des successions recueillies pendant l'existence de la communauté. Un arrêt du 27 juin 1809 régla, dans les termes suivants, l'exigibilité du droit : « Donne acte de la déclaration faite par l'Administration que le droit proportionnel n'est pas dû à raison des apports qui auraient été réellement stipulés dans le contrat de mariage; — Attendu qu'indépendamment de cette créance, ledit acte de liquidation en énumère plusieurs autres réclamées par l'épouse séparée de biens, à l'égard desquelles la reconnaissance du mari forme titre positif et obligatoire; — Casse le jugement en ce qu'il refusait d'autoriser la perception du droit sur ce chef » Cette distinction était rationnelle; du moment que l'importance de la dot était fixée dans le contrat de mariage, c'était là un titre suffisant pour en demander la restitution, et l'arrêté de compte ne devait plus être considéré, à cet égard, que comme un acte d'exécution ou de complément. C'est ce qui résulte encore de deux autres arrêts des 6 juin 1811 et 13 octobre 1813, rendus dans les circonstances suivantes :

1. CONTRAT DE MARIAGE. — Le contrat de mariage de la dame Hussenot constatait un apport de 33,000 francs. Après son décès, un acte de liquidation établit que le sieur Hussenot est reliquataire, sur cette somme, de celle de 14,592 fr. 50 cent., qu'il s'oblige à payer à ses enfants, *avec intérêts à 5 pour* 100. — La perception du droit de 1 pour 100 sur ce reliquat a été repoussée par la C. cass.: « Attendu que l'énonciation de la somme restant à acquitter ne peut être regardée comme un arrêté de compte de l'espèce de ceux dont il est question dans l'art. 69 § 3 n° 3 L. 22 frimaire an 7, ni comme une obligation nouvelle, puisque ce n'est qu'*un compte qui est la suite et l'exécution d'un acte antérieur enregistré*, qui contenait déjà l'obligation d'Hussenot; qu'on ne peut considérer le délai accordé au père, pour payer, comme un prêt, *puisque la somme était due antérieurement en vertu d'un acte authentique*; d'où il suit qu'il s'agit d'un acte qui ne contient que l'*exécution*, *le complément et la consommation d'un acte antérieur enregistré*, qui n'est assujetti qu'à un droit fixe de 1 franc » (Cass. 13 oct. 1813, S. 14-1-17, P. chr. 173, 1587 I. G.).

2. FRAIS DE DEUIL. — Après la mort du sieur Delaplace, le tuteur de ses enfants mineurs reconnaît, par un acte notarié, qu'ils sont débiteurs envers leur mère, pour ses reprises : 1° d'une somme de 44,115 fr. 56 cent., *mentionnée dans le contrat de mariage*, et constituant les apports de la femme; 2° d'une somme de 4,283 fr. 3 cent., qui, par erreur, n'avait pas été énoncée dans ce contrat, et faisait, néanmoins, partie des deniers dotaux de la dame Delaplace; 3° d'une somme de 4,938 fr. 27 cent. pour les frais de deuil : total, 53,386 fr. 86 cent. Le droit de 1 pour 100 fut perçu sur cette dernière somme. — Jugement du tribunal de la Seine, qui ordonne la restitution de ce droit, en ce qui concerne la somme de 44,115 fr. 56 cent., portée dans le contrat de mariage et rappelée dans l'acte de liquidation, et main-

tient la perception quant aux deux sommes non établies dans ce contrat. Le pourvoi de l'Administration contre ce jugement a été rejeté : « Attendu, porte l'arrêt, que l'acte de liquidation, *qui ne fait que rappeler ce qui est dû par le contrat de mariage enregistré*, n'est vraiment que le *complément* de ce premier acte, qui seul a créé l'obligation » (Cass. 6 juin 1811 S. 11-1-336, P. chr. 79, 1587 T. S.).

4784. Fermages. — L'exigibilité du droit d'obligation sur les arrêtés de compte a été également combattue à propos des reconnaissances par un fermier de devoir les prix d'un fermage résultant d'un bail authentique. L'obligation du locataire, disait-on, est comprise dans le bail enregistré, qui est le titre des deux parties; souvent même le droit a été perçu sur le montant cumulé des fermages pour toute la durée du bail, c'est-à-dire par anticipation et sur une obligation qui pouvait ne jamais se réaliser. Il est évident que soumettre au droit proportionnel la reconnaissance de cette obligation quand elle est acquise, c'est la frapper d'un second droit, et, plus que jamais, c'est ici le cas de s'en tenir aux principes de l'art. 68, § 1er n° 6 L. 22 frimaire an 7 (Champ. et Rig. *Supplément* n° 53). La jurisprudence n'a pas admis cette doctrine. Un grand nombre de tribunaux et plusieurs arrêts de la C. cass. ont refusé de voir dans l'arrêté de compte des fermages, l'exécution du bail.

« Attendu, porte un arrêt de Cass. du 23 mai 1854, qu'en admettant qu'aucun élément étranger aux obligations dérivant de ces deux baux ne soit entré dans ledit arrêté, et qu'il n'y ait eu ni novation ni substitution d'une dette à une autre, il n'en est pas moins certain que les baux et l'arrêté de compte, quoique relatifs aux mêmes engagements, ont formé les titres de deux obligations distinctes, devant produire des effets différents sous le rapport du mode de payement des intérêts de la somme due, de la prescription des actions qui en découlent; que cet arrêté ne pouvait donc pas être considéré comme ne contenant que l'exécution, le complément et la consommation des baux enregistrés » (2019 § 3 I. G., 10292 C., 15267 J. N., S. 54-1-479, *Conf.* : Dél. 3 sept. 1833, 10710 J. E., 1er déc. 1836, 11681-1 J. E.; — Chartres 5 juill. 1845, 13821 J. E.; — Rambouillet 10 déc. 1847, 14387 J. E., 13805 J. N.; — Cambrai 4 déc. 1856, 770 R. P., 10932 C.; — St.-Amand 21 juill. 1859, 17009 J. E.; D. N. t. 8 p. 659 n° 404, M. Demante n° 395; — *Contrà* Vitré 22 juill. 1835, 13 juill. 1836, 30 août 1837, D. N. t. 3 p. 497 n° 89; — Saint-Girons 4 juill. 1849, 6698, C.; — Cusset 8 juin 1871, 14713 C.). — *V.* 11987.

On ne peut rien dire de plus clair, et cette jurisprudence s'adapte parfaitement à tous les arrêtés de compte, à ceux des mandataires aussi bien qu'aux autres.

4785. Mari et femme. — Cependant, quand on en a demandé l'application aux actes par lesquels un mari débat avec les héritiers de sa femme le compte des valeurs dont il a opéré le recouvrement en vertu de son mandat légal d'administration, la cour a eu de singuliers revirements.

Après avoir d'abord franchement accepté la doctrine de l'Administration dans ses arrêts des 27 juin 1809, 6 juin 1811, et 13 octobre 1813 précités, il semble qu'il lui soit survenu des craintes sur la rigueur de la perception du droit proportionnel appliquée à des pactes de famille dignes de toute sollicitude. Peut-être a-t-il paru fort inique que la loi fiscale, dont l'art. 68 § 3 n° 1er dispensait du droit d'obligation la reconnaissance par le futur dans son contrat de mariage d'avoir reçu la dot de sa femme, y eût assujetti la même reconnaissance lors de la dissolution de l'union conjugale. En législation ce motif peut avoir quelque chose de sérieux; mais, comme il ne s'agit pas de faire la loi, et que la cour suprême, malgré l'étendue de son pouvoir, ne saurait qu'appliquer les textes, il faut bien avouer qu'aucun motif juridique n'explique d'une manière satisfaisante la contradiction de sa jurisprudence.

Qu'un mari reconnaisse avoir reçu les reprises de sa femme, dont le *montant* est indiqué au contrat de mariage ou dans un acte quelconque enregistré, on conçoit jusqu'à un certain point l'affranchissement de l'impôt, parce que cette déclaration ne confère à la femme où à ses héritiers aucun droit qui ne provînt sans incertitude du contrat enregistré. Et on peut approuver les arrêts des 27 juin 1809, 6 juin 1811, 13 octobre 1813 et 11 décembre 1838 (Dalloz, 1180, 1587 I. G., S. 11-1-356, 14-1-17 et 39-1-42) qui l'ont ainsi décidé.

Mais il est difficile de justifier également les autres.

Des difficultés s'étaient élevées entre les héritiers d'une femme et le mari survivant au sujet de l'importance de reprises composées surtout de successions échues pendant le mariage et dont aucun titre ne constatait la valeur. Le mari présenta son compte, et, après discussion, on le constitua reliquataire d'une somme de 200,000 francs. En vain l'Administration fit-elle valoir que l'arrêté réglait des droits contestés et remplaçait un jugement que les parties eussent été forcées d'obtenir. La cour décida, le 10 décembre 1817 : « que l'acte ne pouvait être considéré comme le titre d'une obligation nouvelle, mais était la suite et l'exécution inévitable d'un titre antérieur, du contrat de mariage enregistré; qu'il fallait donc appliquer l'art. 68 § 1er n° 6 L. du 22 frimaire an 7. » (Dalloz 1176, 367 P. Ch.; Inst. 1587).

La même idée est exprimée en termes identiques dans deux arrêts rendus les 1er avril 1822 et 16 mai 1832 et ainsi conçus :

Arrêt du 1er avril 1822 : « Attendu que Puissant était constitué garant envers sa femme de toutes les rentes propres à sa femme qui seraient remboursées pendant le mariage; que l'acte par lequel Puissant s'est reconnu débiteur des sommes provenant de l'aliénation de ces rentes n'a été de sa part que la reconnaissance d'une obligation préexistante, déjà suffisamment établie par *sa qualité* de mari et par la seule *force de son contrat* de mariage » (Dalloz 1177, S. 7-1-47).

Arrêt du 16 *mai* 1832: « Attendu que l'acte de règlement des reprises de la dame Javal n'a été que l'exécution du contrat de mariage; qu'il contient uniquement le règlement d'un compte rendu en exécution d'un acte antérieur enregistré, et dans lequel se trouvait *le principe* de l'obligation » (Dalloz 1178, 10342 J. E., 7730 J. N., S. 32-1-329).

Ces arrêts sont très-faiblement motivés; ils laissent absolument sans réponse les arguments de la doctrine contraire.

Il se présenta enfin devant la cour une affaire qui devait produire un arrêt de partage après lequel il n'est plus guère resté d'espoir de ramener la jurisprudence à une autre opinion. Un sieur Roussel avait reconnu devoir à sa femme une certaine somme, tant pour ce qui était porté dans son contrat de mariage que pour ce qu'il avait reçu en diverses fois de la succession de ses parents. L'avocat général soutint, conformément aux conclusions de l'Administration, qu'il fallait distinguer entre les sommes dont le versement au mari était constaté par acte enregistré et celles qu'il avait reçues sans acte; que, pour les premières, le droit d'obligation n'était pas exigible, parce que la créance de la femme résultait suffisamment de l'acte enregistré; mais que, pour les secondes, la reconnaissance du mari formait son seul titre et devait payer impôt. Après délibéré, la cour rendit un arrêt de partage, suivi d'un rejet motivé très-brièvement: « Attendu que Roussel était mandataire de sa femme, en vertu de son contrat de mariage enregistré; qu'en déclarant en cette qualité la quotité des sommes dont il devait compte, pour le payement des reprises et avantages matrimoniaux, il n'a pas contracté une nouvelle obligation; mais que l'acte dans lequel cette déclaration a été faite ne contenait que l'exécution de celle à laquelle il était assujetti par son contrat de mariage » (Cass. 18-21 fév. 1833, Dalloz 1180, 10601 J. E., 7996 J. N., S. 33-1-292). — *V.*, dans ce sens, Douai 29 déc. 1852, 31 R. P., D. N. t. 3 p. 498 n° 98.

4786. Règle de l'Administration. — Malgré la persistance de la cour à déclarer que l'enregistrement du contrat de mariage, ou même simplement la qualité du mari affranchissait du droit proportionnel toutes les obligations résultant de la gestion maritale, l'Administration n'a point pris cette jurisprudence pour règle; et elle a continué à soutenir le principe de la perception en ces termes: « Lorsque les reprises, droits ou créances énumérés en un acte de liquidation, ont été antérieurement *énoncés ou constatés* dans des actes enregistrés, le reliquat établi par la liquidation ne donne pas ouverture au droit d'obligation, parce que, dans ce cas, la liquidation n'est que le complément et l'exécution d'actes enregistrés (art. 68 § 1er n° 6 L. an 7). Mais on continuera à percevoir le droit d'obligation lorsque les créances reconnues n'auront point été mentionnées dans des actes antérieurs enregistrés. Spécialement, quand la liquidation comprendra des sommes stipulées dans des actes antérieurs et d'autres qui ne l'auront pas été, on exigera le droit fixe pour les premières et le droit proportionnel pour les secondes » (1587 I. G.).

Cette distinction paraît, en dernière analyse, l'interprétation la plus conforme à la loi; et, jusqu'à ce quelle ait été officiellement abandonnée, les préposés doivent s'y conformer; tout en reconnaissant qu'il ne faudrait pas beaucoup compter pour le maintien de la perception sur l'appui de la jurisprudence.

1. REPRISES. — APPORT EN MARIAGE. — Le tribunal de Strasbourg l'a repoussée, le 27 juillet 1868, dans un cas où le fils, héritier de sa mère, se constituait en dot le montant des reprises de celle-ci s'élevant à une somme d'argent dont le père se reconnaissait débiteur et promettait de payer sans novation à son décès. L'Administration se croyait d'autant plus fondée à réclamer le droit d'obligation que les reprises consistaient dans l'apport en mariage de la défunte dont le contrat de mariage ne portait pas quittance, et que, par conséquent, ce contrat enregistré n'était pas un titre suffisant pour contraindre le mari à la restitution. Mais le tribunal n'a pas pensé que cette circonstance fut de nature à écarter l'application de la jurisprudence: « Attendu, a-t-il dit, que, sans doute, le demandeur aurait eu des justifications à produire ou des preuves à faire pour pouvoir répéter la dot de sa mère si le payement en avait été dénié; mais qu'on ne peut tirer, de là, la conséquence que Marty père, en reconnaissant avoir reçu les 74,000 francs qui étaient payables à terme et en stipulant que l'intégralité de la dot ne serait exigible qu'à son décès, contractait une obligation nouvelle; que l'acte du 27 novembre 1865 ne renferme, en ce qui le concerne, que le règlement du compte de l'administration qu'il a eue des biens de sa femme » (3196 R. P.).

4787. Reconnaissance pendant le mariage. — En tous cas l'exigibilité du droit ne saurait plus être soutenue quand la reconnaissance du mandataire se produit avant l'expiration de la gestion. « Pendant la durée de ses pouvoirs, dit M. Demante, le comptable qui reçoit une somme appartenant au mandant, ne s'oblige pas à la rendre, mais à en faire emploi. Son obligation n'est pas de celles qui, suivant le langage du C. C. (art. 1153), *se bornent au payement d'une certaine somme*; en deux mots, ce n'est pas une obligation de somme. Cette somme, il la reçoit en exécution de son mandat, conventionnel ou légal; donc la reconnaissance qu'il souscrit à cet égard n'est qu'un acte *d'exécution* ou de *complément*. Après l'expiration de ses pouvoirs, cette considération vient à manquer. Le comptable reliquataire n'a plus la somme comme comptable, il est tenu d'une obligation *qui se borne au payement* d'une certaine somme. Sa reconnaissance fait donc plus que contenir l'exécution, le complément, la consommation du titre antérieur. Cela seul suffit pour l'exigibilité du droit proportionnel, sans qu'il soit besoin de rechercher s'il y a novation » (n° 410). — Ainsi, la reconnaissance faite par le mari durant le mariage des sommes dont il était comptable envers sa femme comme administrateur des biens paraphernaux de celle-ci, ayant pour but de faciliter la liquidation future des intérêts des époux, constitue une exécution pure et simple du mandat légal du mari et ne donne pas lieu au droit proportionnel: « Attendu, porte un arrêt de Cass. du 16 juillet 1855, que la reconnaissance faite par le mari de la quotité des sommes qu'il doit à sa femme par suite de son administration ne contient qu'un règlement destiné à faciliter la liquidation qui doit avoir lieu à la dissolution du mariage, et l'exécution d'une obligation préexistante établie par la qualité du mari » (2054-8 I. G., 16101 J. E., 10610 C., S. 56-1-77).

Le même principe résulte d'un autre arrêt du 8 août 1836 portant: « Attendu que la loi fiscale ne soumet qu'à un droit fixe les actes présentés à l'enregistrement, lorsqu'ils ne sont ou qu'ils ne contiennent que l'exécution, le complément, la répétition ou la consommation d'obligations, ou de conventions stipulées conclues dans des actes précédemment enregistrés; que, dans l'espèce, la déclaration ou la reconnaissance, par laquelle Moretin s'est acquitté, dans son testament de l'obligation qu'il avait contractée dans son contrat de mariage, de rendre compte à sa femme de sa dot et de ses reprises, et, notamment, du mobilier qui lui écherrait durant leur mariage, et même de l'indemniser, s'il ne le faisait pas constater par inventaire, n'est que la pure exécution d'une clause dudit contrat de mariage, et que, dès lors, elle ne pouvait être soumise à un droit proportionnel, comme constituant une obligation nouvelle » (S. 36-1-837).

Il en est de même de l'acte constatant que le mari a avancé le prix d'un immeuble acheté en remploi par sa femme et qu'il le remboursera sur les premiers fonds dotaux ou paraphernaux : « Attendu, porte un arrêt de Cass. du 3 mai 1864, que s'il est dit dans l'acte notarié du 27 août 1859, que les 20,000 francs, prix de la cession faite à la dame Brest, à titre d'emploi de ses fonds dotaux, ont été payés à sa décharge des deniers de son mari, qui se couvrira de cette somme sur les premiers fonds revenant à sa femme, cette énonciation ne constate ni une obligation, ni une délégation de somme, dans le sens de la loi; — Qu'il n'y aurait pas de doute à cet égard si cette énonciation avait été faite en l'absence de la dame Brest; qu'il ne peut en être autrement quand elle a été faite en sa présence, pour que l'emploi de ses fonds dotaux fût accepté par elle dans l'acte même où il était fait; — Qu'on ne peut voir dans ce qui s'est passé entre les époux Brest que l'exécution du mandat légal ou tacite qui obligeait le mari à assurer l'emploi des fonds dotaux de sa femme, et l'un des éléments du compte qu'il aura à rendre, à la dissolution du mariage, de l'administration qu'il eue des biens dotaux et paraphernaux de son épouse; — Que, dès lors, en prononçant à l'occasion de la déclaration dont il s'agit, une condamnation à 1 pour 100 sur le montant de la somme prêtée et déléguée, le jugement attaqué a contrevenu à l'article ci-dessus visé (1907 R. P., S. 64-1-293). — V. *Obligation* n°s 11961 et suiv.

1. PRÊT. — Mais s'il ne s'agissait pas de la réception pure et simple par le mari des sommes qu'il touche en sa qualité de mandataire et s'il contractait un emprunt ordinaire envers sa femme, le droit d'obligation serait exigible. C'est ce que la C. cass. a décidé par un arrêt du 16 juillet 1855, ainsi conçu : « Attendu que si une pareille reconnaissance ne peut donner lieu qu'à la perception d'un droit fixe, il en est autrement si les sommes reçues par le mari lui ont été remises par la femme à titre de prêt; que la reconnaissance de ce prêt contient, de la part du mari, une obligation nouvelle indépendante des obligations auxquelles il pouvait être tenu en qualité de mari; que, dès lors, elle devient passible du droit auquel sont assujetties les reconnaissances de sommes ou valeurs; — Attendu que l'acte du 18 mai 1852, sur le vu duquel a été rendu le jugement attaqué, constate qu'au nombre des sommes paraphernales que Décormis reconnaît avoir reçues se trouvent diverses sommes qu'il déclare avoir reçues *en prêt* de sa femme, de la main à la main, pour employer à ses besoins et affaires; qu'en décidant que l'acte qui contient la reconnaissance de ce prêt n'était soumis qu'au droit fixe, en ne faisant aucune distinction entre les sommes reçues par le mari comme mandataire de sa femme et les sommes qui lui auraient été prêtées par cette dernière, le jugement attaqué a formellement violé les articles précités » (2054-8 I. G., 16101 J. E., 161 C., S. 56-1-77; — V. *Obligation*.

4788. Reliquat dû en partie.— Dans tous les cas où le reliquat n'est pas soldé en totalité, il ne peut y avoir lieu de percevoir en même temps le droit de décharge et celui d'obligation. Ce dernier droit est seul exigible (9101 J. E.; Sol. 14 janv. 1831, 9861 J. E.).

4789. Transaction. — Les règles précédentes se limitent aux contrats renfermant réellement un arrêté de compte. Si la convention change de nature, et se transforme en une transaction par laquelle les héritiers obtiennent, au moyen de certains sacrifices, l'abandon des prétentions non justifiées de la veuve, c'est le tarif des transactions et non pas celui des arrêtés de compte qui devient applicable. On ne peut plus prétendre, en effet, qu'il s'agit exclusivement ici de l'exécution du contrat de mariage ou de la reconnaissance de l'obligation légale du conjoint, puisque les héritiers de ce dernier contestaient précisément la cause et l'existence de la dette. A ce point de vue, on se trouve en présence d'une transaction ordinaire conclue entre des plaideurs dont les droits réciproques étaient également douteux. Or, dans ce cas, l'obligation que l'une des parties contracte envers l'autre pour prévenir le procès n'est pas considérée en droit fiscal comme un aveu de la légitimité des prétentions de celle-ci; c'est un engagement nouveau que son caractère translatif assujettit au droit proportionnel. Ces principes se trouvent développés au chapitre des *Transactions*.

En ce sens, le tribunal de Rouen a décidé, le 16 août 1866, que lorsque, dans un acte qualifié de transaction, les héritiers du mari se reconnaissent débiteurs envers la veuve d'une somme déterminée pour le montant des reprises que cette veuve réclamait et qui ne résultaient d'aucun titre enregistré, il y a lieu de percevoir le droit d'obligation (2381 R. P.).

ARTICLE 2. —DÉPENSES EXCÉDANT LES RECETTES

[4790-4794]

4790. Règle. — Les principes d'après lesquels le rendant qui s'oblige à payer le reliquat, ne doit pas le droit proportionnel lorsque le titre de l'obligation est antérieur à l'arrêté du compte, restent sans application alors que c'est l'oyant qui, par le résultat du compte, est le débiteur du reliquat. On ne peut, en effet, invoquer un titre antérieur pour se soustraire au droit proportionnel, car c'est l'arrêté seulement qui constate les avances qu'a faites le rendant, et c'est cet arrêté qui seul forme son titre; dès lors, le droit d'obligation est incontestablement exigible. C'est ce qu'enseigne Dalloz n° 1199 contrairement à la doctrine de Champ. et Rig. n° 1046, et c'est ce qui a été décidé par un jugement du tribunal de la Seine du 13 janvier 1865 (2092 R. P.).

4791. Bénéfice d'inventaire. — Lorsqu'il résulte d'une liquidation judiciaire qu'une veuve a été constituée créancière de la succession de son mari acceptée sous bénéfice d'inventaire, par suite de son compte d'administration de la communauté dont le reliquat n'a pu être couvert par les abandonnements qui lui ont été faits, le droit d'obligation est exigible sur le reliquat : « Attendu que ce compte a été approuvé et homologué, qu'il y a eu ainsi arrêté de compte, que la Régie n'avait pas à examiner si les héritiers bénéficiaires qui sont mineurs ont pu obliger la succession bénéficiaire et par suite s'obliger personnellement, qu'il suffit pour la perception qu'il y ait reconnaissance de dette; que le Trésor n'a pas à s'inquiéter des chances de recouvrement; que rien ne justifie que les sommes payées en excédant de *recettes aient pour origine des titres enregistrés;* que l'arrêté crée, dès lors, un titre nouveau sujet à l'impôt » (Seine 3 déc. 1853, 1436 R. P., 17069 J. E., 11821 C.).

4792. Remise de dettes. — Pour que le mandataire ait droit au remboursement de ses avances, il faut qu'elles aient été utiles au mandant; d'où il suit que si le rendant-compte a fait des dépenses excessives sans y être autorisé, elles demeurent à sa charge. La disposition du compte par laquelle ce mandataire renonce à les répéter n'est donc que l'expression d'une situation légale ne pouvant engendrer aucun droit de remise de dette. C'est ce qui a été reconnu au sujet d'une tutrice qui dispensait ses enfants de lui rembourser ses avances : « Attendu que la tutrice ne devait pas au-delà des revenus (454 et 457 C. C.), qu'ainsi cet acte n'opère ni libération ni remise de dette » (Vervins 1er fév. 1830, Dél. 19 mars 1830, 7161 J. N.).

4793. Vente d'immeubles. — Éventualité. — Il avait été stipulé dans un acte de vente que si, par suite des inscriptions existantes sur l'immeuble vendu, l'acquéreur était obligé de payer aux créanciers du vendeur une somme supérieure au prix d'acquisition, le vendeur lui ferait le remboursement du surplus. Par un arrêté de compte postérieur, cet excédant a été déterminé, et le vendeur s'est obligé d'en effectuer le payement. On avait prétendu que cet acte n'était sujet qu'au droit fixe, comme ne contenant que le *complément* de la vente; c'était une erreur : la vente renfermait bien deux obligations, l'une par l'acquéreur de payer le prix stipulé, l'autre par le vendeur de rembourser l'excédant; mais cette dernière n'était qu'éventuelle : il pouvait arriver qu'elle n'eût aucun effet, et on n'avait pu y appliquer aucun droit. C'est l'arrêté de compte qui a fait cesser l'éventualité, de telle sorte que l'acquéreur, au lieu d'être débiteur, est devenu créancier : dès lors, il y a lieu de percevoir le droit d'obligation sur la somme qui lui est due (8539 J. E.).

4794. Balance de recettes et dépenses. — Si les recettes et les dépenses sont balancées, les parties sont respectivement quittes, et il n'est dû qu'un simple droit de décharge — *V.* 4766, 4771.

Jugé, en ce sens, que la compensation établie dans le compte d'un exécuteur testamentaire entre le montant des sommes dont il est légataire et le montant de celles qu'il a touchées pour la succession, ne donne pas ouverture au droit de quittance (Rennes 10 juin 1839, 5686 C., Champ. et Rig. t. 6 n° 55).

CHAPITRE IV. — QUESTIONS DIVERSES

[4795-4814]

4795. Acceptilation. — La remise du reliquat de compte peut être passible, soit du droit de quittance, soit du droit de décharge. — V. *Acceptilation.*

4796. Armement en course. — Les comptes des frais peuvent être déposés au greffe du tribunal de commerce sans enregistrement préalable des pièces. Il n'y a lieu à l'application des art. 41 et 42 L. 22 frimaire que lorsqu'il s'élève des contestations (D. m. f. 1590 J. E.).

4797. Bail à nourriture. — Si le mandataire, pour solder le reliquat de son compte, s'engage à nourrir l'oyant, le droit de bail à nourriture est exigible. — V. *Aliments, Bail,* 2856, 2857, 2860.

4798. Compensation. — Si le rendant-compte est créancier personnel de l'oyant et emploie ses créances en dépenses dans son compte, il en résulte une libération réciproque, qui est sujette au droit de 50 centimes dans tous les cas : car il y a ici créancier et débiteur, et non pas seulement l'exécution d'un mandat. — V. *Compensation.*

L'emploi en recette des sommes dues personnellement par le rendant donne également lieu au droit de quittance sur les sommes dont le débiteur se trouve libéré (Seine 28 fév. 1838, 12101 J. E.). Mais ce droit n'est dû que jusqu'à concurrence du chiffre de la dépense dans le cas où le reliquat n'est pas soldé, car, sans cela, la même somme supporterait à la fois un droit de quittance et d'obligation.

1. OBLIGATION ET QUITTANCE. — Toutefois, si, dans le projet de compte, le rendant employait en recette sa dette personnelle verbale, le droit d'obligation serait exigible, lors même que le projet ne serait enregistré qu'avec l'arrêté portant payement de ce reliquat. L'arrêté serait lui-même passible du droit de quittance pour la constatation de la libération de cette dette (Rouen 27 août 1845, 13840 J. E.).

4799. Confusion. — Si, dans un compte entre cohéritiers, celui qui a acquis des biens de la succession compense ce qu'il lui revenait sur le prix des adjudications effectuées avec ce qu'il devait lui-même, on ne peut percevoir le droit de quittance sur cette clause, parce que la dette s'éteint par confusion (Dél. 13 avr. 1827, 8744 J. E). — *V.* 4980.

Il eût été plus exacte de dire que l'attribution au cohéritier du prix dont il était débiteur, était le résultat d'un rapport en moins prenant et formait, à ce titre, une dépendance nécessaire du partage. — V. *Partage.*

4800. Délégation. — Le donataire chargé d'acquitter certaines dettes n'est point un comptable. L'acte par lequel il indique au donateur le montant des payements déjà effectués et les sommes restant dues ne constitue pas un arrêté de compte sujet au droit de 1 pour 100, attendu que le donataire agit pour lui-même en payant les dettes qui lui sont imposées (Dél. 20 avr. 1822, 359 C., Champ. et Rig. n° 1025).

4801. Donation. — Continuation de communauté. — Il est bien certain que la communauté ne continue pas entre le survivant et les héritiers du défunt. Mais les biens demeurent indivis entre eux. Si, par exemple, la communauté comprend un fonds de commerce dont la liquidation n'est pas immédiatement possible, il faut continuer la gestion des affaires sauf à partager les profits. Le survivant peut se charger de cette gestion au nom de ses enfants. Quand il rendra son compte, il devra y comprendre, non-seulement les valeurs existant au décès, mais la portion nette revenant aux mineurs dans les profits ultérieurs réalisés par l'administration des biens indivis (Bordeaux 21 nov. 1845, D. 46-4-72 ; — Paris 24 avr. 1858, D. 58-2-159), ainsi que tous les fruits (Cass. 20 juill. 1858, D. 58-1-414). Il est clair qu'alors l'introduction de ces biens dans le compte de tutelle ne saurait motiver la demande d'aucun droit de donation.

Il en est autrement quand les sommes attribuées à l'oyant proviennent d'opérations faites personnellement par la tutrice : le tribunal de Cholet a eu raison de maintenir dans ce cas la perception du droit de donation (J. 19 avr. 1866 2020 R. P.).

En matière civile, il a été également décidé que les bénéfices provenant d'opérations faites après la dissolution de la communauté ne profitent pas aux héritiers de l'époux décédé, lorsque ces opérations ne sont pas la suite nécessaire d'une entreprise commencée pendant la communauté (Cass. 19 nov. 1851, D. 51-1-315).

4802. Droits successifs. — L'acte duquel il résulte qu'un héritier reçoit une somme de ses cohéritiers pour tout ce qui peut lui revenir dans la succession mobilière de leur auteur ne peut être réputé un *simple compte*. Il y a cession, et la somme reçue est le prix de la part du cédant dans la succession commune. Il est dû le droit proportionnel de cession (7012 J. E.).

Ce droit serait même exigible indépendant du droit dû pour l'arrêté de compte, s'il était constant que les parties ont voulu faire deux conventions successives tout à fait indépendantes l'une de l'autre (Sol. 5 août 1854).

Mais le payement fait par un père à son fils, d'une somme déclarée provenir de la succession maternelle, ne donne ouverture qu'au droit de décharge, si rien dans l'acte ne révèle l'existence d'une cession ou d'une donation, encore bien que cette somme n'ait pas été constatée exister en nature dans la succession maternelle, attendu qu'elle a pu être réalisée postérieurement au décès (Dél. 12 juill. 1833, 10671 J. E., *V.* Sol. 5 fév. 1830, 1333 § 1er I. G., *Contrà* Sol. 26 juill. 1826, 1204 I. G.).

4803. Effets négociables. — 1. COURTIER. — L'acte sous seing privé par lequel un courtier de change déclare qu'il lui a été remis, à différentes époques, des billets à négocier pour une somme de 25,000 francs sur laquelle il n'a compté que 6,000 francs, attendu qu'il n'a pas encore négocié les autres valeurs, équivaut à un arrêté de compte.

4804. État de situation. — Lorsqu'un compte de tutelle qui concerne plusieurs mineurs n'est cependant rendu qu'à l'un d'eux, devenu seul majeur, les sommes dont le tuteur serait censé reliquataire envers les autres ne peuvent donner lieu à aucun droit. Il n'y a point de compte relativement à eux, mais un simple état de situation de tutelle, tel que l'art. 470 C. C. autorise à l'exiger du tuteur (3616 J. E.).

Plus généralement, il faut dire que le droit proportionnel n'est pas dû sur de simples arrêtés de situation subordonnée à un règlement final des opérations de la gestion (Sol. 15 juin 1825, Dél. 15 fév. 1831, 8104 J. E., 987 C., 9921 J. E.).

Ainsi, est sujet au droit fixe de 3 francs l'état de situation des biens séquestrés, présentant le tableau des sommes reçues et payées, parce qu'un tel tableau ne contient pas d'obligation (Sol. 20 juin 1860).

En matière civile, on a considéré comme un simple état de situation et non comme un compte proprement dit, une note énonçant simplement le total des sommes que le mandataire a reçues de son mandant et celui des sommes qu'il a payées pour celui-ci, sans en indiquer les éléments (Cass. 10 mars 1869, S. 70-1-303).

4805. Exécuteur testamentaire. — Le compte par lequel l'exécuteur testamentaire établit l'emploi des valeurs recouvrées n'est pas passible du droit de quittance sur les sommes dont le comptable est déchargé (Cass. 22 avr. 1823 et 30 août 1826). — *V.* 8295, 8296.

4806. Héritiers. — Le droit d'obligation est exigible sur le reliquat d'un compte de tutelle, quoique ce compte soit établi, non avec le tuteur lui-même, mais avec ses successibles agissant en qualité d'habiles à se dire héritiers, surtout si ceux-ci ont accepté ultérieurement la succession. « Attendu, porte un arrêt de Cass. du 13 avril 1830, qu'il résulte de l'acte du 20 juin 1823, que la somme qui y est énoncée était due à Henri-Désiré Varnier, pour arrêté de compte par la succession de Richard Varnier ; que cet acte obligeant la succession au payement de cette somme, la Régie n'avait pas à examiner si la veuve et les héritiers Varnier avaient qualité suffisante pour lui faire contracter cette obligation ; qu'au surplus, à l'égard des héritiers Varnier eux-mêmes, cet acte contient l'obligation conditionnelle d'acquiter cette somme, dans le cas où ils accepteraient la succession ; que les défendeurs se sont portés héritiers postérieurement et qu'en acceptant la succession, ils ont dû en acquitter les charges ; que, dès lors, le droit proportionnel établi par l'art. 4 L. 22 frimaire an. 7 était acquis à la Régie, et devait être payé par les défendeurs » (1336 § 2 I. G., 7162 J. N., D. N. t. 3 p. 555 n° 190, S. 30-1-130).

Est passible du droit fixe de 2 francs (3 fr.) comme décharge, et non du droit proportionnel de libération, l'acte qui constate que les héritiers d'un curateur décédé payent au nouveau curateur le reliquat du compte de sa gestion. Peu importe que ce reliquat ait été fixé par un jugement (Dél. 28 juill. 1829, 9368 J. E.).

4807. Héritier bénéficiaire. — L'héritier bénéficiaire qui rend compte en cette qualité de ses opérations n'est qu'un administrateur ordinaire du bien d'autrui. Le but de l'acte étant de présenter le tableau des payements effectués et de ceux qui restent encore à faire, les indications relatives à ce dernier point sont simplement énonciatives et n'ont pas pour but de conférer aux créanciers le titre qui pourrait leur manquer. Aussi serait-il impossible, en principe du moins, de considérer les déclarations de l'héritier comme une reconnaissance de dettes passible du droit d'obligation. C'est ce qui a été reconnu par une délibération du 16 juillet 1825 (5458 J. N., 976 C.) fondée sur ce que le bénéficiaire ne contracte alors aucune obligation envers les créanciers; qu'il se pourrait que le reliquat lui appartînt en totalité ou en partie s'il n'était pas distribué et qu'on ne s'oblige pas envers soi-même. La même règle a été appliquée depuis par de nombreuses solutions (Sol. 7 mai 1851, 17 sept. 1860, 26 avr. 1861, 28 oct. 1864), et par deux jugements, l'un de Versailles du 22 novembre 1861, et l'autre de Perpignan du 18 mars 1863 (V. *Contrôleur* vol. 17 p. 102, J. du not. n° 2026 et *infrà* n° 12198).

1. ABSENCE DES CRÉANCIERS. — Ce résultat est surtout évident quand les créanciers ne comparaissent pas au compte de bénéfice d'inventaire. Il a été jugé, avec raison, dans ce cas, que l'acte par lequel le bénéficiaire procède, en l'absence des créanciers, à l'établissement du compte des recettes et dépenses qu'il a faites pour la succession et fixe ensuite par un marc le franc le dividende qui doit revenir à chaque créancier, ne donne pas lieu au droit d'obligation par ce motif que ni les débiteurs ni les créanciers n'ayant comparu, cette répartition n'oblige en aucune manière les débiteurs et ne confère aucun droit aux créanciers (Avallon 9 déc. 1846, 13038 J. N., 7915 C., Champ. et Rig. t. 6 n° 66).

2. RECONNAISSANCE EXPRESSE. — Mais il n'est pas contraire à l'essence du compte que l'héritier bénéficiaire confère aux créanciers de l'hoirie un titre positif de leurs obligations. Il le peut d'abord en renonçant au bénéfice d'inventaire, et même, sans perdre cette qualité, si sa reconnaissance a le caractère d'un acte de sage gestion. Dans tous les cas, l'Administration n'a pas à apprécier la validité de la déclaration et il suffit à l'exigibilité du droit proportionnel que le compte témoigne clairement de l'intention du bénéficiaire de reconnaître la dette. — Ainsi, par le jugement rapporté au n° 4791, le tribunal de la Seine a décidé, le 3 décembre 1853 que la Régie n'avait pas à examiner si les héritiers bénéficiaires mineurs ont pu, aux termes de la loi civile, obliger la succession bénéficiaire et par suite s'obliger personnellement; qu'il suffit pour la perception qu'il y ait reconnaissance de dettes (1436 R. P., 17069 J. E., 11821 C.). Or, cette reconnaissance résultera, ou bien, comme dans l'espèce du jugement précité, de l'obligation prise par le bénéficiaire de payer le reliquat aux créanciers; ou bien de ce que, dans une distribution, les créanciers font réserve expresse, du consentement du bénéficiaire, de ce qui leur reste dû, en indiquant la quotité de la somme (Dél. 15 déc. 1835, 7 janv. 1836, Dalloz 1196, 11440 J. E.). Seulement il faut bien remarquer dans ce dernier cas que la réserve seule des créanciers, si expresse qu'elle soit, ne pourrait pas motiver la perception du droit, puisqu'on ne se fait pas un titre à soi-même. C'est l'acquiescement ou l'aveu formel du bénéficiaire qui constitue la reconnaissance sujette à l'impôt. Toute la question dépend, par conséquent, d'une appréciation de fait variant selon les circonstances.

En matière civile, il a été décidé que la reconnaissance d'une dette par l'héritier bénéficiaire qui a succédé à la fois au débiteur et au créancier, est interruptive de la prescription de cette dette au profit de la succession bénéficiaire du créancier et de ceux qui ont des droits à faire valoir contre elle, l'acceptation bénéficiaire empêchant l'extinction de la dette par voie de confusion (Cass. 7 août 1860, D. 60-1-306).

3. CRÉANCE AU PROFIT DE LA SUCCESSION. — Aucun doute n'existerait plus sur l'exigibilité du droit d'obligation si l'héritier bénéficiaire agissant en cette qualité, réglait un compte duquel il résulterait une créance au profit de la succession. Ainsi que le font observer Champ. et Rig n° 1063, l'acte contiendrait obligation de la somme énoncée au profit de celui qui serait reconnu créancier.

Ainsi il a été jugé qu'il y a lieu de percevoir le droit d'obligation sur l'acte par lequel les successibles qui se réservent d'accepter sous bénéfice d'inventaire, reconnaissent que leur auteur était reliquataire à raison de la gestion des biens d'un mineur dont il était le tuteur (Cass. 13 août 1840, 1336-2 I. G., 9633 J. E., 7162 J. N.

4. DATION EN PAYEMENT. — Si l'héritier bénéficiaire paye les créanciers de la succession avec des marchandises, le droit de 2 pour 100 est exigible par application du principe que nous avons développé précédemment (Circ. du 11 niv. an 9, D. N. t. 3 p. 506 n° 37).

4808. Inventaire. — Déclaration. — Sociétaire. — La déclaration faite dans un inventaire après décès, par un mandataire chargé de la liquidation d'une société, et portant qu'après avoir reçu et payé diverses sommes pour le compte de l'auteur de la succession, ancien associé, il demeure comptable envers cette succession d'une somme déterminée, ne peut être rangée dans la classe des obligations, promesses de payer, ou arrêtés de compte sujets au droit proportionnel : « Attendu, porte un arrêt de Cass. du 22 mars 1814, que, dans l'espèce, la déclaration faite par Congoulhe, dans l'inventaire des effets de la succession de la veuve Saint-Martin, sa belle-mère, portant qu'après avoir touché pour ladite veuve St-Martin 167,000 francs, et en avoir payé à son acquit 80,300, il restait comptable d'une somme de 86,700 francs, n'a eu le caractère, ni des obligations spécifiées par l'art. 4 L. 22 frimaire, ni des promesses de payer, ou arrêtés de compte, ou autres actes sujets au droit proportionnel, comme énoncés dans le n° 3 § 3 de l'art. 69; que la somme comprise dans cette déclaration, ainsi que les titres sur lesquels elle pouvait être réclamée, ont dû seulement être considérés comme faisant partie des objets mobiliers et titres inventoriés dans la succession de ladite veuve Saint-Martin, présentés par Congouilhe comme les ayant reçus pour celle-ci, en qualité de mandataire; qu'il suit de là que la déclaration dudit Congouilhe, dans l'inventaire dont il s'agit, n'a pu donner lieu qu'au droit fixe de 2 francs (3 fr.), déterminé par l'art. 68 § 2 n° 1er L. du 22 frimaire an 7, et qu'elle ne deviendrait susceptible du droit proportionnel que dans le cas où l'on en ferait usage en justice » (7377 J. E., *P. Chr.* 218).

4809. Jugement. — Lorsque, sur des demandes réciproques, un jugement ordonne qu'un *compte sera rendu*, et que l'on y comprendra la valeur des objets mobiliers réclamés, à moins qu'on ne les représente en nature, ou bien qu'on y comprendra telle ou telle somme, le droit fixe est seul exigible, attendu que, n'y ayant condamnation qu'à une reddition de compte, le résultat éventuel de ce compte peut, par l'effet de compensation ou autrement, n'opérer aucune mutation réelle de propriété mobilière, et ne donner lieu, par suite, à aucun droit proportionnel (Cass. 16 fév. 1822, 7201 J. E.). Cette jurisprudence a été maintenue par deux autres arrêts de la C. cass. des 20 et 27 juin 1826 : « Attendu, en fait, porte ce dernier arrêt, que l'arrêt rendu dans l'espèce, le 23 avril 1823, entre les syndics de la faillite Leorier-Delisle et le sieur Cardon, n'établit aucun résultat définitif du compte à rendre par ce dernier; que cet arrêt détermine seulement certaines sommes dont le sieur Cardon sera tenu de se charger en recette, ainsi que d'autres sommes qu'il sera autorisé à porter en dépense; qu'il importe peu que l'obligation de porter en recette les sommes ainsi désignées soit imposée au sieur Cardon, à titre de dommages-intérêts, ou sous toute autre qualification, puisque cette qualification quelconque n'exclut pas la faculté qu'il y a de compenser, s'il y a lieu, cette recette par des articles de dépense équivalents à ladite recette; qu'il suit de là que l'arrêt dont il s'agit ne contient, sous ces rapports, aucune disposition définitive susceptible d'un droit proportionnel d'enregistrement » (1200, §§ 8 et 11 I. G., S. 27-1-103 et 104).

Cette jurisprudence est conforme à la nature de l'action appartenant à l'oyant.

« Le mandant est débiteur d'un compte, dit Pigeau, et non débiteur de sommes; qui sait si, par l'événement, il ne sera pas créancier? » (*Procédure* t. 2 p. 398). C'est la même idée exprimée par Troplong, en ces termes : « Pour que le rendant soit débiteur de sommes, dit-il, il faut aller plus loin : il faut ou qu'il y ait un reliquat avoué par le rendant et résultant du compte présenté et affirmé, ou bien que ce reliquat soit fixé par jugement. On oppose que le jugement de reddition de compte (ou plus originairement encore le mandat) comprend nécessairement l'obligation de payer le reliquat. C'est comme si on disait qu'un jugement qui ordonne une preuve contient une condamnation implicite pour celui qui ne la fera pas. On ne peut pas dire de primesaut : *S'il y a un reliquat, je vous condamne à le payer.* On espère tout simplement qu'il y aura créance, et condamnation si le reliquat ressort du compte... Comment pouvez-vous dire, vous demandeur, qui réclamez, par exemple, le payement de 4,000 francs, comment pouvez-vous dire que vous avez *un titre* dans le jugement qui ordonne la reddition du compte? Est-ce que votre prétention a été accueillie? Votre victoire ne dépend-elle pas de preuves et de moyens ultérieurs qui peuvent tourner à votre confusion? En supposant même que le compte prouve ce reliquat, n'est-il pas possible que la prescription vous fasse échouer dans votre action? Par quel aveuglement vous obstinez-vous donc à trouver *un titre* là où il n'y a qu'un doute? Et ne voyez-vous pas que l'obligation de payer le reliquat s'attache si peu de plein droit au jugement, que la loi veut qu'elle soit ultérieurement prononcée par le juge commissaire ou par le tribunal, suivant l'issue du compte. » (*Traité des privilèges et des hypothèques* t. 2 n° 439). *V.* 9857.

Il a donc été décidé avec raison que le jugement ordonnant aux exécuteurs testamentaires de livrer l'actif aux héritiers n'a d'autre objet que d'obliger à rendre compte et n'est pas sujet au droit de condamnation (Nice, 18 aout 1877, 4828 R. P.).

4810. Partage. — Si, dans un arrêté de compte de tutelle, portant payement du reliquat, il est dit que le père a remis à son fils sa part des objets mobiliers dépendant de la succession de sa mère, cette remise, s'identifiant avec le compte, ne donne ouverture à aucun droit particulier (14074-2 J. E.).

1. LIQUIDATION. — Lorsqu'un compte de tutelle par un père à ses enfants est précédé de la liquidation de la succession de la mère, il faut distinguer pour la perception : si la liquidation est le préliminaire nécessaire au compte, il n'est dû que le droit ordinaire exigible sur le compte; mais si cette liquidation contient toutes les attributions qui font cesser l'indivision et constituent le partage, il est dû le droit de partage indépendant du droit de décharge (13225-2, 14981-5 J. E.).

2. RELIQUAT. — Quoique le reliquat d'un compte de tutelle soit partagé entre plusieurs mineurs auxquels le compte est rendu, il n'est pas dû de droit particulier pour ce partage, attendu que chaque pupille est censé recevoir directement du tuteur la portion qui lui appartient dans la somme qui leur est remise (6279 J. E.). — C'est ce qui avait été décidé déjà, pour l'application du contrôle, par un arrêt du conseil du 24 février 1752; mais Bosquet en combattait la doctrine en ces termes : « Lorsqu'un tuteur, dit-il, rend compte à des mineurs devenus majeurs, ils peuvent faire tel usage qu'ils veulent de ce qui leur revient; et, s'ils le partagent, le tuteur n'est nullement partie dans cette seconde disposition qui lui est totalement étrangère; dès qu'il a rendu compte, sa fonction est finie, au lieu que s'il s'agit d'un acte contenant démission et partage, la première disposition n'est faite qu'en vue de la seconde, le père se démettant préside au partage, et il est censé s'être démis en faveur de chaque enfant de la portion même qui lui revient par le partage » (Bosquet v° *Acte cont. plus. disp.*).

3. PRIX DE VENTE. — Le contrat par lequel des coacquéreurs, en convenant de demeurer dans l'indivision pendant une certaine période, règlent leur situation à l'égard des payements opérés sur le prix et fixent le reliquat dû à l'un d'eux, a le caractère d'un arrêté de compte passible du droit de 1 franc par 100 francs. « Attendu que l'acte constate un véritable arrêté de compte entre les parties, tel que le prévoit l'art. 69 § 3 L. frimaire an 7, et non une simple affectation hypothécaire; que cet arrêté de compte a pour résultat incontestable de donner à Coquerel un droit de créance sur les coacquéreurs, jusqu'à concurrence des sommes qu'il a payées pour eux; que l'éventualité d'une réduction possible du chiffre de ladite créance par suite des payements partiels de la part des débiteurs ne peut changer la nature du contrat » (Seine 19 déc. 1868, 2883 R. P.).

4811. Pluralité. — Récépissé. — Il est dû un droit pour chacun des oyants-compte lorsqu'un seul acte renferme plusieurs comptes particuliers rendus par un tuteur à des mineurs devenus majeurs et ayant des intérêts *distincts*, soit à cause des recettes, soit à cause des dépenses (Sol. 1er mars 1836, 11458 J. E., 1528 § 4 I. G., *Contrà* D. N. t. 3 p. 529 n° 7).

Par une précédente Dél. du 14 janvier 1831, l'Administration avait reconnu l'exigibilité de plusieurs droits sur le compte collectif qui présentait un chapitre particulier de recettes et de dépenses pour chaque oyant-compte, bien qu'il n'eût pas des intérêts distincts de ceux des autres oyants (9869 J. E.) et c'était aussi l'opinion émise 11274-1 J. E.). — Mais il faut décider aujourd'hui, conformément à la solution précédente, que la pluralité des droits dépend exclusivement de la division des intérêts des oyants. Et par intérêts distincts, on ne doit pas seulement entendre une quotité inégale dans les dépenses ou les recettes communes (12375 C.); ou même un emploi différent de ces recettes selon les besoins de chaque mandat; il faut que le rendant-compte ait eu réellement l'administration de valeurs particulières, comme si l'un des oyants a recueilli une succession à laquelle les autres ne soient pas appelés. Dans ce cas, le compte spécial rendu au mandant est tout à fait distinct du compte général et la perception d'un droit particulier se trouve justifiée.

1. PROJET DE COMPTE. — DÉCHARGE. — Cette règle est, d'ailleurs, commune au projet de compte, lorsqu'il est enregistré isolément, à la décharge d'arrêté de compte et au récépissé de pièces.

Lorsque le projet de compte renferme plusieurs comptes distincts, et que cependant les pièces sont remises à un seul des oyants, il est clair qu'on ne peut percevoir qu'un droit *de récépissé*. — On a même enseigné que ce droit est le seul exigible sur l'acte entier (11353 J. E.). Mais cette opinion ne saurait prévaloir. Outre le récépissé de l'oyant, l'acte renferme encore autant de projets de compte qu'il y a de mandants ayant des intérêts distincts, et ces projets n'ont aucune corrélation nécessaire avec le récépissé. Il faut donc percevoir, outre le droit du récépissé, autant de droits de 3 francs qu'il y a d'autres comptes particuliers.

4812. Ratification.—La ratification dans un compte de tutelle donnée par le mineur de plusieurs actes relatés dans ce compte, forme une disposition indépendante, et donne ouverture à autant de droits qu'il y a eu d'actes ratifiés (13064-3 J. E.).

4813. Reconnaissance de dette. — Quittance. — Si un projet de compte de tutelle contenant reconnaissance d'une dette verbale, personnelle au tuteur, est présenté à l'enregistrement en même temps que l'arrêté de compte qui contient quittance de cette même somme, on doit percevoir les droits auxquels donne ouverture chaque acte, c'est-à-dire celui de reconnaissance de dette sur le projet de compte et celui de quittance sur l'arrêté (Rouen 27 août 1845, 13840 J. E.).

La même règle a été appliquée, relativement au droit de quittance, par le tribunal de la Seine, le 28 février 1838 (12101 J. E.).

4814. Vente. — Un arrêté de compte, pour fournitures faites, duquel il résulte que celui qui a reçu les fournitures reste débiteur d'une somme fixée, donne ouverture au droit de 2 pour 100 sur le reliquat (13492 J. E. — *V.* également 9580 J. E.).

Mais l'acte par lequel un commerçant se reconnaît débiteur envers un autre d'une somme déterminée pour solde de tout compte, ne peut donner ouverture au droit de 2 pour 100, car rien n'indique que le billet ait été causé valeur en marchandise. — V. *Obligations*.

1. COMPTE DE TUTELLE. — Aux termes de l'art. 453 C. C., le père, tant qu'il a la jouissance propre et légale des biens du mineur (art. 384 du même Code), est dispensé de vendre les meubles, s'il préfère les garder pour les remettre en nature, et il est tenu de rendre la valeur estimative de ceux des meubles qu'il ne pourrait représenter en nature. Dans ce dernier cas, porte l'I. G. 545 § 3, il doit être réputé remettre à son enfant le prix de la vente qu'il a faite ou pu faire des meubles dont il avait l'administration et la jouissance, et le droit de cession n'est pas exigible (Dél. 27 oct. 1832, 7900 J. N.). Les effets de cet acte sont évidemment ceux d'une décharge du compte de la gestion mobilière de la succession. Que cette administration ait appartenu à l'ascendant comme tuteur légal ou datif, l'acte n'est toujours qu'une décharge (D. N. t. 3 p. 499 n° 102, et t. 10 p. 387 n° 98, Champ. et Rig. n° 1536, Dalloz n° 877). — C'est à tort, selon nous, que l'exigibilité du droit de quittance a été reconnu dans cette hypothèse par une D. m. f. des 31 août, 11 sept. 1811).

S'il était établi que le père, au lieu de remettre en nature les meubles appartenant à l'enfant, les a conservés pour lui-même, moyennant la somme dont il s'est chargé en recette, l'arrêté de compte opérerait l'effet d'une cession à son profit par le mineur devenu majeur, et cette cession donnerait ouverture au droit de 2 pour 100 (14488-1 J. E.).

De même, lorsqu'il est dit que le père conservera les objets mobiliers et les créances, au moyen de la remise *en numéraire* qu'il fait de ce qui revient à son fils après déduction du passif, il y a cession de créances et vente de meubles si le numéraire compté ne fait pas partie des biens de la succession (13868-2 J. E.).

CHAPITRE V. — TIMBRE

[4815-4819]

4815. Règle. — Tous les comptes entre particuliers, soit volontaires, soit judiciaires, sont assujettis au timbre comme tout acte ou écrit pouvant faire titre ou être produit pour décharge ou justification, demande ou défense (L. 13 brum. an 7, art. 12).

4816. Timbre proportionnel. — L'art. 6 L. 6 prairial an 7, qui soumet au timbre proportionnel les billets et obligations non négociables, et les mandats à terme ou de place en place, ne peut s'appliquer à un arrêté de compte portant balance de recette et dépense. Un tel acte ne saurait être, sous aucun rapport, placé dans la classe des obligations dont il s'agit dans la loi du 6 prairial, et il n'est passible que du timbre de dimension (371 n° 1er I. G. 1947, 2488, 11429 J.E.). — *V.* 4767-1.

4817. Faillite. — Le compte rédigé sur papier libre trouvé dans les papiers d'un failli déposé au bureau du receveur, ou dont on aurait eu autrement une connaissance légale, est passible du timbre et de l'amende, quoiqu'il n'en soit pas fait usage devant les tribunaux ou les autorités administratives. « Attendu, porte un arrêt de Cass. du 16 mai 1815, qu'il suffit pour autoriser la poursuite des contraventions énoncées aux articles ci-dessus cités, que ces contraventions aient été découvertes et légalement constatées par les préposés de la Régie, encore bien que les pièces qui y donnent lieu ne leur aient été communiquées par aucun des fonctionnaires que la loi charge spécialement de cette communication, dès lors, que les agents de la Régie n'ont employé, dans cette découverte, aucun moyen insidieux ni désavoué par la loi; qu'il suit de là qu'en déchargeant, dans l'espèce, le sieur Montcharmont des poursuites dirigées contre lui pour raison des actes par lui souscrits sur papier non timbré, quoique sujets, par leur nature, à la formalité du timbre, sur le motif que ces actes n'avaient été communiqués par aucun des fonctionnaires que la loi charge de cette communication, mais avaient été seulement déposés, par les syndics de la faillite du sieur Godin, au bureau du receveur de l'enregistrement à Château-Chinon, le jugement attaqué présente une fausse application de l'art. 25 L. 13 brumaire an 7, et une violation directe des art. 12 et 26 de la même loi » (5171 et 5217 J. E., D. N. t. 3 p. 496 n° 79, S. 15-1-280).

4818. Acte à la suite. — On peut, sans contravention à la loi du 13 brumaire an 7, écrire à la suite d'un extrait de registre ou de compte sur timbre de dimension, la promesse d'en payer le reliquat (3568 J. E.).

La quittance du reliquat peut être mise à la suite d'un extrait du règlement du compte, puisque c'est ce règlement qui constitue l'obligation du comptable et que les quittances peuvent être écrites à la suite des actes obligatoires (D. m. f. 28 juin 1825, 929 C.)

Peut-on rédiger le compte, le récépissé des pièces et l'arrêté définitif sur la même feuille de papier timbré? Cette question a été traitée avec ses développements au mot *Acte écrit à la suite d'un autre.*

4819. Comptables publics. — Tous les comptes rendus par les comptables publics, même le double servant de décharge, sont exempts du timbre (L. 13 brum. an 7 art. 16 n° 1er). Mais s'il s'agit de gestions particulières, le double conservé par le comptable est sujet au timbre (même article, 1180-9 I. G., 8098 I.G..).

Le double des comptes que rendent les comités de bienfaisance de l'emploi des fonds affectés aux secours extraordinaires et les pièces à l'appui sont exempts du timbre (D. m. f. 9 juin 1812, 4238 J. E.).

COMPTE-COURANT.

4820. Définition. — « Le compte courant, dit Merlin, (R. V. *Compte*) est l'état que deux négociants qui sont en relations d'affaires, tiennent de leurs droit et avoir mutuels, et, en termes de banque, le tableau des lettres de change que les négociants et les banquiers tirent les uns sur les autres, et des remises qu'ils se font réciproquement.» — «C'est, dit à son tour Pardessus, le composé de tout ce que deux correspondants se doivent réciproquement pour les lettres de change, mandats, billets ou autres effets qu'ils tirent l'un sur l'autre, qu'ils se transportent ou qu'ils acquittent à leur réquisition respective, des rentrées qui en ont été le résultat; du prix de ventes ou de fournitures qu'ils se font à crédit; en un mot, de tout ce qui a pour effet de modifier successivement entre eux les rapports de crédit et de débit. » (t. 2 n° 475). — « C'est, disent avec plus de raison encore Delamarre et Lepoitevin (*Traité du contrat de commission* t. 2 n° 489), le contrat par lequel l'un des contractants remet à l'autre contractant, ou reçoit de lui de l'argent ou des valeurs non spécialement affectés à un emploi déterminé, mais en toute propriété, et même sans obligation d'en tenir l'équivalent à la disposition de celui qui remet; en un mot, à la seule charge, par celui qui reçoit, d'en créditer le remettant, sauf règlement par compensation à due concurrence des remises respectives sur la masse entière du crédit et du débit. »

Le compte courant peut se composer d'affaires civiles ou commerciales; néanmoins, c'est principalement dans le commerce que s'ouvrent les comptes courants.

4821. Crédit et débit. — « On divise les comptes courants en deux colonnes : dans la première, on porte au *crédit* ou *avoir* de l'un des correspondants les valeurs reçues pour lui; dans la seconde, on inscrit à son *débit* ou *doit* les sommes payées pour son *compte.* — De là, on appelle *créditeur* celui qui fournit et *débiteur* celui qui reçoit. — Ainsi, l'on doit dire qu'il y a compte courant entre deux individus, dès qu'il y a entre eux *crédit* et *débit.*

4822. Livres. — Dans les maisons de commerce, les comptes courants se constatent sur le *grand-livre* ou *livre d'ordre;* cela n'empêche pas qu'il ne soit tenu des livres de *comptes courants,* qui ont l'avantage de contenir plus de détails que le grand-livre.

4823. Enregistrement. — Crédit. — La question de savoir si l'extrait, *non arrêté ni signé du débiteur,* d'un compte courant présenté à la formalité doit donner ouverture à un droit proportionnel, n'a jamais fait l'objet d'un doute, lorsque le compte établit une avance. On a considéré que celui qui fournit l'extrait ne peut se faire titre à lui-même, d'où la conséquence que le droit fixe est seul exigible.

1. DÉBIT. — Mais il n'en est pas de même alors que la balance établit le banquier ou négociant redevable envers celui pour qui le compte avait été ouvert. On regarde l'extrait comme faisant un titre au profit de ce dernier, et le droit d'obligation est exigible (3416 6200 J. E.).

2. VENUE. — De même, on n'a jamais vu de difficulté sur la non exigibilité du droit de vente à percevoir à raison des ventes de marchandises, constatées dans les comptes courants. Une vente est, en effet, un contrat qui a besoin, pour se former, du concours de toutes les parties contractantes. Ce droit ne serait exigible que si le compte constatant l'existence de la vente était accepté par celui auquel il est rendu (D. N. t. 3 p. 517 n° 26).

3. QUITTANCE. — Mais on avait été d'avis que le droit de quittance était exigible sur les sommes qui étaient constatées comme reçues dans le compte courant (576, 3416 J. E.). Cette opinion ne doit être acceptée que quand il s'agit de dettes ordinaires dont le payement est constaté dans le compte. Car s'il s'agit d'un véritable compte dans le sens de la loi du 22 frimaire an 7, le droit n'est pas dû sur la constatation des payements faits par le comptable, soit pendant la durée de sa gestion, soit lors de l'arrêté de compte (D. N. t. 3 p. 517 n° 27).

4. RÈGLE. — Quoi qu'il en soit, les principes que nous avons établis au mot *Compte* ont depuis longtemps prévalu en matière de comptes courants, et il est aujourd'hui hors de toute controverse que l'extrait d'un compte courant, en matière de commerce, certifié par une des parties qui atteste avoir reçu et dépensé pour l'ordre d'autrui, et que le solde est débiteur ou créancier, n'oblige, ne libère, ni ne transmet; en conséquence il n'est passible que d'un droit fixe. Le résultat d'un compte courant n'est sujet au droit proportionnel que lorsqu'il est arrêté et fixé définitivement (Sol. 15 juin 1825, 15 fév. 1831, 8104, 9921 J. E., D. N. t. 3 p. 517 n° 25).

COMPTE PAR ÉCHELETTE (OU PAR ÉCHELLE).

4824. — C'est le compte par lequel on impute, conformément au principe résultant de l'art. 1254 C. C., les comptes payés par le débiteur, d'abord sur les intérêts exigibles et ensuite sur le principal. — Ainsi, ce compte ne forme point une espèce particulière, mais seulement un mode d'imputation à suivre pour l'ordre des payements dans un compte quelconque.

COMPTE DE RETOUR.

4825. Définition.— C'est celui qui accompagne la retraite, c'est-à-dire, la lettre de change qui est tirée par le porteur d'une lettre de change protestée, pour se rembourser, sur le tireur ou l'un des endosseurs, du principal de cette dernière, de ses frais et du nouveau change qu'il paye (Favard de Langlade. — V. *Compte de retour* p. 620).

4826. Formalités. — Ce compte comprend le principal de la traite protestée et les frais de protêt et autres frais légitimes, tels que commission de banque, courtage, timbre et ports de lettres. On doit y porter le nom de celui sur qui la retraite est faite, et le prix du change auquel elle est négociée. On doit le faire certifier, pour constater son exactitude, par un agent de change, ou par deux commissaires, dans les lieux où il n'y a ni agent de change ni courtier. Enfin, s'il ne se fait pas assez d'opérations dans le lieu de la retraite pour qu'un cours y soit établi, on doit se régler sur celui de la place voisine (Pardessus n° 438); à défaut de pareils certificats, il n'est point dû de rechange (C. com. 186). — *V.* 4830.

4827. Remboursement. — Quoique tous les signataires d'une traite soient solidairement obligés envers le porteur, néanmoins, celui-ci ne peut faire de retraite que sur l'un d'eux. Il suit de là qu'il ne peut y avoir qu'un seul compte de retour sur une lettre de change. Ce compte est remboursé d'endosseur à endosseur respectivement, et définitivement par le tireur (C. com. 182).

Ainsi, l'endosseur sur qui le porteur aura fait retraite pourra à son tour en tirer une sur son endosseur immédiat ou sur l'un des endosseurs qui le précèdent, ou sur le tireur, sans qu'il y ait jamais plus d'un compte de retour. La loi, pour faciliter ce recours de l'endosseur contre le tireur, exige que, dans le cas où le porteur fait retraite contre un des endosseurs, le compte de retour soit accompagné d'un certificat *constatant le cours du change* du lieu où la lettre de change protestée était payable, sur le lieu d'où elle a été tirée (C. com. 181).

Ce certificat est de rigueur, de même que celui prescrit pour le cours du change entre le lieu de la retraite et celui de l'endosseur sur qui elle est faite; et s'il n'accompagne pas le compte de retour, le porteur n'a pas droit au rechange (C. com. 186). — *V.* 4830.

4828. Enregistrement. — Le compte de retour est l'accessoire obligé de la retraite. Par conséquent, il est sujet à l'enregistrement lorsque la retraite elle-même en est passible.

Le droit exigible est celui de 3 francs fixé par l'art. 68 § 1er n° 51 L. 22 frim. an 7, l'art. 8 L. 18 mai 1850, et l'art. 4 L. 28 février 1872, pour les actes innommés (3511 J. E., D. m. f. 22 fév. 1822, 7143 J. E., Sol. 2 oct. 1832, D. N. t. 3 p. 531 n° 17).

1. DISPOSITION DÉPENDANTE. — Quand le compte de retour est dressé après la retraite, sur la même feuille, il se confond avec elle, et ne saurait donner lieu à un droit distinct de cette retraite elle-même (Sol. 26 mars 1858).

4829. Timbre. — Le compte de retour, pouvant faire titre et être produit en justice, est sujet au timbre de dimension (L. 13 brum. an 7 art. 12, D. m. f. 22 fév. 1822. 7143, 11331-1 J. E., D. N. t. 3 p. 531 n° 14).

4830. Certificat. — Il est hors de doute que le certificat qui doit accompagner le compte de retour pour en attester l'exactitude (*V.* 4826), peut être écrit sur le compte même; il en est la conséquence forcée. — Mais il n'en est pas de même du certificat qui doit constater le cours du change du lieu où l'effet de commerce protesté était payable, sur le lieu d'où il était tiré (*V.* 4827). Ce certificat est une pièce qui doit accompagner le compte, il est vrai, mais il ne constitue pas une formalité qui lui soit inhérente comme l'est le premier certificat (3511 J. E., D. N. t. 3 p. 569 n° 33).

COMPTOIR D'ESCOMPTE.

4831. Législation. — Aux termes d'un décret du 7 mars 1848, il a dû être créé dans toutes les villes industrielles et commerciales un comptoir national d'escompte destiné à répandre le crédit et à l'étendre à toutes les branches de la production. Ces comptoirs devaient avoir un capital variant selon les besoins des localités. Ce capital était formé : un tiers en argent par les souscripteurs, un tiers en obligations par les villes et un tiers en bons du Trésor par l'État.

En exécution de ce décret, les statuts du comptoir d'escompte de Paris ont été arrêtés dans un décret du lendemain 8 mars 1848. D'après l'art. 5, les opérations du comptoir consistent dans l'escompte des effets de commerce sur Paris et les départements. Il n'est admis à l'escompte que des effets de commerce revêtus de deux signatures au moins et dont les échéances ne peuvent dépasser 105 jours, pour Paris, et 60 jours pour les départements. L'acte de société du Comptoir a dû être enregistré gratis (Art. 8).

4832. Sous-comptoirs de garantie. — Un décret postérieur du 24 mars 1848 a autorisé l'établissement de sous-comptoirs de garantie dans les villes où un comptoir d'escompte existait déjà. Il est ainsi conçu :

« Considérant que le décret du 8 mars 1848 relatif aux comptoirs nationaux d'escompte ne permet à ces établissements de faire l'escompte que de valeurs revêtues de deux signatures au moins ; que le plus grand nombre des petits commerçants, des industriels et des agriculteurs ne peuvent avoir cette seconde signature ; qu'ils se trouvent ainsi privés des ressources du comptoir, n'ayant d'autre moyen de crédit qu'un actif nécessairement immobilier entre leurs mains ; qu'il importe de faire participer aux bienfaits du crédit par des institutions démocratiques tous les membres de la société qui en avaient été déshérités jusqu'à présent.

Art. 1er. Dans les villes où un comptoir d'escompte existera, il pourra être établi soit par la localité, soit par agrégations d'industrie, des sous-comptoirs de garantie destinés à servir d'intermédiaire entre l'industrie, le commerce et l'agriculture d'une part, et les comptoirs nationaux d'escompte de l'autre.

Art. 4. Les opérations des sous-comptoirs consisteront à procurer aux commerçants, industriels et agriculteurs, soit par engagement direct, soit par aval, soit par endossement, l'escompte de leurs titres et effets de commerce, auprès du comptoir principal, moyennant des sûretés données aux sous-comptoirs par voie de nantissement sur marchandises, récépissés des magasins de dépôt, titres et autres valeurs.

Art. 6. Les sous-comptoirs ne peuvent se livrer à aucune opération, de quelque nature qu'elle soit, si ce n'est comme intermédiaire du comptoir principal.

Art. 10. Tous actes qui auront pour objet de constituer les nantissements au profit des sous-comptoirs par voie de transport ou autrement, et d'établir leurs droits comme créanciers seront enregistrés au droit fixe de 2 fr. 20 cent.

Art. 11. Les actes de société contenant les statuts des sous-comptoirs seront enregistrés gratuitement.

Ce droit a été augmenté de moitié par l'art. 4 L. 28 fév. 1872. Il est donc en principal de 3 francs; — Mais il ne tombe pas sous l'application de la loi du 23 août qui a assujetti les ouvertures de crédit à un droit proportionnel (Seine 29 mars 1873, *infrà* n° 4843).

4833. Sous-comptoirs des bâtiments. — Les dispositions qui précèdent ont été modifiées à l'égard des sous-comptoirs des entrepreneurs de bâtiments, par un décret du 4 juill. 1848, portant:

Art. 1er. Par dérogation au décret du 24 mars 1848, le sous-comptoir des entrepreneurs de bâtiments est autorisé à prêter, sur garantie mobilière et immobilière de toute nature, soit par voie de transport, de dépôt ou de nantissement pour les garanties mobilières, soit par voie d'hypothèque ou de privilége, conformément à l'art. 2103 C. C. pour les garanties immobilières. Il est, en outre, autorisé à escompter toutes valeurs à deux ou plusieurs signatures se rattachant au bâtiment.

Art. 2. Les opérations continueront d'avoir lieu par l'intermédiaire du comptoir national. Les garanties données au sous-comptoir profiteront au comptoir national et à la Banque de France et leur seront acquises par le simple endossement des valeurs.

Art. 6. Les autres dispositions du décret du 24 mars 1848 qui ne seraient pas contraires au présent décret sont maintenues.

4834. Prorogation. — D'après la loi du 10 juin 1853, les comptoirs et sous-comptoirs d'escompte peuvent être établis ou prorogés avec les droits énoncés dans les art. 9 et 10 du décret du 24 mars et dans le 2e alinea de l'art. 2 de décret du 23 août 1848. Les lois, décrets et arrêtés relatifs aux comptoirs et sous-comptoirs d'escompte continueront à être appliqués aux établissements actuellement existant.

jusqu'à l'expiration du terme pour lequel ils ont été prorogés.

En exécution de cette loi, un décret du 25 juillet 1854 a décidé que la Société du comptoir d'escompte de Paris pourrait profiter des dispositions de l'art. 10 du décret du 24 mars 1848. — V. 4841.

4835. Garanties immobilières. — Les dispositions précédentes étant des lois d'exception ne sauraient être étendues par voie d'analogie au delà de leurs termes précis. Ainsi l'art. 10 du décret du 24 mars 1848 sur les sous-comptoirs de garantie n'accorde le bénéfice du droit fixe qu'aux actes ayant pour objet de constituer des nantissements en valeurs mobilières désignées par l'art. 4 du même décret. Une décision ministérielle du 15 décembre 1853 (1987 I. G.) avait reconnu, en conséquence, que les droits ordinaires étaient exigibles sur les actes de prêts garantis par des hypothèques ; et cette interprétation a été confirmée par des arrêts de la C. cass. du 31 août 1858 (1083 R. P., 2137 § 8 I. G., 16401 J. N., 11441 C., 16837 J. E., S. 58-1-828) et du 1er décembre 1868 (2818 R. P., 2383-4 I. G., S. 69-1-88, D. 69-1-133, P. 69-178).

« Attendu, porte l'arrêt du 31 août 1858, que, d'après les termes et les motifs des décrets relatifs aux comptoirs et sous-comptoirs, la franchise concernant les droits proportionnels d'enregistrement se limite aux actes ayant pour objet de créer des obligations auxquelles seraient attachées des garanties purement mobilières ; que la même immunité ne s'applique donc pas aux prêts consentis sur hypothèque, pour lesquels ces établissements n'ont pas été institués ; que les prêts de cette nature sont restés dans les conditions du droit commun ; qu'ainsi, dans aucun cas, les obligations dont il s'est agi au procès, garanties par des hypothèques sur immeubles appartenant aux débiteurs principaux ou à leurs cautions, ne pouvaient jouir du bénéfice de la disposition exceptionnelle introduite pour des négociations d'une autre nature. »

Cependant, comme le décret du 4 juillet 1848 a permis aux sous-comptoirs des bâtiments d'accepter des garanties immobilières, il a paru que l'art. 10 du décret du 4 mars précédent se trouvait actuellement étendu à ces opérations ; et on a admis que les prêts hypothécaires consentis par les sous-comptoirs *des bâtiments* profiteraient du droit fixe (Sol. 18 mars 1853, D. m. f. 13 septembre 1854).

4836. Délégation. — D'après ces principes, il a été décidé que le droit fixe n'est pas applicable à l'acte par lequel l'emprunteur du sous-comptoir de garantie délègue à cet établissement une somme à prendre sur un prix de vente, parce que la somme déléguée, étant garantie par une inscription d'office, rentre dans la classe des affectations immobilières désignées par l'arrêt du 31 août 1858 (Sol. 27 oct. 1859).

4837. Quittance. — De même, il a été jugé que le bénéfice du droit fixe ne peut être étendu aux actes constatant la libération des entrepreneurs envers le sous-comptoir des bâtiments (Cass. 11 mars 1863, 1761 R. P., 2274-11 I. G., 17712 J. N., 12441 C., 17640 J. E., 344 et 733 § 11 Rev., S. 63-1-158) — « Attendu, porte l'arrêt, que si les dispositions des art. 10 du décret du 24 mars 1848 et 6 du décret du 4 juillet suivant, qui ne soumettent qu'au droit fixe de 2 fr. 20 cent. l'enregistrement des actes établissant la créance du sous-comptoir envers les entrepreneurs de bâtiments, ne peuvent être étendues aux actes constatant la libération des entrepreneurs envers cet établissement de crédit public, et par suite, ces derniers actes restent passibles du droit proportionnel de 50 centimes pour 100, aux termes du n° 11 § 2 de l'art. 69 L. 22 frimaire an 7. » — Cette décision s'applique naturellement aux sous-comptoirs de garantie.

4838. Titres remis en nantissement. — L'art. 10 du décret du 4 mars 1848 ne parle que des actes de nantissement et non pas des titres donnés en garantie. Ces titres restent donc soumis au droit commun et l'usage qu'on en fait les assujettit à l'enregistrement, selon le tarif qu'ils comportent. Le droit d'obligation serait donc dû sur les reconnaissance abandonnées à titre de garantie (Seine 2 juill. 1856, 785 R. P., 11120 C. 16432 J. E.).

4839. Emploi des fonds. — Si l'art. 6 du décret du 4 juillet 1848, combiné avec l'art. 10 du décret du 24 mars précédent, a établi un simple droit fixe de 2 fr. 20 cent. sur les actes de prêts sur garanties mobilières et immobilières de toute nature faits par les sous-comptoirs aux entrepreneurs-constructeurs, il résulte de ce décret, de ses motifs et des circonstances mêmes dans lesquelles il est intervenu, qu'il a eu en vue de venir en aide à l'industrie du bâtiment, et par cela même, que l'immunité fiscale qu'il a consacrée est subordonnée à la condition que les fonds empruntés seront exclusivement employés aux travaux de construction.

Par conséquent, le droit proportionnel ordinaire est exigible sur la partie du prêt destiné au payement du prix des terrains servant à ces constructions, ou des créances inscrites sur ces terrains (Cass. civ. 29 nov. 1869, 3039 R. P., 19765 J. N., 18901 J. E., 2700 Rev., 2398-2 I. G., B. C. 209, D. 70-1-337; — 28 Juin 1870 (2 arrêts), 3185 R. P., 14607 C., 19905 J. N., 18901 J. E., 2906 Rev., 2414-2 I. G., B. C. 129 et 131, S. 70-1-323, D. 70-1-339).

1. QUALITÉ DES PARTIES. — L'Administration a soutenu, en outre, que l'emprunt doit être fait par un constructeur ou autre commerçant ayant une fonction rattachée à l'industrie du bâtiment. Et son opinion trouve un appui dans deux jugements du tribunal de la Seine du 7 mars 1868 (2655 R. P.) et du 27 février 1869 (2961 R. P.). Mais le contraire a été décidé par un arrêt de la C. cass. du 16 avril 1873 (3595 R. P., S. 73-1-281, D. 73-1-309).

Cette jurisprudence a, d'ailleurs, perdu tout intérêt depuis que, par des statuts approuvés par un décret du 20 juin 1866 (Bull. suppl. 1223 n° 20119), le sous-comptoir peut faire des prêts aux *propriétaires-constructeurs*.

4840. Billets à ordre de l'emprunteur. — Il a été reconnu que les billets souscrits par l'emprunteur lui-même, à l'aide des sous-comptoirs d'escompte, en représentation des crédits par eux ouverts ne sont passibles que du droit fixe : « Attendu que le sous-comptoir d'escompte n'est qu'un bureau d'étude et d'enquête ; qu'il ne peut faire d'opérations pour son compte ni avec aucun autre établissement que le Comptoir national, auquel il sert d'intermédiaire vis-à-vis de l'emprunteur ; qu'il en résulte encore que lorsqu'il a cru devoir accepter à ses risques et périls la garantie offerte, il est autorisé, pour réaliser l'opération, à se faire souscrire un effet à ordre qu'il endosse ensuite au profit du Comptoir national, dans le double but de faire délivrer les fonds par ledit comptoir et de lui faire acquérir, par voie d'endossement, la garantie du sous-comptoir ; que cet effet fait nécessairement partie des titres que l'art. 10 du décret du 24 mars 1848 n'assujetti qu'au droit fixe de 2 fr. 20 cent. » (Seine 5 mars 1860, 1338 R. P., 11769 C., 17215 J. E.).

4841. Comptoir d'escompte. — Il faut remarquer, que la faveur du droit fixe pour les nantissements se limite aux *sous-comptoirs* de garantie, et ne saurait, par conséquent, être appliquée au comptoir d'escompte dont les sous-comptoirs sont les dépendances. Ainsi que le déclare la C. cass., dans un arrêt du 31 août 1858 : « les comptoirs d'escompte et les sous-comptoirs de garantie sont des établissements de crédit qui, tout en ayant des rapports entre eux ont cependant une existence distincte et qui leur est propre. Ils sont constitués à l'aide de capitaux différents et appartenant à des sociétés séparées. Dès lors, l'exemption des droits d'enregistrement écrite dans l'art. 10 du décret du 24 mars 1848, en faveur des actes ayant pour objet de constituer des nantissemets au profit des sous-comptoirs, n'est pas applicable à l'acte d'ouverture de crédit et à la quittance passés avec le comptoir d'escompte de la ville de Paris » (1083 R. P., 2137 § 8 I. G., 16401 J. N., 11441 C., 16837 J. E., S. 58-1-828. — Cette jurisprudence toutefois n'est applicable qu'aux actes passés avant que le décret du 25 juillet 1854 ait étendu au Comptoir d'escompte l'art. 10 du décret du 24 mars 1848. — V. 4834.

4842. Crédit foncier. — Mais en raison des rapports forcés existants entre le sous-comptoir des entrepreneurs et le Crédit foncier, on peut considérer le dépôt fait dans la caisse de ce dernier établissement comme étant fait dans la caisse même du sous-comptoir. En effet, le sous-comptoir des entrepreneurs qui ne peut faire aucune opération sans le concours du Crédit foncier, a toujours la faculté, aux termes de ses statuts, de déposer ses capitaux inactifs dans la caisse de cet établissement, et est même tenu de lui déposer les deux tiers de son capital. Il suit de là que le Crédit foncier n'étant pas un tiers à l'égard du sous-comptoir, la reconnaissance par lui faite de la réception des deniers donnés en nantissement ne crée pas une obligation de la part d'un tiers étranger à cet acte et ne peut, par conséquent, être passible d'un droit distinct d'obligation. Dès lors, l'acte par lequel le Crédit foncier reconnaît avoir reçu d'un particulier une somme destinée à servir de nantissement pour le crédit ouvert au déposant par le sous-comptoir des entrepreneurs, est sujet au droit fixe de 2 francs (3 fr.) (Seine 13 mars 1865, 2164 R. P., 12912 C.). — V. *Crédit foncier*.

4843. Droit gradué. — Prorogation de délai. — L'immunité accordée par les décrets de 1848 aux actes ayant pour objet d'établir le droit des sous-comptoirs comme créanciers ne s'étend pas au droit gradué créé par la loi du 28 février 1872, sur certains actes autrefois sujets au droit fixe invariable. On l'a ainsi décidé, notamment pour les prorogations de délai relatifs au remboursement d'un crédit réalisé avant par le sous-comptoir.

« Attendu que le décret du 24 mars 1848, qui a institué les sous-comptoirs de garantie, en disposant, par son art. 10, que tous actes ayant pour objet de constituer des nantissements au profit des sous-comptoirs, par voie de transport ou autrement, et d'établir leurs droits comme créanciers, seraient enregistrés au droit fixe de 2 fr. 20 cent., a introduit une exception au droit commun ; — Attendu que les exceptions, particulièrement en matière fiscale, sont de droit étroit, et qu'il n'est pas permis de les étendre, par voie d'induction et d'analogie, des cas prévus par la loi à ceux qui ne le sont pas ; — Attendu que l'acte par lequel un sous-comptoir consent à un de ses débiteurs une prorogation de délai pour le payement d'une dette déjà existante, ne rentre nullement dans les termes de l'art. 10 précité, puisqu'il ne constate ni un nantissement par voie de transport ou autrement, ni un acte ayant pour objet d'établir les droits du sous-comptoir comme créancier ; — Qu'il s'ensuit qu'un tel acte, ayant toujours été régi par le droit commun quant à la perfection fiscale à laquelle il est soumis, le jugement attaqué, en le déclarant passible du droit gradué déterminé par les art. 1 et 2 de la loi du 28 février 1872, n'a pu violer le décret du 24 mars 1848, et a fait, au contraire, de la loi de 1872 une saine application » (Cass. 24 fév. 1875, 4056 R. P. — *Conf.* : Seine, 29 mars 1873, 3596 R. P. et 29 nov. 1873).

V. *Inscription hypothécaire*.

COMPULSOIRE.

DIVISION

CHAPITRE PREMIER. — DISPOSITIONS GÉNÉRALES

[4844-4846]

4844. Définition. — Voie que l'on prend pour se faire délivrer, lorsqu'on en a besoin dans le cours d'une instance, expédition ou extrait d'un acte dans lequel on n'a pas été partie, et dont on n'aurait pas le droit de demander directement la communication au notaire ou autre officier public qui en est dépositaire.

4845. Droit de se faire délivrer copie. — Les actes sous seing privé sont la propriété exclusive des parties, et personne n'a le droit d'en prendre connaissance. Quant aux documents qui sont publics de leur nature, comme les actes de l'état civil, des greffes des tribunaux, les registres des hypothèques, tous les citoyens ont le droit d'en requérir la communication et de s'en faire délivrer des expéditions ou copies, sans aucune formalité de justice.

1. ACTE NOTARIÉ. — Les actes notariés sont, avant tout, la propriété des parties contractantes, comme se rapportant à leurs affaires privées. Toutefois, cette propriété ne saurait être tellement exclusive en leur faveur que les tiers n'aient jamais le droit d'en prendre connaissance, et les actes notariés faisant pleine foi, même contre les tiers, il est évident que, bien qu'ils n'intéressent directement que les parties contractantes, ils concernent néanmoins la société tout entière. Or, si les actes peuvent être opposés aux tiers et leur porter ainsi préjudice, la loi devait leur permettre d'en prendre communication, en certains cas, pour les invoquer à leur tour contre les parties contractantes (Dalloz *Jur. gén.* V. *Compulsoire*).

2. REGISTRES DE L'ENREGISTREMENT. — Les parties ont le droit de demander extrait des registres de l'enregistrement; quant aux autres personnes, il ne peut leur être délivré extrait que sur ordonnance compulsoire du juge de paix (L. 22 frim. an 7 art. 58).

4846. Formalités. — La partie qui veut obtenir copie d'un acte non enregistré, ou même resté imparfait, présente sa requête au président du tribunal de première instance, sauf l'exécution des lois et règlements relatifs à l'enregistrement. La délivrance est faite, s'il y a lieu, en exécution de l'ordonnance mise en suite de la requête, et il en est fait mention au bas de la copie délivrée. En cas de refus de la part du notaire ou dépositaire, il en est référé au président du tribunal (841, 842, 843 C. proc.).

Lorsque, dans le cours d'une instance, on veut se faire délivrer expédition ou extrait d'un acte dans lequel on n'a pas été partie, on forme la demande à fin de compulsoire, par requête d'avoué à avoué; elle est portée à l'audience sur un simple acte, jugée sommairement, et le jugement est exécutoire nonobstant appel ou opposition (846, 847, 848 C. proc.).

Les procès-verbaux de compulsoire ou collation seront dressés, et l'expédition ou copie délivrée par le notaire ou dépositaire, à moins que le tribunal n'ait commis un de ses membres, ou tout autre juge, ou un autre notaire. Dans tous les cas, les parties peuvent assister au procès-verbal, et y insérer tels dires qu'elles jugent à propos. Elles peuvent collationner l'expédition ou la copie sur la minute, dont lecture est faite par le dépositaire; et si elles prétendent qu'elles ne sont pas conformes, il en est référé, à jour indiqué par le procès-verbal, au président du tribunal, lequel fait la collation sur la minute, que le dépositaire est tenu d'apporter (849, 850, 851, 852 C. proc. L. 25 vent. an 11 art. 24).

CHAPITRE II. — ENREGISTREMENT ET TIMBRE

[4847-4852]

4847. Ordonnance. — L'ordonnance sur requête qui autorise la délivrance d'une expédition doit être enregistrée dans les vingt jours de sa date au droit de 4 fr. 50 cent. (L. 22 frim. an 7 art. 7 et 68, 28 avr. 1816 art. 44 n° 10, 28 fév. 1872 art. 4).

Celle du juge de paix rendue au sujet des extraits à fournir par les receveurs de l'enregistrement est, comme toutes les ordonnances de ces magistrats, sujette au droit de 1 fr. 50 cent.

4848. Jugement. — Le jugement qui ordonne un compulsoire, étant interlocutoire, n'est également sujet qu'au droit de 4 fr. 50 cent. — S'il émanait d'une cour d'appel il serait passible du droit de 7 fr. 50 cent. comme interlocutoire. — Si un juge de paix ordonnait un compulsoire, son jugement ne donnerait lieu qu'au droit de 1 fr. 50 cent.

4849. Procès-verbal. — Le procès-verbal de compulsoire est passible du droit fixe de 3 francs comme procès-verbal de commissaire (L. 28 avr. 1816 art. 43 n° 16, L. 28 fév. 1872 art. 4).

Lorsque ce procès-verbal est dressé en minute, il est délivré expédition ou extrait tant du procès-verbal que de la pièce compulsée. L'expédition ou extrait n'est pas sujet à l'enregistrement (L. 22 frim. an 7 art. 8).

4850. Juge ou notaire commis. — Le tribunal peut commettre un de ses membres, ou tout autre juge de première instance, ou un autre notaire que le dépositaire, à l'effet de faire le compulsoire. Dans cette hypothèse, le juge ou le notaire commis, n'étant pas dépositaire de la minute, ne peut faire qu'une collation. Si cette collation fait corps avec le procès-verbal, il n'est dû qu'un simple droit; si elle en est séparée, les deux actes doivent être soumis à la formalité.

4851. Président. — Si les parties prétendent que l'expédition ou copie n'est pas conforme à la minute, il en est référé, à jour indiqué par le procès-verbal, au président du tribunal, lequel fait la collation; à cet effet, le dépositaire est tenu d'apporter la minute (852 C. proc.). Alors c'est le président, assisté du greffier, qui doit dresser le procès-verbal de collation. C'est comme si un juge avait été commis dès le principe (Carré sur l'art. 852).

Si le président se borne à signer le procès-verbal ou la copie, il semble qu'il n'est dû aucun droit particulier; mais s'il était rédigé une ordonnance de collation, cette ordonnance serait passible du droit de 4 fr. 50 cent., indépendamment des droits dus, selon le cas, sur la copie et le procès-verbal.

4852. Timbre. — Le procès-verbal de compulsoire, dressé par le notaire dépositaire, se fait, soit en brevet, et alors on y insère l'expédition ou l'extrait de la pièce compulsée, soit en minute, et alors le notaire délivre expédition ou extrait, tant de ce procès-verbal que de la pièce compulsée. Dans le premier cas, le compulsoire doit être sur papier d'expédition. Cela est évident, puisque, ainsi que nous venons de le dire, il doit contenir une expédition ou l'extrait de la pièce compulsée. S'il est fait en minute, il peut être rédigé sur papier de toute dimension.

CONCESSION.

4853. Définition. — Ce mot s'entend de la cession d'une chose, en propriété ou jouissance, à titre onéreux ou gratuit. Il est générique, cependant on l'emploie plus particulièrement pour désigner les cessions faites par l'État, les administrations, les établissements publics. Il emporte généralement avec lui l'idée de grâce, de privilége, de cession d'un objet qui n'est pas dans le commerce.

Il serait superflu de parcourir ici les diverses circonstances où, dans la première aussi bien que dans la seconde acceptation, il peut y avoir lieu à une concession; notons seulement quelques espèces qui ne trouveraient que difficilement leur place ailleurs.

4854. Sépulture. — Cimetière. — Pendant longtemps l'Administration a considéré les concessions dans les cimetières comme translatives de propriété, et le droit de 5 fr. 50 cent. pour 100, déterminé par les art. 69 § 7 n° 1er, L. 22 frimaire an 9, et art. 52 L. 28 avril 1816, leur a été appliqué [1] (Déc. 25 prair. an 12, 459 I. G., Dél. 9 juin et 9 juill. 1840, 12541-2 et 12653 J. E.).

Mais cette règle a été abandonnée.

L'Administration a pris pour base de la perception aujourd'hui en vigueur deux ordonnances royales des 5 mai et 6 décembre 1843 qui ont divisé les concessions dans les cimetières en trois classes : 1° concessions perpétuelles; — 2° *concessions trentenaires* renouvelables indéfiniment à l'expiration de chaque période de trente ans, au gré des concessionnaires ou de leurs ayants-cause; — 3° *concessions temporaires*, faites pour quinze ans au plus, et ne pouvant être renouvelées.

1. PERPÉTUELLES ET TRENTENAIRES. — Aux deux premières catégories elle a appliqué le droit de 4 pour 100 déterminé par l'art. 69 § 7 n° 2 L. 22 frimaire an 7, attendu que, si elles n'emportent pas un droit réel de propriété, elles confèrent du moins aux concessionnaires un droit d'usage ou de jouissance immobilier pour un temps qui, pour la première catégorie, est illimité, et peut le devenir pour la seconde (D. m. f. 12 mai 1846, 12723 J. N., 1757 I. G.; — Avranches 1er avr. 1851, 15189 J. E., 14377 J. N., 9322 C.; — Lyon 4 avr. 1865, 2205 R. P., 12961 C., 18400 J. N.; — Clermont-Ferrand 4 fév. 1867, 2487 R. P.).

Mais, ni dans l'un ni dans l'autre de ces cas, le droit de transcription n'est ajouté à celui de 4 pour 100, car la jouissance concédée n'est pas susceptible d'hypothèque.

D'après Champ. et Rig. n° 3593, 12961 C., et Dalloz n° 3091, les concessions de terrains pour sépultures, dans les cimetières, ne transmettent ni la propriété ni l'usufruit, puisque les acquéreurs ne jouissent pas par eux-mêmes et ne retirent aucun produit. Le droit concédé se réduit à celui d'empêcher le déplacement des restes mortels après le temps prévu pour la durée de l'occupation ordinaire : c'est une satisfaction accordée à la piété des familles; mais, dans la concession qui en est faite, on ne peut voir le contrat de vente, ni aucune convention tarifée; d'où ces auteurs tirent la conclusion que, cette stipulation étant propre et innommée dans le tarif, le seul droit fixe est exigible. — C'est à cette doctrine que s'est rangé le tribunal de Coutances, le 9 décembre 1846 (13074 J. N., 7951 C.).

Mais leur argumentation repose sur une base inexacte. Il n'est pas vrai, en effet, qu'on ne puisse constituer un droit de louage ou d'usufruit que sur un terrain frugifère. Rien ne s'oppose, par exemple, à ce qu'une servitude soit l'objet d'un pareil contrat, bien qu'elle ne soit en elle-même susceptible d'aucun produit. Tel est le cas du terrain employé à une sépulture. Le concessionnaire en aura l'usage exclusif et y exercera tous les actes de jouissance compatibles avec sa destination, ce qui suffit pour justifier l'application du tarif. (V. C. Lyon, 4 fév. 1875, 4158 R. P. et D. 1877-2-161).

Le D. N. a soutenu de son côté (12723 J. N. et D. N. t. 3 p. 194 n° 18), que le droit de proroger la concession trentenaire étant potestative pour le concessionnaire, le contrat n'est parfait que pour la première période, ce qui rend exigible le droit de 20 centimes pour 100. Mais il a oublié que d'après les principes consacrés par la jurisprudence en matière de bail, dès que le bailleur s'est définitivement engagé pour un temps indéfini le droit est exigible sur cette période sans égard au consentement du preneur. — V. *Bail.*

2. TEMPORAIRES. — Quant aux concessions appelées temporaires, on ne peut évidemment leur appliquer que le droit de 20 centimes pour 100 déterminé pour les baux à durée limitée (D. m. f. 12 mai 1846, 12723 J. N., 1757 I. G.).

3. BONS DE CONCESSION. — Les bons de concession valables pour 5 ans que l'on est dans l'usage de délivrer à Paris moyennant le payement d'une somme de 50 francs, sont des pièces d'ordre exemptes du timbre et de l'enregistrement; mais la quittance de la taxe de 50 francs est sujette au timbre (Sol. 6 août 1856).

4. LIQUIDATION DU DROIT. — Dans tous les cas, le droit doit être perçu sur le montant cumulé de la somme à payer aux hospices et de celle revenant à la commune (Sol. 31 août 1836, 12541-2 J. E., Déc. 25 prair. an 12, 459 I. G.).

5. CESSION. — Les cessions de terrains dans les cimetières, faites par les concessionnaires primitifs à des tiers, sont de véritables cessions de bail sujettes au droit de 20 centimes

(1) On a encore soutenu récemment, en matière civile, que les concessions perpétuelles dans un cimetière constituaient un droit réel immobilier (C. Angers 5 mai 1869, S. 70-1-263, Ducrocq, consultation rapportée S. 1864-2-34). — *V. Dissertation.* Dalloz 1877-2-161.

pour 100 ou de 4 francs pour 100 selon que la jouissance est ou non limitée (*V.* Bordeaux 26 janv. 1864, 2141 R. P.).

6. RÉSILIATION. — Il en est de même des résiliations. L'arrêté en vertu duquel l'autorité administrative prononcerait la résiliation de la concession perpétuelle serait passible du droit de 4 pour 100 comme rétrocession de bail à durée illimitée (Dél. 25 juill. 1851).

7. DÉLAI. — Les actes administratifs constatant les concessions dont il s'agit sont sujets au timbre et à l'enregistrement dans le délai de vingt jours selon la règle générale de l'art. 78 L. 15 mai 1818, puisqu'ils emportent transmission de jouissance. L'Administration aurait, en outre, le droit de réclamer le payement de l'impôt si elle pouvait établir par les moyens ordinaires l'existence d'une convention écrite ; mais il ne suffirait pas évidemment pour cela de rapporter la preuve du versement de la redevance dans la caisse communale (2205 R. P.). — Les actes de concession étant parfaits à partir de leur date sans approbation (lettre du min. de l'int. 15 mars 1878), c'est de la date que part le délai.

8. TRANSLATION. — Les dispositions précédentes ne s'appliquent pas aux actes constatant purement et simplement la translation dans un nouveau cimetière des concessions régulièrement accordées dans un ancien cimetière dont la clôture a été prononcée. Ainsi que l'a reconnu une solution du 19 février 1874, l'acte de concession implique le droit de translation de la concession, en cas de déplacement du cimetière et dès lors les actes ultérieurs qui constatent cette translation n'opèrent pas une mutation nouvelle de droits immobiliers et sont exemptés de la formalité du timbre et de l'enregistrement (L. 15 mai 1818 art. 80, 19388 J. E.).

Cependant si la partie payait une taxe complémentaire pour opérer cette translation, il y aurait lieu, selon nous, de considérer cette somme comme une augmentation du prix de la concession primitive, et l'acte aurait, à ce point de vue, un caractère translatif qui le soumettrait à l'application de l'art. 73 L. 15 mai 1818.

9. CONSENTEMENT. — Quand la demande d'une concession est pure et simple, l'impétrant s'en rapporte, pour la fixation de l'emplacement du terrain concédé, à la désignation qui sera faite par l'autorité administrative chargée exclusivement de la surveillance des cimetières, et pour la fixation du prix au tarif de la commune délibéré par le conseil municipal, déterminant un prix invariable et sur lequel les parties n'ont rien à débattre (Cass. req. 31 janv. 1870, 3139 R. P., S. 70-1-263).

Il est manifeste que dans les mêmes conditions le droit d'enregistrement deviendrait exigible, puisque la pétition et l'arrêté du maire forment par leur réunion le contrat même de cession.

10. TARIF. — Le tarif est celui en vigueur à la date de l'arrêté du préfet (D. m. f. 1er avr. 1874. 19531 J. E.).

4855. Concessions d'eaux. — Le droit d'établir une prise d'eau peut être considéré, d'après l'art. 637 C. C., comme une véritable servitude lorsque cette charge est établie pour l'usage ou l'utilité de l'héritage appartenant au propriétaire du fonds dominant. Lorsque la concession a ce caractère, elle donne lieu au droit immobilier applicable à l'établissement de toute servitude (Sol. 8 mai 1876, 4596 R. P.). Ainsi, il a été jugé que la cession d'une prise d'eau dans une rivière avec autorisation d'acquérir des immeubles pour ouvrir un canal, constitue un droit immobilier passible de 5 fr. 50 cent. pour 100 : « Attendu que la Compagnie n'a pas seulement obtenu l'autorisation d'ouvrir un canal par voie d'expropriation, mais qu'il lui a été concédé le droit de dériver de la rivière une quantité d'eau déterminée ; que le droit à une prise d'eau, aussi bien que celui d'exercer une action tendant à revendiquer un immeuble, sont des droits immobiliers » (Perpignan 25 juin 1844, 13528 J. E.).

D'après une délibération du conseil municipal, une commune a acquis, concurremment avec les propriétaires d'eaux thermales, une source particulière. L'abandon de cette source a été fait, moyennant l'établissement d'une citerne pour l'usage particulier du vendeur, aux frais des acquéreurs, et les propriétaires des eaux thermales se sont engagés à exécuter, pour le compte de la commune, les travaux nécessaires pour conduire la portion d'eau acquise par elle dans les fontaines publiques, moyennant 2,200 francs. — Cet acte était passible du droit de 5 fr. 50 cent. pour 100 sur la valeur à déclarer, conformément à l'art. 4 L. 27 ventôse an 9, des travaux qui seraient à exécuter pour l'établissement de la citerne et du droit de 1 pour 100 sur 2,200 francs, comme marché entre la commune et les coacquéreurs des eaux thermales (D. m. f. 9 août 1842).

On a de même reconnu le caractère d'une cession de servitude à l'acte par lequel un particulier obtenait à perpétuité et moyennant une rente ou un prix une fois payé, le droit de puisage à une fontaine publique (D. m. f. 29 nov. 1809, 3425 J. E.). — *V.* 3985.

Cette dernière solution ne saurait être généralisée. Il est, en effet, contraire à la nature des choses d'admettre qu'une commune en accordant à un tiers un droit de puisage ou de prise d'eau entende concéder une servitude réelle, c'est-à-dire aliéner dans une certaine mesure un droit dont la disposition est d'utilité publique et qui est, de plus, inaliénable et imprescriptible (Aix 13 juin 1865, S. 66-2-181 ; — Cass. 4 juin 1866, S. 66-1-446). Si le contrat n'est pas catégorique sur ce point, il faut penser de préférence que le concessionnaire a acquis un droit mobilier (Dissert., 4934 R. P.).

Dans cet ordre d'idées, la C. cass., statuant, le 18 décembre 1811, sur la question même qui avait donné lieu à la D. m. f. du 29 novembre 1809, a reconnu que la concession illimitée du superflu des eaux chaudes d'une pompe à feu, pour le service d'un établissement de bains placé dans le voisinage, moyennant une rente en argent, et sous la réserve, par la ville qui fait la concession, de retirer les eaux de cette destination pour les employer, au besoin, à un autre usage, ne transfère aucun droit réel et foncier sur les eaux ni sur le terrain : elle est purement mobilière et passible seulement du droit de 2 pour 100 sur le capital de la redevance : « Attendu, porte cet arrêt, que la concession faite au sieur Hautpoix, ingénieur des pompes à feu établies à Paris, par arrêt du préfet de la Seine, du 31 décembre 1807, du superflu des eaux chaudes qui s'échappent de la pompe à feu de Chaillot, pour servir à l'usage du lavoir et des bains chauds établis par ledit Hautpoix dans sa maison, voisine du bâtiment de ladite pompe, ne peut être considérée que comme une concession mobilière et précaire à lui faite à prix d'argent, et moyennant la somme annuelle de 300 francs, pour un temps illimité, et sous la condition expresse de lui retirer les mêmes eaux lorsque la ville de Paris jugera plus convenable de les employer à un autre usage ; qu'elle ne peut transférer aucun droit réel et foncier audit Hautpoix sur lesdites eaux, ni affecter le terrain sur lequel est construite ladite pompe à feu, appartenant à la ville de Paris, d'aucune servitude » (4141 J. E., D. N. t. 13 p. 590 n° 241, S. 12-1-136).

Le tribunal de la Seine a jugé également que, la concession d'un canal d'irrigation donnée par l'État sur une rivière non navigable ni flottable au propriétaire d'un domaine que doit traverser le canal ne crée pas une servitude, lorsque l'établissement de la prise d'eau et la construction du canal ont été déclarés d'utilité publique ; que, par conséquent la cession du bénéfice de cette concession ne donne ouverture qu'au droit de transmission mobilière (Seine 7 mars 1857, 875 R. P., 16058 J. N., 16515 J. E., 11116 C.). Cette doctrine a été adoptée par une Dél. du 5 mai 1857 (*Conf.* Sol. 22 avril 1873, 19391 J. E.).

De même, la concession à perpétuité du droit de prendre une certaine quantité d'eau dans un réservoir ne peut être assimilée à une concession de prise d'eau dans un canal, une rivière ; elle n'est, comme valeur mobilière, passible que du droit de 2 pour 100 (14976-6 J. E.).

1. QUOTITÉ DU DROIT MOBILIER.— Il semble que l'on ait voulu appliquer, dans les cas précédents, le droit de vente mobilière à 2 pour 100, comme si le contrat avait pour objet d'attribuer au concessionnaire la propriété d'une certaine quantité d'eau.

Mais cette opinion ne nous semble pas exacte.

Le concessionnaire reçoit uniquement le droit perpétuel ou temporaire de se servir des eaux d'une fontaine ou d'une rivière. Les eaux qui se renouvellent sans cesse ne peuvent pas être assimilées aux produits des mines ou carrières; leur consommation n'épuise pas le sol, et dès l'instant qu'elles n'ont pas été l'objet d'une appropriation privée avant leur remise au concessionnaire, le droit de celui-ci est une simple jouissance s'exerçant de la même manière que le droit d'un locataire et avec les caractères qui lui sont particuliers. Par conséquent, si la concession est illimitée, on devra appliquer le droit de 2 pour 100 établi pour les baux de biens meubles sans durée déterminée ; mais le droit de bail à 20 centimes pour 100 sera seul exigible s'il s'agit d'une concession temporaire.

Une déclaration dans ce sens a été faite sur notre interpellation par le commissaire du Gouvernement au Corps législatif à la séance du 20 juillet 1868. Nous avions présenté l'amendement suivant au budget : « Les actes par lesquels les propriétaires souscrivent à l'usage de l'eau d'un canal d'irrigation déclaré d'utilité publique, moyennant une redevance à payer aux propriétaires dudit canal, seront enregisgistrés et transcrits au droit fixe de 1 franc. » — Cet amendement avait été adopté par la commission du budget. » A la séance du 20 juillet 1868, M. de Lavenay, commissaire du Gouvernement a dit : « D'après les conversations particulières que j'ai eues avec plusieurs membres de la commission du budget, cette commission aurait cru à tort que le droit perçu sur les contrats d'abonnement que font les propriétaires arrosants avec les compagnies concessionnaires des canaux d'irrigation, que le droit perçu, dis-je, serait de 2 francs par 100 francs du montant des sommes stipulées, et que de plus il y aurait lieu à un droit proportionnel de transcription. Eh bien, ce n'est pas ainsi qu'aux termes des décisions ministérielles de 1834 l'impôt est perçu [1]. D'après les décisions ministérielles qui sont la règle de la matière, les contrats d'abonnement pour l'usage des eaux sont assimilés aux baux à ferme. En conséquence, et en premier lieu, on ne peut réclamer pour la transcription qu'un droit fixe de 1 franc, droit insignifiant, puisqu'il est payé une fois pour toutes. Quant à la redevance annuelle, elle ne peut dépasser 20 centimes par 100 francs. Il est vrai que les années se cumulent, mais le cumul lui-même n'obtient que ce résultat : c'est, pour un abonnement de 100 francs pendant cent ans, un capital de 10,000 francs dont l'impôt est de 20 francs. Ainsi, un droit fixe de 1 franc et l'impôt de 20 francs pour un abonnement de 100 francs pendant cent ans, voilà la règle. »

M. du Miral, rapporteur de la commission du budget, a ajouté : « L'honorable M. de Lavenay a eu raison de dire qu'une des causes qui ont amené la commission du budget à donner son adhésion à l'amendement de nos collègues, Garnier et Bournat, c'était la pensée qu'un droit assez élevé frappait les concessions d'eaux ; et j'ajoute que la lecture attentive de la loi de l'enregistrement prêtait singulièrement à l'opinion de la commission. Quant à présent, je n'ai demandé la parole que pour prendre acte de la déclaration qui vient d'être faite, que ce n'est pas un droit de 2 francs par 100 francs qui doit être perçu sur les concessions d'eaux, mais généralement un droit de 20 centimes. Dans les limites d'un droit aussi réduit, la question, je le reconnais, perd beaucoup de son intérêt. »

L'amendement, mis aux voix, n'a pas été pris en considération.

Ces explications, reproduites au *Moniteur* du 21 juillet 1868, page 999, démontrent que dans la pensée du Gouvernement il faut appliquer le tarif des baux (20 centimes pour 100) aux actes par lesquels le propriétaire d'une fontaine ou d'un canal cède à des particuliers pour un temps limité, moyennant une redevance annuelle ou un prix en bloc, le droit de prendre certaines quantités d'eaux pour leur usage ou le service de leurs propriétés (n° 3065 R. P.).

2. CONCESSIONS TEMPORAIRES. — L'Administration avait depuis longtemps fait l'application de cette doctrine à l'acte par lequel une ville cède des prises d'eaux des fontaines publiques dans les maisons particulières pour un temps limité et moyennant une somme annuelle. Le droit de 20 centimes pour 100 a été reconnu exigible (Sol. 9 juin 1843, *suprà* n° 2787), et, depuis lors maintes décisions avaient été prises en ce sens.

Elle s'est récemment ravisée, et elle a fait décider par la jurisprudence : 1° que les déclarations faites au Corps législatif en 1867, s'appliquent uniquement aux concessions d'eaux faites par les propriétaires où les usufruitiers d'un canal ou cours d'eau (Seine 8 mars 1873, 3710 R. P.) ; — 2° « que s'il a été déclaré au Corps législatif que les contrats d'abonnement faits par les propriétaires arrosants avec les concessionnaires de travaux d'irrigation ne donnaient lieu qu'au droit de 20 centimes pour 100, cette déclaration n'a pas modifié les lois existantes et ne saurait être d'ail-

1. Ces décisions n'ont jamais été publiées.

leurs étendue à des concessions d'eau d'une autre nature » (Cass. 26 nov. 1873, 3779 R. P., 2482-3 I. G.).

Mais cette appréciation est inexacte. — Nous nous souvenons parfaitement, en effet, que, dans les conférences que nous avons eues au sujet de l'amendement de 1867 avec les membres du Gouvernement et avec la commission du budget, il n'était question des engagements contractés avec les propriétaires ou les usufruitiers d'un canal que comme d'une espèce particulière à laquelle on ferait nécessairement l'application de la règle commune. On a dû prendre une résolution spéciale pour les abonnements, parce que notre amendement y était limité. Mais si on a déclaré qu'ils donnaient lieu au droit de 20 centimes pour 100, c'est parce qu'il s'agissait d'une concession temporaire d'eaux, et que l'on reconnaissait à toutes les conventions de l'espèce le caractère de baux à ferme.

On comprendrait jusqu'à un certain point le raisonnement s'il était intervenu en 1868 un article de loi pour réduire spécialement le droit des concessions d'eaux faites par les propriétaires ou usufruitiers d'un canal ou d'un cours d'eau. Il serait possible alors de soutenir que le législateur a accordé à ces contrats une faveur particulière qui ne saurait être étendue au-delà de son objet, et que, par cela même qu'il a statué séparément sur les abonnements de l'espèce, il a laissé les autres concessions sous l'empire d'une règle différente. Mais les choses ne se sont point passées ainsi. Aucune disposition législative n'est intervenue au profit particulier des abonnements aux eaux d'un canal. Le Gouvernement s'est borné à reconnaître qu'elles étaient, d'après les règles générales, passibles du droit de bail. Pour que les autres concessions, notamment celles qui sont faites aux habitants d'une ville par le propriétaire d'une source ou d'un réservoir, soient assujetties à un tarif distinct, il faudrait donc démontrer qu'elles n'ont pas la même nature. Or, cela est bien impossible. Il est manifeste que les deux contrats sont absolument identiques et par leur objet et par leur qualification juridique. Ils ne diffèrent que par la destination de l'objet transmis, et c'est là une circonstance tout à fait indifférente à la détermination du caractère de la convention.

Nous n'avons pas besoin d'ajouter que le contrat ne change pas de nature parce que la concession émane d'une compagnie concessionnaire des eaux au lieu d'émaner du propriétaire lui-même. Tout ce qui en résulte, c'est qu'au lieu de bail direct, la convention a le caractère d'une cession de bail ou d'un sous-bail consenti à un tiers par le fermier primitif. Elle ne change pas non plus de caractère parce que l'eau doit servir à l'irrigation ou à un autre emploi. C'est par une distinction inadmissible que plusieurs solutions ont appliqué aux concessions d'eaux provenant d'un canal d'irrigation, le droit de bail et aux autres le droit de vente (V. D. m. f. 15 déc. 1876, 4568 R. P. et Sol. 8 mai 1876, 4596 R. P.). Le contrat est le même dans les deux cas. Il n'y a pas plus de raison de lui appliquer un tarif différent qu'il n'y en aurait de taxer différemment le contrat selon qu'il intervient avec le propriétaire même du canal ou avec le concessionnaire.

La question est actuellement soumise à la Cour de cassation à la suite du pourvoi de l'administration contre un jugement de Dijon du 27 août 1877, qui a admis l'exigibilité du droit de bail (4895 R. P.).

3. VENTE. — MARCHÉ. — La situation est différente quand il ne s'agit pas de la concession proprement dite, d'un droit de prendre de l'eau, mais de la cession d'eaux captées par le cédant, réunies dans ses réservoirs particuliers, et qu'il cède à des tiers moyennant une redevance. Dans ce cas, l'eau est devenue une marchandise par un fait d'appropriation privée ; sa cession donne lieu, comme celle de tout autre objet mobilier, au droit de cession.

Ainsi, il a été décidé que, l'acte par lequel le concessionnaire d'une prise d'eau s'engage à fournir à un hospice pendant plusieurs années une certaine quantité d'eau à prendre dans ses réservoirs, a le caractère d'un marché de fournitures et non pas d'un bail d'objets mobiliers.

« Attendu, porte un arrêt de cass. du 26 novembre 1873, que, par la convention arrêtée le 18 juillet 1857 entre la société Dufour et Ce et la maison nationale de Charenton, cette société s'est engagée à fournir à ladite maison, pendant quinze années et par jour, un minimum de 35000 litres d'eau de Seine filtrée, moyennant un prix fixé pour chaque 1000 litres; qu'il a été en même temps stipulé que l'eau, montée par les machines à vapeur, serait amenée par une conduite particulière, branchée sur la conduite principale dans des réservoirs fournis par ladite société, et de là, en passant par des filtres, dans les réservoirs de l'établissement; Que les dépenses occasionnées par les réservoirs, conduites, robinets, et par leur entretien ou réparation, seraient à la charge de la société Dufour; que cette convention, qui avait ainsi pour objet principal l'eau nécessaire aux besoins de la maison de Charenton et à fournir par la société Dufour après qu'elle se l'était appropriée, et non les ouvrages spécifiés qui n'étaient que des moyens d'exécution, constituait non un louage d'industrie, mais un marché pour fournitures soumis au droit fixé par l'art. 51 § 3 L. 28 avril 1816, dont la disposition a été maintenue par l'art. 78 L. 15 mai 1818 ; — Attendu que ladite convention ayant pour objet de transmettre à la maison de Charenton non-seulement la jouissance, mais la propriété même de l'eau fournie, ne peut être régie par l'art. 1er L. 16 juin 1824, relative aux baux à loyer des biens meubles » (3779 R. P., 2482-3 I. G.).—*Conf.* D. m. f. 15 déc. 1876, 4568 R. P.

4. BAIL D'INDUSTRIE. — La concession peut avoir le caractère du bail d'industrie quand ce n'est pas la jouissance ou la propriété de l'eau qui est cédée, mais seulement la force motrice qu'elle procure, soit au propriétaire du cours d'eau soit à son concessionnaire. Jugé, en effet, que le droit de 1 pour 100 comme marché est dû sur l'acte par lequel le concessionnaire d'une prise d'eau dans le Rhône s'engage à communiquer à un usinier voisin du canal de dérivation, une partie de la force motrice que les eaux procurent aux turbines du concessionnaire : « Attendu que dans ce cas, aucune partie de l'eau n'est cédée à l'usinier, mais que le concessionnaire s'oblige seulement à mettre à sa disposition une force motrice dont il est propriétaire » (Gex 25 fév. 1874). — V. *Bail.*

5. CESSIONS DE CONCESSIONS. — Les cessions à titre onéreux des droits du concessionnaire sont passibles des mêmes droits que la concession primitive toutes les fois du moins que le concessionnaire n'a pas modifié par des acquisitions la nature de la chose concédée. — *V.* 4659.

Ainsi il a été décidé que la cession du droit de percer sous le sol d'une rue des tuyaux pour la conduite des eaux qu'on a le privilége de fournir aux habitants d'une commune constitue une cession mobilière passible du droit de 2 pour 100, et non pas une cession de bail emphytéotique: « Attendu que ce privilége ne confère aux concessionnaires aucun droit de propriété sur les rues, qu'il ne confère pas davantage cette jouissance libre, complète et absolue que comportent les baux emphytéotiques; qu'ainsi, il ne saurait donner lieu au droit proportionnel attaché aux mutations d'immeubles; que le droit à percevoir sur la redevance au capital est celui de 2 pour 100, auquel sont tarifées les cessions mobilières » (Seine 31 août 1855, 555 R. P., 16147 J. E.).

Il a été jugé, dans le même sens, que la concession d'un canal d'irrigation donnée par l'État sur une rivière non navigable ni flottable, au propriétaire du domaine que doit traverser le canal, avec droit d'exproprier les terrains d'autrui, ne crée pas une servitude sur ces terrains. La cession du bénéfice de cette concession constitue une transmission mobilière passible du droit de 2 pour 100 (Seine 7 mars 1857, 875 R. P., 16515 J. E.— *Conf.;* Meaux 24 août 1865, 2158 R. P.).

6. CESSION DE BAIL. — Si la concession primitive, à raison des clauses qui la constituent, avait le caractère d'un simple louage, il n'est pas douteux que la cession devrait donner lieu au droit de cession de bail. — On a reconnu, par exemple, le caractère de louage à durée illimitée, à la concession du droit de poser des tuyaux sous la voie publique, lorsqu'elle est accordée au concessionnaire à titre de droit personnel et non à titre de servitude au profit de l'usine dont les eaux doivent être déversées dans un aqueduc public, alors qu'on trouvait dans le contrat les conditions essentielles du louage (Sol. 22 avril 1873).

7. DONATION. — Si la concession est gratuite et que l'on puisse considérer l'acte comme une donation, il y a lieu de faire déclarer le revenu présumé et percevoir sur le capital formé de vingt fois le revenu. — *V.* D. N. t. 3 p. 573 n° 7.

4856. Canal. — Les concessions de canaux sont sujettes à des droits différents selon qu'il s'agit d'une concession temporaire ou d'une concession perpétuelle. — *V.* 3337.

4857. Chemin de fer. — Les concessions faites aux compagnies de chemin de fer du droit d'exploiter la voie pendant un délai convenu [ne confèrent aux concessionnaires aucun droit de propriété sur le chemin, ni même aucun droit de jouissance immobilière. La propriété du chemin de fer reste intégralement à l'État, et la compagnie reçoit seulement la faculté mobilière de percevoir une indemnité de transport pour se couvrir de ses travaux. La cession de ce droit est donc uniquement sujette au tarif des ventes de meubles (Cass. 15 mai 1861, 1490 R. P., 17134 J. N., 12000 C., 17307 J. E., 110 Rev.; *arrêt rapporté*, n° 3782. — V. *Vente de meubles*.

Quant à la concession même, tous les cahiers des charges en ordonnent l'enregistrement au droit fixe. — V. *Vente de meubles* n° 17937.

Les cessions de concession sont considérées comme des baux de biens mobiliers sujets au droit de 20 centimes sur les annuités concédées (Sol. 29 juill. 1874). Ce bail est soumis au fractionnement par périodes triennales (Sol. 23 fév. 1878).

4858. Forêts domaniales. — Il arrive souvent que l'administration des forêts concède à des particuliers, pour un certain nombre d'années, des terrains incultes qui avoisinent les forêts de l'État, à la charge de les défricher, de les clore, de les ensemencer et d'y faire différentes constructions.

Sur la question de savoir si ces concessions étaient passibles du droit, le ministre des finances a répondu, en maintenant une précédente décision du 26 thermidor an 12, rendue pour le département de la Roer, « que si l'on assujettissait ces actes aux droits d'enregistrement, comme un traité à prix convenu ou une adjudication, ce serait anéantir le moyen de restaurer les forêts; que l'on ne peut qualifier de prix le produit présumé des jouissances à temps qui sont accordées aux soumissionnaires; qu'enfin on ne peut liquider un droit d'enregistrement sur un prix absolument impossible à fixer. » Ainsi ces concessions ne sont pas soumises à la formalité de l'enregistrement (1543, 2072 J. E., D. N. t. 3 p. 573 n° 8).

4859. Lais et relais de mer. — Les concessions d'îles, d'îlots, lais et relais de mer ont lieu aux enchères (D. m. f. 2 août 1820, A. Cons. d'Ét. 19 nov. 1841, Dalloz v° *Concession* n° 70). — Le droit exigible est celui de 2 pour 100 fixé pour la vente des domaines nationaux (6882 J. E.; — *V.* 1022 et 1175 I. G.).

4860. Marais communaux. — Une ordonnance du 20 septembre 1817 a autorisé les communes à faire des concessions définitives au profit des détenteurs des marais communaux. Le prix se compose d'une rente équivalente à la moitié des produits.

La législation ne contenant aucune disposition qui permette de faire, en faveur de ces contrats, une exception à la règle générale des droits de mutation d'immeubles, il y a lieu de les assujettir au droit proportionnel (D. m. f. 31 janv. 1820, 6624 J. E.).

4861. Places fortes. — Les concessions des terrains dépendants des places fortes sont faites pour un temps illimité; et de ce qu'elles peuvent être révoquées dans certains cas, elles ne sont pas moins transmissives d'une jouissance illimitée: mais la disposition des lois qui concernent la vente des biens de l'État leur est évidemment applicable, et l'on doit, par suite, les soumettre au droit de 2 pour 100 (Dél. 6 oct. 1826, 8528 J. E.).

4862. Routes.—Rues.—Les cessions de terrains restés libres, après le redressement des routes ou l'alignement des rues, faites à des particuliers, sont passibles du droit proportionnel, savoir, de 2 pour 100 si les terrains cédés appartenaient à l'État, et de 5 et demi pour 100 s'ils appartenaient à une commune. Ce sont de véritables ventes (3014, 4010, 4216 J. E., D. m. f. 23 oct. 1810, 5 nov. 1811 et 5 sept. 1818, 860 I. G.). — *V.* 3806.

V. *pour le droit de péage* n° 2527.

4863. Stationnement des voitures. — Quoique les rues, places, routes et autres immeubles semblables ne soient point susceptibles d'une appropriation privée, cependant les règlements de police permettent à l'autorité de conférer à certaines personnes un droit exclusif de jouissance qui les investit d'une propriété particulière. C'est ce qui a lieu pour la location des places sur un marché public, du droit d'attache des bateaux sur les bords des quais, enfin du droit de stationnement sur une voie publique. Ces concessions sont évidemment passibles du droit proportionnel.

C'est ce qu'à reconnu le tribunal de la Seine, en décidant, le 19 juin 1857, que les actes par lesquels l'autorité administrative accorde à une société le droit exclusif de faire circuler ou stationner sur la voie publique, les voitures destinées au transport des voyageurs moyennant un abonnement annuel, sont de véritables baux, sujets à l'enregistrement, au droit de 20 centimes pour 100 francs dans le délai de vingt jours (16570 J. E., 11169 C.). — Et lorsque la durée de la location n'a pas été fixée, mais qu'une société a été formée pour l'exploitation de la concession, c'est sur le nombre d'années déterminé pour la durée de la société que le droit de bail doit être assis (Seine 29 août 1857, 16633 J. E.).

Décidé, dans le même sens et en thèse générale, que les arrêtés portant concession de terrains à des entrepreneurs acceptant, pour en jouir temporairement, sont sujets au timbre et à l'enregistrement comme constituant de véritables baux (Sol. 15 déc. 1858, Sollier n° 333).

4864. Liquidation du droit. — Pluralité de concessions. — On ne saurait assimiler les concessions dont nous venons de parler aux ventes publiques de meubles. Dans ce dernier cas, l'acheteur est débiteur du prix envers l'officier public tandis que le concessionnaire est débiteur direct du cédant et cette circonstance isole les unes des autres les différentes concessions qui seraient réunies dans le même acte. Par ces motifs, l'Administration a reconnu, dans une délibération du 19 juin 1824, que le droit d'enregistrement des concessions devait être liquidé sur le prix de chacune d'elles séparément (7752 J. E., 4865 J. N.).

4865. Rétrocession. — Cession. — Marchés publics. — Lorsque les communes ont cédé à un tiers, entrepreneur de constructions ou autres, le privilége d'exploiter pendant un certain temps un marché, une halle ou tout autre établissement municipal, de quel droit est passible l'acte par lequel ce concessionnaire retrocède ou cède ce privilége à un tiers, moyennant une somme d'argent pour le temps qui reste à courir? Est-ce un droit de bail, d'obligation ou de vente mobilière? On a soutenu que le droit de cession de bail est seul exigible parce que les priviléges de l'espèce sont personnels aux communes, essentiellement révocables, et que la location seule en est possible, parce qu'elle ne confère qu'une jouissance temporaire compatible avec la nature de l'objet cédé (J. du not. n° du 14 août 1869, 2364). Mais cette opinion nous paraît contestable. Le privilége de percevoir les taxes municipales, lorsqu'il est cédé à un tiers pour un temps convenu, confère à ce tiers un droit incorporel mobilier qui peut être aussi bien vendu qu'il peut être loué. Les conventions ne sont d'ailleurs pas révocables au gré de la commune. Il faudrait, pour faire cesser les effets du contrat, une loi modificative des institutions municipales, et il est clair que ce n'est point une éventualité pareille, applicable à tous les contrats, qui peut influer sur le caractère actuel du droit cédé. Par conséquent, rien ne s'oppose, selon nous, à ce que la cession du privilége ou sa rétrocession s'opère sous la forme d'une vente ou d'une revente, et donne lieu au droit de 2 pour 100. Mais comme elle peut aussi se réaliser par un bail, il faudrait, avant tout, examiner les clauses du contrat et les circonstances de fait, pour se déterminer en faveur de l'une ou de l'autre convention.

En tout cas, il est impossible d'admettre, avec un jugement du tribunal de la Seine, du 18 mai 1868 (2768 R. P.) que le droit exigible soit celui d'obligation sur la somme perçue par le concessionnaire du privilége. En effet, cette somme forme incontestablement le prix d'une mutation mobilière. Qu'elle soit le prix d'un bail où d'une vente, il n'importe, elle a toujours le caractère d'un prix, c'est-à-dire d'une disposition essentiellement dépendante qui ne sert jamais à régler l'exigibilité du droit applicable à la convention. — V. 4855-2.

CONCIERGE.

4866. — Préposé à la garde d'un lieu habité. Le concierge est un domestique, en ce qu'il est, en général, attaché à la personne qui possède le lieu gardé.

4867. Maison d'arrêt. — Il y a cependant le concierge des prisons, que le C. d'inst. crim. qualifie de *gardien*, qui a un service public (7517 J. E.). — V. *Bail* et *Succession*.

CONCILIATION.

DIVISION

SOMMAIRE

CHAPITRE PREMIER. — DISPOSITIONS GÉNÉRALES

[4868-4878]

4868. Définition. — La conciliation est une mesure que le législateur, dans la vue de prévenir les procès, a prescrite préalablement à l'introduction d'une instance.

4869. Origine. — C'est par la loi des 16-24 août 1790, sur l'organisation judiciaire, que l'essai du préliminaire de conciliation a été introduit pour la première fois en France. Il fait l'objet du titre 10, sous la dénomination de *Bureau de paix*. Sous l'empire de cette loi, aucune dispense ne pouvait être admise, ni en raison des personnes, ni en raison de la matière. Toutes les affaires étaient soumises au préliminaire de la conciliation. Ces dispositions ont été successivement modifiées par les lois des 27 mars 1791 et 26 ventôse an 4. Elles forment aujourd'hui le titre du C. proc. intitulé: *de la Conciliation.*

4870. Caractère. — La conciliation est un acte de juridiction gracieuse. Le juge de paix, en l'exerçant, remplit la mission d'un conciliateur et non celle d'un juge. « Ce n'est plus, dit Boncenne (p. 289), un magistrat qui va prononcer et condamner; c'est un homme de bon conseil qui remontre aux gens prêts à se lancer dans l'arène judiciaire tous les dangers, toutes les angoisses, toutes les pertes auxquels ils s'exposent; qui les éclaire sur les chances de leur opiniâtreté; qui essaie d'émouvoir la pitié d'un créancier trop rigoureux, de réveiller la bonne foi d'un débiteur trop cauteleux, de les faire transiger. » Ainsi, le juge de paix saisi comme simple conciliateur, ne peut, sans commettre un excès de pouvoir, prononcer comme juge, même sur des matières de sa compétence (Carré t. 1er p. 93).

4871. Introduction d'instance. — Nous rappellerons ici ce que nous avons dit n° 1443, que la tentative de conciliation n'est pas un acte *introductif* d'instance, puisque, dans toutes les affaires qui n'en sont pas dispensées par la loi, ce n'est qu'une formalité préalable. Cela résulte des termes mêmes de l'art. 48 C. proc. : « Aucune demande ne sera reçue que le défendeur n'ait été préalablement appelé en conciliation. » — Or, la demande étant nécessairement le premier acte d'une instance, il s'ensuit évidemment que la loi ne considère pas la conciliation comme faisant partie d'une instance. C'est l'avis de tous les auteurs (Berriat p. 107 n° 21, Boncenne t. 2 p. 36, Carré-Chauveau t. 1er, 19 et 219, Dalloz *Jur. gén.*). — V. *Conciliation* n° 39.

4872. Causes soumises à conciliation. — Aucune demande principale introductive d'instance entre parties capables de transiger, et sur des objets qui peuvent être la matière d'une transaction, ne peut être reçue dans les tribunaux de première instance, avant que le défendeur ait été appelé en conciliation devant le juge de paix, ou que les parties n'y aient volontairement comparu (48 C. proc.).

1. DEMANDE PRINCIPALE. — La demande doit être principale. Le mot *principal* est ici relatif; il tire son véritable sens des objets qui lui sont comparés. La demande principale est celle par laquelle commence le procès. Elle en est le fond, la partie la plus importante; mais elle est dite surtout principale à cause des demandes accessoires, préjudicielles, provisoires, incidentes, etc., qui se rattachent plus ou moins à cette demande.— Ainsi, une demande reconventionnelle, servant d'exception ou de défense à l'action principale, suit le sort de cette action et n'est pas sujette à la conciliation (Berriat p. 187 n° 9).

2. INTRODUCTIVE D'INSTANCE. — Toute demande principale n'est pas introductive d'instance. Par exemple, l'intervenant dans une instance dans laquelle il est intéressé, forme une demande principale en ce qui le concerne. Le garant intervenant dans une instance pour répondre à l'action en garantie, y est amené par une action principale. Mais ni dans l'un ni dans l'autre cas, la demande n'est introductive d'instance, parce qu'elle ne vient qu'incidemment et en quelque sorte accessoirement à la première. N'étant plus dès lors considérée que comme une dépendance de la demande primitive, la conciliation à son égard devient sans objet (40 C. proc.).

3. PARTIES CAPABLES. — TRANSACTION POSSIBLE. — La base de la loi pour déterminer, soit la capacité des personnes à l'effet de se concilier, soit les objets sur lesquels peut intervenir la conciliation, est la transaction et non le compromis (Berriat p. 187). Toutes les personnes qui sont incapables de la transaction, par exemple les mineurs, les interdits, les femmes mariées dans de certains cas (1123 C. C.), l'État, les communes, les établissements publics, les curateurs aux successions vacantes (2045 C. C., 49 C. proc.), sont donc incapables de se concilier.

4. TRIBUNAUX DE PREMIÈRE INSTANCE. — L'expression de demande qui ne peut être reçue, sans essai de conciliation, devant les tribunaux de première instance est limitative, c'est-à-dire qu'elle borne aux seules causes de la compétence des tribunaux de première instance la nécessité du préliminaire de conciliation; elle exclut par là, les causes qui ressortissent soit des tribunaux de commerce, soit des juges de paix, soit même directement des cours d'appel.

4873. Causes exceptées de la conciliation. — Nous avons dit n° 4869, que sous l'empire de la loi de 1790 la prescription de la tentative de conciliation était absolue et qu'aucune dispense ne pouvait être admise. Mais, la nécessité d'apporter des exceptions à la formalité du préliminaire de conciliation s'étant bientôt fait sentir, des dérogations à la loi de 1790 furent successivement introduites jusqu'à ce que fut promulgué le C. proc., qui les a résumées dans son art. 49, ainsi conçu : « Sont dispensées du préliminaire de la conciliation, — 1° les demandes qui intéressent l'État et le domaine, les communes, les établissements publics, les mineurs, les interdits, les curateurs aux successions vacantes ; — 2° les demandes qui requièrent célérité ; — 3° les demandes en intervention ou garantie ; — 4° les demandes en matière de commerce ; — 5° les demandes de mises en liberté, en mainlevée de saisie ou opposition, en payement de loyers, fermages ou arrérages de rentes ou pensions, celles des avoués en payement de frais ; — 6° les demandes formées contre plus de deux parties, encore qu'elles aient le même intérêt ; — 7° les demandes en vérification d'écritures, en désaveu, en règlement de juges, en renvoi, en prise à partie, les demandes contre un tiers saisi, et en général sur les saisies, sur les offres réelles, sur la remise des titres, sur leur communication, sur les séparations de biens, sur les tutelles et curatelles, et enfin toutes les causes exceptées par les lois. »

4874. Mode de comparution. — La citation en conciliation n'est pas nécessaire pour appeler le défendeur au bureau de paix : les parties peuvent y comparaître volontairement. Par ce moyen, les esprits ne sont point aigris par l'entremise d'un huissier, et souvent cette précaution suffit pour opérer des conciliations. Aussi la loi du 2 mai 1855 (502 R. P., 2049 § 5 I. G.) veut-elle qu'aucune citation ne puisse être donnée sans qu'au préalable le juge de paix ait appelé les parties devant lui par un avertissement.

4875. Procuration. — Il est également conforme à l'esprit de la loi que les parties comparaissent en personne ; cependant elles peuvent, en cas d'empêchement, se faire représenter par un fondé de pouvoirs (C. proc. 53), même par une personne attachée à l'ordre judiciaire (Berriat p. 189 note 21). Mais la procuration doit-elle être authentique? La loi ne le dit pas. Par là même elle admet les procurations sous seing privé ; et si dans la pratique on emploie plus souvent cette dernière forme, il n'en faut pas chercher d'autre cause que le peu d'importance attaché, en général, au préliminaire de conciliation. Mais lorsqu'il est permis d'en espérer un heureux résultat, il est plus conforme au vœu de la loi que la procuration soit authentique. La partie qui a réellement envie de se concilier peut rejeter avec raison une procuration sous seing privé, qui n'offre pas les garanties qu'elle peut désirer pour traiter d'une manière définitive des intérêts dont elle voulait soumettre la discussion aux tribunaux Pigeau t. 1er p. 43, Carré t. 1er p. 107).

4876. Conciliation ou non-conciliation. — Après avoir entendu les parties dans leurs prétentions et dires respectifs, le juge de paix parvient ou ne parvient pas à amener un arrangement ; dans chacun de ces deux cas, il doit dresser un procès-verbal.

4877. Conciliation. — En cas de conciliation, l'art. 54 C. proc. exige que le procès-verbal qui en sera dressé contienne *les conditions de l'arrangement.* Il est évident qu'autrement la démarche des parties pourrait devenir inutile, puisque, en l'absence d'un titre constatant l'arrangement des parties, chacune d'elles resterait maîtresse de reprendre plus tard la contestation et de poursuivre le procès.

1. CARACTÈRE DU PROCÈS-VERBAL. — Mais quel est le caractère des procès-verbaux de conciliation et quels en sont les effets? L'art. 54 déclare que les conventions des parties, insérées au procès-verbal, ont force d'obligation privée. « C'est là une locution inexacte, dit Pigeau t. 1er p. 43, et la raison est qu'aux termes de l'art. 1317 C. C., l'acte authentique est celui qui a été reçu par officiers publics ayant droit d'instrumenter dans le lieu où l'acte a été rédigé, etc. Or, ces conditions se trouvent réunies dans la personne du juge de paix ; il faut donc reconnaître à l'acte qu'il rédige en ce cas les effets de l'acte authentique. » C'est aussi l'opinion professée par Dalloz (*Jur. gén.* V. *Conciliation* n° 372). — Ainsi l'arrangement opéré devant le juge de paix, par suite de la conciliation et consigné sur son procès-verbal, est, sans aucune espèce de doute, consigné sur un acte *authentique* (Duranton t. 13 n° 17). De là l'opinion de Toullier : « Que les aveux faits au bureau de paix sont *authentiques.* »

2. EMPÊCHEMENT DE SIGNER. — Il résulte de là que le juge de paix constate valablement la cause qui empêche une partie de signer, et supplée à cette signature sans laquelle les conventions seraient nulles (Carré p. 112, Levasseur p. 114, Dalloz *Jur. gén.* V. *Conciliation* n° 359).

3. UN SEUL ORIGINAL. — Que le procès-verbal de conciliation ne doit être rédigé qu'en un seul original, bien que plusieurs parties ayant un intérêt distinct y aient figuré.

4. DATE CERTAINE. — Que la convention a date certaine du jour où elle est constatée par le juge de paix, et non pas seulement du jour de son enregistrement.

5. INSCRIPTION DE FAUX. — Que le signataire auquel on l'opposerait ne pourrait pas se contenter de dénier sa signature, laquelle fait preuve contre lui jusqu'à inscription de faux.

6. SIGNATURE DES PARTIES. — Mais le procès-verbal doit-il être signé par les parties ou par leurs fondés de pouvoirs, pour rendre obligatoires les conventions qui y sont insérées? L'affirmative ne paraît pas douteuse (Chauveau-Carré n° 228, 231, Levasseur n° 217, Dalloz t. 12 V. *Conciliation* n° 353 Merlin, *Rép.* v° *Bur. de conseil* ; — Boitard t. 1er n° 154 ; — C. Rennes 9 avr. 1827 et 13 mars 1837, Dalloz *loc. cit.* nos 353, 354). — A plus forte raison doit-il en être ainsi s'il y a refus de signer par l'une des parties. L'accord ne peut alors exister, et la partie, en refusant de signer l'arrangement convenu, renonce par cela même à la conciliation (Caron n° 816, Bioche n° 130, Dalloz *loc. cit.* n° 358 ; — *Contrà* Favard de Langlade t. 1er p. 631). — V. 4883.

4878. Non-conciliation. — La non-conciliation des parties peut résulter : 1° de ce que l'une d'elles n'a pas jugé à propos de se présenter sur la citation ; — 2° de ce que, après avoir comparu toutes deux, elles n'ont pu parvenir à s'accorder. Au premier cas, le procès-verbal se borne à constater la non-comparution de la partie défaillante, quoique régulièrement citée ; et cette mention équivaut à une non-conciliation. Au second cas, et lorsque le juge de paix n'a pu parvenir à amener les parties à un arrangement, le procès-verbal doit, aux termes de l'art. 54 C. proc., faire nécessairement mention que les parties n'ont pu s'accorder.

1. AVEU. — La disposition de l'art. 54 d'après laquelle le juge de paix ne doit pas dresser un procès-verbal détaillé des dires et aveux des parties, est motivée sur les abus qu'avait entraînés l'énonciation de ces dires sous l'empire de la loi de 1790. « Une réponse mal saisie, dit Boncenne (t. 1er p. 296), mal rendue par le greffier, devenait devant les tribunaux un texte fécond en interprétations et en argumentations; c'était un véritable piége pour ceux qui ne se doutaient pas du parti qu'un homme habile peut tirer d'un mot qu'un homme simple a laissé écrire. » Mais il ne résulte pas de là que si les parties demandent expressément à ce qu'il soit fait mention au procès-verbal de certains points ou de certaines circonstances sur lesquels elles sont d'accord, il n'en résulte pas, disons-nous, que le juge ne doive faire droit à *leur réquisition*. (Dalloz *Jur. gén.* V. *Conciliation* n° 363). « Supposez, dit encore Boncenne (t. 2 p. 42), qu'une reconnaissance formelle soit faite par l'une des parties ; par exemple, le défendeur auquel on demande le payement d'une somme de 1,000 francs avoue qu'il la doit, et réclame un délai pour payer : le délai est refusé, il n'y a point de conciliation; ni la lettre, ni l'esprit de la loi ne s'opposent à ce que, si les parties l'exigent, on constate sommairement, dans le procès-verbal, cet aveu et ce refus. »

2. SIGNATURE. — Mais pour que l'aveu puisse être opposé à la partie qui l'a fait, il faut que celle-ci ait signé au procès-verbal. Il ne suffirait même pas de la *mention* faite par le juge, comme au n° 4877 (Chauveau-Carré *Quest.* 231, Dalloz *Jur. gén.* V. *Conciliation* n° 365).

CHAPITRE II. — ENREGISTREMENT

[4879-4894]

4879. Tarif. — Sont sujets au droit de 1 franc : « Tous les procès-verbaux des bureaux de paix desquels il ne résulte aucune disposition donnant lieu au droit proportionnel ou dont le droit proportionnel ne s'élèverait pas à 1 franc » (L. 22 frim. an 7 art. 68 § 1er n° 47, 436 § 9 I. G.).

Ce droit a été porté à 1 fr. 50 cent. par l'art. 4 L. du 28 février 1872.

Les mêmes règles sont applicables aux procès-verbaux de conciliation dressés en exécution de la L. 2 mai 1855 (D. m. f. 30 août 1855, 502 R. P., 2049 § 3 I. G.).

1. CONDAMNATION. — Mais le procès-verbal de conciliation n'étant pas un jugement, il n'y a pas lieu de percevoir le droit de 50 centimes pour 100 francs sur le montant de la condamnation à laquelle l'une des parties se serait volontairement soumise (1060, 4347 J. E.).

2. RÉSOLUTION. — De même on ne peut assimiler à une résolution judiciaire exempte du droit proportionnel L. 22 frimaire an 7 art. 68 § 3 n° 7), la résolution d'un contrat de vente consentie devant le juge de paix. Quelle que soit la cause de cette résolution, elle doit être réputée volontaire (Cass. 1er frim. an 9, 19 germ. an 13, 17 déc. 1811, 4114 J. E., Champ. et Rig. 381). — V. *Résolution.*

4880. Comparution volontaire. — Le même droit est exigible alors même que les parties auraient comparu volontairement devant le juge de paix pour se concilier sur une affaire de la compétence de ce magistat (D. m. f. 10 sept. 1823, 7538 J. E., 1104 I. G.).

4881. Conventions verbales. — Conciliation. — Lorsque les parties se sont conciliées, le procès-verbal de *conciliation* est passible des droits auxquels les conventions qu'il renferme donneraient lieu si elles étaient contenues dans des actes sous seing privé ou notariés. Lorsque le droit dont ces conventions sont passibles ne s'élève pas au delà, celui de 1 fr. 50 cent. est le seul exigible (1060, 4347 J. E.).

1. RECONNAISSANCE DE DETTE. — Le droit d'obligation est exigible sur le procès-verbal de conciliation qui fait mention que le défendeur a offert une somme dont il s'est reconnu débiteur, quoique l'offre n'ait pas été acceptée, parce que le demandeur peut se prévaloir de cette offre, qui fait preuve de la dette (Dél. 23 juin 1829, 9342 J. E.).

De même, si un fermier se reconnaît débiteur d'une somme pour fermages arriérés, quoique le bail soit enregistré, il est dû 1 pour 100, parce que le procès-verbal constitue alors un titre nouveau de l'obligation du fermier (1709 J. E.).

2. VENTE. — Ainsi encore, si l'une des parties se reconnaît débitrice pour livraison de marchandises, le droit de 2 pour 100 est exigible (423-516 J. E.).

3. DROIT FIXE. — Mais, dans ces diverses hypothèses, on ne peut percevoir le droit fixe cumulativement avec le droit proportionnel, ou le minimum qui représente ce droit, exigible sur les conventions, puisque les procès-verbaux de conciliation sont essentiellement destinés à constater les conventions des parties (Dél. 12 juill. 1817, D. N. t. 3 p. 577 n° 32). — V. 4882-3.

4882. Non-conciliation. — La même règle est à suivre relativement à la perception du droit proportionnel lorsque les parties, bien que ne s'étant pas conciliées, ont fait des aveux qui, consignés dans le procès-verbal de non-conciliation, peuvent faire titre à l'une ou à l'autre.

1. VENTE. — Il a été reconnu, dans ce sens, que si dans un procès-verbal de non-conciliation le débiteur reconnaît

avoir acquis des marchandises et que le désaccord, qui amène la non-conciliation, ne porte que sur le mode de payement du prix, le droit de 2 pour 100 est exigible (14020-1 J. E.).

De même, le tribunal de Thionville a jugé, le 6 juin 1836 (11815 J. E.), qu'un procès-verbal de non-conciliation peut, par les aveux des parties, constater une vente ou promesse de vente d'immeubles, de manière à fonder la demande du droit de mutation.

2. CONDITION. — Toutefois, le droit de titre n'est pas exigible sur un procès-verbal de non-conciliation, portant aveu, de la part du défendeur, de devoir une somme déterminée pour prix de marchandises, sauf compte à faire entre les parties, parce que la dette est subordonnée à un règlement de compte, et que le demandeur ne peut se faire un titre de cette déclaration (Sol. 2 nov. 1830, 9811 J. E.).

3. DROIT FIXE. — Nous avons dit, au n° 4881-3, que le droit fixe n'est pas exigible, indépendamment du droit proportionnel, sur les procès-verbaux de conciliation contenant des conventions donnant ouverture au droit proportionnel. En est-il de même des procès-verbaux constatant la non-conciliation des parties? On s'est prononcé pour l'affirmative (14256-1 J. E.) et il faut reconnaître que cette opinion est fondée sur le texte même de la loi qui assujettit au droit de 1 franc (1 fr. 50 c.) *tous les procès-verbaux* des bureaux de paix desquels ne résulte aucune disposition donnant ouverture au droit proportionnel. Cependant une Sol. 5 mars 1831 (9942 J. E.) porte que le droit fixe doit être perçu indépendamment du droit proportionnel.

Cette solution nous paraît devoir être prise pour règle. Aux motifs qu'elle donne, nous ajouterons que la loi du 22 frimaire an 7 a été rédigée sous l'empire de celle des 16-24 août 1790, d'après laquelle le juge de paix *devait scrupuleusement consigner*, dans son procès-verbal, les *dires*, *aveux*, *dénégations* et *conventions des parties*. Il n'y avait donc aucune distinction à établir entre les procès-verbaux de conciliation et ceux de non-conciliation, car les uns et les autres devaient constater les conventions des parties. Aussi la règle a-t-elle été uniforme. Mais il ne doit plus en être de même depuis le Code de procédure. L'art. 54 de ce code interdit formellement les détails que prescrivait la loi de 1790. La non-conciliation des parties doit être *sommairement* constatée, et c'est sur la *réquisition* des parties seulement, ainsi que nous l'avons expliqué au n° 4878-1, que les conventions sur lesquelles sont intervenus des aveux doivent être consignées au procès-verbal. Il faut donc reconnaître qu'il y a aujourd'hui, dans un procès-verbal de non-conciliation contenant des aveux, deux choses parfaitement distinctes : la mention de la non-conciliation qui est le fait du juge de paix; la constatation des conventions sur lesquelles sont intervenus des aveux, qui est le résultat de la volonté des parties. L'art. 11 L. 22 frimaire an 7 nous semble donc parfaitement applicable.

4883. Signature des parties. — On a émis l'avis (5290 J. E.) que, si dans un procès-verbal de non-conciliation, il y a aveu de dette, le droit de titre est exigible alors même que le débiteur refuserait de signer au procès-verbal. Mais c'est une opinion insoutenable.

On voit dans la discussion du Code de procédure au conseil d'État que l'intention du législateur était de ne pas accorder aux procès-verbaux dressés par le juge conciliateur la force probante des actes reçus par les notaires, d'abord, afin de ne pas porter préjudice à ces derniers fonctionnaires par la concurrence que leur auraient faite les juges de paix, ensuite, parce que beaucoup *de juges de paix n'avaient pas l'habitude de bien dresser un acte* (Locré, t. 11 n° 9). D'ailleurs, et par cela même que l'art. 54 C. proc. déclare que les conventions insérées au procès-verbal auront force d'*obligation privée*, n'exige-t-il pas la signature des parties, puisqu'il est de l'essence des obligations privées d'être signées par les contractants? Si la signature des parties n'était pas impérieusement exigée, un pareil mode porterait atteinte à la position des notaires qui ont acquis, moyennant finances, le droit de faire des actes; les parties elles-mêmes en souffriraient aussi, par la raison qu'elles ne trouveraient pas toujours, à la campagne surtout, dans les juges de paix et leurs greffiers, une rédaction aussi sûre que chez les notaires.

Il est donc certain que les conventions consignées dans les procès-verbaux, soit de conciliation, soit de non-conciliation, ne donnent pas ouverture au droit proportionnel, quand il est constaté que les parties ont refusé de signer l'arrangement. — Il en serait autrement si le juge mentionnait qu'elles n'ont pas su signer.

4884. Droit en sus. — De ce que nous venons de dire relativement à la convention contenue dans les procès-verbaux de paix qui n'ont que la force d'une *obligation privée*, il avait paru résulter que si une reconnaissance de dette a eu lieu dans un procès-verbal de non-conciliation, non présenté à la formalité dans les délais, il ne sera dû, pour droit en sus, qu'une somme égale au droit fixe (14020-2 J. E.). Mais nous pensons que le droit en sus serait dû sur la reconnaissance elle-même. En effet, le droit proportionnel est exigible sur le procès-verbal lui-même parce qu'il forme *le titre* de la convention, il ne suppose pas, comme en matière de jugement ordinaire, l'existence d'un titre distinct, indépendant de la sentence du juge et antérieur à elle. Or, l'art 35 L. 22 frimaire an 7, dispose en termes généraux : « que les greffiers qui auront négligé de soumettre à l'enregistrement dans le délai fixé les actes qu'ils sont tenus de présenter à cette formalité, payeront personnellement, et à titre d'amende, une somme égale *au montant du droit.* » Le droit du procès-verbal comprenant l'impôt applicable à la reconnaissance, il paraît logique d'en conclure que le droit en sus devra être de la même somme.

4885. Remise. — Bien que le juge de paix ajourne d'office les parties à une autre audience pour les concilier, le procès-verbal d'ajournement doit être répertorié et enregistré dans les vingt jours de sa date.

En effet, l'art. 7 L. 22 frimaire an 7, soumet à l'enregistrement sur minute « *tous procès-verbaux généralement quelconques des bureaux de paix, portant conciliation ou non-conciliation, défaut, congé, remise ou ajournement.* » Conçue en termes impératifs et absolus, cette disposition ne comporte aucune exception ni interprétation. Il est dès lors impossible d'appliquer aux procès-verbaux de remise, rédigés en matière de conciliation, les décisions ministérielles des 27 février 1822 et 26 janvier 1826 (1026 et 1189 § 3 I. G.), suivant lesquelles les jugements portant remise de cause ou continuation d'audience sont exempts de la formalité de l'enregistrement, lorsqu'ils n'ont pas été rendus pour la production des pièces ou de preuves ordonnées (Sol. 30 avr. 1868, 2690 R. P.).

4886. Avoué. — Un tribunal renvoie les parties devant un avoué pour les concilier, si faire se peut. Cet avoué ne peut être assimilé, ni à un arbitre, puisqu'il n'y a pas de compromis et qu'il n'a pas la faculté de juger, ni au juge de paix tenant le bureau de conciliation, puisqu'il ne s'agit point d'introduire une demande en justice, et qu'elle est, au contraire, déjà formée. Le procès-verbal qu'il rédige, s'il ne renferme pas de conventions sujettes au droit proportionnel, est passible du droit de 3 francs (6258 J. E.).

4887. Assemblée de famille. — Lorsque des majeurs se réunissent en conseil de famille pour délibérer sur leurs intérêts, c'est le droit de conciliation, et non celui d'avis de parents, qui est exigible. — *V.* 2480.

4888. Avertissement. — Les avertissements pour comparaître en conciliation sont sujets au timbre et exempts d'enregistrement. — *V.* 3536.

4889. Bornage. — Le procès-verbal signé du juge et des parties constatant, après accord des parties, les lieux où des bornes seront plantées, est un acte de conciliation sujet au droit fixe de 1 fr. 50 cent. — *V.* 3223.

4890. Cédule. — Les cédules pour appeler au bureau de conciliation sont sujettes au timbre et exemptes d'enregistrement. — *V.* 850, 3537.

4891. Compromis. — Les nominations d'arbitres faites au bureau de conciliation ne sont passibles que du droit de 1. fr. 50 cent. — *V.* 4745.

4892. Mentions. — Les mentions de non-comparution en conciliation sont exemptes d'enregistrement. — *V.* 866.

4893. Payement des droits. — Le greffier n'a pas la faculté et ne peut se dispenser de soumettre à l'enregistrement les procès-verbaux de conciliation et de non-conciliation, sous le prétexte qu'il n'a pas reçu les fonds. Mais les droits d'une mutation verbale énoncée dans un procès-verbal de non-conciliation doivent être réclamés à la partie, et non au greffier. — *V.* 774-1.

4894. Prorogation de compétence. — Le droit de 4 fr. 50 cent. est exigible sur la prorogation de compétence accordée au juge de paix au bureau de conciliation. — *V.* 4731.

CONCLUSIONS.

4895. Définition. — Demandes auxquelles on conclut dans un procès.

4896. Parties. — Ministère public. — Il y a les conclusions du ministère public et celle des parties. — Les premières sont les avis et réquisitions que donnent les procureurs généraux, les procureurs de la République et leurs substituts, dans les affaires où ces magistrats interviennent. Le nom de *réquisitoire* est plus spécialement consacré dans le cas où ces magistrats agissent d'office, par exemple en matière criminelle. — Les secondes fixent les limites dans lesquelles doit se circonscrire la mission du juge au delà et en deçà desquelles il ne peut aller ou rester, sans que sa sentence ne soit atteinte de vice d'*ultrà petita* ou d'omission de statuer. Il y a plus, les conclusions en matière civile, en tant qu'elles sont envisagées comme synonymes de *demande*, déterminent la compétence du juge et le degré de juridiction.

4897. Tribunaux divers. — Les parties peuvent par elles-mêmes ou par fondés de pouvoir, prendre des conclusions devant les tribunaux de paix, de simple police ou de commerce. La loi du 27 ventôse an 8, qui a institué des avoués près les tribunaux de cassation, d'appel, de première instance et près des tribunaux criminels (art. 93), leur a conféré *exclusivement* le droit de prendre des conclusions devant le tribunal près lequel ils sont établis (art. 94). — Les avocats à la C. cass. (Ord. 10 sept. 1817 art. 1er), titre qui avait été donné aux avoués près cette cour (Déc. 25 juin 1806), ont seuls le droit de signer les mémoires et requêtes des parties, c'est-à-dire de conclure, en matière contentieuse de toute nature, devant le conseil d'État, dans l'intérêt des parties (Déc. 11 juin 1806 art. 33.).

4898. Nécessité des conclusions. — Les conclusions sont d'une telle nécessité, qu'une partie ne peut prétendre qu'un jugement lui fait grief, lorsqu'elle a omis de prendre des conclusions; et que les chefs omis dans les conclusions ne peuvent, quoiqu'ils aient été plaidés à l'audience ou même constatés dans les mémoires imprimés, être produits devant la C. cass., qui les écarte comme nouveaux dans le débat et comme n'ayant pu, dès lors, donner lieu à une contravention à la loi de la part des juges à qui ils n'avaient pas été soumis.

4899. Forme. — Aucune forme particulière n'est déterminée pour le libellé des conclusions. La pratique a admis une formule où les motifs des conclusions sont développés à l'instar de ceux des jugements par *attendus*. — Les conclusions sont verbales ou écrites : celles-ci sont prises dans les exploits d'assignation, dans les actes d'avoué à avoué, ou bien elles sont libellées par acte écrit et déposées entre les mains du greffier. Les conclusions verbales sont formulées à la barre du tribunal.

4900. Délai. — Les conclusions fixant le débat et les points à juger doivent, dans les affaires où le ministère des avoués est exigé parce qu'elles sont ordinairement plus compliquées, être signifiées trois jours au moins avant d'être prises à l'audience, soit pour plaider, soit pour poser qualité (Décr. 30 mars 1808 art. 70). Ce délai entre la signification et la lecture à la barre du tribunal a été établi afin d'éviter les surprises ; mais, dans l'usage, on se conforme peu à cette prescription. Cependant le ministère public peut requérir qu'il soit enjoint aux avoués de signifier leurs conclusions dans les délais déterminés (Cass. 30 août 1836, Dalloz *Jur. gén.* t. 12, V. *Conclusions* n° 40).

4901. Modifications.—Les conclusions, bien qu'elles aient été déposées et signifiées, ne sont pas cependant irrévocables, en ce sens du moins que, tant qu'il n'en a pas été donné acte ou qu'il n'est pas intervenu entre les parties un contrat judiciaire, elles peuvent être rectifiées, changées ou modifiées. — Mais les modifications qui peuvent être apportées aux conclusions primitives ne vont pas jusqu'à remplacer une demande par une autre, parce qu'alors on éluderait le préliminaire de conciliation. — Les nouvelles conclusions ne peuvent pas non plus rétracter ce que les premières ont concédé à l'adversaire (Dalloz *loc. cit.* n°s 42 à 46).

4902. Timbre. — Les conclusions *signifiées* doivent être écrites sur papier timbré (L. 13 brum. an 7 art. 1er et 12). Mais, quand il s'agit des conclusions remises à l'audience par les avoués au greffier, en exécution du décret du 30 mars 1808, pour faciliter la rédaction des jugements, on les considère comme la copie des actes déjà signifiés et comme des pièces d'ordre intérieur ne pouvant être produites pour justification : à ce titre elles sont exemptées du timbre (D. m. f. 15 juill. 1825, 30 nov. 1830, 8087 et 9842 J. E., 1354 I. G. § 12, (B. N. t. 2 p. 164 n° 57, Sol. 24 sept. 1849 ; *Contrà* 7254, 9332 J. E.). — *V.* 2496.

Une proposition de les soumettre au timbre, faite lors de la loi du 23 avril 1871, a été rejetée par l'Assemblée nationale.— *V.* 3360 R. P.

1. MATIÈRE CORRECTIONNELLE. — Les conclusions prises en matière correctionnelle ou criminelle ne sont pas sujettes au timbre, attendu qu'aucune loi n'en exige la rédaction et qu'elles ne constituent pas, dès lors, une pièce de la procédure (9332 J. E.). — Mais si, au lieu d'être remises à titre de simples notes, elles étaient produites régulièrement devant le juge, cette production les assujettirait au timbre (Cass. 20 oct. 1808).

2. COMMERCE. — Mais les conclusions signées par les agréés et produites devant les tribunaux de commerce sont destinées à faire titre et à modifier la plupart du temps les conclusions prises dans l'ajournement. Elles ont été reconnues sujettes au timbre (Dél. 4-7 mai 1852 ; — Namur 5 mars 1870, 3448 R. P.).

Il en est de même des conclusions signées par de simples particuliers.

« On soutient, porte une Sol. de l'administration belge, que la règle applicable aux tribunaux civils ne peut pas être étendue à la juridiction consulaire, parce que la procédure n'est pas la même et que les conclusions ne sont pas un élément constitutif de la demande ou de la défense. Cette thèse est condamnée formellement par un arrêt de la C. cass. de Belgique du 7 avril 1853 et par Dalloz v° *Conclusions* n°s 1er et 9. Les règles générales du C. proc. étant applicables aux tribunaux de commerce dans tous les cas où elles se concilient avec l'institution de ces tribunaux et ne sont modifiées par les règles spéciales de procédure à suivre devant eux, rien n'empêche les parties de conclure par écrit, lorsqu'elles ont une demande ou une défense à poursuivre devant les tribunaux de commerce. Ces conclusions saisissent les juges et leur indiquent les points à décider aussi bien que les conclusions signées par les avoués. Quant à la loi du 13 brumaire an 7, le texte si général de l'art. 12 n° 1er dernier alinéa ne devrait laisser aucun doute sur la nécessité de l'emploi du papier timbré : les conclusions écrites et signées sont incontestablement des actes devant ou pouvant faire titre, en tant qu'ils fixent l'objet du débat, des actes produits pour demande ou défense. C'est dans cet ordre d'idées qu'un arrêt de la C. cass. de France, du 20 octobre 1808, a jugé que les conclusions en matière correctionnelle ne pouvaient être reçues par les juges sur papier non timbré » (Sol. belge 22 avr. 1869, 10940 J. E. belge). Mais ces conclusions ne sont pas sujettes à l'enregistrement parce qu'il n'en est pas fait réellement usage en justice (Sol. 7 fév. 1878).

3. AVOCAT. — Dans tous les cas, les conclusions signées par un avocat sont sujettes au timbre, lors même qu'elles ne seraient que dans la forme d'un modèle à suivre par l'avoué. C'est une véritable consultation (Cass. 8 janv. 1822, 7186 J. E.). — *V.* 2483.

CONDITION.

DIVISION

SOMMAIRE

CHAPITRE PREMIER. — CONSIDÉRATIONS PRÉLIMINAIRES

[4903-4914]

4903. Définition. — Le mot *condition* a un sens très-étendu, il exprime l'état de l'homme dans la société, sa qualité de majeur ou de mineur, d'étranger. Il est encore synonyme des mots *clause* et *charge* comme quand on dit les clauses et conditions d'un contrat. Mais, dans le sens propre du mot, dans celui sous lequel nous allons l'envisager ici, la condition est un événement futur et incertain duquel on fait dépendre une obligation, soit en la suspendant jusqu'à ce que l'événement arrive, soit en la résiliant, selon que l'événement arrivera ou n'arrivera pas.

4904. Conditions qui peuvent être stipulées. — Quatre circonstances sont nécessaires pour la validité des conditions : 1° elles doivent porter sur une chose future ; — 2° elles doivent dépendre d'un événement incertain ; — 3° elles doivent porter sur une chose possible, licite et non contraire aux mœurs ; — 4° enfin elles ne doivent point détruire la nature de l'obligation.

4905. Événement futur. — Il est nécessaire, pour former la condition, que l'événement soit futur. Celui qui serait actuellement accompli, bien qu'inconnu des parties, ne formerait pas condition. « Une obligation contractée sous la condition d'une chose passée ou présente, dit fort bien Pothier (*des Obligations* n° 202), quoique ignorée des contractants, n'est pas proprement une obligation conditionnelle; par exemple si, après que la loterie de Saint-Sulpice a été tirée et avant que la liste soit arrivée, j'ai promis à quelqu'un de lui donner une certaine somme si le gros lot m'était échu, ou si j'ai promis à quelqu'un une certaine somme, au cas que le pape soit actuellement vivant: ces obligations ne sont pas conditionnelles ; mais, ou elles ont tout d'abord leur perfection, s'il se trouve que j'ai effectivement gagné le gros lot ou que le pape est vivant, ou, au contraire, il n'y aura jamais eu d'obligation contractée, s'il se trouve que le gros lot n'est pas échu ou que le pape est mort. »

Champ. et Rig. n° 748 estiment que dans cette hypothèse le droit proportionnel n'est pas exigible. « Tout ce que l'on peut conclure, disent-ils, au jour du contrat, des termes qui le constituent, c'est que peut-être il y a vente, mais peut-être aussi n'y en a-t-il pas, l'acte ne produit que le doute et l'incertitude ; le droit de la Régie n'est pas certain : cela suffit pour qu'il ne soit pas exigible. Il le deviendra sitôt que, par le défaut de l'événement, il sera certain que la vente a eu lieu. » — Il nous semble que la question ne peut être envisagée ainsi. L'obligation est, dès à présent, pure et simple si le fait prévu existe, *ou elle n'aura jamais existé* dans le cas contraire. Donc s'il est vrai que l'obligation n'est pas conditionnelle, elle est *forcément à terme* quand elle existe, puisqu'on ne pourra l'exécuter qu'après qu'on se sera renseigné sur l'existence ou la non-existence du fait prévu (Pothier n° 202, Toullier t. 6 n° 475, Marcadé sur l'art. 1181). Il en résulte que le droit proportionnel est exigible dans notre espèce comme il l'est sur toute obligation à terme.

4906. Événement incertain. — Pour former une condition proprement dite, il faut encore que l'événement soit *incertain*, c'est-à-dire qu'il puisse arriver ou ne pas arriver; car il est évident que, si sa réalisation est inévitable, l'obligation est immédiatement formée et se trouve seulement frappée d'un terme. Si je m'oblige à vous payer 1,000 francs lorsque mon frère mourra, il n'y a pas *condition* qui tienne l'obligation en suspens, mais *terme* qui en diffère l'exigibilité (1168, 1181 C. C.) ; car, quoique le moment de la mort de mon frère soit incertain, il est certain qu'il arrivera. Dans cette hypothèse, comme dans celle qui a fait l'objet du numéro précédent, le droit proportionnel est exigible sur la convention comme il l'est sur toute obligation à terme.

4907. Chose impossible, illicite. — Les conditions ayant pour objet une chose impossible, contraire aux bonnes mœurs ou prohibée par la loi, sont nulles et rendent nulle aussi la condition qui en dépend (1172 C. C.). Une chose peut être impossible ou *physiquement* ou *moralement*.

1. IMPOSSIBILITÉ PHYSIQUE OU MORALE. — Elle est impossible *physiquement* lorsqu'elle est contraire aux lois de la nature. « Je vous donne 1,000 francs si vous mangez un mouton à votre dîner. » Elle est *moralement* impossible lorsque le fait qui la constitue est défendu par la loi ou lorsqu'il est contraire aux bonnes mœurs. « Je vous donne 1,000 francs si vous vous battez avec mon ennemi. » De même encore on doit considérer comme contraire aux lois la condition imposée à un légataire héritier de ne pas attaquer une donation entachée de nullité (Cass. 14 déc. 1825, 1360 Roll.).

2. ABSOLUE OU RELATIVE. — Il faut encore distinguer l'impossibilité *absolue* de l'impossibilité relative. — L'impossibilité est seulement relative quand la chose impossible actuellement à celui qui s'oblige est, néanmoins, possible à un tiers. Par exemple, vous me promettez 10,000 francs si je fais un tableau ou une statue, n'étant ni peintre ni statuaire, l'obligation est valable parce que l'impossibilité peut cesser (Toullier t. 6 nos 122 et suiv., 1699 J. N.).

3. CONTRAT A TITRE ONÉREUX OU A TITRE GRATUIT. — Dans les contrats *à titre onéreux*, la condition de faire une chose absolument impossible est nulle et rend nulle la convention qui en dépend (1172 C. C.); il faut admettre alors que les parties, en mettant à leurs actes une condition qu'elles savaient inexécutable, ont eu l'intention de ne rien faire. Il en est autrement dans les dispositions à *titre gratuit*; la condition est simplement réputée non écrite et la disposition est valable (900 C. C.). La différence se motive sur ce qu'il est présumable que le disposant n'aurait pas ajouté la condition s'il eût cru qu'elle serait un obstacle à la validité de sa libéralité.

4. ENREGISTREMENT. — Les conditions *absolument* impossibles étant nulles en droit civil, la perception ne devrait pas les atteindre si la question ne se trouvait pas dominée par ce principe fiscal que nous développerons au mot *Nullité*, savoir : « qu'une convention nulle est sujette aux mêmes droits d'enregistrement que si elle n'était entachée d'aucun vice. » Aussi les droits sont-ils exigibles comme si la condition était valable.

4908. Destruction de la nature de l'obligation. — Enfin, pour qu'une condition soit valable et suspende l'obligation qui est contractée, il faut qu'elle ne détruise pas la nature de l'obligation. Telle est la condition qui ferait dépendre l'obligation de la pure et seule volonté de la personne qui s'engage; c'est ce qui sera développé nos 4938 et suiv.

4909. Condition suspensive et résolutoire. — Nous venons de voir que ce qui caractérise la condition c'est qu'elle fait dépendre l'obligation à laquelle elle est attachée d'un événement futur et incertain. Elle peut en dépendre de deux manières : l'*une* pour suspendre l'obligation, en sorte qu'elle n'existe, qu'elle ne puisse être exécutée qu'après l'accomplissement de la condition (1168 C. C.); l'*autre* pour la résoudre, en sorte que l'accomplissement de la condition opère la révocation ou la résolution de l'obligation et remet les choses au même état que si l'obligation n'avait pas existé. Elle n'en suspend point l'existence ni, par conséquent, l'exécution, elle oblige seulement le créancier à rendre ce qu'il a reçu, dans le cas où l'événement prévu par la condition arrive (1183 C. C.). La première espèce de condition s'appelle condition *suspensive*; la seconde, condition *résolutoire*.

4910. Conditions diverses. — Les conditions peuvent être *casuelles*, *mixtes*, *potestatives*, *expresses*, *tacites*, *possibles*, *impossibles*, *négatives* et *positives*. — Nous avons parlé des conditions *impossibles*, toutes les autres que nous venons d'énumérer sont *possibles*. Nous les examinerons successivement, en faisant toutefois observer que notre intention n'est pas de rapporter ici les nombreuses décisions que la jurisprudence offre en matière de contrats soumis à une condition quelconque. Ces décisions trouveront naturellement leur place dans les diverses parties de cet ouvrage; nous voulons seulement poser les principes qui sont des plus essentiels en matière fiscale, et mettre en relief l'influence qu'exerce sur la perception chacune des espèces de conditions que nous avons signalées.

4911. Du mode. — Et d'abord il est très-important de ne pas confondre la condition avec le mode. « On appelle *modes*, dit Toullier t. 6 n° 469, tous les pactes accessoires ou clauses ajoutés à la convention principale ou à la disposition, pour imposer au donataire ou aux contractants certaines obligations, certaines charges qui modifient le contrat ou la disposition. » La mauvaise rédaction des actes fait souvent qu'il est difficile de distinguer si telle clause contient une condition ou un mode, la clause finale et déterminante, ou seulement la cause impulsive du contrat ou de la disposition, ou enfin une simple démonstration de la chose qui en est l'objet. C'est pour parvenir à résoudre ces doutes que les auteurs recherchent avec tant de soin quelles sont les expressions qui caractérisent une condition ou un mode; car il y a des différences importantes entre les effets de l'un et de l'autre, quoiqu'on les confonde souvent. Il est vrai que le mode a cela de commun avec la condition que le défaut de son accomplissement donne lieu à la résolution de la convention; car, comme il est une charge du contrat, il est censé que celui-ci n'eût point été passé sans cette charge. Il forme donc une véritable condition résolutoire tacite et légale. Mais il ne suspend point, comme la condition, l'accomplissement ni l'exécution de la convention ou de la disposition, et, par suite, il ne produit point l'effet, que nous signalerons n° 4915, de suspendre la perception. Il est donc du plus haut intérêt, au point de vue où nous sommes placé, de distinguer si une clause est conditionnelle ou modale; mais c'est ce qu'on ne peut reconnaître que par les expressions dont les contractants se sont servis, car les mots sont les signes de leurs pensées.

4912. Mode et condition. — La même clause peut être un mode ou une condition. C'est une condition si elle suspend l'exécution du contrat et la naissance de l'obligation ; ce n'est qu'un mode si elle ne les suspend pas (Toullier n° 507). Or, c'est ce qui dépend uniquement de la volonté des parties, qu'on ne peut connaître que par la manière dont elles se sont exprimées. — Je vous donne une maison si vous remettez 1,000 francs à Paul, si vous faites telle chose, etc. Cette clause est une condition ; car vous ne pouvez me contraindre à vous livrer ma maison avant d'avoir donné les 1,000 francs ou fait la chose dont vous étiez chargé. — Il en est autrement si le contrat porte que je vous donne une maison à la charge de donner 1,000 francs à Paul, ou de faire telle chose. Ce n'est alors qu'un mode et non pas une condition, et vous pouvez exiger la tradition de ma maison avant d'avoir rempli la charge qui vous est imposée.

4913. Expressions caractéristiques de la condition et du mode. — Les auteurs ont recherché avec soin ce qui caractérise la condition et le mode. Nous croyons devoir donner une rapide analyse de leurs aperçus.

La particule *si* est le terme caractéristique de la condition. Elle forme, à proprement parler, la seule expression qui exprime la condition clairement et sans équivoque, tellement que cette particule rend conditionnelle une clause qui, si la particule eût été sous-entendue, aurait constitué une disposition pure et simple. Par exemple, il est toujours sous-entendu, dans un legs, *si le légataire le veut*, et cette condition tacite n'empêche pas le legs d'être pur et simple. Eh bien ! si le testateur a dit : « Je lègue à Paul, *s'il le veut*, » le legs devient conditionnel, et si Paul meurt avant d'avoir manifesté sa volonté d'accepter, il ne transmet point son droit à ses héritiers.

Les termes *en cas que*, *supposé que*, *faute de*, etc., sont l'équivalent de la particule *si*.

Les mots *afin que*, *à la charge de*, *pour que*, etc., n'expriment en général qu'un mode, une charge imposée à l'un des contractants. Cependant il n'en serait plus ainsi, et ces formules indiqueraient une condition, si elles étaient suivies de l'expression *et non autrement*, ou expressions équivalentes qui fassent connaître que la convention est subordonnée à l'accomplissement de la charge. Exemple : Je vous donne 100,000 francs à la charge de vous marier, *et non autrement*. Il y a condition ; car vous ne pouvez exiger les 100,000 francs avant de vous être marié. Il en est de même toutes les fois que l'obligation ne doit être exécutée qu'après l'accomplissement de la charge. La clause *pourvu que* n'exprime pas plutôt une condition qu'un mode, mais elle renfermerait une condition si on y avait ajouté *auparavant* ou autre expression qui indiquât que la charge doit être accomplie avant que la disposition soit exécutée.

Dans les contrats à titre gratuit, la particule *lorsque* ou *quand* exprime en général une condition : Je vous donne 1,000 francs lorsque vous vous marierez ; dans les contrats à titre onéreux, au contraire, elle n'indique qu'un délai : Je vous prête 1,000 francs que vous me rendrez lorsque vous vous marierez.

Employé au présent ou au passé, le relatif *qui* ou *que* n'opère, en général, qu'une simple démonstration : Je lègue 1,000 francs à Paul, *qui* a épousé ma cousine ; il y a là simple démonstration pour désigner plus clairement le légataire ; si le relatif *qui* ou *que* se rapporte au futur il forme au contraire une condition, comme si je vous vends le poulain qui *naîtra* de ma jument, les fruits qui croîtront sur mon fonds.

Voyez au surplus, et pour plus amples développements, Toullier t. 6 n°s 510 et suiv., Furgole *du Testam.* chap. 7 sect. 3 n°s 36 et suiv., Merlin R. V. *Mode*, Roll. de Vill. V. *Condition*, Champ. et Rig. n°s 732 et suiv., Dalloz V. *Obligations* 1re édition chap. 4 sect. 2.

4914. Testament. — Les conditions produisent des effets fort différents, suivant qu'elles s'appliquent à des conventions entre-vifs ou à des dispositions testamentaires. Nous réservons l'examen de leurs effets particuliers dans les legs au mot *Succession*, car nous cherchons toujours à rapprocher autant que possible les principes de leur application.

CHAPITRE II. — CONDITION SUSPENSIVE

[4915-4962]

SECTION PREMIÈRE. — RÈGLES GÉNÉRALES DE PERCEPTION

[4915-4934]

4915. Droit à percevoir.— Le tarif applicable aux différents actes et contrats a pour but d'atteindre ces contrats eux-mêmes et non pas leurs projets. Il est clair qu'on ne saurait, en effet, percevoir le droit de vente, de louage ou de marché sur une convention qui n'est encore ni une vente, ni un louage, ni un marché. Or, la condition suspensive a pour résultat d'arrêter jusqu'à l'arrivée d'un événement prévu la perfection du contrat qu'elle affecte. Par conséquent, et d'après les seules déductions du droit commun, il faut reconnaître que l'impôt spécial au contrat suspendu ne peut être perçu avant la même époque.

Les feudistes étaient unanimes déjà pour décider que les lods et ventes n'étaient exigibles sur les ventes conditionnelles qu'après l'accomplissement de la condition (Dumoulin § 78 gloss. 1er n° 40, Sudre *des Lods* § 11 n° 17, Foumaur n° 357, Poquet de Livonnières liv. 3 ch. 4 sect. 4). — La loi des 5-19 décembre 1790 admettait également la règle du droit fixe. En effet, en exigeant (Art. 2) « la déclaration des biens immeubles recueillis par l'*échéance des conditions* attachées aux dispositions éventuelles, » elle exprimait clairement que le droit n'avait pas dû être perçu sur les actes qui contenaient ces dispositions. — La loi du 22 frimaire an 7 n'a consacré le principe par aucun texte formel ; mais il ressort de l'économie entière de ses dispositions et l'application en a été, d'ailleurs, directement faite dans l'art. 68 § 3 n° 3, qui assujettit simplement au droit fixe les actes de libéralité contenant des clauses soumises à l'événement du décès. Aussi une délibération prise en thèse générale le 30 décembre 1823 a-t-elle reconnu qu'il est impossible d'exiger le droit du contrat avant l'arrivée de la condition suspensive (5030 J. E., 664 C.). — « L'engagement, disait M. l'avocat général Blanche, devant les chambres réunies de la C. cass., est soumis à une condition suspensive qui en arrête les effets. *Ex conditionali stipulatione*, dit le jurisconsulte romain, *tantum spes est débitum iri* (Instit. *de Verb. oblig.*). C'est la pensée que notre Ricard traduit d'une façon très-pittoresque, mais en même temps très-exacte, par ces mots : Le droit conditionnel est un droit en herbe, un bouton qui peut produire un fruit ou s'évanouir (*Des Dispositions conditionnelles*). Il s'ensuit que la convention est comme n'existant pas tant que la condition n'est pas accomplie. Le droit proportionnel ne saurait donc l'atteindre actuellement. Mais il n'est pas moins certain, d'un autre côté, que quand la condition suspensive s'accomplit, elle réagit jusqu'au jour même de la convention originaire pour lui conférer dès ce moment toute sa validité et ses effets légaux. Il n'est pas besoin qu'il intervienne entre les parties un nouvel instrument de leurs stipulations réciproques. L'acte primitif en devient le titre, comme si l'obligation avait toujours été pure et simple. Par une conséquence nécessaire, il doit donc aussi devenir sujet au droit proportionnel » (3401 R. P.).

La jurisprudencee a, d'ailleurs, tellement affirmé cette conclusion, qu'elle n'est plus discutable aujourd'hui. On trouvera dans le cours de l'ouvrage les diverses décisions qui confirment le principe : nous nous bornerons à en rapporter ici les principales.

On ne saurait méconnaître les inconvénients qu'une pareille règle produit dans la perception de l'impôt. Il faut admettre à la formalité moyennant un droit fixe un contrat qui doit conduire à un engagement sujet au droit proportionnel et qui en sera le titre après l'arrivée de l'événement prévu. Or, cette dernière circonstance ne résulte nécessairement d'aucun écrit et dépend souvent d'un fait que rien ne révèle au Trésor. Les parties jouissent donc ainsi du bénéfice de l'enregistrement sans en avoir payé la taxe, et la connaissance du fait qui en motiverait le payement échappe fréquemment à la vigilance des préposés. La pratique a si bien compris les dangers d'une telle situation que, pour les contrats de mariage, ces actes soumis de plein droit à la condition suspensive de la célébration, elle a fait admettre *contra rationem juris* que l'impôt serait immédiatement exigible sauf restitution dans le cas où la célébration n'aurait pas lieu. Le législateur lui-même a édicté une pareille disposition à propos des cessions d'office pour le cas où le titulaire ne serait pas agréé par l'autorité (L. 25 mai 1841, art. 14). Et il est entré plus avant dans cette voie en décidant, par la loi du 23 août 1871, que les actes d'ouverture de crédit, qui sont essentiellement conditionnels, seront soumis, en attendant l'échéance de la condition, à la moitié du droit proportionnel ordinaire. — Aussi persistons-nous à croire, comme dans nos éditions précédentes, qu'il serait préférable que, par une mesure purement fiscale et qui dérogerait au principe civil, on adoptât la règle du droit proportionnel, sauf restitution (par dérogation à l'art. 60 L. 22 frim. an 7) au cas où il serait justifié de l'inaccomplissement de la condition. La raison de notre préférence est qu'il n'y aurait lésion pour personne. Les droits du Trésor seraient assurés, car aucune convention dont la condition se serait accomplie n'échapperait à l'impôt, ce qui a très-rarement lieu aujourd'hui ; d'autre part, les parties qui auraient, pour sauvegarder leurs intérêts, un moyen infaillible, *celui de la preuve*, que le Trésor ne possède que d'une manière tout à fait inefficace pour garantir les siens, les parties, disons-nous, seraient complètement désintéressées par la restitution en justifiant de la non-réalisation de la condition. La règle du droit proportionnel deviendrait ainsi un hommage rendu au principe de l'égale répartition de l'impôt.

4916. Quotité du droit. — Quoi qu'il en soit, dans les principes de la législation actuelle et sauf les exceptions formellement prévues, tant que la condition n'est pas accomplie, le droit du contrat n'est pas encouru, car l'acte dont l'effet est en suspens n'opère aucun des effets qui lui sont propres ; mais un droit fixe est exigible et, sauf le cas des donations éventuelles que la loi a tarifées expressément, il ne faut percevoir que le droit de 3 francs afférent aux actes innommés. — V. *Acte innommé.*

Cela posé, nous allons réunir succinctement quelques-unes des décisions qui ont, en diverses matières, consacré l'exigibilité provisoire du droit fixe. Seulement ces exemples ne doivent être pris qu'au point de vue de la condition suspensive et non comme règle de perception par telle ou telle nature de contrat.

4917. Action en rescision. — La cession de l'action en rescision de la vente d'un immeuble ne peut être considérée comme faite sous condition suspensive, par le motif qu'elle peut se résoudre en un supplément de prix à payer par l'acquéreur. — V. 1579.

4918. Approbation d'acquisition. — L'acquisition faite par une commune, pour recevoir son exécution aussitôt qu'elle aura été approuvée par l'autorité supérieure, n'est passible que du droit fixe ; le droit proportionnel ne devient exigible que lors de l'approbation (Dél. 2 mai 1828 ; — Lyon 25 mai 1841, 2225, 6269 Roll., 12754 J. E.). — V. *Acte administratif.*

4919. Bail. — Le bail d'une maison subordonné à sa construction est fait sous condition suspensive. — V. 2534-2.

4920. Bien d'autrui. — Si un immeuble vendu en totalité n'appartient que pour moitié au vendeur, et que l'acquéreur soit tenu, d'après une clause de l'acte, d'obtenir le consentement du tiers propriétaire, le droit perçu sur cette moitié est restituable s'il est justifié que ce consentement ayant été refusé la vente n'a eu d'effet que pour la moitié appartenant au vendeur (Dél. 22 févr. 1826, 8342 J. E.). — V. *Vente d'immeubles.*

1. MINEURS. — Dans une espèce où le propriétaire du tiers d'un immeuble avait vendu la totalité de cet immeuble dont le surplus appartenait à des mineurs, avec procuration à l'acquéreur pour poursuivre la licitation de la totalité, la cour suprême a décidé, le 13 juin 1827, qu'il y avait condition suspensive et que le droit fixe était seul exigible alors même que le vendeur s'était obligé à ne rien exiger au delà du prix convenu, dans le cas où les enchères s'élèveraient plus haut.

« Attendu, porte cet arrêt, que l'acte du 20 mars 1821 ne contient de vente parfaite et immédiate que relativement au tiers qui seul appartenait à la venderesse dans l'immeuble vendu ; mais qu'à l'égard des deux autres tiers les parties contractantes reconnaissent elles-mêmes l'insuffisance des pouvoirs donnés à cette dernière pour l'aliénation de ces deux tiers et en induisent la nécessité d'une adjudication publique qui seule pourra rendre l'acquéreur propriétaire incommutable de cette portion de l'immeuble ; — Qu'il suit de là que l'acte dont il s'agit présentait, dans sa substance même, et d'après les propres déclarations des parties contractantes, la preuve qu'elles entendaient soumettre la transmission de la propriété des deux tiers de l'immeuble à une condition suspensive, celle d'une adjudication dont elles font, en conséquence, l'objet d'une stipulation formelle » (8742, 8767 J. E., 6315 J. N., D. N. t. 3 p. 611 n° 142, S. 27-1-377).

Cependant le contraire a été jugé dans une espèce qui présente une analogie directe avec celle ci-dessus. Ainsi, la vente d'immeubles indivis avec des mineurs, consentie sous promesse de ratification, mais avec la condition de remplir ultérieurement les formalités prescrites pour l'aliénation des biens des mineurs et moyennant un prix qui ne pourra varier, quel que soit le résultat de l'adjudication, l'acquéreur devant perdre ou bénéficier tout ce qui dans le prix de l'adjudication sera en dessus ou en dessous du prix fixé dans l'acte de vente, n'est pas consentie sous *condition suspensive* et donne ouverture au droit proportionnel. « Attendu, porte un arrêt de cass. du 20 novembre 1844, que la clause insérée dans l'acte du 28 octobre 1839 ne constitue pas une condition suspensive, et qu'au contraire cet acte contenait une vente complète au profit du demandeur en cassation, d'où il suit que, loin d'avoir violé la loi, le jugement attaqué en a fait une juste application aux faits de la cause (13616 J. E., 12181 J. N., 1732 § 16 I. G., S. 45-1-144).

4921. Cautionnement à fournir. — Il y a condition suspensive de la vente dans une clause d'adjudication volontaire selon laquelle la vente de l'objet adjugé n'aura son effet et n'opérera transmission qu'autant que l'acquéreur aura fourni caution dans la huitaine (Cass. 8 juill. 1820, *P. chr.* n° 550, Dél. 18 juin 1841, 12927-2 J. E., 11202 J. N.). D'où il suit que l'acte subséquent par lequel l'adjudicataire, en se désistant du bénéfice de l'adjudication, a reconnu n'avoir pas rempli cette condition et n'avoir jamais eu sur la chose vendue aucun droit de propriété, ne doit pas être considéré comme une rétrocession, ni par conséquent être soumis au droit proportionnel. C'est la preuve que la condition est défaillie. — *V.* 4961.

4922. Mines. — La cour suprême a décidé que le droit fixe est seul exigible : 1° en matière de concessions de mines : « Attendu qu'en jugeant que l'acte du 18 août 1821 ne pouvait pas donner par lui-même, et abstraction faite de la concession à obtenir du Gouvernement, ouverture au droit proportionnel, le jugement attaqué n'a fait que se conformer aux principes de droit qui régissent les obligations, et n'a point compromis les intérêts de la Régie, à laquelle il n'interdit aucune faculté de réclamer le droit dont il s'agit lors de l'accomplissement de la condition imposée audit acte : d'où il suit que le jugement n'a point violé les articles invoqués de la loi du 22 frimaire an 7. » (Cass. 19 juin 1826, S. 27-1-447, 8468 J. E., 5829 J. N., 1200 § 20 I. G., D. N. t. 3 p. 611 n° 141). — *V.* 4968.

4923. Crédit. — L'ouverture de crédit est une obligation conditionnelle qui devrait être et qui a été pendant longtemps assujettie au droit fixe. On l'a soumise au droit de 50 centimes pour 100 par la loi du 23 août 1871. — V. *Crédit.*

4924. Cession d'office. — Il en est de même de la cession d'office non suivie de nomination : « Attendu que toute stipulation soumise à une condition suspensive qui ne permet aucune exécution avant un événement prévu et incertain ne contient pas d'obligation actuelle passible du droit d'enregistrement (Cass. 24 fév. 1835, S. 35-1-261, 1656 I. G.).

C'est par dérogation aux principes que le droit est immédiatement perçu sauf restitution. — V. *Office.*

4925. Éviction. — Il y a encore condition suspensive dans la *garantie* en cas d'éviction : « Attendu, en droit, que la prescription des art. 4 et 69 L. 22 frimaire an 7, qui soumet au droit proportionnel toutes les obligations, ne peut recevoir d'application qu'aux stipulations qui contiennent des obligations réelles et produisent un engagement actuel, et non à celles qui ne renferment que des prévisions et des obligations tout à fait soumises à un événement incertain et par conséquent à une condition suspensive de sa nature » (Cass. 12 juill. 1832, S. 32-1-616, 10392 J. E.).

4926. Crédit foncier. — Avant de verser à l'emprunteur les fonds qu'elle a promis, la société du Crédit foncier passe avec lui un acte conditionnel de prêt en vertu duquel elle prend inscription et fait procéder à la purge, après quoi un acte constate soit l'annulation, soit la réalisation du prêt. D'après l'I. G. 1968 « le droit proportionnel n'étant exigible que lorsque le prêt a été consommé, on ne serait pas fondé à le percevoir sur le contrat conditionnel qui n'emporte pas obligation, ce contrat comme acte innommé n'est sujet qu'au droit de 2 francs » (actuellement 3 francs). (L. 28 fév. 1872 art. 4). — *V.* dans cet ordre d'idées l'I. G. 2241 § 4, 1790 R. P.). — V. *Crédit foncier.*

4927. Dation en payement. — L'obligation d'une somme avec stipulation que, si elle n'est pas remboursée à l'époque fixée, le créancier sera propriétaire d'un objet mobilier ou immobilier ne donne lieu à la perception sur l'acte que d'un droit proportionnel de 1 pour 100, quant à l'obligation, et d'un droit fixe de 1 franc (3 fr.) pour la promesse de vente conditionnelle (Dél. 23 août 1826, 5861 J. N., D. N. t. 3 p. 611 n° 140, Dél. 11 fév. 1833, 5861 J. N.). — *V.* 11983.

4928. Délégation. — Une vente d'immeubles sur laquelle une partie du prix a été payée et le surplus délégué à des créanciers inscrits, avec cette clause que le vendeur se réserve de désintéresser lui-même ses créanciers et que la vente ne deviendra définitive qu'autant que l'acquéreur serait forcé d'acquitter lui-même les créances déléguées, ne peut être considérée comme faite sous condition suspensive et le droit proportionnel est exigible (Blois 22 janv. 1851, 15135 J. E.).

4929. Droits litigieux. — La cession de droits litigieux, consentie moyennant un prix qui ne sera payable qu'au cas où l'action exercée sortirait à effet, n'est passible que du droit fixe. — V. *Action*.

4930. Mandataire. — Si, dans le procès-verbal d'une vente d'immeubles, il est stipulé que l'adjudication d'un lot ne sera définitive qu'après une déclaration du vendeur absent et agissant au moyen d'un fondé de pouvoirs, il y a condition suspensive, et, si le droit proportionnel a été perçu, il devient restituable après justification que le vendeur, au lieu d'avoir fourni la déclaration indiquée, a vendu l'immeuble à un autre (Vesoul 24 juill. 1843, 11747 J. N.).

4931. Réserve d'approbation. — Il y a condition suspensive dans la réserve qu'a faite le vendeur d'un immeuble, d'une heure de réflexion pour maintenir ou annuler l'adjudication; et si, immédiatement après l'adjudication, il a déclaré qu'il ne la maintenait pas, le droit fixe est seul exigible (13969-6 J. E.). — *V.* dans un sens qui peut paraître contraire 15461-2 J. E.

4932. Vente sous seing privé. — Réalisation. — La condition insérée dans une vente sous seing privé qu'elle sera réalisée par un contrat devant notaire n'est point suspensive. La vente n'est pas moins réelle et la forme que les parties se sont réservé de donner à leur contrat ne fait rien sous ce rapport. Le droit de mutation est dû sur l'acte sous seing privé (8120 J. E.).

Cette opinion doit être limitée au cas dans lequel il est dit simplement dans l'acte sous seing privé « que les présentes seront réalisées devant notaire dans un délai indiqué. » Car si les parties avaient fait de la *réalisation* une *condition* essentielle de leur convention, il est incontestable qu'il y aurait condition suspensive et que le droit fixe pourrait seul être perçu. C'est une distinction qu'il est important de ne pas perdre de vue et que Pothier a ainsi formulée (*des Obligations* n° 11) : « Quoique le seul consentement des parties suffise pour la perception des contrats consensuels, néanmoins, si les parties, en contractant une vente, un louage ou quelque autre espèce de marché, sont convenues d'en passer acte par devant notaire, *avec intention* que le marché ne serait parfait et conclu que lorsque l'acte aurait reçu sa forme entière par la signature des parties et du notaire, le contrat ne recevra effectivement sa perfection que lorsque l'acte du notaire aura reçu la sienne; et les parties, quoique d'accord sur les conditions du marché, pourront licitement se dédire avant que l'acte ait été signé. Observez que la convention qu'il sera passé acte devant notaire, d'un marché, ne fait pas dépendre de cet acte la perfection du marché; il faut qu'il paraisse que l'*intention des parties*, en faisant cette convention, a été de l'en faire dépendre. » Mais la rédaction d'une acte sous seing privé en contrat public ne peut être réputée condition essentielle qu'autant qu'il aurait été déclaré par les parties que, jusqu'à cette rédaction, leur premier acte demeurait dans les termes d'un simple projet (Portalis *Exposé des motifs du titre de la vente*, Troplong *Vente* n° 119; — Rennes 7 juill. 1845, D. 51-2-182; — Seine 24 janv. 1862, 1654 R. P.; — Cass. 6 mai 1863, 1783 R. P., S. 63-1-396; — Saverne 13 fév. 1865, 2085 R. P., 18285 J. N., 12915 C.; — Cass. 10 mars 1868, 2673 R. P., 19209 J. N., 14136 C., 2367-3 I. G.).

Cette question est plus amplement traitée aux mots *Acte sous seing privé* n° 1495 et *Vente d'immeubles* n° 17645.

4933. Visite des lieux. — Remise de titres, etc. — La clause par laquelle l'acquéreur se réserve de visiter l'immeuble vendu dans un certain délai, pour maintenir la convention ou l'annuler, soumet la vente à une condition suspensive; en conséquence, aucun droit n'est exigible si l'acquéreur, après avoir visité l'immeuble, refuse de sanctionner le contrat (Marseille 11 août 1851, 8647 Fess.).

Il en est de même des clauses portant que la vente n'opérera la transmission de la propriété qu'après la remise des titres, le payement des droits ou du prix, le mesurage, etc. Tous ces points seront plus naturellement développés au mot *Vente d'immeubles* nos 17634 et suiv.

4934. Délai. — 1. VENTE SOUS SEING PRIVÉ. — Une vente *sous condition* doit-elle être enregistrée dans les trois mois de sa date, ou est-elle virtuellement exempte de la formalité jusqu'à l'accomplissement de la condition? — Champ. et Rig. n° 3849 adoptent le dernier système. On a pensé, au contraire, que la circonstance que la mutation est conditionnelle ne peut faire obstacle à l'application de l'art. 38 de la loi du 22 frimaire. Cet article, rapproché de l'art. 22, doit être considéré comme ayant implicitement consacré l'obligation que la loi du 5-19 décembre 1790 imposait aux parties de déclarer les mutations opérées « par l'échéance des conditions attachées aux dispositions éventuelles. » Seulement, le droit proportionnel n'étant dû que du jour où la condition s'est accomplie, c'est de ce jour que devront être comptés les lais accordés pour le payement; ce qui n'empêche pas que l'acte ne doive être présenté à la formalité dans les trois mois de sa date, sauf à n'appliquer alors que le droit fixe (*V.* 4915), et à percevoir ultérieurement le droit proportionnel à titre de supplément (*V.* 4947). Cela s'induit de l'art. 22, d'après lequel les actes opérant mutation doivent être enregistrés dans les trois mois de leur date; or l'existence d'une condition ne change pas la date de l'acte, ni même celle de la transmission, lorsque la condition se réalise.

Mais les parties sont-elles tenues, à peine d'un droit en sus, de déclarer la réalisation de la condition lorsqu'il s'agit d'une mutation immobilière? C'est ce que nous examinerons ci-après n° 4954.

2. ACTE NOTARIÉ. — Mais de ce qu'une vente notariée a

été faite sous condition suspensive, il n'en résulte pas que l'acte ne doive être soumis à la formalité qu'après l'accomplissement de cette condition; car la loi n'a fait aucune exception: tout acte passé devant notaire doit être enregistré dans les dix ou quinze jours de sa date, suivant la résidence du notaire. Le contraire résultait d'un jugement du tribunal de Pamiers 25 avril 1825 (6571 J. N.); mais cette décision ne peut être suivie.

SECTION 2. — CONDITION EXPRESSE OU TACITE

[4935-4936]

4935. Condition expresse. — Dans toutes les espèces que nous venons d'examiner, la condition était expresse. On désigne sous le nom de *conditions expresses* celles qui sont exprimées dans le contrat et qui sont expressément appliquées à l'obligation ou à la disposition. On les appelle conditions de fait parce qu'elles ont pour objet des faits affirmatifs ou négatifs imposés par les contractants (Furgole *des Testaments* chap. 7 sect. 2 n°s 34 et 37). La condition expresse doit être insérée dans le contrat; elle ne pourrait pas être stipulée postérieurement: la stipulation formerait alors une convention nouvelle, donnant ouverture au droit déterminé par sa nature. Si la règle du droit fixe leur est généralement applicable, il n'en est pas de même de la condition tacite.

4936. Condition tacite. — Les conditions tacites peuvent dériver de trois différentes causes: 1° de la loi qui les supplée; — 2° de la nature du contrat ou des choses qui en font l'objet; — 3° de la volonté présumée des contractants.

1. DE LA LOI. — Il y a condition tacite dérivant de la loi dans les donations par contrat de mariage, qui deviennent caduques si la célébration ne s'ensuit pas; dans un acte de remplacement militaire qui est subordonné à la condition que le remplaçant sera agréé; dans une cession d'office, qui n'est jamais consentie que sous la condition que le cessionnaire sera nommé.

2. DE LA NATURE DES CHOSES. — La condition dérive de la nature des choses, lorsque la chose qui est l'objet ou la matière de la convention n'existe point encore, mais peut exister ou ne pas exister. Par exemple, je vous vends 600 francs le poulain qui naîtra de ma jument; elle avorte, il n'y a point de vente. Le contrat avait pour condition tacite, *s'il naît un poulain.* Je vous vends pour 300 francs la récolte de mon vignoble; la grêle détruit mes vignes, il n'y a point de vente.

3. INTENTION DES CONTRACTANTS. — Enfin les conditions tacites dérivent de la volonté vraisemblable et présumée des contractants. Je vous donne les 1,000 francs qui sont dans ma cassette, et il ne s'y trouve rien: la donation est nulle, comme faite sous la condition tacite qu'il y aura 1,000 francs dans ma cassette.

4. DROIT PROPORTIONNEL. — Les règles de la perception sont que, généralement, le droit proportionnel est exigible sur les obligations sous condition tacite. S'il en était autrement, en effet, il est une foule de conventions qui échapperaient à la perception.

Cependant, ainsi que le font observer Champ. et Rig. n° 727 et Dalloz n° 284, il est certain qu'en droit la condition tacite suspend l'obligation, tout aussi bien que l'obligation expresse; elle produit les mêmes effets. La loi et la nature des choses sont plus puissantes que la volonté même exprimée des parties; et, quant à leur volonté tacite, elle a le même effet que la volonté exprimée. Ceci est un argument de plus en faveur de l'uniformité de perception qui devrait exister en matière de condition suspensive, ainsi que nous l'avons dit plus haut, n° 4915, car on ne s'explique guère pourquoi la condition expresse ne donne lieu qu'au droit fixe, tandis que la condition tacite laisse exigible le droit proportionnel, alors que ces deux conditions produisent exactement le même effet.

SECTION 3. — CONDITION CASUELLE

[4937]

4937. Nature de la perception. — La condition casuelle est celle qui dépend du hasard et qui n'est nullement au pouvoir du créancier ni du débiteur (1169 C. C.). Dans le système du code, la condition est casuelle: 1° toutes les fois que l'événement ne dépend nullement de la volonté d'une des parties, soit qu'il dépende ou du hasard entièrement (par exemple si l'année est favorable aux récoltes), ou entièrement de la volonté d'un tiers (si telle personne me consent un droit de passage sur son terrain), ou tout à la fois de la volonté d'un tiers et du hasard (si tel jeune homme se fait recevoir médecin); — 2° toutes les fois que, dépendant partiellement de la volonté d'une des parties, il dépend du hasard assez pour que cette volonté ne soit nullement maîtresse de la faire accomplir ou défaillir (si j'ai des enfants) (Marcadé sur les art. 1169 à 1171). — Les principes de perception que nous avons développés en matière de condition suspensive (*V.* 4915) s'appliquent sans modification aucune dans le cas où la condition est purement *casuelle.*

SECTION 4. — CONDITION POTESTATIVE

[4938-4943]

4938. Nature et effet de la condition potestative. — La condition potestative est, d'après l'art. 1170 C. C., « celle qui fait dépendre l'exécution de la convention d'un événement qu'il est au pouvoir de l'une ou de l'autre des parties contractanctes de faire arriver ou d'empêcher. » Mais la condition *potestative* ne produit pas toujours son effet: il faut distinguer entre le cas où la condition est potestative de la part de *celui qui s'oblige,* et le cas où elle est potestative de la part du *créancier.*

4939. Nullité. — Débiteur. — Et d'abord, si c'est au pouvoir du débiteur que la condition a été laissée, par exemple, vous me donnerez 1,000 francs *si vous le voulez, si volueris*, on ne peut voir là une véritable obligation. Le lien de droit, *vinculum juris*, c'est-à-dire cette nécessité qui nous oblige à faire une chose malgré nous et qui forme l'essence de l'obligation, n'existe point alors. C'est ce qu'exprime clairement l'art. 1174 C. C., ainsi conçu : « Toute convention est nulle lorsqu'elle a été contractée sous une condition potestative de la part de celui qui *s'oblige* » (Pothier *des Obligations* n° 205, Toullier t. 6 n° 494). Aussi, dans notre hypothèse, la stipulation n'est point regardée par la loi comme engendrant une obligation quelconque, mais bien comme le projet d'un contrat auquel il manque le consentement qui seul peut le parfaire ; on ne peut, en effet, nier qu'il n'y ait absence de tout consentement là où le débiteur dit : « Je serai obligé *si je veux*. » — Il s'ensuit que le droit proportionnel n'est pas exigible sur un pareil acte, soit parce que la convention n'est point parfaite en l'absence d'un de ses éléments essentiels, le *consentement*. C'est ce qui a été décidé par la cour suprême les 14 juillet 1807 et 13 avril 1815 (Dalloz n° 3781 et 3782, S. 7-1-374, *P. chr.* 207, 2091, 5102 J. E.), dans des espèces où des père et mère avaient fait donation, sous réserve d'usufruit, de leurs biens à leurs enfants et sous l'obligation imposée à ceux-ci *d'acquitter les dettes* que les donateurs *devaient laisser à leur décès*.

1. DONATION. — Il est vrai que la C. cass., en décidant dans l'espèce que le droit proportionnel de donation n'était pas exigible, faisait l'application d'une règle particulière aux donations, celle posée par l'art. 944 C. C., aux termes duquel « toute donation entre-vifs, faite sous des conditions dont l'exécution dépendra de la seule volonté du donateur, sera nulle » Mais il faut remarquer que, pour les donations *autres* que celles par contrat de mariage et entre époux (947 C. C.), l'art. 944 n'est qu'une application des art. 1170 et 1174, qui déclarent nulle l'obligation contractée sous une obligation potestative pour *l'obligé* qui est ici le donateur. (Marcadé sur l'art. 944, Demante t. 2 n° 314, Zachariæ t. 2 p. 297, V. *infrà* 5118). Il faut donc reconnaître que la règle posée par la cour suprême, à l'égard des donations, ne peut sans contradiction être repoussée lorsqu'il s'agit de tout autre contrat, puisque les art. 944 et 1174 C. C. consacrent le même principe.

2. CONTRAT DE MARIAGE. — On rencontre souvent dans les contrats de mariage des donations portant que le père des futurs leur servira une pension déterminée s'ils cessent d'habiter avec lui. Nous indiquerons, en parlant des libéralités faites par contrat de mariage, l'influence de cette condition potestative. — *V.* 5263.

3. VENTE. — L'Administration (Sol. 17 mars 1832, 2432 C.) a refusé d'appliquer, au cas d'une vente sous condition potestative de la part de l'acheteur, le principe reconnu par la cour suprême en matière de donation, en se fondant sur ce que « une convention nulle est sujette aux mêmes droits d'enregistrement que si elle n'était entachée d'aucun vice. » Cette règle sera développée au mot *Nullité*. Disons cependant ici qu'en matière de condition suspensive déclarée nulle par la loi, on peut opposer à la perception du droit proportionnel un argument qui nous paraît avoir beaucoup de force, c'est qu'il est difficile d'admettre que le droit proportionnel doive être perçu sur la condition potestative déclarée nulle, alors que, si elle était valable, le droit fixe devrait seul être perçu comme sur la condition purement suspensive.

4940. Condition potestative se rattachant à un fait. — Quoi qu'il en soit, il est important de ne pas interpréter l'art. 1174 C. C. sans discernement. Le C. C. appelle (art. 1170) *potestative* toute condition qu'il est au pouvoir de l'une ou de l'autre des parties contractantes de faire arriver ou d'empêcher, par exemple : « Je vous payerai 1,000 francs si j'élève sur mon terrain un mur qui cache vos vues. « Personne assurément ne pourrait contester la validité d'une pareille obligation, et cependant elle serait nulle si l'on prenait à la lettre l'art. 1174 C. C. Sous l'ancien droit, les commentateurs refusaient le caractère de potestative à toute condition qui consistait dans un fait. Toullier (t. 6 n° 495), Marcadé (sur l'art. 1174), à l'exemple des anciens auteurs, dont Champ. et Rig. repoussent la doctrine (n° 709 à 711), enseignent qu'il faut regarder comme emportant nullité les *seules* conditions potestatives, dites purement *potestatives*, qui consistent soit dans la seule manifestation de la volonté : « Je vous payerai 1,000 francs si cela me convient *si voluero ;* « soit dans un fait tellement insignifiant qu'il est l'équivalent du *si voluero* : « Je vous payerai 1,000 francs si je fais le tour de ma chambre; » tandis que doivent échapper à la disposition de l'art. 1174 les conditions potestatives dans lesquelles les circonstances sont telles, que le débiteur ne puisse faire arriver ou empêcher l'événement qu'en s'imposant une gêne, un sacrifice qui procure au créancier un dédommagement à l'accomplissement de la condition : « Je vous payerai 1,000 francs si, pour ma commodité, j'élève un mur qui cache vos vues. » La validité de cette dernière condition nous paraissant certaine, elle produira tous les effets de la condition simplement suspensive, celui, entre autres, dont nous parlerons n° 4947, de rétroagir, lors de son accomplissement, au jour de la convention, effets que lui refusent Champ. et Rig., en se fondant sur la lettre de l'art. 1174.

D'ailleurs, la cour suprême repousse cette application absolue de l'art. 1174. Un arrêt, entre parties civiles, a, en effet, décidé, le 21 août 1850 (8277 Fess.), qu'on ne peut considérer comme condition potestative frappée de nullité par l'art. 1174, la clause par laquelle le titulaire d'un brevet d'invention, en cédant, moyennant 8,000 francs payés, une part des bénéfices à provenir de la mise en activité du procédé breveté, se réserve de fixer l'époque à laquelle l'exploitation devra commencer. Une pareille réserve n'exclut pas le lien de droit ; elle constitue seulement un délai dans l'intérêt réciproque de l'entreprise, ayant pour limite extrême celle de la durée du brevet, que le demandeur ne pourrait laisser périmer sans préjudice pour lui-même.

C'est pourquoi il a été reconnu que la donation à un employé de la somme nécessaire pour lui compléter une somme annuelle de 4,000 francs donne lieu actuellement au droit sur le capital denier 10 de la différence entre le traitement de cet employé et 4,000 francs, encore bien qu'il lui soit toujours possible, en donnant sa démission, d'exiger 4,000 francs par an en vertu de la donation (Sol. 12 avr. 1856).

4941. Condition à terme. — Nous venons d'établir la nullité de la condition qui dépend uniquement du *si voluero*, c'est-à-dire de la *simple* manifestation de la volonté du débiteur. Mais la nullité disparaît lorsque le débiteur s'engage pour rendre quand il voudra, *cum voluero*. On ne peut pas dire ici qu'il y ait absence de lien, puisque le lien se forme immédiatement, se trouve avoir, dès l'instant du contrat, son existence parfaite, et que le *cum voluero* retarde seulement l'exécution de l'obligation. Ainsi, quand je vous prête mon cheval pour labourer vos terres et que je vous autorise à me le rendre *quand vous voudrez*, cela signifie que vous pouvez le garder cinq ou six semaines, aussi bien que huit jours (Marcadé *sur l'art.* 1185). Le terme de l'obligation n'est pas fixé d'une manière certaine, mais il existe. Dès lors, comme pour toute obligation à terme, le droit proportionnel est exigible sur la convention.

4942. Créancier. — La condition potestative de la part du créancier n'annule point l'obligation, cela résulte de l'argument *à contrario* de l'art. 1174 C. C. La volonté du créancier joue ici le même rôle que la volonté du tiers dans la condition casuelle (*V.* 4937). « Il n'est pas plus au pouvoir du débiteur, dit Toullier t. 6 n° 546, dans un cas que dans l'autre, de rompre ses obligations en faisant échouer l'accomplissement de la condition » (*Conf. :* Cass. 14 juin 1869, S. 69-1-411, Champ. et Rig. t. 3 n° 1747, Aubry et Rau t. 4 § 302 p. 66, Larombière *Oblig.* t. 2 art. 1174, Demolombe *des Cont.* t. 2 n°s 325 et 327).

4943. Enregistrement. — La jurisprudence, comme on peut d'ailleurs le remarquer toutes les fois qu'il s'agit de conditions, ne suit pas, en matière de condition potestative, une marche uniforme. Mais la règle que les employés doivent accepter, d'après les tendances de l'Administration, est posée dans une délibération du 8 février 1831 (3231 Roll.) : « La condition potestative ne s'oppose pas à la perception du droit d'enregistrement, d'après la nature de la convention, si celle-ci reçoit actuellement son exécution. »

C'est par une judicieuse application de ce principe aux faits de chaque espèce qu'il est possible d'établir régulièrement la perception.

SECTION 5. — CONDITION MIXTE

[4944]

4944. Nature. — La condition mixte est celle qui dépend tout à la fois de la volonté d'une des parties contractantes et de la volonté d'un tiers (1171 C. C.). On doit dire que cette condition dépend du hasard ; car la volonté d'un tiers est un véritable hasard, et c'est ce caractère de fortuité qui lui donne la qualité de condition suspensive. Je vous donne 1,000 francs si vous épousez ma cousine. La volonté de ma cousine imprime évidemment à l'obligation un caractère suspensif. Les règles de perception applicables à la condition mixte sont évidemment les mêmes que pour la condition casuelle.

SECTION 6. — CONDITIONS POSITIVE ET NÉGATIVE

[4945-4946]

4945. Nature de ces conditions. — On divise encore les conditions en *affirmatives* ou *positives* et en *négatives* (Pothier *des Obligations* n° 200, Toullier t. 6 n° 501). — La condition *affirmative* ou *positive* est celle pour l'accomplissement de laquelle il faut que l'événement prévu arrive : « Je vous donnerai 1,000 francs si je me marie. » — La condition négative, au contraire, est celle pour l'accomplissement de laquelle il faut que l'événement n'arrive pas : « Je vous donnerai 1,000 francs si je ne me marie pas. » L'une et l'autre produisent le même effet, elles sont suspensives de l'obligation, et les règles que nous avons indiquées n°s 4915 et suiv. leur sont applicables.

4946. Observations. — Nous avons successivement passé en revue, dans une rapide analyse, les effets civils que produit la condition suspensive, *tant qu'elle est pendante*, quelle que soit la forme sous laquelle elle se présente, expresse ou tacite, casuelle, potestative, mixte, possible ou impossible, positive ou négative ; nous avons fait connaître le rapport de ces effets avec les droits d'enregistrement. Il nous reste maintenant à examiner la condition suspensive aux derniers points de vue sous lesquels elle peut se présenter et à la supposer défaillie ou accomplie.

SECTION 7. — ACCOMPLISSEMENT DE LA CONDITION

[4947-4960]

4947. Effet rétroactif. — Le principal effet de l'accomplissement de la condition est de rendre parfaite l'obligation qui était suspendue, et de donner naissance à l'action qui résulte de la convention ou de la disposition à laquelle la condition avait été apposée (Toullier t. 6 n° 537). L'obligation sous condition est, on l'a vu, un droit qui, sous la condition prévue, existe ou non dès à présent : le droit n'a et n'aura jamais aucune existence, si la condition ne s'accomplit pas ; il a, au contraire, son existence actuelle, si, plus tard, la condition s'accomplit. L'accomplissement de la condition a donc nécessairement un effet rétroactif au moment même du contrat (1179 C. C.), et comme les effets de nos conventions sont transmissibles à nos héritiers, représentants ou ayants cause, à moins que le contraire ne résulte, par exception, de la nature particulière au contrat ou d'une déclaration expresse (1122 C. C.), il s'ensuit que la condition produira le même effet, qu'elle s'accomplisse du vivant du créancier ou après sa mort.

A l'égard de l'Administration, la condition agit comme à l'égard des parties. De même que celui en faveur de qui le contrat conditionnel est passé ne peut fonder sur ce contrat qu'une simple *espérance* de devenir créancier, de même l'Administration n'y trouve qu'une simple *expectative* de l'impôt ;

et si la réalisation de la condition change l'espérance du créancier en certitude, il en est de même pour l'Administration, qui puise dans cet accomplissement de la condition le droit d'exiger le payement. L'art. 1179 C. C. donnant à la condition accomplie un effet rétroactif au jour où l'engagement a été contracté, il s'ensuit que la réalisation de la condition a pour résultat de rendre la convention pure et simple, de conditionnelle qu'elle était, et de placer le titre de la convention dans l'acte même qui la constate.

4948. Acte qui doit être frappé du droit d'enregistrement. — Ces explications fournissent naturellement la solution de la question de savoir comment et sur quel acte le droit sera perçu. Le doute n'est pas possible en matière de mutation immobilière. Dès que la condition est accomplie et que l'Administration en a acquis la preuve certaine ou la présomption légale dans les termes de l'art. 12 L. 22 frimaire an 7, le droit de la convention devient exigible. C'est ce qui sera amplement développé au mot *Mutation*.

Mais, lorsqu'il s'agit d'un droit d'acte, on pourrait objecter que l'acte qui a constaté la convention ayant subi, par le payement du droit fixe, tous les droits qu'il était susceptible de produire au moment de son enregistrement, aucun nouveau droit ne peut être perçu, à raison de la réalisation de la convention, à moins d'un nouvel acte qui, constatant cette réalisation, forme le titre du créancier. Cette objection s'évanouit devant les observations contenues dans le précédent numéro. L'accomplissement de la condition, ayant un effet rétroactif, place le titre de la convention dans l'acte même qui l'a originairement constatée. Dès lors, la convention soumise à un simple droit fixe, lors de son enregistrement, devient passible d'un droit proportionnel dont la quotité est déterminée par la nature de cette convention, comme si la condition n'eût jamais existé *et sans qu'il soit besoin d'un acte postérieur présenté à la formalité*. C'est ce que reconnaissent sans difficulté Dalloz n° 293, Champ. et Rig. n° 696, et c'est ce que la C. cass. a jugé en thèse générale par les nombreux arrêts qu'elle a rendus en matière de crédit.

4949. Condition potestative. — Mais ce principe doit rester sans application lorsqu'il s'agit de la condition potestative de la part *du débiteur*. Une telle condition étant déclarée nulle par la loi (*V.* 4928), son accomplissement n'a point d'effet rétroactif (Toullier t. 6 n° 546). Or, dès que la condition réalisée ne peut remonter au jour du contrat qui la constatait, du moment qu'elle ne peut valider une convention originairement nulle, lui donner une existence dont elle n'a jamais possédé le moindre principe, il est évident, ainsi qu'en font la remarque Dalloz n° 294, Champ. et Rig. n°s 706 et suiv., que l'Administration ne pourra se prévaloir de l'existence du premier contrat pour percevoir les droits auxquels donnerait ouverture l'accomplissement de la condition. Il faudra : s'il s'agit d'un droit d'acte, que la convention soit constatée par un nouvel acte présenté à la formalité ; s'il s'agit d'un droit de mutation, que l'Administration puisse, à défaut d'acte, invoquer les présomptions légales déterminées par l'art. 12 L. 22 frimaire an 7.

Hors le cas de nullité, et toutes les fois que la condition potestative produit l'effet de la condition purement suspensive, les règles que nous avons indiquées dans les numéros précédents sont applicables.

4950. Tarif. — Arrivant l'événement de la condition, le droit proportionnel est exigible sur l'acte originaire qui, par l'effet rétroactif de la condition, devient la base de l'impôt. Conséquemment la perception doit être faite d'après le tarif en vigueur au jour où cet acte a acquis date certaine (Demante n° 34). — V. *Décime*.

4951. Preuve de la réalisation. — « Il n'importe nullement, porte un arrêt de la C. cass. du 5 août 1840, que les actes qui prouvent légalement l'accomplissement de la condition suspensive, et dont la découverte est confiée par la loi à l'Administration (art. 54 L. 22 frim. an 7, art. 1er du décret du 4 mess. an 3 et art. 82 L. 15 mai 1818), soient ou non soumis à la formalité de l'enregistrement, puisque ce n'est pas sur ces actes, mais bien sur l'obligation originaire, déjà enregistrée, que le droit est perçu » (S. 40-1-766, 1634-10 I. G.). La constatation de ce fait peut être établie par tous actes ou documents applicables aux parties. On trouvera dans les numéros suivants quelques exemples des documents desquels l'Administration peut faire résulter la preuve de la réalisation de la condition ; mais ces documents se rencontreront en plus grand nombre çà et là dans le cours de cet ouvrage, et notamment aux mots *Crédit* et *Mutation*.

4952. Acceptation tacite. — Les actes prouvant qu'un fournisseur qui, dans le marché, s'était réservé un délai pour faire connaître son acceptation, *a tacitement accepté*, rendent exigible le droit proportionnel sur le marché qui n'avait été assujetti qu'au droit fixe (Seine 2 mai 1851, 1525-2 J. E., D. N. t. 8 p. 23 n° 68).

4953. Approbation. — La vente à une commune, pour la construction d'une place, est passible du droit de 5 fr. 50 cent. pour 100, et si, avant l'approbation, cette vente a été enregistrée au droit fixe, le droit proportionnel et le double droit sont exigibles si la mutation, qui est devenue parfaite par approbation supérieure, n'a pas été déclarée à l'enregistrement dans les vingt jours de la réception de l'approbation (Lyon 25 mai 1841, 12754 J. E.).

Lorsque le maire d'une commune, autorisé par le conseil municipal, a promis d'acheter un immeuble à des conditions déterminées avec le vendeur et sous réserve d'approbation, l'intervention de cette approbation *rend la vente parfaite* et oblige le maire à en passer acte, sans que le conseil municipal puisse s'opposer à la réalisation de la vente, sous prétexte que la destination de l'immeuble aurait été échangée par l'autorité supérieure (C. Agen 22 mai 1840, 10724 J. N.). — V. sur ce dernier point *Acte administratif*.

4954. Déclaration des parties. — Droit en sus. — Toutes les fois que la condition qui a suspendu la perception du droit proportionnel sur l'acte qui a constaté la mutation s'est réalisée, et que cette réalisation n'a pas fait l'objet d'un acte présenté à l'enregistrement, le nouveau possesseur est-il tenu, sous peine du double droit, d'en faire la déclaration dans les trois mois? Cette question peut offrir de nombreuses applications pratiques, notamment à propos des ventes conditionnelles renfermées dans des contrats de société. Or, il s'en faut qu'elle soit facile à résoudre.

En faveur du droit en sus, on peut dire que, dans l'économie générale de nos lois d'impôt, toute transmission immobilière entre-vifs doit acquitter les droits à l'État dans les trois mois du jour où elle se réalise. C'est là l'esprit qui a dicté notamment les art. 38 L. 22 frimaire an 7 et 4 L. 27 ventôse an 9. Or, lorsque la mutation est conditionnelle, elle ne s'opère réellement qu'à l'époque où la condition s'accomplit. Le droit du Trésor n'est pas acquis auparavant, et c'est à partir de ce terme que s'ouvre son action en recouvrement. Il est donc parfaitement juste que le délai de trois mois accordé aux nouveaux possesseurs pour se libérer sans amende de retard court aussi du même point.

C'est ce que la C. cass. a décidé, le 6 mars 1872, à propos de la réalisation d'une cession conditionnelle énoncée dans un contrat de vente : « Attendu que la mutation, en droit fiscal, s'entendant du passage de la propriété d'une tête sur une autre, et la perception de l'impôt étant attachée à la transmission elle-même, il s'ensuit que ce qui doit être présenté à la formalité dans le délai et sous la sanction établie par la loi, c'est l'acte ou la déclaration qui constate le fait de la transmission par laquelle le droit est passé sur la tête du nouveau possesseur; que, par cela même, dans le cas d'une vente conditionnelle, laquelle tient son caractère et ses effets définitifs de l'événement de la condition, c'est cet événement que le nouveau possesseur doit porter à la connaissance de l'Administration, soit par la présentation de l'acte qui le constate s'il en a été dressé acte, soit par une déclaration spéciale s'il n'y a pas d'acte ou si l'acte n'est pas représenté; et que, précisément, parce que la vente conditionnelle n'est pas immédiatement translative, la circonstance qu'il en existerait un acte qui aurait été enregistré à sa date ne saurait dispenser le nouveau possesseur de faire la déclaration spéciale quand s'accomplit l'événement qui, en opérant la transmission, rend définitive une convention jusque-là éventuelle et incertaine » (3416 R. P., 2447-5 I. G., B. C. 52, S. 72-1-246, D. 72-1-201, P. 72-573); — *Conf.*: Lyon 25 mai 1841, 12754 J. E.;— Termonde 4 mars 1859, 8231 J. E. belge.; — Chartres 30 juill. 1869, 3137 R. P.; — Le Mans 27 août 1869, 3025 R. P.; — Cass. 11 janv. et 16 août 1875, 4026 et 4214 R. P.).

Cette argumentation nous avait d'abord séduit; mais il faut reconnaître qu'elle ne demeure pas sans réplique.

Il faut bien remarquer, en effet, qu'il s'agit ici de régler l'application d'une peine et qu'en matière fiscale aussi bien qu'en droit commun les peines doivent résulter d'une disposition expresse de la loi. Or, les seuls textes sur lesquels on pourrait fonder cette demande sont les art. 38 L. 22 frimaire an 7 et 4 de celle du 27 ventôse an 9. Le premier porte : « *Les actes* sous seing privé dénommés dans l'art. 22 et qui n'auront pas été *enregistrés* dans les délais déterminés seront soumis au double droit d'enregistrement; » le second est ainsi rédigé : « sont soumis aux dispositions des art. 22 et 38 L. du 22 frimaire an 7 les mutations entre-vifs d'immeubles, lors même que les nouveaux possesseurs prétendraient qu'il n'existe pas de conventions écrites entre eux et les précédents propriétaires. » Dans l'espèce, il ne s'agit pas d'une mutation verbale puisque le titre de la transmission est renfermé dans un acte. D'un autre côté, cet acte a été régulièrement enregistré. On ne se trouve donc littéralement dans aucune des hypothèses prévues par la loi. En vertu de quel texte justifierait-on la perception du droit en sus? La loi du 5-19 décembre 1790 renfermait sur ce point une disposition qui n'a pas été reproduite dans la loi moderne et dont l'omission est, dès lors, très-significative. Elle décidait, art. 2 « A défaut d'actes en forme ou sous signature privée contenant transmission de nouvelle propriété, il sera fait enregistrement de la déclaration que les propriétaires seront tenus de fournir de la consistance et valeur de ces immeubles, soit qu'ils les aient recueillis par succession ou autrement en vertu des lois et coutumes, *soit par échéance des dispositions attachées aux dispositions éventuelles.* » La loi de l'an 7 avait passé tous ces faits sous silence, et le législateur de l'an 9 n'a réparé l'omission qu'à l'égard des mutations verbales. C'est le cas d'en conclure que les transmissions constatées par actes enregistrés, mais dont la réalisation dépend d'une condition suspensive, n'ont pas besoin d'être déclarées dans les trois mois de leur accomplissement à peine d'un droit en sus. Telle est aussi l'opinion des réd. du C. de l'enregistrement art. 13039 *in fine.*

En ce sens, le tribunal de la Seine a décidé, le 9 mai 1868, que la transmission opérée par l'attribution à l'un des associés de l'immeuble apporté par un autre, n'autorise pas à réclamer le droit en sus, quand cette attribution est établie au regard de l'associé par un acte enregistré dans les trois mois du partage (2745 R. P., 14180 C.). — V. 2318 et 11431.

4955. Entrée en possession. — Si l'acquéreur d'un immeuble, sous une prétendue condition suspensive, telle que la construction d'une usine sur le terrain vendu, a fait acte de propriété sur cet immeuble qu'il déclare acquérir *à compter de ce jour*, il y a preuve que la vente a été exécutée, ce qui donne ouverture au droit proportionnel (Cass. 31 juill. 1838, 10115 J. N., 12145 J. E., S. 38-1-780; — Saint-Girons 10 mai 1837, 11808 J. E.) : « Attendu, porte l'arrêt, que le jugement attaqué constate, en fait, que l'acte avait été mis à exécution par le demandeur, ce qui suppose l'absence d'une condition suspensive ou bien son accomplissement. »

4956. Exécution actuelle de la convention. — La vente qui reçoit une exécution actuelle quelconque n'est pas faite sous condition suspensive. Les stipulations qui affectent seulement le terme et le mode de payement du prix ne sont pas une condition de ce genre. Dès lors, la résolution volontaire, avant payement et échéance, donne ouverture au droit de rétrocession (Romorantin 27 avr. 1849, 8041 Fess.).

S'il est prouvé qu'une vente, consentie sous une condition qualifiée suspensive, existe et reçoit son exécution à partir de la date de l'acte, le droit proportionnel est exigible (Le Havre 3 mai 1849, 8040 Fess.).

Décidé, de même, que l'acte de vente d'un immeuble sous condition suspensive qui constate le payement du prix fixé, est passible du droit d'obligation sur le prix reçu par le vendeur éventuel (Sol. belge 7 oct. 1869, 3141 R. P., *V.* également Seine 12 mai 1860, 1361 R. P. et la note au nº 2556-10 R. P.).

4957. Payement du prix. — Le droit proportionnel devient exigible lorsqu'un acte quelconque vient donner la preuve que la condition de résolution d'une vente, *faute de payement de prix*, prononcée par un jugement, a été accomplie (Saverne 16 avr. 1851, 15245 J. E.).

4958. Payement du droit. — Le notaire qui a acquitté le droit fixe sur l'acte de vente consenti sous condition suspensive n'est pas tenu au payement du droit proportionnel, lors de l'accomplissement de la condition. — *V.* 941-2.

Bien plus, quoique au moment où une vente notariée sous condition suspensive est présentée à l'enregistrement, le receveur ait la preuve, mais *en dehors de l'acte*, que la condition s'est accomplie, il doit enregistrer l'acte au droit fixe. — *V.* 1011-3.

4959. Prescription. — La prescription pour le recouvrement du droit proportionnel exigible sur une donation faite sous condition suspensive ne court pas du jour où, la condition s'étant accomplie, le droit proportionnel est devenu exigible, mais de celui où l'Administration a eu connaissance de cette réalisation par des actes soumis à l'enregistrement (Vendôme 8 nov. 1845, 13963 J. E.).

Le tribunal de Lyon avait déjà jugé, le 25 mai 1841, que la prescription, pour la demande de droit proportionnel sur une vente consentie sous une condition suspensive, ne courait pas de la date de la vente, mais seulement du jour où la condition s'était accomplie (12754 J. E.). — V. *Prescription.*

4960. Imputation du droit. — Quand la réalisation de l'événement prévu parfait le contrat et donne lieu à la perception de l'impôt qu'il comporte, il serait rationnel de restituer le droit fixe provisoirement perçu. Mais l'art. 60 L. 22 frimaire an 7 repousse cette conclusion. On ne peut pas davantage l'imputer sur le montant du nouveau droit exigible. Ainsi que nous l'avons expliqué au mot *Compensation*, on admet l'imputation d'un droit sur un autre quand la seconde perception a lieu par supplément de la première, qu'ainsi le droit perçu d'abord était comme un à-compte du droit encouru par la suite. Or, telle n'est pas l'hypothèse actuelle. « La transmission, dit très-bien Demante, *de l'Obligation future et incertaine*, ne comportait aucun impôt. Le droit fixe n'a pas été perçu provisoirement et par à-compte. Il était encouru par cela seul qu'on a présenté à la formalité un acte qui n'était pas passible du droit proportionnel ; il est donc acquis définitivement au Trésor et ne doit pas être indirectement restitué sous forme d'imputation » (nº 36). On pourrait cependant invoquer, en faveur de l'opinion contraire, le considérant qui suit d'un arrêt de cass. du 5 août 1840 (1634 § 10 I. G.), rendu en matière de crédit. « Attendu que si l'obligation subordonnée à une condition suspensive ne peut être assujettie qu'au droit fixe de 1 franc aussitôt l'accomplissement de la condition, un droit proportionnel est dû de la même manière qu'il aurait été dû au moment de la présentation de l'obligation à la formalité, si, dès cette époque, la condition suspensive s'était trouvée accomplie, sauf la restitution du droit fixe perçu lors de la présentation » (Art. 6 § 3 nº 3). — Mais la difficulté n'avait pas été catégoriquement proposée à la cour, et l'arrêt perd en ce point une partie de son autorité.

Quoi qu'il en soit, quand la réalisation donne lieu à un acte obligatoire soumis par lui-même à la perception du droit proportionnel, il ne paraît plus douteux que l'imputation est impossible. On peut en voir un exemple à propos des prêts conditionnels faits par le Crédit foncier. — V. *Crédit foncier* nº 5705.

SECTION 8. — CONDITION DÉFAILLIE

[4961-4962]

4961. Principe. — Il nous reste à voir quels sont les effets de la condition suspensive quand elle a manqué. Tout ce qu'on peut dire à cet égard est renfermé dans cette maxime des auteurs, *actus conditionalis, defecta conditione, nihil est.* La condition venant à défaillir, il en résulte, en droit civil, que les fruits appartiennent au vendeur, et que si l'acquéreur avait été mis en possession pendant la condition, il devrait restituer les fruits au vendeur, la mise en possession comme ses effets étant censée conditionnelle. — *En droit fiscal*, la conséquence est aussi directe. L'Administration perd, sans retour possible, l'expectative de perception qu'elle pouvait fonder sur la condition tant qu'elle était pendante. Il ne peut en être autrement, en effet, car la convention qui n'a jamais eu son existence que dans l'avenir ne peut plus désormais exister.

4962. Vente non réalisée. — Dans ce sens, la C. cass. a jugé, le 4 février 1839, qu'un contrat de vente sous seing privé, avec stipulation d'un délai pour réaliser l'acte devant notaire en réglant certaines conditions, ne peut donner lieu au droit proportionnel, lorsqu'il est prouvé que les conditions stipulées n'ayant pas été réalisées, la vente est restée sans suite : « Attendu, porte cet arrêt, que l'écrit du 13 avril 1835 ne constituait qu'un projet de vente ; — Que la lettre du 30 avril suivant n'a pu avoir l'effet de le transformer en contrat définitif, puisqu'il n'en saurait résulter que les parties fussent d'accord sur toutes les conditions de la vente, et donnaient leur plein et entier consentement ; — Qu'en cet état, la Régie n'a pu autoriser la poursuite commencée par la contrainte décernée à Tours, à raison d'un prétendu acte de vente qui n'a pas été consenti » (12256 J. E., S. 39-1-203).

CHAPITRE III. — CONDITION RÉSOLUTOIRE

[4963-4973]

4963. Définition. — Le C. C. art. 1183 définit la condition résolutoire « celle qui, lorsqu'elle s'accomplit, opère la révocation de l'obligation, et qui remet les choses au même état que si l'obligation n'avait pas existé. » Il résulte évidemment de là, ainsi que le font remarquer Marcadé (sur l'art. 1168) et Dalloz (n° 273), que ce qu'on appelle obligation sous condition résolutoire est une obligation pure et simple et soumise à une résolution conditionnelle. C'est ce qu'exprime parfaitement, d'ailleurs, la seconde partie de l'art. 1183, ainsi conçue : « Elle ne suspend point l'exécution de l'obligation ; elle oblige seulement le créancier à restituer ce qu'il a reçu dans le cas où l'événement prévu par la convention se réalise. »

« Un pareil acte, dit encore Demante, nonobstant la condition résolutoire dont il est affecté, opère actuellement transmission ou obligation. Le contrat est pur et simple ; c'est la résolution de ce contrat qui est conditionnelle. Dans ce cas, il faut dire, avec le jurisconsulte romain : *Magis est ut sub conditione resolvi emptio, quam sub conditione contrahi videatur* » (Ulpien liv. 1er *au Digeste de Lege commissoria* liv. 18 p. 3 n° 41).

L'influence que doivent avoir ces principes du droit civil sur la perception est facile à saisir : puisque l'obligation est pure et simple, elle doit s'exécuter immédiatement, ce qui rend le droit proportionnel exigible ; et quoique l'obligation avec toutes ses conséquences déjà réalisées ou à réaliser encore disparaisse, si la résolution conditionnelle vient à s'opérer, le droit, *qui a été régulièrement perçu*, n'est pas restituable (Cass. 28 août 1815, 1714 J. N., 5295 J. E., S. 15-1-421).

Rien n'est donc plus simple, en théorie, que l'application des règles de la perception au contrat sous condition résolutoire; mais il n'en est pas de même dans la pratique.

La nature de la condition n'étant pas toujours suffisamment caractérisée et aucune règle ne pouvant être donnée qui la fasse reconnaître d'une manière certaine, la porte est toute large ouverte aux interprétations, et, dès lors, aux difficultés.

4964. Consignation des droits. — Aussi avons-nous vu la jurisprudence et la doctrine se partager sur la question de savoir s'il y a condition suspensive ou résolutoire dans la clause d'un cahier des charges d'après laquelle l'adjudication ne sortira à effet et n'opérera transmission de propriété qu'autant que les droits d'enregistrement seront consignés par l'adjudicataire, soit à l'instant de l'adjudication, soit dans les vingt-quatre heures, soit dans tout autre délai déterminé. — V. *Adjudication*.

4965. Créances hypothécaires. — Il y a condition résolutoire et non suspensive dans l'obligation imposée à un acquéreur de payer les créances hypothécaires sur l'objet vendu : le défaut d'exécution peut seulement faire résilier le contrat : « Attendu, 1° qu'une vente dont le prix consiste dans la charge imposée à l'acheteur de payer les créances hypothécaires dont sont grevés les immeubles vendus est une vente pure et simple et de même nature que si le prix convenu entre les parties devait être versé entre les mains du vendeur; qu'elle renferme, dans l'un et l'autre cas, la condition résolutoire, dans la supposition que l'acquéreur ne remplisse pas ses engagements ; — Attendu, 2° que cette condition essentiellement distincte de la condition suspensive qui dépend d'un événement futur et incertain qui suspend l'effet de ladite vente jusqu'à ce qu'il soit arrivé » (Cass. 28 août 1815, 1714 J. N., 5295 J. E., D. N. t. 3 p. 612 n° 143, S. 15-1-421).

4966. Donation. — Si le donataire d'un immeuble se réserve de rentrer en possession en payant la valeur de l'immeuble, il y a condition résolutoire et non suspensive, et le droit proportionnel doit être perçu (Lyon 13 août 1845, 13807 J. E.).

La donation de ses biens, avec réserve d'usufruit jusqu'au jour de son décès, par une sœur à son frère, avec la condition qu'elle ne sortira à effet qu'autant que la donatrice décéderait sans enfant légitime, est faite sous condition résolutoire et non suspensive et laisse exigible le droit proportionnel sur l'importance de la donation (Hazebrouk 15 avr. 1848, 14469 J. E.).

4967. Folle-enchère. — La condition qui régit la folle-enchère est résolutoire et non suspensive. — V. 1759-1760.

4968. Mines. — La cession du droit d'exploiter une mine sous la condition que les experts reconnaîtront l'existence de ces mines est résolutoire et non suspensive. Le droit proportionnel est immédiatement exigible (Cass. 23 juill. 1833, S. 33-1-596, 1446-11 I. G., 10699 J. E.). — V. 4922.

4969. Obligation de faire. — La vente d'un terrain, avec entrée en jouissance et payement des intérêts à partir d'une date antérieure au contrat, et sous la condition qu'elle sera non avenue si, dans un délai déterminé, l'acquéreur n'a pas construit une maison sur le terrain vendu, est passible du droit proportionnel, car la condition n'est pas suspensive, mais résolutoire (Le Havre 3 mai 1849, 14839 J. E.).

4970. Payement du prix. — Il en est de même de celle consentie sous la condition que le prix sera payé sur la valeur d'une donation contractuelle faite à l'acquéreur par un tiers et que la vente sera non avenue si cette donation ne sort pas à effet (Romorantin 27 avr. 1849, 14729 J. E.). — De même encore s'il est stipulé que, si l'acquéreur ne paye pas dans un délai convenu, la vente sera résiliée, et qu'il sera seulement payé une indemnité au vendeur (Cass. 14 déc. 1809, 3687 J. E.).

4971. Ratification. — La vente des biens d'un mineur, avec stipulation qu'elle sera nulle si le mineur ne la ratifie pas à sa majorité, est faite sous condition résolutoire seulement, et le droit proportionnel est exigible (Le Mans 9 avr. 1842, 12997-10 J. E.). — Cependant l'Administration a délibéré, les 12 juillet et 25 août 1836 (5200 Roll.), qu'il y a lieu, à défaut de ratification, de restituer le droit proportionnel perçu sur la vente faite à une personne agissant, tant pour elle que pour d'autres acquéreurs, sous la condition que le défaut de ratification par ceux-ci, dans un délai déterminé, emporterait la nullité de la vente, l'inexécution de la condition n'entraîne pas la résolution de la vente, mais la rend caduque, ce qui attribue à la condition de la ratification le simple caractère suspensif; car le droit perçu sur la condition résolutoire n'est jamais restituable.

4972. Condition potestative.— On a vu, n° 4730, qu'on ne peut pas faire dépendre la condition de la volonté de celui qui s'oblige, mais on peut en faire dépendre la résolution. Ainsi, dans la vente à réméré, la résolution de la vente dépend de la volonté du vendeur seul. La convention dure jusqu'au moment où s'exerce le rachat. Il en est de même du bail, dans lequel, soit le bailleur, soit le preneur, peut se réserver la faculté de le faire cesser quand il le voudra. Cette proposition, ainsi que celles qui se rapportent à la condition résolutoire, sera plus amplement développée au mot *Résolution*. — Faisons, néanmoins, remarquer ici que ce que nous venons de dire n'est exact que lorsqu'il s'agit d'un contrat synallagmatique. En matière de contrat unilatéral on ne peut s'obliger sous une condition résolutoire, car ce serait à la fois s'obliger et ne pas s'obliger, et par conséquent accomplir un acte sans valeur (Dalloz n° 274).

4973. Résolution. — Nous verrons, en parlant des résolutions, quelle est l'influence de la condition résolutoire sur la perception du droit exigible lorsqu'elle s'accomplit. — *V.* n° **14449.**

CONFLIT.

4974. — Contestation entre plusieurs autorités dont chacune veut s'attribuer la connaissance d'une affaire.

On divise les conflits en conflits d'attribution et en conflits de juridiction.

4975. Conflit d'attribution. — Le conflit d'attribution est une contestation élevée entre l'autorité administrative et l'autorité judiciaire pour savoir laquelle des deux doit connaître d'une affaire. C'est donc là une pure question de compétence qu'il importe de déterminer.

La cause des conflits remonte à la loi du 24 août 1790 (tit. 2 art. 13); elle résulte de la distinction générale et précise posée pour la première fois, par cette loi, entre le pouvoir administratif et le pouvoir judiciaire, de sa volonté de maintenir constamment cette distinction et d'écarter toute entreprise des corps judiciaires qui tendrait à gêner l'action de l'autorité administrative (Merlin R. v° *Conflit*, Cormenin t. 1er p. 460).

1. NÉGATIF OU POSITIF. — Dans l'état actuel de la législation, les conflits sont ou *positifs* ou *négatifs*. — On appelle conflit positif l'acte par lequel l'Administration revendique la décision d'une affaire dont les tribunaux sont saisis, par la raison qu'elle est du ressort administratif. — On appel conflit négatif la déclaration respectivement faite par l'autorité administrative et l'autorité judiciaire, que la même affaire n'est pas de leur compétence (Cormenin t. 1er p. 456 et 486).

2. ORDONNANCE. — Un avis du conseil d'État, comités de législation et du contentieux réunis, du 18 janvier 1821, approuvé par le ministère des finances le 8 février, porte que les ordonnances du roi, rendues sur des conflits d'attribution, sont des actes de haute administration qui ne peuvent être assimilés aux arrêts du conseil d'État et de la C. cass., lors même que les parties sont entendues, et qu'ainsi elles ne sont point atteintes par les dispositions de la loi du 28 avril 1816, relatives à la formalité de l'enregistrement (6902 J. E.).

3. TRIBUNAL DES CONFLITS. — Les conflits sont jugés, en dernier ressort, par un tribunal supérieur composé de membres de la C. cass. et du conseil d'État. Il n'entre pas dans le cadre de cet ouvrage de traiter de cette matière.

Il suffit de faire remarquer que les actes émanés du tribunal des conflits sont soumis, en matière de timbre et d'enregistrement, aux mêmes règles que les actes du conseil d'État (D. m. f. 8 oct. 1875, 4227 R. P.).

4976. Conflit de juridiction.— Le conflit de juridiction est une contestation entre plusieurs tribunaux dont chacun revendique la connaissance d'une même affaire (Merlin R. v° *Conflit* p. 794). Tous les conflits de juridiction sont réglés aujourd'hui, savoir: pour les matières civiles, par les art. 363 et suiv. du C. proc. civ.; et pour les matières criminelles par les art. 527 et suiv. du C. d'inst. crim

CONFUSION.

4977. Définition.— La confusion est le concours, sur la même personne, de deux qualités incompatibles, dont l'une détruit l'autre et rend impossible le maintien de cette obligation; tel est, par exemple, *le concours des deux qualités de créancier et de débiteur.*

4978. Divers cas de confusion. — La confusion de dettes peut s'opérer dans plusieurs cas qu'il est utile d'énumérer : — Lorsque le créancier devient l'héritier du débiteur, et *vice versâ;* — ou celui de l'un des débiteurs solidaires et *vice versâ;* — lorsque l'un des débiteurs solidaires succède à l'autre; — quand l'un des créanciers solidaires devient héritier de l'autre; — ou que l'un d'eux succède au débiteur, et *vice versâ;* — lorsque le débiteur succède à sa caution, et *vice versâ;* — le créancier à la caution, et *vice versâ;* — la caution à l'un des débiteurs solidaires, et *vice versâ;* — la caution à l'un des créanciers solidaires, et *vice versâ;* — l'une des cautions à l'autre (1300, 1301 C. C.).

Remarquons, d'ailleurs, bien que nous prenions pour exemple la succession, qu'il importe peu, pour opérer la confusion, par quelle cause ait lieu la substitution du créancier au débiteur ou du débiteur au créancier.

1. USUFRUIT. — La confusion n'a lieu que quand la pleine propriété de la créance est transmise au débiteur ou au créancier. Si l'usufruit de la créance appartient à un tiers et que la nue-propriété seule fasse partie de la succession, la confusion ne s'opère pas (Cass. 19 déc. 1838).

4979. Effets de la confusion. — Les effets de la confusion dans ces divers cas sont toujours faciles à déterminer, puisqu'ils sont le résultat de la force même des choses. La réunion de telle qualité à telle autre éteindra nécessairement tous les droits dont elle rend l'existence ultérieure absolument impossible ; mais il est clair aussi qu'elle n'éteindra qu'eux. — Ainsi, quand les deux qualités de créancier et de débiteur se réunissent sur une même personne, il est clair que la dette s'éteint, puisqu'il est impossible d'être débiteur envers soi-même. — Si, au contraire, la confusion est de la qualité de créancier et de celle de caution, il est évident que, s'il y a, par là, extinction de cautionnement (parce qu'on ne peut pas se cautionner à soi-même sa propre créance), il n'y aura pas pour cela extinction de la dette principale, laquelle subsistera toujours comme dette non cautionnée. — Ainsi encore, quand il s'agit d'une obligation solidaire et que les qualités qui viennent se réunir sur une même tête sont celles de créancier et de simple codébiteur, ce n'est plus pour le tout, mais seulement pour la part de ce codébiteur dans la dette que s'éteignent cette dette et la créance (1209 C. C.). Par exemple, si l'un des quatre codébiteurs d'une dette solidaire de 4,000 francs devient créancier, il pourra toujours poursuivre chacun des trois autres, mais seulement pour les trois quarts du montant primitif de la dette, c'est-à-dire pour 3,000 francs.

4980. Exemption de tout droit. — Considérée comme cause d'extinction de l'obligation, la confusion agit de la même manière que la compensation, elle éteint la dette par un effet légal. C'est là, en droit civil, le point commun entre elles ; mais, en droit fiscal, aucune assimilation ne peut être établie. La compensation, avons-nous dit n° 4599, est l'extinction simultanée de deux obligations qui s'acquittent mutuellement, à raison de ce que le créancier de la première est le débiteur de la seconde, en même temps que le créancier de la seconde est le débiteur de la première. C'est un payement fictif ayant pour but et pour effet d'éviter à chacune *des deux parties* la nécessité de livrer d'une main ce qu'elle aurait à recevoir de l'autre. La compensation opère donc une véritable libération ; aussi, contrairement à la doctrine professée par Dalloz et Champ. et Rig., nous avons soutenu, v° *Compensation*, que la compensation donnait ouverture au droit de quittance. Dans la confusion ce n'est plus un créancier et un débiteur qui, se trouvant en présence, voient leurs titres s'anéantir devant les demandes réciproques qu'ils ont à se faire, c'est une créance et une dette qui viennent se confondre *sur la même tête*. Il ne peut donc y avoir libération, car toute libération suppose une dette, et il est impossible d'être débiteur de soi-même. Or, le droit de quittance, déterminé par l'art. 69 § 2 n° 11 L. 22 frimaire an 7, ne pouvant être perçu que lorsqu'il y a libération, il faut en conclure que la confusion ne donne jamais ouverture au droit de quittance. L'Administration a toujours admis cette doctrine (1320 § 2 I. G.).

En voici plusieurs exemples :

1. BÉNÉFICE D'INVENTAIRE. — Si l'héritier bénéficiaire adjudicataire des biens de la succession est colloqué dans l'ordre pour le montant de son prix représentant sa part virile, la confusion s'opère et il n'est pas dû de droit de quittance (1320 J. E.). — V. *Ordre*.

2. COMPTE. — Si le cohéritier acquéreur des biens de la succession compense ce qui lui revenait avec ce qu'il devait lui-même, il n'est pas dû de droit de quittance (Dél. 13 avr. 1827, 8744 J. E.). — V. *Compte*.

3. NUE-PROPRIÉTÉ. — USUFRUIT. — Le droit d'obligation n'est dû ni sur le capital, ni sur les intérêts d'une somme due par l'un des héritiers sans titre enregistré, et attribué en nue-propriété seulement au débiteur. — *V.* 1252-2.

4. SOCIÉTÉ. — LIQUIDATION. — Lorsque les membres d'une société en liquidation ont apporté leurs droits dans une société nouvelle, celle-ci devient directement créancière de l'ancienne pour le montant des apports. Si, ultérieurement, elle achète les immeubles de cette ancienne société, le résultat de ces deux actes est de réunir dans la personne de la société nouvelle la qualité de créancière, dérivant de la subrogation, à la qualité de débitrice, dérivant de son adjudication, et de faire ainsi une confusion de droit extinctive des deux créances dans la mesure de leur qualité respective, confusion dispensée du droit de quittance sur l'acte qui la constate (Cass. 3 fév. 1868, 2600 R. P., 19179 J. N., 18478 J. E., 2366-5 I. G., B. C. 25, S. 68-1-185, D. 68-1-225, P. 68-421).

Jugé, de même, que lorsqu'un partage de société constate la compensation qui s'est opérée entre une créance due à un associé et une dette dont il est redevable envers la société, cette disposition ne donne ouverture au droit de quittance que sur la partie de la dette non éteinte par confusion (Ruffec 25 août 1873).

5. TESTAMENT. — RECONNAISSANCE DE DETTE. — Un mari se reconnaît, par testament, débiteur envers sa femme ; celle-ci meurt avant le testateur, les enfants communs deviennent créanciers de leur père ; mais le père étant à son tour décédé, les enfants se trouvent débiteurs de leur propre créance. Dans cet état de choses, le testament ayant été présenté à la formalité, on a perçu le droit d'obligation, à raison de la reconnaissance de dette qu'il contenait ; l'Administration en a ordonné la restitution par le motif que, la confusion s'étant opérée en la personne des enfants, *créanciers* par le décès de leur mère et *débiteurs* par celui de leur père, il n'y avait plus ni créance ni dette (Dél. 10 juill. 1824, 7817 J. E., Dél. 5 juin 1823, 568 C. ; — Pamiers 30 déc. 1856, 816 R. P., 16150 J. E., 11044 C., Champ. et Rig.

n°s 944 et 1632, Dalloz 1033, M. Demante n° 537, D. N. t. 3 p. 620 n°s 25 et 626 n° 27).

4981. Cession de créance au débiteur. — Il ne faut pas confondre l'acte qui constate une confusion préexistante et celui qui l'opère; ainsi, un créancier cède sa créance au débiteur, il y a confusion sans doute, puisque à sa qualité de débiteur le cessionnaire réunit celle de créancier; mais, pour arriver à cette confusion, il s'est opéré une première extinction de la dette au moyen de la cession qui a dû ainsi donner ouverture au droit de libération. Seulement on ne peut percevoir le droit de cession, car on ne transmet pas une créance au débiteur, on ne peut, par cette voie, que l'éteindre (Sol. 5 mars 1847, Champ. et Rig. 1633, Dalloz 1036, 5927 J. E.). C'est un point que nous avons examiné en parlant des cessions de créances n° 3701.

1. DÉBITEUR SOLIDAIRE. — Le codébiteur d'une dette solidaire qui l'a payée en entier ne peut répéter contre les autres que la part et portion de chacun d'eux. Cette subrogation s'opère par le fait du payement et ne saurait donner ouverture au droit d'obligation. Il en est autrement quand le codébiteur s'est fait céder formellement la créance. Les auteurs discutent sur la validité d'un tel contrat en présence des art. 1209 et 1301 C. C.; mais cette question est étrangère à l'Administration. Il y a confusion passible du droit de quittance pour la part du codébiteur et cession de créance pour le surplus (Champ et Rig. n° 1286).

4982. Compensation. — 1. LEGS. — Il n'y a pas confusion, mais compensation, lorsqu'un légataire, débiteur de la succession, abandonne son legs pour éteindre la dette. Il y a, en effet, ici un débiteur et un créancier qui se libèrent réciproquement, et non un seul individu, débiteur et créancier, qui fait confusion sur lui-même. — Dès lors le droit de quittance est exigible (Dél. 10 janv. 1824, D. N. v° *Confusion* n° 26.)

2. VENTE. — L'acte par lequel le vendeur d'un immeuble auquel le prix n'a pas été payé, rentre en possession par suite d'une rétrocession, et impute le prix de la rétrocession sur celui de la première vente, opère compensation et non pas confusion : « Encore bien que les parties se soient servies de l'expression confusion, il ne s'est accompli en réalité qu'une compensation, puisque la dame C... et le syndic... se sont reconnus mutuellement débiteurs, ont admis un double payement fictif et se sont réciproquement consenti quittance et désistement de tous droits réels et personnels. La confusion qui ne suppose qu'une dette avec la même personne pour débiteur et créancier, n'aurait pu se produire qu'autant que la dame C... serait devenue sa propre débitrice, résultat impossible, soit parce qu'elle ne pouvait devenir cessionnaire de son prix, soit parce que nonobstant sa qualité de tiers détenteur, elle n'aurait été fondée à retenir d'une main ce qu'elle n'aurait pu être obligée de payer à l'autre que par voie d'exception » (Joigny 20 avr. 1860, 1350 R. P., 11862 C., 17144 J. E.)

De même, il y a lieu de percevoir le droit de quittance sur l'attribution consentie dans un ordre amiable d'une portion au prix des immeubles, à l'adjudicataire débiteur du prix qui produit pour le montant de certains frais (12621-3 J. E.) ou pour le montant d'une créance hypothécaire.

4983. Succession. — La confusion qui s'opère par suite du décès au profit de l'héritier débiteur, n'empêche pas la perception du droit de mutation par décès. — V. *Succession*.

CONGÉ.

4984. — Ce mot a différentes acceptions que nous allons successivement faire connaître.

4985. Bail. — En matière de bail, le congé est l'acte par lequel le propiétaire signifie à son fermier ou à son locataire qu'il ait à vider les lieux pour le terme indiqué. On appelle aussi congé la déclaration du locataire au propriétaire, portant qu'il entend sortir dans un certain temps (Merlin R. V. *Congé*).

1. DANS QUEL CAS ON DONNE CONGÉ. — Lorsqu'il y a bail par écrit, et qu'il porte un terme fixe, le congé ne pourrait avoir lieu pendant le cours de ce bail qu'autant qu'il serait donné par un acquéreur qui entendrait profiter de la clause qui aurait été insérée dans ce bail à ce sujet (1743 C. C.). Dans le même cas, le congé est inutile à la fin du bail, parce que la location étant faite pour un temps déterminé, la fixation du terme tient lieu de congé. Mais le congé devient nécessaire, même dans le cas d'un bail écrit, lorsque, comme cela se pratique souvent, l'acte contient des termes auxquels il est libre à chacune des parties de résoudre la location. — Il est d'usage dans ce cas de marquer de combien de temps l'avertissement doit précéder les termes fixés dans le bail.

4986. Tarif. — Le congé est passible du droit de 3 francs, en vertu de l'art. 8 L. 18 juin 1850 et de l'art 4 L. 28 février 1872, s'il est donné par acte sous seing privé; — ce même droit est de 3 francs en vertu de l'art 43 n° 13 L. 28 avril 1816, et de l'art. 2 L. 19 février 1874, s'il est donné par acte extrajudiciaire.

1. PLURALITÉ. — Quoique l'exploit porte en même temps congé et commandement de payer les termes échus du bail, il n'est dû qu'un seul droit; ces deux objets de l'exploit se lient ensemble et ne forment en quelque sorte qu'un tout (Dél. 16 mars 1812, 7180 J. E.).

4987. Rétrocession. — Il n'y a plus congé proprement dit, mais clause opérant tous les effets d'une rétrocession et passible du droit proportionnel, sur les années restant à courir, dans l'acte, accepté de part et d'autre, par lequel on fait cesser la jouissance avant le terme convenu.

4988. Forêts. — Les *congés de cour*, ou déclaration par laquelle le conservateur des forêts décharge l'adjudicataire de toute recherche à l'égard de l'exploitation, doivent être rédigés sur timbre (L. 13 brum. an. 7 art. 12). — V. 3136.

4989. Marine. — Les congés maritimes sont des permissions que les capitaines de navire doivent obtenir quand ils veulent prendre la mer. Ces congés sont exempts de timbre et d'enregistrement (L. 13 brum. an. 7 art. 70 § 3 n° 13) ; soit qu'on les délivre en original, soit qu'on en remette des expéditions (4318 J. E.).

4990. Militaire. — Les articles de lois que nous avons visés dans le précédent numéro exemptent également de tout droit de timbre et d'enregistrement *les congés* délivrés, tant pour le service de terre que pour le service de mer.

CONNAISSEMENT.

CHAPITRE PREMIER. — DISPOSITIONS GÉNÉRALES

[4991-4997]

4991. Définition. — On appelle connaissement la reconnaissance par écrit que doit faire le capitaine d'un navire des marchandises qu'il se charge de transporter par mer. Cet acte se nomme en certains endroits *police de chargement* (Boulay-Paty t. 2 p. 300).

4992. Objet. — Le connaissement est pour les voyages de long cours ce que les lettres de voiture sont pour les transports par terre et par le petit cabotage. Ainsi, le but de cet acte est que les divers individus intéressés au chargement d'un navire puissent respectivement connaître l'étendue de leurs droits et de leurs obligations. Par là, le chargeur peut constater le chargement en cas d'avarie ou d'assurance, ou de vente de ses marchandises en route; le consignataire sait s'il doit ou non recevoir le chargement; le capitaine apprendra ce qu'il devra remettre à chaque consignataire; enfin l'armateur reconnaît ce qu'il doit exiger à titre de transport.

4993. Énonciations. — Le connaissement doit exprimer la nature et la quantité ainsi que les espèces en qualités des objets à transporter, indiquer le nom du chargeur, le nom et l'adresse du destinataire, le nom et le domicile du capitaine, le nom et le tonnage du navire, le lieu du départ et celui de la destination, le prix du fret et les marques et numéros des objets à transporter (C. com. 281).

Il faut, du reste, appliquer aux connaissements, la jurisprudence que nous ferons connaître à propos des lettres de voiture, sur l'influence des omissions qu'il peut renfermer.

4994. Doubles. — Le connaissement doit être fait en quatre originaux, dont l'un pour le chargeur, l'autre pour le consignataire, le troisième pour l'armateur, le quatrième pour le capitaine, qui est tenu de l'avoir à bord (226 et 282 C. Com.) — Chacun de ces originaux, faisant titre à celui qui en reste nanti (283 et 284 C. com.), doit être sur papier timbré (D. m. f. 11 janv. 1849, 14654-3 J. E., Dél. 11 mai 1849, 239 *Bull.*, 2e partie).

4995. Charte-partie. — Quelquefois le connaissement tient lieu de *charte-partie* (*V.* 3762). Ainsi quand le capitaine loue un navire comme représentant de l'armateur, il y a confusion entre les conditions de la location du navire avec celles du transport des marchandises, puisque le locateur s'engage à faire ce transport. « Il suit de là, dit Pardessus, qu'au lieu de faire une charte-partie dont l'objet est de prouver que tel a acquis le droit d'occuper tout ou une portion de navire, puis un connaissement destiné à prouver que telles marchandises ont été chargées suivant la convention primordiale, on se contente de ce dernier acte qui suppose et contient implicitement le premier, comme tout effet suppose une cause. »

4996. Forme négociable. — Sous l'empire des ordonnances de 1673 et de 1681, la négociation des connaissements pouvait avoir lieu par la voie de l'ordre. L'art. 281 C. com. n'a rien modifié à cet égard. Cet article porte que le connaissement peut être à ordre, ou au porteur, ou à personne dénommée.

Le tiers auquel le connaissement a été transmis par endossement régulier, a le droit d'exiger de l'acheteur le prix du chargement, comme l'aurait pu le vendeur lui-même (Cass. 31 mars 1869, S. 69-1-339).

4997. Propriété de la marchandise. — Le connaissement constitue, au profit de celui qui en est porteur, un titre de propriété de la marchandise à laquelle il se rapporte; il ne confère pas au porteur un simple droit de mainmise sur cette marchandise avec attribution d'un privilége pour les déboursés (Cass. 13 janv. 1862, S. 62-1-107; — *Contrà* Aix 31 mars 1865, S. 66-2-31).

CHAPITRE II. — TIMBRE.

[4998-5007]

4998. Tarif. — D'après la loi du 6 prairial an 7 les connaissements étaient assujettis au timbre de 1 franc. Mais, selon un décret du 3 janvier 1809, ils pouvaient être écrits sur du papier de toute dimension (419 I. G., 3132 J. E.) Enfin, d'après la la loi du 11 juin 1842 art. 6 et 7 (1665 I. G., 11372 J. N.), les connaissements ne pouvaient être rédigés que sur du papier du timbre fourni par l'Administration ou sur du papier timbré à l'extraordinaire et frappé d'un timbre noir et d'un timbre sec.

L'expérience ayant démontré que ces droits étaient rarement acquittés, on a soumis le timbre des connaissements à des règles spéciales par la loi du 30 mars 1872.

L'article 3 dispose que tout transport par mer et sur les fleuves, rivières et canaux dans le rayon de l'inscription maritime doit être accompagné de connaissements. Il décide ensuite que l'original aux mains du capitaine sera timbré au droit de 2 fr. 40 cent. (4 droits de 50 centimes, plus les décimes), et que les autres originaux seront revêtus d'une estampille sans indication de prix.

4999. Apposition de l'estampille. — Cette estampille ne peut être apposée qu'autant qu'il a été présenté au timbre un nombre correspondant des formules destinées aux capitaines. Ainsi, par exemple, si quatre cents formules de connaissements sont présentées au timbre, cent seront revêtues du timbre de 2 francs en principal, et les trois cents autres seront frappées de l'estampille sans indication de prix. Le timbre, de même que les estampilles, seront appliqués à l'encre bleue sur les formules imprimées et sur leur texte même (2441 I. G.).

Sont considérés comme non timbrés le connaissement remis au capitaine, revêtu d'une estampille de contrôle au lieu du timbre, avec indication de prix et le connaissement revêtu d'une estampille de contrôle provenant d'un timbre mobile autre que celui apposé sur l'original (Sol. 29 janv. 1872, 20090 J. E.).

5000. Petit cabotage. — Le droit de 2 fr. 40 cent. est réduit à 1 fr. 20 cent. pour les expéditions par le petit cabotage, c'est-à-dire pour la navigation côtière dans la même mer et entre ports français (L. 30 mars 1872 art. 3 § 3).

1. RAYON DE L'INSCRIPTION MARITIME. — Dès qu'il s'agit d'un transport par eau dans le rayon de l'inscription maritime, l'écrit qui accompagne le transport, bien qu'il soit rédigé sous forme de lettre de voiture, est un connaissement sujet aux droits spéciaux établis par la loi du 30 mars 1872 (Sol. 5 nov. 1872).

Le rayon de l'inscription maritime se trouve actuellement déterminé, pour les quatre arrondissements maritimes de la Manche et de l'Océan, par l'art. 46 de chacun des quatre décrets du 4 juillet 1853. (*Bull. des lois*, part. supp. 11e série n° 35 art. 623). Ces dispositions ont été modifiées, pour le premier arrondissement par les décrets des 20 avril 1870, 5 décembre 1872 et 24 mai 1873 ; pour le deuxième arrondissement par le décret du 5 décembre 1855 ; et pour le quatrième arrondissement par les décrets des 17 octobre 1857, 6 avril 1859 et 18 mai 1873. Quant au cinquième arrondissement maritime sur le Méditerranée, les limites de l'inscription résultent des décrets des 19 novembre 1859 (*Bull.* part. supp. 11e série n° 617) et 23 novembre 1867.

2. GROUPAGE. — Dans l'état actuel de la législation, il n'y a pas lieu de s'opposer à l'inscription sur le même connaissement de marchandises expédiées à plusieurs destinataires. Quand le connaissement, quel que soit le format employé, a acquitté le droit de timbre édicté par la loi du 30 mars 1872, le Trésor est désintéressé (Sol. 20 nov. 1872 et 19 janv. 1874, 20090 J. E.).

3. EXCEPTION. — Il n'y a pas lieu d'exiger de connaissements *dans le cas où l'administration des douanes n'exige pas de manifeste*, c'est-à-dire pour les transports de faible importance entre des lieux très-voisins de la même côte ou entre le continent et les îles du littoral (Sol. 8 juill. 1872).

Cette exception est applicable à l'Algérie (Décis. 30 janv. 1873) ; ainsi qu'à la traversée de l'étang de Thau (Sol. 15 juill. 1875, 20090 J. E.).

Les connaissements rédigés à l'occasion des transports d'un port français de la Manche à un port français de l'Océan sont du petit cabotage ; il n'est dû qu'un droit de timbre de 1 franc (Sol. 3 mai 1872).

5001. Connaissements supplémentaires. — Il arrive souvent que, par suite de la pratique commerciale et de ses besoins, il est rédigé plus de quatre originaux de connaissement. La loi du 30 mars 1872 assure la perception du droit sur ces connaissements supplémentaires par un procédé analogue à celui des quatre originaux obligatoires. Le connaissement, comme acte sous seing privé, ne peut être valable, aux termes de l'art. 1325 C. C. qu'autant qu'il énonce le nombre d'originaux qui en a été fait. C'est cette mention que la loi fiscale utilise pour assurer la perception du droit sur les connaissements supplémentaires. L'original entre les mains du capitaine devra, aux termes de l'art. 5 de la loi, être revêtu, au moment de sa rédaction, d'autant de timbres mobiles qu'il aura été fait d'originaux excédant quatre (2441 I. G.).

1. OMISSION DE LA MENTION DES DOUBLES. — La loi a prévu le cas où la mention prescrite par l'art. 1325 C. C. serait omise. Comme cette omission pourrait être intentionnelle, afin d'éviter le payement des droits de timbre supplémentaires, elle donnera ouverture à la perception d'un droit triple, soit 7 fr. 20 cent., décimes compris, s'il s'agit d'un connaissement au long cours ou au grand cabotage, ou 3 fr. 60 cent. s'il s'agit d'une expédition au petit cabotage (2441 I. G.).

On déduit de ce total le prix du timbre dont est revêtue la formule de connaissement représentée (Sol. 9 nov. 1872).

5002. Navires venant de l'étranger. — Les capitaines de navires français ou étrangers, venant de l'étranger, sont tenus de représenter en douane les connaissements dont ils sont porteurs. Le connaissement entre les mains du capitaine est soumis à un droit minimum de 1 fr. 20 cent. représentant le timbre de ce connaissement et celui de l'original destiné au consignataire de la marchandise. Quant aux connaissements qui ont dû être rédigés pour le chargeur et l'armateur du navire, comme il y a présomption que ces deux parties sont à l'étranger, la loi française n'a pas assujetti au droit les connaissements restés entre leurs mains. Néanmoins, si ces connaissements ou des connaissements supplémentaires étaient représentés par le capitaine, le droit de timbre de 50 centimes, plus les décimes, serait perçu au moyen de timbres mobiles et par les soins de l'administration des douanes (2441 I. G.).

1. MONACO. — Les connaissements créés à Monaco sont passibles des droits dus sur les connaissements venant de l'étranger, attendu que la convention du 9 novembre 1865, d'après

laquelle certaines lois françaises sont exécutoires dans la principauté de Monaco, ne parle pas des droits de timbre (Sol. 7 avr. 1872).

2. TRANSBORDEMENT. — Si le colis venant de l'étranger est transbordé en France, il faut un nouveau connaissement (Sol. 16 nov. 1872 et 5 mai 1876, 20090 J. E.).

5003. Usage des connaissements. — L'art. 4 L. 30 mars 1872 dispose que les connaissements venant de l'étranger doivent être soumis au timbre *avant tout usage en France*. Ces mots doivent être entendus dans le sens le plus large et non pas dans le sens restreint indiqué par la loi et la jurisprudence en matière d'enregistrement (Art. 23 et 42 L. 22 frim. an 7, 2441 I. G.).

1. LIEU DE PERCEPTION. — Les connaissements sont produits à l'appui du manifeste qui est représenté au port de première arrivée. Par suite, c'est à ce port que les droits de timbre des connaissements doivent être perçus (Sol. 7 avr. 1872).

2. CONNAISSEMENTS ADRESSÉS SÉPARÉMENT. — Il peut arriver que des connaissements soient adressés de l'étranger au destinataire ou à un correspondant résidant dans l'intérieur de la France, afin de permettre la négociation de la marchandise avant l'arrivée du navire. S'il est fait usage de ce connaissement, il doit être timbré à 50 centimes en principal, au moyen de l'apposition d'un timbre de dimension de cette quotité, soit mobile, soit à l'extraordinaire. Cette apposition n'empêcherait pas, néanmoins, l'application, à l'arrivée du navire, d'un timbre mobile spécial à 1 fr. 20 cent. sur l'original du capitaine; car le connaissement dont il est question ci-dessus est distinct de celui du consignataire, à moins que le consignataire ne soit lui-même le destinataire de la marchandise. Dans ce cas, qui est fort rare, et si l'original du consignataire était représenté dûment timbré, il ne serait perçu que 60 centimes sur le connaissement du capitaine; mais ce connaissement devrait être revêtu des deux empreintes (timbre et estampille) du timbre mobile des connaissements (2443 § 1er n° 2 I. G.).

3. COLONIES. — Les connaissements venant des colonies françaises où le timbre ne serait pas établi, sont soumis, à leur arrivée en France, aux mêmes droits que les connaissements venant de l'étranger. Ceux timbrés dans les colonies où le timbre est établi doivent être assujettis aux suppléments de droits (*principal et décimes*) exigibles d'après la législation de la métropole. Ces suppléments de droits sont perçus *distinctement* sur chaque connaissement représenté et au moyen du visa pour timbre. Si la formalité est donnée par la douane, le produit en est versé tous les mois au bureau de l'enregistrement de la résidence, selon le mode prévu par l'arrêté ministériel du 24 décembre 1842 (2443 § 1er n° 2 I. G.).

4. ENDOSSEMENT. — L'endossement constitue l'usage rendant les droits exigibles; mais l'endosseur n'encourt aucune amende (Sol. 9 janv. 1875, 20090 J. E.).

5004. Contraventions. — Comme sanction à ses dispositions, la loi du 30 mars 1872 a établi trois amendes de 50 francs chacune, en principal, l'une contre le chargeur, la seconde contre le capitaine, et la troisième contre l'armateur ou l'expéditeur du navire. Ces amendes sont personnelles. Aucune amende n'est prononcée contre le consignataire de la marchandise, qui, en général, ne participe pas à la rédaction du connaissement.

Les contraventions peuvent être constatées par tous les agents ayant qualité pour verbaliser en matière de timbre, et, notamment, par les employés des douanes et des contributions indirectes.

Un quart des sommes recouvrées sur les amendes est attribué aux rédacteurs des procès-verbaux, qui doivent être rapportés à la requête du directeur général (2441 I. G.).

1. SOLIDARITÉ. — Les amendes précédentes sont personnelles (2441 I. G.). — En effet, les expressions de l'art. 6 L. 30 mars 1872 « personnellement et sans recours » paraissent exclusives de toute idée de solidarité. Il n'est pas admissible que l'Administration puisse exiger d'une seule des parties le payement de trois amendes, et que cette partie ne soit pas fondée à réclamer aux autres ce qu'elle aurait payé pour elles. On ne peut raisonner pour le connaissement, qui est un acte synallagmatique, comme s'il s'agissait d'un écrit unilatéral. Il faut réclamer chaque amende au contrevenant qui l'a particulièrement encourue (Sol. 9 déc. 1872).

2. PLURALITÉ. — Il n'est dû qu'une seule amende par connaissement dont le timbre mobile a été irrégulièrement oblitéré (Sol. 5 août 1875, 20090 J. E.); mais un nouveau droit de timbre n'est pas dû (Sol. 25 fév. 1874, 20090 J. E.).

5005. Représentation. — Les agents des douanes doivent exiger des capitaines français ou étrangers, soit à l'entrée, soit à la sortie, la représentation des connaissements dont ils sont porteurs (L. 30 mars 1872 art. 6).

Tout refus de communication, par les capitaines, est puni d'une amende de 100 francs à 600 francs. La contravention est poursuivie et jugée comme en matière de douanes (*idem*).

L'amende de 50 francs pour prétendue contravention à l'art. 3 (connaissement non timbré) n'est pas due (Sol. 19 mars 1873, 20090 J. E.).

Pour les steamers ou navires à vapeur, qui ne font dans les ports français qu'une très-courte escale, cette obligation pouvait produire des entraves. Aussi l'Administration tolère-t-elle, lorsqu'il est reconnu qu'il n'est pas possible de rédiger ou de faire rentrer tous les connaissements avant le départ de ces steamers, que l'on se borne à exiger du capitaine la représentation des connaissements qui auront pu être expédiés en temps utile. Dans ce cas, l'expéditeur du navire doit s'engager à soumettre les autres connaissements au visa de la douane dans les vingt-quatre heures de l'arrivée ou du départ, ou tout au moins au moment de la déclaration de détail passée en douane (2441 I. G.).

5006. Exemption. — Les lettres de voiture délivrées ou visées par les agents du ministère de la marine à raison des transports qu'ils font opérer dans l'intérêt du service peuvent être rédigées sur papier non timbré (D. m. f. 3 fév. 1855, 2025-6 I. G., 16059 J. E.). Cette exemption s'étend aux lettres de voiture délivrées par les officiers comptables du ministère de la guerre, soit à des entrepreneurs de transports, soit à des voituriers (D. m. f. 3 sept. 1850, 16059 J. E.), ainsi qu'aux connaissements des navires de commerce affrétés par l'État (D. m. f. 20 mars 1873, 20090 J. E.).

Le capitaine qui transporte ses marchandises ou ses récoltes sur son propre navire n'est pas dispensé du connaissement (Sol. 28 déc. 1872, 20090 J. E.). Mais si les récoltes appartiennent au propriétaire du bateau commandé par le capitaine, le connaissement est obligatoire (Sol. 21 juill. 1877).

5007. Mode de timbrage. — Les connaissements sont timbrés par l'application des timbres mobiles. C'est au mot *Timbre* que nous indiquerons le procédé qui s'y applique.

CHAPITRE III. — ENREGISTREMENT

[5008-5010]

5008. Enregistrement. — Le droit des connaissements, fixé à 1 franc par individu à qui les marchandises sont expédiées par l'art. 68 § 1er n° 20 L. 22 frimaire an 7, a été élevé à 3 francs par l'art. 44 n° 6 L. 28 avril 1816, et à 4 fr. 50 cent. par l'art. 4 L. 28 février 1872.

5009. Transport d'argent. — La C. cass. a jugé, le 8 novembre 1832 (V. J. P.), qu'en matière de transport d'argent un connaissement ainsi conçu : « La somme de 564 francs, le tout bien conditionné et marqué de la marque et coté, » a pu être considéré comme exprimant suffisamment la nature, la quantité, et les espèces ou qualités des objets à transporter. D'où la conséquence que le connaissement peut avoir pour objet le transport des denrées comme des marchandises. Aussi l'Administration a décidé, le 10 novembre 1824, qu'il n'est pas plus assujetti au droit proportionnel dans un cas que dans un autre, et que l'on ne peut être autorisé à percevoir le droit d'obligation à raison de l'argent transporté (*Conf.*; D. N. t. 3 p. 633 n° 26).

5010. Endossement. — Nous avons vu, n° 4996, que le connaissement peut être négocié. Peut-on lui appliquer l'art. 70 § 3 n° 15 L. du 22 frimaire an 7, qui exempte l'endossement de l'enregistrement ? Il est vrai qu'on peut dire que l'endossement du connaissement est un véritable transport de marchandises (Cass. 17 août 1859, S. 60-1-61 ; — Paris 1er déc. 1860, S. 61-1-118 ; — Cass. 13 janv. 1862, S. 62-1-298) ; mais dès que la loi de frimaire exempte de la formalité les endossements d'effets négociables et que le connnaissement est négociable, il faut en conclure que son endossement est exempt de la formalité, car là où la loi ne distingue pas, il n'est pas permis de distinguer (7879 J. E., D. N. t. 3 p. 633, n° 27).

CONNEXITÉ.

5011. — Rapport et liaison existant entre plusieurs affaires qui demandent à être décidées par un seul et même jugement.

L'art. 171 C. proc. détermine les cas où il y a connexité. « S'il a été formé précédemment en un autre tribunal, y est-il dit, une demande pour le même objet, ou si la contestation est connexe à une cause déjà pendante en un autre tribunal, le renvoi pourra être demandé et ordonné. » — V. *Instance*.

CONQUÊT.

5012. — Acquisition que font le mari et la femme, soit conjointement, soit séparément, durant la communauté conjugale.

Merlin, R. V. *Conquêt*, dit que le mot conquêt n'embrasse pas, dans sa signification usuelle, les meubles acquis pendant le mariage ; qu'en conséquence, lorsque les époux se font donation des conquêts, cette donation ne comprend que les immeubles de la communauté. Cette opinion, partagée par le nouveau Denisart, est contredite par d'autres auteurs qui sont cependant obligés de reconnaître que, dans le langage ordinaire, on n'emploie guère le mot conquêt que pour désigner les immeubles. — Les conquêts sont opposés aux propres de communauté, expressions qui désignent les biens qui n'entrent pas en communauté.

5013. Coutume de Normandie. — Le droit de conquêt, établi en faveur de la femme par la coutume de Normandie, n'a pas été aboli par la loi du 17 nivôse an 2, à l'égard des mariages contractés avant la publication de la loi du 10 février 1804, qui a été réunie au C. C. (Cass. 25 mars 1810, 3047 J. N.).

Sous l'empire de cette coutume la femme recueillait moitié des conquêts faits en bourgage à titre de copropriétaire, et non de succession de son mari, attendu que, quoique, aux termes de l'art. 389 de cette coutume, il soit vrai de dire qu'elle était exclusive de la communauté entre époux, on ne peut pas en conclure que le droit que l'art. 329 attribuait à la femme sur les conquêts immeubles par son mari, pendant le mariage, fût un droit purement successif, puisque les art. 331 et 332 supposent que la propriété de la moitié de ces conquêts était acquise à la femme du vivant de son mari et qu'elle était même, en cas de prédécès, transmise à ses héritiers, sauf le droit d'usufruit que la loi réservait alors au mari sur cette moitié (C. cass. 30 mars 1825, 1166 § 8 I. G., 4736, 6122, 7932, 8044 J. E.).

5014. Coutume de Metz. — Sous la coutume de Metz les conquêts faits au nom du mari et de la femme appartenaient pour moitié à celle-ci, et elle avait seulement une part d'enfant dans les autres (8514 J. E.). — V. *Communauté*.

CONSANGUIN. — CONSANGUINITÉ.

5015. — On appelle consanguin le parent du côté du père, et consanguinité l'état de ceux qui sont parents consanguins.

CONSEIL.

5016. — Le mot *conseil* a différentes acceptions. Le plus souvent il signifie un avis donné par une personne qui est présumée avoir une connaissance particulière de la matière.

5017. Homme de conseil. — Il s'emploie, relativement aux actes notariés, pour indiquer les personnes qui guident quelquefois les parties, qui les assistent, lors de la signature des actes. On les choisit ordinairement parmi les avocats, les avoués, les anciens notaires ou autres personnes éclairées.

On constate leur assistance avant la clôture de l'acte, ou même au commencement, après l'énoncé de la comparution de chaque partie assistée ; ils signent les actes, mais sans parapher, soit les renvois, soit l'approbation des mots rayés.

CONSEIL JUDICIAIRE.

5018. — On appelle encore *conseil* la personne chargée de surveiller certains actes faits par une autre, et sans laquelle on ne peut stipuler verbalement.

5019. Jugement. — Les tribunaux peuvent se borner à donner un conseil aux personnes dont on demande l'*interdiction* (499 C. C.). On peut aussi donner un conseil aux *prodigues* (513 C. C.). Les jugements qui donnent un conseil judiciaire ne sont passibles que du droit de 7 fr. 50 cent. aux termes de l'art. 45 nº 5 L. 28 avril 1816 et de l'art. 4 L. 28 février 1872, lorsqu'ils ne contiennent pas d'autres dispositions sujettes au droit.

CONSEIL DE TUTELLE.

5020. — D'après les art. 391, 392 C. C., le père peut nommer à la mère survivante et tutrice un conseil spécial, sans l'avis duquel elle ne pourra faire aucun acte relatif à la tutelle. — Une Dél. 5 juin 1816 porte qu'un père peut choisir un tuteur à ses enfants dans son testament, sans que cette disposition, qui fait partie inhérente de l'acte de dernière volonté, donne ouverture à un droit particulier (1596, 5487 J. E., *Contrà* 5122 J. E). — Les mêmes motifs doivent porter à décider que lorsque la nomination d'un conseil de tutelle a lieu par un testament, elle ne donne ouverture à aucun droit particulier.

CONSEIL D'ADMINISTRATION (ENREGISTREMENT ET DOMAINES).

5021. — Il se compose des administrateurs, présidés par le directeur général (Ord. 3 janv. 1821, art. 4).

5022. Délibérations. — Le conseil d'administration délibère notamment sur les demandes en remboursement, remise ou modération de doubles droits et amendes de contraventions; sur les questions douteuses en matière de droits d'enregistrement, de timbre, d'hypothèques; dans tous les cas d'application des lois, ordonnances et règlements ; dans tous ceux qui ne sont pas prévus ou qui ne sont pas suffisamment définis par les lois, ordonnances et règlements, et sur les instructions relatives à leur exécution. — Les délibérations sont prises à la majorité des voix. En cas de partage d'opinions, la voix du directeur général est prépondérante. Celui-ci peut, lorsqu'il le juge nécessaire, suspendre l'effet d'une délibération pour en référer au ministre des finances, qui statue; mais, dans ce cas, il fait préalablement part de ses motifs au conseil, pour le mettre à même de modifier sa délibération, s'il y a lieu, ou de l'appuyer de nouvelles observations qui sont jointes par le directeur général à son rapport au ministre (*Idem* art. 5 et 6).

CONSEIL DE DISCIPLINE.

5023. — Espèce de tribunal domestique créé dans le sein des avocats pour leur discipline intérieure. Le *Conseil de discipline* est aux avocats ce que la chambre de discipline, dont nous avons parlé nºˢ 3722 et suiv., est aux officiers ministériels.

5024. Élection. — Les conseils de discipline sont élus directement par l'assemblée de l'ordre, composée de tous les avocats inscrits au tableau. L'élection a lieu par scrutin de liste et à la majorité relative des membres présents. Le bâtonnier de l'ordre est élu par la même assemblée, à la majorité absolue, avant l'élection du conseil de discipline (Ord. 27 août 1830, 7278 J. N.).

5025. Enregistrement et timbre. — Les actes des conseils de discipline sont assujettis, pour tout ce qui concerne l'enregistrement et le timbre, à ceux des chambres de discipline, aussi, renvoyons-nous à tout ce que nous avons dit à ce sujet aux nºˢ 3722 et suiv. — V. *Chambres de discipline*.

CONSEIL D'ÉTAT.

5026. — Corps composé de personnes éminentes, placé près du siége du Gouvernement, et dont les attributions ont varié suivant les temps et les circonstances politiques. Il n'entre pas dans le plan de cet ouvrage d'analyser les lois sur lesquelles repose cette grande institution, qui remonte au berceau de la monarchie française, et qui, à travers les âges et les révolutions politiques, est toujours restée debout, en rendant au pays des services utiles, incontestables. Le *conseil d'État*, qui portait autrefois le nom de *conseil du roi*, disparut avec les autres institutions monarchiques à l'époque de la révolution. Rétabli par la loi du 22 frimaire an 8, il reçut successivement des modifications diverses jusqu'à la loi du 21 mai 1872, qui l'a constitué sur sur ses bases actuelles.

5027. Exploits. — Les actes ou significations d'avocat à avocat sont assujettis au droit de 3 francs, et ceux signifiés aux parties, jusques et compris la signification des arrêts définitifs, à 5 francs (L. 28 avr. 1816 art. 44 nos 11 et 45 no 1er).

Chaque exploit n'est assujetti qu'à un seul droit, en quelque nombre que soient des défendeurs (366 § 3 et 542 I. G.).

La signification de requête contenant assignation n'est également passible que du droit de 5 francs (Sol. 16 juill. 1853).

1. SURTAXE. — Ces droits ont été augmentés de moitié par l'art. 4 L. 19 février 1874.

5028. Arrêts. — Le droit d'enregistrement est de 15 francs pour les arrêts ou ordonnances préparatoires ou interlocutoires, et de 37 fr. 50 cent. pour ceux qui sont définitifs (L. 28 avr. 1816 art. 46 et 47 no 3, L. 28 fév. 1872 art. 4). L'article 80 L. 15 mai 1818 n'a en rien modifié cet état de choses.

Il ne s'agit, d'ailleurs, que des arrêts rendus en matière contentieuse. Dans tous les autres cas, les minutes des décisions du conseil d'État sont des actes administratifs exempts du timbre et de l'enregistrement quand ils ne contiennent pas transmission de propriété, usufruit ou jouissance, adjudications ou marchés de toute nature.

A l'égard des expéditions, elles ne peuvent être délivrées aux parties que sur papier timbré si ce n'est à des indigents et à charge d'en faire mention (L. 15 mai 1818 art. 80).

5029. Pièces produites. — Les écritures des parties signées par les avocats au conseil doivent être sur papier timbré. Les pièces qu'elles produisent ne sont pas sujettes à l'enregistrement, à l'exception des exploits d'huissiers, et de celles qui par leur nature sont assujetties à l'enregistrement dans un délai fixe. Ces dispositions ne dispensent pas des droits d'enregistrement auxquels l'usage qui serait fait ailleurs des actes dont il s'agit, pourrait donner ouverture (Décret 22 juill. 1806, 366, § 3 I. G.).

Tous actes, titres ou pièces émanés de l'autorité administratives et destinés à être produits au conseil d'État, sont admis au timbre extraordinaire, moyennant le droit, sans amende, à condition que chaque acte ou pièce portera en marge une mention signée d'un avocat au conseil, constatant sa destination (D. m. f. 10 janv. 1823, 7372 J. E.).

5030. Certificats. — Les certificats délivrés par le secrétaire général du conseil d'État aux parties pour leur faire connaître la situation des affaires qui les intéressent ne sont sujets à l'enregistrement comme actes sous seing privé, qu'avant d'être produits en justice ou devant une autorité constituée (Del. 4 mars 1831, 9929 J. E.). — V. 3557.

5031. Frais de greffe. — Les droits perçus par le secrétaire général du conseil d'État, en vertu de l'ordonnance du 18 janvier 1826, sous le titre de frais de greffe, sont par lui versés dans la caisse du receveur de l'enregistrement, et profitent à l'État (L. 21 avr. 1832 art. 7, Circ. compt. gén. 30 avr. 1832).

5032. Mémoire. — Requête. — De ce que l'article 12 L. du 21 juin 1865 permet, en matière de contraventions, de se pourvoir par simple mémoire déposé à la Préfecture sans intervention d'un avocat au Conseil, on peut inférer que le mémoire présenté dans cette forme est dispensé de l'enregistrement. Mais si la partie, au lieu d'user de cette faculté procède par voie de requête signée d'un avocat, le droit commun reprend son empire. Quant au décret intervenu sur un pourvoi en matière de contravention, il demeure régi par l'article 47 L. de 1816 (Sol. 3 mars 1867).

Les recours contre les décisions des commissions départementales sont dispensés de timbre et d'enregistrement (L. 10 août 1871, 88; D. Cons. d'Ét. 10 juin 1873, 4258 R. P.).

CONSEIL DE FAMILLE.

5033. — On appelle conseil de famille une assemblée de parents présidée par le juge de paix et dont les fonctions consistent à délibérer sur la nomination et destitution des tuteurs et subrogés-tuteurs, etc ; à régler les dépenses de la tutelle ; à autoriser les emprunts, les aliénations des biens des mineurs et des interdits, etc ; en un mot, à donner, soit sur leur état, soit sur leur fortune, dans les cas et selon les formes déterminés par la loi, les avis ou autorisations nécessaires pour imprimer à leurs actes toute l'efficacité des actes faits par les citoyens majeurs et sains d'esprit.—Tout ce que nous aurions à dire dans ce sujet se trouve traité au mot *Avis de parents*.

CONSEIL DE GUERRE.

5034. — Tribunal exceptionnel qui juge les délits et les crimes commis par les militaires et les employés qui font parties des armées de terre et de mer.

5035. Enregistrement et timbre. — Les actes et jugements des conseils de guerre sont exempts de l'enregistrement par l'art. 70 § 3 n° 9 L. 22 frimaire. an 7, comme actes et jugements concernant la police générale et la vindicte publique, et du timbre par l'art. 16 L. 13 brum. an 7. — V. *Acte judiciaire*.

CONSEIL DE PRÉFECTURE.

5036. — Il y a dans chaque département un conseil de préfecture. (L. 28 pluv. an 8.) Il prononce sur le contentieux administratif, concourt aux actes de tutelle relativement aux communes et établissements publics, et donne aux préfets les secours de ses conseils dans les affaires administratives, V. 3326.

D'après la loi du 21-26 juin 1865, les séances des conseils de préfecture statuant sur les affaires contentieuses sont publiques (art. 8) ; mais on ne range pas dans cette catégorie le jugement des comptes des receveurs des communes et établissements de bienfaisance (art. 10). A l'avenir, toutes les affaires contentieuses dont le jugement était attribué au préfet en conseil de préfecture doivent être portées devant le conseil de préfecture (art. 11). Le recours au conseil d'État contre les arrêtés du conseil relatifs aux contraventions dont la répression leur est confiée peut avoir lieu par simple mémoire déposé au secrétariat général de la préfecture ou de la sous-préfecture, sans l'intervention d'avocat. Il est délivré un récépissé au déposant (art. 12).

5037. — Arrêtés. — Sous l'empire des lois des 22 frimaire et 13 brumaire an 7, les arrêtés des conseils de préfecture, toutes les fois qu'ils concernaient des intérêts privés et qu'il n'y avait pas d'exception, étaient assujettis au timbre et à l'enregistrement, soit qu'ils intervinssent sur simple pétition ou en matière contentieuse, soit qu'ils statuassent contradictoirement ou par défaut, soit qu'ils fussent préparatoires, interlocutoires ou définitifs : on devait seulement excepter les arrêtés relatifs aux demandes en décharge ou modération des contributions (765, 779 I. G.). Mais depuis la loi du 15 mai 1818, le ministre a rendu, le 14 février 1825, une décision qui, par la généralité de ses termes, a été et devait être considérée comme posant une règle générale. Cette décision porte que les arrêtés des conseils de préfecture rendus en matière de contravention à la police du roulage sont exempts de timbre et d'enregistrement, *par application de l'art.* 80 *L.* 15 *mai* 1818, encore que les arrêtés aient l'effet de jugements de condamnation (6153, 7974 J. E, 1166 § 2. I. G.) Ainsi, sauf le cas où les arrêtés des conseils de préfecture rentrent dans l'application de l'art. 78 L. 15 mai 1818, c'est-à-dire où ils portent transmission de propriété, d'usufruit ou de jouissance de biens immeubles ou adjudication au rabais et marché, ils sont considérés comme exempts de timbre et d'enregistrement.

Nous ajouterons, *pour le cas spécial qui nous occupe*, que les conseils de préfecture, étant dans le degré inférieur ce qu'est le conseil d'État dans le degré supérieur, c'est-à-dire un tribunal administratif, il nous semble que, puisqu'il est reconnu que la loi 15 mai 1818 n'a pas atteint les actes du conseil d'État (*V.* 5028) elle n'a pas dû atteindre ceux des conseils de préfecture.

5038. Expédition. — Quoi qu'il en soit, il est incontestable qu'aucune *expédition* des arrêtés, exempts ou non exempts du timbre et de l'enregistrement sur la minute, ne doit être délivrée aux parties que sur papier timbré, si ce n'est à des individus indigents et à la charge d'en faire mention dans l'expédition. Nous avons longuement développé cette règle au mot *Administratif*, nous n'y reviendrons pas. Ajoutons seulement que les expéditions des arrêtés qui statuent sur la comptabilité, notifiées aux comptables conformément à l'ordonnance royale du 23 avril 1823 sont exemptées du timbre par l'art. 16 L. 13 brumaire an 7, pourvu qu'il y soit fait mention de l'autorité qui en a requis la délivrance. Il en serait autrement et la formalité du timbre devrait avoir lieu si l'expédition était demandée par le comptable lui-même ou si elle ne contenait pas mention qu'elle a été délivrée à une autorité publique. (1099 et 1156-11 I. G.)

5039. Acte en conséquence. — La dispense de tout droit sur les arrêtés des conseils de préfecture ne fait pas obstacle à l'exécution de la disposition de la loi qui défend aux autorités administratives d'agir sur des actes non timbrés ni enregistrés. Ainsi les conseils de préfecture ne peuvent prendre aucun arrêté en faveur de particuliers ou d'établissements publics, assimilés aux particuliers, que sur des actes timbrés et enregistrés, à peine d'être personnellement responsables des droits. — V. *Acte en conséquence.*

1. ROULAGE. — VOIRIE. — Mais ils peuvent prendre des arrêtés sur des actes exempts de timbre et d'enregistrement par quelque disposition spéciale, sans les faire timbrer ni enregistrer au préalable. C'est-ce qui a été décidé spécialement en matière de roulage. Une D. m. f. a reconnu, le 14 mai 1835 (1498 § 8 I. G.), que les arrêtés des conseils de préfecture doivent être rendus sur les procès-verbaux et actes d'instruction relatifs à des contraventions à la police du roulage, par application de l'art 38 du décret du 23 juin 1806 (345 I. G.) — Il n'en est pas de même en matière de voirie. Les procès-verbaux doivent être visés pour timbre en enregistrés en débet (415 n°s 1er et 3 I. G., D. m. f. 26 mai 1826, 9045 J. E.)

5040. Mémoire. — Roulage. — Les actes produits pour l'instruction des contraventions à la police du roulage et les arrêtés qui statuent sur ces contraventions sont exemptes de timbre et d'enregistrement (art. 38 déc. 23 juin 1836, 345 I. G.). — Par application de cette exemption, le ministre des finances a reconnu, le 21 décembre 1835, que les mémoires en défense, quelle que soit la forme qu'on leur donne, qui sont produits devant les conseils de préfecture, sont exempts du timbre (11519 J. E.).

5041. Notification. — Nous avons établi, V. *Acte administratif*, que les expéditions des arrêtés des conseils de préfecture qui sont notifiées aux comptables ne sont pas assujetties au timbre, mais on ne peut étendre cette exception à d'autres actes (1099, 1156 § 11 I. G.).

5042. Expertise. — Timbre. — Les procès-verbaux d'expertise produits aux conseils de préfecture doivent être rédigés sur papier timbré (D. m. f. 28 déc. 1855, 2062 § 1er I. G.). — V. *Contributions directes.*

CONSEIL DES PRISES.

5043. — C'était une commission extraordinaire établie en conseil de guerre pour juger les prises faites en mer sur les ennemis, soit par les vaisseaux de l'État, soit par ceux des particuliers autorisés à armer en mer. — Ce conseil avait été supprimé par les ordonnances des 22 juillet 1814 et 9 janvier 1815; mais il a été de nouveau institué par décret du 18 juillet 1854. — Il siége comme tribunal administratif, et ses actes sont soumis, pour l'application des droits, à toutes les règles qui régissent les actes administratifs (D. m. f. 14 mars 1855, 498 R. P., 2044 I. G.).

CONSENTEMENT.

5044. — Le consentement est la manifestation de la volonté qu'une chose se fasse, l'adhésion que l'on donne à une chose déjà faite, l'acquiescement à un engagement que l'on nous propose de contracter.

De cette définition il résulte que le consentement s'applique à plusieurs choses différentes.

5045. Déclaration. — Acquiescement. — Perfection de contrat. — En effet : 1° il ne renferme souvent qu'une sorte de déclaration, qu'une autorisation. C'est un acte unilatéral. Dans cette catégorie on peut ranger le consentement d'antériorité d'hypothèque, le consentement à mariage, l'autorisation qu'un mari donne à sa femme pour contracter, etc. ; — 2° D'autres fois le consentement exprime l'acquiescement à un acte déjà passé, à une opération qui a eu lieu, à un jugement. Il complète alors ou rend inattaquable l'acte, l'opération, le jugement. C'est ainsi que l'on adhère à un acte d'atermoiement, à un concordat, que l'on acquiesce à une opération d'arpentage, à une demande judiciaire, à un jugement; — 3° Enfin, le consentement signifie l'adhésion que l'on donne à une convention (1108 C. C.). Il complète alors un contrat, il le rend parfait. — V. 5536 et suiv.

5046. Droit fixe. — Considéré dans les deux premières acceptions, le consentement est tarifé au droit fixe de 2 francs (L. 22 frim. an 7, art. 68, § 1er no 8, 28 avr. 1816 art. 43 no 7 (porté à 3 francs) L. 28 fév. 1872, art. 4).

Nous disons que ce tarif frappe le consentement envisagé d'une manière générique, comme manifestation d'une volonté, alors que cette volonté ne sert pas à donner sa perfection à un contrat; mais notre intention n'est pas de rappeler ici les nombreux cas où le tarif doit avoir son application. Cette application, on l'a déjà rencontrée bien souvent (V. *Acquiescement*, *Adhésion*, *Affectation hypothécaire*, *Bail*, *Bailleur de fonds*, *Cautionnement*, et on la rencontre bien souvent encore dans le cours de cet ouvrage (V. *Contrat de mariage*, *Mainlevée*, *Renonciation*, *Testament*, *Vente*). Nous nous contentons de poser ici la règle.

5047. Droit proportionnel. — Considéré dans sa troisième acception, le consentement, ayant pour effet de donner sa perfection à une convention, rend exigible le droit proportionnel qui, sans lui, n'eût pu atteindre le contrat; c'est ce qui sera amplement développé au mot *Convention.*

CONSERVATEUR DES HYPOTHÈQUES.

5048. — Préposé de l'administration de l'Enregistrement et des domaines chargé de l'accomplissement des formalités hypothécaires.

5049. Acte en conséquence. — Les conservateurs ne peuvent remplir les formalités hypothécaires en vertu d'actes qui ne seraient pas sur papier timbré et enregistrés en France, soit qu'ils aient été passés en France, soit qu'ils l'aient été dans les colonies ou dans les pays étrangers (L. 22 frim. an 7, art. 23, 42 ; 13 brum. *id.*, art. 25, 7575 J. E., D. N. t. 3 p. 695 no 115). — Par les mêmes motifs, ils doivent constater les contraventions au timbre qu'ils reconnaissent dans les actes qui leur sont produits; mais les extraits et certificats qu'ils délivrent ne sont pas assujettis à l'enregistrement (D. m. f. 21 mai 1809). — V. *Acte en conséquence.*

5050. États d'inscriptions. — Les états d'inscriptions délivrés par les conservateurs sont dispensés de l'enregistrement, comme autant de quittances de droits et de salaires (D. m. f. 21 mai 1809). — V. *État d'inscriptions et Timbre extraordinaire.*

5051. Réquisition. — Les réquisitions par écrit aux conservateurs pour obtenir, en vertu de l'art. 2196 C. C., la délivrance de la copie des actes transcrits et celle des inscriptions ou de certificats négatifs étant des actes d'ordre intérieur, sont dispensées du timbre (1626 I. G., 10681 J. N.).

5052. Bulletin de dépôt. — Les conservateurs des hypothèques, n'étant pas des officiers ou fonctionnaires publics dans le sens de la loi, peuvent se servir de papier frappé du timbre extraordinaire pour la rédaction des bulletins de dépôt (Sol. 9 fév. 1832, 10365 J. E., D. N. t. 12, p. 585 no 8).

Le bulletin de dépôt des bordereaux d'inscriptions requises contre les comptables en exécution de la loi du 5 septembre 1807 est écrit sur papier non timbré (350 I. G.).

La tenue des registres de dépôts et la délivrance des reconnaissances ont été réglées par une loi du 5 janvier 1875 (4268 §§ 4 et 49 R. P.). — V. égal. 4268, 4495 § 20, 4526 R. P. .

5053. État des salaires. — Les états que les conservateurs des hypothèques dressent tous les trois mois (1695 I. G.) des salaires qui leur sont dus par les départements et les communes sont affranchis du timbre (D. m. f. 8 mai 1856, 2073 § 1er I. G.).

1. ÉTATS ET CERTIFICATS. — LIGNES. — Le nombre de lignes par page des états et certificats délivrés par les conservateurs a été fixé, savoir : de 25 à 30 par page de petit papier, de 30 à 35 par page de moyen papier et de 35 à 40 par page de grand papier (D. m. f. 11 fév. 1865, 2309 I. G., 2123 § 4 R. P., 12903 C.).

5055. Radiation. — Le certificat de radiation est assujetti au timbre. Mais il n'est pas dû un nouveau droit de timbre pour la mention de radiation faite en marge de l'inscription, puisque le timbre du registre a été payé au moment de l'inscription. La mention de radiation n'est qu'un acte qui doit être mis à la suite ou plutôt en marge de l'inscription, et cela, évidemment, sans contravention à la loi du timbre (Circ. 1839).

5056. Registres. — Les registres sur lesquels ont lieu les formalités hypothécaires sont en papier timbré (2201 C. C.). Les droits de timbre de ces registres à payer par les parties ou à rembourser par l'État dans les cas présents sont aujourd'hui fixés à 8 cent. 14-17 par chaque case des registres divisés en cases et à 2 cent. 1-7 par ligne des registres non divisés en cases (Dél. 6-11 mars 1862, 1791 et 1872 R. P., 2271-4 I. G., 17909 J. N.).

5057. Quittances. — Les récépissés d'actes à transcrire ou de bordereaux à inscrire sont sujets au timbre ordinaire de dimension.

Les quittances de salaires excédant 10 francs sont assujetties au droit de timbre de 10 centimes. — V. *Quittance.*

CONSIGNATAIRE.

5058. — C'est celui qui reçoit une consignation. Ce terme est employé en matière de commerce pour désigner celui à qui des marchandises sont envoyées pour les recevoir à titre d'acheteur, de dépositaire ou de commissionnaire.

5059. Jugement. — Le jugement qui se borne à autoriser un consignataire à vendre des marchandises pour se payer de ce qui lui est dû, n'établit la reconnaissance d'aucun titre, ne prononce aucune condamnation ; un pareil jugement est passible du simple droit fixe de 5 francs (7 fr. 50) (Dél. 23 août 1823, 7627 J. E.).

CONSIGNATION (AMENDE DE).

DIVISION

SOMMAIRE

CHAPITRE PREMIER. — DISPOSITIONS PRÉLIMINAIRES

[5060-5070]

5060. Définition. — Les amendes de consignations ou de fol appel sont celles qu'on doit acquitter avant de pouvoir appeler d'un jugement, se pourvoir en cassation ou s'inscrire en faux.

5061. Amende de fol appel. — La consignation des amendes d'appel avait été prescrite, pour toutes les justices sans distinction, par la déclaration du 21 mars 1671 et l'édit de février 1691. Suivant l'art. 1er de l'arrêté du Gouvernement du 27 nivôse an 10, tout appelant était, de même, tenu de consigner l'amende d'avance, *en faisant enregistrer son acte d'appel*, sauf à ordonner la restitution si l'appel était jugé bien fondé. — Depuis, les dispositions suivantes ont été prises par l'arrêté du Gouvernement du 10 floréal an 11 : Tout appelant de jugement de tribunaux de première instance, de commerce et de justice de paix, doit consigner une amende avant le jugement, même par défaut, qui interviendrait sur l'appel; les greffiers ne peuvent délivrer d'expédition ou d'extrait de ces jugements qu'il ne leur ait été justifié de la consignation; à défaut par l'appelant de faire cette consignation, l'intimé est tenu de l'effectuer, sauf répétition contre l'appelant qui succombera; la cour d'appel doit condamner l'appelant qui succombe au payement du surplus de l'amende; enfin toute contravention à ces dispositions donne lieu à l'amende de 500 francs (réduite à 50 francs par la loi du 16 juin 1824) (136 I. G., D. m. f. 31 juill. 1808, 408 n° 10 I. G., 3309 J. E.).

5062. Mise au rôle. — Audience. — L'arrêté du 27 nivôse an 10 obligeait les appelants à consigner l'amende *en faisant enregistrer leur acte d'appel*; mais, ainsi que nous venons de le voir, cette disposition a été modifiée par l'arrêté du 10 floréal an 11 qui n'exige la consignation *qu'avant le jugement ou l'arrêt*, même par défaut, qui intervient sur l'appel. En conséquence le ministre des finances a décidé, le 6 mars 1824 (1127 I. G.), qu'il n'est pas nécessaire de consigner l'amende avant la mise au rôle, et la C. cass. a jugé, le 8 mai 1809, que la consignation, faite avant de se présenter à l'audience est suffisante. C'est aussi l'opinion de Pigeau t. 1er p. 68, et de Carré sur l'art. 471 C. proc.

5063. Demande en péremption. — On ne pourrait exiger une amende de l'avoué de l'intimé qui aurait fait statuer, sans consignation préalable, sur une demande en péremption d'une cause d'appel. La demande en péremption, constituant une instance principale et distincte, n'entraîne pas l'obligation de consigner, qui n'existe que dans les instances d'appel (D. m. f. et j. 26 déc. 1851 et 9 janv. 1852, 1929 § 2 I. G.).

5064. Défenses. — Mais l'avoué d'appel a encouru l'amende de 50 francs lorsqu'il n'a consigné l'amende de fol appel qu'après une première décision statuant sur la demande formée par l'appelant à l'effet d'obtenir des défenses à l'exécution provisoire du jugement de première instance (Art. 459 C. proc.). En effet, le tribunal d'appel n'a été saisi que d'une seule instance, celle qui a été introduite par l'acte d'appel et à laquelle se trouvait liée la demande tendant à empêcher l'exécution provisoire des condamnations prononcées en premier ressort. L'appelant, en présentant d'urgence cette demande, et le tribunal d'appel, en statuant sur son objet sans préjuger le fond du procès, n'ont fait que se conformer aux prescriptions du C. proc., qui, par les art. 457, 458 et 459, veut qu'il soit statué dans un bref délai sur les incidents de l'espèce, en attendant la décision sur le fond. Le dernier de ces articles, où il est dit que l'*appelant* pourra obtenir des défenses pour arrêter l'exécution provisoire, prouve jusqu'à l'évidence que la demande relative à ces défenses dérive de l'appel (*V.* aussi Chauveau sur Carré art. 459 n° 1658 *bis*, Merlin R. v° *Arrêt* n° 9). Dès lors, l'amende de fol appel aurait dû être consignée avant la première décision du tribunal d'appel (Sol. 16 oct. 1866).

5065. Désistement. — Appel. — L'amende ne peut être exigée de l'avoué de l'intimé lorsque le tribunal se borne à lui donner acte du désistement pur et simple consenti à l'audience par l'avoué de l'appelant, sans que l'amende d'appel ait été consignée. Le désistement met les parties au point où elles étaient avant l'appel et rend toute consignation inutile. Le défaut de cette consignation ne saurait, dès lors, motiver l'application d'une peine quelconque (D. m. f. et j. 24 oct. et 5 nov. 1851, 15307-2 J. E., 1929 § 2 I. G.). — *V.* 5098-2-5099.

5066. Avoué et greffier. — L'avoué qui a poursuivi ou obtenu un jugement sur les appels des juges de paix, sans avoir consigné l'amende de fol appel, et le greffier qui, de son côté, expédie des jugements sans qu'il lui soit justifié de ladite consignation, encourent chacun l'amende de 500 francs (aujourd'hui 50 fr.), prononcée par la déclaration de 1671. Il n'est pas permis aux tribunaux de les dispenser de cette peine, par la considération que les amendes ont été acquittées avant le procès-verbal rapporté contre eux (Cass. 8 mai 1809, 3542 J. E.). — Il résulte d'une D. m. f. 23 juillet 1823, basée sur une lettre du garde des sceaux du 2 du même mois : 1° que les préposés, dans le cas de retard ou défaut de consignation d'amendes d'appel, ne doivent, par leur procès-verbal, conclure au payement de l'amende prononcée par la déclaration du 21 mars 1671 que contre l'avoué qui a requis l'inscription de la cause au rôle, attendu que les autres avoués qui ont occupé dans le procès sont considérés comme étant étrangers à la contravention commise; — 2° qu'ils auraient à conclure à pareille amende contre le greffier, si cet officier avait délivré un extrait ou expédition de l'arrêt ou du jugement, sans que l'amende d'appel eût été consignée préalablement (1098 I. G.).

5067. Avoué poursuivant. — Si l'avoué de l'appelant n'a pas consigné l'amende et que ce soit l'avoué de l'intimé qui ait poursuivi l'audience sans faire la consignation omise, c'est lui qui encourt la peine prononcée par la déclaration de 1671 pour défaut de consignation, attendu que, le jugement seul donnant ouverture à l'amende, faute de consignation, la partie qui encourt l'amende est celle qui a poursuivi le jugement sans faire la consignation ou sans s'assurer qu'elle a eu lieu (Seine 14 fév. 1839, 12253 J. E.). — *V.* 5071-1.

5068. Appel incident. — La définition des appels incidents, telle qu'on la trouve dans les auteurs, démontre que ces appels ne sont pas des appellations proprement dites : on ne saurait donc les soumettre aux mêmes règles sans méconnaître leur caractère et sans ajouter à la loi. C'est pour ces motifs que le ministre des finances a décidé, le 24 juillet 1850, qu'*aucune consignation* n'est à faire pour les appels incidents, et le vœu de la loi est rempli lorsque la consignation a été faite en raison de l'appel principal. Le contraire résultait, il est vrai, de l'I. G. 231 ; mais cette instruction ne peut plus servir de règle parce qu'elle se rattache à un ordre de choses que le C. proc. a modifié (Sol. 22 avr. 1861, 1484 R. P.).

Il avait été déjà antérieurement décidé que l'avoué de l'appelant, qui a consigné son amende pour l'appel principal, ne peut être condamné faute de consignation d'une seconde amende pour l'appel incident de la partie adverse (Dél. 2 fév. 1827, 8638 J. E., 12255-7 J. E.).

Enfin il a été reconnu, en thèse générale, par les ministres des finances et de la justice, les 21 mars et 2 juin 1862, que l'appel incident pouvant être formé en tout état de cause et même par des conclusions à l'audience, on ne saurait exiger la consignation d'une amende distincte pour chaque appel incident dans la même cause sans occasionner des embarras à l'administration de la justice (2230 § 1er I. G., 1686 R. P.).

5069. Bureau. — Le ministre des finances avait décidé, le 18 janvier 1842 (1658 I. G.), que les amendes relatives aux recours en cassation devaient toujours être consignées à la caisse du receveur de l'enregistrement près la cour où le tribunal au greffe duquel le pourvoi est légalement formé; cependant cette décision avait *formellement* laissé subsister une précédente décision du 20 décembre 1833 (1449 I. G.), d'après laquelle l'amende à consigner, en cas de recours en cassation contre le jugement d'un conseil de discipline, pouvait être déposée au bureau de l'enregistrement établi près la C. cass., si le garde national qui se pourvoit voulait choisir un défenseur; autrement il pouvait faire cette consignation chez le receveur de l'enregistrement du lieu de son domicile, qui ne pouvait refuser de la recevoir, ainsi que la C. cass. l'avait décidé par arrêt du 5 août 1831 (10464 J. E.).

Pour faciliter l'accomplissement des obligations que la loi impose aux demandeurs en cassation, il a paru convenable de généraliser les dispositions de l'I. G. 1449. En conséquence, le ministre des finances a décidé, le 8 janvier 1849 (1828 I. G.), que les consignations d'amendes relatives aux recours en cassation, tant en matière civile qu'en matière correctionnelle et de police, peuvent être faites, soit à la caisse du receveur de l'enregistrement des actes judiciaires près la cour ou le tribunal qui a rendu l'arrêt, ou le jugement dénoncé, soit au bureau de l'enregistrement établi près la C. cass.

5070. Recouvrement. — Les amendes de contravention à l'arrêté du 10 floréal an 11 doivent se recouvrer par voie de contrainte, conformément au § 17 de l'I. G. 1150 (Sol. 3 mars 1832, 10283 J. E.).

CHAPITRE II. — QUOTITÉ DE L'AMENDE

[5071-5081]

5071. Tribunaux divers. — L'appelant qui succombera, porte l'art. 471 C. proc., sera condamné à une amende de 5 francs s'il s'agit d'un jugement de *juge de paix*, et 10 francs sur l'appel d'un jugement du tribunal de *première instance* ou de *commerce*. — Si l'appel d'un jugement arbitral est rejeté, l'art. 1025 du même code veut que l'appelant soit condamné à la même peine que s'il s'agissait d'un jugement des tribunaux ordinaires.

1. CAUSE SOMMAIRE. — L'amende doit, d'ailleurs, être consignée sur l'appel des affaires sommaires comme sur l'appel des affaires ordinaires (Bioche V. *Appel* n° 238). C'est ce que la C. cass. a jugé le 10 janvier 1838 (11963 J. E., 1577 § 29 I. G.), au sujet de l'appel d'un jugement de juge de paix, par le motif « que l'obligation imposée par les art. 6 et 9 de la déclaration du 21 mars 1671, de consigner les amendes d'appel, est commune à tous les appels et s'observe généralement dans tous les tribunaux, en exécution de la disposition de la déclaration de 1671, reproduite dans les arrêtés du Gouvernement des 27 nivôse an 10 et 10 floréal an 11, et confirmée par l'art. 10 L. 16 juin 1824 lequel, modérant la peine de 500 francs infligée aux fonctionnaires qui n'auraient pas fait consigner l'amende d'appel *avant de poursuivre l'audience*, a réduit cette peine à la somme de 50 francs. »

2. DÉCIMES. — L'amende consignée, dans une colonie, par le demandeur en cassation, doit être augmentée des décimes exigibles en France (Cass. 6 nov. 1874, 4570 R. P.).

5072. Généralité du principe. — L'expression dont se sert l'art. 471 C. proc. est générale et s'applique à tous les cas; en conséquence, l'appelant est passible de l'amende, lorsque l'appel est déclaré nul et non recevable, aussi bien que lorsqu'il est déclaré mal fondé (C. Limoges 14 mai 1838, Berriat t. 2 p. 438, Pigeau t. 1er p. 695, Bioche, V. *Appel* n° 234).

5073. Ordonnance de référé. — Les ordonnances de référé sont de véritables jugements et ne diffèrent des jugements ordinaires qu'en ce qu'elles sont provisoires et ne font aucun préjudice au principal (Debelleyme *Ord. sur réf.*

t. 1er p. 420). Ainsi que le font remarquer Carré et Chauveau *Quest.* 1692, et les annotateurs de Sirey 1867-1-372, et que l'a reconnu un arrêt de cassation du 10 janvier 1838 (S. 1838-1-249), le caractère de cause sommaire attribué à l'instance d'appel en matière de référé, ne saurait soustraire l'appelant aux obligations ordinaires de la procédure d'appel. C'est pourquoi il a été jugé que l'appel d'une ordonnance de référé est soumis, comme l'appel de tout jugement en matière civile, à la consignation préalable de l'amende de fol appel (Cass. 20 août 1867, 2596 R. P., S. 67-1-372).

5074. Requête civile. — La requête civile est une voie extraordinaire accordée aux parties pour obtenir du juge lui-même la rétractation de la sentence qu'il a rendue lorsque cette sentence a été le fruit du dol ou le résultat de l'erreur. La requête ne peut être admise que dans les cas expressément déterminés par la loi et pour les causes qui sont énumérées dans les divers paragraphes de l'art. 480 C. proc. — D'après l'art. 494 du même code, la requête civile d'aucune partie, autre que celle qui stipule les intérêts de l'État, ne sera reçue si, avant que cette requête ait été présentée, il n'a été consigné une somme de 300 francs pour amende et 150 francs pour les dommages-intérêts de la partie, sans préjudice de plus amples dommages-intérêts, s'il y a lieu. La consignation sera de moitié si le jugement est par défaut ou par forclusion, et du quart s'il s'agit de jugements rendus par les tribunaux de première instance. — Le jugement qui rejettera la requête civile condamnera le demandeur à l'amende... (500 C. proc.). — L'amende de consignation est du quart de 450 francs, fixé, par l'art. 494 C. proc. civ., pour une requête civile dirigée contre un jugement de première instance, contradictoirement rendu sur l'appel d'un jugement de justice de paix (Cass. 17 nov. 1817, 6073 J. E.).

1. INDIGENT. — La loi du 1er thermidor an 6, qui dispensait les indigents de consigner l'amende pour se pourvoir en requête civile, est abrogée par le code (A. du Cons. d'Ét. du 20 mars 1810, 472 I. G.).

5075. Échelles du Levant. — Le pourvoi en cassation contre les jugements des tribunaux consulaires établis en matière correctionnelle et de police, par la loi du 25 mai 1836, dans les Échelles du Levant et de Barbarie, est soumis à la consignation de l'amende (Cass. 4 janv. 1838, *V. J. P.* t. 2 1839 p. 469).

5076. Recours en cassation. — Le demandeur en cassation est tenu de consigner une somme de 150 francs pour amende envers le Trésor, lorsqu'il s'agit d'un jugement ou arrêt contradictoire. La quittance d'amende doit être jointe à la requête en cassation, à peine de rejet (*Règlement du conseil de* 1738 art. 5 du tit. 4 de la 1re partie). — Le demandeur en cassation qui succombe sur sa demande, après un arrêt de soit-communiqué, est condamné en 300 francs d'amende si l'arrêt ou le jugement dont la cassation était demandée a été rendu contradictoirement (*Idem* art. 35). — L'amende prononcée par la section criminelle de la C. cass. ne peut être que de 150 francs ; celle de 300 francs n'est dans le vœu de la loi que lorsqu'il y a eu pourvoi admis par la section des requêtes (Cass. 21 janv. 1812, 4143 J. E.).

5077. Garde nationale. — Le recours en cassation contre les jugements des conseils de discipline de la garde nationale n'était assujetti qu'au quart de l'amende établie par les lois des 2 brumaire an 4 et 14 brumaire an 5 (L. 22 mars 1831, art. 120, 1357 I. G.). — Un arrêt de cassation 11 novembre 1836 (*V. J. P.*) a jugé qu'en matière de garde nationale comme en matière correctionnelle la partie qui se pourvoyait contre un jugement par défaut, sur débouté d'opposition, lequel a le caractère de jugement contradictoire, était tenue de consigner l'amende entière, sous peine de déchéance. — *V.* 9113.

5078. Expropriation pour utilité publique. — Dans le cas d'un pourvoi en matière d'expropriation pour cause d'utilité publique, le demandeur n'est pas dispensé de la consignation de l'amende : « Attendu, porte un arrêt de cassation du 10 mars 1852, qu'aucune disposition de la loi ne dispense les demandeurs en cassation, en matière d'expropriation pour cause d'utilité publique, de l'obligation imposée en toute autre matière de consigner une amende, que, dans l'espèce, nulle consignation d'amende n'a été faite par Delaistre, déclare le pourvoi non recevable » (3754 *Bull.*; — *Conf.* : Cass. 2 janv. 1837, 11929 J. E. et 10 mars 1852).

Mais l'amende n'est que de 75 francs, attendu que les jugements d'expropriation étant rendus parties non appelées sont assimilables aux jugements par défaut ou par forclusion. Ce n'est qu'en cas de rejet du pourvoi que le demandeur est condamné à payer, outre l'amende de 75 francs consignée, une seconde amende de 75 francs envers le Trésor (Cass. 9 janv. et 22 juill. 1839, 16033 § 1er J. E.).

5079. Pêcheries. — En cas de recours en cassation en matière de contraventions aux règlements sur la pêcherie l'amende à consigner est réduite à moitié du taux fixé par l'art. 419 C. Inst. crim. (L. 23 juin 1846, art. 3 14019-6, J. E. *Bulletin des lois* 1305 n° 12805). Cette règle a été maintenue pour la consignation de l'amende en matière de contravention au décret du 9 janvier 1852 art. 22 sur l'exercice de la pêche cotière (1951 I. G.).

5080. Police correctionnelle. — Simple police. — On ne peut se pourvoir valablement en cassation d'un arrêt rendu en police correctionnelle qu'après avoir consigné l'amende, conformément aux dispositions des art. 419 et 420 C. Inst. crim., qui sont générales et absolues, et s'appliquent à tous les jugements rendus en matière correctionnelle (Cass. 11 nov. 1836 et 10 mars 1853, 15633 J. E.).

Ainsi la C. cass. a jugé, les 20 août 1818, 9 février 1832 et 8 janvier 1835, qu'est non recevable le pourvoi en matière correctionnelle ou de simple police, qui n'est accompagné ni d'une quittance de consignation d'amende, ni des certificats dont nous parlons n° 5093, qui dispensent de cette consignation. — De même un condamné ne peut, en produisant une quittance constatant qu'il avait consigné l'amende en temps utile, faire rétracter l'arrêt par lequel son pourvoi a été rejeté, faute d'avoir justifié de cette consignation (Cass. 29 mess. an 8, 9 prair. an 10, 26 mai 1809, 24 déc. 1824). — Cependant, si c'était par le fait du ministère public que la production n'eût pas été faite en temps utile, la Cour de cassation pourrait, sur cette preuve acquise, rétracter son arrêt (Cass. 16 août 1811). — V. 5094-2.

5081. Partie civile. — En matière civile, correctionnelle ou de police, la partie civile qui se pourvoit en cassation est tenue, à peine de déchéance, de consigner une amende de 150 francs, ou de la moitié de cette somme si l'arrêt est rendu par contumace ou par défaut (419 C. Inst. crim.). — La disposition de cet article est formelle, et la demande en cassation est non recevable, s'il n'a été consigné que 75 francs quand le pourvoi est dirigé contre un jugement contradictoire (Cass. 16 therm. an 8 ; — Carnot *Inst. crim.* t. 3 p. 170 n° 3).

1. PLUSIEURS PRÉVENUS. — La partie civile qui se pourvoit en cassation contre un arrêt rendu par défaut, à l'égard d'un prévenu, mais contradictoirement entre elle et un autre prévenu, est tenue de consigner 150 francs et non 75 francs seulement, à peine de déchéance (Cass. 11 mai 1813). — Merlin (*Quest.* V. *Cass.* § 19 n° 10) pense que la cour eût jugé autrement si les deux prévenus eussent fait défaut, ou si le pourvoi n'eût été dirigé que contre le défaillant. « Pour qu'une consignation de 75 francs suffise, il n'est pas nécessaire, dit-il, que ce soit le demandeur en cassation qui ait été jugé par défaut. L'art. 5 t. 4 part. 1re du règlement de 1738 n'admettait aucune distinction ; l'art. 419 C. Inst. crim. est rédigé d'après le même esprit. Cela résulte bien plus encore de sa dernière disposition, car il n'exige le dépôt que de 75 francs quand l'arrêt a été rendu par contumace ; d'une part, il n'y a que l'accusé qui puisse être jugé ainsi ; d'autre part, il n'y a que la partie civile qui puisse se pourvoir contre l'arrêt de contumace » (*V.* P. t. 11 p. 372, col. 2e note 1re).

CHAPITRE III. — PLURALITÉ DES AMENDES

[5082-5090]

5082. Principes. — Quand deux parties se rendent appelantes du même jugement, l'une et l'autre doivent consigner l'amende, chacune pour son propre compte. — Si plusieurs personnes, agissant en nom collectif et pour un intérêt commun, appellent, elles ne doivent consigner qu'une amende ; d'où il suit que toutes les fois que plusieurs individus, ayant des intérêts divers, attaquent par la voie de l'appel un jugement dont les différentes dispositions portent distinctement sur chacun d'eux, il y a lieu à autant de consignations d'amendes qu'il existe d'intérêts distincts et opposés. — Il n'y a qu'une consignation à faire lorsqu'il n'existe qu'une partie appelante d'un jugement qui a permis de saisir, d'un autre portant reconnaissance d'écrits et d'un troisième qui ordonne l'exécution de la saisie, dès qu'il s'agit de statuer sur ces divers appels par le même jugement. — Pour les appellations communes, il faut distinguer celles formées par une même partie et celles qui le sont par des parties différentes : dans le premier cas, il n'y a lieu qu'à une consignation ; dans le second, il en doit être exigé autant qu'il y a de parties ayant des intérêts divers (D. m. f. 23 germ. an 12, 231 I. G., 12255-7 J. E.).

Une consignation d'amende distincte est exigée de tout demandeur qui attaque un arrêt dans un intérêt et par des moyens distincts (Cass. 20 juin 1855, 414 R. P.).

5083. Assurances. — Bien que les assureurs d'un navire figurent dans la police pour une somme distincte et que le jugement qui les a condamnés n'ait atteint chacun d'eux que par la somme assurée, une seule amende de consignation est due pour le pourvoi qu'ils ont formé contre ce jugement : « Attendu que, malgré la distinction des sommes assurées par les divers coassureurs, ils agissaient tous, au regard des assurés, dans un seul et même intérêt et se défendaient tous contre ceux-ci par les mêmes moyens » (Cass. 4 mars 1861, 1503 R. P.).

5084. Tiers saisis. — Il suffit d'une seule consignation d'amende sur un pourvoi en cassation formé par plusieurs parties, lorsque l'arrêt dénoncé est fondé, à l'égard de toutes, sur les mêmes motifs, et attaqué par les mêmes moyens. Dans ce cas, toutes ont un intérêt commun à la cassation. Spécialement, lorsque deux tiers saisis ont demandé chacun la péremption de l'instance en validité de la saisie qui le concerne, qu'il est statué par le même arrêt, et qu'il y a pourvoi en cassation de leur part, fondé sur les mêmes moyens, il suffit d'une seule consignation d'amende (Cass. 26 fév. 1823, 828 Roll.). — *V.* 5090.

5085. Jonction d'instances. — Les administrateurs des hospices, qui se pourvoient contre un même jugement qui a réuni diverses instances entre eux et des détenteurs de leurs rentes, n'ont qu'une amende à consigner (Cass. 10 fév. 1813).

5086. Adjudicataires. — Des particuliers, qui ont acquis séparément des lots d'une adjudication, n'ont qu'une amende à consigner pour se pourvoir contre l'arrêt qui les condamne à raison de leurs acquisitions (Cass. 20 nov. 1816).

5087. Cohéritiers. — Lorsque les demandeurs en cassation se présentent comme agissant dans un seul et même intérêt, et que cet intérêt consiste à écarter un légataire du partage, ils peuvent ne consigner qu'une amende (Cass. 14 juill. 1852, 15511-1 J. E.).

5088. Annulation. — 1. VENTE. — Plusieurs particuliers qui ont le même intérêt à faire annuler une vente n'ont qu'une amende à consigner pour se pourvoir en cassation contre cet arrêt, quels que soient les moyens présentés par chacun d'eux à l'appui de leur demande (Cass. 15 janv. 1821, 6951 J. E.).

2. TESTAMENT. — Les demandeurs en cassation qui se présentent dans le but d'écarter un légataire du partage de la succession commune en demandant l'annulation du testament par lequel il a été institué légataire universel pour un cinquième, peuvent être considérés comme ayant un seul intérêt, bien que l'annulation du testament ne doive pas produire les mêmes effets à l'égard de chaque demandeur (Cass. 14 juill. 1852, 15511-1 J. E.).

5089. Ordre. — Lorsque deux créanciers, qui ont vainement contesté une collocation qui leur préjudicie, se pourvoient en cassation de l'arrêt qui rejette leurs prétentions, la consignation d'une seule amende suffit pour tous les deux (Cass. 27 fév. 1815, 3 fév. 1819, 22 juin 1823, 5263, 6375, 8307 J. E.).

Mais si le pourvoi est fondé sur des moyens distincts et dans des intérêts différents, la consignation d'une seule amende est insuffisante et le pourvoi n'est recevable qu'à l'égard de l'un des demandeurs, lorsque l'avocat a pris soin d'exprimer, en produisant la quittance d'amende, qu'en cas d'insuffisance c'est à l'autre demandeur, qui a fourni les deniers, que l'amende devra être appliquée (Cass. 20 juin 1855, 414 R. P.).

5090. Moyen commun. — Lorsque plusieurs individus, condamnés pour le même délit, attaquent par des moyens communs l'arrêt qui les a *collectivement* condamnés, ils ne doivent consigner qu'une seule amende (Cass. 31 août 1838. — V. P. t. 2 1838 p. 391; — Bourguignon *Manuel d'inst. crim.* t. 1er p. 354 n° 4.

De même, lorsque plusieurs parties se pourvoient en cassation contre les mêmes jugements et par un moyen commun, elles ne doivent consigner qu'une seule et même amende, quoiqu'elles agissent dans un intérêt distinct (Cass. 11 juin 1836), P. t. 1er 1837 p. 397.

Un arrêt de la C. cass. 30 mars 1853 (15665 J. E.) a cependant décidé que, quoique plusieurs demandeurs se soient réunis et n'aient formé qu'une requête en pourvoi, et bien que la cause fût de même nature et qu'il y eût des motifs communs, ils doivent consigner chacun une amende; spécialement, s'il s'agit de contrefaçon et de saisies pratiquées contre plusieurs personnes, « attendu que, si les demandes en validité de ces saisies ont été jointes à raison de leur connexité, les faits reprochés à chacun des demandeurs en cassation ne sont pas les mêmes; que les condamnations prononcées contre chacun d'eux sont différentes, et que, bien qu'ils se soient pourvus par une même requête, et que quelques-uns des moyens de cassation leur soient communs, une seule amende n'eût pas suffi pour la validité de leur pourvoi; que, par suite, chacun d'eux doit être condamné à l'amende qu'il a consignée. »

1. MÊME CAUSE. — FOND ET COMPÉTENCE. — De même, il n'y a lieu à consignation que d'une seule amende lorsque le pourvoi est formé contre deux jugements rendus l'un sur la compétence l'autre sur le fond (Cass. 21 août 1813); — ou quand on se pourvoit en même temps contre un jugement interlocutoire et un jugement définitif rendus sur le même objet et dans la même cause (Cass. 1er flor. an 10); — ou lorsque le second arrêt, rendu après partage sur l'une des questions du procès, n'est que le complément du premier (Cass. 14 juill. 1835); — ou lorsque le pourvoi est formé contre deux arrêts dont le premier a évoqué sans statuer au fond et dont le second a statué au fond (Cass. 21 déc. 1842); — ou enfin quand un seul pourvoi est formé contre plusieurs jugements qui dépendent les uns des autres et sont relatifs à la même contestation (Cass. 13 nov. 1844).

2. INSTANCES DISTINCTES. — Mais un pourvoi formé par le même demandeur contre deux jugements rendus dans deux instances distinctes contre deux parties différentes doit être accompagné d'une double consignation, bien qu'il présente une seule question à juger (Cass. 24 mars 1841). Il en est de même, lorsqu'un arrêt a décidé que le jugement frappé d'appel était en dernier ressort et qu'il y a pourvoi tant contre l'arrêt que contre le jugement (Cass. 22 avr. 1835).

Ainsi encore, lorsque quelques-uns des condamnés se sont pourvus seulement contre l'arrêt d'avant dire droit, tandis que les autres ont dirigé leur recours contre l'arrêt définitif, il y a là deux pourvois distincts donnant lieu à la consignation de deux amendes (Cass. 31 déc. 1864, S. 66-1-231).

CHAPITRE IV. — DISPENSE DE CONSIGNATION

[5091-5097]

5091. Observation. — Les art. 419 et 420 C. Inst. crim. n'ont pas fait connaître d'une manière précise tous les individus qui sont soumis à la consignation de l'amende; mais, en désignant ceux qui en sont dispensés, l'art 420 a implicitement déclaré que tous les autres y étaient soumis.

5092. Agents publics. — Sont dispensés de la consignation les agents de l'État, dans les affaires qui le concernent (L. 2 brum. an 4, Circ. 1683, 420 C. Inst. crim.). Cette disposition s'applique aux administrateurs des eaux et forêts, des douanes, des contributions indirectes, des domaines à l'Université.

1. LISTE CIVILE. — Mais l'administration de la liste civile, qui est distincte de l'administration des revenus de l'État, ne pouvait se dispenser de consigner l'amende dans les affaires qui la concernaient.

2. OCTROI. — De même encore la disposition qui dispense de la consignation les agents publics n'est pas applicable aux administrations de l'octroi, ni particulièrement au maire qui, en formant un pourvoi en cette matière, n'agit

que comme agent particulier de la commune (Cass. 13 oct. 1820, 3 mars 1831, 7 oct. 1836, 23 nov. 1837, P. t. 1er 1837 p. 123 et t. 2 1839 p. 469). — Dans tous les cas, lorsque le maire d'une ville, comme administrateur des octrois, et l'administration des contributions indirectes se sont tous les deux pourvus en cassation, la régularité du pourvoi de l'administration suffit pour relever le maire du défaut de consignation (Cass. 26 mars 1819).

3. CONDAMNATION OU DÉSISTEMENT DES AGENTS PUBLICS. — Mais quand les administrations publiques sont déboutées de leur demande par la section civile, elles doivent payer 150 francs à la partie (D. m. j. 15 avr. 1806).

L'administration qui s'est désistée de son pourvoi, postérieurement à l'arrêt d'admission de sa requête, est tenue de payer au défendeur l'indemnité de 150 francs accordée par le règlement de 1733 contre le demandeur qui succombe après un arrêt de soit-communiqué (Cass. 26 mai 1830, 9704 J. E.).

5093. Indigent. — Sont dispensés de la consignation ceux qui joignent à leur demande en cassation, 1° un extrait du rôle des contributions constatant qu'ils payent moins de 6 francs, ou un certificat du percepteur de leur commune portant qu'ils ne sont point imposés ; — 2° un certificat d'indigence à eux délivré par le maire de la commune de leur domicile ou par son adjoint, visé par le sous-préfet et approuvé par le préfet du département (420 C. Inst. crim. L. 2 brum an 4, Circ. 1683, L. 14 brum. an 5 art. 2). — Il faut remarquer que, d'après la disposition de l'art. 420, les indigents ne sont dispensés de consigner l'amende qu'en produisant tout à la fois l'extrait du rôle ou le certificat du percepteur et le certificat du maire. La justification serait insuffisante si elle n'était établie que par une de ces pièces. Carnot (Inst. crim. t. 3 p. 177 n° 6) pense que s'il était exprimé au certificat du percepteur que le demandeur, quoique imposé à plus de 6 francs, n'avait pas pu payer sa cote, le pourvoi ne pourrait être déclaré non recevable à défaut de consignation. C'est une erreur : la loi n'admet point cette distinction et n'autorise pas la C. cass. à apprécier elle-même l'état d'indigence du demandeur. — V. 5074-1.

1. ENSEIGNEMENTS INSUFFISANTS. — Le certificat constatant que le demandeur ne possède aucune propriété immobilière est insuffisant (Cass. 27 août 1812); — en effet, on peut être fort riche sans avoir des immeubles. — Il faudrait décider de même si le maire attestait seulement que le demandeur ne possède aucuns biens *dans sa commune* ; car il peut en posséder dans d'autres (Cass. 30 nov. 1855, 734 R. P.).

Le certificat d'indigence destiné à suppléer l'amende de consignation, en cas de pourvoi en cassation, n'est pas non plus suffisant, s'il ne contient qu'une attestation faite par des tiers devant le maire, attestation visée et approuvée par le préfet. « Attendu que le maire n'a point joint son attestation personnelle à celle qui était faite devant lui ; que le visa et l'approbation du préfet ne peuvent remplacer l'attestation personnelle du maire au sujet de la réalité de l'indigence déclarée ; que, dès lors, l'indigence du demandeur n'est pas régulièrement justifiée » (Cass. 18 juin 1857, 941 R. P.).

2. APPROBATION. — Le certificat d'indigence, joint à une déclaration de pourvoi, doit être approuvé, et non pas seulement légalisé par le préfet (Cass. 27 vend. an 9, 7 niv. an 13, 30 nov. et 4 déc. 1811, 18 janv. 1821, 9 sept. 1823, 11 oct. 1827, 31 juill. 1834 ; — Cass. 30 nov. 1855, 734 R. P.) ; — Merlin *Quest.*, V. *Cassation* § 19 n° 2.

3. FAILLITE. — L'état de faillite ne suffit pas pour dispenser de la consignation de l'amende (Cass. 15 juin 1836, 11670-3 J. E.). — Ainsi, le certificat du maire, visé et approuvé conformément à l'art. 1520, attestant que le demandeur en cassation ne peut, à raison de son état de faillite, consigner l'amende exigée par la loi, et le certificat du greffier du tribunal de commerce, attestant la faillite, ne sauraient tenir lieu des certificats exigés (Cass. 19 août 1837, P. t. 1er 1840, p. 105).

4. COTE AU-DESSUS DE 6 FRANCS. — De ce qu'une personne indigente payerait 6 ou 12 francs de contributions, ce ne serait pas un motif pour lui refuser le certificat d'indigence (D. m. f. 2 nov. 1815). — Ceux qui ne payent que 20 francs de contribution foncière peuvent même être dispensés de la consignation (D. m. f. 9 nov. 1813, 4811 J. E.).

5. REJET DE POURVOI. — Un individu qui s'est pourvu en cassation, muni d'un certificat d'indigence, n'est pas pour cela dispensé de payer l'amende, si son pourvoi vient à être rejeté (Cass. 8 déc. 1812, 4413 J. E.).

6. CAUTIONNEMENT. — Dans tous les cas, il ne peut résulter une fin de non-recevoir de ce qu'après la production d'un certificat d'indigence pour suppléer à la consignation d'amende, le demandeur a versé un cautionnement de 1,000 francs pour obtenir sa mise en liberté provisoire, car ce cautionnement a pu être fourni par un tiers. — (V. Cass. 27 février 1832, P. 1832 p. 780).

5094. Justice criminelle. — L'art. 420 C. inst. crim. dispense de la consignation les condamnés en matière criminelle; et un arrêt de Cass. du 10 septembre 1830 a jugé qu'il n'y avait pas lieu à consignation en matière de grand criminel.

1. OBJETS SAISIS. — Mais un arrêt de cassation du 1er décembre 1832 a reconnu que l'art. 420 n'est pas applicable lorsque les condamnés criminels forment un pourvoi en cassation ayant pour objet une demande en mainlevée de saisie et en restitution des choses saisies dans l'instruction.

2. CONDAMNÉ CORRECTIONNEL. — La consignation de l'amende est nécessaire de la part de celui qui se pourvoit en cassation contre un arrêt de la cour d'assises par lequel, quoique absous de l'accusation portée contre lui, il a été, comme coupable d'un délit, condamné à une peine correctionnelle (Cass. 9 juill., 20 août, 16 oct., 5-12 nov. 1812, 29 janv., 11-18 mars, 1-15-29 avr., 28 mai 1813, 2 nov. 1815 et 17 juill. 1828, Merlin *Quest.*, V. *Cassation* § 19 n° 5, *Contrà* Carnot *Inst. crim.* t. 3 p. 174 n° 3). — Il en est de même lorsque les circonstances aggravantes ayant été écartées par le jury, l'accusé a été condamné comme coupable d'un simple délit

correctionnel (Cass. 18 janv. 1821, 2 sept. 1824, 14 janv. 1831; — Bruxelles 17 déc. 1835).

Il en est autrement de l'individu déclaré coupable d'un crime, mais condamné à une simple peine correctionnelle, par suite de l'admission de circonstances atténuantes (Cass. 10 mai 1832, 7 mars 1833, 9 mars 1839, 9 fév. 1844, P. t. 1er 1840 p. 668). — V. 5080.

3. DOMMAGES-INTÉRÊTS. — Le condamné, en matière criminelle, qui se pourvoit en cassation contre l'arrêt par lequel la cour d'assises a statué sur les dommages-intérêts de la partie civile, n'est pas tenu de consigner l'amende (Cass. 16 janv. 1834). — Au contraire, l'individu acquitté de l'accusation dirigée contre lui, mais, néanmoins, condamné à des dommages-intérêts envers la partie civile, n'est pas dispensé, sur son pourvoi en cassation, de la consignation de l'amende de 150 francs exigée par l'art. 419 C. inst. crim. (Cass. 12 oct. 1815, 30 déc. 1831; — Cass. 2 nov. 1815, 5503 J. E., 7 nov. 1844, 13 sept. 1849).

4. MINEUR. — Le mineur de seize ans qui a été déclaré avoir agi sans discernement n'est pas obligé de consigner l'amende pour se pourvoir contre l'arrêt qui a ordonné sa détention dans une maison de correction (Cass. 12 août 1813). — Cette consignation serait nécessaire de la part du mineur poursuivi correctionnellement et condamné à la détention (Cass. 10 mars-23 avr. 1853, 15633-1 J. E.).

5. CONSEIL DE GUERRE. — Le pourvoi contre le jugement d'un conseil de guerre en matière correctionnelle ou de police doit être précédé de la consignation de l'amende (Cass. 4 janv. 1851).

5095. Simple police. — L'art. 471 C. proc. civ. ne concerne pas les appels de jugements de simple police. Ainsi le tribunal correctionnel ne peut condamner à l'amende de 5 francs pour fol appel (Cass. 19 juin 1817, 5979 J. E., 12 juin 1823, 8337 J. E., 257 I. G.).

5096. Élections. — Les pourvois en cassation dans les affaires relatives à la composition de la liste des électeurs des tribunaux de commerce sont exempts de la consignation de l'amende (Déc. 28 août 1848, 1829 I. G.). C'est ce qui résultait déjà de la loi du 19 avril 1831 (Art. 33) en matière d'élections des députés et des membres des conseils généraux, etc.

5097. Peine disciplinaire. — Il n'y a pas d'amende à consigner en cas d'appel d'un jugement rendu contre un notaire en matière disciplinaire. Cette décision est motivée sur ce que la juridiction attribuée aux tribunaux civils, en matière de discipline, par l'art. 53 L. 25 ventôse an 11, a une nature toute spéciale; que les tribunaux qui l'exercent ne sont en quelque sorte que des conseils de discipline armés de pouvoirs plus étendus que ceux appartenant aux chambres des notaires; et que, dès lors, on ne peut pas ranger leurs décisions dans la classe des jugements dont l'appel donne lieu à consignation d'une amende (D. m. f. et j. 22 et 30 sept. 1851, 15307 J. E., 14728 J. N., 1929 § 2 I. G.).

CHAPITRE V. — RESTITUTION DE L'AMENDE

[5098-5105]

5098. Appel. — L'arrêté du Gouvernement du 27 nivôse an 10, que nous avons rappelé n° 5061, voulait que l'amende fût restituée si le tribunal *en ordonnait la restitution* ou si les parties *transigeaient sur l'appel*. Les modifications que l'arrêté du 10 floréal an 11 apporta à celui du 27 nivôse et que nous avons indiquées nos 5061-5062 ne portèrent pas sur le principe de la restitution et le laissèrent subsister tel qu'il existait (1056, 1442 J. E.). — Enfin, l'art. 471 C. proc., en ordonnant que l'appelant qui succombe soit condamné à l'amende, implique la restitution de l'amende qui doit être consignée avant le jugement, si le tribunal d'appel n'en a pas prononcé la condamnation. C'est ce qu'a formellement reconnu une D. m. f. 31 juillet 1808 (408 I. G.), d'après laquelle *une condamnation est indispensable* pour que l'amende soit définitivement acquise au Trésor.

1. TRANSACTION. — En cet état de choses, on doit considérer qu'il y a lieu à restitution quand l'appel n'est pas suivi et qu'il y a arrangement ou transaction. C'est ce qui résulte de l'arrêté du 27 nivôse an 10, que nous avons visé ci-dessus et qui n'a pas été modifié en ce point. C'est aussi ce qui résulte de l'interprétation de l'art. 471 C. proc., puisqu'il ne peut plus y avoir condamnation (136 I. G.; — C. Rennes 8 janv. 1810).

2. DÉSISTEMENT. — Il y a encore lieu à restitution quand il y a désistement avant la mise de la cause au rôle (V. 5062) ou avant qu'elle ait été plaidée (C. Rennes 8 janv. 1810, Carré t. 2 n° 1696); — ou même après les plaidoiries, pourvu qu'il n'ait point encore été prononcé de jugement ou d'arrêt. C'est ce qu'a jugé la C. Bruxelles le 28 janvier 1808 (S. t. 8 p. 208). « Attendu que celui qui se désiste de l'appel qu'il a interjeté ne peut être considéré comme succombant dans son appel, mais comme renonçant à un moyen qu'il avait d'abord cru devoir employer pour la conservation de ses droits » (*Contrà* C. Bruxelles 9 déc. 1806, 2518 J. E.).

C'est également ce qu'enseigne Favard de Langlade, V. *Appel* sect. 1re § 5 n° 3; et c'est ce que reconnaît pleinement une décision du 5 novembre 1851, rappelée n° 5065, d'après les motifs de laquelle les amendes d'appel ne sont acquises définitivement au Trésor que par le *jugement de condamnation*.

3. JUGEMENT RÉFORMÉ. — Il y a incontestablement lieu à restitution quand l'appelant fait réformer le jugement et gagne son appel; évidemment, dans ce cas, il ne peut être condamné à l'amende.

4. JUGEMENT RÉFORMÉ EN PARTIE. — Enfin l'amende doit également être restituée quand l'appelant gagne en partie, quoiqu'il succombe en partie, parce que, dans ce cas, il

était fondé à appeler et ne succombe pas entièrement (Carré t. 2 p. 403 n° 1694, Sol. 7 fév. 1838, 12058 J. E.). — Cependant un arrêt de la C. cass. du 6 juillet 1859 décide que les tribunaux peuvent, dans ce cas, prononcer la condamnation à l'amende (S. 60-1-384).

5. AMENDE NON RESTITUABLE. — Mais l'amende ne peut être restituée : 1° lorsque la partie succombe ; — 2° lorsque l'appelant n'a point formé de défense et a laissé donner ou prendre congé contre lui, laissé confirmer par défaut le jugement dont il avait appelé (722 J. E.) ; — 3° lorsque l'appel est rejeté sur moyens d'exception, comme vice de forme, nullité, etc., quoiqu'il n'y ait point jugement ou arrêt sur le fond (Sol. 7 fév. 1838, 12058 J. E.).

5099. Pourvoi en cassation. — Désistement. — L'art. 38 du règlement du 28 juin 1738, titre 4, veut que « lorsque le demandeur aura obtenu la cassation par lui demandée, l'amende consignée lui sera rendue sans aucun délai, en quelques termes que l'arrêt qui aura égard à ladite demande soit conçu, et quand même il aurait été omis d'ordonner que ladite amende serait rendue. » Il résulte, évidemment, de là, que l'amende est acquise au Trésor toutes les fois que le jugement où l'arrêt attaqué n'a pas été cassé. Ce principe, qui est en opposition avec celui que nous avons développé n° 5098, *en matière d'appel*, est en partie fondé sur ce que, lorsqu'il s'agit de l'application de l'art. 471 C. proc., il suffit que la consignation ait lieu avant le jugement (*V.* 5062); tandis que, *en matière de recours en cassation*, le demandeur doit, aux termes de l'art. 5, titre 4 du règlement de 1738, consigner l'amende à l'avance et joindre la quittance à sa requête; d'où la conséquence que les événements qui peuvent rendre l'appel sans objet, avant que le jugement ait été rendu, sont antérieurs à la consignation de l'amende et la rendent inutile, ce qui n'a pas lieu en matière de pourvoi en cassation, où ces événements, étant toujours postérieurs à la consignation, ne peuvent avoir aucune action sur elle. — Aussi l'Administration a constamment tenu pour certain que l'amende est acquise au Trésor, soit que les parties aient transigé entre elles, soit que le pourvoi ait été déclaré désert par *péremption d'instance*, *désistement* ou autrement ; en un mot que l'amende n'est restituable qu'*en vertu d'un arrêt obtenu par la partie qui s'est pourvue en cassation, et qui a réussi dans sa demande.* Cette doctrine a été plusieurs fois sanctionnée par la cour suprême elle-même (D. m. f. 7 therm. an 6, Circ. 1497, 28 frim. an 9, 684 J. E., 2 déc. 1806, 2458 J. E., Dél. 28 mars 1831, 10002 J. E.; — Cass. 24 fév. 1835, 11491 J. E. ; — Cass. 22 juin 1836, 11702-2 J. E.; — Cass. 27 févr. 1850, 343 Bull. 2° partie). — Une D. m. f. du 9 juin 1851 (15307-1 J. E.) a également consacré ce principe en déclarant que si la C. cass., en donnant acte du désistement, n'a pas ordonné la restitution de l'amende, cette amende est acquise au Trésor.

Cette jurisprudence a été néanmoins abandonnée par la chambre criminelle de la cour suprême, dans un arrêt du 29 avril 1854 : « Attendu que par cela seul que la cour reconnaissait le désistement comme régulier et considérait le pourvoi comme nul, elle ordonnait virtuellement la restitution de l'amende consignée, aux termes de l'art. 420 C. inst. crim. » (229 R. P.). Mais cette doctrine ne nous paraît pas devoir être suivie.

5100. Pourvoi non formé. — Si, lorsque le demandeur en cassation se désiste de son pourvoi, l'amende de consignation n'est pas restituable par le motif que le demandeur, reconnaissant lui-même que son pourvoi était mal fondé, se place volontairement dans la position où l'aurait mis plus tard un arrêt de rejet, il ne doit pas en être de même lorsque le pourvoi n'a pas lieu ou bien que l'amende ait été consignée.

Jusqu'à ce que la requête ait été présentée, la consignation de l'amende ne prouve que l'intention de former le pourvoi et ne le constitue point; la requête seule saisit la cour; l'amende est la peine d'un recours imprudent et mal fondé : quand ce recours n'a pas été formé, il ne peut y avoir de peine; il n'y a point de contravention; on ne peut punir l'intention. Aussi l'Administration a-t-elle décidé, le 7 novembre 1828 (9175 J. E.), qu'il y avait lieu de restituer l'amende consignée par un particulier qui n'avait pas fait de requête en pourvoi. — Il existe dans le même sens deux arrêts de la C. cass. des 12 octobre 1808 et 18 octobre 1809 (S. t. 15 p. 72 et t. 20 p. 459).

5101. Pourvoi sans objet. — C'est dans le même ordre d'idées que la cour suprême a jugé, le 4 juillet 1825, que l'amende consignée est restituable, lorsque le demandeur en cassation s'est désisté de son pourvoi contre un arrêt de cour d'appel qui, sur le conflit élevé par l'autorité administrative, a été annulé par ordonnance du roi ; il ne pouvait, en effet, y avoir ici aucune peine à infliger au demandeur.

Cependant on trouve une solution contraire à ce principe dans une D. m. f. du 22 septembre 1825 (8152 J. E.), de laquelle il résulte que le notaire qui se trouve sans intérêt à poursuivre l'annulation d'un arrêt qui l'avait condamné à des amendes, pour infractions dans l'exercice de ses fonctions (parce que ces amendes ont été déclarées prescrites par la loi du 16 juin 1824, promulguée avant que la cour ait statué sur son pourvoi en cassation), n'est pas fondé à demander la restitution de l'amende de 150 francs qu'il a consignée lors de ce pourvoi, puisque l'arrêt de condamnation n'a pas été annulé.

5102. Amnistie. — Lorsque, par l'effet du décret d'amnistie, il n'y a plus lieu de statuer sur le pourvoi formé par un condamné, celui-ci a le droit à la restitution de l'amende consignée (Cass. 19 août 1869, S. 70-1-228, 22 janv. 1870, S. 70-1-324).

5103. Requête civile. — Si la requête civile est admise, porte l'art. 501 C. proc., les sommes consignées seront restituées.

Il en est de même quand la partie n'a pas formé sa demande (Cass. 12 oct. 1868) ou justifie d'une transaction intervenue sur la requête civile. — Mais il n'en est pas ainsi lorsque le désistement a eu lieu pour vice de forme de la requête civile (Sol. 28 mars 1831, 10002 J. E., Chauveau *Quest.* 1791 *bis*).

5104. Restitution non ordonnée. — Pour que l'amende soit susceptible de restitution, il suffit, d'ailleurs, que le jugement ou l'arrêt ait été cassé : peu importe que la restitution n'ait pas été ordonnée par l'arrêt de cassation (Circul. 1683).

5105. Forme de la restitution. — La restitution est opérée sur la production de la quittance du receveur ou de l'extrait de l'enregistrement en recette. On y joint la copie du dispositif du jugement, de l'arrêt ou de l'acte qui justifie la demande, avec, s'il y a lieu, un certificat de non-opposition délivré par l'avoué et une copie de la signification du jugement signée par l'avoué et la partie. Ces différentes pièces sont assujetties au timbre (136 I. G., Circul. *Compt.* n° 10).

CONSISTOIRE.

5106. — Assemblée de ministres de la religion protestante pour délibérer sur les affaires de leur Église.

Les règles qui les régissent, en ce qui concerne l'enregistrement et le timbre, leur sont communes avec tous les établissements publics; aussi, pour l'application de ces règles, renvoyons-nous le lecteur au mot *Établissement public.*

CONSOLIDATION.

5107. — C'est la réunion d'une chose à une autre avec laquelle elle ne faisait précédemment qu'un seul tout; par exemple, de l'usufruit à la propriété; ainsi, on dit que l'usufruit se consolide à la propriété. — V. *Usufruit.*

CONSORTS.

5108. — Personnes dont le sort est commun en affaires, soit activement, soit passivement. Les créanciers et les débiteurs solidaires, les copartageants et tous les coïntéressés sont consorts.

CLAUSE DE CONSTITUT ET DE PRÉCAIRE.

5109. — Se disait anciennement d'une clause par laquelle le possesseur d'une chose reconnaissait qu'il n'y avait aucun droit de propriété, et que la jouissance ne lui en avait été laissée qu'à titre précaire. — Cette clause s'insérait plus particulièrement dans les donations et les ventes; elle produisait deux effets : l'un, qui consistait en ce que le donateur ou le vendeur jouissait de l'usufruit qu'il s'était réservé; l'autre, qui transférait au donataire ou à l'acheteur une possession feinte, en vertu de laquelle il avait le même droit de propriété que si on lui avait transmis une possession réelle et actuelle (Merlin R. V. *Clause de constitut.*). Aujourd'hui on ne stipule plus cette clause, qui serait sans effet dans les ventes comme dans les donations, puisqu'il suffit du consentement des parties pour transférer la propriété (938 et 1583 C. C.).

CONSTITUTION.

5110. — Ce mot, pris dans sa signification générale, veut dire établissement de quelque chose; mais il s'applique à divers objets.

Dans notre régime gouvernemental, on donne le nom de constitution à l'acte qui renferme les lois fondamentales.

Certaines lois des empereurs romains portaient le nom de constitution: telles étaient les *Novelles.* Il en était de même de plusieurs lois ecclésiastiques.

CONSTITUTION D'AVOUÉ.

5111. — C'est la désignation qui est faite par le demandeur, dans l'exploit d'ajournement introductif de l'instance, de l'avoué qui doit occuper pour lui. Le défendeur en désigne un à son tour, par un acte particulier qui se nomme *acte d'occuper*, et qui est signifié à l'avoué du demandeur.

C'est aux mots *Avoué* et *Exploit* que nous parlons de l'enregistrement des significations de constitutions d'avoué.

CONSTITUTION DE DOT.

5112. — C'est en général la clause qui établit ce que les futurs époux apportent ou ce qui leur est donné en mariage. Dans une acception plus restreinte, la constitution de dot est, sous le régime dotal, la stipulation par laquelle la femme se constitue tels ou tels biens, ou même tous ses biens, qui, dès lors, seront inaliénables. — V. *Communauté, Contrat de mariage, Dot.*

CONSTITUTION DE PENSION.

5113. — C'est l'acte par lequel des parents ou même un étranger s'obligent de payer à quelqu'un une somme pour entretien et nourriture. — V. *Aliments.*

CONSTITUTION DE RENTES.

5114. — C'est (comme le mot l'indique) l'acte par lequel une rente est constituée. Néanmoins, dans notre ancienne jurisprudence, ce mot désignait seulement la création d'une rente à titre gratuit ou à prix d'argent. La rente prenait, dans ce cas, le nom de rente constituée, pour la distinguer de la rente foncière, qui était directement le prix d'un immeuble, Quoique rigoureusement l'on ne doive plus aujourd'hui distinguer la nature des rentes, néanmoins, dans l'usage, le mot constitution de rentes continue de désigner spécialement l'acte par lequel une rente est contituée à prix d'argent ou à titre gratuit. — V. *Rente.*

CONSTRUCTIONS.

DIVISION

SOMMAIRE

CHAPITRE PREMIER.

DISPOSITIONS PRÉLIMINAIRES. — MATÉRIAUX

[5115-5120]

5115. Dessus et dessous du sol. — Le droit de propriété n'est pas borné au sol de la terre, il s'étend par accession à tout ce qui est au-dessus, à tout ce qui est au-dessous, et il ne peut en être autrement, car on ne concevrait pas le sol distinct de la surface et de l'intérieur : l'intérieur de la terre et sa surface sont précisément ce qui constitue le sol. Nous avons à examiner ici la propriété dans son droit d'accession pour ce qui est au-dessus du sol. *Cujus est solum, cujus est usque ad cælum*, ancienne maxime que le Code a consacrée en ces termes dans son art. 552 : « La propriété du sol emporte la propriété du dessus. » — De là le droit d'empêcher qu'on ne suspende aucune chose sur notre héritage, des balcons, des galeries et autres choses quelconques; d'empêcher les arbres du voisin d'y étendre leurs branches, et de les contraindre à les couper (672 C. C.). Mais nous devons limiter notre examen à ce qui fait l'objet de cet article, c'est-à-dire aux *constructions*.

5116. Définition. — On entend par construction tout ouvrage élevé sur le sol par la main de l'homme.

Les transmissions de constructions ont donné naissance aux débats les plus vifs. Nous examinerons successivement les diverses questions qui s'y rattachent ; mais, avant de parler des constructions, nous avons à nous occuper des matériaux qui servent à les édifier ou qui proviennent de leur démolition.

5117. Matériaux non employés. — « Les matériaux provenant de la démolition d'un édifice, porte l'art. 532 C. C., ceux assemblés pour en construire un nouveau, sont meubles jusqu'à ce qu'ils soient employés par l'ouvrier dans une construction. » Nous avons dit au n° 3085-2 que la destination n'immobilise les choses que quand elles sont mises dans l'état où elles doivent rester. C'est pour cela que, d'après l'art. 532 C. C., les matériaux assemblés pour la construction d'un édifice restent meubles, *malgré leur destination*, jusqu'à ce qu'ils soient employés dans cette construction. Ainsi, aucun doute ne pourrait s'élever au sujet de la perception à établir sur la vente que ferait un individu des matériaux qu'il aurait assemblés pour construire un édifice. Le droit fixé à 2 pour 100 par l'art. 69 § 5 n° 1er L. 22 frimaire an 7, pour les ventes de meubles, serait le seul exigible. Il en serait de même de la vente des matériaux gisant sur le sol, alors qu'une maison viendrait d'être démolie.

5118. Réédification. — Réparation. — La solution devrait être la même, alors que le propriétaire n'aurait démoli sa maison qu'avec l'intention de la réédifier immédiatement. La vente qu'il ferait des matériaux serait passible du droit de 2 pour 100 (Dalloz n° 2884). Ainsi que le font remarquer Pont et Rodière *du Contrat de mariage* n° 320 ces matériaux sont meubles désormais, puisque l'art. 532 C. C. n'a nullement subordonné à l'intention du propriétaire le retour des matériaux à leur nature primitive par le fait de la démolition. — Cependant la démolition, au lieu d'être totale, peut n'être que partielle et faite en vue seulement de réparer la maison. Que décider dans cette hypothèse ? Il faut distinguer : si les matériaux sont vendus pour être détournés de leur destination, la règle que nous venons d'indiquer gouvernera incontestablement leur aliénation. Mais si l'acquéreur, achetant en même temps la maison en réparation, doit remettre en place les matériaux détachés, on ne pourra dire, que ces matériaux ont perdu leur nature immobilière, car le principal n'aura pas cessé un instant d'attirer à lui l'accessoire ; dès lors, le droit de 5 fr. 50 cent. pour 100 devra être perçu et sur le prix de la maison et sur celui des matériaux. — De même, les matériaux provenant d'un édifice et destinés par le propriétaire à la réparation d'un autre de ses bâtiments conserveraient leur nature immobilière dans leur passage d'une maison à l'autre (Dalloz *Jur. gén. t.* 6 v° *de la Distinction des biens* n° 176, Taulier t. 2 p. 159).— *V.* 5119.

5119. Maison en partie construite. Cette dernière question nous conduit naturellement à examiner celle de savoir si, lorsqu'une maison en construction est vendue avec les matériaux destinés à achever son édification, le droit immobilier doit être perçu sur la totalité du prix. Nous ne le pensons pas (il est bien entendu que nous supposons le prix régulièrement ventilé dans les termes de l'art. 9 L. 22 frimaire an 7). Il n'y a aucun rapport entre notre hypothèse et celle qui a fait l'objet de la seconde partie du n° précédent. Dans cette première hypothèse, en effet, comme les matériaux, momentanément séparés, doivent être replacés, ils ne cessent pas un instant de faire partie de la maison. Aussi la loi romaine, qui disait bien, comme l'art. 532 C. C. : *Quæ parata sunt ut imponentur* (*ædibus*) *non sunt ædium*, disait aussi : *Quæ ex ædificio detracta sunt ut reponantur ædificii sunt* (D. L. 19 t. 1er 17 § 10), ce qui attribue incontestablement le caractère immobilier aux matériaux détachés pour être replacés. Dans l'hypothèse qui nous occupe, au contraire, les matériaux, bien que destinés à faire corps avec l'édifice, ne peuvent être considérés comme en étant dès à présent une partie intégrante. Ils ne sont encore que des matériaux *assemblés* dans les termes de l'art. 532, et ils ne perdront la nature mobilière que la loi leur donne, tant qu'ils sont dans cet état, qu'au fur et à mesure de leur adhérence au bâtiment par l'emploi que les ouvriers en feront. La vente est donc immobilière pour la construction et mobilière pour les matériaux.

5120. Construction à démolir. — Une dernière question nous reste à examiner dans l'ordre d'idées que nous suivons : c'est celle de savoir quel est le droit à établir sur la vente d'un édifice destiné à être démoli. Le Code, après avoir déclaré dans son art. 518 que les bâtiments sont immeubles, dit, dans l'art. 532, que les matériaux provenant de la démolition de ce bâtiment sont meubles. Ainsi, aux yeux de la loi, c'est le fait seul de la démolition qui constitue la mobilisation : mais ce principe, s'il était pris rigoureusement, ne serait pas exact. En effet, les fruits peuvent être mobilisés, indépendamment de leur séparation du sol, par la volonté du propriétaire, lorsque, par exemple, il a transporté à autrui le droit de faire la récolte, car alors la séparation des fruits devient un fait indépendant de sa volonté. Le contrat qui se forme entre le propriétaire et l'acquéreur est un contrat purement mobilier, et, dès ce moment, les fruits se trouvent séparés du sol au moins fictivement, car ils ne peuvent passer dans d'autres mains séparément du fonds que comme objets mobiliers. Les mêmes principes sont applicables à notre hypothèse. Les matériaux de la construction destinée à être démolie deviennent meubles, par le seul effet du contrat, et à l'égard du propriétaire et à l'égard du fonds. Dans la réalité, ils sont immeubles, mais ils sont vendus comme meubles : l'acheteur achète des choses encore immeubles, mais sous la conditon et avec le droit de les mobiliser :

Vente publique de meubles. — Succession. — Aussi, par un arrêt du 23 juin 1824 (rapporté n° 1648), la cour supérieure de Bruxelles a-t-elle décidé que la vente publique des matériaux d'un bâtiment, encore existant à l'époque de la mise en vente, mais destiné à être démoli par l'acquéreur dans un délai déterminé, doit être précédée de la déclaration prescrite par la loi du 22 pluviôse an 2 pour les ventes publiques de meubles.— L'Administration française a consacré le même principe en décidant, le 23 novembre 1809 (Dalloz n° 2885), que, dans le cas où la démolition d'une maison a été ordonnée par l'autorité compétente avant le décès du propriétaire, les héritiers ne sont tenus de déclarer que la valeur des matériaux.

La perception du droit déterminé pour les valeurs mobilières sur les transmissions de bâtiments destinés à être démolis, est, d'ailleurs, un point constant en jurisprudence; et nous verrons, aux nos 5125 et suivants, que les nombreux arrêts de la cour suprême que nous y rapportons, et qui décident que le droit de 5 fr. 50 cent. pour 100 est dû sur les ventes de constructions, sont tous subordonnés à cette considération, qu'il n'est pas stipulé que les constructions ne sont pas vendues à la condition d'une démolition immédiate ou dans un délai déterminé.

1. SOL ET MATÉRIAUX. — Mais si le sol et les constructions à démolir sont vendus au même acquéreur, quoique par deux actes séparés passés le même jour ou à quelques jours d'intervalle, l'effet de ces deux actes étant absolument le même que si l'acquéreur avait acquis le sol et la superficie par le même contrat, le droit à 5 fr. 50 cent. pour 100 doit être

perçu sur les deux actes. — C'est ce que le tribunal de Guingamp a jugé, le 9 novembre 1841 (12868 J. E.), dans une espèce où une commune avait acquis, par actes séparés, des bâtiments destinés à être démolis, pour l'édification d'une église, et le sol sur lequel ils étaient élevés. A plus forte raison doit-il en être ainsi, si les circonstances de la cause démontrent clairement que la condition de démolir imposée à l'acquéreur est illusoire et n'a été introduite dans l'un des deux contrats que pour donner le change et frustrer le Trésor de ses droits (Dél. 9 nov. 1825, 11341-2 J. E.; — Seine 2 août 1838, 12131 J. E., Demante n° 277).

Nous retrouverons un grand nombre d'applications de ce principe dans le chapitre de la vente d'immeubles.

2. DÉMOLITION EFFECTUÉE. — Mais si l'Administration a le droit de se prévaloir de la corrélation de divers actes entre eux, pour percevoir le droit de 5 fr. 50 cent. pour 100 sur des constructions à démolir, peut-elle exiger un supplément de droit si elle acquiert ultérieurement la preuve que la démolition n'a pas eu lieu ? La négative résulte d'un jugement du tribunal de Cambrai, du 11 février 1841 (12743-3 J. E., 10958 J. N.), d'après lequel, lorsque des bâtiments ont été vendus sans fraude, pour être démolis, et que l'on n'a perçu sur le contrat de vente que le droit de 2 pour 100, on ne peut demander un supplément de droit, quoique la démolition et l'enlèvement des matériaux n'aient pas eu lieu dans le délai fixé par le contrat, et que, au contraire, l'acquéreur ait réparé et amélioré les bâtiments. S'il est vrai, en effet, que ce changement ait fait reprendre aux bâtiments le caractère d'immeuble, il a produit cet effet sans rétroactivité (Dalloz n° 2886).

3. DÉMOLITION AJOURNÉE. — Le bénéfice de la perception au taux mobilier s'applique à la vente des constructions, lorsque l'intention de les démolir est le mobile de la convention; car, alors, on peut dire que l'acquéreur a acheté *des matériaux et non un bâtiment*. Mais en est-il de même lorsque ces bâtiments doivent conserver leur nature de construction pendant un temps plus ou moins long, et que, pendant ce temps, l'acquéreur doit continuer à les utiliser dans leur état de construction? Évidemment non. Ce ne sont plus des matériaux seulement qui sont vendus, ou, ce qui revient au même, d'après une fiction légale, une construction qui n'a d'autre destination que de se transformer en matériaux, c'est un véritable bâtiment dont l'existence peut être de courte durée, il est vrai, mais qui, devant conserver, avec les avantages qui y sont attachés, sa nature de bâtiment pendant un certain temps, ne peut être considéré que comme un immeuble, puisque, ainsi que nous le verrons aux nos 5125 et suiv., la loi, pour attribuer la nature d'immeubles aux bâtiments, ne s'attache nullement à leur durée. « Le droit immobilier, enseigne également M. Demante, serait exigible, toutes les fois que le vendeur n'aurait pas une action en justice pour contraindre l'acquéreur à la démolition. Dans tous les cas, en effet, ou l'acquéreur est libre de démolir ou non, il est propriétaire du bâtiment sous sa forme présente et non pas seulement des matériaux qui en pourront provenir. Il est donc juste qu'il paye l'impôt établi pour les transmissions immobilières » (n° 277).

4. DÉMOLITION INDÉTERMINÉE. — C'est ce que la cour suprême a jugé, le 26 août 1844 (13573 J. E., 1732 § 14 I. G., S. 44-1-708), dans une espèce où une usine à usage de fonderie ayant été adjugée à la charge par l'acquéreur de la faire disparaître, une clause de l'adjudication imposait aux adjudicataires la condition de terminer les commandes en cours de fabrication et d'exécuter les traités et conventions faits avec des tiers dans l'intérêt et pour le compte de l'établissement; ce qui constituait une nécessité absolue de ne pas enlever les bâtiments, les ateliers, jusqu'à l'exécution entière et complète des traités et conventions faits avec les tiers, et jusqu'à l'achèvement des commandes.

5. DÉMOLITION ÉVENTUELLE. — Il en serait ainsi alors même que l'acquéreur n'aurait aucun moyen possible de se soustraire à la démolition qui ne serait cependant prévue que comme éventualité. C'est ce que la C. cass. a décidé, le 18 novembre 1835 (9094 J. N., 11359 J. E., 1513 § 7 I. G., 35-1-907) dans une espèce où des constructions, érigées sur un terrain militaire concédé à durée non limitée, *mais à charge de les démolir à première réquisition*, avaient été cédées par le concessionnaire en même temps que le droit à la jouissance du terrain. — Dans le même ordre d'idées et dans une espèce où B... avait vendu une maison construite sur un terrain qu'il tenait à ferme d'une commune, à la charge d'acquitter le prix de ferme, sans garantie de la démolition qui pourrait être ordonnée par l'autorité supérieure, il a été décidé que le droit de 5 fr. 50 cent. pour 100 était exigible sur le prix de la vente, « attendu que la chose vendue est une maison, qu'une maison, aux termes de l'art. 518 C. C., est immeuble par sa nature, que ce n'est pas une conséquence nécessaire du contrat qu'elle soit démolie, que la démolition n'a été prévue qu'éventuellement, et qu'il est possible que cette éventualité ne se réalise jamais » (Bar-le-Duc 7 mars 1835).

6. DÉMOLITION FIXÉE A LONG TERME. — La même règle du droit de 5 fr. 50 cent. pour 100 à percevoir sur le prix serait applicable si les constructions vendues ne devaient être démolies qu'à l'expiration d'un bail cédé qui aurait encore de longues années à courir (Rouen 26 mai 1840, 12530 J. E.).

CHAPITRE II. — DES CONSTRUCTIONS ET DE LEUR PROPRIÉTÉ

[5121-5131]

5121. Immobilisation. — Le lecteur a pu se convaincre que l'intention des parties est de nature à exercer une influence décisive sur la perception dans les diverses hypothèses que nous venons d'examiner. Il n'en sera pas de même dans la série de questions que nous allons passer en revue. Ce sera la seule application du fait qui déterminera la nature du droit à percevoir, et la difficulté consistera à reconnaître si les matériaux qui ont été transformés en bâtiments présentent bien cette incorporation au sol qui constitue leur immobilisation; car s'il n'y a d'originellement immeuble que le sol, néanmoins, toutes les choses qui, par une modification de leur nature première, sont devenues inhérentes au sol, sont immeubles comme accessoires de ce sol,

5122. Constructions en bois temporaires. — Et d'abord les constructions en bois présentent-elles une adhérence au sol telle qu'on doive les considérer comme immeubles par droit d'accession? Aucun doute ne peut naître au sujet des bâtiments dont l'adhérence ne consistait qu'en une jonction sans consistance, comme, par exemple, les baraques élevées sur un champ de foire, les constructions dont l'existence éphémère est subordonnée à celle d'une cérémonie publique. Ces bâtiments ne peuvent être considérés que comme des meubles, et leur vente ne doit être assujettie qu'au droit de 2 pour 100 (Demolombe t. 9 n°s 105 à 107).

5123. Constructions en bois à demeure. — Au contraire sont immeubles, et leur vente donne ouverture au droit de 5,50 pour 100 (Cass. 26 août 1844, 13573 J. E., 1732 § 4 I. G., S. 44-1-708), les bâtiments et ateliers à usage de fonderie, construits par le preneur sur le terrain qui lui est loué, montés en partie en murs pleins, partie sur poteaux en bois, et fermés par une galandure en planches. On ne peut, en effet, assimiler ces constructions à des baraques, dont l'adhérence au sol n'est que passagère ; et si leurs fondations ne présentent pas la profondeur et les conditions de durée que l'on rencontre ordinairement dans les maisons, leur incorporation au sol est, néanmoins irrécusablement attestée par l'usage auquel elles sont destinées.

5124. Moulins à vent et à eau. — La question ne se présente pas aussi nette, et, par conséquent, aussi facile à résoudre, lorsqu'il s'agit de moulins à vent ou à eau. Aucune difficulté ne peut exister, il est vrai, si le moulin se trouve *fixément posé sur piliers*, l'art. 519 C. C. le déclare alors *immeuble par nature*, ce qui rend exigible le droit de 5 fr. 50 cent. pour 100. Mais elle offre de sérieux points de controverse, lorsque le moulin n'est pas retenu sur les piliers qui le supportent par des attaches permanentes faisant obstacle à son déplacement. L'on invoque alors, contre la perception du droit de 5 fr. 50 cent. pour 100, la disposition de la loi qui, faisant résulter le caractère immobilier des moulins de leur union physique avec le sol, exige *que le moulin fasse partie du bâtiment et soit fixé sur piliers* (Champ. et Rig. 3174, Dalloz 2889).

1. MOULIN POSÉ ET NON FIXÉ SUR PILIERS EN MAÇONNERIE. — Mais il faut remarquer que si la disposition de l'art. 519 semble exiger, pour qu'un moulin soit immeuble, qu'il soit *fixé* sur piliers, et qu'*en outre il fasse partie du bâtiment*, il est raisonnable de penser que l'une de ces deux conditions suffit et que l'art. 519 présente un vice de rédaction (Dalloz *Jur. gén.* t. 6, V. *Distinction des biens* n° 29, Duranton t. 4 n° 22, Toullier t. 2 p. 145). — Aussi la C. cass. a-t-elle jugé, le 11 mai 1834 (8538 J. N., 10943 J. E., 1467 § 10 I. G.), que le moulin qui tourne sur un pivot pratiqué au milieu de deux madriers en croix, et *posant* sur quatre piliers en briques, est immeuble par nature, quoiqu'il puisse s'enlever à volonté sans causer le moindre dommage à la maçonnerie, sur laquelle il n'est pas autrement fixé que par son propre poids. — On doit dire, à l'appui de cette décision, que la machine à moudre du moulin, si elle n'est pas *fixée*, se trouve, néanmoins, posée sur quatre *piliers en maçonnerie*, qui représentent un bâtiment, ce qui fait rentrer le moulin dans les termes de l'art. 519 C. C., qui répute immeubles par nature les moulins à vent ou à eau *faisant partie du bâtiment*. « Nous ne saurions, dit Demolombe (t. 9 n° 124), nous associer à la critique qui a été faite de cet arrêt par Championnière » (n° 3174).

2. MOULIN SUR PIÈCES DE BOIS. — Il n'en est plus nécessairement de même si le moulin, au lieu d'être bâti sur des piliers en maçonnerie, est tout simplement porté sur des pièces de bois superposées au sol. Quand il est constant que le moulin a été placé là à perpétuelle demeure, on peut encore décider que le défaut d'adhérence complète ne lui enlève pas son caractère immobilier et la vente qui en serait faite autoriserait alors l'application du droit de 5 fr. 50 cent. pour 100 (*V.* en ce sens 13371 § 8, 13869 J. E. ; — Reims 4 mai 1844, 13513-4 J. E.). Mais le moulin conserve sa nature de meuble si, au défaut d'adhérence, se joint la circonstance qu'il n'a pas été érigé à perpétuelle demeure : « Attendu, porte un arrêt de cassation du 19 avril 1864, que le moulin à vent dont s'agit était posé sur quatre piliers en maçonnerie, maintenu en équilibre, sans aucune attache, par son seul poids ; pouvant être déplacé sans dislocation du tenant ou des appuis qui le supportent, subsistant et pouvant fonctionner indépendamment de ces appuis, lesquels ne sont, par rapport à lui, qu'un mode de nivellement et de consolidation du terrain ; qu'il est, de plus, constaté par l'arrêt que le moulin n'avait pas été érigé à perpétuelle demeure par un propriétaire sur son fonds, mais qu'il l'avait été par un locataire ou fermier qui pouvait le déplacer et en disposer à son gré lors de l'expiration du bail ; — Attendu que si les piliers établis dans le sol sont immeubles par leur nature il n'en est pas de même du moulin, qui a été superposé sans adhérence aux piliers ni au sol » (1947 R. P., 12679 C., S. 1864-1-286 ; — *Conf.* : Douai 12 fév. 1862, S. 62-2-322).

5125. Locataire ou détenteur. — 1. PRINCIPES EN MATIÈRE CIVILE. — Un tiers, comme un locataire, élève des bâtiments sur le terrain d'autrui. Quelle est la nature de son droit sur les constructions nouvelles ? Est-il propriétaire d'un immeuble ou seulement des matériaux employés ? N'a-t-il pas plutôt une simple action en indemnité contre le maître du sol pour se faire rembourser, selon les cas, le prix de son travail ?

Beaucoup d'auteurs, même parmi les plus autorisés, pensent que le droit du constructeur n'est point immobilier, et voici la raison qu'ils en donnent. Les bâtiments incorporés au sol participent, il est vrai, de sa nature, et deviennent comme lui des immeubles : l'art. 518 C. C. le déclare expressément. Mais ce résultat n'est que l'effet de l'annexion du bâtiment au terrain qui le supporte et du principe d'après lequel l'accessoire suit le sort du principal. Or, le législateur considère toujours le maître du sol comme propriétaire des constructions édifiées sur ce terrain, d'après la maxime : *ædificia solo cedunt* (546, 551 et 552 C. C.). Lorsqu'il a attribué aux constructions la nature d'immeubles, il a donc nécessairement supposé qu'elles appartiendraient au maître du sol. A ses yeux, les deux propriétés n'en forment plus qu'une seule dont le sol est l'élément essentiel; et c'est précisément à cause de cette unification qu'il a reconnu à la fois la nature immobilière des bâtiments, et le droit de propriété du maître du terrain. Le droit du constructeur est soumis à d'autres principes. Pendant le bail, il jouit des bâtiments de la même manière qu'il jouit du terrain, c'est-à-dire en qualité de fermier. A la fin de la location, le propriétaire du sol retient les constructions en payant la valeur des matériaux et de la main-d'œuvre, ou bien il oblige le tiers à les enlever (555 C. C.). Dans les deux cas, le preneur ne possède qu'un objet mobilier, savoir : des matériaux ou une indemnité pécuniaire. A quelque moment que l'on se place, le fermier n'a donc pas de droit immobilier. Dès lors, les constructions ne sauraient être hypothéquées par lui (Merlin v° *Hyp.* sect. 3 § 3 art. 3 n° 6, Demolombe n° 168 art. 9, Martou *Priv. et hyp.* n° 955, qui cite à l'appui de son opinion un arrêt de Bruxelles du 31 oct. 1851; — Grenoble 2 janv. 1827, S. 27-2-107; — Troplong *Priv.* 2-399; — Seine 17 fév. 1870, S. 72-2-181); — ni être saisies immobilièrement par ses créanciers Besançon 22 mai 1845, S. 47-2-273; — Cass. 14 fév. 1849; — S. 49-1-261; — Persil *Hyp.* 2 p. 291, Demolombe 168-3°, Delvincourt t. 1er p. 332). — D'après cette doctrine, quelques tribunaux secondaires avaient cru pouvoir décider que la vente des constructions de l'espèce ne donnait pas lieu au droit immobilier (Seine 4 et 18 juin, 16 déc. 1840, 13 avr. 1842, 12 janv. 1848; — Strasbourg 7 juill. 1840; — Belfort 11 déc. 1839, 5954, 6256, 8093 C., 10767, 10819 J. N., 12730 J. E.; — Lyon 25 fév. 1858, 1007 R. P., 12349 C.). — Une Dél. et une Sol. avaient été prises dans le même sens le 24 déc. 1823 et le 11 août 1824.

Cette doctrine absolue comporte, en droit civil, plusieurs observations. Un point certain d'abord, c'est que les bâtiments, considérés en eux-mêmes, sont toujours des immeubles. L'art. 518 C. C. leur reconnaît ce caractère, sans distinguer s'ils sont possédés par le constructeur ou par le maître du sol. On interprète donc la loi d'une façon divinatoire en soutenant qu'elle a eu exclusivement en vue la possession du bâtiment par le propriétaire du terrain. Le C. C. admet sans doute, jusqu'à preuve contraire, que les constructions appartiennent au maître du sol; mais en quoi cette présomption se rattache-t-elle à la nature des biens? Autre chose est de déclarer que tel objet est immeuble; autre chose d'établir qu'il appartient à tel ou tel individu. Ce sont là deux ordres d'idées différents; et, pour faire croire que le législateur, en posant la première règle, s'est uniquement placé dans l'hypothèse de la seconde, il faudrait trouver de cette intention une preuve qui n'existe nulle part. La vérité est que la loi apprécie la nature des édifices comme elle a apprécié celle du fonds de terre et que la même raison les a classés tous deux dans le rang des immeubles.

En second lieu, il est incontestable que, d'après le principe *ædificia solo cedunt*, la présomption est que les bâtiments élevés sur un terrain appartiennent au maître de ce terrain. Nous en verrons tout à l'heure d'intéressantes applications (nos 5128 et suiv.). Mais cette présomption cède à la preuve contraire et le constructeur peut établir, par tous les moyens légaux, qu'il est propriétaire des bâtiments. Ce qui sert le plus fréquemment à cela, c'est l'autorisation de construire accordée au tiers par le propiétaire comme condition d'un bail ou de tout autre acte. Un tel consentement détruit, en effet, la présomption résultant de la prévalence du sol et constate suffisamment la propriété du constructeur. Seulement la situation de ce dernier peut être très-différente selon les clauses qui ont accompagné ou suivi l'autorisation du maître du sol.

Si ce dernier a renoncé à la faculté que l'art. 555 C. C. lui accorde de retenir les constructions à la fin de la jouissance du tiers, en lui payant un prix convenu ou à fixer ultérieurement, il est admis que le détenteur devient propriétaire *ab initio* des bâtiments, et que ces bâtiments peuvent être saisis par ses créanciers. Ceux des bailleurs n'y ont, au contraire, aucun droit, parce que leur débiteur demeure créancier d'une simple indemnité (Cass. 7 avr. 1862, 1703 R. P., S. 1862-1-459, D. 62-1-282, 12319 C., 17548 J. E.; — C. Paris 30 mai, 20 août et 25 sept. 1864, D. 66-2-174-180, S. 64-2-266; — Lyon 14 août 1868, S. 69-2-115; — Bordeaux 22 déc. 1868, S. 69-2-268; — Lyon 18 fév. 1871, S. 72-1-81; — Cass. 13 fév. 1872, S. 72-1-104; 7 avr. 1872, S. 72-1-459; — *Conf.* : Cass. 27 mai 1873, S. 73-1-254).

Si le propriétaire du sol a stipulé qu'il entendait garder les constructions, le tiers ne saurait s'en dire propriétaire. Il ne peut le devenir qu'à la fin de sa jouissance et seulement au cas où, à cette époque, le propriétaire du fonds déclarerait renoncer à son droit de les retenir pour lui-même. Jusqu'à ce moment, elles sont censées appartenir à ce dernier, et les créanciers du preneur ne pourraient pas, pendant le bail, les frapper de saisie (*V.* Cass. 14 fév. 1849, D. 49-1-166).

Que si, enfin, l'acte d'autorisation garde le silence sur la rétention des bâtiments et laisse les parties sous l'empire de de l'art. 555 C. C., il semble que la dernière solution est encore applicable. Comme le font remarquer les annotateurs de Sirey (1847-2-273), la stipulation que le propriétaire retiendra les constructions n'ajoute rien à ses droits puisqu'il tenait cette faculté de la loi. Seulement l'exercice en demeure suspendu pendant la durée de la jouissance du tiers et l'acquisition définitive de la propriété pour le maître du sol ne dépend que de sa volonté, de sa déclaration qu'il entend se prévaloir de son droit de rétention. Ici encore, par conséquent, les bâtiments ne pourraient être saisis par les créanciers du preneur. Quant à ceux du bailleur, ils pourraient, au contraire, opérer cette saisie; mais la doctrine leur conseille de formuler alors, au nom de leur débiteur, et pour éviter tout embarras, leur intention de retenir les constructions.

2. PRINCIPE FISCAL. — BAIL. — CESSION DE BAIL. — Mais les distinctions précédentes sont sans application lorsqu'il s'agit de régler la perception du droit exigible sur la cession des bâtiments consentie par le constructeur à un tiers.

C'est un principe constant, en effet, que la quotité du droit d'enregistrement ne peut être déterminée que par la nature et la qualité de la chose vendue au moment où la vente est effectuée. D'un autre côté l'Administration, qui établit ses perceptions d'après les stipulations des actes, n'a pas qualité pour examiner si le vendeur d'un bâtiment en est réellement propriétaire ou aliène la chose d'autrui. Il suffit que le contrat porte transmission d'une chose immobilière pour justifier la perception du droit immobilier. Or, il n'est pas douteux que le bâtiment est immeuble par nature, abstraction faite de son possesseur. Dès lors, donc qu'il est aliéné, l'acte est passible du tarif immobilier. Et il n'y a pas à considérer pour cela, bien entendu, si le propriétaire du terrain avait ou non renoncé au droit d'accession résultant de l'art. 555 C. C. Cette circonstance ne change ni la nature actuelle de l'objet transmis, ni le fait matériel de sa transmission.

Aussi la C. cass. et les tribunaux secondaires ont-ils décidé, par une longue série d'arrêts et de jugements, que la cession de constructions élevées par le fermier sur le terrain loué, en même temps que le droit au bail, donne ouverture au droit de 5 fr. 50 cent. pour 100, lorsqu'il n'est pas stipulé que les constructions ne sont vendues qu'à la condition d'une démolition immédiate ou dans un délai déterminé (Lille 23 fév. 1838, 12007 J. E.; — Besançon 11 janv. 1840, 12451-3 J. E.; — Cass. 2 fév. 1842, 11216 J. N., 12925 J. E., 1675 § 10. I. G, S. 42-1-101; — Cass. 26 juill. 1843, 11696 J. N., 13317 J. E., 1710 § 7 I. G., P. 1843 p. 303; — Cass. 26 août 1844, 12081 J. N., 13573 J. E., 1732 § 14 I. G., P. 2-1844 p. 596;—Cass. 16 juill. 1845, 12428 J. N., 13573 J. E., 1755 § 16 I. G., S. 45-1-491; — Cass. 3 juill. 1844, 12043 J. N., 13554 J. E., 1732 § 13 I. G., S. 44-1-682; — Cass. 15 avr. 1846, 12716 J. N., 13990 J. E., 1767 § 13 I. G., P. 2-1846 p. 59; — Versailles 20 mai 1847, 14268-2 J. E.; — Cass. 5 janv. 1848, 14417 J. E., 1814 § 14 I. G., S. 48-1-197; — Cass. 28 juill. 1868, 2748 R. P., 2375-1 I. G., S. 69-1-38, 14218 C.; 19 avr. 1869, 2899 R. P., 2389-4 I. G., Bull. 86, S. 69-1-325, P. 69-708, 19740 J. N., 18714 J. E.; — Cass. 24 nov. 1869, S. 70-1-133, 3037 R. P., 19756 J. N., 2643 Rev., 2397-5 I. G., D. 70-1-269; — Cass. 19 fév. 1873, 3575 R. P., 2468-5 I. G., S. 73-1-137, D. 73-1-499, B. C. 24; — Versailles 5 juill. 1849, 14824 J. E.; — Seine 28 mai 1851, 15213 J. E.; — Seine 13 fév. 1864, 1988 R. P.; — Grenoble 11 janv. 1865, 2084 R. P.; — Le Havre 25 fév. 1864, 2097 R. P.; — Seine 21 avr. 1865, 2116 R. P., 12891 C., 21 juill. 1865, 2163 R. P., 12999 C.; — Lyon 12 mars 1861 et 10 déc. 1863, 1523 R. P.).

L'arrêt du 26 août 1844 porte : « Attendu, que c'est l'état actuel de la chose qui termine la qualité actuelle de meubles ou d'immeubles, et qu'en matière d'enregistrement la quotité du droit ne peut être déterminée que par la nature et la qualité de la chose vendue au moment où la vente est effectuée. »

Celui du 15 avril 1846 est ainsi conçu : « Attendu qu'aucune disposition de la loi ne fait perdre aux bâtiments le caractère d'immeubles, et ne leur attribue la qualité de meubles lorsqu'ils ont été construits par un autre que le propriétaire du sol ; attendu que c'est l'état actuel de la chose qui termine la qualité actuelle de meuble ou d'immeuble ; attendu que l'inefficacité ou résolution de l'hypothèque conférée par le propriétaire d'un bâtiment édifié sur le fonds d'autrui serait la conséquence des conventions qui auraient cédé pour un temps limité la jouissance de ce fonds, et qu'elles n'altéreraient aucunement le caractère d'immeubles imprimé aux bâtiments par les dispositions mêmes de la loi. »

L'arrêt du 28 juillet 1868 est motivé en ces termes : « Attendu que les bâtiments ainsi cédés, non pour être démolis, mais pour continuer à la destination en vue de laquelle ils avaient été construits, étaient immeubles, quoique élevés sur le terrain d'autrui et nonobstant l'indemnité à régler à la fin du bail, à dire d'experts, sur la valeur que ces bâtiments auraient alors; qu'ils avaient ce caractère, même entre les mains du locataire constructeur, puisque, d'après le bail, ils pouvaient être grevés d'hypothèques au profit de la compagnie. »

Enfin l'arrêt du 19 avril 1869 porte : « Attendu, en droit, qu'aux termes de l'art. 517 C. C. les biens sont immeubles, ou par leur nature ou par leur destination, ou par l'objet auquel ils s'appliquent; que, suivant l'art. 518, les bâtiments sont, comme les fonds de terre, immeubles par leur nature et qu'aucune disposition de loi ne leur fait perdre ce caractère et ne leur attribue la qualité de meubles, lorsqu'ils ont été construits par un autre que le propriétaire du sol. »

Ainsi que nous le disions d'ailleurs, la cour n'a pas distingué entre le cas où le propriétaire avait renoncé au droit d'accession de l'art. 555, et celui où il l'avait conservé. L'arrêt du 2 février 1842 (11216 J. N., 12925 J. E., 1675 § 10 I. G., S. 42-2-101) a été rendu dans une espèce où le propriétaire était tenu par les clauses du bail de reprendre les constructions à dire d'experts. Ceux des 3 juillet 1844 (12043 J. N., 13554 J. E., 1732 § 12 I. G., S. 44-1-682) et 28 juillet 1868 (2748 R. P., 14208 C., 2375-1 I. G., S. 69-1-38) sont intervenus au sujet d'un bail portant que le propriétaire se réservait la faculté d'opter pour le maintien des bâtiments.

3. QUOTITÉ DU DROIT. — Du moment qu'il s'agit d'une transmission immobilière, c'est le droit de 5 fr. 50 cent. pour 100 qui devient exigible quand la cession a le caractère de la vente et non de la licitation. On avait cependant cru pouvoir décider que, les constructions n'étant pas susceptibles d'hypothèques entre les mains du tiers, l'acte n'était pas de nature à être transcrit et ne devait, dès lors, dans tous les cas, payer que 4 pour 100 (Lyon 31 juill. 1861). Mais c'était une double erreur. D'une part il est admis par les arrêts des 7 avril 1862 et 30 mai 1864 que le constructeur peut hypothéquer les bâtiments et qu'ils peuvent être saisis immobilièrement par les créanciers inscrits. D'un autre côté, le droit de la vente est fixé d'une façon indivisible, par l'art. 52 L. 28 avril 1816, à 5 fr. 50 cent. pour 100, sans qu'il y ait à examiner, comme pour les licitations, si le contrat est ou non de nature à être transcrit (V. *Licitation*). Aussi a-t-il été reconnu avec raison, par une Dél. du 3 décembre 1861, que le jugement du 31 juillet ne pouvait être pris pour règle.

Les principes que nous venons de développer ont été appliqués en outre dans les espèces suivantes :

4. BAIL A DURÉE NON LIMITÉE. — Si des constructions érigées sur un terrain domanial, concédé à durée non limitée, sont cédées en même temps que le droit à la jouissance du terrain, le droit de 5 fr. 50 cent. pour 100 est dû sur l'intégralité du prix (11415 J. E.; — Cass. 18 nov. 1835, 11359 J. E., 9094 J. N., 1513 § 7 I. G., S. 35-1-907).

5. BAIL NON CÉDÉ. — Le droit de vente immobilière est exigible alors que, sans céder son bail, le preneur vend à un tiers les constructions qu'il a fait élever sur le terrain loué (Bordeaux 23 fév. 1842; — Bayonne 16 mai 1843, 12951, 13291 J. E.; — Seine 13 fév. 1864, 1988 R. P.).

6. BAIL CÉDÉ. — Lorsque le concessionnaire autorisé à établir une usine sur un canal, moyennant une redevance annuelle, cède tous ses droits à un tiers, avec les constructions et le matériel, pour une somme d'argent et à charge d'acquitter la redevance future, le contrat renferme : 1° une cession de bail passible du droit de 20 pour 100 sur les rede-

vances cumulées; — 2° une vente de meubles et d'immeubles sujette au droit de 5 fr. 50 cent. pour 100 sur l'intégrité du prix convenu (Cass. 28 juill. 1868, 2748 R. P., 14218 C., 2375-1 I. G., S. 69-1-38; — *Comp.* : Cass. 19 avr. 1869, 2899 R. P., 2389-4 I. G., 86 Bull., S. 69-1-325, P. 69-1-708, 19740 J. N., 18714 J. E.).

7. ÉPOUX. — TERRAIN PROPRE. — La même perception est applicable à l'acte par lequel deux époux vendent un terrain propre à l'un d'eux et des constructions élevées pendant leur mariage (Dél. 22 mars 1834, 10882 J. E.).

8. ÉTABLISSEMENTS INDUSTRIELS. — La vente des constructions érigées sur le terrain d'autrui, spécialement lorsque ces constructions constituent un établissement industriel, donne ouverture au droit de 5 fr. 50 cent. pour 100, alors surtout qu'elles doivent conserver leur destination entre les mains de l'acquéreur (Dél. 6 oct. 1835, 11320-3 J. E. — *V.* Cass. 5 janv. 1848, 14417 J. E., 1818-14 I. G., S. 48-1-370, 19 avril 1869, 2899 R. P., 2389-4 I. G., Bull. 86, S. 69-1-325, P. 69-208, 19740 J. N., 18714 J. E.).

9. MACHINE ET CONSTRUCTIONS. — La vente par le constructeur d'une machine à vapeur et des bâtiments nécessaires à son établissement, faite au fermier de cette machine sur le terrain duquel elle avait été établie, donne ouverture au droit de 5 fr. 50 cent. pour 100, attendu que toutes constructions faites sur un fonds sont immeubles (Rouen 16 juill. 1840).

Mais on ne saurait percevoir le même droit sur la cession du mobilier industriel, attendu que ce mobilier n'a pas été mis à perpétuelle demeure par le constructeur et qu'il devait, d'après l'intention des parties, être enlevé à la fin du bail (Sol. 17 juill. 1858).

10. MOULIN. — La vente d'un moulin construit sur le sol d'autrui, dont le constructeur n'a pas la jouissance en vertu d'un titre authentique, donne ouverture au droit de 5 fr. 50 cent. pour 100, encore que l'acquéreur ait dû le faire démolir dans un temps déterminé, si cette démolition n'a pas eu lieu (Valenciennes 21 mars 1839, 12273-1 J. E.).

Il a été décidé que la cession d'un moulin, construit par le fermier sur le terrain loué, au moyen d'appuis en maçonnerie et d'un appentis extérieur, était une vente de meubles : « Attendu qu'il est expliqué que le moulin avait été établi dans un édifice que le cédant tenait à titre de ferme, en sorte que rien de ce qui avait été édifié ou placé par lui pour l'établissement ou l'agencement dudit moulin, même les constructions faites pour l'installation d'une machine à vapeur ou d'un hangar, n'avait pu acquérir le caractère d'immeubles, n'étant placés ni par le propriétaire ni à perpétuelle demeure » (Moulins 25 nov. 1859, 1302 R. P., 17183 J. E., 11704 C.). Mais ce jugement est mal fondé : on a vu, au n° 5124-2, que l'adhérence effective du moulin au sol suffit, en dehors de toute intention du constructeur, pour lui attribuer le caractère d'immeuble par nature.

11. PRIX DES CONSTRUCTIONS NON PAYÉ. — D'après un arrêt de la C. cass. du 6 janvier 1829 (9501 J. E.), les constructions faites par un entrepreneur, et dont le prix lui est dû, ne lui donnent aucun droit de copropriété; il a seulement une action en payement, et même une action privilégiée, s'il a rempli les formalités exigées par la loi. — Par conséquent, lorsque le propriétaire du terrain a chargé un entrepreneur de construire un bâtiment sur ce terrain, et qu'après la construction du bâtiment dont il n'a pas payé le prix, il lui vend ce même terrain, sous faculté de rachat pendant cinq ans, à la charge par l'entrepreneur de lui payer 1,000 francs, et avec stipulation qu'en exerçant le réméré le vendeur sera tenu de payer à l'acquéreur la somme de 8,000 francs, valeur des travaux faits, le droit de vente à 5 fr. 50 cent. pour 100 est exigible sur 9,000 francs (Sol. 11 déc. 1830, 9878 J. E.). Il en est de même de la donation faite dans ces conditions à l'entrepreneur. Le droit serait assis sur la valeur des bâtiments, sans déduction du prix encore dû du marché.

Mais l'adjudication faite au profit d'un locataire du terrain loué et des constructions qu'il y a fait élever en son nom ne saurait donner lieu à l'impôt immobilier sur le prix des constructions, puisqu'elles lui appartenaient déjà. — *V.* 5128.

12. RÉMÉRÉ. — Bien que le donateur d'un terrain se soit réservé le droit de rentrer en possession de ce terrain, soit en abandonnant un autre terrain, soit en payant la valeur, le droit de 5 fr. 50 cent. pour 100 est dû sur l'intégrité du prix si, en exécution de cette réserve, le donateur rentre en possession de ce terrain et des constructions élevées par le donataire en payant la valeur du tout (Villeneuve 29 mars 1848, 14463 J. E., 8175 C., Champ. et Rig. t. 6 n° 368). Le même droit serait-il exigible si c'était un vendeur à réméré qui eût élevé des constructions sur le terrain vendu, et qui les cédât à son acquéreur ? La circonstance que le terrain ne lui appartenait plus au moment où il a élevé les constructions ne pourrait exercer aucune influence sur la perception, puisqu'elle n'en exerce aucune sur la nature immobilière de la construction (11691 J. E.).

Mais si le vendeur à réméré consent à retirer l'immeuble avec les constructions élevées par l'acquéreur, auquel il en paye le prix, le droit de 5 fr. 50 cent. pour 100 est exigible sur leur valeur. — V. *Réméré* 13805-4.

13. RÉSOLUTION. — Si la vente d'un terrain est résolue après que l'acquéreur y a fait construire des bâtiments, et que le vendeur primitif devienne propriétaire du sol et des constructions pour se payer des sommes dues par l'acheteur, le droit immobilier est exigible sur la valeur des bâtiments : « Attendu que les améliorations et constructions sont, de leur nature, immobilières et que la veuve G..., en redevenant propriétaire, devait payer la valeur de la plus-value constatée; que le juge ne lui a attribué le prix de plus-value qu'en sa qualité de créancière privilégiée, que c'est donc à bon droit qu'il a été perçu 5 fr. 50 cent. pour 100 » (Seine 1er fév. 1860, 1316 R. P., 17093 J. E., 11754 C.).

14. SERRES. — Les galeries et serres qui font partie d'un établissement d'horticulture doivent être considérées comme des bâtiments; dès lors, comme elles sont immeubles par leur nature (518 C. C.), leur vente donne ouverture au droit de 5 fr. 50 cent. pour 100, encore bien que le sol sur lequel elles sont élevées ne soit pas aliéné, et que les acquéreurs des serres en restent seulement locataires (Versailles 3 juin 1847, 14307 J. E.).

15. SOL ET CONSTRUCTIONS. — La vente par un même contrat et au même acquéreur d'un terrain *par le propriétaire* moyennant un prix, et d'une maison en construction sur ce même terrain par le constructeur moyennant un autre prix, opère le droit de 5 et demi pour 100 sur les deux prix réunis. Une maison construite ou seulement en construction est un immeuble d'après la loi (12100 J. E.; — Seine 25 mars 1835, 11330 J. E.; — Dél. 30 mars 1838, 12030-1 J. E.). Il en serait de même, d'après le même principe, alors que le terrain et les constructions seraient vendus par deux actes séparés (Dél. 14 fév. 1834, 10882 J. E.). — Même droit si les constructions, faites par un tiers sur le terrain d'autrui, sont cédées à la personne qui a acquis *antérieurement* la propriété du sol (Seine 4 janv. 1838, 11952 J. E. — *V.* également 7640 J. E.).

5126. Cession au propriétaire du sol. — 1. VENTE. — L'art. 555 C. C. règle les conditions moyennant lesquelles le propriétaire du sol peut retenir les bâtiments. « Lorsque, dit-il, les plantations, constructions et ouvrages ont été faits par un tiers et avec ses matériaux, le propriétaire du fonds a le droit ou de les retenir, ou d'obliger ce tiers à les enlever. — Si le propriétaire du fonds demande la suppression des plantations et constructions, elle est aux frais de celui qui les a faites, sans aucune indemnité pour lui; il peut même être condamné à des dommages-intérêts, s'il y a lieu, pour le préjudice que peut avoir éprouvé le propriétaire du fonds. — Si le propriétaire préfère conserver les plantations et constructions, il doit le remboursement de la valeur des matériaux et du prix de la main-d'œuvre, sans égard à la plus ou moins grande augmentation de la valeur que le fonds a pu recevoir. Néanmoins, si les plantations, constructions et ouvrages ont été faits par un tiers évincé, qui n'aurait pas été condamné à la restitution des fruits, attendu sa bonne foi, le propriétaire ne pourra demander la suppression desdits ouvrages, plantations et constructions; mais il aura le choix ou de rembourser la valeur des matériaux et du prix de la main-d'œuvre, ou de rembourser une somme égale à celle dont le fonds a augmenté de valeur. »

L'application de ce texte à la perception du droit de vente sur la cession des bâtiments au propriétaire a fait naître une difficulté. On a soutenu que, quand le maître du terrain ne peut ou ne veut ordonner l'enlèvement, il devient *ab initio* propriétaire de l'édifice, à charge d'indemniser le constructeur qu'en l'état; il peut y avoir lieu à réclamer le droit d'indemnité mobilière, jamais le droit de vente d'immeubles, car le bâtiment, n'ayant été à aucun moment la propriété du constructeur, ne peut se trouver transmis par lui (Demante n° 278). C'est ce qu'on induit des motifs d'une Sol. 23 novembre 1831 (9867 J. E., 1354 § 3 I. G. — *V.* aussi 13738-3, 13875-3 J. E., 14190 J. N.) et ce qui avait été catégoriquement décidé par le tribunal de Lyon le 25 février 1858 portant: « que le propriétaire du sol, déjà propriétaire des bâtiments par accession, n'a pu acquérir sa propre chose et que le constructeur n'a droit qu'à une indemnité » (1007 R. P., 11316 C.).

Cette doctrine pourrait se justifier s'il fallait régler l'application du droit d'enregistrement par les principes du droit civil. On a vu, en effet, précédemment que, quand le propriétaire du sol n'a pas renoncé au droit d'accession, soit qu'il ait formellement déclaré vouloir reprendre les bâtiments à la fin du bail, soit que l'acte soit muet à cet égard, les constructions sont présumées appartenir au maître du sol et ne sauraient être saisies immobilièrement par les créanciers du preneur. Ce preneur est considéré comme ayant reçu simplement la jouissance du sol et des bâtiments avec l'expectative de se faire indemniser de ses dépenses. D'où la conséquence que le règlement de cette indemnité n'opère pas au profit du bailleur la transmission d'un immeuble qui lui appartenait déjà et ne peut donner ouverture qu'au droit mobilier.

Mais il ne paraît pas que l'Administration ait jamais admis une pareille conclusion. Sauf le cas où les bâtiments ont été élevés pour le compte du bailleur en vertu d'une stipulation expresse du bail, on considère que la transmission des droits du locataire est soumise aux mêmes règles, soit qu'elle ait lieu au profit du propriétaire, soit qu'elle s'opère au profit d'un tiers. Dans les deux cas, on se trouve également sous l'empire de ces principes particuliers de la législation fiscale, à savoir, que le droit d'enregistrement est un impôt déterminé par la nature actuelle de l'objet transmis au moment où la cession est effectuée.

Les règles qui ont déterminé la jurisprudence de la cour, au sujet de la cession à un tiers, s'appliquent donc à la cession consentie au propriétaire avant l'expiration du bail.

Il a été décidé en ce sens : 1° que le droit de vente immobilière est dû si les constructions, faites par un tiers sur le terrain d'autrui, sont cédées à la personne qui a acquis antérieurement le terrain (Seine 4 janv. 1838, 11952 J. E.); — 2° ou si les constructions sont cédées au propriétaire du sol qui avait permis de les élever (Péronne 3 janv. 1838, 12106 J. E.); — 3° que ce droit serait également dû alors que le bailleur, qui ne se serait pas réservé la faculté de rentrer dans son fonds et dans les constructions à élever par son fermier, avec ou sans payement d'une indemnité, payerait au fermier la valeur des constructions élevées (Dél. 29 déc. 1841, 12915 J. E.); — alors surtout que le propriétaire avait renoncé au droit d'accession (Seine 12 août 1876, 4606 R. P.). — La question s'est, du reste, présentée devant la cour. Un locataire ayant cédé au bailleur les bâtiments qu'il avait dû construire d'après une clause du contrat, l'Administration a fait réclamer le droit de vente. Un arrêt du 2 juillet 1851 a repoussé sa demande, mais pour un motif particulier que nous indiquons au § 2 ci-après, et en affirmant le principe même de son exigibilité : « Attendu, porte l'arrêt, que s'il est vrai que les bâtiments élevés par le locataire sur le terrain qui lui a été donné à bail constituent par eux-mêmes une propriété immobilière dont *la transmission* et la vente ont le caractère d'une propriété immobilière..., *il y a néanmoins* lieu, dans les faits de la cause, de tenir compte des circonstances de la transmission opérée par Guien (preneur) au profit de Thirion (bailleur)... »

2. BAIL. — Le droit cesserait néanmoins d'être exigible si, d'après les stipulations du bail ou de tout autre contrat, les bâtiments avaient été élevés pour le compte du propriétaire. Dans ce cas, en effet, le constructeur a été simplement le gérant de ce propriétaire auquel les bâtiments ont appartenu exclusivement dès le jour de leur création, sans qu'à aucune époque le constructeur ait pu les aliéner ou les hypothéquer. Les droits de ce constructeur sont purement mobiliers et sont réglés par les clauses de la convention qui lui a enjoint ou permis d'élever les bâtiments. S'il s'agit d'un

fermier, il aura la jouissance des constructions, et même une indemnité si elle lui a été promise; mais cette indemnité et cette jouissance ne lui attribuent pas de droit réel sur les constructions élevées par ses soins au nom du bailleur. Il importe peu, dans cet ordre d'idées, que la convention réserve ou non une indemnité au constructeur. Cette circonstance pourra bien, en cas de doute sur la nature de la clause, servir à en déterminer le sens; mais on comprend que, s'il est d'ailleurs constant que les constructions ont été édifiées pour le compte du propriétaire, la réserve d'une indemnité spéciale payable à la fin du bail, loin de dénaturer la convention, en devient au contraire la suite naturelle. Le principe que nous dégageons ici a été appliqué par une arrêt de la C. cass. du 2 juillet 1851.

Un bail portait que « les preneurs ne pourraient démolir les bâtiments à élever pendant la durée du bail, lesquels appartiendraient au bailleur sans indemnité. » Cette prohibition, jointe à l'attribution catégorique et sans condition des bâtiments au bailleur, a paru démontrer que les constructions devaient être faites pour le compte de ce dernier, comme charge du bail, et que les fermiers obtenaient seulement le droit d'en jouir temporairement au même titre que du sol lui-même. Aussi a-t-il été décidé que le droit de bail à 20 centimes pour 100 francs est exigible sur la cession de cette jouissance au propriétaire.

« Attendu, porte l'arrêt, qu'il résulte du jugement attaqué et des conventions des parties que, suivant les conditions du bail fait au profit de Guien, Thirion, propriétaire du sol, était propriétaire, sans indemnité, de toutes les constructions élevées par Guien, son locataire, du jour même où ces constructions étaient élevées pour le compte et au profit du vendeur; qu'en conséquence Guien ne pouvait avoir et n'avait pas sur ces constructions un droit de propriété, mais seulement un droit de jouissance; qu'il ne transmettait donc à Thirion, propriétaire, par l'acte du 3 août 1847, et ne lui cédait que le seul droit qu'il se fût réservé, celui de jouissance; que, d'un autre côté, Thirion, par l'effet de cette transmission, n'achetait pas ce qui lui appartenait déjà, c'est-à-dire les constructions, mais seulement ce qui ne lui appartenait pas encore, c'est-à-dire la jouissance de ces constructions » (1900-2 I. G., 14410 et 15235 J. N., S. 51-1-535).

En matière civile, il a été également décidé :

1° Que l'acte qualifié bail par lequel le preneur investi du droit d'élever sur le terrain loué des constructions qui doivent rester au bailleur à l'expiration du bail s'est réservé la faculté, pendant un certain temps, de démolir ou de modifier à son gré ces constructions, a le caractère d'un contrat de louage qui investit le preneur de la jouissance et non de la propriété des constructions. En conséquence, c'est au bailleur qu'incombe pour le tout le surcroît de contributions mises à la charge du propriétaire seul (Cass. 8 juill. 1851, D. 51-1-198);

2° Qu'en principe les constructions élevées par le preneur sur le terrain loué appartiennent au bailleur, à moins qu'il ne résulte des clauses du bail ou des agissements des parties que ce dernier a répudié cette propriété et renoncé à son droit d'accession; que si, au contraire, le bailleur les a expressément réservés en stipulant comme condition du bail que le preneur serait tenu d'élever sur le terrain loué, dans un délai convenu et pour une valeur fixée, des constructions déterminées à l'avance et qui, à l'expiration du bail, doivent appartenir au bailleur sans indemnité, le locataire n'est investi que d'un simple droit de jouissance et non d'un droit immobilier susceptible d'hypothèque (Cass. 27 mai 1873, S. 73-1-255).

D'après ces principes, si, au moment du bail, le propriétaire avait payé ou promis de payer une indemnité, le droit de 50 centimes pour 100 serait exigible, sauf le cas où l'obligation primitive de construire résulterait d'un marché distinct du bail et où la quittance ultérieure pourrait servir de titre au marché, auquel cas c'est le droit de 1 pour 100 qui devrait être perçu. — *V.* 2549 et v° *Marché.*

3. APPRÉCIATION. — La difficulté revient à examiner si, d'après les clauses du bail, le fermier a construit pour lui ou pour le propriétaire; en d'autres termes si l'engagement contracté par ce dernier de reprendre les constructions est une promesse de vente. Nous ne pouvons ici que réunir, à titre d'exemple, les différentes espèces soumises à la jurisprudence.

Et d'abord ce caractère ne paraît pas pouvoir être contesté à la clause prévue par M. Demante (n° 360 § 2) d'un bail autorisant le preneur à construire, à ses risques, avec stipulation, *que le prix sera réglé par experts* à la fin du bail, suivant la *valeur à cette époque.* Il ne semble pas douteux que le bailleur ne devient pas *de plano* propriétaire des bâtiments au fur et à mesure de leur construction, qu'il a seulement promis de les acheter à certaine époque, et que la transmission s'effectue à son profit à ce moment. — Les arrêts des 2 février 1842 et 3 juillet 1844 (*suprà* n°s 5125-2) ont également reconnu l'exigibilité du droit de vente sur la cession par le locataire à un tiers des bâtiments que le bail l'autorisait à élever « avec faculté au propriétaire du sol de les conserver à l'expiration de la location en remboursant la valeur qu'ils auraient à cette époque. »

De même le droit de vente a paru exigible à propos d'un bail portant que les bailleurs auraient le choix, à l'expiration du bail, soit de conserver les constructions à la charge d'en payer le prix d'après l'estimation, soit de les faire enlever par les preneurs. Ces derniers ayant cédé leurs bâtiments au bailleur pour obtenir une prorogation de bail, le tribunal de la Seine a maintenu le droit de vente immobilière (Seine 21 avr. 1865, 2116 R. P.).

Mais, dans une circonstance différente, la solution contraire a été préférée : « Attendu que les constructions, au cas où le bailleur sera encore propriétaire à la fin du bail, lui appartiendront *sans aucune indemnité* pour les locataires et, au cas où il vendrait sa propriété à un tiers pendant le bail, sont remboursables jusqu'à concurrence de la dépense faite, avec une indemnité en outre de 50,000 francs; attendu que dans l'un comme dans l'autre cas les locataires n'ayant érigé les constructions que sous la condition qu'elles appartiendraient au propriétaire, n'ont qu'un droit de jouissance; s'ils le transmettaient au bailleur, celui-ci n'achèterait pas ce qui lui appartient déjà, c'est-à-dire les constructions, mais ce qui ne lui appartient pas encore, c'est-à-dire la jouissance » (Seine 13 janv. 1860, 1431 R. P., 17097 J. E., 11707 C.).

Dans une autre hypothèse, le même tribunal a distingué les constructions qui doivent être laissées au propriétaire sans indemnité de celles que celui-ci peut garder moyennant un prix ou faire enlever. A l'égard des premières, il a décidé qu'il y avait simple cession de jouissance et cession immobilière à l'égard des secondes (Seine 25 avr. 1862, 17540 J. E. 12304 C.).

Enfin il a reconnu que, quand on stipule dans un contrat de bail que les constructions que peut élever le locataire devront être prises à l'expiration du bail par le bailleur d'après estimation à dire d'experts, tout en réservant au locataire le droit de démolir, et que, dans un acte ultérieur, les parties, sans attendre la fin du bail, fixent entre elles la valeur des constructions dont le locataire se reconnaît rempli dès avant ce jour, ce dernier acte ne peut être passible du droit de vente, mais du droit de marché (Seine 4 juin 1856, 10976 C.). La même interprétation résulte aussi d'un jugement de Lavaur du 4 avril 1856. — V. *Bail*.

4. EXPIRATION DU BAIL. — Les développements qui précèdent s'appliquent à la cession faite pendant le cours du bail. Mais en est-il de même lorsque, le bail ayant pris fin, le propriétaire du sol réclame l'exercice du droit d'accession édicté dans l'art. 555 C. C. et déclare qu'il entend conserver les constructions en payant au fermier l'indemnité fixée par la loi ? Nous ne le pensons pas. L'incorporation des bâtiments au terrain s'opère de plein droit par la seule option du propriétaire du sol, sans qu'il soit besoin du consentement du constructeur. Ce dernier perd à l'instant même la propriété de ses bâtiments pour ne conserver que le droit à une indemnité pécuniaire. Ne possédant plus les immeubles, il ne saurait les céder. La convention qui intervient entre lui et le bailleur n'est donc pas une transmission d'immeubles. Il ne semble pas très-difficile, d'ailleurs, de caractériser juridiquement les effets de l'accession qui se produit dans l'espèce. Qu'arrive-t-il lorsque le fermier a fait les constructions sur l'ordre exprès du propriétaire et qu'il lui cède tous ses droits avant l'expiration de sa jouissance? La jurisprudence a répondu que le fermier, ayant été le mandataire du bailleur, n'avait pas construit pour lui-même, mais pour ce dernier; qu'il n'était donc pas devenu propriétaire des bâtiments et que ceux-ci n'avaient, par conséquent, pas pu être l'objet de la cession intervenue entre eux (Cass. 2 juill. 1851, *suprà*). Tel est aussi le résultat de l'accession. Tant qu'elle ne s'est pas réalisée, le fermier demeure propriétaire sous condition résolutoire ; mais, au moment de l'option, sa propriété conditionnelle s'évanouit. Il est réputé avoir élevé les bâtiments pour le compte du bailleur auquel ils arrivent libres de charges et qui est censé en avoir eu la propriété *ab initio*. Par l'échéance de la condition, le fermier devient semblable au mandataire qui a employé ses deniers personnels à la construction d'un bâtiment de son mandant. Il doit obtenir le remboursement de ses dépenses ; mais cette indemnité, quoique ayant pour objet un immeuble, n'a qu'un caractère mobilier. L'accession change donc absolument la nature des droits du constructeur et par suite l'objet de la mutation dont ces droits seraient la cause. Cette vérité devient évidente si l'on se place dans la seconde hypothèse prévue par l'art. 555 C. C., celle où le bailleur opte pour la démolition des bâtiments. N'est-il pas certain que le locataire ne possède plus désormais que des constructions à démolir, c'est-à-dire des matériaux? La jurisprudence civile décide que ces matériaux sont essentiellement mobiliers et non susceptibles d'hypothèque (V. C. Bordeaux 22 déc. 1868, 3048 R. P., S. 69-2-168). La jurisprudence fiscale n'hésiterait pas à soumettre au tarif mobilier la vente qui en serait consentie (*V.* 5120). Or, la transformation que l'option du propriétaire opère dans ce cas se reproduit quand il conserve les bâtiments, sauf que le constructeur, au lieu d'avoir des matériaux, obtient une créance sur le maître du sol. Si ce constructeur cédait à un tiers son droit ainsi transformé, c'est le tarif des cessions de créances qui serait applicable. Pourquoi ce droit deviendrait-il immobilier quand le locataire en fait le règlement avec le propriétaire? L'un des derniers arrêts rendus par la cour sur la question des constructions confirme notre doctrine ; car, en admettant l'exigibilité du droit immobilier de mutation par décès sur les constructions appartenant à un locataire défunt, il a soin de faire remarquer que les baux n'étaient pas encore expirés : « Attendu, porte-t-il, que, *les baux des terrains n'étant pas encore expirés au décès*, il s'est opéré au profit de l'héritier une mutation à laquelle la qualité de la chose transmise imprimait le caractère immobilier » (*suprà* n° 4896; — Cass. 24 nov. 1869, 3037 R. P., 2397-6 I. G., B. C. 205, S. 70-1-133, D. 70-1-272, P. 70301 et *suprà* n° 5126). — *Conf.* : Demante n° 278 et Sol. 23 nov. 1831, 1354-3 I. G.).

C'est également ce qu'ont décidé des jugements de Compiègne du 20 mai 1869 (3128 R. P.) et de Lyon du 7 juillet 1870 (3481 R. P.), auxquels l'Administration a acquiescé.

La règle ordinaire reprendrait son empire si le propriétaire avait renoncé au droit d'accession. Il est certain alors qu'après l'expiration du bail comme auparavant, les constructions ont le caractère immobilier. Si le propriétaire, au lieu de les faire enlever, comme il en a le droit, les conserve moyennant un prix, il achète une valeur qui est immobilière par nature et l'acte est passible du droit immobilier (Cass. 15 nov. 1875, 4271 R. P.; Seine 4 mars 1876, 4516 R. P.).

5127. Cession par le propriétaire du sol. — Pour régler la perception sur la cession des droits du propriétaire du sol, il faut distinguer. Si les bâtiments ont été édifiés pour le compte du bailleur, la vente transmet à l'acheteur la propriété même des constructions tout comme celle du sol. Le droit de mutation immobilière est donc applicable (Seine 10 janv. 1839, 12220 J. E.) ; et si l'acheteur est chargé de payer l'indemnité due au fermier, cette imdemnité doit être ajoutée au prix pour la liquidation de l'impôt (Lyon 7 avr. 1865, 18013 J. E., 13000 C., 1351 Rev.).

Quand les bâtiments appartiennent au constructeur, le propriétaire du sol n'a qu'une action pour les obtenir plus tard aux conditions légales de l'art. 555 C. C., ou selon celles qui ont été arrêtées avec le constructeur. Mais cette action tendant à procurer un immeuble a un caractère immobilier et donne lieu au droit de 5 fr. 50 cent. pour 100 (Sol. 23 mai 1853; — Seine 18 janv. 1860, 1431 R. P., 17094 J. E., 11717 C.; — Ypres (Belgique) 24 juin 1870, 3606 R. P.). — Nous avons examiné déjà cette difficulté au mot *Actions*.

5128. Présomption de propriété. — Nous verrons bientôt quelle influence décisive exerce sur la perception la présomption que toute construction appartient au propriétaire du sol; mais auparavant nous devons dire ce qu'est cette présomption. « Toutes constructions, porte l'art. 533 C. C., plantations et ouvrages sur un terrain sont *présumés* faits par le propriétaire, *à ses frais*, et lui appartenir, *si le contraire* *n'est prouvé.* » Il résulte de là que toute construction ou ouvrage appartient au propriétaire, et que celui qui prétendrait le contraire doit en *fournir la preuve*. En l'absence de cette preuve contraire, le propriétaire du sol n'a rien à établir, rien à justifier, rien à prouver, il possède parce qu'il possède. Ainsi, de ce que cette maison existe sur mon terrain, il s'ensuit de plein droit que c'est moi qui l'ai fait bâtir. Si vous venez prétendre que c'est vous, vous devez l'établir; moi je n'ai aucune preuve à faire maintenant; quand même ce serait vous qui l'auriez fait bâtir, qui auriez présidé aux travaux, elle serait encore censée faite à mes frais, vous seriez censé n'avoir agi que pour mon compte et avoir payé de mes deniers. Pour détruire cette présomption, il vous faudrait prouver, soit par des actes passés entre nous, soit par l'ensemble des circonstances, que c'est de votre bourse que sont sorties les dépenses faites. Enfin, quand il serait constant que vous avez fait construire la maison à vos frais, elle n'en serait pas moins à moi comme accessoire du terrain (sauf obligation pour moi de vous indemniser, d'après la distinction de l'art. 555); à moins, ici encore, que vous n'établissiez le contraire, en prouvant, par exemple, que je vous avais cédé le droit de faire bâtir pour vous, sur un terrain restant mien, une maison à la destruction de laquelle je reprendrais la jouissance de ce terrain.

Cette disposition de l'art. 553, d'après laquelle toutes constructions et ouvrages sur un terrain sont *présumés faits* par le propriétaire, *à ses frais*, et lui *appartenir* si le contraire n'est prouvé, est de tout point applicable en matière d'enregistrement. C'est ce qui résulte formellement de trois arrêts de la C. cass. des 26 juin 1837, 15 et 22 avril 1840 (S. 37-1-698, 40-1-423 et 425, 1630-8 I. G., 11531 et 12520 J. E., 9700, 10602, 10671 J. N.).

L'arrêt du 26 juin 1837 porte :

« Attendu qu'aux termes de l'art. 553 C. C. toutes constructions, plantations et ouvrages faits sur un terrain, ou dans l'intérieur, sont présumés faits par le propriétaire à ses frais et lui appartenir, si le contraire n'est prouvé ; qu'il suit de cette disposition et de l'art. 1859, même code, que, lorsque des constructions ou améliorations ont été faites sur un immeuble, dont plusieurs personnes ont fait l'acquisition en commun, ces constructions sont présumées faites par les communistes et leur appartenir pour les parts et portions dont ils sont propriétaires dans l'immeuble acquis en commun, et que cette présomption légale ne peut être détruite que par une preuve contraire; attendu, dans l'espèce, que cette preuve ne pouvait pas résulter de la simple déclaration faite dans l'acte du 10 juin 1833, que les constructions auraient été faites et payées par le sieur Ledoux seul; qu'en effet, il est de principe que nul ne peut se faire un titre à soi-même et que, d'ailleurs, ce serait ouvrir la porte à la fraude que d'admettre une semblable déclaration pour détruire une présomption fondée sur la disposition formelle de la loi ; attendu que, pour écarter cette déclaration, l'administration de l'Enregistrement n'avait besoin ni de prouver ni même d'articuler qu'elle était frauduleuse; que, pour justifier que le droit de mutation, auquel l'acte du 10 juin 1833 donnait ouverture, devait être établi sur la valeur de l'immeuble licité, en y comprenant les constructions et améliorations qui y avaient été faites, l'administration de l'Enregistrement pouvait se renfermer dans le texte formel de l'art. 553 C. C.; et qu'au contraire, si le sieur Ledoux prétendait que cet article ne devait pas recevoir d'application, c'était lui qui devait administrer la preuve du fait par lui allégué, que les constructions avaient été faites à l'insu du sieur Desfontaines, son copropriétaire, et qu'il avait seul payé le prix de ces constructions. »

L'arrêt du 22 avril 1840 est ainsi conçu :

« Attendu qu'aux termes de l'art. 553 C. C. toutes constructions, plantations et ouvrages faits sur un terrain ou dans l'intérieur, sont présumés faits par le propriétaire, à ses frais et lui appartenir, si le contraire n'est prouvé; attendu que, pour écarter l'application de cet article, Ledoux devait administrer la preuve du fait allégué; mais attendu qu'indépendamment de la simple déclaration faite dans l'acte du 10 juin 1833 et qui ne pouvait être une preuve suffisante, le jugement attaqué a reconnu : 1° que Ledoux a payé seul tous les fournisseurs et ouvriers, qui n'ont traité qu'avec lui et ne se sont adressés qu'à lui ; — 2° qu'il a soutenu un procès à l'occasion d'une fourniture de matériaux; — 3° qu'il a seul demandé l'alignement et qu'il l'a seul obtenu ; — 4° que la preuve du fait articulé ressort encore des registres de la fabrique, du registre de correspondance et des extraits délivrés par le percepteur des impositions. » — *Conf.* : Demolombe t. 9 n° 659, Champ. et Rig. t. 6 n° 370. — *Comp.* Cass. 31 janv. 1842, S. 42-1-350, P. 42-1-543).

1. EXPERTISE. — Ainsi, cette jurisprudence établit que les constructions existant sur un terrain sont légalement présumées faire partie de la vente du terrain, nonobstant toute déclaration contraire des parties; que ce n'est pas à l'Administration à prouver que cette déclaration est fausse, mais aux parties à établir qu'elle est vraie, d'où la conséquence, d'après les arrêts précédents, qu'en cas d'une expertise provoquée en vertu de l'art. 17 L. 22 frimaire an 7, l'estimation doit comprendre les constructions de même que le sol. — (*Conf.* : 14793-5 J. E. ; — Lille 1er juin 1837, 12100 J. E.; — Seine 22 nov. et 17 déc. 1838, 12201 et 12227 J. E.). — Il est établi, par l'arrêt du 15 avril 1840, que les constructions doivent être estimées par les experts d'après leur valeur au jour même du contrat de vente, nonobstant la déclaration faite dans cet acte que l'acquéreur était entré antérieurement en jouissance, si cette déclaration n'est d'ailleurs appuyée d'aucune preuve (Seine 2 août 1838, 2167 J. E.).

2. ACQUÉREUR. — Bien que, dans l'acte de vente d'un terrain, il soit dit que les constructions qui le recouvrent ont été élevées par l'acquéreur avec une somme que lui a prêtée le vendeur et qu'il s'oblige à lui rembourser, le droit de 5 fr. 50 cent. pour 100 est exigible et sur le prix du terrain et sur la somme qui représente la valeur des constructions; car, aux termes de l'art. 553 C. C., les constructions appartiennent au vendeur jusqu'à preuve contraire (Nantes 25 août 1840, 12770 J. E.).

3. BAIL. — Si, dans l'acte de vente d'une maison qui a été louée avec faculté au locataire d'élever des constructions qui lui seraient payées par le bailleur à la fin du bail, il a été stipulé que l'acquéreur *exécuterait le bail*, les constructions font partie de la vente et leur valeur doit être ajoutée au prix (Seine 10 janv. 1839, 12220 J. E.).

4. COPROPRIÉTAIRES.—Les constructions élevées sur un immeuble *indivis appartiennent* à tous les copropriétaires, et si l'un d'eux devient adjudicataire de la part des autres, le droit de mutation immobilière est dû sur la part de ceux-ci dans la *totalité* de l'immeuble, encore bien qu'il soit déclaré, *mais sans preuve*, que les constructions ont été faites par l'acquéreur seul (Sol. 21 fév. 1834, 10858 J. E.; — Cass. 26 juin 1837, 11832 J. E., 1630 § 8 I. G., arrêt rapporté 5128). — *V.* 6 à 8 *infrà*.

D'après la combinaison des art. 553 et 1839 C. C., lorsque les constructions ont été élevées sur un terrain qui appartient indivisément à plusieurs personnes, ces constructions sont présumées faites au profit des communistes et leur appartenant pour la part dont ils sont propriétaires dans l'immeuble commun (Lille 6 janv. 1843, 13178-2 J. E.).

5. ÉCHANGE. — L'échange d'un terrain, sans réserve, emporte cession des constructions qui s'y trouvent au moment du contrat, et elles doivent être comprises dans l'estimation des experts (Lille 1er juin 1837, 12100 J. E.).

6. ÉPOUX. — La vente d'un terrain bâti, consentie par les héritiers d'un époux à l'époux survivant, avec déclaration que les constructions existant sur le terrain ont été édifiées par l'acquéreur, de ses propres deniers, est passible du droit de mutation sur le prix du sol et sur la valeur des constructions, lorsque rien ne prouve la sincérité de la déclaration des parties et ne détruit la présomption résultant des art. 552 et 553.

7. LICITATION. — Bien qu'il soit déclaré dans une licitation que les constructions qui existent sur le sol indivis ont été élevées par l'acquéreur colicitant, la valeur de ces constructions doit être ajoutée au prix pour la perception, dès l'instant que rien autre chose que la déclaration des parties n'établit le fait avancé (Arras 13 nov. 1844, 13681 J. E.).

8. SUCCESSION. — Lorsque la veuve a fait élever des constructions sur l'immeuble de communauté avant le partage de cette communauté et la majorité de ses enfants, si l'un d'eux meurt, on doit comprendre dans sa succession sa part, non-seulement dans l'immeuble, mais encore dans les constructions élevées (13240-6 J. E.).

Lorsque le sol sur lequel sont élevées des constructions a été compris dans une déclaration de succession, s'il y a eu omission de constructions, comme la propriété du sol emporte celle des constructions, on ne peut poursuivre la réparation de cette omission que par voie d'expertise, comme insuffisante (15077 § 4 J. E.).

Si, à l'époque d'un bail d'immeubles, des constructions n'existaient pas, que le preneur n'ait pas été chargé de les élever et que rien n'établisse qu'elles ne font pas partie de la propriété, l'Administration peut, au décès du bailleur, ne pas tenir compte du bail courant et provoquer l'expertise du revenu des immeubles, constructions comprises (Péronne 30 nov. 1849, 14899-2 J. E.).

La déclaration faite par les héritiers dans un acte de vente postérieur au décès du propriétaire d'un terrain sur lequel se trouvent des constructions, « que le terrain seul appartenait à leur auteur et les bâtiments à un architecte qui les a élevés de ses deniers et pour son compte, » ne peut, en l'absence d'une preuve authentique contraire, quelque apparence de sincérité que les faits présentent d'ailleurs, détruire la présomption de l'art. 553 C. C., et soustraire les héritiers du propriétaire du sol au payement des droits de succession, tant pour les constructions que pour le terrain (Cass. belge 21 avr. 1866, 10147 J. E. belge). — V. *Succession* n° 16345.

5129. Preuve de propriété. — Dans toutes les espèces que nous venons de passer en revue, il y avait simple déclaration, et cette déclaration devait nécessairement rester sans effet en présence des termes formels de l'art. 553 C. C. Mais cette même déclaration, appuyée de pièces et de documents écrits établissant que les constructions ont été faites pour le compte et aux frais de l'acquéreur ou du tiers désigné dans l'acte de vente peut, suivant l'appréciation des tribunaux, constituer la preuve contraire autorisée par l'art. 553, et cette preuve peut résulter de ces diverses circonstances, savoir : 1° que l'acquéreur ou le tiers aurait seul payé tous les fournisseurs et ouvriers qui n'auraient traité qu'avec lui et ne se seraient adressés qu'à lui ; — 2° qu'il aurait seul soutenu un procès à l'occasion d'une fourniture de matériaux ; — 3° qu'il aurait seul demandé l'alignement et qu'il l'aurait seul obtenu ; — 4° que la preuve du fait articulé ressort des registres de correspondance et d'extraits délivrés par le percepteur des contributions directes (Cass. 22 avr. 1840, 12520 J. E., 10671 J. N., 1630 § 8 I. G., arrêt rapporté 5128).

Cette preuve ne résulterait pas d'un acte sous seing privé n'ayant point acquis date certaine (Seine 13 mars 1844, 13492 J. E.). —V. *Acte sous seing privé*.

5130. Époux. — Si, sur un sol propre à la femme, le mari a fait élever des constructions avec les deniers de la communauté, ces constructions appartiennent à la femme, sauf récompense à la communauté. Et alors même que la femme renoncerait à la communauté, ces constructions n'en resteraient pas moins sa propriété privée, qui devrait être comprise dans sa succession en cas de décès.

C'est ce qui s'induit de la manière la plus formelle du principe posé par l'art. 1437 C. C. Cet article, en effet, en déclarant qu'il est dû récompense à la communauté par l'époux propriétaire de toutes les améliorations faites à son immeuble pendant le cours de la communauté, décide, par une conséquence directe, que l'époux propriétaire de l'immeuble amélioré est propriétaire exclusif de ce qui a fait l'objet de l'amélioration. Le tribunal de la Seine a mis ce principe en parfait relief en jugeant, le 6 juin 1855 (575 R. P.), que, si sur un sol propre à la femme le mari a fait élever des constructions et que, sur la renonciation des héritiers de la femme, il reste seul maître de la communauté, le droit de vente est exigible, s'il se rend adjudicataire de l'immeuble. La C. cass. a consacré la même règle en rejetant, le 18 mars 1856 (705 R. P., 2078-6 I. G., S. 58-1-423), le pourvoi formé contre le jugement du tribunal de la Seine par un arrêt ainsi conçu :

« Attendu que la construction élevée sur le terrain appartenant à sa femme par le demandeur en cassation constitue, aux termes de l'art. 1437 C. C., une véritable amélioration de la propriété de la femme et oblige celle-ci à tenir compte à la communauté des avances exigées par cette construction; — Attendu que si, par suite de la renonciation des héritiers de la femme à la communauté, le mari s'est rendu adjudicataire de l'immeuble, il devient acquéreur pour le tout, c'est-à-dire pour le sol et pour la construction qu'il a élevée, et doit conséquemment les droits de mutation établis par l'art. 69 § 7 n° 4 L. 22 frimaire an 7, sous la seule déduction de la portion qu'il tenait de la donation de sa femme, et que, l'ayant ainsi jugé, loin d'avoir violé la loi, le jugement attaqué en a fait une juste application » (*Conf.* : Villefranche, 27 mars 1873 et Seine, 28 août 1875, 14391 R. P.).

Le mari, en effet, n'est pas un tiers possesseur, mais un administrateur, et il est censé avoir fait les constructions au nom de la femme à laquelle appartient le terrain. C'est pourquoi la jurisprudence décide que les constructions élevées sur le fonds dotal sont dotales comme le fonds lui-même dont elles deviennent l'accessoire (Paris 11 avr. 1850, S. 51-2-103; — Cass. 29 août 1860, S. 61-1-9; — Rouen 2 mai 1861. S. 62-2-171). *V.* 4391.

Aussi, lorsque pendant le mariage le mari a fait construire des bâtiments sur un bien dotal ou propre à la femme, il n'y a pas lieu de percevoir le droit de vente, mais bien celui d'indemnité sur l'acte par lequel, après son décès, la veuve déclare, dans un procès-verbal d'ouverture de liquidation de la succession, qu'elle conserve les constructions à charge de tenir compte de leur valeur (13875-3 J. E., D. N. t. 13 p. 408 n° 420).

5131. Usufruitier. — Deux arrêts rendus, l'un par la C. cass. 23 mars 1825 et l'autre par la cour de Bourges 24 février 1837 (Déc. 38-2-108), ont jugé, et Proudhon t. 3 n° 1441, Toullier t. 3 n° 129, Roll. de Vill. v° *Constructions* n° 2, enseignent qu'à la fin de l'usufruit l'usufruitier ou ses représentants ne peuvent rien réclamer des constructions ou travaux quelconques par lui faits, sur le fonds. Cette doctrine est fondée sur l'art. 599 C. C. qui refuse à l'usufruitier le droit de réclamer aucune indemnité pour les améliorations qu'il prétendrait avoir faites, encore que la valeur de la chose en fût augmentée.

Mais d'autres auteurs, avec plus de raison, selon nous, refusent d'étendre aux constructions la disposition de la loi sur les simples améliorations. Ils assimilent alors l'usufruitier au locataire et lui reconnaissent le droit d'hypothéquer ou d'aliéner les constructions (Marcadé art. 555, Demolombe t. 9 n° 173).

Le droit de vente est donc exigible dans les cas où il le serait de la part du fermier.

Des auteurs, en s'étayant sur un jugement du tribunal de la Seine du 22 mars 1832, ont enseigné d'abord que la cession par l'usufruitier des constructions qu'il a élevées est une vente de matériaux que le cédant avait la faculté d'enlever (10295 J. E.). Puis ils ont admis l'exigibilité du droit immobilier (10152 J. E.) pour revenir ensuite au principe du droit mobilier (13758-3 J. E.).

CHAPITRE III. — QUESTIONS DIVERSES

[5132-5138]

5132. Améliorations. — Si les travaux faits par un tiers ne consistaient qu'en réparations nécessaires ou utiles, le propriétaire devrait indemnité, sans égard au caractère de bonne ou de mauvaise foi de la possession (Demolombe n°s 684 à 688). Par conséquent, le droit d'indemnité est seul exigible dans tous les cas.

5133. Bail. — Les clauses relatives aux constructions imposées au preneur dans les baux ont, sur la perception du droit de bail, une influence dont nous avons étudié les effets au n° 2549.

5134. Indemnité. — Jugement. — Le jugement qui règle l'indemnité due au constructeur par le propriétaire du terrain est passible du droit de 50 centimes pour 100 — *V.* 9605.

5135. Marché. — La vente ou l'échange d'un terrain et de maisons que le vendeur ou l'échangiste s'oblige à élever sur ce terrain donne-t-il ouverture au droit de 5 fr. 50 cent. pour 100 sur le prix total, ou de 1 pour 100 seulement, comme marché, sur le prix des constructions à élever ? On trouvera plus loin l'explication des principes relativement à la perception du droit applicable à la vente d'une maison à construire. — V. *Vente d'immeubles.*

5136. Mutation secrète. — La cession par un locataire des constructions qu'il a élevées sur le terrain loué établit-elle, au profit de ce locataire, une transmission immobilière tombant sous l'application de l'art. 4 L. 27 ventôse an 9 ? — V. *Mutation secrète.*

5137. Société. — Usufruit. — L'acte par lequel deux personnes déclarent s'associer pour la construction d'une maison sur le terrain appartenant à l'une d'elles, avec les fonds fournis par l'autre, en stipulant que la nue-propriété de l'immeuble appartiendra au propriétaire du fonds et l'usufruit à l'autre, donne ouverture au droit de cession d'usufruit à 5 fr. 50 cent. pour 100 sur la moitié de la somme mise en société pour l'édification des constructions, attendu que, dès l'instant qu'il n'y a rien d'aléatoire dans un pareil contrat, l'art. 1832 C. C., qui régit les actes de société, ne lui est pas applicable (Laval 20 juin 1843, 13297 J. E.).

5138. Succession. — Lorsque les constructions ont été élevées par le fermier qui décède avant l'expiration du bail, ses héritiers doivent en faire la déclaration et acquitter les droits de mutation par décès. — V. *Succession*.

CONSUL.

5139. — Délégué qu'une puissance entretient dans les villes et ports d'une autre puissance, pour protéger les relations commerciales des sujets de sa nation.

5140. Dispositions législatives. — Des expéditions des actes de naissance et de décès qui ont lieu en mer sont remises au consul dans le pays où le bâtiment aborde; et il en est de même de l'un des originaux des testaments faits à bord de bâtiments (60, 87, 991 C. C.). Les capitaines de bâtiments marchands qui veulent faire radouber leurs navires en obtiennent l'autorisation du consul, et ils sont tenus, dans les pays où ils abordent, de lui faire un rapport (234, 244 C. com.).

5141. Officier public. — Les consuls sont des fonctionnaires qui exercent une juridiction sur leurs nationaux dans le lieu de leur résidence, ils doivent donc être compris dans la classe des officiers publics. Par suite, la reconnaissance par un consul, dans un port étranger, d'un dépôt de somme à lui fait pour être transmis aux héritiers d'un français décédé en pays étranger, n'est sujette qu'au droit fixe comme dépôt de somme chez un officier public (4497 J. E.).

5142. Succession. — Les règles que nous avons fait connaître aux n°s 2126 et suiv. sont applicables aux consuls, car ils ont un caractère public auquel sont attachés des priviléges et des immunités, dont l'usage, les lois de la réciprocité et même des conventions expresses, ont déterminé la nature et l'étendue (Lettre minist. aff. étrang. 29 déc. 1814, 5079 J. E.). — Dans ce sens, il a été décidé que les héritiers de la femme d'un consul, mariée sous le régime de la communauté, ne sont point tenus de déclarer les objets mobiliers et l'argent comptant qui existent dans la maison d'habitation, mais qu'ils doivent passer déclaration de tous les autres biens dépendant de la communauté et ayant leur assiette en France (Seine 14 mai 1813, 4858 J. E.). — V. *Ambassadeur* et *Succession*.

CONSULTATION.

5143. — C'est l'avis qu'un avocat, un jurisconsulte, donne dans une affaire ou sur une question qui lui est soumise. Quelquefois aussi le mot consultation désigne la conférence que tiennent des avocats pour discuter sur quelque affaire.

5144. Nécessité d'une consultation. — En certains cas la loi exige que les parties soient munies d'une consultation avant de pouvoir agir. Ainsi, lorsqu'un mineur veut transiger (467 C. C.). Ainsi, on ne peut former de requête civile sans faire signifier une consultation de trois avocats (495 C. proc.). Les établissements publics sont également tenus de prendre l'avis de trois jurisconsultes avant d'intenter une action relative à la propriété.

5145. Timbre. — Les consultations signées par les avocats sont assujetties au timbre par une disposition formelle de l'art. 12 L. 13 brum. an 7. Nous avons fait connaître toute la jurisprudence à cet égard au n° 2484, nous n'y reviendrons pas. C'est l'avocat qui est débiteur des droits et amendes de timbre auxquels donne lieu sa consultation. — *V.* 1545.

1. COMMUNES. — Les avis ou mémoires donnés relativement à des affaires communales par un homme de loi chargé par le préfet de l'examen de la question sont sujets au timbre, alors surtout que ces avis sont joints à des actes notariés (D. m. f. 20 avr. 1805).

Décidé également et d'une façon plus générale que l'obligation du timbre s'étend aux avis des comités consultatifs relatifs aux transactions concernant les communes parce que, en matière de timbre, les communes sont considérées comme des personnes privées (Sol. 13 nov. 1866).

CONTENTIEUX.

5146. — Ce qui est susceptible de litige. Le contentieux administratif doit être soumis aux magistrats de l'ordre administratif, aux conseils de préfecture et au conseil d'État. Le contentieux judiciaire doit être jugé par les tribunaux. — V. *Conseil de préfecture* et *Conseil d'État*.

CONTESTATION.

5147. — Difficulté portée devant la justice ou devant l'autorité compétente pour statuer sur la matière. — En matière de perception les contestations ne peuvent avoir aucune influence sur le payement des droits à faire au moment de la formalité, c'est ce qui résulte de l'art. 28 L. 22 frimaire an 7, ainsi conçu : « Les droits des actes et ceux de mutation par décès seront payés avant l'enregistrement, aux taux et quotités réglés par la présente. Nul ne pourra en atténuer ni différer le payement, sous prétexte de *contestation* sur la quotité, ni pour quelque autre motif que ce soit, sauf à se pourvoir en restitution, s'il y a lieu. »

CONTEXTE.

5148. — Les actes des notaires doivent être écrits en un seul et même *contexte*, à peine de 100 francs d'amende (20 fr.) (L. 25 vent. an 11, art. 13).

5149. Contexte. — Par les mots *un seul et même contexte*, employés dans l'art. 15 L. de ventôse, il faut entendre non que l'acte doit être écrit tout entier de la même main, mais que la contexture de l'acte doit être uniforme, c'est-à-dire que le caractère de l'écriture doit être à peu près de la même grosseur et *les lignes également espacées* (2306 J. N., *Manuel des contrav.* n° 380). — V. *Acte notarié* n° 950.

5150. Stipulations étrangères. — C'est d'ailleurs à tort qu'on a dit qu'il y aurait dérogation à la loi du contexte, parce qu'un acte contiendrait des stipulations qui ne seraient pas de son essence et de son but. L'erreur est démontrée par la plus simple expérience. Par exemple, rien n'empêche qu'un contrat de mariage contienne la vente ou le bail d'un bien, qu'un acte de cette dernière espèce ne contienne la reconnaissance d'un prêt, etc. — V. *Acte contenant plusieurs dispositions.*

CONTIGUÏTÉ.

5151. — État de deux choses qui se touchent.

L'art. 2 L. 16 juin 1824 voulait que les échanges de biens ruraux contigus ne fussent assujettis qu'au droit fixe de 1 franc. Cette disposition, introduite dans la loi dans le but de favoriser la reconstitution de la grande propriété, fournissait à la fraude un moyen facile d'éluder le droit proportionnel établi sur les échanges en général; aussi a-t-elle été abrogée par l'art. 16 L. 24 mai 1834.

Elle a été depuis lors reproduite dans la loi du 27 juillet 1870 avec des précautions destinées à en empêcher l'abus. — V. *Échange.*

CONTINUATION DE COMMUNAUTÉ.

5152. — C'était la durée non interrompue de la communauté de deux époux, qui se prolongeait entre leurs enfants et le survivant, faute par celui-ci d'avoir fait bon et fidèle inventaire après la mort du prédécédé. Cette disposition, qui était de droit commun dans les pays coutumiers, a été abrogée par l'art. 1442 C. C. — V. 441*.

CONTRACTUEL.

5153. — Se dit de ce qui a été réglé par un contrat ou de ce qui en découle. Par exemple, la séparation de biens par contrat de mariage est une séparation contractuelle; l'institution d'héritier, aussi par contrat de mariage, est une institution contractuelle.

CONTRADICTOIRE.

5154. — C'est tout ce qui se fait en présence des parties intéressées. De là le nom de *jugement contradictoire* donné à celui qui a été rendu entre toutes les personnes parties présentes et contredisantes.

CONTRAINTE.

5155. — Ce terme a plusieurs sens. D'abord on nomme contrainte les différentes voies par lesquelles la loi permet de forcer quelqu'un à faire ce à quoi il s'est obligé ou a été condamné.

Les contraintes prises sous ce rapport s'exercent ou sur la personne ou sur les biens. — Celles qui s'exercent sur la personne s'appellent contraintes par corps. — Celles qui s'exercent sur les biens sont de plusieurs espèces. De ce nombre sont les saisies-arrêts, les saisies-exécutions, les saisies immobilières, les ventes judiciaires, etc.

5156. Contrainte en matière d'impôts. — La contrainte est, relativement aux impôts et amendes, ce que le jugement est relativement aux condamnations, ou la grosse du titre relativement aux obligations, avec cette différence, en matière d'*enregistrement*, de *timbre*, etc., que la contrainte n'est pas exécutoire d'elle-même, mais qu'il faut qu'elle soit rendue telle par le juge.

Nous ne nous occupons ici que de ce qui concerne l'enregistrement et le timbre des contraintes.

5157. Enregistrement en matière de recouvrement de droits d'enregistrement et de timbre. — Les contraintes ne sont pas sujettes à la formalité de l'enregistrement; la signification seule doit être enregistrée, comme tous les exploits. Le droit est de 1 franc. Ce droit était autrefois en débet (115 I. G.) ; mais, à partir du 1er janvier 1838, il a été perçu au comptant. Le receveur en fait l'avance sur les fonds de sa caisse, à charge de recouvrement ou de régularisation (D. m. f. 24 nov. 1837, 1551 I. G.). L'enregistrement a lieu gratis si la somme exigible ne s'élève pas à 100 francs (*V.* 882 et suiv. — L. 22 frim. an 7 art. 68 § 1er n° 30, 16 juin 1824 art. 6).

1. SURTAXE. — Le droit de 1 franc a été élevé à 1 fr. 50 cent. par la loi du 19 février 1874.

5158. Timbre. — Les contraintes doivent être rédigées sur papier timbré. Une circulaire du directeur général, du 5 vendémiaire an 11, porte que l'usage de faire timbrer à l'extraordinaire les contraintes et autres actes de poursuite est contraire à l'art. 18 L. 22 frimaire an 7. Cependant il a été jugé que l'emploi du timbre extraordinaire peut avoir lieu sans qu'il en résulte aucune nullité (Cass. 15 juill. 1806, 2503 J. E., 10646 J. E.).

5159. Acte à la suite. — Le visa du juge de paix et la signification peuvent être mis à la suite sans contravention (L. 13 brum. an 7 art. 23; — Cass. 15 juill. 1806, 2503 J. E., D. N. t. 3 p. 752 n° 70).

5160. Percepteurs. — Adjudicataires. — Les contraintes signifiées par le ministère d'huissier, décernées contre les percepteurs en déficit et contre les adjudicataires de coupes de bois pour obtenir le payement de leurs traites, sont des actes de poursuites passibles du timbre (Sol. 25 juin 1833).

5161. Rôles des contributions. — Les contraintes que les receveurs des finances délivrent pour le recouvrement des rôles des contributions directes ne sont pas des titres; elles ne peuvent être considérées que comme de simples actes d'administration par lesquels le receveur des finances enjoint à l'agent des poursuites de poursuivre les contribuables en retard de se libérer. Elles ne sont donc pas passibles du timbre (D. m. f. 28 avr. 1837, 1536 I. G.).

5162. Contributions directes. — Formules. — Les formules imprimées destinées aux actes de poursuites ayant pour objet le recouvrement des contributions directes ne sont plus visées pour timbre dans les bureaux de l'enregistrement; elles peuvent seulement être présentées au timbre extraordinaire, au bureau du chef-lieu du département (D. m. f. 3. fév. 1838, 1556 I. G.).

CONTRAINTE PAR CORPS.

5163. — C'est le droit, appartenant à un créancier, de faire arrêter son débiteur et de le constituer prisonnier jusqu'à ce qu'il ait acquitté son obligation. — Si le débiteur est déjà détenu, le créancier ne peut pas le faire incarcérer; mais il a le droit de le faire recommander, c'est-à-dire de s'opposer à ce que la liberté lui soit rendue jusqu'à ce qu'il ait satisfait aux condamnations dont il est passible (C. proc. 792).

Il n'entre pas dans le plan de cet ouvrage de donner des développements sur la contrainte par corps. Nous renvoyons pour cet objet aux art. 2059 et suiv. C. C., 126 et suiv. C. proc., à la loi du 27 juillet 1867 qui en a prononcé l'abolition dans la plupart des cas, et à celle du 19 décembre 1871 qui l'a rétablie en matière de recouvrement de frais dus à l'État pour condamnations prononcées en matière criminelle, correctionnelle et de police.

5164. Jugement. — Condamnation. — Pour exercer la contrainte par corps envers un créancier, pour cause de stellionat, il fallait obtenir un jugement. Dès que ce jugement n'a pas d'autre objet que d'autoriser la contrainte en vertu d'un titre déjà exécutoire, il n'était point passible du droit de condamnation (8563 J. E.).

1. DISPOSITION INDÉPENDANTE. — On ne peut d'ailleurs exiger un droit particulier, comme disposition indépendante sur la condamnation à la contrainte par corps (2224, 2520 J. E.).

5165. Ordonnance d'élargissement. — En cas d'élargissement faute de consignation d'aliments, il suffisait que la requête présentée au président du tribunal civil fût signée par le débiteur détenu et par le gardien de la maison d'arrêt pour dettes, ou même certifié véritable par le gardien, si le détenu ne savait pas signer. Cette requête était présentée en duplicata; l'ordonnance du président, ainsi rendue par duplicata, était exécutée sur l'une des minutes qui restait entre les mains du gardien; l'autre minute était déposée au greffe du tribunal et enregistrée gratis (L. 17 avr. 1832, art. 30, 10303 J. E.). — Mais le double, qui devait rester entre les mains du greffier, était exempt d'enregistrement (15103-4 J. E.).

CONTRAT.

5166. — C'est dans le sens le plus étroit une convention revêtue des formes d'un acte public : il est, en ce sens, synonyme d'*acte notarié*. Mais, dans l'acception générale, le contrat est, d'après la définition de l'art. 1101 C. C., une convention par laquelle une ou plusieurs personnes s'obligent envers une ou plusieurs autres à donner, à faire ou à ne pas faire quelque chose.

5167. Diverses espèces de contrats. — Les contrats sont divisés : 1° en unilatéraux et bilatéraux ou synallagmatiques; — 2° en commutatifs et aléatoires; — 3° en contrats de bienfaisance et contrats à titre onéreux ou intéressés de part et d'autre.

Le contrat est synallagmatique ou bilatéral, lorsque les contractants s'obligent réciproquement les uns envers les autres (1102 C. C.); il est unilatéral, lorsqu'une ou plusieurs personnes sont obligées envers une ou plusieurs autres, sans que de la part de ces dernières il y ait d'engagement (*Id.* 1103); il est commutatif, lorsque chacune des parties s'engage à donner ou à faire une chose qui est regardée comme l'équivalent de ce qu'on lui donne ou de ce qu'on fait pour elle. — Le contrat est aléatoire lorsque l'équivalent consiste dans la chance de gain ou de perte pour chacune des parties d'après un événement incertain (*Id.* 1104). — Le contrat de bienfaisance est celui dans lequel l'une des parties procure à l'autre un avantage purement gratuit (*Id.* 1105). — Le contrat à titre onéreux est celui qui assujettit chacune des parties à donner ou à faire quelque chose (*Id.* 1106).

Les contrats sont aussi divisés en *réels* et *consensuels, solennels* et *non solennels*; mais nous n'insisterons pas sur ces distinctions, qui sont peu utiles dans la pratique.

5168. Dénomination propre ou non. — Un contrat peut avoir une dénomination propre, comme celle de *vente*, *d'obligation*, de *bail*, de *société*, etc. Il est alors soumis à des règles particulières que nous ferons connaître sous les mots réservés à chacune de ces espèces d'actes : soit qu'il ait une dénomination propre, soit qu'il n'en ait pas, il est soumis à des règles générales, que nous développerons sous les mots *Convention* et *Obligation*.

CONTRAT A LA GROSSE AVENTURE.

5169. Définition. — Nous empruntons à Bravard-Veyrières la définition et l'exposé précis des notions générales de ce contrat :

« Le contrat de prêt à la grosse est un des contrats maritimes les plus anciens; il était connu en droit romain, où il est désigné sous le nom de *nauticum fænus* et sous celui de *trajectitia pecunia*. C'est, comme l'indique le mot lui-même, une espèce de prêt où le prêteur court les grosses aventures de mer; car (et voilà le caractère distinctif de ce contrat), si la chose sur laquelle le prêt est fait vient à périr, l'emprunteur est libéré. Si, au contraire, elle arrive à bon port, le prêteur peut rélamer son capital, plus une somme à titre de profit maritime. « Ce contrat, dit Valin, est appelé *à grosse aventure*, ou *à la grosse*, par abréviation, parce que, le prêteur courant risque de perdre la somme, il la met effectivement à l'aventure. » Il est appelé aussi contrat ou prêt *à retour de voyage*, parce que, le plus ordinairement, la somme n'est payable, avec le profit maritime, qu'au retour du navire sur lequel le prêt est fait » (*Droit commercial*).

5170. Dispositions législatives. — Le contrat à la grosse est fait devant notaire ou sous seing privé. Il énonce le capital prêté et la somme convenue pour le profit maritime, les objets sur lesquels le prêt est affecté, les noms du navire et du capitaine, ceux du prêteur et de l'emprunteur, si le prêt a lieu pour un voyage, pour quel voyage et pour quel temps, l'époque du remboursement (311 C. com.). Il peut être négocié par la voie de l'endossement, s'il est à ordre (313 *id.*).

Tout prêteur à la grosse, en France, est tenu de faire enregistrer son contrat au greffe du tribunal de commerce, dans les dix jours de la date, à peine de perdre son privilége. Si le contrat est passé en pays étranger, il faut le faire approuver par le consul français (312 *id.*).

Les emprunts à la grosse peuvent être affectés sur le corps et quille du navire, sur les agrès et apparaux, sur l'armement et les victuailles, sur le chargement, sur la totalité de ces objets conjointement ou sur une partie déterminée (315 C. com.).

Tous emprunts sur le fret à faire du navire et sur le profit espéré des marchandises sont prohibés; et nul prêt à la grosse ne peut être fait aux matelots ou gens de mer sur leurs loyers ou voyages (318, 319 *id.*).

5171. Enregistrement. — La L. 22 frimaire an 7 art. 69 § 2 n° 10 assujettit au droit de 50 cent. pour 100 le contrat à la grosse; il n'y a point, comme pour le contrat d'abandonnement pour fait d'assurance maritime, de distinction à faire entre le temps de paix et le temps de guerre (Demante n° 526).

1. LIQUIDATION. La liquidation du droit s'établit sur le capital prêté seulement, sans qu'il y ait lieu d'ajouter à ce capital le montant du profit maritime qui n'est que l'intérêt de la somme prêtée porté à un taux plus élevé à raison des chances auxquelles se soumet le bailleur de fonds (Dél. 1er déc. 1824, 1156 § 8 I. G., 5028 J. N., G. Demante n° 526).

5172. Affectation hypothécaire. — Lorsque, par le contrat à la grosse, l'emprunteur, outre le privilége sur le navire, hypothèque un immeuble à la sûreté du remboursement, le droit de 1 pour 100 est exigible, car il n'y a plus ici prêt à la grosse proprement dit; le remboursement est assuré et le contrat n'est plus aléatoire (11405 J. E.).

5173. Endossement. — Le contrat peut être négocié par endossement et cet endossement est exempt d'enregistrement, comme le sont les endossements des effets négociables, d'après l'art. 70 § 3 n° 15 L. 22 frimaire an 7 (*Contrà* 2150 J. E.). — *V.* 5010.

5174. Timbre. — Lorsque le contrat de prêt à la grosse a été passé devant un notaire ou un chancelier de consulat à l'étranger, il est assujetti, qu'il soit à ordre ou non, au droit de timbre de dimension, conformément à l'art 12 n° 1er L. 13 brumaire an 7. S'il a été fait sous seing privé et qu'il contienne des conventions synallagmatiques, il est également passible du droit de timbre de dimension (Sol. 10-14 mai 1881, 1381 § 11 I. G.). Enfin le contrat à la grosse donne ouverture au droit de timbre proportionnel lorsqu'il a le caractère d'acte unilatéral, qu'il soit ou non négociable, aux termes tant de l'art 6 L. 6 prairial an 7 que de l'art 1er L. 5 juin 1850 (D. m. f. 24 oct. 1857, 2123 § 5 I. G., 1033 R. P.).

CONTRAT DE MARIAGE.

DIVISION

SOMMAIRE

TITRE PREMIER. — CONSIDÉRATIONS PRÉLIMINAIRES

[5175-5198]

5175. Définition. — Le contrat de mariage est l'acte par lequel les futurs conjoints règlent, quant à leurs biens, les droits dont ils jouissent comme époux, l'un à l'égard de l'autre.

5176. Diverses espèces de conventions. — Le Code admet et explique cinq systèmes ou régimes de conventions matrimoniales qui sont : 1° la communauté légale ; — 2° la communauté conventionnelle ; — 3° l'exclusion de la communauté ; — 4° la séparation des biens ; — 5° le régime dotal. Nous avons parlé, au mot *Communauté entre époux*, des quatre premiers régimes, et nous entrerons, au mot *Dot*, sur le régime dotal, dans tous les développements que comporte cet ouvrage. Nous ne nous occuperons dans cet article que des questions spéciales au contrat de mariage considéré au point de vue de l'enregistrement.

5177. Forme. — La forme authentique est de l'essence du contrat de mariage. Il n'y a point de contrat de mariage sous seing privé; il faut que l'acte soit rédigé par devant notaire, et qu'il en soit conservé minute, afin que la fraude, la malveillance ou la mauvaise foi, ne le fassent pas disparaître. Autrefois il y avait beaucoup de provinces où les contrats de mariage sous seing privé étaient admis, et un arrêt cass. 20 janv. 1807 (2555 J. E.) avait décidé que ces contrats de mariage, notamment ceux passés sous l'empire de la coutume de Normandie, avaient date certaine dès que les parents des époux les avaient signés. Le Code civil a rejeté cet usage dangereux. Le contrat de mariage a besoin de tant de stabilité et d'autorité qu'il ne saurait dépendre que d'un acte faisant par lui-même pleine foi de sa date et de la volonté des parties. Il ne faut pas que l'on puisse antidater le contrat de mariage, sans quoi l'art. 1394 C. C. manquerait de sanction ; il ne faut pas que ce contrat soit mis en question par des vérifications d'écriture trop souvent conjecturales. Pacte de famille, œuvre des parents et des amis, le contrat de mariage répugne à la forme secrète de l'acte sous seing privé.

5178. Acte sous seing privé. — Tout contrat de mariage rédigé sous signatures privées est donc radicalement nul. Toutefois, si un tel acte était présenté à l'enregistrement, il serait passible des droits dus sur les contrats de mariage réguliers. La raison décisive est que les droits sont établis sur les conventions et non sur la forme de ces conventions, et que le plus ou moins de validité des contrats ne saurait influer sur la perception (424 J. E., Pont et Rodière *du Contrat de mariage* t. 1er n° 214).

Champ. et Rig. n° 2995 pensent, au contraire, qu'un pareil contrat ne serait passible que du droit fixe de 1 franc (3 fr.) comme acte innommé, et Dalloz n° 3361 incline vers cette opinion ; c'est une erreur fondée sur le principe admis par ces jurisconsultes, mais repoussé par la jurisprudence que la nullité radicale d'un acte est opposable à l'Administration.

1. ENREGISTREMENT POSTÉRIEUR AU MARIAGE. — Dans tous les cas, il faudrait que l'acte fût présenté à la formalité avant la célébration du mariage ; s'il n'était présenté qu'après, comme la date certaine lui manquerait, il ne pourrait jouir du bénéfice de la réduction des droits établis en faveur du mariage (1715 J. E.). Il n'y aurait exception que pour les mariages passés sous la coutume de Normandie, qui, ainsi qu'on l'a vu n° 5177, avaient *date certaine* du jour de la signature des parents des époux.

5179. Parties. — Il est nécessaire de bien établir ici ce que l'on entend par les *parties* dans un contrat de mariage. On doit ranger dans cette catégorie, non-seulement les futurs, ce qui va sans dire, mais encore : 1° les père et mère ou autres ascendants de chacun d'eux qui leur ont fait quelque libéralité ; — 2° tous autres donateurs complétement étrangers à la famille ; — 3° les père et mère ou autres ascendants des époux, quoiqu'ils n'aient fait aucune libéralité dans le contrat, si leur consentement (lorsque les époux sont mineurs par exemple) était nécessaire pour la validité du mariage, parce que les stipulations faites sont présumées avoir été l'une des causes de ce consentement (C. Montpellier 8 fév. 1869, S. 69-2-49).

Faut-il considérer comme *parties* les père, mère ou autres ascendants du futur déjà majeur pour le mariage, mais qui n'aurait pu se passer du consentement de ses ascendants qu'après leur avoir signifié des actes respectueux pour demander leur conseil ? Duranton t. 14 n° 57, Pont et Rodière t. 1er p. 141, Marcadé *sur l'art.* 1396 n° 4 enseignent l'affirmative, et cette opinion est certainement la plus exacte, car la présence de ces ascendants peut seule, à défaut d'un consentement explicite de leur part, suppléer l'acte respectueux. — *V.* 5201.

On a encore considéré comme partie du contrat le tiers qui a fait des donations au profit de l'un des futurs époux, même par un acte postérieur au contrat et portant la même date qu'une contre-lettre jointe à ce contrat (C. Montpellier 8 fév. 1869, S. 69-2-49).

Nous reviendrons sur ce point.

5180. Donation entre-vifs, entre époux sans contrat de mariage. — La loi civile exige, on l'a vu n° 5177, la forme authentique pour le contrat de mariage, mais elle n'a déterminé aucun protocole auquel on soit tenu de se conformer pour sa rédaction ; les époux ont, à cet égard, la plus grande latitude. Ainsi lorsque deux époux qui n'ont pas rédigé de contrat de mariage se sont fait une donation *en vue du mariage*, l'acte qui la constate, s'il est passé avant la célébration, peut être considéré comme équipollent au contrat de mariage, et la donation ne rend exigible que le droit déterminé pour les donations par contrat de mariage (Dél. 17 juin 1827, 8798 J. E.). — *V.* 5284 et suiv., 5360.

On avait voulu prétendre que la donation faite dans cette forme devait être considérée comme entre étangers, attendu que l'acte n'avait point les caractères exigés par le livre 3, titre 5 C. C., concernant la forme des contrats de mariage, et que la modération établie par la loi pour les donations entre époux ne pouvait lui être appliquée ; mais ce qui repousse cette idée, c'est que l'effet d'une pareille donation est entièrement et exclusivement subordonné à l'accomplissement du mariage, puisque, suivant l'art. 1088 C. C., toute donation faite en *faveur du mariage* est caduque si le mariage ne s'ensuit pas (*V.* 14843-2 J. E.).

5181. Contrat ne renfermant qu'une donation éventuelle. — Des notaires reçoivent des actes auxquels ils donnent le titre de *donation éventuelle en vue de mariage*. On se borne à faire mention du mariage projeté entre les parties, et on y stipule une donation mutuelle en vue de mariage, sans clause d'apport ni établissement ou exclusion de communauté. L'Administration a tenté de soutenir autrefois que c'était là un contrat de mariage ordinaire donnant lieu à un droit fixe pour le contrat, et à un droit distinct pour la donation éventuelle. Malgré le défaut de stipulation d'aucune convention matrimoniale, disait-elle, il est toujours bien certain que les époux ont voulu régler *les conditions civiles* de leur mariage, que par l'effet de cette déclaration mutuelle, ils se sont respectivement exposés à des dommages-intérêts, en cas de refus arbitraire de remplir leur promesse, qu'enfin, pour la validité même de la donation mutuelle qu'ils se sont faite, il faut nécessairement que l'acte qui la constate *soit un contrat de mariage*, ce qui suffit pour qu'aux termes de l'art. 68 § 3 nos 1er et 5, il soit dû deux droits fixes.

Cette opinion avait été professée à l'art. 6986 J. E., et elle peut s'appuyer sur un jugement du tribunal de Charleroi du 26 juillet 1856, décidant qu'un pareil acte rentre dans la catégorie des contrats de mariage auxquels s'applique l'obligation du dépôt (743 R. P.). — Mais nous avons combattu ce sentiment dans nos éditions précédentes, notamment à l'art. 472 R. P., et nous ne pouvons que persister dans notre avis.

Il est bien certain, en effet, que la simple déclaration des époux qu'ils se marient sous le régime de la communauté légale n'ajoute rien aux dispositions de la loi. Ils eussent été sans cela, par suite de leur volonté tacite, soumis aux mêmes règles, puisque la communauté est de plein droit imposée aux époux qui ne choisissent pas un autre régime.

Soutenir le contraire, ce serait dire que bien que des époux se mariassent sans contrat, il faudrait néanmoins leur réclamer un droit pour l'adoption qu'ils feraient, dans ce cas, du régime de la communauté légale; puisque dans cette hypothèse, comme dans l'autre, c'est leur volonté qui serait souveraine; et une pareille demande serait évidemment inadmissible. D'un autre côté, les art. 1091 et 1097 C. C. doivent être entendus en ce sens que les donations de biens à venir ne sont permises que *propter nuptias*; sans qu'on puisse en induire que les futurs époux qui veulent s'instituer réciproquement héritiers l'un de l'autre, sont tenus de faire un contrat de mariage, c'est-à-dire de stipuler des conventions matrimoniales spéciales, autres que celles tracées par le Code au titre de la communauté légale. Enfin, ce n'est pas la rédaction du contrat qui expose le conjoint à des dommages-intérêts en cas d'inexécution, mais bien la promesse de mariage antérieure dont ce contrat n'est que le résultat.

Il faut donc reconnaître que l'on ne peut pas considérer comme un contrat de mariage, un acte qui ne règle en aucune manière les conditions civiles de l'union projetée, mais se borne à constater une donation éventuelle. Par conséquent, un tel acte ne saurait motiver que la perception d'un droit fixe de 5 francs actuellement porté à 7 fr. 50 cent. (L. 28 fév. 1872, art. 4).

L'Administration l'avait ainsi reconnu par une Dél. du 19 juin 1829 (9365 J. E., D. N. t. 4 p. 58 no 427); mais elle a tenté de revenir sur cette doctrine pour soutenir le principe de la pluralité. Sa prétention a été écartée par un jugement de Cambrai du 20 juillet 1855 (580 R. P., 15729 J. N., 10761 C.), auquel il a été acquiescé suivant Dél. du 13 août suivant. Une Sol. du 9 mars 1867 a été rendue dans le sens de la Dél. du 19 juin 1829.

La même interprétation a été également adoptée par un jugement de Charleroi du 2 juin 1855, dont l'Administration belge a approuvé la doctrine dans une Dél. du 25 juillet suivant (472 R. P.) et qui sert aujourd'hui de règle (Circ. m. f. 20 oct. 1856 no 547, 800 R. P.[1]; *Conf.* : Op. J. du not. no 2818).

5182. Promesse de mariage. — La simple promesse de mariage ne peut, alors même qu'elle serait rédigée en la forme authentique, être passible que du droit fixe de 3 francs, car elle ne constitue jamais un contrat de mariage (Dél. 7 août 1822, 4271 J. N., 425 C.; *Conf.* : Dalloz 3359, Pont et Rodière t. 1er no 215, D. N. t. 4 p. 58 no 428).

5183. Tarif. — 1. ANCIENNE LÉGISLATION. — Sous la législation du contrôle, les contrats de mariage étaient assujettis à un droit proportionnel élevé qui variait suivant les hypothèses. Ceux dans lesquels les sommes et valeurs des biens et effets provenant du côté de l'un et de l'autre époux se trouvaient évaluées étaient tarifés sur le pied des acquisitions de meubles ou immeubles, suivant la valeur des effets appartenant aux futurs, en y joignant les meubles ou autres effets constitués ou donnés. Lorsque le contrat de mariage ne contenait évaluation que pour l'apport d'un seul des futurs, cet apport était doublé pour déterminer la perception. Enfin, s'il n'y avait évaluation de part ni d'autre, ou si les époux se prenaient réciproquement avec leurs droits, c'était alors la *qualité* des personnes qui déterminait l'impôt à percevoir depuis 1 livre 10 sols jusqu'à 50 livres. Telles étaient les dispositions des art. 33, 34 et 35 du tarif des droits à payer en exécution de l'édit du mois de mars 1693.

La loi de 1790, s'inspirant des idées d'égalité de l'époque, rejeta cette dernière base de perception, mais elle admit toutes les autres. Ainsi, d'après le tarif annexé à la loi de 1790, le droit exigible sur l'apport des époux et sur les biens qui leur étaient donnés, cédés ou constitués en ligne directe, était de dix sols par 100 livres, lorsque le contrat contenait évaluation ; et, lorsque les biens n'étaient ni désignés ni évalués dans le contrat de mariage, la perception était fixée au quinzième du revenu du futur seulement.

Cette législation ne devait pas subsister longtemps; au moment où il s'agissait de reconstituer la société dissoute, la loi de l'impôt devait, dans la mesure de son action, tendre vers ce but en rendant moins coûteux, et par cela même plus faciles et plus communs, les contrats de mariage; aussi le législateur transforma-t-il en mesure législative cette pensée des auteurs du projet de l'an 7 que M. Duchâtel avait longuement développée dans son rapport et qui est posée dans l'art. 68 de la loi de frimaire.

---

1. La même circulaire enseigne qu'il en serait autrement si le contrat de mariage, au lieu de garder le silence sur le régime adopté, énonçait formellement que les époux adoptent le régime de la communauté légale. Mais cette réserve que l'on fonde sur les effets du contrat à l'égard des biens acquis depuis sa rédaction (Art. 1404-2) ne nous paraît pas justifiée. Nous ne disconvenons pas que l'acte litigieux ne soit un pacte antinuptial, puisqu'il renferme une donation faite *propter nuptias*, et que l'art. 1401 C. C. ne lui soit applicable; mais nous croyons avoir démontré que cet acte renferme une seule disposition et dès lors qu'on ne saurait percevoir qu'un seul droit

2. LOI DU 22 FRIMAIRE AN 7. — L'art. 68 § 3 n° 1er de la loi de frimaire an 7 avait assujetti à un droit fixe de 3 francs « les contrats de mariage qui ne contiennent d'autres dispositions que des déclarations, de la part des futurs, de ce qu'ils apportent eux-mêmes en mariage et se constituent sans aucune stipulation avantageuse entre eux. »

En 1816, lorsque les besoins résultant de l'invasion obligèrent d'augmenter les ressources du Trésor, on proposa de revenir aux anciens principes et d'établir sur les déclarations d'apport et les conventions matrimoniales un droit proportionnel de 50 centimes pour 100 francs. Mais cette proposition fut rejetée. La loi du 28 avril de cette année se borne à élever à 5 francs le droit fixe de 3 francs établi par la loi de l'an 7.

3. LOI DU 28 FÉVRIER 1872. — Sous la pression de nouveaux besoins financiers, la loi du 28 février 1872 est revenue au principe de la législation du contrôle en soumettant les contrats de mariage à un droit gradué, qui sera calculé sur le « montant net des apports personnels des futurs époux » (art. 1er n° 4).

Le taux de ce droit est fixé ainsi qu'il suit par l'art. 2 :

« A 5 francs pour les sommes ou valeurs de 5,000 francs et au-dessous et pour les actes ne contenant aucune énonciation de sommes et valeurs, ni dispositions susceptibles d'évaluation ;

« A 10 francs pour les sommes ou valeurs supérieures à 5,000 francs, mais n'excédant pas 10,000 francs ;

« A 20 francs pour les sommes ou valeurs supérieures à 10,000 francs, mais n'excédant pas 20,000, et ensuite à raison de 20 francs par chaque somme ou valeur de 20,000 francs ou fraction de 20,000 francs. »

5184. Apports non déclarés. — La première et la plus sérieuse difficulté que soulève la loi de 1872 consiste à savoir si le droit gradué est exigible, non-seulement sur les valeurs que les futurs époux apportent en mariage, mais encore sur toutes celles dont ils sont propriétaires au jour de l'union.

Il résulte des paroles que le rapporteur a prononcées, lors de la discussion, que le droit serait exigible sur tous les biens appartenant aux futurs qui seraient énoncés dans le contrat, alors même que ces biens resteraient propres aux époux et ne rentreraient pas à proprement parler dans les apports, c'est-à-dire dans les biens qui sont mis en commun sous le régime de la communauté et sous les autres régimes dans les biens que les conjoints ont spécialement affectés aux charges du mariage, dans ceux par exemple qui sont compris dans la constitution de dot (Merlin *Rép.* v° *Apport* n° 1er [1].

Cette interprétation peut être contestée. Elle attribue, en effet, aux expressions dont le législateur s'est servi un sens très-différent de celui qu'elles ont toujours reçu dans la langue du droit. Elle confond l'apport proprement dit avec la fortune personnelle des conjoints. Or, cette assimilation est d'autant plus difficile à admettre que le droit gradué remplace uniquement le droit fixe de 5 francs créé par la loi de l'an 7 pour les contrats de mariage qui ne contiennent que des déclarations, de la part des futurs, *de ce qu'ils apportent eux-mêmes en mariage et se constituent en dot* (art. 68 § 3. n° 1er), et que, par conséquent, les apports personnels désignés dans la loi de 1872 paraissent être les mêmes que ceux dont le législateur de l'an 7 tarifait la déclaration.

Mais, en admettant que cette interprétation soit fondée et qu'il faille, en conséquence, percevoir le droit gradué sur tous les biens énoncés au contrat de mariage, soit à titre d'apport, soit à titre de propriété personnelle, faut-il aller plus loin et décider que le futur sera tenu d'indiquer tous ses biens sous la sanction des peines édictées pour les dissimulations; faut-il décider, en d'autres termes, que toutes les valeurs appartenant aux futurs doivent être déclarées dans le contrat et assujetties au droit gradué, ou faut-il au contraire reconnaître que le futur est libre de déclarer ses biens ou de ne pas les déclarer et ne soumettre au droit que les apports déclarés ?

Sur cette question nous nous trouvons en présence de deux réponses contradictoires du rapporteur [1]. Aussi la plupart des recueils qui ont examiné la question se prononcent

1. V. cependant M. Demante *Suppl.* n° 211 qui, sous le régime de la communauté réduite aux acquêts, fait rentrer dans les apports les biens que les époux avaient lors du mariage, bien qu'ils en gardent la propriété.

1. Voici d'abord les paroles du rapporteur, desquelles il résulte que le droit gradué n'est dû que pour le fait de la constatation dans le contrat de mariage de la fortune personnelle des futurs. M. Mathieu-Bodet, répondant dans la séance du 28 février 1872, à M. Clément, qui se plaignait de ce que cette expression *apport personnel* est extrêmement vague, s'exprimait en ces termes :

« M. Clément est d'avis que le § 4 n'est pas clair. Je vous avoue qu'il m'est impossible de trouver une formule qui le soit davantage. On perçoit le droit proportionnel ou gradué d'après les énonciations du contrat. Un contrat est présenté *où les futurs déterminent leur avoir*. Cet apport ne peut provenir que de deux causes : ou des donations faites par les parents ou les étrangers, ou bien de leur fortune personnelle antérieure au mariage. Sur la première partie de l'avoir, on percevra le droit proportionnel des donations; sur le reste, que ce soient des apports mobiliers ou immobiliers, c'est *la fortune personnelle du conjoint qui est constatée*, on payera 1 pour 1000. Où voyez-vous donc l'obscurité? Ah! évidemment il pourra y avoir certains conjoints, quoique ce soit insensé, qui, pour épargner cette somme insignifiante, *ne fassent pas mention* de tous leurs biens dans le contrat de mariage. Evidemment le droit ne sera pas perçu sur l'apport qui n'aura pas été constaté. »

M. le ministre des finances. — « C'est évident » (Art. 3406 et 3541 R. P.).

Voici maintenant la partie de la discussion que l'on peut invoquer en faveur de l'opinion d'après laquelle les futurs seraient tenus de déclarer toute leur fortune personnelle.

A la séance du 28 février 1872, quelques instants avant le vote de la loi, un député, M. Dupont, interpella le rapporteur dans les termes suivants :

« Dans la séance d'avant-hier la question s'est posée de savoir quelle était la portée exacte qu'il fallait donner à ces mots : les apports personnels. Seront-ce les apports réels ou seulement les apports déclarés?... M. Mathieu-Bodet a répondu que... le droit ne sera pas perçu sur l'apport qui n'aura pas été constaté... Voilà qui est bien entendu : les futurs époux seront les maîtres, par une déclaration incomplète, de limiter l'application du droit. Eh bien! je demande si c'est ainsi que M. le rapporteur entend la loi lorsqu'il s'agira d'appliquer la pénalité de l'art. 4... »

Le rapporteur a fait la réponse suivante :

« Notre honorable collègue suppose qu'il y a eu dissimulation.

en ce sens que le droit doit être restreint aux apports proprement dits ou tout au moins aux valeurs énoncées dans le contrat (*V.* not. n°s 20309, 20361 et 20362 J. N., n°s 2545, 2552 et 2573 J. N., art. 4024 § 4 Rev.).

Nous avons partagé leur appréciation, bien que la jurisprudence fût contraire (Épinal 25 mars 1874, 3832 R. P. ; — Saintes 15 juill. 1874, 3861 R. P. ;—Hazebrouck 14 août 1874, 3918 R. P. ; — Seine 9 janv. 1875, 4210 R. P. ; — Dieppe 12 août 1875 ; — Seine 7 août 1875). Mais, après un nouvel examen, l'administration, adoptant nos motifs, a statué en ces termes : « On a élevé la question de savoir si les expressions : *apports personnels* peuvent être entendues en ce sens que tous les biens appartenant personnellement aux futurs doivent être assujettis au droit gradué, alors même que le contrat ne ferait aucune mention de ces biens et n'en constaterait même pas l'existence. Après un nouvel examen, le directeur général a décidé que l'interprétation basée sur le texte sera désormais prise pour règle. Les receveurs s'abstiendront, en conséquence, d'exiger le droit gradué, lors de l'enregistrement des contrats de mariage, sur les biens appartenant personnellement aux futurs époux, mais dont l'existence ne résulterait d'aucune mention de ces contrats. On continuera à percevoir le droit lorsque l'acte constatera que les futurs possèdent des biens personnels, sauf aux receveurs à demander, le cas échéant, pour établir la perception, la déclaration autorisée par les art. 16 de la loi du 22 frimaire an 7 et 2 de la loi du 28 février

---

Cette dissimulation peut avoir un double caractère. Il peut y avoir eu dissimulation, soit parce que l'époux n'a pas déclaré la véritable valeur de la chose, soit parce qu'il n'a *pas déclaré tout ce dont il était propriétaire.* Est-ce clair? Cette dissimulation ne pourra être établie dans les deux ans que par des titres. C'est bien entendu. Mais lorsque, par des actes émanés des parties ou par des jugements, on arrivera à découvrir qu'un apport valant 100,000 francs par exemple n'a été porté que pour 50,000 francs, il y a dissimulation, donc application de l'art. 3. Maintenant, voilà un époux qui a deux propriétés, deux fermes dans le département du Nord. Il n'en fait porter qu'une seule dans son contrat de mariage et dit que c'est son seul apport. Eh bien, dans l'un comme dans l'autre cas, l'art. 3 recevra son application » (Art. 3406 p. 227 R. P.).

1. L'I. G. 29 février 1872 n° 2423 exprime la même idée en disant : « Le droit gradué atteint les actes dont l'importance peut être mesurée par l'*énonciation* des sommes et valeurs que ces actes *constatent* ou *mettent en évidence*... On tarife les actes suivant l'importance des valeurs qu'ils contiennent » (Art. 3406 p. 237 R. P.).

Cependant l'opinion contraire a été adoptée par l'Administration. Elle a rendu en ce sens de nombreuses solutions (Sol. août et déc. 1872, août et sept. 1873, 19 janv. 1874). Elle motive son interprétation sur les raisons suivantes :

« On lit, dans le rapport (annexe au procès-verbal de la séance du 21 fév. 1872 p. 5), que l'établissement du droit gradué sur les apports personnels des époux « n'est qu'une sorte de retour à la « législation antérieure à l'an 7, qui soumettait les contrats de mariage « à des droits différentiels suivant la classe sociale des futurs « époux. » D'après cette législation, les contrats de mariage, dans lesquels les sommes ou valeurs des biens et effets provenant de l'un ou l'autre époux se trouvaient évaluées, étaient tarifés sur le pied des acquisitions de meubles ou d'immeubles, suivant la valeur des effets appartenant aux futurs époux. Lorsque le contrat de mariage ne contenait évaluation que pour l'apport d'un seul époux, cet apport était doublé pour déterminer la perception. Enfin, s'il n'y avait évaluation de part ni d'autre, ou si les époux se prenaient réciproquement avec leurs droits, c'était la qualité des personnes qui déterminait l'impôt à percevoir. Si l'on se reporte à la discussion de la loi de 1872, la pensée du législateur se dégage plus clairement ; le rapporteur rappelle « que le Gouvernement avait institué, en « 1863, une commission administrative pour s'occuper précisément de « la question des droits fixes et que cette commission avait été d'avis « qu'il était juste de ne pas traiter d'une manière égale les contrats « qui avaient une grande importance et ceux qui n'avaient qu'une « minime importance. » Or, le tarif gradué, établi par la loi de 1872, est celui dont le principe avait été admis par cette commission administrative, qui ne s'était préoccupée que d'une chose : tarifer les actes, non à raison des dispositions légales qu'ils renferment, mais des chiffres dont ils révèlent ou doivent révéler l'existence. A la vérité, on a voulu trouver dans la réponse du rapporteur à une question posée par M. Clément au cours de la discussion du § 4 de l'art. 1er (séance du 26 fév. 1872, R. P. 3406 p. 179 et 180) une reconnaissance implicite du droit pour les parties de ne pas faire mention de tous leurs biens dans le contrat et de limiter ainsi à leur volonté la perception de l'impôt. Tout ce qu'a voulu dire à ce moment le rapporteur, c'est qu'évidemment il pourrait arriver que, pour épargner une somme insignifiante, un conjoint ne fît pas mention de tous ses biens dans le contrat et qu'ainsi l'apport non constaté échappât à la perception immédiate de l'impôt. Mais il n'a pas entendu dire que l'apport non constaté ne pourrait être atteint *ultérieurement* par l'impôt ; ce qui le prouve, c'est que, reprenant le cours de sa pensée interrompue par ces mots de M. Clément : « L'apport mobilier y échappera tou« jours, » il a ajouté : « Maintenant, messieurs, j'aurais à parler « d'une objection qui est plus sérieuse, c'est celle qui est relative aux « *moyens* de contrôle donnés à l'Administration ; mais je croirais an« ticiper en traitant cette question. Elle se posera tout à l'heure et j'y « répondrai. » Et elle fut en effet posée à la séance du 28 février par M. Alfred Dupont, à l'occasion de l'art. 3 de la loi relative aux dissimulations. M. Dupont, trouvant la réponse faite à M. Clément, dans la séance du 26 « moins absolue, moins satisfaisante... que « ne se le figure le rapporteur, » demande si les époux qui auraient dissimulé dans leur contrat de mariage une partie de leur fortune personnelle, mobilière et immobilière, dont on constaterait la préexistence au mariage, seraient soumis à une pénalité et si le mot *apport personnel* voulait dire toute la *fortune des époux*. A quoi le rapporteur répondit : « La dissimulation peut avoir un double « caractère, soit parce que l'époux n'a pas déclaré la véritable valeur « de la chose, soit parce qu'il n'a pas déclaré tout ce dont il était pro« priétaire. Cette dissimulation ne pourra être établie dans les deux cas « que par des titres. C'est bien entendu. Mais, lorsque, par des actes « émanant des parties ou par des jugements, on arrivera à découvrir « qu'un apport valant 100,000 francs, par exemple, n'a été porté que « pour 50,000 francs, il y a dissimulation. Donc application de l'art. 3. « Maintenant, voilà un époux qui a deux propriétés, deux fermes « dans le département du Nord ; il n'en fait porter qu'une seule dans « son contrat et dit que c'est son seul apport. Eh bien, dans l'un « comme dans l'autre cas, l'art. 3 recevra son application. » Ainsi, il y a dissimulation punissable dans le fait de n'avoir pas déclaré dans son contrat tout ce que l'on possédait ; et c'est sur cette affirmation que la discussion a été close et que l'art. 3 a été voté » (Sol. 19 janv. 1874, 3808 R. P.).

1872. Ces règles seront applicables, quel que soit le régime adopté par le contrat » (I. G. du 17 août 1875, 2519 § 9, 4210 R. P.).

1. BIENS DÉCLARÉS. — Conformément à cette distinction, il a été jugé que ce droit gradué est dû sur les biens dont l'existence est constatée par une mention du contrat (dans l'espèce, la non communauté), encore qu'ils ne fassent pas l'objet d'une déclaration d'apport (Seine 13 mai 1876, 4405 R. P.; 22 déc. 1876, 4575 R. P.). Le premier jugement est déféré à la Cour de cassation.

5185. Biens énoncés et non évalués. — Le droit gradué atteignant ainsi toutes les *énonciations* de biens apportés ou non en mariage, il faut reconnaître que les parties doivent compléter ces énonciations de manière à permettre la liquidation régulière de l'impôt. C'est la prescription formelle du dernier paragraphe de l'art. 2 de la loi : « Si les sommes et valeurs ne sont pas déterminées dans l'acte, il y sera suppléé conformément à l'art. 16 L. 22 frimaire an 7. » Mais cette déclaration ne doit pas dépasser les besoins de la perception. Elle se limite aux seuls renseignements que devait renfermer le contrat de mariage pour être passible de l'impôt et dont nous donnons plus loin le détail (I. G. 2519 § 9; - Dunkerque 31 déc. 1874, 4099 R. P.). — Ainsi jugé pour la mention portant que la dot de la future sera hypothéquée sur un immeuble apporté par le mari (Saint-Girons, 19 août 1875); — que la future aura l'usufruit de diamants et d'immeubles appartenant au futur (Sol. 18 sept. 1877).

5186. Apports mobiliers et immobiliers. — Le droit gradué est assis sur la totalité des apports, quelles qu'en soient la nature et la situation. Il n'y a donc aucune distinction à faire entre les meubles et les immeubles. « Qu'il y ait communauté ou non, a déclaré le rapporteur de la commission, quand l'époux vient déclarer qu'il a telle ou telle fortune, qu'elle soit mobilière ou immobilière, cela ne fait absolument rien. Sans doute le sort de ces apports peut varier suivant le régime adopté par les époux, mais ce point de vue n'a pas à nous préoccuper. Je le répète, la distinction entre les apports mobiliers et immobiliers ne nous paraît avoir aucun intérêt » (Art. 3406 p. 227 R. P.).

5187. Biens étrangers. — Les biens étrangers sont également atteints par l'impôt comme les biens français. Le droit gradué remplaçant le droit fixe de 5 francs qui se percevait pour les contrats de mariage renfermant des apports de biens étrangers comme des apports de biens français, il faut en conclure qu'il est dû dans les mêmes circonstances. D'ailleurs les valeurs étrangères se trouvent jusqu'à un certain point assimilées dans la législation nouvelle aux valeurs françaises. Les transmissions de meubles acquittent les mêmes droits proportionnels (L. 23 août 1871 art. 3) et les transmissions d'immeubles sont assujetties au droit gradué (L. 28 fév. 1872 art. 1er § 2). Il serait donc tout à fait illogique, en présence de ces dispositions et des termes généraux de l'art. 7 relatif aux contrats de mariage, d'affranchir du droit les apports de biens étrangers. C'est l'opinion unanime de tous les commentateurs (Art. 20365 J. N., 4112 Rev.). C'est également ce qui résulte d'une Sol. 10 mai 1872.

5188. Biens donnés. — Les biens donnés aux futurs par leurs parents ou par des étrangers et passibles à ce titre du droit ordinaire de donation ne sont pas assujettis au droit gradué. Le rapporteur de la commission du budget l'a déclaré très-nettement : « Sur la partie de l'avoir provenant de libéralités on percevra le droit proportionnel des donations ; sur le reste, c'est la fortune personnelle du conjoint qui est constatée, on payera 1 pour 1000 » (Art. 3406 p. 180 R. P.). La même remarque est faite en ces termes par l'I. G. du 10 février 1872 n° 2433 : « Le droit gradué est indépendant de tous autres droits proportionnels auxquels peuvent donner lieu les diverses stipulations des contrats » (Art. 3406 p. 238 R. P. — *Conf.* : Sol. 21 mai 1872).

Cette disposition s'applique aux valeurs passibles du droit de don manuel comme à celles qui sont assujetties au droit ordinaire de donation. Si donc un futur reconnaît que son apport comprend des sommes qui lui ont été manuellement données par des tiers, il convient de les déduire pour la liquidation du droit gradué et de les soumettre particulièrement au droit proportionnel de donation.

5189. Mode d'évaluation. — Le droit gradué est perçu sur *le montant* net des apports personnels des futurs époux. Ce montant ne peut être déterminé que par l'évaluation en capital des valeurs qui le composent. Les différents moyens indiqués par la loi du 22 frimaire an 7 pour fixer la valeur de l'usufruit, des rentes, de certaines jouissances temporaires, etc., demeurent sans application. Cette loi n'est pas, comme on l'a soutenu à tort, le complément naturel de celle du 28 février 1872 pour tout ce qui n'a pas été modifié par celle-ci. Outre que le droit gradué est un droit fixe auquel on ne saurait appliquer *de plano* les règles d'évaluation adoptées pour le droit proportionnel, il suffit de faire remarquer que, quand le législateur de 1872 a voulu invoquer une disposition de la loi de l'an 7, il l'a formellement déclaré. C'est ce qui a eu lieu notamment pour l'art. 16, relatif aux déclarations estimatives. Les parties ont donc à apprécier, sous leur responsabilité et quelles que soient les difficultés de l'opération, quelle est la valeur vénale des biens énoncés dans le contrat (*Conf.* : 20716 J. N.).

Seulement il importe de remarquer que cette évaluation, constatant l'importance des biens possédés par chaque époux au jour du mariage, peut avoir de graves conséquences lors de la dissolution du mariage. Il ne nous semble pas douteux qu'elle servirait exclusivement de justification pour les reprises à l'égard des capitaux mobiliers. Pour qu'il en fût autrement, il faudrait avoir soin d'insérer dans le contrat que l'évaluation n'est faite que pour asseoir la perception et qu'elle ne préjudicie pas aux intérêts réciproques des parties.

1. NUE-PROPRIÉTÉ. — La nue-propriété, par exemple, s'évaluera en capital pour ce qu'elle vaut réellement d'après les chances de durée de l'usufruit et sans qu'il soit permis de

la considérer selon les règles habituelles comme une propriété entière (*Conf.* : 20716 J. N.). A la vérité, cette évaluation deviendra insuffisante le jour où l'usufruit venant à s'éteindre le nu-propriétaire recueillera la jouissance dont il était privé. Mais la loi nouvelle n'a pas prévu cette hypothèse pour autoriser l'Administration à réclamer alors un complément de droit sur l'accroissement de valeur éprouvé par l'apport. La réunion devra donc s'opérer gratuitement et sans que le futur soit exposé à aucune réclamation. C'est le cas d'appliquer ici la prohibition des analogies souvent consacrée par la jurisprudence et dont un arrêt du 26 décembre 1826 a si nettement précisé l'étendue en ces termes : « Il est de principe qu'en matière fiscale il n'est pas permis de raisonner d'un cas prévu à un cas imprévu et de décider alors par analogie ; car, dans les lois de finances comme dans les lois pénales, ce qui n'est pas prévu, ce qui n'est pas ordonné ou défendu est permis et ne peut être exigé ou défendu. »

Notre opinion a été consacrée par des Sol. 26 novembre et 17 décembre 1873, d'après lesquelles la valeur de la nue-propriété doit être, comme celle de l'usufruit, déterminée par la déclaration estimative des parties. « La loi du 28 février 1872. portent ces solutions, en déterminant l'assiette du droit gradué, ne reproduit pas les dispositions de la loi de l'an 7 et ne s'y réfère nullement. La loi nouvelle ne semble donc autoriser la perception que sur la valeur réelle de l'apport au moment du contrat. La disposition de la loi du 22 frimaire, qui soumet au droit sur la pleine propriété la première mutation de la nue-propriété, bien que rigoureuse, s'explique par cette considération que l'usufruit est destiné nécessairement à s'éteindre et que l'impôt atteint une dévolution future, mais inévitable. Il n'en est pas de même lorsqu'il s'agit de l'apport d'une nue-propriété par les futurs époux. Il peut arriver, en effet, que le mariage soit dissous avant l'extinction de l'usufruit, ou même que la nue-propriété soit aliénée pendant le mariage. Dans ces divers cas, l'impôt, s'il était assis sur la pleine propriété, frapperait une valeur qui, en réalité, ne doit pas accroître l'apport primitif. On ne saurait, d'ailleurs, prétendre que l'apport embrasse deux valeurs, la nue-propriété et l'expectative de l'usufruit; car la nue-propriété n'aurait aucune valeur actuelle sans la prévision du retour ultérieur de l'usufruit. Enfin, il importe peu qu'un supplément de droit gradué ne puisse être réclamé lors de la réunion de l'usufruit à la nue-propriété, puisque cet accroissement a lieu indépendamment des stipulations du contrat lui-même et en vertu d'un titre antérieur déjà assujetti au droit qui lui est propre. Il résulte de ces considérations que la perception du droit gradué ne doit atteindre que la valeur de la nue-propriété. Au surplus, il n'y a pas lieu d'évaluer d'office à la moitié de la pleine propriété la valeur de l'apport dont il s'agit. Aucune prescription légale n'impose, au cas particulier, un mode forcé d'évaluation, et il convient d'appliquer ici la doctrine enseignée par l'I. G. 1528 § 19 confirmée depuis par un arrêt de la C. cass. du 31 décembre 1872, c'est-à-dire d'exiger des parties une évaluation dont les éléments seront puisés dans la durée probable de l'usufruit » (3793 R. P.).

5190. Cumul. — On s'est demandé si le droit était dû séparément sur les apports de chacun des futurs époux, ou devait être perçu sur la totalité de ces apports sans division des sommes et valeurs constatées par le contrat. Cette question, qui a paru douteuse, ne peut cependant être résolue que dans le sens de la dernière opinion. Le texte de la loi porte, en effet, que le droit est exigible *sur le montant* des apports, ce qui indique bien que ces apports doivent être réunis. D'un autre côté, la liquidation du droit ne peut être, pour les contrats de mariage, différente de celle des partages ou des sociétés, sur lesquels le droit est perçu en bloc. Enfin l'I. G. du 20 février 1872 ajoute, et cela tranche la controverse, que le droit gradué est assis sur le montant *cumulé* des apports (Art. 3406 p. 228 R. P.). Par conséquent, il y a lieu de réunir toutes les valeurs faisant partie de ces apports et de faire une seule liquidation du droit.

5191. Estimation. — Il est plus délicat de savoir si l'évaluation des apports peut avoir lieu en bloc ou doit être fournie séparément pour ceux de chacun des futurs. Puisque le droit est assis sur le montant cumulé de ces apports, il semble qu'on se tient dans les limites du texte en faisant une seule estimation. Mais, d'un autre côté, la loi punit les dissimulations ou les insuffisances et elle confie à l'Administration le soin de les constater. Comment le fera-t-elle si les apports des époux sont confondus? Souvent elle pourra établir l'importance de la fortune d'un des conjoints. Mais cette constatation sera inutile, puisque les apports sont réunis. Est-ce là ce qu'a voulu le législateur? Et ne faut-il pas décider que la loi doit être interprétée dans un sens qui permette d'en assurer l'exécution?

Ces considérations ne manquent pas de gravité. Elles nous paraissent cependant impuissantes à créer une distinction contre les termes exprès de la loi. Si le motif qui les justifie était exact, on devrait aller plus loin et demander que l'évaluation fût faite par chaque nature de valeurs comprises dans l'apport de l'époux. Or, une telle exigence serait évidemment illégale. Le principe sur lequel elle se fonde n'est donc pas entré dans les prévisions de la loi. Il faut demeurer dans les limites du texte et reconnaître que tous les biens compris dans les apports cumulés peuvent être estimés en bloc.

5192. Estimation précise. — Mais nous n'admettons pas, avec quelques auteurs, qu'il suffise de déclarer que la valeur est comprise entre l'une des sommes formant la division du tarif du droit gradué, par exemple : au-dessous de 5,000 francs ou bien entre 5,000 et 10,000 francs. C'est le montant des apports qui doit être énoncé, et, quand il ne l'est pas, les parties doivent y suppléer par une déclaration estimative certifiée et signée au pied de l'acte (loi du 28 fév. 1872, art. 2 *in fine*). Cette énonciation ou la déclaration qui en tient lieu ont pour but, suivant le texte même de la loi, de déterminer *les sommes et valeurs* faisant l'objet des contrats. Or, une somme n'est déterminée, dans le sens juridique du mot, que quand elle est indiquée par un chiffre précis, et c'est ainsi que l'art. 16 L. 22 frimaire an 7, auquel la loi nouvelle se réfère, a toujours été entendu. Il nous paraît donc qu'une évaluation dont le maximum et le minimum sont seuls indiqués ne remplirait pas le vœu de la loi.

5193. Déduction du passif. — Le projet de loi présenté par le Gouvernement portait que le droit gradué serait perçu « sur les apports personnels des futurs époux », sans ajouter que le passif devrait être déduit. La même rédaction avait été adoptée par la commission du budget (Art. 3406 p. 102 R. P.).

Mais, au cours de la discussion, un député, M. Sebert, demanda que le passif fût déduit et que la loi en fît mention. Voici en quels termes le rapporteur lui répondit :

« Il ne peut y avoir de doute sur la question qui vient d'être soulevée. Il est certain que le droit gradué établi par le projet de loi sur les apports, soit dans le § 1er, soit dans les §§ 4, 5 et 6, ne portera que sur les apports nets. Nous n'avons pas compris ces divers paragraphes autrement. Si l'on fait un apport de 200,000 francs grevé de 100,000 francs de dettes, l'apport n'est réellement que de 100,000 francs. C'est sur ce chiffre que le droit sera établi » (Art. 3406 p. 176 R. P.).

A la suite de ces explications, la commission modifia la rédaction de l'article, en ajoutant que le droit sera perçu sur le montant *net* des apports personnels des futurs époux.

1. CHARGES. — Le passif dont la déduction est autorisée ne comprend pas seulement les dettes ordinaires de sommes d'argent, mais toutes les charges, de quelque nature qu'elles soient, qui diminuent l'importance du bien apporté.

2. JUSTIFICATION. — La loi n'a pas ajouté ici, comme dans l'art. 68 § 3 n° 2 L. an 7 : *pourvu qu'il en soit justifié*. Il en résulte que les parties n'ont aucune preuve à fournir de la réalité du passif qu'elles déduisent. Elles peuvent, sauf le droit de contrôle de l'Administration, porter ce passif au chiffre qu'elles jugent convenable et réduire en conséquence la valeur imposable des apports.

3. DOUBLE INDICATION. — La loi ne leur impose même pas l'obligation de faire connaître le passif à l'Administration en indiquant d'abord la valeur brute de l'apport, puis le montant des dettes dont cet apport est chargé. Le J. du not. le dit avec raison : « Les contribuables sont tenus de fournir à la Régie les moyens d'asseoir l'impôt tel qu'il a été établi par la loi. Ainsi, en cas de non-détermination de sommes ou valeurs dans l'acte passible du droit gradué, ils doivent y suppléer par une déclaration estimative (Art. 2 *in fine* de la loi). Mais c'est là tout ce que la loi donne à la Régie le droit d'exiger. Comme elle n'a besoin de connaître, pour la perception du droit gradué sur un contrat de mariage, que le montant net des apports, elle n'a le droit d'exiger du contribuable qu'une déclaration indiquant le montant net des apports. Prétendre que le contribuable doit fournir deux déclarations indiquant, l'une l'apport brut, l'autre le passif à en déduire, c'est vouloir imposer arbitrairement des obligations plus lourdes que celles mises à sa charge par le législateur ; c'est par conséquent excéder les limites fixées par la loi » (n° 2573).

5104. Dissimulation. — Lorsque les évaluations d'apports sont inexactes, il faut distinguer si cette inexactitude provient d'une dissimulation proprement dite ou d'une simple insuffisance.

Le rapport de la commission du budget s'exprime sur ce point dans les termes suivants :

« Dans le cas où les sommes et valeurs ne peuvent être déterminées au moment de la rédaction de l'acte que par une évaluation (tels que certains marchés, certains contrats de mariage, etc.), l'Administration conserve le droit de prouver, par des actes ultérieurs, que l'évaluation a été insuffisante. Si l'insuffisance résulte d'actes antérieurs au contrat soumis au droit gradué, il y a alors une dissimulation intentionnelle punie d'un double droit; mais, si l'insuffisance n'est que le résultat de faits postérieurs à l'enregistrement de cet acte et inconnus à ce moment, il n'est plus dû qu'un supplément de droit simple » (Art. 3406 p. 157 R. P.). L'Administration a prescrit de prendre cette distinction pour règle (29 fév. 1872 n° 2433 I. G., art. 3406 p. 239 R. P.).

Il est important de se bien pénétrer de l'esprit de la loi nouvelle. Autrefois, la bonne foi n'était jamais une excuse en matière fiscale, et les contraventions étaient punies sans qu'il y eût à se demander si elles avaient été commises intentionnellement ou non. Le principe est consacré par de nombreux arrêts (*V.* Cass. 30 janv. 1867, et la note n° 2409 R. P.; — V. *Amende*). La loi du 28 février 1872 est fondée sur une règle différente. D'après les déclarations insérées dans le rapport de la commission et acceptées par l'Administration, les dissimulations intentionnelles sont seules passibles de la peine du droit en sus. Les insuffisances provenant d'erreurs involontaires ne donnent lieu qu'au droit simple complémentaire.

C'est bien, en effet, dans ce sens que la loi a été votée.

M. Sebert faisait remarquer, à la séance du 28 février, combien la peine du double droit était injuste pour les inexactitudes involontaires que l'évaluation des apports doit souvent entraîner, et il demandait la modification de l'article en ce sens. Mais il a abandonné cet amendement sur les déclarations de la commission du budget que le droit en sus n'était édicté que pour les atténuations commises de mauvaise foi (*V.* art. 3406 p. 194 *in fine* et 224 R. P.).

A quoi reconnaîtra-t-on cette mauvaise foi ?

Le rapport de la commission du budget énonce qu'elle résultera de ce que la valeur véritable des apports était constatée dans des actes antérieurs au contrat de mariage. Il faut y ajouter une condition, c'est que ces actes ont été connus des parties au moment de leur estimation. L'insuffisance ne serait plus intentionnelle s'il était démontré que les parties ont ignoré l'existence des documents antérieurs établissant la valeur vénale des biens.

L'explication de la commission ne saurait d'ailleurs être prise qu'à titre d'exemple.

La question de savoir s'il y a eu ou non mauvaise foi dépendra avant tout des circonstances spéciales de chaque contravention. En cas de difficultés, c'est aux tribunaux qu'appartiendra, en dernière analyse, le soin d'en rechercher les caractères et de constater, par voie de conséquence, l'exigibilité du droit en sus.

Il peut se faire que la dissimulation ne cause aucun préjudice au Trésor, si, par exemple, le montant de la dissimulation ajouté aux valeurs déclarées n'excède pas la portion sur laquelle le droit a été perçu (apport déclaré 2,000 fr., dissimulation 2,000 fr.). Dans ce cas la fraude de la partie n'ayant privé le Trésor d'aucune perception, aucune amende ne saurait être exigée (Sol. août 1872, sept. 1872).

1. INSUFFISANCES. — On a contesté, à un autre point de

vue, le bien fondé de la distinction admise par l'Administration. Il est vrai, dit-on, que les dissimulations intentionnelles sont punies d'un double droit; mais la loi n'a pas prévu les simples insuffisances, et il n'est pas permis, en l'absence d'un texte spécial, de les frapper d'un complément de droit simple.

Cette objection ne saurait nous arrêter.

En effet, la loi du 28 février 1872 a établi un droit gradué sur le montant net des apports. Elle a donc entendu que ce droit était acquis au Trésor sur la valeur nette de ces apports et lui serait payé lors de l'enregistrement des contrats. De ce que, par suite d'une circonstance particulière, le payement n'en a pas été fait à l'époque convenue, il ne s'ensuit nullement que la créance soit éteinte et le contribuable libéré. L'obligation demeure au contraire tout entière et il est aussi rationnel qu'équitable de la faire acquitter dès que le Trésor peut exercer son action.

Or, à quoi est subordonnée cette action? Tout simplement à la preuve juridique de l'existence des biens omis ou de la valeur réelle des biens mal estimés. Dès que ces faits sont constants, l'exigibilité du droit est certaine. Le payement ne saurait en être davantage retardé.

C'est là une conséquence évidente de l'économie de la loi. Il serait incroyable qu'après avoir édicté un impôt subordonné aux déclarations des parties, le législateur n'ait armé le Trésor d'aucun moyen de recouvrement et lui ait refusé le droit d'obtenir, lors de la constatation régulière de la valeur imposable, la réparation du préjudice éprouvé.

Quant à la question de savoir comment cette insuffisance sera établie, elle demeure, aussi bien que celle relative à la recherche des dissimulations intentionnelles, dans le domaine de l'appréciation. Le rapporteur de la commission parle de faits postérieurs à l'enregistrement de l'acte et inconnus à ce moment. Il faut ajouter ici encore que ces faits doivent nécessairement constater la valeur des apports *au jour du contrat.* Toutes les augmentations qui procèdent de causes postérieures à cet acte sont en dehors de lui et ne sauraient rétroagir sur l'exigibilité d'un droit réglé d'après la situation des biens au jour de la convention. Il importerait donc peu qu'une maison estimée 20,000 francs dans le contrat eût été vendue le double deux ans après parce que, durant cet intervalle, l'ouverture d'une rue aura accru sa valeur, ou bien que la nue-propriété se fût augmentée de l'usufruit éteint, etc. Tous ces événements, s'étant accomplis après le contrat de mariage, sont inopérants pour constater l'insuffisance de l'évaluation renfermée dans cet acte.

Par exemple, la dissimulation existant dans l'énonciation d'un apport social passible d'un droit gradué, résulte suffisamment de l'évaluation donnée à cet apport dans l'assemblée générale des actionnaires de la société, encore bien que les commissaires choisis pour vérifier l'apport aient admis ultérieurement le chiffre indiqué dans le contrat, si les énonciations de l'acte ne mettaient pas le receveur à même de percevoir le droit sur le montant réel des apports (Cass. 24 janv. 1876, 4293 R. P.).

5195. Prescription. — Dans quel délai l'Administration peut-elle réclamer les droits complémentaires qui lui sont dus?

Nul doute à l'égard du double droit provenant des dissimulations intentionnelles. L'art. 3 dit formellement que l'action du Trésor dure deux ans, à partir de l'enregistrement des contrats soumis au droit gradué. Mais la loi ne parle pas des droits relatifs aux simples insuffisances. En faut-il conclure que, nulle prescription spéciale n'ayant été édictée, c'est la prescription de trente ans qui est seule applicable? Ni le rapport de la commission du budget, ni l'instruction de l'Administration, ni la discussion publique de la loi, n'ont résolu la question. Cependant il nous paraît impossible d'admettre le délai de trente ans. En droit, on peut soutenir que le législateur, en réduisant à deux années l'action du Trésor pour obtenir le recouvrement des droits simples et des droits en sus résultant d'une insuffisance frauduleuse de valeurs, a implicitement statué par là même sur l'action relative aux droits simples dans le cas d'insuffisances ordinaires. Ces droits simples sont de la même nature dans les deux cas. Ceux de la seconde hypothèse sont donc virtuellement compris dans la règle générale créée pour la première.

Il n'est pas possible, d'ailleurs, de soutenir que le législateur a voulu traiter les parties coupables d'une erreur involontaire plus sévèrement que celles qui sont convaincues de mauvaise foi. Il répugnerait à la raison de croire que celles-ci échappent aux conséquences de leur fraude pendant que les autres y demeurent soumises pendant trente ans. On doit se souvenir, en pareille occurrence, de la règle de droit posée par la jurisprudence, à savoir: « qu'une loi ne peut et ne doit s'interpréter que dans le sens où elle peut s'exécuter et non dans celui où elle serait vexatoire et impraticable » (Cass. 24 mess. an 8, 3 therm. an 9).

5196. Contrat sans apport. — Quotité du droit. — L'art. 2 L. 28 février 1872 porte : « Le taux du droit établi par l'article précédent est fixé à 5 francs pour les sommes ou valeurs de 5,000 francs et au-dessous, et pour les actes ne contenant aucune énonciation de sommes et valeurs ni dispositions susceptibles d'évaluation. » Les contrats de mariage dans lesquels les futurs ne font aucun apport et qui se bornent à indiquer sous quel régime ils entendent se marier rentrent dans la seconde hypothèse prévue par cet article. Ils ne renferment aucune énonciation de sommes ou valeurs, ni dispositions susceptibles d'évaluation. On doit donc les assujettir au tarif de 5 francs.

L'art. 4 de la même loi a augmenté de moitié, il est vrai, les droits fixes auxquels sont assujettis tous les actes civils, administratifs et judiciaires. Mais il excepte de cette majoration « les actes dénommés en l'art. 1er de la loi. » Ces actes comprennent précisément les contrats de mariage, tant ceux qui renferment des apports que ceux qui n'en renferment pas et qui sont expressément assimilés par l'art. 2 aux contrats ayant pour objet des valeurs inférieures à 5,000 francs. Il faut, par conséquent, en conclure que ces derniers actes sont également affranchis de la surtaxe et doivent être tarifés au droit principal de 5 francs (Sol. oct. 1873).

5197. Disposition indépendante. — On avait demandé si le droit fixe, pour le contrat, devait être perçu lorsque ce contrat contient une donation aux futurs, passible d'un droit proportionnel. L'affirmative a été décidée. Les donations sont des dispositions indépendantes des conventions de mariage; elles donnent lieu, suivant l'art. 11 L. 22 frim., à des droits particuliers, et le n° 5 § 3 de l'art. 68 ne laisse point de doute. Il assujettit à un droit les libéralités dont l'événement est soumis au décès, indépendamment de celui du contrat de mariage, et il doit, à plus forte raison, en être de même des dispositions de libéralité actuelles (Sol. admin. 9 pluv. an 7, 38 et 168 J. E., Pont et Rodière 2e édit. t. 1er n° 211. — Comp. Cass. 7 déc. 1870, 3226 R. P., 2420-5 I. G., 184 B. C., S. 70-1-437, D. 71-1-153).

4. PLUSIEURS MARIAGES. — Nul doute d'ailleurs que, si un même acte réglait les conditions de deux mariages, il y aurait lieu de percevoir les mêmes droits que si les contrats avaient fait l'objet d'actes séparés (13986-2 J. E.). C'est déjà ce qu'enseignait Bosquet en ces termes : « Lorsqu'il se fait, disait-il, une double alliance, on peut, par un seul acte, stipuler les conventions des deux mariages. Il est incontestablement dû deux droits de contrôle pour ces contrats de mariage, de même que s'ils étaient faits par deux actes séparés » (Bosquet t. 1er p. 632).

5198. Origine des biens. — La déclaration de l'apport embrasse naturellement tout ce qui se rapporte à la nature et à l'origine des biens apportés. On ne peut donc percevoir aucun droit particulier à raison de la mention de l'origine de l'apport, à moins qu'elle ne soit de nature à former titre ou à créer le principe d'une obligation, ou à moins qu'elle ne contienne la déclaration d'un don manuel fait à l'un des époux. — *V.* 5359 et 5360.

TITRE II. — CONVENTIONS CONSTITUTIVES DU CONTRAT DE MARIAGE ET QUI EN SONT UNE CONSÉQUENCE FORCÉE

[5199-5250]

5199. Exigibilité d'un seul droit fixe. — Ce qui constitue principalement le contrat de mariage ce sont les déclarations des apports des futurs, la stipulation du régime sous lequel les futurs entendent se marier et toutes les clauses qui, en formant le pacte de famille et de société entre les conjoints, ne peuvent être considérées comme des dispositions de libéralité au profit des futurs. Ce sont toutes ces stipulations qu'embrasse le droit gradué déterminé par la loi du 28 février 1872. La loi du 22 frimaire an 7 s'en explique formellement en ce qui concerne les déclarations des futurs, et, dès l'instant que le législateur abandonnait le principe du droit proportionnel, il ne pouvait en être autrement, car les déclarations de l'espèce sont de l'essence du contrat de mariage, qui a précisément pour objet de constater les droits et la fortune des époux (D. m. f. Compl. an 10, 211 et 1283 J. E., 290 n° 9 I. G.).

CHAPITRE PREMIER. — DÉCLARATION D'APPORT

[5200-5210]

5200. Biens dotaux devenant la propriété du mari. — C'est l'application du principe posé dans le précédent numéro qui a fait reconnaître que la simple estimation de la dot faite dans le contrat de mariage, avec stipulation du régime dotal, ne donne pas ouverture à un droit particulier, indépendant de celui exigible sur le contrat de mariage. Parmi les biens qui peuvent constituer la dot d'une femme, il en est qui deviennent la pleine propriété du mari, à raison desquels la femme a seulement une créance contre celui-ci et qui ne méritent plus ainsi qu'imparfaitement le nom de dotaux. Le C. C. (art. 1551, 1552, 1553) en distingue trois classes.

1. OBJETS MOBILIERS. — « Si la dot, porte l'art. 1551, ou partie de la dot, consiste en objets mobiliers mis à prix par le contrat, sans déclaration que l'estimation n'en fait pas vente, le mari en devient propriétaire et n'est débiteur que du prix donné au mobilier. » On avait élevé la question de savoir si le droit de vente mobilière est exigible lorsqu'une mutation s'opère en vertu de cet article. Mais il a été considéré que la mise à prix du mobilier n'a d'autre but que de faire connaître la valeur de la dot, d'en assurer la restitution et de fixer les droits des époux ; qu'on ne peut voir dans cette estimation une vente proprement dite, attendu que ce n'est pas véritablement une acquisition que le futur se propose de faire. « L'estimation n'est faite, dit Merlin, que pour constater la valeur des droits au temps de la constitution et afin de pouvoir répéter contre le mari les dommages-intérêts à raison des dégradations arrivées par sa faute » (V. *Dot*, Rep. § 7). On a donc fait à l'espèce application de l'art. 68 § 3 n° 1er L. 22 frimaire an 7, qui statue que la reconnaissance énoncée au contrat, de la part du futur, d'avoir reçu la dot apportée par la future, ne donne pas lieu à un droit particulier (D. m. f. et j. 12 et 22 mai 1810, 481. I. G., Dél. 4 mai 1821, 356 C., Pont et Rodière 2e éd. t. 1er n° 219, D. N. t. 13 p. 590, n° 246, Demante n° 620).

Décidé, dans ce sens, qu'aucun droit n'est dû sur la clause d'un contrat de mariage portant que le futur époux sera réputé propriétaire de tout le mobilier corporel qui se trouvera dans les lieux que les époux habiteront; que ce mobilier comprendra les meubles meublants, linge de table et de ménage, porcelaine, argenterie, batterie de cuisine, faisant partie de l'apport de la future épouse, estimé 7,000 fr. ; et qu'enfin la future épouse aura à exercer une reprise de pareille somme sur le futur époux ou sur sa succession (Dél. 4 mai 1821, 289 Roll.).

2. IMMEUBLES. — On a longtemps discuté, dans l'ancien droit, sur les effets de l'estimation de la dot immobilière, dans les constitutions dotales (*V.* Dalloz n° 3365, Pont et Rodière n° 220, Troplong *du Contrat de mariage* nos 3138 et suiv.). Cette question n'a plus aujourd'hui d'intérêt, elle est décidée par l'art. 1552 C. C., ainsi conçu : « L'estimation donnée à l'immeuble constitué en dot n'en transporte point la

propriété au mari, s'il n'y a déclaration expresse. » D'une part donc, il ne saurait être douteux qu'un droit de mutation n'est pas exigible sur la clause portant seulement estimation ; d'autre part, comme c'est le contrat de mariage qui confère au mari ses droits sur les biens dotaux, l'estimation de ces biens, se trouvant être une dépendance nécessaire du contrat, ne peut donner ouverture à un droit particulier (Pont et Rodière 2e édit. t. 1er no 221).

3. DÉCLARATION DE VENTE. — Mais il en serait autrement si le contrat portait déclaration expresse que l'estimation vaut vente. Dans ce cas, en effet, la transmission des biens au mari, par le fait de l'estimation et de la déclaration, comporte *la qualification* de vente, ce qui suffit pour appliquer le tarif de cette convention. — C'est ce qu'a décidé un arrêt de la C. cass. du 1er mars 1809 (8909 J. E., Dalloz no 3267, Champ. et Rig. no 2920).

On pourrait opposer sans doute cette considération, déjà invoquée par les anciens auteurs et reproduite par Merlin (*loc. cit.*), que l'intention des parties n'a pas été de vendre, mais de contracter mariage, et que, dans l'espèce jugée par l'arrêt du 1er mars 1809, la volonté de vendre résultait surtout de ce qu'après le contrat la femme avait pris une inscription contre son mari. Toutefois, nous dirons avec Pont et Rodière (2e édit. t. 1er no 221) qu'en présence d'une vente expressément convenue ce motif n'est pas suffisant pour déterminer l'affranchissement du droit proportionnel (*Conf.* : Demante no 620).

4. SOMME IMMOBILISÉE. — Il en faudrait dire autant de la clause portant qu'une somme apportée par la future sera immobilisée et représentée par une maison appartenant au futur, qui tiendra nature de propre à la future. Acceptée par la future, cette clause constitue réellement une vente à son profit et rend exigible le droit proportionnel de vente, indépendamment du droit fixe gradué à percevoir sur le contrat de mariage (4030 J. E., Champ. et Rig. no 2921, Pont et Rodière no 222, Dalloz no 3369).

5. IMMEUBLES EN REMPLACEMENT D'ARGENT DOTAL. — La troisième catégorie de biens devenant la propriété du mari est indiquée dans l'art. 1553 C. C. : « L'immeuble acquis des deniers dotaux n'est pas dotal, si la condition de l'emploi n'a pas été stipulée par le contrat de mariage. Il en est de même de l'immeuble donné en payement de la dot constituée en argent », cette catégorie est celle des immeubles qui viennent remplacer dans la main du mari les sommes dotales *qu'il a reçues* ou *devait recevoir*. Ces immeubles appartiennent au mari, ils font partie de sa succession, et, en présence de l'inflexibilité et de l'immutabilité du contrat de mariage, aucune valeur ne serait accordée à la convention des époux qui, pendant le mariage, voudraient imprimer à l'immeuble le caractère dotal (Troplong *du Contrat de mariage* no 3181).

Aussi a-t-il été reconnu (6414 J. E.) que, si le père constitue en dot à sa fille une somme d'argent, et qu'en payement de cette somme il abandonne des immeubles au futur, il est dû, indépendamment du droit de donation, un droit de vente, attendu que cet abandon produit l'effet d'une dation en payement au profit du futur, qui devient personnellement propriétaire de l'immeuble, aux termes de l'art. 1553 C. C., portant que l'immeuble donné en payement de la dot constituée en argent n'est pas dotal.

Néanmoins, lorsque, durant le mariage, le mari achète un immeuble *au nom de sa femme* et déclare que le prix qu'il paye provient des biens dotaux, il y a simple déclaration d'origine, dépendante du contrat lorsqu'elle est faite dans l'acte même d'acquisition, et passible du droit fixe de 3 francs lorsqu'elle a lieu par acte particulier (Sol. 15 juin 1830, 10431 J. E.).

5201. Titre résultant de déclaration d'apport. — Règle générale. — Les principes que nous avons développés au mot *Acte passé en conséquence*, sur les énonciations contenues dans les actes déclaratifs et donnant ou non ouverture au droit de titre, selon que ces énonciations sont faites en la présence des parties intéressées ou en leur absence, sont parfaitement applicables aux déclarations d'apports contenues dans les contrats de mariage.

Ces déclarations ne sont pas, à moins de dispositions particulières et expresses, destinées à servir de titre aux créanciers désignés ; c'est un état des biens du futur et l'exposé de son actif et de son passif, un véritable inventaire dont le but est de faire connaître ses ressources. Si la déclaration est pure et simple, on ne peut donc pas la considérer comme constituant la reconnaissance positive de l'obligation. Ainsi que cela a lieu dans les donations universelles, la mention du passif est principalement destinée à rassurer le conjoint sur les suites pécuniaires de son union. De ce que le montant, au lieu d'être indiqué en bloc, est mentionné en détail, il ne s'ensuit pas, par cela seul, que le futur ait pesé attentivement la nature et l'importance de chaque dette et que sa déclaration en constitue positivement la preuve.

Quant au détail des valeurs actives, il a plus encore le caractère énonciatif, puisque la déclaration de l'apport implique nécessairement la désignation des valeurs dont il se compose.

Mais rien ne s'oppose néanmoins à ce que, à l'occasion du contrat de mariage, le futur ne cherche à obtenir de son débiteur le titre qui lui manquait ou ne soit amené à reconnaître lui-même positivement son obligation envers un de ses créanciers. Dans ces hypothèses, nul doute que la stipulation ne soit indépendante de l'apport et ne motive la perception d'un droit particulier. Toute la difficulté est de déterminer, d'après les termes du contrat et les circonstances du fait, la nature de la clause. La jurisprudence ne peut offrir sur ce point que des décisions souvent incohérentes d'où il est difficile de faire sortir une ligne de conduite assurée.

5202. Obligation. — Absence du débiteur. — On conçoit que, si le débiteur de la créance comprise dans l'apport n'est pas présent au contrat, toute cause manque à la perception du droit proportionnel, puisque l'exigibilité de l'impôt se fonde uniquement sur la reconnaissance virtuelle qu'il est censé faire de sa dette. Il ne suffit pas même qu'il soit présent à l'acte ; il faut qu'il y assiste en qualité de partie, c'est-à-dire qu'il prenne une participation directe et personnelle dans la stipulation qui le concerne. Nous avons précédemment (vo *Acte en conséquence*) indiqué le sens de cette expression et nous n'y reviendrons pas[1].

1. TÉMOIN AD HONOREM. — Les témoins des actes et et les personnes qui assistent au contrat en leur simple qualité de parents, comme conseils ou pour honorer la famille ne sont pas des parties. Dès lors, l'apport d'une créance dont ils seraient débiteurs ne justifierait pas l'application du tarif de 1 pour 100; l'Administration l'a maintes fois reconnu (Sol. 17 déc. 1855, 6 juin 1862). — C'est également ce qui résulte de la jurisprudence : « Attendu, porte un arrêt de cass. du 20 déc. 1831, que, dans l'espèce, il n'existe pas d'acte constatant le don mobilier sur lequel la Régie a perçu un droit proportionnel, puisqu'on ne peut attribuer ce caractère à une énonciation relatée dans un contrat de mariage qui ne contient aucune stipulation de la part du prétendu donateur, témoin, il est vrai, dans cet acte, mais à titre de parent et témoin honoraire, étranger aux stipulations contenues audit acte » (S. 32-1-209; *Conf.*: Cass. 18 avr. 1834, S. 34-1-269, 19 déc. 1837, S. 38-1-49 et 23 juin 1847, S. 47-1-621).

On a même étendu cette solution au père de la future qui, après avoir consenti au mariage, signe au contrat comme témoin honoraire : « Attendu que l'on ne doit pas considérer comme parties les ascendants des futurs époux qui, appelés au contrat par révérence, n'y font aucune libéralité; que le consentement de Lucas père n'était pas nécessaire à sa fille qui est majeure; que sa présence ne peut en rien ajouter à sa capacité; qu'il ne peut pas non plus être considéré comme témoin instrumentaire, puisque cet acte a été reçu par deux notaires; qu'il ne résulte d'aucune énonciation de cet acte que Lucas père ait pris part aux stipulations du contrat, ni même qu'il y ait été réellement présent » (Verdun 4 juill. 1865, 2306 R. P.). — Mais il nous a paru que c'était outrepasser les limites d'une sage interprétation. Personne ne croira que le père ne soit point partie au contrat de mariage de sa fille et n'en ait pas attentivement examiné les stipulations. Aussi préférons-nous la doctrine contraire du tribunal d'Hazebrouck, décidant le 23 février 1860 (14997 J. E., 9024 C.), « que la constitution d'apport d'une somme déterminée provenant de la succession maternelle, par le futur, qui a institué sa future usufruitière de tous ses biens, avec déclaration que le père du futur était dépositaire de cette somme, donnait ouverture au droit d'obligation, encore bien que le père *n'ait pas comparu au contrat et ait seulement signé;* attendu que cette déclaration créait un titre à la future pour son usufruit, au cas où elle survivrait à son époux. »

En matière civile, il a été également reconnu que le fait par un père de famille d'avoir assisté au contrat de mariage dans lequel son fils a compris parmi ses apports matrimoniaux une créance d'une somme d'argent sur son père et d'avoir apposé sa signature au bas du contrat suffisent pour le constituer débiteur de cette somme (C. Angers 18 juill. 1873, 20852 J. N.).

1. Avant la loi du 18 mai 1850, sur les dons manuels, la jurisprudence avait eu à examiner fréquemment dans quels cas un père ou une mère assistait comme partie au contrat renfermant une déclaration émanée du futur. Ces décisions peuvent encore être consultées avec fruit aujourd'hui : on en trouvera l'analyse au mot *Don manuel.*

2. CONSEIL. — On ne saurait percevoir le droit proportionnel d'obligation sur la déclaration faite dans le contrat de mariage par l'un des futurs, qu'un tiers est son débiteur d'une certaine somme, alors que ce tiers n'a assisté au contrat que comme ami et simple conseil, et quand surtout il a eu soin de faire toute protestation et réserve contre la déclaration consignée dans l'acte (Seine 12 fév. 1864, 1954 R. P.).

3. NOTAIRE RÉDACTEUR. — Le notaire ne joue aucun rôle personnel dans le contrat qu'il rédige et pour lequel il ne peut refuser son ministère. Aussi a-t-il été reconnu que l'énonciation de payements qui auraient été faits par lui à un des contractants ne donne pas ouverture au droit de quittance, parce que le notaire n'est point partie dans l'acte : « Attendu, porte un arrêt de cass. du 17 juillet 1854, qu'un acte ne fait foi qu'entre les parties contractantes, que le notaire qui reçoit un acte comme officier public n'y est pas partie; que sa mission consiste seulement à constater les conventions des parties, telles qu'elles lui sont déclarées; — Attendu que le jugement attaqué constate en fait qu'après le décès d'Avenel il fut, par acte passé devant Foullon, notaire, procédé au partage tant de la communauté qui avait existé entre les époux Avenel que de la succession du mari; que, pour déterminer la somme à partager, l'acte contient le compte des recettes faites par la veuve Avenel depuis son veuvage; qu'au nombre de ces recettes se trouvent des sommes importantes dues et payées par Foullon, notaire rédacteur de l'acte; que cette énonciation n'avait nullement pour but de conférer au notaire un titre libératoire des sommes qu'il avait payées, mais seulement de faire connaître les forces de la succession et de déterminer les sommes qui devaient faire l'objet du partage » (15887 J. E., 15264 J. N., 10314 C., S. 54-1-478). — Le droit de reconnaissance de dettes ne serait pas plus exigible. — V. *Partage.*

4. ASSOCIÉ. — L'associé qui comparaît dans le contrat en son nom personnel et non pas pour représenter la société ne peut reconnaître la dette contractée par celle-ci. C'est pourquoi il a été décidé que la déclaration d'apport d'une somme déposée dans une maison de commerce dont les membres signent l'acte en qualité de parents ne permettait pas de percevoir le droit de 1 pour 100 (Sol. 7 sept. 1864). — De même, quoique le père du futur reconnaisse qu'il est dû une somme à son fils par la société qu'il déclare exister entre eux, on ne doit percevoir que le droit fixe pour l'acte de société dont on ne justifie point, attendu qu'il ne résulte pas de cette reconnaissance que le père soit personnellement obligé et débiteur envers son fils (7362 J. E.).

Il en serait autrement, bien entendu, si la stipulation intervenait entre l'époux et la société même régulièrement représentée. Ainsi, la clause d'un contrat de mariage qui constate l'apport par la future épouse d'une somme de 9,000 francs formant la part lui revenant dans une société qui existe verbalement entre elle et d'autres personnes présentes, en énonçant que cette somme a été retirée aujourd'hui en numéraire de la caisse de la société et en ajoutant que la future ne fera plus partie de la société qui pourra être continuée entre les autres associés s'ils le jugent à propos, donne ouverture à un droit proportionnel de 2 pour 100 comme cession d'intérêts (Montpellier 10 juin 1857; — *Conf.* : 11093 C., 16576 J. E.).

5. ARRÊTÉ DE COMPTE. — Lorsque, aux termes de son contrat de mariage, le futur époux déclare se doter d'une somme représentant ses droits mobiliers dans la succession de sa mère, si le père du futur reconnaît ne pas lui avoir rendu de compte et être dépositaire de cette somme dont il s'engage à vider ses mains à la première réquisition, le droit d'obligation est exigible (Château-Gontier 22 déc. 1849, 8190 Fess.). — Dans le même sens, le tribunal de la Seine a jugé, le 24 avril 1844 (13505 J. E.), que la disposition par laquelle la future se constitue une somme à elle due par sa mère, pour créances recouvrées pendant la tutelle qu'elle a exercée et pour prix d'acquisition de biens dépendant de la succession paternelle, donne ouverture au droit d'obligation sur les sommes recouvrées par la mère sur les créances appartenant à la future, si ces sommes restent entre les mains de la mère qui en servira les intérêts (Senlis 5 fév. 1852, 8942 Fess.).

6. INTÉRÊTS. — Le droit d'obligation est également exigible sur un contrat dans lequel la future se constitue en dot, en présence et avec le consentement de son père, une somme déterminée, montant des intérêts échus des reprises de sa mère, laissées entre les mains du père et dont ce dernier est débiteur.

7. CESSATION DE L'ADMINISTRATION DU TUTEUR. — INTÉRÊTS. — Le tribunal de Montauban a jugé, le 19 août 1846 (12834 J. N.), qu'il n'en est pas de même de la disposition d'un contrat de mariage par laquelle la future, *encore mineure*, se constitue en dot, sur ses droits dans la succession paternelle, une somme de 25,000 francs déclarée exister entre les mains de sa mère, *tutrice*, qui s'oblige à la payer au futur, à charge d'emploi, *avec intérêts* à partir de la célébration du mariage, trois mois après l'avertissement qui lui en sera donné. Le tribunal s'est fondé, pour repousser le droit d'obligation : 1° sur ce que, jusqu'au jour de la célébration du mariage, la mère est forcée de garder la somme comme tutrice de sa fille ; — 2° sur ce que le délai de trois mois stipulé n'est que l'effet immédiat de la condition d'emploi imposée au futur. Le premier motif ne peut être sujet à contestation. Quant au second, il ne paraît pas exact : la mère n'avait aucun droit d'imposer la condition d'emploi. Du jour du mariage, la fortune personnelle de la femme tombant, à moins de clause contraire, sous l'administration du mari, c'est à lui seul qu'il appartient de régler cette administration. D'ailleurs, la stipulation d'*intérêts* à partir de la célébration est ici tellement caractéristique de l'obligation que le droit proportionnel est incontestablement exigible (D. N. t. 4 p. 54 n° 104).

8. TERME ET INTÉRÊTS NON STIPULÉS. — Mais aucune objection ne pourrait être opposée à la non-exigibilité du droit d'obligation s'il n'y avait pas obligation de payer à terme avec intérêts. Ainsi la déclaration par l'un des époux que ses apports mobiliers, provenant de successions qui lui sont échues, seront remis par son père après la célébration de ce mariage, ainsi que ce dernier s'y oblige, ne constitue point une obligation sujette au droit proportionnel ; le père était dépositaire de droit et tenu de rendre compte (Dél. 6 nov. 1821).

9. LEGS. — Ainsi encore, il a été décidé que, quand la constitution de dot comprend un legs fait précédemment à la future alors sous la tutelle de son père, l'engagement pris par celui-ci d'acquiter cette somme ne constitue pas une obligation personnelle donnant lieu au droit proportionnel d'enregistrement. C'est là seulement une déclaration d'exécution d'un acte antérieur pour laquelle il n'est dû qu'un droit fixe : « Attendu, porte un arrêt de cass. du 10 pluviôse an 13, que, dans le contrat de mariage du 13 floréal an 10, enregistré le 21, aucune clause, aucune expression ne tendait à supposer une vente ou cession par la fille à son père et ne pouvait induire les juges à rechercher et appliquer une disposition de l'art. 69 L. 22 frimaire, concernant les ventes et cessions d'immeubles ; — Attendu que la même loi, par son art. 68 § 3 n° 1er avait fixé la perception relative aux dotations faites par les ascendants, dans les contrats de mariage ; — Attendu que la partie de la clause du contrat relative au payement des 2,000 francs du legs précédemment fait à la future épouse reportait évidemment les parties vers la disposition de l'art. 68 § 3 n° 6 et nullement vers celle de l'art. 69 § 3 n° 3, puisque la promesse d'acquitter aux futurs époux les 2,000 francs légués par une tante à la future alors mineure ne contenait point obligation personnelle de la part de Delmas, mais seulement une déclaration d'exécution et de consommation d'un acte antérieur et enregistré. »

10. ÉNONCIATION SIMPLE. — Il en serait de même si la déclaration avait pour but unique de préparer la liquidation postérieure des reprises : « Attendu, en fait, porte un jugement de Grenoble du 14 août 1852, qu'il résulte des termes du contrat de mariage des mariés Gros que la clause mentionnant qu'il était dû par Odile Perrin à Hélène Perrin, sa fille, une somme de 15,000 francs a été insérée dans l'acte, non pour régler les rapports d'intérêt existant entre le père et la fille, mais pour constater les rapports et prévenir la difficulté qui aurait pu s'élever plus tard lors de la liquidation de ses reprises dotales ; que dès lors le contrat de mariage ne fait pas preuve complète contre Perrin de l'existence au profit de sa fille d'une créance de 15,000 francs, que l'on ne pourrait l'expédier en grosse et l'exécuter contre lui. »

L'Administration a de même décidé : 1° le 25 mars 1842, (11525 J. N., Champ. et Rig. t. 6 n° 72), dans une espèce où le futur se constituait en dot un office sur le prix duquel il déclarait être encore débiteur en partie, que cette énonciation, faisant partie de la déclaration d'apport, ne donnait ouverture à aucun droit particulier, quoique le cessionnaire de l'étude, beau-père du futur, fût présent au contrat ; — 2° que, lorsque, dans un contrat de mariage portant constitution en dot par la future d'une somme de 50,000 francs montant, par évaluation, de ses droits dans la succession maternelle, il est dit, en présence du père assistant au contrat pour donner son assentiment au mariage, que sur cette somme il sera remis à la future celle de 10,000 francs la veille de la célébration du mariage, et que les 40,000 francs restants seront versés dans un délai déterminé, avec intérêts, il n'est pas dû, à raison de cette disposition, un droit d'obligation à 1 pour 100 » (Dél. 20 nov. 1846, 13027 J. N., 7909 C., D. N. t. 4 p. 55 n° 407).

Au contraire, si le père déclare qu'il doit à la future 20,000 francs provenant de la succession de sa mère et qu'il conservera cette somme vingt ans, à charge d'en payer les intérêts, le titre de la créance n'étant pas énoncé, le droit de 1 pour 100 est dû; il n'y a pas seulement prorogation de délai, puisqu'il n'est pas justifié que la créance existait antérieurement (16821-4 J. E.).

11. DETTE DU FUTUR. — D'après les mêmes principes, il a été reconnu que la déclaration par le futur qu'il doit à son père présent au contrat une somme déterminée que celui-ci a fournie pour son cautionnement comme receveur des finances, donne lieu au droit de 1 pour 100 s'il n'y a pas eu de déclaration au profit du bailleur de fonds (Sol. 10 mars 1863).

Jugé, dans le même sens, que, si dans l'apport du futur figure une somme déterminée dont il se reconnaît débiteur envers ses père et mère qui déclarent lui faire donation d'une portion de cette somme, le droit d'obligation est exigible sur la portion qui reste due (Soissons 20 janv. 1847, 14162 J. E., 7811 C.).

5204. Obligation. — Absence du créancier. — Par raison inverse et comme déduction du même principe, le tribunal de Rambouillet a jugé, le 6 août 1847 (13163 J. N., 8022 C.) que, si le créancier n'est pas présent à l'acte, aucun droit d'obligation n'est exigible (*V.* dans le même sens Strasbourg 12 oct. 1820, 8510 J. E., Dél. 22 juin 1825, 5216 J. N., D. N. t. 4 p. 54 n° 400, Sol. 23 juin 1845, Dalloz 3510).

On comprend qu'ici l'absence du créancier au profit duquel existe l'obligation déclarée par le futur n'a pas la même influence que l'absence du débiteur. Il est seulement naturel de croire que ce débiteur ne se trouvant pas devant son créancier a énoncé sa dette sans aucune pensée de conférer un titre contre lui ni même d'en reconnaître catégoriquement le montant. Mais ce n'est là qu'une induction pouvant céder à la preuve contraire résultant des termes du contrat ou des circonstances.

Ainsi, un futur, ayant apporté en dot des meubles estimés 750 francs, déclarait devoir à M. X. 400 francs faisant partie d'un cheptel de fer consenti par ce dernier au futur. Le soin que le débiteur avait pris d'indiquer la cause de sa créance parut manifester la réflexion de son aveu et une Dél. 30 août 1826 maintint la perception du droit d'obligation (1286 § 82 R. P.).

Un autre contrat renfermait la disposition suivante : « La future déclare qu'elle doit à M. X. 7,000 francs équivalant à la moitié de ses apports, attendu que, bien que la propriété des créances formant ses apports soit au nom d'elle seule, la vérité est que M. X. a fourni de ses deniers la moitié des fonds ayant servi à l'achat. » Le tribunal de Lille, par un jugement du 10 mars 1843, combattu au n° 1286 § 82 R. P., décida qu'en l'absence du créancier cette déclaration ne pouvait motiver la perception du droit de 1 pour 100 (Dalloz 1232, 6608 C., Champ. et Rig. t. 6 n° 68).

5205. Quittance. — Les règles précédentes gouvernent la perception du droit de quittance comme celle du droit d'obligation. Ainsi, lorsque, dans son contrat, la future, après s'être constitué en dot une somme déterminée, déclare qu'elle lui a été payée par son frère, non présent, qui avait été chargé de ce payement aux termes de son contrat de mariage, il n'est pas dû de droit de quittance, attendu que cette déclaration n'est qu'énonciative des droits et nullement constitutive, et que les contrats ne lient que les personnes qui y sont parties et ne font pas loi à l'égard des tiers. Il en est de même, quoique le frère soit présent sans stipuler en son nom personnel (16723-1 J. E.).

Mais si le tiers qui a payé en l'acquit du constituant reçoit la subrogation du futur, il est dû un droit de 1 pour 100 (Auch, 19 août 1873).

5206. Vente de meubles. — Les mêmes règles s'appliquent à tous les autres contrats en général. Si, par exemple, le futur se constitue en dot un fonds de commerce ou tout autre objet mobilier qu'il déclare avoir acquis d'un tiers, partie au contrat de mariage, le droit de 2 pour 100 deviendra exigible quand il apparaîtra que les parties ont eu l'intention de réaliser dans l'acte le titre même de leur convention. — Le tribunal de Sens avait interprété ainsi une clause portant que le futur se constituait des marchandises à lui cédées par sa mère présente en l'acte (17 juil. 1846, 4045 J. E., 13097 J. N.). Mais, sur l'arrêt d'admission dont ce jugement fut suivi, l'Administration s'est désistée de sa demande (Dél. 14 sept. 1847, 7982 C.).

Elle a de même reconnu, par une Sol. 11 avril 1832 (Champ. et Rig. n° 1812, Dalloz n° 2807), qu'aucun droit n'est exigible sur la déclaration par laquelle un futur reconnaît, dans le contrat de mariage, avoir acheté le fonds de commerce de son père, *présent au contrat*. Les motifs de cette décision, qu'appuient les auteurs que nous venons de citer, ont été que la mention d'acquisition n'avait pas pour objet de donner un titre au vendeur, mais seulement de faire connaître l'actif et le passif du futur ; qu'en conséquence, bien qu'elle constatât l'existence d'une vente mobilière, elle n'en formait pas le titre et ne pouvait pas, dès lors, rendre exigible un droit de vente.

1. ABSENCE DU VENDEUR. — Il a quelquefois été jugé que la déclaration par le futur qu'il se constitue des objets mobiliers qui lui ont été cédés par ses père et mère ou par un étranger, non présents au contrat, et sur le prix duquel il reçoit une somme déterminée, donne ouverture au droit de 2 pour 100 sur la somme qui reste due, attendu que cette somme constitue une obligation dont la cause est exprimée (Péronne 21 avr. 1843 ; — Versailles 1er déc. 1844, 6550, 7160 C. ; — Mantes 22 janv. et 20 fév. 1847, 14163 et 14230 J. E.). — Mais c'est là une erreur certaine. Ainsi que nous l'avons fait remarquer dans nos éditions précédentes, la vente n'est parfaite que par le consentement de l'acheteur et du vendeur sur la chose et sur le prix (1583 C. C.). La déclaration unilatérale de l'acheteur qu'un objet lui a été vendu ne peut pas plus constituer une vente que celle du vendeur lui-même; et, comme le droit de 2 pour 100 se perçoit exclusivement sur les actes qui forment le titre de la mutation, il en résulte que dans l'espèce son exigibilité n'est pas établie. C'est ce qu'ont reconnu avec plus de raison des jugements de Versailles du 18 mars 1847, de Corbeil du 19 mai suivant (13082 J. N.) et de Tours du 17 août 1849 (8735 C.). C'est aussi l'avis de Dalloz 2805 et de Champ et Rig. t. 6 n° 359.

2. VENDEUR TÉMOIN HONORAIRE. — Il en serait de même, contrairement à ce qu'a jugé le tribunal d'Orléans, le 16 décembre 1844 (13689 J. E.), si la déclaration d'achat

était faite en présence du vendeur signant le contrat en qualité de témoin honoraire (Sol. 23 janv. 1857).

3. VENTE DE FONDS DE COMMERCE. — Il en serait autrement à l'égard des ventes de fonds de commerce. Nous verrons, en effet, au mot *Mutation*, que, d'après une disposition spéciale de la loi du 28 février 1872, le droit de ces cessions peut être réclamé sur la déclaration unilatérale de l'acheteur.

5207. Vente d'immeubles. — Si la déclaration d'un acquéreur portait sur un immeuble, les règles que nous poserons au mot *Mutation* donneraient alors la faculté à l'Administration de poursuivre le payement des droits de mutation (*V.* Cass. 2 mai 1820, 6721 J. E., 12889-3 J. E., 13097 J. N., S. 20-1-385). Par Dél. 30 fructidor an 10 (1335 J. E.), intervenue sur une espèce où le futur se constituait des biens immeubles dont la propriété appartenait antérieurement à son père, sans qu'il existât d'acte enregistré qui constatât la transmission, l'Administration a décidé que le droit exigible était celui de donation.

5208. Partage. — Les déclarations d'apport, lorsqu'elles ne motivent pas la perception du droit proportionnel autorisent quelquefois la demande du droit fixe gradué de partage.

Un père s'engageait à payer avec intérêt, dans un délai de trois ans, une somme déterminée que la future se constituait dans les deniers laissés par sa mère; le droit de partage avait été exigé, mais on réclamait le droit d'obligation : le tribunal de la Seine a jugé, le 23 janvier 1828 (8977 J. E.), que ce dernier droit n'était pas exigible.

L'Administration a prescrit la seule perception du droit de partage dans une autre espèce où la future mineure se constituait, du chef de son père décédé, une somme déterminée que sa mère s'obligeait à lui payer (Dél. 27 janv. 1829, 9311 J. E.).

Dans le même ordre d'idées, le droit fixe de partage est dû sur la clause du contrat de mariage par laquelle la mère du futur lui abandonne, par forme de partage provisoire et en attendant le partage définitif, tout l'actif de la communauté évalué à une certaine somme, en déduction de ses droits dans la succession de son père (Sol. 27 mars 1816, 5405 J. E.).

Le contrat de mariage portant que la future se constitue en dot une somme d'argent qu'elle a entre ses mains et qui provient de sa part dans la succession de son père, à l'égard de laquelle elle reconnaît n'avoir plus rien à demander à sa mère présente, n'est passible que du droit fixe de partage. (Sol. 8 fév. 1826, 1404 Roll.).

1. ABSENCE DU COPARTAGEANT. — Peut-on percevoir un droit particulier de partage sur la déclaration, contenue dans un contrat de mariage en secondes noces, qu'un enfant du premier lit, *non présent*, a été rempli de sa part dans la première communauté ? Evidemment non. La déclaration du père, faite hors de la présence du fils, ne peut empêcher celui-ci d'exercer toute action (Dél. 14 déc. 1825, 8267 J. E., D. N. t. 4 p. 54 n° 398 et t. 9 p. 306 n° 743).

5209. Donation. — Lorsqu'il est déclaré par le futur, *sur la demande de ses père et mère* qui l'assistent, que plusieurs créances faisant partie de ses apports ne lui appartiennent qu'en nue-propriété, que ses père et mère en ont l'usufruit jusqu'au décès du survivant, alors cependant que le futur époux nu-propriétaire se trouve seul dénommé dans les titres relatifs à ces créances, il y a lieu de considérer cette déclaration comme une donation d'usufruit de la part du futur en faveur de ses père et mère (Tours 19 août 1842, 13101-1 J. E.).

Décidé de même que la clause d'un contrat de mariage suivant laquelle la future déclare apporter une somme dont elle est propriétaire, actuellement déposée entre les mains d'un tiers qui s'engage à en faire la restitution après le mariage, peut être considérée non comme une simple reconnaissance de dette, mais comme une véritable donation : « Attendu, porte un arrêt de Cass. du 20 mars 1855, que, dans l'espèce, il a été constaté par le rapprochement des faits certains et probants que le véritable caractère de la clause énoncée dans le contrat de mariage, du 26 février 1853, était celui d'une donation d'une somme de 100,000 francs faite par les époux Quesney à leur nièce, future épouse, déguisée sous la forme d'une obligation de somme évidemment supposée » (376 R. P., S. 55-1-271, P. 55-2-212). — *V.* 5360.

5210. Inventaire. — Première communauté dissoute. — Aucun droit particulier n'est exigible sur la déclaration et la description des effets provenant d'une première communauté du futur et composant son apport. D'une part, en effet, la description, alors même qu'il n'a pas été fait d'inventaire à la suite de la dissolution de cette communauté, ne peut, à l'égard des tiers, tenir lieu d'inventaire ; d'autre part, à l'égard du futur, elle n'a d'autre objet que de constater son apport (4933 J. E.).

CHAPITRE II. — RECONNAISSANCE DE DOT

[5211-5220]

5211. Reconnaissance par le futur. — L'art. 68 § 3 n° 1er L. 22 frimaire an 7, après avoir nommément exempté de tout droit la déclaration des apports faits par les époux, ajoute : « La reconnaissance dans le contrat de mariage, *de la part du futur*, d'avoir reçu la dot apportée par la future, ne donne pas ouverture à un droit particulier. » Il ne pouvait en être autrement, car il y a corrélation nécessaire entre la déclaration, de la part de la femme, d'avoir apporté une dot au mari en sa qualité d'administrateur général de l'association conjugale et la reconnaissance, de la part de celui-ci, d'avoir reçu la dot apportée. Dispenser de tout droit cette reconnaissance, c'est faire tout simplement l'application du principe fondamental en matière d'enregistrement, qui veut que dans tout contrat synallagmatique le droit établi sur le contrat embrasse les diverses obligations qui forment la substance de ce contrat. « D'autre part, dit M. Demante, c'est en vertu de sa puissance que le mari a la disposition de la dot. Tant que dure le régime matrimonial, il n'est pas débiteur de cette dot; il en est l'administrateur souverain, presque le maître. Il est donc tout à fait conforme aux principes de ne pas voir dans la reconnaissance du futur un acte portant obligation de sommes» (N° 625).

1. DIVERS RÉGIMES. — La loi parle d'une manière générale de la reconnaissance d'avoir reçu la dot, elle s'applique donc à tous les contrats de mariage, quel que soit le régime stipulé. S'il est vrai, en effet, que, sous le régime de la communauté, les constitutions des époux prennent plus régulièrement le nom d'*apports*, il résulte néanmoins de l'art. 1540 C. C. que, dans tous les régimes, la *dot* est *le bien* que la femme apporte au mari pour supporter les charges du mariage. — Dans ce sens, une Sol. 5 août 1807 (1185 J. E.) a reconnu que la disposition de l'art. 68 § 3 n° 1er L. 22 frimaire an 7, portant que la reconnaissance énoncée dans le contrat, de la part du futur d'avoir reçu la dot apportée par la future ne donne pas lieu à un droit particulier, s'applique même au cas où le contrat de mariage contiendrait exclusion de communauté et obligation de la part du futur de payer à la future l'intérêt de sa dot. Les motifs de cette solution sont que la reconnaissance est de droit dans l'un comme dans l'autre cas: la stipulation que la dot produira des fruits civils ne change rien à l'obligation contractée par le futur; et, la loi n'ayant fait aucune distinction, il en résulte que, dans l'espèce, on ne serait pas plus fondé à percevoir un droit particulier qu'on ne pourrait l'être dans le cas où aucune stipulation d'intérêt n'aurait eu lieu (*Conf.*: Pont et Rodière 2e édit. 1-231).

Ainsi encore, une somme est donnée à la femme en propre, le mari reconnaît l'avoir reçue, et il est stipulé que le revenu de l'objet donné doit entrer en communauté; il n'est point dû de droit d'obligation (Dél. 22 juill. 1818, 6168 J. E., 2695 J. N.).

2. VALEURS DIVERSES. — Il faut conclure aussi de la généralité des termes de la loi que la dispense d'impôt s'étend non-seulement à la réception de la dot en argent, mais encore à celle qui s'appliquerait à toute espèce de biens apportés par la femme et dont la gestion appartiendrait au mari, par exemple à des créances, des titres, effets mobiliers, etc., et autres objets tombant en communauté.

3. GARANTIE. — L'exemption applicable à la reconnaissance du futur s'étend naturellement aux garanties qu'il donne pour assurer le remboursement de la dot. « Il n'est dû, porte l'I. G. n° 392, aucun droit pour l'affectation particulière d'un immeuble du mari, cette clause n'ajoutant rien aux avantages assurés à la femme par l'art. 1436 C. C. » Il en est de même de la délégation faite au profit de la future pour garantir la restitution de la dot lors de l'événement qui la rendra exigible.

4. DÉLÉGATION. — De même, aucun droit particulier n'est exigible sur la clause par laquelle le futur, pour assurer à la future les avantages stipulés en sa faveur, lui délègue des capitaux placés sur des particuliers (Dél. 9 mai 1817, 2166 J. E., 2166 J. N., D. N. t. 4 p. 57 n° 419).

5212. Reconnaissance par la future. — La disposition relative à la reconnaissance de dot n'est pas aussi générale que celle relative à la déclaration d'apport; la loi de frimaire exempte de tout droit la déclaration des apports des *époux*, alors qu'elle n'attache ce bénéfice qu'à la reconnaissance de la *part du futur*.

On pressent les motifs de cette différence: les déclarations d'apports sont exemptes de tout droit parce qu'elles sont constitutives du contrat de mariage (*V.* 5199). A ce motif s'ajoute, pour la reconnaissance de dot de la part du futur, cette considération que, le mari étant le chef de la famille, *l'administrateur des biens de l'association conjugale*, il y a, comme nous l'avons dit n° 5211, corrélation *nécessaire* entre la déclaration de la femme et la reconnaissance du mari. Mais toute corrélation disparaît évidemment lorsque c'est la femme qui reconnaît *avoir reçu la dot du mari*. La femme s'introduit ici, d'une manière anormale, dans une affaire de la société, c'est-à-dire dans une affaire dont elle n'a ni le soin ni la direction et dont la loi a remis au mari la conduite exclusive. Qu'est-ce que cela, sinon une stipulation qui non-seulement n'est pas de l'essence du contrat de mariage, mais encore lui est complétement étrangère? Dès lors cette stipulation donne ouverture à un droit particulier.

Aussi la C. cass., considérant une pareille stipulation comme avantageuse au mari et à ses héritiers, en ce sens qu'elle met aux risques et périls de la femme l'apport fait par le mari, a-t-elle décidé le 7 février 1838, que cette reconnaissance est passible du droit proportionnel d'obligation : « Attendu, porte cet arrêt, que, par le contrat de mariage dont il s'agit, la future épouse, se mariant sous le régime dotal, s'oblige formellement, sur tous ses biens, tant au profit du futur époux qu'au profit des héritiers de celui-ci, à payer une somme de 12,000 francs, représentative de la valeur actuelle du mobilier apporté par ledit futur époux; que cette somme de 12,000 francs, montant dudit mobilier, est formellement exceptée de la donation réciproque d'usufruit que se font les futurs époux, et non comprise dans la donation de pleine propriété; que, par ce contrat, la reprise en nature dudit mobilier est subordonnée, au profit du mari et de ses héritiers, à une estimation préalable, ce qui rend l'option évidemment illusoire, puisque le mobilier périt ou se détériore nécessairement par l'usage; — Attendu qu'un tel engagement qui met le mobilier apporté par le mari aux risques et périls de la femme pour toute la durée du mariage et oblige, dès à présent, cette dernière pour une somme de 12,000 francs, rentre dans la disposition générale de l'art. 69 § 3 n° 3 L. 22 frimaire an 7» (11982 J. E., 9912 J. N., 1577 § 4 I. G., S. 38-1-189).

La même règle a été appliquée par un autre arrêt de Cass. du 16 novembre 1813, ainsi conçu : « Vu l'art. 68 § 3 n° 1er et l'art. 69 § 3 n° 3 L. 22 frimaire an 7; — Considérant que la seconde disposition du n° 1er § 3 de l'art. 68 porte seulement que la reconnaissance faite par le futur époux, dans le contrat de mariage, d'avoir reçu la dot apportée par la future, ne donne pas lieu à un droit proportionnel; que la loi ne contient pas une disposition semblable à l'égard de la reconnaissance que la future ferait dans ce contrat d'avoir reçu les apports du futur; — Considérant que la première disposition du n° 1er a établi le droit fixe de 3 francs seulement pour les contrats de mariage qui ne contiennent d'autres dispositions que des déclarations de la part des futurs de ce qu'ils apportent en mariage et se constituent; — Considérant que le contrat de mariage dont il s'agit a exclu la communauté de biens entre les futurs époux, et qu'au moyen de cette non-communauté de biens il y a été stipulé que chacun des futurs époux jouirait à part et divisément des biens à lui appartenant et de ceux qui pourraient lui appartenir par la suite, et que le futur époux a autorisé irrévocablement la future épouse à administrer tous ses biens et à faire tous les actes qui y seraient relatifs ; — Considérant que, par ce même contrat, le futur époux a livré à la future épouse une somme de 30,000 francs, soit en argent, soit en effets de commerce ; que, pour le remboursement de cette somme, la future épouse a affecté et hypothéqué ses immeubles ; que l'ensemble de ces clauses présente tous les éléments et les véritables caractères d'un prêt de consommation étranger aux simples contrats de mariage, tels qu'ils sont désignés dans ledit n° 1er § 3 art. 68, et assujettis dès lors, par l'art. 69 § 3 n° 3, également précité, au droit proportionnel de 1 franc par 100 francs » (4735 J. E., S. 14-1-97).

Cette opinion est partagée par Pont et Rodière 2e édit. t. 2 n° 234, Dalloz 3444, Demante 624 et le D. N. t. 4 p. 55 n° 409).

Il ne s'agit pas ici, comme on l'a cru bien à tort, de la simple déclaration par laquelle la femme reconnaît la réalité des apports du futur. Cette reconnaissance est un élément essentiel du contrat; la question ne peut pas être mise en doute. Il s'agit, ce qui est bien différent, de la *réception* même de la dot du futur par la future. Or, il est parfaitement vrai, à ce point de vue, de dire avec tous les auteurs que la femme prend une responsabilité qui ne lui appartient pas et contracte une obligation conventionnelle ordinaire.

5213. Reconnaissance par le père. — Par identité de raison, l'exemption prononcée pour la reconnaissance que donne le futur époux de la dot apportée par la future ne peut être étendue à celle que donne le père du futur. Lorsque c'est le père qui a reçu la dot, la reconnaissance qu'il en donne produit le même effet que si le futur eût directement reçu la somme et l'eût ensuite déposée entre les mains de son père, à titre de prêt. Il y a obligation sujette au droit propoptionnel, indépendamment du droit de donation (Sol. 18 vend. an 9, 561, 562, 655 J. E., Sol. 21 sept. 1832, 10447 J. N., Pont et Rodière 2e édit. t. 1er n° 235, D. N. t. 4 p. 56 n° 410, 13721-1, 14213-2, 16537-1 J. E., Demante n° 624, J. du not. 23 oct. 1867, n° 2197).

1. EFFETS MOBILIERS. — Une solution de l'Administration du 7 juillet 1831 (10049 J. E.) porte que, si le père du futur reconnaît avoir reçu les effets mobiliers apportés par la future évalués 1,200 francs avec reconnaissance au profit de la future, il devient débiteur de la valeur estimative donnée à ce mobilier, comme il le serait d'une somme d'argent, et le droit d'obligation est exigible : « Attendu, porte la solution, que l'obligation de restituer en nature n'était pas expressément stipulée et que le père du futur devenait plutôt débiteur du mobilier que des effets qui le composaient. » On peut objecter que le fait d'avoir reçu pour la future et en son nom impliquait obligation de rendre en nature, qu'il y avait donc un simple dépôt (5086 J. E., Dalloz n° 550). Dans tous les cas, si l'idée du droit fixe est repoussée, il semble que la convention doit être considérée comme constituant non une obligation, mais une vente passible de 2 pour 100. Ce n'est point, en effet, le lieu d'appliquer l'art. 1551 C. C., d'après lequel l'estimation de la dot mobilière de la future n'en fait pas vente au profit du futur. On admet bien que le futur n'en est point acquéreur et qu'il a reçu les meubles à titre d'administrateur. Mais le futur qui en a la disposition les a ensuite vendus à son père; on ne peut s'expliquer autrement le but d'une convention par laquelle ce dernier reçoit des meubles moyennant l'obligation d'en rendre le prix. C'est sur cette seconde convention que le droit de 2 pour 100 paraît exigible.

5214. Promesse de verser. — Lorsque la dot n'est pas actuellement remise au beau-père, mais que le futur ou pour lui le constituant promet seulement de la lui remettre, on doit distinguer, pour la perception de l'impôt, entre le cas où le versement des deniers est simplement un terme qui n'empêche pas l'engagement du beau-père d'être actuel, et celui où la numération des espèces est une condition suspensive de l'obligation. Bien que l'emprunteur ne soit pas encore en possession effective des deniers, il peut cependant se constituer dès à présent débiteur, s'il est assuré de les recevoir quand il voudra et si le prêteur est lui-même irrévocablement engagé à les lui remettre dans un certain délai : nous verrons en matière d'ouverture de crédit de nombreux exemples de cette situation.

Le droit de 1 pour 100 serait donc exigible sur de pareilles promesses de prêt contenues dans le contrat de mariage du futur. C'est ce qui a été décidé par un jugement de Mauriac 30 mai 1833 et par une délibération de l'Administration 14 mars 1828, portant pour motifs « que l'art. 69 § 3 L. 22 frimaire an 7 tarife au droit de 1 pour 100 les contrats, transactions, promesses de payer... et tous autres actes ou écrits contenant obligation de sommes; que, dans l'espèce, il n'existe pas, il est vrai, d'obligation actuelle de la part du beau-père; mais que, de la part du gendre, il y a promesse de payer; que cette promesse n'est subordonnée à aucune condition, qu'elle oblige réellement le gendre jusqu'à ce qu'elle soit exécutée; qu'il n'est point question de savoir si un événement ultérieur pourra empêcher cette exécution; qu'aucun événement de cette nature n'est prévu par le contrat; que la perception du droit d'enregistrement s'établit d'après les conventions des parties et qu'ici les termes de l'acte et l'intention clairement exprimée des parties donnent à l'obligation du gendre un caractère actuel et indépendant de toute condition; qu'en conséquence elle est passible du droit de 1 pour 100, auquel la loi assujettit sans distinction toute obligation de sommes ou promesse de payer » (8709 J. N.; — *Conf.* : Sol. 3 mars 1863 et J. du not. n° 2197).

Il en est de même : 1° de la clause par laquelle le futur époux *promet* de payer 1,500 francs à son futur beau-père et lui donne pouvoir de prendre ces 1,500 francs sur le prix d'une cession qu'il vient de faire, pour employer le tout à sa convenance. S'il n'est justifié d'aucune cause à *la promesse* de payer et d'aucun titre de créance pour motiver *le pouvoir de prendre*, les droits d'obligation et de délégation sont exigibles (14126 J. E., Dél. 28 oct. 1834, 4738 Roll.); — 2° de la promesse de payer faite par le futur aux créanciers de son beau-père qui hypothèque ses biens pour sûreté du remboursement. On considère que le prêt est réalisé, parce qu'il est certain qu'il le sera, et le droit proportionnel est exigible (Brives 3 mars

1838, D. N. t. 4 p. 56 n° 413). — Reconnu encore que, quand le père de la future, constituant une dot à sa fille sur les droits successifs de celle-ci, s'oblige à la payer au père du futur, sans indiquer à quel titre le père du futur recevra cette somme, le droit d'obligation est exigible (14195 J. E.).

1. CONDITION. — Mais il n'en serait plus ainsi s'il paraissait que l'obligation du beau-père, loin d'être actuelle, est soumise à la condition suspensive du versement des fonds entre ses mains. Dans ce cas, il y a une simple promesse de prêt dont la réalisation seule rend le droit proportionnel exigible et cette réalisation sera prouvée comme à propos des ouvertures de crédit par tous actes émanés des parties et qui leur seront opposables (V. D. N. t. 4 p. 56 n° 412). Il y aurait lieu d'appliquer à cet acte les règles de perception de l'ouverture de crédit. — V. *Crédit*.

5215. Quittance. — Si la dot est immédiatement remise par le constituant, soit au futur, soit pour lui à un tiers, ce payement se confond avec la libéralité elle-même et ne saurait donner ouverture à un droit particulier de quittance.

1. TIERS. — Si la dot était remise au futur par un tiers non donateur, il faudrait distinguer : si le tiers était détenteur de la dot en vertu d'un mandat quelconque, le droit de décharge serait exigible ; si, au contraire, il en était débiteur, ce serait le droit de quittance qui devrait être perçu. Dans l'une et l'autre hypothèse, en effet, il y aurait dans le fait de la libération du tiers à l'égard de la femme une disposition parfaitement indépendante du contrat de mariage.

2. ACTE COMPLÉMENTAIRE. — Mais, lorsque, dans un contrat de mariage, il a été stipulé qu'une partie de la dot constituée à la future par ses père et mère sera payée le jour même de la célébration du mariage qui vaudra quittance, l'acte ultérieur par lequel le mari déclare avoir reçu le montant de cette dot n'est passible que du droit fixe. — V. *Quittance* 13322-5.

5216. Mandat. — Aucun droit d'obligation ne serait exigible si le tiers, en recevant la dot, agissait en qualité de mandataire ou d'administrateur. On avait, à cet égard, émis l'avis que la disposition du contrat de mariage portant que la dot de la future a été payée au futur mineur, et pour lui à son père administrateur qui s'est constitué dépositaire, est passible du droit d'obligation, car le mineur étant émancipé par son mariage a l'administration de ses biens et le père ne peut être considéré comme agissant en vertu d'un mandat légal (17356 J. E.) ; mais le contraire nous paraît préférable, car l'émancipation résultant du mariage ne s'oppose pas à ce que le tuteur continue sa gestion si les parties y consentent, et tel est précisément l'effet de la clause actuelle. Cette opinion a été consacrée par une Sol. 25 avril 1862.

Il faudrait décider de même si le contrat de mariage portait seulement que la somme *sera versée* aux père et mère du futur. L'obligation prise de verser n'est pas souscrite envers les père et mère : ce n'est qu'un mode de payement de la dot que les époux pourraient changer et qui n'autoriserait pas les père et mère du futur à agir en leur nom personnel pour exiger l'exécution de l'engagement (763 et 15063-3, 13578-1 J. E.).

Mais il n'est pas toujours aussi facile de distinguer l'existence du mandat. Ainsi l'Administration a refusé d'attribuer ce caractère à une stipulation portant que la dot de la future *devait* être payée dans les mains du père du futur qui demeurait *chargé de l'employer*, sous sa garantie, de la manière qu'il trouverait la plus utile aux intérêts des époux (Sol. 21 sept. 1832, 10447 J. E.). Pont et Rodière sont d'un avis contraire : « Évidemment, disent ces auteurs, le père n'était pas personnellement obligé dans l'espèce ; la remise de la dot qui lui était faite ne faisait pas naître pour lui l'obligation de remboursement, il était chargé seulement d'opérer un placement : c'était un simple mandat. Tout au plus pourrait-on exiger ce droit pour la société, indépendamment de celui du contrat de mariage, si le contrat contenait la stipulation d'une société entre les futurs et le tiers qui aurait reçu la dot » (2e édit. t. 2 n° 230). — *V.* dans le même sens Champ. et Rig. n°s 1706 et suiv., Dalloz n° 1279). Nous ferons remarquer que, pour qu'il y eût un *mandat*, dans le sens de l'art. 1984 C. C., il aurait fallu que le contrat de mariage contînt le pouvoir d'agir pour et au nom soit du futur, soit de la future, tandis qu'il conférait au père le droit exclusif de recevoir la dot et de l'employer sous *garantie* de sa part.

5217. Société. — On ne pourrait non plus exiger le droit d'obligation, si le contrat contenait stipulation de société entre le père du futur et les futurs. Le versement de la dot entre les mains du père ne pourrait être considéré que comme une mise de fonds qu'embrasserait le droit gradué exigible sur la constitution de la société (562 J. E., Pont et Rodière 2e édit. t. 1er n° 235).

Mais la disposition d'un contrat de mariage d'après laquelle la dot du futur a été payée à l'un des ascendants de la future, en sa qualité de gérant d'une société d'acquêts formée dans le même acte entre les parties, alors que la somme payée dépasse l'apport du futur, est passible du droit d'obligation sur ce qui dépasse l'apport social des futurs et qui est soustrait aux chances sociales (17883-1 J. E.).

5218. Disposition dépendante. — Si la remise de la dot entre les mains d'un tiers était une condition formelle de la constitution et que cette remise fût opérée dans le même acte que la donation, il y faudrait voir une disposition dépendante affranchie du droit spécial à sa nature par l'impôt assis sur la disposition principale (Sol. 25 avril 1869).

5219. Reconnaissance par le futur et par son père. — Dans le cas où le futur et son père reçoivent conjointement la dot et s'obligent *solidairement* à la restituer, quel est le droit exigible? Les auteurs sont divisés. On a enseigné (10399 J. E.) que le droit d'obligation est dû sur la totalité de la somme reçue. — Champ. et Rig. n° 1075, Pont et Rodière t. 1er n° 237, Dalloz n° 1280 et le J. du not. n° 2197, veulent au contraire qu'*aucun droit* ne soit exigible. Cette dernière doctrine nous paraît préférable. En effet, dans l'obligation solidaire, il n'existe qu'une obligation, quoiqu'il y ait plusieurs obligés, et il n'est perçu qu'un seul droit : le payement du droit par un seul en libère les autres débiteurs; or, l'exemption du droit équivalant au payement, on doit en conclure que l'exemption qui résulte pour le fils des dispositions de la loi profite au père. Que si l'on se place à un autre point de vue et que l'on dise que, la somme reçue devant profiter au fils seul, les considérations que nous avons développées, en matière de cautionnement, sont ici applicables et rendent exigible un droit de cautionnement de la part du père, nous répondrons que, la reconnaissance de dot de la part du futur n'engendrant aucun droit, aucun droit de cautionnement ne peut être perçu. — Mais, si le père et le fils étaient obligés à la restitution chacun pour leur part, le droit de 1 pour 100 devrait être perçu sur la portion que le père aurait reçue (Pont et Rodière 2e édit. t. 1er n° 237).

V. *Cautionnement* n° 3465.

5220. Reconnaissance hors contrat de mariage. — Nous traiterons au mot *Obligation* des reconnaissances de dot constatées par acte postérieur au mariage. — *V.* 11961.

CHAPITRE III. — CONVENTION DE MARIAGE

[5221-5250]

5221. Principe général. — Nous avons dit, au n° 5199, que c'est la stipulation du régime sous lequel les futurs entendent se marier qui constitue principalement le contrat de mariage. Néanmoins, on avait voulu prétendre que l'art. 68 § 3 n° 4 L. 22 frimaire an 7, relatif aux actes de société, était applicable aux contrats de mariage et que la stipulation que les époux entendent se marier sous le régime de la communauté donnait ouverture à un droit particulier de constitution de société. Cette doctrine ne pouvait prévaloir; car l'art. 1391 C. C. laisse aux époux la faculté de se marier sous le régime de la communauté ou sous le régime dotal; aussi a-t-elle été abandonnée (D. m. f. 5e jour compl. an 10, 290 § 9 I. G., 211 et 1283 J. E., Demante 618).

Mais on ne prévoyait dans cette circonstance que le cas de communauté légale. Cependant la communauté peut être modifiée suivant la volonté des parties, qui sont libres d'insérer toutes les clauses qui ne sont pas prohibées par un texte formel de la loi. De là naît la question de savoir si ces modifications peuvent donner ouverture à un droit particulier. En principe, la négative n'est pas douteuse; dès l'instant que la loi donne aux parties le droit de modifier leurs conditions matrimoniales, *toutes celles* de ces conventions qui *restent dans les limites* des règles générales du droit civil doivent être considérées comme inhérentes au contrat. Mais, si le principe ne peut être mis en doute, son application présente souvent des difficultés sérieuses, car le véritable caractère de la convention ne se dégage pas toujours nettement des clauses insérées dans les contrats de mariage. Nous allons passer en revue les différentes hypothèses qui peuvent se présenter.

SECTION PREMIÈRE. — CLAUSES RESTRICTIVES DE LA COMMUNAUTÉ

[5222-5224]

5222. Principe. — Les époux peuvent restreindre l'étendue que la loi donne à la communauté ordinaire, soit en stipulant une simple communauté d'acquêts, soit en excluant de leur communauté tout ou partie de leur mobilier. Dans l'un et l'autre cas, la stipulation ne peut donner ouverture à un droit particulier, elle est partie intégrante du contrat.

5223. Acquêts. — Régime dotal. — C'est ainsi que l'Administration a décidé, le 15 juin 1827 (1960 Roll., 6420 J. N.), que la stipulation, dans un contrat de mariage sous le régime dotal, portant que les futurs seront associés aux acquêts, ne donne pas lieu à la perception d'un droit particulier; on ne peut voir, en effet, ici qu'une réduction de la communauté aux acquêts (Dalloz n° 3301; Pont et Rodière t. 2 n° 213, Champ. et Rig. n° 2898, D. N. t. 4 p. 50 n° 368).

5224. Acquêts. — Parts inégales. — Les époux peuvent stipuler que l'actif social se divisera par deux tiers, trois quarts, etc., d'un côté, et un tiers, un quart, etc., de l'autre. La stipulation peut se faire, ou en vue seulement du décès d'un conjoint, ou en vue de tout partage de communauté (1520 C. C.). Une pareille combinaison, étant parfaitement licite, ne peut donner ouverture à un droit particulier (Dalloz n° 3392, Pont et Rodière t. 2 n° 213).

La C. cass. a même jugé, dans cette hypothèse, qu'il n'y avait pas donation dans une espèce où la clause contenait une stipulation de réduction, en cas d'existence d'enfant du mariage et où elle était qualifiée de donation mutuelle (Cass. 24 nov. 1834, 8750 J. N., 11113 J. E., 3392 Dalloz).

Il a été jugé aussi par la C. cass. le 1er août 1855, que la clause d'un contrat de mariage portant que, en cas d'existence d'enfants, le survivant des époux serait maître et propriétaire de ses biens propres et de la moitié des biens de la communauté; que, dans l'autre moitié, il aurait un quart en propriété et un autre quart en usufruit, devait être considérée comme une simple convention de mariage, et non comme une donation, alors même que les contractants déclareraient se faire réciproquement donation de ces avantages et qu'en conséquence elle ne donnait pas lieu au droit de mutation au décès du prémourant des époux (471 R. P., S. 56-1-68).

Telle est encore la doctrine appliquée par le tribunal de Lille qui a décidé, le 20 novembre 1856, que la clause d'un contrat de mariage portant que, « en cas de non-existence d'enfant au moment de la dissolution de la communauté par la mort de l'un des conjoints, le survivant serait propriétaire de la moitié des biens de la communauté et usufruitier de l'autre moitié », constituait une simple convention de mariage, alors même qu'il serait stipulé que l'usufruit cesserait en cas de convol et que le mot *donation* serait écrit dans la clause (774 R. P.).

Aussi, pouvons-nous dire que, dans les conventions de la nature de celles dont nous venons de parler, il faut moins s'attacher au sens littéral des mots qu'à l'intention des parties et qu'à ce qu'elles ont fait en réalité.

SECTION 2. — CAUSES EXTENSIVES DE LA COMMUNAUTÉ

[5225-5228]

5225. Principe. — Les clauses extensives de la communauté sont en principe inhérentes au contrat de mariage, comme nous venons de voir que le sont les clauses restrictives. Ces clauses, qui comprennent particulièrement l'ameublissement et la communauté universelle, ne donnent donc, en thèse générale, ouverture à aucun droit particulier.

5226. Ameublissement. — Nous avons longuement examiné v° *Ameublissement*, l'influence qu'exercent sur la perception les divers effets que peut produire la clause d'ameublissement, nous n'y reviendrons pas. — V. 5228-3.

5227. Communauté universelle. — Nous nous sommes également occupé de la société universelle, sous les n°s 4466 et suiv. Nous ajouterons ici que, de même que la stipulation d'ameublissement, celle de communauté universelle ne donne ouverture à aucun droit particulier; peu importe que les apports des deux époux soient inégaux. Les auteurs pensent que cette clause ne peut être considérée comme une libéralité en faveur de l'époux qui apporte le moins, alors même que, par l'effet du partage, celui-ci retirera une part égale à celle de l'époux qui aura apporté le plus (Duranton t. 15 n° 234, Zachariæ t. 3 p. 356, Pont et Rodière n° 213, Dalloz n° 3405, Champ. et Rig. n° 2888, Demante 622).

1. SOCIÉTÉ UNIVERSELLE. — L'Administration a statué dans ce sens en décidant que, lorsqu'il y a stipulation de communauté universelle, les biens qui ont été apportés dans la communauté par l'époux prémourant et que le survivant recueille à titre de préciput ne sont pas soumis au droit de mutation immobilière. Voici l'espèce qui a donné lieu à cette importante solution :

Le contrat de mariage du sieur Jean-Georges Fritsch et de dame Marie Vandelick, en date du 14 février 1802, contenait les dispositions suivantes :

« Art. 1er. Il y aura communauté entre les futurs époux en tous biens, tant en immeubles qu'en meubles, apports de part et d'autre en mariage, et, en ce qui leur adviendra constant le mariage, par succession, donation ou legs, ou autrement, pour, en cas de dissolution, avec les acquêts et conquêts et mobilier être partagés par moitié entre le survivant et les héritiers du prédécédé. — Art. 2. Parmi les apports en mariage se trouve une maison située à Duppigheim; *cette maison restera au survivant des époux en toute propriété, au prix d'estimation de 1,600 francs.* »

Le sieur Fritsch étant décédé, après avoir institué sa femme sa légataire universelle, celle-ci a acquitté les droits de mutation par décès sur la moitié, appartenant à son mari, des biens composant la communauté universelle, ce qui comprenait la moitié de la maison apportée dans cette communauté par le défunt. Mais le receveur ayant demandé le payement des droits de mutation par décès sur l'autre moitié de la maison, en vertu de l'art. 2 du contrat de mariage, l'Administration a été saisie de l'affaire. Par une solution, en date du 30 octobre 1832 (1422 § 7 I. G.), elle a ordonné l'abandon de la demande du droit de mutation immobilière formée contre la veuve Fritsch pour la moitié de la maison apportée par son mari dans la communauté universelle, et la restitution de ce droit perçu sur l'autre moitié, sous l'imputation toutefois de celui de mutation mobilière dû sur la somme de 800 fr., dont le contrat de mariage la rendait comptable envers la succession de son mari et qui lui est advenue par suite du legs universel fait à son profit. — Cette solution, que nous croyons utile de faire connaître, est ainsi conçue :

« L'art. 1526 C. C. porte : « Les époux peuvent établir « par leur contrat de mariage une communauté à titre « universel de leurs biens, tant meubles qu'immeubles, pré« sents et à venir, ou de tous leurs biens présents seulement, « ou de tous leurs biens à venir seulement. » Dans le cas d'une communauté à titre universel, autorisée par cet article, la propriété de tous les biens, tant immeubles que meubles, du chef des deux époux, est attribuée à la communauté. Ces biens se confondent et ne forment qu'une seule masse qui, lors de la dissolution du mariage, est divisible entre l'époux survivant et les héritiers du prédécédé, par portions égales, sans égard à la nature et à l'origine des biens, ni à la différence de valeur qui pouvait exister entre les apports des deux conjoints. Sous l'ancienne jurisprudence, il avait été reconnu, d'après ces principes, par une décision du conseil du roi, du 20 mai 1772, que l'acte de partage d'une communauté, à titre universel par lequel des immeubles qui avaient appartenu à l'un des époux avant le mariage étaient attribués au lot de l'autre époux ou de ses héritiers n'opérait point de mutation de propriété et ne donnait point, par conséquent, ouverture au droit de centième denier (Bosquet *Dictionnaire des Domaines* v° *Contrat de mariage* § 17 n° 2 édit. de 1782). Sous la législation actuelle, cette règle de perception serait encore applicable. Une autre conséquence des mêmes principes est qu'à la dissolution de la communauté universelle, les héritiers de l'époux prédécédé doivent acquitter les droits de mutation sur la moitié de tous les biens composant la communauté, sans distinction de nature ni d'origine. Dans l'espèce, la maison apportée dans la communauté par le sieur Fritsch a été recueillie par sa veuve, en vertu de la stipulation de préciput conventionnel exprimée dans leur contrat de mariage. Conformément à la D. m. f. 6 mai 1828, insérée dans l'I. G. n° 1256, il n'était dû aucun droit de mutation immobilière sur la valeur de cette maison; mais la veuve Fritsch devait acquitter le droit de mutation mobilière sur la moitié du prix d'estimation de cet immeuble, dont elle aurait été comptable envers la succession de son mari, d'après la disposition de leur contrat de mariage, si elle ne l'avait pas recueilli en totalité comme légataire universelle. C'est, au surplus, sans fondement qu'on a voulu appliquer à l'espèce les règles établies en matière d'ameublissement, par la décision du ministre des finances insérée dans l'I. G. n° 1272 § 3. Ces règles reposent sur le principe que la fiction d'après laquelle les biens ameublis perdent leur nature d'immeubles cesse à la dissolution de la communauté; qu'alors ils reprennent leur nature d'immeubles et redeviennent propres de l'époux qui avait effectué l'ameublissement; d'où la conséquence que si, à cette époque, les immeubles ameublis sont recueillis par l'époux auquel ils n'appartenaient pas originairement, il en résulte à son profit une mutation sujette au droit proportionnel. Mais la fiction légale, qui est le principe de l'ameublissement, n'existe pas dans le cas d'une communauté à titre universel, laquelle est spécialement régie par l'art. 1526 C. C.; c'est dans ce cas bien réellement que les biens meubles et immeubles apportés par les deux conjoints deviennent la propriété de la communauté, et, à la dissolution de cette communauté, l'un ou l'autre des époux ou leurs héritiers sont saisis d'un droit égal sur tous les biens composant la masse commune. On peut d'ailleurs ajouter que, sous l'ancienne législation, le droit de centième denier était dû, lorsqu'à la dissolution de la communauté l'époux survivant restait propriétaire de l'immeuble ameubli par l'autre époux, tandis que ce droit n'était point exigible, ainsi qu'il est dit ci-dessus, lorsque le partage d'une communauté universelle attribuait à l'un des époux des immeubles provenant du chef de l'autre époux (Bosquet *Dictionnaire des domaines* v° *Contrat de mariage* § 18, 1422 § 7 I. G., 10499 J. E., 7886 J. N., Dalloz n° 3424).

Le tribunal de Lille a cependant jugé, en thèse générale, le 5 mars 1859 (1154 R. P.) que la clause est une libéralité lorsqu'elle ne réserve pas aux héritiers la reprise des apports de leur auteur. L'Administration cherche actuellement à faire prévaloir cette doctrine.

5228. Donations sous diverses dénominations. — Il faudrait suivre les mêmes principes sous quelque dénomination que vînt s'abriter la donation faite en contrat de mariage par un époux à l'autre, ou par les deux époux réciproquement. Suivant les pays dans lesquels elles sont passées, ces sortes de donations s'appellent *gain de survie, douaire, augment, contre-augment, préciput*, etc., et elles ne perdent pas leur caractère de donation par suite de cette appellation.

1. GAIN DE SURVIE. — Mais, s'il ressort de l'acte que malgré les expressions employées les parties n'ont entendu faire qu'une simple convention de mariage, on devra maintenir ce caractère à la clause litigieuse. On a décidé, en conséquence, qu'il ne fallait pas voir une donation dans la stipulation d'un contrat de mariage portant que le survivant des époux recueillera, à titre de gain de survie, l'universalité des biens de la communauté; cette stipulation doit être considérée comme une convention de mariage ne donnant ouverture à aucun droit de mutation par décès (Seine 18 déc. 1833, 8619 J. N., Dél. 29 avr. 1834, D. N. t. 12 p. 250 n° 332). — Le même principe a été appliqué à la clause par laquelle il était attribué à la femme, à titre de gain de survie, pour les droits qu'elle pourra avoir dans la communauté, une rente viagère de 2,000 francs (14717-5 J. E.).

Il a été jugé, dans le même sens, par le tribunal de la Seine, à propos d'une clause ainsi conçue : « Pour gain de survie, les futurs époux ont déclaré se faire donation réciproque, le prédécédé au survivant, de la jouissance de tous les acquêts composant la communauté, prélèvement fait du préciput ci-dessus stipulé », bien que les parties aient employé le mot donation (Seine 8 juin 1872, 3531 R. P.).

Ce dernier jugement a été confirmé par un arrêt de cass. du 11 novembre 1873, ainsi conçu : « Attendu que, d'après sa nature et ses éléments essentiels, cette dernière stipulation ne pouvait, nonobstant la qualification qui lui était donnée dans l'acte, être considérée comme constituant une donation; qu'en effet elle n'affectait en aucune manière les biens propres des époux; qu'expressément limitée aux acquêts ou bénéfices de la communauté, elle rentrait dans les termes de l'art. 1525 C. C., qui, par dérogation à la règle d'égalité dans le partage des biens communs, permet aux époux d'attribuer au survivant ou à l'un d'eux seulement même la totalité de la communauté, sauf aux héritiers de l'autre à faire la reprise des apports et capitaux tombés dans la communauté du chef de leur auteur, et qu'une telle stipulation constituant, d'après la disposition expresse dudit article, une simple convention de mariage et entre associés non assujettie aux règles relatives aux donations, soit quant au fond, soit quant à la forme, elle ne saurait donner lieu, dès lors, lors de la réalisation, à la perception du droit proportionnel de mutation» (3751 R. P.).

2. COMMUNAUTÉ UNIVERSELLE. — S'il faut admettre qu'en matière d'enregistrement la clause de communauté universelle, *avec apports inégaux*, ne donne jamais ouverture à un droit particulier, soit au moment de la formation de la communauté, *soit à celui de sa dissolution*, cette proposition est néanmoins subordonnée à cette condition, savoir, que les époux ont agi sérieusement et qu'ils ont bien réellement voulu contracter une association universelle. Mais, s'il résultait des circonstances que le contrat d'association n'est qu'une couleur apparente pour masquer une donation véritable, seul objet de la volonté des parties, il faudrait alors faire triompher la vérité sur la simulation; il faudrait traiter le pacte comme une donation (Troplong du *Contrat de mariage* n° 2190). — C'est ce qui résulte d'un arrêt entre parties civiles, rendu par la C. cass. le 3 avril 1843. Dans l'espèce, le mari avait fait un apport fictif et le contrat manquait par conséquent d'un des éléments de réciprocité qui lui servaient de base apparente. La femme seule avait apporté des valeurs considérables auxquelles son mari se trouvait admis pour moitié, tandis que ce dernier, qui avait promis un contre-apport, ne mettait rien dans la masse. La cour a décidé que le fond de l'affaire était une donation.

Dans tous les cas analogues, le droit de donation serait donc exigible sur le contrat de mariage contenant stipulation de société universelle. C'est également ce que reconnaissent Dalloz n° 3404, Pont et Rodière 1re édit. t. 2 n° 186.

3. AMEUBLISSEMENT. — La clause d'un contrat de mariage par laquelle la femme ameublit ses immeubles en déclarant que son apport restera la propriété du mari à charge de lui payer un forfait très-inférieur à la valeur des biens, a le caractère d'une donation entre-vifs entre époux passible du droit proportionnel (Nogent-le-Rotrou 27 mai 1876, 4401 R. P.).

SECTION 3. — CLAUSES MODIFICATIVES DE LA COMMUNAUTÉ

[5229-5250]

ARTICLE PREMIER. — DISPOSITIONS GÉNÉRALES

[5229-5232]

5229. Principe. — Nous avons fait connaître, v° *Communauté*, les clauses qui se présentent le plus souvent comme modifiant la communauté légale. Ces clauses sont : 1° celle de séparation de dettes; — 2° la convention par laquelle la femme se réserve la faculté de reprendre son apport franc et quitte; — 3° la clause qui autorise le survivant à prendre une part quelconque en sus de sa moitié.

En principe général, il en est de ces clauses modificatives comme de celles restrictives et extensives du régime de la communauté, dont nous nous sommes occupé dans les articles précédents; elles n'exercent aucune influence pour la perception des droits sur le contrat de mariage qui les contient.

5230. Apport franc et quitte.—Dans ce sens, il a été reconnu que, bien qu'il soit vrai que la réserve, par la femme, de reprendre son apport franc et quitte, constitue un avantage en sa faveur, en ce qu'elle lui donne le moyen de profiter des bénéfices de la communauté sans en supporter les charges, cependant aucun droit particulier n'est exigible sur cette convention, attendu qu'elle est formellement autorisée par l'art. 1514 C. C. (13591-3 J. E., Dél. 28 août 1827, 8791 J. E., D. m. f. 6 mai 1828, 6663 J. N., 9043 J. E., 1256 § 4 I. G.).

5231. Préciput. — Le préciput est un prélèvement qu'une clause du contrat de mariage assure au survivant des deux conjoints; il n'est pas une donation, l'art. 1516 C. C. le déclare d'une manière formelle. Il n'est pas une donation, car il se lie à un contrat de société dont il est une des conditions et forme dès lors un pacte inséparable d'un contrat intéressé de part et d'autre. On ne peut donc le dégager du contrat principal, auquel il est annexé, pour lui attribuer un caractère différent de ce contrat principal. Ainsi, quoique le préciput soit un avantage pour l'époux qui l'obtient, il ne constitue pas, dans la théorie de la loi, une donation proprement dite, et les héritiers de l'époux non préciputaire ne pourraient pas le faire réduire, sous le prétexte que leur réserve a été entamée. En conséquence, la stipulation d'un préciput, lorsqu'elle porte uniquement sur des biens de la communauté, ne donne jamais ouverture au droit de donation sur le contrat de mariage, ni à la perception du droit proportionnel par décès lors de l'événement (Cass. 30 juill. 1823, 4463 J. N., 7605 J. E., S. 23-1-427; — Laon 3 déc. 1826, 6194 J. N., Dél. 26 juin 1827, 8780 J. E., 6301 J. N.; — Dél. 28 août 1827, 8791 J. E., D. m. f. 6 mai 1828, 666 J. N., 7043 J. E., 1256 § 4 I. G., Dél. 11 sept. 1829, 7010 J. N.; *Contrà* 451, 6861, 8163 J. E.).

Une décision du 17 avril 1832 (D. N. t. 4 p. 50 n° 366) a décidé, dans ce sens, que la stipulation d'un contrat de mariage portant que le mari prélèvera une somme déterminée pour l'indemniser des frais de noces ne donne lieu à aucun droit.

1. RENONCIATION A COMMUNAUTÉ. — Mais si tel est le véritable caractère du préciput, alors qu'il est attribué aux époux comme convention entre associés, en est-il de même quand la femme le recueille en vertu de son contrat de mariage, même quand elle renonce?

En pareil cas, le préciput cesse d'être une convention entre associés, parce que la femme a déclaré ne pas vouloir être associée, et que la rétroactivité de sa renonciation efface toute trace de société; il constitue dès lors un véritable avantage entre époux, et au point de vue fiscal la transmission de biens qu'il opère ne peut s'accomplir sans le payement d'un droit proportionnel, le droit de mutation par décès, quand la dissolution de la communauté, qui donne ouverture au préciput, résulte du décès de l'époux non préciputaire (Dél. 26 juin 1827, 6301 J. N., 8780 J. E., Dél. 28 août 1827, 8771 J. E., D. m. f. 6 mai 1828, 6663 J. N., 9043 J. E. 1256 § 4 I. G. [1]).

C'est en ce sens aussi que la question a été tranchée par un arrêt de cass. 12 juin 1872 ainsi conçu : « Attendu que le prélèvement du préciput, qui doit avoir lieu avant le partage de la masse, ne peut s'exercer qu'autant que la consistance de cette masse a été définitivement établie par le prélèvement des reprises, récompenses ou indemnités dues à chacun des époux, et de toutes les sommes qui doivent légalement être prises sur l'actif de la communauté; qu'en conséquence lorsque, comme dans la cause soumise à la cour, le montant de ces prélèvements est supérieur à l'actif de la communauté ou de la société d'acquêts, le préciput, ne pouvant plus se prélever sur les biens et valeurs dépendant de la masse commune, est pris nécessairement sur la succession du mari; qu'il constitue, dès lors, pour la femme, non plus une simple convention de mariage, mais un avantage entre époux à la charge exclusive des biens du prédécédé, assujetti au payement des droits de mutation » (Cass. 12 juin 1872, 3520 R. P., 2456-2 I. G., Bull. 96, S. 72-1-308, D. 72-1-327, P. 72-742; —*Conf.* : Tonnerre 13 fév. 1873, 3591 R. P.).

Mais de ce que ce préciput donne ouverture au droit de mutation, il ne s'ensuit pas qu'en matière civile il revête ce caractère d'une donation, car ce n'est pas en général à titre de libéralité qu'une pareille stipulation est faite, mais seulement pour permettre à la femme de se soustraire aux embarras d'une liquidation de communauté, ou pour la garantir contre les suites de la mauvaise administration du mari (*V.* en ce sens Aubry et Rau 4e édit. t. 5 p. 498 note 5, Pont et Rodière *Contrat de mariage* 2e édit. t. 3 n° 1533; *Contrà* Troplong *Contrat de mariage* 2124). — *V.* art. 3591 R. P.

2. HABITS ET HARDES. — Le droit de mutation n'est perçu que lorsque le préciput frappe sur des objets auxquels la renonciation rend la femme tout à fait étrangère; il ne serait pas exigible s'il s'agissait des linges et hardes que la femme a le droit de retenir tout en renonçant (Art. 1492 C. C., Tonnerre 13 fév. 1873, 3591 R. P.).

3. INSUFFISANCE DE L'ACTIF. — Dans l'hypothèse où le préciput a été stipulé même pour le cas où la femme renoncerait à la communauté, il est reconnu par les auteurs que le préciput s'exercera sur les biens personnels du mari dans le cas où l'actif de la communauté serait insuffisant, après qu'on en aurait déduit les reprises des deux époux (Lebrun p. 343 n° 5, Odier t. 2 n° 872, Rodière et Pont t. 2 n° 277, Troplong n° 2124, Duranton t. 15 n° 190).

1. Cette manière de voir, soutenue par Dalloz n° 3425, Pont et Rodière t. 2 n° 312 et Demante n° 623, a été néanmoins combattue par Champ. et Rig. n° 2907 et les réd. J. N. (8827 J. N.) et *Suppl.* au Dictionn. v° *Communauté* n° 296; leur opinion a été partagée par quelques tribunaux (Rennes 21 déc. 1844 et 11 juin 1845, 12282 J. E.).

Dans ce cas encore, le préciput, malgré l'acceptation, se prélevant sur les biens personnels du mari, il doit être perçu un droit proportionnel ; c'est ce qu'a reconnu la C. cass. lorsqu'elle a décidé par son arrêt du 12 juin 1872 que le préciput *constitue alors un avantage entre époux assujetti au droit de mutation par décès* (V. le § 1 *suprà*).

4. PRÉLÈVEMENT. — ORDRE. — D'après l'art. 1470 C. C., chaque époux ou son héritier prélève sur la masse des biens : 1° ses biens personnels ; 2° le prix de ses immeubles ; 3° les indemnités.

L'art. 1474 porte : *Après* que tous les prélèvements des deux époux ont été exécutés sur la masse, le surplus se partage par moitié entre les époux ou ceux qui les représentent.

Donc, lorsqu'en vertu de l'art. 1515 des époux ont stipulé que le survivant prélèverait *avantpartage* une certaine somme ou une certaine quantité d'objets mobiliers, ce nouveau prélèvement doit se faire après ceux prévus par l'art. 1470 parmi lesquels il ne figure pas.

C'est ce que décide l'arrêt du 12 juin 1872, cité au § 1er qui précède.

5. DISPOSITION DÉPENDANTE. — Lors même que le contrat de mariage n'aurait pas expressément déclaré que c'est seulement en cas de renonciation à la communauté que la femme s'est réservé la reprise de son apport franc et quitte, il faudrait sous-entendre cette condition, parce que la faculté de reprendre l'apport présuppose toujours une renonciation nécessaire (Pothier n° 380, Renusson *des Propres* ch. 4 sect. 9 n° 3, Troplong n° 2104). — C'est ce qu'a d'ailleurs jugé un arrêt de la cour de Toulouse du 27 janvier 1844.

La clause de reprise des apports en cas de renonciation ne peut donner ouverture à aucun droit particulier (2049 J. E.).

5232. Séparation de dettes.— La séparation de dettes ne constitue pas non plus un avantage sujet au droit de donation. Cette clause peut cependant être l'occasion d'une libéralité, lorsque, à l'époque de la liquidation, il est mis à la charge de l'un des époux des dettes qui seraient celles de la communauté ou du conjoint.

Champ. et Rig. pensent qu'aucun droit n'est néanmoins exigible, parce que ces dispositions constituent des pactes de famille non assujetis à l'impôt (t. 2 n° 2916). Mais c'est là un motif inadmissible. Ainsi que le font très-bien remarquer Pont et Rodière (1re édit. t. 2 n° 220), les avantages que les époux se font entre eux dans le contrat de mariage ou qu'ils reçoivent de leurs parents rentrent aussi dans les pactes de famille, ce qui n'empêche pas qu'à l'occasion ces clauses soient soumises à un droit particulier.

ARTICLE 2. — PARTAGE INÉGAL

[5233-5250]

5233. Dérogation au partage par moitié. — Principe. — La communauté se partage par moitié d'après le droit commun, mais le législateur n'a pas entendu enchaîner la liberté des parties et les futurs époux sont libres de modifier la règle du partage égal par les clauses de leur contrat de mariage.

1° Il leur est loisible, par exemple, de stipuler que la totalité de la communauté appartiendra au survivant ;

2° Ils peuvent convenir que l'un d'eux ou ses héritiers n'auront à prétendre qu'une certaine somme pour tous droits de communauté ;

3° Ils peuvent enfin assigner, soit à l'un d'eux nommément, soit au survivant ou aux héritiers du prémourant, une part ou plus forte ou moindre que la moitié de la communauté.

Toutes ces stipulations sont considérées comme de simples conventions de mariage et ne donnent ouverture dès lors à aucun droit particulier (D. m. f. 6 mai 1828, 5015, 6663 J. N., 9043 J. E., 1156 § 6, 1256 § 4 I. G., 6841 J. E., 1113 § 1er I G., 4597 J. E., D. m. f. 24 août 1813, 6841 J. E. ; — Cass. 6 mars 1822, 7197 J. E., D. m. f. 9 mai 1823, 1113 § 1er I. G., Dél. 20 sept. 1826, 8377 J. E.).

5234. Contrat antérieur au Code.— Il n'y a pas, sous ce rapport, de différence à faire entre les contrats passés avant ou depuis le C. C. Les avantages que les conjoints pouvaient se faire sous l'empire de la loi du 17 nivôse an 2 ont la même nature que ceux autorisés par le Code. C'est toujours à titre de convention matrimoniale que le survivant les reçoit dans les cas prévus par les art. 1520 et suiv. de notre loi moderne (Douai 1er fév. 1845, 12644-2 J. N. ;— Arras 9 juin 1846, suivi d'acquiescement du 12 août 1846, 12824 J. N., 7697 C., 1113, 1156-6, 1256 § 4 et 1388 § 7 I. G.).

5235. Donations. — Les avantages qui résultent de ces conventions matrimoniales, bien que n'étant pas considérés comme des donations, soit au point de vue du droit civil, soit au point de vue du droit fiscal, peuvent cependant revêtir le caractère de donation, lorsque telle a été l'intention des futurs époux : aussi nous verrons bientôt à quel caractère il est possible de distinguer la simple convention de mariage de la donation motivant la perception d'un droit particulier de 7 fr. 50 cent. sans préjudice du droit proportionnel lorsque se réalisera la mutation de propriété qui en est la conséquence.

1. ENFANTS D'UN PREMIER LIT. — Nous aurons aussi à nous demander dans quelle mesure la règle que nous venons de poser sera modifiée par application de l'art. 1527 C. C. quand l'époux prédécédé laissera des enfants issus d'un premier lit.

5236. Attribution totale de la communauté. — En ce qui concerne l'attribution totale de la communauté à l'un des époux, elle est régie par l'art. 1525 C. C. ainsi conçu : « Il est permis de stipuler que la totalité de la communauté appartiendra au survivant des époux ou à l'un d'eux seulement, sauf aux héritiers de l'autre de faire la reprise des apports et capitaux tombés dans la communauté du chef de leur auteur. Cette stipulation n'est pas réputée un avantage sujet aux règles relatives aux donations, soit quant au fond, soit quant à la forme, mais seulement une convention de mariage et entre associés. » — Cette convention n'est donc qu'une modification de la communauté légale et n'établit qu'un régime particulier de la communauté conventionnelle : aussi n'est-il pas douteux qu'elle ne donne ouverture à aucun droit particulier, soit sur le contrat de mariage, soit au moment de la dissolution de la communauté par la mort de l'un des époux.

5237. Reprise des apports. — En permettant d'attribuer au survivant des époux la totalité de la communauté, l'art. 1525 C. C. réserve aux héritiers du prédécédé le droit de faire la reprise des apports et capitaux tombés dans la communauté du chef de leur auteur, de telle sorte que la stipulation dont il vient d'être question « s'applique seulement aux bénéfices provenant, soit de l'industrie commune, soit des revenus des biens propres des époux » (Pont et Rodière 2e édit. t. 3 n° 1610. — *V.* en ce sens Aubry et Rau 4e édit. t. 5 p. 508 note 12, Bellot Desminières t. 1er p. 303, Troplong t. 3 n° 2172, Marcadé art. 1525.

Les héritiers de l'époux prédécédé reprendront donc non-seulement les biens qui étaient restés propres à leur auteur ou la valeur de ceux qui n'étaient tombés dans la communauté qu'à charge de récompense, mais encore ceux qui y étaient tombés définitivement, bien qu'à tous autres rapports ces derniers fissent partie du patrimoine commun au même titre que les acquêts eux-mêmes. Le législateur n'a pas voulu en effet, que, par le moyen d'une simple mise en communauté, ces futurs époux pussent s'attribuer réciproquement leur fortune en échappant aux règles de la quotité disponible et de la réserve. En conséquence, il faudrait regarder, non plus comme une convention de mariage, mais comme une libéralité, la clause qui attribuerait à l'un des époux des biens provenant de son conjoint, alors même qu'ils seraient tombés définitivement dans la communauté : nous reviendrons du reste sur ce point au n° 5245.

1. CLAUSE SOUS-ENTENDUE. — Le droit de reprendre les apports doit-il être stipulé formellement ou est-il sous-entendu quand le contrat de mariage attribue au conjoint survivant la totalité de la communauté ? D'après Rodière et Pont (2e édit. t. 3 n° 1609), « ce droit de reprise est indépendant de toute disposition spéciale ; il résulte suffisamment de la convention même qui attribue la totalité de la communauté au survivant, en sorte que, si la convention était muette sur le droit de reprise, ce droit n'en subsisterait pas moins tout entier. » C'est aussi le sentiment de Marcadé (art. 1525 n° 2) et d'Aubry et Rau (4e édit. t. 5 p. 508). — Les cours de Bruxelles et de Douai (18 avr. 1827 et 9 mai 1849, Dalloz *Jur. gén. du Contrat de mariage* n° 2995) se sont prononcées en ce sens et le dernier des arrêts que nous venons de citer, après avoir dit que *le droit de reprise est sous-entendu* lorsque la convention attribue au survivant la totalité de la communauté, décide qu'on ne pourrait induire la volonté de retirer aux héritiers le droit de reprise, soit de cette circonstance que la clause d'attribution de toute la communauté au survivant aurait été faite dans des termes différents de ceux de la loi, si, du reste, ces termes n'ont que la même portée, soit de ce qu'en même temps l'époux survivant aurait été par une autre clause du contrat déclaré usufruitier des immeubles propres du prédécédé. — Mais une doctrine contraire semble résulter des motifs de plusieurs arrêts de cass. rendus dans des espèces qui différaient, il est vrai, de celle que nous prévoyons en ce que la convention n'attribuait pas la totalité de la communauté au survivant. C'est en ce sens du moins qu'avait été entendu un arrêt du 24 décembre 1850 sur lequel nous aurons à revenir (S. 51-1-613, P. 52-1-453, 14078 J. N., 15114 J. E., 1883 § 7 I. G.) et dont la portée a été précisée par une Sol. 20 mars 1854 (80 R. P., 10270 C.). — *V.* 5242.

2. NATURE DES REPRISES. — On s'est demandé en quelle qualité les héritiers de l'époux prédécédé exerçaient la reprise des apports qui étaient tombés dans la communauté du chef de leur auteur, dans le cas où, par suite d'une clause du contrat de mariage, l'époux survivant a droit à la totalité de la communauté, conformément à l'art. 1525 C. C. Faut-il considérer ces héritiers comme copropriétaires du fonds social, faut-il au contraire les considérer comme de simples créanciers de l'autre époux ?

Le tribunal de la Seine et la C. cass. se sont prononcés d'abord en faveur de l'opinion qui ne leur reconnaît qu'un simple droit de créance.

Le tribunal de la Seine déclarait en effet, par un jugement du 13 avril 1861, que les droits des héritiers du défunt, « quant aux reprises à exercer du chef de leur auteur, se réduisent à une simple créance contre l'autre époux, et qu'en conservant tous les biens, le survivant s'est trouvé simplement débiteur du passif, parmi lequel figuraient les reprises en deniers, mais n'était devenu cessionnaire d'aucun droit de copropriété. » (1507 R. P.).

La C. cass., à qui ce jugement était déféré par l'Administration, se montrait plus catégorique encore ; car, dans son arrêt du 7 avril 1862, elle décidait que l'attribution de la totalité de la communauté à la femme survivante ne pouvait être considérée comme un partage ; que les sommes dues ou payées par la veuve le sont ou le seront en l'acquit d'une dette, et que le jugement avait, à bon droit, refusé d'autoriser la perception d'un droit de mutation ou de soulte de partage à la charge de la veuve Bizouard-Macaire » (R. P. n° 1603, D. 62-1-329, S. 62-1-710).

Cette interprétation fut approuvée par tous les arrêtistes (Dalloz *Rép. pér.* 1862-1-329, S. 1862-1-710), et l'Administration, cédant devant l'arrêt du 7 avril 1862, prescrivit officiellement (2223 § 4 I. G.) de le prendre pour règle, attendu que « *les droits des héritiers du défunt se réduisent à une créance contre l'autre époux.* »

Cette doctrine produisait sur la perception de l'impôt une conséquence forcée.

En effet, si les héritiers sont *créanciers* du survivant, l'acte par lequel celui-ci se libère équivaut à une quittance, et s'il abandonne des valeurs en nature, c'est une dation en payement. Il y a donc lieu alors de percevoir un droit proportionnel.

L'Administration en fit demander le payement sur une liquidation dans laquelle le conjoint survivant, pour se libérer du montant des reprises dues aux héritiers du prédécédé, avait versé une somme d'argent et cédé diverses créances.

Mais le tribunal de la Seine, qui avait repoussé l'idée de partage pour repousser la perception du droit de transmission, y est revenu au contraire pour condamner l'exigibilité du droit de quittance et de dation en payement.

« Attendu, est-il dit dans son jugement du 9 avril 1864, que la stipulation précitée (celle qui attribue la communauté au survivant) n'est qu'une modification du régime de la communauté adopté par les époux Baffos et ne fait pas obstacle à l'application des règles générales relatives aux droits des époux entre eux; que, sous ce régime, les époux entre eux ne sont pas créanciers ou débiteurs l'un de l'autre, mais ont chacun dans la communauté les droits qui résultent de leurs conventions matrimoniales; que chacun d'eux exerce les droits qui lui appartiennent, non en réclamant de l'autre époux le payement d'une dette, mais en prenant dans les biens qui composent la communauté la part qui lui en revient; que c'est de cette sorte qu'en vertu de la clause dont il s'agit et aux termes de l'art. 1525 C. C. qui y sont rapportés, les héritiers de la femme Baffos ont repris dans la communauté ayant existé entre elle et son mari les apports et capitaux qui y étaient tombés de son chef; que, conformément à cette clause et audit article, Baffos n'avait droit aux biens communs que déduction faite desdits apports et capitaux; qu'en supportant cette déduction il n'a pas acquitté une dette, mais simplement abandonné aux héritiers de sa femme ce qui dépendait de la succession de celle-ci et était leur propriété... »

Le tribunal, en conséquence, a ordonné la restitution des droits perçus, sauf le droit fixe de décharge des reprises en nature, « lequel est dû, puisque Baffos (le mari survivant), s'étant trouvé en possession des biens dépendant de la succession de sa femme, a dû en faire remise à ses héritiers, ainsi que le constatent l'acte liquidatif » et le droit fixe sur la liquidation (1924 R. P.).

Que décider en présence de ces deux systèmes contradictoires, émanant l'un et l'autre du tribunal de la Seine?

Nous avons pensé, au n° 1924 R. P., en rapportant le jugement du 9 avril 1864, que ces systèmes n'étaient fondés ni l'un ni l'autre.

« Les conjoints qui placent leur union sous le régime de l'art. 1525, avons-nous dit alors, sont deux associés qui réunissent des mises et les font fructifier dans l'espoir de recueillir un jour, l'un à l'exclusion de l'autre, la totalité des valeurs acquises. C'est une véritable convention entre associés, convention qu'il n'est pas rare de rencontrer en dehors du mariage et dont la validité n'est plus aujourd'hui contestable. Le conjoint qui reçoit tous les acquêts n'est donc point dans la situation d'un débiteur auquel il a été fait un prêt et qui se libère de son obligation. Ce conjoint restitue tout simplement les mises, comme le ferait un associé ordinaire investi par le contrat originaire de la totalité du fonds social. Or, cette restitution a un caractère différent de la quittance. Quand elle s'opère par la remise des objets mêmes qui ont été apportés, il n'y a là qu'une simple décharge assimilable à la libération du mandataire. Par conséquent, si les apports du défunt ont consisté en argent ou en capitaux tombés dans la communauté et que le survivant rende une valeur égale de numéraire, il ne s'opère aucune mutation de sommes, et il n'y a pas plus de cause à la perception du droit proportionnel que quand un associé ordinaire reprend sa mise à la dissolution du pacte. Mais si la restitution des mises, au lieu de s'opérer en nature, ajoutions-nous ensuite, avait lieu par équipollent au moyen de l'abandon de certaines valeurs provenant ou du mari ou de l'ancienne communauté, il est clair qu'il faudrait percevoir un droit de transmission, car il y aurait alors une véritable *dation en payement.* »

Et nous pensions en conséquence que, si l'Administration avait eu tort, dans l'espèce jugée au tribunal de la Seine, de réclamer un droit de quittance sur les reprises restituées en argent, le tribunal aurait dû, de son côté, maintenir la contrainte pour le droit de transport de créances, car l'abandon de ces valeurs en payement des apports constituait une transmission sujette à l'impôt proportionnel.

Notre opinion toutefois, nous devons le reconnaître, a été repoussée par la C. cass. le 12 février 1867. L'Administration lui ayant déféré, en effet, le jugement du tribunal de la Seine que nous venons de citer, elle a décidé que « les héritiers de l'époux survivant retirent les apports et capitaux de la communauté, non pas en vertu d'une convention nouvelle qui interviendrait entre eux et l'époux survivant, mais en exécution et par la force de la clause du contrat de mariage qui règle les droits des époux et ceux de leurs héritiers...; que dans cette position il ne peut être dû par les héritiers de l'époux prédécédé aucun droit de mutation ou de cession de propriété, puisqu'ils ne font que reprendre dans la communauté des biens qui leur appartiennent du chef de leur auteur; qu'il ne peut pas être dû davantage par l'époux survivant de droits de quittance ou de libération, puisqu'il ne paye pas aux héritiers de l'époux prédécédé des valeurs dont il serait débiteur, mais qu'il leur abandonne simplement des biens sur lesquels il n'a aucun droit et qui ont cessé de faire partie de la communauté du jour du décès de son conjoint » (2240 R. P., 2357-7 I. G., S. 67-1-182, D. 67-1-157, P. 67-415, B. C. 36).

Ainsi, d'après la cour suprême, l'attribution de biens en nature ou le payement en argent n'est qu'un lotissement ou partage, et cette jurisprudence n'est que l'extension à l'hypothèse qui nous occupe de la solution sur la nature des reprises de la femme acceptante telle qu'elle résulte de l'arrêt du 13 décembre 1864. En effet, la cour admet que, si les reprises de la femme acceptante constituent une créance sur la masse, cette créance a une nature particulière qui la différencie complétement des dettes ordinaires. Elle s'exerce par *prélèvement* sur les biens, c'est-à-dire que la femme a le privilége de prendre, *à titre de copartageante*, les valeurs de la communauté pour se remplir de sa créance. Ainsi entendues, les reprises constituent une obligation alternative dont le choix appartient à la créancière : par conséquent, qu'elle prenne des biens en nature ou de l'argent, il importe, c'est toujours sa chose qu'elle reçoit et aucun droit de transmission n'est exigible. Il y a donc tout lieu de croire que la C. cass. persistera dans la doctrine de son arrêt de 1867, et en conséquence ce droit de reprise, lorsqu'il s'exercera conformément à l'art. 1525 C. C., ne donnera lieu qu'à un simple droit fixe de partage (*V.* en ce sens Pont et Rodière 2e édit. n° 1618).

5238. Réduction de l'attribution. — De ce que la stipulation prévue par l'art. 1525 est une convention de mariage et ne constitue une donation ni quant au fond ni quant à la forme, il suit qu'il n'y a pas lieu d'appliquer les règles sur la quotité disponible et la réserve, ni, en conséquence, de réduire l'avantage qui pourrait résulter de cette convention au profit de l'un des époux, cet avantage fût-il supérieur à ce que cet époux eût pu percevoir par donation ou testament de son conjoint (Bruxelles 25 juill. 1828; — Cass. 12 juill. 1842, Dalloz v° *Contrat de mariage* n° 3014).

5239. Seconde attribution par testament. — Lorsque le contrat de mariage de deux époux porte que la communauté appartiendra au survivant et que, nonobstant cette disposition, le mari dispose par testament de sa part dans la communauté, en en réservant l'usufruit à sa femme, aucun droit de mutation par décès n'est dû sur cet usufruit, quoique la femme ait ratifié le testament, attendu que l'usufruit légué se confond avec celui que la convention de mariage attribuait à la femme (Pithiviers 6 fév. 1840, 12511-1 J. E.).

Dans le même ordre d'idées, il a été reconnu que, si l'un des époux léguait à son conjoint sa part dans la propriété des acquêts dont l'usufruit appartenait déjà au légataire en vertu d'une convention de mariage, le droit dû sur la propriété se réglait, comme pour la nue-propriété, sur la moitié seulement de la valeur entière (Dél. 23 août 1821, 7586 J. N., D. N. t. 12 p. 258 n° 363).

1. BIENS PROPRES. — Cependant, si le testament était conçu en termes généraux, c'est-à-dire, s'il embrassait l'universalité des biens, il créerait évidemment, sur les biens propres, un droit qui n'existait pas précédemment; et, dès lors, l'usufruit de ces biens propres devrait être déclaré.

5240. Forfait. — Somme à payer ou objet à livrer. — Lorsque les époux stipulent que l'un d'eux ou ses héritiers n'auront à prétendre qu'une certaine somme pour tous droits de communauté, cette convention reçoit dans la pratique la dénomination de *forfait de communauté* et aboutit en résumé à l'abandon fait par avance par l'un des époux de la masse commune à l'autre époux, moyennant une somme déterminée qui lui sera due à la fin de la société conjugale, quel que soit l'état de la communauté dissoute (Art. 1522 C. C.).

Introduite dans un contrat de société ordinaire, une pareille clause est considérée, au point de vue fiscal, comme une vente conditionnelle et donne lieu à un droit de transmission à titre onéreux (on trouvera, v° *Société*, le développement de cette jurisprudence).

L'Administration avait voulu appliquer la même doctrine à la société conjugale et elle soutenait que, quand le survivant des conjoints avait le droit de conserver toutes les valeurs en nature, moyennant une certaine somme à remettre aux héritiers du prémourant, cette clause renfermait également une vente conditionnelle sujette, lors de sa réalisation, au droit de cession à titre onéreux et elle avait obtenu un jugement en ce sens du tribunal de la Seine le 19 juillet 1854 (228 R. P.). Mais la C. cass. a considéré que la société conjugale est régie par des dispositions spéciales et que, l'attribution gratuite de toute la communauté à l'un des époux ne cessant pas d'être une convention matrimoniale, d'après l'art. 1525 C. C., cette attribution ne saurait prendre le caractère d'une mutation à titre onéreux passible du droit proportionnel d'enregistrement, par cela seul qu'il aurait été convenu que l'époux survivant payerait aux héritiers du prémourant, soit une somme fixe, soit une somme dont les bases d'évaluation seront déterminées à l'avance par le contrat de mariage (Cass. 6 avr. 1856, 16321 J. E., 665 R. P., 56-2-377 J. P., S. 56-1-538).

L'Administration a acquiescé à cet arrêt par délibération du 5 juillet 1856. Le tribunal de Lille s'était déjà prononcé dans le même sens le 27 août 1853 (15738-5 J. E., 15152 J. N.).

Avant la délibération du 5 juillet précitée, le tribunal de la Seine, tout en confirmant sa première opinion sur l'exigibilité du droit, a reconnu que, quand, dans l'intervalle écoulé entre l'enregistrement de l'acte d'option et la demande du supplément de droit, l'héritier de l'époux prédécédé a renoncé à la communauté, le supplément cesse d'être exigible, « attendu que l'effet de la renonciation rétroagit au jour du décès et que le mari se trouve, d'après l'art. 1475 C. C., propriétaire de la totalité de la communauté et que les droits de la Régie disparaissent avec la clause qui y aurait donné lieu » (Seine 4 juin 1856, 16428 J. E.).

Il a été délibéré par l'Administration que, lorsqu'un immeuble a été acquis conjointement par des futurs, dans le contrat de mariage, et qu'il a été convenu dans le même acte que cet immeuble resterait la propriété du survivant, à la charge de payer aux héritiers du prédécédé la moitié du prix, il y avait simple convention de mariage (Dél. 27 août 1844, 3436 Roll., 10360-11827 et 12130 J. N., D. N. t. 4 p. 52 n° 381).

1. RENTE VIAGÈRE. — C'est avec raison aussi qu'on a vu une simple convention de mariage dans la clause par laquelle il est attribué à la femme, à titre de gain de survie, pour les droits qu'elle pourra avoir dans la communauté, une rente viagère de 2,000 francs (14717-5 J. E.).

5241. Partie de la communauté. — Les époux peuvent enfin assigner soit à l'un d'eux nommément, soit au survivant ou aux héritiers du prémourant une part ou plus forte ou moins forte que la moitié de la communauté. Rien n'empêche, par exemple, de stipuler que le survivant aura, ou l'usufruit de toute la communauté, ou certains objets, ou l'usufruit de certains objets qui en font partie. Il n'y a pas là avantage; c'est un pacte de société. — Ainsi, il a été jugé qu'il y a simple convention entre associés, lorsqu'il est dit que le survivant aura, à la charge de payer toutes les dettes, la pleine propriété de tous les meubles de la communauté et l'usufruit de tous les immeubles (Bruxelles 24 juill. 1828), ou seulement tout le mobilier (Bruxelles 11 mars 1829, 14 juin 1843). — De même encore on verrait un pacte de société et non une donation dans la clause qui attribuerait au survivant l'usufruit seulement de la communauté (Rodière et Pont t. 2 n° 345, Troplong n° 2180, Cass. 20 janv. 1830; — C. Agen 1er juin 1838. — *V.* dans le même ordre d'idées Cass. 25 et 30 juill. 1823, 6861, 7605, 8556 J. E.); — ou bien la pleine propriété d'une moitié et l'usufruit de l'autre (Déc. m. f. belge 20 oct. 1856, 800 R. P.).

Il a même été jugé que, lorsqu'il est dit dans un contrat de mariage que le survivant des époux, après le prélèvement des reprises respectives sur les biens de la communauté, jouira, sur ces mêmes biens, d'un préciput et d'un augment du préciput, ainsi que de l'usufruit de la part du prémourant, cette clause n'opère pas, au profit du survivant, une mutation passible du droit proportionnel. Ce n'est là qu'une modification de la communauté, au moyen de laquelle le prémourant est censé n'avoir eu aucun droit acquis aux gains de survie ni à l'usufruit stipulés (Cass. 30 juill. 1823, 4503 J. N.).

Dans ces diverses hypothèses donc, on ne pourrait être autorisé à réclamer le droit de mutation par décès sur les parts de communauté que le survivant des époux prélèverait en sus de ce qui lui reviendrait légalement comme communiste. Il n'y aurait là que des conventions de mariage affranchies de l'impôt.

5242. Droit de reprise. — Le droit de reprise établi par l'art. 1525 C. C. pour le cas où l'époux survivant a droit à la communauté tout entière, doit-il être présumé sous-entendu dans le cas où le contrat de mariage établit *une simple inégalité?* D'après Pont et Rodière (2e édit. t. 3 n° 1010), le droit de reprise, pour exister au profit des héritiers du conjoint prédécédé, doit avoir été stipulé dans le contrat de mariage et c'est là ce qu'a décidé la cour de Douai dans un arrêt du 7 février 1850 (S. 50-2-537, D. 52-2-147, P. 1851-1-41) où elle a reconnu que le droit de reprise ne pouvait pas être sous-entendu dans l'hypothèse où le contrat de mariage attribuait à l'épouse survivante la totalité des effets mobiliers de la communauté et l'usufruit seulement de la moitié des conquêts afférents à l'époux prédécédé, bien qu'elle n'ait pas vu une donation dans cette convention. — La même doctrine résulte implicitement d'un arrêt de cass. du 24 décembre 1850 (S. 51-1-613, 14978 J. N., 15114 J. E., 1883 § 7 I. G.). Mais une Sol. 20 mars 1854 (80 R. P. et 10270 C.) sous-entend la réserve des apports en faveur des héritiers du conjoint prédécédé dans une hypothèse où il avait été stipulé que les conjoints seraient communs en biens meubles et conquêts immeubles, et que le survivant resterait propriétaire des biens meubles et aurait l'usufruit des immeubles. — *V.* 5237.

1. DONATION. — En admettant que le droit de reprise ne soit pas sous-entendu, faudra-t-il voir une donation dans la clause qui attribuera à l'un des conjoints une partie de la communauté plus forte que la moitié, sans en déduire les apports provenant de l'autre conjoint? Nous reviendrons bientôt sur cette question, n° 5245.

5243. Caractère de la convention. — Libéralités. — Observation. — L'attribution à l'un des époux de tout ou partie de l'actif commun peut avoir lieu par suite d'une donation soumise à l'événement du décès. Dans ce cas, la clause du contrat de mariage qui renferme cette libéralité constitue une disposition indépendante du contrat lui-même et motive la perception d'un droit particulier de 7 fr. 50 cent. (Cass. 21 mars 1860, 1304 R. P., 16810 J. N., 11727 C., S. 60-1-100).

Mais la question de savoir quand une stipulation insérée au contrat de mariage est une simple convention de mariage ou au contraire constitue une véritable libéralité, est souvent d'une solution fort délicate; elle a donné lieu à de nombreuses décisions judiciaires qu'il est impossible quelquefois de concilier entre elles. Pour la résoudre, il faudra examiner avec soin sur quels biens elle porte et rechercher quelle a été l'intention des parties contractantes; dans ce but on devra s'attacher non-seulement aux termes qu'elles ont employés, mais surtout à la nature et aux effets des clauses qu'elles ont insérées en les rapprochant les unes des autres. A cet effet nous allons passer en revue les faits qui peuvent avoir quelque influence en cette matière.

5244. Propres. — Aucun rapport de ressemblance ne peut exister entre le don des propres et l'attribution des acquêts qui pourront être faits par la communauté conjugale. Les acquêts se faisant à l'aide du travail commun et de l'association, il est permis de faire dépendre la participation aux bénéfices de la société d'une condition de survie. Il s'agit ici d'un avantage aléatoire, stipulé dans l'incertitude de ce qui adviendra. Mais rien de pareil ne peut exister à l'égard des propres, genre de propriété étranger à la collaboration et à un travail social. Si donc la convention d'attribution au survivant s'étendait, en outre, aux biens propres des époux, le survivant ne pourrait devenir propriétaire, relativement à ces biens, que par l'effet d'une libéralité. Par conséquent, le contrat de mariage donnerait ouverture à un droit de 7 fr. 50 cent. comme donation éventuelle, sauf, à l'événement, à percevoir un droit proportionnel de mutation par décès (*V.* dans ce sens Dalloz *Contrat de mariage* n° 3005, Rodière et Pont t. 2 n° 345, Troplong n° 2174).

Parmi les décisions que nous allons rapporter à l'appui de la proposition que nous venons de développer, il en est plusieurs qui sont intervenues dans des espèces où il avait été stipulé qu'il y avait *donation*, mais cette circonstance n'a en rien influé sur l'opinion des juges. Pour résoudre les questions, ils se sont placés au point de vue de la convention de mariage seulement, et à ce point de vue ils ont décidé que, toutes les fois que l'attribution empiétait sur les biens propres, elle emportait donation.

1. BIENS QUELS QU'ILS SOIENT A ÉCHOIR OU A VENIR. — Il a été jugé, en ce sens, qu'il n'y a pas convention de mariage dans le cas où les futurs époux se feraient don mutuel de tous les biens immeubles dont le prémourant serait propriétaire au moment de son décès, de *quelque manière qu'ils fussent venus ou échus* (Bruxelles 21 juill. 1810, Dalloz v° *Contrat de mariage* n° 3005; — Cass. 15 fév. 1841, 10897 J. N., 12686 J. E., 1643 § 4 I. G., S. 41-1-217).

Ce dernier arrêt est ainsi conçu: « Attendu que le contrat de mariage des sieur et dame Bertrand, du 2 messidor an 12, porte que les futurs époux se font don mutuel et réciproque de l'usufruit de tous les biens immeubles dont le prémourant sera propriétaire au jour de son décès, de quelque manière qu'ils lui soient venus ou échus; que cette clause comprend les immeubles propres comme ceux de la communauté; que le prémourant s'en dit propriétaire; que, d'ailleurs, cette disposition d'usufruit est faite sauf réduction, en cas de survivance d'enfants; qu'il résulte de toutes ces circonstances que les époux Bertrand se sont fait donation mutuelle de l'usufruit de leurs immeubles en faveur du survivant, aux charges ordinaires de ces sortes de dispositions, et que cette stipulation ne peut être considérée comme contenant un gain de société attribuant l'usufruit des biens de la communauté au survivant, soumise seulement au droit fixe et permise aux termes de l'art. 1525 C. C. »

Pareillement, la stipulation portant que les époux se font mutuellement donation, au survivant d'eux, de la pleine propriété de tous les biens meubles et de l'usufruit des immeubles que posséderait à son décès le premier mourant, ne tombe pas sous l'application de l'art. 1525 C. C., puisqu'elle donne au survivant des époux, non pas la totalité de la communauté, mais généralement, outre la pleine propriété des biens meubles, l'usufruit de tous les immeubles que le premier mourant *possédera à son décès*; partant elle ne peut être envisagée comme une convention permise par cet article, mais comme une véritable donation sujette à réduction, aux termes de la loi (Bruxelles 2 août 1839, Dalloz *loc. cit.* n° 3007).

Jugé encore que la clause d'un contrat de mariage, par laquelle des époux, qui mettent tous leurs biens en communauté, se font donation mutuelle au profit du survivant : 1° de la pleine propriété des acquêts faits pendant le mariage ; — 2° de l'usufruit des biens propres du prémourant, avec réserve expresse des droits des enfants, doit être réputée donation entre époux dans le sens de l'art. 1091 C. C., et non société d'acquêts, laquelle attribue, aux termes de l'art. 1525 C. C., la propriété des acquêts au survivant, à dater du contrat de mariage (Cass. 15 fév. 1832, 10318 J. E., 1401 §41. G.).

Reconnu également (14234-7 J. E.) que, lorsque le contrat de mariage porte que le survivant des époux sera propriétaire de toute la communauté mobilière et usufruitier de tous les biens que délaissera le survivant, il y a donation éventuelle, et, qu'à l'événement, le droit de mutation par décès est exigible sur le tout, par la raison qu'il ne pouvait y avoir *pour le tout* convention de mariage et qu'il n'y a point été fait de distinction. — On peut consulter encore dans le même sens : 6861-8556 J. E., Seine 10 mai 1843, 13274 J. E.; — Boulogne 31 décembre 1846, 13172 J. N., 14366 J. E., les jugements de Béthune du 21 juillet 1857 et de Douai du 14 juillet 1865, cités au n° 5237, ainsi qu'une Sol. de l'Administration du 24 mars 1854, qui voit une donation éventuelle dans la clause qui statue « qu'au cas d'enfants vivants, le survivant des époux, à l'extinction de la jouissance résultant du droit de la puissance paternelle, aura l'usufruit, sans donner caution, *de la moitié de tous les biens du prédécédé* » (79 R. P.).

5245. Apports. — Dans le cas où le contrat de mariage attribue la totalité de la communauté à l'un des époux, cette attribution, nous l'avons vu, ne doit avoir lieu que sous la déduction des apports et des sommes tombées dans la communauté du chef de l'époux qui ne se réserve aucun droit dans l'actif de la communauté ; aussi, devrait-on considérer comme une donation la disposition qui attribuerait à l'un des époux tous les biens de la communauté, en y comprenant ceux qui y ont été apportés par l'autre époux. Troplong a cependant soutenu le contraire et a prétendu que la dévolution des apports ne constituait pas une libéralité (*Contr. de mariage* t. 3 n° 2181). Mais son sentiment est demeuré sans écho dans la doctrine. Tous les auteurs enseignent, d'après Pothier *des Don.* sect. 3 art. 5 § 2, que l'attribution au survivant d'un propre du prédécédé, ou, ce qui est la même chose, du droit de reprise réservé par l'art. 1525 C. C., constitue une véritable donation (Delvincourt 3-325, Bellot t. 3 p. 303, Pont et Rodière 1-346, Marcadé art. 1525 n° 4, Zachariæ, Massé et Vergé 4 § 663, Dalloz v° *Contrat de mariage* 3005, S. 1863-1-360, Champ. et Rig. 2769). — En matière civile, la C. cass. a décidé, en ce sens, le 29 avril 1863, que la clause d'un contrat de mariage par laquelle les époux, après avoir fait entrer dans la communauté, non-seulement leurs acquêts, mais encore tout ou partie de leurs apports, se font donation l'un à l'autre et au survivant de tous les biens meubles et immeubles qui comprennent la communauté au jour du décès du prémourant, constitue une donation véritable (Cass. 29 avril 1863, S. 63-1-362). — La même doctrine a été appliquée à la perception des droits d'enregistrement. Il a été reconnu que, quand une convention de mariage attribue la totalité de la communauté au survivant sans que les héritiers aient le droit de reprendre les biens du prémourant tombés dans la communauté, cette stipulation qui s'écarte de l'art. 1525 constitue une libéralité (Lille 5 mars 1859, 1154 R. P.; — Guingamp 18 nov. 1856, 771 R. P., 10098 C.; — Mayenne 24 juill. 1873, 3719 R. P.; — Cass. 24 déc. 1850, 1304 R. P., 2174 § 7 I. G., 16810 J. N., 11727 C., 17109 J. E., S. 51-1-613).

1. BIENS TOMBÉS EN COMMUNAUTÉ. — Le mot *apport* dans l'art. 1525 C. C. comprend, non-seulement les biens dont les époux sont restés propriétaires pendant la durée de la communauté, mais encore ceux qui sont tombés dans la communauté à charge de récompense et ceux qui y sont définitivement tombés. Le législateur n'a pas voulu, en effet, que, par suite d'une simple mise en communauté, les futurs époux pussent s'attribuer réciproquement leur fortune en échappant aux règles de la quotité disponible et de la réserve. En conséquence, il faudrait regarder, non plus comme une simple convention de mariage, mais comme une libéralité, la clause qui attribuerait à l'un des époux des biens provenant de son conjoint, alors même qu'ils seraient tombés définitivement dans la communauté.

Cette doctrine, toutefois, n'a pas toujours triomphé dans la pratique, et on a vu de simples conventions de mariage dans des clauses qui avaient pour effet d'attribuer à l'épouse qui avait droit à la totalité de la communauté, tout ou partie des apports qui, faits par son conjoint, étaient tombés dans la communauté.

On a décidé, par exemple, que la disposition d'un contrat de mariage qui attribuait, au survivant des époux, la totalité de la communauté universelle établie entre eux, ne pouvait être considérée comme une donation éventuelle (Sol. 28 oct, 1830, 3154 Roll., Dél. 30 oct. 1832, 7884 J. N.). — La C. cass. a décidé en ce sens, dans une espèce où il avait été stipulé que « la fortune de quelque nature qu'elle fût, tant mobilière qu'immobilière, apportée ou déjà héritée, ou acquise dans la suite, formerait une seule masse qui appartiendrait au survivant en pleine propriété sans aucun empêchement ; » qu'une pareille convention ne constituait pas une libéralité (Cass. 24 nov. 1834, 11113 J. E., 8750 C., D. 35-1-11).

Mais cette doctrine ne nous semble pas appelée à prévaloir. Elle est repoussée par tous les auteurs (Aubry et Rau 4e édit. t. 5 p. 510 et note 17, Bellot des Minières t. 3 p. 303, Odier, t. 2 p. 923, Pont et Rodière 2e édit. t. 3 p. 1609, Marcadé sur 1525 n° 4). — Elle a été répudiée également par la C. cass. qui a décidé, dans un arrêt du 29 avril 1863 (S. 63-1-

362) que la clause d'un contrat de mariage, par laquelle les époux, après avoir fait entrer dans la communauté non-seulement leurs acquêts, mais tout ou partie de leurs apports, font donation au survivant d'entre eux de tous les meubles et immeubles qui composeront la communauté au jour du décès du prémourant, constitue une véritable libéralité.

Un jugement de Cambrai du 1er août 1856 décide également à propos d'une communauté universelle attribuée au survivant, « que le contrat de mariage n'est considéré comme une convention entre associés, que dans le cas où il n'attribue au survivant que les bénéfices de la communauté, et que, du moment où il confond dans son attribution les bénéfices et les apports, il revêt un caractère de libéralité qui le rend passible du droit de donation » (16341 J. E., 15885 J. N., 10851 C.).— Tel est aussi l'avis exprimé par l'Administration belge dans une circulaire du 20 octobre 1856 (800 R. P.).

Ajoutons encore, à ces autorités, un jugement du tribunal de Lille du 5 mars 1859 qui, statuant dans une hypothèse où il avait été convenu que « la totalité de la communauté appartiendrait en pleine propriété et jouissance au survivant des époux, sans que les héritiers du prédécédé, autres que ses enfants, eussent le droit de reprendre les apports, capitaux et autres biens tombés dans la communauté du chef de leur auteur,» y a vu une libéralité, une donation éventuelle donnant lieu au droit proportionnel au moment du décès du mari, en se fondant sur ce que « les clauses précitées emportent au profit de la dame Hyacinthe Gourmez, veuve Billet, une attribution de la totalité de la communauté, y compris les apports et capitaux tombés dans la communauté du chef du mari ; la demanderesse ne saurait être considérée que comme la donataire desdits apports à elle ainsi afférents ; les principes essentiels du contrat de société répugnent à ce que l'art. 1525 C. C., en sa disposition finale, s'interprète de sorte que l'on étende à une part de la portion du prémourant, une attribution qui doit se restreindre aux bénéfices de la communauté » (1154 R. P.).

2. PARTAGE INÉGAL. — Faut-il voir aussi une donation dans la clause qui, après avoir attribué une *part plus forte* dans la communauté à l'un des époux, refuse aux héritiers du prédécédé de reprendre les apports qui, du chef de leur auteur, étaient tombés dans la communauté ?

En faveur de l'opinion qui n'oblige pas à faire déduction des apports, lorsque l'attribution (par contrat), au lieu de porter sur la communauté tout entière, ne porte que sur une partie plus forte de cette communauté, nous pouvons citer un arrêt de Douai du 7 février 1850 qui décide que, sous l'empire d'un contrat de mariage qui attribue au survivant la communauté mobilière, la moitié des acquêts en propriété et l'autre moitié en usufruit, l'attribution des apports et capitaux ne constitue pas une libéralité, mais une convention entre associés.

Il n'est pas douteux, en effet, que la clause dont il s'agit ne rentre dans le cas prévu par l'art. 1521 C. C.; elle n'attribue pas la totalité de la communauté à l'un des époux ; elle stipule seulement que le survivant, outre sa moitié dans les conquêts immobiliers, aura une partie de la communauté, soit en propriété, soit en usufruit ; les héritiers de l'époux prédécédé ont donc droit, eux aussi, à une part de communauté. C'est, par conséquent, la stipulation d'un partage inégal de la communauté ; ce n'est pas l'attribution de toute la communauté : c'est l'art. 1521 qui doit être appliqué et non pas l'art. 1525. Et, puisque ce n'est que dans le cas prévu par l'art. 1525 que les héritiers du prédécédé ont droit à la reprise des apports et capitaux, ce droit n'existe pas pour eux dans l'espèce (En ce sens V. Pont et Rodière 2e édit. t. 3 p. 1009, Marcadé sur 1525 n° 4). — Telle est aussi la doctrine de l'administration belge (Sol. 20 oct. 1856, 800 R. P.).

Depuis, le tribunal de Douai a décidé, d'une façon catégorique, par deux jugements des 12 avril et 14 juillet 1865, qu'il fallait considérer comme de simples conventions de mariage les clauses suivantes (2368 R. P.) :

1° Le survivant des époux sera propriétaire de la moitié de la communauté mobilière, et usufruitier de l'autre moitié, sans que les héritiers du prédécédé aient le droit de retirer les apports et capitaux tombés dans la masse du chef de leur auteur.

2° Si le futur prédécède, la future sera propriétaire de toute la communauté mobilière, ainsi que de la moitié des immeubles conquêts, et usufruitière avec dispense de fournir caution de l'autre moitié de ces biens, sauf la réduction, en cas d'enfants.

L'Administration, qui avait introduit un pourvoi contre ces deux jugements, s'en est ensuite désistée.

Mais on peut invoquer, d'autre part, un arrêt de la C. cass. 24 décembre 1850, qui a décidé que la clause par laquelle les époux déclarent que le survivant aura l'usufruit de tous les biens de la communauté ne laisse aucun droit de reprise aux héritiers de l'époux prédécédé, *ce qui établit clairement* qu'une pareille convention constitue une véritable donation, et non la stipulation prévue par l'art. 1525 C. C. (1883-7 I. G., 1304 R. P., *suprà* 5245). — On peut encore citer un arrêt de cass. du 15 janvier 1872 qui statue dans une hypothèse où les époux ont mis dans la communauté, non-seulement les fruits de leur collaboration, mais encore tout le mobilier qu'ils pouvaient posséder au jour du mariage et qui leur écherrait pendant sa durée, et, néanmoins, sont convenus que le survivant des époux aura la toute propriété du mobilier et des objets réputés comme tels et la jouissance viagère des immeubles qui dépendraient de la communauté.

Ces dernières solutions, statuant sur des espèces analogues à celles que nous avons rapportées plus haut, sont en contradiction avec les décisions dont elles avaient été l'objet. Mais en faut-il conclure que, dans la pensée de la C. cass., on doit considérer comme une donation toute clause qui, en attribuant à l'un des époux une part plus forte dans la communauté, ne réserverait pas à l'autre époux ou à ses héritiers le droit de reprendre les apports qui, de son chef, sont tombés dans la communauté ? Cette conséquence serait exagérée sans doute, car un arrêt du 1er août 1855 ne voit qu'une simple convention de mariage dans la clause par laquelle les époux stipulent que la communauté, composée de leurs apports et des acquêts, appartiendra par moitié au survivant en toute propriété, avec usufruit sur l'autre moitié, et sous la réserve en cas de décès, avec ascendants ou descendants, des droits formant la réserve (462 R. P., S. 56-1-68). — Aussi croyons-nous, sans nous arrêter aux circonstances de fait qui ont motivé certains arrêts, qu'il faut reconnaître le caractère d'une simple convention de mariage à une clause qui déroge en faveur de l'un des époux à la règle du partage égal de la communauté, alors même qu'elle ne réserve pas pour l'autre le droit de reprendre ses apports, mais *à la condition* que, la partie de la communauté réservée à l'époux non avantagé, soit en proportion avec les apports qu'il a faits ; une attribution qui ne serait pas en rapport avec la valeur des biens qu'il a apportés ne pourrait être en effet que frauduleuse et faite dans le but d'échapper à la prohibition de l'art. 1525 C. C. et à la perception du droit perçu sur les donations.

La Cour de cassation a maintenu récemment la jurisprudence de son arrêt du 24 décembre 1850 (Cass. 5 juill. 1876, 4418 R. P.); mais elle n'a donné aucun motif de sa décision qui se justifie par d'autres raisons et qui nous a paru dès lors manquer d'autorité (*V.* 4418 R. P. *ad notam.*).

5246. Donation exprimée. — Les expressions employées par les parties peuvent éclairer sur leurs intentions. Mais, comme les conventions dont nous venons de parler constituent en réalité des avantages pour l'un des époux, sans être considérées par le Code comme de véritables libéralités, il en résulte qu'il ne faut pas accepter sans réserve la qualification du contrat, car bien souvent, dans la réalité des faits, les parties se sont servies du mot *donation* en parlant de ces avantages, sans vouloir leur attribuer pour cela les caractères d'une véritable donation. Ainsi que le fait remarquer Marcadé (art. 1525 § 2), ce n'est pas par cela seul que les époux auraient dit qu'ils conviennent de *donner* la communauté entière au survivant, qu'il faudrait y voir une donation, car il faut partout s'attacher moins aux mots qu'à la véritable pensée des parties. — Plusieurs jugements ou arrêts ont repoussé l'exigibilité du droit de donation dans des hypothèses semblables, en se fondant sur ce que, malgré l'emploi du mot donation, les parties n'avaient entendu faire qu'un pacte social.

Ainsi, en matière civile, il résulte de plusieurs arrêts que, quand, dans un contrat anténuptial, les époux se font donation mutuelle, au profit du survivant, de tous les biens du prémourant, cette convention, quoique qualifiée donation par les parties, n'est pas une donation pure, mais présente un double caractère, savoir : le caractère de convention de mariage en ce qu'elle règle le sort des bénéfices à résulter de la collaboration des époux et de leurs économies, et celui de donation soumise à l'événement du décès, en ce qu'elle attribue au conjoint survivant les propres du prémourant et les apports et capitaux entrés de son chef dans la communauté (Bruxelles 11 juill. 1829; — Cass. belge 11 déc. 1846; — Cass. 29 janv. 1866, S. 66-1-149; — *V.* aussi Cass. 12 juill. 1842 et 21 mars 1834, 24 nov. 1834, Dalloz v° *Contrat de mariage* 3015 à 3017, 8750 J. E.).

En matière d'enregistrement, cette règle a été appliquée par des jugements de la Seine 7 juillet 1841 (6262 Roll.); — de Lille 20 décembre 1845 (12619 J. N.), 14 sept. 1846 (12857 J. N.); — d'Évreux 10 juillet 1847 (13205 J. N.), d'après lesquels, lorsque la stipulation d'une part inégale dans les biens de la communauté est faite dans un contrat de mariage avec la qualification de donation, elle peut, malgré cette dénomination, être considérée comme n'étant réellement qu'une convention de mariage, et entre associés.

Le même tribunal de Lille a confirmé son interprétation le 20 novembre 1856, à propos d'une clause ainsi conçue : « Le mariage venant à se dissoudre, par la mort de l'un ou de l'autre des futurs époux sans enfants, le survivant sera propriétaire de la moitié de tous les biens composant la communauté, nul réservé ni excepté, sans être tenu de donner caution, lequel viage cependant cessera en cas de remariage. Desquels avantages les futurs époux déclarent se faire mutuellement donation entre-vifs et irrévocable. » — « Attendu, porte le jugement, qu'il est de principe que les stipulations de ce genre sont des conventions matrimoniales, et qu'il n'y a rien à induire du mot *donation*, qui se rapporte, au cas qui n'existe pas en l'espèce, d'existence d'enfants; d'ailleurs il faut voir la chose et non le mot » (774 R. P., 10430 J. E. 11098 C., 15995 J. N.).

C'est ainsi qu'a été également appréciée par le tribunal de Bazas, le 29 avril 1863, une stipulation portant : « Les futurs mariés sous le régime dotal s'associent pour moitié aux acquêts, de la jouissance de la totalité desquels ils se font mutuellement donation, le prémourant au survivant » (1846 R. P., 17793 J. E., 12457 C.). — *V.* en ce sens, Béthune 5 mai 1848, 13455 J. N.).

Dans un cas où les futurs avaient déclaré *donner* au survivant à *titre de convention de mariage*, la totalité de la communauté, la C. cass. a décidé elle-même que le sens du mot *donation* était suffisamment déterminé ici par le reste de la phrase et qu'il était évident que les parties avaient voulu faire le pacte anténuptial autorisé par l'art. 1525 C. C. (Cass. 8 mai 1854, 99 R. P., 15886 J. E., 15237 J. N., 10243 C., S. 54-1-462, P. 54-2-258). La clause litigieuse était ainsi conçue : « Les futurs époux se sont fait, à titre de convention de mariage, donation entre-vifs, mutuelle et irrévocable, au profit du survivant, de tous les biens qui, au jour du décès du prémourant, composeront la portion de celui-ci *dans les bénéfices de la communauté, à quelque somme que puisse s'élever la valeur desdits biens*; pour, par ledit survivant, au moyen de la présente donation, disposer en toute propriété *de tous les bénéfices de communauté*, tant de son chef que comme donataire, et qu'en conséquence le survivant n'aura aucun compte à rendre aux héritiers du prédécédé pour raison de ces mêmes bénéfices. »

1. QUALIFICATION MAINTENUE. — Cependant, quand l'ensemble des clauses du contrat ne résiste pas à sa qualification, il est naturel d'admettre que les parties ont entendu faire ce qu'elles annonçaient, c'est-à-dire une libéralité. Il s'élève du moins contre l'acte une présomption considérable que des preuves décisives pourraient seules faire disparaître, et en leur absence le droit de donation est légitimement exigible.

Ainsi, on a jugé qu'il n'y avait pas convention entre associés, mais libéralité éventuelle dans la clause d'un contrat de mariage par laquelle les futurs se faisaient donation entre-vifs, égale et irrévocable, en la meilleure forme que donation puisse valoir, acceptée respectivement par les futurs et leurs parents, de la part et portion qui se trouveraient appartenir au prémourant dans les biens de la communauté. La clause portait : « Les futurs époux seront communs en tous biens meubles et conquêts immeubles, et sera leur communauté partagée par moitié et régie conformément aux lois. Les futurs époux, par la bonne amitié qu'ils se portent, se font, par le présent, au survivant d'eux, donation mutuelle entre-vifs, égale et irrévocable, en la meilleure forme que pareille donation puisse être faite et valoir, acceptée respectivement par les futurs époux et leurs parents, pour le survivant, de la part et portion qui se trouvera appartenir à la succession du prémourant dans les biens meubles et immeubles dépendant de la communauté; pour, par le survivant, à compter du jour du décès du prémourant, faire et disposer des objets présentement donnés comme de sa propre chose, avec stipulation que, dans le cas où la future épouse viendrait à décéder la première, et que la rente de 300 francs à elle promise par ses père et mère ne serait pas encore remboursée, le citoyen Rique et son épouse, ou leurs héritiers, seront alors tenus d'en faire le remboursement au futur époux par le capital de 3,000 francs » (Cass. 23 avr. 1849 1844 § 7 I. G., 14732 J. E., 13721 J. N., 8397 C., S. 49-1-446, P. 49-2-617). — La même Sol. a été adoptée dans des espèces à peu près identiques par les autorités suivantes (Sol. 1er mars 1831, 10011 J. E., 1381 § 5 I. G. ; — Cass. 15 fév. 1832, 10318 J. E., 7660 J. N., 1401 § 4 I. G.; — Cass. 15 fév. 1841, 10897 J. N., 12686 J. E., S. 41-1-217, 1643 § 4 I. G.; — Lille 22 mai 1847, 14339 J. E.).

Deux autres jugements plus récents ont aussi reconnu le caractère de la libéralité à des clauses qualifiées de donation. L'une était ainsi conçue : « Les futurs, voulant se donner une preuve de l'amitié qu'ils ont l'un pour l'autre, se font donation mutuelle au survivant d'eux de tous les biens mobiliers qui se trouveront appartenir au premier mourant, plus de l'usufruit et jouissance de tous les biens immobiliers qu'ils pourraient acquérir à titre onéreux pendant le mariage. » Le tribunal de Guingamp a décidé, le 18 novembre 1856, que ces termes suffisaient à constituer une donation (771 R. P., 11098 C.). Ce fut également la conclusion du tribunal de Valenciennes (jug. du 24 mai 1859), à propos d'une stipulation portant : « Les futurs se font donation entre-vifs, à titre irrévocable l'un de l'autre et au survivant d'eux : 1° de tous les biens meubles qui composeront ladite communauté, à la charge, lors de la dissolution, d'en payer les dettes; — 2° de l'usufruit de tous les biens immeubles que délaissera ledit prémourant (1147 R. P.).

La C. cass., dans un arrêt du 21 mars 1860, a également reconnu que, pour qu'il y ait simple convention de mariage, il faut que, dans son expression comme dans l'intention des contractants, la clause soit exclusive de l'idée de pure libéralité. Elle a, en conséquence, interprété comme donation éventuelle une convention ainsi conçue : « Les époux, voulant se donner des preuves de leur attachement, se font donation l'un à l'autre et au survivant d'eux, ce qui est accepté par chacun d'eux, de l'usufruit de tous les biens qui dépendront de leur communauté » (1304 R. P., 2174-7 I. G., 16810 J. N., 11727 C., 17109 J. E., S. 60-1-1000).

Depuis lors elle a confirmé sa jurisprudence par plusieurs arrêts.

Ainsi, le tribunal de la Seine avait considéré comme une simple convention de mariage la clause par laquelle « les futurs époux, *indépendamment des avantages qui précèdent* [1], se font l'un à l'autre, en faveur du survivant d'eux, ce accepté respectivement par ledit survivant, *donation entre-vifs* et irrévocable de la portion qui appartiendra au prémourant dans les biens meubles et immeubles de la société d'acquêts, pour jouir de ladite portion, moitié en toute propriété et moitié en usufruit, à compter du décès du prémourant » (2907 R. P.).

La C. cass. y vit au contraire une donation, en se fondant, tant sur le texte même de la clause que sur « l'ensemble des clauses du contrat de mariage qui règlent les éléments du partage à faire des acquêts entre les représentants de l'époux prémourant et l'époux survivant, déterminent les prélèvements à effectuer dans ce partage et stipulent à titre de convention de mariage, conformément aux art. 1515 et 1516 C. C., un préciput au profit du survivant, appelé en outre, mais *comme libéralité émanée du prémourant et indépendante* de ce préciput, à prendre une portion des bénéfices afférents à cette part, est-il dit dans le contrat, qui appartiendra au prémourant dans les biens meubles et immeubles dépendant de la société d'acquêts » (Cass. 7 déc. 1870, 3226 R. P., 14703 C., 2923 Rev., 2420-5 I. G., B. C. 184, S. 70-1-437, D. 71-1-153, P. 70 1138).

La question lui a été soumise ensuite au sujet d'une clause portant que, « pour la bonne amitié que les futurs ont dit avoir l'un pour l'autre et voulant s'en donner des preuves, ils se sont, par ces présentes, fait donation pure et simple et irrévocable : le futur à la future, 1° d'une somme de 800 francs une fois payée, — et 2° de l'usufruit de tous les conquêts; la future audit futur, de l'usufruit de tous les conquêts. »

Le tribunal de Châteaudun avait jugé, le 13 mai 1870, qu'il y avait là simple attribution, des conquêts au futur, bien que cette clause fût précédée d'une autre clause portant que, « arrivant la dissolution de la communauté, la future reprendra ses préciput et habits de deuil, et l'avantage ci-après, le tout franc et quitte des dettes et hypothèques de ladite communauté » (3299 R. P.). Mais la C. cass. a décidé que la clause constituait une donation à l'égard des conquêts (Cass. 22 juill. 1872, 3498 R. P., 2456-3 I. G., 115 B., S. 72-1-248, D. 72-1-420).

V. Seine 11 mars 1876, 4531 R. P.; — Dunkerque 30 juin 1876, 4531 R. P.

5247. Réduction en cas d'enfants. — Lorsque l'attribution de la communauté procède d'une convention de mariage, l'époux survivant, ne tenant rien de son conjoint, n'est pas exposé à la réduction, même sur la demande des enfants issus du mariage. On en a conclu quelquefois que, s'il était stipulé dans la clause que l'attribution éventuelle au survivant serait réduite en cas d'existence d'enfants, c'était la preuve que les parties avaient voulu faire une donation ordinaire soumise, comme toutes les libéralités entre époux, aux règles de la quotité disponible. « Dans le cas de l'art. 1525, dit Troplong, l'existence des enfants n'empêche pas la convention de produire ses effets : ici, au contraire, la clause est regardée par les parties comme une donation, puisqu'elles reconnaissent que l'existence des enfants peut l'affecter dans la mesure de la réserve » (*Cont. de Mar.* n° 2177).

C'est ce qui a été jugé : 1° pour un contrat de mariage dans lequel les époux, prévoyant une survenance d'enfants, avaient déclaré eux-mêmes que leurs dispositions seraient réduites à la quotité disponible (Cass. 15 fév. 1841, 1643 § 4 I. G., 10897 J. N., 12686 J. E., S. 41-1-217);

2° pour une clause portant donation mutuelle de la propriété des acquêts et de l'usufruit des propres, avec réserve expresse des droits des enfants (Cass. 15 fév. 1832, 10318 J. E., 7660 J. N., 1401-4 I. G.);

3° au sujet d'une convention ainsi conçue : « Le survivant avec enfants aura, tant en propriété qu'en usufruit, les avan-

1. Ceux contenus dans une clause ainsi conçue :
Art. 13. Les futurs époux se font réciproquement donation entre-vifs et irrévocable, mais seulement pour le cas de survie, savoir : M. Achille Seillière à Mlle Zoé, de 12,500 francs de rente annuelle et viagère à prendre sur les biens de sa succession, et Mlle Zoé à M. Achille Seillière, de la somme de 250,000 francs en toute propriété à prendre dans sa dot.

tages que le Code accorde à pareil époux survivant » ; attendu que cette stipulation se réfère expressément, d'après les termes mêmes du contrat, au C. C., dont l'art. 1094 détermine la quotité des biens que l'un des époux pourra, laissant enfants, donner à l'autre ; que c'est bien à titre de donation que l'art. 1094 permet de disposer ainsi, différant en ce cas de l'art. 1525, qui permet de stipuler pour un cas qui ne s'est pas produit et qui, dès lors, n'a point d'application à l'espèce » (Lille 6 mars 1852, 15787-1 J. E., 79 R. P., D. N. t. 12 p. 252 n° 339).

4° Au sujet d'une clause portant que, si les enfants voulaient faire réduire la convention, ils devraient abandonner au survivant la portion disponible, c'est-à-dire le quart en propriété et le quart en usufruit (Arras 10 fév. 1863, 1773 R. P., 12483 C.)

5° Enfin, à une stipulation portant que chacun des époux aurait la moitié en toute propriété du produit net de la société d'acquêts, déduction faite des reprises, indemnités et remplois résultant du contrat, et que, en cas d'existence d'enfants nés ou à naître, le survivant aurait droit à un quart en usufruit de la portion revenant au conjoint décédé (Seine 29 juin 1872, 3531 R. P.)

Mais il faudrait se garder d'ériger ces solutions en thèse de droit.

Rien ne s'oppose, en effet, à ce que la convention de mariage, sans perdre son caractère, soit subordonnée à un événement incertain, soit pour partie, soit pour la totalité. « Il est assez ordinaire, dit encore M. Troplong, de n'attribuer la totalité de la communauté au survivant qu'autant qu'il n'y a pas d'enfants du mariage. Les époux, en se mariant, peuvent prévoir la stérilité de leur union, et, dans ce cas malheureux, préférer le survivant à leurs héritiers collatéraux (n° 2179). » Alors la stipulation ne change pas de nature, et elle demeure à l'événement, pour son effet restreint, une véritable convention de mariage. Voici en quels termes nous avons proposé, dans nos éditions précédentes, la démonstration de cette règle :

L'art. 1520 C. C., après avoir déclaré qu'il est permis de déroger au partage égal de la communauté établi par la loi, pose trois exemples de dérogation. Ainsi, on peut : 1° Ne donner à l'époux survivant ou à ses héritiers qu'une somme fixe pour tout droit de communauté ; — 2° stipuler que la communauté entière appartiendra au survivant ; — 3° qu'elle appartiendra à l'un des époux désignés à l'avance.

Mais ces trois exemples ne sont pas limitatifs, l'intérêt des parties peut en invoquer d'autres, le Code ne les repousse pas. Ainsi, bien que l'art. 1520 permette d'attribuer au survivant la totalité de la communauté, il est assez d'usage que l'on ne veuille user de cette faculté qu'autant qu'il n'y aura pas d'enfants du mariage. Comme on l'a dit les époux en se mariant peuvent bien prévoir la stérilité de leur union, et, dans ce cas malheureux, préférer le survivant à leurs héritiers collatéraux. Mais aussi une pensée plus consolante peut leur faire espérer avec raison que l'ordre de la nature ne sera pas changé pour eux, et que des enfants seront appelés à recueillir le fruit de leurs travaux. Alors, chacun des époux, dans la prévision de son prédécès, doit chercher à concilier sa tendresse pour son conjoint avec son affection pour ses enfants. Or, pour arriver à ce but, il n'a rien de mieux à faire que de suivre la distribution de biens que, dans une position analogue, la loi a pris soin d'indiquer elle-même, dans la crainte que ces deux sentiments, si naturels chez l'homme, ne fussent pas bien équilibrés dans leurs effets.

Si l'on se place à ce point de vue toutes les fois que l'on se trouvera en présence d'une clause matrimoniale qui, après avoir attribué au survivant la portion du prédécédé dans la communauté, restreindra cette attribution à la quotité disponible en cas de survivance d'enfants, on se convaincra qu'il n'est pas besoin, pour déterminer le véritable caractère de cette stipulation, de supposer que la donation a été le mobile des futurs époux. On se dira que chaque futur a eu pour première pensée de mettre à profit les dispositions de la loi pour attribuer à son futur associé, de préférence à des parents plus ou moins éloignés, sa part dans les bénéfices que le travail commun doit procurer à l'association ; mais que, reportant ensuite cette pensée sur les enfants que lui promettent les lois de la nature, il a voulu faire participer ces enfants à ces bénéfices, et que, maître de les distribuer à son gré entre son conjoint survivant et ses enfants, il a choisi, entre les modes qu'il pouvait adopter, un exemple de distribution que lui offrait la loi.

Il faut donc reconnaître que la clause de réduction à la quotité disponible des avantages que peuvent se faire les époux, *à titre de préciput*, sur les *bénéfices* de communauté, est loin d'être caractéristique de la donation, comme on paraît assez généralement le croire. Une pareille stipulation indique seulement que, bien qu'ils fussent maîtres de procéder à leur guise, les futurs époux ont voulu prendre dans la loi le modèle de la plus sage distribution à faire, entre le survivant et leurs enfants, des bénéfices de leur association conjugale, plutôt que de se livrer à leurs propres inspirations qui auraient pu être plus ou moins réglées.

C'est ainsi qu'un arrêt de cass. du 24 nov. 1834 (11113 J. E., 8750 J. N., D. 35-1-11) a pu décider que l'attribution au survivant de toute la fortune des époux mise en une seule masse est une stipulation entre associés, encore que la clause contienne la stipulation de réduction en cas d'existence d'enfants et soit qualifiée de donation mutuelle.

Cette interprétation a été confirmée par un autre arrêt de la chambre des requêtes du 1er août 1855 (471 R. P., 16134 J. E., 15607 J. N., 10611 C., S. 56-1-68, P. 55-2-85), à propos d'une clause portant qu'en cas d'existence d'enfants le survivant, au lieu d'avoir la communauté entière, recevra un quart en propriété et un quart en usufruit : « Attendu que bien que la stipulation soit restreinte dans les limites que la loi aurait apportées à la faculté de disposer à titre de donation, elle n'est pas moins formulée dans les termes d'une convention qui régit la communauté. »

En ce sens, nous citerons encore un jugement de Lille du 20 novembre 1856, qui statue dans une hypothèse où il a été stipulé, que, en cas de non-existence d'enfant au moment de la dissolution de la communauté par la mort de l'un des conjoints, le survivant sera propriétaire de la moitié des biens de la communauté et usufruitier de l'autre moitié (R. P. 774).

Le même principe a été appliqué par le tribunal de Béthune, le 21 juillet 1857, à une clause portant que « le survivant serait propriétaire de la moitié de la communauté et usufruitier, tant de l'autre moitié que des propres du prédécédé, sauf réduction à moitié de l'usufruit en cas d'enfants. » Deux jugements du même jour ont reconnu qu'il n'y avait donation que pour l'usufruit des propres. — C'est aussi ce qui a été reconnu, en pareil cas, par un jugement de Douai du 14 juillet 1865 (2368 R. P.).

Jugé également par le tribunal d'Arras, le 29 décembre 1868, que le caractère de la convention matrimoniale appartient à la clause portant que le survivant des futurs sera usufruitier, tant de la part revenant aux héritiers du défunt dans les acquêts, que de tous les autres biens propres de ce dernier, sauf, en cas d'enfants vivants, les réductions voulues par la loi (2860 R. P.).

L'Administration soutient cependant que si l'attribution au survivant doit cesser en cas de convol, la disposition est une libéralité parce qu'elle déroge à la règle de l'immutabilité des conventions nuptiales (Sol. 21 juill. 1877).

5248. Réduction en cas de convol. — Conformément à l'opinion que nous venons de développer, le tribunal de Lille a jugé, le 20 novembre 1856 (774 R. P.), que la clause d'un contrat de mariage portant que, en cas de non-existence d'enfant, au moment de la dissolution de la communauté par la mort de l'un des conjoints, le survivant sera propriétaire de la moitié des biens de la communauté et usufruitier de l'autre moitié, constitue une simple convention de mariage, alors même qu'il serait stipulé que l'usufruit cessera, en cas de convol, et que le mot *donation* serait écrit dans la clause.

5248 *bis*. Autres faits caractéristiques. — Dans les cas douteux où les parties ne révèlent pas nettement leur intention il peut être utile de s'attacher à certains faits qui, en se corroborant les uns par les autres, imprimeront à la convention son véritable caractère.

1. ÉGALITÉ DU DROIT. — L'attribution d'une part plus forte dans la communauté ne devant, pour constituer une simple convention de mariage, déroger qu'aux règles du partage, on pourra relever comme révélant l'intention de donner, la stipulation d'une égalité de droit en faveur de chacun des conjoints à la copropriété des conquêts (*V.* le rapport qui précède l'arrêt de cass. rapporté au 3226 R. P.).

Cependant le tribunal d'Arras, dans son jugement du 29 décembre 1868, n'a pas vu une donation dans le contrat de mariage ainsi conçu : « Il y aura communauté entre les époux, laquelle sera composée et *partagée* ainsi qu'il est réglé par le C. C. ; et le survivant des futurs époux sera usufruitier, sa vie durant, *tant* de la part revenant aux héritiers du prémourant dans ladite communauté *que* de tous *les autres biens propres* que délaissera ledit prémourant, sans être tenu de fournir caution, *sauf, en cas d'enfants vivants de ce mariage, les réductions voulues par la loi* » (2860 R. P.).

2. ACQUÊTS ET PROPRES. — L'attribution simultanée par une seule clause de biens propres et de conquêts peut-elle influer sur la nature de la disposition, en tant qu'elle porte sur des conquêts ? On a prétendu que, dans ce cas, le caractère de libéralité appartenant à la dévolution des propres réfléchit sur les acquêts eux-mêmes, de sorte que la disposition considérée dans son ensemble est une libéralité pour le tout. C'est ce qui résulte de l'arrêt du 15 février 1832 cité n° 5247, qui reconnaît le caractère de donation à une clause de l'espèce, parce que, « dans la même clause, l'universalité des biens du prémourant est divisée en deux parties données au même titre, la première, composée des conquêts de communauté qui sont donnés au survivant en toute propriété, la seconde, de tous les autres biens en usufruit seulement. »

La Cour de cassation l'a encore décidé ainsi, le 9 février 1875, au sujet de l'attribution de l'usufruit des acquêts et des propres :

« Attendu que cette disposition comprenant à la fois, sous une expression et un motif uniques, attribution au survivant des époux de l'usufruit tant de la moitié des acquêts de communauté revenant au prédécédé que de la moitié des biens propres par lui laissés, il n'est pas possible de distinguer entre les choses qui en forment l'objet pour limiter aux unes la pensée de libéralité qui y sera exprimée, qu'elle constitue ainsi non une convention de mariage pour partie de ces choses, mais pour le tout une donation dont l'effet a été d'en transférer l'émolument à l'époux survivant, au même titre, tant sur les acquêts que sur les biens propres du prédécédé, et de donner, par suite, ouverture au droit de mutation » (4055 R. P.; *Conf. :* Cass. 5 juill. 1876, 4418 R. P. — *V.* en sens opposés Arras 10 fév. 1863, 1773 R. P. et 31 mars 1874, 3908 R. P.).

C'est aussi en se fondant en partie sur la connexité qui existait entre deux clauses, dont l'une portait sur des propres et l'autre sur des conquêts, que la C. cass. a attribué le caractère de donation à cette dernière (Cass. 7 déc. 1870, 3226 R. P., 2420-5 I. G., B. C. 184, S. 70-1-437, D. 71-1-437, P. 70-1138), et a cassé pour ce motif le jugement du tribunal de la Seine du 24 avril 1870 (2907 R. P.).

Une interprétation semblable a été admise par la cour au sujet d'une clause portant que les futurs se faisaient donation, le futur à la future, acceptante : 1° d'une somme de 800 francs une fois payée; — 2° de l'usufruit de tous les conquêts ; et la future audit futur, acceptant, de l'usufruit de tous les conquêts : « Attendu, porte l'arrêt, que la première disposition, faite par le mari, comprenant sous une expression et un motif uniques tout à la fois, l'usufruit des conquêts de communauté et une certaine somme à prendre sur ses biens propres, constitue pour le tout et sans qu'il soit possible de distinguer entre les choses qui en forment l'objet, non une convention de mariage et entre associés, mais une donation véritable ; que quant à la seconde disposition, faite par la femme, bien qu'elle ne comprenne que l'usufruit desdits conquêts, elle ne peut être appréciée séparément de celle qui la précède et à laquelle elle se lie par une corrélation nécessaire ; que, par la communauté de l'expression comme dans l'intention des contractants, elle participe de sa nature et présente les mêmes caractères de libéralité ayant eu pour effet d'en transférer l'émolument à l'époux gratifié et donnant, en conséquence, ouverture au droit proportionnel de mutation par décès » (Cass. 22 juill. 1872, 3498 R. P., 2456-3 I. G., 115 Bull., S. 72-1-248, D. 72-1-420, P. 72-577. *V.* aussi Cass. 9 fév. 1875, 4055 R. P. et 5 juill. 1876, 4418 R. P.).

La même Sol. s'induit implicitement aussi d'autres arrêts des 15 février 1841 (1643 § 4 I. G., S. 41-1-217) et 28 mars 1854 (2015-3 I. G., S. 54-1-363). — On peut enfin l'appuyer sur la jurisprudence qui décide que, quand la totalité de la communauté est attribuée au survivant sans réserve des apports et capitaux provenant du défunt, la stipulation qui a un caractère évident de libéralité à l'égard des reprises, est une donation pour le tout, même à l'égard des acquêts (Cass. 24 déc. 1850 et 21 mars 1860).

Par application de ces principes, le tribunal de Cambrai a pu décider, le 31 août 1864 (1977 R. P.) : « que, l'*attribution* de l'apport et des acquêts de communauté se trouvant *indivisiblement* faite par une seule et même clause, cette disposition unique ne saurait être scindée, de manière à être considérée comme une simple convention de mariage sous le rapport de l'attribution au survivant de l'usufruit des acquêts, puis comme une donation sous le rapport de l'attribution au même de l'usufruit des apports ou capitaux tombés dans la communauté du chef du prédécédé; que, dans le système opposé, on arriverait à ce résultat au moins étrange qu'une clause unique attribuerait à des titres différents des valeurs qui, dans la pensée des contractants, ne formaient qu'un seul tout indivisible » (V. Seine 7 août 1875, 4344 R. P.).

Mais il n'échappera à aucun de nos lecteurs que ce motif de décision, si exact qu'il soit dans l'espèce, est d'une extrême fragilité. Une stipulation, quoique faite en un seul contexte, peut très-bien présenter des idées différentes au sujet de chaque nature de valeurs. La clause, malgré son indivisibilité matérielle, n'en contient pas moins alors deux dispositions distinctes qu'il ne faudrait pas régler par les mêmes principes. — Aussi, en d'autres hypothèses, a-t-il été reconnu que la disposition collective renfermait une convention de mariage pour les acquêts et une libéralité pour les propres (Béthune 5 mai 1848, 13445 J. N., 8218, 8229 C.; — Lille 5 mars 1859, 1154 R. P.; — Arras 29 déc. 1868, 2860 R. P.).

3. PRÉCIPUT. — Il a été reconnu, par un arrêt de la C. cass. 15 février 1832, que le prélèvement sur les conquêts d'un préciput qui ne doit pas se confondre avec la donation, contribue à attribuer le caractère de donation à la disposition qui, en outre de ce préciput, attribue à l'époux survivant une partie de la communauté revenant au conjoint prédécédé. (1401-4 I. G., 10318 J. E.). C'est ce qui a été jugé aussi par arrêt de cass. 7 décembre 1870 dans une espèce que nous avons rapportée plus haut où un préciput avait été stipulé (V. le § 2).

4. ACQUIESCEMENT DES INTÉRESSÉS. — « Il faut, dit Demolombe, mettre au rang des meilleures règles d'interprétation celle que fournit l'exécution qui a été donnée par les parties de la clause de leur convention dont le sens est controversé. L'exécution de la clause, c'est l'interprétation vivante et animée! C'est, en quelque sorte, l'aveu de la partie; et, à moins qu'elle ne prouve que l'exécution qu'elle y a donnée a été le résultat d'une erreur, il est logique et équitable qu'elle ne soit pas, en général, admise à revenir contre son propre fait : *talis enim præsumitur præcessisse titulus qualis apparet usus et possessio* » (*Traité des Obligat.* t. 2 n° 36).

La C. cass., dans son arrêt du 7 décembre 1870 déjà cité au § 2 *suprà*, a cependant reconnu à la convention le caractère d'une donation, bien que, lors de la liquidation, les parties l'aient considérée comme une simple convention de mariage (V. 2907 et 3226 R. P.).

5249. Époux ayant des enfants d'un premier lit. — L'attribution totale ou partielle de la communauté à l'époux survivant est soumise à des règles particulières quand le défunt a des enfants d'un précédent mariage. L'art. 1527 C. C. porte : « S'il y a des enfants d'un précédent mariage, toute convention qui tendrait, dans ses effets, à donner à l'un des époux au delà de la portion réglée par l'art. 1098 C. C., sera sans effet pour tout l'excédant de cette portion ; mais les simples bénéfices résultant des travaux communs et des économies faites sur les revenus respectifs, quoique inégaux des deux époux, ne sont pas considérés comme un avantage fait au préjudice des enfants du premier lit. »

La dernière disposition est assez peu explicite. Veut-elle dire que, malgré la présence des enfants, l'on peut attribuer au survivant, à titre de convention de mariage, tous les *bénéfices de la communauté*, selon la règle ordinaire de l'art. 1525 C. C., en sorte qu'il n'y aurait de libéralité sujette à retranchement que si l'attribution portait sur les capitaux? Signifie-t-elle, au contraire, qu'en principe cette dévolution des acquêts constitue une donation, et que la seule clause, à laquelle la loi reconnaisse le caractère d'une stipulation matrimoniale, est celle qui permettait aux époux de partager également les bénéfices communs, bien que leurs mises soient inégales? Cette dernière interprétation a été consacrée en termes formels par un arrêt de cass. du 24 mai 1808 ainsi conçu : « Attendu que les dernières expressions de l'art. 1527 ne peuvent avoir pour objet que d'autoriser le partage égal des bénéfices d'une communauté dans laquelle des mises inégales ont eu lieu, sans que ce partage égal puisse être réputé un avantage sujet à réduction » (Dalloz 6-284. — V. également Paris 9 juill. 1825, S. 8-2-111). — Tous les auteurs en ont conclu que si cette stipulation se combinait avec une clause d'attribution au survivant de la communauté ainsi réduite, il en résulterait une libéralité réductible à la quotité disponible de l'art. 1098 C. C. (Delvincourt t. 2 p. 654, Bellot t. 3 p. 309, Duranton t. 15 n° 244, Glandaz *Encycl.* v° *Communauté* n° 778, Roll. de Vill. v° *Com.* n° 778, Rodière et Pont t. 2 n° 360, Troplong t. 3 n° 2217, Marcadé art. 1525 n° 3). — La question s'est représentée en jurisprudence dans un arrêt de cass. du 13 juin 1855 (D. 1855-1-323, S. 1855-1-513). Il en résulte que, toutes les fois qu'il ne s'agit pas de régler le partage de simples *bénéfices* résultant des travaux communs et des économies faites sur les revenus respectifs des époux, qu'il s'agit, par conséquent, de la dévolution des acquêts ayant une autre origine, l'art. 1525 C. C. est applicable, il faut réduire le survivant à une part d'enfant.

Cela posé, doit-on admettre que l'attribution ainsi limitée à l'époux survivant s'opère plutôt à titre de libéralité que de convention de mariage? On ne trouve l'expression de cette pensée, ni dans l'arrêt du 13 juin 1855, ni dans les arrêts qui ont fait depuis des applications du même principe (Cass. 13 avr. 1858, D. 58-1-406 ; — 3 déc. 1861, D. 62-1-43 ; — Orléans 16 mai 1866, D. 66-2-95). — A la vérité, les auteurs semblent considérer la clause comme le résultat d'une donation (V. Marcadé art. 1098 n° 4). On la traite même comme telle pour l'exercice de la réduction, puisque les donations postérieures se trouvent annulées ou confondues avec elle pour le calcul du disponible spécial créé par l'art. 1098 C. C. Mais ces questions de forme tiennent plus à l'exercice de l'action en retranchement qu'à la nature de son objet. L'attribution dont il s'agit est, pour le survivant, un avantage réel, on ne le conteste pas; seulement, cet avantage ressemble à celui que le conjoint recueille en vertu d'une convention de mariage ordinaire, sauf qu'il est soumis à une limitation que l'action en retranchement a pour unique effet de faire respecter. Cette réduction ne saurait donc servir à en caractériser l'essence. Quant à la doctrine, il est permis de croire qu'elle n'a pas attaché au mot *donation* le sens exclusif d'une libéralité ordinaire. La question était, du moins, sans intérêt pour elle, dans l'hypothèse qu'elle examinait. Il lui suffisait de constater la nature réductible de l'*avantage* offert au survivant, et c'est sans doute avec cette acception générale que les auteurs ont entendu le mot *donation*. — Quoi qu'il en soit, d'ailleurs, d'autres considérations paraissent devoir faire écarter ce système. Il faut remarquer d'abord que l'art. 1527 traite la stipulation dont il s'agit comme une *convention* de mariage. De ce qu'à raison d'une circonstance particulière la loi en limite les effets, il ne s'ensuit pas que cette convention échappe au principe général posé à l'art. 1525, à savoir, qu'elle n'est point réputée un avantage *sujet aux règles de donations*, soit quant au fond, soit quant à la forme. En second lieu, la disposition dont il s'agit est tout à fait semblable à l'espèce prévue dans l'art. 1496 C. C., d'une communauté intervenue entre des époux ayant des enfants d'un premier mariage. Ici encore, il est défendu aux futurs de confondre leur actif ou leurs dettes, de façon à s'attribuer indirectement un avantage supérieur à la quotité disponible de l'art. 1098. Et la loi déclare que les enfants du premier lit auront aussi l'action en retranchement. Cependant, en résulte-t-il que les stipulations d'apports, opérées contrairement à cette règle, constituent des libéralités proprement dites passibles du droit de donation? On ne l'a jamais pensé ; et c'est avec raison, car il s'agit ici de véritables statuts matrimoniaux. La situation est la même pour l'avantage indirect auquel s'adresse l'art. 1527 C. C. Il procède également d'une stipulation anténuptiale, dont la limitation obligatoire ne dénature pas le caractère. La thèse contraire aboutit, du reste, à de singuliers résultats. Comme la prohibition de l'art. 1527 est spéciale aux enfants du premier lit, et que leur prédécès fait tomber l'action en réduction, il faudra décider que la stipulation perd son caractère de libéralité avec le décès des ayants droit pour redevenir une simple convention de mariage dispensée de l'impôt. De plus, comme l'art. 1527 se restreint à l'époux qui a des enfants d'un précédent mariage, on devra admettre que l'attribution, émanée de l'autre conjoint, conserve sa nature de convention matrimoniale. De telle sorte qu'une même disposition sera, dans tous les cas pour l'un une convention de mariage, et sera pour l'autre, ou bien une libéralité, si les enfants du premier lit survivent, ou bien une stipulation anténuptiale, s'ils sont alors prédécédés. Nous ne croyons pas que tel soit le sens de la loi, et il nous paraît que la clause dont il s'agit doit être exemptée, lors du contrat, du droit de don éventuel. — La question a été résolue en ce sens par un jugement du Havre du 28 juillet 1867 (2702 R. P.). C'est aussi l'avis du J. du not. n° 2212 et du J. N. n° 18810.

5250. Régime dotal. — On vient de voir l'effet des conventions de mariage appliquées au régime de la communauté. Le même effet se produit-il lorsqu'il s'agit du régime dotal? Il faut distinguer :

1. RÉGIME DOTAL AVEC SOCIÉTÉ D'ACQUÊTS. — L'art. 1581 C. C., qui termine le titre du contrat de mariage, et en particulier le chapitre du régime dotal, dispose que, «en se soumettant au régime dotal, les époux peuvent, néanmoins, stipuler une société d'acquêts, et les effets de cette société sont réglés comme il est dit aux art. 1498 et 1499. » Dans ce cas, le régime dotal se trouve combiné avec une véritable société; or, s'il y a société, il est permis de faire dépendre la participation aux bénéfices d'une condition de survie; l'art. 1525 est susceptible de recevoir une entière application.

Aussi l'attribution au survivant des acquêts faits pendant le mariage doit être considérée comme une simple convention entre associés, et les règles que nous venons de passer en revue sont de tout point applicables. C'est là ce qu'a décidé le tribunal de Bazas le 29 avril 1863, dans une hypothèse où le contrat de mariage contenait la stipulation suivante : « Les futurs s'associent, par moitié, aux acquêts qu'ils feront pendant leur société conjugale de la jouissance de la totalité desquels ils se font mutuellement donation le prémourant au survivant. » L'Administration a autorisé l'exécution de ce jugement par une Sol. 25 mai 1863 (1846 R. P.).

2. RÉGIME DOTAL PUR. — Mais la position n'est plus la même lorsque, dans les conventions matrimoniales, la société d'acquêts n'a pas été prise comme l'auxiliaire du régime dotal. Un des principaux effets de ces conventions est alors de ne laisser à la femme aucune perspective d'être de moitié dans les bonifications que reçoit l'avoir du ménage. Il n'y a plus association; il n'est plus censé y avoir travail commun. Tout accroissement de fortune appartient de droit au mari, alors même que cet accroissement serait dû aux revenus de la dot ou aux travaux de la femme. Le mari est propriétaire de tous les acquêts. Dès lors, aucun avantage aléatoire ne peut être stipulé sur ces acquêts, comme cela a lieu lorsqu'une société existe et qu'il y a incertitude sur ce qui adviendra. Toute attribution des acquêts qui est faite à la femme produit le même effet qu'un don des propres, c'est-à-dire de ce genre de propriété qui est étranger à la collaboration et au travail social.

Ainsi, la C. cass. a jugé, le 28 mars 1854, qu'il y a donation véritable, sujette au droit proportionnel, et non pas convention entre associés, prévue par l'art. 1525 C. C. dans la clause du contrat de mariage sous le régime dotal, *sans société d'acquêts*, qui attribue à la femme, à titre de gain de survie, la moitié des biens meubles ou effets mobiliers qui appartiendront au futur époux au jour de son décès, et la moitié des immeubles que le futur acquerra durant le mariage et qui seront encore entre ses mains au jour de son décès.

Cet arrêt ayant renvoyé les parties devant d'autres juges, le tribunal d'Évreux a rendu le jugement suivant le 23 juin 1855 :

« Attendu que les époux Lecat se sont mariés sous le régime dotal; que, dès lors, la disposition de ce contrat qui attribue à la femme, en cas de survie, la moitié des biens immeubles ou effets mobiliers qui appartiendront au futur epoux au jour de son décès, et la moitié des immeubles que le futur époux acquerra durant le mariage, et qui seront encore entre ses mains au jour de son décès, contient au profit de la femme une véritable donation ; — Attendu, d'ailleurs, que la stipulation entre époux, et par contrat de mariage, qualifiée de convention de mariage et entre associés par l'art. 1525 C. C. n'existe qu'autant que les héritiers de l'époux prémourant peuvent exercer la reprise des apports et capitaux tombés dans la communauté du chef de leurs auteurs; mais que la convention dont il s'agit ne donnne aucun droit de reprise aux héritiers de l'époux prédécédé, ce qui établit clairement qu'une semblable stipulation constitue une véritable donation et non la convention prévue par l'art 1525 ; qu'il était dû, par conséquent, un droit de mutation proportionnel sur les biens donnés » (81 et 572 R. P., 2015-3 I. G., 15813 et 15945 J. E., 15209 J. E., 10225 C., S. 54-1-363).

TITRE III. — AVANTAGES STIPULÉS SOIT PAR LES ÉPOUX ENTRE EUX, SOIT EN LEUR FAVEUR PAR DES TIERS

[5251-5352]

CHAPITRE PREMIER. — DONATION ENTRE ÉPOUX

[5251-5255]

5251. Observation. — L'art. 68 § 3 n° 1er de la loi de frimaire assujettit à un droit fixe « les contrats de mariage qui ne contiennent d'autres dispositions que des déclarations, de la part des futurs de ce qu'ils se constituent sans aucune stipulation avantageuse entre eux. » Cet article ajoute : « Si les futurs sont dotés par leurs ascendants, ou s'il est fait des donations par des collatéraux ou autres personnes non parentes, par leur contrat de mariage, les droits, dans ce cas, sont perçus suivant la nature des biens, ainsi qu'ils sont réglés dans les §§ 4, 5 et 8 de l'article suivant. » — Ainsi, d'après la loi de l'enregistrement, on doit distinguer dans les contrats de mariage deux sortes de dispositions : Les unes, qui ont pour objet les clauses constitutives de l'association conjugale, sont inhérentes au contrat et ne donnent ouverture à aucun droit particulier ; c'est ce que nous avons examiné dans le précédent paragraphe. Les autres, qui sont relatives soit aux avantages que les époux se font entre eux, soit aux donations qui leur sont faites par des tiers, engendrent toujours un droit dont la quotité est déterminée par la nature, soit de la donation, soit des biens donnés : c'est ce qui va faire l'objet de ce paragraphe.

5252. Donation actuelle. — Tarif. — Les donations entre époux qui produisent un effet actuel sont tarifées par l'art. 53 L. 28 avril 1816 ainsi conçu : « Les droits des donations entre-vifs et des mutations qui s'effectuent par décès, soit par succession, soit par testament, ou autres actes de libéralité à cause de mort, de propriété ou d'usufruit de biens meubles et immeubles entre époux..., seront perçus selon les quotités ci-après :

Pour les biens immeubles : — D'un époux à un autre époux, par donation ou testament, 3 francs pour 100 francs ;

Pour les biens meubles : — Entre époux, 1 franc et demi pour 100... »

La disposition finale de cet article, qui tarifait également les dispositions entre-vifs à titre gratuit en ligne collatérale et entre étrangers, étant ainsi conçue : « Lorsque les donations entre-vifs auront été faites *par contrat de mariage aux futurs*, il ne sera perçu que moitié du droit, » on avait pensé que le bénéfice du demi-droit en moins ne s'appliquait qu'aux donations faites, par contrat de mariage, *par des tiers aux futurs* et non par les futurs entre eux ; mais une Dél. 30 juillet 1817 (2442 J. N., 5841 J. E.) a formellement décidé que la faveur de la loi s'applique aux donations entre époux par contrat de mariage. Le droit devrait donc être de 75 centimes pour 100 pour les meubles et de 1 fr. 50 cent. pour 100 pour les immeubles.

Mais l'on doit ajouter d'office le droit de 1 fr. 50 cent. pour 100 aux donations entre époux faites par contrat de mariage, lorsqu'elles ont pour objet des biens susceptibles d'hypothèques (Art. 54 L. 28 avr. 1816).

Enfin, l'art. 7 L. 18 mai 1850 ayant porté au même taux les donations de biens meubles et celles de biens immeubles, il en résulte que le droit de 75 centimes déterminé par la loi de 1816 est maintenant de 1 fr. 50 cent. pour 100, puisque, les biens meubles n'étant pas susceptibles d'hypothèques, aucune addition de droit de transcription ne doit être faite.

Les donations entre-vifs que se font les époux, par leur contrat de mariage, sont donc passibles aujourd'hui : 1° d'un droit de 1 fr. 50 cent. pour 100 pour les meubles ; — 2° de celui de 3 francs pour 100 pour les immeubles.

5253. Corbeille. — La clause d'un contrat de mariage par laquelle la future déclare se constituer une corbeille d'une valeur déterminée, dont le futur lui a fait don et qui lui appartient définitivement, donne ouverture au droit de donation entre époux (Dél. 2 nov. 1840, 12604 J. E., D. N. t. 5 p. 174 n° 94).

Mais il n'en serait plus ainsi dans le cas où il serait stipulé que les objets composant la corbeille appartiendront au survivant des époux et que la future en aura seulement la jouissance pendant le mariage. En effet, jusqu'à l'événement du décès du mari, la femme n'y a qu'un droit éventuel et le seul tarif applicable est, par conséquent, celui des libéralités éventuelles. Quant à la jouissance que la femme en aura durant le mariage, elle ne saurait être assujettie à un droit particulier d'enregistrement, parce qu'elle n'est pas le résultat d'une libéralité du mari au profit de la femme et ne constitue que l'exécution pure et simple de l'obligation que le mariage même impose au mari de fournir à la femme ce qui lui est nécessaire pour les besoins de la vie, selon ses facultés et son état, la toilette étant une des nécessités de la la vie (J. du not. n° du 12 mars 1870, n° 2415).

5254. Bagues et joyaux. — Il en est de même de la donation entre-vifs et irrévocable, par le futur à la future, d'une somme de 2,000 francs, pour tenir lieu de *bagues et joyaux* (11943 § 5 J. E. ; — *Conf.* : Merlin *Rép.* v° *Bagues et joyaux* § 4).

5255. Donation éventuelle. — Quant aux libéralités soumises à l'événement du décès et faites par contrat de mariage entre les futurs, nous renvoyons au chap. 3 ci-après, n°s 5309 et suiv.

CHAPITRE II. — CONVENTIONS ET DONATIONS AUXQUELLES DES TIERS SONT PARTIES

[5256-5352]

5256. Appréciation de la convention. — Les tiers peuvent intervenir dans un contrat de mariage pour des causes diverses. Souvent ils n'y apposent leur signature que pour faire honneur aux futurs, mais souvent aussi ils interviennent au contrat dans le but de faire une libéralité à l'un des futurs époux; ils peuvent aussi profiter de la rédaction de l'acte pour reconnaître la dette qu'ils ont contractée envers l'un des conjoints. Quand il y a une incertitude sur la question de savoir s'ils ont entendu faire une donation ou si au contraire ils n'ont fait que reconnaître une dette, l'Administration aura le droit de se prévaloir des présomptions résultant des circonstances de la cause pour asseoir d'une manière conforme à la loi les droits dus à raison des contrats. Si l'incertitude porte, au contraire, sur la nature de la libéralité, ce sera surtout dans l'intention des parties et dans la nature des biens qu'il faudra rechercher la solution de la question de savoir si l'on se trouve en présence d'une donation actuelle ou d'une donation éventuelle.

5257. Disposition entre-vifs. — Disposition à cause de mort. — Ces dispositions se rattachent à deux ordres d'idées parfaitement distincts. Ainsi la convention constitue soit une disposition entre-vifs, soit une disposition soumise à l'événement du décès. La difficulté la plus grave de la matière consiste à distinguer l'une de l'autre ces deux espèces de conventions. Les signes qui peuvent servir à les faire reconnaître ressortiront naturellement des développements dans lesquels nous entrerons aux nos 5319 et suiv.

Nous dirons seulement ici que l'appréciation de la convention ne présente pas de difficulté sérieuse lorsque la disposition a uniquement pour objet soit des biens présents, soit des biens à venir.

1. BIENS PRÉSENTS. — Dans le premier cas, la donation entre-vifs est présumée. Il a été décidé, spécialement, que la clause d'un contrat de mariage par laquelle le père donne à son fils le quart de ses biens présents, même sans dire que le fils entrera de suite en jouissance et sans exclusion de biens à venir, n'est pas une institution contractuelle (Pamiers 17 juin 1841, 6135 C.).

2. BIENS A VENIR. — Dans le second cas, la clause ne transmet rien actuellement: elle ne constitue donc pas une donation qui puisse donner ouverture immédiatement à un droit proportionnel.

3. BIENS PRÉSENTS ET A VENIR. — Les difficultés sérieuses ne s'élèvent que dans le cas où, conformément aux art. 1084 et 1085 C. C., la disposition contient cumulativement des biens présents et des biens à venir.

SECTION PREMIÈRE. — DISPOSITIONS ENTRE-VIFS

[5258-5308]

ARTICLE PREMIER. — DISPOSITIONS PAR CONTRAT DE MARIAGE PUREMENT GRATUITES

[5258-5283]

5258. Transition. — L'art. 68 § 3 n° 1er L. 22 frimaire an 7 porte : « Si les futurs sont dotés par leurs ascendants, ou s'il leur est fait des donations par des collatéraux ou autres personnes non parentes, par leur contrat de mariage, les droits, dans ce cas, sont perçus suivant la nature des biens, ainsi qu'ils sont réglés dans les §§ 4, 5 et 8 de l'article suivant. » Cette disposition de la loi, quoique ayant particulièrement en vue les conventions à titre gratuit, n'exclut pas néanmoins celles à titre onéreux.

5259. Ligne directe. — Tarif. — L'art. 69 L. 22 frimaire an 7 a assujetti les donations entre-vifs, en propriété ou usufruit, en ligne directe, savoir : de biens meubles, à 1 fr. 25 cent. pour 100 (§ 4 n° 1er); de biens immeubles, à 2 fr. 50 cent. pour 100 (§ 6 n° 2). Cet article ajoute, sous chacun des paragraphes que nous avons cités : « Il ne sera perçu que moitié du droit si elles sont faites par *contrat de mariage* aux futurs. » Le droit devrait donc être de 62 centimes et demi pour 100 pour les meubles, et de 1 fr. 25 cent. pour 100 sur les immeubles.

1. TRANSCRIPTION. — Mais l'on doit ajouter d'office le droit de 1 fr. 50 cent. pour 100 lorsque les donations ont pour objet des biens susceptibles d'hypothèques (Art. 54 L. 28 avr. 1816). — Enfin, l'art. 7 L. 18 mai 1850 ayant porté au même taux les donations de biens meubles et celles de biens immeubles, il résulte que le droit de 62 centimes et demi, déterminé par la loi de 1816, est aujourd'hui de 1 fr. 25 cent. pour 100, puisque, les biens meubles n'étant pas susceptibles d'hypothèques, aucune addition du droit de transcription ne doit être faite (14058 J. N., Dél. 18 juin 1850, 14968-2 J. N., 15318 J. E.; — *Contrà*, 14951-2 J. E.).

Les donations entre-vifs faites aux époux, dans leur contrat de mariage, par leurs ascendants, sont donc aujourd'hui passibles : 1° du droit de 1 fr. 25 cent. pour 100 pour les meubles; — 2° du droit de 2 fr. 75 cent. pour 100 pour les immeubles.

2. NÉCESSITÉ DE LA TRANSCRIPTION. — L'art. 939 C. C. veut que, « lorsqu'il y aura donation de biens susceptibles d'hypothèques, la transcription des actes contenant la donation ait lieu au bureau des hypothèques de la situation des biens. » Sauf quelques dissidents, les auteurs (Merlin *Rép.* v° *Donation* sect. 6 § 3, Tarrible v° *Transcription* § 3, Proudhon v° *Usufruit* n° 91, Duranton t. 8 n° 502, Troplong *Hypoth.* n° 904, Marcadé sur l'art. 937) enseignent que la transcription n'est pas facultative pour le donataire, qu'elle n'est pas destinée seulement à purger, s'il le veut, les hypothèques;

elle est *nécessaire* pour la validité de la donation envers les tiers. Il résulte de là que le droit de transcription doit toujours et nécessairement être ajouté au droit d'enregistrement au moment où l'acte est présenté à cette dernière formalité. — V. 5337 *in fine*.

Cependant Champ. et Rig. n° 2184, Pont et Rodière t. 1er n° 249 et 2e édit. t. 1er n° 257, enseignent que le droit de transcription ne doit pas être ajouté d'office au droit d'enregistrement. Ils se fondent, par analogie, sur l'art. 3 L. 16 juin 1824, qui dispose expressément, pour les démissions de biens entre étrangers, que le droit de transcription ne devient exigible que lorsque les parties requièrent la formalité au bureau des hypothèques. Mais cette opinion n'a pas prévalu. — V. *Donation*.

3. INDIVISION CESSANT. — La C. cass. a jugé, le 5 mai 1841 (10986 J. N., 12738 J. E., 1661 § 6 I. G., S. 41-1-434), que la donation par contrat de mariage, par un père à son fils, d'immeubles indivis entre eux, est de nature à être transcrite, quoiqu'elle fasse cesser l'indivision, car l'art. 939 C. C. ordonne la transcription de toute donation susceptible d'hypothèque et ne fait aucune distinction entre les immeubles indivis et ceux qui ne le sont pas. D'où la conséquence que, même dans ce cas, le droit de 2 fr. 75 cent. pour 100 est exigible sur la donation (9649, 11650 J. E., Sol. 24 mai 1832, 10341 J. E., Dél. 14 janv. 1834, 10819 J. E.; — Épernay 24 août 1834, 9908 J. N.; — Bar-sur-Aube 24 août 1837, 11890 J. E.; — Seine 7 mai 1840, 12524-3 J. E.).

4. MOITIÉ DU DROIT. — Les art. 69 L. 22 frimaire an 7 et 53 de celle du 28 avril 1816, qui ont réduit à moitié le droit des donations qui ont lieu par contrat de mariage, sont sans influence sur les droits de transcription auxquels peut donner ouverture un contrat de mariage. Ce droit ne peut en aucun cas être de la moitié de 1 fr. 50 cent. pour 100 (2028 J. N., Seine 22 nov. 1843, 13377-3 J. E., 6730 C., Dél. 17 sept. 1817, 2285 J. N.).

5260. Ligne collatérale et entre étrangers. — Tarif. — La quotité du droit a subi des modifications successives qui se rencontrent dans les art. 69 § 6 n° 1er et § 8 n° 1er L. 22 frimaire an 7, 53 L. 28 avril 1816 et 33 L. 21 avril 1832.

Ce dernier article, qui, sauf pour les meubles, forme le dernier état de la législation (7724, 7770 J. N., 1399 I. G.), est ainsi conçu :

« Les droits d'enregistrement des donations entre-vifs... qui auront lieu à compter de la promulgation de la présente loi, des biens meubles et immeubles, en ligne collatérale et entre personnes non parentes, seront perçus selon les quotités établies ci-après :

« Entre frères et sœurs, oncles et tantes, neveux et nièces :

« Pour les donations entre-vifs par contrat de mariage : sur les meubles, 2 francs par 100 francs; sur les immeubles, 4 fr. 50 cent. par 100 francs.

« Entre grands-oncles et grand'-tantes, petits-neveux et petites-nièces, cousins-germains :

« Pour les donations entre-vifs par contrat de mariage, sur les meubles, 2 fr. 50 cent. par 100 francs; sur les immeubles 5 francs par 100 francs.

« Entre parents au delà du quatrième degré jusqu'au douzième :

« Pour les donations entre-vifs par contrat de mariage, sur les meubles, 3 francs par 100 francs; sur les immeubles, 5 fr. 50 cent. par 100 francs.

« Entre personnes non parentes :

« Pour les donations entre-vifs par contrat de mariage, sur les meubles, 4 francs par 100 francs; sur les immeubles, 6 francs par 100 francs. »

1. TRANSCRIPTION. — D'après l'art. 33 L. 1832, les droits sur les donations entre-vifs faites à des collatéraux ou à des étrangers ont subi une modification analogue à celle des ventes d'immeubles (Art. 52 L. 28 avr. 1816), c'est-à-dire que le droit d'enregistrement et celui de transcription forment un tout *incomplexe*, dont le droit de transcription ne peut être détaché.

Il résulte de là que, à la différence de ce que nous avons dit au n° 5259-1, l'art. 7 L. 18 mai 1850 ayant élevé le droit à percevoir sur les mutations à titre gratuit de biens meubles au même taux que celui sur les immeubles, l'assimilation est complète entre les deux natures de biens qui se trouvent aujourd'hui assujettis au droit déterminé pour les immeubles par la loi de 1832 (Dél. 18 juin 1850, 14958-2 J. E.; — Seine 26 mars 1851, 15171 J. E., 14332 J. N.).

La C. cass. l'a ainsi décidé, le 17 novembre 1851, par un arrêt ainsi conçu : « Attendu que, dans l'esprit de la loi du 18 mai 1850, il y a assimilation complète, quant à la quotité du droit d'enregistrement, entre les biens meubles transmis à titre gratuit et les biens immeubles; — Attendu que ce droit est celui fixé par la loi du 28 avril 1816, dont les art. 52 et 54 ont établi une taxe unique et incomplexe, comprenant dans un seul chiffre de 5 et demi pour 100 les droits de vente et de transcription précédemment perçus en vertu de deux dispositions distinctes et désormais confondues » (15330 J. E., 14512 J. N., 1912 § 17 I. G., S. 51-1-780).

Le J. N. (14332, 14512) invoque, pour critiquer cette assimilation, les termes de l'I. G. 1390 d'après lesquels les droits établis par l'art. 33 L. 1832 *comprennent* le droit de transcription. Ils concluent de là que l'incomplexité dont nous avons parlé n'existe pas et que les droits de transcription sont de nature à être détachés, comme cela a été décidé pour les donations en ligne directe. Mais cette opinion ne doit pas être suivie.

5261. Acceptation. — Donation. — Les donations faites à des futurs époux, dans leur contrat de mariage, étant vues avec faveur, on ne pouvait pas les laisser soumises à la disposition sévère de l'art. 932 qui exige, à peine de nullité, une acceptation *en termes exprès*. Le concours du donateur et du donataire dans l'acte suffit ici, comme dans les contrats à titre onéreux, pour manifester l'accord des volontés; et le défaut d'une déclaration spéciale et formelle à cet égard n'est pas un motif pour annuler la donation : c'est le vœu de l'art. 1087 C. C. (Demolombe t. 23 n° 250, Troplong t. 4 n° 2477). Aussi la règle du droit fixe, que nous verrons seule applicable aux donations ordinaires non acceptées, est-elle laissée de côté lorsqu'il s'agit d'un contrat de mariage. Le droit proportionnel est exigible malgré tout défaut d'acceptation. L'Administration l'a formellement reconnu par une Dél. 5 mai 1835 (4826 Roll.).

1. EFFETS DE LA DONATION. — De ce que la donation par contrat de mariage est subordonnée à la condition suspensive que le mariage aura lieu, il ne faudrait pas conclure que le donateur n'est pas engagé tant que le mariage n'a pas eu lieu. Tout au contraire, le donateur est lié et la donation est parfaite, en ce sens que le sort de la donation ne dépend plus que de l'accomplissement de la condition; d'où il suit que la donation subsiste malgré la mort du donateur si le mariage est ensuite célébré (Demolombe t. 23 n° 253, Grenier t. 3 p. 428, Vazeille n° 1088, Demante *Themis* t. 8 p. 479, Troplong t. 4 nos 2478, 2479).

2. IRRÉVOCABILITÉ. — Les donations par contrat de mariage aux futurs ne sont pas recevables jusqu'à la célébration lors même que les parents refuseraient leur consentement au mariage (Cass., 16 fév. 1876, 4663 R. P.).

5262. Compte de tutelle. — Si le père reconnaît devoir au futur une somme de 2,500 francs, pour reliquat de compte de tutelle, avec stipulation que si, par le résultat de ce compte, non encore arrêté, le reliquat ne s'élève pas à 2,500 francs, le père fait donation de l'excédant au futur, le droit de donation est exigible sur 2,500 francs, attendu que rien ne justifie qu'il doive y avoir un reliquat de 2,500 francs (15125-2 J. E.).

5263. Obligation de nourrir. — Les parents des futurs époux prennent souvent dans les contrats de mariage l'obligation de nourrir et d'entretenir le nouveau ménage. Cette convention affecte, selon les circonstances, des aspects très-divers; et nous croyons utile à l'uniformité des perceptions de rappeler brièvement les principes qui gouvernent l'exigibilité du droit.

1. DONATION. — Si l'obligation de nourrir est gratuite de la part des parents, il n'est pas douteux qu'elle constitue une donation ordinaire passible du droit de 1 fr. 25 cent. pour 100 sur le capital au denier 10 de la valeur annuelle des prestations; et il faut considérer la stipulation comme gratuite, toutes les fois que les parents n'ont pas imposé aux futurs des charges qui en représentent le prix. Dans ce sens, il a été reconnu que la clause d'un contrat de mariage par laquelle les père et mère des époux leur fourniront la nourriture et le logement, à la charge par ceux-ci de travailler dans la maison, donne ouverture au droit de donation (Dél. 8 fév. 1831; — Uzès 28 juin 1839; — Charolles 29 janv. 1842; — Clermont-Ferrand 14 juill. 1836).

Prix illusoire. — Il est d'ailleurs évident que, pour que l'équivalent de la condition de nourrir doive être considéré comme formant le prix, il faut que cet équivalent puisse balancer la charge; si cet équivalent est illusoire, il y a encore donation. Délibéré, dans ce sens, par l'Administration, le 4 mai 1822, que, lorsqu'il est stipulé que la mère de la future promet de nourrir et loger les futurs époux, ainsi que les enfants qui naîtront du mariage, autant de temps qu'il plaira à l'une où à l'autre des parties, mais à la charge pour lesdits futurs, qui s'y obligent, de payer à celle-ci une somme annuelle de 400 francs à titre de pension, on doit reconnaître, dans la disposition dont il s'agit, une donation mobilière en faveur du mariage et percevoir 62 centimes et demi pour 100 (1 fr. 25) sur le montant, multiplié par 10, de l'évaluation à faire donner à la nourriture et au logement promis aux futurs.

C'est probablement dans le même ordre d'idées qu'un jugement du tribunal d'Ussel, dont les motifs ne sont pas indiqués (12376-5 J. E.), a décidé que l'obligation contractée par la mère du futur, de loger, nourrir et entretenir les futurs à condition qu'elle jouira du capital de la dot de la future, n'est pas passible du droit d'obligation sur la reconnaissance, par la mère, d'avoir reçu la dot, quoiqu'elle se soit obligée hypothécairement à la rendre lorsqu'elle n'aura plus à supporter la charge de nourrir les futurs. Les intérêts de la dot ont été considérés ici comme l'équivalent de la charge de nourrir, équivalent qui n'aura pas été jugé suffisant pour faire attribuer à la convention le caractère à bail à nourriture.

2. CONTRAT A TITRE ONÉREUX. — BAIL A NOURRITURE. — Quand les charges imposées aux futurs sont suffisantes pour écarter l'idée d'une donation et que le contrat est inté-ressé de part et d'autre, il peut encore revêtir différentes formes.

La plupart du temps les futurs veulent s'assurer, par leur travail ou le versement d'une somme annuelle, les moyens de subvenir à leur entretien journalier. C'est le bail à nourriture qui devient la disposition dominante du contrat et le tarif de 2 pour 100 est applicable (Limoges 2 août 1836). — Ainsi, dans un cas où la future avait abandonné à son père les intérêts de sa dot pour être entretenue dans la maison avec son mari, il a été reconnu que la convention était un bail à nourriture passible du droit de 2 pour 100 sur le capital au denier 10 des intérêts de la dot (Sol. 8 sept. 1864, 14923 § 1er J E.).

Le tribunal de Mauriac, dans un jugement du 1er décembre 1866, a aussi reconnu le caractère non d'une société, mais d'un bail à nourriture, à la disposition d'un contrat de mariage portant que la dot du futur sera versée au père de la future avec dispense d'en payer les intérêts, à condition que les époux seront nourris et entretenus dans son ménage, et a refusé à l'Administration de percevoir le droit d'obligation sur la reconnaissance du père d'avoir reçu la dot, en se fondant sur ce qu'il n'existait pas dans l'espèce deux contrats distincts, un contrat de prêt et un bail à nourriture, mais une opération unique.

Même décision au sujet d'une clause portant que les futurs et leurs enfants seront entretenus par un oncle à condition de travailler pour lui et de lui remettre, à sa demande, une somme remboursable sans intérêts à la fin de la société (Yvetot, 14 mars 1873).

Société. — Enfin, lorsque les parents associent les futurs à leur exploitation et règlent le partage des bénéfices de cette association, on est fondé à interpréter l'engagement et comme une société distincte du contrat de mariage lui-même, sujette au droit fixe (actuellement gradué) (Dél. 15 sept. 1824). — Champ. et Rig. n° 2937, Rodière et Pont n° 268 et Dalloz n° 3464 pensent que, cette association ne constituant pas une société proprement dite, il y a lieu de voir dans la clause un acte innommé passible du droit fixe de 3 francs seulement. Mais cette opinion ne paraît pas fondée. Car rien ne s'oppose évidemment à ce que, à l'occasion du mariage, les futurs époux et leurs parents contractent une société ordinaire pour l'exploitation des biens de l'un ou de l'autre; et, quand l'existence de cette société est établie, c'est le droit fixe gradué qui est seul exigible. Une Sol. 24 décembre 1863 l'a décidé ainsi pour une clause portant que la future serait intéressée, sous certaines conditions, au commerce de son père, sauf à ce dernier à lui verser une certaine somme dans le cas où elle cesserait de faire partie de l'entreprise.

Décidé de même : 1° que le droit de 5 francs (aujourd'hui droit gradué) est exigible sur un contrat de mariage portant que les futurs demeureront chez le père de l'un d'eux qui les nourrira et les entretiendra, à la charge par les futurs de confondre leur travail dans l'exploitation commune, *moyennant une part proportionnelle dans les bénéfices et les pertes*, et convention en outre qu'en cas de cessation de la cohabitation le père donnera aux futurs une somme de 200 francs une fois payée. Il y a là contrat de société sujet au droit fixe. La stipulation de payer 200 francs est une sorte d'indemnité de déplacement dépendant du contrat de société et ne donnant pas lieu à un droit particulier (17719 § 11 J. E.).

3. DISPOSITION DÉPENDANTE. — Si l'obligation de nourrir, bien que résultant d'une stipulation spéciale, apparaissait comme dépendante d'une convention de société entre les parties, il n'y aurait pas lieu de percevoir un droit spécial sur cette obligation. Dans cet ordre d'idées, on a émis l'avis (11956-2 J. E.) que, si les père et mère de l'un des futurs s'obligent à le nourrir et loger, et qu'il soit stipulé ensuite une société pour les acquêts qui seront faits pendant la cohabitation, on ne peut cumuler le droit de donation avec celui de société.

Marché. — Contrat innommé. — Mais il est des cas où la stipulation par laquelle les futurs conviennent de vivre avec leurs parents donne lieu à une convention qui ne présente les caractères ni d'un bail, ni d'une société, ni d'une donation, ni d'aucun autre contrat nommé; dans ces hypothèses, il faudra lui reconnaître le caractère d'un contrat innommé soumis seulement à un droit fixe de 3 francs. C'est là ce qu'il faudrait décider, croyons-nous, dans le cas où la clause du contrat de mariage porterait que, s'il n'y a pas incompatibilité d'humeur, les parents de l'un des époux s'obligent à les entretenir à condition qu'ils jouiront pour leurs propres affaires de la collaboration des futurs.

On a décidé cependant que la clause d'un contrat de mariage portant que, s'il n'y a point incompatibilité d'humeur entre les futurs époux et la mère de l'un d'eux, celle-ci jouira des biens de la future, à la charge de nourrir et entretenir la nouvelle famille, constituait une société passible du droit fixe (Dél. 29 sept. 1826, D. N. t. 10 p. 920 n° 370), bien que nous ne retrouvions pas, dans cette convention, l'attribution aux futurs de bénéfices réalisés en commun, ce qui est nécessaire pour constituer une société (2257 R. P.).

Mais, en sens contraire, le tribunal de Bagnères, par un jugement du 15 avril 1872, a vu un contrat innommé et non un contrat de société dans la clause du contrat de mariage, où il avait été stipulé « que les futurs vivraient et habiteraient avec les père et mère du futur mari; ne formeraient qu'un ménage et travailleraient au profit commun. » Il s'est fondé sur « ce qu'on n'y rencontre point les caractères du contrat de société tel qu'il est défini par le C. C., et notamment le partage des bénéfices ou des pertes, dans le cas où cette prétendue société aurait été liquidée » (3939 R. P.)

Aucun droit particulier ne serait exigible sur la clause d'un contrat de mariage portant que les futurs cohabiteront avec les père et mère de l'un d'eux, en contribuant proportionnellement aux charges du ménage commun, mais en réservant chacun le profit de son travail, et que les enfants à naître seront élevés au compte de la cohabitation commune. Il n'y a ici ni donation ni société.

Par la même raison, il a été reconnu que la clause d'un contrat de mariage par laquelle la mère du futur renonce aux intérêts d'une somme qui lui est due tant qu'elle vivra avec son fils, et ne stipule des intérêts que dans le cas de séparation pour incompatibilité d'humeur est passible d'un droit fixe (Sol. 7 mai 1859, 11566 C., 2257 R. P.).

5264. Obligation de nourrir. — Condition potestative. — Incompatibilité d'humeur. — On a vivement controversé la question de savoir quel droit était exigible lorsque, à côté de l'obligation que contractent les père et mère de loger et nourrir les futurs, on prévoit une incompatibilité à venir et qu'il est stipulé que, le cas arrivant, les père et mère payeront aux futurs une rente viagère dont le capital est supérieur à celui de l'évaluation donnée à la charge de nourrir ou bien un objet qui est assujetti à un droit excédant celui de l'obligation d'entretien.

Le donateur, disait-on, est actuellement obligé à délivrer la valeur promise en remplacement de la pension, puisque l'exécution de sa promesse dépend entièrement de la volonté des futurs, qui sont toujours maîtres de provoquer la séparation pour cause d'incompatibilité d'humeur. Le lien de droit que produit la convention est donc formé et la libéralité est actuelle ; il faut, par conséquent, assujettir à l'impôt la rente ou la valeur donnée.

La stipulation avait été ainsi appréciée dans l'ancien droit (Déc. du conseil rapportée par Bosquet t. 2 p. 256) et pendant longtemps la jurisprudence moderne a suivi les mêmes errements.

Ainsi, la C. cass. décida, le 18 avril 1821, que la stipulation d'un contrat de mariage portant que le père du futur s'oblige à loger et entretenir les futurs, charge évaluée 2,000 francs par an, et qu'au cas de séparation pour cause d'incompatibilité, le père payera à son fils une rente de 4,000 francs ou un capital de 80,000 francs, au choix de ce dernier, ne peut être rangée dans la classe des dispositions purement éventuelles se rattachant à un événement indépendant de la volonté des parties : « elle a le caractère d'une obligation soumise à une condition potestative, dont l'événement est subordonné à la seule volonté des parties; en conséquence, cette disposition constitue réellement, en faveur du fils, une obligation de 80,000 francs, qu'il dépendait de lui de rendre exigible à son gré, et sur laquelle le droit de donation devait être perçu lors de l'enregistrement du contrat de mariage » (S. 22-1-12, 6932 J. E.).

Un arrêt d'admission rendu dans le même sens, le 9 juillet 1838, a également reconnu que la clause d'un contrat de mariage, par laquelle le père du futur s'engage à nourrir et loger les futurs, et, en cas d'incompatibilité, à payer à son fils une rente annuelle de 1,000 francs, ou à lui abandonner la jouissance d'immeubles d'un revenu égal au choix du donataire, donne ouverture au droit de 2 fr. 75 cent. pour 100 sur le capital du revenu des immeubles (12144 J. E.).

Cette jurisprudence a été plusieurs fois appliquée par les tribunaux secondaires.

Il a été jugé, par exemple : 1° Qu'une donation par contrat de mariage de biens présents et à venir, avec réserve d'usufruit et condition qu'en cas de cessation de cohabitation du donataire et du donateur, celui-ci laisserait à son fils la jouissance d'immeubles d'un revenu déterminé, est passible du droit fixe pour les biens à venir, et du droit proportionnel sur le capital au denier 10 du revenu donné aux biens présents, attendu qu'il dépend du fils, donataire, d'obtenir la délivrance de ces biens en faisant cesser la cohabitation facultative (Lyon 8 mai 1850);

2° Que si la mère de la future lui fait donation de la jouissance de divers immeubles dans le cas où les futurs cesseraient d'habiter avec elle, le droit proportionnel est exigible sur cette jouissance : « Attendu que la stipulation était soumise à une condition potestative et qu'il dépendait de la volonté des parties de faire surgir l'événement de la séparation pour cause d'incompatibilité ou autrement qui donnait lieu à ce droit » (Saint-Palais 13 août 1856, 742 R. P.).

Une Dél. du 6 mai 1828 avait déjà reconnu que, lorsque dans un contrat de mariage le père de l'un des futurs s'oblige à les nourrir et à les loger, et, en cas d'incompatibilité, à leur céder la jouissance d'un immeuble désigné, le droit de donation à percevoir sur cette disposition doit être réglé comme s'il s'agissait d'une donation immobilière en ligne directe.

Depuis cette époque, la difficulté a été soumise à un nouvel examen, et l'Administration paraît avoir admis, en principe, que le droit proportionnel ne peut être exigé au moment du contrat que sur l'obligation d'entretien. Cette solution nous semble préférable, car la valeur promise en remplacement de cette obligation d'entretien n'est pas due à partir du contrat, mais à partir seulement de l'accomplissement de la condition à laquelle elle était subordonnée. Tant que cette condition ne s'est pas réalisée, le donateur n'est tenu que d'une seule obligation, celle d'entretenir les époux, et c'est sur cette obligation seulement que le droit proportionnel doit être perçu. La condition dont il s'agit est une condition potestative, il est vrai; mais ce caractère ne l'empêche néanmoins pas d'être une véritable condition et de suspendre la naissance de l'obligation qui en était affectée. L'Administration, du reste, n'hésite pas à reconnaître que l'ouverture de crédit donne lieu à un simple droit fixe, et nous ne voyons pas de motif d'appliquer dans notre hypothèse une solution différente, puisque, dans le cas d'ouverture de crédit comme dans celui dont nous nous occupons, nous nous trouvons en présence d'un débiteur obligé sous une condition potestative de la part du créancier. L'opinion que nous soutenons a été sanctionnée par divers tribunaux (Nontron 19 fév. 1862, 17810 J. N., 12548 C., 17677 J. E.; — Cusset 23 mai 1867, 18204 J. E.; — Tarbes 15 avr. 1862, 1715 R. P., 12418 C., 17684 J. N., 17677 J. E.). L'Administration a adhéré à la doctrine du jugement de Tarbes le 13 mai 1862, et elle a rendu depuis, dans le même sens, plusieurs solutions motivées sur ce que toute donation dont la réalisation est subordonnée à la séparation des parties en cas d'incompatibilité d'humeur, est par cela même soumise à un événement futur et incertain, ou affectée d'une condition mettant obstacle à la perception immédiate du droit de transmission (Sol. 15 mars et 15 mai 1864, 7 avr. 1866, 18378 J. E., 7 déc. 1868, 3131 R. P., 11 août 1869, 19 janv. 1872 et 1er août 1873, 3599 R. P.).

1. RÉALISATION. — Mais il faut admettre, dans cet ordre d'idées, que le droit deviendrait exigible, comme en matière d'ouverture de crédit, s'il était démontré légalement que la séparation a eu lieu. C'est ce que le tribunal de Saint-Calais a décidé avec raison par le jugement que nous avons déjà cité (13 août 1856, 742 R. P.) : « Attendu qu'il résulte d'un certificat du maire que le sieur X... a quitté la compagnie de sa belle-mère et a établi ailleurs son domicile; qu'ainsi, le cas prévu s'étant réalisé, le droit proportionnel est devenu exigible dès ce moment. »

2. PROMESSE. — En tous cas, aucun doute n'existerait sur la non-exigibilité du droit si le père du futur promettait seulement de lui donner une rente ou un immeuble en cas de séparation, sans s'engager d'ailleurs d'une manière définitive. Il n'en est pas des promesses de donation comme des promesses de vente, et la libéralité ne serait acquise au donataire, lors de la séparation, que si le donateur, tenant sa promesse, consentait à faire la donation en la forme ordinaire (Dél. 15 sept. 1824, 4996 J. N., 30 mai 1845, 13848 J. E., 12416 J. N.).

3. MANDAT. — En admettant que la seconde disposition ne soit pas une dépendance de la première, il ne s'ensuit pas toujours qu'elle ait le caractère d'une donation. Elle peut, au contraire, selon les cas, constituer un mandat ou un bail. S'il apparaît que le donateur ne s'est pas réellement réservé la jouissance, mais a seulement stipulé qu'il gérerait les biens pour en remettre les revenus au donataire, il reçoit ces revenus à titre de mandataire, et, comme ce mandat est une condition de la libéralité, aucun droit ne saurait être perçu.

4. BAIL. — S'il est démontré, d'autre part, que le futur, après avoir reçu la toute propriété des immeubles, en a abandonné la jouissance au donateur à titre de bail, moyennant un loyer annuel, cette clause distincte de la libéralité peut motiver la perception d'un droit de bail. Cependant l'Administration a délibéré, le 28 janvier 1834, que, quand, dans un contrat de mariage, les père et mère du futur lui font donation d'un immeuble avec réserve d'usufruit, sous la condition que, durant cet usufruit, ils lui payeront un loyer annuel déterminé, il n'est pas dû un droit d'enregistrement de bail à vie, outre celui de donation mobilière (8388 J. N., D. N. t. 4 p. 57 n° 423 et t. 5 p. 154 n° 206). Mais cette solution se justifie par la circonstance que les donateurs s'étaient réservé l'usufruit, et que dès lors l'existence du bail était inadmissible. Nous l'avons d'ailleurs critiquée au fond dans l'art. 5283.

5265. Condition suspensive. — Toutes les conventions matrimoniales sont implicitement subordonnées à la condition suspensive *si nuptiæ fuerunt secutæ*. Juridiquement, il ne pourrait donc être perçu aucun droit proportionnel sur les donations ou autres contrats faits en vue du mariage, et on devrait attendre pour les réclamer l'arrivée de la célébration. Nous avons déjà fait cette remarque en parlant des conditions suspensives au mot *Condition*. La pratique contraire est une tolérance qui s'explique, d'un côté, par la circonstance que la célébration suit presque toujours le contrat, et, de l'autre, parce que l'Administration autorise le remboursement des droits perçus lorsque la célébration n'a pas été accomplie. Mais il importe, néanmoins, d'indiquer ici le point de droit; nous en verrons l'influence à propos des demandes en restitution.

Cette condition suspensive, qui pèse sur l'exécution du contrat et de toutes les dispositions *propter nuptias* qu'il renferme, n'empêche pas cependant les parties d'être actuellement liées. Au contraire, le donateur est parfaitement engagé en ce sens que le sort de la libéralité ne dépend plus que de l'accomplissement du mariage, d'où il suit que la donation subsiste malgré la mort du donateur, si le mariage est ensuite célébré (Demolombe t. 23 n° 253, Grenier t. 3 n° 428, Vazeille art. 1088, Demante *Themis* t. 8 p. 479, Troplong t. 4 nos 2478-2479).

Quand la stipulation dépend, non-seulement de la célébration du mariage, mais encore d'un autre événement futur et incertain, il faut, selon les règles ordinaires, attendre l'arrivée de cet événement pour réclamer le droit proportionnel exigible. Le principe ne présente en lui-même aucune difficulté.

Ainsi : 1° Lorsque des capitaux sont donnés à la future, en propriété au cas où elle aurait des enfants qui survivraient au donateur, et en usufruit seulement dans le cas contraire, le droit de donation n'est actuellement exigible que sur l'usufruit, alors même que le futur pourrait avoir, dès le jour de la célébration, la libre disposition de ces capitaux, sauf à réclamer un droit de mutation par décès sur les capitaux donnés, si, au décès du donateur, la future a des enfants existants (Dél. 2 nov. 1840, 12604 J. E.);

2° Ainsi encore, la donation entre-vifs, faite par contrat de mariage à la future, de la nue-propriété d'un immeuble pour le cas où, à son décès, elle laisserait des enfants issus de son mariage, est faite sous condition suspensive et ne donne pas ouverture au droit proportionnel; le caractère suspensif de la donation n'est détruit, ni par la stipulation qu'en cas d'accomplissement de la condition l'immeuble donné serait soumis aux charges que la donataire aurait contractées et aux dispositions qu'elle aurait pu faire, ni par la clause qui ordonne l'imputation sur la succession de la donatrice de la valeur de l'immeuble, ni enfin par la réserve du droit de retour en faveur de la donatrice, dans le cas où elle survivrait à la postérité de la donataire (1179 C. C., Cass. 20 avr. 1846, 13994 J. E., 12665 J. N., S. 46-1-395, 13608, 14096 J. E.; — Cass. 14 déc. 1840, 12655 J. E., 10851 J. N., S. 41-1-53);

3° De même, la donation par le père à son fils d'une somme de 40,000 francs pour le cas où il n'y aurait pas dans la succession de la mère, et au décès de celle-ci, une valeur égale revenant au futur, a été considérée comme conditionnelle et passible du droit de 2 francs (3 fr.) (Sol. 28 sept. 1864);

4° La clause que la pension constituée au futur sera augmentée d'un certain chiffre, s'il quitte ses fonctions, est également conditionnelle en ce sens que l'événement prévu, quoique à la disposition du futur, n'est point encore arrivé et que jusqu'à cette époque la convention n'est pas définitive. Dès lors, on a décidé, avec raison, que le droit ne peut être actuellement perçu que sur le premier chiffre de la rente ou de la pension (Sol. 17 mai 1862).

5266. Décès d'un tiers. — Mais l'application de la règle précédente rencontre quelques embarras lorsque l'exécution de la condition est subordonnée au décès d'un tiers. La jurisprudence s'est beaucoup occupée autrefois de la question de savoir quelle était la nature, en droit fiscal, de la donation entre-vifs soumise au prédécès du donateur. Après plusieurs tergiversations, la cour suprême a décidé que ces libéralités devaient être considérées, pour l'application de l'impôt, comme des donations éventuelles, et que, par conséquent, le droit de mutation par décès était dû à l'événement de la condition. Elle s'est fondée, pour cela, sur ce que tous les textes de la loi fiscale parlent des libéralités à cause de mort en général comme de contrats donnant lieu au droit de succession (L. 22 frim. an 7 art. 68 § 3 n° 5, 69 § 8 n° 2, L. 28 avr. 1816 art. 37, 45 nos 4, 53, L. 28 avr. 1832 art. 33), et que les donations faites sous la condition de survie de l'une des *parties* sont une véritable libéralité à cause de mort dans le sens de la loi (Cass. 23 mars et 7 juill. 1840, 23 juill. 1866, 21 déc. 1870). — Mais cette doctrine ne doit pas s'étendre au delà du cas pour lequel elle est intervenue, c'est-à-dire du cas où les donations sont soumises à la condition de survie de la partie qui fait la donation. Quand c'est le décès d'un tiers étranger à la donation qui est pris pour condition de la libéralité, par exemple si je vous donne ma maison à condition que Pierre mourra avant vous, on ne peut plus invoquer les règles de la donation à cause de mort. Le contrat n'a plus cette physionomie douteuse qui ne permet pas de bien savoir si le propriétaire a voulu faire un testament ou une donation entre-vifs. Comme ce n'est pas sa survie qui est prise pour condition, on ne peut se tromper sur le caractère de l'acte et penser que le donateur n'a voulu se dépouiller qu'à son décès. La libéralité rentre donc pleinement dans la catégorie des contrats soumis à une condition suspensive ordinaire. A l'arrivée de la condition, c'est-à-dire au décès du tiers, la convention produira son effet, et le droit proportionnel resté en suspens deviendra exigible au taux réglé d'après la nature de l'acte entre-vifs et le degré de parenté du donateur et de son donataire. — Il en est de même quand le décès du donataire est pris pour condition de la donation; car, le donateur n'étant pas mort, il ne saurait être question de demander un droit de succession.

5267. Réversion sur la tête du futur. — Nous insistons sur ces principes parce qu'ils ont été fréquemment méconnus à propos de la clause d'un contrat de mariage par laquelle le donateur stipule que la rente constituée au profit de l'un des époux sera réversible sur la tête de l'autre conjoint, en cas de prédécès du premier donataire. Une Dél. 19-22 juillet 1844 (14096 J. E.) avait décidé que le droit exigible, lors de la mort de ce donataire, était celui de mutation par décès entre époux, par le motif « que la donation a été faite à la future seule, c'est-à-dire qu'elle en a été seule investie et que le mari ne tient pas ses droits à la pension de son contrat de mariage seul, mais encore du prédécès de sa femme, et enfin que la stipulation de la réversibilité n'a pas le caractère d'une donation entre-vifs, dans le sens de la loi de l'impôt, mais qu'elle a celui d'une stipulation à cause de mort. » — C'est ce qui a été reconnu également par une Sol. 31 octobre 1851, et par une Dél. 10-14 février 1854.

Ces raisons ne sont pas admissibles. De ce que la future a été personnellement investie d'abord de la rente, il en résulte bien que la réversion au profit du futur produit une transmission distincte sujette à un droit particulier; mais il n'est pas moins certain que le futur ne trouve pas cette rente dans le patrimoine de sa femme et ne la reçoit pas de sa générosité. Il la tient exclusivement du donateur originaire, et parce que la condition à laquelle cette libéralité était soumise à son égard a défailli. Il n'en faut pas davantage pour justifier le droit de donation entre-vifs.

La C. cass. l'a ainsi décidé, au sujet de la disposition d'un contrat de mariage, par lequel les père et mère de la future constituaient en dot à leur fille une pension viagère réversible sur la tête du futur. Les termes de l'acte démontrant que l'attribution du survivant émanait de la volonté des père et mère, le droit de donation entre-vifs par contrat de mariage entre personnes non parentes a été reconnu exigible lors du prédécès de la future (Cass. 27 mars 1872, 3415 R. P., 20369 J. N., 2449-2 I. G., Bull. 62, S. 72-1-141, D. 72-1-212, P. 72-314).

La même doctrine résulte de plusieurs jugements (Avranches 2 juill. 1848, 14588 J. E.; — Rouen 27 juin 1857; — Lons-le-Saulnier 6 juill. 1857, 861 R. P., 16131 J. N.; — Seine 29 déc. 1876, 4589 R. P.).

5268. — Réversion sur la tête des enfants à naître. — Cette question se présente surtout à l'occasion de la réversibilité de la rente sur la tête des enfants à naître du mariage. En droit, cette clause est nulle : « Les donations de biens présents par contrat de mariage, dit Demolombe, ne peuvent pas avoir lieu au profit des enfants à naître des époux. Une telle donation faite directement, uniquement à l'adresse d'un enfant non conçu, est une énormité juridique. Si le donateur se défie des époux, qu'il fasse une substitution fidéicommissaire, voilà tout » (T. 23 n° 267). Mais l'invalidité de la donation n'est pas opposable à l'Administration qui est autorisée à percevoir l'impôt comme si la disposition était parfaitement licite. Or deux situations différentes peuvent ici se présenter. Si la constitution de rente est faite collectivement à l'un des futurs et aux enfants qui naîtront de lui, ces derniers sont directement appelés dès leur naissance à partager avec leur père ou leur mère le bénéfice de la pension. Lors du contrat de mariage, on ne saurait sans doute percevoir que le droit applicable au futur, puisqu'il est seul donataire; mais, à la naissance successive des enfants, la condition suspensive qui arrêtait l'exécution de la libéralité à leur égard s'accomplit, et, comme la donation a pu être acceptée en leur nom par leur père et mère, l'impôt devient exigible.

En tous cas, on ne serait pas fondé à soutenir, dans une telle hypothèse, qu'au décès du futur ses enfants recueillent la rente en qualité d'héritiers et sont redevables du droit de succession. C'est ce qu'a décidé avec toute raison le tribunal de Lons-le-Saulnier par son jugement déjà cité du 6 juillet 1857 (861 R. P., 16131 J. N., D. N. t. 12 p. 282 n° 498), à propos d'une disposition du contrat de mariage portant que les donateurs serviraient à la future une rente viagère jusqu'au partage de leurs successions. La future étant décédée, le tribunal a déclaré « que, d'après les termes et l'esprit du contrat de mariage, la pension avait été constituée non pas seulement au profit de la future, mais éventuellement encore au profit des enfants à naître, en sorte que ces derniers ont profité de cet avantage comme leur provenant directement des donateurs. » On peut contester l'interprétation des termes de la clause; mais, étant admis que les enfants s'y trouvaient compris concurremment avec leur mère, il était parfaitement juridique d'écarter le droit de mutation par décès [1].

Si les enfants à naître ne sont appelés qu'en cas de prédécès de leur père, on ne peut pas prétendre, avec une Sol. 26 avril 1866 (3415 R. P.), qu'ils ont eu dès leur naissance un droit acquis à la pension. C'est le prédécès seul qui leur a ouvert le bénéfice de la libéralité jusqu'à ce moment suspendue et c'est lui seul aussi, par conséquent, qui motiverait la demande du droit de donation applicable à la transmission dont ils vont profiter. Leur position est la même à cet égard que celle du conjoint sur la tête duquel s'opère la réversion stipulée lors du contrat. — La difficulté a été soumise au tribunal d'Avranches, à propos d'un contrat de mariage dans lequel la mère de la future avait fait donation d'une rente à sa fille, en déclarant qu'elle continuerait le service de cette rente au profit des enfants qui naîtraient de l'union, si la future venait à mourir avant eux. Le tribunal a décidé qu'il y avait là deux libéralités, l'une actuelle de la mère à la fille, l'autre de la mère aux petits enfants, libéralité soumise à la condition du prédécès d'un tiers, la mère des donataires, et sujette, lors de l'événement, au droit de donation selon le taux du contrat de mariage (Jugem. du 2 juill. 1848, 14588 J. E.).

L'Administration belge décidait le contraire, par le motif particulier que, la création de la rente ayant subi une première fois le droit proportionnel, les réversions ultérieures en sont affranchies (Sol. 10 oct. 1865, 10055 J. E. belge). Mais cette raison qui s'appliquerait à tous les cas de réversions de rentes est manifestement inexacte. Il est bien certain que chaque mutation de la rente donne lieu à un droit distinct, comme la mutation de l'usufruit légué ou donné successivement à plusieurs personnes. C'est un principe dont on trouve de fréquentes applications en matière de droits de mutation par décès et qu'il faut tenir pour incontestable. L'administration belge est d'ailleurs revenue sur son opinion dans une Sol. du 22 mai 1877 (13308 J. E. belge).

Nous approuvons, par conséquent, le tribunal de Vesoul d'avoir décidé, le 23 décembre 1867, que, quand, dans un contrat de mariage, une rente viagère a été donnée au futur avec clause de réversion sur la tête des enfants à naître de l'union, la réversibilité qui s'opère lors du décès de l'époux au profit des enfants est passible du droit de donation entre-vifs, indépendamment de celui qui a été perçu du chef du défunt (2671 R. P.). La même solution résulte d'un jugement de Laon du 17 janvier 1878 (4978 R. P.) et d'un jugement de Lyon du 23 janvier 1878 (4939 R. P.).

1. QUOTITÉ DU DROIT. — Il est à peine besoin d'a-

1. V. toutefois Demolombe (t. 23 n° 269.) Cet auteur, s'occupant d'une donation faite aux futurs époux ou à l'un d'eux et aux enfants à naître de leur mariage, s'exprime en ces termes : « Une clause pareille devrait être interprétée en ce sens que la donation est faite en faveur du mariage, afin d'en soutenir les charges, et notamment afin de pourvoir à l'éducation des enfants *qui pourront aussi, comme héritiers de leurs père ou mère donataires, trouver les biens dans leur succession...* » Et, dans le cas où une pareille doctrine serait appliquée à une rente constituée au profit de l'un des époux et des enfants à naître, il faudrait, en conséquence, percevoir le droit de transmission par décès, lors de la mort de l'époux donataire, qui aurait pour conséquence de faire passer sur ses enfants, en tant qu'héritiers, la rente dont il est question.

jouter que, quand le droit de donation entre-vifs est exigible, on doit le liquider d'après le tarif en vigueur au moment de la libéralité, et au taux des donations par contrat de mariage (Dél. 6 mess. an 13, D. N. t. 5 p. 153 nº 196; — Avranches 2 juill. 1848, 14588 J. E.), s'il s'agit d'une réversion opérée au profit d'un des futurs (Cass. 27 mars 1872, cité au paragraphe qui précède).

2. ACCEPTATION DES ENFANTS. — Quant à l'acceptation des enfants à naître, elle est inutile pour constituer la libéralité, soit quand il s'agit d'une donation par contrat de mariage, à raison des termes exprès de l'art. 1087 C. C. (Vesoul 23 déc. 1867, 2671 R. P.), soit parce que les enfants à naître sont ici assimilés, comme dans la donation contractuelle de l'art. 1082 C. C., à des substitués vulgaires dont l'acceptation est inutile pour lier définitivement le disposant (V. Demolombe t. 5 nº 442).

L'Administration belge exige cependant cette acceptation (Sol. 22 mai 1877, 13308 J. E. belge).

5269. Condition résolutoire. — Prédécès. — La clause d'un contrat de mariage par laquelle le père de la future fait donation à celle-ci d'une somme qui lui appartiendra par le fait de la célébration du mariage, sauf le cas de prédécès sans enfants, constitue une libéralité entre-vifs actuelle faite sous condition résolutoire et donnant lieu immédiatement au droit proportionnel. Cette clause de survie suspend bien l'exercice de l'action dans le même sens qu'un terme de payement suspend le recouvrement d'une créance ordinaire; mais elle ne suspend pas le droit même de propriété dont le donataire acceptant se trouve définitivement investi par l'acte où le donateur a manifesté son intention de se lier actuellement et irrévocablement (Joigny 12 août 1868, 3556 R. P.).

5270. Contrat de mariage non suivi de célébration. — Nouveau contrat. — Aucun droit n'est exigible sur l'apport que fait le futur d'une somme qui lui avait été donnée par un précédent contrat de mariage, non suivi de célébration, et sur laquelle les droits perçus n'avaient pas été restitués, attendu que le futur a pu rester saisi de cette somme sans qu'il soit nécessaire d'une nouvelle donation (Sol. 4 nov. 1835, 11357-2 J. E.).

Décidé, dans le même sens, que, lorsque deux contrats de mariage, successivement résiliés avant la célébration, sont suivis d'un troisième, les droits ne sont exigibles que sur les dispositions de ce dernier contrat, sans qu'il y ait lieu de réclamer la réintégration de ceux qui ont été restitués sur les contrats antérieurs. Le seul cas où les droits remboursés sur un contrat de mariage résilié pourraient être réclamés par l'Administration serait celui où les futurs, sans faire un nouveau contrat, déclareraient s'en tenir à celui qu'ils avaient passé. Cette déclaration ferait nécessairement revivre cet acte et donnerait ouverture à la poursuite des droits dont cet acte avait été passible (D. m. f. 13 août 1819, 6503 J. E.). — V. 5393.

5271. Convention mixte. — On rencontre assez souvent, dans les contrats de mariage, une stipulation portant que les père et mère de l'un des futurs lui font donation d'immeubles sur la valeur desquels il retiendra une somme déterminée pour sa dot, à charge de payer l'excédant, soit aux donateurs, soit à des tiers. Quel est le droit exigible sur une pareille disposition ? C'est une question que nous examinerons en thèse générale au mot *Donation*.

5272. Donation alternative. — On trouve fréquemment aussi, dans les contrats de mariage, des stipulations par lesquelles un donateur promet une chose ou l'autre, une somme d'argent, par exemple, ou un immeuble. Cette clause est régie par l'art. 1189 C. C., ainsi conçu : « Le débiteur d'une obligation alternative est libéré par la délivrance de l'une des deux choses qui étaient comprises dans l'obligation. » Le choix, dans les donations de cette espèce, peut appartenir ou au donateur ou au donataire; mais c'est au donateur qu'il appartient en principe, et il n'appartient au donataire que quand on s'en est formellement expliqué. L'art. 1190 C. C. porte, en effet, que « le choix appartient au débiteur (donateur dans notre hypothèse), s'il n'a été expressément accordé au créancier (donataire). »

Il ne faut pas confondre la donation alternative avec la donation qui se complique d'un contrat de garantie; car ce contrat, qui n'est qu'accessoire, ne dénature pas le contrat principal. — C'est avec raison que le tribunal de Versailles a décidé, par un jugement du 16 juin 1864, que le droit immobilier était seul exigible sur la clause d'un contrat de mariage par lequel le père de la future constituait en dot à sa fille un immeuble d'une valeur imposable de 4,000 francs, avec la promesse que, si l'immeuble n'était pas vendu 72,000 francs, dans un certain délai, le donateur pourrait être contraint à payer cette somme (1967 R. P.).

1. DROIT PROPORTIONNEL EXIGIBLE. — Quoique l'obligation dont il s'agit présente alternativement plusieurs objets, on voit cependant qu'au fond, et en définitive, un seul objet est vraiment la cause de l'obligation : il n'y a qu'un seul objet, mais cet objet reste *incertain*, il peut être tel ou tel autre jusqu'au choix qui sera fait par la partie à laquelle ce choix appartient. Ce choix, quand il sera fait, aura un effet rétroactif au jour même de la convention, et l'obligation se trouvera n'avoir jamais eu d'autre objet que celui qui aura été choisi. De ce que l'objet reste incertain jusqu'au choix qui sera fait, on avait voulu conclure que chacune des deux choses n'est comprise dans l'obligation que sous la *condition suspensive* que l'autre ne sera pas donnée, d'où la conséquence que le droit fixe devrait seul être perçu (V. *Condition suspensive*). Mais il faut remarquer que l'incertitude ne règne que sur la *nature* de l'objet; quant à l'obligation de livrer un objet, elle est *pure et simple*. D'après cela, la perception du droit proportionnel doit être effectuée immédiatement. C'est dans ce sens que la jurisprudence s'est fixée.

2. NATURE DU DROIT. — Le droit proportionnel étant reconnu exigible immédiatement, reste la question de savoir quelle est la quotité de ce droit. Cette question est essentielle à résoudre lorsque l'obligation alternative porte sur deux objets de nature diverse, tels que des meubles ou des immeubles; et, s'il est vrai que, pour la donation en ligne collatérale et entre étrangers, la question n'a plus d'intérêt depuis la loi du 18 mai 1850 (Art. 10), qui tarife au même droit les

transmissions entre-vifs à titre gratuit de meubles et d'immeubles, elle conserve toute son importance à l'égard des donations en ligne directe et entre époux, puisque, ainsi qu'on l'a vu aux nos 5252 et suiv., il y a dans ce cas, entre le tarif applicable aux donations mobilières et celles immobilières, toute la différence du droit de transcription, ce qui n'existe plus pour les donations collatérales et entre étrangers, depuis la loi de 1832.

Voici comment l'ancienne jurisprudence avait réglé la perception du droit de centième denier sur l'exécution des clauses de l'espèce : « Lorsqu'on a dit que la dot serait payée en immeubles, la cession des immeubles promis n'est que l'exécution du contrat de mariage : ainsi le droit de centième denier n'est pas dû, à moins que les biens ne soient cédés avant le terme limité comme s'il était dit que la dot serait payée en immeubles après le décès du père et de la mère, et que par anticipation il en fût cédé leur vivant; alors ce serait un avancement de succession. Lorsqu'il est dit que la dot sera payée en argent ou en immeubles, au choix des constituants, et qu'ensuite il est cédé des immeubles en payement, le droit de centième denier en est dû parce qu'il n'avait été transmis aucun droit réel à l'enfant doté; il n'avait qu'une créance dont le débiteur a pu se libérer en deniers ou en fonds à due estimation. Mais si l'option est donnée à l'enfant pour exiger des constituants le payement de sa dot en deniers ou en immeubles à son choix, il n'est point dû de centième denier pour les fonds qui lui sont abandonnés ensuite, parce qu'il y avait un droit réel et que la cession n'est que l'exécution du contrat. La jurisprudence du conseil est constante sur ces points » (Bosquet 2-255).

Sous l'empire de la législation actuelle, l'Administration avait d'abord considéré la donation alternative comme donnant immédiatement ouverture au droit le plus élevé. Mais la jurisprudence a fait prévaloir la doctrine de Merlin, qui enseigne (*Questions de droit* vo *Enregistrement* § 23) que jusqu'à l'événement, c'est-à-dire jusqu'au jour où le donateur se libérera, par le choix que lui ou le donataire fera, selon que l'option appartiendra à l'un ou à l'autre, le droit le moins élevé est le seul exigible.

Choix appartenant au donateur. — Il a été décidé, dans ce sens: 1o Que la donation d'une somme déterminée, stipulée payable après le décès du donateur, soit en argent comptant, soit en effets de son hoirie, n'est, en réalité, qu'une donation mobilière passible du droit de 62 centimes et demi pour 100 (1 fr. 25) lorsqu'elle est faite par contrat de mariage : « Attendu, porte un arrêt de cass. du 15 juin 1808, que la donation portée au contrat de mariage du 4 février 1806, de la somme de 10,900 francs, aux termes de l'art. 529 C. C., n'est qu'une donation mobilière; qu'encore que cette somme soit payable, aux termes de la donation, après le décès des père et mère, soit en argent comptant, soit en effets de leur hoirie, ce mode de payement éventuel et alternatif ne change point la nature de la donation et ne peut lui donner d'ores et déjà le caractère et l'effet d'une donation de biens immeubles, ni l'assujettir d'ores et déjà au payement du droit proportionnel établi pour la donation des biens fonds; qu'une pareille clause ne transmet au donataire d'ores et déjà ni le droit de propriété, ni l'action en revendication de biens immeubles; qu'en cas de payement en biens fonds cette dation en payement, opérant une mutation de propriété, donnera alors ouverture au droit de mutation de propriété, conformément à la loi » (405, 768 I. G., 3041 J. E., S. 8-1-416; — *Conf.*: Sol. 7 avr. 1837 5311 Roll.) ;

2o Que la stipulation par laquelle un père et une mère s'engagent à payer la dot de leur fille en biens fonds dans un temps déterminé, s'ils n'aiment mieux se libérer en argent avant, doit être considérée comme une donation mobilière soumise au droit de 62 centimes et demi (1 fr. 25) (Dél. 20 mai 1833).

Le choix appartenant au donateur peut être d'ailleurs soumis à une condition. Par exemple, le père de la future donne un immeuble à celle-ci sous la condition que, si les époux vendent l'immeuble, le donateur aura la faculté de le retenir en payant la somme à laquelle il a été évalué dans le contrat. Le payement de cette somme n'est pas le prix d'une rétrocession, mais l'exécution de la libéralité (9746 J. N., D. N. t. 5 p. 103 no 615).

Choix appartenant au donataire après décès du donateur. — La règle, qui n'avait d'abord été posée que pour le cas où le choix appartenait au donateur, a été ensuite appliquée, par une Sol. 9 avril 1825 (1173 § 3 I. G.), à l'hypothèse où la faculté d'option a été réservée au donataire, pour ne s'exercer qu'*après le décès du donateur*. La C. cass. a consacré cette solution en décidant, le 20 avril 1827, que la donation en avancement d'hoirie que des père et mère font à leur enfant, dans son contrat de mariage, de certaine somme payable après leur décès, avec faculté par le donataire d'exiger, à ce décès, un immeuble déterminé en remplacement de cette somme, n'a pas l'effet de transmettre actuellement la propriété de l'immeuble et ne peut, par conséquent, donner ouverture au droit réglé pour les donations immobilières (S. 27-1-462, 8982 J. E.).

Choix appartenant au donataire à volonté. — *Quid* si le choix du donataire, au lieu de ne pouvoir s'exercer qu'après le décès du donateur, peut se manifester *à volonté?* La jurisprudence que nous venons de faire connaître n'est plus applicable. En effet, le donateur est irrévocablement lié par l'acceptation du donataire. Dès ce moment, il ne peut plus disposer à aucun titre (à la différence de l'hypothèse où l'option est soumise à l'événement du décès) de l'immeuble compris dans la clause alternative. Dès cet instant le donataire est maître de l'immeuble, puisqu'il dépend exclusivement de sa volonté de se mettre en possession; la mutation immobilière est donc *actuelle* et non *éventuelle*, dès lors le droit de donation immobilière est exigible. — *V.* 4943, 5259.

3. SUPPLÉMENT DE DROIT A L'ÉVÉNEMENT. — Quel est le droit exigible lorsque, à l'événement, le donateur ou le donataire opte pour l'abandon d'un immeuble en payement de la chose par lui promise? On avait pensé que l'acte par lequel le donataire obtient ultérieurement la propriété de biens fonds était sujet au droit de *vente*, comme opérant une mutation qui ne trouvait pas son origine dans le contrat de mariage et ne pouvait, d'ailleurs, comme étant passé après la célébration, participer à la modération de droits réservée aux contrats de mariage (*V.* le § 3 *suprà*). On avait considéré, d'un autre côté, qu'on ne devait pas déduire, sur le droit de *vente d'immeubles*, celui primitivement payé pour la *donation*

mobilière, par le motif qu'aucun droit régulièrement perçu ne peut être restitué.

Mais il faut reconnaître que, dans l'espèce, le donateur contractant l'obligation alternative de payer une somme déterminée ou de livrer des immeubles pour la valeur de cette somme, les biens entrent, comme l'argent comptant, dans la substance de l'obligation; que le donateur, en délivrant des immeubles, ne fait que s'acquitter envers le donataire, selon l'un des modes prévus par l'obligation primitive; que l'abandon des biens n'étant que l'exécution de l'obligation consentie par le contrat de mariage, et le simple complément de ce contrat, l'acte qui constate la cession des biens doit jouir de la faveur accordée aux donations par mariage; qu'au surplus l'Administration n'opère aucune restitution lorsqu'elle retient un droit *provisoirement* perçu pour la disposition d'un acte et qu'elle se borne à le précompter sur le droit *définitivement* exigible pour cette même disposition.

Aussi le ministre des finances a-t-il décidé, le 3 février 1817 (766 I. G.), « que l'acte par lequel des immeubles sont délivrés au donataire n'est passible que du droit réglé pour les *donations* d'immeubles, en imputant sur ce droit celui qui a déjà été perçu pour l'acte primitif; et que la modération des droits dont jouissent les donations par contrat de mariage s'applique à l'acte de délivrance des immeubles, toutes les fois que cette délivrance a lieu en vertu d'une donation alternative consentie par contrat de mariage en faveur des futurs. »

Option après décès. — Une Sol. du 9 avril 1825 (1173 § 3 I. G.) a appliqué cette décision au cas où, l'option étant ajournée à l'époque du décès du donateur, la délivrance de l'immeuble n'a lieu qu'après ce décès.

Nous reviendrons, d'ailleurs, sur les donations alternatives dans le chapitre des donations proprement dites (n° 6719) et au mot *Remboursement de rente.*

5273. Donation non alternative. — Immeuble en remplacement d'argent. — L'abandon de l'immeuble en remplacement de la dot en argent, pour ne donner ouverture qu'au droit de donation, doit reposer sur une clause alternative résultant de la donation même; car, s'il n'avait été promis qu'une somme d'argent et que le donateur trouvât plus commode de se libérer soit en immeubles, soit en objets mobiliers, le droit de vente serait dû dans les deux cas : cet abandon de meubles ou d'immeubles, n'ayant aucune relation directe avec la donation, opère évidemment une nouvelle convention, tout à fait indépendante de la première. Jugé, en effet, que l'acte, qualifié donation, qui transmet un immeuble au donataire, doit être considéré comme une vente et donner ouverture au droit proportionnel de mutation à titre onéreux, lorsque cet acte a pour objet de libérer le donateur prétendu d'une somme d'argent par lui due, partie à titre de dot constituée au bénéficiaire de l'acte sans stipulation que le payement pourrait être fait en immeubles, partie à titre d'emprunt (Vitry 20 déc. 1842).

Il en est de même de l'abandon d'un immeuble fait en exécution d'une clause ainsi conçue: « Dans le cas où les donateurs proposeraient et les donataires accepteraient ultérieurement pour la libération des capitaux représentatifs de la rente l'abandon de valeurs mobilières ou immobilières, les objets affectés à cette libération seraient soumis au droit de retour. » Le donateur, en effet, n'a pas constitué ou une rente ou des valeurs au choix du donataire; la rente a seule été comprise dans la donation et l'abandon de valeurs n'y figure qu'à titre de faculté de libération, éventuelle et même conditionnelle, le donataire pouvant refuser son consentement. La cession d'un immeuble n'est donc pas l'exécution, le complément de la donation, et on ne peut y voir qu'un mode de libération, une dation en payement, une substitution de valeurs immobilières à la rente, convention qui n'a pu se réaliser que par le concours du donateur et du donataire, c'est-à-dire en vertu d'un contrat nouveau. Dès lors, l'Administration est fondée à exiger sur cet acte le droit établi pour les transmissions immobilières à titre gratuit hors contrat de mariage (Chaumont 31 déc. 1850, 807 R. P., 16438 J. E., 1105 C.). — V. *Rente.*

Si une dot a été constituée par le père avec réserve de se libérer, soit en espèces, soit en faisant lui-même l'acquisition d'un immeuble au profit et pour le compte de la donation, il ne doit être perçu, lors de l'enregistrement du contrat, que le droit de donation mobilière; et, si l'achat se réalise, il n'est dû aucun supplément de droit de donation, car le père n'a point donné les immeubles, mais une somme d'argent dont il a fait l'emploi au nom de son fils (Sol. 22 juin 1835, D. N. t. 5 p. 153 n° 198). — V. *suprà* n° 4608.

5274. Donation alternative sous condition. — Une clause d'un contrat de mariage porte que M... fait donation à la future, soit d'un immeuble, sous la réserve de pouvoir le vendre, soit d'une somme déterminée à prendre sur le prix de cet immeuble, en cas de vente; le tout avec réserve d'usufruit. Il n'y a pas donation alternative dans le sens de ce que nous avons dit au n° 5272. La donation est actuelle; seulement le donateur l'a soumise à une clause résolutoire en se réservant le droit d'en faire la vente. —Aussi la C. cass. a-t-elle jugé, le 17 août 1831, que le droit immobilier est exigible : « Attendu, porte cet arrêt, que, dans le contrat de mariage, les sieur et dame Regnier, passé devant les notaires de Paris le 27 avril 1811, l'évêque de Trèves a fait à la dame Regnier, sa nièce, donation, avec réserve d'usufruit, de sa ferme de Gérocourt, ou de la somme de 35,000 francs à prendre avec hypothèque sur le prix de ladite ferme, s'il avait usé de la faculté qu'il se réservait d'en faire la vente ; — Attendu que cette donation alternative faite à la future, dans son contrat de mariage, était une donation entre-vifs, puisque le donateur s'était dessaisi de la nue-propriété des choses données, dont il ne s'était réservé que l'usufruit; — Qu'à la vérité le dessaisissement de la ferme de Gérocourt, irrévocable sous tous autres rapports que la faculté de la vente retenue par le donateur (ce qui ne permet pas de confondre la donation du 27 avril 1811 avec les donations à cause de mort, qui laissent au donateur la liberté de disposer des choses données à titre gratuit ou onéreux), n'était pas irrévocable, en ce que l'évêque de Trèves en avait subordonné la donation à une clause résolutoire, en se réservant le droit d'en faire la vente; mais qu'aux termes des art. 947 et 1086 C. C., faisant exception à cet égard à la règle générale établie par l'art. 954 du même code, les donations entre-vifs faites aux futurs, par contrat de mariage, sont valables, quoique subordonnées à des conditions dont l'exécution dépendrait de la volonté du donateur » (10141 J. N., 7534 J. E., 1388 § 2 I. G., S. 31-1-401).

5275. Donation à la communauté. — Époux conjointement. — Époux séparément. — Nous avons parlé, n° 2153, de l'hypothèse où la donation, faite par contrat de mariage à l'un des époux, a lieu avec condition que l'immeuble donné fera partie de la communauté, et nous avons dit que le droit n'est dû qu'au taux réglé pour la ligne directe, attendu que le véritable donataire est la communauté, et que, sous ce rapport, on ne peut diviser la perception, puisque la communauté est une et que ce n'est qu'à sa dissolution que les biens donnés deviendront partageables.

On a fait remarquer avec raison (12320-1 J. E.) que la perception doit être la même si la donation n'est pas expressément faite à la communauté, si, par exemple, la disposition d'un contrat de mariage portait que les futurs cohabiteront avec les père et mère de l'un d'eux et qu'en cas d'incompatibilité ceux-ci leur abandonneront la jouissance d'un immeuble ; il est évident, en effet, qu'il n'y a que l'enfant des donataires qui est avantagé.

Ces règles de perception découlent des principes que nous avons posés nos 4356 et suiv., donnons-leur ici quelques développements.

1. PAR UN ÉTRANGER. — Si un étranger donne un immeuble aux futurs conjoints dans leur contrat de mariage, cet immeuble n'entre pas dans la communauté, car la communauté, quelle que soit l'opinion que l'on professe au sujet des donations faites aux époux pendant le mariage (V. 4300 et suiv.), ne peut profiter des immeubles dont le titre est antérieur à son existence. La moitié de l'immeuble donné est propre à chacun des époux (Troplong n° 600). Ce principe, sans influence sur la quotité du droit à percevoir sur le contrat de mariage, en aurait une grande si, à la dissolution de la communauté, la femme renonçait à la communauté, puisqu'elle ne perdrait pas ses droits sur la moitié de l'immeuble donné.

2. DONATEUR PARENT DE L'UN DES ÉPOUX. — Il en est autrement quand la donation est faite aux deux conjoints par un parent de l'un d'eux ; alors l'immeuble est censé *propre* de l'époux parent du donateur, à moins qu'une clause bien claire ne démontre que le donateur a entendu gratifier l'un et l'autre époux et non un seul, auquel cas l'immeuble est propre par moitié à chacun. « Quelle est, dit M. Troplong n° 601, la raison de cette décision, qui paraît singulière au premier coup d'œil ? C'est que, bien que le donateur ait confondu le nom des deux époux, par un heureux présage de leur union et en vue de leur communauté d'intérêts, cependant son affection n'a pas été pareille ; elle a fait une distinction naturellement indiquée par le sang. Il a adressé à tous deux une formule qui les intéressait l'un et l'autre ; mais sa donation ne saurait être égale, et l'inclination de la parenté a conservé toute sa préférence. » Telle était la disposition de la coutume d'Anjou (art. 333), de la coutume de Blois (art. 172), de la coutume du Maine (art. 345). C'est d'après ces distinctions que la perception doit être établie.

3. DONATION AU MARI PAR UN PARENT DE LA FEMME. — La présomption est si forte en pareille circonstance, avons-nous dit n° 4360, qu'il est *certain* (Troplong n° 602) que, si la donation est faite au mari par les parents de la future épouse, elle est censée ne lui être faite que pour sa femme, et que l'immeuble est propre à celle-ci. On suppose, dans ce cas, que le mari n'a été nommé que parce qu'il représente sa femme, qu'il gère et défend ses intérêts et que, pendant le mariage, la jouissance de la chose lui appartient. Cependant, nous avons fait remarquer que l'appréciation de l'intention du donateur doit être souveraine en cette circonstance. Il nous semble qu'en présence d'une donation *formelle* au mari un receveur ne pourrait s'abstenir de percevoir le droit de donation entre étrangers qu'autant qu'il ressortirait des termes de l'acte que l'intention du donateur est, *sans équivoque possible*, de gratifier la femme et non le mari.

4. DONATION A LA FEMME PAR UN PARENT DU MARI. — Dans tous les cas, il n'y aurait pas à hésiter pour la perception du droit entre étrangers si la donation était faite à la femme par les parents du mari. La femme n'a pas de qualité pour recevoir pour son mari ; rien en elle n'explique pour quel motif les parents ont voulu gratifier le mari dans sa personne.

5. DONATION AUX DEUX ÉPOUX. — Si le donateur a déclaré faire une institution contractuelle aux deux époux, doit-on admettre que la libéralité s'adresse aux deux époux ou seulement à l'un d'eux ? On avait autrefois proposé cette distinction. Si le donateur était un étranger, on décidait qu'il avait voulu instituer les deux époux également ; mais, s'il était parent de l'un des époux, l'institution était attribuée exclusivement à ce dernier. Bien plus, quand un parent à la succession duquel la future épouse devait être appelée déclarait instituer le futur époux, on décidait que celui-ci n'avait été institué qu'en considération de la future et en son nom et que c'était la future qui devait être la seule instituée (C. d'Anjou art. 333, Lebrun *Succ.* liv. 3 ch. 6 sect. 2 n° 910). « Mais cette interprétation, si favorable qu'elle soit, paraît s'écarter, dit M. Demante, des termes de la donation. Il faudrait donc déclarer, en l'absence d'autre élément d'interprétation, que l'institution a été faite au profit des deux époux » (t. 23 p. 285 ; — *Conf.* : Coin-Delisle art. 1082-26).

5276. Donation par la communauté. — Lorsque, dans un contrat de mariage, le père de la future lui fait une donation et que la belle-mère de celle-ci, femme en secondes noces du donateur consent à ce que les effets de cette donation soient prélevés sur la communauté, la donation est censée faite moitié en ligne directe, moitié entre étrangers (Le Havre 3 fév. 1848, 14429 J. E.).

5277. Donation non expresse. — Nous avons vu que, les contrats de mariage ayant pour but de faciliter l'établissement des époux, il faut, dans le doute, plutôt reconnaître à une convention le caractère de gratuité que celui d'acte à titre onéreux. Ainsi, lorsque les père et mère de la future leur ont *abandonné* un immeuble, sans qu'il soit expliqué si c'est à titre de rente ou de donation, dans le doute, c'est le droit dû sur cette dernière espèce d'acte qui est dû. (Dél. 21 août 1824, D. N. t. 5 p. 153 n° 202).

Mais ce principe ne doit pas être exagéré. Dans un cas, par exemple, où la future déclarait apporter une rente viagère, que le tuteur, à l'interdiction de sa mère, était autorisé par le conseil de famille à lui payer, il a été décidé que le droit de donation n'était pas exigible quand il résultait de la délibération du conseil et du jugement d'homologation que la rente avait lieu à titre alimentaire (Seine 28 déc. 1853, 15235 J. N.). — Il ne suffirait pas néanmoins, en thèse générale, de la déclaration des parties pour attribuer à la constitution de dot le caractère de la pension alimentaire. C'est un point que nous avons établi au mot *Aliments* (*V.* aussi Sol. 22 août 1832, 10409 J. E. et Muret 18 juin 1839, 1217 R. P., 11628 C., 16973 J. E.).

5278. Jouissance. — Transcription. — D'après l'art. 54 L. 28 avril 1816, il y a lieu de percevoir le droit de 1 fr. 50 cent. pour 100, pour transcription, outre le droit proportionnel de donation, sur la disposition d'un contrat de mariage portant abandon par les père et mère, à l'un des futurs, de la jouissance des biens immeubles jusqu'au décès des donateurs (D. m. f. 8 août et 15 sept. 1818, 2603, 2770 J. N.).

5279. Objet cédé en payement. — On s'est demandé comment la perception devait être réglée quand un père donne à sa fille par mariage une certaine somme en dot et qu'en payement de cette somme il cède un immeuble au futur époux par le même acte. La question déjà posée dans l'ancien droit y avait été résolue de la manière suivante : « Pour cela, enseigne Bosquet, il faut, ce semble, examiner l'effet de l'acte. Si l'immeuble est dotal, le droit n'est pas dû parce que la donation est faite en ligne droite par mariage. Sinon, c'est une acquisition que le mari fait de son beau-père. Or, il est de principe que, quand un père donne en dot à sa fille un fonds estimé, ce fonds n'est pas dotal ; il n'y a que le prix stipulé qui le soit, parce que l'effet de l'estimation est de transporter au mari la propriété du fonds et de le rendre débiteur du prix. Ni la femme, ni ses héritiers n'ont pas la liberté de reprendre le fonds, et les héritiers du mari ne peuvent contraindre la femme à le reprendre : le mari en devient propriétaire incommutable à ce point que, non-seulement les héritiers du mari, mais encore ses créanciers ont le droit de retenir l'immeuble, même au préjudice de la femme, en payant le prix stipulé. S'il est vrai que l'effet de l'estimation soit de transporter au mari la propriété du fonds, à plus forte raison ce fonds lui appartient-il lorsque le père constitue une dot fixe à sa fille et qu'en payement il cède un immeuble, parce que l'immeuble donné en payement appartient incontestablement au mari et à ses héritiers ; d'où il résulte que le droit de centième denier est dû, puisqu'il y a mutation de propriété, et le fermier l'a toujours perçu dans l'espèce proposée. Il en est ainsi surtout d'un office cédé en payement de la dot, puisque cet office ne peut appartenir à la femme. Une décision du conseil du 8 mars 1749 l'a ainsi décidé, en thèse générale, ajoutant que le droit n'est cependant pas dû quand les contractants stipulent que l'immeuble sera dotal » (Bosquet 631 et 632).

Ces réflexions n'ont rien perdu de leur actualité et s'appliqueraient encore à la législation moderne.

Ainsi, la disposition d'un contrat de mariage par laquelle le père de la future lui constitue en dot une somme de 50,000 francs, sur laquelle 16,000 francs sont payés au futur, et, pour les 34,000 francs restants, il lui est donné en payement un immeuble avec faculté de l'aliéner et à charge de remploi, donne ouverture au droit de donation mobilière sur 16,000 francs, à celui de la donation immobilière et non de vente sur le capital du revenu de l'immeuble. En effet, l'immeuble n'est pas vendu au futur ; il forme un bien dotal que le mari ne pourra aliéner qu'à charge de remploi (Sol. 25 juill. 1845, 12782 J. N., 1755 § 4. I. G. — *V.* dans le sens de cette perception Dél. 24 déc. 1833, 10904 J. E. et Dél. 17 avr. 1838, 12043-1 J. E.)

En se fondant sur ce principe, le tribunal de la Seine a également jugé, le 11 janvier 1843 (13178-1 J. E.), que la stipulation d'un contrat de mariage portant que le père de l'un des futurs époux lui constitue en dot une somme déterminée à compenser, jusqu'à due concurrence, avec une somme plus élevée qui forme le prix d'un fonds de commerce *qu'il s'engage* céder aux futurs aussitôt après la célébration du mariage, donne ouverture au droit de donation sur la constitution et à celui de 2 pour 100 sur le surplus du prix (Dél. 14 mai 1831 9997 J. E. — *V.* Sol. 30 août 1831, 3614 Roll.).

5280. Partage anticipé. — Quotité. — Le partage anticipé fait par contrat de mariage par le père de l'un des futurs est passible des droits établis par l'art. 3 L. 16 juin 1824, sans qu'il y ait lieu de réduire ces droits à moitié, par interprétation des art. 69 L. 22 frimaire an 7 et 53 L. 28 avril 1816, portant qu'il ne sera perçu que moitié sur les donations faites aux époux par contrat de mariage, car aucune disposition de cette nature, qui constitue une exception, n'a été introduite dans l'art. 3 L. 16 juin 1824 (10254 J. N.).

5281. Remplacement militaire. — Dispense de rapport.— L'Administration avait délibéré, le 17 février 1814 (1218 J. N.), que les frais de remplacement militaire devaient être rangés dans la classe des dépenses que les parents sont obligés de faire, soit pour l'éducation de leurs enfants, soit pour les secourir dans leurs maladies et autres cas imprévus. Cependant il est constant que le service militaire est une dette personnelle, d'où la conséquence que le fils qui en était libéré avec les deniers du père était soumis au rapport, en vertu de l'art. 851 C. C. (Merlin *Rép.* v° *Rapp. à succession* § 3 n° 21, Grenier n° 541 *bis*, Chabot t. 3 n° 389, Toullier t. 4 n° 483, Delvincourt t. 2 p. 41, Duranton t. 7 n° 363; — C. Caen 5 janv. 1811 ; — Grenoble 12 fév. et 25 juill. 1816, 13 et 28 mars 1817, 9 avr. 1819; — Dijon 25 janv. 1817; — Angers 14 janv. 1826, 538, 2238, 3019, 4275, 5971 J. N.).

Par suite, que la disposition d'un contrat de mariage par laquelle les père et mère du futur le dispensent de rapporter à leurs successions les sommes qu'ils ont payées pour le faire remplacer au service militaire, donnait ouverture, comme donation, au droit proportionnel (9551 J. N., Dél. 24 juill. 1827, 9032 J. E.).

Il en était autrement néanmoins, ainsi qu'on le verra au chapitre des rapports, si le remplacement avait eu lieu dans l'intérêt même de la famille pour lui conserver la collaboration de l'enfant.

5282. Retour.— La condition de retour au donateur, de la chose donnée, en cas de prédécès du donataire ou de ses enfants, n'empêche point la perception du droit de donation (Déc. 5 fév. 1824, 7071 J. E.).

5283. Usufruit réservé. — Valeurs en compensation. — Lorsqu'une personne fait donation d'une valeur dont il se réserve l'usufruit et que, pour tenir lieu au donataire de cette jouissance, elle s'engage à lui servir une rente, y a-t-il deux libéralités distinctes donnant lieu au droit proportionnel sur le capital cédé et sur celui de la rente? Cette difficulté n'a pas toujours reçu en jurisprudence une solution conforme.

1° Le père d'un futur avait constitué en dot à son fils dans son contrat de mariage la propriété d'une maison, en stipulant qu'il conserverait la jouissance de l'immeuble et payerait au donateur, jusqu'à l'expiration de cet usufruit, un loyer annuel de 2,000 francs. On voulut considérer cette prestation comme le prix d'un bail à vie distinct de la donation. Mais une Dél. 28 janvier 1834, approuvée le 1er février suivant, reconnut « que l'acte produisait le même effet que si le père du futur lui avait donné sa maison en toute propriété jusqu'à concurrence d'un revenu de 2,000 francs, et s'était réservé seulement tout ce qui pouvait excéder ce revenu, que ces dispositions dépendant l'une de l'autre formaient un seul tout indivisible, en sorte que, le droit de donation ayant été perçu sur la valeur entière de la maison, il n'était dû aucun droit sur la valeur représentative de la jouissance réservée » (10889 J. E., 8388 J. N., t. 4 p. 57 n° 423 et t. 5 p. 154 n° 206 D. N.);

2° L'interprétation contraire prévalut cependant dans un cas où le donateur, pour compenser l'usufruit réservé, avait attribué au donataire la jouissance d'autres immeubles. Le droit proportionnel ayant été perçu sur le capital de cette jouissance en même temps que sur la valeur intégrale de l'immeuble donné, l'Administration soutint, devant le tribunal d'Oloron, la régularité de cette liquidation, et elle y obtint gain de cause. Le jugement du 1er décembre 1842, qui maintient la perception, est basé sur ce que les deux libéralités sont indépendantes l'une de l'autre, puisqu'elles pourraient exister séparément, et qu'il n'y a pas à considérer, dès lors, si elles sont comprises dans la même disposition (11620 J. N., 13180 J. E. t. 5 p. 154 n° 205 D. N.);

3° Mais l'Administration est revenue au principe de la Dél. de 1834, à propos d'un contrat de mariage dans lequel le père du futur déclarait faire donation à son fils du quart de tous ses immeubles présents, en assignant ce quart sur un domaine déterminé dont il retiendrait l'usufruit, et en convenant que cet usufruit serait remplacé par la jouissance d'autres immeubles égaux. Une Dél. 22 mai 1846 décida: « que la donation de la nue-propriété et de la jouissance ne formait pas deux dispositions distinctes, et que ce serait faire un double emploi que d'exiger, outre le droit sur la valeur du quart donné, un autre droit sur la valeur de la jouissance abandonnée en remplacement » (12735 J. N., 14044 J. E.);

4° Le tribunal de Ploermel décida également, le 29 avril 1864, que, quand une veuve fait donation entre-vifs de ses biens à ses enfants, sous la réserve de l'usufruit, et qu'elle s'oblige en même temps de leur payer des pensions, sous la condition qu'elle jouira des biens de la succession de son mari, ces clauses sont des dépendances de la libéralité. Il ne peut donc être perçu un droit spécial de donation sur le capital des pensions constituées aux enfants (2037 R. P. 18184 J. N.).

Cette doctrine fut également appliquée par une Sol. 24 oct. 1864 (18033 J. E.);

5° Le J. E. a, sur cette question, comme sur tant d'autres, émis des avis opposés. Il a reconnu d'abord que, si, pour tenir lieu des fruits de l'immeuble donné par mariage, évalué à un revenu de 525 francs, et dont le donateur se réserve l'usufruit, il est stipulé que, tant que l'usufruit sera réservé, le donateur payera au donataire une rente annuelle de 1,000 francs, un second droit de donation doit être perçu sur le capital au denier 10 de 475 francs formant la différence entre le revenu des immeubles donnés et la rente constituée (15302-2 J. E., *V.* également 7083 J. E.). Puis, à propos de la Sol. 24 octobre 1864, il cherche à démontrer que le second droit de donation n'est pas exigible 18033 J. E.);

6° Nous n'avons jamais hésité, pour notre part, à admettre qu'une double perception fût nécessaire et nous avons développé, au n° 2037 R. P., les arguments sur lesquels notre solution s'appuyait. — Depuis lors, la C. cass. s'est prononcée dans le même sens par son arrêt du 21 août 1872, où elle décide que la stipulation d'un contrat de mariage d'après laquelle les père et mère de la future épouse, qui se réservent la jouissance des immeubles constitués en dot à celle-ci, s'engagent à lui payer annuellement une pension, forme une disposition indépendante de la constitution de dot donnant lieu à la perception d'un droit particulier (3542 R. P., 2456-6 I. G., S. 72-1-441).

7° Cette doctrine a été appliquée depuis par plusieurs tribunaux. Ils ont reconnu que si le donateur, en se réservant l'usufruit des biens donnés, s'oblige à servir une rente viagère au donataire pour tenir lieu de cet usufruit, le droit est dû sur la valeur de la nue propriété et sur le capital de la rente (Angoulême 4 août 1873, 3678 R. P.; — Douai 18 janv. 1877. 4564 R. P.; — Chateaubriant, 23 mars 1877; — Toulouse, 24 mai 1877, 4788 R. P.). — *Contrà :* Carpentras, 4 mai 1875. — *V.* 16760-2.

1. BAIL A VIE. — Dans le même sens, il a été jugé que si des père et mère font donation par contrat de mariage à la future d'une maison qu'ils continueront à occuper moyennant le payement d'un loyer annuel, il est dû, outre le droit de donation sur la valeur de la maison, un droit de bail à vie sur ce capital au denier 10 du loyer (Chalon-sur-Saône, 27 avr. 1877. 4766 R. P.).

ARTICLE 2. — DONATIONS EN FAVEUR DU MARIAGE MAIS HORS CONTRAT DE MARIAGE

[5284-5292]

5284. Principe. — Le mariage étant la première de nos institutions sociales une des préoccupations les plus sérieuses du législateur a dû être de le soutenir et de le faire contribuer au bien-être général, en assurant l'avenir des familles et en accroissant leur aisance. La loi de l'enregistrement s'est constamment associée à cette pensée; aussi a-t-elle, à toutes les époques, fixé le droit sur les donations par contrat de mariage à un taux moins élevé que pour les donations ordinaires. Mais c'est aux donations par *contrat de mariage* que la faveur s'applique. Le texte de la loi n'a jamais varié à cet égard (*V.* les articles des L. 22 frim. an 7, 28 avr. 1816, 21 avr. 1832 transcrits sous les nos 5232, 5259, 5260).

Cependant on a voulu prétendre que les expressions *par contrat de mariage*, que la loi a employées, n'ont rien de restrictif et que, quand la donation est faite en faveur du mariage, suivant le sens et les effets que les auteurs donnent à ces termes, elle doit jouir du bénéfice de la réduction [1].

Les considérations que nous venons de faire valoir militent en faveur de cette doctrine. Mais, toutes les fois que la loi spéciale n'est ni obscure ni incomplète, elle doit être interprétée d'après les principes qui lui sont propres; or, malgré l'assimilation qui existe, en droit commun, entre les donations *par contrat de mariage* et celles faites *en faveur du mariage*, il faut reconnaître que cette assimilation est repoussée par la loi de l'enregistrement; ses termes clairs et précis prouvent évidemment qu'elle n'a entendu accorder la faveur de la réduction du droit qu'aux donations faites *par contrat de mariage*, et que toutes les donations qui ne sont pas faites par contrat de mariage, quoique faites *en faveur du mariage*, restent assujetties aux droits établis pour les donations ordinaires.

5285. Donation par titre antérieur. — Dans ce sens il a été décidé, par un premier arrêt de la C. cass. du 30 janvier 1839 (10289 J. N., 12229 J. E., 1590 § 6 I. G., S. 39-1-221) et par un second arrêt, chambres réunies, émané de la même cour le 7 novembre 1842, que la donation faite par un oncle à son neveu, en considération du mariage de ce dernier, mais par acte antérieur au mariage, ne profite point de la réduction de droits accordée aux donations faites par contrat de mariage.

L'arrêt du 7 novembre 1842 porte : « Vu le § 8 no 1er de l'art. 69 L. 22 frimaire an 7, l'art. 53 L. 28 avril 1816 et spécialement l'art. 33 L. 21 avril 1832; — Attendu que ces lois sont spéciales et restrictives, qu'elles frappent d'un droit différent les donations en faveur du mariage, selon qu'elles ont été faites par le contrat même du mariage ou hors de ce contrat; — Qu'on ne peut donc, sous aucun prétexte, assimiler les unes aux autres et faire profiter aux secondes l'exception qu'elles n'accordent qu'aux premières; — Qu'il est constant et reconnu, dans l'espèce, que la donation dont il s'agit, bien qu'elle ait eu pour motif déterminant le mariage du défendeur, n'a été faite à ce dernier que par un acte distinct du contrat de mariage et retenu quatre jours avant celui-ci; — Qu'en décidant, dès lors, qu'elle devait profiter de l'exception établie uniquement en faveur des donations par contrat de mariage, le jugement attaqué a faussement appliqué l'art. 1088 C. C. et commis une violation expresse des dispositions ci-dessus visées » (11472 J. N., 13121 J. E., 1693 § 2 I. G., S. 42-1-820. — *V.* dans le même sens 11387 J. E., Dél. 15 avr. 1836, 11513-3 J. E., Dél. 8 déc. 1836, 11697 J. E., Pont et Rodière 2e édit. t. 1er no 276). — C'est ce qui a été également reconnu depuis par un jugement de Muret du 18 juin 1859 (1217 R. P., 11628 C., 16973 J. E.) à propos d'une prétendue pension alimentaire constituée quelques jours avant le mariage.

1. DONATION DÉGUISÉE. — Il a été également jugé par le tribunal de Sens, le 22 mai 1868, qu'une donation, bien qu'elle ait été faite le jour même du contrat de mariage du bénéficiaire et y ait été indirectement mentionnée, ne profitait pas de la réduction de droits accordée aux donations par contrat de mariage dans le cas où elle est intervenue dans la forme d'une reconnaissance au profit des conjoints et avait été faite en dehors du contrat de mariage (V. 3293 R. P.).

5286. Donation sans titre antérieur. — Cependant, si la donation résulte d'une simple déclaration dans le contrat du futur époux donataire et que rien ne prouve l'antériorité de son titre, la mutation doit être considérée comme s'étant opérée par le fait de la stipulation même, et le tarif des donations *par contrat de mariage* lui est applicable, puisque la stipulation, seule origine légale de la mutation, est contenue dans le contrat de mariage (609, 7772, 8554 J. E., Pont et Rodière 2e édit. t. 1er no 278).

5287. Mutation antérieure. — Déclaration dans le contrat. — Par raison inverse, il faut décider que, bien qu'une donation soit constatée par contrat de mariage, le droit établi pour les donations *hors contrat de mariage* sera exigible si, des énonciations du contrat, il résulte que cette donation se rattache à un acte antérieur et qu'elle a été *parfaite* à la date de cet acte (Pont et Rodière 2e édit. t. 1er no 277).

Jugé, en ce sens, que, lorsqu'un individu, dans son contrat de mariage, s'est dit propriétaire d'un immeuble qu'il annonce tenir de la libéralité de son père, bien que, postérieurement au contrat de mariage et à la prise de possession, le père ait déclaré, dans un acte en forme de donation, qu'en effet il avait entendu donner cet immeuble à son fils par son mariage, et que c'est par omission que le contrat de mariage n'énonce pas cette libéralité, déclarant la renouveler en tant que de besoin, ce n'est pas au contrat de mariage que la donation doit se rattacher, mais à un acte antérieur, et par conséquent elle est soumise au droit des donations faites dans un acte autre que le contrat de mariage (Cass. 2 mai 1820).

1. ACTE DU MÊME JOUR. — Il en est ainsi, quoique la libéralité ait été faite dans un acte du même jour que le contrat de mariage et soit indirectement mentionnée dans ce dernier (Sens 22 mai 1868, 3293 R. P.).

---

1. Il est certain, disent Champ. et Rig. no 2941, que, « lorsque la loi attribue en droit civil, à une libéralité, le caractère particulier qu'elle fait résulter du but que s'est proposé le donateur, on doit lui supposer la même volonté dans l'application des dispositions fiscales. Il suffit donc que la donation soit faite en vue du mariage et avant sa célébration pour qu'elle jouisse de la réduction » (*V.* dans le même sens Champ. et Rig. *Suppl.* nos 802, 9215, 10803 J. N.; — Villefranche 30 juin 1840, 10803 J. N., 12725-2 J. E.).

Cependant il a été décidé, en matière civile, qu'il faut réputer partie au contrat de mariage le tiers qui a fait des donations au profit de l'un des futurs par acte postérieur au contrat et portant la même date qu'une contre-lettre jointe à ce contrat (C. Montpellier 8 fév. 1869, S. 69-2-49).

5288. Pays étranger. — La donation d'immeubles situés en France, promise par contrat de mariage passé en pays étranger et réalisée par un acte passé en France avant le mariage, est passible du droit dû sur les donations hors contrat de mariage, attendu que les donations faites en vue du mariage, par un acte distinct du contrat, ne peuvent profiter du bénéfice accordé aux donations faites par contrat de mariage (Gex 14 août 1850, 15020 J. E.).

5289. Acte postérieur. — Il n'est pas besoin de dire que les immunités accordées par la loi ne sauraient appartenir qu'aux donations faites quand le mariage n'est pas encore célébré. Faites après, elles ne peuvent avoir lieu en faveur du mariage, c'est-à-dire pour en favoriser la conclusion (Demolombe t. 23 n° 261). — C'est donc le tarif ordinaire qui est applicable (Sol. 19 juin 1858). — *V. Donation.*

1. DONATION EN REMPLACEMENT. — Ne peut par conséquent jouir de la réduction du droit la donation de biens présents consentie après la célébration du mariage par un donateur, en remplacement d'une donation antérieure de ses biens présents et à venir par lui faite sous réserve d'usufruit au profit des futurs époux dans le contrat de mariage même de ces derniers, où il était représenté par un mandataire qui est reconnu, à défaut de l'état des dettes et de l'état des effets mobiliers exigés par les art. 948 et 1084 C. C. n'avoir pas rempli les intentions du donateur (D. m. f. belge 5 août 1856, 7453 J. E. belge).

2. DÉCLARATION POSTÉRIEURE. — De même, l'acte par lequel un mari, dans un acte postérieur au contrat de mariage, déclare que la constitution dotale de sa femme provient d'une donation qu'il lui a faite et qu'il entend lui faire, donne ouverture au droit dû pour les donations entre-vifs hors de mariage, attendu que, n'ayant pas été faite par le contrat ou par un acte supplémentaire dans la forme prescrite par l'art. 1396 C. C., elle ne peut pas jouir de la modération du droit (Dél. 16 juill. 1833, 10667 J. E.).

3. PROMESSE RÉALISÉE. — On a décidé qu'il en était autrement quand la libéralité ultérieure n'était que la réalisation d'une promesse renfermée dans le contrat. Ainsi, des parents s'étant engagés par contrat de mariage à donner à leurs fils divers immeubles avant une époque déterminée réalisent cette libéralité peu de semaines après le mariage. Il a été reconnu qu'il fallait percevoir le droit des donations par contrat de mariage, attendu que la donation était commencée dans le contrat (Sol. 30 déc. 1859). Mais cette solution se justifie mieux en équité qu'en droit; car la libéralité n'a eu lieu réellement qu'après le mariage.

4. PAYS ÉTRANGER. — Les donations contenues dans un contrat de mariage passé à l'étranger après la célébration, suivant la faculté résultant de la loi du pays, doivent-elles, lorsque l'expédition est enregistrée en France, jouir de la modération des droits? L'affirmative est enseignée par le D. N., sous le prétexte que les libéralités de l'espèce sont faites en considération du mariage, que la nature de l'acte n'est point changée et que toutes les stipulations qu'il renferme sont censées faites en raison de l'union accomplie (11065 J. N., D. N. t. 5 p. 139 n° 124). Il faut écarter cette opinion. Ainsi que le fait remarquer M. Demolombe, les immunités accordées par la loi se restreignent rigoureusement aux donations qui ont pour but de favoriser la célébration du mariage (t. 23 n° 261). Or, dans l'espèce, le mariage était célébré quand la donation a été constituée et on ne peut pas admettre gratuitement qu'elle avait eu lieu avant cette époque; les droits ne se perçoivent pas sur des suppositions, mais d'après la teneur des actes.

5. ACTE COMPLÉMENTAIRE. — Mais la réduction du droit s'applique, comme nous le verrons, aux actes additionnels et complémentaires du contrat. Par exemple, un acte de remise des objets donnés par un contrat de mariage constate que leur valeur est supérieure de 200 francs à celle assignée dans le contrat de mariage. Le droit à percevoir sur ces 200 francs est celui de donation par contrat de mariage, car le deuxième acte est rectificatif du premier, avec lequel il ne forme qu'un seul et même tout (16487-1 J. E.).

6. CONVERSION. — Lorsqu'une donation de biens présents et à venir faite par contrat de mariage est postérieurement convertie en une donation actuelle, on ne peut faire à cette seconde donation l'application du tarif réduit (14815-2 J. E., Sol. 7 déc. 1843, 13413 J. E., Dél. 11 nov. 1835, 11402 J. E.). — V. *Donation.*

5290. Acceptation. — Le principe que nous avons établi au numéro précédent ne contrarie en rien la doctrine d'un arrêt de la cour suprême du 9 avril 1828 (9030 J. E., 6573 J. N., S. 28-1-15), d'après lequel, lorsqu'une donation faite par acte antérieur n'a été acceptée que par le contrat de mariage, le droit exigible est celui déterminé pour les donations *par contrat de mariage.*

« Attendu, porte cet arrêt, en droit, qu'aux termes de l'art. 932 C. C., la donation entre-vifs ne peut produire aucun effet que par l'acceptation du donataire, et seulement du jour où cette acceptation a été notifiée au donateur; — Que ce principe a été reconnu, dans l'espèce, par la Régie elle-même qui n'a fait percevoir aucun droit proportionnel sur l'enregistrement de l'acte de donation du 23 septembre 1822, d'après la circonstance que cet acte ne contenait aucune acceptation de la part du sieur Grégori fils, donataire; — Attendu, en fait, que la donation du 23 septembre 1822 n'a été acceptée par le sieur Grégori que par son contrat de mariage du 18 novembre de la même année; que, dans cet acte, le donataire a déclaré formellement qu'il se mariait avec la somme de 50,000 francs qui lui avait été constituée par son père par l'acte du 23 septembre 1822; — Attendu qu'en jugeant, dans ces circonstances et par le rapprochement et l'interprétation des deux actes des 23 septembre et 18 novembre 1822, que la donation dont il s'agit doit être considérée comme faite en faveur et par contrat de mariage, et en déclarant par suite que cette donation n'est passible que du droit réglé pour les donations mobilières faites en ligne directe par contrat de mariage, le jugement attaqué n'a violé aucune loi. »

La doctrine de cet arrêt repose, en effet, sur le principe que l'acceptation d'un contrat n'a pas d'effet rétroactif et que la convention ne doit être considérée comme parfaite que du moment de son acceptation; d'où la conséquence que les actes d'acceptation de la convention sont seuls passibles du droit proportionnel auquel donne ouverture la nature de la convention. L'Administration a consacré ce principe d'une manière formelle par une Sol. 9 février 1847 (13316 J. N., 1796 § 8 I. G.). — V. 5539-6591.

1. CONDITION. — Il a été décidé, de même, que, quoique la donation ne produise pas ses effets actuels ou soit affectée d'une condition qui puisse en altérer ou en anéantir les effets, il suffit qu'elle soit renfermée dans le contrat pour bénéficier du taux réduit des libéralités faites par contrat de mariage: « Considérant, porte un arrêt de cass. du 15 mai 1834, que la donation dont le jugement attaqué a fixé les droits proportionnels était contenue dans un contrat de mariage passé devant notaire, le 7 janvier 1828; que, par cela que ladite donation était soumise à des éventualités qui pouvaient en altérer, même anéantir l'effet, elle n'en était pas moins une donation entre-vifs, irrévocable et saisissant le donataire du jour du mariage, et, par conséquent, en admettant à son égard la faveur déterminée par le dernier paragraphe de l'art. 53 L. 28 avril 1816, pour les donations entre-vifs faites par contrats de mariage, le jugement attaqué a fait une juste application de cette disposition de la loi. » (S. 34-1-406, 1647-5 I. G.).

5291. Donation à un tiers. — La règle serait incontestablement applicable si la donation par contrat de mariage était faite à un autre qu'aux futurs époux. « Toute donation, dit Lebrun, qui serait faite à une autre personne, fût-ce même à l'occasion et en faveur du mariage et à l'un des plus proches parents des futurs, comme, par exemple, aux enfants de son premier lit, ne serait qu'une donation ordinaire demeurant soumise au fond et en la forme à toutes les règles du droit commun » (*Succ.* liv. 3 ch. 2 n° 12). Tel est aussi l'avis de Furgole art. 10 de l'Ord. de 1731, Zachariæ, Massé et Vergé t. 3 p. 317, Coin-Delisle art. 1081 et Demolombe t. 23 n° 263.

Il a été décidé, en ce sens, par le ministre des finances, le 5 janvier 1838 (11955-2 J. E) que, si le père du futur époux lui fait, par contrat de mariage, donation d'un mobilier de valeur de 24,000 francs et le charge de payer, à titre de *retour*, 12,000 francs à Augustin, frère du donataire, ce qui a lieu immédiatement, au moyen de pareille somme de 12,000 francs que le futur reçoit pour dot de la future, deux droits de donation sont exigibles : le premier, de 62 cent. et demi (1 fr. 25), comme pour les donations par contrat de mariage; le second, de 1 fr. 25 cent. (2 fr. 50). Il ne peut en être autrement, en effet, car Augustin ne se marie pas, et ce n'est pas *en faveur de mariage*, bien que ce soit par contrat de mariage, que les 12,000 francs lui sont donnés (*V.* dans le même sens Dél. 29 déc. 1837, 12907 J. E.).

5292. Acte additionnel. — Changement. — Le principe d'immutabilité des conventions matrimoniales, proclamé par l'art. 1395 C. C., n'existe réellement que lorsque le mariage est contracté. « Tant que le mariage n'est pas célébré, dit Troplong n° 227, les choses sont entières; le repentir est permis; on peut changer les dispositions arrêtées. On pourrait refaire un autre contrat; on peut, à plus forte raison, modifier celui qui a été fait. » Ce sont les art. 1396, 1397 C. C. qui traitent des changements au contrat de mariage qui précèdent la célébration. Ces articles sont ainsi conçus :

« Les changements qui y seraient faits (au contrat de mariage) avant la célébration doivent être constatés par acte passé dans la même forme que le contrat de mariage. Nul changement ou contre-lettre n'est, au surplus, valable sans la présence et le consentement simultané de toutes les personnes qui ont été parties dans le contrat de mariage.

« Tout changement et contre-lettre, même revêtus des formes prescrites par l'article précédent, seront sans effet à l'égard des tiers, s'ils n'ont été rédigés à la suite de la minute du contrat de mariage; et le notaire ne pourra, à peine de dommages et intérêts des parties, et sous plus grande peine s'il y a lieu, délivrer ni grosses ni expéditions du contrat de mariage, sans transcrire à la suite le changement ou la contre-lettre. »

Ainsi, les changements rédigés dans les conditions et formes prescrites par les articles que nous venons de citer sont censés faire partie du contrat lui-même. La conséquence de ce principe, au point de vue de l'enregistrement, est facile à déduire. L'acte qui apporte un changement au contrat de mariage ne doit être assujetti qu'à un droit fixe de 3 francs, comme acte de complément s'il n'ajoute rien aux dispositions qui donnaient ouverture à des droits gradués ou proportionnels dans le contrat de mariage. Que si, au contraire, il opère une addition aux clauses qui donnaient ouverture à ces droits, il y a lieu de percevoir un supplément de droit, suivant la nature de la convention additionnelle.

Délibéré, en effet, par l'Administration, le 24 mars 1843 (13207 J. E.), qu'une donation faite avant célébration par un acte additionnel écrit à la suite du contrat de mariage, en présence de toutes les parties qui ont assisté au contrat, réunissant toutes les conditions exigées par les art. 1395, 1396 et 1397 C. C., doit être assujettie, comme faisant *partie intégrante* du contrat, aux droits auxquels elle eût donné ouverture si elle eût été faite dans le contrat même (*V.* dans le même sens 9088 J. E; — Seine 12 mai 1841, 6217 Roll., Demolombe t. 23 n° 258 *bis*, Pont et Rodière 2e édit. t. 1er nos 291 et suiv.).

1. PARTIE REFUSANT SA PRÉSENCE. — L'art. 1396 C. C. exige le concours de *toutes les parties* à l'acte modificatif. « Ainsi dit Marcadé sur l'art. 1396 n° 5, il doit rester bien entendu, en présence du but du législateur, en présence du texte si précis de l'art. 1396, que, quand un donateur du contrat refusera de concourir au changement auquel les époux tiennent absolument, et pour lequel ils consentent à sacrifier la donation, un moyen toujours facile, mais *unique*, est offert à ces époux : c'est d'abandonner le premier contrat pour en faire un nouveau. » Les règles de perception, dans ce cas,

doivent suivre les principes que nous avons posés au mot *Acte de complément*.

2. PARTIE DÉCÉDÉE. — *Quid*, si l'une des parties au contrat de mariage est décédée dans l'intervalle du contrat à l'acte de changement? Est-ce à dire que tout changement au contrat primitif soit devenu impossible? Cette conséquence serait exagérée et pourrait avoir le plus fâcheux résultat, celui de faire manquer le mariage. Aussi doit-on admettre que la donation faite à l'un des futurs, par acte additionnel au contrat de mariage, dans la forme prescrite par l'art. 1397 C. C., et avant la célébration, doit être assimilée aux donations faites par contrat de mariage, quoiqu'une des parties contractantes soit décédée dans l'intervalle qui a séparé ces deux actes (9088 J. E.).

3. ACTE A LA SUITE. — L'acte qui contient des modifications aux dispositions du contrat de mariage, devant être, ainsi qu'on vient de le voir, écrit à la suite de ce contrat, il en résulte naturellement qu'il peut être rédigé sur la même feuille de papier timbré (368-1715-7597 J. E., 12942 J. N.). — Il en est de même de l'acte de résiliement. — *V. Acte à la suite*.

ARTICLE 3. — DISPOSITIONS TANTOT GRATUITES TANTOT ONÉREUSES

[5293-5308]

5293. Constitution de dot par le survivant. — Principe général. — En général, celui qui constitue une dot est réputé donateur. Dans l'acception ordinaire, le mot *dot* emporte l'idée de libéralité; de là vient que les art. 1440, 1457 et 1548 C. C. mettent la garantie de la dot et le payement de ses intérêts à la charge de celui qui l'a constituée, parce que, par ce seul fait, il est censé débiteur. Ainsi, la dot promise par les père et mère, ou par l'un d'eux, doit, sauf stipulation contraire, être prise sur les biens des contractants, quoique l'enfant ait des biens propres dont le père ou la mère était détenteur. Toutefois, le père ou la mère survivant a évidemment le droit de stipuler que la dot sera prise d'abord sur les biens personnels de l'enfant. C'est l'art. 1545 C. C. qui règle ce mode de constitution. La dot se prend d'abord sur les droits du futur époux dans les biens du conjoint prédécédé, et le surplus sur les biens du constituant. On suppose que le survivant, détenteur des biens du prédécédé, a surtout constitué la dot en vue de ces biens, dont il avait intérêt à se libérer et que ce n'est que par la forme de supplément, et, pour le surplus, qu'il a déclaré doter *de suo*.

5294. Questions d'enregistrement qui en découlent. — Les clauses insérées dans les contrats de mariage, en vertu de l'art. 1545 C. C. ont donné matière à de nombreuses questions concernant la perception des droits d'enregistrement, selon qu'on considère ces clauses soit comme de *simples déclarations d'apport* pour les futurs, soit comme des *donations entre-vifs* en leur faveur, ou même comme des *cessions de propriété ou de jouissance* au profit du père ou de la mère survivant. L'extrême variété qui se rencontre dans la rédaction des clauses dont il s'agit est une source de difficultés pour l'application des droits, ce qui s'explique très-bien si l'on songe que la question se résume toujours en une appréciation de ces clauses variées à l'infini. Aussi l'Administration, voulant donner un guide aux employés pour les aider à se reconnaître au milieu des décisions de toute nature que la discussion avait accumulées autour d'eux, a tracé dans l'I. G. 1333 (7216 J. N.) les règles à suivre pour les espèces qui se présentent le plus habituellement. Les dispositions comprises dans cette instruction ayant été puisées dans la jurisprudence qui l'avait précédée [1] et ayant assez généralement servi de base à celle qui s'est formée depuis, nous allons, dans l'examen que nous avons à faire de la question, suivre l'ordre des règles tracées par l'Administration.

§ 1er. — *Imputation sans renonciation à demander compte et partage de la succession ouverte.*

[5295-5299]

5295. Déclaration d'apport. — Exemption de droit. — Lorsque, dans le cas prévu par l'art. 1545 C. C., la dot est constituée par le père ou la mère survivant, la loi admet que cette constitution de dot peut être faite sans qu'il y ait donation. En effet, si la dot se compose entièrement de biens déjà recueillis par le futur époux, dans la succession antérieurement ouverte de son père ou de sa mère, il est évident que l'ascendant survivant qui la constitue ne donne et ne transmet réellement rien; il est garant de la dot, mais cette garantie se réduit alors à une simple attestation de l'existence des biens dotaux. Dans ce cas, la constitution de dot se résout en une déclaration d'apports, que le futur aurait la faculté de faire lui-même et que son père ou sa mère qui, dans cette circonstance, réunit ordinairement à cette qualité celle de tuteur ou de comptable des deniers de la succession, fait pour lui dans une forme plus favorable à la dignité paternelle. — Si donc il est *exprimé*, dans le contrat de mariage, ou s'il est *justifié* par des actes d'inventaire ou de partage, que la dot constituée par le père ou la mère survivant se compose en entier d'effets mobiliers et de sommes *existants* dans la succession de l'ascendant prédécédé, la constitution de dot est

1. D. m. f. 26 octobre 1821, 16 juillet 1823, 3975-4460 J. N. — V. Cass. 4 décembre 1827, 6482 J. N., 1236-6 I. G., D. m. f. 9 octobre 1810, 4014 J. E., Dél. 6 février 1812, 4135 J. E.; — Cass. 7 septembre 1807, 1172-1173-2976 J. N., 2943 J. E., 481 § 2 1113 § 2 I. G., S. 8-1-406, D. m. f. 1813-4506-7009 J. E.; — Cass. 30 août 1814, 4959 J. E.; — Cass. 8 juillet 1818, 6741 J. E., S. 19-1-67; — Cass. 10 mars 1819, 6382 J. E., S. 19-1-387, D. m. f. 30 janvier 1820, 6623 J. E., Dél. 16 mars 1822, 7511 J. E., Dél. 4 mai 1822, 7215 J. E.; — Cass. 7 avril 1823, 4475 J. N.; 7506 J. E., S. 23-1-314, Dél. 1er juin 1827; — Seine 23 janvier 1828, 8977 J. E.; — Cass. 20 mai 1828, 6432-6588-6692 J. N., 9053 J. E., 1256 § 5 I. G., S. 28-1-299; — Cass. 2 avril 1829, 9414 J. E., Dél. 10 juillet 1829, 9374 J. E.; — Seine 23 décembre 1829, 9694 J. E., 5514 J. E.

considérée comme simple déclaration d'apports exempte de tous droits proportionnels (Sol. 5 fév. 1830, 1333 § 1er I. G., 9694 J. E.). — *V.* dans le même ordre d'idées 13108-2, 15209-3 J. E.; — Cass. 31 juill. 1833, S. 33-1-800).

Il en est de même évidemment si les valeurs proviennent de la réalisation opérée depuis le décès par le survivant, au nom du futur, des biens que ce dernier avait recueillis dans la succession de son auteur.

5296. Justifications faites. — Dans le contrat de mariage de sa fille, passé à Paris le 16 avril 1828, Mme veuve Gousc a donné et constitué à la future, « pour la remplir de ses droits dans la succession de son père, dont elle est héritière pour un septième, ainsi que le constate l'intitulé de l'inventaire fait après le décès de ce dernier, le 5 mars 1821, à valoir sur le résultat du compte de tutelle qu'elle est tenue de lui rendre, et subsidiairement sur sa propre succession : 1° la somme de 108,000 francs exigible dans trois ans et productive d'intérêts; 2° 5,000 francs représentatifs des intérêts de cette dot courus depuis le jour où Mme Gousc n'a plus la jouissance légale des biens de sa fille. »

Le droit de donation avait été perçu sur la somme totale de 113,000 francs; mais, à l'appui de la demande en restitution de ce droit, on a produit un acte de liquidation et partage, du 15 février 1829, qui constate que les droits de la demoiselle Gousc, dans la succession de son père, étaient d'une valeur de 118,440 francs et que la dot constituée à son profit et imputable en totalité sur ces droits existait en argent comptant ou en créances dans la succession, ce qui résultait déjà d'ailleurs de l'inventaire du 5 mars 1821, rappelé dans le contrat de mariage.

D'après ces justifications, la restitution du droit de donation a été ordonnée (1333 § 1er I. G.).

1. AVANCE. — La demoiselle B... s'est constitué en dot, par son contrat de mariage, entre autres sommes et valeurs, 2,000 francs de meubles meublants et 12,000 francs d'immeubles formant le cinquième auquel elle a droit dans la succession de son père; mais, comme cette succession est encore indivise, la mère de la future, après lui avoir constitué de son chef une somme de 10,000 francs, lui fait *provisoirement l'avance* en argent de celle de 14,000 francs, valeur de l'apport sous condition de *rapport au partage*, et cela pour lui tenir lieu de la jouissance des valeurs qui lui reviennent dans la succession paternelle et qui ne peuvent lui être délivrées en nature. Une contrainte ayant été décernée en payement du droit d'obligation sur 14,000 francs, elle a été annulée par le tribunal de Brives, le 2 avril 1852 (15408 J. E., 14665 J. N., D. N. t. 4 p. 55 n° 408).

5297. Décharge. — Dans tous les cas, si la délivrance de la dot avait lieu dans le contrat de mariage, ou s'il était stipulé que la célébration du mariage équivaudra à décharge, il serait dû le droit fixe de 2 francs (3 fr.) pour cette décharge donnée à l'ascendant survivant, en sa qualité de tuteur ou d'administrateur de la succession du prédécédé (1333 § 1er I. G.).

Si la future, *quoique mineure*, se constitue personnellement une somme déterminée, lui provenant de la succession de sa mère, dont son père et tuteur lui fait remise, le droit de décharge et non celui de donation est exigible (Sol. 28 oct. 1860).

5298. Défaut de justification. — Donation. — Mais il y aurait une donation si l'ascendant survivant, qui constitue la dot imputable sur la succession du prédécédé, la fournissait avec *ses propres deniers*, et, d'après le caractère général de libéralité attaché à la constitution de dot, on doit toujours présumer qu'il en est ainsi, jusqu'à *preuve contraire* résultant de l'inventaire ou de la liquidation des biens de l'ascendant prédécédé ou de tout autre titre irrécusable (1333 § 1er I. G.).

Dans un contrat de mariage, la future déclare apporter ses droits non liquidés dans la succession de sa mère et fixés approximativement, entre elle et son père, à 60,000 francs en valeurs mobilières; celui-ci fait, par avancement d'hoirie, donation à la future de la portion de cette somme qui pourra excéder ses droits successifs, se réserve le droit de retour sur cet excédant, pour le cas de prédécès de sa fille et de ses descendants, et stipule que cet excédant sera immédiatement restituable, si sa fille vient à lui demander compte de la succession maternelle. — Les parties ne justifiant pas, par un partage, des droits successifs de la future, le droit de donation par contrat de mariage est dû sur 60,000 francs (Laon 3 juill. 1851, 15266 J. E.).

C'est en ce sens encore que s'est prononcé le tribunal de la Seine dans un jugement du 9 avril 1871. Dans l'espèce, la mère survivante avait fait donation à sa fille de la somme nécessaire pour parfaire la somme de 150,000 francs à laquelle étaient présumés s'élever ses droits non liquidés dans la succession de son père. Le tribunal a décidé : que le droit de donation doit être perçu sur l'intégralité de la somme portée audit contrat, à moins qu'il ne soit prouvé que les droits de la dame Herluison dans la succession de son père s'élèvent soit à la somme totale de 150,000 francs, soit à une somme inférieure qu'il y aurait lieu de déduire de la partie restant soumise à l'impôt; et que cette preuve doit être fournie par les redevables, qui seuls ont la possibilité d'en réunir tous les éléments et qui, d'ailleurs, aux termes de la loi, sont tenus de fournir tous les renseignements nécessaires pour la perception des droits » (3820 R. P.). — *Conf.* : Lille, 23 fév. 1877, 4714 R. P.).

1. RENTE VIAGÈRE. — Une mère constitue à sa fille une pension viagère de 1,900 francs, imputable d'abord sur les revenus de la donataire dans la succession de son père et subsidiairement sur ceux de la donatrice. Au moyen de cette constitution, le partage de la succession du père est *ajourné* et il est déclaré que la partie de la rente donnée par la mère est de 800 francs. Il a été reconnu avec raison que, dès l'instant qu'il n'est pas établi par le contrat de mariage, ni justifié par d'autres actes, que le revenu de la future épouse, dans la succession de son père, est de 1,100 francs, le droit de donation est dû sur le capital de la rente de 1,900 francs, nonobstant la ventilation (14580-4 J. E.).

2. RELIQUAT DE COMPTE DE TUTELLE. — Un enfant est doté par son père de la somme de 100,000 francs imputable pour 30,000 francs sur la succession du donateur, et pour 70,000 francs, d'abord sur les droits mobi-

liers et immobiliers du donataire dans la succession de sa mère et de son frère, ensuite sur ce que peut lui devoir son père pour reliquat de compte de tutelle. Le droit de donation est exigible sur 100,000 francs (15185-2 J. E. — *V.* encore, dans le même ordre d'idées, 12976-2, 13108-3, 13064-4 J. E.).

5299. Mode de justification. — La loi n'a réglé nulle part le mode de justification à employer. Il en résulte que les parties sont admissibles à produire tous moyens de preuves compatibles avec l'économie de la loi fiscale, par exemple des livres ou des papiers de famille et autres écrits ayant un caractère sérieux. Les tribunaux ont à cet égard un pouvoir d'appréciation presque souverain; il y faut appliquer par voie d'analogie les exemples que nous citons plus loin à propos de la justification de copropriété dans les partages. — V. *Partage*.

§ 2. — *Imputation avec renonciation à demander compte et partage de la succession.*

[5300-5308]

5300. Renonciation pure et simple. — La renonciation par l'enfant doté à demander compte et partage à l'ascendant survivant de la succession du conjoint prédécédé, *lorsqu'elle est pure et simple*, n'opère par elle-même aucune cession des droits du futur dans cette succession. Dans ce cas, *elle n'exprime* que l'*ajournement* du compte à rendre et la *continuation*, dans les mains du père ou de la mère survivant, de l'administration des biens de la succession. Nonobstant cette renonciation, le futur conserve la faculté de demander compte et partage en rapportant la somme constituée en dot. L'obligation qu'il contracte est purement potestative et résoluble à sa volonté; et ses droits, soit sur les revenus, soit sur la propriété de la succession, subsistent dans leur intégrité. D'ailleurs, la cession de ces droits ne peut s'établir par simple induction, et, pour justifier la perception du droit de vente, il faut qu'elle résulte de termes exprès, qui manifestent la commune intention des parties : « Considérant, porte un arrêt de cass. 20 mai 1828, que le contrat de mariage dont il s'agit ne stipule, en termes formels, aucune cession, en propriété ou en usufruit, des droits héréditaires dévolus à la demoiselle Peigné, au profit du sieur Peigné, son père; — Qu'en l'absence d'une stipulation formelle à cet égard, et d'après les clauses particulières à cet acte, le tribunal de Troyes a pu, sans dénaturer la convention qu'il avait à interpréter, considérer que la somme de 10,575 fr. 60 cent., constituée en dot à la demoiselle Peigné, était, en partie, le payement de ce que son père, comptable envers elle, lui devait en argent, et, pour le surplus, un don dont il la gratifiait » (1256 § 5 I. G., S. 28-1-299).

1. AJOURNEMENT DE COMPTE. — Jugé, dans ce sens, que le droit de donation est *seul* exigible sur la constitution, par une mère à son fils, d'une somme de 6,000 francs à imputer sur les droits du futur dans la succession de son père, et l'excédant, s'il y en a, sur la succession à échoir de sa mère; au moyen de quoi, il est expressément convenu que le compte que la constituante peut devoir à son fils, de la succession de son père, sera ajourné et prorogé au décès de celle-ci (Senlis 22 sept. 1829, 1133 § 2 n° 1er I. G.).

2. RENONCIATION A COMPTE ET PARTAGE. — Décidé de même que le droit de donation est seul exigible sur la constitution, par un père à sa fille, d'une somme de 9,000 francs à imputer d'abord sur la succession de la mère prédécédée, et ensuite sur celle à échoir du père, au moyen de quoi la future *renonce* à demander compte et partage des biens de sa mère, si ce n'est en rapportant à la succession de celle-ci la somme constituée en dot par son père (Baugé 14 avr. 1829; — Metz 20 août 1829, 1133 § 2 n° 1er I. G.; — Château-Thierry 7 août 1825, 12520 J. N., D. N. t. 5 p. 151 n° 187. — *V.* aussi 11707 J. E.).

5301. Renonciation emportant cession. — Mais si la renonciation, au lieu d'être pure et simple, emportait abandon, par le futur à l'ascendant, soit de la jouissance de ses droits dans la succession du père ou de la mère prédécédé, soit même de la propriété entière de ces droits, le droit de cession d'usufruit ou celui de cession de droits successifs serait exigible. Cela ne peut faire l'objet d'un doute (1133 § 2 n° 2 I. G.).

1. CESSION IMPLICITE. — La seule question qui puisse présenter quelque difficulté est celle de savoir si la cession doit être *formelle* ou s'il suffit qu'elle résulte *implicitement* des termes de l'acte. L'Administration avait adopté cette dernière manière de voir dans son I. G. n° 1333 § 2 n° 2. Voici l'exemple qu'elle a posé :

L'art. 3 du contrat de mariage du sieur Mathieu Saint-Laurent et de la demoiselle Véron-Réville, passé, le 28 décembre 1828, à Chatenoit (Bas-Rhin), est ainsi conçu : « La demoiselle Véron-Réville, future épouse, apporte en mariage et se constitue personnellement en dot ses droits non encore liquidés dans la succession de sa mère, à-compte desquels son père lui remettra et délivrera une somme de 12,500 francs, argent comptant, avec convention qu'au moyen de la remise ou délivrance de cette somme, M. Véron-Réville, père de la future, ne pourra jamais être astreint à rendre aucun compte de la succession de madame son épouse, décédée, ni être recherché *de son vivant* à raison de cette succession. »

Dans cette espèce, la cession d'usufruit n'est point énoncée d'une manière explicite. Néanmoins, elle résulte suffisamment de ces termes : « que le père de la future ne pourra être astreint à rendre compte de la succession de sa femme, ni être recherché *de son vivant* à raison de cette succession. »

La demande du droit de vente sur 6,250 francs a été ordonnée en remplacement de celui de donation qui avait été perçu sur la somme totale de 12,500 francs (*V.* dans un sens analogue Privas 16 mai 1842, 13025-1 J. E.).

2. CESSION FORMELLE. — La jurisprudence, qui s'est formée depuis, semble exiger, pour qu'il y ait cession, une disposition formelle. C'est ce qui résulte notamment d'un arrêt de la cour suprême, en date du 9 mai 1831 (7445 J. N.), qui a décidé qu'il n'y avait pas acte commutatif, cession à titre onéreux dans la clause d'un contrat de mariage ainsi

conçue : « A ce moyen, Mlle L..., future épouse, et M. G..., futur époux, qui déclarent avoir pris connaissance de cet inventaire, se reconnaissent entièrement remplis des droits de cette demoiselle dans la succession de son père, et consentent, en conséquence, que Mme veuve L... reste en possession de la totalité des biens dépendant de la communauté d'entre elle et son défunt mari, ainsi que de la succession de ce dernier, renonçant à lui demander aucun compte ni partage. » — Cependant l'Administration, en transmettant cet arrêt dans l'I. G. 1381 § 2, fait observer : « qu'en jugeant en fait que la réunion de ces circonstances (les énonciations contenues en la clause que nous avons transcrite) ne peut suppléer à la stipulation expresse d'une cession d'usufruit et justifier la perception du droit de vente, la C. cass. n'a porté aucune atteinte aux principes posés dans l'I. G. 1333 § 2 et qui continuent de servir de règle aux préposés. »

Quoi qu'il en soit, une Sol. 20 septembre 1831, transmise par l'I. G. 1388 § 4, déclare positivement que : « pour rendre exigible le droit de vente sur une stipulation de cette nature (celle qui nous occupe), il faut que la cession résulte des *termes formels* du contrat. » On conçoit très-bien qu'il ne faille pas admettre facilement l'existence d'une cession dans un acte tel que le contrat de mariage où le but des parents est, en général, de régler le compte de l'administration qu'ils ont eue de la fortune personnelle des futurs. Mais, comme après tout la vente n'est pas subordonnée à l'emploi de termes sacramentels, c'est dans l'appréciation des faits et des circonstances ou dans l'examen de l'ensemble de l'acte qu'il est seulement possible de trouver les moyens de déterminer le caractère de la convention.

Voici, d'ailleurs, l'analyse des décisions rendues jusqu'à ce jour sur cette matière :

5302. Bail à vie. — 1° Si une clause du contrat de mariage porte que, pour tenir lieu à la future du revenu de la portion qui lui appartient dans les biens meubles et immeubles dépendants de la succession de sa mère qui sont restés en la possession de son père et sont administrés par lui, ce dernier s'oblige à payer à sa fille une rente de 600 francs, à compter du jour de la célébration du mariage, pendant tout le temps que la jouissance de ces biens lui sera laissée, le droit de 4 pour 100, comme bail à vie, est exigible, et non celui de 5 fr. 50 cent. pour 100, comme cession d'usufruit (Dél. 1er sept. 1835, 11320-2 J. E.; — Lure 8 juill. 1843, 13289 J. E. [1].) — *V.* 2895.

2° Le droit de bail à vie a été également maintenu dans un cas où le contrat de mariage portait : « La mère du futur continuera la possession et la jouissance des droits du futur dans la succession paternelle jusqu'à ce que le partage de cette succession s'opère entre tous les cohéritiers, et, pour tenir lieu des fruits, elle payera au futur une somme annuelle de 100 francs » (Sol. 5 oct. 1861).

3° De même, la clause d'un contrat de mariage par laquelle la future renonce à demander à son père aucun compte et partage de la succession de sa mère et consent à ce qu'il jouisse jusqu'à son décès de la portion de biens qu'elle a recueillie en toute propriété dans cette succession moyennant une rente annuelle que le père s'engage à payer, constitue un bail à vie et non une cession d'usufruit (Clamecy 21 avr. 1859, 17006 J. E.).

5303. Cession d'usufruit. — Au contraire, il a paru y avoir cession d'usufruit dans un cas où, au moyen de la dot que le père constituait à sa fille, celle-ci renonçait à demander compte de la succession de sa mère et consentait à ce que son père jouisse pendant sa vie de cette succession (Dijon 2 janv. 1845, 13650 J. E.).

1. DONATION ET CESSION. — De même, la donation par un oncle, à la future, sa nièce, d'une somme de 5,000 francs, sous la condition que celle-ci laissera jouir sa mère, sa vie durant, de l'usufruit des biens de son père, donne ouverture, indépendamment du droit de donation *de l'oncle à la nièce*, sur 5,000 francs, au droit de cession d'usufruit sur 2,500 francs, capital au denier 10, de l'intérêt de la somme donnée (Tournon 13 août 1845, 13845-2 J. E.).

2. INTÉRÊTS. — Si le futur déclare que son apport est grevé d'une somme déterminée et que, par suite de la jouissance que son père, présent et acceptant, aura des biens de sa mère, ce dernier sera tenu de payer les intérêts de cette somme, il y a cession de jouissance (Chinon 20 fév. 1850, 14918-1 J. E.).

3. PARTAGE. — Lorsqu'il est convenu, dans un contrat de mariage, que, moyennant une avance faite à la future par son père, celui-ci continuera à administrer les biens de la succession de l'époux prédécédé et ceux de la communauté dissoute, la stipulation n'a pas le caractère d'une cession d'usufruit, alors même qu'il serait énoncé que la future conserve le droit de provoquer le partage des biens indivis, et que, dans ce cas, l'avance sera restituée au père, c'est un partage (Seine, 13 avr. 1877, 4786 R. P.). — *V.* 5306.

5304. Cession. — 1. DATION EN PAYEMENT. — La clause d'un contrat de mariage par laquelle le père de la future lui fait donation d'un immeuble évalué à une somme déterminée, dont une partie en avancement d'hoirie et l'autre partie pour la remplir de ses droits dans la succession de sa mère, donne ouverture au droit de vente sur cette dernière partie (Avignon 14 août 1851, 8823 Fess.).

2. ÉCHANGE ET CESSION. — Un contrat de mariage porte donation par le père du futur d'un immeuble et d'une somme déterminée, dont *partie* seulement est frappée du droit de retour, avec condition que le donateur demeurerait subrogé activement et passivement à tous les droits du donataire dans diverses successions immobilières. Le tribunal d'Orange, par jugement du 29 août 1843 (13366 J. E.), a décidé que le droit d'échange était exigible sur le capital du revenu des immeubles, et celui de cession de droits successifs sur la portion de la somme donnée qui n'était pas frappée du droit de retour.

3. IMPUTATION SUR LA DOT. — Si, au moyen de la dot constituée à la future par son père, elle lui abandonne, dans la succession de sa mère, des objets mobiliers, renonce à de-

1. Le jugement du tribunal de Lure est critiqué en ces termes par Champ. et Rig. *Suppl.* n° 795 : « Dans l'espèce, la future ne renonçait pas à demander compte; la disposition, au contraire, n'avait lieu *qu'en attendant le partage* : elle n'avait donc rien de définitif. A la vérité, le tribunal a supposé que, dans l'intention des parties, la jouissance du père devait durer jusqu'à son décès; mais, outre que les termes de l'acte portaient le contraire, la C. cass. a fréquemment jugé que les droits ne peuvent être établis sur les intentions secrètes des parties. »

mander compte de la tutelle et laisse son père jouir pendant sa vie de sa part dans les biens maternels, il y a cession de droits passible du droit de 5 fr. 50 cent. pour 100, surtout s'il est stipulé qu'au cas où la future demanderait compte elle retiendrait sur la dot constituée l'équivalent de ses droits maternels et rendrait le surplus à son père (Pithiviers 18 janv. 1849, 14056 J. E.).

4. VENTE. — MINEURE. — La mère donne à sa fille 4,000 francs pour la remplir de ses droits dans la succession de son père et dans la communauté, en stipulant qu'au moyen de ce partage elle deviendrait seule propriétaire des biens et que ce partage serait ratifié par la fille mineure aussitôt qu'elle aurait atteint sa majorité. Ces termes indiquent l'intention de faire cesser l'indivision, et de la part de la veuve la volonté de s'attribuer la totalité des valeurs à la charge de les payer et de remettre à sa fille une somme de 4,000 francs; d'où une mutation passible du droit proportionnel. La ratification de la mineure, bien que le contrat l'impose comme condition suspensive, n'en est pas une, puisqu'il résulte des faits que la mère est entrée en possession et a disposé des immeubles. D'autre part, la minorité ne fait pas obstacle à la convention et donne seulement lieu à une action résolutoire en nullité (Châteaudun 22 mai 1857, 874 R. P., 16578 J. E., 11092 C.).

5305. Mandat. — 1. DISPENSE DE RENDRE COMPTE. — La convention a le caractère d'un simple mandat quand le constituant est uniquement chargé d'administrer les biens et de toucher les revenus pour en faire compte au futur. D'après ce principe, il a été décidé que le pouvoir donné par le futur à son père de gérer, administrer et réparer, *sans être tenu de rendre compte*, les biens qui leur appartiennent, à charge de lui payer annuellement une somme fixe, constitue un bail à vie, attendu que le prétendu mandataire recueillera les fruits par lui-même (Cass. 10 mars 1819, 6382 J. E., *arrêt rapporté* 2895; — Vitré 21 déc. 1850, 15224-3 J. E., D. N. t. 10 p. 242 n° 102). — Cette jurisprudence a été maintes fois appliquée depuis.

2. OBLIGATION DE RENDRE COMPTE. — Mais, si la clause relative à la fixation du forfait annuel ne dispensait pas le mandataire de rendre compte, il y aurait plus qu'un simple pouvoir passible du droit fixe (Meaux 5 juin 1850, 14293 J. N., Dél. 8 oct. 1850, D. N. t. 5 p. 151 n° 188).

5306. Partage. — On doit considérer comme opérant un simple partage, et non comme une obligation, la disposition d'un contrat de mariage par laquelle la future se constitue en dot ses droits indivis dans la succession de sa mère, à compte desquels son père lui abandonne, *à titre de partage*, une somme déterminée, dont partie est payée immédiatement et le surplus est payable à terme, imputable sur les deniers comptants de la succession qui sont restés, ainsi que la somme payée, en la possession du père, tant à cause de la communauté qui a existé entre lui et son épouse, qu'aux termes de la coutume qui régit leur contrat de mariage, et encore comme donataire de la défunte (Seine 23 janv. 1828, Dél. 27 janv. 1829, 8977, 9311 J. E.).

Nous avons vu précédemment plusieurs applications de ce principe en parlant des déclarations d'apports, n° 5201. — V. *Droits successifs* et 5303 § 3.

Si le futur est ainsi loti d'un immeuble de la succession, du consentement de ses frères et sœurs, l'acte a le caractère d'un partage partiel (Cambrai, 16 nov. 1876).

5307. Disposition principale. — L'application des décisions précédentes est dominée néanmoins par une règle générale qui suffit souvent à écarter la perception des droits de mutation à titre onéreux. La cession consentie par le futur n'est fréquemment, en effet, qu'une condition de la libéralité qu'il reçoit du constituant. Or, il est de principe que la même convention ne saurait donner ouverture à deux impôts et qu'il faut appliquer seulement le tarif à la disposition principale. On devra donc examiner, dans ces hypothèses, quelle est la stipulation dominante, ou bien la libéralité offerte au futur, ou bien l'abandon qui lui est imposé comme condition de cette libéralité. Si c'est la donation qui prédomine et caractérise le contrat, la cession même immobilière qui en dépend se trouve affranchie de l'impôt. — A ce point de vue, la C. cass., par deux arrêts des 15 décembre 1832 et 6 janvier 1834, a jugé que la donation par un père à son fils d'une rente viagère, à la charge par celui-ci de lui laisser, sa vie durant, la jouissance des biens de sa mère, constituait une simple donation, car la donation était la disposition principale, l'abandon de l'usufruit n'étant que l'accessoire et la condition de la donation : « Attendu, porte l'arrêt du 6 janvier 1834, que l'art. 8 du contrat de mariage dont il s'agit contient dans son texte et dans l'intention non contestée des parties, la donation d'une pension de 400 francs faite par le père à son fils; que cette donation est, ainsi que le tribunal l'a jugé, la clause principale de l'acte; que ce qui est relatif à l'usufruit des biens maternels n'en est que l'accessoire et une condition que le sieur Perry pouvait imposer à sa libéralité; d'où il suit qu'en jugeant que cette clause n'était passible que du droit qui avait été perçu, par le receveur de l'enregistrement, sur la pension de 400 francs, le tribunal n'a violé aucune des lois invoquées par la direction générale à l'appui de son pourvoi » (10834 J. E. et 8319 J. N., S. 34-1-90). Cette jurisprudence a été adoptée par le tribunal de Rouen le 16 décembre 1846 (13138 J. N., D. N. t. 5 p. 149 n° 181).

Un jugement du tribunal de Besançon du 14 mars 1836 a également considéré comme une donation, et non comme une cession d'usufruit, la clause par laquelle la mère s'engage à payer à sa fille une pension annuelle jusqu'au partage des biens paternels, au moyen de quoi la mère jouira de la portion de sa fille dans ses biens sans être tenue de rendre compte (Besançon 14 mars 1836, D. N. t. 5 p. 151 n° 186. — *V.* aussi Dél. 6 avr. et 4 mai 1822, D. N. t. 5 p. 150 n°s 153, 183 et 200).

On l'a ainsi décidé encore : 1° pour une constitution de dot faite par la mère survivante à la condition que les valeurs de la succession paternelle seraient laissées entre ses mains jusqu'au partage, à charge de payer les intérêts et de tenir compte des fruits (Sol. 19 nov. 1853); — 2° au sujet de la donation au futur d'un capital et d'une rente à condition que le donateur jouira des biens du donataire (Sol. 29 déc. 1861). — *V.* 6650 et 6749 et v° *Partage.*

Par application des mêmes principes, il a été décidé, par un arrêt de cass. du 19 avril 1847, que, quand une veuve fait entre ses enfants le partage de ses biens en imposant aux donataires la condition de lui laisser pendant sa vie l'usufruit tant des biens donnés que de leurs biens paternels, e moyennant quoi elle leur servira des pensions viagères, l'abandon de l'usufruit des biens paternels ne donne pas ouverture au droit de vente :

« Attendu, porte l'arrêt, qu'il est constant en fait que, par acte notarié en date du 13 juillet 1842, la dame d'Ymonville, en donnant entre-vifs tous ses biens à ses cinq enfants, déclare que cette donation n'est consentie que sous la réserve, à son profit, de l'usufruit des biens qui y sont compris, et, en outre, sous la condition qu'elle aurait également, pendant sa vie, l'usufruit des biens que ses enfants avaient recueillis dans la succession de leur père; — Attendu que la clause principale de cet acte ainsi conçu est évidemment la donation faite par la mère aux enfants, et que celles par lesquelles la donatrice se réserve l'usufruit des biens qu'elle donne et exige celui des biens qui appartiennent aux donataires ne sont qu'accessoires et forment autant de conditions qu'elle était libre d'apposer à sa libéralité et auxquelles ces derniers pouvaient se soustraire s'ils les trouvaient onéreuses, en refusant d'accepter la donation qui les imposait; — Attendu qu'il suit de là qu'un droit unique d'enregistrement, celui établi pour ces sortes de donations, était dû à raison de toutes ces clauses; — Attendu que, si, par une déclaration postérieure, la dame d'Ymonville s'engage à payer, pendant la durée de l'usufruit qu'elle exige, une pension viagère à chacun de ses enfants, il n'a pas été exprimé dans l'acte que ces pensions formeraient le prix de cet usufruit et que l'engagement pris par la donatrice sur ce point n'a rien en lui-même, ni par la manière dont il est conçu, qui indique que c'est dans ce but qu'il est consenti; que, destiné à modifier la gravité de la condition imposée aux donataires, un semblable engagement n'a pu porter atteinte au caractère de la clause portant cession, de la part des enfants d'Ymonville à leur mère, de l'usufruit des biens de leur père et s'identifie avec elle » (14231 J. E., S. 47-1-151).

Mais l'attribution de la rente en sus de la nue-propriété des biens donnés pourrait être passible d'un droit particulier de donation, ainsi, d'ailleurs, que les parties l'avaient reconnu dans l'espèce de l'arrêt et que nous l'avons démontré, *suprà* n° 5283. — V. 12593.

5308. Dot constituée par un frère ou autre cohéritier. — Si la dot était constituée par un frère ou autre cohéritier du futur époux, pour le compte de ses droits, la clause pourrait, comme dans les hypothèses que nous venons d'examiner, constituer soit une cession de droits successifs, soit une libéralité onéreuse. Les mêmes règles d'appréciation et de perception devraient donc être suivies. Cependant il faut remarquer que, la libéralité se présumant moins que dans les cas précédents, la transmission à titre onéreux doit être généralement considérée comme principale.

Nous renvoyons l'examen de cette hypothèse à notre article *Droits successifs*.

SECTION 2. — DISPOSITIONS A CAUSE DE MORT

[5309-5352]

ARTICLE PREMIER. — DONATION ÉVENTUELLE

[5309-5318]

5309. Principe. — La circonstance que la libéralité a lieu par contrat de mariage n'en modifie pas le caractère; elle exige les mêmes conditions et se compose des mêmes éléments que si elle avait lieu par acte spécial; c'est le vœu formel de l'art. 1081 C. C., et la loi de l'enregistrement ne porte aucune dérogation à ce principe. Ainsi, pour rendre le droit proportionnel immédiatement exigible, il faut que la donation produise l'effet ordinaire des donations, c'est-à-dire le dessaisissement actuel du donateur. Toutes les fois que la réalisation de la donation est suspendue, il n'est dû que le droit fixe de 7 fr. 50 cent., sauf la perception du droit proportionnel à l'événement.

5310. Tarif. — La quotité de ce droit fixe est déterminée par les art. 68 § 3 n° 5 L. 22 frimaire an 7 et 45 n° 4 de celle du 28 avril 1816. Ce dernier article est ainsi conçu : « Seront sujets au droit fixe de 5 francs... les testaments et tous autres actes qui ne contiennent que des dispositions soumises à l'événement du décès, et les dispositions de même nature qui sont faites *par contrat de mariage* entre les futurs ou par d'autres personnes. » Ce droit doit être perçu indépendamment de celui exigible sur le contrat de mariage; car, ainsi que le porte l'article de la loi de frimaire que nous venons de rappeler, « le droit perçu *pour ces dispositions* par acte de mariage sera perçu *indépendamment* de celui du contrat. »

Ce droit a été augmenté de moitié par l'art. 4 L. 28 février 1872. Il est aujourd'hui de 7 fr. 50 cent.

5311. Charge de donation. — On doit considérer comme donation éventuelle, et non comme vente, sauf l'appréciation qu'il y aurait à faire de la stipulation, la clause d'un contrat de mariage portant que, dans le cas de prédécès, la future, qui a des enfants d'un premier lit, donne au futur une maison, à charge de leur payer une somme de 4,000 francs (7141 J. E.).

Le tribunal de Dreux a jugé, le 26 août 1846 (12992 J. N.), que lorsque, dans un contrat de mariage contenant une donation mutuelle entre les futurs, pour le cas de survie, il est dit que le futur, recueillant cette libéralité, servira une rente viagère au père de la future, non présent au contrat de mariage, s'il survit à sa fille, cette stipulation ne donne pas ouverture à un droit particulier de donation éventuelle (D. N. t. 4 p. 52 n° 382).

5312. Douaire. — Bien que le douaire *coutumier* ait été aboli par la loi du 17 nivôse an 2 et par le C. C., on peut toujours stipuler un *douaire* conventionnel dans les contrats de mariage. Dans ce cas, la stipulation n'a d'autre effet que celui d'une donation soumise au cas de survie de la femme, et le droit de donation éventuelle est seul exigible (3789 J. E.).

5313. Enfant à naître.—Nous avons dit, au n° 5224, que les époux peuvent stipuler que les acquêts appartiendront au survivant, sans que cette stipulation, qui est considérée comme convention de mariage, donne ouverture à un droit particulier. Cette faculté n'est pas limitée à la personne du survivant des époux, il est également permis de réserver les acquêts aux enfants *qui proviendront* de leur mariage. C'était une ancienne règle en usage particulièrement dans le ressort du parlement de Bordeaux, et, sous le C. C., on peut encore stipuler des acquêts en faveur des enfants, pourvu que l'ordre légal des successions soit maintenu et la loi limitative des donations respectée (Locré t. 13 p. 396-397). Dans ce cas, cependant, il n'y a plus convention de mariage entre époux, mais donation aux enfants *à naître*. Dès lors, la disposition est indépendante et donne ouverture au droit de 7 fr. 50 cent. comme donation éventuelle, sauf à percevoir le droit proportionnel à l'événement. Et si, à la dissolution de la communauté, il existe des acquêts et des enfants pour les recueillir, ceux-ci doivent les comprendre dans la déclaration de la succession du père ou de la mère prédécédé (Cass. 11 avr. 1831, 1381 § 6 I. G., 10030 J. E.).

1. TOTALITÉ DES ACQUÊTS. — Une Dél. 30 avril 1832 porte que, dans l'hypothèse que nous venons d'examiner, aucune mutation de la *portion revenant* à l'époux survivant ne s'opère en faveur des enfants qui ne sont pas tenus d'en faire la déclaration. Cependant, ainsi que le font remarquer Pont et Rodière t. 2 n° 19, autrefois, par l'effet de cette clause, la propriété des acquêts était transportée, lors de la dissolution de la communauté par la mort de l'un des époux, aux enfants donataires de l'émolument de ladite communauté; le survivant n'avait que la jouissance de sa part, sauf le droit de la puissance paternelle sur l'autre. D'où la conséquence que la déclaration de la succession du prémourant des époux devrait contenir la totalité des acquêts (*V.* dans le même sens Dalloz n° 3396, Pont et Rodière t. 2 n° 109).

Dans cet ordre d'idées, il a été décidé que l'acte par lequel, après le décès de l'un des époux, il est établi que les enfants, auxquels les acquêts avaient été réservés par le contrat de mariage, auront la nue-propriété des immeubles et l'autre époux l'usufruit, ne peut donner ouverture au droit de mutation à raison de la part de l'époux survivant dans les acquêts (Cass. 11 avr. 1831, 1381 § 6 I. G., 10030 J. E., 7443 C., 30 août 1837, Dalloz n° 3397, 11871 J. E., S. 37-1-734); — *Comp.* Agen 28 fév. 1848).

5314. Immeubles au décès. — La donation, par contrat de mariage, d'un immeuble désigné tel qu'il se compose maintenant et tel qu'il se trouvera au décès du donateur ne peut être considérée que comme donation éventuelle, attendu qu'il n'y a pas dessaisissement actuel : « Attendu, porte un arrêt de cass. du 20 novembre 1833, qu'il résulte du contrat de mariage que la donation est faite par les sieur et dame Paillon père et mère, à la demoiselle Paillon, leur fille, tant pour elle que pour ses représentants, conformément à l'art. 913 C. C., chacun en sa succession, du tiers de l'immeuble y désigné, non-seulement tel qu'il se compose maintenant, mais encore dans l'état où chacun d'eux le laissera à son décès; que, d'après ces diverses expressions, le caractère des actes prévus et autorisés par les art. 1082 et 1083 C. C., et l'absence d'un dessaisissement actuel, ont pu être déclarés constants; qu'il en résulte que le jugement attaqué ne renferme ni la fausse application de l'art. 68 L. 22 frimaire an 7 et de l'art. 45 L. 28 avril 1816, ni la contravention aux art. 4 et 15 L. frimaire an 7, qui lui sont reprochées » (10793 J. E., S. 33-1-85; — *Contrà* Dél. 12 oct. 1830, 9808 J. E.).

5315. Pluralité. — Le nombre de droits fixes est en raison de celui des donations dont la réalisation est possible (Sol. 7 nov. 1831 et 12 mai 1832, 3697 Roll.).

1. UNE SEULE DONATION RÉALISABLE. — DONATION MUTUELLE. — Ainsi la donation *mutuelle* que les futurs se font par leur contrat de mariage ne forme *qu'une seule disposition* passible d'un seul droit fixe : une seule donation est en effet, susceptible de se réaliser, celle que recueillera le survivant, et un seul droit de mutation sera exigible (D. m. f. 21 juill. 1820, 6763 J. E.).

Donation aux futurs. — Ainsi encore, lorsque, dans un contrat de mariage, les père et mère des futurs constituent à chacun d'eux une rente viagère avec stipulation, dans chaque donation, que la rente sera réversible sur la tête du survivant des époux, un seul droit est exigible, car il n'y aura de réalisé que la donation au profit du survivant (12439-5 J. E.).

Au reste la loi ne dit pas que le droit de *chaque disposition* sera perçu, mais que le droit *de ces dispositions* sera perçu indépendamment de celui du contrat; elle n'impose donc qu'un seul droit fixe pour toutes les libéralités éventuelles entre les futurs, en quelque nombre et sous quelque forme qu'elles soient faites. Il n'y a, en effet, qu'un seul donateur et qu'un seul donataire (Sol. 9 pluv. an 7, 38 J. E., D. N. t. 4 p. 49 n° 359).

Mais on ne pourrait conclure de là que le contrat de mariage qui contient une donation actuelle entre les futurs ne donne pas ouverture à un droit particulier, à raison de la donation éventuelle. Nous avons vu, en effet, que la donation éventuelle que la loi tarife à un droit particulier est indépendante des autres dispositions du contrat.

2. PLUSIEURS DONATIONS RÉALISABLES. — Nous avons dit, avec les Sol. 7 novembre 1831 et 12 mai 1832, que le nombre des droits fixes est en raison de celui des donations dont la réalisation est *possible*. Cependant, l'Administration, se plaçant à un autre point de vue, a délibéré, le 25 janvier 1844 (13426-1 J. E.), que c'est par *assimilation aux testaments et donations contenant des dispositions soumises à l'événement du décès*, que la disposition d'un contrat de mariage par laquelle un tiers institue les futurs, *chacun pour moitié*, pour ses héritiers universels, ne donne ouverture qu'à un seul droit.

La même interprétation résulte d'une Sol. de l'administration belge du 30 novembre 1861, d'après laquelle la clause d'un contrat de mariage portant que les père et mère de la future instituent celle-ci conjointement avec le futur époux leurs légataires universels donne lieu seulement à un droit fixe par chaque donateur (9022 J. E. belge).

Cette doctrine fait une application directe de l'art. 45 n° 4 L. 28 avril 1816, aux termes duquel le droit fixe est exigible sur les testaments et tous autres actes qui ne contiennent que des dispositions soumises à l'événement du décès et les *dispositions* de même nature qui sont faites *par contrat de mariage* entre les futurs ou par d'autres personnes. Cependant on peut dire que dans les contrats de mariage, *à la différence des testaments*, toutes les dispositions indépendantes donnent ouverture à un droit particulier, par application de l'art. 11 L. 22 frimaire an 7, ce qui rendrait le droit fixe exigible sur toutes les donations éventuelles *susceptibles de réalisation*. C'est ce qui a été reconnu (15055-2 J. E.) dans une espèce où le père de la future, après lui avoir donné le quart de ses biens à venir, constituait à sa femme, pour le cas de survie, une pension viagère; on a pensé que deux droits de donation éventuelle étaient exigibles.

En tous cas, la pluralité des droits n'est plus contestable quand il s'agit de donations éventuelles émanées de deux personnes. Par conséquent, si le père et la mère du futur s'interdisent de donner la quotité disponible, deux droits fixes de 7 fr. 50 cent. peuvent être perçus (Sol. 16 août 1862).

Par suite de la combinaison des deux principes précédents, on a décidé que la disposition d'un contrat de mariage par laquelle les père et mère du futur lui font donation, ainsi qu'à ses trois frères non présents au contrat, de certains immeubles à prendre par préciput dans leurs successions à charge de payer aux filles des sommes d'argent, ne donne lieu qu'à deux et non à huit droits fixes pour donation éventuelle (10379 J. N., D. N. t. 4 p. 53 n° 388).

5316. Quotité de dot garantie. — Il a été quelquefois décidé qu'il fallait considérer comme une donation éventuelle sujette au droit fixe la clause d'un contrat de mariage par laquelle le père ou la mère de la future garantit à celle-ci que la pension constituée par l'autre époux continuera à être servie après son décès ou que ses droits héréditaires s'élèveront à une certaine somme et s'oblige, le cas échéant, à servir lui-même la pension ou à compléter l'apport (Dél. 20 sept. 1826, 8577 J.E.; — Strasbourg 15 avr. 1823, exécuté par Dél. 24 sept. suiv., Dél. 1er mars 1833, 687 et 4038 Roll.).

Mais ces solutions ne doivent pas être acceptées.

En admettant que la garantie forme une donation, cette donation ne serait pas soumise à l'événement du décès du donateur ni du donataire, mais au décès d'un tiers qui ne participe pas à la libéralité secondaire. Dès lors, conformément au principe que nous avons développé ci-dessus, n° 5266, il y aurait simplement donation conditionnelle passible du droit fixe de 3 francs, sauf à réclamer le droit entre-vifs lors de l'arrivée de l'événement prévu. Nous reviendrons sur ce point au n° 5361.

5317. Rente viagère après dissolution de communauté. — On ne peut qu'attribuer le caractère d'éventualité à la donation par un futur à sa future, dans leur contrat de mariage passé sous le régime de la communauté, d'une rente viagère avec condition que la donataire n'en jouira *personnellement* qu'à la dissolution de la communauté. Il est évident, en effet, que pendant toute l'existence de la communauté la rente viagère entrera dans les revenus de la communauté (8684 J. E.).

5318. Reprises. — Renonciation. — La disposition d'un contrat de mariage portant que l'un des époux renonce au droit de reprendre, lors de la dissolution de la communauté, le prix de ses propres aliénés dont il n'aurait pas été fait remploi, est une donation éventuelle au profit de l'autre époux, imputable sur la quotité disponible, attendu qu'elle constitue une dérogation à la loi qui exclut de la communauté, à moins de convention contraire, les immeubles propres des deux époux (Cass. 3 déc. 1839, 12486-4 J. E., 10571 J. N.).

ARTICLE 2. — INSTITUTION CONTRACTUELLE

[5319-5352]

§ 1er. — *Considérations générales. — Biens à venir.*

[5319-5335]

5319. Dérogation au principe général des donations. — En principe, la donation de biens *à venir* est défendue (943 C. C.). D'après cet article, toute stipulation d'une donation entre-vifs portant sur des biens à venir emporte la nullité de la disposition. Cette règle n'est que la conséquence de l'irrévocabilité des donations exigée par l'art. 894 C. C. Cependant, d'après l'art. 947 C. C., les donations faites par contrat de mariage restent valables, alors même qu'elles ont pour objet des biens à venir, et l'art. 1082, développant la pensée émise dans l'art. 947, porte que « il est permis aux pères et mères, aux ascendants, aux parents collatéraux des époux, et même aux étrangers, de disposer par contrat de mariage, de tout ou partie de biens qu'ils laisseront au *jour de leur décès*, tant au profit desdits époux qu'au profit des enfants à naître de leur mariage, dans le cas où le donateur survivrait à l'époux donataire. »

5320. Irrévocabilité. — L'art. 1083 C. C. ajoute : « La donation dans la forme portée au précédent article sera *irrévocable*, en ce sens seulement que le donateur ne peut plus disposer, à titre gratuit, des objets compris dans la donation, si ce n'est pour des sommes modiques, à titre de récompense ou autrement. » Celui qui ne promet que sa succession, qui donne ses biens en tant seulement qu'ils se trouveront encore dans son patrimoine lors de son décès, demeure nécessairement libre d'aliéner et d'engager ces biens; seulement, pour que sa donation ne soit pas dérisoire et insignifiante, pour qu'elle produise immédiatement un effet quelconque et ne se confonde pas avec un simple testament, il lui est interdit, par l'art 1083, de disposer désormais à titre gratuit des choses comprises dans cette donation, et c'est à titre onéreux seulement qu'il en a encore la libre disposition.

5321. But de la loi. — C'est le besoin de donner aux mariages des garanties de fortune dans l'avenir qui a fait modifier, à leur égard, le principe posé par l'art. 943 C. C. On comprend, en effet, que la stipulation autorisée par l'art. 1082 favorise singulièrement les mariages, car elle assure la succession du donateur à l'époux donataire. D'autre part, les tiers et les père et mère eux-mêmes sont plus facilement portés à faire une libéralité de cette nature qui ne leur enlève pas la propriété de leurs biens, qui les prive seulement de la faculté de les donner ensuite à d'autres, qu'une donation dont l'effet serait de les dépouiller sur-le-champ.

5322. Définition. — On donne à cette espèce de donation le nom d'*institution contractuelle*, « parce que par elle on institue un héritier et qu'on le fait par un contrat, d'une manière *irrévocable*, ce qui n'a lieu que *dans ce seul cas*. C'est le don de tout ou partie de l'hérédité, comme le serait le don de biens présents, en ce que le donateur ne peut détruire l'institution, quoiqu'en dissipant ses biens il puisse en rendre les effets moins importants qu'ils auraient pu l'être s'il eût mieux administré son patrimoine » (Duranton n° 671).

5323. Forme. — De ce que nous venons de dire, il résulte, et c'est l'opinion de la généralité des auteurs, que l'institution contractuelle ne peut être faite que par contrat de mariage. Tel était déjà, d'ailleurs, l'ancien principe (Merlin *Rép.* v° *Instit. contract.* §3, Grenier n° 427); elle ne pourrait donc être faite par une donation isolée, fût-elle antérieure au mariage, à moins qu'elle ne se rattachât au contrat de mariage parce qu'elle aurait été accompagnée des formes prescrites par les art. 1396 et 1397 C. C. (Delvincourt t. 2 p. 421, Duranton n° 672, Coin-Delisle n° 13; — Nîmes 8 janv. 1850, S. 50-2-91, Demolombe t. 23 n° 276).

5324. Transcription. — La donation de biens à venir est-elle soumise à la nécessité de la transcription, conformément à l'art. 939 C. C.? L'affirmative est soutenue par Mourlon *Transcript.* t. 2 n° 1117, Flandin t. 1 n° 701, Bonnet t. 1er n° 701, parce que dans l'ancien droit l'institution contractuelle était insinuée, que l'art. 947 C. C. n'écarte pas expressément l'application de l'art. 939, et qu'il n'y a pas de raison pour distinguer entre la donation ordinaire et l'institution contractuelle. Mais cette opinion n'a pas prévalu. En effet, la transcription est uniquement relative aux mutations opérées entre-vifs et elle ne concerne pas celles qui s'effectuent par décès. Or, la donation des biens à venir n'est translative de propriété qu'au décès du donateur. Donc, elle ne rentre pas dans le système général de la transcription, soit d'après le C. C., soit d'après la loi du 23 mars 1855 (Paris 2 janv. 1827, S. 29-2-215, Delvincourt t. 2 p. 111, Grenier t. 3 p. 430, Toullier t. 3 n° 845, Duranton t. 8 n° 411 et t. 9 n° 707, Poujol art. 939, Coin-Delisle art. 939 n° 16, Troplong t. 4 n° 2372, Pont *Revue critique* 1854 p. 157, Zachariæ, Aubry et Rau t. 6 p. 252, Demolombe t. 23 n° 277). — V. *Transcription.*

5325. Personnes au profit desquelles elle peut se faire. — L'institution contractuelle peut se faire : 1° soit au profit de l'un des époux ; — 2° soit au profit de tous les deux ; — 3° soit au profit de l'un ou de tous les deux et de la postérité à naître du mariage. Cependant s'il est permis d'appeler les descendants, ce n'est pas obligatoire; on peut appeler les père et mère ou l'un d'eux et repousser les descendants. Il est vrai que ces descendants sont vus avec tant de faveur que, si le donateur n'en parle pas, « la donation sera toujours, dans le cas de survie du donateur, présumée faite au profit des enfants et descendants à *naître* du mariage » (1082 C. C.). Il est évident, au surplus, que les descendants à *naître* du mariage en faveur duquel se fait la donation sont les seuls au profit desquels cette donation puisse être présumée faite. La loi s'en explique formellement. Des enfants de l'époux d'un autre mariage, à naître ou déjà nés, ne pourraient jamais y être appelés même par une clause formelle (Delvincourt t. 2 p. 110, 11 et 12, Toullier n° 861, Grenier n° 421, Coin-Delisle n° 36, Marcadé sur l'art. 1082). — Mais le donateur ne pourrait pas exclure les époux pour donner seulement aux enfants à naître, ni donner à quelques-uns de ces enfants en excluant les autres (Demolombe t. 23 n° 290).

Quant à la question de savoir si l'institution faite au profit des époux s'adresse à l'un d'eux seulement, voyez *suprà*, n° 5275.

5326. Nature du droit d'enregistrement. — De ce que nous avons dit, n° 5320, il résulte évidemment que l'institution porte un caractère mixte. « Elle participe tout à la fois, dit Favard de Langlade (V. *Instit. contract.* p. 43), de la donation entre-vifs, en ce qu'elle est irrévocable comme elle, et du testament, en ce qu'elle ne doit avoir son effet qu'au décès de l'instituant. » Néanmoins, sauf l'irrévocabilité du titre, on doit dire que son caractère dominant est celui de donation pour cause de mort. Aussi est-ce le droit fixe de 7 fr. 50 cent. qui doit être perçu sur le contrat de mariage, indépendamment de celui auquel ce contrat lui-même donne lieu : l'institution tombe, en effet, sous l'application des articles des L. 22 frimaire et 28 avril que nous avons rappelés au n° 5310 (Demante n° 609).

5327. Promesse. — Mais la promesse de donner ne doit pas être confondue avec la donation. Il n'existe pas de texte, à l'égard de la donation, qui puisse, comme à l'égard de la vente, motiver une controverse. *Promissio de donando non dicitur donatio* était une maxime en vertu de laquelle, sous l'ancienne législation, le droit établi pour la donation n'était pas exigible sur l'acte qui n'en contenait que la promesse. Cette décision doit être appliquée en matière d'enregistrement. — Aussi une Dél. 11 juin 1823 (551 C.) porte-t-elle qu'aucun droit n'est exigible sur la clause d'un contrat de mariage énonçant que les père et mère du futur sont dans l'intention de faire incessamment un partage provisoire de leurs biens, et qu'après ce partage ils lui feront donation de la moitié des biens dont son lot se trouvera composé pour en jouir jusqu'à partage définitif (*Conf.* : Pont et Rodière t. 1er n° 271 2e édit., 3122 J. N., D. N. t. 5 p. 183 n° 11.)

5328. Consistance au décès. — La donation, par contrat de mariage, d'un immeuble désigné, tel qu'il se compose maintenant et tel qu'il se trouvera au décès du donateur, ne peut être considérée que comme ayant un caractère purement éventuel, attendu qu'il n'y a pas dessaisissement actuel (Cass. 20 nov. 1833), arrêt rapporté n° 5314.

Dès lors l'immeuble donné dans ces conditions devrait être considéré comme faisant partie de la succession du donateur.

5329. Promesse d'instituer héritier. — Mais il existe certaines promesses qui, dans l'usage, équivalent à une institution contractuelle et par conséquent donnent, comme ces dispositions, ouverture au droit fixe de 7 fr. 50 cent.

Ainsi, suivant les anciens auteurs, la promesse *d'instituer héritier*, faite dans le contrat de mariage, équivaut à l'institution elle-même ; c'est sur la foi du donateur que le mariage s'est contracté, ce qui suffit pour rendre la disposition effective et irrévocable. D'ailleurs, il faut interpréter la stipulation dans un sens qui lui suppose un effet, et, l'institution promise ne pouvant avoir lieu plus tard, l'intention de celui qui a fait la promesse ne peut être interprétée raisonnablement qu'en lui attribuant un effet actuel. Une promesse semblable est donc une véritable libéralité subordonnée à l'événement du décès (Merlin *Rép.* v° *Instit. contract.* § 6 n° 2, Delvincourt t. 2 p. 422, Duranton t. 9 n° 655, Coin-Delisle sur l'art. 1082 n° 67, Champ. et Rig. n° 2950, Pont et Rodière n° 246 et 2e édit. n° 272).

5330. Promesse d'égalité. — La *promesse d'égalité*, c'est-à-dire la promesse par laquelle le père s'interdit d'attribuer à l'un quelconque de ses enfants la portion revenant au futur dans le disponible de sa succession, bien qu'elle n'enlève pas au promettant la faculté de disposer de la quotité disponible en faveur d'étranger ou même du futur, n'en a pas moins pour effet de lui interdire toute disposition en faveur d'un autre de ses enfants ; elle constitue ainsi au profit de ceux à qui elle est faite un avantage soumis à l'événement du décès et rentrant par cela même dans la catégorie des dispositions passibles d'un droit fixe à percevoir indépendamment de celui du contrat de mariage. C'est ce que la C. cass. a reconnu, le 3 août 1871, en annulant un jugement du tribunal de Lons-le-Saulnier du 2 février 1869 dont nous avions, au n° 3129 R. P., combattu la doctrine par les raisons qui ont obtenu gain de cause devant la cour (3332 R. P., 3015 Rev., 2426-4 I. G., B. C. 21, S. 71-1-164, D. 71-1-342, P. 71-454 ; — *Conf.* : Caen 16 août 1834 ; — Limoges 23 juill. 1862, D. 62-2-213 ; — Bordeaux 20 janv. 1863, D. 63-5-126 ; — Nîmes 4 août 1869 ; — Paris 26 janv. 1833, S. 1833-2-197 ; — Cass. 11 mars 1834, S. 34-1-178 ; — Douai 23 mars 1835, S. 35-2-379 ; — Cass. 8 déc. 1837, S. 38-1-476 ; — Amiens 15 déc. 1838, S. 39-2-204 ; — Besançon 11 juin 1844, D. 45-4-156 ; — Merlin *Rép.* v° *Inst. contract.* § 6 n° 3, Duranton t. 9 n° 698, Roll. de Vill. *Rép. du not.* v° *Inst. contract.* n° 33, Coin-Delisle art. 1082 n° 65, Troplong t. 4 n° 2376, Zachariæ, Aubry et Rau t. 6 p. 273, Demolombe *Donations* n° 302 ; — *Contrà* Champ. et Rig. n° 2951, 2164, 2494, 2427, 9410 J. N. ; — Bourbon-Vendée 3 fév. 1839, 11610 J. E. ; — Lons-le-Saulnier 2 fév. 1869, 3129 R. P.). — V. C. Paris 16 fév. 1874, 4157 R. P.

5331. Assurance de part héréditaire. — Jugé, dans le même sens, entre parties civiles, qu'il y a institution contractuelle *dans l'assurance de sa part héréditaire* faite à un enfant par son père (C. cass. 11 mars 1834), et dans une espèce où le père avait déclaré réserver *sa succession* à son enfant qui se mariait (Cass. 8 déc. 1837 ; — C. Amiens 15 déc. 1838, Roll. de Vill. v° *Instit. contract.* nos 48, 49). — D'où la conséquence que dans ces espèces le droit de 7 fr. 50 cent. serait également exigible (Dél. 25 juin 1830, 9693 J. E.). Le contraire a été cependant admis par une Dél. 6 juin 1817 (2200 J. N.), un jugement de Bourbon-Vendée du 5 février 1839 (11610 J. E.) et par le D. N. t. 4 p. 53 n° 386, sous le prétexte qu'il ne peut y avoir donation quand il s'agit de la portion réservée par la loi aux héritiers. Mais cette opinion ne saurait prévaloir contre la jurisprudence que nous venons d'indiquer.

5332. Part égale au plus prenant. — La solution doit-elle être la même pour la clause par laquelle les père et mère du futur lui assurent une part égale à celle *du plus prenant* de leurs autres enfants ? L'analogie est frappante entre cette espèce et celles qui précèdent. Cependant, J. N., en se fondant sur la Dél. 1817, citée dans le précédent numéro, d'après laquelle il faut, pour qu'il y ait donation éventuelle, que la clause du contrat de mariage assure au futur *sa part dans la quotité disponible*, enseigne (9410 J. N.) que dans notre espèce il n'y a pas institution contractuelle, attendu que les père et mère ne s'interdisent pas la disposition de la quotité disponible en faveur d'un étranger ou même en leur faveur. Cela est incontestable ; mais il n'en est pas moins vrai que les père et mère s'interdisent le droit de donner à *un autre enfant* sans que le futur prenne part à la donation, ce qui est un avantage réel pour lui.

5333. Immeuble attribué par préciput ou autrement. — La clause par laquelle les père et mère du futur lui ont donné et même assuré après leur mort, par préciput et hors part, la propriété d'un immeuble, ne contient qu'une disposition éventuelle soumise à l'événement du décès du donateur, et, par conséquent, n'est passible que du droit fixe de 5 francs (7 fr. 50) (Lorient 20 déc. 1838, 5890 Roll., D. N. t. 7 p. 46 n° 87).

Jugé, de même, que la disposition d'un contrat de mariage par laquelle un père assure à son fils la nue-propriété d'un domaine avec les terres qui se trouveront en dépendre au décès du déposant, a le caractère d'une institution contractuelle et n'est point actuellement passible du droit proportionnel (Seine 5 janv. 1842, D. N. t. 7 p. 46 n° 88).

De même encore, on doit considérer comme institution contractuelle seulement, et non comme donation entre-vifs, l'institution faite dans un contrat de mariage par un père en faveur d'un de ses enfants, du quart par préciput dans des biens spécialement désignés, sans aucun autre avantage dans les autres biens de l'instituant, alors surtout qu'il n'y a pas eu dessaisissement actuel de ce quart en faveur de l'institué. En conséquence, si plus tard les créanciers de l'instituant font saisir immobilièrement les biens sur lesquels porte l'institution, il n'y a pas lieu à distraction de ce quart (C. Riom 6 mars 1819, S. collect. nouv. 6-2-39).

5334. Constitution de ce qui pourra revenir au futur. — Dans tous les cas, on ne peut considérer comme disposition contractuelle passible de deux droits particuliers, la clause d'un contrat de mariage par laquelle les père et mère constituent au futur ce qui pourra lui revenir par suite de leur décès, pour le tout lui appartenir comme bien propre (Dél. 14 fév. 1824, 7868 J. E., 4544 J. N.). Il n'y a ici aucun avantage ni dans le présent, ni dans l'avenir.

5335. Somme fixe à payer aux collatéraux. — La clause d'un contrat de mariage par laquelle l'un des époux stipule, en cas de prédécès sans enfants, que son conjoint survivant ne sera tenu de donner aux héritiers collatéraux du prédécédé qu'une somme fixe pour leurs droits d'hérédité, constitue non une part sur une succession future, mais une institution contractuelle valable. Du moins, l'arrêt qui le juge ainsi, par appréciation des termes du contrat de mariage, ne viole aucune loi (Cass. 29 juin 1842, S. 42-4-693).

Dans ce cas donc, la succession tout entière devrait être déclarée au nom de l'époux survivant, quant à la somme allouée aux collatéraux.

§ 2. — *Biens présents et à venir.*

[5336-5341]

5336. Principe. — Nous avons déjà vu que, relativement au mariage, la donation peut comprendre : 1° des biens présents; 2° des biens à venir. — Mais il est encore permis de donner tout à la fois les biens présents et les biens à venir. « La donation par contrat de mariage pourra être faite cumulativement des biens présents et à venir, en tout ou en partie, à la charge qu'il sera annexé à l'acte un état des dettes et charges du donateur existantes au jour de la donation, auquel cas il sera libre au donataire, lors du décès du donateur, de s'en tenir aux biens présents, en renonçant au surplus des biens du donateur » (1084 C. C.). — « Si l'état dont est mention au précédent article n'a point été annexé à l'acte contenant donation des biens présents et à venir, le donataire est obligé d'accepter ou de répudier cette donation pour le tout » (1085 C. C.).

5337. Développement. — Ce qui distingue la donation de biens présents et à venir de la donation pure de biens à venir, c'est, d'après la dernière partie de l'art. 1084, que le donataire a le choix, lors du décès du donateur, ou de prendre l'ensemble des biens restant au décès comme s'il s'agissait d'une pure donation de biens à venir, ou de réclamer seulement les biens qui existaient au moment du contrat en abandonnant le reste de la succession, comme il le ferait en vertu d'une donation ordinaire de biens présents.

Il résulte donc de cet art. 1084 que la disposition appelée donation cumulative de biens présents et à venir se trouve être une *donation de biens à venir* contenant faculté pour le donataire de la transformer, *au décès du donateur*, en une donation ordinaire des biens qui existaient au jour du contrat.

« C'est, dit Marcadé sur l'art. 1084 n° 2, une donation de biens à venir, et, quand le donataire, au décès du donateur, l'accepte en entier, elle demeure donation de biens à venir. Donc, dans ce cas, le donataire est tenu de respecter les aliénations quelconques que le donateur a pu faire à titre onéreux, et de se contenter de ce qui reste des biens ; il ne peut critiquer que les aliénations gratuites autres que celles qui auraient pour objet des choses particulières et d'une valeur modique (art. 1083). Au contraire, la disposition se transforme en donation ordinaire de biens présents, quand le donataire au décès du disposant déclare s'en tenir à ces biens présents. Donc, le donataire pourra, dans ce cas, critiquer les aliénations, même à titre onéreux, que le donateur aurait faites de ces biens présents, c'est-à-dire des biens qui existaient au moment où la donation s'est faite ; mais pourvu, bien entendu, qu'il ait eu soin de faire transcrire sa donation, car la nécessité de la transcription est une conséquence de ce que sa donation est alors donation de biens présents » (art. 939 et suiv.). — *V.* 5259-1.

5338. État estimatif. — L'état estimatif des meubles, ordonné par l'art. 948 C. C., est nécessaire dans cette espèce de donation comme dans toutes autres qui portent sur des meubles présents (Toullier t. 5 n° 854, Duranton t. 9 n° 733, Vazeille sur l'art. 1084). — Toutefois, le défaut d'état estimatif n'entraînerait pas la nullité de la donation de biens présents : son effet se réduirait à faire rejeter les meubles dans la classe des biens à venir, qui ne peuvent être pris que dans l'état où ils se trouvent au décès du donateur (mêmes auteurs, *loc. cit.*, et Troplong t. 4 n° 2444, Demolombe t. 23 n° 363). — Le seul droit de 7 fr. 50 cent. serait donc exigible sur l'ensemble de la donation.

Dans ce cas, les meubles figurant dans l'acte de donation devraient être compris dans la déclaration des biens du donateur.

5339. État des dettes non annexé. — Pour que celui à qui on a donné simultanément les biens présents et les biens à venir (soit pour le tout, soit pour une quote part seulement) puisse transformer la libéralité en donation ordinaire des biens présents, il faut qu'on ait inséré dans l'acte ou annexé à cet acte un état détaillé des dettes dont le donateur était grevé au moment où il faisait la donation, afin que ce donataire ne prenne les biens existants au jour de cette donation qu'en payant les dettes qui grevaient ces biens. Aucune difficulté ne peut s'élever si cet état n'existe pas; la disposition, d'après l'art. 1085 C. C., demeure simple donation de biens à venir et doit, à l'événement, être acceptée ou répudiée pour le tout (Demolombe t. 23 n° 345).

Dès lors l'ensemble de la stipulation ne donne ouverture qu'au droit fixe de 7 fr. 50 cent.

Il suit de là, sans difficulté, que, si cet état n'a pas été joint, la disposition demeurant, d'après l'art. 1085, simple donation de biens à venir, tous les biens qui ont été compris dans cette disposition doivent être considérés comme faisant partie de la succession du donateur.

Il n'en est plus ainsi si c'est par la volonté même du donateur que l'état de ses dettes présentes n'a pas été annexé à l'acte; s'il a déclaré, par exemple, qu'il donnait ses biens présents et à venir et qu'il accordait au donataire le droit de s'en tenir aux biens présents sans être tenu de payer les dettes qu'il pouvait avoir lors de la donation, cette clause constitue une augmentation licite de la libéralité, et la donation ainsi faite est valable (Demolombe t. 23 n° 361).

5340. — État des dettes annexé. — La question avait paru présenter plus de difficultés lorsque l'état prescrit par l'art. 1084 C. C. a été annexé à la donation cumulative des biens présents et à venir. On avait pensé que cette donation pouvait être considérée comme contenant deux donations séparées et distinctes, l'une des biens présents, l'autre des biens à venir; cette doctrine prenait sa source dans les principes enseignés par Furgole sur l'Ord. de 1731 art. 17 et Lebrun *des Successions* liv. 3 ch. 2 n° 37; mais l'opinion qui avait fini par prévaloir sous l'ancienne législation était que la donation cumulative, en ce qui concernait les biens présents, bien qu'elle laissât au donataire une faculté de division dans l'avenir, n'emportait pas transmission actuelle de ces biens et n'autorisait pas le donataire à en disposer.

C'est cette opinion qui doit encore être suivie sous le C. C., avec d'autant moins de difficulté que l'art. 1089 déclare que la donation cumulative devient caduque si le donateur survit à l'époux donataire et à sa postérité, et que cette disposition ne distingue point entre les biens présents et les biens à venir. Ce n'est point ici une condition résolutoire, un droit de retour légal que la loi établit. « Le droit du donataire, dit Toullier t. 5 n° 857, est suspendu par une condition légale que met aux conventions de cette espèce l'art. 1089. Ainsi, jusqu'à l'époque du décès du donateur, le donataire n'a aucun droit acquis à la propriété des biens, aucun droit transmissible à ses héritiers, et, s'il meurt sans enfants, la donation n'est pas résolue, *car elle n'a point existé*; elle est caduque. La condition de survie du donataire est suspensive et non résolutoire » (Roll. de Vill., v° *Donation en faveur du mariage* n° 54, Grenier n° 434, Duranton t. 9 n° 735, Vazeille sur l'art. 1089, Marcadé sur l'art. 1084, Demolombe t. 23 n°s 348-350).

Aussi une D. m. f. et i. des 28 juillet et 8 août 1809 (463 I. G.) porte-t-elle que, à l'égard des donations de biens présents et à venir, lors même qu'il a été annexé un état des dettes et charges existantes lors de la donation, *s'il n'y a pas transmission actuelle de propriété ou de jouissance*, elles sont entièrement éventuelles et passibles seulement du droit fixe de 7 fr. 50 cent., sauf la perception du droit proportionnel lors de l'événement (*Conf.* : Cass. 1er déc. 1829, 9488 J. E., 7833 J. N., 1307 n° 5 I. G., S. 30-1-27, Champ. et Rig. n° 2956, Pont et Rodière t. 1er n° 284, Demolombe t. 23 n° 350; — *Contrà* Dél. 29 juill. et 27 oct. 1829, 9355 J. E.).

5341. Transmission actuelle. — 1. DONATIONS SÉPARÉES. — Ce que nous venons de dire fait pressentir que les principes de la perception sont différents quand le donataire est immédiatement investi soit de la propriété, soit de la jouissance des biens présents. Aucune difficulté ne peut surgir au sujet de l'exigibilité du droit de donation, lorsque la libéralité, au lieu d'être cumulative, se décompose en deux parties distinctes n'ayant entre elles aucune corrélation. « La loi n'interdit pas, dit Vazeille, de faire deux donations distinctes dans le même contrat de mariage, l'une de biens présents et l'autre de biens à venir. On a des exemples de ces dispositions. Si la loi renvoie au décès du donateur l'usage du droit de diviser la donation cumulée des deux sortes de biens, c'est parce qu'elle suppose que le disposant n'a pas voulu faire deux donations actuellement divisibles; mais, lorsqu'il a fait de suite *la tradition des biens présents*, cette présomption de la loi n'est plus admissible; *il se trouve là*, évidemment, *les deux donations* distinctes qui ne sont point interdites. »

Telle est également l'observation de Marcadé (art. 1084 et 1085) et de Demolombe art. 1089 t. 23 n° 347, ainsi que la doctrine de deux arrêts de cass. du 18 mai 1835 (S. 35-1-862) et 30 janv. 1839 (S. 39-1-443).

Dans cette hypothèse, la donation des biens présents a le caractère d'une libéralité entre-vifs ordinaire et la propriété se trouve irrévocablement transmise au donataire. Rien ne s'oppose donc à la perception du droit proportionnel sur cette disposition de l'acte et du droit fixe sur la donation éventuelle qui l'accompagne (*V.* Demante n° 611).

2. DONATION CUMULATIVE. — JOUISSANCE. — Mais il en est autrement quand la même disposition a pour objet à la fois des biens présents et à venir, c'est-à-dire quand il s'agit de la donation cumulative proprement dite. Comme la libéralité devient caduque *pour le tout* en cas de prédécès du donataire, on s'est demandé si cette circonstance n'arrêtait pas la perception du droit proportionnel dans tous les cas, même sur les biens dès à présent transmis au donataire. Consulté à cet égard, le conseil d'État a répondu le 22 décembre 1809 :

« Considérant que le droit de retour, en cas de survie de la part du donateur, conformément à l'art. 1089 du Code, ni la réduction à la quotité disponible, aux termes de l'art. 1090, n'empêchent pas que la *jouissance*, qui serait accordée de suite par le contrat de mariage, ne soit une véritable mutation, et conséquemment passible du droit proportionnel; *est d'avis* que, pour les donations de biens présents et à venir, faites par le contrat de mariage, qu'elles soient faites *cumulativement* ou par des dispositions séparées, le droit proportionnel est dû pour les biens présents toutes les fois qu'il est stipulé que le donataire *entrera de suite en jouissance* » (1320 § 4 I. G.).

Le conseil d'Etat s'est donc décidé pour le droit proportionnel, mais on a interprété différemment son avis. De ce qu'il parlait de l'entrée en *jouissance* du donataire, l'Administration en a conclu que le droit était dû comme *donation d'usufruit* seulement sur les biens dont le donataire recevait la jouissance (1307 § 4 I. G., 7131, 9456, 9860 J. N.). Cette solution se justifie certainement quand il y a réellement transmission d'un usufruit; mais on a soutenu que l'avis du conseil d'État comportait une signification plus étendue. Le mot jouissance, dit-on, n'a pas été pas été pris ici dans son acception scientifique, mais comme synonyme de possession : la jouissance du donataire est le signe de sa propriété. « C'est jouer sur les mots, écrit Demante, même sans exactitude; car, d'une part, la propriété résoluble diffère grandement de l'usufruit; et, d'autre part, l'usufruit dans la nomenclature des lois fiscales n'est pas la jouissance. L'interprétation donnée à l'avis du conseil n'est pas conforme à la rigueur du droit; c'est de l'arbitraire *in mitius* » (n° 613). D'où l'on conclut que le droit proportionnel est exigible sur la toute propriété des biens présents quand le donataire doit entrer immédiatement en jouissance (11629, 11866-2, 11883, 14735-4 J. E., Pont et Rodière 2e édit. t. 1er n° 283).

On ne saurait méconnaître, comme nous le disions dans nos éditions précédentes, que le conseil d'État n'avait pas eu à statuer seulement sur l'exigibilité du droit en cas de jouissance immédiate des biens présents. Mais c'est peut-être élargir beaucoup la signification des mots que d'admettre, sans autre preuve, que le conseil en parlant de la jouissance a voulu désigner la toute propriété. Ainsi que le fait remarquer M. Demante, la jouissance est rarement désignée dans la loi fiscale, mais enfin elle se rapproche plus de l'usufruit que de la propriété même; et, dans une matière comme celle des donations cumulatives, il n'est pas impossible de croire, avec l'Administration, que le conseil d'État ait uniquement voulu poser la règle pour l'usufruit. C'est qu'en effet l'usufruit des biens présents constitue un droit lucratif dont l'existence ne peut pas être contestée et qui motive, dès lors, l'application d'un impôt : nous verrons au contraire, dans le numéro suivant, que la transmission de la propriété ne produit pas les mêmes résultats et qu'en définitive le donataire n'en est pas réellement investi.

3. DONATION CUMULATIVE. — NUE-PROPRIÉTÉ. — Quoi qu'il en soit, aucune contestation n'a jamais été élevée sur la perception du droit lorsqu'il ne s'est agi que d'une transmission actuelle de jouissance. Mais l'Administration, raisonnant par analogie d'après l'A. cons. d'Ét., a enseigné que, si le donataire est investi de la faculté de disposer de la propriété des biens présents, le droit de donation entre-vifs est dû sur leur valeur entière, au jour du contrat (1307 § 4 I. G.).

Cette doctrine a soulevé une vive controverse. La loi, en déclarant *caduque* (1089 C. C.), en cas de survie du donateur, la donation cumulative de biens présents et à venir, a formellement déterminé sa nature éventuelle; or, ce n'est que par une dérogation bien expresse qu'il peut être permis de lui attribuer les effets d'une donation actuelle. La stipulation que le donataire entrera de suite en jouissance constitue évidemment, *en ce qui concerne* l'usufruit, cette dérogation formelle, car cette stipulation de jouissance est inconciliable avec l'idée d'une transmission subordonnée au prédécès du donateur: aussi est-ce sans contestation possible que le droit proportionnel est perçu sur cette transmission de jouissance.

Mais la stipulation que le donataire pourra, dès à présent, *disposer de la nue-propriété* constitue-t-elle cette dérogation formelle? Il est permis d'en douter. Le donataire, quoiqu'il ne soit investi que d'une expectative, peut certainement disposer des droits que lui confère la donation; le donateur *ne peut s'y opposer;* car, ainsi que nous l'avons vu n° 5337, il s'est enlevé à lui-même le droit de disposer, soit à titre gratuit, soit à titre onéreux, des objets compris dans la donation; seulement, si le donataire cédait ses droits à un tiers, la cession serait, comme la donation elle-même, subordonnée au prédécès du donateur. Or, la faculté de *disposer de la nue-propriété* accordée par le donateur au donataire n'a aucune portée, *puisqu'elle appartient de droit à celui-ci.* Ce n'est que l'expression d'un résultat légal qui n'ajoute rien aux effets de l'acte et n'empêche pas la survie du donateur de produire *toujours*, selon le mot de Marcadé (art. 1089 n° 2), la caducité de la donation. Il devient difficile d'expliquer comment il se pourrait qu'une telle circonstance autorisât la perception de l'impôt.

Aussi la question s'étant présentée de savoir si la déclaration de transmission immédiate de *nue-propriété* altère ou non le caractère incertain et éventuel de la disposition ayant pour objet des biens présents et à venir, la cour suprême a décidé, le 15 février 1830 (7137 J. N., 8587 J. E., S. 30-1-87), que la disposition par laquelle le donateur qui *se réserve la jouissance* des biens donnés jusqu'à son décès autorise le donataire à disposer *de la nue-propriété* à compter du jour de la donation ne donne pas ouverture au droit proportionnel. Néanmoins, l'Administration, en transmettant cet arrêt aux employés par son I. G. 1320 § 4, leur a prescrit de ne pas le prendre en considération et de continuer, conformément à la règle de perception établie par les I. G. 463 et 1307 § 4, d'exiger le droit proportionnel toutes les fois que la donation de biens présents et à venir contiendra la stipulation formelle de la faculté pour le donataire de disposer actuellement de la nue-propriété des biens présents (*V.*, dans le même ordre d'idées, 14735-4 J. E.).

A côté de cet arrêt du 15 février 1830, on peut en citer plusieurs autres de la même cour (4 juill. 1807, 13 avr. 1815, 2691, 5102 J. E., 28 janv. 1819, 2996 J. N., S. 19-1-262).

Dans l'espèce de ce dernier arrêt, la donation de biens présents et à venir, faite par contrat de mariage, portait: *Le donateur se dessaisit, dès à présent, au profit de la future, de tous droits de propriété et veut qu'elle en soit saisie dès ce jour.* Nonobstant cette clause expresse de dessaisissement, l'Administration n'avait perçu que le droit fixe sur le contrat de mariage; mais au décès du donateur, arrivé dix ans après le contrat, elle avait réclamé le droit de mutation. On lui opposait que, d'après les termes de l'acte, le donataire avait été immédiatement saisi de la propriété des biens du donateur, qu'en conséquence le droit proportionnel aurait dû être perçu sur le contrat de mariage et qu'à l'époque de la demande de l'Administration ce droit était frappé de prescription. Néanmoins, la C. cass. a décidé : 1° que le donataire n'avait pu être réellement et irrévocablement saisi qu'au décès du donateur et qu'à cette époque seulement on avait pu connaître la véritable consistance des objets compris dans un domaine qui s'étendait aux biens à venir; — 2° que ce n'était qu'à la même époque que l'Administration avait pu et dû former sa demande en déclaration (*V.* dans le même ordre d'idées, arrêt de cass. entre parties civiles 23 juin 1839, 12387-2 J. E. — *V.* encore 346, 6771, 7033, 7131, 7137 J. N.).

La jurisprudence de la cour suprême est donc constante. Il est certain que, dans sa pensée, la donation cumulative de biens présents et à venir, même avec la stipulation *que le donateur se dessaisit dès à présent*, ou *que le donataire pourra disposer des biens donnés*, n'opère pas une *transmission actuelle*, passible du droit proportionnel sur le contrat de mariage. Telle est également la doctrine du J. N. (11890 J. N.).

Le tribunal de Bayonne, adoptant la doctrine de l'Administration, a cependant jugé, le 29 novembre 1843 (13403 J. E., 11890 J. N.), que si, la stipulation qui livre de suite au donataire la jouissance des biens donnés opère une mutation, la stipulation qui lui livre tout d'abord, en la mettant à sa disposition, la propriété même de ces biens, doit nécessairement et à *fortiori* opérer aussi mutation de cette propriété [1].

4. OBJET DÉTERMINÉ. — On admet généralement que, quand la libéralité comprend un objet déterminé, il n'y a pas à son égard donation cumulative proprement dite. En disant que la donation par contrat de mariage peut être faite cumulativement des biens présents et à venir, en tout ou en partie, l'art. 1084 C. C. ne peut vouloir parler, *par partie*, que d'une donation à titre universel, soit pour les biens présents seulement, soit pour les biens à venir, et non d'une donation d'objets déterminés ou corps certains, ou de sommes; car ces objets ou ces sommes constitueraient une donation entre-vifs de biens présents purs, dont les effets seraient réglés par l'art. 1081. — Ainsi, dans cet exemple: « Je donne à Paul telle maison et la moitié de mes biens à venir, » le donataire est saisi irrévocablement de la maison. Il y a deux dispositions distinctes: l'une régie, comme donation de biens présents, par l'art. 1081; l'autre régie, comme institution contractuelle, par les art. 1082, 1083 et 1086 (Duranton n° 730). Ce sont là deux donations distinctes et deux droits sont incontestablement exigibles, l'un de donation éventuelle, l'autre de donation entre-vifs (*V.*, dans ce sens, 11224, 11302-2 J. E.).

C'est ce qui a été formellement consacré par la C. cass., le 20 mars 1833 (8032 J. N., 10597 J. E., 1425 § 5 I. G., S. 33-1-306). Dans l'espèce, un père avait fait donation préciputaire à son fils d'un tiers de ses biens présents et à venir, sous réserve de l'usufruit et du droit de retour en cas de prédécès du donataire. Il ne fut perçu sur cette disposition que le droit fixe; mais une clause particulière et distincte portait: « En interprétant la clause relative au droit de retour stipulé, il est convenu que cette clause ne fait point obstacle à ce que le futur époux dispose de 5,000 francs sur le préciput à lui donné, pendant la vie de son père. » Par son arrêt, la cour a déclaré que cette stipulation, faite en termes exprès et sans être assujettie à aucune condition suspensive, a opéré la transmission actuelle de la somme de 5,000 francs, et donné, par conséquent, ouverture au droit proportionnel sur cette somme.

La difficulté est de savoir quand il y a objet déterminé dans le sens juridique du mot; mais c'est là une question d'appréciation dépendant des termes du contrat.

1° Ainsi, on avait fait donation à la future de la moitié de tous biens présents et à venir, et, pour la remplir de la moitié des biens présents, on lui attribuait une maison dont elle devait prendre possession de suite en laissant l'usufruit au donateur. Le tribunal de Narbonne a décidé, le 3 novembre 1863, que la transmission de l'immeuble s'opérant actuellement donnait lieu au droit proportionnel.

2° C'est ce qu'on a reconnu également à propos de la donation d'une somme de 2,700 francs, destinée à tenir lieu du quart des biens présents compris dans une donation cumulative (Sol. 19 mars 1864).

3° Cependant on devrait considérer comme institution contractuelle, sujette seulement au droit fixe, la donation qui serait faite par les père et mère de la future, *chacun en sa succession*, et sous réserve d'usufruit, du tiers par préciput d'un immeuble *désigné*, non-seulement tel qu'il se compose maintenant, mais encore *dans l'état où chacun des donateurs le laissera à son décès* (Cass. 20 nov. 1833, 8301 J. N., S. 33-1-85, contraire à une Dél. du 12 oct. 1830, 7312 J. N.).

4° De même, la disposition d'un contrat de mariage par laquelle les père et mère et un oncle du futur l'instituent héritier pour certains immeubles désignés dans le contrat a le caractère d'une donation à cause de mort passible du droit fixe, quoiqu'il soit dit que les donateurs assurent au donataire la totalité des biens donnés lors de l'ouverture de la succession, s'interdisant de rien faire qui préjudicie à cette disposition (Bressuire 13 fév. 1840, D. N. t. 5 p. 141 n° 137).

5° Lorsque le contrat de mariage contient donation d'une quote part des biens présents désignés dans le contrat et institution du donataire pour héritier d'une part légale des biens à venir, avec déclaration des dettes du donateur, le droit proportionnel n'est cependant pas dû. A la vérité, la donation se trouve ici divisée et le donataire peut opter pour les biens présents au décès du donateur. Mais cette condition de survie n'en reste pas moins apposée à la donation entière, quoique les biens présents soient désignés dans le contrat, circons-

1. Le système de l'exigibilité du droit sur le contrat de mariage conduit à des conséquences très-embarrassées lors du décès du donateur. Voici comment Demante les expose :

« A. *Le donataire opte pour la totalité des biens.* — Le droit proportionnel est encouru à titre de mutation par décès. Si le donataire, n'étant pas entré en possession, n'a payé aucun droit proportionnel lors du contrat, il le paye au jour du décès sur le tout. S'il a payé sur les biens présents le droit de donation entre-vifs à titre de propriété, — comme sa propriété sur ces biens est seulement confirmée, il n'a rien de plus à payer quant auxdits biens. S'il a payé sur ces biens à titre d'usufruit, il paye le droit de mutation par décès sur la nue-propriété seulement à raison d'un capital formé de *dix* fois le revenu annuel L. frim. art. 15 n° 8 *in fine*).

« B. *Le donataire s'en tient aux biens présents lors du contrat, en renonçant au surplus des biens du donateur* (art. 1084 C. C.). — Dans cette hypothèse, si le donataire a payé lors du contrat le droit de donation entre-vifs sur les biens présents à titre de propriété, même solution que ci-dessus. Sinon, il doit certainement payer un droit proportionnel, au jour du décès. Mais lequel? Est-ce à titre de donation entre-vifs? Est-ce à titre de mutation par décès?

« Je pense que la perception doit avoir lieu à titre de donation entre-vifs. La raison en est que la propriété du donataire, après son option, remontant au jour du contrat, le décès du donateur opère ici à la façon des conditions ordinaires; c'est le contrat qui est la cause de la transmission. » — Nous ferons remarquer, sur ce dernier point, que l'opinion du savant professeur est contraire à la pratique et à la jurisprudence établie par les arrêts. — Toute donation entre-vifs subordonnée à la condition de survie du donataire donne lieu au droit de mutation par décès.

tance qui suffit pour justifier l'exigibilité du droit fixe (8938 J. N., D. N. t. 5 p. 143 n° 149).

§ 3. — *Donations de sommes payables au décès.*

[5342-5352]

5342. Principes généraux. — Jusqu'ici, au lieu d'employer l'expression *biens* dans son sens générique, nous ne l'avons envisagée que d'une manière restrictive, c'est-à-dire que nous avons, en général, laissé en dehors *les sommes d'argent*. Ce qui nous a déterminé à agir ainsi, c'est que, les donations de sommes payables au décès du donateur étant celles qui ont soulevé les plus graves et les plus nombreuses difficultés, nous avons voulu leur consacrer un article spécial.

On a beaucoup discuté, surtout en matière d'enregistrement, pour déterminer le caractère de l'acte par lequel un donateur attribue au donataire une somme d'argent que ce dernier devra seulement recevoir au décès. Il y a, en effet, dans une telle disposition un mélange d'actualité et d'incertitude qui la fait participer de la donation entre-vifs et de la libéralité éventuelle. Or, comme la prédominance d'une disposition sur l'autre résulte avant, tout, des termes du contrat, la jurisprudence a couvert le terrain d'une multitude de solutions d'espèces d'où le principe de la perception ne se dégage pas toujours nettement. La difficulté s'est cependant un peu élucidée depuis notre dernière édition, et certaines règles paraissent aujourd'hui à l'abri de la controverse.

5343. Somme payable au décès. — Il ne paraît plus douteux d'abord que la donation d'une somme *payable au décès* ou *dans les biens du donateur* soit actuelle, et c'est là un point très-important en droit fiscal. En effet, on peut donner entre-vifs toute sorte de biens, c'est-à-dire, par exemple, une créance ou une rente que le donateur crée au profit du donataire contre lui-même. Or, si cette donation est valable, le donateur devient actuellement et irrévocablement débiteur personnel du donataire qui doit dès lors avoir contre lui les droits appartenant à tout créancier. Donc, aux termes de l'art. 2092 C. C., le donataire a le droit d'exiger son payement sur tous les biens présents et à venir du donateur.

On se récrie que l'art. 943 s'y oppose! Oui, sans doute, si la donation d'une somme payable au décès avait pour objet directement les biens eux-mêmes du donateur, ses biens en nature, soit les biens à venir, soit les biens présents. Mais il n'en est rien. L'objet unique de la donation c'est la créance que le donateur transmet contre lui, et cette créance est en effet transmise actuellement et irrévocablement : actuellement, car elle est, dès l'instant de la donation *in bonis*, dans le patrimoine du donataire, transmissible et aliénable de toutes les manières ; irrévocablement aussi, car il ne dépend plus désormais du donateur de cesser d'être débiteur ni par conséquent d'anéantir ou de diminuer le droit dont il a saisi le donataire. Or, c'est là ce que l'art. 943 C. C. a essentiellement voulu empêcher lorsqu'il a décrété la défense de donner des biens à venir.

On insiste et on dit que le donateur, en dissipant ses biens, rendra vaine la créance du donataire! — Qui ne voit que l'on fait ici une confusion du fait avec le droit? L'efficacité du droit d'un créancier personnel à terme est sans doute subordonnée à la solvabilité future de son débiteur. Oui, en fait, pour le payement l'exécution, mais certainement non en droit pour l'existence même de la créance dont la plénitude et l'intégrité demeurent toujours inviolables de la part du débiteur. Le donataire pourrait d'ailleurs faire des actes conservatoires de son droit et même demander la révocation de ceux que le donateur aurait consentis en fraude de lui. Donc, un tel droit est bien actuellement et irrévocablement acquis au donataire. Cette argumentation, que nous empruntons à Demolombe (t. 20 n° 392) paraît sans réplique : elle est acceptée aujourd'hui en doctrine et en jurisprudence (Pothier *Introd.* t. 15, *Cout. d'Orléans* n° 24, Merlin *Rép.* v° *Don.* sect. 5 § 2 n° 9, Delvincourt t. 2 p. 490 note 4, Duranton t. 8 n° 28, Poujol art. 943 § 3, Marcadé art. 943, Coulon *Quest. de droit* t. 2 p. 501, Demante t. 4 n° 85 *bis*, Aubry et Rau t. 5 p. 533, Massé et Vergé t. 3 p. 15, Labbé Dissert. P. 1860 p. 353, Dalloz *Enregistrement* n° 3802, G. Demante n° 610; — Cass. 15 mars 1825, S. 26-1-15, 1166 § 6 I. G., 17 avr. 1826, 1200 § 5 I. G., S. 26-1-346, 8 déc. 1831, 1398-2 I. G., S. 32-1-192; — Paris 17 déc. 1834, S. 35-2-166 ; — Bordeaux 5 juill. 1839, S. 40-2-103 ; — Cass. 11 déc. 1845, S. 45-1-97 ; — C. Agen 10 juin 1851, S. 51-2-445 ; — Cass. 27 déc. 1859, S. 61-1-87, — 18 nov. 1861, S. 62-1-33, 796 R. P. ; — Cass. (en matière civile) 19 juin 1876, 4662 R. P.).

5344. Sommes à prendre sur les biens du décédé. — Mais la doctrine précédente ne serait pas applicable à la donation d'une somme *à prendre sur les biens que le donateur laissera à son décès, sur la succession du donateur, sur les plus clairs deniers de sa succession*, et autres formules semblables. Ce qui paraît bien résulter de ces termes, c'est que le donateur, sans vouloir se constituer lui-même débiteur, n'a entendu conférer qu'une créance éventuelle contre sa succession et ne devant se réaliser quant à son existence même que dans la mesure des biens qu'il laissera au décès. Or, c'est là une donation de biens à venir. « Cette distinction, ajoute Demolombe, est tout à fait juridique ; c'est parce qu'elle n'a pas été assez nettement posée que se sont élevées sur ce sujet toutes les controverses : elle est à peu près universellement reconnue aujourd'hui » (t. 2 n° 405, *Conf.*: Metz 5 août 1819, S. 21-2-7 ; — Cass. 8 juill. 1822, S. 22-1-434, 7370 J. E., 29 déc. 1823, S. 24-1-106 ; — C. Rouen 3 mars 1834, S. 34-2-582 ; — Cass. 15 juill. 1835, S. 36-1-153, 25 juin 1839, S. 39-1-545, 1590 § 5 I. G. ; — C. Besançon 15 mai 1854, 796 R. P. ; — Cass. 16 mai 1855, S. 55-1-490 ; — C. Paris 14 juill. 1859, S. 59-2-471 ; — Cass. 18 nov. 1861, S. 62-1-33, 28 fév. 1865, S. 65-1-124, Delvincourt t. 2 p. 490, Grenier et Bayle-Mouillard t. 1er n° 7 note C, Coin-Delisle art. 943-7, Vazeille art. 943-2, Marcadé 943-1, Merlin *Rép.* v° *Don.* sect. 3 § 4 nos 5 et 6, Taulier t. 4 p. 82, Troplong t. 3 n° 1199, 1208, 1209, Saintespès Lescot t. 3 n° 775, Massé et Vergé t. 3 p. 15, Aubry et Rau t. 5 p. 417, Dalloz v° *Enreg.* n° 3803, G. Demante n° 610, 796 R. P.).

Mais c'est une question de fait de décider quand il y a don d'une somme payable au décès ou à prendre sur la succession. En cas de doute, il vaut mieux valider la donation que l'annuler, *potius ut valeant quam ut pereant*. Certaines circonstances seraient particulièrement de nature à imprimer à l'acte le caractère d'une donation entre-vifs ; comme si, par exemple, le donateur s'était obligé à servir lui-même les intérêts de la somme donnée, s'il avait consenti une hypothèque pour sûreté de payement de cette somme [1], s'il avait stipulé soit une réserve d'usufruit, soit un droit de retour.

En outre, et comme nous l'avons fait remarquer dans nos précédentes éditions, lorsque les parties déclarent faire une donation entre-vifs, c'est-à-dire opérer un dessaisissement actuel qui transmet immédiatement la propriété de la somme donnée, il faut présumer que la donation est actuelle. C'est aussi l'opinion de Champ. et Rig. n° 2971 et la doctrine qui a prévalu plusieurs fois en jurisprudence (Cass. 18 nov. 1861, S. 62-1-33 ; — 4 fév. 1867, *infrà* 5348). — *V.* cependant Besançon 15 mai 1854 (796 R. P.). — Mais finalement toutes ces difficultés sont d'appréciation et ne peuvent faire l'objet d'aucune règle générale applicable à tous les cas. Nous réunirons plus loin, à titre d'exemple, les principales hypothèses sur lesquelles la jurisprudence a prononcé en matière d'enregistrement.

5345. Règle officielle de perception. — Après avoir longtemps varié, l'Administration a pris pour règle officielle de perception les principes que nous venons de poser et les distinctions qui en découlent. Voici en quels termes elle les formule dans son I. G. n° 1132 § 6 toujours en vigueur.

Elle divise les libéralités de l'espèce en : 1° donations de sommes payées après le décès du donateur; — 2° donations de sommes à prendre dans sa succession.

1. SOMMES PAYÉES APRÈS DÉCÈS. — Dans le premier cas, il est décidé que la donation d'une somme payable après le décès du donateur est réputée entre-vifs, et, à ce titre, donne ouverture à la perception du droit proportionnel, si le donateur se *dessaisit* actuellement de la propriété de cette somme, et lors même qu'il s'en réserverait l'usufruit, ou que le capital ne produirait pas d'intérêts jusqu'au décès; lors même aussi qu'il stipulerait le droit de prédécès du donataire, et qu'il n'accorderait ni hypothèque, ni autre garantie pour assurer le payement.

2. SOMMES A PRENDRE SUR LA SUCCESSION. — Dans le second cas, on décide que la donation d'une somme à *prendre* sur la succession du donateur et ne *produisant* pas d'intérêts payables avant l'ouverture de cette succession, est éventuelle et réputée à *cause de mort*, en quelque forme qu'elle soit consentie et acceptée, et ne donne pas lieu à la perception du droit proportionnel, lors même que le donateur stipulerait une hypothèque sur ses biens présents, sauf à exiger, dans ce cas, le droit proportionnel de mutation lors de l'ouverture de la succession du donateur. Cette décision est fondée, soit sur ce qu'une semblable donation doit devenir caduque, aux termes de l'art. 1089 C. C., si le donateur survit au donataire et à sa postérité, soit parce que le donateur n'étant pas dessaisi, conserve la faculté d'aliéner ses biens et de disposer de leur prix, en sorte que la succession peut être insuffisante.

Intérêts. — Cependant, lorsque les donations de cette seconde catégorie sont faites avec la condition que le donateur payera les intérêts de la somme donnée, on divise la donation, en donation éventuelle pour le capital et donation actuelle pour les intérêts. Dès lors, on perçoit le droit proportionnel sur les intérêts, capitalisés au denier dix, et le droit fixe à raison de la donation éventuelle du capital.

L'Administration, dans cette matière délicate, n'a pas toujours échappé aux contradictions, et la jurisprudence des tribunaux secondaires a fréquemment compromis l'application des principes; mais ils n'en subsistent pas moins au milieu de la variété des espèces comme le seule moyen de justifier la perception. Nous allons pour terminer le sujet, parcourir brièvement les divers cas qui ont donné lieu à des solutions administratives ou judiciaires.

1re DIVISION. — DROIT PROPORTIONNEL

[5346-5349]

Le droit proportionnel doit être perçu, lors de l'enregistrement du contrat de mariage, sur les donations de sommes.

5346. A prendre sur les plus clairs biens du donateur. — Avec dessaisissement actuel (Cass. 8 juill. 1822, 7370 J. E., S. 22-1-434, 1132-6 I. G.; — C. Lyon 13 août 1845, 14168-2 J. E.). — *V.* 388 R. P. :

1° Exigibles seulement au jour du décès du donateur, sans intérêts jusque-là, mais avec hypothèque (Seine 26 mai 1841, 12753 J. E.; — Toulouse 16 juill. 1844, 13609 J. E., 12211 J. N.) ;

2° Rapportables à la succession, avec réserve du droit de retour (Versailles 16 mars 1843, 13226 J. E.);

3° A prendre et toucher, deux mois après le décès du donateur, avec hypothèque et stipulation que cette somme ne sera ni cessible, ni saisissable, et que le donataire ne pourra la transmettre qu'à ses héritiers en ligne directe (Dél. 3 oct. 1836, 11617-2 J. E.);

4° Avec réserve d'usufruit et d'hypothèque (13698-1 J. E.);

5° A prendre sur les plus clairs biens du donateur, avec droit de retour ou avec réserve d'usufruit (Tulle 8 mars 1852, 15399 J. E.). — *V.* 15212 J. E.;

1. La constitution d'hypothèque, dit M. Demante, me paraît fournir une présomption à peu près invincible du caractère *présent* de la donation. Bien qu'il soit reçu qu'on peut conférer une hypothèque pour une obligation éventuelle, je ne vois pas l'avantage qu'un donataire de biens à venir retirerait d'une hypothèque ainsi constituée. Par la nature de son droit, il vient après les créanciers, et il vient avant les donataires postérieurs (sauf art. 1083 C. C.) et les légataires. Veut-on que l'hypothèque change son rang et lui assure la priorité sur les créanciers? Par cela seul, la prétendue donation *future* devient donation présente. Donc, pour donner un effet raisonnable à la volonté des parties, il faut admettre, en général, que la constitution d'hypothèque pour une prétendue donation *future* est une présomption grave et précise du caractère *présent* de ladite donation (n° 610).

A prendre sur les plus clairs biens que le donateur laissera à son décès, sans intérêts jusque-là, sous le cautionnement d'un tiers et avec stipulation du droit de retour, en cas de prédécès du donateur (Figeac 6 nov. 1856, 755 R. P.);

6° Stipulées *entre-vifs* et *irrévocables* avec réserve d'usufruit et du droit de retour, sous la condition, toutefois, que, nonobstant la réserve du droit de retour, le donataire pourra disposer en faveur de sa femme de l'usufruit d'une somme de 10,000 fr. en cas de survie (Clermont 11 janv. 1818, 14414 J. E.);

7° Payables par les héritiers dans l'année du décès, sans intérêts jusque-là (Dél. 20 janv. 1835, 11103 J. E., 1180, § 2 I. G.; — Milhau 17 décembre 1862, 17623 J. E.);

8° Pour en disposer en nue-propriété du jour de l'acte, mais pour n'entrer en jouissance qu'au décès du donateur, avec réserve du droit de retour (Loudun 9 déc. 1846, 14229 J. E.).

5347. A prendre sur les biens du donateur. — Pour n'en jouir et disposer qu'à partir du décès (Dél. 2 juin 1829, 9386 J. E.).

1° Avec stipulation que ces biens y demeurent affectés, sans néanmoins qu'on puisse requérir hypothèque du vivant du donateur qui se dessaisit actuellement et irrévocablement (13969 J. E.);

2° Le donataire étant saisi de la nue-propriété de la somme à partir de la donation, mais ne devant y réunir l'usufruit qu'au décès du donateur (Dél. 19 oct. 1838, 12178-1 J. E.; — Seine 23 fév. 1842, 12935 J.E.;—Toulouse 28 mai 1863, R. P. table 1864.);

3° Avec stipulation que le donataire a le droit de disposer de la somme donnée dont le payement est garanti par une hypothèque et par un abandon éventuel des biens immeubles (13205-2 J. E.);

4° Avec stipulation que le donateur se constitue dès à présent débiteur de la somme donnée et qu'il en charge ses héritiers (12475-8 J. E.);

5° Avec hypothèque et clause de retour, sans intérêts, et avec stipulation que le donataire aura le droit de disposer de l'usufruit de la somme donnée en faveur de sa femme (9069 J. E.);

6° Avec hypothèque et clause de retour (Cass. 6 août 1827, 9188 J. E.; — Figeac 14 déc. 1855, 6 nov. 1856, 640 et 755 R. P.).

5348. Payables au décès du donateur. — Sans intérêts, avec clause de dessaisissement (Cass. 15 mars 1825, 5210 J. N., 7987 J. E., 1166 § 6 I. G., S. 26-1-15; — Cass. 4 fév. 1867 cassant un jugement de Chaumont du 2 août 1864, 2411 R. P., 2357 § 5 I. G., 2669-19° R. P., B. C. 24, S. 67-1-224).

A prélever avant tout partage, sur la succession du donateur, soit par préciput et hors part, soit à valoir sur les droits héréditaires du donataire, lorsque la donation porte que la somme donnée sera productive d'intérêts jusqu'au décès du donateur, et qu'une hypothèque a été constituée pour celui-ci au profit du donataire pour garantir le payement tant du capital que des intérêts (Besançon 15 mai 1854, 796 R. P.).

1° Sans intérêts et avec clause du droit de retour (Dél. 5 fév. 1824, 7071 J. E.; — Cass. 17 avr. 1826, 1200 § 5 I. G., 5752 J. N., 8433 J. E., 1132 § 6 I. G., S. 26-1-346; — Cass. 28 janv. 1839, S. 39-1-103, 1590-5 I. G.; — Milhau 13 août 1864; — *Contrà* Dél. 10 oct. 1823, 7588 J. E.);

2° Sans intérêts ni réserve d'usufruit, ou de droit de retour, ni dation de garanties hypothécaires, alors que la donation a été qualifiée d'actuelle et d'irrévocable (Cass. 4 fév. 1867, 2411 R. P., 2357 § 5 I. G., 1834 Rev., 18794 J. N., 18358 J. E., rendu sur les conclusions développées de M. Blanche, reproduites au n° 2411 R. P.);

3° Avec simple clause de retour (D. m. f. 5 fév. 1824, 4615 J. N.; — Dél. 24 mai 1832, 10331 J. E.; — Lannion 10 mai 1837, 11827 J. E.; — Dél. 7 oct. 1828, 6736 J. N.);

4° Avec simple stipulation d'intérêts (Dél. 12 juill. 1826, 8487 J. E., 5927 J. N.; — Dél. 11 mai 1827, 6356 J. N.);

5° Avec intérêts et clause de retour (Cass. 13 déc. 1828, 9502 J. E., 5927-6781 J. N., 1272 § 5 I. G.; — Cass. 8 déc. 1831, 10249 J. E., 7646 J. N., 1398 § 2 I. G., S. 32-1-102);

6° En avancement d'hoirie sur la succession du donateur (11853 J. E.; — Cass. 9 juill. 1840, 12595-4 J. E.);

7° Avec réserve du droit de retour et obligation par le donateur de payer les intérêts jusqu'à ce que le donataire puisse exiger le capital (Cass. 17 janv. 1844, 11885 J. N., 13428 J. E., 1713 § 4 I. G., S. 44-1-128);

8° Sur la donation entre-vifs pure, simple et irrévocable, faite dans le contrat de mariage par le père de la future, *pour le cas de survie*, d'une somme qui fera partie de la succession de la donataire, si elle prédécède laissant des enfants (Joigny 12 août 1868, 2890 R. P.).

9° Payables au décès sur les plus clairs biens avec stipulation de caducité en cas de prédécès (Périgueux, 17 déc. 1874).

5349. Hypothèses diverses. — Le droit proportionnel doit encore être perçu :

1° Sur la donation d'une somme exigible deux ans après le décès du donateur, sans intérêts jusque-là, sans hypothèque et avec droit de retour (12314-3 J. E.; — Cass. 28 janv. 1839, 10272 J. N., 12224 J. E., 1590 § 5 I. G., S. 39-1-103);

2° Sur celle d'une somme payable *après la mort* du donateur, sans intérêts mais avec hypothèque (J. Limoges 20 mars 1838, 12005 J. E.; — *Contrà* Brives 16 mai 1861);

3° Sur l'acte portant affectation hypothécaire par le mari et la femme pour garantir le payement d'une somme qu'ils ont donnée antérieurement, à prendre sur leurs futures successions, mais seulement après le décès du survivant (14063-1 J. E.);

4° Sur la donation d'une somme à prendre sur tous les biens meubles et immeubles, *présents et futurs* du donateur, et payable en numéraire à son décès, avec déclaration qu'il se constitue *dès à présent débiteur* de la somme donné (12475-8 J. E.);

5° Sur l'acte par lequel une personne donne actuellement et irrévocablement, sous réserve d'usufruit, une somme de 15,000 francs à prendre sur ses biens présents et subsidiairement sur les immeubles dépendant de sa succession, bien que le donateur ait paru retenir le droit de disposer à son gré des biens donnés (Cass. 28 fév. 1865, S. 65-1-124, 2009 R. P., 2326-1 I. G., D. 65-1-220);

6° Sur la donation d'immeubles désignés avec réserve d'usufruit et de droit de retour, quoique la libéralité ait été qualifiée d'institution contractuelle, et que le donateur se soit réservé le droit de vendre les biens pour le prix en appartenir au donataire (Seine 26 déc. 1863, 1883 R. P., 17834 J. E., 12659 C., 18070 J. N., 990 Rev.);

7° Sur la clause d'un contrat de mariage par laquelle le père de la future fait donation à celle-ci d'une somme qui lui appartiendra par le fait de la célébration du mariage, sauf le cas de prédécès sans enfants. C'est là une libéralité entre-vifs actuelle faite sous condition résolutoire et donnant lieu immédiatement au droit proportionnel (Joigny 12 août 1868, 3339 R. P.).

2e DIVISION. — DROIT FIXE

[5350-5352]

5350. — Le droit fixe doit être perçu lors de l'enregistrement du contrat de mariage :

1° Sur la donation d'une somme d'argent à prendre sur les plus clairs biens de la succession du donateur, sans cependant qu'il puisse être pris inscription sur ses propriétés, et avec stipulation que le donataire n'aura la jouissance de la somme donnée qu'après le décès d'un tiers (Cass. 5 nov. 1839, 10520 J. N., 12411 J. E., 1615 § 2 I. G., S. 39-1-844);

2° Sur la donation faite au profit du successible du donateur, d'une somme déterminée à prélever avant tout partage, sur la succession du donateur, soit par préciput et hors part, soit à valoir sur les droits héréditaires du donataire, encore qu'elle ait été qualifiée de donation entre-vifs (Besançon 15 mai 1854, 796 R. P.);

3° Sur la donation d'une somme exigible, sans aucun intérêt, sur les successions à venir des donateurs, c'est-à-dire à prendre éventuellement sur les plus clairs biens qui se trouveront au jour du décès de chacun des donateurs, qui n'entendent ainsi aliéner aucun de leurs droits actuels, mais seulement assurer au donataire une portion fixe de leur patrimoine, tel qu'il pourra exister (12601-1 J. E.);

4° Sur la donation contractuelle faite par le mari à sa femme d'une somme déterminée à prendre, à titre de gain de survie, sur les biens les plus clairs de la succession du donateur (Cass. 15 nov. 1836, D. 36-1-409). — *V.* 388 R. P.;

5° Sur la donation d'une somme à prendre sur les biens meubles et immeubles qui composeront la succession du donateur, avec convention que l'objet de la donation ne sera point sujet à rapport (13453-4 J. E., Dél. 15 janvier 1836, 9168 J. N.);

6° Sur la donation à la future d'une somme de 40,000 francs à prendre sur les biens que le donateur laissera au jour de son décès, payable dans les deux ans qui suivront l'ouverture de la succession, et productive d'intérêts à partir du décès jusqu'au payement effectif; réversible pour porter sur la tête du futur en cas de prédécès de la future et de ses descendants; caduque et de nul effet, en cas de prédécès sans descendants des deux donateurs (Pontoise 1er mai 1851, 15212 J. E.);

7° Sur la donation d'une somme à prendre sur les biens qui composeront la succession de la donatrice, avec stipulation que l'existence et le payement de cette somme ne pourront être assurés par aucune hypothèque, garantie, caution ou inventaire quelconque; et que la donation sera non avenue dans le cas où la donataire et les enfants à naître de son mariage viendraient à décéder sans postérité avant la donatrice (Seine 26 déc. 1863, 1883 R. P., 17834 J. E., 12659 C., 18070 J. N., 990 Rev.);

8° Sur la disposition portant donation à la future épouse d'une somme de 1,500 francs à prendre sur les plus clairs et apparents biens de la succession, le donateur, libre de toute obligation actuelle, pouvant disposer, vendre, donner, et enfin ne rien laisser à son décès (Hazebrouck 6 mars 1869 2955 R. P.).

9° Sur la donation au futur d'une somme payable sans intérêts, au décès, sans garantie hypothécaire et sans droit de retour (Le Vigan, 13 juill. 1876, 4632 R. P.).

5351. Droit fixe et droit proportionnel. — Intérêts. — Si la somme donnée *éventuellement* doit produire des intérêts du jour de la donation, le droit proportionnel est dû sur le revenu au denier 10 de ces intérêts (Dél. 10 fév. 1846, 14065 J. E.). C'est l'application de l'une des règles posées par l'I. G. 1132 § 6.

5352. Donation entre-vifs dont l'accomplissement est soumis à l'événement du décès. — Nous traiterons au mot *Succession* des effets que produisent, relativement au payement des droits de mutation par décès, toutes les dispositions qui, faites par acte entre-vifs, ont été soumises à l'événement du décès. Nous voulons seulement aborder ici une question qui, par la nature du droit que l'on prétendait exigible, se rattache directement à la matière de cet article.

Par deux arrêts des 15 mai 1834 (8526-8687 J. N., 10931 J. E., S. 34-1-406) et 14 août 1838 (10105 J. N., 12132 J. E., S. 38-1-710), la Cour suprême avait décidé que la donation qu'un mari fait à sa femme par contrat de mariage n'en est pas moins une donation entre-vifs irrévocable et saisissant le donataire du jour du mariage, parce qu'elle est subordonnée à la condition que la donataire survivra à son mari; qu'en conséquence, après que le décès du mari sera arrivé, il ne sera dû que le demi-droit proportionnel établi par la loi du 28 avril 1816 pour les donations entre-vifs, faites en contrat de mariage aux futurs époux. Cependant, l'Administration, en portant à la connaissance des employés, par son I. G. 1467 § 5, l'arrêt de 1834, leur avait prescrit de continuer de percevoir le droit proportionnel *entier* sur les mutations effectuées par décès, en vertu de donations faites, par contrats de mariage aux futurs, et soumises à l'événement du décès.

Mais quand il s'agit de conditions dont l'accomplissement est soumis à l'*événement du décès*, le principe de rétroactivité reste sans application; car, d'après la jurisprudence, pour asseoir les bases du tarif de l'impôt, le législateur n'a pas voulu prendre en considération « les théories et définitions du droit civil et les divers caractères que ce droit imprimait aux divers actes de libéralité; il ne s'est arrêté qu'à ces deux grandes circonstances, la transmission actuelle et définitive des objets donnés, ou la transmission éventuelle et subordonnée à l'événement du décès de l'une des parties. » — Aussi la règle est que, quelle que soit la nature de l'acte et de la disposition qui forme le titre de la libéralité soumise à l'événement du décès, le droit exigible à l'événement est celui fixé pour les mutations par décès. — Arrêt d'admission 8 août 1836, 11642 J. E.; — trois arrêts Cass. 23 mars 1840, 10633-10664 J. N., 12587, 12490, 12510 J. E., 1018 § 4 I. G., S. 40-1-476, 333, 475, P. 40-1-520; — Cass. 7 juill. 1840, 10708 J. N., 12376 J. E., 1634 § 4 I. G. — Seine 20 janv. 1841, 12662 J. E.; — Draguignan 17 déc. 1839, 12438-3 J. E., Sol. 19 juin 1848, 8512 C. — Cass. 23 juill. 1866, 2339 R. P., 2349-3 I. G. Bull. 147, D. 66-1-327, P. 66-1093; — Cass. 21 déc. 1870, 3222 R. P., 2421-2 I. G., Bull. 187, S. 71-1-37, D. 71-1-87, P. 71-59; — Seine 21 fév. 1874, 3949 R. P.).

Dalloz n°s 3841 et 3871, Champ. et Rig. *Suppl.* n° 797, Pont et Rodière t. 1er n° 248, admettent cette règle lorsqu'il s'agit d'une institution contractuelle, parce que, tout irrévocable qu'elle soit, elle ne remonte pas au jour du décès; mais ils repoussent le principe toutes les fois que la clause de survie peut n'être considérée que comme une condition suspensive, c'est-à-dire lorsqu'elle n'enlève pas au *droit du donataire*, sinon au fait de la transmission, son caractère d'actualité; toutes les fois, en un mot, que la donation est *entre-vifs*, quoique subordonnée au décès. (Dalloz n° 3837-3840 Pont et Rodière n° 254, Champ. et Rig. n° 2953, *Suppl.* n°s 797-806 et G. Demante n° 608). C'est dans ce sens qu'ont été rendus les arrêts de 1834 et de 1838 que nous avons rappelés, arrêts dont la jurisprudence est aujourd'hui tout à fait abandonnée.

TITRE IV. — QUESTIONS DIVERSES

[5353-5368]

5353. Acceptilation. — Remise de dette. — La remise, à titre d'avancement d'hoirie, de partie du prix d'une vente contenue dans le contrat de mariage, donne ouverture au droit de donation. — V. *Acceptation.*

5354. Disposition dépendante. — Aliments. — Enfant naturel. — Le mari a l'administration des biens de la femme, cette administration le soumet donc à toutes les charges qui suivent ces biens. Il résulte de là que si la femme a un enfant naturel reconnu et que le mari s'oblige à le nourrir, cette clause est inhérente au contrat de mariage, car, ainsi qu'on l'a vu au mot *Aliments*, l'enfant naturel a droit à des aliments (3000 *bis* J. N., 6390 J. E., D. N. t. 4 p. 54 n° 390).

1. FEMME. — ENTRETIEN. — PENSION. — Dans le même ordre d'idées, l'obligation que contracte le futur de payer à sa femme une pension pour son entretien ne donne ouverture à aucun droit particulier (1788 J. N., 5372 J. E.). C'est dans ce sens qu'une délibération de l'Administration, du 7 mai 1823, a reconnu que les conventions relatives à la toilette de la femme, aux sommes qui lui seront remises pour ses menues dépenses, ne donnent ouverture à aucun droit particulier (D. N. t. 4 p. 50 n° 367; — Sol. 20 avr. 1842, *loc. cit.*; — Sol. 29 nov. 1866).

2. INDEMNITÉ ANNUELLE PAYABLE AU DÉCÈS. — Mais il ne faudrait pas considérer comme relative à l'entretien, la convention par laquelle il serait convenu que, pour tenir compte à la femme du bien-être qu'elle apportera dans la nouvelle famille, le futur lui payera chaque année une somme de 1,000 francs dont les annuités accumulées seront exigibles au décès du disposant. Le droit de donation entre-vifs devrait être actuellement perçu (Sol. 4 juin 1861).

3. FRAIS DU MÉNAGE. — SÉPARATION. — Au contraire, si les époux établissent une séparation de biens et stipulent que la femme payera telle somme pour subvenir aux frais du ménage ou que ces frais seront supportés en commun, cette clause ne forme pas une disposition indépendante passible d'un droit particulier (Dél. 25 mars 1823, D. N. t. 4 p. 50 n° 369).

5355. Antichrèse. — Donation. — De ce que nous avons dit au mot *Antichrèse*, il résulte que l'on doit considérer la jouissance accordée à l'antichrésiste comme un moyen direct de libération offert au débiteur qui consent, en quelque sorte, en faveur du créancier, une cession temporaire d'usufruit jusqu'à parfait remboursement de la créance elle-même en *capital*, intérêts et frais. En se fondant sur ce principe, le tribunal d'Ussel a jugé, le 28 août 1852 (15639 J. E.), qu'il n'y avait pas antichrèse dans la clause d'un contrat de mariage, *sous le régime dotal*, par laquelle le père du futur recevait, sur le montant de la dot de la future, une somme de 40,000 francs, et, en payement *des intérêts de cette somme*, abandonnait la jouissance d'immeubles. Il est évident, en effet, que la somme de 40,000 francs, faisant partie de la dot de l'épouse, n'est point une créance ordinaire, pouvant être *réduite* et même *anéantie* par la perception de fruits annuels consommés pour les besoins de la famille; admettre l'imputation des fruits perçus sur le capital ce serait porter atteinte à l'*inaliénabilité* de la dot mobilière, consacrée par la loi et par la jurisprudence. Aussi, la décision a-t-elle été que le droit de donation est exigible sur le capital au denier 10 de l'évaluation attribuée à la jouissance abandonnée qui ne pouvait être considérée probablement comme l'équivalent des intérêts de la dot, et qui, ne pouvant être imputée sur le capital par suite de sa nature, constituait non plus une garantie, mais un véritable avantage au profit du futur époux.

Dans le cas où le donataire ne doit recueillir les fruits de la chose abandonnée que jusqu'à concurrence des intérêts de la dot, qui lui a été constituée, il y a bien réellement antichrèse; mais doit-on percevoir le droit d'antichrèse en outre du droit de donation? La question est controversable. Nous l'avons examinée au n° 2188.

5356. Cession de bail. — 1. BÉNÉFICES. — Il a été établi, n° 2582, que, lorsqu'un droit de bail est cédé aux futurs à la charge par eux seulement de payer les fermages au propriétaire, le droit de cession est exigible sur les années à courir. Nous avons ajouté, n° 2584, que, quant aux bénéfices qui pourraient résulter de la cession, comme ils sont tout à fait éventuels et doivent d'ailleurs être considérés comme le fruit du propre travail des cessionnaires, il n'y a pas lieu d'en exiger l'évaluation pour établir le droit de donation sur le montant de cette évaluation. Mais il en serait autrement s'il y avait en outre cession de la jouissance de divers objets mobiliers et que les bénéfices, pouvant résulter du bail, fussent évalués à une somme déterminée. Dans ce cas il y aurait incontestablement lieu de percevoir le droit de donation sur la somme représentant et la valeur de la jouissance des objets mobiliers et celle des bénéfices que les parties reconnaîtraient elles-mêmes résulter de la cession (Dél. 19 août 1828, 2301 Roll., D. N. t. 4 p. 57 nos 424-425).

2. DISPOSITION INDÉPENDANTE. — La clause par laquelle un père fait donation à son fils du fonds de commerce qu'il exploite dans un établissement loué et du droit au bail de cet établissement, à condition de servir le loyer au propriétaire à la place du donateur, ne contient pas une donation et une cession de bail, mais une libéralité unique, puisqu'un fonds de commerce exploité en boutique ne peut avoir de valeur et d'existence sérieuse sans la cession du bail des lieux dans lesquels il s'exploite ; on doit donc reconnaître que la vente du fonds et la cession du bail ne sont qu'une seule et même chose ; qu'elles ne peuvent exister l'une sans l'autre et ne peuvent présenter de valeur ou même de réalité que lorsqu'elles se trouvent réunies ; c'est donc cette disposition, prise dans son ensemble, qui ne pouvant être divisée, comprend la cession du fonds de commerce et, comme conséquence nécessaire, la cession du bail qui constitue la donation. Le droit de cession de bail ne saurait donc être perçu indépendamment de celui de bail (Seine 30 juin 1865, 2208 R. P.).

Les mutations de fonds de commerce sont actuellement soumises à un régime particulier que nous indiquons au mot *Mutation*.

Cependant, si les père et mère du futur donnaient à ce dernier la jouissance d'immeubles à titre de bail, pour neuf ans, moyennant un prix annuel déterminé, et lui faisaient ensuite donation de ce fermage pendant toute la durée du bail, cette clause devrait être considérée comme constituant un bail et une donation mobilière, attendu que rien ne fait supposer que l'intention des parties ait été de faire un contrat autre que celui qu'elles ont désigné. En conséquence, il est dû un droit de 20 centimes pour 100 sur le bail, et de 1 fr. 25 cent. pour donation mobilière (17097 J. E.).

5357. Consentement. — L'autorisation donnée par le père de l'un des époux, dans le contrat de mariage, à l'officier de l'état civil de procéder à la célébration en son absence, équivaut au consentement exigé par les art. 73 et 76 C. C. et donne ouverture à un droit particulier de 3 francs (13585-3 J. N.).

1. PLURALITÉ. — Il n'est dû qu'un seul droit sur l'acte par lequel le père et la mère du futur ou de la future donnent leur consentement. Mais il est dû deux droits, lorsque par le même acte les père et mère du futur et ceux de la future consentent au mariage.

2. MANDAT. — Lors même que le consentement à mariage renferme pouvoir à un tiers à l'effet d'assister le futur au contrat pour l'habiliter, il n'est dû qu'un droit fixe de 3 francs; en effet il n'y a qu'une seule disposition (D. N. t. 3 p. 676 n° 37).

5358. État des dettes. — L'état des dettes et charges qui doit être annexé au contrat de mariage, dans le cas de donation cumulative des biens présents et à venir, doit être enregistré au droit fixe de 1 franc (3 fr.) (386 n° 19 I. G.).

Le droit de 1 pour 100 n'est pas exigible (Sol. 18 nov. 1863, Pont et Rodière 2e édit. t. 1er n° 245). — *V.* 5201.

5359. Don manuel. — La déclaration de l'apport embrasse naturellement tout ce qui se rapporte à la nature et à l'origine des biens apportés. On ne peut donc percevoir un droit particulier, à raison de la mention de l'origine de l'apport, lorsque d'ailleurs cette mention n'a pas d'autre objet. Que si, au contraire, elle était de nature à former titre ou à créer le principe d'une obligation, la solution ne serait plus la même. Un droit proportionnel, d'une quotité déterminée par la nature de l'obligation, deviendrait exigible.

En ce qui concerne la déclaration des futurs constatant que l'apport qu'ils se constituaient provenait d'un don manuel à eux fait par des tiers, elle n'était pas soumise par la jurisprudence au droit proportionnel d'enregistrement avant 1850, parce que, faite par le donataire sans le concours du donateur, elle ne constituait pas un titre pour l'époux déclarant; mais maintenant elle tombe sous l'application de l'art. 6 L. 18 mai 1850 aux termes duquel « les actes renfermant la déclaration pour le donataire ou ses représentants d'un don manuel sont sujets au droit de donation. »

5360. Donation manuelle déguisée. — Il avait paru d'abord que l'Administration pouvait faire résulter des présomptions simples naissant des circonstances de la cause l'existence d'une donation manuelle déguisée sous la forme d'un apport, dissimulation assez fréquente depuis que la loi de 1850 frappe les dons manuels, faits par contrat de mariage, du droit de donation. En conséquence, on décidait que, si dans un contrat de mariage, la future encore mineure, n'ayant exercé aucune industrie, et ne possédant aucune fortune personnelle apparente, déclarait apporter une somme d'argent, il y avait présomption suffisante que cette somme provenait d'une donation et le droit était exigible (Arcis-sur-Aube 13 nov. 1856, 783 R. P., 15984 J. N. ; — Semur 31 déc. 1856, 830 R. P., 10931 C.; — Colmar 10 août 1857, 887 R. P.; — Rouen 23 août 1858, 1061 R. P., 16405 J. N., 16811 J. E.; — Argentan 30 déc. 1858, 1153 R. P.).

Cette jurisprudence n'a pas prévalu. Sur le pourvoi des parties contre le jugement de Semur qui précède, la C. cass. a décidé : « que la loi du 18 mai 1850, en fondant la perception du droit de don manuel, non sur le fait simple du don, mais sur le fait distinct et nettement caractérisé de la déclaration de ce don dans l'acte par le donataire, a voulu surtout interdire des recherches qui ne pourraient, en dehors de cette déclaration ou des stipulations de l'acte formant titre entre les parties, tendre à la constatation des dons manuels à l'aide de simples présomptions, sans porter une grave atteinte aux principes qui, en fait de choses mobilières et notamment vis-à-vis de la Régie, couvrent d'une immunité inviolable la pleine et entière liberté de leur transmission » (Cass. 28 nov. 1859, 1269 R. P., 2174 § 5 n° 1er I. G., 17053 J. E., S. 60-1-281). Un second arrêt conforme a été rendu le même jour sur le pourvoi de l'Administration contre un jugement de Châteauroux du 15 juin 1857 (858 et 1269 R. P., 2174 § 5 n° 2 I. G., 17053 J. E., 16117 et 16740 J. N., 11068 C., S. 60-1-281. — *Conf.*: Châtillon 12 juill. 1858, 11533 C. et 1153 R. P.).

En conséquence, lorsque, dans un contrat de mariage, la future qui n'exerce aucune profession et qui vient à peine de sortir de sa minorité, s'est constituée en dot une somme fort élevée, l'Administration ne peut prétendre que, d'après l'âge et la position de la future, cette somme provient d'un don manuel à elle fait par ses père et mère encore vivants et percevoir le droit de donation.

1. DONATION DÉGUISÉE SOUS FORME D'OBLIGATION. — Mais il n'en serait pas de même pour la donation qui consisterait dans l'obligation de payer une certaine somme et qui serait dissimulée sous l'apparence d'un contrat à titre onéreux. L'Administration pourrait, dans cette hypothèse, se prévaloir des circonstances de la cause pour prouver la simulation et rendre à la convention son véritable caractère.

En conséquence, si le père ou un oncle de la future reconnaissait lui devoir, à titre de dépôt ou de prêt, une somme d'argent qu'elle se constitue en dot et promettait de la lui rembourser à terme, on pourrait établir que ce contrat d'emprunt ou de dépôt cache une donation véritable. C'est ce qu'a décidé la C. cass. le 21 mars 1855 (376 R. P., S. 55-1-271).

C'est là aussi ce qu'a reconnu le tribunal de Charolles par un jugement du 8 mars 1856. La future ayant fait figurer au nombre de ses apports « une somme de 25,000 francs à elle due par les époux X... aux termes d'une obligation passée la veille par le notaire recevant » le tribunal, s'appuyant sur les circonstances de la cause, a reconnu que cette déclaration d'apport dissimulait une libéralité faite par les époux X... à la future, et dissimulée sous la forme d'une obligation, et il a autorisé, en conséquence, l'Administration à percevoir le droit proportionnel de donation, au lieu du droit d'obligation ou de reconnaissance de dette (664 R. P.).

Une décision semblable a été rendue par le tribunal de Châteaudun le 2 juillet 1875.

5361. Garantie. — 1. QUOTITÉ DE DOT. — Le futur époux, recevant la dot de la future pour subvenir aux charges du mariage, a le droit d'intenter une action en garantie contre le donateur quand il subit l'éviction de l'objet reçu. Mais la garantie légale du constituant ne va pas au delà, et rien ne l'oblige, par exemple, à garantir au futur que le meuble ou l'immeuble est d'une valeur déterminée et à promettre qu'il payera la différence si la vente de cet objet ne produisait pas la somme fixée. Quand un engagement pareil a été pris, il ne produit cependant aucun effet actuel, puisque son exécution dépend d'un événement incertain : l'aliénation de la dot pour un prix insuffisant. Aussi, ne doit-on percevoir le droit, lors du contrat de mariage, que sur l'objet donné.

Dans ce sens, il a été, avec raison, reconnu : 1° que la clause d'un contrat de mariage portant garantie par le donateur de la valeur de l'immeuble donné n'est passible d'aucun droit particulier, si celui de donation immobilière est perçu sur le capital du revenu déclaré (Dél. 12 mai 1829, 2543 Roll., D.N. t. 5 p. 153 n° 197); — 2° que le droit immobilier est seul exigible sur la clause d'un contrat de mariage par lequel le père de la future constitue en dot à sa fille un immeuble d'une valeur imposable de 4,000 francs, avec la promesse que, si l'immeuble n'est pas vendu 72,000 francs, dans un certain délai, le donateur pourra être contraint à payer cette somme (Versailles 16 juin 1864, 1967 R. P.).

Mais l'impôt devient exigible quand l'obligation se réalise ultérieurement. Il est alors démontré que le père de la future a donné à sa fille, non-seulement l'immeuble vendu, mais encore une valeur complémentaire. Dès lors, le droit de donation par contrat de mariage peut être réclamé sur la différence.

Le tribunal de Guéret l'a ainsi reconnu, le 17 janvier 1855, en décidant qu'en cas de donation d'un immeuble et de la somme nécessaire pour compléter une dot de 20,000 francs, dans le cas où le prix de la vente de l'immeuble n'atteindrait pas ce chiffre, la donation de la somme, étant soumise à la condition suspensive de la vente, le droit ne saurait être perçu qu'à ce moment.

2. INTÉRÊTS. — En tous cas, si le donateur s'engageait à servir à partir du contrat les intérêts de la somme à laquelle l'immeuble constitué en dot est estimé, bien que la future reçoive la jouissance de cet immeuble, il y aurait certainement, dans cette stipulation d'intérêts, un bénéfice actuel ayant tous les caractères de la donation entre vifs et justifiant la perception du droit sur les intérêts capitalisés (1967 R. P.).

3. ACCESSION D'UN TIERS. — C'est par d'autres principes qu'il faut régler la perception sur les garanties fournies par les tiers. Quand celui qui ne prend aucune part à la constitution de dot vient en garantir le payement au futur, il cautionne tout simplement le donateur et le droit de 50 centimes pour 100 est exigible; il n'y a pas de difficulté sur ce point. Dans la rigueur du droit, cette doctrine serait applicable aux époux comme aux autres personnes, et on a cru pouvoir enseigner que, si le père et la mère de la future, mariés sous le régime dotal, constituent en dot à leur fille chacun une somme différente qu'ils s'obligent solidairement à payer, il y a lieu au droit de cautionnement sur l'une des deux dots (12447-1 J. E.). Mais cette opinion est inexacte pour deux raisons. D'abord, nous avons démontré au mot *Cautionnement* qu'en l'état de la jurisprudence, les cautionnements contractés entre époux sont dispensés du droit. En second lieu, il est reconnu que les obligations solidaires dans lesquelles les débiteurs prennent chacun une part de la dette

n'autorisent pas la perception du droit de 50 centimes pour 100. Il faut donc restreindre l'application des principes à l'accession des tiers.

Ainsi, il a été décidé que la clause d'un contrat de mariage par laquelle la future déclare, en présence de son tuteur qui s'en porte garant, se constituer en dot une somme déterminée, est passible du droit de cautionnement, sans que ce droit de cautionnement puisse excéder toutefois celui de la disposition principale que la garantie a pour objet (Sol. belge 16 août 1870, 3353 R. P.).

4. SOMME A PARFAIRE. — La garantie affecte souvent une forme particulière qui peut donner lieu à certaines difficultés. Le conjoint du constituant promet que, si le futur ne trouve pas dans la succession du donateur des valeurs suffisantes pour se payer, il payera la somme promise. Cet engagement peut avoir un double caractère, selon les termes dans lesquels il est conçu et les circonstances qui l'ont motivé.

Ou bien le conjoint a simplement cautionné la constitution de dot, en se réservant tel recours que de raison contre l'hérédité du donateur. Il avait été reconnu, dans ce cas, que le droit de cautionnement était exigible sur le contrat de mariage (Dél. 12 janv. 1821, 6892 J. E.); mais cette perception ne serait plus autorisée aujourd'hui par les motifs que nous venons de développer.

Ou bien l'obligation prise par le conjoint est une véritable libéralité soumise à cette condition que le futur ne trouvera pas le montant de sa dot dans la succession du premier donateur. En des hypothèses semblables, on avait décidé : 1° que, le véritable effet qu'est appelée à produire la promesse étant celui du payement à titre gratuit d'une partie de la pension, au cas où la succession serait insuffisante, le droit fixe de donation éventuelle est le seul exigible (Dél. 20 sept. 1826, 8577 J. E.) ; — 2° que, quand l'apport de la future consiste dans ses droits héréditaires mobiliers et immobiliers, lui appartenant dans différentes successions, lesquels droits, non encore liquidés, sont évalués à une somme déterminée, et que le père, qui est aussi le tuteur de la future, s'engage à lui parfaire cette somme dans le cas où, contre toute attente, par le résultat des partage et liquidation, ces droits ne s'élèveraient pas à la dite somme, on ne peut, à cause de l'engagement que contracte celui-ci, exiger un droit d'obligation. Dans ce cas, le droit de donation éventuelle est dû (Strasbourg 15 avr. 1823, Acq. Dél. 24 sept. et suiv., Dél. 1er mars 1833, 687-4038 Roll.).

Nous admettons bien qu'il puisse y avoir libéralité en des espèces semblables et que la libéralité est éventuelle. Mais, cette éventualité ne dépendant pas du décès du donateur ou donataire secondaire, on ne saurait, ni percevoir sur le contrat le droit fixe de 7 fr. 50 cent., ni réclamer le droit de succession lorsque la promesse se réalise au décès du constituant. La donation est soumise à une condition suspensive ordinaire et c'est, outre le droit fixe de 3 francs sur le contrat de mariage, le tarif des donations entre-vifs par mariage qu'il faut appliquer quand il est démontré que la promesse du tiers produit son effet.

On doit entendre ainsi, selon nous, une Dél. du 29 décembre 1824, rapportée par le D. N. t. 57 n° 420, et décidant que la stipulation par laquelle le père du futur garantit, le cas échéant, les gains de survie et autres avantages que son fils assure à sa future en cas de prédécès, ne donne lieu qu'à un droit fixe sur le contrat de mariage comme étant éventuelle.

Il n'est pas besoin d'ajouter que les libéralités de l'espèce deviendraient éventuelles, dans le sens ordinaire du mot, c'est-à-dire seraient sujettes au droit fixe de 7 fr. 50 cent., si elles étaient, en outre, expressément soumises à la condition de survie du donataire, et si, d'ailleurs, la condition suspensive qui affecte la promesse s'était réalisée avant la mort du second donateur.

Quant à la garantie fournie par le futur pour la restitution de la dot ou le payement des gains de survie, *V.* 5211.

5362. Nullité. — Quoique le contrat de mariage, passé après la célébration du mariage, soit nul, l'Administration le considère comme passible du droit fixe de 5 francs (Circ. 1721), bien que, par une espèce d'anomalie, elle déclare passibles des droits établis pour les donations hors contrat de mariage celles qui seraient contenues dans un pareil contrat. — *V.* 5289.

En suivant cette jurisprudence, il y aurait donc lieu, aujourd'hui de percevoir le droit gradué.

5362 *bis.* **Obligation. — Dot payée par un tiers.** — Lorsque des père et mère font donation à un de leurs fils, dans son contrat de mariage, d'une somme qui est à l'instant même payée au donataire, en l'acquit du donateur, par un autre enfant intervenant au contrat, cette stipulation de payement, quoique faite sans expression de subrogation au profit du second enfant, n'en constitue pas moins, de la part du donateur, une reconnaissance de dette passible du droit d'obligation (Auch 19 août 1873, 3715 R. P.).

5362 *ter.* **Partage.** — Lorsqu'un contrat de mariage contient des déclarations équivalentes à un partage, il y a disposition indépendante passible du droit ordinaire, quoique ce partage soit provisionnel (La Rochelle, 9 août 1876).

5363. Pouvoir. — Aliénation d'immeuble dotal. — D'après l'art. 1557 C. C., « l'immeuble dotal peut être aliéné lorsque l'aliénation en a été permise par le *contrat de mariage.* » Il résulte évidemment de cette disposition que l'autorisation d'aliéner ne pouvant être donnée au mari *que* par le contrat de mariage, cette autorisation doit être affranchie d'un droit particulier comme pouvoir, car elle est une dépendance nécessaire du contrat. D'ailleurs, la clause dont il s'agit, en quelques termes qu'elle soit conçue, est irrévocable; elle ne peut donc être considérée comme un pouvoir qui, par sa nature, est toujours susceptible d'être révoqué. Aussi, les auteurs et l'Administration décident que cette stipulation est exempte de tout droit (Dél. 24 mars 1819, 2998 J. N.; — Dél. 17 nov. 1826, 6077 J. N., 1205 § 4 I. G., 6400-8564 J. E. — V. également, dans un sens analogue, 3312-5421 J. E., Champ. et Rig. n° 2922, Dalloz n° 3370, Pont et Rodière 2e édit. t. 1er n° 223, D. N. t. 4 p. 49 n° 364. — *Contrà* 8320 J. E.).

1. BIENS PARAPHERNAUX. — La stipulation d'un mariage sous le régime dotal qui donne au futur la libre disposition des biens paraphernaux de la femme est une dérogation formelle à l'art. 1576 C. C., qui laisse à la femme mariée sous le régime dotal l'administration de ses biens paraphernaux. Mais comme elle est permise par les art. 1387

et 1576 C. C., elle devient irrévocable d'après l'art. 1395, aux termes duquel les conventions matrimoniales ne peuvent recevoir *aucun changement* après la célébration du mariage. On ne peut donc l'assimiler au mandat ordinaire, essentiellement révocable (2004 C. C.). C'est sur cette considération et celle qu'une pareille stipulation est de l'essence du contrat de mariage, qua lA'dministration a délibéré, le 12 octobre 1850 (14383 J. N.), qu'elle ne donne pas ouverture au droit de 2 francs (3 fr.) (*Conf.*: Pont et Rodière 2e édit. t. 1er n° 224, D. N. t. 4 p. 50 n° 370).

2. EXCLUSION DE COMMUNAUTÉ. — Ces mêmes motifs doivent faire repousser la doctrine (14988-1 J. E.), que la femme pouvant, lorsque le contrat de mariage porte exclusion de communauté, régir et aliéner ses biens présents et à venir, qu'elle s'est réservés paraphernaux, le pouvoir qu'elle donne au futur, par le même contrat, d'administrer ses biens ainsi réservés, donne ouverture au droit de 3 francs, comme pouvoir *révocable*, alors que ce mandat puise dans l'art. 1395 un caractère d'immutabilité absolue.

C'est également à tort qu'on a décidé (13868-4 J. E.) que, dans le cas d'administration des biens paraphernaux (numéro précédent), le pouvoir donné au mari est passible de 2 francs (3 fr.).

3. AUTORISATION A LA FEMME. — Mais il a été reconnu avec raison (13868-4 J. E.) que l'autorisation donnée à la future par le futur, dans le contrat de mariage, d'exercer une industrie personnelle ou la profession de marchande (4 C. com.), dérivant de la puissance maritale (220 C. C.), est de l'essence du contrat et n'est passible d'aucun droit particulier. — Il en est de même du pouvoir donné au futur par la future de *recouvrer* ses biens dotaux (D. N. t. 4 p. 50 n° 365).

5364. Promesse de bail. — Nous avons dit au n° 5190 que les conventions *constitutives* du contrat de mariage ne donnent ouverture à aucun droit particulier et qu'elles sont toutes comprises dans le droit gradué auquel est tarifé le contrat ; mais il ne faut pas conclure de là que les *conditions* sous lesquelles le mariage a été arrêté soient par cela même exemptes de tout droit. Les donations au profit des futurs sont évidemment des *conditions* du mariage projeté, et cependant nous avons vu qu'elles sont passibles d'un droit selon leur nature. Aussi, on ne peut admettre l'opinion qui a été basée sur cette considération (13813-2 J. E.), pour repousser l'exigibilité d'un droit particulier sur une promesse de bail au profit des futurs. Une pareille promesse, toutes les fois qu'elle réunira les conditions nécessaires à la perfection du pacte, devra donner ouverture au droit proportionnel. — Il en est de même d'une promesse de vente quand elle est acceptée p.r les futurs (Senlis 4 mai 1875).

5365. Rapport (*Dispense de*).— N'est passible d'aucun droit la clause d'un contrat de mariage portant dispense de rapport en nature à la succession d'objets mobiliers donnés dans le même contrat par préciput et hors part (Dél. 15 mars 1823, 537 Roll.).

5366. Reprises. — Si les père et mère du futur lui constituent en dot des immeubles évalués, ceux du père à 15,000 francs et ceux de la mère à 5,000 francs, avec stipulation que, le père ne voulant contribuer à la constitution dotale que pour moitié, il conservera contre sa femme une action en reprise de 5,000 francs, cette clause ne donne ouverture à aucun droit, car la reprise du mari est, dans ce cas, de droit légal, aux termes de l'art. 1438 C. C. (12843-2 J. E.).

5367. Rétablissement de communauté. — Droit fixe. — Ainsi que nous l'avons dit au n° 4407, il dépend toujours des époux de faire cesser la séparation judiciaire ; l'acte qui fait cesser cette séparation et replace les époux sous la loi du pacte matrimonial doit, au point de vue de la loi de l'enregistrement, participer à toutes les prérogatives dont jouit le contrat de mariage. « Le rétablissement de la communauté, dit Pothier, distrait tellement la séparation, qu'elle remet les époux au même état que s'il n'y en avait jamais eu, de telle manière que la communauté est censée avoir toujours duré et n'avoir pas été discontinuée. C'est pourquoi toutes les choses que chacun des conjoints a acquises depuis la séparation entrent dans la communauté, comme elles y seraient entrées s'il n'y avait jamais eu de séparation, et les dettes que chacun des conjoints a contractées depuis la séparation entrent dans la communauté, comme elles y seraient entrées s'il n'y avait jamais eu de séparation, et les dettes que chacun des conjoints a contractées depuis la séparation y tombent pareillement. »

Ainsi, la restitution de la dot que la femme fait à son mari notamment, ne peut donner lieu à aucun droit proportionnel et n'est sujette qu'au droit fixe.

Cette solution s'applique également au cas où l'un des époux a fait des acquisitions pendant la séparation de biens. Ces acquisitions nouvelles n'altèrent pas la fiction d'après laquelle la communauté rétablie est censée avoir toujours continué (Dél. 11 juin 1807, 2615 J. E., Champ. et Rig. n° 2845, Dalloz n° 3388, Pont et Rodière t. 2 n° 934., D. N. t. 11 p. 472 n° 15.).

1. QUOTITÉ DU DROIT FIXE. — Mais quelle est la quotité du droit fixe exigible sur l'acte qui constate le rétablissement de la communauté? On a enseigné (8529 J. E.) que le droit à percevoir est celui de contrat de mariage. « Il n'en est pas moins vrai, dit-on, que la communauté n'existait plus et que l'acte qui contient la déclaration de son rétablissement est de la même nature que le premier acte d'association, opère le même effet et doit, par conséquent, supporter le même droit. » C'est une erreur. Les considérations qui ont fait repousser le droit proportionnel dans les hypothèses que nous avons ci-dessus examinées ont pour conséquence de rendre le droit fixe de 3 francs seul exigible; il n'y a pas, en effet, contrat nouveau, mais continuation des effets du premier contrat. L'application du principe que nous avons posé, en matière d'acte complémentaire, doit rendre exigible dans cette circonstance le seul droit de 3 francs. C'est, ce qu'a reconnu l'Administration par une Dél. 22 pluv. an 10 (1376 J. E.).

Il n'y a donc pas, dans cette circonstance, à percevoir de droit gradué (Sol. 16 mars 1874, 19469 J. E.).

5368. Usufruit. — La clause d'un contrat de mariage qui, après avoir énoncé la donation pure, simple et irrévocable de tous les biens du prémourant au survivant, ajoute : « pour le survivant jouir et disposer des biens à compter du jour du décès du prémourant, sans être tenu de fournir caution, mais à la charge de faire bon et fidèle inventaire, » peut, bien que les expressions *en usufruit seulement* ne s'y rencontrent pas, être interprétée comme une donation de jouissance et non de toute propriété (Cass. 1er août 1867, S. 68-1-16).

La donation à la future d'une rente viagère pour le revenu de laquelle les constituants lui cèdent les fermages d'un domaine désigné ne renferme qu'une donation de cette rente et non pas une donation d'usufruit immobilier (Seine 25 mars 1867, 3605 R. P.). — *V.* 5283.

TITRE V. — RÉSILIEMENT DES CONTRATS DE MARIAGE

[5369-5371]

5369. Objet du résiliement. — Ce n'est pas le contrat de mariage, mais l'acte de l'état civil qui donne naissance à la société conjugale; dès lors, si la célébration du mariage n'a pas lieu devant l'officier de l'état civil, le contrat de mariage devient sans effet. On est alors dans l'usage de faire un acte de résiliation ; cet acte est inutile en droit civil, car il ne peut avoir pour effet d'annuler des conventions qui d'elles-mêmes ne peuvent en produire aucun. Il a pour but principal d'obtenir la restitution des droits perçus sur le contrat.

5370. Tarif. — De ce que le contrat de mariage ne constitue pas la société conjugale, il en résulte que le résiliement du contrat de mariage qui interviendrait entre les parties ne pourrait pas être considéré comme un acte de dissolution de société, passible d'un droit fixe de société, en vertu de l'art. 45 n° 2 L. 28 avril 1816 (D. m. f. 7 juin 1808, 386 n° 9 I. G., 3709 J. E.). — Le seul droit exigible est, d'après une Dél. 28 août 1824 (7923 J. E., Pont et Rodière 2e édit. t. 1er n° 296), le droit fixe de 3 francs déterminé par la loi du 28 avril 1816, art. 45 n° 20 et l'art. 4 L. 28 février 1872, sans qu'il y ait lieu de faire une distinction entre la résiliation faite dans les vingt-quatre heures et celle qui n'aurait lieu qu'après ce délai.

5371. Restitution de dot. — Lorsqu'il est stipulé, dans l'acte de résiliation d'un contrat de mariage, que le futur a remis au père de la future la somme que celui-ci avait payée pour la dot constituée, est-il dû le droit proportionnel de quittance, outre le droit fixe ? L'Administration, après avoir adopté la négative par une Sol. 7 octobre 1817, s'est prononcée pour l'affirmative le 17 avril 1835. — On peut opposer à cette dernière solution trois motifs qui paraissent péremptoires : 1° le remboursement par le futur des sommes qui lui avaient été comptées en vue du mariage ne peut être assimilé à une dette ordinaire : ce n'est pas une quittance, mais une décharge ; — 2° la restitution dérive nécessairement de la disposition principale qui est le résiliement : par conséquent, le principe que nous avons posé, nos 41, etc., comme le corollaire de l'art. 11 L. 22 frimaire an 7, savoir : que, si les dispositions d'un même acte sont dépendantes et dérivent nécessairement les unes des autres il ne peut être exigé qu'un seul droit, s'oppose à toute perception pour cette disposition accessoire et nécessaire ; — 3° enfin, il est impossible d'admettre qu'un droit de libération puisse être perçu pour le remboursement d'une somme donnée, alors que le droit perçu sur la donation doit être restitué par suite du résiliement (*Conf.* : Pont et Rodière 2e édit. t. 1er n° 296, Sol. 10 novembre 1862 et J. du not. 23 oct. 1867 n° 2197).

TITRE VI. — RESTITUTION DE DROITS PERÇUS SUR LES CONTRATS DE MARIAGE

[5372-5393]

5372. Principe. — Aux termes de l'art. 60 L. 22 frimaire an 7, « tout droit d'enregistrement, perçu régulièrement en conformité de la présente, ne pourra être restitué, quels que soient les événements ultérieurs... » Ce principe, dont nous établirons la portée et l'utilité au mot *Restitution*, ne pouvait recevoir son application en matière de contrat de mariage caduc. En effet, nous avons établi précédemment que le contrat anténuptial est subordonné de plein droit à la condition suspensive de la célébration du mariage. Or, il est de principe que les droits proportionnels à percevoir sur les conventions de l'espèce ne sont pas exigibles avant l'arrivée de l'événement prévu. La pratique contraire admise à l'occasion des contrats de mariage ne se fonde certainement que sur une pure tolérance des parties ou des officiers publics. Les contrats intervenant avant la célébration et mentionnant toujours cette circonstance, ce serait à l'Administration à prouver d'abord l'existence de cette célébration et à réclamer ensuite le payement des droits ; mais, en attendant, le contrat serait enregistré au droit fixe[1].

Notre observation a ici une certaine importance. C'est qu'en effet si les droits proportionnels ne sont pas dus sur le contrat de mariage et s'il appartient au Trésor de constater d'abord leur exigibilité en prouvant le fait de la célébration du mariage, il ne faut pas imposer aux débiteurs

1. Le contraire semblerait résulter des motifs suivants d'un arrêt de la C. cass du 25 mai 1841 : « Attendu que le notaire ayant soumis à l'enregistrement l'acte contenant les clauses du mariage projeté, les droits fixes et proportionnels engendrés par les stipulations énoncées dans cet acte ont dû être exigés et ont été dès lors régulièrement perçus, qu'en considérant l'acte de célébration comme une condition à laquelle demeuraient subordonnés les effets du contrat, la perception, n'eût-elle été alors que provisoire a été rendue définitive et irrévocable au moyen de l'acte de célébration » (12761 J. E., 11005 J. N., 1661 § 11 I. G., S. 41-1-525, P. 41-2-91). Mais cet arrêt, rendu au sujet d'une question spéciale (*V.* 5375), n'a pas résolu la difficulté *in terminis*. Il qualifie la perception tantôt de régulière, tantôt de provisoire ; mais il ne répond pas aux raisons tirées de la condition suspensive et de ses effets juridiques. Il n'y a, en effet, croyons-nous, rien à y répondre.

qui en réclament le remboursement à défaut de célébration, le fardeau d'une justification qui leur est étrangère. Les droits ont été certainement perçus à tort sur l'enregistrement du contrat : il n'en faut pas davantage pour en autoriser la restitution.— Que si le mariage a été célébré et si par conséquent l'impôt proportionnel est acquis au Trésor par l'échéance de la condition suspensive, l'Administration le prouvera comme elle doit le faire dans tous cas analogues et réclamera alors le maintien de son indue perception. Mais, jusqu'à cette époque, comme le fait remarquer avec raison M. Bastiné, n° 98, le payement des droits n'est pas justifié et le remboursement en est dû. — C'est donc à tort, selon nous, que l'Administration, avant d'opérer la restitution, oblige les parties à produire des pièces destinées à constater d'une manière plus ou moins rigoureuse la non-célébration du mariage. Les redevables ne peuvent pas avoir à prouver, dans l'intérêt du Trésor, qu'une perception indûment faite par le receveur ne s'est pas depuis lors régularisée. Si donc, pour obéir à l'usage et éviter des embarras, on continue à demander aux débiteurs la preuve que le mariage n'a pas été célébré, du moins faut-il se montrer très-facile dans l'admission de ces preuves.

Quoi qu'il en soit, le principe d'après lequel la perception du droit proportionnel sur le contrat est irrégulière avant la célébration n'est pas contestable. Aussi l'art. 60 L. 22 frimaire an 7 qui prohibe la restitution des droits régulièrement perçus, quels que soient les événements ultérieurs, n'est-il pas applicable, et l'Administration a dû faire reconnaître en thèse générale par le ministre des finances, que « les droits perçus sur les contrats de mariage doivent être restitués lorsqu'il est reconnu que la célébration n'a pas eu ni n'aura point lieu et que la demande en restitution est formée en temps utile, sauf à conserver le droit fixe de 5 francs comme salaire de la formalité donnée au contrat de mariage annulé » (D. m. f. 5 juin 1808, 286 n° 29 I. G.). — La même interprétation résulte d'une Dél. 12 janvier 1836 (9212 J. N., 11422-1 J. E., D. N. t. 4 p. 58 n° 435).

5373. Maintien du droit fixe. — On avait même tenté de soutenir que le défaut de célébration du mariage autorisait la restitution de ce droit fixe, parce que le contrat était alors tout à fait non avenu. Mais cette prétention ne pouvait réussir, car le droit fixe est le salaire d'une formalité que la non-célébration du mariage ou la nullité même des conventions n'empêche pas d'exister, et sur laquelle l'événement de la condition suspensive ne produit aucun effet rétroactif. C'est donc avec raison que la C. cass. belge a maintenu, par un arrêt du 7 avril 1859, la perception du droit fixe sur un contrat non suivi de célébration (1178 R. P.).

Il faudrait le décider ainsi encore pour l'enregistrement de l'état estimatif annexé au contrat et enregistré séparément (Sol. 6 oct. 1862).

5374. Droit gradué. — Devra-t-on restituer le droit gradué dans les mêmes circonstances?

Pour la négative, on peut objecter que le droit gradué n'est qu'un droit fixe plus élevé que l'ancien droit de 5 francs; que, selon l'expression de l'I. G. n° 2433, « il remplace uniquement ce dernier droit » (Art. 3406 p. 238 R. P.); qu'il doit être, dès lors, considéré également comme un salaire de formalité irrévocablement acquis au Trésor par le fait seul de l'enregistrement de l'acte. On peut ajouter que le rapporteur de la loi s'est attaché, dans toutes ses explications, à bien démontrer que la nouvelle taxe avait les caractères du droit fixe et non du droit proportionnel : « Nous maintenons, disait-il, les principes de la loi du 22 frimaire an 7. Seulement nous faisons une classification nouvelle des droits fixes, mais en laissant les droits proportionnels pour ce qu'ils sont et pour les cas où ils sont applicables » (Art. 3406 p. 169 R. P.). Et plus tard, répondant à un député qui proposait franchement de proportionnaliser le droit sur les actes désignés dans l'art. 1er, le rapporteur ajoutait : « Doit-on admettre le principe de la proportionnalité ou le principe des droits fixes et gradués? C'est une question intéressante et délicate. L'impôt proportionnel est incontestablement le plus juste ; c'est le droit de l'équité et de la justice en matière fiscale. Mais pourquoi ne devons-nous pas l'appliquer dans l'espèce ? C'est parce que si vous admettiez le principe de la proportionnalité, vous renverseriez complétement la loi de frimaire an 7. Il faut respecter les principes fondamentaux de notre législation fiscale. Or, si vous admettez le principe de la proportionnalité, cette loi serait complétement détruite dans ses bases essentielles, dans son économie » (Art. 3406 p. 219 R. P.).

C'est après ces observations que la Chambre a repoussé l'amendement tendant à transformer le droit gradué en droit proportionnel. Ce droit gradué est donc bien un droit fixe.

Quelle raison peut-il y avoir, dès lors, de ne pas le traiter, comme l'ancien droit fixe qu'il remplace et de le restituer si le contrat de mariage n'est pas suivi de célébration ?

Cette argumentation de droit strict se détruit par sa rigueur même. Tous les raisonnements du monde ne feront pas, en effet, qu'on puisse considérer, comme un simple salaire de formalité équivalant à l'ancien droit fixe, la somme de 8 à 10,000 francs perçus sur les apports des futurs lors de l'enregistrement de leur contrat. Le *summum jus* deviendrait ici *summa injuria*.

La vérité est que, tout en ayant le caractère du droit fixe la nouvelle taxe repose, néanmoins, sur un motif d'exigibilité différent. « Elle varie, en effet, en raison des sommes et valeurs exprimées dans les actes (*Exposé des motifs*, art. 3406 p. 150 R. P.) ; de l'importance des valeurs que ces actes contiennent (*Rapport de la commission*, art. 3406 p. 154 R. P.). Le droit gradué, ajoute l'Administration, participe à la fois du droit fixe et du droit proportionnel, sans se confondre, néanmoins, avec l'un ou l'autre de ces droits. Il s'applique aux actes dont l'importance peut être mesurée par l'énonciation des sommes ou valeurs que ces actes constatent et *mettent en évidence* » (I. G. 29 fév. 1872, n° 2433 ; art. 3406 p. 237 R. P.).

L'exigibilité du droit gradué se fonde, par conséquent, sur l'avantage que la partie retire de la constatation de son avoir dans un acte enregistré, de la mise en évidence des sommes et valeurs par le contrat de mariage. L'énonciation de la fortune des futurs les dispense plus tard d'en fournir la preuve et leur évite tous les embarras que cette preuve peut entraîner. « Vous connaissez, disait le rapporteur, à la séance du 26 février, les préoccupations des familles. Y a-t-il une seule famille, un seul conjoint qui refuserait de se rendre chez son notaire pour se procurer les avantages qui résultent d'un contrat de mariage, pour ne pas payer 100 francs sur un apport de 100,000 francs ? Comment s'exposerait-on aux inconvénients d'une preuve qu'il faudrait faire peut-être trente ans après pour se soustraite au payement de 100 francs sur 100,000 francs » (Art. 3406 p. 180 R. P.).

S'il en est ainsi, la perception du droit n'est donc justifiée qu'en raison des avantages que l'énonciation des apports peut procurer aux futurs; d'où il suit que si le mariage n'a pas lieu, c'est-à-dire si la condition de laquelle dépendait l'utilité du contrat fait défaut, la perception du droit gradué est sans cause comme celle du droit proportionnel elle-même. Le remboursement doit en être opéré.

Tous les auteurs qui ont examiné la question sont du même avis, et cet avis a été adopté par une délibération du 3 septembre 1872.

1. QUOTITÉ DU DROIT FIXE. — Mais tous enseignent également que le droit à retenir est celui de 5 francs pour contrat de mariage sans apports.

Nous ne partageons pas cette opinion.

Le droit de 5 francs, applicable aux contrats de mariage qui ne renferment aucune énonciation de sommes ou valeurs, est un droit gradué de la même nature que le droit exigible sur l'acte qui renferme un apport de 10,000 ou de 100,000 francs. Il n'y a donc plus, à proprement dire, de droit fixe spécial de formalité pour les contrats de mariage, comme il en existait un sous la loi du 22 frimaire an 7. Si l'on reconnaît que le droit gradué n'est pas dû, il est irrationnel de proposer le maintien du droit fixe de 5 francs, qui a le même caractère. Il faut décider que le contrat de mariage cesse alors d'être tarifé d'une façon particulière, et qu'il rentre dans la catégorie des actes innommés passibles du droit fixe ordinaire de 3 francs (La Dél. du 3 sept. 1872 l'a ainsi reconnu).

Autrefois c'est le droit de 5 francs qui était conservé (Cass. belge 7 avr. 1859, 1178 R. P.). On opposait, en vain, que le défaut de célébration fait qu'il n'y a pas de contrat de mariage proprement dit, mais un simple projet, un acte innommé passible du droit de 2 francs. On répondait que quand le législateur a tarifé le contrat de mariage au droit fixe de 5 francs, il n'ignorait pas qu'il s'agissait là d'un contrat soumis à une condition suspensive. Il a donc ainsi clairement manifesté l'intention de porter à 5 francs le salaire de la formalité. — La même difficulté, d'ailleurs, s'est produite à propos des actes de société dont la formation doit être autorisée par le Gouvernement, et un arrêt du 13 mai 1859 a reconnu, par les motifs précédents, que le droit fixe exigible était celui de 5 francs auquel le tarif assujettissait, sans exception, les contrats de société (2160 § 5 I. G., 1181 R. P., 16622 J. N., 11565 C.).

5375. Contrat de mariage annulé après célébration. — L'art. 60 L. de frimaire reprendrait toute sa force et les considérations que nous avons fait valoir s'évanouiraient complétement si le contrat de mariage avait été suivi de célébration. L'acte de l'état civil serait, en effet, venu donner la consécration voulue à l'acte du notaire. La perception, de provisoire qu'elle était, serait transformée en perception définitive, et l'annulation judiciaire du contrat, bien que radicale à l'égard de toutes les parties (Demolombe t. 23 n° 254, Aubry et Rau t. 6 p. 246, Massé et Vergé t. 3 p. 319), serait désormais un *événement ultérieur*, sans influence sur les droits *régulièrement perçus*. — Une application remarquable de ce principe a été faite par un arrêt de la cour suprême, du 25 mai 1841 (12761 J. E., 11005 J. N., 1661 § 11 I. G., S. 41-1-525, D. 41-2-91), qui a décidé que les droits d'enregistrement perçus sur un contrat de mariage, suivi d'un acte de célébration qui a été annulé pour défaut de consentement libre de la part de l'une des parties, ne sont pas restituables à raison de cette annulation.

« Attendu, porte l'arrêt, qu'en considérant la célébration du mariage comme constituant une condition à laquelle demeuraient subordonnés les effets du contrat dudit jour 24 janvier 1837, la perception dont la restitution a été demandée, n'eût-elle alors été que provisoire, a été rendue définitive et irrévocable au moyen de l'acte de célébration dressé le 2 mars suivant par l'officier de l'état civil de Dijon, puisque cet acte aurait donné à la perception le caractère de fixité qui, jusque-là, lui aurait manqué; — Attendu que, bien que ledit acte de célébration du 2 mars 1837 ait été annulé, cet acte n'a pas moins subsisté jusqu'au jugement du tribunal de l'arrondissement de Dijon, du 7 février 1839, qui en a prononcé l'annulation, par suite de l'action exercée, le 14 avril précédent, au nom de Pierrette Champonnois; — Qu'ainsi ce jugement ne peut être considéré que comme un de ces événements ultérieurs qui, aux termes de l'art. 60 L. 22 frimaire an 7, ne rentrant dans aucune des exceptions mentionnées dans ladite loi et ne peuvent, dès lors, fonder la restitution d'une perception régulière et définitive. »

1. JUGEMENT. — Dans le même ordre d'idées, l'Administration, par une Dél. 13 novembre 1824 a décidé que la restitution ne doit pas avoir lieu si le contrat de mariage est résilié, après la célébration, par un jugement. « Il avait reçu le complément nécessaire, dit l'Administration, et les causes qui ont pu le faire résilier ou annuler ne sauraient influer sur une perception légalement consommée. »

5376. Résiliement. — Nous avons dit au n° 5369 que le but principal du résiliement était d'obtenir la restitution des droits perçus. L'acte de résiliation établit, en effet, que le contrat de mariage ne sera pas exécuté, et cela suffit pour justifier le remboursement (3058 J. N., 6458 J. E., Pont et Rodière 2e édit. t. 1er n. 291, Dél. 3 oct. 1837, D. N. t. 4 p. 60 n° 444).

5377. Acte non écrit à la suite du contrat de mariage. — L'Administration avait d'abord décidé que l'acte de résiliement produit à l'appui d'une demande en restitution devait être rédigé conformément aux art. 1396 et 1397 C. C. (Dél. 24 sept. 1812, 4300 J. E., D. N. t. 4 p. 59 n° 438).

Depuis lors elle a successivement modifié sa jurisprudence. Ainsi, elle a commencé par reconnaître qu'il n'est pas nécessaire que, conformément à la première disposition de l'art. 1397 C. C., l'acte d'annulation ait été écrit *à la suite du contrat de mariage*. On comprend, en effet, que, si cet article exige que l'acte de changement soit écrit à la suite du contrat, c'est dans le but d'empêcher qu'un tiers ne soit trompé par une dérogation cachée. Or, une pareille surprise n'est pas à craindre pour l'Administration, puisqu'elle a nécessairement connaissance, par l'enregistrement, tant du contrat de mariage que des changements qui y sont apportés avant la célébration (9463 J. E., Dél. 12 janv. 1844, 9474 et 13476 J. E., 11935 J. N. — V. cependant Sol. 8 mai 1867, 1821 Rev.).

5378. Acte sous seing privé. — En outre, la première partie de l'art. 1396 C. C., qui exige que l'acte de changement au contrat de mariage soit fait dans la même forme que le contrat lui-même, c'est-à-dire devant notaire, a été rédigé sous l'influence de la même pensée que la disposition de l'art. 1397 dont nous venons de parler. Ce serait vainement, en effet, que le législateur aurait ordonné que le contrat de mariage fût un acte solennel, s'il était permis d'en troubler les déclarations authentiques par des conventions clandestines; on retomberait dans les inconvénients des stipulations matrimoniales non publiques qui sont frappées de nullité. — V. 5178.

Par identité de raison avec ce que l'on a dit au numéro précédent, il faut conclure qu'un acte de résiliement, par acte sous seing privé, pourrait être valable pour provoquer la restitution des droits perçus. C'est du moins la saine interprétation des motifs qui ont déterminé la Dél. du 12 janvier 1844. — Une Sol. du 9 juill. 1831 (10047 J. E.) décidait cependant le contraire par le motif que l'Administration est un tiers qui a le droit de se prévaloir des art. 1396 et 1397 C. C. Mais elle n'est pas suivie et elle ne pourrait pas l'être en présence des remarques que nous avons consignées précédemment sur la nature de la restitution des droits.

1. EXPÉDITION D'ACTE NOTARIÉ. — En tous cas, il est certain, contrairement à une Dél. du 22 avril 1822, que l'existence de l'acte authentique suffit, sans que les parties aient besoin d'en produire une expédition régulière à l'Administration. L'étude du notaire est ouverte aux préposés du Trésor; ils peuvent donc prendre connaissance du résiliement d'ailleurs enregistré. Enfin, il s'agit d'une restitution de droits indûment perçus, et jamais l'Administration n'a exigé qu'on lui remît une expédition de l'acte qui justifiait l'erreur de son agent (D. N. t. 4 p. 60 n° 447, 7761 J. N.).

5379. Absence des parties. — C'est surtout au sujet de la participation au résiliement de toutes les parties ayant figuré au contrat de mariage que la question a été discutée. Ainsi que nous le disions dans nos éditions précédentes, si l'on s'en tient ici aux règles du droit civil, il paraît certain que le résiliement ne saurait être valable sans le concours de tous ceux qui ont assisté au contrat annulé. Telle est la disposition formelle de l'art. 1396 C. C. portant que : « Nul changement ou contre-lettre n'est valable sans la présence et le consentement simultané de toutes les personnes qui ont été parties dans le contrat. » Or, en droit civil, il ne suffit pas que les parents viennent à l'acte, il faut encore qu'ils consentent simultanément et par un concert unanime au changement proposé, sans quoi le contrat de mariage *reste acquis à la première rédaction*. Ce n'est pas un de ces cas où la majorité fait la loi à la minorité (Troplong n° 235). L'ensemble et l'unanimité sont une condition essentielle de l'art. 1396 C. C. (Odier t. 2 n° 656). La raison en est que tout est corrélatif dans un contrat de mariage. Si le consentement a été donné, c'est parce que telle donation avait été faite en contemplation et pour l'avantage du futur mariage. Si tel parent a fait un don à l'un des époux, c'est parce qu'un autre parent en avait fait un autre à l'autre époux. La matière du contrat de mariage est indivisible (Berlier-Fenet t. 13 p. 547); toutes les personnes qui ont été *parties* (3733) doivent concourir au changement[1].

Dès lors, à s'en tenir à ces principes, il faudrait décider qu'en présence d'un contrat de mariage qui subsiste en droit civil, nonobstant le résiliement partiel irrégulier, la restitution des droits perçus sur ce contrat est impossible. C'est, en effet, ce que l'Administration a plusieurs fois décidé.

1. ABSENCE DU FUTUR. — Elle a délibéré, les 14 septembre 1832 (10454 J. E.) et 8 mai 1867 (1821 Rev.), que le résiliement d'un contrat de mariage dans lequel n'intervient pas l'un des futurs ne peut autoriser la restitution des droits perçus, par le motif que le concours de celui-ci est indispensable pour que le contrat soit résilié (*Contrà* D. N. t. 11 p. 430 n° 87).

2. RÉSILIATION PAR LES FUTURS. — La même règle serait applicable alors que ce seraient les futurs eux-mêmes qui auraient déclaré, *sans le concours des autres parties*, vouloir mettre leur contrat de mariage à néant (Sol. 5 sept. 1832, 10420 J. E.; — *Contrà*, Sol. 30 juin 1853).

3. ABSENCE DE QUELQUES-UNES DES PARTIES. — Le tribunal de Montmédy a également décidé, le 22 juillet 1852 (15544-1 J. E.), que, lorsqu'un contrat de mariage passé régulièrement a été enregistré, la résiliation qui en est faite pos-

1. Cette Sol. a été cependant contestée en droit civil par Roll. de Vill., V. *Résolution du contrat de mariage* n° 3. « Le doute naît, il est vrai, dit cet auteur, de ce que, les donateurs n'ayant pas comparu à l'acte de résiliation, l'on peut dire que le changement qui en résulte ne peut être d'aucun effet. Mais d'abord cette objection tendrait à rendre sans effet la résiliation, en ne la faisant considérer que comme opérant un simple changement, que comme constituant une simple contre-lettre dans les termes de l'article précité; et c'est ce qu'il ne nous paraît pas possible d'admettre. L'art. 1396 n'a eu en vue que des dérogations partielles que les époux voudraient faire à leur contrat de mariage, et non l'anéantissement entier de ce contrat, sa résiliation. D'ailleurs, il semble évident qu'une pareille résiliation, étant faite sans réserve, doit tomber sur les acceptations, expresses ou tacites, que les futurs ont faites des donations dont il s'agit. Il ne peut rien rester pour eux d'un contrat qu'ils ont voulu anéantir.

« La question pourrait se présenter d'une manière plus sérieuse, si les époux, en résiliant leur contrat de mariage, avaient formellement déclaré réserver l'effet des donations à eux faites. Toutefois, il semble qu'alors il faudrait encore se prononcer pour la nullité ou non-efficacité de ces donations. En effet, la résiliation, en faisant tomber le contrat de mariage, laisserait sans cause des donations qui étaient nécessairement corrélatives aux autres stipulations du contrat et dont celles-ci étaient une sorte de condition. Que sera-ce s'il s'agit de donations à cause de mort, qui ne sont valables que par contrat de mariage? La résiliation n'aurait-elle pas fait disparaître ce contrat, et avec lui les dispositions dont nous parlons? »

térieurement, en présence d'une partie seulement des personnes qui y avaient concouru, n'autorise pas la restitution des droits perçus, attendu que l'acte de prétendue résiliation, ne remplissant pas les conditions exigées impérieusement par les art. 1396 et 1397 C. C., ne peut avoir pour effet de modifier, encore moins d'anéantir les conventions matrimoniales primitives et les donations contenues dans le premier contrat de mariage.

4. OBSERVATION GÉNÉRALE. — Mais il ne faut pas perdre de vue qu'il s'agit ici d'un droit irrégulièrement perçu. Toutes les solutions précédentes seraient très-justes si les parties avaient à prouver qu'une perception en apparence régulière ne l'a point été. Mais l'erreur de la liquidation résulte de la nature même de l'acte, puisqu'il s'agit d'un contrat conditionnel. Dès lors c'est au Trésor, comme nous l'avons déjà dit, à établir le fait de l'arrivée de la condition, afin de pouvoir conserver l'impôt mal à propos versé dans ses caisses. Si le résiliement que les débiteurs ont bénévolement consenti à produire n'est pas régulier et si, en réalité, la célébration a eu lieu, c'est à l'Administration à le justifier. Aussi est-ce avec raison que plusieurs solutions récentes ont admis des résiliements non revêtus des formalités prescrites par les art. 1396 et 1397 C. C. (Sol. 30 juin 1833 ; 6-27 août 1855 ; 29 oct. 1866).

5380. Clauses contenues dans un acte distinct. — Le principe de la restitution s'étend d'ailleurs aux dispositions additionnelles contenues dans un acte fait dans la forme voulue par les art. 1396 et 1397 C. C. : le droit perçu sur ces dispositions devrait donc être restitué comme le droit perçu sur les dispositions du contrat de mariage, si le mariage venait à n'être pas célébré (Sol. 26 août 1839, Pont et Rodière 2e édit. t. 1er n° 294).

Toutes les donations ou autres conventions faites par actes antérieurs au contrat anténuptial sont d'ailleurs, aussi bien que ce contrat lui-même, subordonnées à la célébration du mariage quand elles ont eu lieu exclusivement en faveur de l'union projetée. Dès lors, la restitution des droits perçus malgré la condition suspensive devrait être effectuée comme pour le contrat de mariage lui-même (D. N. t. 4 p. 59 n° 440).

5381. Décès du donateur avant célébration. — Les donations de biens présents contenues dans un contrat de mariage sont subordonnées à une condition, en ce sens seulement qu'elles deviennent caduques si la célébration du mariage ne suit pas le contrat ; mais elles n'en sont pas moins soumises, par l'art. 1081 C. C., aux règles générales prescrites pour les donations faites à ce titre. Une de ces règles générales est le *dessaisissement actuel et irrévocable du donateur* (Marcadé art. 1081). C'est un point que nous avons établi précédemment (n° 5261).

Il résulte de là que, bien que le donateur soit décédé avant la célébration, la donation qu'il a faite ne doit pas être considérée comme caduque et que les droits perçus ne sont pas restituables par suite de ce décès (*Conf.*: 12684 J. E., *Contrà* 3423 J. E.).

1. ASCENDANT. — RENTE VIAGÈRE. — Dans une espèce où une mère, qui avait constitué en dot à sa fille une pension annuelle dont le service devait cesser au *décès de la donatrice*, et un trousseau livrable au jour du mariage, était décédée avant la célébration du mariage, l'Administration a décidé avec raison, par Dél. du 6 avril 1841 (10972 J. N., D. N. t. 4 p. 59 n° 440), que les droits perçus pour ces donations, lors de l'enregistrement du contrat de mariage, devaient être restitués.

D'une part, en effet, la donation de la rente constituée par la mère à sa fille, ne devant commencer à courir qu'à partir de la célébration du mariage et devant cesser au décès de la donatrice, il est évident que, ce décès étant arrivé avant le mariage, la donation devenait sans objet.

D'autre part, en ce qui concerne le trousseau également donné à la future, la demande en restitution n'aurait pu être repoussée qu'autant que la donataire n'aurait pas été en même temps héritière de la donatrice, ou si la donation avait été faite par préciput. La future ne devant recevoir les effets mobiliers que le jour de la célébration, elle ne les avait point reçus au moment de l'ouverture de la succession de sa mère. Il aurait donc fallu, pour qu'elle pût se prévaloir contre ses héritiers de la donation à elle faite, que, conformément à l'art. 845 C. C., elle renonçât à la succession pour s'en tenir à la donation.

5382. Droit en sus. — Lorsque la donation par contrat de mariage a été suivie d'une expertise et du payement d'un supplément de droit avec droit en sus, si le contrat de mariage est résilié, y a-t-il lieu de restituer le droit en sus ? On pourrait dire, pour la négative, que la résiliation de l'acte ne détruit ni la cause ni l'effet de la contravention constatée par l'expertise ; que le droit en sus était une peine que le donataire avait encourue avant la résiliation et que la somme qui représente cette peine est acquise au Trésor en vertu de l'art. 39 L. 22 frimaire an 7. Cependant l'affirmative paraît préférable. Le droit en sus avait, comme le droit simple, la mutation pour base : sans mutation pas de droit simple pouvant donner naissance à un droit en sus, sans mutation pas de cause et, par conséquent, pas d'effet (13657 J. E.).

5383. Amende pour enregistrement hors délai. — *Quid* si le notaire avait encouru et payé le droit en sus pour enregistrement hors délai ? Le droit en sus devrait être réduit à l'amende fixe. En effet, si la résiliation fait évanouir les mutations qui n'ont jamais existé que sous condition suspensive, elle ne peut faire que le contrat de mariage n'ait pas existé, et, ce qui le prouve, c'est que le salaire de la formalité de ce contrat est retenu par le Trésor. Donc, si le droit en sus s'annihile avec les mutations qu'il frappait, l'amende de contravention, pour défaut de formalité du contrat en temps utile, doit subsister avec la formalité qui reste (14138-2 J. E.).

5384.— Expertise. — Nous avons envisagé la question au n° 5382, au point de vue de l'expertise accomplie. La conséquence de ce que nous avons dit est que, si l'expertise était encore à provoquer au moment de la résiliation, elle ne pourrait plus l'être après cette résiliation. L'action en expertise s'évanouirait évidemment avec la mutation qui lui servait de base. Ce principe a d'ailleurs été proclamé par la cour suprême en matière d'adjudication sur surenchère, ainsi que nous l'avons établi n° 1784-1.

5385. Résiliement non absolu. — Si, au lieu d'un résiliement pur et simple du contrat de mariage, il n'y avait que simple changement, simple acte modificatif qui annulât dans le contrat de mariage des dispositions qui avaient donné ouverture à des droits, il n'y aurait lieu qu'à la restitution de ces droits (Sol. 25 sept. 1812, 4300 J. E., Pont et Rodière t. 1er n° 257).

Mais le remboursement des droits applicables aux dispositions annulées serait incontestablement dû. Il n'a jamais été décidé que, pour obtenir la restitution des droits payés à l'enregistrement d'un contrat de mariage, les parties devaient justifier d'un résiliement absolu et complet de ce contrat. Les changements partiels produisent les mêmes effets à l'égard des stipulations annulées (Sol. 23 juill. 1855, Sol. 9 oct. 1866, 22 févr. 1866, D. N. t. 4 p. 59 n° 439).

5386. Dispositions indépendantes du résiliement. — Dans le même ordre d'idées, si quelques-unes des stipulations du contrat de mariage étaient susceptibles de recevoir leur exécution, nonobstant la résiliation, comme n'étant pas essentiellement liées aux conventions matrimoniales, il y aurait lieu de retenir les droits perçus sur ces dispositions (Pont et Rodière t. 1er n° 297, 8137 J. E.).

On devrait faire l'application de ce principe à une reconnaissance de dettes contenue dans le contrat résilié (Sol. 27 août 1861); — mais il a paru que, quand la reconnaissance du don manuel est un des éléments du contrat, elle devient caduque comme le contrat lui-même et ne saurait plus recevoir après aucune exécution. Le droit perçu a donc été restitué (Sol. 27 août 1861, 1547 R. P.).

1. PARTAGE ANTICIPÉ. — De même, s'il était établi soit par un acte de résiliement, soit de toute autre manière, qu'un partage anticipé contenu dans un contrat de mariage n'avait été déterminé qu'en vue et sous la condition suspensive de la célébration du mariage, les droits perçus de ce chef seraient restituables (Sol. 11 sept. 1866).

5387. Preuve de caducité du contrat de mariage. — Jusqu'ici nous ne nous sommes occupé que de l'hypothèse où un résiliement du contrat de mariage est formé à l'appui d'une demande en restitution; mais, ainsi que nous l'avons déjà dit n° 5369, cet acte n'est pas indispensable, en pratique, pour obtenir la restitution des droits. Le résiliement du contrat fournit la preuve que le contrat ne sera pas exécuté, c'est pour cela qu'il provoque la restitution du droit. Mais la non-exécution du contrat peut résulter d'un autre ordre de preuves. C'est ce qui a lieu lorsqu'il est établi que le mariage ne pourra être célébré, ce qui arriverait, par exemple, s'il était justifié du décès de l'un des futurs avant célébration.

Ainsi, il n'est pas nécessaire de produire un acte de résiliation lorsque la preuve de la caducité résulte de la justification du mariage de l'un des futurs avec une autre personne (Dél. 15 juill. 1839, D. N. t. 4 p. 60 n° 446 et dél. 23 fév. 1838, 12002-1 J. E.), justification qui peut provenir, par exemple, d'un autre contrat suivi de célébration intervenu entre les mêmes personnes (Sol. 31 déc. 1861. — *V.* 9630 J. N.).

En un mot, il suffit d'une pièce justificative de la caducité des dispositions contenues dans le contrat de mariage, mais il faut que cette pièce ne laisse aucune incertitude sur la non-exécution du contrat (Dél. 31 janv. 1836, 11422-1 J. E.).

5388. Certificat du maire. — A ce point de vue, un certificat du maire n'est pas une preuve suffisante; il se peut, en effet, que le mariage ait été célébré dans une autre commune que celle du maire qui a délivré le certificat (3255 J. E., Dél. 8 sept. 1832, 10419 J. E.). Rien ne prouverait, d'ailleurs, que, en supposant que le mariage n'eût pas eu lieu à la date du certificat, il ne pût avoir lieu postérieurement (Pont et Rodière 2e édit. t. 1er n° 307).

5389. Déclaration. — Remboursement. — Dans ce dernier ordre d'idées il a été reconnu que le remboursement, par le père de la future au futur, d'une somme reçue par un contrat de mariage non suivi de célébration et la déclaration, par acte notarié, que le mariage n'aura pas lieu, ne rendent pas restituables les droits perçus sur le contrat; car il n'est pas *matériellement impossible que le mariage projeté reçoive son exécution* (Mauriac 22 fév. 1850, 15224-2 J. E. — *V.* dans le même sens 12215-1 J. E.). — *V.* 5392.

5390. Signification d'acte. — Par la même raison, un acte signifié par le père de l'un des futurs, mineur, au notaire rédacteur, et portant que le mariage n'aura pas lieu, ne suffirait pas, soit pour empêcher la perception des droits, soit pour réduire la perception au droit fixe, soit pour autoriser la restitution du droit proportionnel qui aurait été perçu (Dél. 11 mars 1813, 4486 J. E., D. N. t. 4 p. 60 n° 445, 1051 J. N.).

Mais on a décidé que la restitution devait avoir lieu quand l'un des futurs faisait notifier extrajudiciairement à l'autre l'intention où il est de ne pas donner suite au projet de mariage. Cette notification toutefois ne résulterait pas suffisamment de l'acte en brevet par lequel un des futurs déclare seul renoncer au mariage projeté (Sol. 8 mai 1867, 2827 R. P.).

5391. Jugement. — Restitution de dot. — Un jugement qui ordonne la restitution de la dot, sans résilier néanmoins le contrat, ne peut autoriser la restitution des droits, bien que des certificats attestent que la célébration n'aura pas lieu; car ce jugement n'équivaut pas à résiliation (Dél. 8 sept. 1832, 10419 J. E., D. N. t. 11 p. 430 n° 88). — V. *Restitution* n° 14523.

5392. Prescription. — Il ne suffit pas, pour obtenir la restitution, de prouver que le mariage n'aura pas lieu, ou que le contrat restera sans exécution, il faut encore que la demande soit formée en temps utile. Il a été décidé, à cet égard, que la restitution des droits d'un contrat de mariage non suivi de célébration doit être demandée dans le délai de deux ans de l'enregistrement de ce contrat, attendu que la maxime *contra non valentem agere non currit prescriptio* ne peut recevoir son application en matière d'enregistrement, et que, dans le cas où un contrat de mariage n'a pas été suivi de célébration, chacune des parties demeure maîtresse de *déclarer* que le mariage n'aura pas lieu, et que la restitution des droits peut être réclamée tant que le mariage n'a pas été célébré, sauf à les acquitter de nouveau si le mariage vient à recevoir son effet (Cass. 20 août 1838, 10217 J. N., 12199 J. E., 1590 § 14 I. G., Dél. 8 sept. 1832, 10419 J. E., Dél. 9 juill. 1833, 10063 J. E., 1437 § 5 I. G., Dél. 31 janv. 1836, 11422-1 J. E.; — Melun 9 mai 1837, 11792 J. E.).

Cette jurisprudence a été controversée et on a soutenu que le point du départ de la prescription ne court que du jour qui constate que le mariage ne s'est pas accompli. Cette opinion a été adoptée par les tribunaux de Villeneuve-d'Agen, de Lectoure et de Roanne, les 21 juillet et 14 août 1835 et 11 mai 1836 (9315 J. N.). — Une Dél. 11 août 1820 (6782 J. E., 3645 J. N.) et un Sol. 28 octobre 1831 (D. N., V. *Résiliation de contrat de mariage* n° 3), ont également décidé que la restitution des droits proportionnels perçus sur un contrat de mariage non suivi de célébration, et résilié par acte authentique, peut être utilement demandée dans les deux ans de l'enregistrement de l'acte de résiliation. — Dalloz n° 3522, Pont et Rodière, n°s 281-282, enseignent de leur côté que pour la prescription il faut distinguer : s'il y a eu résiliement, c'est à partir de l'acte qui le constate que court la prescription, dans toute autre hypothèse la restitution doit être demandée dans les deux ans de l'enregistrement du contrat de mariage.

Mais il faut écarter toutes ces critiques pour se rattacher à la jurisprudence de la cour. Et nous en trouvons une raison péremptoire dans cette circonstance que, les droits ayant été indûment perçus, les parties sont à même, dès le jour de l'enregistrement du contrat, d'en provoquer la restitution. Lors même donc que l'on pourrait appliquer au droit fiscal la maxime *contra non valentem agere*, ce ne serait pas le lieu de le faire au cas particulier, puisque l'action en répétition est ouverte au créancier. — V. *Prescription.*

5393. Réintégration des droits. — L'Administration serait fondée à redemander la totalité des droits perçus sur le contrat de mariage si, après en avoir obtenu la restitution par suite de résiliement, les parties déclaraient faire revivre leur premier contrat en contractant mariage. C'est ce qui résulte formellement de l'arrêt de la C. cass. du 20 août 1838, que nous citons dans le précédent numéro, d'un autre arrêt du 10 décembre 1838, P. 38-2-528, S. 39-1-981), et c'est ce qui avait été antérieurement décidé par une délibération du 23 mai 1825 (D. N. t. 4, p. 61, n° 450).

Néanmoins, ainsi que le font observer Pont et Rodière t. 1er n° 298, si, dans la même hypothèse, les futurs font un nouveau contrat, on doit exiger seulement les droits auxquels ce dernier contrat donne ouverture, puisque le premier est censé n'avoir jamais existé. — *V.* 5022.

Si les futurs se remarient après le résiliement du contrat, sans faire de nouvelles conventions et sans se référer à leur premier contrat résilié, on ne peut leur redemander les droits qui leur auraient été restitués et dont la perception ne se rapporterait qu'à un contrat qui n'existe plus (D. m. f. 13 août 1819, 6467, 6503 J. E., 3130 J. N., D. N. t. 4 p. 61 n° 448). — Cependant, dans une espèce où la célébration du mariage avait eu lieu après un nouveau contrat intervenu par suite de résiliement du premier contrat de mariage, l'Administration, en se fondant sur ce que la décision du 7 juin 1808 (*V.* 5372) n'a autorisé la restitution des droits perçus sur les contrats de mariage que lorsqu'il est constant que *la célébration n'a pas eu lieu*, a refusé la restitution des droits perçus sur le premier contrat (9636 J. N.).

Décide, de même, que, quand un contrat de mariage contenant donation par des tiers a été résilié par les futurs seuls et que, néanmoins, ceux-ci ont ensuite célébré leur mariage, les droits de donation ne sont pas restituables (Sol. 5 sept. 1832, 10420 J. E. — *Contrà* D. N. t. 11 p. 440 n° 89).

Mais il n'est pas dû un nouveau droit de donation dans le contrat de mariage d'un individu qui apporte des objets mobiliers qu'il déclare lui avoir été remis par un premier contrat non réalisé, et sur lequel le droit de donation a été perçu sans être depuis restitué, attendu qu'il n'y a pas donation nouvelle, mais apport pur et simple (16821-3 J. E.).

CONTRAT PIGNORATIF.

5394. Définition. — Le contrat pignoratif est un contrat usuraire que l'on déguise sous la forme d'une vente à réméré, avec relocation au vendeur.

5395. Effet. — Ce contrat fut introduit à une époque où les prêts à intérêt n'étaient pas permis. Pour échapper à la prohibition, des créanciers se firent vendre par leurs débiteurs, sous faculté de rachat pendant un certain temps, des immeubles qu'ils relouaient au même instant à ces débiteurs moyennant un loyer qui était ordinairement égal à l'intérêt du prix pour lequel l'immeuble pouvait être racheté. Ces contrats furent nommés *pignoratifs*, parce que la vente qui y était stipulée n'était véritablement qu'une impignoration ou engagement (Lecamus d'Houlouve *Traité des intérêts* ch. 2 sect. 10).

Aussi jamais le contrat pignoratif n'a transféré au créancier aucune propriété de l'héritage qui lui était vendu en apparence sous faculté de rachat (Merlin *Rép.* v° *Pignoratif* § 2).

5396. Caractère. — Le contrat pignoratif diffère de la *vente à réméré* et de l'*antichrèse*, en ce que la première transmet à l'acquéreur la propriété de l'héritage et n'est point mêlée de relocation ; à l'égard de l'antichrèse, elle a bien pour objet, comme le contrat pignoratif, de procurer les intérêts d'un prêt, mais avec cette différence que, dans l'antichrèse, c'est le créancier qui jouit de l'héritage pour lui tenir lieu de ses intérêts, tandis que, dans le contrat pignoratif, c'est le débiteur qui jouit lui-même de son héritage, et en paye les loyers à son créancier, pour lui tenir lieu des intérêts de sa créance (Merlin *Rép.* v° *Pignoratif* n° 2).

C'était à trois circonstances principales qu'on reconnaissait un contrat pignoratif, savoir : 1° la vileté du prix ; — 2° la relocation ; — 3° l'habitude de la part du vendeur de pratiquer l'usure, *consuetudo fœnerandi* (Lecamus d'Houlouve et Merlin *Ibid.* ; — Cass. 10 mars 1854, 209 R. P.).

Il fallait au moins le concours de ces trois circonstances. L'on ne pouvait pas surtout convertir en engagement ou contrat pignoratif le contrat dans lequel n'existait pas la circonstance de la *relocation* au vendeur ; parce que, comme le fait observer Merlin, *loc. cit.*, « le seul fondement de la jurisprudence qui faisait assimiler ces contrats de vente à de purs engagements, était la contravention indirecte qui en résultait aux lois prohibitives du prêt à intérêts. Par conséquent, cette jurisprudence n'était applicable qu'au cas où l'acquéreur stipulait, sous la dénomination de loyers ou de fermages, des intérêts qu'il ne pouvait pas stipuler directement, et, en effet, c'était le seul cas où l'on pût dire qu'il y eût fraude à la loi qui proscrivait les intérêts conventionnels. »

5397. Législation actuelle. — Le code n'a pas parlé du contrat pignoratif; mais, comme il ne l'a pas prohibé, est par cela même permis (Cass. 10 mars 1854, 209 R. P.).

5398. Enregistrement. — Le contrat pignoratif doit être rangé dans la classe des engagements d'immeubles que l'art. 69 § 5 n° 5 L. 22 frimaire an 7 a tarifés au droit de 2 pour 100. Mais cet article peut être considéré comme une lettre morte à l'égard de la convention qui nous occupe, car elle n'est jamais suffisamment caractérisée pour que le tarif puisse lui être appliqué.

On voudrait cependant que ce droit fût le seul exigible toutes les fois qu'il n'y a *réellement* que contrat pignoratif sous la forme de vente à réméré, et ce système de perception est professé par Dalloz (*Traité* 3158 et suiv., 3175 et suiv.), Ch. et Rig. (*Traité* 3136 et suiv., *Suppl.* 858) et par les réd. D. N. t. 5 p. 514 n° 11).

Nous ferons remarquer que, au nombre des signes que nous avons indiqués plus haut, auxquels on reconnaissait autrefois le contrat pignoratif, et qui sont encore aujourd'hui les caractères distinctifs de la convention (*V.* Troplong *de la Vente* n° 695, Duvergier t. 2 n° 11), il en est *deux*, la *faculté de réméré* et la *relocation* au vendeur, qui peuvent se rencontrer dans les ventes les plus sincères. Un seul, *la vileté de prix*, est donc en réalité le signe caractéristique ; mais il échappe nécessairement à l'employé chargé de percevoir le droit. L'appréciation du receveur ne peut évidemment aller jusqu'à reconnaître si le contrat soumis à la formalité n'est qu'un contrat pignoratif, alors, d'ailleurs, qu'il présente tous les caractères de la vente à réméré ; car, pour cela, il faudrait qu'il pût constater lui-même que le prix stipulé n'est pas en rapport avec la valeur des immeubles, ce qui n'appartient réellement qu'aux tribunaux. Aussi l'Administration, par une Dél. du 17 décembre 1833 (10820 J. E.), a-t-elle décidé que le droit applicable à un pareil contrat est celui de 5 fr. 50 cent. pour 100 déterminé pour les ventes d'immeubles.

5399. Acte qualifié. — Restitution. — Le doute ne serait pas possible si les parties avaient donné à leur convention la qualification de vente.

Dans ce cas, l'art. 60 L. 22 frimaire an 7 s'opposerait à ce que partie du droit perçu fût restituée, alors même qu'un tribunal aurait déclaré que le contrat, qualifié de vente, n'est en réalité qu'un contrat pignoratif : « Attendu, porte un arrêt de cass. du 8 novembre 1843, en droit, qu'un contrat librement consenti et exécuté par les contractants ne peut, hors des cas de dol et de fraude, être modifié ou autrement qualifié qu'avec le concours des mêmes volontés qui l'ont consenti et constitué ;— Attendu, d'ailleurs, que l'acte du 4 juillet 1840 est bien réellement un contrat de vente à réméré, d'où il suit qu'en lui appliquant les dispositions, quant au droit d'enregistrement, du § 5 n° 5 art. 69 L. 22 frimaire an 7, le jugement attaqué, loin d'avoir violé cette loi ou l'art. 1156 C. C., a fait, au contraire, une juste application de ces lois » (*Conf.* : 13374 J. E., 11821 J. N., 1710 § 8 I. G., S. 44-1-281 ; — Nantes 22 août 1842, 13059 J. E.).

5400. Retrait après délai. — Un arrêt de la C. cass. du 10 nov. 1824 (8239 J. E., 5054 J. N., S. 25-1-240) a décidé qu'un jugement qui, après le délai stipulé pour le retrait, maintient en possession de l'immeuble le prétendu vendeur et le condamne seulement au payement de la somme due, ne peut être considéré, pour l'enregistrement, comme ayant opéré un retrait de réméré après délai passible de 5 fr. 50 cent. pour 100.

Mais, d'après une autre décision (Trib. de Nogent-le-Rotrou 22 août 1844, 13605 J. E.), le droit de rétrocession est exigible sur le jugement qui déclare, après l'expiration du délai, qu'une vente à réméré ne contenait qu'un contrat pignoratif et en conséquence ordonne la rentrée du vendeur. — Dans le même sens que ce jugement, la cour suprême a reconnu, le 3 juillet 1839 (12342 J. E., 10449 J. N., 1601 § 17 I. G., S. 39-1-686), que les parties, ne pouvant opposer la simulation à l'Administration, qui est fondée à percevoir les droits d'enregistrement d'après la substance des actes et leur forme intrinsèque, on ne peut prétendre, pour se soustraire au droit de 5 fr. 50 cent. pour 100, qu'une vente à réméré, dont on exerce le retrait après l'expiration du délai convenu, n'était qu'un prêt déguisé.

Jugé, de même, que le droit de rétrocession est exigible sur le jugement qui, du consentement des parties, déclare nul comme simulé pour impignoration, *bien qu'il n'en présente aucun indice*, un contrat de vente qu'elles ont exécuté pendant dix ans (Cass. 23 nov. 1836, Champ. et Rig. 3138).

1. QUITTANCE. — Si un jugement antérieur entre parties constate que l'acte est un contrat pignoratif et non un réméré, le remboursement ultérieur du prix, quoique fait après le délai, n'est sujet qu'au droit de quittance (Villefranche 23 août 1860).

5401. Bail. — Il faut conclure de tout ce que nous venons de dire que la vente à réméré, quoique contenant la relocation au vendeur de l'immeuble vendu, est passible de 5 fr. 50 cent. pour 100. De plus, le droit de bail est exigible, ainsi que l'a reconnu une Dél. 17 nov. 1831, rapportée par

Dalloz n° 3179, qui la combat en considérant la stipulation relative à la jouissance comme une réserve ne pouvant donner ouverture à aucun droit.

CONTRAVENTION.

DIVISION

SOMMAIRE

CHAPITRE PREMIER. — CONSIDÉRATIONS PRÉLIMINAIRES

[5402-5404]

5402. Définition. — Le mot *Contravention* a différents sens dans la langue juridique; on peut l'entendre de tout manquement à une obligation, quelle que soit la source, publique ou privée, de cette obligation, qu'elle dérive d'une loi, d'un règlement ou d'un contrat.

5403. Observation. — Nous ne nous occupons dans cet ouvrage que des contraventions aux lois dont l'Administration de l'enregistrement surveille l'exécution, et nous n'avons pas à en parler ici d'une manière particulière. — Tout ce que nous en dirions ferait double emploi avec les diverses parties de notre *Répertoire* où l'on voit naître à chaque pas les questions relatives à des contraventions. Nous traitons de ces questions à mesure qu'elles se présentent, car nous nous sommes imposé la règle de toujours mettre l'application à côté du principe. Cet article se résumera donc en quelques observations générales qui compléteront celles que nous avons faites sous le mot *Amende*.

5404. Diverses espèces de contraventions. — Au point de vue où nous sommes placé, il existe trois classes *principales* de contraventions; elles sont relatives : 1° au notariat; — 2° au timbre; — 3° à l'enregistrement.

La répression d'autres espèces de contraventions appartient encore à l'Administration de l'enregistrement; mais, comme elles tombent toutes sous l'application des principes généraux que nous allons poser, nous les passerons ici sous silence, sauf à en parler, avec tous les développements convenables, sous les mots qui désignent chacune d'elles.

CHAPITRE II. — CONTRAVENTIONS RELATIVES AU NOTARIAT

[5405-5409]

5405. Droit et devoir des employés. — Les préposés de l'Enregistrement ont titre et qualité pour constater par des procès-verbaux les contraventions à la loi du 25 ventôse an 11. C'est ce qui a été constamment reconnu (263, 365, 384, 1089, 1136 § 14, 1150 § 17, 1347 § 15, 1351 art. 28 § 2, 1554 I. G.); c'est même là une de leurs obligations les plus essentielles. S'il est, en effet, du devoir de tous les membres de la société de coopérer à la répression des abus, cette obligation est imposée plus particulièrement, en matière d'actes notariés, aux employés auxquels le Gouvernement a confié ses intérêts, et qui se trouvent par la nature de leurs fonctions plus à portée que personne de veiller à l'exécution de la loi.

Le devoir des employés de l'Enregistrement de constater toutes les contraventions à la loi du 25 ventôse an 11, commises par les notaires, est aussi incontestable qu'il est important. Nous ne pouvons mieux faire, pour en faire connaître toute la portée, que de citer textuellement en note [1] une lettre écrite, le 1er décembre 1837 à M. le garde des sceaux, par un procureur général qui lui rendait compte d'une affaire extrêmement grave où la surveillance des employés paraissait avoir été prise en défaut.

5406. Mesures pour réprimer les contraventions. — En communiquant cette lettre à M. le ministre des finances, le 26 décembre 1837, M. le garde des sceaux faisait remarquer que la plupart des faits dont il s'agit auraient pu être prévenus par une surveillance plus active des préposés de l'Enregistrement, et il insistait sur la nécessité de prendre des mesures pour qu'à l'avenir les abus signalés ne se renouvelassent plus. Les mesures réclamées par le ministre ont été mises à la disposition des employés par les art. 52 et 54 L. 22 frimaire an 7; elles ont fait l'objet de nos nos 4503 et suiv. L'Administration en a bien souvent signalé l'exécution à leur attention (V. notamment les instructions générales rappelées dans notre précédent numéro).

Il est d'ailleurs presque inutile d'ajouter qu'en ce qui concerne les actes présentés à la formalité, le premier soin du receveur doit être de s'assurer si cet acte est revêtu de toutes les formalités prescrites par la loi du 25 ventôse an 11, et notamment de la signature des parties, des témoins instrumentaires ou du notaire en second et du notaire rédacteur. Dans le cas de la négative et s'il y a une omission non réparable, ou si le notaire insiste pour que l'acte soit enregistré dans son état d'imperfection, le receveur doit donner la formalité et percevoir les droits dus; mais il doit aussi constater immédiatement l'état matériel de l'acte par un procès-verbal, affirmé devant le juge de paix dans les vingt-quatre heures, à moins que, sur la réquisition qui doit en être faite au notaire, il ne consente à signer ce procès-verbal que le receveur adressera au directeur pour être transmis au procureur de la République. Il doit être fait mention de ce même procès-verbal en marge de l'enregistrement de l'acte qui y a donné lieu.

5407. Poursuite des contraventions. — Intérêt social. — Si les employés, ainsi que nous l'avons dit, doivent signaler aux magistrats du ministère public toutes les infractions à la loi du 25 ventôse commises par les notaires, que ces infractions soient punies ou non d'une amende, ce n'est pas à eux qu'il appartient de poursuivre ces contraventions : ils doivent se borner à les dénoncer au procureur de la République, en lui remettant leurs procès-verbaux; c'est à ce magistrat de provoquer d'office les condamnations prononcées par les lois pour ces contraventions. Cela se fonde sur ce que l'exécution de la loi du notariat intéresse particulièrement l'ordre social.

1. INTÉRÊT DU TRÉSOR. — Cependant les employés pourraient s'immiscer dans la poursuite des peines encourues par les notaires dans les cas prévus par la loi du 25 ventôse an 11, si l'Administration pouvait être considérée comme partie intéressée en raison de la lésion, par suite des contraventions commises, des droits du Trésor.

5408. Mentions sur les actes. — Il n'est point permis aux employés, ainsi que nous l'avons dit au mot *Acte*

---

1. Le nommé G..., ex-notaire, dont j'ai eu l'honneur de vous annoncer l'arrestation récente, vient d'être condamné par la Cour d'assises, après trois jours d'audience, à la peine des travaux forcés à perpétuité et à l'exposition publique, pour une quantité considérable de faux en écriture authentique commis dans l'exercice des fonctions qu'il remplissait alors. La vindicte publique a été pleinement satisfaite, et j'espère que cet exemple salutaire mettra enfin un terme aux crimes du même genre qui ont motivé aux dernières assises la condamnation contradictoire du nommé N..., et précédemment celle du nommé D..., convaincus d'avoir agi de complicité avec le nommé D..., ex-notaire et fugitif. La procédure suivie contre G.., a révélé des faits graves qu'il m'a paru important de vous signaler dans l'intérêt public. On a trouvé dans l'étude de cet ex-notaire, et représenté aux débats, une foule de minutes qui étaient terminées par la mention que les parties avaient signé, et ce, contrairement à la vérité. Ces actes faux, qui ne portaient que la signature des deux notaires, ont tous été enregistrés et ensuite expédiés par G... comme s'ils avaient été réellement et régulièrement passés. Ces actes s'appliquent presque tous à des mainlevées d'hypothèques, et le conservateur, sur le *vu* des expéditions, a opéré la radiation des inscriptions. Ces faux ont fait éprouver de grandes pertes aux malheureux clients qui, par suite de leur confiance en G..., déposaient leurs fonds entre les mains de celui-ci, dans la persuasion qu'ils avaient une première hypothèque, ou qu'ils s'étaient valablement libérés. » — M. le Procureur général donne ensuite le détail de ces actes, et continue ainsi :

« Je ne puis assez vous dire, Monsieur le Ministre, combien les magistrats, les jurés et la partie éclairée de l'auditoire ont été péniblement affectés au simple récit des malheurs prolongés qui ont été la suite de ces manœuvres coupables qu'une surveillance plus attentive des préposés de l'Enregistrement aurait pu prévenir, et dans tous les cas rendre moins douloureux. On se demandait avec raison comment ces actes informes avaient pu être revêtus de la formalité de l'enregistrement avant qu'ils portassent la signature des parties, et par quelle fatalité aucun procès-verbal des vérificateurs et des inspecteurs de cette Administration n'avait révélé ces écarts. On s'étonnait encore de ce que des actes notariés avaient pu n'être pas inscrits au répertoire, et de ce que soixante-quatre minutes pussent manquer de 1811 à 1831.

« Je n'ai pas le droit de rechercher jusqu'à quel point la conduite des agents de l'Enregistrement, dans cette circonstance, est digne de blâme; mais je désire vivement que vous puissiez prendre des mesures qui évitent le retour des mêmes maux et des mêmes plaintes.

» J'ai, dès hier, fait donner une admonition sévère au notaire en second qui avait apposé sa signature sur les actes de G... avant qu'ils fussent revêtus de celle des parties : la faute était trop ancienne, et d'ailleurs le caractère de cet officier public était trop honorable pour que je crusse devoir recourir à des moyens plus rigoureux. J'ai chargé, en même temps, mon substitut près le tribunal de... de donner, de concert avec le président de la chambre de discipline, les instructions nécessaires pour que les notaires de son arrondissement ne signent jamais les actes en second qu'après s'être assurés qu'ils sont complets. J'espère que cette mesure, dont l'expérience vient de me démontrer l'utilité, obtiendra votre approbation. »

de notaire de faire mention, dans les minutes des actes, des contraventions aux lois sur le notariat qu'ils reconnaissent. Aucune loi ne les autorise à porter des annotations sur les actes qu'ils vérifient; dans le cas spécial qui nous occupe, ces annotations n'ajouteraient rien à l'autorité du procès-verbal destiné à constater les contraventions et elles pourraient avoir des inconvénients pour les notaires. Il leur est également défendu de remplir eux-mêmes, par des barres, les blancs des actes notariés.

5409. Recouvrement des amendes. — Les amendes pour contravention à la loi sur le notariat doivent être recouvrées par les receveurs de l'Enregistrement et payées à leur caisse. Mais il est essentiel de ne pas perdre de vue que ces amendes ne peuvent être perçues avant la décision des tribunaux sur les poursuites exercées d'office par le ministère public. En conséquence, les receveurs doivent refuser les offres réelles qui seraient faites par les notaires contrevenants avant le jugement de condamnation.

1. CAUTIONNEMENT DES NOTAIRES. — Le cautionnement des notaires fournit sans doute la facilité de recouvrer promptement les amendes et autres peines pécuniaires que ces officiers auraient encourues; toutefois, l'Administration a prescrit aux receveurs de n'user de cet avantage que contre les notaires qui n'offriraient pas, d'ailleurs, des moyens suffisants de solvabilité. Dans ce cas, les receveurs adressent à leur directeur, et celui-ci à l'Administration, une expédition en forme, du jugement de condamnation, pour être notifiée à la caisse d'amortissement, et faire ordonner le dessaisissement en totalité ou en partie du cautionnement, et son application au payement des condamnations pécuniaires et des frais.

CHAPITRE III. — CONTRAVENTIONS RELATIVES AU TIMBRE

[5410]

5410. Mode de constater les contraventions. — Les employés de l'Enregistrement doivent constater les contraventions aux lois sur le timbre par des procès-verbaux soumis à la signification en même temps que les contraintes décernées pour le recouvrement des droits et amendes. La signification est faite dans les trois jours de la date du procès-verbal, lorsque le contrevenant est domicilié dans l'arrondissement du bureau où le procès-verbal a été rapporté; à l'égard des contrevenants qui ont leur domicile hors de cet arrondissement, le délai pour la signification est de huit jours jusqu'à cinq myriamètres (dix lieues) de distance, et d'un jour de plus pour chaque cinq myriamètre au delà de cette distance (L. 13 brum. an 7 art. 31 et 32, 25 germ. an 11 art. 1er et 2, 28 avr. 1816 art. 76, 16 juill. 1850 art. 23 et 25, déc. 17 fév. 1852 art. 10 et 12, et 1537 n° 199 et suiv. I. G.).

Le droit de constater les contraventions en matière de timbre, a été étendue à une grande quantité d'agents, selon la nature des contraventions à réprimer. On en trouvera l'indications dans les différents mots de cet ouvrage. V. *Assurances, Lettres de voiture, Etranger, Effets de commerce, Affiches, Timbre*, etc.

CHAPITRE IV. — CONTRAVENTIONS RELATIVES A L'ENREGISTREMENT

[5411]

5411. — Nous n'avons rien à dire ici de particulier sur les contraventions relatives à l'enregistrement, sinon que les employés ne sont pas tenus de constater par des procès-verbaux les contraventions commises par les officiers publics, si ce n'est dans le cas de refus de communication des répertoires, minutes et pièces qui se trouvent dans les dépôts publics. Le recouvrement des amendes est poursuivi par voie de contrainte sans condamnation préalable, à moins qu'il n'ait été formé opposition à la contrainte (L. 22 frim. an 7 art. 64).

CHAPITRE V. — DISPOSITIONS COMMUNES

[5412-5424]

5412. Diverses espèces d'amendes. — Le système de pénalité établi par les lois de l'enregistrement et du timbre frappe les contraventions de plusieurs espèces d'amendes :

1. FIXES. — Les unes sont *fixes*, c'est-à-dire que leur chiffre a été invariablement déterminé par la loi et qu'elles ne peuvent être ni augmentées ni diminuées : telle est l'amende de 50 francs (10 fr.), prononcée par l'art. 42 L. 22 frimaire an 7 contre l'officier public qui agit en vertu d'un acte sous seing privé non enregistré; celle de 100 francs (20 fr.), prononcée part l'art. 26 L. 13 brum. an 7 contre l'officier public qui agit également sur un acte sous seing-privé non écrit sur papier timbré.

2. PROPORTIONNELLES. — D'autres sont proportionnelles, c'est-à-dire qu'elles augmentent ou diminuent suivant que les droits dus pour les actes à enregistrer sont plus ou moins élevés : tels sont, en matière d'enregistrement, les droits en sus pour défaut d'enregistrement des actes de mutation dans les délais; en matière de timbre, les amendes encourues pour les effets négociables non écrits sur timbre ou sur le timbre prescrit.

Minimum. — Il faut remarquer que ces amendes ne suivent pas, sans exception, la proportion des droits simples auxquels elles s'appliquent; il est un *minimum* au-dessous duquel elles ne peuvent descendre (L. 22 frim. an 7 art. 33, L. 23 août 1871, L. 30 mars 1872. — V. également la dernière partie du n° 4 ci-après).

3. QUOTITÉ FACULTATIVE POUR LE JUGE. — Dans une troisième catégorie se rangent celles qui ne peuvent ni descendre au-dessous ni s'élever au-dessus de deux termes fixés par la loi, et dont la fixation de quotité, entre ces deux termes, est entièrement abandonnée à l'appréciation du juge : telle est l'amende de 50 francs à 1,000 francs prononcée par l'art. 7 L. 22 pluviôse an 7, contre le particulier qui procède à une vente publique de meubles sans le concours d'un officier public; telle est encore l'amende de 100 francs à 500 francs que l'art. 30 L. 8 juillet 1852 prononce pour contravention à ces dispositions; et celle qui est encourue pour infraction à la loi du 23 juin 1857, sur le droit de transmission des actions dans les sociétés. — V. *Actions.*

4. AMENDES NE POUVANT EXCÉDER UN CHIFFRE DÉTERMINÉ. — On peut voir une quatrième classe d'amendes dans celles créées par l'art. 11 du Déc. 17 février 1852, qui, *fixes* ou *proportionnelles*, ne peuvent, les unes par leur réunion, les autres par leur quotité, excéder un chiffre déterminé à l'avance par la loi.

Fixe. — Telle était l'amende de 50 francs qui était prononcée *par feuille* ou *fraction de feuille* de journal, gravure ou écrit périodique qui se trouvait en contravention aux dispositions du décret, sans que la réunion de toutes les amendes encourues pût excéder le chiffre du cautionnement.

Proportionnelle. — Telle était encore, pour les autres écrits prévus par le décret, l'amende de contravention aux dispositions du décret qui, égale au double des droits frustrés, ne peut être inférieure à 200 francs ni dépasser au total 50,000 francs.

5. PROGRESSIVES. — Enfin il y avait encore des amendes progressives, c'est-à-dire qui suivaient la progression du temps qui s'écoulait sans qu'une formalité prescrite eût été remplie : telle était l'amende de 10 francs que l'art. 51 L. 22 frimaire an 7 prononçait pour chaque décade de retard dans la présentation, par les officiers publics, de leur répertoire au visa trimestriel du receveur. L'art. 10 L. 16 juin 1824 a fait disparaître cette nature d'amendes, et les lois postérieures l'ont laissée dans l'oubli.

5413. Récidive. — Enregistrement. — Les lois sur l'enregistrement ne font nulle part mention de la récidive comme devant augmenter la peine encourue pour la contravention.

1. TIMBRE. — DISTRIBUTION. — En matière de distribution de papiers timbrés, l'art. 27 L. 13 brumaire an 7 dispose « qu'aucune personne ne pourra vendre ou distribuer du papier timbré, qu'en vertu d'une commission de l'Administration, à peine d'une amende de 100 francs pour la première fois, et de 300 francs en cas *de récidive.* »

Timbres. — *Timbres mobiles.* — L'art. 21 du décret du 11 juin 1859 porte que ceux qui auront employé, vendu ou tenté de vendre des timbres mobiles ayant déjà servi seront, en cas de récidive, punis d'un emprisonnement de cinq jours à un mois et d'une amende double de celle qui est due quand le récidive n'existe pas.

Police d'assurances maritimes. — L'art. 48 L. 5 juin 1850 frappe d'une amende de 500 francs et de 1,000 francs, en cas de récidive, tout courtier ou notaire convaincu d'avoir rédigé une police d'assurance ou d'en avoir délivré une expédition ou un extrait sur papier non timbré, conformément à l'art. 42 de la même loi.

2. POIDS ET MESURES. — L'art. 17 L. 25 ventôse an 11 prononçait une amende de 100 francs contre le notaire qui contrevenait aux lois et règlements concernant les poids et mesures, et cette amende était portée à 200 francs en cas de récidive. La loi du 4 juillet 1837, qui forme le dernier état de la législation à cet égard, ne s'est nullement préoccupée du cas de *récidive.* Les officiers publics contrevenants sont donc passibles d'une amende de 20 francs.

3. NOTARIAT. — L'art. 17 L. 25 ventôse an 11 contient, en outre, quelques autres prescriptions concernant les noms et qualifications supprimés, les clauses et expressions féodales, qui ne sont plus guère de nature à être enfreintes aujourd'hui, et qu'il frappe d'une amende double en cas de *récidive.*

4. HUISSIERS. — Enfin l'art. 36 du décret du 29 août 1813 contient la disposition suivante : « Tout huissier qui chargera un huissier d'une autre résidence d'instrumenter pour lui, à l'effet de se procurer un droit de transport qui ne lui aurait pas été alloué s'il eût instrumenté lui-même, sera puni d'une amende de 100 francs. L'huissier qui aura prêté sa signature sera puni de la même peine. En cas de récidive, l'amende sera double et l'huissier sera de plus destitué. Dans tous les cas, le droit de transport indûment alloué ou perçu sera rejeté de la taxe ou restitué à la partie. »

5. CONSTATATION DE LA RÉCIDIVE. — Dans tous les cas que nous venons d'énumérer, il est donc utile que les employés constatent, lorsqu'il y a lieu, le fait de la *récidive* dans leurs procès-verbaux. — Mais ils ne doivent pas perdre de vue que la réitération d'une contravention peut, relativement à la peine, ne constituer qu'un délit successif, tant que la *récidive* n'est pas *prouvée.* Pour qu'il y ait récidive, il faut que la *contravention* ait été *réprimée*, soit par le payement volontaire de l'amende, en conséquence d'un premier procès-verbal, soit par un jugement de condamnation intervenu avant les procès-verbaux subséquents. C'est ce que le ministre des finances a reconnu le 15 janvier 1818 (6252 J. E.), en matière de distribution d'avis imprimés.

5414. Moyen licite. — En parlant du droit de *Communication* nous avons dit que si, dans leur droit d'investigation, à l'effet de constater les contraventions, les employés doivent respecter certaines barrières, il est certain néanmoins que toutes les fois que dans les vérifications qu'ils sont autorisés à faire dans les dépôts publics, ils découvrent des actes présentant des infractions aux lois sur le timbre et l'enregistrement, ils doivent constater ces contraventions. Mais, en thèse générale, la loi leur refuse le droit de se présenter chez les citoyens pour y constater les contraventions qui pourraient exister dans leurs papiers. — A la faculté de constater les contraventions dans les dépôts publics ne s'arrête pas d'ailleurs, le pouvoir que leur confère la loi : toutes les fois que dans l'exercice de leurs fonctions une contravention arrive à leur connaissance par un moyen licite, ils doivent la constater.

1. DOSSIER DÉPOSÉ AU BUREAU. — Ainsi, lorsque les comptes arrêtés avec un failli, sur papier non timbré, sont déposés, quoique avec d'autres papiers, dans un bureau de droits d'enregistrement, le receveur est fondé à constater la contravention, encore que le dépôt n'ait été fait ou la communication donnée par aucun des fonctionnaires que la loi charge spécialement de cette communication. Il n'y a dans ce mode de procéder aucun moyen insidieux ni désavoué par la loi. (Cass. 16 mai 1815, 5171, 5217 J. E.), *arrêt rapporté* 4817.

2. ANNEXE A UN ACTE SOUMIS A LA FORMALITÉ. — Ainsi encore le tribunal de Mamers a jugé, le 19 février 1834 (10886 J. E.), qu'un receveur de l'Enregistrement a le droit de retenir, pour constater une contravention aux lois sur le timbre, une pièce non timbrée qui se trouve annexée à une autre pièce présentée à la formalité de l'enregistrement. « Attendu, en droit, porte le jugement, qu'il n'est pas nécessaire que les pièces sujettes au timbre ou à l'enregistrement, écrites sur papier non timbré aient été produites ou présentées, ni communiquées, ni qu'il en ait été fait usage, pour que l'amende soit encourue; qu'il suffit que la contravention ait été découverte et constatée sans l'emploi d'aucun moyen insidieux, ni désavoué par la loi.

3. TIMBRE DES QUITTANCES. — En ce qui concerne le timbre des quittances, la loi ne demande aucun compte aux préposés des moyens qu'ils ont employés pour se procurer les pièces en contravention. — V. *Quittance*.

5415. Appréciation par les juges. — On a vu n° 2134 qu'il n'appartient point aux magistrats de décider, en s'attachant plutôt à l'esprit qu'au texte de la loi, qu'une contravention prévue par la loi, et régulièrement constatée, n'est qu'une simple omission, qui ne présente pas le caractère de la fraude et ne doit être l'objet d'aucune répression, et que les tribunaux ne peuvent s'abstenir de prononcer une amende, sous le prétexte que le contrevenant n'a pas eu l'intention de frauder (Cass. 23 mai 1808, 3 sept. 1810, Dalloz 5052, 11 nov. 1812, D. 5212, 6 mai 1815, 5217 J. E., 23 juin 1817, *P. chr.* 362, 14 mars 1837, Dalloz 4967, 30 janv. 1867, 2409 R. P., 2357-3 I. G., D. 67-1-300, S. 67-1-179, P. 67-410).

L'arrêt du 23 mai 1808 porte : « Attendu que le jugement dénoncé a reconnu, en point de fait, que lorsque Fabre présenta à l'enregistrement l'adjudication dont il s'agit, le délai légal qui avait commencé à courir dès l'arrêt confirmatif de l'adjudication était expiré ; attendu que l'indication erronée de la date de l'arrêt, qu'on trouve dans la lettre de l'avoué à son client, n'a pu servir d'excuse à ce dernier pour se soustraire au payement du double droit ; d'où il suit qu'en admettant une pareille excuse, les juges de Saint-Marcellin ont violé les articles de lois précités. »

L'arrêt du 3 septembre 1810 est ainsi conçu ; « Attendu, que le jugement attaqué ayant reconnu que le supplément de droit était dû par suite de l'insuffisance et de l'omission qui vicient la déclaration dont il s'agit, la condamnation au double droit était la conséquence obligée de cette reconnaissance, aux termes de l'art. 39 ci-dessus ; que cette condamnation n'a pu être refusée sous aucun prétexte, et même sous celui du défaut d'intention de fraude, parce que la contravention à une loi fiscale ne peut pas s'excuser par l'intention. »

Celui du 11 novembre 1812 porte : « Considérant qu'il ne s'agit pas de savoir si le notaire Potge a eu l'intention d'éluder la loi ; qu'il suffit qu'il en ait enfreint les dispositions, pour avoir encouru l'amende qu'elle prononce ; qu'il n'appartient pas aux tribunaux de déterminer, par des motifs d'équité, les cas où les amendes encourues ne devraient pas être répétées ; que cette faculté leur est expressément interdite par l'art. 59 de la même loi. »

5416. Forcement en recette. — A plus forte raison, cette appréciation n'appartient-elle pas aux employés. Aussi, par une Sol. du 22 avril 1837 (11797-2 J. E.) conforme aux I. G. 1423 et 1528 § 5, l'Administration a-t-elle décidé que le receveur qui enregistre un acte hors de délai, sans exiger l'amende encourue, doit être forcé immédiatement en recette par l'employé supérieur.

1. RÉSERVE D'AMENDE. — Il devrait en être de même alors que le receveur aurait fait toute réserve dans sa relation d'enregistrement. L'Administration, en effet, n'a jamais autorisé les receveurs à mettre dans leurs relations sur les actes des réserves d'amendes ou droits en sus, surtout lorsque ces amendes ou droits en sus doivent être exigés au moment de l'enregistrement des actes (*Même solution*).

5417. Pluralité. — Nous avons dit, n° 2135, que l'art. 1365 du C. inst. crim. qui dispose qu'en cas de conviction de plusieurs crimes ou délits, la peine la plus forte sera prononcée, n'est pas applicable en matière de *contravention* aux lois sur le timbre et l'enregistrement, parce que chaque faute, chaque négligence mérite sa peine et doit la subir, et qu'en matière de contravention, les amendes ont le plus souvent le caractère de réparation civile.

Cependant cette règle n'est pas invariable ; à côté de la généralité se rencontrent des exceptions, dont les unes sont dans la nature même des choses et dont les autres ont été créées par la jurisprudence. On les trouvera dans le présent ouvrage et sous chacun des mots qu'elles concernent.

5418. Réduction des amendes de contravention. — Les amendes progressives prononcées, dans certains cas, contre les fonctionnaires publics et les officiers ministériels, par les lois sur l'enregistrement et le dépôt des répertoires, sont réduites à une seule amende de 10 francs, quelle que soit la durée du retard. Toutes les amendes fixes prononcées par les lois sur l'enregistrement, le timbre, les ventes publiques de meubles et le notariat, ainsi que celles résultant du défaut de mention des patentes dans les actes, et du défaut de consignation des amendes d'appel, sont réduites, savoir : celles de 500 francs à 50 francs; celles de 100 francs à 20 francs; celles de 50 francs à 10 francs; celles au-dessous de 50 francs à 5 francs (Art. 10 L. 16 juin 1824).

5419. Preuve. — Répertoire. — Le Répertoire est un contrôle destiné à faire reconnaître si l'officier public se conforme à la loi. Il y a preuve de défaut d'enregistrement, lorsqu'un acte inscrit au Répertoire ne se trouve pas porté sur les registres de l'enregistrement. — V. 14138.

5420. Foi due aux procès-verbaux. — Les procès-verbaux des employés de l'Enregistrement font foi de ce qu'ils constatent jusqu'à preuve contraire. — V. *Procès-verbal.*

5421. Compétence. — Les contraventions dont nous parlons sont de la compétence exclusive des tribunaux civils; un tribunal jugeant correctionnellement ne peut en connaître même incidemment (Cass. 4 vent. an 12, 30 juin 1814, 28 janv. 1835, 11193 J. E., 1490 § 17 I. G.).

5422. Prescription. — Les contraventions ne se prescrivent en ce sens, qu'après un certain laps de temps, on ne peut plus les constater; ou, si on les constate, elles n'entraînent plus le payement d'une amende. C'est ce qui sera amplement développé au mot *Prescription.*

5423. Désistement de poursuite. — Lorsqu'on a constaté dans une forme vicieuse une contravention, et qu'on se désiste de la poursuite, ce désistement, même accepté par le redevable, n'a d'autre effet, suivant l'art. 403 C. proc. civ., que de remettre les parties dans l'état où elles étaient avant la signification de l'acte de poursuite. L'action n'est pas éteinte; elle peut être exercée par un nouvel acte de poursuite, à moins toutefois que le délai de prescription ne soit expiré (Cass. 8 mars 1808, 10 déc. 1816, 16 mai 1821, 5668, 7101 J. E., 1537 n° 26 I. G., S. 18-1-4, 22-1-7).

5424. Héritiers. — L'action, soit du ministère public, soit de l'Administration, d'après les distinctions établies ci-dessus, s'éteint par le décès des contrevenants, et s'il n'y a pas eu de leur vivant condamnation par jugement, les amendes ne peuvent être exigées de leurs héritiers (A. Cons. d'Ét. 9 fév. 1810. — D. m. j. et f. 1er sept. 1807, 17 sept. 1807, n° 340 I. G.).

Mais, il y a exception à cette règle pour les amendes de contravention aux lois sur le timbre. Ces amendes sont dues par les héritiers des contrevenants, qu'il y ait eu ou non condamnation avant le décès de ceux-ci (L. 28 avr. 1816 art. 76). — V. *Bail* et *Mutation.*

CONTRE-AUGMENT.

5425. — C'est un gain nuptial et de survie, très-usité autrefois en pays de droit écrit, par lequel le mari survivant retenait, en vertu de la loi ou de la convention, une portion de la dot de la femme prédécédée.

CONTREDIT.

5426. — Terme de procédure qui désigne en général les écritures que fournit une partie contre la production de son adversaire, dans les affaires qui s'instruisent par écrit; par exemple, dans les ordres et contributions.

Ces écritures ont pour objet de détruire les inductions que la partie adverse prétend tirer des pièces qu'elle a produites.

CONTRE-ÉCHANGE.

5427. — Ce terme est fréquemment employé dans les échanges d'immeubles pour exprimer l'abandon que l'on fait d'une chose au profit de celui qui en a cédé une autre à titre d'échange.

CONTRE-ENQUÊTE.

5428. — Se dit d'une enquête faite par opposition à une autre qu'elle a pour objet de contredire.

CONTREFAÇON.

5429. — C'est la copie d'une production littéraire, scientifique ou industrielle, faite au préjudice de l'auteur de cette production. — V. le numéro suivant.

CONTREFACTION.

5430. — Mot que la loi emploie pour désigner le fait de contrefaire ou de falsifier les effets publics et les billets de banque, les marques des autorités constituées et du commerce, les monnaies, poinçons, sceaux et timbres de l'État (Dalloz *Jur. gén.* t. 14 p. 444).

5431. Peine. — Ceux qui auront contrefait ou falsifié les timbres de l'État, où qui auront fait des papiers falsifiés ou contrefaits, seront punis des travaux forcés à temps dont le maximum sera toujours appliqué dans ce cas. Sera puni de la réclusion celui qui, s'étant indûment procuré les vrais timbres, en aura fait une application ou un usage préjudiciable aux droits des intérêts de l'État (Art. 140 et 141 C. pén.).

La peine contre ceux qui abuseraient des timbres pour timbrer et vendre frauduleusement du papier timbré, est la même que celle prononcée par le C. pén. contre les contrefacteurs des timbres (L. 13 brum. an 7 art. 28).

CONTRE-LETTRE.

DIVISION

SOMMAIRE

CHAPITRE PREMIER. — NATURE, EFFETS, TARIF DE LA CONTRE-LETTRE

[5432-5440]

5432. Définition. — On entend en général par *contre-lettre* tout acte qui vient en modifier un autre. C'est dans ce sens large que le mot se trouve employé par les art. 1396-1397 C. C.; mais *ici* le mot *contre-lettre* est pris dans un sens plus restreint et signifie un acte destiné à rester secret et qui modifie les dispositions d'un acte ostensible; de telle sorte que les parties se font ainsi deux positions : l'une vraie, mais qui ne sera connue que d'elles; l'autre fausse et apparente, mais que les tiers croiront être la véritable.

« La contre-lettre, disait dans le même sens Ferrière (*Dict. de droit*), est un détour concerté entre les parties pour retenir d'une main ce qu'on abandonne de l'autre, ou pour mettre à couvert ce qu'on appréhende de rendre connu au public : en un mot, c'est une fine précaution qui peut quelquefois rendre suspecte la foi de ceux qui en usent. »

5433. Étymologie. — Il fut un temps où les actes publics étaient désignés par le mot *lettre* : ainsi on disait *lettres de rescision*, *lettres royaux*, etc. C'est de là que s'est formé le mot *contre-lettre*, qui, littéralement, veut dire acte *contre le contrat*. Le contrat et la contre-lettre sont donc deux actes séparés, dont le premier ne peut produire d'effet qu'en ce qu'il ne se trouve pas détruit ou changé par la contre-lettre.

5434. Nature de la contre-lettre. — La contre-lettre, imaginée, comme on l'a vu par notre définition, pour enlever à un acte apparent sa signification réelle, est en général vue de mauvais œil; elle met en contradiction le droit ostensible et le droit vrai; elle renferme une dissimulation plus ou moins condamnable, suivant les cas.

5435. Législation ancienne. — Contrôle. — Bien que, sous l'ancienne législation, les contre-lettres fussent déjà regardées d'un œil défavorable ; cependant, elles étaient valables à l'égard de toutes sortes d'actes, à l'exception des contrats de mariage (Bosquet *Dict. des Domaines*, V. *Contre-lettre*), et l'art. 32 du tarif du 19 septembre 1722 ne les frappait d'aucune amende. Cet article portait, en effet, « que pour les contre-lettres d'un contrat d'acquisition, constitution, obligation ou autre acte, le droit de contrôle sera payé comme pour le contrat ou acte pour raison duquel elles seront faites sur le pied réglé par le tarif. »

1. LOI DE 1790. — Mais la loi du 19 décembre 1790 voulut que celles qui seraient passées, soit sur des baux, soit sur d'autres actes et contrats, fussent assujetties au triple des droits fixés par le tarif, sur toutes les sommes et valeurs que la contre-lettre ajouterait aux conventions antérieurement arrêtées par des actes en forme authentique.

2. LOI DU 9 VENDÉMIAIRE AN 6. — La loi du 9 vendémiaire an 6 revint à l'ancien tarif pour la perception du droit, c'est-à-dire, qu'elle voulut que les droits simples fussent exigés, à *titre d'amende* sur les sommes qui en feraient l'objet, lorsque la connaissance des contre-lettres serait acquise.

5436. Loi du 22 frimaire an 7. — La loi du 22 frimaire an 7 fit revivre la peine du triple droit prononcée par la loi de 1790, dans son art. 40 ainsi conçu : « Toute contre-lettre faite *sous signature privée*, qui aurait pour objet *une augmentation du prix* stipulée dans un acte public, ou dans un acte sous signature privée *précédemment enregistré*, est déclarée nulle et de nul effet. Néanmoins, lorsque l'existence en sera constatée, il y aura lieu d'exiger, à titre d'amende, une somme triple du droit qui aurait eu lieu sur les sommes et valeurs ainsi stipulées. »

5437. Nature du triple droit. — Il est essentiel de constater quelle est la nature *du triple droit* infligé par la loi de frimaire à la *contre-lettre* nulle. *C'est à titre d'amende* que le triple droit tout entier est exigé ; rien n'y représente *le droit simple*. Dans tout le chapitre auquel appartient l'art. 40, la loi établit *des peines* qu'elle distingue avec soin *des droits* ; lorsqu'elle applique le double droit, une moitié est à titre *de droit*, l'autre *à titre d'amende* (Art. 35, 38, 39). Pour la contre-lettre il n'en est pas de même ; le triple droit ne peut se décomposer : 1° en un droit ; — 2° en une amende double du droit. On lit dans l'art 40 : « Il y a lieu d'exiger à titre d'amende une somme triple *du droit qui aurait eu lieu*. » — Cette conséquence devient d'une évidence complète, si l'on rapproche l'art. 40 de l'art 32 de la L. du 9 vendémiaire an 6. Ce dernier article, en déclarant nulle la contre-lettre, ajoutait : « Néanmoins, il y aura lieu d'exiger, *à titre d'amende*, les droits simples sur les sommes qui feraient l'objet desdites contre-lettres. »

« Le législateur, enseigne Demante, part de cette idée que la contre-lettre étant infectée d'une nullité que l'Administration peut et doit invoquer, il n'y a plus lieu de percevoir le droit afférent à l'acte, suivant sa teneur ; d'où la perception a lieu pour le tout à titre d'amende et cette amende est de trois fois le droit qui *aurait eu lieu* » (n° 820).

C'est ainsi, d'ailleurs, que la jurisprudence qualifie la pénalité dont il s'agit (V. not. Cass. 3 août 1848), *arrêt rapporté* n° 5452-1.

5438. Nullité. — L'art. 40 de la L. de frimaire, tout en soumettant, par son second paragraphe, à une amende triple de la somme qui aurait été due pour droit d'enregistrement, la contre-lettre portant augmentation de vente, a édicté, en outre, par son paragraphe premier, la *nullité* entière et absolue d'une telle contre-lettre. Cette nullité subsiste-t-elle en présence de l'art. 1321 C. C., d'après lequel les contre-lettres peuvent avoir leur effet entre les parties contractantes, et ne perdent leur effet qu'à l'égard des tiers seulement ? Bien que la solution à donner ne puisse avoir aucune influence sur la perception, puisque le triple droit est exigible, d'après l'art. 40, toutes les fois qu'il est constaté qu'une contre-lettre sous seing privé a pour objet *d'augmenter* le prix porté dans un acte antérieurement enregistré, elle a cependant un intérêt réel en ce qu'elle tendra à établir que la question de validité ou de nullité d'un acte appartient au droit civil et non aux lois de l'enregistrement qui, régulièrement, ne doivent procéder que par voie d'amendes.

Or, la jurisprudence est fixée aujourd'hui dans le sens de la négative sur la question que nous avons posée (Cass. 10 janv. 1819, S. 19-1-151 ; — Dijon 9 juill. 1828 ; — C. Aix 21 fév. 1832), s'était d'abord prononcée pour l'affirmative (Cass. 10 janv. 1809 ; — 13 fruct. an 11 ; — 25 mars 1812, 1606, 3161, 4226 J.E.).

Les auteurs n'ont également pas toujours été unanimes. Ainsi, tandis que Toullier t. 8 n° 185 et 186, Favard V. *Contre-lettre*, Delvincourt t. 2 p. 609, Duranton t. 13 n° 103, Dalloz, V. *Contre-lettre* § 5 n° 3, Bonnier n° 403, Marcadé sur l'art. 1321, enseignent que l'art. 1321 C. C. a complètement abrogé l'art. 40 L. 22 frimaire an 7, en ce qu'il prononce la nullité de la contre-lettre sous seing-privé, d'autres auteurs, également fort recommandables, tels que Merlin *Quest. de droit* V. *Contre-lettre* § 3, Roll. de Vill. V. *Contre-lettre* n° 13, se prononcent pour le principe du maintien de la disposition de la loi de l'enregistrement.

La question nous semble cependant avoir été péremptoirement résolue par la discussion qui eut lieu au conseil d'État, lors de la préparation de l'art. 1321 du C. C. ; Duchâtel, directeur général de l'Enregistrement, demandait que les contre-lettres, *toujours faites en fraude du Trésor public* fussent proscrites *d'une manière absolue*. La proposition fut improuvée par le conseil entier. Il fut répondu « qu'on ne doit annuler les contre-lettres que quand elles sont frauduleuses ; que, dans une foule de contrats, il serait injuste de rejeter les modifications contenues dans les contre-lettres ; *que c'est par des amendes et non par la peine de la nullité que la fraude envers le Trésor public doit être punie* ; que la disposition actuellement existante contre l'usage des contre-lettres *ne semble pas juste* ; que ces actes doivent avoir tout leur effet entre les parties et être nuls seulement contre les tiers ; que l'intérêt même du fisc sera mieux assuré au moyen de l'amende infligée aux parties pour n'avoir pas fait enregistrer » (Fenet t. 13 p. 112-113). Aussi la section de législation, sur le renvoi qui lui fut fait de la proposition de Duchâtel, n'en tint aucun compte, et maintint entière et absolue la règle de la validité des contre-lettres *entre les parties* proclamée par l'art. 1321 C. C. — V. Cass. 18 août 1874, 4260 R. P.

5439. Loi du 23 août 1871. — Lors de la préparation de la loi du 23 août 1871, le Gouvernement avait proposé de décider que le vendeur de biens immeubles et l'échangiste de la plus forte part n'auraient aucune action en justice pour le payement de ce qui aurait été stipulé en sus du prix de la vente ou de la soulte énoncée dans l'acte; que même toute somme payée par suite de stipulation de cette nature, relative à une transmission postérieure à la promulgation de la loi, serait sujette à répétition, sans que toutefois les intérêts soient dus avant la demande.

La commission du budget ne s'était associée qu'à la première proposition; elle admettait que la contre-lettre ne devait engendrer aucune action utile pour le payement de ce qui aurait été stipulé en sus du prix. Mais elle avait trouvé immoral d'accorder à celui qui a payé le droit de demander le remboursement des sommes versées.

Aucune de ces propositions n'a été accueillie par l'Assemblée. Elle les a remplacées par les dispositions suivantes :

Art. 12. Toute dissimulation dans le prix d'une vente ou dans la soulte d'un échange ou d'un partage sera punie d'une amende égale au quart de la somme dissimulée et payée solidairement par les parties, sauf à la répartir entre elles par égale part.

Art. 13. La dissimulation peut être établie par tous les genres de preuves admises par le droit commun. Toutefois, l'Administration ne peut déférer le serment décisoire et elle ne peut user de la preuve testimoniale que pendant dix ans à partir de l'enregistrement de l'acte.

L'exploit d'ajournement est donné, soit devant le juge du domicile de l'un des défendeurs, soit devant celui de la situation des biens, au choix de l'Administration. La cause est portée, suivant l'importance de la réclamation, devant la justice de paix ou devant le tribunal civil. Elle est instruite et jugée comme en matière sommaire ; elle est sujette à appel, s'il y a lieu. Le ministère des avoués n'est pas obligatoire ; mais les parties qui n'auraient pas constitué avoué ou qui ne seraient pas domiciliées dans le lieu où siége la justice de paix ou le tribunal seront tenues d'y faire élection de domicile, à défaut de quoi toutes significations seront valablement faites au greffe.

Le notaire qui reçoit un acte de vente, d'échange ou de partage est tenu de donner lecture aux parties des dispositions du présent article et de celles de l'art. 12 ci-dessus. Mention expresse de cette lecture sera faite dans l'acte à peine d'une amende de 10 francs.

5440. Pénalités nouvelles. — Ces articles ne disent pas formellement que les dispositions spéciales de la loi du 22 frimaire an 7 sur les contre-lettres relatives aux dissimulations de prix dans les transmissions d'immeubles à titre onéreux sont abrogées. Mais ce résultat découle du but même et de l'ensemble de la loi.

En effet, le rapport de la commission du budget mentionnait en termes exprès que les dispositions proposées à l'Assemblée devaient remplacer dans toute son étendue l'ancien système de répression des insuffisances ou des dissimulations de prix, celui des contre-lettres comme celui des dissimulations verbales.

En substituant d'autres dispositions à celles qui lui étaient proposées, l'Assemblée en a nécessairement conservé le principe. Elle a voulu remplacer par un système nouveau tout ce qui se rapportait dans les lois antérieures aux dissimulations de prix.

C'est ce qui résulte de l'I. G. 25 août 1871 n° 2413 § 5 : « Si *un acte*, dit-elle, contient la preuve d'une dissimulation, il sera, lors de l'enregistrement, soumis aux perceptions suivantes : 1° droit simple sur l'excédant du prix et droit en sus sur cet excédant si la mutation remonte à plus de trois mois ; — 2° amende du quart de la somme dissimulée; mais cette amende, si elle n'est pas volontairement acquittée, sera recouvrée selon le mode spécial tracé à l'art. 13. »

Le triple droit édicté par l'art. 40 L. 22 frimaire an 7 pour les cessions d'immeubles se trouve donc actuellement sans objet. Les contre-lettres qui en étaient passibles sont aujourd'hui assimilées à tous les actes, de quelque nature qu'ils soient, qui constatent l'existence d'une dissimulation. Elles tombent également sous l'application des art. 12 et 13 L. 23 août 1871.

Toutes les dispositions anciennes sur l'exigibilité du triple droit n'ont donc plus, à cet égard, qu'un intérêt historique et de législation. Mais la législation antérieure est maintenue pour toutes les contre-lettres autres que celles relatives aux dissimulations de prix dans les cessions d'immeubles à titre onéreux. Les solutions jurisprudentielles sur les caractères distinctifs de la contre-lettre et sur la preuve légale de leur existence conservent donc leur utilité. Nous les rappellerons ici, en renvoyant au chapitre de l'expertise le développement des règles générales sur les dissimulations.

CHAPITRE II. — CARACTÈRES DISTINCTIFS DE LA CONTRE-LETTRE

[5441-5460]

5441. Règle. — Il n'est pas entré dans les prévisions du législateur de considérer comme une contre-lettre tout acte modificatif d'un contrat antérieur. C'est la fraude qu'il a voulu prévenir, et c'est la fraude qui est l'élément décisif de la solution à donner aux questions qui peuvent se présenter. Ainsi, il ne faut pas s'étonner de rencontrer en cette matière des solutions qui paraissent se contrarier. Ces solutions opposées ne sont cependant pas contradictoires; elles tiennent à l'appréciation des termes et des diverses clauses de l'acte. On ne doit point chercher à concilier des décisions auxquelles les circonstances particulières de chaque espèce servent de principal fondement; dans l'exposé que nous avons à faire des questions auxquelles peuvent donner naissance les contre-lettres, nous allons nous attacher à des considérations d'appréciation plutôt qu'à des considérations de principe.

5442. Déclaration au profit d'un tiers. — Il ne faut pas confondre les contre-lettres avec les déclarations qui se font quelquefois en faveur de tiers. Ces déclarations ne détruisent pas l'acte, mais ont seulement pour objet d'en appliquer le profit à une autre personne (telle est la déclaration de command) ; au lieu que la contre-lettre n'est qu'une reconnaissance que le premier acte, dans sa totalité ou dans quelqu'une de ses parties, n'est pas sérieux (Toullier t. 8 n° 169).

Aussi Merlin fait-il remarquer avec raison qu'il ne faudrait pas considérer comme une contre-lettre l'augmentation de prix qui, par un acte séparé du contrat de vente, est stipulée au profit d'un tiers auquel ce contrat est étranger : « Attendu, porte un arrêt du 16 fructidor an 12, que cet acte est le seul qui règle les obligations contractées par le vendeur envers ce tiers » (Merlin *Rép.* v° *Contre-Lettre* n° 7).

On ne saurait, non plus, réputer contre-lettre la convention par laquelle des codébiteurs d'une obligation déterminent, dans le silence de l'acte, la part afférente à chacun, et par exemple, déclarent qu'elle ne regarde que l'un des obligés, lequel s'engage à l'acquitter en totalité à la décharge de l'autre (Douai 1er mars 1851, D. 51-2-189).

5443. Acte authentique ou sous seing privé. — On distinguait autrefois entre la contre-lettre sous seing-privé et la contre-lettre passée devant notaire ou reconnue en justice et dont il restait minute. La première ne pouvait être opposée à des tiers. Il en était autrement de la seconde, lorsqu'elle était passée en même temps que l'acte auquel elle dérogeait ou qu'elle détruisait (Nouveau Denisart v° *Contre-Lettre* n° 2). Le C. C. n'a point admis cette distinction : c'est dans le paragraphe qui traite du *titre authentique* qu'est placé l'art. 1321, où il est dit que les contre-lettres *n'ont point d'effets contre les tiers*. Cette disposition s'applique donc aux contre-lettres authentiques ou passées devant notaire, et dont il resterait minute, aussi bien qu'à celles qui sont faites sous seing privé; les unes ne peuvent pas plus que les autres être opposées aux tiers.

Sous l'empire de l'art. 40 L. 22 frimaire an 7, on a établi une distinction. En effet, la contre-lettre à laquelle s'applique le triple droit étant un acte évidemment destiné à rester secret, on en a conclu que la loi n'attribue ni le même caractère ni la même pénalité aux contre-lettres rédigées par acte public (1551 J. E., Dalloz n° 2535, Toullier t. 8 n° 184). Si donc il était résulté d'une déclaration passée *devant notaire* que le prix d'une vente était de 5,000 francs, bien que, par erreur, on n'ait porté que 4,000 francs dans l'acte, le triple droit n'était pas exigible, car la déclaration, étant faite par *acte authentique*, ne tombe pas sous l'application de l'art. 40, fût-elle susceptible d'être assimilée à une contre-lettre. On pouvait en induire, il est vrai, qu'il y a une contre-lettre sous seing privé, mais cette induction peut être fausse, et, comme la loi veut que l'existence de la contre-lettre *soit constatée*, on n'était pas autorisé à demander le triple droit (4299 J. E., D. N. t. 4 p. 91 n° 34 et p. 93 n° 48; — Seine 19 déc. 1857, 987 R. P., 16232 J. N., 11340 C., 16680 J. E.; — Arg. cass. 3 août 1848, 1825-8 I. G., 13513 J. N., S. 48-1-661, Sol. 4 janv. 1862).

Cette solution ne serait pas maintenue aujourd'hui pour l'application de l'art. 12 L. 23 août 1871. Cet article porte, en effet, en termes généraux, que *toute dissimulation* sera punie des peines qu'il édicte et l'I. G. n° 2413 § 5 fait remarquer que cette disposition s'applique à *tout acte* contenant la preuve d'une dissimulation. Il n'y a donc plus d'exception à faire, sur ce point, en faveur des actes authentiques.

5444. Diminution du prix. — La loi du 22 frimaire an 7 ne comprend comme contre-lettres que les actes portant augmentation du prix stipulé. Elle ne frappe pas du triple droit celles qui constatent une diminution de ce prix.

Il faut appliquer le même principe à l'interprétation de la loi du 23 août 1871. Elle réprime les dissimulations dans le prix de la vente et dans la soulte d'un échange ou d'un partage, mais il est bien évident qu'il s'agit de la dissimulation en moins, car le fait d'exagérer le prix d'une vente ou la soulte d'une échange ne constitue pas une dissimulation véritable, telle qu'on l'entend en matière fiscale. Il ne cause aucun préjudice au Trésor et n'est, par conséquent, passible d'aucune peine.

1. DÉCLARATION. — La contre-lettre n'est, dans ce cas, pour l'Administration, que la simple déclaration d'un fait, à savoir : qu'à la place du prix indiqué dans l'acte de vente, il a été stipulé un prix moindre qui est le véritable, en sorte que, comme toute déclaration, la contre-lettre ne donne ouverture qu'au droit fixe de 3 francs. Ainsi, supposons une vente consentie moyennant 150,000 francs et qu'il soit présenté à l'enregistrement, en même temps que cette vente, une contre-lettre, soit notariée, soit sous seing privé (la forme n'y fait rien), portant que la vente n'a eu lieu que moyennant 100,000 francs, que pourrait-on invoquer pour assujettir cette contre-lettre au droit proportionnel?

Dirait-on qu'elle emporte libération de 50,000 francs? Mais il en résulte que l'acquéreur n'a jamais dû cette somme; et, entre l'acte qui déclare qu'un débiteur est libéré d'une obligation préexistante, ce qui est le caractère de l'acte libératoire, et celui qui exprime qu'il n'a jamais été débiteur, la différence est manifeste. Alléguerait-on qu'il y a réduction de prix et que la jurisprudence que nous avons fait connaître, au mot *Acceptilation*, est applicable? Mais la contre-lettre ne réduit pas le prix exprimé; elle déclare seulement que le prix n'a jamais été plus élevé que celui qu'elle indique.

2. DROIT A PERCEVOIR SUR L'ACTE MODIFIÉ. — Que si, au sujet de l'exemple que nous avons posé, nous nous plaçons à un autre point de vue et que nous envisagions l'acte de vente et non la contre-lettre, il se présente la question de savoir sur quelle somme le droit de vente devra être perçu. La contre-lettre ayant entre les parties toute sa force, il en résulte que pour elles la vente n'a lieu que pour 100,000 francs; le vendeur, malgré les termes de l'acte, ne pourra rien exiger au delà. Mais l'Administration devra-t-elle prendre cette contre-lettre en considération et ne percevoir son droit que sur 100,000 francs? Évidemment non. Son droit est de percevoir sur 150,000 francs, prix *exprimé* (art. 15 n° 6 L. 22 frim. an 7) dans l'acte de vente; « car, ainsi que l'exprime un arrêt de la C. cass. 20 juillet 1859, les droits se perçoivent d'après les formes extrinsèques de l'acte, sans considérer si le prix de vente est inférieur ou supérieur à la valeur vénale » (1251 R. P., S. 59-1-947, 16990 J. E., 11621 C.).

Ce droit lui serait tout à fait enlevé s'il était permis aux parties de lui opposer la contre-lettre qui réduit le prix à 100,000 francs. A l'égard de la contre-lettre, elle est donc un tiers, puisqu'elle a intérêt à ce qu'elle ne lui soit pas opposée; cet intérêt suffit pour qu'elle soit fondée à invoquer l'art. 1321 C. C. et à repousser la contre-lettre.

5445. Supplément de prix. — L'Administration fait remarquer avec raison, au § 5 de l'I. G. n° 2413, que les dispositions de la loi du 23 août 1871 ne s'appliquent qu'aux dissimulations, c'est-à-dire à l'énonciation frauduleuse du véritable prix d'achat. C'est ce qu'on décidait déjà à propos de l'art. 40 L. 22 frim. an 7 pour les contre-lettres passibles du triple droit. Ce caractère n'appartient pas aux actes rédigés entre les parties après l'acquisition, pour constater une augmentation déterminée par des faits ultérieurs. Ces mêmes actes ne sont pas plus aujourd'hui passibles des pénalités spéciales édictées par la loi du 23 août 1871.

5446. Action en rescision. — Telle est l'hypothèse de l'acte par lequel un acquéreur paye un supplément de prix au vendeur pour éviter une action en rescision. Si les circonstances démontrent qu'il s'agit bien d'une portion du prix non stipulée au moment du contrat et non dissimulée dans le contrat, l'acte n'a pas le caractère d'une contre-lettre : elle avait été reconnue exempte de triple droit (Largentière 25 août 1842, 11681 J. N.).

Mais, si les faits démontrent qu'il s'agit d'une véritable contre-lettre cachée sous la forme d'un supplément de prix, la pénalité ordinaire redevient applicable (Louhans 9 mars 1844, 13463 J. E.; — Mâcon 27 mars 1843, 13234 J. E.).

5447. Acte rectificatif. — On a décidé, de même, qu'il faut considérer comme une contre-lettre, sujette au triple droit, l'écrit sous seing privé par lequel le vendeur déclare *qu'il s'est glissé une erreur dans la fixation du prix* d'une vente précédemment enregistrée et que, pour réparer cette erreur, l'acquéreur lui a payé une somme déterminée. Il a paru évident que cet écrit a pour objet une augmentation de prix et que cette combinaison avait pour but de frustrer le Trésor des droits dus sur une partie du prix de la transmission (Dél. admin. 23 juill. 1825, 8188 J. E.).

5448. Charges. — Les charges constituant une partie intégrante du prix, il en résulte que les conséquences de leur dissimulation sont les mêmes que celles de la dissimulation du prix principal.

1. DETTES. — Ainsi, la C. cass. a reconnu le caractère d'une contre-lettre passible du triple droit à l'acte par lequel l'acquéreur d'un immeuble s'oblige à acquitter les dettes du vendeur jusqu'à concurrence d'une somme plus élevée que celle fixée au contrat enregistré. Il importe peu que le prix de vente dont il s'agit soit inférieur ou supérieur à la valeur vénale, puisque les droits se perçoivent d'après les formes intrinsèques de l'acte. D'un autre côté, la loi n'exige pas, pour la perception du triple droit, qu'il y ait preuve de dol ou de fraude : la simulation prouvée par la contre-lettre suffit pour que l'amende soit due : « Attendu, porte un arrêt de cass. du 20 juillet 1859, que la loi, pour la justification du droit, n'exige pas qu'il y ait preuve de dol et fraude; que la simulation prouvée par la contre-lettre suffit pour que cette sorte d'amende soit légalement encourue et prononcée; que le jugement attaqué justifie sa décision en constatant la différence des sommes énoncées dans la contre-lettre du 30 décembre 1852 et dans l'acte public de vente immobilière, du 7 novembre 1852, relativement aux dettes à payer par les acquéreurs à la décharge du vendeur » (1251 R. P., 16990 J. E., 11621 C., S. 59-1-947).

2. RENTE. — Un contrat de vente charge l'acquéreur de payer une rente de 1,000 francs *sujette à retenue*, au capital de 20,000 francs. Les parties déclarent, par un acte sous seing privé, que, la rente n'étant que de 800 francs, ce qui, au taux ordinaire de l'intérêt, ne forme qu'un capital de 16,000 francs, l'acquéreur s'oblige à payer 4,000 francs au vendeur, différence entre 16 et 20,000 francs. On a pensé, avec raison, que cet acte était une contre-lettre et que le triple droit était dû sur 4,000 francs, attendu que, le capital constitué étant de 20,000 francs, l'acquéreur était débiteur de cette somme et que, dès lors, celle de 4,000 francs qu'il s'obligeait à payer était une augmentation de prix (5189 J. E.).

3. POT-DE-VIN. — DÉCLARATION DU NOTAIRE. — La déclaration faite, du *consentement des parties*, par le notaire rédacteur d'un acte de vente d'immeubles, qu'il a reçu de l'acquéreur une somme de 2,000 francs, pour être remise à titre de pot-de-vin au vendeur, lorsque celui-ci aura justifié de certaines formalités, est une contre-lettre passible du triple droit (Rochefort 2 mars 1846, 14216 J. E., 7878 C.).

Il a été reconnu, à cet égard, que la quittance d'une somme reçue à titre de pot-de-vin, sur une vente d'immeubles qui n'en fait pas mention, ne réunit pas les caractères d'une contre-lettre lorsqu'elle émane *du vendeur seul* (Sol. 19 mars 1832, 3646 Roll.). Mais cette décision serait sans application aujourd'hui, en présence des dispositions de la loi du 23 août 1871, qui permettent de prouver les dissimulations par tous les genres de preuves et aussi bien par la déclaration du vendeur que par celle de l'acheteur. — *V. Expertise.*

5449. Conciliation. — Aveu. — La déclaration, dans un procès-verbal de conciliation, de laquelle résulte que l'acquéreur d'un immeuble payera, *pour prix de la vente*, une somme supérieure au prix exprimé dans l'acte de vente, constitue-t-elle, pour *cet excédant*, une contre-lettre ordinaire? Nous ne l'avons pas pensé sous l'empire de la loi du 22 frimaire an 7, par le motif que l'aveu fait en conciliation a le caractère d'un acte authentique (vº *Conciliation* nº 4671) et que le triple droit édicté par l'art. 40 L. de l'an 7, est spécial aux écrits sous seing privé.

Mais aujourd'hui que la loi du 23 août 1871 a supprimé, pour le cas qu'il prévoit, toute distinction entre les écrits sous seing privé ou authentiques, il n'est pas douteux que l'aveu d'une dissimulation renfermé dans un procès-verbal de conciliation tombe sous l'application de l'amende édictée par l'art. 13 de cette loi.

5450. Déclaration. — Registre du receveur. — Il en serait de même de la déclaration souscrite par l'acquéreur sur le registre du receveur de l'enregistrement, et portant que le prix de 200 francs stipulé dans une vente précédemment enregistrée est réellement de 1,200 francs. Cette déclaration n'est sans doute pas une contre-lettre, dans le sens de l'art. 40 L. 22 frimaire an 7, et elle n'est pas passible du triple droit (7724 J. E.); mais elle est un acte constatant l'existence d'une dissimulation et cela suffit à l'assujettir à la pénalité spéciale de l'art. 12 L. 23 août 1871.

5451. Échange. — Partage. — La contre-lettre n'est pas seulement l'écrit qui constate la dissimulation d'un prix de vente proprement dit. C'est aussi l'écrit qui établit la dissimulation d'une soulte d'échange (Cass. 16 nov. 1813, D. N. t. 4 p. 92 n° 41) ou d'une soulte de partage (Sol. 24 déc. 1858; — Clermont-Ferrand 15 mai 1855). — D'après la loi de l'an 7, ces écrits sont également passibles du triple droit (Demante n° 822; — *Contrà*, J. du not. août 1866 n° 179). Aujourd'hui, leur assimilation est encore moins contestable, car l'art. 13 L. 23 août 1871 prévoit nommément la dissimulation de prix ou de soulte, soit d'échange, soit de partage.

5452. Effet négociable. — Nul doute aussi qu'il faudrait appliquer l'art. 12 de la même loi aux effets négociables souscrits en représentation du prix non porté dans les actes.

Déjà, sous la loi du 22 frimaire an 7, il avait été reconnu que ces effets avaient le caractère de contre-lettres passibles du triple droit.

1. DATE ANTÉRIEURE A LA VENTE. — Il a été décidé, en ce sens, que, lorsqu'il est reconnu, par un jugement rendu *entre des tiers*, qu'un billet sous seing privé n'a d'autre cause qu'un supplément de prix d'une vente, quoiqu'il ait été souscrit à une date antérieure à cette vente, si, d'ailleurs, il a été enregistré postérieurement, l'Administration est fondée à considérer ce billet comme une contre-lettre stipulant une augmentation de prix sur la vente et à exiger le triple droit (Saverne 22 janv. 1833, 10556 J. E., 13921 J. E.; — Ribérac 23 déc. 1844, 13705 J. E.; — Cass. 3 août 1848, 14551 J. E., 1825 § 3 I. G., S. 48-1-661, P. 48-2-548; — Seine 21 août 1850, 15029 J. E.; — Clermont-Ferrand 15 mai 1855, 558 R. P.; — *Conf.*: Champ. et Rig. t. 6. n° 429).

« Attendu, en droit, porte l'arrêt du 3 août 1848, que l'art. 40 L. 22 frimaire an 7 considère comme contre-lettre la convention ayant pour objet de stipuler une augmentation du prix porté dans un acte public, et la frappe, à titre d'amende, d'une somme triple du droit qui aurait dû être légalement perçu; — Et attendu, en fait, qu'il y a preuve au procès, par l'aveu même du demandeur, que les billets à ordre souscrits par lui *valeur reçue en espèces* avaient réellement pour objet une augmentation et un complément du prix stipulé dans l'acte du 4 octobre 1847; d'où il suit qu'ayant considéré lesdits billets comme des contre-lettres tombant sous l'application de l'art. 40 L. 22 frimaire an 7, le jugement attaqué, loin d'avoir violé la loi, en a fait une juste application; — Rejette. »

2. CIRCONSTANCES EXTÉRIEURES. — Le tribunal de Tournon a même jugé, le 22 mai 1849 (14748 J. E.), que les circonstances qui ont environné l'émission de billets, valeur causée en immeubles, telles que des coïncidences de dates et l'absence de toute cause autre qu'une augmentation du prix de la vente, suffisent pour faire assigner à ces billets le caractère de contre-lettre et rendre exigible le triple droit.

3. TRANSACTION NOTARIÉE. — Si, dans une transaction notariée, les parties déclarent que le prix exprimé dans une vente n'est pas le prix réel, qu'il a été consenti, pour le surplus, des effets négociables dont le montant a été acquitté, ce n'est point la transaction *notariée* qui constitue la contre-lettre, ce sont les effets négociables énoncés. Dès lors, l'existence des effets étant *constatée* par la déclaration des parties, le triple droit est encouru (Dél. 13 fév. 1812, 4139, 4952 J. E.).

5453. Lettre missive. — Une lettre missive peut avoir le caractère d'une contre-lettre quand elle prouve l'existence de la dissimulation dans le prix et qu'elle a été écrite au vendeur pour lui servir de titre contre l'acquéreur (Rocroi 6 mars 1857).

5454. Obligation. — L'obligation souscrite par un acquéreur, au profit du notaire rédacteur du contrat de vente, de payer une somme déterminée pour honoraires et frais sur la somme de 5,000 francs *qui a été dissimulée*, contient aveu de la part de l'acquéreur et a le caractère de la contre-lettre (14283-1 J. E.).

5455. Titre verbal. — Si l'aveu de l'acquéreur porte seulement qu'un supplément de prix a été promis ou payé, sans mention d'un *écrit* sous seing privé, le triple droit n'a pas paru exigible; car, dans ce cas, l'existence d'une contre-lettre, c'est-à-dire d'un acte *sous signature privée* portant augmentation de prix, n'est point constatée (Dél. 22 déc. 1845, 11880 J. N., 14427-5 J. E., 12402 J. N. et D. N. t. 4 p. 92 n° 47).

Un pareil aveu serait incontestablement passible de l'amende édictée par l'art. 12 L. 23 août 1871 qui punit, sans distinction aucune, toutes les dissimulations de prix.

5456. Vente. — Réserve de jouissance. — Lorsqu'un acte de vente stipule comme actuelle l'entrée en jouissance de l'acquéreur, on doit considérer comme contre-lettre l'acte sous seing privé fait à la même date, par lequel les parties déclarent que le vendeur conservera jusqu'à son décès la jouissance de l'immeuble vendu. Si, antérieurement, l'immeuble aliéné a fait l'objet d'une expertise, les droits simples et en sus payés par l'acquéreur à raison de la simulation constatée par l'expertise doivent être imputés sur le triple droit (Colmar 4 mai 1857, 930 R. P., 16640 J. E., 11212 C.). — L'amende du quart édictée par l'art. 12 L. 23 août 1871 serait dans les mêmes circonstances incontestablement exigible.

1. DIVERSES PARTIES DE L'IMMEUBLE. — Mais il n'y a plus contre-lettre dès que l'acte secret s'applique à un objet distinct de celui qui a donné lieu au contrat authentique. Ainsi, par exemple, si une usine est vendue au même

acheteur par deux actes relatifs, l'un aux bâtiments et le second aux immeubles par destination, ce dernier ne peut, quoique tenu secret, être considéré comme une contre-lettre, puisque la mutation qu'il réalise est différente de la première (Sol. 21 sept. 1865).

5457. Vente à réméré. — Il a été décidé que l'acte sous seing privé par lequel la faculté de rachat, non stipulée dans une vente notariée, a été accordée au vendeur, sous l'obligation prise par l'acquéreur de servir à la décharge du vendeur des rentes viagères, après l'expiration du délai de réméré, si le rachat n'est point exercé, n'est pas une contre-lettre dans le sens de l'art. 40 de L. 22 frimaire an 7, et qu'un tel acte n'est passible que du droit fixe de 1 franc (3 fr.) (Dél. 3 fév. 1833, 4011 Roll., 7984 J. N.).

5458. Simultanéité de date. — Le plus souvent les contre-lettres portent la même date que l'acte modifié et sont faites en même temps. Cependant la simultanéité n'est pas nécessaire ; il n'est pas défendu, suivant Merlin (*Rép.*, v° *Contre-Lettre* n° 4), de les reculer de plusieurs jours. Cependant des auteurs pensent que la contre-lettre, pour être empreinte du caractère de fraude que punit la loi, doit être faite *en même temps* que l'acte de vente qu'elle modifie (8340 J. N.) ; c'est ce qu'on peut conclure des considérants d'un jugement du tribunal de Largentière du 25 août 1842 (11684 J. N.). Il nous semble que la déclaration que les parties font, contrairement à un acte qu'elles ont passé, n'est pas de nature à perdre son caractère frauduleux à mesure qu'elle s'éloigne du jour de la date de l'acte. Toutes les fois que les circonstances qui l'environnent feront reconnaître la fraude, la non-simultanéité de sa date avec celle de revente devra rester sans considération.

Néanmoins, comme il serait souvent injuste d'appliquer la qualification de contre-lettre à tout acte sous seing privé, ayant pour objet la stipulation d'un supplément de prix fait postérieurement à la vente et présenté spontanément à la formalité (car ce serait interdire aux parties la réparation d'une insuffisance quelquefois involontaire et les priver de la faculté de prévenir une action en lésion), il faut reconnaître que si la circonstance que la date de la vente est antérieure à celle de la contre-lettre n'est pas exclusive du triple droit, du moins elle est favorable à la présomption qu'il n'y a pas eu fraude.

1. RÉMÉRÉ. — C'est donc l'appréciation du fait qui doit être souveraine dans les hypothèses analogues à celles que nous venons d'examiner. Pourquoi, en effet, l'Administration, renonçant même au bénéfice d'un jugement qui avait condamné les parties au payement du triple droit, a-t-elle décidé, le 24 août 1830 (7238 J. N.), que le triple droit n'était pas exigible sur un acte sous seing privé, portant stipulation d'un supplément de prix pour une vente d'immeubles, consentie antérieurement par un acte notarié ? C'est que, dans l'espèce de cette décision, il s'agissait d'une vente *à réméré*, circonstance qui rendait naturelle la convention postérieure d'un supplément de prix.

2. DATE ANTÉRIEURE. — Pour soutenir qu'un acte n'est point une contre-lettre, on ne peut alléguer qu'il a une date antérieure à la vente, si cette date n'est point certaine. — V. *Acte sous seing privé.*

5459. Nullité de forme. — Que la contre-lettre soit valable entre les parties contractantes, aux termes de l'art. 1321 C. C., ou qu'elle soit viciée dans sa forme par l'absence de quelques-uns des éléments qui constituent le contrat en général, il suffit de l'existence de la contre-lettre comme pouvant fournir la preuve d'une fraude des droits d'enregistrement, pour donner ouverture aux droits et à l'amende. Cette preuve est indépendante de la validité de la convention en elle-même.

Jugé, dans ce sens, qu'une contre-lettre qui avait pour objet d'augmenter le prix porté dans un acte de vente et qui avait été *annulée en justice*, par le motif, entre autres, qu'elle n'était pas signée de toutes les parties, donnait, néanmoins, ouverture au triple droit, attendu que le triple droit n'est pas dû à cause de la validité, mais à cause de l'existence de l'acte frauduleux ou présumé tel (Cass. 13 nov. 1811, 4116 J. E., D. N. t. 4 p. 91 n° 36, *P. chr.* 62).

5460. Simultanéité de présentation à l'enregistrement. — L'art. 40 L. 22 frimaire an 7 parlait des contre-lettres portant augmentation du prix stipulé dans un contrat *précédemment enregistré* ; il n'étendait donc pas sa prévision au cas où la contre-lettre est présentée à l'enregistrement en même temps que l'acte auquel elle se rapporte(1535 J. E., Dalloz n° 2535). Dans cette hypothèse, la contre-lettre, quoique augmentant le prix, ne donnait ouverture qu'au droit simple (Dél. 11 juin 1833, 10626 J. E., 8091 J. N.). Pourquoi ? C'est que la loi n'avait voulu atteindre que la *fraude* et non l'*intention de fraude*. Cette intention, en effet, ne porte aucun préjudice au Trésor toutes les fois que, le repentir étant venu, les parties présentent leur contre-lettre à l'enregistrement en même temps que la vente. Cette contre-lettre n'était alors considérée que comme un acte venant compléter la vente (D. N. t. 4 p. 91 n° 35).

Le texte absolu de l'art. 12 L. 23 août 1871 n'autorise plus cette interprétation. Dès l'instant que la dissimulation a été commise et que l'acte en renferme la preuve, l'amende du quart devient applicable, encore que l'acte soit présenté à la formalité avec la vente, l'échange ou le partage.

CHAPITRE III. — PREUVES DE L'EXISTENCE DE LA CONTRE-LETTRE

[5461-5468]

5461. Législation actuelle. — On peut voir, par ce qui précède, que, malgré l'abrogation virtuelle de la peine du triple droit édictée pour les contre-lettres en matière de cessions immobilières par l'art. 40 L. 22 frimaire an 7, l'Administration a encore intérêt à constater l'existence de ces écrits, même dans ce cas spécial, afin de prouver ainsi le fait même de la dissimulation et d'appliquer l'amende spéciale édictée pour toutes ces fraudes par l'art. 12 L. 23 août 1871.

La jurisprudence qui s'était établie sur ce point conserve donc son actualité.

5462. Règle générale. — La loi fiscale n'a pas indiqué le mode de justification à produire par l'Administration pour constater l'existence de la contre-lettre. On en a conclu que le Trésor disposait de tous les moyens du droit commun compatibles avec les règles de procédure spéciales à l'Enregistrement : — « Attendu, porte un arrêt de cass. du 29 décembre 1857, que la loi se borne à exiger que l'existence de la contre-lettre soit constatée ; mais qu'elle ne prescrit pas la forme particulière de cette constatation et laisse l'Administration armée de tous les modes de preuve que le droit commun met à sa disposition, pour saisir les éléments de la fraude et constater celle-ci, et qui ne sont pas d'ailleurs incompatibles avec les règles de procédure spéciales aux matières d'enregistrement ; — Mais qu'il ne suffit pas, il est vrai, que l'existence de la contre-lettre soit constatée ; qu'il importe encore et nécessairement à l'assiette des droits que le chiffre de l'augmentation du prix soit également constaté » (939 R. P., 2118-2 I. G., 16261 J. N., 11216 C., 16687 J. E., S. 58-1-400, P. 58-197).

L'art. 13 L. 23 août 1871 est allé plus loin. Il autorise l'Administration à se servir de tous les genres de preuve du droit commun, sauf du serment décisoire. On pourra, par conséquent, en se conformant à la procédure que le législateur organise, recourir à la preuve testimoniale ou à l'interrogatoire sur faits et articles. Nous reviendrons sur ce point aux mots *Expertise* et *Instance*.

5463. Aveu judiciaire.— Interrogatoire.—Au premier rang des preuves, il faut placer l'aveu du débiteur. En effet, les aveux obtenus au moyen des interrogations sur faits et articles, ou lors de la comparution des parties à l'audience, en vertu d'un jugement qui l'ordonne, *font pleine foi contre ceux qui les ont faits* ; et, quoique ce principe s'applique à beaucoup d'autres aveux, ceux-là, étant faits avec plus de solennité, méritent plus particulièrement toute la confiance de la justice ; car on ne peut les soupçonner d'être échappés à la légèreté ; ils sont faits avec la plus grande réflexion et pleine connaissance de cause et à dessein, ou du moins, avec la volonté de conférer à l'autre partie le droit d'en tirer les conséquences qui peuvent en résulter en sa faveur (Toullier t. 10 n° 285).

Il résulte incontestablement de là que l'existence d'une contre-lettre est suffisamment constatée, pour la demande du triple droit, par l'aveu fait par l'acquéreur, dans un interrogatoire sur faits et articles. Dans ce sens, il a été jugé que des parties s'étant fait interroger sur faits et articles, et ayant avoué que le prix réel d'une maison vendue moyennant 60,000 francs était réellement de 100,000 francs, et que, l'acte notarié ne portant que 60,000 francs, l'acquéreur avait fait, pour le surplus, une contre-lettre de 40,000 francs, *restée en dépôt entre les mains du notaire*, le triple droit était exigible sur la somme de 40,000 francs (Lyon 23 juin 1810, 12516 J. E., 10704 J. N.).

1. MANDATAIRE. Mais il faut remarquer que le simple mandataire ne peut, d'après la disposition formelle de l'art. 1356, faire des aveux efficaces qu'en vertu d'un pouvoir spécial de son mandant, et le mandat qui lui est donné pour plaider n'emporte pas celui d'avouer.

2. AVOCAT. — Il en est de même de l'avocat. Les avocats ne représentent point leurs clients ; ils ne sont point leurs mandataires, mais leurs conseils et leurs patrons. Hors du barreau, les fonctions de l'avocat consistent à guider ses clients dans leurs transactions sociales, à les aider de ses lumières ; au barreau, il développe leurs moyens de défense, soit de vive voix dans les plaidoiries, soit par écrit dans les écritures qu'il fait pour eux et qu'ils s'approprient en les faisant signifier par leurs avoués. Ce ne sont pas là les fonctions d'un mandataire.

Il faut donc reconnaître que l'aveu fait pour un acquéreur par son mandataire ou par son avocat ne pourrait l'engager, et dès lors un pareil aveu, constatât-il une augmentation de prix dans un contrat de vente, ne donnerait pas ouverture à l'amende. — Nous le décidions ainsi déjà pour le triple droit de l'art. 40 L. 22 frimaire an 7.

3. AVOUÉ. — *Quid* de l'avoué ? Une distinction essentielle est à faire. Les avoués sont les mandataires de la partie qui les a choisis ; ils la représentent en tout ce qui concerne les suites et les procédures de l'affaire dont ils sont chargés : c'est pour cela qu'ils sont institués. Ces pouvoirs généraux sont néanmoins renfermés dans certaines bornes. L'art. 352 C. proc. porte : « Aucune offre, *aucun aveu* ou consentement ne pourront être faits, donnés ou acceptés, sans un pouvoir spécial, à peine de *désaveu*. » Ainsi, comme sa qualité d'officier public institué *ad hoc* fait présumer qu'il n'a pas fait l'aveu sans mandat suffisant, l'aveu ne tombe qu'autant que le client prouve, par la procédure spéciale de désaveu, qu'il n'avait pas donné ce pouvoir à son avoué. Il résulte de là que l'aveu fait par l'avoué est de nature, le cas échéant, à donner ouverture à l'amende, à raison de la contre-lettre avouée.

Il en serait de même de l'hypothèse où l'avoué assistant l'avocat ne rétracterait pas l'aveu de celui-ci ; il se l'approprierait par son silence, et l'effet de cette appropriation ne pourrait disparaître que par le désaveu dirigé contre l'avoué (Marcadé sur l'art. 1356, Bonnier n° 246, Zachariæ t. 5 p. 599).

4. DÉSAVEU. — Il faut, au sujet de l'aveu, faire une remarque importante : c'est que les aveux peuvent être révoqués, avant que l'autre partie ait déclaré les accepter en demandant au tribunal qu'il en soit décerné acte.

C'est une maxime fort ancienne au palais : « Lorsqu'une partie fait dans ses requêtes quelque aveu dont on croit que l'on pourra tirer avantage, il faut être attentif à en demander *acte*, parce qu'on tient au palais qu'après une telle demande il n'est plus libre à la partie de rétracter son aveu, comme elle pouvait le faire jusque-là » (Camus et Bayard v° *Aveu* t. 2 p. 634). Cette maxime est fondée sur un de ces principes élémentaires, si simples et si vrais que personne ne les conteste, savoir : que l'on peut toujours rétracter sa parole, avant qu'il y ait droit acquis à un tiers par l'acceptation (Toullier t. 10 n° 287).

Si donc l'aveu de la contre-lettre est rétracté avant qu'il en ait été donné acte, cet aveu reste sans effet au point de vue de la perception. En effet, la rétractation d'un aveu que j'ai fait par légèreté ou par un tout autre motif, nous replace l'un et l'autre dans la même situation où nous étions avant mon aveu.

Doit-on déduire de cette proposition que le droit d'enregistrement ne deviendra exigible qu'autant que l'aveu aura été accepté? Évidemment non, car l'aveu subsiste tant qu'il n'a pas été rétracté.

5464. Copie collationnée. — La copie collationnée qu'un notaire délivre d'une contre-lettre qui lui a été remise à titre de dépôt confidentiel est-elle illicite et ne peut-elle servir à la demande des droits? — V. *Communication.*

5465. Enquête. — Les dépositions faites dans le cours d'une enquête servent aussi à constater juridiquement la preuve des contre-lettres.

Ainsi, il a été décidé que, quand, dans une enquête judiciaire, l'acquéreur d'immeubles a déclaré que le prix exprimé au contrat de vente est inférieur au prix réel et qu'il a souscrit des billets pour la différence, ces billets doivent être considérés comme des contre-lettres pour lesquelles est exigible le triple droit (Cass. 3 août 1848, 13513 J. N., 1825-3 I. G., 14551 J. E., S. 48-1-661, *arrêt rapporté* 5452, — *Conf.:* Champ. et Rig. t. 6 n° 429).

De même, lorsqu'un adjudicataire d'immeubles, entendu comme témoin dans une matière civile, avoue qu'il s'est obligé, *par écrit*, à payer une somme déterminée, en sus du prix exprimé dans le contrat, l'Administration est fondée à poursuivre le payement du triple droit (Yvetot 25 juin 1844, 12402 J. N., 13742 J. E.).

5466. Exploit.— Le payement du droit sur une contre-lettre peut être exigé en vertu d'une sommation signifiée, à la requête de l'acquéreur, au notaire dépositaire, de remettre une convention sous seing privé additionnelle au contrat de vente, et par l'aveu fait par le notaire du dépôt confidentiel de cette pièce (Le Vigan 20 janv. 1842, 12931 J. E., 11374 J. N.).

Jugé, dans le même sens, que, lorsqu'une contre-lettre est mentionnée dans un exploit, sans qu'elle ait été enregistrée, l'amende est encourue et peut être réclamée à la partie qui en a fait l'usage (Fontenay 18 mars 1853, 15593 J. E.).

5467. Inventaire. — L'analyse dans un inventaire d'un titre par lequel l'auteur de la succession se serait reconnu envers des cohériters débiteur d'une somme de 8,000 francs payée par suite d'un partage, *fait sans soulte*, est suffisante pour motiver la demande des droits comme contre-lettre; car, s'il est vrai qu'à la rigueur il n'y a pas *augmentation de prix*, il n'y en a pas moins la preuve d'une soulte déguisée, soulte qui n'est autre chose que le prix de l'excédant d'un lot sur un autre (15246-4 J. E.).

1. VENTE D'IMMEUBLES. — *A fortiori* en serait-il de même si le titre décrit constatait augmentation du prix stipulé dans un acte notarié de vente d'immeubles (Blois 19 avr. 1851, 15290 J. E.).

5468. Jugement. — Par application des mêmes principes, il a été reconnu que, s'il résulte des énonciations d'un jugement que l'existence d'une contre-lettre a été avouée par le vendeur et par l'acquéreur, le triple droit est régulièrement exigible (Cass. 29 déc. 1857, 959 R. P., 2118-2 I. G., 16261 J. N., 11216 C., 16667 J. E., S. 58-1-400, P. 58-197, arrêt rapporté 5462. — Ainsi, si un jugement constate qu'un immeuble a été vendu moyennant 310,000 francs et que l'acquéreur s'est libéré de la différence entre ce prix et celui de 250,000 francs indiqué dans le contrat de vente, au moyen d'un transport, resté secret, d'une créance de 60,000 francs, le triple droit est exigible sur cette somme (Cass. 13 mars 1854) : « Attendu, porte cet arrêt, qu'un jugement en date du 12 mars 1852 a décidé que la terre d'Heurtebise avait été vendue aux demandeurs pour le prix de 310,000 francs, et que la différence entre ce prix et celui de 250,000 francs porté au contrat a été payée au moyen du transport d'une créance de 60,000 francs consentie à la venderesse; que, si ce jugement ne peut pas être invoqué par l'administration de l'Enregistrement comme autorité de chose jugée, puisqu'elle n'a pas été partie en cause, elle a du moins le droit de le présenter comme un document établissant l'existence d'une contre-lettre ayant pour objet une addition de prix de 60,000 francs au prix apparent stipulé dans le contrat; — Attendu qu'il importe peu que le transport de la créance de 60,000 francs ait été stipulé pour la somme de 30,000 francs, puiqu'il est constant que le véritable prix de la vente a été de 310,000 francs, ce qui fixe forcément à 60,000 francs le montant de la contre-lettre » (133 R. P., 2015 § 11 I. G., P. 54-1-605).

Cependant, dans une autre circonstance la cour a refusé d'admettre la preuve de la contre-lettre sur le vu de la déclaration du vendeur faite au cours d'une instance en matière disciplinaire suivie contre le notaire rédacteur du contrat. Il a paru à la cour : « que cette déclaration ne pouvait avoir par elle-même le caractère d'une preuve légale au préjudice de l'acquéreur, puisqu'elle avait été faite dans une instance étrangère à l'acquéreur et lors de laquelle aucune des garanties de la défense n'avait pu lui être donnée » (Cass. 22 déc. 1858, 1127 R. P., 16480 J. N., 11469 C., 16889 J. E., S. 59-1-259, P. 59-695). — Mais l'Administration n'a pas adhéré à cette doctrine. Puisque le vendeur est tenu, comme l'acquéreur (*infrà* n° 5471) du payement des droits de la contre-lettre, l'aveu de ce vendeur suffit, quand il est catégorique, à autoriser la poursuite contre lui; et il importe peu que l'acheteur ait lui-même reconnu l'existence de l'écrit, puisqu'on ne le met pas en cause.

C'est ce qu'il faudrait décider encore pour l'application de l'art. 12 L. 23 août 1871.

CHAPITRE IV. — LIQUIDATION ET PAYEMENT DU DROIT

[5469-5473]

5469. Liquidation du droit. — Pour que l'action de l'Administration soit autorisée, il ne suffit pas de prouver l'existence de la contre-lettre, il importe encore et nécessairement à l'assiette des droits que le chiffre de l'augmentation du prix soit également constaté (Cass. 29 déc. 1857, 959 R. P., 2118 § 2 I. G., 16261 J. N., 11216 C., 16667 J. E., S. 58-1-400, P. 58-197, *arrêt rapporté* 5462). — Mais l'Administration pourrait toujours décerner contrainte pour un chiffre approximatif, sauf aux parties à représenter la contre-lettre pour réduire la demande. C'est ce que la C. cass. a elle-même décidé au sujet des droits des actes mentionnés dont la représentation n'a pas lieu (Cass. 28 mars 1859, 1220 R. P., 2160-1 I. G. S. 59-1-945), ou des actes constatant l'importance réelle d'une cession de droits sociaux (Cass. 5 déc. 1866, 2391 R. P., 2356-4 I. G., S. 67-1-87, D. 67-1-127). — V. *Déclaration pour la perception.*

5470. Expertise. — S'il y a eu expertise antérieure à la découverte de la contre-lettre, cette circonstance ne s'oppose pas à la réclamation de l'amende du quart (2413-5 I. G.). On le décidait déjà ainsi autrefois pour le triple droit (Colmar 4 mai 1857, 930 R. P.). Seulement, tandis que le droit simple et le droit en sus de l'expertise s'imputaient sur le triple droit, ils resteraient dus actuellement indépendamment de l'amende du quart applicable à la dissimulation.

Il a été aussi reconnu que le redevable ne peut éviter le payement du triple droit de la contre-lettre sous le prétexte que l'Administration s'est désistée de l'expertise de la valeur vénale des biens achetés (Coulommiers, 6 fév. 1857). La même solution s'appliquerait, sans le moindre doute, à l'amende spéciale du quart

5471. Payement des droits et amendes. — Le triple droit doit être exigé à l'instant même où l'acte est présenté à la formalité et de celui qui le présentait, sauf son recours contre qui de droit (Cass. 23 fév. 1836, 9196 J. N., S. 36-1-225; — Riberac 23 déc. 1844, 13705 J. E.; — Fontenay 18 mars 1853, 15593 J. E.).

Cette jurisprudence s'appliquerait encore au droit simple et au droit en sus de la mutation immobilière. Mais l'amende ne peut être perçue à titre de salaire de la formalité de l'acte. Si elle n'est pas volontairement acquittée, le recouvrement en est opéré selon le mode spécial tracé par l'art. 13 L. 23 août 1871.

L'amende est payée solidairement par les parties, sauf à la répartir entre elles par égale part.

5472. Héritiers. — C'était une question très-controversée, sous l'empire de l'art. 40 L. 22 frimaire an 7, que celle de savoir si le triple droit pouvait être réclamé aux héritiers des contrevenants [1].

Les mêmes difficultés ne se reproduisent pas aujourd'hui, en ce qui concerne les contre-lettres relatives aux cessions d'immeubles. L'amende du quart a, comme le droit en sus, le caractère évident d'une peine. A défaut d'indication contraire de la loi, cette peine est personnelle et s'éteint par le décès des contrevenants sans pouvoir passer à leurs héritiers.

5473. Prescription. — L'action pour constater l'existence de la contre-lettre dure trente ans, sauf à l'égard de la preuve testimoniale qui n'est à la disposition du Trésor que pendant dix ans à partir de l'enregistrement de l'acte (L. 23 août 1871 art. 13). Mais cette prescription est spéciale au recouvrement de l'amende du quart édictée par l'art. 12. Le droit simple et le droit en sus sont soumis aux règles générales qui seront exposées au chapitre de la *Prescription.*

CHAPITRE V. — QUESTIONS DIVERSES

[5474-5481]

5474. Acte ancien. — Nous avons dit, au mot *Acte ancien*, qu'une mutation d'immeubles antérieure à la loi de 1790 est passible du droit fixé par la loi du 22 frimaire an 7,

1. Voici comment cette question nous a paru devoir être résolue: « Nous avons vu au n° 5437 que le triple droit ne se décompose pas en un droit simple et en un droit double de ce droit simple, mais qu'il est entièrement dû à titre d'amende. Comme les héritiers d'un contrevenant ne sont point en général responsables des peines ou amendes encourues par leur auteur, on serait logiquement amené à conclure que les héritiers des signatures d'une contre-lettre ne peuvent être contraints au payement d'aucune partie du droit exigible. On n'est point allé jusque-là cependant; mais on a soutenu que ces héritiers n'étaient passibles que d'un droit simple, le surplus se trouvant éteint par le décès du contrevenant (Dél. 21 fév. 1827. 8668 J. E., 19 mars 1822, 4 juin 1825, 13 avr. 1841, D. N. t. 4 p. 94 n° 58; — Reims 31 août 1842, 3 juill. 1844, Dalloz n° 5069, Demante n° 821, Plasman *des Contre-Lettres* § 24, Manan Delongpré n° 1156). — V. aussi Champ. et Rig. n° 3852. Cette doctrine nous paraît plus facile à justifier en équité qu'en droit; car enfin, s'il est vrai, ce qu'on ne conteste pas, que le triple droit soit une véritable peine, une amende, il tombe intégralement sous l'application du principe de la responsabilité des héritiers. Ou il est totalement exigible, ou il ne l'est pour aucune partie. Or, ainsi que nous le disions déjà dans nos éditions antérieures, c'est le premier parti qui semble préférable. Le triple droit prononcé par l'art. 40 L. de l'an 7 se rapporte exclusivement à l'acte lui-même, abstraction faite des personnes; il a la même nature que le double droit porté par l'art. 38 pour défaut d'enregistrement dans le délai de trois mois, des actes sous seing privé translatifs d'immeubles et qui, aux termes d'un A. Cons. d'Ét. des 3-9 février 1810 (470 J. E.), doit être exigé, non-seulement des contrevenants, mais encore de leurs héritiers ou représentants.

L'Administration a exposé ce principe dans son I. G. n° 1528 § 5, et, revenant sur ses précédentes solutions, elle en poursuit actuellement l'application devant les tribunaux. Celui de Saint-Gaudens a accueilli sa demande par un jugement du 31 mars 1862.

quoique le titre en soit demeuré secret. Par application de cette règle, il faut reconnaître que les droits dus sur une contre-lettre passée sous le régime du contrôle sont exigibles comme ils le sont sur tous les actes de mutation de propriété passés avant 1790 (Cass. 16 nov. 1813, 4773 J. E.).

5475. Disposition indépendante. — Les conventions modificatives de l'acte antérieur sont seules frappées de nullité. Ainsi, dans une contre-lettre déclarée nulle comme ayant pour objet la stipulatien secrète d'un prix de vente additionnel à celui de l'acte public, la mention contenant quittance de ce supplément de prix n'en constitue pas moins une preuve écrite et valable du payement (C. Lyon 9 juill. 1856, D. 57-1-420 et Cass. 8 juill. 1857 *loc. cit.*).

5476. Obligation. — Si la contre-lettre portait que le prix déclaré payé dans l'acte ne l'a point été réellement, il en résulterait pour l'acquéreur obligation de le payer. Si la vente n'avait pas été enregistrée, le droit de vente serait exigible (Champ. et Rig. n° 420). Si elle l'avait été, il en résulterait obligation sujette au droit de 1 pour 100 sur la somme dont l'acquéreur se reconnaît débiteur (3256, 7050 J. E.). Il faudrait cependant, dans ce dernier cas, examiner s'il y a ou non, *novation* d'après les règles que nous poserons au mot *Novation*.

5477. Office. — La contre-lettre portant augmentation du prix stipulé dans l'acte de cession donne-t-elle ouverture au triple droit ou au double droit seulement? La solution de cette question, bien que se rattachant à la matière de notre article, se complique néanmoins de considérations qui se rapportent aux cessions d'office. Aussi renvoyons-nous l'examen que nous avons à en faire au mot *Office* n° 12068.

5478. Timbre (*Nature du droit de*). — La contre-lettre n'ayant pour but que d'étendre ou restreindre les stipulations d'un acte précédent, n'est pas assujettie au timbre proportionnel (15246-4, 15259-3 J. E.; — Dél. 26 mars 1842, 11429 J. N., 12960 J. E., D. N. t. 4 p. 94 n° 60). Ce n'est pas, en effet, un billet ou une obligation dans le sens de l'art. 6 L. 6 prairial an 7, qui a assujetti à ce droit les billets simples et les obligations ordinaires, c'est un acte à part, défini, ayant son effet propre, et dont s'occupent les art. 40 L. 22 frimaire an 7 et 1321 C. C.

Jugé, dans ce sens, que la contre-lettre étant un acte destiné à demeurer secret et par lequel on déroge à un acte précédent, on doit regarder comme contre-lettre l'acte sous seing privé par lequel le prêteur d'une somme déterminée, suivant acte notarié du même jour que l'acte sous seing privé, déclare qu'il a réellement compté une somme moindre que celle indiquée dans l'acte notarié et s'oblige à remettre le surplus à l'emprunteur après l'accomplissement de certaines conditions. Un pareil acte, s'il est rédigé sur papier non timbré, n'est passible que d'une amende fixe de 5 francs (50 fr.) (Saint-Malo 3 sept. 1840, 11133 J. N.).

5479. Tiers. — Quelle est la position de l'Administration à l'égard de la contre-lettre? peut-elle être considérée comme un tiers, ou la contre-lettre doit-elle avoir à son égard le même effet qu'entre les parties? Il est manifeste qu'elle est un tiers, c'est-à-dire qu'elle n'a pas été partie dans l'acte. Mais les actes ne sont modifiés à l'égard des tiers que suivant les droits de ceux-ci; or, les droits de l'Administration étant d'une nature particulière, les actes doivent être pris par elle, avec les effets qu'ils ont entre les parties, toutes les fois que ces actes ne blessent point les droits qui lui sont attribués par la loi; mais, du moment qu'elle est lésée, la contre-lettre n'a pas plus d'effet à son égard qu'elle n'en a à l'égard de tous les tiers.

5480. Vente simulée. — Une contre-lettre portant qu'une vente n'est pas réelle, étant sans effet à l'égard des tiers, l'acquéreur qui a donné la contre-lettre peut valablement transmettre la propriété à un tiers de bonne foi. Ainsi, si j'ai eu l'imprudence de reconnaître, dans un acte de vente, que j'en ai reçu le prix comptant, quoique réellement je ne l'aie pas reçu, et que l'acquéreur ait reconnu ce fait par une contre-lettre dans laquelle il s'oblige à me payer, je ne pourrai plus, faute de payement, faire résoudre le contrat au préjudice des créanciers de l'acquéreur, auxquels la contre-lettre ne peut être opposée (Toullier t. 8 n° 182). De même, à l'égard de l'Administration, la résolution sera considérée comme une revente qui donnera ouverture à un nouveau droit de mutation, et qui ne purgera point les hypothèques créées par l'acquéreur.

C'est dans ce sens que la C. cass. a décidé, le 11 juillet 1814, que la preuve, résultant du contrat, que le prix a été acquitté ne peut être détruite, à l'égard de l'Administration, par un jugement rendu dans une instance où elle n'a pas été partie, et la contre-lettre tendant à établir que le payement n'a pas été fait ne peut être opposée à l'Administration, puisque, aux termes de l'art. 1321 C. C., les contre-lettres n'ont point d'effet contre les tiers : « Attendu, porte l'arrêt, qu'il résulte de l'acte public du 9 août 1807 la preuve que le prix de la vente consentie par cet acte a été payé comptant; que, vis-à-vis de l'Administration de l'enregistrement et des domaines, cette preuve ne peut être détruite par le jugement du 24 juin 1812, qui n'a été rendu qu'entre les parties contractantes, sur leurs simples déclarations et sur une contre-lettre du contrat de vente, qui, outre qu'elle n'a acquis de date certaine que le 8 mai 1810, jour de son enregistrement, ne peut produire aucun effet contre les tiers; que, dès lors, l'Administration de l'enregistrement et des domaines a été bien fondée à considérer la résolution du contrat de vente prononcée par ledit jugement, comme une rétrocession déguisée, assujettie au droit proportionnel » (4935 J. E., S. 15-1-248).

1. RÉTROCESSION. — ACTE SOUS SEING PRIVÉ. — Il y a plus : la contre-lettre sous seing privé, portant qu'une vente est feinte et simulée, est même, relativement à l'Administration, considérée comme une rétrocession qui donne ouverture à un second droit de mutation. Ceci découle directement de la loi qui ne dispense du droit proportionnel que les actes de résiliements faits par acte authentique, lorsqu'ils réunissent d'ailleurs certaines conditions (V. art. 68 § 1er n° 40 L. 22 frim.

an 7, art. 42 n° 20 L. 28 avr. 1816). — La C cass. l'a décidé ainsi par deux arrêts des 25 octobre 1808 (3637 J. E.) et 20 juillet 1859 (1251 R. P., 16990 J. E., 11621 C., S. 59-1-947) : « Attendu, porte ce dernier, qu'au regard des tiers et de la Régie, l'acte authentique constituait une vente à l'occasion de laquelle les droits ont été régulièrement perçus ; attendu que cet état de choses n'a été changé que par la révélation de la contre-lettre, dont l'effet a été de faire rentrer dans les mains du vendeur les effets mobiliers par lui transmis à un tiers, que, par conséquent, ce dernier acte dit contre-lettre ayant produit cette rétrocession était passible des droits attachés à cette nature de contrat » (*Conf.* : Sol. 21 oct. 1867, 2009 R. P.).

D'après une D. m. f. 23 avril 1853, il importerait même peu que l'on fournît la preuve que la première vente n'était pas réelle : cette circonstance n'autoriserait pas la restitution du droit perçu sur la contre-lettre.

2. ACTE NOTARIÉ. — En serait-il de même si la contre-lettre était notariée? Il faut distinguer.

Si la contre-lettre notariée qui déclare la vente feinte ou simulée est passée après les vingt-quatre heures, il n'est pas douteux qu'elle donne ouverture à un second droit de mutation; car la propriété est transférée à l'acquéreur au moment où la vente est parfaite. La contre-lettre qui, après vingt-quatre heures, déclare cette vente simulée ne peut donc nuire aux droits de l'Administration; elle ne peut être considérée à son égard que comme une rétrocession par laquelle l'acquéreur transmet de nouveau sa propriété au vendeur (Toullier t. 8 n° 184).

Si, au contraire, cette contre-lettre est faite dans les vingt-quatre heures (*V.* art. 68 § 1er n° 40 L. 22 frim. an 7, art. 43 n° 20 L. 28 avr. 1816), si elle est présentée à l'enregistrement en même temps que la vente, il ne serait pas juste de la soumettre à un second droit de mutation ; car l'on n'a pu ni voulu frauder les droits du Trésor. C'est déjà beaucoup que deux actes dont le second détruit le premier, deux actes qui sont présentés au même instant à l'enregistrement, produisent un droit de mutation (celui exigible sur le premier acte) (Cass. 9 avr. 1844, 1723 § 6 I. G., S. 44-1-296), quoiqu'ils laissent la propriété sur la tête du vendeur, qui réellement ne l'a jamais perdue. Que la contre-lettre soit sans effet à l'égard des tiers à qui la connaissance en a été dérobée, auxquels, pour les tromper, on a présenté l'acte de vente en leur laissant ignorer la contre-lettre qui le détruit, cela est conforme à la justice; mais l'Administration, qui n'a pu ignorer l'existence de la contre-lettre, qui l'a connue en même temps que l'acte de vente, ne saurait s'en prévaloir, ce semble, pour exiger deux droits de mutation (*Conf.*: Dél. 11 brum. an 11, 1344 J. E., Dalloz n° 2536 [1]).

5481. Succession. — On considère encore comme contre-lettres, non opposables à l'Administration, les actes secrets par lesquels une propriété qui appartient ostensiblement à une personne est constatée appartenir à une autre. Si le possesseur apparent décède, la valeur inscrite en son nom doit donc être comprise dans la déclaration de la succession, sans égard aux effets de la contre-lettre. — V. *Succession.*

[1]. Si le législateur, disent Champ. et Rig. n° 421, eût jugé convenable de considérer les contre-lettres comme des rétrocessions et de les assujettir au droit proportionnel, il l'eût déclaré expressément; il ne l'a point fait, on est fondé à en conclure qu'il a voulu qu'elles fussent assujetties au droit selon leur nature, qui n'a rien de translatif.

CONTRIBUTION.

5482. — On appelle contribution, en général, la répartition d'une chose entre plusieurs personnes.

CONTRIBUTION DE DENIERS.

5483. — La contribution de deniers est la distribution entre créanciers de deniers mobiliers saisis-arrêtés sur leur débiteur, ou provenant du prix de ses biens meubles.

Il est en effet de principe général que les biens d'un débiteur sont le gage commun de ses créanciers, et que le prix leur en appartient (2092 C. C.).

5484. Ordre. — Toutefois, il y a des causes légitimes de préférence qui font le plus souvent fléchir cette règle. Ainsi, certaines créances privilégiées et les créances hypothécaires sont payées avant toutes autres sur le prix des immeubles. La distribution de ce prix s'appelle ordre et a ses règles spéciales.

5485. Contribution proprement dite. — La contribution proprement dite se fait entre créanciers ordinaires et a pour objet les meubles ou les sommes qui en proviennent. On l'appelle contribution parce qu'elle n'a lieu que quand le montant des créances excède les sommes à distribuer, et que chacun des créanciers contribue à la perte commune.

Quoique, en général, la contribution n'ait lieu que sur des sommes mobilières, elle peut néanmoins s'ouvrir sur le prix d'immeubles, soit lorsque le produit de la vente est inférieur au montant des créances privilégiées ou hypothécaires qui se trouvent en commun, soit lorsque des créanciers ont produit au nom de leur débiteur, créancier lui-même du saisi, ou ont formé opposition au montant de sa collocation, soit enfin lorsque les créanciers privilégiés ou hypothécaires ont été désintéressés, ou qu'il n'en existe pas (Berriat p. 623, Bioche n° 9).

5486. Forme. — Toutes les fois qu'il y a lieu à contribution, le saisi et les créanciers, avant de recourir aux formalités judiciaires, doivent tenter de s'arranger à l'amiable. Ils sont tenus, dans le mois, porte l'art. 656 C. proc. de *convenir* de la distribution par contribution. — Le délai d'un mois court, en cas de saisie-arrêt, du jour de la signification au tiers saisi du jugement qui fixe la dette; en cas de saisie de rentes, du jour de la signification du jugement d'adjudication; en cas de saisies-exécutions, saisies foraines, saisies brandon ou même de ventes volontaires auxquelles il y aurait eu des oppositions, du jour de la dernière séance du procès-verbal de vente (Ordonn. 3 juill. 1816 art. 8).

Le refus d'un seul créancier de concourir à une distribution amiable suffit pour rendre nécessaire une distribution judiciaire; mais, alors, le vœu du législateur, exprimé en termes impératifs que la distribution se fasse à l'amiable, devrait exposer aux frais qu'il aurait occasionnés tout créancier qui, sans bonne et valable raison, mettrait obstacle à une distribution à l'amiable. Tel est l'avis des auteurs (Carré n° 2160, Thomine nos 729-730, Bioche n° 21).

L'art. 775 C. proc., qui veut qu'il y ait au moins trois créanciers pour qu'on puisse provoquer l'ouverture de l'ordre sur une vente volontaire, est-il applicable à la distribution par contribution? L'affirmative paraît équitable à Dalloz. Toutefois, elle a été combattue par Pigeau t. 2 p. 246.

5487. Règlement définitif. — Lorsque la contribution s'ouvre devant le tribunal et qu'il n'y a pas de contestation, le juge, commis par le président pour la diriger, clôt son procès-verbal, c'est-à-dire qu'il fait ce qu'on appelle le *règlement définitif*. Il prononce la mainlevée de toutes les oppositions formées sur les sommes qui ont fait l'objet de la distribution et ordonne de délivrer aux créanciers des *mandements* pour le payement de ce qui leur est accordé, après qu'ils auront affirmé la sincérité de leurs créances (665 et 671 C. proc.).

5488. Enregistrement. — Nous renvoyons au mot *Ordre* pour tout ce qui concerne les questions d'enregistrement qui peuvent s'élever sur la contribution des deniers.

CONTRIBUTIONS DIRECTES.

DIVISION

CHAPITRE PREMIER. — DISPOSITIONS GÉNÉRALES

[5489-5497]

5489. Diverses espèces. — Les contributions directes sont celles qui sont assises *directement* sur les fonds de terres ou sur les personnes, et qui se lèvent par des *rôles* où les contribuables sont nominativement cotisés : elles se composent : 1° de la *contribution foncière* ; — 2° de la *contribution mobilière* ; — 3° de la *contribution personnelle* ; — 4° de la *contribution des portes et fenêtres* — et 5° des *patentes* : elles atteignent, pour les faire concourir aux besoins de l'État, la fortune immobilière qui se manifeste par des terres, maisons et la fortune mobilière consistant en capitaux, en revenus et en industries productives.

De ces cinq contributions les deux premières sont des impôts de *répartition* et les trois autres des impôts de *quotité*.

5490. Impôt de répartition. — Par l'impôt de *répartition*, le Gouvernement demande à un département *une somme fixe déterminée d'avance par l'autorité législative*, laquelle est répartie entre les *arrondissements*, les communes et les *contribuables* : les agents de contributions n'interviennent que pour seconder les administrations locales, pour obtenir le plus de *proportion possible* dans les cotisations.

L'impôt de *répartition* est une sorte d'abonnement avec les localités; le Gouvernement connaît à l'avance la somme sur laquelle il peut invariablement compter. La *contribution foncière* et la *contribution mobilière* sont maintenant les deux seules contributions directes dites de *répartition*.

5491. Impôt de quotité. — Dans le système de l'impôt de *quotité*, au contraire, les contingents ne sont pas déterminés d'avance pour les diverses circonscriptions territoriales, par les autorités immédiatement supérieures; les agents des contributions sont appelés seuls à constater la matière imposable ; ils s'adressent *directement aux individus*, et leur demandent la contribution qui leur est imposée suivant les conditions de la loi.

Avec l'impôt de *quotité*, le gouvernement n'est point assuré de ce qu'il obtiendra : il peut bien avoir l'avantage de quelques plus-values; mais d'un autre côté les localités n'étant plus intéressées au produit et à la répartition de l'impôt, la matière imposable échappe souvent aux recherches de ses agents exposés à des contrariétés de tout genre, et qui n'ont pas, d'ailleurs, sur les faits des renseignements suffisants. Les contributions directes dites de *quotité* sont maintenant la *contribution personnelle*, la *contribution des portes et fenêtres* et les *patentes*.

5492. Centimes additionnels. — Les centimes additionnels aux contributions directes sont de même nature que ces contributions et sont, par conséquent, soumis aux mêmes règles.

5493. Assiette et recouvrement. — Les contributions directes sont levées par des *percepteurs*, des *receveurs particuliers* et des *trésoriers généraux* de finances. L'assiette de ces contributions, après leur répartition faite par le pouvoir législatif, les conseils généraux et d'arrondisement et les conseils municipaux, est confiée à des *directeurs* de département, des *inspecteurs* et des *contrôleurs*. Un directeur général, sous les ordres immédiats du ministre des finances, surveille les opérations.

Des officiers ministériels particuliers, sous le nom de *porteurs de contraintes*, ont été créés pour mettre à exécution les contraintes des percepteurs des contributions directes (Arr. 16 therm. an 8, 8580 J. E.).

5494. Contribution foncière. — On l'appelle ainsi parce qu'elle est principalement assise sur les biens *fonds*, c'est-à-dire sur les biens immeubles réels ou corporels.

La répartition est faite par égalité proportionnelle sur toutes les propriétés foncières, sans autres exceptions que celles déterminées pour l'encouragement de l'agriculture et l'intérêt général (L. 3 frim. an 7 art. 2); elle se fait à raison d'un revenu net imposable qui est calculé sur un nombre d'années déterminé (*Ibid.* art. 2, 3 et suiv.).

1. BIENS EXEMPTS. — Il y a des biens qui sont exempts de la contribution foncière. Ce sont : 1° le biens consacrés au service public (L. 3 frim. an 7 art. 103 et 105) ; — 2° les domaines de l'État (*Ibid.* art. 105 et suiv.) non productifs, les bois et les forêts (L. 19 et 21 vent. an 9 art. 1er); — 3° les biens de la dotation de la couronne sans distinction (L. 2 mars 1832, art. 13 et 14). Il n'en est pas de même des biens du domaine privé, qui étaient imposés.

En outre, la loi dispense, pendant un temps plus ou moins long, de toute augmentation d'impôt, les maisons nouvellement construites ou reconstruites, les terres vaines et vagues, mises en culture ou plantées, les canaux nouvellement établis, etc. (L. 3 frim. an 7 art. 88 et 111 et suiv. L. 5 flor. an 11 art. 1er); le C. for. y ajoute, art. 225, les semis et plantations de bois sur le sommet et le penchant des montagnes.

2. SUR QUOI PÈSE LA CHARGE DE LA CONTRIBUTION FONCIÈRE. — Une question fort importante, par les conséquences qui peuvent en être tirées au point de vue où nous sommes placé, est celle de savoir si la contribution foncière est une charge de la propriété ou une charge des fruits. La cour suprême a implicitement jugé la question en décidant, le 18 août 1813 (Roll. de Vill. v° *Contributions publiques* n° 39), que la contribution foncière est due sur les fruits de l'année courante et non sur les fruits de l'année antérieure.

Cette décision est d'ailleurs conforme, en principe, à l'opinion de Favard, v° *Contribution* n° 5, Proud'hon *Traité des droits d'usufruit* n° 3730. Ce dernier auteur enseigne, en effet, *loc. cit.*, que la contribution foncière n'est considérée en droit que comme une délibération à prendre sur les *fruits* du fonds ou sur l'utilité de la jouissance de l'héritage, soit qu'il s'agisse de fonds ruraux ou de bâtiments ; ce principe, positivement consacré par l'art. 608 C. C., relativement à l'usufruitier, est reconnu de même par l'art. 10 L. 6 août 1791 relativement au superficiaire.

3. DÉBITEUR DE LA CONTRIBUTION. — Il résulte de là que celui qui est propriétaire des fruits est débiteur de la contribution. De ce principe découlent les conséquences suivantes, qu'il est important de ne pas perdre de vue pour l'application des droits d'enregistrement :

Bail emphytéotique. — Domaine congéable. — L'emphytéote et le domanier doivent payer la contribution foncière, parce qu'ils jouissent en propriétaires, lors même qu'ils n'ont point été astreints expressément à ce payement par l'acte de bail ; seulement ils sont autorisés à retenir une quotité de la contribution sur le montant de la redevance pour représenter la contribution due par le bailleur. — V. 2937, 2982.

Usufruitier. — La contribution foncière est aussi à la charge de l'usufruitier, mais sans qu'il ait rien à réclamer contre le nu-propriétaire ; c'est lui qui doit être porté sur les rôles, et c'est contre lui qu'ils doivent être rendus exécutoires (Proudhon t. 4 n° 1786).

Usager. — Il n'en est pas de l'usager comme de l'usufruitier ; si on ne lui a pas abandonné par un cantonnement une partie du fonds, il n'en doit pas la contribution foncière. (Proudhon t. 6 n° 2791 et 2792).

Antichrésiste. — Le donateur à titre d'antichrèse, étant propriétaire des fruits, est tenu au payement de la contribution foncière.

Clause résolutoire. — L'acquéreur à pacte de réméré, et tous autres détenteurs à titre de propriétaires par des actes contenant des clauses résolutoires, supportent également la contribution foncière, toujours par la raison qu'ils sont propriétaires des fruits jusqu'à la résolution du contrat.

Détenteur précaire. — Mais les détenteurs à titre précaire, tels que les fermiers ou locataires, ne sont tenus du payement de la contribution foncière que lorsqu'ils en ont été chargés par une condition expresse. Ils sont seulement tenus, hors ce cas, d'en faire l'avance en déduction du prix du bail. — V. 2550.

5495. Contribution mobilière. — La contribution mobilière est un impôt de répartition, elle est proportionnée au loyer d'habitation dont la valeur est déterminée par les répartiteurs (L. 21 avr. 1832, art. 17). On entend par loyer d'habitation celui qui est relatif aux parties de bâtiments servant à l'habitation personnelle du contribuable et de sa famille.

Voici comment on arrive à faire l'évaluation de la contribution mobilière. Un contingent est assigné à chaque commune dans la répartition de cette contribution (L. 21 avr. 1832, art. 8 et 9). D'abord on multiplie le nombre des contribuables de chaque commune par le prix de trois journées de travail; le produit présente la masse de la contribution personnelle de la commune. On soustrait ensuite ce produit de la somme du contingent ; la différence indique la masse de la contribution mobilière. Cette somme étant connue on la rapproche de la masse des loyers d'habitation de la commune et on la répartit sur chaque habitation proportionnellement à sa valeur. Le premier calcul est fait par le conseil d'arrondissement, le second par les répartiteurs (L. 23 juill. 1820, art. 27 et 29, L. 21 avr. 1834 art. 17, Foucard *Droit public* t. 2 p. 86). — V. 2547.

5496. Contribution personnelle. — Jusqu'à la loi du 26 mars 1831, la contribution personnelle a fait partie de la contribution mobilière créée par la loi du 18 février 1791. La loi de 1831 a séparé ces deux contributions et déclaré la contribution personnelle *impôt de quotité;* la contribution mobilière est restée un *impôt de répartition.* Nous avons vu, au numéro précédent, le mécanisme adopté pour obtenir le chiffre de la contribution personnelle.

La contribution personnelle est due dans la commune dont on est habitant, où l'on a son *domicile réel,* et quel que soit le nombre des habitations meublées que l'on puisse avoir. — V. 2547.

5497. Contribution des portes et fenêtres. — Établie par la loi du 4 frimaire an 7 sur toutes les portes et fenêtres d'une maison (art. 2), la taxe de cette contribution est graduée en raison du nombre des portes et fenêtres, de la situation et de la population ; elle se trouve aujourd'hui dans l'art. 24 L. 22 avril 1832.

1. DÉBITEUR DE LA CONTRIBUTION. — Cette contribution est exigible contre les propriétaires et usufruitiers, fermiers et principaux locataires des maisons, bâtiments et usines, sauf les recours contre les locataires particuliers pour le remboursement de la somme due à raison des locaux par eux occupés. — *V.* 2547.

CHAPITRE II. — ENREGISTREMENT ET TIMBRE

[5498-5511]

5498. Rôle exécutoire. — Le recouvrement des contributions directes s'opère au moyen de rôles exécutoires qui sont exempts du *timbre* et de l'*enregistrement*, ainsi que les extraits qui en sont délivrés (L. 13 brum. an 7, art. 13 n° 1er, et 22 frim. an 7, art. 70 § 3 n° 6).

5499. Actes de poursuites. — Nous avons fait connaître au mot *Acte judiciaire* tout ce qui a trait au droit d'enregistrement des actes tendant au recouvrement des contributions dues à l'État. Nous n'avons pas à revenir sur ce sujet.

5500. Canaux.— Digues. — Les cotisations et contributions des propriétaires qui se réunissent ou s'associent, à l'effet de pourvoir au curage des canaux et rivières non navigables et à l'entretien des digues, etc., sont assmilées aux impôts directs, et les quittances qui en sont délivrées sont exemptes du timbre (D. m. f. 7 juin 1808, 387, I. G., 2896 J. E.).

5501. Comptes. — Les comptes des percepteurs et autres comptables *publics* sont exempts du timbre (L. 13 brum. an 7 art. 16 n° 1er).

5502. Contraintes. — Les contraintes doivent être sur papier timbré; le visa pour timbre ne pourrait avoir lieu, même en acquittant les droits (D. m. f. 26 fructidor an 7, 246 J. E.). Mais le premier commandement devant avoir lieu sans frais, n'est pas sujet au timbre (*V.* L. 25 mars 1817 art. 72). — *V.* 5508.

5503. Dégrèvement. — Les procès-verbaux des contrôleurs, contenant l'avis des répartiteurs sur les demandes en dégrèvement, sont exempts du timbre (D. m. f. 8 brum. an 9, Circ. n° 1932, 627 J. E.).

Il en est de même de ceux des experts pour constater des faits à raison desquels des remises ou dégrèvements sont réclamés, si les experts ont été nommés par les préfets ou sous-préfets ; mais si ces procès-verbaux sont rédigés à la requête des contribuables, ils doivent être sur *papier timbré*. (D. m. f. 22 germ. an 11, 137 I. G.).

Ces règles ont été confirmées par une décision ministérielle transmise aux agents des contributions par une circulaire du 12 février 1873. Il a été reconnu que « les rapports rédigés par les experts, ainsi que les mémoires que les réclamants peuvent faire présenter à l'appui de leurs demandes, doivent être soumis aux droits de timbre, et même, être enregistrés avant d'être produits devant un conseil de préfecture. On remarquera, ajoute la circulaire, qu'il n'est question que des rapports rédigés par les experts, en dehors du procès-verbal ordinaire, et des mémoires que les réclamants feraient présenter à l'appui de leurs demandes par des agents d'affaires ou autres mandataires. Quant aux procès-verbaux des dires des experts, rédigés par les contrôleurs des contributions directes et aux observations produites par les réclamants eux-mêmes pendant le dépôt du dossier, ils continueront à jouir de l'exemption de droit, les premiers comme constituant des actes purement administratifs, et les secondes comme formant le complément de la demande primitive, laquelle a dû être soumise à toutes les formalités » (3599 R. P.).

5504. Expédition. — Les expéditions de décisions rendues par les conseils de préfecture en matière de contributions directes et destinées à être produites à l'appui d'un recours au conseil d'État, sont exemptes de timbre, lorsque le montant de la contribution, objet du recours, est inférieur à 30 francs (D. m. f. 30 fév. 1843, D. N. t. 4 p. 125 n° 100). — *V.* 5506.

5505. Matrices de rôles. — Extraits. — Les extraits des matrices de rôles, délivrés aux contribuables pour être produits à l'appui de leurs réclamations en dégrèvement, sont exempts du timbre, parce que, dans ce cas, la production de l'extrait est forcée. (D. m. f. 18 germ. an 11, 137 I. G.).

5506. Ordonnances.— Les ordonnances de décharge, réduction, remise ou modération de contributions, sont exemptes du timbre (L. 13 brum. an 7 art. 16 n° 1er). Mais les expéditions de ces ordonnances, lorsqu'elles sont délivrées aux parties, doivent être timbrées (D. m. f. 8 therm. an 9 ; Circ. 2042).

5507. Pétitions. — Les pétitions des contribuables, quelque modique que soit l'objet de la réclamation, doivent être sur papier timbré, comme doivent l'être, en quelque matière que ce soit, toutes celles non exemptées *formellement* du timbre (D. m. f. 28 mess. an 9, 6 déc. 1816 Circ. 2042, 765 I. G.).

Les réclamations en décharge ou réduction de taxe, soit en contribution personnelle ou mobilière, soit en portes et fenêtres, ayant pour objet une cote moindre de 30 francs sont exemptes du timbre (L. 23 avr. 1832 art. 28, 1399 I. G., 7724 J. N). — Cette exemption s'applique à toutes les contributions directes (A. Cons. d'Ét. 30 oct. 1835). — V. *Pétition* n° 12730.

Les frais d'avertissement n'entrent pas dans le calcul de la cote (C. préf. Seine 17 juill. 1875, 19853 J. E.).

5508. Porteur de contraintes. — Les porteurs de contraintes sont considérés comme préposés d'une administration publique ; ils peuvent faire imprimer sur papier libre les projets d'actes de leur ministère, et ne faire timbrer ces impressions à l'extraordinaire qu'avant d'en faire usage (D. m. f. 17 germ. an 7, Circ. 1566). — La décision du 28 janvier 1830 (1320 § 11 I. G.) qui les avait admis à faire viser pour timbre au comptant ces formules dans les localités autres que le chef-lieu du département, a été rapportée par décision du 3 février 1838 ; il ne leur est plus permis que de les présenter au timbre extraordinaire (1556 I. G.).

1. COPIE. — Ils doivent rédiger les copies de leurs exploits sur le papier spécial créé par la loi du 29 décembre 1873. — V. *Copie* 5585.

5509. Quittances. — Récépissés. — Les récépissés délivrés aux percepteurs et receveurs des contributions directes, pour versement des sommes qu'ils reçoivent, comme les quittances qu'ils délivrent aux contribuables, ne sont point assujettis au timbre (L. 13 brum. an 7 art. 16 n° 1er). — V. *Quittance*.

5510. Recours. — Les recours au conseil d'État en matière de contributions sont soumis au timbre et enregistrables gratis (2209-2)

5511. Rôles. — Extraits. — Les extraits des rôles des contributions directes sont également comme les rôles mêmes, exempts du timbre (L. 13 brum. an 7 art. 16 n° 1er).

CONTRIBUTIONS INDIRECTES.

5512. Nature. — Les contributions *indirectes* sont tous les impôts assis sur la fabrication, la vente, le transport et l'introduction de plusieurs objets de commerce et de consommation ; impôts dont le produit, ordinairement avancé par le fabricant, le marchand ou le voiturier, est supporté indirectement par le consommateur (L. 8 janv. 1790).

Les droits de timbre et d'enregistrement sont également des impôts indirects, parce qu'ils sont perçus sans périodicité et à l'occasion de faits analogues aux actes de consommation qui donnent lieu à l'impôt indirect proprement dit.

5513. Recouvrement. — Les actes de poursuites pour le recouvrement en matière de contributions indirectes, de sommes non excédant 100 francs en principal sont enregistrables gratis, et ceux au-dessus de 100 francs au droit fixe de 1 franc (1 fr. 50) (D. m. f. 24 nov. 1821, 1012 n° 1er I. G., 6027, 2682, 7016 J. E.). Nous ajouterons ici que c'est le montant de la créance pour laquelle la contrainte est décernée qui doit régler l'enregistrement, et non la somme que le redevable pourrait payer dans l'année. Mais, si la somme due n'était que pour solde ou autrement, et que la créance primitive excédât 100 francs, le droit serait exigible (D. m. f. 4 juill. 1807, 2682, 7016 J. E.).

Si la somme exigible n'est pas désignée, le droit doit être perçu, parce qu'il faut que l'exemption soit formellement justifiée par l'acte soumis à la formalité (1534 J. E.).

5514. Acte en défense. — Le bénéfice attaché aux actes de recouvrement des contributions directes est acquis aux exploits faits à la requête des particuliers, pour leur défense ou autrement, ainsi qu'aux dénonciations faites par des contribuables, à leurs codébiteurs solidaires, des commandements qu'ils ont reçus (6022, 7415 J. E.).

5515. Acte en conséquence. — Les préposés des contributions indirectes peuvent délivrer copie de leurs procès-verbaux avant leur enregistrement ; il n'en est pas de même des assignations : elles ne peuvent être faites sans contravention avant que le procès-verbal ait été enregistré (400 I. G.).

5516. Acquit à caution. — Passavant, etc. — Les acquits de payement, les acquits à caution, ceux de travail ou passavants, délivrés par les préposés des contributions indirectes, sont exempts d'enregistrement. — V. 330.

5517. Billets à ordre. — Les billets à ordre souscrits pour acquit de l'impôt du sel ne sont passibles que du droit fixe de 1 franc (5068 J. E.).

Ceux fournis par les receveurs pour leurs recettes ne sont pas sujets à l'enregistrement (290 n° 41 I. G.); on peut inférer de cette instruction qu'ils n'y sont pas sujets même après protêt. Cependant, une décision du 18 juillet 1814 qui assujettit au timbre et à l'enregistrement les obligations souscrites pour *cause de débet* par les mêmes préposés, semble établir que l'exemption cesse dès que les billets doivent être produits en justice. En effet, les droits sont alors à la charge du comptable : il rentre dans la classe de tout débiteur poursuivi par son créancier, et sa mauvaise gestion n'est point un motif pour l'exempter d'un droit que chacun paye.

5518. Délai. — L'art. 20 L. 22 frimaire an 7, qui fixe le délai de quatre jours pour l'enregistrement des actes des huissiers, s'applique aux actes extrajudiciaires que les employés des contributions indirectes sont autorisés à faire par l'art. 28 du décret du 1er germinal an 13 (D. m. f. 22 août 1806, 306 n° 10 I. G., 2285 J. E.).

5519. Dépôt. — Les dépôts faits au greffe par l'administration des contributions indirectes sont exempts de tout droit. — V. *Acte judiciaire.*

5520. Jugements. — Les jugements rendus à la requête de l'administration des contributions indirectes s'enregistre au comptant. — V. *Acte judiciaire.*

5521. Procès-verbal. — 1. COPIE. — Les procès-verbaux des préposés des contributions indirectes sont sujets à l'enregistrement (Déc. 22 avr. 1806, 2285 J. E.).

Aux termes du décret du 1er germinal an 13, si le prévenu est présent à la rédaction, le procès-verbal doit exprimer qu'il lui en a été donné copie. La délivrance de cette copie et la mention qui en est faite ne donnent lieu à aucun droit particulier: elles sont des parties intégrantes du procès-verbal et il n'est pas nécessaire de le soumettre à la formalité avant la remise de la copie (390 n° 10 I. G., 2765 J. E.).

2. CAUTIONNEMENT. — Les cautionnements contenus dans les procès-verbaux de saisie des contributions indirectes sont passibles du droit de 1 fr. 50 cent. — *V.* 3486.

3. GARANTIE. — Les procès-verbaux en matière de garantie d'objets d'or et d'argent s'enregistrent en débet : tous les autres s'enregistrent au comptant. — V. *Acte judiciaire.*

4. GARDIENS. — Il avait été décidé d'abord que, soit que les procès-verbaux constatent que les objets saisis ont été laissés aux contrevenants, soit qu'ils constatent qu'ils ont été remis à un dépositaire, ou qu'il a été établi un gardien, il n'est dû qu'un seul droit sur chaque procès-verbal (D. m. f. 2 oct. 1810, 3995, 6418 J. E.).

Depuis lors, on a reconnu que l'intervention d'un tiers comme gardien opère un droit particulier de 1 franc (1 fr. 50 cent.) (D. m. f. 30 juin 1859, 2153 § 2 I. G., 1207 R. P.).

5. GENDARMES. Les gendarmes qui constatent des délits du ressort de l'administration des contributions indirectes doivent faire enregistrer leurs procès-verbaux en débet. — V. *Acte judiciaire*

6. OCTROIS. — Les préposés des octrois sont autorisés à ne pas rédiger de procès-verbaux en forme, des saisies d'une valeur présumée de 10 francs et au-dessous (D. m. f. 28 mars 1809, 432 I. G., 3189 J. E.).

7. SIGNIFICATIONS. — Les significations de procès-verbaux dressés par les préposés des contributions indirectes doivent être enregistrées gratis lorsque l'objet du procès-verbal est au-dessous de 100 francs, à moins que l'amende encourue, quoique non encore prononcée, n'excède cette somme.

Si la signification du procès-verbal est faite au moment où il est clos, il n'est dû qu'un seul droit ; mais si cette signification n'a lieu que postérieurement à la clôture du procès-verbal et par acte séparé, quoique écrit à la suite, il est dû un droit pour la signification, outre celui exigible sur le procès-verbal, attendu qu'il y a réellement deux actes (8408 J. E.).

8. TRANSPORT. — Lorsque le procès-verbal n'a pu être rédigé au domicile du contrevenant, l'acte rédigé à la suite, pour constater que les préposés se sont transportés pour en donner copie et lecture au même contrevenant, n'est pas sujet à un droit particulier (3750 J. E.).

5522. Vente de meubles. — C'est l'administration des contributions indirectes qui procède à la vente des arbres abattus sur les francs bords des canaux et de certaines matières d'or et d'argent. — *V.* 1629.

1. TABAC. — Les ventes de tabacs faites au commerce par les préposés sont passibles du droit de 50 centimes pour 100. — *V.* 1691.

5523. Timbre. — Une D. m. 5 mai 1807 a fait cesser les doutes qui s'étaient élevés sur la question de savoir si la loi du 24 mai 1806 et le décret du 31 août suivant avaient dispensé du timbre établi par la loi du 13 brumaire an 7 tous les actes et expéditions de l'administration des contributions indirectes.

5524. Timbre spécial. — Cette décision porte : « On doit définitivement admettre pour règle : « 1° Que les actes administratifs pour tous les objets de perception confiés à la Régie des droits réunis, qui doivent être frappés du timbre de cette Régie, sont les congés, passavants, acquits-à-caution, licences, quittances de droits, de quelque somme qu'ils soient, les ampliations ou copies des actes portatifs des commis, des déclarations d'inventaires des brasseurs, distillateurs, fabricants de tabacs, et autres redevables assujettis à faire des déclarations ; en un mot, *tous autres actes faits et délivrés directement par les préposés de cette Régie aux redevables, pour les mettre à portée de justifier du payement des droits par eux dus, ou qu'ils ont rempli les formalités prescrites.* — *V.* 4237 R. P.

1. QUITTANCES. — Ainsi, l'abonnement à passer avec certains débitants est sujet au droit de timbre spécial des contributions indirectes (327 I. G., 2620 J. E.), de même que la quittance d'indemnité de frais d'exercice, de casernement, d'impressions, de parts de saisie (Circ. 24 juin 1875, 4237 R. P.).

5525. Timbre de dimension. — « 2° Que les actes qui doivent être assujettis au *timbre de dimension* créé par la loi du 13 brumaire an 7 sont les originaux et copies de signification de contrainte, les procès-verbaux de contravention, les significations qui en sont faites par les préposés et autres actes judiciaires, ainsi que les transactions sur procès passées avec les contrevenants. »

1. CONTRAINTES COLLECTIVES. — Les contraintes *collectives* décernées contre les redevables d'un même arrondissement ne sont point des actes d'ordre intérieur ; elles forment, comme celles décernées séparément, le titre qui autorise les poursuites ultérieures et sont assujetties au timbre ; mais il n'est pas dû un droit de timbre particulier

pour chaque article de la contrainte (D. m. f. 20 déc. 1808, 3097 J. E.).

2. FRAIS DE CASERNEMENT. — Les quittances délivrées par les préposés des contributions indirectes aux receveurs municipaux, et constatant le payement des frais de casernement, sont assujetties au timbre spécial des contributions indirectes (Circ. 24 juin 1875, 4237 R. P.).

3. LETTRES DE VOITURE. — Les lettres de voiture pour les envois faits par l'administration des contributions indirectes à ses préposés doivent être sur papier timbré. Cette règle a lieu, même à l'égard de l'administration de l'Enregistrement, pour les envois qu'elle fait de registres et papiers dans les départements (6602 J. E.).

4. QUITTANCES. — EXPERTS. — Toutes les fois que les mandats pour les vacations des experts chargés de la vérification et du classement des tabacs ne sont pas sur papier timbré, ou visé pour timbre, la quittance doit être soumise à la formalité. Il n'y a d'exception que pour les quittances d'une créance de 10 francs et au-dessous (D. m. f. 23 oct. 1824, 7874 J. E.).

5. REGISTRE. — TABAC. — Le registre destiné à recevoir les mandats, récépissés, acquits, etc., des livraisons de tabacs, doit être sur papier timbré (D. m. f. 12 août 1812, 595 I. G.).

5526. Timbre proportionnel. — La décision ministérielle que nous avons rapportée n°s 5524-5525 porte encore que sont sujettes au timbre proportionnel les obligations à terme que les fabricants de tabacs et *autres* sont autorisés à souscrire.

5527. Timbre extraordinaire et visa pour timbre. — Les formules de procès-verbaux, de saisies et de transactions, imprimées pour les contributions indirectes, peuvent être timbrées à l'extraordinaire dans les chefs-lieux de département, ou visées pour timbre dans les bureaux des autres résidences, moyennant le payement *immédiat* des droits de timbre (D. m. f. 8 fév. 1814, 4809 J. E.). Cette exception à la règle générale ne pouvait s'appliquer aux *contraintes* (Déc. 1er mars 1820, 6651 J. E.); mais une lettre du directeur général du 19 février 1822 porte qu'on peut aussi en viser les formules pour timbre (7281 J. E.). — V. *Copie* 5585.

5528. Exemption de timbre. — Jugements. — Extraits. — Les extraits de tous les jugements qui concernent les contributions indirectes peuvent être délivrés à l'Administration sur papier non timbré, pourvu qu'ils contiennent mention de leur destination (D. m. f. 30 mars 1818, 6029, 6057 J. E.).

1. REGISTRES. — TABACS. — Le registre contenant les *déclarations* des particuliers qui veulent cultiver des tabacs n'est pas assujetti au timbre (595 I. G.).

2. TRAITES. — TABACS. — Les traites des consuls et agents diplomatiques tirées à l'ordre des fournisseurs et émises soit en payement de tabacs achetés pour la Régie, soit afin de pourvoir aux frais de séjour à l'étranger des agents de l'administration française, étant, comme celles du service maritime, destinées à acquitter des dépenses publiques, sont exemptes du timbre (D. m. f. 20 avr. 1859, 2155 § 5 I. G., 1210 R. P.).

CONTROLE DES ACTES.

5529. Définition. — Formalité qui consistait dans l'enregistrement par extrait des actes et contrats.

1. ORIGINE. — L'origine de l'*insinuation* vient de Constantin, qui la prescrivit, pour les donations entre-vifs, afin de remédier aux fraudes que l'on pouvait pratiquer au préjudice des créanciers. Justinien institua l'usage de la *formule* pour les notaires de Constantinople. Ce sont ces deux précautions qui firent sans doute naître l'idée de celle du contrôle des actes, la plus essentielle sous l'ancienne législation, pour tous les actes en général.

2. BUT. — Le but du contrôle n'était donc pas purement fiscal, et la formalité avait surtout pour objet de constater la date des actes et de leur donner plus de force et d'authenticité. C'est dans cette vue que, par édit de Henri III, donné à Blois, au mois de juin 1581, il fut créé un office de contrôleur des titres en chaque siége royal du royaume, avec attribution de droits pour enregistrer les contrats excédant 5 écus en principal, ou 30 sous en rente foncière, les testaments, les décrets et expéditions d'actes entre-vifs et de dernière volonté.

3. DÉFAUT DE CONTROLE. — L'intention qui avait présidé à l'établissement du contrôle se retrouve dans l'édit du mois de mars 1693, aux termes duquel on ne pouvait acquérir aucun privilége, aucune hypothèque, aucun droit, action, exception, etc., en conséquence d'actes non contrôlés. Ainsi, c'est dans l'intérêt des familles et de la société, pour constater l'existence des actes et leur date positive, pour assurer la priorité d'hypothèque et mettre les contrats à l'abri des antidates, que la formalité du contrôle était une mesure d'ordre public infiniment utile, d'autant que, jusqu'à l'établissement du régime hypothécaire actuel, l'hypothèque et son effet entre les créanciers résultaient des actes eux-mêmes.

L'édit du mois de mars 1693, dont nous avons déjà parlé, est un des plus importants qui aient été rendus sur cette matière. Il ordonnait que tous les actes qui seraient reçus par les notaires du Châtelet de Paris et de la ville de Lyon, et par les autres notaires et tabellions royaux, notaires apostoliques, ceux des seigneurs, tant réguliers que séculiers, et greffiers des arbitrages dans toute l'étendue du royaume, fussent enregistrés dans le bureau le plus prochain du lieu où l'acte était passé, à la diligence des notaires, tabellions et greffiers qui les auraient reçus, quinze jours au plus tard après la date d'iceux, lesquels enregistrements devaient être faits par extrait, contenant seulement le nom des parties contractantes, la qualité de l'acte, sa date, le nom et la demeure du notaire qui l'avait reçu, et le nombre des feuillets de l'acte; desquels enregistrements, lesdits notaires devaient faire mention sur les grosses et expéditions; il était défendu par le même édit auxdits notaires, tabellions et autres ci-dessus nommés, de recevoir ou passer aucuns actes, de quelque nature, titre et qualité qu'ils pussent être, sans les faire enregistrer et contrôler dans ledit temps de quinzaine, à peine de deux cents livres d'amende pour chaque contravention contre le notaire, et de pareille amende contre la partie qui s'en servait, et à toutes cours et juges, tant royaux que des seigneurs, d'y avoir égard, ainsi qu'à tous huissiers et sergents de les mettre à exécution, sous pareilles peines.

4. NULLITÉ. — L'acte non enregistré ne conférait ni privilége, ni hypothèque, ni propriété; en un mot, il était frappé d'une nullité absolue et irrévocable. (En ce qui concerne les nullités prononcées par les lois fiscales, *V.* ce que nous disons n° 5438). L'acte d'huissier non contrôlé était radicalement nul. — L'acte sous seing privé ne pouvait produire aucun effet avant le contrôle, et, s'il n'était revêtu de cette formalité dans le délai fixé, on exigeait le triple droit à titre d'amende, lorsqu'il transférait des immeubles.

5. IMPOT. — Dans l'origine, la formalité du contrôle, n'ayant qu'un but d'utilité publique, ne fut exigée que pour certains actes; mais, à l'aide de ce but d'utilité publique, on créa un impôt qui successivement fut étendu à tous les actes notariés, aux actes sous seing privé, aux actes judiciaires et aux mutations d'immeubles. Nous avons parlé de l'édit de 1693, un des principaux de ceux qui avaient organisé le contrôle des actes des *notaires*, *greffiers* et *autres officiers publics*. Le contrôle des actes sous *signatures privées* fut ordonné par la déclaration du 19 mars 1696; celui des *déclarations de dépens* fut établi par édit du mois de décembre 1635; le contrôle des exploits trouva sa source dans un édit du mois de janvier 1654 et une déclaration du 18 août 1655.

6. DROITS DIVERS. — Le droit de *contrôle*, celui de *centième denier*, sur les mutations d'immeubles, celui d'*insinuation* sur les donations et autres actes de libéralité, celui de *quatre deniers pour livre* du prix des ventes de meubles, et ceux analogues qui étaient perçus sur les actes judiciaires, sous les dénominations de *petit scel*, *droits réservés*, *droits de greffe*, *formule* (c'est-à-dire droit de *timbre*), avaient fait l'objet de divers tarifs dont le dernier a été du 29 septembre 1722. Ces divers impôts formaient, en 1790, un produit d'environ 50 millions.

7. PAYS OU ACTES EXEMPTS. — Mais ces divers droits n'étaient pas perçus dans toutes les provinces. Une déclaration du 5 décembre 1723 avait commué le contrôle des actes passés devant les notaires de Paris en un droit de *formule* à payer, par augmentation, pour le papier timbré sur lequel les actes et contrats avaient été rédigés. Les notaires de la *Flandre*, du *Hainaut*, de l'*Artois*, du *Cambrésis* et du *pays de Labourd* jouissaient de l'exception, au moyen d'un abonnement des droits de contrôle. Les actes des notaires de Paris et de ceux des pays que nous venons d'indiquer étaient censés contrôlés, et, par suite, on pouvait en faire usage dans tout le royaume sans les faire contrôler.

Il en était autrement des actes des notaires passés dans les contrées de la France où le contrôle n'avait pas été établi, telles que l'*Alsace*, le *comté de Clermont* et les principautés d'*Arches* et de *Charleville*. Ces actes ne pouvaient être mis en usage dans les autres parties du royaume, qu'après avoir été contrôlés; ils étaient assimilés aux actes passés devant des notaires des pays étrangers.

8. OFFICE DES CONTROLEURS. — Divers édits, dont le premier fut promulgué par Louis XIII au mois de juin 1627, avaient créé des offices de contrôleur de tous les actes qui étaient reçus et expédiés par les notaires. par un dernier édit du mois de mars 1714, le roi ordonnait qu'à compter du 1er avril suivant le droit de contrôle des actes des notaires, des actes sous signatures privées, petits sceaux, des actes judiciaires et insinuations laïques, ensemble les deux sols pour livre desdits droits qui avaient été attribués aux offices des contrôleurs, seraient et demeureraient réunis au *domaine*, pour être à l'avenir perçus au profit de Sa Majesté dans tout le royaume, à la diligence de celui auquel il en serait fait bail, par des commis et préposés à la régie, recette et perception; lesquels jouiraient des exemptions, franchises et priviléges portés par des édits précédents. En conséquence, les différentes aliénations qui avaient été faites de ces droits furent révoquées. Au moyen de cette réunion au domaine, les fonctions des contrôleurs furent exercées, et les droits régis et perçus par les employés du fermier, en vertu des pouvoirs et commissions qui leur étaient donnés à cet effet.

Il n'y avait pas incompatibilité entre les fonctions de notaire et celles de contrôleur des actes, et dans un très-grand nombre de localités ces dernières fonctions étaient confiées à des notaires.

9. ABOLITION. — Le droit de contrôle a été aboli, ainsi que tous les autres droits dont nous avons parlé, par l'art. 1er du Déc. 19 décembre 1790 et par la loi de février 1791. Ces deux lois leur ont substitué deux contributions qui subsistent encore sous les dénominations de *Droit d'enregistrement* et de *Droit de timbre*. Ce sont ces deux contributions qui font l'objet de cet ouvrage.

10. ANCIENNE JURISPRUDENCE. — Les édits et règlements du contrôle présentaient souvent de graves difficultés dans leur application. On peut s'en former une idée en se reportant au *Dictionnaire raisonné des domaines et droits domaniaux* de Bosquet, dont la dernière et la meilleure édition a été imprimée en 1784, 4 vol. in-4°. Avec des notions exactes de l'ancien droit, cet ouvrage, justement estimé, renferme des décisions et des arrêts du conseil qui peuvent encore aujourd'hui servir de règle pour la solution des questions relatives à la perception des droits d'enregistrement, et nous nous plaisons souvent à y renvoyer le lecteur. — Toutefois l'autorité de l'ancien droit, en cette matière, doit être invoquée avec un grand discernement. Ainsi que le fait très-judicieusement remarquer M. Demante, « il faut tenir grand compte du changement radical opéré dans la constitution de la société par l'abolition de la féodalité. Les lods et ventes et autres profits

casuels des seigneurs pouvaient être considérés comme une émanation du droit de propriété; l'impôt de l'enregistrement est une émanation pure et simple du droit de souveraineté » (N° 6).

CONTUMACE. — CONTUMAX.

5530. — Le mot *contumace* est employé en matière criminelle pour désigner l'état de celui qui, ayant été mis en accusation, ne se présente pas dans le délai qui lui est fixé, ou qui, ayant été saisi, s'évade avant le jugement; l'on appelle *contumax* celui qui se trouve dans cet état.

Les effets de la condamnation par contumace seront indiqués au mot *Mort civile*.

CONVENTION.

DIVISION

CHAPITRE PREMIER. — CONSIDÉRATIONS PRÉLIMINAIRES

[5531-5536]

5531. Définition. — La convention est, en général, le consentement ou le concours des volontés de deux ou plusieurs personnes sur le même objet.

5532. Observation. — Nous n'avons pas la pensée de faire ici un traité sur la convention; nous devons limiter l'examen que nous avons à en faire à quelques rapides aperçus ayant pour unique but de donner une idée générale de la matière. Une des conditions essentielles du plan que nous avons adopté est de toujours mettre l'application à côté du principe, et, pour cela, il est indispensable de placer les questions sous la rubrique des mots auxquels elles se rapportent le plus directement. Chaque mot de ce Dictionnaire se rattache plus ou moins directement à la convention; épuiser ici ce qu'il y aurait à en dire, ce serait faire un ouvrage dans un autre ouvrage. Notre cadre ne nous en fournit pas le moyen; nous serons donc très-laconique en raison de l'importance du sujet.

5533. Effet. — La convention tient lieu de loi à ceux qui l'ont arrêtée (1134 C. C.); c'est une loi d'intérêt privé. Par elle, nous nous soumettons envers celui avec lequel nous traitons, soit à donner, soit à faire, soit à ne pas faire une chose qui est l'objet de la convention, et pour laquelle nous la formons.

Les conventions ne comprennent pas seulement les contrats, comme la vente, l'obligation, la société, etc.; elles embrassent aussi tous les pactes particuliers qu'on peut ajouter à chaque contrat, comme les conditions, les charges, les réserves, les clauses résolutoires et autres; enfin elles comprennent tous les actes destinés à résoudre ou à changer, d'après un consentement nouveau, les contrats, les traités ou les pactes par lesquels on s'était primitivement engagé. (Duranton t. 10 n° 9).

5534. Conditions. — Le C. C. (Art. 1108) distingue quatre conditions essentielles pour la validité des conventions :

1° Le consentement de la partie qui s'oblige, auquel il faut ajouter l'acceptation de la personne envers qui elle s'oblige ;

2° La capacité de contracter ;

3° Une chose qui forme la matière de l'engagement ;

4° Une cause licite de l'obligation.

5535. Forme. — Quoiqu'il y ait des règles générales sur les formes communes à tous les contrats, le Code ne met point la forme des contrats au nombre des conditions essentielles pour la validité des conventions. Cependant, suivant les docteurs, la forme donne l'existence à la chose, *forma dat esse rei*. Cela n'est vrai que dans le sens que rien ne peut exister sans une forme quelconque. Mais ici les conventions sont considérées par abstraction ; on en cherche la substance, et la forme n'en est, pour ainsi parler, que l'écorce. La forme des contrats appartient à la manière de prouver leur existence, et non pas à l'essence des conventions considérées en elles-mêmes (Toullier t. 6 n° 23).

5536. Distinction entre l'acte et la convention. — Il faut donc bien se garder de confondre le contrat ou la convention avec l'acte ou l'écrit destiné à lui servir de preuve, que les Romains appelaient *instrumentum*, parce qu'il sert à instruire de ce qui s'est passé, de ce qui a été fait ou convenu. L'*acte* et la *convention* ou le *contrat* sont des choses tellement distinctes, qu'on peut, sans critiquer l'acte, attaquer la convention qu'il renferme par voie de nullité ou de rescision, pour cause de dol, violence, ou autres vices intrinsèques, car l'acte ou l'écrit peut être valable, quoique la convention ou le contrat qu'il renferme soit nul ou sujet à rescision.

D'autre part, l'acte peut être nul comme authentique, si l'on y a omis quelque formalité requise, sous peine de nullité, pour l'authenticité, quoique la convention consentie par écrit dans l'acte soit valide et légitime. La validité de la convention est indépendante de la validité de l'acte, de son authenticité et même de l'existence de tout acte. Ainsi, l'acte authentique, nul comme tel, pour incompétence du notaire ou pour vice de forme, vaut comme écriture privée s'il est signé de toutes les parties.

CHAPITRE II. — DU CONSENTEMENT

[5537-5541]

5537. Offre. — Acceptation. — Consentir c'est vouloir ce qu'un autre veut et nous propose de vouloir également. On distingue donc deux choses dans une convention : la proposition ou les offres de l'une des parties et l'acceptation de l'autre : *duorum vel plurium in idem consensus*. La convention *commence* par les offres ou par la proposition, elle *s'achève* par l'acceptation (Toullier t. 6 n° 24).

Il n'est pas nécessaire que l'acceptation soit faite au moment des offres ou de la promesse, ni par le même acte; elle peut précéder les actes ou les suivre, et même en être séparée par un intervalle assez long; car la volonté de celui qui promet ou qui offre est censée durer tant qu'il paraît qu'il n'a pas changé de sentiment.

5538. Offres. — Tant que les offres sont isolées il n'y a pas de convention, dès lors les droits de la convention ne peuvent être exigibles sur l'acte qui ne contient que des offres sans acceptation. C'est dans ce sens que la *donation* non acceptée n'est passible que du droit fixe.

L'acceptation n'a pas d'effet rétroactif ; c'est en effet le moment où l'acceptation a été convenablement déclarée qui détermine l'*époque* de la conclusion du contrat (Toullier t. 6 n° 26). — Il résulte de là que, en principe, quoique l'Administration ait acquis la *preuve* de l'acceptation au jour de la présentation de l'acte d'offres à l'enregistrement, le droit de la convention ne saurait être exigé sur cet acte d'offres.

Cependant, il faut distinguer entre le cas où il s'agit : 1° d'un droit d'acte et d'un droit de mutation ; 2° d'un acte notarié ou de tout autre acte.

1. DROIT D'ACTE ET DROIT DE MUTATION. — Si c'est d'une mutation immobilière qu'il s'agit ou d'une autre mutation assujettie comme elle à l'engistrement obligative dans un délai légal (*Droit de mutation*) et que cette mutation soit de la *propriété* ou de la jouissance de l'immeuble ou de l'objet qui lui est assimilé, le droit proportionnel doit être perçu, parce que la *preuve* de mutation suffit en tout état de cause, soit que la convention soit verbale ou écrite, pour l'exigibilité du droit.

Si la convention est de toute autre nature (*Droit d'acte*), la preuve de l'existence de l'acceptation, même écrite, ne peut donner ouverture au droit de la convention sur l'acte d'offres, attendu qu'il faut, pour la perception du droit d'acte, prendre l'écrit tel qu'il est et n'admettre aucune preuve, de quelque nature qu'elle soit, en dehors du contenu de l'acte.

2. ACTE NOTARIÉ. — Si l'acte qui contient les offres est notarié, il faut soigneusement séparer l'action que l'Administration peut exercer contre le notaire de celle qu'elle a sur la partie. Les considérations que nous venons de développer déterminent la portée de son action contre la partie. Mais à l'égard du notaire il n'en est plus ainsi : le droit proportionnel ne peut en aucun cas être réclamé à l'officier public sur l'acte d'offres non accepté qu'il a rédigé, car le notaire n'est pas tenu des droits des conventions dont la preuve peut se tirer de circonstances étrangères à l'acte, des conventions, en un mot, dont l'acte ne forme pas le titre complet.

5539. Acceptation. — L'acte d'offres, isolé de l'acte d'acceptation, ne donne pas en général, on vient de le voir, ouverture au droit de la convention. Il n'en est plus de même à l'égard de l'acte d'acceptation.

1. CONTRAT SYNALLAGMATIQUE. — Il est vrai que dans les contrats synallagmatiques l'acceptation, ainsi qu'en font la remarque Champ. et Rig. n° 183, ne prouve pas plus l'existence des offres, que l'offre ne prouve l'acceptation. Mais l'*acceptation suppose toujours l'existence de l'offre*; or, il résulte de ce principe, combiné avec les art. 28 et 29 L. 22 frimaire an 7, d'après lesquels les droits des actes doivent être payés avant l'enregistrement par les officiers publics qui les ont reçus ou par les parties qui les présentent, il résulte, disons-nous, de ce principe, que toutes les fois que l'acte d'acceptation d'une convention synallagmatique est présenté à la formalité, le droit de la convention est exigible, et cela sans avoir égard à la circonstance que l'acte serait présenté par l'une ou par l'autre des parties, contrairement aux distinctions établies par Champ. et Rig. n° 183, D. n° 167. C'est un point que nous avons établi au mot *Acte sous seing privé*.

2. CONTRAT UNILATÉRAL. — Aucun doute ne peut s'élever au sujet des stipulations unilatérales. Il est vrai que l'acceptation ne peut pas faire titre pour celui qui fait les offres, comme le donateur dans la donation, l'obligé dans le prêt; mais elle est un titre obligatoire au profit de l'acceptant, sous la condition de l'existence de l'offre. Or, cette condition est présumée accomplie. « Pour que son existence fût révoquée en doute, disent Champ. et Rig. n° 184, il faudrait qu'elle fût contestée; celui qui a fait les offres a seul qualité à cet effet; jusque-là, et à l'égard de tous autres, la déclaration que les offres existent, contenue nécessairement dans l'acceptation, est tenue pour vraie, et, dès lors, l'acceptation est un titre à leurs yeux. » De là, il suit que l'acceptation d'une convention unilatérale donne ouverture au droit de la convention.

3. OFFRES RÉTRACTÉES. — Comme, en vertu de sa liberté naturelle, l'homme peut toujours changer de volonté, quand ce changement n'est point fait au préjudice du droit d'autrui, il peut révoquer sa promesse ou ses offres, jusqu'à ce qu'un autre ait acquis le droit de l'en empêcher, et ce droit ne peut

s'acquérir que par l'acceptation (Toullier t. 6 n° 24). La promesse ne devient donc irrévocable et vraiment obligatoire que par l'acceptation qui achève et rend parfaite, par le concours des deux volontés, la convention commencée par les offres. L'autre partie peut les retirer avant qu'elles soient acceptées sans qu'on puisse lui demander compte de son changement de volonté. Il suit de là que l'acceptation qui n'est intervenue qu'après la rétractation de l'offre ne peut donner ouverture au droit proportionnel.

Jugé, dans ce sens, que le droit de mutation perçu sur une lettre contenant promesse de vente, rétractée avant l'acceptation de l'acquéreur, est restituable, lors même qu'un jugement infirmé sur appel a décidé que cette lettre contenait toutes les conditions d'une vente valable (Cass. 16 mai 1849, Dalloz n° 170).

Remarquez cependant qu'il est un cas où la promesse n'est pas révocable avant l'acceptation, c'est lorsque celui qui a fait les offres a fixé un temps déterminé pour l'acceptation, ou s'est engagé expressément ou tacitement à ne pas les révoquer avant la réponse de l'autre partie. Habitué à commercer avec vous, je vous écris pour vous offrir cent tonneaux de vin à 600 francs, et j'ajoute que j'attendrai votre réponse avant de les vendre à un autre. Je ne puis révoquer mes offres avant le temps nécessaire pour recevoir votre réponse; mais, si elle tarde, je recouvre ma liberté que je n'avais engagée que pour un temps limité.

4. DÉCÈS DE L'OFFRANT OU DE L'ACCEPTANT. — Le décès de celui qui a fait les offres, ou le décès de celui à qui elles ont été faites, rompt nécessairement le projet commencé, parce que le concours des deux volontés ne peut plus exister (Toullier t. 6 n° 31). L'acceptation ne peut lier les héritiers de celui qui a fait les offres, car la volonté de former un contrat n'est pas transmissible de sa nature; de même, la faculté d'accepter est personnelle à celui à qui les offres ont été faites. Il suit de là que le droit proportionnel ne pourrait être perçu sur l'acte d'acceptation fait après le décès de celui qui a fait les offres ou après le décès de celui à qui elles ont été faites. Il ne s'agit pas ici d'une question de validité, mais d'une question de formation et d'existence du contrat.

5. ACCEPTATION CONFORME AUX OFFRES. — En général, l'acceptation doit être en tout conforme aux offres. Si les unes sont conditionnelles ou à terme, l'autre pure et simple ou sans terme, il n'y a point de convention. En un mot, si l'acceptation est faite sous condition ou avec limitation, celui qui a promis peut retirer ses offres (Toullier t. 6 n° 27).

Or, dès l'instant qu'en droit civil il n'y a convention légalement formée que lorsque le consentement des parties porte sur la même chose et a le même objet, il est clair qu'en droit fiscal le droit de la convention ne peut être perçu. — Aussi a-t-il été décidé par la C. cass., le 24 fruct. an 13, que le droit de mutation ne pouvait être perçu sur un procès-verbal de non-conciliation qui, tout en contenant les aveux respectifs des parties sur l'existence d'une vente, constatait le désaccord de ces parties et sur le prix et sur les conditions de la vente (*Conf.* : Cass. 16 août 1832, Dalloz 174).

6. ACCEPTATION A FAIRE CONNAITRE OU NON. — C'est un point très-controversé, en droit civil, que de savoir s'il suffit, pour la formation du contrat, que les offres soient acceptées en temps utile, ou s'il faut que l'acceptation soit parvenue à la connaissance de celui qui a fait l'offre.

Le C. C. s'est formellement prononcé dans le sens de cette dernière doctrine à l'égard des donations auxquelles l'art. 932 ne confère l'effet translatif qu'au jour où l'acceptation est connue du donateur; aussi lit-on dans l'I. G. 290 § 29 « que, jusqu'à l'acceptation de la donation et à *sa notification* au donateur, il ne peut y avoir lieu à la perception du droit proportionnel. »

Mais dans les obligations il faut reconnaître, avec Pothier, Duranton t. 16 n° 45, Zachariæ t. 2 p. 465, Marcadé sur l'art. 1108, Champ. et Rig. n° 189 et Dalloz n° 165, contrairement à l'opinion professée par Merlin *Rép.* v° *Vente* p. 508, Toullier t. 6 n° 29, et Troplong sur l'art. 1582 n° 24, il faut reconnaître, disons-nous, que, à moins de circonstances qui portent à penser le contraire, il suffit que l'acceptation existe, pour former le lien de droit et qu'il n'est pas nécessaire qu'elle soit connue de celui qui a fait la stipulation. L'art. 1121 C. C. porte en effet que celui qui a stipulé au profit d'un tiers ne peut plus révoquer la stipulation, *si le tiers a déclaré vouloir en profiter*. Ainsi il suffit que l'acceptation existe pour que le droit proportionnel soit exigible.

7. MARCHÉ PAR CORRESPONDANCE. — Cependant, en matière de marché conclu par correspondance, le contrat n'est parfait qu'autant que l'acceptation est parvenue à l'auteur de la proposition (Bruxelles 25 fév. 1867, S. 68-2-182; — Lyon 27 juin 1867, S. 68-2-182; — Bordeaux 17 janv. 1870, S. 70-2-219, Toullier t. 6 n° 29, Merlin v° *Vente* § 1er art. 3 n° 11, Larombière art. 1101 n° 9, Pardessus t. 1er n° 249, Demolombe *Contrats* t. 1er n° 70). — *V.* cepend. Champ. et Rig. t. 1er n° 189.

5540. Consentement non persistant. — « Le consentement qui constitue la convention, disent Champ. et Rig. n° 192, est celui dans lequel les parties ont persisté définitivement. Les actes notariés, rédigés en présence des parties et souvent sur leurs dires respectifs, présentent quelquefois le tableau fidèle des variations que la volonté incertaine des contractants a fait éprouver, soit à la nature, soit à l'existence même du contrat. » Nous traiterons, au mot *Résolution*, de l'hypothèse où le changement de volonté intervient après la perfection du contrat. Il nous suffit de dire ici que, si les parties déclarent, avant ou immédiatement avant la signature du contrat, que la convention n'aura aucune force ni valeur, il n'y a pas de titre, quoique, pendant la durée du procès-verbal de leurs conventions, elles se soient trouvées momentanément d'accord.

5541. Nullité. — Le consentement peut être entaché de vices. La loi les fait résulter de quatre faits principaux : 1° l'erreur; 2° la violence; 3° le dol; 4° la lésion (1189, 1118 C. C.). Ces vices rentrant dans les causes de nullité des conventions, nous nous contentons de les indiquer ici, sauf à y revenir lorsque nous traiterons de la *Nullité*.

CHAPITRE III. — DE LA CAPACITÉ DE CONTRACTER

[5542]

5542. Deuxième condition. — La seconde condition nécessaire pour la validité du contrat c'est la capacité de la partie qui s'oblige.

« Ici, dit Marcadé sur l'art. 1108 n° 3, c'est bien chez la seule partie qui s'oblige que la condition est exigée ; car celle qui ne s'oblige pas n'a pas besoin d'être capable de s'obliger : l'incapable, pourvu qu'il soit d'ailleurs en état de consentir et qu'il consente, peut toujours obliger les autres à son profit, stipuler et rendre ainsi sa condition meilleure. Et, alors même qu'il s'agit d'un contrat synallagmatique et que l'incapable envers lequel vous vous obligez s'oblige lui-même envers vous, le contrat, quoique vicieux, ne peut pas être critiqué par vous ; l'incapacité n'est établie qu'au profit de l'incapable et lui seul peut en argumenter, en sorte qu'il est libre de faire annuler la convention ou d'en exiger l'exécution (Art. 1125).

« Il ne faut pas confondre l'incapacité purement légale de contracter, la seule dont il s'agisse ici, avec l'incapacité naturelle de consentir, qui entrerait évidemment dans la première condition. Aussi la femme mariée, qui, sans l'autorisation de son mari ou de la justice, est incapable de contracter, est évidemment, en fait, bien capable de consentir. Il en est de même d'un jeune homme de dix-neuf ou vingt ans, qui, bien qu'il soit parfaitement en état de comprendre ce qu'il fait, est cependant, en droit et parce qu'il est encore en tutelle, incapable de contracter aucune obligation. La capacité de contracter n'est exigée que pour la validité de la convention, non pour sa formation ; et son absence donne seulement lieu à une annulation qu'on ne peut demander que pendant dix ans, à partir de la cessation de l'incapacité. Au contraire, la capacité de consentir est forcément essentielle à l'existence même du contrat ; son absence produisant nécessairement absence de consentement et dès lors absence de convention, il est palpable qu'il n'y aurait pas lieu de faire briser dans un certain délai un contrat qui n'existe pas. Ainsi, qu'un jeune enfant, un fou, un homme ivre au point de n'avoir plus sa raison, un malade en délire, signe un acte de vente, il est clair qu'il n'y a rien de fait et que le prétendu contrat se trouve radicalement et éternellement nul. »

Quelle est, en matière d'enregistrement, la conséquence de ces principes ? Nous n'avons pas à les examiner ici, parce que la règle à suivre découle de considérations que nous aurons à examiner au mot *Nullité* et que pour la déduire il nous faudrait entrer dans des développements qui nous feraient sortir du cadre que nous avons donné à notre mot *Convention*.

CHAPITRE IV. — DE L'OBJET DE L'OBLIGATION

[5543]

5543. Troisième condition. — L'art. 1108 « exige, en troisième lieu, un *objet certain* pour matière de l'engagement, de l'obligation. Ce troisième élément, comme le premier, est, par la force même des choses, indispensable pour l'existence même de la convention, car l'esprit ne saurait concevoir une obligation sans objet ; quand on s'oblige, on s'oblige nécessairement à quelque chose. Mais la loi ne demande pas seulement que l'obligation ait un objet, elle veut que cet objet soit *certain*, c'est-à-dire un objet suffisamment déterminé, pour que le débiteur soit sérieusement lié, un objet dont la valeur ou le produit est suffisamment fixé et assuré pour que ce débiteur ne puisse pas le réduire à rien. Si donc je m'oblige à vous livrer un *animal*, il n'y aura pas contrat, car je peux vous livrer un éléphant aussi bien qu'un vermisseau, mon engagement ne peut donc être pris au sérieux. Mais, si je m'engage à vous vendre un cheval de carrosse, l'objet se trouve assez limité pour qu'il y ait lien sérieux, la convention est donc formée.

L'objet de l'obligation doit être entendu dans l'acception la plus étendue pour tout ce dont l'homme peut retirer quelque utilité, quelque avantage ou quelque agrément. Les actions de l'homme, ou même leur omission, autant qu'elles peuvent procurer de l'utilité à une personne, sont comprises dans le mot *chose* qu'emploie l'art. 1126 C. C., ainsi conçu : « Tout contrat a donc pour objet une chose qu'une partie s'oblige à donner, qu'une partie s'oblige à faire. »

Ce n'est pas seulement la propriété, mais encore le simple usage, la simple possession de chose, en un mot un droit quelconque sur la chose, ou bien à la chose, qui peuvent être l'objet du contrat (1127 C. C.).

Les choses futures, quoique leur existence soit incertaine, peuvent être l'objet d'une obligation (1130 C. C.). Par exemple, je puis vendre les vins que je recueillerai cette année, le poisson que je prendrai demain ; mais l'obligation s'évanouit si je ne recueille point de vin, si je ne prends point de poisson (Toullier t. 6 n° 114).

La règle que les choses futures peuvent être l'objet ou la matière d'un contrat, souffre exception à l'égard des successions futures, auxquelles on ne peut renoncer et sur lesquelles on ne peut faire aucune stipulation, aucune convention. De pareilles conventions ont toujours été considérées comme contraires aux bonnes mœurs et à l'honnêteté publique. Le droit romain portait si loin les conséquences de ce principe qu'il ne permettait pas de disposer de sa propre succession en tout ou en partie, même par contrat de mariage (L. 15, C. *de Pact.* 2, 3). Mais, à la différence du droit romain, le Code permet de disposer, même par acte entre-vifs, de tout ou partie de sa succession, même en faveur d'un étranger, pourvu que la disposition soit faite dans le contrat de mariage du donataire C'est ce qu'on appelle *Institution contractuelle* ; nous en avons parlé longuement v° *Contrat de mariage*.

Mais, future ou présente, il faut que la chose qui est l'objet d'une obligation soit : 1° possible ; — 2° déterminée ; — 3° utile à l'un des contractants ; — 4° dans le commerce (Toullier t. 6

n° 120). De ces propositions découlent une foule de conséquences en droit civil qu'il n'entre pas dans notre cadre de développer. Nous renvoyons à ce sujet aux commentateurs du C. C.

Quant aux questions d'enregistrement qui se rattachent à la troisième condition des conventions dont nous venons de sommairement traiter, on en trouvera la solution çà et là dans le corps de cet ouvrage, et notamment aux mots *Nullité* et *Vente*.

CHAPITRE V. — DE LA CAUSE DE L'OBLIGATION

[5544]

5544. Quatrième condition. — Dans le langage du droit, la cause de l'obligation n'est pas, comme on peut l'entendre dans le langage ordinaire, le motif premier qui détermine.

Quand je vous vends ma maison, la cause du contrat, ou à contracter de mon obligation si l'on veut, le motif qui m'a déterminé à m'engager, ce sera tantôt la nécessité où je me trouve de faire un payement, tantôt le projet d'acquérir des terres en remplacement de ma maison, tantôt de marier ma fille. Ce n'est pas là, dans le langage du droit, la cause de l'obligation ; dans le sens juridique, la cause, en général, est l'avantage que l'obligation procure. Par cela même, la cause varie suivant l'espèce de l'obligation.

Dans les contrats synallagmatiques, c'est toujours l'obligation d'une partie qui est la cause de l'obligation de l'autre : la *cause* de chaque obligation est alors le désir d'obtenir ce qui fait l'*objet* de l'autre obligation. Dans les contrats unilatéraux à titre onéreux, l'obligation du débiteur a pour cause ce qu'on a fait ou ce qu'on fait pour lui. Dans les contrats de bienfaisance, la cause est le désir de faire du bien à ses semblables.

La loi ne demande pas que la cause première qui, en fait, a déterminé la partie à contracter ait tel ou tel caractère, elle ne s'en occupe pas; c'est seulement dans la cause immédiate de l'obligation qu'elle exige qu'il n'y ait rien d'illicite. Ainsi, quand je m'oblige à vous livrer mon champ pour une somme de 10,000 fr. que je me procure dans l'unique but de faire commettre un crime, mon obligation envers vous n'en est pas moins valable et je ne pourrais pas refuser de vous livrer le champ que je vous ai vendu. Mais, quand je promettrai ensuite à Pierre de lui payer les 10,000 fr. pour prix du crime qu'il me promet d'accomplir, c'est alors que mon obligation sera nulle pour défaut de cause licite, comme la sienne le serait pour défaut d'objet licite; et aucun de nous ne pourrait contraindre l'autre à l'exécution (Marcadé sur l'art. 1108 n° 401).

1. CAUSE NON EXPRIMÉE. — L'obligation dont la cause n'est pas exprimée doit être présumée avoir une cause licite et suffisante, sans que le créancier ait rien à prouver à cet égard, et c'est au débiteur à prouver le contraire (Cass. 9 fév. 1864, S. 64-1-107, Larombière art. 1132 n° 4, Bonnier *des Preuves* t. 2 n° 680, Mourlon t. 2 n° 1106, *Contrà* Aubry et Rau t. 4 § 345 p. 324 note 19).

2. CAUSE FAUSSE. — Une obligation exprimant une fausse cause n'en est pas moins valable, si elle a une cause réelle (Cass. 9 nov. 1869, S. 70-1-63, Demolombe *Oblig.* t. 1er n° 370).

CHAPITRE VI. — DE L'INTERPRÉTATION DES CONVENTIONS

[5545-5554]

5545. Observation. — Tout acte présenté à la formalité ne révèle pas toujours par lui-même la convention qu'il renferme. Il arrive souvent, surtout dans les actes sous seing privé, qu'une rédaction plus ou moins compliquée ne permet que très-difficilement d'arriver à la connaissance exacte de la volonté des parties. C'est à l'interprétation de la convention qu'il faut s'attacher pour arriver à une saine application du tarif. L'interprétation dont nous voulons parler ici est donc celle qui a pour cause l'obscurité ou l'ambiguïté des clauses, et c'est à la logique qu'en appartient la doctrine. En effet, diriger notre esprit dans la recherche de la vérité, voilà à quoi tendent les règles de l'interprétation. Ces règles sont l'esprit de l'expérience des siècles et des méditations les plus profondes. Elles avaient été exposées avec la plus grande netteté par l'éminent jurisconsulte d'Orléans, le savant Pothier (*des Obligat.* n°s 91 et suiv.). — Le C. C. les a reproduites presque littéralement dans ses art. 1156 et suiv.

Ces règles devant être suivies en matière d'enregistrement de la même manière qu'elles le sont en matière purement civile, nous croyons devoir les faire connaître ici rapidement.

5546. Sens littéral des termes de l'acte. — La première règle c'est que : « On doit dans les conventions rechercher quelle a été la commune intention des parties contractantes plutôt que de s'arrêter au sens littéral des termes » (1156 C. C.). Cette règle est d'une grande importance et nécessite quelques explications.

Il faut reconnaître, avec tous les auteurs, qu'elle est inexacte et fausse par trop de généralité dans les termes. En effet, prise à la lettre, il s'ensuivrait qu'une simple présomption d'intention devrait prévaloir sur le sens littéral d'une clause, les termes de cette clause ne présentassent-ils que des idées précises et claires. Or, une maxime évidente par elle-même est que, si l'intention des parties se découvre suffisamment par *les termes* qu'elles ont employés, il n'y a pas lieu à interprétation. Il ne peut y avoir lieu à rechercher une volonté, une intention que les termes démontrent sans ambiguïté. *Cum in verbis nulla ambiguitas est, non debet admitti voluntatis quæstio* (L. 25 § 1, D. *de Legat.* 3). — Aussi a-t-il été expressément reconnu, lors de la discussion du Code, que l'art. 1156 est fait pour les cas où les termes *expriment mal l'intention des parties qui se trouve d'ailleurs manifestée.* C'est la réponse que fit Bigot de Préameneu (Locré t. 1er p. 26 et suiv.) à Defermon, qui faisait observer au conseil d'État que le sens littéral ne présentant que des idées claires devait être préféré à une simple présomption d'intention. Ainsi on ne doit jamais mettre en question une volonté clairement exprimée, et l'art. 1156 doit être limité aux seuls cas où les termes de l'acte *expriment mal l'intention des parties*, laquelle se trouve d'ailleurs *manifestée*. Il faut, en un mot, ainsi qu'en fait la remarque Toullier t. 6 n° 315, que l'intention des parties soit évidente pour qu'on puisse l'opposer aux termes de l'acte. — V. 5552.

Décidé en effet (Cass. 23 fév. 1824, Teste-Lebeau, v° *Simulation* n° 1er), dans une espèce où les termes de l'acte présentaient un sens *net et précis*, que la perception du droit d'enregistrement se détermine d'après la substance des actes et leur forme extrinsèque, et sans avoir égard aux intentions secrètes des parties.

5547. Sens de l'acte avec ou sans effet. — « Lorsqu'une chose est susceptible de deux sens, porte l'art. 1157 C. C., on doit plutôt l'entendre dans celui avec lequel elle peut avoir quelque effet, que dans le sens avec lequel elle n'en pourrait produire aucun. » Ainsi, dit Pothier n° 92, lorsqu'un acte exprime que Pierre et Paul sont convenus que ledit Paul passera *sur ses héritages*, quoique le sens grammatical soit que Paul pourra passer ses propres héritages, on ne s'arrêtera pas à cette idée; car il est évident qu'on ne fait pas une convention pour passer sur son propre terrain ; on ne s'amuse pas à passer des actes pour ne rien dire. »

5548. Sens de l'acte convenant à la matière du contrat. — « Les termes susceptibles de deux sens doivent être pris dans le sens qui convient le plus à la matière du contrat » (1158 C. C.).— Si donc je vous loue ma maison pour cinq ans, moyennant 500 francs, on doit reconnaître que, s'agissant d'un bail, la somme stipulée est une somme annuelle et non une somme une fois payée, car les baux sont ordinairement passés moyennant une redevance annuelle. Que si cependant ma maison n'était ordinairement louée que 80 ou 100 francs par an, la somme de 500 francs devrait être considérée comme un prix unique une fois payé, car le bail n'est pas exclusif de ce mode de payement.

5549. Clauses ambiguës. — « Ce qui est ambigu s'interprète par ce qui est d'usage dans le pays où le contrat est passé » (1159 C. C.).— Par exemple, si j'ai fait marché avec un vigneron, à une certaine somme par an, pour cultiver ma vigne, sans m'expliquer sur le nombre des labours qu'il donnerait, il doit donner le nombre de labours qu'il est d'usage de donner dans le pays (Pothier n° 93).

5550. Clauses d'usage. — « On doit suppléer dans le contrat les clauses qui y sont d'usage, quoiqu'elles n'y soient pas exprimées » (1160 C. C.). L'usage doit en effet être consulté, aux termes de l'art. 1135 C. C., non-seulement pour éclaircir les clauses de l'acte, mais encore pour les compléter.

5551. Interprétation des clauses les unes par les autres. — « Toutes les clauses des conventions s'interprètent les unes par les autres, en donnant à chacune le sens qui résulte de l'acte entier » (1161 C. C.) : « Les phrases présentant quelque obscurité, porte un arrêt de cass. 1er mars 1809, doivent être expliquées par l'ensemble des dispositions du même acte qui sont claires et précises » (B. C. n° 23).—Exemple: dans un contrat de vente, il est dit, par une première clause, que l'héritage est vendu franc de toutes charges réelles; et par une seconde, que le vendeur n'ententend garantir que ses faits personnels. Il est évident que cette seconde clause sert à l'interprétation de la première, en ce sens qu'elle en restreint la généralité aux charges réelles créées par le vendeur lui-même (Pothier n° 91).

Mais les conventions ou les énonciations insérées dans un acte étranger ne sont pas, en général, de nature à modifier la signification de l'acte soumis à l'enregistrement (Cass. 11 nov. 1861, B. C. 134).

1. UNITÉ DE FORMULE. — En principe un contrat ne peut être divisé (Cass. 17 juin 1850, B. C. 61, S. 50-1-683, 30 déc. 1850, B. C. 175).

Il en est ainsi surtout quand il s'agit d'une convention présentant une unité de formule ou de motif (Cass. 21 mars 1850, B. C. 56).

2. CLAUSES DE STYLE. — Les clauses de style ou clauses redondantes n'altèrent pas la substance des actes et n'en changent pas la nature (Cass. 26 août 1806, 130 B. C., 7 sept. 1807, 129 B. C.).

Ces clauses sont celles qui entrent dans les actes plutôt comme des formules anciennes et accoutumées que comme des conventions (Denisart v° *Clause* n° 565).

5552. Doute dans la convention. — « Dans le doute, la convention s'interprète contre celui qui a contracté l'obligation » (1162 C. C.)— La raison en est que celui qui s'oblige ne veut que le moins et que le stipulant a dû expliquer clairement ce qu'il prétendait. Par exemple, si j'ai stipulé qu'à défaut de l'accomplissement de telle condition vous me payerez 500 ou 1,000 francs, vous ne me devrez, le cas échéant, que 500 francs.

1. SENS CLAIR. — Mais, lorsque les termes d'une convention sont clairs et précis, il n'est pas permis de l'interpréter. On ne peut que l'exécuter (Cass. 26 fév. et 15 avr. 1872, S. 72-1-332 et 328 ;—Cass. 6 mars 1876, 4469 R. P ; — V. 5546).

2. PROTESTATION. — De même, le sens non équivoque d'un acte ne saurait être détruit par une protestation des parties : *Contra factum non valet protestatio* (Pothier *Oblig.* 384 ;— Cass. 25 mai 1869, 2969 R. P., B. C. 109, S. 69-1-362, D. 69-1-420, 2389-6 I. G. ; — Cass. 14 fév. 1848, B. C. 21, S. 48-1-184, 1814-21 I. G.).

5553. Choses sur lesquelles il a été contracté. — « Quelque généraux que soient les termes dans lesquels une convention est conçue, elle ne comprend que les choses sur lesquelles il paraît que les parties se sont proposé de contracter » (1163 C. C.). — C'est une règle de bon sens cette proposition ne doit jamais s'interpréter que *secundum subjectam materiam.* Ainsi, quand nous transigeons sur des difficultés que fait naître contre nous le partage d'une succession et que je déclare vous abandonner tous *mes droits généralement quelconques*, moyennant les 20,000 francs que vous me compterez, il est bien clair qu'on ne dira pas que j'ai cédé tous les droits qui composent mon patrimoine, mais seulement ceux qui sont relatifs à la succession dont il s'agit.

5554. Cas exprimés et cas non exprimés. — « Lorsque dans un contrat on a exprimé un cas pour l'explication de l'obligation, on n'est pas censé avoir voulu par là restreindre l'étendue que l'engagement reçoit de droit aux cas non exprimés » (1164 C. C.). — Par exemple, s'il a été stipulé, dans un contrat de mariage, que le mobilier *des successions* qui écherraient aux époux entrerait dans la communauté conjugale, cette clause n'empêchera pas que toutes les autres choses qui doivent composer la communauté n'y entrent aussi suivant la loi.

CHAPITRE VII. — DE LA QUALIFICATION DES CONVENTIONS

[5555-5557]

5555. Principe. — Il n'est pas douteux que la qualification donnée à l'acte par les contractants a une influence considérable pour déterminer la nature et le caractère de la convention. Lorsque les parties déclarent qu'elles font un bail, une vente, il y a tout d'abord lieu de penser qu'elles ont, en effet, loué ou vendu. *Si dicant se permutare, sit permutatio ; si vendere, sit venditio.* La seule chose qui restera à faire pour savoir si on doit ou non accepter cette qualification comme base du droit à percevoir, ce sera d'examiner si la substance de l'acte ne résiste pas à la qualification. Or on ne devra pas perdre de vue, dans cet examen, ce qu'enseigne Proudhon *de l'Usufruit* n° 107 : « Il ne suffit pas de trouver dans un acte des stipulations donnant lieu à des droits ou à des charges extraordinaires, pour conclure de là que la convention dégénère en une autre espèce ; ainsi, un bail ne change pas de nature, quoique les réparations usufructuaires y soient mises à la charge du preneur. Pour être fondé à dire que le contrat dégénère véritablement de *la dénomination* qui lui est donnée, il faut que son exécution paraisse, en général, subordonnée aux règles établies pour une autre espèce, et que les parties l'aient ainsi voulu, même pour les détails naturellement sous-entendus entre elles et non exprimés dans l'acte. »

Ainsi, supposons que la donation d'une somme payable au décès du donateur ne soit pas qualifiée, le receveur éprouvera certainement un embarras très-grand à asseoir la perception. Au contraire, la manifestation de la pensée du donateur qu'il a voulu faire une donation *entre-vifs* empêchera le doute de naître dans son esprit. Du moment, en effet, que rien dans l'acte ne résistera à cette qualification, l'intention du donateur de se dépouiller de son vivant provoquera la perception du droit proportionnel.

Il est vrai que la fraude peut chercher à donner le change en dénaturant les dispositions. Mais un esprit juste et droit saura toujours, à travers les obscurités d'une rédaction compliquée à dessein, découvrir le véritable caractère de l'acte et reconnaître si le *scriptum*, c'est-à-dire la qualification qu'on a voulu donner ostensiblement à l'acte par l'écriture, s'accorde avec le *gestum*, c'est-à-dire ce qu'on a voulu faire.

5556. Exemples. — Ce droit d'appréciation appartient, sans contestation possible, aux préposés de l'Administration, car une convention ne peut pas avoir en droit fiscal une autre nature qu'en droit civil, et il faut bien, pour appliquer régulièrement le tarif, que l'Administration puisse comme le magistrat lui-même, déterminer, à l'aide de moyens compatibles avec l'économie de sa législation, si la substance de l'acte résiste à sa qualification. Ce principe fondamental de la perception a été consacré par la C. cass. dans une foule de circonstances.

1. VENTE ET BAIL. — La règle a été appliquée fréquemment au sujet des ventes de récoltes ou de matériaux déguisées sous la forme du bail.

Cass. 6 *mars* 1855 : « Attendu que le véritable caractère des actes se détermine moins par la qualification qui leur est donnée que par les stipulations des contractants et par la nature des choses qui en sont l'objet » (2042-11 I. G., S. 55-1-379).

Cass. 19 *mars* 1845 : « Attendu que les contrats doivent être appréciés d'après leur nature, et non d'après les qualifications qui leur sont données par les parties » (12325 J. N., 13730 J. E. 1743-17 I. G., S. 45-1-261, P. 45-1-406).

Cass. 17 *janvier* 1844 : « Attendu que la qualification donnée, à un acte ne suffit pas pour en déterminer le caractère ; qu'il faut le chercher surtout dans les stipulations des parties et dans la nature des choses qui en sont l'objet » (1893 J. N., 13420 J. E., 1713-9 I. G., P. 44-1-171).

Cass. 22 *août* 1842 : « Attendu que ce n'est pas seulement dans la qualification donnée à un acte par les parties qu'il faut chercher son véritable caractère, mais qu'il faut le chercher surtout dans les stipulations elles-mêmes de l'acte et dans la nature des choses qui en sont l'objet » (13065 J. E., 14416 J. N., 1683-10 I. G., S. 42-1-790, P. 42-2-320).

Cass. 1er *février* 1859 : « Attendu que la perception des droits se détermine d'après la substance des actes, leur forme extrinsèque, abstraction faite des intentions secrètes des parties et des simulations auxquelles elles ont cru devoir recourir » (1137 R. P., 2160-3 I. S., S. 59-1-928).

2. VENTE ET ÉCHANGE. — La jurisprudence a aussi appliqué ce principe au cas d'une vente déguisée sous forme d'un échange : « Attendu que la nature des contrats ne se détermine ni par les termes employés dans leur rédaction, ni par les formes extérieures dont ils sont revêtus, ni par leur qualification, mais par l'objet des conventions qu'ils renferment » (Cass. 20 mars 1839, 10347 J. N., 12282 J. E., 1590-8 I. G., J. P. t. 2 1839 p. 243).

3. VENTE A RÉMÉRÉ. — A l'hypothèse d'une vente à réméré présentée comme un contrat pignoratif : « Attendu que les tribunaux doivent rechercher si la qualification donnée aux actes, en déguisant une autre nature de convention, n'a pas eu pour but de faire fraude à la loi fiscale (Cass. 3 juill. 1839, 12342 J. E., 10449 J. N., 1601-17 I. G., P. t. 2 1839 p. 381).

4. DONATION. — OBLIGATION. — CESSION. — Au cas d'une donation dissimulée sous l'apparence d'une reconnaissance de dettes.

Cass. 20 *mars* 1855 : « Attendu que l'Administration a le devoir de rechercher et constater le véritable caractère des stipulations contenues dans les contrats, pour asseoir d'une manière conforme à la loi les droits dus par les parties contractantes à raison de ces contrats » (S. 55-1-271, 2042-1 I. G., 376 R. P.).

Cass. 9 *juillet* 1861 : « Attendu qu'il appartient à l'administration de l'Enregistrement, lorsqu'il lui est présenté, de vérifier la nature du contrat pour asseoir, d'une manière conforme à la loi, les droits dus par les parties et de prouver, par toutes les voies autorisées par la loi, la simulation qui aurait été employée pour éviter le payement d'une partie de ces droits » (1519 R. P., 2201 § 4 I. G., S. 61-1-788).

5. CESSION. — SOCIÉTÉ. — Au sujet d'une cession de partie d'intérêt déguisée sous la forme d'une société : « Attendu que, si, en principe, les parties peuvent revêtir leurs conventions de la forme qui leur agrée, et si la perception des droits d'enregistrement doit s'établir sur la forme extrinsèque et sur les effets légaux des contrats, sans qu'il soit permis à la Régie de se prévaloir des vices dont ils seraient entachés, ni de rechercher les intentions secrètes des parties, il en est autrement lorsque la substance d'un acte aussi bien que ses conséquences nécessaires et immédiates protestent contre les qualifications que les contractants lui ont données, et qu'il ressort de l'économie de ses dispositions qu'elles ont été combinées en vue de dissimuler une autre nature de contrat qu'on voulait soustraire au droit déterminé par la loi fiscale » (Cass. 20 août 1867, 2525 R. P., B. C. 166, S. 67-1-407, D. 67-1-337, 2362-1 I. G.).

6. PARTAGE. — RAPPORTS FICTIFS. — A propos d'un partage dans lequel des rapports au lieu d'être opérés fictivement avaient été effectués en nature.

Cass. 11 *décembre* 1855 : « Attendu que les droits d'enregistrement doivent être réglés d'après les dispositions des actes lorsqu'elles ne présentent rien de contraire aux lois » (P. 56-1-138, S. 56-1-456, 2137-10 I. G., 745 R. P.).

Cass. 1er *juin* 1853 : « Attendu, sans qu'il y ait lieu d'examiner si, comme le prétend le tribunal de Pamiers, il eût été possible, au moyen d'autres combinaisons contractuelles, de ne donner lieu qu'à des droits fixes, que son jugement a expressément violé les dispositions des lois précitées, en voulant régler les perceptions fiscales autrement que par les stipulations exprimées dans l'acte tel qu'il a été présenté à l'enregistrement » (P. 53-1-651, S. 53-1-503, 1982-6 I. G.).

7. DONATION. — DÉLIVRANCE DE LEGS. — Au sujet d'un acte qui renfermait une donation, sous la forme d'une délivrance de legs : « Attendu que, si le droit spécial de l'enregistrement pose la base des droits à percevoir et en fixe la quotité, il appartient à l'Administration de rechercher, pour la fixation de la loi fiscale, quels sont, d'après les règles ordinaires du droit commun, la nature réelle et le caractère légal des actes et des contrats qui donnent ouverture à la perception » (Cass. 6 juill. 1871, 3300 R. P., 2426-2 I. G., S. 71-1-163, D. 71-1-343).

8. DONATION. — TIERS. — A l'occasion d'une donation éventuelle présentée comme une condition du contrat passé avec un tiers (Cass. 26 juill. 1869, 3026 R. P., 2393-5 I. G., S. 69-1-475, D. 69-1-476).

9. SOCIÉTÉ EN PARTICIPATION. — Ou d'une société en participation qui dissimulait un autre contrat (Cass. 29 juill. 1863) : « Attendu, porte cet arrêt, que, bien que les parties aient qualifié leur association de société en participation, il appartient à la Régie de l'enregistrement comme à la justice d'apprécier le véritable caractère de l'association, d'après les stipulations des conventions » (1818 R. P., S. 63-1-447, 2274-10 I. G.).

10. OBLIGATION. — VENTE. — Au sujet d'une obligation qui dissimulait une vente : « Attendu que, si, en présence des seules conclusions des vendeurs, des acheteurs, de leurs cautions et du syndic de la faillite Souchet jeune, le jugement du 29 août 1849 a qualifié les stipulations ci-dessus rappelées de simple obligation de faire donnant lieu à des dommages-intérêts par suite de son inexécution, le jugement attaqué, contradictoire avec la Régie de l'enregistrement, n'en a pas moins pu et dû restituer à ces stipulations leur véritable caractère, pour en déduire les conséquences qu'elles comportaient légalement au point de vue de la perception de l'impôt » (Cass. 12 juin 1854, 2019-6 I. G., S. 55-1-60).

11. VENTE. — ÉCHANGE. — Ou d'une vente déguisée sous la forme d'un échange (Cass. 20 mars 1839, S. 39-1-346, 1590-8 I. G.).

12. ACTES DIVERS. — Le principe que la perception du droit sur les actes est basé sur la nature de ces actes et les effets que la loi leur attribue au moment où ils sont présentés à la formalité résulte encore plus ou moins directement des arrêts suivants :

Cass. 23 *février* 1824 : « Attendu que le jugement attaqué n'a pu décharger les défendeurs de la contrainte décernée contre eux pour raison de la convention susénoncée, sous prétexte que lesdits actes n'étaient pas sérieux, parce que la perception du droit d'enregistrement se détermine d'après la substance des actes et leur forme extrinsèque, abstraction faite des intentions secrètes des parties, dont la simulation même ne peut faire obstacle à cette perception » (S. 24-1-260).

Cass. 21 *décembre* 1831 : « Attendu que les actes susceptibles d'être attaqués pour cause de nullité résultante d'irrégularité dans les formes sont toujours, lorsqu'ils sont soumis à l'enregistrement, passibles des droits afférents à la classe des actes dont ils offrent les stipulations » (S. 32-1-181, 1562-9 I. G.).

Cass. 19 *juin* 1826 : « Attendu, en droit, que la perception du droit d'enregistrement des actes doit être réglée par la nature des actes et par l'effet que la loi attribue à ces actes au moment où ils sont soumis à la formalité, à moins qu'il n'en ait été autrement ordonné par une disposition formelle de la loi » (S. 27-1-447, 1200-20 I. G.).

Cass. 14 *décembre* 1840 : « Attendu que les dispositions des actes doivent être appréciées d'après les effets qu'ils peuvent produire plutôt que par le sens littéral des termes dont les parties ont usé; que ces effets et l'émolument qui en résulte sont passibles du droit proportionnel » (P. 1-1841 p. 69, S. 41-1-53).

Cass. 12 *novembre* 1844 : « Attendu, en droit, que les perceptions de la Régie de l'enregistrement résultent des actes qui sont présentés à ses receveurs; que les droits sont acquis à l'instant même, tels qu'ils ressortent des conventions du contrat, et sans pouvoir être subordonnés à la réalisation éventuelle et plus ou moins éloignée de stipulations renvoyées à des actes postérieurs » (P. 1845 p. 192, S. 45-1-37, 1732-7 I. G.).

13. APPRÉCIATIONS DES TRIBUNAUX. — Il a même été reconnu que l'Administration n'est pas liée par les appréciations des tribunaux faites dans des jugements auxquels elle n'a pas été partie (Cass. 11 juill. 1814, *arrêt rapporté* 5480, et 14 fév. 1870) : « Attendu, porte ce dernier arrêt, que la C. cass. a, pour fixer le véritable caractère des conventions et les conséquences légales qui y sont attachées spécialement au point de vue de l'application des lois sur l'enregistrement, un droit de contrôle dont l'exercice ne saurait être paralysé ni par les qualifications données à ces conventions par les parties, ni par les appréciations des tribunaux » (3085 R. P., 2402-1 I. G., B. C. 34, S. 70-1-136, D. 70-1-394, P. 70-307). — Alors surtout qu'il s'agit d'un jugement convenu ou d'expédient : « Attendu que le demandeur excipe vainement de l'autorité de la chose jugée, prise du jugement du 20 août 1868, rendu en conformité de l'art. 50 de la loi précitée; que ce jugement, qui ne fait que donner acte aux parties de leur accord sur la chose et le prix, ne saurait être opposé à la Régie de l'enregistrement en tant qu'il préjudicie à ses droits » (Cass. 14 janv. 1873, 2468-2 I. G., S. 73-1-138, P. 70-294. — *Contrà* Angers 1er mai 1874, 4004 R. P.).

5557. Conflit. — Les juges qui, pour déterminer la nature de la cession consentie par l'État, afin de savoir s'il faut percevoir le droit de 2 pour 100 spécial aux aliénations d'immeubles domaniaux ou celui ordinaire de 5 fr. 50 cent., se bornent à faire l'application des actes administratifs intervenus dont le sens est clair, ne sauraient être considérés comme ayant excédé leurs pouvoirs en se livrant à une interprétation de ces actes (Cass. 14 août 1861, S. 61-1-892, P. 62-164).

CONVERSION.

5558. — C'est le changement d'un acte en un autre d'une nature différente.

5559. Enregistrement. — Pour que le droit proportionnel soit exigible sur les actes établissant une conversion, il faut qu'il y ait *novation* dans le sens que nous ferons connaître sous ce mot. Ainsi, la clause par laquelle on convertit en obligation de nourrir une rente viagère constituée à titre alimentaire ne rend exigible que le droit fixe, parce qu'il n'y a pas novation.

Nous n'avons rien à dire ici sur les actes de conversion : les règles de perception qui les régissent seront développées au mot *Novation*, et nous signalerons leur application toutes les fois que nous aurons à le faire dans le cours de cet ouvrage.

COPIE DE PIÈCES.

DIVISION

SOMMAIRE

CHAPITRE PREMIER. — DISPOSITIONS GÉNÉRALES

[5560-5580 *bis*]

5560. Définition. — La copie de pièces est la transcription de tous titres, actes et documents invoqués à l'appui d'une demande, d'une exception ou d'une réclamation judiciaire. — Plus spécialement, on appelle ainsi les copies signifiées en tête d'un exploit ou d'un acte d'avoué.

Lorsque la copie est faite par un notaire, un greffier ou un autre officier public, d'après la minute ou l'original qu'il retient, on l'appelle *expédition*, *grosse;* c'est sous ces derniers mots que nous traiterons de cette nature de copie.

Les règles relatives à la forme des copies de pièces sont de deux espèces : les unes sont établies dans l'intérêt du Trésor, les autres uniquement pour l'utilité des justiciables. Nous n'avons à nous occuper ici que des premières.

5561. Timbre. — 1. TARIF DU 16 FÉVRIER 1807.— L'art. 28 du tarif des frais et dépens en matière civile, du 16 février 1807, porte que les copies de pièces faites par les *avoués* ou les *huissiers* doivent être correctes et lisibles, à peine de rejet de la taxe.

2. DÉCRET DU 29 AOUT 1813. — Un Déc. 29 août 1813 (4600 J. E., 659 I. G.) avait disposé en ces termes :

« Art. 1er. Les copies d'actes, de jugements, d'arrêts et de toutes autres pièces *qui seront faites par les huissiers* doivent être correctes et lisibles à peine de rejet de la taxe, ainsi qu'il a été ordonné par l'art. 28 Déc. 16 février 1807, pour les copies de pièces faites par les avoués.

« Les papiers employés à ces copies ne pourront contenir plus de 35 lignes par page de petit papier, plus de 40 lignes par page de moyen papier, et plus de 50 lignes par page de grand papier, à peine de 25 francs d'amende.

« Art. 2. L'huissier qui aura signifié une copie de citation ou d'exploit de jugement ou d'arrêt qui serait illisible sera condamné à l'amende de 25 francs sur la seule provocation du ministère public.

« Si la copie *a été faite par un avoué*, l'huissier qui l'aura signifiée sera également condamné à l'amende, sauf son recours contre l'avoué, ainsi qu'il avisera.

Ces règles ont été modifiées par la loi du 2 juillet 1862 et par un Déc. 30 juillet suivant.

3. LOI DU 2 JUILLET 1862 : « Les copies des exploits, celles des significations d'avoués à avoués et des significations de tous jugements, actes ou pièces, doivent être correctes, lisibles et sans abréviations. Un règlement d'administration publique déterminera le nombre de lignes et de syllabes que devront contenir les copies. Toute contravention aux dispositions du présent article et à celle du règlement d'administration publique est punie d'une amende de 25 francs. »

4. DÉCRET DU 30 JUILLET 1862 : « Les copies des exploits, celles des significations d'avoués à avoués et des significations de tous jugements, actes ou pièces, ne peuvent contenir, savoir : sur le petit papier (feuilles et demi-feuilles) plus de 30 lignes à la page et de 30 syllabes à la ligne ; sur le moyen papier, plus de 35 lignes à la page et de 35 syllabes à la ligne; sur le grand papier, plus de 40 lignes à la page et de 40 syllabes à la ligne; sur le grand registre, plus de 45 lignes à la page et de 45 syllabes à la ligne » (1647 R. P., 2225 I. G.).

5562. Copie signifiée.— Contrevenant. — Sous l'empire du Déc. 1813, il s'était élevé la question de savoir si l'amende prononcée par l'art. 1er de ce décret était exigible lorsque la copie de pièces, signifiée par huissier et contenant plus que le nombre de lignes déterminé par cet article, était *faite et signée par un avoué.* Une S. 15 juin 1841 (1643 § 9 I. G.) s'était prononcée pour la négative. En effet, l'art. 43 Déc. 14 juin 1813, abrogé par l'art. 3 de celui du 29 août suivant (*V.* 5561) déterminant le nombre de lignes par page de copie de pièces à *signifier par les huissiers*, ces expressions comprenaient implicitement les copies *faites par les avoués*, tandis que l'art. 1er Déc. 29 août, ne parlant que des copies qui *seront faites* par les huissiers, a évidemment un sens restrictif qui exclut les copies faites par l'avoué.

Cette interprétation a dû être abandonnée depuis la loi du 2 juillet 1862 : « Le législateur, porte l'I. G. n° 2225, ayant parlé d'une manière générale des copies d'exploits et de pièces, le nombre de lignes et de syllabes par ligne devra être observé à l'avenir pour toutes les copies, ou quand *bien même elles seraient signées par d'autres que par les huissiers.* La Sol. 15 juin 1841 se trouve abrogée » (1651 R. P.). — *V.* 2497.

Mais, comme c'est le fait de la signification qui rend l'amende exigible, l'Administration a décidé plusieurs fois qu'elle devait être réclamée à l'huissier, et non pas à l'avoué rédacteur de la copie (Sol. 7 juill. 1864, 3 mars 1865, 1er mai 1866, 30 oct. 1867, 24 juin 1868, 2840 R. P.).

1. ABSENCE DE SIGNATURE DE L'AVOUÉ. — Pour que la copie émane de l'avoué, il ne suffit pas que la copie ait été faite par lui, il faut encore qu'il l'ait signée. Toute copie non signée par l'avoué est censée l'œuvre de l'huissier. Il avait été jugé, en ce sens, sous l'empire du Déc. 1813, que l'amende pour excédant de lignes est encourue si la copie, bien que sortie de l'étude de l'avoué, n'est pas signée par lui (Seine 9 août 1838, 12535-1 J. E.).

2. SIGNATURE BIFFÉE. — On avait même décidé que l'huissier qui ne signifie des copies de pièces signées par les avoués qu'après avoir biffé les signatures de ces derniers, s'approprie tous les vices de ces copies (Épernay 23 mars 1838); d'où la conséquence qu'il encourt l'amende comme s'il y avait toujours eu absence de signature.

3. RECOURS. — Mais, si la copie est signée par l'avoué, c'est ce dernier qui est en définitive l'auteur de la contravention, et l'huissier tenu de payer l'amende a son recours contre lui pour en obtenir le remboursement. C'est ce qui résultait positivement de l'art. 2 Déc. 29 août 1813, et ce qui avait été décidé par un arrêt de cass. du 22 mai 1824 (P. 1826 p. 545). Il ne semble pas que cette disposition ait été modifiée par la loi du 2 juillet 1862.

5563. Copie illisible. — On doit entendre par copie illisible celle, par exemple, qui présenterait une ténuité de caractères affectée ou des abréviations trop nombreuses (Fons *Tarif* p. 41), ou enfin des mots composés de lettres tout à fait informes. Mais il ne faudrait pas donner au mot *illisible* une portée trop grande. Il suffit que la copie puisse être lue sans trop d'embarras par les personnes habituées aux affaires et aux écritures judiciaires (Dalloz *loc. cit.* n° 26). — Dans le cas de copie illisible, l'avoué se trouve passible d'amende, il est vrai (C. Paris 14 mars 1843, 13336 J. N.), mais c'est contre l'huissier qui l'a signifiée qu'elle doit être prononcée, sauf à lui, porte l'art. 2 Déc. 29 août 1813, à exercer son recours contre l'avoué, ainsi qu'il avisera. — V. 5576-5578.

Ces dispositions n'ont pas été changées par la loi du 2 juillet 1862.

5564. Copie incorrecte. — D'après l'art. 20 L. 2 juillet 1862, les copies de pièces doivent être correctes. Cette expression, qui se trouvait déjà dans le décret du 29 août 1813, doit surtout s'entendre de la fidélité de la copie. On comprend, en effet, qu'il serait tout à fait indifférent que la copie fût irréprochable sous le rapport calligraphique, si elle présentait des omissions et des additions de nature à en fausser le sens (Cass. 25 avr. 1837, Dalloz t. 14 v° *Copie de pièces* n° 26).

1. AMENDE. — Sous l'empire du Déc. 1813, l'incorrection ne donnait lieu à aucune amende. Elle pouvait motiver le rejet de la taxe, parce que l'art. 1er du décret s'en était formellement expliqué, mais il était hors de doute que, l'art. 2 ne prononçant l'amende qu'à l'égard des copies illisibles, elle ne pouvait être étendue à d'autres irrégularités (Nicias Gaillard p. 59). — Aujourd'hui, l'amende est formellement prononcée par l'art. 20 L. 2 juillet 1862, pour les incorrections comme pour l'illisibilité. Seulement, comme il s'agit de l'exécution d'une mesure d'ordre public, c'est au procureur de la République qu'appartient le droit de poursuite.

5565. Copie collationnée. — Le Déc. 30 juillet 1862 ne concerne que les copies destinées à être signifiées. On ne saurait y assujettir les copies dont l'objet est différent. Par suite, n'y sont pas soumises les copies collationnées, dressées par les avoués et déposées au greffe (Sol. 15-27 avr. 1863, 1809 R. P., 7 avr. 1864, 20 mai et 23 déc. 1865).

Ni celles des états d'inscription, simplement produits, sans notification à la Caisse des dépôts et consignations (Sol. 24 juin 1868, 2840 R. P.).

5566. Placards. — Non plus que les placards apposés conformément aux prescriptions du C. proc. civ. (Sol. 24 févr. et 15 avr. 1863).

5567. Copies de protêts. — Registre. — Il avait paru d'abord que les prescriptions précédentes ne s'appliquaient pas aux copies de protêts inscrites sur le registre tenu par les huissiers, en exécution de l'art. 176 C. com. (Sol. 16 mai 1831, 1621 I. G., 10023 J. E., Dél. 2-5 déc. 1862, 2240 I. G., 17735 J. E., 1718 R. P.). — Mais la question, ayant été examinée de nouveau, a été résolue en sens contraire par une D. m. f. et j. 11 février 1867.

Il résulte de cette décision :

1° Que les copies inscrites sur le registre spécial des protêts doivent être correctes, lisibles et sans abréviations (L. 2 juillet 1862 art. 20 n° 2225 I. G.);

2° Que chaque feuille du registre ne doit contenir, savoir : *pour le petit papier* (feuilles et demi-feuilles), plus de 30 lignes à la page et de 30 syllabes à la ligne; — *pour le moyen papier*, plus de 40 lignes à la page et de 40 syllabes à la ligne; — et *pour le grand registre*, plus de 45 lignes à la page et de 45 syllabes à la ligne (Déc. 30 juill. 1862 art. 1er n° 2228 I. G.) ;

3° Que toute contravention résultant soit de l'incorrection ou de l'illisibilité des écritures, soit de l'excès dans le nombre des lignes et des syllabes, est punie d'une amende de 25 francs (L. précitée 2 juill. 1862 art. 20).

En transmettant la décision qui précède, dans l'I. G. 2353, l'Administration a recommandé de ne donner aucune suite aux procès-verbaux, avant qu'il en ait été référé au directeur général (2669- 2 R. P.).

Cette interprétation a été confirmée depuis par des jugements des tribunaux de Vervins du 3 mai 1872 (3417 R. P.) et de Bourg, du 13 mai 1873 (3657 R. P.).

5568. Copies imprimées, autographiées, lithographiées. — La disposition limitative du nombre de lignes par page s'applique aux copies imprimées, lithographiées ou autographiées, aussi bien qu'aux copies manuscrites (D. m. f. 5 oct. 1821, 7076 J. E., 1621 I. G., 2228 I. G.).

5569. Copie d'exploit. — On avait voulu restreindre la portée de l'art. 1er Déc. 29 août 1813, au cas où les huissiers signifient des copies de pièces. Mais la cour suprême n'a pas admis cette doctrine, évidemment erronée, puisque le décret parle des copies de *toutes autres pièces* : en conséquence, elle a décidé, le 10 janvier 1838 (11961 J. E., 1577 § 21 I. G., S. 38-1-235), que l'art. 1er Déc. 29 août 1813 s'applique aux copies des exploits faits par les huissiers, de même qu'à celles des actes et pièces étangères à leur ministère et qu'ils sont seulement chargés de signifier. Cette question avait déjà été plusieurs fois résolue dans le même sens (Dél. 24 juin 1830 et 9 nov. 1832, 9740 et 10945 J. E.; — Orléans 30 déc. 1833; — Seine 21 déc. 1837, 10945, 11948 J. E., Bioche et Goujet v° *Copies des pièces* n° 9, Dalloz *Jur. gén.* t. 14, V. *Copies des pièces* n° 19; — *Contrà* Nicias-Gaillard p. 46).

Elle ne peut plus s'élever aujourd'hui, puisque l'art. 20 L. 2 juillet 1862 embrasse catégoriquement les *copies des exploits* comme celles des actes ou pièces à signifier.

5570. Compensation. — L'art. 20 L. 13 brumaire an 7, qui détermine le nombre de lignes que les expéditions peuvent contenir par page, admet la compensation d'une feuille à l'autre. Le Déc. 29 avril 1813, en réglant le nombre de lignes que les copies faites ou signifiées par les huissiers peuvent avoir par page, a eu principalement pour but l'amélioration des produits du timbre; la disposition qui renvoie, pour l'application de la peine en cas de contravention, à la loi du 13 brumaire an 7, indique clairement ce but et annonce en même temps l'intention que l'amende ne soit encourue que dans le cas prévu par cette loi. Aussi le ministre des finances, de concert avec le garde des sceaux, avait-il décidé, le 14 novembre 1834 (11057 J. E., 1481 n° 15 I. G.), qu'on devait appliquer aux copies de pièces faites ou signifiées par les huissiers, en ce qui concerne le nombre de lignes fixé par l'art. 1er Déc. 29 août 1813, la compensation d'une feuille à l'autre, autorisée à l'égard des expéditions, par l'art. 20 L. 13 brumaire an 7.

Ainsi, lorsqu'en divisant le nombre total des lignes par celui des pages de petit papier, on trouvait pour quotient 35 ou un nombre inférieur, il n'y avait pas contravention.

La même règle avait été étendue aux syllabes. Le tribunal de Gannat avait décidé, en effet, le 10 août 1854, que, quand le nombre total des syllabes d'une copie ne dépassait pas le maximum déterminé par la loi, il n'y avait pas contravention, quoique la quantité de lignes fût dépassée (*V.* cependant *Contrà*, Seine 22 juin 1842, 13565-8 et 18 janv. 1843, 14091 J. E.).

On s'est demandé si la loi du 2 juillet 1862 avait modifié ces anciennes règles et si, par conséquent, la compensation entre les lignes ou les syllabes des copies était encore admissible. Nous avions pensé, avec un jugement du tribunal de Cherbourg, du 18 novembre 1863, que la compensation était encore autorisée depuis la loi nouvelle (1889 R. P.). — Mais cette opinion n'a pas prévalu. La C. cass., adoptant l'avis contraire exprimé par l'I. G. n° 2228, a décidé, le 20 août 1866, que le nombre de lignes que le Déc. 30 juillet 1862 permet aux huissiers d'écrire sur leurs copies d'exploits doit être calculé séparément par page, et non pas sur l'ensemble de la copie, compensation faite d'une page à l'autre; qu'en conséquence il est dû une amende pour chaque page contenant un excédant de lignes : « Attendu, porte l'arrêt, que la faculté de compensation n'a pas été reproduite par la loi du 2 juillet 1862, ni par le Déc. 30 du même mois, rendu pour son exécution; — Attendu que ces deux dispositions législatives constituent dans leur ensemble un règlement complet sur la matière, qui renferme en lui-même sa sanction, sans qu'il soit besoin de rechercher son interprétation dans des textes antérieurs qu'elles ont eu précisément pour objet de remplacer, parce que la pratique en avait fait reconnaître l'insuffisance et avait notamment constaté les inconvénients qui naissent de l'entassement sur une même page d'un trop grand nombre de lignes, amené par la tolérance de la compensation; qu'il faut donc tenir pour constant, en présence du texte si précis et si formel de la loi et du décret ci-dessus visé, qu'il est dû une amende de 25 francs pour chaque page contenant plus de lignes que le nombre fixé par le décret, sans que l'Administration ait à se préoccuper, comme elle le faisait précédemment, d'examiner si d'autres pages de la même copie ne contenaient pas moins de lignes que le nombre autorisé et ne pouvaient pas, par cela même, établir une compensation avec celles qui le dépassaient (2346 R. P., 18229 J. E., 2349 § 7 I. G., B. C. 164, P. 66-1088)

1. TIMBRE. — Mais l'Administration consent à admettre la compensation pour le calcul des droits de timbre : elle ne fait réclamer un supplément de droit que si le total des pages présente un excédant de lignes (2228 I. G.). Cette compensation se fait entre toutes les pages de la même copie et non pas seulement entre les pages de la même feuille et du même feuillet (Sol. 23 oct. 1863, 14 mars 1864, 29 avr. 1865, 25 janv. 1866).

Dans ce cas, il a été reconnu que le calcul des droits de timbre doit se faire non d'après le nombre des syllabes, mais d'après le nombre des lignes de la copie (Sol. 23 oct. 1863, 14 mars 1864, 29 avr. 1865, 25 janv. 1866, 22 oct. et 12 nov. 1867).

Le calcul du droit de timbre est établi d'après le nombre des syllabes des originaux comparé avec le nombre de feuilles de papier spécial indiquées comme employées pour les copies (Sol. 23 mai 1878).

2. COPIES DE L'AVOUÉ ET DE L'HUISSIER. — Lorsque l'excédant de lignes existe dans la copie faite par l'huissier, à la suite de celle de l'avoué, il y a lieu de considérer isolément les deux copies pour constater les contraventions et on n'admet pas de compensation entre elles (Sol. 15 juill. 1859 et 29 juill. 1859, 14889-4 J. E.).

3. SYLLABES. — L'excédant de syllabes dans une ligne constitue une infraction. Mais il n'en résulte pas qu'il soit dû une amende par chaque ligne présentant un excédant. Ce n'est que par page que l'amende doit être calculée (Sol. 19 mai 1865, 9 janv. et 18 sept. 1866, 3 déc. 1867, 5 fév. 1868).

4. LIGNES ET SYLLABES. — Il a été reconnu qu'il n'est dû qu'une seule amende pour les excédants de lignes et de syllabes réunies sur la même page (Sol. 16, 23 et 26 déc. 1867, 6 janv. 1868.

Mais, s'il existe un excédant de syllabes dans des lignes d'une copie, il est dû une amende par chacune des pages où cet excédant existe, même lorsque ces pages ne renferment pas le nombre de lignes permis (Sol. 4 janv. 1868)

5571. Remboursement des droits de timbre. — Dans tous les cas de contravention, l'huissier est en outre responsable des droits de timbre dont le Trésor a été privé (12450 J. E.).

Ainsi que nous l'avons dit précédemment, ce droit de timbre se calcule, compensation faite d'une page à l'autre de la même copie, et il est dû seulement quand le total des lignes de la copie excède le maximum que toutes les pages pouvaient renfermer. Mais quand ce maximum de lignes est excédé le droit est dû, quoique ces différentes pages ne contiennent pas un nombre de syllabes supérieur au chiffre autorisé par la loi (Sol. 22 oct. et 12 nov. 1867).

Quand il existe un excédant de moins de 70 lignes, le supplément exigible est de 60 centimes, prix d'une demi-feuille entière, car le prix de cette demi-feuille ne se décompose pas et c'est de l'emploi de cette feuille que le Trésor a été privé (Sol. 2 nov. 1863). — V. *Expédition.*

5572. Longueur du papier. — L'art. 1er Déc. 29 août 1813 détermine le nombre de lignes que doit contenir chaque *page* de copie. On a voulu, du défaut de précision dans la loi, conclure que l'officier ministériel est libre d'écrire dans le sens de la largeur comme dans celui de la longueur du papier, pourvu qu'il ne dépasse pas la limite qui lui est fixée pour les lignes (Dalloz *Jur. gén.* t. 14 v° *Copie de pièces* n° 20). Mais, ainsi que le fait remarquer M. Nicias-Gaillard p. 46, il faut prendre les mots dans leur sens vulgaire et naturel, et, à ce point de vue, le mot *page* d'écriture s'entend d'un côté d'un feuillet écrit dans la largeur et non dans la longueur. Toute interprétation contraire serait évidemment judaïque et s'écarterait de la pensée du législateur. — Aussi le tribunal d'Amiens a-t-il jugé, le 13 juillet 1837 (11933 J. E., 1621 I. G.), que l'huissier qui écrit dans la longueur de la feuille, au lieu de le faire dans la largeur, commet une contravention, si, d'après une règle de proportion basée sur la dimension de la ligne en longueur comparée avec celle en largeur et non sur le nombre de syllabes, le nombre de lignes tracées en longueur excède la quantité qu'il aurait pu tracer en largeur.

Cette difficulté ne peut plus se présenter depuis la loi du 2 juillet 1862. Le nombre des syllabes étant fixé, en effet, par chaque ligne et le nombre des lignes l'étant par chaque page, on ne saurait dépasser, en écrivant en long ou en large du papier, le maximum de syllabes par ligne ou de lignes par page fixé par le décret (1651 R. P.).

5573. Fraction de ligne. — Il faut remarquer, d'ailleurs, que toute ligne commencée, quelque restreint que soit le nombre des mots qu'elle renferme, compte pour une ligne entière (14976-5 J. E.).

5574. Signature. — Mais la signature ne compte pas dans le nombre des lignes ou des mots de la copie (Sol. 30 janv. et 21 mai 1864, 4 janv. 1866). — V. *Expédition.*

5574 *bis*. Renvoi. — Lorsque l'excès d'écriture résulte des renvois que l'huissier a été obligé d'ajouter pour constater l'absence de la personne à laquelle l'exploit était destiné, la contravention est douteuse. En général, l'Administration n'insiste pas à cet égard quand l'excédant est peu considérable et qu'il n'y a pas abus (Sol. 21 janv. 1863, 26 sept. 1864, 10 juill. 1865).

5575. Abréviations. — La loi du 2 juillet 1862 a encore frappé d'amende les abréviations, lesquelles n'étaient point passibles de cette peine antérieurement et ne motivaient une répression que si elles rendaient la copie illisible. Aujourd'hui il n'y a plus à distinguer; et, quoique l'abréviation ne compromettre ni la lisibilité ni la correction de la copie, elle est passible d'une amende de 25 francs.

Il semble que les préposés peuvent constater et recouvrer l'amende pour abréviation sans condamnation préalable.

D'ailleurs, les contraventions de cette nature ne doivent être relevées qu'avec prudence. En effet, il n'y a pas abréviation lorsque, par exemple, ayant deux signes pour représenter le même mot on emploie le plus court. Il faut, pour que l'abréviation existe, que le signe représentatif ne soit employé qu'en partie. Ainsi les chiffres ne sauraient être considérés comme des abréviations, car ils constituent des signes complets par eux-mêmes : on peut en dire autant de certaines combinaisons de traits ou de lettres dont l'usage est tellement universel qu'on n'écrit jamais en entier les mots que ces combinaisons représentent, par exemple : etc.

1. CHIFFRES. — Spécialement l'indication des sommes et des dates en chiffres ne constitue pas une abréviation défendue (Sol. 22 avr. 1863, 2 août 1864, 19 janv. 1865, 13 mai 1866).

5576. Réduction d'amende. — L'art. 10 L. 16 juin 1824 est spécial pour les amendes de contravention aux lois sur l'enregistrement et le timbre; dès lors, il devait rester sans influence sur l'amende prononcée pour copie illisible. L'Administration avait cependant un instant admis le contraire (Dél. 9 nov. 1830). Mais elle était revenue sur cette décision, et, dans l'I. G. n° 1621, elle avait reconnu que l'amende de 25 francs fixée par l'art. 2 du décret du 29 août 1813, pour les copies illisibles, n'est point du nombre de celles dont la quotité a été réduite par la loi du 16 juin 1824. En cela l'Administration se conformait à la doctrine de la Cour suprême, qui avait toujours appliqué l'amende de 25 francs lorsqu'elle a eu à punir des contraventions de cette nature (Cass. 8 nov. 1836, 8 fév., 25 avr. et 3 mai 1837, 11668, 11804-3, 11830-5 J. E.). — La difficulté ne saurait se présenter aujourd'hui que la loi du 2 juillet 1862 a fixé de nouveau au chiffre de 25 francs l'amende dont il s'agit.

Il en est de même des autres amendes pour excédant de lignes ou de syllabes, incorrections et abréviations.

5577. Pluralité d'amendes. — Quand la faculté de compensation existait, il ne pouvait être perçu qu'une seule amende par copie, quel que fût le nombre des pages de cette copie renfermant un excédant de lignes. Le tribunal d'Orléans avait cependant décidé, le 30 décembre 1833, qu'il était dû autant d'amendes qu'il y avait de pages présentant un excédant (10983 J. E., 1621 I. G.). Mais une Sol. 9 février 1841 (1643 § 8 I. G.) avait fait connaître que ce jugement ne devait pas être pris pour règle. En effet, la loi du 13 brumaire an 7, en admettant la compensation d'une feuille à l'autre, a indiqué que le calcul du nombre des lignes doit être établi sur l'ensemble de l'expédition, il n'est toujours dû qu'une seule amende; c'est en ce sens que cette disposition a été constamment appliquée. La compensation de feuille à feuille implique nécessairement celle de page à page. Si elle exclut la perception d'une amende par chaque feuille excédant le nombre légal de lignes, elle écarte, à plus forte raison, celle d'une amende par chaque page.

Depuis la loi du 2 juillet 1862, la pluralité des amendes est une conséquence forcée de la suppression de la faculté de compensation (*V.* le n° précédent). Ainsi que le décide l'arrêt de cass. du 20 août 1866 (n° 5570), il faut tenir pour constant qu'il est dû une amende de 25 francs pour chaque page contenant plus de lignes que le nombre fixé par le décret, sans que l'Administration ait à examiner si d'autres pages de la même copie ne contiennent pas moins de lignes que le nombre autorisé.

Cette doctrine rigoureuse ne s'applique pas seulement aux lignes, mais aux syllabes de lignes et aux abréviations. C'est ce qui ressort des termes généraux de l'arrêt et du réquisitoire de M. l'avocat général Blanche sur lequel il a été rendu. « La loi, a dit ce magistrat, ne se borne pas à punir la *contravention*, si tant est qu'il en existe une après la compensation. Elle punit *toute* contravention à la loi et au règlement d'administration publique qui la suivra. Or, que dit ce règlement? C'est que les copies ne peuvent contenir sur le petit papier plus de 30 lignes par page. Donc, toutes les fois qu'il y aura sur une page de ce genre plus de 30 lignes, il y aura une contravention punissable. Sans doute le nombre des contraventions peut être considérable. Mais qu'importe? La loi n'a-t-elle pas puni aussi d'une amende *distincte chaque* abréviation? Pourquoi donc en serait-il autrement des excédants de lignes? Si les pénalités de la loi sont sévères, c'est une raison de plus pour exécuter ponctuellement les dispositions qu'elle édicte » (2346 R. P.).

Cependant l'Administration n'était point elle-même allée jusque-là. Elle avait reconnu : 1° le 27 octobre 1865, qu'il n'est dû qu'une seule amende par page pour tous les excédants de syllabes que cette page renferme (2196 R. P.); — 2° que toutes les abréviations de la même copie donnent lieu à une amende unique (Sol. 9 fév. 1865); — et 3° qu'il n'est également dû qu'une seule amende pour les excédants de syllabes et de lignes existant dans la même page (Sol. 9 fév. 1866).

Ces solutions seraient sans doute maintenues malgré l'arrêt du 20 août 1866 ; car, en transmettant cette décision aux préposés, l'Administration a annoncé le désir de ne point en appliquer rigoureusement les principes : « L'Administration, dit-elle, après avoir fait affirmer le principe, n'est pas dans l'intention de faire de l'arrêt qui précède une application trop rigoureuse. Elle tolérera, notamment, toutes les fois que l'ordre public et les intérêts du Trésor ne seront pas engagés, l'addition à une copie régulièrement préparée (ou à une minute du greffe) de quelques lignes ou de quelques mots devenus nécessaires par suite d'un événement qu'il n'était pas possible de prévoir au moment de la confection de la copie ou de la rédaction de la minute » (2349 § 7 I. G., 2511 § 22 R. P.).

1. ABRÉVIATIONS. — Les abréviations ne donnent lieu qu'à une amende par copie (Sol. 9 fév. 1866, 18 mars 1867).

Mais, la contravention étant indépendante de celle du nombre de lignes, il est dû pour cet excédant de lignes une amende particulière (Sol. 17 sept. et 21 déc. 1867).

5578. Prescription. — Dépôt public. — L'arrêt du 11 novembre 1834, que nous avons rappelé n° 5570, a reconnu que la prescription biennale (L. 16 juin 1824 art. 14) de la contravention commise par un huissier qui a signifié une copie contenant plus de trente-cinq lignes par page ne peut courir de la date de la signification, lorsque cette pièce, déposée au greffe, n'ayant pas été présentée à l'enregistrement, les préposés n'ont pas été mis à portée de constater, *au vu de la pièce*, la contravention aux lois sur le timbre. — Un second arrêt du 7 août 1844 (13593 J. E., S. 44-1-647) a cependant décidé le contraire; mais la doctrine de l'arrêt de 1834 doit prévaloir, et c'est elle qui a fixé la jurisprudence, ainsi que cela résulte d'une Dél. 21 juillet 1846 (14048 J. E.), de plusieurs jugements (Rouen 16 nov. 1842; — les Andelys, 19 août 1850, 13124, 15061 J. E.) et d'un arrêt de cass. du 2 janvier 1856, portant : « qu'en admettant que les originaux des exploits indiquassent la remise des copies dans les dépôts publics où elles ont été trouvées et où les préposés auraient pu les vérifier, aucune loi ne leur faisait un devoir de cette vérification, la loi de 1824 ne faisant courir les prescriptions que du jour où ils ont été mis à même de constater la contravention *au vu* des actes qui en sont infectés » (2078-5 I. G., S. 59-1-449, 739 R. P.).

1. VÉRIFICATION POSTÉRIEURE A LA CONTRAVENTION. — Cette règle est applicable alors même qu'il serait constaté que, plusieurs fois, depuis la remise des copies dans un dépôt public, ce dépôt aurait été vérifié par des employés de l'enregistrement (Épernay 23 mars 1838, 12120 J. E.). Une pareille vérification ne donne pas, en effet, la preuve que les copies en contravention aient été vues et vérifiées par les employés.

2. TRÉSORIER GÉNÉRAL. — Le principe est le même, lorsque, au lieu d'être déposée dans un dépôt public, la copie en contravention a été signifiée à un payeur ou à un trésorier général (Lyon 18 déc. 1850, 15100 J. E.).

3. COPIE ILLISIBLE. — De ce que nous avons dit au n° 5576 il suit évidemment que la prescription de deux ans, établie par l'art. 14 L. 16 juin 1824, relativement aux amendes pour contraventions aux lois *sur le timbre*, est inapplicable à celle qui est infligée pour illisibilité des copies et que, conséquemment, l'action de l'Administration pour la recouvrer dure trente ans. — V. *Prescription*.

5579. Obligation des employés. — Le dernier alinéa de l'I. G. 1621, donnée par suite d'une circulaire du garde des sceaux, du 15 avril 1840, contient ce qui suit : « Il est fortement recommandé aux préposés de vérifier le nombre des lignes par page des copies d'exploits, d'actes, de jugements, d'arrêts et de toutes autres pièces faites par les huissiers, et qui, dans l'exercice de leurs fonctions, pourront leur passer sous les yeux; ils constateront par procès-verbal toutes les contraventions qu'ils découvriront. Entre autres moyens de surveillance qui peuvent être utilement employés, les préposés doivent se transporter fréquemment aux greffes des cours et tribunaux, et y prendre communication des dossiers de procédure qui s'y trouvent déposés pour quelque cause que ce soit, notamment de ceux qui sont soumis aux juges pour la taxe des frais. Les employés supérieurs ne négligeront point de se livrer à ces investigations lors de leurs vérifications dans les greffes. »

5580. Constatation des contraventions. — Les receveurs de l'enregistrement poursuivent directement, dans les formes ordinaires, le recouvrement des amendes encourues pour excédant de lignes ou de syllabes (Toulouse 13 mai 1841 ; — Cass. 17 fév. 1828 et 15 fév. 1841, 12736, 13108 J. E., 659, 1537 sect. 2 n° 206, 1621 et 2228 I. G. ; — Cass. 20 août 1866, 2346 R. P., 18229 J. E., 2349 § 7 I. G., V. 5570), — et même, selon la pratique généralement adoptée, celles qui résultent des abréviations.

Mais les contraventions pour copies illisibles ou incorrectes sont poursuivies par le ministère public et recouvrées après le jugement de condamnation. Les préposés se bornent à dénoncer la contravention au procureur de la République et à en dresser un procès-verbal (659, 1537 sect. 2 n° 245 I. G.; — Cass. 17 déc. 1828, 9298 J. E., Vuarnier n° 2887; — Toulouse 13 mai 1841, Sol. 21 janv. 1860).

La rédaction d'un procès-verbal n'est pas, d'ailleurs, indispensable. La C. cass. a maintes fois condamné des huissiers à l'amende de 25 francs sur la réquisition directe du ministère public, à raison de ce que des copies d'arrêts produites à l'appui de pourvois étaient incorrectes et remplies d'abréviations qui les rendaient illisibles (Cass. 21 avr. 1836, P. 27-1279, 8 nov. 1836, 11668 J. E., 8 fév. 1837, P. 29-104, 25 avril 1837, 11830 J. E., 5 juill. 1840, P. 35-514).

5580 *bis*. Abus. — Les copies signifiées par les huissiers et surtout les actes de procédure ont été la source de nombreux abus. Nous en avons parlé au mot *Avoué* n° 2498 § 3 et nous nous référons à nos explications.

CHAPITRE II. — QUESTIONS DIVERSES

[5581-5584]

5581. Actes à la requête du ministère public. — Les copies des actes à la requête du ministère public, signifiées par les huissiers, doivent, sous peine d'amende, être visées pour timbre en débet, attendu que les dispositions de l'art. 74 L. 25 mars 1817 sont générales et absolues et qu'aucune distinction n'est à faire entre les copies et les originaux (Cass. 12 janv. 1833, 10555 J. E., D. N. t. 6 p. 529 n° 83).

5582. Acte concernant une commune. — La copie du contrat à adresser à l'autorité pour obtenir l'approbation d'une vente ou d'un bail de biens communaux n'est pas sujette au timbre. — V. *Acte administratif*.

5583. Acte reçu par un autre notaire. — Les notaires sont tenus de rédiger acte du dépot, fait en leur étude, de la double minute d'un acte passé devant un autre notaire. Le *double* de la minute ainsi déposé, qui est signé par les parties, les témoins et les notaires, ne peut être considéré comme une copie, une expédition de la minute, qui n'est signée que par le notaire, et il peut être rédigé sur papier timbré de toute dimension.

5584. Acte respectueux. — Bien que la notification de l'acte respectueux soit un acte notarié, la copie peut en être délivrée sur papier de toute dimension. — *V.* 1486.

CHAPITRE III. — TIMBRE SPÉCIAL

[5585]

5585. Timbre des copies. — 1. MOTIFS DE LA LOI. — Malgré les prescriptions des décrets de 1807 et de 1813 sur les tarifs civils, malgré les fréquentes instructions du ministère de la justice, les copies des exploits et des pièces signifiées ne sont pas toujours remises aux parties, qui néanmoins en acquittent le coût et les droits de timbre. — L'Administration s'est constamment préoccupée des moyens de réprimer ce genre de fraude, qui depuis longtemps enlève au Trésor des sommes importantes et auquel l'augmentation des droits de timbre votée en 1871 a imprimé une nouvelle activité. Il est donc devenu nécessaire de recourir à la loi, non pour obtenir des moyens de répression nouveaux, mais pour entourer la perception de garanties qui préviennent la fraude (Exposé des motifs L. 29 déc. 1873, 3781 R. P.).

Loi du 29 *décembre* 1873. — Ces garanties ont été organisées par une loi du 29 décembre 1873, portant :

Art. 2. Le droit de timbre des copies des exploits, des notifications d'avoué à avoué et des significations de tous jugements, actes ou pièces, sera acquitté au moyen de timbres mobiles apposés sur l'original de l'exploit.

Néanmoins, ces copies ne pourront être faites que sur un papier timbré spécial de la dimension des feuilles aux droits de 50 centimes ou de 1 franc, et qui sera fourni gratuitement par l'administration de l'Enregistrement, des domaines et du timbre.

Art. 3. Indépendamment des mentions prescrites par l'art. 48 du Déc. 14 juin 1813 et par l'art. 67 proc. civ., les huissiers seront tenus d'indiquer distinctement au bas de l'original et des copies de chaque exploit : 1° le nombre des feuilles de papier spécial employées tant pour les copies de l'original que pour les copies des pièces signifiées; 2° le montant des droits de timbre dus à raison de la dimension de ces feuilles.

Art. 4. Il ne pourra être alloué en taxe, et les officiers ministériels ne pourront demander et se faire payer, à titre de remboursement de droits de timbre des copies, aucune somme excédant la valeur des timbres mobiles apposés en exécution des dispositions qui précèdent.

Un règlement d'administration publique déterminera la forme et les conditions d'emploi du papier spécial et des timbres mobiles créés par la présente loi, ainsi que toutes les autres mesures d'exécution.

Sont applicables à ces timbres les dispositions de l'art. 21 L. 11 juin 1859.

Art. 5. Chaque contravention aux dispositions des art. 2 et 3 ci-dessus et à celles du règlement d'administration publique à intervenir sera punie d'une amende de 50 francs.

Seront considérés comme non timbrés les actes et pièces

autres que les copies spécifiées en l'art. 2 et qui auraient été écrits sur le papier spécial exclusivement destiné à ces copies.

Décret du 30 *décembre* 1873. — Le règlement d'administration publique rendu le 30 décembre 1873, est ainsi conçu :

Art. 1er. L'administration de l'Enregistrement, des domaines et du timbre est autorisée à débiter, pour l'exécution de l'art. 2 susvisé de la loi du 29 décembre 1873, des feuilles et des demi-feuilles de petit papier de la dimension prescrite par l'art. 3 L. 13 brumaire an 7.

Chaque feuille est revêtue d'un timbre apposé à l'encre grasse de couleur, et de l'empreinte d'un timbre sec portant le mot *copies*.

Les empreintes sont appliquées sur les feuilles ou demi-feuilles de dimension, au haut de la partie gauche de la feuille (non déployée) ou de la demi-feuille.

Provisoirement, l'empreinte du timbre sec pourra être remplacée par un timbre appliqué à l'encre grasse et portant également le mot *copie*.

Il est, en outre, établi, pour l'exécution dudit art. 2 de la loi susvisée du 29 décembre 1873, des timbres mobiles conformes au modèle ci-annexé, mais dont la quotité pourra varier de 50 centimes à 10 francs, non compris les décimes.

L'aministration de l'Enregistrement, des domaines et du timbre fera déposer au greffe des cours et tribunaux des spécimens du papier spécial et des timbres mobiles. Le dépôt sera constaté par un procès-verbal dressé sans frais.

Art. 2. Les huissiers et autres officiers ministériels chargés de faire ou de signifier des copies d'exploits ou de pièces ne peuvent s'approvisionner du papier spécial est des timbres mobiles représentant la valeur des droits de timbre exigibles d'après la dimension des feuilles du papier spécial, qu'au bureau d'enregistrement désigné à cet effet.

Les timbres mobiles et le papier spécial sont délivrés en même temps. Il ne peut être remis de timbres mobiles que pour une valeur équivalente au droit de timbre exigible à raison de la dimension des papiers délivrés.

Art. 3. L'officier ministériel est tenu, avant toute signification de copies, d'apposer sur l'original de son exploit un ou plusieurs timbres mobiles représentant le montant des droits de timbre dus à raison du nombre et de la dimension des feuilles du papier spécial employé pour les copies.

Le timbre mobile est collé à la marge gauche de la première page de l'original, immédiatement au-dessous de l'empreinte du timbre sec. Le timbre mobile est oblitéré, lors de l'enregistrement de l'original de l'exploit, par le receveur, au moyen d'une griffe qui lui est fournie par l'Administration.

Art. 4. Les huissiers et tous autres officiers ministériels chargés de faire les significations d'actes ou pièces sont tenus de reproduire, dans les colonnes distinctes de leur répertoire, les indications prescrites par les nos 1er et 2 de l'art. 3 L. 29 décembre 1873.

2. ORIGINAL. — L'original des exploits continuera d'être fait sur du papier au timbre de dimension de la débite (timbré en noir) (2474 I. G., 3781 R. P.).

2 *bis*. DÉLIVRANCE DU PAPIER ET DES TIMBRES. — Quant aux copies, elles ne peuvent être faites que sur un papier spécial de la dimension des feuilles aux droits de 50 centimes et de 1 franc, et timbré en couleur. Ce papier est fourni gratuitement par l'Administration. Il ne peut jamais être délivré de papier spécial qu'avec des timbres mobiles représentant les droits exigibles à raison de la dimension de ces papiers (Déc. 30 déc. 1873, art. 2, 2474 I. G., 3781 R. P.). La débite du papier spécial sert ainsi à contrôler la vente des timbres mobiles, et réciproquement.

Les timbres mobiles et le papier spécial sont délivrés en même temps (Déc. 30 déc. 1873, art. 2, 3781 R. P.).

Ces timbres mobiles sont d'une valeur variant de 50 centimes à 10 francs en principal.

3. BUREAU. — Les huissiers et autres officiers ministériels chargés de faire ou de signifier des copies d'exploits ou de pièces ne peuvent s'approvisionner du papier spécial et des timbres mobiles représentant la valeur des droits de timbre exigibles d'après la dimension des feuilles du papier spécial, qu'au bureau d'enregistrement désigné à cet effet (Déc. 30 déc. 1873, art. 2).

D'après l'I. G. 2784, ce bureau est celui où ils font enregistrer leurs actes.

4. FORME DU PAPIER SPÉCIAL. — Le papier spécial est revêtu d'un timbre humide de couleur et d'un timbre sec portant le mot *copies*. Provisoirement, ce timbre sec est remplacé par un timbre humide de couleur, portant également le mot *copies*. Le dessin des timbres mobiles est conforme à celui des timbres mobiles de dimension, mais il est imprimé en noir; la légende est imprimée en couleur, suivant les différentes quotités, et porte le mot *copies* (2474 I. G., 3781 R. P.).

5. APPOSITION. — L'officier ministériel est tenu, avant toute signification de copies, d'apposer sur l'original de son exploit un ou plusieurs timbres mobiles représentant le montant des droits de timbre dus à raison du nombre et de la dimension des feuilles du papier spécial employé pour les copies. Le timbre mobile est collé à la marge gauche de la première page de l'original, immédiatement au-dessous de l'empreinte du timbre sec (Déc. 30 déc. 1873, art. 3; Sol. 1er juill. 1876, 4499 R. P), et si l'exploit est rédigé à la suite d'une autre pièce, c'est en marge de l'exploit que le timbre doit être collé (Sol. 4 mars 1878).

Ces timbres doivent être apposés après la rédaction de l'original de l'exploit et avant toute signification (2474 I. G., 3781 R. P.). On ne peut plus les décoller pour s'en resservir, même quand la signification n'a pas eu lieu (Sol. 1er juill. 1876, 4499 R. P.).

6. PLURALITÉ. — Il suffit d'apposer en marge de l'original des timbres représentant *la valeur* des copies (2784 I. G., 3781 R. P.).

Le défaut de déclaration du nombre de feuilles de papier spécial et des droits de timbre constitue deux contraventions (Sol. 27 avr. 1874, 3913 R. P.). — V. § 10 *infrà*.

7. MENTION. — Indépendamment des mentions prescrites par l'art. 48 du décret du 14 juin 1813 (nombre de rôles de copies de pièces et détail de tous les articles de frais) et par l'art. 67 C. proc. (coût de l'exploit), les huissiers sont tenus d'indiquer distinctement au bas de l'original et des copies de chaque exploit : 1° le nombre de feuilles de papier spécial employées, tant pour les copies de l'original que pour les copies de pièces signifiées; — 2° le montant des droits de timbre

dus à raison de la dimension de ces feuilles (2474 I. G., 3781 R. P.).

8. RÉPERTOIRE. — Les huissiers et tous autres officiers ministériels chargés de faire les significations d'actes ou pièces sont tenus de reproduire, dans des colonnes distinctes de leur répertoire, les indications prescrites par les nos 1er et 2 de l'art. 3 L. 29 décembre 1873 (Déc. 30 déc. 1873 art. 4).

9. OBLITÉRATION. — Le receveur, lors de l'enregistrement, s'assure que les timbres mobiles correspondent aux indications de la mention faite sur l'exploit, ainsi que de la concordance entre la valeur des timbres mobiles collés en marge de l'original et les droits de timbre exigibles pour les copies.

Il oblitère ensuite ces timbres mobiles qui ont dû lui être représentés intacts au moyen de la griffe de leur bureau. L'empreinte de la griffe est apposée en travers du timbre, de façon que le numéro du bureau soit appliqué sur la légende d'une manière distincte. Chaque timbre mobile doit être oblitéré à l'encre grasse (2474 I. G., 3781 R. P.).

L'Administration insiste, dans son instruction, pour que cette formalité soit toujours accomplie avec soin. L'oblitération est la seule garantie du Trésor contre le double emploi.

10. CONTRAVENTIONS. — PÉNALITÉ. — Les contraventions aux dispositions qui prescrivent l'usage du papier, l'emploi des timbres mobiles, l'obligation d'indiquer distinctement au bas de l'original et des copies le nombre de feuilles employées et le montant des droits, l'omission de ces mentions au répertoire et les autres infractions au règlement d'administration publique sont punies d'une amende de 50 francs.

D'après le texte de l'art. 5 de la loi, il est dû une amende distincte par chacune des contraventions qui pourront être commises à l'occasion d'une même signification.

Les dispositions de l'art. 21 L. 11 juin 1859, relatives à l'emploi ou à la vente de timbres mobiles ayant déjà servi (Inst. n° 2176), sont applicables aux timbres mobiles établis par la loi du 29 décembre 1873.

En outre, sont considérés comme non timbrés les actes et pièces autres que les copies d'exploits ou de pièces qui auraient été écrits sur ce papier spécial.

Bien que la copie ne soit pas représentée, la contravention existe s'il résulte des mentions faites sur l'original que les feuilles employées ne pouvaient contenir le nombre de lignes prescrit (Sol. 4 juin 1874; 21 août 1877); mais il n'est dû qu'une amende, l'Administration ne pouvant pas établir que l'excédant n'est pas dans une page unique.

11. REMBOURSEMENT DU TIMBRE. — L'art. 4 de la loi défend aux officiers ministériels de demander et de se faire payer, à titre de remboursement du droit de timbre des copies, aucune somme excédant la valeur des timbres mobiles apposés en marge de l'original de l'exploit. Le même article dispose qu'il ne peut être alloué en taxe aucune somme excédant cette valeur (2474 I. G., 3781 R. P.).

12. ACTES A SIGNIFIER POUR RECOUVREMENTS DE SOMMES DUES A L'ÉTAT. — PORTEURS DE CONTRAINTES. — Il a été reconnu que les dispositions de la loi du 29 décembre 1873 et du règlement d'administration publique du 30 août, sont applicables aux copies signifiées par les porteurs de contraintes.

Mais comme les règlements relatifs aux poursuites en matière de contributions directes imposent aux porteurs de contraintes l'obligation d'employer, pour les actes qu'ils signifient, des formules particulières, fournies par l'administration des finances, et que le papier *Copie* créé par l'art 2 de la loi précitée ne pourrait être substitué à ces formules sans nuire à la régularité des poursuites et sans entraîner, par conséquent, des inconvénients pour le Trésor, on a dû adopter, à l'égard des porteurs de contraintes, des mesures spéciales d'exécution. Un arrêté ministériel du 6 mai 1874 détermine ces mesures.

Aux termes de l'art. 1er de cet arrêté, les porteurs de contraintes peuvent continuer à faire usage, pour la rédaction des copies de leurs actes sujets au timbre, des formules adoptées par l'administration des finances, pourvu que ces formules soient préalablement revêtues du timbre spécial établi pour le papier *Copie* débité par l'Administration.

L'art. 2 dispose que la remise de ces formules sera faite, dans les départements, par le trésorier-payeur général, et, à Paris, par le receveur central des finances, à celui des receveurs de l'enregistrement de leur résidence qui leur aura été désigné par le directeur et qui devra être choisi parmi les receveurs déjà chargés, par application de l'I. G. n° 2474 § 1er de la débite du papier *Copie* et des timbres mobiles correspondants (2484 I. G.).

Les diverses dispositions qui précèdent sont applicables aux formules imprimées qui viendraient à être adoptées par l'administration des finances pour l'exécution de l'art. 25 L. 29 décembre 1873, aux termes duquel les porteurs de contraintes pourront remplacer les huissiers pour l'exercice des poursuites tendant au payement des amendes et condamnations pécuniaires dont le recouvrement appartient désormais aux percepteurs des contributions directes (2484 I. G.).

Si le porteur de contrainte ne délivre pas la copie parce que le débiteur se libère au moment de la saisie, le timbre spécial n'a pas besoin d'être apposé (Sol. 4 avr. 1877, 20612 J. E.).

Originaux. — Il n'est rien innové en ce qui concerne les formules destinées à la rédaction des *originaux* d'exploits des porteurs de contraintes; ces formules sont, comme par le passé, revêtues du timbre extraordinaire au bureau du chef-lieu de département, à la diligence du trésorier-payeur général, conformément à la décision du ministre des finances du 3 février 1838 (1556, 2484 I. G.).

Administrations publiques. — L'art. 5 de l'arrêté de 6 mai 1874 porte que les dispositions de cet arrêté pourront être appliquées, avec l'autorisation de l'administration de l'Enregistrement, aux formules de copies d'actes de poursuites adoptées par d'autres administrations publiques, pour le recouvrement des sommes dues à l'État (2484 J. E.).

Il a été, de plus, reconnu que les copies à signifier par les agents de ces administrations peuvent être rédigées comme antérieurement sur du papier non spécial (2504 I. G., 4268 § 6 R. P.).

Contraintes. — Les formules de contraintes, imprimées sur papier de la débite pour le service des comptables de l'enregistrement ne doivent être employées, depuis la loi du 29 décembre 1873 et le décret du 30 du même mois, que pour la rédaction de l'original de cet acte et de sa signification. Il y a lieu de laisser à l'huissier le soin de rédiger à la main la copie de la contrainte et de l'exploit, sur le papier *Copie* créé par l'art. 1er du décret.

13. MESURES TRANSITOIRES. — Dans les débuts de l'application de la loi du 29 décembre, les receveurs et les employés supérieurs ont été invités à éclairer les officiers ministériels sur la nature et sur l'étendue de leurs nouvelles obligations; ils ont dû leur donner toutes les facilités désirables pour l'exécution de la loi (2484 I. G.).

Copies préparées. — Des réclamations se sont produites relativement aux copies d'exploits et de pièces préparées sur papier timbré de la débite, avant la promulgation de la loi du 29 décembre 1873, et non encore signifiées. Les avoués et les huissiers ont été invités à soumettre immédiatement au *visa* du receveur de leur résidence les copies dont il s'agit. Le receveur inscrit ces *visa* pour ordre, sur le registre de recette des droits de timbre, et lors de l'enregistrement ultérieur des exploits, il mentionne à la marge gauche de chaque original le nombre de copies visées et la date du visa, si ce visa a eu lieu à son bureau (Note lithog. du direct. gén. du 3 janv. 1874).

14. AFFICHES. — La loi n'est pas applicable aux affiches judiciaires apposées par les huissiers (Sol. 5 fév. 1874, 3879 R. P.).

COPIE COLLATIONNÉE.

5586. Définition. — La copie collationnée est la copie d'une pièce représentée et rendue, au bas de laquelle on place un certificat attestant sa conformité avec la pièce sur laquelle elle a été faite. On donne aussi le nom de *collation* aux pièces qui sont délivrées par suite de compulsoire. — V. 4844 et suiv.

5586 *bis*. Observation. — Lorsque la minute ou la copie dont on fait une expédition ou une deuxième copie reste en dépôt à l'officier public, l'expédition est simplement une première ou une deuxième expédition, ou une première ou une deuxième copie; mais lorsque l'original ou l'expédition est rendu en même temps que la copie qui en a été tirée, cette dernière copie s'appelle *copie collationnée*. C'est des *collations* de l'espèce, c'est-à-dire des extraits ou copies dont les originaux sont remis aux parties, qu'il s'agit dans cet article.

5587. Actes dont on peut donner copie. — On peut, par cette voie, faire des copies soit d'actes originaux sous signatures privées, soit d'expéditions d'actes publics, soit même de minutes d'actes de cette dernière nature qui, après le décès du notaire qui en était dépositaire, ou par suite d'événements extraordinaires, n'auraient pas encore été remis à la garde d'un autre notaire (Toullier t. 8 n° 437).

Il faut remarquer, toutefois, que la copie ainsi faite sur une minute d'acte n'a pas la force qu'aurait une expédition délivrée par un notaire dépositaire légal de cette minute. Il a été jugé spécialement qu'elle ne peut être considérée comme formant un titre suffisant pour faire accueillir une demande en délaissement (Cass. 27 janv. 1825, 5333 J. N.).

5588. Dépôt ordonné. — Mais si les minutes ont été déposées chez un autre notaire par ordre du tribunal, les copies que celui-ci en délivre sont des *expéditions* proprement dites. Dans ce sens, il a été décidé que les copies délivrées par un notaire d'actes reçus par un notaire décédé dont un tribunal lui a confié les minutes, sont des expéditions exemptes d'enregistrement, car le notaire agit, dans cette circonstance, comme successeur temporaire de son ancien collègue (D. m. f. 22 juin 1815, 4356 J. E.).

Toutefois, les expéditions des minutes d'un notaire décédé faites par un autre notaire avec cette mention : *expédiée sur la minute représentée et ensuite rendue*, ne sont que des copies collationnées. En conséquence, elles doivent être enregistrées et peuvent être écrites sur papier timbré de toute dimension (Dél. 7 flor. an 10, D. N. t. 4 p. 168 n° 27).

5589. Anciens dépôts publics. — Que doit-on décider, relativement aux copies délivrées par les notaires, des actes qui se trouvent dans les dépôts connus sous la dénomination de chambres de contrats, bureaux de tabellionage et autres ? Il paraît résulter des termes mêmes de l'art. 60 L. 25 ventôse an 11 que ces copies sont délivrées comme grosse ou expédition et ne sont point des copies collationnées (D. m. f. 18 avr. 1809, D. N. t. 4 p. 168 n° 26, *Man. des contr.* n° 80).

5590. Copies déposées ou annexées. — Il ne faut pas considérer comme de simples copies collationnées, les copies qui sont faites sur des actes déposés aux notaires par les parties, ou dont celles-ci ont requis l'annexe à un acte notarié. Ce sont de véritables *expéditions* quoique dans l'usage, mais improprement, on leur donne le simple nom de copies (*V.* art. 21 L. 25 vent. an 11, 765, 4303 J. N.).

Délibéré, dans ce sens, par l'Administration, les 28 novembre 1806 et 30 décembre 1813, qu'on ne doit pas soumettre à la formalité de l'enregistrement les collations ou extraits faits par un notaire sur les actes passés devant lui ou déposés en son étude ; mais si elles doivent être faites sur papier d'expédition elles sont considérées comme des expéditions (D. N. t. 4 p. 165 n° 108).

5591. Notaire en second. — Il s'est agi de savoir si les copies collationnées peuvent être délivrées par un notaire seul sans l'assistance d'un collègue ou de deux témoins, ou si, au contraire, cette assistance est nécessaire. Le doute est né de ce que, régulièrement, de pareilles copies ne font aucune foi par elles-mêmes. Quoi qu'il en soit, l'on s'est accordé à penser que le notaire qui certifie la conformité d'une pièce qui lui est représentée et qu'il rend à l'instant, avec la copie qu'il en délivre, fait un véritable *acte* que l'on ne peut confondre avec la simple expédition ou la grosse d'une minute qu'il retient en sa possession. En conséquence, on a pris le parti de revêtir les copies collationnées des formes exigées pour la réception des actes, c'est-à-dire qu'on ne les délivre qu'avec le concours d'un second notaire ou de témoins (Roll. de Vill. v° *Copie collationnée* n° 10).

5592. Tarif. — Enregistrement. — Les collations des pièces et actes étaient assujetties au contrôle par l'art. 29 du tarif de 1722 à raison de 5 sous pour la première pièce et seulement du demi-droit pour les autres. Le tarif de 1790 a porté ce droit à 10 sous pour chaque pièce, et l'art. 68 § 1er n° 18 L. 22 frimaire an 7 l'a élevé à 1 franc également par chaque acte, pièce ou extrait collationné, quel que soit l'officier public qui fasse la collation.

Ce droit est maintenant de 3 francs, d'après l'art. 8 L. 18 mai 1850 et l'art. 4 L. 28 février 1872.

5593. Délai. — Les copies collationnées délivrées par les notaires doivent être enregistrées dans le même délai que les autres actes (D. m. f. 9 prair. an 12, 232 I. G.).

5594. Pluralité. — Lorsque les copies collationnées de plusieurs actes sont portées à la suite les unes des autres sur la même feuille ou les mêmes feuilles de papier et que les actes ne pouvaient, sans contravention, être écrits les uns à la suite des autres, il est dû autant d'amendes de contravention à l'art. 23 L. 13 brumaire an 7, autant de droits de timbre et de droits d'enregistrement qu'il y a d'actes divers (14815-1 J. E.).

Mais la copie collationnée d'une expédition qui contient divers actes qui n'auraient pu être écrits et expédiés sur la même feuille ne donne lieu à aucune amende et à un seul droit de timbre et d'enregistrement, car il n'y a en définitive copie collationnée que d'une expédition (14012-3, 15310-1 J. E.).

Le nombre d'actes, pièces ou extraits compris dans la copie collationnée doit donc seul être pris en considération pour la détermination du nombre de droits fixes d'enregistrement auxquels elle peut donner ouverture. Peu importe le nombre des acquéreurs distincts et non solidaires figurant dans l'adjudication qui fait l'objet de la copie collationnée. Ce dernier nombre détermine, il est vrai, celui des droits fixes exigibles sur l'acte constatant le dépôt de la copie au greffe, pour la purge des hypothèques légales, parce que « cet acte collectif se divise nécessairement en autant de parties qu'il y a d'individus intéressés audit acte » (Cass. 30 mars 1852, v° *Dépôt*). Mais la doctrine de cet arrêt est sans application possible à la copie elle-même. Elle se divise, pour la perception du droit d'enregistrement, en autant de parties qu'il y a, non d'individus intéressés, mais, d'après le texte formel de la loi, d'actes, de pièces ou d'extraits collationnés.

Une copie collationnée peut comprendre plusieurs pièces : cela se déduit de la disposition de la loi qui fixe le droit d'enregistrement, par chaque acte, pièce ou extrait collationné; l'usage est constant sur ce point (278 J. N., 16895-1 J. E.). Mais nous pensons que l'on doit éviter de placer un style de collation après la copie de chaque pièce; ce serait, contrairement aux lois du timbre, faire plusieurs actes sur une même feuille de papier; il est plus convenable de ne faire qu'un style général mis et signé à la fin (D. N. t. 4 p. 169 n° 34).

Toutefois, il n'y aurait lieu de percevoir qu'un seul droit si la copie collationnée avait été faite sur une autre copie collationnée de plusieurs pièces, attendu que la seconde copie n'avait été faite que sur une seule pièce (D. N. t. 4 p. 167 n° 23).

1. COMPULSOIRE. — La copie collationnée faite par le juge ou le notaire commis pour le compulsoire ne donne pas ouverture à un droit particulier si elle fait corps avec le procès-verbal de compulsoire. — *V.* 4850.

5595. Acte ancien. — Un notaire peut délivrer copie collationnée d'un acte authentique passé dans l'ancien territoire de France, sans que cet acte ait été enregistré. — *V.* 484.

5596. Acte en conséquence. — La collation d'un acte assujetti à l'enregistrement ne peut avoir lieu, à peine d'amende, avant qu'il ait été enregistré (L. 22 frim. an 7 art. 41 et 42). — *V.* 484.

Par suite de sommation extrajudiciaire, une partie représente un acte sous seing privé non enregistré, pour être transcrit par un notaire à qui elle ne veut point le laisser, attendu que tous les contractants ne sont pas présents. On a pensé que le fonctionnaire peut rapporter, sans contravention, procès-verbal des dires respectifs et y insérer *copie collationnée* de l'acte sous seing privé (5833 J. E.). Mais cette décision ne saurait être généralisée, ainsi que nous l'avons dit v° *Acte en conséquence*.

5597. Engagistes. Par exception, les copies collationnées des titres que les détenteurs des domaines engagés doivent déposer sont affranchies du timbre et de l'enregistrement (D. m. f. 5 sept. 1809, 3338 J. E., 278 J. N.).

5598. Ordonnance de collation.— L'ordonnance de collation est passible du droit de 4 fr. 50 cent. — *V.* 4851.

5599. Pièces de comparaison. — Faux. — Les copies collationnées, faites par un notaire, d'actes de son étude déposés au greffe du tribunal pour servir de pièces de comparaison dans un procès de faux en écriture et le procès-verbal de vérification de ces copies sont exempts du timbre et de l'enregistrement, à moins qu'ils n'aient été faits à la requête spéciale et personnelle d'une partie civile (D. m. f. 26 août 1842, 12208 J. N., 1723 § 1er I. G.). — *V.* 852.

5600. Purge légale. — 1. NOTAIRES. — On a soutenu que la copie collationnée dressée par le notaire pour la purge légale sur l'expédition à lui représentée d'un acte retenu en ces minutes ne constituait pas une collation proprement dite, mais avait tous les caractères de l'expédition ordinaire affranchie de l'enregistrement et sujette au timbre spécial des expéditions (Sol. 23 avr. 1852 ; — Alençon 1er mars 1865, suivi d'un arrêt d'admission du 20 mars 1867,

2342 R. P., 18372 J. E. — *V.* aussi D. N. t. 10 p. 363 n° 59, et 16903 J. E.).

Cette appréciation est évidemment erronée. Si le notaire expédie la copie sur sa minute, il fait sans doute une expédition ordinaire. Mais s'il copie simplement l'expédition qu'on lui représente, sans se référer à la minute déposée en ses archives, il fait une collation ordinaire ayant un caractère et des effets bien différents de l'expédition proprement dite.

Cette transcription n'est pas autre chose qu'une copie collationnée pouvant être écrite sur timbre de toute dimension et devant être enregistrée au droit fixe de 3 francs. Nous avons discuté cette question d'une manière approfondie au n° 2542 R. P.

2. AVOUÉ. — Aucun doute ne saurait exister au sujet de la copie faite par l'avoué. Cet officier ministériel n'étant ni le rédacteur officiel ni le dépositaire légal de la minute du contrat, la copie qu'il certifie ne saurait être considérée comme une expédition. C'est un simple certificat de collation tombant sous l'empire de l'art. 68 § 1er n° 18 L. 22 frimaire an 7 et devant être enregistré (7140, 13473-1, 15194-2 J. E., Dél. 2 août 1856, 15920 J. N.). — Mais, comme il s'agit ici d'un acte du ministère de l'avoué ayant trait à une procédure judiciaire, le droit fixe de 1 fr. 50 cent. est seul exigible (Dél. 2 août 1856, 15920 J. N.,16895-1 J. E., Sol. 11 août 1852). Ces collations peuvent être écrites sur papier timbré de toute dimension (J. Savenay 24 juin 1853).

3. HUISSIERS. — Les mêmes règles s'appliquent aux copies collationnées faites par les huissiers. On les a considérées comme des actes judiciaires assujettis au droit fixe de 1 fr. 50 cent. (Arg. de l'I. G. n° 1903; Sol. 30 déc. 1857).

Une Sol. postérieure du 6 août 1872 paraît avoir décidé cependant que la copie faite par l'huissier est un acte extrajudiciaire passible du droit de 2 francs (3 fr.) en principal. Mais cette Sol. a été rendue sans doute dans des circonstances spéciales, le principe contraire étant nettement formulé dans l'I. G. 1903 et ayant été maintes fois appliqué par l'Administration à des situations analogues. Nous ne croyons pas qu'elle doive être suivie.

5601. Répertoire. — Les copies collationnées doivent être inscrites sur le répertoire (D. m. f. 3 prair. an 12, 232 I. G., 278 J. N., 1130, 14995-2 J. E.; — Castel-Sarrasin 29 août 1842, 13131 J. E., 16903 J. E, D. N. t. 4 p. 168 n° 24).

5602. Timbre. — La copie collationnée, devant être considérée comme un acte (5591), peut être écrite sur du papier de toute dimension (3591 J. E., D. m. f. 9 prair. an 12, 232 J. E.).

1. MAXIMUM DE LIGNES. — Mais, comme elles ne sont pas destinées à être signifiées par exploit d'huissier, elles ne tombent pas sous l'application du maximum de lignes et de syllabes ni des autres prescriptions de la loi du 2 juillet 1862 (Sol. 15-27 août 1863, 1809 R. P., 7 avr. 1864, 23 déc. 1865).

5603. Faculté accordée aux employés. — Si un acte dont il n'y a pas de minute contient des renseignements dont la trace puisse être utile pour la découverte des droits dus, le receveur aura la faculté d'en tirer copie et de la faire certifier conforme à l'original qu'il aura présenté. En cas de refus, il pourra réserver l'acte pendant vingt-quatre heures seulement, pour s'en procurer une *collation* en forme, à ses frais, sauf répétition, s'il y a lieu. Cette disposition est applicable aux actes sous signature privée qui seront présentés à l'enregistrement (L. 22 frim. an 7 art. 56).

Un arrêt de la C. cass. 13 août 1833 trace la marche à suivre par les receveurs de l'Enregistrement dans le cas prévu par l'art. 56 précité. D'abord, le refus fait par la partie qui a présenté l'acte à la formalité, de certifier conforme à l'original la copie tirée par le receveur, doit être constaté par un procès-verbal de ce préposé. Ce procès-verbal doit contenir en outre l'interpellation à la partie de se trouver, dans le délai de vingt-quatre heures, en l'étude d'un notaire désigné, pour y voir procéder à la collation en forme de l'acte retenu par le receveur. Dans le cas où la partie refuserait d'acquiescer à cette interpellation ou d'attester son adhésion par sa signature au bas du procès-verbal du receveur, celui-ci aurait à lui faire signifier immédiatement, et avant de se dessaisir de l'acte, une sommation extrajudiciaire d'être présent à la collation. L'acte qui est rédigé par le notaire pour la délivrance de la copie collationnée doit rappeler l'interpellation à la partie faite dans le procès-verbal du receveur, la sommation qui a suivi ce procès-verbal, et constater la comparution du receveur, la présence ou l'absence de la partie.

Cet arrêt est ainsi conçu : « Attendu, en droit, qu'il n'y a pas d'autre collation en forme que celle qui est faite par un officier public, parties présentes ou dûment appelées; que telle doit être, par conséquent, celle que les receveurs de l'Enregistrement sont tenus de se procurer au cas indiqué par l'art. 56 L. 22 frimaire an 7, le législateur n'ayant fait dans ledit article aucune exception à la règle générale; — Attendu, d'ailleurs, que c'est sans fondement que la direction générale allègue que cette disposition de la loi serait inexécutable, puisque, dans le même procès-verbal constatant contradictoirement le refus de celui qui présente l'acte à la formalité, de se conformer à ce qui est exigé de lui par ledit article, le receveur de l'Enregistrement peut l'interpeller de se trouver, dans le délai de vingt-quatre heures, pendant lesquelles il est autorisé à retenir l'acte chez un notaire pour y voir procéder à la collation en forme dudit acte, ou même en cas de refus de satisfaire à cette interpellation, lui faire faire, sans désemparer et avant de se dessaisir de l'acte, une sommation extrajudiciaire d'être présent à cette collation (10718 J. E., 1446 § 2 I. G., S. 33-1-734).

1. DÉLAI. — Si l'art. 56 L. de l'an 7 dispose que les receveurs ne peuvent retenir les actes dont ils veulent se faire délivrer une copie collationnée que pendant vingt-quatre heures, il s'ensuit seulement que ce délai expiré les parties ont le droit d'obtenir la restitution immédiate de ces actes. Mais il serait contraire au texte et à l'esprit de la loi de décider qu'après vingt-quatre heures le préposé n'a plus qualité pour faire procéder à la collation et que l'opération ainsi faite est nulle : ce serait créer une nullité là où la loi n'en indique pas (Béziers 26 fév. 1856, 16503 J. E.).

2. MENTIONS SUBSTANTIELLES. — Mais il a été jugé que la collation, pour être valable, devait contenir, indépendamment du certificat de l'officier qui a présenté l'acte à l'enregistrement, la mention qu'elle été tirée par le préposé de l'Administration et la date du jour où elle a été faite (Chinon 21 juin 1862, 1644 R. P., 12424 C., 17519 J. N., 17550 J. E.).

3. ACTE NON TRANSLATIF. — Quand un acte non translatif est présenté volontairement au receveur, celui-ci est-il fondé à en retenir copie collationnée pour en demander les droits non acquittés? — *V.* 1520-2.

COPIE FIGURÉE.

5604. — C'est une copie qui est conforme à son original, non-seulement quant à la substance ou teneur de l'acte, mais quant à sa forme matérielle.

Toutes les fois qu'un notaire doit, par autorité de justice, se dessaisir d'une minute, il en dresse et signe une *copie figurée* qu'il fait certifier par le président du tribunal et le procureur de la République; cette copie est substituée à la minute, dont elle tient lieu jusqu'à sa réintégration (L. 25 vent. an 11 art. 22). Ainsi le voulaient également des lettres patentes du 12 août 1779, données pour les notaires de Paris.

5605. Enregistrement et timbre. — La copie figurée, lorsqu'il n'y a pas lieu de la considérer comme l'expédition d'un acte notarié, peut être sur timbre de toute dimension et doit être soumise à l'enregistrement. Elle est alors passible du droit fixe de 1 franc (3 francs). — *V.* 5592.

Une copie de cette nature, dit avec raison le D. N., ne saurait être considérée comme une expédition. Visée et certifiée par le président du tribunal et le procureur de la République, elle devient un certificat délivré par une autorité publique et dont le dépôt doit être constaté sur le répertoire du notaire, comme celui de toute autre pièce placée au rang de ses minutes (D. N. t. 11 p. 164 n° 36).

5606. Épreuve photographique. — On devrait notamment considérer comme une copie figurée l'épreuve photographique d'un testament ou de tout autre acte. Le droit fixe seul pourrait être perçu.

CORSE.

5607. Législation spéciale. — Les droits de timbre et d'enregistrement sont perçus en Corse d'après les mêmes règles et suivant les mêmes tarifs que sur le continent, sauf les différences suivantes qui ont été établies en faveur de l'île par quatre arrêtés connus sous le nom d'arrêtés Miot, en date des 21 prairial, 5 messidor et 2 thermidor an 9[1]. Nous donnons en note ces trois documents, lesquels ont encore force de loi (Cass. 23 janv. 1876, 4412 R. P.).

1. ACTES JUDICIAIRES. — Les jugements des justices de paix ayant un caractère préparatoire ou rendus dans des

---

1. *Arrêté du 21 prairial an 9.* — ENREGISTREMENT. — Art. 1er. La loi du 22 frimaire an 7 sur l'enregistrement des actes civils, judiciaires, titres de propriété, continuera d'être exécutée suivant sa forme et teneur, sauf les modifications ci-après.

Art. 2. 1° Les droits fixes et proportionnels à percevoir d'après les art. 68 et 69 L. 22 frimaire, pour les contrats de mariage et les donations faites en faveur et par ces mêmes contrats, sont réduits à la moitié de ceux fixés par ladite loi;

2° Le droit de 4 pour 100, fixé par le § 7 de l'art. 69 L. 22 frimaire pour les ventes, cessions et autres actes translatifs de propriété ou d'usufruit de biens immeubles à titre onéreux est réduit à 2 pour 100.

Art. 3. La valeur des immeubles, dont les héritiers donataires ou légataires étaient tenus de faire la déclaration pour les successions qui leur étaient échues, sera à l'avenir déterminée par le montant de la contribution foncière, et, pour parvenir à cette fixation, la contribution foncière sera considérée comme le centième du capital sur lequel les droits à percevoir, d'après la loi du 22 frimaire an 7, seront liquidés; en conséquence, ces droits seront exigibles dès que le receveur de l'Enregistrement au bureau de la situation des biens, aura la connaissance du décès de l'ex-propriétaire; il en suivra le recouvrement sur les héritiers qui seront tenus, en acquittant les droits, d'ajouter la déclaration des immeubles fictifs, ainsi que celle du mobilier. La peine du droit en sus encourue, pour défaut de déclaration dans le délai de six mois, restera abrogée.

Art. 7. Il est accordé aux héritiers, donataires ou légataires, qui n'ont pas fait dans les délais prescrits la déclaration des biens qui leur sont échus, un délai de neuf décades, à compter du jour de la publication du présent arrêté, pour y satisfaire sans être assujettis à aucune peine. Ce délai expiré, ceux qui n'auront pas fourni leurs déclarations y seront contraints tant pour les droits dus que pour les peines prononcées par les lois existantes.

Art. 5. Tous actes privés d'une date antérieure à ce jour, qui auront été faits sur papier libre, qui n'auront pas été enregistrés dans les délais prescrits, et pour lesquels l'amende est encourue, ou la peine des droits en sus, pourront être présentés à l'enregistrement dans le délai de neuf décades, à compter de la publication du présent, sans être assujettis à aucune peine ni amende; passé ce délai, ces actes ne jouiront plus de cette faveur et supporteront les peines prononcées par les lois antérieures.

TIMBRE. — Art. 6. Sont exceptés du droit et de la formalité du timbre, les actes et procédures énoncés dans le règlement du 1er floréal dernier, portant établissement d'un tribunal de police simple;

Les actes et procédures relatifs aux délits champêtres, ainsi qu'il sera expliqué par un règlement particulier;

Les pétitions et mémoires en matière de contributions directes;

Les expéditions des arrêtés des conseils de préfecture qui auront pour objet ces mêmes contributions, lorsqu'il ne s'agira que de sommes au-dessous de 20 livres.

Art. 7. Le timbre extraordinaire est supprimé. Il est remplacé, quant aux actes et expéditions des administrations publiques et de la régie des douanes, par un visa du receveur de l'Enregistrement. Les art. 12 et 30 L. 13 brumaire an 7 continueront d'être exécutés suivant leur forme et teneur.

Art. 8. Les empreintes du timbre continueront d'être les mêmes pour chaque département.

Art. 9. Les lois du 13 brumaire et 6 prairial an 7 continueront causes non sujettes à appel et pour un objet n'excédant pas la valeur de 25 francs sont exempts d'enregistrement tant sur la minute que sur l'expédition.

Ces jugements sont sujets au timbre sur la minute. Leurs expéditions peuvent être délivrées sur papier non timbré.

Les jugements définitifs rendus dans des causes sujettes à appel et dont l'objet excède la valeur de 25 francs sont sujets au timbre. Leurs expéditions doivent être rédigées sur papier timbré ; elles sont soumises à l'enregistrement au droit fixe de 1 franc.

Les procès-verbaux de conciliation et autres actes des justices de paix intervenues dans les causes non sujettes à appel et dont l'objet n'excède pas la valeur de 25 francs sont exempts du timbre et de l'enregistrement sur la minute et sur l'expédition.

Les jugements de simple police sont exempts du timbre et de l'enregistrement, tant sur la minute que sur l'expédition (Arr. du 5 mess. an 9 art. 7).

Les greffiers tiennent pour la transcription des jugements un registre sur papier timbré. Tous leurs autres registres sont sur papier libre (Arr. du 2 therm. an 9 art. 41).

Ils ne sont pas soumis à la tenue d'un répertoire.

2. DONATIONS PAR CONTRAT DE MARIAGE. — Les donations entre-vifs ou à cause de mort faites en faveur de mariage et par les contrats de mariage n'acquittent que la moitié des droits établis par la loi du 22 frimaire an 7 (Arr. du 21 prair. an 9 art. 2).

3. EXPLOITS. — Sont exempts de timbre et d'enregistrement tous les exploits relatifs à la simple police, tous ceux qui, en matière civile, se rapportent à une demande qui n'excède pas 25 francs.

Les exploits dispensés de timbre et d'enregistrement le sont aussi de l'inscription sur le répertoire (Arr. du 5 mess. an 9 art. 7).

4. MUTATIONS A TITRE ONÉREUX. — Le droit de 4 pour 100 établi pour les ventes, cessions et autres actes translatifs à titre onéreux de propriété ou d'usufruit de biens immeubles a été réduit à 2 pour 100 (Arr. du 21 prair. an 9 art. 2).

Ce droit est additionné du droit ordinaire de transcription à 1 fr. 50 cent. pour 100.

5. MUTATIONS PAR DÉCÈS. — La valeur des immeubles soumis au droit de mutation par décès est déterminée en multipliant par 100 l'impôt foncier en principal, déduction faite des centimes additionnels. La peine du demi-droit en sus n'existe pas pour défaut de déclaration des successions dans le délai légal (Arr. du 21 prair. an 9 art. 3).

6. PROCÈS-VERBAUX. — Les procès-verbaux des gardes champêtres et des gendarmes sont exempts de timbre et d'enregistrement.

d'avoir leur entière exécution, sous les seules modifications portées aux articles précédents.

Arrêté du 21 prairial an 9. Art. 6. — Les poursuites pour le payement de droits de toute nature, dont le montant se trouvera liquidé, seront suivies par la voie des garnisaires. Les préposés de la Régie en feront la demande aux commandants de la force armée qui mettront à leur disposition le nombre de garnisaires demandés.

Art. 7. Les employés supérieurs sont autorisés à signer eux-mêmes les contraintes qu'ils sont dans le cas de décerner contre les redevables de droits domaniaux; les contraintes continueront d'être visées par les présidents des tribunaux civils des domiciles des redevables.

Arrêté du 5 messidor an 9. Art. 7. — Seront exempts de timbre et d'enregistrement, dans les justices de paix, les actes, procès-verbaux, citations, etc., relatifs aux conciliations et dans les causes non sujettes à appel et dont l'objet n'excèdera pas la valeur de 25 francs.

Les registres des jugements sujets ou non sujets à l'appel seront sur papier timbré, ainsi que les expéditions des jugements définitifs.

Les expéditions des jugements définitifs dans les causes sujettes à l'appel ou dont la valeur excèdera 25 francs, seront sujettes à l'enregistrement et soumises à un droit fixe de 1 franc.

Arrêté du 2 thermidor an 9. Art. 41. — Le greffier aura 8 registres, dont 7 sur papier libre, cotés et paraphés par le juge de paix : le 1er pour les citations verbales ; le 2e pour les oppositions aux défauts ; le 3e pour les rapports des gardes champêtres ; le 4e pour l'évaluation des mésus champêtres ; le 5e pour la nomination des fondés de pouvoirs ; le 6e pour les intimations de payements ; le 7e pour la désignation des objets saisis, et le 8e en papier timbré, pareillement coté et paraphé pour la transcription des jugements.

Ces arrêtés sont encore en vigueur (Cass. crim. 23 janv. 1875, 19683 J. E.).

COTE ET PARAPHE.

5608. — Formalité qui consiste à numéroter et à parapher chaque page d'un registre.

La cote et paraphe est une formalité d'ordre qui généralement ne donne lieu à aucun droit d'enregistrement.

5609. Livres de commerce. — Néanmoins, en ce qui concerne les livres de commerce, le procès-verbal qui constate qu'ils ont été cotés et paraphés doit être enregistré dans les vingt jours, et le droit est de 1 franc (3 fr. actuellement) (L. 28 avr. 1816, art. 73, 715 § 9 I. G., L. 28 fév. 1872 art. 4).

Cette disposition n'a pas été abrogée par la loi du 20 juillet 1837, qui a affranchi du timbre les livres et registres de commerce.

5610. Registres divers. — Cette formalité n'est ordonnée que pour les livres et registres de commerce susceptibles d'être paraphés suivant le vœu du C. com., elle ne concerne pas les registres qui intéressent l'ordre public. Ainsi, les procès-verbaux de ce genre, mis en tête des registres de l'état civil et de ceux des conservateurs des hypothèques et des répertoires des fonctionnaires publics, en sont exempts (D. m. f. des 16 déc. 1816, 758 I. G. et 3 sept. 1817, 5879 J. E.).

D'après ces décisions, on doit regarder comme exempts de la formalité de l'enregistrement les procès-verbaux de cote et paraphe des registres des logeurs, brocanteurs, maîtres d'hôtels garnis et autres dont les professions sont sous la surveillance de la police (Sol. 17 janv. 1834, 10906 J. E.).

5611. Registre de l'état civil. — Le procès-verbal de cote et paraphe, mis en tête des registres de l'état civil, doit être sur papier timbré de la même dimension que celui du registre (D. m. f. 7 fév. 1823, 3929, 7385 J. E.). — Il ne sera pas revenu sur le passé, sous la condition expresse qu'à partir de 1828 inclusivement les procès-verbaux de cote et paraphe des registres de l'état civil seront rédigés ou imprimés sur papier timbré (D. m. f. 10 oct. 1827, 8842 J. E., D. N. t. 5 p. 647 n° 22).

5612. Cote d'un registre non timbré. — La loi ne renferme aucune sanction pénale applicable au fait du magistrat qui cote et paraphe un registre assujetti au timbre et non timbré (Sol. 26 avr. 1854).

COUR D'ASSISES.

5613. Tribunal supérieur siégeant dans chaque département pour juger les crimes. — V. *Acte judiciaire*.

COUR DE CASSATION.

5614. Juridiction établie pour maintenir, dans tout le territoire français, l'unité de législation et de principes, et pour veiller à ce que les différentes juridictions restent dans les limites de compétence que la loi a tracées (L. 1er déc. 1790 et 28 flor. an 7).

5615. Attributions. — Les attributions de cette cour se composent de deux parties bien distinctes; elles ont pour objet les matières civiles et les affaires criminelles. Elle se compose de trois chambres qui répondent à cette double division, savoir :

La chambre des requêtes qui est, pour les affaires civiles, le premier degré de juridiction ; sa mission est d'examiner si les affaires qu'on lui soumet présentent assez de difficulté pour mériter plus tard d'occuper la chambre civile : la partie qui s'est pourvue en cassation est seule admise à développer ses motifs devant la chambre des requêtes.

La chambre civile, devant laquelle ont lieu, en cas d'admission du pourvoi, les débats et les plaidoiries contradictoires, et qui donne à l'affaire une solution solennelle.

En matière criminelle, il n'y a qu'une seule chambre à laquelle aboutissent toutes les affaires qui ont pour objet la législation pénale.

5616. Décisions sujettes à cassation. — La C. cass. n'est point un troisième degré de juridiction : ses fonctions diffèrent de celles des cours d'appel, en ce que celles-ci réforment les erreurs des premiers juges, tant sur la forme que sur le fond, tandis que la C. cass. ne prononce point, à proprement parler, sur les discussions qui divisent les parties; elle ne fait que garantir l'exécution des lois.

Il y a ouverture à cassation : 1° en cas de violation expresse de la loi; — 2° en cas de violation des formes; — 3° et en cas de contrariété d'arrêts ou de jugements rendus en dernier ressort entre les mêmes parties, sur les mêmes moyens et par différents tribunaux (L. 27 vent. an 8 art. 76, 20 avr. 1810 art. 7, C. proc. 504).

5617. Tarif. — Arrêt. — Le droit est de 15 francs sur les arrêts d'admission et sur ceux qui sont simplement *préparatoires* ou *interlocutoires;* il est de 37 fr. 50 sur les arrêts *définitifs* (L. 28 avr. 1816, 46 n° 3, 47 n° 3, L. 28 fév. 1872 art. 4).

5618. Acte de recours. — Le premier acte de recours en cassation est assujetti au droit de 37 fr. 50 cent. — *V.* 2209.

1. BUREAU. — La perception du droit d'enregistrement sur le premier acte de recours en cassation est faite par le receveur établi près la C. cass. — *V.* 2209-1.

2. JUSTICE CRIMINELLE. — La déclaration de recours en cassation en matière criminelle est exempte d'enregistrement. — V. *Acte judiciaire*.

3. POLICE CORRECTIONNELLE. — La déclaration par un condamné qu'il se pourvoit en cassation est enregistrable en débet. — V. *Acte judiciaire*.

5619. Pluralité. — L'acte de recours est de la nature des actes extrajudiciaires : on doit lui appliquer les principes relatifs aux exploits. Ainsi, il n'est dû qu'un droit, en quelque nombre que soient les parties, dès qu'elles sont *cointéressées* dans la cause (L. 22 frim. an 7 art. 68 § 1er n° 30, Dél. 19 juin 1824).

5620. Timbre. — La loi du 28 avril 1816 art. 38 a soumis à l'enregistrement, sur les minutes et originaux, tous jugements en matière *criminelle*, correctionnelle ou de police, sans exception : dès lors les arrêts de la C. cass., même en matière criminelle, sont assujettis au timbre, comme ils le sont à l'enregistrement (5696 J. E.).

COUR DES COMPTES.

5621. — Cette cour a été instituée par la loi du 16 septembre 1807, pour exercer les fonctions de la Comptabilité nationale, qui, en 1791, avait remplacé les anciennes chambres des comptes; la forme de procéder à l'examen ou au jugement des comptes, l'autorité des arrêts de la cour et leur exécution, les voies de réforme, de révision et de cassation sont principalement réglés par cette loi et par le décret réglementaire du 28 du même mois.

Ces questions sortent du cadre de notre ouvrage.

COUR D'APPEL.

5622. — Tribunal de premier ordre ayant pour attribution générale de connaître souverainement, en matière civile, des appels de jugements de première instance rendus par les tribunaux d'arrondissement et de commerce de son ressort; et, en matière criminelle, des appels de police correctionnelle. Ce tribunal statue encore sur les mises en accusation des prévenus contre lesquels les chambres du conseil des tribunaux de première instance ont rendu des ordonnances de prise de corps. Il existe en France vingt-cinq cours d'appel, dont l'organisation et le service sont principalement réglés par le décret du 6 juillet 1810.

1. ACTE JUDICIAIRE. — Les actes judiciaires, devant une cour d'appel jugeant correctionnellement, sont assujettis au même droit que les actes judiciaires devant les tribunaux correctionnels. — V. *Acte judiciaire.*

COURS.

5623. — Prix des marchandises, des effets publics, etc., d'après les négociations et transactions qui s'opèrent à la Bourse.

Le cours est, pour les marchandises, les effets publics, etc., ce que les mercuriales sont pour les grains.

5624. Enregistrement. — En matière d'enregistrement, lorsque des valeurs ont un cours public, les droits sont réglés sur le prix des cours. — V. *Actions.*

COURTIER DE COMMERCE.

5625. — Agent préposé par la loi pour s'interposer entre les négociants et faciliter leurs opérations.

5626. Courtier et agent de change. — Les fonctions des courtiers n'ont commencé à être séparées de celles des agents de change qu'à compter de 1781. C'est un arrêt du conseil du 5 septembre 1786 qui a distingué, d'une manière précise, les deux fonctions. — Ces diverses fonctions, supprimées en 1791, ont été rétablies par la loi du 28 ventôse an 9.

Il n'y a pas beaucoup d'analogie entre les courtiers et les agents de change.

Les uns et les autres sont à la fois intermédiaires de leurs clients, assimilables aux commerçants et officiers publics (Mollot *des Bourses de commerce* nos 122, 499 et 565, Pardessus n° 41).

Toutefois, les courtiers diffèrent des agents de change en un point important: c'est qu'ils sont de simples intermédiaires dans les négociations dont ils s'occupent, et qu'ils n'agissent point en leur nom, comme les agents de change; ils ne font jamais l'office de commissionnaires traitant en leur nom, aux termes de l'art. 91 C. com ils ne remplissent qu'un simple mandat.

La raison qui établit cette différence entre le courtier et l'agent de change, vient de ce que ce dernier est dans l'obligation de garder le secret sur la personne de son client, à moins que le client ou la nature de l'obligation ne l'autorise à le nommer. Au contraire, aucune loi ne défend au courtier d'indiquer celui pour lequel il agit; il doit opérer à découvert dans toute espèce de négociation (Pardessus n° 125, Mollot n° 566).

5627. Différentes espèces. — Il y a plusieurs espèces de courtiers. Le commerce et l'industrie se divisant en plusieurs branches principales qui exigent des connaissances diverses, il était indispensable d'établir des courtiers pour chacune d'elles. Ainsi il y a :

1° Des courtiers de marchandises; — 2° des courtiers d'assurances; — 3° des courtiers interprètes et conducteurs de navires, autrement appelés courtiers maritimes; — 4° des courtiers de transports par terre et par eau (77 C. com.).

Le Déc. du 15 décembre 1813, contenant règlement sur le commerce des vins de Paris, constitue une cinquième classe de courtiers appelés *courtiers gourmets-piqueurs de vins* (Pardessus n° 130, Mollot n° 500).

Les courtiers de marchandises ont été supprimés en 1867.

5628. Attributions. — Les attributions que la loi confie aux courtiers varient suivant l'espèce de courtage qui constitue l'emploi de chacun d'eux. Mais il n'entre pas dans notre cadre de donner des développements là-dessus: nous allons nous contenter de rappeler sommairement tout ce qui se rapporte aux matières dont nous traitons.

5629. Abonnement. — L'agent de change ou courtier qui concourt à la cession d'une action non timbrée du timbre d'abonnement d'une société abonnée encourt une amende de 12 pour 100. — V. *Abonnement* et *Étranger.*

5630. Assurance maritime. — Elle peut être rédigée par les courtiers de commerce.

Les assurances maritimes sous seing privé ou devant les courtiers d'assurances doivent être enregistrées lorsqu'il en est fait usage en justice.

Les polices d'assurance maritime peuvent être rédigées

par les courtiers de commerce et les notaires sur papier timbré à l'extraordinaire.

Les notaires et les courtiers de commerce qui rédigent des polices d'assurance maritime sont tenus de les inscrire sur un livre timbré ou frappé du timbre extraordinaire. — V. *Assurances* nos 2333, 2404 et 2411.

5631. Livres et actes. — Exemption et assujettissement au timbre des livres et de certains actes des courtiers de commerce. — V. 2014-2021.

5632. Vente de meubles. — Des ventes que les courtiers de commerce peuvent faire, de leurs obligations et des droits exigibles. — V. 1614 et suiv.

COUT.

5633. Coût. — L'art. 67 C. proc. est ainsi conçu : « Les huissiers seront tenus de mettre à la fin de l'original et de la copie de l'exploit le coût d'icelui, à peine de 5 francs d'amende, payables à l'instant de l'enregistrement. » — L'accomplissement rigoureux de cette disposition de la loi a été recommandé par une D. m. f. des 6 novembre 1854-23 juin 1855 (2040 I. G., 461 R. P.).

5634. Reçu. — L'ordonnance de 1667 (Tit. 2 art. 5), qui renfermait la même obligation, avait élevé l'amende à 20 livres contre l'officier ministériel contrevenant. Mais cette ordonnance exigeait que ce fût le *reçu* du salaire que l'huissier mît au bas de l'exploit. Le code n'exige, et avec raison, que l'indication du coût de l'acte, car il peut arriver et il arrive souvent que les huissiers ne se font pas payer d'avance, surtout lorsqu'ils agissent sur l'ordre et par l'intermédiaire des avoués avec lesquels ils ont des comptes ouverts.

5635. Interdiction. — A l'amende portée par le C. proc., l'art. 66 du tarif du 16 février 1807 (2408 J. E., 408 n° 3 I. G.), paragraphe final, ajoute une autre peine dans les termes suivants : « Les huissiers qui auront omis de mettre au bas de l'original et de chaque copie des actes de leur ministère la mention du coût d'icelui, pourront, indépendamment de l'amende portée par l'art. 67 C. proc., être interdits de leurs fonctions sur la réquisition d'office du ministère public. »

5636. Somme exagérée. — Comme pour le cas d'omission d'avoir mentionné le coût des actes, le fait par un huissier d'avoir porté une somme exagérée n'entraîne pas non plus la nullité de l'exploit; il y a lieu seulement à restitution de ce qui a été indûment payé et à interdiction de l'officier ministériel.

5637. But de la mention. — Cette obligation d'indiquer le coût de chacun des actes à un double objet : 1° elle empêche l'huissier de pouvoir exiger des parties un droit supérieur à celui qui est alloué par le tarif, puisque, s'il perçoit une somme plus considérable que celle qui lui est accordée, il tombe sous la censure du tribunal et sous le coup des poursuites du ministère public; — 2° cette mesure a pour but également d'établir, dès le principe, le montant du coût de chacun des actes, de manière que les parties puissent connaître, dans le cas où elles succomberont en définitive, quelle sera la somme qu'elles auront à débourser (Boitard t. 1er p. 181). — *V.* aussi Radier sur l'Ord. de 1667.

5638. Frais de diverses natures. — Les huissiers sont-ils tenus, *sous peine d'amende*, d'indiquer dans le coût de l'exploit, non-seulement le montant des divers droits qui leur sont alloués par le tarif, mais encore le détail de *tous les articles de frais* auxquels cet acte donne lieu ? « Dans l'usage, dit Bioche (V. *Exploit* n° 187), on ne mentionne sur la copie que la somme due à raison de cette copie; cependant, comme elle est destinée à servir d'original au défendeur, il serait plus exact d'indiquer sur la copie le coût complet. »

Il nous semble qu'une omission dans le détail de *tous les articles de frais* entraîne l'application de l'amende prononcée par l'art. 67 C. proc. En effet, l'art. 48 du décret du 14 juin 1813 (659 I. G.) est ainsi conçu : « Pour *faciliter* la taxe des frais, les huissiers, outre la mention qu'ils doivent faire au bas de l'original et de la copie de chaque acte, *du montant de leurs droits*, seront tenus d'indiquer, en marge de l'original, le nombre de rôles des copies de pièces et d'y marquer de même *le détail de tous les articles de frais formant le coût de l'acte.* » Or, si l'on rapproche cet article de ce que nous avons dit n° 5637, il devient évident que toute omission dans le détail de *tous les articles* de frais auxquels cet acte donne lieu est une contravention à l'art. 67 C. proc.

Par cette omission, en effet, le juge ne peut établir sa taxe, il ne peut savoir si l'huissier n'a pas commis quelque exaction dans la partie des frais qu'il a passée sous silence; enfin, la partie ignore ce qu'elle aura à payer dans le cas où elle succomberait. C'est ce double abus que le législateur a voulu prévenir en édictant l'art. 67 C. proc.

5639. Frais dus à l'avoué. — Mais le coût doit comprendre seulement ce qui est dû personnellement à l'huissier pour émoluments et déboursés; les huissiers n'ayant pas à s'immiscer dans la taxe des frais dus aux avoués ne sauraient être tenus de comprendre dans l'énonciation du coût les frais de copie de timbre et d'envoi qui seraient dus aux avoués (Cass. 21 déc. 1858, 1129 R. P., 2142-5 I. G., 16501 J. N., 16832 J. E., 11470 C., S. 59-1-680).

5640. Transport. — D'après l'art. 35 du décret du 14 juin 1813 (659 I. G.), dans tous les cas où les règlements accordent aux huissiers une indemnité pour frais de voyage, il n'est alloué qu'un seul droit de transport pour la totalité des actes que l'huissier a faits dans une même course et *dans le même lieu.* Ce droit est partagé en autant de portions égales qu'il y a d'originaux d'actes, et à chacun de ces actes l'huissier doit appliquer l'une des portions, le tout à peine de rejet de la taxe ou de restitution envers la partie et d'une amende qui ne peut excéder 100 fr., ni être moindre de 20 fr.

Pour assurer l'exécution de ces dispositions, les mesures suivantes ont été arrêtées, les 6 novembre 1854 et 23 juin 1855, par les ministres des finances et de la justice (2040 I. G., 461 R. P.) :

1° Les receveurs doivent mentionner en toutes lettres, dans l'enregistrement des exploits, le montant du droit de transport, tel qu'il a été porté dans la liquidation du coût de chacun de ces actes. Ils trouvent le montant des droits de transport dans le délai des frais exigé par l'art. 48 du décret de 1813;

2° Dans le cas où le coût du transport n'est pas indiqué sur l'exploit soumis à l'enregistrement, le receveur exige le payement immédiat de l'amende de 5 francs prononcée par l'art. 67 C. proc., sous peine d'être rendu responsable de son oubli ou de sa négligence;

3° Le montant du droit de transport applicable à chaque acte est inscrit dans une colonne spéciale du répertoire des huissiers.

Si l'huissier a fait remise à la partie du montant de ses frais de voyage, il est tenu de l'indiquer. L'absence non justifiée de ces frais dans le coût serait passible de l'amende de 5 francs (Seine 13 mars 1857, 11268 C., 16645 J. E.).

D'ailleurs, l'huissier qui a signifié plusieurs exploits dans une même course, mais dans des communes différentes, peut réclamer un droit de transport intégral pour chaque exploit (C. Dijon 28 août 1856, 16510-2 J. E.; — Cass. 29 juin 1857, 16603-3 J. E., S. 1857-1-250).

L'Administration a pris à cet égard des mesures de surveillance qui font l'objet des instructions n°s 2040 et 2501 § 7.

5641. Toutes lettres. — Le vœu de la loi ne serait pas rempli si l'huissier se contentait de détailler en chiffres les diverses parties du coût en marge de l'original et de la copie, il faut encore que ce coût soit exprimé en toutes lettres à la fin de l'original et de la copie. Faire le détail en chiffres, c'est satisfaire au vœu de l'art. 48 du décret du 14 juin 1813, mais ce n'est pas se soumettre à l'art. 67 C. proc. qui exige que la *mention* du coût soit faite sur l'original et sur la copie. Aussi, par deux jugements du 12 août 1846 (14125-2 J. E.), le tribunal de Belfort a-t-il décidé que l'huissier, qui s'est contenté de détailler le coût en chiffres sans le mentionner dans l'acte, est passible de l'amende de 5 francs (*V.* dans le même sens 8119 J. E.).

1. DÉTAIL. — Il suffit que le coût soit mis en bloc. L'amende n'est pas encourue pour le défaut de détail prévu par l'art. 48 du décret de 1813 (Sol. 5 avr. 1878).

5642. Citation. — L'art. 1er C. proc. est ainsi conçu : « Toute citation devant les juges de paix contiendra la date des jour, mois et an, les noms, profession et domicile du demandeur, les noms, demeure et immatricule de l'huissier, les noms et demeure du défendeur; elle énoncera sommairement l'objet et les moyens de la demande et indiquera le juge de paix qui doit connaître de la demande et le jour et l'heure de la comparution. » Cet article n'exige pas, à la vérité, que l'exploit fasse mention du coût de l'acte; mais cette omission tombe sous l'application de la règle générale posée par l'art. 67 même code (*V.* 5633) et se trouve punie d'une amende de 5 fr.

5643. Acte d'avoué à avoué. — On a émis l'opinion (2527 et 2530 J. E.) que l'art. 67 C. proc. étant placé au titre des *ajournements*, et la signification d'un acte d'avoué à avoué n'étant ni un ajournement ni même un exploit, dans l'acception ordinaire du mot, l'art. 67 n'est pas applicable aux actes d'*avoué à avoué*. Cependant l'art. 66 du tarif de 1807, rapporté n° 5635, s'appliquant à *tous les actes* des huissiers, est général dans ses expressions; d'où la conséquence que la *signification* de l'acte d'avoué à avoué étant un acte d'huissier tombe sous l'application de l'art. 67 C. proc. Aussi, une Dél. du 21 février 1824 (7674 J. E.), porte-t-elle que le coût doit être mis au bas de ces significations (*Conf. :* Narbonne 25 avr. 1844, 13542-2 J. E.).

5644. Matière criminelle. — Par les mêmes motifs, on doit repousser la doctrine enseignée par des auteurs (4314 J. E.), savoir : que l'obligation de mettre le coût au bas des exploits n'étant imposée que par le C. proc., cette obligation n'existe pas pour les exploits et citations en matière criminelle.

5645. Vente de meubles. — L'huissier n'encourt pas d'amende, quoiqu'il ait omis d'indiquer le coût des vacations au pied d'un procès-verbal de vente de meubles. — *V.* 1730.

5646. Payement de l'amende. — L'art. 67 C. proc. exige que l'amende qu'il prononce soit payée *à l'instant de l'enregistrement* (5050, 10978 J. E.). Cette disposition, comme le font remarquer Pigeau t. 1er p. 191, Chauveau, *sur Carré, Question* 345 *bis*, n'autorise pas le receveur à retenir l'exploit qui se trouve en contravention (*V.* 5603). Celui-ci a seulement le droit de dresser procès-verbal de la contravention (408 n° 3 I. G.) et de décerner une contrainte contre l'huissier qui se refuserait au payement immédiat de l'amende. Autrement et en retenant l'acte, le receveur arrêterait la marche d'une procédure et entraverait le cours de la justice; ce qui ne peut lui être permis.

5647. Répertoire.— Le coût doit être porté dans une colonne du répertoire. — *V.* 14168.

COUTUME.

5648. Ce mot, qui est aussi synonyme d'*usage*, désignait particulièrement nos anciennes lois municipales.

L'abrogation des coutumes a eu lieu par la loi du 30 ventôse an 12 sur la réunion des lois civiles en un seul corps, sous le titre de C. C. Voici ce que porte l'art. 7 de cette loi : « A compter du jour où ces lois seront exécutoires, les lois romaines, les ordonnances, les *coutumes* générales ou locales, les statuts, les règlements, cessent d'avoir force de loi générale ou particulière dans les matières qui sont l'objet desdites lois composant le présent code. »

Il n'est pas permis à un testateur de faire revivre une coutume abrogée. Ainsi est nulle la disposition qui est conçue en ces termes : *Je veux que mes biens soient partagés suivant la coutume de...* (Cass. 23 déc. 1828, Roll. de Vill. v° *Coutume* n° 2).

CRÉDIT.

DIVISION

SOMMAIRE

CHAPITRE PREMIER. — DISPOSITIONS GÉNÉRALES

TARIF

[5649-5663]

5649. Définition. — L'ouverture de crédit est l'acte par lequel une personne, et le plus souvent un banquier, s'oblige à fournir à une autre personne des fonds ou des effets négociables jusqu'à concurrence d'une somme déterminée.

Le négociant qui promet de prêter s'appelle *créditeur*, celui auquel la promesse est faite s'appelle *crédité*, et la faculté qui lui est accordée *crédit*.

5650. Obligations réciproques. — Un pareil acte constitue, de la part du créditeur, la promesse de prêter, et, de la part du crédité, celle d'emprunter. En effet, le premier s'engage envers l'autre à payer ou accepter, jusqu'à concurrence de la somme convenue, les lettres de change ou mandats que celui-ci doit tirer, ou les billets et autres effets de commerce qu'il souscrira pour être payés chez lui ; réciproquement, le crédité se constitue débiteur du montant du crédit et de ses accessoires (Pardessus *Droit du commerce* t. 2 n° 474.)

5651. Montant. — Accessoires. — Compte courant. — Par le montant du crédit et ses accessoires il faut entendre : 1° les capitaux qui sont employés par le commerçant à l'acquit des lettres de change, billets et effets de commerce ; — 2° les droits de commission et autres bénéfices fixés par l'usage ou par la convention ; — 3° les intérêts des fonds qui courent de plein droit, de même qu'en matière de compte courant, à partir des époques des avances successivement réalisées, conformément au crédit. — Au moyen de l'ouverture d'un crédit, le créditeur et le crédité se trouvent effectivement en état de *compte courant*.

5652. Validité de l'acte de crédit. — « Sous les lois romaines, dit M. Toullier t. 6 n° 17, la simple promesse de payer n'était pas obligatoire, il en est autrement sous l'empire du code : toutes les conventions légalement formées, soit qu'elles aient une dénomination particulière, soit qu'elles n'en aient pas, ne peuvent être révoquées que d'un consentement mutuel et pour les causes que la loi autorise. Elles doivent être exécutées de bonne foi. » Ce principe de la validité de l'acte d'ouverture de crédit comme obligation, contesté par M. Delvincourt t. 3 p. 119, a pleinement été confirmé par la jurisprudence et il est enseigné par

MM. Pardessus *Cours de droit commercial* t. 1er p. 470 et Champ. et Rig. n° 929; Pont, *Priv. et Hyp.*, n° 411[1]).

5653. Caractères de l'acte de crédit. — Mais la question capitale, au point de vue où nous sommes placés, est celle de savoir si l'ouverture de crédit présente un caractère tel que le droit d'obligation soit exigible comme il l'est sur les obligations de sommes en général. Afin d'écarter à toute époque la perception du droit proportionnel, on a soutenu que le contrat ne pouvait jamais produire aucune obligation, parce que la réalisation du prêt dépendait de la volonté de l'emprunteur et que c'était là, d'après l'art. 1174 C. C., une condition potestative annulant la convention. Mais il y a longtemps que cet argument a été repoussé par la jurisprudence. Troplong, qui l'a vivement défendu, le présentait en ces termes à propos de la validité des hypothèques : « Pierre, banquier à Paris, promet à Jacques de lui ouvrir un crédit de 100,000 francs, et Jacques s'oblige, par acte authentique, à lui fournir une hypothèque spéciale jusqu'à concurrence des valeurs fournies. De quel jour doit compter l'hypothèque ? Cette stipulation d'hypothèque est évidemment soumise à la condition, *si Jean qui en est débiteur fait usage du crédit.* Or, voilà une condition potestative de la part du débiteur : donc, l'accomplissement de la condition ne pourra pas produire d'effet rétroactif ; donc, l'hypothèque ne prendra naissance qu'au fur et à mesure de payements réalisés qui font cesser la condition potestative et produisent un lien de droit définitif » (*Des Hyp.* 478).

La convention avait été appréciée de même par Pothier (*Hyp.* ch. 1er sect. 2 § 3, Domat liv. 3 tit. 1er sect. 1re art. 4, Basnage *Hyp.* ch. 1er sect. 3, Merlin *Quest. de droit* v° *Hyp.* § 3 n° 2 et Toullier t. 6 n° 546). — Depuis Troplong, cette doctrine a été reproduite encore par Champ. *Dr. d'enregist.* t. 2 n° 934, Zachariæ t. 2 p. 143 et Coulon *Quest. de droit* t. 3 p. 226.

Toute la difficulté, on le voit, porte sur le caractère de la clause qui laisse à l'emprunteur la faculté d'user du crédit à sa volonté.

Si la réalisation du prêt était abandonnée purement et simplement au caprice du crédité, il serait vrai de dire qu'il n'y a pas de lien de droit entre les parties, puisque l'une d'elles pourrait, à son gré, s'affranchir de sa promesse. Ce serait le cas d'invoquer alors l'art. 1174 C. C. Mais une condition n'est pas nécessairement potestative dans le sens de cet article, par le seul motif qu'elle dépend de la volonté d'une partie. Il faut que cette volonté elle-même ne soit soumise à aucune influence extérieure qui en puisse déterminer les effets. Ainsi, je vous promets 1,000 francs si je vais à Paris. Je suis certainement le maître d'aller ou de ne pas aller à Paris. Néanmoins, il n'est pas en mon pouvoir de paralyser absolument, et dans tous les cas, les effets de ma promesse ; car, si des circonstances imprévues me forcent de faire le voyage, je serai obligé envers vous. Telle serait encore la condition : si je me décide à vendre. Il peut ne pas dépendre de ma volonté seule de vendre ou de ne pas vendre, car l'état de mes affaires peut m'y décider, ou les poursuites de mes créanciers m'y contraindre. Le contrat ne relève donc pas purement et simplement de ma volonté, comme si j'avais opposé cette condition : si je veux, s'il me plaît. Or, c'est seulement pour des conditions potestatives de cette dernière espèce que les conventions sont annulées par l'art. 1174 C. C. Quoique, sur l'observation du Tribunat, et pour éviter les difficultés qui auraient pu s'élever sur la question de savoir quand une condition est ou n'est pas purement potestative, le mot *purement* ait été supprimé de la rédaction principale de l'art. 1174, il est reconnu que la nullité s'y réfère uniquement.

L'ouverture du crédit est-elle contractée sous une condition de cette nature ? La négative n'est pas douteuse. Le débiteur qui se fait ouvrir un crédit prévoit qu'il aura, dans un avenir prochain, des besoins à satisfaire. Il dépend de lui, sans doute, de prendre ou de refuser les fonds, mais cependant sa volonté subira la pression des événements, et il pourra se faire qu'il ne puisse se dispenser de recourir au crédit. Une telle éventualité suffit pour enlever à la condition le caractère *purement* potestatif et fonder une obligation valable. — Quant au créditeur, on avait voulu soutenir qu'il ne contractait aucun engagement actuel, puisqu'il ne remettait pas immédiatement les fonds de l'emprunt; mais Pardessus a fait remarquer avec raison qu'il était tenu de les avoir toujours à la disposition du crédité et que cette promesse suffisait à la validité du contrat (*Cours de droit comm.* n° 471). — En résumé, la condition suspensive qui pèse sur le crédit n'a pas le caractère potestatif de l'art. 1174, C. C. ; lorsque les fonds sont versés, l'obligation reçoit son effet rétroactif à partir du contrat (1181 C. C.). La jurisprudence l'a ainsi décidé en matière civile par une série imposante d'arrêts (Caen 11 août 1812, S. 1813-2-128 ; — Cass. 28 janv. 1814, S. 1814-1-41 ; — Douai 17 déc. 1833, S. 1834-2-279 ; — Paris 20 août 1841, S. 1841-2-541 ; — Aix 29 mai 1841, S. 1841-2-520 ; — Paris 30 mars 1842, S. 1842-2-113 ; — Poitiers 30 mars 1842, Dalloz v° *Hyp.* n° 1323 ; — 9 janv. 1844, *eod. loc.* ; — Agen 3 janv. 1845, S. 1845-2-405 ; — Besançon 30 nov. 1848, S. 1848-2-729 ; — Cass. 21 nov. 1849, S. 1850-1-91 ; — Paris 15 janv. 1852 et sur pourvoi rejeté du 8 mars 1853, S. 1855-1-214 ; — Rouen 3 août 1864, S. 66-2-127). — C'est aussi l'opinion de la majorité des auteurs modernes (Persil quest. 1re ch. 4 § 3, Grenier t. 1er n° 26, Favard R. v° *Hyp.* sect. 2 § 3 n° 2, Pardessus *Droit comm.* t. 4 n° 1157, Roll. de Vill. v° *Hyp.* n° 55, Battur t. 2 n° 283, Bédarride t. 1er n° 26, Lanné p. 71, Dalloz v° *Hyp.* n° 1323, Devilleneuve et Massé *Dict. du cont. com.* v° *Crédit* n° 7). — Elle a été législativement consacrée en France par la loi du 10 juin 1853, sur les sociétés du crédit foncier ; et, en Belgique, par l'art. 80 de la loi hypothécaire du 16 décembre 1851.

La jurisprudence qui précède détermine l'exigibilité des droits d'enregistrement. Si, comme le soutient Troplong, l'ouverture de crédit était une promesse sans valeur, il est

1. M. Demante conteste même qu'en droit romain la promesse de protêt fût sans effet dans tous les cas. « Cette induction historique est erronée, dit-il. Il est bien vrai que, d'après les principes du Droit romain, la *simple convention* de prêter n'engendre pas d'obligation civile. Mais ce qui est vrai de la *simple convention* ne l'est pas de la promesse solennelle faite en réponse à une stipulation. C'est ce que Vinnius ajoute immédiatement en ces termes : « ... *Ac proinde nec eum qui se daturum promisit,* « extra stipulationem, *jure civili obligat.* » On pouvait donc, au moyen d'une stipulation, rendre obligatoire la promesse de prêter. Tout cela résulte de la distinction faite par le Droit romain entre les pactes et les contrats (n° 397).

clair que le contrat ne pourrait, à aucune époque, servir de titre à l'obligation, et, par suite, que le droit de 1 pour 100 ne serait jamais exigible sur la simple preuve du versement des fonds; il faudrait nécessairement justifier d'un nouveau contrat entre les parties. C'est là le système de Champ. et Rig. nos 799-929 et Dalloz nos 1341-1347. — Au contraire, s'il est vrai, comme l'affirme la jurisprudence, que le contrat originaire soit valable et que l'engagement des parties soit seulement affecté d'une condition suspensive, le droit d'obligation deviendra exigible dès que l'Administration aura prouvé l'échéance de cette condition, et sans qu'elle soit tenue de prouver, en outre, l'existence d'un nouvel écrit. Or, la question a toujours été résolue dans ce dernier sens. Les arrêts de la C. cass. sont unanimes pour décider que le contrat renferme une obligation soumise à la condition *suspensive* du versement des deniers (Cass. 10 mai 1831, 7450 J. N., 10040 J. E., S. 31-1-207; — 9 mai 1832, 7755 J. N., 10332 J. N., 1410-10 I. G., S. 32-1-370; — 5 août 1840, 10729 J. N., S. 40-1-766; — 20 avr. 1844, 11985 J. N., 13521 J. E., S. 44-1-545; — 11 nov. 1846, 12885 J. N., S. 47-1-40; — 18 fév. 1857, 817 R. P.; — 31 août 1858, 1090 R. P., 16402 J. N., P. 59-950; — 31 déc. 1862, 1734 R. P., 2244 § 6 I. G., 17624 J. N., 12383 C., 538 Rev., 17612 J. E., S. 63-1-157; — 28 déc. 1864, 2003 R. P., S. 65-1-50, 12786 C., 1260 Rev., 18278 J. E., 13204 J. E., 1841 Rev.; — 26 déc. 1866, 2389 R. P., 2356 § 6 I. G.; — 23 janv. 1867, 2430 R. P., 2357 § 2 I. G., 18303 J. E., 1886 Rev.; — 19 janv. 1869, 2876 R. P., 2385-1 I. G., S. 69-1-234, D. 69-1-353, P. 69-551, 19570 J. N., 18757 J. E.; — 16 janv. 1872, Ch. réun., 3401 R. P., 20288 J. N., 2434-6 I. G., Bull. 12, S. 72-1-41, D. 72-1-103, P. 72-65).

Ce dernier arrêt est ainsi conçu : « Vu les art. 4 et 69 L. 22 frimaire an 7, 1179 et 1181 C. C. : Attendu que, d'après ces dispositions combinées, le droit proportionnel sur les obligations subordonnées à une condition suspensive devient exigible par l'accomplissement de la condition, que cette règle est applicable à une convention d'ouverture de crédit par laquelle un banquier ou un commerçant s'est engagé envers un tiers à lui fournir des fonds, soit sous forme d'escompte, soit sous forme de prêt, au fur et à mesure de ses besoins, jusqu'à concurrence d'un chiffre déterminé, lorsque ce tiers a usé du crédit qui lui était ainsi ouvert; que la réalisation du crédit, qui est la condition du contrat, résulte suffisamment du fait, de la part du créditeur, d'avoir, en vertu des délégations du crédité, opéré, depuis l'ouverture de crédit, des encaissements successifs dont le montant atteindrait ou dépasserait le chiffre du crédit; que l'accomplissement de la condition qui rend le droit proportionnel d'enregistrement exigible comme si l'obligation eût été pure et simple au moment où l'acte avait été soumis à la formalité, peut être prouvé par tous les documents publics dont l'administration de l'Enregistrement est autorisée à prendre communication ».

5654. Droit fixe. — Mais l'acte d'ouverture de crédit ne peut justifier la perception immédiate du droit proportionnel, puisque l'obligation dépend d'un événement futur et incertain. Le droit fixe est donc seul exigible. — Tous les arrêts que nous venons de citer l'ont reconnu dans des termes identiques : « Attendu, porte celui du 26 décembre 1866, que l'acte d'ouverture de crédit contient, de la part de celui qui l'accepte, une obligation que les parties font seulement dépendre d'un événement futur et incertain; que, tant que la condition suspensive de cette obligation n'est pas accomplie, elle n'est passible que d'un droit fixe d'enregistrement; mais que, lorsque son existence est devenue certaine par la réalisation du crédit, il y a lieu à la perception du droit proportionnel, et que la Régie est admise à puiser la preuve de cette perception dans tout acte émané des parties et porté à sa connaissance. »

Ce droit fixe a été longtemps celui de 2 francs fixé par l'art. 8 L. 18 mai 1850.

5655. Loi du 23 août 1871. — Cependant, comme la promesse de prêter constitue un engagement obligatoire et que l'hypothèque qui en garantit l'exécution a son effet du jour de l'inscription, il a paru qu'il ne serait pas contraire aux principes de soumettre cette promesse à un droit proportionnel immédiat, pourvu qu'il fût inférieur au droit ordinaire d'obligation.

C'est pourquoi l'art. 5 L. 23 août 1871 a édicté les dispositions suivantes :

« Les actes d'ouverture de crédit sont soumis à un droit proportionnel d'enregistrement de 50 centimes par 100 francs.

« La réalisation ultérieure du crédit sera assujettie aux droits fixés par les lois en vigueur; mais il sera tenu compte, dans la liquidation, du montant du droit payé en exécution du § 1er du présent article.

« Le droit d'hypothèque, fixé à 1 pour 1,000 par l'art. 60 L. 28 avril 1816, sera perçu lors de l'inscription des hypothèques garantissant les ouvertures de crédit[1]. »

1. RÉALISATION PARTIELLE. — Dans le cas de réalisation partielle du crédit, il y a lieu, pour liquider le droit de 1 pour 100, de ne tenir compte du droit de 50 cent. déjà payé que sur la somme réalisée (Sol. 4 juill. 1878).

5656. Gage. — Hypothèque. — Il est d'usage que celui qui s'assure un crédit fournisse à l'avance soit un gage mobilier ou un dépôt de valeurs, soit une caution, soit enfin une hypothèque ou d'autres moyens de sûreté (Pardessus t. 2 n° 474). Mais ces conditions d'hypothèque et de garantie ont le même caractère que la disposition principale; dès lors elles ne peuvent exercer aucune influence sur la perception (Cass. 10 mai 1831, 7450 J. N., 10040 J. E., S. 31-1-207; — Cass. 9 mai 1832, 1410 § 10 I. G., S. 32-1-370, 7755 J. N., 10332 J. E.) : « Attendu, porte ce dernier arrêt, que, dans l'espèce, l'acte du 20 septembre 1829 a été justement considéré

1. Le législateur français a été suivi dans cette voie par le législateur belge. Une loi du 24 mars 1873 a réglé de la manière suivante la perception des droits sur les ouvertures de crédit :

« Art. 6. Les actes portant ouverture de crédit sur hypothèque ou sur gage sont assujettis, au moment de l'enregistrement, à un droit de 60 centimes par 100 francs, additionnels compris.

« Le droit est assis sur la somme pour laquelle l'hypothèque ou le gage est consenti.

« Art. 7. Sur le montant en principal de l'inscription prise en vertu d'un acte d'ouverture de crédit il sera perçu, au moment de la formalité, un droit de 60 centimes par 1,000 francs, additionnels compris.

« Art. 8. En cas de réalisation partielle ou totale du crédit, les perceptions effectuées conformément aux deux articles précédents seront complétées à concurrence des droits exigibles d'après les lois existantes. »

comme ne contenant pas d'obligation actuelle; que les conditions d'hypothèque et de garantie qu'il renferme ont le même caractère que la disposition principale» (*Conf.* : Arras 17 déc. 1846, 7796 C., D. N. t. 4 p. 214 n° 12).

Il a été même jugé par le tribunal de Toulouse, le 20 janvier 1842 (11504 J. N.), qu'il n'y a que simple ouverture de crédit, bien que le crédité donne hypothèque, pour sûreté du crédit avec condition qu'elle aurait tout son effet à partir du jour où elle serait prise, et que son existence équivaudrait à une obligation au profit des créditeurs, *à l'égard des tiers*, si l'Administration ne peut fournir aucune preuve que la somme a été réalisée au moment de l'acte. — Une pareille clause peut, en effet, être considérée comme superflue, puisque la jurisprudence reconnaît, ainsi que nous l'avons vu précédemment, que l'hypothèque stipulée pour sûreté d'un crédit ouvert prend rang du jour de son inscription, et non pas seulement du jour de la réalisation du crédit.

5657. Cession de créances. — Décidé, dans le même ordre d'idées, que lorsque dans l'acte d'ouverture de crédit le crédité cède au créditeur une créance due par un tiers, cette cession étant, comme l'obligation résultant de l'ouverture de crédit, purement conditionnelle, n'est point sujette au droit proportionnel (Besançon 18 janv. 1837, 9603 J. N.; — Seine 31 mars 1865, 2135 R. P.).

Il en serait autrement bien entendu si la cession devait produire un effet actuel en attribuant au créditeur d'ores et déjà la propriété de la créance. Dans ce cas le contrat renfermerait un véritable transport ordinaire auquel il faudrait appliquer les règles que nous avons fait connaître. — V. *Cession de créance*.

5658. Cautionnement. — Le cautionnement d'une ouverture de crédit n'était autrefois passible que du droit fixe. — *V.* 3428.

Aujourd'hui qu'à raison des avantages juridiques qu'elle confère l'ouverture de crédit est assujettie au droit proportionnel, il semble rationnel de décider que le cautionnement produit aussi des effets actuels suffisants pour justifier la perception d'un droit proportionnel : *accessorium sequitur principale*. — (*Contrà* 20520 J. N.).

Mais la loi n'ayant pas abaissé le droit qui s'y applique à la moitié du tarif ordinaire, il serait possible de soutenir qu'il ne subit aucune réduction. Cependant comme l'étendue du cautionnement se limite exactement sur l'étendue de l'obligation principale, et que dans la pensée de la loi l'ouverture de crédit n'a que la moitié de la valeur d'une obligation pure et simple, il paraît conforme aux principes d'admettre que le cautionnement de cette ouverture de crédit n'est également assujetti qu'à la moitié des droits ordinaires, sauf à compléter la perception lors de la réalisation complète du crédit. — *V.* 3428.

1. PROMESSE. — Il n'y a pas ouverture de crédit, mais promesse de cautionnement lorsque les administrateurs d'une société promettent d'endosser jusqu'à concurrence d'une certaine somme, les traites émises par cette société (Épinal, 12 avr. 1877).

5659. Dispositions indépendantes. — Lorsque l'acte de crédit constate la réalisation partielle de la promesse de prêt, le contrat produit deux effets distincts qui ont chacun leur influence sur la perception. En ce qui concerne la portion du crédit réalisé, le droit d'obligation ordinaire est exigible comme s'il s'agissait d'un prêt actuel. Mais, pour le surplus, l'acte conserve son caractère de promesse de prêt, passible seulement du demi-droit provisoire.

5660. Effet actuel. — Il ne faut pas confondre l'ouverture de crédit, renfermant une obligation soumise à une condition suspensive, avec la simple obligation à terme qui produit des effets actuels. Dans ce dernier cas, l'engagement du prêteur est tout à fait complet; le délai touche seulement au mode de libération et n'empêche pas le débiteur d'être fictivement saisi de la propriété des deniers. Ainsi que le fait remarquer M. Demante, « le prêt peut se consommer par une tradition feinte; le prêteur, conservant la somme en qualité de dépositaire de l'emprunteur, constitue ce dernier propriétaire et possesseur de ladite somme, et ainsi l'acte en question est passible du droit proportionnel. Cette manière de voir nous paraît exacte en droit civil et, au point de vue fiscal, se justifie par des considérations pratiques » (n° 400). — *V.* 1873.

Il est parfois difficile de distinguer l'ouverture de crédit de l'obligation à terme, car leurs effets apparents étant identiques, la différence des contrats repose sur l'interprétation de la volonté des parties. C'est au chapitre des sociétés surtout que nous aurons à exposer la jurisprudence qui s'est formée sur ce point, parce que l'on n'a pas manqué d'y vouloir dissimuler des prêts actuels sous la forme d'ouverture de crédit. Mais nous devons, ici déjà, faire connaître les décisions qui ont été rendues dans les cas ordinaires.

1° Ainsi, dans une espèce où la caisse hypothécaire avait ouvert un crédit de 100,000 francs réalisable en deux cents obligations au porteur, de 500 francs chacune, créées par la caisse, avec stipulation que les emprunteurs s'obligeaient à payer à la caisse, pendant vingt années consécutives, une annuité de 9,000 francs et qu'ils pourraient, à leur choix, retirer les deux cents obligations ou les faire escompter par la caisse hypothécaire, la cour suprême a décidé, le 2 avril 1845, que le droit proportionnel était exigible : « Attendu, porte l'arrêt, que l'acte du 2 avril 1840 contient, de la part de la caisse hypothécaire, non une simple ouverture de crédit au profit des défendeurs, dont ceux-ci pourraient user ou ne pas user, selon leurs besoins, mais bien un véritable prêt, dont le capital est certain, qui doit être fourni intégralement, qui est déclaré définitivement aliéné et dont le remboursement est stipulé aussi intégralement dans des valeurs et suivant un mode déterminés; que la clause par laquelle les défendeurs se sont engagés à faire assurer préalablement les propriétés hypothéquées audit prêt et à en justifier, ainsi que de l'extinction des hypothèques préexistantes, n'a pu avoir pour effet ni de suspendre, ni de rendre éventuel le lien de droit résultant entre les parties de l'obligation principale, puisqu'aux termes de l'acte même l'inexécution de cette partie de l'engagement ne constituait qu'un cas de résolution du contrat évidemment dans l'intérêt du prêteur, lequel aurait pu toujours renoncer à s'en prévaloir » (13739 J. E., 12344 J. N., 1743 § 8 I. G., S. 45-1-244; — Nontron 20 avr. 1842, 11468 J. N.; — *Contrà* Champ. et Rig. t. 6 n° 142);

2° Par acte du 27 juillet 1842, la caisse hypothécaire a ouvert au sieur Bichade de Fourche et autres emprunteurs un crédit de 20,000 francs en quarante obligations au porteur, payables à présentation. Pour opérer le remboursement de ce crédit, les emprunteurs donnent hypothèque et s'engagent à payer à la caisse, pendant vingt années consécutives, à partir du 27 juillet 1843, une annuité de 1,800 francs, et l'acte porte textuellement que « les vingt années constituent des capitaux distincts donnés en échange du capital montant du crédit, lequel capital est définitivement aliéné. » Jugé que le droit proportionnel est exigible (Saint-Jean-d'Angély 7 mai 1846, 14023 J. E.);

3° De même, trois délibérations de l'Administration ont décidé les 18 octobre 1832, 6 décembre 1833 et 23 juillet 1833 (Dalloz nos 1334, 1345, 1346) : la *première*, que l'acte notarié par lequel une partie *promet* de prêter une rente sur l'État, et l'autre s'engage à en rendre une de même valeur avec affectation hypothécaire, est passible du droit de 1 pour 100; — la *seconde*, que le même droit est exigible sur un acte par lequel une personne s'oblige à compter annuellement, à titre de prêt, à son frère, une somme de 1,000 francs, jusqu'au décès de la mère commune des parties et sans cependant que cette obligation pût s'étendre au delà de vingt ans; — la *troisième*, que cette perception est applicable à une promesse de prêter dans laquelle les termes de payement de l'obligation étaient fixés d'une manière formelle;

4° Si, dans un acte qualifié ouverture de crédit, le crédité s'engage à user, dans un délai déterminé, du crédit qui lui est ouvert et s'il s'engage à en rembourser le montant dans un délai déterminé, il n'y a pas simple crédit, mais obligation réelle, et le droit proportionnel est exigible (Besançon 8 juin 1853, 166 R. P. et 1er fév. 1854; — *Contrà* D. N. t. 4 p. 215 n° 18);

5° Quand des associés s'engagent en leur nom personnel et pour la société envers une autre entreprise à verser, comme prix de l'abondon de certaine prétention, une somme déterminée dans un délai convenu avec intérêt à défaut de payement à l'échéance, laquelle somme sera rendue par la société après la vente de ces immeubles, il y a une obligation actuelle passible du droit de 1 pour 100 et non pas une simple ouverture de crédit (Seine 8 août 1857, 943 R. P., 16627 J. E.);

6° Un arrêt de cass. 21 février 1838 (11990 J. E., 1577 § 14 I. G., 9938 J. N., P. 38-1-376, S. 38-1-208) porte qu'un acte par lequel on donne hypothèque jusqu'à concurrence d'une somme de 20,000 francs pour sûreté de ce que l'on *peut* ou *pourrait* devoir pour sommes remises antérieurement, donne ouverture au droit d'obligation sur les sommes remises à déclarer conformément à l'art. 16 L. 22 frimaire an 7 (*V.* dans le même sens : Reims 23 nov. 1842, 13142 J. E. et *Contrà* D. N. t. 4 p. 215 n° 20);

7° L'acte par lequel l'ancien associé commanditaire d'une société en faillite s'engage envers le syndic, qui renonce à le poursuivre à raison de faits d'immixtion, à verser à la masse une certaine somme avec garantie hypothécaire et intérêts, est passible, non du droit fixe d'ouverture de crédit comme contenant simplement une promesse de prêt, mais du droit proportionnel d'obligation, encore qu'il soit stipulé que la somme versée sera remboursable sur le prix de la vente des immeubles de la société jusqu'à concurrence de ce prix (Cass. 7 nov. 1859, S. 60-1-809, P. 60-427);

8° Renferme une obligation actuelle sujette au droit de 1 pour 100 l'acte par lequel une personne s'engage à ouvrir à une société un crédit dont l'importance sera mise intégralement à la disposition du crédité, qui en payera l'intérêt, outre une portion dans les bénéfices sociaux; cette dernière stipulation, de même que les conditions convenues entre parties et relatives au remboursement, excluent l'idée que, dans la pensée commune des contractants, l'emprunt ne sera pas réalisé en une fois et manifestent clairement l'intention du crédité d'user de l'intégralité du crédit (Bruxelles 7 avr. 1872, 3517 R. P.).

1. EFFETS NON ÉCHUS. — Lorsqu'il est convenu que l'ouverture de crédit comprendra les valeurs déjà portées au compte courant du crédité, mais non encore échues et pour le cas seulement où ces valeurs ne seraient pas payées à l'échance, la condition suspensive qui affecte le crédit n'empêche pas l'existence d'une reconnaissance actuelle de dette passible du droit d'obligation (Versailles 11 av. 1867, 2533 § 6 R. P.).

5661. Réalisation. — Obligation. — Le plus souvent le crédit est réalisé sans qu'il intervienne un nouvel acte entre les deux parties. Cette réalisation résulte alors d'une série de faits divers dont nous ferons plus loin l'énumération. Mais il se peut aussi, quoique le cas soit rare, que le créditeur et le crédité rédigent un second acte pour constater la réalisation du crédit, soit par le versement effectif des fonds, soit par l'engagement ferme et actuel de les prêter, comme de les recevoir. Dans ce cas, le second acte renferme par lui-même le titre d'une obligation nouvelle donnant lieu au droit proportionnel de 1 pour 100 comme toutes les obligations de somme.

Ainsi, il a été jugé que l'acte par lequel un créditeur s'oblige, postérieurement à l'ouverture de crédit, à en verser le montant à des époques fixes entre les mains du crédité ou de ses créanciers, contre l'engagement pris par le débiteur de rembourser la somme dans un délai convenu avec intérêts et affectation hypothécaire, transforme l'ouverture de crédit en un prêt actuel passible du droit proportionnel d'enregistrement et d'hypothèque (Cass. 5 mars 1873, 3577 R. P., 2468-3 I. G., B. C. 32, S. 73-1-226, D. 73-1-312, P. 73-537). — *Conf.* : Seine, 24 avr. 1875).

Il importe de ne pas confondre cette situation avec une simple réalisation de crédit parce que, dans le premier cas, le défaut de perception constituerait une insuffisance prescriptible par deux ans, alors que, nous le verrons au mot *Prescription*, les droits résultant d'une ouverture de crédit ne sont soumis qu'à la prescription de trente ans.

5662. Travaux. — Marché. — On ne doit pas considérer comme une ouverture de crédit l'acte par lequel des entrepreneurs en charpente, serrurerie, menuiserie et peinture, ouvrent un crédit d'une somme déterminée, réalisable, dans une période de temps donnée, en travaux de leur profession à faire à une maison en construction. Un tel acte est un marché passible du droit déterminé par le n° 1er § 3 de l'art. 69 L. 22 frimaire an 7 (Seine 23 mai 1832, Dél. 3 juill. 1832; — Seine 23 déc. 1845, Dalloz n° 1351; — Seine 1er fév. 1843, 13184 J. E.).

5663. Marchandises. — Mais on ne peut voir qu'une ouverture de crédit dans l'acte par lequel un commerçant s'engage à remettre, jusqu'à concurrence d'une somme déterminée, les marchandises qui lui sont demandées par un autre commerçant (Dél. 27 avr. 1838, 12060-2 J. E., 10006 J. N.).

Lorsque le crédit est ouvert en marchandises, le droit exigible en cas de réalisation est celui de 2 pour 100. — *V.* 5688.

CHAPITRE II. — PREUVES DE RÉALISATION

[5664-5688]

5664. Principe. — Lorsque le crédit se réalise, c'est-à-dire lorsque la condition qui tenait en suspens le droit proportionnel s'accomplit, ce droit devient exigible. C'est l'application du principe que nous avons développé n°s 4943 et suiv., et c'est la conséquence de ce que nous avons dit, n° 5653, sur la date qui fixe le rang de l'hypothèque prise pour sûreté du crédit. Ce n'est donc pas l'acte qui constate la réalisation, mais bien l'acte de crédit lui-même, qui donne ouverture au droit, contrairement à ce qu'enseignent Dalloz n° 1357, Champ. et Rig. n° 934. L'art. 1179 C. C. donnant à la condition accomplie un effet rétroactif au jour où l'engagement a été contracté, il s'ensuit que la réalisation de la condition a pour résultat de rendre la convention pure et simple, de conditionnelle qu'elle était, *et de placer le titre de la convention dans l'acte même qui l'a constatée.*

M. l'avocat général Blanche le disait très-nettement dans le réquisitoire sur lequel a été rendu l'arrêt du 28 déc. 1864 précité : « Ce n'est pas sur l'acte qui en fournit la preuve (à moins qu'il ne forme lui-même un véritable titre d'obligation), mais bien sur le titre originaire que le droit est exigible, comme il l'aurait été si l'acte primitif avait constaté une obligation pure et simple » (2003 R. P.). — Et, dans un arrêt du 31 décembre 1862, la cour n'avait pas moins catégoriquement affirmé ce principe : « Attendu que l'acte d'ouverture de crédit contient une obligation dont l'existence dépend d'un événement futur et incertain, à savoir de la réalisation du crédit ; que, par conséquent, il n'est passible que du droit fixe d'enregistrement tant que l'existence de l'obligation reste suspendue ; mais qu'alors que cette existence est devenue certaine par la réalisation du crédit, *cet acte* donne lieu à la perception du droit proportionnel. » — Tous les autres arrêts que nous avons cités au n° 5653 précédent et particulièrement l'arrêt solennel du 16 janvier 1872 que nous avons alors reproduit sont rendus dans le même sens.

5665. Modes de preuve. — La principale difficulté en cette matière est de savoir quand la preuve de l'arrivée de la condition, c'est-à-dire du versement des fonds, est suffisamment établie pour la demande du droit proportionnel. La loi de l'impôt n'indique pas comment cette preuve doit être faite ; mais, par cela même, elle laisse la question dans les termes du droit commun, et, comme il s'agit uniquement d'établir un fait dont la constatation ne nécessite aucun acte spécial, l'Administration peut invoquer tous les éléments de preuve compatibles avec l'économie de sa loi spéciale.

Nul doute évidemment qu'elle soit fondée à opposer aux parties les actes où elles ont figuré et les déclarations qu'elles ont faites, pourvu, bien entendu, que ces actes soient parvenus régulièrement à sa connaissance. L'Administration, disent la plupart des arrêts déjà cités, est admise à puiser la preuve de cette réalisation dans tout acte émané des parties contractantes et porté à sa connaissance par la présentation à l'enregistrement (*V.* Cass. 31 déc. 1862). — Cette preuve, au point de vue fiscal, peut résulter de tous actes émanés *des parties contractantes* et que constatent l'enregistrement ou autres documents publics dont l'Administration est autorisée à prendre communication (*V.* Cass. 28 déc. 1864 ; — Cass. ch. réun. 16 janv. 1872). — *V.* 5653.

Mais il n'est pas même nécessaire qu'elle produise l'aveu des parties elles-mêmes, si d'autres faits d'ailleurs pertinents démontrent invinciblement la réalisation du crédit. Ainsi, il a été reconnu que l'Administration pouvait invoquer les mentions inscrites, en dehors de la participation des contractants, dans une comptabilité publique : « Attendu, porte l'arrêt du 23 janvier 1867, que l'accomplissement de la condition qui rend le droit proportionnel exigible peut être prouvé par tous documents publics dont l'Administration est autorisée à prendre communication. » C'est ce que décidait déjà l'arrêt précité du 28 décembre 1864. — L'accomplissement de la condition, dit ailleurs la cour, qui rend le droit proportionnel d'enregistrement exigible, comme si l'obligation eût été pure et simple au moment où l'acte avait été soumis à la formalité, peut être prouvé par tous les documents publics dont l'Administration de l'enregistrement est autorisée à prendre communication (Cass. ch. réun. 16 janv. 1872). — *V.* 5653.

Ce n'est point à dire évidemment que le Trésor puisse, dans tous les cas, opposer aux débiteurs une déclaration qui leur est étrangère. Mais, si les circonstances qui les accompagnent sont telles que la réalisation du crédit soit démontrée aux yeux du tribunal, il devra constater l'exigibilité de l'impôt (R. P. 4631).

Nous allons d'ailleurs parcourir la série des hypothèses qui ont été soumises à la jurisprudence : elles serviront mieux qu'on ne le ferait dans une règle générale à préciser les limites du droit accordé à l'Administration.

5666. Acte authentique. — Il est certain d'abord que la réalisation du crédit n'a pas besoin d'être établie par un acte authentique. Ainsi, il a été reconnu, en matière civile, que l'obligation notariée par laquelle une partie s'engage à ouvrir un crédit à l'autre jusqu'à concurrence d'une certaine somme est exécutoire contre le débiteur, par le seul fait du versement de cette somme, et sans qu'il soit besoin que ce versement, ou, en d'autres termes, la réalisation du crédit soit constatée par acte authentique (C. Grenoble 21 fév. 1839, 10795 J. N.).

La C. cass. a également reconnu, le 23 mars 1874, que la réalisation d'un crédit n'a pas besoin d'être prouvée par des actes authentiques. Les avances ou versements faits par le créditeur peuvent être prouvés à l'aide de simples actes sous seing privé ou de la correspondance des parties, ou même, s'il s'agit de relations entre commerçants, par leurs livres de commerce (J. du not. 2718).

5667. Actions déposées, vendues, émises. — Le jugement qui constate que des actions ont été déposées entre les mains du créditeur par le crédité pour nantissement du crédit, et *qui ordonne la vente de ces actions* au profit du créditeur, donne ouverture au droit proportionnel d'obligation pour réalisation de crédit (Seine 8 janv. 1851, 15175 J. E.).

Lorsqu'il a été ouvert à une société un crédit réalisable au moyen de sommes à fournir contre la remise simultanée de titres d'obligations, le fait que les obligations sont détachées du registre à souche suffit pour justifier la demande du droit d'enregistrement et du droit d'hypothèque, s'il n'est pas prouvé que ces titres ont reçu un emploi différent (Seine 5 janv. 1866, 2321 R. P.;—Seine 9 fév. 1867, 2533 § 1er R. P.).

De même, si une société s'est engagée à procurer à une autre société des avances de fonds au moyen d'un placement, dans le public, d'un certain nombre de titres à émettre par la seconde société, la souscription de ces titres constatée par les déclarations du gérant pour l'acquit du droit d'abonnement établit que l'opération a eu lieu, que par conséquent les avances promises par la première société à la seconde ont été faites et que le crédit se trouvé réalisé (Cass. req. 19 janv. 1869, 2876 R. P., 2385-1 I. G., S. 69-1-234, D. 69-1-353, P. 69-551, 19570 J. N., 18757 J. E.; — *V.* Cass. civ. 15 nov. 1869, 3034 R. P., 18755 J. E., 2397-8 I. G., B. 195, S. 70-1-34, D. 70-1-340, P. 70-303).

« Attendu, porte l'arrêt du 19 janvier 1869, que la réalisation du crédit de 1,500,000 francs ouvert par la Société du crédit des paroisses au sieur Carion, suivant acte du 29 avril 1864, a été considérée à bon droit par le jugement attaqué comme prouvée par l'ensemble des circonstances suivantes : 1° par la déclaration faite au bureau du timbre, dès le 24 avril 1864, par Carion, agissant comme directeur de la société créditrice, ledit Carion avait constaté que cette société était en voie d'émettre 26,000 obligations de 100 francs chacune ou représentation de l'emprunt consenti par elle pour l'acquisition et l'exploitation du domaine de Cerneck; — 2° en conséquence de cette déclaration il a été souscrit par le même gérant un abonnement pour les droits de timbre applicables auxdites obligations, abonnement établissant la mise en circulation des obligations; — 3° cette souscription a été suivie de l'acquittement exact et régulier des droits de timbre, et il n'est pas contesté qu'au 31 mai 1866 il avait été détaché de la souche et mis en circulation 25,947 obligations représentant une valeur de 2,594,000 francs; — 4° d'après une note explicative mise au dos de chacun des titres d'obligations, objet de l'abonnement, les statuts de la Société du crédit des paroisses n'autorisaient le gérant à émettre des obligations qu'autant qu'il aurait en sa possession des valeurs de portefeuille formant les titres de créance de la société contre le crédité; — 5° il avait été stipulé dans l'acte d'ouverture du crédit dont il s'agit au procès que le montant en serait versé contre des mandats ou lettres d'avis adressées par Carion à la société et devait provenir de l'émission jusqu'à concurrence de 2,600,000 francs faite par le gérant d'obligations représentatives du prêt consenti. »

Le fait seul d'avoir fait timbrer les titres ne suffit pas à prouver la réalisation, si d'autres circonstances établissent que le crédit n'a pas été suivi d'effet (Alençon, 2 juin 1873).

5668. Cession. — Délégation. — 1. CRÉDITEUR. — Le droit d'obligation est exigible quand le créditeur transporte le montant de la somme pour laquelle son débiteur a été crédité (Soissons 18 juill. 1849, 14801-3 J. E.; — Seine 8 juill. 1851, 15287 J. E.). — Ou en délègue le montant à son propre créancier (Seine 25 juill. 1862, 17530 J. E.).

2. CRÉDITÉ. — Il en est de même quand le crédité vend des immeubles à un tiers et en délègue le prix au créditeur (Mont-de-Marsan 11 janv. 1847, 14210-1 J. E.), ou bien qu'il convertit en cession actuelle la délégation conditionnelle ou le gage renfermé dans l'acte d'ouverture de crédit (Cass. 26 déc. 1866, 2389 R. P., 2356 § 6 I. G., 18278 J. E., 13204 C., 1841 Rev., B. 209, S. 67-1-134, D. 67-1-165, P. 67-303)

5669. Comptabilité ou documents publics. — Lorsqu'une promesse de prêter a été contractée envers une ville, la réalisation constatée par les pièces de comptabilité autorise la perception du droit d'obligation (Cass. 11 nov. 1840, Dalloz n° 1366, 12885 J. N., S. 47-1-40; — 5 août 1840, 10729 J. N., 1786-8, I. G., S. 40-1-766.

Il a été également décidé que, quand un banquier, ayant ouvert à un entrepreneur de travaux publics un crédit limité, pour l'exécution de certains travaux, avec stipulation d'intérêts et sous la condition de diverses garanties, a, depuis l'ouverture de crédit et en vertu de délégations du crédité, obtenu des comptables publics et encaissé à son profit le montant des mandats de payement des travaux qu'il avait reçus du crédité à titre de nantissement, ces encaissements successifs, qui ne pourraient s'expliquer et seraient sans cause si le crédité n'avait usé du crédit ouvert, prouvent, en l'absence de toute preuve contraire, la réalisation du crédit donnant ouverture au droit proportionnel d'enregistrement (Cass. 23 janv. 1867, 2430 R. P., 2357 § 2 I. G., 18303 J. E., 1886 Rev., B. C. 16, S. 67-1-88, D. 67-1-164, P. 67-179; *Conf.* : Seine 18 déc. 1875; — Bar-sur-Seine 13 juill. 1875; — Seine 6 mars 1876, 4511 R. P.).

Il importe peu, ajoute dans la même affaire un arrêt des chambres réunies, que, pour faciliter le payement des mandats, la maison de banque ait été autorisée, dès le principe, à les toucher sans justification d'avances; cette clause de l'acte, qui avait pour objet de donner aux créditeurs des pouvoirs suffisants pour retirer promptement les deniers des caisses des comptables publics, n'a pu altérer le caractère ni modifier les effets de la délégation par suite de laquelle la maison de banque, cessionnaire du prix des travaux, percevait toutes sommes y relatives, non en qualité de mandataire, mais en vertu d'un droit personnel et exclusif, et les affectait au remboursement de ses avances (Cass. 16 janv. 1872, *suprà* 5653).

Jugé de même que la réalisation d'un crédit peut être prouvée par un certificat du trésorier-payeur général constatant que le créditeur a touché à sa caisse les sommes qui lui avaient été déléguées par le crédité pour assurer le recouvrement des avances faites en exécution du crédit (Embrun 15 juin 1866, 2352 R. P.; — Dax 13 mars 1867, 2533 § 3 R. P.; — Seine 30 mai 1868, 2719 R. P.).

Il est bien entendu que le versement des fonds perdrait une partie de sa signification si le créditeur avait reçu le pouvoir de les encaisser, lors même qu'il n'aurait encore fait aucune avance et sauf à en tenir compte au crédité (Lyon 5 juin 1868). Il faudrait alors, comme cela aurait eu lieu dans l'affaire jugée par les chambres réunies le 16 janvier 1872, d'autres circonstances caractéristiques de la réalisation.

De même, la preuve de la réalisation peut résulter des déclarations souscrites par le crédité sur les registres de l'enregistrement pour l'acquit d'un droit de timbre (Cass. 19 janv. 1869, et 15 nov. 1869, *suprà* 5667).

1° *Communication.* — La vérification des pièces des sociétés est un moyen efficace de constater la réalisation des crédits (*suprà* n° 4505); mais le refus par la société créditrice de communiquer les pièces du crédit ne suffit pas pour faire présumer la réalisation (Sol. 22 oct. 1877).

5670. Crédits successifs. — Il n'est pas impossible qu'un emprunteur, pour accroître les garanties dont il veut s'entourer avant de commencer une entreprise, se fasse ouvrir un second crédit par le même prêteur avant d'avoir épuisé le premier. Cependant, ce résultat est peu probable, et les circonstances ont plusieurs fois déterminé la jurisprudence à admettre la réalisation du premier emprunt.

Ainsi : 1° Lorsque, après une ouverture de crédit dont le remboursement a été garanti par l'affectation hypothécaire de divers immeubles, il intervient entre les mêmes parties une nouvelle ouverture de crédit dont le remboursement est hypothéqué sur les mêmes immeubles, avec maintien de l'affectation première, la souscription et les stipulations du second acte fournissent, de la réalisation des crédits primitifs, une preuve suffisante pour autoriser la demande du droit proportionnel d'obligation. « Attendu, porte un arrêt de cass. 31 décembre 1862, que, par actes des 19 avril et 24 juin 1859, la Compagnie du Crédit foncier a ouvert à la Compagnie parisienne d'éclairage et de chauffage par le gaz deux crédits ensemble de 6,000,000 de francs réalisables, le premier le 19 avril 1850, le second en juillet et octobre 1859, et dont le remboursement, fixé pour le premier au 19 avril 1860, pour le second au 1er juillet 1860, était garanti par l'affectation hypothécaire de plusieurs immeubles; — Attendu que, par acte du 22 octobre 1860, la Compagnie du Crédit foncier a ouvert à la Compagnie parisienne un nouveau crédit de 1,000,000 de francs, en hypothéquant à son remboursement les immeubles déjà affectés à celui des crédits ouverts par les actes des 19 avril et 24 juin 1859, et en stipulant le maintien de ces affectations premières; — Attendu qu'en faisant résulter des stipulations de l'acte du 22 octobre 1860, présenté à l'enregistrement, la preuve de la réalisation des deux premiers crédits, et en condamnant, par suite, la Compagnie parisienne à acquitter le droit proportionnel d'obligation sur la somme de 6,000,000 de francs, le tribunal a admis des éléments de preuve dont la légalité est incontestable et dont il a fait une juste appréciation » (1734 R. P., 2244-6 I. G., 17624 J. N., 12383 C., 538 Rev., 17612 J. E., S. 63-1-157; — *Conf.* : Seine 21 mars 1862, 17540 J. E., 12216 C.);

2° Si le débiteur contracte un nouveau crédit après le délai fixé pour la réalisation du premier, en stipulant que la nouvelle créance viendra en collocation sur le prix de ses biens après celle du crédit antérieur, la réalisation de celui-ci est suffisamment établie pour la demande du droit (Seine 29 janv. 1864, 1930 R. P.);

3° Quand un entrepreneur s'est fait ouvrir un crédit pour la construction d'une maison et qu'après le délai fixé pour cette construction il obtient un second crédit dans lequel intervient le premier prêteur, pour donner mainlevée de l'inscription prise à son profit, ces faits suffisent à établir la réalisation du prêt (Seine 11 fév. 1865, 2078 R. P.), confirmé en cass. 16 août 1866 par un arrêt ainsi conçu : « Attendu, que, dans l'espèce, en faisant résulter des stipulations de l'acte du 26 février 1863, soumis à l'enregistrement, la preuve que le premier crédit ouvert à l'entrepreneur Lefaure devait être entièrement réalisé, et en condamnant par suite les demandeurs en cassation à acquitter le droit proportionnel, le tribunal de la Seine s'est fondé sur des éléments de preuves dont la légalité est incontestable et en a fait une juste application » (2348 R. P., 18234 J. E., 2349 § 6 I. G.).

5671. Déclaration. — Le droit d'obligation est également exigible lorsque, dans un acte postérieur, le crédité reconnaît que les fonds sont à sa disposition et qu'il s'oblige à en servir les intérêts (Seine 14 déc. 1842, 13137 J. E.)[1].

— Ou bien lorsque, dans un acte quelconque, on déclare qu'une somme empruntée a servi à rembourser en totalité le crédit ouvert (Soissons 13 janv. 1847, 14210-2 J. E.).

— Même perception si, dans un acte postérieur à l'ouverture du crédit, le débiteur reconnaît qu'il a fait usage du crédit et donne un supplément d'hypothèque (Rochefort 31 août 1838, 12137 J. E.).

— Ou bien si le créditeur en fait l'aveu, soit dans une instance (Seine 18 fév. 1866, 2278 R. P.); — soit dans une déclaration souscrite sur les registres de l'enregistrement pour l'acquit d'un droit de timbre (Cass. 19 janv. 1869, 2876 R. P., 2385-1 I. G., S. 69-1-234, D. 69-1-153, P. 69-551, 19570 J. N.; — Cass. 15 nov. 1869, arrêt rapporté *infrà* n° 5433); — soit encore dans une déclaration de succession (Bruxelles 30 avr. 1869, 10934 J. E. belge); ou dans un compte produit en justice (Montargis, 18 juin 1873; — Seine, 20 janv. 1874).

Mais la déclaration par un tiers, et même par le père du crédité, qu'un crédit a été réalisé n'est pas suffisante pour autoriser la réclamation du droit, les déclarations des parties contractantes pouvant seules les engager (16691-2 J. E.).

5672. Délai expiré. — La circonstance seule que le délai fixé pour la réalisation du crédit est expiré ne suffirait pas pour justifier la demande du droit. C'est ce que le tribunal de la Seine a reconnu au sujet d'un crédit réalisable dans le délai d'un an et destiné à la construction d'un bâtiment. La preuve que le bâtiment avait été construit au bout de l'année n'a pas paru à elle seule de nature à autoriser la perception (Seine 16 mai 1862, 1657 R. P., 17460 J. N., 12239 C.). — V. Cass. 22 nov. 1875, 4290 R. P.

Mais il en est autrement quand la présomption se corrobore d'autres faits, tels que l'ouverture d'un second crédit (Cass. 31 déc. 1862, 1734 R. P., 2244-6 I. G., 17624 J. N., 12383 C., 538 Rev., 17612 J. E., arrêt rapporté 5670; — Seine 29 janv. 1864, 1930 R. P.; — Seine 11 fév. 1865, 2078 R. P., confirmé en cass. 16 août 1866, 2348 R. P., 18234 J. E., 2349 I. G., arrêt rapporté 5670).

Décidé, de même : 1° que, quand, après l'expiration du délai fixé pour la réalisation du crédit, le prêteur déclare céder à un tiers son rang hypothécaire sur un immeuble du crédité, à condition que celui-ci affecte un autre immeuble en garantie du crédit, ces circonstances établissent le verse-

1. « Une telle reconnaissance, dit Dalloz n° 1360, loin de prouver la réalisation du crédit, constatait que la réalisation était toujours éventuelle, et la stipulation d'intérêts, s'expliquant par la nécessité pour le créditeur de tenir entre ses mains à la disposition du crédité un capital infructueux, n'était pas susceptible de changer la signification du contrat. »

ment des fonds et autorisent la réclamation du droit proportionnel d'obligation (Seine 3 fév. 1866, 2240 R. P.).

2° Que quand, après l'expiration du délai fixé pour la réalisation du crédit, le créditeur déclare maintenir l'hypothèque qui lui avait été accordée lors de la promesse de prêt, cette circonstance suffit à établir le versement des fonds et à justifier l'exigibilité du droit proportionnel (Seine 24 mars 1865, 2117 R. P., 12885 C.). — V. 5676-3.

5673. Effets de commerce. — 1. BILLETS. — Si le crédité souscrit des billets au profit de la faillite du créditeur *imputables* sur son crédit, le droit d'obligation est exigible jusqu'à concurrence du montant de ces billets (Nantes 27 août 1851, 15175-2 J. E.).

Même règle lorsque le créditeur et le crédité s'obligent solidairement à acquitter des billets à ordre souscrits par le crédité et endossés par le créditeur (Seine 18 janv. 1843, 13183 J. E.).

Il importe peu que les effets souscrits au profit du créditeur par le crédité n'aient pas été, à l'échéance, payés par la faillite de ce dernier : l'acte n'en constitue pas moins une preuve spéciale du prêt fait par l'emprunteur (Seine 7 juill. 1866, 2482 R. P., 18284 J. E., 1940 Rev.).

En matière civile, il a été jugé : 1° que, quand le créditeur, obligé de fournir des fonds au crédité au fur et à mesure de ses besoins et porteur d'effets souscrits par celui-ci antérieurement à l'acte de crédit, lui a, à l'échéance de ces effets, fait souscrire des billets en renouvellement, ces billets doivent être considérés comme une avance faite en exécution du crédit (C. Rouen 3 août 1864, S. 66-2-127) ; — 2° qu'un crédit ouvert peut être considéré comme réalisé par la seule remise que fait le créditeur au crédité de billets souscrits ou escomptés antérieurement par celui-ci et arrivés à échéance : une telle remise, faite et acceptée en exécution de l'ouverture de crédit, équivaut à un versement de fonds par le créditeur qui acquiert aussi cette créance à laquelle s'applique l'hypothèque de l'ouverture de crédit (Cass. 3 août 1870, S. 72-1-219) ; — 3° qu'un acte notarié portant ouverture de crédit est un titre authentique en vertu duquel le créditeur peut saisir les biens du crédité et auquel provision est due, alors que le versement des fonds est constaté par la représentation d'effets remis par le débiteur au créancier conformément à la convention et protesté à l'échéance (C. Paris 2 mai 1872, S. 73-2-246).

Si le créditeur s'engage ultérieurement envers le crédité à payer en l'acquit de ce dernier des billets à échéance fixe dont le montant s'imputera sur le crédit, cet engagement constitue une obligation ferme et définitive réalisant la condition suspensive de l'ouverture de crédit et donnant lieu au droit proportionnel (Seine 29 janv. 1870, 3334 R. P.).

2. LETTRES DE CHANGE. — Des lettres de change causées valeurs *aux causes de l'acte du crédit*, qu'elles émanent du créditeur ou du crédité, donnent ouverture au droit de réalisation du crédit (Montpellier 30 août 1847, 14402 J. E. ; — Loches 16 fév. 1849, 14801-2 J. E. ; — Seine 7 juill. 1866, 2482 R. P., 1940 Rev. 18284 J. E.).

Même perception lorsque les créditeurs acceptent par un acte notarié les lettres de change tirées sur eux par le crédité, en vertu d'une clause de l'acte d'ouverture (Châlons 24 août 1843, 13339 J. E. ; — Cass. 10 mai 1831, 7450 J. N., 10039 J. E., S. 31-1-107) : « Attendu, porte cet arrêt, que ce droit n'avait pu être exigé, lorsque l'acte du 9 février fut soumis à la formalité, parce qu'alors l'obligation principale et l'hypothèque accessoire qui l'avait convertie en l'obligation civile étaient conditionnelles et subordonnées à l'émission des lettres de change, que les sieurs Naegely et Weiss avaient la liberté de tirer ou de ne pas tirer sur la maison Huguenin ; mais qu'il dut l'être sur l'acte du 11 du même mois qui donnait la preuve qu'il avait été émis par les sieur et dame Naegely et Weiss., et accepté par le sieur Huguenin, en exécution de l'acte du 9 février, vingt-quatre lettres de change, montant ensemble à 120,000 francs. »

S'il était constant que les lettres de change tirées par le crédité sur le créditeur n'ont pas été acceptées par le créditeur, il n'y aurait pas preuve de la réalisation du crédit, puisque c'est seulement par l'acceptation des effets ou par leur négociation réelle que le prêteur verse les fonds ou s'oblige définitivement à les verser. — Jugé que, lorsqu'il est stipulé, dans un acte d'ouverture de crédit, que, pour toutes les sommes dont le crédité disposera sur le crédit mis à sa disposition, il remettra au créditeur des promesses à ordre ou des effets négociables sur des tiers, portant son endos, et que le créditeur ne sera tenu de fournir le crédit en totalité, ni en partie, sans recevoir des effets négociables pour le montant des sommes à fournir, s'il est constaté que le créditeur a escompté au crédité des promesses à concurrence du montant du crédit, il est dû le droit de 1 pour 100 sur l'acte d'ouverture du crédit (Bruxelles 18 déc. 1861, 9003 J. E. belge).

5674. Compte courant. — Assez fréquemment, le crédit est ouvert à un négociant pour lui permettre de faire l'escompte de ses effets ou de ceux qu'il a en portefeuille. Le créditeur solde au crédité le montant de ces titres et, s'il en opère le recouvrement à l'échéance, il en porte le produit au crédit de son emprunteur. On avait prétendu que cette opération constituait un compte ordinaire soumis aux règles de l'arrêté de compte d'après lesquelles le droit d'obligation est exigible sur le reliquat.

C'est ce qui résultait, en effet, d'un jugement du tribunal de la Seine du 18 août 1866 portant que : « la perception ne doit pas être établie sur l'intégralité de la somme à laquelle s'élèvent les avances faites par le créditeur et qui ont pu être l'objet de remboursements partiels ; qu'elle doit l'être seulement sur la somme la plus forte à laquelle a pu s'élever le solde du compte du crédit à une époque quelconque (2482 R. P.).

Mais cette décision a été annulée par la C. cass. : « Attendu que le jugement applique à l'obligation de sommes les règles de liquidation propres à l'arrêté de compte, que sans doute, dans l'arrêté de comptes, le reliquat seul est passible du droit proportionnel, puisque c'est l'arrêté qui constitue la reconnaissance et fait le titre du créancier ; mais que, dans les obligations de sommes, c'est le capital exprimé qui, dans la mesure où il s'est réalisé constitue la valeur mise en mouvement et qui, par suite et aux termes de la disposition formelle de l'art. 14 n° 2 L. 22 frimaire an 7, doit servir de base pour la liquidation et le payement du droit (Cass. 15 juill. 1868, 2763 R. P., 2372-5 I. G., B. 129, S. 68-1-414, D. 68-1-450, P. 68-1103).

M. Paul Pont, rapporteur de l'arrêt, en a justifié ainsi la solution : « La forme du compte courant n'avait été convenue entre le créditeur et le crédité que pour constater leur situation respective; et cela n'avait changé ni le caractère ni les effets de la convention. Le contrat, nonobstant cette stipulation accessoire, restait donc une ouverture de crédit, c'est-à-dire une convention impliquant, pour le créditeur, l'obligation de fournir des fonds dans la mesure du crédit convenu, et, pour le crédité, celle de rembourser, par lui-même ou par les souscripteurs des effets par lui remis en escompte, les sommes qui lui seraient versées. Or, en matière d'obligation, le droit proportionnel est dû, non sur un reliquat, mais sur le capital exprimé dans l'acte qui en fait l'objet. C'est la disposition formelle de l'art. 14 n° 2 L. 22 frimaire an 7. Et il importe peu qu'il s'agisse ici d'une obligation subordonnée à une condition suspensive. Cette condition peut bien avoir pour effet de suspendre aussi la perception du droit; mais elle n'en modifie pas l'assiette. Aussitôt que l'accomplissement de la condition est légalement justifié, le droit proportionnel devient exigible et *doit être liquidé* comme il l'aurait été si l'obligation avait été pure et simple à l'origine » (Rev. n° 2150).

Déjà, le 23 janvier 1867, la cour avait décidé, dans le même sens, « que la forme du compte courant, convenue entre le créditeur et le crédité pour constater leur situation respective, ne saurait changer ni les caractères ni les effets de la convention, que l'accomplissement de la condition, qui rend le droit proportionnel d'enregistrement exigible comme si l'obligation eût été pure et simple au moment où l'acte avait été soumis à la formalité, est indépendant de la clôture et de la balance du compte, et peut être prouvé par tous documents publics » (2430 R. P., 2357 § 2 I. G., 18303 J. E., 1886 Rev., B. C. 16, S. 67-1-179, D. 67-1-300).

Le tribunal de la Seine est revenu à cette opinion le 30 avril 1870 (3391 R. P.).

Il a été également décidé, par le tribunal de Montargis, le 18 juin 1873, « qu'à la différence du compte courant simple, au regard duquel la perception du droit de 1 pour 100 n'a lieu que sur le reliquat du compte, quelles qu'aient été les avances du créancier, l'ouverture de crédit, c'est-à-dire l'obligation de fournir des fonds dans la mesure du crédit convenu, motive la perception du droit proportionnel, non sur le reliquat du compte, mais sur le capital exprimé dans l'acte qui en fait l'objet, si d'ailleurs il est établi que ce capital a été versé. » (3816 R. P.).

L'application de cette jurisprudence donne lieu à une remarque importante.

Le banquier qui opère l'escompte auquel il est tenu par l'ouverture du crédit ne fait pas autre chose que remettre à l'emprunteur les fonds auxquels il a droit. Cette remise, opérée en une forme et dans des conditions spéciales, n'en constitue pas moins au premier chef une réalisation de l'obligation conditionnelle renfermée dans la promesse antérieure : la perception du droit proportionnel sur le montant intégral de la réalisation est donc justifiée. Voilà en quel sens, selon nous, il est vrai de dire, avec les arrêts précédents, que la forme du compte courant convenue entre le créditeur et le crédité, pour constater leur situation respective, ne change ni le caractère, ni les effets de la convention.

S'ensuit-il que, dans tous les cas où une ouverture de crédit est comprise dans un compte courant, les mêmes règles de liquidation soient encore applicables? Nous ne l'avons pas pensé, et nous en avons présenté les motifs au n° 2482 R. P. Le compte courant, en effet, résume les affaires de tout genre conclues entre deux négociants et qui n'ont été ni faites au comptant, ni réglées en effets. Il forme un contrat complexe pouvant dériver du prêt, du mandat, de la commission, du transport ou même du dépôt; et, pour en apprécier le caractère ou les résultats, il est impossible de l'assimiler à un compte ordinaire dans lequel figurent uniquement des relations de débiteur à créancier. Ainsi, par exemple, les sommes portées réciproquement à l'avoir de chaque compte sont productives d'intérêts, quoique les avances correspondantes soient supérieures. Ce n'est donc pas là un payement dans le sens ordinaire du mot, puisque le payement éteint une dette et que rien n'est plus opposé au payement qu'un versement productif d'intérêts. Par conséquent, lorsque le débit du négociant comprend une ouverture de crédit, on ne saurait considérer ces remises successives comme un remboursement réel des avances antérieurement reçues. D'un autre côté, et ainsi que le disait M. Nicias-Gaillard, dans un de ses réquisitoires, « le propre du compte courant est de confondre tous les détails en un ensemble, afin de présenter en un seul tableau tout ce qui s'est fait entre les parties, à dater de la balance ou du règlement précédent. A ce moment, il y a lieu à compensation, et il n'y a, en définitive, à payer que ce qui reste après ce nivellement. On ne saura, ajoutait le savant magistrat, qui de nous deux doit à l'autre, et quel sera le montant de la somme due, que lors du règlement définitif qui doit intervenir entre nous. Jusque-là, il n'y aura ni *créancier* ni *débiteur*, il y aura seulement *débit* et *crédit;* rien de fixe quant à la personne qui pourra devoir, et bien moins encore, quant à la somme qui sera due (*an et quantùm*) » (S. 1849-1-223). La nature spéciale du compte courant ne permet donc pas d'en isoler les dispositions et de chercher parmi les différentes parties dont il se compose tels ou tels faits indiquant la réalisation du crédit ouvert à l'un des commerçants. Il faut prendre la convention dans son ensemble et suivant les résultats qui découlent de la balance opérée, soit à la fin du compte, soit aux diverses époques fixées par l'usage ou l'accord des parties. Si, à ce moment, le crédité se trouve débiteur, l'Administration sera reçue à prétendre que c'est en vertu de la promesse de prêt qui figure au débit du compte ; mais il ne pourrait demander à établir que toutes les sommes successivement versées au compte du crédité et celles qu'il a lui-même remises au créditeur constituent d'une part la réalisation et d'autre part le remboursement du crédit. Les éléments individuels du compte courant n'ont pas, selon la remarque de M. Nicias Gaillard, la valeur d'une reconnaissance de dette ou d'une quittance, leur ensemble est indivisible et c'est le résultat seul qui fait la loi entre les parties ou les tiers. Par conséquent, on ne peut pas prétendre que le crédit a été réalisé par cela seul que les sommes successivement portées au débit de l'emprunteur s'élèvent à une somme supérieure. Il faut y joindre d'autres preuves et attendre notamment le résultat du règlement entre les parties.

D'ailleurs, et ainsi que le fait justement remarquer J. du not., si l'ouverture de crédit portait qu'elle se limite aux avances que le créditeur devra faire au crédité dans le cas où les effets sur les tiers remis à l'escompte ne seraient pas payés, on ne pourrait pas dire que la remise des titres réalise le crédit. Il faudrait établir que les effets confiés à l'escompteur n'ont pas été soldés et que ce dernier soit trouvé ainsi tenu de réaliser sa promesse (N° du 14 avr. 1869, 2333-2334).

5675. Faillite. — L'admission de la créance du créditeur au passif de la faillite du crédité donne ouverture au droit d'obligation (Seine 3 janv. 1844, 13424 J. E.; — Seine 13 déc. 1849, 14871-2 J. E.; — Domfront 17 mai 1850, 15034-2 J. E.; — Sedan 28 déc. 1850, 15175-3 J. E.; — Vitry, 23 août 1877), sans que l'on puisse invoquer la disposition qui affranchit de l'enregistrement les titres et pièces produits à l'appui des déclarations et affirmations de créances (Bruxelles, 27 janv. 1864, 9547 J. E. belge). — *Conf.* : Gray, 23 fév. 1875.

Si, les immeubles affectés au crédit ayant été vendus, les syndics du créditeur en faillite produisent à l'ordre et déclarent que le crédit a été épuisé, le droit est dû sur le montant du crédit, encore bien que les syndics viennent prétendre qu'il y a eu erreur dans leur requête (Seine 18 juill. 1851, 15301-2 J. E.).

Le droit d'obligation est exigible *sur la valeur totale du crédit* s'il résulte d'un mandat qu'il a été réalisé, encore que le créditeur ne doive, par suite d'une faillite, recevoir qu'une partie de la somme fournie (Limoges 28 juin 1842, 13028 J. E.).

Même règle lorsque le créditeur produit à l'ordre, après faillite du crédité, son acte d'ouverture avec demande de collocation, bien que la collocation ne soit pas faite (14900-2 J. E.), ou que le créditeur ne soit venu en ordre utile que pour une partie de sa créance (Château-Chinon 23 août 1844, 13581-1 J. E.).

Il importe peu que l'ouverture de crédit ne soit pas indiquée comme cause de la créance et qu'on mentionne seulement les billets souscrits par le crédité avant ou après cet acte (Seine 8 janv. 1870, 3334 § 2 R. P.).

1. BILAN. — La déclaration faite par le crédité dans son bilan qu'il est créditeur pour une somme indiquée et celle que fait le créditeur à l'assemblée des créanciers que sa créance résulte d'un crédit ouvert en cours d'exécution, constituent une preuve suffisante pour autoriser la demande du droit proportionnel d'obligation sur l'acte d'ouverture du crédit et du droit proportionnel de cautionnement à raison de la garantie qui y est stipulée (Cass. belge 27 déc. 1862, 1771 R. P.).

Plus généralement, la réalisation du crédit résulte des déclarations faites par le crédité failli dans son bilan (Marseille 7 mai 1839, 12262 J. E.; — Péronne 22 mars 1837, D. N. t. 4 p. 217 n° 29; — Seine 9 août 1873; — *Contrà* Dalloz n° 1361), notamment des énonciations du bilan déposé même par le syndic et du rapport fait par ce syndic aux créanciers dans l'assemblée appelée à délibérer sur le concordat (Cass. req. 1er déc. 1868, 2818 R. P., 2383-4 I. G., S. 69-1-88, D. 69-1-133, P. 69-178). — « Si le bilan, disait dans cette affaire M. le conseiller rapporteur Dumolin, n'a pas été déposé par le failli, les syndics le dressent immédiatement à l'aide des livres et papiers du failli et des renseignements qu'ils se procurent tant auprès du failli lui-même que de ses commis ou employés (Art. 476 et 477), et cet acte, qui devient la base de toutes les opérations ultérieures, fait foi, lorsqu'il n'est pas contredit, des faits qu'il constate, et à plus juste titre que s'il était uniquement l'œuvre du failli, puisque l'intérêt de la masse exige que rien n'y soit dissimulé. Cet acte, qui reproduit et résume, d'après les livres et les papiers du failli, ses opérations commerciales, a donc nécessairement et juridiquement la même force probante vis-à-vis du fisc que s'il émanait du failli, et il est inexact de prétendre que ceux qui ont reçu de la loi autorité pour le représenter pour établir la situation sont des tiers dont les déclarations n'ont aucune valeur. Il est donc certain que le bilan, soit qu'il ait été déposé par le failli, soit qu'il ait été dressé par les syndics, et malgré les vagues réserves qui l'accompagnent, peut fournir la preuve, et la fournissait ici en termes non équivoques, que le crédit de 800,000 francs ouvert par le Sous-Comptoir à la Société Nys et Cie avait été réalisé jusqu'à concurrence de 760,497 francs. »

Conf. : Bordeaux, 10 juillet 1876, 4447 R. P.

5676. Hypothèques. — En principe, la réalisation du crédit ne peut pas résulter uniquement des clauses relatives à la garantie hypothécaire stipulée dans la promesse de prêt; car, d'une part, ces garanties ont le même caractère conditionnel que le prêt lui-même, et de l'autre les modifications relatives au gage ne supposent pas nécessairement la modification de la créance. Cependant de tels faits réunis à d'autres circonstances, caractérisent quelquefois la réalisation du crédit. Voici divers exemples empruntés à la jurisprudence :

1. OBLIGATION ACTUELLE. — Lorsque, dans une ouverture de crédit, il est stipulé que l'inscription sur les immeubles hypothéqués à la sûreté du crédit aura tout son effet à partir du jour où elle sera prise et que son existence équivaudra à une obligation au profit des créditeurs à l'égard des tiers, l'Administration n'est pas autorisée à réclamer, en vertu de l'inscription, le droit proportionnel d'obligation sur le montant de crédit : cette obligation conserve son caractère conditionnel (Toulouse 20 janv. 1842, 11504 J. N.).

2. MAINLEVÉE. — Lorsqu'il est dit, dans une mainlevée d'hypothèque consentie dans l'acte de crédit, que le créditeur se réserve le payement de tout ce qui peut lui être dû, le droit d'obligation est exigible sur la déclaration à faire par les parties (Strasbourg 15 juin 1844, 13519-1 J. E.).

Un créditeur donne mainlevée de l'inscription prise à son profit en vertu d'un acte d'ouverture de crédit de 100,000 francs, en tant qu'elle frappe sur une propriété désignée et jusqu'à concurrence de 50,000 francs, se réservant les effets de cette inscription sur les autres biens du crédité jusqu'à concurrence du surplus. Il résulte de cet acte que l'obligation n'est pas restée à l'état d'éventualité et qu'elle a reçu son exécution pour 50,000 francs. Le droit de 1 pour 100 est donc exigible sur cette dernière somme (16800-2 J. E.).

Si le débiteur se fait ouvrir un second crédit par le prêteur après le terme d'exigibilité du premier et si ce prêteur donne mainlevée de l'inscription prise pour sûreté du premier prêt, il y a preuve suffisante de la réalisation (Seine 11 fév. 1865, confirmé en Cass. le 16 août 1866, 2348 R. P., 18234 J. E., arrêt rapporté 5670).

3. MAINTIEN. — Le tribunal de la Seine ayant, le 21 mars 1862 (17540 J. E., 12216 C.), fait résulter la réalisation du crédit de l'ouverture d'un second crédit avec main-

tien des hypothèques stipulées dans le premier, la C. cass. a décidé, le 31 décembre 1862, que ces circonstances justifiaient son interprétation (1734 R. P., 2244 § 6 I. G., S. 63-1-157, 17624 J. N., 12383 C., 538 Rev., 17612 J. E.; — *Conf.*: Cass. 16 août 1866, 2348 R. P., 18234 J. E., 2349 § 6 I. G.), *arrêts rapportés* 5670).

Jugé, de même, que, lorsqu'après l'expiration du délai fixé pour la réalisation du crédit, le créditeur déclare maintenir l'hypothèque qui lui avait été accordée lors de la promesse de prêt, cette circonstance suffit à établir le versement des fonds et à justifier l'exigibilité du droit proportionnel (Seine 24 mars 1865, 2117 R. P., 12885 C.).

Le tribunal de la Seine avait cru devoir revenir sur sa jurisprudence dans un jugement du 17 août 1867 (1949 Rev., 14034 C.). Mais, sur le pourvoi de l'Administration et son admission par arrêt de la chambre des requêtes, du 20 mai 1868, le débiteur s'est désisté du bénéfice du jugement (2368 § 4 I. G., 2995 R. P.).

Il a été décidé, depuis, que la réalisation résulte de ce que le créditeur, après l'expiration du délai fixé pour l'usage du crédit, a consenti à ce que son inscription fût primée par une inscription postérieure prise par un autre créancier, pour un prêt fait au même débiteur (Seine 14 déc. 1867, 3334-3 R. P.).

Jugé cependant que la prorogation de l'ouverture de crédit avec renouvellement de l'inscription peut ne pas renfermer la preuve de la réalisation (Mirecourt, 1er mars 1873).

4. TRANSFERT. — Lorsque, après l'expiration du délai fixé pour la réalisation du crédit, le prêteur déclare céder à un tiers son rang hypothécaire sur un immeuble du crédité, à condition que celui-ci affecte un autre immeuble en garantie du crédit, ces circonstances établissent le versement des fonds et autorisent la réclamation du droit proportionnel d'obligation (Seine 3 fév. 1866, 2240 R. P.).

5. HYPOTHÈQUE SUPPLÉMENTAIRE. — Même perception si, dans un acte postérieur à l'ouverture du crédit, le débiteur reconnaît qu'il a usé du crédit et donne un supplément d'hypothèque (Rochefort 31 août 1838, 12137 J. E.).

6. RENOUVELLEMENT. — INSCRIPTION. — La réalisation d'un crédit est encore suffisamment prouvée, pour la perception du droit, par le fait que le créditeur a pris une inscription de renouvellement pour le capital et les intérêts échus (Seine, 14 déc. 1860, 11929 C.; — Amiens, 20 mars 1875; — Mirande, 27 juill. 1876).

Jugé, dans le même sens, que la réalisation d'un crédit résulte suffisamment d'un bordereau d'inscription portant que les avances du créditeur peuvent s'élever à une somme déterminée, alors surtout que le crédité a fait à la même époque abandon de tous ses biens à ses créanciers et que le créditeur ne fournit pas la preuve contraire par la production de ses livres (Charleville 6 déc. 1866, 2454 R. P., 1940 Rev., 18314 J. E., 14059 C.).

7. LIQUIDATION DU DROIT. — Il faut seulement remarquer que, dans la plupart des espèces précédentes, la réalisation totale du crédit n'est pas suffisamment prouvée pour autoriser la demande du droit sur l'intégralité du prêt. Ainsi, par exemple, si le créditeur maintient son hypothèque après le délai fixé pour l'usage du crédit, il ne s'ensuit pas nécessairement qu'il ait avancé tous les fonds, car la garantie hypothécaire conventionnelle subsiste tout entière pour la moindre partie de l'emprunt. Il faudrait donc joindre à cette circonstance d'autres présomptions graves, comme l'exécution complète des travaux pour lesquels le crédit a eu lieu ou tout autre genre de preuve pertinente. Sinon, les parties devront être admises à faire la déclaration des sommes réellement avancées par le créditeur (*V.* 5437). C'est également la remarque faite par le J. du not. (N° du 16 avr. 1870, 2424).

8. SÉPARATION DES PATRIMOINES. — On a demandé si la réalisation du crédit était suffisamment prouvée par l'inscription prise par le créditeur contre le crédité en garantie du crédit, et par suite d'une demande en séparation du patrimoine du crédit d'avec celui de ses héritiers. Nous ne l'avons pas pensé. En effet, il est constant en doctrine et en jurisprudence, que la séparation des patrimoines et par suite l'inscription hypothécaire qui en est l'accessoire, peuvent être requises par les créanciers conditionnels comme par les créanciers purs et simples (Pothier *des Success.* ch. 5 art. 4, Merlin V. *Sép.* § 2 n° 2, Demolombe *des Success.* n° 108). Rien ne s'opposait donc, dans l'espèce, à ce que le créditeur, même avant d'avoir versé les fonds et d'être devenu créancier actuel, inscrive son hypothèque conditionnelle et demande la séparation. A elle seule, cette inscription ne prouve pas nécessairement la réalisation du crédit. Il faudrait, pour qu'elle produise cet effet, y ajouter d'autres présomptions graves.

5677. Inventaire. — Lorsque, dans un inventaire, l'un des crédités déclare que la communauté est redevable d'une somme déterminée pour crédit hypothécaire suivant *compte arrêté*, le droit proportionnel d'obligation est exigible (Châlon-sur-Saône 29 mai 1845, 14123 et 14441 J. E.; — Châlon-sur-Saône 31 déc. 1846, 14210-3 J. E.; — Soissons 13 janv. 1847, 7874 C.; — Seine 3 août 1867, 2533 § 4 R. P.; Limoges 7 août 1869, 3136 R. P.; — Montbéliard 25 août 1875).

De même, le tribunal de Rennes, dans un jugement du 29 avril 1863, a vu une preuve suffisante de la réalisation du crédit dans les mentions d'un inventaire qui décrit « une *déclaration*, datée du 19 décembre 1861, par laquelle M. D... reconnaît avoir reçu 10,000 francs en mandats sur Paris » (1807 R. P.).

Jugé également que la réalisation du crédit est suffisamment établie par la déclaration faite dans l'inventaire dressé après le décès d'un des crédités que sa femme a versé au créditeur, en qualité de caution, le montant du crédit (Seine 22 juill. 1871, 3695 R. P.).

Même règle pour la déclaration faite dans l'inventaire de la succession du créditeur (Bourgoin, 11 déc. 1874).

5678. Intérêts. — Il y a preuve suffisante de la réalisation du crédit quand le crédité reconnaît que les fonds sont à sa disposition et s'oblige à en payer les intérêts (Seine 14 déc. 1842, 13137 J. E.; — *Contrà* Dalloz n° 1360); — ou quand le créditeur donne quittance des intérêts de la somme créditée (Aix 20 nov. 1863, 17786 J. E., table de 1864 R. P.); — ou enfin quand le créditeur prend une inscription en renouvellement pour le capital et les intérêts échus (Seine 14 déc. 1860, 11929 C.); — ou fait commandement de payer ces intérêts (Bourgoin 4 juin 1868, 2772 R. P.); — ou bien reçoit les intérêts d'une subvention due au crédité par un tiers (Seine 6 mars 1876, 4511 R. P.)

5679. Jugement. — Il en est de même si un jugement établit d'une manière quelconque, par une condamnation, une liquidation, etc., que le crédit a été réalisé (Seine 5 déc. 1850, 14871-2 J. E.; — Seine 14479 J. E.; — Toulouse 17 janv. 1845, 13678-3 J. E.; — Seine 23 mars 1867, 2533 § 2 R. P., 14035 C.; — Cass. 22 nov. 1875, 4290 R. P.).

Décidé, spécialement, que la réalisation du crédit peut être prouvée par les énonciations d'un jugement rendu entre le crédité et les créanciers de sa communauté, sans l'intervention du créditeur. En outre, si ce jugement constate que le crédité a reçu une somme supérieure au montant du crédit, le droit de reconnaissance de dettes est exigible sur l'excédant, malgré l'absence du prêteur (Yvetot 10 mars 1865, 2105 R. P., 17995 J. E., 12964 C.).

1. RAPPORT D'ARBITRES. — La réalisation d'un crédit est suffisamment établie, pour la demande du droit proportionnel, par les déclarations contenues dans le rapport d'un arbitre nommé par le tribunal de commerce au sujet de contestations survenues entre le crédité et le créditeur (Cass. 15 juill. 1868, 2763 R. P., 2372-5 I. G., B. C. 129, S. 68-1-414, D. 61-1-450, P. 68-1103). — Il importe peu que ce rapport n'ait pas été homologué ou ait été incompétemment dressé, si le défaut d'homologation ne touche pas au fait de la réalisation, ou s'il ne s'agit pas d'une incompétence absolue (Seine 9 mai 1857, 16543 J. E. et cass. 28 déc. 1864, 2103 R. P., 1260 Rev. 12786 C., S. 65-1-50, P. 65-182).

Il en est de même d'un rapport d'experts (Lure 6 mars 1856, 760 R. P.).

5680. Livres du créditeur. — La preuve de la réalisation du crédit peut résulter des livres du créditeur (Lure 6 mars 1856, 760 R. P.); — ou de l'extrait du compte courant tenu en conformité des stipulations de l'acte d'ouverture de crédit (Vitry-le-François 19 déc. 1861, 17425 J. E.).

Par contre, s'il existe du doute sur le chiffre de la réalisation, les parties peuvent produire un extrait de leurs livres pour en établir le montant exact (Embrun 15 juin 1866, 2352 R. P.; — Charleville 6 déc. 1866, 2454 R. P., 1940 Rev., 18314 J. E., 14059 C.; — Seine, 3 août 1867, 2533 § 4 R. P.). — *Cons.* Cass. 16 janv. 1872, *suprà* n° 5653.

5681. Poursuites. — C'est surtout dans les actes de poursuites tels que sommation, commandements, etc. que l'on peut trouver la preuve de la réalisation du crédit. Ainsi, il a été jugé que cette réalisation résulte :

1° De la sommation faite par le créditeur au crédité d'avoir à passer acte devant notaire de la réalisation, bien que le crédité ait engagé une instance afin de faire décider qu'il n'y avait pas réalisation (Seine 22 mars 1862, 12364 C., 1702 R. P., 17666 J. E.);

2° De la demande formée en justice par le créditeur, en payement des avances faites en vertu de l'acte d'ouverture de crédit, lorsque, par suite d'une transaction, l'affaire a été rayée du rôle (17708-1 J. E.);

3° De la demande judiciaire, par le créditeur, en mainlevée d'oppositions faites à son préjudice sur une somme due au crédité, lorsque les qualités d'un jugement constatent que cette demande était fondée sur ce motif que le créditeur était créancier d'une somme supérieure à celle frappée d'opposition (Seine 10 fév. 1866, 2310 R. P.);

4° Des conclusions dans lesquelles le créditeur déclare que postérieurement à la promesse de prêt il a réellement versé à la société débitrice une somme déterminée. « Il importe peu, décide le tribunal, qu'un jugement ultérieur constate que la société n'a profité de cette somme que jusqu'à concurrence de 20,000 francs et que le surplus a été employé par B... dans son intérêt personnel, ce que n'ignoraient pas les banquiers lorsqu'ils ont versé les deniers. Comme c'est, néanmoins, en qualité de gérant que B... a touché, il importe peu, au regard du Trésor, si les fonds ostensiblement donnés en conformité de l'acte d'ouverture de crédit devaient recevoir une destination cachée. Le droit d'obligation en raison de la réalisation du crédit, n'en est pas moins exigible » (Seine 8 août 1862, 17545 J. E.);

5° Cependant une Dél. 24 mars 1837, acquiesçant à un jugement du tribunal de Besançon du 18 janvier 1837 (9603 J. N., 11751 J. E.), a reconnu que, lorsque après avoir formé opposition entre les mains du débiteur de la créance cédée par le crédité, à la délivrance de cette créance, le créditeur donne mainlevée de son opposition jusqu'à concurrence d'une certaine somme, ce n'est pas un motif suffisant de penser que le crédit a été réalisé ;

6° Décidé, de même, que la preuve de la réalisation du crédit ne résulte pas nécessairement d'une saisie-exécution pratiquée sur le mobilier du crédité à la requête du créditeur, si rien ne fait connaître la cause de la poursuite (Seine 17 août 1867, 1949 R. N., 14034 C.);

7° Jugé cependant que la réalisation d'un crédit est suffisamment prouvée par le commandement notifié au crédité, à la requête du prêteur, d'avoir à acquitter le principal et les intérêts du crédit, alors surtout que le commandement a été suivi d'une saisie immobilière et d'un ordre dans lequel le créditeur a été colloqué pour le montant de sa créance (Bourgoin 4 juin 1868, 2772 R. P.); — et encore, bien que par acte authentique, postérieur au commandement, les parties aient fixé entre elles la dette du crédité à une somme inférieure au montant du crédit (Thiers 7 avr. 1870, 3239 R. P.).

5682. Procuration. — Le pouvoir donné par le crédité au créditeur d'imputer diverses sommes *sur le montant du crédit* est une preuve de réalisation, *au moins partielle*, du crédit sur lequel le droit proportionnel doit être perçu d'après la déclaration des parties (Vitré 24 oct. 1849, 14871-2 J. E.; — *Conf.* : Limoges 28 juin 1842, 13018 J. E., *Suprà* 5675).

Il en est de même du pouvoir donné par le créditeur de toucher les sommes dues par le crédité (Avignon, 15 avr. 1875; — Libourne, 27 août 1874).

5683. Quittance. — Délégation. — Lorsque le créditeur donne quittance au crédité du montant du crédit ouvert et des intérêts, le droit d'obligation est dû, *indépendemment de celui de quittance* (Nantes 29 mars 1847, 14210-4 J. E.; — Le Havre 31 déc. 1846, 14159 J. E.; — Bernay 9 sept. 1848, 14558 J. E.; — Seine 11 mars 1852, 14624 J. N.; — Cass. 31 août 1858, 1090 R. P., 16402 J. N., P. 59-950, 23 mai 1859, 1181 R. P., 2160-5 I. G.; — Seine 23 janv. 1869, 2915 R. P.). — V. 5696.

Il en est de même de la simple quittance des intérêts échus (Aix 20 nov. 1863 17786 J. E., table de 1864 R. P.).

Il en est de même s'il est déclaré dans un acte que le crédit ouvert est devenu sans objet entre les parties et que, tous comptes faits, elles se trouvent respectivement libérées (Seine 15 janv. 1845, 13680 J. E.).

La réalisation est encore suffisamment établie lorsque le crédité vend des immeubles à un tiers et délègue le prix au créditeur (Mont-de-Marsan 11 janv. 1847, 14210-1 J. E. ; — Seine 25 janv. 1854, D. N. t. 4 p. 217 n° 28 et 27 janv. 1865, 2098 R. P.); — ou qu'il est établi que le créditeur a reçu le montant des sommes qui lui avaient été déléguées en nantissement dans l'acte d'ouverture de crédit (Le Mans 29 août 1850, 15034 J. E.; — Bernay 9 sept. 1848, 14558 J. E.; — Valenciennes 9 déc. 1858, 11493 C., 16864 J. E.).— V. 5687.

Si le créditeur paye le prix d'une vente d'immeubles faite au crédité, le droit d'obligation est exigible, encore bien que celui-ci ne soit pas présent à l'acte et qu'il ne soit pas dit que le payement est fait par suite de l'ouverture du crédit (Seine 25 janv. 1843, 13182 J. E.).

Même règle lorsque le créditeur donne pouvoir de quittancer le montant du crédit (Libourne, 27 août 1874 ; — Avignon, 15 avr. 1875).

5684. Liquidation. — Même décision s'il résulte du rapprochement des énonciations contenues dans une liquidation de société avec des inscriptions hypothécaires que le crédit a été réalisé (Strasbourg 25 mai 1848, 14801-1. J. E.).

5685. Règlement avec un tiers. — La réalisation peut résulter d'un règlement intervenu entre les crédités et une maison de banque chargée de négocier les effets fournis par le créditeur (Cass. 26 déc. 1866, 2389 R. P., 2356 § 6 I. G., 18278 J. E., 13204 C., 1841 Rev., B. 209, S. 67-1-134, D. 67-1-165, P. 67-303).

Ainsi, lorsque dans l'acte intervenu pour le règlement du prix de l'immeuble hypothéqué à la garantie de crédit, entre l'acquéreur et le créditeur, on rappelle l'existence de l'inscription et le montant du crédit, en ajoutant « le tout exigible aujourd'hui, » cette mention jointe à ce que le délai fixé pour le versement des fonds est expiré prouve incontestablement la réalisation de crédit (Seine 10 janv. 1874).

5686. Renonciation à surenchère. — Le réalisation d'une ouverture de crédit ne résulte pas suffisamment de la renonciation par le créditeur à surenchérir sur la vente des biens hypothéqués, ou d'une modification apportée aux engagements hypothécaires avant l'expiration de la durée du crédit (Seine 8 mars 1848, 13516 J. N.).

5687. Vente. — Lorsque l'acquéreur d'un domaine dont le prix a été payé comptant se fait ouvrir, le même jour, un crédit destiné au remboursement de ce prix et dont le montant doit provenir de l'émission d'obligations, le fait du payement du prix joint à la déclaration d'émission des titres passée pour l'acquit du droit de timbre prouve suffisamment la réalisation du crédit (Cass. 15 nov. 1869, *arrêt rapporté* 5667).— V. 5683.

5688. Marchandises. — Les principes que nous venons d'indiquer s'appliquent aux crédits ouverts pour fourniture de marchandises comme à ceux qui ont pour objet le versement de sommes d'argent. La réalisation en est établie par les mêmes moyens. Seulement, l'accomplissement de la condition rend exigible le droit de 2 pour 100 au lieu de celui de 1 pour 100 (Seine 24 mars 1865, 2159 R. P.; — 31 mars 1865, 2135 R. P., 11 février 1865, 2078 R. P., confirmé en cass. le 16 août 1866, 2348 R. P.; 2349 § 6 I. G.; —Embrun 15 juin 1866, 2352 R. P.; — Amiens 20 mars 1875).

Mais pour que ce tarif soit applicable il faut que l'objet du crédit soit nettement déterminé; on ne pourrait pas, par exemple, en l'absence de toute indication sur ce point, induire de la seule qualité des parties qu'il s'agit de marchandises et non de deniers. —Le tribunal du Mans a donc bien jugé, le 30 mars 1855, que quand un crédit a été ouvert par un minotier à un boulanger sans que rien fasse connaître qu'il s'agit de blé ou de farines et autres marchandises, l'Administration n'est pas autorisée à percevoir le droit de 2 pour 100 lors de la réalisation. C'est le droit ordinaire de 1 pour 100 qui est exigible. — P. 5563.

CHAPITRE III. — LIQUIDATION ET PAYEMENT

[5689-5701]

5689. Tarif. — Rétroactivité. — La condition suspensive accomplie rétroagit au jour auquel l'engagement a été contracté, c'est-à-dire que le contrat, par une fiction légale, est réputé avoir été pur et simple dès le jour de sa date. Le droit proportionnel à percevoir sur l'obligation résultant de la réalisation d'un crédit ne se trouve donc pas réglé par le tarif en vigueur à la date de cette réalisation ; la quotité du droit dépend uniquement savoir : de la date de l'ouverture de crédit s'il s'agit des droits d'enregistrement et de la date de l'inscription prise par le créditeur contre le crédité s'il s'agit du droit d'hypothèque (Sol. 6 déc. 1866, 2478 R. P., 18337-1 J. E. ; — Seine 22 juin 1867, 2533-5 R. P.).

1. RÉALISATION CONSTATÉE POSTÉRIEUREMENT A LA LOI DU 7 AOUT 1850. — Dans ce sens, il a été décidé que la réalisation d'un crédit *ouvert* avant la loi du 7 août 1850 (qui avait réduit le droit d'obligation à 50 pour 100), *constatée* postérieusement au 1er janvier 1851, date de la mise en vigueur de cette loi, donne ouverture au droit de 1 pour 100 et non à celui de 50 cent. pour 100 (15170 J. E.; — Beauvais 7 et 14 mai ; — Colmar 27 mai 1851, 15208-1 J. E. ;— Seine 8 juill. 1851, 15287 J. E. ;—Seine 3 déc. 1851, 15380 J. E., 14576 J. N.; — Seine 21 janv. 1852, 22 juin 1867, 2533-5 R. P.).

On avait proposé ici (15572 J. E.) une distinction entre le cas où le crédité a usé du crédit antérieurement au 1er janvier 1851 et celui où il n'en a usé que postérieurement à cette date. Dans le premier cas, on admettait la perception du droit de 1 pour 100, alors que l'Administration n'aurait eu connaissance de la réalisation que postérieurement au 1er janvier; dans la seconde hypothèse, au contraire, on ne reconnaissait l'exigibilité que du droit de 50 centimes pour 100. Cette opinion se rapprochait de celle professée par Champ. et Rig. n° 934 et Dalloz n° 1357, qui enseignent que la réalisation du crédit ne produit pas d'effet rétroactif, mais elle se trouve en opposition avec les principes généraux en matière d'accomplissement de la condition suspensive (*V.* 4943), et surtout avec la jurisprudence qui veut que l'hypothèque stipulée pour sûreté du crédit prenne rang du jour de son inscription et non pas seulement des époques successives auxquelles les avances promises ont été affectées. Elle ne doit pas être suivie.

5690. Assiette du droit. — Dans toutes les hypothèses précédentes de même que dans celle où l'acte d'ouverture constate lui même une réalisation immédiate, l'usage fait du crédit ne donne naissance au droit proportionnel d'obligation que jusqu'à concurrence des sommes qui ont été réellement versées au crédité ou pour son compte (Cass. 10 mai 1831, 7450 J. N., 10040 J. E., S. 31-1-207 ; — Cass. 29 avr. 1844, 11985 J. N., 13521 J. E., S. 44-1-545 ; — Seine 18 et 25 janv. 1843, 16 août 1842, 13069-2, 13182, 13183 J. E.; — Marseille 7 mai 1839, 12262 J. E.; — Rochefort 31 août 1838, 12137 J. E.; — Versailles 6 mai 1841, 12768 J. E.; — Limoges 28 juin 1842, 13028 J. E.).

5691. Réalisation partielle. — S'il s'agit seulement d'une réalisation partielle dont le chiffre ne soit pas indiqué, les parties doivent faire connaître, le montant exact des deniers versés, conformément à l'art. 16 L. 22 frimaire an 7, par une déclaration souscrite en marge de l'acte (Seine 6 juin 1856, 1090 R. P., 16402 J. N.).

Ainsi, il a été jugé par la C. cass. le 29 avril 1844 (13521 J. E., S. 44-1-545), que si le crédité a cédé des valeurs en garantie, avec faculté au créditeur d'en toucher le montant, le droit est exigible sur la partie du crédit réalisée et non sur la totalité du crédit ouvert, ainsi que l'avait décidé le tribunal de Versailles, le 6 mai 1841 (12768 J. E.).

5692. Crédit dépassé. — Le droit de réalisation de crédit se limite nécessairement à l'importance de la somme mise à la disposition du crédit par l'acte d'ouverture, puisque cet acte ne peut pas servir de titre aux parties pour l'excédant. Mais si la déclaration d'où résulte la preuve de réalisation émane du crédité ou de ses représentants et suffit à constituer en elle-même une reconnaissance réelle de l'excédant, le droit proposé devient exigible d'après les principes applicables aux reconnaissances de dettes. — V. *Obligation.*

Décidé, en ce sens, que, quand un jugement constate que le crédité a reçu une somme supérieure au montant du crédit, le droit de 1 pour 100 est exigible sur l'excédant, malgré l'absence du prêteur (Yvetot 10 mars 1865, 2165 R. P., 12964 C., 17995 J. E.).

Il suit de là que s'il s'agit d'un crédit ouvert pour fourniture de marchandises, la déclaration unilatérale du crédité qu'il a reçu une quantité de marchandises supérieure à celle convenue dans l'ouverture du crédit ne saurait pour cet excédant donner lieu au droit de 2 pour 100, attendu que ce tarif atteint seulement les actes constatant les ventes mobilières, et que le consentement seul de l'acheteur ne suffit pas à former le contrat. Le droit de 1 pour 100 pourrait donc seul être perçu jusqu'à l'acceptation du créditeur.

5693. Intérêts. — De ce que le droit exigible lors de la réalisation est celui auquel aurait donné lieu l'acte d'ouverture de crédit si la condition suspensive n'avait pas existé, il en résulte encore que les intérêts échus depuis cette ouverture ne sont pas passibles de l'impôt, à moins que la déclaration ou l'aveu du crédité ne constitue à leur égard une reconnaissance distincte pouvant servir de titre au prêteur.

5694. Effets négociables. — Imputation. — On a vu, n° 5673, que les effets négociables ayant pour cause le crédit ouvert fournissent la preuve de sa réalisation et donnent ouverture au droit d'obligation. Mais, si ces effets ont été enregistrés, le droit auquel ils auront donné ouverture s'imputera-t-il sur celui à percevoir à raison de la réalisation du crédit? La négative ne saurait être douteuse, par analogie avec le principe posé au mot *Affectation hypothécaire* n° 1861. L'acte d'ouverture de crédit et les billets, quoique ayant pour cause la même créance, forment deux titres différents ; l'un constituant un contrat civil, l'autre ayant un caractère commercial (Mont-de-Marsan 11 janv. 1847, 14210-1 J. E.; — Seine 8 juill. 1851, 15287 J. E., 14552 J. N.; — Seine 10 mars 1853, 15610 J. E., D. N. t. 4 p. 218 n° 34; — Bordeaux 10 juill. 1876 4447 R. P.; — *Contrà* Champ. et Rig. t. 6 n° 152). — V. *Compte.*

5695. Demi-droit. — Quant au demi-droit de 50 cent. pour 100 exigible sur l'ouverture de crédit, il s'impute sur le droit ordinaire de 1 pour 100 auquel donne lieu la réalisation. C'est la disposition expresse de l'art. 5 L. 23 août 1871. — *Suprà* n° 5655.

1. RESTITUTION. — Mais, si le droit de 50 cent. pour 100 sur l'ouverture du crédit est supérieur à celui de 1 pour 100 sur la réalisation partielle, il n'y aura pas lieu à restitution, par suite du principe édicté dans l'art. 60 L. 22 frimaire an 7 auquel il n'est porté aucune atteinte.

5696. Double perception. — L'ouverture de crédit est le titre de l'obligation conditionnelle des parties, et c'est sur lui que repose la perception du droit quand on justifie de la réalisation du prêt. De là, il suit que, si cette réalisation est constatée dans un acte particulier soumis à la formalité, le droit auquel il sera lui-même assujetti ne pourra se confondre avec celui de l'ouverture de crédit. Les deux titres, en effet, ont été enregistrés ; il est juste, par conséquent, que chacun d'eux paye l'impôt. Ainsi que l'a reconnu, dans un cas identique, un arrêt de la cour suprême du 23 mai 1859, « dès l'instant que l'obligation n'a pas été créée et éteinte en même temps, c'est à bon droit que la Régie a perçu le droit d'obligation et celui de quittance » (Inst. 2160 § 5, n° 1181 R.

Dans des cas analogues, il a été plusieurs fois reconnu par les tribunaux que la quittance donnait ouverture à un droit distinct du droit d'obligation exigible sur l'acte de crédit (Nantes 29 mars 1847, 14210-4 J. E.; — Bernay 9 sept. 1848, 14538 J. E.; — Seine 11 mars 1852, 14624 J. N.).

Ce que l'on décide pour la quittance s'applique d'ailleurs à tous les modes d'extinction de la créance. Et si, par exemple, le crédité au lieu de payer son prêteur en deniers, lui déléguait une créance sur un tiers, cette dation donnerait ouverture au droit proportionnel indépendamment du droit perçu sur le prêt. Cela est très-rationnel; car, si le second acte est la *cause* même du droit de délégation, il n'est que l'*occasion* du droit d'obligation dont la cause repose sur l'existence d'un titre différent pour lequel l'impôt a été retardé (Cass. 26 déc. 1866, 2389 R. P., 2356 § 6 I. G., 18278 J. E., 13204 C., 1841 Rev., 209 B., S. 67-1-134, D. 67-1-165).

En ce sens, il avait été jugé déjà : 1° que si le créditeur transporte à un tiers le montant du crédit, le droit de cession est exigible indépendamment de celui de réalisation (Seine 26 juin 1844, 13536 J. E.); — 2° et que, lorsque, par suite des stipulations d'une ouverture de crédit, le créditeur paye pour le crédité avec subrogation dans la créance, il est dû deux droits, l'un à raison de la réalisation du crédit, l'autre à raison de la subrogation (Le Havre 31 déc. 1846, 7793 C., 14159 J. E.). — V. 5683.

5697. Crédit verbal. — Les mêmes principes ne sauraient plus s'appliquer au crédit ouvert verbalement, puisqu'il n'y a plus d'acte antérieur enregistré séparément. C'est la déclaration seule d'où résulte la réalisation qu'il faut considérer pour apprécier l'exigibilité du droit. Ainsi, quand le créditeur seul avoue le fait de cette réalisation, aucun droit n'est exigible, car nul créancier ne peut se faire un titre à soi-même. Mais le droit est dû si le crédité reconnaît l'exactitude de sa demande ou bien fait lui-même l'aveu de sa dette en des termes tel que sa déclaration puisse lui être opposée. Décidé, par exemple : 1° que, bien que le crédit ouvert n'ait été constaté par aucun acte, le droit d'obligation est exigible sur l'acte qui constate que le créditeur a été couvert de ses avances en valeurs commerciales *non encore échues* (Seine 16 août 1842, 13069-2 J. E.); — 2° que ce droit peut être demandé si le créditeur réclame par voie de commandement le remboursement de ses créances au crédité qui a antérieurement consenti une affectation hypothécaire en garantie du crédit verbal à réaliser (16686-1 J. E.).

5698. Cession par le crédité. — L'acte portant cession par le *crédité* du crédit ouvert à son profit n'était, avant la loi du 23 août 1871, comme l'acte de crédit lui-même, sujet qu'au droit fixe de 2 francs (3 fr.) (Seine 23 déc. 1845, 13000 J. N., 7875 C.). Ce tarif n'a pas été modifié par la loi nouvelle dont les dispositions s'appliquent limitativement aux actes mêmes d'ouverture de crédit et non pas aux cessions faites par le crédité.

5699. Droit d'inscription. — L'inscription prise en vertu d'un acte d'ouverture de crédit n'ayant pour objet que la conservation d'un simple droit d'hypothèque éventuel n'était point autrefois sujette au droit de 1 pour 1000 (Dél. 24 sept., 13 oct. et 11 déc. 1832, 7897 et 7954 J. N.). Mais ce droit, demeuré en suspens, devenait exigible comme celui de l'Enregistrement et avec lui. Il était soumis à la même prescription (Seine 3 fév. 1866, 2240 R. P.).

La loi du 23 août 1871 modifie ces dispositions. Aux termes de l'art. 5, le droit d'hypothèque, fixé à 1 pour 1000 par l'art. 60 L. 28 avril 1816, doit être perçu lors de l'inscription des hypothèques garantissant les ouvertures de crédit.

5700. Payement des droits. — Toutes les parties qui ont figuré dans un acte de crédit sont tenues du payement des droits de réalisation. — V. 1526.

5700 *bis*. Bureau. — Le droit de réalisation de crédit étant dû sur l'acte d'ouverture de crédit, une Sol. du 11 novembre 1867 a reconnu qu'en principe, c'est au bureau où l'acte d'ouverture du crédit a été enregistré que doit être opéré le recouvrement du droit proportionnel devenu exigible par suite de la résiliation de ce crédit.

5701. Prêt sur dépôt. — Lorsqu'un crédit a été ouvert sur dépôt d'actions ou de marchandises, le droit d'obligation est exigible sur l'acte constatant la réalisation, s'il n'est pas justifié que le crédité soit commerçant. — V. *Prêt sur dépôt*.

CRÉDIT FONCIER.

5702. But. — On appelle ainsi, par une appropriation particulière des mots, la garantie qui est offerte aux prêteurs par la propriété immobilière. L'organisation du crédit foncier est donc la création de sociétés propres à en faciliter le jeu et le développement. Ces sociétés ont pour objet de fournir aux propriétaires d'immeubles qui veulent emprunter sur hypothèque la possibilité de se libérer au moyen d'annuités à long terme sous certaines conditions qui deviennent la loi de ceux qui s'adressent à elles.

Depuis 1848 surtout on s'était beaucoup occupé de résoudre ce problème, ou plutôt d'appliquer à notre pays les moyens à l'aide desquels il a été résolu dans diverses contrées, et principalement en Allemagne; c'est dans ce but qu'a été constituée la société dite du *Crédit foncier* par le décret du 28 février 1852 (15396 J. E., 14598 et 14708 J. N.).

1. ATTRIBUTIONS. — Le cercle des opérations du Crédit foncier, originairement limité aux prêts hypothécaires a été considérablement agrandi par les lois du 28 mai 1858, 26 mai et 6 juillet 1860. La première a autorisé le Crédit foncier à faire, jusqu'à concurrence de 100 millions de francs, les prêts nécessaires au drainage; la seconde a substitué le Crédit foncier au Comptoir d'escompte de Paris, pour toutes les opérations que cette société avait été autorisée à effectuer avec le sous-comptoir des entrepreneurs, par les décrets des 24 mars et 4 juillet 1848 (v° *Comptoir d'escompte*); la troisième, enfin, a permis les prêts aux départements, communes et associations syndicales[1]. Le Crédit foncier a été autorisé, en outre, à recevoir des capitaux en dépôt et à les employer à faire des avances sur ses obligations. Il peut aussi recevoir

1. Le Crédit foncier offre aux départements, communes et associations syndicales, le choix entre deux modes d'emprunt.
L'un impose à l'emprunteur le payement annuel d'un intérêt de

en dépôt les sommes destinées à être placées sur hypothèque et converties en obligations françaises.

Relativement aux opérations sur le drainage ou concernant le Sous-Comptoir des entrepreneurs, le Crédit foncier jouit des immunités qui lui sont accordées pour les prêts hypothécaires, et des privilèges accordés au comptoir d'escompte par les décrets des 24 mars, 4 juillet et 23 août 1848, et par la loi du 6 juin 1857. — V. *Comptoir d'escompte.*

2. MODIFICATIONS. — Un décret du 7 août 1869, promulgué le 21 du même mois, a approuvé certaines modifications relatives à la constitution du capital social, aux conditions du dépôt des capitaux et au mode de transfert des titres du crédit foncier.

L'art. 11, relatif à ce dernier objet est ainsi conçu : « Les titres nominatifs se négocient par un transfert inscrit sur les registres de la société; à cet effet, une déclaration de transfert et une déclaration d'acceptation de transfert, inspirées, l'une par le cédant, et l'autre par le cessionnaire, sont remises à la société. La transmission ne s'opère, soit entre les parties, soit à l'égard de la société, que par l'inscription du transfert, faite conformément à ces déclarations, sur les registres de la société et signées par le gouverneur ou son délégué. Mention de transfert est faite au dos du titre et

5 pour 100 et d'une commission de 45 centimes pour 100 francs, indépendamment de la somme nécessaire pour opérer l'amortissement pendant la durée du prêt. Dans ce mode d'emprunt, les emprunteurs conservent la faculté de se libérer par anticipation. Le premier tableau indique la composition des annuités pour chaque

DURÉE des PRÊTS	COMPOSITION DES ANNUITÉS			TOTAL	
	Intérêt	AMORTISSEMENT	COMMon	PAR ANNUITÉ	PAR SEMESTRE
	f. c.	f. c.	f. c.	f. c.	f. c.
50 ans	5 »	0.46.2376	» 45	5.91.2376	2.95.6488
49 »	5 »	0.48.8068	» 45	5.93.8068	2.96.9034
48 »	5 »	0.51.6324	» 45	5.96.5324	2.98.2662
47 »	5 »	0.54.4252	» 45	5.99.4252	2.99.7126
46 »	5 »	0.57.4972	» 45	6.02.4972	3.01.2486
45 »	5 »	0.60.7618	» 45	6.05.7618	3.02.8809
44 »	5 »	0.64.2330	» 45	6.09.2430	3.04.6165
43 »	5 »	0.67.9266	» 45	6.12.9266	3.06.4633
42 »	5 »	0.71.8596	» 45	6.16.8596	3.08.4298
41 »	5 »	0.76.0508	» 45	6.21.0508	3.10.5254
40 »	5 »	0.80.5210	» 45	6.25.5210	3.12.7605
39 »	5 »	0.85.2928	» 45	6.30.2928	3.15.1464
38 »	5 »	0.90.3912	» 45	6.35.3912	3.17.6956
37 »	5 »	0.95.8444	» 45	6.40.8444	3.20.4222
36 »	5 »	1.01.6834	» 45	6.46.6834	3.23.3417
35 »	5 »	1.07.9424	» 45	6.52.9424	3.26.4712
34 »	5 »	1.14.6600	» 45	6.59.6600	3.29.8300
33 »	5 »	1.21.8796	» 45	6.66.8796	3.33.4398
32 »	5 »	1.29.6498	» 45	6.74.6498	3.37.8249
31 »	5 »	1.38.0252	» 45	6.83.0252	3.41.5126
30 »	5 »	1.47.0680	» 45	6.92.0680	3.46.0340
29 »	5 »	1.56.8488	» 45	7.01.8488	3.50.9244
28 »	5 »	1.67.4486	» 45	7.12.4486	3.56.2243
27 »	5 »	1.78.9598	» 45	7.23.9598	3.61.9799
26 »	5 »	1.91.4892	» 45	7.36.4892	3.68.2446
25 »	5 »	2.05.1612	» 45	7.50.1612	3.75.0806
24 »	5 »	2.20.1200	» 45	7.65.1200	3.82.5600
23 »	5 »	2.36.5352	» 45	7.81.5352	3.90.7676
22 »	5 »	2.54.6074	» 45	7.99.0074	3.99.8037
21 »	5 »	2.74.5752	» 45	8.19.5752	4.09.7876
20 »	5 »	2.96.7248	» 45	8.41.7248	4.20.8624
19 »	5 »	3.21.4024	» 45	8.66.4024	4.33.2012
18 »	5 »	3.49.0316	» 45	8.94.0316	4.47.0158
17 »	5 »	3.80.1350	» 45	9.25.1350	4.62.5675
16 »	5 »	4.15.3662	» 45	9.60.3662	4.80.1831
15 »	5 »	4.55.5528	» 45	10.00.5528	5.00.2764
14 »	5 »	5.01.7586	» 45	10.46.7586	5.23.3793
13 »	5 »	5.55.3750	» 45	11.00.3750	5.50.1875
12 »	5 »	6.18.2564	» 45	11.63.2564	5.81.6282
11 »	5 »	6.92.9320	» 45	12.37.9320	6.18.9660
10 »	5 »	7.82.9426	» 45	13.27.9426	6.63.9713
9 »	5 »	8.93.4016	» 45	14.38.4016	7.19.2008
8 »	5 »	10.31.9798	» 45	15.76.9798	7.88.4899
7 »	5 »	12.10.7306	» 45	17.55.7306	8.77.8653
6 »	5 »	14.49.7426	» 45	19.94.7436	9.97.3713
5 »	5 »	17.85.1754	» 45	23.30.1754	11.65.0877

somme de 100 francs et leur montant calculé d'après la durée du prêt. Dans le second mode d'emprunt, aucune commission n'est demandée à l'emprunteur en dehors de l'intérêt de 5 pour 100. Mais, en raison de la nature des obligations dont la négociation procure au Crédit foncier les fonds qu'il peut prêter, les emprunteurs doivent renoncer à la faculté de se libérer par anticipation. Nous donnons, ci-après, un second tableau indiquant la composition des annuités pour chaque somme de 100 francs et leur montant calculé d'après la durée des prêts.

DURÉE des PRÊTS	COMPOSITION DES ANNUITÉS		TOTAL	
	Intérêt	AMORTISSEMENT	PAR ANNUITÉ	PAR SEMESTRE
	f. c.	f. c.	f. c.	f. c.
50 ans	5 »	0.46.2376	5.46.2376	2.73.1188
49 »	5 »	0.48.8068	5.48.8068	2.74.4034
48 »	5 »	0.51.5324	5.51.5324	2.75.7662
47 »	5 »	0.54.4252	5.54.4252	2.77.2126
46 »	5 »	0.57.4972	5.57.4972	2.78.7486
45 »	5 »	0.60.7618	5.60.7618	2.80 3809
44 »	5 »	0.64.2330	5.64.2330	2.82.1165
43 »	5 »	0.67.9266	5.67.9266	2.83.9633
42 »	5 »	0.71.8596	5.71.8596	2.85.9298
41 »	5 »	0.76.0508	5.76.0508	2.88.0254
40 »	5 »	0.80.5210	5.80.5210	2.90.2605
39 »	5 »	0.85.2928	5.85.2928	2.92.6464
38 »	5 »	0.90.3912	5.90.3912	2.95.1956
37 »	5 »	0.95.8444	5.35.8444	2.97.9222
36 »	5 »	1.01.6834	6.01.6834	3.00.8417
35 »	5 »	1.07.9424	6.07.9424	3.03.9712
34 »	5 »	1.14.6600	6.14.6600	3.07.3300
33 »	5 »	1.21.8796	6.21.8796	3.10.9398
32 »	5 »	1.29.6498	6.29.6498	3.14.8249
31 »	5 »	1.38.0272	6.38.0252	3.19.0126
30 »	5 »	1.47.0680	6.47.0680	3.23.5340
20 »	5 »	1.56.8488	6.56.8488	3.28.4244
28 »	5 »	1.67.4486	6.67.4486	3.33.7243
27 »	5 »	1.78.9598	6.78.9598	3.39.4799
26 »	5 »	1.91.4892	6.91.4892	3.45.7448
25 »	5 »	2.05.1612	7.05.1612	3.52.5806
24 »	5 »	2.20.1200	7.20.1200	3.00.0600
23 »	5 »	2.36.5352	7.36.5352	3.68.2676
22 »	5 »	2.54.6074	7.54.6074	3.77.3037
21 »	5 »	2.74.5752	7.74.5752	3.87.2876
20 »	5 »	2.96.7248	7.96.7248	3.98.3624
19 »	5 »	3.21.4024	8.21.4024	4.10.7012
18 »	5 »	3.49.0316	8.49.0316	4.24.5158
17 »	5 »	3.80.[illegible]50	8.80.1350	4.40.0675
16 »	5 »	4.15.3662	9.15.3662	4.57.6831
15 »	5 »	4.55.5528	9.55.5528	4.77.7764
14 »	5 »	5.01.7586	10.01.7586	5.00.8793
13 »	5 »	5.55.3750	10.55.3750	5.27.6875
12 »	5 »	6.18.2564	11.18.2564	5.59.1282
11 »	5 »	6.92.9320	11.92.9320	5.96.4660
10 »	5 »	7.82.9426	12.82.9426	6.41.4713

signée par le gouverneur ou son délégué. La société peut exiger que la signature et la capacité des parties soient certifiées par un agent de change, et, dans ce cas, elle n'est pas responsable de la validité du transfert. Les titres au porteur se transmettent par la simple tradition. »

5703. Acte conditionnel. — Aux termes de l'art. 8 du déc. de 1852, nul prêt ne peut être réalisé qu'après l'accomplissement des formalités prescrites par le titre 4 pour purger les hypothèques légales, les actions résolutoires et rescisoires et les privilèges non inscrits. — D'après cet article, lorsque la société est fixée sur la solidité du gage offert, elle passe avec l'emprunteur un acte conditionnel de prêt, en vertu duquel il est pris inscription hypothécaire. Cet acte est assujetti au droit fixe de 2 francs (3 fr.), comme étant fait sous la condition suspensive qu'il ne se révélera aucune inscription hypothécaire ou un droit réel grevant l'immeuble hypothéqué (15495 J. E., D. m. f. 20 août 1852, 1968 I. G., 15015 J. N., D. N. t. 4 p. 251 n° 233, G. Demante n° 399).

5704. Acte de résiliation. — Lorsque, après les formalités accomplies, la société reconnaît qu'il y a toute sûreté pour elle, elle passe un acte de réalisation du prêt conditionnel. Cet acte, qui constate la remise des valeurs formant le montant du prêt et le point de départ des intérêts, doit être enregistré au droit proportionnel de 1 franc pour 100 (1968 I. G.).

5705. Imputation. — Restitution. — Le droit de 3 francs perçu sur l'acte conditionnel est définitivement acquis au Trésor, quels que soient les événements ultérieurs. Ainsi, d'après l'art. 60 L. 22 frimaire an 7, il ne saurait être restitué en cas d'annulation du projet de prêt, ou imputé sur le droit proportionnel dû pour l'enregistrement du contrat définitif (1968 I. G., D. m. f. 20 août 1852).

5706. Disposition dépendante. — 1. OBLIGATION. — Les frais d'administration auxquels donne lieu la réalisation du prêt sont de plein droit à la charge de l'emprunteur. La clause du contrat par laquelle il se soumet à la payer ne constitue donc pas une disposition particulière donnant lieu au droit d'obligation (Sol. 9 juill. 1863).

2. QUITTANCE. — Mais il n'en est plus de même de la stipulation portant que les fonds empruntés sont employés au payement des créanciers inscrits qui interviennent et en donnent quittance. Il faudrait appliquer à cette clause les principes ordinaires que nous ferons connaître aux mots *Quittance* et *Subrogation*.

5707. Annulation. — Lorsqu'une inscription hypothécaire ou un droit réel grevant l'immeuble affecté se révèle, l'acte conditionnel est annulé. La décision ministérielle du 20 août 1852 (*V.* 5703) ne statue pas sur les droits à percevoir pour l'acte qui constate l'annulation du prêt conditionnel. Suivant l'I. G. 1968, cet acte est signé par la société de Crédit foncier et contient mainlevée de l'inscription qu'elle est autorisée à prendre en vertu du contrat conditionnel. Il semble que cet acte d'annulation est également passible du droit fixe de 3 francs, mais qu'il n'est pas dû un droit gradué particulier pour la mainlevée qui est une conséquence nécessaire et se confond avec la disposition principale de l'acte d'annulation.

5708. Lettres de gage. — 1. ENREGISTREMENT. — Les obligations ou lettres de gage émises par le Crédit foncier en représentation des prêts qui lui sont faits et qui lui servent à obtenir des capitaux sont nominatives ou au porteur. Elles doivent être enregistrées en même temps que l'acte de prêt, au droit fixe de 10 centimes (Déc. 28 fév. 1852, art. 14, 15495 J. E.); c'est-à-dire avant d'être émises (Déc. 31 déc. 1852., 15544-3 J. E.).

2. TIMBRE. — L'art. 29 L. de finances du 8 juillet 1852 avait statué que le droit de timbre des lettres de gage ou obligations du Crédit foncier serait fixé conformément à l'art. 1er L. 5 juin 1850, et que le taux de l'abonnement représentant le droit principal de timbre serait de 2 centimes par 1,000 francs. Cette disposition avait eu pour effet de faire rentrer les lettres de gage et obligations du Crédit foncier dans la catégorie des effets de commerce, et non dans celle des obligations négociables des compagnies, dont le timbre est fixé à 1 pour 100 par l'art. 27 L. précitée. Il était logique d'augmenter le taux du droit de timbre de ces titres dans une proportion équivalente à l'élévation de droit qu'ont subie les effets de commerce par l'art. 2 n° 1er L. 23 août 1871. Le § 3 de l'art. 1er L. 30 mars 1872 dispose, en conséquence, que le taux de l'abonnement des lettres de gage ou obligations du Crédit foncier est fixé à 5 centimes par 1,000 francs (soit 5 pour 100 du droit actuel de 1 pour 100 fixé pour les effets de commerce) (2445 I. G.). — Mais ce taux n'a pas été augmenté par la surtaxe du timbre des effets de commerce résultant de la loi du 19 février 1874. — V. *Abonnement.*

Le droit de timbre des effets de commerce n'étant pas assujetti au décime, la taxe d'abonnement destinée à le remplacer doit en être également affranchie (2445 I. G.).

5709. Cession des obligations. — D'après l'art. 15 L. 5 juin 1850, le payement du droit de timbre imposé par cette loi aux actions et obligations et que le Crédit foncier paye au moyen d'un abonnement particulier dispensait de tout droit d'enregistrement les cessions ultérieures de ces titres. Cette dernière disposition a été abrogée par l'art. 11 L. 23 juin 1857, qui a soumis à un droit spécial de transmission les cessions d'actions et d'obligations négociables; mais, comme la nouvelle taxe avait été reconnue inapplicable aux obligations du Crédit foncier (2104 § 2 I. G.), il en résultait que le transfert de ces obligations, lorsqu'il était soumis volontairement à la formalité de l'enregistrement, demeurait passible du droit fixe de 2 francs. Le droit proportionnel de 10 centimes perçus au moment de l'émission des lettres de gage (Déc. du 28 fév. 1852 art. 14) s'appliquait virtuellement ainsi à toutes les mutations à titre onéreux dont ces obligations étaient ultérieurement l'objet (Sol. janv. 1868, 18961 J. N.).

La loi du 16 septembre 1871 a fait cesser cette faveur en

étendant aux obligations du Crédit foncier les dispositions sur le droit de transmission applicable aux titres des sociétés — V. *Droit de transmission.*

5710. Cession de contrats. — La cession des contrats hypothécaires que les sociétés de crédit foncier de Marseille et de Nevers peuvent être autorisées à consentir à la Société du Crédit foncier de France, à raison des avances qui leur seront faites par celle-ci, doit être enregistrée au droit fixe de 2 francs (3 fr.) (L. 22 juin 1854 art. 23).

5711. Impôt sur le revenu. — Les actions et les obligations du Crédit foncier sont sujettes à la taxe sur le revenu. — V. *Impôt sur le revenu.*

CRIEUR.

5712. Définition. On appelle ainsi l'individu qui fait métier d'annoncer les choses auxquelles on veut donner de la publicité. Dans un sens restreint, on appelle *crieur* celui qui, dans une vente publique, annonce les choses à vendre et les enchères.

5713. Crieur juré. — Il y avait autrefois des jurés-crieurs. Leur institution remontait à une époque très-reculée. Une ordonnance de Charles VI, de février 1415, art. 165 et suivants, en avait réglé le nombre et les attributions, qui consistaient à « crier les vins et les tavernes, crier les corps des morts, aller quérir et rapporter les robes, manteaux et chaperons pour les obsèques et funérailles, crier les denrées à vendre et choses perdues. » Louis XIV leur avait donné des statuts le 26 février 1681. (Nouv. Denisart, V. *Crieur*). — Mais ces offices ont été supprimés en 1790, et le mode de leur liquidation a été indiqué par la loi du 29 juillet 1791.

5714. Crieurs des rues. — Crieurs dans les ventes. — Depuis lors il s'est établi deux espèces différentes de crieurs : 1° les crieurs d'écrits imprimés, dont les lois nouvelles, depuis celle du 5 nivôse an 5 jusqu'à celle du 16 février 1834, se sont souvent occupées ; — 2° les crieurs aux ventes, dont le décret du 8 thermidor an 13, qui organise le Mont de piété de Paris, a parlé seul en ces termes : « Les ventes au Mont de piété se feront par le ministère des commissaires-priseurs de l'établissement, assistés des crieurs choisis et payés par lesdits commissaires » (Art. 79).

De ce qui précède il résulte clairement que, hors le cas prévu par le décret qui vient d'être cité, l'emploi des crieurs, dans les ventes de meubles, n'est point d'obligation sous la législation nouvelle.

CURATELLE. — CURATEUR.

5715. Définition. — La *curatelle* est une charge conférée, soit par un conseil de famille, soit par la justice, à un individu majeur, à l'effet d'administrer ses biens et de veiller aux intérêts de ceux qui ne peuvent par eux-mêmes en prendre soin. On nomme *Curateur* celui à qui cette charge est confiée.

5716. But de la curatelle. — C'est plutôt aux biens qu'à la personne que le curateur est nommé, tellement que la personne dont les biens sont remis à un curateur peut contracter mariage sans consulter ce curateur, dont l'autorité se borne à l'administration des affaires.

5717. Différence entre le tuteur et le curateur. — Il y a cette différence, entre le tuteur et le curateur, que le premier agit en général et contracte en son nom pour le mineur, sauf les autorisations et approbations du conseil de famille, dans les cas déterminés par la loi. De là, le compte de tutelle auquel il est tenu (450 et suiv. C. C.). Le curateur, au contraire, n'agit point en son nom personnel et n'a pas de gestion proprement dite ; il ne fait qu'assister le mineur émancipé, qui figure toujours comme partie principale (480, 482 et suiv. C. C.). De là, la conséquence que le curateur n'est pas tenu à une reddition de comptes comme le tuteur.

5718. Différentes espèces de curateurs. — Le ministère d'un curateur est nécessaire, notamment, dans les cas suivants : 1° lorsqu'il s'agit de minorité, ou plutôt d'émancipation ; — 2° pour l'administration des biens des successions vacantes ; — 3° s'il arrive qu'un immeuble soit délaissé par hypothèque ; — 4° dans le cas de bénéfice d'inventaire ; — 5° pour l'administration des biens des absents ; — 6° quand la femme est enceinte au décès du mari ; — 7° dans le cas de condamnation à une peine afflictive ; — 8° dans celui de révision d'une condamnation.

5719. Émancipation. — Autrefois il y avait deux sortes de curateurs à l'émancipation : les *curateurs formels*, c'est-à-dire ceux que le juge décernait aux mineurs sur des avis de parents, pour que des mineurs pussent arrêter le compte de leur tutelle, emprunter dans le cas de nécessité, aliéner, s'établir pour mariage, ou recevoir des remboursements de rentes à réméré; et les *curateurs aux causes*, dont les fonctions consistaient à assister le mineur dans tous les actes de procédure qui le concernaient. Il n'est plus nommé maintenant qu'un seul curateur au mineur émancipé.

Nous avons examiné au mot *Émancipation* les questions auxquelles donnent lieu les nominations de curateur.

1. FONCTIONS. — Ses fonctions sont beaucoup moins étendues qu'elles l'étaient autrefois. Ainsi, par exemple, l'autorisation du curateur ne saurait valider un emprunt de la part du mineur émancipé (483 C. C.), l'aliénation de ses immeubles (484 C. C.), son mariage (160 C. C.). Dans tous les cas, l'autorisation du conseil de famille est indispensable, comme pour le simple mineur. Les fonctions de curateur se bornent donc à assister le mineur dans l'audition du compte de sa tutelle, dans la recette d'un capital mobilier, dans l'emploi du capital reçu, et dans les procès sur actions immobilières.

5720. Succession vacante. — Il y a lieu de nommer un curateur quand une succession est réputée vacante (812 C. C.), c'est-à-dire dans deux cas : le premier, quand, après l'expiration des délais pour faire inventaire et pour délibérer, il ne se présente personne qui réclame une succession et qu'il n'y a pas d'héritiers connus; le second, lorsque les héritiers connus y ont renoncé (C. proc. 958).

1. ATTRIBUTION. — Le curateur poursuit et exerce les droits de la succession, répond aux demandes formées contre les biens du défunt, et administre à la charge de la consignation dont il va être parlé. Il doit verser le numéraire qui se trouve dans la succession, ainsi que les deniers provenant du prix des meubles ou immeubles vendus, à la caisse du receveur des domaines, pour la conservation des droits, et à la charge de rendre ompte à qui il appartiendra (813 C. C.).

5721. Biens délaissés par hypothèque. — Les biens délaissés par hypothèque sont une espèce de biens vacants, et il y a lieu à leur créer un curateur sur la demande du plus diligent des intéressés (2174 C. C.).

5722. Bénéfice d'inventaire. — On a vu, n° 3020, que l'un des principaux effets de l'acceptation sous bénéfice d'inventaire est d'empêcher la confusion des biens personnels de l'héritier avec ceux de la succession, et que celui-ci conserve contre elle le droit de réclamer son payement. Ce droit est le même en tout cas ; mais, pour l'exercer, l'héritier bénéficiaire doit agir différemment selon les circonstances.

S'il y a plusieurs héritiers, et que l'un d'eux ait une action personnelle à intenter contre la succession, il forme sa demande contre ses cohéritiers; mais, lorsqu'il n'y a qu'un héritier, ou s'il y en a plusieurs et que la demande soit intentée par tous, elle doit l'être contre un curateur au bénéfice d'inventaire, nommé en la même forme que le curateur à la succession vacante (C. proc. 996, M. Pigeau p. 753).

Lorsqu'il est fait abandon des biens d'une succession par les héritiers bénéficiaires aux créanciers de la succession et que ces créanciers ne sont pas d'accord sur le choix d'un administrateur des mêmes biens, un curateur est nommé par justice pour les administrer. On peut effectivement considérer la succession comme vacante par le fait de l'abandon.

5723. Absent. — La loi veut que, lorsqu'il y a nécessité de pourvoir en tout ou en partie à l'administration des biens appartenant à une personne présumée absente, et qui n'a point laissé de procureur fondé, il y soit statué par le tribunal de première instance sur la demande des parties intéressées (113 C. C.). La manière d'exécuter cette disposition consiste en général à nommer un curateur qui représente le présumé absent dans l'exercice de ses droits et actions.

1. ATTRIBUTIONS. — Le curateur reçoit du jugement non-seulement son titre, mais encore la spécification des divers actes dont se compose sa mission, par conséquent, la mesure même et l'étendue de ses pouvoirs.

5724. Curateur au ventre. — S'il arrive que la femme soit enceinte au décès du mari, il est nommé un curateur au ventre par le conseil de famille. A la naissance de l'enfant, la mère en devient tutrice, et le curateur en est de plein droit le subrogé-tuteur (393 C. C.).

L'enfant conçu est réputé né en tout ce qui concerne ses intérêts; mais il est incertain s'il naîtra vivant ou viable, et dès lors, s'il aura des droits à la succession. La mère qui n'est point encore tutrice ne peut gérer la succession. C'est de là que provient la nécessité, en attendant l'événement, de commettre un agent pour la conservation des biens et des droits des personnes qui pourront en avoir : cet agent, c'est le curateur au ventre; il n'est pas chargé seulement de veiller aux intérêts de cet enfant, mais encore à ceux des personnes qui doivent recueillir les biens à son défaut : les droits à la succession étant incertains, il en est constitué provisoirement le gardien ou le séquestre (Toullier t. 2 n° 1100).

5725. Curateur aux condamnés. — Il faut distinguer : 1° les condamnés à une peine emportant mort civile; — 2° les contumax; — 3° les condamnés pour homicide qui sont morts avant la révision de leur condamnation.

1. MORT CIVILE. — D'après l'art. 25 C. C. le condamné à une peine emportant mort civile ne pouvait procéder en justice, ni en défendant ni en demandant, que sous le nom et par le ministère d'un curateur spécial qui lui était nommé par le tribunal où l'action est portée. La mort civile est aujourd'hui abolie par la loi du 2 mai 1854.

2. CONTUMAX. — Quant aux condamnés par contumace, l'art. 471 C. inst. crim. charge le directeur des domaines du domicile du condamné de régir ses biens comme biens d'absent. Un A. Cons. d'Ét. du 20 septembre 1809 décide que, pour l'exécution des art. 28 et 120 C. C., l'administration des domaines est tenue de faire mettre sous le séquestre les biens et droits du contumax et qu'elle doit les gérer et administrer au profit de l'État, jusqu'à l'envoi en possession en faveur des héritiers.

3. RÉVISION DE CONDAMNATION. — Enfin, lorsqu'il y a lieu de réviser une condamnation pour homicide, dans les cas prévus par les art. 444 et 447 C. inst. crim., et que cette condamnation a été portée contre un individu mort depuis, la C. cass. crée un curateur à sa mémoire, avec lequel doit se faire l'instruction, et qui exerce tous les droits du condamné.

5726. Déclaration de succession. — Une règle commune à tous les curateurs, c'est qu'ils sont tenus de passer déclaration des biens dépendants des successions échues à ceux qu'ils représentent, et d'en acquitter les droits dans le délai voulu par la loi, à peine de supporter personnellement la peine du demi-droit en sus, (L. 22 frim. an 7, art. 27 et 39). — C'est ce qui sera plus amplement développé au mot *Succession*.

5727. Nomination. — Enregistrement. — Les procès-verbaux ou délibérations d'un conseil de famille portant nomination d'un curateur sont passibles du droit de 6 fr. (art. 5 L. 25 juill. 1845, art. 4 L. 28 fév. 1872). — V. *Avis de parents*.

D

DATE.

5728. Définition. — La désignation du temps où un acte a été passé, l'indication du jour de sa célébration, est ce qu'on appelle la *date*, expression venue de ce qu'autrefois les actes étaient écrits en latin et qu'avant d'exprimer le jour où ils étaient passés, on mettait le mot *datum*, donné, quelquefois *datum et actum*, que nous rendons en français par *fait et passé le...*, etc. (Toullier t. 8 n° 81).

5729. Nécessité de la date. — La date, dont l'omission entraîne la nullité des actes notariés (*V.* art. 12 L. 25 vent. an 11), n'est pas nécessaire pour la validité des actes sous seing privé (V. *Acte sous seing privé*). — Les lois romaines avaient une disposition expresse sur ce point, et cette disposition est conforme à la raison. « Qu'importe, en effet, dit Toullier, t. 8, n° 259, entre vous et moi, entre nos héritiers ou ayants cause, quelle est la date d'une obligation que j'ai contractée en votre faveur, d'une vente que je vous ai consentie, etc., lorsque l'existence de cette obligation ou de cette vente est certaine? » (L. 34 § 1er, D. de *Pign.* et *Hyp.*, Denisart V. *Billet*, Merlin *Répert.*, V. *Acte sous seing privé* n° 2).

1. EFFET NÉGOCIABLE. — POLICE D'ASSURANCE. — TESTAMENT. — Cependant, la règle que l'énonciation de la date n'est pas nécessaire, à peine de nullité, dans les actes sous seing privé, souffre *exception* relativement : 1° aux testaments olographes (970 C. C.); — 2° aux lettres de change, aux billets à ordre et aux endossements de ces effets (110, 112, 139 et 188 C. com.); — 3° aux contrats ou polices d'assurance (332 C. com.).

5730. Énonciation à faire dans la date. — En général, il y a date suffisante, lorsqu'on a exprimé le *jour*, le *mois* et l'*année* où l'acte est passé. (Favard de Langlade *Répert.* V. *Date*). — Il faut remarquer à ce sujet que, bien que L. 25 vent. an 11 (art. 12) ne parle que du *jour* et de l'*année*, il est sensible que le jour ne serait pas suffisamment indiqué si l'acte laissait ignorer de quel *mois* ce jour fait partie. Ce n'est pas d'ailleurs du jour de la semaine qu'il est ici question, mais du jour du *mois*, du jour de l'*année* qui se divise par mois (Merlin V. *Testament* sect. 2 § 1er art. 6).

2. HEURE. — Outre l'énonciation de l'*année* et du *jour* de la célébration de l'acte, la date contient quelquefois l'*heure*, mais l'heure n'est exigée que dans certains cas de procédure (678 C. proc.). L'art. 167 de l'ordonnance de Blois enjoignait aux notaires d'exprimer dans les actes, s'ils étaient faits avant ou après midi. C'était une précaution de plus contre les faux et un moyen de fixer l'instant précis où prenait naissance l'hypothèque, résultant alors de tous les actes notariés. L'omission de cette formalité, qui, d'ailleurs, n'était pas exactement observée, n'emportait point la nullité de l'acte : le silence de la loi nouvelle annonce assez que cette énonciation n'est pas aujourd'hui nécessaire, quoiqu'elle puisse être utile.

5731. Endroit où doit être énoncée la date. — La loi n'ayant point ordonné d'apposer la date plutôt à la fin qu'au commencement des actes, il s'ensuit qu'elle peut différemment être mise à l'un de ces deux endroits. Mais le mieux est de la mettre à la fin de l'acte, dont elle forme ainsi le complément. Quoi qu'il en soit, il a été jugé que la date d'un testament olographe apposée après la signature était valable (C. Bordeaux 12 janv. 1825; — Cass. 11 mai 1831, 5688, 7456 J. N.).

5732. Preuve de la date. — Nous avons enseigné au n° 1499 que quand un acte ne porte pas de date, il y a lieu, pour la déterminer, de recourir aux prescriptions ordinaires tirées notamment des termes du contrat ou de la nature des conventions qu'il renferme ou d'autres documents soumis à l'appréciation des juges.

Peut-on faire également cette preuve par témoins?

L'affirmative résulte de ce que la loi ne prohibe la preuve testimoniale que des conventions et non de la date. Elle est enseignée par Danty, ch. 1 n° 9, adoptée par Poullain-Duparc t. 9 p. 281 et reproduite, quoique avec hésitation, par Pothier n° 761 et Toullier t. 9 n° 224.

Il a été reconnu notamment que la preuve par témoins était recevable pour établir la date de deux actes sous seing privé portant vente du même immeuble à deux acquéreurs différents.

S'il s'agit de deux actes authentiques qui soient datés du même jour, comment établir que l'un a été passé avant l'autre? C'est encore par la preuve testimoniale ou les présomptions qu'il faudra se déterminer, et il ne sera pas nécessaire de recourir à l'inscription de faux. Ainsi, il a été jugé : 1° que lorsqu'un contrat de mariage est daté du jour même où l'union a été célébrée, l'on peut demander à prouver par témoins qu'il n'a été passé que postérieurement à l'acte de célébration (Riom 11 janv. 1837 et Cass. 18 août 1840); — 2° que lorsqu'une saisie-arrêt et la notification du transport de la créance sont faites le même jour entre les mains du débiteur, sans que la preuve d'antériorité résulte des exploits soit de saisie-arrêt, soit de notification du transport, la preuve de l'antériorité de l'un de ces actes sur l'autre est admissible (Grenoble 30 déc. 1837).

1. TIMBRE. — FILIGRANE. — Le filigrane du papier timbré peut prouver la date des actes. — V. *Timbre* n° 17138.

5733. Date certaine. — Dans quel cas la date des actes sous seing privé peut-elle être réputée certaine. — *V.* 1500, 5176, 5178.

5734. Double date. — Le délai pour l'enregistrement de l'acte à plusieurs dates court de la date où l'acte s'est trouvé parfait. — V. *Acte imparfait.*

5735. Effet de la date à l'égard de l'Administration. — L'Administration doit-elle accepter la date des actes sous seing privé qui lui sont présentés? — *V.* 1501.

5736. Algérie. — Quand les actes passés en Algérie ont date certaine. — V. *Algérie.*

5737. Acte notarié. — On trouvera au mot *Acte notarié* l'indication des règles particulières à observer pour la date des actes de l'espèce.

DATION EN PAYEMENT.

DIVISION

SOMMAIRE

CHAPITRE PREMIER. — PRINCIPES GÉNÉRAUX

[5738-5744]

5738. Définition. — La dation en payement est un acte par lequel un débiteur donne une chose à son créancier, qui veut bien la recevoir à la place et en payement d'une somme d'argent ou de quelque autre chose qui lui est due (Pothier *de la Vente* n° 601).

5739. Novation. — Le point capital qui domine la matière qui va nous occuper, c'est que la dation en payement détruit virtuellement l'ancienne obligation et opère *novation.* Par exemple, je vous devais 10,000 francs que vous m'aviez prêtés, pour sûreté desquels je vous avais donné une caution et une hypothèque. Vous consentez à recevoir en payement ma maison de ville. Du moment que la vente est parfaite, la première obligation est irrévocablement éteinte, et avec elle le cautionnement et l'hypothèque qui en étaient les accessoires, quand même vous seriez ensuite évincé de ma maison. C'est ce qu'enseignent Toullier t. 7 n° 282 et 301, Grenier *des Hypothèques* n° 501, Duranton *des Obligations* n° 761.

5740. Conséquence de la novation. — De là, il résulte que la dation en payement prend le caractère d'un contrat particulier dont les règles propres deviennent applicables. C'est une *vente*, quand on donne un meuble ou immeuble en payement d'une somme d'argent. Si la chose donnée était une créance, l'acte serait une *délégation* ou une *cession*. Il serait un *échange* si une chose était donnée au lieu d'une autre (Toullier t. 12 n° 46, Duranton *des Obligations* n° 894).

5741. Analogie et distinction entre la dation en payement et la vente. — Malgré ce que nous avons dit dans le numéro précédent, il est bon de constater que la dation en payement conserve toujours des effets qui lui sont propres. Quelques développements sont nécessaires à cet égard.

La loi romaine 4, au chap. *de Evict.*, assimilait la dation en payement à la vente, *vicem venditionis obtinet*. En effet, elle transfère la propriété moyennant un prix, et elle requiert les trois éléments de la vente, le consentement, la chose, et le prix. Aussi, dans l'ancienne jurisprudence, donnait-elle ouverture aux lods et ventes. « Il est incontestablement dû lods et ventes sur l'héritage donné par le débiteur à son créancier » (Bosquet *Dict. des domaines*, v° *Datio in solutum*). Elle donnait encore ouverture au retrait lignager (Tiraqueau *Retrait lignager* n°s 6 et suiv.). — « Néanmoins, dit Troplong *de la Vente* n° 7, elle diffère de la vente proprement dite en ce que les parties ont bien plutôt pour but d'éteindre une obligation préexistante que de donner naissance à une obligation nouvelle, en ce qu'elles veulent opérer une libération bien plutôt que faire un acte de commerce. De là résulte une grande différence dans la position des contractants. Le vendeur, qui dans la vente est celui contre qui s'interprètent les pactes ambigus (1602 C. C.), est ici le débiteur, c'est-à-dire celui en faveur de qui les doutes doivent être résolus. L'acquéreur, qui dans la vente est plus favorable comme débiteur du prix, est dans la dation en payement le créancier, c'est-à-dire celui contre qui les clauses obscures doivent s'interpréter » (1162 C. C.). Pothier *de la Vente* n°s 601 et suiv. a noté d'autres différences. La seule qui subsiste encore dans toute sa force depuis le C. C. c'est que, dans le cas où je vous vends une chose pour la somme de tant, que je croyais vous devoir, si je viens à découvrir que je ne vous la devais pas, je ne puis répéter la chose que je vous ai vendue, mais je puis seulement vous demander le prix que j'ai, par erreur, compensé avec une somme que je ne vous devais pas. Au contraire lorsque je vous ai donné une chose en payement d'une somme que je croyais, par erreur, vous devoir, c'est la chose même que j'ai le droit de répéter de vous, car mon action est dans ce cas *condictio indebiti* ou *condictio sine causa* (Duranton n° 761, Delvincourt t. 3 p. 129, Troplong *de la Vente* n° 7).

Vous ne pourriez pas retenir la chose en offrant de me rendre la somme, car vous ne pouvez pas me forcer à une vente malgré moi; je ne vous ai cédé cette chose que parce que je voulais vous faire un payement; mais, n'ayant rien à payer, la dation que je vous ai faite doit être anéantie pour le tout.

1. RÉSOLUTION PAR SUITE D'ERREUR. — Il résulte de là que la restitution de l'immeuble n'est pas l'effet d'une résolution par défaut de payement de prix, mais bien d'une erreur qui forme une nullité radicale et ne donne pas ouverture au droit proportionnel, ainsi que cela sera développé au mot *Nullité*.

5742. Libération. — Troplong enseigne « que les parties veulent opérer une libération bien plus que faire un acte de commerce. » On pourrait être porté à conclure de ce caractère attribué à la dation en payement que l'objet principal du contrat est la libération du débiteur, et que cette libération seule doit être prise en considération pour déterminer le droit à percevoir. Mais, ainsi que le font remarquer Champ. et Rig., n° 1232, l'observation précédente n'est pas d'une exactitude parfaite, en ce que l'extinction de sa dette est bien le but que se propose le débiteur, mais que ce but n'est pas également certain dans l'intention du créancier, qui, le plus souvent se propose de faire une acquisition avantageuse.

D'ailleurs, ce n'est pas le motif qui détermine les parties à contracter que l'on doit considérer pour reconnaître la nature des contrats, mais bien ce qu'elles font en effet. Or, dans la dation en payement, ce qu'elles opèrent c'est une transmission; la libération du débiteur n'en est que la condition : celui-ci transmet à son créancier la propriété de sa chose, et ils conviennent qu'au moyen de ce payement la dette cessera d'exister. Si donc il est vrai que le consentement, dans la dation, a un double objet : 1° la libération du débiteur ; — 2° la transmission de la propriété, il est également certain que c'est cette dernière qui doit être considérée comme principale, parce que, dans toute novation, la convention qui caractérise est celle dont les obligations subsistent (*V.* n° 5757). Il est inutile d'ailleurs de faire remarquer que le droit de libération ne saurait être exigé cumulativement avec celui de vente. L'art. 10 L. 22 frimaire an 7 repousse péremptoirement cette double perception.

5743. Contrats divers. — La dation en payement fait rarement l'objet d'un contrat spécial, elle se rencontre le plus souvent dans les actes de donation, de partage, etc., comme disposition indépendante passible de droits distincts.

1. ABANDONNEMENT. — Quand elle a lieu dans un acte d'abandonnement de biens aux créanciers pour être vendus en direction, nous avons vu au mot *Abandonnement* qu'elle motive l'exigibilité du droit proportionnel.

2. CONTRAT DE MARIAGE. — Les contrats de mariage renferment quelquefois des dations en payement : il en a été question au mot *Contrat de mariage*.

3. DONATION. — Nous renvoyons au mot *Donation* l'examen des questions de dation en payement qui peuvent se rencontrer dans les actes de donation.

4. MARCHÉ. — On trouvera au mot *Acte administratif* ce qui concerne les stipulations relatives à l'abandon de matériaux ou de travaux déjà faits en payement du prix.

5. PARTAGE. — Les partages renferment aussi très-souvent des dations en payement passibles du droit proportionnel. Nous en avons parlé au mot *Partage*.

6. SOCIÉTÉS. — On rencontre également en matière de société de nombreux exemples de dations en payement. Il en est question dans le chapitre spécial des *Sociétés*.

5744. Qualification donnée au contrat. — La perception des droits étant indépendante de la qualification que les parties ont attribuée aux contrats (V. *Convention*), si la dation en payement se présente avec les apparences d'une donation, d'une transaction ou d'un partage, on ne doit pas moins la considérer comme une transmission à titre onéreux.

1. DONATION. — C'est ainsi que la donation prend le caractère d'une dation en payement quand elle est faite pour libérer le donateur d'une dette envers le donataire. — V. *Donation*.

2. RÉVOCATION D'UNE DONATION DE SOMME. — NOUVELLE LIBÉRALITÉ. — De même, on doit voir une dation en payement dans le contrat par lequel le donateur d'une somme d'argent payable à terme révoque sa libéralité du consentement du donataire et lui consent une nouvelle donation d'immeubles. — *V.* 5754-2.

3. PARTAGE. — On a pu décider, en vertu du même principe, qu'un acte, qualifié partage, entre les héritiers et un créancier de la succession et par lequel des immeubles sont attribués à ce dernier a le caractère d'une dation en payement sujette au droit de 5 fr. 50 cent. pour 100 (Dél. 8 nov. 1833, 10773 J. E.).

CHAPITRE II. — DE LA DETTE QUI S'ÉTEINT

[5745-5755]

5745. Nécessité de l'existence d'une dette pour caractériser le contrat. — Pour qu'il y ait dation en payement il faut qu'il existe *une dette* à éteindre. Si je vous ai vendu mon mobilier qui est resté chez moi, et qu'au lieu de mon mobilier je vous livre ma maison, il y aura échange de mobilier qui est votre propriété contre la maison qui est la mienne, et non dation en payement; car le mobilier que j'ai conservé ne constitue pas une dette pour moi, mais une propriété pour vous. La conséquence de ce principe se déduit mieux de cet autre exemple. Je vous ai vendu une maison dont je suis resté en possession; par un accord postérieur vous recevez mon jardin à la place de ma maison. Si nous sommes convenus de faire un échange, deux droits seront exigibles, l'un de vente, l'autre d'échange. Que si c'est d'une résolution de la première vente qu'il s'est agi, trois droits doivent être perçus : l'un pour la vente de ma maison, l'autre pour la rétrocession que vous m'en faites, le troisième pour la vente de mon jardin (Champ. et Rig. n° 1790).

Remarquez que si la convention modificative avait lieu dans les vingt-quatre heures (Art. 43 n° 20 L. 28 avr. 1816) du premier contrat, elle devrait être considérée comme ne faisant qu'un seul contrat avec le premier, et par conséquent le réformant, un seul droit de vente serait exigible, le résiliement étant exempté du droit proportionnel. — V. 14332.

5746. Obligation alternative. — Lorsque, en exécution de l'obligation alternative que le débiteur avait contractée de donner telle somme, soit en argent, soit en immeubles, ou (ce qui est la même chose) de donner telle somme *ou* tel immeuble, le débiteur donne un immeuble et non de l'argent, ce n'est point là une dation en payement, car le débiteur donne alors la chose même qui était due ; son obligation est éteinte par l'exécution et non pas par une novation qui seule, ainsi qu'on l'a vu n° 5739, constitue la dation en payement. « Considérant, porte un arrêt de cass. du 27 décembre 1815 : 1° que, par le contrat de mariage de 1781, Meygret-Collet père n'a pas fait à son fils une donation pure et simple de 10,000 livres en argent, mais qu'il a contracté l'obligation alternative de lui donner cette valeur, soit en argent, soit en immeubles; qu'ainsi l'abandon qu'il a postérieurement fait d'immeubles, pour se libérer, n'étant que la délivrance de l'une des choses qu'il avait promises, ne peut être considéré commme un contrat nouveau, une dation en payement, mais bien comme un acte passé en exécution de la donation même, acte qui n'est passible que du droit fixe de 1 franc, aux termes de la loi du 22 frimaire an 7 art. 68 § 1er n° 6; — 2° que le contrat de mariage de 1781 et la cession d'immeubles de 1807 ne faisant qu'un seul contrat, une donation d'objets immobiliers, il en résulte évidemment que si le fisc a perçu, en 1781, sur le premier acte, les droits auxquels ces sortes de donations étaient alors assujetties, il ne peut être dû sur le second acte aucun droit proportionnel d'enregistrement » (3480 J. E., S. 16-1-391, Pothier 202). — *V.* 5272, et ce que nous dirons au mot *Obligation*, en traitant des obligations alternatives.

5747. — Obligation facultative. — Mais la solution n'est plus la même lorsque le débiteur s'est réservé *la faculté* de donner une chose, par exemple un immeuble, au lieu d'une autre chose, telle qu'une somme d'argent, qu'il devait. S'il donne l'immeuble, ce n'est pas moins une dation en payement. En effet, dans ce cas, l'objet de l'obligation était une somme d'argent : l'immeuble était seulement dans la faculté du payement, *in facultate solutionis*. La dation en payement a été stipulée, il est vrai, dans le contrat même qui contient la dette principale, mais il n'y en a pas moins novation. La première obligation a existé réellement jusqu'au jour où le débiteur a jugé convenable de l'éteindre, en donnant autre chose que ce qui en faisait l'objet. Je vous vends un immeuble moyennant 1,000 francs, vous stipulez la faculté de vous libérer au moyen d'un autre immeuble de même valeur: le droit de vente est exigible sur le contrat, et, si ultérieurement vous vous libérez moyennant l'abandon d'un second immeuble, un nouveau droit de vente sera dû (Champ. et Rig. n° 1788). C'est la conséquence de l'art. 11, L. 22 frimaire an 7. Il y a eu, en effet, deux ventes distinctes et indépendantes. La première a subsisté seule, et l'exercice de la faculté accordée à l'acquéreur n'a pas produit d'effet rétroactif, en sorte qu'il n'y a pas eu réellement abandon d'un immeuble pour un autre, ce qui constituerait un échange, mais dation d'un immeuble en payement du prix d'un autre immeuble.

1. DETTES DIVERSES. — Ces principes posés, nous allons passer sommairement en revue les diverses natures de dettes et créances qui donnent naissance au contrat de dation en payement.

5748. Aliments. — Si la dette alimentaire est éteinte au moyen de la remise d'un capital mobilier ou immobilier, ou même d'une jouissance immobilière, le droit de dation en payement est exigible. — V. *Aliments.*

5749. Dommages-intérêts. — Lorsque la créance résulte de dommages-intérêts, elle n'en forme pas moins une dette dont l'extinction au moyen de l'abandon de meubles ou d'immeubles constitue nécessairement une dation en payement.

1. ACQUÉREUR ÉVINCÉ. — Je vous ai, par exemple, vendu ma maison moyennant 20,000 francs, vous en êtes évincé, vous n'avez droit qu'à votre créance de 20,000 francs (Troplong *des Hypothèques* n°s 847 et suiv.) et aux dommages-intérêts, qui consistent nécessairement en argent. Si, pour éteindre cette créance, je vous donne mon jardin, il y a nouveau contrat, dation en payement, et le droit de vente est exigible (Champ. et Rig. n° 1792). La première vente, en effet, vous a transmis immédiatement ma maison, et cette transmission, qui était définitive, a donné ouverture à un droit qui est tout à fait indépendant de celui exigible sur le second contrat. Le premier contrat s'est évanoui avec l'immeuble qui en faisait l'objet, le second immeuble a exigé un nouveau contrat qui, opérant une nouvelle transmission, donne ouverture à un nouveau droit.

2. PAYEMENT DU PRIX. — Si l'acquéreur d'un immeuble cède un autre immeuble pour se libérer du prix de la première vente, il y a vente nouvelle passible du droit sur le prix éteint (Troyes, 24 nov. 1875).

5750. Prêt. — 1. DETTE PERSONNELLE. — Il ne peut s'élever de difficulté quand la créance résulte d'un prêt fait par le cessionnaire lui-même à la personne du cédant, et le caractère de dation en payement ne saurait être méconnu à l'acte par lequel le débiteur se libère au moyen d'un abandon de valeurs.

Ainsi que, dans un partage, un héritier débiteur personnel d'un de ses cohéritiers, lui abandonne une partie de son lot en payement, il n'est pas douteux que cette convention constitue une véritable dation en payement passible du droit proportionnel.

Il a été décidé, dans cet ordre d'idées : 1° qu'un partage de communauté et de succession, par lequel il est attribué à une mère la part des meubles revenant à son enfant pour la couvrir d'avances qu'elle lui avait faites, est passible du droit proportionnel comme dation en payement. « Attendu, porte un arrêt de cass. du 31 juillet 1833, qu'en refusant à la Régie le payement de tout droit proportionnel sur la somme de 7,839 francs, acquittée par un abandon d'effets mobiliers de même valeur, le tribunal civil de la Seine a non-seulement fondé sa décision sur un motif contraire aux principes et à la jurisprudence, en supposant que la constitution dotale faite, en 1819, par la veuve Romanet à sa fille, emportait, de la part de celle-ci, la cession de ses droits successifs à la dame sa mère, mais a de plus expressément violé l'art. 69 § 5 n° 1er L. 22 frimaire an 7 » (S. 33-1-700, 10724 J. E.). — V. *Partage.*

2° Que le droit de vente est également dû sur un contrat de mariage dans lequel le père du futur s'oblige à abandonner des immeubles à son fils en payement d'avances qu'il reconnaît lui devoir (Sol. 26 août 1813, 4606 J. E.).

2. HÉRITIERS.— Que décider quand il s'agit d'une créance due au défunt par l'héritier, ou d'une dette de la succession envers l'héritier ?

Dans ce dernier cas, la dette de la succession se divisant entre les cohéritiers, si ceux-ci abandonnent pour se libérer des valeurs héréditaires, il y a réellement dation en payement passible du droit proportionnel pour les portions d'immeubles qui leur auraient appartenu (Sol. 1er juin 1825, 5343 J. N., 1173 § 10 I. G., D. N. t. 4 p. 297 n° 28).

Dans le cas contraire, c'est-à-dire quand l'héritier est débiteur et que le partage attribue des valeurs héréditaires aux copartageants jusqu'à concurrence de leur part dans la créance, il y a, par identité de motifs, dation en payement.

Nous traitons cette question au mot *Partage.*

3. PARTAGE D'ASCENDANTS. — Si le donateur est débiteur des donataires ou de l'un des donataires et que la libération soit une des conditions du partage, cette libération doit être considérée comme une des charges de la donation et ne lui enlève pas son caractère de libéralité ; il n'en pourrait être autrement que s'il était formé un lot distinct attribué expressément en payement de la dette. — V. *Partage d'ascendants* n° 12592.

5751. Reliquat de compte. — Le mandataire qui se libère du reliquat de son compte au moyen de l'abandon de biens personnels opère une dation en payement passible du droit proportionnel. — V. *Compte.*

5752. Rente. — L'abandon de meubles ou d'immeubles, pour tenir lieu du service d'une rente, constitue une dation en payement dont les effets sont examinés au mot *Remboursement.*

5753. Reprises. — Le payement des reprises des époux par le prélèvement en effets de la communauté ne constitue pas une dation en payement ; il en est autrement dans le cas où les reprises sont remboursées au moyen de valeurs appartenant à l'autre époux. — V. *Partage de communauté.*

5754. Sommes données. — Le donateur d'une somme d'argent payable à terme devient le débiteur du donataire, de sorte que l'abandon d'immeubles pour tenir lieu de la somme d'argent constitue une dation en payement passible du droit proportionnel.

1. DATION EN PAYEMENT PAR LE DONATEUR. — Ainsi, le droit de 5 fr. 50 cent. pour 100 a été reconnu exigible sur un acte portant abandon par les père et mère à un de leurs enfants d'un immeuble, pour se libérer de la dot qu'ils lui avaient constituée dans son contrat de mariage (Auxerre 26 mai 1849, 14777-1 J. E.).

Il a pu être pareillement décidé que, quand deux époux constituent une dot à un de leurs enfants, l'obligation d'en verser le montant étant d'ailleurs personnelle à chacun des époux pour moitié, si, au décès du mari, la mère est encore débitrice de la moitié de la dot et s'il est attribué à l'enfant une part de communauté plus forte que celle qui lui appartient légalement, le droit de dation en payement est exigible sur les biens de communauté qui ont servi à acquitter la dette personnelle de la mère (Cass. ch. civ. 23 mars 1852, 14922 J. N.). — V. *Partage de communauté.*

Il en serait autrement s'il s'agissait d'une donation alternative de la somme d'argent ou de l'immeuble, ainsi que nous l'avons expliqué au mot *Donation.*

2. RÉVOCATION DE LA DONATION. — NOUVELLE LIBÉRALITÉ. — L'obligation contractée par le donateur consistant dans le payement d'une somme d'argent, s'il révoque sa libéralité du consentement du donataire et lui fait une nouvelle donation d'immeubles, on peut voir dans ces diverses stipulations une dation des immeubles en payement de la somme promise. Le tribunal de Villefranche l'a ainsi décidé, par un jugement du 31 août 1850 (15036 J. E.), en se fondant, d'après les circonstances particulières de l'affaire, sur ce que, les facultés pécuniaires du donateur ne lui permettant pas de verser la somme d'argent, l'abandon d'immeubles lui appartenant avait eu pour but de le libérer de sa dette. — Pour apprécier s'il y a réellement dation en payement dans toutes les espèces analogues, il faut, comme le porte le jugement de Villefranche, « sans s'arrêter au sens littéral des termes de l'acte, » rechercher dans les conventions quelle a été la commune intention des parties contractantes.

Imputation. — Il a été d'ailleurs reconnu que le droit perçu sur la donation mobilière révoquée n'est pas imputable sur le droit de dation en payement auquel donne ouverture le second acte, parce que ces deux actes sont tout à fait distincts et que la perception faite sur la donation des sommes, ayant été régulière et conforme à la loi, la déduction qui en serait faite ultérieurement sur les droits du second acte ne serait en réalité qu'une restitution d'un droit légalement perçu, restitution expressément prohibée par l'art. 60 L. 22 frimaire an 7 (Cass. 2 avr. 1828, 1272 § 7 I. G., S. 28-1-225; Dél. 27 déc. 1833, 10818 J. E.).

3. PARTAGE ANTICIPÉ. — La situation et le résultat ne sont plus les mêmes quand la première libéralité ayant été consentie au profit d'un successible, sa révocation accompagnée d'une nouvelle donation interviennent dans un partage d'ascendants. Il faut distinguer à cet égard si la somme d'argent a été donnée par préciput ou en avancement d'hoirie.

Avancement d'hoirie. — Dans le cas d'avancement d'hoirie, l'enfant donataire étant tenu au rapport perd tous ses droits à exiger le payement de la libéralité, puisqu'il est à la fois créancier de la somme donnée et débiteur du rapport : s'il reçoit sa part des valeurs héréditaires, c'est en qualité de successible et non en payement d'une créance qui n'existe plus.

Préciput. — Que si la somme d'argent a été donnée au successible par préciput, le donataire vient au partage d'ascendants en sa double qualité d'héritier et de donataire de tout ou partie du disponible : l'abandon de meubles ou d'immeubles qui lui est consenti pour le remplir de ce qui lui revient à ces deux titres ne peut engendrer ni mutation ni exigibilité d'un droit proportionnel, parce que l'attributaire ne fait que recevoir ce qui lui revenait dans l'ensemble des biens, en vertu de la loi et de l'acte de libéralité fait à son profit.

4. DONATAIRE ÉTRANGER. — Lorsque le donataire n'est pas héritier, comme il ne peut avoir de droit *in re* aux valeurs héréditaires, l'abandon à son profit des biens de la succession constitue, dans tous les cas, une dation en payement : il n'y a d'exception que quand le donateur lui-même a fait au donataire le legs d'un corps certain pour lui tenir lieu de la somme donnée. — V. *Délivrance de legs.*

5755. Sommes léguées. — Quand le légataire d'une somme d'argent reçoit en payement un corps certain, il s'opère une dation en payement passible du droit proportionnel. Cette matière a été traitée au mot *Délivrance de legs.*

CHAPITRE III. — DE L'OBJET TRANSMIS

[5756-5759]

5756. Objet dû. — Objet transmis. — On a vu, au n° 5745, que, pour qu'il y ait dation en payement, il faut qu'il existe une dette à éteindre ; ajoutons qu'il faut encore que la chose transmise ne soit pas celle qui était due et que le débiteur pouvait forcer le créancier d'accepter : on comprend en effet qu'aucune novation ne s'opérant, la dation en payement n'est pas caractérisée.

Ainsi, je vous ai vendu du vin de Sain-Julien, vous acceptez en remplacement du vin de Médoc, il n'y a pas novation, car la qualité du vin n'est pas nécessairement déterminante au contrat et ne change pas la convention dans son essence. (Champ. et Rig. n° 1786).

Mais je vous ai vendu du vin, je vous donne du froment, la novation existe, car je me libère au moyen d'une chose qui n'est plus de même espèce : le droit de dation en payement, qui, dans l'espèce, se trouve être celui d'échange, est exigible.

5757. Valeurs mobilières en échange d'un immeuble. — « Quoiqu'une vente ne puisse être faite qu'à prix d'argent, dit Domat, *du Contrat de vente* sect. 5 n° 2, on peut, par le même contrat, donner en payement du prix de la vente, ou des meubles, ou des dettes, ou d'autres effets ; et, en ce cas, ce sont deux ventes qu'il faut distinguer : la première, où le prix n'est pas payé en argent comptant, et, la seconde, où celui qui doit ce prix tient lieu au vendeur de ce qu'il donne pour s'en acquitter. Mais encore que ce soient deux ventes qui se passent en effet entre les mêmes personnes, pour éviter la multiplicité des actes, on ne les considère que comme un seul où elles se confondent, la seconde vente s'éclipsant dans la première ; ainsi réduisant les idées qui distinguent ces ventes, on les prend pour une seule. »

Je vous vends 1,000 hectolitres de froment moyennant 20,000 francs, dont vous vous acquittez au moyen de l'abandon d'un champ: il y a évidemment vente de 1,000 hectolitres de froment et dation en payement du champ. Mais, comme le dit Domat, on doit considérer cette double convention comme se confondant dans un seul acte; un seul droit est donc exigible, et ce droit est celui de la dation en payement à 5 fr. 50 cent. pour 100 et non de la vente mobilière.

En effet, lorsque deux obligations corrélatives consistent également en des choses, *species*, et que l'on reconnaît que de ces deux obligations résulte un seul contrat qui est une vente, il faut, pour trouver le prix de la vente, rechercher laquelle des choses ayant fait objet des obligations peut davantage représenter de l'argent, car le prix doit naturellement consister en une somme d'argent, *pretii natura et forma pecunia est;* en d'autres termes, il faut rechercher laquelle des deux choses est représentative d'une valeur, laquelle consiste en un corps certain. Dans l'espèce qui nous occupe, l'immeuble abandonné est nécessairement le corps certain, car on ne pourrait lui en substituer un autre sans une nouvelle convention. Le froment, au contraire, n'est considéré que dans la valeur qu'on lui suppose, puisque le contrat recevrait tout de même son exécution, quoique je me trouvasse dans l'impossibilité de fournir les 1,000 hectolitres de froment et que je vinsse me libérer en argent.

Ce n'est donc pas, comme le dit Domat, la seconde vente qui s'éclipse dans la première. La vente qui caractérise ici le contrat c'est la dation en payement qui fait produire à la convention l'effet d'une vente immobilière.

5758. Matériaux. — L'abandon à l'entrepreneur, en payement du prix du marché, des matériaux à provenir de la démolition des bâtiments à reconstruire ne donne lieu à aucun droit particulier. — Il en est de même de l'abandon de certains travaux déjà effectués. — V. *Acte administratif.*

5759. Usufruit. — On trouvera au mot *Usufruit* plusieurs solutions spéciales sur la perception du droit de dation en payement.

CHAPITRE IV. — DE LA LIQUIDATION DU DROIT

[5760-5762]

5760. Tarif. — La dation en payement renfermant, comme nous l'avons vu, une transmission à titre onéreux, il en résulte que le droit de vente est exigible et non celui de libération. Les feudistes avaient, à cet égard, nettement déterminé le caractère et les effets de la dation en payement; les lods et ventes étaient dus, et les règles de perception qu'ils avaient établies étaient suivies en matière de centième denier : « On ne connaît plus, dit Merlin (Rép. v° *Dation en payement*), ni lods et ventes, ni centième denier; mais la question est la même pour les droits d'enregistrement. » Ainsi, les décisions des feudistes jouissent ici d'une sérieuse autorité, car aujourd'hui, comme sous la législation féodale, la dation en payement est une véritable vente; elle se trouve donc virtuellement comprise dans la disposition de l'art. 52 L. 28 avril 1816; ce n'est point agir par analogie ou par assimilation que d'exiger le droit de 5 fr. 50 cent. pour 100 sur la convention dont il s'agit.

1. DIVERSES NATURES DE DROIT. — La dation en payement pouvant produire, outre les effets de la vente proprement dite, ceux d'une délégation, d'une cession de créance, d'un échange, selon qu'il s'agit d'une créance, d'une rente, etc., il s'ensuit que le droit dû doit être liquidé d'après les bases de perception établies pour ces divers contrats.

5761. Dette supérieure à la valeur de l'objet. — La créance forme le prix de la dation en payement, et comme son importance est déterminée aux yeux de la loi fiscale par sa valeur nominale, il en résulte qu'en principe c'est sur cette valeur nominale que doit être assis le droit de mutation (Dél. 6 août 1825 et 6 sept. 1826, 376 *code annoté*).

L'opinion contraire est professée par Champ. et Rig. 3215; Roll. de Vill. *Dation en payement* n° 30 et, par le D. N. t. 4 p. 297 n° 26, par le motif que le prix de la transmission n'est pas représenté par le capital de la créance, mais bien par la libération du débiteur. C'est là faire une pétition de principe; car la libération du débiteur étant l'équivalent de la transmission, c'est d'après l'importance de cette libération déterminée par le capital nominal que le droit peut être perçu.

Toutefois, pour que le capital nominal de la créance puisse ainsi servir de base à la perception, il faut que la créance tout entière forme le prix de la transmission. Si, d'après les stipulations expresses du contrat, une partie de la dette seulement est affectée à la dation en payement, c'est cette portion seule qui forme le prix de la transmission et doit supporter l'impôt. Le surplus pourra, selon les cas, faire l'objet d'une acceptilation ou remise de dette assujettie aux droits particuliers des actes de l'espèce. Tout se résume donc en une question d'appréciation. Les parties ont-elles entendu faire de la cession l'équivalent de la libération du débiteur, le droit de vente est dû sur le capital nominal de la dette. A-t-il été convenu que, partie de la dette se trouvant compensée par la cession, il était fait remise du surplus, il y aura lieu de percevoir le droit de vente sur une partie et le droit d'acceptilation sur l'autre.

1. EXTINCTION TOTALE DE LA CRÉANCE. — Dans cet ordre d'idées, le tribunal de Saint-Amand a décidé, le 5 décembre 1856, que, quand dans un acte de vente, il a été stipulé que le prix serait compensé avec une plus forte somme due à l'acquéreur par le vendeur et que, par l'effet de cette compensation, ce dernier se trouverait libéré, le droit de vente est dû sur le montant de la dette. — Le tribunal de Nevers également jugé, le 16 décembre 1856, que l'acte par lequel le débiteur cède un immeuble en payement d'une créance sans autre stipulation que celle de la renonciation du cessionnaire à ses droits contre le cédant, est passible du droit de mutation sur le *montant de la créance éteinte.* — Un jugement d'Alais, du 12 mars 1856, a été rendu dans le même sens.

2. EXTINCTION PARTIELLE. — **Mais si** les contrac-

tants ont expressément déclaré que, partie de la créance se trouvant compensée par la cession, il était fait remise du surplus, il faut décider qu'on ne peut percevoir le droit de vente que jusqu'à concurrence de la valeur du bien, celui d'acceptilation pour remise de dette étant seul exigible sur le surplus.

Le tribunal de la Seine a pareillement conclu à l'exigibilité du droit de vente seulement sur la valeur des immeubles, dans une espèce où le créancier avait déclaré consentir formellement à la remise de l'excédant de sa créance (Jug. du 9 déc. 1859, 16771 J. N., 17070 J. E., 1437 R. P.).

5762. Frais d'acte. — En matière de vente ordinaire, le prix se composant de tout ce que le vendeur doit retirer de la chose qui fait l'objet de la transmission, et les frais et loyaux coûts étant à la charge de l'acquéreur, si une clause du contrat les impose au vendeur, son prix de vente diminue d'autant. D'où la conséquence que le droit de vente ne doit être établi que sur le prix stipulé diminué des frais et loyaux coûts.

Cette règle doit-elle être appliquée dans le cas de dation en payement ?

Les tribunaux de Chaumont, 13 juillet 1859, et de Bordeaux, 15 décembre 1862, se sont prononcés pour la négative: « Attendu, porte le premier jugement, que l'objet principal de la convention est la libération du débiteur, l'extinction d'une dette préexistante; que, s'agissant d'une dation en payement, les frais de l'acte sont de plein droit à la charge du débiteur, aux termes de l'art. 1248 C. C.; qu'en effet les créanciers ayant à recevoir sans déduction le montant de leur créance, la libération ne serait pas complète, si, par le payement des frais, les reprises qu'ils ont à exercer pouvaient être réduites du montant de ce prélèvement; qu'il suit de là que le droit proportionnel d'enregistrement devait être liquidé sur le montant intégral de la somme remboursée sans déduction. »

Un jugement de la Seine du 27 novembre 1850 (15096 J. E., 14280 J. N.) s'est aussi décidé en ce sens, en se fondant sur ce que, dans cette circonstance, le prix doit être invariable, puisqu'il représente réellement la somme que le vendeur reçoit en échange de son immeuble.

Ainsi que nous l'avons déjà enseigné dans nos éditions antérieures, cette manière de voir ne nous semble pas fondée. Le contrat de dation en payement contient à la fois et une transmission de propriété et la libération d'une dette du vendeur. Le caractère dominant de la convention étant la vente, puisque c'est le droit de vente qui est perçu pour l'enregistrement, il faut appliquer au contrat les règles de la perception des ventes d'immeubles.

D'un autre côté, le débiteur est ici un vendeur ordinaire, et la somme dont il se trouve libéré ne représente pour lui un prix que déduction faite des frais du contrat, puisqu'il est obligé de débourser ces frais pour obtenir sa libération de la totalité de sa dette.

Il nous semble donc que, quand les frais du contrat de dation en payement sont imposés au débiteur cédant, il y a lieu d'en opérer la déduction pour percevoir le droit proportionnel. Cette opinion, qui est aussi celle du D. N. t. 4 p. 299 n° 43, 14983 J. N., a été admise par deux jugements du tribunal de la Seine des 2 juin 1853 (14983 J. N.) et 9 décembre 1859 (16771 J. N., 17070 J. E., 1437 R. P.), et par une Sol. 4 octobre 1869, (3049 R. P.).

1. REPRISES. — Lorsque la dation a lieu par le mari à la femme en payement de reprises, c'est le cas d'appliquer les principes ci-dessus; et nous pensons, malgré les décisions de Chaumont et de Bordeaux, intervenues précisément à l'occasion de dations en payement de l'espèce, que le prix de la vente est représenté par le montant de la dette du mari diminuée de ce qu'il a été obligé de débourser pour se procurer sa libération.

2. REMPLOI. — A plus forte raison en doit-il être de même dans le cas où le mari abandonne des immeubles à sa femme en remploi du prix d'aliénation d'un immeuble dotal; car il est généralement admis que, dans ce cas, les frais et loyaux coûts du contrat sont à la charge de la femme (Cass. 16 nov. 1859, S. 60-1-241 ; — Caen 10 mars 1856, *Id.* ; — Cass. (*Motifs*) 2 fév. 1853, *Id.*; — Benech n° 91, Marcadé art. 1557 § 3, Troplong 3429, Sol. 4 oct. 1869, 3049 R. P. — *V.* cependant *Contrà*, Rouen 30 avr. 1851, P. 55-2-2).

DÉBET.

DIVISION

CHAPITRE PREMIER. — ENREGISTREMENT

[5763-7770]

5763. Définition. — Le débet est ce qu'un comptable doit après l'arrêté de son compte ou la vérification de sa régie.

On dit de certains actes qu'ils reçoivent la formalité du timbre de l'enregistrement en *débet*, parce que les droits qu'ils occasionnent ne doivent pas être perçus sur-le-champ, mais sont à recouvrer.

5764. Observation. — Nous n'avons à nous occuper dans cet article que de cette dernière nature de *débet*, et encore nous bornerons-nous à quelques aperçus généraux. Les questions qui se rattachent à ce mode de formalité se trouvent éparses çà et là dans le corps de notre ouvrage, sous les mots auxquels elles se rapportent directement, où elles sont plus naturellement classées qu'elles le seraient ici.

5765. Actes de répression. — La faveur du sursis au payement de tout droit, c'est-à-dire le bénéfice de la formalité en débet, est accordée en général à tous les actes, procès-verbaux, jugements, qui ont lieu dans un intérêt public de répression, en tant que les actes, procès-verbaux ou jugements de cette nature ne jouissent pas de la faveur plus grande de l'enregistrement gratis, ou même de l'affranchissement de la formalité. C'est l'art. 70 § 1er L. 22 frimaire an 7 qui a posé la règle à l'égard : 1° des actes et procès-verbaux des juges de paix ; — 2° de ceux faits à la requête des procureurs de la République (commissaires du directoire exécutif près les tribunaux) ; — 3° de ceux des commissaires de police ; — 4° de ceux des gardes établis par l'autorité publique pour délits ruraux et forestiers ; — 5° des actes et jugements qui interviennent sur ces actes et procès-verbaux.

La loi du 25 mars 1817 art. 74 a reproduit en partie et complété les dispositions de la loi de l'an 7, en décidant que le bénéfice de la formalité en débet sera accordé aux actes et procès-verbaux des huissiers, gendarmes, préposés, gardes champêtres ou forestiers (autres que ceux des particuliers) et généralement à tous actes et procès-verbaux concernant la police ordinaire, et qui ont pour objet la poursuite et la répression des délits et contraventions aux règlements généraux de police et d'impositions. — V. *Acte judiciaire.*

1. MATIÈRE CRIMINELLE. — Mais, comme nous l'avons fait pressentir, cette règle a ses exceptions ; ainsi la disposition de la loi de frimaire, que nous venons de citer, ne s'applique pas au cas où le ministère public agit devant la justice criminelle. — *V. Acte judiciaire.*

2. PARTIE CIVILE. — Et même lorsque ce sont de matières de la compétence des tribunaux correctionnels et de simple police qu'il s'agit, il faut qu'il n'y ait pas partie civile en cause. — Le sursis au payement de tout droit est, en effet, un bénéfice de la loi motivé sur ce que le ministère public qui, dans ces circonstances, agit dans un intérêt général, ne peut être tenu de l'avance ou du payement des droits ; mais cette considération s'évanouit du moment qu'il y a une partie civile qui prend fait dans la cause : alors un intérêt privé se trouvant en jeu, les divers actes de poursuite et d'exécution rentrent dans le droit commun. — *V.* 5767.

5766. Actes d'office en matière civile. — Le ministère public agit souvent, en matière civile, dans l'intérêt des mineurs, des absents et d'autres personnes qui ne peuvent pas agir elles-mêmes. Ces actions, qu'on appelle d'*office*, entraînent divers actes judiciaires ; les lois sur l'enregistrement n'avaient pas dispensé ces actes du payement des droits, cependant on ne pouvait pas exiger que les procureurs de la République, les juges, les greffiers en fissent l'avance. Or, la jurisprudence a tout concilié en appliquant aux actes de l'espèce les dispositions du § 1er de l'art. 70 L. 22 frimaire an 7. — *V. Acte judiciaire.*

5767. Administrations publiques. — Toutes les fois que dans un acte, qui par sa nature *pourrait* recevoir la formalité en *débet*, intervient une partie civile, la règle commune reprend toute sa force et les droits deviennent exigibles au comptant. Cette règle, dont nous avons expliqué le motif, se trouve écrite dans les articles ci-dessus rappelés, des lois des 22 frimaire an 7 et 25 mars 1817 ; elle a été reproduite dans l'ordonnance du 22 mai 1816. Cependant, aux termes de l'art. 4 de cette ordonnance, les administrations publiques agissant dans l'intérêt de l'État, les communes, les établissements publics, ne sont point considérés comme partie civile ; ils ne sont point tenus de consigner les frais de poursuite, ni les droits d'enregistrement des jugements, et la formalité doit être donnée en *débet* à ces jugements.

1. CONTRIBUTIONS INDIRECTES. — Néanmoins l'administration des contributions indirectes n'est point comprise parmi celles qui sont dispensées de faire l'avance des droits. Les actes faits et les jugements rendus à sa requête et dans son intérêt ou celui de ses agents ne peuvent être enregistrés qu'au comptant. C'est ce qui résulte formellement de l'art. 4 dont nous venons de parler.

5768. Actes d'administration. — Il est certains actes qui, étant des actes d'administration publique, sembleraient, par leur nature, devoir être virtuellement exempts de la formalité. Tels sont les procès-verbaux d'assiette, d'arpentage, de balivage, réarpentage et récolement des coupes de bois de l'État et des coupes de bois des communes et des établissements publics et autres actes du ressort de l'administration des forêts. Toutefois, ils ont été classés dans la catégorie des actes à enregistrer en *débet*, non par une disposition législative, sauf cependant en ce qui concerne les actes relatifs aux coupes et arbres délivrés en nature dont parle l'art. 104 Cod. for., mais par des décisions administratives et judiciaires provoquées par des motifs d'ordre divers. — V. *Bois et forêts.*

5769. Actes divers. — La faveur du sursis au payement des droits est encore admise dans certains cas, par une tolérance de l'Administration, pour des actes tout spéciaux, tels que les rapports des capitaines de navires (*V.* 3361), les actes en matière de successions vacantes faites à la requête des curateurs nommés d'office, etc.

5770. Double droit. — Toutes les fois qu'un acte sujet à l'enregistrement, dans un délai déterminé, n'a pas été enregistré dans ce délai, le double droit est-il exigible *au comptant,* quoique la perception du droit simple reste en suspens. — V. *Acte judiciaire.*

CHAPITRE II. — QUESTIONS DIVERSES

[5771-5773]

5771. Timbre. — La loi du 13 brumaire an 7 ayant gardé le silence sur le timbre ou le visa pour timbre en *débet*, la disposition de l'art. 70 L. 22 frimaire an 7 se trouvait sans corollaire ; cependant les motifs qui avaient déterminé le législateur à autoriser l'enregistrement en *débet* de certains actes conservaient la même force relativement au timbre. Aussi des décisions administratives des 6 et 12 germinal an 7, 26 pluviôse et 26 germinal an 8 (Circ. 1155, 1502 et 1566), reconnurent-elles : 1° que les actes de poursuites faits à la requête des commissaires du Gouvernement et autres agents du ministère public; — 2° que les procès-verbaux des gardes forestiers et des gardes champêtres; — 3° que les actes et jugements relatifs à la police ordinaire, seraient visés pour timbre en *débet*.

L'art. 71 L. 28 avril 1816 a prescrit qu'il ne fût admis, sous aucun prétexte, aucune espèce de papier au timbre en *débet*, à peine, par les receveurs, d'être poursuivis en recette de tous les droits des feuilles frappées ou visées en *débet*, sans qu'aucune dispense ou crédit pût être invoqué par eux. Mais l'Ordon. du 22 mai 1816, dont nous avons déjà parlé, vint rétablir la faculté du visa en *débet* pour tous les actes et procès-verbaux des huissiers, gendarmes, préposés, etc., et la loi du 25 mars 1817, par son art. 74, légalisa les dispositions que contenait l'ordonnance de 1816. Cependant cette loi ayant gardé le silence sur les jugements des tribunaux rendus à la requête du ministère public, une décision ministérielle du 15 septembre 1820 autorisa les greffiers à faire viser pour timbre en *débet* les feuilles destinées aux actes et jugements sans partie civile. — V. *Acte judiciaire.*

5772. Greffe. — Actes d'office. — Aucune disposition législative n'a prévu le cas où les droits de greffe devraient être laissés en suspens. Cependant, ainsi que nous l'avons dit n° 5766, il est des actes en matière civile qui ont lieu à la requête du ministère public et dont les droits ne peuvent être avancés par lui. Ainsi, sont dans ce cas les poursuites faites d'office pour nommer un curateur à une succession vacante, pour faire prononcer une interdiction, pour faire rectifier des registres de l'état civil, etc. Une D. m. f. 26 octobre 1825 (1187 § 17 I. G., 8250 J. E.) est venue suppléer au silence de la loi et reconnaître que les actes et jugements qui, en matière civile, sont faits et rendus sur l'intervention d'office du ministère public doivent recevoir la formalité en *débet*.

5773. Recouvrement. — L'exemption des droits est toute provisoire; elle consiste en un simple sursis : c'est ce qu'exprime le § 1er de l'art. 70 L. 22 frimaire an 7, qui, après avoir donné la nomenclature des actes à enregistrer en *débet*, ajoute : « Il y aura lieu de suivre la rentrée des droits d'enregistrement de ces actes, procès-verbaux et jugements, contre les parties condamnées, d'après les extraits des jugements qui seront fournis aux préposés de la Régie par les greffiers. » — V. 3143-3.

DÉBITEUR.

5774. — C'est celui qui doit une somme ou une chose quelconque.

En ce qui concerne les débiteurs des droits d'enregistrement des actes judiciaires, notariés et sous seing privé. — V. les mots *Acte de notaire*, *Acte sous seing privé*, *Acte judiciaire* et *Succession*.

DÉBOURSÉS.

5775. — C'est le nom que l'on donne aux droits de timbre, d'enregistrement, et aux autres sommes qu'un notaire, un officier ministériel, un mandataire ou gérant a payées, à part ses honoraires ou salaires, pour le compte de ses clients ou commettants.

DÉBOUTÉ. — DÉBOUTER.

5776. — Ce dernier terme signifie déclarer par jugement ou arrêt quelqu'un déchu de la demande qu'il avait formée en justice. On appelle *débouté d'opposition* le jugement ou l'arrêt qui rejette une opposition formée à un jugement ou arrêt par défaut. — V. *Jugement.*

DÉCHARGE.

DIVISION

SOMMAIRE

CHAPITRE PREMIER. — TARIF

[5777-5779]

5777. Définition. — La décharge est l'acte qui constate une libération non translative et qui n'est que l'exécution d'un acte antérieur.

5778. Tarif. — Elle n'est passible que d'un droit fixe. Ce droit, qui était de 10 s. sous l'empire du tarif du 29 septembre 1722, a été porté à 1 franc par la loi du 19 décembre 1790, et maintenu à ce taux par celle du 22 frimaire an 7 art. 68 § 1er n° 48, pour les décharges *autres* que celles passées aux greffes des tribunaux de première instance, de commerce et des Cours d'appel, qui étaient tarifées à 2 francs par le même article § 2 nos 6 et 7.

La L. 28 avril 1816, art. 43 nos 8 et 11, a porté à 2 francs le droit des décharges pures et simples et des récépissés de pièces *autres*, 1° que les décharges passées aux greffes des tribunaux de première instance, de commerce ou d'arbitrage; — 2° que celles passées aux greffes des cours royales.

Ce droit a été élevé à 3 francs par l'art. 4 L. 28 février 1872.

1. GREFFE DE PREMIÈRE INSTANCE ET DE COMMERCE. — Les décharges passées aux greffes des tribunaux de première instance et de commerce ou d'arbitrage, sont sujettes au droit fixe de 4 fr. 50 cent. (L. 28 avr. 1816, art. 44 n° 10, L. 28 fév. 1872, art. 4).

2. GREFFE DE COUR D'APPEL. — Celles reçues aux greffes des Cours d'appel sont assujetties au droit fixe de 7 fr. 50 cent. (*Id.* art. 45 n° 11, L. 28 fév. 1872 art. 4.

3. DROIT DE RÉDACTION. — Il est dû, en outre, un droit de greffe de rédaction de 1 fr. 25 cent. sur les décharges passées aux greffes ci-devant désignés (Déc. 12 juill. 1808 art. 2, I. G. 398).

5779. Distinction entre la quittance et la décharge. — On dit souvent, pour exprimer qu'une personne est libérée, qu'elle est *quitte* et *déchargée;* le mot décharge est donc, dans le langage usuel, synonyme de quittance. On peut dire en principe que la décharge est le *genre*, et la quittance *l'espèce*. Ainsi la loi, lorsqu'elle statue sur la manière dont le mineur émancipé et la personne pourvue d'un conseil judiciaire peuvent toucher un capital, se sert des mots *donner décharge* (C. C. 482, 499, 513), ce qui s'entend de toutes les manières par lesquelles le capital peut entrer dans les mains de l'incapable.

En fait, la décharge est, comme la quittance, un acte libératoire, puisqu'elle éteint l'obligation de celui qui est déchargé. Mais, dans les principes de la loi de l'enregistrement, le droit proportionnel s'applique particulièrement aux actes dont les effets ont une puissance translative. Or, tel est le caractère de la quittance; c'est ce que Pothier exprime en disant : « Lorsque l'obligation est de donner quelque chose, le *payement* est la donation et *translation* de la propriété de cette chose. » La quittance est donc translative, et cet effet, en considération duquel le droit proportionnel est exigible, est particulièrement ce qui fait distinguer la quittance de la décharge; car la décharge, elle, ne constitue pas une aliénation de la part de celui qui la reçoit, et une transmission à celui qui la donne : elle relate seulement une libération sans transmission; elle n'est, en réalité, que l'exécution, dans le sens de la loi de l'enregistrement, d'un acte antérieur.

Nous insistons sur ce point parce qu'il est caractéristique. Dans tout contrat d'obligation, il y a transmission, car la chose prêtée passe à l'emprunteur à titre de propriété. « L'emprunteur devient propriétaire de la somme prêtée, » dit l'art. 1893 C. C. Or, s'il y a transmission dans l'obligation, le prêt ne peut s'éteindre que par une nouvelle transmission. Dans le contrat qui a formé l'obligation, la somme a passé, à titre de mutation, des mains du créancier dans celles du débiteur, et cette mutation a donné ouverture au droit proportionnel; dans le contrat qui éteint l'obligation, cette même somme repasse donc des mains du débiteur dans celles du créancier par une seconde mutation, ce qui rend exigible un nouveau droit proportionnel. Ainsi donc, le droit de quittance est le corollaire du droit d'obligation. Par une conséquence nécessaire, toutes les fois que le contrat primitif n'a engendré que le droit fixe, parce qu'il n'a pas été transmissif, le contrat de restitution, n'opérant pas une rétrocession, ne donnera naissance qu'à un droit de même nature.

CHAPITRE II. — LIBÉRATION DU MANDATAIRE

[5780-5806]

5780. Principe. — Lorsqu'un versement de deniers a eu lieu, il est de règle que celui qui l'a effectué doit être considéré comme en étant le propriétaire, de sorte que le payement constitue une transmission passible du droit proportionnel. Mais il en est autrement quand celui qui paye détenait seulement la somme d'argent pour le compte de celui à qui le versement est effectué : la remise qu'il en fait au véritable propriétaire n'est pas une transmission et l'acte qui la constate ne peut engendrer que le droit fixe. Il résulte de là que la préexistence, soit d'un mandat exprès tacite ou légal, soit d'un dépôt ou d'un contrat de gage qui justifie des droits du recevant aux deniers touchés pour son compte, suffit pour établir que l'acte de payement renferme seulement décharge.

1. NOVATION. — Il va de soi qu'il faut, pour qu'il en soit ainsi, que le mandataire ou le dépositaire n'ait pas changé sa qualité. Il est clair, en effet, que, si de l'acte soumis à la formalité il résulte que le mandataire ou le dépositaire ont converti le mandat ou le dépôt en une obligation de prêt, la décharge opérerait une véritable libération passible du droit proportionnel ; c'est ce qui a été établi, v° *Compte.*

5781. Mandat écrit. — Aucune difficulté ne peut s'élever quand l'individu qui se libère avait reçu un pouvoir écrit de toucher les deniers : le mandataire n'est pas propriétaire des sommes qu'il remet, puisqu'il a reçu pour le mandant et en son nom : les deniers sont la propriété de celui-ci et la remise qui s'en opère n'est pas une aliénation. Dès lors le seul droit exigible sur cette remise est celui de décharge, ainsi que cela résulte de diverses délibérations de l'Administration des 18 novembre 1818, 3 mars 1824, 10 août et 5 octobre 1827, 19 janvier 1830 (8999 J. E., 1320 § 3 I. G.).

5782. Mandat verbal. — Cette règle est applicable lors même que le mandat serait verbal. L'Administration avait d'abord pensé (Dél. 13 avr. 1827) que le droit proportionnel est exigible toutes les fois que le mandat n'a pas été enregistré, et le motif de cette décision était que ce serait ouvrir la voie aux abus et aux fraudes, en autorisant l'entremise d'un prétendu mandataire verbal pour convertir en décharge de véritables quittances. Mais il faut remarquer qu'il n'en est pas de la décharge donnée à un mandataire comme d'une reconnaissance de dette émanée de celui-ci. A l'égard d'une reconnaissance de dette, le droit d'obligation est dû s'il n'est pas justifié d'un mandat enregistré, car les reconnaissances et autres actes portant obligation de sommes sont tarifées d'une manière générale au droit de 1 pour 100 par l'art. 69 § 3 n° 3 L. 22 frimaire an 7. A défaut d'une exception expresse pour les reconnaissances émanées des mandataires, le droit proportionnel doit nécessairement être perçu, si elles ne peuvent être placées sous l'empire de la règle générale qui soumet au droit fixe les actes qui ne sont que « l'exécution d'un *autre acte enregistré.* » Mais il en est autrement pour les actes qui libèrent le mandataire à leur égard. Il y a une exception formelle au principe qui tarife à un droit proportionnel tout acte libératoire, dans la disposition qui assujettit à un simple droit fixe les *décharges*, sans distinguer en aucune manière si l'obligation que la décharge a pour effet d'éteindre, est ou n'est pas enregistrée. Il suffit dès lors qu'un acte constitue une décharge, pour que le droit fixe soit seul exigible.

Aussi l'Administration a-t-elle reconnu, le 19 février 1828, (D. N. t. 4 p. 316-10) que la décharge est soumise au droit fixe seulement, alors même que le mandat de celui à qui elle est donnée n'est pas justifié par un acte antérieurement enregistré.

Jugé, dans le même sens, par le tribunal de Boulogne-sur-Mer, le 5 avril 1839 (12400-2 J. E., 10255 J. N.), que le droit de décharge est seul exigible sur l'acte par lequel le bailleur reconnaît avoir reçu d'un mandataire un prix de bail qu'il avait verbalement chargé celui-ci de toucher du fermier.

5783. Quasi-contrat de gestion d'affaires. — La situation est juridiquement la même quand le recevant, sans avoir reçu de pouvoir écrit ou verbal, a fait les recouvrements non pour lui mais pour le compte d'un tiers. Les deniers qu'il a encaissés ne sont pas plus dans un cas que dans l'autre sa propriété, et la restitution au tiers à qui ils appartiennent n'est pas une transmission passible du droit proportionnel. Pour qu'il en soit ainsi, il faut, on le comprend, que l'existence du quasi-contrat de gestion soit établie, car la règle générale est, comme nous l'avons dit, que toute transmission de deniers constitue une mutation passible du droit proportionnel.

1. PORTE-FORT. — Ainsi, si un tiers qui reçoit des sommes d'argent déclare, dans la quittance, qu'il touche pour un individu dont il se porte fort, sa déclaration antérieure au compte qu'il rend au véritable propriétaire des deniers ne laissant aucun doute sur sa qualité de détenteur précaire, il nous paraît incontestable que la remise des sommes encaissées à celui à qui ils appartiennent réellement constitue une décharge passible du droit fixe.

2. COCRÉANCIERS. — A défaut de déclaration antérieure et formelle, il suffit, à notre avis, que le quasi-contrat de gestion d'affaires résulte des circonstances de la cause pour qu'il y ait décharge pure et simple. Nous pensons, par exemple que, si l'un des cocréanciers, même non solidaires, recevant la totalité d'une dette indivise, remboursait à son cocréancier la part qui lui revient dans le recouvrement effectué, il faudrait voir dans ce remboursement une restitution de deniers recouvrés pour le compte d'autrui, c'est-à-dire, une décharge assujettie seulement au droit fixe. On remarquera que nous ne parlerons pas ici de cocréanciers *solidaires*, parce que la solidarité donnant à chacun des ayants droit pouvoir de toucher la totalité de la dette constitue le mandat légal dont nous parlerons *infrà* n° 5785. — V. 5789.

5784. Défaut de mandat. — Toute la difficulté de la question consiste à apprécier si, en fait, celui qui verse les deniers les avait encaissés pour le compte de celui à qui il en fait la remise. S'il n'est justifié ni d'un mandat exprès ou verbal, ni d'un quasi-contrat de gestion d'affaires, le payement constitue une véritable libération passible du droit de 50 centimes pour 100.

En principe, celui qui reçoit des deniers appartenant à autrui est réputé, à moins de preuve contraire, avoir fait du recouvrement une affaire personnelle; il s'est constitué le débiteur direct du créancier et le payement forme à son égard une véritable libération passible du droit proportionnel.

C'est pourquoi la C. cass. a décidé, le 9 mai 1864, que « le remboursement de sommes reçues pour un tiers est passible du droit de quittance, à moins qu'il ne soit justifié d'un mandat antérieur, qui attribue alors à l'opération le caractère d'une décharge : « Attendu que, pour faire décider qu'il y avait lieu à un droit fixe de décharge, il aurait fallu qu'il fût établi que le payement fait était l'exécution pure et simple d'un acte antérieur dans l'espèce d'un mandat, mais que l'existence de ce mandat n'a point été prouvée. » (12668 C., 17844 J. E., 993 Rev., 1898 R. P., S. 64-1-239).

Il a été, de même, reconnu que si une personne a donné pouvoir à l'un, de vendre un immeuble et à l'autre, d'en toucher le prix et que le mandataire chargé seulement de vendre touche le prix, le droit de quittance est exigible sur la décharge que lui donne de ce prix le mandataire qui était chargé de le toucher (14717-3 J. E.).

5785. Mandat légal. — Ce que nous avons dit du mandat exprès s'applique à plus forte raison au mandat légal : les sommes que le mandataire légal (tuteur, usufruitier, mari, etc.) encaisse en cette qualité ne lui appartiennent pas, et leur restitution n'est passible que du droit fixe.

5786. Mari. — C'est surtout à propos de l'administration maritale que se sont élevées les difficultés relatives au mandat légal. Quand, à la dissolution de la communauté ou du mariage, le mari restitue à la femme et à ses héritiers le montant de la dot ou des reprises versées entre ses mains, se libère-t-il d'une dette ordinaire ou paye-t-il seulement un reliquat de compte de gestion? Pour soutenir cette dernière doctrine, on faisait remarquer que la gestion du mari diffère essentiellement de celle du mandataire. Il acquiert, en effet, sur la dot de la femme, des droits personnels qui ressemblent en beaucoup de points au droit même de propriété. Quand il opère la restitution de cette dot ou des reprises, il abandonne donc à certains égards une somme d'argent qui était entrée dans son patrimoine et cela suffit à justifier la perception du droit de quittance.

La question, soumise à la C. cass., n'y a pas toujours été uniformément résolue. Par un arrêt du 10 février 1833, la chambre civile repoussa la demande de l'Administration, en se fondant sur ce que le mari était un mandataire rendant compte de sa gestion et obtenant une simple décharge passible du droit fixe (S. 33-1-292, 10601 J. E.). Mais, ultérieurement et en matière de communauté légale, la chambre des requêtes admit la conclusion contraire dans un arrêt du 4 août 1841 portant : « que le mari, pouvant disposer à son gré de la dot de sa femme comme chef de la communauté (art. 1421 et 1428 C. C.), en est propriétaire en ce sens que, lorsqu'il la restitue par suite de la dissolution de la communauté, c'est une dette qu'il acquitte, et la décharge qui lui en est donnée est assujettie comme tous les autres actes portant libération de somme au droit proportionnel » (11073 J. N., 12831 J. E., 1668 § 6 I. G., S. 41-1-664). Cette décision fut prise pour règle officielle de perception.

Nous l'avons, néanmoins, combattue dans nos éditions précédentes. La qualité du mandataire que revêt le mari, disions-nous, du jour où ont été noués les liens du mariage exclut toute idée de transmission des deniers de la femme au profit du mari. Celui-ci n'a été que mandataire et administrateur; dès lors le seul droit exigible sur sa libération est un droit de décharge. Et nous combattions en ces termes l'arrêt du 3 mai 1841. « Cette décision est contraire au principe posé dans les arrêts de la cour suprême des 1er avril 1822 (Dalloz n° 1177, 7220 J. E.), 16 mai 1832 (S. 32-1-329, 1687 I. G., 10342 J. E.), 21 février 1833 (7996 J. N.), 8 août 1836 (4345 C., S. 36-1-837, 11605 J. E.), 11 décembre 1838 (10220 J. N., S. 39-1-42, 1587 I. G.), principe admis d'ailleurs dans l'I. G. 1293 § 7, duquel il résulte que le mari n'est que le mandataire légal de sa femme, ce qui fait repousser la perception du droit d'obligation sur la reconnaissance par le mari, en faveur de la femme, des sommes versées entre ses mains en sa qualité de mandataire général. Or, tout mandat entraînant la nécessité d'un compte, et, s'il y a lieu, restitution d'un reliquat, il est logique de reconnaître que la délivrance à la femme du montant de ses reprises n'est que l'exécution ou la consommation du mandat du mari et n'opère pas transmission de propriété; on ne concevrait pas, en effet, que si le mari reçoit et s'oblige comme mandataire légal, il ne restitue pas en la même qualité. »

Ces observations ont définitivement prévalu. Dans une affaire portée devant la chambre civile, M. l'avocat général Blanche disait : « Il me semble que le premier texte de loi à consulter est l'art. 1498 C. C. Cet article distingue entre les valeurs mises en communauté et les valeurs réservées. Si, aux termes de l'art. 1421, le mari administre seul les biens mis en commun, s'il peut les vendre, aliéner et hypothéquer sans le concours de la femme, aucun texte ne lui donne le même droit sur les biens réservés. Il semble, dès lors, que, s'il peut être considéré comme quasi-propriétaire à l'égard des biens mis en commun, il en est autrement des biens réservés. En effet, selon l'art. 1428, le mari n'a que l'administration des biens personnels de la femme. Il peut, à la vérité, aliéner les biens fongibles, et user des espèces, mais ce n'est qu'à raison, d'une part, de la nature de ces biens, et, d'autre part, de sa qualité d'administrateur. Il n'est donc, à l'égard de ces biens, qu'un gérant, un dépositaire, un mandataire. C'est ce qui résulte aussi des art. 1577 et 1572. Et, il n'en serait autrement que si le mari novait son titre légal contre celui d'emprunteur. Donc, le mari qui, à la dissolution de la communauté, remet à la femme ses valeurs réservées, ne lui transfère pas la propriété de ces biens, il ne fait que lui remettre des valeurs dont elle a conservé la propriété, et dont il n'a été que l'administrateur. C'est, par conséquent, une décharge et non pas une quittance que la femme lui confère » (2229 R. P.).

C'est, en effet, ce qu'a décidé en ces termes un arrêt du 30 janvier 1866 : « Attendu, en droit, que, vis-à-vis de la femme, le mari, quel que soit le régime adopté par les époux, n'est, quant aux biens qu'elle s'est réservés comme propres par son contrat de mariage, qu'un administrateur; qu'ainsi, lorsqu'à la dissolution de la communauté il lui remet le montant de ses reprises et apports, il ne fait que s'exonérer envers elle du mandat qu'il en avait reçu ; d'où il suit qu'en décidant, dans l'espèce, que l'acte qui constatait cette remise ne renfermait qu'une simple décharge de mandant à mandataire, passible du droit fixe d'un franc, le jugement attaqué, loin de violer la loi, n'en a fait qu'une juste application » (2229 R. P., B. C. 25, S. 66-1-224, D. 66-1-73).

L'Administration a acquiescé officiellement a cet arrêt dans son instruction n° 2355-1 ; et on peut considérer la question comme définitivement résolue.

1. COMMUNAUTÉ. — Ainsi qu'on le voit par le texte de cet arrêt, il n'y a pas à distinguer entre les divers régimes adoptés par les époux. Dans tous les cas, le mari n'est qu'un mandataire et la restitution de la dot ou des reprises constitue une décharge. Cette conclusion avait été admise déjà antérieurement pour le régime en communauté pure et simple par l'arrêt précité du 21 février 1833, par deux délibérations des 30 novembre 1825 et 8 novembre 1839 (10549 J. N), et on avait reconnu que la renonciation à la communauté ne modifiait en rien ces principes (Douai 29 déc. 1852, 31 R. P.; — Senlis 24 mars 1840 ; — Dél. 15 mai 1840, D. N. t. 4 p. 317 n° 18. Roll. de Vill. v° *Décharge* n° 31.

2. RÉGIME DOTAL. — Il en devait être nécessairement ainsi du régime dotal, malgré le caractère spécial des droits du mari sur la dot, puisqu'il n'est en réalité que l'administrateur des biens de la femme (Riom 17 déc. 1863, 17896 J. E., M. Demante n° 637). — C'est pourquoi le tribunal de la Seine avait jugé, le 21 mars 1849, que l'acte par lequel, sous le régime dotal, un mari reçoit le prix de la vente de biens appartenant à sa femme, en vertu de la délégation qui lui a été faite par cette dernière en compensation et restitution des sommes qu'elle lui doit pour reprises et indemnités résultant de réparations faites par lui à d'autres immeubles dotaux, ne donne ouverture qu'au droit de décharge, attendu que, jusqu'à séparation de biens ou dissolution de mariage, aucun acte de libération ayant un caractère définitif ne peut intervenir entre le mari et la femme (13698 J. N.).

Les principes de la société d'acquêts ne modifient en rien d'ailleurs l'application de la règle. L'arrêt du 30 janvier 1866 précité a été spécialement rendu au sujet d'époux mariés sous le régime dotal avec société d'acquêts (*V.* égal. Lyon 29 août 1862, 1708 R. P., 17546 J. N., 12586 C., 522 Rev.).

3. PARAPHERNAUX. — Tout ce qui précède gouverne également la restitution des paraphernaux. Ici encore le mari qui n'a pas perdu son titre de gérant pour recevoir celui de débiteur, est un administrateur légal et la restitution qu'il effectue doit subir le droit fixe (M. Demante n°s 637, 638). Le droit de quittance ne serait exigible que si le mari était devenu l'emprunteur de sa femme, comme nous l'établirons au mot *Obligation*.

4. SÉPARATION DE BIENS. — Sous le régime de la séparation de biens, le mari étant aussi l'administrateur légal des biens de sa femme, on a dû décider que l'acte par lequel la femme reconnaît que son mari, ou les héritiers de celui-ci, lui ont remis la totalité ou une partie des sommes que le mari avait touchées pour le compte de sa femme, en vertu de leur contrat de mariage, n'est passible que du droit fixe (Cass. 21 fév. 1833, — Dél. 14 oct. 1837 et 15 juill. 1836, D. N. t. 4 p. 317 n° 17). Cette Sol. est directement confirmée par l'arrêt du 30 janvier 1866 précité.

Il faut donc repousser la doctrine d'un jugement de la Seine, du 13 janvier 1847, d'après lequel le droit de quittance serait exigible, lorsque la femme séparée de biens donne décharge à son mari de la valeur de son trousseau (14192 J. E.).

5. DATION EN PAYEMENT. — Il est bien entendu que, si le mari, au lieu de se libérer en argent, cédait à sa femme des biens personnels en payement de son reliquat de compte, le droit de cession à titre onéreux serait exigible selon la nature des valeurs. C'est un point que nous discutons plus amplement aux mots *Partage de communauté* et *Reprises*.

En serait-il de même des titres de créances ou actions de sociétés que le mari aurait fait inscrire en son nom et qu'il prétendrait provenir des deniers de la femme? «Ces sortes de choses, dit très-exactement M. Demante, représentent l'argent fourni par la femme; elles en sont le placement. Si les titres sont au nom du mari, c'est, dira-t-on peut-être, pour la facilité de son administration. Mais ces considérations ne doivent pas prévaloir. En inscrivant ces titres sous son nom, le mari courait les chances de gain et de perte (Cela est surtout sensible pour les titres qui se négocient à la Bourse. *V.* en outre, art. 1567 C. C.). Ils faisaient donc partie de son patrimoine. Pour que les titres nominatifs du mari passent au nom de la femme, il faut une cession : un droit proportionnel est donc exigible » (N° 640).

Tout au plus pourrait-on soutenir, avec l'honorable professeur, que les titres au porteur doivent être assimilés à l'argent parce qu'ils ont comme lui un caractère fongible (n° 642). Mais cette doctrine est elle-même difficilement admissible, car le titre au porteur constitue une propriété parfaitement individualisée dont la revendication peut être faite par les héritiers. Or nous verrons que, si dans certains cas et malgré cette circonstance, il est possible d'assimiler ces valeurs à l'argent, notamment pour la déduction à opérer lors de la déclaration de succession du mari, c'est par le résultat d'une fiction qui ne saurait être étendue à la perception du droit de transmission entre-vifs à titre onéreux — V. *Partage de communauté* et *Succession*.

5787. Tuteur. — Le père ou la mère tuteurs sont aussi revêtus d'un mandat légal et le payement des sommes qu'ils ont touchées en cette qualité, constitue une décharge pure et simple passible du droit fixe. — V. *Compte*.

1. SOMMES A VALOIR. — De ce qu'il a été reconnu que le droit de décharge est seul exigible sur l'arrêté définitif du compte de tutelle qui constate le payement du reliquat par le rendant, par la raison que, *avant cet arrêté, le tuteur n'était pas débiteur, mais simple dépositaire comptable*, on doit conclure que les quittances de sommes payées à valoir avant le compte ne donnent ouverture qu'au même droit (10636-7 J. E.).

De même, la déclaration par l'acquéreur, dans le contrat de

vente, que la somme avec laquelle il paye le prix provient de la remise qui lui a été faite par son père à valoir sur son compte de tutelle, ne peut motiver la perception du droit proportionnel de 50 pour 100.

5788. Usufruitier. — Les capitaux que l'usufruitier détient en sa qualité ne lui appartenant pas, la remise qu'il en fait aux nus-propriétaires n'est pas une aliénation : comme il n'est pas débiteur, il n'y a point de libération et le droit fixe de (3 francs.) pour décharge est seul dû (Dél. 3 mai 1837, 11776 J. E., 9644 J. N., D. N. t. 4 p. 317 n° 22; — Dél. 1er juin 1815, 5639 J. N.).

5789. Cocréanciers solidaires. — La solidarité est une fiction de droit, de laquelle il résulte que, soit relativement aux débiteurs, soit relativement aux créanciers, chacun des coobligés solidaires est réputé soit créancier, soit débiteur, pour le tout, *in solidum*, comme s'il était seul, bien qu'en réalité il doive entrer en partage avec ses coobligés. Telle est l'interprétation de l'art. 1198 C. C. Il résulte de là que quand plusieurs copropriétaires ont donné conjointement un immeuble à bail, sans qu'il soit dit que chacun recevra séparément sa part du loyer, il est au choix du locataire de payer intégralement à l'un ou à l'autre des bailleurs. Lorsque ensuite celui qui a reçu le tout remet à son copropriétaire ce qui lui revient, la décharge qui lui est délivrée n'est sujette qu'au droit fixe; il est censé avoir agi en qualité de mandataire (4641 J. E., 1128 J. N., D. N. t. 4 p. 317 n° 20). — *V.* 5483-2.

5790. Diverses espèces de mandataires. — Les règles que nous venons d'exposer s'appliquent dans tous les cas et de quelque nature que soit le mandat : qu'il émane de la partie, de son auteur ou de la justice. Il nous suffira de passer rapidement en revue les diverses espèces pour faire à chacune d'elles l'application de la règle générale.

5791. Agent de change. — L'agent de change qui vend des effets publics ne le fait que pour le compte du propriétaire; il est donc son mandataire et l'acte par lequel il lui tient compte du produit de la vente est une décharge passible du droit fixe. (Dél. 2 août 1826, D. N. t. 4 p. 319 n° 35).

5792. Banque de France. — La Banque de France régie sous la surveillance de l'État, n'a pas été assimilée à un banquier ordinaire; on admet généralement qu'elle joue le rôle soit d'un mandataire, soit d'un dépositaire. Aussi la décharge donnée par des héritiers, du solde du compte courant de leur auteur, n'a-t-elle été reconnue passible que du droit fixe (Sol. 31 juill. 1858); — et il en a été de même de la décharge des dividendes et intérêts (Sol. 7 août 1868).

Ces solutions se justifient mieux néanmoins en équité qu'en droit. Il est douteux qu'elles soient aujourd'hui maintenues.

1. ÉTABLISSEMENT DE CRÉDIT. — Quoi qu'il en soit, il n'en est plus de même des autres établissements de crédit. Ainsi c'est le droit de quittance et non de simple droit fixe de décharge qui est dû sur l'acte par lequel le titulaire d'un compte courant ouvert au Crédit foncier reconnaît en avoir reçu le reliquat (Seine 11 déc. 1869, 3095 R. P.); — ou sur le remboursement des intérêts et dividendes qu'une société telle que la Société du Crédit industriel avait touchés pour le propriétaire de titres laissés en dépôt à la Société et qu'elle avait conservés en compte courant (Seine 12 déc. 1868, 2828 R. P.).

Quant à la restitution des titres au porteur déposés à l'établissement avec mandat d'en toucher les arrérages, elle n'est passible que du droit de décharge (Seine 12 déc. 1868, 2828 R. P.).

5793. Caisse d'épargne. — Les décharges données aux caisses d'épargne sont sujettes au droit fixe. — *V.* 3319.

5794. Caisse des consignations. — De quel droit est passible la décharge donnée à la caisse des consignations? — *V.* 3290.

5795. Comptables de deniers publics. — Les sommes encaissées par les comptables de deniers publics n'étant en aucune façon leur propriété, la décharge que le successeur en donne à son prédécesseur n'est passible que du droit fixe : spécialement, lorsque le trésorier d'une fabrique intervient dans un inventaire pour donner décharge aux héritiers de son prédécesseur de sommes appartenant à la fabrique, cette décharge ne donne ouverture qu'au droit fixe; la décharge est pure et simple, parce que le défunt n'était pas un débiteur ordinaire, mais seulement comptable (Roll. de Vill. V. *Décharge* n° 41, D. N. t. 4 p. 319 n° 36).

5796. Exécuteur testamentaire. — L'exécuteur testamentaire reçoit mandat du défunt, et la remise des sommes qu'il a touchées en exécution des pouvoirs qui lui ont été ainsi conférés, n'est qu'une simple décharge. Il a été décidé, dans ce sens, que, quand un exécuteur testamentaire, ayant la saisine de la succession, est en même temps légataire particulier d'une somme d'argent et que, dans le compte de sa gestion présenté aux héritiers et approuvé par eux, les sommes qu'il a reçues pour le compte de la succession sont compensées jusqu'à due concurrence avec le montant du legs à son profit, il n'est dû, à raison de cette compensation, aucun droit proportionnel d'enregistrement, le seul droit de décharge est exigible (Rennes 10 juill. 1839, D. N. t. 4 p. 317 n° 23).

5797. Fidéicommis. — De même, quand, par suite d'un testament contenant institution fiduciaire, la remise de la succession est faite à l'héritier élu par l'institué à la charge par lui de désintéresser ses cosuccesseurs selon les intentions du testateur, l'acte qui réalise ces dispositions n'est passible que du droit fixe de décharge (D. m. f. 19 avr. 1819, 6391 J. E., D. N. t. 4 p. 319 n° 34).

5798. Gardien de scellés. — La disposition d'un inventaire qui constate la remise au gardien du numéraire et autres valeurs de la succession n'est passible d'aucun droit particulier et la décharge ultérieure que le gardien reçoit des ayants droit est passible du droit de décharge (Sol. 30 juin 1849, 8907 C., Champ. t. 6 n° 298).

5799. Séquestre. — Le séquestre étant administrateur, il en résulte que la décharge qui lui est donnée est passible du droit fixe.

Mais il en est autrement des payements faits par le séquestre aux créanciers de la personne saisie dans ce cas; il est bien évident que le droit proportionnel de quittance est dû par la raison que le séquestre possède pour le débiteur et qu'en payant aux créanciers il opère la libération de ce dernier. Ce n'est pas au séquestre que la quittance est donnée, mais au débiteur qu'il représente (Dél. 20 août 1833, 10712 J. E., D. N. t. 4 p. 321 n° 6).

5800. Syndics. — Ce que nous venons de dire du séquestre s'applique aux syndics. — Lors donc qu'après l'homologation du concordat ils remettent au failli, conformément à l'art. 525 C. com., l'universalité de ses biens, ses livres, papiers et effets, ils ne font qu'un acte d'administration; et, lors même qu'ils remettent au failli des sommes qu'ils ont touchées pendant leur gestion, le seul droit de décharge est exigible sur l'acte qui constate ces remises, car ils n'ont jamais agi que comme mandataires. Cependant, si des sommes étaient payées à des créanciers du failli présents, le droit de quittance serait exigible. — C'est ce qui résulte d'un arrêt de cass. du 26 novembre 1821 ainsi conçu : « Attendu qu'il faut distinguer, dans les diverses dispositions de l'acte du 5 juillet 1819, celles qui ont rapport à l'intérêt des syndics des créanciers du sieur Deville d'avec celles relatives à l'intérêt du sieur Deville lui-même vis-à-vis desdits créanciers; que, si les premières ne présentent qu'une simple décharge donnée par les créanciers et par le sieur Deville aux syndics, relativement à la gestion de ces derniers, d'autres dispositions du même acte et notamment celle de l'art. 1er qui constate le payement déjà fait aux créanciers de 87,271 fr. 32 cent., à-compte des premiers 50 pour 100 de leurs créances, combinée avec celle de l'art. 5 qui déclare Deville libéré au moyen de recouvrements faits et à faire de la part des créanciers, renferment, au profit de ce débiteur, une véritable libération, sinon de la totalité de sa dette, au moins d'une partie correspondante aux sommes déjà touchées par ses créanciers à-compte de leurs créances, et qu'à cet égard du moins il n'a pu y avoir de doute sur l'exigibilité du droit proportionnel réglé par l'art. 69 § 2 n° 11 L. 22 frimaire an 7 » (7115 J. E., *P. chr.* 499).

5801. Souscription. — Lorsqu'un particulier a ouvert chez lui une souscription, en faveur d'un tiers malheureux, il ne touche les deniers offerts que pour le compte du tiers, et l'acte par lequel le produit est remis à la partie intéressée qui le reconnaît renferme une décharge passible du droit fixe. Une Dél. 17 avril 1822 (272 Roll.) a décidé qu'un tel compte ne pourrait d'ailleurs être assujetti au droit de donation, que si les souscripteurs dénommés étaient présents à l'acte et consentants.

5802. Trésorier-payeur général. — Ce que nous avons dit de l'agent de change (N° 5791) s'applique au trésorier-payeur général, la décharge qui lui est donnée du produit de la vente d'une rente sur l'État ne peut engendrer que le droit fixe.

Mais la restitution opérée par ce comptable d'une somme déposée chez lui à titre de compte-courant est passible du droit de quittance (Versailles 6 avr. 1860, 2908 R. P.).

5803. Dépôt. — Le dépositaire qui reçoit des deniers pour le compte d'un tiers n'est pas plus que le mandataire, considéré, pour l'application de l'impôt, comme propriétaire de la somme d'argent, quoique les écus se soient confondus avec les siens et que la *reivendicatio* ne soit pas strictement possible contre lui (Demante n° 530) : *rei depositæ proprietas apud deponentem manet, sed et possessio.* L. 17 ff. *Depos.* — Par une conséquence nécessaire, il n'y a pas rétrocession lorsque le dépositaire rend au déposant la chose déposée. Aussi, la loi du 22 frimaire an 7 n'assujettit-elle, par son art. 68 § 1er n° 27, qu'au droit fixe de 1 franc, élevé à 2 francs par la loi de 1816 et à 3 francs par l'art 4 L. 28 février 1872, « les dépôts et consignations de sommes et effets mobiliers chez *des officiers publics* lorsqu'ils n'opèrent pas la libération des déposants, et les *décharges* qu'en donnent les déposants ou leurs héritiers, lorsque la remise des objets leur est faite. »

5804. Dépôt chez les officiers publics. — Mais il ne faut pas perdre de vue que cette règle ne s'applique qu'aux dépôts faits chez les officiers publics, car nous verrons que les dépôts chez les particuliers ont été traités d'une manière différente par la loi d'impôt.

1. NÉCESSITÉ D'UN ACTE DE DÉPOT. — Est-il nécessaire, pour que la décharge d'une somme déposée entre les mains d'un officier public n'engendre que la perception du droit fixe, qu'il ait été dressé acte du dépôt? Nous avions exposé, dans nos précédentes éditions, que le bénéfice de la loi, s'appliquant seulement aux dépôts faits chez les officiers publics, il fallait que ce fût en sa qualité que l'officier public eût reçu le dépôt et que, s'il n'avait pas donné à l'acte qui le constaterait l'authenticité dont seul il peut le revêtir, il devrait être considéré comme ayant agi en simple particulier. Nous appuyions notre manière de voir des Dél. 30 janvier 1829 et 8 décembre 1835 (9181 J. N., 11430 J. E.) et d'un jugement du tribunal de Lille du 19 février 1848 (8286 C.) portant que le droit de quittance est exigible sur la décharge du dépôt d'une somme d'argent chez un notaire, lorsque le dépôt n'a pas été constaté par un acte authentique. Nous avons enfin rapporté une Dél. du 13 avril 1827 qui décide, dans le même ordre d'idées, que le droit de quittance est exigible sur une décharge donnée par les vendeurs, à leur notaire, de plusieurs prix de vente qu'il avait reçus pour eux et qui avaient été

stipulés *payables en son étude*, par le motif que les payements devaient être faits dans l'étude du notaire et non entre ses mains.

Il nous semble aujourd'hui, après un nouvel examen de la question, que notre première opinion pourrait être contestée. En effet, l'art. 68 § 1er nº 27 L. 22 frimaire an 7 ne s'explique qu'en termes généraux et ne dit pas que la décharge devra être précédée d'un acte. Si on en tire cette conclusion, c'est pour prouver à la fois et qu'il y a eu dépôt et que le dépositaire est un officier public. Pour la qualité de l'officier public, elle est suffisamment établie aux yeux de l'Administration par l'exercice de ses fonctions. Pour l'existence d'un dépôt, nous rentrons ici sous l'empire des règles qui régissent le mandat, et, de même qu'un mandat verbal suffit pour autoriser la perception du droit fixe sur la décharge qui en est la suite, de même un dépôt fait verbalement à un officier public pourra être suivi d'une décharge passible du droit fixe. Champ. et Rig., qui partagent cette manière de voir, ont ajouté (*Suppl.* nº 18), en rapportant le jugement du tribunal de Lille :

« Le tribunal n'a pas pris garde que la restitution d'un dépôt est toute autre chose que le payement d'une dette et qu'il n'est pas possible de faire que la preuve d'une restitution serve de titre à un payement. En effet, si les parties supposent une restitution, c'est qu'elles reconnaissent un dépôt. Dès lors, celui qui a restitué ne peut plus contester le dépôt, pour appliquer la restitution à une dette. On ne peut supposer dans les actes ce qui n'y est point, ni surtout les employer comme prouvant le contraire de ce qu'ils attestent » (*V.* dans le même sens 9181 J. N.).

Enfin, la perception du droit fixe s'appuie encore d'un arrêt de Cass. du 15 mai 1817 (D. N. t. 4 p. 321 nº 3), duquel il résulte que le dépôt n'a pas besoin d'être constaté par un acte enregistré.

2. DÉPOT POUR LE COMPTE D'UN CRÉANCIER. — *Quid* si le dépôt, au lieu d'être fait pour le compte du déposant, a lieu pour être remis au créancier du déposant? Le droit de quittance sera incontestablement exigible, car le dépositaire reçoit ici, non pour le déposant, mais pour le créancier dont il est le mandataire ou le représentant. Ce n'est point un dépôt proprement dit qui s'opère, c'est un payement. La propriété de la somme déposée change de mains; il y a donc transmission et par suite ouverture au droit proportionnel (Champ. et Rig. nº 1528).

Que si les deniers sont ensuite remis par le dépositaire au créancier, celui-ci ne fait plus que recevoir sa propre chose, car le dépositaire avait reçu pour lui et en son nom; dès lors le seul droit exigible est celui de décharge (Champ. et Rig. nº 1528, Dalloz nº 523, D. m. f. 28 avr. 1812, 305 J. E.).

Le même droit fixe serait seul exigible sur la clause par laquelle le déposant déchargerait le dépositaire de la somme qu'il aurait ainsi payée pour son compte. C'est ce qu'exprime un arrêt de cass. du 15 mai 1817, rapporté en ces termes dans le *Dictionnaire analytique* de M. Teste-Lebeau vº *Décharge* nº 2 : « Il n'est dû que le droit fixe d'enregistrement sur un acte par lequel un individu reconnaît qu'un notaire, entre les mains duquel il a déposé une somme pour être distribuée à ses créanciers, a réellement fait cette distribution et le tient quitte de toute responsabilité; ce n'est là qu'une décharge donnée par le déposant au dépositaire. »

5805. Dépôt chez un particulier. — Assujettir au simple droit fixe le dépôt de sommes chez un particulier c'eût été donner au contribuable une facilité excessive de se soustraire au droit proportionnel que le prêt rend exigible, en déguisant le prêt sous la forme du dépôt. Aussi la loi du 22 frimaire an 7 art. 68 § 3 nº 3 tarife-t-elle au droit proportionnel les reconnaissances de dépôt chez les particuliers. Elle les assimile en cela aux obligations pures et simples. Mais, entre la disposition qu'elle consacre aux dépôts chez les particuliers et la disposition relative aux dépôts chez les officiers publics, il y a cette différence de rédaction que, à l'occasion des dépôts chez les particuliers, la loi ne s'occupe pas des décharges données au dépositaire par le déposant, lorsque celui-ci retire les sommes déposées. En résulte-t-il que le droit proportionnel ne doit pas atteindre la décharge?

Un arrêt de la C. cass. du 20 floréal an 11 porte : « Attendu que les rescriptions déposées chez le citoyen Récamier, banquier à Paris, n'ont point été négociées et qu'elles ont été remises en nature; qu'ainsi le tribunal de première instance de Paris n'a violé aucune disposition de loi en prononçant que, pour la décharge de ce dépôt, il n'était dû qu'un droit fixe de 1 franc » (Dalloz nº 554). Cet arrêt pourrait faire supposer que l'affirmative doit être adoptée. Il en résulte, en effet, que la remise par un banquier et la quittance qui lui est donnée par des créanciers de rescriptions des domaines qui lui avaient été confiés en dépôt par leur débiteur, pour lui servir de garantie à l'égard des payements dont ce dernier l'avait chargé, n'est passible que du droit fixe, alors surtout que ces rescriptions ont été remises en nature, sans avoir été négociées. Cette décision, qui paraît avoir subi l'influence de cette circonstance que les rescriptions avaient été remises en nature ne nous paraît pas de nature à devoir être prise pour règle. Dans l'*esprit* de la loi, le dépôt chez un particulier n'est qu'un prêt déguisé, qui doit être assujetti au droit proportionnel comme tout prêt; dès lors, la libération de ce dépôt est passible du droit ordinaire de quittance. La loi, dans le cas qui nous occupe, n'avait pas à s'expliquer sur le droit qui doit être perçu sur la remise de ce genre de dépôt; car, ayant parlé ailleurs des libérations pour les tarifer, le législateur a pu se dispenser de parler d'un acte qui, dans sa pensée, constituait non une décharge mais une véritable quittance. — Champ. et Rig. (t. 1er nº 529 et le J. N. nº 10004) combattent cette manière de voir pour le motif que l'article de loi qui soumet au droit proportionnel le dépôt de sommes chez un particulier, étant une dérogation aux principes de droit, doit être renfermé dans ses termes, d'où la conséquence que l'art. 69 § 2 nº 11 L. 22 frimaire an 7, qui assujettit au droit de quittance les actes portant libération, ne peut être étendu à l'art. 68 § 1er, même loi, qui n'a tarifé qu'au droit fixe les décharges pures et simples sans aucune distinction. Mais il ne paraît pas qu'ils aient assez tenu compte de la relation forcée qui lie la décharge au contrat primitif et qui fait que la remise de sommes ayant été considérée comme un prêt, le payement ne peut être autre chose qu'une quittance. — Dalloz, nº 554, pense que le droit de libération est exigible, et l'Administration a fait l'application de ce principe en reconnaissant que le droit de 50 centimes pour 100 est dû sur un acte de partage dans lequel l'un des héritiers avait tenu compte à la succession d'une somme qu'il déclarait lui avoir été déposée par le défunt (Sol. 1er oct. 1830, D. N. t. 4 p. 321 nº 4; —

Dél. 19 mars 1833[1], 10574 J. E.). — V. dans le même sens 5422, 14392 § 5 J. E.

1. DÉPOT D'OBJETS MOBILIERS. — La perception du droit d'obligation se restreint aux dépôts de sommes et n'atteint pas les dépôts d'objets mobiliers: la conséquence de cette différence est que les décharges d'objets mobiliers données au dépositaire ne peuvent motiver que la perception du droit fixe.

2. CHEPTEL SIMPLE. — Ainsi, dans le bail à cheptel simple, le preneur n'étant que dépositaire lorsqu'il restitue le cheptel au propriétaire, il se borne à remettre en nature ce qui lui avait été confié; dès lors, l'acte par lequel le bailleur reconnaît que le preneur lui a remis les bestiaux du cheptel n'est assujetti qu'au droit de décharge (5030, 5076 J. E.).

5806. Gage. — La remise d'une somme d'argent déposée en gage dans le sens de l'art. 2079 du C. C. ne peut pas motiver la perception du droit proportionnel de libération, attendu que l'existence du contrat de gage établit juridiquement que le dépositaire n'était pas propriétaire mais seulement détenteur des deniers appartenant au déposant. Le droit de décharge est seul dû.

1. GAGE EN GARANTIE D'EXÉCUTION D'UN BAIL. — Ainsi, il a été décidé que le droit fixe de 2 francs (3 fr.) est seul dû sur la décharge que donne un fermier à son propriétaire d'une somme d'argent qu'il avait précédemment remise à celui-ci pour garantir l'exécution du bail n'est passible que que du droit fixe (Dél. 24 juill. 1835, art. 3116 de la *Jurisp. du notariat*, Roll. de Vill., D. N. t. 4 p. 318 n° 29).

2. CONSTRUCTIONS. — De même, si dans un bail le preneur s'est engagé à faire des constructions ou réparations, jusqu'à concurrence d'une certaine somme que le bailleur s'est obligé à fournir au preneur, l'acte postérieur par lequel le bailleur remet cette somme au preneur n'est passible que du droit fixe de 2 francs (3 fr.) comme décharge, et non du droit de quittance (Dél. 16 nov. 1830, 7317 J. N., D. N. t. 8 p. 22 n° 59).

3. RENONCIATION AU GAGE ET REMISE DU TITRE. — Nous rappelons que la renonciation à la garantie et la remise du titre de créance déposé en gage constitue une décharge passible du droit fixe. — V. *Gage*.

1. Dans l'espèce particulière qui a motivé la délibération du 19 mars, le droit de quittance pouvait être repoussé par une considération étrangère au principe développé ci-dessus. Cette considération était que l'héritier débiteur devait le rapport à la succession de la somme prêtée, et que ce rapport constituait une clause dépendante du partage, ne donnant pas ouverture à un droit particulier. C'est, en effet, ce qui résulte d'un arrêt C. cass. du 2 mai 1826 (8460 J. E., S. 26-1-411).

CHAPITRE III. — LIBÉRATION DES TIERS

[5807-5814]

5807. Principe général. — « Quand les sommes déposées, porte le *Commentaire des tarifs*, p. 263, sont retirées par les mêmes personnes qui ont fait le dépôt, les décharges qu'elles en donnent ne doivent que 10 sols de contrôle ; mais, lorsque les sommes déposées sont retirées par d'autres personnes que celles qui ont fait le dépôt, ces décharges, quoique pures et simples, opérant de droit une libération en faveur de celui qui a fait le dépôt, elles doivent être réputées quittancées. »

Tels sont encore les principes actuellement en vigueur pour la perception des droits sur les actes de décharge.

La décharge pure et simple n'opère pas dans le sens de la loi la libération du mandataire ou du dépositaire, mais elle peut avoir cet effet, soit en faveur de ceux qui ont versé les deniers entre les mains du rendant-compte, soit en faveur de celui pour lequel les recouvrements ont eu lieu, si ce n'est pas lui, mais son créancier qui encaisse les deniers et donne décharge au mandataire. La question doit être examinée sous une double face.

5808. Débiteurs libérés. — Quand un mandataire rend compte à son mandant des sommes qu'il a encaissées pour lui, il peut y avoir tout à la fois et décharge au mandataire et preuve écrite de la libération du débiteur, ayant la même force qu'une quittance qui lui aurait été délivrée directement par le créancier, car il suffit, aux termes de l'art. 1236 C. C. que le montant de l'obligation soit reçu par le créancier des mains d'un tiers, même sans mandat, pour qu'il soit tenu d'en donner quittance, et que sa reconnaissance ait un effet libératoire. La comparution du débiteur n'est pas nécessaire, parce que la quittance est un acte unilatéral, et qu'il suffit que le débiteur puisse s'en prévaloir et en profiter.

Ainsi, il n'est pas douteux que le droit de 50 pour 100 peut être exigé sur la décharge au mandataire, lors même que le débiteur n'y aurait pas assisté.

Ce principe est aujourd'hui consacré par une jurisprudence constante (Cass. 5 mai 1840, 1630-4 I. G., S. 40-1-506; 7 juill. 1846, 1786-3 I. G., S. 46-1-573 ; — Vitry-le-François 26 janvier 1847; — Nancy 10 mai 1847; — Arras 26 janv. 1848; — Laon 25 mai 1839, 1690 § 4 et 1786 § 3 I. G., 12516, 14038, 12303, 9425, 14432-3 J. E., 10668, 12742, 10516 J. N.; — Seine 10 mars 1865, 12866 C., 2131 R. P.). — *Conf.*: Dél. 8 nov. 1835, 7108 J. N.; — Dél. 7 juill. 1836, 9496 J. N.; — Déc. belge 30 juill. et 17 sept. 1857, 1011 R. P.[1]).

« Attendu, porte l'arrêt du 7 juillet 1846, que, du rappro-

1. Les réd. J. N. combattent l'exigibilité du droit de quittance, par le motif que la simple énonciation faite par le comptable des sommes par lui reçues ne constitue pas par elle-même, au

chement et de la combinaison des contrats ci-dessus, il résulte que les acquéreurs se sont libérés du prix de leurs acquisitions entre les mains de Jordy et Albert, lesquels ont ensuite remis les sommes par eux reçues aux vendeurs, dont ils ont obtenu décharge, sans aucune réserve, de leur mandat; que cette décharge est l'approbation et la ratification de ce qui a été fait par les mandataires en exécution de leur mandat, et qu'elle profite non-seulement auxdits mandataires, mais encore aux acquéreurs avec lesquels ils ont traité pour leurs mandats; qu'ainsi les actes des 19 déc. 1843 et 21 mars 1844 sont tout à la fois une décharge pour Jordy et Albert, et pour les acquéreurs une preuve écrite de leur libération, ayant la même force que des quittances qui leur auraient été directement délivrées par les vendeurs. »

Mais, pour que le droit de libération soit exigible, il faut que les énonciations de la décharge soient suffisantes pour fournir aux débiteurs la preuve de l'extinction de leur dette : sans cela, aucun droit ne serait exigible.

1. COMPTE. — Ainsi, en matière de compte, l'indication es sommes touchées par le mandataire étant de l'essence même du contrat, n'est pas faite en vue de libérer les tiers : s'ils ne comparaissent pas, le droit de quittance n'est pas dû. - V. *Compte.*

2. DÉBITEURS DÉNOMMÉS. — En dehors du compte, la question de savoir si les énonciations de la décharge sont suffisantes pour autoriser la perception du droit de libération est toute d'appréciation, puisqu'il faut se borner à rechercher, d'après les termes de l'acte, si le débiteur peut ou non y trouver la preuve de l'extinction de la dette. Quand les débiteurs sont dénommés, et que le montant de leur dette payée est fixée, il n'est pas en général douteux que la décharge vaut libération à leur égard, et que le droit de 50 centimes par 100 francs est dû.

Ainsi, à la suite d'une adjudication d'immeubles, a été rédigé un acte par lequel le vendeur a reconnu que le notaire lui a remis le solde de ce que, en sa qualité de mandataire, il avait reçu des adjudicataires *dénommés* dans l'acte. En conséquence, décharge a été donnée au notaire du montant des adjudications. — La C. cass. (ch. civ.) a décidé, le 5 mai 1840, que le droit de quittance était exigible sur le montant des sommes dont les adjudicataires se trouvaient libérés (12516 J. E., arrêt rapporté 5808, 10068 J. N., 1630 § 4 I. G., S. 40-1-473).

Un second arrêt (ch. civ.) a été rendu dans le même sens et dans les mêmes circonstances le 7 juillet 1846 (14038 J. E., 12742 J. N., 1786 § 3 I. G., S. 36-1-573 *arrêt rapporté* 5808.

Un jugement de la Seine, du 10 mars 1865, a pareillement décidé que le droit de quittance était dû dans une espèce où les comptes nominatifs et détaillés de chacun des débiteurs se trouvaient annexés à l'acte de décharge (12866 C. 2131 R. P. — *Conf.* · Auxerre 16 août 1876, 4545 R. P.).

3. DÉBITEURS NON DÉNOMMÉS. — On avait émis l'opinion (11930-4 J. E.) que le droit de quittance ne devait être perçu qu'autant que chaque acquéreur était *spécialement* désigné, et le montant de son prix *déterminé*. Cette manière de voir, qui est aussi celle du D. N. t. 4 p. 316 n° 14, nous semble trop absolue. Nous avons vu, en effet, que ce qui suffit pour autoriser la perception, c'est que la décharge fasse preuve de la libération. Or, cette preuve peut très-bien résulter d'un acte qui ne porterait pas le nom du débiteur, tel serait par exemple le cas de la décharge au mandataire du prix total de l'adjudication d'immeubles désignés prononcée par un acte rappelé.

Ainsi, dans une espèce où la décharge *ne faisait pas connaître* le nom des débiteurs, acquéreurs d'immeubles, ni le montant des sommes dues, et se référait seulement au procès-verbal d'adjudication, le tribunal de Vitry-le-François a jugé, le 26 janvier 1847, que le droit de quittance était exigible sur les prix des ventes, augmenté des intérêts, ainsi que le droit de 2 francs (3 fr.) pour décharge au notaire (12172 J. E.).

Il faut cependant reconnaître que dans la plupart des cas, le défaut d'indication des noms des débiteurs, joint à l'absence de l'indication pour chacun d'eux du chiffre de la dette, ne permet pas de considérer la décharge comme emportant une preuve de libération suffisante pour autoriser la perception.

1° Ainsi, si les mandants reconnaissent que leur mandataire leur a tenu compte de toutes sommes touchées en vertu de la procuration par laquelle ils avaient été chargés de vendre, sans que la date des actes non plus que le nom des acquéreurs soit désigné, le droit de libération ne paraît pas dû (Sol. 29 mai 1866.).

2° De même, on ne pourrait pas percevoir le droit de 50 centimes sur une décharge dans laquelle le notaire rendrait compte de toutes sommes reçues sur le montant de toutes adjudications faites à la requête des mandants sans rien ajouter de plus (Sol. 22 juin 1861). — De telles mentions sont trop vagues pour constituer à elles seules un *titre* complet de libération.

5809. Libération antérieure justifiée.— Dans tous les cas, pour que le droit de quittance puisse être exigé il faut que la libération résultant de la décharge n'ait pas fait l'objet d'un acte antérieurement soumis à la formalité.

1. PRIX DÉPOSÉ AU NOTAIRE DANS L'ACTE DE VENTE. — Ainsi, lorsque, par un contrat de vente, le prix été déposé entre les mains du notaire rédacteur, aux risques et périls de l'acquéreur, l'acte subséquent par lequel le vendeur donne décharge au notaire, ne saurait donner ouverture au droit proportionnel, car l'acquéreur a été bien et dûment libéré par l'acte même de vente (Dél. 25 mai 1825, 1256 Roll., D. N. t. 4 p. 321 n° 7).

2. QUITTANCES ENREGISTRÉES. — Il est incontestable qu'il en serait de même si le mandataire avait délivré aux tiers des quittances des sommes encaissées et si ces quittances avaient été préalablement enregistrées.

---

profit des débiteurs, un titre de libération suffisant pour donner ouverture à un semblable droit (9108, 9496, 10516 et 10667 J. N.).

Cette opinion, qui se fonde sur l'arrêt de Cass. du 11 février 1828 (1249-8 I. G.), a été partagée par les tribunaux d'Épernay, 11 juillet 1838 (10139 J. N.); — Boulogne 5 avril 1839 (12400-2 J. E., 10255 J. N.); — Vouziers 17 avril 1839 (10368 J. N.); — Lons-le-Saulnier 25 février 1843 (6967 C.).

5810. Droit de décharge et de quittance. — Quand l'acte contient à la fois décharge au mandataire et quittance aux tiers libérés, nous pensons, contrairement à Dalloz (*Traité* 976) et Champ. et Rig. (*Cont.* 5742), que chacune de ces deux dispositions est distincte et motive la perception simultanée du droit de 50 centimes pour 100 et du droit fixe.

La cour ne s'est pas prononcée sur l'exigibilité du droit de décharge, mais l'Administration, en transmettant l'arrêt du 5 mai 1840 aux employés, par l'I. G. 1630 § 4, a prescrit de percevoir, en pareil cas, le droit de 2 francs (3 fr.) pour la décharge du notaire. Cette décision a été confirmée par le tribunal de Vitry-le-François, le 26 janvier 1847. — L'exigibilité du droit de décharge a été également reconnue, dans des espèces analogues, par une D. m. f. 28 avril 1812 (4305 J. E.), une Dél. 10 août 1827 (6509 J. N.), une Sol. 1er octobre 1830 (9820 J. E.), une Déc. belge 17 décembre 1857 (1011 R. P.) et un jugement de la Seine 10 mars 1865 (12866 C., 2131 R. P.; — *Conf.* : Sol. 3 mars 1858; — Auxerre 16 août 1876, 4545 R. P.).

5811. Créancier du mandant. — Le droit proportionnel de quittance est exigible quand c'est le créancier du mandant qui reçoit les deniers et donne décharge pour le compte de son débiteur: le contrat consacre alors, en effet, l'extinction par le payement de la créance du tiers sur le mandant, et il forme le titre d'une libération spéciale qui doit supporter l'impôt.

1. CRÉANCIER SAISISSANT. — Ainsi, on devrait percevoir le droit de quittance sur la décharge du prix de vente donnée au commissaire-priseur par le créancier saisissant (Sol. 3 mars 1858). — Le contraire paraît avoir été décidé depuis (Sol. 5 janv. 1869 et 12 août 1872).

2. CAISSE DES DÉPOTS ET CONSIGNATIONS. — On trouvera de fréquentes applications de ce principe au sujet des décharges données à la Caisse des dépôts et consignations. — *V.* ce mot.

5812. Cautionnement. — Décharge. — Indépendamment des circonstances qui produisent l'extinction du cautionnement (V. *Cautionnement*), sa décharge peut aussi résulter de la remise faite directement par le créancier à la caution. La décharge pure et simple, donnée par le créancier à la caution, n'opérant pas l'extinction de l'obligation vis-à-vis du véritable débiteur, il n'est dû que le droit fixe de décharge.

Que si la décharge avait lieu moyennant la remise d'une somme d'argent payée par la caution en l'acquit du débiteur principal, le droit exigible serait alors celui de quittance, mais le droit fixe ne serait pas dû, la décharge dérivant nécessairement du payement effectué par la caution.

5813. Cohéritiers. — L'acceptation de la part du créancier de l'un des héritiers pour seul débiteur d'une dette de la succession ne produit aucune libération à l'égard des autres cohéritiers, car chaque cohéritier étant tenu des dettes de la succession personnellement pour sa portion virile et hypothécairement pour le tout, la créance continue de subsister intégralement. Il n'y a donc, à l'égard des autres, qu'une simple décharge passible du droit fixe (4031 J. E., D. N. t. 4 p. 318 n° 32).

5814. Prix payable en rentes sur l'État. — Remise des titres. — Lorsque le prix d'une vente a été stipulé payable en inscriptions de rentes sur le grand-livre de la dette publique, l'acte qui constate la remise des inscriptions n'est ni une décharge de pièces, ni un transfert d'effets de la dette publique; c'est une véritable libération du prix de la vente, et le droit proportionnel de 50 centimes pour 100 est dû (D. m. f. 16 mai 1821).

Il en serait autrement, si les inscriptions de rentes avaient été cédées dans le contrat; la décharge ultérieure constatant la remise des titres au vendeur ne pourrait pas être considérée comme emportant libération de l'acquéreur, il y aurait simplement un acte d'exécution passible seulement du droit fixe.

CHAPITRE IV. — LIQUIDATION DU DROIT

[5815-5819]

5815. Principe. — Il y a lieu d'appliquer aux décharges la règle de perception d'après laquelle la divisibilité des intérêts donne naissance à la pluralité des droits. On n'a pas à rechercher si la décharge porte sur une ou plusieurs opérations, mais seulement s'il y a plusieurs parties en cause et si elles sont reliées entre elles par un lien d'intérêt commun.

1. CHEPTEL. — C'est ainsi que la décharge donnée par le bailleur au preneur à cheptel est passible d'un seul droit fixe de 3 francs, quoiqu'il s'agisse de bestiaux donnés à cheptel par plusieurs baux différents (8015 J. E.). — *V.* 5805-2.

2. PLUSIEURS MANDATS. — Par la même raison, il n'est dû qu'un seul droit sur la décharge donnée à un seul mandataire, alors même qu'il aurait agi en vertu de plusieurs pouvoirs successifs.

5816. Pluralité. — Mais si la multiplicité des actes est indifférente à la perception, la pluralité des parties en cause peut motiver l'exigibilité de droits distincts; l'examen de cette question soulève de nombreuses difficultés.

5817. Plusieurs mandants. — Lorsque plusieurs individus qui donnent décharge à un seul mandataire n'ont pas d'intérêt commun, il est dû autant de droits fixes qu'il y a d'individus donnant décharge. Il en serait ainsi quand bien même le mandataire aurait agi en vertu d'un pouvoir unique et collectif : la perception, comme nous l'avons vu, se règlant, non sur la pluralité des actes, mais sur la divisibilité des intérêts. Par conséquent, la décharge de prix de vente touchée par un mandataire qui a agi pour différents propriétaires distincts donnerait naissance à autant de droits qu'il y a de propriétaires.

Le contraire aurait lieu si les mandants avaient entre eux un lien d'intérêt commun, par exemple, dans le cas précédent si la propriété avait été indivise. Alors la décharge des propriétaires serait passible d'un seul droit fixe.

Il serait, d'ailleurs, indifférent que le mandataire eût agi en vertu d'un pouvoir unique ou de procurations distinctes, puisque la pluralité des actes est sans influence sur la perception. — V. *Adjudication* n° 1716-9.

1. COHÉRITIERS. — Il a été décidé, dans ce sens: 1° Que la décharge par des cohéritiers à leur mandataire de ce qu'il a fait dans leur intérêt commun, ne donne lieu qu'à un droit, encore que le mandataire ait été constitué par chacun des mandants par acte distinct (Déc. belge 19 oct. 1855, 637 R. P.); — 2° et que les payements faits par un exécuteur testamentaire, aux héritiers institués, des sommes qu'il a reçues pour eux, ne donnent lieu qu'à un seul droit, en quelque nombre que soient les héritiers (Cass. 22 avr. 1823, 7586, 8085 J. E., S. 23-1-329, 1264-7 I. G.). — V. *Compte.*

5818. Plusieurs mandataires. — Les mêmes règles sont applicables aux mandataires; il suffit qu'ils aient un intérêt distinct à la décharge pour qu'un droit particulier soit dû pour chacun d'eux.

1. ACTE UNIQUE. — Lorsque les mandataires ont tous reçu leur pouvoir de toucher dans le même acte, s'ils ont été déclarés solidaires des faits de leur mandant, il est incontestable que la décharge donnée collectivement a lieu dans un intérêt commun et qu'un seul droit est exigible. Il ne peut non plus y avoir de doute quand chacun des mandataires constitués par le même acte a reçu un pouvoir déterminé. La décharge profite isolément à chacun et les droits multiples sont dus. Mais en sera-t-il de même lorsque plusieurs mandataires auront agi en vertu d'un même pouvoir général sans expression de solidarité? D'après l'art. 1995 C. C., la solidarité n'étant pas exprimée et ne pouvant se présumer, chacun des mandataires est personnellement garant des faits de sa gestion; la décharge leur profite donc à chacun d'eux distinctement, ce qui suffit pour autoriser la perception de la pluralité des droits.

2. ACTES DISTINCTS. — *A fortiori*, si chacun des mandataires a reçu par acte distinct un pouvoir spécial et restreint, il n'y a pas d'intérêt commun entre eux; la décharge collective des faits de la gestion personnelle qui leur incombait justifie la pluralité des droits. Il en serait ainsi quand bien même les mandataires auraient été constitués par actes successifs donnant à chacun d'eux un pouvoir général d'agir sans expression de solidarité. Dans ce cas, en effet, les mandataires sont bien tenus, pour le tout, de l'exécution du mandat, mais ils n'ont aucune relation entre eux : cela est si vrai que la poursuite exercée contre l'un ne fait pas courir les intérêts contre les autres, que la prescription interrompue contre l'un d'eux ne l'est pas pour les autres, enfin que la perte survenue par la faute de celui-ci ne libère pas ceux-là. Dans les rapports des mandataires entre eux, il y a donc pour chacun d'eux un mandat distinct et la décharge leur profite distinctement.

5819. Décharge de pièces. — L'acte du greffe qui constate la délivrance du certificat d'affiches pour parvenir à la purge légale et la décharge des expéditions déposées et retirées, au nombre de treize, pour treize contrats de vente à treize acquéreurs distincts, déposés par le même vendeur, donne ouverture, en vertu de l'art. 2 Déc. du 12 juillet 1828, aux mêmes droits que l'acte de dépôt de ces contrats, c'est-à-dire à treize droits de greffe de 1 fr. 25 cent. et pareil nombre de droits d'enregistrement de 4 fr. 50 cent. (11936 J. E.).

1. DÉPOT. — De même, la décharge donnée au greffier par l'avoué qui a fait le dépôt d'un procès-verbal d'adjudication d'immeubles à divers acquéreurs non solidaires ne donne ouverture qu'à un seul droit d'enregistrement, outre celui de greffe (13205-1 J. E.).

CHAPITRE V. — QUESTIONS DIVERSES

[5820-5833]

5820. Avoué. — Greffier. — Les décharges par émargement sur le registre des productions, par les avoués aux greffiers, sont exemptes d'enregistrement. — Il en est de même de l'émargement que les avoués font au bas des actes de production dans les ordres et qui opère la décharge des pièces produites (5087 J. E.).

5821. Effets volés. — Pièces de conviction. — On a émis l'opinion (1496 et 1980 J. E.) que les décharges d'effets volés, données aux greffiers par les propriétaires auxquels ces effets sont restitués, étaient sujettes à l'enregistrement; mais les décharges de pièces de conviction retirées du greffe en matière criminelle n'étant sujettes ni au timbre ni à l'enregistrement, il en résulte que celles des effets volés, qui ont aussi pour objet des pièces de conviction, sont également exemptes de ces formalités.

5822. Endossement. — La décharge, par un porteur de lettres de change à l'endosseur, de la garantie résultant de l'endossement, n'opère que le droit fixe de 2 francs (3 fr.) (Dél. 23 mai 1818, 6085 J. E., D. N. t. 4 p. 218 n° 33).

5823. Faillite. — Registre. — On doit faire enregistrer dans les vingt jours les décharges données aux greffiers de la remise des registres du failli qui leur avaient été déposés (D. m. f. 21 frim. an 12, 1631 J. E.).

5824. Inventaire. — Gardien de scellés. — Si, dans un procès-verbal de levée de scellés ou d'inventaire une personne donne une décharge d'objets mobiliers lui appartenant, qui se trouvaient confondus dans la succession et avaient été mis sous les scellés, cette décharge est passible d'un droit fixe, indépendamment de celui du procès-verbal qui la contient. Cela est fondé sur ce que la remise des objets est une chose séparée et qui ne dérive ni de la levée des scellés ni de l'inventaire (2243 et 4153 J. E., D. N. t. 4 p. 318 n° 24 et t. 7 p. 170 n° 546).

De même, la décharge donnée dans l'inventaire au gardien des scellés est passible d'un droit particulier, car elle se rattache au procès-verbal des scellés plus spécialement qu'à l'inventaire (11431-5, 12388-3 J. E. — *Conf.*: Champ. et Rig. t. 6 n° 23, 8907 C.).

Mais si tous les effets compris dans un inventaire sont vendus publiquement et aux enchères, la déclaration, insérée dans le procès-verbal, que le gardien est déchargé des effets, dérive de la vente, en est une suite nécessaire. Elle n'est donc passible d'aucun droit particulier. Ces principes s'appliquent aux gardiens établis en conséquence d'une saisie-exécution (2243 J. E.).

La déclaration du gardien qu'il n'a été signifié ni saisie ni récolement ne donne pas, d'ailleurs, ouverture à un droit particulier (Sol. 5 juill. 1855).

L'acte par lequel quelques héritiers déchargent le gardien du numéraire, s'obligeant à le représenter ou à l'imputer sur leur part, est passible du droit de décharge pour leur part virile et du droit d'obligation pour celle de leurs cohéritiers (Sol. belge, 4 janv. 1877, 4713 R. P.).

5825. Matières d'or et d'argent. — Les décharges données aux greffiers, lors du retrait des matières d'or et d'argent saisies pour contravention aux lois sur la marque d'or et d'argent, ne sont passibles d'aucun droit (516 I. G.).

5826. Ratification. — Lorsqu'un individu ratifie une vente passée en son nom par un tiers et le décharge d'une partie du prix qu'il avait touché, la décharge est une suite de la ratification et ne donne pas naissance au droit particulier (Sol. 18 juill. 1857).

5827. Retour légal. — L'acte par lequel un ascendant donne décharge des effets mobiliers dont il s'était réservé le retour en cas de prédécès du donataire n'est assujetti qu'au droit fixe (5583 J. E., Circ. 1689, 366 I. G.).

5828. Sommes données. — Bien que la donation de sommes d'argent dessaisisse le donateur de telle sorte que s'il décède avant le payement le montant doive être distrait des valeurs passibles du droit de succession, on doit cependant décider que le payement au donataire constitue une libération assujettie au droit de 50 centimes pour 100. — V. *Quittance*.

5829. Tiers saisis. — Pièces produites. — D'après les art. 571 et suiv. du C. proc. civ., le tiers saisi doit faire la déclaration des sommes dont il est débiteur, et déposer les pièces justificatives au greffe. Ce dépôt étant constaté par acte, il est nécessaire, lors du retrait des pièces, qu'il soit rédigé une décharge. Cette décharge est assujettie à l'enregistrement (5088 J. E.).

5830. Vente. — Remise de titre. — La remise faite dans l'acte de quittance du prix d'une vente, des titres de propriété que le vendeur avait conservés, ne donne, pour la décharge de l'acquéreur à raison de ces titres, ouverture à aucun droit particulier. Elle est une conséquence du payement comme elle l'est de la vente (7531 J. E.).

5831. Vente de meubles. — Nous avons examiné au mot *Adjudication* n° 1716 etc., les difficultés relatives aux décharges du prix d'une vente publique de meubles.

5832. Vérification d'écritures. — Pièces déposées. — Les décharges de pièces remises au greffe, en cas de vérification d'écritures, que les parties donnent au greffier, sur le procès-verbal dressé par le juge-commissaire, conformément à l'art. 209 C. proc. civ., sont assujetties au droit, indépendamment de celui du procès-verbal (D. m. f. 13 juin 1809, 436 n° 20 I. G.).

5833. Timbre. — Les décharges de sommes, valeurs ou objets sont assujetties au timbre de 10 centimes (L. 23 août 1871 art. 18). Le développement de cette matière est présenté au mot *Quittance*.

DÉCHÉANCE.

5834. Définition. — C'est la perte d'un droit par défaut d'exercice de ce droit dans le temps prescrit par la loi, ou d'accomplissement des formalités imposées par la loi ou par la convention.

5835. Déchéance et prescription. — « Parmi les auteurs, dit Troplong, *de la Prescription* n° 27, les uns veulent que la déchéance ne soit pas autre chose qu'une prescription afin de se libérer : de ce nombre est Merlin (*Rép.* t. 17, V. *Prescrip.* p. 399); d'autres, au contraire, soutiennent que la prescription se distingue de la déchéance par d'assez nombreuses différences. J'avoue que c'est vers cette opinion que j'incline de préférence. D'abord, la prescription est toujours fondée sur une négligence prolongée pendant un certain laps de temps; une déchéance peut provenir non d'une omission, mais d'un fait délictueux et punissable, comme, par exemple, dans le cas de l'art. 1188 C. C., où l'on voit le débiteur déchu du bénéfice du terme lorsqu'il fait faillite ou qu'il a diminué les sûretés du créancier. La prescription, afin de se libérer, n'engendre qu'une exception, tandis que la déchéance, plus sévère dans ses effets, peut servir de fondement à une action (comme, par exemple, quand le créancier poursuit le débiteur à terme qui a diminué les sûretés afin de se faire déclarer déchu), et opère le plus souvent de plein droit (comme, par exemple, quand on n'interjette pas appel dans les trois mois, ce qui, de plein droit, fait passer le jugement en force de chose jugée), à moins qu'une disposition spéciale de la loi ne la rende facultative ou comminatoire, comme dans le cas des articles 216 et 229 C. proc. civ. On peut, dans toutes les hypothèses possibles, renoncer à la prescription échue, au contraire, on ne peut pas toujours renoncer au bénéfice d'une déchéance acquise. Bien plus, dans plusieurs cas où il est permis de renoncer à une déchéance, on ne peut le faire que par un acte nouveau, qui ravive les droits éteints de celui que la déchéance avait frappé (par exemple, quand on renonce à profiter de la déchéance du réméré). Il n'en est pas ainsi de la renonciation à la prescription, qui ne fait qu'écarter l'obstacle de nature à paralyser l'obligation primitive, et laisse à celle-ci son libre cours. Du reste, ces différences n'empêchent pas qu'il n'y ait beaucoup de principes communs entre la prescription et la déchéance, mais je crois qu'au fond la déchéance a un caractère de pénalité plus marqué que la prescription, et c'est avec raison que la langue du droit a distingué l'une de l'autre. »

5836. Déchéance et forclusion. — On ne doit pas non plus confondre la déchéance avec la forclusion dans le cas où l'on a négligé de produire des titres dans une distribution de deniers (660 et 759 C. proc.). En effet, dans ce dernier cas, la créance n'en subsiste pas moins et peut être produite dans une autre distribution de deniers.

5837. Déchéance et péremption. — La même distinction doit être faite à l'égard de la péremption qui éteint les procédures (15, 397 et suiv., 469 C. proc.), ainsi que les inscriptions d'hypothèque (2154 C. C.), mais qui n'empêche pas de les recommencer ou de les renouveler.

5838. Diverses espèces de déchéances. — Nous allons passer rapidement en revue les divers cas de déchéance prévus par les Codes, car des notions générales sur cette matière ont leur utilité au point de vue où nous sommes placé.

1. BÉNÉFICE D'INVENTAIRE. — L'héritier bénéficiaire doit administrer la succession qui lui est confiée, conformément aux règles qui lui sont prescrites; ce n'est qu'à cette condition que l'avantage du bénéfice d'inventaire lui est accordé : s'il s'écarte de ces règles, il perd la qualité que lui donnait la faveur de la loi; il devient héritier pur et simple, et comme tel soumis au payement de toutes les dettes et charges de l'hérédité. — *V.* n° 3036.

2. RENONCIATION A COMMUNAUTÉ. — La femme qui s'est immiscée dans les biens de la communauté, ou qui a pris la qualité de commune, est déchue de la faculté de renoncer à la communauté (1454 et 1455 C. C.). — V. *Succession.*

Cependant l'immixtion ne s'entend pas des actes purement administratifs ou conservatoires.

En outre, la veuve, qui veut conserver la faculté de renoncer à la communauté, dissoute par le prédécès du mari, doit faire faire inventaire dans le délai et suivant les formes prescrites par la loi (1456 et suiv. C. C.). — *V.* 4414.

3. USUFRUIT LÉGAL. — L'art. 386 C. C. prévoit deux cas de déchéance des père et mère de la jouissance légale des biens de leurs enfants; l'un de ces cas, qui est le divorce, est sans objet aujourd'hui; l'autre est le convol de la mère.

4. EFFET NÉGOCIABLE. — Le porteur de lettres de change et billets à ordre est déchu de tout recours contre les endosseurs dans les cas prévus par les art. 168 et suiv. C. com.

5. DOMAINES NATIONAUX. — Les acquéreurs de domaines nationaux encourent la déchéance par défaut de payement de prix dans les délais déterminés; cette déchéance est prononcée par le préfet, sauf recours contre sa décision devant le ministre des finances, et ensuite devant le conseil d'État (L. 11 frim. an 8 et 13 brum. an 11).

Le domaine a été déchu de toutes poursuites contre les acquéreurs des biens nationaux à qui le décompte de leur acquisition n'a pas été signifié avant le 1er janvier 1822 (L. 4 mars 1820).

6. CRÉANCIERS DE L'ÉTAT. — Des lois rendues à différentes époques ont prononcé la déchéance des créanciers de l'État, en retard de produire les titres nécessaires pour la liquidation de leurs créances. En dernier lieu, la loi du 28 janvier 1831 a déclaré définitivement éteintes et amorties les créances sur l'arriéré antérieur à 1816, dont les titulaires n'auraient pas fourni, avant le 1er janvier 1832, les justifications nécessaires pour la délivrance du titre de payement (7392 J. N.).

DÉCIME.

DIVISION

SOMMAIRE

CHAPITRE PREMIER. — DISPOSITIONS GÉNÉRALES

[5839-5863]

5839. Caractère du décime. — Le décime forme, comme son nom l'indique, le dixième de la somme principale due au Trésor. C'est une taxe supplémentaire qui a la même nature que le droit auquel elle s'applique et constitue un véritable impôt. Créé d'abord à titre purement provisoire pour des besoins de guerre imprévus, il a été successivement maintenu jusqu'à nos jours. A différentes époques on l'a même augmenté soit de moitié, soit du double, et aujourd'hui encore la plupart des recettes de l'Administration sont frappées de deux décimes et demi.

5840. Législation. — Le premier décime a été établi à titre de contribution extraordinaire, par la loi du 6 prairial an 7, sur les droits d'enregistrement, de timbre, d'hypothèques et sur les amendes.

Ce décime a été supprimé sur les droits de timbre par l'art. 67 L. 28 avril 1816.

Une loi du 14 juillet 1855 avait décidé, art. 5, «que le principal des impôts et produits de toute nature, soumis antérieurement au décime, serait augmenté d'un nouveau décime à dater de la promulgation de la loi jusqu'au 1er janvier 1858» (2037 I. G.).

Ce second décime cessa, en effet, de se percevoir à partir du 1er janvier 1858 (L. 23 juin 1857, 2112 I. G., 854 R. P., 16222 J. N.).

Mais la loi du 2 juillet 1862 le rétablit depuis le 1er du même mois jusqu'à la fin de l'année 1863 (1635 R. P., 2224 I. G.) ; il avait été maintenu par la loi du 13 mai 1863 jusqu'au 1er juillet 1865 (1770 R. P., 2263 I. G.).

En 1864, il fut décidé qu'à compter du 1er juillet de cette année, le second décime serait réduit de moitié (L. 8 juin 1864, 2281 I. G., L. 8 juill. 1865, 2317 I. G.).

Ce demi-décime a même été complétement supprimé par la loi du 18 juillet 1866, art. 3, à partir du 1er janvier 1867, sur les baux et échanges de biens immeubles, les obligations et libérations hypothécaires et les actes énumérés au § 7 nos 1er, 3, 4, 5 et 6 de l'art. 69 L. 22 frimaire an 7. — (No 1er). Adjudications, ventes, reventes, cessions, rétrocessions et tous autres actes civils et judiciaires translatifs de propriété ou d'usufruit de biens immeubles, à titre onéreux... — (No 3). Les déclarations ou élections de command ou d'ami, par suite d'adjudications ou de contrats de ventes de biens immeubles, autres que celles de domaines nationaux, si la déclaration est faite après les vingt-quatre heures de l'adjudication ou du contrat ou lorsque la faculté d'élire command n'y a pas été réservée... — (No 4). Les parts et portions indivises de biens immeubles acquises par licitation. — (No 5). Les retours d'échange et de partage de biens immeubles. — (No 6). Les retraits exercés, après l'expiration des délais convenus, pour les contrats de vente sans faculté de réméré.

La loi du 23 août 1871, art. 1er, a remis en vigueur les dispositions de l'art. 14 de la loi du 2 juillet 1862 relatives à la perception d'un second décime sur les droits et produits dont le recouvrement est confié à l'administration de l'Enregistrement. Elle a décidé, en outre, art. 2, qu'il serait ajouté deux décimes au principal des droits de timbre de toute nature, sauf les exceptions suivantes : 1o les effets de commerce spécifiés en l'art. 1er L. 5 juin 1850, ainsi que les effets tirés de l'étranger, négociés, endossés, acceptés ou acquittés en France ; — 2o les récépissés des chemins de fer, les quittances de produits et revenus délivrés par les comptables de deniers publics, conformément à l'art. 4 L. 8 juillet 1865, les reconnaissances de valeurs cotées, ainsi que les quittances de sommes envoyées par la poste ; — 3o les permis de chasse.

Une loi du 30 décembre 1873 a encore augmenté les décimes dans les termes suivants : « Art. 2. Il est ajouté aux impôts et produits de toute nature déjà soumis aux décimes par les lois en vigueur : 5 pour 100 du principal pour les impôts et produits dont le principal seul est déterminé par la loi, ainsi que pour les amendes et condamnations judiciaires ; 4 pour 100 du droit total actuel sur les sucres, les taxes de douanes et autres dont la quotité fixée par la loi comprend à la fois le principal et les décimes. » — Cette disposition ne s'applique pas aux droits de greffe et de timbre.

Les droits et produits que les lois antérieures à celle du 30 décembre 1873 n'ont pas assujettis au décime sont exempts de toute surtaxe. Tels sont les droits de transmission perçus sur les titres des sociétés françaises et étrangères et la taxe de 3 pour 100 perçue sur le revenu des valeurs mobilières.

Enfin l'art. 6 de la loi du 2 juin 1875 a soumis aux décimes établis par la législation actuelle les droits de timbre existant avant 1870 et qui, depuis cette époque, n'ont pas été augmentés en principal ou en décimes.

1. RÉSUMÉ. — ÉPOQUES DE PERCEPTION. — En résumé, et sauf les différences provenant des mises à exécution de chaque loi, on a dû percevoir :

1° du 6 prairial an 7 au 14 juillet 1855, un seul décime;

2° du 15 juillet 1855 au 31 décembre 1857, deux décimes;

3° du 1er janvier 1858 au 1er juillet 1862, un décime;

4° du 2 juillet 1862 au 1er juillet 1864, deux décimes;

5° du 2 juillet 1864 au 25 août 1871, un décime et demi, ou un seul décime, selon que les droits tombent ou non sous l'application de la loi du 18 juillet 1866;

6° du 25 août 1871 au 30 décembre 1873, deux décimes;

7° et du 30 décembre 1873 à ce jour, deux décimes et demi.

2. PRODUITS EXEMPTÉS DU DÉCIME. — Dans l'état actuel de la législation les produits dispensés de tout décime sont :

1° Les droits de transmission des titres des sociétés françaises et étrangères (L. 29 juin 1872, art. 1er et 3);

2° L'impôt direct sur le revenu des valeurs mobilières (L. 29 juin 1872, art. 1er);

3° Le timbre des effets de commerce (L. 23 août 1871, art. 1er);

4° Les quittances des comptables, les quittances à 10 centimes (L. 23 août 1871, art. 2 et 18);

5° Les récépissés des chemins de fer (L. 28 fév. 1872, art. 11; 30 mars 1872, art. 1er et 19 fév. 1874 art. 10);

6° Les effets tirés de l'étranger sur l'étranger (L. 29 déc. 1872, art. 3 et 21);

Et 7° le timbre des effets publics étrangers (L. 25 mai 1872, art. 1er).

3. PRODUITS SOUMIS A DEUX DÉCIMES. — Les produits qui sont assujettis à deux décimes seulement, sont :

1° Les droits de greffe;

2° Les droits de timbre;

3° Les permis de chasse, sur la portion revenant à l'État (L. 21 juin 1875, art. 6).

4. PRODUITS SOUMIS A DEUX DÉCIMES ET DEMI. — Les produits qui sont assujettis à deux décimes et demi sont : les droits d'enregistrement et d'hypothèques (avec cette observation que le demi-décime est perçu sur les assurances maritimes à raison de 4 pour 100 du principal).

5841. Mise à exécution. — Époque. — Les lois qui établissent des décimes ou demi-décimes interviennent toujours dans des cas urgents, et le Gouvernement emploie, dès lors, les moyens les plus prompts pour les promulguer et les rendre exécutoires. Il a eu souvent recours aux dispositions de l'Ordon. du 18 janvier 1817 portant que dans les cas d'urgence les lois sont adressées sur les lieux aux préfets qui prendront de suite un arrêté pour en ordonner l'impression et l'affiche. Les lois seront exécutées, porte l'ordonnance, à compter du jour de la publication faite dans la forme précédente. — L'exécution des lois des 14 juillet 1855 (2037 I. G.) et 2 juillet 1862 (2224 I. G.) a été réglée de cette manière.

Or, il s'est élevé une grave difficulté sur l'interprétation des mots : *à compter du jour de la publication.*

L'Administration a soutenu que les lois publiées d'urgence étaient, comme les autres, exécutoires dans le département le jour même de l'affiche au chef-lieu. Nous avons, au contraire, constamment pensé que le jour de la publication ne devait pas être compté et que la loi devenait seulement exécutoire le lendemain. Voici les deux principales raisons qui motivaient notre sentiment : « Remarquez, disions-nous au n° 661 du *Répertoire périodique*, cette expression à compter du jour, » employée dans l'art. 2 de l'ordonnance de 1817. La jurisprudence et les auteurs reconnaissent que, dans les délais pour une formalité quelconque, le jour qui sert de point de départ, le jour *a quo* ne doit pas être compté. — Ce principe, appliqué à l'exécution de la loi, s'explique de lui-même. Supposons que la loi du 14 juillet 1855, sur le double décime (publiée d'urgence) ait été connue du préfet du Rhône, le 18; qu'il ait pris son arrêté à midi, et que la loi ait été affichée à Lyon à 5 heures du soir. Évidemment, tout acte notarié qui, dans le département du Rhône, aura reçu la formalité de l'enregistrement, le 18, avant 5 heures, échappera à la loi du double décime; autrement il faudrait dire que la loi porte en elle un principe de rétroactivité, ce qui n'est pas. Le jour du 18 n'était plus entier au moment où la loi a parlé; pendant toute cette portion de la journée qui est antérieure à 5 heures du soir, les citoyens ont été légalement dans l'ignorance de la loi à exécuter, ils n'ont pu agir pour sauvegarder leurs intérêts; ce jour doit donc être mis en entier en dehors des atteintes de la loi. » — Ce fut également ce que décidèrent les tribunaux (Condom 25 mai 1863, 1868 R. P., 597 Rev., 17678 J. E. — Prades 15 juill. 1856, 678 R. P.; — Charleville 8 janv. 1863, 1730 R. P., 415 Rev., 17674 J. E., 17637 J. N., 12385 C.; — Mâcon 3 fév. 1858 et Valenciennes 1er mai 1863, 1904 R. P., 12644 C., 17917 J. N., 903 Rev.; — Seine 28 mai 1864, 903 Rev.).

Le jugement du tribunal de Valenciennes, qui était en partie motivé sur notre avis, fut déféré par l'Administration à la censure de la Cour suprême. Mais au moment d'aborder le débat devant cette haute juridiction, le conseil d'administration soumit la difficulté à une nouvelle étude et se décida enfin à reconnaître son erreur, dans une délibération du 15 juillet 1864, portant que les mots précités de l'ordonnance de 1817 doivent être entendus en ce sens que la loi n'est exécutoire à compter du jour de l'arrêté du préfet *exclusivement* (1984 R. P., 18249 J. N.).

La difficulté précédente ne s'est pas reproduite pour les lois du 23 août 1871 et 30 décembre 1873, parce que la promulgation et la publication en ont eu lieu, suivant une forme nouvelle, par l'insertion au *Journal Officiel* et son arrivée au chef-lieu de l'arrondissement. — V. *Loi.*

5842. Rétroactivité. — Règle générale. — Une autre difficulté non moins sérieuse est de déterminer les effets de la perception dans ses rapports avec les principes de la rétroactivité des lois. L'administration a discuté cette question dans un mémoire très-remarquable présenté à la Cour de cassation (4314 R. P.) et dont nous ne pouvons mieux faire que de reproduire la substance, parce qu'il confirme entièrement la théorie que nous avons soutenue nous-même dans nos différentes éditions.

L'administration fait remarquer d'abord que la législation fiscale est basée sur le principe de la non rétroactivité des lois (Cass. 31 mai 1836, S. 1836-1-378). Pour que ce principe ne soit pas applicable, il faut donc qu'il y ait été dérogé; on rencontre ces dérogations dans plusieurs lois (V. *infrà* nos 7429 et suiv.); mais quand une loi ne renferme aucune exception de l'espèce, c'est dans les principes généraux du droit qu'il faut exclusivement rechercher de quelle manière on doit appliquer la rétroactivité.

Ces règles sont très-faciles à dégager.

« Le principe de la rétroactivité des lois, dit Merlin, n'est établi que pour mettre *les droits actuellement acquis* à l'abri des atteintes que le caprice du législateur pourrait leur porter, et, dès lors, il est évident qu'il ne saurait y avoir rétroactivité là où les droits précédemment acquis sont respectés et restent intacts. Or, on entend par *droits acquis* ceux qui sont entrés dans notre propre domaine, qui en font partie, et que ne peut plus nous ôter celui de qui nous les tenons » (*Rép.* v° *Effet rétroactif*, sect. 3 § 1 n. 3). Cette doctrine de l'éminent jurisconsulte est celle de tous les auteurs (V. MM. Demolombe t. I n° 40; Aubry et Rau, t. 1 p. 58).

En matière fiscale, de même qu'en matière civile, les lois qui modifient les tarifs ne s'appliquent donc pas aux droits acquis, mais elles atteignent tous les autres. Or, quand un impôt est-il acquis au Trésor dans le sens de la loi? La réponse à cette question a été donnée d'une manière péremptoire à la fois par Merlin et par la jurisprudence. « Un droit est acquis au Trésor, a dit la chambre civile, quand il est ouvert » (Arr. du 4 fév. 1834; S. 1834-1-97). — « Un droit n'est point ouvert, ajoute le savant procureur général, s'il n'est pas dû; c'est l'instant où il commence à être dû qui en forme et caractérise l'ouverture » (Questions de droit v° *Enregistrement*, § 17 p. 736). Donc, toutes les fois qu'un droit sera ouvert au profit du Trésor au moment où surviendra une modification de tarif, cette modification ne pourra pas, à défaut de disposition contraire dans la loi, atteindre la créance. Au contraire, toutes les fois que le droit ne sera pas ouvert, c'est-à-dire qu'il n'aura pas commencé à être dû, il ne sera pas acquis et il tombera sous l'empire de la nouvelle tarification.

Rien n'est plus simple que de faire l'application de cette règle aux droits d'enregistrement.

En effet, ces droits se divisent en deux catégories bien distinctes.

Les uns deviennent exigibles indépendamment de la présentation d'un acte à la formalité de l'enregistrement. Ce sont, d'une part, les droits dus pour les mutations entre-vifs d'immeubles ou de valeurs assimilées aux immeubles, lesquels s'ouvrent dès que la transmission est opérée entre les parties et sans qu'il soit nécessaire que cette transmission soit constatée par un titre (Cass. 11 avr. 1854, *Bull. civ.*, n° 52); puis les droits sur les mutations par décès de toute espèce de biens, qui sont acquis au Trésor par l'événement seul du décès de l'auteur de la succession (L. 22 frim. an 7, art. 27). Ce sont, d'autre part, tous les actes dont la loi a rendu l'enregistrement obligatoire dans un délai déterminé (L. 22 frim. an 7, art. 20, 21, 22).

Pour ces impôts, la créance du Trésor résulte du fait de la mutation ou de la rédaction de l'acte. Elle prend naissance à cette époque et elle constitue dès lors à son profit un droit acquis dont l'existence est désormais certaine. Le délai plus ou moins long que la loi accorde au débiteur n'est qu'un terme de payement. Comme le font remarquer MM. Championnière et Rigaud (t. 1, n° 48), et comme l'a reconnu un avis des comités de législation, de la marine et des finances au conseil d'État du 14 novembre 1818 : « ce terme ne suspend pas l'obligation mais en retarde seulement l'exécution : il ne change rien au droit qui est acquis au Trésor et qui ne peut être modifié par aucune convention des parties contractantes » (Inst. de l'Administration, n° 872).

La seconde catégorie des droits se compose de tous ceux qui se rapportent à des actes dont l'enregistrement n'est pas obligatoire dans un délai déterminé. Ils sont désignés en ces termes par l'art. 23 de la loi du 22 frimaire an 7 : « *Il n'y a point de délai de rigueur pour l'enregistrement de tous autres actes que ceux mentionnés dans l'article précédent, qui seront faits sous signature privée ou passés en pays étranger et dans les îles et colonies françaises où l'enregistrement n'aurait pas encore été établi; mais il ne pourra en être fait aucun usage, soit par acte public, soit en justice, ou devant toute autre autorité constituée, qu'ils n'aient été préalablement enregistrés.* » Ce n'est pas le fait de la rédaction de ces actes qui donne ouverture à la créance du Trésor, puisque cette créance peut ne jamais exister si les parties ne présentent pas l'acte à l'enregistrement ou n'en font pas un usage qui en nécessite l'enregistrement. Ce qui donne ouverture au droit, c'est uniquement le fait de la présentation à la formalité ou de l'usage qui y est assimilé. Tant que ces événements ne se sont pas produits, le droit du Trésor ne repose que sur une expectative; et, comme l'explique encore Merlin : « il est évident que cette expectative ne constitue pas un droit acquis, car il est impossible de considérer comme acquis le droit qui n'est pas encore ouvert et dont l'expectative ne repose que sur un acte toujours révocable » (*Rép.* v° *Effet rétroactif*).

L'effet de cette distinction sur la rétroactivité s'indique maintenant de lui-même.

L'impôt des mutations et des actes assujettis à l'enregistrement, dans un délai déterminé, constituant un droit immédiatement acquis au Trésor, échappe aux modifications de tarif survenues entre l'époque de leur ouverture et celle de leur payement.

Au contraire, l'impôt applicable aux actes non soumis à l'enregistrement dans un délai déterminé n'étant ouvert et acquis qu'au jour de l'enregistrement ou de l'usage, c'est le tarif en vigueur à cette date qui doit gouverner la perception.

Cette règle générale a été confirmée par des arrêts des 4 fév. 1834 et 31 janv. 1876 (4314 R. P. et 26 juin 1878). — *V.* 7437 *infrà*.

5843. Actes sous seings privés. — Le principe qui précède s'applique facilement aux actes sous seings privés. Il suffit de dire que tous ceux de ces actes qui ne sont pas assujettis à l'enregistrement, dans un délai déterminé, doivent être soumis au tarif en vigueur au jour où ils sont enregistrés ou bien où ils sont mentionnés dans un acte public, ce qui en rend l'enregistrement illégitime. Il importe peu qu'ils aient ou non acquis date certaine avant cette époque : « Ces actes, dit la Cour de cassation, n'existent pour le fisc qu'à compter du jour où ils ont été enregistrés, où il en est fait usage, et les droits auxquels ils sont soumis ne s'ouvrent qu'à ce moment, et ils doivent, en conséquence, être liquidés conformément aux tarifs alors en vigueur » (Cass. 31 janv. 1876, 4314 R. P.); — *Conf.* : Grasse 11 juill. 1859, 1239 R. P.; Sol. belge 22 juin 1870 et 14 avr. 1874).

La cour a confirmé spécialement sa jurisprudence, le 26 juin 1878, au sujet d'un partage sous seing privé sans soulte qui avait acquis date certaine par le décès d'une des parties.

5844. Mutations verbales. — Ce que nous disons des actes sous seing privé assujettis à l'enregistrement dans un délai déterminé, il faut le dire aussi des mutations verbales d'immeubles. S'il est constaté, par une des présomptions légales de l'art. 12 L. 22 frimaire an 7 ou par une déclaration faite conformément à l'art. 4 L. 27 ventôse an 9, que la mutation s'est opérée à une certaine époque, l'Administration doit accepter l'indication de cette date, aussi bien pour percevoir les décimes que pour liquider le droit principal. Et cela a lieu parce qu'il s'agit encore d'une mutation dont les droits sont *acquis* au Trésor le jour même de sa réalisation. Ainsi, le tribunal de Châtellerault a pu décider, le 8 décembre 1864, que le second décime de la loi du 2 juillet 1862 n'est pas exigible sur la déclaration, insérée dans un contrat, qu'il a existé entre les parties une mutation antérieure à la promulgation de cette loi.

« Pour les mutations immobilières verbales, décide l'Administration belge, ou à l'égard desquelles aucun acte n'est produit, le tarif est celui de la date de la mutation, telle qu'elle est déclarée par les parties, à moins que l'Administration, qui est un tiers, n'ait intérêt à écarter cette date pour appliquer le tarif existant au jour de la formalité (Circ. 22 juin 1870 n° 781).

1. BAUX. — NAVIRES. — FONDS DE COMMERCE. — Les mêmes règles s'appliqueraient aux mutations de jouissance immobilière, aux ventes de navires et aux cessions de fonds de commerce qui sont actuellement assujetties à l'enregistrement dans un délai légal (L. 23 août 1871 et 28 fév. 1872).

5845. Actes notariés. — Les actes notariés sont tous dans la catégorie des actes sous seing privé enregistrables dans un délai préfixe. Quelle que soit la nature des faits ou des conventions établies, l'acte authentique doit nécessairement être enregistré, et la créance du Trésor a pris définitivement naissance au jour de l'acte. Le tarif applicable est donc aussi celui de cette date (*Conf.* : D. m. f. belge 22 juin 1870, Circ. belge n° 781).

Mais, quand ils renferment des conventions sujettes à l'approbation de l'autorité et qu'ils constituent ainsi de simples projets convertis en acte par l'approbation et ne devant être enregistrés qu'à partir de cette formalité, le droit d'enregistrement n'est acquis qu'à cette dernière époque et c'est le tarif de cette époque qui est aussi applicable.

1. ACTE DE L'ÉTRANGER. — Les actes notariés passés à l'étranger et qui ne constatent pas des mutations d'immeubles situés en France doivent être rangés, quelle que soit leur forme, parmi les actes dont le droit n'est ouvert que par la présentation à la formalité (Sol. 29 août 1864; Cass. 31 janv. 1876, 4314 R. P.).

Cependant, il a été reconnu qu'un acte de notoriété dressé par un juge de paix belge le 15 janvier 1839 et annexé en France à un acte de mariage du 16 mai 1866, n'est passible que d'un décime simple, attendu qu'il a une date certaine remontant à une époque où un seul décime était exigible (Sol. 6 fév. 1868, 18539 J. E.). — Mais cette dernière solution s'écarte des principes et ne doit pas être suivie.

5846. Actes administratifs. — Les actes administratifs sont soumis aux mêmes principes que les actes notariés. Assez souvent ils renferment des donations faites aux établissements publics. Quoique ces libéralités soient acceptées provisoirement par le maire au nom de la commune, ou par le président du conseil d'administration pour l'établissement charitable, les droits proportionnels n'en demeurent pas moins ajournés jusqu'au moment de l'acceptation par l'autorité supérieure. C'est donc par le tarif en vigueur à cette dernière époque qu'ils doivent être liquidés (Castelnaudary 16 janv. 1852).

5847. Actes judiciaires. — Tous les actes judiciaires soumis à l'enregistrement dans un délai déterminé sont régis par le tarif en vigueur au jour de leur rédaction. Les autres acquittent le droit d'après le tarif du jour de leur enregistrement.

1. ORDRE. — Les procès-verbaux d'ordre pouvant être présentés à toute époque, pourvu que ce soit avant la délivrance des mandements de collocation (V. *Ordre*), sont donc soumis au tarif du jour de leur enregistrement.

2. SENTENCE ARBITRALE. — Par la même raison, les sentences arbitrales sont assujetties à la loi du jour de leur dépôt au greffe ou de leur présentation à l'enregistrement si elle a lieu avant. — V. *Arbitre*.

3. SURENCHÈRE. — La surenchère intervenue depuis la loi sur le second décime, et relative à une vente passée sous la loi du simple décime, ne donne lieu à ce second décime que sur la différence des prix (Seine 22 août 1863, 17912 J. N., R. P. table 1864).

4. ACTE DE COMMERCE. — Le jugement qui reconnaît un marché enregistré au droit fixe avant la loi du 23 août 1871 donne lieu au nouveau décime sur le droit proportionnel de ce marché (Seine, 8 mars 1873).

5848. Amendes. — Le tarif applicable est celui de l'époque où la contravention a été commise. Dès ce jour-là, en effet, le redevable est devenu débiteur envers le Trésor de la pénalité encourue, et les causes qui ont retardé plus ou moins longtemps la découverte de la fraude ne touchent pas à l'exigibilité de la créance elle-même. — Nous n'approuvons donc pas le tribunal de Mirecourt d'avoir décidé, au sujet d'une amende de timbre, que le tarif applicable était celui du jour de la constatation de la contravention (14 fév. 1862, 17337 J. N., 12302 C.). Le contrevenant qui dissimule sa faute est dans la même situation que l'acquéreur en retard de faire enregistrer sa vente. Dans les deux cas, le droit est acquis et doit être perçu d'après la loi en vigueur au moment où le Trésor est devenu créancier.

Il est bien entendu que, s'il s'agit d'amendes dont la condamnation doit être prononcée par le tribunal, c'est la date de cette condamnation qui gouverne l'application du tarif, puisqu'à ce moment aucun droit n'était acquis à l'Administration.

5849. Condition suspensive. — Lorsqu'un acte renfermant une convention soumise à une condition suspensive est présenté à l'enregistrement avant la réalisation de la condition, le Trésor devient à l'instant même créancier conditionnel des droits que la réalisation de la condition produira. Quand l'événement arrive, le tarif applicable est donc celui du jour de l'enregistrement de l'acte. C'est ce qu'on a décidé pour les réalisations de crédit (V. *Crédit*), les ventes conditionnelles contenues dans les actes de société (V. *Société*), les usufruits successifs (V. *Succession*) et autres situations analogues.

Il a été spécialement décidé que les ventes faites à la mesure sont assujetties au tarif des décimes du jour de l'acte, bien que la vente ne se réalise définitivement que lors du mesurage et sous l'empire d'un tarif différent (Marseille 29 août 1871, 3502 R.P.).

5850. Cessions d'office. — Les cessions d'office opérées par actes sous seing privé sont régies par le tarif en vigueur au jour de leur présentation à la formalité, quelle que soit l'époque de l'approbation du traité par l'autorité administrative (Seine 12 juin 1863, 1845 R. P., 12515 C. 17870 J. N.). Il en est ainsi, d'une part, parce que la condition suspensive dont le traité est affecté n'arrête pas la perception immédiate du droit proportionnel ; et, de l'autre, parce que le traité de cession d'office n'est pas sujet à l'enregistrement dans un délai fixé.

5851. Dons manuels. — Les reconnaissances de don manuel ne sont pas dans une situation différente des autres conventions. La transmission qu'ils opèrent n'est point par elle-même assujettie à l'enregistrement dans un délai déterminé. Elle ne le devient que par le fait de sa constatation régulière dans un acte ou un contrat. C'est, par conséquent, d'après les règles applicables à ce contrat lui-même que s'établira la perception. S'il est authentique, la date servira à déterminer l'application du tarif ; au cas contraire, ce tarif sera celui du jour de l'enregistrement.

Ainsi, pour citer un exemple caractéristique de cette situation, quand le don manuel est renfermé dans un testament notarié, le tarif applicable au don manuel est celui en vigueur au jour du décès du testateur, parce que c'est seulement par l'événement de ce décès que le testament est devenu sujet à l'enregistrement dans un délai déterminé (Troyes 12 avr. 1865).

5852. Succession. — C'est le décès qui donne naissance au droit de succession, et ce droit est immédiatement acquis au Trésor. Aussi, la C. cass. a-t-elle reconnu, le 26 juillet 1859, que la perception est régie par le tarif en vigueur à l'époque de ce décès, et non de la déclaration des héritiers : « Attendu, porte cet arrêt, qu'il s'agit dans la cause non d'un droit perçu sur un acte, mais d'un droit de mutation relatif à une succession ; — Attendu qu'il est de principe que les droits de mutation soient régis par la loi en vigueur au moment où la transmission est opérée ; qu'aux termes de l'art. 5 L. 14 juillet 1855, le principal des impôts et produits de toute nature soumis au dixième par les lois en vigueur a été augmenté d'un nouveau dixième à dater de la promulgation de ladite loi jusqu'au 1er janvier 1858 ; — Attendu que la succession de la veuve Chevalier s'est ouverte par son décès le 20 juillet 1857 ; que, dès lors, les droits de mutation y relatifs ont été réglés par les dispositions de la loi du 14 juillet 1855 » (2163 § 3 I. G., 1198 R. P., 16976 J. E., 16649 J. N., 11584 C., S. 59-1-698). — La même solution résultait de deux jugements de la Seine, du 27 août 1858 (1106, 1107 R. P., 11425 C.; — *Conf.* : Circ. de l'administration belge du 22 juin 1870, n° 781 ; Cass. 4 fév. 1834, S. 34-1-97, 4314 R. P. — V. 7437 *infrà*).

1. BIENS RENTRÉS DANS L'HÉRÉDITÉ. — Il en est de même, semble-t-il, si des biens sont rentrés dans la succession par suite d'un événement postérieur au décès. La mutation remonte toujours à ce décès, et, si l'ignorance où étaient les héritiers sur la dévolution des biens peut retarder légalement leur libération, du moins est-il certain que le droit a été acquis au Trésor par le fait du décès. Cette doctrine, que nous développons, v° *Succession*, à propos des *Usufruits successifs*, nous paraît applicable à toutes les hypothèses analogues.

2. ABSENT. — S'il s'agissait des biens d'un absent, le taux applicable serait celui de la date de la prise de possession des biens (Circ. de l'administration belge du 22 juin 1870 n° 781).

5853. Testaments. — Les testaments, même notariés, ne sont sujets à l'enregistrement qu'à partir du décès du testateur. Ils sont donc soumis au tarif de cette dernière époque (Coutances 27 mai 1857).

C'est également l'opinion exprimée dans la Circulaire de l'administration belge du 22 juin 1870 n° 781 : « Il y a lieu, porte-t-elle, de faire usage du tarif en vigueur à la date où le droit est ouvert et acquis au Trésor avec certitude, nonobstant le terme accordé par la loi pour le payement de l'impôt. Le droit est réputé ouvert et acquis au Trésor, savoir :

Pour les testaments sujets à la formalité dans les trois mois du décès du testateur (même loi art. 21), à la date du décès. »

5854. Produits soumis aux décimes. — Droits d'enregistrement. — Les décimes actuellement en vigueur s'appliquent, sauf les exceptions suivantes, à tous les droits d'enregistrement, de greffe et d'hypothèques :

1. ASSURANCES. — Le droit d'enregistrement des polices d'assurances n'a pas été exempté du décime.

Mais, pour les assurances maritimes, le droit a été fixé à 50 centimes pour 100 francs, *décimes compris*, du montant des primes et accessoires de la prime (L. 23 août 1871 art. 6 n° 1er). Le demi-décime établi par la loi du 30 décembre 1872 ne se calcule qu'à raison de 4 pour 100.

2. DROIT DE TRANSMISSION. — L'impôt de transmission sur les actions et obligations n'est plus soumis aux décimes (L. 29 juin 1872 art. 3).

3. IMPOT SUR LE REVENU. — La taxe de 3 pour 100 sur le revenu des valeurs mobilières n'est pas assujetti aux décimes (L. 29 juin 1872, art. 3).

4. AMENDES. — Le décime s'applique à toutes les amendes de contravention en quelque matière que ce soit, même en matière de timbre, et sans distinguer entre celles qui sont ou ne sont pas prononcées judiciairement (715 I. G.).

5. DOMMAGES-INTÉRÊTS. — Le décime n'est pas dû sur les dommages-intérêts qui sont adjugés au profit de l'État ou des particuliers (D. m. f. 16 fructidor an 7, Circ. 1643). C'est par ce motif que les amendes qui furent prononcées contre les détenteurs de capitaux appartenant au commerce anglais ne furent pas soumises au décime. On les considéra comme des dommages-intérêts (D. m. f. 1er fév. 1812, 4285 J. E.).

6. BOIS DOMANIAUX. — Le décime est dû sur les droits d'enregistrement des bois domaniaux. Aucune disposition expresse ne fait d'exception en faveur des acquéreurs (61 et 137 I. G., 1471 J. E.).

7. GREFFE. — Les droits de greffe ne sont pas soumis à la surtaxe du demi-décime établie par la loi du 30 décembre 1873 (2475 I. G.).

5855. Timbre. — 1. RÉTROACTIVITÉ. — L'art. 2 L. 25 août 1871 étend la perception du double décime à tous les produits du timbre qui n'en sont pas formellement exceptés. Cette disposition, constituant un accroissement d'impôt, donne lieu aux mêmes questions que la loi du 2 juillet 1862 sur l'augmentation du prix des papiers timbrés.

Elle ne saurait avoir de rétroactivité ; c'est là une règle générale dont l'application est indépendante de la nature des faits. Par conséquent, tous les actes rédigés avant le jour de la mise à exécution de la loi ont pu l'être sur des papiers aux anciens prix sans l'addition du double décime. Il n'y a aucune distinction à faire pour cela entre les actes ayant date certaine et ceux qui ne l'ont pas. En matière de timbre, l'Administration a toujours acccepté la date des actes pour régler l'application du droit et des amendes. Autrement, on aboutirait à cette conséquence inadmissible que tous les écrits faits sous seing privé, antérieurement à la loi nouvelle portant augmentation du timbre, sont en contravention dès qu'ils n'ont pas acquis date certaine par les moyens légaux. A moins que la fraude ne soit établie, l'acte fait donc foi de sa date, et c'est d'après le tarif en vigueur à cette date qu'il faut appliquer le droit (*V.* Sol. 16 juill. 1863, n° 1957 R. P.).

Il peut résulter de là, sans doute, que la date d'un même acte sera ou non acceptée, selon qu'il s'agira de la loi du timbre ou de celle de l'enregistrement. Mais cette bizarrerie n'est qu'une conséquence nécessaire des principes différents qui régissent les deux matières.

2. ACTES A LA SUITE. — L'addition du double décime ne touche, pas plus que l'accroissement imposé en 1862, à la faculté accordée par l'art. 23 L. 13 brumaire an 7, d'écrire deux ou plusieurs actes à la suite l'un de l'autre. On peut donc rédiger sur une feuille de papier aux anciens prix les actes désignés dans cet article, sans s'exposer ni à l'amende, ni au payement d'un supplément de droit.

3. PÉNALITÉ. — La loi du 23 août 1871 n'indique pas la pénalité encourue pour la rédaction d'un acte sur une feuille d'ancien papier. Mais il va de soi que c'est l'amende de 50 francs établie par la loi du 2 juillet 1862 par l'emploi de papier non timbré. La feuille qui n'a pas été contre-timbrée dans les délais utiles a, en effet, perdu toute sa valeur. Elle doit être assimilée à une feuille de papier libre.

4. EFFETS DE COMMERCE. — La loi excepte nommément du double décime les effets de commerce spécifiés à l'art. 1er L. 5 juin 1850.

Bien que la loi parle seulement des effets de commerce, il paraît certain qu'elle s'étend aussi aux billets qui n'en ont pas le caractère et sont néanmoins assujettis au timbre proportionnel. C'est ce qui résulte implicitement de la remarque faite au § 2 n° 2 de l'I. G. n° 2413 : « Le tarif fixé par l'art. 1er L. 5 juin 1850 est porté au double. Cette disposition est applicable aux obligations non négociables qui, aux termes de l'art. 6 L. 6 prairial an 7, sont soumises au même régime que les effets négociables. » Si le tarif des billets simples et doubles est doublé, ces actes sont par cela même affranchis des décimes.

4. DEMI-DÉCIME. — Le demi-décime créé par la loi du 30 décembre 1873 n'est pas applicable aux droits de timbre (2475 I. G.).

5856. Actions et obligations. — Abonnement. — Quant aux actions et aux obligations des compagnies ou des établissements publics, elles sont incontestablement aussi souvent soumises à la surtaxe des décimes. L'I. G. n° 2413 ajoute que cette surtaxe s'applique aux droits perçus au comptant ou par voie d'abonnement. Mais il s'est élevé une difficulté particulière sur ce dernier point. Les abonnements contractés avant la promulgation de la loi tombent-ils sous son empire, ou bien le double décime n'est-il dû que pour les abonnements postérieurs? En droit, la première opinion est seule juridique. L'abonnement, en effet, n'est, dans le système de la loi de 1850, qu'un mode de libération du droit au comptant. C'est une facilité que l'on a donnée aux débiteurs, en leur permettant de payer par annuités une créance exigible en une seule fois. Dès l'instant que le montant de la créance a été fixé d'après le tarif en vigueur au moment où le droit du Trésor a pris naissance, on violerait le principe de la rétroactivité si l'on modifiait le contrat sous le prétexte que le débiteur n'était pas encore complétement libéré. La position de ce débiteur serait ainsi beaucoup plus mauvaise que s'il avait payé comptant, et l'on ferait tourner à son préjudice une faveur que la loi lui a accordée pour faciliter le payement de l'impôt.

C'est ce qu'a décidé, en effet, le tribunal de la Seine, par trois jugements du 23 mars 1872 (3464 R. P.). Mais l'Administration ne s'est pas rangée à cette interprétation. Elle a d'abord fait insérer dans une loi nouvelle (L. 30 mars 1872 n° 3441 R. P.) une disposition portant en termes exprès que les deux décimes s'appliqueraient aux termes d'abonnement exigibles depuis la mise à exécution de cette loi, quelle que soit la date de l'abonnement. Puis elle a soutenu, en déférant les jugements de la Seine à la C. cass., que le législateur de 1871 avait entendu atteindre tous les termes à échoir des abonnements antérieurs. Son pourvoi a été admis à la chambre des requêtes, mais l'Administration s'en est ensuite désistée, abandonnant sans doute sa première interprétation.

1. DEMI-DÉCIME. — Le demi-décime, n'étant pas applicable aux droits de timbre, ne frappe pas les droits de timbre des actions et obligations (L. 30 déc. 1873, 2475 I. G.).

5857. Polices d'assurances. — Les mêmes difficultés se reproduisent pour l'abonnement relatif aux polices d'assurances. Au lieu de payer en une fois le droit de timbre des polices, les compagnies sont autorisées, par l'art. 37 L. 5 juin 1850, à verser annuellement au Trésor une taxe de 2 centimes (aujourd'hui 3 cent., L. 12 juill. 1862 art. 18) par 1,000 francs du total des sommes assurées. Cette taxe se calcule pour l'année courante d'après le chiffre des opérations de l'année précédente. Si le double décime s'appliquait à partir de la promulgation de la loi à toutes les polices en cours d'exécution, il est certain que celles d'une date antérieure payeraient plus que le droit en vigueur au jour de leur rédaction, ce qui est contraire à la règle de la non-rétroactivité des lois. Pour demeurer dans la vérité, il faut donc réduire l'application des décimes aux polices postérieures au jour de l'exécution de la loi et régler dans les mêmes termes la liquidation du droit d'abonnement.

1. DEMI-DÉCIME. — Le demi-décime de la la loi du 30 décembre 1873 ne s'applique pas au timbre des polices d'assurances (2475 I. G.).

5858. Récépissés. — L'art. 2 L. 23 août 1871 exempte aussi des décimes les récépissés des chemins de fer, cette dispense a été maintenue par l'art. 1er L. 30 mars 1872.

L'exemption accordée aux récépissés des chemins de fer ne saurait être étendue aux lettres de voiture ordinaires, lesquelles sont assujetties, à ce titre, au droit de 60 centimes.

5859. Quittance. — Sont encore exemptées des décimes les quittances de produits et revenus délivrées par les comptables de deniers publics, conformément à l'art. 4 L. 8 juillet 1865, les reconnaissances de valeurs cotées et les quittances de sommes envoyées par la poste, et les quittances assujetties au droit spécial de timbre par l'art. 18 L. 23 août 1871.

5860. Permis de chasse. — Enfin les permis de chasse sont compris parmi les produits affranchis du double décime (L. 23 août 1871 art. 2, L. 20 déc. 1872 art. 21).

5861. Effets étrangers. — Les titres de rente et effets publics des gouvernements étrangers ne sont pas sujets aux décimes (L. 25 mai 1872 art. 1er). Il en est de même des effets tirés de l'étranger sur l'étranger (L. 20 déc. 1872, art. 3 et 21).

5862. Recouvrement. — Le décime, étant un accessoire du principal des droits et amendes, doit être recouvré par les mêmes voies. Ainsi, lorsque l'on peut exercer la contrainte par corps pour le principal, on le peut également pour le décime (31 I. G.).

5863. Colonies. — Les actes qui viennent des colonies où l'enregistrement est établi doivent supporter en France le décime du droit perçu dans la colonie. — *V.* 1424-2.

CHAPITRE II. — SUPPRESSION DU DEMI-DÉCIME

[5864-5871]

5864. Législation. — L'art. 3 L. 18 juillet 1866, en supprimant le demi-décime sur une certaine catégorie d'actes, a donné naissance à des difficultés qui ont aujourd'hui disparu, puisque l'exemption a été abrogée par l'art. 2 L. 23 août 1871 et que tous les produits sont aujourd'hui passibles du double décime et demi. Néanmoins, nous ne pouvons pas passer sous silence les questions auxquelles la loi de 1866 avait donné lieu. Elles ont leur intérêt historique et peuvent d'ailleurs un jour ou l'autre se représenter au milieu des variations que l'impôt du décime est nécessairement appelé à subir.

L'art. 3 L. 18 juillet 1866 portait : A partir du 1er janvier 1867, les baux et échanges de biens immeubles, les actes énumérés au § 7 nos 1er, 3, 4, 5 et 6 de l'art. 69 L. 22 frimaire an 7, les obligations et libérations hypothécaires, cesseront d'être soumis au demi-décime établi par le § 1er art. 3 L. 8 juin 1864.

La perception de ce demi-décime continuera d'être effectuée, pour l'exercice 1867, sur tous les autres droits et produits dont le recouvrement est confié à l'administration de l'Enregistrement (2345 I. G., 2511 R. P.).

Les actes énumérés au § 7 nos 1er, 3, 4, 5 et 6 de l'art. 69 L. 22 frimaire an 7 sont : 1° Les adjudications, ventes, reventes, cessions, rétrocessions, et tous autres actes translatifs de propriété ou d'usufruit de biens immeubles à titre onéreux ; — 3° Les déclarations de command par suite d'adjudications ou de contrats de ventes de biens immeubles, autres que celles des domaines nationaux, si la déclaration est faite après les vingt-quatre heures de l'adjudication ou du contrat, ou lorsque la faculté d'élire un command n'y a pas été réservée ; — 4° Les parts et portions de biens immeubles, acquises par licitation ; — 5° Les retours d'échanges et de partages de biens immeubles ; — 6° Les retraits exercés après l'expiration des délais convenus par les contrats de vente sous faculté de réméré.

5865. Droits d'hypothèques. — Les droits d'hypothèques (inscription et transcription) ne profitaient pas de l'exonération accordée par la loi du 18 juillet 1866. Le droit de transcription qui est perçu, dans certains cas, en vertu de l'art. 54 L. 28 avril 1816, restait également soumis au demi-décime, excepté pour les échanges qui sont nommément désignés dans la loi (2345 I. G., 2511 R. P.).

Quand la licitation ne fait pas cesser l'indivision, elle a le caractère d'une vente et en subit le tarif (V. *Licitation*). Comme on applique alors le droit indivisible de 5 fr. 50 cent. aux parts acquises (903 I. G.), il semblait que le contrat tombait alors sous l'empire de la loi de 1866.

5866. Droit de greffe. — Le droit de greffe n'était pas compris non plus dans l'énumération de la loi nouvelle. Il restait donc soumis au demi-décime (2345 I. G., 2511 R. P.).

5867. Actes translatifs non exceptés. — Il en était de même de certains actes translatifs non désignés dans la loi : les ventes de biens de l'Etat ; les actes translatifs de biens immeubles situés soit en pays étrangers, soit dans les colonies françaises où l'enregistrement n'est pas établi (2345 I. G., 2511 R. P.).

5868. Obligations et libérations hypothécaires. — La controverse s'était établie surtout à l'égard des mots *obligations* et *libérations hypothécaires*, les uns voulant restreindre l'application de la loi aux *prêts de sommes* garantis par une hypothèque et à leurs quittances, les autres l'étendant à toutes les obbligations ou libérations en général se rapportant à une créance hypothécaire.

Nous avons adopté cette dernière interprétation.

En se servant des mots *obligations* et *libérations*, le législateur de 1866 n'avait évidemment pas voulu leur attribuer une signification ou une étendue particulière différente de celle que ces expressions ont eue jusqu'à présent dans la loi fiscale. Seulement il avait déclaré que le bénéfice de l'exemption n'atteindrait ces obligations et libérations que quand elles seraient hypothécaires, c'est-à-dire que les créances auxquelles elles correspondent seraient garanties par une hypothèque. Dès lors, et sous le mérite de cette réserve, pour saisir ce que l'on doit entendre par une obligation ou une libération, il fallait consulter la loi de l'an 7. Or la réponse est clairement écrite dans les art. 69 § 2 n° 11 et § 3 n° 3, en ces termes : 1° *Obligations.* — Les contrats, transactions, promesses de payer, arrêtés de comptes, billets, mandats, les transports, cessions et délégations de créances à terme, les délégations de prix stipulées dans un contrat, pour acquitter des créances à terme envers un tiers sans énonciation de titre enregistré, les reconnaissances, celles de dépôts de sommes chez les particuliers, et tous autres actes ou écrits qui contiendront obligations de sommes sans libéralité et sans que l'obligation soit le prix d'une transmission de meubles ou d'immeubles non enregistrés. 2° *Quittances.* — Les quittances, remboursements ou rachat de rentes et redevances de toute nature ; les retraits exercés en vertu de réméré, par actes publics, dans les délais stipulés en faits sous seing privé, et présentés à l'enregistrement avant l'expiration de ces délais, et tous autres actes et écrits portant libération de sommes et valeurs mobilières. Par conséquent, à notre avis, toutes les fois qu'un des actes désignés dans ces deux articles se rapportait à une créance garantie par une hypothèque, il devait être rangé dans la catégorie de l'obligation ou la libération hypothécaire et bénéficier de la réduction du décime.

1. CESSIONS ET TRANSPORTS. — Nous avions cru, par exemple, avec M. Demante (2611 R. P.) et contrairement à une Sol. 25 février 1867 (2397 R. P.), que l'exemption du demi-décime devrait s'appliquer aux cessions, délégations et transports de créances hypothécaires, parce que ces actes sont compris par la loi générale sous la rubrique du mot *Obligations*.

2. SUBROGATION. — La subrogation légale est une véritable libération à laquelle on applique le tarif des quittances. La subrogation conventionelle est considérée comme un transport de la créance dont le montant est acquitté par le tiers. Dès lors si cette créance est garantie par une hypothèque, il nous avait semblé que la subrogation, de quelque nature qu'elle fût, devait être exonérée du demi-décime. Cette conclusion paraissait d'autant plus certaine que, dans le cas prévu au § 2 de l'art. 1250 C. C., la subrogation est qualifiée d'emprunt et qu'à ce point de vue l'opération rentre directement sous l'application du texte de la loi du 18 juillet 1866. — V. Laval 13 mai 1872, 3843 R. P.

3. REMPLACEMENT MILITAIRE. — De même, le demi-décime n'était pas exigible sur l'acte par lequel des père et mère s'engagent à payer, pour le remplacement militaire de leur fils, une somme déterminée hypothéquée sur leurs biens (Sol. 21 juin 1869, 3050 R. P.).

5869. Quittances. — En ce qui concerne spécialement les quittances, l'Administration a soutenu que les mots *libérations hypothécaires* signifiaient seulement les quittances des *obligations* hypothécaires et qu'il n'y fallait pas comprendre celles des autres contrats, celle par exemple d'un prix de vente d'immeubles (Sol. 25 fév. et 9 mars 1867, 2397 et 2427 R. P., 18310 J. E., 18826 J. N., 13263 C., 1901 Rev.). — A l'art. 2530 R. P., nous avons combattu cette interprétation restrictive, condamnée d'ailleurs par deux jugements d'Angoulême du 12 août 1867 (2530 R. P.) et de la Seine du 21 décembre 1867 (2561 R. P., 19097 J. N., 18460 J. E., 14095 C., 2030 Rev.) d'après lesquels les quittances de prix de vente d'immeubles sont des libérations hypothécaires dispensées du demi-décime (*Conf.* : Demante, 2611 R. P.).

Le jugement d'Angoulême ayant été déféré à la C. cass., la chambre civile a rejeté le pourvoi de l'Administration, le 23 juin 1869 : « Attendu qu'il résulte de l'ensemble des dispositions de l'art. 3 que le législateur de 1866 a voulu, par l'exonération du demi-décime et dans l'intérêt de la propriété foncière, dégrever au même degré les transmissions d'immeubles à titre onéreux et les emprunts contractés avec constitution d'hypothèque ; qu'on ne comprendrait pas, dès lors, qu'il eût refusé à la libération de ces mêmes transmissions le bénéfice qu'il accordait à la libération des emprunts hypothécaires ; qu'on ne s'expliquerait pas davantage qu'il se fût servi, comme il l'a fait, du terme générique de *libération hypothécaire* qui, en droit, s'applique également aux deux espèces de libération dont il vient d'être parlé, s'il eût été dans sa pensée de distinguer entre elles » (2905 R. P., 2387 I. G., S. 69-1-364, D. 69-1-297, P. 69-910, 19625 J. N.).

1. QUITTANCE DES CRÉANCIERS INSCRITS. — Aucun doute ne pouvait exister sur l'application de la loi quand le prix est payé par l'acquéreur aux créanciers inscrits du vendeur. Ce payement opère, en effet, l'extinction de véritables obligations hypothécaires, celles qui ont été contractées par le vendeur envers les créanciers inscrits, et cette libération forme la disposition principale de l'acte (Sol. 11 juin et 11 juill. 1867).

2. SUBROGATION. — On avait reconnu qu'il en était de même du payement du prix par un tiers subrogé dans le privilége du vendeur. « La suppression partielle du demi-décime s'applique aux obligations ou aux prêts hypothécaires. Or, il serait difficile de refuser le bénéfice de cette disposition à une convention que l'art. 1250 n° 2 C. C., qualifie expressément d'emprunt, alors que cet emprunt est garanti par un privilége du vendeur, privilége qui se conserve par la transcription et l'inscription d'office, suivant l'art. 2108 C. C., et qui est considéré comme un droit hypothécaire par l'art. 2113 même Code. Le caractère hypothécaire de l'obligation est encore confirmé, dans l'espèce, par une promesse d'hypothèque sur des immeubles à acquérir » (Sol. 16 juill. 1867).

5870. Cautionnement et autres actes. — Mais on n'aurait pu évidemment étendre la loi du 18 juillet 1866 à des actes qui n'y sont pas désignés, par exemple à des cautionnements d'obligations hypothécaires (18328-1 J. E.) ; — à des prorogations de délai pour le payement de créances hypothécaires (*Contrà* 18754 J. N.); — à des mainlevées d'inscription, etc.; — à l'acte constitutif du cautionnement en immeubles d'un receveur des hospices (Sol. 4 fév. 1868).

5871. Baux. — Sous-baux. — Cessions de baux. — Les baux sont nommément désignés dans la loi du 18 juillet 1866 comme devant profiter de l'exonération du demi-décime. Or, il a été reconnu que les sous-baux, cessions et résiliations de baux profitaient également de cette réduction. On a considéré pour cela : 1° que les sous-baux, cessions et subrogations de baux sont tarifés par le même article de la loi que les baux eux-mêmes, et 2° que ces conventions sont des transmissions de jouissance de la même nature que les baux originaires et soumis aux mêmes règles du droit civil (Sol. 5 fév. 1867, 2397 R. P., 18308 J. E.).

1. CONCESSIONS DE SÉPULTURES. — Toutes les concessions temporaires ou perpétuelles de terrains dans les cimetières sont des baux. Elles n'étaient donc pas soumises au demi-décime (Sol. 20 oct. 1868, 2871 R. P.).

CHAPITRE III. — QUESTIONS DIVERSES

[5872]

5872. Fraction de centime. — En ce qui concerne le fractionnement du centime, l'I. G. 2345 s'exprime ainsi : « D'après l'art. 5 L. 22 frimaire an 7, « il n'y a point de fraction de centime dans la liquidation du droit proportionnel : lorsqu'une fraction de somme ne produit pas un centime de droit, le centime est perçu au profit du Trésor. Les receveurs appliqueront cette règle à chacune des dispositions d'un même acte pour les décimes comme pour le principal des droits d'enregistrement. Mais la disposition de l'art. 5 de la loi de frimaire n'ayant pas été reproduite par les lois sur les droits de greffe, le principe que consacre cette disposition n'est pas applicable à la perception de ces droits. »

La règle précédente étant absolue s'étend aux droits fixes comme aux droits proportionnels (18333 § 1er J. E.).

Il y a plus d'embarras au sujet de la pluralité des droits de même nature, spécialement des droits multiples auxquels donne lieu un même acte.

Mais les termes de l'I. G. sont absolus. Ils s'appliquent à chaque disposition indépendante du même acte. Or, il est incontestable qu'un acte renfermant, par exemple 4 notifications à des avoués différents contient 4 dispositions indépendantes dans le sens de l'art. 11 L. 22 frimaire an 7. Dès lors le fractionnement de la perception se trouve justifié et avec lui le calcul séparé de chaque décime.

DÉCISION.

5873. — Jugement porté ou résolution prise par une autorité constituée. — Les décisions des tribunaux prennent particulièrement le nom de jugements ou d'arrêts. — Les décisions administratives sont celles qui émanent d'un tribunal ou d'un fonctionnaire de l'ordre administratif. Nous n'avons à dire un mot ici que des décisions des fonctionnaires.

5874. Force de la décision administrative. — Les décisions de l'Admintisration, comme celles du ministre sur des questions de perception, sont de simples avis, des instructions d'ordre intérieur qui n'obligent pas les parties; elles peuvent, avant comme après, porter devant les tribunaux les réclamations qu'elles ont à former (D. m. f. 17 janv. 1814, 2167, 4738 J. E., Ord. 17 juill. et 21 août 1816).

A l'égard des employés les décisions administratives ne peuvent être considérées que comme des instructions pour leur servir de guide dans l'application des droits (Déc. 17 janv. 1814, 4738 J. E., 8600 J. E.).

On lit, en effet, dans le décret que nous venons de rappeler, « qu'aux termes de l'art. 63 L. 22 frimaire an 7, le ministre doit donner à la Régie de l'enregistrement et des domaines la solution des difficultés relatives à la perception des impôts indirects; que c'est en exécution de cet article qu'a été réglée, par les actes dont il s'agit, connus sous le nom de solutions, la manière de liquider le droit de timbre sur les papiers de musique; que ces actes ne sont évidemment de leur nature que des instructions adressées à la Régie pour guider les préposés dans le mode de perception et pour fixer l'incertitude de l'Administration sur le sens dans lequel elle doit défendre les dispositions de la loi devant les tribunaux; qu'il n'a jamais entendu que les opinions qu'il lui transmettait ainsi dussent faire règle absolue pour les redevables ni les enlever à leurs juges naturels; qu'ainsi, si les suppliants se croient lésés par les solutions dont il s'agit, ils doivent porter leurs réclamations devant les tribunaux ordinaires, qui seuls peuvent et doivent statuer selon leur condition et sans prendre ces solutions pour guide. »

5875. Effet rétroactif. — Les décisions administratives ne créent jamais le principe de l'exigibilité des droits, elles ne font que développer le sens des lois (Dél. 20 oct. 1824, 7845 J. E.). Sous ce rapport, elles ont un effet rétroactif; cependant il est d'usage de ne pas donner d'effet rétroactif lorsque la décision est en faveur du Trésor et de ne l'appliquer que du jour où elle a pu être connue des parties (Dél. 21 fév. 1832, 2419 C.).

5876. Notification des décisions. — Le ministre des finances a décidé, le 1er janvier 1824, que c'est par les soins de l'Administration que les parties doivent recevoir la notification des décisions qu'il aura prises. — Pour l'exécution de cette disposition, les directeurs, dans le délai de trois jours de la réception d'une décision ministérielle, écrivent à la partie qu'elle concerne, pour lui donner connaissance de ce qui a été prononcé sur sa demande (1115 I. G.).

5877. Défaut d'exécution des conditions. — Lorsque remise d'un droit en sus a été faite sous la condition du payement du droit simple dans un délai déterminé, la déchéance de la remise est encourue si le payement du droit simple n'a pas été effectué dans le délai voulu (Seine 25 nov. 1859, 1335 R. P., 17101 J. E.). — V. *Solution.*

DÉCLARATION.

5878. Définition. — On nomme *déclaration* l'acte par lequel une personne donne connaissance, soit de sa volonté, soit d'un fait ou d'une convention.

5879. Diverses espèces de déclaration. — Il serait aussi impossible qu'inutile de marquer les diverses circonstances dans lesquelles on peut faire des déclarations; leur usage est trop habituel. Toutefois, elles peuvent se ranger en plusieurs classes, suivant la nature de l'acte qui les contient et leur objet. — Par exemple, on distingue les déclarations qui ont pour objet de changer les dispositions d'un acte (V. *Contre-Lettre*) de celles qui en forment un qui n'existait point. — On met également une différence entre les déclarations qui ont pour but de s'opposer aux prétentions d'un tiers, qu'on nomme *protestation*, et celles qui n'ont pour objet que de manifester une intention personnelle. — Il existe encore une division générale des déclarations, d'après laquelle on les considère comme ayant rapport à celui qui les fait ou comme ayant pour but de profiter à un tiers. On désigne, sous le nom de *déclarations pures et simples*, celles de la première classe (Bosquet t. 2 p. 23) et celles de la seconde sous celui de *déclarations au profit d'un tiers;* telles sont les déclarations de command. — V. *Command.*

5880. Tarif. — DROIT DE 3 FRANCS. — La *déclaration pure et simple* a été tarifée à 1 franc par la loi du 22 frimaire an 7 art. 68 § 1er nº 48. — Ce droit a été élevé à 2 francs par l'art. 43 nº 9 L. 28 avril 1816, et à 3 francs par l'art. 4 L. 28 février 1872.

Après la loi de 1816, il était resté encore, mais par exception, des déclarations passibles du droit fixe de 1 franc seulement. Telles étaient celles faites par les rentiers qui ont perdu leurs extraits d'inscription, devant le maire de la commune de leur domicile et en présence de deux témoins attestant leur individualité (Déc. 3 mess. an 12, 237 I. G.); — celles faites par les titulaires en faveur des bailleurs de fonds de leur cautionnement pour leur faire obtenir le privilége de second ordre (V. 2999); — les déclarations, dans une donation, pour tenir lieu, soit de l'état d'effets mobiliers exigé par l'art. 948 C. C., soit de l'état des dettes dont parle l'art. 1084 C. C. (351, 386 nº 19 I. G.). — Ces déclarations ont aujourd'hui été ramenées sous la règle commune par l'art. 8 L. 18 mai 1850, qui tarife tous les actes civils administratifs au droit de 2 francs, aujourd'hui porté à 3 francs (L. 28 fév. 1872 art. 4).

1. DROIT DE 1 FR. 50. — Mais la loi de 1816 n'a tarifé que les déclarations en matière *civile* et de *commerce;* d'un autre côté, l'art. 8 L. 18 mai 1820 ne se rapporte qu'aux actes civils et administratifs : il s'ensuit que les déclarations en matière de police correctionnelle ou criminelle, faites au greffe, restent passibles du simple droit fixe de 1 franc, outre la surtaxe de moitié (L. 28 fév. 1872, art. 4).

5881. Déclaration pure et simple. — Il ne s'agit ici que de la déclaration *pure et simple*. Dès que la déclaration présente le caractère d'une transmission de biens meubles ou immeubles, d'une obligation, d'une libération ou de toute autre convention, elle n'est plus une déclaration *pure et simple*, et le droit proportionnel est exigible, selon la nature du contrat dont la déclaration doit tenir lieu.

5882. Abandonnement. — La déclaration du débiteur (901 C. proc.) est passible du droit de 3 francs, soit qu'elle ait lieu devant le tribunal, soit qu'elle soit faite par huissier. — V. *Abandonnement*.

5883. Affectation hypothécaire. — L'affectation hypothécaire, consentie pour sûreté d'une obligation, en dehors du contrat et par le débiteur, est passible du droit de 3 francs. — V. *Affectation hypothécaire*.

La déclaration par un emprunteur que le bien affecté est déjà hypothéqué pour le service d'une rente et d'une telle somme d'arrérages n'est point une reconnaissance de dette passible du droit de titre sur les intérêts. — V. 1870.

5884. Bail. — La déclaration contenue dans un bail d'industrie de laquelle il résulte que le domestique a remis à son maître un cheval pour être employé et nourri, est passible du droit de 2 francs (3 fr.), comme reconnaissance de dépôt (Vitré 8 mars 1843, 13210-2 J. E.).

5885. Bail à convenant. — La déclaration par le domanier des terres et superficies faisant l'objet du bail est passible du droit de 3 francs. — V. 2946.

5886. Bailleur de fonds. — Les déclarations faites au profit du bailleur de fonds par les titulaires de cautionnement sont sujettes au droit fixe de 3 francs. — V. 2999.

5887. Communauté. — Apports. — La déclaration par deux époux mariés sans contrat des apports de chacun d'eux est passible du droit de 3 francs. — V. *Contrat de mariage*.

5888. Compromis. — Les déclarations qui autorisent le juge de paix à prononcer au delà de sa compétence constituent un compromis et sont passibles du droit de 4 francs. — V. 4743.

5889. Contribution. — Les déclarations des propriétaires qui, pour ne pas payer de contributions, renoncent à leurs propriétés, sont sujettes à l'enregistrement dans les vingt jours, moyennant le droit fixe de 1 franc (3 fr.), à la charge de la commune (D. m. f. 18 août 1812, 4425 J. E., D. N. t. 4 p. 331 n° 12). — V. *Abandonnements divers*.

5890. Courtiers. — La déclaration de propriété ou de commission que les courtiers de commerce doivent faire avant de procéder aux ventes dont ils sont chargés doivent être sur papier timbré et enregistrées au droit fixe de 3 francs (D. m. f. 22 sept. 1812, 602 I. G.).

5891. Défrichement. — Les déclarations de défrichement sont soumises au timbre. — V. 3173.

5892. Détenteurs de biens communaux. — Les déclarations faites par les détenteurs, sans titre, de biens communaux, conformément à l'art. 3 L. 9 ventôse an 12, sont pures et simples et sont sujettes au timbre et à l'enregistrement, dans les vingt jours, moyennant le droit fixe de 3 francs. Le droit est à la charge des déclarants qui sont dans le cas de la maintenue provisoire; à l'égard des déclarations d'après lesquelles les détenteurs devraient être dépossédés, il est juste que le droit soit supporté par la commune, qui seule doit en profiter (D. m. f. 5 mai 1807, 328 I. G.).

5893. Dot. — Les reconnaissances de dot sont soumises à des règles différentes selon qu'elles sont renfermées dans le contrat de mariage ou qu'elles interviennent par acte séparé. Il a été question des premières au mot *Contrat de mariage* n°s 5211 et suiv., et des secondes v° *Obligation* n°s 11961 et suiv.

5894. Écoles publiques. — La déclaration qu'un père de famille fait à la sous-préfecture, dans le délai de trois mois de la naissance de son septième enfant, pour le faire admettre dans un collège ou une école d'arts et métiers, en exécution de la loi du 29 nivôse an 13, fait un titre pour celui qui la souscrit ; elle doit être rédigée sur papier timbré, et elle est enregistrable comme déclaration pure et simple (D. m. f. 15 mai 1807, 328 I. G.). Si elle était rédigée par le sous-préfet, elle serait exempte de l'enregistrement.

5895. Élection. — La déclaration faite devant notaire par un électeur dans le but d'arguer les opérations électorales de nullité doit être enregistrée gratis comme d'intérêt public et ayant trait à la validité de l'élection (16518 J. E.).

La déclaration qui doit précéder une réunion publique est exempte du timbre (D. m. f. 25 mars 1875, 5895 R. P.).

5896. Exécuteur testamentaire. — Rente. — L'acte par lequel un exécuteur testamentaire déclare qu'au jour du décès du testateur il n'était rien dû à ce dernier pour arrérages d'une pension viagère, n'est qu'une déclaration pure et simple et ne peut donner lieu au droit de quittance (3828 J. E.).

5897. Grossesse. — Les déclarations de grossesse faites au greffe ou devant notaire sont exemptes de tout droit, sauf à soumettre les expéditions à la formalité. — V. *Acte judiciaire.*

5898. Hôtel garni. — Il résulte d'une D. m. f. 30 mai 1820 (6737 J. E.) que la déclaration par laquelle une personne qui tient un hôtel garni, en vertu d'une patente, reconnaît que l'établissement et la totalité des meubles qui y sont placés appartiennent au propriétaire de la maison, donne ouverture au droit proportionnel, comme cession ou vente, parce qu'une telle déclaration fait cesser la présomption que le déclarant était propriétaire dudit établissement (D. N. t. 4 p. 331 n° 15). Cette décision ne nous paraît pas fondée ; une pareille déclaration n'est passible que du droit de 3 francs. Il ne peut, en effet, y avoir de vente sans prix et sans le consentement de l'acquéreur.

Nous revenons sur cette question au n° 13318.

5899. Imprimeur. — Les déclarations des imprimeurs et les récépissés qui leur en sont délivrés, en exécution des art. 11 et 12 Déc. 5 février 1810, sur l'imprimerie et la librairie, devaient être sur papier timbré, d'après une D. m. f. 25 juin 1811 (535 I. G.); mais le ministre, considérant que ces déclarations ne sont que de simples avis d'une correspondance administrative et de police, et sous le rapport des encouragements à donner à cette branche d'industrie, a décidé, le 7 janvier 1812, que ces déclarations et récépissés seraient affranchis de la formalité (559 I. G.).

5900. Incendie. — Sont sujettes au droit fixe de 2 francs (3 fr.) les déclarations d'incendie faites devant le juge de paix par les assurés immédiatement après le sinistre, conformément aux décrets et ordonnances qui ont autorisé les compagnies d'assurances (Sol. 26 mai 1843, D. N. t. 4 p. 331 n° 11). En effet, l'art. 43 n° 9 L. 28 avril 1816, en tarifant à ce droit fixe de 2 francs (3 fr.) toutes les déclarations en matière civile et de commerce ne distingue pas entre celles qui ont lieu devant un officier ministériel ou un magistrat (Sol. 22 sept. 1867).

5900 *bis*. Journaux. — La déclaration à faire par les individus qui veulent colporter les journaux est exempte du timbre, mais le récépissé de cette déclaration est sujet au timbre de dimension (D. m. f. 25 mai 1878, 4948 R. P.).

5901. Mariage de militaire. — Les déclarations de la fortune des personnes qui se proposent d'épouser des officiers, faites afin d'obtenir l'autorisation du ministre de la guerre pour le mariage, ne sont passibles que du droit fixe (5765 J. E.).

5902. Marine. — Bois à abattre. — Nous avons dit, n° 3138, qu'une ordonnance du 14 décembre 1838 a supprimé dans les forêts soumises au régime forestier, ainsi que dans les bois des particuliers, le service de la surveillance des fournitures de bois pour le service de la marine, et, n° 3173, que les déclarations que les propriétaires d'arbres épars ou en plein bois étaient tenus de faire avant de les abattre, devaient être sur papier timbré ; nous ajouterons ici que, si ces déclarations pouvaient se représenter, elles seraient exemptes du timbre en vertu d'une D. m. f. 1er octobre 1828 (1265 § 5 I. G.).

5903. Naufrage. — Les déclarations de naufrage doivent être enregistrées dans les vingt jours. — *V.* 4241.

5904. Navire. — Les déclarations d'entrée de navire au port donnent ouverture au droit de 3 francs. — *V.* 3358.

5905. Obligé solidaire. — La déclaration d'un obligé solidaire qui certifie que la somme empruntée a été touchée par lui pour une portion est passible de 3 francs. — *V.* 528.

5906. Pluralité. — Toutes les fois que la déclaration contient plusieurs dispositions indépendantes l'une de l'autre, il est dû un droit particulier pour chacune d'elles, conformément à l'art. 11 L. 22 frimaire an 7.

1. CRÉANCIERS DE L'ÉTAT. — Dans ce sens, il a été reconnu que la déclaration faite par le mandataire de différents créanciers de l'Etat, de la nature de leurs créances, était passible d'autant de droits qu'il y avait de créanciers, attendu que la déclaration relative à chacun d'eux est indépendante de celles relatives aux autres (6290 J. E.).

2. INTÉRÊT UNIQUE. — Mais la déclaration par plusieurs personnes qu'elles ont employé utilement un spécifique et l'autorisation qu'elles donnent à *l'auteur de ce spécifique* de se servir de cette déclaration n'étant donnée que *dans l'intérêt* de cet inventeur n'est passible que d'un seul droit (15209-5 J. E.).

La pluralité des droits fixes n'est pas non plus applicable à une déclaration faite devant notaire et portant que le déclarant a vendu à plusieurs acheteurs désignés, mais non présents, moyennant des prix déterminés divers objets mobiliers détaillés en l'acte. Chacun des acquéreurs a bien un intérêt distinct, mais l'acte ne contient qu'une seule déclaration faite par un seul déclarant et dans son seul intérêt (17915 J. E.).

5907. Quittance. — Subrogation. — Il n'est dû aucun droit particulier sur la déclaration faite dans un acte de quittance, pour opérer subrogation, en vertu de l'art. 1250 C. C., et portant que la somme payée a été prêtée par une personne désignée, suivant un acte passé devant le même notaire (Dél. 26 juin 1830, 7275 J. N., D. N. t. 4 p. 332 n° 29).

5908. Récusation. — La déclaration donnée par le juge de paix en matière de récusation est exempte d'enregistrement. — *V.* 873.

5909. Scellés. — Les déclarations sur le registre spécial tenu au greffe à faire par les juges de paix, relativement aux scellés qu'ils apposent, sont exemptes de tout droit. — *V.* 878.

5910. — Surenchère — Les déclarations de surenchère doivent être passées au greffe; elles sont passibles du droit de 4 fr. 50 cent. — *V.* 1772-3.

5911. Tiers saisi. — Les déclarations faites au greffe par les tiers saisis ne sont assujetties qu'au droit d'enregistrement de 3 francs, par assimilation à celles *pures et simples en matière civile* (D. m. f. 18 av. et 3 sept. 1819, 6499 J. E., 1097 I. G.).

5912. Vente. — La déclaration qu'un objet non désigné dans un acte de vente a néanmoins été vendu ne donne lieu qu'au droit fixe de 3 francs, sauf à requérir l'expertise dans le cas où il y aurait fausse énonciation du prix total de la vente (219 J. E.).

DÉCLARATION DE DETTES.

5913. — La déclaration de dettes a lieu lorsqu'il s'agit de régler les affaires d'une succession ou d'un mineur. — Elle a encore lieu de la part de celui qui fait, par contrat de mariage, donation au futur de ses biens présents et à venir, — de la part d'un commerçant qui cesse ses payements.

1. ENREGISTREMENT. — En général, la déclaration de dettes équivaut à une reconnaissance de sommes. Nous n'en parlons ici que pour mémoire, en nous réservant d'en traiter d'une manière complète dans les articles relatifs à chacun des contrats où ces reconnaissances peuvent se rencontrer.

On trouvera le développement des principes généraux de la matière au mot *Obligation*.

DÉCLARATION DE DOMICILE.

5914. — La déclaration d'établissement et de changement de domicile faite à la mairie, conformément à l'art. 104 C. C., doit être rédigée sur papier timbré, mais elle est exempte de l'enregistrement (D. m. f. 5 mai 1812, 579 I. G.).

Les déclarations de changement de domicile faites aux greffes des tribunaux civils pour la translation du domicile politique, en vertu de l'art. 10 L. 19 avril 1831, relative aux élections des députés, sont soumises, sur la *minute*, au droit de timbre à raison de la dimension du papier employé, au droit d'enregistrement de 3 francs comme déclaration pure et simple, et au droit de greffe de 1 fr. 25 cent. pour la rédaction, et de 1 franc par rôle d'expédition (Sol. 19 sept. 1837, 1562 § 8 I. G.). — *V.* 6437 et suiv.

DÉCLARATION POUR LA PERCEPTION.

5915. — Ces déclarations sont prescrites dans plusieurs circonstances dont nous allons indiquer les principales.

5916. Mutation verbale. — Lorsqu'il y a mutation entre-vifs de propriété ou d'usufruit de biens immeubles, sans qu'un acte soit produit, les nouveaux possesseurs sont tenus de faire, au bureau de l'enregistrement de la situation, une déclaration détaillée et estimative des biens, et d'acquitter le droit proportionnel dans les trois mois de l'entrée en possession, à peine du droit en sus (L. 27 vent. an 9 art. 4).

5917. Mutation de fonds de commerce. — Une déclaration semblable doit être faite en ce qui concerne les mutations verbales de fonds de commerce (L. 28 fév. 1872, art. 8). — V. *Mutation*.

5918. Mutation de jouissance. — Lorsqu'il n'existe pas de convention écrite constatant une mutation de jouissance de biens immeubles, il y est suppléé par des déclarations détaillées et estimatives dans les trois mois de l'entrée en jouissance (L. 23 août 1871 art. 11). — V. *Bail*.

5919. — Mutation par décès. — Les héritiers, donataires ou légataires, sont tenus de passer, dans le délai de six mois, huit mois, une année ou deux années, la déclaration estimative et détaillée des biens meubles ou immeubles à eux échus ou transmis par décès, à peine d'un demi-droit en sus (L. 22 frim. an 7 art. 14 n° 8, 15 n°s 7 et 8, 24 et 39).

5920. Sociétés. — Les sociétés, les compagnies et les établissements publics sont tenus de faire des déclarations au bureau de l'enregistrement pour le payement du droit de timbre et de transmission de leurs titres. — V. *Abonnement*, *Effet de commerce* et *Droit de transmission*.

5921. Mercuriales. — Les parties sont également tenues à des déclarations estimatives, lorsqu'il s'agit d'objets en nature dont le prix ne peut être réglé par les mercuriales (L. 22 frim. an 7 art. 14 n° 9 et art. 15 n° 1er).

5922. Déclaration estimative. — Lorsqu'un acte présenté à la formalité ne renferme pas les éléments suffisants pour établir la perception, l'art. 16 L. 22 frimaire an 7 prescrit aux parties d'y suppléer par une déclaration *certifiée et signée des parties au bas de l'acte ;* d'où la conséquence rigoureuse que le receveur *ne peut* enregistrer l'acte tant qu'il n'a pas obtenu la déclaration des parties.

On ne peut invoquer l'art. 56 même loi qui dispose que les receveurs ne doivent, sous aucun prétexte, différer l'enregistrement des actes; car, l'art. 28 voulant que les droits soient payés avant l'enregistrement, le receveur *doit* refuser (1637 J. N.) cet enregistrement tant que les droits *n'ont pas été consignés*. Or, la liquidation régulière de ces droits ne pouvant être faite alors que la déclaration qui est nécessaire pour l'établir n'a pas été fournie, la consignation préalable à l'enregistrement *ne peut avoir lieu*. Il suit de là que, si l'acte n'a pas été enregistré dans le délai légal, à défaut de déclaration, c'est un fait personnel aux parties et dont elles doivent encourir la responsabilité.

1. DROIT GRADUÉ. — Cette disposition a été étendue à la perception du droit gradué par l'art. 2 L. 28 février 1872 portant : Si les sommes et valeurs ne sont pas déterminées dans l'acte, il y sera suppléé conformément à l'art. 16 L. 22 frimaire an 7.

5923. Quand la déclaration est nécessaire. - Pour déterminer les valeurs, la loi n'a reconnu la déclaration estimative des parties qu'en l'absence de toute autre base ou moyen d'évaluation (Cass. 4 mai 1807, S. 7-2-744; — Cass. 24 avr. 1861, 1488 R. P., S. 61-1-645, 2201-5 I. G.; — Cass. 21 nov. 1854, 2033-5 I. G., 15961 J. E.).

Ces arrêts portent :

Arrêt du 4 mai 1807 : « Vu l'art. 14 n°s 6 et 7 tit. 2 L. 22 frimaire an 7; — Atendu qu'il résulte de ces dispositions, ainsi que de la combinaison de différents autres articles de la loi, que le législateur n'a voulu se référer à la déclaration estimative des parties qu'autant qu'il n'existerait pas d'ailleurs des bases fixes et certaines qui pussent déterminer la perception des droits, et encore, s'il s'agit d'immeubles et si la déclaration estimative paraît inférieure à la valeur, a-t-il autorisé la voie de l'expertise. »

Arrêt du 24 avril 1861 : « Attendu que, pour déterminer les valeurs, la loi de l'an 7 n'a recours à la déclaration estimative des parties qu'en l'absence de toute autre base ou moyen d'évaluation, »

Arrêt du 21 novembre 1854 : « Attendu, en droit, que l'art. 16 L. 22 frimaire an 7 n'est applicable que lorsque les marchés de choses à livrer n'expriment ni la valeur, ni le nombre, ni le prix des objets vendus; que dans ce cas, et la base de la perception manquant absolument, il y a lieu de recourir à une déclaration estimative. »

1. ÉTENDUE DE L'OBLIGATION. — Lorsqu'un acte laisse subsister des doutes sur l'étendue de l'obligation sujette au droit, l'Administration est autorisée à exiger une déclaration estimative des parties (Cass. 31 août 1858, I. G. 2137 § 8).

5924. Sommes déterminées. — Les évaluations ne sont donc autorisées que pour les sommes et valeurs non déterminées, elles ne peuvent se substituer arbitrairement au prix exprimé et changer la base légale de la perception (Cass. 2 janv. 1872, 3382 R. P., 2434-5 I. G., S. 72-1-40, D. 72-1-89, P. 72-63).

5925. Cas divers. — Il est impossible d'indiquer ici tous les cas dans lesquels la déclaration estimative est nécessaire, nous rappelons seulement ici à titre d'exemples les hypothèses qui se sont le plus fréquemment présentées.

1. CHARGES NON ÉVALUÉES. — La déclaration est nécessaire au sujet d'actes de vente dans lesquels sont imposées aux acquéreurs des charges, non évaluées et susceptibles d'être ajoutées aux prix. Les charges doivent être évaluées (Rennes 12 avr. 1838, 12048 J. E.; — Vic 23 août 1838, 10171 J. N., 12136 J. E.; — Cass. 26 mai 1807 et 3 oct. 1810, 2628 et 3736 J. E., S. 7-293, 20-1-500; — Cass. 21 juin 1869, 2938 R. P., 2393-3 I. G., S. 69-1-387).

2. QUITTANCES POUR SOLDE. — Un acte de quittance, pour solde de travaux, contenait libération, indépendamment de la somme payée, de toute autre chose pouvant être due jusqu'au jour de l'acte. Il y a lieu d'exiger la déclaration de la valeur de l'obligation que représentait l'expression *de toute autre chose* (Charleville 30 déc. 1836, 11992 J. E.).

3. OUVERTURE DE CRÉDIT. — Quand il est constaté qu'un crédit est réalisé pour partie, il y a lieu de faire déclarer la partie pour laquelle la réalisation a lieu (Reims 23 nov. 1842, 13142 J. E., 10171 J. N., 11156 J. N., D. N. t. 1er p. 377 n° 577). — V. *Crédit*.

4. DONATION DE BIENS PRÉSENTS ET A VENIR. — De même, au sujet d'un contrat de mariage contenant donation de biens présents et à venir, avec faculté au donataire de disposer de la nue-propriété des biens présents qui n'avaient pas été évalués dans l'acte, il y a lieu de former cette évaluation (Bayonne 23 nov. 1842, 13405 J. E., 11890 J. N.).

5. DROITS SUCCESSIFS. — Dans une cession de droits successifs, les parties sont tenues d'évaluer le passif qui tombe de droit à la charge du cessionnaire. — V. *Droits successifs*.

5926. Refus d'évaluation. — Si l'on refuse l'évaluation, le receveur doit refuser d'enregistrer l'acte, et le double droit est alors régulièrement encouru à l'expiration du délai légal.

5927. Parties contractantes. — En principe, la déclaration doit être souscrite par l'une des parties que l'acte ou la convention intéresse (Charleville 30 déc. 1836; — Rennes 11 avr. 1838; — Vic 23 août 1838, 10171 J. N.) ou, bien entendu, par leur mandataire.

5928. Notaire. — La question s'est élevée, à cet égard, de savoir si le notaire peut suppléer le défaut d'évaluation de la part des parties.

On a émis l'opinion que le notaire n'a pas qualité pour souscrire, en son nom, à la marge de son acte, une déclaration nécessaire à l'établissement de la perception; mais que, s'il se porte fort des parties, sa déclaration doit être admise, car alors, au cas d'insuffisance de cette déclaration (dans une vente d'immeubles, par exemple), l'Administration a tout recours contre lui pour le payement des droits en sus, si les parties attaquées en expertise, refusant d'admettre l'exactitude de la déclaration, font une déclaration supérieure en estimation, sur laquelle elles payent le droit simple (13813-3 et 15350 J. E.).

Nous croyons que c'est une erreur.

« On ne peut méconnaître, porte un arrêt de la C. cass. du 15 novembre 1820, que le notaire requis par deux parties de rapporter un ou plusieurs actes dans leur intérêt respectif, de les faire enregistrer, d'en conserver minute, etc., ne soit un véritable mandataire pour les choses qu'il est chargé de faire » (*Conf.* : Vitré 23 août 1838, 10171 J. N., 12136 J. E.).

Si le notaire est le mandataire forcé des parties pour l'enregistrement de l'acte et le payement des droits, il a nécessairement le droit, dans toute hypothèse, de faire l'évaluation que l'art. 16 L. 22 frimaire an 7 exige des parties (D. N. t. 4 p. 364 n° 16 et t. 13 p. 421 n° 514, Bastiné n° 125, Champ. et Rig. n° 3267).

Mais il faut admettre, par contre, que cette évaluation est opposable aux parties, par exemple, en cas de transmission par décès des immeubles loués par un bail courant dont le prix a été évalué par le notaire.

2. AVOUÉ. — Dans le même ordre d'idées, il a été reconnu qu'un avoué qui a occupé dans une cause où est intervenu un jugement ou un arrêt prononçant des dommages à régler par état, peut, sans un pouvoir spécial, faire la déclaration estimative des dommages pour l'assiette du droit (Aix 18 avr. 1838, 1562 § 11 I. G., D. N. t. 4 p. 364 n° 15. — V. Lourdes 20 juill. 1875, 4276 R. P.; — *Contrà* : Avesnes 19 fév. 1875, 4191 R. P.).

Jugé cependant que l'avoué n'a pas qualité pour évaluer les charges à ajouter au prix indiqué dans un jugement portant vente sur transaction entre parties (Bourgoin, 27 nov. 1877).

5929. Évaluation excessive. — Lorsqu'un acte renferme une évaluation qui permet de liquider et de percevoir exactement le droit proportionnel, les parties ne peuvent être admises à faire une déclaration estimative inférieure à cette évaluation (Cass. 26 nov. 1822, 7396 J. E., *P. chr.* 570. V. *Vente d'immeubles*) ni revenir sur une déclaration qu'elles prétendraient excessive et erronée (Nancy 11 juin 1829. V. 8444; — Le Havre 16 janv. 1837, D. N. t. 4 p. 365 n° 22 (Bagnères 27 janv. 1868, 2665 R. P.). — V. *Acte administratif* n° 402 et *Restitution* n° 14501.

Mais le notaire qui a fait l'évaluation excessive peut être rendu responsable des droits payés en trop, si cette évaluation est le résultat d'une précipitation ou d'une faute (Cass. 10 juill. 1871).

5930. Évaluation d'office. — Les tribunaux ont quelquefois autorisé l'Administration à suppléer au défaut des déclarations estimatives par une évaluation faite d'office d'après les faits et circonstances de la cause. Ainsi le tribunal de Péronne a jugé, le 9 décembre 1842 (13147-1 J. E.), qu'au cas de refus des parties ou du notaire de faire la déclaration, le receveur pouvait y suppléer par le rapprochement des stipulations du contrat et que la perception ainsi faite était régulière jusqu'à ce que les parties aient fourni les moyens de la rectifier.

La chambre civile a confirmé cette jurisprudence, en reconnaissant, en thèse générale, que l'exécution d'une contrainte décernée d'après des évaluations d'office peut être ordonnée régulièrement par les juges, pourvu qu'ils réservent au débiteur le droit de faire ultérieurement les justifications nécessaires à l'établissement du droit (Cass. 18 janv. 1871, 3215 R. P., 2421-5 I. G., Bull. 5, S. 71-1-84, D. 71-1-18).

Décidé, de même, que, si une police d'assurances produite en cours d'instance n'est pas représentée, l'Administration a le droit de chercher dans les documents de la cause les indications nécessaires pour établir, avec l'importance des primes, la base de la perception, et le tribunal peut condamner les parties au payement des droits ainsi liquidés sous réserve de la représentation de l'acte dans un certain délai (Seine 8 avr. 1865, 2118 R. P.).

Nous croyons qu'il est plus prudent et plus régulier d'exiger la déclaration des parties (V. Arbois, 24 mai 1877, 4783 R. P.).

1. ACTE NON ENREGISTRÉ. — CONTRAINTE. — Si l'acte pour l'enregistrement duquel la déclaration est nécessaire doit être présenté à la formalité dans le délai légal et que ce délai soit expiré, l'Administration a le droit alors de faire d'office et provisoirement dans sa contrainte l'évaluation que les parties ont refusée (*V.* not. Seine 18 fév. 1865, 2099 R. P., 21 déc. 1867, 3337 R. P.).

Lorsqu'il s'agit de droit de mutation par décès, cette évaluation ne saurait être critiquée par les parties tant qu'elles n'ont pas souscrit sur le registre la déclaration prescrite. — V. *Succession* n°s 16261, 13301.

De même, quand le droit doit être liquidé sur un acte à produire par les parties, cette production est nécessaire pour contester les évaluations provisoires de la contrainte.

« Attendu, porte un arrêt de cass. du 28 mars 1859, que les actes privés dont s'agit n'étant pas représentés à l'administration de l'Enregistrement, il lui appartenait de contraindre les parties et le notaire à les produire, et, dans le cas de refus, d'évaluer elle-même le montant de la somme à payer pour droit d'enregistrement, sauf augmentation ou diminution, lors de la présentation desdits actes ; que ce droit de la Régie résulte de celui que lui donne la loi d'obliger les parties et le notaire à soumettre à l'enregistrement les actes sous signature privée dont il a été fait usage dans un acte authentique; que si, en l'absence de toute preuve et sous le prétexte qu'elles sont dans l'impossibilité de produire les actes sous signature privée dont il a été fait usage dans un acte public, les parties pouvaient se soustraire au payement des droits d'enregistrement, il serait toujours facile aux redevables d'éluder le payement de l'impôt » (1220 R. P., S. 59-1-945, 2160-1 I. G.).

Cette jurisprudence a été maintes fois appliquée (Seine 27 juin 1868, 2769 R. P., 18540 J. E., 14199 C.; — Cass. 5 déc. 1866, 2391 R. P., 2356-4 I. G., S. 67-1-87, D. 67-1-127, P. 67-177; — Seine 16 mai 1868 confirmé en cass. 29 déc. 1869, 3063 R. P.;— Lyon 15 janv. 1782, 3471 R. P.; — Rouen 26 déc. 1869, 3356 R. P.). — *V.* aussi 2142, 2213 et 3337 R. P. ; — Anvers 10 juill. 1873, 4034 R. P.

Déclaration. — Si le contribuable a été condamné à faire enregistrer l'acte dont l'existence est constatée (cession de fonds de commerce), il ne peut échapper à cette obligation en offrant de souscrire une déclaration de mutation verbale (Rouen, 28 fév. 1878).

2. EXPERTISE. — En tous cas, il n'appartient pas au tribunal de dispenser les parties de la déclaration, en ordonnant d'office, par exemple, que les évaluations nécessaires à la perception seront déterminées par des experts qu'il désigne (Cass. 21 juin 1869, 2938 R. P., 2393-3 I. G., S. 69-1-387,

D. 69-1-474, P. 69-949). — Ce principe a été consacré, dans les termes suivants, par un autre arrêt de cass. 24 juillet 1810 : « Vu les art. 16 et 28 L. 22 frimaire an 7 ; attendu qu'il résulte de ces articles qu'il est interdit aux tribunaux de prendre l'initiative pour la liquidation des droits d'enregistrement ; que, lorsque les sommes ou valeurs sont indéterminées, les parties sont obligées de faire elles-mêmes une déclaration affirmative, certifiée et signée ; enfin, que le payement des droits d'enregistrement ne peut être atténué ni différé sous le prétexte de contestation sur la quotité, sauf à se pourvoir en restitution, s'il y a lieu ; d'où il suit que le tribunal civil de Verdun, en déterminant d'office le prix de l'immeuble dont la mutation donnait ouverture au droit proportionnel, a commis un excès de pouvoir et contrevenu aux art. 16 et 28 L. 22 frimaire an 7. »

3. OPTION. — Il n'appartiendrait pas non plus au tribunal de dispenser le débiteur de la déclaration, en lui réservant d'office la faculté de ne pas la faire s'il préfère payer une somme fixée par le jugement (Cass. 30 oct. 1809) : « Attendu, porte cet arrêt, que la loi impose d'une manière absolue l'obligation de fournir une déclaration détaillée ; que le jugement attaqué, loin de soumettre le défendeur à l'obligation de faire cette déclaration, lui donne, au contraire, l'option et la faculté de ne pas la faire, s'il veut payer une somme de 400 francs, ce qui est une contravention à la loi, et contravention d'autant plus préjudiciable au fisc, que le jugement ne réserve pas à la Régie, ainsi qu'elle y avait implicitement conclu, le droit de décerner une nouvelle contrainte en augmentation de la première, seul moyen qu'elle ait d'obtenir du contribuable le payement de tout ce qu'il doit. »

5931. Supplément de droit. — Si la déclaration de l'art. 16 n'a pas été faite au moment de l'enregistrement, l'Administration peut l'exiger par voie de contrainte, tant que l'irrégularité de la liquidation n'est pas couverte par la prescription : « Attendu, porte un arrêt de cass. du 20 mai 1863, que, si la déclaration n'a pas été exigée, comme elle aurait pu l'être quand le traité a été soumis à la formalité de l'enregistrement, il ne s'ensuit pas qu'elle n'ait pu l'être ultérieurement pour la fixation d'un droit proportionnel exigible et non prescrit ; qu'aucune déchéance, en effet, n'a été, pour une semblable hypothèse, prononcée par la loi contre l'administration de l'Enregistrement » (1811 R. P., 17739 J. N., S. 63-1-316, 2274-4 I. G.; — *Conf.* : Cass. 4 mars 1823, *P. chr.* 585). — *V.* 397.

1. ABANDONNEMENT. — Si la valeur des biens cédés aux créanciers est fixée par une déclaration provisoire dont le chiffre est inférieur à la détermination définitive, le droit supplémentaire est exigible. — V. *Abandonnement.*

DÉCLARATION DE SURENCHÈRE.

5932. — Les déclarations de surenchère de coupes de bois de l'État sont sujettes à l'enregistrement comme complément de l'adjudication. — Les droits de timbre du registre des déclarations de surenchère sont avancés par le secrétaire chargé de recevoir ces déclarations, qui en est remboursé par l'adjudicataire, en même temps que des droits de timbre et d'enregistrement concernant l'adjudication (D. m. f. 1er mai 1828, 1251 § 2 I. G.). — V. *Adjudication.*

DÉCLINATOIRE.

5933. — Exception par laquelle une partie, assignée devant un juge, demande, pour cause d'incompétence, son renvoi devant un autre juge (168 C. proc.).

5934. Incompétence relative ou absolue. — L'incompétence du juge est relative ou absolue.

1. RELATIVE. — L'incompétence relative est celle qui résulte du domicile du défendeur ou de la situation de l'objet litigieux. Comme elle n'est établie qu'en faveur du défendeur, il a le droit d'y renoncer et il est censé le faire lorsqu'il ne propose pas le déclinatoire préalablement à toutes autres exceptions et défenses (169 C. proc.).

2. ABSOLUE. — Il y a incompétence absolue, *ratione materiæ*, lorsque l'action est intentée devant un juge d'exception sur quelque matière qui ne lui est pas attribuée, ou lorsque la demande est portée devant un juge ordinaire, sur une matière que la loi a formellement distraite de sa juridiction. Cette incompétence, étant d'ordre public, ne peut être couverte par le consentement tacite ou exprès des parties. On peut la proposer en tout état de cause, et, si le renvoi n'est pas demandé, le tribunal est tenu de renvoyer d'office devant qui de droit (170 et 424 C. proc.).

5935. Tribunal saisi. — Le défendeur qui a un déclinatoire à proposer ne peut s'adresser au tribunal auquel il prétend qu'appartient la connaissance de l'affaire, pour en provoquer l'évocation. Il est tenu de comparaître devant le tribunal où il est assigné, parce que ce tribunal est seul compétent pour décider s'il y a lieu d'accorder ou de refuser le renvoi demandé (Cass. 7 juin 1810).

5936. Jugement par défaut. — Un jugement par défaut ne fait point obstacle à ce que le déclinatoire soit proposé plus tard ; mais, en formant opposition, le défaillant doit présenter son exception avant tous autres moyens de défense.

Si, après avoir laissé passer le délai de l'opposition, le défaillant se pourvoit par appel, l'exception déclinatoire lui est encore ouverte, parce qu'étant dispensé de déduire ses moyens au fond dans l'acte d'appel, ainsi que l'ont jugé deux arrêts de cass. des 4 décembre 1809 et 1er mars 1810, il se trouve devant le tribunal d'appel dans un état qui précède toute proposition d'exceptions et de défenses, en sorte que sa demande en renvoi est opposée *in limine litis* (Favard de Langlade v° *Exception* § 2 n° 5).

5937. Enregistrement. — Les jugements qui prononcent sur le déclinatoire sont assujettis, savoir :

Ceux des juges de paix et des tribunaux jugeant en matière correctionnelle, au droit de 1 fr. 50 cent. (L. 22 frim. an 7 art. 68 § 1er nos 46 et 48, L. 28 fév. 1872 art. 4).

Ceux des tribunaux de première instance en matière civile ou de commerce, au droit de 3 francs (même art. § 3 n° 7), élevé à 5 francs par l'art. 45 n° 5 de la loi du 28 avr. 1816 et à 7 fr. 50 cent. par l'art. 4 de la loi du 28 fév. 1872.

Ceux rendus par les cours d'appel sont assujettis au droit de 15 francs (L. 22 frim. an 7, art. 46; L. 28 fév. 1872, art. 4).

Comme la loi de 1816 (art. 44 n° 10 et 45 n° 6) renvoie au n° 7 de l'art. 68 § 3 L. 22 frimaire an 7, et que ce n° 7 désigne nommément le déclinatoire, il s'ensuit que le droit de 4 fr. 50 cent. ou de 7 fr. 50 cent. est le seul exigible, lors même que le jugement ou l'arrêt qui prononce sur le déclinatoire serait considéré comme définitif.

DÉCOMPTE.

5938. — Liquidation établissant le montant des sommes payées successivement pour solder le prix d'acquisition de domaines nationaux, en capital et intérêts.

Les directeurs des domaines rédigent les décomptes de l'espèce et les soumettent à l'approbation de l'Administration; ils en délivrent une expédition à l'acquéreur en mettant au bas le quitus définitif. Ces décomptes valident les quittances partielles des receveurs et sont nécessaires aux acquéreurs pour justifier qu'ils sont propriétaires incommutables.

5939. Timbre. — Ils sont assujettis au timbre par l'art. 12 L. 13 brumaire an 7, comme pouvant faire titre et être produits en justice (Déc. 23 juill. 1807). Les directeurs ne doivent les remettre aux acquéreurs qu'après les avoir fait timbrer à l'extraordinaire, suivant la dimension du papier (332 I. G.).

1. QUITUS. — Le quitus à remettre aux acquéreurs des forêts domaniales, devant faire titre à l'acquéreur, est sujet au timbre d'apès l'I. G. 332 (Sol. 22 sept. 1831, 10321 J. E.).

5940. Enregistrement. — Ils sont exempts de la formalité de l'enregistrement, en vertu des art. 78 et 80 L. 15 mai 1818 (4452 J. E.).

DÉCONFITURE.

5941. — État d'insolvabilité d'un individu non-commerçant.

5942. A quoi reconnaît-on la déconfiture? — Le C. C. est muet sur ce point. — L'art. 180 de la coutume de Paris nous apprend qu'il y a *déconfiture* quand les biens du débiteur, tant meubles qu'immeubles, ne suffisent pas aux créanciers apparents. L'art. 165 de l'ordonnance de 1629 admettait cette définition pour tout le royaume, sauf quelques exceptions. Suivant Ferrière *Dictionn. de droit*, il faut, pour qu'il soit constant qu'un homme est déconfit et insolvable, que tous ses biens, tant meubles qu'immeubles, aient été saisis et vendus publiquement et que le prix n'en soit pas suffisant pour satisfaire ses créanciers saisissants ou opposants (5586 J. N.). Telle est la règle qui a été admise par la C. cass., le 21 mars 1822, dans un arrêt ainsi conçu : « Attendu que l'état de déconfiture ne résulte pas uniquement d'un procès-verbal de carence des meubles d'un débiteur, mais de la preuve de son insolvabilité, *après la discussion de tous ses biens, tant meubles qu'immeubles.* »

5943. Distinction entre la faillite et la déconfiture. — La déconfiture a bien quelque analogie avec la faillite, mais elle en diffère sous des rapports essentiels. D'abord la faillite ne s'applique qu'au commerçant de profession; la déconfiture, au contraire, est le fait d'un particulier non-commerçant; ensuite la faillite ne suppose pas toujours l'insolvabilité, tandis que l'insolvabilité est ce qui caractérise la déconfiture.

De ces différences entre la déconfiture et la faillite, il résulte que les règles de l'une ne sont pas applicables à l'autre. La faillite a reçu une organisation particulière de la loi commerciale. La loi civile a laissé la déconfiture dans le droit commun (Pardessus *Cours de droit comm.* tit. 5 ch. 2, Toullier t. 7 n° 254).

5944. Conséquences de la déconfiture. — De ce que la loi civile a laissé la déconfiture dans le droit commun, il résulte que cet état ne prive pas le débiteur de l'Administration de ses biens, qu'il peut par conséquent les vendre ou les grever d'hypothèques. Ses créanciers ne forment point une masse ayant des mandataires spéciaux: chacun doit poursuivre individuellement par voie de saisie ou d'expropriation. — Il suit encore de là que les dispositions du C. com., relatives aux concordats, ne concernent point le débiteur en déconfiture et que les discussions entre lui et ses créanciers sont du ressort de la juridiction civile, à moins qu'elles n'aient pour objet des engagements commerciaux dont la connaissance serait dévolue à la juridiction consulaire.

1. ENREGISTREMENT. — Il résulte encore de là que les règles de perception spéciales à la faillite ne sont point applicables à la déconfiture et que tous les actes qui interviennent entre le débiteur déconfit et ses créanciers restent assujettis aux principes communs en matière de perception.

DÉDIT.

5945. — Refus de tenir une promesse, rétractation que l'on fait d'une parole ou d'une obligation. En jurisprudence, on entend par *dédit* la peine stipulée dans un acte contre celui des contractants qui ne voudra pas l'exécuter.

5946. Distinction entre le dédit et la clause pénale. — Il y a cette différence entre le dédit et la *clause pénale* ajoutée à une obligation, que la stipulation de dédit forme seule une obligation principale, tandis que la clause pénale ne forme qu'une obligation accessoire. En effet, l'objet de la clause pénale est toujours d'assurer l'exécution d'une première obligation; elle ne peut exister sans cette obligation; elle suppose nécessairement deux promesses et deux stipulations (1126 et 1127 C. C.). Au contraire, le dédit stipulé n'a pour but d'assurer l'exécution d'aucune obligation principale; il forme lui-même la seule obligation du contrat.

1. EXEMPLES. — Pierre promet à Paul de supprimer une servitude d'égout établie sur son héritage, avec la clause que si, dans six mois, cette suppression n'a pas eu lieu, Pierre payera 100 francs à Paul. Voilà une *clause pénale*, parce qu'il y a réellement dans cette formule deux promesses distinctes: la première, de supprimer la servitude; la seconde, de payer 100 francs; celle-là principale est pure et simple, celle-ci secondaire et conditionnelle.

Pierre stipule, dans un acte, que, s'il ne supprime pas une servitude d'égout qui nuit à Paul, il lui donnera 100 francs. Voilà un *dédit*, parce qu'il n'y a là qu'une obligation, celle de donner 100 francs, Paul ne pouvant, en effet, contraindre Pierre à supprimer la servitude, mais seulement à payer l'indemnité pénale, dans le cas où Pierre ne ferait pas cette suppression.

5947. Arrhes. — Un exemple fréquent de la convention de dédit, c'est la dation d'arrhes pour assurer la conclusion d'un marché projeté (Favard de Langlade v° *Dédit*). R. P.).

5948. Enregistrement. — Si le dédit est stipulé dans l'acte contenant les conventions qui y donnaient lieu, il n'est dû pour cette stipulation aucun droit particulier, attendu qu'elle forme une condition accessoire et dépendante des conventions principales. Mais, lorsque le dédit est stipulé dans un acte postérieur, il est passible d'un droit fixe de 3 francs, s'il est indéterminé et non susceptible d'estimation (L. 22 frim. an 7 art. 68 § 1er n° 37, L. 28 fév. 1872 art. 4), et du droit de 50 pour 100, s'il est déterminé et susceptible d'estimation. (Même loi art. 69 § 2 n° 8, D. N. t. 4 p. 389 n° 9).

1. JUGEMENT. — VENTE. — Le jugement qui condamne l'acquéreur d'un immeuble à payer un dédit faute de passer contrat n'est pas assujetti au droit de vente : « Attendu, porte un arrêt de cass. du 19 mars 1839 (12277 J. E.), qu'il résulte des faits constatés par le jugement attaqué qu'il n'a existé entre les parties qu'un projet de vente; que ce projet devait être réalisé du commun accord des parties; que, par le refus de consentement de la part de l'une ou de l'autre des parties, elles peuvent se délier de leur obligation en payant le montant du dédit stipulé. » — V. *Vente d'immeubles*.

DÉFAUT (JUGEMENT PAR)

5949. — Qui prononce qu'une partie n'a point comparu, qui adjuge à celle qui s'est présentée les conclusions qu'elle a prises, si elles paraissent fondées. — Nous donnerons au mot *Jugement* tous les développements que comporte cette matière.

DÉFENDS-DÉFENSABLE.

5950. — Termes usités en matières de bois et forêts pour exprimer, l'un, que les bois ne peuvent résister aux dégâts des bestiaux et qu'il est défendu de les y introduire; l'autre, que les arbres sont assez forts et assez élevés pour n'avoir rien à craindre de la dent des bestiaux (C. for. 71, 77 et 119). — V. *Bois*.

DÉFENSE DE CONSTRUIRE.

5951. — La défense de construire est une modification au droit de propriété. Elle résulte : 1° de la prohibition de bâtir prononcée par la loi dans certains cas; — 2° des empêchements provenant du voisin ou des règles et servitudes du voisinage.

5952. Moulin. — Usine. — Certaines constructions sur le bord des rivières navigables ou non navigables ne peuvent avoir lieu qu'avec l'assentiment de l'autorité administrative.

5953. Salubrité publique. — Sous le rapport de la salubrité publique, si les constructions d'établissements dangereux, incommodes ou insalubres ne sont pas défendues, elles ne peuvent du moins avoir lieu au gré des particuliers qui, à cet égard, sont soumis à des règles spéciales.

5954. Bois et forêts. — Le voisinage des bois et forêts donne également lieu à des prohibitions qui font l'objet des art. 151 et suiv. C. for.

5955. Places de guerre. — Il ne peut être bâti aucune maison ni clôture de construction quelconque dans l'étendue d'une certaine zone autour des places de guerre de toutes les classes et des ports militaires (Ord. 1er août 1821, pour l'exécution de la loi du 17 juill. 1819).

5956. Cimetière. — Aucune habitation ne peut être élevée, aucun puits ne peut être creusé qu'à une certaine distance des cimetières, sans autorisation de l'Administration (Déc. 7 mars 1808).

5957. Alignement. — Il est également défendu de construire sur le bord des chemins, rues et places publiques sans avoir obtenu l'alignement nécessaire de l'autorité administrative.

DÉFENSE DEVANT LES TRIBUNAUX.

5958. — Chacun a le droit de se défendre lui-même devant les tribunaux, mais assisté d'un avoué. On ne peut pas se faire défendre par un simple mandataire, attendu que la loi du 22 ventôse an 12 et le décret du 14 décembre 1810 accordent *exclusivement* aux avocats, ou aux avoués à leur défaut, le droit de plaider devant les tribunaux (Carré sur l'art. 85 C. proc.).

5959. Justice de paix. — Il y a exception quant à la défense devant le juge de paix; elle peut s'y faire par un mandataire ordinaire (9 C. proc.).

5960. Tribunal de commerce. — Le ministère des avoués est interdit devant les tribunaux de commerce (414 C. proc.). Nul ne peut y plaider pour autrui, sans être muni d'un pouvoir spécial (627 C. com.). Il existe auprès des tribunaux de commerce des particuliers qui, sous le nom d'*agréés*, sont présentés par le choix du tribunal à la confiance des justiciables, mais ces agréés n'ont aucun caractère public.

5961. Absents. — Mineurs. — Incapables. — La loi a pourvu à la défense des absents, des mineurs, des femmes, en ordonnant la communication de leurs causes au ministère public (83 C. proc.).

DÉFENSEUR.

5962. — C'est celui qui se charge de défendre une cause devant les tribunaux.

Ce titre s'applique aux avocats et aux avoués. Avant les lois qui rétablirent ces deux fonctions, les parties faisaient suivre leurs procès et soutenir leurs moyens par des *défenseurs* dits *officieux*. On ne tarda pas à reconnaître les inconvénients d'un pareil mode de procéder devant les tribunaux; aussi ne dura-t-il qu'un certain nombre d'années.

DÉFRICHEMENT.

5963. — C'est l'action de mettre en valeur un terrain inculte ou de convertir un bois en terre labourable.

5964. Enregistrement. — Les actes et mutations concernant les terrains incultes et défrichés ne jouissent pas, comme autrefois, de l'affranchissement des droits. L'exemption accordée par les lois des 1er décembre 1790 et 3 frimaire an 7 ne concerne que la contribution foncière (Cass. 2 avr. 1806, 2341 J. E.).

5965. Bois des particuliers. — L'avis donné par l'inspecteur, à la partie, du jour où il procédera à la reconnaissance des terrains à défricher, ainsi que le *procès-verbal de reconnaissance* dressé par lui sont exempts du timbre et de l'enregistrement en vertu de l'art. 80 L. 15 mai 1818 qui affranchit de ces formalités les actes administratifs non dénommés dans l'art. 78 de la même loi.

La *notification à la partie du procès-verbal de reconnaissance*, ainsi que *l'opposition au défrichement* signifiée à celle-ci s'il est reconnu que les bois ne sont pas à défricher, étant d'intérêt public, doivent être visées et enregistrées gratis (D. m. f 28 déc. 1859, 1321 R. P., 2167 § 1er I. G.).

5966. Déclaration. — Les déclarations de défrichement en matière forestière sont exemptes de timbre et d'enregistrement, mais celles concernant les marais et les terres vagues et vaines doivent être sur timbre, quoique exemptes d'enregistrement. — V. 3173.

DÉGUERPISSEMENT.

5967. — C'est l'abandon que fait le détenteur d'un immeuble grevé de rente foncière pour se soustraire à cette charge.

5968. Effet du déguerpissement. — Sous l'ancienne législation, dit Toullier t. 3 n° 351, l'obligation à la prestation des rentes foncières, c'est-à-dire des rentes créées pour prix du transport d'un héritage, était regardée comme purement réelle. La rente était un droit réel retenu sur l'héritage, et le preneur était censé ne contracter l'obligation de la payer qu'autant qu'il la posséderait. Il pouvait donc se libérer de cette obligation par l'abdication ou par l'abandon du fonds (V. Pothier *du Bail à rente* n° 123, Merlin *Répert.* v° *Déguerpissement*).

Aujourd'hui la nature de ces rentes est totalement changée. Dans l'ancienne jurisprudence, elles étaient des droits réels, des délibérations de la propriété; et, comme personne ne peut être forcé de vendre son bien, il était de leur essence de n'être pas rachetables ; tellement que si la faculté de les racheter était stipulée dans le contrat de bail à rente, cette faculté se prescrivait par trente ans. Mais le Code les déclare meubles et essentiellement rachetables, sans qu'on puisse stipuler le contraire (Art. 529 et 530). Il résulte de là qu'elles n'affectent plus le fonds que par hypothèque ou privilége. L'obligation de les payer n'est donc plus purement réelle dans la personne du preneur ou de ses héritiers, qui ne peuvent plus se libérer autrement que par le rachat, et non par l'aliénation ou par l'abandon du fonds ; à moins que cette libération ne fût stipulée dans le contrat et qu'il n'y fût exprimé que le preneur ne sera assujetti au payement de la rente que pendant qu'il possédera l'héritage (Toullier t. 3 n° 352, Grenier *des Hypothèques* n° 351, Troplong *ibid.* n° 786).

A l'égard des rentes foncières créées antérieurement à la promulgation du Code, quoique aujourd'hui meubles et rachetables, le débiteur ou ses héritiers peuvent encore s'en libérer par le déguerpissement ou abandon du fonds, parce que les dispositions du Code ne peuvent avoir d'effet rétroactif. Le Code n'a pas voulu rendre la condition du preneur plus onéreuse ; il a, au contraire, voulu la faire meilleure, en rendant mobilière une rente qui était immobilière de sa nature, en lui permettant de la racheter, quoiqu'elle ne fût pas rachetable dans son origine (Toullier t. 3 n° 353 et 6 n° 174).

5969. Distinction entre le déguerpissement et la cession de biens. — Il ne faut pas confondre avec l'abdication de la propriété, la cession de biens qu'un débiteur fait à ses créanciers, soit en justice, soit par une transaction. Il ne perd pas la propriété des choses comprises dans la cession, jusqu'à ce que, en vertu de l'abandon qui leur est fait, ces choses aient été vendues par les créanciers. Cet abandon n'est autre chose qu'un pouvoir qu'il leur donne de vendre ses biens pour se payer de leurs créances, tant sur les revenus que sur le prix. — Il n'est libéré de ses dettes que jusqu'à concurrence du prix de la vente; il reste débiteur du surplus. Seulement si ce prix excède le montant de ses dettes, l'excédant lui appartient. — V. *Abandonnement.*

Au contraire, le déguerpissement contient une abdication pure, simple et absolue du droit de propriété, notifiée à celui qui avait transporté l'héritage pour prix d'une rente foncière. Celui qui déguerpit cesse donc d'être propriétaire aussitôt que le déguerpissement a été fait en règle, quoiqu'il ne soit pas encore accepté.

5970. Distinction entre le délaissement par hypothèque et le déguerpissement. — Le délaissement par hypothèque ne fait point passer au créancier, à qui il est fait, la propriété de l'héritage délaissé. Le délaissant conserve la propriété jusqu'à la vente de l'héritage; et si le prix excède les créances hypothéquées, l'excédant doit lui revenir, parce qu'il n'a point fait l'abandon ou délaissement dans le dessein d'abdiquer la propriété purement et simplement, mais uniquement pour se dispenser de payer des sommes auxquelles il n'était pas personnellement obligé.

5971. Droit de rétrocession. — Le déguerpissement entraînant nécessairement la résolution du contrat par lequel le bailleur avait transporté la propriété de l'héritage, il en résulte que le déguerpissement volontaire, accepté par le propriétaire, opère une rétrocession sujette aux mêmes droits que les ventes d'immeubles.

1. ACCEPTATION. — Néanmoins le déguerpissement ne transférant point par lui-même la propriété, il peut être révoqué jusqu'à l'acceptation. D'où la conséquence que, jusqu'à l'acceptation du bailleur, il ne peut être considéré que comme une simple déclaration passible du droit fixe de 3 francs ; le droit proportionnel ne devient exigible que sur l'acte d'acceptation, ou sur la preuve acquise de la mise en possession du créancier (Roll. de Vill. V. *Déguerpissement* n° 30, D. E. *ibid.* n° 1er, D. N. t. 4 p. 406 n° 23).

5972. Déguerpissement verbal. — Jugé, dans ce sens, que le droit d'enregistrement est exigible sur le déguerpissement d'un héritage pris à *location perpétuelle*, quoiqu'il n'existe pas d'abandon *écrit* de la part du preneur : il suffit que la rentrée en possession du bailleur soit prouvée (Cass. 30 mars 1808, 3072 J. E.).

5973. Jugement. — Le droit de vente est également exigible sur les jugements portant renvoi en possession de biens immeubles, faute du payement des rentes et autres charges dont ils sont grevés. On ne peut, dans ce cas, suspendre la perception jusqu'à l'époque de la prise de possession réelle de l'immeuble, attendu que le jugement forme le titre de transmission de la propriété et que l'acte de prise de possession n'en est que l'exécution (D. m. f. 6 pluv. an 13 ; — Cass. 24 therm. an 13 et 26 frim. an 14, 1960, 2174, 2260 J. E., D. N. t. 4 p. 406 n° 24).

5974. Liquidation. — Le droit ne doit être liquidé que sur le capital de la rente, attendu que c'est ce capital qui est censé former le prix de la mutation et que les arrérages restent dus au créancier, indépendamment de sa rentrée en possession. S'il y a condamnation au payement de ces arrérages, le droit de 50 cent. pour 100 francs est exigible sur leur montant (4849 J. E.).

DÉLAI.

DIVISION

SOMMAIRE

CHAPITRE PREMIER. — OBSERVATIONS PRÉLIMINAIRES

[5975-5977]

5975. Définition. — Le délai est le temps accordé par la loi ou par le juge pour faire une chose, ou après lequel on prescrit une action.

5976. Observation. — Il serait à désirer que, pour la computation des délais en général, le législateur eût posé une règle fixe et invariable et eût déterminé si le jour *à quo* et le jour *ad quem* (*V.* 4603 et suiv.) devaient y être compris. Au moyen de cette disposition, qui eût embrassé toute espèce d'actes ou de contrats, soit qu'on se fût servi de ces mots: *à partir de...*, *à compter de...*, ou de toute autre expression, on eût mis fin à ces nombreuses difficultés qui s'élèvent chaque jour, toutes les fois qu'il s'agit de fixer les deux termes d'un délai.

5977. Détermination. — Les délais sont déterminés par la loi, par les parties ou par le juge.

1. LA LOI. — Parmi les délais fixés par la loi, il y a ceux qui concernent la procédure, et pour lesquels nous renvoyons au C. proc.; il y a les délais qui sont fixés pour l'exercice de certains droits ou de certaines actions. Les règles de ceux de ces délais qui sont du domaine de cet ouvrage, sont expliquées dans les articles qui traitent des matières dans lesquelles ces délais ont lieu.

2. LES PARTIES. — Quant aux délais qui sont fixés par les conventions, ils dépendent en général des stipulations qui ont été faites par les parties.

3. LE JUGE. — Relativement aux délais fixés ou accordés par les jugements, ils sont de plusieurs sortes. — Il arrive souvent qu'un jugement, soit contradictoire, soit par défaut, ordonne de faire quelque chose dans un délai détetminé; ce délai ne commence à courir que du jour de la signification de l'arrêt confirmatif.

4. DÉLAI DE GRACE. — Il n'en est pas de même du délai de grâce accordé par le tribunal pour l'exécution de sa sentence. Ce délai court à partir de la prononciation du jugement, s'il est contradictoire. C'est seulement dans le cas où le jugement a été rendu par défaut que la signification en est nécessaire pour faire courir le délai (122 et 123 C. proc.).

5. PROROGATION. — Le juge est toujours le maître de proroger les délais qu'il a accordés, quand la loi ne s'y oppose pas formellement et qu'à cet égard il n'y a pas de droits acquis à l'une des parties. — *V.* 5994.

CHAPITRE II. — MANIÈRE DE COMPTER LES DÉLAIS

[5978-5994]

5978. Règle. — Une règle fondamentale en matière de délai, c'est que celui à qui il est accordé doit en jouir dans son intégrité et qu'il n'est ni ne peut être mis en demeure qu'après que le dernier moment du terme accordé est passé. « On ne peut pas dire que celui qui doit n'ait point satisfait, jusqu'à ce que le délai entier se soit écoulé. Ainsi, celui qui doit dans une année, dans un mois, dans un jour, a pour son délai tous les moments de l'année, du mois et du jour » (Domat *Lois civ.* liv. 1er t. 1er sect. 3 n° 7). — *V.* 5987.

5979. Manières diverses de compter. — La manière de compter les délais a donné lieu à beaucoup de difficultés, et il y a bien des points sur lesquels la controverse n'est pas terminée. D'abord, ils se comptent, soit par *moments*, soit par *heures*, soit par *jours*, soit par *mois*, soit par *années*.

5980. Moment. — Aujourd'hui, comme dans le droit romain (L. 3 § 3. ff. *de Minoribus*), l'âge de la majorité se compte par heures, par instants même, *a momento in momentum;* ainsi, l'enfant né le 30 juillet 1850 à midi, aura vingt et un ans accomplis le 30 juillet 1871 à midi (Marcadé sur l'art. 388 n° 3, Demolombe t. 8 n° 407). Quelques auteurs pensent que le délai ne se compte que par jours (Zachariæ t. 1er p. 112, Ducaurroy t. 1er n° 710), mais la considération qui paraît décisive ici, c'est que l'art. 57 C. C. exige que l'heure de la naissance soit indiquée dans l'acte de l'état civil ; on doit conclure de là que le législateur a voulu que le délai se comptât *a momento in momentum.*

5981. Heure. — L'art. 456 C. com. exige que, pour conserver le droit d'agir en dommages-intérêts contre le capitaine de navire, on proteste dans les vingt-quatre heures de la réception de la marchandise.— La surenchère, en matière de saisie immobilière, doit être dénoncée dans les vingt-quatre heures (711 C. proc.).

La computation d'un délai fixé par la loi à un nombre d'heures doit être faite *de horâ ad horam* et non *de die ad diem;* ainsi, un procès-verbal rédigé le 1er janvier, à dix heures du matin, et qui doit être affirmé dans les vingt-quatre heures, est nul si cette affirmation n'a été faite que le lendemain à onze heures du matin (Cass. 5 janv. 1809, 3209 J. E.).

Toutefois, cette manière de compter n'est applicable qu'au cas où la loi exige que l'heure soit indiquée dans l'acte. En cas contraire, le délai de vingt-quatre heures donne le droit de faire entrer en compte tout le jour suivant (Berriat-Saint-Prix n° 150); c'est ce que l'on a pu voir en matière de déclaration de command, où, de quelque rigueur que soit le délai de vingt-quatre heures, ce délai n'expire qu'avec la durée légale du jour, à moins cependant que l'acte de vente n'eût été daté de l'heure de sa passation (*V.* 3930, 3944).

5982. Jour. — Le jour, en jurisprudence civile, n'est pas le jour naturel, c'est-à-dire l'espace de temps écoulé depuis le lever jusqu'au coucher du soleil; c'est un laps de temps de vingt-quatre heures, nécessaire au soleil pour parcourir les deux hémisphères. Ainsi, toutes les fois que la loi fixe les délais par jour, c'est d'un jour franc qu'elle entend parler, c'est-à-dire depuis minuit jusqu'à l'autre minuit.

Il importe peu qu'un acte soit fait à telle heure plutôt qu'à telle autre heure du jour, à moins que la loi n'en ait décidé autrement, ainsi qu'on l'a vu au numéro précédent. Il ne faut cependant pas perdre de vue que le jour, tel que nous venons de l'établir, est nécessairement restreint par les lois et les règlements d'après lesquels certains actes ne peuvent être faits, les exploits (1037 C. proc.) ou certaines formalités remplies que pendant une partie des heures de la journée.

1. HEURES DE BUREAU. — Ainsi, les art. 20 et suiv. L. 22 frimaire an 7, en fixant les délais dans lesquels les actes et déclarations doivent être présentés à l'enregistrement, ont entendu que ce délai serait appliqué en se conformant à la disposition de l'art. 11 L. 27 mai 1791, la seule qui ait réglé le temps pendant lequel les bureaux d'enregistrement doivent, chaque jour, être ouverts au public. Après l'expiration du temps indiqué par l'affiche qui est apposée sur la partie extérieure de la porte du bureau, le receveur doit arrêter son registre et refuser tout enregistrement. — Si donc, un notaire présente un acte àl'enregistrement le dernier jour du délai, après l'heure indiquée pour la clôture du bureau, il encourt le double droit, quoique cette heure ne soit pas celle dont nous avons parlé ci-dessus, ni même celle que l'art. 1037 C. proc. fixe pour la fin du jour (Cass. 28 fév. 1838) : « Attendu, porte l'arrêt, qu'il est constaté par le jugement dénoncé que le procès-verbal d'adjudication reçu par Me Marchand, notaire, le 28 janvier 1834, enregistré le 8 février suivant, n'a été présenté au bureau d'enregistrement, le 7 dudit mois de février, que vers les six heures du soir ; attendu qu'il est constaté, par la sommation signifiée à la requête de Me Marchand au receveur, ledit jour 8 février, qu'il existe à la porte du bureau une affiche annonçant au public qu'il est ouvert depuis huit heures du matin jusqu'à quatre heures du soir ; attendu que cette durée de temps consacrée à la réception et à l'enregistrement des actes est conforme aux dispositions de l'art. 11 L. 27 mai 1791, la seule qui ait réglé le temps pendant lequel les bureaux d'enregistrement doivent, chaque jour, être ouverts au public; attendu qu'après l'expiration du temps indiqué par l'affiche, le préposé peut et doit arrêter ses registres et refuser tout enregistrement; que l'observation de cette règle intéresse les tiers auxquels un enregistrement pourrait porter préjudice; attendu que l'art. 1037 C. proc. n'est relatif qu'aux significations faites par les huissiers, et règle la partie de journée pendant laquelle elles peuvent être notifiées, mais ne déroge pas à la loi du 27 mai 1791, en ce qui regarde la présentation des actes à l'enregistrement; attendu

que la loi du 22 frimaire an 7, en fixant le délai dans lequel cette présentation doit avoir lieu, a nécessairement entendu que ce délai serait appliqué en se conformant à la disposition qui fixe la partie du jour destinée à l'enregistrement et n'a pas dérogé à celle de 1791 » (11993 J. E., S. 38-1-341, 1586 I. G.).

C'est encore ce qu'ont reconnu en thèse générale les tribunaux de Gien, le 11 novembre 1840 (12634 J. E.) et de Troyes, le 23 août 1849 (14856 J. E.). — *V.* 3944.

5983. Mois. — Le mois astronomique est composé du temps que le soleil emploie à parcourir la douzième partie du zodiaque; tous les mois astronomiques sont égaux en durée. Le mois civil est ce qu'on nomme janvier, février, mars, etc. Ces mois sont inégaux; il y en a sept de trente et un jours, quatre de trente, et le mois de février est tantôt de vingt-huit, tantôt de vingt-neuf jours. — Comment donc compter les délais convenus par mois? Le C. com. trace la règle à ce sujet. Après avoir observé que les lettres de change sont à un ou plusieurs mois, à une ou plusieurs usances, il ajoute (Art. 132) que les usances sont de trente jours, et les mois tels qu'ils sont fixés par le calendrier grégorien. Cette disposition est applicable aux matières ordinaires aussi bien qu'aux lettres ou billets de change; car il serait contre le bon sens de calculer les délais de deux manières, lorsqu'il y a identité de raison, et que d'ailleurs la manière indiquée par le C. com. est la plus naturelle, la plus conforme à l'usage ordinaire, puisque les mois du calendrier grégorien sont la seule manière de compter usitée dans le public.

1. QUANTIÈME. — Il faut donc calculer les mois de quantième à quantième. C'est-à-dire que les délais fixés par mois doivent se régler par l'échéance du mois, date par date, du 1er au 1er, du 2 au 2, du 15 au 15, et ainsi des autres jours, sans égard au nombre de jours que chaque mois comporte. — Ainsi une vente d'immeubles sous seing privé, en date du 30 avril, peut être enregistrée sans droit en sus le 31 juillet (15719 J. E.).

Si donc j'ai souscrit le 1er février une obligation payable dans un mois, le dernier jour du terme sera le 1er mars; et je puis être contraint le 2, quoiqu'il n'y ait pas trente jours écoulés, puisque le mois de février n'a que vingt-huit jours. De même le délai d'un mois, à partir du 1er décembre, n'expirera que le 1er janvier, quoique le mois de décembre ait trente et un jours (Cass. 12 mars 1816, 5614 J. E.).

2. EXCEPTION. — Toutefois la règle qu'il faut calculer les mois de quantième à quantième n'est exacte que quand le jour du terme *à quo* se trouve dans le courant du mois et non pas quand il se trouve le dernier jour; par exemple, dans le délai d'un mois, si le terme *à quo* se trouve le 31 janvier, on ne peut avoir de quantième correspondant en février. Mais le délai d'un mois n'en sera pas moins expiré le 28 février; car ce n'est que de ce nombre de jours que ce mois est composé par le calendrier grégorien. — De même, dans le délai d'un mois, si le terme *à quo* se trouve le 28 février, il ne sera échu que le 31 mars; mais à ces deux *cas se bornent les exceptions.*

5984. Année. — Enfin le dernier jour de l'année fait partie de l'année, il faut donc que ce jour soit terminé, pour que l'année soit complète; s'il n'était que commencé, l'année ne serait pas accomplie. Ainsi, pour une obligation souscrite le 1er juin, payable dans un an, l'échéance arrivera le 1er juin de l'année suivante et non le 31 mai, car ce dernier jour fait partie du terme.

5985. Jour à quo. — Jour ad quem. — Les docteurs distinguent le jour où commence le délai de celui où il finit, ou, pour employer leur langage, le jour du terme *à quo* du jour du terme *ad quem.*

5986. Jour à quo. — Le jour *à quo*, c'est-à-dire le jour à partir duquel le délai commence à courir, ne doit pas être compté dans le délai. Cette règle est fondée sur ce qu'il faudrait, pour compter avec une exactitude mathématique, ne comprendre le jour du terme qu'à partir de l'heure, du moment où la convention a été conclue. En effet, pour une convention passée à six heures du soir, il est juste qu'on ne puisse faire remonter le délai au matin, ce qui serait nécessairement arrivé si l'on n'avait pas sagement établi que le jour *à quo* ne serait pas compté dans les délais.

Si donc, j'ai promis le 1er juillet de payer une somme dans dix jours sous peine de déchéance d'un droit, j'aurai toute la journée du 11 pour satisfaire à mon obligation; la déchéance ne sera encourue que si je laisse arriver le 12 sans avoir payé (Toullier t. 6 n° 682). — *V.* 5983-1.

1. ENREGISTREMENT. — En cela, l'usage a été consacré par la loi de l'enregistrement. En effet, aux termes de l'art. 25 L. 22 frimaire an 7 : « Dans les délais fixés par les articles précédents pour l'enregistrement des actes et déclarations, le jour de la date de l'acte ou celui de l'ouverture de la succession ne sera point compté. — Si le dernier jour du délai se trouve être un décadi (jour férié), ou s'il tombe dans les jours complémentaires, ces jours-là ne seront point comptés non plus. » Ainsi, d'après la loi de frimaire, le jour de la date de l'acte n'est point compté dans le délai pour l'enregistrement (1186 J. E., n° 19 I. G.).

2. ADJUDICATION. — Jugé que le délai de vingt jours pour l'enregistrement d'une adjudication court du lendemain du jour de l'acte, inclusivement, jusqu'à l'expiration du vingtième jour suivant (Cass. 1er fruct. an 8).

« Considérant, porte l'arrêt, que l'adjudication dont il était question est du 29 thermidor, que le délai pour faire enregistrer cet acte, à compter depuis le 30 thermidor inclusivement, était expiré le 19 fructidor; attendu que le défendeur ne s'est présenté au bureau pour remplir cette formalité que le 21 fructidor, le jugement rendu par le tribunal de la Lys le 16 brumaire an 8, a contrevenu à l'art. 20 L. 22 frimaire an 7. » (581 J. E.).

3. CONTRAVENTION. — En matière de contravention au notariat, le jour de l'acte ne compte pas dans le délai de 2 ans fixé pour la prescription (C. Paris 11 déc. 1847, S. 48-2-280).

3 *bis*. EXPERTISE. — En matière d'expertise, le jour de l'enregistrement ou de la déclaration ne doit pas être compris dans le délai. Un arrêt a cependant décidé que la demande d'expertise n'est pas soumise à la règle de l'art. 25 L. 22 frimaire an 7, d'après lequel le jour de la date de l'acte ne compte point dans le délai fixé pour la déclaration (Cass. ch. civ. 12 oct. 1814) : « Attendu, porte cet arrêt, qu'il est constant et reconnu, en fait, que la déclaration faite par le sieur Boivin, avoué et exécuteur testamentaire du sieur Lelièvre de Lagrange, pour et au nom de la veuve et des héritiers de celui-ci, a été par lui faite au bureau de l'enregistrement à Melun, le 21 septembre 1808 ; que la requête, tendant à obtenir une expertise, signifiée par les administrateurs de la Régie aux héritiers de Lagrange, le 20 septembre 1810, n'a été enregistrée que le 21 du même mois ; qu'à cette date, le délai de la prescription était expiré depuis le 20, puisqu'aux termes dudit art. 61, cette espèce de prescription commence à courir du jour de l'enregistrement de ladite déclaration, qui avait été faite le 21 du mois de septembre 1808 ; d'où il suit que le 20 septembre 1810 était le dernier jour pour demander ladite expertise ; que ledit art. 25, qui porte que, dans les délais fixés par les articles précédents pour l'enregistrement des actes et des déclarations, le jour de la date desdits actes ou de l'ouverture de la succession ne sera point compté, est inapplicable à l'espèce actuelle, puisqu'il n'a d'autre objet que celui de déterminer le point duquel doit partir le délai qu'il accorde à ceux qui sont passibles du droit d'enregistrement à acquitter dans les cas par lui prévus, tandis que l'art. 61 n'est relatif qu'à la prescription des mêmes droits, dans les cas par lui désignés, pour le recouvrement desquels il n'accorde qu'un délai de deux ans, à compter du jour de leur échéance, ou de la déclaration faite au bureau d'enregistrement, ce qui démontre clairement que le jour de la remise de ladite déclaration audit bureau fait partie de l'intervalle de deux ans accordé par ledit article à la Régie pour faire le recouvrement desdits droits ; que ledit art. 25 a ses limites naturelles qu'il n'est pas permis de franchir ; qu'il doit être restreint aux cas spécifiés dans les articles qui le précèdent, et qu'il ne peut être étendu à ceux prévus et réglés par ledit art. 61. » (S. 15-1-181, 1537-278 I. G., 5024 J. E.). On doit considérer comme plus conforme aux principes un arrêt de la C. de Bruxelles du 29 novembre 1822 Dalloz n° 4790), aux termes duquel l'expression à compter du jour de l'enregistrement, dont se sert l'art. 17 L. 22 frimaire an 7, déterminant le point de départ du délai dans lequel l'expertise doit être demandée, est exclusive de ce jour, qui ne doit, par conséquent, pas être compris dans le délai ; et spécialement, que la demande d'expertise des biens vendus par un acte enregistré le 21 août 1819 est utilement [d]ate le 21 août 1820.

4. EXPLOIT. — Un acte d'huissier signifié le 1er juillet, sera utilement présenté à la formalité le 5 ; mais l'amende sera encourue s'il n'est présenté que le 6 (Cass. 23 flor. an 9).

5. RETRAIT DE RÉMÉRÉ. — Le jour de la date d'une vente à faculté de réméré n'est pas compris dans le délai accordé pour exercer le retrait (Dél. 17 nov. 1822, 7503 J. E. ; — *Contrà* 5585 J. E.).

5987. Jour ad quem. — Mais le jour de l'échéance, *terminus ad quem*, est incontestablement compris dans le terme ; il fait partie du terme. Ce n'est que le lendemain que le débiteur peut être contraint au payement, ou que la déchéance est encourue contre lui, lorsqu'elle a lieu de plein droit. Le jour de l'échéance est accordé tout entier au débiteur ; car, avant que ce jour soit écoulé, il ne peut être certain qu'il n'aura pas payé. Si donc j'ai promis de vous payer, le 1er mai, le prix de la maison que vous me vendez, sous peine de résolution du contrat, ce n'est que le 2 mai que je serai déchu. — *V.* 5978.

1. SUCCESSION. — Jugé, dans ce sens, que la déclaration de succession d'une personne morte le 14 novembre, n'a pu être faite sans contravention le 16 du sixième mois, mais aurait dû être passée le 14 (Béthune 5 mars 1844, 13508 J. E). — De même encore, une succession ouverte le 15 juin doit être déclarée, au plus tard, le 15 décembre suivant (D. m. f. 9 déc. 1816, 5766 J. E.).—Celle qui est ouverte le 30 septembre doit être déclarée le 31 mars (Sol. 13 avr. 1872, 19 sept. 1872, 28 juin 1875, 23 déc. 1876).

2. ACTE IMPARFAITEMENT DATÉ. — Une vente d'immeubles sous seing privé datée de la première quinzaine de juin peut, sans contravention, être présentée à l'enregistrement le 14 ou le 15 septembre suivant (12976-1 J. E.). Cet acte, en effet, a pu être passé le 14 ou le 15 juin.

5988. A compter du... — A dater du..., etc. — Lorsque l'on trouve employées les expressions *à compter du..., à dater du..., depuis tel jour, ou à courir du...*, le jour qui sert de départ n'est pas compris. Ces différents termes présentent, il est vrai, du doute pour savoir s'ils sont inclusifs ou exclusifs, mais alors s'applique la règle d'après laquelle ce qui est douteux s'interprète par l'usage, *ea quæ sunt moris et consuetudinis*. Or, il est d'usage que le terme *à quo* ou le jour du départ, ne soit pas compté (Toullier t. 6 n° 684, Berriat p. 146, Carré t. 1er p. 391, Troplong *des Hypoth.* n° 300, Merlin *Contrà Rép.*, V. *Délai*). — *V.* 7869.

Jugé, dans ce sens, que les mots *à dater de ce jour*, qui suivent la fixation d'un terme, sont exclusifs du jour où le terme a été fixé pour le point de départ (C. Besançon 20 mars 1809, Dalloz R. P. 9, 2, 165) — et qu'en général, lorsque le législateur fixe un délai à partir de..., ce jour n'est jamais compris dans le délai (Caen 19 fév. 1825, Dalloz R. P. 25, 2, 199).—Il en est de même lorsqu'il se sert des expressions *à compter du...* (C. Bordeaux 23 janv. 1826, Dalloz 26, 2, 199).

5989. Dans tel délai. — Quand la loi prescrit de faire un acte dans tel délai déterminé, ce délai n'est pas franc et le jour de l'échéance doit être compté : en ce cas, est inapplicable la disposition de l'art. 1033 C. proc. civ. (Cass. 4 déc. 1865, S. 66-1-22, Chauveau *Quest.* 3410 p. 854).

5990. Jour férié. — En matière civile, il n'y a plus aujourd'hui de distinction entre les jours *utiles* et les jours *continus*. Tous les délais se comptent par jours continus, sans en excepter les fêtes et les dimanches. Ainsi, les jours fériés sont compris dans les délais légaux et conventionnels, lors même que le dernier jour du délai est un jour férié, et que la déchéance ne peut être évitée que par un acte judiciaire notifié avec l'autorisation prévue par l'art. 1037 C. proc. — Il n'y a d'exception à cette règle qu'en matière de protêt (C. com. 102), et pour le cas où la loi fixe délai de vingt-quatre heures, ce délai ne pouvant s'entendre que de vingt-quatre heures utiles. En conséquence, si le délai de vingt-quatre heures pour la dénonciation d'une surenchère expire un jour de fête légale, la dénonciation peut n'être faite que le lendemain. On opposerait, en vain, que c'est le cas de demander la permission du juge pour signifier le jour même de la fête (C. proc. 1037); la dénonciation d'une surenchère ne peut, pas plus que le protêt d'une lettre de change (C. com. 162), être considérée comme constituant un péril dans la demeure (Metz 22 juill. 1828, D. 28, 1, 344).

Une loi du 3 mai 1862, modifiant l'art. 1033 C. proc. a décidé que si le dernier jour du délai est un jour férié, ce délai sera prorogé au lendemain. Il a été décidé, à cet égard, que cette disposition se restreint aux ajournements, citations, sommations et autres actes faits à personne ou à domicile, et ne saurait être étendue, par exemple, au délai accordé par le juge pour faire un acte tel qu'une assignation (C. Lyon 2 août 1866, S. 67-2-293); ou au délai de huitaine pour surenchérir (C. Lyon 19 août 1865, S. 66-2-276).

On a reconnu, au contraire, que la prorogation est générale et s'étend à tous les délais édictés par les lois civiles et commerciales (C. Rouen 19 mars 1870, S. 70-2-296).

Cette question s'est présentée en matière d'enregistrement au sujet des déclarations d'adjudicataire permises aux avoués. On en trouvera le développement au mot *Command*.

Mais quand la loi prescrit de faire un acte *dans* un délai déterminé, ce délai n'est pas franc, et le jour de l'échéance doit être compté: en ce cas, la disposition de l'art. 1033 modifié du C. proc. est inapplicable (Cass. 4 déc. 1865, S. 66-1-22).

1. ENREGISTREMENT. — Mais en matière d'enregistrement il n'en est plus de même. La règle a été formellement posée par l'art. 25 L. 22 frimaire an 7.

Lorsque le délai expire un jour de fête légale, ce jour n'est pas compté, même lorsqu'il s'agit d'un délai de vingt-quatre heures; ainsi, si le délai de vingt-quatre heures commence un samedi, il s'étend jusqu'au lundi suivant (Cass. 3 vent. an 10). — *V.* 3945.

2. AMNISTIE. — Ainsi, lorsque le dernier jour du délai accordé par une amnistie, pour l'enregistrement sans amende des actes qui l'ont encourue, tombe un dimanche ou un jour de fête légale, ce jour n'est pas compté (Sol. 24 avr. 1831, 9967 J. E.). Cette règle n'a d'ailleurs jamais présenté la moindre difficulté.

3. AUTRES HYPOTHÈSES. — Mais là se borne, en matière d'enregistrement, l'exception à la règle posée ci-dessus, et les jours fériés, qui ne sont pas comptés lorsqu'ils se présentent le dernier jour du délai, entrent toujours en ligne de compte lorsqu'ils ne tombent point le jour de l'échéance (Cass. 11 fruct. an 8, 581 J. E.).

4. DEMANDE EN RESTITUTION. — La règle de l'art. 25 L. 22 frimaire an 7 est spéciale au délai accordé pour l'enregistrement des actes. Dans les autres cas, notamment pour le calcul de la prescription biennale applicable aux demandes en restitution de droits indûment perçus, le jour férié est compris dans le délai (Cass. 20 mai 1873, 3635 R. P., 2472-4 I. G., B. C. 63, S. 73-1-280, D. 73-1-357). — V. *Prescription.*

5991. Jour bissextile. — Le jour bissextile est compté dans les délais de jours, mais non dans les délais de mois et d'années (Merlin *Rép.*, V. *Jour bissextile*). — Ainsi, un exploit daté du 25 février ne pourra pas, sans amende, n'être enregistré que le 1er mars d'une année bissextile, tandis qu'une vente d'immeubles sous seing privé, datée du 1er décembre, sera régulièrement enregistrée le 1er mars de l'année bissextile qui suivra.

5992. Prescription. — La règle que nous avons établie n° 5986-1 n'est-elle plus applicable en matière de prescription? On avait pensé qu'il résultait de la combinaison des art. 25 et 61 L. 22 frimaire an 7 qu'il n'a pas été dans l'intention du législateur que le jour de l'enregistrement ne fût pas compris dans les deux ans de la prescription, dans les cas exprimés dans l'art. 61. Si, en effet, ainsi que nous l'avons dit n° 5988, c'est l'interprétation qui est souveraine lorsqu'il s'agit de décider si l'expression *à compter du...* est inclusive ou exclusive, cette interprétation ne doit pas s'entendre ici dans le sens de l'exclusion, puisque, si le législateur, en employant dans l'art. 61 les termes *à compter du jour de l'enregistrement*, eût voulu que ce jour ne fût pas compté, il l'eût certainement dit en termes exprès, de même qu'après avoir fixé, dans les art. 20 et suiv., — à quatre, dix, quinze et vingt jours, les délais dans lesquels les actes publics doivent être enregistrés, il a déclaré dans l'art. 25 que le jour de la date de l'acte ne serait pas compté. C'est, au surplus, ce qui avait été souvent décidé (Cass. 11 oct. 1814, 5044 J. E., S. 15-1-181, 1537-288 I. G.; — Sol 19 janv. 1850, 1320 § 7 I. G.; — Cass. 1er août 1831, 1388 § 12 I. G., S. 31-1-307, 1388-12 I. G., 1537-27 I. G.); — Cass. 2 juill. 1849, 1844 § 15 I. G., S. 49-1-766; — Argentan 28 avr. 1849, 14878-2 J. E.; — Dunkerque 17 juill. 1838. 14542-4 J. E.).

Mais la C. cass. a modifié sa doctrine. Elle a jugé, le 3 mai 1854 : qu'en matière de prescription, comme en toute autre matière, le jour à partir duquel la prescription commence à courir ne doit pas être compris dans le délai nécessaire pour prescrire, qu'en conséquence, les droits d'enregistrement perçus en trop le 2 janvier 1850 peuvent être utilement réclamés par une demande enregistrée le 2 janvier 1852.

« Attendu, en droit, porte l'arrêt, que le jour *à quo* est exclu du temps déterminé pour la prescription; que cette règle, loin d'avoir été modifiée par la loi du 22 frimaire an 7, est, au contraire, confirmée par l'art. 25 de cette loi dans le cas spécial qu'il prévoit et que l'art. 61, qui statue sur le temps des diverses prescriptions qu'elle établit et qui est applicable à l'espèce, ne la contredit pas; attendu que, si l'on s'écartait de cette règle générale et si l'on comprenait dans les deux années que l'art. 61 accorde, pour la demande en payement ou en restitution de droits, le jour dans le cours duquel l'enregistrement de l'acte a eu lieu, ces deux années ne seraient point entièrement utiles pour agir, et la prescription ne serait point complète, puisque le premier jour n'y figurerait pas pour 24 heures » (S. 54-1-479, 2019-9 I. G., 75 et 130 R. P.)

5993. Allégation contre le receveur. — Un notaire, pour se soustraire au payement de l'amende exigible en cas d'enregistrement hors délai d'un acte de son ministère, ne peut prétexter qu'il en a été empêché par un obstacle quelconque, s'il n'a fait *constater* l'obstacle d'une *manière légale* et en *temps utile*, et nous avons cité, au mot *acte notarié*, plusieurs espèces où le receveur avait été mis en cause pour fait de négligence, d'absence ou de refus. — Le tribunal de Poitiers a jugé, le 20 mars 1850 (14937-1 J. E.), dans cet ordre d'idées, que si un jugement d'adjudication d'immeubles n'a pas été enregistré dans le délai légal, l'adjudicataire ne peut se soustraire au payement du droit en sus, en alléguant qu'il a offert, en temps utile, les droits au receveur. Cette preuve ne peut résulter que d'un acte extrajudiciaire constatant le refus du receveur. — Jugé de même qu'un huissier dont l'acte n'a pas été enregistré en temps utile ne peut offrir la preuve testimoniale que le dépôt en avait été fait avant l'expiration du délai. A défaut de preuve par écrit, la date de l'enregistrement est présumée être celle du dépôt (Jonzac 5 juin 1838, 12071 J. E.).

5994. Prorogation du délai. — Le législateur n'a pas voulu que des raisons de faveur pussent paralyser l'exécution de la loi, qui est égale pour tous, et ne fait aucune exception de personnes. Les intérêts du Trésor seraient, d'ailleurs, bientôt compromis, si chaque contribuable pouvait obtenir de faire céder la loi à son intérêt personnel. Aussi, l'art. 59 L. 22 frimaire an 7 porte-t-il : « Aucune autorité publique, ni la Régie, ni ses préposés, ne peuvent accorder de remise ou modération des droits établis par la présente et des peines encourues, ni *en suspendre ou faire suspendre le recouvrement*, sans en devenir personnellement responsables. »

1. SUCCESSION. — Il a été décidé qu'un tribunal ne peut accorder une prorogation de délai pour la déclaration d'une mutation par décès, et le payement des droits, sous le prétexte que les objets à déclarer sont compris sous le séquestre par suite de faillite (Cass. 4 fév. 1807, S. 8-1-39, 2780 J. E.); — ou que les héritiers n'auraient touché aucune somme sur les valeurs de cette succession ; — ou que le légataire universel n'aurait ni accepté ni renoncé, dans l'ignorance où il serait de la consistance de la succession (Angoulême 23 janv. 1850, 14905-3 J. E.). — Il en serait de même à l'égard du légataire particulier, alors même qu'il n'aurait pas encore obtenu la délivrance de son legs par suite de débats existant entre lui et l'héritier (Seine 22 fév. 1849, 14708-12 J. E., 13664 J. N.).

2. SUPPLÉMENT DE DROIT. — Jugé encore : 1° qu'un tribunal qui surseoit à statuer au sujet d'un supplément de droits d'enregistrement réclamé sur un acte de vente, jusqu'à ce qu'il soit intervenu un jugement sur une contestation existante entre les parties contractantes relativement à la validité de cet acte, contrevient à l'art. 59 L. 22 frimaire (Cass. 20 mars 1833, 1337 sect. 2 n° 75 I. G., B. 76, S. 33-1-659); — 2° qu'un tribunal saisi d'une demande en supplément de droits d'enregistrement, formée par l'Administration au sujet des biens acquis pour travaux d'utilité publique, ne peut surseoir à statuer jusqu'après le bornage prévu dans le cahier des charges de l'entreprise (Cass. 16 août 1843, 1710 § 4 I. G., S. 43-1-823, 13332 J. E.).

3. DOUBLE DROIT. — Il a été spécialement défendu aux receveurs d'enregistrer, moyennant le payement des droits simples seulement, des actes qui sont passibles de droits en sus ou d'amendes, en se bornant à exprimer dans leur quittance la réserve de ces droits et amendes pour le cas où la remise n'en serait point ultérieurement accordée. Les préposés doivent être forcés immédiatement en recette du montant des droits en sus et amendes qu'ils auraient négligé de faire acquitter (1423 I. G.).

4. PROROGATION GRACIEUSE.— Cependant, l'inflexibilité de la règle posée par l'art. 59 de la loi de l'an 7 cède souvent devant des considérations particulières. Ainsi il est admis dans la pratique que des remises et réductions de droits en sus, doubles droits et amendes et des *prorogations* de délais pour le payement des droits simples, peuvent être accordées par le ministre des finances ou par le directeur général délégué. — V. *Amende*, *Succession*.

CHAPITRE III. — DÉLAIS DIVERS EN MATIÈRE D'ENREGISTREMENT, DE TIMBRE ET DE TENUE DES RÉPERTOIRES

[5995-6016]

5995. Observation. — Nous allons faire connaître, par un rapide aperçu, les divers délais dans lesquels les actes et déclarations, soumis à l'enregistrement, doivent être présentés à la formalité, en faisant observer que toute la jurisprudence sur la matière se trouve exposée dans les articles qui traitent de chaque mot désignant l'acte assujetti à la formalité. Les détails sommaires que nous allons donner sont seulement destinés à servir d'appendice aux observations générales qui ont fait l'objet du paragraphe précédent.

5996. Jour. — Les notaires, greffiers et les secrétaires des administrations centrales et municipales, doivent inscrire leurs actes sur leur répertoire jour par jour (L. 22 frim. an 7 art. 49).

5997. Vingt-quatre heures. — 1. COMMAND. — La notification ou enregistrement des déclarations de command doit avoir lieu dans les vingt-quatre heures de la déclaration, pour que celle-ci soit exempte du droit de revente (L. 22 frim. an 7 art. 68 § 1er n° 24, 28 avr. 1816 art. 44 n° 3).

2. ACTE RÉSILIÉ. — Tout acte portant résiliement pur et simple d'un contrat doit être enregistré dans les vingt-quatre heures de ce contrat, afin de ne pas payer le droit de rétrocession (L. 22 frim. an 7 art. 68 § 1er n° 40, 28 avr. 1816 art. 43 n° 20).

3. EFFET NÉGOCIABLE. — Jusqu'au 1er octobre 1850 et vingt-quatre heures au moins avant l'échéance, le porteur de tout effet de commerce assujetti au timbre a eu la faculté de le faire timbrer à l'extraordinaire ou viser pour timbre, sans amende (L. 5 juin 1850 art. 12).

5998. Trois jours. — 1. DÉCLARATION D'ADJUDICATAIRE. — Les avoués adjudicataires en justice ou devant notaire commis doivent, dans les trois jours de l'adjudication, déclarer l'adjudicataire (709 C. proc.). — *V.* 3947.

2. BIENS NATIONAUX. — Il en est de même pour la notification ou l'enregistrement de la déclaration de command sur adjudication de biens nationaux. — *V.* 3966.

3. TIMBRE. — PROCÈS-VERBAL. — C'est dans les trois jours que doivent être signifiés les procès-verbaux en matière de contravention au timbre, si les contrevenants sont domiciliés dans l'arrondissement du bureau (L. 13 brum. an 7 art. 32, 25 germ. an 11, 326 § 1er n° 8 I. G.). — *V.* 6001.

4. ASSURANCES MARITIMES. — Les compagnies d'assurances maritimes sont tenues d'inscrire sur un répertoire, dans les trois jours de leur date, toutes leurs polices d'assurance (L. 5 juin 1850 art. 44). — *V.* 6008-2.

5. ROULAGE. — Les procès-verbaux de contravention en matière de police de roulage doivent être enregistrés dans les trois jours de leur date ou de leur affirmation, à peine de nullité (L. 30 mai 1851 art. 19). — *V.* 803-17.

5999. Quatre jours. — Le délai est de quatre jours, pour l'enregistrement des actes des huissiers et autres ayant pouvoir de faire des exploits et procès-verbaux (L. 22 frim. an 7 art. 20).

Sont compris dans cette classe, à l'égard de l'enregistrement des actes et procès-verbaux qu'ils font dans l'exercice de leurs fonctions, lorsque ces actes et procès-verbaux sont de nature à être enregistrés, les fonctionnaires, officiers publics et préposés suivants : les commissaires de police, commissaires-priseurs, courtiers de commerce, gardes champêtres et forestiers, gardes du génie, gendarmes, porteurs de contraintes, préposés des contributions indirectes, préposés des douanes, préposés de l'enregistrement, préposés des octrois, enfin les secrétaires des mairies, mais seulement pour les procès-verbaux, citations et autres actes extrajudiciaires qu'ils seraient autorisés à faire.

1. NOTAIRES. — Les protêts faits par les notaires sont enregistrables dans le même délai que ceux faits par les huissiers (L. 24 mai 1834 art. 23).

6000. Cinq jours. — Délai fixé pour l'enregistrement des *reconnaissances* des préposés de la caisse d'*amortissement* (L. 28 niv. an 13 art. 3). Ce délai n'est fixé que pour assurer le recours des consignataires sur la caisse. Les reconnaissances ne sont que des actes sous seing privé, dont la formalité n'est obligée que quand on veut en faire usage (272 I. G.).

6001. Huit jours. — Pour la signification des procès-verbaux de contravention au timbre, lorsque les contrevenants ont leur domicile hors de l'arrondissement du bureau et dans une distance de 5 myriamètres (10 lieues). — *V.* 5998-2.

6002. Dix jours. — 1. NOTAIRES. — Pour l'enregistrement des actes des notaires qui résident dans la commune où le bureau de l'enregistrement est établi (L. 22 frim. an 7 art. 20). — *V.* 978.

1. COURTIERS. — Pour l'enregistrement des actes des courtiers, dans le cas où ils procèdent comme officiers publics (173 I. G., 5259 J. E.).

2. GREFFIER. — A partir de l'expiration du délai pour la remise, par les greffiers des tribunaux et les secrétaires des administrations, des extraits des actes et jugements dont les droits n'ont pas été acquittés par les parties (L. 22 frim. an 7 art. 37, 15 mai 1818 art. 79). — *V.* 773.

6003. Quinze jours. — 1. NOTAIRES. — Pour l'enregistrement des actes des notaires qui ne résident pas au chef-lieu du bureau (L. 22 frim. art. 20). — *V.* 978 *bis*.

2. ÉTABLISSEMENTS PUBLICS. — Pour les baux et autres actes des hospices et autres établissements de bienfaisance ou d'instruction publique, reçus par les notaires, à partir du jour où ils sont parvenus à la mairie, revêtus de l'approbation du préfet (Déc. 12 août 1807, 386 n° 6 I. G., Déc. 26 nov. 1811, 561 I. G.). — *V.* 985.

3. TISSUS. — Pour l'enregistrement gratis des inventaires de tissus et cotons filés (L. 21 avr. 1818, 830 I. G.).

4. EFFET NÉGOCIABLE. — Celui qui reçoit du souscripteur un effet non timbré, conformément à l'art. 1er L. 5 juin 1850, est tenu de le faire viser pour timbre, dans les quinze jours de sa date, et dans tous les cas avant toute négociation (L. 5 juin 1850 art. 2).

6004. Vingt jours. — Actes judiciaires. — Pour l'enregistrement des actes judiciaires (L. 22 frim. an 7 art. 20). — *V.* 769.

1. VENTE DE MEUBLES. — Les greffiers ont vingt jours pour l'enregistrement des ventes de meubles auxquelles ils procèdent (L. 22 frim. an 7 art. 20, Circ. 1498). — *V.* 1677.

2. ACTE ADMINISTRATIF. — Pour l'enregistrement des

actes des administrations centrales et municipales. — V. *Acte administratif.*

3. VENTE DE NAVIRES. — Des actes, déclarations et procès-verbaux de vente de navires ou bris de navires, par les officiers de l'administration de la marine (L. 27 vent. an 7 art. 7).

4. BOIS ET FORÊTS. — Des actes des agents forestiers relatifs à la délivrance d'affouages, et autres procès-verbaux administratifs, à compter de la date du procès-verbal de délivrance. — *V.* 3194.

6005. Un mois. — Pour le dépôt au greffe et aux chambres de discipline des extraits de contrat de mariage des commerçants. — *V.* 3399.

6006. Deux mois. — A compter de leur date, pour l'enregistrement des procès-verbaux de réarpentage, récolement et autres actes des agents et arpenteurs forestiers, postérieurs au procès-verbal de délivrance. — *V.* 3200.

1. SIGNIFICATION. — Et à compter de la date des arrêts d'admission, pour leur signification, à peine de déchéance (Ar. 16 juill. 1811, 4024 J. E.).

2. RECOURS EN CASSATION. — A compter de la signification du jugement à personne ou domicile, pour le pourvoi en cassation. — V. *Instance.*

6007. Trois mois. — 1. MUTATION. — A compter de leur date, pour l'enregistrement des actes qui sont faits sous signature privée et qui portent transmission de propriété ou d'usufruit de biens immeubles; pour les baux à ferme ou à loyer, sous-baux, cessions et subrogations de baux, et les engagements, aussi sous signature privée, de biens de même nature (L. 22 frim. an 7 art. 22).

Pour les actes portant mutation de fonds de commerce (L. 28 fév. 1872 art. 8).

A compter de l'entrée en jouissance pour les déclarations des biens immeubles par les nouveaux possesseurs, lors même que l'on prétendrait qu'il n'y a point d'acte écrit (L. 27 vent. an 9 art. 4).

Et pour les mutations de simple jouissance à titre de location (L. 23 août 1871 art. 11).

2. DOMAINES ENGAGÉS. — A compter de leur date pour l'enregistrement des quittances finales du quart de la valeur des domaines engagés (290 n° 62 I. G.).

3. INSTANCES. — A compter de l'introduction des instances, pour juger celles en matière d'enregistrement (L. 22 frim. an 7 art. 65).

4. TESTAMENT. — A compter du décès des testateurs pour l'enregistrement des testaments déposés chez les notaires, ou par eux reçus (L. 22 frim. art. 21).

5. RÉPERTOIRE. — Les notaires, huissiers, greffiers et les secrétaires des administrations doivent présenter tous les trois mois leur répertoire au visa du receveur d'enregistrement (L. 22 frim. an 7, art. 51). Il en est de même pour les compagnies d'assurances terrestres et maritimes (L. 5 juin 1850, art. 35 et 44).

6. EXPERTISE. — L'expertise des mutations de fonds de commerce doit être provoquée dans les trois mois (L. 28 fév. 1872, art. 8).

6008. Quatre mois. — Le bailleur ou le vendeur a quatre mois pour déposer sans amende le bail écrit ou la vente (L. 23 août 1871, art. 14). — V. *Bail.*

6009. Six mois. — 1. COLONIES. — Pour l'enregistrement des actes emportant mutation, etc., qui sont passés dans les colonies où l'enregistrement n'est pas établi, ou dans les pays étrangers, pour les biens situés en France, s'ils sont faits en Europe (L. 22 frim. an 7, art. 22). — *V.* 1415.

2. MUTATION PAR DÉCÈS. — A compter du jour du décès, pour les déclarations de biens meubles et immeubles, transmis ou échus par décès, lorsque celui dont on recueille la succession ou dont on est légataire est décédé en France *Id.* art. 24).

3. ABSENT. — A compter du jour du jugement d'envoi en possession provisoire pour la déclaration des biens d'un absent (L. 8 avr. 1816, art. 40). — *V.* 166 et suiv.

4. ASSURANCE MARITIME. — Les compagnies d'assurances autres que les assurances maritimes sont tenues d'inscrire sur un répertoire, dans les six mois de leur date, toutes les assurances qu'elles passent (L. 5 juin 1850, art. 35).

5. ACTION. — OBLIGATION. — ASSURANCES. — Il a été accordé un délai de six mois pour faire timbrer à l'extraordinaire ou viser pour timbre sans amende les titres ou certificats d'actions qui auront été, en contravention aux lois existantes, délivrés antérieurement au 1er janvier 1851 (L. 5 juin 1850, art. 20). — Il en a été de même pour les obligations négociables des départements, communes, établissements et compagnies (même loi art. 30), et pour les compagnies d'assurances pour leurs polices (même loi art. 40).

6010. Huit mois. — Pour les déclarations de biens situés en France, échus ou transmis par décès, lorsque celui dont on est héritier ou légataire est décédé hors de France, mais en Europe (L. 22 frim. an 7 art. 24).

6011. — Une année. — 1. MUTATIONS PAR DÉCÈS. — Pour l'enregistrement des actes emportant mutation de biens situés en France, passés en Amérique (*Id.* art. 22).

Pour les déclarations de biens échus ou transmis par décès, lorsque le décès est arrivé en Amérique (*Id.* art. 24).

2. EXPERTISE. — A compter du jour de l'enregistrement du contrat, pour *provoquer l'expertise* en matière de mutation d'immeubles à titre onéreux (L. 22 frim. an 7, art. 17).

6012. Deux années.—1. MUTATIONS ENTRE-VIFS. – Pour l'enregistrement des actes portant transmission de biens situés en France, passés en *Afrique* (*Id.* art. 22).

2. MUTATIONS PAR DÉCÈS. — Pour les *déclarations* des biens transmis ou échus par décès, lorsque le décès est arrivé en *Afrique* (*Id.* art 24).

3. SUPPLÉMENT. — A compter du jour de l'enregistrement, pour la demande d'un *droit non perçu* sur une *disposition particulière* dans *un acte*, ou d'un supplément de perception insuffisamment faite (*Id.* art. 61).

4. AMENDES. — A compter du même jour pour la demande des amendes de contraventions qui résulteraient d'actes enregistrés (A. Cons. d'Ét. approuvé le 22 août 1810, 491 I. G.). Et à compter du jour où les préposés ont pu avoir connaissance des contraventions, même relativement à des actes non soumis à l'enregistrement, pour les constater par des procès-verbaux, ou agir par voie de contrainte (L. 16 juin 1824 art. 14).

5. EXPERTISE. — A compter du jour de la *déclaration*, pour la demande de droits à raison d'une *fausse évaluation*, et pour la constater par voie d'*expertise* (L. 22 frim. an 7, art. 61).

6. RESTITUTION. — A compter de l'enregistrement de l'acte ou de la déclaration, pour toute demande en *restitution de droits* par les parties (*Id.*).

7. DROIT GRADUÉ. — Pour constater les insuffisances ou les dissimulations dans les valeurs sujettes au droit gradué (L. 28 fév. 1872 art. 3).

6013. Trois années. — Le délai était de trois ans, à compter du jour de l'enregistrement, pour réclamer les droits à raison d'une *omission* de biens, dans une déclaration faite après décès (*Id.*).

6014. Cinq années. — Sous l'empire de l'art. 61 n° 3 L. 22 frimaire an 7, le délai était de cinq ans, à compter du jour du décès, pour réclamer les droits d'une succession non déclarée. — V. n° 6015.

1. OMISSION. — Le délai de trois années pour réclamer les droits à raison d'une *omission* de biens, dans une déclaration faite après décès, a été porté à cinq années par la loi du 8 mai 1850 art. 11.

6015. Dix années. — Le délai de cinq ans, à compter du jour du décès, pour réclamer les droits d'une succession non déclarée, a été porté à dix années par la loi du 18 mai 1850 art. 11. — V. *Prescription.*

L'Administration a dix ans pour constater par l'enquête les dissimulations de prix dans les mutations d'immeubles à titre onéreux (L. 23 août 1871 art. 13).

6016. Trente ans. — La prescription de trente ans s'applique dans tous les cas où une prescription plus courte n'a pas été établie. — V. *Prescription.*

Les dissimulations de prix peuvent être constatées pendant trente ans par des actes ou jugements opposables aux parties (L. 23 août 1871 art. 13).

CHAPITRE IV. QUESTIONS DIVERSES

[6017-6026]

6017. Renvoi. — Nous ne pourrions pas, sans tomber ici dans de longues et inutiles répétitions, indiquer les différentes règles applicables à l'enregistrement des actes ou déclarations de toute nature, assujettis à la formalité de l'enregistrement. On en trouvera le développement naturel dans les chapitres consacrés à chacun d'eux. Nous nous bornons à rappeler brièvement quelques-unes des questions générales auxquelles le délai peut donner lieu et dont la solution est présentée ailleurs.

6018. Absence. — Absent. — La déclaration de la succession de l'absent doit être faite dans les six mois de l'envoi en possession provisoire. — V. *Absence* n°s 166 et suiv.

6019. Acte administratif. — Les actes administratifs sont soumis, quant au délai d'enregistrement, à des règles particulières développées au mot *Acte administratif.*

6020. Actes à plusieurs dates. — On trouvera au mot *Acte imparfait* le développement de la question de savoir dans quel délai doivent être enregistrés les actes reçus à plusieurs dates par les notaires.

6021. Acte imparfait. — L'acte notarié imparfait est-il sujet à l'enregistrement dans le délai légal? — V. *Acte imparfait.*

6022. Amnistie. — Lorsque le terme fixé pour faire enregistrer ou timbrer sans amende expire un jour férié, ce jour ne doit pas être compté. Il suffit, pour profiter de la remise du double droit, que l'acte ait été présenté à l'enregistrement dans le délai, alors même que l'offre du droit simple aurait été refusée. — V. 2157, 2158.

6023. Gratis. — Un acte notarié, quoique enregistrable gratis, est-il passible de l'amende s'il n'est pas enregistré dans le délai? — *V.* 9999.

6024. Condition. — Une vente notariée sous condition suspensive doit être enregistrée dans les délais ordinaires. — *V.* 4954.

6025. Débet. — L'acte judiciaire enregistrable en débet est passible du double droit au comptant, s'il n'a pas été enregistré dans le délai. — *V.* 770-2.

Les actes à enregistrer en débet donnent ouverture au double droit lorsqu'ils ne sont pas enregistrés dans les délais. — *V.* 3361.

6026. Vacations. — Les actes à plusieurs vacations s'enregistrent dans le délai de chaque vacation. — *V.* 983.

DÉLAISSEMENT PAR HYPOTHÈQUE.

6027. Définition. — Le délaissement par hypothèque est l'abandon de la possession de l'héritage, fait par le tiers détenteur aux créanciers inscrits pour s'exempter de l'expropriation (Troplong *des Hypothèques* n° 783).

6028. Effet du délaissement. — Le délaissement par hypothèque ne fait point passer au créancier à qui il est fait la propriété de l'héritage délaissé. C'est un simple abandon de la possession. « Il ne dépouille point celui qui le fait, dit Bosquet *Dict. des Domaines* v°. *Déguerpissement*, et ne transmet pas la propriété de l'héritage au créancier, qui l'a troublé par une demande en déclaration d'hypothèque, parce que ce créancier n'a jamais eu droit à la propriété. Le détenteur n'est dépouillé que par une vente par décret faite sur son délaissement, ou par les autres actes nécessaires pour saisir le créancier ou autres de la propriété des biens délaissés. » Il ne résulte donc du délaissement qu'une abdication actuelle de la *détention et possession naturelles* de cette chose; abdication qui peut entraîner la perte de la propriété, mais qui ne se consomme et ne devient définitive que par l'adjudication (Grenier n°s 328, 330 et 465, Toullier t. 3 n° 355, Troplong *des Hypothèques* n°s 785, 786 et 825).

6029. Droit fixe. — La conséquence de cela est que le délaissement ne peut donner ouverture au droit proportionnel. La raison de décider est ici la même que pour l'abandonnement qui est affranchi de tout droit de mutation. C'était aussi par cette raison que, sous l'ancienne législation, le délaissement par hypothèque ne donnait pas naissance aux lods (Loiseau *du Déguerpissement* liv. 6 chap. 5 n° 8, Fonmaur n° 489, G. Demante 211).

6030. Quotité du droit. — Mais le délaissement par hypothèque n'ayant pas été prévu par les lois de l'enregistrement, est-ce le tarif déterminé par l'art. 68 § 1er n° 51 L. 22 frimaire an 7, pour les actes *innomés*, qu'on doit lui appliquer? On avait voulu le prétendre, mais il ne faut pas perdre de vue que, si le délaissement diffère de l'abandonnement en ce que l'acquéreur n'est pas débiteur, il y a cependant cela de commun entre eux, ainsi que le dit Troplong sur l'art. 2168 n° 785, que les créanciers auxquels ils sont faits ne peuvent garder l'immeuble, et qu'il faut qu'ils le fassent vendre par adjudication afin de le convertir en argent et de se payer sur le prix. — Ainsi le texte de l'art. 68 § 4 n° 1er L. 22 frimaire an 7, qui semble n'avoir pour objet que l'abandonnement, comprend cependant virtuellement le délaissement, qui, pour n'être pas une cession proprement dite, n'en est pas moins « l'abandon d'un bien pour être vendu en direction. » Le droit fixe de 5 francs (7 fr. 50 cent.) est donc exigible (1795 J. E., Champ. et Rig. n° 1804, Roll. de Vill. v° *Délaissement* n° 85, Troplong *des Hypothèques* n° 825, G. Demante t. 1 n° 211

6031. Biens délaissés en propriété. — *Quid* si, par l'acte de délaissement, les créanciers étaient investis personnellement de la propriété des biens? La raison de décider serait la même qu'en matière d'abandonnement. Le droit de mutation serait exigible (D. N. t. 4 p. 436 n° 76).

C'est ce qui avait déjà lieu dans l'ancien droit. « Il est incontestablement sujet, dit Bosquet, au droit de centième denier, lorsque la mutation est consommée » (T. 2 p. 46).

6032. Rétrocession. — Si le débiteur se rend adjudicataire de tout ou partie des biens par lui abandonnés *pour être vendus en direction*, cet abandon ne l'ayant pas dessaisi, il n'y a pas rétrocession à son profit, et le droit proportionnel de mutation n'est pas exigible. Le même effet se produirait, si la même circonstance se présentait en matière de délaissement. En effet, aux termes de l'art. 2173 C. C., le tiers détenteur peut reprendre l'héritage en payant les dettes pour lesquelles il est hypothéqué, et tous les frais. Ainsi, le droit de vente n'est pas dû sur l'adjudication qui ne fait que maintenir le tiers détenteur dans une propriété qu'il n'a jamais perdue, puisque le délaissement n'a pas rompu le fil qui unissait l'immeuble au tiers détenteur.

6033. Droit exigible sur l'adjudication. — La question de savoir si l'adjudication faite après le délaissement donne ouverture à un nouveau droit de mutation, ou si l'on doit imputer ceux perçus sur la première vente, a été longtemps agitée dans l'ancien droit. Les coutumes de Paris (Art. 79) et d'Orléans (Art. 115) contenaient une disposition expresse qui ne reconnaissait que l'exigibilité d'un seul droit. Mais ces dispositions étaient tellement dérogatoires au droit commun que tous les auteurs enseignaient qu'il était dû deux droits : « Il semble, dit Fonmaur n° 691, que les lods soient dus, tant de la vente qui n'est résolue que pour l'avenir, que de la revente qui sort son plein et entier effet. » — Aujourd'hui qu'aucune disposition exceptionnelle n'existe, le droit commun a toute sa force; dès lors le droit de vente est incontestablement exigible sur l'adjudication faite après délaissement; car, ainsi qu'on l'a vu n° 6028, l'acquéreur qui délaisse reste réellement propriétaire jusqu'au jour de l'adjudication. Aussi l'Administration, le 17 septembre 1823 (7563 J. E.), et la C. cass. le 19 avril 1826 ont-elles reconnu que l'adjudication ou la revente sur délaissement par hypothèque est sujette au droit de mutation sur la totalité du prix, sans qu'il y ait lieu de tenir compte des droits perçus sur l'acte de vente volontaire : « Attendu, porte l'arrêt du 19 avril 1826, que le jugement attaqué constate, en fait, que, par acte du 10 juillet 1813, le demandeur vendit plusieurs domaines à quelques-uns de ses créanciers pour se libérer envers eux; qu'en 1819 les acquéreurs poursuivis par d'autres créanciers hypothécaires délaissèrent les biens en question; qu'en 1820, un curateur ayant été établi à ce délaissement, les biens ont été expropriés sur ce curateur et vendus publiquement par jugement du 29 juillet 1823 ; puis enfin à l'épouse du demandeur, sur la surenchère de cette dernière; qu'en décidant donc, en droit, qu'il y avait mutation soumise au droit proportionnel établi par l'art. 69 § 7 n° 1er L. frimaire an 7, et qu'elle ne tombait pas sous la disposition de l'art. 68 précédent, le jugement attaqué a fait une juste application de la loi » (1200 § 19 I. G., D. N. t. 4 p. 436 n° 77).

6034. Coutume de Normandie. — La femme normande qui profite de la faculté que lui donne la coutume de sa province d'obliger l'acheteur de son immeuble aliéné pendant le mariage, de le lui délaisser ou d'en payer le prix, est tenue, si elle obtient le délaissement, de payer le droit proportionnel sur la transmission d'immeuble (Cass. 10 mars 1823, 7708 J. E., 4436 J. N., S. 23-1-340).

6035. Payement pour éviter l'action en délaissement. — Droit de quittance. — Le payement fait par l'acquéreur à un créancier inscrit, pour éviter l'action en délaissement, ne peut être considéré comme un supplément de prix passible du droit de 5 fr. 50 cent. pour 100. Cet acquéreur, en effet, ne fait qu'acquitter une dette hypothécaire, qui était à sa charge en sa qualité de détenteur de l'immeuble grevé de l'hypothèque. Dès lors le payement qu'il effectue ne donne ouverture qu'au droit de quittance (Sol. 22 mai 1820, 1293 § 9 I. G., 6993 J. N.).

6036. Droit d'obligation. — Le droit d'obligation ne serait pas plus exigible si l'acquéreur, au lieu de payer la dette en augmentation de prix, se contentait de la reconnaître (9431 J. E.). En effet, il n'y aurait pas obligation conventionnelle ajoutant aux charges qui étaient imposées au tiers détenteur par la voie primitive. — *V.* 6038.

6037. Tiers détenteur obligé personnellement. — Il ne faut pas perdre de vue, pour l'application des règles posées ci-dessus, que, si le délaissement par hypothèque peut, aux termes de l'art. 2172 C. C., être fait par tous les tiers détenteurs, la faculté en est refusée, néanmoins, à ceux qui sont *personnellement* obligés à la dette. Dans ce cas, l'obligation personnelle frappant tout à la fois les biens et la personne du détenteur, celui-ci ne peut se libérer qu'en payant (Troplong *des Hypothèques* n° 812). Dès lors, tout délaissement d'hypothèque fait et accepté dans ces conditions constitue une véritable dation en payement passible du droit de 5 fr. 50 cent. pour 100. Ceci nous conduit naturellement à examiner quels sont les tiers détenteurs qui se trouvent *personnellement* obligés au payement de la dette.

1. ENGAGEMENT PERSONNEL. — Et d'abord, les conventions particulières peuvent toujours mettre à la charge de l'acquéreur l'obligation de payer les créanciers avec le prix de la chose. Nul doute que, dans ce cas, l'acquéreur ne soit tenu personnellement, lorsque les créanciers ont accepté cette délégation; car il s'établit alors une obligation personnelle entre les créanciers et l'acquéreur (Troplong *des Hypothèques* n° 812). Dans ce cas, le délaissement équivaudrait à une dation en payement passible de 5 fr. 50 cent. pour 100.

2. HÉRITIERS. — LÉGATAIRES UNIVERSELS OU A TITRE UNIVERSEL. — Les mutations universelles ou à titre universel par décès emportent toujours avec elles l'obligation *personnelle* de payer les dettes. Les héritiers, les légataires universels, ou à titre universel, sont dans cette catégorie : ils ne succèdent pas seulement aux biens, ils succèdent encore à l'obligation personnelle. Ils ne peuvent donc pas délaisser pour la part et portion dont ils sont tenus personnellement. Dès lors le droit proportionnel serait exigible sur le délaissement qu'ils feraient.

3. PORTION VIRILE.—Cependant il est un cas où l'héritier, attaqué par les créanciers du défunt, peut user du bénéfice accordé par la loi aux tiers détenteurs : c'est celui où cet héritier, ayant satisfait à l'obligation personnelle qui pesait contre lui pour sa part virile, ne se trouve plus tenu *qu'hypothécairement* à cause des biens qu'il possède ; il peut se soustraire à l'action hypothécaire par le délaissement, même quand il aurait été condamné hypothécairement pour le tout; car, en ce cas, il ne doit toujours être regardé que comme simple détenteur, et le jugement ne pourrait être considéré comme lui imposant une obligation personnelle plus étendue que celle que la loi détermine à son égard (Grenier n° 173). Ainsi, dans l'hypothèse que nous venons d'examiner, l'héritier rentre dans la règle commune du droit fixe applicable au délaissement.

4. LÉGATAIRE PARTICULIER. — Le légataire particulier, n'étant pas tenu des dettes, doit être placé dans une catégorie différente. Il peut délaisser, à moins, toutefois, qu'une clause expresse du testament ne l'oblige à payer la dette assise sur l'immeuble à lui légué (Troplong *des Hypothèques* n° 812).

5. DONATAIRE. — A l'égard des mutations entre-vifs, s'il s'agit d'un donataire universel, c'est-à-dire de celui qui est donataire de biens présents et à venir, on a soutenu qu'il est personnellement obligé aux dettes et qu'il ne peut délaisser. — Mais, pour ce qui concerne la donation de tous les biens présents, ou bien la donation de tous les biens à venir, ou bien la donation d'une chose déterminée, il est

certain que ni l'un ni l'autre de ces donataires n'est *personnellement* tenu des dettes du donateur ; d'où il suit qu'il y a lieu au délaissement. — Il en est autrement lorsque le donateur a chargé le donataire du payement des dettes : le délaissement ne lui est pas permis.— V. *Résolution* n° 14309.

Ainsi dans ces diverses hypothèses le droit de dation en payement ou le simple droit fixe sera exigible suivant que le délaissement sera ou non passible dans les termes de la loi. — V. *Donation.*

6038. Obligation en qualité de tiers détenteur seulement. — Le tiers détenteur peut délaisser même lorsqu'il a reconnu l'obligation, pourvu qu'il ne l'ait reconnue qu'en qualité de tiers détenteur, ou s'il a subi une condamnation, pourvu qu'il ne l'ait subie qu'en cette même qualité. C'est ce qui résulte formellement de l'art. 2173 C. C. Tant qu'il reste tiers détenteur pur et simple, la faculté de délaissement lui demeure toujours ouverte. Ainsi l'acquéreur reconnaît l'obligation en qualité de tiers détenteur lorsqu'il reconnaît que sa propriété est hypothéquée à la dette. Cette reconnaissance ne porte alors que sur l'hypothèque : elle n'a pas trait à l'obligation personnelle (Troplong *loc. cit.* n° 824). Dans cette hypothèse, le droit fixe sera seul exigible sur le délaissement.

DÉLÉGATION.

DIVISION

SOMMAIRE

CHAPITRE PREMIER. — DISPOSITIONS GÉNÉRALES

[6039-6041]

6039. Définition. — La délégation est l'acte par lequel un débiteur, pour s'acquitter, donne au créancier ou à quelqu'un indiqué par ce dernier, une tierce personne qui s'oblige à sa place. C'est la définition de la loi romaine : *Delegare est vice sua aliam rem dare creditori vel cui jussersit* (L. 2 au *Digeste* 46-2).

6040. Tarif. — Ce contrat a été tarifé dans les termes suivants par l'art. 69 § 3 n° 3 L. 22 frim. an 7 : « Sont sujettes au droit proportionnel de 1 pour 100 les délégations de créances à terme ; les délégations de prix stipulées dans un contrat, pour acquitter des créances à terme envers un tiers, sans énonciation de titre enregistré, **sauf,** pour ce cas, la restitution dans le délai prescrit, s'il est justifié d'un titre précédemment enregistré. »

6041. Division. — Comme on le voit, la loi prévoit distinctement deux espèces de délégation : 1° la délégation de prix stipulée dans un contrat pour acquitter une créance à terme envers un tiers ; — 2° la délégation de créances à terme.

En matière fiscale, ces deux contrats n'ont guère de commun que le nom : l'application du tarif repose pour chacun d'eux sur des principes tout à fait différents, et en réalité le droit de délégation proprement dit ne se perçoit que sur les délégations de créances à terme. C'est là seulement que nous rencontrerons les difficultés résultant pour la perception de l'embarras où l'on est de distinguer la délégation parfaite, la délégation imparfaite, l'indication de payement, l'ordre amiable ou la cession ordinaire de créances. La délégation de prix ne soulève aucune de ces questions : nous allons d'abord l'examiner.

CHAPITRE II. — DÉLÉGATION DE PRIX DANS UN CONTRAT

[6042-6067]

6042. La délégation est une disposition dépendante. — La clause d'un contrat de vente, porte l'I. G. n° 1270, par laquelle le vendeur délègue à un tiers ou charge l'acquéreur de payer à ce tiers tout ou partie du prix de la vente, forme une condition inhérente à la vente, *une partie intégrante* du contrat, une simple stipulation de payement, qui ne peut être sujette à un droit particulier d'enregistrement, pas plus que la quittance qui serait donnée par le vendeur, ou l'obligation qui serait consentie par l'acquéreur pour le prix de la vente. C'est l'application directe de l'art. 10 L. 22 frimaire an 7.

6043. Sur quoi porte le tarif. — L'Administration n'a pas admis cette doctrine sans hésitation. Elle pensait d'abord, au contraire, que la délégation même donnait ouverture au droit. Et elle avait enseigné dans ses I. G. 290 § 21, 1132 § 5, 1146 § 6, 1156 § 3 : 1° que le droit de 1 pour 100 était exigible, conformément au texte de l'art. 69 § 3 n° 3 L. de frimaire, sur la délégation faite hors de la présence du créancier, *sans énonciation de titres enregistrés;* — 2° qu'un second droit devait être perçu sur l'acceptation par le créancier, faite, soit dans le contrat, soit postérieurement, par le motif que l'acceptation opérait novation ou transport de créance ; et cette opinion se fondait sur ce que, lors même qu'il n'y aurait pas novation en ce que le créancier ne déchargerait pas son ancien débiteur, il y aurait toujours transport de créance. C'était également l'avis émis par le J. E. (1069, 1613, 2535, 3212 § 9, 5854, 7564 et 7754). Mais il y avait là une confusion manifeste.

Le transport fait en faveur d'un créancier prend le nom de délégation, c'est-à-dire d'une stipulation qui est, aussi bien que le transport, spécialement prévue et tarifée par la loi. Lors donc que le vendeur abandonne le prix de la vente à un de ses créanciers, ce n'est pas la disposition relative aux transports qu'il faut appliquer, c'est le texte concernant les délégations. Or, les délégations d'un prix de vente à un créancier ne sont soumises à un droit proportionnel que lorsqu'elles ont lieu sans énonciation de titres enregistrés. Elles en sont donc affranchies dans l'hypothèse inverse, et cela, soit que le créancier auquel la délégation est faite intervienne à l'acte pour accepter, soit qu'il ait été absent ou n'ait pas accepté ; car il n'y a pas à cet égard de distinction dans l'affranchissement qui résulte de la loi. Cela, d'ailleurs, se conçoit très-bien. Ordinairement les délégations contenues dans un acte de vente sont faites en faveur des créanciers hypothécaires du vendeur. Or, ces créanciers pourraient exiger leur payement sur le prix, lors même qu'il n'aurait été rien convenu à cet égard. La délégation ne leur confère donc pas réellement un droit nouveau ; elle peut, en quelque sorte, être considérée comme une conséquence nécessaire de la vente. Comment, dès lors, les stipulations de cette nature n'auraient-elles pas été affranchies de toute perception particulière, lorsqu'il y a, d'ailleurs, un titre enregistré ?

La jurisprudence ne sanctionna point cette manière de voir ; elle décida uniformément que la cession du prix d'une aliénation, faite par le contrat même, était une disposition dépendante de la vente, se confondant avec la stipulation principale et ne pouvant jamais, dès lors, donner lieu à la perception d'un droit particulier quel que fût le titre du créancier, et encore bien qu'il se présentât pour consentir (Cass. 5 sept. 1827, 1270-1 I. G., 2 avr. 1828, S. 28-1-225, 1270-2 I. G. et 21 juill. 1828, S. 28-1-389, 1270 n° 3 I. G., 6406, 6538, 6623 J. N.). On vit qu'on avait fait fausse route et méconnu l'esprit de la loi. L'économie en est cependant bien simple. Si un aliénateur charge son débiteur de payer à un tiers une certaine dette, il reconnaît virtuellement l'existence de celle-ci. Les circonstances dans lesquelles cette stipulation intervient paraissent la preuve d'une reconnaissance réfléchie, ayant pour but de conférer au créancier un titre de l'obligation. Si cette obligation n'avait pas encore acquitté l'impôt, il est juste qu'elle y soit actuellement soumise. « Aussi, dit Dalloz, ce n'est pas sur la délégation elle-même que le droit est établi, mais sur le titre de la créance en payement de laquelle la délégation est faite, et à raison de la reconnaissance du droit que cette délégation suppose. » Entendu de cette façon, le paragraphe devient un simple corollaire de la règle générale relative aux droits dus sur les reconnaissances de dettes (V. *Obligation*) et on doit lui en appliquer toutes les déductions.

C'est d'ailleurs en ce sens déjà que l'on avait interprété le principe de la perception du droit de contrôle. « Lorsque, dit Bosquet, dans une vente il y a délégation du prix en tout ou en partie au profit d'un tiers non présent à l'acte pour accepter, il faut distinguer s'il est fait mention d'un titre en forme de la dette, auquel cas il n'est dû qu'un droit de contrôle pour le contrat. Mais s'il n'y a point de titre précédent, il est dû un second droit de contrôle, indépendant de celui de vente, parce que, dans ce cas, la délégation, quoique non acceptée, renferme une obligation, fait un titre et produit une action au créancier pour exiger la somme déléguée. L'acquéreur est tellement obligé envers ce créancier qu'il ne peut pas payer le prix au vendeur au préjudice de la délégation, quoique non acceptée, ainsi qu'il a été jugé par arrêt du 11 juin 1692, qui a condamné l'acquéreur à payer deux fois» (Bosquet 2-43).

A la suite des arrêts de cass. que nous avons fait connaître ci-dessus l'Administration s'est décidée à prendre sa jurisprudence pour règle (N° 1270 I. G., Dél. 8 mai 1846, 14002-1 J. E.), et aujourd'hui il est bien constant que le droit exigible sur la délégation de prix, s'applique uniquement à la reconnaissance de l'obligation verbale du créancier. — *V.* en matière de délégation de rentes le mot *Rente*, n°s 14028 et suiv.

Adde Vervins, 22 juin 1877, 4968 R. P.

6044. Disposition principale. — Il nous paraît évident que, dans la délégation de prix, c'est le contrat à l'occasion duquel intervient cette délégation et non pas la délégation même qui forme la disposition principale sujette à l'impôt. C'est ce qui résulte de l'I. G. n° 1270, qui considère la délégation comme une simple stipulation de payement et la dispense à ce titre de toute perception. — Nous ne pouvons donc accepter sur ce point la doctrine de M. Demante, d'après laquelle, quand la délégation résulte d'une donation ou d'un prêt, la donation ou le prêt sont dispensés du droit comme disposition dépendante de l'obligation du délégué (créditeur ou donateur) envers le délégataire (N° 421).

La délégation n'est possible que quand le délégant a les moyens de la faire, c'est-à-dire qu'il a reçu ou la donation ou le prêt. Elle suit donc ces deux contrats, au lieu de les précéder, et n'en est que l'exécution.

6045. Inutilité de l'acceptation. — De ce qu'il s'agit ici d'un droit de reconnaissance de dettes, il faut en conclure d'abord que l'acceptation du créancier est indifférente à l'exigibilité du droit. Il importe peu que, selon la remarque de Toullier t. 7 n° 286, la délégation du prix, restée imparfaite par défaut d'acceptation du créancier, n'établisse aucun lien de droit entre lui et le délégant et ne constitue pas un titre pour ce créancier qui ne pourrait critiquer les payements faits au délégant ou à des tiers. Cette considération est sans influence dès que le droit ne frappe pas la délégation même. Toute la question revient à savoir si la reconnaissance de dettes peut produire ses effets sans être acceptée par le créancier. Or, l'affirmative ne paraît pas douteuse et nous l'établissons avec assez de développements au mot *Obligation* pour n'y pas revenir ici. C'est également l'opinion de Dalloz qui combat avec raison la doctrine contraire de Champ. et Rig. (T. 22 n° 1673).

L'Administration l'a décidé plusieurs fois (1132, § 5 et 1270 I. G., 4614 et 6838 J. N.).

«Ainsi, dit-elle dans cette dernière instruction, tandis que la délégation des créances à terme, acceptée ou non acceptée, est toujours soumise au droit de 1 pour 100, la délégation de prix, contenue dans un contrat, *confirmée ou non confirmée par l'acceptation*, n'est jamais passible du droit proportionnel, *sauf toutefois le cas* où le titre du créancier délégataire n'aurait point été enregistré.» Cette doctrine s'appuie sur un arrêt de cass. du 28 fructidor an 2, décidant que la clause par laquelle un acquéreur est chargé de payer une certaine somme ou à un tiers présent constitue une reconnaissance particulière donnant lieu au droit d'obligation si le titre du créancier n'est pas enregistré: «Attendu, porte l'arrêt, que la clause par laquelle un acquéreur est chargé de payer une certaine somme à l'acquit du vendeur et en déduction du prix convenu ne dérive pas nécessairement de l'acte de vente; que si une telle clause peut n'être que considérée comme une délégation parfaite à cause du défaut d'acceptation du créancier délégué, au moins doit-elle être envisagée comme une déclaration, une reconnaissance envers une personne étrangère à l'acte de vente, comme une disposition enfin qui donne une ouverture à un droit ou à une action quelconque en sa faveur; que, d'après ce principe, cette clause est assujettie à un droit d'enregistrement provisoire, lorsque le titre de créance n'est pas produit ou n'est pas relaté dans l'acte d'une manière assez suffisante pour justifier de l'acquittement des droits d'enregistrement auxquels il était assujetti par la loi» (Dalloz n° 1675).

Plus récemment, le tribunal de Louhans a jugé, le 13 décembre 1844 (13651 J. E., 7080 C.), que, lorsque, dans la cession d'un prix de vente d'office, il est stipulé, *en l'absence du précédent possesseur du même office*, qu'une somme sur le prix sera retenue pour payer les causes des saisies-arrêts formées par lui, le droit de 1 pour 100 est exigible (*V.* dans le même sens 290 § 21 I. G., D. m. 3 mai 1820, 6736 J. E., D. m. f. 26 oct. 1821, 137 Roll., Dél. 7 fév. 1824, 1132 § 5 I. G., Dél. 20 mars 1829, 9270 J. E., Dél. 16 avr. 1833, 10709 J. E. et 3961, 4297, 4321, 4511 et 4614 J. N.).

La même solution a été adoptée par le tribunal de Valence le 5 juin 1862, au sujet de la clause d'une vente mobilière portant que l'acquéreur payerait son prix à des créanciers non présents désignés dans un inventaire antérieur (17505 J. E.).

Le tribunal d'Issoudun l'a également décidé ainsi, par un jugement du 31 juillet 1872 portant : « Considérant que la délégation est l'acte par lequel le débiteur pour s'acquitter, donne au créancier ou à quelqu'un indiqué par ce dernier, une tierce personne qui s'oblige à sa place; que, dans l'espèce, il y a une délégation des époux G., débiteurs délégants et sans le concours des délégataires créanciers suivant billets non enregistrés et que l'acquéreur débiteur délégué s'est engagé à payer; que c'est avec raison que le droit de 1 pour 100 a été réclamé sur la délégation de la somme à payer par ledit acquéreur, stipulée dans le contrat de vente sans l'intervention du créancier; que cette adhésion n'était pas nécessaire pour la validité de la perception. »

6046. Délégation implicite. — En second lieu, puisque c'est la délégation qui est l'occasion de la perception du droit, il faut qu'elle existe réellement et sans ambiguïté. Autrement la stipulation relative au payement des dettes n'a plus le caractère précis de la reconnaissance ou de l'aveu et il y a lieu de l'assimiler aux énonciations déclaratives d'un partage ou d'un inventaire. Mais, comme la loi n'impose aucune expression sacramentelle, c'est dans l'examen attentif des termes de l'acte et des circonstances du fait qu'il convient de rechercher la preuve du contrat.

1. BILLETS SOUSCRITS PAR L'ACQUÉREUR. — Ainsi, pour en donner un exemple, un acquéreur avait, dans le contrat de vente, souscrit des billets au profit des créanciers

de son vendeur et soutenait que ce n'était pas là une délégation. Le tribunal de la Seine a décidé, avec raison, le contraire, le 7 février 1862 (1655 R. P., 12261 C.) « attendu que, si la délégation n'a pas été formellement stipulée, les termes de l'acte la font nécessairement supposer. »

6047. Toute espèce de contrat. — Disposition générale. — De ce qui précède, il faut conclure qu'il n'y a point en général à considérer si la reconnaissance de l'ancien possesseur au profit de ses créanciers se trouve dans tel ou tel contrat. L'art 69 § 3 n° 3 parle, il est vrai, des délégations de prix, et l'Administration avait d'abord pensé qu'il s'agissait uniquement des actes comportant un prix, comme la vente (Sol. 13 juin 1823). — Mais cette interprétation a été depuis lors abandonnée, et la jurisprudence décide (V. les n^{os} suiv.) que la loi doit recevoir son application, dans toute espèce de contrat. « Cette large acceptation, dit Demante, est d'ailleurs consacrée par la loi de frimaire elle-même, qui parle, d'une façon absolue, des délégations de prix stipulées dans *un contrat* » (n° 431).

Seulement, il ne faut pas perdre de vue qu'il est certains actes dans lesquels, à raison de leur nature particulière, les déclarations de dettes ont un caractère simplement énonciatif et ne prennent la signification d'un aveu que quand l'intention de conférer un titre au créancier est manifeste. Cette remarque va trouver bientôt son application.

6048. Bail. — Le fermier qui est chargé par le bailleur de payer certaines dettes de ce dernier, sauf à en tenir compte sur le prix de son bail, reçoit une délégation véritable dans le sens de l'art. 69 § 3 n° 3 L. 22 frimaire an 7, et le droit de 1 pour 100 est exigible (Marseille 23 avr. 1858, 990 R. P., 11362 C.; — D. m. f. 15 mars 1814, 4155 J. E.; — *Conf.* : G. Demante n° 431).

Mais, si le titre du créancier était enregistré, ce droit ne serait pas exigible (D. m. f. 15 mars 1814, 4855, 7861, J. E. D. N. t. 2 p. 336 n° 170).

6049. Donation. — Les conditions imposées au donataire comme l'accessoire d'une libéralité, ne sont certainement pas, en droit strict, le prix du bénéfice qu'il recueille; le contrat conserve, dans toutes ses parties, le caractère de générosité et de munificence qui distingue la donation. Cependant, en réalité, les charges sont à certains égards une sorte de compensation des avantages dont le donateur se dessaisit et la loi place le donataire comme l'acquéreur sous la menace d'une déchéance s'il trompe la foi de son bienfaiteur. On peut donc en quelque façon les assimiler au prix d'un contrat de vente, et nous pensons qu'il y a délégation. On sait qu'il ne faut pas prendre ce mot dans l'acception ordinaire. La délégation dont il s'agit ici n'est point l'acte prévu par l'art. 1275 C. C., d'où résulte la novation; c'est une simple indication de payement improprement qualifiée de délégation, dans laquelle le débiteur assigne à ses créanciers, pour se libérer, des personnes qui lui doivent certaines sommes.

Si l'on soutient que les donataires ne sont pas débiteurs, dans quelle catégorie rangera-t-on leurs obligations? Ils se sont soumis par le contrat à supporter une portion déterminée du passif, à acquitter par exemple pour 10,000 francs de dettes; cette stipulation rentre directement dans la classe des engagements ordinaires de payer une somme d'argent et le donateur peut s'en servir comme d'une autre obligation pour désintéresser ses créanciers.

C'est pourquoi il a été plusieurs fois reconnu, en principe, que, quand le donateur impose au donataire la condition de payer en son acquit des créances ne résultant pas de titres enregistrés, le droit de 1 pour 100 est exigible (Cass. 2 avr. 1828, 1270 I. G., 1410 § 5 *in fine* I. G., S. 28-1-225; — Clermont 2 mars 1847, 14228 J. E.; — Nevers 6 janv. 1851, 8316 Fess.; — Mâcon 2 juin 1843, 6556 C.; — Reims 1er juill. 1844, D. N. t. 4 p. 447 n° 68; — D. m. f. belge 18 août 1866, 2416 R. P., 13284 C.; — Sol. belge 23 juill. 1867, 10601 J. E. belge).

Il est plusieurs hypothèses cependant où l'obligation de payer les dettes du disposant est une conséquence légale de la libéralité et où l'indication qui en est faite dans le contrat a un caractère simplement déclaratif impuissant à fonder la perception du droit proportionnel. Dans ce cas, nul doute qu'il ne faille pas appliquer le tarif des délégations. On trouvera au mot *Donation* le développement complet des principes qui gouvernent la matière.

6050. Contrat de mariage. — L'exigibilité du droit de 1 pour 100 a été reconnue au sujet d'une dot constituée par contrat de mariage à charge de payer les dettes des donateurs non établies par titres enregistrés (Reims 1er juin 1846, 13525 J. E.; — Mâcon 2 juin 1843, 13262 J. E.).

Mais il n'en serait pas ainsi d'un simple apport fait avec l'indication du passif restant à acquitter soit par l'époux, soit par la communauté. Ce point se trouve traité au mot *Contrat de mariage*.

6051. Cession de droits successifs. — Lorsque le cessionnaire de droits successifs est tenu de payer la part des cédants dans les dettes de la succession et qu'une partie de ces dettes non établies par titres en forme se trouve détaillée et les créanciers nominativement désignés, le droit de délégation est exigible (Céret 3 avr. 1850, 14926 J. E.).

Le même motif de décider existerait à propos des licitations.

6052. Procuration. — On a même décidé que quand, dans une procuration donnée à l'effet de vendre les biens, il était dit que le prix serait employé par le mandataire à désintéresser tel ou tel créancier dont le titre n'était pas enregistré, le droit de 1 pour 100 devenait exigible comme de la délégation même (Dél. 19 mai 1835, 8904 J. N.).

6053. Partage. — Du moment que les tiers créanciers n'interviennent pas dans un acte de partage, aucun droit de titre n'est exigible sur leurs créances détaillées sans énonciation de titre enregistré.

Il en est de même, quoique des prix de vente leur soient expressément délégués, parce que cette clause n'a pas le caractère d'une reconnaissance proprement dite (Remiremont 31 août 1854).

Mais les principes sont différents quand il s'agit de conventions intervenant entre les cohéritiers en dehors des stipulations essentielles du partage. Ainsi, il a pu être décidé que les cohéritiers étant tenus chacun pour leur part envers le créancier commun, la clause du partage qui impose à l'un d'eux le payement de tout ou partie de la portion de l'autre donne lieu au droit de délégation (Chartres 5 juill. 1845, 13821 J. E.; — V. Nantes 31 août 1844, 13586 J. E.).

Il n'en serait plus de même si l'obligation était due solidairement par deux copropriétaires; comme le coobligé solidaire est tenu de la totalité de la dette envers le créancier (1200 et 1203 C. C.), on ne peut pas dire qu'il contracte un engagement nouveau en promettant de payer toute la dette. La position du créancier ne change pas; il n'y a à cet égard aucune cause à la perception du droit proportionnel (Seine 5 mars 1864, 2042 R. P.).

6054. Société. — Les apports en société sont, comme les apports en mariage, des stipulations essentiellement déclaratives n'ayant pas pour but de conférer aux créanciers un titre de leurs obligations. L'énonciation du passif est une conséquence nécessaire de la déclaration d'apport et en constitue une disposition dépendante. — Ainsi, quand un particulier apporte dans une société une concession de chemin de fer grevée du payement de diverses obligations résultant d'un emprunt, la clause portant que la société devra payer cet emprunt n'a pas le caractère d'une délégation passible du droit de 1 pour 100, parce qu'elle constitue une disposition dérivant de la clause d'apport même et en est une dépendance nécessaire (Cass. 15 mai 1861): « Attendu, porte cet arrêt, que l'acte contient apport par la société Solages à la société Mancel : 1° du chemin de fer de Carmaux à Albi ; — 2° du solde de l'emprunt de 3,000,000 non encore employé et s'élevant à la somme de 1,915,956 francs, contre l'obligation prise par la société Mancel de payer toutes les dépenses faites et de rembourser aux porteurs des obligations représentant l'emprunt, les sommes qui leur étaient encore dues ; que cette dernière obligation n'était, en réalité, que le prix de la cession faite sous forme d'apport par Solages à la compagnie Mancel; qu'elle constituait une disposition dérivant de la clause d'apport même et n'en était qu'une dépendance nécessaire; qu'elle n'était donc pas passible d'un droit d'enregistrement distinct; d'où il suit qu'en l'assujettissant à un droit de délégation sur les 1,915,956 francs non employés à la confection du chemin de fer, le tribunal de la Seine a encore violé l'art. 11 L. 22 frim. an 7 » (1490 R. P., 17134 J. N., 12000 C., 110 Rev., 17307 J. E., S. 61-1-888).

La question de principe a été jugée dans le même sens par le tribunal de Bruxelles le 23 avril 1873 (12021 J. E. belge).

6055. Vente de meubles. — Il n'est pas douteux que la clause d'un procès-verbal d'adjudication aux enchères de meubles, portant que le prix sera payé à un créancier dont le titre n'est pas enregistré, donne lieu au droit de délégation. — V. *Adjudication*.

6056. Créanciers hypothécaires. — La cause de la perception reposant sur ce que le titre du créancier délégataire n'a pas été enregistré, il en résulte que, dans tous les cas où ce titre a été soumis à la formalité, la délégation est exempte du droit. Or, on doit considérer comme tel le titre du créancier hypothécaire, puisque la collation d'hypothèque suppose nécessairement la rédaction d'un acte public et son enregistrement. — Aussi, le tribunal de la Seine a-t-il décidé avec raison, le 27 février 1840, que, du moment que le prix d'une vente est délégué par le contrat *aux créanciers hypothécaires* du vendeur, cette qualité indique suffisamment que leurs titres sont en forme, et le défaut d'énonciation de l'enregistrement des titres ne peut rendre dans ce cas le droit proportionnel exigible (11646-2 J. E.).

Reconnu, de même, que, si dans un acte d'échange les coéchangistes s'obligent réciproquement à payer chacun une somme égale aux créanciers hypothécaires sur les immeubles cédés, aucun droit de délégation n'est exigible, car il y a ici indication de payement de créances établies par titres réguliers et aucun droit de titre ne peut être perçu (12709 J. E.; — Le Havre 17 déc. 1846, 14159 J. E.).

6057. Délégataires non dénommés. — On comprend que, pour que la déclaration du débiteur forme titre au profit de ces créanciers, il faut que ces derniers soient dénommés au moins d'une façon implicite. Une délégation générale aux créanciers ne pourrait permettre *de plano* à tel ou tel d'entre eux de venir se faire payer sur le prix sans faire d'abord reconnaître sa créance.

1. ENFANTS.— L'Administration a néanmoins délibéré, le 23 mai 1834 (4521 Roll.), que le droit de délégation est exigible sur la vente qui stipule que le prix sera versé aux enfants du vendeur ou à la personne que les enfants désigneront. Cette solution s'explique par cette circonstance que les délégataires quoique non dénommés, sont nécessairement connus ; quant à l'alternative stipulée, elle doit être sans influence sur la perception.

2. INVENTAIRE. — De même encore, si le prix d'une vente d'immeubles est délégué à des créanciers désignés dans un inventaire, le droit de titre est exigible si ces créanciers ne sont pas pourvus de titres enregistrés, bien que les créanciers ne soient pas dénommés dans l'acte de vente; comme ils le sont dans un acte auquel on se réfère, ce renvoi équivaut à une désignation dans le contrat même (11873 J. E. ; — Valence 5 juin 1862, 17505 J. E.).

6058. Déclaration estimative. — Valeur du titre non déterminée. — Mais, du moment que les autres éléments de la délégation sont suffisants pour rendre exigible le droit proportionnel dans les termes de la loi, la circonstance que le montant des créances du délégataire ne serait pas connu ne peut nullement arrêter la perception; l'art. 16 L. 22 frimaire an 7 supplée alors à l'insuffisance des indications. — Dans ce sens, il a été décidé par l'Administration, le 9 avril 1831 (9970 J. E.), que, lorsque, dans une vente publique de meubles, le prix a été délégué à un créancier non présent, sans indication de l'importance du titre non enregistré, le droit de titre doit alors être perçu d'après une évaluation à faire par les parties. — V. *Affectation hypothécaire.*

6059. Obligation de justifier d'un titre. — Pour que le droit de titre devienne exigible sur la créance du délégataire, il faut évidemment que la délégation assure par elle-même ce titre et que la reconnaissance qui én est faite soit complète et indépendante de toute circonstance. Que si, par une restriction quelconque mise par le délégant à la délégation, le créancier délégataire est obligé de justifier de ses titres autrement que pour la délégation elle-même, cette délégation n'étant pas le titre du créancier, le droit proportionnel n'est pas exigible.

Dans une vente par les époux L... au sieur M... de divers immeubles, moyennant 880 francs, l'acquéreur s'était soumis à l'obligation de servir, en l'acquit du vendeur, trois rentes de 22 francs chacune, à des créanciers indiqués, à la charge par ceux-ci de justifier de leurs titres. Le droit de 1 pour 100 a été perçu, par le motif que les titres des créanciers n'étaient pas énoncés. Mais la restitution en a été ordonnée, « attendu que l'indication des créanciers ne les dispensait pas d'établir leurs droits, et qu'au contraire, la justification de leurs titres était stipulée nécessaire pour la validité du jugement; que, dès lors, ce n'était pas le cas d'appliquer l'I. G. 1270 » (Sol. 19 déc. 1832, 3925 Roll. — *V.* dans le même sens Dél. 18 janvier 1826, 1390 Roll.).

6060. Cause non indiquée.— Le droit de délégation est-il dû sur l'acte de vente dans lequel il est stipulé que le prix sera versé entre les mains d'un tiers, sans indication de la cause de ce versement? L'affirmative résulte de la délibération du 23 mai 1834, citée au n° 5784-1 précédent.

Mais le principe ne saurait être généralisé. En effet, pour qu'un droit d'obligation puisse être perçu, il faut qu'une obligation soit exprimée. Or, si le contrat de vente garde le silence sur la créance, l'indication de payement n'emporte pas reconnaissance de dettes; elle ne confère au tiers qu'un mandat, et s'il était réellement créancier du vendeur, il ne pourrait après avoir reçu le prix opérer la compensation (8565 J. N.).

6061. Dette éteinte. —Le droit porportionnel perçu au moment de la délégation, à raison de titres non enregistrés, ayant pour principe, non pas la délégation même, mais la reconnaissance du droit supposé par cette délégation, il s'en suit qu'il n'y a réellement exigibilité du droit que lorsque la délégation confère un titre véritable. Si donc la créance se trouvait éteinte au moment de la délégation, ou s'éteignait par l'effet même de l'acte qui la reconnaîtrait, aucun droit ne serait exigible, car la reconnaissance n'aurait plus aucune utilité pour le délégataire.

1. QUITTANCE. — Dans ce sens, si le payement de la somme déléguée avait lieu dans l'acte même qui contiendrait la délégation, le seul droit exigible serait celui de quittance (Cass. arrêt d'admission 4 juill. 1815, 5472 J. E.).

2. CONFUSION. — Dans une espèce où un industriel avait vendu son établissement, avec stipulation que le prix serait payé à sa femme en déduction de ses reprises, le droit de délégation avait été perçu. Mais la femme ayant été déclarée command et ayant accepté, le droit de délégation a été restitué, par suite d'une délibération du 26 octobre 1825 (1341 Roll.) fondée sur ce que la dette s'était trouvée éteinte par confusion.

6062. Créance du délégataire conditionnelle. — Le principe développé, n° 4915, d'après lequel tout contrat subordonné à une condition suspensive ne doit être soumis au droit proportionnel qu'au moment où la condition s'accomplit, conserve toute sa force en matière de délégation. C'est ce que l'Administration a reconnu, le 28 avril 1824 (846 R., 5061 J. N.), dans l'espèce suivante :

1. VENTE. — Dans un acte de vente, le vendeur charge l'acquéreur de payer une somme de 2,000 francs dans un an, à un sieur Rastonit, à-compte du prix d'une acquisition, que le délégant se proposait de faire, d'immeubles appartenant au délégataire. Le droit de 1 pour 100 ayant été perçu, la restitution en a été ordonnée, « parce que la délégation ne constituait pas, au profit du sieur Rastonit, le titre d'une créance actuelle en vertu de laquelle il pût, d'ores et déjà, exiger le payement des 2,000 francs délégués, cette somme ne devant lui appartenir que sous la condition que la vente projetée serait réalisée. »

6063. Créance du délégué conditionnelle. Peu importe, pour la perception du droit, que la créance déléguée soit conditionnelle, si celle du délégataire n'est soumise à aucune condition. Le droit de titre, en effet, prévu par l'art. 69 § 3 n° 3 L. frimaire, ne s'applique qu'aux créances en payement desquelles la délégation est faite pour acquitter des créances à terme, dit la loi, *envers des tiers, sans énonciation de titre enregistré.* »

1. FERMAGES. — Décidé dans ce sens que la délégation de fermages à échoir, contenue dans un bail, en payement de créances actuelles non établies par titres enregistrés, donne ouverture au droit proportionnel (D. m. f. 15 mars 1814, 4155 J. E.).

2. CONTRAT DE MARIAGE. — De même encore, la clause d'un contrat de mariage par laquelle une mère tutrice cède et délègue à sa fille, future épouse, en payement de son reliquat de compte de tutelle et avec toute garantie, des créances personnelles dont le futur sera chargé au fur et à mesure des recouvrements, donne ouverture au droit de délégation. (Besançon 7 mai 1846, 7608 C., D. N. t. 4 p. 55 n° 405, Champ. et Rig. t. 6 n° 172).

6064. Nature du titre non enregistré. — La jurisprudence a reconnu que, si la délégation était en elle-même affranchie de l'impôt comme faisant partie intégrante des conditions de la vente et du payement du prix, elle emportait du moins une reconnaissance positive par le délégant de la créance du délégataire. Bien qu'il intervienne en l'absence du créancier, cet aveu n'en confère pas moins à ce dernier un titre qu'il n'avait pas, et son obligation se trouve ainsi constatée d'une manière suffisante pour autoriser des poursuites contre le débiteur.

En principe, le droit à percevoir est donc celui de la convention conclue entre le délégué et le délégataire. L'art. 69 § 3 n° 3 L. 22 frimaire an 7 le fixe à 1 pour 100 d'après le tarif des obligations de sommes; mais il a soin d'ajouter que le droit est différent si l'obligation est le prix d'une transmission de meubles ou d'immeubles non enregistrée. On peut donc se demander quelle perception il faudrait établir si le vendeur faisait une délégation pour acquitter un prix de vente de meubles. L'obligation dont l'existence est reconnue par le débiteur résulte d'une cession de meubles. Doit-on, dès-lors, abandonner le tarif de 1 pour 100, afin de réclamer, selon le cas, 2 pour 100?

Si le vendeur des meubles intervenait à la délégation pour y donner son consentement, il serait aisé de soutenir que l'aveu du débiteur d'un côté et l'acceptation de l'aliénateur de l'autre forment bien le *contrat de vente*, c'est-à-dire l'instrument de la convention; que, dès-lors, il faut appliquer le tarif qu'elle comporte. Mais il n'en est plus de même quand la délégation n'est point acceptée par le créancier. Il n'y a pas alors de contrat proprement dit : *consensus plurium in idem placitum;* et si la déclaration unilatérale du débiteur suffit à établir l'existence de son obligation et à justifier les poursuites du créancier, du moins ne peut-elle remplacer le contrat dont elle dérive. Or, les droits de cession mobilière se perçoivent exclusivement sur les actes qui forment le titre de la convention. Dès l'instant donc que ce titre n'existe pas, il semble qu'on devrait demeurer, pour l'application du tarif, dans les limites des effets de la délégation et par conséquent ne percevoir que le droit d'obligation sur un aveu qui a simplement le caractère d'une obligation de sommes.

L'Administration et la jurisprudence se sont montrées sur ce point peu conséquentes avec elles-mêmes.

1. VENTE DE MEUBLES. — D'une part, l'Administration a fait décider par plusieurs tribunaux que, lorsque l'acquéreur d'un meuble ou d'un immeuble est chargé de payer son prix aux créanciers du vendeur en échange des marchandises qui lui ont été fournies sans titres enregistrés, le droit de 2 pour 100 est exigible indépendamment de celui dû pour la vente, parce qu'il faut appliquer à la délégation le tarif de la créance que l'acquéreur est chargé de payer (Avesnes 18 avr. 1842, 12997-9 J. E.; — Périgueux 30 août 1845, 14110 J. E.; — *Conf.* : 766 I. G., 11604 J. E., — *Contrà* Champ. et Rig. t. 6 n° 169 [1]).

2. BAIL. — Mais, d'un autre côté, elle a soutenu sous l'empire de la législation qui ne soumettait les mutations de jouissance immobilière à l'enregistrement qu'en cas de bail écrit, que la délégation consentie pour acquitter des loyers à échoir en vertu d'un bail verbal était passible du droit de 1 pour 100, et ici encore, les tribunaux lui ont ont donné raison (Marseille 23 juill. 1863, 1816 R. P., 17713 J. E.; — Saint-Brieuc 13 août et Dreux 29 août 1866, 2343 R. P.).

Cependant, si l'on avait voulu appliquer littéralement le principe d'après lequel la délégation donne ouverture au droit de la créance que le vendeur charge l'acquéreur d'acquitter, il aurait fallu reconnaître que l'obligation, procédant d'un bail d'immeubles *à exécuter*, était sujette au droit de titre établi pour les baux (V. J. *du not.* n° 2179).

Nous nous rattachons, quant à nous, à la perception du droit de 1 pour 100 dans tous les cas, quand l'acceptation du délégataire n'est pas de nature à constituer le contrat de bail ou de vente.

Seulement, si le droit proportionnel n'avait pas été perçu lors de l'enregistrement et que le délégataire fît enregistrer son bail avant le payement, il serait difficile de maintenir encore la réclamation du droit de 1 pour 100.

6065. Nature du titre enregistré. — Le droit de 1 pour 100 établi sur les délégations de prix ayant pour principe non pas la délégation même, mais la reconnaissance du droit supposé par cette délégation, il s'ensuit que le tarif n'est pas applicable quand le titre du créancier a été enregistré.

1. EFFETS DE COMMERCE. — Cette disposition doit être prise dans un sens général. Il suffit que le titre primitif ait subi la formalité, quel que soit le droit payé pour l'enregistrement. Conformément à cette règle l'I. G. n° 1156 § 3 a enseigné que le droit de 1 pour 100 ne serait pas exigible sur la délégation, encore que le titre du délégataire consistât en lettres de change enregistrées (Champ. et Rig. n° 1146, Dalloz n° 1687).

Reconnaissance par acte civil. — Il faut cependant combiner le principe qui précède avec la règle d'après laquelle le droit proportionnel de 1 pour 100 est exigible sur la reconnaissance par acte civil d'une dette résultant de lettres de change ou de billets à ordre enregistrés (V. *Affectation hyp.*).

Quand la délégation sera conçue en termes assez explicites pour constituer un titre de l'obligation commerciale, on devra lui appliquer la règle ordinaire.

2. NOVATION. — A plus forte raison doit-il en être ainsi quand la délégation nove l'obligation antérieure. M. Demante trouve que c'est tirer une déduction à outrance de la théorie légale, et le savant professeur soutient, sans en donner d'ailleurs de motifs, que la délégation reste exempte d'un second droit proportionnel, quoiqu'elle investisse le délégataire d'une créance entièrement nouvelle (N° 436). — Mais nous persistons à croire, conformément à l'avis émis dans nos éditions précédentes, que la novation, créant une dette nouvelle qui n'a pas encore acquitté le droit, motive la perception d'un droit particulier, comme si le titre du créancier n'avait pas été enregistré. C'est d'ailleurs l'opinion de tous les auteurs (Champ. et Rig. t. 2 n° 1146, Dalloz n° 1687, Bastiné *Théorie du droit fiscal* n° 645).

Il n'y aurait pas même lieu, d'après la jurisprudence indiquée n° 1866, d'imputer les anciens droits sur les nouveaux.

1. Il a été cependant décidé que, si un copartageant est chargé de payer à un créancier de la succession, en vertu de titre en forme, une somme qu'il devait à la succession pour prix de meubles verbalement cédés, le droit de délégation à 1 pour 100 est exigible (Chartres 5 juill. 1845; — Louhans 13 déc. 1844, S. 45-2-638). — V. *Partage*.

3. ACCESSOIRES. — INTÉRÊTS ÉCHUS. — *Quid* des accessoires de l'obligation dont le titre aurait été enregistré, des intérêts, par exemple? On peut dire que, les intérêts n'étant que l'effet de l'obligation et les fruits civils qui en résultent, l'obligation de les payer est la conséquence de l'acte qui contient l'engagement principal; car, pour les exiger, lorsqu'ils sont échus, il suffit au créancier de présenter son acte. C'est le calcul du temps écoulé qui établit la quotité exigible. La reconnaissance de ces intérêts, au moment de la délégation, n'ajoute rien au titre du créancier, à moins cependant que le débiteur n'opère une novation à leur égard, comme, par exemple, s'il les capitalisait pour en former la base d'une dette nouvelle substituée à l'ancienne. La conséquence de cela serait que l'enregistrement de l'obligation principale devrait affranchir du droit les intérêts, qui en sont la suite légale, toutes les fois que ces intérêts ne forment pas le titre d'une obligation nouvelle.

Néanmoins la jurisprudence n'a pas admis cette règle. L'Administration a décidé, par une Sol. 6 octobre 1824, que la délégation des intérêts échus, sur lesquels aucune perception n'a pu être assise lors de l'enregistrement du titre de la créance principale, emporte reconnaissance d'une nouvelle dette, sur laquelle le droit de 1 pour 100 est exigible (Dél. 6 oct. 1824, 1156 § 3 n° 2 I. G.), et, plus récemment, le tribunal de Saverne a consacré cette doctrine par un jugement du 23 août 1845 (13856 J. E.). — C'est également ce qui résulte d'une Sol. belge du 8 septembre 1873 (42311 J. E. belge). — V. aussi 14348 J. E.

4. ARRÉRAGES. — L'Administration a cependant décidé, le 15 mai 1846 (12819 J. N.), dans une espèce où un donateur chargeait un des donataires de payer à l'autre une somme de 12,000 francs pour arrérages d'une rente qu'il lui avait constituée, que le droit de titre n'était pas exigible sur ces arrérages, bien que le créancier fût présent à l'acte. Mais, pour rendre cette décision, elle n'a pas pris en considération les motifs que nous avons fait valoir ci-dessus : elle s'est fondée sur ce que la dette dont la donation formait le titre était une condition de cette donation, une charge imposée au donataire. D'où la conséquence que l'énonciation de cette dette ne pouvait être considérée ni comme une obligation de somme, ni comme une délégation passible du droit proportionnel — V. 6802-1.

5. INTÉRÊTS A ÉCHOIR. — Quoi qu'il en soit, aucun doute ne pourrait s'élever et le droit de titre ne serait pas exigible si la délégation portait sur des intérêts à échoir (Dél. 23 déc. 1828, Dalloz n° 1129; — Versailles 2 juill. 1840, 12554-3 J. E.).

Ainsi, par exemple, la disposition d'un bail portant délégation du prix en payement des intérêts à échoir de créances établies par des titres enregistrés ne donne ouverture à aucun droit. En effet, le titre de la créance étant enregistré et les intérêts n'étant pas échus, il n'y a pas lieu à l'application de l'art. 69 § 3 n° 3 L. 22 frimaire an 7 (Dél. 8 mai 1846, 14062-1 J. E., 7580 C., 12687 J. N.) — V. 10080.

6. FRAIS TAXÉS. — Lorsque, dans une adjudication passée devant un notaire commis, il est déclaré que les frais faits par l'avoué ont été taxés et seront payés par l'adjudicataire en déduction de son prix, le droit de 1 pour 100 n'est pas dû, parce qu'il n'y a pas délégation, ces frais étant nécessairement à la charge de l'acquéreur d'après l'art. 713 C. proc. civ. (12971 J. N., D. N. t. 13 p. 549 n° 244).

6066. Droits distincts. — Le droit de délégation exigible dans un contrat de vente doit être perçu sur chaque créance non établie par titre en forme, et non sur le total des créances réunies (13553-7 J. E.).

6067. Restitution. — Le droit de délégation perçu sur des créances à terme, sans énonciation de titre enregistré, devient restituable s'il est justifié d'un titre précédemment enregistré. Ce principe n'a jamais soulevé de difficulté.

CHAPITRE III. — DÉLÉGATION DE CRÉANCES A TERME

[6068-6084]

6068. Tarif. — L'art. 69 § 3 n° 3 L. 22 frimaire an 7 tarife au droit de 1 pour 100 : « les transports, cessions et délégations de créances à terme. » — Mais il règne sur la perception de ce droit une obscurité qui a produit en jurisprudence de fréquentes antinomies et dont il faut chercher surtout la cause dans la terminologie confuse des expressions légales. Rien n'est souvent moins précis, en effet, que ces termes de novation, de délégation parfaite ou imparfaite, de cession ou d'indication de payement. Les conventions que ces expressions caractérisent sont cependant différentes et en droit fiscal notamment elles ont besoin d'être soigneusement distinguées. Il est indispensable, pour aborder le commentaire de cette matière, de rappeler les principes qui la gouvernent.

6069. Ce qu'on entend par délégation de créances. — D'abord faisons remarquer qu'en droit fiscal on entend par délégation de créances à terme toutes les délégations qui ne sont pas renfermées dans le contrat même où est stipulé le prix dont la délégation est faite. Dès que la convention intervient par acte séparé, il importe peu que la créance déléguée soit un prix de vente ; c'est d'une délégation de créances à terme qu'il s'agit et il faudra lui appliquer les principes spéciaux de ces contrats à l'exclusion des règles que nous avons exposées dans la section précédente; nous reviendrons sur ce point tout à l'heure.

6070. De la délégation parfaite emportant novation. — La délégation de créances, dans son sens général, est l'acte par lequel un débiteur, pour s'acquitter, donne à son créancier une tierce personne qui doit payer à sa place.

Le débiteur cherche évidemment, par cette substitution, à se libérer de sa dette, en mettant à sa place un second redevable qui prendra sur lui les suites de l'engagement. Or, ce résultat nécessite l'acceptation du nouveau débiteur et celle du créancier; de l'un, parce qu'il s'oblige au lieu du délégant; de l'autre, parce qu'il doit décharger son ancien débiteur. La libération est incomplète sans ces conditions. C'est ce qui résulte de l'art. 1275 C. C., qui exige que le débiteur désigne lui-même son remplaçant, que ce dernier s'oblige, que le créancier décharge le premier débiteur (*Conf.* : loi 6 au Code, *de Novat.*, Pothier *des Oblig.* 564, Domat. liv. 4, tit. 4, n° 2, Toullier 7290, Duranton 12319, Zachariæ éd. Aubry 2389, Larombière 1275; — Cass. 24 frim. an 10, 19 déc. 1825; — Paris 30 déc. 1823; — Caen 19 fév. 1825; — Grenoble 12 mai 1842; — Orléans 25 juill. 1849).

Lorsque le délégué donne son assentiment et que le créancier délégataire décharge le débiteur primitif, la novation se produit; l'obligation ancienne s'évanouit et il ne reste plus que le lien de droit formé entre le créancier délégataire et le tiers délégué. C'est ce qu'on nomme la délégation parfaite.

L'exigibilité du droit proportionnel dans cette hypothèse ne peut pas faire l'objet d'un doute; il est manifeste que la convention tombe sous l'empire de l'art. 69 § 3 n° 3 L. 22 frimaire an 7, qui tarife au droit proportionnel « *les transports, cessions et délégations de créances à terme.* »

6071. Délégation imparfaite. — Défaut de consentement du débiteur délégué. — La stipulation change de nature si l'acceptation du débiteur délégué fait défaut. L'obligation du délégant n'étant plus remplacée par l'engagement du nouveau débiteur, la novation devient impossible (Cass. 2 juill. 1867, S. 67-1-387). L'opération n'est cependant pas sans résultat. Le délégant a offert à son créancier de recevoir en payement de sa dette une obligation sur un tiers, et le créancier a accepté. Il s'opère alors une sorte de transport de créance qui se transformera en délégation parfaite alors seulement que le tiers acceptera le contrat, mais qui confère néanmoins au créancier, *hic et nunc*, un droit personnel sur la valeur cédée. Renusson nous le fait clairement entendre : « La délégation est imparfaite, dit-il, ou plutôt il n'y a point de délégation : c'est une simple assignation ou destination, ou une cession et transport » (*de la Subrog.* ch. 2 n° 10).

Il ne faudrait point, en droit civil, prendre cette dernière idée sans précautions, car les transports et les délégations de créances produisent des effets différents. Mais, au point de vue où nous nous plaçons actuellement, les mêmes dangers n'existent pas dans la législation fiscale, où les deux conventions sont également tarifées au droit de 1 pour 100, par l'art. 69 de la loi de l'an 7. En désignant collectivement les transports, cessions et délégations de créances, ce texte manifeste bien le désir d'atteindre tous les contrats dans lesquels s'opèrent à titre onéreux des mutations de valeurs semblables. Par conséquent, quelle que soit, au demeurant, la nature de la délégation restée imparfaite par le défaut de consentement du délégué, elle donne lieu au droit de 1 pour 100 (*V.* 1590 § 4 I. G.).

Ainsi, un arrêt de Cass., du 27 février 1839 a reconnu que si, après le contrat d'aliénation, un vendeur délègue à ses créanciers présents les prix de vente qui lui sont dus par les acquéreurs, le défaut de consentement de ces derniers ne s'oppose pas à la perception du droit de 1 pour 100 « Vu, porte cet arrêt, les art. 69 § 3 n° 3, 11 et 68 § 1er n° 3 L. 22 frimaire an 7; attendu qu'aux termes de ces articles, les dispositions portées dans les actes passés devant Me Martin, notaire à Châteauroux, les 24, 25, 26 et 27 octobre 1834, contiennent de véritables transports et délégations soumis à la perception du droit proportionnel de 1 pour 100, porté par l'art. 69 § 3 n° 3, et, quant aux six créanciers intervenus, des acceptations soumises au droit fixe de 1 franc par l'art. 68 § 1er n° 3 de ladite loi; que, pour soustraire les délégations au payement du droit proportionnel, le tribunal ne les a considérées que comme de simples indications de payement, comme une libération, faites par suite et en exécution des diverses adjudications des 30 juin, 7 juillet, 25 septembre, 25 octobre, 3 et 10 novembre 1833; que, quant au droit fixe de 1 franc pour chacune des six acceptations, le tribunal, malgré les offres qui en étaient faites et qu'il a déclarées inutiles, a, contrairement audit art. 68 § 1er n° 3, dispensé les héritiers Giraud du payement par eux offert. » (Dalloz n° 1713, S. 39-1-316, 1601-3 I. G., 12264 J. E.).

6072. Délégation imparfaite. — Créancier non acceptant. — Si c'est le créancier délégataire qui refuse son acceptation, toute possibilité de cession disparaît, car il n'y a pas de vente sans acquéreur (V. Cass. 2 juill. 1867, S. 67-1-382). Le contrat conserve donc forcément son apparence de délégation, et, comme cette délégation n'est pas accomplie, on en conclut qu'elle équivaut à une sorte de projet imparfait dispensé du droit proportionnel [1]. M. Demante paraît impressionné par cet argument et ne le combat qu'avec hésitation (427). Il ne demeure pas cependant sans réponse.

Quand je conviens avec mon débiteur qu'il vous payera la somme qu'il me doit, il est clair que j'agis à la fois dans mon intérêt pour me libérer envers vous, et en votre nom pour vous procurer un nouveau débiteur. Cette opération rentre directe-

1. Voici en quels termes Champ. et Rig. ont développé cette argumentation :

« L'art. 69 § 3 n° 3, disent ces auteurs, en tarifant au droit proportionnel les *Délégations*, a entendu saisir les actes de cette espèce qui constituent, créent ou transportent une obligation; c'est ce qui résulte de ces mots qui terminent l'article : « et tous autres » actes et écrits qui contiendront obligations de sommes : » La loi fiscale n'a donc pas compris, sous le nom de délégation de créance, l'indication de payement qui ne crée ou ne transporte aucune obligation, mais bien la délégation véritable, parfaite ou imparfaite, c'est-à-dire opérant ou n'opérant pas novation, mais dans tous les cas transportant au délégataire un droit nouveau; elle n'a donc pas tarifé la délégation non acceptée, qui n'est encore qu'un germe et ne forme qu'un projet de délégation. — Et vainement on opposerait l'art. 68 § 1er n° 3, qui soumet au droit fixe de 1 franc les *acceptations* de délégations, pour dire que cela suppose le droit proportionnel perçu sur la délégation avant l'acceptation. Il suffit de remarquer que toute délégation suppose trois consentements : celui du délégant, celui du délégué et celui du délégataire; la proposition faite par le preneur doit être acceptée par les deux autres; il y a donc acceptation. Celle dont il s'agit ici n'est pas celle du délégataire, c'est celle du délégué; celle-ci n'est pas nécessaire pour l'exigibilité du droit proportionnel, car la délégation existe entre le délégant et le délégataire, par le fait de leurs acceptations respectives; mais celle du délégataire est indispensable. Telle est donc l'économie de la loi. La délégation, c'est-à-dire le contrat consenti par le délégant et le délégataire, subira le droit de 1 pour 100; puis ensuite, l'acceptation par le délégué, ne constituant ni obligation ni engagement nouveau, ne subira que le droit fixe de 1 franc » (V. encore dans ce sens, Duvergier *Vente* t. 2 n° 169).

ment sous l'application de l'art. 1121 C. C., qui permet de stipuler au profit d'un tiers, lorsque telle est la condition d'une stipulation que l'on fait pour soi-même. Il suffit à la validité actuelle de l'engagement que vous ayez un intérêt dans la convention. Or, la délégation, tout imparfaite qu'elle est, confère néanmoins au créancier des droits sérieux. Elle interrompt la prescription; elle permet de poursuivre en justice la répétition de la somme due, même sans la représentation du titre originaire; elle peut être très-avantageuse au créancier en lui offrant un débiteur plus solvable ou une obligation mieux garantie. D'ailleurs, le créancier est ici légalement représenté par son débiteur (L. 38 § 23, au *Digeste* 55-1, 1166 C. C.), et quoiqu'il ait besoin d'accepter pour rendre la délégation irrévocable (Cass. 7 mars 1865, S. 65-1-165), il n'y en a pas moins un engagement dont il peut tirer avantage.

On avait déjà, dans l'ancien droit, relevé le caractère translatif de cette délégation. « Il y a, dit Denisart, une autre sorte de délégation imparfaite qui se fait par le débiteur en l'absence du créancier; telle est, par exemple, celle qui se fait dans un contrat de vente par lequel le vendeur stipule que le prix sera payé à son créancier. *Celui-ci, quoique absent*, peut profiter d'une pareille stipulation, et alors cette délégation vaut opposition au décret volontaire de l'immeuble vendu (*loc. cit.* n° 7).

L'Administration a reconnu l'exigibilité du droit proportionnel dans ses instructions 1132 § 5 et 1270. Et sa doctrine a été confirmée par la jurisprudence.

La C. cass. avait d'abord décidé que la délégation non acceptée par le créancier n'est pas passible du droit proportionnel, encore bien que l'on objecte que la loi ne distingue pas entre les délégations acceptées et celles qui ne le sont pas, et que cette acceptation se supplée naturellement par la remise de l'expédition au créancier délégataire : « Attendu, porte un arrêt de cass. du 17 février 1806, que l'acte en question ne renferme aucune clause d'où l'on puisse inférer nécessairement que le créancier a voulu libérer ses débiteurs de la dette dont ils étaient tenus envers lui; qu'en l'absence de cette libération on ne peut considérer comme une délégation parfaite, emportant transport, l'indication de payement contenue en cet acte; qu'ainsi il n'y avait lieu à l'acquittement d'aucun droit proportionnel. » — C'est ce qui résulte d'un autre arrêt du 17 frimaire an 8 portant : « Attendu que la délégation mentionnée dans l'acte du 1er ventôse an 6 n'a point été acceptée, que ce n'est qu'une indication de payement qui ne forme ni novation ni obligation » (*Conf.* : Cass. 31 juill. 1815, cité par Teste-Lebeau. *V.* Coll. n° 2).

Mais elle n'a pas persisté dans cette opinion. Quatre arrêts rendus le 11 novembre 1822, ont reconnu que les délégations de créances, acceptées ou non par le créancier délégataire, sont indistinctement assujetties au droit proportionnel. « Attendu, portent ces arrêts, que cette interprétation de la loi sur l'enregistrement ne contrarie en rien les principes du droit civil, parce qu'en effet, s'il est vrai de dire qu'une délégation non encore acceptée par le délégataire n'est pas parfaite, en ce sens qu'elle n'opère pas une véritable novation de la créance, il n'est pas moins vrai qu'une telle délégation emporte d'ores et déjà, de la part du délégant, un dessaisissement, un transport, au profit du délégataire, de sa créance sur le débiteur délégué, transport qui peut, sans aucune acceptation écrite, recevoir sa pleine et entière exécution, et que ce même art. 69 § 3 n° 3 L. 22 frimaire an 7 frappe du droit proportionnel de 1 franc par 100 francs » (7347 J. E., S. 23-1-218).

Nous croyons avec M. Demante (n° 428) que ces motifs ne sont pas à l'abri de la critique, car, tant que le créancier n'a pas accepté, il ne s'opère aucun dessaisissement à son profit. Mais, en considérant la clause comme une stipulation pour autrui, ainsi que nous l'avons fait remarquer, on arrive à justifier la perception du droit.

Quoiqu'il en soit, la C. cass. a confirmé le principe de l'exigibilité du droit par deux autres arrêts des 31 décembre 1823 et 7 janvier 1839.

Ces arrêts sont ainsi conçus :

1° *Arrêt du* 31 *décembre* 1823. — « Attendu que là où la loi ne distingue pas, il n'est pas permis de distinguer; attendu que l'article précité de la loi du 22 frimaire an 7 assujettit indistinctement au droit proportionnel de 1 pour 100 toutes les délégations de créances à terme, faites ailleurs que dans un contrat de vente, sans aucune distinction entre les délégations acceptées par le délégataire et celles qui ne le sont pas; Que la disposition de l'art. 68 § 1er n° 3, de la même loi, qui établit un droit particulier pour les acceptations de délégations, prouve d'autant plus que, dans l'art. 69 § 3 n° 3, le législateur a entendu frapper du droit proportionnel les délégations de créances, quoique non encore acceptées » (S. 24-1-325, 1132-5 I. G.);

2° *Arrêt du* 7 *janvier* 1839. — « Attendu que, s'il n'y a pas lieu d'exiger un droit proportionnel sur la délégation d'un prix de vente, lorsqu'elle est faite et acceptée dans le même contrat, il en est autrement quand elle est consommée par un acte postérieur; que, dans l'espèce, le vendeur n'a usé à l'égard de la dame Rouger, de la faculté de déléguer qu'il s'était réservée lors des ventes de 1830 et 1831, que postérieurement, par acte du 31 janvier 1832; que le défaut d'acceptation de ces délégations par les délégataires n'était pas un obstacle à la perception du droit; qu'en effet, la loi du 22 frimaire an 7 assujettit, sans aucune distinction, toutes les délégations au droit proportionnel de 1 pour 100 et qu'on ne doit pas distinguer où la loi ne distingue pas; que, d'ailleurs, s'il est vrai qu'une délégation non acceptée n'opère pas novation, il n'en est pas moins vrai qu'elle contient dessaisissement au profit du délégataire, et peut recevoir son entière exécution sans acceptation écrite » (S. 39-1-77, 1590-4 I. G.).

Le même principe a été appliqué dans de nombreuses décisions (D. m. f. 3 mai 1820, 6736 J. E., D. m. f. 26 oct. 1821, 137 Roll., Dél. 7 fév. 1824, 1132-5 I. G., Dél. 20 mars 1829, 9270 J. E., Dél. 16 avr. 1833, 10709 J. E., 3961, 4297, 4321, 4511, 4614 J. N.; — Louhans 13 déc. 1844, 7080 C.; — Saint-Mihiel 5 mars 1858, 16790 J. E.; — Valence 5 juin 1862, 17505 J. E.).

Un arrêt de la C. cass. belge a également décidé, dans le même sens, que le défaut d'acceptation du créancier délégataire d'une rente ne s'oppose pas à la perception du droit principal (Cass. 3 déc. 1815 et 30 déc. 1837). — V. *Rente* n° 11397.

C'est ce qui résulte aussi d'un jugement du tribunal de Bruxelles du 23 avril 1873 : portant : « que l'art. 69 § 3 n° 3 emploie le mot délégation dans un sens général et comprend sous ce terme non-seulement la délégation parfaite qui opère novation, mais encore la délégation imparfaite qui n'a pas été acceptée par le créancier et qui n'a d'effet qu'entre l'ancien et le nouveau débiteur » (12021 J. E. belge).

6073. Délégation imparfaite. — Débiteur primitif non déchargé. — Le créancier peut accepter la délégation sans décharger son ancien débiteur. Ici encore, il n'y a pas de novation, parce que l'engagement primitif subsiste, au moins en expectative, jusqu'à ce que le nouveau débiteur se soit réellement libéré (Toullier 7290, Duranton 12322, Zachariæ 2393, Massé et Vergé 3446, Marcadé sur l'art. 1275 ; Larombière *id.*). — Le droit romain connaissait cette convention et l'avait caractérisée comme un *mandat donné au créancier* (L. 22 § 2 et 45 § 7 au *Digeste* 17-1). Cette qualification se trouve aussi chez les auteurs modernes qui voient dans la délégation de l'espèce un simple moyen agréé par le créancier de toucher plus facilement son obligation. La supposition d'un mandat explique assez bien, en droit civil, certains effets de la convention ; mais elle serait en elle-même absolument inexacte, car l'idée de mandat exclut toute intention de la part du mandant de céder au mandataire une partie quelconque de ses droits de propriété, et ici précisément la convention n'a pas d'autre but. Chez les Romains, où les transports de créances s'opéraient au moyen d'une procuration donnée au cessionnaire, il était naturel d'appeler le créancier un mandataire : chez nous, la même dénomination serait fausse. La vérité est que le débiteur délégué contracte un engagement personnel envers le délégataire, et que, dans les rapports de ce délégataire avec le débiteur déléguant, celui-ci a cédé sa place à l'autre. Le créancier, en acceptant la convention, se conserve seulement le droit de recourir subsidiairement sur le premier débiteur si son nouvel obligé ne tient pas sa promesse. « *Creditor*, dit très-bien Vinnius, *ex utraque obligatione agere potest, et quod in una deest per aliam suppletur* » (*De nov.*).

Il suit de là, que la délégation est actuellement complète en ce qui concerne le transport du droit : son effet libératoire à l'égard de l'ancien débiteur est seulement soumis à une condition résolutoire. Dans cette situation, la perception du droit proportionnel ne saurait être contestée.

6074. Indication de payement. — Défaut d'acceptation du créancier et du débiteur. — Le but des parties, dans toutes les conventions précédentes, est d'investir le créancier d'un droit personnel contre le débiteur délégué ; et c'est pour ce motif que la délégation imparfaite ne saurait être considérée comme un mandat. Mais on comprend que le débiteur peut, en dehors de toute pensée translative, chercher seulement à régler la forme de sa libération, en donnant à son propre obligé l'ordre d'aller verser ses fonds entre les mains du créancier. Ce dernier ne peut alors forcer le mandataire au payement qu'en excipant des droits de son propre débiteur ; et comme la stipulation n'a pas été faite dans son intérêt, elle n'engendre à son profit aucun droit privatif de créance. Il n'y a, en un mot, aucune transmission : les auteurs sont unanimes pour attribuer à la convention le caractère du mandat pur et simple (Pothier *des Oblig.* 569, Larombière art. 1277 § 1er, Dalloz v° *Oblig.* 2496, Mourlon art. 1277).

C'est elle que le C. C. qualifie d'indication de payement dans l'art. 1277. Il est évident qu'elle ne saurait opérer de novation puisqu'elle ne crée aucune obligation nouvelle ; et on a même vivement repris le législateur d'avoir traduit cette pensée si claire dans un texte de droit positif (Marcadé sur l'art. 1277, Zachariæ édit. Aubry t. 2 p. 394 et note 28). Elle n'a également aucun effet sur le déplacement des deux créances. Par conséquent elle ne fournit pas de cause à la perception du droit proportionnel, et le tarif du mandat est le seul applicable.

1. MANDAT. — Il s'en faut cependant que cette conclusion si naturelle soit adoptée par tout le monde et nous avons entendu fréquemment soutenir que la délégation faite en l'absence du délégué et du délégataire motive néanmoins la perception du droit de 1 pour 100. On invoque pour cela deux ordres d'arguments. En décidant, dit-on, que la loi atteint les délégations non acceptées, la jurisprudence a statué en termes généraux sans distinguer entre les délégations acceptées par le délégataire ou le délégué et celles qui ne le sont ni par l'un ni par l'autre. Pour celles-ci, comme pour les premières, le transport peut, selon la remarque des arrêts du 11 novembre 1822, recevoir son exécution sans acceptation écrite, et cela justifie l'exigibilité du droit. D'un autre côté, ajoute le D. N., une telle délégation équivaut au moins à un *mandat*, et l'art. 69 § 3 n° 3 assimile aux obligations de sommes les mandats ou promesses de payer (t. 4 p. 443 n° 44).

On se méprend ici sur le sens du mot mandat employé par l'art. 69. Il ne s'agit pas de la procuration par laquelle un débiteur charge un tiers d'aller payer pour lui son créancier : un tel acte rentre directement sous l'application du tarif créé pour les procurations au n° 36 § 1er de l'art. 68 L. 22 frimaire an 7. Il s'agit des effets, négociables ou non, qui constituent une reconnaissance de dette au profit du créancier et sont assimilables aux lettres de change ou billets à ordre. Nous en parlerons au mot *Effet de commerce* n° 7302.

2. TRANSPORT. — Quant à l'objection tirée de ce que la déclaration unilatérale du débiteur commence un transport qui peut s'accomplir désormais sans écrit et échapper ainsi à l'impôt, il ne nous touche pas. C'est une considération à faire valoir en législation, mais sans influence sur l'application de la loi actuelle. Il est certain qu'on ne peut percevoir un droit de cession de créances que sur le titre même de ce transport, c'est-à-dire sur l'acte qui renferme le consentement du cédant et celui du cessionnaire. Or, la prétendue délégation ne constate encore que le consentement du cédant. Ce n'est donc qu'une pollicitation ou un projet sujet au droit fixe.

Le contraire paraît résulter, il est vrai, de l'arrêt du 7 janvier 1839 (*Suprà* 6072) qui a autorisé la perception du droit de 1 pour 100 sur l'indication faite par un vendeur seul, après le contrat, des créanciers auxquels son acquéreur devrait payer le prix, attendu que la loi fiscale ne distingue pas entre les délégations acceptées ou celles qui ne le sont pas et que la délégation émanée du déléguant seule peut recevoir son exécution ultérieure sans une acceptation écrite des parties. Mais, quelle que soit l'autorité de cette décision, elle ne saurait à nos yeux prévaloir contre les principes et entraîner la perception d'un droit de mutation sur un acte qui n'en réalise aucune. Ainsi que nous l'avons déjà enseigné au mot *Acceptation*, les principes du droit civil combinés avec ceux du droit fiscal ne permettent pas d'appliquer ici le tarif de la délégation. Les actes de l'espèce ne sont, en définitive, que des mandats assimilables aux ordres amiables ordinaires et passibles comme eux du droit fixe (*Infrà* 6081 et v° *Ordre*) tant que l'acceptation n'est pas intervenue suivant acte enregistré.

3. ORIGINE DE LA LOI. — Cette conclusion ressort avec évidence du rapprochement des articles de la loi du 22 frimaire an 7 et du projet dont elle a été précédée.

L'art. 86 § 1er de ce projet assujettissait au droit fixe de 1 franc, comme notre art. 68 § 1er n° 3, et dans les mêmes termes, « les acceptations de délégations. » — Mais il ajoutait, sous un numéro spécial, que « les délégations non acceptées étaient également sujettes au droit fixe. » C'étaient là un complément et une explication logique de la première tarification ; on faisait bien voir ainsi que l'acceptation sujette au droit fixe n'était pas celle qui servait à former le contrat de délégation et sans laquelle le projet de convention échappait à l'impôt proportionnel, mais celle qui intervenait après la formation du contrat pour y ajouter un élément particulier.

L'art. 87 § 2 était encore beaucoup plus catégorique.

Il soumettait au droit de 1 franc pour 100 « ... les transports, les délégations ayant l'effet de cessions de créance à terme, lorsqu'elles sont faites par actes particuliers et qu'elles sont acceptées ; et les acceptations de délégation par acte séparé, lorsque le droit proportionnel n'a pas été acquitté pour la délégation. »

Cela est clair : la délégation de créance avait besoin d'être acceptée ; quand elle ne l'était pas, on percevait le droit fixe ; puis, plus tard, au moment où elle était acceptée, soit par le délégué, soit par le délégataire, on réclamait le droit proportionnel ; rien de plus logique et de plus raisonnable.

Les articles proposés par M. Duchatel ont été, comme beaucoup d'autres, réduits à une rédaction plus concise dans la résolution définitive (on a fondu quatre-vingt-onze articles en soixante-treize, sans compter les réunions de paragraphes). On y a supprimé tout ce qui avait l'apparence d'une redite ou d'une explication. Mais l'esprit en est resté le même dans toutes ses parties. Ainsi, au cas particulier, au lieu de déclarer que « les délégations ayant l'effet de cessions de créances à terme et acceptées » seraient sujettes au droit proportionnel, on s'est borné à y soumettre « les délégations de créances à terme », pensant que, toute délégation de l'espèce supposant un transport et tout transport exigeant lui-même le concours de deux parties, il était inutile de formuler la condition de l'acceptation sans laquelle la délégation n'existerait pas.

Le rapprochement attentif des textes de la loi de frimaire et des projets primitifs ne paraît laisser aucun doute sur leur signification.

Ainsi que le proclame la cour dans les arrêts mêmes de 1822, dont on s'appuie, les principes du droit civil doivent diriger ici dans l'interprétation de la loi fiscale. Or, on ne fera jamais comprendre à personne que l'on puisse demander un droit de transmission sur un acte qui ne peut rien transmettre, pas plus que l'on puisse exiger un droit de vente sur la simple promesse du vendeur.

Nous persistons donc à croire que la proposition du délégant n'est qu'une indication de payement ou un mandat passible du droit fixe, tant que le délégué ou le délégataire ne l'a pas acceptée.

6075. Distinction de la délégation imparfaite et de l'indication de payement. — Nous ne donnons pas le moyen de reconnaître dans tous les cas l'indication de payement et de la distinguer de la délégation imparfaite. C'est là un travail d'interprétation qui varie selon les termes de chaque contrat. Mais on peut poser, en thèse générale, que la délégation doit toujours préférablement se présumer, car elle présente plus d'avantages aux parties et elle s'impose si naturellement à la situation que, pour la transformer en un mandat, il faudrait des preuves positives de la volonté des contractants.

Ainsi le caractère de la délégation a été reconnu : 1° à la clause d'une quittance portant que le créancier inscrit *pourra toucher* la solde du prix et en donner quittance hors la présence des vendeurs (Tours 13 fév. 1864, 2074 R. P.) ; — 2° à la stipulation qui *autorisait* l'acquéreur à payer lui-même les dettes indiquées sur un état annexé à l'acte (Semur 1er avr. 1863, 1813 R. P.).

De même, lorsque, pour assurer à un tiers le payement d'une partie du prix qui lui a été délégué par le contrat de vente, l'acquéreur lui cède et délègue pareille somme à prendre sur celle qui lui est due par une autre personne, en vertu d'acte enregistré, cette dernière délégation est passible du droit fixé pour les cessions de créances, lors même que, par le même acte, l'acquéreur aurait donné pouvoir au cessionnaire de recouvrer la totalité de sa créance (Clermont-Ferrand 3 déc. 1850, 15082 J. E., 14275 J. N.).

1. MANDAT. — Au contraire, on a considéré comme une indication de payement l'acte par lequel un acquéreur était autorisé à payer le solde de son prix à une créancière inscrite qui en donnerait quittance (Sol. 5 nov. 1863, 2074 R. P., 17972 J. N.). Mais cette solution ne nous a pas paru fondée. Nous préférons la doctrine d'un jugement de Toulouse, du 26 juillet 1850, d'après lequel le droit de délégation est dû lorsque, dans un partage, il est stipulé qu'un tiers recevra une somme due à un copartageant, à charge de l'employer, sans être tenu de rendre compte, a payer pareille somme due par le copartageant à une personne désignée (15002 J. E.). — V. 11131.

2. COMPTABLES PUBLICS. — L'acte par lequel un comptable consent à ce que la Caisse d'amortissement verse au Trésor une partie de son cautionnement, pour éteindre un débet constaté à sa charge, n'est ni un transport, ni une délégation. Le consentement n'est donné que pour abréger les formalités, et il n'est assujetti à aucun droit (5556 J. E.). — Il en est ici comme des décisions que nous avons rapportées n° 2601, qui exemptent de tout droit l'acte par lequel les parents d'un comptable en débet cèdent une créance sur un particulier, pour solder le déficit. L'acte doit être enregistré gratis.

Décide, de même, que renferme une simple indication de payement l'acte par lequel un fonctionnaire reconnaît bonne et valable une saisie-arrêt pratiquée contre lui en mains de l'agent du Trésor, en vertu d'un jugement, et autorise, en conséquence, cet agent à payer et délivrer au créancier saisissant, sur ses simples quittances, la quotité disponible de ses appointements à concurrence des causes de la saisie. « Considérant que cet acte ne peut, ni par les termes, ni par les circonstances où il a été souscrit, être regardé comme ayant pour but et pour effet de transférer du débiteur saisi au créancier saisissant la propriété des créances nées ou à naître, pour le premier, des échéances de son traitement; qu'il faut plutôt y voir une simple indication de payement répondant aux prévisions de l'art. 1277 C. C. » (Sol. belge 4 juill. 1862, 9200 J. E. belge).

3. RÈGLEMENT DE DOT. — Une fille avait reçu en dot de sa mère une somme de 22,000 francs, à imputer sur ses droits dans la succession paternelle. Une liquidation postérieure fixe ces derniers à 21,000 francs et consacre le payement des 22,000 francs. Par le même acte, la donataire donne pouvoir à sa mère de toucher la somme de 21,000 francs et de l'employer à se remplir de l'avance de 22,000 francs qui lui est faite. Ce n'est là qu'un abandon *fictif*, un simple pouvoir passible du droit fixe de 2 francs (3 fr.), et non une véritable délégation, puisque la fille ayant été remplie, et au delà, du montant de sa constitution dotale, l'imputation de cette somme sur ses droits héréditaires n'a lieu que par confusion, et qu'ainsi cette somme a dû rester entre les mains de la mère, pour la remplir de ces avances (Dél. 25 janv. 1826, 1390 Roll.).

4. CAISSE DES DÉPOTS. — Lorsqu'un créancier est autorisé à retirer de la Caisse des consignations le prix de la vente des biens qui étaient le gage de sa créance, à la condition d'en faire un dépôt chez un notaire chargé de lui remettre ensuite une somme déterminée, en payement de cette créance, il n'y a ni délégation, ni transmission actuelle, le créancier n'étant point saisi et des oppositions pouvant survenir entre les mains du notaire et arrêter la délivrance de la somme ainsi déterminée. Dans l'espèce, le droit fixe de 2 francs (3 fr.) pour pouvoir est le seul qu'on puisse percevoir (Dél. 1er fév. 1826, 5568 J. N., D. N. p. 444 n° 50).

5. STIPULATION FORMELLE. — Par acte notarié du 31 août 1822, C... a vendu à D. C... plusieurs parties de bois, moyennant 355,000 francs. Le vendeur a déclaré que 150,000 francs étaient destinés à payer une créance hypothécaire existante en faveur de P..., non présent. Par deux actes du 30 août 1823, P... a transporté 80,000 francs à F... et 34,000 francs à H..., le tout à prendre, soit sur C..., soit sur D. C..., acquéreurs. Ceux-ci sont intervenus aux deux transports et ils ont déclaré les avoir pour agréables et se les tenir pour signifiés.

Ces deux derniers actes ont été soumis à un droit de délégation et à un droit de transport, mais le premier a été restitué, parce que les termes de l'acte du 30 août 1822 ne constituent pas la délégation, et que le transport fait par le sieur P... ne la suppose pas non plus, puisque sa qualité de créancier hypothécaire lui donnait une action, soit contre le sieur C..., soit contre le sieur D. C..., action qu'il a pu transmettre, même sans l'intervention du premier (Dél. 7 janv. 1824, 757 Roll.).

6. SAISIE-OPPOSITION. — De même enfin, l'acte par lequel un débiteur consent à ses créanciers l'abandon de sommes sur lesquelles ils ont formé saisie-opposition ne donne pas ouverture au droit de délégation, parce qu'il n'ajoute rien à leurs droits et qu'il tient seulement lieu du jugement de validité. C'est, à proprement parler, une adhésion au dessaisissement en faveur de créanciers déjà investis jusqu'à un certain point par la saisie, dessaisissement auquel le débiteur ne peut se soustraire. Dans un acte de l'espèce on n'a perçu que le droit de consentement (3 fr.) et celui de 3 francs pour l'intervention du tiers saisi (Dél. 29 janv. 1830).

De même, la déclaration faite par le débiteur saisi, au bas de l'exploit de dénonciation d'une saisie-arrêt, qu'il est réellement débiteur et qu'il consent à ce que le tiers saisi vide ses mains en celles du créancier saisissant n'est qu'une simple indication de payement non soumise au droit de transport ou de délégation. — V. *Saisie-Arrêt* 14760.

6076. Sur quoi porte le tarif. — Titre enregistré. — Pour l'exigibilité du droit proportionnel, l'existence d'un titre antérieur, enregistré ou non, reste sans influence sur les délégations de créances à terme, alors qu'elle est décisive lorsqu'il s'agit de la délégation de prix dans un contrat. La raison de cette différence se déduit naturellement de ce que, en matière de délégation de prix, la délégation n'est que l'occasion de la perception et que la cause de cette perception est la créance qui, lorsqu'elle ne repose pas sur un titre enregistré, se trouve reconnue au profit du créancier. Ce n'est donc pas un droit de délégation proprement dit qui se perçoit sur les contrats contenant délégation du prix, c'est un droit de titre; aussi la circonstance de l'enregistrement ou du non-enregistrement du titre de la créance est-elle décisive. Lorsqu'il s'agit d'une créance à terme, au contraire, la question de savoir si le titre de la créance a été ou non enregistré ne peut être prise en considération, puisque ce n'est pas le titre de la créance que la loi a eu en vue, mais bien la transmission de la créance elle-même. De là il suit que si, aux termes de la loi, il n'y a pas lieu d'exiger un droit d'enregistrement sur la délégation du prix d'une vente, lorsqu'elle est faite dans le contrat de vente où le prix a été stipulé, parce que ces deux stipulations ne font qu'une seule et même convention, il en est autrement lorsque la délégation du prix d'une vente, précédemment faite et consommée, n'a lieu que postérieurement et dans un acte distinct et séparé, parce qu'alors la délégation constitue une disposition nouvelle, isolée de la première convention; elle n'est plus qu'une délégation de créance à terme et elle demeure comme telle soumise au droit proportionnel établi sur les transmissions de sommes et valeurs. — « Il importe d'observer, dit l'Administion dans l'I. G. n° 1270, que le droit de 1 franc pour 100 devient exigible toutes les fois qu'aucune délégation n'ayant été faite dans le contrat le vendeur ou le donateur délègue, par acte postérieur, le prix de la vente ou une somme formant charge de la donation. Cette disposition, indépendante du contrat, ne peut plus être considérée comme une délégation de prix stipulée dans un contrat. C'est alors une délégation de créance à terme, qui, acceptée ou non acceptée, est passible du droit proportionnel, conformément au § 5 de l'I. G. n° 1132. »

1. PRIX DE VENTE. — Dans ce sens, la C. cass. a décidé, le 26 mai 1834, que le droit de délégation était exigible dans une espèce où des vendeurs avaient délégué, par acte postérieur aux ventes, ce qui leur restait dû sur le prix, à un créancier, porteur d'un titre enregistré: « Attendu, porte l'arrêt, que si, aux termes de la loi, il n'y a pas lieu d'exiger un droit d'enregistrement sur la délégation du prix d'une

vente, lorsqu'elle est faite dans le contrat de vente où le prix a été stipulé, parce que ces deux stipulations ne font qu'une seule et même convention, il en est autrement lorsque la délégation du prix d'une vente, précédemment faite et consommée, n'a lieu que postérieurement et dans un acte distinct et séparé, parce qu'alors la délégation constitue une disposition nouvelle, isolée de la première convention, et demeure comme telle soumise au droit proportionnel établi sur les transmissions de sommes et valeurs (10932 J. E., 1467 § 1er I. G., S. 34-1-448).

Le même principe a été consacré par deux autres arrêts des 27 février 1839 (12264 J. E., 10357 J. N., 1601-3 I. G., S. 39-1-316, *arrêt rapporté* 6071), et 7 janv. 1839 (S. 39-1-77, *arrêt rapporté* 6072). — *V.* dans le même sens 11043-1 J. E., Dél. 20 janv. 1835, 11102 J. E.; — Altkirch 7 août 1835, 11283 J. E.).

2. CRÉANCE VERBALE. — Quoique la cause de la perception du droit des délégations de créances à terme soit la même que celle de l'exigibilité du droit de cession de créance, il existe quelques différences entre ces contrats. Ainsi, dans les cessions de créances verbales, le droit de titre est exigible indépendamment du droit de transport quand le débiteur accepte (n° 3478). Dans les délégations, au contraire, il a été plusieurs fois reconnu que ce droit n'était pas exigible parce que la reconnaissance du débiteur se confond avec la délégation même dont elle est une partie intégrante et qu'elle constitue ainsi une disposition dépendante affranchie de la perception par le droit auquel donne lieu la disposition principale (Sol. 25 mai 1817, 30 oct. 1828, 17 mars 1843, D. N. t. 8 p. 667 n° 462; — Dél. 28 nov. 1828, 1270 I. G.).

6077. Acte séparé. — La condition essentielle pour motiver la perception du droit proportionnel, c'est que la délégation soit renfermée dans un contrat distinct de celui où est stipulé le prix dont elle se compose.

1. RATIFICATION. — Mais on ne considérerait pas comme un acte séparé la ratification d'un contrat par celui au nom duquel il a été fait. La délégation de prix qui serait constatée dans cette ratification n'est pas plus sujette au droit proportionnel que si elle avait eu lieu dans le premier contrat, parce que le contrat soumis à ratification n'est, sous ce rapport, qu'un simple projet (Nogent-sur-Seine 13 mai 1830, 3032 Roll., 7236 J. N., Dél. 23 juill. 1830, D. N. t. 4 p. 446 n° 64, Dalloz n° 1681).

2. ACCEPTATION DE REMPLOI. — On l'a décidé de même au sujet de la délégation contenue dans l'acte d'acceptation de remploi : cette délégation doit être traitée comme si elle était renfermée dans le contrat de vente lui-même (Sol. 13 sept. 1864).

3. PROMESSE DE VENTE. — Bien qu'une promesse de vente enregistrée au droit proportionnel ne contienne aucune délégation du prix, on ne pourrait considérer comme délégation hors contrat, passible du droit proportionnel, celle faite dans l'acte de réalisation de cette promesse, car ces deux actes n'en font en quelque sorte qu'un (11648 J. E.).

Décidé également que l'acte qui constate la vente résultant de lettres missives enregistrées au droit proportionnel, a un caractère complémentaire, et que la délégation de prix y renfermée n'est passible d'aucun droit. — V. *Acte de complément.*

4. DÉPOT. — On a aussi décidé que, le dépôt d'un acte de vente sous seing privé étant le complément de cette vente, la délégation du prix ne peut pas être considérée comme une délégation de créances à terme, mais une délégation de prix ordinaire (Dél. 28 mars 1851).

5. ACTES SIMULTANÉS. — Mais il faudrait considérer comme une délégation de créance ordinaire la délégation contenue dans un acte passé le lendemain de la vente, alors même qu'il serait démontré que la vente n'a eu d'autre but que de fournir au vendeur les moyens d'opérer cette délégation au préjudice d'autres créanciers (Semur 1er avr. 1863, 1813 R. P.).

6078. Délégation ultérieure. — Acte de complément. — Quand la délégation a été faite dans le contrat, l'acte ultérieur par lequel le vendeur la réitère ou l'exécute ne saurait être considéré que comme un acte de complément passible du droit fixe; — et, si cette exécution résulte d'une collocation dans un ordre, c'est le droit de 50 centimes pour 100 qui est seul exigible (L. 28 fév. 1872).

A la vérité, le transport du prix aux créanciers n'a pas acquitté l'impôt, puisque le droit perçu sur le contrat de vente s'appliquait à la reconnaissance de dettes et non à la cession. Mais il en a été exempté par l'art. 11 de la loi de l'an 7 comme disposition dépendante, et cela suffit pour que l'acte d'exécution soit passible du droit fixe.

L'essentiel est d'examiner si la délégation a été formulée en termes catégoriques lors du premier contrat, ou bien s'il y a eu une simple intention de déléguer ultérieurement; car, dans cette dernière hypothèse, le second contrat serait régulièrement passible du droit de 1 pour 100, et, si cette délégation était constatée dans un procès-verbal d'ordre, c'est ce droit qui serait exigible à l'exclusion du droit de collocation. — V. *Ordre.*

1. RÉSERVE DE DÉLÉGUER. — La délégation ne peut être considérée comme formulée dans l'acte, du moment qu'elle n'est pas complète, c'est-à-dire que le vendeur se réserve de la faire ultérieurement. De telles réserves, insuffisantes pour opérer la délégation, ne font point obstacle à ce que, lorsque cette délégation est ensuite consommée par un acte ultérieur, elle ne constitue une disposition nouvelle, à laquelle il faut, par cela même, appliquer le droit proportionnel.

Le 30 juin 1832, le sieur Roderer vend aux époux Amos différents immeubles, moyennant une rente annuelle et viagère de 500 francs payable au vendeur, « et de plus, moyennant une somme de 20,000 francs que les acquéreurs sont tenus, ce à quoi ils s'obligent, de payer et acquitter à la décharge et sur la délégation du vendeur, qui en sera faite par acte en bonne forme, immédiatement après la quinzaine de la transcription du présent contrat, à ses créanciers hypothécaires et privilégiés, à leur première demande. » La C. cass. décide le 7 janvier 1839 (10236 J. N., 12219-12235 J. E.,

1590 § 4 I. G., S. 39-1-77) que le droit de 1 pour 100 est exigible.

Il en serait de même alors qu'une clause de l'acte réserverait expressément au vendeur le droit de déléguer à ses créanciers le prix stipulé payable dans un délai déterminé, avec indication que l'acquéreur serait tenu de satisfaire aux délégations (Autre arrêt du même jour rappelé dans la même instruction. — *V.* dans le même ordre d'idées : — Metz 8 janv. 1833, 10566 J. E., Dél. 1er oct. 1833, 10746 J. E., Dél. 16 août 1833, 10709 J. E., Dél. 25 janv. 1834, 8529 J. N.; — Le Havre 17 déc. 1846, 14159 J. E.; — Tarascon 30 avr. 1846, 13987 J. E.; — Lyon 14 mai 1857[1]).

2. JUGEMENT. — Il en serait de même si c'était un tribunal qui désignât les créanciers qui devront être payés par prélèvement sur le prix de la vente, alors que le cahier des charges porterait seulement que l'adjudicataire se libérera sur l'indication qui lui sera faite (Marseille 14 mars 1850, 14973 J. E.).

3. CLAUSE ALTERNATIVE. — On a également décidé que, lorsque dans un acte de vente il a été dit que le prix sera payé au vendeur ou à ses créanciers inscrits, il n'y a pas de délégation; en sorte que celle qui serait consentie formellement dans un acte ultérieur serait passible du droit proportionnel (Mamers 2 fév. 1847, 14180 J. E.). Le tribunal a jugé avec raison que la particule *ou*, laissant la délégation indécise, ne la constitue pas et n'est attributive d'aucun droit. Il est évident, en effet, que, pour payer valablement aux créanciers inscrits, l'acheteur a besoin d'un nouvel acte ou d'une nouvelle autorisation (*V.* dans deux espèces analogues Dél. 16 août 1833, 10709 J. E.; — Seine 18 janv. 1838, 11984 J. E., Champ. et Rig. t. 6 no 174). — « Attendu, porte également un jugement de Lyon du 14 mai 1857, qu'il est stipulé que l'acquéreur payera à son vendeur *ou* à ses créanciers, ce qui exclut toute idée de délégation, qu'on ne rencontre dans cette clause qu'une indication de payement à faire conformément aux principes de droit. » *Conf.* : Rouen, 29 juill. 1874.

4. DÉLÉGATION NON NOMINATIVE. — Mais la délégation doit être considérée comme faite dans le contrat de vente aux créanciers inscrits, bien qu'ils n'y soient désignés, ni par leur nom, ni par la somme à laquelle chacun d'eux a droit sur le prix, du moment que *le prix de la vente est expressément délégué aux créanciers inscrits* du vendeur. C'est ce qui résulte formellement d'un arrêt de Cass. 27 avril 1840 (12508 J. E., S. 40-1-458, P. 40-1-639, 1723-2 I. G., intervenu dans une espèce où il était dit dans l'acte « que le prix serait payé par l'acquéreur au vendeur, ou, pour lui, aux créanciers inscrits sur la maison vendue, qui sont expressément délégués par le vendeur, pour, par lesdits créanciers, recevoir chacun aux échéances stipulées dans les divers actes obligatoires. » L'Administration, après quelques hésitations, a prescrit aux employés, dans son I. G. 1723 § 2, de prendre cet arrêt pour règle. On lit, dans cette instruction :

« Dans l'espèce ci-dessus (celle de l'arrêt de 1840) le contrat de vente portait délégation expresse et actuelle du prix en faveur des créanciers inscrits du vendeur; l'acte postérieur qui a désigné les créanciers et déterminé la somme à laquelle chacun avait droit n'était que l'exécution et le complément de la délégation stipulée dans le contrat de vente. La C. cass. a statué en conséquence que le droit de 1 pour 100 ne devait point être perçu sur le dernier acte. Il résulte d'une Sol. 14 novembre 1843 que l'arrêt du 27 avril 1840 sera pris pour règle par les préposés; pour en faire une juste appréciation, ils s'attacheront à distinguer la délégation expressément et actuellement stipulée, de la simple intention de déléguer ultérieurement, énoncée dans le contrat de vente. » — C'est aussi la jurisprudence des tribunaux (Seine 17 fév. 1841, 12839 J. E., 11011 J. N.; — Seine 23 fév. 1842 et 6 janv. 1847, 6401-7813 C.).

Il ne suffirait pas de dire que le prix *sera payable aux créanciers inscrits*. Une semblable rédaction, permettant au vendeur, qu'elle ne dessaisit aucunement, de disposer du prix, devrait être considérée comme exclusive de l'intention même de déléguer (Confolens 19 juin 1847, 14589 J. E.; — Seine 15 juin Sol. 27 janv. 1874, 19547 J. E.; — Belley 15 mai 1874, 19593 J. E.; — Sol. 9 nov. 1877). — Il en est de même de la délégation *à qui de droit* (Sol. 11 fév. 1878).

En matière civile, il a été également reconnu que la clause du cahier des charges qui impose à l'adjudicataire d'un immeuble l'obligation de payer son prix aux créanciers inscrits ne peut équivaloir à une délégation de ce prix en l'absence de l'indication des noms de ces derniers et du chiffre de leurs créances, surtout si le vendeur y est également désigné comme pouvant recevoir le prix de l'adjudication (Cass. 15 juill. 1856, D. 56-1-277).

6079. Inutilité d'un titre pour le créancier. — Toutes les fois que le créancier, pour exercer ses droits, n'a pas besoin d'un titre, la délégation qui en est faite à son profit lui est inutile; dès lors il semblerait qu'aucun droit de délégation ne peut être perçu.

1. HÉRITIER BÉNÉFICIAIRE. — Dans ce sens, il a été reconnu que la délégation consentie par un héritier bénéficiaire, au profit des créanciers inscrits, même par un acte

1. « Puisqu'on soutient, disent Champ. et Rig. *Suppl.* no 175, qu'une délégation non acceptée est une délégation, qu'une indication de payement faite sans le concours ni des créanciers prétendus délégataires, ni du débiteur prétendu délégué, est une délégation, on devait à plus forte raison trouver ce même contrat dans la délégation du prix convenu entre le vendeur et l'acquéreur, au profit des créanciers inscrits qui n'avaient pas besoin d'être désignés nommément, leurs noms étant sur les registres publics. En supposant d'ailleurs que la délégation ne fût pas complète dans l'acte de vente, il fallait du moins reconnaître que l'acte ultérieur n'avait pour objet que de la compléter et que l'art. 68 § 1er no 26 L. de frimaire ne soumettait cet acte qu'au droit fixe. » — De leur côté, les réd. J. N. s'appuient, pour combattre ce principe, sur l'opinion de Grenier t. 2 no 458, Persil et Troplong, sur l'art. 2184 C. C., qui enseignent que, par l'effet des notifications, les créanciers étant devenus propriétaires du prix de la vente, l'acquéreur ne pouvait valablement se libérer qu'entre leurs mains et était devenu personnellement leur débiteur. On conclut de là que l'intervention du vendeur ne peut avoir pour objet que de reconnaître l'existence et le montant en capital et intérêts des créances inscrites, ce qui exclut l'exigibilité du droit proportionnel, puisque les créances sont établies par titres enregistrés. — Les tribunaux de Strasbourg et de la Seine ont adopté la doctrine de ces auteurs, les 4 juin et 31 décembre 1837 (8978 et 9276 J. N.; — Seine 17 fév. et 12 mai 1841, 12508, 12830 J. E.).

postérieur à l'adjudication, n'est point sujette au droit proportionnel, attendu que, dans ce cas, elle est légale et forcée (10875 J. E., Roll. de Vill. v° *Délégation* n° 74; — Seine 6 nov. 1833, 11646-2 J. E.).

Cependant le tribunal de Dieppe, en se fondant sur ce que l'Administration n'a pas à s'occuper de la validité de la reconnaissance au profit des créanciers, a jugé, le 5 décembre 1849 (15240 J. E.), que, si, dans le compte que rend de la succession l'héritier bénéficiaire, des délégations sur l'actif sont faites à des créanciers dont les titres ne sont pas enregistrés, le droit de 1 pour 100 ou de 2 pour 100, suivant la nature des créances, est exigible sur le capital de ces créances (*V.* dans le même sens 15055 J. E.). Déjà, sans faire valoir de motif spécial, l'Administration s'était prononcée pour l'exigibilité du droit dans son I. G. 1132 § 5, et le tribunal de Privas a également consacré cette exigibilité, en jugeant, le 19 avril 1845 (13832 J. E.), que la distribution amiable du prix de la vente des immeubles dépendant d'une succession bénéficiaire entre les créanciers chirographaires pour argent prêté et pour marchandises fournies donne ouverture au droit de 1 pour 100 sur les créances pour prêt et de 2 pour 100 sur le prix des marchandises.

Nous ferons remarquer que, bien que l'art. 806 C. C. porte expressément que l'héritier bénéficiaire, en faisant vendre l'immeuble, est tenu d'en déléguer le prix aux créanciers inscrits, toutes les fois que cette délégation est faite hors contrat, elle reste dans les conditions ordinaires des délégations hors contrat à des créanciers inscrits, puisque, les créanciers inscrits en général ayant toujours privilége sur l'immeuble vendu, on pourrait également dire que la délégation leur est inutile; le droit de délégation doit donc être perçu dans notre espèce. — *V.* 3077.

6080. Caisse des consignations. — Les délégations de sommes déposées à la Caisse des consignations ne sont pas sujettes au droit proportionnel. — *V.* 3300.

6081. Ordre amiable. — Il importe de distinguer l'ordre amiable de la délégation imparfaite. Le premier n'est qu'un règlement sujet au droit de collocation à 50 cent. pour 100 (L. 28 fév. 1872), tandis que la seconde constitue, comme on l'a vu, une convention, dans tous les cas, sujette au droit proportionnel d'obligation.

La différence est très-nette en principe. Dans l'ordre amiable, la convention se passe entre les créanciers hypothécaires qui stipulent les uns des autres. La présence du débiteur (vendeur ou saisi) n'est pas nécessaire à la perfection du contrat et, s'il y figure, c'est d'une façon passive, pour promettre de ne pas s'opposer au règlement concerté entre les créanciers (Chauveau *Com. de la loi* de 1858, n° 2547 § 4, Demante n° 433). — Dans la délégation de prix au contraire, le vendeur joue un rôle actif, c'est lui qui stipule de l'acquéreur même en l'absence des créanciers (Sol. 14 mars 1863, 2075 R. P.).

L'Administration a paru croire que le caractère essentiel de l'ordre était que les fonds manquassent sur un créancier (Sol. 26 oct. 1830, 9838 J. E., Dél. 21 avr., 19 juin 1835, 11248 J. E.); mais cette circonstance n'est pas toujours exclusive de l'ordre amiable, car il se peut précisément que les créanciers se soient amiablement entendus, afin que, par une économie des frais de procédure, le prix à distribuer fût suffisant pour couvrir toutes les dettes.

Quoi qu'il en soit, la détermination du caractère de la convention est une question de fait assez délicate quand le règlement a lieu en présence des créanciers et du vendeur. Il faut examiner les termes du contrat pour savoir si c'est le vendeur qui a lui-même stipulé avec l'acceptation du créancier, auquel cas il y a délégation, ou bien si la distribution est l'œuvre exclusive de ces créanciers eux-mêmes sans la participation directe du vendeur, auquel cas il y a ordre consensuel.

Voici quelques exemples empruntés à la jurisprudence.

1. DÉLÉGATION. — Constituent une délégation et non un ordre amiable : 1° l'acte postérieur à diverses ventes, par lequel le vendeur colloque chacun de ses créanciers inscrits pour le montant de sa créance, indique à chacun l'acquéreur qui devra le payer et le subroge pour arriver à ce payement à tous ses droits, encore que tous les délégataires n'aient pas accepté (Cass. 27 fév. 1839, 12264 J. E., 10357 J. N., 1601 § 3 I. G., S. 39-1-316, *arrêt rapporté* 6071.

2° L'acte qualifié d'ordre amiable qui, au lieu d'être fait avec les créanciers hypothécaires, est fait avec le concours des chirogaphaires et des acquéreurs et qui contient des stipulations telles que les acquéreurs sont substitués au vendeur, lequel est complétement libéré (Cass. 15 juill. 1840) : « Attendu, porte cet arrêt, que l'acte notarié, intervenu à Montrésor le 27 avril 1834, entre les sieur et dame Pasquier, les acquéreurs de leurs biens et leurs créanciers, est un acte qui, bien que qualifié ordre amiable, présente tous les caractères d'une liquidation suivie de délégations acceptées; qu'en effet, dans cet acte, on réunit des créanciers d'ordres différents (hypothécaires et chirographaires), et les acquéreurs des biens dont les prix sont distribués par délégations acceptées, avec décharge des débiteurs originaires et substitution, à leur place, des débiteurs délégués; qu'il suit de là que l'acte dont il s'agit contient une liquidation suivie de délégation et devait être soumis au droit proportionnel » (10710 J. N., 12556 J. E., 1634-2 I. G., S. 40-1-698).

3° La distribution du prix de son immeuble vendu sur expropriation faite par le débiteur lui-même stipulant en son nom avec délégation à ses créanciers des prix de vente et acceptation expresse à ces créanciers, qui donnent mainlevée de leurs inscriptions (Cass. 19 av. 1843) : « Attendu, porte cet arrêt, qu'il est évident que toutes les stipulations portées dans l'acte du 13 juin étaient faites par Oudin comme propriétaire du prix dont il faisait la distribution lui-même avec transport de ce qui serait dû à terme par les adjudicataires, délégations acceptées par lesdits créanciers; que si ces stipulations opèrent une distribution du prix et une espèce d'ordre amiable, elles font bien plus que l'ordre en justice et ne peuvent être dispensées du payement des droits auxquels leur nature donne lieu; qu'ainsi le jugement n'a pu réduire ce droit à celui de 1 franc fixe pour chaque acceptation » (11730 J. N., 13241 J. E., 1697-2 I. G., S. 43-1-558., P. 43-2-420).

4. L'acte par lequel un débiteur distribue entre un certain nombre de ses créanciers le prix de ses immeubles, aliénés par des actes antérieurs, en indiquant parmi les acquéreurs

celui qui sera chargé du payement vis-à-vis de chacun des créanciers, lorsque d'ailleurs ceux-ci acceptent les attributions faites à leur profit par leur débiteur, constitue, non pas un ordre amiable qui ne ferait qu'indiquer le rang des créanciers suivant l'ordre de leurs inscriptions hypothécaires, et ne serait soumis qu'à un droit fixe, mais une série de délégations des créances du vendeur contre ses acquéreurs. En conséquence, un tel acte est passible du droit proportionnel de délégation (Cass. ch. civ. 24 avr. 1854): « Attendu, porte cet arrêt, que les stipulations litigieuses constituent une véritable *délégation de créances à terme*, contrat prévu par ledit article; que ce n'est ni un ordre *judiciaire*, puisqu'il n'est pas émané de la justice, ni un ordre *amiable*, puisque tous les créanciers n'y ont pas comparu, que la distribution des deniers a été faite indépendamment de l'ordre hypothécaire des créanciers, et que, la préférence accordée à certains créanciers au détriment des autres n'ayant pas été sanctionnée par ceux-ci, cet acte n'a que le caractère d'une convention privée, obligatoire seulement pour les parties qui y ont stipulé, et qui, malgré la réunion de plusieurs délégations et acceptations dans un seul contexte, laisse subsister pour chacune d'elles son caractère particulier, qui l'assujettit au droit fixé par l'art. 69 de la loi précitée » (71 R. P., 2019 § 4 I. G., S. 54-1-445, P. 54-2-95).

On ne peut voir, en effet, dans de pareils règlements, un ordre passif du droit spécial, attendu que c'est comme propriétaire du prix que le vendeur en fait la distribution entre ses créanciers; qu'il n'y a pas simplement *déclaration*, comme cela doit avoir lieu dans les ordres judiciaires et même dans les ordres amiables, mais *stipulation*, puisque le débiteur déclare déléguer à ses créanciers, en précisant une quotité fixe pour chacun d'eux, les sommes qui lui sont dues par les acquéreurs de ses biens (*V.* encore, dans le même sens, 11135 et 12572-4 J. E., Dél. 19 juin 1835, 11248-2 J. E.; — Toulouse et Bordeaux 21 déc. 1849 et 11 mars 1850, 14929-3 J. E.; — Rambouillet 26 déc. 1845, 13900 J. E.; — Montluçon 22 fév. 1849, 14787 J. E.; — Seine 15 janv. 1852, 15574 J. E.).

2. ORDRE AMIABLE. — Mais il y a ordre amiable quand, le prix de l'immeuble étant insuffisant pour désintéresser les créanciers, ceux-ci se réunissent *au nombre de plus de trois, avec ou sans le vendeur*, se distribuent le prix de la vente par ordre de rang d'inscription des créances et consentent, quoique le prix ne suffise pas pour payer ce qui est dû, la radiation de leurs inscriptions après payement du prix par l'acquéreur. — Dans ce cas, le droit proportionnel de 1 pour 100 n'a pas été reconnu exigible (Sol. 26 oct. 1830, 9838 J. E., Dél. 21 avr., 19 juin 1835, 11248 J. E.).

Un cahier des charges portait que les acquéreurs payeraient leurs prix au vendeur ou aux créanciers qu'il désignerait, auquel cas cette indication de payement produirait l'effet d'un transport ou d'une délégation. Le règlement annoncé dans le cahier des charges eut lieu en présence des créanciers, de leur débiteur et des adjudicataires. On y stipula qu'afin de procéder amiablement à l'ordre du prix des immeubles vendus, ce prix serait attribué d'abord aux créanciers privilégiés, puis aux créanciers hypothécaires selon leur rang. La distribution fut faite en conséquence. Malgré ces clauses, le tribunal de Fontenay décida, le 27 avril 1864, qu'il s'agissait d'un ordre amiable sujet au droit fixe. Mais, d'après les faits de la cause, cette solution nous a paru contestable (2075 R. P.).

L'Administration a également délibéré, le 1er mai 1827 (1825 Roll.), que le droit de délégation, qui n'est pas dû sur un contrat de vente dont le prix est délégué en partie à des créanciers inscrits, mais non dénommés, ne le devient pas davantage sur l'acte ultérieur par lequel les parties, se réglant sur leur position, *désignent* ces créanciers, parce que ceux-ci n'acceptent pas et qu'une simple énonciation ne donne pas ouverture au droit de 1 franc pour 100.

Le vendeur qui délègue tout ou partie du prix de la vente à ses créanciers sans leur intervention dans l'acte et charge l'acquéreur d'en faire le payement à ces créanciers, ne fait qu'indiquer un mode de libération pour l'acquéreur, l'acte ne donne pas lieu à la perception d'un droit d'enregistrement pour la délégation (Cass. 21 juill. 1828, *arrêt rapporté* 6043).

6082. Disposition dépendante. — Le principe général posé par l'art. 11 L. 22 frim. an 7, et que nous avons développé n°s 541 et suiv., est applicable en matière de délégation comme pour toute autre convention. La délégation ne doit être assujettie à aucun droit particulier d'enregistrement, lorsqu'elle a été stipulée comme condition d'une disposition principale sur laquelle le droit proportionnel est exigible.

Ainsi la délégation de créance à terme consentie dans l'acte de vente par l'acquéreur au profit du vendeur, pour le payement du prix; celle qui est faite dans un bail, par le fermier à son propriétaire, en payement de fermage à échoir; la délégation consentie par un donataire au profit du donateur et comme condition de la donation, ne sont point passibles d'un droit particulier (D. m. f. 7 avr. 1817, Dél. 20 déc. 1823 et 10 mai 1833, Sol. 29 juill. 1838, D. N. t. 4 p. 444 n° 53).

1. FERMAGES. — RENTE. — C'est ce qui a été jugé par la cour suprême, le 2 avril 1828, dans une espèce où un donateur imposait aux donataires l'obligation de payer à leur mère, présentée à l'acte, une pension viagère, pour laquelle ils ont immédiatement délégué des fermages. Le droit de 1 pour 100 sur la délégation n'était pas dû: « Attendu que cette délégation n'a été que le règlement du mode d'exécution de celle dont les donataires avaient eux-mêmes été chargés envers ladite dame leur mère, et n'a pas été passible d'autres droits que ceux auxquels cette charge de donation donnait ouverture » (1270 I. G., S. 28-1-225).

2. SECONDE DÉLÉGATION. — Cependant la doctrine contraire résulte de deux solutions. D'après la première, l'acte portant que le débiteur sur lequel on a délégué une somme par un autre acte enregistré au droit proportionnel de délégation accepte le transport et cède lui-même une créance pour se libérer, est passible du droit proportionnel de 1 pour 100, parce que le second transport caractérise non-seulement une disposition nouvelle, mais encore une disposition tout à fait indépendante de la première (Dél. 12 juin 1824, 7852 J. E., 4998 J. N.). — Aux termes de la seconde, si, pour se libérer envers le créancier du vendeur, auquel le prix de la

vente est délégué, l'acquéreur lui délègue, par le contrat de vente, une créance qui lui appartient, le droit proportionnel de délégation devient exigible, lors même qu'il n'y a pas acceptation, parce que c'est ici un transport réel de créance à terme, tout à fait indépendant du contrat de vente (Dél. 20 mars 1829, 9270 J. E., Clermont-Ferrand 3 déc. 1850, 14275 J. N.).

Bien que ces solutions soient approuvées par Champ. et Rig. t. 2 n° 1191, nous persistons à penser, avec Dalloz n° 1701, qu'il est plus naturel de ne voir dans la cession faite par le débiteur qu'un mode ou une indication de payement qui ne forme qu'une seule et même disposition avec l'acceptation du débiteur délégué et ne donne ouverture à aucun droit (V. aussi 10911, 11008 et 14074-3 J. E.).

3. TRANSPORT ET DÉLÉGATION. — Quoi qu'il en soit, l'acte par lequel le créancier inscrit, non présent à l'acte de vente qui contient délégation de payement à son profit, consent, en présence du vendeur et de l'acquéreur de l'immeuble hypothéqué, et sous réserve expresse des droits qui lui sont conférés par l'obligation primitive, le transport d'une somme à prendre, soit sur le débiteur originaire, soit sur le nouveau possesseur, ne constitue qu'un transport de créance ; on ne peut y voir une délégation indépendante, résultant de l'intervention du vendeur (Dél. 7 janv. 1824, 757 Roll.).

4. ÉCHANGE. — L'échangiste qui charge son coéchangiste de payer au propriétaire de l'immeuble qu'il a donné en échange le prix qu'il est resté devoir, et cela sur le prix d'un immeuble que ce coéchangiste lui devait à lui-même, fait une délégation passible du droit proportionnel (14648-3 J. E.).

5. OBLIGATION ET TRANSPORT. — De même encore, le droit de délégation est dû lorsque, pour se libérer des intérêts du prix d'une vente enregistrée, un débiteur charge un tiers de payer le total de ces intérêts, à condition que celui-ci demeurera libéré d'une somme qu'il doit au délégant. Il y a, en effet, reconnaissance d'une dette nouvelle sujette au droit de 1 pour 100, d'après le § 3 1156 I. G. et délégation hors contrat de vente, cas prévu par le § 5 1132 I. G. Mais on ne pourrait asseoir en même temps un droit de quittance sur la somme que le tiers devait au délégant, car la dette de ce tiers envers celui-ci subsiste toujours (Dél. 13 juin 1828, 9141 J. E.).

Décidé également que, si dans un acte d'obligation, l'emprunteur s'oblige à payer la somme empruntée aux créanciers du prêteur, il est dû un droit de délégation, indépendamment de celui d'obligation, surtout si, à quelques jours d'intervalle, les créanciers du prêteur ont accepté la délégation (Seine 30 avr. 1847, 14250 J. E.).

Mais on a reconnu qu'il n'y avait pas lieu de percevoir, indépendamment du droit d'obligation, le droit de délégation de rente sur l'acte par lequel l'acquéreur d'un immeuble exproprié depuis, chargé de conserver un capital désigné pour le service d'une rente viagère, se reconnaît débiteur envers les vendeurs de ce capital, pour sûreté duquel il hypothèque un autre immeuble et s'oblige à en payer les intérêts au crédi-rentier. Le dépôt ayant eu lieu uniquement afin d'assurer le service de la rente au moyen des intérêts de ce capital, les deux dispositions sont dépendantes l'une de l'autre et la délégation doit être considérée comme un mode de payement des intérêts (Sol. 8 fév. 1862, 17562 J. E.).

De même, la délégation d'une créance à terme pour demeurer quitte d'une somme prêtée antérieurement sans titre ne donne ouverture qu'au droit de délégation à 1 pour 100. La dette primitive est éteinte par cette sorte de dation en payement et le droit d'obligation ne peut être exigé outre celui de délégation (Sol. 25 mai 1817, 30 oct. 1828, 17 mai 1843, D. N. t. 8, p. 667 n° 462, Sol. 25 fév. 1864, 18672 J. E.).

6. JUGEMENT. — CONDAMNATION. — Si un tribunal a condamné une veuve à payer les dettes de la succession de son mari et lui a donné acte de la délégation qu'elle a faite aux créanciers du prix de vente, le droit de condamnation se confond dans celui de délégation et ce dernier droit est exigible (14723-3, 14771-4 J. E.).

6083. Condition suspensive. — 1. GARANTIE. — Il en est de la délégation comme de toute autre convention : pour que le droit proportionnel soit exigible, il faut qu'elle produise son effet actuellement. Que si elle était soumise à une éventualité quelconque, si elle était conditionnelle, le droit de délégation ne pourrait être perçu. C'est ce qui a été décidé notamment au sujet des délégations faites en garantie pour le cas où un payement n'aurait pas lieu à une échéance déterminée.

Ainsi, 1° lorsque, dans un acte de prêt, l'emprunteur délègue au prêteur, pour assurer le payement des intérêts, les fermages d'un immeuble, le droit de délégation n'est pas exigible sur les intérêts. Il ne s'agit pas, en effet, ici d'un transport emportant novation, mais d'un simple mode de payement ou d'une garantie donnée (Dél. 13 août 1825, 5467 J. N., 18 oct. 1826, 5911 J. N.; — Montbéliard 10 janv. 1849, 13673 J. N.).

2° Par acte notarié, le sieur B... a emprunté une somme de..., et, pour assurer le payement des intérêts et du capital, il a délégué au prêteur les arrérages d'une rente viagère. Le droit de 1 pour 100 a été perçu pour la délégation, mais il a été restitué par le motif que la délégation n'est qu'un mode de remboursement et n'avait été consentie qu'à titre de sûreté (Sol. 18 oct. 1832, 2532 C.).

3° Suivant un acte passé devant notaires à Paris le 10 août 1826, le sieur Nicolas s'est reconnu débiteur envers le sieur de Beausset d'une somme de 70,000 francs, remboursable en 1831 et produisant des intérêts payables de trois mois en trois mois. Il est stipulé en outre que, pour éviter tout retard dans le service des intérêts, le sieur Nicolas délègue et abandonne au prêteur les loyers, payables aux mêmes époques, d'une portion désignée de bâtiments qui lui appartiennent, mais en expliquant que cette délégation n'aura d'effet qu'autant que l'emprunteur ne payerait pas exactement les intérêts aux époques fixées, et après qu'il aurait été mis en demeure, par un commandement suivi de quinze jours de délai. Indépendamment du droit d'obligation, il a été perçu, lors de l'enregistrement, un droit proportionnel de délégation ou transport des loyers. Mais une Sol. 18 octobre 1826 (1205 § 5 I. G.) a autorisé la restitution du droit de délégation. En effet, l'emprunteur était toujours tenu du service des intérêts : il n'abandonnait que conditionnellement les loyers: l'exécution de la délégation était subordonnée à sa volonté, à son exactitude, et même à des formalités de mise en demeure qui devaient avoir pour résultat d'éviter le recours du créancier sur les loyers dus par un tiers.

4° Cependant deux Dél. des 31 janvier 1824 et 4 juin 1826 (1205 § 5 I. G.) portent que le droit de délégation est exigible lorsque l'emprunteur est déchargé de l'obligation de servir personnellement les *intérêts* et dessaisi de la faculté de toucher lui-même les *loyers* de ses immeubles qu'il délègue à son créancier: il y a là novation et substitution de débiteur et de créancier. Il nous semble que, dans cette espèce, il n'y a, comme ci-dessus, que simple mode de payement ou garantie donnée, ce qui doit faire repousser le droit de délégation.

2. ÉVENTUALITÉ. — La disposition d'un contrat de mariage par laquelle le futur, pour assurer à la future les avantages éventuels stipulés en sa faveur, lui délègue, le cas échéant, des capitaux placés sur des particuliers, ne donne lieu à aucun droit : la délégation étant éventuelle, aussi bien que la donation, ne produira son effet et ne pourra donner lieu au droit proportionnel que lors de l'accomplissement de la condition prévue (5755 J. E.). — V. *Contrat de mariage.*

Il en serait de même de la délégation de tout ce qui, dans le prix d'une vente à faire, dépasserait une somme déterminée (Sol. 10 sept. 1861).

3. RÉALISATION. — Mais le droit proportionnel deviendrait exigible, dans les hypothèses précédentes, s'il était légalement démontré que la condition s'est accomplie et que la délégation est devenue actuelle.

6084. Liquidation du droit. — Lorsque la délégation de créances produit l'effet d'un transport, le droit proportionnel se liquide, comme en matière de cession ordinaire, sur le capital exprimé dans l'acte et qui en fait l'objet (L. 22 frim. an 7 art. 14 n° 2). — On trouvera au mot *Cession de créances* les règles de cette perception.

1. TRAITEMENT. — EMPLOYÉ. — Spécialement, si un employé qui doit 20,000 francs délègue à son créancier un tiers de son traitement, jusqu'à ce qu'il soit entièrement libéré, la délégation ne pouvant avoir d'effet que pendant la vie du débiteur, le droit n'est dû que sur dix fois le tiers du traitement (5579 J. E.).

CHAPITRE IV. — QUESTIONS DIVERSES

[6085-6096]

6085. Acceptation. — Les acceptations de délégation donnent lieu à de nombreuses difficultés qui ont été examinées au mot *Acceptation*

6086. Antichrèse. — Intérêts. — Lorsque, pour se libérer des intérêts du prix d'une vente enregistrée, un débiteur charge un tiers de payer le total de ces intérêts, à condition que celui-ci demeurera libéré d'une somme qu'il doit au délégant, et que, pour le surplus, il jouira à titre d'antichrèse, pour un temps limité, d'un immeuble appartenant au débiteur, on ne doit percevoir sur cette convention, outre le droit de 2 fr. pour 100 pour l'antichrèse, que celui de délégation sur le montant des intérêts (Dél. 13 juin 1828, 9141 J. E.).

Lorsque l'emprunteur délègue à son créancier, dans l'acte même d'emprunt, les revenus d'un immeuble, en cas de non-payement des intérêts, cette clause ne donne ouverture à aucun droit.

La délégation par un locataire principal à son créancier de la différence entre son prix et celui des sous-locations donne ouverture au droit de transport de créance, et non d'antichrèse. — V. *Antichrèse.*

6087. Donation alternative. — Si le donateur s'est réservé la faculté de payer la dot en argent, ou *en créances*, à son choix, l'acte par lequel il se libère en créances sur particuliers ne peut être assujetti au droit de délégation, puisque la propriété de ces créances est censée transmise par la donation (Dél. 4 mai 1827, 8738 J. E.). D'après cette délibération le droit de quittance serait exigible. Mais c'est là une erreur. La délivrance des créances données est le complément de la donation, le droit fixe de 3 francs est seul dû. — V. *Donation.*

6088. Fermages en nature. — Une délégation de fermages en nature (grains) pour éteindre une créance à terme donne ouverture au droit de 2 pour 100, comme vente de meubles, à moins que le fermier ou le propriétaire ne doive convertir les grains en argent pour le payement de la créance, auquel cas le droit de délégation de 1 pour 100 serait seul exigible (11775-1 J. E.).

6089. Mari et femme. — Reprises. — La délégation faite par la femme à son mari du prix de ses biens dotaux aliénés, pour le remplir d'avances par lui faites lors de l'acquisition d'autres immeubles en remploi, donne ouverture au droit de 1 pour 100, comme transport de créance (Le Havre, 18 août 1848, 8051 Fess.).

Mais il faut que le mari ait, lors des avances, fait un prêt véritable à sa femme, car autrement le remboursement aurait tous les caractères d'un règlement de compte et serait soumis aux mêmes droits.

V. *Compte* et *Obligation.*

6090. Militaires. — Aux termes d'un arrêté du Gouvernement du 16 brumaire an 10, les officiers de l'armée de terre et les employés militaires payés sur revues, qui s'embarquent pour le service de l'Etat, sont autorisés à déléguer à leurs femmes, enfants ou autres, une portion de leurs appointements qui ne pourra pas être de plus du quart, lesquels alors ne leur seront payés, pendant leur absence, que jusqu'à concurrence de la portion qu'ils se seront réservée (Art. 1er dudit arrêté).

Les délégations ne pourront avoir d'effet que pour une année : néanmoins, dans le cas où l'absence des délégataires se prolongerait au delà, la délégation pourra être renouvelée pour une autre année, au dernier jour de l'année révolue (Art. 2).

Il suit de là que l'acte par lequel un particulier consent au profit de son frère une délégation de 40 francs par mois, formant par an un total de 480 francs à prélever sur ses appointements pendant tout le temps qu'il sera au service dans les colonies, n'est passible du droit de 1 franc pour 100 que sur 480 francs, parce que cette délégation, bien qu'elle doive subsister pendant tout le temps du service dans les colonies, ne peut avoir d'effet qu'autant qu'elle sera renouvelée chaque année (Déc. m. f. du 1er mars 1822, 7172 J. E.).

6091. Quittance. — Si les actes de délégation ou de distribution de sommes contiennent quittance par les créanciers, ils sont passibles du droit de libération à 50 centimes pour 100 (1320 § 2 I. G.). C'est également ce qui résulte de la loi du 28 février 1872, art. 11.

1. HÉRITIERS BÉNÉFICIAIRES. — A moins cependant qu'il ne s'agisse d'héritiers bénéficiaires qui reçoivent le montant de leurs créances. Pour ceux-ci, en effet, la libération, s'opérant par suite de la confusion des qualités du débiteur et du créancier dans la même personne, ne peut donner ouverture à aucun droit (1320 I. G.).

Par application de ce principe, il a été décidé que, quand l'héritier bénéficiaire créancier de la succession et adjudicataire d'un immeuble qui en dépend est colloqué dans l'ordre ouvert pour la distribution du prix, le droit de 50 centimes pour 100 n'est pas dû sur la portion du prix représentant la part virile de l'héritier.

En effet, la fiction de la loi relative à la séparation des patrimoines n'empêche pas l'héritier bénéficiaire d'être propriétaire des biens, sauf l'action des créanciers du défunt. Dès lors, l'héritier bénéficiaire admis par la collocation à se payer des sommes qu'il doit à la succession, se paye avec des valeurs qui lui appartiennent (17339 J. E.).

Cette question se rattache plus spécialement au chapitre de la *Compensation*. Elle y a été traitée avec tous ses détails.

2. CAUTION. — C'est le droit de délégation et non celui de quittance qu'il faut percevoir sur l'acte par lequel un débiteur délègue à sa caution et à son créancier une somme à prendre sur un tiers (Seine 18 janv. 1832, 3792 Roll.).

6092. Rente. — Renvoi. — C'est au mot *Rente* que nous exposerons les principes relatifs à la délégation des rentes.

6093. Rétrocession. — L'acceptation qui, en droit civil, a pour résultat de décharger l'ancien débiteur et de rendre le délégataire propriétaire de la créance, fait que celui-ci ne peut plus se désister purement et simplement de la délégation, sans une nouvelle convention qui, opérant rétrocession, donne ouverture à un droit proportionnel (V. *Cession de créances*). Dans la délégation imparfaite, au contraire, le créancier, pouvant toujours renoncer au droit qui lui a été offert et qu'il n'a pas accepté, peut se désister sans qu'un nouveau droit soit exigible (Champ. et Rig. t. 2 n° 1166 Dalloz n° 1697).

1. GARANTIE. — NULLITÉ. — Lorsque, pour plus de sûreté d'une obligation, et à titre de garantie, le débiteur a cédé une créance sur un tiers, l'acte postérieur qui déclare la nullité de la délégation n'est passible que du droit fixe (Dél. 19 juin et 2 juill. 1835, 4850 Roll.).

6094. Réunion d'usufruit à la nue-propriété. — Le droit de délégation ou d'obligation n'est pas dû sur l'acte par lequel le nu-propriétaire et l'usufruitier d'une maison, qui vendent conjointement le tout, délèguent la totalité du prix à un créancier du nu-propriétaire; dans ce cas, il n'est dû, indépendamment du droit de 5 fr. 50 cent. pour 100 pour la vente, que le droit fixe de 3 francs (4 fr. 50 cent.) pour la réunion de l'usufruit à la nue-propriété (Dél. 6-30 sept. 1826, 1644 Roll.).

6095. Titre nouvel.—Le droit proportionnel, comme novation, n'est pas dû, lorsque, par suite de la vente d'un immeuble hypothéqué à une rente, l'acquéreur en passe titre nouvel au profit du créancier qui n'avait pas accepté la délégation dans l'acte de vente (Sol. 13 juill. 1830, 2065 Roll.).

6096. Usufruit d'un capital à un créancier et de la nue-propriété à un autre. — Le droit n'est exigible, comme à l'égard de la vente de l'usufruit d'un immeuble à un individu et de la nue-propriété à un autre, que sur le montant du capital : il faut remarquer, à cette occasion, que les intérêts d'un capital en représentent l'usufruit (Dél. 28 mars 1828, 2132 Roll. — *Contrà* 9152 J. E.). — V. *Cession de créances* et *Usufruit*.

DÉLIBATION.

6097. — C'est la distraction qu'on fait d'une chose particulière sur la masse des biens d'une succession, d'une communauté.

Par exemple, le legs est appelé *delibatio hæreditatis*, parce que le legs se prend par distraction sur la masse des biens de la succession. — Le préciput se prend aussi par délibation ou distraction sur la masse des biens de la communauté avant qu'elle soit partagée.

DÉLIBÉRATION.

6098. — Résolution prise par une assemblée de famille, un corps constitué, une corporation, un conseil d'administration, etc.

6099. Acte administratif. — La délibération prise par les conseils municipaux ou les membres du conseil d'administration d'un établissement public sont assujetties, dans certains cas, au timbre et à l'enregistrement. Il en a été question au mot *Acte administratif.*

6100. Acte écrit à la suite d'un autre. — On ne peut copier diverses délibérations d'une société de commerce à la suite l'une de l'autre sur une même feuille de papier timbré.

Les délibérations des créanciers unis peuvent être écrites à la suite les unes des autres. — V. *Acte écrit à la suite.*

6101. Expédition. — Sont sujettes au timbre les expéditions de délibérations de conseil municipal autorisant à toucher un remboursement de rentes, ou à radier une inscription.

Est sujette au timbre l'expédition de la délibération d'un conseil de fabrique autorisant la location des bancs. — V. *Acte administratif.*

6102. Marché. La délibération qui autorise une construction ou la fourniture de l'éclairage, la soumission de l'entrepreneur et son acceptation, constituent, par leur ensemble, un marché passible du droit de 1 pour 100. — V. *Acte administratif.*

DÉLIBÉRÉ.

6103. — C'est l'examen que font les juges d'une affaire qui leur est soumise. On dit qu'une affaire est en délibéré lorsque les juges n'ont plus qu'à prononcer. On appelle aussi *délibéré* le jugement même qui a ordonné qu'il en serait délibéré.

6104. Diverses espèces de délibérés. — Il y a trois sortes de délibérés : 1° le délibéré sur-le-champ; il a lieu en vertu de la disposition de l'art. 116 C. proc. ainsi conçue : « Néanmoins, les juges pourront se retirer dans la chambre du conseil pour y recueillir les avis; » — 2° le délibéré sans rapport, qui est de la même nature que le précédent mais où le tribunal prononce que les pièces seront remises, et la cause continuée, pour en être délibéré et être le jugement prononcé tel jour; — 3° enfin le délibéré sur rapport : c'est une procédure prévue par l'art. 93 C. proc.; le tribunal, ne jugeant pas la cause suffisamment expliquée, ordonne le délibéré, mais sur le rapport de l'un des juges, avec indication du jour où le rapport sera fait.

6105. Enregistrement. — Les jugements rendus à l'audience, qui ordonnent un délibéré, ne sont point soumis à l'enregistrement sur la minute ni passibles d'aucun droit (7246 J. E.).

DÉLIT.

6106. — Ce mot, pris dans son acception la plus étendue, exprime une action défendue par la loi, ou l'inobservation d'un de ses commandements.

6107. Vindicte publique. — Dans le système des lois qui ont principalement pour objet la vindicte publique, c'est par la nature de la peine à infliger au coupable que le fait reçoit la qualification de contravention simple, ou de délit, ou crime; d'où il résulte que les faits, quelque illicites qu'ils soient, mais à raison desquels il n'y a aucune peine positive décrétée par la loi contre leur auteur, ne peuvent être, criminellement parlant, regardés comme des délits ou des crimes (Proudhon n° 1481). — *V.* 798.

6108. Matière civile. — Mais en matière civile le mot délit s'entend dans un sens plus large. Ici, il n'est pas pris en contemplation de la vindicte publique : il s'agit au contraire de l'action privée qui est à diriger contre l'auteur du fait pour obtenir la réparation du dommage qu'il a causé. Ainsi le mot délit exprime tout fait qui est illicite en lui-même et par lequel on porte préjudice à autrui en agissant dans l'intention de lui nuire (*Ibid.*).

DÉLIVRANCE DE LEGS.

DIVISION

SOMMAIRE

CHAPITRE PREMIER. — PRINCIPES CIVILS

[6109-6116]

6109. Définition. — C'est l'action de mettre le légataire en possession de l'objet qui lui a été légué.

6110. Nécessité de la demande en délivrance. — La nécessité de la demande en délivrance de legs est fondée sur ce qu'en vertu de la maxime: *le mort saisit le vif*, les héritiers sont saisis de plein droit de tous les biens de la succession à l'instant de la mort du défunt (724 C. C.). Elle est une des règles fondamentales du système de succession testamentaire; c'est une loi d'ordre public qui, notamment, empêche le légataire de venir s'emparer par voie de fait du bien légué (Grenier *des Donations* n° 293, Toullier t. 5 n° 524, Marcadé sur l'art. 1014 n° 128).

6111. Affranchissement de la demande en délivrance. — Le principe est donc que l'on ne peut jamais être dispensé de demander la délivrance, et que, si la chose léguée se trouvait aux mains d'un tiers, le légataire, tout propriétaire qu'il est (*V.* 6113), ne pourrait pas la revendiquer avant d'avoir agi en délivrance contre l'héritier. Cependant, comme toute règle générale, celle-ci comporte des exceptions.

1. DISPENSE PAR LE TESTATEUR. — Et d'abord un testateur ne pourrait-il pas autoriser le légataire à se mettre en possession de la chose léguée de sa propre autorité, et sans être assujetti à la demande en délivrance? La négative paraît certaine. Elle est enseignée de la manière la plus absolue par Pothier *des Donations et Testaments* ch. 5 sect. 2 § 2, Favard V. *Testament* sect. 2 § 2 n° 4, Marcadé sur l'art. 1014 n° 128, et sous quelques légères restrictions, que nous n'avons pas à examiner ici, par Toullier t. 5 n° 540, et par Grenier n° 299.

2. POSSESSION DE L'OBJET. — Il y aurait dispense de délivrance si la chose léguée se trouvait, au jour de l'échéance du legs, dans la possession du légataire, à qui le défunt l'aurait confiée à quelque titre que ce fût, par exemple à titre de dépôt, de louage, de prêt, etc. (Pothier ch. 5 sect. 2 § 2, Grenier t. 1er n° 301, Delvincourt t. 2 p. 362 Merlin v° *Légataire* § 5 n° 7, Proudhon *de l'Usufruit* nos 385, 386).

On l'a ainsi décidé dans le cas où le légataire copropriétaire par indivis de l'objet légué en a joui pendant une longue série d'années après le décès du testateur (Cass. 25 janv 1865, S. 65-1-88, Demolombe t. 4 n° 618).

3. REMISE DE DETTE. — Si le legs consistait dans la remise d'une dette, le légataire serait dispensé de demander la délivrance (Merlin *Rép.* v° *Légataire* § 5 n° 9, Grenier n° 304, Toullier, Proudhon *loc. cit.*).

4. EXÉCUTEUR TESTAMENTAIRE.—De même encore, si le légataire d'une chose mobilière est nommé exécuteur testamentaire, et que le testateur lui a donné la saisine de son mobilier, comme l'y autorise l'art. 1026 C. C., il ne sera point obligé de demander la délivrance de son legs (Merlin V. *Légataire* § 5 n° 13, Duranton t. 5 n° 192, Grenier t. 1er n° 297, Toullier t. 5 n° 542).

5. PRÉCIPUT. — Lorsque le legs est à un des héritiers par préciput, cet héritier doit-il aussi former une demande en délivrance contre ses cohéritiers? Le doute naît de ce que le légataire est saisi lui-même, comme héritier, de l'objet légué, jusqu'à concurrence de la portion qu'il amende en cette qualité. L'affirmative semble cependant devoir résulter de cette considération que le legs, qu'il soit fait à un successible ou à un étranger, ne transmet toujours que la propriété, et non le

droit de possession qui reste aux héritiers à réserve (*V.* dans le sens de cette opinion, Toullier t. 5 n° 543, Rolland de Villargues v° *Délivrance de legs* n° 19. — *Contrà* Grenier n° 305, Delvincourt t. 2 n° 302). — Quoi qu'il en soit, la prudence exige que l'héritier légataire forme la demande en délivrance pour prévenir les difficultés.

6112. — A quels legs s'applique la demande? — Légataire universel. — Suivant l'art. 1004 du C. C., lorsqu'au décès du testateur il y a des héritiers à réserve, le *légataire universel est tenu* de leur demander la délivrance des biens compris dans le testament.

Lorsqu'au décès du testateur il n'y a pas d'héritiers à réserve, le *légataire universel* est saisi de plein droit par la mort du testateur, sans être tenu de demander la délivrance (1006 C. C.). Seulement, si le testament est olographe ou mystique, le légataire universel est tenu de se faire envoyer en possession par une ordonnance du président du tribunal (*Ibid.* 1008).

1. LÉGATAIRE A TITRE UNIVERSEL. — Est-il question d'un legs à *titre universel*, c'est-à-dire de quotité, comme du tiers, du quart, etc.? Alors, le légataire est tenu de demander la délivrance du legs aux héritiers auxquels une quotité des biens est réservée par la loi, tels que les ascendants ou les descendants, et à leur défaut au légataire universel, et, s'il n'y en a pas, aux héritiers appelés dans l'ordre établi au titre des successions (1011 C. C.).

2. LÉGATAIRE PARTICULIER. — Le légataire à titre particulier doit, dans tous les cas, demander la délivrance (1014 C. C.).

3. SIMULTANÉITÉ DE LEGS. — Il peut exister à la fois un legs universel et un ou plusieurs legs à titre universel. — Dans ce cas, c'est au légataire universel que la délivrance doit être demandée, quand même les legs à titre universel absorberaient par le fait tous les biens de la succession (Grenier n°s 289 et 296, Toullier t. 3 n° 550).

4. USUFRUIT. — Le legs d'usufruit est-il sujet à la demande en délivrance pour en faire courir l'effet du jour du décès du donateur? L'affirmative a été adoptée par le tribunal de la Seine, le 6 avril 1827 : « Attendu que la loi n'a point établi de distinction entre le legs d'usufruit et le legs de nue ou pleine propriété » (6138 J. N.). — Proudhon, *de l'Usuf.* n°s 382, 383 et 389, partage cette doctrine déjà enseignée par Grenier *des Donations* n° 203. Nous la croyons préférable à celle contraire de Toullier t. 3 n° 423 et de Merlin *Rép.* v° *Legs* sect. 4 § 3 n° 30, motivée sur l'art. 604 C. C., portant que le retard de donner caution ne prive pas l'usufruitier des fruits à partir du moment où l'usufruit s'est ouvert. Cette disposition ne paraît pas, en effet, susceptible de modifier les règles prescrites en matière de legs.

6113. Conséquences du défaut de demande en délivrance. — Le défaut de demande en délivrance, dans les cas où elle est nécessaire, fait perdre seulement les fruits ou intérêts à compter du décès du testateur jusqu'à cette demande. La propriété n'appartient pas moins au légataire dès l'instant de ce décès; en sorte que, si l'héritier vendait la chose léguée avant cette demande en délivrance, le légataire pourrait la revendiquer (Grenier n° 306, Toullier n° 544). Aussi verrons-nous, au mot *Succession*, que le défaut de délivrance ne met pas obstacle au payement des droits de mutation par décès.

6114. A qui doit être faite la demande en délivrance? — La demande en délivrance doit être faite aux débiteurs du legs, et d'abord, s'il en existe, aux héritiers à réserve, qui, dans tous les cas, ont la saisine, de préférence même aux héritiers institués ou légataires universels (1000 C. C.).

A leur défaut, la demande doit être faite au légataire universel ou héritier testamentaire, s'il en existe, et ce, quand même, ainsi que nous l'avons déjà dit, les legs à *titre universel* ou particulier absorberaient tous les biens, parce que le titre de légataire universel n'en couvre pas moins toute la succession (Toullier t. 5 n° 550).

Dans le cas de concours d'un héritier à réserve et d'un légataire universel avec d'autres légataires à titre universel ou particulier, que faut-il décider?

Le légataire universel est toujours obligé de demander la délivrance de son legs à l'héritier réservataire. Or, après cette délivrance, comme c'est lui qui doit acquitter les autres legs, conformément à l'art. 1009 C. C., c'est à lui que les légataires à titre universel ou particulier doivent s'adresser (Toullier n° 552).

Cela n'empêche pas que, si le légataire universel négligeait de demander la délivrance, les légataires particuliers ne puissent la demander, de leur chef, à l'héritier réservataire (*Ibid.*).

Si les héritiers auxquels la délivrance doit être demandée, conformément à l'art. 1011 C. C., ne se présentent pas, il n'en faut pas moins s'adresser à eux, s'ils sont connus, et les forcer à prendre qualité; s'ils renoncent ou s'ils ne sont pas connus, il faut faire nommer un curateur à la succession vacante (811 et 812 C. C.).

S'il n'y avait que des héritiers *irréguliers*, mais qu'ils eussent obtenu l'envoi en possession, ce serait à eux qu'il faudrait demander la délivrance des legs. Si, au contraire, ils ne s'étaient point encore fait envoyer en possession, il faudrait faire nommer un curateur aux biens vacants (Toullier t. 5 n° 553).

6115. Forme de la délivrance. — La délivrance d'un legs peut avoir lieu *tacitement* comme *expressément*, puisqu'il suffit qu'elle ait été consentie par l'héritier, et que d'ailleurs il est de principe que le consentement à l'exécution d'une chose peut être manifesté de l'une de ces deux manières (Proudhon de *l'Usufruit* n° 385). — Elle a lieu *tacitement*, par exemple, lorsqu'au vu et su de l'héritier, et sans réclamation de sa part, le légataire se met lui-même en possession ou continue celle qu'il avait. — La délivrance a lieu *expressément* lorsqu'elle est consentie par un acte émané de l'héritier.

Autrement, le concours de l'autorité judiciaire est nécessaire pour faire prononcer la délivrance au profit du légataire. La demande en délivrance suit alors les formes des actions ordinaires; c'est-à-dire, qu'après une citation en conciliation, elle est introduite selon les règles de l'art. 59 C. proc.

6116. Effet de la demande. — D'après l'art. 1015 C. C., le légataire *universel* (pourvu qu'il ait soin de demander la délivrance dans l'année à compter du jour même du décès) a droit aux fruits à partir du jour même de ce décès (Cass. 13 nov. 1855, 535 R. P.); d'après l'art. 1014 C. C., au contraire, le légataire *particulier* n'a jamais droit aux fruits qu'à partir de sa demande.

CHAPITRE II. — DU DROIT GRADUÉ

[6117-6131]

6117. Tarif. — La loi du 22 frimaire an 7, art. 68 § 1er n° 25, avait tarifé au droit de 1 franc fixe les délivrances de legs pures et simples. L'art. 8 L. 18 mai 1850 avait élevé ce droit à 2 francs.

Ce tarif a été modifié par la loi du 28 février 1872. L'art. 1er de cette loi porte :

« La quotité du droit fixe d'enregistrement auquel sont assujettis, par la loi du 22 frimaire an 7 et par les lois subséquentes, les actes ci-après, sera déterminé ainsi qu'il suit, savoir : ... 6° les délivrances de legs par le montant des sommes ou par la valeur des objets légués... »

Le projet du Gouvernement, adopté par la commission du budget, était rédigé différemment. Il portait que la quotité du droit gradué serait déterminé : « pour les délivrances de legs *par le montant des sommes payées ou par la valeur des objets délivrés* » (Art. 3406 p. 162 R. P.). Mais cette rédaction a été critiquée. On a fait remarquer, au cours de la discussion, qu'elle paraissait subordonner l'exigibilité du droit à la mise en possession effective de l'objet, c'est-à-dire au payement ou à la délivrance de la chose, tandis que la délivrance seule suffit à produire ce résultat, quoique le légataire n'en soit pas encore entré en possession matérielle. La commission a donc, à la séance même, modifié les termes du projet dans le sens actuel de la loi (Art. 3406 p. 181 R. P.).

6118. Sens du mot délivrance. — Il faut donc tenir pour certain que le droit gradué est exigible sur la délivrance non accompagnée de la remise effective de l'objet donné, par exemple sur la délivrance consentie, en exécution de l'art. 1014 § 2 C. C., pour faire courir les intérêts ou les fruits de la chose léguée. Le rapporteur ne s'est pas, il est vrai, exprimé sans équivoque sur ce point. « Il est parfaitement entendu, a-t-il dit, que ce que nous avons voulu est uniquement ceci : appliquer un droit gradué à cet acte qui consiste, quelque nom qu'on lui donne, à faire passer la propriété effective des mains du légataire universel ou de l'héritier dans les mains du légataire (Art. 3406 p. 181 R. P.). Et ailleurs : « ... Nous avons eu l'intention d'établir un droit gradué sur cette opération qui consiste à faire passer la chose léguée, que ce soit un meuble ou un immeuble, dans les mains du légataire, qui est ce qu'on appelle la délivrance ou l'envoi en possession » (*Id.* p. 182). Mais il ne faut pas prendre ces expressions à la lettre. Ce qu'on appelle, en effet, la délivrance ou l'envoi en possession, ce n'est pas du tout l'acte par lequel la propriété est transférée au légataire ; cette transmission s'opère par le fait seul du décès, en vertu de la loi. Ce n'est que l'acte par lequel le légataire reçoit la possession légale de l'objet légué, possession qui lui permet d'en recueillir les fruits et d'en demander la remise ultérieure dans les conditions et les délais fixés par le testateur.

On a spécialement considéré comme une délivrance, donnant lieu au droit gradué, la disposition d'un partage aux termes de laquelle un cohéritier était loti de certaines valeurs à charge d'acquitter des legs de sommes d'argent faites à des tiers (Sol. oct. 1873).

Mais l'ordonnance qui, par suite de la renonciation des ayants droit, envoie un enfant naturel en possession de la succession de sa mère naturelle, ne donne ouverture qu'au droit fixe (Sol. 17 nov. 1874, 4343 R. P.).

6119. Délivrance et payement. — 1. MÊME ACTE. — Souvent ces deux opérations se confondent et sont constatées par un même acte. Le légataire qui obtient la délivrance reçoit en même temps l'objet légué. On ne peut pas évidemment percevoir deux droits. « Lorsque le légataire, a dit le rapporteur, sera mis en possession effective de la chose, lorsqu'il en deviendra propriétaire et détenteur matériel, il payera le droit de 1 pour 1000 ; mais, quant au droit de quittance, il ne le payera pas » (art. 3406 p. 182 R. P.). C'est la délivrance proprement dite qui donne lieu alors au droit gradué. La remise effective de la chose n'en est qu'une disposition dépendante. Il a donc été reconnu avec raison que si le légataire, ayant obtenu délivrance, partage la succession avec l'héritier, un seul droit gradué est dû sur l'actif net (Sol. ... juill. et août 1874; ... nov. 1876).

2. ACTES DISTINCTS. — Mais si la délivrance et la remise faisaient l'objet de deux actes distincts, cette dernière ne pourrait plus être considérée comme une dépendance de la délivrance dans le sens de l'art. 10 L. 22 frimaire an 7. Elle formerait alors le complément ou l'exécution de l'acte antérieur de délivrance et donnerait lieu au droit fixe de 3 francs. La perception d'un nouveau droit gradué ne nous paraît pas soutenable, parce que le second acte n'a pas le caractère juridique d'une délivrance de legs. A moins d'admettre, en effet, ce qui est impossible, que le même legs donne lieu à deux demandes en délivrance, il faut choisir entre celle qui donne au légataire la jouissance légale de l'objet légué et celle qui le met en possession matérielle de cet objet. Or, la première est expressément qualifiée de délivrance par la loi civile (Art. 1014 C. C.), et c'est à elle qu'on réserve juridiquement cette qualification.

On l'a fait remarquer avec raison : « Le caractère juridique qui appartient alors à l'acte de payement n'est pas celui d'une délivrance de legs, c'est celui d'une décharge pure et simple. La délivrance ne consiste pas nécessairement dans la remise des sommes et objets légués ; ce qui la constitue réellement, c'est le consentement donné par l'héritier ou le légataire qui a la saisine, afin de faire courir au profit des légataires qui n'ont pas cette saisine le droit aux fruits et aux intérêts (Art. 1014 C. C.). Ce consentement donné, il y a délivrance faite et parfaite. Le payement ultérieur en est le complément ou la conséquence, mais il n'en est pas lui-même la délivrance. Il constitue une décharge pure et simple » (19 fév. 1873, n° 2615 J. du not.).

Ce second acte échappe donc à l'application du droit gradué.

Une Dél. des 12-15 juillet 1872 a reconnu que, dans ce cas, c'est le droit fixe de 3 francs pour décharge qui est seul exigible. La même doctrine a été appliquée depuis par des Sol. du 5 janvier 1873 et du 8 mars 1876.

3. DATION EN PAYEMENT. — Lorsque la délivrance du legs s'opère au moyen d'une dation en payement, passible du droit proportionnel, que, par exemple, l'héritier pour se libérer d'un legs de sommes, cède au légataire un immeuble (*V.* n° 6142), le droit gradué n'est pas exigible indépendamment du droit de dation en payement. Si le legs n'est délivré qu'en partie au moyen de cette dation en payement, le droit gradué est dû sur le surplus.

Une Sol. du 6 février 1873 l'a ainsi reconnu au sujet de la délivrance partielle d'un legs fait par une délégation de fermages. Il a été décidé que le droit de 1 pour 100 était dû sur la délégation et le droit gradué sur le surplus du legs.

6120. Plusieurs héritiers distincts. — Si la succession est revendiquée par plusieurs ordres d'héritiers distincts, par exemple, par un légataire universel et par les héritiers du sang, et que le légataire particulier obtienne la délivrance de chacun d'eux pour plus de sécurité, il n'est dû qu'un seul droit gradué, quoiqu'il y ait deux actes de délivrance. Le droit gradué ne peut pas plus que le droit proportionnel être perçu plus d'une fois pour le même objet. C'est, d'ailleurs, ce que M. le rapporteur de la loi du 28 février 1872, qui a établi le droit gradué, reconnaissait dans les termes les plus formels au cours de la discussion de cette loi et précisément au sujet des délivrances de legs : « Il est parfaitement entendu, disait-il, que ce que nous avons voulu est uniquement ceci : appliquer un droit gradué, *mais un seul droit gradué*, à cet acte qui consiste à faire passer la propriété effective des mains du légataire universel ou de l'héritier dans les mains du légataire » (*Conf.* : J. du not. n° 2645).

6121. Différentes espèces de legs. — Les dispositions précédentes s'appliquent aux legs universels et à titre universel comme aux legs particuliers. Le rapporteur de la loi l'a manifesté dans la discussion. Un député, en effet, lui posait la question suivante : « Je demande à M. le rapporteur pourquoi ces mots : « envoi en possession », ne sont pas à côté de ceux-ci : « délivrance de legs » ? Entend-on faire une exception pour les legs universels ou à titre universel ? » Et le rapporteur a répondu : « Nous avons eu l'intention d'établir le droit gradué sur cette opération qui consiste à faire passer la chose léguée, que ce soit un meuble ou un immeuble, dans les mains du légataire, qui est ce qu'on appelle la délivrance ou l'envoi en possession, peu importe le nom qu'on lui donne » (Art. 3406 p. 182 R. P.). La loi atteint donc sans aucune distinction toutes les délivrances et tous les legs, les legs universels ou à titre universel aussi bien que les autres.

6122. Legs universel. — La délivrance intervient, en ce qui concerne les legs universels dans des circonstances distinctes.

1. HÉRITIERS A RÉSERVE. — S'il y a des héritiers à réserve, le légataire universel est tenu de leur demander la délivrance des biens compris dans le testament (art. 1004 C. C.). Le droit gradué est alors exigible sur l'acte de consentement des héritiers ou, à défaut de consentement, sur le jugement qui en tient lieu.

2. ABSENCE D'HÉRITIER A RÉSERVE. — Si le testateur n'a pas laissé d'héritier à réserve, le légataire universel est saisi de plein droit ; c'est-à-dire que la saisine héréditaire, que l'art. 724 C. C. conférait à l'héritier légitime, est transportée sur la tête du légataire, qui s'en trouve seul investi en son lieu et place. « Or, la saisine légale place le successeur au milieu même de l'hérédité, de sorte qu'il n'a rien à demander, ni à la justice, ni à personne, pour entrer dans la maison du défunt, qui est désormais la sienne, et qu'il acquiert, en effet, la saisine, c'est-à-dire la possession de tous les biens du défunt, à ce point qu'il peut exercer de suite toutes les actions héréditaires, pétitoires et possessoires. » (Demolombe t. 21 n° 559).—Dans cette hypothèse, toute cause manque, par conséquent, à la perception du droit gradué.

6123. Legs à titre universel. — Les légataires à titre universel sont tenus, dans tous les cas, de demander la délivrance de leur legs, soit aux héritiers à réserve, soit, à leur défaut, aux légataires universels, soit, enfin, à défaut de ceux-ci, aux héritiers appelés dans l'ordre établi au titre des successions (Art. 1011 C. C.). Nul doute que la délivrance soit passible du droit gradué.

6124. Délivrance judiciaire.— Envoi en possession. — La délivrance s'opère de deux manières, ou volontairement, en vertu d'un acte constatant le consentement de l'héritier ou de la personne qui a la saisine, ou bien judiciairement, quand cet héritier ne veut pas l'accorder amiablement.

Ces secondes délivrances sont-elles passibles du droit gradué ?

Nous n'hésitons pas à le penser.

« La délivrance demandée en justice, dit Demolombe, produit les mêmes effets que la délivrance volontairement consentie ; car la loi n'a pas fait de différence entre l'une et l'autre, et il n'y aurait eu, en effet, de cela aucun motif » (t. 21 n° 630). Il n'y aurait pas eu de raison à les traiter différemment pour l'application du droit gradué, qui est un impôt perçu sur l'acte par lequel le légataire reçoit la possession ou la saisine de fait de l'objet légué. Du moment que cette possession lui est accordée par un jugement au lieu de l'être par un acte, il est logique d'assujettir le jugement au droit que l'acte notarié aurait acquitté.

Le privilége que la doctrine contraire assurerait aux jugements provoquerait l'abandon des délivrances de legs par acte public. Pour peu que la libéralité fût importante, les parties simuleraient un désaccord et feraient rendre un jugement. Le droit se trouverait donc impunément éludé. Est-il possible d'admettre que le législateur de 1872 ait voulu consacrer un résultat qui encouragerait l'esprit de chicane, tout en compromettant les intérêts du Trésor et du notariat?

On oppose que le droit gradué n'a été établi que pour certains contrats et actes amiables, et que les actes judiciaires en général ont été soumis seulement à une augmentation de tarif de moitié en sus par l'art. 4 L. 28 février 1872. Mais cette objection est inadmissible. De ce que les droits fixes à percevoir sur les jugements ont été augmentés de moitié, il ne s'ensuit nullement que les droits gradués ne soient jamais exigibles sur les mêmes actes. Il en résulte seulement que quand ces droits gradués ne seront pas dus et qu'il y aura lieu d'appliquer le droit fixe ordinaire, ce dernier droit sera augmenté de moitié. La disposition de la loi de 1872 n'a pas une autre signification.

Il n'en saurait être autrement sans inconséquence, car la nature d'une convention ne varie pas selon qu'elle est constatée dans un contrat civil ou dans un jugement. Et comme l'impôt est exigible d'après la substance des actes, il doit être perçu aussi bien sur l'acte judiciaire que sur l'acte civil. S'il en était différemment, il faudrait dire, par exemple, qu'un partage réalisé devant le tribunal demeure assujetti au droit fixe ordinaire, tandis que la même convention constatée par acte authentique est passible du droit gradué. C'est, en effet, ce qu'on a soutenu. Mais nous croyons avoir démontré au mot *Partage* que cette opinion était contraire au texte comme à l'esprit de la loi. Nous ne pouvons que nous référer à nos observations sur ce point.

La question a été, d'ailleurs, résolue en ce sens dans la discussion de la loi.

Un député a fait la question suivante : « Il est bien question de délivrance de legs; il n'est pas question de l'envoi en possession. Or, les délivrances de legs s'appliquent à des legs particuliers beaucoup moins importants que l'envoi en possession, qui est la conséquence des legs universels ou des legs à titre universel. Je demande pourquoi ces mots : « envoi en possession, » ne se trouvent pas à côté de ceux-ci : « délivrance de legs. » Entend-on faire une exception pour les « legs universels ou à titre universel ? » (R. P. art. 3106 p. 181). Le rapporteur a répondu : « Ce que la loi a voulu est uniquement ceci : appliquer un droit gradué à cet acte qui consiste, quel que soit le nom qu'on lui donne, à faire passer la propriété effective [1] des mains du légataire universel ou de l'héritier dans les mains du légataire. Nous avons voulu établir le droit gradué sur cette opération qui consiste à faire passer la chose léguée, que ce soit un meuble ou un immeuble, dans les mains du légataire, qui est ce qu'on appelle la délivrance ou l'*envoi en possession*, peu importe le nom qu'on lui donne. » (Art. 3406 p. 181 et 182 R. P.).

1. Il y a dans ces expressions une erreur de langage. La propriété des biens légués passe sur la tête du légataire par le fait du décès et indépendamment de toute délivrance (art. 1014 C. C.). Le rapporteur a évidemment voulu parler de la possession, qui n'appartient au légataire que par la délivrance quand elle est exigée.

L'Administration a donc pu décider que l'envoi en possession des legs universels ou à titre universel est assujetti au nouveau tarif comme la délivrance ordinaire des legs particuliers (R. P. n° 3547). — *Conf.* : Rev. n° 4340.

On ne peut d'ailleurs considérer comme une délivrance sujette au droit gradué le jugement qui se borne à ordonner à des exécuteurs testamentaires de rendre leur compte aux héritiers institués (Nice, 28 août 1877, 4838 R. P.).

6125. Testaments olographes. — Il se présente néanmoins une difficulté particulière à l'égard du légataire universel appelé par un testament olographe ou mystique et ne trouvant devant lui aucun héritier réservataire. Ce légataire a la saisine tout comme s'il venait en vertu d'un testament public, et il n'est pas obligé dans cette hypothèse de former une demande en délivrance contre les héritiers du sang. Seulement, comme le testament olographe ou mystique n'a pas de force exécutoire, le législateur a considéré que l'intérêt public et l'intérêt privé exigeaient que, dans ce cas le légataire universel ne pût exercer sa saisine de droit et y joindre la saisine de fait qu'après avoir préalablemet obtenu du président du tribunal une ordonnance par laquelle ce magistrat donnera au testament la force d'exécution qui lui manque. C'est la disposition des art. 1007 et 1008 C. C., ainsi conçu : « Tout testament olographe sera, avant d'être mis à exécution, présenté au président du tribunal de première instance de l'arrondissement dans lequel la succession s'est ouverte. Ce testament sera ouvert s'il est cacheté. Le président dressera procès-verbal de la présentation, de l'ouverture et de l'état du testament, dont il ordonnera le dépôt entre les mains du notaire par lui commis. Si le testament est dans la forme mystique, sa présentation, son ouverture, sa description et son dépôt, seront faits de la même manière, mais l'ouverture ne pourra se faire qu'en présence de ceux des notaires et des témoins, signataires de l'acte de suscription, qui se trouveront sur les lieux, ou eux appelés» (Art. 1007). — « Dans le cas de l'art. 1006, si le testament est olographe ou mystique, le légataire universel sera tenu de se faire envoyer en possession par une ordonnance du président, mise au bas d'une requête à laquelle sera joint l'acte de dépôt » (Art. 1008).

Le caractère de cet envoi en possession a été nettement déterminé par la doctrine. « Il ne s'agit pas ici, enseigne M. Demolombe, d'une demande en délivrance dans le sens technique de ces mots; et le légataire universel n'a point, en effet, à appeler les héritiers légitimes... Cette ordonnance ne constitue qu'une sorte de *visa* et de *pareatis*, dont le but est de placer le légataire universel, institué par un testament olographe ou mystique, dans la même position que le légataire universel institué par un testament public, et de l'autoriser à exercer, en vertu de sa saisine de droit, la saisine de fait, c'est-à-dire à prendre possession effective des biens de la succession » (t. 21 n° 504).

On peut hésiter sur la question de savoir si l'ordonnance rendue dans les circonstances précédentes est passible du droit gradué. Puisque le légataire a la saisine et qu'il n'est pas assujetti à une demande en délivrance, il semblerait rationnel de conclure que l'ordonnance du président ne saurait être traitée comme une délivrance proprement dite et soumise au même droit. La raison de douter vient de ce que, d'après nos explications antérieures, le droit gradué n'est pas seulement applicable aux délivrances ordinaires, mais aux *envois en possession*, qui font passer la chose léguée dans les mains du légataire. Or, à certains égards, l'ordonnance dont il s'agit a le caractère et produit les effets d'un envoi en possession. Elle confère au légataire la saisine de fait, qui lui permet l'appréhension matérielle de l'objet légué. Tant qu'elle n'a pas été rendue, le légataire ne peut ni intenter une action héréditaire ni y défendre (C. Paris, 30 mars 1868, S. 69-1-17). Sa position est sensiblement la même que celle du légataire qui n'a pas la saisine de droit. Si l'on a voulu atteindre, comme cela paraît résulter de la discussion de la loi, l'acte qui investit le légataire de la possession utile de l'objet, qui fait passer cette possession de fait sur sa tête, l'ordonnance rendue dans le cas des art. 1007 et 1008 C. C. sera passible du droit gradué.

Néanmoins, la solution contraire nous paraît préférable. Il est certain que le légataire universel ne trouvant devant lui aucun réservataire n'a pas de délivrance à demander et qu'il obtient *de plano* la saisine. Or, le droit gradué n'est établi que pour *les délivrances de legs*, et si l'on peut en étendre la perception aux actes équipollents, au moins faut-il qu'il s'agisse d'actes remplaçant la délivrance proprement dite, telle qu'elle est ordonnée par la loi. L'ordonnance du président, n'ayant pas le caractère d'une formalité de l'espèce, échappe donc à l'application du droit (*Conf.* : Rev. n° 4340, 20358, 20590 et 20819 J. N., 15042 C., J. du not. n° du 25 février 1874 n° 2709).

La Cour de cassation l'a ainsi décidé, le 24 février 1875 :

« Attendu que l'ordonnance d'envoi en possession diffère essentiellement, par sa nature et par ses effets, de la délivrance de legs, et que, s'il est permis de comprendre sous cette dénomination tous actes volontaires ou judiciaires, quelque qualification qu'ils reçoivent dans la pratique, dont l'effet est de déplacer la saisine et de conférer le droit aux fruits de la chose léguée, on n'y saurait faire rentrer l'ordonnance d'envoi en possession dont l'objet unique est de donner au testament olographe ou mystique la force exécutoire qui lui manque, sans rien ajouter aux droits du légataire qui, déjà saisi du legs par la loi elle-même, n'a pas de délivrance à demander et a droit aux fruits à partir du décès; que cette ordonnance reste donc comprise parmi les actes judiciaires qui, n'étant pas dénommés par l'art. 1er de la loi du 28 février 1872, continuent d'être, sauf l'augmentation de moitié, prononcée par l'art. 4 de la même loi, aux droits fixes établis par les lois en vigueur» (4051 R. P.).

Il a été spécialement reconnu que, quand un légataire universel, en vertu d'un testament olographe, a obtenu l'envoi en possession du legs, le droit fixe de 3 fr. est seul dû sur l'acte par lequel le réservataire consent à l'exécution du testament (Sol. déc. 1875).

6126. Legs universel conditionnel. — Quand le legs universel est fait sous une condition suspensive, le légataire ne peut être alors, en aucun cas, saisi des biens de la succession qu'après l'événement de la condition qui tient en suspens l'existence même du legs, et c'est l'héritier légitime, réservataire ou non, qui en reste provisoirement saisi (Cass. 7 août 1827, S. 1827-1-441, Troplong t. 4 n° 1815, Demolombe t. 21 n° 561). Mais, lorsque la condition se réalise, les choses se passent comme elles se seraient passées au jour même du décès. S'il n'existe aucun héritier réservataire, le légataire entre de plein droit en possession de son legs; il en a la saisine de droit et la saisine de fait par le seul événement de la condition. L'acte qui constaterait sa prise de possession ne serait qu'une décharge ou un acte innomé sujet au droit fixe ordinaire. Que s'il existait, au contraire, un héritier réservataire, il y aurait lieu à une délivrance volontaire ou forcée du legs, et le droit gradué serait exigible, d'après la règle ordinaire, sur l'acte ou le jugement qui la renfermerait.

6127. Institution contractuelle. — S'il s'agit de biens à venir ou de biens présents et à venir, le donataire est actuellement saisi du droit éventuel que la donation lui confère, de sorte qu'il n'est pas tenu de former, à l'époque du décès du donateur, une demande en délivrance, et qu'il a droit aux fruits de cette époque (Demolombe t. 23 n° 461).

Quoique la mutation de ces biens s'opère par décès et donne lieu au droit de succession, leur remise au donataire n'est cependant pas une délivrance de legs. C'est une simple décharge accordée par le donataire à celui qui en était détenteur. Le droit gradué ne semble pas exigible (*Conf.* : J. du not. n° 2629).

Ce principe a été appliqué : 1° à la délivrance d'une somme donnée par contrat de mariage à prendre sur les plus clairs biens du donateur (Sol. 11 avr. 1873) ; — 2° à la délivrance d'une somme attribuée au donataire par une donation de biens à venir entre époux par acte entre-vifs pendant le mariage (Sol. 5 oct. 1873).

6128. Déduction des charges. — Le droit est dû, d'après la loi, sur le montant des sommes ou sur la valeur des objets légués. Le texte n'ajoute pas, comme pour les partages et les contrats de mariage, qu'il s'agit de la valeur nette, d'où l'on pourrait conclure, *a contrario*, que les charges ne doivent pas être déduites.

Mais cette interprétation ne nous paraît pas exacte.

Elle serait insoutenable d'abord en ce qui concerne la déduction des legs secondaires imposés au légataire principal.

En effet, il a été reconnu, pour la perception du droit proportionnel de mutation par décès, que l'impôt dû par le légataire universel n'atteint que son émolument net, distraction faite de la valeur des legs particuliers. « La délivrance des legs particuliers, porte l'A. Cons. d'Ét. du 2 septembre 1808, soit qu'ils consistent en effets réellement existants dans la succession, soit que les légataires universels doivent les payer de leurs propres deniers, n'opère point de mutation de ces derniers aux légataires particuliers; la loi ne regarde les légataires universels que comme de simples intermédiaires entre le testateur qui est censé donner lui-même et les légataires particuliers qui reçoivent. » Cette disposition a été étendue par la jurisprudence jusqu'à la succession du légataire universel décédé avant le payement des legs particuliers (*V.* Cass. 6 déc. 1858, 16 et 22 août 1859, 25 juin 1862, 2234 I. G., R. P. n° 1664). Or, il est impossible d'admettre, sans inconséquence, que l'émolument du légataire universel soit déterminé pour la liquidation du droit proportionnel de mutation en tenant compte des legs secondaires, et qu'il soit fixé, au contraire, pour la perception du droit gradué, sans avoir égard à ces charges. On arriverait, dans ce second cas, à percevoir deux droits sur la même valeur, puisque, après avoir exigé l'impôt sur l'intégralité de la succession échue au légataire universel, on le réclamerait encore sur la portion de cette hérédité qui est attribuée au légataire particulier. C'est pour prévenir ce double emploi que le conseil d'État a admis l'imputation autorisée par l'avis du 2-10 septembre 1808. Il n'est pas présumable que le législateur de 1872 ait entendu suivre une règle différente.

Il a pris soin lui-même d'indiquer à plusieurs reprises que le droit gradué était dû sur l'importance réelle des contrats et sur l'intérêt pécuniaire qui s'y attachait; qu'il variait selon l'importance déterminée par l'énonciation des sommes ou valeurs que ces contrats constatent ou mettent en évidence (V. 2433 I. G., n° 3406 R. P.). N'était-ce pas reconnaître que la taxe nouvelle se limite à la valeur même de l'émolument attribué au légataire ?

Ce que l'on décide pour les legs secondaires imposés au légataire universel, il faut le décider aussi pour les autres charges. En effet, les principes de l'exigibilité du droit gradué sont les mêmes pour tous les cas. Par conséquent, si c'est la valeur nette qui sert de base à propos des partages des sociétés, des contrats de mariage, qui sont les actes les plus importants, il faut nécessairement admettre qu'il en est de même pour les autres. La *valeur* d'un objet légué se compose, en réalité, de ce que le légataire doit retirer de cet objet. Si, en le recevant, il est tenu de payer à un tiers la moitié de son estimation, la valeur de l'objet n'est plus pour le légataire que de l'excédant.

Le rapporteur de la loi a d'ailleurs déclaré que le principe de la déduction des charges s'étendait aux §§ 1er, 4, 5 et 6, parmi lesquels se trouve la délivrance de legs (Art. 3406, p. 176 R. P.; — *Conf.* : J. du not. n° 2621).

Cette opinion n'a pas d'abord prévalu.

Ainsi, il a été reconnu que, quand il y a délivrance d'un legs particulier d'immeubles et d'un legs de rentes viagères à servir par le légataire des immeubles, le droit gradué est dû sur la valeur des immeubles sans déduction de la valeur des rentes viagères (Sol. 14 fév. 1873).

Il a été décidé, d'une façon plus générale, que, lorsque la loi du 28 février 1872 a voulu que le droit gradué fût restreint à l'émolument net, elle l'a formellement exprimé (Art. 1er nos 1er, 4 et 5). Or, elle est muette sur ce point en ce qui concerne les délivrances de legs ou envois en possession qui donnent ouverture au droit sur la valeur des objets légués, c'est-à-dire sur toute la succession quand il s'agit d'un legs universel, quelles que soient les charges de ce legs, et encore qu'il soit tenu de legs particuliers à remettre à des tiers (Sol. 19 nov. 1873, 3758 R. P.).

Mais l'Administration admet aujourd'hui qu'il y a lieu de déduire les charges pour percevoir le droit (Sol. 4 mai 1878).

6129. Réduction des legs. — D'après les mêmes principes si un legs a été réduit avant la délivrance, le droit gradué ne peut être perçu que sur le reliquat. C'est ce reliquat, en effet, qui forme la valeur de la libéralité. L'ancienne rédaction de la loi en démontre bien le sens. Le projet portait que le droit était déterminé par le montant des *sommes payées* ou par la valeur des objets *délivrés*, ce qui ne laissait aucun doute sur l'intention du législateur de limiter le droit à la valeur du legs réduit. Les termes en ont été modifiés pour éviter l'équivoque sur un autre point. Mais il est constant que le sens n'a pas changé.

On n'a pas besoin d'ajouter que, si la réduction était prononcée ou consentie après l'enregistrement de la délivrance et le payement du droit gradué, l'art 60 L. 22 frimaire an 7 s'opposerait à toute restitution.

6130. Délivrance et partage. — Lorsque le legs a été fait indivisément à plusieurs légataires, il peut arriver que ces légataires, en obtenant la délivrance, fassent immédiatement entre eux et dans le même acte le partage de l'objet.

Cette hypothèse est différente de celle que nous venons d'examiner (6119). Le partage, en effet, n'est plus ici une disposition dépendante de la délivrance des legs. Il aurait donné lieu autrefois à la perception d'un droit fixe séparé. Rien n'est plus juste par conséquent que de l'assujettir aussi au droit gradué, indépendamment du droit de même espèce perçu sur le consentement à délivrance.

Le rapporteur de la loi, auquel la question a été proposée, l'a résolue en ce sens (Art. 3406 p. 183 R. P.; — Sol. 23 mars 1878).

Il en est de même, selon nous, si la délivrance est contenue dans un partage intervenu avec l'héritier.

6131. Nature des objets. — La loi soumet au droit gradué tous les objets légués sans distinction. « Il importe peu, a dit le rapporteur, que ce soit un meuble ou un immeuble » (Art. 3406 p. 182 R. P.). C'est aux parties qu'il appartient, sous le contrôle de l'Administration, de déterminer la valeur des objets légués quand cette valeur n'est pas exprimée. Elles doivent estimer les immeubles en valeur vénale. Quant à la forme de cette évaluation et aux détails qu'elle doit renfermer, nous nous référons à ce que nous en avons dit à propos du droit gradué sur les contrats de mariage.

1. INTÉRÊTS. — Lorsque le légataire reçoit les intérêts avec le principal de son legs, la disposition relative aux intérêts ne donne lieu à aucun droit proportionnel. C'est ce que nous expliquerons plus loin. Mais les intérêts s'ajoutent dans ce cas au capital pour la perception du droit gradué.

CHAPITRE III. — PLURALITÉ

[6132-6141]

6132. Pluralité. — Les anciennes règles sur la pluralité des droits fixes continuent à être applicables. L'I. G. 2433 le rappelle en ces termes : « Il est dû un droit particulier pour chaque légataire, de même qu'il était dû dans ce cas un droit fixe spécial » (art. 3406 p. 238 R. P.).

Par conséquent, s'il y a plusieurs legs distincts dont la délivrance est consentie simultanément, ce n'est pas un droit unique dont la quotité est déterminée par le montant cumulé des sommes ou de la valeur des objets légués qu'il faut percevoir. L'Administration est fondée à exiger autant de droits gradués distincts qu'il y a de legs particuliers et séparés.

Nous allons rappeler les règles qui gouvernent l'application de cette pluralité.

6133. Principe. — Lorsqu'un même acte contient délivrance de plusieurs legs, il est dû autant de droits qu'il y a de légataires distincts. — C'est l'application exacte de l'art. 11 L. 22 frimaire an 7.

6134. Exécuteur testamentaire. — La C. cass. a jugé, en effet, le 22 avril 1823, que l'acte par lequel plusieurs légataires reconnaissent avoir reçu de l'exécuteur testamentaire le montant de leurs legs, est passible d'autant de droits fixes qu'il y a de legs distincts, quoique la délivrance de ces legs ait été précédemment ordonnée par un jugement. « En ce qui touche, porte l'arrêt, les droits dus pour la remise faite a quatre des légataires du général Le Tellier, de leurs legs d'objets mobiliers, en nature ; attendu que cette remise effectuée par l'acte du 4 juin 1820, a opéré, au profit de la succession de ce général, une décharge de legs, sujette au droit fixe de 2 francs aux termes de l'art. 68 § 1er n° 22 L. du 22 frimaire an 7, et de l'art. 43 n° 8, de celle du 28 avril 1816, et que chacun desdits légataires ayant un droit personnel et distinct de ceux des autres légataires, il y a eu, à cet égard, autant de décharges passibles du droit susénoncé que de légataires remplis de leurs legs. » (549 C., S. 23-1-329, 1204-7 I. G.). — V. *Compte* 8295, 8296.

6135. Jugement. — Dans ce sens, il a été reconnu que le jugement qui ordonne l'exécution d'un testament par lequel le testateur a institué douze légataires universels, chacun pour un douzième, et fait délivrance de ces douze legs, donne ouverture à douze droits (13240-4 J. E.).

6137. Tuteur mandataire. — Il y a également lieu à la pluralité des droits sur l'acte qui constate cumulativement la délivrance à une seule personne d'un legs fait à elle personnellement et de legs faits à d'autres personnes qu'elle représente comme tuteur et mandataire. Il n'est pas douteux qu'il y a intérêts et légataires distincts (16863-2 J. E.).

6138. Un seul légataire. — Plusieurs testateurs. — Mais est-il dû plusieurs droits sur l'acte contenant délivrance, par l'héritier de plusieurs individus, de legs de sommes d'argent qu'ils ont faits à la même personne? On allègue, pour repousser la pluralité, que, dans l'espèce, bien qu'il y ait plusieurs legs, plusieurs testateurs, il n'existe qu'un seul héritier, et qu'un seul légataire, qui, par leurs acceptations diverses, ont confondu sur leur tête, l'un, toutes les successions, et l'autre, tous les legs ; en sorte qu'il ne s'agit plus, entre eux, que de la délivrance et de la réception d'une seule et unique somme d'argent (Roll. de Vill. V. *Délivrance de legs* n° 70, Dalloz n° 453, 8467 J. N., D. N. t. 4 p. 487 n° 85). « A défaut de contestation sur la validité des legs, dit une décision de l'administration belge, du 30 juin 1858 (8058 J. E. belge), l'héritier ne pouvait se dispenser de les délivrer en une fois au légataire, et à ce point de vue, la rédaction d'un seul acte contenant une disposition unique ou plusieurs dispositions dépendantes était dans la situation juridique des parties. »

Ces raisons ne paraissent pas concluantes.

Les legs, en effet, ayant été faits par plusieurs personnes différentes, leur délivrance forme une disposition indépendante pour chaque legs, de sorte que chacune aurait pu faire l'objet d'un acte séparé ; et cela est si vrai que, parmi ces legs, les uns auraient pu être sujets à litige, alors que les autres seraient à l'abri de toute discussion, ce qui rend évidemment applicable le principe de la pluralité. Aussi l'Administration a-t-elle décidé, le 7 février 1834 (10866 J. E.) que l'acte contenant délivrance par un seul héritier a un légataire de quatre legs faits par quatre personnes, donne ouverture à quatre droits.

6139. Legs collectif. — Dans tous les cas, un legs de 5,000 francs fait aux cinq cents plus pauvres habitants d'une commune ne donne ouverture qu'à un seul droit (14786-2 J. E.) ; il n'y a pas, en effet, cinq cents legs, mais un seul legs collectif.

6140. Double délivrance. — Il n'y a pas lieu à la perception de deux droits fixes lorsque le mari ayant légué à sa femme un immeuble à la charge de payer aux héritiers une somme égale au prix d'acquisition, l'acte constate à la fois et la délivrance de l'immeuble et le payement de la somme d'argent : le payement de la somme d'argent est, en effet, une disposition dépendante de la délivrance du legs.

6141. Acquiescement. — Mais l'acquiescement à un testament, à une délivrance de legs par plusieurs cohéritiers, ne donne ouverture qu'à un seul droit. — V. *Acquiescement.*

CHAPITRE IV. — DATION EN PAYEMENT

[6142-6152]

6142. Règle. — Pour que le droit fixe soit seul exigible sur la délivrance de legs, il faut, ainsi que l'exprime la loi, que la délivrance soit pure et simple, c'est-à-dire que le légataire reçoive la chose même qui lui a été donnée. Il ne pourrait pas recevoir un objet différent, ce ne serait plus alors une délivrance, mais bien une vente de chose ou une dation en payement (Dalloz n° 502).

Champ. et Rig., qui avaient d'abord professé cette opinion (*Traité* n° 1543), ont enseigné plus tard « que les légataires de sommes d'argent qui reçoivent des créances héréditaires sont censés recevoir leur propre chose, parce que, d'après la jurisprudence sur les droits de mutation par décès, les légataires sont censés légataires des meubles mêmes de la succession et que l'Administration reconnaît la même nature à toutes les valeurs mobilières » (t. 6 n° 194). — Depuis que la C. cass. a étendu cette doctrine aux immeubles, on pourrait se croire fondé à penser que le légataire d'une somme d'argent étant, par une fiction spéciale à la loi de l'impôt, réputé propriétaire des biens de la succession jusqu'à concurrence de son legs, il est permis de lui attribuer tel ou tel de ses biens sans donner lieu au droit de dation en payement. Mais cette conséquence nous paraît exagérée. La fiction dont il s'agit a été admise par la jurisprudence *contra rationem juris*, pour dispenser d'un double droit de transmission la dévolution des biens du défunt à ses successeurs. On ne saurait l'étendre au delà du cas même qu'elle gouverne. C'est un point sur lequel nous reviendrons au chapitre des *Partages anticipés* n° 12598. D'ailleurs, s'il est vrai, comme on l'a dit, que les valeurs mobilières ont une même nature pour la perception du droit de succession, il n'en est plus de même dans tout autre cas puisque le tarif à leur appliquer varie selon qu'il s'agit de meubles ou de créances.

Il a donc été jugé avec raison : 1° Que l'abandon par le légataire universel aux légataires particuliers de tous les biens de la succession pour les remplir de leur legs, dont l'importance dépasse celle de ces biens, constitue une cession passible des droits auxquels donne ouverture la nature des biens abandonnés, car les legs particuliers ne sont qu'une charge du legs universel (Seine 21 déc. 1848, 14645 J. E.) ; — 2° Que si le légataire d'une somme d'argent reçoit un immeuble de la succession, il s'opère une transmission immobilière passible du droit de vente (Dél. 25 sept. 1822, 7324 J. E. ; — Seine 21 juin 1855). — V. *Partage*.

6143. Créances. — Par le même motif, l'abandon de créances de la succession, pour les remplir de leurs legs, fait aux légataires particuliers de sommes d'argent, donne ouverture au droit de cession de créances (Seine 16 août 1843, 13310 J. E. ; — Lyon 19 août 1846, 14107 J. E. ; — Seine 8 mars 1838, 12008 J. E. ; — Dél. 28 fév. 1834, 10881 J. E.; — Moissac 11 août 1863, 1879 R. P. ;—D. N. t. 4 p. 490 n° 98).

6144. Legs en argent payé au moyen d'une rente. — Du principe posé ci-dessus, à savoir que l'héritier doit délivrer au légataire l'objet même qui lui est légué, la C. cass. a conclu, le 8 fructidor an 13, qu'un legs de somme en argent fait à un hospice n'a pu être acquitté en rentes sur l'État, quoique l'hospice fût obligé d'employer la somme en acquisition d'une rente.

6145. Legs en rente payé en argent. — Par raison inverse, si c'est une rente sur l'État ou sur particulier qui doit être délivrée et que l'héritier rembourse au légataire le capital de cette rente, ce remboursement ne peut être considéré comme une délivrance de legs pure et simple, le droit de quittance est exigible (14302-1-2 ; — Seine 12 fév. 1845, 13718 J. E.; — Mâcon 23 nov. 1847, 14443 J. E., 16800-4 J. E.).—En effet, le payement d'une somme en argent, pour tenir lieu du legs de la rente, n'est pas une délivrance de ce legs, c'est l'extinction d'une dette devenue personnelle au légataire universel, par suite de l'arrangement conclu entre les parties.

1. RENTE N'EXISTANT PAS EN NATURE. — Il en serait de même alors que la rente n'existerait pas en nature dans la succession (Sol. 7-25 août 1835, D. N. t. 4 p. 489 n° 97 ; — Dél. 1er oct. 1835, 11300 J. E.). C'est au légataire universel ou à l'héritier à se la procurer pour en faire la délivrance, et remplir ainsi les intentions du testateur (*Contrà* Champ. et Rig. t. 6 n° 301).

2. USUFRUIT. — Le jugement qui donne acte à une partie de ce qu'elle accepte l'usufruit d'un immeuble pour lui tenir lieu du legs d'une rente viagère est sujet au droit de vente sur le capital au denier 10 de la rente : 1° il y a vente, puisqu'en remplacement d'une rente viagère on cède un usufruit ; — 2° le droit est dû sur le capital au denier 10 de la rente, fût-il supérieur à la moitié de la valeur vénale de l'immeuble, parce que, d'après l'art. 15 n° 6 L. 22 frimaire an 7, c'est le prix qui forme la base de la perception (Sol. 31 mai 1831, 10058 J. E. — *V.* dans le même sens Cass. 16 fév. 1831, 7440 J. N.).

6146. Abandon du gage en payement du legs. — Si, dans la démission de ses biens, le donateur s'est réservé de pouvoir disposer d'une somme de 200,000 francs, entendant que tous ses biens, et plus spécialement l'intérêt qu'il a dans une société, soient affectés au payement de cette somme qu'il a léguée plus tard à sa femme, le droit de 2 pour 100 est exigible sur la disposition du partage intervenu après son décès, qui attribue l'intérêt social à la veuve pour la remplir de son legs, attendu que cet intérêt social était, non pas la chose léguée, mais seulement le gage du legs (Seine 12 fév. 1845, 13726 J. E.).

6147. Somme donnée. — Immeuble légué en place. — Lorsque, après avoir donné entre-vifs une somme d'argent, le donateur lègue au donataire un immeuble pour tenir lieu de cette somme, l'acte de délivrance de cet immeuble ne donne lieu qu'au droit fixe (Dél. 27 mai 1836, 11549-2 J. E., 9280 J. N.). — *V.* Dalloz n° 3943, Toullier t. 6 nos 440, 17354, 17565 J. E.

1. REPRISE. — De même, si la femme a légué ses reprises et que le mari les ait payées à sa femme du vivant de celle-ci la délivrance au légataire des reprises, des immeubles donnés en payement n'est passible que du droit fixe (Sol. 25 oct. 1860).

6148. Sommes à prendre sur la succession. — Il résulte de ce qui précède que pour qu'il y ait dation en payement le légataire doit être fourni en d'autres valeurs que celles qui lui ont été données. Il y a donc lieu de remonter à la disposition testamentaire à l'effet de rechercher quelle a été l'intention du disposant et si l'attribution a été conforme à ses volontés.

Aucune difficulté ne peut s'élever quand il s'agit d'un corps certain et déterminé, mais elle commence quand la libéralité est conçue dans les termes généraux, tels que : somme à prendre sur les plus clairs biens de la succession, sur les plus clairs deniers, etc., expressions qui peuvent s'appliquer tantôt à un prélèvement en nature, tantôt à une somme en numéraire.

La question s'était soulevée dans l'ancien droit : « On a discuté, dit Bosquet (3-213), pour savoir si le legs d'une somme de 6,000 livres en capitaux de la succession permettait au légataire de recevoir, sans payer le droit de contrôle fixé d'après la valeur de l'objet, des capitaux de rentes héréditaires. Les fermiers soutenaient la négative, par le motif que le légataire n'était propriétaire de par le testament d'aucune des rentes, que ces rentes étaient toutes dévolues à l'héritier à qui celui-ci avait simplement fait une dation en payement. On décida le contraire par la raison que le légataire avait droit à des capitaux existant dans la succession et que l'héritier a simplement accompli les volontés du testateur en délivrant au légataire telles ou telles rentes plutôt que telles ou telles autres. »—Mais on ne saurait poser de règle certaine sur ce point, car tout dépend de l'appréciation des termes du testament.

1. SOMME A PRELEVER SUR LES PLUS CLAIRS DENIERS. — Si la disposition est d'une somme à prendre sur les plus clairs deniers de la succession, « l'intention du testateur, porte un jugement d'Évreux du 14 juin 1861, étant de conférer au légataire un droit de créance et non un droit de copropriété, l'abandon de valeurs de l'hérédité est une dation en payement » (1557 R. P., 17354 J. E., 12106 C.).

2. SOMME A PRENDRE SUR LES BIENS DONT SE COMPOSERA LA SUCCESSION. — Il n'en est pas de même si le testateur a disposé de 4,000 francs, par exemple à prendre sur les plus clairs biens de la succession, ou d'une somme de 4,000 francs à prendre sur les biens dont se composera la succession. Dans ces deux cas, la fixation d'un chiffre n'implique que le maximum d'un prélèvement à faire par le légataire et l'attribution de valeurs héréditaires jusqu'à concurrence de ce chiffre est une délivrance de legs pure et simple passible du droit fixe. C'est ce qu'a reconnu une Sol. 1er juin 1832. — V. *Partage.*

Décidé, de même, à l'égard d'un legs portant : « Je donne par préciput et hors part : 1° à mon neveu Antoine une somme principale de 1,600 francs à prendre sur les moyens les plus clairs de ma fortune ; — 2° et à ma nièce Geneviève une somme de 1,600 francs à prendre sur les moyens les plus clairs de ma fortune. » Ces legs confèrent aux légataires la copropriété des biens héréditaires et l'attribution qui leur en est consentie dans le partage ne donne lieu à aucun droit de dation en payement (Wissembourg 8 juill. 1870, 3268 R. P.).

Au contraire, la disposition par laquelle le défunt lègue à sa femme « la toute propriété de la somme formant la différence entre la récompense due à la communauté par le défunt à raison d'un immeuble à lui propre et la valeur de cet immeuble» n'est pas un legs de la copropriété de l'immeuble, mais un legs ordinaire de sommes. Ce légataire ne devient pas non plus copropriétaire parce qu'il aurait l'usufruit total de l'immeuble (Seine 26 août 1871, 3494 R. P.).

On l'a également décidé en ce sens au sujet d'un legs portant sur une somme à recevoir de l'héritier en créances héréditaires (Cass. 13 fév. 1878, 4893 R. P. ; — mais le legs d'une somme d'argent *imputable* sur une créance est considéré comme conférant une copropriété (Sol. 21 sept. 1876, 20702 J. E.).

3. LEGS DE 4,000 FRANCS. — Le testateur a légué 4,000 francs sans employer l'expression de somme. Il semble qu'en fixant seulement le chiffre de la disposition, le testateur n'a eu en vue que de disposer d'une valeur à prélever et que dès lors le légataire a pu être indifféremment rempli en argent ou en biens de l'hérédité, sans que dans ce second cas il y ait dation en payement (Sol. 8 juin 1855).

4. GAIN DE SURVIE. — Il en est de même au cas où, un gain de survie de 24,000 francs ayant été stipulé, on attribue au survivant une créance de 24,000 francs; il n'y a pas de dation en payement, parce que le contrat de mariage n'a pas dit que le payement devait avoir lieu en argent (Sol. 4 juill. 1859).

On déciderait de même, au sujet d'un gain de survie en argent, s'il était ajouté que la veuve le prélèvera sur les plus clairs et apparents biens de la succession (J. du not. 27 janv. 1869, 2314).

Cependant, il a été jugé que la disposition d'un contrat, de mariage par laquelle le futur donne à la future « une somme de 25,000 francs en espèces à prendre sur les biens les plus liquides dépendant de sa succession » ne confère pas à la future le droit d'exiger ces 25,000 francs en immeubles propres, alors surtout qu'il y a des valeurs mobilières liquides et immédiatement réalisables. Dès lors, l'attribution consentie par les héritiers à la veuve d'un immeuble de la succession, pour la remplir de son gain de survie, constitue une dation en payement passible du droit proportionnel de vente à 5 fr. 50 cent. pour 100, et non un partage entre copropriétaires : « Attendu, que des termes de la disposition, il résulte que le gain de survie devait s'exercer sur les premiers deniers libres de la succession et que, dans l'espèce, il devait trouver une prompte et facile satisfaction à raison des valeurs mobilières de l'actif » (Bordeaux 25 mars 1874).

6149. Préciput fourni en immeubles. — *Quid* du legs d'une somme fixe, à titre de préciput, rempli au moyen de l'abandon d'immeubles ? Un testament contenait la disposition suivante : « Je donne, lègue et laisse à Michel-Henri de P..., mon fils, et ce par préciput, une somme de 10,000 francs, prise sur mes biens, lors du partage qui s'ensuivra. » L'Administration a décidé, par une Sol. 1er juin 1832 (10343 J. E.), que le droit fixe était seul exigible sur l'acte qui constatait la délivrance d'un immeuble pour remplir le légataire. En effet, l'art. 913 C. C. détermine la portion disponible ; il veut qu'elle ne puisse excéder une certaine quotité des biens du disposant. Suivant l'art. 919, la quotité disponible peut être donnée en tout ou en partie, soit par acte entre-vifs, soit par testament, aux enfants ou autres successibles du donateur, sans être sujette aux rapports par le donataire ou le légataire venant à la succession, pourvu que la disposition ait été faite expressément à titre de préciput et hors part. Ainsi, le legs ou le don par préciput et hors part d'une partie de la portion disponible est de même nature que le legs ou le don de la totalité de cette portion, en ce sens que, dans l'un et l'autre cas, le successible qui en est gratifié a droit, jusqu'à concurrence, sur tous les biens du donateur ou testateur. Soit donc que par le partage, où il vient en sa double qualité d'héritier et de donataire ou légataire de tout ou partie de la portion disponible, on lui abandonne, pour le remplir de ce qui lui revient à ces deux titres, des meubles ou des immeubles, il n'en peut résulter ni mutation ni exigibilité d'un droit proportionnel, parce qu'il ne fait que recevoir ce qui lui revenait, dans l'ensemble de l'hérédité, en vertu de la loi et de l'acte de libéralité fait à son profit.

6150. Legs alternatif. — Les legs stipulés payables, soit en créances de la succession, soit en numéraire, au choix du légataire universel, peuvent être payés en créances, sans qu'il soit permis de voir dans cette délivrance une délégation passible du droit proportionnel (Dél. 30 déc. 1828, 2371 Roll.).

Il en est de même si, le testateur ayant légué ou une rente

viagère ou un immeuble, et le légataire ayant opté pour l'immeuble, la délivrance lui en est consentie (Sol. 1er mai 1861).

La délivrance en rentes d'un legs que le testateur a déclaré payable en argent, capitaux ou immeubles ne donne lieu qu'au droit fixe (Sol. 7 juin 1816, 5443 J. E., D. N. t. 4 p. 490 n° 101).

Mais si, au lieu d'un immeuble légué, on délivre un autre immeuble, il y a échange (Seine 27 fév. 1875, 4129 R. P.; Cass. 13 déc. 1876, 4560 R. P.).

6151. Legs d'un immeuble à charge d'en payer la valeur aux héritiers. — Le legs de la faculté de retenir sur estimation un bien de la succession constitue pour le légataire un legs dudit bien, à charge d'en payer la valeur aux héritiers, et l'acte ultérieur qui constate l'exécution de ce legs et le payement de la contre-valeur par le légataire, qui doit être considéré comme tenant la chose léguée directement du testateur, n'emporte pas mutation des héritiers au légataire et n'est passible de ce chef d'aucun droit proportionnel (Bruges 25 juin 1860, 8603 J. E. belge).

Il en est de même du cas d'une disposition testamentaire portant: « Je veux que, si quelques meubles ou immeubles de ma succession étaient à la convenance de L..., il pût s'en saisir, sauf à en payer le prix ; » — la délivrance des valeurs au sieur L..., suivie du payement effectué par celui-ci, est pure et simple et ne donne ouverture qu'au droit fixe (Sol. 2 mars 1860).

6152. Simple charge. — Legs pieux. — Donation. — On ne peut pas considérer comme des legs proprement dits les dispositions d'un testament, portant que les héritiers distribueront une certaine somme aux domestiques ou aux pauvres, ou l'emploieront en œuvres de bienfaisance (Cass. 27 nov. 1876, 4993 R. P. et 16536 *infrà*). Dès lors, quand les héritiers remettent ces sommes aux personnes qu'elles croient devoir choisir, il s'opère une transmission entre-vifs, passible du droit proportionnel (Sol. 22 avr. 1866 et 11 oct. 1867, 2572 R. P., 18428 § 4 J. E.).

Décidé, de même, que, quand un testateur a chargé son héritier d'employer certaine somme en œuvres de bienfaisance, cette disposition n'est pas assez explicite pour constituer un legs, et l'acte ultérieur par lequel l'héritier remet la somme à une congrégation religieuse dont il a fait choix en réglant les conditions de son emploi, a le caractère d'une donation entre-vifs ordinaire passible du droit proportionnel (Cass. 6 juill. 1871, 3300 R. P., 2426-2 I. G., S. 71-1-163, D. 71-1-343, P. 71-453). — V. Cass. 8 avril 1874, 4671 R. P.

Cependant on a décidé que le droit gradué et non le droit de donation est dû sur l'acte contenant délivrance d'un legs fait à une association non autorisée, spécialement à la propagation de la foi, sauf à l'association à payer le droit de succession. « Il n'y a pas lieu, a-t-on dit, d'appliquer l'arrêt du 6 juillet 1871 dans l'espèce duquel l'établissement n'était pas indiqué et où le choix des bonnes œuvres était laissé à l'héritier, ni de s'arrêter à l'incapacité du légataire, l'exécution d'un legs non valable ayant les caractères d'une déclaration pure et simple » (Sol. 12 mars 1878). — *V.* pour le droit de succession, n° 16536.

On a également considéré comme un legs et non comme une simple charge de l'hérédité, la clause d'un testament par laquelle le testateur dispose qu'un nombre fixé par lui de pauvres d'une catégorie déterminée recevront, moyennant l'accomplissement de certains devoirs religieux, une rétribution annuelle en argent. Le bureau de bienfaisance, comme représentant de tous les pauvres d'une commune, a qualité pour obtenir la délivrance d'un semblable legs (C. Liége 3 fév. 1873, 12024 J. E. belge).

L'Administration a fréquemment appliqué la même doctrine à des dispositions testamentaires chargeant un établissement charitable, institué légataire universel, de constituer annuellement une dot à une jeune fille pauvre. Des solutions ont admis que la remise de cette dot avait le caractère non d'une donation entre vifs mais d'une délivrance de legs passible du droit gradué (Sol. 19 juill. 1871 et 5 fév. 1874). Mais ces décisions ne peuvent être considérées que comme de pure faveur. Les espèces auxquelles elles s'appliquent rentrent trop directement sous l'application de l'arrêt du 6 juillet 1871 qui précède, pour qu'on puisse les considérer comme des solutions de principe à suivre dans tous les cas analogues.

Au surplus, la question des legs de l'espèce sera plus amplement développée au mot *Succession*, n° 16536.

CHAPITRE V. — APPLICATIONS DIVERSES

[6153-6169]

6153. Sommes n'existant pas en nature dans la succession. — Une décision du 1er août 1757 portait que le droit de contrôle d'un acte de délivrance est dû sur le pied de quittance : « Mais, ajoute Bosquet, dans son *Dictionnaire des domaines*, v° *Legs* n° 7, il ne faut pas tirer de conséquence de cette décision, hors de l'espèce dans laquelle elle a été rendue, c'est-à-dire qu'elle n'est applicable qu'au cas où le legs, n'étant pas désigné, le légataire reçoit certains effets de l'héritier, dont il se contente ; c'est alors une espèce de transaction. Mais, lorsque l'héritier ou l'exécuteur testamentaire remet au légataire les choses qui lui ont été léguées nommément, la reconnaissance de celui-ci n'est qu'une suite nécessaire du testament et un acte simple pour lequel il n'est dû que 10 sous de contrôle. »

L'Administration avait adopté ce système et établi dans une Dél. du 1er janvier 1824 (5205 J. N.) que la loi de l'an 7 n'avait pu entendre par délivrance de legs *pure et simple*, que la délivrance d'objets déterminés et existant dans la succession, attendu qu'on ne peut *délivrer* que ce qui existe, et que la *délivrance* est la remise de la chose telle qu'elle a été léguée et qu'elle se trouve dans la succession. Elle décidait qu'il n'en est pas de même lors du payement d'un legs en argent; quoique le légataire tienne son legs directement du testateur, l'héritier qui le lui paye ne délivre pas purement et simplement : il se libère de la somme léguée parce qu'il ne donne pas une chose trouvée en nature dans la succession, mais paye de ses deniers personnels ou de ceux qu'il s'est procurés sur les biens de la succession. Ce système trouve son point d'appui dans ce qu'enseigne Marcadé (sur l'art. 1015 n° 127), à savoir, que le droit que produit le legs, et que l'art. 1014 C. C. qualifie de droit à *la chose*, est tantôt un simple *jus ad rem*, mais tantôt aussi un *jus in re*, selon les circonstances. Ainsi, par exemple, quand le legs a pour objet une somme d'argent, il est bien clair que le légataire n'a pas immédiatement le *jus in re*, mais une *simple créance*, un *jus ad rem*, qui ne produira *le droit de propriété* qu'au moyen de la tradition de l'argent.

Mais la jurisprudence n'a pas admis cette doctrine. Dès le 10 septembre 1808, un A. Cons. d'Ét. reconnaissait que « la délivrance de legs particuliers, soit qu'ils consistent en effets réellement existants dans la succession, soit que les légataires universels ou les héritiers doivent les payer de leurs propres deniers, n'opère point de mutation de ces derniers aux légataires particuliers : dans les deux cas, la loi ne regarde les héritiers universels que comme de simples intermédiaires entre le testateur, qui est censé donner lui-même, et les légataires particuliers qui reçoivent. » La C. cass. a adopté ces motifs par deux arrêts des 22 avril 1823 et 30 août 1823 (5205, 5797, 5903 J. N., S. 23-1-329). — L'Administration, dans son I. G. 1204, §§ 2 et 3, a prescrit de prendre cette jurisprudence pour règle et de ne percevoir que le droit fixe sur la délivrance des legs de sommes, encore qu'elles ne se trouvent pas en nature dans la succession. (*V.* dans le même sens Merlin *Rép.* v° *Légataire* § 8 et Cass. 25 juin 1862, S. 62-1-855).

1. LEGS EXCÉDANT L'ACTIF DE LA SUCCESSION. — Il importe peu que les legs excèdent l'actif de la succession. Du moment, en effet, que l'héritier a accepté cette succession en usant du droit qui lui appartient, il se trouve légalement tenu d'acquitter les dettes et charges qui en dépendent. Aucun droit de donation ne saurait donc être perçu sur l'excédant de l'actif héréditaire. (Le Mans 20 mai 1869, 3255 R. P.).

6154. Legs de la chose de l'héritier. — Quoique le conseil d'État ait seulement fait mention des legs *de sommes d'argent* non existantes dans la succession, il semblait rationnel d'appliquer sa décision aux legs de tous autres objets, mobiliers ou immobiliers, n'existant pas dans l'hérédité. Les motifs de décider étaient les mêmes, et les considérants de l'avis s'appliquaient aussi bien à ces derniers legs qu'aux premiers. L'Administration, néanmoins, fit une distinction :

« On ne doit pas perdre de vue, dit l'I. G. n° 401 que l'A. Cons. d'Ét. est uniquement relatif au cas où les legs particuliers consistent en sommes d'argent, et qu'en conséquence il ne serait nullement applicable si les héritiers ou légataires universels étaient chargés de céder des meubles, de transporter des rentes ou d'abandonner des immeubles qui ne feraient point partie de l'hérédité ; on ne pourrait, en effet, prétendre que, dans ce cas, il y a délivrance pure et simple, puisque les héritiers ou légataires devant se dessaisir d'une propriété personnelle, la transmission mobilière ou immobilière de ceux-ci aux sous-légataires serait de toute évidence, et donnerait incontestablement lieu à un droit proportionnel, indépendant de celui perçu pour la mutation opérée du testateur au légataire principal ou à l'héritier. »

L'instruction précédente ne précisait pas la nature du droit exigible, et on a réclamé tantôt le droit de donation comme si l'héritier abandonnait volontairement et gratuitement sa propriété, tantôt celui de mutation à titre onéreux, fondé sur ce que la cession était le résultat d'une obligation imposée par le testateur et procédait, dès lors, d'une sorte de dation en payement.

Le principe de l'exigibilité d'un droit de mutation a été consacré par des jugements de Lyon du 18 août 1863 et de Toulouse du 9 janvier 1862 (2052 R. P., 17802 J. E., 17604 J. N.). Mais le premier ne s'est pas prononcé sur la nature du droit et le second a adopté le tarif des ventes :

« Attendu, porte ce dernier jugement, qu'il n'est pas douteux que l'abandon fait par Jules Larrieu ne renferme en réalité qu'une transmission à titre onéreux et non point une donation, acte essentiellement gratuit, dont le caractère spontané serait d'ailleurs en opposition avec l'exécution par un légataire universel d'une condition qui lui est imposée par le testateur. »

Le tribunal d'Orthez a également décidé, le 28 janvier 1873, que, quand un legs particulier est fait sous la condition que le légataire abandonnera gratuitement au légataire universel ses droits dans une succession déjà indivise, la convention qui intervient ultérieurement pour l'exécution de cette condition constitue une mutation entre-vifs passible du droit de transmission à titre onéreux :

« Attendu que, en léguant à ses sœurs ou à leurs représentants une somme en argent, en leur imposant la condition qu'ils seraient tenus, pour pouvoir bénéficier du legs, de renoncer à leurs droits dans la succession de la mère commune, dont les biens étaient indivis avec le sieur Pierre Labourdette, le défunt a pu avoir la pensée de faire un acte de libéralité à leur profit ou tout au moins au profit de certains d'entre eux, mais que son but principal était de faire passer sur la tête de son frère, son légataire universel, la propriété exclusive de l'hoirie maternelle ; — Attendu que, par les actes des 26 et 29 juin 1867, les légataires ne se sont pas bornés à accepter les legs à eux faits, à en percevoir le montant et à en donner quittance ; mais qu'ils ont, en outre, formellement déclaré faire cession en faveur du légataire universel de tous leurs droits dans la succession de la mère commune, et que, par suite, dès ce moment, les droits qui reposaient sur leurs têtes dans cette succession sont passés sur la tête du légataire universel ; que ces actes constituent donc une transmission de droits successifs à titre onéreux » (3725 R. P.).

Malgré ces décisions, la question est loin d'être résolue et nous en avons fait l'objet d'un examen approfondi au n° 2052 R. P.

En doctrine, il est généralement reconnu que l'obligation imposée à l'héritier de remettre à un tiers un objet personnel ne constitue pas le legs de la chose d'autrui prohibé par l'art. 1021 C. C. (Toullier sur l'art. 1021 C. C., Troplong *Donations et Testaments* n°s 1947 et 1948, Coin-Delisle sur l'art. 1021 C. C., Duranton *id.*, Dalloz v° *Dispositions entre-vifs et testamentaires* n°s 3770 et suiv.). Mais, quelle que soit sa validité, elle forme bien un legs dans l'acception juridique du mot : c'est, en effet, du testateur que le tiers à qui la chose de l'héritier est léguée, tient son droit, et ce droit a sa source dans une disposition testamentaire. Du moment qu'on admet que le testateur a pu disposer de la chose de son héritier, il faut bien admettre qu'il en a disposé au même titre que de ses biens propres. Et peu importe que la disposition ait été faite directement, sous forme de legs, ou bien sous forme de condition, de charge d'un legs principal. Elle a le même caractère dans les deux cas, car la forme ne saurait affecter le fond. Telle est, au surplus, l'appréciation des auteurs. D'après Duranton, le tiers au profit de qui la charge est stipulée tient son droit du testateur; il a une action directe contre le légataire grevé et peut demander la délivrance à son profit (T. 9 nos 320 et suiv.). Dalloz émet une opinion semblable : « Le legs est fait sous une charge, dit-il, lorsque le testateur a prescrit au légataire de faire telle chose au profit du tiers. Dans ce dernier cas, il y a un véritable legs au profit du tiers... Le tiers au profit de qui la charge est stipulée tient son droit du testateur. Peu importe dès lors qu'il soit incapable de recevoir du légataire. Il suffit qu'il ait cette capacité relativement au testateur » (V° *Dispositions entre-vifs et testamentaires* nos 3532 et 3533).

La même doctrine est consacrée dans un arrêt de la cour de Colmar, du 10 mars 1832 : « Attendu que la constitution d'un legs particulier n'exige point une disposition directe, et que la seule obligation imposée à un légataire à titre universel de payer une somme *ou de livrer une chose* constitue un véritable legs » (S. 32-2-499). Cet arrêt a été confirmé par la cour suprême le 27 novembre 1833 (S. 34-1-266).

S'il en est ainsi et si la disposition actuelle constitue un véritable legs, il faut la soumettre à la règle générale posée par l'A. Cons. d'Ét. du 2 septembre 1808, percevoir le droit de succession sur la chose léguée, d'après le degré de parenté du légataire, puis en diminuer la valeur du total des biens héréditaires. « Sans doute, dit M. Demante, la lettre de l'A. Cons. d'Ét. fait ici défaut; mais il ne faut pas perdre de vue le caractère purement interprétatif de cette décision et je pense que son esprit doit dominer encore la question proposée. J'exclurai donc la perception cumulative du droit proportionnel. Puis, considérant que c'est du testament que procède, pour le légataire particulier, le droit de réclamer l'immeuble propre de l'héritier, je déclare exigible le droit de mutation sur la valeur de cet immeuble au taux déterminé par la parenté du légataire particulier avec le défunt » (655 n° 11).

La C. cass. l'a formellement décidé en matière de legs de sommes non existant en nature : « La perception d'un droit unique est de règle, *quel que soit le mode de disposition du testateur*; il y a dévolution immédiate du testateur au légataire particulier dans tous les cas, et il importe peu que le legs mis à la charge de l'héritier ou du légataire universel consiste en sommes d'argent ou en valeurs mobilières n'existant pas dans la succession » (V. not. cass. 30 mai 1858, 2234 § 1er I. G., 997 R. P.).

Ces expressions, valeurs mobilières, n'embrassent-elles pas les corps certains aussi bien que les choses fongibles; et quoique la cour n'ait pas ajouté valeurs immobilières, sa doctrine ne doit-elle pas être étendue, par voie de conséquence rigoureuse, aux legs d'immeubles appartenant à l'héritier ou au légataire universel?

La conséquence à tirer de là, c'est que, du moment que la disposition a le caractère du legs et que le légataire a acquitté le droit de mutation par décès sur sa valeur, la remise ultérieure qui lui est faite de l'objet même désigné par le testateur n'a plus que le caractère d'une délivrance de legs pure et simple sujette au droit fixe.

Quel autre tarif, d'ailleurs, lui appliquerait-on? Celui de la donation? Mais il n'y a pas de libéralité sans l'*animus donandi*, et ici l'héritier qui abandonne sa chose pour exécuter la condition imposée par le défunt n'a nullement le désir de gratifier personnellement le légataire. Celui de la vente? Mais le légataire n'achète rien; il ne reçoit pas l'objet à titre onéreux. Il le reçoit à titre essentiellement gratuit; le prix qui est l'élément essentiel de toute mutation à titre onéreux, fait donc complètement défaut. En dehors de la délivrance de legs, il est donc impossible de caractériser juridiquement la convention. Aussi croyons-nous qu'aucun droit proportionnel ne peut être perçu.

Notre opinion a été adoptée depuis par le J. du not. (N° du 11 mars 1868, n° 2232).

6155. Legs de la chose d'autrui. — Il en est de même du legs de la chose d'autrui. Cette disposition est nulle (1021 C. C.), mais l'héritier peut renoncer à cette nullité et faire la délivrance au légataire particulier. « On peut dire, enseigne M. Demolombe, que l'effet de ce legs n'est pas le bien lui-même directement : c'est l'obligation personnelle imposée à l'héritier à réserve de faire avoir ce bien au légataire » (t. 19 n° 475). Dès lors, la remise de l'objet indiqué n'est qu'une simple délivrance de legs passible du droit fixe.

6156. Intérêts. — Un droit proportionnel de quittance est-il exigible, indépendamment du droit fixe, sur l'acte par lequel un légataire reconnaît avoir reçu de l'héritier la somme qui lui a été léguée, et de plus le montant des intérêts courus? On enseigne (10844, 14138-5 J. E.) qu'il faut distinguer :

Si le testament porte que le légataire aura droit aux intérêts de la somme léguée à partir du décès du testateur, le payement qui est fait simultanément du principal et des intérêts ne donne certainement ouverture qu'au droit fixe, parce que le légataire reçoit les accessoires comme le principal de la volonté du testateur.

Mais si le testament n'accorde pas d'intérêts, le légataire ne peut y prétendre qu'à compter du jour de sa demande en délivrance ou du jour auquel cette délivrance aura été volontairement consentie. Dans ce cas, il ne tient pas les intérêts de la libéralité du testateur, mais il les reçoit à raison du retard apporté par l'héritier dans l'exécution du jugement; c'est alors une dette de l'héritier, et le droit de quittance est exigible.

Ce raisonnement ne paraît pas exact.

On a vu, au n° 6116, que les intérêts courent de plein droit à partir du décès pour le légataire universel et du jour de la demande pour le légataire particulier. Or, que ce soit la volonté du testateur ou le vœu de la loi qui reçoive son exécution, l'héritier n'est pas plus débiteur direct dans l'un que dans l'autre cas. Les intérêts sont un complément du legs et le droit fixe paraît seul exigible.

« Rien ne justifie, porte une décision de l'administration belge du 8 février 1859, la distinction qu'on voudrait faire entre les intérêts dus en vertu de la loi et ceux qui procèdent de la volonté du testateur; les uns comme les autres dépendent de cette volonté, qui peut en disposer à son gré et qui lorsqu'elle ne s'exprime pas, ne fait que s'en rapporter aux règles posées par la loi. »

On peut ajouter que, l'héritier ou le légataire principal étant le dépositaire, l'administrateur de la chose léguée, est tenu au payement des intérêts au même titre qu'au payement du legs à la nature duquel ils participent comme accessoires de l'obligation principale (8452 J. N., D. N. t. 4 p. 488 n° 88).

6157. Prorogation de délai. — Intérêts. — Quittance. — Il en serait autrement s'il y avait eu prorogation de délai stipulée. Alors les intérêts seraient reçus, non par un effet légal, mais à raison du retard apporté par l'héritier dans l'exécution du testament. Le droit de quittance serait donc exigible sur ces intérêts.

Dans tous les cas, le droit fixe gradué doit seul être perçu sur la convention qui stipulerait la prorogation, car une pareille stipulation n'emporte pas novation.

6158. Quittance. — Compensation. — L'acte par lequel le légataire particulier compense, du consentement de l'héritier du testateur, le montant de son legs avec les intérêts d'une somme qu'il devait au testateur, donne lieu au droit de quittance sur ces intérêts (13288-2 J. E.) — *V.* 4625.

6159. Rente. — 1. ARRÉRAGES. — Lorsqu'un legs consiste en une rente viagère, les actes constatant les payements successifs des annuités de la rente sont-ils passibles du droit de quittance? La négative paraît certaine. En effet, si le legs avait pour objet un capital de 100,000 francs, payables en dix termes annuels de 10,000 francs, chaque payement serait une délivrance partielle du legs, et l'acte qui le constaterait ne serait sujet qu'au droit fixe, d'après la jurisprudence de la cour suprême. Il doit en être de même à l'égard du legs d'une rente viagère, qui n'est autre que le legs d'un capital indéterminé, payable par annuités. Dans l'un et l'autre cas, l'héritier ou le légataire universel n'est qu'un dépositaire, un simple intermédiaire entre le testateur et le légataire particulier. L'acte qui constate la délivrance soit totale, soit partielle du legs, ne peut toujours être soumis qu'au droit fixe d'enregistrement. C'est également ce qu'enseignent les réd. J. N. (9217, 9333), le D. N. (t. 4 p. 488 n° 89) et Roll. de Vill. V. *Délivrance de legs* n° 80.

Le J. E. avait émis l'avis contraire au n° 11555, mais il a depuis reconnu son erreur en décidant que le payement des arrérages constitue une simple délivrance du legs (n° 17807) Une Sol. a été rendue dans ce sens le 5 janvier 1873.

2. PREMIER PAYEMENT. — Dans tous les cas, aucun doute ne peut s'élever, relativement à l'acte qui constate le premier payement de la rente. Comme il n'opère pas seulement la libération du débiteur, mais établit principalement le consentement de l'héritier à l'exécution du testament, il a tous les caractères d'une délivrance de legs passible du droit fixe gradué. Lorsque l'acte est rédigé dans cette forme, le droit gradué est exigible sur le capital de la pension qui forme l'objet du legs de leur testament. (*Conf.* : J. du not. 17 sept. 1873 n° 2668).

3. CAPITAL. — Ce que nous venons de dire des arrérages ne peut pas s'appliquer au capital. L'héritier, qui paye en effet les arrérages, reste dans les limites étroites d'exécution de la disposition testamentaire; mais s'il rembourse le capital, ce remboursement n'est pas la conséquence forcée du legs et dérive, non pas de la qualité d'héritier, mais de celle de débiteur principal. Le droit exigible n'est pas celui dû pour délivrance de legs, mais celui de 50 centimes pour 100 pour libération.

Par la même raison, si l'héritier ou le légataire principal au lieu de rembourser le capital, s'engage à en payer le montant, ce n'est pas une délivrance pure et simple, mais bien une obligation passible de 1 pour 100.

6160. Partage testamentaire. — Lorsque, par son testament, un père a institué un de ses enfants son héritier universel, à charge de payer aux autres une somme en argent, l'acte postérieur au décès du père, qui constate la remise de cette somme, est, d'après un recueil (14213 J. E.), passible du droit de quittance. Nous ferons observer que la dénomination de legs s'applique indistinctement à toute disposition testamentaire faite au profit, soit d'héritiers à réserve, soit de toutes autres personnes. C'est ce qui résulte de l'art. 1002 C. C. Dans le cas même où un père dispose par un partage testamentaire, celui des enfants qui est chargé de payer aux autres une somme d'argent pour leur part héréditaire n'est qu'un *simple intermédiaire* entre ces derniers et le testateur. Cette somme n'est point une dette, ni de la succession, ni de l'héritier universel, mais une partie intégrante de l'hérédité. Les enfants auxquels elle est attribuée la tiennent directement et immédiatement de leur auteur. L'acte qui en constate la remise n'est donc, soit comme décharge, soit comme délivrance de legs pur et simple, soumis qu'au droit fixe. C'est d'ailleurs ce qu'a reconnu un jugement du tribunal du Vigan, du 22 janvier 1836 (9301 J. N.; — Bazas 22 oct. 1839, D. N. t. 4 p. 488 n° 90, 9301 J. N.).

Cette opinion, que nous avons défendue dans nos éditions précédentes, a été consacrée, en thèse générale, par une Sol. du 7 avril 1868 (2551 R. P., 18499 § 3 J. E.). — V. *Partage testamentaire.*

1. PARTAGE TESTAMENTAIRE. — MODIFICATIONS. — Lorsqu'un père de famille a fait entre ses enfants le partage testamentaire de ses biens en attribuant à l'un d'eux un immeuble situé en France et aux autres, des valeurs étrangères, et en conférant aux fils la quotité disponible, l'acte ultérieur par lequel, après son décès, les enfants déclarent confirmer les dispositions testamentaires, mais modifient les quotités héréditaires et renoncent au disponible, a le caractère d'un partage ordinaire entre cohéritiers et non pas d'un simple consentement à l'exécution du testament. Par suite, l'attribution de l'immeuble situé en France donne lieu au droit de soulte sur tout ce qui excède la part de l'attributaire dans la valeur de cet immeuble (Cass. 23 juill. 1873, 3670 R. P., 2472-9 I. G., S. 73-1-478).

6161. Cessionnaire. — La délivrance du legs fait au cessionnaire du légataire n'opère que le droit fixe, parce que, en tout état de cause, il n'y a jamais qu'une décharge qui profite à ceux qui sont chargés de délivrer le legs et dont la cession n'a pu changer la position (13102-2 J. E.).

6162. Délivrance au nom de l'héritier. — Ni la loi ni la nature des choses ne s'opposent à ce que la délivrance d'un legs de sommes non existant en nature soit opérée par un tiers, de ses deniers personnels, pourvu qu'il agisse au nom de l'héritier et pour éteindre l'obligation imposée à celui-ci par le testament. Le droit fixe est dû. Mais, dans ce cas, la promesse qui serait souscrite par l'héritier au profit du *negotiorum gestor* donnerait ouverture au droit de 1 franc pour 100, de même qu'il faudrait percevoir le droit proportionnel de quittance sur l'acte par lequel le tiers reconnaîtrait le remboursement de la somme par lui avancée (D. m. f. belge 23 déc. 1862).

6163. A-compte. — Le droit fixe est exigible sur le payement d'un à-compte sur un legs en argent (13868-7 J. E.).

6164. Donation à cause de mort. — Délivrance. — La donation faite dans les termes de l'art. 1082 C. C. n'est qu'une institution contractuelle, une sorte d'institution d'héritier par contrat de mariage (V. 5319 et suiv.); elle tient à la fois du testament et de la donation entre-vifs : du testament, en ce que le donateur ne se dépouille pas actuellement et qu'il reste propriétaire de l'objet donné jusqu'à son décès (V. 5321); de la donation entre-vifs, en ce que le donateur ne peut plus révoquer le don qu'il a fait. Puisque la donation dont s'agit produit l'effet d'une disposition de dernière volonté, on ne voit aucun motif sérieux pour lui refuser l'application de l'A. Cons. d'Ét. 10 septembre 1808 (V. 6153), qui reconnaît en principe que les héritiers ou légataires universels ne sont que de simples intermédiaires entre l'auteur de la succession et les légataires particuliers. La loi de l'impôt et la jurisprudence ont constamment assimilé les donations par contrat de mariage faites sous condition de survie, d'après l'art. 1082 C. C., aux legs par testaments, soit en les soumettant comme les testaments au droit fixe de 5 francs (7 fr. 50 cent.) (V. 5326), soit en faisant acquitter, à l'événement, par les donataires comme par les légataires, les droits de mutation par décès. Il faut donc décider que, pour entrer en possession de la somme qui lui avait été donnée éventuellement, le donataire n'a d'autre droit proportionnel à supporter que le droit de succession, sur la déclaration qu'il est tenu de fournir dans les six mois du décès, et que l'acte qui constate la remise qui lui est faite de cette somme n'est sujet qu'au droit fixe par application de l'art. 68 § 1er n° 25 L. 22 frimaire an 7. — C'est ce qui résulte d'une Déc. 19 juin 1848 (13539 J. N., D. N. t. 4 p. 487 n° 87).

1. PARTAGE TESTAMENTAIRE. — Si la nature de la disposition éventuelle est indifférente en ce qui touche la perception à asseoir sur l'acte de délivrance, il en est de même de l'acte dans lequel cette délivrance se produit. C'est ainsi que si l'héritier ou le légataire universel, obligé au payement d'un legs envers l'un de ses enfants, en fait délivrance dans son partage testamentaire, cette délivrance, constituant une disposition indépendante du testament, doit supporter le droit fixe (Sol. 29 oct. 1862).

6165. Réduction. — Lorsque le legs est réductible à la quotité disponible et qu'il n'est fait délivrance que de la portion non atteinte par la réserve, cette réduction s'opère par la seule force de la loi et ne peut conséquemment motiver la perception d'aucun autre droit que celui dû pour la délivrance.

Il en serait autrement si le legs n'était pas atteint par la réduction légale; le consentement du légataire a n'en recevoir qu'une partie avec remise du surplus emporterait, suivant les cas, soit une remise de dette, soit une donation assujettie au droit proportionnel. — V. *Acceptilation*.

Que si la réduction était consentie, par le légataire, à l'effet de se soustraire à l'exécution d'une charge grevant son legs, le contrat serait alors une véritable transaction, emportant, suivant les cas, tantôt novation dans le titre du légataire, tantôt une transmission de valeurs passible des droits proportionnels. — V. *Transaction*.

L'administration belge a fait l'application de ce principe dans un cas où, la somme d'argent léguée étant payable trois mois après le décès du légataire universel, celui-ci avait payé au légataire particulier, avant le terme, une somme moindre que celle léguée. Le droit de 1 pour 100 a été reconnu exigible sur la partie de la somme abandonnée par le légataire particulier. — « Considérant, porte cette solution, que le légataire particulier n'a pas reçu la totalité de la somme à lui léguée; que, sortant de la sphère du testament, d'accord avec la légataire universelle, il a fait avec elle une convention par laquelle il abandonne le droit de se faire délivrer, à l'échéance du terme, une partie de la somme léguée, moyennant l'abandon par la légataire universelle du droit de conserver, jusqu'à la même échéance, l'autre partie de la somme; que ce contrat synallagmatique contient le transport d'un droit mobilier qui, dans son application à une somme d'argent, comporte la perception du droit de 1 pour 100 sur la somme dont la propriété est cédée par le légataire particulier à la légataire universelle. »

Mais, dans l'espèce où elle a été rendue, cette solution nous paraît contestable. En effet, le légataire particulier n'avait droit ici qu'à la nue-propriété de la somme d'argent, et ce qu'il reçoit n'est rien autre chose que la valeur de cette nue-propriété, distraction faite de l'usufruit qui ne lui appartenait pas. L'acte constatant ainsi que le légataire n'obtient rien autre chose que la valeur léguée, et que le payement a lieu en argent ainsi que la disposition testamentaire le portait, contenait une délivrance pure et simple de legs passible du droit fixe.

D'ailleurs, comme la réduction n'opère pas de plein droit, les réservataires sont toujours libres de renoncer au droit de l'exercer. S'ils délivrent intégralement le legs, ils ne font aucune libéralité particulière au bénéficiaire : ils se bornent à consentir à l'exécution du testament du défunt. Le droit fixe est donc seul exigible (V. J. du not. n° 1875).

6166. Délivrance anticipée. — Le terme ne fait pas obstacle à l'existence de l'obligation et a seulement pour but de permettre au débiteur d'en différer l'exécution. Si le débiteur renonce à se prévaloir de cette faculté et se libère par anticipation, cette renonciation, conséquence forcée de la libération, ne change pas le caractère de la disposition principale et il n'y a toujours qu'une délivrance de legs pure et simple passible du droit fixe.

Sans doute l'héritier qui paye longtemps avant l'échéance du terme une somme non productive d'intérêt fait un avantage au légataire; mais il s'agit là d'un avantage indirect assimilable à ce qui se produit quand l'un des cohéritiers renonce à une succession avantageuse. Quand bien même la délivrance anticipée aurait la forme et les caractères d'une donation, le droit de mutation serait encore sans cause; car le légataire particulier a payé l'impôt sur la valeur entière de l'objet lors de la déclaration de succession, et il n'en peut acquitter un second lorsqu'il réunit ultérieurement la jouissance dont il avait été temporairement privé. Tout au plus devrait-on alors appliquer les principes sur les actes de réunion d'usufruit, si la jouissance accordée à l'héritier avait ce caractère (*V.* cependant Le Mans 20 mai 1860, 3255 R. P.).

Dans tous les cas il ne pourrait être question de percevoir de droit de donation, si le légataire était tenu de payer les intérêts de la somme qu'il reçoit avant terme. L'administration belge a décidé en ce sens, le 19 janvier 1866, que, lorsqu'une donation est faite à charge par le donataire de payer, au décès du donateur, diverses sommes d'argent à des tiers désignés, et que le donateur paye immédiatement ces sommes, en stipulant à son profit un intérêt annuel, il n'est pas dû de droit proportionnel à raison de ce payement (10253 J. E. belge).

6167. Legs conditionnel. — Le legs peut être affecté d'une condition résolutoire ou d'une condition suspensive. La condition résolutoire ne faisant pas obstacle à l'existence actuelle du legs, il est bien certain qu'il en doit être fait immédiatement délivrance, et que l'acte qui constate cette délivrance ne peut engendrer que le droit fixe.

Mais que dire du cas où la délivrance d'un legs a lieu immédiatement alors même qu'il est affecté d'une condition suspensive?

En droit, les héritiers ou le légataire principal ne sont pas tenus au payement et sont censés ne rien devoir au légataire particulier. C'est pour cette raison que l'exigibilité du droit de mutation reste en suspens jusqu'à la réalisation de l'événement prévu; si, malgré la condition, il est fait délivrance immédiate du legs, la validité de cette délivrance reste ainsi subordonnée à la réalisation de la condition, de telle sorte qu'elle devra être résolue si elle ne se produit pas, et que le légataire devra restituer le montant du legs en principal et accessoires. En d'autres termes, les héritiers auront converti la condition suspensive en condition résolutoire.

Ce changement dans les modalités n'affectant pas l'obligation principale, il y a lieu de considérer la délivrance du legs comme étant pure et simple et ne pouvant donner ouverture à aucun droit de donation (*V.* Orthez 26 mars 1857, 16712 J. E.; — Limoges 23 juill. 1875, 19860 J. E.).

Il y aurait lieu de faire le même raisonnement au cas où, en effectuant la délivrance anticipée, l'héritier ou le légataire principal déclarerait renoncer au bénéfice de la non-réalisation de la condition. Jusqu'à ce qu'il soit justifié du défaut de réalisation, la délivrance anticipée est réputée faite d'après le testament.

C'est seulement lorsqu'il est établi que l'événement n'a pas eu lieu que l'Administration peut être fondée à soutenir que le légataire a reçu la chose non du testateur, mais de l'héritier ou du légataire principal. A cette époque seulement le droit proportionnel devient exigible et doit être réclamé.

Quant à la quotité de ce droit, ce sera tantôt le droit de vente, tantôt le droit de donation, suivant que l'acte de renonciation devra être considéré comme une transaction à titre onéreux ou une mutation à titre gratuit.

V. cependant Sol. 23 nov. 1874, 4097 R. P.

6168. Legs verbal. — 1. PRINCIPE. — Un testament doit, pour être valable, être rédigé par écrit. C'était la disposition textuelle de l'art. 1er de l'Ord. de 1735, et le C. C. dit implicitement la même chose: « On ne pourra, porte-t-il (Art. 893), disposer de ses biens à titre gratuit que par donation entre-vifs ou par testament *dans les formes ci-après établies.* » Or, parmi les formes testamentaires établies à la suite de cet acte, il n'en est aucune qui puisse s'adapter à une disposition purement verbale. Toute disposition purement verbale est donc annulée par cet article, et c'est ce que confirme encore bien clairement l'art. 895: « Le testament, y est-il dit, est *un acte* par lequel le testateur dispose, etc. »

On ne pourrait, même à l'aide d'un commencement de preuve par écrit, admettre la preuve testimoniale, soit pour suppléer des dispositions qui ne sont pas dans le testament, et qui, si elles existaient, seraient faites au profit de personsonnes capables de recevoir, soit à l'effet d'éclaircir les dispositions que contient cet acte et qui ne sont pas de nature à être expliquées par des circonstances extrinsèques (Cass. 28 déc. 1818).

Les dispositions verbales sont tellement nulles qu'on ne peut pas même demander à l'héritier son affirmation sur la réalité d'un legs ou d'un fidéicommis dont on prétend qu'il a été chargé verbalement par le défunt. Cela se fonde sur ce que rien ne peut suppléer à l'écriture prescrite par la loi comme solennité essentielle à la validité des testaments. L'aveu de la disposition ne la rendrait pas valable. Or, à quoi bon exiger un serment sur un fait indifférent? *Frustra probatur quod probatum non relevat* Bergier, sur Ricard t. 1er p. 405, rapporte un arrêt du 9 mars 1739 qui le juge ainsi (Merlin v° *Suggestion* sect. 2 § 1er art. 2 n° 3, Duranton t. 9 n° 11).

Si l'on fait à la loi de l'enregistrement l'application de ces principes du droit civil, en résultera-t-il que tout legs verbal, ne pouvant recevoir une exécution légale, devra être considéré comme non avenu, de telle façon que la délivrance qui en serait faite au prétendu légataire devrait être considérée comme opérant une transmission de l'héritier au légataire? L'Administration l'a autrefois soutenu, et d'assez nombreuses décisions reconnurent qu'il fallait considérer comme une donation l'acte par lequel l'héritier qui se trouve dégagé de toute obligation légale consent l'exécution de legs déclarés verbaux.

2. DÉLIVRANCE DE LEGS. — Jugé, dans ce sens, par les tribunaux de Saint-Jean-d'Angély, le 29 mars 1838 (12029 J. E.), de la Seine le 18 juillet 1832 (D. N. t. 5 p. 92 n° 556) et de Soissons, le 23 décembre 1846 (14151 J. E.), que l'acte par lequel l'héritier remet à une personne une somme qu'il reconnaît avoir été léguée verbalement à ce dernier par l'auteur de la succession donne ouverture au droit de donation entre-vifs.

3. RÉDUCTION DE DONATION. — Même droit si, d'après une recommandation verbale du défunt, l'un des héritiers réduit en faveur de son héritier une libéralité qui lui avait été faite par l'auteur de la succession (Seine 11 juin 1845, 13788 J. E.).

4. PARTAGE. — Même règle si, dans un partage de succession, des enfants remettent à leur sœur une somme déterminée montant d'un legs verbal qui lui a été fait par leur père commun (Agen 11 fév. 1847, 14285 J. E.).

5. FIDÉICOMMIS. — Il en serait de même si un légataire universel, sous prétexte d'un fidéicommis tacite, abandonne l'objet de son legs à un tiers non désigné dans le testament, en exprimant que c'est pour se conformer aux intentions du testateur (Condom 17 juill. 1841, 12791 J. E.).

6. ANONYME. — D..., après avoir fait un legs à la demoiselle M..., intervient à son contrat de mariage et déclare qu'il avait été chargé par quelqu'un, dont il ne peut dire le nom, et *qui n'existe plus*, de délivrer, par forme de *legs verbal*, la somme de 3,500 francs à la demoiselle M..., future épouse; et que, pour faciliter le mariage, il lui paye, par anticipation, cette somme de 3,500 francs, au moyen de quoi la déclaration qu'il a faite à ce sujet dans son testament nuncupatif demeure nulle et non avenue. Cette disposition produit l'effet d'une *donation* passible du droit dû pour celles par contrat de mariage, et non l'effet d'une délivrance de legs (Dél. 31 mars 1826, 8349 J. E.).

7. VENTE. — Dans une espèce ou un mari avait manifesté l'intention devant notaire de donner à sa femme la propriété de son mobilier et l'usufruit de ses immeubles et était décédé avant la rédaction du testament, l'Administration a décidé que le droit de vente était exigible sur l'acte par lequel les héritiers du mari consentaient à l'exécution de la volonté du défunt, à la charge de la femme de les nourrir et loger, ce qui était considéré comme le prix de la vente (Dél. 6 juin 1835, 11398 J. E.).

6169. Legs verbal. — Jurisprudence actuelle. — Mais le principe de ces décisions était trop absolu. Ainsi que nous l'avons fait remarquer dans nos éditions précédentes, si l'on se place au point de vue civil, il est de règle que les nullités n'existent pas de plein droit, et que l'exécution peut les couvrir. D'autre part, les délivrances de legs verbaux peuvent constituer l'accomplissement d'une obligation civile valable (Cass. 20 nov. 1876, 4801 R. P.).

Le légataire universel, porte un jugement de Villeneuve-sur-Lot du 31 décembre 1859, n'a fait qu'exécuter une obligation naturelle et « par le fait de cette obligation le legs n'a jamais reposé sur sa tête. »

Le consentement à la délivrance d'un legs verbal n'est, au fond, dit le tribunal de Laon dans un jugement du 29 décembre 1860, que la renonciation à la portion de la succession nécessaire pour constituer le legs verbal, sans être contraire à la loi, quand il est fondé sur la volonté exprimée par le *de cujus*, volonté qui, pour les héritiers, en dehors de toute formalité nécessaire pour en faire une obligation civile, peut néanmoins constituer pour eux une obligation naturelle et non pas seulement une obligation morale.

La même doctrine avait déjà prévalu dans des jugements de Grenoble du 5 juin 1844 (D. N. t. 4 p. 489 n° 94); — de La Réole du 4 mars 1846 (12662 J. N.); — de Cherbourg du 11 juill. 1837 (D. N. t. 12 p. 713 n° 568); — elle a été également suivie par le tribunal de Corbeil le 21 janvier 1864 (17789 J. E.) et par le tribunal de Vienne, le 11 avril 1878.

Elle a enfin reçu la consécration d'un arrêt de la C. cass. (ch. civ.) du 19 décembre 1860 (1439 R. P., 17005 J. N., 11906 C., 17257 J. E., S. 61-1-370) portant que si la nullité du legs verbal ne peut être couverte par l'aveu du légataire universel, il n'en est plus de même quand il y a délivrance réelle; dans ce cas, la délivrance n'est pas attributive mais déclarative de la transmission qui s'est effectuée du défunt au légataire.

« Attendu, porte l'arrêt, que le jugement attaqué affirme la sincérité des affirmations, et qu'il affirme, d'ailleurs, l'entière bonne foi des parties; que, de plus, il déclare, en termes exprès, par appréciation des circonstances de la cause, que l'acte intervenu entre les frères Chassaing n'offre pas les caractères d'une donation entre-vifs, mais se résume, au contraire, en l'acquittement d'une obligation naturelle, exclusive de toute libéralité, et pouvant produire des effets civils; — Attendu, en droit, que, s'il est vrai que le legs verbal est nul de plein droit et d'une nullité telle qu'elle ne puisse pas être couverte même par l'aveu du légataire universel, il ne saurait en être ainsi lorsque cet aveu est suivi de la délivrance réelle du legs au légataire particulier; que cette délivrance constitue, en effet, un acte d'exécution contre lequel le légataire universel qui l'a effectuée n'est pas restituable; qu'il en est nécessairement ainsi lorsque, comme dans l'espèce, cette délivrance est exempte de fraude qui tendrait à dissimuler au préjudice de la Régie, un mode quelconque de disposition directe du légataire universel au profit d'un tiers, et lorsque le juge du fait affirme en outre qu'elle est exclusive de toute libéralité; qu'il est juste de reconnaître que, dans ce cas la délivrance n'est point attributive, mais simplement déclarative d'une transmission de propriété, puisqu'il est admis et constaté que cette transmission ne procède pas directement du légataire universel qui opère la délivrance, et qu'au contraire elle remonte à la personne même du testateur dont ce légataire ne fait qu'exécuter les volontés. »

En Belgique, la question est encore controversée pour le droit de délivrance du legs (Gand 30 juill. 1861, n° 8873 J. E. belge; — Bruxelles 26 avr. 1872, n° 11840 J. E. belge; — *Contrà* Bruxelles 19 janv. 1859, 8213 J. E. belge).

1. FRAUDE.—Il faut cependant faire une restriction essentielle que nous avons indiquée nous-même celle où la fraude viendrait entacher les conventions des parties; car rien ne serait plus facile que d'éluder les droits exigibles sur la donation émanée du légataire universel ou de l'héritier. Il suffirait pour cela de supposer une volonté antérieure de l'auteur de la succession verbalement exprimée. Il serait également facile de colorer de l'apparence d'un legs verbal une donation ou une vente faite de son vivant par le *de cujus*.

C'est pourquoi l'Administration, par de nombreuses solutions (23 janv. 1865, 12 déc. 1863, 29 avr. 1862, 1er mars 1861, 24 avr. 1870) a fréquemment reconnu que le droit fixe pour délivrance de legs n'était pas dû quand la fraude pouvait être établie.

La preuve de la sincérité du legs ressort habituellement des circonstances de la cause, comme dans le cas de l'arrêt de Cass. précité où un jugement avait reconnu qu'il y avait eu en effet un legs verbal, et comme dans l'espèce sur laquelle a statué le tribunal de Cherbourg. Cette dernière espèce présentait la circonstance particulière que le testateur ayant vendu l'immeuble légué moyennant une rente perpétuelle, tous les héritiers avaient déclaré, pour respecter la volonté bien connue de leur auteur, faire délivrance de la rente au lieu et place de l'immeuble à celui qui en était légataire.

Un jugement de la Seine du 18 août 1855 (10914 C.) a fait une juste application de ces principes. Le sieur B..., en intervenant au contrat de mariage de la femme M..., l'avait instituée son unique héritière en se réservant de disposer de 60,000 francs; après le décès du sieur B..., les époux M..., pour accomplir, disaient-ils, le désir verbalement exprimé par le défunt, qu'une rente de 1,800 francs fût constituée à sa sœur, se sont engagés à lui servir cette rente. Un jugement ultérieur valida cet engagement en constatant que la rente viagère n'avait pas le caractère d'une donation des époux M..., mais était la reconnaissance d'une obligation que leur avait imposée le défunt. — Appelé à statuer sur la nature des droits exigibles pour l'enregistrement de l'engagement ci-dessus, le tribunal a considéré qu'il ressortait des faits de la cause que le sieur B..., n'ayant pas disposé des 60,000 francs par lui réservés, avait ainsi de son vivant fourni aux époux M..., les fonds nécessaires à la constitution de la rente et que le droit de 2 pour 100 était exigible sur la reconnaissance de cet engagement.

2. RENONCIATION PARTIELLE. — Le légataire peut renoncer à une partie du legs verbal sans que sa renonciation donne lieu à un droit entre-vifs (Sol. 11 fév. 1878).

DEMANDE.

6170. — C'est l'action qu'on intente en justice pour obtenir une chose à laquelle on prétend avoir droit.

6171. Premier acte du procès. — La demande est le premier acte d'un procès. Toutefois aucune demande principale, introductive d'instance, ne doit être reçue devant les tribunaux de première instance, que le défendeur n'ait été préalablement appelé en conciliation (C. proc. 48). — *V.* 4871.

6172. Demande principale. — Demande incidente. — Il y a les demandes principales et les demandes incidentes. On appelle demande principale celle par laquelle on commence une contestation : c'est la première réclamation judiciaire que fait une partie, et qui constitue ce qu'on nomme le fond ou le principal du procès; tandis que les demandes incidentes sont celles qui ne se forment que pendant le cours de l'instance, soit par l'une, soit par l'autre des parties.

6173. Demande accessoire. — Provisoire. — Intervention. — Parmi les demandes principales on distingue les demandes accessoires, les demandes provisoires, les interventions.... C'est au sujet surtout de ces dernières demandes que l'on a remarqué que toute demande principale n'est pas introductive d'instance : ce que suppose la loi elle-même d'après l'art. 48 que nous avons rapporté *suprà*.

6174. Demande reconventionnelle. — Nouvelle. — Les demandes incidentes prennent le nom de demandes reconventionnelles lorsqu'elles sont formées par le défendeur et qu'elles ont pour objet d'anéantir ou de restreindre la demande principale.

Enfin on distingue les demandes nouvelles, qui sont celles que l'on forme pour la première fois devant les juges d'appel. Mais cette manière de procéder est, en général, proscrite (C. proc. 464), les demandes devant parcourir les deux degrés de juridiction.

6175. Timbre. — Tous actes et écritures, extraits, copies ou expéditions, soit publics, soit privés, qui doivent ou peuvent être produits pour demande, sont sujets au timbre (L. 13 brum. an 7 art. 12).

6176. Enregistrement. — Lorsqu'une demande n'est pas établie par un titre enregistré et susceptible de l'être, le jugement qui alloue la chose demandée est sujet au droit qui aurait été perçu sur le titre, indépendamment du droit dû pour la condamnation. C'est ce qui sera développé au mot *Jugement*.

1. COURS D'INSTANCE. — Les règles relatives aux demandes formées en vertu d'actes que l'on ne fait pas préalablement enregistrer ont été exposées sous les nos 1439 et suiv.

DEMANDE D'ORIGINE.

6177. — C'est celle par laquelle un notaire, chargé d'établir, par un certificat de propriété, en cas de mutation autre que celles qui s'effectuent par transferts, et en vertu de la loi du 28 floréal an 7, les droits d'une ou de plusieurs personnes à une rente perpétuelle sur le grand livre de la dette publique, demande, soit au directeur du grand livre, soit au premier président de la cour des comptes, l'origine de la possession de la même rente par le titulaire. Elle a pour but de faire connaître au notaire si la rente forme un conquêt de communauté, ou si elle est propre à l'un des conjoints, dans le cas où il y a lieu à liquider une communauté ou à l'exercice de reprises.

6178. Caractère. — La demande d'origine n'est ni un acte notarié, ni un certificat : c'est une pétition. Il n'est point de rigueur qu'elle soit faite par un notaire; les parties pourraient l'adresser elles-mêmes.

6179. Répertoire. — Du moment que la demande d'origine n'est pas un acte notarié, elle ne s'inscrit pas au répertoire.

6180. Timbre. — Mais, comme pétition, elle doit être écrite sur timbre (L. 13 brum. an 7 art. 12).

6181. Enregistrement. — La demande d'origine est exempte d'enregistrement, comme acte sous seing privé tendant à la liquidation de la dette publique (L. 26 frim. an 8 art. 1er). Les renseignements obtenus sur la demande d'origine sont dispensés des formalités du timbre et de l'enregistrement, comme actes des liquidateurs servant aux opérations de la liquidation (*Ibid.* art. 1er et 2).

DEMEURE.

6182. — Lieu où réside un individu. Le domicile d'un individu peut bien être sa demeure, mais la demeure n'est pas toujours le domicile. C'est du moins l'induction qu'il faut tirer de l'art. 102 C. C.

Ainsi, lorsque la loi exige la mention ou désignation de la demeure d'un individu, il n'est pas besoin de rechercher s'il a ou non établi son domicile ailleurs que dans le lieu qu'il habite.

DEMEURE (MISE EN).

6183. — C'est à la fois l'*interpellation* faite au débiteur et la constatation de son refus ou défaut de satisfaire à son obligation.

On appelle aussi, mais improprement, *mise en demeure*, la défense au voisin de faire telle chose ou la sommation d'être présent, si bon lui semble, à tel ouvrage.

6184. Objet. — L'objet de la mise en demeure est, ordinairement, soit d'obtenir des dommages-intérêts contre le débiteur qui n'a pas rempli son obligation dans le délai convenu (1146, 1147 C. C.), soit de constater que la peine contractuelle a été encourue (1230 C. C.), soit encore de demander la résolution du contrat (1814 C. C.).

Elle a aussi pour objet de laisser aux risques et périls du vendeur la chose qu'il a vendue et qu'il n'a point livrée au terme convenu (1138 C. C.).

Mais quand le débiteur sera-t-il réputé mis en demeure? Ce mot a un sens juridique et est devenu terme technique pour exprimer l'espèce de retard qui soumet le débiteur à la peine stipulée ou aux dommages-intérêts. Il n'entre pas dans notre plan de donner des développements à cet égard, nous renvoyons aux ouvrages spéciaux.

DÉMISSION.

6185. — La démission est l'acte par lequel le titulaire d'un office déclare se démettre de ses fonctions.

1. ENREGISTREMENT.— La démission pure et simple et ne contenant aucune stipulation de sommes ou valeurs est un acte innommé passible du droit fixe de 3 francs. — V. *Office*.

DÉMISSION DE BIENS.

6186. — On appelait ainsi l'acte par lequel une personne, en anticipant le temps de sa succession, abandonnait de son vivant l'universalité de ses biens à ses héritiers présomptifs, mais avec réserve d'y rentrer en *révoquant* la démission.

6187. La démission n'existe plus aujourd'hui. — La démission, telle qu'on vient de la définir, ne peut plus avoir lieu, aujourd'hui que la loi n'admet que deux manières de disposer, celle entre-vifs, *irrévocable*, et celle testamentaire.

Voici comment s'est exprimé à cet égard Bigot de Préameneu dans l'*Exposé des motifs* du C. C.: « C'était laisser dans les pactes de famille une incertitude qui causait les plus graves inconvénients. Le démissionnaire qui avait la propriété sous la condition de la révocation se flattait toujours qu'elle n'aurait pas lieu : il traitait avec des tiers, il s'engageait, il dépensait, il aliénait et la révocation n'avait presque jamais lieu sans des procès qui empoisonnaient le reste de la vie de celui qui s'était démis et qui rendaient sa condition pire que s'il eût laissé subsister sa démission. On a supprimé cette espèce de disposition, elle est devenue inutile. »

La C. cass. a effectivement reconnu, dans un arrêt du 26 frimaire an 14 (396 J. N.), que les démissions de biens ne sont pas admises par le C. C.

6188. Partages d'ascendants. — Les partages d'ascendants, autorisés par les art. 1075 et suiv. C. C., ont remplacé les anciennes démissions de biens ; cependant ils en diffèrent essentiellement, puisqu'ils sont soumis aux formalités, conditions et règles prescrites pour les donations entre-vifs ou testamentaires (1076 C. C.). C'est ce qui sera amplement développé au mot *Partage d'ascendants*.

DÉNÉGATION D'ÉCRITURE.

6189. — C'est la déclaration d'une partie que l'écriture ou la signature d'un acte, d'une pièce quelconque, n'émane pas d'elle ou qu'elle ne les connaît point pour être émanées de son auteur (1323, 1324 C. C., 14, 195 n° 27 C. proc.).

DÉNI DE JUSTICE.

6190. — Refus par un juge ou un magistrat de rendre une décision. — Le juge qui refuse de juger, sous prétexte du silence, de l'obscurité ou de l'insuffisance de la loi, peut être poursuivi comme coupable de déni de justice (4 C. C., 185 C. proc.).

DENIER-A-DIEU.

6191. — Pièce de monnaie donnée en signe d'engagement. Le denier-à-Dieu est surtout en usage dans les locations qui se contractent verbalement, dans les achats qui se font dans les foires et marchés, ou à la campagne, dans le louage des domestiques.

6192. Étymologie. — L'étymologie de ce mot est assez obscure. Les uns disent que la pièce de monnaie donnée dans cette circonstance a reçu le nom de denier-à-Dieu, parce qu'elle est principalement donnée pour en faire l'aumône aux pauvres. D'autres prétendent qu'elle reçoit le nom de denier-à-Dieu, parce qu'elle est donnée lorsque les parties se séparent ou se disent adieu. Enfin, d'après une troisième opinion, on se sert de la formule denier-à-Dieu, pour dire qu'on prend Dieu à témoin d'une convention qui ne peut en avoir d'autre que lui (Ruelle *Manuel des propriétaires* n° 167).

6193. Enregistrement. — Quoi qu'il en soit, le denier-à-Dieu, n'étant qu'un signe de l'engagement, ne fait pas partie du prix ; ainsi, lors même qu'il serait constaté, par la convention, qu'il a été donné, le droit d'enregistrement ne devrait pas l'atteindre.

Il ne constitue pas une charge du bail à ajouter au prix. — V. *Bail.*

DENIER D'ENTRÉE.

6194. C'est une sorte de pot-de-vin ou d'épingles dont, en quelques lieux, on stipule le payement en sus du prix de la vente ou du bail.

Les deniers d'entrée diffèrent du *denier-à-Dieu*, dont nous venons de parler, et des arrhes, en ce que le denier-à-Dieu et les arrhes se donnent avant que la convention soit devenue irrévocable.

6195. Enregistrement. — Aussi, les deniers d'entrée exprimés dans le contrat doivent toujours être ajoutés au prix pour la liquidation des droits d'enregistrement comme toutes les autres charges imposées. — V. *Bail.*

DÉPARTEMENT.

6196. Division administrative du territoire. — Les départements, qui ne formaient primitivement qu'une circonscription administrative, ont été admis, en fait, à posséder des propriétés avant que leur aptitude à une possession privative leur ait été législativement reconnue : la loi du 10 mai 1838, sur les attributions des conseils généraux et des conseils d'arrondissement, a sanctionné le fait en en réglant les conséquences.

Le droit a été maintenu par les lois des 18 juillet 1866 et 10 août 1871 sur les conseils généraux.

6197. Renvoi. — Les départements sont en général assujettis aujourd'hui aux mêmes droits de timbre et d'enregistrement que les particuliers.

On trouvera le développement des règles qui s'y rapportent aux mots *Acquisitions*, *Acte administratif*, *Établissement public*, *Effets de commerce*, *Expropriation*, *Droit de transmission*, *Impôt sur le revenu*, etc. Il serait impossible, sans s'exposer à des redites, de réunir ici toutes les questions qui se rapportent à la gestion des intérêts départementaux.

DÉPENS.

6198. — Terme dont on se sert pour exprimer les frais relatifs à la poursuite d'une affaire.

Toute partie qui succombe doit être condamnée aux dépens (130 C. proc.).

6199. Dépens compensés. — Les dépens peuvent être compensés, c'est-à-dire laissés de chaque côté à la charge de la partie pour qui ils ont été faits, en tout ou seulement en partie, quand le procès a lieu entre conjoints, ascendants, descendants, frères et sœurs ou alliés au même degré, ou bien si les parties succombent respectivement sur quelques chefs (C. proc. 131).

Que faut-il entendre par ces mots *dépens compensés?* On n'entend point, dit M. Carré, que chaque partie payera soit une moitié, soit telle autre quotité, tant des frais qu'elle a faits que de ceux de son adversaire mis en masse, mais que chaque partie payera les siens en totalité ou en partie.

Il y a compensation *simple* et compensation *proportionnelle.* La première a lieu quand chacune des parties doit payer les frais qu'elle a faits ou avancés; la seconde, quand une partie est condamnée à payer une portion quelconque des frais de son adversaire.

6200. Dépens partagés. — Comment doivent se partager les dépens? On pense généralement que la division se fait par tête (D. t. 9 p. 666).

6201. Distraction de dépens. — Lorsqu'une partie succombe, elle est de droit condamnée aux dépens envers la partie qui a obtenu gain de cause; mais, si celle-ci touchait personnellement le montant des dépens, l'avoué qui les a faits pourrait n'en être pas remboursé, la loi lui a accordé la faculté d'en demander *la distraction* à son profit, en affirmant qu'il a fait la plus grande partie des avances. Dans ce cas, la taxe est poursuivie et l'exécutoire délivré au nom de l'avoué.

L'effet de cette distraction, qui doit toujours être prononcée par le jugement même, est de rendre l'avoué créancier personnel du montant des dépens envers la partie adverse, sans cependant lui faire perdre l'action qu'il a contre son client, comme mandataire, pour en obtenir le remboursement (C. proc. 133).

6202. Liquidation des frais et dépens. — La liquidation des frais et dépens a lieu ordinairement par le jugement même (543 C. proc.); autrement, elle se fait selon les règles établies par le Déc. du 16 septembre 1807, faisant suite au tarif des frais et dépens.

6203. Enregistrement. — Toutes les fois que les dépens ont été liquidés par le jugement, on doit les ajouter au montant des condamnations pour la perception des droits d'enregistrement sur les jugements (L. 22 frim. an 7 art. 14 n° 10).

1. ACTE PRODUIT. — La condamnation aux dépens comprend le droit d'enregistrement à percevoir sur les chefs de dispositions ou de condamnations que le jugement lui-même prononce envers la partie qui succombe et même le droit applicable à une mutation verbale d'immeubles (Cass. 20 avr. 1869, S. 72-1-72). Mais comprend-elle les droits des actes produits en cours d'instance? — V. *Acte produit en cours d'instance* et *Jugement*.

DÉPOT.

DIVISION

SOMMAIRE

CHAPITRE PREMIER. — CONSIDÉRATIONS PRÉLIMINAIRES

[6204-6218]

6204. Définition. — Le dépôt, en général, est un acte par lequel on reçoit la chose d'autrui, à la charge de la garder et de la restituer en nature (1915 C. C.).

6205. Caractère. — L'échange et la vente transfèrent la propriété; le louage et le commodat transfèrent l'usage de la chose; le dépôt ne fait qu'en donner la garde, *quod custodiendum alieni datum est*. Le dépôt n'enlève au propriétaire ni la propriété, ni la possession de l'objet déposé; il décharge seulement le déposant de la garde de sa chose et en commet le soin à la bonne foi du dépositaire.

Si l'on veut prendre le dépôt au point de vue le plus général, dit Troplong *du Dépôt* n° 6, son caractère essentiel se réduit à des termes bien simples que l'art. 1915 a résumés : conservation de la propriété et de la possession de la chose par le déposant; transmission effectuée de la nue-détention au dépositaire; obligation pour ce dernier de garder la chose; obligation de la rendre identiquement.

6206. Deux genres de dépôt. — D'après l'art. 1916 C. C., il y a deux espèces de dépôt : le dépôt proprement dit et le séquestre. Nous n'avons à traiter ici que du dépôt proprement dit, il sera parlé du séquestre au mot *Séquestre*.

6207. Dépôt proprement dit. — S'il y a deux genres de dépôt, l'un et l'autre de ces deux genres offrent des variétés qui ne doivent pas être confondues. Ainsi, le dépôt proprement dit est ou volontaire ou nécessaire (1920 C. C.); il est encore ou public ou privé.

La division du dépôt, en volontaire et nécessaire, prise des circonstances qui donnent naissance au dépôt et en sont la cause occasionnelle, est très-ancienne dans le droit. Elle a été empruntée à la jurisprudence romaine; elle s'explique par les diversités que cette cause imprime sur chacun de ces deux dépôts. Du reste, on peut pressentir que ces deux rameaux sortis du même tronc, bien que dissemblables sur quelques côtés, sont cependant dominés par les mêmes principes et qu'ils ont encore plus de rapports d'identité que de différences (Troplong *du Dépôt* n° 34). Comme il n'entre pas dans notre plan de donner des développements complets à cet égard, nous dirons seulement ce que sont le dépôt volontaire et le dépôt nécessaire.

6208. Dépôt volontaire. — Le dépôt volontaire est ainsi nommé parce qu'il se forme sous l'influence de circonstances qui laissent à la volonté des parties toute sa liberté de choix, de résolution, d'action, et que la spontanéité n'en est altérée par aucune cause extérieure venant de la force majeure ou de la nécessité. Il se distingue du dépôt nécessaire en ce que ce dernier, quoique fait volontairement, est cependant déterminé par un cas de nécessité ou par un accident imprévu qui en ont été la cause excitative. — Il se forme par le consentement volontaire de la personne qui fait le dépôt et de celle qui le reçoit.

6209. Dépôt nécessaire. — Le dépôt nécessaire est ainsi appelé parce qu'il prend sa source dans une nécessité née de la force majeure. Les docteurs nomment aussi ce dépôt *depositum miserabile;* car c'est le cas de ruine, incendie, naufrage, tumulte et autres calamités du même genre, qui en sont l'occasion, en obligeant le propriétaire à sauver, par le moyen du dépôt, sa chose menacée de perte.

6210. Conservation de l'objet. — Mandat. — Il n'y a de dépôt, dans le sens légal du mot, qu'autant que la conservation de la chose a été le but principal et primitif de la remise de la chose entre les mains du dépositaire (Duranton t. 18 p. 7). — Ainsi, quand je remets à un avoué des pièces pour suivre un procès, je ne fais pas un dépôt, mais je donne un mandat (Pothier *du Dépôt* n° 9, Duranton t. 18 n° 12, Troplong *du Dépôt* n° 26, Pont *Petits Contrats* art. 1917). — Ainsi encore, si je remets de l'argent à quelqu'un pour le porter à mon créancier, c'est un mandat plutôt qu'un dépôt, même dans le cas où j'aurais dit à cette personne que si elle ne trouvait pas mon créancier chez lui, ou si celui-ci ne voulait pas recevoir son payement, elle garderait l'argent entre ses mains jusqu'à nouvel avis de ma part, car la garde de l'argent, pour le cas où il ne serait pas compté à mon créancier, n'était qu'accidentelle; l'objet principal du contrat était de faire porter la somme chez mon créancier (*Ibidem*). — En général, on pourra dire que le contrat a le caractère du mandat quand il en résulte une obligation de faire au profit du mandant à la charge du mandataire, puisque, en général, le dépôt n'oblige le dépositaire à aucun fait actif. Ainsi, la remise de deniers à un notaire, par l'acquéreur d'un immeuble, pour payer les créanciers inscrits, est faite à titre de mandat et non de dépôt (Bourges 6 mai 1851, S. 52-2-429) : de même, le notaire qui se charge de recevoir pour le compte de son client des capitaux avec indication d'emploi, est un véritable mandataire et non un simple dépositaire, tout comme celui qui reçoit des lettres de change pour les recouvrer au compte du bénéficiaire (Paris 18 janv. 1834 ; — Cass. 20 mai 1814, S. 34-2-93, Dalloz 1815-1-524).

6211. Contrat gratuit. — Un autre caractère également essentiel du dépôt est d'être gratuit (1917 C. C.). Si le dépositaire ne se chargeait pas gratuitement de la chose déposée, ce ne serait plus ce contrat de bienfaisance que les lois ont organisé sur la base d'un sentiment désintéressé : il deviendrait un louage de services. Ainsi, si je dépose, moyennant salaire, mes effets de voyage chez un aubergiste, il y a louage ou marché, et le droit proportionnel sur cette nature de convention devient exigible (*V.* 6233-4. — *Conf.* : Pothier nº 13, Domat *Dép.* sect. 1re nº 2, Pont art. 1917) ; il n'y aura dépôt qu'autant qu'un prix ne sera pas intervenu.

Et le louage existera, bien que l'art. 1928 C. C. ait prévu le cas où le dépôt aurait été fait moyennant salaire, car, ainsi que le fait remarquer Troplong *du Dépôt* nº 13, l'art. 1928, en parlant du dépôt avec salaire, a voulu décider seulement que celui qui stipule un salaire doit être traité plus sévèrement que celui qui n'en exige pas. Mais il ne dit pas pour cela qu'un tel dépositaire mérite le titre de dépositaire pur ; il ne dit pas qu'il continue d'être un dépositaire sans mélange de location de services. S'il le disait, il donnerait un démenti à l'art. 1917, qui veut que le dépôt soit gratuit.

Presque tous les auteurs sont de cet avis (Duvergier t. 21 nº 408, Aubry et Rau 3e édit. t. 3 p. 445, Mourlon t. 3 p. 314, Taulier t. 6 p. 459). Cependant M. Pont enseigne que si la rétribution même offerte *ab initio* par le déposant n'est pas en rapport avec les soins que devra prendre le dépositaire, qui se charge du dépôt, plutôt par obligeance que pour en tirer profit, on ne peut voir là un contrat commutatif. La convention se résume en un contrat de bienfaisance, malgré le faible salaire reçu par le dépositaire (*Petits Contrats* art. 1917-1920).

1. BANQUE DE FRANCE. — Ainsi, les dépôts de numéraire, billets, contrats, diamants, qui se font à la Banque de France, et pour lesquels ses statuts l'autorisent à recevoir tant pour cent par chaque semestre, ne sont pas des dépôts proprement dits. La Banque fait une location de services, parce que l'idée de commerce implique l'idée de la spéculation et des bénéfices à réaliser (Pont *Petits Contrats* art. 1917-1920).

2. COMMERÇANT. — Il en est de même des dépositaires en matière de commerce qui, ne faisant rien pour rien et recevant une rétribution de leurs services, sont moins des dépositaires que des locateurs. Le dépôt proprement dit, avec son caractère gratuit, est dans le commerce une sorte d'anomalie.

6212. Choses qui peuvent être l'objet d'un dépôt. — Les choses mobilières sont seules susceptibles du contrat de dépôt (1918 C. C.). On comprend, en effet, qu'un immeuble, ne pouvant être déplacé, ne soit pas susceptible de dépôt (Pothier *du Dépôt* nº 3). Du reste, on peut déposer toute espèce de meubles : des choses fongibles et non fongibles, des titres, des actions, des lettres de change. La Banque de France, d'après ses statuts, reçoit des dépôts d'effets publics, actions, contrats et obligations, billets, lingots d'or et d'argent, des diamants, etc.

Les choses fongibles sont pareillement susceptibles d'être confiées en dépôt; seulement, il faut spécifier dans l'acte les espèces, les pièces de monnaie qui devront être restituées et non pas uniquement la quantité; sans quoi la convention constituerait un simple prêt (Cass. 26 avr. 1810 ; — Besancon 13 nov. 1811 ; — Pont *Petits Contrats* art. 1917).

6213. Convention principale. — Convention secondaire. — Bien que le but principal du dépôt soit la garde de la chose, cependant le contrat ne perd pas son caractère propre, par cela seul que les parties y auraient ajouté une convention secondaire, comme si le déposant avait permis au dépositaire de se servir de la chose déposée (Pothier nº 10). Seulement, il y a là, en général, deux contrats successifs : l'opération implique d'abord un véritable dépôt qui pourra même en rester là, si l'événement prévu ne se réalise pas, et qui se transformera en prêt quand le terme ou la condition en sera arrivé (Pont *Petits Contrats* art. 1917).

1. SOMME D'ARGENT. — Quand le contrat a pour objet de l'argent et contient la clause que le dépositaire pourra se servir des choses déposées, il y a dépôt tant que ces choses subsistent en nature; mais faudra-t-il nécessairement admettre, dès qu'elles n'existent plus, que le dépôt s'est changé en prêt? Nous ne le pensons pas; ce serait là une variété de dépôt, le dépôt irrégulier de l'art. 1930. Toutefois, s'il était entendu entre les parties, au moment du contrat, que les objets déposés se confondront avec ceux du dépositaire chargé seulement d'en rendre une pareille quantité, il y aurait prêt de consommation. C'est ainsi que le versement dans la caisse d'un banquier de sommes produisant intérêt, avec retrait facultatif, constitue une remise de sommes en compte courant et non un dépôt (Cass. 13 août 1856, S. 57-1-637). — *V.* 6215.

6214. Forme. — Le dépôt est du nombre des contrats de droit naturel, tels que la vente et l'échange; il n'exige aucune forme particulière pour sa validité. L'écriture est seulement nécessaire pour la preuve du contrat. — Néanmoins, lorsqu'il s'agit d'argent ou de choses fongibles, il est nécessaire que la désignation des espèces ou denrées déposées soit faite dans un bordereau que signe le dépositaire. (Troplong *du Dépôt* n° 111).

6215. Restitution. — Objet identique. — Le dépositaire doit rendre identiquement la chose même qu'il a reçue (1932 C. C.). Cette obligation emporte nécessité de rendre la chose même *in individuo*, et non pas son équivalent ou une autre chose de même espèce. Si le dépositaire d'une chose fongible était autorisé à rendre une autre chose de même espèce, il s'ensuivrait qu'il pourrait consommer la chose même, c'est-à-dire, qu'il en aurait non-seulement la garde, mais la propriété. C'est ce qu'on appelle en droit le dépôt irrégulier.

On décidait dans la loi romaine qu'il y a dépôt tant que le dépositaire n'a pas fait usage de la chose, mais que, dès l'instant qu'il s'en est servi, la consomption qui en avait été faite opérait un contrat de *mutuum*. (Pothier n° 11). Mais dans le commerce, où l'argent ne reste pas oisif, on est censé le mettre en mouvement dès qu'on l'a reçu (Troplong n° 115); ainsi, toutes les fois que l'autorisation de s'en servir a été donnée, cette autorisation transfère, en général, au dépositaire le domaine de la chose.

Ainsi, il a été jugé que la clause insérée dans la reconnaissance d'une somme reçue à titre de dépôt, et qui porte seulement que cette somme sera rendue dans le délai d'un an, sans exiger que ce sera en *pièces identiques*, est exclusive de l'idée du dépôt, et qu'elle fait dégénérer le contrat en un simple prêt d'argent (Cass. 26 avr. 1810, Dalloz 11-1-145, Duranton t. 18 n° 44). M. Pont ajoute: « Si l'usage autorisé n'est que secondaire et accidentel, si l'emploi de la somme ne doit avoir lieu que pendant un délai très-court; s'il est constant, en fait, que le contrat s'est formé pour le plus grand avantage du déposant et que la garde de la chose a été le but principal et déterminant de la livraison faite au dépositaire, l'opération constitue un dépôt irrégulier, lequel, à la différence du prêt, oblige le dépositaire à restituer à première réquisition du déposant, mais la propriété de la somme d'argent n'en est pas moins au dépositaire du jour de l'emploi » (Art. 1930).

6216. Entre qui le dépôt peut intervenir. — De ce que le dépôt volontaire ne peut se former que par le consentement des parties (1921 C. C.), il suit qu'il ne peut avoir lieu qu'entre personnes capables de contracter. — Néanmoins, si une personne capable de contracter accepte le dépôt fait par une personne incapable, elle est tenue de toutes les obligations d'un véritable dépositaire; elle peut être poursuivie par le tuteur ou administrateur de la personne qui a fait le dépôt (1925 C. C.). — Si, au contraire, le dépôt a été fait par une personne capable à une qui ne l'est pas, la personne qui a fait le dépôt n'a que l'action en revendication de la chose déposée, tant qu'elle existe dans les mains du dépositaire, ou une action en restitution, jusqu'à concurrence de ce qui a tourné au profit de ce dernier (1926 C. C.).

6217. Base de la perception sous le contrôle. — Nature de l'objet déposé. — Sous la législation du contrôle, l'acte de dépôt était tarifé suivant la nature de l'objet déposé, et le tarif était uniforme pour chaque nature d'objet.

1. SOMMES ET VALEURS. — Ainsi l'art. 37 du tarif du 29 septembre 1722 portait que le droit de contrôle des actes de dépôt ou consignations devait être payé à proportion des sommes ou valeurs des choses déposées ou consignées, sur le pied réglé par les art. 3 et 4 du tarif (c'est-à-dire 5 sols, 10 sols, 1 livre ou 50 livres, etc., suivant la somme ou valeur déposée, et 200 livres en cas de non-évaluation) (*Dict. des Domaines* de Bosquet. — V. *Dépôt d'argent*).

2. ACTES ET PIÈCES. — Tandis que l'art. 38 du même tarif fixait à dix sols le droit de contrôle du dépôt d'actes sous signature privée, de quelque nature qu'ils fussent; et cet article ajoutait « que lesdits actes sous signature privée ne peuvent être déposés ou annexés aux minutes des notaires, greffiers et autres personnes qui les recevront en dépôt, qu'ils n'aient été préalablement contrôlés et les droits payés suivant leur nature, dont mention doit être faite dans les actes de dépôt » (*Idem*).

6218. Base de la perception actuelle. — Qualité des dépositaires. — Ce n'est plus la nature de l'objet déposé que la loi nouvelle prend en considération pour l'application du tarif, mais bien la qualité des dépositaires; ainsi, elle prévoit et tarife distinctement les dépôts chez les officiers publics, les dépôts à la Caisse des consignations, et les dépôts chez les particuliers.

CHAPITRE II. — DÉPOT DE SOMMES

[6219-6234]

6219. Principe. — Le dépôt ne transmet pas la propriété de la chose déposée. Il ne fait qu'en donner la garde, le dépositaire est investi uniquement *custodiæ causâ*. En aucun cas, toutes les fois que le dépôt est pur, il ne peut y avoir transmission du déposant au dépositaire : *rei depositæ proprietas apud deponentem manet, sed et possessio* (L. 17 ff. *Depos.*). Ainsi, d'après les principes de la loi de l'enregistrement qui veulent que le droit proportionnel ne s'applique qu'aux actes dont les effets ont une puissance translative, le droit fixe se trouve être ici une conséquence nécessaire de la nature même du contrat. Cependant, si ce principe reçoit sa pleine application à l'égard du dépôt de sommes chez les officiers publics, nous verrons le législateur l'abandonner en ce qui touche les dépôts chez les particuliers. Pourquoi cette différence, puisqu'il n'y a pas plus caractère translatif dans le dépôt fait chez les particuliers que dans celui opéré à un officier public ? C'est que assujettir au simple droit fixe le dépôt de sommes chez un particulier, c'eût été donner au contribuable une facilité excessive de se soustraire au droit proportionnel que le prêt rend exigible, en déguisant le prêt sous la forme du dépôt. Cette crainte, qui n'avait pas lieu de se produire à l'égard des dépôts faits chez les officiers publics, a déterminé le législateur. La loi, supposant la fraude dans le but de l'éviter, a statué sur le dépôt de sommes chez les particuliers comme s'il constituait le prêt.

SECTION PREMIÈRE. — DÉPOT CHEZ LES OFFICIERS PUBLICS [6220-6227]

6220. Faculté de déposer. — Depuis l'établissement de la Caisse des dépôts et consignations, on avait douté que les *notaires* et autres officiers publics pussent encore recevoir des dépôts. Mais aucune loi n'interdit aux citoyens de faire des *dépôts volontaires* chez qui ils le jugent à propos. Le dépôt à la Caisse des consignations n'est forcé que dans le cas d'opposition et autres spécifiés par la loi.

Les dépôts chez les officiers publics sont de deux natures. Ils peuvent consister : 1° en dépôts de sommes ; — 2° en dépôts d'actes et objets mobiliers.

6221. Tarif. — L'art. 68 § 1er n° 27 L. 22 frimaire an 7 assujettit au droit fixe de 1 franc « les dépôts et consignations de sommes et effets mobiliers chez des officiers publics, lorsqu'ils n'opèrent pas la libération des déposants.» Ce droit a été élevé à 2 francs par l'art. 43 n° 11 L. 28 avril 1816 et à 3 francs par l'art. 4 L. 28 février 1872.

6222. Officiers publics. — Par officier public on doit entendre non-seulement les notaires, que l'on qualifie plus spécialement de ce titre, mais encore l'officier ministériel, c'est-à-dire l'officier que la loi oblige à prêter son ministère aux juges ou aux parties toutes les fois qu'il en est légalement requis (Carré *Compétence* t. 1er p. 290).

1. AVOUÉ. — Ainsi, il a été reconnu (4407 J. E.) que, lorsque l'avoué d'une direction de créanciers unis déclare avoir reçu une somme déterminée pour parer aux frais d'un jugement et en *rendre compte*, l'acte n'est point une quittance de frais, mais une simple reconnaissance de dépôt, à charge de rendre compte.

2. CONSUL. — Un consul étant également rangé dans la classe des officiers publics (*V.* 5141), il en résulte que la reconnaissance par un consul de commerce, dans un port étranger, d'un dépôt de sommes à lui fait pour être transmis aux héritiers d'un Français décédé en pays étranger, n'est sujette qu'au droit fixe (5640 J. E.).

3. RECEVEURS DES FINANCES. — BANQUIERS. — Mais ni les trésoriers-payeurs généraux, ni les receveurs particuliers des finances, non plus que les banquiers, ne doivent être rangés dans la catégorie des officiers publics. — *V.* 6228 et 6231.

6223. Droit proportionnel. — Libération du déposant. — Si le dépôt, au lieu d'être fait pour le compte du déposant, est effectué pour être remis à son créancier, un droit proportionnel et non le simple droit fixe est incontestablement exigible, car le dépositaire reçoit ici non pour le déposant, mais pour le créancier dont il est le mandataire ou le représentant. Ce n'est point un dépôt proprement dit qui s'opère, c'est un payement. La propriété de la somme déposée change de main. Il y a donc transmission et, par suite, ouverture à un droit proportionnel qui, dans l'espèce, est le droit de quittance.

6224. Appréciation de la convention. — Dans tous les cas, ainsi que le font observer Champ. et Rig. n° 1530 et Dalloz n° 518, la question de savoir si le dépôt libère le déposant dépend des circonstances du contrat, de la volonté expresse ou présumée des parties, des termes de l'acte et de toutes les autres considérations qui servent à l'interprétation des conventions. — *V.* 5545 et suiv.

6225. Condition suspensive. — LOYER. — NOTAIRE. — Ainsi, il a été reconnu que si un locataire, entre les mains duquel il a été formé opposition par le propriétaire, a déposé son loyer chez un notaire, pour être remis soit au propriétaire, soit à ses créanciers, *si ainsi il est ordonné*, ce dépôt ne libère pas le locataire vis-à-vis du propriétaire ; d'où la conséquence que le droit fixe est seul exigible. Il y a ici une condition qui suspend la libération, c'est celle de savoir si le payement sera ordonné en justice. — *V.* 6226.

1. PRIX DE VENTE. — NOTAIRE. — Ainsi encore, lorsque dans un contrat de vente il est dit que les vendeurs ont reçu le prix, mais qu'ils l'ont immédiatement déposé aux mains du notaire rédacteur, *aux risques et périls de l'acquéreur*, pour leur en être fait remise après l'accomplissement des formalités hypothécaires, cette remise ne donne ouverture qu'au droit de décharge (Dél. 25 mai 1825). — *V.* 6226.

2. RECONNAISSANCE DE DETTE. — Dans les deux cas ci-dessus une condition pèse sur la libération ; il en est de même dans l'hypothèse que nous allons rapporter, mais qui donne néanmoins ouverture à un droit proportionnel d'obligation, attendu que, relativement à l'obligation, aucune condition n'existe. — L'Admininistration a délibéré, le 29 décembre 1835, que l'acte par lequel un individu, qui se reconnaît débiteur du prix de certains travaux, donne en payement des sommes déposées chez le notaire qui reçoit l'acte, sous la condition que la délivrance de ces deniers n'aura lieu qu'après la remise par le créancier de certaines pièces désignées, doit, en tant que constituant un titre obligatoire en faveur du créancier, être soumis au droit proportionnel d'obligation, et non à celui de quittance, lequel est suspendu jusqu'à l'événement.

Tel n'est cependant pas l'avis de Champ. et Rig. Il fallait voir, disent ces auteurs, dans les termes de cet acte, soit une condition rendant le caractère de l'acte incertain quant à présent et excluant par cela même l'application d'un droit proportionnel, soit, tout au plus, un payement actuel donnant ouverture au droit de quittance » (t. 6 n° 21).

3. RECRUTEMENT. — Lorsque de jeunes gens, atteints par

la loi sur le recrutement, déposaient chacun, entre les mains d'un notaire, une somme déterminée pour être répartie, à l'effet de faire l'acquisition de remplaçants, entre ceux d'entre eux que le sort désignerait, le droit fixe était seul exigible, car il n'y avait actuellement de libération pour personne (Dél. 6 mars 1821, 1er juin 1822, 7238 J. E.).

4. DETTE INCERTAINE. — Si le défendeur fait entre les mains du notaire le dépôt d'une somme réclamée en justice, une condition éventuelle pèse sur le dépôt; car tant que le litige n'est pas vidé, il y a incertitude sur la question de savoir si la dette existe ou n'existe pas; dès lors, le droit fixe est seul exigible (Sol. 1er oct. 1830, 9820 J. E.).

6226. Accomplissement de la condition. — *Quid* du droit à percevoir, dans les diverses hypothèses que nous venons d'examiner, sur l'acte qui constatera que la condition s'est accomplie? Le droit de quittance sera incontestablement exigible ; seulement dans certaines hypothèses il faudra distinguer :

Ainsi, pour le prix de vente dont nous avons parlé n° 1er, si l'acte de dépôt de la somme a eu lieu par l'acte même de vente, le droit fixe devra seul être perçu. En effet, le dépôt fait entre les mains du notaire a constitué un payement sous condition suspensive; or, l'effet rétroactif que produit toute condition accomplie, faisant dans cette circonstance remonter l'aliénation de la somme déposée, et par conséquent la libération, au jour de l'acte de dépôt, l'acte qui établit l'accomplissement de la condition ne donne ouverture qu'au droit fixe, comme salaire de la formalité, puisque aucun droit n'eût été perçu si l'acte originaire eût constaté la libération.

Il en serait autrement si le dépôt avait eu lieu par acte postérieur au contrat ; l'Administration serait fondée à réclamer le droit proportionnel de quittance, parce que cet acte seul opérerait la libération de l'acquéreur envers le vendeur, libération qui serait alors indépendante soit du contrat de vente, soit de celui de remplacement (1502 J. E.).

6227. Vente. — Quittance. — L'acte de dépôt d'une vente sous seing privé contient quittance de ce qui restait dû par l'acquéreur : le droit de 50 centimes pour 100 francs est dû pour la quittance outre le droit fixe de dépôt (8427 J. E.).

SECTION 2. — DÉPOT CHEZ LES PARTICULIERS

[6228-6234]

6228. Tarif. — Les reconnaissances de dépôt de sommes chez les particuliers opèrent le droit proportionnel de 1 pour 100, aux termes de l'art. 69 § 3 n° 3 L. 22 frimaire an 7.

1. EFFET. — NÉGOCIANT. — Ainsi l'acte par lequel un négociant certifie avoir reçu et encaissé une somme de 10,000 francs, montant d'un effet, est passible du droit de 1 pour 100 comme reconnaissance de dépôt de sommes chez un particulier (3651 J. E.).

2. BANQUIER. — De même, le versement d'une somme entre les mains d'un banquier, avec stipulation des intérêts d'usage, est passible du droit de 1 pour 100 pour dépôt entre particuliers, alors même qu'aucune époque de remboursement n'a été fixée et que le placement a eu lieu en vertu d'un jugement (Sol. 12 fév. 1859; — Blaye 19 août 1859, 17017 J. E.).

C'est qu'en effet le banquier n'est pas un officier public et que le jugement qui l'a chargé de recevoir les fonds n'a pu lui conférer cette qualité. D'ailleurs, la convention de remise des fonds avec stipulation d'intérêt n'est pas un dépôt de sommes, mais un véritable placement en compte courant (*V.* 6222).

6229. Présomption de fraude. — Preuve contraire. — Le tarif ci-dessus est la conséquence de ce que nous avons dit n° 6219, à savoir que le législateur a été inspiré, en l'établissant, par la pensée de soustraire les contrats de cette nature à la fraude qui n'aurait pas manqué de s'y attacher.

De là Champ et Rig. ont tiré la conséquence, n° 830 et t. 6 n° 16, que si le dépôt est sincère et ne cache pas un prêt, on peut être admis à ne payer que le droit fixe, par la raison que les présomptions de la loi fiscale permettent généralement la preuve contraire, et que rien n'interdit de combattre et de repousser celle dont il s'agit. — Mais nous ferons observer, avec Dalloz n° 552 et avec M. Demante n° 406, que si, en matière fiscale, comme en toute autre matière, on peut rechercher, à l'aide du raisonnement, la pensée probable du législateur, il faut au moins que cette pensée demeure en quelque sorte cachée sous une disposition incertaine, incomplète ou obscure. Au contraire, lorsque la volonté du législateur a été exprimée en des termes précis et certains, toute interprétation qui, dans une hypothèse donnée, tendrait à des applications formellement condamnées par la lettre, conduirait inévitablement à l'arbitraire, à la confusion. Or, dans le cas particulier, il est bien certain que le dépôt de sommes chez les particuliers a été tarifé à un droit proportionnel. A cet égard, il n'y a même pas l'apparence d'un doute. Que le législateur ait été amené là par la nécessité d'obvier à des fraudes possibles, cela est au fond de peu d'importance. En fait, il est certain que celui qui constitue un *dépôt de sommes* chez un particulier est précisément dans l'hypothèse prévue par la loi. Comment donc pourrait-il être admis à prétendre qu'il peut se libérer en payant un autre droit que le droit établi particulièrement pour ce cas?

1. GARANTIE. — Il a été jugé dans ce sens que, lorsque, pour remplacer une affectation hypothécaire, un fermier dépose, à titre de garantie, entre les mains du bailleur, une somme dont celui-ci s'oblige à lui servir l'intérêt à 5 pour 100, le droit proportionnel est exigible (Seine 25 juin 1845, 13793 J. E.).

La stipulation d'intérêts empêchait, en tout état de cause, dans cette circonstance, le doute de naître sur l'exigibilité du droit proportionnel d'obligation. Mais, s'il ne s'agissait que de la remise d'une garantie, d'un gage purement et simplement, le droit fixe nous paraîtrait seul exigible (V. *Décharge*).

Il a été décidé également que le dépôt constaté dans l'acte d'obligation de la somme empruntée, fait entre les mains d'un tiers qui la remettra à l'emprunteur après l'exécution de certaines conditions, n'est pas passible du droit de 1 pour 100, attendu qu'il s'agit uniquement de garantir le prêteur contre l'inexécution d'une des clauses de l'acte. Le seul droit exigible est celui de mandat pour le pouvoir conféré au tiers intervenant (Sol. belge 6 août 1870, 3303 R. P.).

Cependant, le tribunal de la Seine n'accepte pas cette doctrine. Il a en effet jugé, le 5 juin 1850 (14972-2 J. E., 14092 J. N.), que le droit d'obligation pour le dépôt et celui de quittance pour la décharge, sont exigibles à raison d'une somme qui, d'après une condition insérée dans un acte, avait été remise à un clerc de notaire rédacteur de l'acte, *en sa simple qualité de clerc*, comme garantie de l'exécution des conventions, et restituée ensuite par celui-ci, après l'exécution de ces conventions.

2. BAIL. — La stipulation d'un bail d'industrie, de laquelle il résulte que le domestique a remis à son maître une somme déterminée que celui-ci lui rendra lorqu'il se séparera de lui, donne ouverture au droit de 1 pour 100 pour dépôt de sommes déterminé par l'art. 69 § 2 L. 22 frimaire an 7 (Vitré 8 mars 1843, 13210-2 J. E.).

6230. Exception à la règle du droit proportionnel. — Cependant, la règle que nous venons de poser a paru comporter quelques exceptions. Tel est, par exemple, le cas où il serait stipulé dans une obligation que, sur 10,000 francs qui sont prêtés, 5,000 resteront *déposés*, aux risques et périls du prêteur, entre les mains d'un tiers, jusqu'à certaines justifications que l'emprunteur doit faire dans le mois. On a pensé qu'au fond il n'existe réellement qu'un seul prêt de 10,000 francs; et que, si l'on percevait un droit proportionnel sur les 5,000 francs déposés entre les mains d'un tiers, il faudrait ne percevoir le droit d'obligation que sur 5,000 francs, attendu que l'emprunteur n'a reçu que cette somme et que, s'il ne fait pas les justifications auxquelles il s'est engagé, il ne touchera point le complément de son obligation. Dans cette espèce toute particulière, le droit proportionnel étant perçu sur 10,000 francs, il a semblé qu'il n'est dû que le droit fixe sur le dépôt (6311 J. E.). — *V.* 6229-1.

Mais cette solution ne se justifie qu'en équité. Il est certain qu'en principe le droit est dû.

1. PARTAGE. — DÉPOT ENTRE LES MAINS D'UN COPARTAGEANT. — Ainsi encore, une dot de 30,000 francs est constituée à condition que le mari en fera emploi. Le donateur décède avant de l'avoir payée. La succession est partagée. Le lot de la donataire se compose en partie de créances. Il est laissé pour 30,000 francs de ces valeurs entre les mains d'un copartageant, en déclarant qu'elles restent *provisoirement dans l'hoirie*. Cependant, le dépositaire peut en recevoir le montant et il n'est tenu de rendre ces valeurs qu'après l'emploi prescrit par le contrat de mariage; du reste, il donne hypothèque sur ses biens. L'Administration, par une Dél. 22 août 1825 (8166 J. E.), a considéré cette stipulation comme un dépôt passible seulement du droit fixe. C'est encore une décision de pure tolérance. — *V.* 6232.

2. LEVÉE DE SCELLÉS. — SOMME REMISE A UN TIERS. — De même, nous avons pensé qu'il y avait simple dépôt passible du droit fixe dans la disposition d'un procès-verbal de levée de scellés constatant qu'une somme d'argent trouvée dans le secrétaire du défunt a été remise à un tiers du consentement des héritiers. On peut, en effet, assimiler le dépositaire à un gardien de scellés auquel la désignation du juge imprime un caractère officiel et qui, d'ailleurs, est étroitement tenu de rendre *in individuo* tous les objets déposés, même le numéraire. — V. *Scellés*.

3. REMISE A L'USUFRUITIER. — Lorsque le nu-propriétaire remet aux mains de l'usufruitier la somme d'argent soumise à la jouissance, il est bien évident qu'il n'y a pas dépôt, mais simple délivrance passible du droit fixe. Le versement effectué par le nu-propriétaire est l'exécution stricte de la disposition antérieure qui a constitué l'usufruit (Sol. 31 mai 1860).

6231. Officier public. — L'officier public, pour être admis au bénéfice du droit fixe sur le dépôt qu'il reçoit, doit agir en sa qualité; autrement, la règle que nous avons développée dans les précédents numéros lui serait applicable, e le droit proportionnel de 1 franc pour 100 deviendrait exigible. C'est ce qui résulte particulièrement de deux Dél. 30 janvier 1829 et 8 décembre 1835 (9404 et 11430-1 J. E.). Nulle disposition légale n'a, en effet, imprimé aux officiers publics un caractère tellement indélébile qu'ils doivent toujours être considérés comme agissant dans l'exercice de leurs fonctions.

1. SIGNE CARACTÉRISTIQUE. — ACTE PUBLIC. — ACTE PRIVÉ. — Le signe auquel on distinguera l'homme public de l'homme privé se trouvera, d'après les Dél. que nous venons de citer, dans la nature des actes mêmes qu'il aura passés. Ainsi, pour le notaire, il sera regardé comme ayant procédé en qualité d'officier public toutes les fois qu'il aura donné à l'acte qui constatera le dépôt l'authenticité dont seul il peut le revêtir. Toutes les fois, au contraire, qu'il recevra un dépôt sans le constater par acte authentique, il le recevra comme simple particulier. C'est aussi le sentiment de Dalloz n° 553.

Cependant, cette règle n'est pas très-sûre. La C. cass., l'a repoussée par un arrêt, en date du 26 février 1850 (14914 J. E., 1857 § 1er I. G., 13974 J. N., S. 50-1-394), dans lequel on lit : « Attendu que Me Mas, en sa qualité de notaire, est *officier public*; qu'il est énoncé que la somme de 6,000 francs *a été déposée en son étude* par ledit Pierre-Joseph Lamblin; qu'aucune disposition de la loi n'exige, pour l'application du droit fixe à la remise de la somme déposée, ainsi que l'a décidé le jugement attaqué, que le dépôt soit justifié par acte en forme; et qu'aucune pièce n'est produite, aucun indice même n'est allégué pour établir que Me Mas avait reçu le dépôt de la somme de 6,000 francs comme simple particulier, non comme notaire et en son étude, ainsi qu'il l'a déclaré en l'acte de liquidation et de partage. » En conséquence, la cour a décidé que le droit fixe est seul exigible sur la décharge d'un dépôt de sommes fait chez un notaire, *bien qu'aucun acte en forme ne constate ce dépôt*. — V. *Partage*.

Par application de cette jurisprudence, une Sol. 8 septembre 1864 a décidé que le droit proportionnel n'est pas dû sur le dépôt d'une somme remise à un notaire sans acte authentique pour garantir le payement d'un billet déclaré perdu.

2. INTERPRÉTATION. — Ce sont donc les considérations qui servent à l'interprétation des conventions qui, en définitive, devront être appréciées pour résoudre la question de savoir si l'officier public a agi en sa qualité ou seulement comme simple particulier.

Bon. — *Récépissé*. — Ainsi reconnu (4763 J. E.) qu'un simple bon ou récépissé doit être considéré comme le titre d'une dette personnelle de la part du notaire, et est passible du droit proportionnel.

Déclaration. — Lorsqu'une déclaration constate qu'un dépôt de sommes a été fait chez un notaire, mais qu'il résulte de l'interprétation de cette déclaration, signée par le notaire, que ce n'est pas en sa qualité d'officier public qu'il a reçu ce dépôt, les droits proportionnels de timbre et d'enregistrement sont exigibles comme sur une simple obligation (14038-2 J. E.).

Prix de vente. — *Service d'une rente*. — Ainsi encore, un notaire reçoit un acte de vente et en retient le prix, à la charge d'acquitter une rente viagère due par le vendeur et de rendre le capital à l'extinction de cette rente. Cette disposition n'est point un dépôt, puisque le prix de la vente doit porter intérêt et que le vendeur n'est pas libre de le retirer à volonté ; ce n'est pas non plus un séquestre conventionnel, dans le sens de l'art. 1956 C. C., puisque le séquestre suppose toujours une chose *contentieuse*, circonstance qui ne se rencontre pas dans l'espèce. La clause dont il s'agit est, de la part du notaire, au profit du vendeur, une obligation sujette au droit proportionnel (8359 J. E.). — V. *Vente*.

3. TRÉSORIERS-PAYEURS GÉNÉRAUX. — Les trésoriers-payeurs généraux ne sont pas des officiers publics, et, dès lors, les récépissés constatant les dépôts de sommes effectués entre leurs mains sont comme les dépôts entre particuliers passibles du droit proportionnel de 1 pour 100 (V. 6234-3).

Si ces récépissés ont la forme de quittance, ils sont sujets au droit de timbre de 10 centimes (V. *Quittance*), et ils ne donneraient lieu dès lors qu'au droit de libération.

6232. Mandat. — Nous avons, au n° 6210, soigneusement distingué le mandat du dépôt, et nous avons cité quelques exemples ; en voici d'autres :

Le capitaine d'un navire de commerce reçoit de la compagnie qui a équipé le bâtiment une somme d'argent destinée à diverses opérations commerciales pendant la course. L'acte ne peut être considéré comme dépôt de sommes entre les mains d'un particulier. C'est un mandat, sujet au droit fixe de 2 francs (3 fr.) (Dél. 3 mars 1819, 6331 J. E.).

Le droit fixe est également applicable au dépôt de sommes d'argent entre les mains d'un particulier, si celui-ci se charge du dépôt, non comme obligé personnellement, mais pour faire un placement en rentes, etc., au gré des déposants : dans ce cas, le dépositaire n'est qu'un mandataire (Dél. 23 sept. 1825, 5464 J. N.). — *V.* 6230-1.

Il en est de même si la somme a été déposée à l'effet par le dépositaire de payer des dettes indiquées (Dél. 26 mars 1852).

1. MARIAGE D'UN MILITAIRE. — Le droit de 3 francs comme mandat est seul dû sur le dépôt entre les mains d'un banquier d'une somme d'argent destinée à être la dot de la future épouse d'un militaire à qui l'argent devra être remis après la signature du contrat de mariage et l'approbation du ministre (16460-2 J. E.). Il va de soi que, s'il était stipulé des intérêts, le versement constituerait un placement en compte courant passible des droits d'obligation (16499-1 J. E.).

La même solution s'appliquerait évidemment, par identité de motifs, au dépôt effectué dans ces conditions en l'étude d'un notaire.

2. OBLIGATION. — C'est ce qui a été reconnu avec raison pour le dépôt constaté dans l'acte d'obligation de la somme empruntée entre les mains d'un tiers qui la remettra à l'emprunteur après l'exécution de certaines conditions. « Considérant que la remise faite entre les mains d'un tiers, d'une partie de la somme empruntée, a eu moins en vue la garde de la chose remise, objet caractéristique du contrat de dépôt, que de garantir le prêteur contre l'inexécution de l'une des conditions qui l'ont déterminé à souscrire le prêt ; que, dès lors, l'acte n'a pu, indépendamment du droit d'obligation, donner ouverture qu'au droit fixe à titre du mandat conféré au tiers intervenant » (Sol. belge 6 août 1870, 3303 R. P.).

6233. Objet mobilier. — Une différence de rédaction caractéristique existe entre l'art. 69 § 3 n° 3 et l'art. 68 § 1er n° 27 L. 22 frimaire an 7. — Le premier ne prévoit pas, comme le second, le dépôt d'objets mobiliers. On peut donc conclure de là que le dépôt d'un objet mobilier chez un particulier ne donne pas ouverture au droit proportionnel. L'acte qui constate la remise en dépôt, chez un particulier, d'un objet mobilier pour le garder, ne donne donc ouverture qu'au droit fixe (1996 J. E.).

1. ACTIONS. — Le tribunal de la Seine a pareillement décidé que le droit fixe de 2 francs (3 fr.) est seul dû sur l'acte qui constate le dépôt par le gérant d'une société d'actionnaires d'un certain nombre d'actions de cette société pour garantir sa gestion (Jugem. 26 déc. 1839, D. N. t. 4 p. 547 n° 89).

2. TITRES. — Ainsi encore, la reconnaissance de dépôt de titres de créances chez un particulier qui est autorisé à en recouvrer le montant et qui consent, par le même acte, une hypothèque spéciale pour sûreté du dépôt, n'est passible que d'un droit fixe comme salaire de la formalité (Sol. 22 août 1825, 8166 J. E.).

3. CONSTITUTION DOTALE. — De même, il n'est dû que le droit fixe sur la disposition d'un contrat de mariage portant

reconnaissance, par le père du futur, des meubles dont est dotée la future par ses père et mère (5086 J. E.). — V. *Contrat de mariage.*

4. MARCHÉ. — LOUAGE. — Cependant, s'il était stipulé un salaire pour la garde, ce serait un marché, et il serait dû 1 pour 100 sur le montant du salaire, en cumulant les années si la durée de la garde est fixée, et, dans le cas contraire, en les capitalisant au denier 10. C'est l'application de ce que nous avons dit n° 6211.

6234. Timbre. — Ce qui caractérise le dépôt, a-t-on vu n° 6210, c'est de conserver et rendre identiquement l'objet déposé; or, bien que le tarif établi sur le dépôt chez les particuliers soit le résultat d'une présomption de fraude (*V.* 6229), si cependant l'acte ne présente que les caractères propres au contrat, le timbre de dimension est le seul applicable. Mais, si l'acte ne renferme pas réellement un contrat de dépôt, si les sommes ne doivent pas être rendues identiquement dans les mêmes espèces, si des termes de remboursement sont fixés, si les actes de ces prétendus dépôts ne sont, en un mot, que des *obligations déguisées*, ils doivent être, à peine d'amende, sur papier au timbre proportionnel (A. Cons. d'Ét. 29 mars 1808, 377 I. G., 3891 J. E., D. N. t. 2 p. 196 n° 10).

1. OFFICIERS PUBLICS. — Le dépôt des sommes entre les mains d'un notaire, comme officier public, doit être constaté par un acte de son ministère, enregistré, inscrit au répertoire et classé au nombre de ses minutes. Dans ce cas, l'acte de dépôt peut être rédigé sur papier du timbre de dimension, parce que le notaire dépositaire n'a aucun intérêt aux sommes déposées; mais, si le dépôt a eu lieu sur un simple *bon* ou *récépissé*, celui-ci doit être rédigé sur du papier au timbre proportionnel, conformément à l'A. Cons. d'Ét. 29 avril 1808. Cependant, il est à remarquer que, depuis cet A. Cons. d'Ét., il faut distinguer entre les dépôts *réels* et les dépôts *simulés*, attendu que, d'après les termes et le sens de cet avis, il n'y a que les obligations *déguisées* sous le nom de reconnaissances de dépôt, entre toutes personnes, qui soient assujetties au timbre proportionnel. Ainsi, toutes les fois qu'une reconnaissance de dépôt ne présente, soit par son énonciation, soit par toute autre circonstance, aucun des caractères d'une obligation ordinaire, comme la fixation du terme de payement, la stipulation d'intérêts, etc., on estime qu'une telle reconnaissance n'est assujettie qu'au timbre de dimension, parce que c'est un véritable acte de dépôt pur et simple, qu'il émane d'un officier public ou d'un particulier (Roy *Dict. des contrav.*).

2. BANQUE DE FRANCE. — Les récépissés de dépôts volontaires, faits à la Banque de France, sont sujets au timbre, attendu qu'ils font titre aux particuliers. Mais on ne peut les assimiler à des billets, même non négociables, et ils ne sont passibles que du droit de timbre et de dimension, comme toutes les reconnaissances de dépôt qui ne sont point le résultat d'un prêt. — V. *Banque de France* et *Récépissés.*

3. TRÉSORIERS-PAYEURS GÉNÉRAUX. — Les récépissés portant reconnaissance des sommes qui leur sont déposées à l'effet de faire au Trésor public les avances auxquelles avaient été d'abord reconnus sujets au timbre de dimension (Sol. 16 nov. 1860, 17251 J. E; V. 1337 § 1 I. G.). Mais il a été décidé depuis qu'elles sont passibles du timbre proportionnel (Sol. 4 mai 1874, 19672 J. E.), à moins qu'elles soient rédigées sous la forme de simples reçus auquel cas le droit est de 10 centimes. — V. *Quittance.*

CHAPITRE III. — DÉPOT D'ACTES ET PIÈCES CHEZ LES OFFICIERS PUBLICS

[6235-6242]

6235. Tarif. — La loi du 22 frimaire an 7 art. 68 § 1er n° 26 a tarifé au droit de 1 franc les dépôts d'actes et pièces chez les officiers publics; celle du 28 avril 1816 art. 43 a élevé ce droit à 2 francs et la loi du 28 février 1872 art. 4 l'a porté à 3 francs.

1. GREFFES DES TRIBUNAUX. — Les actes de dépôts et consignations faits dans les greffes des tribunaux sont assujettis, savoir:

Tribunaux de paix, au droit de 1 fr. 50 cent. (L. 22 frim. an 7 art. 68 § 1er nos 46 et 51, L. 28 fév. 1872 art. 4).

Tribunaux de police ordinaire, de police correctionnelle et des cours criminelles, lorsqu'il y a partie civile, au même droit fixe de 1 fr. 50 cent. (*Ibid.* n° 48, L. 28 fév. 1872 art. 4).

Tribunaux civils, au droit de 4 fr. 50 cent. (L. 28 avr. 1816 art. 44 n° 10, L. 28 fév. 1872 art. 4).

Tribunaux de commerce (dépôts de bilan et de *sommes* et pièces), au même droit de 4 fr. 50 cent. (*Idem*).

Cours d'appel, au droit de 7 fr. 50 cent. (*Id.* art. 45 n° 6, L. 28 fév. 1872 art. 4).

6236. Stipulations particulières. — Si, dans l'acte de dépôt, les parties font des stipulations qui ne se trouvent pas dans l'acte déposé, elles contractent mutuellement de nouvelles conventions qui, ne dérivant pas nécessairement de l'acte de dépôt, opèrent un droit distinct selon leur nature, conformément à l'art. 11 L. 22 frimaire an 7. — Ainsi, lorsque l'acte de dépôt d'une vente sous seing privé contient quittance de ce qui restait dû sur le prix par l'acquéreur, il est dû sur le montant de cette quittance un droit particulier de 50 centimes pour 100 (Dél. 7 juin 1826, 8427 J. E.).

Mais on devrait considérer comme formant des dispositions dépendantes ne donnant ouverture à aucun droit distinct: 1° la reconnaissance des signatures sur l'acte sous seing privé déposé (1885 J. N., D. N. t. 4 p. 590 n° 105, Sol. 28 janv. 1839, 2869 R. P.); — 2° l'indication du jour de la vente dans l'acte de dépôt d'un cahier des charges.

6237. Pluralité. — PRINCIPE. — Les actes de dépôt donnent-ils ouverture à la pluralité des droits? La négative a été soutenue: on a prétendu que la loi tarife les *actes de dépôt*, sans ajouter, comme elle l'a fait pour les exploits et quelques autres actes, qu'il serait dû un droit par chaque pièce déposée; qu'ainsi la disposition concernant les exploits, etc., ne paraît pas applicable à l'espèce; que celle de l'art. 11 L. frimaire ne l'est pas non plus, car il n'y a qu'une disposition, *l'acte de dépôt*. Cette opinion a été adoptée par une Dél. 18 juillet 1828 (6655 J. N.).

Mais cette interprétation n'a pas été maintenue.

Le tribunal de Soissons avait déclaré que, dans un dépôt de contrat ou procès-verbal où il y a plusieurs acquéreurs, il n'y a jamais qu'un fait unique et indivisible, le dépôt, et que, quoi qu'il soit fait dans l'intérêt individuel de tous ces acquéreurs, comme il n'y a qu'une seule procédure pour parvenir à la purge des hypothèques, il n'est dû qu'un seul droit (27 fév. 1850, 14132 J. N.). — Mais la cour a cassé ce jugement par un arrêt du 30 mars 1852, et elle a décidé que l'acte de dépôt, dans ce cas, est soumis à autant de droits qu'il y a de personnes intéressées, par application de l'art. 11 L. 22 frimaire an 7.

« Attendu, porte cet arrêt, que, lorsque l'acte portant dépôt concerne plusieurs personnes ayant chacune un intérêt distinct et séparé, cet acte collectif se divise nécessairement en autant de parties qu'il y a d'individus intéressés audit acte et qui en profitent personnellement; que l'acte de dépôt, dans ce cas, est assujetti à autant de droits qu'il y a de personnes intéressées (S. 52-1-365, 15422 J. E., 14650 J. N., 1929 § 3 I. G.).

Cette doctrine est conforme à celle d'un précédent arrêt, en date du 20 février 1839 (1590 § 12 I. G., S. 39-1-301), rendu en matière de ratification.

Ce n'est donc pas le nombre des actes déposés qui détermine le nombre des droits à percevoir, mais le nombre des intérêts distincts engagés dans le dépôt. On va voir, dans les numéros suivants, de nombreuses applications de ce principe.

6238. Plusieurs contrats. — 1. ACTES SOUS SEING PRIVÉ. — Ainsi il a été reconnu que l'acte de dépôt de plusieurs actes sous seing privé concernant des personnes ayant des intérêts distincts est passible de la pluralité des droits (Senlis 13 mars 1851, 15165 J. E.).

2. CONTRAT DE MARIAGE. — Qu'il y a lieu à la pluralité de droits pour le dépôt par le même acte de plusieurs contrats de mariage de commerçants (5003 J. E.; — Seine 21 avr. 1830, 9652 J.., E D. m. f. et j., 1479 J. N.).

3. VENTE. — Que le dépôt au greffe par le vendeur, de treize contrats de vente, à treize acquéreurs distincts, donne ouverture à treize droits de greffe de rédaction et treize droits d'enregistrement (11935 J. E., Sol. 7 oct. 1831, 10187 J. E.).

4. EXPERTISE. — Que l'acte dressé au greffe du tribunal de commerce, et constatant le dépôt fait par un expert de trois rapports d'expertise, qui concernent des objets distincts et intéressent des personnes différentes, est passible de trois droits, attendu que le dépôt de chaque rapport doit être réputé fait pour l'utilité des parties en cause ou de la personne qui a provoqué l'expertise; qu'ainsi, par la diversité des objets, des personnes et des intérêts auxquels s'applique l'acte rédigé par le greffier, cet acte constate trois dépôts indépendants l'un de l'autre (Sol. belge 12 mai 1870, 3663 R. P.).

6239. Un seul contrat. — 1. ADJUDICATION. — L'acte de dépôt fait au greffe, par un avoué, de l'expédition d'un procès-verbal d'adjudication pour la purge des hypothèques légales donne ouverture à autant de droits qu'il y a d'acquéreurs non solidaires (14938-1 J. E.; — Bernay 21 mai 1837, 11858 J. E., 21 août 1838, 12163-8 J. E., 10133 J. N.; — Cass. ch. civ. 30 mars 1852, 15422 J. E., 14650 J. N., 1929 § 3 I. G., *arrêt rapporté* 6237).

Il en est de même du dépôt, en l'étude d'un notaire, du procès-verbal d'adjudication d'immeubles en détail (Senlis 14 juill. 1840, 12554-2 J. E.; — Arlon 11 juill. 1867, 2666 R. P.).

2. TESTAMENT. — Nous pensons de même, qu'un seul droit est dû sur l'acte constatant le dépôt en l'étude, conformément à l'art. 1007 C. C., d'un testament renfermant plusieurs legs. D'une part, le dépôt prescrit par l'art. 1007 C. C. n'est pas fait au nom de plusieurs intéressés, et de l'autre l'acte de dépôt se rapporte à un fait unique et indivisible, le dépôt d'une pièce.

6240. Intérêts distincts. — La véritable difficulté de la question consiste à discerner quand il y a pluralité d'intérêts. Il faut pour cela rechercher le but de l'acte de dépôt, afin de déterminer s'il a été dressé à l'effet de profiter à plusieurs personnes non coïntéressées.

1. ADJUDICATION. — Ainsi, le dépôt au greffe d'un procès-verbal d'adjudication à plusieurs acquéreurs non solidaires fait au nom de ces derniers, pour la purge des hypothèques, profitant individuellement à chacun des adjudicataires, donne ouverture à la pluralité des droits (Bernay 21 mai 1837, 11858 J. E., 21 août 1838, 12163-8 J. E., 10133 J. N., — Cass. 30 mars 1852, 15422 J. E., 14650 J. N., 1929 § 3 J. E., *arrêt rapporté* 6237). — Il en serait de même du dépôt fait dans des conditions identiques en l'étude d'un notaire (Senlis 14 juill. 1840, 12554-2 J. E., Sol. belge 1er août 1866, 2415 R. P.).

Mais il en serait autrement du dépôt, fait chez un notaire, par un maire, du procès-verbal d'une adjudication de bois, faite en plusieurs lots à des adjudicataires non solidaires. Cet acte n'est passible que d'un droit, car ici le dépôt n'a pas été fait dans l'intérêt des adjudicataires, mais dans celui de la commune. Il n'y a qu'un intérêt (Dél. 24 fév. 1842, 12955-8 J. E., 11239 J. N.).

Plusieurs vendeurs. — De même, encore bien que cinq vendeurs différents aient vendu cinq immeubles distincts à un seul acquéreur, le dépôt que fait celui-ci de l'acte contenant les cinq ventes, à l'effet de purger les hypothèques légales, n'opère qu'un seul droit, car il n'y a qu'un intérêt qui est celui de l'acquéreur (12377-3 J. E.).

Il en serait de même, à plus forte raison, si le prix avait été payé comptant, cette circonstance établissant que le dépôt n'intéresse pas les vendeurs, mais l'acquéreur seul (Sol. 9 oct. 1848).

2. DISPENSE DE NOTIFICATION. — Lorsque les frais de purge sont à la charge du vendeur, le dépôt d'un acte contenant dispense à plusieurs acquéreurs de faire les notifi-

cations nécessaires à la purge ne paraît passible que d'un seul droit, car la dispense a pour but évident de diminuer les frais de la procédure et profite ainsi au vendeur seul.

3. ÉTAT D'INSCRIPTION. — Mais il en doit être autrement du dépôt d'un état d'inscriptions délivré sur la non-transcription du procès-verbal de vente de diverses portions d'immeubles à plusieurs acquéreurs distincts. La délivrance de cet état et son dépôt ayant pour but de faciliter aux acquéreurs les formalités de la purge qui leur est nécessaire pour devenir propriétaires incommutables, profite à chacun d'eux (Sol. 30 mars 1852 et 14 juill. 1857).

4. DÉCHARGE. — Le dépôt fait par un mandataire des diverses décharges qu'il a obtenues de mandants distincts n'intéresse que lui seul : il n'est donc passible que d'un seul droit (Sol. 23 août 1861). — Il en serait autrement, bien entendu, si les décharges renfermaient des stipulations étrangères de nature à profiter à chacun des mandants.—De même, si celui qui a constitué trois mandataires séparés, ayant chacun une mission distincte, leur donnait une décharge collective, le dépôt de cette décharge au nom des mandataires donnerait lieu à trois droits (J. du not. 21 avr. 1869, 2335 R. P.).

Décharge et mandat.—Décidé, à cet égard, que le dépôt en l'étude du notaire d'un acte contenant décharge par le mandant à l'officier public et constitution d'un nouveau mandataire qui effectue le dépôt, est passible d'un seul droit. « Le nouveau mandataire ou son mandant ayant seul un intérêt réel au dépôt, c'est évidemment la procuration et non la décharge qu'on a entendu déposer; et on ne saurait faire supporter aux personnes dénommées dans la décharge les frais d'un acte auquel elles n'ont pas concouru et qui a lieu tout à fait en dehors d'elles » (Sol. 16 janv. 1867, 2499 R. P.).

5. PROCURATION. — Comme le nombre des actes déposés est sans influence pour la perception et que la pluralité des droits se fonde uniquement sur la divisibilité des intérêts, il a été reconnu que le dépôt d'une procuration donnée à un mandataire par plusieurs personnes ayant des intérêts distincts est assujetti à plusieurs droits (D. m. f. 3 oct. 1817, 5919 J. E., 19 janv. 1821, 71 Roll. ; Sol. 12 oct. 1830, 9812 J. E., Dél. 8 mars 1833, 10567 J. E.,—deux jugements de la Seine du 21 avr. 1830, 9652 J. E., 15626 § 4 J. E.). — C'est ce qu'on a décidé notamment au sujet du dépôt de plusieurs procurations consenties par plusieurs cohéritiers afin de *répudier* ou d'accepter une succession (9010 J. E.).

Cependant, dans un cas où le mandataire avait reçu en brevet une procuration de plusieurs personnes et où il avait déposé ce brevet, une Sol. du 8 août 1869 a considéré que ce brevet formant plutôt un titre pour le mandataire à l'égard de ses mandants qu'au profit de ces derniers, le dépôt n'était passible que d'un seul droit (2982 R. P.). Ce n'est là qu'une solution d'espèce qui ne détruit pas le principe de la pluralité quand le dépôt n'a plus le caractère d'un acte essentiellement personnel aux mandataires.

Ainsi, d'ailleurs, que le reconnaît la solution précédente, le dépôt d'une procuration profite autant au mandataire qu'au mandant, car il a intérêt à constater l'existence du pouvoir, afin de réclamer, le cas échéant, au mandant le remboursement des avances et au besoin les dommages-intérêts qui résultent de la gestion. Par conséquent, si un mandant a donné à plusieurs personnes non solidaires un pouvoir d'agir séparément, soit pour la même affaire, soit pour des affaires distinctes, le dépôt de cette procuration est passible de plusieurs droits.

Mais on a reconnu qu'un seul droit est exigible sur l'acte constatant le dépôt en l'étude de plusieurs procurations données par des actionnaires à un seul mandataire pour les représenter à une assemblée générale de la Société (Sol. belge 15 déc. 1876, 4626 R. P.).

6. RATIFICATION. — Y a-t-il lieu à la pluralité des droits sur le dépôt de la ratification d'une adjudication consentie au profit d'acquéreurs distincts?

La réponse est nécessairement affirmative quand le dépôt a été fait à la demande des adjudicataires, puisque leurs intérêts sont distincts (*Conf.* : J. du not. n° 2289).

Mais que décider si le dépôt a eu lieu à la requête du vendeur?

Ce dernier peut avoir intérêt au dépôt surtout quand le prix n'a pas été payé comptant, afin d'en poursuivre le recouvrement, et on serait fondé à soutenir, dès lors, que le dépôt de la ratification ayant lieu dans son intérêt unique ne saurait motiver la perception de plusieurs droits. C'est l'opinion qui a prévalu dans deux Sol. des 16 juillet 1860 et 30 octobre 1863.

Cependant s'il apparaissait que le dépôt effectué par le vendeur a été fait également au nom des acquéreurs, nous pensons, avec une autre Sol. du 10 mai 1863, que la règle de la pluralité reprendrait son empire.

Plusieurs vendeurs. — Un seul acquéreur. — Lorsque la ratification de plusieurs ventes par différentes personnes au même acquéreur est déposée, les mêmes motifs conduisent à décider, conformément d'ailleurs à ce que nous avons dit précédemment au sujet des adjudications, qu'il n'y a qu'un intérêt, celui de l'acquéreur, et que le dépôt n'autorise la perception que d'un droit unique. — Il n'en serait autrement que s'il était bien établi que le dépôt a eu lieu dans l'intérêt des vendeurs, pour leur faciliter le recouvrement du prix

7. RENONCIATION. — Le mari qui dépose aux minutes d'un notaire un acte du greffe portant renonciation par ses cinq enfants à la communauté du chef de leur mère, agit dans son intérêt exclusif, et l'acte du dépôt l'intéressant seul n'est pas passible de la pluralité (Sol. 27 mars 1858).

Il en serait de même du dépôt par un héritier d'une renonciation à la succession faite par ses cohéritiers.

Il ne faudrait cependant pas exagérer ce principe. Si la renonciation n'avait eu, en effet, pour but que de soustraire les renonçants à la participation du passif et si le dépôt avait eu lieu sur leur demande, il est certain que c'est à eux surtout, qu'il profiterait personnellement, ce qui justifierait suffisamment la pluralité des droits.

8. BORNAGE. — Est passible d'un seul droit, le dépôt en l'étude d'un notaire des procès-verbaux ou des plans de bornage d'une commune (D. m. f. 27 sept. 1847, 14325-1 J. E.).

6241. Qualité du requérant. — On voit que, pour rechercher à qui profite l'acte de dépôt, il est essentiel très-souvent de savoir quelle est la personne qui l'a demandé. C'est ainsi que dans le cas du dépôt d'un procès-verbal d'adjudication en détail, la pluralité s'applique quand l'acte a eu lieu au nom des acquéreurs, tandis que le droit fixe est seul dû s'il est constant que le dépôt a été effectué par le vendeur dans son seul intérêt (*V.* 6239). La même distinction prévaut au sujet des actes de renonciation ou de ratification 6240-6.

Cet examen est très-délicat quand le dépôt émane d'un tiers qui ne fait pas connaître sa qualité, ou qu'il est effectué par le notaire seul en l'absence de tout requérant. Aussi dans des espèces où un dépôt d'actes de vente, pour parvenir à la purge des hypothèques légales, avait été fait par un avoué, un clerc ou une autre personne, sans qu'il fût mentionné qu'il avait lieu au nom de tous les acquereurs, il a été jugé qu'il n'était dû qu'un seul droit (Vitry-le-François et Dieppe 12 et 20 juin 1838, 10132 J. N.; — Béthune 6 janv. 1840, 10775 J. N.; — Seine 30 déc. 1840.; — Chartres 3 juin 1842, 11687 J. N.; — Saint-Omer 13 mars 1847, 13143 J. N.; — Bressuire 14 nov. 1848, 8522 C.; — Compiègne 20 août 1855, 529 R. P.).

De même, le tribunal de Carcassonne a décidé que l'acte de dépôt dressé par le notaire seul sans le concours des parties ne donne pas ouverture à la pluralité des droits fixes si l'Administration n'est pas à même d'établir qu'il y a eu mandat tacite. Le tribunal n'a pas d'ailleurs à se prononcer sur la nullité ou la validité de l'acte, bien qu'une semblable manière d'opérer soit contraire à la loi et ne doive pas être tolérée (22 avr. 1863, 1829 R. P.).

C'est encore par application du même principe que l'Administration belge a reconnu, le 13 novembre 1865, qu'il n'est dû qu'un seul droit fixe sur l'acte constatant le dépôt de deux actes fait chez un notaire par une seule personne, bien qu'il n'appert pas de l'intérêt que peut avoir le déposant à effectuer le dépôt de chacun de ces actes.

« Considérant que le dépôt des deux actes effectué par une seule personne constitue un fait unique, entraînant l'unité de perception ; que, s'il n'appert pas de l'intérêt que peut avoir le déposant à effectuer le dépôt de chacun de ces actes, il n'en résulte nullement que cet intérêt n'existe pas » (10076 J. E. belge).

La solution des difficultés de l'espèce dépend des termes de l'acte et de l'appréciation des circonstances qui sont de nature à révéler le but du dépôt : on ne saurait poser de règles sur ce point.

6242. Appel. — L'acte au greffe contenant appel en matière de récusation et dépôt des pièces n'opère pas de droit particulier pour le dépôt (436 § 33 I. G.). — *V.* 2214.

CHAP. IV. — OBLIGATIONS DES FONCTIONNAIRES RELATIVEMENT AUX ACTES DE DÉPOT

[6243-6290]

6243. Législation. — Aucun notaire, huissier, greffier, secrétaire ou autre officier public, ne peut recevoir en dépôt un acte sous signature privée, s'il n'a été préalablement enregistré, à peine d'une amende de 50 francs (10 fr.), et de répondre personnellement du droit (Art. 42 L. 22 frim. an 7). — Toutefois les notaires ont la faculté de faire enregistrer la pièce déposée en même temps que l'acte de dépôt. — *V.* 1062.

Il est également défendu, sous la même peine, à tout notaire ou greffier de recevoir aucun acte en dépôt sans en dresser acte. Sont exceptés les testaments déposés chez les notaires par les testateurs (Art. 43 de ladite loi).

Ces dispositions ont donné lieu aux interprétations suivantes :

6244. Droits de l'acte non rédigé. — Dans le cas de contravention à l'art. 42 de la loi, les officiers publics ne doivent que l'amende et non les droits d'enregistrement et de timbre de l'acte qu'ils n'ont pas rédigé, parce que ces droits ne sont exigibles pour des actes que lorsque ces actes existent (Dél. 26 août 1818, 6186 J. E., 4851 J. N., Roy *Manuel des contraventions* n° 154, Sol. 18 avr. 1856).

6245. Procès-verbal à rédiger. — Lorsqu'un notaire a reçu le dépôt d'un acte sous seing privé non enregistré qu'il refuse de représenter, il y a lieu de constater la contravention par un procès-verbal, pour le contraindre à remettre l'acte au receveur de l'Enregistrement et à payer les droits et l'amende qu'il a encourue (D. m. f. 13 janv. 1807, 2480 J. E.).

6246. Abandonnement. — L'insertion au tableau de l'auditoire des tribunaux et des maisons communes, prescrite par l'art. 903 C. proc. et l'art. 573 C. com., relatifs au débiteur qui obtient le bénéfice de cession, doit être constatée, partout où elle doit être faite, c'est-à-dire, au greffe du tribunal de commerce, au secrétariat de la mairie et à la bourse, par un acte de dépôt sujet à l'enregistrement et au droit de greffe (D. m. f. et j. 5002 J. E.).

Mais le dépôt au greffe des titres actifs du débiteur n'autorise pas la demande des droits de timbre et d'enregistrement auxquels ils peuvent donner ouverture, sauf en ce qui concerne les mutations hors délai et les contraventions au timbre. — V. *Abandonnement.*

6247. Actes de l'état civil. — Le dépôt au greffe des registres de l'état civil est exempt d'enregistrement, ainsi que de droit de greffe. — V. *Acte de l'état civil.*

1. TRADUCTION. — La traduction des actes de l'état civil passés en pays étranger qui doit être transcrite sur les registres de l'état civil français, peut être déposée chez un notaire ou annexée aux registres de l'état civil sans être enregistrée. — *V.* 6288.

6248. Acte en brevet. — Le notaire à qui l'on rapporte pour minute des actes qu'il avait délivrés en brevet est tenu d'en dresser acte de dépôt, sous peine de contravention à l'art. 41 L. 22 frimaire an 7 (D. m. f. 6 août 1819, Roy n° 147, 11545 J. E., Dél. 6 janv. 1837, 9567 J. N.; — Bernay 21 août 1843, 13338 J. N.; — Quimper 24 janv. 1843, 13165 J. E., 11616 J. N.). — *V.* 506.

Tout en critiquant cette opinion (9271, 9329 J. N.), le D. N.

pense qu'il est prudent de se conformer aux décisions ci-dessus, comme cela s'est toujours pratiqué à Paris (D. N. t. 10 p. 433 n° 28).

6249. Acte de produit. — Dans les matières mises en délibéré, et les instructions par écrit, les pièces doivent être produites au greffe avec un état, et cette production est notifiée à la partie adverse par un acte que l'on appelle *acte de produit* (96, 97, 102 C. proc.). Ces productions ne sont point des *dépôts*; elles sont seulement inscrites sur un registre tenu au greffe (436 n° 13 I. G.).

Il en est de même en matière d'*ordre*, avec cette différence que la mention des productions a lieu sur le procès-verbal d'ordre tenu par le juge-commissaire, et non sur le registre tenu par le greffier (436 n° 59 I. G.). Dans l'un et l'autre cas, l'acte de produit est un acte d'avoué, dont la notification seule est sujette à l'enregistrement (620 I. G.).

6250. Administration de l'Enregistrement. — Est exempt de tout droit le dépôt au greffe des empreintes de timbre. — V. *Acte judiciaire.*

6251. Administration des contributions indirectes. — Est exempt de tout droit le dépôt au greffe par l'administration des contributions indirectes des objets saisis et des empreintes des instruments dont elle fait usage. — V. *Acte judiciaire.*

6252. Administration des forêts. — Marteau. — Le dépôt des empreintes de marteaux est sujet aux droits ordinaires. — V. 3176.

6253. Annexe. — Il ne faut pas confondre l'annexe avec le dépôt. — V. 2163.

6254. Avaries. — État. — Le greffier d'un tribunal de commerce ne peut recevoir en dépôt, sans en dresser acte, les *états* de pertes et dommages faits, pour cause d'avaries en mer, par des experts nommés à cet effet et opérant dans les formes prescrites par le C. com. Ces *états* sont de véritables rapports d'experts, soumis à la formalité du dépôt en vertu de la disposition générale de l'art. 431 C. proc. (6103 J. E.). — V. 6277.

6255. Bilan. — Le dépôt au greffe du bilan est exigé par le C. com. Par conséquent, les faillis ou les agents et syndics de la faillite doivent faire ce dépôt, dont le greffier dresse un acte tarifé au droit de 4 fr. 50 cent. par L. 28 avril 1816 art. 44 n° 10 et par L. 28 février 1872 art. 4, indépendamment du droit de greffe. — V. 3098, 8805.

6256. Billets trouvés. — Un greffier de justice de paix peut recevoir en dépôt un portefeuille trouvé, contenant des billets à ordre non timbrés ni enregistrés, sans être passible des droits de timbre et d'enregistrement de ces billets, non plus que des amendes encourues par les souscripteurs, parce que ce dépôt est fait dans l'intérêt public (Dél. 12 mai 1829, 9318 J. E.).

6257. Brevet d'invention. — Les procès-verbaux qui sont rédigés aux secrétariats des préfectures, pour constater le dépôt de pièces relatives à l'obtention ou à la cession de brevets d'invention, avaient été déclarés sujets à l'enregistrement, au droit fixe de 1 franc, par une Déc. 4 octobre 1826 (765 I. G., 5202 J. E.). Mais, depuis la loi du 15 mai 1818, ils sont dispensés du timbre et de l'enregistrement (D. m. f. 20 oct. 1828; — Circ. min. du com. 3 nov. 1828, 1272 I. G.). — V. *Brevet d'invention.*

6258. Cabotage. — Les procès-verbaux de visite relatifs au petit cabotage, leurs extraits et leur dépôt au greffe, sont exempts de timbre et d'enregistrement. — V. *Acte administratif.*

6259. Compte d'armement. — Les pièces déposées aux greffes des tribunaux de commerce, avec le compte d'armement de corsaire, pour constater au besoin la situation des armateurs et des actionnaires, peuvent ne pas être enregistrées, parce que ce dépôt n'est qu'une précaution d'ordre; mais la formalité serait indispensable si les pièces dont il s'agit devaient être produites (D. m. f. 1590 J. E.).

Mais les pièces justificatives des comptes de constructions de bâtiments armés en course, déposées aux greffes des tribunaux de commerce, doivent être préalablement enregistrées, parce qu'elles font titre (Dél. 23 mess. an 13, 2065 J. E.).

6260. Consignation. — Prix de navires. — L'art. 209 C. com. porte que les adjudicataires de navires vendus par autorité de justice seront tenus de payer le prix de leur adjudication dans le délai de vingt-quatre heures, ou de le *consigner* sans frais au greffe du *tribunal de commerce*, à peine d'y être contraints par corps. Ces expressions *sans frais* ne sont relatives qu'aux frais judiciaires et ne peuvent s'appliquer aux droits d'enregistrement et de greffe. Ainsi, les droits de l'acte de *dépôt* ou *consignation* sont exigibles (3290 J. E.).

6261. Contrat de mariage. — Chambre de discipline. — Il n'est pas nécessaire de rédiger acte de dépôt de la remise des extraits aux chambres des notaires et des avoués, et, dans tous les cas, s'il en est rédigé un, cet acte, étant considéré comme d'ordre intérieur, est exempt de la formalité. La remise est suffisamment constatée par un certificat du secrétaire (1261 I. G., 1422 § 4, 6745, 6864, 6992 J. N., 10526, 10964, 11071-3 J. E., 4525, 6745, 6992 J. N.). Ce certificat rend donc inutile le registre destiné à recevoir l'insertion de ces extraits, dont la tenue avait été prescrite (D. m. f. 5 mai 1813, 15 nov. 1817, 2866, 5926 J. E., 637 I. G.). — V. 4000 et suiv.

6262. Dépôt confidentiel. — Le notaire n'est pas tenu de dresser acte du dépôt de pièces qui lui sont remises confidentiellement et qui ont été confiées plutôt à l'honneur qu'à la fonction de l'homme (Villefranche 17 fév. 1837, 11819-2 J. E., 9033 J. N. ; — Chartres 14 juill. 1838, 10148 J. N. ; — Le Vigan 20 janv. 1842, 12931 J. E., 11374 J. N.). C'est un point que nous avons développé au mot *Communication.*

6263. Dessins et marques de fabrique. — 1. DESSINS. — Le dépôt, soit aux archives du conseil des prud'hommes, soit au greffe du tribunal, des dessins, doit être constaté sur un registre *ad hoc*, en papier timbré. — L'expédition du procès-verbal de dépôt, destinée à servir de titre au fabricant, doit également être timbrée, mais elle est exempte du droit de greffe. C'est ce qui résulte d'une D. m. f. 12 juillet 1845 (1755 § 5 I. G.), modifiant, quant au registre servant à l'inscription du dépôt, une D. m. f. 20 juin 1809 (437 I. G.) qui avait déclaré ce registre exempt de timbre. L'I. G. n° 2133 énonce que le registre dont il s'agit est exempt de timbre (1097 R. P.). Mais c'est une affirmation contraire à la D. m. f. du 12 juillet 1845 qui n'a pas été rapportée.

Quant au certificat de dépôt. — V. 797-26.

2. MARQUES DE FABRIQUE. — Il résulte des dispositions de la loi du 23 juin 1857 sur les marques de fabrique et de commerce : 1° Qu'il doit être tenu au greffe du tribunal de commerce, ou, à défaut de tribunal de commerce, au greffe du tribunal civil, deux registres, dont l'un, *en papier non timbré,* sur lequel seront collés les modèles de marque, également exemptés du timbre, l'autre en papier timbré pour la rédaction des procès-verbaux de dépôt des marques; — 2° que ces procès-verbaux sont assujettis à l'enregistrement comme les autres actes du greffe, et passibles du droit fixe de 3 francs (4 fr. 50 cent.); mais qu'il n'est dû de droits de greffe ni pour la rédaction ni pour l'expédition des procès-verbaux, la loi du 23 juin 1857 et le décret réglementaire ayant attribué au greffier, pour ces formalités, un salaire spécial, sans parler de la perception des droits de greffe.

L'art. 7 Déc. 26 juillet 1858 impose au greffier du tribunal de commerce du département de la Seine l'obligation de tenir un registre spécial pour les dépôts des marques des étrangers et des Français, dont les établissements sont situés hors de France. Ce registre, destiné à recevoir les modèles des marques, est exempt du timbre. Il en est de même du répertoire dont la formation est prescrite par l'art. 8 du décret.

Lors de la vérification des greffes, les employés supérieurs ont à s'assurer que le registre des procès-verbaux de dépôt est en papier timbré et que ces procès-verbaux ainsi que les procurations sous seing privé laissées au greffier, en conformité de l'art. 2 du décret, ont été enregistrés. Les procurations dont il s'agit ne sont pas affranchies du timbre.

La loi du 23 juin 1857 et le décret réglementaire du 26 juillet 1858 remplacent le Déc. 11 juin 1809, mentionné au § 5 n° 1755 I. G.

6264. Double minute. — Les notaires sont tenus de rédiger acte du dépôt, fait en leur étude, de la double minute d'un acte passé devant un autre notaire (12376, 13197-1 J. E., D. m. f. 19 juin 1846, 14009 J. E., 12816 J. N., 1767 § 4 I. G.).

1. TIMBRE. Le *double* de la minute ainsi déposé, qui est signé par les parties, les témoins et les notaires, ne peut être considéré comme une copie, une expédition de la minute, qui n'est signée que par le notaire, et il peut être rédigé sur papier timbré de toute dimension (12376 J. N.).

6265. Enveloppe cachetée. — Le ministre des finances a décidé, le 16 pluviôse an 13 (1941 J. E.), que le notaire qui reçoit le dépôt de pièces sous enveloppe cachetée, autres qu'un testament, doit, avant de rédiger l'acte de dépôt, exiger la justification de l'enregistrement de ces pièces. Cette décision ne nous semble pas devoir servir de règle, attendu qu'on ne peut la mettre à exécution sans violer les secrets de famille ; que cette violation n'a aucun but d'utilité, puisqu'on ne pourra faire usage des pièces déposées qu'après les avoir soumises à la formalité ; et qu'enfin, si ces pièces ne sont pas désignées nominativement, on ne saurait prétendre qu'elles acquièrent par le dépôt une date certaine.

6266. Enquête. — Les procès-verbaux d'enquête adressés, en exécution de l'art. 266 C. proc., par les greffiers des tribunaux qui ont entendu les témoins, aux greffes des tribunaux devant lesquels les instances s'instruisent, sont classés au nombre des minutes du greffe. Il doit en conséquence être dressé acte de leur dépôt (7088 J. E.).

6267. Estimation. — Biens de mineurs. — Les procès-verbaux d'estimation faits pour parvenir à des *ventes* ou *partages* concernant des *mineurs* et renvoyés devant des notaires, conformément à l'art. 459 C. C. et aux art. 955, 956 et 957 C. proc., ne doivent pas être déposés au greffe, mais remis aux notaires chargés de ces différentes opérations : 1° parce que le dépôt au greffe n'est ordonné par aucune loi; — 2° parce que le dépôt donnerait lieu à des expéditions inutiles et dispendieuses qu'il est bon d'épargner aux mineurs, dont les intérêts doivent toujours être protégés ; — 3° enfin, parce que les procès-verbaux d'estimation qui sont les bases des partages doivent être remis à ceux qui sont chargés d'y procéder et demeurer annexés à leurs minutes (5060 J. E.).

6268. Faillite (TITRES DE). — Un simple récépissé devant aux termes de l'art. 502 C. com., suffire aux syndics de la faillite, pour justifier de la remise ou dépôt au greffe de leurs titres de créances, on ne peut, dans ce cas, assujettir le greffier à rédiger un acte de dépôt, dont il a été dans l'intention de la loi d'éviter les frais aux parties (D. m. f. et j. 420 § 2 I. G., 3061 J. E.).

1. INVENTAIRE. — Les greffiers se dispensent en général

de constater par un acte le dépôt fait au greffe de l'inventaire dressé conformément à l'art. 480 C. com., ce qui est évidemment irrégulier. Mais l'Administration n'a aucun moyen légal d'obtenir qu'il soit procédé conformément à la loi (17950 J. E.).

6269. Faux. — Acte sous seing privé. — Un greffier ne peut sans contravention rédiger acte du dépôt d'un acte sous seing privé non enregistré, lors même que ce dépôt aurait été ordonné par un jugement (6264 J. E.). Cependant un juge peut ordonner et un greffier recevoir sans enregistrement préalable le dépôt d'un acte représenté à l'audience et argué de faux; le dépôt étant alors prescrit par mesure de police et pour assurer l'action du ministère public, l'amende n'est point encourue (3686 J. E.).

6270. Greffe. — Le greffier doit rédiger acte de toutes les pièces déposées dans son greffe, sur un registre dont la tenue est prescrite par le Déc. du 12 juillet 1808 (398 I. G.).

6271. Inventaire. — L'inventaire qui constate que les parties ont laissé provisoirement entre les mains du notaire un billet non enregistré, souscrit à l'ordre du défunt, ne présente aucune contravention à l'art. 42 de la loi de frimaire, 1° parce que la rédaction d'un acte de dépôt n'était pas nécessaire, car il ne s'agissait pas d'une pièce déposée pour être mise au rang des minutes, seul cas où l'on doive appliquer les dispositions des art. 42 et 43 de la loi, relatives au dépôt, — 2° et parce que les actes sous seing privé non enregistrés peuvent être relatés dans les inventaires (Dél. 3 mai 1826, 1509 Roll.).

1. SOMME D'ARGENT. — La déclaration d'un inventaire qu'une somme trouvée au domicile mortuaire a été confiée à un des héritiers, au notaire ou à un gardien, est-elle passible du droit d'obligation ? — V. *Inventaire*.

6272. Mutation. — Délai. — Le dépôt d'un acte de vente d'immeubles sous seing privé fait chez un notaire, avant l'expiration du délai fixé pour l'enregistrement, n'empêche pas que le double droit soit encouru, si cet acte n'est presenté à la formalité qu'après le délai de trois mois (Cass. 21 flor. an 8 et 4 germ. an 9, 547, 799 J. E.). — V. *Mut. secrète*.

6273. Nomination des huissiers. — La remise faite en vertu du Déc. du 14 juin 1813, par les huissiers, au greffe du tribunal de première instance de leur résidence, de leur nomination et réception, n'était qu'une mesure d'ordre qui n'avait pas besoin d'être constatée par un acte de dépôt (D. m. j. et f. 9 et 22 fév. 1814, 659 I. G.). L'I. G. 398; — *Contrà* 4614 J. E.).

6274. Ordre. — Il existe, en matière d'ordre, au sujet du dépôt des pièces de la procédure, des règles spéciales que nous avons indiquées. — V. *Ordre*.

6275. Procès-verbal de dires. — Le dépôt au greffe du procès-verbal des dires, en fait de licitation et partage, est soumis à l'enregistrement, et le procès-verbal doit être enregistré avant d'être remis au greffe (436 § 75 et 76 I. G.).

6276. Purge légale. — Le dépôt au greffe de la copie collationnée d'un contrat translatif de propriété, en exécution de l'art 2194 C. C., relatif au mode de purger les hypothèques, doit être constaté par un acte rédigé en minute enregistré dans les vingt jours (7140 J. E., D. m. j. et f. 24 vend., 12 et 14 niv. an 13, 266 I. G.).

6277. Rapports. — Le greffier ne peut se dispenser de rédiger acte de dépôt des rapports d'experts faits en vertu de l'art. 319 C. proc. (436 § 28 I. G.). — *V.* 8397.

Un pareil acte est passible du droit de 1 fr. 50 cent. (13460-1 J. E.). — *V.* 6254, 6290.

Les rapports d'arbitres, déposés au greffe du tribunal de commerce, en exécution de l'art. 431 C. proc., sont assujettis au timbre et à l'enregistrement avant d'être déposés (Art. 42 L. 22 frim. an 7), et il doit être dressé un acte de dépôt, également soumis à ces formalités (Art. 43, D. m. f. 22 juin 1825, 1183 § 12 I. G.).

6278. Rapports de capitaines de navire. — Les actes de dépôt au greffe des rapports de capitaines de navire sont exempts de timbre et d'enregistrement. — *V.* 3356-1.

6279. Récusation de juge. — Le visa du greffier sur l'acte de récusation du juge de paix et le dépôt au greffe de la copie de l'acquiescement du juge sont exempts de tout droit. — *V.* 873.

6280. Répertoires. — Les notaires, commissaires-priseurs et courtiers de commere doivent chaque année déposer le double de leur répertoire au greffe du tribunal civil. — Les greffiers doivent rédiger acte de ce dépôt sur un registre particulier (D. m. j. 27 juin 1808, 390 § 12 I. G.). — Ce dépôt doit être constaté par autant d'actes distincts qu'il y a de notaires déposants; mais le greffier ne peut les astreindre à lever l'expédition de ces actes (D. m. f. 20 mars 1810, 3777 J. E., D. m. j. et f. 24 et 30 juin 1812, 590 I. G., 1711, 3547, 5684, 6357 J. E.).

Les dépôts des répertoires des notaires ne sont pas sujets à l'enregistrement, mais ils sont assujettis aux droits de greffe (D. m. j. et f. 24 et 30 juin 1812, 590 I. G.). Cette exemption est aussi accordée aux actes de dépôt du double des répertoires des commissaires-priseurs (Dél. 15 avr. 1817, 5739 J. E.), et, par conséquent, elle s'applique aussi aux courtiers de commerce.

L'acte de dépôt, n'étant pas sujet à l'enregistrement, n'est pas susceptible d'être inscrit sur le répertoire (7193 J. E.). — V. *Répertoire* n° 14210.

6281. Résiliement. — Il y a contravention lorsque, à un acte d'obligation, se trouve annexé un acte sous seing privé portant résiliement du contrat (Seine 2 juill. 1856, 733 R. P.).

6282. Saint-Domingue. — Les notaires peuvent-ils rédiger acte de dépôt de pièces relatives à l'indemnité de Saint-Domingue sans que ces pièces aient été enregistrées (1427-1)?

6283. Saisie-arrêt. — Le dépôt au greffe de l'expédition de la déclaration du tiers saisi ou du certificat du fonctionnaire qui en tient lieu opère le droit de 3 francs (aujourd'hui 4 fr. 50 cent.), outre le droit de rédaction de 1 fr. 25 cent. (1097 I. G.).

6284. Sentence arbitrale. — Les greffiers peuvent recevoir en dépôt, sans enregistrement préalable, les jugements des arbitres; mais les droits de l'acte de dépôt, ainsi que ceux du jugement arbitral, ne devant point être avancés par le greffier, cet officier reste seulement soumis à l'obligation qui lui est imposée par l'art. 37 L. 22 frimaire an 7 de fournir au receveur l'extrait de l'acte de dépôt et du jugement dans les délais indiqués, afin que ce préposé puisse suivre contre les parties le recouvrement des droits à payer sur ces deux actes. On ne peut à cet égard faire de distinction entre les sentences arbitrales contenant transmission d'immeubles, et celles qui ne renferment pas de dispositions sujettes à la formalité dans un délai déterminé ; les droits d'enregistrement doivent, pour les unes comme pour les autres, être acquittés en même temps que ceux résultant de l'acte de dépôt (D. m. f. 11 oct. 1808 et 23 mai 1809, 436 § 77 I. G.). — Les mêmes principes résultent d'un arrêt de Cass. 3 août 1813 (4622 J. E.).

1. DÉFAUT DE CONSIGNATION DES FONDS. — Lorsque le greffier a dressé acte de dépôt d'une sentence arbitrale qui a été déposée sans avoir été enregistrée, il peut, si les droits n'ont pas été consignés en ses mains, ne pas soumettre la sentence et le dépôt à l'enregistrement dans les vingt jours de la date de celui-ci, en fournissant l'extrait prescrit par l'art. 37 L. 22 frimaire an 7 (14872-5 J. E.).

6285. Signatures et paraphes. — La signature et le paraphe des notaires, destinés à être déposés au greffe de la justice de paix, doivent être sur du papier à 60 centimes; pour les officiers de l'état civil ils pourront être sur papier non timbré.

Les actes de dépôt des feuilles contenant la signature et le paraphe, tant des notaires que des officiers de l'état civil, sont exempts de droits d'enregistrement et de greffe. Le greffier n'a droit à aucune rétribution.

Le registre destiné à recevoir ces actes de dépôt est formé en papier non timbré (Déc. 26 juill. et 6 août 1861, 2200 I. G., 1540 R. P.). — V. 856-2.

6286. Société (EXTRAITS D'ACTES DE).—Les actes de société, de continuation ou de dissolution de société, passés sous seing privé, doivent être enregistrés avant la remise au greffe des extraits dont la transcription et l'affiche sont ordonnées par l'art. 42 C. com. A l'exception des extraits délivrés par les notaires pour les actes de leurs études, tous autres extraits d'actes relatifs aux sociétés doivent être enregistrés moyennant le droit fixe de 1 franc (3 fr.). La déclaration portant que la société a été formée par convention verbale doit, lorsqu'elle est signée par tous les associés, solidaires ou gérants, être considérée comme l'acte de société même, et, comme telle, être enregistrée au droit fixe de 5 francs (aujourd'hui le droit gradué) ou au droit proportionnel, avant de pouvoir être déposée (D. m. f. 31 janv. 1824, 1132 § 1er I. G.).

6287. Testament olographe. — Les notaires sont-ils tenus de dresser un acte spécial pour le dépôt dans leur étude des testaments olographes qui leur sont remis par le président du tribunal, en vertu d'une ordonnance constatant la remise et revêtue de la signature du notaire qui en a pris charge? Le m. f. avait décidé, le 20 janvier 1852 (1909 I. G., 14612 J. N.), que les dispositions de l'art. 43 L. 22 frimaire an 7 obligent les notaires à rédiger un acte spécial de dépôt, lors même que la remise entre leurs mains du testament olographe serait constatée par une ordonnance du président revêtue de la signature de l'officier public constitué dépositaire (Avaient statué dans le même sens: Compiègne 18 mars 1855; — Boulogne 28 mars 1856 ; — Seine 2 juill. 1856, 371, 676, 709 R. P., D. N. t. 4 p. 608 n° 84; — Dax 27 janv. 1857, 16040 J. N., 16462 J. E., 11151 C., 773 R. P.).

Mais l'opinion contraire a prévalu devant le tribunal de Périgueux, le 14 mai 1858 (16743 J. N., 11733 C., 1310 R. P.), et ce jugement a été confirmé par un arrêt de Cass. ch. civ. 5 décembre 1860, que l'Administration a pris pour règle dans l'I. G. n° 2190 § 1er. Cet arrêt porte que : Si le notaire assiste à l'ouverture du testament, soit parce que c'est lui qui l'a porté, soit parce que le président l'a mandé devant lui, le magistrat ne saurait se contenter d'ordonner le dépôt : il doit nécessairement remettre le testament au notaire, puisqu'il est présent, et en dresser procès-verbal; de son côté, l'officier public doit reconnaître sur le procès-verbal qu'il a reçu le testament et signer sa déclaration. Dans ce cas, le dépôt est constaté par le procès-verbal et il est ainsi satisfait aux prescriptions de l'art. 43 L. 22 frimaire an 7, puisqu'il existe un acte de dépôt dont expédition est remise au notaire pour être classée dans ses minutes et inscrite au répertoire (16987 J. N., 17227 J. E., 11892 C., 1417 R. P., S. 61-1-133, 2190-1 I. G.).

Déjà, précédemment, le tribunal de la Seine avait admis, le 26 mai 1853, avec une décision du garde des sceaux, en date du 9 septembre 1812 (4441 J. E.), et un arrêt Cass. 14 juillet 1823 (7523 J. E., S. 23-1-306), que le dépôt est suffisamment constaté par l'ordonnance constatant la prise en charge du notaire (14960 J. N., 15763 J. E.).

1. PROCÈS-VERBAL D'OUVERTURE DU TESTAMENT. — Lorsque le procès-verbal d'ouverture du testament olographe constate la remise de cet acte au notaire commis par le président, et que le notaire s'en charge pour le mettre au rang de ses minutes, il n'est dû pour l'enregistrement de ce procès-verbal qu'un seul droit qui est celui de 3 francs fixé par l'art. 44 n° 10 L. 28 avril 1816 (Sol. 28 mars 1830, 14016 J. N.). Ce droit est porté à 4 fr. 50 cent. (L. 28 fév. 1872 art. 4).

2. TESTATEUR VIVANT. — Il n'est point défendu aux notaires de dresser acte de dépôt des testaments qui leur sont remis par les testateurs, lorsque, nonobstant l'exception portée par l'art. 43 L. 22 frimaire an 7, les testateurs le demandent. Mais, dans ce cas, l'acte de dépôt doit être enregistré dans le délai de dix ou quinze jours, quoique le testament déposé ne soit, d'après l'art. 21 de la même loi, sujet à cette formalité que dans les trois mois du décès du testateur (D. m. f. 8 mars 1814; — Cass. 14 juill. 1823, 4244, 4850 et 7523 J. E., S. 23-1-306.). — V. *Testament*.

6288. Traduction. — Un jugement de Strasbourg du 29 septembre 1857, auquel l'Administration a acquiescé par une délibération du 27 août 1858 (2131-7 J. E., 1096 R. P.), ayant décidé que la traduction était exempte d'enregistrement, même revêtue du certificat de l'interprète juré, il en résulte que cette traduction n'a pas besoin d'être enregistrée avant d'être reçue en dépôt (*Conf.* : 7577 J. N., D. N. t. 4 p. 587 n° 91).

Se trouvent ainsi abrogées les décisions ci-après qui s'étaient prononcées en sens contraire (Dél. 18 avr. 1818, 6036 J. E., Sol. 16 déc. 1825, 8590 J. E., D. m. f. 2 nov. 1831, 10426 J. E.).

6289. Vente judiciaire. — Le notaire qui est commis par un tribunal pour procéder à la vente de biens de mineurs doit tenir en dépôt la minute de l'acte qu'il rédige (Circ. 8 prair. an 12).

1. QUITTANCE DES FRAIS. — La quittance des frais de poursuite d'une vente judiciaire peut être annexée à la minute du jugement d'adjudication, sans que le greffier en ait rédigé acte de dépôt, car cette annexe est prescrite par l'art. 713 C. proc. (14511-2 J. E.).

En ce sens, il a été décidé, en matière civile, que l'annexe à la minute du jugement d'adjudication de la quittance des frais ordinaires de poursuites et des autres pièces justificatives, dont parle l'art. 713 C. proc., doit être constatée non par un acte en forme, mais par une simple mention sommaire faite par le greffier sur la pièce elle-même et pour laquelle il n'est dû aucun émolument (Cass. 24 fév. 1863, S. 63-1-59; — Bordeaux 26 août 1863, S. 63-2-187).

6290. Vérification d'écriture. — Aux termes de l'art. 209, C. proc., le rapport des experts, en matière de vérification d'écritures, est seulement annexé au procès-verbal du juge-commissaire. Le greffier n'est pas tenu d'en dresser acte de dépôt (3475 J. E.). Mais si la pièce déposée au greffe pour être vérifiée est faite sous seing privé, et qu'elle ne soit pas exempte de la formalité, elle doit être enregistrée avant d'être produite, et par conséquent avant d'être déposée : l'acte de dépôt est, sans difficulté, sujet à l'enregistrement (436 § 19 I. G.). — *V.* 6277.

1. COPIE COLLATIONNÉE. — La copie collationnée d'un testament faite en conformité de l'art. 203 C. proc. n'est pas un nouvel acte qui nécessite un acte de dépôt, c'est une copie substituée à l'original pour en tenir lieu. Et comme l'acte de dépôt de la minute existe, il n'est pas besoin d'autre garantie. Quant au procès-verbal ou à l'ordonnance du président, rédigée en suite de la copie, elle n'est que le complément de cette copie ; ce n'est point un acte indépendant, et il n'y a plus de raison pour dresser acte de dépôt pour cette ordonnance que pour la copie (16940 J. N., D. N. t. 13 p. 616 n° 83).

DÉPOT PUBLIC.

6291. — C'est le lieu où sont déposés des minutes ou copies d'actes et jugements, registres, livres, écrits et papiers de toute nature dont la conservation intéresse la société et dont le public peut prendre connaissance et lever des extraits soit gratuitement, soit en payant un salaire.

6292. Greffes. — Études des notaires. — Les greffes des tribunaux, les études des notaires sont des dépôts publics. Mais le notaire n'est pas dépositaire public quant aux choses qui lui sont remises confidentiellement.

6293. Officiers vendeurs de meubles. — Les officiers vendeurs de meubles ont un dépôt public pour les minutes de leurs procès-verbaux, qu'ils sont tenus de conserver (Circ. m. j. 8 fév. 1830, 7095 J. N.).

6294. Conservation des hypothèques. — Les bureaux des conservateurs des hypothèques sont également des dépôts publics (2196 C. C.).

6295. Bureaux d'enregistrement. — Il en est de même des bureaux d'enregistrement (Arg. art. 58 L. 22 frim. an 7).

6296. Préfectures. — Sous-préfectures. — Mairies. — Les préfectures, sous-préfectures et mairies sont aussi des dépôts publics. Mais les premières expéditions de leurs arrêtés doivent être délivrées gratis aux citoyens. Les secondes ultérieures expéditions de ces arrêtés, ou les expéditions de titres, pièces ou renseignements dans les bureaux des administrations, doivent être payées à raison de 75 centimes par rôle (A. Cons. d'Ét. 18 août 1807, D. m. i. 4 mai 1808).

Les registres des délibérations des conseils municipaux sont publics. Tout contribuable de la commune peut en demander communication (L. 21 mars 1831 art. 25).

6297. Droit de se faire délivrer copie. — Les actes sous seing privé sont la propriété exclusive des parties, et personne n'a le droit d'en prendre connaissance. Quant aux documents qui sont publics de leur nature, comme les actes de l'état civil, des greffes des tribunaux, les registres des hypothèques, tous les citoyens ont le droit d'en requérir la communication et de s'en faire délivrer des expéditions ou copies, sans aucune formalité de justice.

1. ACTE NOTARIÉ. — Quant aux actes notariés, ils sont, avant tout, la propriété des parties contractantes, comme se rapportant à leurs affaires privées. Toutefois, cette propriété ne saurait être tellement exclusive en leur faveur, que les tiers n'aient jamais le droit d'en prendre connaissance, et les actes notariés faisant pleine loi, même contre les tiers. Il est évident que bien qu'ils n'intéressent directement que les parties contractantes, ils concernent néanmoins la société tout entière. Or, si les actes peuvent être opposés aux tiers et leur porter ainsi préjudice, la loi devait leur permettre d'en prendre communication, en certain cas, pour les invoquer à leur tour contre les parties contractantes (Dalloz *Jur. gén.* v° *Compulsoire*).

2. REGISTRE DE L'ENREGISTREMENT. — Les parties ont le droit de demander extrait des registres de l'enregistrement; quant aux autres personnes, il ne peut leur être délivré extrait que sur ordonnance compulsoire du juge de paix (L. 22 frim. an 7 art. 58).

6298. Formalités. — La partie qui veut obtenir copie d'un acte non enregistré, ou même resté imparfait, présente sa requête au président du tribunal de première instance, *sauf l'exécution des lois et règlements relatifs à l'enregistrement*. La délivrance est faite, s'il y a lieu, en exécution de l'ordonnance *mise en suite de la requête*, et il en est fait mention au bas de la copie délivrée. En cas de refus de la part du notaire ou dépositaire, il en est référé au président du tribunal (841, 842, 843 C. proc.).

Lorsque, dans le cours d'une instance, on veut se faire délivrer expédition ou extrait d'un acte dans lequel on n'a *pas été partie*, on forme la demande *à fin de compulsoire*, par requête d'avoué à avoué; elle est portée à l'audience sur un *simple acte*, jugée sommairement, et le jugement est exécutoire nonobstant appel ou opposition (846, 847, 848 C. proc.).

Les *procès-verbaux de compulsoire* ou collation seront dressés, et l'expédition ou copie délivrée par le *notaire* ou dépositaire, à moins que le tribunal n'ait commis un de ses membres, ou tout autre juge, ou un autre notaire. Dans tous les cas, les parties peuvent assister au procès-verbal et y insérer tels dires qu'elles jugent à propos. Elles peuvent collationner l'expédition ou copie à la minute, dont lecture est faite par le dépositaire; et si elles prétendent qu'elles ne sont pas conformes, il en est référé, à jour indiqué par le procès-verbal, au président du tribunal, lequel fait la collation sur la minute que le dépositaire est tenu d'apporter (849, 850, 851, 852 C. proc., L. 25 vent. an 11 art. 24). — V. *Copie collationnée*.

DERNIER RESSORT.

6299. — Synonyme de dernier degré de juridiction. On dit qu'une décision est en dernier ressort, pour exprimer qu'elle n'est pas susceptible d'appel. — V. *Jugement*.

DÉSAVEU.

6300. — Le désaveu est une action qui a pour objet de faire juger qu'un officier ministériel n'a pas eu mandat de la partie au nom de laquelle il a fait un acte de son ministère, ou bien qu'il a excédé les termes du mandat qu'il avait reçu.

La loi porte : « Aucune offre, aucun aveu ou consentement ne pourront être faits, donnés ou acceptés sans un pouvoir spécial, à peine de désaveu » (352 C. proc.).

6301. Avoués et huissiers. — Le désaveu a été plus particulièrement introduit contre les avoués. Toutefois il est constant qu'il peut avoir lieu contre les huissiers (Carré sur ledit article, Dalloz v° *Désaveu* sect. 2, Locré *Esp. du C. proc.* t. 2 p. 14.).

6302. Avocat. — Peut-il être admis contre les avocats ? La négative est enseignée par la généralité des auteurs, qui se fondent sur ce que les avocats ne sont pas les mandataires des parties, que les déclarations indiscrètes qui peuvent leur échapper tiennent à la liberté de la défense et ne doivent être réputées que des erreurs (Toullier t. 10 n° 498).

1. AVOCAT AU CONSEIL D'ÉTAT. — *Quid*, des avocats au conseil d'État et à la C. cass. ? L'affirmative n'est pas douteuse, puisque le règlement du 28 juin 1738 2e part. tit. 9, détermine les formes du désaveu des avocats à la C. cass., et le Déc. 22 juill. 1806 celles du désaveu des avocats au conseil d'État.

6303. Agréé au tribunal de commerce. — Peut-il être reçu contre les agréés aux tribunaux de commerce ? Oui, parce qu'il tient à la nature du mandat *ad litem* (Favard v° *Désaveu*, Carré et Dalloz ; — C. Nîmes 22 juin 1814).

6304. Mandataires. — La voie du désaveu est nécessaire contre les fondés de pouvoirs qui représentent les parties devant les conseils de prud'hommes, les justices de paix, les conseils de préfecture, et, en général, devant toutes les juridictions où le ministère d'avoué n'est pas en usage.

6305. Forme. — A la différence des demandes ordinaires, qui s'introduisent immédiatement, soit par exploit, soit par requête, le désaveu doit, avant tout, être fait au greffe du tribunal appelé à en connaître, par un acte signé de la partie ou du porteur de sa procuration spéciale et authentique. — Cet acte doit contenir les moyens, conclusions et constitution d'avoué du demandeur en désaveu (353 C. proc.).

6306. Jugement. — Les effets du jugement qui statue sur le désaveu sont déterminés par les art. 360 et 361, selon que le désaveu est admis ou rejeté, avec une précision qui ne laisse guère entrevoir de difficulté sérieuse. Nous ferons remarquer que, lorsqu'un jugement renferme plusieurs chefs distincts et indépendants l'un de l'autre, et que le désaveu n'a trait qu'à l'un de ses chefs, l'admission du désaveu n'entraîne la nullité que de cette disposition seule; les autres conservent toute leur force. Mais, s'y il a indivisibilité ou connexité, tous les chefs connexes ou indivisibles tombent en même temps.

6307. Enregistrement. — Les actes de désaveu faits aux greffes des tribunaux de première instance sont soumis au droit fixe de 4 fr. 50 cent. (L. 22 frim. an 7 art. 68 § 2 n° 6 et 18 avr. 1816 art. 44 L. 28 fév. 1872 art. 4).

Aux greffes des cours d'appel, ils sont passibles du droit de 7 fr. 50 cent. (L. 28 avr. 1816 45, L. 28 fév. 1872 art. 4).

Ils sont en outre soumis au droit de greffe; mais la constitution d'avoué, faisant partie intégrante de l'acte, ne donne pas ouverture à un droit particulier (436 § 30 I. G., 3022 J. E.).

DÉSAVEU DE PATERNITÉ.

6308. — C'est le désaveu que fait un mari ou ses héritiers de l'enfant conçu pendant le mariage.

6309. Différents cas de désaveu. — Un enfant conçu pendant le mariage peut être désavoué par le mari dans trois cas : les deux premiers fondés sur l'impossibilité physique; le troisième fondé sur l'adultère prouvé de la femme, joint à la circonstance qu'elle a caché au mari la naissance de l'enfant (312, 313 et 314 C. C.).

Voilà les seules exceptions qui aient été faites à la règle *pater is est quem nuptiæ demonstrant.*

6310. Enregistrement. — L'acte de désaveu n'ayant pas été dénommé est passible du droit fixe de 3 francs (L. 22 frim. an 7 art. 51, 18 mai 1850 art. 8, 28 fév. 1872, art. 4).

DESCENDANTS.

6311. — On entend par ce mot ceux qui descendent les uns des autres, comme les enfants, les petits-enfants, les arrière-petits-enfants, etc., sans distinction de sexe ni de degré. — V. *Aliments.*

DESCENTE SUR LES LIEUX.

6312. — C'est le transport du juge sur les lieux contentieux et la visite qu'il en fait, pour rendre ensuite son jugement en connaissance de cause. Les jugements qui l'ordonnent sont considérés comme préparatoires.

6313. Jugement. — Le jugement qui ordonne la descente et commet un juge est préparatoire ou interlocutoire. Il n'est dû qu'un seul droit pour les deux dispositions. Elles dérivent nécessairement l'une de l'autre (2717 J. E.).

6314. Ordonnance. — L'ordonnance du juge-commissaire ainsi que le procès-verbal doivent être enregistrés dans le délai des actes judiciaires.

6315. Greffe (DROIT DE). — Les actes de consignation de sommes aux greffes par la partie qui a requis la *descente* sont assujettis aux droits de greffe (Déc. 12 juill. 1808 art. 1er).

6316. Disposition indépendante. — Jugement et visite de lieux. — Il y a procès-verbal de visite de lieux, distinct du jugement et sujet à l'enregistrement, dans le délai légal, lorsque les experts sont requis de signer avec le juge de paix et le greffier; mais il y aurait simple énonciation faisant partie du jugement si l'on se bornait à y indiquer les formalités et faits relatifs à la visite. Les art. 41 et 43 C. proc. établissent, pour les visites de lieux, des règles analogues à celles des art. 39 et 40 pour les enquêtes; la distinction indiquée au sujet des secondes (*infrà* n° 7695) est donc applicable aux premières (D. m. f. belge 30 avr. 1862, 9137 J. E. belge). — V. *Jugement.*

DESCRIPTION (PROCÈS-VERBAL DE).

6317. — C'est celui qui est fait par le juge de paix des effets qui ne peuvent être mis sous les scellés (914 n° 8 et 924 C. proc.).

6318. Divers cas de description. — Les descriptions à faire par les juges de paix peuvent avoir lieu dans deux cas : 1° au moment de l'apposition des scellés. S'il s'est trouvé des papiers cachetés, le juge de paix en constate la forme extérieure, le sceau et la suscription s'il y en a, avant de les présenter au président du tribunal (916 C. proc.); — 2° au moment de la levée de scellés, s'il est trouvé des objets et papiers étrangers à la *succession* et réclamés par des tiers. S'ils ne peuvent être remis à l'instant et s'il est nécessaire d'en faire la description, elle doit être faite non sur l'inventaire mais sur le procès-verbal de scellés (939 C. proc., Bioche n° 78).

6319. Différence entre la description et l'inventaire. — La description est une sorte d'inventaire; mais elle en diffère sur quelques points. Ainsi, toutes les fois qu'il se trouve des objets à décrire il y a des objets à estimer : il doit donc en être fait inventaire, selon le n° 3 de l'art. 943 C. proc. La description se fait par un notaire et l'estimation par un officier ayant droit de faire les prisées. Le juge de paix peut bien décrire les effets, en ce qu'ils ne sont pas susceptibles d'être mis sous les scellés, mais il ne peut pas les *estimer*.

L'inventaire se composant d'une description et d'une estimation, le procès-verbal du juge de paix ne saurait le remplacer; et, d'ailleurs, il n'est pas permis d'établir des distinctions ou exceptions là où le législateur n'en a point fait. Enfin c'est le notaire et non le juge de paix qui a la mission de recevoir le serment de non-détournement prévu par l'art. 1456 C. C. et par l'art. 943 C. proc.

6320. Enregistrement. — Dans l'ancien droit, la description contenue dans le procès-verbal d'opposition ou de levée de scellés ne donnait pas ouverture à un droit distinct : seulement elle avait pour résultat de rendre le procès-verbal passible du droit de contrôle réglé pour les inventaires (Bosquet t. 1er p. 254).

Actuellement, la description contenue au procès-verbal d'apposition de scellés ne donne pas non plus ouverture à un droit particulier, mais elle ne change pas la nature du contrat qui reste passible des droits établis pour les oppositions ou levées de scellés.

Quant à la description faite par acte spécial, il faut distinguer : une *description de lieux* sous signature privée ou même authentique ne donnerait ouverture qu'à un seul droit pour le procès-verbal; celle d'objets mobiliers serait sujette à un droit par vacation d'après la règle admise pour les inventaires dont ces descriptions tiennent lieu.

DÉSHÉRENCE.

DIVISION

CHAPITRE PREMIER. — PRINCIPES GÉNÉRAUX
[6321-6331]

6321. Définition. — On appelle deshérence le droit en vertu duquel l'État s'empare des biens de l'individu qui meurt sans héritiers.

6322. Observation. — Ce serait sortir de la spécialité de cet ouvrage que de faire ici un traité de la déshérence. Ce traité appartient à la législation domaniale; cependant nous allons jeter un rapide coup d'œil sur la matière pour faire ressortir les quelques applications fiscales qui s'y rattachent.

6323. Ce qu'était autrefois la déshérence. — On appelait deshérence, anciennement, le droit qui appartenait au roi ou au seigneur haut justicier de prendre, chacun dans sa haute justice, les biens délaissés par un régnicole français, né en légitime mariage et décédé sans héritiers connus habiles à lui succéder.

Si le défunt était étranger, sa succession appartenait au roi seul, à titre d'*aubaine* (V. *Aubaine*) ; s'il était bâtard, les biens qu'il laissait appartenaient au roi ou au seigneur, par droit de bâtardise (Bosquet *Dict. des domaines* v° *Déshérence*).

6324. Ce qu'elle est aujourd'hui. — Le droit de déshérence dérivant de la haute justice ne pouvait plus subsister du moment que, d'après la loi du 4 août 1789, il n'y avait plus ni régime féodal, ni justices seigneuriales. C'est ce qu'a positivement déclaré l'art. 7 L. 13 avril 1791. Mais ces lois, en ôtant au droit de déshérence sa qualité de droit seigneurial, ne l'avaient point supprimé; elles l'avaient, au contraire, rétabli dans sa nature primitive, et lui avaient rendu son caractère de droit de souveraineté, en l'attribuant exclusivement à l'État, qui l'a exercé jusqu'à la promulgation du Code civil.

Ce Code ne reconnaît pas de droit de déshérence dans l'ancienne acception de ce terme; mais il a attribué à l'État un droit analogue, à titre de *successeur irrégulier*. Ainsi, lorsque le défunt ne laisse ni parents au degré successible, ni enfants naturels, ni conjoint survivant et non divorcé, ni héritier contractuel ou testamentaire, sa succession appartient à l'État (539, 767, 768, 916, 1006 et 1082 C. C.). Voilà le droit de déshérence actuel.

6325. Mort civile. — Le droit existait encore dans le cas de condamnation judiciaire emportant mort civile, et les biens acquis par le condamné, depuis sa mort civile encourue et dont il se trouvait en possession lors de sa mort naturelle, appartenaient à l'Etat, sauf le droit qu'a le Gouvernement d'en faire, au profit des enfants ou parents du condamné, de la veuve, telles dispositions que l'humanité lui suggère (33 C. C.). Aujourd'hui cette disposition est sans objet, la mort civile étant absolue.

6326. Distinction entre la succession vacante et la succession en déshérence. — Des différences caractéristiques existent entre la succession *vacante* et la succession en *déshérence*. L'Administration les a résumées en ces termes dans l'I. G. 300 :

« Suivant le Code civil, la succession est en *déshérence* lorsque le défunt ne laisse ni parents au *degré successible*, ni enfants naturels, ni conjoint non divorcé. — *V.* 767 et 768.

« La succession est réputée vacante lorsque, après l'expiration des délais pour faire inventaire (trois mois, suivant l'art. 795), il ne se présente personne pour réclamer la succession, qu'il n'y a pas d'héritiers connus, ou que les héritiers connus ont renoncé. — *V.* 811.

« Il est clair, d'après ces dispositions, que l'absence des héritiers ou leur renonciation n'autorise pas les préposés à se présenter au nom de l'État pour recueillir une succession, puisque, dans ce cas, elle est *vacante* et non pas en *déshérence*, mais qu'il faut, pour agir régulièrement, qu'il soit constaté que l'État est appelé, parce qu'il n'y a ni héritiers successibles, ni enfants naturels, ni époux survivant non divorcé, comme le Code le porte. Hors ce cas, le directeur général recommande expressément aux préposés de ne point requérir, en leur nom, l'apposition des scellés sur aucune succession délaissée par un Français. Ceux qui contreviendraient à cet ordre compromettraient leur responsabilité. »

6327. Nature du droit de déshérence. — L'État, qui succède par droit de déshérence, n'a pas le titre d'héritier; il ne succède pas à la personne du défunt, il ne succède qu'à ses biens. La loi, nous l'avons dit n° 6324, le range parmi les successeurs irréguliers; en conséquence, il n'est pas, comme l'héritier du sang, saisi de plein droit de la succession, et ce n'est pas à lui que s'applique la maxime: *le mort saisit le vif* (724 C. C.). — De là il suit qu'il est obligé, comme les autres successeurs irréguliers, de se faire envoyer en possession par justice (770 C. C.). Les formes de cet envoi en possession, qui ne sont pas du domaine de cet ouvrage, sont réglées, tant par l'art. 770 que par une Circ. m. j. 8 juillet 1806.

6328. Effets de la déshérence. — Quoique l'État ait obtenu l'envoi en possession, l'héritier inconnu ne perd pas son droit; il peut par la suite se présenter, et, en se faisant connaître, réclamer l'hérédité que la loi lui avait déférée (771 C. C.). — La possession de trente ans est la seule fin de non-recevoir contre cette réclamation.

La propriété de l'État n'est donc que *précaire;* elle est soumise à la *condition* que les héritiers ne se présenteront pas pendant trente ans ; la condition est *résolutoire.* Mais cette *condition* n'empêche pas que l'État ne doive être considéré comme réellement *propriétaire* et qu'il ne puisse disposer. En effet, la condition *résolutoire* n'est pas un obstacle au transport de la propriété, seulement il est susceptible de se résoudre, la condition arrivant (951, 141 et 1183 C. C.). Cela est fondé sur ce que la propriété *ne peut rester en suspens,* ainsi que l'enseignent tous les auteurs et notamment M. Merlin, dans ses *Quest. de droit* v° *Substitution fidéicommissaire* § 3.

6329. Enfant adultérin. — La succession d'un enfant adultérin appartient à l'État, à titre de déshérence, à l'exclusion de la mère (C. Nîmes 13 juill. 1824, 1026 Roll., 7848 J. E.).

6330. Étranger. — L'État peut réclamer, à titre de déshérence, les biens délaissés en France par un étranger, sauf à rendre compte aux héritiers s'ils se présentent en temps utile; ainsi décidé spécialement à l'égard des sujets prussiens par une D. m. f. 23 mai 1825 (1299 Roll., 8114 J. E.).

Mais le Gouvernement français ne peut réclamer les biens délaissés par un Français en pays étranger. Le droit de déshérence est une sorte d'attribut de la souveraineté et ne peut s'exercer dans un pays soumis à une autre domination (D. m. f. 24 avr. 1828, 2153 Roll.).

6331. Renonciation des héritiers. — La renonciation des héritiers premiers appelés ne donne pas lieu au droit de déshérence au profit de l'État, lorsqu'il existe notoirement des héritiers d'un degré subséquent, et, tout particulièrement, s'il y a des mineurs parmi ces héritiers (C. Paris 31 août 1832, S. t. 3 p. 100). — *V.* 6326.

CHAPITRE II. — PERSONNES DÉCÉDÉES DANS LES HOSPICES ET ENFANTS TROUVÉS

[6332-6336]

6332. Pauvres. — Malades. — Sous l'ancienne législation, diverses lettres patentes avaient conféré à certains hospices le droit de succéder aux pauvres reçus dans ces hospices, par préférence à leurs héritiers collatéraux, et interdisaient en outre à ces mêmes pauvres toute disposition entre-vifs, ou à cause de mort, de leurs biens meubles en faveur de tiers. On a demandé si ces dispositions législatives anciennes peuvent conserver leur effet et empêcher le pauvre reçu dans un hospice de disposer par donation d'une somme qui lui est due par un tiers. La négative a été décidée par un arrêt de la C. cass. du 20 juillet 1831, par le motif que les dispositions du Code civil sur les successions et donations s'appliquent, dans leur généralité, aux établissements publics comme aux individus, et que, par l'art. 7 L. 30 ventôse an 12, les statuts et règlements cessent d'avoir force de loi générale ou particulière, de même que les lois romaines, les ordonnances et les coutumes générales ou locales, dans les matières qui sont l'objet des lois composant le Code civil (10123 J. E.).

D'autres arrêts ont statué dans le même sens (C. cass. 29 juin 1836, 11616 J. E.; — C. R. Orléans 3 fév. 1837, 11765 J. E.; — C. cass. 17 avr. 1838, 12074 § 3 J. E.). — D'après cette jurisprudence, à défaut d'héritiers légitimes, d'enfant naturel ou d'époux survivant, les successions des personnes décédées dans les hospices sont acquises à l'État, en vertu de l'art. 768 C. C., et ne peuvent être retenues par les hospices (Demolombe t. 4 n° 186).

Les hospices ne sont pas plus fondés à invoquer, à l'appui de leurs prétentions, l'avis du conseil d'État du 14 octobre, approuvé le 3 novembre 1809 (Bull. 248 n° 4778), qui, après avoir visé les édits antérieurs au Code civil, s'exprime ainsi :

« 1° Les effets mobiliers apportés par les malades décédés dans les hospices, et qui y ont été traités gratuitement, doivent appartenir auxdits hospices, à l'exclusion des héritiers et du domaine, en cas de déshérence;

« 2° A l'égard des malades ou personnes valides dont le traitement et l'entretien ont été acquittés de quelque manière que ce soit, les héritiers et légataires peuvent exercer leurs droits sur tous les effets apportés dans les hospices par lesdites personnes malades ou valides, et, dans le cas de déshérence, les mêmes effets doivent appartenir aux hospices au préjudice du domaine;

« 3° Il ne doit être rien innové à l'égard des militaires décédés dans les hospices. »

Suivant ce décret, les effets mobiliers apportés par les malades ne doivent appartenir aux hospices, à l'exclusion des *héritiers* et *légataires*, qu'autant que les malades ont été gratuitement traités (Bruxelles 27 juill. 1822, Dalloz *Succes.* 126, 129, Demolombe t. 14 n°s 195-196). Cette condition n'est pas exigée lorsqu'il s'agit d'une succession en déshérence. Dans ce cas, ces mêmes effets sont déclarés appartenir aux hospices, à l'exclusion du domaine, soit que le traitement ait été, soit qu'il n'ait pas été gratuit.

D'après les arrêts cités ci-dessus, la législation ancienne, visée dans le Déc. de 1809 a été abrogée par la législation transitoire et par le Code civil sur les successions, et ce décret n'a aucun effet sur les droits de successibilité que le code attribue exclusivement aux héritiers légitimes, de telle sorte que les hospices ne peuvent se prévaloir des dispositions de ce décret pour retenir, au préjudice des héritiers légitimes, les effets mobiliers des malades (*V.* Cass. 20 juill. 1831, D. 1831-1-317, 20 juin 1836, D. 36-1-557; — Orléans 3 fév. 1837, D. 37-1-129; — Cass. 17 avr. 1838, D. 38-1-95; — Paris 15 nov. 1833, D. 34-2-2; — Bordeaux 17 août 1853, D. 54-2-154, Demante t. 3 n° 91, Demolombe t. 14 191 et 196, Chabot art. 768 § 2, Duvergier et Toullier t. 2 n° 273).

6333. Envoi en possession. — L'hospice étant un possesseur irrégulier doit se faire envoyer en possession : l'art. 8 L. 13 pluviôse an 13 le déclare formellement; mais, comme cet article n'a parlé que des conclusions du ministère public, on peut en induire que les publications et affiches ne doivent avoir lieu qu'autant que le tribunal les ordonnerait (Demante t. 3 n° 91, Demolombe t. 14 188).

6334. Effets mobiliers. — En ce qui concerne les droits héréditaires conférés à l'État comme successeur irrégulier, par l'art. 768 C. C., le Déc. de 1809 a-t-il pu régler que ces droits ne s'étendraient pas aux *effets mobiliers* apportés par les malades ou personnes valides qui y décèdent sans héritiers, lorsque les successions seraient appréhendées par l'État à titre de déshérence; en d'autres termes, lorsqu'une succession de l'espèce s'ouvre, les *effets mobiliers* peuvent-ils appartenir aux hospices et les autres valeurs au Domaine ?

Cette question est résolue par l'affirmative dans la pratique; mais, en droit, nous pensons que l'A. Cons. d'Ét., approuvé le 3 novembre 1809, n'a pu déroger aux dispositions formelles du Code civil, pas plus contre l'État que contre les héritiers ordinaires, et créer ainsi, pour la même succession, deux successeurs irréguliers dont l'un, le Domaine, est envoyé en possession par les tribunaux, et dont l'autre reste en possession de fait d'une partie de la succession.

L'avis n'a pas d'ailleurs la portée qu'on veut lui donner; car le conseil d'État n'était consulté que sur une espèce où il s'agissait seulement d'effets corporels, et les motifs mêmes de son avis témoignent qu'il n'a entendu l'appliquer qu'à ces effets.

Dans tous les cas, le décret n'attribuant aux hospices, en cas de déshérence, que les *effets mobiliers* à l'usage *personnel* des malades, toutes les autres valeurs mobilières dont la succession se compose se trouvent dévolues à l'État, en vertu de l'art. 768 C. C. (D. m. f. 24 août 1843, 6837 Roll.).

A l'occasion de la succession du sieur Barbe, décédé à Paris en 1830, à l'hospice de la Pitié, laissant les effets mobiliers dont il était vêtu, plus une inscription de rente de 50 francs 3 pour 100, une contestation s'éleva entre l'administration des hospices de Paris, qui prétendait à la totalité de la succession, et le Domaine, qui, à défaut d'héritier du défunt et à titre de déshérence, réclamait l'inscription de rente.

Le tribunal de la Seine, par un jugement du 21 février 1835, a condamné les hospices à remettre au Domaine, pour le compte de la succession en déshérence, le titre de la rente, plus les arrérages perçus, attendu que le Déc. de 1809 n'attribue aux hospices, en cas de déshérence, que les *objets mobiliers à l'usage des décédés.*

Sur l'appel, ce jugement a été confirmé par arrêt C. Paris 22 avril 1836, que l'administration des hospices a exécuté (*Conf.* : Paris 15 nov. 1833, D. 34-2-2; — Bordeaux 17 août 1853, D. 54-2-154, Demolombe t. 14 n° 194, Massé et Vergé t. 2 p. 271).

6335. Enfant trouvé. — L'art. 8 L. 15 pluviôse an 13 est ainsi conçu : « Lorsque les enfants admis dans les hospices décèdent avant leur sortie de l'hospice, leur émancipation ou leur majorité, et qu'*aucun héritier ne se présente*, leurs biens appartiennent en propriété à l'hospice, lequel en peut être envoyé en possession, à la diligence du receveur et sur les conclusions du ministère public. S'il se présente ensuite des héritiers, ils ne peuvent répéter les fruits que du jour de la demande. »

1. ÉTAT DE MINORITÉ. — Le droit de succéder, attribué à l'hospice par cet article, n'est pas subordonné à la réunion des deux conditions de sortie et d'émancipation ou de majorité ; il s'ouvre lorsque l'événement se réalise pendant le séjour à l'hospice, ou quand il s'accomplit avant l'émancipation ou la majorité de l'enfant déjà sorti de l'hospice : cette distinction résulte explicitement de l'exposé des motifs de la loi (Procès-verbaux des séances du Corps législatif, séance du 5 pluv. an 13 vol. 299 p. 43), dans lequel exposé l'orateur du Gouvernement s'est exprimé en ces termes : « Si l'enfant meurt sans héritiers, pendant son *séjour* à l'hospice *ou* lorsque, n'étant pas majeur encore, il est toujours à sa charge et sous sa protection, l'hospice, *au lieu du fisc*, recueillera son modique héritage. »

C'est ce qu'a reconnu aussi le tribunal de Lectoure, par jugement du 10 mai 1823, auquel il a été acquiescé par le ministre des finances, le 20 août suivant, et d'après lequel le principe général posé par l'art. 768 C. C., qui attribue à l'État toutes les successions à raison desquelles il ne se présente pas d'héritiers naturels ou légitimes, est neutralisée par l'art. 8 précité, dans les cas qui y sont spécifiés.

Lors donc que l'enfant décède sans laisser d'héritier pendant son séjour à l'hospice ou avant son émancipation ou sa majorité, sa succession sera dévolue à l'hospice, quand même, à l'époque de son décès, il se serait trouvé en apprentissage ou eût été mis en service hors de l'hospice, cette circonstance ne pouvant le faire considérer comme légalement sorti de cet établissement, sous la tutelle et à la charge duquel il se trouverait encore.

2. INFIRME. — L'art. 20 Déc. 19 janvier 1811 (Bull. 346 n° 6478) porte que ceux des enfants qui ne pourraient être mis en apprentissage, les estropiés, les infirmes qu'on ne trouverait pas à placer hors de l'hospice, y resteront à la charge de chaque hospice. — De la combinaison de cette disposition avec l'art. 8 L. 15 pluviôse an 13, il semble que la succession de l'enfant qui se trouverait dans l'un des cas spécifiés et qui décéderait *ab intestat* et sans laisser d'héritier pendant son séjour à l'hospice, même après sa majorité, appartiendrait pareillement à l'hospice, à titre d'indemnité, au préjudice du domaine.

3. MAJORITÉ. — Mais lorsque l'enfant parvenu à sa majorité peut pourvoir, par son travail, à son existence, dès ce moment il jouit de ses droits civils, il administre ses biens il peut en disposer légalement ; il est censé sortir de l'hospice. Cela est tellement vrai que l'hospice doit, à partir de cette époque, s'abstenir de subvenir à ses besoins, ainsi que l'enseigne Domat *Droit public* t. 2 p. 135 art. 6, en ces termes : « Comme les hôpitaux ne sont établis que pour les pauvres, il est du devoir de ceux qui en ont l'administration de n'y pas recevoir ceux qui pourraient subsister ailleurs, surtout les valides qui peuvent s'occuper à quelque travail et qui n'ont d'invalidité que la fainéantise ; si ce n'est que leur bas âge ou d'autres considérations obligeassent à les recevoir dans ces sortes d'hôpitaux qui sont établis pour occuper à quelque travail les pauvres de l'un et de l'autre sexe. »

D'après ces principes, il a été reconnu que l'hospice du Mans n'était pas fondé à réclamer, à défaut d'héritiers, la succession d'un enfant trouvé décédé, après sa majorité, dans cet établissement où il avait été déposé, et où il était employé et salarié comme infirmier, et que cette succession était dévolue à l'État, en vertu de l'art. 768 C. C. (D. m. f. 24 août 1843, 6837 R.).

6336. Militaires. — Un arrêté du 24 thermidor an 8 (12 août 1800) veut que, dans les communes où il n'y a pas d'hôpital militaire, les militaires malades soient reçus dans les hospices civils : les effets mobiliers laissés dans un hospice, par un militaire qui meurt, n'appartiennent pas à cet établissement, l'économe en adresse l'état à la famille du militaire décédé et en fait la remise aux héritiers. Les effets qui ne sont pas réclamés sont vendus par les administrateurs de ces établissements, avec le concours des sous-intendants militaires (Déc. 23 sept. 1806, 391 I. G.).

Le prix qui était versé dans les caisses du domaine pour le compte de la caisse des dépôts et consignations, ainsi que l'argent que pouvaient posséder les militaires décédés, sont versés directement, par les administrateurs ou économes, entre les mains des receveurs des finances, pour le compte de la caisse des dépôts (670 I. G.).

CHAPITRE III. — QUESTIONS D'ENREGISTREMENT

[6337-6339]

6337. Pas de droit à payer par l'État. — Les successions échues à l'État par déshérence ont toujours été exemptes du droit de mutation par décès, par application de l'art. 70 § 3 n° 1er L. 22 frimaire an 7.

Cette déduction n'est peut-être pas d'une logique très-rigoureuse, attendu que, jusqu'à l'échéance de la prescription trentenaire, le Domaine détient les biens pour le compte des héritiers inconnus qui peuvent se présenter. Il serait donc aussi juridique de faire acquitter le droit de mutation par décès que de le réclamer en cas de succession vacante ou d'assujettir les ventes de ces biens au tarif ordinaire, à l'exclusion du tarif réduit des aliénations des biens de l'État. — *V.* 6339.

La pratique est cependant établie en sens contraire.

6338. Héritiers rentrant en possession. — Mais les héritiers qui rentrent en possession (*V.* 6328) doivent payer les droits de mutation par décès.

1. DÉLAI. — Et le délai de six mois court de la notification qui leur a été faite de la décision du ministre des finances qui autorise la remise des biens (D. m. f. 8 frim. an 9, 673 J. E.).

2. PRESCRIPTION. — Par voie de conséquence, la prescription pour la demande des droits de mutation ne court contre l'État que du jour de la mise en possession.

L'exigibilité de ces droits suppose d'ailleurs que l'héritier s'est présenté dans les trente ans pour avoir pu exercer son action en ressaisissement de l'hérédité (Circ. 1306).

6339. Adjudication. — Quotité du droit. — L'adjudication des biens d'une telle succession, ouverte depuis moins de trente ans, ne peut, dans tous les cas, profiter de la modération des droits fixés pour les ventes des biens de l'État, puisque le temps, pour qu'ils fussent devenus domaniaux, ne serait pas encore révolu (D. m. f. 11 août 1818). — V. *Adjudication.*

DÉSISTEMENT.

6340. Définition. — Le désistement est l'acte par lequel on renonce à une demande, à un appel, à un droit quelconque.

6341. Diverses sortes de désistements. — Énumérer tous les cas dans lesquels peut intervenir un désistement serait chose impossible, inutile d'ailleurs ici. Nous dirons seulement, et pour mémoire, que les désistements qui se présentent le plus fréquemment sont les désistements d'acquisition (1618, 1619, 1620, 1621 C. C.), d'appel (402 et 403 C. proc.), d'héritage, d'hypothèque, d'instance, de plainte (666 et 767 C. inst. crim.), de privilége, de saisie immobilière, de signification de transport, de surenchère.

6342. Acceptation. — L'acceptation du désistement n'est pas nécessaire à sa validité, lorsque ce désistement a réellement une cause légitime (Cass. 18 mars 1868, S. 68-1-289).

6343. Signature. — Le désistement signifié par acte d'avoué ou par acte d'huissier doit être signé en copie et en original (Pigeau t. 1er p. 544, Favard de Langlade vo *Dés.* no 3, Carré et Chauveau *Quest.* 1457, Bourbeau t. 5 p. 681, Rodière t. 2 p. 460, Bioche vo *Dés.* no 66; — Bordeaux 16 avr. 1863, S. 63-2-195; — Caen 3 mai 1864, S. 64-2-248; — Agen 25 juill. 1866, S. 67-2-47).

6344. De quelques points essentiels. — En droit, aucune renonciation ne peut être étendue au delà de ses termes. Ainsi, le désistement d'une procédure ne comprend pas une renonciation au fond du droit. — Nul ne peut renoncer qu'à ce qui lui appartient; d'où la conséquence que la partie seule ou son mandataire spécial peut donner le désistement (402 C. proc.). — Nul ne peut renoncer à un droit que s'il a capacité pour contracter. Ainsi, la femme autorisée à ester en jugement, soit par son mari, soit par justice, a besoin d'une semblable autorisation pour se désister de l'instance (Cass. 15 juill. 1807 et 14 fév. 1810). — Enfin le désistement ne peut produire d'effet qu'entre les parties qui l'ont fait et accepté; il ne saurait être opposé aux tiers, et les créanciers peuvent demander la nullité de celui qui serait fait en fraude de leurs droits (1165 et 1167 C. C.).

6345. Tarif. — Les désistements purs et simples sont tarifés, par la loi du 22 frimaire an 7 art. 68 § 1er no 28, au droit fixe de 1 franc que la loi du 28 avril 1816 art. 43 no 12 a porté à 2 francs, et celle du 28 février 1872 art. 4 à 3 francs.

1. DISPOSITION INDÉPENDANTE. — Les actes de désistement d'appel, dans le cas prévu par l'art. 402 C. C., sont-ils passibles d'un droit indépendant de celui de la signification? L'art. 402 C. proc. porte : « Le désistement peut être fait et accepté par de simples actes signés des parties ou de leurs mandataires et signifiés d'avoué à avoué. »

Ces dispositions ont été diversement interprétées : les uns pensent qu'elles impliquent nécessairement l'existence de deux actes distincts passibles chacun, selon son espèce, d'un droit particulier, et ils exigent que le désistement soit enregistré avant d'être signifié; d'autres considèrent le désistement et la signification comme ne formant qu'un seul et même acte, et ne perçoivent que le droit établi pour les significations faites d'avoué à avoué; d'autres enfin perçoivent deux droits, l'un pour le désistement, l'autre pour la signification, sans exiger l'amende encourue à défaut d'enregistrement préalable du désistement.

Le premier mode d'opérer est seul conforme à la loi et aux principes. Il n'en est pas des désistements prévus par l'art. 402 C. proc. comme des actes de la procédure ordinaire du ministère des avoués, qui n'ont de valeur et ne produisent d'effet que par la signification qui en est faite. Ces désistements, émanant des parties et signés d'elles, ont une existence et des effets complétement indépendants de la signification; ils doivent donc être enregistrés séparément comme des actes sous signature privée. C'est ce qui résulte d'une Sol. 30 décembre 1853 (1988 I. G.).

Mais, lorsque l'acte d'avoué qui renferme le désistement n'est pas signé par la partie, il n'a de valeur et ne produit d'effets que par la signification comme tout acte d'avoué. Le désistement ne saurait donc être enregistré séparément. L'opinion contraire (17578 J. E.) ne doit pas être suivie (Sol. 29 nov. 1866).

2. ACTE EN CONSÉQUENCE. — L'huissier peut-il signifier un désistement non enregistré? Cette question controversée est résolue au mot *Acte en conséquence.*

6346. Application du droit fixe ou du droit proportionnel. — Pour être pur et simple, dans le sens de la loi, et passible seulement du droit fixe de 3 francs, il faut que le désistement soit fait sans condition et uniquement dans l'intérêt du désistant. Ainsi, toutes les fois qu'il a pour objet d'anéantir l'effet d'un précédent acte, dont l'exécution devrait continuer d'exister, il devient un contrat. Il diffère également de la transaction en ce que celle-ci, intervenant toujours sur un droit douteux, implique nécessairement la pensée d'une concession réciproque de la part des parties. Dans ces divers cas, il convient d'examiner quelle est la convention (obligation, quittance, rétrocession) qui résulte du prétendu désistement, pour lui appliquer le droit proportionnel suivant sa nature.

1. BAILLEUR DE FONDS. — Un simple droit fixe de désistement est exigible sur l'acte par lequel le bailleur de fonds d'un cautionnement fourni pour un emploi public déclare se désister purement et simplement du privilége du second ordre, et cela parce que le désistement d'un privilége ou d'une garantie n'emporte pas extinction de la créance.

2. TRANSACTION. — Au contraire, on verra au mot *Transaction* (où se trouvera le complément des règles applicables au désistement) que le désistement par un héritier d'une action en nullité du testament qu'il avait intentée contre le légataire universel opère le droit de 2 pour 100, si ce désistement a lieu moyennant le service d'une rente viagère que lui assure ce légataire universel.

3. FRAIS. — « Cependant, dit M. Demante, le désistement ne cesse pas d'être pur et simple, s'il contient soumission expresse aux obligations qui résultent de plein droit d'un pareil acte, notamment la soumission de payer les frais de la procédure. Toutefois, si le montant des frais est déterminé par les parties, je pense qu'il y a lieu de percevoir le droit de 50 centimes pour 100, à titre d'indemnité. Si les parties recourent aux formalités prévues par l'art. 403 C. proc., le droit proportionnel est encouru à titre de liquidation judiciaire » (N° 845).

6347. Présomption. — Les effets qui résultent du désistement doivent d'ailleurs ne laisser aucune place au doute et à l'incertitude pour motiver la perception du droit proportionnel. C'est ainsi que le désistement de priviléges, actions résolutoires et autres droits réels est susceptible d'un droit fixe seulement, bien qu'il y ait lieu de présumer que le désistement a été la suite d'une quittance donnée par acte privé demeuré secret: « Attendu que l'acte du 23 février 1839 ne contient, de la part des époux Belloni, qu'un désistement des priviléges, actions résolutoires et autres droits réels attachés à la soulte établie en leur faveur par l'échange précédemment intervenu entre eux et les époux Robineau, mais ne stipule aucun abandon par eux de la créance même et de l'action personnelle résultant de ladite soulte; que, s'il y a tout lieu de penser qu'ils en ont simultanément donné quittance par un acte privé demeuré secret, cette circonstance ne présentait point le caractère frauduleux signalé par la Régie, puisque ce n'est pas sur le fait de la libération que le droit est exigible, mais seulement sur l'acte qui la constate, et dans des cas qui ne se rencontrent pas dans l'espèce, d'où il suit qu'il n'était dû que le simple droit fixe » (Seine 30 déc. 1840, 6005 C.). — V. *Mainlevée.*

6348. Appel. — L'exploit portant désistement pur et simple d'un appel interjeté devant une cour d'appel est sujet au droit fixe de 3 francs.

6349. Pluralité. — Lorsque, après avoir donné leurs biens sous réserve d'une rente viagère, des père et mère se désistent du privilége sur les biens donnés, qui leur garantissait le payement de la rente viagère, un seul droit est exigible, car le privilége sur les biens donnés leur avait été donné sans division (12519-2 J. E.).

1. SURENCHÈRE. — Le désistement d'une surenchère est passible d'un droit fixe par créancier renonçant. — V. 1785.

6350. Cautionnement. — L'acte par lequel le bailleur de fonds se désiste de son privilége de premier ordre est passible du droit fixe et non du droit de quittance. — V. 3009.

6351. Cession de créances. — Le désistement par le cessionnaire d'une créance du bénéfice de la signification d'un transport n'est pas assujetti au droit de 1 pour 100. — V. *Cession de créances.*

DESSÉCHEMENT DE MARAIS.

6352. — Opération qui a pour objet de mettre en valeur les marais.

6353. Enregistrement gratis. — En principe, chacun a la libre disposition des biens qui lui appartiennent; mais en certains cas ce principe est susceptible de modifications, comme l'a prévu l'art. 537 C. C. Ainsi la propriété des marais différant de toute autre, en ce que la santé des hommes et l'accroissement des moyens de subsistance de la population s'y trouvent intéressés, le législateur devait assujettir cette propriété à des règles d'utilité publique; ces règles ont pour principe que les propriétaires ne sont pas maîtres de maintenir le sol en état de marais.

Les travaux relatifs au dessèchement sont considérés comme étant d'utilité publique, lorsque les formes prescrites par la loi du 3 mai 1841 ont été suivies; dans ce cas, les actes y relatifs sont enregistrés et visés pour timbre *gratis* comme en matière d'expropriation.

1. MARCHÉS DE TRAVAUX. — Toutefois les marchés pour travaux relatifs aux dessèchements ne rentrant pas dans la nomenclature des actes exemptés du payement du droit par la loi de 1841, il en résulte qu'ils doivent être assujettis au droit proportionnel (1590 § 9 I. G.). — V. *Expropriation.*

6354. Enregistrement au comptant. — Dans l'acception légale, on doit entendre par *marais* une vaste étendue de terrains habituellement submergés ou couverts d'eaux stagnantes, dont le dessèchement ne peut être effectué qu'à l'aide de travaux d'art et d'ouvrages hydrauliques difficiles et dispendieux.

Car il s'agit simplement d'un ancien étang, d'un marais borné dont le dessèchement puisse être opéré par de simples fossés d'écoulement, il est hors de doute qu'il est parfaitement loisible au propriétaire d'en faire le desséchement quand et comme il lui plaît, sans avoir nul besoin d'obtenir préalablement aucune concession ni patente du Gouvernement (Guichard *Traité des desséchements* p. 185). — Dans ce cas, les actes relatifs au desséchement sont soumis aux droits ordinaires.

6355. Recouvrement des impositions locales. — Le desséchement s'opère quelquefois par de simples *canaux* qui reçoivent et conduisent les eaux. Des associations se forment pour l'ouverture de ces canaux, et leur entretien peut être à la charge des propriétaires à qui ils profitent. Les frais sont recouvrés au moyen de rôles exécutoires conformément à la loi du 14 floréal an 11, et les poursuites sont assimilées à celles qui ont lieu en matière de contributions. Dès lors les exploits pour les cotes au-dessous de 100 francs sont enregistrés *gratis* (1156 § 5 I. G.).

1. RÔLE. — QUITTANCE. — Les rôles et registres relatifs à la perception des taxes destinées à pourvoir au *desséchement des marais* et les quittances de ces mêmes taxes sont exempts du timbre (D. m. 29 oct. 1857, 2111 § 5 I. G., 951 R. P.).

6356. Dation en payement. — Lorsque les propriétaires de marais desséchés se libèrent de l'indemnité par eux due à celui qui a opéré le desséchement en lui abandonnant une portion des terrains, l'acte qui constate cet abandon n'est passible que du droit fixe de 1 franc (3 fr.) (L. 16 juin 1807 art. 21).

6357. Dombes. — Une loi du 18 juillet 1866 a soumis à l'enregistrement, au droit fixe de 1 franc (1 fr. 50 cent.) les actes intervenus ou à intervenir entre la Compagnie du chemin de fer de Bourg à Sathonay et les propriétaires intéressés, pour l'exécution de la convention sur le desséchement des étangs de la Dombes (Ain). La transcription au bureau des hypothèques ne donnera lieu également qu'au droit fixe de 1 franc. — La réduction des droits a dû s'appliquer exclusivement aux actes intervenus entre la Compagnie et les propriétaires ou autres intéressés à la possession et à la jouissance des étangs; et il s'agit d'actes ayant *directement* pour but le desséchement de ces étangs dans les conditions prescrites par la convention (2337 I. G., 2428 R. P.).

DÉSUÉTUDE.

6358. — On entend par *désuétude* le non-usage d'une loi, d'une coutume, etc., ou même d'une simple disposition, obligatoire dans l'origine, mais qui a cessé de l'être par l'effet du temps, la différence des mœurs, des institutions ou tout autre motif qui en a fait depuis longtemps abandonner l'exécution.

6359. Lois. — Les lois s'abrogent-elles par la désuétude ? L'affirmative est enseignée par Toullier t. 1er n° 158 et suiv., Duranton t. 1er n° 107, Dalloz *Jur. gén.* t. 9 p. 898.

« L'usage, dit Toullier, quand il est général, peut abroger la loi, et nous suivons sur ce point la doctrine de la loi 32 § 1er ff. *de Leg.*, parce qu'elle est fondée sur la raison. Toutes les lois sont sujettes à tomber en désuétude, dit l'illustre chancelier d'Aguesseau, et il est bien certain que, quand cela est arrivé, on ne peut plus tirer un moyen de cassation d'une loi qui a été abrogée tacitement par un usage contraire. Il ne faut pas oublier cette règle du droit romain : *Inveterata consuetudo pro lege non immerito custoditur.*

« Cette règle est également suivie sous l'empire de notre nouvelle législation, ainsi que l'a plusieurs fois décidé la C. cass. » (T. 1er n° 162).

Toutefois, cette opinion semble n'avoir pas été admise par la commission qui, sous la Restauration, avait été chargée de la révision de nos lois; dans son rapport du 25 décembre 1825, inséré au *Moniteur* du même jour, on lit :

« La désuétude est une abrogation vivante de la loi, suivant les jurisconsultes romains. Il est difficile d'adopter cette opinion comme une maxime générale, et il est plus sûr d'établir la maxime tutélaire que les lois subsistent tant qu'elles ne sont pas révoquées et qu'elles ne peuvent l'être que par un acte des pouvoirs institués pour le faire. »

Deux arrêts de la C. cass. confirment cette dernière manière de voir. Le premier a été rendu le 30 juin 1827. Dans l'espèce l'on repoussait l'application de l'art. 10 tit. 2 L. 6 octobre 1791, qui défend d'allumer du feu dans les champs à plus de 50 toises des maisons, en invoquant un usage contraire relativement aux feux dits écobuages; mais la cour a rejeté cette prétention : « Attendu que l'usage, quelque ancien qu'il soit, ne peut jamais prévaloir sur l'autorité de la loi, ni établir un droit contre une prohibition qui est d'ordre public, et qui a pour objet de garantir les campagnes d'un fléau qui cause les plus funestes ravages. »

Le second arrêt a été rendu le 25 janvier 1841. On se demandait, dans l'espèce, si le défaut de présence des deux témoins instrumentaires à la passation d'un acte notarié, pouvait être légitimé par l'usage. La C. cass. s'est prononcée ainsi : — « Attendu qu'en supposant l'existence d'un usage presque général de passer les actes notariés hors la présence des témoins et de se contenter des signatures desdits témoins (ce qui serait une formalité sans cause et sans utilité), un pareil usage, en opposition avec la loi portée dans un intérêt d'ordre public, serait un abus qui ne doit pas être consacré; — Attendu que si, sous un régime où la coutume était la loi, l'usage pouvait abroger une loi, il n'en saurait être ainsi dans un temps où la loi, toujours écrite, est rendue également notoire à tous; que la C. cass., dont le devoir est de veiller à l'exacte application de la loi et de la maintenir, ne peut sanctionner un abus qui la viole directement. »

Dans l'état actuel de la doctrine et de la jurisprudence, il faut donc tenir pour certain que les lois ne s'abrogent pas par désuétude.

DÉTRACTION.

6360. — Le droit de *détraction* est celui en vertu duquel l'État retenait une certaine portion des successions ou legs que l'étranger venait recueillir en France.

Ce droit avait le même fondement que le droit d'aubaine (V. *Aubaine*), dont il n'était en quelque sorte que la représentation. Lorsqu'en effet les souverains convenaient entre eux d'anéantir ou de modifier le droit d'aubaine, ils se réservaient ordinairement le droit de détraction sur les successions ou legs que les étrangers venaient recueillir chez eux.

6361. Abolition. — Le principe général sur l'aubaine ayant été anéanti par la loi des 6-18 août 1790, le droit de détraction le fut du même coup. Cependant, les art. 11, 726 et 912 C. C. ayant introduit le système de la réciprocité dans l'exercice du droit d'aubaine, le droit de détraction se trouva lui-même par là rétabli, mais aux conditions particulières déterminées par les divers traités qui intervenaient entre le Gouvernement et les gouvernements étrangers. Enfin, la loi du 14 juillet 1819 l'a aboli de nouveau par son art. 1er, en même temps qu'elle a aboli le droit d'aubaine rétabli par le C. C.

Le droit de détraction prend quelquefois le nom de droit de *migration*, droit de *traite foraine*, droit d'*exclusion* et droit de *retenue*, etc.

DETTE.

6362. — C'est, en général, ce qu'on doit à quelqu'un.

6363. Différentes espèces de dettes. — On appelle dettes *actives* celles dont on a droit d'exiger le payement; ce sont, à proprement parler, des *créances*, et dettes *passives*, celles au payement desquelles on est tenu.

On nomme dette *personnelle* celle pour laquelle le débiteur est *personnellement* obligé envers le créancier, et dette *réelle* celle qui n'est due que par rapport à la possession d'un immeuble, comme celle du tiers détenteur qui n'est obligé que comme bien tenant envers les créanciers hypothécaires.

On dit qu'une dette est *chirographaire* quand elle n'emporte pas hypothèque, et *hypothécaire*, lorsqu'elle a une hypothèque pour garantie.

La dette *privilégiée* est celle qui fait préférer un créancier à tout autre, soit chirographaire, soit hypothécaire.

On appelle dette *commerciale* celle qui rend le débiteur justiciable des tribunaux de commerce.

Une dette est *claire* ou *liquide*, lorsque l'objet en est fixe et certain et qu'elle est susceptible, par exemple, d'être opposée en compensation. — V. *Compensation*.

6364. Enregistrement. — Nous n'avons pas à traiter ici des questions d'enregistrement auxquelles peut donner naissance l'énonciation des dettes dans les contrats. Ces questions sont traitées à mesure qu'elles se présentent dans le cours de cet ouvrage. On les trouve sous les mots qui désignent les contrats auxquels elles se rapportent.

DETTE PUBLIQUE.

6365. — C'est la dette dont l'État est grevé.

6366. Liquidation. — La loi du 26 frimaire an 8 porte que les actes sous seing privé, tendant uniquement à la *liquidation de la dette publique*, et en tant qu'ils servent aux opérations de la liquidation, sont dispensés des formalités du timbre et de l'enregistrement et qu'il en est de même des actes des administrations et des commissaires liquidateurs (Circ. 1734).

Cette exemption ne s'applique pas aux pouvoirs sous seing privé donnés pour suivre et retirer les liquidations; ils restent soumis à la formalité du timbre et à celle de l'enregistrement, avant d'en faire usage (3140 J. E.).

6367. Déclaration. — Les *déclarations* des *rentiers de l'État*, 1° devant le tribunal de leur domicile, pour constater, aux termes de la loi du 24 frimaire an 6 art. 39, sur la liquidation de la *dette publique*, qu'ils ne sont possesseurs d'aucune autre expédition des titres de leur créance (2312 J. E.); — 2° devant le maire de leur commune, pour obtenir un nouvel extrait d'inscription au grand-livre, en vertu du Déc. 3 messidor an 12 (24 mess. an 12, 237 I. G.), sont également sujettes au timbre et à l'enregistrement.

6368. Certificat. — Formalités relatives aux certificats de vie pour toucher les rentes et pensions sur l'État. — V. 3611 et suiv.

6369. Inscriptions. — Les inscriptions sur le grand-livre de la dette publique sont exemptes du timbre (L. 13 brum. an 7 art. 16).

DEUIL.

6370. — Il est dû à la femme veuve une somme qui doit lui être payée *par la succession de son mari*, pour les frais du deuil qu'elle est obligée de porter (1481 C. C.).

6371. Droit de la femme dans toutes les positions. — Que la femme accepte ou qu'elle renonce, qu'elle demeurât avec le mari ou qu'elle fût séparée de corps, que la succession du mari soit riche ou pauvre, dans tous les cas, il doit être pris sur les biens du mari de quoi fournir au deuil de la femme. Sans doute, la somme à payer par les héritiers sera plus ou moins considérable, et le deuil sera réglé d'une manière plus modeste ou plus somptueuse, selon la fortune du mari et la condition des époux : ainsi, il pourra, suivant les circonstances, s'étendre à toute la domesticité de la maison de la veuve, si grand qu'en soit le personnel, ou se simplifier d'une manière très-restreinte; mais il sera dû, dans tous les cas, parce que c'est là, aux yeux de la loi, une convenance publique (Marcadé sur l'art. 1481 n° 1er).

6372. Enregistrement. — Les frais de deuil, même fixés par le contrat de mariage, forment une créance de la succession et ne peuvent être un avantage sujet au droit de mutation par décès. Leur prélèvement en nature, soit dans l'acte de liquidation, soit dans tout autre acte, donne-t-il ouverture au droit proportionnel? — V. *Partage de communauté.*

DEVIS.

6373. — C'est l'état détaillé des travaux que doit nécessiter une construction et du prix qu'ils doivent coûter, ou, en d'autres termes, le plan de la construction et l'évaluation de la dépense (1793 C. C.).

6374. Observation. — Il ne faut pas confondre le devis, tel qu'il est défini ci-dessus, avec le contrat que les art. 1711, 1787 et suiv. du même Code désignent sous le nom de devis, marché ou prix fait, et qui est le contrat par lequel un entrepreneur ou un ouvrier se charge d'un ouvrage moyennant un prix convenu. Il en est question aux mots *Marché* et *Acte administratif.*

6375. Tarif. — Les devis qui ne contiennent aucune obligation de sommes et valeurs, ni quittances, sont sujets au droit fixe de 1 franc (L. 22 frim. an 7 art. 68 § 1er n° 29).

Ce droit a été porté à 2 francs par l'art. 8 L. 18 mai 1850, et à 3 fr. par l'art. 4 L. 28 fév. 1872.

6376. État. — Ingénieurs. — Les devis de travaux des routes et de tous autres travaux dont le prix est *à la charge du Trésor public*, rédigés par des ingénieurs des ponts et chaussées, ne sont sujets ni au timbre ni à l'enregistrement, comme actes préparatoires d'administration (D. m. f. 23 mess. an 10, 290 § 28 I. G., D. m. f. 25 oct. 1822, 7334 J. E.).

L'exemption du timbre s'étend à tous les devis dressés par les ingénieurs de la marine ou du génie militaire qui ont des travaux à diriger pour le compte de l'État (D. m. f. 14 juill. 1820 et 25 oct. 1822, 1187 § 15 et 1391 I. G.).

1. ENTREPRENEURS. — S'il y a dérogation à l'art. 12 L. 13 brumaire an 7, qui assujettit au timbre tous actes qui peuvent faire titre, et à l'art. 23 L. 22 frimaire an 7, qui défend de faire aucun usage, devant toute autorité constituée, des actes non enregistrés, c'est parce que les devis, étant dressés par des agents du Gouvernement, sont considérés comme des actes d'administration intérieure. Mais si les devis sont faits et signés par des entrepreneurs, même commis à cet effet par les ingénieurs, ils ne peuvent plus être régis par la règle d'exception, ils doivent, comme tout autre acte, être timbrés (*V.* 6378-1) et enregistrés avant qu'il soit procédé aux adjudications dont ils forment la base (290 § 25 I. G.).

2. ÉTAT ESTIMATIF. — Les *détails estimatifs*, qui seraient établis et signés par un entrepreneur, pour être annexés à un devis remis à un ingénieur ou à un architecte du Gouvernement, doivent également être écrits sur papier timbré; mais, si le détail estimatif est indépendant du devis, il n'est considéré que comme renseignement d'administration et est excepté de la formalité du timbre (1391 I. G.).

3. FORÊTS. — Les feuilles de papier destinées à la rédaction des devis relatifs à des travaux à faire dans les forêts de l'État doivent être visées pour timbre *en débet* au droit de 1 fr. 25 cent. (1 fr. 80 cent.); les adjudicataires sont tenus d'acquitter ce droit (D. m. f. 8 déc. 1837 art. 3, 1648 I. G.).

4. TRAVAUX PAR ÉCONOMIE. — DOMAINE DE L'ÉTAT. — D'après le décret du 5 septembre 1806 (320 I. G.), qui a réglé le mode à suivre pour les réparations à la charge du Domaine, les préposés peuvent, en cas d'extrême urgence ou lorsque la dépense ne doit pas excéder 150 francs, faire procéder aux réparations sans adjudication et par économie. Dans ce cas, les frais du timbre des devis ne peuvent être supportés que par l'État, puisqu'il n'y a pas d'adjudicataires. Aussi une D. m. f. 30 septembre 1852 porte-t-elle que les devis et procès-verbaux de réception sont dispensés du timbre, mais que cette exemption n'est pas applicable à ceux de ces actes qui concernent des biens régis provisoirement par l'administration des Domaines (1946 § 6 I. G.).

6377. Chemin vicinal. — Les devis et plans concernant les travaux à faire sur les chemins vicinaux sont passibles de 1 fr. 50 cent. — V. 3801-3.

6378. Communes et établissements pulics. — Les devis rédigés dans l'intérêt des communes, des départements ou des établissements publics, par les architectes experts ou autres particuliers pour les travaux à faire à des bâtiments appartenant aux communes ou aux départements, aux églises, aux presbytères, doivent être sujets au timbre, *après qu'ils ont été approuvés*, et soumis à l'enregistrement avant d'être annexés au procès-verbal d'adjudication des travaux (D. m. f. 14 juill. 1820, 25 oct. 1822, 10 déc. 1825, 5 sept. 1827, 1187 § 15 I. G., 7334, 8325, 8820 J. E.).

Ils ne sont pas, même approuvés, soumis à l'enregistrement dans un délai déterminé (16468-2 J. E.).

Quand il s'agit de travaux à faire par économie, le devis

nous paraît échapper à la règle générale de l'art. 12 L. 13 brum. an 7. Comme il est uniquement destiné à éclairer l'autorité sur l'importance des travaux et ne forme titre ni pour l'entrepreneur ni contre lui, on doit décider qu'il constitue une pièce d'ordre intérieur exempte du timbre.

1. VISA POUR TIMBRE. — Il avait paru depuis que, l'art. 12 L. 13 brumaire an 7 assujettissant au timbre les papiers à employer pour tous les actes, écritures, extraits, copies et expéditions, soit publics, soit privés, devant ou pouvant faire titre ou être produits pour obligation, décharge, demande ou défense, les devis des travaux communaux devaient, comme ceux qui ont pour objet des travaux entrepris par des particuliers, être rédigés sur du papier timbré et que la faculté de les écrire sur papier non timbré, sauf à les faire viser pour timbre après l'approbation, créerait une dérogation à la loi.

Mais le ministre de l'intérieur a fait remarquer que l'obligation de rédiger sur papier timbré les plans et devis concernant les chemins vicinaux occasionnerait de très-grands embarras dans le service ; que ces actes n'étaient d'ailleurs que de simples projets tant qu'ils n'avaient pas reçu l'approbation de l'autorité compétente et qu'ils ne pouvaient, sous ce rapport, être assimilés complétement aux actes passés entre particuliers.

Sur sa demande, le ministre des finances a décidé, le 8 juin 1852, que les plans et devis relatifs aux travaux des communes et des établissements publics pourront n'être présentés au timbre qu'après l'approbation de l'autorité compétente, sauf toutefois le payement de l'amende encourue, s'il était procédé à l'adjudication des travaux avant que les plans et devis approuvés eussent acquitté les droits dus au Trésor (1929 § 7 I. G., 14732 J. N., 2361 § 2 I. G., 2783-2 R. P.).

C'est ce qui résultait déjà d'une D. m. f. 8 février 1830 (9560 J. E.), qu'avaient cependant abrogée deux D. m. f. 20 juin 1846 et 3 février 1849 (14634-4 J. E.).

2. ACTES AUTRES QUE LES MARCHÉS. — Mais les dispositions précédentes sont spéciales aux marchés de travaux. Toutes les fois que le devis se rapporte à une autre opération, il rentre sous l'application de la règle générale. Si donc les devis sont proposés par un ingénieur, un architecte ou un particulier, ils doivent être écrits sur papier timbré et enregistrés avant d'être présentés à l'approbation (2361 § 2 I. G., 2783-2 R. P.). — V. *Acte en conséquence.*

3. ÉTATS ESTIMATIFS. — Les états estimatifs de travaux exécutés aux biens communaux, par addition aux devis primitifs, doivent, quoique non approuvés par l'autorité supérieure, être rédigés sur papier timbré dès l'instant qu'ils sont produits à l'appui de mandats de payements à l'entrepreneur (13233 J. E.).

6379. Expédition. — L'expédition du devis dressé par l'ingénieur des ponts et chaussées ne peut être délivrée à l'adjudicataire que sur papier timbré. — *V.* 438-3.

6380. Soumission. — Le devis des travaux communaux qui renferme la soumission d'un entrepreneur qui a accepté constitue un acte passif du droit de 1 franc pour 100. — *V.* 361.

6381. Supplément de droit. — Lorsqu'un procès-verbal de réception de travaux ou un devis supplémentaire constate que des travaux plus étendus que ceux adjugés ont été exécutés, un supplément de droits est exigible à raison du supplément du prix et un droit de cautionnement, s'il y a lieu. — V. *Acte administratif.*

DIGESTE.

6382. — Compilation formée par l'ordre de l'empereur Justinien, vers l'an 530 de J.-C., et composée de fragments tirés des plus célèbres jurisconsultes romains (au nombre d'environ quarante), qui avaient fleuri depuis Auguste jusqu'à l'empereur Caracalla. Justinien voulut que tous ces fragments eussent désormais force de loi. Il y joignit le *Code*, recueil de constitutions impériales dont la plus ancienne est de l'empereur Adrien. Ces deux ouvrages, avec le livre élémentaire appelé *Institutes*, et les *Novelles* ou constitutions postérieures de l'empereur Justinien, forment le corps de droit romain qui a servi de loi à l'Europe, dans un grand nombre d'États, depuis le douzième siècle. Dans les citations, le Digeste est indiqué indifféremment par deux ff, ou par la lettre D.; nous avons adopté l'un et l'autre modes.

D'après l'art. 7 L. 30 ventôse an 12, les lois romaines ont cessé d'avoir force de loi en France.

On ne peut donc plus les invoquer que comme raison écrite.

DIGUE.

6383. — Rempart élevé pour garantir de l'envahissement des eaux.

6384. Utilité publique ou privée. — La conservation des digues élevées contre les torrents, rivières et fleuves, et sur les bords des lacs, de la mer, est soumise à l'administration publique. Tous les dommages et réparations sont poursuivis par voie administrative, comme pour les objets de grande voirie. Les délits ordinaires sont poursuivis par les voies ordinaires, soit devant les tribunaux de police correctionnelle, soit devant les cours criminelles, suivant les cas (L. 16 sept. 1807 art. 27). Cependant, des digues pouvant être élevées pour la simple utilité des usines et pour empêcher l'épanchement des eaux sur quelques héritages voisins, il est pourvu à leur entretien de la manière prescrite par les anciens règlements et usages locaux (L. 14 flor. an 11 art. 1er).

6385. Enregistrement. — Ainsi, les travaux des digues peuvent être d'utilité publique ou de simple utilité privée; aussi ne sont-ils considérés comme des travaux publics que lorsqu'ils ont été ordonnés et dirigés par l'administration des ponts et chaussées, et lorsqu'ils sont payés par le Trésor : hors ces deux circonstances, ils ne sont que des travaux entrepris pour le compte de particuliers ou d'une société et ne peuvent jouir d'aucune des exemptions de droits de timbre ou d'enregistrement accordées aux actes relatifs aux travaux publics (D. m. f. 19 oct. 1813, 4869 J. E.).

6386. Recouvrement des taxes. — Cependant les rôles des taxes ou impositions pour les dépenses relatives aux constructions ou à l'entretien des digues sont exempts du timbre, et les actes de poursuites sont assimilés à ceux faits pour le recouvrement des contributions publiques. — V. *Acte judiciaire.*

DILATOIRE.

6387. — On entend par ce mot ce qui tend à retarder l'instruction ou le jugement d'un procès, la marche d'une poursuite. C'est dans ce sens que l'on dit : employer un moyen dilatoire.

DILIGENT (LE PLUS).

6388. — C'est la qualification donnée à la partie qui a agi la première dans une poursuite dont le droit lui était commun avec d'autres parties.

DIME.

6389. — Portion des fruits de la terre ou de troupeaux qui se prélevait anciennement au profit de certaines personnes nommées *décimateurs.*

6390. Diverses espèces. — La principale division des dîmes était en *dîmes ecclésiastiques*, c'est-à-dire celles dont les bénéficiers jouissaient librement et sans aucune charge féodale; et *dîmes inféodées*, ou celles possédées par des laïques à *titre d'inféodation*, c'est-à-dire qu'ils tenaient en fief soit de l'Église, soit du roi, ou de quelque seigneur particulier. Ces dernières s'appelaient aussi *laïcales* ou *militaires.*

Indépendamment de cette division, il en existait beaucoup d'autres dont la connaissance n'est plus aujourd'hui d'aucune utilité.

6391. Abolition. — Les dîmes de toute nature ont été abolies sans indemnité par les lois des 4 août 1789, 14 avril, 23 octobre, 3 novembre 1790, 25 août 1792, 17 juillet 1793.

Mais cette suppression n'atteint pas les dîmes qui, ne présentant aucun caractère de féodalité, auraient pour cause une concession primitive de fonds et seraient ainsi une véritable rente foncière. Toutefois, dans ce cas même, la législation nouvelle n'ayant conservé que les prestations purement foncières, c'est à celui qui réclame une redevance qualifiée dîme à prouver qu'elle a une origine purement foncière (Cass. 17 janv. 1809).

DIPLOME.

6392. — Acte délivré par l'autorité compétente pour constater que la personne à qui il est conféré a obtenu, après les épreuves légales, le grade de bachelier, de licencié ou de docteur dans quelque faculté.

6393. Timbre. — En soumettant au timbre les actes qui peuvent être produits pour justification, l'art. 12 L. 13 brumaire an 7 n'a eu pour but d'assujettir à cette formalité que les actes et pièces susceptibles d'être produits dans un intérêt privé, en cas de contestation de toute nature; ce but de la loi devient encore plus sensible en rapprochant les dispositions de l'art. 12 de celles de l'art. 16. Ce n'est point dans un intérêt privé qu'ont été institués les certificats de capacité, ainsi que les *diplômes*, mais comme garantie d'ordre public et pour que les fonctions ne soient confiées qu'à des hommes suffisamment instruits; d'ailleurs, pour faciliter l'instruction selon le vœu de la loi du 22 ventôse an 12, on doit entendre cette loi comme ne donnant pas lieu à des perceptions au profit de l'État. C'est ce qui résulte d'une D. m. f. 10 juin 1828 (1256 § 10 I. G.).

C'est ce que portait spécialement pour les diplômes un Déc. du 4 juin 1809 (3296 J. E.) relativement aux facultés de droit et de médecine. — *V.* 3544.

6394. Avocat. — Transcription de diplôme. — Dans les lieux où le nombre des avocats en exercice reste au-dessous de *vingt*, tout jugement qui ordonne la transcription du diplôme d'un avocat déjà assermenté et l'insertion de cet avocat au tableau, étant à proprement parler, un acte d'ordre intérieur, puisque le tribunal statue alors comme conseil de discipline, doit être exempt de l'enregistrement (Dél. 11 oct. 1823, 7569 J. E.). Le contraire avait été décidé alors que l'ord. 20 octobre 1822, qui contient un règlement sur la profession d'avocat, n'avait pas encore paru (7208 J. E.).

Mais si les jugements, dans l'espèce, ne sont pas assujettis à l'enregistrement, parce qu'ils ne sont considérés que comme des décisions du conseil de discipline et d'ordre intérieur, il n'en est pas de même des arrêts rendus sur l'appel interjeté, soit par les avocats, soit par le ministère public : les cours d'appel n'agissent point comme conseils de discipline; elles jugent la question devenue litigieuse, et leurs arrêts restent ou rentrent dans la classe de tous les arrêts en matière civile (7569 J. E.).

6395. Enregistrement au greffe. — Aux termes de la loi du 19 ventôse an 11 (tit. 4 et 5), les médecins, chirurgiens, officiers de santé, sages-femmes sont tenus de représenter leurs diplômes aux tribunaux pour avoir la faculté d'exercer leur profession. Dans ce cas, s'il est rédigé acte de cette présentation, cet acte doit être sur timbre et soumis aux droits ordinaires car la présentation n'a lieu que dans un intérêt personnel (D. m. f. 14 pluv. an 12, 204 I. G., — D. m. f. 17 déc. 1811, 558 I. G., D. m. f. 11 mai 1819, 6415 J. E.).

6396. Sous-préfecture. — Les diplômes des sages-femmes et leur enregistrement au secrétariat des sous-préfectures sont dispensés de l'enregistrement comme actes d'administration publique (D. m. f. 14 pluv. an 12, 204 I. G.).

DISCRÉTION.

6397. — Un des devoirs les plus impérieux imposés aux employés de l'Enregistrement est la discrétion. Ils ne doivent révéler à qui que ce soit les secrets dont leur emploi les rend dépositaires, et ne peuvent se permettre aucune parole irréfléchie ou de nature à pouvoir être interprétée d'une manière fâcheuse. Ce devoir est suffisamment indiqué par l'art. 58 L. 22 frimaire an 7, qui défend de donner des extraits des registres sans une ordonnance du juge, lorsque ces extraits ne sont pas demandés par quelqu'une des parties contractantes ou leur ayant cause.

DISCUSSION.

6398. — C'est, de la part du créancier, la recherche et l'exécution obligées des biens ou de certains biens du débiteur, pour se procurer sur leur prix le payement de ce qu'il doit, avant de pouvoir, en cas d'insuffisance, exercer son recours sur d'autres biens du même débiteur, ou contre les débiteurs secondaires.

Par exemple, l'acquéreur à pacte de rachat peut opposer le bénéfice de la discussion aux créanciers de son vendeur (1666 C. C.).

La caution peut profiter du même bénéfice, si elle n'y a point renoncé, ou si elle ne s'est pas obligée solidairement avec le débiteur (2021 et suiv. C. C.).

La même faculté est accordée au tiers du détenteur qui n'est pas personnellement obligé à la dette, s'il est demeuré d'autres immeubles hypothéqués à la même dette dans la possession du principal obligé (2170 C. C.).

DISJONCTION.

6399. — Terme de pratique servant à exprimer la séparation qui est faite de deux demandes qui avaient été jointes à l'effet d'être jugées en même temps, lorsque, l'une d'elles étant prête à recevoir jugement, l'autre n'a point encore reçu le degré d'instruction qui lui est propre.

DISPENSE D'AGE OU DE PARENTÉ.

6400. — La dispense est l'acte par lequel on peut être exempté de la loi commune. — C'est pour contracter mariage qu'il est le plus souvent nécessaire de l'obtenir. Elle peut avoir pour objet ou l'âge ou la parenté (145, 164 C. C.).

Il résulte d'un arrêté du 2 prairial an 7 (art. 1er à 5) que les dispenses qui concernent l'âge et la parenté doivent être délivrées par le Gouvernement, sur le rapport du ministre de la justice. Le procureur de la République du tribunal de l'arrondissement dans lequel les impétrants se proposent de célébrer le mariage, lorsqu'il s'agit de dispenses dans les degrés prohibés ou de l'arrondissement dans lequel l'impétrant a son domicile, lorsqu'il s'agit de dispenses d'âge, doit mettre son avis au pied de la pétition. Les lettres patentes contenant ces dispenses doivent être, à la diligence du procureur de la République et en vertu d'ordonnance du président, enregistrées au greffe du tribunal civil de l'arrondissement dans lequel le mariage doit être célébré. Une expédition de ces lettres patentes, mentionnant l'Enregistrement, doit être annexée à l'acte de mariage.

6401. Registre. — Greffe. — Le registre tenu au greffe des tribunaux pour la transcription des lettres patentes portant dispense d'âge ou de parenté pour contracter mariage, doit être en papier timbré (D. m. f. 25 mars 1829, 1282 § 4 I. G.).

1. EXPÉDITION. — L'expédition, délivrée par le greffier, de cette transcription doit également être sur papier timbré et soumise au droit de greffe de 1 franc par rôle, y compris la remise du greffier (*Idem*).

6402. Requête et ordonnance. — La requête du procureur de la République à fin de transcription et l'ordonnance du président qui prescrit cette transcription, doivent être visées pour timbre en débet (*Idem.*).

Cette ordonnance doit être enregistrée en débet au droit fixe de 3 francs (4 fr. 50 cent.), sauf à recouvrer ces droits de timbre et d'enregistrement sur les parties (*Idem.*).

6403. Droit de sceau et d'enregistrement. — Les expéditions des lettres patentes sont sujettes : 1° à un droit de sceau de 100 francs pour les dispenses d'âge, et de 200 francs pour les dispenses de parenté ; — 2° à un droit d'enregistrement de 20 francs pour les premières et de 40 francs pour les secondes (L. 28 avr. 1816 art. 55).

6404. Indigent. — L'art. 4 L. 10 décembre 1850 (1816 I. G.) porte que les dispenses pour cause de parenté, d'alliance ou d'âge nécessaires pour la célébration du mariage des indigents seront visées pour timbre et enregistrées gratis. — Quant aux droits de sceaux, la remise peut en être accordée, en tout ou en partie, sur la proposition du ministre de la justice, lorsque les impétrants ont dûment justifié qu'ils sont hors d'état d'acquitter ces droits (L. 21 avr. 1832 art. 1er).

DISPENSE DE NOTIFICATION.

6405. — La dispense de notification par des créanciers à un acquéreur est un acte innommé passible du droit fixe. — V. 751 et 8629-1.

DISPOSITIF.

6406. — C'est la partie d'un jugement ou d'un arrêt qui contient le jugement proprement dit, c'est-à-dire les dispositions qu'il prononce. On appelle aussi cette partie le *dictum* du jugement. — V. *Jugement.*

DIVISION (BÉNÉFICE DE).

6407. — C'est une exception par laquelle la caution ou le fidéjusseur contre lequel le créancier réclame toute la dette, obtient que ce dernier soit tenu de diviser son action entre tous les cofidéjusseurs.

Toutes les fois qu'une obligation a été contractée par plusieurs, sans solidarité, la dette se divise entre eux, de plein droit. Chacun n'est tenu que de sa portion et le créancier ne peut jamais lui demander davantage. Il y a alors autant de dettes ou de créances distinctes qu'il y a de débiteurs. Dans ce cas, il ne peut pas être nécessaire de recourir au bénéfice de division proprement dit.

S'il y a *solidarité* entre les débiteurs, le créancier peut alors s'adresser à celui d'entre eux qu'il lui plaît de choisir, sans que ce débiteur puisse lui opposer le bénéfice de division (1204 C. C.).

DOL.

6408. — Se dit des manœuvres pratiquées pour amener quelqu'un à faire une chose. Il ne faut pas confondre le dol avec la simulation, qui est le concert des parties pour cacher la véritable cause de la convention, ni avec la fraude, qui a pour unique but de tromper ceux envers lesquels on est obligé.

6409. Nullité. — Il n'y a point de consentement valable s'il a été surpris par dol (1109 C. C.). Par une conséquence de ce principe, le dol est une cause de nullité dans la convention, lorsque les manœuvres pratiquées par l'une des parties sont telles qu'il est évident que, sans ces manœuvres, l'autre partie n'aurait pas contracté (1116 C. C.).

Mais le dol *accidentel*, c'est-à-dire qui porte seulement sur des accessoires, laisse subsister le contrat et ne donne lieu qu'à des dommages-intérêts contre celui qui s'en est rendu coupable (Pothier n° 31, Toullier t. 6 nos 90 et 91, Duranton t. 10 n° 170, Chardon *Traité du dol* t. 1er p. 17, Merlin *Répert.* v° *Dol* n° 4).

Quand les deux parties se sont mutuellement trompées, aucune d'elles ne peut demander l'annulation pour cause de dol (L. 36 D. *de Dolo*, Chardon t. 1er p. 21).

DOMAINE.

6410. — Ce mot est employé dans deux sens différents : 1° comme synonyme de *propriété*, il exprime le droit absolu de disposer d'une chose ; — 2° il indique l'objet même du droit de propriété, quand il s'agit d'un fonds de terre (V. *Bail à convenant*) ou de l'ensemble de propriétés importantes ; c'est en ce dernier sens que l'on dit *Domaine de la couronne*, *de l'État*, *Domaine public*, *Domaine privé.*

6411. Domaine direct. — Domaine utile. — Nous avons déjà parlé au mot *Bail* du domaine direct et du domaine utile ; nous devons entrer ici dans quelques développements sur cette distinction dans le domaine introduite par le droit féodal.

Suivant cette distinction, signalée par Dumoulin de *Feudis*, le domaine *direct* est le droit que se réservait, à titre de seigneur, celui qui concédait un héritage en fief ou à cens. Ce droit consistait à pouvoir exiger certains devoirs imposés à la personne, comme l'hommage, etc., et certaines redevances qui étaient payées dans des circonstances déterminées *in recognitionem dominii*, comme le droit de *relief*.

Le domaine *utile* était le droit de percevoir tous les fruits de l'immeuble, d'en varier la culture à son gré, de construire et démolir, d'hypothéquer, d'aliéner même, en un mot d'agir comme véritable propriétaire, sauf seulement les charges et redevances attribuées au domaine *direct*, mais qui n'étaient point affectées sur la personne comme une obligation personnelle ; en sorte qu'en cas d'aliénation c'était le nouveau propriétaire qui s'en trouvait immédiatement tenu.

En remontant à l'origine de ce droit, il est facile de découvrir, malgré l'obscurité de l'histoire sur les fondements de l'organisation féodale, que le domaine direct n'était autre chose que le droit de contraindre le vassal à accomplir certaines conditions qui lui avaient été imposées expressément ou tacitement, lors de la concession que le seigneur lui avait faite de l'héritage, et ce au moyen de la résolution de la concession en cas d'inexécution. Ces conditions, qui dans le principe étaient principalement relatives à la charge de service militaire, sont devenues peu à peu plus variées, à mesure que les rapports sociaux se sont développés. En même temps, la propriété du fief est devenue de moins en moins précaire dans les mains du vassal.

C'est parce que ce droit de faire résoudre la concession, en cas d'inexécution des prestations convenues, pouvait s'exercer dans les mains des tiers à qui l'immeuble avait été donné ou vendu, en tout ou en partie, à perpétuité, que ce droit a été considéré comme droit *réel* et qualifié de *domaine*, mot qui exprime la supériorité inhérente aux rapports de seigneur et de vassal.

6412. Observation. — Cela posé, tout ce que nous allons dire sur les mots suivants se réduira à un rapide aperçu nécessaire pour donner une idée générale des choses, les développements sur cette matière appartenant à la législation domaniale et nullement à celle qui fait l'objet de cet ouvrage.

DOMAINE DE LA COURONNE.

6413. C'est une portion du domaine de l'État, qui en est devenue distincte depuis que la forme de gouvernement a introduit l'obligation de rendre compte des deniers publics appartenant au Trésor de l'État (L. 26 mai-1er juin 1791); les revenus de cette portion démembrée sont spécialement affectés, conjointement avec la *liste civile*, à la dépense particulière du chef de l'État.

Actuellement les biens du domaine de la couronne sont réunis aux autres biens de l'État et régis comme eux. Les dispositions que nous allons rappeler n'ont plus, quant à présent du moins, d'application.

6414. Législation. — L'état actuel de la législation, au sujet du domaine de la couronne, est fixé par la loi du 8 novembre 1814.

Cette loi détermine, art. 3 et 5, les domaines, mobilier et établissements qui composent le domaine de la couronne; elle ordonne qu'une nomenclature exacte des plans et inventaires en soit dressée aux frais de l'État.

6415. Inaliénabilité.—Imprescriptibilité.— Ce qui distinguait essentiellement le domaine de la couronne du domaine de l'État, c'est que les biens dépendant du domaine de la couronne étaient inaliénables et imprescriptibles. On en avait excepté seulement ceux qui, provenant de confiscation, auraient été réunis au domaine de l'État, et dont la restitution serait ordonnée par une loi (L. préc. art. 9).

Par suite du même principe, ces biens ne pouvaient être engagés ni grevés d'hypothèques ou d'autres charges (art. 10); mais ils pouvaient être échangés en vertu d'une loi (art. 11): l'échange opérait une sorte de subrogation de chose et n'était point considéré comme une aliénation proprement dite.

6416. Administration. — Le chef de l'État percevant pour ses dépenses particulières le revenu de ces biens, son Trésor était chargé de toutes les dépenses d'entretien, réparations et ameublements devenus nécessaires.

La régie de ces biens était confiée au ministre d'État, ou à un intendant sous ses ordres.

6417. Acquisition. — Enregistrement. — Les biens de la couronne appartenant à l'État, les acquisitions et échanges faits pour le domaine de la couronne devaient être enregistrés *gratis* (366 § 1er I. G., art. 7 Déc. 11 juill. 1812, 4267 J. E., 598 I. G.).

La même exemption s'appliquait aux acquisitions faites par le chef de l'État, lorsque l'acte ne faisait pas connaître à quel titre il acquérait; l'acquisition, dans ce cas, étant considérée comme faite pour le domaine de la couronne (D. m. f. 4215 J. E.).

DOMAINE ENGAGÉ.

6418. — On comprend sous cette désignation ceux des biens appartenant, avant 1789, au domaine de la couronne qui en avaient été distraits par aliénation ou échange.

La révocation des aliénations du domaine, faites sous l'ancienne monarchie, la consolidation de la propriété entre les mains des détenteurs, ou leur dépossession à défaut par eux de remplir les conditions voulues par les lois spéciales, ont un intérêt essentiellement transitoire, en ce sens que la matière s'épuise à mesure que chaque affaire se termine; et, comme il ne s'en présente plus de nouvelles, il en résulte que les domaines engagés n'offrent pour ainsi dire plus aujourd'hui qu'un intérêt historique.

6419. Enregistrement. — Les possesseurs de domaines engagés n'étant maintenus à titre de propriétaires incommutables qu'au moyen d'un supplément de prix porté au quart de la valeur de ces biens, il en résulte une nouvelle transmission à titre onéreux, à raison de laquelle le droit d'enregistrement est dû dans la proportion de l'obligation imposée, et au taux de 2 pour 100 fixé pour les ventes de domaines de l'État (Cass. 12 avr. 1808, 3075 J. E., Sol. 19 vend. an 8, Circ. 1672-237, 1672 J. E.).

Ce droit se perçoit soit sur l'arrêté de maintenue en possession incommutable rendu par le préfet en faveur des engagistes, soit sur la quittance de payement du quart de la valeur estimative délivrée par le receveur des domaines. Cette quittance doit être enregistrée dans les trois mois de sa date, sous peine du droit en sus (L. 27 vent. an 9 art. 4, 290 § 62 I. G., 3292 J. E.).

Lorsqu'un engagiste, devenu propriétaire incommutable par la soumission de payer le quart de la valeur, cède ses droits à un tiers, à la charge de lui rembourser la finance d'engagement et d'exécuter la soumission, il est dû le droit de vente, à 5 fr. 50 cent. pour 100 sur le montant de la finance et sur le quart de la valeur du domaine (Cass. 7 nov. 1821).

DOMAINE DE L'ÉTAT.

6420. — C'est la réunion des biens que l'État possède au même titre de propriété que les particuliers, et dont le produit ou les revenus sont versés au Trésor pour être employés à l'acquit des charges publiques. Il diffère du domaine public, qui ne se compose que de biens qui ne sont pas susceptibles d'une propriété privée et qui, par cette raison, sont inaliénables et imprescriptibles.

6421. Aliénation. — Les biens dépendant du domaine de l'État peuvent être vendus et aliénés à titre perpétuel et incommutable, en vertu d'une loi (L. 22 nov.-1er déc. 1790 art. 8).

Conséquemment, ils ne peuvent être non plus grevés de servitude ou d'hypothèques, soumis à usufruit ou donnés à antichrèse qu'en vertu d'une disposition législative.

L'aliénation des biens de l'État ne peut avoir lieu que dans les formes prescrites par les lois et aux enchères publiques. En conséquence, les préfets ne peuvent les concéder moyennant un prix de convention (Déc. 15 juin 1807, 6 janv. 1809, Ord. 19 mars 1820).

Toutefois les biens et domaines de l'État sont, comme les propriétés particulières, susceptibles d'être aliénés, en cas de besoin, pour utilité publique, départementale ou communale, d'après une estimation d'experts (545 C. C., A. Cons. d'Ét. 21 fév. 1808). Cette disposition s'applique même à un terrain appartenant à l'État, qui est demandé par un hospice (Ord. R. 21 juill. 1824).

6422. Prescription. — Les biens de l'État sont soumis aux mêmes prescriptions que ceux des particuliers (2227 C. C.).

L'art. 36 L. 22 novembre-1er décembre 1790 avait soumis à la prescription de quarante ans, à partir de cette loi, les biens de l'État dont l'aliénation aurait été autorisée. Cette prescription a été réduite à celle de trente ans, établie pour toutes les actions réelles et personnelles (2262 C. C.).

6423. Administration. — Les biens de l'État, corporels ou incorporels, sont administrés par l'administration de l'Enregistrement et des domaines, sous la surveillance des corps administratifs (L. 19 août-11 sept. 1791 art. 1er). Toutefois, les forêts de l'État sont régies par une administration spéciale, placée, comme celle des domaines, sous les ordres et la responsabilité du ministre des finances (Ord. R. 11 oct. 1820, Ord. d'exécut. du C. for. 1er août 1827).

6424. Enregistrement et timbre. — Pour tout ce qui concerne l'enregistrement et le timbre, 1° des acquisitions faites pour le compte du domaine de l'État. — V. *Acquisition*; — 2° des aliénations pour le compte du même domaine. — V. *Adjudication*

1. MARCHÉ. — Les adjudications de travaux au domaine de l'État sont passibles du droit gradué. — V. *Acte administratif.*

DOMAINE EXTRAORDINAIRE.

6425. — On appelait ainsi les propriétés provenant des conquêtes sous l'Empire, ou acquises avec les fonds qui étaient le résultat de ces conquêtes.

6426. Affectation. — Créé par les art. 20 et 21 du sénatus-consulte du 20 janvier 1810, il était affecté : 1° aux dépenses des armées; — 2° aux récompenses des soldats et des grands services civils ou militaires rendus à l'État; — 3° à la confection des monuments et des travaux publics, à l'encouragement des arts et à la splendeur de l'Empire (Magnitot *Dict. du droit public et administratif.* — V. *Domaine extraordinaire*).

6427. Dotation. — Les dotations prises sur le domaine extraordinaire étaient irrévocables, et plusieurs d'entre elles étaient attachées à des titres héréditaires. Toutefois les événements de 1814 et de 1815 ont dépouillé les donataires dont les donations éaient hors du territoire; mais le Gouvernement s'efforça de leur accorder quelques compensations (Magnitot *Ibid.*).

6428. Pension. — C'est ainsi qu'une loi du 26 juillet 1821 a décidé que les dotations situées en pays étranger seraient inscrites au livre des pensions pour un revenu que cette loi détermine, et qui est réversible dans de certaines proportions sur les veuves et les enfants des donataires. — Les pensions constituées par cette loi sont de la même nature que toutes les autres pensions sur l'État, et leur inscription au grand-livre a lieu dans les formes applicables aux divers titulaires de pensions. — Elles sont réversibles au profit des enfants naturels et adoptifs.

Mais l'adoption doit avoir été autorisée par le roi dans les formes prescrites par les statuts sur les majorats (Déc. 1er mars 1808 art. 35, Cormenin v° *Domaine extraordinaire* § 9; — Ordon. 16 nov. 1832). — Les pensions constituées en vertu de la loi de 1821 sont incessibles et insaisissables (Circ. min. 13 juin 1822). — Les dotations assises en France et représentées par des actions sur les canaux, sont maintenues par la loi de 1821, qui se borne à déterminer les cas de réversibilité aux anciens propriétaires de ces canaux (art. 11 et suiv.). Une D. m. f., en date du 13 juin 1822, a déclaré les pensions des donataires franches de toute retenue.

6429. Certificat. — Un décret du 4 mai 1809, art. 12, porte que le juge de paix, le notaire ou autre officier public qui procède à la levée des scellés et à l'inventaire, après décès d'un donataire de l'ancien domaine extraordinaire, doit se faire représenter le certificat constatant la notification du décès au ministre des finances, et faire mention de ce certificat dans l'intitulé du procès-verbal de levée des scellés ou d'inventaire, à peine d'interdiction.

6430. Réunion au domaine de l'État. — Les biens qui dépendaient de l'ancien domaine extraordinaire ont été réunis au domaine de l'État par l'art. 95 L. 15 mai 1818. — L'art. 96 de cette loi ordonnait à l'Administration de poursuivre le recouvrement des créances du domaine extraordinaire, d'en percevoir les revenus et de mettre en vente, dans la forme usitée pour l'aliénation des domaines nationaux, les biens-fonds et maisons non affectés à des dotations, pour employer le profit de ces ventes en achat de rentes sur le grand-livre. — Enfin, la loi du 2 mars 1832, sur la liste civile, porte : « Il ne sera plus formé de domaine extraordinaire. En conséquence, tous les biens meubles et immeubles acquis par droit de guerre ou par des traités patents ou secrets, appartiendront à l'État, sauf toutefois les objets qu'une loi donnerait à la couronne » (Art. 25).

1. ACQUISITION. — Les acquisitions pour le compte du domaine extraordinaire sont enregistrables gratis. — V. *Acquisition.*

DOMAINE PRIVÉ.

6431. — Le domaine privé se composait des biens acquis par le chef de l'État, en son nom personnel, et non en vertu du droit de la couronne, comme simple particulier et par les voies reconnues par le C. C.

6432. Réunion des biens du chef de l'État au domaine de l'État. — Dans le gouvernement monarchique, le chef de l'État ne pouvait avoir des biens patrimoniaux distincts de sa liste civile et du domaine de la couronne : c'est un principe très-ancien de notre droit public, que les biens particuliers du prince qui parvient au trône sont, de plein droit et à l'instant même, réunis au domaine de l'État; l'effet de cette réunion est perpétuel et irrévocable (L. 8 nov. 1814 art. 28). La réunion des biens du roi Louis-Philippe au domaine de l'État au commencement de l'Empire en offre un exemple saisissant.

Cela repose sur ce principe que le sujet, en devenant roi, confond sa personne et ses biens dans l'État que désormais il représente. Comme roi, c'est une personne nouvelle. L'État a succédé à la première, a acquis ses biens et est tenu de ses dettes. C'est la doctrine qui a été appliquée dans l'affaire du chevalier Desgraviers (Cass. 26 avr. 1824, 4669 J. N.).

6433. Acquisitions privées. — Mais, avec les revenus de la liste civile et des biens du domaine de la couronne, le roi pouvait faire des acquisitions et l'on n'a pas voulu qu'elles fussent à l'instant frappées ni du caractère de domaines de l'État, puisque l'État en percevrait les revenus, ni du caractère de domaines de la couronne, ce qui les rendrait inaliénables.

En conséquence, on a décidé que les acquisitions, sous le titre de domaine privé, sont et demeurent, pendant la vie du roi, à sa libre disposition; mais s'il vient à décéder sans en avoir disposé, ils sont réunis de plein droit au domaine de l'État (L. préc. art. 21).

6434. Aliénation du domaine privé. — Le roi n'était lié par aucune des prohibitions du C. C. dans la disposition qu'il peut faire de ses domaines privés (*Ibid.* art. 22).

Ces domaines supportaient toutes les charges de la propriété, toutes les contributions et charges publiques dans les mêmes proportions que les biens des particuliers (*Ibid.* art. 19).

Ces principes de législation relatifs au domaine privé du roi sont reproduits dans un projet de loi sur la dotation de la couronne qui a été présenté à la Chambre des députés le 4 octobre 1831, mais qui n'a pas été discuté.

6434 *bis*. Enregistrement. — Les acquisitions et échanges concernant le domaine privé du roi étaient soumis aux mêmes droits d'enregistrement que ceux qui sont faits par les particuliers (Dél. 4 fév. 1831, 7375 J. N., 9917 J. E.) — V. *Acquisitions.*

DOMAINE PUBLIC.

6435. — C'est l'ensemble des biens qui, à cause de leur destination et de leur usage actuel, et en tant que le public en a la jouissance et possession, ne sont pas susceptibles d'une propriété privée.

Il ne faut pas confondre le domaine public avec le domaine de l'État. Celui-ci se compose des biens que l'État possède au même titre de propriété que les particuliers, et qui sont soumis aux règles ordinaires d'aliénation et de prescription.

Les chemins, routes et rues à la charge de l'État, les fleuves et rivières navigables et flottables, les rivages, lais et relais de la mer, les ports, les havres, les rades, et généralement toutes les portions du territoire français qui ne sont pas susceptibles d'une propriété privée, sont considérés comme des dépendances du domaine public (L. 22 nov. et 1er déc. 1790 art. 2, 538 C. C.).

Les portes, murs, fossés, remparts des places de guerre et des forteresses font aussi partie du domaine public (540 C. C.).

Les biens dépendant du domaine public sont, par une conséquence nécessaire de leur nature, inaliénables et imprescriptibles, tant qu'ils conservent leur caractère, et ils ne peuvent le perdre que par une décision administrative (*Ibid.* 541 et 2226).

1. RUES DES COMMUNES. — Mais les rues des communes étant, par leur nature propre, une dépendance du sol

municipal, le sol de ces rues est, jusqu'à preuve contraire, réputé appartenir aux communes sans que celles-ci soient tenues d'aucune justification (Cass. 9 janv. 1866, S. 66-1-148).

DOMAINES NATIONAUX.

6436. — Cette dénomination est aujourd'hui spécialement affectée aux immeubles provenant de l'ancien domaine du roi, du clergé, des anciennes corporations civiles et religieuses, des émigrés, déportés et condamnés révolutionnairement, qui ont été vendus par l'État depuis 1790.

DOMICILE.

DIVISION

CHAPITRE PREMIER. — CONSIDÉRATIONS PRÉLIMINAIRES

[6437-6438]

6437. Définition. — Le domicile de tout Français, quant à l'exercice de ses droits civils, est au lieu où il a son principal établissement (102 C. C.).

Le domicile est le siége légal, juridique de la personne. Nous disons le siége juridique, car le domicile n'est pas, à proprement parler, la maison, la construction matérielle; c'est une chose toute idéale, une chose morale, abstraite, résultant seulement de la création de la loi. Dans l'usage, cependant, on appelle souvent domicile aussi, la maison, le lieu où est fixé le siége juridique; mais ce n'est pas là le sens technique du mot. L'art. 102 l'indique assez, quand il dit que le domicile est, non pas le lieu, mais au lieu du principal établissement (Marcadé *du Domicile*).

6438. Domicile civil. — Domicile politique. — On distingue le domicile civil ou domicile simplement dit, et le domicile politique, selon qu'il s'agit de déterminer le lieu où chaque citoyen doit exercer ses droits politiques ou ses droits civils.

Nous n'avons à nous occuper ici que du domicile civil.

CHAPITRE II. — DOMICILE CIVIL

[6439-6446]

6439. Différentes espèces. — Le domicile civil, c'est-à-dire le lieu où une personne est censée toujours présente, sous le double rapport de ses droits et de ses obligations, est ou *général* ou *spécial*. Le domicile général s'étend à tous les droits et à toutes les obligations de la personne; le second n'a trait qu'à certains rapports juridiques. On ne peut avoir qu'un domicile général (Merlin *Répert.* v° *Déclinatoire* § 1er, Toullier t. 1er n° 367, Duranton t. 1er n° 359, Demolombe t. 1er n° 347, Marcadé sur l'art. 103, Zachariæ § 88).

6440. Domicile général. — Le *domicile général* vient de la loi, c'est le *domicile de droit;* ou d'un fait particulier à la personne, c'est le *domicile réel.*

Dans le premier cas, c'est la loi qui détermine pour certaines personnes, d'une manière absolue et sans admettre la preuve contraire, le lieu où elles sont présumées demeurer. Dans le second cas, le domicile résulte du fait de l'établissement d'une personne dans un certain lieu, avec l'intention de continuer à y demeurer.

6441. Domicile spécial. — Le domicile spécial résulte ou de la loi, en ce sens que dans certains cas et à de certaines fins la loi attribue à la résidence le caractère du domicile (74, 167 C. C.), ou du choix de la personne, c'est le domicile élu. Ce choix est ou volontaire, ou imposé par une disposition de la loi. On ne traitera ici que du domicile spécial résultant de l'élection volontaire, les principes relatifs à l'élection forcée se rattachant surtout à la procédure.

Le fait de l'élection d'un domicile spécial pour l'exécution d un acte juridique ne détruit pas, même pour cet acte, le domicile général; et le créancier peut à son choix porter son action *in foro domicilii generalis,* ou *in foro domicilii electi* (111 C. C.), à moins qu'il ne résulte de l'acte que l'élection de domicile a eu lieu dans l'intérêt du débiteur. — V. *Instance.*

SECTION PREMIÈRE. — DOMICILE GÉNÉRAL

[6442-6445]

6442. Domicile de droit. — La loi assigne un domicile de droit :

1° Aux fonctionnaires publics inamovibles : ils ont leur domicile au lieu où ils doivent remplir leurs fonctions, à compter du moment où ils entrent en exercice, c'est-à-dire où ils prêtent serment (106, 107 C. C.);

2° A la femme mariée : elle a pour domicile celui de son mari, bien qu'elle ne demeure pas avec lui, ou même bien qu'ils soient séparés de corps (108 *id.*);

3° Aux mineurs non émancipés : leur domicile est celui de

leur père; en cas de décès du père, celui de la mère; enfin, celui de leur tuteur, s'ils ont un tuteur autre que leur père ou leur mère (108 *id.*);

4° Aux interdits: au domicile de leur tuteur (109 *id.*);

5° Aux condamnés à des peines afflictives et infamantes, placés pendant la durée de leur peine en état d'interdiction légale: leur domicile est chez leur tuteur (28 C. proc.);

6° A toutes personnes non comprises dans les énumérations précédentes et qui, étant en service chez un maître, ou travaillant pour lui, demeurent auprès de lui (109 C. C.).

La durée du domicile légal, dans ces différents cas, dépend de l'existence du fait qui le motive. Ce fait cessant, le domicile se détermine alors d'après les règles qui seront exposées ci-après.

1. MILITAIRES. — Le domicile d'un militaire subsiste au lieu où il était avant son entrée au service, à moins qu'il n'ait été régulièrement transféré ailleurs (C. Nancy, 22 juill. 1876, 5005 R. P.).

6443. Domicile réel.— Toutes les personnes autres que celles dont il vient d'être question ont leur domicile réel au lieu de leur résidence, lorsque l'intention d'y rester se joint au fait de la résidence (Arg. art. 102 et 103); dans le cas d'habitation alternative dans différents endroits, le domicile est alors au lieu du principal établissement (Art. 102).

Il est loisible à tout citoyen de transférer à son gré son domicile d'un lieu à un autre, mais il ne peut, par là, modifier la compétence dans une instance déjà liée, ni se soustraire frauduleusement aux poursuites de ses créanciers.

1. CHANGEMENT DE DOMICILE. — Le changement de domicile s'opère par le fait de la translation de la résidence d'un lieu dans un autre, joint à l'intention d'y prendre et d'y fixer son principal établissement (103 C. C.). De la seule translation de résidence, ne résulte pas le changement de domicile: le domicile une fois acquis se conserve, malgré le changement de résidence, par la seule intention d'y retourner ; et, dans le doute, le projet de transférer le domicile d'un lieu dans un autre ne se présume pas. Aussi, le dernier domicile connu d'une personne doit-il tenir lieu de son véritable domicile, lorsque ce nouveau est inconnu. — De même, le changement de domicile ne résulte pas de l'intention ou de la déclaration d'en changer : on doit y joindre la translation réelle de l'habitation dans le lieu où l'on entend transférer le domicile.

6444. Étranger. — C'est une question très-controversée que celle de savoir quand un étranger peut être considéré comme ayant acquis son domicile en France. On en trouvera le développement au mot *Étranger*.

6445. Des effets du domicile général. — Le domicile général, légal ou réel, fixe habituellement la compétence des autorités publiques et des officiers ministériels auxquels une personne doit s'adresser pour les actes qu'elle est appelée à faire, ou pour la défense de ses droits, dans la sphère de ses intérêts civils, et qui en même temps peuvent, en cas d'inexécution de ses engagements, être appelés à prêter à des tiers, l'appui de la force publique pour assurer cette exécution. C'est ainsi que le domicile général d'une personne détermine le tribunal devant lequel elle doit être assignée en matière personnelle, *forum domicilii* (C. proc. art. 2-59-68); celui devant lequel devront être portées les contestations relatives à sa succession, *forum hereditatis jacentis* (110-822 C. C., 59 C. proc.) ; celui qui devra, s'il y a lieu, prononcer son interdiction ou statuer sur son absence (115-492 C. C.).

La preuve de l'intention résulte de la déclaration expresse faite tant, à la municipalité du lieu que l'on veut quitter, qu'à celle du lieu où l'on s'établit (104 C. C.). A défaut de déclaration expresse, la preuve de l'intention dépend tant des circonstances au milieu desquelles s'est accompli le choix de l'habitation que de celles qui en ont accompagné ou suivi la translation (105 C. C.). Dans aucun cas une partie ne peut répudier le domicile qu'elle s'est attribué dans un acte.

De même, lorsqu'après avoir fait la déclaration prescrite par l'art. 104 C. C. et transféré sa résidence dans le lieu indiqué, une partie manifeste l'intention de conserver en même temps son précédent domicile, cette prétention doit être repoussée.

SECTION 2. — DU DOMICILE SPÉCIAL OU ÉLU

[6446]

6446. De l'élection de domicile et de ses effets. — La loi autorise les parties contractantes à faire, dans l'acte qui reçoit leur convention, élection d'un domicile spécial, pour son exécution; mais l'effet de cette élection s'arrête à la convention qui l'a motivée.

La faculté d'élire un domicile spécial appartient aux deux parties, mais elle peut n'être exercée que par l'une d'elles. L'élection de domicile doit être expresse et consignée, soit dans la convention elle-même, soit dans un acte postérieur. Les parties sont libres de faire élection de domicile dans tel lieu qui leur conviendra ; elles doivent seulement désigner en même temps le nom de la demeure d'une personne résidant dans ce lieu et l'autoriser à recevoir les significations et sommations que les parties auraient à se faire. Cette obligation cesse lorsque l'une des parties élit domicile dans sa demeure ou dans son domicile général.

L'élection de domicile se présente sous trois aspects bien distincts. Elle contient l'engagement d'une partie vis-à-vis de l'autre de se soumettre à la juridiction des tribunaux du domicile élu pour l'exécution forcée de la convention en vue de laquelle elle a été faite. Les droits et les obligations résultant de cet engagement passent aux héritiers et représentants des parties, comme tous autres engagements conventionnels, mais les tiers y restent complétement étrangers. — Ajoutons que l'élection de domicile n'a trait qu'à l'exécution forcée de l'obligation, et, en cas de doute sur le caractère de l'exécution, l'élection de domicile s'interprète d'une manière restrictive, comme constituant une exception à la règle de la juridiction du domicile général.

En second lieu, l'élection de domicile implique l'extension de la juridiction qui, en vertu de la loi, ne devait appartenir qu'aux tribunaux de droit commun, aux tribunaux du domicile réel; *est prorogatio juridictionis*. Les tribunaux du lieu du domicile élu sont tenus d'accepter le mandat qui leur a été ainsi déféré, et dans les limites de ce mandat l'étendue de leur compétence doit être assimilée à celle des tribunaux de droit commun.

En troisième lieu, l'élection de domicile équivaut, du moins habituellement, à un mandat donné à une personne déterminée, de recevoir, aux lieu et place des parties, les significations qui sans cela auraient été adressées à leur personne ou à leur domicile général : *est mandatum de recipiendis citationibus*. Sous ce dernier rapport, l'élection de domicile est aussi *strictissimæ interpretationis* (Arg. art. 1988, 1989).

D'après ce qui précède, on appréciera facilement les conséquences du changement du domicile élu. Ainsi, l'une des parties ne peut revenir sur l'élection du domicile dans un certain lieu, ou substituer un lieu nouveau à celui choisi antérieurement, à moins que cette élection n'ait été faite que dans son intérêt; elle peut seulement remplacer, dans le même lieu, la personne chez laquelle l'élection de domicile a été faite par une autre personne, et indiquer la demeure de cette personne. Si la personne chez laquelle une partie a fait élection de domicile n'accepte pas, ou si elle revient sur son acceptation, ou si elle décède, ou si la mission qu'on lui a donnée s'éteint de quelque autre manière, il faut alors faire élection de domicile chez une autre personne dans le même lieu. L'accomplissement de cette obligation est poursuivie devant le tribunal du domicile général.

CHAPITRE III. — ENREGISTREMENT

[6447-6448]

6447. Changement de domicile. — Les déclarations de changement de domicile réel, faites suivant le mode indiqué par l'art. 104 C. C., doivent être sur papier timbré; mais elles sont exemptes de l'enregistrement (D. m. f. 5 mai 1812, 579 et 779 I. G.). Le contraire avait d'abord été décidé (1990 J. N., 3546-5646 J. E.). — *V.* 5914.

6448. Disposition indépendante. — L'élection de domicile faite dans un acte d'obligation, ne donne lieu à aucun droit particulier d'enregistrement. Si elle était faite par un acte séparé, elle serait passible du droit fixe de 3 francs (L. 28 avr. 1816 art. 43, L. 28 fév. 1872 art. 4).

DOMMAGES-INTÉRÊTS.

6449. — On appelle en général dommages-intérêts, la représentation du préjudice qu'a éprouvé une personne et du gain qu'elle a manqué de faire (1149 C. C.).

6450. Enregistrement. — Les jugements qui prononcent des dommages-intérêts, soit en matière criminelle, correctionnelle et de police, soit en matière civile, donnent lieu au droit de 2 pour 100 (L. 22 frim. an 7 art. 69 § 5 n° 8 et L. 27 vent. an 9 art. 11). C'est ce qui sera plus amplement développé au mot *Jugement*.

Mais ce droit n'est dû que sur les condamnations prononcées par les tribunaux. On ne peut l'exiger sur un acte civil. C'est un point qui est développé au mot *Indemnité* et au mot *Jugement*.

La stipulation, dans un contrat, de dommages-intérêts pour le cas d'inexécution de la convention ne donne lieu à aucun droit particulier : c'est une disposition dépendante de la convention principale. — V. *Clause pénale*.

DON MANUEL.

SOMMAIRE

CHAPITRE PREMIER. — PRINCIPES CIVILS

[6451-6458]

6451. Définition. — Le *don manuel* est celui qui est fait de la main à la main sans qu'il soit rédigé d'acte.

6452. Effets mobiliers. — Le mot de *don manuel* indique suffisamment que les seuls objets qui peuvent faire l'objet du don manuel sont les effets mobiliers, car il est impossible de transmettre un immeuble de la main à la main.

6453. Validité du don manuel. — Les anciennes ordonnances ni les coutumes de France n'avaient réglé la forme des donations par aucunes dispositions particulières. L'ordonnance de 1731 voulut que « tous actes portant donation entre-vifs, fussent passés par-devant notaire, et qu'il en restât minute, sous peine de nullité. » C'est cette ordonnance que le législateur actuel a littéralement copiée pour en faire l'art. 931 C. C. Aussi, pour repousser l'opinion de ceux qui avaient prétendu que, depuis le Code civil les dons manuels n'étaient pas valables, il suffit de se reporter à l'interprétation que les auteurs anciens donnaient à l'ordonnance de 1731. Ainsi, Furgole observait que, si la donation était de meubles dont la tradition eût été réellement faite, elle n'était pas nulle, et le rédacteur de cette ordonnance, le chancelier d'Aguesseau, l'interprétait dans le même sens lorsqu'il écrivait (290e lettre): « La nouvelle ordonnance ne parlant que des actes portant donation, n'a point d'application au cas de la tradition réelle, qui n'a besoin d'aucune loi. » La validité du don manuel découle d'ailleurs, comme conséquence nécessaire de l'art. 2279 C. C., suivant lequel, en fait de meubles, la possession vaut titre (*V.* dans le même sens Toullier t. 5 n° 177, Merlin *Quest. de droit* v° *Donation*, Gren. t. 1er nos 176 et 179 *bis*, Locré t. 11 p. 459, Troplong t. 3 n° 1041, Duranton t. 8 n° 388, Demolombe 20-57, Demante t. 4 n° 3 *bis*, Bach Massé et Vergé t. 3 p. 68-70, *Dissert.*, S. *V.* 1-422; — Bourges 30 juill. 1828, S. 30-2-61; — Bordeaux 4 mars 1835, S. 36-2-568; — Rouen 24 juill. 1845, S. 46-2-104).

Ainsi, de l'argent, des meubles corporels, des billets de banque, des bons ou effets négociables *payables au porteur* tout cela sera valablement acquis au donataire par la simple remise que le donateur lui en aura faite (Cass. 3 mai 1822, S. 23-1-92; — 15 avr. 1861 et 12 juill. 1861, P. 61 p. 1123, 1125; — C. Dijon, 12 mai 1876, C. Lyon, 2 mars 1876, 4661 R. P.).

6454. Objets incorporels. — De ce que le don manuel s'applique spécialement aux objets mobiliers, en résulte-t-il qu'il peut comprendre des objets incorporels réputés meubles par la loi, tels qu'une rente, une créance? La remise du titre au prétendu donataire suffirait-elle pour consommer le don? Les choses incorporelles, telles que les rentes les créances, etc., n'étant point par leur nature susceptibles d'une tradition réelle, ne peuvent pas être données verbalement à un tiers; il faut un acte qui constate la volonté du donateur, et par conséquent un acte notarié avec minute, comme doit être *tout acte de donation* (C. C. 931-948) à moins que les parties n'empruntent la forme d'un autre contrat. La délivrance du titre n'opère le transport de la propriété d'une créance qu'entre *le cédant et le cessionnaire* (*Ibid.* 1689). La cession doit donc être préalablement prouvée. La remise du titre de créance entre les mains d'un tiers peut avoir tout autre but qu'une donation.

Telle est l'opinion de Grenier t. 1er n° 179 *bis*, Bayle-Mouillard t. 4, Duranton t. 8 n° 396, Coin Delisle art. 938-5-25, Troplong t. 3 n° 1057, Aubry et Rau t. 5 p. 480, Demolombe t. 2 p. 70, Merlin *Quest.*, V. *Donation*, Favard *Rép.* V *Don manuel*, Toullier t. 5 n° 179, Delvincourt t. 2 p. 253 notes

La cour de Trèves, par arrêt du 16 décembre 1807, semblait avoir jugé le contraire; mais, ainsi que le remarque Toullier t. 5 n° 179, note 2, l'arrêt a été rendu dans une affaire spéciale, et les circonstances de la cause ont pu seules faire fléchir le principe. — Aujourd'hui, il faut tenir pour constant que la remise du titre n'implique pas donation (Metz 14 juill. 1818, S. 19-2-47; — Nîmes 14 juill. 1818, 2902 J. N.; — Colmar 20 juill. 1819, 3140 J. N.; — Lyon 14 juill. 1821, S. 24-1-23, — Cass. 24 juill. 1822, 4496 J. N.; — Agen 15 mai 1833, S. 33-2-248; — Poitiers 27 nov. 1833, S. 34-2-680; — Cass 4 mai 1836, S. 36-1-257; — Cass. 14 août 1840, S. 40-1-321; — Paris 19 déc. 1871, 20251 J. N., S. 72-1-274; — Grenoble 17 juill. 1868, S. 69-2-9).

Toutefois, il a été jugé qu'on pourrait considérer, comme valable le don manuel d'une créance fait par le créancier au débiteur au moyen de la remise du titre, parceque le don manuel portait alors, non sur le titre lui-même, mais sur les espèces antérieurement comptées qui faisaient l'objet de la créance (Cass. 17 mai 1855, S. 56-1-155; — Troplong n° 1078 Massé et Vergé *sur* Zachariæ t. 3 p. 67 § 428 note 7).

La chambre des requêtes a également décidé qu'il y avait déclaration de don manuel passible du droit proportionnel dans l'aveu par un héritier qu'il a reçu verbalement à titre de libéralité tous les biens du défunt, y compris les créances: « Attendu qu'il importe peu que les valeurs données consistent en objets mobiliers ou en créances, pourvu qu'elles aient été reçues par le donataire; que le droit est dû sur l'acte qui constate le don, sans que la Régie ait à rechercher comment s'est opérée la transmission » (Cass. req. 15 fév. 1870, 3086 R. P., 19866 J. N., 18917 J. E., 2401-7 I. G., S. 70-1-225, D. 70-1-365, P. 70-547).

Mais cette décision, qui n'est pas motivée, ne saurait prévaloir contre la doctrine et contre la jurisprudence antérieure. L'expression même de don manuel indique suffisamment que les seules valeurs transmissibles par cette voie sont celles qui peuvent être remises de la main à la main; or les créances, comme tous les droits incorporels, ne sont susceptibles d'aucune appréhension matérielle, et ne sauraient être par conséquent livrées *de manu ad manum*. On concevait seulement qu'il y ait donation manuelle pour les créances dont l'acte constate le remboursement au donateur, parce qu'alors l'objet de la libéralité n'est plus le droit incorporel de créance, mais le numéraire dans lequel il s'est transformé.

Cette situation se rencontrait dans l'espèce de l'arrêt du 15 février 1870. — *V.* 6475.

1. PROPRIÉTÉ LITTÉRAIRE. — Un manuscrit pourrait être l'objet d'un don manuel et la propriété littéraire se trouverait même transférée, si les parties avaient eu cette intention (Paris, 13 nov. 1841, Dalloz *Dispos. entre-vifs* 1615 ; — Bordeaux 4 mai 1843, S. 43-2-479; — Paris 10 déc. 1850, S. 50-2-625, Merlin *Quest. de droit* v° *Donat.* § 6 n° 4, Renouard *des Droits d'auteur* t. 2 nos 167-169, Bayle-Mouillard, Grenier t. 2 n° 179 *bis* note 6, Saintespès t. 3 n° 595, Demolombe 20-72).

6455. Effet négociable. — Il faut décider encore, d'après le même principe, que la donation d'effets de commerce négociables ne peut avoir lieu manuellement, car, de trois choses l'une : ou bien l'effet sera remis sans endossement, ou bien il sera endossé avec cette cause pour don, ou bien il sera causé régulièrement pour valeurs reçues. Or, dans aucun cas, il n'y aura le don manuel dont nous nous occupons. — S'il n'y a pas eu d'endossement, il n'y aura rien de fait ; car les effets dont nous parlons ne s'aliènent pas par simple tradition ; la propriété ne peut s'en transférer, dit l'art. 136 C. C., que par l'endossement. — S'il y a un endossement causé pour don (ou en d'autres termes équivalents), le don ne sera pas valable, et la propriété ne sera pas transmise ; car l'endossement, pour transmettre la propriété, doit exprimer la valeur fournie (Art. 137 C. C.). Duranton 8-392, Poujol art. 931 n° 14, Vazeille *Id.* n° 8, Massé et Vergé sur Zachariæ t. 3 p. 72 § 428 note 13; — *Contrà* Bordeaux 7 avr. 1851, S. 51-2-486, D. 52-2-486). — Que si le donateur avait écrit *valeurs reçues, valeurs fournies*, etc., il est bien vrai que le don produirait son effet et que la propriété serait transmise ; mais c'est uniquement parce que l'effet constaterait la réception des valeurs qui n'ont pas été fournies réellement ; et le don serait valable, non pas comme don manuel, mais comme donation déguisée sous la forme d'un acte onéreux. Remarquons bien, en effet, que l'endossement est un acte, un acte commercial, dont les formes (très-simples, il est vrai, comme toutes celles qui régissent les actes commerciaux) sont réglées par l'art. 137 C. C. ; et que, dès lors, le don par endossement régulier est un don sous forme d'acte onéreux, et non pas un don manuel sans acte (Merlin *Quest. de droit,* v° *Donat.* § 6 n° 3, Coin-Delisle sur l'art. 938 n° 26, Vazeille sur l'art. 931, Marcadé sur l'art. 931).

6456. Concours de volontés. — Dépôt. — Le don manuel s'opère par la tradition à laquelle il doit son existence; mais cependant il ne doit être considéré comme produisant son effet qu'autant que le donateur et le donataire auront eu, l'un la volonté de gratifier, l'autre celle de recevoir. Que si le propriétaire d'un objet mobilier le remettait en dépôt dans les mains d'un tiers, qui le recevrait à titre de libéralité, nul doute qu'il n'y eût pas donation et que le possesseur ne fût obligé de le restituer (Roll. de Vill. v° *Don manuel* n° 19).

Il faut, de plus, que le concours des volontés ait lieu simultanément, de sorte que, si le disposant a remis des objets à un tiers, en le chargeant de les remettre au donataire après sa mort, le don manuel ne s'opère pas. D'une part, le tiers ne saurait être considéré comme le *negotiorum gestor* du donataire, et, d'autre part, le mandat qu'il a reçu du disposant se trouve révoqué par le décès de celui-ci (Cass. 22 nov. 1819, S. 20-1-49 ; — Paris 1er mars 1826, S. 26-2-297; — Bordeaux 5 fév. 1827, S. 8-2-386; — Cass. 16 août 1842, S. 42-1-850, 29 avr. 1846, S. 46-1-689 ; — Paris 14 mai 1853, S. 53-2-507 ; — Montpellier 25 fév. 1862, S. 62-2-209; — Cass. 22 mai 1867, S. 67-1-280 ; — Merlin *Quest. de droit* v° *Donat.* § 6 n° 3, Grenier t. 2 177-179, Bayle-Mouillard t. 4 note 6, Duranton 8-393-394, Coin-Delisle 932 § 21, Troplong 2-1052 et *du Dépôt* 146, Aubry et Rau t. 5 p. 481, Demolombe 20-67, Marcadé art. 931 ; — *Contrà* Cass. 12 déc. 1815, S. 5-1-122, 2 avr. 1823, S. 23-1-238 ; — Nîmes 9 janv. 1833, S. 33-2-206 ; — Lyon 25 fév. 1835, S. 35-2-424 ; — Rouen 24 juill. 1845, S. 46-2-104 ; — Amiens 16 nov. 1852, S. 54-2-60 ; — Cass. 22 mars 1860, S. 60-1-271, 23 juin 1862, *Gaz. trib.* du 25 juin 1862, Pothier v° *Mandat* 1086, Vazeille 934 § 12).

1. DON A CAUSE DE MORT. — Par application du même principe, la remise par un malade à un tiers d'une valeur qui doit lui être rendue s'il ne meurt pas, n'est pas un don manuel, mais un don à cause de mort (Demolombe t. 20 n° 62; C. Bordeaux 8 août 1853, S. 53-2-641 et les arrêts cités en note).

6457. Acceptation. — C'est par la tradition que se valident les dons manuels. Et cette tradition est indispensable, et cela pour deux raisons : 1° elle prouve l'acceptation; car, pour être dispensées de l'acceptation solennelle les donations manuelles n'en sont pas moins des contrats, et il n'y a pas de contrat sans le concours de deux volontés; 2° le don manuel étant resté dans les termes du droit naturel, d'après lequel les donations ne sont assujetties à aucune forme particulière, ne peut avoir d'efficacité que par son exécution (Coin-Delisle sur l'art. 932 n° 21).

6458. Établissement public. — L'acceptation d'un don manuel fait à un établissement public est-elle soumise à l'autorisation du Gouvernement? Il est généralement admis que l'autorisation n'est pas nécessaire quand il s'agit de dons de sommes modiques faits à une fabrique ou autre établissement public, à titre d'offrande ou d'oblation (Vazeille art. 937 n° 9, Saintespès Lescot n° 962, Foucart *Droit adm.* t. 3 p. 131, Zachariæ t. 5 p. 53 n° 36; — Avis du comité de législation du 26 janv. 1840 ; — Paris 12 janv. 1833 et 16 déc. 1864, D. 66-2-190).

Mais la question est controversée au sujet des dons manuels qui ont une certaine importance. Certains auteurs reconnaissent aux établissements publics et religieux la capacité de recevoir des dons manuels sans autorisation (Saintespès Lescot *Donat.* n° 962, Affre *Administ. des paroisses* p. 259, Roll. de Vill. v° *Don manuel* n° 5 et c'est en effet ce qui avait été décidé par des arrêts de cass. du 26 novembre 1833 et de Paris du 12 janvier 1835.

L'opinion contraire a aujourd'hui prévalu dans la doctrine et la jurisprudence, car les dons manuels sont, au fond, des donations véritables soumises comme telles à toutes les règles qui déterminent soit la capacité de disposer ou de recevoir, soit l'exercice de cette capacité (Foucart t. 3 n° 1595, Aubry et Rau t. 5 p. 444, de Vuillefroy *Administration du culte catholique* p. 282, Demolombe v° *Don.* t. 3 n° 63; — Poitiers 14 janv. 1827, S. 31-1-344; — Angers 28 janv. 1848, S. 49-2-29; — Paris 22 janv. 1850, 31 janv. 1851, sept. 1852, S. 53-2-54; — Montpellier 25 fév. 1862, S. 62-2-109; — Cass.

18 mars 1867, 2549 R. P., S. 67-1-295) : «Attendu, porte ce dernier arrêt qu'aux termes de l'art. 910 C. C. il suffit que le don manuel soit autorisé, en quelques termes que ce soit, par le Gouvernement; attendu que le don manuel s'effectue par la remise que le donateur fait de la chose qui en est l'objet entre les mains du donataire; qu'il n'est point régi, dès lors, par les dispositions des art. 932 et 937 C. C. qui ne sont applicables qu'aux donations entre-vifs constatées par actes passés devant notaires; qu'il échappe d'ailleurs, par sa nature même, à la rigueur des principes qui ne reconnaissent d'effet à l'acceptation d'une donation faite à un établissement d'utilité publique qu'autant que cette acceptation a été préalablement autorisée par décret impérial; qu'il est évident, au surplus, qu'au point de vue de l'ordre public comme de l'intérêt des familles, il suffit que le Gouvernement soit ultérieurement appelé à examiner si la libéralité excède les limites raisonnables. » (*V.* Cass. ch. réun. 19 mai 1874, *arrêt rapporté* 6490).

CHAPITRE II.
DU TARIF ET DE SES APPLICATIONS

[6459-6470]

6459. Loi du 18 mai 1850. — Avant la loi du 18 mai 1850, la jurisprudence, basée sur les règles du droit civil, avait consacré que la déclaration d'un don manuel, faite par le donataire sans le concours du donateur, ne constituait pas un contrat de donation et ne pouvait être soumise au droit proportionnel d'enregistrement. Mais l'art. 6 de cette loi porte que « les actes renfermant soit la déclaration pour le donataire ou ses représentants, soit la reconnaissance judiciaire d'un don manuel, seront sujets au droit de donation. » Cet article a eu pour but de mettre un terme à la fraude qui résultait de ce que, à la faveur de la jurisprudence, les parties, pour éviter la perception du droit proportionnel, déguisaient sous la forme de déclaration de dons manuels des donations de valeurs mobilières.

1. ÉTENDUE DE LA LOI. — En imposant l'acte qu'il prévoit au droit proportionnel, l'art. 6 de la loi du 18 mai 1850 n'en subordonne pas l'exigibilité à la condition que la déclaration ou la reconnaissance judiciaire du don manuel soit susceptible de créer un lien de droit quelconque entre le donateur et le donataire; à la différence de la loi du 22 frimaire an 7, il donne pour base au droit d'enregistrement ce fait seul que le don manuel a été déclaré ou reconnu judiciairement dans un acte qui, sans produire d'ailleurs entre eux les effets légaux d'un titre véritable, suffit cependant pour établir, au point de vue de la loi fiscale et à l'égard du donataire ou de ses représentants, la transmission de la propriété mobilière (Cass. 30 août 1869, 3018 R. P., 2394-5 I. G., S. 70-1-3, 19712 J. N., 18858 J. E., 2696 Rev. — *V.* Cass. req. 15 fév. 1870, 3086 R. P., 19866 J. N., 18917 J. E.).

2. NATURE DU DROIT. — Le droit de don manuel rentre dans la catégorie des droits à percevoir sur les dispositions de l'acte, la loi considérant cette déclaration comme étant pour l'Administration le titre de la transmission (Cass. 10 déc. 1877, 4845 R. P.).

6460. Effet rétroactif. — 1. DATE CERTAINE. — L'art. 6 que nous venons de rapporter et l'art. 9 de la même loi d'après lequel les actes et mutations qui auront acquis date certaine avant la promulgation de la loi seront régis par les lois antérieures, doivent-ils être entendus en ce sens que les reconnaissances de dons manuels donnent ouverture au droit proportionnel, lors même que le don aurait acquis date certaine avant la loi? Le tribunal de Nevers s'était prononcé pour l'affirmative, le 26 mars 1851 (15159-3 J. E., 14457 J. N.), dans une espèce où le donateur était décédé avant le 18 mai 1850. Mais la C. cass. n'a pas admis cette doctrine. La chambre civile ayant à statuer sur une déclaration, contenue dans un acte de partage, d'un don manuel fait par l'auteur de la succession, décédé avant la promulgation de la loi du 18 mai 1850, a jugé, le 24 janvier 1854 (2010 § 3 I. G., S. 54-1-271) que, si « à dater de la promulgation de la loi de 1850, introductive d'un droit nouveau, l'acte seulement énonciatif ou déclaratif d'un don manuel se trouve frappé du droit proportionnel dont le dispensait la législation antérieure, cette mesure ne saurait atteindre, sans effet rétroactif, de tels actes, quand ils énoncent des dons manuels ayant acquis date certaine avant sa promulgation » (*Conf.* : Dél. 22 fév. 1851, 15185 J. E.; — Mirecourt 25 juin 1852, 14689 J. N.; — Seine 4 avr. 1853, 14935 J. N.; — Dunkerque 19 juill. 1853, 15055 J. N.; — Clermont-Ferrand et Seine 21 et 31 août 1854, 491 R. P.).

2. PRÉSOMPTIONS. — Les termes de l'art. 6 de la loi exigeant que le don manuel ait acquis date certaine, le tribunal ne pourrait pas se baser, pour repousser l'exigibilité du droit, sur de simples présomptions, ainsi que l'a fait le tribunal de Vassy dans deux jugements du 30 mai 1855 (491 R. P.) et du 9 janvier 1867, et le tribunal de Senlis le 30 juillet 1857 (919 R. P., 16217 J. N., 16631 § 1er J. E.).

C'est avec raison que le tribunal de Domfront a considéré qu'on ne pouvait pas admettre comme suffisantes des lettres missives desquelles il résultait tout au plus des présomptions de fait (27 fév. 1857, 821 R. P.).

3. DÉCÈS. — La date certaine s'acquiert pour le don manuel comme pour toute autre espèce d'acte par le décès de l'une des parties contractantes. Si le donateur ou le donataire est décédé avant la loi de 1850, il est incontestable que le don ayant acquis date certaine par ce décès, la reconnaissance qui en est ultérieurement faite ne motive pas l'exigibilité du droit proportionnel (Seine 28 mai 1856, 731 R. P.).

4. RAPPEL DANS UN ACTE AUTHENTIQUE. — Il n'est pas moins certain que si le don manuel est énoncé dans un acte qui a acquis date certaine avant la loi de 1850, la reconnaissance ultérieure qui en est faite ne rend pas le droit exigible; on l'a ainsi décidé dans un cas où l'énonciation avait été faite dans un inventaire ayant date certaine avant 1850 (Coulommiers 9 juill. 1852, — Strasbourg 19 avr. 1853, 14809-15101 J. N., Dél. 21 fév. 1851, 14300 J. N.; Sol. 7 fév. 1874).

C'est ce qu'il faudrait également admettre pour les mentions consignées dans des testaments authentiques ou mystiques, antérieurs à cette loi.

6461. Aveu. — Mais nous ne croyons pas que la date du don manuel serait suffisamment établie par l'indication qu'en feraient les parties dans l'acte même de reconnaissance. Le tribunal de la Seine l'a déclaré dans un jugement du

31 août 1854 (491 R. P.): « Le débiteur ne saurait invoquer ici le principe de l'indivisibilité de l'aveu consacré par l'art. 1356 C. C., car ces sortes de déclarations de don manuel toujours commandées par les besoins d'un règlement de compte, ne sauraient être assimilées à l'aveu judiciaire et sont complétement bénévoles, et si on admettait le système contraire, les débiteurs auraient toute facilité pour éluder la loi. » Bien que cette doctrine n'ait pas été trouvée incontestable par le tribunal de Vassy (30 mai 1855, 491 R. P.), et qu'elle ait formellement été contredite par le tribunal d'Yvetot, le 11 décembre 1868 (2993 R. P.), elle nous paraît cependant juridique. La règle générale, c'est l'assujettissement au droit de toutes les reconnaissances de don manuel intervenues depuis 1850. La loi excepte cependant de l'impôt les libéralités antérieures, mais à la condition expresse qu'elles auront acquis date certaine. La partie qui fait une reconnaissance doit donc, pour profiter de l'exception prouver qu'elle est dans les conditions prescrites, c'est-à-dire que le don manuel a date certaine. Autrement, le vœu de la loi n'est pas rempli, car, s'il y a déclaration de don manuel, il n'y a pas déclaration d'un don manuel ayant date certaine. Or, comme le reconnaît très-justement un jugement de Domfront du 27 février 1857 : « c'est aux redevables qui se retranchent dans l'exception de la loi de 1850, de prouver qu'ils y sont fondés; ils doivent donc prouver par acte ayant date certaine, avant la promulgation de la loi de 1850, la réalité du don manuel » (821 R. P. ; — *Contrà* Grenoble 5 juin 1844, 6984 C. ;— Saint-Girons 29 déc. 1864, 2167 R. P. — V. égal. Seine 15 janv. 1876, 4369 R. P.).

6462. Convention écrite. — Il en serait autrement si la donation avait été constatée par une *convention* écrite antérieurement à la loi du 18 mai 1850, convention qui n'aurait jamais été soumise à la formalité. On ne pourrait plus dire qu'il y a eu don manuel, et que du moment que la convention avait acquis date certaine avant la promulgation de la loi de 1850, aucun droit n'est exigible. Il s'agirait ici d'une donation, vicieuse en la forme, il est vrai, mais qui n'en serait pas moins passible des droits ordinaires de donation.

Ainsi, la C. cass. a jugé, le 28 décembre 1853 (1990 § 8 I. G. S. 54-1-206). Que « lorsque des arrêtés de compte sous signatures privées, entre un père et l'un de ses enfants, constatant que le reliquat a été abandonné à celui-ci à titre d'avancement d'hoirie, ont été produits avec ce caractère dans la liquidation et le partage de la succession, on ne peut pas dire qu'il s'agit d'un don manuel antérieurement accompli et simplement énoncé dans un acte étranger au donateur ou au donataire, mais d'un titre commun à l'un et à l'autre et constituant en faveur du débiteur, de la part du père de famille, son créancier, une remise de dette par avancement d'hoirie, et que c'est avec raison que la stipulation, ainsi invoquée et caractérisée, est considérée par l'Administration comme une donation de valeurs mobilières passible du droit proportionnel en vigueur au moment de la convention. »

6462 *bis*. Donation éventuelle transformée.— Si le donateur remet manuellement au donataire le montant de la donation faite par acte authentique sous la condition de survie du donateur, il s'opère une transmission actuelle passible du droit proportionnel de donation (Cass. 23 août 1860, 16922 J. N., 11838 C., 2190-3 I. G., 1370 R. P., S. 60-1-998, P. 61-529). — V. 6478.

Le tribunal de la Seine a appliqué la même jurisprudence le 21 février 1874 : « Attendu que la somme remise en 1865 de la main à la main à la dame Martin était comprise dans la donation éventuelle et ne devait définitivement appartenir à cette dame qu'au déces de la dame Paturle; que c'est par une libéralité nouvelle que celle-ci a, de son vivant, transformé, au profit de la dame Martin un droit incertain en une donation actuelle et irrévocable; que, le caractère de cette libéralité ainsi substituée à la donation contractuelle et opérant la transmission immédiate de l'objet donné, ne permet aucun doute sur la quotité du droit dont elle est passible et qui est évidemment celui de donation entre-vifs » (3949 R. P.).

Conf. : Seine 27 août 1874.

6463. Reconnaissances successives. — Il a été décidé que, quand l'Administration a omis de percevoir le droit proportionnel sur une reconnaissance de don manuel faite dans un acte enregistré depuis plus de deux ans, la réitération de cette reconnaissance n'est plus passible d'aucun droit proportionnel (Seine 7 mai 1870, 3385 R. P. et 1er août 1874, 3959 R. P.).

Cette interprétation nous a paru justifiée. Malgré la forme spéciale de sa perception, le droit de don manuel est l'impôt exigible pour la mutation de valeurs opérée entre le donateur et le donataire. Que cette mutation soit constatée successivement dans différents actes, il n'importe. Du moment qu'il y a une seule transmission, il ne peut y avoir qu'un seul droit au profit du Trésor. Si ce droit avait été payé lors de l'enregistrement de la première reconnaissance, il n'est pas douteux qu'on ne le réclamerait pas de nouveau sur la seconde. Or, un droit prescrit est un droit payé, puisqu'en matière civile comme en matière fiscale la prescription est un mode de libération régulière. Par conséquent, quand la déclaration est contenue dans un acte enregistré depuis plus de deux ans, le donataire est censé avoir payé le droit de la libéralité, et on ne saurait plus le lui réclamer sur les reconnaissances ou les déclarations ultérieures. C'est par une conséquence rationnelle de cette règle que les déclarations de dons manuels ne donnent lieu à aucun droit quand ces dons ont une date certaine antérieure à la promulgation de la loi. Si la thèse contraire était exacte, il faudrait décider que la mention de ces libéralités faites postérieurement à la loi fournit une cause spéciale et indépendante à la prescription du droit, de même qu'elle en fournit une au droit des dons manuels déjà reconnus dans un acte prescrit. Or, un pareil résultat est absolument contraire à la loi et à la jurisprudence. Le principe sur lequel il se fonde est donc tout à fait inadmissible.

6464. Disposition indépendante. — L'exemption du droit proportionnel dont profite le don manuel qui a acquis date certaine avant la loi de 1850, ne s'applique qu'à la disposition de gratuité, de sorte que si, dans un partage postérieur, le donataire reconnaît que le donateur s'est libéré, cette déclaration qui contient l'aveu du don manuel antérieur ne donne pas lieu au droit de donation, mais autorise la perception du droit de quittance (Sol. 19 fév. 1864, rendue pour le département de la Haute-Saône, n° 9972). Cette décision est contestable.

6465. Promesse de don manuel. — Si le législateur de 1850 s'écarte, ainsi qu'on vient de le voir, des principes du droit civil pour frapper du droit proportionnel la déclaration ou reconnaissance du don manuel, parce que, résumant la fraude, il regarde toute énonciation de cette nature comme la preuve suffisante d'une mutation consommée, il est certain que ni la loi du 18 mai 1850, ni les lois antérieures n'ont eu pour but d'atteindre une mutation à venir, et l'art. 6 ne permet pas de frapper comme accomplie une mutation qui n'est encore qu'en projet.

En se fondant sur ces considérations, une Sol. 16 mai 1851 a reconnu que le droit proportionnel n'est pas exigible sur la déclaration d'un don manuel qu'une personne, non présente, *se propose* de faire au déclarant (14392 J. N., 15210-2 J. E.).

Il a été également décidé que le droit proportionnel n'est pas exigible sur la déclaration faite par le futur dans son contrat de mariage qu'il se constituait en dot une somme que ses père et mère, non présents, *doivent* lui donner, ou une rente que lui fera son frère. Ces mots impliquent l'idée d'une mutation à venir et sont exclusifs du don manuel qui suppose toujours une tradition consommée (Sol. 28 mai 1855).

1. RÉALISATION. — Il va sans dire que, si l'on acquiert plus tard la preuve que le don manuel s'est réalisé, le droit de donation devient exigible (Perpignan 22 mai 1850, 15210-3 J. E.).

6466. Donateur non désigné. — Le droit à exiger, sur la reconnaissance du don manuel, varie en raison des degrés de parenté du donataire avec le donateur.

Si le donateur ou son degré de parenté n'est pas indiqué, le droit proportionnel doit être liquidé d'après le tarif des donations entre personnes non parentes. Il a été fait l'application de cette règle dans des espèces où le futur époux se constituait en dot une somme provenant de cadeaux reçus de sa famille ou de ses proches, et dans un cas où un failli distribuait entre ses créanciers des deniers provenant d'une collecte faite entre ses amis. — *V.* n° 6476-4.

1. DÉCLARATION DU DEGRÉ DE PARENTÉ. — On peut cependant, par une sorte d'interprétation de l'art. 10 L. 22 frimaire an 7, admettre la déclaration des noms et degrés de parenté des donateurs avec les donataires, lorsqu'elle ne se trouve pas dans l'acte.

C'est d'après ces motifs que, quand, sur la déclaration d'apport en mariage d'une somme provenant de divers dons faits par plusieurs des parents non désignés de l'un des époux, on a perçu le droit comme entre étrangers, le donataire en a obtenu la réduction, en déclarant le degré de parenté des donateurs avec lui (Sol. 10 juin 1851, 15210-1 J. E.; — Seine 28 mai 1851, 14489 J. N.). — *V.* 654.

6467. Mari et femme. — Quand le mari et sa femme reconnaissent qu'un don manuel leur a été fait, il y a, suivant les termes, ou deux donations distinctes à chacun d'eux, ou une seule libéralité faite à l'un des conjoints seulement : Ainsi le mari ayant déclaré l'existence d'un don manuel en ces termes : « Les père et mère de ma femme nous ont donné », il été décidé que le don était présumé fait à la femme seule et que le droit dû en ligne directe était seul exigible (Sol. 12 avr. 1865). — De semblables difficultés se résolvent par l'interprétation des clauses du contrat et de l'intention des parties. — V. *Communauté.*

6468. Quotité du droit. — Nature de l'acte. — Lorsque la loi du 18 mai 1850 a voulu que la déclaration du don manuel donnât lieu à la perception du droit de donation, elle a entendu que cette déclaration formait, sous le rapport fiscal, le titre constitutif de la perception ; dès lors, c'est la nature du droit dont est passible le contrat dans lequel se trouve relaté le don manuel qui doit déterminer celui exigible sur le don lui-même.

1. PARTAGE ANTICIPÉ. — C'est ce principe que l'Administration avait consacré en décidant, les 30 octobre et 8 décembre 1829 (9475 J. E., 1307 § 5 I. G., 7048 J. N.), que le droit déterminé par l'art. 3 L. 16 juin 1824 était seul exigible sur un don manuel constaté dans un acte de partage anticipé.

Mais, pour que le don manuel jouisse de la réduction du tarif résultant de la loi de 1824, il faut que l'acte dans lequel il est reconnu présente tous les caractères d'un partage d'ascendants. Ainsi, dans une espèce où le don manuel avait été déclaré et reconnu dans un testament et dans l'acte de dépôt de ce testament, le tribunal de Domfront a décidé, le 27 février 1857, qu'il n'est pas sérieusement possible de faire rentrer ce don manuel sous l'application de l'art. 3 L. 16 juin 1824, ni de considérer un testament et l'acte de dépôt comme des actes entre-vifs contenant un partage anticipé (821 R. P.).

2. CONTRAT DE MARIAGE. — Par le même motif, la déclaration d'un don manuel, faite par l'un des futurs dans son contrat de mariage, doit n'être sujette qu'au droit proportionnel établi pour les donations par contrat de mariage. Nous avons déjà vu l'application d'un principe analogue, aux n°s 5285, 5287 en matière de donation antérieure au mariage, mais acceptée dans le contrat de mariage seulement (D. N. t. 5 p. 13 n° 79).

3. DATE CERTAINE. — Il n'en saurait être de même, selon nous, lorsque le don manuel a acquis date certaine avant le partage anticipé ou le contrat de mariage. L'art. 6 de la loi de 1850, a, en effet, dérogé, pour le don manuel ayant acquis date certaine, à cette règle que la déclaration est seule le titre de la perception, puisque, pour exempter du droit les dons manuels antérieurs à 1850, cet article a dû faire abstraction de la déclaration elle-même. On est conduit à décider par analogie que, si le don manuel reconnu dans le partage ou le contrat de mariage a acquis une date certaine antérieure, c'est le droit ordinaire qui est dû.

4. AVEU. — Lorsque les enfants, qui reconnaissent un don manuel, déclarent qu'il leur a été fait par leur père à titre de partage anticipé, leur aveu, qui forme le titre de la perception est indivisible, et l'on doit, dès lors, ne percevoir que le droit de 1 pour 100, si d'ailleurs la nature de la libéralité et les circonstances de la cause permettent d'y voir un partage d'ascendants (Sol. 13 juin 1862).

6469. Débiteur du droit. — Quand la reconnaissance a lieu dans un acte civil, les droits peuvent être, selon la règle ordinaire, réclamés à toutes les parties contractantes; le notaire est même tenu à en faire l'avance s'il s'agit d'un acte notarié. — V. *Acte notarié*, n° 1011, § 5. Il en est autrement de la reconnaissance constatée dans un acte judiciaire. — V. *Acte judiciaire*, n° 770, § 2.

Mais le donateur qui n'est pas partie dans l'acte ne peut pas être tenu au payement (Mortagne, 7 juill. 1876).

6470. Droit en sus. — Le défaut d'enregistrement dans le délai légal d'un procès-verbal d'interrogatoire constatant un don manuel n'autorise pas à percevoir le droit en sus sur le don manuel. — V. *Acte judiciaire.*

CHAPITRE III. — DES PERSONNES QUI FONT LA DÉCLARATION ET DE SA FORME

[6471-6487]

6471. Donateur. — C'est la déclaration faite pour le *donataire* ou ses *représentants*, ou la reconnaissance judiciaire du don manuel, que la loi de 1850 assujettit au droit proportionnel. Si c'est le donateur lui-même qui fait la déclaration pour lui-même la loi reste sans application.

Ainsi, il a été jugé que la disposition d'un testament par laquelle le testateur, après avoir rappelé des dons manuels faits par lui à ses héritiers ou à d'autres personnes, déclare au besoin faire don et legs des mêmes valeurs aux mêmes donataires, n'autorise pas l'Administration à exiger sur les objets donnés manuellement le droit de donation entre-vifs, lorsqu'aucun acte ne contient de la part des donataires la déclaration de ces dons (Douai 26 mai 1852, 16899 J. N.; — Bordeaux 31 mars 1857, 13238 C.).

Pour que le droit proportionnel fût exigible, il faudrait que la déclaration du donateur faite en présence du donataire acceptant pût constituer un titre de la libéralité. On appliquerait alors les principes du contrat ordinaire de donation (V. notamment Cass. 9 août 1836, S. 36-1-853, 1528-6 I. G., 12 fév. 1844, S. 44-1-211, 1755-6 I. G., 16 mars 1840, S. 40-1-354, 1755-6 I. G., 18 nov. 1845, S. 45-1-815, 1755-6 I. G., 21 avr. 1846, S. 46-1-394, 1767-3 I. G., 5 juin 1844, S. 44-1-353, 1755-6 I. G., 28 déc. 1853, S.54-1-206, 1909-8 I. G.). — On trouvera le développement de cette règle au n° 6487. — V. 5359 et 5360.

6472. Donataire. — Quand la déclaration émane du donataire lui-même, elle tombe incontestablement sous l'application du texte de la loi du 18 mai 1850 qui, en parlant de la déclaration faite *pour* le donataire, s'étend *à fortiori* à la déclaration faite *par* ce donataire lui-même.

Cette reconnaissance n'a d'ailleurs pas besoin d'être formulée en termes exprès : le droit devra être perçu, pourvu que la stipulation ne laisse incertaine ni l'une ni l'autre de ces questions, savoir : qu'il s'agit d'une libéralité et que le donataire la reconnaît. « Attendu, porte un arrêt de cass. 12 janvier 1870, que si, d'après l'art. 6 L. 18 mai 1850, les actes renfermant, soit la déclaration par (pour) le donataire ou ses représentants, soit la reconnaissance judiciaire d'un don manuel, sont sujets au droit de donation, il résulte des termes mêmes de cette disposition que le législateur a entendu atteindre non pas toute déclaration ou reconnaissance d'un don manuel, mais seulement les actes proprement dits contenant déclaration ou reconnaissance d'un don de l'espèce » (Cass. 12 janv. 1870, 3062 R. P., 19804 J. N., 18780 J. E., 2962 Rev., Bull. 6, S. 70-1-176, D. 70-1-265, P. 70-406).

Mais il faut que ces deux conditions soient établies par la déclaration même et il ne serait pas permis d'y suppléer par des recherches extérieures : « Attendu qu'en fondant la perception du droit proportionnel, non sur le fait pur et simple du don manuel, mais bien sur le fait distinct et nettement caractérisé de la déclaration de ce don dans l'acte par le donataire, la loi a voulu surtout interdire des recherches qui ne pourraient, en dehors de cette déclaration ou des stipulations de l'acte formant titre entre les parties, tendre à la constatation des dons manuels à l'aide de simples présomptions, sans porter par là même une grave atteinte aux principes » (Cass. 28 nov. 1859, 2174-5 I. G., S. 60-1-281.).

6473. Prêt. — La stipulation doit se référer à une donation et il est évident que, s'il résultait des termes de l'acte qu'il s'agit d'un prêt et non d'une libéralité, le droit de don manuel ne serait incontestablement pas exigible.

Ainsi il a été décidé que, si un fils reconnaît que son père a payé à sa décharge des sommes qu'il devait à un tiers, cette déclaration ne donne pas ouverture au droit de don manuel, parce que le payement fait par le père est, à moins de preuve contraire, un simple prêt et que la libéralité ne se suppose pas (Sol. 20 fév. 1857).

L'appréciation du caractère de la disposition dépend tout entière des termes de l'acte et des circonstances particulières à chaque espèce.

Le tribunal de Senlis a donc pu décider que les termes employés excluaient l'idée d'un prêt dans une déclaration faite par la veuve, lors de l'inventaire dressé après la mort de son mari, *qu'à l'époque de son mariage* elle avait *manuellement reçu* de ses père et mère une somme de 3,000 francs (30 juill. 1857, 16217 J. N., 16631-2 J. E., 919 R. P.).

On l'a ainsi décidé également dans un cas où, lors de l'inventaire dressé dans l'intérêt d'un enfant naturel mineur, à la suite de l'ouverture d'une succession qui lui a été léguée, la tutrice a déclaré que, depuis longtemps et avant le décès du testateur, elle détient des valeurs souscrites par diverses personnes au nom du mineur, sans qu'il soit nécessaire d'indiquer les noms des débiteurs, ni ceux de qui elle tient ces valeurs s'élevant à la somme de..., la double circonstance que le donataire supposé est mineur et de plus enfant naturel, déterminerait les juges à décider, si la question leur était soumise, que la délivrance des valeurs dont il s'agit doit être considérée comme ayant été faite au mineur à titre de donation (J. du not. n° 2130).

De même, la déclaration faite dans l'inventaire, par un des enfants, qu'une certaine somme lui a été remise par son père du vivant de la mère, à valoir dans la part du déclarant dans leurs reprises, implique l'idée d'un don manuel en avancement d'hoirie et non d'un prêt (Seine 20 juin 1868, 2822 R. P.).

Mais il a été jugé que, lorsque deux époux ont emprunté à des tiers diverses sommes d'argent, destinées à l'établissement d'un enfant commun non présent aux emprunts, l'acte ultérieur par lequel cet enfant déclare avoir reçu les fonds, ne constitue pas une reconnaissance de don manuel, bien qu'il n'y ait ni indication de terme de remboursement, ni stipulation d'intérêts. Le droit d'obligation est seul exigible (Marseille 20 janv. 1868, 2780 R. P.).

Par la même raison le droit de donation ne peut être perçu quand la remise a le caractère d'un payement fait pour services rendus (Rouen 27 août 1874). — V. *Donation* et *infrà* 6503. — Ou celui d'un legs verbal (Pau, 6 fév. 1873).

6474. Nullité d'acte. — La tradition réelle des meubles compris dans une donation nulle ne vaut, comme don manuel, que si le disposant a eu l'intention de faire une libéralité nouvelle ; elle est inefficace dans le cas où elle n'a été que l'exécution de l'acte entaché de nullité (Pau 5 fév. 1866, S. 66-2-194. Par conséquent, dans le second cas, il n'y a pas don manuel ni exigibilité du droit (Sol. 10 juill. 1873).

6475. Remise de dettes. — L'abandon par le créancier au débiteur de la dette peut être, selon les cas, une libéralité ou une simple libération. — V. *Acceptilation.*

Le droit de don manuel ne sera donc exigible que si le caractère de la libéralité est établi. On l'a reconnu, notamment, dans un cas où le débiteur avait déclaré que son créancier lui avait remis le billet en lui disant : « Déchire ce billet, je te donne cet argent » (Brives 19 janv. 1872, 3428 R. P.); on lui avait donné les billets sur lui-même pour qu'il les conserve (Valenciennes, 14 fév. 1877, 4880 R. P.).

6476. Reconnaissance formelle. — Il n'est pas nécessaire que l'aveu du don manuel soit conçu en termes exprès ; il suffit, comme nous l'avons vu, qu'il résulte des termes de la stipulation.

Ainsi on a considéré qu'il y avait reconnaissance de don manuel suffisante pour autoriser la perception :

1° Dans un cas où un acte de liquidation portait que l'un des héritiers présents avait reçu des *avantages égaux* à ceux de ses frères et sœurs (Bernay 30 juill. 1861, 17256 J. N., 12082 C., 17346 J. E.);

2° Dans une espèce où une fille déclarait, au cours d'une transaction, avoir reçu de sa mère une somme d'argent à titre *d'égalisation de dot* (Corbeil 21 janv. 1864, 17789 J. E.);

3° De même, l'expression *cadeaux*, dans une déclaration d'apports, a paru constituer une reconnaissance de don manuel suffisante pour motiver l'exigibilité du droit (Seine 22 nov. 1856, 15961 J. N., 10221 C., Dél. 4 oct. 1850, 14171 J. N. ; — Seine 9 avr. 1851, 15178 J. E., 28 mai 1851, 14389 J. N., Dél. 1er juin 1851, 15210 J. E., 14995 J. E.);

4° Enfin la perception du droit a été autorisée sur un concordat portant distribution de sommes provenant au failli d'une *collecte* faite entre ses amis (Seine 22 nov. 1856, 15961 J. N., 10221 C.)

6477. Donateur non désigné. — Il y a reconnaissance formelle alors même qu'elle ne contiendrait pas la désignation du donateur : la disposition de l'art. 6 L. de 1850 n'admet aucune distinction, car elle a été promulguée dans un but purement fiscal et pour arrêter la fraude qui se pratiquait antérieurement, fraude qui ne manquerait pas de reparaître dans les actes si l'on n'interceptait pas toutes ses issues.

Ainsi, il a été reconnu que, si dans un contrat de mariage l'un des époux se constitue une somme provenant de dons et cadeaux reçus dans sa famille et de ses amis, le droit proportionnel est dû (Dél. 4 oct. 1850, 14171 J. N., Seine 9 avr 1851, 15178 J. E., 14344 J. N. ; — Seine 28 mai 1851, 14389 J. N., Dél. 10 juin 1851, 15210 J. E., 14995 J. E. ; — Seine 22 nov. 1856, 15961 J. N., 10221 C.).

De même, le débiteur ayant déclaré dans un concordat que la somme distribuée provenait d'une collecte faite entre ses amis, cette énonciation a paru suffisante pour motiver la perception du droit proportionnel (Seine 22 nov. 1856, 15961 J. N., 10221 C.).

D'après ces principes, il a été décidé que, si la mère d'un enfant naturel mineur déclare dans un acte notarié qu'elle a été chargée par un anonyme de placer en rentes sur l'État au nom de son fils une somme déterminée, cette déclaration motive la perception du droit de don manuel, bien que le donateur ne soit pas désigné (Sol. 20 nov. 1856).

6478. — Reconnaissance implicite. — Il n'est pas nécessaire que la reconnaissance fasse l'objet direct du contrat, et le droit ne serait pas moins dû alors même que l'aveu du don manuel résulterait implicitement de l'acte. C'est ce qui a été décidé par un jugement de Compiègne du 15 décembre 1859, confirmé par la C. cass. le 13 août 1860 (16922 J. N., 11838 C., 17177 J. E., 2190 § 3 I. G., 1370 R. P. S. 60-1-998, P. 61-529), en ces termes : « Attendu que, dans l'inventaire fait après le décès de sa femme, M. D. a déclaré qu'il a reçu, durant son mariage, de demoiselle Nicolas, à valoir sur l'institution contractuelle qu'elle avait faite à son profit aux termes de son contrat de mariage, une somme de 240 francs, dont il aura la reprise à exercer, et que c'est là, de sa part, la déclaration implicite, mais incontestable, d'un don manuel donnant ouverture au droit de donation. »

Par les mêmes motifs la reconnaissance qui résulterait de la participation du donataire à un acte qui emporterait de sa part l'aveu non exprimé d'un don manuel rendrait le droit incontestablement exigible.

Ainsi, il a été décidé que le droit était dû dans une espèce ou le père défunt ayant légué, par préciput, à un de ses deux enfants, une somme égale à celle précédemment donnée manuellement à son frère pour rétablir l'égalité, celui-ci a fait délivrance du legs : cette délivrance a paru contenir une reconnaissance du don manuel suffisante pour autoriser la perception (Domfront 27 fév. 1857, 821 R. P.).

6479. Déclaration contestée. — La déclaration de don manuel est une présomption légale qui, d'après les termes mêmes de la loi, suffit pour la perception ; il en résulte que, si cette déclaration est contestée par le donateur ou ses représentants, lesquels prétendraient qu'il y a seulement prêt et non libéralité, cette contestation ne ferait pas obstacle à l'exigibilité des droits (Pontoise 21 nov. 1861, 17580 J. N., 17554 J. E. ; — Montdidier 3 mai 1867, 2829 R. P. ; — Bordeaux 29 juin 1870, 3408 R. P. ; — Brives 19 janv. 1872, 3428 R. P. ; — Épinal 8 août 1871, 3408 R. P.; — Seine 20 nov. 1875, 4443 R. P.).

Devraient-ils être réclamés encore si, avant la perception, un jugement définitif reconnaissait que la déclaration est inexacte et qu'il n'y a pas eu don manuel ? L'affirmative a été admise par un jugement du tribunal de Montdidier du 3 mai 1867 (2829 R. P.), mais elle a été avec raison repoussée par le tribunal de Tournon, le 11 janvier 1876 (4637 R. P.).

C'est une des nombreuses applications de la question de savoir si l'annulation d'un acte permet de réclamer les suppléments de droit dus et non perçus lors de l'enregistrement de cet acte. On en trouvera l'examen au mot *Résolution*, n° 14450.

Si le jugement qui reconnaît le don manuel en prononce *immédiatement* l'annulation, il n'y a plus « reconnaissance judiciaire » et le droit n'est pas dû (Sol. 14 déc. 1877).

1. RESTITUTION. — Mais, si le droit était perçu, ni l'aveu du donataire que sa prétention n'était pas fondée, ni la condamnation judiciaire de sa prétention ne rendrait ce droit restituable.

Ce droit, en effet, a été perçu régulièrement dans le sens de la loi, puisque le receveur a fait une exacte application du tarif au moment de l'enregistrement de l'acte. Autoriser le remboursement, serait violer le principe de l'art. 60 L. 22 frimaire an 7, qui prohibe absolument la restitution de l'impôt régulièrement acquitté (Seine 20 nov. 1875 ; — Sol. 11 oct. 1877).

Nous ne pouvons donc nous associer à un jugement du tribunal de la Seine du 27 avril 1872, décidant que, quand, « sur une demande en restitution de deniers, le défendeur déclare qu'il lui a été fait don manuel de ces deniers, et que le tribunal, repoussant ce système, condamne le défendeur, attendu qu'il n'y a pas eu don manuel, la perception du droit proportionnel de donation opérée sur l'exploit contenant la déclaration du don manuel ne peut être maintenue, indépendamment du droit d'obligation perçu sur l'enregistrement du jugement. » On avait eu tort de percevoir le droit d'obligation qui était moins élevé que le droit de don manuel : c'était un double droit qui ne devait pas être autorisé. Mais le droit à conserver était incontestablement le droit de don manuel qui avait été régulièrement perçu.

6480. Représentants. — Héritiers. — Ce n'est pas seulement à la déclaration faite par le donataire lui-même que s'applique la loi du 18 mai 1850. Elle atteint également la déclaration faite pour le donataire et celle qui est faite par ses représentants ou pour eux.

Aucun doute ne peut s'élever en ce qui concerne les héritiers. En effet, les héritiers du donataire sont au premier chef ses représentants, la reconnaissance faite par eux, d'un don consenti à leur auteur, rend le droit exigible (Rouen, 19 fév. 1874 ; — Grasse, 20 déc. 1874).

Il en serait de même bien que la déclaration émanât d'un seul des héritiers, la généralité des termes de la loi de 1850 ne comporte aucune exception (Sol. 6 mars 1852).

6481. Mandataire. — Mais il y a plus d'embarras au sujet du mandataire.

Un point certain d'abord, c'est que, pour que la déclaration du mandataire rende le droit proportionnel exigible, il n'est pas nécessaire que la procuration qui lui a été conférée contienne pouvoir exprès de reconnaître le don manuel, car il n'y a aucune assimilation à faire entre l'acceptation d'une libéralité et la reconnaissance d'une donation accomplie et conséquemment acceptée.

Quand la déclaration du mandataire est le résultat de l'exécution stricte du mandat, on peut dire que cette déclaration entrait dans les prévisions du mandat, et qu'elle emporte dès lors une preuve suffisante du don manuel pour autoriser la perception. C'est ainsi que la déclaration faite dans un partage par le fondé de pouvoirs du donataire a paru suffisante pour rendre le droit proportionnel exigible (Brives 31 août 1859. — V. pour les avoués : Seine 7 mai 1870, 3385 R. P.).

Mais en serait-il de même du cas où, par exemple, le mandataire, à l'effet d'assister à un inventaire, reconnaîtrait, sans pouvoir spécial, l'existence d'un don manuel fait à son mandant ?

En faveur de l'affirmative, on peut soutenir que, dans cette hypothèse, la déclaration est faite *pour* le donataire et qu'il n'en faut pas davantage pour autoriser la perception du droit d'après le texte même de la loi de 1850. Mais il nous semble que ce serait attribuer au texte une portée qui n'est pas dans son esprit. Si le mot *pour* avait pour effet cette compréhension, il n'est pas une seule déclaration, même celle faite par le donateur, par un cohéritier du donataire, ou par un tiers, qui ne donnât ouverture au droit proportionnel. Or, il paraît certain que ce résultat excessif n'a pas été dans la pensée du législateur. Il a voulu, sans doute, pour couper court aux anciens abus, que la donation fût suffisamment établie à l'égard de l'Administration par une déclaration unilatérale. Mais il était bien entendu que cette déclaration devait émaner de la partie intéressée à la faire, c'est-à-dire du donataire ; sans cela, la loi eût exprimé, en termes généraux, que toute déclaration de don manuel faite, par une partie quelconque, serait passible du droit. Le soin qu'elle a pris d'indiquer qu'il s'agissait de la déclaration faite pour le donataire ou ses représentants, indique bien que les autres déclarations ne donnent pas lieu à la perception. D'où il suit qu'en s'exprimant ainsi la loi de de 1850 a voulu parler de la déclaration faite pour le donataire par une personne autorisée à la faire en son nom. Selon nous, le mot *pour*, employé dans le texte officiel de la loi, n'a pas un sens plus étendu.

C'est pourquoi nous déciderions, pour suivre notre exemple, que le mandataire nommé pour assister à un inventaire sans autre pouvoir, sort des limites de son mandat quand il reconnaît le don manuel fait à son mandant. Sa déclaration, qui n'était pas nécessitée par l'acte auquel il a concouru, ne lie pas le mandant et ne peut rendre le droit exigible.

A plus forte raison aucun droit ne serait-il dû si la déclaration émanait d'un prétendu mandataire qui ne serait pas fondé de pouvoirs (Cherbourg 23 avr. 1856, 719 R. P.).

1. PORTE-FORT. — Mais le porte-fort est censé représenter valablement celui au nom duquel il agit. Par conséquent, si un tiers, agissant dans ces conditions, reconnaissait le don manuel, le droit serait exigible, sauf, en cas d'erreur, le recours du mandant pour faire supporter au tiers les frais de sa déclaration.

6482. Mari et femme. — Le mari étant le mandataire légal de sa femme, la reconnaissance émanée de lui seul d'un don manuel fait à celle-ci suffit pour la perception (Cherbourg 23 avr. 1856, 719 R. P.).

Mais la femme qui a été autorisée à ester en justice peut faire une reconnaissance valable dans un interrogatoire sur faits et articles, sans mandat spécial (Seine 29 déc. 1866, 2488 R. P., 18968 J. N., 18363 J. E., 13213 C.).

Le droit de don manuel est donc exigible sur un aveu de

l'espèce, encore bien qu'il n'ait pas été accompagné de l'autorisation maritale : « Attendu, porte un arrêt de cass. du 30 août 1869, qu'il résulte de l'art. 6 L. 18 mai 1850, conçu en termes généraux et absolus, qu'en imposant l'acte qu'il prévoit au droit proportionnel de donation, il n'en subordonne pas l'exigibilité à la condition que la déclaration ou la reconnaissance judiciaire du don manuel soit susceptible de créer un lien de droit quelconque entre le donateur et le donataire; qu'à la différence de la loi du 22 frimaire an 7, elle donne pour base du droit d'enregistrement ce fait seul que le don manuel a été déclaré ou reconnu judiciairement dans un acte qui, sans produire d'ailleurs entre eux les effets légaux d'un titre véritable, suffit cependant pour établir, au point de vue de la loi fiscale et à l'égard du donataire ou de ses représentants, la transmission de la propriété mobilière » (Cass. 30 août 1869, 3018 R. P., 2394-5 I. G., S. 70-1-35, 19712 J. N., 18858 J. E., 2696 Rev.; — *Conf.* : Cass. 6 août 1874, 3907 R. P.).

Mais la femme n'a pas qualité pour avouer le don fait à son mari (I. G. 2394 § 5).

6483. Tuteur. — Le tuteur a qualité pour reconnaître au nom du mineur l'existence d'un don manuel fait à celui-ci. Le droit proportionnel serait donc exigible sur sa déclaration : « Attendu qu'en faisant la déclaration sus-rappelée, la dame M... a agi dans la plénitude de son droit et de son devoir; que, loin de créer, comme elle le soutient dans son mémoire, une obligation au préjudice de son mineur, elle a, au contraire, révélé au bénéfice de celui-ci et à l'encontre de ses propres intérêts, un chef de reprises important » (Gray 18 fév. 1869, 3021 R. P.; — Sol. 24 juin 1875; — V. Larombière, art. 1356-9).

6484. Subrogé-tuteur. — Il en est de même de l'aveu fait par le subrogé-tuteur, lorsque celui-ci parle au nom du mineur dans un cas où ce dernier est en opposition d'intérêts avec son tuteur. Il est alors, en effet, son mandataire légal, puisqu'il remplace le tuteur.

6484 *bis*. Curateur. — Le curateur à une succession vacante a qualité pour faire une reconnaissance de don manuel, au nom du défunt : « Attendu que, dans l'espèce, au cours d'une instance dans laquelle le curateur à la succession vacante du sieur Pécourt était partie, et sans qu'il ait été contredit aucun des faits mis au procès, il a été établi que deux dons manuels ont été faits à Pécourt, que le tribunal indique d'une manière formelle que l'existence des dons est le motif sur lequel il s'appuie pour rejeter la demande des créanciers de Pécourt contre le légataire; que la loi de 1850 est donc applicable » (Rouen 19 fév. 1874).

6485. Père. — Tuteur. — La reconnaissance par le père qui agit en qualité de tuteur d'un don manuel fait à son fils mineur est également la conséquence d'un mandat légal et rend dès lors le droit proportionnel exigible.

Il en serait autrement si le fils était majeur, parce que le père agirait sans qualité. Ainsi, il a été décidé qu'il n'était rien dû sur la déclaration faite par un père dans son testament, qu'il a reçu pour son fils le don manuel d'une somme d'argent (Sol. 1er juill. 1859).

6486. Hospice. — Le président de la commission administrative étant le représentant légal de l'hospice, la déclaration d'un don manuel autorisé doit émaner de lui pour que le droit proportionnel puisse être perçu, de telle sorte que, si la reconnaissance est faite par le maire-président de droit, elle n'est pas suffisante s'il n'a pas d'ailleurs pris cette dernière qualité (Sol. 22 juill. 1859). — *V.* Larombière, art. 1356-9.

6487. Partie. — En général, pour que l'intervention ou la présence seule du donataire puisse être considérée, en dehors d'une reconnaissance expresse du don, comme un aveu formel de la libéralité, il faut qu'il agisse en qualité de partie.

Avant que l'art. 6 L. 18 mai 1850 ait autorisé la perception du droit de donation pour les dons manuels, sur la simple déclaration du donataire, le droit ne pouvait être exigé que sur l'acte contenant la reconnaissance formelle et contradictoire du don par le donateur et par le donataire. La jurisprudence n'admettait pas que la reconnaissance fût suffisante pour autoriser la perception du droit de donation, par cela seul que les deux parties avaient figuré à un titre quelconque dans un acte faisant mention du don manuel. Il fallait, en outre, qu'il fût établi que l'une et l'autre avaient participé à cette déclaration. Ainsi la C. cass. repoussait l'application du droit proportionnel à la déclaration faite dans un contrat de mariage, par l'un des futurs, d'un don manuel à lui fait antérieurement par son père ou sa mère, présent au contrat, mais seulement pour donner son assentiment aux conventions matrimoniales, ou par une personne assistant au contrat comme témoin honoraire (Cass. 21 déc. 1831, S. 32-1-209, 10332 J. E., 18 avr. 1834, S. 34-1-269, 19 déc. 1837, P. t. 1er 1838 p. 179, S. 38-1-49); — ou par une personne présente au contrat, mais restée étrangère à la déclaration relative au don manuel, lors même que cette personne était intervenue pour faire au même futur donation d'autres valeurs (Cass. 20 août 1838, S. 38-1-580); — ou par une personne dont la présence n'était pas constatée dans le contrat, mais dont la signature se trouvait au bas de l'acte (Cass. 23 juin 1847, S. 47-1-620). — Au contraire, la cour autorisait la perception du droit lorsque le donateur figurait dans le contrat de mariage contenant la déclaration du don manuel, au nombre des parties actives, et que son nom ne se trouvait pas parmi les parents et amis en présence et de l'agrément desquels les conventions des parties avaient été arrêtées (Cass. 26 mai 1841, S. 41-1-493, P. 42-2-180, n° 1755 § 6 I. G.); — ou bien encore, lorsque, dans leur contrat de mariage, passé en présence et de l'agrément de leurs pères et mères, les futurs déclaraient avoir reçu de ceux-ci des dons manuels en deniers comptants, en avancement d'hoirie, selon le droit (Cass. 18 nov. 1845, 1755-6 I. G., S. 45-1-815).

Toute cette jurisprudence peut être invoquée aujourd'hui au sujet de la question que nous examinons. C'est d'ailleurs aux nos 1191 et suiv. et au mot *Contrat de mariage* n° 5360 que l'on trouvera le développement des différentes hypothèses dans lesquelles un tiers peut être considéré comme partie.

CHAPITRE IV. — DES ACTES RENFERMANT LA DÉCLARATION

[6488-6497]

6488. Nature de l'acte. — Concordat. — Transaction. — Le mot acte dont se sert l'art. 6 L. 18 mai 1850 est employé dans son sens le plus générique. C'est, comme l'a décidé la jurisprudence (Cass. 3 août 1813 et 14 avr. 1834. — *V.* 339 et 1309), toute production ou pièce susceptible d'enregistrement. En d'autres termes, le mot acte est le nom sous lequel la loi désigne les divers titres assujettis par elle au droit et à la formalité de l'enregistrement (Concl. de M. Blanche, chambres réunies sur l'arrêt du 19 mai 1874, rapporté n° 6496).

La nature de l'acte dans lequel se produit la déclaration de don manuel est donc, sauf en ce qui concerne la quotité lorsqu'il s'agit d'un contrat de mariage ou d'un partage d'ascendants, indifférente pour la perception, du moment où il y a reconnaissance formelle. Ainsi nous avons vu le droit reconnu exigible sur un concordat portant distribution de sommes (Seine 22 nov. 1856, 15961 J. N.) et sur une transaction (Corbeil 21 janv. 1864, 17789 J. E.).

6489. Inventaire. — On sait que les notaires peuvent, sans contravention, énoncer dans les inventaires les titres et actes sous seing privé non enregistrés : *quid* des droits à réclamer à raison de la mention, dans un inventaire après décès, des titres ou déclarations non enregistrés, constatant la remise par le défunt à l'un de ses enfants de sommes d'argent en avancement d'hoirie ? Il faut distinguer :

Si c'est d'un titre sous seing privé qu'il s'agit, énonçant la remise par le défunt d'une somme d'argent à un de ses enfants, aucun droit n'est exigible, quoique ce titre n'ait pas été enregistré ; car, d'une part, le notaire a pu énoncer ce titre sans être tenu ni à une amende ni au payement des droits ; d'autre part, nous avons vu, au chapitre précédent, que la déclaration émanée du donateur seul ne donne pas ouverture au droit de donation lorsque le donataire reste en dehors de cette déclaration.

C'est ainsi que la simple présence des héritiers donataires à l'inventaire, si elle n'est accompagnée d'aucune autre reconnaissance de leur part, n'implique pas un aveu suffisant pour autoriser la perception du droit de don manuel.

Mais il en serait autrement si, dans une déclaration spontanée, le donataire faisait l'aveu de la libéralité : le droit serait incontestablement exigible (Compiègne 15 déc. 1859, confirmé en cass. le 13 avr. 1860, 16922 J. N., 11838 C., 17177 J. E., 2190 § 3 I. G., 1370 R. P., S. 60-1-998 ; — Pontoise 21 nov. 1861, 17580 J. N., 17554 J. E. ; — Gray 18 fév. 1869, 3021 R. P. ; — Seine, 20 juin 1868, 2822). — *V.* Cass. 10 déc. 1877, 4845 R. P.

Il a été spécialement décidé qu'il n'y a pas lieu de considérer comme une reconnaissance de don manuel, donnant lieu à la perception du droit de donation, la description contenue dans un inventaire d'une pièce sous seing privé, sur timbre, par laquelle l'un des héritiers du défunt reconnaît avoir reçu de lui manuellement diverses sommes. Le droit ne pourrait être dû que si, contrairement à l'arrêté du Directoire du 22 ventôse an 8, la mention ou la description d'un acte dans un inventaire permettait d'exiger l'enregistrement de cet acte (Sol 9 avr. 1869 et 23 fév. 1870, 18 mai et 21 sept. 1872).

6490. Partages. — C'est dans les partages surtout que l'on rencontre les déclarations de don manuel, quand les donataires, en réglant la succession, y reconnaissent l'existence des libéralités qui leur ont été faites. C'est aux tribunaux qu'il appartient d'examiner, d'après les termes de l'acte, s'il y a déclaration véritable ou simple énonciation, ou bien si la reconnaissance s'applique à une simple promesse de donation non réalisée ultérieurement (*V.* Pithiviers 29 juill. 1858, 1087 R. P., 16408 J. N., 11405 C., 16788 J. E.).

Dans une liquidation sous seing privé passée entre la dame Sellier et ses enfants, il était déclaré « que la veuve Caillat, mère de la dame Sellier, avait fait à sa fille lors du décès du sieur Caillat, son mari, abandon manuel de tout ce qu'elle possédait en argent, créances et immeubles, sous la condition d'une rente viagère de 2,000 francs à son profit ; que cette convention avait été exécutée et qu'il en résultait que la dame Sellier représentant sa mère donatrice avait recueilli toutes les valeurs mobilières et immobilières et que les revenus de ces valeurs étaient devenus la propriété de la communauté des époux Sellier ; il était, en outre, déclaré, dans le même acte, que Parfait Caillat, oncle paternel de la dame Sellier, avait remis, de son vivant, la majeure partie de sa fortune à ses héritiers en chargeant Sellier d'en faire la division entre eux, et que Sellier, pour faciliter le partage, avait gardé pour lui les créances non échues, en avançant aux héritiers le montant desdites créances. » Ces énonciations ont paru suffisantes pour établir l'existence d'une double libéralité recueillie par la dame Sellier de sa mère et de Parfait Caillat (Cass. req. 15 fév. 1870, 3086 R. P., 19866 J. N., 1897 J. E., S. 70-1-225, S. 70-1-365, 2401-7 I. G.).

6491. Scellés. — Le droit est dû sur les reconnaissances résultant des déclarations contenues aux procès-verbaux d'appositions de scellés, car le mot *actes* employé par le législateur doit s'entendre dans son acception générale et comprend tous les écrits authentiques ou privés soumis à la formalité (Saint-Girons 29 déc. 1864, 2167 R. P.).

6492. Interrogatoire sur faits et articles. — Il en est de même de la reconnaissance de celui qui déclare, dans un interrogatoire subi en la chambre du conseil, qu'il possède diverses sommes lui provenant des libéralités d'un tiers désigné : « Attendu, porte un arrêt de cass. du 30 août 1869, qu'il est constaté, en fait, que, dans l'interrogatoire sur faits et articles subi le 15 mars 1866, Louis Durel a déclaré qu'une tante de sa femme, la femme Jourdan, lui avait donné 4,000 francs en plusieurs fois ; que, de son côté, la femme Durel a déclaré que sa tante, la même femme Jourdan, leur avait donné plus de 4,000 francs et qu'une autre de ses tantes, la femme Tollemer, lui avait donné 500 francs; qu'en annulant, dans ces circonstances, la contrainte décernée par la Régie contre les époux Durel en payement du droit proportionnel de donation, le jugement attaqué a formellement violé l'art. 6 L. 18 mai 1850 » (3018 R. P., 2394-5 I. G., S. 70-1-3, 19712 J. N., 18858 J. E., 2606 Rev.; — Chollet 15 juill. 1863, 12914 C., 2167 R. P.; — Seine 29 déc. 1866, 2488, R. P., 18968 J. N., 18368 J. E., 13213 C.; — Montdidier 3 mai 1867, 2829 R. P.; — Épinal 8 août 1871 et Bordeaux 29 juin 1870, 3408 R. P.; — Grasse 15 juill. 1873, 3689 R. P.; — Cass. 6 août 1874, 3907 R. P.; — Argentan, 27 mai 1873; — Mortagne, 7 juill. 1876).

1. DROIT EN SUS. — Mais le défaut d'enregistrement du procès-verbal d'interrogatoire dans le délai légal n'autorise pas à percevoir le droit en sus sur le don manuel (Chollet 15 juill. 1863, 12914 C., 2167 R. P. — *V.* Grasse 15 juill. 1873, 3689 R. P.).

6493. Enquête. — Il avait été décidé que l'aveu du don manuel fait dans une enquête par un témoin ne constitue pas une déclaration passible du droit proportionnel (Épinal 27 avr. 1871, 3408 R. P.), mais cette interprétation, que nous avions combattue, n'a pas été confirmée par la C. cass. — Un arrêt du 7 janvier 1873 a reconnu que le droit est exigible: « Attendu, porte l'arrêt, que la disposition de l'art. 6 L. de 1850 est générale et absolue et qu'en imposant l'acte qu'il prévoit au droit proportionnel de donation il ne subordonne pas l'exigibilité de ce droit à la condition que la déclaration ou la reconnaissance judiciaire de don manuel soit susceptible de créer un lien de droit entre le donateur et le donataire; qu'à la différence de la loi du 22 frimaire an 7, il donne pour base au droit d'enregistrement le fait seul que le don manuel a été déclaré ou reconnu judiciairement dans un acte qui, sans produire les effets légaux d'un titre véritable, suffit cependant pour établir, au point de vue de la loi fiscale et à l'égard du donataire ou de ses représentants, la transmission de la propriété mobilière; — Attendu, dans l'espèce, qu'il y a eu déclaration expresse de don manuel par le donataire et que la déclaration est contenue dans un acte qui, à raison de son caractère judiciaire, est soumis à l'enregistrement dans un délai déterminé par la loi; qu'ainsi se trouvaient réalisées les conditions auxquelles l'art. 6 L. 15 mai 1850 subordonne l'exigibilité du droit » (3564 R. P., 2468-1 I. G., S. 73-1-138, D. 73-1-36, P. 70-295).

6494. Procès-verbal de conciliation. — La déclaration du défendeur en conciliation portant que le défunt lui a donné le montant d'un billet dont il était débiteur constitue une reconnaissance de don manuel passible du droit proportionnel, encore bien que l'existence de la libéralité soit contredite par l'héritier (Brives 19 janv. 1872, 3428 R. P.).

6495. Reconnaissance judiciaire. — L'art. 6 L. 18 mai 1850 assimile la reconnaissance judiciaire du don manuel à sa déclaration par le donataire; il faut donc y appliquer les mêmes règles.

Peu importe en quel endroit de la décision se trouve constatée l'existence de la libéralité. Ainsi que l'a reconnu le tribunal d'Yvetot, le 11 décembre 1868, par le mot générique de jugement, il faut entendre non-seulement les motifs et le dispositif, mais encore les points de fait et de droit qui en sont le corollaire nécessaire et l'explication, et qui ont la même force obligatoire vis-à-vis des parties en cause (2993 R. P.) : « La rédaction des jugements, ajoute le même tribunal, dans une décision postérieure du 8 juin 1872, doit contenir entre autres éléments les conclusions des parties, l'exposé sommaire des points de fait et de droit; d'où il résulte que chacun de ces éléments fait partie intégrante des jugements et que les reconnaissances qui y sont contenues sont des reconnaissances judiciaires. » Tout ce qu'il faut, c'est que la reconnaissance, en quelques termes qu'elle soit conçue et en quelque endroit qu'elle soit insérée, soit assez explicite pour ne pas laisser de doute sur le don manuel (*Conf.* : Baume-les-Dames, 28 août 1874 ; — Nîmes, 5 juin 1878).

Ce que nous avons dit à cet égard, pour les déclarations émanées des parties, retrouve ici son application.

Mais il n'est pas nécessaire que la reconnaissance ait lieu du consentement ou même en présence du donataire. Le tribunal de la Seine a décidé le contraire le 15 janv. 1876; mais c'est une erreur que nous croyons avoir réfutée au n° 4369 R. P.).

6496. Établissements publics. — Documents intérieurs. — On s'est demandé s'il fallait considérer comme des actes renfermant l'aveu du don manuel dans le sens de la loi certaines délibérations prises par les établissements publics pour autoriser l'encaissement des sommes offertes ou payées à leur trésorier.

La négative avait été d'abord admise, par le motif que la délibération, même approuvée par le préfet, avait pour but unique de régulariser les comptes et revêtait ainsi le caractère d'une pièce d'ordre intérieur. C'est ce qui avait été reconnu par une D. m. 13 décembre 1858, dans un cas où la délibération se bornait à indiquer l'affectation de la somme reçue d'un anonyme (2148 § 1er I. G., 1161 R. P., 16559 J. N., S. 59-2-576).

Plus tard, les ministres de l'intérieur et des finances avaient étendu les mêmes règles à une délibération prise lors du règlement du budget pour servir de titre à la recette d'une somme donnée par une personne désignée afin d'aider à construire une salle d'asile (1945 R. P.).

Des instructions officielles avaient été données dans ce sens aux préfets par le ministre de l'intérieur le 23 septembre 1870 (3433 R. P.).

Mais l'Administration n'a pas persisté dans cette interprétation. Elle a pensé que, quand une délibération dûment approuvée et destinée à être produite au soutien de la comptabilité publique constatait l'existence d'une libéralité faite manuellement à un établissement public par un tiers et que cette délibération avait été régulièrement approuvée, cet aveu ou reconnaissance ainsi constaté avait le caractère d'un des actes prévus par la loi du 18 mai 1850.

Cette prétention a été d'abord repoussée par la cour de cassation.

Le caractère de la reconnaissance du don manuel dans le sens de la loi fiscale a été refusé, par un arrêt de la chambre civile du 12 janvier 1870, à des délibérations prises par un conseil d'administration d'hospice à l'occasion de lettres annonçant des versements de sommes d'argent faits ou à faire, à titre de don manuel, dans la caisse de l'établissement, et à des arrêtés préfectoraux dont lesdites délibérations ont été suivies: « Attendu, porte cet arrêt, que ces délibérations contenaient uniquement la constatation des offres avec mention des conditions sous lesquelles elles avaient été faites et l'indication de l'emploi des sommes si les offres étaient ultérieurement acceptées et réalisées; qu'ainsi réduites à n'avoir d'autre effet que celui de préparer la réalisation de dons, les délibérations dont s'agit avaient le caractère de pièces d'administration intérieure, et restaient à ce titre, sous l'application de l'art. 80 L. 15 mai 1818, aux termes duquel tous les actes, arrêtés ou décisions administratives non dénommés à l'art. 78 sont exempts de l'enregistrement. » (3062 R. P., 19804 J. N., 18780 J. E., 2962 Rev., B. C. 6, S. 70-1-176, D. 70-1-265).

Mais, la question ayant été soumise dans la même affaire, aux chambres réunies, l'exigibilité du droit de donation a été consacrée par un arrêt du 19 mai 1874, ainsi conçu :

« Sur l'unique moyen de cassation, pris de la violation prétendue des art. 6 L. 18 mai 1850 et 80 L. 15 mai 1818; — Attendu que ce moyen repose sur cette proposition fondamentale : que les actes administratifs produits dans la cause n'avaient d'autre effet que de préparer la réalisation des dons offerts et ne constituaient que des pièces d'ordre et d'administration intérieure; — Mais attendu que, pour déterminer le caractère vrai de ces actes, il faut rapprocher les énonciations qu'ils renferment du but poursuivi par l'administration des hospices de Lyon dans l'accomplissement desdits actes; — Attendu que l'objet des délibérations du conseil d'administration prises aux dates des 12 octobre 1864 et 11 octobre 1865 est nettement précisé; qu'elles constatent l'offre d'une somme à titre de don manuel, le versement de cette somme, l'acceptation de la libéralité aux conditions imposées par le donateur, et le règlement du mode d'exécution; — Attendu, quant à leur forme, qu'elles sont revêtues de l'approbation de l'autorité compétente; que les arrêtés préfectoraux qui contiennent cette approbation autorisent en même temps les hospices à accepter les dons à eux faits; que cette autorisation, en réagissant sur la tradition antérieure, conformément au principe posé par l'art. 11 L. 7 août 1851, a complété la perfection du don manuel; — Attendu enfin que l'effet de ces actes est d'assurer la perpétuité de la dispositon bienfaisante, au regard tant des donateurs que des donataires; — Attendu que le caractère définitif des actes administratifs dont il s'agit au procès étant ainsi précisé, il en résulte qu'ils renferment, de la part des donataires une véritable déclaration de don manuel, et qu'en conséquence le jugement attaqué, en décidant qu'ils sont passibles des droits de donation énoncés en l'art. 6 L. 18 mai 1850, loin de violer cet article et l'art. 80 L. 15 mai 1818, en a fait une saine application à la cause » (*Conf.* : Lyon 11 mai 1867, 2529 R. P.).

Le tribunal d'Uzès a également reconnu l'exigibilité du droit proportionnel de donation dans un cas où il s'agissait de la délibération approuvée par le préfet autorisant la commission administrative d'un hospice à accepter le don manuel de sommes versées dans la caisse de l'établissement (24 fév. 1857, 16150 J. N., 16498 J. E., 820 R. P.). Le tribunal d'Epernay a jugé dans le même sens le 21 juin 1878.

L'arrêt du 19 mai 1874 a été rendu dans une hypothèse où la délibération qui renfermait la déclaration du don manuel avait été approuvée par le préfet. En serait-il de même si cette délibération n'était pas approuvée?

Les acceptations de l'espèce doivent être approuvées pour être valables (6458). Mais les maires ou les représentants des établissements publics peuvent faire des acceptations provisoires qui lient le donateur et qui produisent tous les effets d'une acceptation régulière. En matière de donation entre-vifs le droit proportionnel est exigible sur les acceptations de l'espèce. Nous ne voyons pas pourquoi le droit de don manuel ne serait pas dû sur une délibération qui contiendrait la déclaration formelle du don manuel. En effet, quand la délibération intervient, non plus pour servir de document de comptabilité à l'appui du budget, mais a pour but de constater l'offre du donateur, son acceptation et les conditions de la libéralité, elle a tous les caractères de l'aveu ou de la déclaration dans le sens de la loi de 1850.

Tradition. Mais le droit n'est pas dû si les actes ne constatent pas la tradition des valeurs données, parce que c'est cette remise qui caractérise la libéralité (Remiremont 9 juill. 1874, 3953 R. P.).

Cela a été ainsi jugé notamment au sujet de l'offre écrite par un tiers de payer les frais d'achat d'un terrain communal (Vendôme, 16 janv. 1875). — *V.* 6499.

1. DÉLAI. — Les délibérations approuvées qui constatent l'existence des donations manuelles tombent-elles sous l'application de l'art. 78 L. 15 mai 1818, ainsi conçu : « Demeurent assujettis à l'enregistrement dans le délai de vingt jours les actes des autorités administratives portant transmission de propriété d'usufruit, de jouissance. » — La donation manuelle produit essentiellement une transmission de propriété, puisque les deniers ou objets *corporels* sont remis entre les mains du donataire. D'un autre côté, nous avons établi que la délibération approuvée constituait un acte proprement dit émané de l'autorité administrative. On pourrait seulement objecter que cet acte ne *porte pas* lui-même *transmission*. En effet, il ne réalise pas la mutation comme le contrat auquel participe le disposant, il se borne à en révéler l'existence antérieure. Or, cette existence unilatérale, sur laquelle le droit n'était pas exigible avant 1850, n'est pas comprise dans la catégorie des actes prévus à l'art. 78 L. de 1818 (Lyon 11 mai 1867, 2529 R. P., 19068 J. N.).

Cette objection nous semble assez sérieuse.

Cependant on peut répondre qu'en soumettant les déclarations de l'espèce au droit proportionnel, le législateur de 1850 a entendu les assimiler au contrat de donation dont elles *tiennent lieu*; qu'au point de vue du droit fiscal ces actes sont réputés le titre de la transmission manuelle, tout comme le contrat bilatéral lui-même (*suprà* n° 6171) ; que, par conséquent, il faut les assujettir aux mêmes règles pour le délai d'enregistrement. Le tribunal d'Uzès l'a ainsi reconnu dans son jugement du 24 février 1857, mais la question ne paraît pas avoir été spécialement discutée devant lui (16150 J. N., 16498 J. E., 820 R. P.).

L'Administration avait fait réclamer le droit en sus dans l'affaire qui a donné lieu à l'arrêt du 19 mai 1874 précité, un incident de procédure l'a seul obligée de renoncer à suivre sur cette demande. — *V.* 364 *bis*.

6497. Lettre missive. — La lettre missive portant que des valeurs qu'elle contenait appartiendront au destinataire si l'auteur de la lettre ne revient pas d'une expédition dans laquelle il est engagé ne constitue pas un don manuel, parce que le dessaisissement n'est pas irrévocable (Colmar 5 juill. 1870, Sol. 70-2-317).

CHAPITRE V. — DES VALEURS FAISANT L'OBJET DE LA RECONNAISSANCE

[6498-6504]

6498. Évaluation. — Lorsque le don manuel est catégoriquement établi et que la reconnaissance ne fait pas connaître la consistance des valeurs données, les parties doivent y suppléer par une déclaration estimative ordinaire.

Toutefois, cette déclaration peut être remplacée par les mentions faites dans une déclaration de succession ou dans un inventaire, quand ces mentions émanées du donataire font connaître les biens donnés (Gray 18 fév. 1868, 3021 R. P. ; — Avesnes 26 fév. 1875, 19728 J. E.).

6499. Créance. — On ne peut transmettre manuellement que les objets corporels, de sorte que, si la libéralité reconnue s'applique à des droits incorporels qui, comme nous l'avons expliqué, ne sont pas susceptibles d'une tradition réelle, la simple reconnaissance du donataire en l'absence du donateur ne peut motiver la perception du droit proportionnel. — *V.* n° 6453.

Mais il y a don manuel quand le donateur paye la dette du donataire à un tiers (Cass. 6 août 1874, 3907 R.P., 2495-7 I. G.).

6500. Rente. — Le droit à demander la prestation des arrérages d'une rente est essentiellement incorporel et ne peut être l'objet d'un don manuel. Dès lors, la reconnaissance du crédi-rentier ne peut jamais rendre le droit proportionnel exigible sur le capital. Il peut d'autant moins être perçu que le don manuel, se référant à une tradition consommée, ne peut comprendre des arrérages non échus. C'est ce qui a été décidé, le 15 janvier 1859, par le tribunal de la Seine, à l'occasion d'un inventaire dans lequel un des héritiers déclarait que la défunte s'était engagée à lui servir une rente viagère (1221 R. P., 16642 J. N., 11605 C.) ; — et par des Sol. 10 janvier 1859 et 18 avril 1866, au sujet de la déclaration faite par la future épouse dans son contrat de mariage qu'elle se constituait en dot une rente qui lui était servie par son frère ou par son père non présent (1131 R. P. ; — *Conf.* : Bull. du not. janv. 1866 n° 118).

Le même principe a été appliqué dans les termes suivants par une Sol. 18 avril 1866 : « Lorsque, dans un contrat de mariage, la future apporte une rente ou pension annuelle de 1,500 francs, qu'elle déclare lui être servie par ses père et mère non présents, cette déclaration ne présente pas les caractères d'un don manuel passible du droit de donation. Une rente viagère ne peut faire l'objet d'un don manuel, qui ne s'opère que par la tradition. Les arrérages seuls peuvent être successivement donnés manuellement, et ils ne peuvent être assujettis à une perception qu'autant que les parties déclarent qu'elles ont été payées. »

Le tribunal de Senlis, dans un jugement du 30 juillet 1857 (16212 J. N., 921 R. P.), semble avoir décidé le contraire ; mais sa solution n'a été qu'implicite. La seule question qui lui fût directement déférée était de savoir si la reconnaissance ayant été faite dans un contrat de mariage devait supporter le tarif des donations ordinaires ou celui des libéralités par contrat de mariage.

6501. Arrérages payés. — Il est incontestable, d'après ce que nous venons de dire, que le droit de donation ne peut se percevoir sur le capital de la rente ; mais il y a plus de difficulté quand le déclarant reconnaît avoir reçu soit les arrérages échus, soit un terme. On peut soutenir, en effet, qu'il y a, en ce qui concerne les arrérages payés, tradition effective d'une somme d'argent pouvant faire l'objet d'un don manuel. Le jugement de la Seine du 15 juillet 1859, rappelé au numéro précédent, a décidé, dans cet ordre d'idées, que, si le droit ne peut être perçu sur le capital de la rente, il est dû sur le semestre échu que le déclarant reconnaît lui avoir été payé. C'est également ce qui a été reconnu par des Sol. 23 février 1857, 11 janvier 1859 et par la Sol. 18 avril 1866 ci-dessus.

Mais cette interprétation est sujette à critique. L'objet de la libéralité n'est pas, en effet, la somme d'argent payée, mais le droit incorporel de la rente, lequel échappe à la perception. Une fois la libéralité de la rente consentie, c'est comme crédi-rentier que le donataire touche les arrérages et non pas en vertu d'un don manuel qui se reproduirait à chaque payement. On pourrait donc prétendre qu'il n'est dû aucun droit sur les arrérages payés antérieurement et que le seul impôt à percevoir, suivant les circonstances, est celui de libération.

6501 *bis*. Assurance. — L'assurance faite pour le cas de survie par le mari au profit de sa femme n'est pas un don manuel puisque le capital n'est payé qu'au décès (Sol. 23 mai 1878).

6502. Créance. — Rente sur l'État. — Nous avons vu, au n° 6454, qu'il a été jugé, en matière civile, qu'on doit considérer comme valable le don manuel d'une créance fait par le créancier au moyen de la remise du titre, parce que le don manuel porte alors, non sur le titre lui-même, mais sur les espèces antérieurement comptées qui faisaient l'objet de la créance.

Par application de ce principe, on a reconnu que, lorsqu'un jugement constate que le titre d'une créance appartenant au défunt a été remis par ce dernier avant son décès à un tiers, et déclare que cette créance est devenue la propriété de ce tiers, il est dû un droit proportionnel. Le tribunal peut, d'après les circonstances du fait, décider que ce droit est celui de donation manuelle et non pas de cession de créances (Auch 22 janv. 1867, 2551 R. P., 18388 R. P.). — Mais cette solution est très-contestable. — *V.* 6454. et 6475.

De même si, au lieu de la remise du titre, il y a acquisition d'une rente sur l'État au nom du donateur pour l'usufruit et du donataire pour la nue-propriété, et que cette acquisition soit suivie après le décès du donateur d'une reconnaissance du donataire portant que la rente à son nom est le résultat d'une libéralité, cette reconnaissance peut impliquer l'aveu d'une donation des fonds nécessaires à l'acquisition de la rente, et le droit peut être alors exigé (Tours 4 juin 1864, 1974 R. P.).

6503. Obligation éteinte. — Il n'est pas besoin d'ajouter qu'il n'y a plus de cause à la perception du droit de donation quand les sommes reçues par le déclarant lui ont été remises en l'acquit d'une obligation légale ou conventionnelle imposée au tiers. C'est ce que le tribunal de la Seine a décidé, le 30 août 1854, au sujet de sommes données par un père à son fils à titre de pension alimentaire. — Et c'est ce qu'il faudrait admettre pour toutes les dépenses d'entretien et d'éducation imposées aux parents (16837 J. E.). Le droit de quittance pourrait seul devenir exigible. *Cons.* Grasse 20 déc. 1875, 4338 R. P.

Quant aux obligations naturelles, V. *Donation.*

6504. Récompenses d'actes de vertu. — On attribue, en général, le même caractère aux sommes que l'État ou les établissements publics accordent aux particuliers pour récompenser des actes de courage ou de vertu, par exemple aux prix fondés pour les rosières, les faits de sauvetage, etc. L'Administration paraît admettre que les déclarations faites à cet égard par les titulaires de ces prix n'emportent pas reconnaissance d'un don manuel proprement dit, parce que la somme reçue a moins le caractère d'une libéralité effective, telle qu'on l'entend habituellement, que la rémunération d'un service spécial rendu à la société ou à l'un de ses citoyens. On ne peut qu'approuver cette bienveillante interprétation (*V.* Sol. 19 juill. 1871 et 5 fév. 1874, 19377 J. E.).

6504 *bis*. **Nue-propriété.** — La nue-propriété d'une valeur n'est passible du droit de donation qu'autant qu'elle a été remise au donataire. Sinon, le défaut de tradition de l'objet empêche de percevoir le droit (Sol. 8 août 1871). La même distinction s'applique à l'usufruit.

DONATION

DIVISION

SOMMAIRE

TITRE PREMIER. — PRINCIPES GÉNÉRAUX

[6505-6526]

6505. Définition. — La donation est, en général, une libéralité qu'une personne fait à une autre. L'étymologie du nom, *dono-datio*, indique suffisamment le caractère de gratuité qui est le signe certain de la donation.

6506. Deux classes de donations. — On distingue deux grandes classes de donations : les donations entre-vifs ou *donations* spécialement dites, et les donations testamentaires ou *testaments*.

6507. Observation. — Si nous n'avions consulté que l'importance du sujet que nous avons à traiter dans cet article, nous aurions divisé notre travail en deux parties : l'une eût été entièrement consacrée à l'exposé des principes civils qui régissent la donation telle que nous l'avons définie ; dans l'autre, nous eussions traité des questions d'enregistrement seulement. Mais nous avons craint d'être entraîné dans des développements trop longs pour le cadre dans lequel nous nous sommes imposé l'obligation de renfermer cet ouvrage. Aussi, nous contenterons-nous de traiter *simultanément* et des principes civils et de ceux qui concernent spécialement la loi de l'impôt. Si ce plan ne nous permet pas de donner aux premiers tous les développements qu'ils sont susceptibles de recevoir, il nous offrira du moins la facilité de placer toujours l'application fiscale à côté de la règle civile, ce qui a certainement son avantage. D'ailleurs, dans un ouvrage spécial comme l'est celui-ci, il est impossible de passer en revue toute la législation civile pour faire ressortir les applications variées à l'infini qui peuvent en être faites à la loi de l'enregistrement. Nous examinons toutes les hypothèses qui se sont présentées, toutes celles qui sont de nature à se présenter dans des circonstances plus ou moins fréquentes. En dehors de là, les auteurs et la jurisprudence du droit civil doivent être consultés, et leur décision est la règle à suivre à l'égard de la perception.

Notre cadre étant ainsi limité, nous devons laisser de côté tout ce qui, dans le liv. 3 tit. 2 C. C., concerne spécialement la donation testamentaire (V. *Testament*), tout ce qui a trait aux réductions et aux rapports (V. *Succession*) ; toutes les donations en faveur du mariage sont traitées au mot *Contrat de mariage*, etc. ; nous restreindrons ici notre examen à la donation proprement dite, c'est-à-dire à la donation entre-vifs et à ses effets actuels, après avoir toutefois jeté un coup d'œil sur certaines dispositions communes aux donations en général et qu'il est nécessaire de connaître.

CHAPITRE PREMIER. — DE LA CAPACITÉ DE DISPOSER ET DE RECEVOIR A TITRE GRATUIT

[6508-6525]

6508. De la capacité. — D'après l'art. 902 C. C., toutes personnes sont capables de disposer et de recevoir, soit par donation entre-vifs, soit par testament : et celles-là seulement en sont incapables qui sont déclarées telles par la loi.

SECTION PREMIÈRE. — INCAPACITÉ DE DISPOSER

[6509-6514]

6509. Incapacité complète et incomplète. — L'incapacité constitue tantôt une absence complète de la capacité, et entraîne dès lors la nullité absolue de l'aliénation qui se trouve ainsi sans aucune existence légale ; tantôt, au contraire, c'est seulement l'imperfection de cette capacité produisant l'annulabilité de l'acte, lequel existe alors, tout vicié qu'il est, et finit même par devenir complètement valable, si l'on n'en provoque pas l'annulation dans les délais déterminés par la loi.

6510. Sain d'esprit. — « Pour faire une donation entre-vifs ou un testament, porte l'art. 901 C. C., il faut être *sain d'esprit.* » Cette expression est générale, elle exclut non-seulement l'état actuel d'imbécilité, de démence ou de fureur susceptible de faire prononcer l'interdiction, mais l'état accidentel qui trouble passagèrement la raison (Coin-Delisle sur l'art. 901 n° 3). « Deux conditions, dit à cet égard Demolombe, nous paraissent nécessaires pour constituer la sanité d'esprit : 1° comprendre le caractère et les effets de l'acte ; 2° vouloir faire cet acte et pouvoir aussi, bien entendu, manifester cette volonté » (T. 18 n° 333). — Ainsi on ne peut faire un testament ou une donation pendant le délire qu'occasionne une maladie (Grenier n° 102, Duranton t. 8 n° 153, Coin-Delisle, sur l'art. 901 n° 3, Demante t. 14 n° 17 *bis*, Demolombe t. 18 n° 343) ; — ni pendant une ivresse qui irait jusqu'à la privation de la raison (mêmes auteurs et Duvergier sur Toullier) ; t. 3 n° 159, Troplong t. 2 n° 506, Zachariæ, Aubry et Rau t. 5 p. 421, Grenier et Bayle-Mouillard t. 1er n° 102) ; — ni pendant le paroxysme d'une passion qui produit le délire et l'égarement de l'esprit, manifesté par des signes extérieurs : *ira furor brevis est* (Liége 12 fév. 1812, Coin-Delisle art. 901-4, Demolombe t. 18 n° 346).

On ne peut donc pas considérer comme constituant un état d'insanité d'esprit les maladies ou les infirmités physiques qui n'ont pas altéré les facultés de l'intelligence : nul doute, par exemple, que les aveugles, les sourds, les muets peuvent disposer à titre gratuit lorsqu'il est constaté qu'ils comprennent l'acte qu'ils veulent faire (Colmar 17 janv. 1815, S. 15-2 205 ; — Bordeaux 16 août 1836, S. 37-2-468 ; — Cass. 30 déc. 1844, S. 44-1-102 ; — Pau 23 déc. 1851, S. 54-5-247 ; — Montpellier 1er déc. 1852, S. 55-2-82 ; — Colmar 14 juin 1870, S. 70-2-211 ; — Merlin *Rép.* v° *Sourd-Muet* n° 4, Coin-Delisle art. 936-7, Pont *Rev.* t. 19 p. 615, Demolombe t. 18 n°s 351, 352).

6511. Interdit. — Le défaut de raison dont nous venons de parler constitue toujours et nécessairement l'incapacité complète du disposant, sans qu'il y ait à considérer s'il y a ou non interdiction. Les auteurs et la jurisprudence sont unanimes sur ce point. Mais c'est une question de savoir si l'interdit peut disposer dans les intervalles lucides. La généralité des auteurs se prononce pour la négative. « L'interdit, dit Vazeille sur l'art. 901 n° 5, est légalement réputé dépourvu de sens ; et pour faire tomber comme l'œuvre d'un insensé la disposition qu'il aurait faite matériellement, il n'est pas besoin d'autre preuve que celle qui résulte de son interdiction. Ainsi, l'allégation d'un intervalle lucide et d'un esprit sain au moment de la disposition ne serait pas écoutée en justice, et la preuve en serait refusée » (*V.* dans le même sens Grenier n° 104, Toullier t. 5 n° 57, Duranton t. 8 n° 54, Demolombe *Minorité* t. 2 n°s 633, 648 ; — *Contrà* Merlin *Rép.* v° *Testament* sect. 1re § 1er n° 6, Dalloz t. 5 p. 206, Valette p. 363, 364).

6512. Mineur. — Au-dessous de seize ans accomplis, le mineur, émancipé ou non, est incapable de faire aucune disposition gratuite ; au-dessus de seize ans, il ne peut disposer que par testament et seulement pour la moitié de ce qu'il pourrait donner s'il était majeur. Il y a toutefois exception à cette règle pour la donation entre-vifs que le mineur ferait à son conjoint par son contrat de mariage : celle-là lui est permise à tout âge (903, 904 C. C.).

6513. Condamné à une peine afflictive. — La loi du 2 mai 1854, tout en abolissant la mort civile, a laissé subsister, par son art. 3, contre le condamné à une peine afflictive, la prohibition de disposer que l'art. 25 C. C. prononçait contre le mort civilement (Demolombe t. 18 n° 460). — *V.* au sujet des dons manuels Troplong *Quest. de droit* v° *des Donat.* t. 2 n°s 512, 514, 522.

6514. Incapacité imparfaite. — 1. FEMME MARIÉE. — La femme mariée est incapable de disposer entre-vifs autrement qu'avec le consentement de son mari ou l'autorisation de la justice (905 C. C.), quand même elle serait séparée de biens et qu'il s'agirait de son mobilier, puisqu'elle n'a le droit d'aliéner ce mobilier que pour les besoins de son administration (Marcadé sur l'art. 905, Duranton t. 8 n° 208 et t. 14 n° 425, Rodière et Pont t. 2 n° 881, Odier t. 1er n° 40, Troplong 2-1420, Aubry et Rau t. 2 n° 347, Demolombe t. 18 n° 444 ; — Pau 28 janv. 1851, S. 51-2-397 ; — *Contrà* Delvincourt t. 2 p. 58 note 16, Taulier t. 5 p. 137, Zachariæ § 516).

Quant au testament, la femme n'a besoin d'aucune autorisation pour le faire (Demolombe t. 18 n° 455).

SECTION 2. — INCAPACITÉ DE RECEVOIR

[6515-6523]

6515. Incapacité de recevoir. — De même que l'incapacité de disposer, l'incapacité de recevoir se divise en deux branches. Il y a l'incapacité *absolue* et l'incapacité *relative*. Les personnes rangées dans la première catégorie ne peuvent recevoir de qui que ce soit; celles rangées dans la deuxième, capables de recevoir en thèse générale, ne sont incapables que relativement à certaines personnes.

6516. Enfant non conçu. — Au premier rang des personnes complétement incapables de recevoir, il faut placer celles qui n'existent pas encore. On devrait donc considérer comme non avenue une disposition entre-vifs, ou par testament faite au profit d'une personne non conçue. La conception ultérieure de cette personne ne saurait avoir pour effet de valider un acte qui n'avait absolument aucune existence aux yeux de la loi (Demolombe t. 18 n° 578). Cependant, il n'est pas nécessaire que le bénéficiaire soit né pour pouvoir recueillir la disposition, il suffit qu'il soit conçu; mais il ne recueille toutefois que sous la condition de naître viable.

1. TESTAMENT. — Le moment où la conception est nécessaire est : dans le testament, celui du décès du testateur, parce que c'est alors que le testament cesse d'être un projet et devient acte de disposition (Toullier t. 3 n° 92, Zachariæ, Aubry et Rau t. 5 p. 430, Troplong t. 1er n° 607, Demante t. 4 n° 38 *bis*, Demolombe t. 18 n° 580).

2. DONATION. — Dans la donation qui ne serait acceptée que par un acte postérieur, c'est seulement lors de l'acceptation, puisque c'est cette acceptation qui, en réalisant le concours des volontés, forme le contrat (Toullier t. 5 n° 95, Demante *Themis* t. 7 p. 377, Grenier 138 *bis*, Vazeille n° 1er, Marcadé sur l'art. 306, Duranton t. 8 n° 223, Poujol art. 906 n° 3, Taulier t. 4 p. 28, Saintespès-Lescot t. 1er n° 196, Troplong t. 1er n° 616, Massé et Vergé t. 3 p. 32 ; — *Contrà* Merlin *Rép.* v° *Donation* sect. 3 § 2 n° 3, Coin-Delisle n° 2, Aubry et Rau t. 5 p. 429, Demolombe t. 5 p. 429).

3. ENFANT A NAITRE. — SUBSTITUTION. — Toutefois la règle qui exige que le donataire soit au moins conçu à l'époque de la donation comporte deux exceptions : la première, pour les donations par contrats de mariage en faveur des époux et des enfants à naître du mariage (V. *Contrat de mariage*) ; la seconde, quand il s'agit de substitutions permises (1048 et suiv. C. C.), ainsi qu'on le verra au mot *Substitution*.

6517. Condamné à une peine afflictive. — La loi du 2 mai 1854, tout en abolissant la mort civile, a laissé subsister, par son art. 3, contre le condamné à une peine afflictive, la prohibition de recevoir que l'art. 25 C. C. prononçait contre le mort civilement.

6518. Incapacité relative. — Les incapacités *relatives* ont pour fondement soit les rapports qui existent entre deux personnes, et la crainte que l'une d'elles ne se serve de l'influence qu'elle a sur l'autre pour forcer son consentement ou l'abuser sur sa position; soit la morale publique.

6519. Tuteur. — Le mineur devenu majeur ne peut disposer au profit de son ancien *tuteur* que lorsque le compte de tutelle a été préalablement rendu et apuré (907 C. C.). — La règle s'applique à tous les tuteurs, tels que protuteur (417 C. C.), cotuteur ou second mari de la mère (396 C. C.), tuteur officieux (art. 365 et 370), tuteur de fait (Demolombe t. 18 p. 485).

1. TUTEUR AD HOC. — SUBROGÉ-TUTEUR. — Mais elle ne s'applique pas au tuteur *ad hoc* (318 C. C.), qui, malgré son nom, n'est pas un véritable tuteur, mais un simple curateur qui n'administre pas (Pothier *Cout. d'Orl.* n° 276, Coin-Delisle art. 907-107, Zachariæ, Aubry et Rau t. 5 p. 435, Demante t. 4 n° 27 *bis*, Marcadé art. 907 n° 3, Troplong t. 2 n° 624, Demolombe t. 18 n° 489. — V. 5717 et suiv.) ; ni au subrogé-tuteur, qui n'est qu'un sous-tuteur et n'administre pas non plus (Demolombe *ubi suprà*).

2. ASCENDANTS. — Toutefois on excepte de cette prohibition les tuteurs ou ex-tuteurs qui sont ascendants du disposant ; cette seule qualité d'ascendants les met à l'abri de la défiance qui motive l'incapacité.

6520. Médecin. — Pharmacien. — Les docteurs en médecine ou en chirurgie, les officiers de santé et les pharmaciens qui ont traité une personne pendant la maladie *dont elle est morte* ne peuvent profiter des dispositions entre-vifs faites en leur faveur pendant le cours de cette maladie (909 C. C.).

1. EMPIRIQUE, CHARLATAN. — Sous le nom de *médecin* il faut comprendre aussi les empiriques et les charlatans, car ils font métier de guérir les malades ; l'illégalité de leur exercice ne saurait évidemment devenir une cause de faveur, et la cupidité est assurément beaucoup plus à craindre chez eux que chez le médecin qui exerce licitement. C'est l'opinion à peu près unanime des auteurs (Grenier t. 1er n° 126, Toullier t. 3 n° 68, Duranton t. 8 n° 251, Taulier t. 4 p. 31, Vazeille art. 909 § 8, Marcadé art. 909 § 1er, Saintespès-Lescot t. 1er n° 244, Troplong t. 2 n° 647, Zachariæ, Aubry et Rau t. 5 p. 436, Massé et Vergé t. 3 p. 41, Paris 9 mai 1820, S. 20-2-259 ; — Grenoble 6 fév. 1830, S. 30-1-309 ; — Caen 10 août 1841, Dalloz v° *Don.* n° 363 ; — *Contrà* Coin-Delisle n° 6, Demante t. 4 n° 30 *bis*. — V. aussi Cass. 24 juill. 1832, S. 32-1-300).

2. TRAITEMENT SUIVI. — Il faut, du reste, que, dans les cas ci-dessus, il y ait eu traitement, c'est-à-dire une série de soins.

Ainsi, la prohibition n'est pas applicable au médecin qui n'a été appelé qu'en consultation, sans avoir donné des soins habituels pendant le cours de la dernière maladie (Delvincourt t. 2 p. 205, Toullier n° 69, Coin-Delisle n° 8, Vazeille n° 6, Marcadé sur l'art. 909, Merlin *Rép.* v° *Apothic.*; — Cass. 9 avr. 1835, S. 35-1-450); — ni au pharmacien qui a vendu seulement les drogues de son officine (Mêmes auteurs et Aubry et Rau t. 5 p. 436, Troplong t. 2 n° 645, Demolombe t. 18 n° 506; — Cass. 12 oct. 1812, S. 1813-1-38; — Montpellier 31 août 1852, S. 53-2-585).

3. SAGE-FEMME. — La prohibition doit s'étendre aux sages-femmes, qui sont, quant aux accouchements, de vrais officiers de santé, et aussi aux femmes qui, sans mission légale, feraient métier habituel de guérir (Vazeille n° 10, Marcadé sur l'art. 909 n° 7, Roll. de Vill. v° *Donation* n° 157; — *Contrà* Demolombe t. 18 n° 510, Troplong t. 2 n° 648, Aubry et Rau t. 5 n° 436).

4. GARDE-MALADE. — Quant aux garde-malades, les auteurs s'accordent unanimement à reconnaître que la règle ne leur est pas applicable (Toullier t. 3 n° 67, Duranton t. 8, n° 252, Vazeille art. 909 n° 8, Grenier t. 1er n° 128, Coin-Delisle art. 909-7, Saintespès-Lescot t. 1er n° 241, Troplong t. 2 n° 648, Dalloz *Donat.* n° 358, Demolombe t. 18 n° 509).

6521. Ministre du culte. — D'après l'art. 909 C. C., les règles précédentes, relatives aux médecins, s'appliquent aux ministres des cultes; mais il faut pour cela que les ministres du culte aient administré, d'une façon continue, les secours spirituels pendant la dernière maladie du disposant (Toulouse 20 nov. 1835, S. 35-1-39, Duranton t. 8 n° 259, Coin-Delisle art. 909 § 20, Troplong t. 2 n° 650, Demante t. 4 n° 30 *bis*, Saintespès-Lescot t. 1er n° 255, Bayle-Mouillard et Grenier t. 1er n° 129 note A, Demolombe t. 18 n° 517).

6522. Dispositions rémunératoires et universelles. — L'art. 909 C. C. permet les dispositions rémunératoires pourvu : 1° qu'elles soient à titre particulier, par exemple des sommes d'argent, certains meubles; — 2° qu'elles soient proportionnées aux facultés du disposant et aux services rendus.

La disposition universelle serait donc entièrement nulle et non pas seulement réductible (Grenoble 6 fév. 1830, S. 31-2-186; — Lyon 22 mars 1843, S. 43-2-579; — Caen 31 mars 1846, S. 46-2-431, 2 mars 1846, Coin-Delisle art. 909 n° 13, Zachariæ, Aubry et Rau t. 5 p. 437, Massé et Vergé t. 13 p. 42, Demolombe t. 18 n° 531).

Il autorise encore les dispositions universelles quand elles sont faites en faveur des parents jusqu'au 4e degré inclusivement, pourvu que le défunt n'ait pas d'héritier en ligne directe, à moins que celui au profit de qui la disposition a été faite ne soit lui-même du nombre de ces héritiers. L'exception que la loi fait ici en faveur des parents jusqu'au 4e degré est donc subordonnée, en outre, au point de savoir quels seront les héritiers du disposant; de sorte que, si le disposant a des héritiers en ligne directe, c'est-à-dire si sa succession est dévolue à des parents de cette ligne, la parenté de quelque ligne et de quelque degré que ce soit ne fait pas cesser l'incapacité, à moins que le donataire ne soit lui-même du nombre des héritiers (Grenier t. 1er n° 127 et Bayle-Mouillard *loc. cit.*, Vazeille art. 909 n° 2, Poujol art. 909 n° 8, Taulier t. 4 p. 33, Marcadé sur l'art. 909 n° 5, Dalloz *Donat.* n° 377, Demante t. 4 n° 30 *bis* § 8, Massé et Vergé t. 3 n° 45, Demolombe t. 18 n° 537). — D'autres auteurs soutiennent au contraire que le mot *héritiers* dans le 3e alinéa de l'art. 909 est synonyme de parents (Coin-Delisle art. 909 n° 17, Duranton t. 8 n° 256, Aubry et Rau t. 5 p. 438).

6523. Simulation. — Donation déguisée. — Personne interposée. — Toutes les fois qu'une disposition, faite en apparence à titre onéreux au profit d'une personne incapable de recevoir gratuitement, est reconnue être une donation, ou quand une libéralité ne s'adresse à une personne capable que pour être remise par celle-ci à la personne incapable, la disposition ainsi déguisée ou faite à la personne interposée est nulle, du moment que la simulation ou l'interposition a été prouvée; il en serait de même s'il était établi qu'une libéralité a été procurée à la personne incapable par toute autre voie indirecte, quelle qu'elle fût. Il est même un cas où l'interposition de personnes est présumée de plein droit, en sorte qu'elle n'a pas besoin d'être prouvée et qu'on ne peut pas même prouver qu'elle n'existe pas : c'est quand le donataire se trouve être le père, la mère, le conjoint ou le descendant d'une personne incapable et actuellement vivante (911 C. C.). — V. *Enfant naturel.*

CHAPITRE II. — DE LA QUOTITÉ DISPONIBLE

[6524-6526]

6524. Quotité disponible. — Réserve. — Le patrimoine de chaque personne est divisé par la loi en deux parties dont l'une peut être donnée au gré du propriétaire, tandis que l'autre est soustraite à son droit de disposition gratuite, et doit nécessairement arriver à ses successeurs *ab intestat*. La première se nomme *portion disponible* ou *quotité disponible*; la seconde s'appelle *portion réservée* ou simplement *réserve*.

6525. Quotité disponible. — La quotité disponible se règle d'après des systèmes différents, selon que la disposition s'adresse 1° à l'enfant naturel du disposant, ou 2° à son conjoint, ou 3° à toutes autres personnes. On distingue donc la quotité disponible entre époux et la quotité disponible pour les enfants naturels.

Nous nous réservons de traiter de ces diverses questions au mot *Quotité disponible*.

6526. Réserve. — L'action en réduction ayant pour but de former ou compléter la succession réservée que le père de famille aurait épuisée ou entamée, et un droit de succession ne pouvant exister sur les biens d'une personne qu'après le décès de celle-ci, ce n'est qu'à la mort du disposant que l'on peut faire réduire, s'il y a lieu, ses libéralités. Ce n'est d'ailleurs que par le nombre et la qualité des héritiers acceptant la succession que se déterminent le montant de la réserve et la fixation des deux qualités. Tout ceci n'est donc possible qu'après le décès du déposant. Nous traitons de la *réserve* au mot *Quotité disponible*.

TITRE II. — DE L'APPLICATION DES DROITS D'ENREGISTREMENT

[6527-6814]

CHAPITRE PREMIER. — TARIF

[6527-6541]

6527. Définition de la donation entre-vifs. — La donation entre-vifs est un contrat par lequel le donateur se dépouille actuellement et irrévocablement de la chose donnée en faveur du donataire qui l'accepte (894 C. C.).

6528. Élévation du tarif en général. — Dans la donation tout est bénéfice pour le donateur, aussi le Trésor peut-il, sans trop surcharger celui qui reçoit, prélever un fort impôt sur les objets qui lui sont transmis. C'est ce qui explique les tarifs élevés qui ont toujours pesé sur les donations.

6529. Ancienne législation. — Dans l'ancienne législation les donations pouvaient être assujetties jusqu'à quatre droits de nature différente. Elles supportaient d'abord, comme tous les autres actes, le droit de *contrôle* (art. 3, 4 et 44 du tarif du 29 sept. 1722) ; — puis on percevait le droit d'insinuation (art. 3 de la déclaration du 20 mars 1708, art. 1er du tarif du 29 sept. 1722) ; — les immeubles avaient ensuite à subir *le centième denier*, qui atteignait toutes les mutations immobilières (édits de déc. 1703 et du mois d'avr. 1706); — enfin, dans certaines provinces, on prélevait sur elles les *lods et ventes* pour le seigneur (Bosquet v° *Donations, des Droits seigneuriaux dus pour les donations*).

La loi de 1790 fondit en un seul tous les droits que nous venons de passer en revue ; mais, tout en simplifiant le tarif de ce côté, elle le compliqua singulièrement d'un autre, en créant des classifications nombreuses et embarrassantes.

6530. Nouvelle législation. — La loi du 22 frimaire an 7 prit pour base fondamentale des tarifs qu'elle dut créer à son tour, une distinction qui existait déjà dans la loi de 1790, celle entre les meubles et les immeubles; puis elle sépara les donations par contrat de mariage de celles faites hors contrat de mariage; enfin, elle prit en considération les liens de parenté existant entre le donataire et le donateur. Seulement elle n'établit que deux catégories: l'une, pour les donations en ligne directe (art. 69 § 4 n° 1er § 6 n° 2); l'autre pour les collatéraux et autres personnes non parentes (art. 69 § 6 n° 1er § 8 n° 1er).

Sauf les modifications dans les tarifs qui ont été successivement révisés par différentes lois, ainsi qu'on va le voir, cet état de choses a subsisté jusqu'à la loi du 18 mai 1850 qui, par son art. 10, a assimilé les meubles aux immeubles.

6531. Ligne directe. — Les tarifs actuellement en vigueur sont : pour la ligne directe, savoir : pour les biens meubles, en propriété ou usufruit, de 1 fr. 25 cent. pour 100 (69 § 4 n° 1er L. 22 frim. an 7); pour les biens immeubles, également en propriété ou usufruit, de 2 fr. 50 cent. pour 100 (69 § 6 n° 2 L. 22 frim. an 7). L'art. 69 ajoute, sous chacun des paragraphes que nous avons indiqués : « Il ne sera perçu que moitié de droit si les donations sont faites par contrat de mariage aux futurs. »

1. TRANSCRIPTION. — Mais on doit ajouter d'office le droit de 1 fr. 50 cent. pour 100, lorsque les donations ont pour objet des biens susceptibles d'hypothèques (Art. 54 L. 28 avr. 1816). On a objecté, à cet égard, que l'art. 54 n'autorise la perception d'office du droit de transcription que relativement aux actes de donation énumérés dans l'art. 53 L. de 1816 (Champ. et Rig. n° 2183 et t. 6 n° 471). — Mais, dès l'origine, la pratique s'est établie en sens contraire, et la loi du 16 juin 1824, par sa disposition sur l'échange, et *à contrario* par sa disposition sur les donations *portant partage*, a confirmé sur ce point la pratique. Conséquemment, dans les donations immobilières en ligne directe, le droit proportionnel de transcription doit être perçu d'office par le receveur de l'enregistrement (M. Demante n° 601, Dalloz n° 3656; Flandin 2-1321).

L'art. 10 L. 18 mai 1850 ayant porté au même taux les donations de biens meubles et celles de biens immeubles, il résulte que le droit de 1 fr. 25 cent., déterminé par la loi de 1816, est aujourd'hui de 2 fr. 50 cent. pour 100, puisque, les biens meubles n'étant pas susceptibles d'hypothèques, aucune addition du droit de transcription ne doit être faite (14058 J. N., Dél. 18 juin 1850, 14968-2 J. N., 15318 J. E.; — *Contrà*.14951-2 J. E.; — Pont, *Rev. crit.*, t. 2 p. 272).

Les donations entre-vifs faites en ligne directe sont donc aujourd'hui passibles : 1° du droit de 2 fr. 50 cent. pour 100 pour les meubles; — 2° du droit de 4 francs pour 100 pour les immeubles.

2. DROIT EN SUS. — Si une donation entre-vifs d'immeubles en ligne directe n'a pas été enregistrée dans le délai prescrit, l'Administration peut exiger, outre le double droit d'enregistrement, un double droit de transcription (Dél. 29 nov. 1836). Cette solution a paru contestable au J. N., parce que, dans l'espèce, il y a deux droits distincts, l'un d'enregistrement, l'autre de transcription, et que les lois d'enregistrement prononcent seulement la peine du double droit d'enregistrement, pour l'enregistrement tardif d'un acte (9468 J. N., D. N. t. 5 p. 77 n° 465); mais il faut répondre

que, dans l'esprit de la loi, tel qu'il est interprété par une pratique constante, le droit d'enregistrement et le droit de transcription font ici un tout complexe exigible à l'enregistrement et considéré dès lors comme un droit d'enregistrement ordinaire. — V. 6536.

6532. Nécessité de la transcription en matière civile. — L'art. 939 C. C. veut que, « lorsqu'il y aura donation de biens susceptibles d'hypothèques, la transcription des actes contenant la donation, ait lieu au bureau des hypothèques de la situation des biens. » Sauf quelques dissidents, les auteurs (Merlin, *Rép.* v° *Donation* sect. 6 § 3, Tarrible v° *Transcription* § 3, Proudhon v° *Usufruit* n° 91, Duranton t. 8 n° 502, Troplong *Hyp.* n° 904, Marcadé sur l'art. 937, Delvincourt t. 2 p. 74, Grenier t. 2 n° 167 et Bayle-Mouillard *H. t.* note B, Duvergier sur Toullier t. 3 n° 239 note A, Toullier t. 4 p. 64, Poujol art. 939 n° 2, Coin-Delisle art. 939 n° 5, Saintespès-Lescot t. 3 n°s 717, 718, Troplong *Donat.* t. 3 n° 1154, Zachariæ, Aubry et Rau t. 6 p. 79-80, Demante t. 4 n° 82, Dalloz v° *Donat.* 1545-1558, Demolombe t. 20 n° 242), enseignent que la transcription n'est pas facultative pour le donataire, qu'elle n'est pas destinée seulement à purger, s'il le veut, les hypothèques ; elle est *nécessaire* pour la validité de la donation envers les tiers.

1. SERVITUDE. — HABITATION. — L'acte par lequel le donateur transmet au donataire une servitude ou un droit d'usage ou d'habitation est évidemment la donation d'une servitude, d'un droit d'usage ou d'habitation. Or, ces droits ne sont pas susceptibles d'hypothèques. Donc, une telle donation n'est pas de nature à être transcrite (Bordeaux 10 juill. 1856, D. 57-2-56, Duranton t. 8 n° 504, Marcadé art. 939-4, Bayle-Mouillard sur Grenier t. 2 n° 162, Saintespès-Lescot t. 3 n° 704, Troplong t. 3 n° 1163, Flandin, *Transcr.* t. 1er n°s 679, 680, Zachariæ, Massé et Vergé t. 3 n° 217, Aubry et Rau t. 6 p. 81, Demolombe t. 20 n° 249, — *Contrà* Riom 23 mai 1842, S. 42-2-340 ; — Caen 19 mai 1853, S. 54-2-772, Delvincourt t. 2 p. 74 note 9, Grenier t. 2 n° 162, Vazeille art. 939-4, Coin-Delisle art. 939 note 11, Merlin *Transcr.* t. 1er n° 112).

2. ACTIONS. — La même observation s'applique aux cessions à titre gratuit d'actions en nullité, en rescision ou en résolution d'actes translatifs de biens immeubles (Demolombe t. 20 n° 250, Aubry et Rau t. 6 p. 81, Demante t. 4 n° 80 *bis* § 3).

3. DONATIONS DE BIENS A VENIR. — Les donations de biens à venir ne sont pas sujettes à la formalité actuelle de la transcription. — V. 5325.

4. BANQUE DE FRANCE. — Quant à la donation d'actions immobilisées de la Banque de France, comme elles s'applique à des valeurs immobilières susceptibles d'hypothèques, elle est passible du droit de donation immobilière, y compris celui de 1 fr. 50 cent. pour 100 (Seine 13 juin 1868, 3247 R. P.).

6533. Indivision cessant. — La C. cass. a jugé, le 5 mai 1841 (10986 J. N., S. 41-1-434, 12738 J. E., 1661 § 6 I. G.), que la donation par contrat de mariage, par un père à son fils, d'immeuble indivis entre eux, est de nature à être transcrite, quoiqu'elle fasse cesser l'indivision, car l'art. 939 C. C. ordonne la transcription de toute donation susceptible d'hypothèque et ne fait aucune distinction entre les immeubles indivis et ceux qui ne le sont pas. D'où la conséquence que, même dans ce cas, le droit de 2 fr. 75 cent. pour 100 est exigible sur la donation

« Attendu, porte cet arrêt, que l'art. 939 C. C. ordonne la transcription de toute donation de biens susceptible d'hypothèques ; que cette disposition est générale et absolue et ne contient aucune exception relativement aux donations de portions de biens indivis entre le donateur et le donataire ; attendu que cette formalité est la seule qui puisse opérer, au regard des tiers, la transmission des biens qui forment l'objet de la donation, et que, suivant l'art. 941, le défaut de transcription peut être opposé par tous ceux qui y ont intérêt ; attendu que la fiction établie par l'art. 883 C. C., sur les effets des partages et licitations, ne saurait être étendue à un acte qui forme un acte d'une nature essentiellement différente et pour laquelle la loi n'offre pas aux tiers les garanties qu'elle offre en matière de partage ; attendu que cette assimilation ne peut être induite de l'art. 888 ni de l'art. 1408, qui sont évidemment sans application à des actes purement gratuits et qui ne contiennent ni le caractère ni les éléments d'un partage » (*V.* dans le même sens 9649, 11650 J. E., Sol. 24 mai 1832, 10341 J. E., — Dél. 14 janv. 1834, 10810 J. E. ; — Epernay 24 août 1834, 9908 J. N. ; — Bar-sur-Aube 24 août 1837, 11890 J. E. ; — Seine 7 mai 1840, 12524-3 J. E. ; — V. Orléans 24 nov. 1834, D. N. t. 5 p. 77 n° 464).

6534. Enfant naturel. — Les donations faites par des père et mère à leur enfant naturel ne sont sujettes qu'au droit fixé par la ligne directe, sans qu'on puisse exiger la justification que l'enfant a été reconnu (Sol. 5 nov. 1834, D. N. t. 5 p. 80 n° 484, 11054 J. E.) ; mais il faut entendre cette dernière condition en ce sens que la reconnaissance résulte suffisamment de la déclaration renfermée dans le contrat de donation et n'a pas besoin d'avoir été constatée par un acte spécial enregistré.

Le même tarif est applicable à la donation par le père naturel aux enfants légitimes de son fils naturel. — *V.* 7657.

6535. Entre époux. — L'art. 13 L. 28 avril 1816 tarife ainsi les donations entre-vifs que se font les époux : pour les meubles 1 fr. 50 cent. pour 100 ; pour les immeubles 3 francs pour 100.

Mais le tarif de ces donations demeurant fixé par l'art. 53 L. 1816, l'art. 54 de cette même loi leur est incontestablement applicable, en tant que ces donations sont des actes de nature à être transcrits. On doit donc ajouter d'office le droit de 1 fr. 50 cent. pour 100 aux donations entre époux faites par contrat de mariage lorsqu'elles ont pour objet des biens susceptibles d'hypothèques (L. 28 avr. 1816 art. 54, Demante n° 601).

Enfin l'art. 7 L. 18 mai 1850, ayant porté au même taux les donations de biens meubles et celles de biens immeubles, il en résulte que les droits déterminés par la loi de 1816 sont maintenant de 3 pour 100 pour les meubles, puisque, les biens meubles n'étant pas susceptibles d'hypothèques, aucune addition du droit de transcription ne doit être faite (Demante nos 601, 615, Sol. 20 juill. 1858); — et de 4 fr. 50 cent. pour 100 pour les immeubles.

Quant aux donations que se font les époux par contrat de mariage. — V. 5252.

6536. Ligne collatérale et entre étrangers. — La quotité du droit a subi des modifications successives qui se rencontrent dans les art. 69 § 6 n° 1er § 8 n° 1er L. 22 frimaire an 7, 53 L. 28 avril 1816 et 33 L. 21 avril 1832. Ce dernier article, qui, sauf pour les meubles, forme le dernier état de la législation, est ainsi conçu :

« Les droits d'enregistrement des donations entre-vifs... qui auront lieu à compter de la promulgation de la présente loi, des biens meubles et immeubles, en ligne collatérale et entre personnes non parentes, seront perçus selon les quotités établies ci-après :

« Entre frères et sœurs, oncles et tantes, neveux et nièces :

« Pour les donations entre-vifs hors contrat de mariage : sur les meubles, 3 francs par 100 francs; sur les immeubles, 6 fr. 50 cent. par 100 francs.

« Entre grands-oncles et grandes-tantes, petits-neveux et petites-nièces, cousines germaines :

« Pour les donations entre-vifs hors contrat de mariage : sur les meubles, 4 francs par 100 francs; sur les immeubles, 7 francs par 100 francs.

« Entre parents au delà du quatrième degré jusqu'au douzième :

« Pour les donations entre-vifs hors contrat de mariage : sur les meubles, 5 francs par 100 francs; sur les immeubles, 8 francs par 100 francs.

« Entre personnes non parentes :

« Pour les donations entre-vifs hors contrat de mariage : sur les meubles, 6 francs par 100 francs; sur les immeubles, 9 francs par 100 francs. »

1. TRANSCRIPTION. — D'après l'art. 33 de la loi de 1832 ci-dessus transcrit, les droits sur les donations entre-vifs faites à des collatéraux ou à des étrangers ont subi une modification analogue à celle des ventes d'immeubles (art. 52 L. 28 avr. 1816), c'est-à-dire, que le droit d'enregistrement et celui de transcription forment un tout *incomplexe*, d'où la conséquence que le droit de transcription ne doit pas y être ajouté ou en être détaché suivant les circonstances (1399 § 3 I. G., Demante n° 601 § 3, 7724 et 7770 J. N.).

*2. MEUBLES. — LOI DU 18 MAI 1850. — L'art. 7 L. 18 mai 1850 ayant élevé le droit à percevoir sur les mutations à titre gratuit de biens meubles au même taux que celui sur les immeubles, l'assimilation est complète entre les deux natures de biens qui se trouvent aujourd'hui assujetties au droit déterminé pour les immeubles par la loi de 1832 (Dél. 18 juin 1850, 14958-2 J. E., 14071 J. N.; — Seine 26 mars 1851, 15171 J. E., 14332 J. N.; — Cass. ch. civ. 17 nov. 1851, 15330 J.E., 14512 J.N., 1912 § 17 I. G., S. 51-1-780). — Les réd. J. N. (14332, 14512) invoquent, pour critiquer l'assimilation des valeurs immobilières à celles mobilières, les termes de l'I. G. 1399 d'après lesquels les droits établis par l'art. 33 L. 1832 *comprennent* le droit de transcription. Ils concluent de là que l'incomplexité dont nous avons parlé n'existe pas et que les droits de transcription sont de nature à être détachés, comme cela a été décidé pour les donations en ligne directe. Mais la négative a prévalu. « Ne cherchez, dit Demante, aucune explication rationnelle de ces incohérences, elles sont dues aux remaniements partiels de la législation en matière de transcription » (N° 601 *bis*).

6536 *bis*. Tarifs actuels. — Le tarif actuel en principal des donations est le suivant :

1. LIGNE DIRECTE.

Par contrat de mariage :	Meubles	1 25 p. 100
— —	Immeubles	2 75 p. 100
Hors contrat de mariage et sans partage :	Meubles	2 50 p. 100
— —	Immeubles	4 » p. 100
Hors contrat de mariage avec partage (1075 et 1076 C. C.)	Meubles	1 » p. 100
— —	Immeubles	1 50 p. 100

2. ENTRE ÉPOUX.

Par contrat de mariage :	Meubles	1 50 p. 100
— —	Immeubles	3 » p. 100
Hors contrat de mariage :	Meubles	3 » p. 100
— —	Immeubles	4 50 p. 100

3. EN LIGNE COLLATÉRALE.

Entre frères et sœurs, oncles et tantes, neveux et nièces.

Par contrat de mariage :	Meubles	4 50 p. 100
— —	Immeubles	4 50 p. 100
Hors contrat de mariage :	Meubles	6 50 p. 100
— —	Immeubles	6 50 p. 100

Entre grands-oncles, grand'tantes, petits-neveux, petites-nièces, cousins germains.

Par contrat de mariage :	Meubles	5 p. 100
— —	Immeubles	5 p. 100
Hors contrat de mariage :	Meubles	7 p. 100
— —	Immeubles	7 p. 100

Entre parents au delà du 4e degré jusqu'au deuxième.

Par contrat de mariage :	Meubles	5 50 p. 100
— —	Immeubles	5 50 p. 100
Hors contrat de mariage :	Meubles	8 » p. 100
— —	Immeubles	8 » p. 100

4. ENTRE PERSONNES NON PARENTES.

Par contrat de mariage :	Meubles	6 p. 100
— —	Immeubles	6 p. 100
Hors contrat de mariage :	Meubles	9 p. 100
— —	Immeubles	9 p. 100

6537. Alliance. — C'est en raison de la *parenté* qu'est gradué le droit déterminé par les diverses dispositions que nous venons de passer en revue. Les alliés sont considérés comme étrangers, pour la perception du droit d'enregistrement. Cette règle, qui a été constamment suivie par les employés, ne semblait pas de nature à soulever la moindre objection : cependant la C. cass. a été appelée à se prononcer, et elle en a consacré le principe, le 28 janvier 1839 (12224 J. E., 10272 J. N., 1590 § 5 I. G., *arrêt cité* n° 2125; — *Conf.*: Demante n° 568 *bis*). — V. *Alliés.*

6538. Adoption. — Les droits dus sur une donation par un oncle à sa nièce qu'il a adoptée sont dus comme en ligne directe. — V. *Adoption.*

6539. Donation à une succession. — Être moral. — C'est la qualité de l'être moral auquel en réalité profite la donation, qui doit exercer une influence décisive sur la perception. Ainsi, un individu ayant fait donation de plusieurs sommes et créances à la *succession* de sa fille, qui, elle-même, avait donné à son mari survivant toute la quotité disponible de ses biens, et cette sucession étant échue aux enfants de la fille pour trois quarts et au mari pour un quart, la C. cass. a décidé, le 22 décembre 1829 (1307 § 6 I. G., 7126 J. N., D. N. t. 5 p. 79 n° 480, S. 30-1-60, 9526 J. E.), que les droits devaient être liquidés, au taux fixé pour la ligne directe pour les trois quarts et à celui déterminé pour les personnes non parentes pour le dernier quart. En effet, la donation entre-vifs faite à une succession sans autre désignation, ne peut être considérée que comme faite à ceux auxquels cette succession est échue, et dans la proportion des droits qui leur appartiennent, puisque, autrement, elle serait, à défaut d'acceptation, nulle et non avenue.

L'arrêt est ainsi conçu :

« Attendu, 1° que la donation entre-vifs faite à une succession, sans autre désignation, ne peut être considérée que comme faite à ceux auxquels cette succession est échue, et dans la proportion des droits qui leur appartiennent, puisque, autrement, elle serait, à défaut d'acceptation, nulle et comme non avenue; attendu 2° que la donation entre-vifs que le sieur Sauveget a déclaré faire à la succession de sa fille, dans le désir d'être utile à son gendre, légataire de la portion disponible, et à ses petits-enfants, héritiers de leur mère, n'a acquis le caractère de donation entre-vifs et n'est devenue valable que par l'acceptation que le sieur Viénot en a faite, tant en son nom personnel que comme tuteur de ses enfants mineurs; qu'ainsi c'est par erreur que le tribunal civil de la Seine a supposé qu'aucune portion de la donation n'avait été faite au profit du sieur Viénot personnellement, et l'a, par ce motif, dispensé du payement du droit qu'il était tenu d'acquitter en sa qualité de donataire du quart des biens meubles, compris dans la donation. » V. *Communauté* n° 5275.

6540. Établissement public. — On ne pourrait raisonner comme nous venons de le faire sur une libéralité qui serait faite à un établissement public, à une congrégation religieuse par exemple, alors même qu'un parent du donateur ferait partie de cette congrégation. Ici, en effet, l'être moral auquel profite la donation est bien réellement l'établissement public qui a une existence parfaitement déterminée, des intérêts personnels dont la surveillance est confiée à une autorité supérieure qui représente l'établissement.

1. QUOTITÉ DU DROIT. — La quotité du droit à percevoir sur une pareille donation est incontestablement celle fixée pour les personnes non parentes, ceci va de soi-même. — Ainsi une Dél. 14 mai 1839 a décidé que la donation à un séminaire d'une somme de 3,000 francs, dont le revenu devait être affecté au service d'une bourse pour les études d'un jeune homme d'une commune désignée, devait supporter le droit de 6 pour 100, comme donation mobilière entre personnes étrangères.

2. CAISSES D'ÉPARGNE. — De même la loi du 18 avril 1831, art. 17 (1492 I. G., 11240 J. E.), porte que les dons et legs faits aux caisses d'épargne sont assujettis aux droits fixés pour les donations entre personnes non parentes.

3. ÉCOLES SPÉCIALES. — Quand les donations sont faites à des écoles ou à des institutions appartenant à l'État, les donations sont affranchies de tout impôt. C'est ce qu'il faudrait décider, notamment pour les libéralités faites à l'Institut, à la Bibliothèque nationale, à l'École des Beaux-Arts, aux Écoles d'arts et métiers, aux lycées nationaux, etc.

4. RENVOI. — Les donations aux établissements publics étant soumis à certaines règles spéciales, nous en renvoyons l'examen au mot *Établissement public.*

6541. Degré de parenté omis. — Le défaut d'indication du degré de parenté autorise la perception du droit entre étrangers. Mais la restitution de l'excédant a lieu sur la justification de ce degré (Andelys 2 mai 1837, Dél. 10 déc. 1838). — V. *Don manuel* n° 6466 et *Restitution.*

CHAPITRE II. — DE LA LIQUIDATION

[6542-6563]

6542. Règle. — Le droit d'enregistrement des transmissions entre-vifs, à titre gratuit, se liquide, savoir :

1. MEUBLES. — Pour les meubles, sur une déclaration estimative des parties, sans distraction des charges (L. 22 frim. an 7, art. 14 n° 8). — *V.* 6545, 6549, 6249.

2. IMMEUBLES. — Pour les immeubles transmis *en toute propriété*, sur vingt fois le produit des biens, ou le produit des baux courants, *sans distraction des charges* (L. 22 frim. an 7, art. 15 n° 7) et sur vingt-cinq fois le produit s'il s'agit d'immeubles ruraux (L. 21 juin 1875, art. 3). — *V.* 8443 *bis.*

6543. Observations. — La disposition des art. 14 et 15 L. 22 frimaire an 7, que nous venons de faire connaître.

est commune aux mutations à titre gratuit qui s'opèrent par acte entre-vifs ou par décès. En cela, le législateur suit une marche différente de celle qu'il a adoptée pour les transmissions à titre onéreux. A l'égard de ces dernières, sauf l'échange, le droit porte sur la valeur vénale de la chose transmise, et le prix exprimé est la base de la liquidation. Cette distinction, pour la liquidation des droits entre les mutations d'immeubles à titre onéreux et celle à titre gratuit, nous vient de l'ancienne législation.

Les *lods et ventes* étaient, dans la législation féodale, un *impôt* qui était payé au seigneur direct pour toute vente ou acte équipollent à vente. D'autre part, le seigneur, se prétendant propriétaire originaire de tous les biens situés dans sa souveraineté, consentait à aliéner *fictivement* les fiefs, à chaque mutation par décès, moyennant l'abandon d'une année de revenu. C'était un droit de rachat que payait l'héritier, un *droit* d'investiture que percevait le seigneur. Ce droit s'appelait *relief*. Les droits de mutation étaient donc, à cette époque, de deux espèces; ils avaient deux origines parfaitement distinctes. Ils étaient payés au seigneur : le premier en sa qualité de souverain, le second en sa qualité de propriétaire. Aussi leur mode de perception était-il différent : le droit de vente se percevait sur le *prix exprimé*, et celui de relief sur *la valeur du revenu*.

Mais cette distinction, pour la perception des droits de mutation, qui dans la législation ancienne était une conséquence logique du régime féodal, n'a plus de motif plausible d'exister sous l'empire de la loi du 22 frimaire an 7, dont l'art. 4 veut que les droits se perçoivent sur les *valeurs*. Il est évident, en effet, que, quel que soit le mode de transmission d'un immeuble, — vente, donation, succession, — cet immeuble aura une même valeur pour le nouveau possesseur, qu'il soit acquéreur, donataire ou héritier, et que cette valeur sera le produit soit des revenus qu'il peut donner, soit des jouissances de toute autre nature qu'il peut procurer.

6544. Nue-propriété. — La loi de l'an 7 comprend dans la disposition de ses art. 14 et 15 toutes les transmissions entre-vifs en général; elle s'applique donc aux transmissions de la nue-propriété, sans que l'on puisse prétendre que ces transmissions, privées qu'elles sont de toute jouissance effective, ne donnent lieu à la perception que lors de la réunion de l'usufruit à la propriété. C'est ce qui résulte formellement d'un arrêt de cass. du 16 floréal an 9, ainsi conçu :

« Vu l'art. 4 tit. 1er L. 22 frimaire an 7, duquel il résulte que toute mutation de propriété, sans aucune distinction de celle chargée d'usufruit d'avec celle qui est libre, donne ouverture au droit proportionnel établi par le n° 15 de la loi précitée; et, attendu que, dans l'espèce du jugement attaqué, il n'a point été contesté par les défendeurs qu'il y eût eu transmission de la propriété, opérée en leur faveur par l'ouverture de la succession de N. Rigo. »

Conf. : Cass. 21 mai 1806, 2454 J. E., 11 sept. et 18 déc. 1811, 4058 et 4134 J. E.).

Ainsi, le donataire en nue-propriété doit acquitter le droit d'enregistrement sur la valeur formée de vingt fois les charges (Demante n° 583).

Par acte passé à Lyon, le 9 mai 1852, la comtesse Bottu de la Barmondière a fait donation entre-vifs d'un domaine estimé 1,500 francs de revenu, savoir : pour la nue-propriété, à M. Miguot, son parent, et pour l'usufruit à M. le vicomte de Bussy, aussi parent de la donatrice, et à la dame de Lubreusky, femme de ce dernier. L'Administration a délibéré, le 28 octobre 1825 (1187 § 5 I. G., 8211 J. E.), qu'il existait dans l'espèce deux donations : l'une de la nue-propriété, passible du droit proportionnel sur la valeur entière formée de vingt fois le revenu; l'autre, de l'usufruit, dont les droits doivent être liquidés, ainsi qu'il sera dit au n° 6549.

1. MEUBLES. — 2. RENTE. — Jugé dans le même sens que, lorsqu'une rente est donnée en nue-propriété à une personne et en usufruit à une autre, le droit proportionnel doit être perçu sur le capital entier pour la donation de la nue-propriété, et sur la moitié de ce capital pour la donation de l'usufruit, attendu que l'art. 14 L. 22 frimaire an 7 ne distingue point, pour la perception des droits sur les transmissions de biens meubles à titre gratuit, celles qui n'ont pour objet que la nue-propriété de ces biens, de celles qui ont pour objet la propriété entière (Seine 16 fév. 1842, 12948-1 J. E.).

3. CRÉANCE. — Même règle si, au lieu d'une rente, c'est une créance qui est donnée de la même manière (12590-1 J. E.).

4. SOMME D'ARGENT. — Même principe pour la donation de la nue-propriété d'une somme d'argent (Dél. 16 mai 1840, 12541-3 J. E.).

6545. Actions cotées à la Bourse. — La loi du 18 juin 1850, en soumettant (art. 7) au droit ordinaire les actions des compagnies ou des sociétés d'industrie et de finances étrangères, dépendant d'une succession régie par la loi française, et les transmissions entre-vifs à titre gratuit de ces mêmes valeurs au profit d'un Français, a voulu que le capital servant à la liquidation du droit d'enregistrement fût déterminé par le cours moyen de la Bourse, au jour de la transmission; — c'est-à-dire de l'acceptation (Sol. 27 fév. 1855). — V. 6591.

Par identité de raison, cette règle doit être appliquée à toutes les actions dépendant des sociétés françaises. On conçoit que ce cours doit être pris pour base de la perception, puisque les parties ou l'Administration pourraient toujours s'en prévaloir pour établir la valeur réelle sur laquelle le droit est assis en définitive. C'est ce qu'a établi, en thèse générale, un jugement du tribunal de Lyon, du 29 août 1843 (13446 J. E., 11902 J. N.), qui a décidé que, lorsque les actions d'une société commerciale sont cotées à la Bourse, les droits de mutation par décès doivent être assis, non sur la valeur nominale de ces actions, mais sur leur valeur réelle au cours de la Bourse au moment du décès (*Conf.* : Seine 22 mars 1848, 14490 J. E., 13360 J. N.). — V. *Succession*.

6546. Actions immobilisées. — Les actions immobilisées sont considérées comme des immeubles et leur valeur se détermine par la capitalisation du revenu. C'est ce qui a été reconnu pour les actions de la Banque de France (Sol. 12 janv. 1867, 2506 R. P.) et ce qui doit être admis pour tous les cas analogues. — V. *Société* et *Succession*.

6547. Réunion de l'usufruit à la nue-propriété. — Par ce payement du droit sur la valeur entière, le donataire de la nue-propriété se libère d'avance du droit sur la réunion de l'usufruit avec la nue-propriété; qui s'opérera ultérieurement dans ses mains; c'est le vœu formel de la loi. L'art. 15 n° 7 L. 22 frimaire an 7, après avoir déterminé l'assiette du droit, ajoute : « Il ne sera rien dû pour la réunion de l'usufruit à la propriété, lorsque le droit d'enregistrement aura été liquidé sur la valeur entière de la propriété. » — C'est ce qui a été expliqué avec tous les développements convenables au mot *Usufruit*.

6548. Transmissions successives de la nue-propriété. — Lorsque le donataire de la nue-propriété, qui a acquitté le droit sur la valeur entière de la propriété, transmet lui-même cette nue-propriété à titre gratuit, le nouveau donataire doit-il supporter un nouveau droit sur la valeur entière? La négative ne saurait être douteuse. Il faut reconnaître, en effet, que, puisque, ainsi qu'on l'a vu dans le numéro précédent, au moyen de la perception anticipée du droit sur un usufruit dont il ne jouit pas, le possesseur de la nue-propriété est affranchi, de plein droit, du droit dont il serait redevable le jour de la réunion effective et actuelle de l'usufruit à la nue-propriété, s'il ne l'avait acquitté d'avance; il faut reconnaître, disons-nous, que, quel que soit le nombre de mutations subies par la même propriété, il ne peut être dû, à leur occasion, aucun droit proportionnel pour l'usufruit qui est encore séparé, et pour lequel le droit a été précédemment payé. S'il en était autrement, l'Administration percevrait un droit proportionnel sur l'usufruit à cause d'un acte qui n'emporterait point mutation de l'usufruit, et pour une disposition pour laquelle le droit proportionnel auquel elle serait soumise aurait déjà été payé.

Nous verrons, au mot *Succession*, que lorsque la nue-propriété de biens immeubles a été transmise successivement deux fois par décès, et que lors de la première transmission le droit de mutation a été perçu sur la valeur entière, ce droit ne doit plus être assis que sur dix fois le revenu lors de la seconde transmission. Il y a sur ce point une jurisprudence désormais arrêtée et que l'Administration a prescrit aux employés de prendre pour règle dans son I. G. 1816. Or, ce qui est vrai pour les mutations par décès l'est également pour les mutations entre-vifs à titre gratuit (Demante n° 583).

6549. Usufruit. — 1. IMMEUBLES. — Le droit proportionnel est assis, quant aux immeubles, « pour les transmissions d'usufruit seulement, soit entre-vifs, soit par décès, sur l'évaluation qui en sera portée à dix fois le produit des biens ou le prix des baux courants, sans distraction des charges (L. 22 frim. an 7 art. 15 n° 8); — 12 fois 1/2 pour les biens ruraux (L. 21 juin 1875, art. 3).

Ainsi, pour reprendre l'exemple que nous avons cité plus haut, l'Administration a délibéré, le 28 octobre 1825 (*V.* 6544), que l'usufruit créé par un acte dans lequel la nue-propriété d'un immeuble avait été donnée à une personne et l'usufruit à une autre, donnait ouverture à un droit distinct de celui perçu sur la nue-propriété, mais sur un capital formé de dix fois le revenu seulement, sans distraction des charges.

2. MEUBLES. — Par application du même principe, il faut décider que si c'est d'une valeur mobilière que l'usufruit est transmis à titre gratuit, le droit devra être perçu sur la moitié seulement de cette valeur, laquelle moitié représente l'usufruit (*V.* Dél. 10 mai 1835, 10608 J. E.).

6550. Réunion de la nue-propriété à l'usufruit. — Mais lorsque la réunion de la nue-propriété à l'usufruit s'opère, il n'en est plus comme quand a lieu la consolidation de l'usufruit à la nue-propriété (*V.* 6547). Un droit proportionnel est exigible sur la valeur de cette nue-propriété. La loi s'en explique d'une manière catégorique. « Lorsque l'usufruitier, porte l'art. 15 n° 8 L. 22 frimaire, qui aura acquitté le droit d'enregistrement pour son usufruit, acquerra la nue-propriété, il payera le droit d'enregistrement sur sa valeur, sans qu'il y ait lieu de joindre celle de l'usufruit. » L'explication de cette distinction est toute naturelle. Le donataire de la nue-propriété paye par anticipation le droit sur la valeur entière de la propriété, parce que l'usufruit viendra à peu près infailliblement se consolider un jour sur sa tête ou sur celle de ses ayants cause. Mais il n'en est pas de même de l'usufruit détaché de la nue-propriété : il finit ordinairement avec l'usufruitier, et l'adjonction qui peut venir s'y faire de la nue-propriété n'est qu'accidentelle. C'est ce qui sera plus amplement développé au mot *Usufruit*.

6551. Créances. — Il faut appliquer à la donation la règle établie pour les cessions de créances et d'après laquelle le droit proportionnel est exigible sur le capital de la créance à l'exclusion de sa valeur réelle déclarée par les parties. D'après un arrêt de cass. du 24 avril 1861, la base déterminée par l'art. 14 n° 2 L. de frimaire, pour la liquidation des droits d'enregistrement, doit être suivie pour toute espèce de transmission à titre onéreux ou à titre gratuit; aucune disposition légale ne permet de soustraire à l'impôt une partie du capital des créances, à raison de la solvabilité plus ou moins douteuse des débiteurs.

6552. Rentes. — Les mêmes principes ont été admis, quant à la liquidation du droit, pour les donations de rentes, par deux arrêts de la C. cass. des 28 messidor an 13 et 4 mai 1807.

6553. Déclaration de la valeur. — Meubles. — On a vu, n° 6542, que le droit se perçoit sur les donations de meubles d'après une déclaration estimative des parties. Mais toute action doit-elle s'arrêter devant cette estimation? Et l'Administration ne peut-elle jamais être admise à la contester? La question est délicate. On prétend que l'estimation des parties est sans appel, parce que l'Administration ne pourrait provoquer une expertise pour faire constater l'insuffisance d'estimation, attendu que la loi n'accorde l'expertise que pour les mutations d'immeubles. Mais cette raison n'est nullement décisive, ainsi qu'on le verra au mot *Expertise*, où nous nous réservons de traiter la question en thèse générale.

6554. Bail courant. — Immeubles. — C'est sur la déclaration du revenu que, à défaut de bail courant propre à faire connaître le véritable produit des biens, s'établit le droit sur les valeurs immobilières transmises à titre gratuit. C'est au mot *Expertise* que le lecteur trouvera tout ce qui se rapporte à la déclaration et à la manière de constater son insuffisance. — Nous ferons seulement remarquer ici que l'estimation des parties n'est que subsidiaire et qu'on doit toujours lui préférer le prix des baux courants, lesquels ne sauraient être récusés par elles, puisqu'ils sont leur ouvrage.

6555. Évaluation en capital. — La déclaration en revenu, dont nous venons de parler, ne peut jamais être remplacée par la déclaration en capital. C'est le revenu seul qui, multiplié ensuite par dix ou par vingt, suivant qu'il s'agit d'une transmission de propriété ou d'usufruit, peut fixer la valeur sur laquelle doit être établi le droit. Ce sont les termes précis des nos 7 et 8 art. 15, dont il ne peut jamais être permis de s'écarter (Dél. 19 nov. 1812, 28 juill. 1815, 5155, 5244 J. E.).

Dans ce sens, l'Administration a délibéré, les 20 mars 1827 et 1er sepembre 1834, D. N. t. 5 p. 83 n° 505,1807 Roll., que le droit de donation doit être liquidé sur un capital formé de vingt fois le revenu, sans avoir égard aux énonciations de valeur vénale que l'acte peut contenir.

La C. cass. a également jugé, le 19 décembre 1809, que l'Administration a le droit d'exiger que la partie fasse une déclaration supplétive, pour faire connaître le revenu des biens donnés, lorsque l'évaluation a été faite et reçue en capital :

« Vu, porte cet arrêt, l'art. 15 n° 7 et l'art. 16 L. 22 frimaire an 7 ; attendu que la déclaration estimative ordonnée par ledit art. 16 doit être faite d'après le mode établi par le n° 7 dudit art. 15, c'est-à-dire par l'évaluation portée à vingt fois le produit des biens ou le produit des baux; attendu que le jugement dénoncé, en décidant que la liquidation du droit dont il s'agissait devait être faite d'après la valeur déclarée des biens dont la donation était l'objet de ce droit, sans avoir pris pour base de cette évaluation le produit annuel desdits biens, a contrevenu aux articles précités de ladite loi du 22 frimaire an 7 ; attendu que le fait du receveur qu'il s'était contenté de cette estimation, n'a pu en couvrir le vice ; attendu que la déclaration estimative donné depuis ledit jugement n'est pas un motif de laisser subsister une décision contraire à la loi et aux droits de la Régie de l'enregistrement » (3487 J. E.).

6556. Bois. — Forêts. — Des règles particulières ont été tracées pour l'évaluation du revenu des bois compris dans une donation. A l'égard des bois affermés ou aménagés en coupes réglées, lorsque les baux ou ventes annuelles ne contiennent aucune réserve, la connaissance du revenu est donnée par les baux existants, ou s'obtient en cumulant les produits de toutes les coupes exploitées pendant une révolution d'aménagement, et en divisant ce total, pour former un produit moyen, par le chiffre qui indique le nombre d'années de cette révolution (Dél. 31 juill. 1827, 1229 § 2 I. G., 6399 J. N.).

1. BOIS NON AMÉNAGÉ. — S'il s'agit d'un bois non affermé ni aménagé, il suffit, pour établir le revenu annuel ou le produit moyen, de diviser le prix de la coupe des bois qui ont été exploités en une seule fois, par le nombre d'années pendant lesquelles a duré leur croissance. On fait la même opération pour l'élagage des saules et des peupliers'

Pour la perception du droit de donation sur les futaies, porte un jugement du tribunal de Marennes du 25 février 1845, auquel il a été acquiescé par une Dél. 20 mai suivant, il faut diviser la valeur estimative en capital par le nombre des années de leur âge et liquider le droit sur le capital formé de vingt fois le quotient (12399 J. N., D. N. t. 5 p. 85 n° 522).

2. ARBRES RÉSERVÉS. — En ce qui concerne les arbres réservés lors des exploitations, il faut distinguer: Si cette réserve n'est que partielle et si d'ailleurs la coupe exploitée comprend des arbres anciens provenant d'une révolution antérieure, il y a compensation dans le produit moyen, et l'on n'a rien à ajouter, pour cet objet, au prix de la coupe. Mais, si ce prix ne porte que sur le taillis, on doit y ajouter, par une évaluation particulière, le produit présumé de la futaie réservée.

3. ARBRES ÉPARS. — Il en est de même pour les arbres épars sur les terres. Si le fermier profite de l'élagage, de la récolte des fruits et des arbres morts, à la charge de les remplacer, le revenu des arbres est, dans ce cas, compris dans le fermage. S'il y a réserve des arbres et de leur produit par le bail, il faut aussi une évaluation distincte.

4. RECEPAGES, ETC. — Enfin il y a lieu d'ajouter au produit des coupes principales dans les bois celui des recepages, des éclaircies dans les taillis ou dans les futaies, des arbres exploités en jardinant, des chablis et autres produits accessoires, même celui de la chasse lorsqu'elle est affermée. — V. *Expertise.*

6556 *bis*. Étang. — Pour déterminer le produit de la pêche d'un étang ou de tout autre objet susceptible de revenus, mais qui n'a point de produit annuel, on suit le même procédé que celui indiqué au numéro précédent pour les boi non aménagés (6399 J. N.).

6557. Usines. — La loi ne fait d'ailleurs, pour la liquidation du droit de donation d'immeubles, aucune distinction entre la nature des biens et frappe des mêmes droits de mutation ceux qui servent comme usines à l'exploitation d'une industrie et ceux qui produisent des revenus ordinaires en denrées ou en argent (Cass. 17 fév. 1852, J. P. 54-2-232).

6558. Revenu cadastral. Le revenu cadastral ne forme pas une base légale pour la perception des droits d'enregistrement.—V. 3261.

6559. Charges. — Lorsque la mutation s'opère à titre gratuit, le droit doit être perçu sur la valeur des biens transmis, sans distraction des charges. La loi est positive à cet égard : « Attendu, porte un arrêt de cass. du 28 janvier 1818, que les §§ 6 et 8 de l'art. 69 de la même loi ne font aucune distinction entre les donations entre-vifs à titre gratuit et les donations entre-vifs à titre onéreux, et qu'aux termes de l'art. 15, il ne doit être fait aucune distraction des charges, mais seulement des réserves que s'est faites le donateur sur les biens donnés » (6004 J. E., 6246 J. N., S. 18-1-252; — *Conf.* : Sol. 25 juill. 1873). — *V.* 6640 etc.

Il n'en est différemment qu'en matière de partage anticipé. — V. ce mot.

1. ÉVALUATION. — Si la valeur des charges n'est pas déterminée, les parties doivent faire cette évaluation. Et comme les charges font partie du prix ou de la valeur locative ou du revenu si l'évaluation qui leur est donnée, jointe au prix stipulé, ne forme pas, selon les cas, ou la valeur vénale des biens ou leur revenu réel, l'expertise est ouverte à l'Administration (8671 J. E.).

6560. Frais d'acte. — Lorsqu'il s'agit de transmission à titre gratuit on ne doit avoir aucun égard aux charges résultant de la mutation ni aux conditions onéreuses qui sont imposées aux donataires, ainsi que l'indiquent ces mots : « sans distraction des charges » qui terminent les n°s 8 des art. 14, 7 et 8 de l'art. 15 de la même loi. C'est donc, dans tous les cas, la valeur de la chose donnée, abstraction faite du plus ou moins de bénéfice ou d'émolument résultant des conditions de la donation, qui doit invariablement servir de base à l'impôt. Or, on ne peut pas dire que les frais à payer par le *donateur* ont été transmis au donataire, attendu qu'ils n'ont jamais été, même un instant, sa propriété. Il n'est pas plus exact de prétendre que le donateur s'est engagé à payer la dette du donataire, en se chargeant des frais de l'acte, car la loi n'impose aux nouveaux possesseurs l'obligation de les supporter que quand il n'a pas été stipulé de dispositions contraires dans les actes ; d'où la conséquence que l'obligation n'a jamais commencé et que le donateur n'a ainsi payé que sa propre dette en les acquittant. Souvent, un testateur charge ses héritiers de payer les droits de mutation par décès dus, pour des legs particuliers faits à des étrangers, sans qu'on ait jamais élevé la prétention d'exiger un supplément de droit à raison de cette immunité accordée aux légataires par l'auteur de la succession. De même, la stipulation d'après laquelle le donateur s'est chargé de payer les frais de la donation par lui faite est complètement indifférente pour la perception (Sol. 28 mars 1854 et 11 fév. 1860; — *Conf.* : 16009-3 J. E.). — V. *Succession*.

6561. Legs payables au décès. — On verra au mot *Succession* que, si le légataire universel ou l'héritier chargé de payer des legs de sommes à son décès meurt avant le payement, on doit déduire ces legs de l'actif de sa succession pour la liquidation de l'impôt. — La même règle s'applique à la donation faite à titre de partage anticipé des mêmes biens (V. *Partage anticipé*). C'est ce qu'il faudrait également décider pour la donation entre-vifs de tout le patrimoine recueilli par le légataire universel ou l'héritier.

6562. Réserves. — L'arrêt de cass. 28 janvier 1818, rapporté au n° 6559, a décidé que si, aux termes de l'art. 15 L. 22 frimaire an 7, il ne doit être fait aucune distraction des charges, il n'en est pas de même des « réserves que s'est faites le donateur sur les biens donnés. »

Ainsi la donation d'un immeuble que le donateur se réserve de vendre n'est passible d'aucun droit proportionnel (D m. f. 28 avr. 1818, 2524 J. N.), — à moins qu'il n'y ait donation sous condition résolutoire ou donation d'usufruit. — *V.* 6682.

1. SOMME D'ARGENT. — Champ. et Rig. *Traité* n°s 3418, 3519, *Suppl.* n° 491 et Dalloz n° 4465 ont conclu de là que dans le cas où le donateur d'un immeuble se réserve la faculté de disposer d'une somme d'argent, cette somme, au lieu d'être ajoutée comme constituant une charge, doit être déduite pour la liquidation du droit.

On peut invoquer à l'appui de ce système l'opinion des auteurs d'après lesquels, en droit civil, si la réserve s'applique à la faculté de disposer d'une somme fixe sur les biens donnés, les biens n'existent dans le patrimoine du donataire qu'affectés d'un droit réel au profit du donateur qui en conserve la propriété jusqu'à concurrence de la valeur réservée (Coin-Delisle art. 946-1, Marcadé art. 946, Demolombe t. 20 n° 467. — V. égal. Cass. 17 août 1831, I. G. 1388-2).

Mais il faut se garder de prendre cette idée sans précaution. Et l'on doit avant tout apprécier le sens de la réserve.

En parlant d'une somme réservée *sur les biens*, le donateur a-t-il voulu dire qu'il ne donnait réellement que la partie du bien excédant le chiffre indiqué, il va de soi que la différence continue à lui appartenir et ne saurait acquitter l'impôt. « Considérant, porte un arrêt de cass. du 15 juin 1808, que, les 4,000 livres réservées par la donatrice étant une véritable distraction sur les biens donnés, la distraction relative au montant de ladite réserve a dû être faite sur le montant des droits auxquels la donation eût donné lieu, si elle eût été faite sans réserve » (S. 8-1-416). — On rencontre fréquemment la même situation à propos des legs de sommes à prendre sur les biens et nous avons vu que la question de savoir si le légataire avait droit aux biens eux-mêmes dépendait de l'interprétation des termes du legs. — V. *Délivrance de legs*.

Mais quand il paraît que les biens ont été intégralement transmis au donataire, la solution est nécessairement différente. En effet, nonobstant la réserve de la somme pour en disposer, le bien n'en est pas moins donné tout entier et quels que soient les droits réservés aux héritiers du donateur par l'art. 946 C. C. qui veut que si le donateur meurt sans avoir disposé de la somme réservée, cette somme appartienne à ses héritiers, ces droits ne peuvent comprendre qu'une simple créance sur l'immeuble : d'où il résulte que la mutation, quant à la propriété, est intégrale et parfaite dès l'instant de la donation (Beauvais 15 mai 1876, 4611 R. P.).

Aussi le tribunal de Limoges a-t-il jugé, le 21 décembre 1841 (12890 J. E.), que, bien que le donateur se soit réservé le droit de disposer d'une somme à prendre sur l'immeuble donné, le droit doit être perçu sur la valeur entière de l'immeuble, attendu que cette réserve ne peut être considérée que comme une charge de la donation.

Jugé dans le même sens que, quand, dans un partage anticipé, le donateur se réserve de disposer d'une somme déterminée spécialement affectée sur des immeubles compris dans un lot, le droit de donation est dû sur la valeur entière de ces immeubles (Béziers 22 déc. 1852, 14060 J. N., 15516 J. E. — V. également 1388 § 2 I. G. *in fine* et *Partage anticipé* 12620).

En Belgique, une décision ministérielle du 17 décembre 1858 a également reconnu qu'en cas de donation de la nue-propriété de meubles et effets mobiliers désignés dans un état estimatif, avec réserve par le donateur de disposer d'une certaine somme pour éteindre une dette, le droit de donation doit être liquidé sur la valeur estimative des choses données, sans distraction de la somme réservée : « Attendu que, dans l'espèce, la donation comprend tous les objets garnissant la ferme occupée par les donateurs et dont l'état estimatif se trouve dressé dans l'acte; que la prime de 2,100 francs, dont les donateurs se réservent le droit de disposer pour acquitter une dette qui leur est personnelle, n'existant pas en nature parmi les objets donnés, ne saurait être considérée comme réservée ou distraite de la donation, mais qu'elle forme une charge imposée aux donataires, charge qui ne fait obstacle à la transmission d'aucune partie des objets donnés » (8120 J. E. belge).

2. CONTRAT DE MARIAGE. — Décidé, spécialement, que, s'il s'agit d'une donation faite par contrat de mariage, la distraction ne saurait avoir lieu, parce que, d'après l'art. 1086 C. C., l'objet de la réserve appartenant au donataire si le donateur n'en dispose pas, la transmission s'opère par l'effet de la donation même (Dél. 29 mai 1827, D. N. t. 5 p. 83 n° 510). « Cette réserve, dit M. Demante, doit être considérée comme une condition résolutoire, et le droit proportionnel est exigible sans difficulté (n° 604). »

3. RENTE OU USUFRUIT. — La réserve par le donateur de la faculté de créer une charge sur les biens donnés équivaut à la charge elle-même actuellement créée, et le donataire doit à tout événement la supporter. Si donc le disposant s'était réservé la liberté de disposer d'une rente viagère au profit d'une personne désignée, la rente devrait être servie pendant la vie de cette personne, soit à elle-même si le donateur en avait effectivement disposé à son profit, soit au donateur lui-même ou à ses héritiers. Il en serait de même de la réserve de disposer de l'usufruit au profit d'une personne désignée. Mais qu'arriverait-il si le donateur n'avait pas désigné la personne au profit de laquelle il se réservait de disposer de la rente? On ne peut trouver que des expédients arbitraires, mais nous croyons, avec Demolombe, qu'il faut supposer la rente réservée au donateur seul et alors en fixer le capital au denier 10 (T. 20 n° 474).

6563. Transition. — Les règles sur la quotité des droits et la manière de les établir ayant été posées dans les chapitres que nous venons de parcourir, nous avons à nous occuper des caractères distinctifs de la donation entre-vifs. Ces caractères se trouvent résumés dans l'art. 894 C. C., ainsi conçu : « La donation entre-vifs est un acte par lequel le donateur se dépouille actuellement et irrévocablement de la chose donnée, en faveur du donataire qui l'accepte. » Ainsi, existence d'un acte qui constate la donation, gratuité, actualité, irrévocabilité de la transmission, tels sont les caractères les plus essentiels de la donation entre-vifs. Nous allons les examiner successivement.

CHAPITRE III. — DE L'EXISTENCE D'UN ACTE

[6564-6576]

6564. Principe. — De la combinaison des art. 894 et 931 C. C., qui veulent que la donation soit un acte assujetti à certaines formalités déterminées par la loi et sans lesquelles le contrat n'a pas d'existence légale, on pourrait conclure, au premier abord, que, toutes les fois qu'un acte écrit ne constate pas le consentement réciproque des parties de donner et de recevoir, la loi de l'impôt doit rester sans application ; mais cette conséquence ne serait pas exacte.

6565. Meubles. — Et d'abord, en matière de meubles, la donation verbale est parfaitement valable et, par suite d'une législation tout à fait spéciale, il n'est pas même besoin que le consentement réciproque des parties contractantes soit prouvé pour donner ouverture au droit de mutation ; nous n'avons pas à revenir ici sur ce sujet, qui a été épuisé au mot *Don manuel*.

6566. Immeubles. — Lorsqu'il s'agit d'immeubles, un autre principe régit la matière au point de vue fiscal. C'est que toute mutation de cette nature donne ouverture à un droit qui se perçoit sur la convention indépendamment de l'existence d'un acte. Or, les donations immobilières emportant mutation, il s'ensuit que l'Administration peut poursuivre les droits de cette mutation, alors même qu'il n'existerait pas d'acte pour la constater.

1. NAVIRES. — FONDS DE COMMERCE. — La même règle s'applique aujourd'hui aux mutations de navires et de fonds de commerce qui sont assujetties à l'enregistrement dans un délai déterminé et abstraction faite de l'existence d'un écrit. — V. *Navire*, *Mutation*.

6567. Absence d'acte. — L'art. 4 L. 27 ventôse an 9 porte que le droit d'une mutation immobilière est exigible « lors même que les nouveaux possesseurs prétendraient qu'il *n'existe pas de conventions écrites* entre eux et les précédents propriétaires. » Il suit évidemment de là que, toutes les fois que l'on se trouvera dans les circonstances indiquées par l'art. 12 L. 22 frimaire an 7, le nouveau possesseur ne pourra exciper de ce que le titre de sa propriété repose sur une *donation verbale* pour prétendre que sa possession est inefficace et ne suffit pas pour motiver l'exigibilité du droit; le cas d'absence d'acte est précisément celui que la loi a prévu et pour lequel elle a ordonné la perception. « Aux yeux de la loi, disent Champ. et Rig. n° 2302, la prétention qu'il n'existe pas d'acte n'en est pas la preuve; elle suppose que la mutation s'est opérée, et dès lors tout ce qui est nécessaire à son existence légale est également supposé ; ainsi, si la mutation n'a pu s'effectuer sans un acte notarié, elle suppose l'existence d'un acte de cette espèce, demeuré inconnu à la Régie, ou dont elle ne peut pas justifier : l'art. 4 L. 27 ventôse an 9 n'a pas eu d'autre but que de dispenser l'Administration de cette preuve à laquelle la loi du 22 frimaire la laissait soumise. »

6568. Nature du droit exigible. — Mais de quelle nature sera le droit exigible sur une mutation ainsi constatée et à laquelle les parties donneraient pour origine une donation, sans fournir aucune preuve à l'appui de leur allégation? Des auteurs avaient d'abord prétendu (4020, 4572 J. E.) que, dans tous les cas de mutation secrète, le droit de vente était dû. Plus tard l'Administration, moins absolue, avait cherché à fonder ses décisions sur des présomptions. C'est ainsi qu'une D. m. f. 7 novembre 1825 (1187 § 9 I. G.) portait que « lorsqu'une mutation d'immeubles, pour laquelle les droits n'ont pas été acquittés, parvient à la connaissance des employés par l'inscription du nom des enfants sur les rôles, au lieu de celui du père auquel les biens appartenaient, il y a *présomption* que la mutation s'est opérée par une démission de donation en ligne directe, et la demande des droits doit être faite en conséquence. »

1. DÉCLARATION. — Mais ces principes ne pouvaient prévaloir, car la loi est formelle. L'art. 4 L. 27 ventôse an 9 porte, en effet, « qu'à défaut d'acte (constatant la mutation), il y sera suppléé par des déclarations détaillées et estimatives, dans les trois mois de l'entrée en possession. »

Il n'appartient qu'aux parties de constater, par leur déclaration, la nature d'une mutation présumée, et l'Administration doit accepter cette déclaration, à moins qu'elle ne puisse en démontrer la simulation. Au reste, la jurisprudence est aujourd'hui fixée dans ce sens.

Il a été décidé, par exemple, que, lorsque l'inscription au rôle des enfants à la place du père établit qu'il y a eu mutation de celui-ci à ceux-là, le seul droit exigible est celui déterminé par l'art. 3 L. 16 juin 1824, si les enfants déclarent que la mutation s'est opérée en vertu d'un partage anticipé verbal (Dél. 21 sept. 1827, 8828 J. E.; — Thionville 22 fév. 1837, 11804-4 J. E.).

C'est également ce qui résulte d'un arrêt de la C. cass. du 13 décembre 1837, ainsi conçu : « Attendu que le jugement attaqué décide, en fait, qu'il faut considérer comme constante en toute hypothèse, l'existence d'un partage anticipé de présuccession, fait par Garnier père, entre tous ses enfants, soit en vertu de conventions verbales exécutées, soit sous la forme d'un acte sous seing privé; qu'il juge encore en fait que l'acte notarié, du 16 août 1833, a eu pour objet de donner une forme authentique à ce partage qui existait antérieurement et qui avait reçu, de la part des parties, une pleine exécution par l'inscription au rôle du nom des enfants, et par le payement des contributions, conformément aux cotes applicables à chacun d'eux; qu'en décidant, par suite, que le montant du droit et double droit encourus pour cette mutation non déclarée dans le délai prescrit, devait se déterminer d'après la nature et le caractère ainsi reconnu de ces actes, par le taux établi dans l'art. 3 L. 16 juin 1824, lequel avait eu pour objet d'appliquer aux partages d'ascendants le même droit qui était réglé pour les successions en ligne directe, dont elles sont une anticipation, le jugement attaqué s'est conformé à l'esprit de cette loi, sans en violer le texte qui ne fait point de distinction expresse entre les partages d'ascendants faits par actes notariés et ceux sous seing privé» (8104 J. N., 10626 J. E., 1437 § 12 I. G., S. 38-1-173).

Cette jurisprudence a été prise pour règle de perception dans l'I. G. 1562 § 9 (*Conf.* : Champ. et Rig. n° 2303, Dalloz n° 2239, 9321 J. N., 6055 et 11804-4 J. E., D. N. t. 8 p. 301 n° 26).

En résumé, et sans anticiper sur ce que nous aurons à dire au mot *Mutation*, nous pouvons, dès à présent, établir que, lorsque l'on ignore de quelle nature est la mutation, c'est aux redevables à faire leur déclaration. S'ils déclarent avoir acquis les biens à titre onéreux, c'est le droit de vente qui est perçu ; s'ils déclarent que les biens leur ont été transmis à titre gratuit, c'est le droit de donation entre-vifs qu'ils doivent.

6569. Droit de transcription. — Le ministre des finances a décidé, le 18 mai 1821 (6984 J. E.), que le droit de transcription doit être perçu sur toutes les mutations prétendues verbales, par application de l'art. 54 L. 28 avril 1816.

On a soutenu l'opinion contraire, par le motif que la loi n'assujettit au droit de transcription que les actes de nature à être transcrits et qu'on ne peut transcrire une donation dont il n'existe pas d'acte (*V.* dans le même sens Champ. et Rig. *Suppl. au Traité* n° 476). Mais cette objection ne paraît pas fondée ; car, ainsi que nous l'avons dit n° 6567, la loi suppose l'existence d'un acte. Une délibération a été prise dans ce sens par l'Administration en 1837 (4490 C.).

6570. Forme de l'acte de donation.—Si de la donation verbale nous passons à la donation écrite, nous dirons que la première condition exigée pour l'acte de donation, c'est qu'il soit passé devant notaires, en minute, et dans la forme ordinaire des actes notariés (931 C. C.). Ainsi, l'acte de donation qui serait fait sous seing privé serait sans valeur, alors même qu'il serait enregistré ou même déposé dans une étude de notaire avec un acte authentique de dépôt (Merlin *Rép.* v° *Donation* sect. 2 § 1er, Toullier t. 3 n° 175, Coin-Delisle art. 931-2, Saintespès-Lescot t. 3 n° 579, Troplong t. 3 n° 1063, Demolombe t. 20 n° 12). — Il en serait de même d'un acte dressé par un juge de paix assisté de son greffier, quoique ce fût un acte authentique. Il en serait ainsi encore de l'acte reçu par un notaire, mais en brevet seulement, c'est-à-dire sans minute (Grenier t. 2 n° 159, Coin-Delisle art. 931 n° 6, Demolombe t. 20 n° 19). Enfin, le même sort serait réservé à l'acte dressé par un notaire et avec minute, si l'on y avait omis quelqu'une des règles générales exigées, pour les actes notariés, par la loi du 25 ventôse an 11.

6571. Signes. — Sourd-muet. — Quant au sourd-muet, toutes les solennités constituant la donation entre-vifs peuvent être accomplies par lui, dès qu'il peut, en fait, manifester sa volonté d'une manière suffisamment certaine, et quoique d'ailleurs il ne sache ni lire ni écrire (Cass. 30 janv. 1844, S. 44-1-102; — Paris 3 août 1855, S. 57-2-240; — Troplong t. 2 n° 539, Aubry et Rau t. 5 p. 474, Saintespès-Lescot t. 1er n° 167, Demolombe t. 20 n° 25).

Mais est nulle une donation entre-vifs constatée par le notaire instrumentaire comme résultant de l'intention manifestée au moyen de signes par le donateur qui se trouvait dans l'impuissance de parler, alors que l'affaiblissement des facultés du donateur enlève à la manifestation par signes tout caractère de certitude (Paris 4 fév. 1854, 521 R. P.).

6572. Nullité au point de vue de l'enregistrement. — Mais résulte-t-il de ce que nous venons de dire qu'une donation, qui serait nulle par suite de l'un des vices de forme signalés, ne pourrait être assujettie au droit proportionnel? Assurément non; car une maxime de tout temps reçue en France, c'est que les nullités n'ont pas lieu de plein droit; d'où la conséquence que les vices du contrat ne sont pas un obstacle à la perception du droit d'enregistrement, parce qu'il est possible que, malgré ces vices, l'acte reçoive son exécution. C'est ainsi qu'en matière de donation Zachariæ enseigne, t. 2 p. 453, que la donation, nulle pour défaut de formes, n'est pas inexistante, mais seulement annulable. D'ailleurs, ainsi que cela sera plus longuement établi au mot *Nullité*, les actes proprement nuls peuvent être confirmés aussi bien que les actes simplement annulables.

1. ACTE SOUS SEING PRIVÉ. — Ainsi, une donation n'en est pas moins une donation aux yeux du receveur dès que l'acte constate l'acceptation du donataire (8065, 8760 J. E.). Aussi verrons-nous, au mot *Partage anticipé*, la jurisprudence décider que la donation faite par les père et mère, conformément aux art. 1075 et 1076 C. C., est passible des droits déterminés pour une donation, bien qu'elle soit faite par acte sous seing privé, alors cependant que, d'après ces articles, les partages entre-vifs sont soumis aux formalités, conditions et règles prescrites pour les donations entre-vifs, c'est-à-dire, entre autres conditions, à la forme authentique (*Contrà* Champ. et Rig. n° 2330, Dalloz n°s 3694, 3695).

2. ACTE NON PRÉSENTÉ. — Nous croyons cependant qu'il faut faire une distinction essentielle entre l'acte nul dont on ne fait pas usage et celui qui est volontairement présenté à la formalité. Ainsi, la donation sous seing privé qui serait relatée dans un inventaire, celle qui serait trouvée dans les papiers d'un particulier, ne pourraient motiver la demande des droits de mutation en dehors de toute autre circonstance établissant la transmission (*V.* 6580); car, si le donataire n'est pas en possession, il ne puisera dans son acte aucun droit pour faire opérer la transmission à son profit, et l'Administration ne peut réclamer la perception d'un droit de mutation que sur une transmission réelle. Dans ce cas, la donation est, au regard des préposés, un écrit sans valeur, sans existence aux yeux de la loi. La nullité légale qui la frappe, le vice radical dont elle est entachée ne laissent à l'Administration aucun moyen de s'en prévaloir.

Cette opinion, que nous avions émise dans nos éditions précédentes, a été adoptée par l'Administration dans l'espèce suivante. On a trouvé, parmi les papiers d'un notaire en fuite, un partage anticipé rédigé en forme authentique signé par les parties, mais non daté ni signé du notaire. Une Sol. 8 août 1862 a reconnu que cet acte ne pouvait être sujet à l'enregistrement : « En effet, l'acte notarié non revêtu de la signature du notaire vaut comme sous seing privé, mais cette disposition ne s'applique pas aux actes solennels nécessairement assujettis à l'authenticité. L'acte dont il s'agit ne vaut donc même pas comme sous seing privé et l'Administration ne peut en demander les droits que si la transmission immobilière qu'elle renferme peut être établie conformément à l'art. 12 L. 22 frimaire an 7 » (1672 R. P., 12347 C.).

Mais il en serait autrement si l'acte était volontairement présenté à la formalité. L'Administration n'aurait plus aucune preuve de mutation à faire, aucune présomption à établir. Dans ce cas, elle prendrait l'acte pour ce qu'il se donnerait. Il se présenterait comme une donation, elle le recevrait comme tel et liquiderait ses droits en conséquence.

6573. Donation refaite. — D'après l'art. 1399 C. C., le donateur ne peut réparer par aucun acte confirmatif les vices d'une donation entre-vifs; nulle en la forme, il faut qu'elle soit refaite en la forme légale.

Si donc le donateur refait une donation qui était vicieuse et que, conformément à ce que nous avons dit au n° 6572, le droit proportionnel ait été perçu sur la donation qui était vicieuse, le droit fixe sera seul exigible sur la donation refaite, d'après le principe développé n°s 10321 et suiv. (*Conf.* : G. Demante n° 530); que si, pour une cause ou pour une autre, le droit fixe a seul été perçu sur la première donation, ou même si elle n'a pas été enregistrée, le droit proportionnel sera exigible sur la seconde au taux déterminé par le tarif en vigueur à la date de cette nouvelle donation, qui ne produit aucun effet rétroactif et ne peut en rien faire revivre la donation viciée.

6574. Confirmation par les héritiers du donateur. — Mais la faculté que l'art. 1399 C. C. refuse au donateur, l'art. 1340 l'accorde à ses héritiers ou ayants cause, après son décès. Ceux-ci peuvent confirmer, ratifier ou exécuter volontairement la donation viciée. Cette confirmation, ratification ou exécution emporte renonciation de leur part à opposer soit les vices de forme, soit toute autre exception. — *Quid* dans ce cas du droit exigible à raison de cette confirmation ?

Si le droit proportionnel a été perçu sur l'acte confirmé, le seul droit fixe devra être perçu. Aucun doute ne peut s'élever à cet égard.

Mais il faudra abandonner la règle que nous avons posée dans le précédent article, si la donation ratifiée n'a été enregistrée qu'au droit fixe ou même n'a pas été enregistrée. Il n'y a pas, en effet, comme pour le numéro précédent, un nouveau contrat, une nouvelle donation des héritiers à l'ancien donataire. L'ancienne convention existe tout entière, seulement elle est annulable; les héritiers, en la confirmant, se rendent non recevables à se prévaloir des vices qui l'entachent; leur ratification la rend valide, voilà tout. Dès lors ce n'est pas l'acte de confirmation qui donne ouverture au droit proportionnel non perçu, mais bien l'acte confirmé, qui, de nul qu'il était, devient parfait par un effet rétroactif. Le titre de la donation est dans l'acte de donation même et non dans la confirmation de la donation. Dès lors le droit proportionnel exigible est celui qui devait être perçu sur l'acte de donation en le supposant valide. — V. *Transaction* et *Succession*.

1. DROIT DE MUTATION PAR DÉCÈS. — Par voie de conséquence, les héritiers n'ont pas à comprendre dans la déclaration de la succession du donateur les objets qui fai-

sient partie de la donation ainsi confirmée, puisque les objets sont censés avoir appartenu au donataire du jour de la donation ou du moins de son acceptation (Dél. 24 fév. 1832, 2424 C.).

6575. Réduction de donation excédant la quotité disponible. — Nous avons d'abord pensé que les mêmes règles étaient applicables au cas où une donation entre-vifs est réduite après le décès pour former la quotité disponible des héritiers. Mais nous croyons, après nouvel examen, cette opinion difficilement admissible. La portion réduite rentre dans la succession et les héritiers la recueillent *jure hæreditario*. Ils doivent donc le droit de mutation par décès. — V. Bernay 19 déc. 1849, 15036 J. E.; — Bagnères 18 août 1859, 16921 J. E.;—Sol. 26 fév. 1868, 18487-4 J. E.). — Mais faut-il imputer sur cet impôt le droit de donation entre-vifs? — V. *Succession*.

Par contre, nous persistons à penser que le droit de donation ne devrait pas être perçu sur la nouvelle donation par laquelle le donateur réparerait lui-même, par une nouvelle donation modificative de la première, le tort que celle-ci aurait occasionné à quelques-uns de ses héritiers présomptifs. — V. *Acte nul et refait*.

6576. Délibération. — Lettre missive. — La délibération par laquelle un hospice accepte une offre de donation de sommes contenue dans une lettre ne constitue pas le contrat même de donation sujet au droit proportionnel dans un délai légal. — V. *Acte administratif* et *Don manuel*.

CHAPITRE IV. — DE L'ACCEPTATION DE LA DONATION

[6577-6607]

SECTION PREMIÈRE. — RÈGLES GÉNÉRALES

[6577-6589]

6577. Nécessité de l'acceptation. — Bien que la donation ne soit, dans son essence et en thèse générale, qu'un acte unilatéral de pure bienfaisance, il constitue en réalité un contrat synallagmatique qui impose à chacune des parties contractantes des obligations réciproques (Delvincourt t. 2 p. 71, Favard v° *des Donations entre-vifs* sect. 2 § 1er n° 1er, Duranton t. 8 n° 147, Merlin *Rép.* v° *Donation* sect. 4 n° 1er, Demolombe t. 9 nos 20 et 21, t. 20 n° 116).

Le lien de droit ne peut se former que par la réunion de deux volontés, la manifestation seule de la volonté du donateur ne suffit pas pour opérer son dessaisissement. La propriété demeure incertaine pendant tout l'intervalle qui peut s'écouler entre cette manifestation d'une volonté première et la manifestation de volonté de la part du donataire qui ne peut être saisi malgré lui. — Il est donc nécessaire que les deux volontés concourent pour donner au contrat toute sa perfection, car le dessaisissement de l'un ne peut s'effectuer qu'au moment où l'autre sera saisi; d'où il suit que le donateur lui-même ne sera pas lié par la déclaration qu'il aura faite dans la forme la plus authentique, tant que le donataire n'aura pas également manifesté, dans la forme légale, sa volonté d'accepter le bienfait. Le contrat ne devient donc irrévocable que par l'acceptation du donataire (932 C. C.). — V. *Donations indirectes* nos 6608 et suiv.

6578. Droit fixe. — Pourrait-on conclure de ce que nous avons dit, n° 6270, sur la *nullité*, que, si un acte de donation non acceptée était présenté à la formalité, le receveur devrait percevoir le droit proportionnel? Non, certainement. Tout contrat est soumis à deux règles générales; l'une concerne la forme, l'autre régit la convention. Lorsqu'il ne s'agit que de la forme, que de savoir si, pour que l'acte fût valable, il n'était pas nécessaire que telle ou telle formalité fût remplie, l'Administration et ses préposés n'ont point à s'en occuper; ils ne doivent voir que l'acte en lui-même, que les caractères que les parties ont entendu lui donner. La nullité reste alors sans influence sur la perception. Mais il n'en est plus ainsi lorsque le défaut de perfection porte sur la convention elle-même. Dans ce cas, il n'y a plus de contrat, et par conséquent le droit qui eût été exigible sur ce contrat, s'il eût été parfait, s'évanouit avec lui. C'est un simple projet donnant ouverture à un droit de salaire lorsqu'il reçoit formalité.

Aussi la question de savoir quel est le droit exigible sur une donation non acceptée n'a jamais fait l'objet d'aucune difficulté. Il a toujours été reconnu que le droit fixe était le seul à percevoir (290 n° 29 I. G.). — V. 752.

1. RENTE VIAGÈRE. — Décidé, dans ce sens, par le ministre des finances le 12 octobre 1818 (6250 J. E.), que la constitution d'une rente viagère à titre gratuit, non acceptée, n'est passible que du droit fixe.

6579. Acceptation expresse. — Par exception au droit commun, il ne suffit pas, en matière de donation, qu'il y ait une acceptation telle quelle, il faut que cette acceptation ait été faite en *termes exprès* (932 C. C.). Ainsi, comme règle de fond commune à tous les contrats, il faut que la donation soit acceptée, et, comme règle de forme particulière à la donation, il est nécessaire qu'elle soit acceptée *expressément*. Le défaut de cette acceptation expresse ne pourrait pas même se couvrir par la confirmation tacite résultant d'une exécution volontaire de la part du donateur (Merlin *Rép.* v° *Testament* sect. 2, Zachariæ t. 2 p. 453, Marcadé sur l'art. 932).

1. SIGNATURE. — Ainsi, cette mention d'un acte notarié que Pierre s'est présenté chez un notaire avec Paul et a fait à celui-ci telle donation, mention suivie à la fin de l'acte de la signature de Paul et Pierre, ne suffirait pas pour constituer une donation valable : l'acceptation de Paul est assurément bien certaine, mais elle n'est pas expresse; dès lors un pareil acte ne pourrait donner ouverture au droit proportionnel (Merlin, Zachariæ, Marcadé *loc. cit.*, Grenier n° 57, Dalloz

t. 5 n° 509). Déjà, sous l'ancienne législation, l'art. 6 de l'Ord. de 1731 regardait la signature du donataire comme n'impliquant pas son acceptation.

2. TACITE. — Puisque la loi ne se contente pas de l'existence d'une acceptation, qu'elle la veut en termes exprès et l'exige comme solennité, on en doit conclure qu'elle rejette toute acceptation tacite. « Des termes de l'art. 932 il résulte, *sans qu'il eût été besoin d'en faire une disposition*[1], que les juges ne pourront ni avoir égard aux circonstances dont on prétendrait induire une acceptation tacite, ni la présumer, lors même que le donataire aurait été présent à l'acte de donation et qu'il l'aurait signé, ou quand il serait *entré en possession* des choses données » (Bigot-Préameneu *Exposé des motifs*, Fenet t. 12 p. 544).

Cependant (Toullier t. 5 n°s 189 et suiv.) veut que le défaut d'acceptation soit réparé par l'entrée en possession du donataire dans les choses données. Il se fonde sur deux raisons : que l'exécution volontaire couvre la nullité des donations et qu'en ne répétant pas la nullité prononcée par l'art. 6 de l'Ord. de 1731, pour le cas où le donataire serait *entré en possession* des choses données, le Code civil l'a rejetée.

La doctrine de Toullier sur la confirmation des donations par l'exécution volontaire est contraire au texte des art. 1338, 1339 et 1340 combinés. Quant au second motif, il manque également de solidité. En ne reproduisant pas la disposition de l'ordonnance qui prescrit la nullité de l'acceptation par l'entrée en possession des choses données, le Code ne l'a pas rejetée; il a seulement écarté tous les cas indiqués comme exemples, pour poser une règle unique qui comprend les cas prévus comme les cas imprévus; autrement, il faudrait admettre comme acceptation tacite la présence et la signature du donataire à l'acte de donation, parce que le Code a aussi évité de reproduire cet exemple. Quand la loi nouvelle est rédigée dans le même esprit que la loi qu'elle remplace, les déductions de l'ancienne loi doivent être suivies sous la nouvelle législation : *Priores leges trahuntur ad posteriores*, *L.* 26 ff. *de Legibus* (V. une excellente dissertation de Grenier t. 3 n° 57 *ter* et 57 *quater*. — *Conf.* : Cass. 6 juin 1821, S. 23-1-41 ; — Bourges 30 avr. 1831, S. 32-2-89 ; — Bastia 2 mars 1835, S. 35-2-57 ; — Nancy 2 fév. 1838, S. 38-2-203 ; — Cass. 27 mars 1839, S. 39-1-267; — Rennes 20 mars 1841, S. 41-2-418 ; — Bordeaux 22 mai 1861, S. 61-2-196; — Duranton t. 8 n° 389, Duvergier sur Toullier t. 5 n° 189, Zachariæ, Aubry et Rau t. 5 p. 474, Massé et Vergé t. 3 p. 65, Troplong t. 3 n° 1090, Demante t. 4 n° 71 *bis*-3, Demolombe t. 20 n° 122).

6580. Actes postérieurs impliquant l'acceptation. — Du principe civil développé dans le précédent numéro, principe d'après lequel aucun acte ne peut suppléer l'acceptation expresse, il résulte que la preuve de l'existence de la donation ne peut, *par elle-même*, donner ouverture au droit proportionnel. L'Administration, qui voudrait poursuivre le recouvrement du droit proportionnel à raison d'une donation enregistrée au droit fixe, ne pourrait, à défaut de la production d'un acte authentique d'*acceptation expresse*, s'appuyer que sur les circonstances des art. 12 L. 22 frimaire an 7 et 8 L. 28 fév. 1872. Tout autre document serait illusoire pour elle. Il faudrait qu'elle prouve l'inscription du donataire au rôle et le payement des impôts fait par lui, ou quelque acte constatant sa *propriété*.

M. Demante exprime ainsi la même opinion :

« Si, dit-il, en exécution d'un acte, ne contenant pas acceptation expresse, le soi-disant donataire est mis en possession du fonds, le droit proportionnel devient exigible, non pas en vertu de l'acte, mais en vertu de la seule possession, conformément à la théorie des mutations secrètes. Et ce droit peut être perçu à titre de donation, par cela seul que la possession est *pro donato*. — Quant aux donations mobilières, malgré le régime exceptionnel établi par la loi du 18 mai 1850 pour les dons manuels, il reste vrai de dire que, pour la perception du droit proportionnel, il faut un acte écrit constatant l'acceptation du donataire » (N° 579).

6581. Termes sacramentels. — Néanmoins, en disant que l'acceptation, même contenue dans l'acte de donation, doit être en *termes exprès*, l'art. 932 C. C. n'a pas entendu dire que le mot *accepter* soit sacramentel : il peut être parfaitement remplacé par des équipollents (Champ. et Rig. n° 2318, Dalloz n° 3697, Marcadé sur l'art. 932 n° 3, Duranton t. 8 n° 414, Poujol art. 932 n° 4, Troplong t. 3 n° 1089, Bayle-Mouillard sur Grenier t. 1er n° 57 *ter* A, Zachariæ, Aubry et Rau t. 5 p. 474, Saintespès t. 3 n° 610, Demante t. 4 n° 71 *bis* n° 3, Demolombe t. 20 n° 123 ; — Grenoble 6 janv. 1831, S. 32-2-91 ; — Bastia 2 mars 1835, S. 32-2-57 ; — Nancy 2 fév. 1838, S. 38-2-203 ; — Rennes 20 mars 1841, S. 41-2-418 ; — Toulouse 21 août 1874, 4254 R.P. ; — *Contrà* Coin-Delisle art. 932).

Il y aurait donc acceptation expresse si l'on disait que Pierre fait telle donation à Paul, *qui déclare la recevoir avec reconnaissance*, et le droit proportionnel serait exigible sur un acte qui contiendrait ces expressions. — Il y a encore acceptation expresse lorsque le donataire dit qu'il *approuve* la donation, qu'il y *consent*, etc. On ne pourrait prétendre que l'acceptation n'est pas dans ce cas spécialement exprimée (Toullier t. 5 n° 188, Guillion n° 495, Roll. de Vill. V. *Acceptation de donation* n° 124 ; — Grenoble 6 janv. 1831).

Quid, s'il était dit à la fin de l'acte que les parties l'ont ainsi *voulu* et *consenti* ? Toullier *loc. cit.*, Dalloz t. 5 p. 109, Roll. de Vill. V. *Acceptation de donation* n° 125, pensent qu'une pareille mention serait l'équipollent d'une acceptation expresse. Mais, dirons-nous avec Marcadé sur l'art. 732 n° 3, cette formule, devenue banale pour les actes no-

1. Si l'ordonnance de 1731 art. 6 avait détaillé quelques circonstances desquelles il n'était pas permis d'induire d'acceptation tacite, c'est qu'il y avait des diversités de jurisprudence à effacer. Quand le Code civil est venu, elles n'existaient plus; la forme impérative et générale était donc suffisante.

L'énumération contenue au texte de l'ordonnance n'y était d'ailleurs insérée que par forme d'exemple et démonstrativement, comme elle est entrée dans le discours de l'orateur du Gouvernement. Ainsi, de même que, sous l'ancien droit, l'insinuation que le donataire aurait fait faire de l'acte de donation n'aurait pu suppléer l'acceptation solennelle (Ricard part. 1re n° 838, Furgole sur l'art. 6, de même, sous le Code civil, ni la transcription que le donataire ferait faire de l'acte de donation, ni aucune des dispositions permises au seul propriétaire, telles que la vente ou cession de l'objet donné, ne suppléeraient l'acceptation solennelle.

tariés, n'ajoute rien à ce qui a été énoncé précédemment dans l'acte, et me dire que Paul a voulu et consenti que Pierre lui fît une offre, ce n'est pas me dire formellement qu'il a accepté cette offre. — *V.* dans le même sens Grenier n° 57 *bis*, Demolombe t. 20 n° 123.

6582. Donation à un tiers dans un contrat de mariage. — Les donations faites par contrat de mariage n'ont pas besoin d'une acceptation expresse; le concours du donateur et du donataire dans l'acte suffit, comme dans les contrats à titre onéreux, pour manifester l'accord des volontés, et le défaut d'une déclaration spéciale et formelle à cet égard n'est plus un motif d'annulation de la donation.

La règle a été étendue même en ce sens que les tribunaux de Castel-Sarrazin et de Nevers ont jugé, les 31 décembre 1847 et 26 décembre 1848 (14452-3, 14681 J. E.), que, quand, comme condition d'une donation faite aux époux par contrat de mariage, le donateur réserve l'usufruit au profit de sa femme, au cas où elle lui survivrait, l'acceptation résulte implicitement et irrévocablement, au profit de celle-ci, de sa seule présence au contrat. « On ne saurait aller jusque-là, disent Champ. et Rig. *Suppl.* n° 804, l'art. 1087 C. C. ne comprend pas, comme le suppose le tribunal, les libéralités faites à toute personne stipulant un contrat de mariage. Cet article, comme tous ceux qui forment le chap. 8 du titre des *Donations*, n'est qu'une exception aux principes généraux des donations, applicable à celles dont s'occupe ce chapitre, c'est-à-dire à celles qui sont *faites par contrat de mariage aux époux et aux enfants à naître du mariage*. En dehors de là, il en faut revenir à la règle générale d'après laquelle, nul n'étant donataire qui ne veut, il faut, pour établir qu'un donataire a voulu l'être, autre chose qu'une approbation silencieuse. » Dalloz cite sans commentaire, n° 3884, le jugement du tribunal de Castel-Sarrazin attaqué par Champ. et Rig. — *V.* nos 6608 et suiv.

6583. Donation indirecte. — La donation indirecte n'a pas besoin d'être expressément acceptée. — *V.* 6610.

6584. Acceptation par acte postérieur. — L'acceptation de la donation peut se faire par un acte séparé et postérieur, pourvu que cet acte soit également passé devant notaire et qu'il en reste minute (Demolombe t. 20 n° 125). Cet acte, rendant la donation parfaite, est alors passible du droit proportionnel de donation (290 n° 29 I. G.). — *V.* 6590.

1. DROIT FIXE. — Si, par erreur, le droit proportionnel avait été perçu sur la donation non acceptée, l'acceptation qui serait faite ensuite ne serait passible que du droit fixe de 3 francs.

2. PLURALITÉ DES DROITS. — Dans ce cas, s'il y avait deux donataires acceptants, il serait dû un droit fixe pour chacun d'eux, aux termes de l'art. 11 L. 22 frimaire an 7, parce que l'acceptation de l'un serait indépendante de celle de l'autre (5571 J. E.).

6585. Acceptation dans l'acte. — Disposition indépendante. — L'acceptation est faite par l'acte même, le contrat a *immédiatement* acquis toute sa perfection et aussi toute son irrévocabilité; la propriété des biens donnés a immédiatement passé, par l'effet même de l'acte, du donateur qui s'est dépouillé, au donataire qui s'est trouvé immédiatement investi. Dans ce cas, l'acceptation fait partie intégrante de la donation et n'opère aucun droit particulier. — Il en est de même lorsque l'acceptation a lieu par acte postérieur; le seul droit exigible sur cet acte est le droit proportionnel. — V. *Acceptation.*

6586. Acceptation antérieure. — Mais l'acceptation ne peut être, en aucun cas, antérieure à l'acte de donation, lors même que celle-ci serait exactement conforme aux indications de l'acceptation (Cass. 27 mars 1839, S. 39-1-267, Bayle-Mouillard sur Grenier t. 1er n° 58 note A, Demolombe t. 20 n° 136).

6587. Donation secondaire. — Mais l'acceptation d'une donation secondaire affranchie du droit proportionnel a été reconnue sujette à un droit fixe particulier. — V. *Acceptation.*

6588. Effet rétroactif. — En règle générale, l'acceptation d'un contrat quelconque n'a pas d'effet rétroactif, et la convention ne doit être considérée comme parfaite que du moment qu'elle a été acceptée. Ce principe, comme nous l'avons vu, est particulièrement applicable aux donations. « Lorsque l'acceptation, enseigne Demolombe, a lieu par acte postérieur, il est, sous tous les rapports, impossible d'en faire remonter l'effet à l'époque antérieure de la donation même; sous tous les rapports, c'est-à-dire non-seulement à l'égard des tiers, mais encore à l'égard des ayants cause du donataire. Et si, par exemple, une femme à qui une donation aurait été faite, se mariait avant de l'accepter, la donation n'aurait d'effet que du jour de l'acceptation; de sorte que les biens donnés ne seraient pas compris dans la constitution dotale des biens présents » (T. 20 n° 137; — *Conf.* : Pothier *Donat.* sect. 2 art. 4).

1. TARIF. — Aussi faut-il décider que, si, dans l'intervalle de la donation à l'acceptation, les tarifs ont changé, c'est d'après les tarifs en vigueur au moment de l'acceptation que les droits sont perçus. — Dans ce sens, un A. Cons. d'Ét. 14 décembre 1831 a reconnu que, lorsqu'une donation faite à une commune avant la loi du 18 avril 1831 n'a été acceptée que depuis cette même loi, comme la transmission ne s'opère que du jour de cette acceptation, elle est passible du droit proportionnel établi par cette dernière loi. Une solution semblable a été rendue le 14 novembre 1863. — *V.* 5290 et 6590.

De même, si une donation de rentes sur l'Etat ou d'autre valeurs cotées à la Bourse n'est acceptée que postérieurement, le droit est dû d'après le cours de la Bourse au jour seulement de l'acceptation (Sol. 27 fév. 1855).

6589. Révocation. — L'acceptation ne produit d'effet que si elle intervient avant que le donateur ait révoqué son offre. Cette faculté de révocation appartenant au donateur est d'évidence. La révocation peut même être expresse ou tacite. Si elle est expresse, elle peut être faite, non-seulement dans un acte authentique, mais même dans un acte sous seing privé, pourvu qu'il ait acquis date certaine avant l'acceptation, et sans qu'il soit nécessaire d'observer les formes spéciales relatives à la révocation d'un testament. La révocation tacite résulte de tout acte qui serait incompatible avec le maintien de la donation et qui manifeste ainsi la preuve certaine d'un changement de volonté. Elle peut avoir lieu partiellement (*V.* Pothier *Donat.* sect. 2 art. 1er, Toullier t. 3 nos 209, 214, Vazeille art. 932 n° 4, Coin-Delisle art. 932 n° 6, Troplong t. 3 n° 1092, Bayle-Mouillard sur Grenier t. 1er n° 56, Demolombe t. 20 nos 132-135).

SECTION 2. — DE LA NOTIFICATION DE L'ACCEPTATION [6590-6598]

6590. Perfection du contrat. — Lorsque l'acceptation est déclarée par acte séparé, cette déclaration ne suffit pas pour donner à l'acte toute sa perfection, car on ignore si le donateur n'a pas changé de volonté. Il faut que les deux volontés concourent de nouveau. Aussi l'art. 932 C. C. porte-t-il que, dans ce cas, la donation n'aura d'effet, *à l'égard du donateur*, que du jour où l'acte qui constatera cette acceptation lui aura été *notifié*. De cette disposition on a voulu tirer la conséquence (Champ. et Rig. n° 2324, Dalloz n° 3698, et G. Demante n° 580) que le droit proportionnel n'est pas exigible sur l'acte d'acceptation passé hors de la présence du donateur et *non notifié*. Dalloz cite à l'appui de son opinion une Dél. 25 mai 1843 (11667 J. N.), qui a ordonné la restitution du droit proportionnel perçu sur l'acceptation d'une donation qui avait été révoquée avant que l'acceptation eût été notifiée au donataire.

La question de savoir si le contrat de donation se forme par l'acceptation seulement, ou s'il est nécessaire que cette acceptation soit notifiée au donateur divise les auteurs. Guillon n° 491, Vazeille n° 3, Dalloz n° 21, Duranton t. 8 n° 420, Zachariæ t. 5 p. 37, 38 et 39, veulent que le contrat ne soit parfait que du jour de la notification. Mais l'opinion contraire, professée par Grenier n° 381 *bis*, Demante *Themis*, t. 7 p. 380, Coin-Delisle sur l'art. 932 nos 13 et 15, Troplong t. 3 n° 1104, Saintespès t. 3 n° 620, Marcadé sur l'art. 932 n° 5, nous semble préférable. Ce dernier auteur nous paraît trancher la question avec une grande force de logique. Après avoir fait l'historique de la manière dont fut adoptée la rédaction de l'art. 932 devant le conseil d'État, il ajoute :

« Ainsi, les mots *à l'égard du donateur* acquièrent une signification très-intentionnelle et qu'on ne saurait méconnaître sans nier l'évidence. Mais cette signification particulière, quelle est-elle donc ? Quelle a été la pensée des rédacteurs en restreignant par ces mots la proposition absolue du Tribunat ? La voici, suivant nous : Dès que la donation, régulièrement offerte d'un côté, est régulièrement acceptée de l'autre, il y a concours des deux volontés, et, par conséquent, le contrat est formé, la donation est parfaite : c'est là le droit commun pour tous les contrats. Et puisque, dès l'acceptation et avant toute notification au donateur, la donation est accomplie, elle produit donc immédiatement ses effets, et c'est le donataire dès lors qui se trouve désormais propriétaire de l'objet donné. Toutefois, comme le donateur, tant que l'acceptation faite par acte séparé ne lui est pas connue, se croit toujours propriétaire, maître de la chose offerte, et pourrait en disposer autrement de très-bonne foi, la propriété acquise au donataire, dès son acceptation, ne sera que conditionnelle : elle n'existera que sous la condition résolutoire des dispositions que le donateur pourrait faire avant la notification. Ainsi, que le donateur, dans l'intervalle de l'acceptation à la notification, révoque expressément ses offres ou aliène le bien donné pour le tout, le donataire se trouvera n'avoir jamais eu la propriété ; s'il révoque ou aliène pour partie, le donataire sera censé n'avoir eu que la propriété de l'autre partie ; s'il consent une hypothèque, un usufruit, un droit de passage ou tous autres droits réels, le donataire ne sera propriétaire que sauf déduction des droits réels consentis. Cette idée (d'une propriété acquise au donataire dès le moment de l'acceptation, mais sous la condition résolutoire des dispositions que le donateur pourrait faire avant la notification) nous paraît expliquer ces deux règles, consacrées, l'une par le droit commun, l'autre, par le texte de notre article : 1° que les contrats se forment lors de la réunion des deux volontés (et par conséquent, lors de l'acceptation dans les donations), et 2° que la donation n'a pas d'effet entre le donateur tant qu'on ne lui a pas notifié l'acceptation. Aussi, que l'on compare les deux alinéas de l'article. Quand il s'agit de la donation non encore acceptée, l'alinéa 1er a soin de dire cumulativement qu'elle *n'engage pas le donateur* et qu'elle ne produit d'ailleurs *aucun effet* ; au contraire, pour la donation acceptée, et dont l'acceptation n'est pas notifiée, l'alinéa 2 dit bien encore qu'elle n'engage pas le donateur, mais il se garde bien d'ajouter l'idée d'inefficacité absolue du premier cas. »

La notification n'est donc pas, d'une manière générale, une condition essentielle à la formation de la donation. La donation au contraire est formée, et elle existe dès le jour de l'acceptation avant même la notification. Elle peut, en conséquence, produire à l'égard du donateur, dès le jour de l'acceptation et avant la notification, tous les effets dont elle est susceptible, sous la condition que la notification aura lieu en temps utile. Ce n'est qu'à l'égard du donateur qu'elle demeure inopérante tant que la notification n'a pas été faite. » On ne peut pas contester, comme le fait remarquer Demolombe (t. 20 n° 139) qu'il y a une singularité digne de remarque dans une convention bilatérale formée pour l'une des parties et non pour l'autre. Mais il n'en est pas moins certain que le contrat est complet pour le donateur dès le moment de l'acceptation. C'est ce que la C. cass. a reconnu par un arrêt du 16 novembre 1861 (S. 62-1-89).

6591. Droit proportionnel. — Or, si l'on reconnaît que la donation acceptée est parfaite, qu'elle existe sous la seule condition résolutoire des dispositions que le donateur pourrait faire avant la notification, il en résulte que le droit proportionnel est exigible sur l'acceptation même, car la condition résolutoire ne suspend point l'exécution du contrat, l'obligation qui en est affectée n'en est pas moins pure et simple ; — et que le droit est dû d'après le tarif vivant au jour de l'acceptation (Pontoise 14 juill. 1853, 15720 J. E., 15139 J. N. ; Av. Cons. d'Et. 14 déc. 1831, 10456 J. E.).

6592. Restitution. — Il résulterait encore de là que les droits perçus au moment de l'acceptation ne seraient pas restituables, alors même que la donation viendrait à être révoquée en tout ou en partie avant la notification ; car, bien que l'obligation avec toutes ses conséquences, déjà réalisées ou à réaliser encore, disparaisse si la résolution conditionnelle vient à s'opérer, le droit *qui a été régulièrement perçu* n'est pas restituable. Mais, en matière de donation, l'Administration ne suit pas ce principe, qui, exact en lui-même, amènerait néanmoins des conséquences trop rigoureuses. Ainsi qu'on l'a vu par la délibération rappelée nº 6590, elle autorise la restitution des droits perçus sur l'acceptation lorsque la donation est restée sans effet par suite de sa révocation avant la notification au donateur (*Conf.* : Sol. 21 mars 1872).

6593. Forme. — La forme de la notification n'est pas réglée par la loi et plusieurs auteurs enseignent qu'il suffit d'un acte sous seing privé (Coin-Delisle art. 932 nº 12, Troplong t. 3 nº 1103, Saintespès t. 3 nº 621, Massé et Vergé t. 3 nº 63); mais, dans l'opinion de ceux qui pensent qu'à l'égard du donateur la donation se forme seulement par la notification, on est amené à conclure qu'il faut un acte authentique (Caen 8 juill. 1828, Dalloz *Donat.* 1149; — Bordeaux 22 mai 1861, D. 61-2-196, Poujol art. 932, nº 7, Bayle-Mouillard sur Grenier t. 1er nº 58 *bis* note C, Aubry et Rau t. 5 nº 475).

6594. Notification dans l'acte. — Disposition indépendante. — Il en est de l'intervention du donateur dans *l'acte d'acceptation* pour déclarer se tenir cette acceptation pour notifiée, comme de l'acceptation du donataire dans l'acte de donation (*V.* 6585). Cette intervention dispense le donataire de la notification prescrite par l'art. 932 C. C. (Bordeaux 14 nov. 1867, S. 68-2-77, Delvincourt t. 2 p. 471, Coin-Delisle art. 932 note 12, Marcadé art. 932 nº 6, Bayle-Mouillard sur Grenier *loc. cit.* note C); — elle fait partie intégrante de l'acte et ne donne ouverture à aucun droit (11302-1 J. E.). — V. *Acceptation.*

6595. Décès du donateur avant la notification. — Puisque, après l'acceptation faite par acte séparé et jusqu'à la notification au donateur, le donataire n'a la propriété de l'objet que sous une condition résolutoire dépendant de la volonté du donateur, en sorte que celui-ci n'est nullement lié, il s'ensuit que, si ce donateur meurt avant la notification, le lien qui n'existait pas à son égard ne peut plus se former, et la notification n'est plus possible. Aussi est-ce au donateur lui-même, et non pas à lui ou à ses héritiers, que l'art. 932 C. C. commande de faire la notification. Tous les auteurs sont d'accord sur ce point (Agen 28 nov. 1855, S. 56-2-16; — Besançon 2 mai 1860, S. 60-2-590; — Cass. 16 nov. 1861, S. 62-1-89, Grenier t. 1er nº 58 et Bayle-Mouillard *loc. cit.* note C, Duranton t. 8 nº 420, Vazeille art. 932 nº 3, Coin-Delisle art. 932 nº 15, Marcadé art. 932 nº 6, Toullier t. 4 nº 63, Demante *Themis* t. 7 nº 380 et *Cours analytique* t. 4 nº 71, Troplong t. 3 nº 1102, Saintespès t. 3 nº 620, Zachariæ, Aubry et Rau t. 5 nº 453, 464, Massé et Vergé t. 3 p. 63, Demolombe t. 20 nº 149).

Par conséquent, l'acte qui constaterait la caducité de la donation et la conservation des biens par les héritiers du donateur ne serait pas passible du droit de rétrocession (Sol. 7 juin 1852); — et on devrait autoriser, selon le principe indiqué au nº 6592, le remboursement des droits perçus sur l'acceptation (9377 J. N., D. N. vº *Acceptation* nº 261 et t. 5 p. 86 nº 529).

6596. Décès du donataire avant la notification. — Mais, si la notification ne peut plus être faite par le donataire aux héritiers du donateur, elle peut fort bien être faite au donateur par les héritiers du donataire. Il ne s'agit plus de former le contrat, mais tout simplement de donner connaissance au donateur du contrat formé. Or, si c'est bien au donateur que cette connaissance doit être donnée, il importe peu, au contraire, par qui elle lui sera donnée. C'est par l'acceptation que la propriété a été acquise et que le droit s'est réalisé (*V.* 6590); il reste maintenant à rendre stable, vis-à-vis du donateur, ce droit déjà existant, en lui notifiant l'acquisition; or, qu'importe par qui la signification sera faite? Ainsi donc, si le donataire meurt, la propriété par lui acquise se trouve transmise à ses héritiers ou légataires; ceux-ci pourront, comme il aurait fait lui-même, remplir la formalité de la notification; que si ce donataire, immédiatement après avoir accepté, aliénait le bien, son acquéreur pourrait très-bien notifier ; ses créanciers, enfin, qui n'auraient pas pu, bien entendu, accepter en son nom pour se payer sur le bien, pourraient très-valablement aussi notifier l'acceptation faite; tout ceci est la conséquence de ce que c'est l'acceptation du donataire qui lui fait acquérir le droit et place le bien dans son patrimoine (Marcadé sur l'art. 932, Grenier nº 58, Demante *Themis* t. 7 p. 571, Coin-Delisle sur l'art. 932 nº 18, Demolombe t. 20 nos 141, 142, Bayle-Mouillard sur Grenier *loc. cit.*, Troplong t. 3 nos 1100, 1104, Zachariæ, Aubry et Rau t. 5 p. 453, Massé et Vergé t. 3 p. 63; — *Contrà* Toullier t. 5 nº 213, Delvincourt t. 2 nº 256, Dalloz t. 5 nº 213).

6597. Mutation par décès. — Il résulte de ce que nous avons dit dans les deux numéros précédents que, si le donateur décède avant la notification de l'acceptation du donataire, ses héritiers devront comprendre dans la déclaration de sa succession les biens faisant l'objet de la donation, qui se trouvera alors comme non avenue.

Le contraire aura lieu si c'est le donataire qui décède avant la notification. Les biens donnés feront partie de sa succession et les droits de mutation par décès seront exigibles.

6598. Incapacité du donateur avant la notification. — Une dernière question, se rattachant à cet ordre d'idées, reste à examiner ici : c'est celle de savoir si, lorsque le donateur est devenu incapable avant la notification, cette notification peut encore lui être faite utilement. *Quid*, par exemple, si, dans l'intervalle de l'acceptation à la notification, le donateur a été frappé d'interdiction, ou s'il s'agit d'une femme qui se soit mariée dans cet intervalle? Coin-Delisle art. 932 n° 16 et après lui plusieurs auteurs (V. Toullier t. 3 n° 212, Duranton t. 8 n° 185, Vazeille art. 932 n° 4, Troplong t. 3 n° 1102, Aubry et Rau t. 5 p. 452, Demolombe t. 20 n° 150) ont enseigné que la notification serait inefficace. La raison en est qu'à l'égard du donateur la donation ne s'accomplit que par la notification; d'où il suit qu'il est nécessaire que dans tous les cas les choses soient entières et que toutes les conditions nécessaires à la formation de la donation existent encore dans la personne du donateur au moment de la notification.

Mais, comme le dit Marcadé *loc. cit.*, de deux choses l'une: ou bien le contrat de donation se forme lors de l'acceptation (même quand celle-ci se fait par acte séparé), ou bien il ne se forme qu'au moment de la notification. Dans le premier cas, le contrat étant formé avant l'interdiction, le mariage ou toute autre cause d'incapacité, cette incapacité est insignifiante; car on n'a pas besoin d'être *capable de donner* pour recevoir un simple avertissement. Dans le second cas, il est bien clair que le donateur devrait être capable au moment de la notification; alors il faudrait adopter en entier ce second système: or, on a vu que Coin-Delisle le rejette, et nous croyons, en effet, avoir prouvé qu'il est inadmissible. Cette opinion de Marcadé, qui nous paraît la plus rationnelle, est aussi celle de Grenier et Demante *loc. cit.*, de Dalloz *Donat.* n° 1454 et de Massé et Vergé t. 3 p. 64.

SECTION 3. — PAR QUI L'ACCEPTATION D'UNE DONATION PEUT ÊTRE FAITE

[6599-6607]

6599. Majeur. — Si le donataire est majeur, l'acceptation doit être faite par lui (933 C. C.).

1. PORTE-FORT. — NOTAIRE. — L'acceptation ne pourrait être faite par une personne sans pouvoir qui aurait déclaré se *porter fort* pour le donataire absent, encore qu'il s'agisse de codonataires *in solidum*. — A plus forte raison en serait-il ainsi si le notaire avait pris sur lui d'accepter la donation pour le donataire (*V.* L. 6 oct. 1791 note C, L. 25 vent. an 11 art. 14, Duranton t. 8 n° 426, Troplong t. 3 n° 1112, Demolombe t. 20 n° 156).

2. HÉRITIERS. — CRÉANCIERS. — La donation ne peut donc être acceptée, ni par les héritiers du donataire décédé avant l'acceptation, ni par des créanciers alléguant que leur débiteur refuse de le faire en fraude de leurs droits (Cass. 16 nov. 1836, S. 36-1-900, Toullier t. 3 n° 211, Bayle-Mouillard sur Grenier t. 1er n° 56 note C, Troplong t. 3 n° 1100, Demolombe t. 20 n° 155, Aubry et Rau t. 5 p. 463).

3. RATIFICATION. — Dans ce cas, cependant, le vice de l'acceptation pourrait être couvert par une ratification faite par le donataire dans la forme voulue pour l'acceptation, et la donation aurait effet du jour de cette ratification (Grenier t. 1er n° 60, Toullier t. 5 n° 192, Dalloz t. 5 p. 512, Poujol sur l'art. 933, Roll. de Vill. v° *Acceptation de donation* n° 31, Delvincourt t. 2 p. 256, Duranton t. 8 n° 425, Troplong t. 3 n° 1111, Demante t. 4 n° 72 *bis*, Aubry et Rau t. 5 p. 463; — Liége 22 janv. 1810, S. *Coll. nouv.* 11-2-193; — Bordeaux 5 fév. 1827, S. 27-2-218; — Cass. 4 juill. 1848, S. 48-1-710).

Alors le droit proportionnel deviendrait exigible sur cette ratification, qui équivaudrait à acceptation (Dalloz n° 3702, Champ. et Rig. n° 2339). S'il s'agissait de la donation faite à un mineur avec acceptation par le père de ce mineur, cette donation serait parfaite et il faudrait y appliquer le tarif de cette date, et non pas de celle de l'acceptation ultérieure du mineur lui-même (Sol. 18 juin 1855).

6600. — Mandataire. — Lorsque le donataire majeur n'accepte pas lui-même, cette acceptation doit être faite en son nom par la personne fondée de sa procuration, portant pouvoir d'accepter la donation faite, ou un pouvoir général d'accepter les donations qui auraient été ou qui pourraient être faites (933 C. C.).

1. FORME DE LA PROCURATION. — *Quid* si la procuration en vertu de laquelle le tiers accepterait n'était pas faite devant notaire et si une expédition n'en était pas jointe à la donation, conformément à l'art. 933 C. C.? Ceci tient à une question de forme qui serait sans influence sur la perception, d'après ce que nous avons dit n° 6572.

6601. Mineur non émancipé ou émancipé. — La donation faite à un mineur non émancipé doit être acceptée par son tuteur, conformément à l'art. 463 C. C., c'est-à-dire avec l'autorisation du conseil de famille et sans qu'il soit besoin de l'homologation judiciaire.

Le mineur émancipé peut accepter, avec l'assistance de son curateur, sans l'autorisation du conseil de famille (Troplong t. 3 n° 1124, Zachariæ, Aubry et Rau t. 5 p. 459, Demante t. 4 n° 74 *bis*, Demolombe t. 20 n° 174).

1. ASCENDANTS. — Néanmoins les père et mère du mineur émancipé ou non émancipé, ou les autres ascendants, même du vivant des père et mère, quoiqu'ils ne soient ni tuteurs ni curateurs du mineur, peuvent accepter pour lui (935 C. C.); il n'est pas besoin de l'autorisation du conseil de famille (Cass. 25 juin 1812, S. 12-1-400; — Nîmes 10 avr. 1847, S. 48-2-130; Merlin *Rép.* v° *Mineur* § 7 n° 3, Toullier t. 3 n° 197, Grenier t. 1er n° 61 *bis*, Duranton t. 8 n° 441, Coin-Delisle art. 935 n° 16, Zachariæ, Massé et Vergé t. 3 p. 59, Demolombe t. 20 n° 182). — Il suit de là que le père, quoiqu'il soit tuteur, peut accepter sans l'avis de la famille quand il agit en qualité de père (Cass. 25 juin 1812, D. v° *Mineur* n° 502, Duranton t. 8 n° 441, Coin-Delisle n° 936 § 16, Troplong t. 7 n° 1128, Demolombe t. 20 n° 183).

Ce n'est pas seulement à défaut ou en cas d'absence des père et mère que les autres ascendants peuvent accepter, mais encore en cas de refus de leur part, et malgré eux (Fréminville *Mineur* t. 2 n° 597, Bayle-Mouillard sur Grenier t. 1er n° 64 note A, Zachariæ, Aubry et Rau t. 5 p. 459,

Demante t. 4 n° 74 *bis* 5, Demolombe t. 20 n° 188) ; et alors la mère n'a besoin de l'autorisation ni de son mari ni de la justice (Cass. 12 avr. 1832, D. N. t. 1er n° 162, Delvincourt t. 2 p. 89 n° 7, Toullier t. 3 n° 198, Duranton t. 8 n° 438, Fréminville *Mineur* t. 2 n° 596, Zachariæ, Aubry et Rau t. 5 p. 459, Bayle-Mouillard sur Grenier t. 1er n° 64, Troplong t. 3 n° 1129, Demante t. 5 n° 74 *bis* § 5, Demolombe t. 20 n° 189).

2. ENFANT NATUREL. — L'art. 935 est applicable aux père et mère de l'enfant naturel (Toullier t. 3 n° 199, Grenier t. 67, Duranton t. 8 n° 446, Zachariæ, Aubry et Rau t. 5 p. 459, Troplong t. 3 n° 1131, Demolombe t. 20 n° 193), et il semble même que l'on devrait comprendre sous le titre d'ascendants les père et mère naturels du père ou de la mère légitimes du mineur (Demante t. 4 n° 74 *bis* 8, Demolombe t. 10 n° 194). Si l'enfant naturel n'a plus aucun de ses ascendants, la donation sera acceptée par un tuteur *ad hoc* (Poujol 935-10, Coin-Delisle n° 915 § 10, Bayle-Mouillard sur Grenier t. 1er n° 68, Demolombe t. 20 n° 146).

3. DONATIONS SIMULTANÉES. — Dans le cas d'une donation faite simultanément par le père et la mère à leur enfant, l'acceptation serait valablement faite par le père pour les biens donnés par la mère, et par la mère pour les biens donnés par le père (Paris 23 juin 1849, S. 49-2-554 ; — Poitiers 20 fév. 1861, S. 61-2-465 ; — Metz 18 juin 1863, S. 63-2-211, Duranton t. 9 n° 623, Saintespès-Lescot *Donat.* t. 3 n° 654).

4. DONATION ONÉREUSE. — Mais il y a controverse sur le point de savoir si la solution précédente peut s'étendre aux donations faites avec charges. La négative est généralement admise, par le motif qu'une telle libéralité est mélangée d'un acte à titre onéreux interdit aux père et mère du mineur (Demolombe t. 10 n° 185, Demante t. 5 n° 74 *bis* 11, Marcadé art. 935-3 ; — Cass. 25 mars 1861, S. 61-1-676 ; — *Contrà* Lyon 24 juin 1868, S. 69-2-41).

5. ENFANT CONÇU. — Il est douteux que la donation faite à l'enfant conçu puisse être acceptée par le curateur au ventre qui n'est pas un tuteur. Mais du moins ce curateur pourrait-il accepter la donation faite par la mère elle-même, ou par des parents de sa mère, en raison, dans ce dernier cas, de l'espèce d'opposition d'intérêt qu'il pourrait y avoir entre la mère et l'enfant (Marcadé 935-1, Coin-Delisle 925-11, Demante t. 4 n° 74 *bis* 6, Grenier 1-83, Demolombe t. 20 n° 200).

6602. Interdit. — De même que le mineur non émancipé, l'interdit ne peut accepter que par son tuteur (933 C. C.).

La donation faite à un interdit, acceptée par son tuteur, mais sans l'autorisation du conseil de famille, n'est que provisoire et ne peut donner lieu au droit proportionnel. Par suite, les biens donnés ne doivent pas être compris dans la déclaration de la succession de l'interdit décédé avant l'acceptation définitive (Neufchâtel 15 nov. 1855, 15724 J. N.).

1. DONATION PAR LE TUTEUR. — *Quid* si la donation est faite au mineur non émancipé par le tuteur? Il est évident qu'il ne peut accepter lui-même ni autoriser le mineur à l'accepter, car personne ne peut contracter ou stipuler avec lui-même : *nemo potest esse actor in rem suam*. Alors l'acceptation doit être faite par le subrogé-tuteur ou par un des ascendants (Grenier n° 66, Toullier t. 5 n° 202, Delvincourt t. 2 p. 261, Dalloz t. 5 p. 515, Coin-Delisle art. 942 n° 5, Zachariæ, Aubry et Rau t. 5 n° 459, Demante t. 4 n° 74 *bis* § 4, Demolombe t. 20 n° 197 ; — Cass. 11 juin 1816, S. 17-1-114 ; — Riom 14 août 1819, S. 30-2-300 ; — Grenoble 14 juill. 1836, S. 39-2-259).

S'il s'agit d'un mineur émancipé, il faut un curateur *ad hoc* à défaut d'ascendants qui acceptent.

6603. Conseil judiciaire. — *Quid* de l'acceptation de l'individu placé sous l'assistance d'un *conseil judiciaire?* Il peut accepter seul une donation. La loi (513 C. C.) n'a pas rangé cet acte au nombre de ceux qui exigent le concours d'un conseil (Toullier t. 5 n° 195, Dalloz t. 5 p. 513, Pujol sur l'art. 935, Coin-Delisle art. 935 n° 4, Demolombe t. 20 n° 175 *bis*). — Toutefois, il faut que l'objet, la charge ou la condition de la donation ne l'obligent à aucune des choses qu'il ne peut faire sans l'assistance de son conseil; par exemple, si l'objet était un bien litigieux, s'il devait abandonner absolument quelques-uns de ses propres biens (mêmes auteurs).

6604. Femme mariée. — La femme mariée, quel que soit d'ailleurs le régime de son union, ne peut accepter une donation sans le consentement de son mari, ou, en cas de refus du mari, sans autorisation de la justice (934 C. C.).

1. DROIT PROPORTIONNEL. — Si donc l'autorisation n'était pas donnée, le droit proportionnel ne pourrait être perçu; c'est ce que la C. cass. a jugé, en ces termes, le 1er août 1836 :

« Attendu que le contrat de donation entre-vifs est un contrat bilatéral, qui ne peut avoir d'existence réelle et emporter transmission de propriété donnant (suivant les art. 4 et 69 L. 22 frim. an 7) ouverture à un droit proportionnel d'enregistrement, qu'autant que l'acte qui contient cette donation présente le concours de deux parties stipulant entre elles, avec une égale capacité de contracter ; — Attendu qu'aux termes de l'art. 1124 C. C. les femmes mariées sont incapables de contracter dans les cas exprimés par la loi ; que l'art. 934 dispose « que la femme mariée ne pourra accepter une donation sans le consentement de son mari, ou, en cas de refus, sans autorisation de justice..., que l'art. 932 statue formellement que la donation entre-vifs n'engagera le donateur et ne produira aucun effet que du jour qu'elle aura été acceptée en termes exprès : d'où il suit que, jusqu'à cette acceptation, légalement consentie et exprimée, le contrat de donation n'existe pas et ne peut pas produire plus d'effet pour la Régie de l'enregistrement que pour les parties elles-mêmes; — Attendu, en fait, que le contrat présenté, dans l'espèce, à la formalité de l'enregistrement, portant donation, par Pierre Chafféon, à Marguerite Sauvan, ce acceptant, femme de

Louis Barbier, interdit, n'exprime pas, soit que son mari ait consenti à l'acceptation qu'elle a faite de la donation, soit que, sur le refus de celui-ci, elle y ait été autorisée par justice, et que, dans ces circonstances, en annulant la contrainte décernée par l'administration de l'Enregistrement, pour droit proportionnel, le tribunal de Dic, loin d'avoir violé soit les art. 4 et 69 L. 22 frimaire an 7, soit l'art. 33 L. 21 avril 1832, a, au contraire, sainement appliqué ces mêmes articles par une juste et légale interprétation des art. 932, 934 et 1224 C. C. » (9325 J. N., 11577 J. E., S. 30-1-910).

2. ACTE AUTHENTIQUE. — Le consentement du mari pourrait être donné sans acte authentique (Duranton t. 2 n° 446, Zachariæ, Aubry et Rau t. 4 p. 136, Bayle-Mouillard sur Grenier t. 2 n° 109, Demolombe t. 18 n° 452; — *Contrà* Cass. 1er déc. 1846, Rev. 47-1-289, Troplong t. 2 n° 598 et t. 3 n° 1085, Dalloz n° 292 *des Donat.*).

3. AUTORISATION ANTÉRIEURE. — Mais il ne pourrait intervenir après la donation. Ce prétendu consentement serait une ratification ordinaire, et le mari ne saurait effacer, au préjudice de sa femme, la nullité de cet acte ni lui enlever le droit qui lui est acquis d'en demander la nullité (Demolombe t. 18 n° 453, Bayle-Mouillard t. 1er n° 109 note A).

4. DONATION PAR LE MARI A LA FEMME. — S'il s'agit d'une donation faite par le mari à la femme, l'autorisation résulte suffisamment du concours du mari dans l'acte (Toullier t. 3 n° 203, Zachariæ, Aubry et Rau t. 5 p. 458, Bayle-Mouillard t. 1er n° 61 *bis* note A, Demolombe t. 20 n° 171).

6605. Sourd-muet. — Le sourd-muet qui sait écrire peut accepter lui-même ou par un fondé de pouvoirs (Poujol art. 936 n° 4, Coin-Delisle art. 936 nos 2-13, Bayle-Mouillard t. 1er n° 61 note A, Demolombe t. 20 n° 156). Ce que nous avons dit nos 6600 et 6601 lui est donc applicable.

S'il ne sait pas écrire, l'acceptation doit être faite par un curateur commis à cet effet, suivant les règles établies au titre de la *Minorité*, de la *Tutelle* et de l'*Émancipation* (936 C. C.). Dans ce cas, il faut se reporter à la règle du numéro précédent.

6606. Établissement public. — Les communes, hospices, corporations et établissements quelconques, formant des personnes morales, sont capables de recevoir entre-vifs aussi bien que les particuliers. L'art. 937 C. C. nous dit que les donations qui leur sont faites sont soumises comme toutes les autres à la nécessité de l'acceptation. Mais cela demande des développements qui, se rattachant à d'autres principes, trouveront plus naturellement leur place au mot *Établissement public*. Nous y renvoyons donc le lecteur.

6607. Nullité. — Effets. — Doit-on considérer comme absolue la nullité d'une acceptation faite soit par une femme mariée, sans l'autorisation de son mari ou de justice, soit par un tuteur ou un subrogé-tuteur sans l'avis du conseil de famille, soit par un mineur non émancipé en l'absence de son tuteur, soit enfin par un mineur émancipé sans l'assistance de son curateur? Cette thèse est très-délicate, et quelques auteurs pensent que la nullité est simplement relative et que le donateur est lié. Mais le contraire a prévalu en doctrine et en jurisprudence, et on doit tenir pour certain que la donation est alors non avenue (Riom 14 août 1829, S. 30-2-300; — Toulouse 27 janv. 1830, S. 30-2-242; — Limoges 15 avr. 1836, S. 36-2-241; — Grenoble 14 juill. 1836, S. 39-2-259; — Caen 8 mai 1854, S. 54-2-625; — Cass. 14 juill. 1856, S. 56-1-641; — Aix 19 nov. 1857, S, 58-2-437; — Merlin Rép. v° *Don.* sect. 4 et *Min.* t. 7 n° 1-2, Delvincourt t. 2 p. 69 note 4, Proudhon t. 1er p. 475, Poujol 934-4, Grenier 1,61 et Bayle-Mouillard 61 *bis*, Duvergier sur Toullier 193 note A., Coin-Delisle 935-20-25, Troplong t. 3 nos 1118, 1126, Zachariæ, Aubry et Rau t. 5 p. 461, Massé et Vergé t. 3 p. 60, Demolombe t. 20 n° 219).

Cette opinion a prévalu en matière d'enregistrement, puisque, dans l'arrêt que nous avons rappelé ci-dessus n° 6604, la C. cass. a décidé que la donation irrégulièrement acceptée par une femme mariée ne donne pas lieu au droit proportionnel parce qu'elle doit être considérée comme inexistante.

CHAPITRE V. — DES DONATIONS INDIRECTES, ACCESSOIRES, SECONDAIRES

[6608-6629]

SECTION PREMIÈRE. — CONSIDÉRATIONS GÉNÉRALES

[6608-6620]

6608. Transition. — Les formes dont nous venons de parler aux nos 6577 à 6607 sont communes aux donations en général. Mais il est certaines donations à l'égard desquelles il n'y a pas lieu de les observer. L'art. 931 C. C. ne dit pas que l'acte notarié est nécessaire pour toute libéralité, ni même pour toute donation; il dit seulement que, quand un acte portera donation, cet acte devra être notarié. Or, il y a des libéralités qui ne sont pas précisément des donations dans le sens légal de ce mot, et il y a ensuite de véritables donations qui peuvent se faire valablement sans être constatées par un acte.

6609. Libéralité qui n'est pas une donation. — Ainsi, lorsque je déchire le titre obligatoire que j'avais contre vous, je vous fais évidemment une libéralité, et cependant ce n'est pas un contrat de donation, car ma libéralité peut s'accomplir sans le concours de votre volonté et même à votre insu. Il n'est pas besoin d'un acte pour la constater, elle résulte suffisamment de la suppression de mon titre, suppression qui annihile mon droit aussi énergiquement que si je vous avais fait une donation irrévocable dans les formes voulues par l'art. 931 C. C.

« Les contrats de bienfaisance, dit Coin-Delisle art. 293 n° 9, ne sont pas des donations; les contrats de bienfaisance où l'on donne gratuitement ses soins, où l'on communique l'usage de sa chose, sans y être obligé et seulement pour rendre service, renferment une libéralité et ne sont pas des donations. »

6610. Donation indirecte. — Absence de formalité. — Quand une libéralité est faite indirectement et accessoirement à un contrat onéreux, elle est dispensée des formes spéciales établies par notre titre. L'art. 1121 C. C. pose le principe : « On peut pareillement stipuler au profit d'un tiers, lorsque telle est la condition d'une stipulation que l'on fait pour soi-même, ou d'une donation que l'on fait à un autre. Celui qui a fait cette stipulation ne peut plus la révoquer, si le tiers a déclaré vouloir en profiter. »

L'art. 1973 C. C. en a déduit un corollaire. Quoique la rente viagère, à titre purement gratuit, constituée directement par le donateur, au profit du rentier, doive être revêtue des formes exigées par la loi pour les donations entre-vifs ou les testaments (Art. 1969 C. C.), cependant, quand la rente est constituée au profit d'un tiers et que le prix en est fourni par une autre personne, elle n'est point assujettie aux formes requises pour les donations. Et Siméon en a donné la raison : « La libéralité n'est qu'accessoire à un autre contrat, à l'achat que l'on fait de la rente au profit d'un tiers; il se passe une véritable vente entre le bailleur de fonds et celui qui s'oblige à la rente. On jugera donc le contrat par les règles de la vente, et non par celles des donations » (Rapp. au Tribunat sur le titre des contrats aléatoires, séance du 17 vent. an 12).

D'où les auteurs ont conclu avec raison qu'un vendeur pouvait, par acte sous seing privé, nonobstant l'art. 931 C. C., imposer valablement à l'acheteur d'un immeuble la condition d'en remettre une partie (Toullier t. 5 n° 176) ou de payer une partie du prix (Duranton t. 8 n° 398) à une personne qu'il voulait gratifier.

Dans tous les cas, il faut une acceptation, et, si la donation secondaire en était dépourvue, le droit proportionnel auquel elle est, en certains cas, assujettie ne pourrait être perçu (Étampes 21 déc. 1869, 3253 R. P.). — *V.* 6351.

6611. Rente sur l'État. — De ce que la jurisprudence valide les donations faites sous la forme de contrats onéreux, on en a conclu que la donation entre-vifs d'une rente sur l'État est valablement faite par l'inscription au grand-livre du nom du donataire, lors même qu'il n'est pas prouvé que cette donation ait été acceptée par lui du vivant du donateur. Cela a lieu ainsi, parce que, d'après les lois qui régissent le mode de transmission de ces sortes de valeurs, il suffit pour l'accomplir immédiatement de l'inscription du nom au grand-livre du nouveau titulaire de la rente (Art. 6 L. 24 août 1793, art. 2 et 3 L. 28 flor. an 7, art. 13 et 19 de l'Arr. du 27 prair. an 10 ; — Cass. 24 juill. 1844, S. 44-1-787 ; — Orléans 9 juill. 1845, S. 46-2-108; — Douai 27 fév. 1861, D. 61-2-395 ; — Troplong t. 3 nos 1060, 1062, Mollot *Bourses de commerce* n° 247, Demolombe t. 20 n° 106 ; — *Contrà* Cass. 16 juin 1842, D. 42-2-361). — Mais, malgré cette transmission effective, le droit d'enregistrement ne pourrait être perçu que sur la présentation d'un acte de donation accepté en la forme ordinaire, ou sur l'aveu du donataire qu'il a reçu manuellement du donateur les fonds employés à l'achat de la rente (V. *Don manuel*).

C'est ce qui a été décidé également au sujet des valeurs industrielles transférées au nom d'une future qui en fait l'apport dans son contrat de mariage (J. du not. n° 2179).

6612. Endossement. — On a soutenu que l'endossement, même irrégulier, suffit à transmettre la propriété de l'effet à titre de donation, soit qu'il ait été fait en blanc, soit qu'il ait été causé valeur en don ou pour donation (Cass. 25 janv. 1832, D. 32-1-393, 9 mars 1837, S. 37-1-714, 24 août 1837, S. 37-1-866, 3 août 1841, S. 41-1-621 ; — Bordeaux 7 août 1851, S. 51-2-486, Poujol art. 931 n° 44, Aubry et Rau t. 5 p. 64, Massé et Vergé t. 3 p. 70, Vazeille art. 931 n° 8, Troplong t. 3 n° 1058). — Mais ce résultat paraît exagéré. Sans doute la donation peut être faite sous la forme d'un contrat onéreux, mais c'est à la condition que ce contrat sera lui-même régulier. Or, pour transmettre la propriété d'un effet négociable, il faut un endossement régulier : un endos irrégulier n'est qu'une procuration. Donc, un endos de l'espèce, qui n'est pas translatif de la propriété, ne saurait valoir comme donation (Pau 10 mars 1840, S. 42-2-82 ; — Rouen 19 déc. 1840, S. 41-2-118 ; — Douai 5 déc. 1845, S. 47-2-44 ; — Paris 18 mars 1858, S. 58-2-428. — *V.* aussi Cass. 17 déc. 1856, S. 57-1-400 ; — *Conf.* : Merlin *Quest. Don.* n° 6, Coin-Delisle art. 938 n° 30, Bayle-Mouillard sur Grenier t. 2 n° 180, Saintespès n° 109, Demolombe t. 20 n° 109). — En tous cas, un tel endos non accepté ne suffirait pas à justifier la perception du droit proportionnel de donation.

6613. Tontine. — Remise des titres. — Un individu avait placé dans la tontine perpétuelle une somme de 1,000 francs provenant d'une succession par lui recueillie. Ce placement fut fait sous le nom d'un tiers, avec réserve d'usufruit au profit de celui qui l'avait opéré. Par acte notarié du 17 janvier 1824, l'usufruitier renonça purement et simplement à la jouissance des actions et remit la reconnaissance de ces actions au tiers. L'Administration a considéré qu'un placement de deniers fait sous le nom d'un tiers qui reçoit et accepte, par un acte public, le titre de la créance, opère une véritable libéralité donnant ouverture au droit de donation (Dél. 9 oct. 1824, 4932 J. N.).

6614. Contrats de mariage. — Apports. — Si le futur déclare que des créances en son nom appartiennent pour l'usufruit à ses père et mère présents, le droit de donation sur l'usufruit est exigible. — *V.* 5209.

6615. Retour. — Renonciation. — Lorsque des père et mère déclarent renoncer au profit de leur gendre, acceptant et jusqu'à son décès, au droit de retour conventionnel qui leur appartient sur certaines valeurs données par eux à leur fille décédée, cette convention équivaut à une donation d'usufruit passible du droit proportionnel (Seine 30 mai 1868, 2720 R. P.).

6616. Simulation. — La donation entre-vifs peut emprunter les formes les plus variées. Ces formes sont telles que le caractère de la donation en est souvent altéré ou modifié et que l'on est obligé de rechercher s'il existe ou non, c'est-à-dire si l'acte renferme ou non une véritable libéralité. Cette variété infinie de modalités que peut revêtir la donation en fait le contrat qui, en matière fiscale, prête le plus facilement à la dissimulation et dont le caractère est le plus difficile à reconnaître sous le déguisement. La loi civile prend des précautions nombreuses pour qu'au moyen de voies détournées les héritiers à réserve ne soient pas frustrés de la quotité qu'elle leur assigne. La loi de l'enregistrement a gardé le silence le plus absolu sur ce point; il ne s'ensuit pas, cependant, que l'Administration doive prendre pour donation tout acte qui en portera la qualification et s'abstenir de reconnaître cette disposition toutes les fois que l'acte sera différemment qualifié, et cela sous le prétexte que l'acte ne présente pas les formes de la donation (*Conf.* : G. Demante n° 600).

Cette double proposition ressortira suffisamment de ce que nous exposerons aux numéros suivants. Nous ne ferons connaître dans ces numéros, et seulement comme exemple à l'appui de ce que nous venons de dire, que quelques-unes des modalités que peut présenter la donation. On en trouvera un grand nombre d'autres çà et là dans le corps de cet ouvrage, et notamment aux mots *Renonciation* et *Transaction*.

6617. Simulation. — Cession de créances. — Les parties déguisent souvent une donation sous la forme d'un acte de cession de créance contenant quittance du prix, ou suivi de quittances postérieures données au prétendu cessionnaire. C'est là une fraude que l'Administration peut établir par toutes les voies légales, et même par les présomptions. Ce principe a été formellement consacré par un arrêt de cass. 9 juillet 1861 ainsi conçu : « Attendu, que, dans l'espèce, l'Administration de l'enregistrement a soutenu que l'acte notarié du 9 mai 1857, par lequel la veuve Bertrand a cédé à Buquet, son neveu et son héritier présomptif, une créance de 100,000 francs contre la Société des moulins de Montivilliers, contenait une libéralité déguisée sous la forme d'un contrat à titre onéreux, laquelle n'avait été employée que pour éviter le payement soit du droit de donation entre-vifs, soit du droit de mutation par décès; attendu que, par suite d'une saine appréciation des faits et circonstances qui ont accompagné l'acte intervenu le 9 mai 1837 entre la veuve Bertrand et Buquet, le tribunal civil du Havre a reconnu que le véritable caractère du contrat contenu en cet acte est celui d'une donation déguisée sous la forme d'une cession à titre onéreux » (1519 R. P., 2201 § 4 I. G., 17184 J. N., 12040 C., 134 Rev., 17315 J. E., S. 61-1-788, P. 61-1-669). — *V.* le § 2 *infrà*.

La même règle a été appliquée en plusieurs circonstances.

1° La preuve de la donation déguisée résulte suffisamment de ce qu'il est constant que le cessionnaire n'a aucune fortune ou n'a aliéné aucun immeuble, que ses parents sont dans une situation gênée, qu'il ne justifie d'aucun emprunt, et enfin lorsque les recouvrements par lui faits sont de très-minime importance (Muret 25 mars 1863, 17724 J. E.);

2° En fait, il y a donation et non cession de créance dans l'acte par lequel la dame B. cède à son neveu une créance pour un prix stipulé payé comptant. Le prix est payé hors la vue du notaire. Le cessionnaire n'a jamais été dans une position de fortune qui lui permette de payer ce prix. Il était l'héritier de la cédante. L'acte a été fait quelques jours avant la mort de celle-ci (Le Havre 4 août 1859, 1225 R. P., 16982 J. E., 11587 C., confirmé par l'arrêt du 9 juill. 1861 cité ci-dessus. — *Conf.* : Gourdon, 9 mars 1875);

3° On a induit également l'existence de la donation de ce que le cédant était mort deux jours après la cession, qu'on n'avait pas retrouvé d'argent à son décès et que le cessionnaire était le légataire universel du défunt (Dieppe 28 nov. 1861, 1553 R. P., 17364 J. N., 176 Rev., 17402 J. E.);

4° Décidé, de même, qu'il répugne à la raison d'admettre comme *sérieuse* la stipulation relative au prix, quand on songe que, moyennant la modique somme de 3,217 fr. 50 cent., le cessionnaire bénéficierait d'une créance de 45,000 francs, soumise à l'usufruit d'un homme âgé de soixante-sept ans; que l'intention des parties était de soustraire le prétendu cessionnaire, au moyen du payement du droit de 1 pour 100 afférent aux cessions de créances, à l'obligation de payer le droit de 6 fr. 50 cent. pour 100, dont sont tarifés les actes de libéralité entre frère et sœur (Neufchâtel 6 mai 1864, 1947 R. P., 12723 C., 17847 J. E.).

5° Qu'il y a donation quand les circonstances prouvent que le cédant, qui jouissait d'une grande aisance et n'avait pas de besoins, n'a eu recours aux prétendus actes de cessions dont s'agit qu'afin de soustraire ses enfants adoptifs au payement des droits afférents à ces nouveaux actes de libéralité; qu'il n'est pas vraisemblable que ce vieillard, à l'approche de la mort, eût, ainsi qu'on l'a prétendu, aliéné la totalité de ses créances, afin de faire des dons manuels indépendamment des legs contenus dans son testament et qu'il se fût adressé dans cet objet aux mariés Barthe, qu'il avait institués pour ses héritiers universels (Orthez 27 mai 1864, 2008 R. P.);

6° Qu'il y a donation quand un oncle célibataire arrivé à un âge avancé et vivant avec son neveu déclare, à l'occasion du mariage de ce dernier, lui céder une créance de 12,000 francs moyennant 6,000 francs payés comptant, en se réservant la jouissance de la créance et le droit de la recouvrer (Privas 30 juill. 1866, 2371 R. P.);

7° Que la cession de créances consentie par un prêtre à son neveu moyennant une rente viagère égale à l'intérêt de ses créances et payable aux mêmes époques est une véritable donation du capital et non pas une constitution de rente (Narbonne 1er juin 1868, 2934 R. P.).

8° Qu'il en est de même de l'acte par lequel un oncle cède à ses neveux la toute propriété de bonnes créances s'élevant à 13,366 fr. 70 cent., et la nue-propriété d'immeubles d'une valeur de 10,246 fr. 70 cent., contre une rente viagère de 800 francs : « Attendu, porte un jugement du tribunal d'Avesne du 28 août 1869, qu'en comparant la valeur des biens cédés aux charges imposées à ceux qui les reçoivent, il est impossible de reconnaître à l'acte dont s'agit le caractère du contrat à titre onéreux, résultant de l'aléa que les parties veulent y rencontrer ; qu'en effet l'aléa ou chance de perte à courir par l'une et l'autre partie par suite de cas fortuits manque absolument dans ce contrat, puisque les acquéreurs, compensation faite des intérêts provenant des cinq créances à eux cédées, n'ont qu'à débourser chaque année, pendant la vie du cédant, qui avait cinquante-deux ans, une somme de 131 fr. 67 cent. ; et qu'ils ont en retour un capital de 23,612 francs provenant tant des créances que des biens cédés.

9° Au contraire a le caractère d'une cession de créances et non d'une libéralité l'acte par lequel une tante cède à son neveu, moyennant 10,000 francs payés hors la vue du notaire, une créance hypothécaire de 20,000 francs, lors même que la cédante serait décédée trois jours après le contrat, que la somme de 10,000 francs n'aurait pas été comprise dans la déclaration de sa succession, et que le cessionnaire serait son légataire universel (Le Puy, 6 janv. 1877, 4690 R. P.).

6618. Simulation. — Obligation. — Les donations sont quelquefois déguisées aussi sous la forme d'une obligation. Pour constater la fraude, l'Administration a les mêmes moyens qu'à l'égard des cessions de créances. Jugé spécialement que, quand un acte présentant la forme extérieure d'un billet à ordre a été considéré par un arrêt comme une libéralité déguisée, cet acte donne lieu au droit de donation (Toulouse 13 mars 1857). — Mais la clause portant que la somme sera payée au décès des prêteurs et imputée sur leurs successions ne suffit pas pour faire percevoir le droit de donation (Seine 27 nov. 1875, 4430 R. P.).

1. CONSTITUTION DE RENTE. — Il en est de même des donations déguisées sous la forme d'une constitution de rente). — V. *Rente* n° 14010.

On a décidé spécialement à cet égard que le droit de donation est dû, à l'exclusion du droit de vente, sur l'acte qualifié de cession à titre onéreux, par lequel le second usufruitier cède au premier, moyennant une rente viagère de 5,000 francs, le droit éventuel dont il était investi de recueillir, en cas de survie, la jouissance d'immeubles d'un revenu de 1,230 francs (Cass. 23 août 1871, 3373 R. P., 2426-5 I. G., S. 71-1-107, D. 1-340, P. 71-257 ; — Béthune 8 déc. 1870, 3315 R. P.).

De même, au sujet de la vente faite moyennant une rente viagère inférieure au produit des biens vendus (Saint-Malo, 27 fév. 1875 ; — Largentière, 22 déc. 1876).

6618 *bis*. Simulation. — Partage. — Lorsque la liquidation de la communauté, faite en vue de la déclaration de succession d'un des conjoints, établit que toutes les valeurs de cette communauté sont absorbées par le survivant, l'acte ultérieur qualifié partage, aux termes duquel le survivant attribue aux héritiers de l'autre époux une partie de ces acquêts, a le caractère d'une libéralité passible du droit de donation (Cass. 16 fév. 1874, 3811 R. P.).

6619. Simulation. — 1. DONATION ANTÉRIEURE. — Un père et son fils forment entre eux une société de commerce. Il est dit, dans l'acte de société, que la mise du fils comprend une somme de 8,000 francs, qui lui a été donnée antérieurement par son père à titre d'avancement d'hoirie. On a prétendu qu'il n'était dû aucun droit sur cette disposition, par le motif qu'elle n'est pas faite dans les formes déterminées pour la validité des donations entre-vifs. Mais cette prétention a été rejetée par un jugement du tribunal de Toulouse du 14 juin 1827 : « Attendu que la reconnaissance du fils, en présence et du consentement de son père, établit la preuve de la libéralité, que cet acte constate que le père s'est irrévocablement dessaisi, avant l'acte et au moment de sa réalisation, des 8,000 francs donnés au fils, qui les a acceptés, et que la réunion de ces circonstances caractérise la donation définie par l'art. 894 C. C. » (8760 J. E.).

2. SOCIÉTÉ VERBALE. — PÈRE ET FILS. — De même, une société contractée entre le père et quatre de ses enfants, mais non constatée par acte authentique, ne peut servir de base à un partage des bénéfices entre le père et les enfants. Ce partage ne peut être considéré que comme une donation du père aux enfants (Cass. 31 juill. 1855) : « Attendu, porte cet arrêt, que les bénéfices résultant d'une société qui n'a point été constatée par contrat authentique, conformément à l'art. 854 C. C., ne peuvent devenir l'objet d'un partage régulier et légal ; attendu que l'acte du 15 février 1854 passé entre le sieur Lemaître-Lavotte et ses enfants reconnaît que la société n'avait pas été constatée par contrat, et que, pour éviter l'action en rapport qui aurait pu naître de cette absence d'un acte de société, les parties étaient convenues que le père de famille dispenserait son fils de tout rapport, et que sa fille, la dame Fauquet, recevrait par compensation une somme de 50,000 francs pour dispense de rapport de pareille somme sur la dot qu'elle avait reçue ; ce qui avait été accepté par tous les enfants ; attendu que, pour avoir vu dans ces dispenses de rapport et dans ces attributions de sommes, par préciput et hors part, du père aux enfants, une donation qui devait être assujettie au droit proportionnel, le jugement attaqué, loin d'avoir violé la loi, en a fait une juste application » (442 R. P., 2054 § 2 I. G., S. 55-1-731).

6620. Rapport à succession. — 1. RÉDUCTION DES DONATIONS. — C'est uniquement pour les héritiers, et dans le seul but de maintenir l'égalité entre eux, que l'obligation du rapport est établie (857 C. C.) ; relativement à tous autres, les biens donnés à un héritier sont comme s'ils étaient donnés à un étranger ; ils sont et restent hors du patrimoine du défunt. — De même, comme la loi veut que les héritiers à réserve ne soient pas frustrés par des voies détournées, elle les a autorisés à discuter les contrats passés par leur auteur et à démontrer, lorsqu'il y a lieu, que ces contrats contiennent des libéralités à leur préjudice.

Mais, dans aucun de ces cas, l'Administration ne serait fondée à se mettre aux lieu et place des héritiers et à prétendre qu'il y a donation là où il pourrait y avoir lieu à rapport ou à réduction. Il est bien vrai qu'elle a reçu de la loi le pouvoir de dévoiler la fraude au moyen de laquelle les parties cherchent à dissimuler les véritables conventions ; mais, dans l'hypothèse qui nous occupe, il n'y a aucune fraude par rapport à elle. D'ailleurs, les actes qui pourraient porter atteinte à l'égalité des successions ne supposent pas la libéralité à l'égard des tiers, ainsi qu'on l'a vu ci-dessus.

Au surplus, et par une juste réciprocité, les parties ne pourraient se prévaloir contre l'Administration de ces mêmes circonstances et prétendre, par exemple, que les droits perçus sur une donation fussent diminués en proportion de la réduction que cette donation est destinée à subir.

2. DONATION INDIRECTE. — Il a été jugé, en matière civile, que le père de famille qui, au cas d'un legs fait à l'un de ses enfants par son propre ascendant au préjudice de sa réserve, s'abstient de demander la réduction du legs en vue d'avantager l'enfant légataire, est réputé faire à cet enfant, pour la portion du legs entamant sa réserve, une libéralité indirecte dispensée du rapport, si telle paraît avoir été l'intention du père de famille (Caen 13 déc. 1872, S. 73-2-251. — *Comp.* Cass. 13 mai 1866, S. 66-1-276; — Toulouse 17 juin 1867; — Agen 12 mai 1868, S. 68-2-105; — Grenoble 20 janv. 1877, 4992 R. P.).

6620 *bis*. **Vente à vil prix.** — Lorsqu'un jugement constate que le père a fait une vente à vil prix à son fils, le droit de donation est dû sur la somme déclarée rapportable (Sol. 13 janv. 1875). — V. *Jugement*, n° 10568.

SECTION 2. — DONATION INDIRECTE

[6621-6629]

6621. Principe. — L'art. 1121 C. C. porte « qu'on peut stipuler au profit d'un tiers, lorsque telle est la condition d'une stipulation que l'on fait pour soi-même ou d'une donation que l'on fait à un tiers. Celui qui a fait cette stipulation ne peut plus la révoquer, si le tiers a déclaré vouloir en profiter. »

Une pareille stipulation constitue vraiment, dans les rapports du stipulant aux tiers, une donation, laquelle ne peut se parfaire que par le concours des volontés du donateur et du donataire. Mais, comme elle ne se produit qu'accessoirement au contrat principal, il est naturel de ne pas la soumettre à d'autres formes que celles qui sont exigées pour le contrat dont elle dépend. Cette disposition est évidemment de même nature que celle de l'art. 1973 C. C., qui veut que la rente viagère puisse être constituée au profit d'un tiers, quoique le prix en soit fourni par une autre personne, et que, dans ce dernier cas, bien qu'elle ait les caractères d'une libéralité, elle ne soit pas assujettie aux formes requises pour les donations. On doit donc reconnaître que l'acceptation exigée du donateur n'est pas soumise aux formes rigoureuses de l'art. 932 et *qu'elle peut même résulter suffisamment des circonstances* (Grenier n° 74, Duranton 8-417, Zachariæ t. 2 p. 479, Marcadé sur l'art. 1121).

Il suffit que le tiers annonce, de quelque manière que ce soit, sa volonté de profiter de la stipulation faite en sa faveur (Cass. 5 nov. 1818, 27 janv. 1819, S. 19-1-250 et 436; — Toulouse 19 avr. 1832, S. 32-2-11; — Cass. 28 juin 1837, S. 37-1-689; — Cass. 25 avr. 1853, S. 53-2-489, Merlin *Quest. de droit, Stip. pour autrui*, Bayle-Mouillard sur Grenier t. 1er n° 74 note A, Toullier t. 3 n° 315, Aubry et Rau t. 5 p. 477, Poujol art. 932-5, Demante t. 4 n° 3 *bis*, Coin-Delisle art. 932 n° 24, Troplong t. 3 n° 1106, Larombière art. 1121-7, Demolombe t. 20 n° 91). — On décide même que la mort du donateur anéantit le droit personnel de révoquer la stipulation, en sorte que le tiers peut, à toute époque, l'accepter sans avoir à craindre une révocation de la part des héritiers du stipulant (Cass. 5 nov. 1818, S. 19-1-251, 20 janv. 1819, S. 19-1-433; — Toulouse 17 nov. 1832, S. 38-2-11; — Caen 17 déc. 1847 et 2 juin 1849; — Merlin *loc. cit.*, Grenier et Bayle-Mouillard *loc. cit.*, Troplong t. 3 n° 1107, Aubry et Rau t. 5 n° 465. Larombière *loc. cit.*, Demolombe t. 20 n° 93).

6622. Remise de dette. — On a vu au mot *Acceptilation* qu'aucune forme n'est prescrite, aucune solennité n'est requise pour la remise de dette. Or, les considérations sur lesquelles repose la nécessité d'une acceptation expresse cessent de produire cet effet, dès que la disposition se trouve affranchie des formalités de la donation entre-vifs. Il résulte de là qu'une remise de dette n'a pas besoin d'être acceptée pour donner ouverture au droit proportionnel de donation. — V. *Acceptilation*.

6623. Intérêts. — Dans quel cas la remise d'intérêts stipulés donne lieu au droit de donation. — V. *Intérêts*, n° 10071.

6624. Prêt à usage. — Le prêt à usage, ayant pour objet d'attribuer la jouissance gratuite d'une chose, est passible du droit de donation. — V. *Obligation* n° 11950.

6625. Prix de vente payé par un tiers. — Il a été décidé que, lorsque, dans un acte de vente, un tiers *qui n'est pas subrogé*, s'engage à payer le prix à condition que l'immeuble acquis appartiendra à un établissement de bienfaisance, le droit de donation est exigible sur le prix, bien qu'il n'y ait pas acceptation, *attendu qu'en matière de donation indirecte l'acceptation expresse* n'est pas exigée (Brives 3 juill. 1849, 14779 J. E.).

6626. Relai de poste. — Jugé également par la C. cass., le 12 juin 1854 (112 R. P.), que l'acte par lequel une femme mariée, qui a recueilli la succession d'un maître de poste, déclare consentir à ce que le relai exploité par le maître de poste décédé soit transféré à son mari, sans aucune stipulation de prix, constitue une libéralité indirecte, qui n'a pas besoin, pour être valable, d'être dressée dans les formes prescrites pour les donations et que ne peut ultérieurement attaquer l'héritier non réservataire de la femme.

6627. Réversion. — Il arrive fréquemment que le vendeur ou le donateur d'un immeuble charge l'acquéreur ou le donataire de servir une rente à un tiers, soit immédiatement, soit après son décès. Or, on s'est demandé si c'était là une disposition dépendante du contrat affranchie d'un droit proportionnel particulier. Nous établissons plus loin quel est le caractère de ces stipulations de réversibilité. Mais, quand il s'agit d'une donation imposant au donataire le service immédiat d'une rente à un tiers, il faut combiner les explications que nous donnerons alors avec les principes particuliers aux donations secondaires tels qu'ils sont établis ci-après, n° 6651.

6628. Renonciation à usufruit. — Si, après le décès de l'un des époux mariés sous le régime de la communauté, ses héritiers ont payé les droits sur moitié et que, par un partage postérieur, l'époux survivant n'ait eu pour sa part que l'usufruit et que plus tard il abandonne cet usufruit aux nu-propriétaires, le droit de donation est exigible sur l'autre moitié de la communauté, attendu que les droits de mutation n'ont été perçus que sur la moitié de la communauté, de la totalité de laquelle les héritiers se trouvent possesseurs par suite de la renonciation à l'usufruit (Seine 19 juill. 1843, 13305 J. E.).

Le tribunal motive son jugement sur ce que l'accomplissement de la donation ressort des faits et circonstances de la cause, et que, si l'acceptation n'est pas constatée par écrit, l'absence de cette formalité ne peut être opposée à l'Administration, puisqu'on ne peut y voir qu'un moyen imaginé pour faire fraude aux droits du Trésor.

Mais cette décision est critiquable. D'une part, on peut soutenir qu'en l'absence d'une acceptation écrite il n'y a pas contrat de donation, et, par suite, qu'il est absolument impossible d'exiger un droit proportionnel quelconque. D'un autre côté, le partage postérieur à la déclaration, en attribuant aux héritiers la nue-propriété de tous les biens communs, a mis l'Administration à même de percevoir un supplément de droit de mutation par décès (V. *Succession*). L'abandon de l'usufruit s'opérant par une renonciation, il y avait lieu de lui appliquer les règles spéciales aux renonciations d'usufruit telles que nous les faisons connaître au mot *Usufruit*.

6629. Consentement à l'exécution d'un testament. — Si le contrat de mariage de deux époux porte que la communauté appartiendra au survivant et que, nonobstant cette disposition, le mari dispose de la nue-propriété de la moitié de la communauté, le droit de donation est exigible sur le consentement que donne à l'exécution de ce testament la femme postérieurement au décès de son mari, puisque toute la communauté lui appartenait en vertu de son contrat de mariage (Pithiviers 6 fév. 1840, 12511-1 J. E.).

CHAPITRE VI. — DONATION D'EFFETS MOBILIERS

[6630-6635]

6630. Transition. — On a vu dans le chapitre précédent que certaines donations peuvent se passer, pour leur validité, des formes exigées pour les donations en général. Nous avons à parler ici d'un genre de donation à l'égard duquel ces formes sont même insuffisantes : ce genre comprend les donations d'effets mobiliers.

6631. État estimatif. — « Tout acte de donation d'effets mobiliers, porte l'art. 948 C. C., ne sera valable que pour les effets dont un état estimatif, signé du donateur et du donataire, ou de ceux qui acceptent pour lui, aura été annexé à la minute de la donation. »

6632. Motif de cette disposition. — 1. IRRÉVOCABILITÉ. — Dans une donation de biens mobiliers, le donateur qui ne se dessaisit pas immédiatement des objets resterait libre de diminuer à son gré la donation, si l'on ne précisait pas d'une manière suffisamment détaillée les objets qu'il donne : ainsi, quand je déclare vous donner ma bibliothèque, il est clair que je pourrais diminuer de moitié ou davantage cette bibliothèque, si on ne désignait pas les ouvrages qui la composent. Le donateur ne donnerait donc qu'en se conservant un moyen matériel et facile de retenir, ce qui porterait atteinte au principe d'*irrévocabilité* que nous développerons plus loin.

2. RÉVOCATION. — RETOUR. — RAPPORT. — Mais, outre le besoin de ne pas porter atteinte au principe d'irrévocabilité, l'état estimatif est également nécessaire pour faire connaître exactement le montant de la donation : 1° dans le cas de rapport entre cohéritiers ; — 2° dans le calcul à faire des biens donnés, pour la fixation de la réserve, de la quotité disponible, et de la réduction s'il y a lieu ; — 3° dans le cas de révocation légale (953 C. C.), ou de retour légal ou conventionnel (747, 951 C. C.) ; — 4° dans le cas de réserve d'usufruit par le donateur (950 C. C.).

6633. Donations pour lesquelles l'État estimatif est exigé. — L'état estimatif est exigé pour toutes donations : aussi bien pour celles qui se font entre époux ou par contrat de mariage, que pour les autres, et aussi bien pour les donations à titre universel que pour celles d'objets particuliers ; car l'art. 948 C. C. ne distingue pas (Marcadé sur l'art. 948 n° 1er, Coin-Delisle *cod.* n° 6, Bayle-Mouillard sur Grenier t. 2 n° 169, Troplong t. 3 n° 1253, Aubry et Rau t. 5 p. 483, Demolombe t. 20 n° 347 ; — Cass. 16 juill. 1817, S. 18-1-379).

1. BIENS PRÉSENTS ET A VENIR. — Il est clair, d'ailleurs, que pour les donations par contrat de mariage qui comprennent des biens présents et à venir, l'état estimatif, par la force même des choses, n'est pas possible pour les meubles qui se trouveront exister au décès du donateur. Quand on dit que l'état est exigé, c'est seulement pour les donations de biens présents.

2. IMMEUBLES PAR DESTINATION. — Au reste, l'état estimatif n'étant exigé que pour les biens meubles, il ne serait pas nécessaire pour les choses attachées à un fonds à perpétuelle demeure et qui seraient données avec ce fonds, puisque ces choses sont immeubles par destination.

La jurisprudence conseille néanmoins de faire un état de ces meubles, sinon pour la validité de la donation, du moins pour la plus grande garantie du donataire, surtout si le donateur s'est réservé l'usufruit (Riom 22 janv. 1825, S. 25-2-270, Grenier t. 1er n° 171, Toullier t. 3 n° 184, Bayle-Mouillard h. t. note A, Coin-Delisle art. 948-4, Saintespès t. 3 n° 797, Duranton t. 8 n° 407, Vazeille art. 948 n° 4, Poujol art. 948 n° 1er, Troplong t. 3 n° 1243, Aubry et Rau t. 5 n° 484, Demolombe t. 20 n° 349).

3. MEUBLES INCORPORELS. — Mais l'état serait nécessaire pour les meubles incorporels comme pour les meubles corporels, puisque la loi ne distingue pas (Riom 22 janv. 1825, S. 25-2-270 ; — Limoges 28 oct. 1826, D. 29-1-84 ; —

Bordeaux 6 août 1834, D. 35-2-33, Toullier t. 3 n° 184, Duranton t. 8 n° 407, Grenier t. 2 n° 173 et Bayle-Mouillard *loc. cit.*, Vazeille art. 948 n° 4, Troplong t. 3 n° 1244, Demante t. 4 n° 90 *bis*, Zachariæ, Aubry et Rau t. 5 p. 484, Demolombe t. 20 n° 346).

4. DONS MANUELS. — Dans tous les cas l'état estimatif n'est nullement nécessaire pour les dons manuels. C'est un point sur lequel tous les auteurs sont d'accord. L'art. 948 C. C. n'exige en effet l'état estimatif que pour les actes de donation, et l'on a vu n° 6453 qu'un acte n'est pas nécessaire pour constater les dons manuels de choses susceptibles de s'acquérir par la simple tradition (V. not. Zachariæ, Massé et Vergé t. 3 p. 74, Demolombe t. 20 n° 343).

6634. Forme de l'état estimatif. — La loi n'impose aucune forme spéciale à l'état qu'elle exige ; il peut donc être fait ou par acte authentique ou par acte sous seing privé (Toullier t. 3 n° 181, Grenier t. 2 n° 171, Troplong t. 3 n° 1239, Zachariæ, Aubry et Rau t. 5 p. 483, Demolombe t. 20 n° 361).

1. ANNEXE. — Et, bien que l'art. 948 C. C. dise que l'état estimatif sera annexé à l'acte de donation, il est évident qu'on pourrait très-bien, au lieu de faire un acte séparé pour l'annexer ensuite à la minute de la donation, mettre dans l'acte même de donation la désignation et l'estimation que demande la loi.

2. INVENTAIRE. — Mais suffirait-il que l'acte de donation se contentât de renvoyer à un acte antérieur un inventaire, par exemple, contenant l'énumération et l'estimation des objets? Marcadé sur l'art. 948 n° 2, Vazeille *eod.* n° 2, Coin-Delisle *eod.* n° 19, Saintespès-Lescot t. 3 n° 800, la cour de Riom (22 janv. 1825, S. 25-2-270) se prononcent pour la négative, alors cependant que la cour suprême a adopté l'affirmative par la raison que l'exigence du législateur eût été sans motif (Cass. 11 juill. 1831, 10193 J. E., S. 31-1-262 ; — Bordeaux 19 juill. 1853, S. 53-2-623 ; — Cass. 11 avril 1854, S. 55-1-297 ; — *Conf.* : Bayle-Mouillard t. 2 n° 170, Troplong t. 3 n° 1241, Zachariæ, Aubry et Rau t. 5 p. 483, Massé et Vergé t. 3 p. 76, Demolombe t. 20 n° 362).

6635. Enregistrement. — La donation d'objets mobiliers n'étant, aux termes de l'art. 948 C. C., valable que pour ceux qui sont accompagnés d'un état estimatif, il en résulte qu'une donation de cette nature, privée de l'état exigé, ne pourra donner ouverture au droit proportionnel parce que l'omission de cet état est incompatible avec le caractère de la donation entre-vifs (Champ. et Rig. n° 2336, Dalloz n° 3710). — V. cependant *Don manuel*.

1. MEUBLES ET IMMEUBLES. — Une question délicate peut s'élever lorsque l'acte de donation auquel n'a pas été annexé l'état estimatif contient des meubles et des immeubles. C'est celle de savoir si le droit sera perçu au taux immobilier sur la totalité des biens compris dans la donation. L'art. 9 L. 22 frimaire an 7 est ainsi conçu : « Lorsqu'un acte translatif de propriété ou d'usufruit comprend des meubles et immeubles, le droit d'enregistrement est perçu sur la totalité du prix au taux réglé pour les immeubles, à moins qu'il ne soit stipulé un prix particulier pour les objets mobiliers et qu'ils ne soient désignés et estimés, article par article, dans le contrat. »

Mais, par le but même qu'il se propose, et par les termes dans lesquels il est conçu, l'art. 9 indique qu'il ne concerne que les ventes. D'une part, en effet, le texte annonce expressément que, sauf le cas où la séparation serait faite dans les termes qu'il indique entre les meubles et les immeubles, le droit sera perçu au taux fixé pour les immeubles, sur la totalité du prix. Or la stipulation d'un prix implique nécessairement l'idée d'un contrat de vente, tout au moins d'un contrat translatif à titre onéreux. D'une autre part, la fraude que le législateur s'est proposé de prévenir n'est vraiment pas à craindre dans les actes qui ne comportent pas un prix. — Par suite, il est reconnu qu'une donation simultanée de meubles et d'immeubles n'est assujettie qu'aux droits fixés pour chaque nature de biens, sur l'évaluation en masse des autres (Dél. 1er juin 1837, 8962 J. E. ; — D. N. t. 5 p. 655 n° 23 ; — M. Demante n° 265 ; — Champ. n° 3291).

CHAPITRE VII. — DES DONATIONS AFFECTÉES DE CONDITIONS

[6636-6661]

SECTION PREMIÈRE. — CONSIDÉRATIONS GÉNÉRALES

[6636-6639]

6636. Conditions qui ne peuvent être imposées. — 1. POTESTATIVE. — Aux termes de l'art. 944 C. C., toute donation entre-vifs, faite sous des conditions dont l'exécution dépend de la seule volonté du donateur, est nulle. C'est ici la condition potestative dont nous avons parlé nos 4938 et suiv. qui reçoit un caractère aggravant de la règle : donner et retenir ne vaut, admise en matière de donation. — Le principe de l'irrévocabilité empêche, en effet, de soumettre la donation, non-seulement aux conditions consistant dans la volonté du donateur (Art. 1174 C. C.), mais même à celles dépendant de cette volonté (Art. 1170 C. C. (Marcadé sur l'art. 944, Pothier *Don.* sect. 2 § 3, Toullier t. 3 n° 270 et Duvergier h. t., Grenier t. 1er n° 11 et Bayle-Mouillard *Id.*, Troplong t. 3 n° 1207, Demante t. 4 n° 86 *bis*, Aubry et Rau t. 6 p. 64-65, Demolombe t. 20 n° 418, Demante n° 587. — V. cependant Duranton t. 8 n° 374 et Taulier t. 4 p. 7).

2. DROIT DE RETOUR AU PROFIT D'UN TIERS. — L'art. 951 C. C. autorise bien le donateur à stipuler, à son profit, le droit de retour des objets par lui donnés, mais il veut que ce droit ne puisse être stipulé qu'au profit du donateur seul.

6637. Conditions qui peuvent être imposées. — Hors les deux cas que nous venons de faire connaître, toutes les conditions permises dans les contrats obligatoires sont également permises dans les donations (Martin v° *Donation* sect. 1re, Duranton t. 8 n° 478, Vazeille art. 944 n° 7, Marcadé sur l'art. 951). Nous ne pouvons que renvoyer à cet égard aux nos 4904 et suiv., dans lesquels on trouvera tous les développements nécessaires.

6638. Distinction entre les motifs et les conditions de la donation. — Mais il ne faut pas perdre de vue qu'autre chose sont les *motifs* et autre chose les *conditions* qui sont apposés à une donation. « Il faut, dit Domat *Lois civiles* liv. 1er tit. 10 sect. 1re n° 13, il faut faire beaucoup de différence, dans les donations, entre les motifs que les donateurs expriment comme étant les causes de leur libéralité et les conditions qu'ils y imposent. Car, au lieu que le défaut d'une condition annule la donation conditionnelle, elle ne laisse pas de subsister, quoique les motifs qui y sont exprimés ne se trouvent pas être véritables. Ainsi, s'il est dit dans une donation qu'elle est faite pour des services rendus, ou pour faciliter au donataire une acquisition qu'il voulait faire, la donation ne sera pas annulée, quoiqu'il n'y ait pas de services rendus et que l'acquisition ne se fasse point; car il reste toujours la volonté absolue de celui qui a donné, et qui a pu avoir d'autres motifs que ceux qu'il a exprimés. Mais, s'il était dit que la donation n'est faite qu'à la condition de l'emploi pour une telle acquisition, comme pour acheter une charge, et que la charge ne soit pas achetée, la donation n'aurait pas d'effet. »

6639. Condition réputée non écrite. — Rappelons ici une règle que nous avons déjà indiquée n° 4706-3, savoir que, dans les dispositions gratuites, toute condition dont l'accomplissement se trouve physiquement ou légalement impossible, est effacée par la loi : en sorte que la disposition devient pure et simple et produit son effet comme si la condition n'y était pas écrite.

Il en est autrement dans les contrats onéreux; pour eux, toute condition, toute clause quelconque, impossible ou illicite, serait nulle aussi, bien entendu ; mais elle entraînerait la nullité de la convention dont elle ferait partie. Ainsi, quand Pierre s'oblige vis-à-vis de moi à tuer sa femme d'ici à trois mois et que je m'oblige à lui payer 10,000 francs pour prix de l'assassinat, l'obligation de Pierre serait nulle comme ayant pour objet un crime; et comme son obligation est la cause de la mienne, celle-ci serait également nulle comme ayant une cause illicite (Art. 1133 C. C.); au contraire, quand j'aurai fait à Pierre donation des 10,000 francs sous la condition exprimée à l'acte, « Si vous tuez votre femme, » la condition sera bien nulle, mais elle ne viciera pas la donation; qui demeurera pure et simple et valable.

SECTION 2. — DONATION ONÉREUSE

[6640-6661]

6640. Définition. — Comme conséquence de ce que nous avons dit dans les deux précédents numéros, il doit être tenu pour certain que, quoique la donation ait pour principe la libéralité, il est permis au donateur d'imposer des charges, soit à son profit, soit au profit d'un tiers. C'est ce que l'on appelle *la donation onéreuse*.

6641. Appréciation de la convention. — Sous l'empire des anciens principes, on attribuait à la donation à titre onéreux un double caractère. On la divisait en deux parties distinctes : l'une, qui correspondait aux charges imposées, était considérée comme emportant mutation à titre onéreux; à l'autre seule on reconnaissait le caractère de libéralité. « Si la donation, dit Bosquet, est à titre onéreux, c'est une espèce de vente dont les lods sont dus jusqu'à concurrence de l'appréciation des charges imposées aux donataires » (T. 2 p. 242. — *V.* aussi t. 1er n° 596).

1. MATIÈRE CIVILE. — Cette règle de droit n'a pas passé dans la législation moderne, et, quoique la libéralité impose au bénéficiaire quelques charges, elle n'en conserve pas moins le caractère entier de la donation. S'il y avait vente, le donateur serait tenu à la garantie envers le donataire évincé qui a payé les dettes ou les charges. Or, il ne paraît pas possible de présumer que le donateur ait entendu s'obliger à la garantie, et tout ce qui résulte de l'éviction c'est une simple action en répétition fondée sur l'équité, qui ne permet pas au donateur de s'enrichir aux dépens du donataire. Le donataire n'aurait même pas de recours si les payements n'avaient pas profité au donateur; par exemple, s'il s'était libéré entre les mains d'un sous-donataire, et c'est contre lui seul qu'il exercerait son action (Demolombe t. 20 n° 548, Duranton t. 8 n° 531, Bayle-Mouillard sur Grenier t. 1er n° 97). — La jurisprudence a décidé, de même, que, pour l'exécution des charges, le donateur n'avait pas le privilége de vendeur (Orléans 26 mai 1848, S. 48-2-615 ; — Douai 6 juill. 1852, S. 53-2-548 ; — Agen 4 janv. 1854, S. 54-2-350, Persil art. 2103 § 10 ; — Grenier *Privil.* t. 2 n° 391, Duranton t. 19 n° 156, Troplong *Don.* t. 3 n° 1302, Mourlon *Com. crit.* n° 152, Massé et Vergé t. 3 p. 226, Demolombe t. 20 n° 576); par suite que l'art. 717 C. proc., d'après lequel l'action en résolution de la vente pour défaut de payement du prix se trouve purgée dans certains cas par l'adjudication de l'immeuble saisi sur l'acquéreur n'est pas applicable à l'action en révocation pour cause d'inexécution des conditions (Bordeaux 26 juin 1852, S. 53-2-145 ; — Grenoble 28 juill. 1862, S. 62-2-204 ; — Zachariæ, Aubry et Rau t. 6 p. 104, Demolombe t. 20 n° 601).

« Avec la doctrine contraire, enseigne Coin-Delisle, c'est distinguer là où la loi ne distingue pas et introduire un système parallèle au système législatif, là où le législateur a voulu tout comprendre sous la même dénomination, et par conséquent tout régir par les mêmes règles. Car l'art. 1107 C. C., au titre *des Obligations*, renvoie, pour les règles particulières à certains contrats, aux titres relatifs à chacun d'eux ; car, si le tit. 2 liv. 3 est consacré aux règles qui concernent les donations, les art. 945 et 1121 disent formellement qu'une donation peut être soumise à des charges ; car, si l'art. 1121 ne parle que des charges qui seraient imposées au profit d'un tiers, l'art. 945 s'occupe de celles qui libéreraient le donateur, et, par conséquent, la donation avec charge est un contrat du même ordre que la donation absolue. Or, puisqu'elle rentre dans la donation entre-vifs, laquelle a ses règles et ses effets expliqués par un titre particulier du C. C., on ne peut donc plus recourir à la doctrine des contrats innommés. L'opinion des anciens auteurs pouvait se soutenir avant l'ordonnance de 1731, parce que l'ordonnance de Moulins art. 58, en soumettant à l'insinuation les donations onéreuses, ne les définissait pas ; elle doit être repoussée aujourd'hui que les art. 945 et 1121 qualifient de donations les dispositions dont les charges profitent, soit à des tiers, soit au donateur » (Art. 908 n° 2).

2. MATIÈRE FISCALE. — Tel paraît être aussi l'esprit de la loi sur l'enregistrement. Les textes ont partout essentiellement distingué le contrat de vente de celui de donation, soit quant à la quotité des droits, soit pour la base de perception, soit enfin relativement au délai accordé à l'Administration pour requérir l'expertise des immeubles transmis par l'un ou l'autre contrat. Mais nulle part elle n'a fait de distinction entre les donations à titre gratuit et celles à titre onéreux. D'après les art. 14 n° 8 et 15 n° 7 L. 22 frimaire an 7, le droit d'enregistrement *pour les transmissions entre-vifs à titre gratuit* doit être perçu sur la valeur des biens meubles ou immeubles *sans distraction des charges*. Ainsi, suivant la loi de l'impôt, la donation faite moyennant des charges n'en est pas moins considérée comme *à titre gratuit*, et ces charges n'ont aucune influence quant à la perception du droit. Un arrêt de cass. 28 janvier 1818 (6246 J. N., S. 18-1-252, 6004 J. E.) porte : « que les n°s 6 et 8 de l'art. 69 L. 22 frimaire an 7 ne font aucune distinction entre les donations entre-vifs *à titre gratuit* et les donations entre-vifs *à titre onéreux*, et qu'aux termes de l'art. 15, il ne doit être fait aucune distraction des charges, mais seulement des réserves que s'est faites le donateur sur les biens donnés. » — En ce qui concerne l'expertise, l'art. 17 de la loi précitée n'accorde à l'Administration qu'un an pour requérir celle des immeubles transmis par acte ou contrat *à titre onéreux*. La Cour de cassation avait d'abord décidé, par un arrêt du 20 janvier 1817, que, *cet article ne faisant aucune distinction entre les diverses espèces de contrats à titre onéreux*, le délai d'une année s'appliquait à l'expertise de biens transmis par une donation à titre onéreux. Mais, plus tard, la cour a reconnu, les 15 janvier, 7 août 1844 et 19 février 1845 (11887, 12058 et 12309 J. N., S. 44-1-178 et 751, 45-1-223, 1732-18 et 1713-12 I. G.), qu'il ne suffit pas qu'un acte, contenant translation de propriété d'immeubles, puisse, d'après les principes du C. C., être qualifié de contrat à titre onéreux, pour qu'on soit fondé à lui appliquer les dispositions de la loi sur l'enregistrement concernant les ventes ; qu'il faut encore que la transmission ait été faite moyennant un prix énoncé au contrat. En conséquence, elle a décidé que le délai d'expertise est de deux ans pour les immeubles transmis par donation à titre onéreux, de même que pour ceux qui sont transmis à titre purement gratuit (4841 J. N.).

Il ne faut donc pas hésiter à repousser, comme thèse de droit, le principe de l'ancienne législation qui voulait que la donation onéreuse fût considérée comme une vente jusqu'à concurrence de l'importance des charges. Ainsi que l'enseigne M. Demante, « la donation, nonobstant les charges qui la modifient et la rendent en partie *onéreuse*, demeure cependant, dans le fond, à raison de son caractère dominant, une opération à titre gratuit. C'est comme telle qu'elle subit l'impôt. Le droit proportionnel est perçu sur la valeur intégrale de la chose donnée, à raison d'un capital formé de vingt fois le revenu annuel, *sans distraction des charges* » (N° 694).

3. INTENTION DES PARTIES. — Mais ce résultat n'a rien d'absolu. Les conventions, en effet, se déterminent plus encore par l'intention des parties que par la qualification ou la forme du contrat ; or, il se peut que la prétendue libéralité soit un véritable contrat onéreux, et le voisinage de ce contrat prête même souvent à la fraude, à cause de la différence des tarifs. Les parties, pour en citer un seul exemple, ayant intérêt à simuler une vente sous la forme d'une donation, l'Administration, comme tout créancier, a certainement le droit de faire restituer à l'acte son caractère véritable pour percevoir le droit. Mais comment y parviendra-t-elle ? Il n'y a pas de règle positive sur ce point ; tout dépend de l'appréciation des circonstances.

4. QUALITÉ DU DONATAIRE. — Seulement, il ne faut pas oublier que l'appréciation des faits varie suivant la nature de l'acte qui les renferme et la qualité des personnes qui contractent. C'est ainsi que nous avons dit, sous le n° 5256, que, le but principal des tiers qui interviennent dans les contrats de mariage étant de témoigner de leur sollicitude pour le nouvel établissement, d'avantager les époux, de les aider, de les gratifier, la libéralité doit se présumer plus facilement que dans un autre contrat, par application de la règle civile (1158 C. C.) qui veut que dans le doute les conventions soient interprétées dans le sens qui convient le mieux au caractère du contrat. Si donc le contrat de donation onéreuse ou rémunératoire dont nous allons parler se passe entre parents, surtout en ligne directe, la donation se présumera facilement. Dans l'ancien droit déjà, il était admis que « les donations faites aux enfants, en faveur de mariage, quoiqu'à la charge de payer quelques dettes, étaient des accommodements de famille qui ne pouvaient être réputés ventes, joint à ce que l'intention des parties n'avait été que de donner ; les lods et vente ne sont pas dus » (Bosquet t. 2 p. 254).

C'est dans ce sens que l'Administration a délibéré, le 27 mars 1829 (1821 C.), qu'une donation consentie par un père à son fils d'un usufruit évalué 800 francs, moyennant une rente annuelle et des charges s'élevant ensemble à pareille somme, ne donnait ouverture qu'au droit de donation, alors que, s'il avait eu lieu entre personnes non parentes, ce contrat eût incontestablement donné ouverture au droit de vente.

En principe, enseigne également M. Demante, « l'acte reste donation, quelle que soit l'élévation des charges, tant que la considération de la personne avec qui l'on contracte demeure la cause principale de l'opération. Par exemple, un père donne à son fils un bien de famille sous des charges égalant, dépassant même la valeur vénale du fonds transmis ; l'acte peut subsister comme donation, à cause de l'intérêt moral qu'ont les deux parties à contracter l'une avec l'autre. Ce principe, malgré la subtilité apparente de sa formule, n'a, comme on voit, rien qui répugne à la simplicité pratique » (N° 595).

5. CHARGES AU PROFIT DU DONATEUR. — Ajoutons, avec Demolombe (t. 20 n° 51), que, si les charges sont au profit du donateur lui-même, on devra être plus porté à y voir un contrat commutatif que si elles étaient stipulées au profit d'un tiers.

6. APPRÉCIATION. — Mais toutes ces considérations et d'autres semblables ne sont que des éléments d'appréciation dont la gravité varie selon les espèces. Nous ne pouvons guère que rapporter ici, sans les commenter, les nombreuses décisions intervenues sur la matière en des cas quelquefois très-différents. Toutefois, pour y mettre un peu d'ordre, nous parlerons d'abord du cas où les charges égalent l'objet donné, puis de l'hypothèse où elles sont inférieures, et ensuite des espèces qui s'y rattachent.

6642. Charges égalant la valeur de l'objet donné. — Vente. — Pour qu'il y ait donation, le donateur doit se dépouiller *gratuitement;* car la libéralité est de l'essence même de la donation. Si donc la valeur des charges imposées au prétendu donataire égale celle du bien transmis, on est assez autorisé à croire que la donation devient alors un contrat ordinaire à titre onéreux. « Si les charges, dit Pothier (*de la Vente* n° 613), sont appréciables à prix d'argent et qu'elles égalent la valeur de la chose donnée, une telle donation n'a de donation que le mot et elle tient du contrat de vente. »

C'est également la doctrine qui avait été professée par d'Argentré *de Laudimiis* § 47, Fonmaur n° 450, Poquet de Livonnière *des Fiefs* liv. 3 chap. 5 sect. 4, et cette règle est généralement tenue pour certaine depuis le C. C. Elle est enseignée par Toullier t. 5 n° 185, Coin-Delisle sur l'art. 894 n° 14, Marcadé sur l'art. 894 n° 442-2. — « Si la charge, dit Troplong (*de la Vente* n° 9), est appréciable en argent et qu'elle égale la valeur de la chose donnée, l'acte n'est pas une donation, il tient plutôt du contrat de vente. » — « Les charges sont-elles à peu près égales à la valeur de l'objet donné, ajoute Demolombe, c'est le contrat *do ut des;* c'est une sorte d'échange » (T. 20 n° 51).

Par conséquent, on est autorisé, à défaut d'indications précises caractérisant la nature de la libéralité, à percevoir le droit à titre onéreux (Champ. et Rig. n° 2251-2, Dalloz n° 3735). C'est ce qui résulte des décisions suivantes :

1° Une donation mobilière et immobilière évaluée en capital à 12,200 francs est faite à charge de payer au donateur une somme de 12,000 francs, avec cette clause que les biens donnés seront considérés comme de communauté, attendu que le prix sera payé des deniers de communauté ; le droit de vente et non celui de donation est exigible sur 12,200 francs (Péronne 30 août 1843, 13341 J. E.) ;

2° Le même droit est applicable à la donation d'un immeuble sous la condition de payer au donateur ou à des tiers une somme ou une rente viagère égale à la valeur de cet immeuble ou de son revenu (Strasbourg 27 janv. et 7 mai 1845, 13701 et 13757-1 J. E. ; — Laon 17 avr. 1845, 13759 J. E. ; — Domfront 6 août 1848, 14482 J. E. ; — Lisieux 17 mai 1844, 13522 J. E. ; — Beaupréau 30 mai 1849, 14777-2 J. E. ; — Poitiers 15211 J. E. ; — Mantes 6 nov. 1846, 14119-1 J. E.) ;

3° Par exemple, à la donation d'un immeuble, d'un revenu de 300 francs faite à la condition de remettre au donateur une somme de 15,000 francs (Clermont [Oise] 26 déc. 1862, 17632 J. E.).

6643. Rapport. — Le propre de toute donation est d'obliger au rapport de la libéralité le successible qui n'en a pas été formellement affranchi. Si le contrat n'astreint le donataire qu'au rapport d'une somme inférieure à la valeur de l'objet donné et qu'il n'y ait ni préciput ni dispense de rapport pour le surplus, on peut en conclure que la donation proprement dite est limitée à la somme rapportable. Cette circonstance n'est pas sans doute une preuve irréfutable de la vente et on peut objecter que l'affranchissement du rapport pour le surplus provient d'une dispense virtuellement accordée ou même de l'imputation dès à présent établie, selon l'art. 862 C. C., entre la valeur de l'immeuble et les charges de la donation considérées comme des impenses nécessaires. Cependant, elle indique catégoriquement la pensée chez les donateurs d'attribuer une portion du domaine à leur fils d'une manière tellement définitive qu'il ne doive compte ni de la plus-value que les immeubles obtiendraient, ni des changements qu'il leur ferait subir. Or, la vente seule peut réaliser ce dessein, puisqu'une donation, quelle qu'elle soit, reste toujours exposée aux éventualités de la réserve ou de la révocation, du retour successoral, etc.

Plusieurs jugements ont été rendus dans ce sens :

1° Un contrat de mariage portait que, sur les immeubles donnés au futur et estimés 35,000 francs, ce dernier conserverait pour sa dot 10,000 francs rapportables en espèces et retiendrait le surplus à valoir sur une dette de la constituante. Le tribunal de Saint-Quentin a décidé, le 17 mars 1844, que le droit de vente était dû sur 25,000 francs (13468 J. E.) ;

2° Même solution admise par le tribunal du Havre, le 25 mai 1848, au sujet d'une constitution de dot de divers biens estimés 6,800 francs et donnés à la future, savoir : 2,800 francs afin de la remplir de sa créance sur le donateur et 4,000 francs dont elle fera le rapport à la succession (14506 J. E.) ;

3° Une mère déclara donner à son fils, par contrat de mariage, le domaine de M..., évalué 80,000 francs, en stipulant qu'elle serait libérée d'une somme de 40,000 francs due au donataire et que le surplus appartiendrait à ce dernier en avancement d'hoirie à charge de rapport. Jugé par le tribunal de Châtillon-sur-Seine, le 19 juin 1848 : « que la libéralité de la mère n'a eu pour objet que la moitié du domaine restant libre après la libération de sa dette ; que les parties l'ont tellement entendu en ce sens que le futur n'a été assujetti à rapporter en moins prenant à la succession de sa mère que la somme de 40,000 francs, formant la valeur de la moitié des biens abandonnés » (14806 J. E.) ;

4° Le tribunal d'Agen a vu une vente partielle, jointe à une libéralité, dans la disposition d'un contrat de mariage par laquelle la mère du futur lui fait donation d'une maison évaluée à 10,000 francs, à la charge de payer 5,000 francs restant dus sur le prix d'acquisition et avec ces stipulations que le donataire n'aura à rapporter à la succession de la donatrice que 5,000 francs, et qu'au cas où, au jour du décès de cette dernière, la maison vaudrait plus de 10,000 francs la plus-value demeurerait acquise au donataire à titre de préciput (26 nov. 1856, 15967 J. N. — *Conf. :* Lyon, 25 août 1852; — Vervins, 22 juin 1877).

5° La même doctrine a été consacrée par la C. cass. dans deux espèces remarquables. Un contrat de mariage portait que les père et mère du futur lui constituaient en dot un domaine estimé 60,000 francs avec déclaration qu'ils entendaient lui donner seulement 40,000 francs dont le futur aura à faire le rapport, et à la condition que le donataire payera 20,000 francs à ses parents dans deux ans. Il a été reconnu qu'il n'y avait donation que jusqu'à concurrence de la somme rapportable: « Attendu qu'il résulte évidemment de l'ensemble de cette stipulation que la propriété du Petit-Merson advient à Porcher fils à deux titres différents, à titre de donation pour deux tiers, à titre de vente pour le surplus; que cette distinction résulte encore plus clairement des effets légaux que les parties elles-mêmes attachent à leur contrat; ainsi, elles stipulent que Porcher fils devra rapporter à la succession de ses père et mère la somme de 40,000 francs, représentant la valeur des deux tiers du domaine, parce qu'il les a reçus par donation et en avancement d'hoirie...; qu'au contraire, pour le tiers restant, on ne le grève d'aucun rapport, parce que ce tiers, dont il doit payer le prix, lui appartiendra d'une manière incommutable » (Cass. civ. 26 août 1868, 2785 R. P., 2375-6 I. G., S. 69-1-40, D. 69-1-17, 19345 J. N., 18605 J. E.).

Un autre contrat de mariage stipulait que les parents du futur lui constituaient une maison à la condition qu'il leur payerait 6,000 francs et rapporterait le surplus ou 1,000 francs à leur succession. Le droit de vente a été reconnu exigible sur 6,000 francs : « Attendu qu'il résulte de l'ensemble de cette disposition que l'immeuble donné est implicitement évalué à 7,000 francs, que la constitution de dot est réduite en réalité à une somme de 1,000 francs et que l'excédant, soit la somme de 6,000 francs, est le prix du surplus de l'immeuble; qu'ainsi la propriété dudit immeuble est transmise à Paquot fils à deux titres différents, à titre de donation pour le septième et à titre de vente pour le reste; que cette distinction résulte encore de la disposition spéciale par laquelle les parties ont stipulé que la somme de 1,000 francs sera seule rapportée aux successions des donateurs; que c'est donc en violation des articles ci-dessus visés que le jugement attaqué a décidé que la clause dont il s'agit est une donation avec charges soumise seulement au droit d'enregistrement édicté pour les donations » (Cass. ch. civ. 4 mai 1869, 2941 R. P., 2389-3 I. G., S. 69-1-431, D. 69-1-506, B. C. 98, P. 69-1-105, 19601 J. N., 18720 J. E., 2576 Rev.; — *Conf. :* Lisieux, 3 mars 1874 et Vervins, 22 juin 1877, 4968.

6° Décidé également qu'il faut considérer comme contenant deux dispositions distinctes, une donation et une vente, la disposition d'un contrat de mariage par laquelle les parents du futur lui constituent en dot le droit à un bail, des meubles meublants et des objets mobiliers servant à l'exploitation d'un domaine loué et une maison avec des terres, à la charge par lui de payer aux donateurs une certaine somme et en leur acquit, une autre somme à ses frères et enfin de rapporter une certaine somme à la succession, avec dispense du rapport en nature des immeubles et donation par préciput de l'excédant de valeur. Il y a donation jusqu'à concurrence de la somme à rapporter et transmission à titre onéreux jusqu'à concurrence de la somme à payer aux donataires ou, en leur acquit, imputable d'abord sur le droit aux baux, les objets mobiliers et pour le surplus seulement sur les immeubles (Péronne 17 mai 1871, 14734 C., 14566 *J. du not.);*

7° L'opinion contraire a cependant prévalu au tribunal d'Altkirch, le 29 juin 1849, dans une espèce tout à fait analogue à celle du tribunal d'Agen (§ 4 ci-dessus), par le motif qu'il n'est pas de la nature des contrats de mariage de renfermer des ventes, que les charges imposées au donataire n'enlèvent pas à l'ensemble de l'acte son caractère de libéralité, et qu'en fait les parties avaient voulu faire une donation unique (13895-2 J. N.);

8° Un arrêt de cass. du 9 janv. 1856, confirmant un jugement du tribunal de Langres du 25 mars 1854, a décidé également qu'il faut considérer comme une donation et non comme une vente un acte par lequel un père donne à l'un de ses enfants un immeuble dont il se réserve l'usufruit en dispensant le donateur du rapport en nature, mais à charge de faire état à sa succession d'une somme déterminée représentant la valeur de l'immeuble, et, en outre, pour le cas où cette disposition serait attaquée par les autres enfants, lui fait donation, à titre de préciput, du même immeuble jusqu'à concurrence du disponible (15709 J. N., 583 R. P., S. 56-1-540, D. N. t. 5 p. 91 n° 550 et t. 13 p. 401 n° 335).

9° L'acte par lequel une mère donne à son fils des immeubles dont elle se réserve l'usufruit avec stipulation que le donataire rapportera à la succession une somme égale à la valeur des biens et productive d'intérêts dès le jour de l'acte, a le caractère d'une donation et non pas d'une vente déguisée (Saint-Omer, 10 fév. 1876, 4639 R. P.).

6644. Dation en payement. — La prétendue donation prend le caractère de dation en payement et aboutit aux mêmes résultats que dans les cas ci-dessus, c'est-à-dire qu'elle donne ouverture au droit de 5 fr. 50 cent. pour 100 lorsqu'elle est faite pour se libérer, envers le donataire, soit d'une dette, soit d'une dot précédemment constituée, représentant la valeur vénale de l'immeuble (Vitry-le-François 20 déc. 1842, 13151 J. E.; — Reims 27 déc. 1845, 14059 J. E.; — Auxerre 26 mai 1849, 14777 J. E.).

Même principe à l'égard d'un acte qualifié partage anticipé, par lequel des père et mère abandonnent à leurs deux enfants, précédemment dotés d'une rente perpétuelle de 1,200 francs, un immeuble évalué à 24,000 francs pour éteindre les deux rentes (Niort 4 juill. 1838, 12085 J. E.).

1. DROIT DE RETOUR. — Le droit de vente doit être perçu, dans ces diverses circonstances, quand même le donateur se serait réservé le droit de retour des biens donnés (Montpellier 26 mars 1849, 14711 J. E.).

6645. Charges égales. — Donation. — Au contraire, le droit de donation a été reconnu seul exigible dans les hypothèses ci-après :

1° Donation à titre de partage anticipé d'immeubles d'un revenu de 360 francs et d'une valeur vénale de 10,000 francs, à charge de payer 10,520 francs de dettes. — Le droit de donation est seul exigible (Béthune 18 fév. 1851, 14418 J. N.);

2° Donation d'une maison d'un revenu de 500 francs, sous réserve d'un usufruit évalué à 60 francs par an et à charge de payer 10,000 francs en l'acquit du donateur. — Simple droit de donation exigible (Mantes 24 août 1850, 14381 J. N.);

3° Donation d'une maison à usage de café, d'un revenu de 600 francs, évaluée à un capital de 16,000 francs que la future conservera entre ses mains pour l'imputer sur sa part héréditaire au décès du donateur et lui en servir l'intérêt représenté par une pension de 600 francs, sa vie durant. — Droit de donation seul exigible (Montmorillon 20 nov. 1849, 13991 J. N.);

4° Donation d'un domaine évalué 100,000 francs et d'un revenu de 2,400 francs. La donatrice ne voulant donner que 60,000 francs à sa fille, les futurs auront à lui payer une somme de 40,000 francs. — Droit de donation seul exigible (13895 J. N.);

5° Donation d'immeubles à charge par la future de rapporter en moins prenant à la succession du donateur 20,000 francs, à laquelle somme est fixée la valeur de la moitié des immeubles, et de payer au donateur 20,000 francs le jour de la célébration. — Droit de donation seul exigible (Altkirch 29 juin 1840, 13895-2 J. N.);

6° La donation d'une somme de 4,000 francs à imputer sur des biens de valeur de 27,000 francs, à charge de payer 23,000 francs aux donateurs, n'est passible que du droit de donation (Réthel 7 août 1846, 12908 J. N.);

7° Donation par un père à sa fille d'une maison estimée d'un revenu de 200 francs sous réserve d'usufruit et à charge de payer à des tiers 7,000 francs en l'acquit des donateurs. — Droit de donation (Sol. 16 fév. 1849, 13634 J. N.);

8° La disposition d'un contrat de mariage portant donation à la future par sa mère d'un immeuble dotal dans les mains de cette dernière, et évalué d'un revenu de 500 francs, à la charge par la donataire de servir des rentes perpétuelles montant à 1,028 fr. 50 cent., est sujette au droit de donation et non à celui de vente d'immeubles (Dél. 27 avr. 1857, 13047 J. N.);

9° L'obligation contractée au profit d'une fabrique pour faire dire des messes pour le repos de l'âme des personnes désignées, donne ouverture au droit de donation entre-vifs (Dél. 29 avr. 1835, 11181 J. E.);

10° C'est ce qui avait été décidé par une Dél. 31 janvier 1831 dans une espèce où il avait été constitué une rente perpétuelle de 600 francs destinée à servir de traitement à un chapelain nommé par l'évêque, qui était tenu de dire la messe les dimanches et fêtes, à une chapelle indiquée, laquelle constitution de rente avait été acceptée par l'évêque (10837 J. E.).

6646. — Charges inférieures à la valeur de l'objet donné. — Si les charges sont inférieures à la valeur de la libéralité, il n'est pas contestable que le contrat a pour partie les caractères de la donation, et, comme en général, le contrat n'a pas une nature mixte, on est naturellement amené à décider que le droit à titre gratuit est dû sur la valeur entière de l'objet. — Pour qu'il en fût autrement, il faudrait trouver dans les circonstances des preuves très-catégoriques de la volonté des parties. On s'aiderait pour cela de l'importance comparée des charges, et si ces dernières étaient presque égales à l'objet donné, on s'autoriserait, selon les cas, de cette considération pour justifier la perception du droit onéreux. C'est ainsi qu'il a été admis en droit civil que, si la chose excède notablement la charge, la libéralité formant la partie prédominante de l'acte, il doit être soumis à toutes les règles de donations entre-vifs, par la raison toute simple que, des textes précis permettant de soumettre les donations à des charges (945, 1122 C. C.), une donation ainsi faite est un contrat de même ordre que la donation pure et simple. — Cette conséquence du droit civil doit passer dans le droit fiscal d'autant plus facilement que les §§ 4, 6, 8 de l'art. 69 L. 22 frimaire an 7 ne font aucune distinction entre les donations entre-vifs à titre purement gratuit et les donations entre-vifs à titre onéreux et qu'aux termes de l'art. 15 il ne doit être fait aucune distraction des charges, mais seulement des réserves que s'était faites le donateur sur les biens donnés (Cass. 22 janv. 1818, S. 18-1-252, 6004 J. E.).

1. DONATION. — En matière d'enregistrement, il a été jugé :

1° Que l'acte qualifié donation à titre de partage anticipé fait à la charge d'un usufruit, portant sur les biens appartenant aux enfants donataires, n'en doit pas moins être considéré comme une libéralité, la loi tarifant les donations entre-vifs sans distinguer entre celles purement gratuites et celles à titre onéreux; ce n'est point comme un échange passible du droit établi sur cette dernière convention (Senlis 25 mai 1841);

2° Que la donation faite par un mari à sa femme séparée de biens, sous la condition par la donataire de servir au donateur une pension annuelle et viagère, et d'acquitter à sa décharge les dettes passives jusqu'à concurrence d'une somme déterminée, n'est passible que du droit fixe de donation éventuelle, en ce que les charges, n'ayant pas l'importance de la chose donnée, ne détruisent pas les éléments de libéralité de l'acte et n'en changent pas la nature (Altkirch 15 nov. 1843, D. N. t. 5 p. 175 n° 105);

3° Que la charge imposée par un père, dans le contrat de mariage de son fils, de payer une somme déterminée sur la valeur du fonds donné en dot et évalué à une somme supérieure à celle de la charge, n'est qu'une condition onéreuse de la donation, qui ne change pas la nature du contrat soumis à toutes les conséquences prévues par la loi en matière de donation (Senlis 15 mai 1844);

4° Que lorsque des père et mère, en faisant donation d'immeubles à leur fille, lui constituent en dot une somme prise dans l'évaluation des immeubles donnés et stipulent que le montant de la différence lui sera payé à différents termes, la convention constitue une donation pour le tout et ne peu donner ouverture au droit de vente sur le montant de la différence (Réthel 7 août 1846);

5° Que la donation accompagnée de charges, quelque onéreuses qu'elles soient, alors surtout que ces charges portent sur la chose donnée, comme la réserve d'usufruit par le donateur, n'est pas passible du droit de vente (Falaise 31 janv. 1845). — On peut consulter dans le même sens un jugement d'Avranches du 6 janvier 1857 (802 R. P., 16110 J. N., 16447 J. E., 11071 C.);

6° Enfin que la clause d'un contrat de mariage, par laquelle la mère du futur lui constitue en dot un immeuble valant 142,835 francs, à la condition que le donataire lui payera une somme de 42,835 francs à terme et avec intérêts, forme pour le tout une libéralité passible du droit de donation, alors que, d'une part, il a été exprimé que l'immeuble était donné pour sa valeur de 142,835 francs et que, de l'autre, il n'existe aucune stipulation qui réduise à un chiffre moindre le rapport dû à la succession (Saintes 10 août 1870, 3632 R. P.).

7° Reconnu également par la Cour de cassation allemande que l'acte a le caractère d'une donation pour le tout, bien que le donateur ait imposé au donataire l'obligation de lui payer une partie de la valeur des biens (12 mars 1875 et 6 sept. 1875, 4749 R. P.).

2. CONTRAT MIXTE. — Voici des hypothèses dans lesquelles le contrat a été considéré à la fois comme donation et comme vente :

Une donation faite sous la condition que le donateur conservera une partie des biens donnés et *payera le surplus de cette valeur* soit au donateur, soit à des tiers, est passible du droit *de donation* sur le capital du revenu de la valeur à conserver et du droit *de vente* sur le surplus (Castres 20 août 1842, 13101-3 J. E.; — Bordeaux 20 juill. 1846, 14046 J. E.; — Le Havre 25 mai 1848, 14506 J. E.).

Même règle lorsque, dans le même cas, le donataire est dispensé de *rapporter en nature* les objets donnés à la succession du donataire, sauf à rapporter la valeur qu'il conserve par devers lui (Saint-Quentin 11 mars 1846, 13759-2, 14059-2 J. E.).

Même perception lorsque le donataire est dispensé *du rapport en nature*, que l'immeuble donné est *ameubli*, que la somme à payer doit l'être des *deniers de la communauté* et que le donataire *renonce* au bénéfice de l'art. 1509 C. C. — (Vervins 17 juill. 1840; — Saint-Quentin 22 déc. 1847, 14415 J. E.; — Strasbourg 3 août 1848, 14599 J. E.).

Même perception lorsque le donataire est doté du quart de l'immeuble donné et doit payer l'intérêt de la valeur des trois autres quarts pendant sa vie, sauf à payer le capital à sa succession après sa mort (Épernay 31 déc. 1846, 14157 J. E.).

Même règle lorsqu'un immeuble de valeur de 80,000 francs est donné pour libérer le donateur de 40,000 francs qu'il doit au donataire, avec stipulation que les 40,000 francs de surplus seront sujets à rapport (Châtillon-sur-Seine 19 juin 1849, 14806 J. E.), — ou que le donateur d'un immeuble de 10,000 francs est chargé de payer le reliquat du prix de 5,000 francs et de rapporter le surplus à la succession du donateur (Agen 26 nov. 1856, 15967 J. N.).

De même encore, la donation faite à la future d'une usine estimée 80,000 francs, à charge de payer 50,000 francs à ses père et mère, est une vente jusqu'à concurrence de 50,000 francs (Reims 12 mars 1856).

3. VENTE. — Il résulte d'un jugement du tribunal de Laon que dans toutes les espèces ci-dessus l'Administration serait en droit d'exiger *le droit de vente sur la totalité* de la valeur des immeubles donnés (22 avr. 1846, 14105 J. E.).

On l'a ainsi décidé surtout lorsque la valeur donnée est d'une faible importance à côté de celle cédée à titre onéreux (Strasbourg 27 janv. 1845, 13690 J. E.).

Même règle lorsque l'immeuble est donné jusqu'à concurrence d'une quotité en avancement d'hoirie, et le surplus pour remplir le donataire de ses droits dans la succession de sa mère décédée femme du donateur (Avignon 14 août 1851, 15311 J. E.).

6647. Évaluation du capital des biens. — C'est la valeur vénale des objets donnés qui doit servir de comparaison pour apprécier l'importance relative des charges. A l'égard des immeubles, il est bien certain que ce capital n'est pas représenté par le denier 20 servant à la perception du droit (Avranches 6 janv. 1857, 802 R. P., 16119 J. N., 16447 J. E., 11071 C.). — Mais la loi n'indique aucun moyen de déterminer la valeur vénale. L'Administration ne pourrait recourir à l'expertise spéciale des art. 18 et 19 L. 22 frimaire an 7; elle devrait se borner à invoquer les actes et documents opposables aux parties. Il résulte seulement d'un arrêt de cass. du 4 juin 1867 que, si le tribunal n'était pas suffisamment éclairé, il pourrait commettre, en la forme ordinaire, des experts chargés de lui faire un rapport (2513 R. P., B. C. 116, S. 67-1-304, D. 67-1-218, 2389-1 I G.). — Ce procédé a été employé notamment par des jugements des tribunaux de Versailles du 25 août 1874; — de Pontoise, du 13 juill. 1875 et de Saint-Calais, du 18 août 1877 (4780 R. P.; — *Contrà* 21865 I. N.). — V. n° 12350.

6648. Dispositions distinctes. — Aucun doute ne saurait plus exister sur la division du droit quand l'acte renferme deux dispositions tout à fait séparées, et qu'après avoir donné une partie de ses biens ou tel objet au donataire, le disposant déclare lui attribuer tel autre objet ou le surplus des mêmes biens moyennant un prix. Il y a alors une vente jointe à une libéralité, et il faut liquider l'impôt en conséquence. Décidé en ce sens :

1° Que, lorsque dans un contrat de mariage il est expressément énoncé que sur la valeur, fixée dans le contrat, d'un immeuble constitué en dot par une mère à son fils, celui-ci conservera une somme déterminée à valoir et pour venir en déduction d'une somme plus forte due par la mère à son fils, et que le surplus appartiendra au futur à titre de dot, à charge de rapport, il est dû un droit de vente et un droit de donation (Saint-Quentin 13 mars 1844, 13468 J. E.);

2° Que l'acte par lequel un père délaisse à son fils aîné pour en jouir sur-le-champ trois pièces de terre, afin de le payer des sommes qu'il lui doit, et en outre fait donation à tous ses enfants de tous les autres biens qu'il possède, et cela à de certaines conditions exprimées dans l'acte, contient deux dispositions indépendantes donnant ouverture: la première au droit de dation en payement, encore que la charge du rapport ait été imposée à la disposition; l'autre au droit des donations portant partage (Périgueux 14 mars 1845);

3° Que, lorsque dans un acte de donation portant partage d'un père entre ses trois enfants dont deux sont ses créanciers, il est fait cinq lots dont deux sont attribués aux enfants créanciers en extinction de leurs créances, à titre de prélèvement, les trois autres lots devant être tirés au sort, on doit considérer les attributions à titre de prélèvement, quoique faites par le même acte, comme indépendantes du partage et constituant, par elles-mêmes, non pas seulement une condition de la donation, mais bien une dation en payement ou transmission d'immeubles à titre onéreux, passible du droit proportionnel de 5 et demi pour 100, alors surtout qu'il a été stipulé que ceux auxquels les attributions étaient faites supporteraient seuls les frais auxquels elles pourraient donner lieu; peu importe que, plus tard, il soit survenu des événements qui prouvent invinciblement que l'intention des parties, en faisant ces prélèvements, n'était pas de déroger sur ce point au caractère de la donation (Cass. 11 déc. 1838, S. 38-1-955, 1590-7 I. G., 12197 J. E.);

4° Si des père et mère donnent à leur enfant une maison à charge de rapport et des meubles évalués 15,000 francs avec charge de remettre pareille somme aux donateurs à leur volonté, avec intérêt de 4 et demi pour 100, il est dû un droit de donation à 4 pour 100 sur le revenu capitalisé par 20 de l'immeuble donné à titre gratuit, et un droit de vente mobilière à 2 pour 100 sur les 15,000 francs à payer aux donateurs (16711-1 J. E.).

Néanmoins un tel résultat qui brise l'unité du contrat ne peut être accepté facilement, car il est de principe que les conventions ne peuvent être scindées pour la perception (Cass. 17 juin 1850, 1875 § 4 I. G., S. 50-1-683).

6649. Partage anticipé. — Les règles précédentes s'appliquent au partage anticipé. L'acte par lequel des père et mère font à leurs enfants l'abandon de tous leurs biens meubles et immeubles, moyennant une pension viagère, peut et doit même, selon le taux de la pension, être considéré comme un contrat à titre onéreux (Cass. 28 mars 1820). — V. *Partage anticipé* nos 12583, 12638.

Mais, par contre, un acte peut être considéré comme un partage anticipé, quoiqu'il porte le nom de vente ou de bail et qu'il énonce un prix. — *V.* n° 12584.

6650. Disposition principale. — 1. CHARGES.— La charge stipulée au profit du donateur n'encourt aucun droit particulier, soit qu'elle consiste en sommes ou valeurs, soit qu'elle ait pour objet une transmission de propriété ou d'usufruit. L'obligation contractée ou la transmission opérée en retour fait partie intégrante de la donation; elle ne saurait donner lieu à aucun droit particulier, non plus que l'obligation du prix dans la vente ou la transmission de l'objet livré en contre-échange.

Mais il est quelquefois difficile de savoir si c'est la charge elle-même ou l'objet donné qui est la disposition principale du contrat, celle qui doit servir à régler la perception. Ainsi, si nous convenons que je vous donnerai ma maison à condition que vous me céderez vous-même votre mobilier, faut-il dire que c'est vous qui me donnez vos meubles pour recevoir la maison, ou réciproquement? Avant tout, il faut consulter les termes du contrat et l'intention des parties. En l'absence de toute indication sur ce point, on en reviendra aux règles générales que nous avons tracées au mot *Acte contenant plusieurs dispositions*.

On peut rattacher à cet ordre d'idées les décisions suivantes :

A... fait donation à ses enfants de la nue-propriété d'une maison d'un revenu de 150 francs, à la charge par les donataires de laisser jouir le donateur pendant sa vie de différents immeubles qu'ils ont recueillis de leur mère et dont le revenu est de 1,283 francs; le droit de donation n'ayant été perçu que sur 3,000 francs, capital de la nue-propriété donnée par le père, le tribunal de Meaux a reconnu, le 20 mars 1834 (10926 J. E.), le droit de donation exigible sur le capital du revenu abandonné par les enfants, comme étant le plus considérable.

Par acte du 11 mai 1833, C... fait donation, au profit de ses neveux, du tiers qui lui appartient et qui est évalué 471 francs de revenu, dans différentes propriétés indivises avec les donataires; et les donataires lui abandonnent l'usufruit d'autres propriétés qui leur appartiennent et dont le revenu est de 3,919 francs; le droit n'ayant été perçu que sur vingt fois le revenu des biens donnés par C..., une solution de l'Administration, du 13 juin 1834 (10926 J. E.), a prescrit de le percevoir, non sur les biens donnés par C..., mais sur ceux qui lui ont été abandonnés par ses neveux.

1. ÉCHANGE. — Dans tous les cas, la réserve d'usufruit des biens compris dans une donation d'immeubles et la convention que le donataire jouira pendant sa vie des biens de son conjoint prédécédé, ne peuvent changer le caractère de la donation et la faire envisager comme un échange (Senlis 25 mai 1841, 6293 Roll.).

2. QUOTITÉ DE DROIT INÉGALE. — Ce n'est pas nécessairement la quotité la plus forte du droit à percevoir qui doit faire regarder comme principal l'un des deux termes de la donation. La disposition principale est celle qui offre à l'une des parties un plus grand avantage qu'à l'autre, et non celle qui procure le droit le plus élevé à l'État. Ceci est normal; le contrat est passé dans l'intérêt des parties et non dans celui du Trésor. — Ainsi, supposons un contrat par lequel un père donne à ses enfants, à titre de partage anticipé, des immeubles d'un revenu de 100 francs, à la charge par eux de lui abandonner un autre immeuble de la succession maternelle de valeur 1,000 francs, le droit à percevoir sera de 20 francs, à 1 pour 100 sur le capital du revenu des immeubles donnés, et non de 55 à 5 fr. 50 cent. pour 100 sur la valeur de la charge.

Cependant l'Administration avait voulu faire prévaloir la doctrine contraire en décidant, le 1er décembre 1831, que dans la constitution d'une dot de 40,000 francs, moyennant l'abandon par le futur aux donateurs de la jouissance viagère d'un immeuble valant 14,000 francs, il y a bien deux donations, deux transmissions distinctes d'objets de nature différente; mais, l'une de ces donations n'étant que la conséquence de l'autre, on ne peut percevoir un droit distinct sur chacune : seulement, on est autorisé à établir la perception de la manière la plus avantageuse au Trésor; et, dans l'espèce, le droit de 4 pour 100 étant plus avantageux que celui de 62 cent. et demi sur 40,000 francs, il y a lieu d'opter pour le premier.

Mais la C. cass. a repoussé ce système. Elle a jugé, les 15 décembre 1832 et 6 janvier 1834, que, lorsque c'est comme condition ou comme accessoire de la donation d'une rente viagère faite en contrat de mariage par un père à son fils, que l'usufruit des biens maternels du fils a été reconnu avoir été stipulé au profit du père donateur, le droit exigible est celui de 62 cent. et demi pour 100, et non celui de 5 fr. 50 cent. pour 100 qui avait été perçu, comme le plus avantageux au Trésor, sur la stipulation considérée comme cession d'usufruit à titre onéreux (10834 J. E., 8319 J. N., S. 34-1-90, 14231 J. E.). — Et la jurisprudence s'est depuis conformée à ce principe (Tulle 11 janv. 1842; — Rouen 16 déc. 1846; — Cass.

19 avr. 1847, S. 47-1-454, *arrêt rapporté* 5307). — V. *Contr. de mar.* n° 5303.

6651. Établissements charitables. — Congrégations. — Il n'est pas sans difficulté, surtout à propos des donations faites aux établissements charitables, de distinguer si c'est la donation qui forme la disposition principale ou si ce n'est pas plutôt l'engagement corrélatif contracté par l'établissement. Dans le premier cas, le droit de donation serait dû et dans le second ce serait celui du contrat commutatif à titre onéreux qui se trouve réalisé. — Nous avons traité la question des services religieux aux n°s 420, 6703 et 10536 et nous ne pouvons que nous y référer ici.

La C. cass. a décidé, à cet égard, que le droit de donation est dû si une somme d'argent a été donnée à un hospice, à charge de servir des rentes viagères à des tiers désignés, et, après l'extinction de ces rentes, d'employer l'intérêt de cette somme à l'entretien des vieillards admis dans l'asile fondé dans l'hospice : « Attendu que les dispositions faites par les sieurs Beillard et Lejouteux en faveur de l'hospice de Bourgueil, par l'acte authentique du 5 juillet 1856, constituent évidemment un contrat de bienfaisance; qu'en effet l'acte porte le titre de donation et présente tous les caractères d'une pure libéralité; que la charge imposée à l'hospice d'employer les intérêts du capital donné au service de deux rentes vingères n'altérait pas la nature du contrat, puisque, après l'extinction des rentes viagères, le capital restait la propriété de l'hospice ; que, dès lors, c'est avec raison que le tribunal a décidé que l'acte était passible du droit d'enregistrement fixé par la loi pour les donataires » (Cass. 21 mai 1860, 1339 R. P., 2185-1 I. G., 16858 J. N., 11638 et 11704 C., 17001 et 17159 J. E., S. 60-1-752).

Il en est de même, à plus forte raison, quand les prétendues charges imposées à l'établissement n'ont rien de spécial, mais rentrent, sans les aggraver, dans les obligations qu'il remplit ordinairement.

1. DOT RELIGIEUSE. — L'acte par lequel des parents promettent de payer 10,000 francs à titre de dot religieuse de leur fille n'est passible que du droit de donation en ligne directe, quoique la somme doive être touchée par la communauté, seule acceptante, et qui s'oblige de nourrir et entretenir la donataire : il est évident, en effet, que cette disposition est en faveur de celle-ci, et non de la communauté.

Quant à l'intervention de la communauté, il avait été reconnu qu'elle était passible du droit de 5 francs pour société (Dél. 24 juill. 1827, 8778 J. E., D. N. t. 5 p. 96 n° 576). Mais la jurisprudence décide aujourd'hui que son engagement constitue un bail à nourriture de personnes sujette au droit de 20 centimes ou de 2 pour 100 selon la durée de la convention. Nous avons traité cette question des dots religieuses au mot *Aliments* n° 2113 et *Bail à nourriture* n° 2854.

6652. Charges au profit d'une tierce personne. — Toullier (t. 5 p. 185) veut que la charge qui n'est pas au bénéfice du donateur, quoique équivalant à la chose donnée, ne modifie point le contrat, par le motif que le donateur ne reçoit rien ; qu'à son égard la transmission est purement gratuite et que, pour juger une donation, on ne considère que la personne du donateur. Champ. et Rig. démontrent (n° 2250) que cette interprétation du savant professeur repose sur la fausse intelligence d'un texte de Dumoulin. C'est aussi en combattant l'opinion de Toullier que Marcadé enseigne, sur l'art. 894 C. C., que la qualité de la personne au profit de laquelle les charges sont imposées n'exerce aucune influence décisive et absolue pour l'appréciation de la donation onéreuse.

6653. Donation secondaire. — Acte à titre onéreux. — Si la stipulation faite au profit du tiers est accessoire à un contrat onéreux, elle donne ouverture à un droit particulier d'enregistrement. « En effet, comme le fait remarquer M. Demante, c'est entre les contractants seuls que l'obligation du prix ne peut être sujette à un droit spécial (Art. 10 L. 22 frim. an 7). Si l'obligation de l'acquéreur envers un tiers est contractée envers un autre que le vendeur, le cas rentre dans la théorie des délégations. Or, une délégation de prix donne occasion de percevoir l'impôt sur le titre du délégataire. Dans l'espèce, le délégataire acquiert par l'effet de la libéralité du délégant; il y a lieu de percevoir le droit proportionnel des mutations gratuites » (N° 598)

Par application de ce principe, une Sol. du 23 août 1833 (1446 § 3 I. G., 8380 J. N.) avait décidé que l'acte portant constitution au profit d'un tiers d'une rente viagère dont le prix est fourni par une autre personne donne ouverture à deux droits, l'un de constitution de rente et l'autre de donation mobilière. Mais la C. cass. a repoussé cette doctrine. Par un arrêt du 21 juin 1847 (13064, 13442 J. N., S. 47-1-621), que l'Administration a prescrit aux employés de prendre pour règle dans l'I. G. 1814 § 7, elle a jugé que le seul droit exigible est celui de 2 pour 100, pour la constitution de rente, nonobstant le caractère de libéralité à l'égard du gratifié que présente la seconde disposition d'un pareil contrat.

Les motifs de cet arrêt sont « que la disposition relative à la libéralité n'intervient que comme une condition ou une charge imposée au débiteur de la rente et que c'est à raison de la dépendance dans laquelle elle se trouve ainsi placée que l'art. 1973 C. C. déclare que l'acte qui la contient n'est pas assujetti aux formes requises pour les donations, laissant par là à l'acte de constitution de rente les formes et le caractère d'un contrat à titre onéreux, sauf les cas de réduction et de nullité énoncés dans l'art. 1970 du même Code. » — Les tribunaux de Bourgoin, de Charolles et de Rouen avaient préparé la jurisprudence de la cour suprême par des jugements rendus dans le même sens, les 26 juillet 1839, 9 mars 1844, 10 fév. 1847 (10540, 12098, 12965 J. N.).

Par un arrêt du 12 avril 1854 (65 R. P., S. 54-1-367) la cour suprême avait confirmé cette doctrine en décidant que la vente d'un immeuble moyennant une rente viagère payable pour moitié au vendeur et pour l'autre moitié à un tiers, et réductible à la moitié au décès du prémourant, ne donne ouverture qu'au seul droit de 5 fr. 50 cent. pour 100 : « Attendu que, si la constitution d'une rente viagère au profit de Duchâteau, qui n'en avait pas fourni les fonds, renfermait à son égard une libéralité, elle se confondait avec la disposition principale et dominatrice de l'acte dont elle était la condition essentielle ; que ces deux dispositions étaient si peu distinctes, que la suppression de l'une faisait disparaître le contrat tout entier, contrat autorisé par l'art. 1973

C. C., et auquel cet article conserve, même dans ce cas, la dénomination et les formes d'un acte à titre onéreux. »

Le tribunal de la Seine s'était prononcé dans un sens contraire, le 26 avril 1843 (13361 J. E.). — Cependant le même tribunal avait jugé, le 14 mai 1840 (12524 J. E.), que si, dans un acte de vente, le vendeur fait réserve de l'usufruit au profit d'un tiers auquel il en fait donation, ainsi que d'une rente viagère que l'acquéreur devra servir en payement de son prix, *qui ne représente que la valeur de la nue-propriété*, le droit de donation est exigible et sur l'usufruit et sur la rente viagère.

Mais cette jurisprudence doit être considérée aujourd'hui comme abandonnée depuis que la C. cass., revenant sur elle-même en matière de réversion de rentes, a souverainement reconnu que la vente d'un immeuble moyennant une rente viagère réversible sur la tête d'un tiers contient, outre la vente, une donation éventuelle passible à l'événement du droit de mutation par décès.

Il paraît certain que sa solution serait la même, en principe, si la rente était immédiatement payable au tiers : la seule différence est que, dans ce cas, il est dû un droit de donation entre-vifs, immédiatement exigible, tandis que, dans le premier cas, le droit de cette libéralité est subordonné au décès du disposant.

1. ACCEPTATION. — Pour être faite indirectement, une libéralité n'en conserve pas moins son caractère de donation entre-vifs. Elle doit donc être acceptée par celui auquel elle est offerte ; sans cela il n'y aurait pas de contrat. Seulement, et c'est là ce qui la différencie de la donation ordinaire, elle n'est pas soumise à une acceptation expresse. Il suffit que le donataire manifeste d'une manière quelconque, tacitement même, son intention d'en profiter. Jusqu'à ce que ce consentement soit intervenu, la donation reste à l'état de projet, ou, comme on dit, de pollicitation. Il ne saurait être question de percevoir le droit proportionnel.

Il a donc été décidé, avec raison, que, lorsque, comme condition d'un autre contrat, il a été fait donation indirecte d'une rente à deux époux dont l'un seul est présent, le droit proportionnel ne saurait être perçu sur la part de l'autre tant qu'il n'est pas justifié d'une acceptation expresse ou tacite (Étampes 21 déc. 1869, 3253 R. P.).

Bien plus, quand nous disons que l'acceptation peut être tacite, nous parlons toujours d'une acceptation écrite. Nous faisons allusion, par exemple, à l'hypothèse, très-fréquente, dans laquelle le donataire, sans exprimer en termes formels son acceptation, participe cependant au contrat qui la renferme et concourt à une stipulation qui suppose nécessairement son intention d'accepter. Cela suffit pour établir l'existence du consentement et produire un titre tombant sous l'application de l'impôt.

Quand l'acceptation tacite a lieu sans écrit, elle n'en est pas moins valable en droit civil, car les libéralités indirectes échappent aux solennités de la donation proprement dite. Mais la convention reste alors une donation purement verbale, et le droit d'enregistrement ne devient exigible que dans deux cas : lorsqu'il s'agit d'immeubles ou de valeurs assimilées (navires, fonds de commerce) dont la transmission est ultérieurement constatée par l'un des actes prévus aux art. 12 L. 22 frimaire an 7 et 4 L. 28 février 1872 ; puis, quand s'agissant de meubles, il intervient une reconnaissance judiciaire du don manuel dans le sens de l'art. 8 L. 18 mai 1850.

En dehors de ces exceptions, la donation verbale échappe à l'impôt.

6654. Donation secondaire. — Contrats à titre gratuit. — Il n'en est plus de même quand la donation secondaire est l'accessoire d'une donation que l'on fait à un autre. Le principe qui doit dominer ici est celui sur lequel repose un A. Cons. d'Ét. du 10 sept. 1808, intervenu sur une question relative au payement du droit proportionnel dans le cas où des sommes d'argent léguées ne se trouvent pas en nature dans la succession. Cet avis a décidé que, lorsque des héritiers ou légataires universels sont grevés de legs particuliers de sommes d'argent non existantes dans la succession et qu'ils ont acquitté le droit proportionnel sur l'intégralité des biens de cette succession, le même droit n'est pas dû sur ces legs. Les motifs de cette décision sont que la déclaration des héritiers ou légataires à titre universel devant comprendre l'universalité des biens de la succession, le droit proportionnel qui est perçu, d'après cette déclaration, remplit le vœu de la loi, puisqu'il porte sur la totalité de la succession ; que du système contraire il résulterait que le même objet serait en définitive assujetti à deux droits de mutation, ce qui n'est ni dans le texte ni dans l'esprit de la loi.

Si donc il est vrai que, dans la réalité, lorsque la charge est imposée au profit d'un tiers, le contrat renferme deux donations parfaitement distinctes : l'une au donataire principal, l'autre au tiers, il est certain aussi que la donation au profit du tiers, à laquelle on donne, dans l'usage, le nom de *donation secondaire*, se trouve affranchie de l'impôt par le payement qu'a supporté, sur son intégralité, la donation principale.

En effet, lorsque Jacques donne à Jean une somme de 100,000 francs à la charge de payer 20,000 francs à Joseph, on ne pourrait percevoir un droit proportionnel sur les deux donations, c'est-à-dire sur 120,000 francs sans violer le principe posé dans l'A. Cons. d'État de 1808, puisqu'il n'y a qu'une somme dont le donateur se dépouille, celle de 100,000 francs et que, percevoir le droit sur cette somme, c'est désintéresser complétement le Trésor, qui prélève, en définitive, son impôt sur la valeur entière de l'objet transmis.

Cette règle n'a pas toujours été uniformément appliquée. On trouve plusieurs décisions anciennes qui ont admis l'exigibilité des deux droits. Par exemple, il a été reconnu : 1° que, dans la donation par un père à l'un de ses enfants d'un mobilier évalué 24,000 francs, à la charge de compter à son frère une somme de 12,000 francs, ce que celui-ci a accepté, il y a deux donations distinctes et deux droits exigibles, chacun des deux sur 12,000 francs (Dél. 29 déc. 1837) ; — 2° que si, dans un partage anticipé fait par une femme en faveur de ses enfants du premier lit, la donatrice impose aux donataires la charge de payer à son second mari un capital et une rente viagère réalisant à peu près les avantages assurés à ce dernier par son contrat de mariage, il y a lieu de percevoir un droit de donation sur ce capital et sur cette rente (Tours 29 mai 1846).

Mais il ne faut pas hésiter aujourd'hui à suivre la doctrine contraire. Plusieurs solutions ont reconnu que la donation secondaire, qui doit produire immédiatement ses effets, se confond avec la libéralité principale, et demeure affranchie de tout impôt. Nous pouvons citer en ce sens une Dél. 22 avril 1851, et des Sol. 5 janvier 1856, 13 janvier 1859, 22 janvier 1861 et 2 juin 1864. — La C. cass. avait elle-même jugé, dès le 21 janvier 1812, que, quand le donateur d'un immeuble a été chargé de payer à des tiers diverses sommes, il n'est dû par ces donataires particuliers aucun droit spécial de mutation, lorsque le droit a été acquitté par le donataire principal sur la valeur entière de l'immeuble (*P. chr.*, S. 20-1-488, D. N. t. 5 p. 95 n° 570, 4138 J. E.). Cet arrêt est rapporté n° 4667.

De même, dans les cas d'une donation faite par une mère à l'un de ses enfants de la totalité de ses biens, à la charge par le donataire de nourrir son frère qui accepte, le droit est dû par le premier sur la totalité des biens et il n'en est dû aucun par le second (Dél. 22 sept. 1824).

1. IMPUTATION DES DROITS. — Mais, si la simultanéité des deux donations empêche de percevoir deux fois l'impôt, elle ne peut pas empêcher de le percevoir au taux le plus élevé. Nous l'avons démontré au n° 4684 du *Rép. périod.* Et si, par exemple, le donataire secondaire est un étranger, pendant que le donataire principal est un enfant ou un parent, cet étranger devra la différence de tarif existant entre le droit de 1 pour 100 payé par l'enfant donataire principal, et le droit à 9 pour 100 dû par l'étranger donataire secondaire. Il en est de même, selon nous, dans le cas inverse : on ne peut pas étendre à cette matière la règle admise pour les successions (*Contrà* Morlaix, 16 fév. 1877, 4684 R. P.

2. CONDITION SUSPENSIVE. — ACCEPTATION. — Les mêmes principes s'appliquent aux donations secondaires entre-vifs soumises à une condition suspensive comme aux donations actuelles. La condition accomplie a un effet rétroactif au jour de l'acte, et le donataire secondaire est censé avoir recueilli la libéralité dès le jour du contrat, c'est-à-dire concurremment avec le donataire principal.

Il y a quelques difficultés quand la donation secondaire, quoique faite entre-vifs, n'est acceptée que plus tard par le bénéficiaire. L'acceptation, en effet, ne rétroagit pas (932 C. C.), et on pourrait soutenir, dès lors, que les deux mutations ne sont pas concurrentes dans le sens de l'A. Cons. d'Ét. du 2 sept. 1808, interprété par la jurisprudence. Mais l'Administration n'a pas, et avec toute raison, selon nous, adopté cette interprétation rigoureuse. Elle a décidé, par exemple, que, lorsqu'un contrat de mariage contient, au profit de l'un des futurs, une donation principale faite à la charge d'une donation secondaire au profit d'un tiers, et soumise à la condition du mariage de ce tiers, il y a lieu, lors de la réalisation de cette condition, d'imputer les droits perçus sur la donation principale entre-vifs, sur ceux dus pour la donation secondaire, bien que cette donation n'ait été acceptée qu'au moment de la réalisation (19143 J. E.).

Nous allons voir, en effet, que le motif déterminant de l'exigibilité d'un double droit de mutation sur les donations principale et secondaire, c'est la différence de nature des transmissions, mutations entre-vifs et mutations par décès. Or, ce motif n'existe pas quand la donation secondaire se réalise entre-vifs, quoiqu'à une époque ultérieure. Le titre est le même et les conditions d'exigibilité sont identiques.

6655. Donation éventuelle. — Ce qui précède s'applique aux donations secondaires qui peuvent produire actuellement leurs effets. Il n'a paru possible d'étendre la même règle au cas où cette seconde libéralité est subordonnée au décès du disposant et où l'indétermination des ayants droit laisse le donateur maître absolu de sa disposition. Ainsi, dans une hypothèse où le donateur d'un immeuble avait chargé le donataire de payer à son décès une somme déterminée à ses héritiers, la C. cass. a décidé que cette somme était, à l'événement, passible du droit de succession : « Attendu que l'art. 4 L. 22 frimaire an 7 veut qu'on range dans les mutations par décès toutes les transmissions qui sont subordonnées à l'événement du décès, sans distinguer entre celles qui s'effectuent d'après l'ordre légal des successions ou en vertu de dispositions contenues dans un testament ou dans un acte entre-vifs; qu'on ne doit ranger dans la classe des mutations entre-vifs que les dispositions par lesquelles le donataire est actuellement et irrévocablement saisi de la chose qui fait l'objet de la libéralité dont il profite; attendu que la disposition dont il s'agit constitue non une libéralité entre-vifs, mais une disposition gratuite subordonnée au décès de la donatrice, non-seulement quant au payement de la somme donnée, mais quant à la détermination des personnes, à la quotité du droit à percevoir d'après leur degré de parenté; attendu que l'A. Cons. d'Et. 2-10 sept. 1808 était conséquemment inapplicable à l'espèce » (Cass. 21 mars 1860, 1298 R. P., 2174-9 I. G., 16829 J. N., 11725 C., 17111 J. E., S. 60-1-472, P. 60-912).

On peut dire, en effet, à l'appui de cette jurisprudence, que le principe de l'A. Cons. d'Et. se restreint aux droits dus *concurremment* pour la même mutation, et que dans l'espèce il y a diversité de titres d'acquisition (*V.* Demante n° 666 note). On peut encore invoquer à l'appui de l'arrêt du 21 mars 1860, la jurisprudence que nous faisons ultérieurement connaître au sujet des donations contenant des clauses de réversibilité au profit de tiers étrangers aux contrats.

Cependant il est impossible de méconnaître que la question est très-délicate. La diversité des titres d'acquisition n'empêche pas aujourd'hui de distraire de la succession du donateur les sommes données entre-vifs et non payées à son décès. D'un autre côté, c'est autant dans l'art. 10 L. 22 frimaire an 7 que dans les dispositions spéciales de l'A. Cons. d'Ét. de 1808 que se trouve le motif d'exemption du droit des donations secondaires de sommes payables au décès, et l'art. 10 gouverne toutes les mutations. — Telle est également l'opinion exprimée par le J. du not. n°s 2003, 2077, 2151, 2186, 2190.

Quoi qu'il en soit, l'arrêt du 21 mars 1860 sert toujours de règle et doit être suivi par les préposés. — Le tribunal de Niort l'a appliqué spécialement à une espèce dans laquelle le donateur avait imposé au donataire l'obligation de servir après le décès du donateur une rente perpétuelle à des personnes qui seraient désignées par ce donateur ou à défaut de désignation à sa succession. Il a été jugé que la rente devait être comprise dans la succession (24 fév. 1873).

1. TIERS DÉSIGNÉ. — La doctrine précédente se fonde sur ce que les bénéficiaires de la libéralité secondaire n'avaient aucun droit acquis à cette libéralité avant le décès. Le dessaisissement ne s'opérait qu'à cette époque et la diversité des titres était manifeste.

Faut-il aller plus loin et soutenir que, quand même le donataire secondaire serait nominativement désigné, l'A. Cons. d'Ét. deviendrait inapplicable si la libéralité était soumise au prédécès du donateur? Cette question a été controversée (V. *pour la perception* : Angoulême 23 janv. 1850, 15902 J. E; — Beaune 26 juin 1851, 15263 J. E., *Op.* 18008 J. E., — *Contrà* Dél. 19 juin 1839, 7025 J. N., D. N. t. 5 p. 96 n° 579, Sol. 11 janv. 1822; — Fougères 10 août 1836; — Dreux 26 août 1846, Sol. 13 fév. 1866, 2933 R. P., *Op.* 1973, 2093, 2077, 2051, 2186 et 2100 J. du not.).

La difficulté était ici sérieuse, parce que les libéralités de l'espèce, connues sous le nom de donations entre-vifs à cause de mort, ont une physionomie indécise et qu'elles ne sont pas appréciées au même point de vue en droit civil et en droit fiscal. En droit civil, ces libéralités sont des donations entre-vifs ordinaires, et le prédécès du donateur n'est qu'une condition suspensive soumise aux règles générales de ces modalités. Par conséquent, le donateur transmet au donataire un droit éventuel dont il ne peut le dépouiller et qui attribue à ce dernier, par l'arrivée de l'événement prévu, la propriété de l'objet donné à compter du jour même du contrat. Or ce sont là précisément les effets les plus caractéristiques de la donation entre-vifs ordinaire, ceux qui la différencient surtout de la libéralité éventuelle. Il faut donc l'assimiler à la donation entre-vifs et lui appliquer le principe de l'A. Cons. d'Ét. du 10 septembre 1808. On ajoute que la jurisprudence de la C. cass. ne s'attache plus, pour la règle du double emploi, à la simultanéité ou à la ressemblance des titres d'acquisition, puisqu'elle autorise l'héritier débiteur du droit de succession à déduire de l'actif le montant des sommes données et non payées qui ont supporté antérieurement le droit de donation entre-vifs (Arrêt du 26 juill. 1862, 1682 R. P., S. 62-1-991, 2234-1 I. G.).

Cette thèse a été consacrée par un jugement du tribunal de Bar-sur-Seine du 8 juillet 1869 (2090 R. P.), mais nous l'avons plusieurs fois combattue. L'exemption du droit, disions-nous, a été refusée au donataire éventuel, selon la remarque de M. Demante, à cause de la diversité des titres d'acquisition (*Principes de l'enregistr.* n° 666 note), parce qu'il s'agissait d'une part d'un droit de donation entre-vifs et de l'autre d'un droit de succession. Or, quelle que soit en matière civile la nature de la libéralité entre-vifs soumise au prédécès d'une des parties, il est constant qu'en droit fiscal on l'assimile de tous points au legs. Les arrêts sont formels à cet égard (Cass. 23 mars et 7 juill. 1840, 23 juill. 1866 et 21 déc. 1870, n° 5352 *suprà*). Bien qu'il soit désigné dans le contrat, le donataire est donc censé n'avoir pas d'autre titre qu'un légataire pur et simple. Il n'est pas plus que lui réputé propriétaire avant le décès de l'auteur de la libéralité, et, malgré l'effet rétroactif de la condition, c'est à partir du décès que s'opère la mutation dont il doit acquitter l'impôt. Sa situation ressemble donc, à tous égards, à celle des héritiers appelés dans l'espèce de l'arrêt de 1860 à recueillir la somme imposée au donataire principal. Il ne saurait être mieux traité. S'il en était autrement, l'affranchissement du droit de succession s'étendrait aux réversions de rente opérées en vertu de stipulations insérées dans les contrats de donations. Le tiers qui profite de la rente au décès du donateur opposerait aussi qu'il est donataire entre-vifs et que son titre d'acquisition remonte au contrat même de libéralité. Cependant l'exigibilité du droit de mutation par décès n'est plus sérieusement contestée aujourd'hui.

Aussi le jugement de Bar-sur-Seine, ayant été déféré à la C. cass., y a été annulé par un arrêt du 5 mars 1872 qui a confirmé de tous points notre opinion : « Attendu que s'agissant de deux transmissions successives, l'une entre-vifs et l'autre par décès, donnant séparément ouverture à des droits de mutation dont les époques et les conditions d'exigibilité sont différentes, il n'y a pas lieu d'appliquer à la cause l'A. Cons. d'Ét. du 2 septembre 1808, qui ne concerne que le payement de droits dus concurremment pour une même transmission » (3412 R. P., 20346 J. N., 2447-4 I. G., B. C. 50, S. 72-1-88, D. 72-1-104, P. 72-179).

On remarquera que c'est la condition de dessaisissement opéré à terme par l'acte entre-vifs qui justifie l'affranchissement du droit de mutation par décès. C'est aussi ce qui ne permet pas d'appliquer l'exemption aux réversions de rentes viagères stipulées au profit d'un tiers désigné en vertu d'une donation entre-vifs. En effet, le bénéficiaire de la rente n'y a aucun droit acquis du vivant du donateur et s'il mourait ses héritiers ne pourraient recueillir la rente en son nom. C'est donc bien réellement comme légataire du disposant que le tiers y a droit, et dès lors l'arrêt du 21 mars 1860 peut recevoir son application (Lyon, 11 mai 1877, 4896 R. P.). — V. 6693 et suiv.

6656. Appréciation de la nature du contrat onéreux. — Lorsque les charges imposées au donataire impriment à la donation le caractère de contrat à titre onéreux il convient alors de déterminer la nature de ce contrat pour établir la perception.

1. VENTE. — Ainsi il y aura vente, passible du droit de 5 fr. 50 cent. pour 100, lorsque la charge consistera en une somme d'argent ou en une chose formant quantité, et que cette somme ou cette quantité égalera la valeur de la chose donnée. Exemple : Je vous donne ma maison évaluée 10,000 francs, à la charge par vous de me remettre ou de remettre à Paul 10,000 francs ou 500 hectolitres de grains valant 20 francs l'hectolitre.

2. ÉCHANGE. — Que si vous me donnez votre maison évaluée d'un revenu de 500 francs, moyennant que je vous donne mon champ d'un revenu de 100 francs, il y aura donation. Mais, si mon champ est d'un revenu égal à celui de votre maison, il y aura échange, et cet échange se transformera en vente au point de vue fiscal, si, au lieu de mon champ, ce sont des effets mobiliers de valeur égale à votre maison que vous m'imposez la charge de vous remettre.

3. CONSTITUTION DE RENTE. — RENTE PERPÉTUELLE. — L'art 530 C. C. parle de la rente établie comme condition de la cession à titre gratuit d'un fonds immobilier; cependant, quoique qualifié donation, l'acte peut constituer une rente, si le capital de la rente égale la valeur de l'immeuble. Aucune difficulté ne peut se présenter si la rente est perpétuelle, car le capital est alors certain.

Rente viagère. — Que si la charge consiste en une rente viagère, l'appréciation du contrat peut quelquefois présenter de la difficulté, car le capital obtenu par la multiplication de la rente par 10 n'offre rien de bien réel. Il est certaines circonstances, en effet, telles que l'âge du donateur, son état de santé, etc., qui peuvent rendre tout à fait illusoire les bases légales sur lesquelles s'établit le capital de la rente.

Aussi la C. cass. a-t-elle jugé, 9 août 1848, que l'abandon de ses biens fait par un père à ses enfants, à charge d'une rente viagère dont le capital, réuni aux autres charges du contrat, excédait la valeur des biens donnés, ne perdait pas son caractère de libéralité (S. 48-1-663; — *Conf.*: Cass. 21 mai 1860, S. 60-1-572). — Au contraire, il a été jugé, en d'autres hypothèses, que le droit de constitution de rente était seul exigible (Cass. 21 juin 1847, S. 47-1-621, 12 avr. et 10 mai 1854, S. 54-1-367 et 460). — *V.* au surplus ci-après n° 6693 les questions de *réversion de rente.*

4. OBLIGATION DE NOURRIR. — « Si les revenus du bien donné, dit Fonmaur n° 470, sont suffisants pour équipoller la nourriture du donateur, qui, par affection ou par confiance envers le donataire, préfère être nourri chez celui-ci, ce contrat, réduit à son dernier terme, est un don sous la réserve de la nourriture en représentation pour tenir lieu de l'usufruit; il est par sa nature exempt de lods, à moins que la nourriture n'excède le revenu des biens donnés, auquel cas il y a ouverture. »

Il en est de cette règle comme lorsque la charge consiste en une rente viagère, elle doit être suivie toutes les fois seulement que la nourriture n'excède pas le montant des revenus; alors le droit de donation est incontestablement le seul exigible. Mais, dans le cas contraire, les considérations développées au numéro précédent peuvent faire envisager la nourriture comme n'excédant pas la valeur du bien donné, quoiqu'elle dépasse le revenu; alors le droit de donation sera encore le seul exigible.

6657. Remise d'une dette du donateur. — Sous l'ancienne législation, lorsqu'une donation était faite au créancier, qui en cette considération accordait remise de sa créance, les lods étaient dus, quand bien même la donation et la remise de la créance se seraient faites par deux actes passés à quelques jours l'un de l'autre, parce que la véritable cause était la libération et que c'était plutôt, *datio in solutum*, une dation en payement, qu'une donation (Bosquet *Dict. Dom.* v° *Donation*, Dumoulin § 33 gl. 2 n° 91).

Guyot, dans son *Traité des Fiefs* vol. 3 *du Quint* chap. 4 § 7 n° 4, voulait même étendre le temps à dix ans quand la dette était antérieure à la donation. Il ajoutait que les lods étaient dus lorsque, par la donation, il y a des clauses qui font induire une remise de la dette par le donataire; et il rapportait un arrêt du 30 janvier 1691.

Cette dernière opinion, fondée sur une déclaration du roi du 27 juillet 1731, relative aux matières féodales, et dans laquelle il était admis que le laps de dix ans était un intervalle après lequel la corrélation des actes ne pouvait plus produire de présomption suffisante de fraude à l'égard des droits seigneuriaux, doit être rejetée aujourd'hui comme trop absolue. Mais la doctrine professée par Dumoulin est en pleine vigueur; nous en verrons l'application, faite par analogie, lorsque nous aurons à traiter des ventes du sol et de la superficie des bois par actes séparés, des ventes d'usines avec les immeubles par destination y attachés qui se présentent dans les mêmes conditions.

On doit donc décider aujourd'hui que la donation et la remise de la dette faites par un même acte, ou par deux actes séparés par un court intervalle, doivent être considérées comme opérant une dation en payement passible du droit de 5 fr. 50 cent. pour 100, lorsque l'importance de la dette remise balance la valeur de l'objet donné.

1. CIRCONSTANCES EXCLUSIVES DE LA FRAUDE. — Disons cependant qu'il est telles circonstances où la présomption de fraude doit céder aux apparences de vérité qui ressortent des circonstances de la cause. Ainsi les auteurs anciens écartaient cette présomption dans trois cas: 1° lorsque, depuis la donation, il était survenu des circonstances qui pouvaient avoir déterminé le donataire à libérer le donateur de sa dette — 2° lorsque le donataire n'était devenu créancier que depuis la donation; — 3° lorsque la remise était opérée par testament, « parce que, disait-on, il n'est pas permis de supposer qu'un homme mourant se soit occupé d'une fraude et ait songé à l'accomplir » (V. cependant comme atténuant la portée de cette dernière observation le fait de fraude qui a fait l'objet de l'I. G. 1513 § 4). Il est évident, disent Champ. et Rig. n° 2261, que la remise faite en reconnaissance de la donation ne peut altérer le caractère de celle-ci, quelque rapprochés que soient les actes qui les contiennent.

2. APPRÉCIATION DE L'ACTE. — Sur tous ces points, la saine appréciation de l'acte et de l'intention des parties est, assurément, la meilleure voie à suivre pour asseoir la perception d'une manière régulière. C'est ainsi, par exemple, que l'on pourrait voir une vente et non une donation dans un contrat qui ne contiendrait aucune remise de dette, s'il était dit que tous les contrats passés entre les parties seront nuls, et que, cependant, le donataire se réserve ses hypothèques, réserve qui se réfère à la crainte de l'éviction du bien donné et rend visible l'existence d'une dation en payement masquée sous l'apparence d'un don (Guyot *du Quint* chap. 4 sect 7, Fonmaur n° 462).

6658. Remise de la dette d'un tiers. — Je vous donne mon champ à condition que vous libérerez Paul de la somme de 1,000 francs dont il est votre débiteur. Ce contrat présente un double caractère : il constitue, d'un côté, une libéralité de moi à Paul, et de l'autre, de vous à Paul, une acquisition dont le prix est représenté par la remise de votre créance. Cependant, si la créance remise égale la valeur de mon champ, on ne pourra contester le droit de dation en payement, car l'extinction de la dette a été évidemment la cause déterminante du contrat. Cette question a été plus spécialement examinée au sujet du legs de la chose d'autrui au n° 6154.

6659. Remise par un tiers de sa dette sur le donateur. — *Quid* si la donation est faite en considération de la remise par un tiers de la créance qu'il a sur le donateur? Par exemple, je vous donne mon champ à condition que votre père me tiendra quitte de la somme de 1,000 francs que je lui dois. — Les mêmes motifs de décider que dans le numéro précédent se présentent. Il y aura dation en payement si mon champ ne vaut que 1,000 fr.

6660. Payement des dettes du donateur. — Que doit-on décider relativement à la charge de payer les dettes du donateur ? Il faut distinguer :

1. DONATION UNIVERSELLE OU A TITRE UNIVERSEL. — S'agit-il d'une donation universelle ou à titre universel, la charge des dettes, alors même qu'elle résulte explicitement ou implicitement du contrat, est un accident qui ne change pas les caractères du don, et n'en altère pas la substance. La donation universelle reste : c'est la fin du contrat. La déduction qui est faite des dettes devient ici une application de la maxime *Bona non intelliguntur nisi deducto œre alieno*. Le donataire est tenu comme serait tenu l'héritier, c'est-à-dire sans que son titre soit interverti.

« Il est de maxime, dit Sudre *des Lods* § 4 n° 3, que l'expression qui est faite, dans un acte, d'une charge qui est naturellement inhérente, qui aurait eu lieu, quand elle n'aurait pas été exprimée, ne change pas la nature de l'acte et ne peut avoir l'effet de le convertir en un acte d'une espèce différente. Le donateur, en stipulant que le donataire universel payera ses dettes, est censé n'avoir songé qu'à exprimer, par une clause surabondante, l'obligation que devaient produire naturellement, quant au donataire, la forme et la qualité de la donation. »

Les mêmes règles sont suivies sous l'empire du Code civil. Plusieurs auteurs admettent, en effet, que les dettes tombent de plein droit à la charge du donataire universel, ou à titre universel (Pothier *Succes.* sect. 3 art. 1er § 2 et *Don.* sect. 3 art. 1er § 1er, Merlin *Rép.* v° *Tiers détent.* n° 8, Delvincourt t. 2 p. 491, Vazeille art. 945 n° 1, Grenier t. 1er n° 86, Bayle-Mouillard *hoc tit.*, Taulier t. 4 p. 83 ; — Riom 2 déc. 1809, S. 12-2-380 ; — Toulouse 13 avr. 1821, S. 26-2-37 ; — Bordeaux 23 mars 1827, S. 27-2-124 ; — Nîmes 3 avr. 1827, S. 27-2-189. — Cass. 13 nov. 1854, P. 55-418). — Ce résultat est, néanmoins, contesté. Le successeur à titre particulier, dit-on, n'est pas tenu des dettes de son auteur. Or, le donataire entre-vifs de biens présents, fût-ce même de la totalité de ces biens présents, n'est jamais et ne peut jamais être qu'un successeur à titre particulier. Donc, il ne peut jamais être tenu de plein droit, en vertu de la loi même, des dettes du donateur (Montpellier 3 avr. 1833, S. 34-2-585 ; — Toulouse 29 juin 1836, S. 37-2-27, 28 juin 1839, S. 39-2-519 ; — Cass. 2 mars 1840, S. 40-1-345, Toullier t. 3 n° 805, Duranton t. 8 n° 472, Coin-Delisle art. 945 n° 7, Troplong *Donat.* t. 3 n° 1214 et *Vente* t. 1er n° 449, Demante t. 4 n° 87 *bis* § 3, Demolombe t. 20 n° 454 ; — Pau 29 mars 1871, S. 71-2-1 ; Toulouse 29 janv. 1872, S. 73-2-300).

D'après la première opinion, quelque considérables que soient les dettes auxquelles sera tenu le donataire universel, la nature du contrat ne changera pas. Le droit de donation sera le seul exigible.

2. DONATION A TITRE PARTICULIER. — Au contraire, si c'est un donataire à titre particulier qui est chargé de payer les dettes du donateur, nous retombons sous l'application des principes exposés plus haut, car ce donataire n'est également tenu d'aucune partie des dettes du disposant (Grenier t. 1er nos 9 à 91 et Bayle-Mouillard *hoc tit.* note A, Pothier *des Succ.* sect. 3 art. 1er § 2, Toullier t. 3 n° 818, Duranton t. 8 n° 472, Demante t. 4 n° 87 *bis*, Aubry et Rau t. 6 p. 96, 98, Demolombe t. 20 n° 451). En conséquence, si les dettes équivalent à l'immeuble transmis, ou en excèdent la valeur, il y aura vente et non pas donation. *A fortiori* en serait-il ainsi si les dettes étaient hypothécaires et l'immeuble affecté à leur payement, car alors le donataire, forcé de payer comme détenteur, a son recours comme le donateur (2178 C. C.), et les parties, en substituant à la disposition de la loi des clauses particulières, font autre chose que ce qui est propre à la donation.

6661. Payement du prix de l'immeuble donné. — La donation d'un immeuble à charge d'en payer le prix encore dû est susceptible, selon que la donation est faite à titre universel ou à titre particulier, de recevoir une solution analogue à celle ci-dessus, car le prix de l'immeuble fait partie des dettes du donateur.

Une exception pourrait, néanmoins, se présenter : ce serait celle où l'immeuble donné aurait considérablement augmenté de valeur depuis l'acte d'acquisition. La charge d'en payer le prix cessant d'être en rapport avec l'importance de la donation, il n'y aurait plus vente, mais donation.

CHAPITRE VIII. — CARACTÈRE TRANSLATIF DE LA DONATION

[6662-6678]

6662. Dessaisissement. — La donation entre-vifs est, aux termes de l'art. 894, un acte par lequel le donateur *se dépouille actuellement*. Mais le Code n'entend pas, comme le voulaient autrefois certaines coutumes, que le donateur abandonne immédiatement *la possession* de l'objet donné pour en revêtir le donataire ; car on peut fort bien donner une chose en s'en réservant la jouissance toute sa vie (Art. 949 C. C., Demolombe t. 18 n° 23). — Il n'est pas même nécessaire, évidemment, de transférer au donataire la propriété d'une chose quelconque ; car le donateur peut fort bien prendre pour objet de sa disposition *l'usufruit* seulement de cette chose, en en conservant la propriété à ses héritiers. Il est clair, en effet, que le dépouillement, le dessaisissement ne peut frapper que sur l'objet de la donation, et ici l'objet est uniquement l'usufruit.

Bien plus, l'objet de la donation, quel qu'il soit, pleine propriété, nue-propriété, droit d'usufruit, etc., n'a pas besoin d'être transféré immédiatement, et la nécessité du dessaisissement actuel n'empêche en rien l'apposition d'un terme. Ainsi, je puis vous donner aujourd'hui la propriété ou l'usufruit de ma maison, en déclarant que le droit n'en passera sur votre tête que dans deux ans ; car, si vous n'êtes pas actuellement maître de la chose, vous avez la certitude de l'être dans deux années, par vous ou vos représentants : le droit est, dès à présent, certain et ne peut plus vous être enlevé. Je puis de même vous faire donation d'une somme de....., en déclarant qu'elle ne sera payable qu'à telle époque déterminée et même à ma mort ; car, ici encore, le droit est certain, l'exécution seule en est retardée ; il faudra bien, bon gré mal gré, que cette exécution se réalise plus tard, pour vous ou vos successeurs, et, dès à présent, vous êtes bien et dûment créancier (Marcadé sur l'art. 894). « Bien que la chose ainsi donnée, dit M. Demante, reste en la propriété du donateur et ne passe pas un seul instant dans le patrimoine du donataire, néanmoins, l'acte, d'après sa teneur, présente le caractère apparent d'une donation faite sous condition résolutoire, passible conséquemment du droit proportionnel; or, ce caractère apparent suffit pour rendre la perception régulière, et, par suite, faire obstacle à la restitution » (n° 582).

Ainsi, si le dessaisissement est nécessaire à la perfection du contrat, c'est le dessaisissement tel que nous venons de l'expliquer; mais, du moment que le dessaisissement doit exister sous une forme ou sous une autre, il faut en conclure qu'il ne peut y avoir de donation sans translation. Ce principe est important et on ne doit jamais le perdre de vue dans l'appréciation des dispositions de nature à rendre exigible un droit d'enregistrement.

6663. Promesse de donation. — La promesse de donation, n'opérant aucun dessaisissement, ne peut donner ouverture au droit de donation. Il n'existe pas de texte à l'égard de la donation, qui puisse, comme à l'égard de la vente, motiver une controverse. *Promissio de donando non dicitur donatio* était une maxime en vertu de laquelle, sous l'ancienne législation, le droit établi pour la donation n'était pas exigible sur l'acte qui n'en contenait que la promesse. Cette décision doit être appliquée en matière d'enregistrement. Aussi une Dél. 11 juin 1823 (451 C.) porte-t-elle qu'aucun droit n'est exigible sur la clause d'un contrat de mariage énonçant que les père et mère du futur sont dans l'intention de faire incessamment un partage provisoire de leurs biens, et qu'après ce partage ils lui feront donation de la moitié des biens dont son lot se trouvera composé, pour en jouir jusqu'à partage définitif (7267 C.).

Ce principe a été consacré par la C. cass. qui a jugé, le 14 décembre 1840, qu'un acte, bien que qualifié de donation entre-vifs, ne rend pas le droit proportionnel exigible si, de l'ensemble de ses dispositions, il résulte que les donateurs n'ont fait aux donataires qu'une *simple promesse* de leur procurer à chacun une somme fixe pour l'époque de leur établissement, dans le cas où cet établissement aura lieu du vivant des donateurs, de telle sorte que, par le prédécès de ces derniers, l'acte devra demeurer sans effet :

« Attendu, porte cet arrêt, que, dans l'espèce, la donation dont il s'agit ne dépouillait point les donateurs des sommes données et n'investissait nullement les petits-enfants donataires éventuels de la propriété desdites sommes ; que cette donation ne constituait évidemment qu'une simple promesse de procurer, à l'époque de l'établissement de chacun des petits-enfants, et pour faciliter cet établissement, une somme de 50,000 francs, si, toutefois, cet établissement avait lieu du vivant de l'aïeul et aïeule ; que la mort de ces derniers a rendu cette promesse inutile en prévenant l'accomplissement de la condition imposée, puisque les successions des donateurs ont été recueillies par leurs propres enfants, en vertu des droits qu'ils tenaient de la nature et de la loi, sans aucune mention des dispositions de l'acte du 7 mai 1835 ; qu'en jugeant, dans ces circonstances, qu'aucun droit proportionnel n'était dû, à raison de cet acte, le tribunal de la Seine n'a violé aucune loi » (10851 J. N., S. 41-1-53, 12655 J. E.).

6664. Promesse d'égalité, etc. — A cet ordre d'idées on peut rattacher les décisions que nous avons fait connaître n°s 5329, 5330, relativement aux promesses d'égalité, aux promesses d'instituer héritier, enfin aux promesses d'une part égale au plus prenant que l'on rencontre souvent dans les contrats de mariage.

6665. Réserve de disposer. — Est également nulle, comme n'emportant pas dessaisissement actuel du donateur, la donation qualifiée entre-vifs et irrévocable, lorsqu'il est dit que le donataire n'entrera en jouissance des objets donnés qu'après le décès du donateur, lequel s'est réservé l'usufruit et la propriété, avec interdiction du donataire de faire aucun acte de propriété (Cass. 6 juill. 1863, S. 63-1-421). Il en est de même de la donation faite à charge par le donataire de payer toutes les dettes que le donateur pourra contracter (Dijon 8 fév. 1867, S. 67-2-143).

Ces donations sont-elles passibles du droit proportionnel? — V. *suprà* n°s 6562 et suiv. et *infrà* n° 6682.

6666. Dispense de rapport. — Le second alinéa de l'art. 919 C. C. permet de consigner dans un acte postérieur la dispense de rapport d'une libéralité qui avait d'abord été faite sans préciput; seulement cet acte doit être fait dans les formes ordinaires des libéralités. Or, d'après le principe développé n° 6662, qui veut qu'il ne puisse y avoir donation sans translation, un pareil acte ne peut être assujetti au droit proportionnel, car il n'a en lui-même rien de translatif, puisque la transmission s'est opérée par l'acte primitif. Le seul droit exigible est celui de 3 francs fixe comme acte de complément (Dél. 6 oct. 1826, 5919 J. N., 31 oct. 1831, 3636, 8174, 8823 J. E., 7866 J. N.). — *V.* 522, 523.

1. REMPLACEMENT MILITAIRE. — *Quid* si la dispense de rapport était du prix d'un remplacement militaire? L'Administration avait délibéré, le 17 février 1814 (1218 J. N.), que les frais de remplacement militaire devaient être rangés dans la classe des dépenses que les parents sont obligés de faire, soit pour l'éducation de leurs enfants, soit pour les secourir dans leurs maladies et autres cas imprévus. Cependant il est constant que le service militaire a toujours été une dette personnelle, d'où la conséquence que le fils qui en était libéré avec les deniers du père était soumis au rapport, en vertu de l'art. 851 C. C. (Merlin *Rép.* v° *Rapp. à succession* § 3 n° 21, Grenier n° 541 *bis*, Chabot t. 3 n° 389, Toullier t. 4 n° 483, Delvincourt t. 2 p. 41, Duranton t. 7 n° 363; — Caen 5 janv. 1811; — Grenoble 12 fév. et 25 juill. 1816, 13 et 28 mars 1817, 9 avr. 1819; — Dijon 25 janv. 1817; — Angers 14 janv. 1826, 538, 2238, 3019, 4275, 5971 J. N.). — D'où la conséquence que la disposition d'un contrat de mariage par laquelle les père et mère du futur le dispensent de rapporter à leurs successions les sommes qu'ils ont payées pour le faire remplacer au service militaire, donnait ouverture, comme donation, au droit proportionnel (9551 J. N., Dél. 24 juill. 1827, 9032 J. E., Sol. 9 avr. 1866, 18493 J. E.).

6667. Renonciation à demander le rapport. — La libéralité faite en avancement d'hoirie ne transmet au donataire qu'une propriété conditionnelle dont la résolution s'opère avec la mort du disposant. Les biens qui s'y rapportent devant rentrer dans la succession pour être partagés avec le reste de l'hoirie, il en résulte, nécessairement, que le donataire cesse alors de les posséder et n'y a plus de droits qu'en qualité d'héritier. Son titre est semblable à celui des cosuccessibles qui n'avaient point reçu de libéralité. Si la loi civile l'autorise, en certains cas, à retenir l'objet même de sa donation (860, 866, 868 et 869 C. C.), c'est à titre de lotissement sur sa part héréditaire et dans un esprit de bienveillance, ce n'est point pour maintenir les effets d'une donation actuellement résolue. Cette réintégration des biens dans le patrimoine commun s'opère de plein droit par l'événement du décès. Les autres héritiers n'ont aucune action à former pour devenir propriétaires ; ils profitent, à leur insu, de la résolution légale. La mort de leur auteur les a, par conséquent, investis d'un droit réel sur les objets donnés en avancement d'hoirie. S'ils dispensent leur cohéritier du rapport pour tout ce qui excède son droit héréditaire, c'est absolument comme s'ils lui transmettaient de nouveau la propriété des biens, et une telle mutation ne saurait s'opérer sans acquitter l'impôt proportionnel. Ce principe a été appliqué par le tribunal de Neufchâtel, le 27 août 1857, à propos d'un partage dans lequel cinq héritiers dispensaient le sixième de rapporter à la masse une dot de 1,500 francs qui lui avait été constituée en avancement d'hoirie. Les juges ont reconnu que les héritiers renonçaient ainsi véritablement à un droit ouvert à leur profit, dès le décès, sur l'objet de la donation, et faisaient à leur sœur une libéralité passible du droit proportionnel (888 R. P., 16322 J. N., 16600 J. E., 11172 C.). — Le même principe résulte d'autres jugements de Réthel du 28 novembre 1861 (17423 J. N.) et de la Seine du 21 juillet 1866 (2374 R. P.). — V. *Partage*.

1. ENFANT NATUREL. — Les conséquences de la renonciation sont les mêmes à l'égard de l'enfant naturel. On peut admettre, sans doute, avec les auteurs, que l'enfant naturel n'est pas tenu de restituer les choses mêmes qu'il a reçues, mais qu'il doit seulement en imputer la valeur sur sa part. Mais, quand la libéralité dépasse sa portion héréditaire, il ne peut conserver l'excédant sans payer un droit proportionnel. S'il est vrai, en effet, que l'enfant naturel, loti sans clause de préciput d'un objet dépassant sa part héréditaire, puisse conserver en entier cet objet parce que la donation l'a rendu propriétaire incommutable, il n'en résulte nullement qu'il ne doive point compte à ses cohéritiers de l'excédant de valeur dont il profite. Il n'est pas tenu au rapport de cet excédant dans le sens légal du mot, nous le voulons, mais il en devra l'équivalent. Les autres héritiers auront contre lui une véritable créance, et, comme la donation est un simple avancement d'hoirie, cette créance tombera de plein droit dans la masse par l'événement du décès. Les auteurs qui reconnaissent avec nous à l'enfant naturel le droit de conserver la chose donnée admettent tous qu'au regard de la succession elle se transforme en une véritable créance servant au calcul des droits héréditaires de chacun et à la fixation du disponible (V. Demolombe *loc. cit.* p. 154). Par conséquent, la fraction de cette créance qui se rapporte à l'excédant de l'objet donné forme une valeur ordinaire de la succession, sur laquelle les héritiers ont, depuis le décès, des droits complets de propriété. Lorsqu'ils dispensent l'enfant naturel de payer cette dette, ils opèrent donc réellement à son profit une transmission mobilière passible du droit proportionnel. Le contraire a été cependant décidé par un jugement de Tours du 4 juin 1864 (1974 R. P.); mais c'est une erreur que nous croyons avoir déjà réfutée en rapportant le jugement.

2. ACTION EN RÉDUCTION. — Le tribunal a confondu cette hypothèse avec celle d'une libéralité préciputaire. Il est certain que, dans ce dernier cas, l'enfant naturel ne devient débiteur de l'hoirie qu'après l'exercice de l'action en réduction, et, si les réservataires renoncent au droit de se pourvoir contre le contrat ou le testament, ils n'abdiquent aucune propriété actuelle dont la mutation soit soumise aux droits.

Le père de famille, propriétaire de sa fortune, peut en disposer comme bon lui semble au profit de ses enfants ou d'étrangers. La loi ouvre seulement à certains héritiers une action qui les protége contre les libéralités excessives de leur parent et leur permet de faire rentrer dans la succession les biens qu'il en avait détournés. Cette voie de recours, que l'on appelle action en réduction, crée au profit des réservataires un droit qui leur confère la possibilité de dépouiller les donataires de leurs libéralités, mais qui ne produit pas, *de plano*, cet effet translatif. Les donataires restent, tout au contraire, régulièrement saisis des objets donnés, jusqu'au moment de la réduction. La voie qui y conduit est donc une simple faculté dont les héritiers peuvent ou non se servir à leur gré. S'ils ne veulent point en faire usage, ils ne transmettent rien aux donataires, puisque ceux-ci ont déjà la propriété entière. Cette renonciation, si avantageuse qu'elle soit pour les détenteurs, n'a pas d'autre caractère que celle du légataire répudiant son legs ou de l'héritier refusant de faire annuler le testament du défunt. Elle ne déplace aucune valeur imposable et doit par conséquent supporter le droit fixe. — V. *Transaction* et *Acceptilation*.

Mais les choses se passent différemment quand la créance est tombée, dès le décès, dans le patrimoine commun, par suite de la condition résolutoire jointe à la donation. Les héritiers n'y sauraient renoncer sans faire, selon les circonstances, ou une remise de dette, ou une libéralité.

6668. Rapport effectué avant le décès. — Si l'un des enfants qui a reçu un avancement d'hoirie en fait le rapport au donateur à l'occasion d'une libéralité faite par contrat de mariage ou autrement à un second successible, le droit de donation est exigible. — V. *infrà* n° 6770 et *Résolution* 14308-2.

Il en est de même de la restitution de sa dot par un enfant à ses parents. — V. *Acceptilation* n° 242.

6669. Société verbale. — Lorsqu'une association a existé verbalement entre le père et son fils, l'acte par lequel les père et mère dispensent le fils du rapport des bénéfices qu'il a recueillis est une donation entre-vifs sujette au droit sur la valeur à déclarer des bénéfices (Cass. 31 juill. 1855, arrêt rapporté n° 6619). — V. 13577.

6670. Donation de somme à terme. — On avait voulu voir dans la donation de sommes payables à terme un contrat dépouillé de toute transmission actuelle et ne devant pas, par conséquent, donner ouverture au droit proportionnel. Mais l'échéance ne change rien à l'effet de la donation, c'est ce qui a été longuement développé aux n°s 5342 et suiv. Aucun doute ne peut rester à ce sujet après l'arrêt de cass. du 17 avril 1826, dans lequel on lit : « Attendu que les donations faites aux sieur et dame Gas, par leurs père et mère..., sont de véritables donations entre-vifs... par l'effet desquelles la propriété des objets donnés a été acquise aux donataires du jour dudit contrat de mariage... ; que, ces donations consistant en des sommes d'argent, la tradition s'en est effectuée, quant à la propriété, au profit des futurs époux, par le seul fait de leur acceptation...; que cette tradition instantanée n'a rien d'incompatible avec la stipulation portant que les sommes données ne seraient payables qu'au décès du donateur..., parce qu'aux termes de l'art. 949 C. C. la donation entre-vifs n'a rien d'incompatible avec la réserve, par le donateur, de l'usufruit ou de la jouissance de la chose donnée » (S. 26-1-340, 1200-5 I. G., 8433 J. E.; — *Conf.* : M. Demante n° 583).

6671. Vente par le donateur et le donataire des biens à venir. — La vente faite en commun par un père et son fils, celui-ci donataire des biens présents et à venir, n'opère pas un dessaisissement du père au fils suffisant pour percevoir le droit de donation. Le père ne renonce pas à ses droits et le fils est comptable envers lui du prix qu'il a reçu (Dél. 31 juill. 1816 et 10 oct. 1817, D. N. t. 5 p. 92 n° 554).

6672. Condition suspensive. — Nous venons de voir que le terme imposé à une donation ne fait nullement obstacle à la perception du droit proportionnel. En est-il de même de la condition suspensive? Évidemment non. Le terme est compatible de tous points avec le dessaisissement, car il est certain que le terme, quelque éloigné qu'il soit, se réalisera un jour. Il n'en est pas de même de la condition suspensive. Elle peut se réaliser, il est vrai, mais elle peut aussi ne jamais se réaliser. Dès lors, si elle n'est pas exclusive d'un dessaisissement futur, elle est inconciliable avec l'idée d'un dessaisissement actuel. Le droit fixe lui est donc seul applicable. Ce principe n'a jamais fait naître aucune difficulté. La jurisprudence de l'Administration et celle des tribunaux sont d'accord sur ce point.

6673. Quotité du droit fixe. — Mais des doutes pourraient s'élever sur la quotité de ce droit fixe, et souvent on perçoit le droit fixe de 5 francs (7 fr. 50 cent.) par application de l'art. 43 n° 4 L. 28 avril 1816. — Ainsi que le font remarquer Champ. et Rig. n° 2347 et Dalloz n° 3809, cette perception est irrégulière, car le droit de 7 fr. 50 cent. ne concerne que les dispositions soumises à l'événement du décès.

Encore faut-il même s'entendre sur ce point.

Il est bien de jurisprudence que les donations, quoique faites entre-vifs, sont de véritables libéralités à cause de mort et donnant lieu au droit de mutation par décès, quand la transmission est subordonnée à la mort d'une des parties (Cass. 23 mars 1840, 7 juill. 1840, 23 juill. 1866 et 21 déc. 1870, *suprà* n° 5352) ; mais cette doctrine ne s'étend pas au delà du cas pour lequel elle est intervenue. Il s'agit de ces donations soumises à la condition de survie de l'une de ces parties, c'est-à-dire *du donateur* ou *du donataire* et qui étaient connues dans le droit romain sous le titre de *donations entre-vifs* à cause de mort.

Quand c'est le décès d'un tiers étranger à la donation qui est pris pour condition de la libéralité, le contrat est soumis à une condition suspensive ordinaire. Nous l'avons déjà expliqué au mot *Contrat de mariage* n° 5265 *bis*. Dans ce cas, comme dans tous ceux où la donation est subordonnée à un événement autre qu'un décès, le contrat est sujet au droit fixe de 3 francs, sauf la perception du droit proportionnel de donation entre-vifs, lors de l'arrivée de l'événement prévu.

Ainsi, il a été jugé que, lorsque, dans le contrat de mariage de son fils, une mère s'engage, pour le cas où elle survivrait à son mari, à abandonner au futur tous les immeubles qu'elle possédera au décès de son mari, cette disposition constitue une donation entre-vifs de biens présents sous condition suspensive et donne lieu à la perception du droit de donation, aussitôt que la condition s'est réalisée. Les parties ne sont pas fondées à soutenir que la mutation a eu lieu par décès, et l'Administration n'a pas à se préoccuper de la nullité de la donation (Cass. 20 fév. 1865) :

« Attendu, porte cet arrêt, que la donation faite au contrat de mariage par la dame de Truchis en faveur de son fils ne devait pas être classée parmi les libéralités à cause de mort, puisqu'elle pouvait recevoir et qu'elle a reçu, en effet, son exécution par l'événement de la condition stipulée, du vivant même de la donatrice ; qu'il importerait peu, d'ailleurs, au point de vue fiscal, que la libéralité ne réunît pas tous les caractères juridiques de la donation entre-vifs, parce que c'est la mission de la Régie de percevoir le droit sans rechercher quelle pourrait être, en dehors des applications de la loi fiscale, la valeur obligatoire de l'acte qui lui est soumis ; qu'en maintenant le droit perçu, le jugement attaqué n'a donc violé aucun article de loi » (2055 R. P., 18234 J. N., 12820 C., S. 65-1-194, P. 65-438 2325-6 I. G.).

6674. Interprétation. — Des difficultés peuvent également naître sur la question de savoir quand il y a ou non condition suspensive. Les règles que nous avons indiquées aux n°s 4909 et suiv., 5545 et suiv., serviront à les lever. Nous nous contenterons de citer ici quelques exemples que fournit la jurisprudence pour le cas spécial de donation.

Il n'y a pas condition suspensive dans l'acte par lequel une femme donne au fils de son mari une somme déterminée pour en être propriétaire du jour de la donation, qui, néanmoins ne sortira à effet que tout autant que les héritiers de la donataire exerceraient sur la succession de son mari une action en reprise indiquée. Le droit proportionnel est exigible sur cette donation (Versailles 8 avr. 1845, 13892 J. E.). — Le tribunal a considéré que la condition qui subordonne l'effet de la donation à l'exercice, pour une cause quelconque, de l'action en reprise, est indépendante du droit de propriété acquis au donataire du jour de l'acte.

De même, la donation de biens présents, faite avec cette stipulation : « si le donateur n'en dispose autrement, » est actuelle et donne ouverture au droit proportionnel (Saint-Affrique 8 juin 1848, 14507 J. E.).

Au contraire, on a considéré comme subordonnées à une condition suspensive : 1° la donation faite à la charge d'acquitter les dettes du donateur et acceptée sous la condition que ces dettes n'excéderaient pas une somme déterminée (Dél. 5 déc. 1843, D. N. t. 5 p. 100 n° 596) ;

2° Celle qu'un père fait à ses enfants pour le cas où la mère renoncerait à ses reprises (Sol. 2 juin 1864) ;

3° Ou qui a pour objet une somme déterminée destinée à l'exonération du donataire s'il prend un mauvais numéro (Sol. 22 juin 1860, 14 déc. 1858) ;

4° La donation faite à un tiers pour le cas où il atteindrait un âge déterminé ;

5° La donation par un futur à sa future d'une rente viagère que les enfants actuels du futur s'engagent à servir dans le cas où la succession de leur père serait insuffisante. Le droit de libéralité entre étrangers n'est dû que lors de la réalisation ;

6° La donation d'une rente sur l'État avec promesse de compléter en cas de réduction. Si ce cas se réalise, le droit supplémentaire est exigible (Sol. 18 mars 1853) ;

7° La donation d'une somme exigible seulement lors de l'établissement du donataire (Cass. 14 déc. 1840, S. 40-1-53, *arrêt rapporté* n° 6663) ;

8° Celle de la nue-propriété d'un immeuble pour le cas seulement où la donataire laisserait des enfants issus de son mariage (Cass. 20 avr. 1846, S. 46-1-395) : « Attendu, porte cet arrêt, qu'il est constant, en fait, que dans le contrat de mariage de la demoiselle Lenormant de Viette, en date du 16 janvier 1843, la dame de Monpinson, sa tante, lui fit donation entre-vifs de la nue-propriété de la terre d'Athis, mais sous la condition suspensive et pour le cas seulement où la donataire laisserait, au jour de son décès, des enfants issus de son mariage ; qu'une donation faite dans ces termes et avec une pareille condition suspensive ne saisissait celle qui en était l'objet que d'une simple espérance et ne lui transmettait en conséquence aucun droit actuel sur les biens qui y étaient compris, puisque cette donation ne devait s'effectuer, aux termes mêmes de l'acte, que dans le cas seulement où la donataire laisserait à son décès des enfants de son mariage, et que l'effet de la donation se trouvait suspendu jusque-là ; que les stipulations postérieures faites dans la donation n'ont apporté aucun changement au caractère suspensif qu'elle présente ; que, s'il est dit que la nue-propriété de la terre d'Athis sera soumise à toutes les charges que le donataire aura contractées et aux dispositions qu'elle aura pu faire, il y est formellement exprimé en même temps que c'est dans ce cas que cet effet aura lieu, c'est-à-dire dans le cas qui venait d'être déterminé, celui où le donataire aurait laissé à son décès des enfants de son mariage, et où, dès lors, la condition de laquelle la donatrice fait dépendre la réalisation de sa libéralité se sera accomplie ; attendu que la clause qui ordonne l'imputation sur la succession de cette dernière de la valeur de la terre donnée n'a également été imposée que pour le cas où la propriété de cette terre aurait été définitivement acquise, puisqu'on ne peut faire l'imputation que de ce qu'on possède réellement ; attendu enfin, sur le droit de retour stipulé dans l'acte, qu'il y est encore exprimé que ce retour aura lieu en faveur de la donatrice dans le cas où celle-ci survivrait à la postérité de la future épouse ; d'où il suit que cette clause, comme la précédente, suppose toujours que la donatrice n'agissait en l'imposant que dans la prévision de la réalisation de la condition suspensive qu'elle avait attachée à la donation. »

1. DOUBLE SURVIE. — Lorsque, pour recueillir le bénéfice de la libéralité, le donataire doit survivre au donateur et à un tiers et lorsque, en fait, le donateur a survécu au tiers, la libéralité est éventuelle (Sol. 22 mai 1878)

6675. Réalisation. — Tarif. — Le droit devient donc exigible lors de l'accomplissement de la condition. Il se perçoit d'après le tarif en vigueur au jour de la donation (V. 5265). — Le capital imposable des biens doit être également formé selon la valeur des biens à la date de l'acte sur lequel s'opère la perception ; car, par le fait de l'accomplissement de la condition, le contrat, pris au moment de sa formation, ainsi que la dette de l'impôt auquel il donne ouverture, sont réputés purs et simples comme si la condition n'avait jamais existé ; or, le caractère et les effets de la condition et de son accomplissement étant ainsi déterminés, le droit ne saurait être perçu autrement et sur d'autres bases que si le contrat s'était formé purement et simplement, si, en d'autres termes, l'acte avait renfermé le contrat dégagé de la condition (D. m. f. de Belgique du 25 mars 1863, 9402 J. E. belge).

1. QUITTANCE. — Il en résulte que si la donation était réalisée par le payement de la somme promise, le droit de quittance serait exigible indépendamment du droit de donation.

6676. Usufruit réservé. — Le dépouillement ne laisse pas que d'être actuel quand il ne porte que sur la nue-propriété. « Il est permis au donateur de faire la réserve à son profit, ou de disposer, au profit d'un autre, de la jouissance ou de l'usufruit des biens meubles ou immeubles donnés » (949 C. C.). Ce principe ne peut faire l'objet d'une difficulté, car ce n'est pas *donner et retenir* que de vous donner la nue-propriété de ma maison en m'en réservant l'usufruit. L'objet donné, alors, ce n'est pas ma maison, c'est seulement sa nue-propriété.

« Le donataire, dans ce cas, dit M. Demante, est saisi actuellement et irrévocablement de la nue-propriété ; or, la nue-propriété, c'est la propriété retardée seulement dans son exercice, et puisque le terme, apposé à l'exercice du droit des parties, ne fait pas obstacle à la perception de l'impôt, il s'ensuit qu'une donation de la nue-propriété encourt les mêmes droits qu'une donation de la propriété pleine. Nous ne rencontrons pas ici les difficultés particulières au cas de vente de la nue-propriété, il suffit des principes généraux pour faire rentrer la donation d'une nue-propriété sous la lettre des art. 14 n° 8 et 15 n° 7, qui prévoient les transmissions *de propriété* » (N° 583.).

Aussi la C. cass. a-t-elle jugé, le 12 nivôse an 13, que la clause de réserve d'usufruit, insérée dans un acte de donation, ne peut pas empêcher la transmission actuelle des biens donnés, attendu que cette réserve suppose également le dessaisissement de la nue-propriété (S. 5-2-459, 1919 J. E.). — V. arrêt rapporté 6685.

Cependant il a été reconnu, mais par appréciation de la volonté des parties, que la donation faite sous la condition que le donataire n'entrera en possession et jouissance des biens donnés qu'après le décès du donateur, qui s'en réserve l'usufruit pendant sa vie, de telle sorte que le donataire ne puisse faire aucun acte qui tende à diminuer le droit réservé, doit être considérée comme soumise à la condition suspensive de la survie du donataire (C. Bastia 3 déc. 1861, 1583 R. P.). — V. 5341 et suiv.

6677. Nue-propriété réservée. — Par raison inverse, la décision devrait être la même au cas où ce serait l'usufruit seul qui eût fait l'objet de la donation. Il y aurait alors dessaisissement de l'usufruit qui se trouverait détaché de la propriété.

6678. Droit de reprendre la jouissance. — Mais il en serait autrement si je déclarais vous donner ma maison, c'est-à-dire la pleine propriété de ma maison, en me réservant d'en reprendre plus tard la jouissance, soit pour moi, soit pour un autre. Dans ce cas, ce serait vraiment une partie de l'objet donné, l'usufruit, que je me réserverais de reprendre plus tard ; et, par conséquent, la donation serait nulle, quant à cette partie, quant à cet usufruit, en ce sens que, si le donateur mourait sans avoir disposé de cet usufruit, il appartiendrait à ses héritiers (Marcadé sur l'art. 949 C. C). — Dans ce cas, d'ailleurs, la perception ne serait en rien modifiée, car le droit devrait être perçu sur la valeur entière de la propriété.

CHAPITRE IX. — IRRÉVOCABILITÉ DE LA DONATION

[6679-6686]

6679. Principe. — Nous venons de voir que le contrat doit être translatif pour opérer le droit de donation. Mais cette translation ne suffit pas à elle seule pour rendre exigible le droit proportionnel, il faut encore que le dessaisissement du donateur soit actuel, non pas en ce sens que le donataire obtienne la jouissance immédiate de la chose donnée (puisque la donation peut se faire à terme), mais en ce sens que la donation doit au moins conférer immédiatement un droit certain au donataire et lier le donateur. Il faut, en outre, que le dessaisissement soit irrévocable, c'est-à-dire, que la donation serait nulle si elle était faite de telle façon que le donateur pût arriver, directement ou indirectement, à la rendre sans effet et à reprendre, ne fût-ce que par équivalent, ce qu'il a donné. Tout ceci n'est que la consécration de l'ancienne maxime *donner et retenir ne vaut.*

6680. Biens à venir. — Ainsi, l'acte serait nul si le donateur avait donné sa succession ou telle quotité de sa succession, ou telle somme à prendre sur sa succession et qui ne serait due qu'autant que la succession présenterait un actif suffisant; car, dans tous les cas, la donation ne produirait pas pour le donataire une créance actuelle, elle donnerait seulement une espérance qui ne deviendrait jamais un droit si le défunt ne laissait pas une succession solvable. Il faut que la donation confère un droit, soit *in re*, soit *ad rem*, actuellement existant; et c'est l'idée que le Code entend exprimer quand il dit que la donation doit avoir pour objet des biens présents et serait nulle en tant qu'elle porterait sur des biens à venir, sauf, néanmoins, en ce qui concerne les donations en faveur de mariage. — V. 5336 et suiv.

6681. Somme à prendre lors de l'ouverture de la succession. — Mais la donation aura pour objet un bien présent, dans le sens du Code, c'est-à-dire conférera un droit actuel et dès à présent existant, quand elle attribuera au donataire une somme à recevoir, non pas *s'il* y a assez d'actif dans la succession, mais seulement *lors* de l'ouverture de cette succession. Ce serait alors, non une condition, mais un terme qui n'empêcherait pas la créance d'exister actuellement, si bien que, quand même la succession serait plus tard insolvable, la créance n'en devrait pas moins être acquittée par l'héritier du donateur, s'il avait accepté purement. Et il importe peu, du moment que la créance se forme actuellement, qu'elle soit ou non accompagnée d'hypothèque sur des biens appartenant présentement au donateur; car, ainsi que l'a reconnu la cour suprême, le 8 juillet 1822, le défaut de *sûretés et de garanties* est complètement insignifiant pour *l'existence du droit* (Marcadé sur l'art. 943). Ainsi, il faut reconnaître que dans cette hypothèse et dans toutes les hypothèses semblables le droit proportionnel serait exigible.

6682. Condition potestative. — On a vu que la donation serait nulle si elle était faite sous une condition dont il est au pouvoir du donateur de procurer o d'empêcher l'accomplissement, puisque alors le donateur s conserverait un moyen de se délier et ne serait pas dépouillé irrévocablement.

Ainsi, la donation d'un immeuble que le donateur se réserve de vendre n'est passible d'aucun droit proportionnel (D. m. f. 28 avr. 1818, n° 2524 J. N.); — à moins que la donation n'ait lieu sous condition résolutoire ou n'emporte la donation actuelle de l'usufruit. — V. 6562 et suiv.

6683. Dettes du donateur non déterminées. — La donation est nulle, d'après l'art. 945 C. C., si elle a été faite sous la condition d'acquitter d'autres dettes ou charges que celles qui existaient à l'époque de la donation, ou qui seraient exprimées, soit dans l'acte de donation, soit dans l'état qui devrait y être annexé. — Ainsi, bien qu'il soit loisible au donateur d'imposer des charges au donataire, notamment celle d'acquitter ses dettes, cependant la donation serait nulle si elle imposait au donataire l'obligation de payer ses dettes autres que celles prescrites et indiquées dans l'acte même ou dans un état y annexé. Dans ce cas elle ne pourrait servir de base au droit proportionnel.

Ainsi la C. cass. a jugé par deux arrêts que la donation faite par un père à ses enfants des immeubles qu'il possède au jour de la donation, à charge de payer les dettes qu'il laissera au jour de son décès, est exclusive de toute transmission *irrévocable* de propriété et empêche, par conséquent, que l'acte ne soit soumis au droit proportionnel : « Attendu, porte l'arrêt du 14 juillet 1807, qu'aux termes de l'acte, les enfants sont tenus de payer les dettes que le père laissera à son décès, obligation qui ne peut se concilier avec le caractère d'une donation entre-vifs, et que le tribunal du Vigan a pu légitimement en tirer la conséquence que le père était le maître d'atténuer et annuler l'effet de l'acte et qu'il n'y avait pas transmission de propriété et, par conséquent, qu'il ne donnait pas ouverture au droit proportionnel, etc. » (S. 7-1-374, 2691 J. E.).

« Attendu, porte l'arrêt du 13 avril 1815, que, par l'acte du 22 septembre 1813, les sieur et dame Canet se réservent l'usufruit des biens qu'ils donnent et imposent aux donataires l'obligation de payer les dettes qu'ils laisseront à leur décès; que cette obligation, de nature à absorber tous les biens donnés, ne peut se concilier avec les caractères de la donation entre-vifs, irrévocable de sa nature; que, d'ailleurs, une des filles Canet étant mineure peut, au décès de ses père et mère, demander sa part héréditaire en immeubles; qu'ainsi, en regardant l'acte en question comme un partage soumis à un droit fixe, et non comme une donation entre-vifs, soumise au droit proportionnel, le jugement attaqué s'est conformé aux dispositions des lois de la matière » (1580 et 2769 J. N., *P. chr.* 267, 5102 J. E.).

C'est également ce qu'a reconnu l'Administration, le 3 août 1822 (7273 J. E.); elle a décidé que l'on doit considérer comme éventuelle la donation faite sous réserve d'usufruit, et à condition que le donataire acquittera les dettes dont les biens se trouveront grevés au décès du donateur; l'obligation imposée au donataire enlève à l'acte le caractère de donation entre-vifs, actuelle, irrévocable, et ne permet pas de l'assujettir au droit proportionnel.

6684. Dettes futures déterminées. — Mais il ne faudrait cependant pas décider que le droit proportionnel ne serait pas exigible dans tous les cas où les dettes futures seraient mises à charge du donataire, car le chiffre de ces dettes peut être dès à présent déterminé de manière à enlever au donateur la possibilité d'augmenter à volonté la charge du donataire. Ainsi, en vous donnant ma ferme, je vous impose l'obligation de payer mes dettes futures jusqu'à concurrence de 20,000 francs; si ma ferme vaut 30,000 francs, vous aurez toujours un bénéfice de 10,000 francs. Dès lors, le droit de donation serait incontestablement exigible.

6685. Condition résolutoire. — 1. RETOUR. — Ce ne serait pas donner et retenir que de faire la donation en stipulant qu'elle sera résolue et que les biens reviendront au donateur s'il survit au donataire, ou au donataire mourant sans postérité, ou au donataire et à sa postérité; car il est évident que cette condition de survie ne dépend pas de la volonté du donateur. Aussi, cette stipulation du droit de retour est-elle formellement permise par la loi. Mais elle ne l'est qu'au profit du donateur seul et ne pourrait s'étendre à ses héritiers (951 C. C.). — Jugé, en effet, qu'une donation qui est faite avec clause de retour, en cas de prédécès du donataire, n'empêche pas la perception immédiate du droit proportionnel. « Attendu, porte un arrêt de cass. du 12 nivôse an XIII, que la clause de retour stipulée dans les actes, bien loin d'apporter un obstacle à la transmission actuelle des biens qui en font l'objet, suppose, au contraire, la réalité de cette transmission, puisqu'il serait inutile de stipuler le retour d'une propriété dont on ne se serait point dessaisi; que la clause de réserve d'usufruit, insérée dans les mêmes actes, ne peut pas plus empêcher la transmission actuelle de biens donnés, attendu que cette réserve suppose également le dessaisissement de la nue-propriété, et que, d'ailleurs, une pareille réserve peut s'appliquer à toute donation entre-vifs » (S. 5-2-459, 1919 J. E.).

2. SURVENANCE D'ENFANTS. — De même encore, la clause portant qu'une donation « sera consacrée par le fait suspensif de la non-existence d'enfants au décès du donateur » a tous les caractères de la condition résolutoire attachée par la loi au cas de survenance d'enfants, quoiqu'il ait été déclaré dans l'acte que cette clause était suspensive de la donation; par suite, cette donation est soumise au droit de mutation sans qu'il soit besoin d'attendre l'événement de la condition (Hazebrouck 15 avr. 1848, 14469 J. E.). — *V.* 4966.

3. DONATION POUVANT ÊTRE RÉDUITE. — La donation à un employé de la somme nécessaire pour lui compléter une somme annuelle de 4,000 francs donne lieu actuellement au droit sur le capital par 10 de la différence entre le traitement de cet employé et 4,000 francs, encore bien qu'il lui soit toujours possible, en donnant sa démission, d'exiger 4,000 francs par an, en vertu de la donation. — *V.* 4940.

4. REPRISE DE L'OBJET. — Si le donateur d'un immeuble se réserve de rentrer en possession en payant la valeur de l'immeuble, il y a condition résolutoire et non suspensive : le droit proportionnel est dû (Lyon 13 août 1845, 13807 J. E.). — *V.* 4966.

6686. Exception au principe de l'irrévocabilité. — En outre des conditions résolutoires auxquelles le déposant peut soumettre sa donation et dont nous avons parlé au numéro précédent, la loi établit elle-même, en dehors de toute stipulation, trois causes de révocation; ce sont : 1° l'inexécution des charges imposées à la donation; — 2° l'ingratitude du donataire; — 3° la survenance d'enfants au donateur (953 C. C.).

CHAPITRE X. — DONATIONS ÉVENTUELLES

[6687-6716]

SECTION PREMIÈRE. — OBSERVATIONS GÉNÉRALES

[6687-6692]

6687. Transition. — On a vu, d'une part (n° 6662), que la translation est le caractère essentiel de la donation entre-vifs et que, pour rendre le droit proportionnel exigible, il faut que la donation produise l'effet ordinaire des donations, c'est-à-dire le dessaisissement actuel du donateur; d'autre part (n° 6672), que, toutes les fois que la réalisation de la donation est suspendue, il n'est dû que le droit fixe, sauf la perception du droit proportionnel à l'événement.

De plus, nous avons expliqué (au n° 6673-1) que, lorsque la condition suspensive porte sur toute autre cause que le cas de survie, le droit fixe exigible était celui de 3 francs. Il nous reste à traiter ici de la condition qui soumet le contrat à l'événement du décès. La donation qui est soumise à cette condition prend dans la pratique le nom de *donation éventuelle*. Nous avons déjà eu occasion d'en parler longuement sous les nos 5309 et suiv., en traitant du *contrat de mariage;* il ne nous reste que peu de chose à en dire ici.

6688. La donation soumise à l'événement du décès n'est pas la donation à cause de mort. — Quoique l'ancienne donation à cause de mort soit rejetée par le Code, qui n'admet pas d'autres modes de disposition à titre gratuit que la donation entre-vifs et le testament (893 C. C.), il n'en faut pas conclure qu'on ne pourrait pas donner sous la condition qui formait autrefois l'un des caractères de cette donation à cause de mort : nous voulons parler de la condition qui ferait résoudre la donation par la survie du donateur à tel danger ou à tel événement.

En effet, de ce qu'on n'admet plus la donation à cause de mort, ce qu'il faut en conclure, c'est qu'on devrait déclarer nulle la donation qui en reproduirait vraiment les caractères. Or, cette donation n'avait pas pour caractère unique d'être faite sous la condition qui vient d'être indiquée. C'était celle qui, faite sous cette condition, était, de plus, révocable au caprice du disposant, et, en outre, révoquée de plein droit par le prédécès du donataire. Aussi, n'est-il pas douteux que la donation qui présenterait ces trois caractères serait complétement nulle, en tant que donation ordinaire, bien entendu (Toulouse 11 juin 1852, S. 52-2-511; — Bordeaux 8 août 1853, S. 53-2-641, Duranton t. 7 n° 6, Coin-Delisle art. 893 n° 3, Marcadé art. 893 n° 2, Troplong v° *Donat.* t. 1er n° 40, *Rev. crit.* 1852 p. 232, Demolombe t. 18 n° 39). — Mais, quand la donation ne présentera que l'un de ces trois caractères, on ne peut plus dire que ce soit l'ancienne donation à cause de mort. Il est bien vrai qu'autrefois l'apposition du premier caractère faisait regarder les deux autres comme sous-entendus; mais il n'en peut pas être de même aujourd'hui. Quand la donation à cause de mort était permise, il était tout naturel de présumer, au moyen de son principal caractère, que c'était elle que le donateur (auquel elle était très-favorable) avait entendu faire; mais, aujourd'hui qu'elle est nulle, il est évident que cette présomption n'est plus possible, car on ne présume pas les causes de nullité. La donation faite sous cette condition résolutoire restera donc donation entre-vifs, irrévocable en dehors de l'événement de la condition; c'est précisément cette irrévocabilité, et nullement la nullité de la donation, que l'on doit conclure de la suppression de la donation à cause de mort.

Ainsi, par exemple, il faut considérer comme une donation entre-vifs, sous condition suspensive et parfaitement valable, celle qui aurait lieu à condition qu'elle n'aura effet qu'autant que le donateur succombera à la maladie dont il est atteint au moment de la donation (Bruxelles 27 mars 1833, S. 34-2-111; — Merlin *Rép.* v° *Don.* sect. 8 § 1er, Duranton t. 8 n° 478, Vazeille art. 944 n° 7, Bayle-Mouillard sur Grenier t. 1er n° 10 note A, Saintespès t. 3 n° 768, Troplong t. 3 n° 1271, Aubry et Rau t. 6 p. 63, Massé et Vergé t. 3 p. 206, Demante t. 4 n° 86 *bis*, Demolombe t. 20 n° 539).

6689. Tarif. — La quotité du droit exigible sur la donation qui nous occupe ici est déterminée par les art. 68 § 3 n° 5 L. 22 frimaire an 7 et 45 n° 4 de celle du 28 avril 1816. Ce dernier article est ainsi conçu : Seront sujets au droit fixe de 5 francs... « les testaments et *tous autres actes* qui ne contiennent que des dispositions soumises à l'événement du décès... »

Ce droit a été porté à 7 fr. 50 cent. par la loi du 28 février 1872 art. 4.

6690. Substitution. — La donation entre-vifs, à charge de restitution, n'est point, à raison de cette charge, passible d'un droit particulier d'enregistrement de donation éventuelle (Rennes 23 mars 1816, 12902, 12903 J. N.).

6691. Jouissance successive. — L'acte par lequel trois personnes possédant en commun un immeuble se font donation mutuelle et irrévocable et aux survivants d'eux, chacun du tiers indivis lui appartenant, à condition que les donataires n'entreront successivement en jouissance qu'au décès du premier et ensuite du second mourant, doit être considéré comme contenant une transmission éventuelle (Dél. 3 déc. 1834).

6692. Pluralité. — Lorsque, dans un acte de constitution de rente, il est dit qu'au décès du crédi-rentier la rente sera réversible sur la tête de trois personnes désignées, il n'est dû qu'un droit fixe de 7 fr. 50 cent. par assimilation à un testament qui ne donne ouverture qu'à un seul droit, quel que soit le nombre des legs qu'il contienne (14723-1 J. E.). — De même, dans une espèce où il s'agissait d'une donation faite au futur et à ses trois frères de biens à prendre par préciput dans la succession des père et mère donataires, il a été reconnu qu'il n'était dû que deux droits de 7 fr. 50 cent., l'un pour la donation du père, et l'autre pour celle de la mère (10379 J. N.). — *V.* 5315.

SECTION 2. — DES RÉVERSIONS DE RENTE OU D'USUFRUIT

[6693-6716]

ARTICLE PREMIER. — OBSERVATIONS GÉNÉRALES

[6693-6694]

6693. Acquisition. — Clause aléatoire. — La jurisprudence décide que, quand plusieurs personnes font une acquisition en commun sous la condition que la part du prémourant sera réversible sur la tête du survivant, il y a clause aléatoire donnant ouverture, lors de l'événement, au droit de mutation à titre onéreux (Cass. 15 déc. 1852, 12 juill. et 10 août 1853, 26 avr. et 16 juill. 1854, 9 avr. 1856, 11 juin 1858). — V. *suprà* n° 2314.

Rien ne s'oppose, en droit, à ce que ce résultat s'applique à un usufruit ou à une rente viagère comme à un immeuble. Deux ou plusieurs personnes peuvent très-bien se réunir pour acheter en commun, dans les conditions précédentes, une rente viagère qui ne prendra fin qu'à la mort du survivant et dont le service se continuera en entier jusqu'à cette époque. S'il est établi par les circonstances et les termes du contrat que la réversion est le résultat d'un contrat intéressé intervenu entre les associés eux-mêmes, il faut décider par application de la jurisprudence que le droit exigible à l'événement est celui de cession de rente à 2 pour 100.

Mais il n'échappera à personne qu'une telle interprétation de l'acte est très-éloignée de la nature et du but ordinaire des contrats de l'espèce. On ne peut pas surtout les présumer entre époux, puisqu'ils supposeraient l'existence d'une vente prohibée par la loi. Ces réversions proviennent presque toujours, selon les cas, ou d'une libéralité entre les coacquéreurs, ou d'une stipulation intervenue directement entre le survivant et le débiteur de la rente : c'est à ce double point de vue que nous les examinerons ici.

6694. Nature du contrat. — Il n'y a pas à distinguer pour cela si la clause de réversion se trouve renfermée dans un contrat de vente ou de donation. Nous avons vu qu'il en est autrement quand il s'agit d'une stipulation destinée à produire actuellement ses effets. Si cette clause est l'accessoire d'un contrat à titre onéreux, le droit proportionnel est toujours exigible indépendamment du droit sur la disposition principale; si, au contraire, les stipulations dépendent d'une libéralité, elles constituent une donation secondaire affranchie de tout impôt. Mais cette dispense cesse selon la jurisprudence, quand la donation secondaire est subordonnée au décès du disposant. La diversité des transmissions autorise alors la perception d'un droit particulier de mutation par décès au moment de la réversion. Donc, que la réversibilité soumise au prédécès procède d'un contrat à titre onéreux, ou d'un acte à titre gratuit, l'effet est le même : dès que la disposition est éventuelle, l'exigibilité du droit se règle par des principes semblables.

ARTICLE 2. — BIENS PROPRES

[6695-6698]

6695. Transition. — Il existe, au contraire, une très-grande différence dans les résultats de la stipulation, selon que l'objet aliéné à l'occasion de la rente ou de l'usufruit appartient personnellement à l'une des parties ou est leur propriété commune. Nous devons examiner séparément chacune de ces situations.

6696. Règle générale. — Et d'abord, quand un contrat de donation ou de vente porte qu'une rente viagère stipulée au profit du vendeur sera réversible, après la mort de celui-ci sur la tête d'un tiers, cette réversion donne-t-elle lieu à l'événement au droit de mutation par décès, et, par voie de conséquence, à la perception sur le contrat d'un droit de donation éventuelle ? Longtemps la cour suprême a décidé la négative, contrairement à une Sol. 14 décembre 1825 (1187 § 7 I. G., 8269 J. E.), par six arrêts des 29 janvier 1850 (13958 J. N., S. 50-1-292), 29 juin 1850 (P. 50-2-57) 12 avril, 10 mai 1854 (91 R. P., S. 54-1-460 et 367), et 19 août 1857 (866 R. P., 16130 J. N., 16593 J. E., 11113 C. S. 57-1-852), elle a jugé que, lorsqu'un immeuble propre à l'un des époux est vendu moyennant une rente viagère, réversible sur la tête du survivant, il n'est dû aucun droit de mutation par décès, si la clause de réversibilité se réalise en faveur de l'époux non propriétaire de l'immeuble.

« Attendu, porte l'arrêt du 10 mai 1854 dont les autres sont la reproduction, que, d'après l'art. 11 L. 22 frimaire an 7, il n'est dû de droits distincts pour les diverses dispositions d'un acte qu'autant que ces dispositions sont indépendantes et ne dérivent pas nécessairement les unes des autres; que la constitution d'une rente viagère de 10,000 francs au profit des époux Chieza, réductible aux trois quarts lors du décès du prémourant, était le prix de la vente que lesdits époux consentaient de divers immeubles à de Dampierre, par acte authentique du 8 octobre 1811, que ces deux dispositions corrélatives, dépendantes, dérivaient nécessairement l'une de l'autre et formaient, par leur réunion, un contrat unique de vente, sur lequel le droit a été perçu ; — Attendu que si la constitution ainsi faite, bien que les immeubles fussent propres du mari seul, renfermait une libéralité envers la femme, elle se confondait avec la disposition principale de l'acte, dont elle était la condition essentielle, puisque la suppression de l'une des dispositions faisait disparaître le contrat tout entier, contrat autorisé par l'art. 1973 C. C., et auquel cet article conserve, même dans ce cas, la dénomination et les formes d'un contrat à titre onéreux. »

C'est ce qui fut reconnu également par plusieurs tribunaux (Briey 9 nov. 1848, 8166 Fess.; — Pontoise 26 mai 1859, 16666 J. N., 11695 C.; — Rennes 30 juin 1858, 1062 R. P., 16462 J. N., 11427 C., 16803 J. E.; — Montpellier 14 avr.

1858, 16383 J. N., 16846 J. E., 1104 R. P.; — Villefranche 7 mars 1860, 16891 J. N., 1362 R. P., 11824 C.).

Nous avons toujours combattu cette interprétation, et voici en quels termes nous le faisions dans nos éditions antérieures : « A l'argument de la cour suprême, que la réversion est une disposition dépendant de la vente dans le sens de l'art. 11 L. 22 frimaire an 7, l'Administration a ainsi répondu, dans une circulaire qui a eu du retentissement et qu'elle a adressée à tous ses directeurs : tout ce qui résulte de l'art. 1972 C. C. c'est que, si les deux contrats de nature différente dont il s'agit sont compris dans un seul acte nécessairement indivisible quant à la forme, le contrat de libéralité qui accède au contrat à titre onéreux jouira, quant à la forme de l'acte, des facilités accordées par la loi à ce dernier contrat et ne pourra pas notamment être attaqué comme nul, quoique fait sous signatures privées; mais il y a cela de particulier dans l'application des lois sur l'enregistrement, que la perception s'établit même sur les actes susceptibles d'être attaqués pour cause de nullité, et, si un acte de libéralité, nonobstant les vices de forme qu'il peut présenter, donne néanmoins ouverture au droit proportionnel d'enregistrement, comment serait-il permis de croire qu'une disposition de la même nature serait exempte de l'impôt parce qu'elle a, d'après le Code, le privilége exceptionnel d'être valable, quoique faite par acte sous seing privé? — Il nous semble qu'il y a mieux à faire, pour résoudre la question, que de se retrancher derrière des arguments de texte : c'est de recourir aux vrais principes du droit fiscal. Lorsque l'époux qui avait aliéné son propre meurt avant son conjoint, le contrat qu'il avait passé est appelé à continuer ses effets, car l'acquéreur ne se trouve pas dégagé de toutes ses obligations. Le terme fixé, au décès du dernier vivant des époux, pour l'entier payement de son prix, n'étant pas expiré, le prix arrive à celui qui y a droit par une mutation qui, bien qu'ayant son origine dans l'acte de vente, trouve néanmoins sa cause efficiente uniquement dans le décès du vendeur. Dès lors, nous nous trouvons en présence de ce principe fondamental en matière d'enregistrement, à savoir qu'une valeur ne peut passer d'une main dans une autre sans payer le droit de mutation. Nous disons que la mutation de la rente viagère a sa cause efficiente dans le décès, et non dans l'acte de vente. Cela est si vrai que, si l'époux sur la tête duquel elle se trouve réversible, était décédé avant le vendeur, il n'y aurait jamais eu mutation de la rente viagère. En vertu de quel principe viendrait-on alors exempter une mutation qui s'est opérée par décès du droit que déterminent toutes les mutations par décès? Mais, pour prouver notre proposition jusqu'à l'évidence, supposons que l'époux survivant se soit rendu indigne ou ait renoncé, la rente ne se trouvera évidemment pas éteinte, puisque le terme de son extinction, qui est le décès du dernier vivant des époux, ne sera pas arrivé. Elle sera alors recueillie par les héritiers naturels du défunt. Or, pour eux, comme pour l'époux survivant, le titre primitif de la rente sera dans l'acte de vente, et cependant pourront-ils la recueillir sans payer un droit de mutation par décès? Il suffit de poser cette question, pour qu'elle se trouve résolue. Comment alors supposer qu'un tiers, qui touche une rente en vertu du même titre, et dans les mêmes conditions que les héritiers du sang, sera plus favorisé qu'eux? Dans notre pensée donc, la question de savoir s'il est dû un droit de mutation par décès dans l'hypothèse que nous venons d'examiner, doit être résolue par l'affirmative. »

Notre sentiment a fini par triompher définitivement en jurisprudence. Dans un cas où le vendeur d'un immeuble avait stipulé qu'une rente viagère formant le prix de l'aliénation serait réversible à son décès sur la tête d'un tiers, en reconnaissance de ses services, les chambres réunies de la C. cass. décidèrent que le droit de mutation par décès était exigible à l'événement du décès : « Attendu que, si la constitution de rente est un des éléments du prix, il n'en est pas de même de celle de réversibilité; elle est un fruit de la libéralité du vendeur vis-à-vis du sieur Gontard qui était sans qualité pour intervenir au contrat de vente, et est complétement étrangère aux acquéreurs à l'égard desquels elle n'a de valeur que pour déterminer l'époque où le service de la rente prendra fin; il est manifeste qu'ainsi la stipulation de réversibilité est indépendante de la vente; l'art. 1973 C. C. ayant seulement pour but d'affranchir des formes des donations la constitution de rentes viagères introduites dans les contrats au profit des tiers qui n'en ont pas fourni les fonds ne saurait avoir pour effet, au point de vue fiscal, de soustraire aux droits déterminés les conventions qui en sont passibles » (Cass. 28 déc. 1862, 1728 R. P., 2244 § 4 I. G., 17598, 12382 J. N., 12382 C., 389 Rev., 17588 J. E., S. 63-1-446)

La même doctrine a été appliquée depuis 1° par un autre arrêt du 11 mars 1863, portant en substance que l'acte de vente contient deux dispositions distinctes; que la vente ne dépend pas de l'attribution de la rente qui est faite à un tiers qui n'en a pas fourni les fonds; que ces dispositions sont si peu dépendantes que, la donation fût-elle révoquée, la vente n'en subsisterait pas moins; que l'art. 1973 C. C., en dispensant les stipulations de l'espèce des formes des donations, ne les a pas moins qualifiées de libéralités (1762 R. P., 2244 § 7 I. G., 17708 J. N., 17624 J. E., 12442 C., 514 Rev., S. 63-1-216), — et 2° par un dernier arrêt du 23 juillet 1866, fondé sur des motifs semblables (2339 R. P., 18222 J. E., 2349 § 5 I. G., D. 66-1-327, P. 66-1093; — *Conf.* : Saint-Quentin 21 nov. 1866, 18335 J. E., 1692 J. du not.; — Rouen 18 mars 1869, 2877 R. P.; — Saintes 14 mars 1875; — Lyon 7 février 1878).

L'exigibilité du droit avait été reconnue, avant le revirement de la cour, par des jugements de la Seine des 10 mars 1830 (9581 J. E.) et 20 avril 1852 (15474 J. E.), et d'Angers du 21 juin 1851 (14590 J. N., 15238-3 J. E.).

1. FILLE DU VENDEUR. — Par application de ces principes, il a été spécialement jugé que, si un vendeur aliène un immeuble moyennant une rente viagère réversible pour partie sur la tête de sa fille, cette clause de réversibilité forme une donation éventuelle indépendante de la vente et passible du droit de mutation par décès à la mort du père (Lyon 7 avr. 1865, 2086 R. P., S. 65-2-351, P. 65-1284).

2. SŒUR DU DONATEUR. — Décidé encore, dans le même ordre d'idées, par un jugement du tribunal de Fougères, du 10 août 1836 et par une Dél. 9 décembre suivant (11740-6 J. E.), que si, dans le partage anticipé de ses biens, un père a stipulé une rente viagère à son profit réversible à l'époque de son décès sur la tête de sa sœur qui accepte, le droit de mutation par décès sur cette rente est dû au décès du donateur.

6697. Usufruit. — Les variations que nous venons de signaler dans la jurisprudence de la cour ne se sont pas produites au sujet de la réversibilité de l'usufruit. Elle a constamment reconnu que, si, dans un acte quelconque d'aliénation de leurs propres, les époux font la réserve de l'usufruit de ces biens jusqu'au décès du dernier mourant d'eux, on ne peut pas dire que la réversion de l'usufruit soit une condition de la vente ni l'exempter du droit de mutation par décès. Six arrêts l'ont ainsi décidé au sujet de l'usufruit réservé au profit du survivant des époux dans la donation des biens de l'autre conjoint (Cass. 3 niv. an 13 ; — 15 juin 1846, 1767 § 6 I. G., 14033 J. E., 12707 J. E., S. 46-1-449 ; — 31 août 1853, S. 53-1-771, 1986 § 9 I. G. ; — 30 janv. 1856, 588 R. P., S. 56-1-457, 2078-3 I. G. ; — 24 janv. 1860, 1280 R. P., 2174 § 8, 16764 J. N., 11083 C., 17080 J. E., S. 60-1-754 ; — 26 juill. 1869, trois arrêts, 3026 R. P., 2393-5 I. G., S. 69-1-475, D. 69-1-476, P. 69-1227, 19683 J. N., 18851 J. E.).

L'arrêt du 31 août 1853 porte : « Attendu que le survivant tient l'usufruit des biens du prédécédé, non pas, ainsi que le dit le jugement attaqué, des enfants qui en auraient été saisis et qui en auraient consenti l'usufruit à son profit comme condition et charge de la donation à eux faite, mais de l'époux prédécédé, en vertu de la réserve dudit usufruit et de la réversibilité sur la tête du survivant, stipulée conformément aux dispositions de l'art. 449 C. C. ; attendu que, dans le cas prévu par cet article, il y a une disposition directe de la part de l'époux, qui constitue l'usufruit en faveur de l'époux, pour lequel il est constitué. »

Celui du 24 janvier 1860 ajoute : « Attendu qu'une telle disposition faite en vertu de la faculté ouverte par l'art. 949 C. C. est entièrement indépendante de la donation et ne peut en être considérée comme une condition ; comme la donation, elle émane des donateurs sans qu'il soit possible de la rattacher par un lien quelconque à une disposition des donataires, ceux-ci, en effet, n'ayant pas été saisis de l'usufruit des biens qui leur étaient donnés en nue-propriété, étaient par là même dans l'impossibilité absolue d'en disposer à aucun titre et sous un mode quelconque. »

Enfin, l'arrêt du 26 juillet 1869 est ainsi conçu : « Attendu qu'il résulte de ces clauses, dont l'appréciation appartient à la C. cass., que l'acte du 23 juin 1864 constituait, outre la donation actuelle en nue-propriété faite aux enfants, une véritable libéralité entre époux soumise à l'événement du décès, en tant qu'il attribuait au survivant des donateurs l'usufruit de la portion d'immeubles donnée par le prémourant aux enfants communs ; qu'à la vérité les donateurs, au lieu de se réserver l'usufruit des biens pour eux et le survivant d'eux, ont stipulé chacun personnellement la réserve de l'usufruit des biens par lui donnés et imposé aux donataires l'obligation de le laisser jouir pendant sa vie de la part du prémourant, mais que ce n'a été là qu'un moyen détourné, ou, comme l'exprime le jugement lui-même, un circuit fait pour assurer au survivant la jouissance de la totalité des immeubles, par conséquent de ceux du prémourant aussi bien que des siens propres ; que cette combinaison, imaginée en vue de dissimuler la pensée véritable de l'acte, n'en saurait changer les dispositions ; et qu'en réalité la stipulation par laquelle chacun des époux s'était, avec le concours à l'acte et, par conséquent, avec le consentement tacite de l'autre, réservé, en cas de survie, l'usufruit de la part du prémourant, avait constitué, dans leur intention commune, une donation mutuelle et éventuelle qui ne peut être considérée comme une dépendance et une condition de la donation par eux faite aux enfants communs. »

On peut consulter, dans le sens de cette jurisprudence, les autorités suivantes : 7402, 8488, 12532, 13688-2 J. E., D. m. f. 23 septembre 1828 (9148 J. E.), Dél. 21 oct. 1831 (10150 J. E., 7595 J. N.), Dél. 10 nov. 1837 (11906 J. E.) ; — Laon 10 mai 1838 (12052-1 J. E.) ; — Beaugé 10 janvier 1843 (12532 J. E.) ; — Saint-Étienne 5 décembre 1843 (13456 J. E.) ; — Loudéac 14 août 1846 (14060 J. E.) ; — Nogent-le-Rotrou 24 juin 1848 (14525 J. E.) ; — Chalon-sur-Saône 7 novembre et 7 décembre 1848 (14862 J. E., 13692 J. N.) ; — Montluçon 6 avril 1852 (15478 J. E., 14836 J. N.) ; — Évreux 16 février 1857 (16470 J. E.) ; — Sedan 4 août 1858 (1088 R. P., 16417 J. N., 16786 J. E.) ; — Chinon 5 mars 1864 (1925 R. P. 18130 J. N., 976 Rev. ; — Seine, 1er fév. 1878).

V. cependant en sens contraire : 7595 J. N. ; — Château-Thierry 25 février 1830 (9605 J. E.) ; — Seine 4 avril 1839 (10534 J. N.) ; — Épernay 19 juillet 1844 (12084 J. N.) ; — Chartres 30 août 1845 (12560 J. N.) ; — Argentan 27 juin 1850 (14147 J. N.) ; — Péronne 11 février 1857 (11038 C., 16471 J. E.) ; — Mortagne 29 août 1861 (1544 et 1568 R. P., 17216 J. N., 12088 C., 106 J. N., 17364 J. E.) ; — Saint-Quentin 9 août 1861 (1518 R. P., 84 Rev., 17363 J. E., 17233 J. N., 12087 C.) ; — Rambouillet 23 décembre 1863 (17969 J. N., 752 Rev., 1916 R. P.) ; — Bayeux 12 mars 1869 (2863 R. P.).

1. VENTE. — La cour suprême a appliqué spécialement sa jurisprudence à la réversibilité stipulée dans un contrat de vente. Par acte notarié du 17 novembre 1848, les époux Madiona ont vendu au sieur Fabre, moyennant 60,000 francs payés comptant, tous les immeubles qu'ils possédaient à Argelès-sur-Mer. Cet acte porte que : « M. et Mme Madiona transmettent à M. Fabre tous les droits de propriété qu'ils ont sur les biens vendus, pour, par l'acquéreur, en disposer comme de chose lui appartenant, savoir : pour la nue-propriété, à compter de ce jour, et pour l'usufruit, à partir du jour du décès du dernier mourant de M. et Mme Madiona, qui s'en réservent expressément la jouissance jusqu'au décès du dernier mourant de l'un d'eux, époque à partir de laquelle l'usufruit sera réuni à la propriété au profit de l'acquéreur ou de ses héritiers ou ayants cause. » La C. cass. a jugé, par un arrêt du 8 août 1853, que le droit de mutation par décès était exigible à l'événement.

« Attendu, porte l'arrêt, que l'acte contient en réalité deux dispositions distinctes, à savoir : 1° une réserve d'usufruit contre l'acquéreur jusqu'au décès du dernier vivant des vendeurs ; et 2° la réversibilité de cet usufruit du prémourant au profit du survivant desdits vendeurs ; attendu que la première de ces dispositions, la réserve d'usufruit sur les deux têtes des vendeurs, affecte seule les droits et la situation de l'acquéreur et se rattache nécessairement à la vente, dont elle est une des conditions ; mais que la deuxième, la réversibilité de l'usufruit du prémourant au survivant, est indifférente à l'acquéreur, qu'elle n'influe en rien sur sa situation, qu'elle est indépendante de la vente et qu'elle n'en dérive pas nécessairement ; qu'ainsi cette disposition de réversibilité ne rentre pas dans l'exception prévue par l'art. 11 L. 22 frimaire an 7, et, d'après les termes généraux du même article, elle est passible du droit déterminé par l'article de ladite loi, auquel elle se rapporte ; attendu que, par suite de cette réversibilité, il y a eu, dans l'espèce et par l'événement du prédécès de la dame Madiona, transmission de l'usufruit des biens de celle-ci au profit de son mari » (1986 § 8 I. G., S. 53-1-637).

On peut consulter, dans le même sens, un jugement du tribunal d'Angers, du 21 juin 1851 (14590 J. N.).

6698. Observation. — Il ne serait pas sans embarras d'expliquer pourquoi la jurisprudence a toujours été si constante à propos des réversions d'usufruit, quand elle a varié au sujet des rentes viagères. Peut-être en trouverait-on un motif plausible dans la nature même de ce dernier droit. L'usufruit d'un immeuble est, en effet, un démembrement de propriété qui a le caractère d'un droit réel et doit être considéré comme l'immeuble lui-même dans les transmissions dont il est l'objet. Or, la cession d'un immeuble, qu'elle ait lieu pour prix d'une convention ou autrement, donne ouverture au droit de mutation, parce que l'immeuble ne saurait changer de main sans acquitter l'impôt. On ne peut aisément considérer son attribution « comme une obligation considérée pour tout ou partie du prix entre les contractants » dans le sens de l'art. 10 L. 22 frimaire an 7. Le droit a donc pu paraître exigible alors même que, dans des circonstances pareilles, la remise d'un capital mobilier en eût été dispensée. Cette considération n'est cependant pas déterminante. D'une part, elle ne s'appliquerait point à l'usufruit des meubles qui représente un véritable capital mobilier, et d'autre part il n'est pas contraire à l'économie des lois fiscales que l'usufruit d'un immeuble soit affranchi de l'impôt quand sa cession est la condition d'un autre contrat principal soumis au droit, nous en avons vu des applications aux n°s 5303 et 6650 qui précèdent. Aussi croyons-nous que les deux situations se rapprochent et que la jurisprudence tendra désormais à les réunir : nous reviendrons tout à l'heure sur ce point au sujet de la réversion de l'usufruit de biens communs.

ARTICLE 3. — BIENS COMMUNS

[6699-6716]

6699. Principes. — On comprend très-bien que, quand la réversion a lieu au profit d'un tiers qui n'avait aucun intérêt personnel dans la stipulation principale, on soit conduit à y voir une libéralité. Dans son arrêt solennel du 23 décembre 1862, la C. cass. relevait avec soin cette circonstance que le bénéficiaire éventuel de la rente était *sans qualité* pour intervenir au contrat d'aliénation. La position est différente, en effet, si la personne appelée à la réversion a participé à la convention dont cette réversibilité est le produit : il se peut, en effet, qu'elle n'ait consenti à la vente ou à la donation de sa part dans le bien commun qu'en imposant au donataire ou au vendeur directement l'obligation d'augmenter le montant de sa rente ou de sa jouissance à une époque où ses ressources diminueront par le prédécès d'un époux, d'un associé ou toute autre circonstance. Le vendeur ou le donateur fait alors un contrat aléatoire par lequel il réduit son revenu actuel dans l'espoir de recevoir plus tard davantage. C'est, en d'autres termes, comme s'il stipulait que l'acquéreur, au lieu de lui servir une rente de 500 francs pendant 10 ans, la lui payera de 250 francs pendant 20 ans. Il n'y a dans une telle combinaison aucune libéralité de la part de l'autre copropriétaire qui vend sa part aux mêmes conditions. Chacun d'eux a stipulé pour soi avec l'acquéreur, et c'est le prix de sa propre chose qu'il reçoit quand s'opère à l'événement la réversion de la rente ou de la jouissance. « Chacun d'eux, dit M. Pont, n'a eu l'intention de faire à l'autre une libéralité : leur but commun, en réunissant leurs capitaux, a été de procurer une rente plus élevée à celui qui survivrait. C'est une convention aléatoire qui présente une analogie frappante avec la tontine. De même que dans la tontine, contrat à titre onéreux incontestablement, les survivants profitent seuls des capitaux apportés par les prédécédés, de même aussi, dans notre hypothèse, le survivant acquiert dans la rente la part du prédécédé sans qu'il se mêle à son acquisition aucune idée de libéralité. Les règles sur les donations, leur nullité, leur réduction ou leur révocation restent donc complétement inapplicables » (*des Petits Contrats* n° 698). — Et Mourlon ajoute également : « Cette idée de libéralité est en désaccord avec les faits et avec l'intention des parties. Les époux ont fait entre eux un contrat unique par lequel chacun d'eux a stipulé en vue de sa propre personne ou de son intérêt personnel un certain avantage en retour de l'avantage qu'il a promis. Or, si chacun d'eux a entendu recevoir l'équivalent de ce qu'il a donné, comment ne pas voir dans leur traité les signes vraiment essentiels et tout à fait caractéristiques du contrat à titre onéreux ? » — (V. Dalloz 1865 t. 75).

1. PACTE SUR SUCCESSION FUTURE. — On a objecté que, si l'attribution de l'usufruit provient du donataire, elle constitue un pacte sur une succession future, puisque ces donataires disposent d'un bien dont ils ne seront propriétaires qu'au décès de l'autre communauté et qu'alors on place la clause sous le coup d'une nullité radicale (art. 791, 1130 et 1600 C. C.). — Mais ce motif est sans valeur : d'abord, il ne s'appliquerait pas aux réversions de rentes ; car, en s'obligeant à augmenter le chiffre des arrérages, à l'époque du décès du conjoint, les donataires ou les acquéreurs ne stipulent point sur une succession future et ne disposent pas d'un objet qui en fait partie. En second lieu, ce n'est point stipuler sur une succession non ouverte que de promettre au donateur de lui abandonner la jouissance d'un immeuble, quand il aura fait retour à la propriété par le décès de l'usufruitier actuel. En effet, le droit d'usufruit que le conjoint s'est réservé en aliénant la nue-propriété ne forme pas un bien de sa succession, puisqu'il s'éteint précisément par le fait même de son décès. Le nu-propriétaire le recueille alors, non pas à titre successif, et en vertu de sa qualité d'héritier ou de légataire, mais par suite de la consolidation et d'après les dispositions de la loi (617 C. C.). Le décès de l'usufruitier n'est qu'un terme fixé pour la réunion, dès à présent certaine, de la jouissance. Quand le nu-propriétaire stipule sur cet usufruit, il ne fait donc aucun pacte sur la succession de l'usufruitier ; il se borne à contracter sur une chose future dont il est assuré de devenir un jour ou l'autre propriétaire (*Conf.* : Poitiers 10 juin 1851, S. 51-2-609).

2. DONATION MUTUELLE. — NULLITÉ. — Mais on pourrait opposer avec plus de raison au système contraire l'art. 1097 C. C. qui défend aux époux de se faire une donation mutuelle par le même acte. Il a été jugé, en effet, que la clause d'un partage anticipé ou d'une donation par laquelle les donateurs réservent à leur profit et au survivant d'eux l'usufruit des biens donnés constitue une donation mutuelle entre époux par le même acte, prohibée par l'art. 1097 C. C. (Cass. 26 mars 1855, S. 55-1-355, 420 R. P.; — 15 juill. 1863, S. 63-1-439; — Cass. belge 18 mai 1866, 18189 J. E.) annulant même l'acte de donation tout entier (Angers 10 nov. 1853, 15782-2 J. E., S. 53-2-690). Toutefois, cette question est controversée et on incline généralement à croire que la prohibition de l'art. 1097 C. C. peut être écartée quand on remarque qu'il s'agit ici d'une donation consentie accessoirement à un contrat onéreux et dispensée à ce titre par l'art. 1973 C. C. des formalités ordinaires de donation (Pont *Petits Contrats* n° 699; — C. Paris 25 mars 1844, J. P. 1844-1-510; — C. Poitiers 10 juin 1851, S. 51-2-609; — 20 fév. 1861, S. 61-2-465; — C. Metz 18 juin 1863 au sujet d'une rente, S. 63-2-211; — *V.* Cass. 28 juin 1837, 11865 J. E.; — Blois 21 janv. 1851, 15159 J. E.; — Épernay 3 fév. 1837, 11789-4 J. E.).

3. CONCLUSION. — Mais, quoi qu'il en soit de ces objections de détail, le principe que nous avons établi nous paraît constant : la réversion pouvant être le produit d'une stipulation intéressée intervenue entre le survivant et l'acquéreur ou le donataire, l'Administration ne saurait, sauf le cas de fraude, exiger le droit de donation éventuel et de mutation par décès.

6700. Ancien droit. — Telle était déjà la doctrine de l'ancien droit, comme l'atteste l'auteur du *Dictionnaire des Domaines* : « Lorsque, dit-il, un mari et une femme acquièrent un bien fonds et stipulent par le contrat que le survivant jouira en usufruit de la portion du prédécédé dans cette acquisition, ce n'est qu'une condition de leur acquisition commune et qui ne peut donner lieu à la perception d'aucun droit de contrôle ou d'insinuation particulière ni même au demi-droit de centième denier, lorsque le survivant entre en jouissance de la totalité, s'il n'a pour titre que cette condition stipulée par l'acquisition. Il en est de même lorsque deux particuliers acquièrent également un bien fonds en commun avec pareille stipulation de jouissance en faveur du survivant, parce que ce n'est pas un don, mais une simple condition de l'acquisition dans laquelle l'un et l'autre sont parties principales » (Bosquet 2-195 et *Acquisition*).

6701. Jurisprudence moderne. — Longtemps l'Administration a appliqué cette règle. — Par une Sol. 10 fructidor an 10, elle s'était prononcée pour la nonexigibilité d'un droit proportionnel quelconque à l'événement, ce qui excluait la perception du droit de donation éventuelle sur le contrat, lorsque deux individus acquièrent, des deniers communs, une rente viagère avec clause qu'elle sera réversible en totalité sur la tête du survivant.

Depuis lors, il avait été également reconnu que si, au lieu d'un propre, la donation ne porte que sur des biens communs, l'époux survivant qui recueille, en vertu de la clause de réversibilité, une rente viagère ou l'usufruit de la portion de son conjoint, n'a à payer aucun droit de mutation par décès à raison de la portion de rente ou d'usufruit qui correspond aux droits des héritiers du prédécédé dans la communauté. Il n'y a ici qu'une condition aléatoire commune aux deux époux (12532, 13969 J. E., Dél. 12 janv. 1827, 8831 J. E., Dél. 21 oct. 1831, 10150 J. E.).

Et ce que l'on disait de la donation devait également s'entendre de la vente solidaire d'un immeuble de communauté, moyennant une rente viagère réversible au survivant des époux (Dél. 9 janv. 1812, 4115 J. E.).

Mais l'Administration ne persista pas dans cette appréciation. Favorisée par la jurisprudence restrictive de la cour de cassation, en matière de réversibilité d'usufruit, elle soutint, comme thèse de droit, que toute aliénation de biens communs faite moyennant une rente viagère réversible sur la tête du survivant ou sous réserve de l'usufruit au profit de ce dernier, contient une libéralité éventuelle passible du droit fixe et donne ultérieurement ouverture au droit de mutation par décès. Elle ne voulut pas admettre de différence entre l'aliénation des propres ou des biens communs, parce qu'elle ne voyait de changé que les termes de la clause et qu'en résultat chacun des communistes, ayant un droit personnel distinct dans les biens, l'aliénait au profit éventuel de l'autre.

La question, soumise à la jurisprudence, a eu des fortunes diverses selon qu'il s'est agi des réversions de rente ou des réversions d'usufruit.

6702. Rentes. — Pour les réversions de rentes, trois tribunaux seulement décidèrent, conformément à la prétention du Trésor, que la vente ou la donation d'un bien commun faite moyennant une rente réversible sur la tête du survivant, donne lieu au droit de mutation par décès sur la portion de la rente dépassant la part du survivant dans le bien (Évreux 16 fév. 1857, 16470 J. E., 11039 C.; — Angers 10 juin 1864, 17854 J. E.; — Chinon 5 mars 1864, 1925 R. P., 18130 J. N., 976 Rev.). — Mais ce système échoua devant tous les autres. Il fut reconnu que la réversion ne provenait pas d'une libéralité faite par l'un des copropriétaires à l'autre, mais formait une des conditions de l'aliénation et se trouvait ainsi dispensée de tout droit particulier (Altkirch 10 déc. 1855, 972 R. P.; — Yvetot 18 août 1863, 1042 R. P., 12670 C., 17985 J. N.; — Rennes 26 août 1863, 1906 § 2 R. P., 12628 C., 17918 et 18123 J. N., 866, 867, 890 Rev., 12670 C.; — Château-Thierry 12 mars 1864 et Vitry-le-François 15 avr. 1864, 1906-2 R. P.; — Bressuire 27 fév. 1866, 2234 R. P.). — C'est ce que décida la C. cass. le 15 mai 1866, en confirmant le jugement de Rennes du 26 août 1863 : « Attendu, porte cet arrêt, qu'il n'en est pas de ce cas comme de celui d'une vente faite moyennant une rente viagère, stipulée réversible, au décès du vendeur, sur un tiers qui n'en a pas fourni les fonds ; qu'il y a sans doute, dans cette clause de réversibilité de la rente au profit du tiers, une libéralité ajoutée au contrat à titre onéreux et qui n'en est pas une dépendance nécessaire ; mais qu'il en est autrement dans l'espèce actuelle ; qu'on ne peut voir, dans la stipulation relative aux rentes viagères, une donation réciproque et éventuelle de la moitié de ces rentes que le survivant des époux Briand aurait été appelé à recueillir dans la succession du prédécédé ; que le prix stipulé tout entier au profit du dernier vivant desdits époux est un des éléments de la vente des choses qui leur appartenaient en commun ; qu'il forme une condition sans laquelle ni l'un ni l'autre des conjoints n'auraient consenti aux aliénations et qui ne peut en être séparée; que cette convention ne peut donc pas être rangée dans la classe des dispositions indépendantes et ne dérivant pas nécessairement les unes des autres qui ne peuvent, aux termes de l'art. 11 L. 22 frimaire an 7, se rencontrer dans le même acte, sans donner ouverture, pour chacune d'elles, à un droit particulier d'enregistrement» (2300 R. P., 2355-6 I. G., S. 66-1-304, D. 66-1-201).

La même doctrine a été appliquée, depuis lors, par divers tribunaux (Tarascon 4 janv. 1867 ; — Brest 6 fév. 1867, 2412 R. P., 13280 C.).

Elle a été enfin prise pour règle par l'Administration dans une I. G. du 28 novembre 1867 n° 2355 § 16 ainsi conçue : « Il résulte de l'arrêt du 15 mai 1866 que la vente, faite par des époux, de biens dépendant de leur communauté, moyennant une rente viagère réversible sans aucune diminution sur la tête du survivant d'eux, ne présente pas les caractères juridiques d'une donation éventuelle. Conséquemment, il n'est dû ni droit fixe sur l'acte de vente, ni droit proportionnel de mutation, lors de l'événement du décès. »

6703. Copropriétaires ordinaires. — La plupart de ces décisions ont été rendues à l'occassion de réversibilités stipulées entre époux. Mais le principe est le même pour les réversions intervenues entre communistes. Presque toujours ce sont des parents qui ont l'habitude de vivre ensemble et qui dès longtemps ont réuni leurs revenus pour subvenir plus aisément aux besoins de l'existence. Chacun d'eux, prévoyant le cas où la mort de son associé viendra diminuer ses ressources, peut désirer se ménager alors une augmentation de revenus, et, pour cela, il combine avec l'acquéreur le taux ou l'exigibilité de la rente de façon à l'accroître selon les circonstances. Ainsi que nous le disions déjà dans une hypothèse semblable au n° 1842 du R. P., il n'y a là qu'une application normale du droit de propriété. S'il a paru à la cour qu'une telle clause de réversion stipulée entre époux était une simple condition de la vente, nous croyons qu'on ne saurait lui attribuer un autre caractère quand elle intervient entre des communistes ou des copropriétaires. C'est aussi l'avis exprimé par M. Paul Pont au *Comment. des petits contrats* (art. 1973 n° 698).

Sans doute, et contrairement à ce qui a lieu entre époux, le survivant ne doit aux héritiers du défunt aucune indemnité représentative du profit qu'il recueille de la réversion. Mais cette circonstance est sans intérêt pour la détermination de la nature du contrat. Nous l'avons déjà fait remarquer au n° 2345 du R. P., la stipulation d'un prix en argent n'est pas ici une condition essentielle de la perception. Ce prix peut très-bien être remplacé pour chaque covendeur par l'espérance que le contrat lui ménage de recueillir la part du prémourant. L'aléa réciproque résultant de la convention représente ainsi, dans la pensée des copropriétaires, la valeur de leurs droits et révèle le caractère onéreux de la mutation (Cass. 15 déc. 1852, 12 juill. et 10 août 1853, 26 avr. et 26 juill. 1854, 9 avr. 1856 et 14 juin 1858, 2150-1 I. G.). — V. *Association*. Si la clause de réversion intervenait uniquement entre les communistes en dehors de la participation de l'acquéreur, on pourrait élever la question d'exigibilité du droit de mutation à titre onéreux au décès du prémourant. Mais la stipulation, étant ici le résultat de la convention directement arrêtée avec cet acquéreur, a tous les caractères d'un règlement du prix de la vente, et doit échapper à l'application d'un droit particulier. C'est ce qu'ont décidé avec raison les tribunaux d'Yvetot le 18 avril 1863 (1842 R. P., 12670 C., 17985 J. N.) et d'Angers le 6 avril 1867 (2613 R. P. — *Contrà* Boulogne 30 août 1867 (2613 R. P.).

La doctrine précédente a été confirmée de tous points par un arrêt de cass. du 26 janvier 1870, ainsi conçu : « Attendu que la rente ainsi déterminée, quant à sa quotité et son doublement éventuel, ne fait que représenter le prix que chacun des vendeurs, également intéressé et partie au contrat, a personnellement et dans son propre intérêt, stipulé pour l'aliénation de la chose; que ce prix tout entier, sous les conditions auxquelles il a été convenu, est l'un des éléments substantiels de la vente consentie par chacun des vendeurs; que si le survivant d'entre eux est appelé à jouir de la totalité de la rente viagère, il tient ce droit de sa propre stipulation et non d'une libéralité qui lui aurait été faite par le prédécédé; que cette convention forme l'une des conditions essentielles et intégrantes du contrat et ne peut, en conséquence, être rangée parmi les dispositions indépendantes ou ne dérivant pas nécessairement les unes des autres, que l'art. 11 L. 22 frimaire an 7 assujettit, selon leur espèce, à un droit particulier» (Cass. 26 janv. 1870, 3047 R. P., 19801 J. N., D. 70-1-160, Bull. 18, S. 70-1-84). — Elle a été prise pour règle par l'Administration (2401-6 I. G. ; — Sol. 28 mars 1877, 4746 R. P.).

1. ÉPOUX. — Il faudrait d'ailleurs assimiler à l'hypothèse précédente la vente faite par les deux époux d'un bien qui ne dépendrait pas de leur communauté, mais qui serait leur propriété indivise à un autre titre (Sol. 28 mars 1877, 4746 R. P.).

2. BIENS DIVIS. — De même si les biens sont propres à chacun des époux et non indivis entre eux, il suffit que la vente soit solidaire, pour que la réversion ne procède pas d'une libéralité (Sol. 27 avr. 1878). — *Conf.* : Pont, *Petits contr.*, n° 700)

6704. Usufruit. — 1. EXIGIBILITÉ DU DROIT. — Les résultats de la jurisprudence en matière de réversion d'usufruit ont été contraires à ceux obtenus à propos des rentes. C'est par exception seulement que les clauses de l'espèce ont été affranchies du droit de donation éventuelle. Une solution, prise en thèse générale, le 30 juin 1855 (827 R. P., 11096 C., 16448 J. E.), décida que la circonstance que les biens donnés dépendent de la communauté ne change rien au fond des choses ; les époux sont censés propriétaires chacun par moitié des biens acquis pendant leur communauté, ils ne peuvent, dès lors, acquérir, au cours du mariage, des droits de propriété ou d'usufruit sur la part l'un de l'autre qu'au moyen d'un abandon volontaire et réciproque, d'une véritable libéralité. Cette doctrine fut enseignée officiellement en ces termes au § 10 de l'I. G. n° 2114 : « On ne fait pas de distinction entre les biens propres et les biens de communauté pour la perception du droit de mutation par décès, à raison de l'usufruit réservé dans un partage anticipé au profit du survivant des époux donateurs. Ainsi la clause de réversibilité constitue une libéralité, même à l'égard des acquêts, et l'acte qui contient cette clause donne lieu à la perception du droit de donation éventuelle, qu'il s'agisse de biens propres ou de biens de communauté. »

L'exigibilité de ce droit a été reconnue par des jugements du Mans 17 décembre 1850 (15130 J. E.); — Sedan 4 août 1858 (1088 R. P., 16417 J. N., 16786 J. E.); — Saint-Quentin 9 août 1861 (1518 R. P., 84 Rev., 17303 J. E., 17233 J. N., 12087 C.); — Chinon 5 mars 1864 (1925 R. P., 18130 J. N., 970 Rev.) — et Seine 1er fév. 1878 (20687 J. E.).

Elle a été consacrée par plusieurs arrêts de la C. cass. (31 août 1853, 1916-9 I. G., S. 53-1-771, 6 mai 1857, 2114 § 10 I. G., P. 57-566, 841 R. P., 21 janv. 1860, 1280 R. P., 2174 § 8 I. G., 16764 J. N., 11083 C., 17080 J. E., S. 60-1-754, 14 nov. 1865, 2219, 2511 R. P., 12997 C., 2347 § 1er I. G., S. 66-1-123, D. 66-1-110, 26 juill. 1869, trois arrêts 3026 R. P., 2393-5 I. G., S. 69-1-475, D. 69-1-476, P. 69-1227, 19683 J. N., 18851 J. E.).

Mais il importe de préciser brièvement la portée de ces arrêts.

2. EXAMEN DE LA JURISPRUDENCE. — 1° Dans l'espèce de l'arrêt du 31 août 1853, le tribunal de Saverne s'était posé la question de savoir « si la disposition a le caractère exclusif d'une transmission à titre de donation entre époux, ou si plutôt elle ne constitue pas une charge imposée aux enfants donataires par la volonté des parties, » et il avait décidé, le 22 août 1851, que la seconde interprétation était plus conforme à la nature du partage d'ascendants. La C. cass. déclara, au contraire, « que des termes de la clause dont l'appréciation lui appartient, il résulte que l'époux survivant tient l'usufruit du bien du prédécédé, non pas des enfants qui en auraient été saisis et qui en auraient consenti l'usufruit à son profit comme condition de la donation à eux faite, mais de l'époux prédécédé, en vertu de la réserve contenue dans le partage, c'est-à-dire d'une libéralité; »

2° La question ne fut pas discutée à ce point de vue dans le procès tranché par l'arrêt du 6 mai 1857. Les parties ne contestaient pas que la réversibilité d'usufruit eût le caractère d'une donation faite par le défunt à son conjoint, mais elles croyaient pouvoir prétendre que cette donation n'atteignait pas les acquêts. Le tribunal d'Amiens, et après lui la cour, décida « que la loi n'établit à cet égard aucune distinction entre les biens propres du mari et ceux provenant de sa part dans la communauté; qu'on ne trouve aucune raison de faire cette distinction; qu'il y a donc également transmission du mari à la femme; »

3° Les époux Mercier avaient fait le partage anticipé de leurs biens entre leurs enfants, en stipulant, comme condition expresse de la libéralité, que les donataires n'entreraient en jouissance des biens donnés qu'au décès de leurs père et mère. Au décès de la dame Mercier, la C. cass., appelée à interpréter le caractère de la clause de réversion, décida, le 21 janvier 1860, « que cette disposition est entièrement indépendante de la première (la donation aux enfants) et ne peut en être considérée comme la simple condition; que, comme la première, elle émane directement des époux Mercier, sans qu'il soit possible de la rattacher par un lien quelconque à aucune des dispositions des héritiers Mercier; que ceux-ci, en effet, n'ayant pas été saisis de l'usufruit des biens qui leur étaient donnés en nue-propriété, étaient par là même dans l'impossibilité absolue d'en disposer à aucun titre, et sous un mode quelconque; qu'il y a donc eu donation éventuelle entre époux; »

4° Une donation faite par les époux Dauthuile à leurs enfants portait que le survivant des donateurs impose aux donataires l'obligation de le laisser jouir pendant sa vie des biens donnés dont ils seront entrés en jouissance au décès du prémourant, mais seulement soixante-douze heures après ce décès. L'arrêt du 14 novembre 1855 décida « que c'était là une combinaison suggérée pour dissimuler une véritable donation mutuelle et éventuelle entre les donateurs et que le droit fixe de 5 francs (7 fr. 50 cent.) était exigible; »

5° Les arrêts du 26 juillet 1869 ont été rendus au sujet de clauses portant, l'une : « celui des donateurs qui survivra à l'autre fait et consent encore la donation précédente sous la condition expresse que les donataires lui laisseront, pendant sa vie et jusqu'à son décès, l'usufruit de la part du prémourant dans les biens donnés; » la seconde : « comme condition de la donation, les époux Verrier, père et mère, font la réserve expresse au profit de chacun d'eux et au profit du survivant pendant sa vie et celle dudit survivant, sous les charges de droit, de l'usufruit et jouissance de tous les biens donnés; » enfin, la troisième : « les donataires n'entreront en jouissance des biens donnés et partagés qu'au jour du décès du dernier vivant des donateurs. Chacun de ceux-ci impose aux enfants l'obligation de laisser jouir son conjoint sa vie durant de tous les biens dont il s'agit. » Or, la cour a décidé que toutes ces stipulations dissimulaient une donation : « A la vérité, portent les arrêts, les donateurs, au lieu de se réserver l'usufruit des biens pour eux et le survivant d'eux, ont stipulé chacun personnellement la réserve de l'usufruit des biens par lui donnés et imposé aux donataires l'obligation de le laisser jouir pendant sa vie de la part du prémourant, mais ce n'a été là qu'un moyen détourné, ou, comme l'exprime le jugement lui-même, un circuit fait pour assurer au survivant la jouissance de la totalité des immeubles, par conséquent de ceux du prémourant aussi bien que des siens propres; cette combinaison, imaginée en vue de dissimuler la pensée véritable de l'acte, n'en saurait changer les dispositions, et en réalité la stipulation par laquelle chacun des époux s'était, avec le concours à l'acte et par conséquent avec le consentement tacite de l'autre, réservé, en cas de survie, l'usufruit de la part du prémourant, avait constitué, dans leur intention commune, une donation mutuelle et éventuelle qui ne peut être considérée comme une dépendance et une condition de la donation par eux faite aux enfants communs. »

Il résulte bien de ces arrêts que les tribunaux ont le droit d'interpréter les clauses de réversion comme des libéralités éventuelles réciproques, et même que cette interprétation doit être en général préférée à celle qui tendrait à y voir une simple charge imposée aux enfants par le survivant des donateurs. La C. cass. a sans doute considéré que la nature du droit d'usufruit ne se prêtait pas aussi facilement que la rente à une stipulation intéressée entre le donateur et ses enfants eux-mêmes, nous l'avons fait remarquer déjà précédemment; mais aucun des arrêts ne consacre, en thèse, la doctrine absolue de la Sol. de 1855 et de l'I. G. n° 2114 § 10. Ils ne décident point qu'en aucun cas l'attribution de l'usufruit ne peut être le résultat d'une charge de la libéralité du disposant.

3. CARACTÈRE DE LA CLAUSE. — C'est qu'en effet une pareille doctrine ne serait pas juridique. Quand je vous donne tous mes immeubles à condition que vous me laisserez la jouissance des vôtres et quand ma libéralité forme la disposition principale du contrat, le droit proportionnel s'établit sur elle, sans que la condition de jouissance puisse être frappée d'un impôt particulier. La C. cass. l'a elle-même reconnu dans plusieurs arrêts rapportés au n° 5304 qui précède. — Il est clair qu'il en doit être de même quand, au lieu de vous obliger *hic et nunc* à m'abandonner en échange de ma donation la jouissance de vos biens, je stipule seulement que j'aurai la jouissance de ceux qui pourront vous échoir par le décès d'un tiers. La condition arrivant, mon usufruit commence; mais il s'établit toujours en vertu de l'obligation que je vous ai imposée dans le contrat intervenu entre nous. Pas plus dans un cas que dans l'autre, il n'y a donation en ma faveur par le tiers auquel appartenaient les biens que vous recueillez. Par conséquent, s'il était catégoriquement établi que tel est le sens d'une clause de réversion, il serait impossible de demander le droit de donation éventuelle et plus tard le droit de succession.

4. L'USUFRUIT VIENT DES ENFANTS. — Les objections que l'on a faites contre cette théorie se résument à quatre. On a dit d'abord que le survivant ne pouvait pas tenir l'usufruit des enfants qui n'en étaient pas propriétaires, mais le recevait nécessairement de son conjoint, auquel il avait toujours appartenu.

L'argument repose sur une équivoque. Ainsi que nous l'avons déjà dit, l'usufruit reste aux mains des donateurs, c'est incontestable; mais il est incontestable aussi que cet usufruit s'échappera un jour des mains de celui des époux qui mourra le premier. Il est incontestable encore qu'à ce moment les enfants le recueilleront par la seule force de la loi et qu'ils pourront en disposer. Or, que fait le survivant des donateurs, sinon demander aux donataires, comme condition de sa propre libéralité, de le laisser profiter, le moment venu, d'une jouissance qui tombera dans leurs mains par l'effet d'un événement futur et infaillible? Une pareille convention est très-licite. Quand elle s'exécute, le donateur reçoit évidemment l'usufruit des donataires, parce qu'ils en sont devenus propriétaires avant de le lui transmettre.

5. L'USUFRUIT NE PEUT SE TRANSMETTRE SANS PAYER L'IMPOT. — On ajoute qu'à la différence de la rente viagère l'usufruit constitue un droit réel et que dans aucun cas un droit réel ne peut passer d'une tête sur l'autre sans acquitter l'impôt proportionnel. Ce n'est là rien moins qu'une erreur de principe. La jurisprudence a depuis longtemps décidé, en effet, que, si la mutation de ce droit réel, mobilier ou immobilier, s'opère comme condition d'un autre contrat et dans le même acte, l'impôt perçu sur la disposition principale en affranchit la stipulation dépendante. Et c'est précisément sur des espèces analogues aux affaires actuelles que la cour s'est prononcée. Ses arrêts ont reconnu que, quand un père fait une donation à ses enfants à la condition par ceux-ci de lui céder la jouissance des immeubles dépendant de la succession de leur mère, cette clause ne saurait motiver la perception d'aucun droit particulier; elle est absorbée par la disposition principale qui est la donation du père, et le seul impôt exigible est celui auquel donne lieu l'abandon gratuit des valeurs aux enfants (Cass. 6 janv. 1834, S. 34-1-90 et 13 oct. 1853). Rien ne s'oppose donc à ce que l'usufruit réservé par le conjoint survivant comme charge d'une libéralité assujettie au tarif proportionnel lui soit dévolu sans payement d'un nouveau droit.

6. STIPULATION SUR SUCCESSION FUTURE. — Mais alors, dit-on, l'acte renferme une stipulation sur une succession future, puisque les enfants disposent d'un usufruit qu dépendra de l'hérédité de leur auteur.

La réponse est facile : nous l'avons déjà faite au n° 6696-1. Non, l'usufruit qui fait l'objet du pacte ne dépendra jamais de la succession du prémourant, puisqu'il s'éteindra précisément par son décès. Les enfants l'obtiendront par suite de la consolidation et en vertu des dispositions de la loi, parce qu'ils sont nus-propriétaires et encore bien qu'ils aient perdu la qualité d'héritiers. La prohibition de l'art. 1097 C. C. est donc complétement hors de cause.

7. NULLITÉ. — Enfin, on refuse aux parties le droit de déterminer la nature de la convention par l'examen des effets qu'elle produit selon qu'elle procède d'une donation réciproque ou d'une simple charge. Vainement font-elles remarquer qu'en la prenant pour une libéralité on la place sous le coup d'une nullité radicale (1097 C. C.). La cour elle-même se borne à répondre que l'Administration n'est pas juge de la nullité des actes. En effet, le préposé n'apprécie pas la validité d'un contrat soumis à la formalité. Mais ce n'est point de cela qu'il s'agit. On a simplement à déterminer le caractère douteux d'une stipulation. Or, sur ce point, l'Administration fait journellement usage des présomptions du droit commun (art. 1156 et suiv. C. C.), et l'on ne voit pas pour quelle raison la même faculté serait interdite aux parties. La disposition légale d'après laquelle un contrat doit être entendu plutôt dans le sens de sa validité que de sa nullité (1157 C. C.) conserve de part et d'autre toute sa force. Ce n'est point une preuve décisive qui doive terminer le débat; mais c'est une induction grave que les magistrats doivent apprécier et que les parties ont, dès lors, le droit de proposer à leur examen.

8. CONCLUSION. — Nous maintenons donc énergiquement l'exactitude du principe engagé devant la cour. Nous croyons que quand, en l'absence de toute dissimulation frauduleuse, la réserve d'usufruit est le résultat d'une condition imposée aux donataires, aucun droit ne saurait être perçu. Mais il faut bien reconnaître, en présence des nouveaux arrêts, qu'il serait difficile, quant à présent, d'amener la cour à reconnaître ce caractère aux stipulations de l'espèce. Elle l'a refusée à des clauses cependant très-précises. Des rédactions analogues n'auraient pas sans doute plus de succès. Il ne reste plus qu'à isoler l'une de l'autre les deux donations, afin de séparer ainsi les réserves d'usufruit et d'imprimer plus énergiquement à chacune d'elles la nature d'une simple charge. On peut croire qu'en poursuivant l'application de sa doctrine jusqu'à ces espèces l'Administration rencontrerait dans la jurisprudence secondaire des résistances qui ramèneraient heureusement le principe devant la cour suprême.

Nous nous rattachons donc, malgré l'autorité des arrêts de

la cour suprême, à la jurisprudence qui a généralement prévalu devant les tribunaux.

C'est avec raison, croyons-nous, que celui de Mortagne a décidé, le 29 août 1861, en appréciant les faits de la cause, qu'il n'y avait pas de libéralité entre époux dans la stipulation d'un partage anticipé ainsi conçue : « Celui des époux donateurs qui survivra à l'autre consent la donation dont il s'agit, sous la condition expresse que les enfants, qui y consentent, lui laisseront, pendant sa vie et jusqu'à son décès, l'usufruit de la part du prémourant. » — « Le survivant, a dit le tribunal, tient ainsi l'usufruit, non pas d'une libéralité accordée par sa femme, mais d'une stipulation faite directement avec ses enfants et qui n'est passible d'aucun droit. Si les parties ont éludé le droit, elles n'ont fait qu'user d'une faculté légale par l'emploi de conventions licites» (Mortagne 29 août 1861, 1544 et 1568 R. P., 17216 J. N., 12088 C., 106 Rev., 17364 J. E.).

C'est ce qu'a reconnu aussi le tribunal de Rambouillet, le 23 décembre 1863, à propos de la réserve de jouissance d'une chambre dans une maison commune (1916 R. P., 17969 J. N., 752 Rev.). — *V.* également Seine 13 juin 1868, 2716 R. P.).

En matière civile, un arrêt de la cour de Nîmes du 16 décembre 1865 a également décidé que la clause d'un partage anticipé fait par les père et mère entre leurs enfants, par laquelle les donateurs se réservent à tous deux et au survivant de l'un d'eux l'usufruit des biens compris dans le partage, peut constituer une simple condition imposée aux enfants et non pas une libéralité éventuelle réciproque : « Attendu, porte cet arrêt, que l'on prétend vainement que la clause serait illicite et par conséquent nulle ; qu'en réalité elle n'est autre chose qu'une condition, une charge de la donation et qu'on ne saurait y voir une donation réciproque entre époux faite par un seul et même acte, et, par conséquent, proscrite par l'art. 1097 C. C.; qu'en effet, l'acte précité ne contient aucune libéralité faite par un époux à l'autre, mais seulement une donation faite par des ascendants à leurs enfants, qui, en l'acceptant, se sont soumis aux conditions imposées par les donateurs » (2355 R. P.).

Il a été reconnu également que l'acte par lequel trois personnes possédant en commun un immeuble se font donation mutuelle et irrévocable et au survivant d'elles, chacun du tiers indivis lui appartenant, à condition que les donateurs n'entreront successivement en jouissance qu'au décès du premier, et ensuite du second mourant, doit être considéré comme contenant une transmission éventuelle (Dél. 3 déc. 1831).

6705. Question de fraude. — On conçoit que dans cette matière, qu'il s'agisse de rente ou d'usufruit, les limites de l'appréciation sont très-variables. La fraude est parfaitement à l'aise dans une combinaison qui s'adapte aussi bien à la donation mutuelle qu'à la simple condition de libéralité. Pour distinguer les deux contrats, il n'y a que l'examen des stipulations de l'acte et la recherche des circonstances extérieures servant à caractériser l'intention réelle des parties. Ainsi, pour en donner un exemple, il est impossible de ne pas admettre, avec Troplong, que, si un mari infirme et très-vieux, engagé dans les liens d'un second mariage avec une jeune femme, achetait, avec les deniers de la communauté, une rente réversible sur la tête du survivant des époux, on serait fondé à considérer cet acte comme imposé au mari, par le désir de favoriser une jeune épouse aux dépens des enfants d'un premier lit (*Des Donations* n° 255, *Conf.* : P. Pont *Petits Contrats* n° 700).

De même, il a été jugé que le droit de donation éventuelle est exigible, si, le jour même de l'acte où se trouve la clause de réversibilité, les époux se sont fait une donation mutuelle par actes séparés (Cass. 27 juin 1837) : « Attendu que, dans l'espèce, il n'est pas question de la transmission de biens faite par des parents à leurs enfants, mais de la donation de l'un des époux à l'autre, sujette comme tout autre au droit proportionnel et non susceptible de l'application de l'art. 3 L. 16 juin 1824 ; que cette donation des époux de l'un à l'autre résultait, non de l'acte de partage, mais de deux actes séparés souscrits le même jour, l'acte de partage ne contenant qu'une réserve et une condition imposée aux enfants donataires ; — Attendu que, dans le procès, le sieur Benoît se reconnaissait bien propriétaire de l'usufruit des biens de sa femme, fait qui engendrait la perception du droit de mutation établi par les articles précités de la loi de frimaire et 53 L. 28 avril 1816 » (11829 J. E., S. 37-1-1028, *Conf.* : Beauvais 17 janv. 1838, 11958 J. E.).

6706. Rente ou réserve partielle. — Dans tous les cas, il n'y a pas de cause à la perception du droit de donation, quand la réversion a pour objet une rente ou un usufruit qui ne dépasse pas la part du survivant dans les biens communs. Ainsi, si deux copropriétaires possédant un immeuble, l'un pour un tiers et l'autre pour le surplus, stipulent que la rente ou la jouissance réservée appartiendra à ce dernier pour deux tiers en cas de survie, il est clair qu'il n'y a aucune libéralité de la part de l'autre. — Il en est de même, dans le cas plus fréquent, où les époux, en donnant leurs biens de communauté, conviennent que le survivant aura un droit d'habitation dans une maison qui en fait partie. Si ce droit n'excède pas le revenu des biens donnés par le survivant, on considère que celui-ci s'est réservé la jouissance de sa propre chose, et on ne saurait percevoir aucun droit (*V.* Rambouillet 23 déc. 1863, 1916 R. P., 17969 J. N., 752 Rev., *Contrà* 17857-2 J. E.).

Il a été reconnu, en ce sens, que, quand deux époux ont réservé au survivant l'usufruit d'une partie seulement des acquêts compris dans la donation faite à un tiers, le droit de mutation par décès n'est exigible pour la réversion de l'usufruit que si le revenu de ces acquêts excède celui de la moitié de tous les biens de même nature existant dans la donation (Sol. 5 janv. 1869, 2865 R. P.).

De même si la rente est réduite à près de la moitié, la réversion n'est pas une donation éventuelle (Montbrison, 1er mars 1877, 4926 R. P.).

6707. Origine des biens. — *Quid* si l'origine des biens n'est pas indiquée dans l'acte, si, par exemple, dans un partage anticipé, les donateurs réservent au profit du survivant d'eux l'usufruit des biens donnés, sans désignation d'origine? On a enseigné (12566-2 J. E.) qu'aucun droit n'est exigible et (14753-5 J E.) que le droit fixe de 5 francs doit être perçu; mais ces deux opinions contradictoires ne sont motivées ni l'une ni l'autre. — Pour nous, nous avions d'abord pensé que le receveur était fondé à demander une déclaration aux parties, conformément à l'art. 16 L. 22 frimaire an 7. Mais, après réflexion, cette exigence ne nous paraît pas justifiée. L'art. 16 ne s'applique qu'à la détermination des sommes et valeurs et non pas à l'origine des biens ou à d'autres justifications de cette nature. Il nous semble que c'est à l'Administration à faire les recherches nécessaires pour constater la nature de biens aliénés et asseoir la réclamation ou la perception de l'impôt.

6708. Époux. — Renonciation à hypothèque légale. — L'application de la jurisprudence précédente est très-fréquente entre époux. C'est presque toujours à l'occasion des aliénations consenties par les deux conjoints que sont intervenues les décisions de la jurisprudence. Quoique les principes soient les mêmes que pour les autres communistes, cependant les relations des époux entre eux sont gouvernées par certaines règles particulières qui produisent sur les clauses de réversion des résultats spéciaux.

Et d'abord, quand la femme consent à la vente d'un immeuble propre de son mari consentie moyennant une rente viagère réversible sur la tête du survivant, faut-il décider que, la femme étant absolument étrangère à la propriété du bien, l'attribution éventuelle de la rente provient d'une libéralité? On peut en douter. En consentant à l'aliénation, la femme renonce à son hypothèque légale, puisque, devant garantir l'acquéreur, elle ne peut plus l'évincer : *quem de evictione tenet actio eumdem agentem repellit exceptio*. Elle perd ainsi la plus précieuse des garanties qui assurent la conservation de sa fortune. Si elle a des raisons de craindre que ce désistement soit pour elle une cause de préjudice futur, elle peut parfaitement stipuler de l'acquéreur une compensation pécuniaire, telle que la prestation d'une rente. Cet avantage offert à la femme est une fraction du prix ou le produit d'un arrangement conclu avec l'acquéreur sans la participation du vendeur.

La question s'est quelquefois présentée en jurisprudence. Le 5 juillet 1855, le tribunal de Nantes jugea que la qualité de covenderesse de la femme ne suffisait pas pour justifier l'attribution de la rente à son profit et que le droit de mutation était exigible (866 R. P.). Cette décision fut cassée par la cour suprême, qui déclara, le 10 août 1857, que la réversion était une dépendance de la vente (*suprà* n° 6697). Renvoyée devant le tribunal de Rennes, l'affaire y reçut une solution conforme le 20 juin 1858 ; mais, au lieu d'invoquer, comme l'arrêt du renvoi, le principe de l'art. 11 L. 22 frimaire an 7, les magistrats appuyèrent leurs considérants sur ce que la réversibilité de la rente était le prix direct de la renonciation à l'hypothèque légale et de l'obligation de garantie (1062 R. P.).

Des décisions semblables, quoique différemment motivées, ont été rendues par les tribunaux de Montpellier le 14 avril 1858 (1104 R. P.) et de Villefranche le 7 mars 1860 (1362 R. P.).

« En dehors du régime dotal, dit également M. Demante, c'est une habitude générale de la pratique d'exiger le concours de la femme à la vente des *propres* de son mari. Bien qu'à la rigueur, *subtilitate juris*, la femme, nonobstant son hypothèque légale, n'ait aucune part dans la propriété de ces biens, son concours est autre chose que l'intervention d'un tiers, à titre de garantie. Quel que soit le régime matrimonial, le *consortium omnis vitæ* fait que le *propre* d'un époux n'est pas *res aliena*, vis-à-vis de l'autre. Il y a là une de ces nuances délicates que la pratique saisit d'instinct, alors même qu'il n'est point aisé d'en rendre compte par un raisonnement en forme. C'est par une considération de cette nature que l'Administration a renoncé à réclamer le droit de cautionnement sur les ventes et les obligations solidaires des époux. La même considération peut servir à justifier la doctrine de l'arrêt précité (du 10 août 1857). La femme avait été l'une des parties principales du contrat de vente ; en stipulant la rente viagère, elle avait stipulé pour soi-même ; l'obligation du prix, dans l'espèce, ne dépassait donc pas la personne des contractants » (N° 598).

Hâtons-nous d'ajouter, toutefois, que la renonciation à hypothèque doit être sérieuse, c'est-à-dire emporter le désistement d'un droit utile pour la femme. Autrement, et si, par exemple, il demeurait constant que la restitution des reprises est amplement garantie par d'autres sûretés, la réversion de la rente ne serait plus considérée comme le prix d'un abandon réel fait par la femme, et il faudrait revenir à l'application rigoureuse de l'arrêt du 28 décembre 1862. — V. *suprà* n° 6696.

C'est là une question d'interprétation délicate dépendant des circonstances et exigeant beaucoup de discernement.

Ainsi, dans un cas où la femme, en renonçant à son hypothèque légale dans la vente d'un propre du mari consenti moyennant une rente de 800 francs réversible sur la tête du survivant des époux, avait, après le décès de son mari, obtenu le remboursement de toutes ses reprises, le tribunal du Havre a pu décider, le 31 janvier 1867, que cette renonciation ne mettait point en péril les droits de la femme, qu'elle ne justifiait pas, dès lors, la clause de réversion et que le droit de mutation par décès était dû (18414 J. E., 2653 R. P.).

1. VENTE DE BIENS DOTAUX. — Un tribunal a même été jusqu'à reconnaître que le mari n'est pas un tiers étranger à la vente des biens dotaux de sa femme : 1° parce qu'il a autorisé sa femme, dans la demande en permission d'aliéner le fonds dotal pour fournir des aliments aux deux époux dans le besoin, et que cette vente s'est accomplie avec son autorisation légale ; — 2° parce que le mari a la jouissance et l'administration des biens dotaux pendant le mariage, et qu'on ne pourrait pas les lui enlever sans son consentement (Art. 1555 C. C.) ; — 3° que la femme lui devait des secours pendant le mariage, même sur le capital dotal, et que les époux eussent pu être autorisés à toucher le prix capital de la vente et à l'absorber ; ou que si le terme de la rente eût été fixé au décès de la femme seulement, la rente aurait été plus forte, et le mari aurait profité de ce surplus sans rien devoir à la Régie au décès de sa femme ; — 4° que le mari, même après le décès de sa femme, a encore certains droits sur les biens dotaux (Art. 1571 C. C.). Il en a conclu que, si l'aliénation a lieu moyennant une rente réversible sur la tête du mari, cette clause de réversion ne constitue pas une libéralité passible d'un droit particulier, mais une disposition dépendante de l'acte (Aix 30 mars 1867, 2777 R. P.).

6709. Renonciation à communauté. — En second lieu, la nature et les effets de la clause de réversion varient selon que la femme accepte la communauté ou y renonce. Et ici deux hypothèses se présentent: ou c'est le mari qui survit, ou bien c'est la femme. Dans le premier cas, la renonciation des héritiers de la femme attribuant au mari la propriété exclusive des valeurs communes, la rente a le caractère évident du prix d'un propre du mari et toute possibilité de donation disparaît. Si c'est au contraire la femme qui survit, sa renonciation ne lui fait pas perdre le bénéfice de la réversion (C. Paris 25 mars 1844, P. 44-2-27; — Cass. 15 mai 1844, S. 1844-1-409, D. 44-1-229, Duranton n° 136, Troplong n° 256). — Mais il arrive alors ce qui se produit quand l'un des époux reçoit un préciput avec le droit de l'exercer en renonçant à la communauté; la convention qui créait à l'origine un simple droit de prélèvement *jure dominii* devient une libéralité faite par le mari à la femme (*V.* Pont n° 702, Mourlon *loc. cit.*, Labbé *idem*). — En matière civile il a été décidé, en ce sens, que, si un immeuble de la communauté a été donné par les deux époux avec réserve d'usufruit au profit du dernier vivant et que la femme renonce à la communauté après le décès du mari, la clause se réduit à une réserve d'usufruit faite par le mari seul pour lui et son épouse, stipulation valable; la femme est alors incontestablement donatrice de son mari (Cass. 15 juill. 1863, S. 63-1-440).

Il faudrait donc, lors du décès, faire acquitter le droit de mutation entre époux.

6710. Biens propres et communs. — Lorsque les deux époux aliènent conjointement leurs biens propres et communs, moyennant une rente unique stipulée réversible, cette clause ne constitue pas de plein droit une donation éventuelle, même à l'égard des propres (Beauvais 11 nov. 1867, 2614 R. P., 19220 J. N.). En effet, quoique à l'égard de ces derniers les droits des époux soient essentiellement distincts et individuels, on peut dire que, si la clause de réversibilité résulte d'une stipulation conclue entre le donataire et les enfants, son caractère intéressé ne saurait être détruit par la circonstance que l'autre conjoint a fait une convention pareille à l'occasion de la donation de ses biens personnels. L'époux qui profite de la réversion avait-il un intérêt réel et sérieux dans la convention? Dans le cas de l'affirmative, aucun droit n'est exigible.

6711. Récompense due à la communauté. — Si la réversion avait été stipulée entre deux copropriétaires ordinaires, étrangers l'un à l'autre, nul doute qu'à l'événement du décès le survivant ne devrait aucune indemnité à l'autre pour la continuation de la rente. Cette rente, en effet, est la représentation de la chance à laquelle il s'est exposé de ne rien recevoir si son covendeur lui survivait; n'ayant rien reçu de lui, il n'a rien à lui restituer. On a voulu étendre le même principe aux époux. Dans ce cas, comme dans l'autre, disait-on, la clause de réversibilité s'analyse en un contrat à titre onéreux et aléatoire par lequel chacune des parties cède à l'autre un droit éventuel à la totalité de la rente et reçoit en retour un droit éventuel absolument semblable. Or, si l'époux survivant a, par la chance à laquelle il s'était soumis, payé l'avantage que son conjoint lui a fait, où trouver contre lui le fondement d'une récompense à payer à la communauté? Il y a simplement un pacte aléatoire en présence duquel on ne peut pas dire que celui qui en profite s'est enrichi aux dépens de la communauté. Cette opinion, professée par Troplong n° 254 et *Contr. de mar.* t. 2 n° 1200, Duranton t. 18 n° 136, Massé et Vergé sur Zachariæ, t. 5 § 547 n° 7, Boileux t. 6 p. 532 et 533 et Dalloz v° *Contr. de mar.* 1130, a été consacrée par un arrêt de la chambre des requêtes du 15 mai 1844 (S. 1844-1-409, D. P. 44-1-229).

Mais il s'élève contre ce système des objections très-graves. Les aliénations de biens de communauté sont, en effet, soumises à un principe particulier qui reste étranger aux ventes ordinaires et qui est formulé en ces termes dans l'art. 1437 C. C. : « Généralement, toutes les fois que l'un des époux a tiré un profit personnel des biens de la communauté, il en doit la récompense. » Or, la rente créée durant le mariage avec des valeurs prises dans la communauté est incontestablement un bien de la communauté. On ne saurait donc, sans violer le texte et l'esprit de la loi, permettre au survivant de se l'attribuer totalement. Peu importe à cet égard que le conjoint en profite au moyen d'une convention intéressée passée avec un tiers sans la participation de l'autre époux; l'art. 1437 a eu précisément pour but d'atteindre, afin de maintenir l'égalité entre les conjoints, toutes les spéculations personnelles plus ou moins directes sur les biens communs. Dans l'ancien droit déjà le principe de la récompense était uniformément admis (Lebrun *Comm.* liv. 1er ch. 5, *Dis.* 2 n° 17). Et il a été dans la législation moderne appliqué par plusieurs arrêts (Paris 19 déc. 1819, Dalloz *Contr. de mar.* 1131; — Rennes 16 juin 1841, D. P. 42-2-103; — Orléans 28 déc. 1843, P. 44-2-98; — *V.* aussi Rennes 15 fév. 1840, P. 40-2-161, S. 40-2-226; — C. Dijon 8 déc. 1853; — C. Paris 19 fév. 1864, S. 65-1-4, Dalloz 1865, 1-74; — C. Paris 14 fév. 1867, 2479 R. P.; — C. Bordeaux 21 déc. 1867, 19279 J. N.; — C. Poitiers 1er août 1872, 20404 J. N.).

La C. cass. elle-même, revenant sur la doctrine de son précédent arrêt du 15 mai 1844 précité, a adopté le principe de la récompense, en matière civile, à l'occasion d'une donation faite par deux époux conjointement en mettant à la charge du donataire une rente viagère réversible sur la tête du survivant (29 avr. 1851, S. 51-1-529, Dalloz 52-1-25), — et d'une cession de meubles communs à une compagnie d'assurances moyennant une rente réversible sur la tête du survivant (Cass. 16 déc. 1867, 2562 R. P., 19173 J. N.). C'est aussi l'opinion de M. Paul Pont (*Rev. crit.* t. 2 p. 136, *Petits Contrats* n° 701).

D'après cette interprétation, la communauté comprend la récompense due par le survivant attributaire de la rente; dès lors, cette récompense doit supporter le droit de mutation par décès pour la part revenant aux héritiers du défunt comme toute valeur ordinaire de communauté. C'est ce que décide en ces termes l'I. G. n° 2355 § 16 : « Pour la liquidation du droit de mutation par décès, les parties devront désormais faire figurer dans l'actif de la communauté, comme indemnité, la valeur de la rente dont le survivant des époux profitera » (2562 R. P.).

La question, résolue de cette façon par plusieurs tribunaux Seine 16 mai 1868, 2704 R. P., 2151 Rev.; — Melun 27 août 1868, 2787 R. P.; — Coulommiers 27 nov. 1868, 2983 R. P.; — Le Mans 19 mai 1870, 3156 R. P.; — Alençon 3 juin 1870, 3060 R. P.; — La Flèche 7 nov. 1870, 3496 R. P.), a fini par être tranchée dans le même sens par un arrêt de cass. du 20 mai 1873 ainsi conçu : « Attendu qu'il est de principe, dans le régime de la communauté, d'une part, qu'en dehors des exceptions établies par la loi, toute acquisition faite à titre onéreux durant la société conjugale constitue un conquêt de communauté destiné à être partagé entre les ayants droit lors de sa dissolution, et, d'une autre part, d'après l'art. 1437 C. C., que, généralement, toutes les fois que l'un des époux a tiré un profit personnel des biens de la communauté, il en doit la récompense ; que le jugement attaqué oppose vainement que les contrats du 5 août 1807, loin de procurer un avantage exclusif et personnel, soit à l'un, soit à l'autre des époux, avaient ménagé aux deux également les mêmes chances aléatoires ; qu'il résultait du caractère aléatoire de ces contrats, non qu'ils ne procureraient pas au survivant des époux un profit qui lui serait personnel, mais uniquement qu'il était certain, au moment de leur formation, quel serait celui des deux en faveur duquel l'avantage se réaliserait ; que toute incertitude à cet égard a cessé à l'événement du décès de la femme, et que le mari survivant, au profit de qui l'avantage a été alors définitivement évalué, a été placé par là dans la nécessité de satisfaire à l'obligation consacrée par l'art. 1437 » (3634 R. P. 20677 J. N., 2472-3 I. G., B. C. 62, S. 73-1-339, P. 73-822). — *Contrà* Saint-Jean-d'Angély 26 janv. 1871, 3298 R. P.). — *Conf.* : Baugé 2 déc. 1873 ; — Angers 14 fév. 1874 ; — Orléans 6 août 1874 ; — Mortagne 23 août 1876, 4498 R. P.

1. INTERPRÉTATION DES PARTIES. — La règle n'est pas différente quoique, dans le partage de la communauté, les parties n'aient compris aucune indemnité, par le motif qu'elles ne croyaient pas qu'il en fût due par le survivant : « Attendu, porte un arrêt de cass. du 30 décembre 1873, qu'il résultait du caractère aléatoire du contrat, non qu'un profit personnel ne serait pas procuré au survivant des époux par la clause de réversion, mais uniquement qu'il était incertain, au moment du contrat, quel serait celui des deux en faveur duquel l'avantage se réaliserait ; que toute incertitude à cet égard a cessé à l'événement du décès du mari et que la femme survivante au profit de qui l'avantage a été alors définitivement réalisé était par cela même soumise à l'obligation imposée d'une manière générale par l'art. 1437 C. C., d'après lequel toutes les fois que l'un des époux a tiré un profit personnel d'un bien de la communauté, il en doit la récompense ; que si les parties ont cru pouvoir, en procédant entre elles au règlement de leurs droits, ne pas tenir compte de cette obligation, leur convention à cet égard n'était nullement opposable à l'administration de l'Enregistrement, qui, ayant à percevoir le droit de mutation par décès sur les valeurs dépendant de la succession du conjoint prédécédé, avait qualité et droit pour rechercher, en dehors des conventions arrêtées entre les copartageants, si la composition de l'actif avait été régulière, et pour y faire rentrer les valeurs imposables qui n'y auraient pas été comprises par le fait ou la volonté des parties (3782 R. P.).

2. USUFRUIT. — La règle est la même bien que le survivant soit usufruitier de la succession (Baugé 2 déc. 1873, 4498 R. P.).

6712. Calcul de la récompense. — Il ne reste plus qu'à déterminer l'importance de cette indemnité.

En matière civile, la question n'est pas uniformément résolue. Le principe de la récompense, c'est que le conjoint doit restituer à la masse la somme même qu'il y a prise, et non pas lui rendre le bénéfice qu'il retire de l'emploi de cette somme (Marcadé art. 1437-1, Demante t. 3 n° 84, Bugnet sur Pothier t. 7 p. 326, Taulier t. 5 p. 112, Pont et Rodière t. 1er n° 724). Mais là règle devient inapplicable ici, car la rente qui représente le prix du bien de communauté a été servie pendant un certain temps à la communauté même. Le survivant ne profite donc pas de cette valeur entière. Quand il est appelé à recueillir la rente, elle s'est amoindrie ; par conséquent, l'objet aliéné a été consommé en partie par la masse, et l'excédant seul doit être rapporté par l'époux. Comment l'évaluer ? Dans l'ancien droit, Lebrun enseignait que le survivant devait rendre aux héritiers du prédécédé la moitié du revenu de chaque année à compter du décès (*Comm.* liv. 1er chap. 5, *Dis.* 2 n° 17). Et ce paraît être aussi l'opinion de M. Pont (*des Petits Contrats* n° 701. — *V.* également Dijon 8 déc. 1853, 12883 R. P.). — Telle ne peut pas être la pensée de la loi. On arriverait ainsi, d'abord, contrairement à l'art. 1437 C. C., à calculer la récompense sur le profit retiré par le survivant de l'emploi des biens communs, au lieu de l'établir sur la valeur même de ces biens. En second lieu, que gagnerait le survivant à la réversibilité ? Bien loin qu'elle lui soit favorable, elle lui préjudicierait au contraire, puisque, selon la remarque de Mourlon (*loc. cit.*), elle n'aurait d'autre résultat que de lui imposer l'obligation de toucher pour le compte des héritiers de son conjoint prédécédé la portion d'arrérages représentant dans la vente la part de leur auteur. La vérité est que la rente devra être, comme l'usufruit, estimée pour la valeur qu'elle vaut alors selon les circonstances, puis se précompter sur la part du survivant dans la masse. La récompense, dit l'arrêt de cass. du 16 décembre 1867, doit être proportionnelle au bénéfice que le survivant retire de l'emploi fait à son profit des deniers communs (2562 R. P.).

La question est plus délicate encore en matière fiscale. Voici comment nous l'avons résolue au n° 2479 R. P. : « L'art. 14 n° 6 L. 22 frimaire an 7, disions-nous, porte que la valeur de la propriété des meubles est déterminée pour les créations de rentes, leurs cessions ou transports par le capital constitué. Or, on peut, en invoquant les dispositions générales du texte, soutenir qu'au point de vue de l'impôt la rente ou l'indemnité qui la représente, est toujours dans ses mutations successives, représentée par le capital constitué. En vain, objecterait-on que la rente viagère va s'amoindrissant tous les jours et qu'elle n'a plus la même importance lors d'une seconde transmission qu'au moment d'un premier transfert. Car la loi fiscale a eu précisément pour but de poser une règle invariable dispensant le Trésor de l'arbitraire d'une évaluation ; et c'est pourquoi, en effet, quand une rente ou un usufruit est légué successivement à plusieurs personnes, le dernier appelé acquitte l'impôt sur la même valeur que le premier, sans imputation des droits antérieurement payés. Rien ne s'oppose donc à ce que, dans le silence des parties, on fixe la récompense au montant de la valeur aliénée. Mais en sera-t-il de même quand la récompense aura été déterminée à un chiffre inférieur, au moyen d'une liquidation, d'un partage ou de tout autre acte destiné à régler les droits respectifs des époux ? La difficulté s'est produite à la C. cass. au sujet de l'usufruit. Le survivant des époux ayant la jouissance des biens du défunt, on voulut lui attribuer une pleine propriété, et, afin de fixer la somme à laquelle il avait droit, on calcula d'après les tables de mortalité que son usufruit représentait, non pas la moitié de la toute propriété, comme l'indique la loi fiscale, mais les 58 centièmes de cette valeur. Les attributions furent faites en conséquence, et la cour jugea que le partage ainsi effectué devait servir de base à la perception du droit de mutation par décès (Cass. 4 janv. 1865, 2002 R. P., B. 4, S. 65-1-90). Il y aurait sérieusement à craindre que la cour ne persiste dans sa jurisprudence, pour l'évaluation des rentes viagères dans les liquidations de communauté; et peut-être serait-il prudent alors d'accepter, sauf le cas de fraude, les résultats de ces transactions. » — Ces observations ont été reprises par l'Administration et sont devenues, dans l'I. G. n° 2355 § 16, une règle officielle de perception ainsi formulée : « Pour la liquidation du droit de mutation par décès, les parties devront désormais faire figurer dans l'actif de la communauté, comme indemnité, la valeur de la rente dont le survivant des époux profitera. Cette valeur est représentée, aux termes de l'art. 14 n° 6 L. 22 frimaire an 7, par le capital constitué, à moins que l'indemnité n'ait été déterminée par un partage ou tout autre acte équivalent antérieur à la déclaration de succession » (C. 2562 R. P.).

Depuis lors, la difficulté a été diversement résolue par les tribunaux.

Les uns ont fixé l'indemnité au montant du capital aliéné, ou, à défaut de capital, au denier dix de la rente (Seine 16 mai 1868, 2704 R. P., 2151 Rev.; — Le Mans 19 mai 1870, 3156 R. P.; — Coulommiers 27 nov. 1868, 2983 R. P.; — Rouen 18 mars 1869, 2877 R. P.; — La Flèche 7 nov. 1870, 3496 R. P.; Baugé 2 déc. 1873 et Angers 14 fév. 1874, 4498 R. P.).

Les autres ont déterminé la valeur de la rente d'après les tarifs adoptés par les compagnies d'assurances sur la vie (Melun 27 août 1868, 2787 R. P.; Mortagne 23 août 1876, 4498 R. P.).

D'autres enfin déterminent la récompense par le capital aliéné, si la communauté se dissout peu après la constitution de la rente; par le tarif des compagnies d'assurances, dans le cas contraire, et enfin par le total des arrérages payés depuis la dissolution de la communauté au survivant si ce dernier est lui-même décédé (Alençon 3 juin 1870, 3660 R. P. — V. C. Caen 12 mars 1874, 4035 R. P.).

Enfin, le tribunal de Mamers a jugé, le 27 février 1872, que, lorsque la rente a été stipulée comme prix d'une vente d'immeubles et que le capital en a été fixé dans l'acte par une estimation faite uniquement pour la perception du droit de vente, le montant de la récompense est alors équivalent au capital de la rente viagère multiplié par 10, conformément à l'art. 14 n° 9 L. 22 frimaire an 7. La mêm règle a été consacrée par une solution de l'Administration du 25 septembre 1873.

C'est là évidemment une question qui n'est pas résolue. Nous l'avons plus particulièrement discutée aux n°s 4498 R. P. et 4967.

6713. Dispense de récompense. — On s'est demandé si le principe de l'indemnité était tellement absolu que le survivant ne pût jamais en être dispensé à l'égard des héritiers du défunt. Que l'on suppose notamment des époux ayant fait la donation de tous leurs biens moyennant une rente réversible sur la tête du survivant. Croit-on qu'au décès du prémourant les héritiers seront autorisés à réclamer au survivant le payement d'une indemnité quelconque? En droit, l'affirmative nous paraît certaine. Lorsque l'art. 1437 C. C. défend aux époux de s'attribuer un profit personnel au moyen de l'aliénation des conquêts, il pose une règle absolue à laquelle les conjoints ne peuvent se soustraire par aucune combinaison, ni dans aucun acte quelconque. Que la réversion de rente soit stipulée dans une donation consentie aux héritiers présomptifs, ou dans une libéralité faite à un tiers ou dans une vente ordinaire, il n'importe : la situation des époux à l'égard de la communauté est toujours la même. Par conséquent, si l'un d'eux doit profiter seul d'une partie des biens communs, il faut qu'il rétablisse l'égalité en versant dans la masse une indemnité égale au bénéfice dont le contrat est la source. Voilà le principe. Mais il est bien entendu que, si les époux ne peuvent se dispenser mutuellement de l'obligation de la récompense, il leur est permis de s'en faire donation dans les limites du disponible. Rien ne s'oppose évidemment à ce que chaque époux déclare, soit dans la donation, soit par acte ultérieur, dispenser expressément son conjoint de l'indemnité, c'est-à-dire lui en faire gratuitement remise. Seulement une pareille déclaration aurait tous les effets de la donation entre époux et serait passible du droit de mutation particulier à ces dispositions.

La cour de Paris en a donné un exemple, le 14 février 1867. Deux conjoints avaient, pendant leur mariage, aliéné des biens communs moyennant une rente réversible sur la tête du survivant. Avant de mourir, le mari institua sa femme légataire universelle de tous ses biens meubles. A son décès, il s'éleva la question de savoir si la survivante était tenue au versement de la récompense, et la cour décida qu'en présence des termes généraux de l'institution faite à la femme on devait admettre que le mari lui avait fait donation de l'indemnité par elle due (2704 R. P., 2151 Rev.). — Par application de cette jurisprudence, il a été décidé que, si le prémourant a légué tous ses biens meubles au survivant, ce legs comprend la moitié de l'indemnité et le droit de mutation par décès devient exigible sur cette moitié (Melun 27 août 1868, 2787 R. P.; — Le Mans 19 mai 1870, 3156 R. P.).

C'est également ce qui résulte de l'arrêt de cass. du 20 mai 1867 rapporté n° 6711 : « Attendu, porte l'arrêt, que Pellerin, institué légataire universel de sa femme suivant testament authentique du 5 août 1867, a survécu à celle-ci, décédée le 22 juillet 1869, et a ainsi recueilli seul, à la faveur de la clause de réversibilité, dont la communauté avait fourni le prix. »

On remarquera que la donation de la rente au survivant n'a pas toujours besoin d'être formellement exprimée. Comme le dit l'arrêt précédent, l'intention du défunt peut résulter des faits de la cause, de même que dans tous les cas où il s'agit d'une donation indirecte. La nature de l'acte se détermine alors par les circonstances (Barbezieux, 2 juin 1873); mais il ne faut pas oublier qu'en toute hypothèse la libéralité étant éventuelle donne lieu au droit de mutation par décès entre époux.

1. LIQUIDATION ENTRE PARTIES. — Peu importerait d'ailleurs qu'entre parties la récompense ait été considérée comme n'étant pas due par le survivant et qu'il en ait été, en fait, dispensé dans le partage. Cette dispense, en effet, ne peut provenir que d'une erreur ou d'une remise de dette ou d'une donation, toutes circonstances qui n'empêchent pas le droit d'avoir existé et l'impôt d'être dû. — V. 6771-1.

6714. Partage anticipé. — Il peut arriver aussi que la dispense émane, non plus de l'époux, mais de ses héritiers présomptifs; lorsque, par exemple, des père et mère, en faisant le *partage anticipé* de leurs biens, imposent à leurs enfants, virtuellement ou en termes exprès, la condition de n'être tenus au rapport d'aucune récompense pour la réversibilité de la rente.

Le partage d'ascendants faits par les deux conjoints ouvre en quelque sorte leurs successions réciproques, puisqu'il a précisément pour but de régler entre les héritiers toutes les difficultés du partage. Dans leurs rapports avec chaque époux ces héritiers sont donc dans la même situation que s'il s'agissait d'un partage intervenu après le décès de leur auteur. Or, est-ce que le survivant et les héritiers du défunt ne pourraient pas alors convenir que l'aliénation de biens indivis faite moyennant une rente réversible ne donnera lieu à aucune récompense? Non-seulement ils le pourraient, mais, comme la communauté est dissoute, l'art. 1437 C. C. deviendrait sans objet, et il n'y aurait besoin pour consacrer cette dispense d'aucune stipulation spéciale. Eh bien! les choses se passent de même dans le partage anticipé. On y règle d'avance le partage des successions des deux époux. Les donataires, en leur qualité d'héritiers présomptifs de la femme, peuvent donc renoncer à toute créance sur le mari, si telle est la condition d'un contrat intervenu entre eux et ce dernier. Ils peuvent faire ce qui serait interdit à leur auteur, parce que, d'une part, il ne s'agit plus d'une convention entre époux, et que, de l'autre, les successions des conjoints sont fictivement ouvertes. Cette condition de renonciation à la récompense existe virtuellement, mais d'une manière très-certaine néanmoins, dans le partage d'ascendants. En effet, cet acte renferme par essence l'abandon de toute la fortune du père de famille à ses enfants. Le donateur se décharge du soin des affaires en se réduisant à une pension. Or, comment est-il supposable qu'en se dépouillant de tout ce qu'il possède le donateur entende se soumettre à payer à ses enfants, lors de la dissolution réelle de la communauté, une indemnité souvent égale et quelquefois supérieure aux biens qu'il abandonne? Il a stipulé, comme condition de sa libéralité, qu'arrivant le décès de son conjoint, la rente dont il a besoin pour vivre tranquille ne serait pas réduite, voilà tout? Est-il un seul instant croyable qu'après avoir reçu toute la fortune de leur père, les enfants se retournent plus tard contre lui pour lui demander le payement d'une récompense dont le chiffre serait au-dessus de ses moyens? En pratique, personne n'y songe, tant ce résultat est contraire à la moralité et à la nature même du contrat. On sent pour ainsi dire d'instinct, et sans avoir besoin d'argumenter sur les textes, que les enfants ont renoncé à leur créance, et que c'était là une condition implicite du partage anticipé. Elle est tellement dans la nécessité des choses que toute stipulation est surabondante à cet égard. Sans doute, il se peut que cette convention se rapproche plus ou moins du pacte sur une succession future, puisque les enfants abandonnent une valeur dont ils ne deviendront propriétaires qu'au décès de leur auteur. Mais la jurisprudence n'interprète pas avec cette rigueur les stipulations insérées dans le règlement anticipé des successions, et elle décide que les conventions dérivant du partage d'ascendant ne sauraient, pas plus que ce partage lui-même, être considérées comme contraires à l'art. 1130 C. C. (*V.* Cass. 28 mars 1820; — Nîmes 22 mars 1839; — Grenoble 19 fév. 1829; — Dalloz v° *Disp. entre-vifs* n° 4577 et *Oblig.* n° 446).

Nous pensons donc, ainsi que nous en avons constamment exprimé l'avis, qu'il n'y aurait pas lieu à la perception du droit de mutation par décès en ligne directe sur la moitié de la récompense (*Conf.* : Dunkerque 20 juill. 1871, 3348 R. P., Rev. n° 2151, J. du not., 19 déc. 1868, 2304; — *Contrà* Rouen 18 mars 1869, 2877 R. P.).

L'administration s'est rangée à notre avis par une solution du 3 novembre 1875 (4387 R. P.).

6715. Réversibilité non expresse. — Dans tous les cas, le droit de donation éventuelle ne pourrait être perçu si la réserve de réversibilité, soit de la rente viagère, soit de l'usufruit, n'était pas expresse. C'est ce que l'Administration a formellement reconnu par une Sol. 12 janvier 1836 (11543 J. E.), intervenue dans une espèce où un père donnait à sa fille, dans son contrat de mariage, la nue-propriété d'un immeuble dont il se réservait la jouissance *pendant sa vie et celle de sa femme* (7595 J. N., 12744-7 J. E.). — Dans le même sens, le tribunal d'Épernay a jugé, le 3 février 1837 (11789-4 J. E., 9586 J. N.), que, lorsque, dans une donation entre-vifs, faite conjointement par deux époux, mais en biens propres de l'un d'eux, il est stipulé que le donataire n'entrera en jouissance d'une certaine portion de ces biens immeubles qu'au décès du survivant, il ne résulte pas de là une donation éventuelle d'usufruit au profit de l'époux non propriétaire des biens donnés et retenus, et, en conséquence, il n'y a pas lieu de percevoir un droit fixe et particulier sur cette clause. — L'Administration a également délibéré, le 22 janvier 1838 (8910 J. E.), que la donation éventuelle ne se rencontre pas dans la clause d'une donation par laquelle le donateur a réservé l'usufruit pendant sa vie et celle de sa sœur; car, d'après cette clause, l'usufruit ne prendra fin pour le donataire qu'au décès de la sœur du donateur; mais celle-ci n'en sera pas investie si elle survit à son frère, les héritiers seuls en profiteront.

L'application de ce principe ressort tout à fait de la stipulation d'une donation d'immeuble propre à la femme, à la charge de payer une rente viagère à la donatrice *et à ses ayants cause*, pendant sa vie et celle de son mari. Il est manifeste que dans l'espèce aucun droit de donation éventuelle n'est exigible (Dél. 11 janv. 1832, 10475 J. E.).

Mais on peut se demander ce qui arrive au décès de l'un des époux. La rente est-elle éteinte pour partie? Continue-t-elle à être servie en totalité par les débiteurs et à quels créanciers?

On a soutenu que, quand l'un des époux vient à mourir, la moitié de la rente s'éteint parce que le contrat équivaut à deux constitutions distinctes l'une de l'autre (Duranton n° 134). Mais ce résultat est absolument contraire à la pensée de l'art. 1972 C. C. « C'est bien à tort, en effet, dit M. Pont, que, dans le cas donné, on suppose l'existence de deux rentes créées; il y a une seule rente établie sur plusieurs têtes, une rente constituant un être moral qui doit vivre et mourir tout entier. Ce serait donc changer les conditions du contrat que d'admettre la diminution de la rente à mesure de l'extinction des têtes » (*loc. cit.* n° 692).—La C. cass. l'a décidé le 29 mai 1865 (S. 1865-1-324), après deux arrêts de Paris des 19 février et 14 mars 1864 (Dalloz 65-2-74) : « Il n'est pas de l'essence de la rente viagère d'être limitée à la vie de celui au profit duquel elle a été établie; rien n'empêche de l'étendre au delà en la constituant sur la tête d'une personne qui n'y a aucun droit; en ce cas, la rente tombe dans la succession du bénéficiaire pour être recueillie par ses héritiers ou légataires jusqu'au décès de cette personne; or, lorsque deux époux ont acquis, moyennant des valeurs communes, une rente viagère que le débiteur a pris l'engagement de servir jusqu'au décès du survivant, cette rente devient comme toute acquisition un bien de la masse à partager. » — « Après la mort de l'un d'eux, enseigne très-judicieusement Pothier *des Cons. de rente* n° 242, et en cas d'acceptation de communauté, la rente devrait être continuée pour moitié seulement au survivant, et pour l'autre moitié aux héritiers du prédécédé. » Les anciens auteurs n'hésitaient pas sur cette solution (Lebrun *Comm.* liv. 1er ch. 5, *Diss.* 2 n° 17, Bourjon *Droit commun* liv. 2 tit. 8 sect. 4 n° 17). — Et c'est aussi l'avis de tous les auteurs (*V.* not. Massé et Vergé et Zachariæ t. 5 p. 26 note 7, Troplong n° 245, Taulier t. 6 p. 503). — Par conséquent, la rente ainsi acquise constitue un conquêt ordinaire devant être compris dans le partage des biens communs (C. Paris 17 mai 1864 précité), et elle doit être pour moitié sujette au droit de mutation par décès. — Le tribunal de la Seine l'a ainsi décidé par deux jugements du 27 avril 1867 (2479 R. P., 13280 C.).

Il est impossible, on le comprend sans peine, d'indiquer à cette occasion quand il y a ou non clause de réversibilité. C'est avant tout une interprétation de volonté abandonnée aux lumières des magistrats. Dans son arrêt du 19 février 1864, la cour de Paris n'a pas voulu l'induire de cette circonstance qu'il avait été convenu entre les parties qu'au décès du prémourant la rente subirait au profit du débiteur une réduction du taux des arrérages (S. 65-1-4 et D. P. 65-2-73). Mais cette décision ne saurait servir de règle. Les éléments d'appréciations varient nécessairement selon chaque affaire.

6716. Renonciation du tiers. — Lorsqu'une vente a été faite moyennant une rente viagère réversible sur la tête d'un tiers et que, au décès du vendeur, le tiers renonce à la rente, les légataires universels du vendeur qui sont en même temps les acquéreurs des biens grevés de la rente doivent-ils le droit de succession sur le capital de cette rente? On ne l'a pas pensé, par ce motif que ce n'est pas comme légataire universel du vendeur, mais comme acquéreur des biens grevés qu'ils profitent de cette renonciation (9621 et 13464 J. N., D. N. t. 12 p. 353 n° 939). Mais cette opinion ne saurait être acceptée. En effet, l'acquéreur de l'immeuble n'avait pas été libéré du service de la rente par le seul fait de la renonciation du tiers donataire, pas plus qu'un acheteur ordinaire ne serait déchargé du payement de son prix parce que la personne désignée pour le recevoir refuserait de l'accepter. Sans l'institution existant à son profit, cet acquéreur aurait été tenu de servir les arrérages de la pension aux héritiers jusqu'au jour du décès du tiers (*V.* 6411). — S'il se trouve libéré, c'est parce qu'il recueille lui-même la succession et qu'il se devrait personnellement la rente. L'affranchissement dont il profite s'opère donc bien ensuite de la confusion occasionnée par le décès et par l'institution d'héritier. C'est le cas dès lors d'appliquer les principes consacrés par la jurisprudence en matière de confusion successorale en exigeant de l'acquéreur le droit de mutation par décès. — L'Administration l'a ainsi reconnu avec raison le 20 septembre 1869 (3145 R. P.).

1. RENONCIATION A TITRE ONÉREUX. — Si le tiers appelé à profiter de la rente n'a pas renoncé purement et simplement à son droit, mais s'il y a renoncé à titre onéreux, ou s'il l'a cédé à un tiers à prix d'argent, cette cession n'empêche pas la réversion de s'opérer et le droit de succession d'être exigible à l'événement (Bruxelles 1er mars 1873, 12059 J. E. belge; — Lyon 26 janv. 1867, 2658 R. P.) — *V.* 16081-2.

CHAPITRE XI. — DONATION ALTERNATIVE

[6717-6725]

6717. Règle. — On trouve fréquemment, dans les donations, des stipulations par lesquelles un donateur promet une chose ou l'autre, une somme d'argent, par exemple, ou un immeuble. Cette clause est régie par l'art. 1189 C. C. ainsi conçu : « Le débiteur d'une obligation alternative est libéré par la délivrance de l'une des deux choses qui étaient comprises dans l'obligation. »

Le choix, dans les donations de cette espèce, peut appartenir ou au donateur ou au donataire; mais c'est au donateur qu'il appartient en principe, et il n'appartient au donataire que quand on s'en est formellement expliqué. L'art. 1190 C. C. porte, en effet, que « le choix appartient au débiteur (donateur dans notre hypothèse), s'il n'a été expressément accordé au créancier (donataire). »

6718. Droit proportionnel exigible. — Quoique l'obligation dont il s'agit présente alternativement plusieurs objets, on voit cependant qu'au fond, et en définitive, un seul objet est vraiment la cause de l'obligation; il n'y a qu'un seul objet, mais cet objet reste *incertain*, il peut être tel ou tel autre jusqu'au choix qui sera fait par la partie à laquelle ce choix appartient. Ce choix, quand il sera fait, aura un effet rétroactif au jour même de la convention; et l'obligation se trouvera n'avoir jamais eu d'autre objet que celui qui aura été choisi. De ce que l'objet reste incertain jusqu'au choix qui sera fait, on avait voulu conclure que chacune des deux choses n'est comprise dans l'obligation que sous la *condition suspensive* que l'autre ne sera pas donnée, d'où la conséquence que le droit fixe devrait seul être perçu. Mais il faut remarquer que l'incertitude ne règne que sur la *nature* de l'objet; quant à l'obligation de livrer un objet, elle est *pure et simple*. D'après cela, la perception du droit proportionnel doit être effectuée immédiatement. Cette opinion, à laquelle s'est rattaché M. Bastiné (N° 100), s'appuie sur la jurisprudence.

6719. Nature du droit. — Le droit proportionnel étant reconnu exigible immédiatement, reste la question de savoir quelle est la quotité de ce droit. Cette question est essentielle à résoudre lorsque l'obligation alternative porte sur deux objets de nature diverse, tels que des meubles ou des immeubles; et s'il est vrai que, pour la donation en ligne collatérale et entre étrangers, la question n'a plus d'intérêt depuis la loi du 18 mai 1850 (Art. 10), qui tarife au même droit les donations entre-vifs à titre gratuit de meubles et d'immeubles, elle conserve toute son importance à l'égard des donations en ligne directe et entre époux, puisque, ainsi qu'on l'a vu aux nos 5252 et 5259, il y a dans ce cas, entre le tarif applicable aux donations mobilières et celles immobilières, toute la différence du droit de transcription, ce qui n'existe plus pour les donations collatérales et entre étrangers, depuis la loi de 1832.

L'Administration avait d'abord considéré la donation alternative comme donnant immédiatement ouverture au droit le plus élevé. Mais la jurisprudence a fait prévaloir la doctrine de Merlin, qui enseigne (*Questions de droit* v° *Enregistrement* § 23) que, jusqu'à l'événement, c'est-à-dire jusqu'au jour où le donateur se libérera, par le choix que lui ou le donataire fera, selon que l'option appartiendra à l'un ou à l'autre, le droit le moins élevé est le seul exigible (*Conf.* : M. Bastiné n° 101).

1. CHOIX APPARTENANT AU DONATEUR. — Décidé, dans ce sens : 1° que la donation d'une somme déterminée, stipulée payable après le décès du donateur, soit en argent comptant, soit en effets de son hoirie, n'est en réalité qu'une donation mobilière, passible du droit de 62 cent. et demi pour 100 (1 fr. 25 cent.) lorsqu'elle est faite par contrat de mariage (Cass. 15 juin 1808, 405, 776 I. G., 3044 J. E., S. 8-1-416, arrêt rapporté n° 5273-1, Sol. 7 avr. 1837, 5311 Roll.);

2° Que la stipulation par laquelle un père et une mère s'engagent à payer la dot de leur fille en biens fonds dans un temps déterminé, s'ils n'aiment mieux se libérer en argent avant, doit être considérée comme une donation mobilière soumise au droit de 62 cent. et demi (1 fr. 25 cent.) (Dél. 20 mai 1853);

3° Que la donation par contrat de mariage, « soit d'une rente viagère de 1,000 francs, soit d'un capital de 20,000 francs au choix des donateurs, » est passible du droit sur la rente viagère (Sol. 20 janv. 1868, 3051 R. P.; — *Conf.* : Sol. 28 déc. 1874).

2. CHOIX APPARTENANT AU DONATAIRE APRÈS DÉCÈS DU DONATEUR. — La règle, qui n'avait d'abord été posée que pour le cas où le choix appartenait au donateur, a été ensuite appliquée par une D. m. f. des 12 et 26 octobre 1818, une Sol. du 9 avril 1825 (1173 § 3 I. G., 5096 J. N.) et une Délib. du 28 juin 1826 (5920, 6342 J. N., D. N. t. 5 p. 102 n° 605), à l'hypothèse où la faculté d'option a été réservée au donataire pour s'exercer qu'*après le décès du donateur*.

La C. cass. a consacré cette solution de l'Administration en décidant, le 20 août 1827, que la donation en avancement d'hoirie, que des père et mère font à leur enfant, dans son contrat de mariage, de certaine somme payable après leur décès, avec faculté par le donataire d'exiger, à ce décès, un immeuble déterminé en remplacement de cette somme, n'a pas l'effet de transmettre actuellement la propriété de l'immeuble et ne peut, par conséquent, donner ouverture au droit réglé pour les donations immobilières : « Attendu, porte cet arrêt, que la donation entre-vifs faite au sieur Perrier par ses père et mère, dans son contrat de mariage du 22 mars 1824, ne consiste, d'après son expression littérale, qu'en une somme de 34,000 francs; qu'à la vérité le sieur Perrier est autorisé, par ce même acte, à exiger, après le décès de sesdits père et mère en remplacement de ladite somme de 34,000 francs, le domaine de Mauvilen dépendant de leur succession ; mais que cette faculté, dont l'exercice de la part du donataire dépend d'un événement futur et incertain, n'a pas eu l'effet de lui transmettre d'ores et déjà la propriété de ce domaine et n'a pu, par conséquent, donner ouverture au droit réglé pour les donations immobilières, droit qui ne peut devenir exigible que dans le cas et à l'époque où ce donataire aura requis la délivrance dudit domaine » (8902 J. E., 6340 J. N., S. 27-1-462).

3. CHOIX APPARTENANT AU DONATAIRE A VOLONTÉ. — *Quid* si le choix du donataire, au lieu de ne pouvoir s'exercer qu'après le décès du donateur, peut se manifester *à volonté* ? La jurisprudence que nous venons de faire connaître n'est plus applicable. En effet, le donateur est irrévocablement lié par l'acceptation du donataire. Dès ce moment il ne peut plus disposer à aucun titre (à la différence de l'hypothèse où l'option est soumise à l'événement du décès (*V.* 5320) de l'immeuble compris dans la clause alternative. Dès cet instant le donataire est maître de cet immeuble, puisqu'il dépend exclusivement de sa volonté de se mettre en possession de l'immeuble; la mutation immobilière est donc *actuelle* et non *éventuelle* : le droit de donation immobilière est exigible. — *V.* 4943, 5264 et v° *Rente*.

6720. Supplément de droit à l'événement. — Quel est le droit exigible lorsqu'à l'événement le donateur ou le donataire opte pour l'abandon d'un immeuble en payement de la chose par lui promise? On avait pensé que l'acte par lequel le donataire obtient ultérieurement la propriété de biens fonds était sujet au droit de *vente*, comme opérant une mutation qui ne trouvait pas son origine dans le contrat de mariage, et ne pouvait d'ailleurs, comme étant passé après la célébration, participer à la modération de droits réservée aux contrats de mariage. On avait considéré, d'un autre côté, qu'on ne devait pas déduire, sur le droit de *vente d'immeubles*, celui primitivement payé pour la *donation mobilière* par le motif qu'aucun droit régulièrement perçu ne peut être restitué.

Mais il faut reconnaître que, dans l'espèce, le donateur contractant l'obligation de payer une somme déterminée ou de livrer des immeubles sur la valeur de cette somme, les biens entrent, comme l'argent comptant, dans la substance de l'obligation; que le donateur, en délivrant des immeubles, ne fait que s'acquitter envers le donataire, selon l'un des modes prévus par l'obligation primitive; que l'abandon des biens n'étant que l'exécution de l'obligation consentie par le contrat de mariage, et le simple complément de ce contrat, l'acte qui constate la cession des biens doit jouir de la faveur accordée aux donations par mariage ; qu'au surplus l'Administration n'opère aucune restitution lorsqu'elle retient un droit *provisoirement* perçu pour la disposition d'un acte et qu'elle se borne à le précompter sur le droit *définitivement* exigible pour cette même disposition.

Aussi le ministre des finances a-t-il décidé, le 3 février 1817 (5096 J. N., 766 I. G.), « que l'acte par lequel des immeubles sont délivrés au donataire n'est passible que du droit réglé pour les *donations* d'immeubles, en imputant sur ce droit celui qui a déjà été perçu pour l'acte primitif, et que la modération des droits dont jouissent les donations par contrat de mariage s'applique à l'acte de délivrance des immeubles, toutes les fois que cette délivrance a lieu en vertu d'une donation alternative consentie par contrat de mariage en faveur des futurs. »

C'est ce qui a été confirmé par une Dél. du 28 juin 1826 (5929 J. N.) et par une Sol. du 20 janvier 1868 (3051 R. P.). — V. *Remboursement*.

1. JUGEMENT. — Un père ayant donné à son fils une somme d'argent, payable en numéraire ou en immeubles, le cessionnaire des droits du fils a signifié la cession au donateur, qui a déclaré vouloir se libérer en immeubles. Quel droit est à percevoir sur le jugement intervenu entre les parties pour constater la transmission immobilière? Le jugement n'a point opéré un contrat nouveau puisqu'il n'y a eu, en réalité, qu'une seule transmission. Il y a donc lieu d'imputer sur le droit de 5 fr. 50 cent pour 100 exigible, le droit de 1 pour 100 perçu lors de l'enregistrement de l'acte de transport (17003 § 1er J. E.).

2. OPTION APRÈS DÉCÈS. — Une Sol. du 9 avril 1825 (5096 J. N., 1173 § 3 I. G.) a appliqué cette décision au cas où, l'option étant ajournée à l'époque du décès du donateur, la délivrance de l'immeuble n'a lieu qu'après ce décès.

3. TRANSCRIPTION. — Quoique l'acte ultérieur constatant la délivrance de l'immeuble soit de nature à être transcrit pour purger les hypothèques inscrites du chef du donateur, il est certain, néanmoins, que le droit de 1 fr. 50 cent. pour 100 ne saurait être perçu indépendamment du supplément de droit liquidé selon les règles précédentes. Ce droit de 1 fr. 50 cent. pour 100 se trouve compris, en effet, dans celui qui était dû sur le contrat primitif et qui est censé, au moyen de l'imputation, avoir été réellement acquitté. Si même un tel acte d'option ou de délivrance était volontairement présenté à la transcription, il devrait être assujetti au droit fixe de 1 franc (J. du not. n° 2282). Notre opinion a été adoptée par une solution du 21 juillet 1873 (19384 J. E.).

6721. Donation non alternative. — Immeuble en remplacement de somme. — L'abandon de l'immeuble en remplacement de la somme donnée en argent, pour ne rendre exigible que le droit de donation immobilière, avec imputation de celui perçu sur la première donation, doit reposer sur une clause alternative résultant de la donation même ; car s'il n'avait été promis qu'une somme d'argent et que le donateur trouvât plus commode de se libérer, soit en immeubles, soit en objets mobiliers, le droit de vente serait dû dans les deux cas : cet abandon de meubles ou d'immeubles, n'ayant aucune relation directe avec la donation, opère évidemment une nouvelle convention tout à fait indépendante de la première.

Le tribunal de Vitry-le-François a jugé, dans ce sens, le 20 décembre 1842 (13151 J. E.), que l'acte, *qualifié donation*, qui transmet un immeuble au donataire, à la charge par lui de tenir quitte le prétendu donateur de la somme précédemment donnée, doit être considéré comme une vente et donner ouverture au droit proportionnel de mutation à titre onéreux (*Conf.* : 9436 J. E.).

1. SOMME A PRENDRE SUR UN IMMEUBLE. — Il en serait ainsi, alors même que la somme aurait été donnée à prendre sur un immeuble désigné, au décès du donateur, et que celui-ci, pour se libérer de cette dot, ferait donation de son vivant de la nue-propriété du même immeuble (Dél. 27 déc. 1833, 10818 J. E.).

2. — IMPUTATION DES DROITS. — On pourrait conclure d'un arrêt de la C. cass. 2 avril 1828 (9038 J. E.; 1272 § 7 I. G.) que c'est le droit de donation et non celui de dation en payement qui est exigible dans les espèces que nous venons d'examiner ; mais il est à remarquer que la question qui avait été soumise à la cour n'était pas celle de savoir quelle était la nature du droit exigible, mais seulement si le droit perçu sur la première donation ne devait pas être imputé sur celui exigible sur le second acte, prétention que la cour avait repoussée. — V. 13833.

6722. Abandon instantané. — Immeuble en payement de somme. — Mais peut-on percevoir un droit de vente, indépendamment du droit de donation, sur l'acte par lequel on fait donation d'une somme d'argent, et, par le même acte, on donne en payement un immeuble ? Evidemment non. Quelle a été certainement l'intention des parties, quel contrat ont-elles entendu faire ? Une donation immobilière ; car la donation de la somme et l'abandon de l'immeuble sont instantanés. Aussi l'Administration a-t-elle décidé, le 24 décembre 1833 (10904 J. E.), que le seul droit exigible est celui de donation immobilière. — V. *Dation en payement*.

1. RENTE ET USUFRUIT. — La donation à la future épouse d'une rente viagère pour le service de laquelle les constituants cèdent les fermages d'un domaine désigné ne renferme qu'une donation de cette rente et non pas une donation d'usufruit immobilier : « Attendu que le contrat de mariage énonce longuement les pouvoirs que les époux de G... entendaient conférer aux époux de V... ; que cette énonciation même est exclusive de l'idée de la constitution d'un usufruit, les droits de l'usufruitier étant déterminés par la loi qui lui permet de jouir comme le propriétaire à charge seulement de conserver la substance de la chose dont il a l'usufruit ; que, si étendus qu'aient été les pouvoirs donnés aux époux de V..., ils ne comprenaient pas le droit de vendre et d'hypothéquer qu'a tout usufruitier » (Seine 25 mai 1867, 3005 R. P.).

6723. Donation alternative sous condition. — Une clause d'un acte porte que M... fait donation, soit d'un immeuble, sous la réserve de pouvoir le vendre, soit, en cas de vente, d'une somme déterminée à prendre sur le prix de cet immeuble ; le tout avec réserve d'usufruit. Il n'y a pas donation alternative dans le sens de ce que nous avons dit au n° 6719, la donation immobilière est actuelle ; seulement le donateur l'a soumise à une clause résolutoire en se réservant le droit d'en faire la vente. Aussi la C. cass. a-t-elle jugé que le droit immobilier est exigible (17 avril 1831, 10141 J. E., 7534 J. N., 1388 § 2 I. G., S. 31-1-401).

6724. Quittance. — L'Administration a décidé que, lorsque le donateur d'une somme d'argent s'est réservé la faculté de payer en créances sur des tiers, ou en argent, l'acte par lequel il remet ses créances au donataire, n'opère que le droit de libération (Dél. 4 mai 1827, 8738 J. E., 6350 J. N.). — Mais la question sur laquelle le conseil était appelé à délibérer consistait à savoir si l'on était fondé à percevoir le droit de délégation; cette décision ne s'oppose donc pas à ce qu'on prétende que, le choix du donateur ayant un effet rétroactif, l'acte qui le constate ne forme qu'un avec la donation et qu'ainsi cet acte ne peut être passible du droit de libération, mais seulement d'un simple droit de 3 francs.

6725. Contrat de mariage. — Renvoi. — Les contrats de mariage renferment souvent des donations alternatives : il en a été question au mot *Contrat de mariage* nos 5272 et suiv.

CHAPITRE XII. — DONATIONS ENTRE ÉPOUX

[6726-6740]

SECTION PREMIÈRE. — DONATION PAR CONTRAT DE MARIAGE

[6726]

6726. Observation. — Les donations faites par deux époux l'un à l'autre suivent des règles différentes, selon qu'elles se font dans le contrat de mariage ou dans le cours du mariage.

Les futurs époux peuvent se faire, dans leur contrat, telles donations qu'ils jugent à propos (1091 C. C.), et ces donations suivent en tout les mêmes règles que celles faites en faveur de mariage, c'est-à-dire qu'elles peuvent comprendre : 1° des biens présents, — ou 2° des biens à venir, — ou 3° cumulativement de biens présents et à venir (*V.* 5336 et suiv.) ; elles peuvent également, de même que toutes les autres donations en faveur du mariage, être faites sous des conditions dépendantes de la volonté du donateur (1086 C. C.). Cependant elles suivent les mêmes règles, sauf les modifications suivantes : 1° elles sont toujours révocables pour l'ingratitude du donataire ; — 2° elles ne sont pas révocables, au contraire, par la survenance d'enfants (Cass. 11 mai 1857, 906 R. P.).

Nous n'avons rien à ajouter ici aux développements que nous avons donnés au mot *Contrat de mariage*.

SECTION 2. — DONATION PENDANT LE MARIAGE

[6727-6740]

ARTICLE PREMIER. — BIENS PRÉSENTS

[6727-6739]

6727. Caractère de la donation. — La question de savoir s'il faut regarder comme donation éventuelle ou comme donation entre-vifs celle que se font les époux pendant le mariage, lorsqu'ils ne l'ont pas stipulée dans le contrat même qui constatait leurs conventions matrimoniales, est des plus délicates et des plus controversées. La solution, au point de vue de l'enregistrement, dépend essentiellement du parti à prendre sur le caractère qui doit être attribué, en droit civil, à ces sortes de donations. Mais il faut mûrement réfléchir avant d'arrêter sa détermination, car le sujet présente une extrême difficulté et il touche à des intérêts de l'ordre le plus élevé. Les traditions diverses du droit romain et de nos anciennes coutumes, qui lui servent, chez nous, de cortége, l'extrême laconisme du Code, qui ne lui a consacré que deux articles (1096, 1097), le peu de précision que l'on remarque dans la rédaction de ces articles, qui n'indiquent guère ce que le législateur a voulu accepter ou répudier dans l'héritage des législations anciennes, toutes ces causes ont fait de ce sujet, presque aussitôt après la promulgation du Code, le champ des controverses les plus sérieuses, et la jurisprudence et la doctrine y sont encore profondément divisées aujourd'hui.

Nous allons rapidement esquisser un tableau qui présente les phases diverses de la question, au double point de vue de la loi civile et de la loi de l'enregistrement, et permette de saisir plus facilement la portée des règles de perception que nous nous proposons d'indiquer.

6728. Législation romaine. — Les deux premiers siècles de l'empire romain voient une prohibition absolue peser sur les donations que peuvent se faire les époux pendant le mariage. Le législateur craint que l'amour conjugal ne soit mis à prix, *ne concordia pretio conciliari videretur*. Mais, plus tard, la question se dégage de ces préoccupations trop exclusives, et un sénatus-consulte, proposé par Sévère et Caracalla, permet aux époux de se donner à cause de mort. Il les autorise même à se donner entre-vifs ; seulement, afin d'assurer leur entière liberté, afin de réparer l'effet de la séduction, de prévenir les regrets qui la suivent, la loi romaine soumet ces donations à la double condition de la révocabilité et de la caducité, c'est-à-dire à la condition : 1° que l'époux mourra sans avoir révoqué la donation ; — 2° que l'époux donataire lui survivra (L. 32 D. *hoc tit.*). — *V.* Demolombe t. 23 n° 434.

6729. Législation antérieure au Code civil. — Cette législation passe dans nos pays de droit écrit et se trouve maintenue par l'Ord. de 1731 (Art. 46).

Quant aux pays coutumiers, beaucoup d'entre eux ne présentent, sous ce rapport, que des éléments hétérogènes et disparates. Dans les uns, on autorise la donation entre-vifs : ici, lorsqu'il n'y a pas d'enfants du mariage ; là, lors même qu'il y a des enfants. Cependant, partout apparaît la pensée de prémunir les époux contre les entraînements d'une passion aveugle et prodigue, car partout des restrictions et des limites sont mises à la donation, soit quant à la nature et à l'origine des biens, soit quant à l'étendue et à la quotité.

La coutume d'Auvergne (ch. 14 art. 28) se distingue par une disposition tout à fait exceptionnelle : elle autorise le mari à faire à la femme donation entre-vifs, même de la totalité de ses biens ; elle défend à la femme de donner absolument rien à son mari. Ainsi, elle sauvegarde la femme contre l'influence morale du mari et abandonne celui-ci aux séductions de la femme.

D'autres coutumes défendent absolument la donation entre-vifs, tout en permettant néanmoins aux époux de s'avantager par testament.

Mais, disons-le, les divers systèmes que nous venons de signaler constituaient, en définitive, des exceptions ; le droit commun des provinces coutumières défendait aux époux de se rien donner par mariage, soit entre-vifs, soit à cause de mort, si ce n'était par don mutuel et réciproque (Pothier *Traité des donations entre mari et femme* nos 1er et suiv.).

La loi du 17 nivôse an 2 vint faire cesser ce système prohibitif ; mais, par un effet contraire, elle permit aux époux de se faire, pendant le mariage, toute espèce d'avantage, même par donation entre-vifs et à titre irrévocable, sauf cependant la réduction à moitié en usufruit dans le cas où il existerait des enfants (Art. 14). « Par une contradiction bizarre, dit Vermeil (*Explication de la loi du* 17 *nivôse* p. 37), la loi qui commandait de s'aimer à des personnes liées par des nœuds indissolubles leur interdisait le témoignage le plus sûr et le plus précieux de l'attachement, les bienfaits... La loi du 17 nivôse est venue affranchir de toutes entraves ce sentiment de bienveillance et d'estime réciproques qui fait le charme d'un pareil état... »

6730. Système du Code civil. — C'est en présence de ces traditions que s'est trouvé le législateur du Code civil. Qu'a-t-il fait ?

D'un côté, il a reconnu un excès de rigueur dans le droit coutumier qui enlevait à l'époux la faculté de récompenser les soins, la tendresse, le dévouement dont il était l'objet ; de l'autre, il a vu un danger sérieux dans la loi du 17 nivôse an 2, qui ne laissait à l'époux bienfaiteur aucun moyen de revenir sur une détermination qu'avaient pu, dans l'origine, provoquer de coupables influences, ou que venait par la suite altérer, dans son principe, l'ingratitude de l'époux donataire.

Il a donc adopté le principe de la loi romaine qui, autorisant les époux à se faire de vraies donations entre-vifs, sous la condition qu'elles seraient toujours révocables, obviait au double inconvénient que nous avons signalé dans notre ancienne législation. Mais il n'a adopté de la loi romaine que la *révocabilité* ; il a abandonné la condition de *caducité*. L'art. 1096 est, en effet, ainsi conçu :

« Toutes donations faites entre époux pendant le mariage, quoique qualifiées entre-vifs, sont toujours révocables. — La révocation pourra être faite par la femme sans y être autorisée par le mari ni par justice. — Ces donations ne seront point révoquées par la survenance d'enfants. »

6731. La donation est entre-vifs et non à cause de mort. — Maintenant, en présence de cet article, on veut que la révocabilité de la donation soit destructive du caractère de la donation entre-vifs, et qu'elle fasse ainsi forcément dégénérer la donation entre époux en une sorte de libéralité testamentaire, ou tout au moins de donation à cause de mort, et cette doctrine, professée par la généralité des auteurs, s'appuie sur l'opinion de Pothier, qui, en parlant de la donation entre époux pendant le mariage, s'exprime ainsi : « Elle n'est pas donation entre-vifs, le donateur ayant eu jusqu'à sa mort le droit de la révoquer » (*Des Donations entre mari et femme* chap. 1er art. 1er no 6).

Néanmoins, dans le camp opposé, se rencontrent d'éminents jurisconsultes qui trouvent, dans l'art. 893 C. C., la preuve invincible que notre loi civile permet aux époux la véritable donation entre-vifs pendant le mariage (Marcadé *sur l'art.* 1096 no 3, Pont et Rodière *du Contrat de mariage* t. 1er no 235, Demolombe *Rev. crit.* 1851).

M. Demolombe, notamment, s'explique ainsi : « L'art. 893 est ainsi conçu : « On ne pourra disposer de ses biens à titre « gratuit que par une donation entre-vifs ou par testament, « dans les formes ci-après déterminées. » Or, la libéralité que l'un des époux peut certainement faire à l'autre époux, pendant le mariage, d'un objet présent, au moyen d'un contrat formé par l'acceptation du conjoint gratifié, cette libéralité n'étant pas un testament, aux termes de l'art. 893, ne peut être qu'une donation entre-vifs. »

Cet argument du savant professeur a une force irrésistible ; car, en présence d'une législation qui ne reconnaît plus les donations à cause de mort, telles du moins que l'ancien droit les avait instituées, il est difficile que les donations faites entre époux pendant le mariage puissent être considérées autrement que comme des donations entre-vifs.

D'ailleurs, l'argument tiré de la révocabilité, que l'on considère comme destructive du caractère de la donation entre-vifs, ne nous paraît nullement décisif. Sans doute, dirons-nous avec Pont et Rodière, la donation est toujours révocable ; mais, qu'est-ce à dire ? les donations ordinaires ne sont-elles pas également révocables dans certains cas, et pour les causes que la loi détermine ? S'ensuit-il cependant que la révocabilité altère, en quelque façon que ce soit, la saisine actuelle du donataire ? Il est élémentaire que non. La donation subsiste dans toute sa force à partir du moment où elle a été acceptée, et elle se maintient avec tous les droits qu'elles a constitués, jusqu'à l'événement qui en amène la révocation.

Donc, la donation entre époux pendant le mariage est, à l'égal de toute autre donation entre-vifs, une libéralité actuellement accomplie, et elle doit être traitée comme toute autre donation entre-vifs. La révocabilité à laquelle les rédacteurs du Code civil l'ont soumise l'affecte seulement d'une condition résolutoire qui suppose une donation parfaite, plutôt que d'une condition suspensive qui empêcherait sa formation actuelle.

Elle doit être, notamment, acceptée expressément par l'époux donataire (Rennes 20 mars 1841, S. 41-2-418 ; — Amiens 24 nov. 1843, S. 47-2-343, Toullier t. 3 no 917,

Grenier t. 3 n° 458, Demolombe t. 23 n° 446, Duranton t. 9 n° 778, Vazeille art. 1096 n° 6, Poujol art. 1096 n° 7, Coin-Delisle art. 1096-10, Troplong t. 4 n° 2653, Marcadé art. 1096-1, Aubry et Rau t. 4 n° 284); — elle doit être transcrite si elle comprend des biens susceptibles d'hypothèque (Aubry et Rau t. 6 n° 284, Demolombe t. 23 n° 44); — et accompagnée, le cas échéant, de l'état estimatif prescrit par l'art. 948 C. C. (Cass. 19 juin 1830, S. 30-1-325, Toullier t. 3 n° 917, Grenier t. 3 n° 454, Vazeille 948 n° 9, Aubry et Rau t. 6 n° 284, Demolombe t. 23 n° 448). — Elle dessaisit donc actuellement le donateur et rend *hic et nunc* le donataire propriétaire des biens présents (*V.* Cass. 10 avr. 1838, S. 38-1-289, 12 avr. 1843, S. 43-1-273).

6732. La donation n'est pas caduque par suite du prédécès du donataire. — La question de la révocabilité examinée, il en reste une également fort importante au point de vue de l'enregistrement, c'est celle de savoir si la donation entre époux, pendant le mariage, devient caduque par le prédécès du donataire. Les auteurs sont unanimes pour sa solution affirmative (Pothier *Contrat de mariage* n° 595, Toullier t. 5 n° 918, Grenier n° 454, Delvincourt n° 1026, Vazeille n° 9, Duranton t. 9 n° 777, Roll. de Vill. v° *Donation entre époux* n° 32, Champ. et Rig. n° 2989, Coin-Delisle sur l'art. 1096 n° 6, Marcadé *eod.* n° 3, Poujol art. 1096 n° 7, Delangle *Concl.*). — C'est aussi ce qui résulte d'un arrêt de Cass. du 19 août 1865 (S. 65-1-649).

Il nous semble cependant que la solution donnée à la question de la révocabilité entraîne, comme conséquence forcée, celle que doit recevoir la question de caducité. L'effet principal de la donation qui nous occupe est que les droits conférés au donataire continuent d'exister et doivent être maintenus tant que la donation n'aura pas été révoquée. Or, si le prédécès de l'époux donataire arrive avant la révocation, ses héritiers doivent évidemment trouver dans sa succession ces mêmes droits que n'aura pas atteints, de son vivant, la condition résolutoire de la révocabilité.

On connaît les motifs qui avaient fait insérer dans la loi romaine la condition de révocabilité. C'était, d'abord, pour mettre à la disposition d'un époux un moyen puissant de tenir en éveil l'affection de son conjoint ; c'était, ensuite, comme il pouvait y avoir ingratitude, pour que l'époux trompé dans ses espérances d'affection pût revenir sur sa détermination. Les mêmes motifs existent toujours ; c'est pour cela que notre législateur, en empruntant à la loi romaine le principe de la donation entre-vifs, a fait passer dans le Code la condition *de révocabilité* qui affectait cette donation.

Mais rien n'explique d'une manière satisfaisante la condition *de caducité* que contenait la loi romaine. En effet, l'époux donataire mort, la suspicion qui pouvait s'attacher à ses sentiments disparaît ; il n'y a plus à stimuler son affection, à se mettre en garde contre son ingratitude ; aussi voyons-nous le Code passer sous silence la condition de caducité.

Assurément, si le législateur eût voulu assujettir à la caducité la donation entre époux *pendant le mariage*, il l'eût dit, comme il l'a fait dans l'art. 1092, qui dispose que la donation entre époux, *par contrat de mariage*, ne sera pas censée faite sous *la condition de survie* de l'époux donataire, si cette condition n'est formellement exprimée.

Concluons donc qu'admettre le principe de la caducité, le faire résulter de la faculté de révocation, la seule condition imposée par le Code, aux donations qui nous occupent, c'est ajouter à la loi, c'est introduire un système parallèle au système législatif ; c'est, en un mot, anéantir, par voie d'induction, des actes que la loi couvre de sa protection (*Conf.* : Troplong t. 4 n° 2659, Zachariæ, Aubry et Rau t. 4 p. 291-293, Massé et Vergé t. 3 p. 335, Colmet de Santerre t. 4 n° 276 *bis*, Saintespès-Lescot t. 5 n° 2001, Demolombe t. 23 n° 469).

6733. Transition de la doctrine à la jurisprudence. — Nous avons jusqu'ici, sur les deux questions qui font l'objet de cette dissertation, envisagé principalement la doctrine ; cependant la jurisprudence mérite également toute notre attention ; nous allons l'interroger. Seulement, avant d'aller plus loin, nous signalerons un fait : c'est que, toutes les fois que nous serons en présence de questions civiles, nous la trouverons sans dissidents (*V.* 6734). Elle sera unanime pour repousser l'opinion des auteurs dont nous avons essayé de démontrer l'erreur. Au contraire, ainsi qu'on le verra n° 6735, elle variera quelquefois, lorsqu'elle aura à trancher la question au point de vue de l'enregistrement.

6734. Jurisprudence civile. — En matière civile, un premier arrêt de la ch. civ., du 16 juin 1818 (P. 18-1-440), décide que la donation entre époux, faite durant le mariage, ne peut devenir *caduque* par le prédécès de l'époux donataire. — Cet arrêt est suivi d'un arrêt de la ch. des req. du 29 janvier 1835 (P. 35-1-101), qui juge irrévocables les donations entre époux faites sous l'empire de la loi de nivôse.

C'est à raison *de la saisine immédiate* produite par la donation entre époux, que la chambre des requêtes a jugé, le 5 avril 1836 (P. 36-1-351), que l'époux donataire n'avait *aucune délivrance* à demander aux héritiers de l'époux donateur. — Et c'est encore dans le même sens que la chambre civile a décidé, le 10 avril 1838 (P. 38-1-171), que les créanciers de l'époux donateur n'avaient aucun droit sur les biens donnés, lesquels étaient passés dans le patrimoine de l'époux donataire par l'effet de *dessaisissement actuel et immédiat* produit par la donation. — Un arrêt, émané de la cour de Limoges du 1er février 1840 (P. 40-2-189), juge expressément que le prédécès de l'époux donataire ne frappe pas la donation de *caducité*.

Plus tard, la cour suprême donne, par un arrêt du 18 juin 1845 (P. 45-1-273), à la doctrine des auteurs un démenti des plus formels, en cassant un arrêt qui avait adopté cette doctrine. La chambre civile juge que la donation entre époux pendant le mariage *est entre-vifs*, que le donataire est *saisi immédiatement de la propriété des choses données*, et, par suite, qu'une telle donation, bien que toujours révocable, aux termes de l'art. 1096, *n'est pas caduque par le prédécès de l'époux donataire*. — Enfin, sur le renvoi prononcé par ce dernier arrêt, la cour d'Angers se conforme à cette jurisprudence par arrêt du 27 janvier 1848 (P. 48-2-52). — Depuis lors cette jurisprudence a été adoptée par la cour de Toulouse le 26 février 1861 (S. 61-2-327).

Ainsi, nous voyons la doctrine repousser, par l'organe de la majorité des auteurs, l'*actualité* de la donation entre-vifs que se font les époux pendant le mariage et admettre la *caducité* comme un des caractères essentiels de cette donation, alors que la jurisprudence fait prévaloir avec raison, à notre avis, la double thèse contraire.

6735. Jurisprudence fiscale. — Si nous envisageons l'application faite aux matières d'enregistrement, nous nous trouvons en présence des hésitations les plus marquées, des retours les plus imprévus. Ceci s'explique d'ailleurs parfaitement, et par les dissidences que nous avons signalées entre la doctrine et la jurisprudence, et par les revirements inopinés que la cour suprême a faits sur sa propre jurisprudence, lorsque des questions spéciales lui ont été soumises en matière d'impôt.

Et, d'abord, l'Administration acceptant l'opinion des auteurs en avait tiré les conséquences qui s'en induisent naturellement au point de vue de la perception. L'I. G. du 3 fructidor, an 13 n° 290 § 27 portait que les donations entre époux, pendant le mariage, quoique qualifiées entre-vifs, étant toujours révocables, il y avait lieu de les considérer comme devant être rangées dans la classe des donations à cause de mort, passibles du droit fixe.

Cette solution était conforme aux usages acceptés par l'ancien droit tel qu'il est résumé par Bosquet, en ces termes : « Le don mutuel est une disposition faite entre mari et femme postérieurement à leur mariage, par laquelle ils stipulent que le survivant jouira pendant sa vie de la moitié appartenant au prémourant dans les biens de la communauté. Ce n'est qu'une donation à cause de mort et le survivant doit, dans les six mois de la mort du prédécédé, faire déclaration des biens qui lui reviennent, soit en propriété, soit en usufruit, et payer le droit de centième denier. La donation mutuelle se fait entre futurs conjoints par contrat de mariage ; elle diffère du don mutuel en ce qu'elle peut être faite de tous biens, au lieu que le don mutuel ne se fait qu'entre gens mariés et est ordinairement limité aux biens et effets de la communauté. Ces donations, quoique irrévocables, sont des dispositions à cause de mort. Comme l'effet de ces donations est retardé jusqu'au décès du premier mourant des contractants, on ne doit percevoir, lors de la passation de l'acte, que le droit de contrôle et celui d'insinuation. Le droit de centième denier n'est exigible que quand il y a mutation effective et qu'en conséquence le survivant recueille les immeubles du prédécédé » (Bosquet t. 2 p. 195, nos 247 et 249).

Cependant, une instruction postérieure, en date du 5 juin 1809 n° 432 § 3, tout en maintenant le principe que ces donations ne peuvent être considérées que comme des actes à cause de mort, décidait, *par une contradiction manifeste*, que, le Code civil les soumettant aux formes prescrites pour les actes ordinaires, elles devaient être enregistrées dans les dix ou quinze jours de leur date. Mais cette dernière doctrine ne pouvait résister à la discussion. Aussi une série de décisions judiciaires et administratives (D. m. f. 26 mars 1838, 1577 § 10 I. G.; — Cass. 20 juill. 1836, S. 36-1-671, 1577-10 I. G.; — Loches 22 avr. 1837 ; — Niort 14 juin 1837 ; — Orléans, Châteauroux, Vitré 1er, 22 et 30 avr. 1837 ; — Cass. 22 mars 1848. — *V.* également 9301, 9471, 9667, 9722, 9783, 9826 J. N., 11649, 11937 J. E.), établissaient-elles que le caractère de révocabilité devait faire considérer les donations de l'espèce comme donations à cause de mort, littéralement régies par l'art. 54 L. 22 frimaire an 7, et, par suite, assujetties à l'enregistrement dans les trois mois du décès du donateur seulement.

A la vérité, deux délibérations, intervenues les 16 novembre 1814 et 26 février 1833, manifestaient, de la part de l'Administration, une tendance diamétralement opposée à ces premiers errements. Rendues dans des espèces où l'acte de donation accordait au donataire soit la *faculté de disposer*, soit le droit *d'entrer immédiatement en jouissance*, ces délibérations prescrivaient la perception du droit proportionnel. Leur motif était que, le donataire devant jouir immédiatement, la révocation ultérieure que le donateur pourrait faire n'aurait pas empêché la donation de produire son effet jusque-là. Mais, par deux solutions ultérieures des 17 mai 1833 et 11 février 1834, l'Administration, abandonnant cette pensée, avait décidé, *en thèse générale*, que les Dél. 16 novembre 1814 et 26 février 1833 cesseraient d'être prises pour règle, et que les préposés devraient s'en tenir à l'application de l'I. G. n° 290 § 27. — *V.* également dans le même sens Dél. 23 février 1844 (11945 J. N.).

Enfin, un arrêt de cass. du 31 août 1853 a jugé que la donation faite pendant le mariage, par un mari à sa femme, pour entrer en jouissance immédiatement, est une donation entre-vifs, passible du droit proportionnel : « Attendu, porte cet arrêt, que, par acte authentique du 10 mars 1842, le marquis de Castellane fit donation entre-vifs à la dame de Castellane, sa femme, de la forêt de Chavagnac, par lui acquise aux termes du même acte, et que cette donation fut immédiatement acceptée dans ledit acte par la donataire ; — Attendu qu'il est formellement énoncé, dans cet acte de donation, que la dame de Castellane *prendrait immédiatement possession de ladite forêt, pour en jouir et disposer à partir du jour même, comme de sa chose propre et absolue ;* Attendu que la donation ainsi formulée et acceptée emportait transmission immédiate des immeubles donnés à la dame de Castellane, en toute propriété ; et que si, aux termes de l'art. 1096 du C. C., toutes donations faites entre époux pendant le mariage sont révocables, cette disposition ne constituait pas, dans l'espèce, une condition suspensive, mais une condition résolutoire qui n'empêchait pas que la mutation ne fût opérée du jour même de la donation » (98 R. P., 2010 § 4 I. G., S. 53-1-763).

A cet arrêt commence la réconciliation entre la jurisprudence fiscale et la jurisprudence civile. Pour l'opérer tout à fait, il faut appliquer les propositions ci-après, qui ressortent de la discussion à laquelle nous nous sommes livré dans les numéros précédents.

6736. Droit proportionnel. — Nous pensons : 1° Que les donations *entre-vifs de biens présents*, que les époux peuvent se faire pendant le mariage, sont toujours sujettes au droit proportionnel. Cette première proposition, que nous avions formulée dans nos précédentes éditions, a été, depuis, confirmée par une décision de l'administration belge, du 18 juin 1855 (453 R. P.) par une Sol. du 22 mars 1856 et par un jugement d'Avignon du 4 avril 1878. C'est aussi l'avis de M. Demante n° 606.

6737. Délai. — 2° Que ces donations doivent être enregistrées dans les dix ou quinze jours de leur date, selon que le notaire qui les a reçues réside ou non dans la localité où se trouve établi le bureau.

6738. Décès de l'époux donataire. — Mutation par décès. — 3° Que l'époux donataire qui décède sans que la donation ait été révoquée, transmet les biens donnés à ses héritiers, d'où la conséquence que ceux-ci doivent payer un droit de mutation par décès, à raison de ces biens.

6739. Révocation. — De ce que la donation faite par un époux en faveur de son conjoint pendant le mariage constitue une véritable donation entre-vifs, qui fait passer les biens qu'elle comprend du patrimoine de l'époux donateur dans celui de l'époux donataire ; il en résulte que la révocation de cette donation fait revenir la propriété des biens donnés entre les mains du donateur et donne lieu à la perception du droit proportionnel, d'après le principe posé dans l'art. 4 et l'art. 69 § 7 n° 1er L. frimaire an 7, qui assujettit au droit proportionnel les ventes, reventes, cessions et rétrocessions. La révocation ayant lieu par la seule volonté du donateur n'est pas subordonnée à l'acquiescement ou au concours du donataire. Quant au tarif exigible, il semble que, la rétrocession procédant de la seule volonté du donateur, qui n'a rien à payer au donataire en compensation, l'on ne peut percevoir que le droit de mutation à titre gratuit.

ARTICLE 2. — BIENS A VENIR

[6740]

6740. Observation. — Les donations que les époux se font pendant le mariage, comme celles qui ont lieu par le contrat de mariage, peuvent être de biens à venir, ou de biens présents et à venir. Nous n'avons rien à ajouter ici aux règles que nous avons posées nos 5336 et suiv.; les mêmes principes sont applicables dans une hypothèse comme dans l'autre, du moment que l'on admet, ce que nous croyons avoir démontré, que les donations de biens présents faites pendant le mariage sont, comme toutes autres donations de cette nature de biens, de véritables donations entre-vifs (Demolombe t. 23 n° 473).

CHAPITRE XIII. — DONATION MUTUELLE

[6741-6750]

6741. Définition. — On entend par donation mutuelle la convention par laquelle deux personnes se font réciproquement don l'une à l'autre *par le même acte* (Toullier t. 5 n° 306).

Dans l'usage, la qualification de donation mutuelle est presque exclusivement appliquée aux donations de l'espèce que se font ordinairement les époux. Mais ce n'est pas d'elles dont nous avons à parler ici.

6742. Les donations mutuelles par le même acte sont permises. — Bien que le C. C. ne se soit nulle part occupé d'une manière explicite des donations mutuelles, cependant la rédaction de l'art. 360 indique manifestement qu'il est permis de disposer gratuitement par le contrat comme par des donations simples. On peut tirer encore le même argument de l'art. 1097, qui, prohibant seulement ces sortes de donations entre époux (Cass. 26 mars 1855, 420 R. P.), laisse évidemment supposer qu'elles sont valables entre toutes autres personnes (Grenier n° 487, Toullier t. 5 n° 306, Delvincourt t. 2 p. 252, Guilhon *des Donations* n° 653).

6743. Entre-vifs. — Mais ce ne sont que les donations mutuelles entre-vifs qui sont conservées par le Code, et non les donations à cause de mort. Ainsi, elles ne peuvent porter, comme les donations simples, que sur les biens *présents*, et non sur les biens *à venir*; si elles comprenaient des biens à venir, elles seraient nulles à cet égard (943 C. C.). Les donations mutuelles qui comprendraient soit les biens que le prédécédé laisserait en mourant, soit une somme à prendre sur ses biens, seraient des donations à *cause de mort* qui ne pourraient avoir d'effet (Nouv. Denisart v° *Donation mutuelle* n° 5, Toullier t. 5 n° 306).

6744. Condition. — Mais « l'effet des donations mutuelles, dit Toullier t. 5 n° 307, peut être suspendu par une condition casuelle, par exemple, par la condition de survie si usitée en pareil cas. Ainsi, la donation mutuelle que deux personnes se feraient au survivant des deux, par un acte entre-vifs, de biens particuliers, ou de leurs biens présents détaillés dans l'acte de donation, n'en serait pas moins un don entre-vifs. La condition casuelle de survie, mise à chacune des deux donations que contient un pareil acte, n'en change point le caractère. La donation n'en est pas moins irrévocable ; l'accomplissement de la donation a un effet rétroactif au jour de la donation ; chacun des deux donateurs n'a plus la faculté de disposer, de son vivant, des biens compris dans la donation, au préjudice du don mutuel, et, s'il en disposait, le survivant ferait annuler la disposition faite par le prédécédé. Il en serait de même des hypothèques créées depuis le don. Pour éviter toute difficulté en pareil cas, la prudence exige que l'acte de donation soit transcrit. »

1. NATURE DE LA CONDITION. — Dans le cas de la donation au survivant, le droit de chaque donataire existe sous une condition suspensive, et non résolutoire. En effet, la donation n'a et ne peut avoir d'effet présent. Ce n'est qu'au décès du premier mourant que la condition de survie peut se vérifier, que l'on peut savoir auquel des deux donataires éventuels la donation doit profiter. Pour que la condition fût résolutoire, il faudrait que les deux parties se fussent actuellement dépouillées de leurs biens, l'une en faveur de l'autre (Guilhon n° 657).

6745. Formalités. — De ce que la donation mutuelle est une véritable donation entre-vifs, même alors qu'elle est subordonnée à la condition de survie du donataire, il résulte qu'elle est sujette à toutes les règles et formalités des donations pures et simples : ainsi, les parties doivent être respectivement capables de donner et de recevoir ; il faut la rédaction d'un acte public, la double acceptation expresse, l'état estimatif des meubles, la transcription (Guilhon n° 638).

6746 Donation actuelle. — De ce que nous avons dit au n° 6744, on ne doit pas conclure que les donations mutuelles ne peuvent avoir lieu qu'en faveur du survivant. Elles peuvent être faites pour avoir leur effet, l'une et l'autre, dès le moment de la convention, et alors elles ont beaucoup de rapport avec l'échange et avec les contrats intéressés. Par exemple, la convention par laquelle deux propriétaires, ayant des terres enclavées les unes dans les autres, se feraient réciproquement, et par un seul et même acte, donation entre-vifs des pièces de terre qu'ils possèdent enclavées dans l'étendue de la ferme l'un de l'autre, serait une donation mutuelle entre-vifs, quoique cet acte ressemblât beaucoup à un contrat d'échange. Une pareille convention doit avoir l'effet d'une donation, suivant le nom que lui ont donné les parties, et être rangée dans la classe des contrats de bienfaisance, toutes les fois que les autres clauses ou les circonstances du fait ne manifestent pas l'intention mutuelle de faire un contrat intéressé de part et d'autre (Nouv. Denisart p. 78 n° 1er, p. 79 n° 6).

6747. Distinction entre la donation mutuelle et l'échange. — Ce que nous venons de dire dessine assez nettement la ligne de démarcation qui sépare le contrat d'échange de la donation mutuelle. Cependant nous insistons sur ce point, car il est d'autant plus essentiel, au point de vue de la perception, que quelques auteurs (notamment Lebrun *du Don mutuel* ch. 1er) ont pensé que les conventions de donation mutuelle, surtout dans le cas où la donation est égale de part et d'autre, ne retiennent de la qualité des donations que le nom.

Le Nouveau Denisart rejette cette doctrine par des raisons tout à fait péremptoires. « Les parties peuvent s'y déterminer principalement, dit-il (v° *Donation mutuelle* § 1er n° 3), soit par le désir mutuel de procurer à l'autre un avantage, soit par le désir mutuel de profiter soi-même de l'avantage fait par l'autre contractant. Au premier cas, la convention est produite par un amour mutuel, elle est un contrat de bienfaisance; au second cas, elle est un contrat intéressé de part et d'autre : *do ut des*. Mais, comme il est impossible à l'homme de pénétrer les pensées secrètes, une pareille convention doit avoir l'effet de donation, suivant le nom que lui ont donné les parties, et être rangée dans la classe des contrats de bienfaisance, toutes les fois que les autres clauses ou les circonstances du fait ne manifestent pas l'intention mutuelle de faire un contrat intéressé de part et d'autre. »

« L'échange, dit à son tour Pothier *de la Vente* n° 619, est un contrat à *titre onéreux*, dans lequel les parties se donnent respectivement, avec *l'intention de recevoir un équivalent*, et non de faire une libéralité. L'échange se distingue par là de la donation mutuelle, qui est un contrat à *titre gratuit*, et dans laquelle les deux parties se donnent mutuellement l'une une chose, l'autre une autre, sans égard à leur valeur. »

Résulte-t-il de la forme de l'acte, de sa qualification, de la valeur à peu près égale des objets cédés que les parties ont entendu faire un échange, ce sera un contrat commutatif (Cass. 10 août 1836, S. 36-1-669). — Mais si, au contraire, on reconnaît, malgré la réciprocité de l'abandon qu'il a été, de part et d'autre, exempt de toute idée de spéculation, il faudra y voir une donation (Cass. 2 janv. 1843, S. 43-1-110). — Il faudra aussi, dans ce cas, plus peut-être que dans les autres, s'enquérir de la qualité des parties, des liens qui les unissent, de la circonstance surtout que la convention d'abandon réciproque devrait avoir son effet actuellement au profit de chacune d'elles (ce qui semblerait imprimer à l'acte le caractère d'un échange plutôt que d'une donation), ou qu'il ne devrait au contraire se réaliser qu'au profit du survivant (ce qui lui attribuerait le caractère d'une donation plus que d'un échange) (Merlin *Question de droit* v° *Donation* § 1er, Furgole art. 39 de l'Ord. de 1731, Toullier t. 3 n° 306, Coin-Delisle art 894 n° 25, Champ. et Rig. t. 3 n° 2254, Bayle-Mouillard sur Grenier t. 2 n° 158 note A, Demolombe t. 20 nos 583 et 587).

6748. Nature du droit à percevoir sur les donations actuelles. — Les lois sur l'enregistrement ne contiennent aucune disposition relativement aux donations mutuelles autorisées sous l'ancienne législation et qui sont encore permises aujourd'hui, ainsi qu'on l'a vu n° 6742 ; mais il résulte de ce que nous venons de dire que, pour établir la perception, il faut étudier le contrat dans sa cause, et que, si rien ne vient détruire la qualification donnée par les parties à leur convention mutuelle, c'est le droit de donation, et non celui d'échange, qui devra être perçu. C'est également l'opinion de Dalloz n° 3746, contraire à celle de Rolland de Villargues v° *Donation mutuelle* n° 19.

6749. Liquidation du droit. — Dans ce cas, le droit doit être perçu, non pas sur les deux choses respectivement transmises, mais sur une seule. Il en est à cet égard de la donation comme de l'échange, dans lequel un seul droit est perçu, bien qu'il s'opère réellement deux transmissions. Seulement il y a cette différence que, tandis que dans l'échange un droit particulier de soulte est exigible sur l'excédant lorsque les immeubles échangés sont de valeur inégale, l'excédant, dans la donation mutuelle, ne donne pas ouverture à un droit distinct. L'Administration est en présence d'une seule disposition qui est une donation pour le tout, elle n'a donc à percevoir que le droit de donation, sauf à elle à liquider le droit sur la valeur la plus forte.

Il a été reconnu dans ce sens que, si un père fait donation à sa fille d'une somme de 1,000 francs dans son contrat de mariage et que de son côté celle-ci constitue à son père une rente viagère de 2,000 francs, qui se compensera, pendant tout le temps de l'habitation commune, avec les dépenses auxquelles les époux feront face et ne deviendra exigible que le jour où la cohabitation cessera, le droit exigible est celui auquel donne naissance la donation la plus considérable, qui est celle faite par la fille (11499-4 J. E.).

6750. Droit fixe. — Mais, si la donation mutuelle,

égale ou inégale, est soumise à une condition suspensive, par exemple, à la condition de survie, elle n'est passible que du droit fixe, sauf la perception du droit proportionnel au moment où la disposition produira son effet en faveur de l'une des parties. — Décidé, dans ce sens, que l'acte par lequel trois frères propriétaires indivis d'un immeuble se font réciproquement donation chacun de son tiers pour en avoir *propriété* actuellement, mais n'entrer en jouissance que du jour du décès de chaque donataire, ne doit être considéré que comme une donation éventuelle dont l'effet est subordonné au décès respectif des donateurs, car il est évident que celui qui mourra le premier n'a jamais eu la propriété de la part de ses deux frères ni le droit d'en disposer, ce qui exclut la donation entre-vifs (Dél. 3 déc. 1834, 11085 J. E.).

CHAPITRE XIV. — DONATION RÉMUNÉRATOIRE

[6751-6764]

6751. Définition. — La donation rémunératoire est celle qui est faite pour récompenser quelques services rendus au donateur ou aux tiers (Toullier t. 5 n° 186).

6752. Diverses espèces. — La donation rémunératoire peut avoir lieu : 1° pour récompenser des services à raison desquels le donataire aurait eu une *action civile* contre le donateur ; — 2° pour des services qui imposaient au donateur une obligation naturelle envers le donataire ; — 3° pour des services qui ne créent aucune de ces obligations (Toullier t. 5 n° 186, Guilhon *des Donations* n°s 642 et suiv.).

6753. Service comportant action civile. — « La cause de la donation, dit Demolombe, c'est la volonté bienfaisante, la volonté libre et spontanée, *nullo jure cogente*. Ce n'est donc point *donner* que d'accomplir une obligation ; *c'est payer !* » (Demolombe t. 20 n° 36).

Rien n'est plus évident quand il s'agit d'une obligation civile dont l'exécution était garantie par une action en justice contre le débiteur. Puisque ce dernier pouvait être contraint à la livraison de la chose ou au payement de la somme due, le créancier qui la reçoit ou qui en reçoit l'équivalent ne tient rien de la libéralité de son débiteur, il est tout simplement désintéressé de ce qui lui était dû. Et cela sans qu'il y ait lieu de distinguer si le créancier avait ou non les moyens de preuve suffisante pour faire reconnaître son droit.

L'art. 1023 C. C. fait une application de ce principe quand il dit : « Le legs au créancier ne sera pas censé en compensation de sa créance ni le legs au domestique en compensation de ses gages. » Aussi est-il reconnu qu'un tel acte est affranchi des règles sur les incapacités de donner et de recevoir, sur la portion disponible et les causes de révocation des libéralités (Colmar 18 juill. 1809, S. 1809-2-161 ; — Cass. 26 janv. 1826, 22 août 1826, S. 26-1-139 et 152 ; — Cass. 26 mars 1845, S. 1847-1-120 ; — Cass. 10 déc. 1851, Dalloz 1852-1-80 ; — Paris 16 fév. 1860, J. P. 1860 p. 392 ; — Nîmes 5 déc. 1860, S. 1861-2-2 ; — Cass. 21 mai 1862, *Gazette des tribunaux* du 22 mai 1862, Grenier t. 2 n° 188, Coin-Delisle art. 894-21, Troplong *de la Vente* n° 8, Pothier *Vente* 608, Duranton t. 8 n° 567).

Les règles qui régissent cette sorte de contrat sont, au point de vue de la perception, que, si la valeur des services rendus égale l'importance de la donation, il y aura dation en payement passible de 5 fr. 50 cent. pour 100, tandis que le seul droit de donation sera exigible sur le tout si le contrat contient réellement une libéralité. — Exemple : Je donne à Paul, mon domestique, aux gages de 500 francs par an, qui pendant dix ans n'a reçu aucun salaire, ma maison évaluée 5,000 francs ; le droit de 5 fr. 50 cent. pour 100 est exigible sur 1,000 francs. Que, si au contraire ma maison vaut 10,000 francs, il y aura donation pour le tout et le droit à 9 fr. pour 100 sera exigible sur 10,000 francs (*Conf.* : Champ. et Rig. t. 3 n° 2221, Demolombe t. 20 n° 37). — Bosquet disait déjà de même dans l'ancien droit : « Si la donation a lieu pour récompense de services, c'est une espèce de vente ou de contrat appelé *datio in solutum* dont les lods et ventes sont dus si les services sont de nature que le donataire pût avoir une action pour s'en faire payer » (Bosquet t. 2 p. 242).

1. PRESCRIPTION. — Peu importerait que l'action à laquelle auraient pu donner lieu les services rendus fût prescrite ; la donation serait encore un contrat à titre onéreux, parce que le donateur pouvait renoncer à la prescription (Grenier et Coin-Delisle *loc. cit.*).

6754. Obligation naturelle. — La même solution doit être étendue aux obligations naturelles proprement dites, c'est-à-dire, suivant la définition de Marcadé, à ces engagements « que le législateur, après leur avoir refusé l'efficacité parce qu'ils se trouvent sous le coup d'une présomption générale d'inexistence ou d'invalidité, arrive à sanctionner ensuite parce qu'une exécution libre d'où résulte l'aveu de la valeur réelle de la dette vient prouver au législateur que sa présomption était en défaut » (Art. 1235 n° 2). — En effet, bien que régulièrement les obligations naturelles ne produisent pas d'action en justice, néanmoins, lorsqu'une fois elles ont été reconnues ou que celui qui en était tenu les a acquittées, elles deviennent civilement obligatoires, de sorte que celui qui a reçu le payement ne peut être tenu de rendre ce qu'il a touché comme il le serait s'il avait reçu une chose qui ne lui fût pas due. Tel est le cas du débiteur qui reconnaît une dette prescrite, du majeur qui s'oblige à payer une somme prêtée pendant sa minorité, d'un héritier qui s'oblige à payer un legs verbal. « Ces actes, dit Demolombe, ne sont pas des donations, et, pour la perception du droit fiscal, ils devront être considérés comme à titre onéreux » (T. 20 n° 27. — V. Cass. 26 janv. 1826, 22 août 1826, S. 26-1-139 et 152, 26 mars 1845, S. 47-1-120, 10 déc. 1851, S. 52-1-80 ; — Paris 16 fév. 1860, J. P. 60-392 ; — Cass. 21 mai 1862, Grenier t. 2 n° 188, Coin-Delisle art. 894 n° 21, Champ. et Rig. t. 3 n°s 2221-2417).

6755. Obligation morale. — D'après une doctrine qui compte d'assez nombreux partisans, il en devait être ainsi de l'obligation morale qui ne constitue qu'un devoir imparfait, un simple devoir de convenance d'où ne peut résulter dans le for extérieur aucune obligation proprement dite. Selon eux, l'élément constitutif de l'obligation naturelle est l'aveu, la reconnaissance par le débiteur qu'il se considère comme tenu en conscience d'une dette naturelle. Ainsi, lorsque la cause de l'obligation reconnue ne résiste pas absolument à ce caractère et qu'elle a pour origine des relations individuelles d'une personne déterminée envers une autre personne déterminée, l'aveu du débiteur lui imprime le caractère d'une obligation naturelle qui peut devenir le fondement d'une obligation civile (Rodière 1861 p. 321 J. P. ; — Nîmes 5 déc. 1860, S. 61-2-1 ; — Grenoble 4 juin 1860, S. 61-2-153 ; — Cass. 10 mars 1818, S. 19-1-158 et 22 août 1826, S. 27-1-7, Poujol art. 1235 n° 8, Duranton t. 10 n° 54, *Revue Étrangère* t. 3 p. 312 à 367, Coin-Delisle art. 391 n° 22, Troplong t. 3 n° 1075, Bayle-Mouillard t. 2 n° 158, Larombière *Oblig.* t. 3 art. 1235 n° 6, Demolombe t. 20 n° 38).

D'autres, au contraire, pensent que l'obligation morale ne peut jamais donner naissance à une obligation naturelle proprement dite, car je ne puis, par exemple, m'engager aux yeux de la loi civile à faire l'aumône. La cause d'une telle obligation est placée en dehors du droit positif; elle n'y trouverait aucune sanction, quelle que fût la clarté ou la persistance de l'aveu du débiteur. Par conséquent, lorsque l'obligation est exécutée, c'est bien *nullo jure cogente*, c'est bien à titre de libéralité (Massol *de l'Obligation naturelle* introd. p. 4 et 35, Zachariæ, Aubry et Rau t. 3 p. 3, Massé et Vergé t. 3 p. 343; — Cass. 25 fév. 1835, S. 35-1225 ; — Orléans 23 avr. 1842, S. 43-2-333).

Nous avons toujours pensé qu'il fallait se rattacher à cette dernière opinion pour la perception de l'impôt et que tout acte constatant l'exécution d'un engagement moral ou de conscience était passible du droit de donation, alors même que les services rendus pourraient être considérés comme équivalant l'objet donné. C'était également ce qui était admis dans l'ancienne législation. « Ce sont, dit d'Argentré (*des Lods et Ventes* § 47), des offices d'amitié ou de générosité au-dessus de toute estimation, ou devoirs d'honneur et de bienfaisance, dont on s'acquitte ordinairement par une compensation de devoirs et d'offices réciproques ; et celui qui, pour ces causes, donne à son ami exerce une libéralité parce qu'il donne *nullo cogente jure* ; et c'est souvent par générosité, parce qu'il se reconnaît en reste avec son ami, quoiqu'il ait d'ailleurs rempli tous les devoirs et les retours de l'amitié. C'est à ces sortes d'offices d'honneur que doit se rapporter l'expression générale de services reçus, et la raison pour laquelle nous avons dit ci-dessus qu'elle ne pouvait donner lieu aux *lods et ventes.* »

S'il en était autrement, toutes les libéralités seraient facilement déguisées sous la forme de dations en payement, puisque le donateur est seul juge de l'accomplissement du devoir de délicatesse ou de conscience que lui imposent les événements, et que l'appréciation de ces faits échappe aux tribunaux. Par conséquent, nous persistons à croire, comme dans nos éditions antérieures, que les préposés percevront régulièrement le droit de donation quand on indiquera pour prétexte à une convention des services vaguement énoncés.

6756. Exemples divers. — La difficulté en cette matière revient à apprécier, selon les circonstances particulières de chaque espèce, la nature des services rendus. C'est là une mission très-délicate qui place le percepteur au milieu des nuances souvent peu saisissables de l'obligation naturelle et de l'obligation de conscience. La doctrine n'a pas de règles assez délicates pour saisir les causes de ces manifestations morales : il faut se borner aux exemples qui peuvent le mieux diriger les recherches.

Ainsi on a déclaré *contrat à titre onéreux* : 1° l'acte par lequel un individu constitue une rente viagère à sa servante, sous la condition que l'acte resterait sans effet si elle ne *servait* son maître *jusqu'à sa mort* (Cass. 13 vend. an 2, 8 mai 1828) ;

2° L'acte par lequel des héritiers, pour récompenser des services rendus par une *cuisinière* à leur auteur, abandonnent à cette dernière une rente en grains (Colmar 10 déc. 1808, S. 1809-2-161) ;

3° L'acte renfermant l'abandon de divers objets laissés en reconnaissance de soins et *secours* prodigués par le donataire pendant plusieurs années (Colmar 18 juill. 1809, S. 9-2-161) ;

4° Le billet par lequel un individu s'engage à payer annuellement à son domestique une pension viagère pour tenir lieu de ses *gages* (Paris 12 nov. 1810 ; — Bordeaux 21 mars 1835) ;

5° Le don de sa créance fait par un créancier à son débiteur, en reconnaissance de services rendus et *d'une pension* que ce dernier lui a fournie (Douai 4 avr. 1843) ;

6° La constitution de rentes viagères pour *argent prêté*, bien que le capital de ce prêt ne soit pas déterminé et que le constituant ait rappelé les services rendus par le crédi-rentier (Rennes 23 janv. 1811) ;

7° L'attribution à un agent d'affaires, par son client, du quart des recouvrements qu'il opérera pour son compte (Cass. 31 janv. 1843, Sol. 20 janv. 1848).

La question a été discutée surtout à propos des pensions constituées aux domestiques. On a soutenu que l'acte sous seing privé par lequel une personne se serait engagée à payer une pension à un vieux domestique constituait une obligation naturelle, s'il résultait des termes de l'acte que le souscripteur a lui-même reconnu l'existence d'une obligation naturelle à sa charge et quoique d'ailleurs le serviteur ait reçu tous ses gages (*V.* Caen 19 mai 1841, S. 42-2-11 ; — Cass. 3 août 1814, S. 15-1-10 ; — Bordeaux 21 mars 1835, D. 35-2-158 ; — Cass. 3 fév. 1846, S. 46-1-502 ; — Douai 2 juill. 1847, S. 49-2-23, Coin-Delisle art. 931 n° 22, Demolombe t. 20 n° 39). — Mais cette controverse n'a pas empêché le tribunal d'Yvetot de décider, avec raison, selon nous, que la remise d'une somme à un serviteur en sus de ses gages à titre de gratification ou d'indemnité de services était passible du droit de donation (jugement du 13 nov. 1863, 1867 R. P., 12726 C.). — En matière civile, il avait été également jugé, comme dans l'espèce actuelle, que la constitution d'une rente viagère au profit d'un ancien domestique, pour services rendus, portait tous les caractères d'une véritable libéralité (Bruxelles 26 nov. 1823).

Reconnu aussi dans ce sens que, si des frères et sœurs constituent à leur sœur une rente viagère comme témoignage de reconnaissance des services qu'elle a rendus à leur mère commune, le droit de donation est exigible (14169-4 J. E.; — *Contrà* Demolombe t. 20 n° 39).

Mais la disposition d'un acte de partage par laquelle les héritiers reconnaissent avoir reçu une somme déterminée pour rémunération de services rendus par leur auteur à une compagnie dont il était l'agent ne peut être considérée comme contenant la reconnaissance d'un don manuel passible du droit proportionnel (17196 J. E.).

De même, la constitution d'une pension viagère par une compagnie de chemin de fer au profit de la veuve d'un employé tué à son service n'est passible que du droit de 2 pour 100. Il n'y a pas de libéralité, attendu que la pension constituée dérive de l'obligation imposée par l'art. 1382 C. C. de réparer le préjudice. Le fait que la rente a été déclarée incessible et insaisissable n'a été inséré que dans l'intérêt de la veuve et ne peut dès lors changer, à son égard et à l'égard de la compagnie, le caractère de la disposition. Si dans les contrats à titre onéreux la rente ne peut être stipulée incessible, c'est pour empêcher un débiteur de soustraire ses biens à l'action des créanciers : ici la veuve n'ayant rien aliéné de son avoir, rien ne s'opposait à ce que la rente fût déclarée insaisissable (Sol. 3 mars 1862, 1643 R. P., 17542 J. N.).

Si l'indemnité consiste en une somme d'argent immédiatement payée, c'est le droit de 50 centimes qui devient exigible (Sol. 22 fév. 1869, 3120 R. P. et 31 nov. 1866, 2382 R. P.). — V. *Indemnité*.

La C. cass. a également jugé, le 3 août 1814, que, quand les frères d'un émigré, qui avaient recueilli seuls la succession du père commun, consentent après le retour de l'émigré dans sa patrie, à l'admettre au partage, ce n'est point là un acte de libéralité qui puisse donner lieu à la perception du droit proportionnel ; c'est uniquement l'acquittement d'une obligation naturelle :

« Attendu, porte l'arrêt, que les frères Coustin, restés en France, n'étaient pas forcés d'opposer à leurs frères émigrés les effets de la mort civile prononcée contre eux par les lois relatives à l'émigration ; que renoncer au bénéfice d'un droit introduit en sa faveur, ce n'est pas toujours faire un acte de libéralité; que dans l'espèce les frères Coustin, restés en France, ont acquitté une obligation naturelle, en obéissant aux lois de l'honneur, de la délicatesse et aux dernières volontés de leur père; qu'ainsi c'était avec raison que la Régie n'avait originairement perçu, sur cet acte, que le payement d'un droit fixe; comme aussi c'est avec raison que le tribunal de Saint-Yrieix, considérant l'acte du 7 janvier 1808 comme un véritable partage, a déchargé les défendeurs du payement du droit et double droit, pour lesquels la Régie avait décerné, le 15 décembre 1808, une contrainte de 3,960 francs » (S. 15-1-10, 4906 J. E.).

Mais cette décision se justifie mieux en équité qu'en droit; car si odieuses que puissent paraître les lois de confiscation, elles étaient des lois et devaient être observées.

Il faut reconnaître, dans le même ordre d'idées, que l'acceptation pure et simple d'une succession grevée de charges considérables n'implique pas l'existence d'une donation au profit des créanciers ou des légataires (Le Mans 20 mai 1869, 3255 R. P.). L'acceptation n'est passible que du droit fixe (Sol. 27 mai 1853).

On a également, et avec raison selon nous, émis l'avis que, lorsque l'un des membres d'une famille s'est chargé seul des soins de toute nature, voyage, démarches, etc., nécessités pour le règlement des intérêts communs, par une séparation de corps entre les époux chefs de la famille et que les autres membres de cette famille l'indemnisent de ses peines, du préjudice dont il peut avoir eu à faire l'avance, la stipulation d'une indemnité de cette nature ne présente sous aucun rapport le caractère de libéralité. On peut admettre qu'elle soit une donation rémunératoire, mais de la nature de celles qui ne constituent pas des libéralités passibles du droit de donation (J. du not. n° 2216).

6757. Aumônes. — On a souvent décidé, en pratique, que l'aumône dérivant d'un sentiment de charité échappe aux applications du droit commun et on a affranchi de l'impôt de donation l'acte par lequel un pauvre ou un assisté reconnaissait avoir reçu le montant d'une collecte ou d'un don. — Ces décisions ne peuvent qu'être le résultat d'une tolérance. L'aumône est le produit d'une libéralité; dès que son existence est établie dans un contrat ou dans une déclaration du donataire, la loi devient applicable et motive rigoureusement la perception du droit proportionnel.

Toutefois ce droit ne serait pas exigible si, comme il arrive fréquemment, le payement du don était l'accomplissement d'une charge imposée à un tiers par le disposant comme condition d'une libéralité principale. Il faudrait alors appliquer à cette situation les règles que nous avons fait antérieurement connaître au sujet des donations secondaires. — V. 6504, 6877.

V. pour les récompenses d'actes de vertu le mot *Don manuel*.

6758. Legs. — La délivrance d'un legs par l'héritier ou le représentant du défunt n'est que l'accomplissement d'une obligation civile et ne donne lieu à aucun droit de donation. La question ne peut faire difficulté qu'à l'égard de legs verbaux, mais la jurisprudence décide que, même dans ce cas, il n'y a pas de libéralité passible du droit proportionnel. — V. 6169.

Si les legs ou les charges dépassent l'importance du patrimoine du défunt, l'acceptation de l'héritier n'en a pas moins pour effet de le constituer débiteur de l'intégalité des charges et le payement a le caractère d'une simple libération, non d'une donation (Le Mans 20 mai 1869, 3255 R. P.).

Il faut, bien entendu, qu'il s'agisse d'un legs véritable, c'est-à-dire attribuant au légataire un droit à l'objet légué à partir de l'ouverture de la succession. S'il n'en était pas ainsi, la remise de l'objet s'opérerait réellement à titre de libéralité. La C. cass. l'a ainsi reconnu à propos de la délivrance faite par l'héritier à un établissement charitable, choisi par lui, d'une somme que le défunt avait simplement manifesté l'intention de voir employée en œuvres de bienfaisance : « Attendu porte un arrêt du 6 juillet 1871, que, dans son testament du 5 mars 1838, Auguste Minoret, décédé le 1er octobre 1840, a dit qu'il serait prélevé sur sa succession une somme de 200,000 francs qui devrait être employée en œuvres de bienfaisance selon les vues et l'autorisation de sa sœur Lucile Minoret, l'une de ses légataires universelles; qu'une semblable disposition, faite pour certaines œuvres au choix d'un tiers sans indication d'aucune personne certaine et déterminée, ne constitue point un legs particulier qui aurait eu pour effet de saisir dès la mort du testateur les établissements de bienfaisance qui seraient désignés plus tard pour en recueillir en tout ou en partie le bénéfice; qu'elle n'a apporté aucun obstacle à la transmission sur la tête des légataires universels de l'intégralité des valeurs héréditaires pour lesquelles ils ont effectivement payé comme personnellement débiteurs les droits de mutation par décès; que, par l'attribution qu'ils ont faite des sommes payées aux établissements qui ont été successivement choisis et notamment à la congrégation de Sainte-Philomèle, qui même n'a eu d'existence légale qu'en 1854, il s'est ainsi opéré une nouvelle transmission qui a été soumise aux droits de mutation exigibles d'après les lois existantes à l'époque où elle s'est réalisée » (Cass. 6 juill. 1871, 3300 R. P., 2426-2 I. G., S. 71-1-163, D. 71-1-343, P. 74-453).

6759. Obligation illicite. — L'obligation naturelle ne peut exister d'ailleurs que si la cause du devoir n'est pas contraire à la loi ou à l'ordre public. Tout le monde est d'accord ici pour reconnaître qu'une telle obligation, si sérieuse qu'elle soit en conscience, ne donnerait pas lieu à un engagement civil. — La jurisprudence a fait une application remarquable de ce principe à l'obligation par laquelle le cessionnaire d'un office ministériel promet de payer au titulaire cédant une somme supérieure à celle qui est portée dans l'acte ostensible de cession (Cass. 5 nov. 1856, S. 1856-1-976; — Cass. 30 janv. 1860, S. 60-1-117). — Si donc le prétendu débiteur, afin de s'acquitter, faisait un legs à son créancier, il n'est pas douteux que le droit de mutation par décès serait exigible.

Il a été décidé, de même, que, lorsqu'une femme dotale qui a verbalement garanti les dettes de son mari fait des legs aux créanciers de celui-ci afin de les désintéresser, ces dispositions sont de véritables libéralités passibles du droit de mutation par décès et non pas de simples reconnaissances de dettes sujettes au droit d'obligation : « Attendu que l'intention de la dame Pécourt a été d'acquitter avec le prix des biens lui ayant été constitués en dot, des dettes contractées par son mari; qu'elle n'a pu valider, par une reconnaissance insérée dans son testament, une dette qu'il lui était interdit de contracter et qui, par conséquent, n'a jamais eu d'existence légale » (Rouen 22 fév. 1866, 2286 R. P.).

6760. Dispositions distinctes. — Troplong enseigne que, si la chose donnée en payement de l'obligation naturelle ou civile est d'une valeur supérieure, il y a donation pour l'excédant et que l'acte est d'une nature mixte. « On devra alors, dit-il, scinder le contrat » (*de la Vente* n° 8). « Dans ce cas, ajoute Demolombe, l'opération serait mixte et pourrait être déclarée valable tout entière par acte sous seing privé, ce qui n'empêcherait pas d'appliquer à la partie qui constate la donation les règles *de fond* de la donation, telles que celles sur la capacité, la quotité disponible, les causes de révocation » (Demolombe t. 20 n° 50). — Pour la perception, l'acte ne pourrait être ainsi divisé que s'il renfermait deux stipulations bien distinctes l'une de l'autre : au cas contraire, la convention prise dans son ensemble est une donation onéreuse à laquelle il faut appliquer, dans son ensemble aussi, le tarif des donations, comme nous l'avons démontré *suprà* n°s 6640 et suiv.

6761. Acceptation. — Une donation de la nature de celles dont nous nous sommes occupé dans le précédent numéro aura-t-elle besoin, comme toute donation ordinaire, d'être acceptée pour donner ouverture au droit proportionnel? La négative résulte de l'application des principes admis en droit civil. L'Ord. de 1539, qui assujettissait les donations à la solennité de l'insinuation, n'y soumettait point les donations rémunératoires ; elles y furent soumises par une déclaration de 1549. L'Ord. de Moulins de 1566 ne les comprit plus au nombre des donations assujetties à l'insinuation; mais l'Ord. de 1731, qui était la loi vivante au moment où le Code parut, les soumit de nouveau à cette formalité, aujourd'hui supprimée et qui n'est point remplacée par la transcription.

« Il n'est donc plus question, dit Toullier t. 5 n° 186, que d'examiner si, sous l'empire du Code, les donations rémunératoires pour services à raison desquels le donataire n'a point d'action en justice, sont soumises, sous peine de nullité, aux formalités requises pour la validité des donations proprement dites, comme la nécessité d'un acte notarié et *l'acceptation expresse;* si elles sont soumises à la révocation par survenance d'enfants, ou pour cause d'ingratitude; si enfin elles doivent être imputées sur la portion disponible et réduites en cas d'excès... » Après une discussion développée, l'éminent jurisconsulte conclut pour la négative sur les diverses questions qu'il se pose. — V. dans le même sens Roll. de Vill. v° *Donation rémunératoire* n° 34.

6762. Services à rendre. — Les services futurs, c'est-à-dire ceux que le donateur espère recevoir, peuvent donner naissance à un contrat régi par les règles que nous avons indiquées. Mon jardinier, rétribué à raison de 500 francs par an, s'engage à soigner mon jardin pendant cinq ans sans recevoir de salaire; en considération de cet engagement, je lui fais donation d'un champ évalué 2,500 francs, il y a dation en payement; si c'est une somme de 2,500 francs que je lui donne immédiatement, il y a marché. — Enfin, si le champ que je lui abandonne vaut 4,000 francs, il y a donation passible de 9 pour 100 sur 4,000 francs (134 R. P.)

1. MARCHÉ. — Dans cet ordre d'idées, une D. m. f. a reconnu, le 20 janvier 1848 (5972 J. E.), que, si un individu donne pouvoir de poursuivre le recouvrement d'une somme qui lui est due, que le mandataire, présent à l'acte, s'oblige à faire toutes les démarches et avances nécessaires, et que, en considération, le constituant fasse *don* du cinquième de toutes les sommes qu'il recouvrera, et qu'il s'interdise de révoquer la procuration, il y a mandat salarié et non donation, et le droit de 1 pour 100 est exigible comme marché.

6763. Services religieux. — Quelle est la nature du contrat par lequel un individu donne une somme ou une rente à une fabrique ou à tout autre établissement, à la charge de faire célébrer des services pieux? On ne saurait poser de règle générale sur ce point. Les conventions peuvent, selon les stipulations qu'elles renferment et l'importance ou la nature des charges imposées, constituer une donation, ou un contrat à titre onéreux : c'est au préposé à en combiner les éléments pour déterminer, selon les circonstances de chacune d'elles, le caractère dominant de la convention. La libéralité prévaudra quand les charges imposées seront inférieures à la valeur de l'objet donné et que d'ailleurs la volonté du disposant de gratifier l'établissement résultera, soit de la forme de l'acte, soit de sa qualification ou de ses termes (Dél. 6 mai 1862, Sol. 13 fév. 1867, 14018 C., 1924 Rev., 2529 R. P., 18399 J. E.).

Ainsi il a été décidé : 1° Que l'obligation contractée au profit d'une fabrique pour faire dire des messes pour le repos de l'âme de personnes désignées, donne ouverture au droit de donation entre-vifs (Dél. 29 avr. 1835, 11181 J. E.) ;

2° Que, s'il a été constitué une rente perpétuelle de 600 francs destinée à servir de traitement à un chapelain, nommé par l'évêque, qui sera tenu de dire la messe les dimanches et fêtes, à une chapelle indiquée, laquelle constituera une rente et si la constitution a été acceptée par l'évêque, le droit de donation est exigible (Dél. 31 janv. 1834, 10837 J. E.).

C'est aussi ce qu'a reconnu en ces termes un jugement de Lyon du 11 mai 1867 : « Attendu que les arrêtés préfectoraux qualifient la transmission des sommes versées ou offertes de don manuel et lui impriment son vrai caractère; que vainement les hospices insistent sur l'importance des charges imposées par les donateurs ; que, pour la fondation Bernard, l'écart entre la somme à dépenser chaque année et celle produite par le capital placé en rente sur l'État est de plus de moitié, que la gratuité domine donc notablement ; qu'en ce qui concerne la fondation Mortemart, le droit réservé au donateur de désigner dans une hypothèse prévue le malade à recevoir n'influe pas sur le résultat du don ; que les hospices ont un lit de plus, qu'ils atteignent ainsi le but de leur institution et par conséquent s'enrichissent et bénéficient » (2529 R. P., 19068 J. N.).
Ces questions sont plus spécialement traitées aux nos 420, 6152, 6651 et 16536.

6764. Obligation de ne pas faire. — L'obligation de ne pas faire peut être l'équivalent d'une transmission et enlever à l'acte le caractère de libéralité, *lorsqu'elle est appréciable à prix d'argent* (Champ. et Rig. n° 2202).
Ainsi, vous me donnez une maison sous la condition que je ne créerai pas un établissement industriel rival du vôtre, il n'y a dans ce contrat aucune libéralité ; l'équivalent de la maison que vous m'abandonnez est le préjudice que vous n'éprouverez pas par suite de la non-réalisation de mon projet de vous faire concurrence. Le droit de vente est exigible sur la valeur de votre maison.
Que si, au contraire, des enfants abandonnent à leur père l'usufruit de certains biens, sous la condition qu'il ne disposera pas à leur préjudice de la quotité disponible de ses biens, l'acte doit être considéré comme une donation, car l'obligation de ne pas faire n'est ici susceptible d'aucune évaluation.

CHAPITRE XV. — QUESTIONS DIVERSES

[6765-6814]

6765. Actions. — L'action qui fait l'objet d'une libéralité est passible du droit ordinaire de donation. On trouve au mot *Action* le développement de cette règle.

6766. Aliments. — Quand la dette alimentaire n'existe pas d'après la loi, la constitution de pension a le caractère d'une libéralité passible du droit de donation. Cette question est amplement traitée au mot *Aliments*. — Décidé spécialement que le droit de donation, et non celui de bail à nourriture, doit être perçu sur un acte par lequel une personne s'engage à élever un enfant et le nourrir gratuitement depuis sa naissance jusqu'à une époque déterminée (Dél. 15-21 déc. 1835, 11430 J. E.).

6767. Ameublissement. — On trouvera sous les nos 2147 et suiv., les règles qui gouvernent la clause d'ameublissement stipulée dans les contrats de mariage.

6768. Antichrèse. — Lorsque la jouissance d'un immeuble est abandonnée en payement des intérêts de la dot constituée, le droit d'antichrèse est dû indépendamment de celui de donation. — *V.* 2186-1.
Il y a donation, et non antichrèse, dans l'acte par lequel le père du futur reconnaît avoir reçu la dot de la future et abandonne la jouissance d'un immeuble en payement des intérêts de la somme reçue. — *V.* 5355.

6769. Assurance. — Une assurance gratuite est passible du droit fixe de 3 francs, sauf la perception du droit proportionnel lors du payement de l'indemnité. — *V.* 2375.

1. ASSURANCE SUR LA VIE. — Les assurances sur la vie donnent lieu à des droits de donation dont nous avons examiné l'exigibilité au mot *Assurances*.

6770. Avancement d'hoirie. — Rapport. — La situation d'un contrat de mariage par laquelle un fils se reconnaît débiteur envers son père d'une somme reçue en avancement d'hoirie et rapportable à la masse de la succession est passible du droit de donation. L'obligation du rapport ne peut donner à cet acte le caractère d'un simple prêt; le rapport est au contraire de l'essence de la donation en avancement d'hoirie (Sol. 26 mars 1810, 5285 J. E.; — Toul 14 juin 1827, D. N. t. 5 p. 92 n° 554 et t. 8 p. 658 n° 393). — V. *Résolution* n° 14308-2.
On l'a ainsi décidé également pour la restitution par un

enfant à son père de sa constitution de dot. — V. *Acceptilation suprà* n° 6668.

1. RENTE. — A défaut d'expression de capital d'une rente perpétuelle constituée en dot, *en avancement d'hoirie*, la perception du droit d'enregistrement doit être établie sur vingt fois la rente. Le donataire a le droit de conserver la chose donnée, même en renonçant à la succession du donateur, pourvu que cette chose n'excède pas la portion disponible (Sol. 18 fév. 1808, 2837 J. E.).

6771. Bail. — Un bail fait sans prix, c'est-à-dire sans équivalent pour celui qui l'accorde, doit être considéré comme une donation. *V.* 2544.

1. CESSION DE BAIL. — La cession de bail faite à la charge seulement de payer les fermages au propriétaire constitue une donation des bénéfices du bail, à moins qu'elle n'ait lieu par contrat de mariage. — *V.* 2582.

— La cession d'un bail avec droit aux récoltes, sans indemnité de semences, donne ouverture au droit de 20 cent. pour 100 sur la cession du bail et à celui de donation sur les récoltes et semences. — *V.* 2582-1.

— Mais il y a simple droit de bail, dans la clause portant que, si le bailleur décède avant l'expiration du terme, le preneur n'aura plus de fermages à payer. — *V.* 2030-2.

2. BAIL A VIE. — Si l'un des donataires remet à l'autre le soin de gérer son lot et d'en jouir moyennant le payement d'une rente annuelle, le droit de bail à vie est dû. — *V.* 2902.

6772. Bien d'autrui. — La donation du bien d'autrui est passible du droit proportionnel, parce que, d'une part, les préposés ne sont pas juges de la nullité des actes, et, d'autre part, que la perception ne dépend pas des événements ultérieurs déterminant l'invalidité du contrat. Nous ne pouvons que renvoyer aux développements que la question a reçus au sujet de la vente du bien d'autrui, au mot *Vente d'immeuble*.

6773. Bénéfice d'inventaire. — Le légataire universel, sous bénéfice d'inventaire, qui abandonne aux héritiers le reliquat de son compte, leur fait une libéralité passible du droit de donation. — *V.* 3073.

6774. Cautionnement. — On doit considérer comme une donation éventuelle et non comme un cautionnement l'acte par lequel une mère promet aux créanciers de son fils de ne point disposer de sa succession à son préjudice (1951 J. E.), ou s'oblige de compléter une pension constituée par le père dans le cas où les biens de la succession de celui-ci seraient insuffisants (Dél. 20 sept. 1826, 8577 J. E.).

1. DONATEUR INDIGENT. — C'est le droit de donation en ligne directe et celui de cautionnement qui sont exigibles sur la constitution dotale faite par une mère indigente sous le cautionnement d'un tiers. — *V.* 2114-2.

De même, si un mari décédé sans laisser aucun bien a fait à sa femme une donation éventuelle garantie par les père et mère du disposant, la donation n'est passible d'aucun droit de mutation par décès (Sol. 19 avr. 1867, 3281 R. P.).

Cette question est plus amplement discutée au mot *Cautionnement*.

6775. Chasse. — La donation du droit de chasse est soumise au tarif immobilier. — *V.* 3779.

6776. Chef du Gouvernement. — Le ministre des finances avait décidé, le 27 mars 1810, qu'un contrat de mariage ou tout autre acte notarié, contenant donation d'immeubles par le chef du Gouvernement, contractant en son *nom personnel*, devait être considéré comme un décret et jouir comme tel de l'exemption des droits sur la disposition énonçant cette donation; mais que les actes subséquents passés pour réaliser ces donations étaient assujettis au droit proportionnel (3775 J. E.). Cette décision était évidemment une erreur de principe. Le chef du Gouvernement, lorsqu'il contracte en son *nom personnel*, descend au niveau des citoyens. Ce n'est point comme souverain qu'il agit, il ne représente pas l'État, et les actes qu'il fait sont passibles des droits, comme ceux de tous les citoyens.

6777. Confirmation. — Lorsque l'un des époux a donné à son conjoint, par contrat de mariage, l'usufruit des biens de sa succession pour le cas de survie, l'acte ultérieur par lequel il fait donation entre-vifs d'une partie de ses biens à un tiers, en réservant le droit d'usufruit de son conjoint, ne renferme pas, au profit de ce dernier, une nouvelle donation éventuelle passible du droit fixe. Cette clause n'est que la confirmation pure et simple de la précédente donation, à laquelle elle n'ajoute rien (Sol. 2 juin 1871, 3489 R. P.).

1. SURVENANCE D'ENFANT. — L'acte qui fait revivre une donation devenue caduque pour cause de survenance d'enfants n'est pas sujet à un nouveau droit proportionnel. Il n'est dû que le droit fixe de 2 francs (3 fr.), comme acte refait (Dél. 27 fév. 1827). Les motifs de cette décision sont que, le donateur ayant maintenu purement et simplement la donation antérieure, il n'est pas réellement rentré dans la possession de ses anciennes propriétés; que le donataire n'a pas cessé d'en jouir au même titre et qu'il répugnerait d'ailleurs à la justice d'exiger deux droits proportionnels pour la même transmission d'immeubles entre les mêmes parties et sous les mêmes conditions. — L'Administration a confirmé cette doctrine en décidant, par une nouvelle Sol. 6 mai 1861, que lorsque, par suite de la révocation de plein droit d'une donation par la survenance d'un enfant du donateur, celui-ci abandonne de nouveau, par acte en forme, aux mêmes prix et conditions que celles de la vente, les immeubles donnés, au tiers qui les a acquis du donataire avant l'événement de la révocation, cet acte n'est, comme acte refait pour cause de nullité, sujet qu'au droit fixe de 3 francs.

6778. Consentement. — Lorsque deux enfants donnent dans l'acte même leur consentement à la donation faite par leur père à un troisième enfant, en considération des soins que le donateur attend du donataire, aucun droit particulier n'est exigible, attendu qu'il n'y a dans l'ensemble de l'acte qu'un pacte de famille (13303-2 J. E.).

6779. Contrat de mariage après célébration. — Il peut arriver que des actes qualifiés de contrats de mariage soient rédigés après la célébration.

Il a été décidé qu'ils ne devaient pas jouir, quant aux donations qu'ils renfermaient, de la modération du droit accordée uniquement à celles faites *aux futurs* dans les contrats de mariage passés avant la *célébration* (Circ. 2 niv. an 8, 1721). — V. *Contrat de mariage.*

6780. Contrat commutatif. — La stipulation par laquelle un tiers, intervenant à un marché de travaux fait entre un entrepreneur et une fabrique d'église, s'oblige envers cette fabrique, dans un intérêt de vanité ou de caprice et en lui imposant des conditions onéreuses, à payer tout ou partie des travaux, constitue non une donation, mais un contrat commutatif, la satisfaction que le tiers retirera de ces travaux pouvant être considérée comme l'équivalent de la somme par lui fournie (Cass. 14 avr. 1863, S. 64-1-362). — V. *Souscription* n° 15444.

6781. Conversion de donation. — Lorsqu'une donation de biens présents et à venir faite par contrat de mariage est postérieurement convertie en une donation actuelle, on ne peut faire à cette seconde donation l'application du tarif réduit pour les donations faites par contrat de mariage (14815-2 J. E., Sol. 7 déc. 1843, 13413 J. E., Dél. 11 nov. 1835, 11402 J. E.). — V. *Contrat de mariage.*

De même, l'acte par lequel le bénéficiaire d'une donation contractuelle reconnaît avoir reçu du donateur payant par anticipation le montant de la libéralité est passible du droit de donation et non du droit de quittance : « Attendu que, cette anticipation de payement ayant ainsi fait acquérir actuellement et irrévocablement à l'instituée la somme sur laquelle elle n'avait qu'un droit éventuel d'après l'institution, l'acte public qui le constate a pris entre les parties qui y figurent et y établissent contradictoirement la réalisation de la transmission opérée entre elles, tous les caractères d'une libéralité actuelle passible immédiatement du droit proportionnel établi sur les donations entre-vifs » (Cass. 21 déc. 1870, 3222 R. P., 14704 C., 20039 J. N., 2956 Rev., 2421-2 I. G., B. 187, S. 71-1-37, D. 71-1-87, P. 71-59).

C'est ce que la C. cass. avait déjà formellement décidé, en matière de don manuel, au sujet de l'acte unilatéral souscrit par un institué pour reconnaître l'exécution anticipée de la donation : « Attendu que c'est à bon droit que le jugement attaqué a vu dans cette déclaration la reconnaissance émanée de lui d'une avance sur l'institution contractuelle consentie en sa faveur par la demoiselle Nicolas, et par conséquent d'un don manuel à lui fait par cette demoiselle » (Cass. 13 août 1860). — V. 6462 *bis.*

6782. Délivrance. — Lorsque le droit proportionnel a été perçu sur une donation de biens présents et à venir et que postérieurement le donateur délivre au donataire des biens pour le remplir de l'objet de la donation, un nouveau droit proportionnel ne peut être perçu sur les mêmes biens (Dél. 26 oct. 1835, 11366-2 J. E.).

1. LEGS. — Les délivrances de legs renferment des donations quand le bénéficiaire n'avait, d'après le testament, aucun droit personnel au montant de la libéralité. C'est un point que nous avons développé au mot *Délivrance de legs.*

6783. Donation hors contrat de mariage. — Lorsqu'un père, après avoir institué sa fille héritière de ses biens, par une disposition insérée au contrat de mariage de cette dernière, lui fait donation entre-vifs, *à titre de complément de la première donation*, ce qu'elle accepte, de divers biens meubles et immeubles, ce dernier acte ne peut jouir du bénéfice de la réduction prononcée pour les donations faites en faveur de mariage ou par contrat de mariage (Dél. 6-11 nov. 1835, 11402 J. E.).

Une donation d'immeubles, que les parties déclarent avoir eu l'intention de faire par un contrat de mariage, mais qui n'y est point contenue, et qui n'est constatée que par leur déclaration, en forme de donation, est sujette au droit proportionnel fixé pour les donations faites hors contrat de mariage, même lorsqu'il est reconnu que la transmission avait eu lieu dès le jour du contrat de mariage et plus de trois mois avant la déclaration, le double droit doit être exigé (Cass. mai 1820, 6721 J. E., S. 20-1-385). — V. *Contrat de mariage*

6784. Donation par la communauté. — Une donation par deux époux de biens de leur communauté, en faveur d'un fils du premier lit du mari, donne ouverture, sur la moitié, aux droits fixés pour les donations entre personnes non parentes, lors même qu'il serait exprimé que la donation est faite par le mari seul, du consentement de sa femme, signataire de l'acte (Reims 27 déc. 1845, 2105 B.). — Ce jugement est motivé en droit sur ce que, aux termes de l'art. 1422 C. C., le mari ne peut disposer à titre gratuit des immeubles de la communauté, si ce n'est pour l'établissement des enfants communs, et qu'en concourant à la donation faite par son mari la femme a disposé au profit du fils de ce dernier de sa part dans les immeubles donnés.

Si une donation est faite à la future sur les biens de la communauté d'entre son père et sa femme en secondes noces, le droit est dû, moitié en ligne directe, moitié entre étrangers. — V. 5276.

6785. Donation par deux époux. — La donation faite par deux époux conjointement à la nièce de l'un des deux est censée faite par moitié. — V. 2125.

6786. Donation à une communauté. — La donation faite par un père à son fils d'un immeuble, avec stipulation que, conformément à l'art. 1405 C. C., le bien donné appartiendra à la communauté existant entre le donataire et sa femme, n'est sujet qu'au droit en ligne directe sur la valeur entière de l'immeuble (Dél. 12 juin 1830, 7287 J. N.; — *Contrà* 12481-1, 13164-2 J. E. et Sol. 20 mai 1834, 8578 J. N., D. N. t. 5 p. 80 n° 481). — Nous renvoyons à cet égard aux règles que nous avons posées n°s 5273, 5275.

Dans quelles conditions la donation faite *par contrat de mariage* est-elle censée faite à chaque époux, ou à l'un d'eux? — *V.* 4357 et suiv.

6787. Effets négociables. — Les donations entre-vifs d'effets négociables sont sujettes aux mêmes droits d'enregistrement que les donations des autres biens mobiliers (Circ. 1678).

6788. Erreur. — Si un immeuble avait été compris mal à propos dans une déclaration de succession, et si ensuite ce même immeuble était transmis par une donation entre-vifs, le droit sur la donation serait dû intégralement et sans imputation du premier droit, qui, ayant été perçu régulièrement, n'est pas restituable. Cette imputation serait un acte d'indulgence ou d'équité purement volontaire (Cass. 5 juill. 1820) : « Attendu, porte cet arrêt, qu'une perception irrégulière, lors même qu'elle n'est plus susceptible d'être restituée par l'effet d'une prescription acquise au profit de la direction, ne peut pas faire obstacle à une perception régulière que la loi l'autorise à faire sur un acte translatif de propriété; — Attendu que, dans l'espèce, la donation immobilière faite par Dihars à ses enfants de sa portion dans les acquêts de sa communauté avec la dame Dihars donnait lieu à la perception du droit établi sur ces sortes de mutations par le n° 2 § 6 art. 69 L. 22 frimaire an 7, et qu'aucune compensation ne pouvait même être exigée par les donataires avec le droit par eux précédemment payé et non restituable; — Attendu que, si néanmoins, et par une indulgence fondée sur un pur motif d'équité, la direction a consenti à cette compensation, jusqu'à due concurrence, cette circonstance ne devait être, pour le tribunal de Bordeaux, qu'un motif de plus d'accueillir sa juste demande du droit résultant de ladite donation; qu'il suit de là qu'en la déboutant de cette demande ce tribunal a faussement appliqué l'art. 61 et violé l'art. 69 § 6 n° 2 de la loi précitée » (6796 J. E., S. 21-1-101). — V. *Compensation.*

6789. État de dettes. — L'état de *dettes* et charges du donateur existant au jour de la donation, que l'on doit annexer aux actes mêmes de donation, en conformité de l'art. 1084 C. C., est passible du droit fixe de 1 franc (3 francs) (386 § 19 I. G., 513, 997 J. N.). — *V.* 754 et 6683.

6790. État estimatif du mobilier. — Il en est de même de l'état estimatif des effets mobiliers (351 I. G., 344, 470, 1133 J. N.). — *V.* 6631.

6791. Fondations pieuses ou charitables. — Les fondations charitables donnent lieu, selon les cas, au droit de donation ou de bail à nourriture. — *V.* 6763.

6792. Habitation. — La donation du droit d'habitation est sujette au tarif immobilier. — *V.* 9442.

6793. Imputation. — Ce serait faire une restitution que repousse la loi, que d'imputer les droits perçus sur une donation des sommes hypothéquées sur les immeubles, sur ceux exigibles à raison du partage anticipé de ces biens. — Même règle pour une somme donnée en avancement d'hoirie non payée au moment du partage anticipé de tous les biens du donateur. — Même règle lorsque, après avoir donné une somme d'argent, on se libère en donnant un immeuble. — V. *Compensation* n°s 4642, 4668, 4673.

Les droits perçus sur une donation mobilière ne sont pas, non plus, imputables sur ceux exigibles à raison de l'acte qui attribue des immeubles en place de meubles. — *V.* 4668.

6794. Labours, semences et engrais. — Le revenu des immeubles s'évaluant abstraction faite des labours, semences et engrais qui peuvent exister, si des immeubles d'un revenu déterminé sont donnés, ainsi que les labours, semences et engrais existant sur ces immeubles, le droit de donation est dû au taux immobilier sur le capital du revenu et au taux mobilier sur la valeur des labours et semences (12261-6 J. E.).

6795. Intérêts. — La renonciation à demander des intérêts stipulés peut être passible du droit de donation. — *V.* 10067.

6796. Majorat. — La déclaration passée devant notaire portant qu'on est dans l'intention de demander l'autorisation de transmettre la jouissance des biens qui composent un majorat à un tiers présent et acceptant n'est actuellement passible que du droit fixe, parce que l'effet de l'acte se trouve subordonné à l'autorisation. Mais le droit proportionnel devient exigible après le décret, sans qu'on puisse avoir égard : 1° à ce qu'il s'est écoulé plus de deux ans depuis ce décret, s'il n'a été ni inséré au *Bulletin des lois* (*Journal officiel*) ni enregistré dans les cours et tribunaux, puisqu'alors les préposés n'ont pas été à portée de le connaître ; — 2° à ce que le donataire n'a pas accepté depuis l'autorisation, puisqu'il était présent et acceptant dans l'acte primitif ; — 3° à ce qu'il a été imposé au donataire la condition de fournir un autre majorat dans le cas de survenance d'enfant mâle au donateur, puisque c'est là une simple condition résolutoire qui ne suspend pas la mutation. Enfin on ne pourrait non plus se prévaloir de l'I. G. n° 656 (V. *Majorat*). Au surplus, suivant l'art. 45 Déc. 1er mars 1808, les biens des majorats ne peuvent être grevés d'hypothèques légales ni judiciaires; ainsi le droit de transcription n'est pas exigible (Avis du comité des finances, approuvé le 10 juill. 1827, 1229 § 1er I. G.; — Charolles 30 août 1828, 10266 J. E.).

Lorsque, pour remplacer un majorat précédemment constitué en rentes sur l'État, un père donne à son fils un immeuble, avec réserve du droit de retour en cas de prédécès du donataire sans postérité, on doit voir dans cet abandon une donation passible du droit de 4 pour 100 sur le capital du revenu multiplié par 10 (Dél. 21 août 1829, 9385 J. E.).

6797. Nue-propriété et valeurs tenant lieu de l'usufruit. — Nous avons vu au mot *Contrat de mariage*, n° 5283, que, quand un donateur cède la nue-propriété de certains biens et pour tenir lieu au donataire de la jouissance réservée s'engage à lui payer une somme ou une rente déterminée, il est dû sur cette dernière clause un droit particulier.

Cependant, il a été décidé que la donation faite par une mère à ses enfants, à condition que l'un des donataires recevra chez lui la donatrice, moyennant une pension qui lui sera payée par les autres donataires, n'est pas sujette, pour cette stipulation, à un droit particulier de bail à nourriture, parce que la clause dont il s'agit est une condition expresse de la donation (Dél. 13 août 1833, 10690 J. E.).

6798. Obligation. — Dépôt. — Le droit d'obligation n'est pas dû sur la clause d'une donation portant qu'une partie des sommes données a été remise précédemment à l'un des donataires, qui la conservera jusqu'à une époque déterminée (Seine 4 avr. 1832, Dél. 27 même mois, 4005 Roll., D. N. t. 9 p. 372 n° 212).

6799. Office. — La donation d'un office est immédiatement passible du droit proportionnel. — V. *Office* 12059.

6800. Partage antérieur. — Lorsque la donation de tous ses biens par une veuve à son fils a été immédiatement précédée, dans le même acte, de la liquidation de la communauté par laquelle des valeurs mobilières ont seules été attribuées à la veuve pour ses droits et reprises, on n'est pas fondé à repousser cette liquidation pour la perception du droit sur la donation et à le percevoir à un autre taux que celui exigible sur les valeurs mobilières (Seine 11 juin 1845, 12436 J. N., Dél. 31 mars 1826, D. N. t. 5 p. 98 n° 585).

6801. Pension. — Titre clérical. — L'acte par lequel un père constitue à son fils, qui se destine à l'état ecclésiastique, une pension payable jusqu'à l'époque où le fils aura été admis à un bénéfice, est assujetti au droit, comme donation, sur le capital au denier 10 de la pension constituée, parce qu'il pourra arriver qu'elle soit payée pendant toute la vie de l'ecclésiastique (Dél. 8 therm. an 10, 1245, 1419 J. E.).

Mais l'acte par lequel les père et mère constituent à leur fils, auditeur au conseil d'État, une pension de 6,000 francs pendant les six ans de son stage, conformément à l'Ord. royale 24 août 1820, a été jugé passible du droit de donation sur 36,000 francs seulement, capital des six ans de pension (Dél. 18 mai 1825, D. N. t. 9 p. 501 n° 31).

Si la pension avait uniquement le caractère d'aliments dans le sens de l'art. 201 C. C., c'est le droit de bail à nourriture de personnes qui serait exigible, selon ce que nous avons dit *suprà* v° *Aliments*.

6802. Pluralité. — Prix de vente. — Intérêts. — Si le vendeur stipule que le prix de la vente sera placé au profit d'une personne pour la nue-propriété, et d'une autre personne pour les intérêts, il y a donation passible des droits : sur le capital d'une part, et sur dix fois les intérêts de l'autre (Rouen 15 janv. 1851, 15229 J. E.).

1. PRIX DE VENTE. — REMISE. — La remise à l'acquéreur dans le contrat de tout ou partie du prix de la vente donne lieu à un droit particulier de donation. — V. *Vente d'immeubles* et *Cession de droits successifs* n° 7058.

Décidé de même : 1° Que, si une soulte d'échange est donnée en avancement d'hoirie à celui qui la doit, cette disposition est passible d'un droit de donation distinct du droit d'échange. — V. *Échange* n° 7150.

2° Que si le père du futur lui vend son fonds de commerce et compense le prix avec une donation qu'il lui fait, il y a vente et donation. — V. 5271.

2. VALEURS EN COMPENSATION D'USUFRUIT RÉSERVÉ. — Lorsqu'une personne fait donation d'une valeur dont elle se réserve l'usufruit et que, pour tenir lieu au donataire de cette jouissance, elle s'engage à lui servir une rente, y a-t-il deux libéralités distinctes sujettes à deux droits ? — V. *Contrat de mariage* n° 5283.

6803. Préciput. — Transaction. — La transaction aux termes de laquelle les héritiers payent une somme déterminée pour tenir lieu de son préciput à leur cohéritier, qui en était légataire, donne ouverture au droit de vente (Lyon 18 août 1847, 14345 J. E.). — V. *Transaction*.

6804. Quittance. — 1. AVANCEMENT D'HOIRIE. — La quittance d'un objet donné en avancement d'hoirie, sans titre, donne ouverture au droit de donation. — V. 2456.

2. DÉCHARGE. — Le payement des sommes données est passible du droit de quittance, et non de celui de décharge. — V. 5827.

6805. Rapport à succession. — Réduction. — Celui qui rapporte, même librement et spontanément, à la succession ce qu'il a reçu du défunt, ou qui restitue, en vertu d'une réduction prononcée ou demandée, une partie des choses à lui transmises par une libéralité excessive, ne donne pas, puisque ce qu'il fait librement il pourrait être contraint de le faire. Un droit de donation ne saurait donc être perçu. C'est ce que l'Administration a reconnu en décidant que le rapport fait en nature, par un des successibles venant à partage, d'un immeuble qui lui avait été vendu par le défunt, n'est sujet à aucun droit proportionnel (Sol. 30 sept. 1830). — V. 6667.

6806. Reconnaissance de dettes. — 1. PRINCIPE. — Si les dettes que le donataire est chargé d'acquitter en l'acquit du donateur ne résultent pas de titres enregistrés, le droit d'obligation est-il exigible ? Celui, dit-on, qui abandonne ses biens et charge ses donataires de payer ses dettes ne fait aucune délégation, il établit seulement son actif et son passif, et, comme les donataires sont tenus de plein droit des dettes du donateur jusqu'à concurrence des biens donnés, il s'ensuit que la clause du contrat qui s'y rapporte est absolument sans objet, puisque la délégation est le résultat de la loi.

On exagère beaucoup le principe de la contribution aux dettes du donateur. Sans doute, c'est là du moins l'opinion de plusieurs auteurs, la donation universelle ou à titre universel charge le bénéficiaire d'une portion correspondante du passif ; mais, réduite aux termes de la loi, cette obligation est peu définie, car rien ne force le donateur à faire connaître ses créanciers individuellement ni à leur faire des indications de payement. S'il remplace cette vague énonciation par une reconnaissance claire et formelle et qu'il impose à ses donataires la condition de payer tel ou tel créancier, il fait véritablement une délégation dans le sens de l'art. 69 L. 22 frimaire an 7.

Il ne faut pas l'oublier, d'ailleurs, la délégation n'est pas la cause du droit, mais seulement son occasion. Le motif de la perception, c'est la reconnaissance qu'elle renferme, l'aveu de devoir émané du débiteur et qui, révélant l'existence d'une obligation non enregistrée, donne naissance au droit de titre. Lors donc qu'on tout état de cause on parviendrait à démontrer que ce n'est point le cas d'invoquer la disposition relative aux délégations stipulées dans un contrat, il resterait toujours à prouver que la déclaration imposant aux donataires la charge de payer le passif n'équivaut pas à une reconnaissance de dette et ne rentre pas par ce côté dans les prévisions de la loi.

Ces deux aspects de la question, dont chacun peut entraîner dans une voie différente si on ne se rattache pas toujours au principe commun, a produit bien des décisions opposées. Or, la règle revient toujours et uniformément à apprécier si les stipulations du contrat, tant par la manière dont elles sont conçues que par les circonstances environnantes, constituent un aveu suffisamment caractérisé pour faire preuve de l'obligation. Il est donc essentiel de bien préciser avant tout les différents cas où l'on peut rencontrer les déclarations de dettes, parce que, sur un terrain aussi mouvant, **le droit devient souvent l'esclave du fait.**

2. DONATIONS DE BIENS PRÉSENTS. — Il y a trois espèces de donations entre-vifs : la donation de tous biens ; celle d'une quotité déterminée appelée aussi à titre universel, et enfin la donation d'un objet particulier. Ricard (3e partie n° 1251) et après lui Toullier (V. 817) ont enseigné que les donataires entre-vifs ne sont jamais assujettis par la loi à payer les dettes du donateur ou à contribuer à les payer en proportion de la valeur des biens donnés. Ils allèguent pour motif que la loi est muette sur ce point et qu'on ne peut suppléer à cette omission sans courir le risque de contrarier souvent la volonté du testateur. Ricard ajoute qu'il ne comprend pas bien comment une donation entre-vifs peut avoir un caractère universel, puisque les biens à venir y demeurent étrangers ; que, pour lui, la donation de tous biens présents est en résumé une sorte de libéralité particulière impuissante à conférer au donataire le titre de successeur, ce titre ne pouvant être attribué à un tiers qu'au moment de la mort du donateur, « attendu qu'il est attaché à sa chair et à ses os. » Coin-Delisle a adopté cette opinion (Art. 945-7 à 12). Mais nous avons dit qu'elle était très-contredite. On a soutenu que de la combinaison des art. 1084 et 1085 C. C. résultait la preuve du contraire, puisque le Code ne permet jamais au donataire de s'en tenir aux biens présents qu'au moyen de l'état des dettes présentes, sans distinguer s'il existe ou non une clause formelle qui le soumette à ces dettes ; que d'ailleurs la nature des choses enseigne que donner toute sa fortune, cela signifie l'actif moins le passif : *Non sunt bona nisi deducto ære alieno* ; qu'enfin cette idée avait été très-explicitement formulée lors de la discussion de la loi (Fenet 12 p. 598, Grenier n° 90, Duranton 9-482, Dalloz ch. 4 sect. 3, Vazeille 941 n° 1er, Champ. et Rig. 2-1151). Toullier était au reste forcé d'aboutir à la même conséquence pour ne point arriver à dire qu'un donateur pouvait se dépouiller de tout son actif au préjudice de ses créanciers et se rendre impunément insolvable. Seulement, il faisait de cette réduction du passif une présomption de volonté du donateur et admettait que cette présomption pouvait être combattue par tous moyens (5-818). — Quoi qu'il en soit, beaucoup d'auteurs pensent que le donataire de tous biens présents doit payer toutes les dettes présentes et que le donateur d'une quotité, de moitié ou d'un quart par exemple de ces mêmes biens, doit acquitter la moitié ou le quart des dettes. C'est là une obligation légale qui lui incombe sans stipulation particulière (*V. suprà* 6660). Mais, pour concilier une pareille conséquence avec le principe de l'irrévocabilité des donations, le législateur a exigé que le donateur fasse connaître d'une manière invariable le montant des charges qui diminuent sa libéralité, afin que celui auquel elle est offerte soit fixé sur l'importance du don et ne se trouve pas exposé à en voir plus tard le bénéfice absorbé par des charges inconnues.

3. ÉTAT OU DÉCLARATION DE DETTES. — QUAND LE DROIT N'EST PAS DU. — Tel est le but de l'état prescrit par les art. 945, 1084 et 1086 C. C. ou de la déclaration qui le remplace. Il n'est pas nécessaire, par conséquent, pour remplir le vœu de la loi, que l'état contienne une indication explicite et individuelle de tous les créanciers du donateur, ni que celui-ci y consigne la reconnaissance formelle de ses dettes. Il n'a besoin que de certifier le montant de son passif présent, ou tout au plus de faire un détail abrégé des sommes qui le composent. Car la chose importante pour la perfection du contrat et la sûreté du donataire ce n'est pas de savoir qu'il payera à tel ou tel créancier, mais qu'il va se trouver chargé d'une somme déterminée.

Intervenant dans ces circonstances, la déclaration dont il s'agit ne manifeste certainement pas l'intention de conférer un titre à chacun des créanciers ; en la faisant, le donateur est présumé avoir voulu simplement remplir le but de la loi qui est l'accomplissement d'une des conditions de l'irrévocabilité du contrat. L'aveu n'est donc pas assez réfléchi pour donner ouverture au droit proportionnel. « Cette annotation, dit l'I. G. 386 § 19, faite en l'absence du créancier, n'a pour objet que de mettre le donataire à portée de connaître les charges de la donation, que de servir de pur renseignement. Elle peut manquer de cette exactitude indispensable pour une obligation qui suppose toujours une discussion avec le créancier. Il serait contraire à l'équité de prétendre que le donateur qui se borne à observer une forme que la donation exige procure à ses créanciers, par le seul accomplissement de cette formalité, un titre qu'il n'avait pas l'intention de leur fournir » (D. m. f. 7 juin 1808).

Il n'y a pas à distinguer entre les donations de l'art. 945 C. C. et les libéralités exceptionnelles de l'art. 1084. Le but de la déclaration est le même dans les deux cas, puisque, en définitive, ce dernier contrat est exposé à devenir une donation ordinaire de biens présents et que c'est précisément pour cette éventualité que la loi impose l'obligation de déclarer le passif. C'est donc avec raison que le tribunal de Louhans a décidé, le 27 juin 1845, que les deux dispositions devaient être régies par les mêmes principes. Ce jugement est approuvé par Champ. et Rig. t. 2 p. 874 et Dalloz 1230. — En ce sens, le tribunal de Vervins a décidé, le 25 février 1858, que le droit de 1 pour 100 n'est pas dû sur les dettes verbales décrites dans un état annexé à une donation entre-vifs de biens présents faite par contrat de mariage. « Il n'y a pas délégation de prix, dit le tribunal, puisque la donation ne comporte pas de prix. En outre, la désignation des dettes est purement énonciative et ne constitue aucun titre pour les créanciers absents » (1025 R. P., 16386 J. N., 16797 J. E., 11443 C.). — Le premier motif n'est pas fondé, mais le second est suffisant pour justifier la solution.

L'Administration a elle-même reconnu depuis que le droit d'obligation n'est pas exigible sur l'acte par lequel un père, après avoir fait donation de ses biens à son enfant *unique*, le charge de payer des dettes non établies par titres en forme. « Bien que la donation à un enfant unique ne puisse participer en ce qui concerne le droit de donation au bénéfice de la loi du 16 juin 1824, il y a lieu cependant de lui appliquer les motifs des arrêts de cass. 21 juin 1832, d'après lesquels le droit proportionnel ne peut être exigé sur l'obligation imposée aux donataires d'acquitter les dettes sans énonciation de titres enregistrés. Cette doctrine est des plus équitables, attendu qu'un enfant unique, constitué donataire par anticipation, est également tenu en sa qualité de seul présomptif héritier de toutes les charges des donataires » (Sol. 16 mai 1861, 1509 R. P., 17146 J. N., 12024 C.; — *V.* également Dél. 6 avr. 1827, 6285 J. N., Dalloz 1231 ; — Nantes 31 juill. 1829 ; — Tarbes 25 avr. 1831, 6876, 7488, 7650 J. N.).

Spécialement, il a été décidé que, lorsqu'il est fait donation, par ses père et mère, à un homme marié sous le régime de la communauté, de biens meubles et immeubles, à charge de payer une somme due par les donateurs à la femme du donataire, pour argent prêté, il n'y a pas lieu à la perception d'un droit d'obligation à raison de l'engagement pris par le donataire de payer cette créance à la décharge des donateurs : « Attendu que la communauté réunit les qualités de créancière et de débitrice de la moitié des 500 francs, en opère ainsi confusion dans son chef et qu'un droit d'obligation ne peut être perçu pour une obligation qui s'éteint par l'acte même sur lequel il serait établi » (Sol. belge 14 janv. 1862, 9348 J. E. belge).

4. *Idem.* — QUAND LE DROIT EST DU. — Mais le droit deviendrait exigible, on le comprend sans peine, si le donateur, faisant cesser la présomption qui découle de la nature du contrat, manifestait l'intention formelle de fournir au créancier une reconnaissance explicite, une preuve de l'obligation préexistante, et même nous pensons que, si le créancier intervenait comme partie en l'acte, sa présence serait, en général, un indice certain de la réflexion de l'aveu et suffirait pour donner lieu à la perception. Ainsi que nous le disions à l'occasion des inventaires, la présence de l'adversaire ne permet pas de supposer que le débiteur ait ignoré les conséquences de son aveu et que sa déclaration n'ait pas été précédée de débats contradictoires destinés à fixer le montant de la dette. La présomption est donc ici en faveur de l'Administration (*Comp.* 386 § 19 I. G. ; — Limoges 16 déc. 1845, 13916 J. E.).

Il va sans dire que tout ce qui précède s'applique aux déclarations insérées dans le contexte des contrats eux-mêmes pour tenir lieu des états de dettes par actes séparés.

Une Dél. 27 juillet 1830 a décidé, en thèse générale, que le droit de 1 pour 100 est dû sur les créances mentionnées sans énonciation de titres enregistrés dans les actes de donations universelles ou à titre universel. Cette solution se fondait sur ce que, les donataires n'étant pas astreints par la loi au payement des dettes du donateur, il y avait obligation conventionnelle relativement aux tiers et novation de débiteur. A l'époque de la solution, on pouvait hésiter encore, il est vrai, sur la question de principe et y trouver peut-être une cause de perception ; mais en tous cas il était peu exact de dire que cette indication de payement opérait novation, car, d'après l'art. 1275 C. C., la novation n'a lieu que si le créancier décharge expressément son premier débiteur.

5. PARTAGES D'ASCENDANTS. — QUAND LE DROIT N'EST PAS DU. — Nous ferons l'application de ces principes aux partages d'ascendants. Ces libéralités étant assimilées à des partages de succession, on se trouve conduit à reconnaître que les donateurs présomptifs héritiers sont tenus par la force de la loi au payement des dettes de leur auteur. Cette obligation est une conséquence inséparable du partage et n'a pas besoin d'être exprimée.

Ainsi que nous le disons au n° 12599, le père a hâté par sa volonté une démission qui n'aurait eu lieu que par sa mort et toutes les circonstances indiquent qu'en se déchargeant de ses biens il a voulu aussi se décharger des dettes, comme cela aurait eu lieu si la mort eût ouvert sa succession. En indiquant à ses héritiers le montant du passif qu'ils doivent payer, l'ascendant ne fait donc qu'accomplir ce que la loi aurait fait pour lui, il n'opère aucune délégation conventionnelle et se borne à mettre sa volonté d'accord avec la loi. Il suit de là qu'on ne peut à défaut de preuves prendre les déclarations relatives à cet objet comme ayant un *autre* but que celui de rassurer les donataires sur l'importance des obligations qu'ils vont contracter. Il n'y faudrait voir l'aveu extrajudiciaire que si l'intention se révélait lucidement, ou si les créanciers étaient présents (Dalloz 1693 ; — Limoges 16 déc. 1845). — *V.* 12599.

La jurisprudence a cependant varié sur ce point. Une Dél. 4 décembre 1826 enseigna d'abord que le droit était dû, mais le motif de décider se tirait de ce que, les donataires n'étant pas tenus au payement des dettes de l'ascendant, il y avait délégation dans le sens de l'art. 69 § 3 n° 3 L. 22 frimaire an 7, et l'on sait que cette raison devient aujourd'hui sans fondement.

On voulut soutenir cette perception devant la cour suprême, mais elle la repoussa le 28 avril 1829 (Dalloz 3937, S. 29-1-186, 1354-2 I. G.), en confirmant un jugement du tribunal de Lunéville du 21 mai 1828 (9313 J. E.), d'après lequel les énonciations pures et simples du passif dans un partage anticipé ne sont que des déclarations des droits de chacun.

Malgré ces précédents, l'Administration persista dans ses premiers errements, et, par une Dél. 19 mai 1829, elle refusa une restitution, en s'appuyant sur les arrêts rapportés à l'I. G. 1270 et sur la doctrine qu'elle en avait déduite. On verra plus bas dans quel sens avaient statué ces arrêts.

Le tribunal de Nantes suivit les traces de la cour suprême, le 31 juillet 1829, et fit valoir que les créanciers ne pourraient pas se prévaloir de la disposition, plus que d'une simple mention dans un inventaire (Champ. 1151, 2625 Roll., 17488 J. N.). On acquiesça à ce jugement par une Dél. 5 septembre 1829; mais, la question s'étant reproduite quelques mois plus tard, l'Administration revint à sa première doctrine par une Sol. 27 juillet 1830.

La C. cass. fut de nouveau appelée à faire cesser les doutes. Un donataire avait été chargé, dans un partage d'ascendants, de payer en l'acquit des donateurs, à diverses personnes indiquées en l'acte et non présentes, des sommes montant ensemble à 46,289 francs, déclarées dues sans énonciation de titres enregistrés. On fit réclamer un droit de 1 pour 100 sur la valeur des dettes, mais le tribunal de Tarbes annula la contrainte par un jugement du 25 avril 1831, contre lequel l'Administration exerça un pourvoi (7650 J. N., 3320 Roll.).

Elle fit remarquer en substance : que, d'après les arrêts insérés dans l'I. G. 1270, l'art. 69 § 3 n° 3 L. 22 frimaire an 7 s'applique aussi bien aux donations qu'aux ventes, qu'à la différence de ce qui a lieu dans un partage après décès, les donataires ne sont pas tenus de payer les dettes du donateur, à moins que le contrat ne les y soumette par une clause expresse, que dès lors cette stipulation a pour effet d'opérer une délégation emportant novation au profit des créanciers. Ces moyens ne devaient pas prévaloir, et la cour, par un arrêt du 21 juin 1832, rejeta le pourvoi : « Attendu que le payement des dettes du donateur était une conséquence nécessaire de la qualité d'héritier présomptif et que les énonciations de ces dettes, sans intervention des tiers créanciers, ne pouvaient constituer ni cession, ni transport, ni obligation, ni délégation ou novation » (10362 J. E., 7764 J. N., 1410 § 5 I. G., S. 32-1-531). — La décision était exacte au fond, mais la cour n'en indiquait pas le vrai motif. Puisqu'on demandait un droit de titre sur les créances non enregistrées, il fallait examiner si les déclarations constituaient, non pas des obligations, mais la preuve de ces obligations, en d'autres termes s'il y avait eu *reconnaissance*. Or, cette expression n'est pas même visée par la cour.

Un second arrêt du même jour, conçu dans les mêmes termes, ayant rejeté un pourvoi exercé contre un jugement du tribunal de Castres, du 27 août 1831, l'Administration prescrivit de les prendre pour règle et décida, dans l'I. G. 1410 § 5, qu'il fallait s'abstenir de percevoir le droit de titre sur les déclarations de dettes contenues dans les donations entre-vifs faites avec partage, par les père et mère, au profit de leurs enfants.

6. *Idem.*—QUAND LE DROIT EST DU.—Cette doctrine, tout exclusive qu'elle paraisse, ne détruit pas la vérité des exceptions indiquées ci-dessus, lorsque la reconnaissance est explicite ou le créancier présent. — Nous avons déjà cité un jugement du tribunal de Limoges du 16 décembre 1845, qui statue sur la seconde hypothèse. On trouve la première consacrée par une Dél. 13 février 1835 (Dalloz n° 1092). Dans un partage de présuccession, la donatrice chargea ses enfants de payer au notaire rédacteur une somme de 1,500 francs qu'elle reconnut lui devoir. « Bien que le notaire, porte la solution, ne pût être considéré comme partie dans le contrat, toujours est-il qu'il était reconnu que sa créance s'élevait à 1,500 francs, qu'ainsi il s'agissait d'une créance vérifiée et irrévocablement fixée et que la reconnaissance des débiteurs formait au profit du notaire un titre dont il pouvait se prévaloir. » Au cas particulier, si la présence du notaire a paru une preuve de la réflexion de l'aveu, n'est-il pas évident qu'il en doit être surtout ainsi lorsque le créancier intervient véritablement comme partie en l'acte?

7. DONATIONS DE BIENS PARTICULIERS. — Les développements qui précèdent sont spéciaux aux donations entre-vifs de tout ou d'une quotité des biens présents, et il reste à voir si on peut les appliquer aux donations de biens particuliers.

Ces libéralités se séparent des autres par une différence très-grave, essentielle surtout au point de vue qui nous occupe : c'est que le donataire particulier n'est jamais tenu de plein droit des dettes du donateur : « *æs alienum universi patrimonii non unius rei onus est.* » Le principe s'applique, quelle que soit l'importance de l'objet donné, et nous en trouvons la preuve écrite dans l'art. 625 C. C. qui ne met jamais à la charge du donataire de l'usufruit, lequel est un donataire particulier, aucune partie du capital des dettes, mais leurs intérêts seulement. Il est d'ailleurs reconnu par tous les auteurs (Troplong *Don et Test.* 2310 et 2311).

De ceci il résulte d'abord que, si le donateur charge ses donataires de payer tout ou partie de ses dettes, il fait un acte purement volontaire, excluant toute pensée d'exécuter une prescription de la loi et ne prenant sa source que dans l'intention bien caractérisée de donner à ses créanciers une sûreté ou un moyen de libération qu'ils ne pouvaient exiger. Cette indication de payement est entièrement conventionnelle, elle constitue la délégation ordinaire dont l'art. 69 § 3 n° 3 a fait une reconnaissance de dettes. Ensuite, si l'on examine bien le sens de cette délégation, on verra qu'en effet elle emporte à un haut degré la preuve de l'aveu. Rien n'obligeait le donateur à faire mention de son passif pour la validité du contrat ; les donataires de leur côté étaient sans intérêt à le connaître, puisqu'aucune obligation ne les astreignait à le supporter. Le but de la déclaration n'est donc pas de faire un simple aperçu qui serait inutile, mais de créer des engagements conventionnels au profit des créanciers. Or, il est évident que le donateur n'établit pas ces relations volontaires sans y avoir sérieusement songé et qu'il ne constitue pas ses donataires débiteurs de personnes qu'il ne sait pas au juste être ses créanciers. Les déclarations équivalent à des reconnaissances complètes des droits des délégataires et il ne paraît pas douteux que ceux-ci pourraient s'armer de cet aveu comme d'une preuve péremptoire contre le donateur qui ne justifierait pas d'un dol ou d'une erreur. Il y a donc une double cause à la perception du droit de 1 pour 100, puisque les déclarations sont tout à la fois des délégations de sommes stipulées dans un contrat pour éteindre des créances non établies par titre enregistré et des reconnaissances de dettes.

Aussi la jurisprudence n'a presque jamais refusé de l'admettre. — Le prince de Beauffremont fit donation à ses deux fils de la terre de Mirebeau, à charge de payer diverses créances s'élevant à 405,000 francs, *inscrites sur ce domaine.* On réclama le droit de 1 pour 100 pour la délégation faite aux créanciers, mais la cour rejeta cette demande, le 2 avril 1828, parce que les titres des obligations avaient été soumis à l'impôt et que l'art. 69 s'appliquait dans les seuls cas où les engagements n'avaient point été enregistrés : « Attendu, porte cet arrêt, que les charges imposées aux donataires de payer, soit à divers créanciers inscrits sur la terre de Mirebeau, une somme de 450,642 fr. 45 cent., soit à la duchesse de Beauffremont, leur mère, une somme annuelle de 7,000 francs pour complément de la pension qui lui avait été assurée par son contrat de mariage, ont été stipulées dans un contrat de donation, et qu'elles ont formé autant de parties intégrantes du prix porté audit contrat; qu'en pareil cas l'article invoqué ne soumet les délégations au droit proportionnel que lorsqu'elles ont lieu sans énonciation de titres enregistrés, ce qui ne se rencontre pas dans l'espèce, puisque tous les titres des créances qui étaient l'objet des délégations ont été énoncés et que leur enregistrement n'a jamais été contesté; — Attendu enfin, en ce qui concerne la délégation faite par les donataires au profit de la dame de Beauffremont, leur mère, sur les fermages de la terre de Mirebeau, pour l'acquittement de la pension qui lui était due, que cette délégation n'a été que le règlement du mode d'exécution de celle dont ils avaient eux-mêmes été chargés envers ladite dame, leur mère, et n'a pas été passible d'autres droits que ceux auxquels cette charge de la donation donnait ouverture » (Cass. 2 avr. 1828, 1270 I. G., S. 28-1-225, 9038 J. E. v° *Dél.*). — D'où la conséquence que, s'il s'était agi de dettes ne reposant pas sur des titres enregistrés, le droit d'obligation eût été reconnu exigible. — L'Administration enseigna à la suite de cet arrêt que, « si dans une donation le donataire est chargé de donner une somme quelconque à un tiers créancier sans titre enregistré, il doit être perçu un droit proportionnel, sauf restitution, s'il est justifié d'un titre précédemment enregistré (1270 I. G.). C'était trop généraliser le principe, car la décision de la cour était spéciale à une donation de biens particuliers, et l'on sait que les libéralités universelles sont régies, au sujet du payement du passif, par des considérations bien différentes.

C'est pour cela que, dans tous les cas où l'Administration a voulu faire appliquer sa doctrine à ces derniers contrats, la cour a repoussé ses prétentions (*suprà*). Il est vrai que la question ne fut soumise à la cour que pour les partages anticipés (1470 I. G.); mais, ces actes présentant avec les donations universelles ordinaires, au regard du passif, une analogie complète, il y a même raison de décider et de les soumettre à cette jurisprudence. Dans l'instruction qu'elle a donnée pour faire cesser la perception du droit sur les partages anticipés, l'Administration est cependant demeurée dans les termes généraux de l'I. G. 1270 : « Il importe de remarquer, dit-elle, que les arrêts du 21 juin 1832 ne dérogent pas à ceux de l'I. G. 1270, d'après lesquels le droit d'obligation est exigible sur les dons entre-vifs faits à charge de payer à des tiers des créances non enregistrées. En conséquence et dans tous les dons entre-vifs autres que partages anticipés, les préposés continueront de percevoir, ainsi que le prescrit l'I. G. 1270, le droit de 1 pour 100 sur les énonciations de dettes établies par titres non enregistrés, mais à la charge des donataires » (1410 § 5 I. G.).

Rien ne paraît moins logique que cette conséquence; car, l'arrêt de l'I. G. 1270 statuant dans l'hypothèse d'une donation de biens particuliers, on ne peut l'appliquer par *à simili* à des libéralités universelles où l'on ne rencontre précisément plus aucun des motifs sur lesquels repose la doctrine de la cour.

6807. Reprises. — La donation par une veuve à l'un de ses enfants d'une somme déterminée à prendre sur les reprises *mobilières* dues à la donatrice par la succession de son mari est purement mobilière, quant à présent, bien qu'il soit exprimé que ces reprises seront spécialement exercées sur un domaine dépendant de la communauté à laquelle elle n'a pas renoncé (Dél. 31 mars 1826, 1426 Roll.).

Cette solution paraît contestable. — V. *Partage de communauté.*

Lorsqu'un époux survivant, auquel une convention de mariage a attribué la totalité des acquêts de la communauté, fait donation entre-vifs des droits résultant de cette attribution, il y a lieu, pour le payement du droit de donation, de déduire de la valeur des biens les reprises des héritiers de l'époux prédécédé, alors qu'il n'est pas établi par une liquidation que ces reprises ne pouvaient pas s'exercer sur les biens meubles (Sol. 11 mars 1869, 2996 R. P.).

6808. Reprises et immeubles. — Pluralité. — Lorsque deux époux font donation, le mari d'un immeuble lui appartenant et la femme des reprises hypothéquées sur cet immeuble, il y a deux libéralités distinctes, passibles des droits proportionnels sur chacun des objets donnés, les immeubles et les reprises. La raison en est que si les deux donations avaient été faites par actes séparés, les deux droits eussent été incontestablement exigibles, et il est impossible de trouver une raison de décider différemment, parce que ces deux donations sont consignées dans le même acte.

Vainement objecterait-on que, par la double donation, il s'opère une confusion sur la tête des enfants de la qualité de débiteur et de celle de créancier. Nous répondons que la remise faite par leur mère à titre gratuit de ses reprises dotales, qui font partie des dettes du père, constitue en leur faveur un avantage distinct et indépendant de la donation des biens paternels, puisque la mère était libre de faire cet avantage ou d'exiger le payement de ses reprises. Ainsi que le dit le tribunal de Gaillac dans un jugement du 6 avril 1866 (18165 J. E.), il est vrai que « le montant des reprises s'éteint par confusion, mais cette confusion a lieu sur la tête de la donataire, qui réunit en sa personne la double qualité de créancière et de débitrice par l'effet de la transmission préalable de la créance mobilière des reprises, transmission donnant naissance au droit de mutation. »

D'un autre côté, la loi veut que le droit proportionnel soit assis sur l'immeuble sans distraction des charges qui peuvent le grever. Or, les reprises de la femme constituant une véritable charge de l'immeuble donné, il en résulte que, la perception ayant été régulièrement faite sur l'immeuble, le droit de donation est également exigible sur la mutation qui s'opère des reprises.

L'exigibilité des deux droits a été, par ces motifs, maintes fois reconnue, soit en matière de donation ordinaire, soit en matière de partage anticipé (Sol. 1er août 1844, 13565 J. E.; — Auch 9 avr. 1845, 13714 J. E., 12366 J. N.; — Grasse 14 juill. 1845, 7194, 7258 C., 12786 J. E.; — Marseille 21 mars 1854; — Bernay 2 mai 1855; — Dél. 17 mars 1863, Sol. 13 juill. 1862, 29 mars 1864, 30 nov. 1865), alors même que les parties prétendraient que les reprises sont d'un recouvrement désespéré (Brives 26 juin 1857). Telle est aussi l'opinion de Dalloz n° 3765.

Au contraire, Champ. et Rig. *Supp.* n° 487 ne voient dans la convention de l'espèce qu'une seule mutation, celle des immeubles grevés des reprises, un seul partage par l'effet de la confusion qui s'opère au moment de l'acte, et partant ils soutiennent l'exigibilité d'un seul droit. C'est la doctrine qui a prévalu devant le tribunal de Castres le 19 juillet 1845 (7331 C.) et qui avait été adoptée par une Dél. 16 août 1843 (6661 C.).

Nous devons ajouter que la solution de la difficulté eût été différente, si la jurisprudence avait décidé, comme on le lui a proposé, que les reprises de la femme ne sont pas une charge des biens du mari, mais sont, pour la perception de l'impôt, représentées par une valeur égale de biens en nature appartenant à ce dernier (V. *Succession*). Dans ce cas, il eût fallu reconnaître que, quand le mari donne l'universalité de ses biens, le droit de mutation est seulement exigible sur ce qui excède le montant des reprises. Mais cette thèse a été nettement repoussée par la Cour de cassation. — V. *Succession*.

Nous exposerons, au chapitre des *Partages anticipés*, les règles à suivre pour l'imputation des soultes dans l'hypothèse d'une donation d'ascendants composée d'immeubles et de reprises. — *V.* 12614.

6809. Retrait de réméré. — Dans quel cas le retrait de réméré peut-il donner lieu à la perception du droit de donation? — *V. Réméré* n° 13887.

6810. Somme payable à la succession. — L'acte par lequel un père abandonne sa maison à son fils, s'en réservant l'usufruit sa vie durant et imposant à son fils l'obligation de payer une certaine somme à sa succession pour en représenter la valeur, constitue une donation, et non une vente (Cass. 9 janv. 1856) : « Attendu, porte cet arrêt, que la somme de 3,000 francs à rapporter par le donataire ne devait point profiter au donateur, mais à tous ses cohéritiers, au nombre desquels se trouvait le donataire lui-même; attendu, d'un autre côté, que ce rapport n'était qu'éventuel et que le donataire aurait pu en être dispensé par l'effet de plusieurs circonstances, et notamment si l'immeuble donné avait péri par cas fortuit (art. 855 C. C.), ou si le donataire était resté le seul héritier de son père (art. 857); attendu enfin que la clause par laquelle le donataire faisait don à son fils, par préciput et hors part, de la différence qui pourrait exister entre la somme de 3,000 francs et la valeur réelle de l'immeuble donné, sert à mieux caractériser encore la libéralité faite par le père à son fils » (583 R. P., S. 56-1-540).

6811. Souscriptions. — Les souscriptions constituent le plus souvent des contrats intéressés passibles du droit à titre onéreux. — V. *Souscription* n° 15444.

6812. Substitution. — La donation entre-vifs ou testamentaire, faite conformément aux art. 1049 et 1050 C. C., par un frère à ses frères et sœurs, à charge de restitution aux enfants nés ou à naître, ne saisit que les grevés de restitution ; ils sont pleinement propriétaires des objets substitués, et leur position est celle de tout propriétaire sous une condition *résolutoire*. Les appelés n'ont aucun droit au bien avant que la substitution soit ouverte ; ils n'ont qu'une expectative et point de droit acquis (Dél. 28 oct. 1834, 1484 § 3 I. G.).

1. DONATION. — L'abandon anticipé et gratuit fait aux appelés par le grevé constitue une libéralité passible du droit de donation ordinaire. — V. *Substitution*.

6813. Usufruit immobilier pour tenir lieu de la somme donnée. — La clause ainsi conçue : « M... fait donation à son fils, par préciput et hors part, d'une somme de 7,000 francs, pour se remplir de cette somme le futur jouira pendant dix ans, sans en payer d'impôts, d'immeubles désignés appartenant à son père, » donne ouverture au droit de donation immobilière. En effet, le lien de droit n'est pas la faculté de donner ou d'exiger tel ou tel capital, mais le droit de jouir de telles pièces de terre pendant un certain temps : d'où il suit que la stipulation constitue non la donation d'une somme d'argent, mais une donation d'usufruit. On ne pourrait y voir d'ailleurs une dation en payement, puisque le donateur ne pourrait contraindre le donataire à recevoir 7,000 francs, pas plus que celui-ci ne pourrait forcer le donateur à les lui verser.

6814. Usufruit. — Vente. — Est passible du droit de donation et non de vente l'acte qualifié de cession à titre onéreux par lequel le second usufruitier cède au premier, moyennant une rente viagère de 5,000 francs, le droit éventuel dont il était investi de recueillir en cas de survie la jouissance d'immeubles d'un revenu de 1,230 francs. En effet, « d'une part, le constituant de ladite rente, usufruitier lui-même, en vertu d'un droit antérieur et qui est propre, des terres grevées de l'usufruit de sa belle-fille, ne recevait aucun avantage de l'abandon qu'elle en faisait; d'autre part, ces biens, d'après les baux, sont affermés 1,233 francs seulement; la rente de 5,000 francs constituée était ainsi d'une valeur bien supérieure au droit abandonné et on a dû la considérer, non comme le prix de ce droit, mais comme un acte de libéralité » (Cass. 23 août 1871, 3373 R. P., 2426-5 I. G., S. 71-1-107, D. 71-1-340, P. 71-257). — V. *suprà* n° 6617.

DOT.

SOMMAIRE

6815. Transition. — Nous avons, sous les nos 4296 et suiv., rapidement esquissé le régime de la communauté, le régime de simple exclusion de la communauté, enfin le régime de la séparation de biens, considérés au point de vue civil seulement. Il nous reste à donner ici un aperçu sur le régime dotal. De cette façon et en se reportant aux nos 5175 et suiv., qui traitent du contrat de mariage dans ses applications à la loi fiscale, nous aurons épuisé tout ce qui se rapporte à l'importante matière du *Contrat de mariage* dans les limites restreintes, bien entendu, que nous impose le cadre de cet ouvrage.

6816. Définition. — La dot, dit l'art. 1540 C. C., est le bien que la femme apporte au mari, pour supporter les charges du mariage.

6817. Déclaration relative au régime dotal. — Le mot *dot* est un terme générique, qui désigne le bien de la femme, quel que soit le régime sous lequel elle est mariée ; il y a une dot sous le régime de la communauté comme sous le régime dotal. La dot est, en soi, comme nous venons de le dire, le bien que la femme apporte au mari pour soutenir les charges du mariage ; mais les conditions de cet apport sont ce qui différencie le régime de la communauté et le régime dotal. Il n'y a de régime dotal qu'autant que le contrat déclare que la dot a été apportée pour être régie, non pas en communauté, mais par les principes de la dotalité. Il faut une soumission formelle au régime dotal ; sinon les époux ne sont pas mariés sous le régime dotal, car ce régime est exceptionnel. Il ne saurait s'induire ni du mot dot, qui est générique et n'implique pas nécessairement la constitution dotale ; ni du vœu de la loi, qui est pour le régime en communauté, et non pour le régime dotal. Il est donc nécessaire qu'un pacte non équivoque déclare que les époux ont adopté le régime dotal.

1. TERMES SACRAMENTELS. — Est-ce à dire cependant que l'adoption du régime dotal doive être écrite dans l'acte en termes exprès et en quelque manière sacramentels? Beaucoup d'auteurs (Merlin *Rép.* vo *Dot* § 2 no 13, Toullier t. 14 nos 40-45, Tessier t. 1er no 7, Duranton t. 15 nos 330-332, Odier t. 3 no 1050) enseignent l'affirmative. — Sans doute le parti le plus sûr, en même temps qu'il est le plus simple, est de déclarer que les époux *adoptent le régime dotal*. Mais, si la constitution de dot ou l'exclusion de la communauté sont accompagnées de déclarations ou de circonstances qui ne laissent plus de doute raisonnable sur l'intention qu'ont eue les parties d'embrasser le régime dotal, il semble qu'on ne peut hésiter à appliquer les règles de ce régime (Zachariæ t. 3 p. 407, Rodière et Pont t. 2 370 et 376, Troplong t. 1er 143-160, Marcadé art. 1391 ; — C. Limoges 7 juill. 1855 ; — Cass. 21 janv. 1856, 511 et 585 R. P., S. 56-1-329 ; — Cass. 10 mars 1858, S. 58-1-449, 8 juin 1858, P. 58-1-233 ; — Bordeaux 1er fév. 1865, D. 65-2-200).

6818. Nécessité de la constitution de dot. — Mais ce n'est pas tout que les époux déclarent expressément leur volonté d'adopter le régime dotal ; il faut encore, pour que les biens soient dotaux, que ces biens soient constitués en dot à la femme. La femme peut en effet diviser son patrimoine, en affecter une partie au régime dotal et s'en réserver une autre à titre paraphernal. Ainsi, avec déclaration d'adoption du régime dotal, sans constitution de dot, la femme n'aurait que des paraphernaux, et ceci est important à noter au point de vue de l'enregistrement, car nous verrons des règles particulières régir les biens paraphernaux.

1. FORME. — TERMES SACRAMENTELS. — Ici encore, comme dans le numéro précédent, il n'y a rien d'absolu dans l'expression de la constitution en dot des biens de la femme. Nulle part le Code ne dit que cette constitution devra être expresse. Il admet même formellement une constitution *implicite* dans l'art. 1541, puisqu'il répute dotal tout ce qui est donné à la femme en contrat de mariage. Aussi les auteurs sont-ils unanimes sur ce point que, pour rendre les biens dotaux, lorsqu'il y a déjà soumission au régime dotal, une constitution expresse n'est pas nécessaire (Duranton t. 15 n° 338, Teissier t. 1er n° 11, Zachariæ t. 3 n° 565, Odier t. 3 n° 1062, Rodière et Pont t. 2 n° 383, Troplong n° 3029; — Grenoble 4 mars 1848 D., 49-2-77, 13 juill. 1850, D. 52-2-172; — Cass. 14 juin 1858, D. 58-1-452; — Toulouse 12 juin 1860, D. 61-2-35; — Cass. 14 fév. 1866, D. 66-1-349).

6819. Deux modes d'établir la dotalité. — La condition que les biens sont constitués en dot peut donc s'effectuer de deux manières :

1° Sont constitués dotaux, d'abord, tous les biens que la femme déclare, d'une manière quelconque, apporter en dot. Ainsi, soit que la femme ait dit qu'elle *se constitue* tels biens ou que ces biens lui *seront dotaux*, ou seulement qu'elle *les apporte à son mari*, ou qu'elle *se donne au mari avec ces mêmes biens*, car la dot étant ici, comme sous tout autre régime, ce que la femme livre au mari pour les charges du mariage, la femme, en disant qu'elle apporte un bien au mari, dit par là même qu'elle rend ce bien dotal, lors même qu'elle n'aurait manifesté sa pensée qu'implicitement en désignant ceux de ses biens qui seront paraphernaux, ce qui indique que les autres seront dotaux. Toutes les fois, en un mot, que le contrat manifeste, d'une manière quelconque, la volonté de la femme d'avoir tels de ses biens pour dot, ces biens sont par là constitués dotaux ;

2° Sont constitués dotaux, en second lieu, même sans déclaration à cet égard et pourvu seulement qu'il n'y ait pas déclaration contraire, les biens qui sont donnés en contrat de mariage à la femme, soit par des parents, soit par des étrangers (1541 C. C.).

6820. Biens donnés à la femme par le mari. — Il faut cependant restreindre ce que nous avons dit dans notre seconde proposition aux biens donnés à la femme par *des tiers*. La dotalité ne peut s'appliquer aux biens donnés à la femme par le mari. La loi disant, en effet, que les biens dotaux sont ceux que la femme livre au mari *pour soutenir les charges du mariage*, il y aurait contradiction avec la nature de la dot, si, malgré la définition de l'art. 1548 C. C., on l'appliquait aux biens donnés à la femme par le mari (Tessier t. 1er p. 15, Odier t. 3 p. 1071, Troplong n° 1037, Marcadé sur l'art. 1541; — Bordeaux 3 avr. 1832; — Aix 19 janv. 1844, S. 34-2-31, 44-2-217; — *Contrà* Bordeaux 30 avr. 1850, S. 51-2-65.

Tessier et Odier, *loc. cit.*, pensent cependant qu'il est un cas où les choses données par le mari à la femme prennent le caractère de choses dotales : c'est celui où la constitution dotale embrasse tous les biens présents et à venir de la femme. Mais il semble que la stipulation de dotalité de tous les biens présents et à venir ne saurait comprendre que les biens *autres* que ceux qui, par le contrat de mariage, ont le caractère des paraphernaux. Il y a évidemment exception pour les biens qui, par la destination que leur donne le contrat de mariage, ne sont pas biens dotaux, ne sont pas apportés au mari et sont virtuellement et nécessairement exceptés (Troplong n° 3038, Marcadé *loc. cit.*).

Si la donation a eu lieu après la séparation de biens en payement de la dot mobilière de la femme, l'immeuble n'est pas frappé de dotalité (Cass. 12 avr. 1870, S. 70-1-185; — Caen 18 mars 1861, S. 61-2-284).

6821. Biens paraphernaux. — L'art. 1574 C. C. déclare que tous les biens de la femme qui n'ont pas été constitués en dot sont paraphernaux. Il résulte de là qu'il n'y a de biens dotaux que ceux qui, après adoption du régime dotal, sont constitués comme tels; la constitution de tels et tels biens individuels, sans autre mention plus large, restreint la dotalité à ces biens spéciaux et met dans la classe des paraphernaux tous les autres biens non désignés (Troplong n° 3048, Tessier t. 1er p. 32, Duranton t. 15 n° 336; — Limoges 4 août 1827 et 1828, D. 28-2-58; — Cass. 9 juin 1829, D. 29-1-2; — Bordeaux 29 juin 1832, D. 32-2-136, et 30 juill. 1833, D. 34-2-33; — Cass. 9 août 1858, D. 58-1-371).

Ainsi, quand le contrat, tout en adoptant le régime dotal, ne contient, ni constitution de dot par la femme, ni donation à elle faite, il y a bien régime dotal, de nom du moins, mais sans aucuns biens dotaux : tous les biens de la femme sont alors paraphernaux (Marcadé sur l'art. 1541 n° 2).

6822. Interprétation restrictive. — Du reste, la constitution, étant une clause qui produit des effets exorbitants du droit commun, doit s'interpréter restrictivement. Dans le doute sur les conventions matrimoniales, on doit toujours se prononcer pour la paraphernalité; car les biens de la femme sont paraphernaux de leur nature, et ce n'est que par une convention non équivoque qu'ils peuvent devenir dotaux. La dot est une exception : elle place les biens hors du commerce; elle les frappe d'inaliénabilité. De telles anomalies ne peuvent être acceptées que sur la foi d'un contrat positif et non équivoque. *In dubio magis præsumuntur paraphernalia quàm in dotem data* (Troplong n° 3039; — Riom 19 août 1851, D. 52-2-269).

6823. Biens présents. — Ainsi, le mot *biens*, employé dans une constitution dotale, ne s'entend que des biens présents. On ne comprend pas dans la signification de ce mot les biens à venir (1542 C. C.); quand même la constitution serait conçue en termes généraux et porterait sur tous les biens de la femme, elle n'embrasserait pas pour cela les biens à venir (Troplong n° 3045, Toullier t. 12 n° 7, Duranton t. 15 n° 336, Marcadé art. 1541 et *Rev. crit.* t. 1er n° 221, Troplong t. 4 n° 3028, Rodière et Pont t. 2 n° 396, Toullier t. 5 n° 226, Massé et Vergé t. 4 § 666 n° 6 ; — C. Paris 15 mars 1831 ; — Bordeaux 20 juin 1832; — Grenoble 25 mai 1832, D. 31-2-112, 113, 32-2-136, 32-2-219; — Cass. 9 août 1858, S. 59-1-19. — *V.* aussi Grenoble 13 juill. 1850, S. 51-2-409).

6824. Biens à venir. — On doit entendre ici par *biens à venir* ceux sur lesquels nous n'avons ni droit ni action (Furgole sur l'Ord. de 1731 art. 15). Mais ne sont pas biens à venir ceux sur lesquels nous avons une action pure ou conditionnelle : *Qui actionem habet ad rem recuperandam ipsam rem habere videtur.* Toute chose que l'on acquiert durant le mariage, non pas par un titre nouveau, mais en vertu d'un titre ayant son principe au moment du contrat de mariage, n'est pas un bien à venir : on est censé l'avoir acquis, *rétroactivement*, le jour où l'acte a été passé, car on avait, à cette époque, le droit et l'action qui le font entrer dans les mains du maître.

Lorsque le contrat de mariage porte que la femme se constitue ses biens présents et à venir, la constitution est aussi large que possible, rien n'est excepté de la dotalité (C. Riom 20 mai 1839, S. 39-2-513, 514).

Jugé également que la clause par laquelle les époux déclarent se marier sous le régime dotal et renoncer expressément au régime de la communauté pour tous leurs biens présents et à venir frappe de dotalité tous les biens de la femme, ceux à venir comme ceux présents (Cass. 14 fév. 1866, S. 66-1-203).

6825. Biens indivis. — Quand la constitution dotale porte sur un objet indivis et que la femme a déclaré apporter en dot sa portion indivise, il n'y a de dotal que la part qu'elle a dans la chose. Si plus tard la femme achète l'autre part et devient ainsi propriétaire de tout, cette seconde moitié n'est pas dotale ; elle est paraphernale. La faire entrer dans la dot, ce serait augmenter la dot, ce qui est formellement interdit, ainsi qu'on le verra aux n°s 6828, 6829 (Tessier t. 1er n° 54 p. 275, Troplong n° 3050; — C. Limoges 22 juill. 1835, S. 39-2-299 ; — C. Agen 27 juill. 1865, D. 65-2-173).

Mais si la femme s'est bornée à se constituer ses biens, c'est-à-dire tous ses biens présents, l'effet rétroactif du partage mettra la portion acquise au rang des biens présents au moment du mariage. Et dès lors il faudra dire que tout l'immeuble est dotal, autant la partie nouvelle que la portion dont la femme était propriétaire au moment du mariage (Troplong n° 3052, Duranton t. 15 n° 361, Tessier t. 1er n° 54, Rodière et Pont t. 2 n° 395, Marcadé art. 1558-5, Massé et Vergé t. 4 § 667 p. 220 note 2; — Cass. 21 mars 1860, S. 60-1-874, P. 60-465, D. 60-1-297).

6826. Dettes. — Il va sans dire, au surplus, que toute constitution générale, soit des biens présents, soit des biens à venir, soit d'une quote-part des biens présents ou à venir, n'a son effet que sous déduction proportionnelle des dettes : *Bona non dicuntur, nisi deducto ære alieno* (Caen 19 juin 1852, D. 56-2-187 ; — C. Rouen 19 août 1852, D. 52-2-247).

6827. Arbitrage. — Conditions. — Par application des principes généraux, l'objet de la constitution peut être laissé à l'arbitrage d'un tiers, comme il peut aussi être indiqué alternativement ou facultativement. Dans le premier cas, c'est la désignation du tiers qui détermine quelles choses seront dotales; en cas d'alternative, la chose dotale est celle que choisit la partie à laquelle le choix est laissé; de même si une chose est promise purement et simplement, mais qu'une autre soit mise *in facultate solutionis*, c'est celle de ces choses que le promettant livrera qui sera dotale. Il va sans dire aussi que la dot ne peut être promise à terme ou sous condition (Marcadé sur l'art. 1543-1).

6828. Défense de faire une constitution dotale pendant le mariage. — L'immutabilité des conventions matrimoniales est une loi du régime dotal aussi bien que du régime de la communauté, et l'art. 1543 C. C., qui défend de constituer la dot pendant le mariage, n'est que la conséquence du principe général posé dans les art. 1394 et 1395.

La dot ne peut être constituée pendant le mariage; car, si les époux se sont mariés sans contrat, leur régime est le régime de la communauté légale, auquel nul pacte ne saurait les soustraire. S'ils ont fait un contrat dans lequel la dotalité ne soit pas stipulée, le régime conventionnel adopté dans ce contrat ne saurait être modifié, changé, perverti, par l'introduction tardive du régime dotal.

Non-seulement les époux ne peuvent augmenter leur dot pendant le mariage, mais un tiers donateur ne pourrait, pendant le mariage, faire à la femme une donation à charge que les biens donnés deviendraient dotaux et inaliénables. La condition de dotalité imposée dans la donation serait considérée comme non écrite. La chose donnée serait paraphernale (Tessier *Dot* t. 1er p. 47, Merlin *Rép.* v° *Dot* § 2 n° 14, Toullier t. 14 n° 63, Odier t. 3 n° 1098, Troplong n° 3038; — Cass. 21 avr. 1873).

Mais, si la femme s'est constituée en dot ses biens à venir, un tiers peut imposer à sa libéralité la condition que l'objet donné sera paraphernal (Proudhon *Usufruit* t. 1er n° 2837, Toullier t. 12 n° 142, Marcadé art. 1543 n° 3, Troplong *Contr. de mariage* t. 1er n° 68 et t. 4 n° 3065, Mourlon *Rép.* 3e examen n° 348; — *Contrà* Pont et Rodière t. 3 n° 1678).

6829. Changements pendant le mariage. — Il y a plus, et lors même que le régime dotal a été stipulé, les époux ne peuvent augmenter l'importance des constitutions dotales : accroître la dot, ce serait changer le contrat de mariage, ce qui est impossible alors que le lien matrimonial est formé. Mais il faut entendre par là les augmentations qui procèdent d'une convention. On comprend à merveille que l'art. 1543 C. C., qui porte cette prohibition, ne s'oppose pas aux accroissements qui tiennent au développement naturel du droit de propriété, par exemple, aux alluvions, accrues, bâtiments.

L'acquisition des biens à venir, qui augmente la dot au fur et à mesure qu'ils adviennent à la femme, n'est pas non plus l'augmentation dont parle l'art 1543 : car cette augmentation n'est qu'un des effets naturels du contrat de mariage, au lieu d'en être la modification ou le renversement (Troplong n° 3037).

V. pour les constructions v° *Communauté.*

6830. Constitution de dot par les parents. — Dans les principes du droit civil, les père et mère n'ont pas l'obligation légale de doter leurs enfants : *Ne dote qui ne veut* était une règle des pays coutumiers qui a passé dans notre législation. Dans la plupart des pays de droit écrit, le père était tenu de doter sa fille ; c'était un office paternel dont la fille pouvait obtenir l'accomplissement par une action en justice. Aujourd'hui la dotation des enfants n'est plus considérée que comme un devoir naturel dicté par l'affection ; elle n'est pas un devoir de droit étroit commandé par la loi (Pothier n° 649, Troplong *Contr. de mariage* no 1217, Duranton t. 14 n° 285, Toullier t. 12 n° 333, Rodière et Pont t. 1er n° 94).

De ces principes découlent plusieurs conséquences exprimées dans les art. 1438, 1439, 1544, 1545 et 1546 C. C. Nous allons les passer rapidement en revue.

6831. La dot doit être prise sur les biens des constituants. — En premier lieu, la dot promise par les père et mère, ou par l'un d'eux doit, sauf stipulation contraire, être prise sur les biens des constituants, quoique l'enfant ait des biens propres dont le père ou la mère avait l'usufruit légal. Cela est de toute évidence, puisque la constitution de dot par contrat est une libéralité et que toute libéralité implique nécessairement l'idée de dépouillement de la part du donateur. Nous avons fait voir, nos 5293 et suiv., quelles sont les applications fiscales qui doivent être faites à ce principe.

6832. La dot peut être imputée sur les biens personnels de l'enfant. — Toutefois, les père et mère, ou l'un d'eux, ont évidemment le droit de stipuler que la dot sera prise d'abord sur les biens personnels de l'enfant, et subsidiairement seulement sur les leurs propres. Ils garantissent alors simplement que la fortune de leur enfant égale tout au moins la somme dont ils le déclarent doté. C'est cette hypothèse qui a donné lieu aux longs développements dans lesquels nous sommes entré nos 5293 et suiv. Nous y avons épuisé tout ce qui est à dire au point de vue de l'enregistrement, aussi n'avons-nous rien à ajouter ici.

6833. La déclaration du mari engage-t-elle la femme ? — Il faut distinguer :

1. RÉGIME DOTAL. — Si les époux sont mariés sous le régime dotal, quoique le père ait déclaré constituer la *dot pour droits paternels et maternels*, la dot demeure tout entière à sa charge, et il est censé vouloir la fournir *de suo* et pour satisfaire une obligation naturelle. Il en serait ainsi alors même que la mère aurait été présente au contrat de mariage contenant la donation et qu'elle aurait apposé sa signature au bas de ce contrat. Les auteurs sont unanimes sur ce point.

Pour que la mère soit considérée comme donatrice, il faut qu'elle l'ait formellement stipulé. Lorsqu'elle veut doter, elle le dit ; le mari n'a pas qualité pour parler à sa place. Sa présence, sa signature même ne peuvent remplacer la stipulation nécessaire pour qu'elle soit engagée. Elle a pu être forcée d'assister au contrat de mariage par la volonté de son mari : si elle n'a pas réclamé contre cette constitution dotale qu'elle désapprouve, c'est que la crainte du mari a pu lui fermer la bouche. C'est aussi par un sentiment pieux qu'elle n'a pas refusé à sa fille sa présence à la solennité du contrat de mariage ; mais cette présence, qui s'explique *pietatis et honoris causa*, n'équivaut pas au pacte formel qui est nécessaire pour la validité d'une donation. « Il faut quelque chose de plus que la présence de la mère pour faire présumer son consentement, disait Portalis devant le conseil d'Etat ; à raison de la subordination de la femme à son mari, cette présence pourrait être forcée » (Locré t. 13 p. 250 n° 9, Fenet t. 13 p. 595).

2. RÉGIME DE LA COMMUNAUTÉ. — Si les époux sont mariés sous le régime de la communauté, l'art. 1439 C. C. veut que la constitution de dot faite par le mari seul, en effets de communauté, soit pour moitié à la charge de la femme, alors même qu'elle n'aurait pas été partie au contrat. La raison en est que les obligations contractées par le mari, chef de la communauté, sont nécessairement à la charge de la communauté et que la femme, comme commune, en doit supporter sa part sans récompense, car l'art. 1422 permet au mari de disposer à titre gratuit des biens de la communauté pour l'établissement des enfants communs.

Si la femme renonçait à la communauté, elle serait affranchie de toute contribution à la dot.

Elle serait encore affranchie de contribuer pour la moitié, si le mari déclarait expressément qu'il se charge de la dot pour le tout, ou pour une portion plus forte que la moitié (1439 C. C.), ou s'il avait constitué la dot en propres lui appartenant, sans indiquer qu'il entend effectuer le payement au nom de la communauté ; il serait alors naturel de présumer qu'il a entendu laisser, dans tous les cas, l'entière dot à sa charge personnelle.

6834. Dot constituée par les père et mère conjointement. — Si les père et mère constituent conjointement une dot sans distinguer la part de chacun, elle est censée constituée par portions égales (Art. 1438 et 1544) ; et si les donateurs sont mariés sous le régime de la communauté, la femme ne peut, en renonçant, s'affranchir du payement de la moitié à sa charge ; car l'obligation naturelle de doter les enfants s'étend à la fois au père et à la mère.

La dot, dans le cas dont nous parlons, est toujours censée donnée par moitié, soit qu'elle ait été fournie ou promise en effets de la communauté, si les époux sont mariés sous ce régime, soit qu'elle ait été en biens personnels à l'un des époux (Art. 1438 C. C.). « Au second cas, ajoute l'article, l'époux dont l'immeuble ou l'effet personnel a été constitué en dot a, sur les biens de l'autre, une action en indemnité, pour la moitié de ladite dot, eu égard à la valeur de l'effet donné au temps de la donation. »

L'indemnité ne laisserait pas d'être due par la femme renonçante, quoique la dot eût été payée en effets de la communauté. Par sa renonciation, en effet, la femme perd tout droit à la communauté, dont les biens dès lors ne se distinguent plus de ceux du mari. Si donc la femme a stipulé la reprise de son apport, elle ne devra effectuer cette reprise que déduction faite de la moitié de la dot à sa charge. Il faudrait, pour que la femme fût affranchie, en cas pareil, de contribuer au payement de la dot, qu'il eût été dit expressément dans le contrat qu'elle n'entendait doter qu'en sa qualité de commune et en tant qu'elle amenderait quelque chose de la communauté. — *V.* 3293.

Toutes les fois, du reste, que le père et la mère dotent conjointement, il n'y a solidarité entre eux qu'autant qu'elle a été expressément stipulée (Tessier t. 1er p. 138) ; et ils ne peuvent être poursuivis chacun que pour moitié ; le mari peut être poursuivi seul pour le tout, comme chef de la communauté, quand les époux sont mariés sous ce régime.

1. COMMUNAUTÉ. — La constitution dotale faite à un enfant par ses père et mère conjointement n'établit pas une dette personnelle aux époux donateurs, lorsqu'il est stipulé que cette dot est à la charge de la communauté existant entre les donateurs, et qu'en cas d'insuffisance seulement elle sera fournie solidairement sur leurs biens personnels. Dès lors, la renonciation à la communauté de la part de la mère l'affranchit, sauf le cas d'insuffisance prévu, de l'obligation de payer la moitié de la dot.

En pareil cas, le payement de cette dot pendant le mariage doit être réputé avoir été fait des deniers de la communauté, et non des deniers propres au mari, s'il n'y a preuve du contraire (Agen 23 mai 1865, S. 1865-2-191, Aubry et Rau t. 4 § 500 p. 193 et 194).

2. RENONCIATION. — Au cas où les père et mère, en constituant à leur enfant une certaine somme en avancement d'hoirie, mais chacun pour moitié, se sont engagés solidairement au payement de la dot, cette obligation solidaire, relative à un simple mode d'exécution, ne peut avoir que l'effet d'un cautionnement à l'égard de la moitié qui n'est pas à la charge personnelle de chacun des constituants et si l'enfant n'obtient pas sur le disponible de la succession à laquelle il a renoncé la moitié de la dot due par le défunt, le droit au complément de la dot et par suite le cautionnement tombe (C. Montpellier 30 mai 1866, S. 67-2-16).

3. SUCCESSION. — L'indemnité due par l'un des époux à l'autre qui a payé de ses propres la dot conjointe forme d'ailleurs une créance ordinaire existant à son profit et cette créance doit être comprise dans la déclaration de sa succession : « Attendu qu'aux termes de l'art. 1438 C. C. l'époux qui a formé de ses biens personnels la dot conjointement promise avec lui par son conjoint a sur les biens de celui-ci une action en indemnité pour la moitié de cette dot, eu égard à la valeur des effets donnés au temps de la donation ; qu'à raison des deux dots précitées le sieur Souquet avait donc acquis contre la dame son épouse une créance égale à la moitié de la valeur appartenant au jour des donations à ses biens propres entrés dans la composition de ces dots ; qu'après le décès du sieur Souquet, les droits résultant pour lui de cette créance ont été transmis à titre successif à ses héritiers ; que ladite créance représentait alors pour ceux-ci un des éléments de l'actif de la succession de leur auteur, qu'à ce titre elle devait être comprise, comme valeur active, dans les déclarations de mutation par décès imposées par la loi à ces héritiers » (Douai 21 juill. 1869).

6835. Des donations imputables sur la succession du premier mourant. — Les donations, et surtout les constitutions de dot faites conjointement et solidairement par deux époux, renferment souvent une clause portant que la libéralité s'imputera en entier sur la succession du premier mourant. Cette stipulation produit des effets particuliers qui ont une influence directe sur la perception des droits d'enregistrement ou de mutation par décès. Nous croyons utile de les indiquer rapidement.

6836. Clause licite. — Que la clause d'imputation soit licite, c'est ce qui ne fait plus aujourd'hui l'objet du moindre doute. On avait voulu le contester autrefois par le double motif qu'elle déroge au principe *donner et retenir ne vaut*, et qu'elle est inopposable aux donataires en dehors desquels elle est intervenue. Mais la C. cass. a repoussé cette prétention dès l'année 1814, par un arrêt qui a fait cesser toutes les résistances : « Attendu, a dit la cour, que la condition dont il s'agit, qui est de faire que le survivant n'a rien donné, n'a rien d'illégal, rien d'illicite et ne peut, sous aucun rapport, être comprise au nombre des conditions que l'art. 900 C. C. veut qu'on regarde comme non écrites dans les actes de donation ; qu'elle n'est pas non plus étrangère aux donataires, puisque, étant parties dans l'acte, ils n'ont pu séparer la donation qu'ils ont acceptée de la condition sous laquelle elle était faite ; que cette condition, convenue entre les parties contractantes, n'a pu induire les donataires en erreur, puisqu'ils ne pouvaient pas ignorer que les conventions obligent à toutes les suites que l'équité, l'usage ou la loi donnent à l'obligation d'après sa nature, et qu'ils devaient savoir que tout don fait en avancement d'hoirie devait, sans examiner si cette hoirie était avantageuse ou obérée, être rapporté au profit des cohéritiers dans les cas prévus par les art. 843 et 845 C. C. » (Arrêt du 11 juill. 1814, S. *Coll. nouv.* 1re série vol. 4 p. 593).

Cette solution est parfaitement juridique. Libres de donner ou de ne pas donner, même en matière de constitution de dot, les époux peuvent restreindre comme il leur plaît la libéralité qu'ils s'imposent. Il n'y a pas de contradiction absolue entre s'obliger solidairement et convenir que le survivant sera affranchi de toute obligation. Les auteurs sont unanimes actuellement pour le reconnaître.

6837. — Effets pendant la vie des donateurs. — Marcadé a très-exactement indiqué les effets que produit la clause d'imputation pendant la vie des donateurs et jusqu'au décès du premier mourant d'entre eux : « Cette clause, dit-il, a bien pour résultat évident de faire que définitivement l'enfant se trouve n'être doté que par celui des deux parents qui meurt le premier, de sorte que, après le décès de celui-ci, le survivant se trouve n'avoir rien donné, et que, tant qu'ils vivent tous deux, on ignore lequel d'entre eux a fourni la dot. Mais cette incertitude laisserait insolubles, du vivant des deux parents, des questions dont la solution est cependant indispensable immédiatement. Ainsi, à qui devra-t-on demander le payement de la dot promise? A qui devront être réclamés les intérêts de la somme due ou les arrérages de la rente établie? A qui pourra-t-on demander, le cas échéant, la garantie à laquelle l'art. 1440 soumet tout constituant? Il est clair qu'on ne peut répondre à ces questions en disant que c'est à celui qui mourra le premier. Or, comme, à côté de cette nécessité de faire reposer quelque part, dès l'instant même, la qualité de constituant, il ne peut y avoir ni raison, ni prétexte de la faire peser plutôt ou davantage sur l'un des époux que sur l'autre (puisqu'ils ont constitué tous deux au même titre, sous la même condition et avec la même éventualité), il s'ensuit que provisoirement, et jusqu'au décès de l'un d'eux, il faut les tenir pour constituants ordinaires, absolument comme si la clause d'imputation n'existait pas, cette clause ne pouvant avoir aucun effet qu'après ce décès accompli. Ainsi, tant que les deux parents existent, les choses se passent comme si l'imputation n'existait pas, et les parents sont traités comme constituants ordinaires chacun pour moitié » (Art. 1439 n° 3).

La jurisprudence a fait plusieurs applications de ce principe. Elle a décidé que le donataire a le droit de poursuivre l'exécution de la libéralité pendant la vie des donateurs contre chacun d'eux, absolument comme si la clause d'imputation n'existait pas (C. Paris 6 nov. 1854, S. 1855-2-607) ; que, par exemple, si le mari tombe en faillite, le donataire peut réclamer son payement au syndic de cette faillite, sans se préoccuper des effets résolutoires du prédécès (C. Orléans 24 mars 1848, S. 1850-2-146).

Pendant la même période, les époux sont, dans leurs rapports réciproques, considérés également comme des donateurs ordinaires. Ainsi, si la communauté était dissoute par une séparation de biens et s'il y avait lieu de procéder à la distribution du prix des immeubles du père, la mère aurait le droit d'être colloquée pour la moitié de la dot constituée, sauf à ne toucher le capital colloqué que dans le cas où elle survivrait à son mari et sans intérêt jusque-là (C. Bordeaux 22 mars 1859). Si, dans cette même hypothèse, l'un des époux avait payé la totalité de la dot au moyen de ses biens propres, il pourrait, dans la liquidation de la communauté, prélever une récompense à raison de la portion de la dette dont l'autre époux était tenu, sauf à reporter ultérieurement la totalité de la dette sur celui qui prédécédera (C. Bourges 29 juill. 1851, S. 1853-2-251).

6838. Droits d'enregistrement. — Il résulte de là que, lors de l'enregistrement du contrat de donation, il y a lieu d'appliquer le tarif comme si la libéralité émanait de chacun des époux pour moitié et d'après leur degré de parenté avec le donataire. — C'est ainsi qu'il a pu être jugé qu'une donation de l'espèce faite à titre de partage anticipé ne cessait pas de profiter de la réduction du droit, par le seul motif que la libéralité était exposée à comprendre, lors du prédécès de l'un des disposants, des biens dont le véritable donateur n'était pas propriétaire (Reims 1er fév. 1873, 3614 R. P.). — Il y aurait également lieu de liquider le droit exigible sur le partage de la communauté dissoute par une séparation, en tenant compte des effets actuels de la donation conjointe. Si, pour en citer un exemple, l'époux qui a payé la totalité de la dot avec ses propres biens obtenait le remboursement de la portion à la charge de son conjoint, au moyen d'une attribution de valeurs en nature, cette disposition serait passible du droit de dation en payement, tout comme si la clause résolutoire d'imputation n'existait pas (Reims 8 août 1868, n° 2936 R. P.).

Mais la liquidation de ces droits n'est que provisoire. Elle devrait être rectifiée au profit du Trésor lors de l'événement du décès. Il peut arriver que la donation faite par deux époux au fils de l'un d'eux tombe entièrement à la charge de celui des conjoints qui n'est pas parent du donataire. Dans ce cas, il faudrait compléter la perception établie sur la moitié dont le survivant était présumé donateur et réclamer la différence des deux tarifs. L'action de l'Administration, pour recouvrer ce droit supplémentaire s'ouvrant par le décès du poursuivant des conjoints, serait soumise à la prescription trentenaire, applicable aux créances résultant de l'échéance d'une condition. — V. *Prescription*.

La faculté réciproque n'existe pas en faveur des parties. Le droit perçu lors de l'enregistrement du contrat l'ayant été régulièrement tombe sous l'application de l'art. 60 L. 22 frimaire an 7 et n'est pas restituable, quels que soient les événements ultérieurs.

6839. Effet après le décès. — Dot non payée. — Lorsque l'un des conjoints décède, c'est alors que la clause d'imputation produit ses effets. L'engagement du survivant est considéré comme n'ayant jamais existé ; il s'évanouit rétroactivement. La donation est censée, au contraire, avoir été faite exclusivement par le défunt, et les choses doivent être remises en l'état où elles seraient si le prédécédé avait été seul donateur *ab initio* (Paris 6 janv. 1875, 4255 R. P.).

Il faut examiner séparément les conséquences de la résolution à l'égard du donataire et à l'égard du survivant.

A l'égard du donataire, deux cas peuvent se présenter : ou bien la dot est encore due au décès, ou elle a été payée avant cette époque. Nulle difficulté dans le premier cas. Le donataire agira à l'égard de la succession comme tous les donataires de sommes non payées au décès. Il ne peut se produire, du chef de la clause d'imputation, aucune autre complication particulière que celle dont nous parlerons tout à l'heure au sujet de la garantie.

6840. Dot payée. — Propres du défunt. — Mais la situation est plus embarrassante quand la donation a été payée avant le décès.

L'hypothèse la plus simple est celle dans laquelle le payement a eu lieu avec des valeurs propres au défunt. Ici, le donataire fait à la succession le rapport de ce qu'il a reçu, c'est tout naturel. Pourrait-il s'en plaindre et se retourner sur le survivant pour lui demander d'être indemnisé de ce rapport? Évidemment non. Il est pénible sans doute pour un époux de perdre au bout d'un certain temps les ressources dont il avait la disposition pour élever sa famille. Mais cette éventualité était prévue dans le contrat, et, d'autre part, le donataire savait qu'il est de l'essence des avancements d'hoirie de se résoudre au décès du disposant. Tout est donc bien fini pour lui. Il rapportera donc sa libéralité et ne pourra exiger du survivant aucune garantie (C. Amiens 26 juill. 1859, et Paris 13 fév. 1860, D. 60-5-126).

6841. Dot payée. — Biens communs. — Si la donation a été payée avec les deniers de la communauté, la situation est encore assez simple. Le donataire devra toujours, comme dans l'hypothèse précédente, le rapport à la succession du prédécédé. Mais cette succession deviendra débitrice envers la communauté d'une récompense égale au montant des sommes qui en ont été tirées pour acquitter la dette personnelle du défunt. Il y aura lieu de faire figurer, selon la règle ordinaire, le chiffre de cette récompense dans la masse active de la communauté pour liquider le droit de succession, sauf à déduire ensuite cette récompense, considérée comme valeur fictive, des reprises du défunt ou, à défaut de reprises, de sa part dans la communauté.

1. DÉDUCTION DE L'ACTIF. — Dans aucun cas, cette indemnité ne peut être déduite de l'actif de la succession pour la liquidation du droit de mutation par décès.

1 *bis*. RENTE. — Si la dot consiste en une rente viagère, il n'est pas dû de récompense pour les arrérages payés par la communauté (Saint-Brieuc, 25 août 1856, 721 R. P. ; — Sol. 26 juill. 1877 ; — C. Amiens, 10 avr. 1877, 4991 R. P.).

2. COMMUNAUTÉ INSUFFISANTE. — Si la communauté était insuffisante et si, par suite, la récompense ne pouvait être déduite, il n'y aurait pas lieu, bien entendu, de la distraire de l'actif de la succession. C'est dans tous les cas, nous allons le voir, une dette personnelle de la succession; elle ne saurait donc être défalquée de l'actif. Le tribunal de la Seine l'a ainsi reconnu, le 18 janvier 1873, dans un cas où le fils s'obligeait expressément de faire à sa mère survivante le rapport de la somme due à la communauté insuffisante (3880 R. P.).

3. PARTAGE. — Par la même raison, si les héritiers, pour se libérer de l'indemnité, abandonnent à la communauté, en dehors du partage des acquêts, certaines valeurs communes, c'est comme s'ils cédaient leur part dans ces valeurs au survivant; ils réalisent une dation en payement passible du droit à titre onéreux (Dijon 25 fév. 1867, 2700 R. P.).

4. RENONCIATION. — Qu'arrive-t-il si le survivant renonce purement et simplement à l'indemnité qui lui est due et en dispense les héritiers?

Il faut distinguer :

Si le survivant accorde la remise sans intention de libéralité, et parce que le recouvrement est incertain, c'est une acceptilation passible du droit de quittance. — V. *Acceptilation*.

Si, au contraire, il renonce pour gratifier les héritiers, et si ces héritiers ont accepté, il y a donation et ce droit variera selon le degré de parenté du survivant et des héritiers; il pourra même profiter de la réduction accordée aux partages d'ascendants, si la libéralité s'adresse à des enfants et réunit d'ailleurs les caractères essentiels de la donation d'ascendants.

La Cour de cassation a cependant jugé que si une dot a été constituée par des époux chacun pour moitié, avec la garantie de droit et clause d'imputation sur la succession du prémourant, la stipulation du partage ultérieur par laquelle le survivant renonce au bénéfice de l'imputation et dispense l'enfant doté de la récompense due à raison du payement de la dot en valeurs communes, n'a pas le caractère d'une donation, mais est passible, comme acte de complément, d'un droit fixe (6 juill. 1875). Mais ce jugement, principalement fondé sur l'interprétation des clauses du contrat de mariage, est une décision d'espèce qui ne nous a pas paru contraire aux règles du droit (4172 R. P.).

6842. — Décès. — Dot payée en propres du survivant. — Enfin, la donation peut avoir été soldée avec les biens propres du survivant. C'est toujours, dans ce cas, à la succession du défunt que le donataire doit faire le rapport et à elle seule (Pothier *Introd.* au tit. 17 C. Orléans n° 86, Toullier t. 12 n° 340, Duranton t. 7 n°s 243-15, n° 366, Demolombe *Succ.* t. 4 n° 271). La succession devra, bien entendu, restituer au survivant ce que ce dernier a payé pour elle. Mais il s'agit là d'une dette du défunt. Le survivant, comme l'explique très-bien Pothier *de la Com.* n° 652, est dans la position d'un mandataire qui a fait avec ses deniers personnels l'affaire du mandant. Au moyen du payement de la dot, il est devenu le créancier direct de son conjoint et il a pour se faire rembourser une action dérivant du mandat, l'action *mandati contraria*. Or, cette action est de la même nature que celle du créancier ordinaire poursuivant la discussion des biens de son débiteur. Elle conduit non plus au partage d'une copropriété sur laquelle la loi a disposé certains prélèvements, mais au remboursement d'une dette ordinaire (*Conf.*: C. Paris 11 janv. 1853, D. 54-5-190.

Dans cet ordre d'idées, le tribunal de Saint-Brieuc a jugé, le 25 août 1856 (721 R. P.), que, lorsque deux époux, en constituant une rente viagère à leur enfant, se sont obligés, dans le cas où la succession du prémourant n'offrirait pas un revenu suffisant, à la parfaire, de telle sorte que l'intégrité de la pension soit toujours assurée, aucune indemnité n'est due au survivant par la communauté, attendu que l'obligation de parfaire la dot qui incombe au survivant ne peut donner lieu qu'à un recours contre la succession du prémourant.

1. SUCCESSION. — CHARGE. — C'est encore par application de la même règle que la jurisprudence refuse d'autoriser la déduction de cette indemnité sur l'actif de la succession du défunt dont elle constitue une charge ordinaire (Montargis 22 déc. 1847; — Avallon 12 juin 1850; — Seine 13 mars 1858; — Amiens 7 mars 1873; — Arg. de cass. 11 août 1869). — V. *Succession*.

2. PARTAGE. — DATION EN PAYEMENT. — La jurisprudence autorise la perception du droit de dation en payement sur les attributions faites dans un partage en biens de communauté pour désintéresser l'époux créancier de l'indemnité (Cass. 23 mars 1853; — Reims 8 août 1858; — Amiens 7 mars 1873). — V. *Partage*.

6843. Succession insuffisante. — On s'est demandé si ces règles générales sont encore applicables quand la succession du prédécédé est insolvable. Puisque le survivant est censé n'avoir jamais été donateur, la dette du défunt n'a jamais non plus été la sienne. Il a donc payé ce qu'il ne devait pas, et il peut réclamer au donataire directement la restitution de ce que ce dernier a indûment reçu. Cela est juste, dit-on, car c'est au donataire et non pas au survivant devenu étranger à la libéralité à subir les conséquences de l'insolvabilité ou de l'insuffisance du patrimoine du donateur véritable (*V.* Marcadé art. 1439 n° 3, *in fine*). Cette interprétation n'est pas adoptée par Pont et Rodière. « Le survivant, disent-ils, répétera contre la succession du prédécédé tout ce qu'il aurait payé sur le montant de la dot ; mais, si cette succession est insolvable, il ne peut, ce semble, exercer aucune répétition contre l'époux donataire, qui n'a fait que recevoir ce qui lui était légitimement dû, parce qu'il est équitable de supposer qu'il a payé en l'acquit du prémourant » (*Contr. de mar.* 2e édit. n° 107).

Cette solution ne paraît pas douteuse quand l'enfant doté a accepté la succession du constituant sous bénéfice d'inventaire. Il n'est tenu alors des obligations du défunt que jusqu'à concurrence des biens héréditaires, et il ne saurait être forcé de prendre dans son patrimoine personnel de quoi parfaire le payement de la dette de son auteur. Mais la question est plus délicate en cas d'acceptation de la succession. L'enfant doté doit alors, comme héritier pur et simple, acquitter toutes les obligations du défunt. Or, l'une de ces obligations c'est précisément de rembourser au conjoint survivant la somme que celui-ci a versée en l'acquit du défunt. Par conséquent, si l'enfant n'est pas tenu lui-même de restituer la dot parce qu'il a reçu ce qui lui était dû, il doit le faire comme héritier du prédécédé.

L'argumentation est très-forte. Voici néanmoins ce qu'on peut y répondre. La donation a été faite par les deux époux conjointement et solidairement. En joignant cette stipulation de solidarité à la clause d'imputation, les époux ont voulu que, le cas échéant, le survivant ne pût se considérer comme absolument étranger à l'obligation. Si l'on ne peut aller jusqu'à le considérer comme un débiteur solidaire ou comme une caution, il faut du moins attribuer à son engagement les effets limités d'une promesse de garantie. En le contractant, le survivant renonce donc d'ores et déjà aux actions qui lui permettraient d'énoncer le donataire. Ainsi que le fait remarquer M. Bertaud : « Le survivant ne s'est-il pas obligé envers son fils à maintenir intacte la constitution dotale, et n'en troublerait-il pas l'exécution s'il réclamait la somme nécessaire au payement de la récompense ? » (*Quest. de droit* t. 2 n° 422).

C'est là une interprétation tout à fait rationnelle de la volonté des contractants. Or, nous verrons, dans un instant, que les effets de la participation du survivant à la donation imputable sur les biens du prédécédé se déterminent surtout par cette appréciation.

6844. Garantie. — Ce qui précède s'applique à l'hypothèse dans laquelle la donation a été payée avant le décès du prémourant. Si ce payement n'a pas lieu, quelle est la situation respective du donateur et du conjoint survivant ? L'embarras ne se produit que quand la succession du défunt est insuffisante pour acquitter le montant de la donation. Mais il y a lieu d'examiner dans ce cas si le donataire a une action contre le conjoint pour obtenir le complément de la libéralité.

Disons d'abord que le débat ne peut se produire que si le donataire, étant héritier, a accepté la succession sous bénéfice d'inventaire. Au cas contraire, en effet, il n'aurait aucun moyen juridique d'établir que cette succession est insuffisante pour lui assurer le payement de la dot. Mais, s'il y a eu séparation des patrimoines et si le donataire justifie légalement de l'importance de l'hérédité, peut-il réclamer la différence à l'autre époux ?

Il s'est élevé sur ce point une vive controverse en doctrine et en jurisprudence.

Les uns soutiennent que le survivant, ayant pris un engagement solidaire, doit être considéré comme une caution et qu'il doit parfaire le montant de la donation. M. Labbé a soutenu cette opinion dans les cahiers du *Recueil* de Sirey. Se plaçant spécialement au point de vue d'une constitution de dot, il écrit : « Quand une dot est constituée et qu'ainsi est formée l'assise sur laquelle reposera une famille nouvelle, est-il présumable que la volonté commune soit de constituer une dot d'une étendue incertaine, d'une importance variable ? Non. Le doute ne doit-il pas s'interpréter dans le sens de la sécurité pour l'époux que la dot contribue à déterminer au mariage ? Quand une dot est promise solidairement par un père et une mère, est-il croyable que leur volonté ne soit pas que les deux fortunes, peut-être inégales, servent de garantie durable à l'exécution de la dot ? Est-il croyable que la volonté exprimée par la solidarité soit que l'étendue de la dot variera suivant que, cette dot étant encore due au premier décès, le prémourant sera le plus riche ou le moins riche des constituants ? Est-il conforme à l'esprit de l'acte et à l'affection qui a dicté la promesse de dot que, si le premier mourant s'est ruiné dans des spéculations malheureuses, le survivant qui a conservé une fortune propre considérable, soit dégagé de sa promesse et l'enfant doté déchu de tout droit ? » (1872-1-201).

Cette opinion, défendue par Toullier t. 12 n° 340, a été consacrée par un arrêt de la cour de Paris du 10 août 1843 (S. 1843-2-544).

Mais elle est généralement repoussée. L'obligation a été contractée par le survivant sous une condition résolutoire, celle du prédécès de son conjoint. Dès que ce prédécès se produit, l'obligation s'évanouit ; et, si la succession est insolvable, c'est au donataire que l'insolvabilité doit préjudicier. « Ce serait ajouter à la clause, disent MM. Pont et Rodière, que de considérer le survivant comme caution. A la vérité, l'époux survivant qui constitue une somme sur les biens du prédécédé est censé s'obliger en cas de déficit à parfaire cette somme. Mais la raison en est, d'une part, qu'il devait connaître la valeur des biens du prédécédé, et, d'autre part, que le donataire et son futur conjoint ont dû compter dès lors sur l'intégralité de la somme promise. Dans le cas actuel, au contraire, le survivant n'avait pu connaître d'avance la force d'une succession non ouverte, pas plus que les futurs n'avaient dû raisonnablement compter sur cette succession dont la valeur ne devait être fixée qu'au décès (n° 107). Tel est le sentiment exprimé par MM. Bellot t. 1er p. 568, Tessier *de la Dot* t. 1er n° 237, Marcadé art. 1439, Aubry et Rau t. 4 § 500 p. 105, Demolombe t. 16 n° 271, et celui qui a été adopté par des arrêts de Paris du 16 mars 1850 (S. 1850-2-321) et d'Amiens du 10 novembre 1853 (P. 1854 n° 192).

Cette interprétation est celle de la cour suprême. Elle l'avait déjà consacrée une première fois dans l'arrêt du 11 juillet 1814 que nous avons cité précédemment, et elle y a persisté dans un arrêt du 3 juillet 1872 rejetant le pourvoi formé contre un arrêt de la cour d'appel de la Réunion, du 31 mars 1871 : « Attendu, porte l'arrêt, qu'il a été convenu que la dot serait imputable en totalité sur la succession du premier mourant des père et mère de la future épouse ; qu'il résulte de cette clause, telle qu'elle a été souverainement interprétée par l'arrêt attaqué, d'après la commune intention des parties, que, d'une part, la totalité de la dot doit être rapportée à la succession du père premier mourant, et que, d'autre part, la mère survivante est censée n'avoir rien donné et se trouve exonérée de toute garantie par la réalisation de la condition énoncée au contrat de mariage et acceptée par l'enfant doté... ; que l'enfant ne peut exercer un recours en garantie contre la veuve aux termes de l'art. 1440 C. C., pour répéter la différence entre la somme rapportée et la part héréditaire lui revenant dans la succession du prémourant ; que le prédécès de ce dernier a eu pour conséquence d'exonérer la veuve survivante, censée n'avoir rien donné, de toute obligation de garantie » (S. 1872-1-201).

Avant tout, la question de savoir si le survivant doit parfaire la dot dépend du sens que les parties ont attaché à la clause d'imputation. Les anciens auteurs faisaient déjà la même remarque (Poullain du Parc *Principe du Droit français* t. 5 n° 165). Mais la tendance de la jurisprudence est d'exonérer le survivant de toute responsabilité comme de tout engagement sur ce point.

6845. Donation à concurrence. — La situation n'est plus la même quand il a été stipulé que la donation faite conjointement et solidairement par les deux époux sera imputable jusqu'à due concurrence seulement sur la succession du prémourant, ou bien qu'elle sera, en cas d'insuffisance de cette succession, imputée subsidiairement sur celle du survivant. Dans ce cas, le survivant s'engage directement à parfaire la donation si la succession de son conjoint est insuffisante ; il doit, à l'événement, exécuter sa promesse. Donc, si le payement a été fait, pendant le mariage, avec des propres du survivant, et qu'au décès de l'autre époux la succession de celui-ci soit insolvable, le payement est régulier, et c'est à la succession du survivant que le donataire doit le rapport (V. Seine 13 août 1874, 4156 R. P.).

6846. Usufruit. — Garantie. — La clause d'imputation appliquée à la constitution de dot soulève une difficulté particulière quand le survivant est donataire par contrat de mariage de l'usufruit des biens du prédécédé. Il y a lieu de rechercher quelle est l'influence de cette clause sur l'exécution de la donation en usufruit.

La question se présente sous deux aspects particuliers, selon qu'on l'examine au point de vue de l'art. 922 ou de l'art. 1083 C. C.

Posons un exemple pour le faire mieux comprendre. L'enfant a reçu une dot de 300,000 francs, payée avec des biens communs. Au décès du premier mourant, la communauté comprend des valeurs estimées 700,000 francs. Le survivant est donataire par contrat de mariage de l'usufruit de moitié des biens du défunt.

Ce survivant peut dire : « J'ai reçu par contrat de mariage une donation contractuelle irrévocable, et mon conjoint ne pouvait disposer à mon préjudice d'aucune partie des biens qui en font l'objet : c'est la prescription formelle de l'art. 1083 C. C. La clause d'imputation est donc non avenue à mon égard. Or, la succession se compose de la moitié de la communauté qui s'élève à 1 million, y compris la récompense due pour le payement de la dot. J'ai donc un usufruit de 250,000 francs. »

Si le survivant, abandonnant l'art. 1083, invoque l'art. 922, voici ce qu'il dira : « L'actif de la succession se compose en valeurs réelles de 200,000 francs, formant la part du défunt dans la communauté, plus, de 300,000 francs montant du rapport dû par l'enfant doté. Je reconnais que ce rapport, s'opérant fictivement, ne me profite pas. Mais j'ai le droit de faire porter mon usufruit sur les 200,000 francs de valeurs réelles. »

La même difficulté se reproduit lorsque la dot n'a pas été payée. Si la constitution de dot n'est pas opposable au survivant, il exercera son usufruit sur l'intégralité des biens de la succession ; au cas contraire, il ne l'exercera que sur ce qui restera après l'imputation de la dot.

A quel parti faut-il s'arrêter ?

La question est neuve en jurisprudence, et un seul auteur, à notre connaissance, M. Bertaud, s'en est occupé en doctrine. Mais nous croyons, pour nous, que la constitution de dot est, dans tous les cas, opposable au survivant.

Les effets de la clause d'imputation se déterminent surtout, d'après la jurisprudence, par l'intention des parties. Or, quand le conjoint appelé à l'usufruit éventuel de la succession de son conjoint dote un enfant en lui disant que sa dot sera prélevée sur cette succession, est-ce qu'il ne manifeste pas ainsi la pensée que la dot doit passer avant sa jouissance ? N'en résulte-t-il pas, d'une façon virtuelle mais très-catégorique cependant, une renonciation par le constituant au droit d'exercer son usufruit sur les biens indiqués pour le payement de la dot ? La bonne foi, qui doit présider aux conventions matrimoniales, indique de reste que tel est le sens de la convention.

Si le survivant, au lieu d'un usufruit, avait possédé une charge ou un droit réel quelconque sur les biens constitués en dot, il en devrait garantie au donataire, parce que, disent Pont et Rodière, il a péché contre la bonne foi en ne les déclarant pas (*Du Cont. de mar.* t. 1er n° 121). Quelle différence y a-t-il entre cette hypothèse et celle d'un droit éventuel d'usufruit ? Nous n'en voyons aucune au point de vue qui nous occupe.

M. Bertaud justifie encore cette opinion par un autre motif. « Sans doute, dit-il, d'après les conditions aléatoires de la constitution, c'est la succession du mari qui doit supporter le poids de la dot. Mais le mari a-t-il fait une véritable libéralité ? Non. Il a acquitté une dette, une dette au payement de laquelle il ne pouvait pas, à la vérité, être contraint, mais une dette qui, pour n'être que naturelle, ne cesse pas d'être une dette, du moins vis-à-vis de lui et vis-à-vis de sa femme. Le concours des deux époux à la constitution de dot, faite purement et simplement, implique la reconnaissance de la part de celui des deux qui s'est déchargé par l'événement que cette constitution n'est pas une fraude à l'institution contractuelle, qu'elle n'est pas une vraie libéralité. Vainement objecterait-on que la renonciation à une institution contractuelle non ouverte aurait le caractère d'un traité sur une succession future, et qu'elle ne serait pas licite de la part d'un époux, même dans l'intérêt de l'établissement d'enfants communs. La réponse est qu'il ne s'agit pas le moins du monde de savoir si le bénéficiaire d'une institution contractuelle pourrait y renoncer pour favoriser une nouvelle institution au profit d'un enfant commun. Il s'agit de savoir si la femme a consenti à faire payer par son mari ou par elle-même, suivant l'événement, une dette naturelle qui pesait sur tous les deux. Si la constitution faite par le mari, au nom de la communauté, oblige la femme acceptante, parce que cette constitution à laquelle elle n'a pourtant pas figuré, est vis-à-vis d'elle un acte à titre onéreux, comment la participation de la femme et son obligation éventuelle mais directe, changeront-elles le caractère de l'acte? » (*Questions de droit* n° 418).

Nous concluons, par conséquent, que le survivant ne peut exercer sa donation en usufruit au préjudice de l'enfant doté. Dans l'exemple que nous avons présenté, sa jouissance se réduira donc à l'usufruit des 200,000 francs. Et s'il arrivait que, la dot ayant été payée dans le mariage, la succession du prémourant fût insolvable, le legs d'usufruit s'évanouirait totalement.

Plusieurs solutions ont reconnu, dans le même sens, que, si la dot n'a pas été payée, le survivant qui est donataire en usufruit de tous les biens de la succession du prédécédé ne peut exercer sa donation au préjudice de l'enfant doté sur les biens que cet enfant doit prendre dans la succession en vertu de sa constitution de dot (Sol. 21 août 1853, 2 mars 1854. — Abbeville 31 août 1874, 3962 R. P.).

Il a été également décidé par le tribunal de Soissons, le 10 avril 1867, que le mari donataire en usufruit par contrat de mariage de la moitié des biens de sa femme qui constitue solidairement avec elle, à un enfant commun, une dot imputable sur les biens de celle-ci, renonce à exercer son usufruit sur la dot; au décès, le droit d'usufruit ne doit donc être calculé que sur l'excédant de la part de l'enfant doté dans la succession (3313 R. P.).

Une décision contraire a été cependant rendue par le tribunal de la Seine, le 3 mai 1873 : « Attendu que la donation irrévocable d'usufruit faite par Lefer à sa femme dans son contrat de mariage n'a pu recevoir aucune atteinte par suite de la constitution de dot faite ultérieurement par les époux Lefer à la femme Pankoucke (avec imputation sur la succession du prémourant), qu'en effet, l'irrévocabilité des contraventions matrimoniales et la défense formellement faite par la loi de renoncer à une succession future sont un double obstacle à ce que la femme, instituée par son contrat de mariage, donataire de l'usufruit de la moitié des biens que le mari laissera à son décès, puisse, du vivant de son mari, soit directement, soit indirectement, et même pour l'établissement d'un enfant commun, renoncer au bénéfice de ladite donation » (3924 R. P.). — *Conf.* : Gien, 30 nov. 1875.

Aucune difficulté ne subsisterait plus d'ailleurs si la donation d'usufruit faite entre époux était postérieure à la constitution de dot. Il est manifeste que le survivant ne peut pas exercer son usufruit sur une valeur dont le conjoint n'était plus propriétaire quand il a fait la donation au survivant.

6847. Rapport fictif. — Il est bien entendu que les règles précédentes ne s'opposent en rien aux conséquences ordinaires du rapport fictif quand il existe dans la succession des valeurs suffisantes pour l'opérer. Au contraire, si le legs d'usufruit du survivant n'est pas limité aux biens existants au décès, mais comprend toutes les valeurs de la succession, il y a lieu, selon les principes habituels, de joindre le rapport fictif aux valeurs réellement existantes au décès, afin de déterminer l'étendue de la quotité disponible, et, par voie de conséquence, celle de l'usufruit légué. Mais cet usufruit ne devra jamais atteindre réellement le rapport de la dot, pas plus qu'il ne pourrait, si elle n'était pas payée, s'exercer sur les valeurs héréditaires destinées à son payement. Le tribunal de la Seine l'a décidé, dans un cas tout à fait identique, par un jugement du 3 mai 1873.

Mais le rapport ne peut pas excéder les droits héréditaires de l'enfant doté dans la succession (Seine, 13 août 1874, 4156 R. P.; Sol. 17 juin 1875, 10805; 5 avr. 1878). — V. *Quotité disponible* et *Succession*.

6848. Droits du mari sur les biens dotaux. — Les droits du mari sur les biens dotaux sont un des points les plus importants et les plus difficiles du régime dotal. L'art. 1549 en pose les fondements en ces termes : « Le mari a seul l'administration des biens dotaux pendant le mariage. Il a seul le droit d'en poursuivre les débiteurs et détenteurs, d'en percevoir les fruits et les intérêts, et de recevoir le remboursement des capitaux. » Il n'entre pas dans notre plan de donner des développements sur cette matière; car nous ne pourrions le faire sans épuiser le sujet, ce qui nous conduirait trop loin. Mais, tout en renvoyant le lecteur aux ouvrages des interprètes du Code, nous ferons remarquer que les difficultés que peut présenter ce sujet n'ont qu'un médiocre intérêt pour lui, attendu qu'elles ne sont pas de nature à exercer une grande influence sur la perception.

6849. Faculté à la femme de toucher des revenus. — L'administration du mari lui confère les revenus et les intérêts de la dot pendant toute la durée du mariage; cependant il peut être convenu, par le contrat de mariage, que la femme touchera annuellement, sur ses seules quittances, une partie de ses revenus pour son entretien et ses besoins personnels (1549 C. C.). Cependant, notez que cette convention diffère de celle par laquelle la femme se réserve un paraphernal. L'art. 1549 suppose que le bien est dotal, qu'il a été livré au mari, que le mari en a l'administration, mais qu'une partie du revenu est dévolue à la femme pour jouir de cette part, sans être sous la dépendance de son mari. La femme peut donner quittance de la partie de revenu qui lui est afférente; les créanciers payent véritablement entre ses mains. — La femme supporte les dépenses d'entretien relatives à cette part de jouissance réservée (Cass. 1er juin 1874, 4159 R. P.).

6850. L'immeuble acquis des deniers dotaux n'est pas dotal. — En principe, l'immeuble acheté des deniers dotaux n'est pas dotal, si la condition de l'emploi n'a été stipulée par le contrat de mariage (1553 C. C.). Ceci n'est que l'application de cette règle générale en droit civil, savoir : que celui dont les deniers sont employés à acquérir un immeuble n'en devient pas propriétaire.

6851. A qui appartient l'immeuble acquis des deniers dotaux. — Cette disposition de la loi fait naître la question de savoir si l'acquisition appartiendra au mari ou à la femme. La solution est subordonnée à la manière dont l'immeuble a été acquis, aux énonciations du contrat de vente. En règle générale, l'immeuble appartient à celui des époux au nom duquel l'acquisition a été faite, à tous deux s'ils ont acheté conjointement. En effet, on ne peut en général s'engager ni stipuler en son propre nom que pour soi-même (1119 C. C.); et on est censé avoir stipulé pour soi, à moins que le contraire ne soit exprimé ou ne résulte de la nature de la convention (1122 C. C.). Peu importe l'origine des deniers. La circonstance que le prix a été payé avec les deniers d'un autre, ne suffit pas pour le rendre propriétaire de l'immeuble qui n'a pas été acheté en son nom (Odier nos 1187 à 1190, Troplong no 3196 et suiv.).

Ainsi il a été jugé, en matière d'enregistrement que, sous le régime exclusif de communauté, le mari qui a acheté des biens en son nom personnel et n'a pas fait de déclaration de command au profit de sa femme en est seul propriétaire, quelle que soit l'origine des deniers ayant servi aux acquisitions. Ces biens dépendent donc intégralement de sa succession (Cass. 5 déc. 1871, 3374 R. P., 2443-4 I. G., S. 71-1-248, D. 72-1-110, P. 71-755).

1. CONSENTEMENT DU MARI. — Par contre si l'immeuble a été acheté par la femme avec le consentement du mari, il ne devient pas la propriété de celui-ci, mais demeure la propriété de la femme, quelle que soit l'origine des deniers employés au payement du prix, fût-ce des deniers dotaux dont l'emploi n'avait pas été stipulé et dont le contrat de mariage avait rendu le mari propriétaire (Cass. 19 déc. 1871, S. 72-1-192; — Caen 29 nov. 1872, S. 73-1-134; — *Comp.* Cass. 15 avr. 1873, S. 73-1-204; — Rouen 26 avr. 1872, S. 73-1-133).

2. SÉPARATION DE BIENS. — Mais il a été jugé que, si la femme achète un immeuble après la séparation de biens, en laissant sa qualité de femme dotée et en prenant celle de femme séparée, cet immeuble appartient au mari, sauf remboursement dû par celui-ci à sa femme des deniers dotaux qui auraient servi à en payer le prix (Grenoble 19 mars 1869, S. 69-2-129; — *Comp.* Chambéry 18 nov. 1868, *Idem.*).

3. ACQUISITION CONJOINTE. — Si l'acquisition est faite conjointement par les deux époux, l'immeuble leur appartient à chacun pour moitié, comme si l'acquisition était faite par deux étrangers. Par conséquent, l'abandon que l'un des époux ferait à l'autre de son droit de copropriété serait passible du droit de mutation. C'est par une erreur évidente qu'il a été jugé que, quand, pendant le mariage contracté sous le régime dotal, les époux ont acheté un immeuble dont le prix a été payé par le mari seul, les héritiers de ce dernier ont le droit de prélever le montant du prix sur la valeur de l'immeuble, et si la veuve fait abandon aux héritiers du mari de ses droits sur cet immeuble, il n'y a de mutation passible du droit proportionnel que pour la plus-value que l'immeuble a eue depuis l'acquisition (Saint-Étienne 15 janv. 1868).

4. ÉCHANGE. — REMPLOI. — Quand une femme mariée sous le régime dotal avec société d'acquêts acquiert un immeuble en remploi de la soulte provenant d'un échange d'immeuble dotal et par anticipation en remploi d'immeubles dotaux qu'elle se propose d'aliéner, l'immeuble acquis doit être considéré comme entièrement propre à cette femme, encore bien qu'une partie du prix ait été acquittée au moyen de fonds avancés par le mari contre délégation d'une créance paraphernale (Cass. 21 mai 1873, S. 74-1-121; — *Contrà* Bordeaux 13 mai 1872, S. 73-2-39).

5. PRÉSOMPTION. — Quand l'origine des deniers n'est pas établie, on ne saurait admettre, comme présomption *juris et de jure*, qu'ils proviennent du mari, ainsi qu'on le faisait dans le droit romain (Loi *Quintus Mucius*, Dig. liv. 24 t. 1er no 51), et que dès lors les biens sont sa propriété. La femme peut prouver à l'aide de tous moyens que les deniers proviennent de sa fortune et faire cesser ainsi la présomption simple existant au profit du mari (Grenoble 30 juin 1827; — Pau 10 déc. 1832; — Agen 20 juin 1833; — Montpellier 14 fév. 1843, S. 33-2-240, 35-2-143, 43-2-222; — Aix 10 juill. 1862, P. 62-2-36; — Cass. 29 déc. 1863, P. 64-1-120, 19 déc. 1871, S. 71-1-192; — Rouen, 26 avr. 1872, S. 73-1-133; — Cass. 22 janv. 1877, 4802 R. P.). — V. no 4474-1.

6852. Prêt. — Il a été jugé que, sous le régime dotal comme sous celui de la communauté, les prêts faits par la femme sont présumés faits avec les deniers du mari, à moins que la femme ne prouve que ces deniers lui appartenaient en propre et qu'ils étaient demeurés libres entre ses mains (Aix 10 juill. 1869, S. 72-2-175).

Conformément à ce principe, le tribunal de Saint-Marcellin a jugé, le 14 février 1872, que les créances souscrites pendant le mariage au nom de la femme dotale sont la propriété du mari et doivent être comprises dans la déclaration de sa succession, « attendu que, sous ce régime, les économies de la femme, même celles provenant de son travail, appartiennent au mari. »

6853. Inaliénabilité de la dot. — Le caractère essentiel et distinctif du régime dotal est l'inaliénabilité des biens dotaux. « L'inaliénabilité, disait le tribun Duveyrier dans son rapport au Tribunat, forme le caractère distinctif du régime dotal. C'est par elle qu'il développe ses plus grands avantages. C'est à l'impossibilité absolue d'aliéner le fonds dotal que la pratique du régime qui établit cette impossibilité attacha la conservation des biens, l'assurance des hérédités directes, la fortune des enfants, la prospérité des familles et le lustre social. Ces avantages ne peuvent être contestés. Aussi les pays de droit écrit avaient-ils généralement admis cette règle dans le dernier état, et, sur ce point, le plus sévère de la législation romaine. »

L'art. 1554 C. C. dispose donc : « Les immeubles constitués en dot ne peuvent être aliénés ou hypothéqués pendant le mariage, ni par le mari, ni par la femme, ni par les deux conjointement, sauf les exceptions qui suivent. »

1. MEUBLES. — Cette inaliénabilité s'applique non-seulement aux immeubles constitués en dot, mais encore à la dot mobilière. Cette doctrine rencontre néanmoins des con-

tradicteurs (Toullier t. 14 n° 76, Duranton t. 15 n° 542, Troplong *des Hypothèques* n° 923, Zachariæ t. 3 p. 591, Vazeille t. 2 n° 320). — Ces auteurs se prévalent surtout de ce que, dans toute la section 2 chap. 3 du titre C. C. qui porte pour rubrique: *Des droits du mari sur les biens dotaux et de l'inaliénabilité du fonds dotal*, il n'est question, à propos de l'inaliénabilité, que des immeubles, témoins les art. 1554, 1557, 1558, 1559, 1560 et 1561.

Malgré ces objections, le principe de l'inaliénabilité de la dot mobilière semble avoir définitivement prévalu en jurisprudence, et la cour suprême en particulier a souvent donné à ce principe l'autorité qui s'attache à ses graves décisions (*V.* notamment arrêt rendu en audience solennelle, le 14 nov. 1846). Il est d'ailleurs professé par Tessier t. 1er p. 289 note 499, Taulier t. 5 p. 278 et suiv., Delvincourt t. 3 p. 110, Bellot t. 4 p. 88, Benoît t. 1er n° 205, Grenier *des Hypoth.* t. 1er p. 34, Roll. de Vill. v° *Régime dotal* n° 143, Massé *Droit comm.* t. 3 p. 370, Rodière et Pont t. 2 n° 494, Dalloz *du Contrat de mariage* n° 3430.

Mais il faut entendre cette inaliénabilité en ce sens seulement que la femme ne peut abdiquer ni directement ni indirectement son droit de recours contre son mari à raison de sa gestion non plus que l'hypothèque légale qui sert de garantie à ce recours. Cette sorte d'inaliénabilité ne s'oppose donc pas à ce que le mari puisse aliéner la dot avec ou sans le concours de la femme (Cass. 29 avr. 1848, D. 48-1-214, 13497 J. N., 1er déc. 1851, D. 51-1309, 14545 J. N., 18 fév. 1851, D. 51-1-82, S. 53-1-729, 26 août 1851, S. 51-1-805, 22 mai 1855, D. 55-1-324, 26 mars 1855, S. 55-1-481, 2 avr. 1855, S. 55-1-503, 4 août 1856, D. 56-1-335, 6 déc. 1859, S. 60-174, 16750 J. N.; — Caen 26 mars 1862, S. 63-2-62, 28 janv. 1865, S. 65-2-257; — Cass. 12 mars 1866, S. 66-1-159; — Cass. 1er août 1866, S. 66-1-363, P. 66-1-446).

6854. Exception au principe d'inaliénabilité. — Le principe de l'inaliénabilité des immeubles dotaux reçoit exception de deux manières différentes. Tantôt l'exemption, écrite dans le Code lui-même, porte directement et uniquement sur l'inaliénabilité, en permettant d'aliéner, dans certains cas particuliers, les immeubles qui sont inaliénables dans les circonstances ordinaires; tantôt cette exception, purement conventionnelle et créée par le contrat de mariage, modifie le système légal de la dotalité et fait disparaître l'inaliénabilité, au moyen d'une clause stipulant que les immeubles seront dotaux sans être inaliénables.

L'exception directe que la loi pose elle-même, et qui fait partie intégrante du régime dotal, embrasse un certain nombre de cas que l'on peut ranger en quatre catégories (Marcadé sur les art. 1555-5, 6 n° 1er).

6855. Délits de la femme. — Dépens de procès relatifs à la dot. — La première catégorie présente deux cas dans lesquels l'aliénabilité, commandée par la nature même des choses, est admise sans être écrite dans le Code.

L'immeuble dotal a toujours été aliénable et saisissable pour la réparation des délits, même purement civils, de la femme. Établie comme principe d'ordre public, l'inaliénabilité ne saurait être retournée contre l'ordre public et devenir pour la femme une protection contre ses méfaits. — On peut donc poursuivre sur la dot le recouvrement des frais d'un procès en cour d'assises auxquels la femme a été condamnée.

« Attendu, porte un arrêt de cass. du 5 mars 1845, que l'art. 1554 C. C., conforme sur ce point à l'ancien droit, en déclarant que les immeubles constitués en dot ne pourraient être aliénés, si ce n'est dans le cas et sous les conditions prévus aux articles suivants, n'a eu pour but que de préserver les femmes des influences qui pouvaient agir sur leur consentement dans les actes ou les faits de la vie civile, c'est-à-dire dans les contrats ou quasi-contrats; qu'une loi de protection destinée à garantir les femmes des conséquences de leur faiblesse, relativement aux actes susceptibles de compromettre les biens dotaux, serait détournée de son but si elle servait à les exonérer des suites de leurs faits personnels, alors que ces faits constitueraient des crimes, des délits ou des quasi-délits; que de tels faits sont restés assujettis à la règle de droit naturel qui soumet l'auteur quelconque d'un dommage à le réparer; que la femme mariée sous le régime dotal n'est pas affranchie de la responsabilité établie par les art. 1382 et suivants C. C., et qu'à la différence des autres délinquants placés sous la puissance d'autrui, personne n'est appelé à répondre pour elle du préjudice causé par son fait; d'où il suit qu'en déclarant que les poursuites exercées par la régie de l'Enregistrement et des domaines pour opérer le recouvrement des frais auxquels la femme Petit avait été condamnée par arrêt de la cour d'assises du département de l'Hérault ne pouvaient porter sur les biens dotaux de ladite femme, l'arrêt attaqué a fait une fausse application de l'art. 1554 C. C., et a, par suite, violé ledit article, ainsi que l'art. 1382 du même code. »

L'immeuble est également aliénable pour le payement des dépens dont la femme est tenue dans les procès qu'elle a personnellement soutenus relativement à sa dot, puisque c'est précisément pour la conservation de la dot que ces procès ont été faits (Marcadé *loc. cit.*).

6856. Impôt. — Droit d'enregistrement. — On doit se demander ici, si le droit d'enregistrement rentre dans l'une des exceptions au principe de l'inaliénabilité de la dot.

On ne peut le ranger positivement dans aucune, mais il tient de toutes à la fois. Son payement est l'acquit d'une dette sociale intimement liée à l'ordre public. On comprendrait difficilement que la femme se couvrît de la loi pour échapper à une charge légale. Et puis, n'est-ce pas la première dette du bien? Le titre n'en est-il pas dans la loi même qui précède et domine toutes les conventions? Pourquoi donc n'appliquerait-on pas, par identité de motif, l'exception qui permet d'aliéner la valeur dotale pour le payement des dettes antérieures au mariage? On nous dira que la jurisprudence ne laisse pas poursuivre les dépens d'un procès sur les biens dotaux (Cass. 19 mars 1849, 5 juill. 1865, P. 65-1-312. — *V.* cependant *contrà* Cass. 23 avr. 1861, S. 61-1-784), et que certains impôts, comme ceux de transmission, sont de véritables dépens souvent exposés avec imprudence. Mais l'objection n'est pas concluante, car, si on repousse le créancier qui a fait l'avance des frais d'un procès relatif à la dot, c'est quand ce procès a été inutile et précisément parce que le créancier a eu le tort d'agir imprudemment (Cass. 17 déc. 1862, P. 63-1-418). — Le Trésor n'en est pas là; on n'a rien à lui reprocher, puisqu'il demande l'exécution de la loi : la règle doit donc reprendre son empire envers lui.

En ce sens, il a été décidé : 1° en thèse générale, que le recouvrement des impôts directs peut être poursuivi sur les biens dotaux malgré leur nature inaliénable : « Attendu que l'impôt est une charge imposée aux citoyens afin de subvenir aux dépenses publiques; que, procédant ainsi de l'autorité même de la loi, il grève indistinctement les biens dotaux comme ceux d'une autre nature; que le titre de créance de l'État est en effet antérieur au contrat de mariage et indépendant du régime matrimonial qu'ont adopté les époux; que l'inaliénabilité de la dot a d'ailleurs pour unique objet de garantir la femme mariée, sous le régime dotal, contre les entraînements de sa propre faiblesse et de la protéger contre les influences qui pourraient s'exercer sur sa volonté; que ce secours et cette protection n'ont plus de raison d'être lorsqu'il s'agit d'obligations imposées par la loi elle-même » (C. Limoges 28 mai 1863, 1951 R. P., 12595 C., P. 63-5-127, S. 63-2-140);

2° Que l'aliénation de la dot peut être autorisée par justice pour payer les droits de mutation dus par la femme, à raison de l'adjudication, prononcée à son profit, des immeubles du mari dont elle a poursuivi l'expropriation forcée après séparation de biens (Nîmes 1er mai 1861, S. 61-2-418).

On a jugé qu'il en était ainsi des droits, d'un acte produit en cours d'instance, dans un procès soutenu par la femme pour la conservation de la dot elle-même (Périgueux 3 déc. 1852, 15575 J. E.);

3° Que les droits de mutation par décès étant une charge de la succession, si l'héritière est une femme mariée sous le régime dotal, l'immeuble recueilli n'est dotal que déduction faite de ces droits (Rouen 29 déc. 1866, 2668 R. P.). — Il est affecté au payement de l'impôt (Céret 11 janv. 1876, 4410 R. P.).

Le tribunal d'Avignon a eu à examiner si le fonds dotal servait de gage au Trésor pour le recouvrement des droits simples et en sus de mutation secrète, auxquels une femme séparée de biens avait été condamnée et que l'on réclamait à ses héritiers. Il a adopté l'affirmative, le 21 juin 1864 : « Attendu qu'il s'agit d'une condamnation prononcée au profit de l'État pour une mutation secrète, dont les droits n'avaient pas été acquittés; que, dès lors, la nature de la condamnation peut être assimilée à un quasi-délit ou à une perception d'impôts au profit du Trésor public, et qu'en pareille matière l'inaliénabilité ne peut faire obstacle à l'action de l'État » (1951 R. P.).

C'est également ce qu'a décidé le tribunal de Neufchâtel le 27 novembre 1872 (3610 R. P.).

Le même principe a été appliqué par le tribunal d'Anvers le 29 juillet 1869, au recouvrement d'amende de timbre encourue par une femme dotale pour avoir souscrit des billets sur timbre insuffisant : « Attendu que si les immeubles dotaux sont inaliénables et ne sauraient être engagés pendant le mariage, en dehors des cas déterminés par la loi, il n'est pas douteux que la femme se trouve obligée même sur iceux, par le fait d'un délit, n'eût-il qu'un caractère purement civil; qu'en matière fiscale, les amendes, quoique appliquées par les tribunaux civils, n'en sont pas moins des peines » (10997 J. E. belge).

Il ne faut pas, néanmoins, se dissimuler que la conclusion est grave. On crée de cette façon, en effet, un véritable privilége au profit de l'État, puisqu'on l'autorise à discuter la valeur de la dot en présence de créanciers condamnés à l'immobilité. D'autre part, certains impôts indirects, et nous parlons surtout des droits d'enregistrement, n'offrent point ce caractère d'urgence et d'utilité manifeste sur lequel la loi fonde ses exceptions. Plus d'un tribunal, sans doute, serait tenté de préférer ces motifs aux considérations plus élevées de l'ordre public et hésiterait à suivre la voie tracée par les solutions précédentes.

Ainsi, il a été jugé : 1° Que le recouvrement d'une amende, pour rejet du pourvoi d'une femme dotale, ne peut être poursuivi, après la dissolution du mariage, ni sur les biens dotaux, ni sur les revenus de ces biens, lors même qu'ils excéderaient les besoins de la famille (Saint-Affrique 29 juin 1855);

2° Qu'on ne peut poursuivre sur la dot le payement des droits d'une acquisition faite par la femme dotale (Bellac 20 mai 1845, 7238 C.; — Oléron 27 oct. 1855);

3° Que si la femme a été déclarée adjudicataire d'une maison, appartenant à son mari, en payement de ses reprises dotales, les droits de cette acquisition ne peuvent être colloqués dans l'ordre ouvert pour la distribution du prix des biens de la femme, attendu que la dot est inaliénable (Lavaur 1er sept. 1856);

4° Que pour obtenir le recouvrement des droits d'une succession échue à la femme mariée, sous le régime dotal, on ne peut faire saisir ni le mobilier, ni les revenus des immeubles compris dans la dot (Orange 1er mars 1870, 3880 R. P.).

1. NUE-PROPRIÉTÉ. — En admettant la possibilité du recouvrement, on rencontre ici plusieurs difficultés.

La poursuite du Trésor s'exercera-elle sous la réserve des droits du mari, c'est-à-dire sur la nue-propriété seulement du fonds dotal? On admet, en matière civile, que les délits et les quasi-délits de la femme n'engagent la jouissance maritale que quand le conjoint s'est associé au méfait de son épouse (Toullier 14-347, Duranton 2-493, Troplong 3326; — Cass. 5 mai 1845, 7 déc. 1846, 27 juill. 1851). Mais c'est moins par les principes des délits et quasi-délits que par ceux des dettes ordinaires qu'il faut apprécier la nature des droits du Trésor. Lorsque la femme aliène un bien pour payer un créancier dans le cas de l'art. 1558 C. C., l'aliénation s'étend à toute la propriété; il semble qu'il en doit être ainsi pour l'impôt qui a le même caractère; tel paraît être le sentiment de la cour de Limoges, puisqu'elle n'a fait aucune réserve pour l'usufruit marital.

2. AMENDES ET DROITS EN SUS. — En second lieu, l'État aura-t-il le même droit pour le recouvrement des peines encourues à l'occasion de l'impôt? Nous ne l'avons pas pensé. Le principe de la dette repose ici sur une infraction qui est toujours personnelle à la femme quand l'amende ou le droit en sus tombe à sa charge. Le mari, qui doit supporter les obligations légales dont les biens dotaux sont le gage, ne saurait être également responsable de contraventions auxquelles il demeure étranger. Il est naturel qu'il con-

serve sa jouissance et que l'Administration se borne à discuter la nue-propriété des biens dotaux. Nous avons vu la jurisprudence le décider pour les délits, et c'est ce qui résulte encore de l'art. 1424 C. C., d'après lequel « les amendes encourues par la femme pour crime n'emportant pas mort civile ne peuvent, durant la communauté, s'exécuter que sur la nue-propriété de ses biens personnels. » Le mot *crime*, employé ici comme expression générique, comprend, en effet, les délits et les simples contraventions (Duranton 14-298, Rodière et Pont 632, Zachariæ 3441). — Or, on n'aperçoit aucun motif sérieux de repousser l'application de cet article aux pénalités fiscales, qui sont aussi des contraventions. Notre opinion sur ce point a été consacrée par le jugement du tribunal d'Anvers, du 29 juillet 1869 cité *suprà*. Ce jugement a reconnu que, pendant la vie du mari, le recouvrement des amendes de timbre dues par la femme n'aurait pu s'exercer que sur la nue-propriété de ses biens personnels.

On remarquera, du reste, que la poursuite de l'Administration, lorsqu'elle est possible, s'exerce directement, sans autorisation préalable de justice. Cette autorisation n'est imposée qu'aux époux et dans le cas où ils veulent prendre l'initiative de l'aliénation (Marcadé sur l'art. 1558) — V. 1541 et 6855.

6857. Etablissement des enfants. — La loi permet, en second lieu, l'aliénation pour l'établissement, par mariage ou autrement, des enfants de la femme. S'il s'agit d'enfants d'un précédent lit, l'autorisation nécessaire à la femme peut, si elle est refusée par le mari (qui n'est alors qu'un beau-père), être accordée par la justice, sauf qu'il faudra réserver l'usufruit au mari; mais quand il s'agit d'enfants communs, la loi trouve dans la qualité du père une garantie suffisante, et l'autorisation de celui-ci ne peut plus être remplacée par la justice. Cette différence entre les deux cas, qu'on a niée quelquefois, ne saurait cependant être douteuse, puisque le législateur n'aurait pas pu songer à écrire ici deux dispositions séparées, comme il l'a fait, si sa pensée avait été de poser une règle unique, comme on l'a prétendu (Marcadé *loc. cit.* n° 3).

6858. Emprisonnement. — Aliments. — Dettes. — Réparations. — Immeuble impartageable. — La troisième catégorie comprend cinq cas, dans lesquels une impérieuse nécessité commandait d'autoriser l'aliénation, et où la vente, au surplus, ne peut se faire que sur la permission de la justice et aux enchères publiques.

1. EMPRISONNEMENT DU MARI OU DE LA FEMME. — La vente peut d'abord être permise pour tirer de prison le mari ou la femme. Bien entendu, il faut que l'emprisonnement soit sérieux et non le résultat d'une ruse combinée avec un tiers pour arriver frauduleusement à une aliénation prohibée : le tiers pourrait, dans ce cas, comme complice de la fraude qui a fait perdre à la femme son immeuble, être condamné en réparation envers celle-ci. Il va sans dire aussi que le tribunal est maître de refuser la permission, s'il voit que la mise en liberté de l'époux détenu ne doit être d'aucune utilité pour la famille; si, par exemple, il s'agissait d'un mari incorrigible, qui ne sortira de prison que pour se livrer de nouveau à ses folles dépenses. Il est évident enfin que, quand c'est pour la dette du mari que l'immeuble de la femme a été vendu, celle-ci aura son recours contre le premier, revenu à meilleure fortune (Marcadé sur l'art. 1558 n° 1er).

2. ALIMENTS. — La vente peut être permise pour fournir des aliments aux époux, aux enfants ou aux parents ou alliés auxquels ils sont dus. La femme aurait ici recours contre le mari (chargé de subvenir aux besoins de la famille, tant que ses ressources sont suffisantes), si celui-ci, après être revenu à l'aisance, avait continué de se servir des valeurs provenant de la vente; mais pour ce qu'il a pris pendant qu'il était sans ressources, il ne doit pas d'indemnité, puisque la dette d'aliments, à défaut de ressources chez le mari, devient la dette personnelle de la femme (*Ibid.* n° 2).

3. PAYEMENT DES DETTES. — On peut aussi permettre la vente pour payer les dettes, soit de la femme, soit de celui qui a constitué la dot, ayant une date certaine antérieure au contrat de mariage. Ce n'est pas pour les créanciers, comme l'ont cru quelques auteurs, qu'il s'agit ici de demander et obtenir une permission de poursuivre. De deux choses l'une, en effet : ou ces créanciers ont conservé leur droit d'action sur les immeubles, malgré la constitution de dot, et ils n'ont dès lors aucune permission à demander pour agir; ou la constitution leur a fait perdre leur action sur ces immeubles, et le tribunal ne pourrait pas leur accorder alors un droit que la loi leur refuse. Il ne s'agit donc pas des créanciers, mais des époux; ce sont eux qui peuvent, soit que les créanciers aient ou non le droit d'agir, obtenir, si la justice le juge à propos, la permission de vendre pour payer. Pour des créanciers n'ayant plus le droit d'agir, cette faculté était nécessaire, afin de ne pas laisser la femme qui n'aurait pas de paraphernaux dans l'impossibilité de réaliser le désir, qu'elle peut et doit avoir, d'acquitter ses dettes ou celles de son donateur; quant à ceux qui ont le droit d'agir, elle était encore utile, pour éviter à cette femme les frais et la honte d'une expropriation. Il faut, au surplus, que les dettes aient date certaine antérieure, non-seulement au mariage, mais même au contrat, afin qu'on ne puisse pas, par des engagements souscrits dans l'intervalle du contrat à la célébration, porter atteinte à la dot telle qu'elle est fixée par ce contrat (*Ibid.* n° 3).

4. RÉPARATION A L'IMMEUBLE DOTAL. — La vente peut encore être autorisée pour de grosses réparations nécessaires à la conservation d'un immeuble dotal. Il ne suffirait pas de réparations d'entretien, ni de gros travaux d'amélioration ou autres : il faut qu'il s'agisse de grosses réparations, de gros travaux indispensables à la conservation du bien (*Ibid.* n° 4).

5. IMMEUBLE IMPARTAGEABLE. — L'aliénation peut enfin être permise pour la part dotale que la femme possède dans un immeuble indivis qu'on prétend impartageable et qu'il s'agit dès lors de liciter. C'est au tribunal de constater que l'impossibilité de partager en nature existe réellement. Si, lors de la licitation, c'est à la femme que l'immeuble est adjugé, il n'est dotal que pour la part qui appartenait primitivement à celle-ci (à moins, bien entendu de constitution de

tous les biens à venir), la dot ne pouvant pas, on le sait, être augmentée pendant le mariage (*Ibid.* n° 5).

6859. Conditions exigées pour l'aliénation. — Dans chacun des cinq cas ci-dessus, quatre conditions, communes à ces cinq cas, sont exigées pour la validité de l'aliénation :

1° Un jugement régulièrement rendu doit permettre la vente, en constatant que les époux sont bien dans l'un des cas prévus par la loi ;

2° Il faut en outre, pour que l'aliénation puisse se faire légalement, que le jugement ne contienne pas à cet égard une erreur de droit. Il est bien vrai que, si l'erreur ne portait que sur les faits (si, par exemple, le tribunal avait cru sérieux un emprisonnement qui n'était qu'une ruse), l'acquéreur ne pourrait pas être inquiété ; car c'est à la justice, non à cet acquéreur, de vérifier la faute ; mais s'il s'agit d'une erreur de droit, si le tribunal a déclaré cas d'aliénabilité un fait qui ne l'était pas (par exemple, en autorisant la vente pour soustraire un époux à l'emprisonnement dont il est menacé, tandis qu'elle ne peut être permise que pour le tirer de prison), l'acheteur qui doit connaître la loi (*Nemo jus ignorare censetur*) ne serait pas en sûreté, et la nullité de son acquisition, si elle était demandée plus tard, devrait être prononcée, ainsi que l'a jugé la cour suprême ;

3° Il faut ensuite que la vente soit faite avec les formalités voulues, c'est-à-dire après affiches et aux enchères ;

4° Il faut enfin que toute somme provenant de la vente et qui n'est pas absorbée par le besoin qui a fait permettre cette vente, soit employée en acquisition d'un immeuble qui sera lui-même dotal et inaliénable. La loi exige formellement ce remploi, même pour le simple excédant du prix au-dessus des besoins des époux ; à plus forte raison doit-il avoir lieu quand le prix entier reste aux mains des époux, c'est-à-dire dans le cinquième cas.

Par l'absence d'une seule des conditions voulues, la vente se trouverait faite en dehors de l'exception admise par la loi ; elle constituerait dès lors l'aliénation inaliénable et serait, par conséquent, soumise à l'action révocatoire dont nous parlerons plus loin.

6860. Échange du bien dotal. — La quatrième et dernière catégorie des exceptions directement posées par la loi au principe de l'inaliénabilité ne comprend qu'un seul cas, celui de l'échange. Ici la loi ne demande plus qu'il y ait nécessité d'aliéner ; comme il ne s'agit que de substituer à l'immeuble dotal un autre immeuble qui sera dotal également, il suffit que l'échange soit utile. Il faut, au surplus, que l'immeuble qu'on acquiert présente au moins les quatre cinquièmes de la valeur de l'autre. Ce fait doit être constaté par des experts que nomme d'office le tribunal, qui doit aussi vérifier l'utilité de l'opération avant d'accorder l'autorisation. Quand l'immeuble acquis vaut moins que l'autre, l'argent que reçoit la femme doit être employé en achat d'un immeuble qui devient dotal et inaliénable ; si c'est, au contraire l'immeuble acquis qui se trouve plus considérable, il n'est cependant pas dotal pour le tout (hors le cas de constitution des biens à venir), ainsi qu'on l'a dit pour le cas de licitation (1559 C. C.).

Jugé que, au cas d'échange avec soulte d'un immeuble de la femme mariée sous le régime dotal avec société d'acquêts, l'immeuble reçu en contre-échange, qui n'est dotal que jusqu'à concurrence de la valeur de l'immeuble échangé, n'est pas un acquêt pour le surplus ; il devient la propriété de la femme à titre paraphernal, sauf récompense à la société (Bordeaux 28 mai 1866, S. 1866-2-366).

6861. Faculté aux époux de stipuler l'aliénabilité. — Telles sont les exceptions que le Code apporte au principe de l'inaliénabilité ; mais il permet aux époux d'aller beaucoup plus loin et de supprimer, quant à eux, le principe lui-même, en stipulant dans leur contrat la pleine aliénabilité des immeubles dotaux (1557 C. C.). Bien entendu, la clause d'aliénabilité peut être plus ou moins étendue ; elle peut ne réserver que telle espèce d'aliénation (en laissant les autres soumises à la prohibition légale) ou les permettre toutes ; elle peut autoriser l'aliénation purement et sans condition ou ne la permettre qu'à la condition d'un bon et valable remplacement.

6862. Remploi. — Quand le contrat de mariage n'admet l'aliénabilité que sous la condition du remploi, les immeubles restent dès lors inaliénables en dehors de cette condition, et le défaut de remplacement donnerait lieu, à la différence de ce qui se passe sous le régime de communauté, à la révocation de l'aliénation ; l'acquéreur doit veiller ici à ce que le remploi se fasse régulièrement et utilement.

Il faut d'abord que le remploi soit fait régulièrement et conformément aux prescriptions du contrat. Ainsi, quand le contrat demande que le remploi se fasse en France, il ne suffirait pas de biens situés à l'étranger ; il ne suffirait pas de maisons, si le contrat exigeait des fonds de terre. Si le contrat demandait seulement des immeubles, sans autre précision, il suffirait même de rentes sur l'État ou d'actions de la Banque de France, pourvu qu'elles fussent immobilisées.

Il faut ensuite que l'emploi soit utile ; et c'est parce que l'acquéreur, malgré toutes les précautions possibles, serait rarement sûr d'être à l'abri d'un recours sous ce rapport, qu'il est d'usage de ne payer que sur un jugement qui ordonne le payement en déclarant le remploi bon et valable. — Bien entendu, le remploi doit comprendre tout ce qui provient de la vente du bien dotal, les pots-de-vin ou épingles aussi bien que le prix principal. Mais c'est la femme qui doit supporter les frais de son achat ; il est trop juste que les sacrifices à faire pour la conservation du patrimoine de la femme soient supportés par lui ; quand des biens sont mis sous un régime extraordinaire, ce ne peut pas être aux dépens d'autrui (Marcadé sur l'art. 1557 n° 3).

Il est évident, au surplus, qu'il n'y a pas remploi dans les cas de payement des dettes de la femme antérieures au mariage, puisque le remploi ne consiste que dans l'acquisition d'un nouvel immeuble. Sans doute, l'aliénation peut toujours être permise pour ce cas ; mais elle ne peut avoir lieu qu'après affiches et aux enchères, comme on l'a vu plus haut, et non par vente à l'amiable et sous prétexte de remploi, ainsi que le permettent quelquefois certains tribunaux ; car, encore une fois, il n'y a pas là remploi, et une vente à l'amiable est alors une violation du principe de l'inaliénabilité.

6863. Révocation de l'aliénation. — Toutes les fois que l'immeuble dotal a été aliéné en dehors des cas d'exception indiqués ci-dessus ou sans l'accomplissement des conditions ou formalités exigées, soit par la loi, soit par le contrat, il y a lieu, du chef de la femme, à la révocation de l'aliénation. Tant que les époux sont sous la dotalité pure, c'est le mari, comme *procurator* de la femme, qui peut exercer l'action ; celle-ci ne le pourrait pas, puisque le mari seul est alors chargé de poursuivre les détenteurs des biens dotaux. Quand il y a séparation de biens, c'est à la femme d'agir, et le mari ne peut plus le faire, puisque c'est à la femme que revient alors l'exercice de toutes les actions dotales ; mais cependant la prescription de l'action ne court pas encore, par la raison que l'immeuble, comme on l'a vu, ne pourrait pas encore être aliéné et que la femme, d'ailleurs, n'est pas encore pleinement libre dans l'exercice de son action ; cette action pouvant la plupart du temps réagir contre le mari. Une fois la dissolution du mariage arrivée, l'action appartient, soit à la femme, soit à ses héritiers ; mais alors, comme les immeubles cessent d'être dotaux et inaliénables, la ratification de l'aliénation serait possible et la prescription de l'action commencerait à courir (Marcadé sur l'art. 1560).

6864. Imprescriptibilité des biens dotaux. — La conservation de la dot étant le but principal du régime dotal, la loi devait obvier à toutes les causes qui pouvaient en amener la perte. Elle devait donc, après avoir déclaré l'inaliénabilité des biens dotaux, déclarer aussi leur imprescriptibilité.

C'est ce qu'elle a fait dans l'art. 1561 C. C., ainsi conçu : « Les immeubles dotaux non déclarés aliénables par le contrat de mariage sont imprescriptibles pendant le mariage, à moins que la prescription n'ait commencé auparavant. Ils deviennent néanmoins prescriptibles après la séparation de biens, quelle que soit l'époque à laquelle la *prescription* a commencé. »

6865. Restitution de la dot. — Destinée à l'acquit de charges du mariage, la dot doit être restituée quand le mariage a pris fin, ou quand le mari perd, par l'effet de la séparation de biens, la gestion des biens dotaux. — *V.* les numéros suivants.

6866. Intérêts de la dot courant de plein droit du jour de l'extinction. — Les intérêts de la dot sont toujours dus de plein droit du jour de l'extinction, par quelque cause qu'elle arrive et à quelque personne que la restitution doive se faire ; mais, dans le cas d'extinction par la mort du mari, la veuve jouit de deux avantages qui lui sont personnels : 1° elle a le choix de prendre, pendant l'année qui suit le décès, ou les intérêts, ou ses aliments ; — 2° elle a droit, quelle que soit son option, à l'habitation et aux habits de deuil pendant le même temps (Art. 1570).

6867. Preuve à faire par la femme du payement de la dot ou de la négligence du mari. — C'est, comme de raison, à la femme qui demande la restitution de prouver que la dot qu'elle réclame a été reçue ou que le mari n'a manqué de la recevoir que par sa faute et se trouve ainsi responsable de sa valeur ; mais quand l'extinction de l'usufruit n'arrive qu'après dix ans depuis le moment où la dot devait être payée, il y a contre le mari, et au profit de la femme et de ses héritiers, une présomption légale de réception ou de négligence, que celui-ci ne peut faire tomber que par la preuve contraire. Il n'a pas toujours besoin, au surplus, de prouver qu'il a fait des poursuites rigoureuses ; il peut suffire, selon les circonstances et d'après la qualité du constituant, de réclamations et démarches amiables : c'est au juge du fait de prononcer à cet égard. — Bien entendu, cette présomption de payement ou de faute ne pourrait pas être invoquée par le constituant, puisque, débiteur de la dot, il ne saurait jamais se prévaloir de l'inaction et de la négligence du créancier, tant qu'il n'y a pas prescription, c'est-à-dire avant trente ans ; par conséquent, la femme elle-même ne pourrait plus invoquer la présomption, si c'était elle qui eût constitué la dot. On argumenterait en vain de la loi romaine contre cette idée ; car ce n'est pas la règle romaine (qui était faite pour tout autre cas) que notre code reproduit ici ; c'est celle que le parlement de Toulouse lui avait substituée, et ce parlement refusait le bénéfice de la présomption à la femme constituante (Art. 1569).

6868. Dans quel état le mari doit faire la restitution de la dot. — Comme tout usufruitier, le mari n'est tenu, en principe, de rendre les choses qui doivent se restituer en nature qu'autant qu'elles existent encore et dans l'état où elles se trouvent à l'extinction de l'usufruit, pourvu seulement que leur détérioration ou leur destruction ne résulte pas de sa faute. La loi applique notamment ce principe aux créances, rentes et droits d'usufruit qui, faisant partie de la dot, auraient pu s'éteindre ou subir des retranchements (1536, 1567 C. C.).

6869. Restitution du trousseau. — Mais elle y fait exception, au profit de la femme, pour les linges et hardes à l'usage de celles-ci, quand le trousseau a été livré sans estimation, et est ainsi demeuré la propriété de la femme ; celle-ci, qui devrait, d'après le principe, se contenter de reprendre ce qui reste de ses linges et hardes, peut, au contraire, prendre en leur place les linges et vêtements actuellement à son usage, quoiqu'ils soient d'une valeur beaucoup plus considérable, tant par leur meilleur état que par leur plus grande importance.

Que si le trousseau a été livré sur estimation, la loi déroge encore au droit commun, d'après lequel la femme ne pourrait réclamer que le prix de cette estimation, et elle lui permet de prendre, si elle le préfère, les linges et hardes actuellement à son usage, quoique leur valeur puisse excéder de beaucoup celle du trousseau primitif ; la femme, pour qui l'option, dans la pensée de la loi, ne peut être qu'un bénéfice, jamais une perte, aurait le droit de se faire payer la différence (Art. 1566-1568).

6870. Rapport de la dot à la succession du donateur. — Un dernier bénéfice exceptionnel que la loi confère ici à la femme (et à ses héritiers) est relatif au rapport à faire de la dot à la succession de celui qui l'a donnée.

D'après le droit commun, toutes les fois que la dot donnée à la femme sans dispense de rapport a été dissipée en tout ou en partie par le mari, la femme venant à la succession du constituant devrait en rapporter la valeur à ses cohéritiers. Or ce principe reçoit ici, dans un cas, une exception qui, par sa nature même d'exception, ne doit pas être étendue et ne peut dès lors s'appliquer qu'au régime dotal. Quand le mari était tout à la fois insolvable et sans profession ou métier, au moment où la dot a été donnée, la femme est quitte du rapport en abandonnant à la succession du constituant l'action qu'elle a contre le mari ou ses héritiers (Art. 1573).

6871. La femme a une hypothèque et non un privilége pour la garantie de sa dot. — La femme dotale ne jouit ici, au surplus, d'aucun autre avantage particulier, et elle n'a point de privilége pour la répétition de sa dot sur les biens du mari. Sa créance, comme celle de toute autre femme mariée, est garantie par une hypothèque légale, mais elle n'est point privilégiée, dans le sens particulier de ce mot (Art. 1572).

6872. Application des droits d'enregistrement. — La dot donne lieu en matière de perception à de nombreuses difficultés dont la solution est présentée en divers endroits de notre ouvrage, notamment aux mots *Contrat de mariage*, *Obligation*, *Partage* et *Succession*. — Nous ne pourrions pas y revenir ici sans tomber dans d'inutiles redites.

DOT A UNE FILLE VERTUEUSE.

6873. — Ce sont des donations qui sont ordinairement faites à des filles pauvres et vertueuses à l'occasion de la naissance d'un prince, de son mariage, de son avénement au trône, ou de l'anniversaire de quelque événement mémorable.

C'est ainsi que, lors de son mariage, l'empereur Napoléon III a fait célébrer, avec des dots qu'il a fournies, beaucoup de mariages d'ouvriers et d'ouvrières pauvres et honnêtes.

6874 Forme du contrat. — Des maires avaient pensé qu'il suffisait de faire mention de l'existence de ces dots dans l'acte de célébration qui se rédige par les officiers de l'état civil, d'où ils tiraient la conséquence que ces actes étant exempts d'enregistrement, la constitution de dot ne devait supporter aucun droit. Mais il a été reconnu que l'existence de ces dots ne peut être valablement constatée que par un acte devant notaire (D. m. f. 17 oct. 1809, 454 art. 20 I. G.).

6875. Délai pour l'enregistrement. — Il résulte de là que ces contrats, comme tout contrat de mariage, doivent être enregistrés dans dix ou quinze jours de leur date.

6876. Quotité des droits. — Un Déc. 20 juin 1810 (480 I. G.) portait que les dots accordées par la munificence du souverain ne devaient être assujetties qu'au droit fixe de 1 franc; mais cette disposition, prise à l'occasion du mariage de l'empereur Napoléon Ier, pouvait être considérée comme spéciale et limitée aux dots constituées à cause de cet événement. Toutefois, par application de l'art. 7 L. 26 juin 1824, il avait été décidé que les dons et legs faits par un particulier pour doter des filles vertueuses et peu fortunées n'étaient sujets qu'au droit fixe de 1 franc (Dél. 30 oct. 1827, 6419 J. N.).

Ces décisions spéciales sont aujourd'hui sans objet devant la disposition générale de l'art. 17 L. 18 avril 1831, et les dots dont il s'agit sont passibles du droit ordinaire de donation.

Rappelons toutefois, comme document historique, que, postérieurement à cette loi, il a été décidé par le ministre des finances, le 26 juillet 1832, que les dots accordées par la ville de Paris ou par d'autres communes de France, à l'occasion de l'anniversaire de la révolution de juillet 1830, n'étaient sujettes qu'au droit fixe de 1 franc.

6877. Quittance. — Il ne serait pas dû de droit particulier pour la quittance insérée dans la donation; mais si la quittance était donnée par acte postérieur, elle devrait être sur papier timbré et serait sujette à l'enregistrement dans le cas où l'on en ferait usage en justice (D. m. f. 17 oct. 1809, 454 art. 20 I. G.).

Lorsqu'une donation ou un legs a été fait au profit d'une commune à charge de constituer périodiquement une dot à une fille pauvre, l'acte par lequel l'exécution de cette disposition est constatée n'est passible que du droit de quittance s'il s'agit d'une donation et du droit fixe s'il s'agit d'une délivrance de legs (D. N. t. 5 p. 183 n° 6). — V. *Don manuel* et *Donation*.

DOT DE RELIGIEUSE.

6878. — C'est ce qui est donné par les parents d'une personne qui entre dans une communauté de religieuses, ou par elle-même à cette communauté, en considération, ou de l'entrée, ou de la prise d'habit, ou de la profession qui y est faite par cette personne, et pour sa subsistance et son entretien.

Il ne faut pas confondre les dots dont il est ici question, qui sont constituées directement au profit des communautés religieuses, avec les pensions modiques destinées à l'entretien d'une religieuse, qui sont constituées directement au profit de cette religieuse (Nouveau Denisart v° *Dot de religieuse*).

6879. Législation ancienne. — Dans l'origine, il était expressément défendu, sous des peines très-graves, de rien exiger des personnes admises à la vie monastique. C'était, disait-on, vendre l'entrée en religion; et l'on appelait *pactions simoniaques* les conventions contraires à cette prohibition (Concile de Nicée en 789, de Tours en 1163, de Latran en 1215). Plus tard, on fit exception pour les monastères pauvres et qui ne pouvaient entretenir qu'un certain nombre de personnes. Ceux qui se présentaient au delà de ce nombre purent en entrant apporter une dot modique (Concile de Sens en 1528, de Milan en 1573).

L'abus devint si grave qu'on sentit le besoin de renouveler l'ancienne discipline, sauf quelques modifications. La déclaration du 28 avril 1693, enregistrée au Parlement le 7 mai suivant, défend « à tous supérieurs ou supérieures de rien exiger directement ou indirectement, en vue de la réception, de la prise d'habit ou de la profession, » si ce n'est dans les couvents dûment autorisés.

Ces couvents pouvaient recevoir : 1° pour la subsistance de personnes qui prenaient l'habit et faisaient profession, des pensions viagères n'excédant pas 500 livres par an à Paris, 350 livres ailleurs; — 2° pour les meubles, habits et autres choses absolument nécessaires, lors de l'entrée *des religieuses*, jusqu'à la somme de 2,000 livres dans les villes de parlement et de 1,200 livres ailleurs (*Ibid.*).

En garantie des pensions, on pouvait assigner des fonds particuliers dont les revenus étaient insaisissables jusqu'à concurrence. A défaut de pensions, il était permis aux couvents de recevoir des immeubles ou des sommes d'argent; mais ces sommes ne devaient pas excéder 8,000 livres dans les villes de parlement, 6,000 livres ailleurs (*Ibid.*).

La constitution de la pension ou dot, tous les actes, en un mot, constatant l'apport des religieuses en meubles, habits, etc., devaient être passés *devant notaire*, en présence des père, mère, tuteur ou curateur de la personne qui entrait au couvent (*Ibid.*).

6880. Législation nouvelle. — Cette législation n'est plus en vigueur. Elle a été remplacée par la loi du 24 mai 1825, dont les principales dispositions sont rapportées n° 2307.

6881. Enregistrement. — Nous avons fait connaître, au n° 2311, l'état de la question sur les stipulations faites avec les communautés ou les couvents au sujet des dots des nouveaux membres; nous n'avons rien à ajouter ici.

DOUAIRE.

6882. — C'est la jouissance que les coutumes ou les conventions matrimoniales accordaient d'une certaine portion des immeubles du mari, à la femme survivante. C'est aussi cette même portion en propriété que quelques coutumes réservaient aux enfants après la mort de leur père et de leur mère, lorsqu'ils ne se portaient pas héritiers de leur père.

6883. Du douaire dans les pays de droit écrit. — Le douaire, étant inconnu chez les Romains, ne fut pas admis dans celles de nos provines qui étaient régies par le droit écrit.

Néanmoins il y en avait quelques-unes, telles que la Bourgogne et la Franche-Comté, où des coutumes locales avaient accordé un douaire à la femme survivante; et, dans plusieurs autres, on lui accordait, sous le titre d'*augment de dot*, ou d'*agencement*, un droit qui, sous beaucoup de rapports, ressemblait au douaire.

6884. Son origine dans les pays de coutume. — C'est dans ce qu'on appelait la France coutumière que le douaire avait pris naissance ; et il y devait son origine à ce que les femmes n'apportaient point de dot à leur mari.

6885. Deux espèces de douaire. — On distinguait deux espèces de douaire : l'un *préfix* ou *conventionnel*, et l'autre qu'on appelait *coutumier*.

6886. Douaire préfix. — Le douaire *préfix* était celui qui avait été fixé par une clause expresse du contrat de mariage, entre les époux qui avaient préféré en déterminer ainsi le montant ou l'objet, plutôt que de s'en rapporter à la disposition de la coutume.

En principe, le douaire conventionnel n'avait d'autres limites que celles qu'il plaisait aux parties de lui assigner dans le contrat de mariage. Cependant les coutumes présentaient quelques divergences à cet égard : celles de Normandie, de Tours, du Maine, du Poitou, etc. ne permettaient pas qu'il excédât le douaire coutumier ; d'autres, en plus grand nombre, spécialement celles de Paris et d'Orléans, déclaraient le douaire conventionnel illimité (Pothier *du Douaire* n°s 127 et suiv.).

La même divergence se faisait remarquer sur la question de savoir si la femme pouvait renoncer au douaire conventionnel pour s'en tenir au coutumier. La plupart des coutumes (Paris, Orléans, Blois, etc.) lui refusaient cette faculté. *Contrà* les coutumes de Meaux, de Troyes, de la Grande-Perche, etc. (Pothier *Ibid.*).

6887. Douaire coutumier. — Le douaire *coutumier* consistait généralement dans un *droit immobilier* : l'usufruit d'immeubles. Il n'y avait qu'un très-petit nombre de coutumes qui, sous le nom de douaire, conférassent simplement à la femme une créance contre la succession du mari (Pothier *Ibid.* n° 20).

Sur quels biens du mari portait le douaire coutumier? Dans la plupart des coutumes, sur la totalité des immeubles possédés par le mari lors du mariage, ou qui lui étaient advenus depuis en ligne directe ascendante. A défaut de ces biens, la coutume de Paris refusait à la femme toute espèce de douaire. La coutume d'Orléans et quelques autres lui accordaient alors un douaire subsidiaire sur les conquêts immeubles du mari, et, à défaut de conquêts, sur ses meubles. La coutume de Sedan affectait au douaire les immeubles dont il vient d'être parlé, et de plus ceux qui advenaient au mari par ses descendants. Enfin les coutumes du Berry et du Bourbonnais ne faisaient porter le douaire que sur les biens laissés par le mari à son décès, en exceptant même les conquêts.

6888. Douaire sous la loi du 17 nivôse an 2. — 1. DOUAIRE DE LA FEMME. — La loi du 17 nivôse an 2 art. 61 abolit « toutes lois, coutumes, usages et statuts relatifs à la transmission des biens par succession ou donation. » De là on a inféré l'abolition du douaire coutumier (Cass. 18 frim. an 11, 20 sept. 1807, 6 mars 1811, 8 janv. 1814, 283-15-612 et 1247 J. N.). Le dernier arrêt a été rendu, sections réunies, sous la présidence du ministre de la justice.

Quant au douaire conventionnel, la loi du 17 nivôse n'y mettait point obstacle (Trib. Melun 13 mars 1817, 2381 J. N., Chabot *Quest. transit*, v° *Douaire coutumier* § 1er, Proudhon *de l'Usuf.* n° 258).

Jugé même que les époux ont pu, en stipulant le douaire, se référer, pour le règlement de ses effets, aux dispositions d'une ancienne coutume (C. Angers 31 mars 1808).

Toutefois le douaire stipulé ne pouvait, selon la loi du 17 nivôse, excéder la moitié en usufruit des biens du mari, lorsqu'il existait des enfants (Cass. 28 avr. 1828).

2. DOUAIRE DES ENFANTS. — Ce douaire est compris dans l'abrogation générale des coutumes et statuts prononcée par la loi du 17 nivôse an 2. Il n'était pas même permis sous cette loi de stipuler un douaire propre aux enfants (C. Paris 2 mars 1812; — Cass. 31 déc. 1817, 801 et 2432 J. N.). L'art. 14 de cette loi autorisait bien les donations entre époux, mais l'art. 16 excluait toute donation, même par contrat de mariage, en faveur des successibles.

6889. Douaire sous le Code civil. — Il n'existe point, sous le C. C., de douaire légal pour la femme ni pour les enfants.

Il peut bien, par contrat de mariage, être stipulé sous le titre de douaire un avantage au profit de la veuve; mais cette stipulation n'a pas d'autre effet qu'une donation ordinaire faite dans cette forme par le mari à sa femme (Proudhon *de l'Usuf.* n° 251, Merlin *Répert.* v° *Douaire* sect. 1re § 1er; — Cass. 12 fév. 1817, 325 et 1152 J. N., 3789 J. E.).

Le mot *douaire* est devenu impropre. On doit lui substituer le mot *donation* dans les contrats de mariage.

6890. Enregistrement. — Il suit de là que le douaire stipulé par contrat de mariage postérieur au C. C. est une donation éventuelle. Le droit fixe de 7 fr. 50 cent. est dû sur le contrat, et le droit de mutation au décès du mari. — V. 6890.

C'est au mot *Succession* que nous traiterons des questions, très-rares aujourd'hui, que peuvent encore faire naître, soit le douaire coutumier relativement aux mariages contractés avant la publication de la loi du 17 nivôse an 7, soit le douaire conventionnel résultant de contrats de mariage antérieurs ou postérieurs à la loi du 17 nivôse an 2.

On trouvera également, au mot *Partage de communauté*, la solution des difficultés relatives aux droits d'enregistrement applicables aux douaires compris dans les partages.

DOUANES.

6891. Définition. — Les douanes sont des droits ou taxes établis sur les marchandises et sur certaines denrées, à l'entrée ou à la sortie du territoire. Le mot *douane* est aussi employé pour indiquer l'administration publique chargée de percevoir ces taxes. Il dérive des mots italiens *duanna, doanna* ou *dogana*. Au moyen âge, on désignait, sous ce dernier nom, un droit prélevé au profit du doge sur toutes les marchandises qui étaient importées à Venise, ou qui en étaient exportées sur les vaisseaux de la république. — En France, on comprenait anciennement tous ces droits sous le nom de traites, traites foraines.

6892. Objet des douanes. — Les droits de douanes peuvent être considérés sous un double aspect : comme impôts ou instruments de revenu pour l'État, comme instruments de protection pour l'industrie nationale. Branches de revenu de l'État, les douanes remontent, sous des noms divers, à l'antiquité la plus reculée. Instruments de protection, elles n'ont pas une origine aussi ancienne. On ne peut les considérer comme telles qu'à partir de l'administration de Colbert, et encore ce caractère de droit de protecteur s'est-il souvent effacé, même depuis cette époque, devant les exigences de la politique et du Trésor public obéré.

6893. Rayon. — Frontière des douanes. — Les lois prohibitives de l'importation ou de l'exportation des marchandises seraient facilement éludées, si, par cela seul que les objets prohibés ou soumis aux droits étaient parvenus à la ligne des frontières et l'avaient traversée sans réclamation, ils devenaient dès lors insaisissables. — On conçoit, en effet, que la limite qui sépare un pays d'un autre, ne consistant que dans une ligne marquée tout au plus par des poteaux, il serait fort aisé, en la dépassant, d'échapper à la surveillance des préposés ; le législateur a donc dû déterminer un espace en deçà des frontières, dans lequel le régime des douanes s'exercerait dans toute sa rigueur. — Cet espace, qui se dessine en large ruban autour du territoire, et qui se nomme le rayon-frontière, est soumis à une police particulière destinée à prévenir ou à réprimer toutes les tentatives d'introduction ou de sortie en fraude du tarif et des lois prohibitives.

6894. Entrepôt. — Pour le soulagement du commerce, les lois sur les douanes ont accordé la faculté d'entrepôt. L'entrepôt est le lieu où les commerçants déposent provisoirement des marchandises sujettes aux droits de douane, qu'ils n'ont point l'intention de livrer à la consommation et qu'ils veulent réexporter à l'étranger. L'entrepôt réel est celui dans lequel les magasins qui servent de dépôt sont sous la clef des douanes; les marchandises ne peuvent en être extraites sans l'autorisation expresse de la Régie. L'entrepôt fictif est celui où les marchandises restent entre les mains des commerçants, à la charge d'acquitter les droits s'ils les livrent à la consommation. Plusieurs villes frontières de la République jouissent du droit d'entrepôt, soit réel, soit fictif.

6895. Transit. — Le droit de transit, qui dérive du droit d'entrepôt, est celui de faire passer à l'étranger, en traversant le territoire français, certaines marchandises prohibées ou sujettes à des droits.

6896. Administration des douanes. — La perception des droits de douane et des amendes qui sont encourues par les contrevenants est confiée à une administration qui a sous ses ordres des préposés répartis sur toutes les lignes de la frontière, et même dans les villes de l'intérieur, soit pour la surveillance des entrepôts qui s'y trouvent placés, soit pour vérifier et plomber certaines marchandises.

6897. Exploits et procès-verbaux. — Les préposés peuvent faire, relativement aux droits de douane, tous exploits et autres actes extrajudiciaires qui sont du ministère des huissiers (L. 22 août 1791 tit. 13 art. 18).

6898. Ventes de meubles. Ils ont qualité pour vendre les marchandises saisies en contravention.

6899. Inventaire. — Les inventaires dressés par les préposés des douanes pour suppléer la marque de fabrique, par les fabricants, marchands ou détenteurs de tissus fabriqués en France, ou de cotons filés antérieurement à la loi du 28 avril 1816, doivent être enregistrés *gratis* (L. 21 avr. 1818 art. 41 et 46, 830 I. G.). Si ces inventaires sont faits sur des feuilles volantes, comme l'art. 41 l'autorise à défaut de registres, ils doivent être sur papier timbré (6051 J. E.).

6900. Jurys. — Décisions. — Les décisions des jurys (L. 28 avr. 1816, art. 63) sont assujetties à la formalité du timbre et à celle de l'enregistrement; mais les dispositions de l'ordonnance du 22 mai 1816 et celles de l'art. 74 L. 25 mars 1817 leur sont applicables, et les formalités doivent être données *en débet* (D. m. f. 22 juin 1821, 6931 J. E.).

6901. Délai. — 1. QUATRE JOURS. — Le délai pour l'enregistrement des procès-verbaux et des ventes de meubles (V. 6898) est de quatre jours.

2. QUINZE JOURS. — Il est de quinze jours pour l'enregistrement des inventaires des titres. — *V.* 6899.

3. VINGT JOURS. — Il est de vingt jours pour les décisions de jurys. — *V.* 6900.

4. POINT DE DÉPART. — Dans tous les cas le délai pour l'enregistrement des procès-verbaux de saisie ne court que de la date de leur clôture (386 n° 26 I. G., 1126 J. E.).

5. SERMENT. — Les prestations de serment des préposés des douanes sont sujettes à l'enregistrement comme celles de tous les employés tenus de prêter serment. D'après une loi du 21 avril 1818, art. 65, qui porte que les agents des douanes de tout grade prêteront serment, etc., et que l'*acte de serment* sera *enregistré dans les cinq jours*, on avait pensé que ce délai s'appliquait à la formalité fiscale (7391 J. E., 830 I. G.); et en supposant l'acte de serment reçu à l'audience, rédigé en forme de jugement, déposé parmi les minutes du greffe et répertorié, on ne voyait pas, en effet, qu'il pût être soumis à une autre formalité. Mais une loi du 22 août 1791, tit. 13 art. 12, qui exigeait seulement que le serment fût prêté devant le *président* ou devant un *juge*, et inscrit sur la commission du préposé, voulait que la prestation fût ensuite *enregistrée sans frais au greffe du tribunal*. Il résulte d'explications données par le directeur général des douanes (2 mai 1827, 1208 I. G.) que c'est cette disposition qu'on a voulu reproduire dans la loi du 21 avril 1818. Le délai de vingt jours pour l'*enregistrement* n'a pas été restreint.

6902. Cas où l'enregistrement n'est pas de rigueur. — Cependant, ainsi que nous l'avons déjà fait remarquer au mot *Acte judiciaire*, les procès-verbaux des préposés des douanes ne sont pas tous nécessairement assujettis à l'enregistrement. Si, lors d'une saisie, il ne se trouve pas de bureau dans la commune où la marchandise est déposée, ni dans celle où est placé le tribunal qui doit prononcer, le *rapport* est *visé par le juge de paix* ou par le maire. Aucun droit d'enregistrement, à raison de ces rapports ou procès-verbaux non enregistrés, ne peut être perçu sur le jugement qui est rendu. Il n'est dû que les droits ordinaires des jugements (D. m. f. 1er sept. 1820, 6513, 6818 J. E.).

6903. Bureau. — Pour tous ceux de leurs actes qui sont assujettis à l'enregistrement, les préposés jouissent de la faculté de les faire enregistrer au bureau le plus voisin de leur résidence (8380 J. N.).

6904. Abonnement. — L'acte d'abonnement que l'administration des douanes et des contributions indirectes passe aux débitants et fabricants est exempt du droit de timbre. — V. *Abonnement.*

6905. Acquisition. — Les acquisitions pour le compte de l'administration des douanes sont enregistrables gratis. — *V.* 306.

6906. Acquit-à-caution. — Les acquits-à-caution délivrés par l'administration des douanes *proprement dite* sont considérés comme des certificats et passibles du timbre. — *V.* 331.

Les acquits-à-caution délivrés par l'administration des contributions indirectes *proprement dite*, sont exempts de timbre. — *V.* 334.

6907. Baux. — Les baux passés dans l'intérêt du service des douanes sont enregistrés *gratis* (7536 J. E.).

6908. Certificat d'origine. — Les certificats d'origine sont exempts du timbre. — *V.* 3580.

6909. Échouements. — Les procès-verbaux constatant des *échouements* sont sujets aux deux formalités, lors même qu'ils concernent l'État. Ces formalités ont lieu en débet (D. m. f. 2 prair. an 7, Circ. 1705, 192 J. E.).

6910. Pluralité. — Un seul droit est exigible sur un exploit qui donne assignation à plusieurs individus compris dans le même procès-verbal, et pour la même contravention, attendu que les contrevenants sont solidaires, aux termes de l'art. 41 L. 28 avril 1816 (7323 J. E.).

1. SAISIE. — VACATIONS. — Un seul droit est exigible sur les procès-verbaux de saisie, quel que soit le nombre des vacations (386 n° 26 I. G., 1126 J. E.).

6911. Cautionnement. — Lorsque le procès-verbal de saisie de marchandises contient remise des marchandises, avec cautionnement de la part du saisi, deux droits fixes sont exigibles, l'un pour la saisie, l'autre pour le cautionnement. L'offre de cautionnement non acceptée ne donne pas lieu au droit (Déc. 27 oct. 1812, 4669 J. E.). — V. *Cautionnement.*

1. ACTE SÉPARÉ. — Si le cautionnement est donné par acte séparé, il doit être présenté à l'enregistrement en même temps que le procès-verbal de saisie, et assujetti seulement au droit fixe, comme s'il était contenu dans le procès-verbal même (*Id.*).

2. TRANSACTION. — CAUTIONNEMENT. — Les cautionnements contenus dans les transactions en matière de douanes sont passibles du droit de 3 francs. — *V.* 3466.

3. RÉDACTION SUCCESSIVE DES PROCÈS-VERBAUX. — Cete règle est applicable aux procès-verbaux de saisie de marchandises, quel que soit le nombre des personnes qui concourent à la rédaction, et lors même qu'ils sont dressés successivement, savoir, par ceux qui arrêtent les marchandises suspectes et par ceux qui, aux termes des art. 60 et 61 L. 28 avr. 1816, constatent définitivement la saisie (6198 J. E.).

4. GARDIEN. — Si un gardien, autre qu'un employé des douanes, est établi aux marchandises saisies, ou si le contrevenant se soumet lui-même à représenter les objets, il est dû un droit fixe, indépendamment de celui de la saisie (Déc. 25 nov. 1806, 322 I. G., 4168 J. E.).

6912. Destruction de marchandises. — Sont passibles du droit fixe de 1 franc (1 fr. 50 cent.) les procès-verbaux dressés par les préposés des douanes pour constater la destruction opérée en leur présence de marchandises avariées (L. 21 avr. 1818 art. 56, 830 I. G.). — V. *Navire.*

6913. Retenue des marchandises. — Le procès-verbal constatant la retenue des marchandises par les préposés des douanes, en exécution de la loi du 4 floréal an 4, ne donne ouverture à aucun droit; il est seulement dû un droit fixe de 2 francs (3 fr.) pour le procès-verbal de saisie, sauf le droit de 2 francs pour 100 sur la vente ultérieure (D. m. f. 4 sept. 1810, 3980 J. E.).

6914. Préemption. — Le droit de préemption est un moyen créé par le législateur pour déjouer la fraude et arriver à la sincérité des déclarations faites à la douane. *Préempter*, c'est retenir pour le compte du Trésor public une marchandise imposée *à la valeur*, pour cette valeur déclarée et le dixième en sus, toutes les fois que l'Administration des douanes a lieu de supposer que le prix porté dans la déclaration est inférieur à la valeur réelle de l'objet déclaré.

1. ENREGISTREMENT. — Le procès-verbal qui constate l'exercice de cette faculté n'est sujet qu'au droit fixe; mais, en cas de vente publique pour le compte du Trésor, on perçoit un droit de 2 pour 100, conformément à l'art. 69 § 5 n° 1er L. 22 frimaire an 7 (Circ. 25 juin 1827 art. 9). — Les actes de rétrocession ou l'adjudication sur offres écrites sont affranchis de la formalité de l'enregistrement (Dél. 18 juin 1838). — V. *Adjudication.*

6915. Navire. — Les préposés des douanes ont, en ce qui concerne le droit des ventes de navire, des attributions spéciales indiquées au mot *Navire.*

6916. Connaissements. — Pour la perception du droit de timbre sur les connaissements, V. *Connaissement.*

6917. Timbre spécial. — L'Administration des douanes a un timbre spécial; mais ce timbre ne peut s'appliquer qu'aux actes que délivre cette Administration. Tous autres actes, tels, par exemple, que les *manifestes* de navire ou inventaires de chargement, sont assujettis au timbre ordinaire de dimension (D. m. f. 19 nov. 1819, 6564 J. E.).

6918. Timbre extraordinaire. — Visa pour timbre. — Timbres mobiles. — Une décision du ministre des finances, du 18 janvier 1828, veut que les formules imprimées, destinées au service de l'administration des douanes, puissent être, moyennant le payement des droits et avant qu'il en soit fait usage, timbrées à l'extraordinaire ou visées pour timbre, sans que l'art. 18 L. 13 brumaire an 7 soit opposé à l'huissier qui signera la signification placée à la suite de ces formules (1249 § 11 I, G.).

1. ATTRIBUTIONS. — PRÉPOSÉS DE DOUANE. — Les attributions des receveurs des douanes en matière de timbre consistent dans: 1° l'apposition du timbre mobile de dimension sur les lettres de voiture et les connaissements (Arr. 20 juill. 1863, art. 1er 2260 I. G.) ;

2° La perception des amendes exigibles sur les lettres de voiture et les connaissements faits en France sur papier non timbré ou non marqué des timbres prescrits par l'art. 6 L. 11 juin 1842 (Arr. 24 déc. 1842, art. 2 n° 1082 I, G.). — *V.* 10242-1 ;

3° L'apposition, dans les gares des chemins de fer, *frontières de terre*, des timbres mobiles établis pour les récépissés accompagnant les envois venant des pays étrangers, ou pour les pièces tenant lieu de ces récépissés (Arr. 7 mai 1864, n° 2279 I. G.). — *V.* 10238.

Par une Déc. 7 février 1865, le ministre des finances a maintenu, au profit de ces comptables, la remise uniforme de 2 fr. 50 cent. pour 100 accordée par l'art. 6 de l'arrêté du 4 décembre 1842 (1665 I, G.). Cette remise sera allouée, tant en raison du principal des amendes perçues par les receveurs des douanes sur les lettres de voiture et les connaissements faits en France, que sur le prix des timbres mobiles qu'ils sont autorisés à apposer et qu'ils prennent dans les bureaux de l'Enregistrement conformément à l'art. 4 de l'arrêté ministériel du 20 juillet 1863 (2310 I, G.).

Les préposés des douanes ont encore reçu des attributions diverses en matière de récépissé de chemin de fer, de connaissements, etc. On les trouvera indiquées sous chaque mot qu'elles concernent.

2. CONSTATATIONS DES CONTRAVENTIONS. — Les préposés des douanes peuvent constater certaines contraventions au timbre. — V. *Quittances, Connaissements, Lettres de voitures.*

6919. Transactions. — Les transactions en matière de douanes ne sont passibles que du droit fixe de 1 fr. 50 cent. — V. *Transaction* n° 14547.

DOUBLE DROIT.

6920. — Peine pécuniaire qui a lieu, soit pour n'avoir pas soumis les actes à la formalité dans le délai prescrit, soit en cas d'insuffisance d'une estimation ou d'omission de biens, etc. Le double droit se compose du droit simple et du droit *en sus* (L. 22 frim. an 7 art. 17, 19, 33, 34, 35, 39, etc.).

Le droit en sus est l'accessoire du droit simple, de telle sorte qu'il ne peut être exigé si celui-ci n'est pas dû ou est prescrit. — V. *Prescription.*

Nous avons indiqué sous les mots *Amende* et *Contravention* les principes généraux qui s'appliquent aux pénalités fiscales. Les applications particulières qui en ont de faites aux divers actes et conventions se trouvent naturellement développées dans les parties de notre ouvrage où nous nous occupons de ces actes et de ces contraventions.

Nous ne pourrions que tomber dans d'inutiles redites en les rappelant ici.

DROIT DE TRANSMISSION.

DIVISION

SOMMAIRE

CHAPITRE PREMIER. — DISPOSITIONS GÉNÉRALES

[6921-6924]

6921. Obligations. — Les titres qui tombent sous l'application du droit de transmission sont de deux natures les actions et les obligations.

Le caractère des obligations est parfaitement connu : on sait que c'est un titre spécial remis par la société, le département ou l'établissement public à un prêteur pour constater la créance. Ces obligations sont quelquefois le seul titre de l'emprunt, par exemple lorsqu'il a eu lieu par voie de souscription. Quelquefois il existe, en outre, un acte spécial rédigé en la forme ordinaire d'un contrat synallagmatique soit sous seing privé, soit notarié, et dont les obligations ne sont que des dérivés. Dans les deux cas, ces titres spéciaux remis au créancier ont une valeur individuelle et un crédit particulier. Ce sont des instruments de crédit distincts de l'acte d'emprunt. Ils ressemblent à ce point au certificat d'action.

6922. Actions. — La création d'une société donne naissance *à un être moral*, distinct des associés eux-mêmes ; c'est cet être moral qui possède, agit, contracte pendant toute la durée de l'association ; c'est lui seul qui est propriétaire du fonds commun ; c'est lui seul par conséquent qui reçoit les mises sociales et en est saisi ; c'est envers lui que l'associé s'oblige lorsqu'il promet l'objet de son apport ; c'est à lui qu'il verse les deniers, lorsqu'il opère une mise en argent ; c'est à lui qu'il transmet, lorsqu'il met un corps certain dans l'association. L'existence de cette personne morale est la fiction légale du contrat : c'est par elle que les actions ou intérêts dans les compagnies de finances, de commerce ou d'industrie, sont meubles, tant que dure la société, encore que des immeubles dépendants de ces entreprises appartiennent aux compagnies (Art. 529 C. C.).

Les associés n'ont, tant que la société subsiste, qu'un droit dans les bénéfices. C'est ce droit qui, dans l'usage, prend le nom d'*action*, d'*intérêt*, de *part*, de *sou*, de *denier*, ou tout autre que les habitudes consacrent. Mais ce droit revêt deux formes bien différentes qu'il est essentiel de préciser :

« En principe, enseigne M. Demante (No 508), un associé ne peut mettre un tiers en ses lieu et place dans la société. La raison en est que la qualité d'associé comporte des devoirs en même temps que des droits ; or, s'il est admis qu'on peut céder ses droits, il est évident qu'on ne peut céder ses devoirs. Il suit de là que le remplacement d'un associé par un autre ne peut avoir lieu que par l'adhésion de tous, c'est-à-dire, en définitive, par une nouvelle convention. Faute de cette adhésion, la cession d'un intérêt ne produit d'effet direct qu'entre le cédant et le cessionnaire ; elle ne peut aucunement préjudicier aux associés du cédant (Art. 1861 C. C.). »

Quand la société est constituée dans ces termes, l'associé a donc seulement le droit personnel de participer aux bénéfices et il ne peut se substituer un tiers sans l'adhésion de tous ses coassociés ou sans autorisation spéciale insérée dans les statuts. L'importance de ce droit se mesure nécessairement sur l'importance des valeurs sociales, et il n'est pour le public comme pour les associés représenté par aucun signe particulier ayant son crédit et son existence propres. — La situation change quand le capital de la société a été fractionné en portions représentant le droit de chacun de ses membres de l'entreprise dans le fonds social. Cette décision n'est pas, en effet, une formalité sans importance. Chacun des sociétaires a bien toujours les mêmes droits dans la masse, mais son intérêt revêt un caractère précis et déterminé qui en facilite les transmissions. « L'action, dit très-bien un ancien auteur, est alors une espèce de monnaie fictive ou de marchandise dont le prix varie et qui s'achète plus ou moins cher, suivant les succès et les revers de la société» (*Dict. encyclopédique*). Le droit des souscripteurs s'est traduit en une forme pour ainsi dire palpable qui dissimule la personne de l'actionnaire derrière sa mise et procure à cet actionnaire le grand avantage de céder son intérêt facilement en mettant dans la circulation des valeurs qui deviennent elles-mêmes, abstraction faite des garanties sur lesquelles elles reposent, l'objet de transactions importantes. Il y a là, selon la remarque de Troplong, une véritable *création* de valeurs qui seraient restées sans cela en dehors du mouvement industriel (*des Sociétés* n° 128 t. 1er).

On ne saurait nier la distinction précédente, et il n'est personne aujourd'hui qui ne sache combien la division d'un capital social en actions contribue au crédit de l'entreprise en facilitant le transfert des mises. Mais il est quelquefois embarrassant de savoir si ce fractionnement a eu lieu et si le droit de l'associé est réellement représenté par une valeur particulière différente de sa copropriété incorporelle dans les biens de l'entreprise. La création de ces valeurs ne se limite pas, en effet, aux sociétés commerciales par actions pour lesquelles le doute ne saurait exister ; elle peut s'étendre à toutes les autres associations, pourvu que les parties aient exprimé leur intention à cet égard. Comme il n'y a pas de termes sacramentels imposés par la loi, c'est dans l'ensemble des clauses de l'acte, dans la nature de l'entreprise et dans les circonstances qu'il faut chercher la solution de la difficulté. Il importe peu, notamment, que les contractants se soient servis des mots parts, portions, intérêts, denier, etc., s'il est démontré que ces portions ou intérêts sont assimilables à des actions proprement dites et peuvent comme elles se transmettre, abstraction faite des biens de la société.

V. *Impôt sur le revenu.*

6923. Enregistrement des actions et des obligations. — Sous la législation antérieure à la loi du 23 juin 1857, les obligations qui sont par elles-mêmes le titre de l'emprunt étaient incontestablement sujettes à l'enregistrement comme le sont tous les actes constatant une obligation de sommes. Mais que fallait-il décider quand l'obligation correspondait à un acte antérieur de prêt? De même, quand les parts d'intérêts des associés sont représentées par des titres ou certificats d'actions distincts de l'acte de société, ces titres étaient-ils assujettis à l'enregistrement?

L'affirmative a été enseignée par Champ. et Rig. (*Suppl.* nos 127 et 128) en ce qui concerne les actions; et ce qu'ils disent des actions s'applique de tous points aux obligations qui sont soumises au même régime fiscal (L. 5 juin 1850 art. 27 et 28). Ils se sont fondés pour cela sur l'économie de la loi du 5 juin 1850 : « Puisque, disent-ils, l'action est assimilée à l'effet de commerce, la première émission sera frappée du droit d'enregistrement. Supposons, par exemple, une société constituée pour dix années, émettant des actions au capital de 500 francs. Dans le système de la loi nouvelle, chaque action supportera, à son émission, 2 fr. 50 cent. pour droit de timbre et 2 fr. 50 cent. pour droit d'*enregistrement*, EN TOUT 5 FRANCS. »

M. Dalloz, n° 6305, paraît envisager la question sous le même point de vue.

Cette conclusion ressort encore des termes suivants du rapport sur la loi de 1850, présenté à l'Assemblée nationale par M. Émile Leroux :

« Au moyen du droit de timbre ainsi fixé, l'art. 14 lève les doutes qui existent encore dans la législation actuelle sur le véritable droit d'enregistrement des cessions d'actions. Il assimile complétement les actions aux *effets de commerce*, en ce qui concerne les droits d'enregistrement. Ainsi, que les cessions s'opèrent par la remise du titre, par l'endossement ou par une déclaration sur les registres de la société, il n'y aura jamais lieu à percevoir un *droit d'enregistrement* plus considérable que pour les billets à ordre, et elles profiteront des mêmes exemptions. D'après cet ensemble de dispositions, une action de 500 francs payera 2 fr. 50 cent. pour droit de timbre et 2 *fr.* 50 *cent. pour droit d'enregistrement*, ensuite elle pourra circuler en franchise pendant dix ans, tandis que d'après la loi actuelle, si elle était exécutée, les droits de timbre et *d'enregistrement* devraient être payés à *chaque cession*. On voit par là quel sera le résultat réel de la modification apportée dans le droit de timbre. En harmonisant mieux ce droit avec le droit d'enregistrement, nous ne faisons pas d'exception funeste à la prospérité des compagnies, nous les rétablissons purement et simplement *dans la loi commune*. »

La pensée du rapporteur était donc que le certificat d'action se trouvait, en vertu des lois antérieures, assujetti à la formalité de l'enregistrement.

Il nous semble cependant que rien de pareil ne ressort de la combinaison des art. 14 et 15 L. 5 juin 1850. La seule idée qui vienne à l'esprit après la lecture de ces articles est que, au moyen du payement d'un droit de timbre de 50 centimes ou de 1 pour 100, suivant que la société est constituée pour dix ans ou plus, l'action pourra circuler en toute franchise de droit d'enregistrement pendant la durée de la société. L'ensemble des dispositions de la nouvelle loi résiste évidemment à toute autre interprétation. On a voulu assimiler l'action au billet de commerce ; mais aucune assimilation n'existerait si l'action de 500 francs, créée pour dix ou vingt ans, devait supporter un droit de 5 francs ou de 10 francs, alors que le billet à ordre, qui n'aura pas été protesté, aurait pu circuler librement moyennant le payement d'un droit de timbre de 25 centimes, sauf à payer un droit d'enregistrement de 2 fr.

50 cent. en cas de protêt. Il est d'ailleurs difficile d'admettre que le droit de timbre qui doit exempter *la cession* de l'action de l'enregistrement n'en exempte pas *le titre* lui-même qui supporte ce droit. On peut encore invoquer la combinaison des art. 15, 27, 32 de la loi de 1850, de laquelle résulte une exemption formelle de l'enregistrement pour *les titres* d'obligations émis par les compagnies et pour leurs cessions (l'art. 32 porte que les art. 15..... sont applicables aux *titres* compris en l'art. 27, qui est relatif aux titres des obligations). On ne comprendrait pas que le droit de timbre qui exempte de l'enregistrement le *titre* de l'obligation n'en exempte pas le *titre* de l'action. — Ces raisons ont paru convaincantes à M. Demante, qui se range complétement à notre avis (Nos 512 et 514). — Au reste, les certificats d'actions ne sont pas autre chose que des extraits de l'acte de société; à ce titre ils échappent complétement à la nécessité de l'enregistrement. C'est qu'on a répété plusieurs fois dans les rapports qui ont précédé la loi du 5 juin 1850 : « Les actions, disait le ministre des finances Goudchaux, sont des extraits de l'acte de société qui a été enregistré : par ce motif, ils sont exempts du droit d'enregistrement, en vertu de l'art. 8 L. 22 frimaire an 7 » (Rapport du 24 oct. 1858). Et M. Passy, l'un de ses successeurs, redisait après lui, le 1er octobre 1849 : « Les actions sont des extraits de l'acte de société qui a été enregistré; par ce motif, ils sont exempts de l'enregistrement en vertu de l'art. 8 L. 22 frimaire an 7 (Rapport sur la loi de 1850). La même idée a été également exprimée par M. Émile Leroux dans le premier rapport qu'il avait présenté au nom de la commission de l'Assemblée nationale, le 27 janvier 1849.

Nous concluons donc que, d'après les principes de la loi du 22 frimaire an 7 et même d'après ceux de la loi du 5 juin 1850, les actions n'étaient pas assujetties à la formalité de l'enregistrement.

6924. Cessions d'actions et d'obligations. — La même difficulté ne saurait exister à l'égard des cessions des titres d'actions ou d'obligations. Ces cessions constituent de véritables transmissions mobilières tombant sous l'empire des principes généraux de l'art. 4 L. 22 frimaire an 7, et ils ne pouvaient y échapper qu'en vertu d'une exception formelle. Cette dispense a existé un instant dans la législation. La loi du 5 juin 1850, après avoir réglé le droit de timbre proportionnel exigible sur les certificats d'actions des sociétés, ajoutait, art. 15 : « Au moyen du droit établi par l'article précédent, les cessions de titres ou de certificat d'action seront exemptes de tout droit et de toute formalité d'enregistrement. » Mais l'exemption a cessé aujourd'hui. La loi du 23 juin 1857, tout en maintenant le timbre proportionnel sur les certificats d'action, a créé un droit spécial de transmission pour ces titres et l'a étendu aux obligations.

CHAPITRE II. — QUOTITÉ ET EXIGIBILITÉ DU DROIT

[6925-6955 *bis*]

6925. Loi du 5 juin 1850. — Les titres ou certificats d'actions dans une société, compagnie ou entreprise, ont été soumis par l'art. 14 L. 5 juin 1850 au timbre proportionnel de 50 centimes par 100 francs du capital nominal pour les sociétés dont la durée ne doit pas dépasser dix années, et à 1 franc par 100 francs pour celles dont la durée doit dépasser dix années. — L'art. 27 de la même loi a établi un droit de 1 pour 100 sur les titres d'obligations souscrits, tant par les départements, communes, établissements publics, que par les compagnies, et dont la cession, pour être parfaite à l'égard des tiers, n'est pas soumise aux dispositions de l'art. 1690 C. C.; mais au moyen de ces droits, comme on vient de le dire au numéro précédent, les cessions de titres d'actions et d'obligations avaient été exemptées de tout droit et de toute formalité d'enregistrement (Art. 15 et 32 L. 1850).

6926. Le droit de timbre comprenait aussi le droit d'enregistrement des cessions. — L'impôt établi par la loi du 5 juin 1850 comprenait deux éléments distincts : la création des titres et leur circulation en *circulabilité*. Le premier de ces éléments était atteint pour un droit de timbre dont on ne pouvait changer la quotité pour les titres émis postérieurement à la loi sans violer le principe de rétroactivité. Le second élément était atteint par un droit d'enregistrement s'appliquant à des faits sans cesse nouveaux et qui, par conséquent, pouvaient toujours être frappés par une loi nouvelle (Rapport de M. Alf. Leroux, *Moniteur* du 7 mai 1857).

6927. Loi du 23 juin 1857. — Cette modification a fait l'objet de la loi du 23 juin 1857 qui a abrogé l'exemption d'enregistrement accordée aux cessions de titres par les art. 15 et 32 L. 5 juin 1850 et a disposé qu'outre les droits établis par cette dernière loi, il serait perçu, à partir du 1er juillet 1857, un droit de transmission pour toute cession de titres ou promesses d'actions et d'obligations dans une société, compagnie ou entreprise quelconque, financière, industrielle, commerciale ou civile.

Son art. 6 est ainsi conçu :

« Indépendamment des droits établis par le tit. 2 L. 5 juin 1850, toute cession de titres ou promesses d'actions et d'obligations dans une société, compagnie ou entreprise quelconque, financière, industrielle, commerciale ou civile, quelle que soit la date de sa création, est assujettie, à partir du 1er juillet 1857, à un droit de *transmission* de 20 cent. par 100 fr. de la valeur négociée. — Ce droit, pour les titres au porteur et pour ceux dont la transmission peut s'opérer sans un transfert sur les registres de la société, est converti en une taxe annuelle et obligatoire de 12 cent. par 100 fr. du capital desdites actions et obligations, évalué par leur cours moyen, pendant l'année précédente, et, à défaut de cours dans cette année, conformément aux règles établies par les lois sur l'enregistrement. »

1. DÉCRET RÉGLEMENTAIRE DU 17 JUILLET 1857. — Les mesures d'exécution de cette loi ont été arrêtées par un décret rendu, en forme de règlement d'administration publique, le 17 juillet 1857.

6928. Loi du 16 septembre 1871. — Le tarif édicté par la loi du 23 juin 1857 a été plusieurs fois modifié. La loi du 16 septembre 1871 a élevé à 50 centimes et à 15 centimes les droits de 20 cent. pour 100 de la valeur négociée sur les titres nominatifs, et de 12 centimes sur les titres au porteur. — Elle a, de plus, déclaré ces droits applicables à la transmission des obligations des départements, des communes et des établissements publics et de la société du Crédit foncier.

6929. Loi du 30 mars 1872. — La loi du 30 mars 1872 avait élevé à 25 centimes le droit relatif aux titres au porteur. — Elle a, en outre, étendu les dispositions de la loi du 23 juin 1857 aux titres émis par les villes, provinces et corporations étrangères, quelle que soit leur dénomination, et par tout autre établissement public étranger.

6930. Loi du 29 juin 1872. — Enfin la loi du 29 juin 1872 a statué que le droit des titres nominatifs serait fixé à 50 centimes et celui du titre au porteur à 20 centimes sans addition de décimes. C'est le tarif actuel.

La loi du 29 juin 1872 reproduit en la confirmant la disposition de la loi précédente, d'après laquelle les titres étrangers (à l'exception des fonds d'État) sont assujettis au droit de transmission. Elle ajoute que ces titres ne pourront être cotés, négociés, exposés en vente ou émis en France qu'en se soumettant à l'acquittement des droits de transmission.

6930 *bis*. Changements de tarifs. — Voici le resumé des changements de tarifs :

1. Loi 23 juin 1857.	— Titres nominatifs. . .	20 cent.
—	Titres au porteur . .	12 —
	(avec décimes).	
2. Loi 16 sept. 1871.	— Titres nominatifs. . .	50 cent.
—	Titres au porteur . .	15 —
	(avec décimes).	
3. Loi 30 mars 1872.	— Titres nominatifs. . .	50 cent.
—	Titres au porteur . .	25 —
	(avec décimes).	
4. Loi 29 juin 1872.	— Titres nominatifs. . .	50 cent.
—	Titres au porteur . .	20 —
	(sans décimes).	

6931. Sociétés en général. — Les dispositions précédentes sont générales. Elles ne se restreignent donc pas aux sociétés dans lesquelles il est émis des actions proprement dites, telles que la commandite par actions ou la société anonyme. Elles embrassent également les entreprises civiles ou commerciales dont le fonds social est réparti en portions d'intérêt correspondant à des titres spéciaux destinés à une circulation particulière.

Nul doute, par conséquent, qu'elles s'appliquent à une société à responsabilité limitée, dûment constituée (Lyon 28 mai 1868, 3024 R. P.), — ou à une société en commandite simple dont les titres seraient stipulés transmissibles par les voies civiles (Cambrai 18 janv. 1866, 3275 R. P.).

1. EXISTENCE DE LA SOCIÉTÉ. — L'Administration est un tiers vis-à-vis de la société dont elle entend démontrer l'existence pour parvenir au recouvrement des droits de timbre et de transmission. En cette qualité, elle ne saurait être astreinte à produire un titre qui lui est étranger, qu'on peut avoir intérêt à lui cacher et qu'il est impossible de se procurer. Elle a incontestablement la faculté de prouver la constitution de cette société par toutes les voies de droit, même par un ensemble de présomptions graves, précises et concordantes (Rennes 3 mars 1874; Cass. 23 fév. 1875, 4060 R. P.).

Il importerait peu que la société n'ait pas encore commencé ses opérations, car cette circonstance est indépendante de l'existence même de la société. La société est constituée du jour où les formalités nécessaires à son établissement ont été accomplies (Blois 27 janv. 1874). — V. *Abonnement*.

6932. Émission de titres. — Mais il est indispensable qu'il y ait eu émission de titres représentatifs des droits de chaque intéressé. Le nouvel impôt s'applique, en effet, non pas à la transmission de la copropriété du fonds social opérée par les moyens du droit commun, mais uniquement à la *circulabilité* de ces titres, promesses ou certificats d'actions qui se délivrent aux souscripteurs et ont une individualité aussi bien qu'un crédit distinct des fonds même de l'entreprise.

1° Par conséquent, si une société n'est pas divisée en actions négociables par les voies commerciales, mais en parts d'intérêts transmissibles en remplissant les formalités voulues par la loi pour la vente des biens mobiliers, il n'y a pas lieu d'appliquer le droit spécial de mutation édicté par la loi du 23 juin 1857, art. 6 : « Attendu, porte à cet égard un jugement du tribunal de la Seine, du 16 mars 1860, que les parts d'intérêts dont le titre est dans l'acte de société lui-même doivent rester en dehors du mouvement industriel; que, ne participant pas aux avantages attachés aux titres et actions qui peuvent être facilement négociés, elles ne sont point soumises aux prescriptions de la loi de 1857 » (1340 R. P., 11770 C., 17114 J. E. — *V.* Cognac 8 avr. 1867, 13281 C.);

2° De même, l'acte d'obligation d'une somme de 6,000 francs remboursable en quarante ans au moyen de 120 billets au porteur de 50 francs chacun, payables avec prime à concurrence de trois par an, ne constituerait pas une société dans le sens de la loi de 1857 et ne donnerait pas lieu à l'impôt de transmission (Sol. 17 juin 1859);

3° C'est également ce qui a été reconnu pour une société en commandite formée suivant contrat authentique, et dans laquelle il n'est pas créé d'action, mais qui contient uniquement entre les cinq actionnaires la division du fonds social à proportion des apports (16829-3 J. E.);

4° Ou pour des sociétés religieuses non autorisées dont le fonds social est divisé en actions (Sol. 7 oct. 1858);

5° Il importerait peu que le titre de copropriété du souscripteur fût représenté par une quittance ou un récépissé du gérant, si cet écrit n'avait pas le caractère d'un certificat d'action et constatait uniquement le versement par l'associé de la somme qu'il avait souscrite;

6° Mais la forme de l'action n'a rien de sacramentel, c'est dans les indications du titre rapprochées des statuts qu'il faut rechercher les caractères distinctifs de la pièce, afin de voir si le récépissé doit jouer le rôle du certificat d'action. Aucune règle ne saurait être posée sur ce point.

1. ÉTRANGER. — Les titres émis à l'étranger par une société française sont sujets au droit (Sol. 5 juin 1878).

2. SENS DU MOT ÉMISSION. — L'application du droit de transmission étant subordonnée à l'émission des titres d'actions, il importe d'être fixé sur le sens de ce mot et sur l'époque à partir de laquelle l'action est émise. Nous avons rencontré déjà la même difficulté à propos du droit d'abonnement créé par la loi de 1850 et nous lui avons donné une solution à laquelle nous ne pouvons que nous référer n° 48.

L'action est émise, avons-nous dit, quand les statuts de l'entreprise en ont autorisé la délivrance aux souscripteurs et que ceux-ci peuvent requérir à leur gré la remise du certificat qui l'établit. Jusqu'à cette époque, il n'y a pas de titres d'actions ou d'obligations, il n'y a que des parts d'intérêt. La loi du 23 juin 1857 est sans application (Sol. 25 juin 1878). Mais il importe peu, on le conçoit, que cette délivrance matérielle ait eu lieu, car le titre n'en a pas moins une existence juridique parfaitement certaine et qui se prête aux négociations ordinaires. La perception de l'impôt ne peut pas dépendre d'une combinaison qui aurait pour résultat de laisser à la souche des titres attribués aux actionnaires; il suffit à son exigibilité que la création en soit juridiquement établie. En vain opposerait-on que les titres non détachés ne peuvent circuler de main en main et que les employés de l'Administration peuvent en surveiller facilement la délivrance. L'examen des préposés n'étant pas incessant, il est clair que dans l'intervalle de chaque vérification les titres au porteur pourraient être détachés et faire l'objet de nombreuses négociations avant que l'Administration les eût découvertes. En d'autres termes, ce n'est pas la tradition matérielle des titres et leur circulation même que la loi veut atteindre, mais bien la possibilité qu'ils ont de se transmettre à l'aide des moyens réservés aux actions. « L'usufruit est dû, dit le tribunal de la Seine, dans un jugement du 21 juin 1878, non pas seulement à partir de la délivrance matérielle de chaque titre, mais du jour de la répartition qui a conféré aux souscripteurs des droits qu'ils ont pu transmettre. » Cette possibilité existant pour les titres émis et attribués, mais non encore remplis ou détachés de la souche, on a donc pu décider que la loi nouvelle s'applique, non-seulement aux titres qui peuvent circuler de main en main, c'est-à-dire qui ont été délivrés aux actionnaires, mais encore à ceux qui sont restés annexés à la souche du registre.

« Attendu, porte un arrêt du 24 avril 1867, qu'à raison de l'impossibilité de constater, par l'inspection des registres d'une société, la transmission des actions au porteur, l'art. 6 L. 23 juin 1857 a remplacé le droit ordinaire de 20 centimes (50 cent.) par 100 francs sur chaque mutation par une taxe annuelle de 12 centimes (20 cent.) par 100 francs de la valeur moyenne; — Attendu que cette disposition de la loi ne fait aucune distinction entre les actions détachées du registre à souche de la société et celles qui y seraient encore adhérentes; qu'aux termes des art. 1er et 6 du règlement d'administration du 16 juillet 1857, rendu pour l'exécution de l'art. 6 L. 23 juin précédent, la taxe annuelle court du jour où la société est constituée; qu'il importe peu, dès lors, pour que le droit soit dû, que les titres des actions aient été ou n'aient pas encore été détachés de la souche; que toute distinction à cet égard serait contraire à la volonté de la loi et prêterait à la fraude » (2526 R. P., 2358 § 5 I. G., 18879 J. N., 18426 J. E., S. 67-1-265, D. 67-1-320; — *Conf.* : Lyon 28 mai 1868, 3024 R. P.).

2. FAITS D'ÉMISSION. — La question de savoir quels faits caractérisent l'émission est toute d'appréciation. Nous avons déjà donné sur ce point au mot *Abonnement* des développements et des exemples auxquels nous nous référons.

Spécialement, il a été décidé que les titres existent suffisamment pour la perception de l'impôt, dès qu'ils ont été remis en nantissement à des créanciers et encore bien qu'ils n'aient pas été délivrés aux souscripteurs : « Attendu que la remise en gage pouvait d'autant moins être une cause d'exemption que, bien qu'elle frappât les titres d'une indisponibilité momentanée, elle n'en impliquait pas moins l'existence et constatait par elle-même la réalisation de la condition à laquelle est subordonnée l'exigibilité du droit » (Cass. 6 avr. 1870, 3101 R. P., 14568 C., 19937 J. N., 2402-8 I. G., S. 70-1-273, D. 70-1-412, P. 70-677).

La même décision résulte d'un jugement du tribunal de la Seine du 22 janvier 1870 portant : « Attendu qu'il résulte du rapport présenté à l'assemblée générale de la Compagnie le 26 décembre 1868 que les titres dont la déclaration n'a pas été faite ont été remis à divers, en garantie d'emprunts contractés par ladite Compagnie, avec pouvoir d'en disposer en cas de remboursement; que parmi les créanciers ainsi garantis figure la Société générale du commerce et de l'industrie, à qui a été donné le droit de réaliser, sur un nombre de 44,127 obligations, telle quantité de titres qu'elle jugerait nécessaire pour, en cas de non-remboursement par la Compagnie débitrice, se rembourser elle-même de ses avances en principal et accessoires; — Attendu que cette remise en garantie avec de telles conditions constitue une véritable émission de titres soumise au double impôt de transmission et de timbre et assujettie, dès lors, aux déclarations prescrites par le décret de 1857 » (3296 R. P.).

Mais l'émission n'a pas paru résulter de ce qu'une société de crédit aurait pris l'engagement de faire souscrire les titres par le public, encore bien que l'abonnement ait été contracté pour le payement du droit de timbre des titres (Seine 22 janv. 1870, 3295 R. P.).

Il a été reconnu également que des actions réservées afin d'en affecter le prix à la libération du passif grevant les apports du gérant ne sauraient être considérées comme émises lorsqu'elles sont encore à la souche (Sol. 22 sept. 1858).

Au contraire, des actions attribuées à des souscripteurs dont la souscription a été annulée sont considérées comme émises, à moins que l'annulation des actions ne soit constatée par une mention inscrite sur les titres (Sol. 10 mars 1859).

Décidé, également, que le droit est dû pour les obligations du jour où courent les intérêts, quoique le titre ne soit pas délivré (Sol. 8 déc. 1877). V. 48 *bis*.

6933. Sociétés infructueuses. — L'art. 24 L. 5 juin 1850 accorde une exemption de droit aux sociétés qui, pendant deux ans, n'ont distribué à leurs actionnaires ni dividendes ni intérêts. La même faveur n'étant pas reproduite par la loi du 23 juin 1857 ne saurait être étendue au droit de transmission. Il n'y a pas, en effet, d'analogie entre les deux impôts. Dans la loi de 1857 il s'agit d'un droit à prélever sur les transmissions de valeurs, tandis que, dans la loi de 1850, il s'agit surtout d'un droit établi sur la création de titres. Il est donc juste que le premier droit soit perçu tant que les titres existent, puisque pendant toute la durée de leur existence ils peuvent être l'objet d'une mutation. La mauvaise fortune d'une société n'empêche pas la négociation de ses titres, elle en diminue seulement la valeur, mais les porteurs n'ont pas à se plaindre, puisque le droit de transmission est perçu, non plus sur le capital comme dans le cas prévu par la loi de 1850, mais sur la valeur vénale des titres (Seine 17 janv. 1863, 1740 R. P., 12401 C.).

6934. Société dissoute. — 1. ACTIONS. — Lorsque la société se dissout, l'être moral qui soutenait l'entreprise disparaît et les actionnaires ou les intéressés deviennent copropriétaires des valeurs de la masse. Il n'y a plus d'associés dans le sens propre du mot, mais de simples communistes dont les titres ou certificats d'actions ont cessé de produire leur effet. Aussi le droit de transmission ne saurait-il plus être réclamé à partir de cette dissolution sur les actions.

Il en est de même pour les actions rachetées, si elles ont été réellement annulées (Sol. 31 déc. 1877 et 22 mars 1878).

2. OBLIGATIONS. — Mais il n'en est plus de même des obligations. Ainsi que nous l'avons expliqué au mot *Abonnement*, l'obligataire est un créancier de la société. Son titre survit donc à la dissolution de l'entreprise et ne s'éteint que par l'un des modes ordinaires de libération. Jusqu'à cette époque il peut circuler et il doit par conséquent acquitter la taxe de cette circulation.

La C. cass. n'avait pas d'abord admis cette doctrine. Elle avait décidé que les droits de transmission exigibles sur les obligations d'une société cessent d'être dus quand la société prend fin soit par l'échéance de son terme conventionnel, soit par l'effet d'une déclaration de faillite. Elle ajoutait qu'ils ne continuent même pas d'être exigibles pendant la durée de la liquidation de la société : « Attendu que l'abonnement pour le timbre, de même que la taxe annuelle établie par les lois de 1850 et 1857 sur les actions et sur les obligations au porteur des sociétés ou compagnies constituant un mode d'impôt sur les capitaux engagés dans l'industrie ou dans le commerce qui fait l'objet d'une société, ne peuvent être perçus que sur les titres d'une société en état de fonctionner et d'agir en se livrant à son commerce ou à son industrie, c'est-à-dire d'une société qui n'est pas arrivée au terme de son existence; attendu que, si les titres d'une société qui a pris fin peuvent conserver, jusqu'à leur extinction ou jusqu'à leur annulation, une valeur transmissible, cette circonstance ne saurait avoir pour effet de faire persister un droit qui, établi ou convenu à forfait pour toute la durée de la société, a pour condition non-seulement la transmissibilité des titres, mais encore l'existence de la société qui les a émis » (Cass. civ. 8 août 1870, 3194 R. P., 14641 C., B. 161, S. 70-1-434, D. 71-1-129, P. 70-1134).

Mais nous avons critiqué cette interprétation au mot *Abonnement*. L'impôt établi par la loi du 23 juin 1857 est destiné à atteindre la circulation des titres. Il doit donc être perçu tout le temps que les titres subsistent, puisqu'ils peuvent se négocier ou se transmettre jusqu'à cette époque. Or, la C. cass. a elle-même reconnu, par un autre arrêt du 23 mai 1870, que, tant qu'une société continue d'exister comme personne morale pour les besoins de la liquidation, ses actions restent dans le mouvement commercial et sont sujettes à la taxe de transmission (3149 R. P., 14604 C., 20092 J. N., 2465-3 I. G., S. 71-1-106, D. 70-1-413, *arrêt rapporté* n° 6935). — C'est évidemment cette seconde solution qui est la meilleure.

On objecterait vainement que, le droit étant dû sur la valeur des titres, la déclaration de faillite réduit à rien cette valeur. L'argument tomberait à faux. En effet, la faillite ne fait que réduire la valeur des créances, et la portion correspondante aux répartitions subsiste intégralement dans l'actif de l'obligataire. Rien ne peut donc s'opposer à ce qu'elle soit assujettie à l'impôt. L'art. 6 L. 23 juin 1857 a tracé d'ailleurs des règles de liquidation qui s'appliquent sans difficulté à l'hypothèse présente. En ce qui concerne les titres nominatifs, c'est la valeur négociée ou le prix du transfert qui sert de base à la perception du droit de 50 centimes par 100 francs. Quant aux titres au porteur, la taxe de 20 centimes est établie sur le capital évalué par le cours moyen pendant l'année précédente, et, à défaut de cours moyen pendant cette année précédente, selon les règles déterminées par les lois sur l'enregistrement, c'est-à-dire d'après une déclaration estimative.

Notre opinion a prévalu devant les chambres réunies dans un arrêt du 27 décembre 1877 (4853 R. P.). — V. 6935.

3. DISTINCTION ENTRE LES ACTIONS ET LES OBLIGATIONS. — Il est quelquefois difficile de distinguer l'action de l'obligation parce que certains titres participent des caractères de ces deux valeurs. La jurisprudence a eu à statuer sur plusieurs hypothèses que nous avons fait connaître au mot *Abonnement* n° 52.

4. PREUVE DE DISSOLUTION. Il peut y avoir également quelques difficultés pour savoir quand la dissolution de l'entreprise est suffisamment établie au regard de l'Administration. Il est impossible de réclamer, dans tous les cas, la justification des formalités légales qui doivent accompagner la rupture des sociétés commerciales, car celles qui tombent en faillite ou demeurent sans suite n'y donnent pas toujours lieu. D'un autre côté, la dissolution des sociétés civiles n'est soumise à aucune condition de publicité. En de telles hypothèses, l'Ad-

ministration se contente de tous les genres de preuve, pourvu qu'elles ne laissent aucun doute sur l'existence du fait allégué.

6935. Société en liquidation. — Faillite. — La dissolution de la société est quelquefois précédée d'une période plus ou moins longue pendant laquelle on procède à la réalisation des valeurs, au payement des dettes et à l'exécution des entreprises commencées. La question de savoir si le droit de transmission continue à être exigible dépend du parti à prendre sur la survie de l'être moral pendant cette période. Il est clair, en effet, que si la société subsiste vis-à-vis des tiers jusqu'à la fin de la liquidation, le droit de transmission est dû comme avant la dissolution même.

En droit, la question n'est plus douteuse aujourd'hui. Il est catégoriquement reconnu que, quand il y a liquidation, l'être moral survit jusqu'au partage ; c'est un point qui sera établi v° *Société* et qu'il faut tenir pour constant. Quand cette situation est établie, il faut donc continuer à percevoir le droit de transmission sur les actions de la société, jusqu'au moment où la liquidation prend fin et fait disparaître la société. La Cour de cassation l'avait d'abord ainsi décidé dans un arrêt du 23 mai 1870 (3150 R. P. 2405-3 I. S., S. 71-1 106). Puis elle avait abandonné cette doctrine dans d'autres arrêts (Cass. 8 août 1870, 3194 R. P., 1er et 8 fév. 1875, 4053 R. P.) Mais les chambres réunies ont maintenu la première interprétation par trois arrêts des chambres réunies du 27 déc. 1877, ainsi conçu :

Attendu qu'aux termes de la loi du 5 juin 1850, l'abonnement contracté par une société pour droit de timbre sur ses actions et sur ses obligations doit être perçu : pour les actions, pendant toute la durée de la société (art. 22) ; et pour les obligations, pendant toute la durée des titres (art. 31); que la mise en liquidation d'une société n'éteint pas les obligations qu'elle a émises; que, par conséquent, elle laisse subsister la redevance annuelle attachée par la loi à la durée de ces titres ; Attendu que si la loi précitée, dans le chapitre 1er de son titre II, art. 24, dispense de l'abonnement contracté pour les actions, toute société qui entre en liquidation, elle ne reproduit pas cette disposition dans le chapitre 2 du même titre qui traite de l'abonnement des obligations ; qu'au contraire, énumérant dans les art. 31 et 32 les dispositions du chapitre des actions qu'elle rend communes à l'abonnement des obligations, elle ne comprend pas dans cette énumération l'art. 24 et le paragraphe 1er de l'art. 22 ; ce qui exclut l'application de ces textes aux obligations; Attendu que la loi du 23 juin 1857 soumet à la taxe qu'elle établit les actions au porteur et celles dont la transmission peut s'opérer autrement que par un transfert sur les registres de la société; que la mise en liquidation d'une société ne change pas la nature de ses titres et ne fait pas qu'un transfert sur les registres devienne nécessaire pour en opérer la mutation, lorsque cette mutation pouvait jusque-là s'effectuer autrement; que les actions et obligations, qui restent négociables sans ce transfert, restent par cela même soumises à la taxe annuelle de transmission; Attendu que l'art. 24 de la loi du 5 juin 1850 a été édicté au sujet de l'abonnement à un droit de timbre calculé sur le capital nominal des actions, et à raison de la rigueur que présenterait, dans les cas qu'il prévoit, la perception de cette taxe, immuable dans sa quotité ; que cette disposition ne peut être étendue, par voie d'interprétation et sous prétexte d'analogie, à la taxe annuelle établie par la loi du 23 juin 1857, qui est un droit de transmission qui a pour objet la circulation présumée des actions et des obligations, et qui tient compte des variations de leur valeur vénale ; Attendu qu'il résulte de ce qui précède que la Compagnie immobilière est tenue de payer l'abonnement au timbre sur ses obligations jusqu'à leur annulation, et la taxe de transmission sur les actions et les obligations jusqu'à la clôture des opérations de sa liquidation; qu'en validant par ce motif les contraintes décernées contre les liquidateurs de cette société et en la condamnant à payer les droits de timbre et les annuités de la taxe de transmission échues depuis sa mise en liquidation, le jugement attaqué, loin de violer les textes de lois ci-dessus visés, en a fait à la cause une juste et exacte application, rejette, etc. (4853 R. P.).

Sur la question spéciale de l'état de faillite, la Cour, dans son troisième arrêt, après avoir reproduit les motifs donnés sur les autres questions, a ajouté les considérants qui suivent : « Attendu que vainement le syndic de la faillite du Crédit des paroisses oppose que les sociétés qui, comme le Crédit des paroisses, sont en état de faillite, doivent être soumises à d'autres règles que celles qui sont entrées en liquidation, sans tomber en faillite; Que si l'admission à la faillite d'un titre au porteur peut en rendre en fait la circulation moins libre et moins facile, elle n'en opère pas l'extinction et ne rend pas nécessaire, pour en effectuer la transmission à l'avenir, une déclaration de transfert sur les registres de la société; que le titre reste donc, dans ce cas encore, soumis à l'abonnement au timbre qui a été souscrit pour sa durée, et à la taxe annuelle de transmission, dont la loi exempte seulement les actions et les obligations qui se négocient par voie de transfert sur les registres de la société; Rejette, etc. (4853).

La difficulté est donc définitivement résolue. — V. 51-1.

1. QUAND IL Y A LIQUIDATION. — Mais c'est une question souvent très-délicate que celle de savoir quand une société est en état de liquidation et jusqu'à quelle époque elle y demeure. Nous aurons à l'examiner au mot *Société*. — Disons seulement ici que la solution dépend à peu près exclusivement des faits et des circonstances de la cause. Il faut rechercher si l'actif est dégagé du passif et s'il ne reste plus qu'à procéder au partage entre les associés. Dans ce cas, la liquidation a pris fin et la société n'existe plus.

Il a été reconnu, en ce sens, que la société formée pour l'exploitation d'un canal est dissoute par la vente de ce canal, et elle cesse même d'être en liquidation si, tout l'actif étant dégagé du passif, il ne reste plus à répartir entre les associés que les annuités formant le prix de la cession. Les actions ont, en conséquence, cessé d'exister, et la loi du 23 juin 1857 sur le droit de transmission ne doit plus recevoir son application : « Attendu que la société dissoute a été mise immédiatement en liquidation et que, des constatations du jugement attaqué, il résulte que les opérations de la liquidation proprement dite étaient terminées dès le mois d'août

1865, l'actif étant alors complétement dégagé du passif, les créances recouvrées, le fonds de réserve réalisé, le matériel lui-même vendu ou remis à l'Etat, en sorte que tout se bornait pour l'avenir à toucher de l'Etat les annuités trentenaires de l'indemnité pour les répartir, sans retenue et dans des proportions dès lors certaines, entre les anciens associés » (Cass. 23 mai 1870, 3149 R. P., 14604 C., 20093 J. N., 2405-3 I. G., 109 Bull., S. 71-1-106, D. 70-1-413, P. 71-255; — *Comp.* Béthune 19 août 1866, 2469 R. P.; — Douai 8 juin 1867, 2746 R. P.).

6936. Actions inaliénables. — L'Administration avait soutenu d'abord que la loi de 1857 s'appliquait sans aucune distinction à tous les titres ou certificats d'action, même à ceux que les statuts déclaraient inaliénables et qui devaient être déposés dans la caisse sociale pour la garantie de la gestion du gérant ou des administrateurs. Nous avons combattu cette interprétation à l'art. 1511 R. P., par le motif qu'un impôt établi en vue de la transmission des titres ne pouvait évidemment atteindre des actions frappées d'immobilité par les statuts. L'Administration n'a pas tardé à revenir sur son opinion et elle reconnaît aujourd'hui que ces titres échappent à la perception (Sol. 24 juin 1864, 2038 R. P.). — La même doctrine résulte de deux jugements de Cognac du 11 juillet 1861 (1571 R. P., 17378 J. E.) et de Cambrai du 12 avril 1865.

6937. Transferts à titre de garantie. — On doit reconnaître, dans le même ordre d'idées, que, si la cession n'opère pas le transfert réel des titres, l'impôt ne saurait être exigé. C'est ce que décide en ces termes l'art. 4 du décret rendu le 17 juillet 1857 pour l'exécution de la loi du 24 juin précédent : « Les transferts faits à titre de garantie et n'emportant pas transmission de propriété feront l'objet d'un état spécial. Il n'en sera pas tenu compte dans la liquidation des droits » (2104 I. G., 852 et 909 R. P.).

Mais cette disposition n'est applicable qu'aux titres nominatifs ou qui ne peuvent se transmettre que par une déclaration sur les registres de la société. Elle ne saurait être étendue aux titres qui se transmettent sans laisser aucune formalité comme les titres au porteur et sans laisser aucune trace de leur mutation. Pour ceux-là le droit est dû à raison de leur seule existence et abstraction faite des transmissions effectives auxquelles ils donnent lieu (Seine 26 déc. 1868, 2960 R. P.; — Cass. 6 avr. 1870 (3101 R. P., 14568 C., 19937 J. N., 2402-8 I. G., Bull. 76, S. 70-1-273, D. 70-1-412, P. 70-677).

L'arrêt du 6 avril 1870 porte :

« Attendu qu'à la vérité l'art. 4 du même décret dispose qu'il ne sera pas tenu compte, dans la liquidation des droits, des transferts faits à titre de garantie et n'emportant pas transmission; mais que cette disposition, écrite, ainsi que ses termes mêmes l'indiquent, en vue des titres sur lesquels le droit ne devient exigible que par le fait de la transmission, est inapplicable à ceux sur lesquels le droit est dû à raison de leur seule existence; que telle est la condition de ceux dont il s'agit au procès et qu'à leur égard la remise en gage pouvait d'autant moins être une cause d'exemption que, bien qu'elle frappât les titres d'une indisponibilité momentanée, elle n'impliquait pas moins l'existence et constatait par elle-même la réalisation de la condition à laquelle est subordonnée l'exigibilité du droit. »

1. TRANSFERT POUR ORDRE. — Les transferts d'ordre passés au nom des agents de change comme intermédiaires de la négociation et pour arriver au transfert définitif au nom du cessionnaire sont des opérations d'ordre intérieur qui ne donnent pas lieu au droit de transmission, parce qu'ils ne correspondent à aucun transfert effectif. Il n'est perçu qu'un seul droit pour l'ensemble de la négociation, sur le transfert consenti par le vendeur à son agent. Mais, comme garantie des droits du Trésor, on n'accorde l'exemption du transfert ultérieur au profit de l'acheteur qu'à la condition que l'opération soit complétement terminée dans le délai de dix jours à compter de la date de la négociation indiquée sur le premier transfert. Dans le cas contraire, il est dû un droit particulier pour chacun des transferts successifs (Sol. 10 fév. 1858, 11 fév. 1858, 21 mars 1862, 4 janv. 1872).

2. ÉCHANGE. — Si une action est échangée au moyen de deux transferts successifs contre deux moitiés d'une autre action de la même société, le droit de transmission n'est dû que sur la valeur d'une seule action (Sol. 30 nov. 1863).

6938. Actions immobilisées. — L'action qui a été immobilisée ayant perdu sa nature propre pour devenir immeuble, sa mutation échappe à la loi de 1857, qui est une loi spéciale, et tombe sous l'application de ce principe général, en matière d'enregistrement, que toute transmission immobilière est assujettie à l'enregistrement dans un délai de rigueur et ne peut s'opérer sans supporter un droit. Cette opinion, que nous avions émise dans nos éditions précédentes, a été adoptée par M. Demante (N° 578).

6939. Partage. — Le partage est comme le transfert en garantie. Il ne produit aucune mutation effective de valeurs et ne tombe pas sous l'empire de la loi. Par conséquent, lorsque des titres dépendant d'une succession ont été frappés du droit de mutation par décès, le transfert qui les attribue ultérieurement à l'héritier en vertu d'un partage sans soulte ne donne lieu à la perception d'aucun droit (Sol. 2 juin 1858).

6940. Convention de mariage. — Il en est de même du transfert effectué au profit de la veuve à laquelle les actions sont dévolues d'après une convention de mariage. Puisque cette attribution n'a pas de caractère translatif et échappe à tout droit de cession, le transfert qui en résulte ne saurait davantage acquitter la taxe de transmission (Sol. 12 oct. 1859).

6941. Titres provisoires. — Mais il n'y a pas de distinction à faire entre les titres provisoires et les titres définitifs. Les premiers sont, comme les seconds, le signe représentatif de l'action et jouent le même rôle dans les négociations jusqu'à l'époque de leur remplacement. C'est la formule seule qui est provisoire, mais l'action est définitivement émise et cela suffit à justifier la perception (Dél. 1er mai 1863, Dél. 26 janv. 1865). Ces titres provisoires doivent être d'ailleurs, comme les titres définitifs, frappés du timbre d'abonnement, le cas échéant, sur la souche et sur le talon (D. m. f. 27 sept. 1865).—L'agent de change qui les négocierait sans cette formalité s'exposerait à l'amende de 10 pour 100 (D. m. f. 4 déc. 1865).

6942. Obligations des établissements publics.— Crédit foncier. — Les obligations souscrites par les départements, les communes et les établissements publics n'étaient pas comprises parmi celles que la loi du 23 juin 1857 assujettissait au droit de transmission. — D'après le rapport de la commission du Corps législatif les *obligations* émises par la société du Crédit foncier étaient aussi exemptes de ce droit. Ces obligations, a dit le rapporteur, sont régies par une loi spéciale, celle de la création du Crédit foncier (2104 n° 2 I. G. *in fine*, 852 et 909 R. P.). — Mais les actions de cet établissement ne profitaient pas de l'exemption et devaient acquitter l'impôt de transmission comme les titres des sociétés ordinaires. On en dispensait seulement les transferts pour ordre, qui ne constituent aucune mutation réelle. — Ces dispositions ont été modifiées par l'art. 9 L. 16 septembre 1871, ainsi conçu : « A dater du 15 octobre 1871, les droits de 20 cent. pour 100 de la valeur négociée des titres nominatifs et de 12 cent. pour 100 sur les titres au porteur établis par l'art. 6 L. 23 juin 1857, sont respectivement élevés à 50 centimes et à 15 centimes. Ces droits seront applicables à la transmission des obligations des départements, des communes, des établissements publics et de la société du Crédit foncier. »

Ce tarif a été modifié ultérieurement; il est aujourd'hui de 50 centimes pour 100 pour les titres nominatifs et de 20 centimes pour 100 pour les titres au porteur; mais la taxe n'est pas soumise aux décimes. — *V.* 6947.

Le droit doit être perçu d'après les règles applicables aux titres des sociétés (Rouen 24 mai 1876, 4509 R. P.; — Cass. 12 fév. 1877. 4603 R. P.).

6943. Obligation non négociable.—De même que les lois de 1850 et de 1857 n'ont assujetti aux droits spéciaux de timbre et de transmission édictés par elles que certaines actions et obligations des sociétés, celles-là seulement qui ont la forme de titres négociables et ne s'appliquent pas, suivant l'art. 25 L. 5 juin 1850, aux actions dont la cession n'est parfaite, à l'égard des tiers, qu'au moyen des conditions déterminées par l'art. 1690 C. C.; de même on doit conclure des termes du rapport de la commission du budget de 1871 que les droits de transmission établis par l'art. 11 L. 16 septembre 1871 ne s'appliquent, comme les droits de timbre établis par le ch. 2 tit. 2 L. 5 juin 1850 et par l'art. 27 de cette loi, qu'aux obligations négociables des départements, des communes et des établissements publics, c'est-à-dire aux titres d'obligations dont la cession, pour être parfaite à l'égard des tiers, n'est pas soumise aux dispositions de l'art. 1690 C. C. — Ne sont donc pas soumises aux droits et taxes de transmission établis par la loi du 16 septembre 1871 les obligations qui ne sont pas représentées par des titres négociables et qui résultent seulement d'actes ou de contrats constatant un prêt fait à un département, une commune ou un établissement public, par une personne dénommée, sous des conditions convenues de remboursement, et dont le transport ou la cession doit, pour produire effet à l'égard des tiers, être suivi, soit d'une signification faite au débiteur par un acte extrajudiciaire, soit d'une acceptation faite par le débiteur dans un acte authentique, conformément aux dispositions de l'art. 1690 C. C. — Ces contrats de prêt sont généralement rédigés par des actes authentiques ou synallagmatiques, signés par le prêteur et l'emprunteur, sur du papier revêtu du timbre ordinaire de dimension; ils pourraient également être représentés par de simples reconnaissances civiles souscrites en la forme unilatérale par le débiteur au profit du prêteur. Ces obligations ne sont pas soumises aux droits de timbre et de transmission établis par les lois des 5 juin 1850 et 16 septembre 1871; mais, en cas de cession, le transport présenté nécessairement à l'enregistrement, pour être signifié ou accepté, est passible du droit ordinaire de 1 pour 100 établi par l'art. 69 § 3 n° 3 L. 22 frimaire an 7. — Ces observations, que nous empruntons au J. du not. sont conformes aux principes que nous avons énoncés au n° 6932. — *V.* 6973

6944. Conversion. — L'art. 8 L. 23 juin 1857 ayant été étendu par la loi du 16 septembre 1871 aux obligations négociables des départements, communes et établissements publics, il en résulte que les souscripteurs de ces obligations peuvent exiger la conversion des titres au porteur en titres nominatifs, lors même que cette opération n'a pas été prévue dans l'acte d'emprunt (*Conf.* : 14766 C.).

6945. Certificats définitifs. — De même, la délivrance d'obligations communales et départementales définitives en échange de simples promesses de titres ne donne pas lieu à la perception du droit de transmission.

6946. Dessèchement des marais. — Par suite du caractère limitatif des exceptions, il faudrait reconnaître que les sociétés constituées pour le dessèchement des marais ou pour d'autres travaux d'utilité publique seraient soumises au droit commun de la loi de 1857 si la loi approbative de leurs statuts ne renfermait aucune disposition contraire.

6946 *bis*. **Transmission conforme à l'article 1690 C. c.** — La loi du 23 juin 1857, comme celle du 5 juin 1850, ne s'applique pas aux titres cessibles conformément à l'art. 1690 du C. c. (Sol. 26 fév. 1878). — V. 6925.

6947. Double quotité du droit de transmission. — Le droit de transmission varie de quotité selon la nature des titres. La loi du 23 juin 1857 contient à cet égard les distinctions suivantes :

« Art. 6. Indépendamment des droits établis par le tit. 2 L. 5 juin 1850, toute cession de titres ou promesses d'actions et d'obligations dans une société, compagnie ou entreprise quelconque, financière, industrielle, commerciale ou civile, quelle que soit la date de sa création, est assujettie, à partir du 1er juillet 1857, à un droit de transmission de 20 centimes par 100 francs de la valeur négociée. — Ce droit, pour les titres au porteur et pour ceux dont la transmission peut s'opérer sans un transfert sur les registres de la société, est converti en une taxe annuelle et obligatoire de 12 centimes par 100 francs du capital desdites actions et obligations, évalué par leur cours moyen pendant l'année précédente, et, à défaut de cours dans cette année, conformément aux règles établies par les lois sur l'enregistrement.

« Art. 7. Le droit pour les titres nominatifs, dont la transmission ne peut s'opérer que par un transfert sur les registres de la société, est perçu au moment du transfert pour le compte du Trésor, par les sociétés, compagnies et entreprises, sauf recours contre les porteurs des titres. »

Ces dispositions ont été complétées en ces termes par l'art. 9 L. 16 septembre 1871 :

« A dater du 15 octobre 1871, les droits de 20 centimes pour 100 francs de la valeur négociée sur les titres nominatifs et de 12 centimes sur les titres au porteur, établis par l'art. 6 L. 23 juin 1857, sont respectivement élevés à 50 centimes et à 15 centimes. « Ces droits seront applicables à la transmission des obligations des départements, des communes et des établissements publics et de la société du Crédit foncier. »

Les droits qui précèdent étaient soumis aux décimes.

Depuis lors le tarif a été encore modifié.

La loi du 30 mars 1872 avait élevé à 25 centimes la taxe annuelle des titres au porteur (3441 R. P., 2445 I. G.).

Tarif actuel. — La loi du 29 juin 1872 a abrogé cette disposition et l'a remplacée par la suivante, qui est actuellement en vigueur :

« A partir de la promulgation de la présente loi, le taux des droits et taxes établies par la loi du 23 juin 1857 et par celles des 16 septembre 1871 et 30 mars 1872, est réduit, savoir : à 50 centimes par 100 francs pour la transmission ou la conversion des titres nominatifs, à 20 centimes pour la taxe à laquelle sont assujettis les titres au porteur. Ces droits et taxes ne sont pas soumis aux décimes. »

1. MOTIFS DE LA LOI. — Il est facile de s'expliquer le motif pour lequel le législateur n'a pas édicté un tarif uniforme. En effet, lorsqu'il a voulu soumettre à la formalité obligatoire de l'enregistrement les cessions d'actions ou d'obligations sociales dispensées de l'impôt par l'art. 15 L. 5 juin 1850, il s'est trouvé en présence d'une grave difficulté pour assurer la perception du droit. Les titres d'une compagnie sont, en effet, de deux sortes. Les uns se transmettent au moyen d'une déclaration souscrite par le cédant sur les registres de la société, et forment, tant au regard de la compagnie que des tiers, l'acte même de transport. Les autres, et de ce nombre sont toutes les actions ou obligations au porteur, peuvent passer de main en main, soit par la simple tradition du certificat d'action, soit par des endossements ou des cessions sous seing privé dont rien n'oblige les contractants à donner connaissance à la société. Il était facile d'atteindre les transferts opérés par les déclarations faites sur les registres, puisque l'Administration peut se faire communiquer ces derniers documents à toute réquisition. Mais il était impossible de découvrir de même les autres cessions. Par conséquent, si l'on s'était borné à établir une taxe pour chaque transfert, la plus grande partie des cessions opérées par endos ou par acte sous seing privé auraient échappé à la perception. La loi a adopté une combinaison différente. Quand le transfert du titre doit s'opérer au moyen d'une déclaration sur les registres sociaux, c'est-à-dire quand le Trésor a la possibilité juridique de connaître ce transfert, l'impôt se perçoit à chaque mutation effective, au taux de 50 centimes pour 100. Lors, au contraire, qu'il s'agit de titres dont la cession peut avoir lieu entre les parties par un moyen qui ne se révèle pas de lui-même à l'Administration, on a arbitré approximativement le nombre de transmissions que l'action pouvait subir dans une certaine période ; et, au lieu de frapper chaque transport réel, on a converti la taxe en un abonnement annuel de 20 centimes pour 100.

Tel est le motif des art. 6 et 7 L. 23 juin 1857, ainsi qu'il ressort des explications fournies par le rapporteur de la loi et le président de la commission du budget (Rapport de M. Alfred Leroux, *Moniteur* du 7 mai 1857, annexe 1re p. 35. — Observations de Lequien, *Moniteur* du 25 mai 1857, 2038 R. P.).

Le texte des art. 6 et 7 de la loi est d'ailleurs fort clairement rédigé. Il ne soumet au droit de 20 centimes (50 cent.) que les titres nominatifs dont la transmission *ne peut s'opérer que par un transfert* sur les registres de la société. En d'autres termes, la cession tarifée à ce droit est uniquement celle qui se constate *entre les parties* à l'aide de la déclaration passée sur les registres et dont cette déclaration forme le titre ou l'instrument. Il ne suffit donc pas que le transfert, opéré entre le cédant et le cessionnaire au moyen d'un acte privé ou d'un endossement, soit soumis pour être valable à l'égard de la société à une inscription sur les registres de celle-ci ; il faut essentiellement que le transfert s'opère lui-même par la déclaration.

C'est dans l'examen des termes et des effets, des statuts de chaque compagnie qu'il faut chercher la solution de la difficulté. « Au milieu des prétentions contraires, disait M. le conseiller Rieff devant la chambre civile C. cass., le 5 mars 1867, les arrêts sont partis d'un principe unique : on a toujours recherché avec soin où était réellement l'acte translatif de propriété. Cette propriété ne pouvait-elle être complètement acquise que par le transfert, alors il n'y avait lieu qu'au droit de 20 (50) centimes à chaque transmission ; chaque fois au contraire qu'il a paru que la transmission de propriété était entière sans les transferts, la cour a donné force à la loi et assuré la taxe par abonnement. »

2. JURISPRUDENCE. — La jurisprudence de la cour a éprouvé cependant un moment d'hésitation.

Après avoir, comme on le verra plus loin, maintes fois consacré la règle que, pour écarter l'application de la taxe annuelle, la déclaration de transfert sur les registres devait être le titre même de la cession entre les parties et non pas seulement une condition de sa validité à l'égard de la société, elle a énoncé la doctrine contraire dans deux arrêts du 26 janvier 1869. — Il s'agissait alors des statuts de deux sociétés portant que les titres seraient transmis par un acte notarié ou par un endossement, mais que ces actes notariés ou ces endossements pour être valables au regard de la société, devraient être inscrits sur les registres. L'Administration, suivant la jurisprudence, soutenait que l'inscription sur les registres, n'ayant trait qu'à la validité de la cession à l'égard de la société, ne constituait pas le titre de la mutation entre les parties, que dès lors la taxe annuelle était exigible. Mais la cour a rejeté cette prétention en se fondant, d'une part, sur ce que le droit annuel n'est dû que quand l'Administration est dans l'impossibilité absolue de suivre le mouvement des titres, et d'autre part, sur ce que l'obligation d'inscrire la cession sur les registres étant une condition nécessaire pour rendre la mutation valable au regard de la société, présentait au Trésor les mêmes garanties qu'une déclaration de transfert ordinaire.

Ces arrêts du 26 janv. 1869 sont ainsi conçus :

« Attendu, en principe, que le droit proportionnel d'enregistrement est dû seulement sur chaque mutation et sur l'acte qui l'a constaté ; que ce principe a de nouveau été consacré par la loi du 23 juin 1857, qui soumet toute cession de titres créés par les sociétés civiles, commerciales ou industrielles, au droit de 20 centimes (50 cent.) par 100 francs de la valeur négociée, toutes les fois qu'il est possible de saisir la transmission dans sa réalisation véritable ; que si le droit, pour les titres au porteur et pour ceux dont la transmission peut s'opérer sans un transfert, sur les registres de la société, est converti en une taxe annuelle, cette exception, fondée sur l'impossibilité absolue où est la Régie de suivre le mouvement de ces derniers titres, doit être renfermée dans ses limites légales, et qu'en dehors de ce cas qu'elle prévoit, il y a lieu d'appliquer la règle générale ; — attendu, en fait, que, d'après l'art. 8 des statuts de la Société de Liévin, les actions nominatives sont transmissibles, conformément à l'art. 36 C. com., par une déclaration de transfert faite sur un registre à ce destiné ; que ces actions peuvent aussi être transmises par toute autre voie légale, mais avec cette restriction, toutefois, que les mutations ainsi opérées n'auront d'effet *à l'égard de la Compagnie* que par la notification et la délivrance qui lui seront faites par actes extrajudiciaires de titres authentiques, dont les originaux ou expéditions resteront à l'Administration ; que mention de ces mutations sera faite sur le livre des transferts ; que ces mentions de mutations, aussi bien que les transferts, sont soumises au même contrôle, aux mêmes formalités, et donnent également lieu à la délivrance d'un nouveau titre à l'ayant droit ; attendu qu'il résulte de l'ensemble de ces dispositions, qui ne peuvent être divisées, que la mention sur le registre des transferts de la mutation opérée par acte authentique n'est pas une simple mesure d'ordre intérieur, mais une condition essentielle pour rendre la mutation valable et efficace *au regard de la Société*, et conférer au concessionnaire le titre et la qualité d'actionnaire ; que cette mention, devant se faire sur le même registre que les déclarations de transfert, présente les mêmes garanties pour la perception du droit de 20 centimes (50 cent.) spécial à chaque mutation ; que dès lors... » (2836 et 2898 R. P., B. C. 23 et 24, S. 69-1-322 et 324, D. 69-1-354 et 355, 19546 C.).

Ainsi que nous l'avons fait remarquer en rapportant les arrêts précédents, le terrain du débat se trouvait déplacé puisqu'il s'agissait désormais de prouver, non plus que la déclaration de transfert était le titre de la cession entre les parties, mais que le mode de cession pris par les statuts devait donner inévitablement connaissance de la mutation au Trésor.

L'Administration n'a pas suivi la cour dans cet écart de jurisprudence, et tout porte à croire que la cour n'y a pas persévéré. — En effet, dans les derniers arrêts qu'elle a rendus sur la matière, elle s'est bien gardée de reproduire la doctrine nouvelle des deux arrêts du 26 janvier 1869.

Elle s'est bornée à décider, dans l'un d'eux, comme l'avaient fait les arrêts antérieurs, que la taxe annuelle était due dans l'espèce qui lui était soumise, parce que les mentions de l'endos à inscrire sur les registres n'étaient qu'une mesure d'ordre sans influence sur la validité de la cession entre les parties (Cass. 8 déc. 1869, 3038 R. P., 19825 J. N., 2685 Rev., 2398-4 I. G., Bull. 221, S. 70-1-177, D. 70-1-409, P. 70-407).

La cour a, dans l'autre arrêt, plus nettement encore affirmé les principes : « Attendu, a-t-elle dit, qu'il résulte des dispositions combinées de la loi du 23 juin 1857 et du décret du 17 juillet suivant, portant règlement pour l'exécution de ladite loi, que les causes et la base de la perception du droit, aussi bien que la quotité même, diffèrent suivant qu'il s'agit des titres de l'une ou de l'autre catégorie ; qu'en effet, tandis que le droit de 20 centimes (50 cent.) est acquis au Trésor seulement par le fait de la transmission des titres auxquels il est applicable, au contraire la taxe annuelle de 12 centimes, en raison même de l'impossibilité de constater par l'inspection des registres, la transmission des actions et obligations qui y sont assujetties, devient exigible, comme forfait, par cela seul que les titres existent et peuvent être transmis » (Cass. civ. 6 avr. 1870, 3101 R. P., 14568 C., 19937 J. N., Bull. 76, 2402-8 I. G., S. 70-1-273, D. 70-1-412, P. 70-677).

Enfin, cette jurisprudence a été confirmée d'une manière que nous croyons définitive par un dernier arrêt du 28 fév. 1876, portant : « Attendu que, dans l'espèce, les actions de la compagnie d'éclairage au gaz de la ville de Brest ont été créées au porteur par les statuts sociaux et déclarées transmissibles par la simple tradition manuelle ; qu'à la vérité, une délibération du 5 fév. 1843 imposait aux actionnaires, en cas de cession de leurs actions, la condition de donner connaissance, par écrit et à leurs frais, de la transmission au gérant, qui devait consigner immédiatement le transfert sur un registre spécial ; mais que, d'une part, l'avis à donner au gérant par le cédant ne suspendait pas l'exercice des droits du cessionnaire, et avait ainsi uniquement pour objet de renseigner la compagnie sur les détenteurs du titre en circulation, et que, d'un autre côté, le transfert imposé au gérant après la réception de l'avis n'avait rien de commun avec la déclaration translative de propriété exigée pour l'application du tarif de 20 centimes, puisqu'il n'intervenait qu'après la transmission et était accompli par un tiers, sans la participation du cédant et du cessionnaire. » (N° 4367 R. P.). — V. aussi Cass. 12 fév. 1877, 4603 R. P.).

Nous tenons donc qu'il faut en revenir aux anciens errements et examiner, pour se décider en faveur de l'un ou l'autre droit, si la cession s'opère entre les parties par la déclaration même de transfert.

La matière est toute d'appréciation ; il suffira de parcourir brièvement les différents cas soumis à la jurisprudence.

6948. Endossement. — Aucun doute n'existe d'abord sur l'exigibilité du droit annuel, quand les titres nominatifs sont stipulés cessibles par un simple endossement. Ce mode de transfert échappe complétement à la vigilance du Trésor et les mutations successives qu'il opère entre les parties seraient aisément soustraites à la perception de l'impôt. En vain objecterait-on que le cessionnaire, pour obtenir le payement des dividendes ou des intérêts, doit nécessairement faire inscrire son endossement sur les registres de la société ou lui en dénoncer l'existence, toutes choses dont les préposés peuvent avoir connaissance, car la cession a été complète sans ces formalités, et elles ne seraient d'ailleurs nécessaires que pour le dernier cessionnaire dont la notification tardive couvrirait ainsi toutes les mutations intermédiaires (Seine 16 mars 1860, 1331 R. P., 17135 J. E., 11766 C. 18 août 1866, 2366 R. P.).

6949. Endossement et visa. — Il en est de même quoique les statuts de la compagnie obligent expressément le cessionnaire à faire viser l'endos par le gérant ou les administrateurs. « Attendu, porte un arrêt de cass. du 4 avril 1860, qu'aux termes des statuts, les titres des actions de la société houillère de l'Aveyron sont stipulés à ordre ; qu'ils sont aliénables par la voie de l'endossement et que cet endossement transmet à l'acquéreur la propriété de l'action ou des actions ; qu'il suit de là que la transmission des titres de ladite société s'opère sans qu'il soit besoin d'une déclaration de transfert sur les registres de la compagnie, l'endossement ayant, pour ce cas, l'effet que, d'après l'art. 136 C. com., il a pour la lettre de change, celui d'en transférer la propriété ; attendu que, si le même article exige le visa de l'endossement par le comité d'administration et sa transcription sur un registre, cette mesure d'ordre intérieur n'est nullement nécessaire à la transmission des actions, laquelle s'est effectuée avant l'accomplissement de cette double formalité » (1331 R. P., 2174-3 I. G., 11753 C., 16832 J. N., S. 60-1-811, P. 60-468, 60-1-260). — *V.* le jugement confirmé : Seine 13 août 1859, 16757 J. N., 17039 J. E.).

1° Le tribunal d'Auxerre a également décidé, le 22 janvier 1862, que la taxe de 12 centimes (20 cent.) est exigible lors même que d'après les statuts de la société, le cessionnaire ne pourrait exercer ses droits avant d'avoir fait viser la mention de la cession par les gérants et de l'avoir fait transcrire sur les registres de la société, 17431 J. E. — *V.* aussi dans le même sens : (Seine 1er juin 1861, 12027 C. et Mulhouse 14 nov. 1861, 12127 C., 17407 J. N.) ;

2° La cour suprême a appliqué ce principe dans une espèce très-caractéristique. Les statuts d'une société portaient que ses actions nominatives pourraient se transmettre par voie de simple endossement, mais que cependant la transmission ne serait parfaite vis-à-vis de la société qu'après l'approbation du président, l'émargement de l'endos, le visa sur la souche de l'action et l'inscription sur le registre des transferts. Malgré ces nombreuses formalités, la cour a reconnu dans un arrêt du 2 février 1863, cassant un jugement de Barbezieux, du 31 décembre 1861, « que, si, pour obtenir effet vis-à-vis de la société, l'endossement doit être suivi de certaines conditions et formalités, aucune d'elles ne constitue un transfert sur les registres, mais seulement des indications, approbations et visas émanant des agents de la société, que la transmission ne résulte donc pas d'un transfert sur les registres de la société, mais de l'endossement qui a précédé ces formalités et qui est le titre légal de la mutation » (1735 R. P., 2244-2 I. G., 17640 J. N., 12396 C., 17609 J. E., S. 63-1-215. — *Contrà* Cognac 8 avr. 1867, 13281 C.).

6950. Endossement et transfert. — 1. PRINCIPE. — Dans l'espèce qui a donné lieu à l'arrêt du 2 février 1863 qui précède, l'endos devait être accompagné d'une inscription sur les registres sociaux, et c'est là une stipulation que les statuts reproduisent fréquemment. Quand il est démontré que le transfert sur les registres n'est imposé que comme condition de validité de la cession à l'égard de la compagnie, on décide qu'elle ne suffit pas pour affranchir de la taxe d'abonnement. En effet, la cession s'opère complétement alors entre les parties elles-mêmes au moyen de l'endossement, et l'inscription au registre devient une simple formalité d'exécution analogue au visa des administrateurs ou à la notification de l'acte à la société. — Aussi, la cour suprême a-t-elle reconnu de nouveau, le 27 février 1866, que, quand les actions nominatives d'une société sont transmissibles par la voie de l'endossement et par une déclaration de transfert faite dans le mois sur les registres de la société, la taxe annuelle est exigible, si cette déclaration a simplement pour but de faire connaître à la société le nouveau titulaire : « Attendu, porte l'arrêt, que si l'art. 7, des statuts dispose que les actions sont transférables par la voie de l'endossement et par une déclaration de transfert faite dans le mois sur les registres de la société, cette déclaration n'est prescrite que comme une mesure d'ordre intérieur, puisque, d'après la clause finale du même article, elle n'a d'autre but que celui de faire connaître à la société le nouveau titulaire de l'action déjà cédée en vertu de l'endossement » (2270 R. P., 2348 § 5 I. G., S. 66-1-174, D. 66-1-121).

La même interprétation a prévalu dans des jugements de Cognac du 11 juin 1864 (1571 R. P., 17378 J. E.), de Mulhouse du 17 juin 1864 (18243 J. N.), de Dunkerque du 23 juin 1864, de Saint-Malo du 4 février 1865 (2038 R. P.), de la Seine du 18 août 1866 (2366 R. P.) ; de Lyon du 20 mars 1865 (18387 J. E.) et de Pau du 18 fév. 1875.

2. HÉSITATIONS DE LA JURISPRUDENCE. — Il s'est néanmoins produit sur cette question un revirement de jurisprudence dont nous avons déjà parlé ci-dessus (N° 6947). — Un arrêt de la ch. civ. du 26 janvier 1869, a décidé que si les statuts d'une compagnie portent que les titres d'actions nominatives seront transmissibles par la voie d'un endossement ne devant avoir d'effet, *à l'égard de la société*, qu'après régularisation du transfert par le cédant et le cessionnaire sur un registre tenu au siége social, le droit de 50 centimes par 100 francs est seul exigible à l'exclusion de la taxe annuelle : « Attendu, décide cet arrêt, en fait, que, si l'art. 9 des statuts de la société Noël et Ce porte que les actions de la société sont transmissibles par voie d'endossement, il dit aussi que la transmission n'aura d'effet à l'égard de la société qu'autant que le transfert aura été régularisé par le cédant et le cessionnaire sur un registre spécialement tenu au siége de la société ; que la restriction que renferme cette dernière disposition est formelle ; que la déclaration qu'elle exige et

du cédant et du cessionnaire constitue, non une simple mesure d'ordre intérieur, mais une condition essentielle de la transmission du titre et qui se rattache à l'endossement dont elle est le complément; que la transmission des actions dont il s'agit ne s'opérant ainsi, d'une manière définitive, qu'au moyen d'un transfert sur les registres de la société, rentrait par conséquent dans la règle générale et ne pouvait, dès lors, être assujettie à la taxe exceptionnelle de 12 centimes (20 cent.) par 100 et par an du capital social » (2398 R. P., B. C. 24, S. 69-1-324, D. 69-1-355, 19546 J. N.).

Un arrêt semblable a été rendu le même jour à propos des transferts opérés par actes notariés (N° 6951). Mais nous avons expliqué (n° 6947 § 2) que cette jurisprudence nouvelle ne devait pas être acceptée et que la cour n'y persistait pas. — Ainsi elle a déc dé postérieurement que, lorsque les actions nominatives d'une société sont stipulées transmissibles par un endossement et un transfert sur les registres sociaux, la validité de la transmission ne dépend pas nécessairement du concours de ces deux formalités; et, s'il est établi qu'en fait la société ne tient pas de registres et que les endossements sont seulement mentionnés pour ordre dans ses écritures, la taxe annuelle est exigible : « Attendu que de telles mentions sont dépourvues de tout effet juridique, et ne peuvent être considérées que comme de simples mesures d'ordre intérieur, destinées à faire connaître à la société les nouveaux titulaires des actions déjà cédées en vertu de l'endossement; qu'ainsi, l'endossement seul assure la transmission du titre; et que, dès lors, la transmission pouvant s'effectuer sans un transfert sur les registres de la société, il en résulte que la taxe annuelle et obligatoire de 12 centimes (20 cent.) par 100 francs du capital des actions qualifiées nominatives était exigible » (Cass. civ. 8 déc. 1869, 3038 R. P., 19815 J. N., 2685 Rev., 2398-4 I. G., Bull. 221, S. 70-1-177, D. 70-1-409, P. 70-407). — V. aussi les deux arrêts des 28 fév. 1876 et 12 fév. 1877, indiqués n° 6947 § 2.

3. BUT DU TRANSFERT. — Il y a plus de difficultés lorsque rien n'indique le but du transfert et que l'acte de société se borne à l'insérer concurremment avec l'endos, comme mode de cession des titres. Il semble cependant qu'on doive, dans cette hypothèse encore, appliquer la taxe annuelle. Le résultat ordinaire de l'endossement est, en effet, de transmettre pleinement, à lui seul, la propriété du titre; il n'est besoin pour cela d'aucune autre formalité. Si donc les parties voulaient subordonner cette transmission à quelque fait postérieur, elles auraient à le déclarer en termes exprès, puisque leur convention dérogerait au droit commun de l'endos et aux conséquences légales qui s'y rattachent. A défaut d'une manifestation formelle de volonté sur ce point, la présomption est que l'endos conserve ses effets ordinaires et que le transfert, dont il est accompagné, constitue une simple mesure d'ordre prise par la société à l'égard des cessionnaires, mais sans influence sur la perfection de l'acte entre les parties (V. cependant les motifs de l'arrêt du 5 mars 1867, 2438 R. P., 18800 J. N., 2398-4 I. G., Bull. 53, S. 67-1-137, D. 67-1-116).

4. DÉCLARATION FORMELLE DES STATUTS. — La solution est nécessairement différente lorsque les statuts déclarent, d'une façon catégorique, que la cession du titre ne sera valable, à l'égard des parties elles-mêmes, que si l'endossement est accompagné d'une déclaration de transfert sur les registres. L'endossement ne suffit plus alors pour investir le cessionnaire de la propriété du titre, il prépare seulement le transfert, et le cédant n'est dépouillé de ses droits qu'au moment où la déclaration est inscrite avec les signatures nécessaires sur les registres de la société. Aussi le droit de 20 centimes est-il alors seul exigible (Mulhouse 14 nov. 1861, 1625 R. P., 12127 C., 17407 J. E., 17 juin 1864, 18243 J. N., 2348 R. P.; — Cass. 5 mars 1867, 2438 R. P., 18800 J. N., 18339 J. E., 1935 C., 2398-4 I. G., S. 67-1-137, D. 67-1-116).

5. PRÉEMPTION. — Il en est ainsi spécialement quand la compagnie a la faculté d'exercer le droit de préemption, lors de l'inscription du transfert sur le registre social : « Attendu, porte un arrêt de cass. du 5 mars 1867, que la société s'étant réservé un droit de préemption à chaque mutation de propriété de ses actions, il en résulte que l'endossement seul ne donne au cessionnaire qu'une propriété en quelque sorte provisoire, puisqu'elle peut être annulée par le droit de préemption qu'exercerait la société, de telle façon que ce n'est que le transfert qui, en établissant l'intervention de la société dans la cession de l'action, conserve à l'égard des tiers et d'une manière entière et définitive le droit de propriété de celui qui n'avait encore obtenu qu'un droit incomplet par l'endossement » (Cass. 5 mars 1867, 2438 R. P., 1935 Rev., 18801 J. N., 18338 J. E., 2398-4 I. G., Bull. 53, S. 67-1-137, D. 67-1-116).

6. ARRÊTÉ MUNICIPAL. — Mais il a été reconnu que la taxe annuelle est applicable aux obligations nominatives d'une ville stipulée transmissible conformément au droit commun, alors même qu'il serait déclaré, dans un arrêt du maire, que le transfert aura lieu à la mairie en présence d'un agent de change, si cette disposition ne touche pas à la validité de la cession entre les parties et constitue une simple mesure d'ordre (Cass. 12 fév. 1877, 4603 R. P.).

6951. Acte authentique ou sous seing privé. — Il ne suffirait pas, pour échapper au droit annuel, de stipuler que les titres seront cessibles par acte sous seing privé ou notarié, au choix des parties. Le transport sous seing privé peut avoir lieu, en effet, par une convention secrète dont l'existence ne se révèle pas nécessairement à l'Administration ; et cette circonstance, jointe aux termes généraux de l'art. 6 de la loi de 1857, ne permet pas de lui appliquer le tarif spécial aux cessions qui se réalisent par une déclaration sur les registres. La position ne serait pas différente, quand même les statuts ajouteraient que l'acte sous seing privé ou notarié sera notifié à la compagnie ou qu'une copie lui en sera remise. Cette remise ou cette signification a le caractère d'une formalité extrinsèque du transport, uniquement destinée à en régulariser les résultats à l'égard de la compagnie (Sol. 27 juin 1864, 2038 R. P.; — Seine 18 août 1866, 2366 R. P.; — Cass. 28 nov. 1866, 2385 R. P., 2356 § 2 I. G., 18654 J. N., 13193 C., 1915 Rev., S. 67-1-139 ; — Cass. 3 déc. 1866, 2386 R. P., 2356 § 3 I. G., 1840 Rev., 18712 J. N., 13193 C., S. 67-1-40).

Ces deux derniers arrêts sont ainsi conçus :

1° Arrêt du 28 novembre 1866 : « Attendu, en fait, qu aux termes de l'art. 8 des statuts modifiés de la Société houillière de Béthune, les actions de cette société sont nominatives et que la transmission s'en opère par un acte sous seing privé ou notarié, dont un double ou une expédition sera remis au conseil d'administration contre récépissé ; qu'il suit de là que le transfert, sur les registres de la société, n'est pas nécessaire pour la validité de la transmission, et que la tenue d'un registre, destiné à recevoir les déclarations de transfert, n'est pas même exigée; attendu que la remise prescrite d'un double ou d'une expédition de l'acte de cession au conseil d'administration n'est qu'une mesure d'ordre intérieur qui n'ajoute rien à la perfection de la cession, ou du moins en ce qui concerne ses effets entre le cédant et le cessionnaire ; »

2° Arrêt du 3 décembre 1866 : « Attendu qu'à l'égard de toutes les transmissions par voie d'endossement, d'actes sous signatures privées *ou même authentiques*, qui ne donnent pas à la Régie une connaissance également certaine des mutations, la loi les frappe d'un droit annuel par forme d'abonnement de 12 centimes (20 cent.) par 100 francs du capital, au cours moyen de l'année précédente ; attendu, en fait, que, d'après l'art. 11 des statuts de la société demanderesse, les actions de cette société peuvent être transférées par acte notarié ou sous seing privé, qu'aucune disposition n'exige le transfert sur les registres de la société pour la validité de la mutation ; que les diverses stipulations des art. 11, 12 et 18, dont excipe la demanderesse, ont seulement pour but d'assurer à la société un droit de retrait ou de préemption sur les acquéreurs autres que les associés, les héritiers ou donataires des associés ; qu'elles ne sont aucunement nécessaires à la validité de la transmission entre le cédant et le cessionnaire ; qu'elles créent seulement une condition résolutoire qui présuppose au contraire une transmission parfaite quoique résoluble sous condition. »

1. ACTE AUTHENTIQUE. — Mais en serait-il encore de même si, d'après le statut social, la cession ne pouvait avoir lieu entre les parties qu'au moyen d'un acte authentique dont la mention serait faite sur les registres sociaux ?

La négative a été admise, en ces termes, par la cour, dans un arrêt de la chambre civile du 26 janvier 1869 : « Attendu, en fait, que, d'après l'art. 8 des statuts de la société de Liévin, les actions nominatives sont transmissibles, conformément à l'art. 36 C. com., par une déclaration de transfert faite sur un registre à ce destiné ; que ces actions peuvent aussi être transmises par toute autre voie légale, mais avec cette restriction, toutefois, que les mutations ainsi opérées n'auront d'effet, à l'égard de la compagnie, que par la notification et la délivrance qui lui seront faites par actes extrajudiciaires de titres authentiques, dont les originaux ou expéditions resteront à l'Administration ; que mention de ces mutations sera faite sur le livre des transferts ; que ces mentions de mutations, aussi bien que les transferts, sont soumises au même contrôle, aux mêmes formalités, et donnent également lieu à la délivrance d'un nouveau titre à l'ayant droit ; attendu qu'il résulte de l'ensemble de ces dispositions, qui ne peuvent être divisées, que la mention sur le registre des transferts de la mutation opérée par acte authentique n'est pas une simple mesure d'ordre intérieur, mais une condition essentielle pour rendre la mutation valable et efficace au regard de la société, et conférer au concessionnaire le titre et la qualité d'actionnaire, que cette mention, devant se faire sur le même registre que les déclarations de transfert, présente les mêmes garanties pour la perception du droit de 20 centimes (50 cent.), spécial à chaque mutation ; que, dès lors, il n'y avait lieu d'appliquer la taxe annuelle de 12 centimes (20 cent.), établie exceptionnellement lorsque l'impôt ne peut être perçu sous sa forme véritable » (2836 R. P., Bull. 23, S. 69-1-322, D. 69-1-354, 19491 J. N.).

Mais cet arrêt repose sur un principe contraire à la jurisprudence antérieure de la cour, à savoir que la taxe annuelle cesse d'être exigible, non plus seulement quand la cession s'opère entre les parties par la déclaration de transfert sur les registres, mais par un mode quelconque devant donner inévitablement connaissance des mutations aux préposés et soumises à l'inscription sur les registres pour sa validité à l'égard de la société. Cette théorie a été combattue précédemment (6947-1 et 6950). On peut croire quelle est actuellement abandonnée par la cour.

Nous n'ignorons pas qu'il est fort rigoureux de décider qu'une cession par acte notarié n'équivaut pas à la cession opérée par la déclaration sur les registres. Elle offre certainement une égale garantie à l'Administration et ne peut échapper à sa connaissance. Mais la loi du 23 juin 1857 ne s'est pas arrêtée à ces considérations. Elle a rangé tous les transferts en deux catégories différemment tarifées : ceux qui s'opèrent par la déclaration sur les registres et ceux qui s'opèrent par un acte étranger. Elle n'a pas distingué parmi ces derniers entre ceux qui tombent facilement sous les yeux de l'Administration et ceux qui peuvent échapper à sa connaissance. D'après son texte formel, du moment que ces actes pour opérer le transfert *entre les parties*, n'ont pas besoin d'être inscrits sur les registres, le droit annuel est exigible. L'esprit de la loi est d'accord ici avec son texte. En effet, on a voulu assurer l'uniformité et le contrôle dans le recouvrement de l'impôt en le centralisant aux mains des sociétés. « Avec le système de la loi, disait M. le rapporteur Leroux, la perception est simple, assurée, défendue contre la fraude ; le remboursement aux compagnies n'est pas incertain, puisqu'elles opèrent par voie de retenue sur les dividendes » (*Moniteur*, *annexe* v° 37 1re col.). Si la société est seule chargée de le percevoir, il faut nécessairement reconnaître que l'acte authentique n'y donne pas par lui-même ouverture et que c'est le fait réel de l'inscription sur les registres qui en détermine l'exigibilité. Il s'ensuit que l'existence de cet acte demeure sans influence sur la perception et par conséquent qu'il y a lieu de la régler d'après l'effet même de la déclaration de transfert.

On peut invoquer, en faveur de cette interprétation, l'esprit d'un arrêt de C. cass. du 11 février 1861 (N° 1456 R. P., S. 61-1-459, 2201-3 I. G.). La cour a décidé, alors, que les actes authentiques portant cessions de titres ou promesses d'actions sociales étaient passibles du droit fixe, parce que le droit proportionnel de transmission avait dû être acquitté conformément à la loi de 1857. Il entrait donc dans la pensée des magistrats que l'acte notarié ne donnait pas lui-même ouverture à ce droit spécial de mutation, et qu'il avait dû être perçu déjà par la compagnie. Ce résultat n'est évidemment possible que si la cession authentique est assimilée à celle des titres sujets à l'abonnement : sans cela le droit spécial serait dû sur l'acte de cession lui-même (*Contrà* Béthune 23 fév. 1866, 2835 R. P.).

6952. Peine de déchéance. — Certaines sociétés, tout en permettant la cession des titres par acte sous seing privé, imposent cependant aux parties l'obligation de réitérer le contrat par une déclaration souscrite sur les registres dans un délai déterminé, à peine de déchéance. Cette pénalité ne change pas la nature de l'inscription. Elle ne saurait atteindre la convention librement consentie entre le cédant et le cessionnaire afin d'arrêter la transmission de la propriété sur la tête de ce dernier. La déchéance règle uniquement les rapports du cessionnaire avec la société, tout comme l'obligation du visa ou de la notification dans les cas ordinaires. Le droit annuel est donc exigible (Sol. 10 oct. 1863).

6953. Faculté de retrait. — On doit décider de même pour la faculté que la société se réserve dans ses statuts de retirer les actions lorsque le cessionnaire par acte sous seing privé notifiera son titre. Cette clause ne permet pas sans doute au cessionnaire de se considérer comme propriétaire définitif et incommutable des actions, mais elle forme simplement une condition résolutoire sans influence sur l'effet actuel et immédiat du transport. Le cessionnaire a un titre légal de propriété et, tant que ce titre n'est pas atteint par la résolution qui le menace, il est tout à fait semblable à une cession ordinaire. On doit, par conséquent, lui appliquer aussi la loi du 23 juin 1857 (Cass. 3 déc. 1866, 2386 R. P., 2356 § 3 I. G., 1840 Rev., 18712 J. N., 18291 J. E., 13193 C., S. 67-1-40, *arrêt rapporté* n° 6951). — Cependant cette clause de retrait peut avoir une autre signification quand elle est adjointe à la nécessité de l'endossement. — V. *suprà* n° 6950.

6954. Silence des statuts sur le mode de transfert. — On a soutenu que les sociétés qui n'ont point prévu le mode de transfert de leurs titres sont censées avoir accepté exclusivement sur ce point les règles du droit commun. Or, le droit commun, en matière de cession d'actions sociales, c'est le transfert par une déclaration sur les registres sociaux (Art. 1861 C. C., 36 C. com.). Par conséquent, dès qu'aucune partie du contrat ne révèle d'intention contraire, les cessions paraissaient devoir être traitées comme s'il avait été convenu qu'elles s'opéreraient selon le vœu de l'art. 36 C. com., au moyen d'une déclaration de transfert, c'est-à-dire, donner lieu au droit de 50 centimes. — Mais ces moyens n'ont pas prévalu. Plusieurs arrêts de cass. ont reconnu que, dans le silence des statuts sur le mode de transfert de titres, il fallait admettre que la transmission pouvait avoir lieu sans une inscription sur les registres sociaux, l'art. 36 C. com., en autorisant la transmission des actions par transfert sur les registres de la société, ayant voulu créer un mode nouveau et plus facile de transmission, mais non interdire les autres modes du droit commun. La taxe annuelle a donc été reconnue exigible (Cass. 14 déc. 1867, 2560 R. P., 19123 J. N., 14096 C., 2362-5 I. G., S. 68-1-39, D. 68-1-175, 15 déc. 1869, 3064 R. P., 2398-6 I. G., Bull. 226, S. 70-1-177, D. 70-1-410, P. 70-409, 15 mars 1870, 3100 R. P., 14546 C., 19897 J. N., 2684 Rev., 2402-5 I. G., Bull. 61, S. 70-1-270, D. 70-1-412, S. 70-673; — *Conf.* : Montpellier 9 déc. 1867, 2677 R. P.; — Compiègne, 10 janv. 1877; — *Contrà* Lure, 11 juill. 1868, 2882 R. P., cassé par l'Arr. 15 mars 1870).

L'arrêt du 14 décembre 1867 porte :

« Attendu qu'en concluant du silence des statuts que la transmission des actions pouvait s'opérer valablement sans transfert sur les registres de la société, et par tous les modes du droit commun, et que dès lors la taxe de 12 centimes était applicable, le jugement attaqué a fait une exacte application de la loi; Attendu que vainement, pour contester cette conséquence, le pourvoi soutient que l'art. 1861 C. C. et l'art. 36 C. com. suffisent pour rendre obligatoire le transfert sur les registres de la société; que l'art. 1861 est sans application aux sociétés par actions, sociétés de capitaux et non de personnes; et que l'art. 36 C. com., en autorisant la transmission des actions par transfert sur les registres de la société, a voulu créer un mode nouveau et plus facile de transmission, mais non interdire les autres modes du droit commun. »

L'arrêt du 15 décembre 1869 est ainsi conçu :

« Attendu que les statuts des sociétés de Graissessac ne déterminent en aucune façon le mode suivant lequel devront être transmises les 4,000 obligations que créent ces mêmes statuts; qu'en concluant de ce silence que la transmission de ces obligations pouvait s'opérer, non pas seulement par un transfert inscrit sur les registres de la société, mais encore par tous les autres modes de transmission autorisés par le droit commun, et que dès lors la taxe qui leur était applicable était l'abonnement annuel de 12 centimes (20 cent.) pour 100 établi par l'art. 6, le jugement n'a fait qu'une exacte application de la loi »

Enfin, l'arrêt du 15 mars 1870 porte :

« Attendu, en fait, que les statuts de la banque Marsot et Cᵉ, en créant des actions nominatives de 500 francs, n'ont rien réglé touchant le mode de transmission des actions; qu'il ne résulte d'aucune de leurs dispositions que la validité des transmissions serait subordonnée à l'intervention de la compagnie ou à la formalité du transfert; qu'ainsi, dans le silence des statuts à cet égard, la transmission des actions pouvait avoir lieu non-seulement en cette forme, mais encore suivant tous les autres modes autorisés par le droit commun, et que, dans ces circonstances, la taxe annuelle de 12 centimes (20 cent.) par 100 francs du capital des actions était exigible. »

1. CHANGEMENT DES STATUTS. — Si le mode de transfert est changé par les statuts, il faut y conformer la perception, mais à la condition que ce changement sera effectif et ne restera pas inexécuté (Cass. 28 fév. 1876, 4367 R. P.).

6955. Conversions. — L'art. 8 L. du 23 juin 1857 reconnaît à tout propriétaire d'actions et d'obligations la faculté de convertir ses titres au porteur en titres nominatifs ou réciproquement si la société admet ces deux sortes de valeurs. Mais il dispose que, « dans l'un et l'autre cas, la conversion donne lieu au droit de transmission. » Néanmoins, par une disposition de faveur transitoire, le même article a déclaré que, pendant un délai de trois mois à partir de la mise à exécution de la loi, la conversion des actions et obligations au porteur en actions et obligations nominatives serait affranchie de tout droit.

1. DISPOSITION TRANSITOIRE. — ÉTENDUE. — On n'a pas dû considérer, pour l'application de ce dernier paragraphe, si les titres au porteur avaient fait l'objet de transferts pendant le cours du délai de grâce accordé par la loi. La dispense étant générale, il est certain que la partie de la taxe annuelle correspondante au délai qui a précédé la conversion n'a pas été exigible.

D'un autre côté, il a été reconnu que la gratuité comprenait avec le droit de transmission le droit de timbre des titres nominatifs. En effet, la loi et le décret de 1857 parlent *d'affranchissement de tout droit... de conversion opérée sans payement de droits... de conversion gratuite* : le législateur a donc voulu favoriser et tout à la fois faciliter la conversion des titres au porteur en titres nominatifs, et ce double but ne serait pas atteint si les titres délivrés pour constater la conversion dont il s'agit étaient soumis à la perception d'un droit de timbre (D. m. f. 29 août 1857, 913 R. P., 2106-4 I. G.).

2. CONVERSIONS RÉSULTANT DES STATUTS. — Le propriétaire qui convertit ses titres au porteur en titres nominatifs transmissibles par une déclaration sur les registres de la société acquitte pour cette conversion le droit de 50 centimes pour 100, mais cesse de devoir, à partir de la même époque, la taxe annuelle de 20 centimes. Les sociétés peuvent prendre elles-mêmes l'initiative de ce changement et faire décider, par une modification de leurs statuts, que tous les titres seront désormais cessibles au moyen d'une déclaration sur les registres sociaux. Il n'est pas douteux que cette transformation dispense, pour l'avenir, les porteurs d'actions ou d'obligations du payement de la taxe d'abonnement (Mulhouse 14 nov. 1861, 1625 R. P., 12127 C., 17407 J. E.).

On s'est demandé si le changement opéré dans la forme des titres par la société elle-même autorise la perception du droit de 50 centimes, créé pour les conversions par l'art. 8 L. de 1857. La négative a toujours prévalu. Le droit spécial de l'art. 8 ne s'applique, en effet, qu'aux conversions volontaires; quand ces conversions résultent du changement des statuts, les actionnaires ou les obligataires sont dans la même position que des souscripteurs primitifs. Les nouveaux titres qu'ils reçoivent sont émis par la société et les intéressés choisissent alors la forme qu'ils préfèrent sans que l'on puisse voir dans cette option aucune conversion volontaire telle que la loi l'a entendue (Sol. 9 mars 1863, 18 oct. 1865, 6 sept. 1866). On pourrait cependant induire le contraire des termes d'un arrêt de cass. du 15 décembre 1869 portant: « Attendu que la société des quatre mines réunies de Graissessac, ayant remplacé les obligations originaires par des titres nominatifs ou certificats de propriété, qui ne sont plus susceptibles d'aucun autre mode de transmission que celui opéré par transfert régulier inscrit sur le registre de la société, cette compagnie a fait subir à ses titres une conversion qui donnait ouverture à l'application du droit établi par l'art. 8 L. 23 juin 1857 » (3064 R. P., 2308-6 I. G., Bull. 226, S. 70-1-177, D. 70-1-410; — *Conf.*: Montpellier 9 déc. 1867, 2677 R. P.). — Mais dans l'espèce où ces décisions ont été rendues, il s'agissait de conversions purement volontaires, et, en paraissant accorder le droit pour tous les cas où le changement du titre résulte d'une modification des statuts, la cour est allée au delà de ce que lui demandait l'Administration.

3. CERTIFICATS NOMINATIFS. — Les certificats nominatifs dont les compagnies doivent faire la remise aux titulaires d'actions ou d'obligations, ne constituent pas, à proprement parler, de nouveaux titres, mais de simples reconnaissances nominatives se rapportant à des titres anciens encore subsistant, pour lesquels l'impôt du timbre a été déjà acquitté ou est payé annuellement, par suite d'abonnement. En conséquence, le ministre des finances a décidé, le 26 sept. 1857, qu'il n'est dû aucun droit de timbre sur les certificats nominatifs délivrés par les compagnies, sociétés ou entreprises, en représentation d'actions ou d'obligations déjà soumises à la perception du même impôt (2107 I. G., 932 R. P., 16156 J. N.). Cette décision, ajoute l'instruction, emporte la dispense de toute formalité de timbre à l'extraordinaire et de visa pour timbre.

La décision du 26 sept. 1857 ne fait acception ni du temps, ni des personnes; elle s'applique donc à tous les certificats nominatifs quelle que soit l'époque de leur délivrance, et non pas seulement au premier certificat délivré pour chaque titre depuis la loi du 23 juin 1857 (D. m. f. 17 nov. 1857).

Mais l'exception ne saurait être invoquée lorsqu'il s'agit de titres nominatifs et au porteur se succédant l'un à l'autre, et emportant chacun l'annulation du titre antérieur. Il n'existe alors qu'un seul titre qui doit être timbré et à l'égard duquel les art. 20 et 21 L. 5 juin 1850 conservent leur effet, puisqu'il s'agit d'un simple renouvellement de titres, c'est-à-dire de la substitution d'un titre nouveau à un titre qui cesse d'exister. De nombreuses solutions ont été rendues dans ce sens.

Décidé spécialement que la délivrance de titres au porteur en échange de récépissés provisoires nominatifs faits par une société constituée est soumise au droit (Melun 17 juill. 1874, 19509 J. E.).

4. ÉMISSION. — OPTION. — Si les souscripteurs ont le choix entre des titres au porteur et des titres nominatifs, il y a lieu de considérer les titres comme étant nominatifs dès la constitution de la société, et la taxe annuelle n'est due qu'à partir de l'option des titres au porteur (Seine 21 juin 1878).

6955 *bis*. **Exemption.** — Les actions de certaines compagnies, telles que celles des Trois-Canaux, des Quatre-Canaux, du canal de Bourgogne, du canal d'Arles à Bouc, etc. ont été dispensées du droit de transmission par la loi qui a homologué les traités relatifs à l'exécution de ces entreprises (D. m. f. 25 mai 1838).

CHAPITRE III. — VALEURS SUR LESQUELLES LE DROIT EST ASSIS

[6956-6962]

6956. Base de la perception. — Titres nominatifs et au porteur. — L'art. 6 L. 23 juin 1857 distingue, pour l'assiette du droit de transmission, entre les titres nominatifs et les titres au porteur. Pour les premiers, c'est la valeur négociée ou le prix du transfert qui sert de base à la perception du droit de 50 centimes. — Quant aux titres dont la cession peut s'opérer sans un transfert sur les registres sociaux, la taxe de 20 centimes est établie sur le capital évalué par le cours moyen de la Bourse *pendant l'année précédente*, et, à défaut de cours moyen, dans cette année, par une déclaration estimative ordinaire.

6957. Conversion. — La loi ne contenait aucune disposition à l'égard des conversions assujetties à l'impôt de 50 centimes par l'art. 8. L'art. 3 du décret réglementaire du 17 juillet a suppléé à ce silence en décidant que les actions et les obligations seraient évaluées, savoir: celles cotées à la Bourse d'après le dernier cours moyen constaté avant le jour de la conversion, et les autres conformément à l'art. 16 L. 22 frimaire an 7 par une déclaration estimative.

6958. Cours moyen. — Aux termes de l'art. 7, Déc. 17 juillet 1857, le cours moyen devant servir de base à la perception de la taxe sur les titres au porteur, est établi en divisant la somme des cours moyens de chacun des jours de l'année par le nombre de ces cours. A l'égard des valeurs cotées dans les Bourses des départements et à la Bourse de Paris, il est tenu compte exclusivement des cotes de cette dernière Bourse pour la formation du cours moyen.

La loi est formelle au sujet de la préférence à donner à la Bourse de Paris sur celles des départements : « Vainement, porte un jugement de Saint-Etienne, du 21 avril 1874, alléguerait-on que les négociations des titres ont été à peu près nulles à la Bourse de Paris pendant qu'elles étaient journalières sur le marché local dont le cours moyen peut seul ainsi donner la valeur réelle des actions; il n'est pas permis de distinguer là où la loi ne distingue pas. »

Les sociétés doivent faire connaître ce cours moyen dans les états qu'elles remettent chaque trimestre au bureau d'enregistrement, en exécution de l'art. 5 du décret. L'indication de ce cours sera vérifiée par les préposés au moyen d'un relevé qui est remis par le syndic des agents de change au directeur de l'enregistrement de sa résidence le 1er octobre et le 1er avril de chacune des années suivantes, et adressé par extrait au receveur chargé de la recette (2104 I. G., 852 et 909 R. P.).

Le cours moyen applicable aux conversions est celui de la cote officielle de la Bourse qui précède immédiatement le jour de la conversion, c'est-à-dire de la veille, ou de l'avant veille si la conversion a eu lieu le lendemain d'un jour où la Bourse est fermée.

6959. Déclaration estimative. — Lorsque les titres ne sont cotés dans aucune Bourse, les sociétés peuvent en fixer la valeur par une déclaration estimative. Comme c'est le capital déterminé par le cours moyen *de l'année précédente* qui sert de base à la perception pour les titres transmissibles sans une déclaration sur les registres, il s'ensuit que c'est aussi l'absence de cours pendant cette année et non pas pendant l'année courante qui motive la déclaration. Les sociétés qui se sont formées dans l'année de l'exécution de la loi ont donc dû déclarer la valeur de leurs titres conformément à l'art. 16 de la loi de l'an 7, bien que ces titres aient été immédiatement admis à la Bourse (2104 I. G. n° 3 *in fine* art. 8 du Décret).

Il n'en est plus de même pour les conversions. La cote étant celle du dernier cours moyen constaté avant le jour de la conversion, la déclaration estimative n'est acceptable que quand les titres ont cessé d'être cotés au parquet; mais dès que ce fait s'est produit, et si récent qu'il soit, les sociétés doivent être admises à évaluer leurs titres à l'exclusion du cours moyen auquel ceux-ci ne sont plus soumis.

6960. Titres sans valeur. — De ce que la déclaration estimative doit porter sur la valeur des titres, il en résulte que si ces titres ont perdu tout crédit et n'ont plus aucune valeur par suite de la déconfiture de l'entreprise ou du mauvais état de ses affaires, l'impôt n'est plus exigible (Sol. 5 juill. 1866). — Mais si les titres sont seulement dépréciés, le droit est dû sur leur valeur réduite (Seine 17 janv. 1863 et 31 août 1872, 3551 R. P.). — De tels faits sont livrés à l'appréciation, mais c'est en tous cas à l'Administration à prouver, contre la déclaration négative des redevables, que les actions ou les obligations ont encore une valeur réelle-

Il a été jugé, dans un même ordre d'idées, que la cession d'actions émises antérieurement au 1er janvier 1851, étaient sujettes au droit proportionnel alors même que l'on alléguerait que les actions ont cessé d'exister par suite de leur conversion en obligations nouvelles. « Attendu que les droits d'enregistrement se perçoivent en conformité des actes soumis à l'enregistrement, que les cessions dont il s'agit contiennent transmission d'actions pour un prix déterminé; que la partie aurait à s'imputer d'avoir cédé des actions sans valeur, et que ce serait à elle de justifier que les obligations correspondantes aux numéros des actions par lui cédées ont réellement acquitté le droit de timbre » (Seine 28 déc. 1858, 1237 R. P., 16945 J. E.).

6960 *bis*. Cours moyen. — Exercices. — Le cours moyen d'un exercice sert de base à la perception pendant toute la durée de l'exercice suivant. Mais pour les titres non cotés et dont la valeur doit être déclarée par les parties, la perception n'a pas la même fixité et des extinctions peuvent varier d'un trimestre à l'autre (Sol. 17 août 1858).

6961. Titres non libérés. — Quand on achète à la Bourse une valeur non entièrement libérée, le chiffre nominal du cours de la Bourse comprend avec le prix réel le montant des versements restant à faire, mais l'acheteur déduit le montant de ce qui reste à verser pour la libération complète du titre et il ne paye que l'excédant. C'est cet excédant qui constitue le prix.

Cependant, il résultait du dernier alinéa de l'art. 5 Déc. 17 juillet 1857, qu'il ne devait être fait pour la perception du droit, aucune déduction des sommes restant à verser sur les actions ou obligations non libérées. Ainsi, une action de 500 francs vendue, cotée ou évaluée 600 francs, devait acquitter l'impôt sur cette dernière somme, quand bien même une partie du capital nominal resterait à payer à la société (2104 I. G. n° 3, 852 et 909 R. P., Sol. 20 mai 1858, 18504-1 J. E., 2707 R. P., 19322 J. N.). — Le Cons. d'Ét. s'était fondé, pour admettre cette interprétation, sur l'opinion émise dans la discussion de la loi du 23 juin 1857 au Corps législatif, par un membre de la commission qui a dit en effet, qu'il n'y a pas de déduction à faire, dans ce cas, parce que en matière d'enregistrement le droit se perçoit sur le prix même de la cession, sur la totalité du prix, dont les versements à faire font partie.

Ce mode de liquidation a été modifié par l'art. 1er L. 30 mars 1872 ainsi conçu : « A dater du 1er avril 1872, le droit de transmission de 15 centimes sur les titres au porteur de toute nature, établi par la loi du 23 juin 1857 et par l'art. 11 L. 16 septembre 1871, est fixé à 25 centimes (20 cent. actuellement) annuellement. Ce droit, ainsi que celui de 50 centimes sur la transmission des titres nominatifs, établi par l'art. 11 L. 16 septembre 1871, seront perçus à l'avenir sur la valeur négociée, déduction faite des versements restant à faire sur les titres non entièrement libérés » (3441 R. P., 2445 I. G.). — *V.* 1574.

6962. Capital nominal remboursé. — Les actions dont le capital nominal a été remboursé par la compagnie, mais qui participent à la répartition des dividendes, continuent à être soumises, soit au droit de 20 centimes (50 cent.) par 100 francs en cas de transfert ou de conversion, soit à la taxe de 12 centimes (20 cent.) par 100 francs, basée sur le cours moyen des actions de l'espèce, ou, à défaut de cours moyen, sur la valeur déclarée (2104 n° 3 I. G., 852 et 909 R. P.).

CHAPITRE IV. — LIQUIDATION ET PAYEMENT DU DROIT

[6963-6973 *bis*]

6963. Déclaration des sociétés. — Les compagnies ont été chargées (*Infrà* n° 6965) de faire la perception pour le compte du Trésor, des divers droits de transmission établis par la loi du 23 juin 1857. Mais, afin que les préposés pussent exercer utilement leur surveillance sur ce point, l'art. 1er Déc. 17 juillet 1857 a obligé les sociétés dont les titres sont sujets à l'impôt de faire au bureau de l'Enregistrement du lieu où elles auront le siége de leur principal établissement, une déclaration constatant : 1° l'objet, le siége ou la durée de la société ou de l'entreprise ; — 2° la date de l'acte constitutif et celle de l'enregistrement de cet acte ; — 3° les noms des directeurs ou gérants ; — 4° le nombre et le montant des titres émis, en distinguant les actions des obligations et les titres nominatifs des titres au porteur.

1. DÉLAI. — Cette déclaration a dû être faite avant le 15 août 1857 pour les compagnies et entreprises existant au jour de la promulgation de la loi du 23 juin, et elle est obligatoire dans le mois de leur constitution définitive pour les sociétés, compagnies et entreprises qui se forment postérieurement.

2. CHANGEMENT. — « En cas de modifications dans la constitution sociale, de changement de siége, de remplacement de directeur ou gérant, d'émission de titres nouveaux, lesdites sociétés sont également tenues d'en faire la déclaration, dans le délai d'un mois, au bureau qui aura reçu la déclaration primitive » (Même article).

3. LIEU DE LA DÉCLARATION. — Les déclarations précédentes sont reçues par le préposé, chargé de la perception des droits de mutation par décès et portées sur le registre des actes sous seing privé. A Paris, elles sont faites à l'hôtel de la direction de l'Enregistrement par les sociétés dont le siége est dans la ville même.

4. DÉPLACEMENT DE SIÉGE. — Si la société transfère ultérieurement son siége hors de l'arrondissement du bureau, elle n'est pas tenue de renouveler sa déclaration dans le lieu de sa nouvelle installation ; le receveur de l'ancien siége se borne à adresser à son collègue un extrait de son sommier, contenant toutes les énonciations de la déclaration souscrite sur son registre, et celui-ci opère le recouvrement du droit d'après cet extrait (2102 et 2104 I. G., 852 et 909 R. P.).

6964. Représentation des titres. — Prescription. — La loi n'impose pas aux compagnies l'obligation de représenter au receveur, lors de la déclaration, les titres sur lesquels elle se base. Pour faire une liquidation régulière de l'impôt, le receveur doit donc se reporter aux statuts, et, s'il néglige de le faire en acceptant comme exactes les indications des déclarants, il s'expose à commettre des erreurs de perception soumises, de même que toutes les perceptions irrégulières, à la prescription biennale de l'art. 61 L. 22 frimaire an 7. — *V.* 6981. Nous avons déjà fait la même remarque à propos des droits du timbre d'abonnement.

6965. La société est débitrice. — Suivant les art. 7 et 8 L. 23 juin 1857, le droit pour les titres transférés et pour ceux dont la conversion est demandée, doit être versé, au moment du transfert ou de la conversion, dans la caisse de la société qui en est constituée débitrice envers l'État par le fait du transfert ou de la conversion.

Quant à la taxe annuelle établie sur les titres au porteur, les sociétés, compagnies et entreprises sont tenues, d'après le même art. 7 de la loi, d'en faire l'avance, sauf leur recours contre les porteurs des titres.

1. SUPPLÉMENT DE DROIT. — Cette obligation de faire l'avance des droits s'applique aux suppléments de droits résultant d'une insuffisance comme aux droits principaux (Sol. 26 mars 1858).

2. CESSIONNAIRE. — A moins de conventions contraires, le droit avancé par la société est dû et doit lui être remboursé par le cessionnaire du titre (Sol. 6 mars 1858).

6966. Fractions. — Minimum. — Décime. — La perception ne doit être faite par les compagnies que de la manière indiquée par les lois sur l'enregistrement. Ainsi : 1° la perception suit pour chaque transfert ou conversion, les sommes et valeurs de 20 francs en 20 francs, inclusivement, sans fraction ; — 2° il ne peut être perçu moins de 25 centimes pour un transfert ou une conversion dont les sommes et valeurs ne produiraient pas 25 centimes de droit proportionnel (Art. 2 et 3 de la loi du 27 vent. an 9) ; — 3° le décime par franc qui est ajouté à tous les droits d'enregistrement, en vertu de la loi du 6 prairial an 7 et des lois de finances postérieures, et qui était perçu en sus des droits de 20 centimes et de 12 centimes par 100 francs (2104 I. G.). Ce décime n'est plus exigible — *V.* 6927, 6942, 6947.

6967. Époques de versement. — Le droit de 50 centimes et la taxe annuelle doivent être versés dans les caisses de l'Administration après l'expiration de chaque trimestre et dans les vingt premiers jours du trimestre suivant. Le premier payement par les sociétés existantes au jour de la mise à exécution de la loi a du avoir lieu du 1er au 20 octobre 1857 (2104 I. G.).

6968. Titres émis dans le courant d'un trimestre ou d'une année. — Le dernier paragraphe de l'art. 5 Déc. 17 juillet 1857 dispose que relativement aux sociétés qui seront créées, à l'avenir, après l'ouverture d'un trimestre, la taxe annuelle ne sera liquidée, pour la première fois, que proportionnellement au nombre de jours écoulés depuis la constitution de ces sociétés.

C'est donc le jour de l'émission qui sert de point de départ à l'exigibilité de l'impôt. Par conséquent, on ne saurait le faire remonter au premier jour du trimestre, si l'émission a eu lieu plus tard; non plus que le retarder au premier jour du trimestre suivant (D. m. f. 18 mai-20 juin 1865).

Cette disposition s'applique non-seulement aux titres d'une compagnie nouvellement fondée, mais encore aux titres d'une compagnie déjà existante qui fait des émissions dans le courant d'un trimestre (Sol. 18 juin 1870).

Mais s'il s'agit de titres dont l'émission était commencée antérieurement et dont un certain nombre a été vendu dans le courant du trimestre, la taxe est due pour le trimestre entier (Sol. 9 oct. 1857).

1. NOMBRE DE TITRES. — Ce qui précède est relatif à la valeur des titres. Il reste à fixer le nombre imposable de ces titres. « La taxe doit être perçue pour le trimestre entier, d'après le nombre existant au dernier jour de ce trimestre » (I. G. 2531 § 4, p. 74). Par conséquent les titres qui existaient au commencement d'un trimestre et qui ont été amortis ou convertis avant l'expiration de ce trimestre n'entrent pas dans le compte de la masse imposable pour ce même trimestre, et réciproquement un titre émis à la fin du trimestre supporte le droit pour le trimestre entier (Sol. 9 oct. 1857 et 19 juill. 1873).

6969. Bureau compétent. — Le droit est payé dans le lieu où la société a son siége social ou son principal établissement, entre les mains du receveur des successions.— Si ce principal établissement était à l'étranger, nous pensons que le droit serait dû au bureau dans le ressort duquel se trouve la succursale la plus importante en France, et, en cas de doute sur ce point, à celui que les parties désigneraient.

6970. Relevés des transferts et des conversions. — En versant les sommes dues au Trésor, le directeur ou le gérant de la société remet au receveur un relevé des transferts et des conversions effectués pendant le trimestre précédent. Ce relevé énonce : 1° la date de chaque opération; — 2° les nom, prénoms et domicile du cédant et du cessionnaire ou du détenteur des titres convertis; — 3° la désignation et le nombre des actions et obligations transférées ou converties; — 4° le prix de chaque transfert ou la valeur des actions et obligations converties; — 5° le total, en toutes lettres, de la somme soumise au droit de 20 centimes pour 100 (Déc. 17 juill. 1857, art. 2).

Le directeur ou le gérant dépose également au bureau, conformément aux articles 4 et 5 de ce décret : 1° un état spécial des transferts faits à titre de garantie et non assujettis au droit; — 2° un état de toutes les actions ou obligations au porteur existantes au dernier jour du trimestre et qui sont passibles pour le trimestre entier de la taxe annuelle. Cet état mentionne le cours moyen de la Bourse pendant l'année précédente ou, à défaut de cours moyen, une déclaration estimative. Les actions dont le capital nominal a été remboursé, mais qui donnent droit à des dividendes, y sont portées distinctement. Ces états et relevés doivent être signés et certifiés par les directeurs ou gérants, ainsi que le prescrit l'art. 6 Déc. 17 juillet 1857.

Enfin, l'art. 3 de ce même décret a imposé aux sociétés l'obligation de déposer au bureau de l'enregistrement du siége social, dans les vingt jours qui ont suivi l'expiration du délai de trois mois accordé par l'art. 8 L. 23 juin 1857, un état indicatif du nombre des titres convertis pendant ce délai sans payement de droit.

6971. Modification des statuts. — On a vu précédemment que la taxe annuelle cesse d'être due quand la société, par une modification à ses statuts, a soumis à la nécessité de l'inscription sur les registres pour leur validité entre les parties les cessions qui s'opéraient antérieurement d'une façon différente. Cet affranchissement part du jour même de la modification régulièrement consentie (Sol. 9 mai 1863).—Il n'est pas nécessaire que la délibération prise à cet égard soit publiée dans les formes légales ou déposée en l'étude d'un notaire pour être opposée à l'Administration; puisque celle-ci peut se faire représenter à chaque instant les registres sociaux, elle a le moyen de connaître la délibération aussitôt qu'elle est prise et cette publicité suffit (Mulhouse 14 nov. 1861, 1625 R. P., 12127 C., 17407 J. E.).

6972. Donation. — Succession. — Lorsqu'un héritier ou légataire, un donataire ou un cessionnaire a payé au bureau de l'enregistrement, pour des titres nominatifs, le droit de mutation par décès, le droit de donation ou le droit déterminé par l'art. 69 L. 22 frimaire an 7 pour les cessions à titre onéreux, le transfert de ces titres, qui sera inscrit en son nom, sur les registres de la compagnie, ne donne lieu à la perception d'aucun droit. Dans le cas où le transfert est fait avant le payement des droits d'enregistrement, le droit de 50 centimes pour 100 doit être perçu; mais il en est tenu compte, par voie d'imputation, lors de l'enregistrement des actes ou des déclarations de succession. — En ce qui concerne les titres au porteur, la taxe dont ils sont frappés, étant une sorte d'abonnement applicable à toutes les mutations verbales, doit être perçue intégralement sans qu'il y ait lieu de tenir compte des droits d'enregistrement exclusivement relatifs à d'autres mutations.

Les règles précédentes résultent d'une décision ministérielle du 4 novembre 1857 portant, en outre : 1° que des certificats sur papier non timbré soit des receveurs de l'Enregistrement, soit des agents des compagnies, seront représentés pour justifier du payement des droits d'enregistrement ou du droit de 50 centimes pour 100 ; — 2° que les transferts opérés sans la perception de ce dernier droit seront portés distinctement sur l'état trimestriel fourni en exécution de l'art. 2 Déc. 17 juillet 1857, et que les certificats des receveurs de l'Enregistrement remis par les parties lors des transferts seront joints à cet état (2111 § 3 I. G., 947 R. P., 16270 J. N., 11265 C.).

Ces dispositions ont été l'objet de critiques fondées.

Il paraît certain, en effet, que l'impôt créé par la loi du 23 juin 1857 se restreint aux cessions faites à titre onéreux. Ainsi que l'a reconnu le tribunal du Havre, dans un jugement du 21 mars 1862, il n'a pas été substitué au droit de mutation par décès et n'empêche pas ce dernier droit d'être régulièrement exigible au décès du titulaire des titres (1622 R. P., 12217 C.). La même solution s'applique, par une évidente analogie, aux droits de donations entre-vifs. L'héritier ou le donataire qui recueille les actions ou les obligations de son auteur est tenu, dès lors, de payer le droit ordinaire d'enregistrement pour la mutation dont il profite ; mais cette mutation ne résultant pas d'une cession dans le sens légal du mot ne donne point ouverture au droit spécial de 50 centimes pour 100. Il eût été plus logique, par conséquent, de reconnaître que ce dernier impôt n'était pas dû et qu'au moment de la déclaration de succession ou de l'enregistrement de la donation il n'y avait aucune imputation à faire. Cette remarque n'a d'ailleurs qu'un intérêt purement doctrinal, puisque, dans un cas comme dans l'autre, le Trésor ne reçoit rien au delà du droit de donation ou de succession (*V.* 12214 C., 16270 J. N.).

6972. Cession par acte authentique ou privé. — Il n'en est pas de même de cette partie de la décision d'après laquelle les actes authentiques ou privés constatant des cessions à titre onéreux de titres soumis à l'impôt de transmission restaient assujettis au droit ordinaire sauf l'imputation du droit de 50 centimes antérieurement acquitté. Une telle interprétation avait pour résultat de substituer au tarif réduit de 20 centimes le droit plus élevé de 1 pour 100 ou de 50 centimes pour 100, et elle devait provoquer des résistances. Saisie de la question, la cour suprême reconnut, le 11 février 1861, en confirmant un jugement du tribunal de la Seine du 23 juin 1860, « que la loi du 23 juin 1857, en maintenant le timbre proportionnel, assujettit de plus toute cession de ces titres à un droit de transmission ; qu'en l'absence de distinction entre les divers modes de transmission, la généralité de ces termes embrasse toutes les cessions, aussi bien celles qui s'opèrent par actes publics ou sous seing privé que les autres ; que l'impôt établi par la loi nouvelle est évidemment substitué à celui auquel la réalisation de la cession donnait lieu sous l'empire de la loi du 22 février an 7 » (1358, 1456 R. P., 2201-3 I. G., S. 61-1-459 ; — *Conf.* : Seine 20 août 1858, 1100 R. P., 11553 C., 16377 J. N. ; — *Contrà* Bordeaux 21 mars 1860, 1358-2 R. P.). — L'arrêt du 11 février 1861 a été pris pour règle de perception dans l'I. G. n° 2201 § 3, — et une D. m. 13 juin suivant a abrogé celle du 14 juin 1857 en ce qui concerne les transmissions de titres d'actions à titre onéreux.

1. EMPRUNTS. — CRÉDIT. — Il a surgi sur ce point une grave difficulté. On s'est demandé si l'adjudicataire d'un emprunt, ou le créditeur dans une ouverture de crédit, pouvait être dispensé de payer le droit d'obligation sur l'acte constitutif du prêt ou sur la réalisation ultérieure du crédit, par cela seul qu'il avait reçu des titres négociables soumis au droit de timbre et de transmission. L'affirmative avait été admise par trois arrêts de la C. cass. 15 mai 1860 et 27 mai 1862, fondés sur ce que les procès-verbaux d'emprunt ou les inventaires de crédit n'étaient autre chose, en réalité, que des cessions ou des négociations de titres et devaient, par conséquent, échapper au droit proportionnel comme tous les transferts de titres assujettis aux droits spéciaux des lois de 1850 et de 1857.

Ces arrêts sont ainsi conçus :

1° *Arrêt du 15 mai 1860* : « Attendu que les obligations, nominatives ou au porteur, délivrées aux souscripteurs des emprunts dont il s'agit, étaient exclusivement régies par la loi du 5 juin 1850, qui les frappait d'un droit de timbre proportionnel de 1 pour 100, ou, si elles étaient antérieures au 1er janvier 1851, au timbre en vigueur au moment de leur création ; qu'aucun autre droit ne pouvait être dû sur ces titres ; que la Régie n'a jamais prétendu ni pu prétendre que la loi de 1818 leur fût applicable ; qu'ainsi le seul impôt auquel pourraient donner lieu les emprunts réalisés par les deux villes demanderesses a été payé ; que sous ce nouveau rapport les prétentions de l'Administration auraient dû être repoussées ; que les listes de souscription constatant les diverses adhésions aux emprunts et à leurs conditions, isolées des obligations et par elles-mêmes ne constituaient pas une convention distincte de celle constatée par ces obligations ; qu'il n'y a pas eu deux conventions, une convention de prêter et un prêt, mais seulement un prêt obtenu à l'aide d'actes préliminaires qui devaient en faire connaître et accepter les conditions, et d'un contrat final dans lequel sont venus se réunir et se confondre tous les éléments juridiques antérieurs ou contemporains nécessaires à sa formation ; que le doute sur le caractère préparatoire de ces actes n'est pas possible en ce qui concerne les cahiers des charges ou délibérations en tenant lieu et les annonces dans les journaux ; que les listes de souscription constituaient des actes de même nature, dont le rôle était le même et tendait aux mêmes fins ; qu'ainsi, à quelque point de vue qu'on se place, les opérations d'emprunts faits par les villes du Havre et d'Ingouville ne pouvaient donner lieu à aucune perception autre que celle autorisée par la loi du 5 juin 1850 sur les obligations nominatives ou au porteur qui ont consommé la réalisation (1320, 1630, 1631 R. P., 2239 I. G., S. 60-1-908).

2° *Arrêt du 27 mai 1862* : « Attendu que, par le traité du 28 janvier 1857, la maison de banque Saint-Paul et Ce a contracté l'obligation de verser ou faire verser dans la caisse du département de la Seine la somme de 50 millions, et qu'en représentation de cette somme le préfet de la Seine s'est obligé à délivrer à ladite maison de banque les obligations départementales qu'il a été autorisé à créer pour effectuer l'emprunt approuvé par la loi du 17 juillet 1856 ; — Attendu que cet engagement réciproque ne constitue qu'un seul contrat, qu'une seule et même opération, ayant pour objet la négociation, pour un prix déterminé, des obligations destinées à réaliser l'emprunt dont il s'agit ; — Attendu que la création et la transmission des obligations départementales se trouvent exclusivement régies par la loi du 5 juin 1850, qui les frappe, au moment de leur création, d'un droit de timbre proportionnel que cette loi qualifie de droit d'enregistrement ; qu'aucun autre droit ne peut être perçu à raison des diverses négociations dont elles sont susceptibles ; qu'il est d'ailleurs de principe général que le même contrat ne peut être passible de deux droits d'enregistrement » (S. 62-1-583, 2239-1 I. G., 1630 R. P.).

Une telle appréciation du caractère des actes soulevait des difficultés sérieuses qui ont été mises en lumière au n° 1678 R. P. En droit, il paraissait évident que l'impôt créé en 1850 et en 1857 n'avait point eu pour but et ne pouvait avoir conséquemment pour effet de remplacer le droit d'enregistrement exigible sur les contrats obligatoires passés entre le débiteur et son créancier. En fait, il ne semblait pas moins contraire à la nature des choses de considérer le procès-verbal d'emprunt comme un simple transfert des titres simultanément émis, alors que ces titres n'étaient que la conséquence du prêt et le mode de son remboursement. Aussi le conseil d'État, appelé à donner son avis sur la difficulté, avait-il reconnu, le 17 janvier 1860, que l'acte d'emprunt était passible du même droit que les obligations de sommes, indépendamment de l'impôt à acquitter sur les titres négociables délivrés au créancier (1359 R. P., 11825 C.). Quoique l'Administration ait officiellement transmis aux préposés les arrêts du 27 mai 1862 (2230 I. G.), elle n'en adoptait pas pour cela définitivement la doctrine (D. m. f. 6 fév. 1857, 847 R. P., 2093 I. G., 16109 J. N.). Elle a crû devoir, après quelques années, ramener la question devant la cour. Mais la jurisprudence antérieure a été confirmée par deux arrêts de la chambre des requêtes, du 16 avril 1866, également fondés sur le motif que les emprunts ou les ouvertures de crédit n'étaient qu'un moyen particulier de négocier les titres et devaient être assimilés à des transferts ordinaires (2271 R. P.). — V. 367, 368, 7942 et 13385 § 46.

2. OBLIGATIONS HYPOTHÉCAIRES. — Par application des mêmes principes, il a été décidé que le prêt hypothécaire ordinaire, en garantie duquel on remet des titres nominatifs soumis aux droits établis par les lois de 1850 et de 1857, ne constitue qu'un mode de transfert du titre, dispensé du droit de 1 pour 100 quand il n'y a pas novation (Mulhouse 4 avr. 1867). — V. 6943.

6973 *bis*. **Restitution.** — En principe, les droits perçus d'après la déclaration des parties le sont régulièrement et ne peuvent être restitués. C'est la règle écrite dans l'art. 60 L. 22 frimaire an 7 et dont l'application au droit de transmission a été faite par de nombreuses solutions (Sol. 17 déc. 1857, 13 mars 1858, 26 août 1858, 9 févr. 1869).

Il a été spécialement reconnu par le tribunal de la Seine, le 21 juin 1873, que les droits de timbre et de transmission perçus sur les titres d'une société étrangère, en conformité de la déclaration du gérant, ne peuvent être restitués sous le prétexte que le capital social a subi, depuis la déclaration, des réductions qui n'ont pas été dénoncées à l'Administration par une déclaration supplémentaire (3752 R. P.).

Cependant l'Administration a quelquefois admis des exceptions de faveur quand le payement résultait d'une erreur de fait parfaitement constatée. Elle a, par exemple, autorisé la restitution de droits perçus pour des titres non émis déclarés émis (Sol. 6 déc. 1869) ;—des titres amortis déclarés existants (Sol. 6 déc. 1869);—des titres nominatifs déclarés au porteur (Sol. 24 juill. 1861).

Souvent encore on a, tout en retenant le droit antérieurement perçu, autorisé gratuitement des rectifications ultérieures par des transferts nouveaux (Sol. 22 fév. 1858, 12 nov. 1859, 7 fév. 1860).

Mais toutes ces décisions sont de pures tolérances dont on ne saurait invoquer l'autorité.

1. DROIT NON ACQUIS. — Ces principes ne s'appliquent qu'aux droits acquis au Trésor. Par conséquent, si un capital social a subi des réductions et si les droits applicables à la portion réduite n'ont pas encore été acquittés, la société peut se dispenser de les payer en faisant une déclaration rectificative : « Attendu, porte un jugement du tribunal de la Seine du 21 juin 1873, que, si les principes qui précèdent sont vrais pour les droits volontairement payés et régulièrement perçus, ils cessent manifestement de l'être pour les droits dont la liquidation même est contestée; que la loi, dans son art. 60, a pu, dans l'intérêt du Trésor, déroger aux règles du droit civil, qui, en cas de payement indûment fait, obligent à la restitution; mais qu'il serait contraire à tous les principes de droit et d'équité d'étendre au delà de ces termes strictement entendus, cette disposition exceptionnelle; que, jusqu'au payement des droits, la partie est recevable à demander que la liquidation en soit rectifiée; que la Régie ne conteste pas que les réductions du capital de la société du Crédit mobilier espagnol, opérées en 1868 et 1870, n'aient été sérieuses et régulières; que, dans ces circonstances, sa prétention de percevoir les droits à raison du temps écoulé de 1868 à 1872, non sur le capital réel, mais sur le capital primitivement déclaré, ne saurait être accueillie; qu'en effet, pour la partie du capital éteinte par les réductions, il est évident qu'il n'existe plus ni cause ni base de perception, et qu'en réclamant les droits sur cette partie du capital, elle demande ce qui ne lui est pas dû » (3752 R. P.).

Nous avons déjà signalé cette distinction au mot *Abonnement* n° 113. Nous y revenons, avec de complets développements, au mot *Résolution*.

CHAPITRE V. — COMMUNICATION

[6974]

6974. Mode de communication. — Pour assurer la perception du nouvel impôt, l'art. 9 Déc. 17 juillet impose aux compagnies, sociétés et entreprises, l'obligation de communiquer, à toute réquisition, aux préposés de l'enregistrement, les registres à souche, les registres des transferts et conversions de titres, ainsi que les pièces et documents relatifs aux transferts et aux conversions. Cette communication sera faite sans déplacement par les dépositaires des registres qui laisseront prendre gratuitement les renseignements, extraits et copies nécessaires dans l'intérêt du Trésor.

Suivant l'art. 9 Déc. 17 juillet 1857, une amende de 100 francs à 5,000 francs est encourue par les dépositaires des registres des sociétés, pour chaque refus de communication. Le refus de la compagnie ou de ses agents sera établi jusqu'à inscription de faux par le procès-verbal du préposé, affirmé dans les vingt-quatre heures.

L'art. 9 n'exige pas, comme l'art. 54 L. 22 frimaire an 7, l'intervention de l'autorité municipale pour constater le refus de communication des registres; il se borne à assujettir le procès-verbal à l'affirmation. Cette formalité ne serait même pas nécessaire, si le dépositaire des registres consentait à reconnaître la sincérité du procès-verbal en y apposant sa signature. La quotité de l'amende est fixée par l'Administration (*Infrà* n° 6976).

1. REGISTRES PERDUS. — Si les registres dont la communication est due sont perdus, c'est à la partie à le prouver. « Attendu, porte un jugement du tribunal d'Alençon du

2 juin 1873, que vainement R. allègue que ses registres ont été détruits ou perdus pendant l'occupation prussienne ; qu'il ne le prouve pas et qu'il ne fait aucune diligence pour reconstituer ces livres et registres, dans le cas où son allégation serait fondée ; qu'il est donc passible de l'amende prononcée par la loi du 23 juin 1857. »

CHAPITRE VI. — CONTRAVENTIONS. — POURSUITES. — PRESCRIPTIONS

[6975-6981]

6975. Amendes. — La loi du 23 juin 1857 prononce, art. 10, une amende de 100 francs à 5,000 francs pour toute contravention, tant aux dispositions de la même loi qui sont relatives au nouvel impôt qu'à celles du décret réglementaire, — et l'art. 12 du 17 juillet porte que les sociétés, compagnies ou entreprises, sont passibles de l'amende de 100 francs à 5,000 francs « en cas d'infraction aux dispositions de ce décret, ou de retard soit dans le payement des droits, soit dans le dépôt des états relevés à déclaration. »

6976. Fixation des amendes. — L'I. G. 18 août 1857, n° 2104-6 règle, en ces termes, le mode de fixation des amendes : « Lorsque les préposés auront relevé une des contraventions prévues par l'art. 12 du décret et qui sont punies d'une amende de 100 francs à 5,000 francs, ils inviteront les compagnies à souscrire une soumission de payer la somme qui sera fixée par l'Administration, et si cette soumission est obtenue, le directeur l'enverra à la Direction générale avec une proposition motivée. En cas de refus de la compagnie, il ne sera décerné contrainte qu'après que l'Administration aura, sur un rapport du directeur, déterminé la quotité de l'amende » (852 et 909 R. P.).

La fixation de l'amende par la Direction générale n'est qu'une mesure administrative qui ne dispense pas d'en référer au tribunal en cas de contestation par la compagnie. C'est un principe de droit pénal, en effet, que, dans tous les cas où le législateur s'est borné à déterminer le maximum et le minimum d'une peine, il a virtuellement confié aux juges le soin de graduer l'amende selon le degré de culpabilité du prévenu. Il aurait fallu un texte de loi positif pour leur enlever cette prérogative et l'attribuer à l'Administration (Cognac 8 avr. 1867, 13281 C., 2607 R. P. ; — Seine 28 déc. 1867, 2607 R. P.; — Lyon 28 mai 1868, 3024 R. P.). — V. 9570.

6977. État négatif des transferts. — D'après l'art. 2 Déc. 17 juillet 1857, le relevé des transferts et des conversions doit être remis, sous peine d'amende, au receveur de l'Enregistrement lors de chaque versement. Les compagnies ne sont donc pas astreintes à fournir de relevé lorsqu'il n'existe ni transfert ni conversion. D'ailleurs, la délivrance d'un certificat négatif n'est prescrite ni par la loi du 23 juin 1857, ni par le décret; on ne pourrait donc l'exiger ni réclamer une amende sans ajouter arbitrairement à la loi (Sol. 7 oct. 1864 et 21 mars 1866, 18251 J. E.).

6978. Changement du président du conseil de surveillance. — Par la même raison, aucune amende ne serait due pour le défaut de déclaration dans le mois du changement du président du conseil de surveillance de la société. Cette obligation n'est imposée par l'art. 1er du décret du 17 juillet qu'à l'égard du remplacement du *directeur* ou *gérant* de la société, et ce serait outrepasser les exigences légales que d'étendre la même disposition, sous le prétexte d'analogie, à un autre fonctionnaire ou employé de l'entreprise (Sol. 7 juill. 1864).

6979. Omissions et insuffisances. — Les art. 10 L. 23 juin et 12 du décret réglementaire ont frappé les omissions et insuffisances de déclarations des peines portées par l'art. 39 L. 22 frimaire an 7, c'est-à-dire d'un droit en sus de celui qui sera reconnu exigible sur les valeurs omises ou sur le montant de l'insuffisance. L'indication de cette pénalité spéciale exclut nécessairement l'application simultanée de l'amende prononcée en termes généraux pour toutes les contraventions à la loi. Dans cette matière surtout, on ne peut pas invoquer le principe *bis in idem* et le cumul des deux peines ne saurait avoir été dans l'esprit du législateur. Puisqu'il a assimilé les omissions et les insuffisances aux infractions de l'espèce qui sont commises pour les droits d'enregistrement ordinaires, c'est la preuve qu'il a voulu les atteindre par une égale pénalité (*V.* Seine 26 déc. 1868, 2960 R. P.). Comme en matière d'enregistrement aussi l'amende est encourue malgré la bonne foi des parties et quoique, par exemple, l'infraction soit le résultat d'une simple erreur de comptabilité (Seine 26 déc. 1868, 2960 R. P.).

1. PREUVE. — La preuve de ces omissions ou insuffisances a lieu, conformément aux règles du droit commun. L'I. G. 2104 n° 6 renvoie sur ce point à l'arrêt de la C. cass. du 24 mars 1846 (1767-8 I. G., S. 46-1-316) d'après lequel les atténuations de valeurs mobilières peuvent être démontrées au moyen de l'enquête. Mais on sait que la jurisprudence a depuis lors prohibé ce mode de justification comme contraire à l'économie des lois fiscales (Cass. des 29 fév. 1860, S. 60-1-475, 2185-4 I. G., 1284 R. P., et 19 mars 1862, 2223-4 I. G., 1600 R. P., S. 62-1-537). Il en est de même *a fortiori* de la délation du serment (*V.* n° 1481 R. P.).

Restent donc la preuve littérale, l'aveu et les présomptions. Cette dernière preuve est, par sa nature même, abandonnée à l'appréciation à peu près souveraine des tribunaux. — Ainsi, il a été jugé qu'il ne suffisait pas d'invoquer le prix de vente d'une action si d'autres valeurs semblables avaient été adjugées sur des mises à prix différentes et pour des sommes offrant des variations considérables (Angers 23 déc. 1865, 18367 J. N., 2460 R. P., 14019 C.). — *V.* 1572.

Dans une espèce différente et à propos du droit de mutation par décès, un arrêt de la ch. civ., du 10 février 1864, a reconnu que l'insuffisance dans l'estimation des valeurs industrielles pouvait être établie par des actes ou déclarations passés à une époque rapprochée du décès, pourvu que ces actes ou déclarations fussent opposables aux parties ; que le Trésor pouvait notamment invoquer les déclarations souscrites pour l'acquit du droit de transmission créé par la loi du 23 juin 1857, mais qu'il se servirait inutilement de l'évaluation fournie par un tiers n'ayant ni titre ni intérêt à le faire (1874 R. P., S. 64-1-135, 2288-5 I. G.).

Conformément à ces principes, le tribunal de la Seine a jugé, le 5 août 1859, qu'à défaut de cours officiel, l'Administration est fondée à produire des termes de comparaison tels qu'une adjudication publique ou des déclarations de succession contemporaines du transfert, pour établir la valeur estimative des actions des sociétés sujettes au droit annuel. Les tribunaux ont, sur ce point, un pouvoir discrétionnaire d'admission ou de rejet des preuves produites (17036 J. E., 11685 C.). — C'est ce qui résulte encore d'un jugement de Charleroi du 15 juin 1861 (8819 J. E. belge).

Décidé spécialement, 1° que l'inventaire social constatant une plus-value considérable de l'actif et servant de base à une modification des statuts portant création d'actions nouvelles pour représenter cette plus-value prouve l'insuffisance dans l'évaluation des anciens titres (Sol. 5 août 1859);

2° Que si une nouvelle série d'actions est émise par la société avec attribution des mêmes avantages que les premières cotées 700 francs, la déclaration portant la valeur des secondes à 500 francs est insuffisante et il est dû un supplément de droits (Sol. 26 mai 1858);

3° Que l'insuffisance d'évaluation d'actions nouvellement émises peut être établie par le cours moyen auquel ces actions ont été cotées pendant chaque trimestre (Sol. 10 déc. 1859, 21 avr. 1860, 7 mai 1863).

4° Ou par les énonciations du bilan de la société rapprochées de la cote de titres similaires (Seine 3 mai 1878, 4976 R. P.).

6980. Mode de poursuites. — Il n'est pas fait mention, dans le décret réglementaire, du mode de constater et de poursuivre le payement du nouveau droit et des amendes. Mais comme la loi du 23 juin 1857 a pour objet la perception d'un droit de mutation, il y a lieu de procéder par voie de contrainte selon les règles établies en matière d'enregistrement (2104 I. G., 852 et 909 R. P.).

Quant au refus de communication, il a été soumis par le décret à une procédure spéciale que nous avons indiquée précédemment.

C'est la société qui est débitrice principale et directe des droits exigibles : aussi est-ce contre le gérant seul qu'il faudrait décerner la contrainte (Valenciennes 18 janv. 1865) ou contre le membre du conseil d'administration chargé de la gérance (Lyon 28 mai 868, 3024 R. P.). — Il n'y aurait lieu de poursuivre les associés individuellement que si la société était dissoute et encore faudrait-il agir contre les commanditaires ou les associés anonymes dans les limites de leurs apports.

6981. Prescription. — De ce que l'impôt créé par la loi du 23 juin 1857 remplace le droit de cession des titres, il en résulte encore que sa perception est soumise à toutes les règles de la prescription applicable au droit d'enregistrement proprement dit. Ainsi les erreurs ou les insuffisances de liquidation, commises par le receveur, tombent sous l'empire de la prescription biennale établie par l'art. 61 L. 22 frimaire an 7. Les atténuations de valeurs se prescrivent également dans le même délai, et les omissions sont assujetties à la prescription quinquennale de la loi du 18 mai 1850 art. 11.

Un auteur a eu l'idée de soutenir, sur ce dernier point, qu'il fallait appliquer les dispositions de l'art. 2277 C. C., d'après lequel toutes les sommes payables par annuités se prescrivent par cinq ans; mais cette opinion est condamnée par un arrêt de cass. du 28 juill. 1875 (4213 R. P.). — *V.* 129 *bis*.

Si aucune déclaration n'a été faite pour donner connaissance des titres à l'Administration, la prescription trentenaire est seule applicable aux droits de transmission (Sol. 15 déc. 1877; — Brioude 10 avr. 1878). L'administration décide qu'il en est de même si la déclaration ne fait pas suffisamment connaître la nature des titres sujets au droit (Sol. 21 fév., 25 avr. et 15 juin 1878). Mais il a été jugé spécialement que si la déclaration indique la nature des titres en les divisant entre titres nominatifs ou au porteur, il satisfait à la loi. C'est à l'Administration à constater cette déclaration dans les deux ans (Châteaulin 18 juin 1878). — *V.* 46-1 et 6964.

1. DÉCHÉANCE. — La déchéance quinquennale de la loi du 9 janvier 1831 est applicable aux demandes en restitution. — *V.* 115 et 9569 *ter*.

CHAPITRE VII. — SOCIÉTÉS ET ÉTABLISSEMENTS PUBLICS ÉTRANGERS

[6982-6991]

6982. Législation. — D'après l'art. 9 L. 23 juin 1857, les actions et obligations émises par les sociétés, compagnies ou entreprises étrangères, sont soumises à des droits équivalents à ceux qui sont établis par cette loi et par celle du 5 juin 1850, sur les valeurs françaises; elles ne peuvent être cotées et négociées en France qu'en se soumettant à l'acquittement de ces droits. Les accroissements de tarifs résultant de l'art. 1er L. 29 juin 1872 sont naturellement applicables à ces sociétés (14766 C.).

6983. Représentant. — Ces compagnies ne sont pas tenues de faire les déclarations imposées aux sociétés françaises par l'art. 1er Déc. 17 juillet 1857; mais celles dont les titres ont été admis à la cote d'une bourse française ont dû, selon l'art. 10 de ce décret, désigner, dans les deux mois de la promulgation de la loi du 23 juin 1857, un représentant responsable en France et le faire agréer par le ministre des finances, sous peine de se voir retirer l'autorisation dont elles jouissent. Pareillement, toute compagnie étrangère qui, à l'avenir, a été autorisée à faire coter ses titres en France, a dû avoir un représentant responsable agréé par le ministre. Aucun délai ne leur est imparti pour la présentation de ce gérant; seulement l'admission à la cote ne saurait avoir lieu sans l'accomplissement préalable de cette formalité, et si, à une époque quelconque, le ministre cesse d'agréer le gérant, la compagnie est tenue d'en désigner un autre sous peine de se voir immédiatement privée du bénéfice de la cote officielle.

6984. Déclaration. — Les sociétés ainsi légalement représentées remettent au ministre (Direction générale de l'Enregistrement) une déclaration pour la fixation du nombre d'actions et d'obligations qui doit servir de base à l'impôt. Le décret du 17 juillet 1857, art. 10., avait disposé que le ministre des finances fixerait lui-même ce nombre, mais un décret du 11 décembre 1864 avait décidé qu'à partir du 1er janvier 1865 le droit serait perçu sur la moitié du capital représenté par les actions et sur la totalité des obligations (2302 I. G., 2018-10 R. P.); mais il reste actuellement un autre mode de liquidation que nous indiquons au n° 6989.

6984 bis. Admission à la cote. — Le fait matériel de l'admission à la cote, même sans l'autorisation du ministre, suffit à justifier la réclamation du droit (Sol. 3 août 1865).

Mais une fois inscrits à la cote, après l'autorisation ministérielle, ces titres ne peuvent en être rayés sans un nouveau consentement du ministre (Seine 31 août 1872, 3551 R. P.; 13 avr. 1875). Cette seconde décision est des plus contestables. Il nous paraît certain, au contraire, que les sociétés peuvent renoncer, quand il leur plaît, au bénéfice de la cote. Il suffit, pour cela, que leur retrait du marché soit constaté d'une manière indiscutable. — V. *Abonnement.*

Une fois l'admission à la cote prononcée, il importe peu que les titres y soient effectivement négociés. Il suffit que le marché leur soit ouvert pour justifier l'exigibilité du droit. L'Administration a quelquefois cependant, mais à titre tout à fait exceptionnel, abandonné la demande des droits au sujet de sociétés dont les titres n'avaient jamais été négociés au parquet de la Bourse (Sol. 23 avr. 1864 et 4 avr. 1867).

Le ministre est d'ailleurs juge de l'admission ou du retrait des titres à la cote. Il peut également admettre seulement les actions à l'exclusion des obligations ou réciproquement.

L'admission dans une bourse quelconque prouve l'exigibilité du droit. — V *Abonnement.*

6985. Droits et peines. — Aux termes du 4e alinéa de l'art. 10 du décret du 17 juillet 1857, le droit dû par les sociétés étrangères est la taxe annuelle sans distinction entre les titres nominatifs et les titres au porteur. Pour le payement du droit et la formation du cours moyen, les compagnies doivent se conformer aux mêmes dispositions que les sociétés françaises. Enfin, il résulte du 3e alinéa de l'art. 12 de ce décret que les compagnies étrangères et leurs représentants sont soumis aux mêmes peines que les sociétés françaises ou leurs représentants (2104 I. G., 852 et 909 R. P.).

La question de savoir quand il y a émission de titres doit être d'ailleurs résolue par les mêmes principes que pour les sociétés françaises (N° 1534).—On a fait résulter cette émission, notamment à l'égard d'une société étrangère admise à la cote du parquet, de ce que les titres avaient été livrés à un tiers en garantie des avances faites à la société (Seine 22 janv. 1870, 3296 R. P.).

6986. Distinction entre les sociétés françaises et étrangères. — L'Administration a tracé les règles suivantes pour reconnaître la nationalité d'une société.

De même que c'est l'origine, le sang et non point le territoire natal qui fait seul le Français de naissance (Art. 9 et 10 C. C.), de même aussi c'est la loi, la toute puissance de l'autorité publique et non pas la chose exploitée, n'importe le lieu de sa situation, qui crée l'être moral et l'investit des attributs de la personnalité juridique dans les limites du territoire national. Là donc où la société naît, là où elle a son siége et son principal établissement, ses archives, ses livres, les éléments de sa vie active, là où elle trouve la loi qui la protége et les tribunaux qui la jugent, là enfin où elle meurt et se liquide, là, évidemment, est sa nationalité, la qualité qui la fait de tel pays plutôt que de tel autre» (3167 R. P.).

D'après ce principe, le caractère de la société étrangère a été refusé à la compagnie ayant pour objet l'exécution des travaux publics à l'étranger, quand elle est créée par acte public en France, soumise à la loi française pour son existence et sa liquidation, régie par un conseil assemblé en France, qu'elle y a son siége où s'émettent et se négocient les actions au porteur, enfin que les contestations entre les actionnaires doivent être jugées par les tribunaux français.

L'arrêt de cass. du 20 juin 1870 qui le décide ainsi porte: « Attendu que du jugement attaqué, combiné avec l'acte de société du 20 octobre 1866, il ressort que la société civile établie pour la construction du débarcadère maritime de Cadix a été créée par un acte passé et rédigé en France, qu'elle s'est soumise, pour les conditions de son existence et de sa liquidation éventuelle, aux règles de la loi française, qu'elle est régie par un conseil d'administration qui se réunit en France, que les contestations à naître entre les actionnaires ou entre la société et les actionnaires doivent être jugées en France, enfin que la société a fixé son siége social en France et que c'est à ce siége social qu'elle émet, répartit et négocie les parts ou actions au porteur» (3167 R. P., 14610 C., 2905 Rev., 2405-5 I. G., B. C. 123, S. 70-1-373, D. 70-1-416.

Il résultait déjà d'un décret du 14 mars 1851 que le caractère d'actions étrangères appartient seulement, pour l'application du timbre, aux titres émis en pays étranger par des sociétés ou compagnies créées et gérées à l'étranger (1877 I. G.).

Par application du même principe, le tribunal de Cognac a décidé, le 8 avril 1867, que la taxe annuelle est exigible sur les actions au porteur d'une société créée en France, bien qu'il soit déclaré, dans les statuts, qu'elles n'auront cours qu'à l'étranger : « Attendu, porte le jugement, qu'on ne peut se prévaloir de la clause établissant que les actions n'auront cours qu'à l'étranger; que la société est constituée en France, que c'est dans ses bureaux que tout porteur d'actions a droit de recevoir ses dividendes et qu'elle est obligée vis-à-vis de tout porteur, quelle que soit sa nationalité; qu'ainsi la transmission peut lui échapper à elle-même, et que, du moment que les titres peuvent se transmettre de la main à la main, elle ne peut surveiller les opérations, qui, par leur nature, peuvent avoir lieu aussi bien en France qu'à l'étranger, quelles que soient les énonciations des statuts. »

Décidé, de même: 1° Qu'une société ayant son siége en France, soumise à la législation et à la juridiction française doit être néanmoins considérée comme étrangère, si elle a pour objet l'exécution de travaux à faire à l'étranger et si elle admis à l'étranger des obligations fabriquées à l'étranger avec la garantie d'un gouvernement étranger. Ses titres ne sont donc pas assujettis aux droits de transfert établis pour les sociétés françaises (Seine 6 août 1870, 3483 R. P.);

2° Qu'une société qui a son siége et son domicile à l'étranger, ainsi que son exploitation et qui est justiciable des tribunaux étrangers pour ses contestations avec les tiers, est une société étrangère, quand même les statuts conféreraient aux tribunaux français les contestations entre associés (Dél. 8 déc. 1857).

3° Que les obligations émises par une société étrangère conservent le caractère des titres étrangers, bien qu'elles aient été souscrites en France et délivrées aux souscripteurs en France (Sol. 20 sept. 1856).

4° Qu'une société dont le siége est à l'étranger, qui est soumise à la juridiction étrangère et dont l'existence est subordonnée à l'approbation du gouvernement étranger n'est pas une société française (Lyon, 13 fév. 1878, 4975 R. P.).

1. SOCIÉTÉS COLONIALES. — Il a été reconnu spécialement que l'agence que les banques coloniales ont établie à Paris, qui délivre des titres d'actions dits d'Europe et qui fonctionne comme succursale du siége social pour le service des titres et le payement des dividendes, constitue une entreprise française soumise aux mêmes droits que les sociétés ordinaires (D. m. f. 24 fév. 1853, Sol. 28 fév. 1873).

6987. Débiteur du droit. — Les droits de transmission des titres des compagnies étrangères cotés à la Bourse et les amendes de retard peuvent être réclamés au représentant responsable de la compagnie agréé par le ministre des finances. « Attendu que la loi n'a pas déterminé les formes de l'acceptation, par le ministre, de ces représentants; que cette acceptation résulte implicitement de la continuation de la jouissance du bénéfice de la cote laissée à une compagnie étrangère ; qu'en effet le but de la loi, en soumettant le représentant en France d'une compagnie étrangère à l'acceptation du ministre, n'a été que d'assurer le recouvrement de l'impôt, en donnant au Trésor, en France, un débiteur d'une solvabilité notoire et soumis directement à l'application des lois françaises » (Seine 28 déc. 1867, 2680 R. P.).

1. FAILLITE. — La faillite de la société met fin à la mission du représentant. Il est seulement responsable des droits échus jusqu'au jour de la déclaration de faillite (Sol. 26 sept. 1866).

2. RENONCIATION. — Le représentant est tenu, à défaut de clause contraire, pour toute la durée de la dette. Il ne pourrait pas renoncer au mandat pour se décharger de la responsabilité.

6988. Villes étrangères. — Les titres émis par les villes, corporations ou établissements publics étrangers, ont été assujettis au droit de transmission par les art. 1er L. 30 mars 1872 et 4 de celle du 29 juin suivant: « Les titres émis par les villes, provinces ou corporations étrangères, quelle que soit leur dénomination, et par tout autre établissement public étranger, seront soumis à des droits équivalents à ceux qui sont établis par la présente loi (fixation du taux du droit de transmission) et par celle du 5 juin 1850 sur le timbre. Ils ne pourront être cotés ou négociés en France qu'en se soumettant à l'acquittement de ces droits. Un règlement d'administration publique fixera pour ces titres le mode d'établissement et de perception de l'impôt dont l'assiette pourra reposer sur une quotité déterminée du capital» (L. 30 mars 1872 art. 1er).

« Les titres étrangers ne pourront être cotés, négociés, exposés en vente ou émis en France qu'en se soumettant à l'acquittement des droits de transmission » (L. 29 juin 1872, art. 4).

6989. Mode de liquidation. — L'art. 10 Déc. 17 juillet 1857 avait réservé au ministre des finances le droit de fixer la quotité du capital social devant servir de base au droit de transmission. Ultérieurement, un Déc. 11 décembre 1864 avait décidé qu'à partir du 1er janvier 1865, le droit serait perçu sur la moitié du capital-action et sur la totalité des obligations (2302 I. G., 2018-10 R. P.).

Ces dispositions sont modifiées.

Un règlement d'administration publique rendu le 26 mai 1872 pour l'exécution de l'art. 1er L. du 30 mars précédent détermine le mode actuel de perception des droits de timbre et de transmission dus par les sociétés et les établissements publics étrangers. Il porte:

Art. 1er. Le nombre des titres qui doit, en vertu de l'art. 10 Déc. 17 juillet 1857, servir de base à la perception des droits de timbre et de transmission établis par les lois ci-dessus visées sur les actions et obligations des sociétés étrangères est fixé par le ministre des finances, sur l'avis préalable d'une commission composée ainsi qu'il suit :

Le président de la section des finances au conseil d'État, président ;

Le directeur général de l'enregistrement, des domaines et du timbre ;

Le directeur du mouvement général des fonds ;

Un régent de la Banque de France ;

Le syndic des agents de change de Paris.

La commission désigne son secrétaire, qui a voix consultative.

Art. 2. Le nombre des titres assujettis aux droits de timbre et de transmission ne peut être inférieur, pour les actions, à un dixième, et, pour les obligations, à deux dixièmes du capital.

Art. 3. Le nombre de titres fixé par le ministre des finances, conformément aux articles qui précèdent, peut être révisé tous les trois ans.

S'il n'y a pas lieu à révision, la fixation précédente sert de base pour une nouvelle période de trois ans.

S'il y a lieu à révision, elle est effectuée dans le trimestre qui précède l'échéance de la troisième année et sert de base pour une nouvelle période de trois ans.

A défaut par les sociétés, compagnies, entreprises d'acquitter les droits, les titres sont rayés de la cote. Néanmoins, le représentant établi en France, conformément à l'art. 10 Déc. 17 juillet 1857, reste responsable des droits jusqu'à l'époque à laquelle les titres auront cessé d'être cotés.

Art. 4. Les droits de timbre et de transmission dus, en vertu de l'art. 1er L. 30 mars 1872, pour les titres émis par les villes, provinces, corporations étrangères et par tous autres établissements publics étrangers, sont fixés et perçus conformément aux dispositions du règlement d'administration publique du 17 juillet 1857 et à celles du présent règlement. »

6990. Négociation. — Usage. — Les règles relatives à la négociation, à l'usage, à l'émission et à l'exposition en vente des titres étrangers sont développées au mot *Étranger*.

6991. Fonds d'état étrangers. — Les titres des

fonds d'état étrangers ne sont pas assujettis au droit de transmission. Pour le cas où il en est fait usage en France, — V. *Étranger*.

DROIT GRADUÉ.

6992. Renvoi. — Nous traitons du droit gradué en parlant des différents actes auxquels il s'applique.

On trouvera aux mots *Expertise*, *Insuffisance* l'indication des règles générales auxquelles donne lieu sa perception en ce qui concerne l'évaluation des objets passibles de droit, la constatation des insuffisances ou des dissimulations, l'application des peines et la prescription.

DROITS LITIGIEUX.

6993. Signification du mot antérieurement au Code. — Avant le Code ces mots se prenaient généralement dans une acception très-large : un droit était réputé litigieux, non-seulement quand il était contesté, mais même quand il pouvait l'être en totalité ou en partie ; il n'était pas besoin que le litige eût pris naissance, il suffisait qu'il y eût lieu de l'appréhender (Pothier *Contrat de vente* n° 583).

6994. Signification du mot postérieurement au Code. — Maintenant, pour qu'une chose soit censée litigieuse, une double condition est nécessaire : la première, c'est qu'il y ait contestation née, procès entrepris ; la seconde, c'est que la contestation et le procès portent sur le fond du droit. Telle est la disposition de l'art. 1700 C. C., qu'il faut regarder comme caractéristique du litige, et par suite comme limitative (Marcadé *sur l'art.* 1100, Troplong *de la Vente* n° 986, Duvergier *Ibid.* t. 2 n° 360). — *V.* 6998-6999.

6995. Aliénation. — Les droits litigieux, comme toute espèce de créances et autres droits incorporels, peuvent être cédés, soit à titre gratuit, soit à titre onéreux. Dans le premier cas, le contrat doit être considéré comme une donation ; dans le second, il y a une véritable vente. C'est dans ce dernier sens que l'on entend le plus communément la *cession de droits litigieux*.

6996. Enregistrement. — Les droits d'enregistrement des cessions de droits litigieux sont perçus en raison de la nature des actions. Ainsi, si c'est une créance qui est en litige, et dont on fait cession, il sera dû 1 franc pour 100. On percevra 2 pour 100 s'il s'agit d'une rente ou d'un objet mobilier, et le droit de 5 fr. 50 cent. pour 100 sera exigible si c'est un immeuble ou un droit immobilier que l'on se dispute (Soissons 4 mai 1859, 11646 C., 16951 J. E., 1194 R. P.).

6997. Transaction. — Si les parties traitent de leurs prétentions respectives, l'acte sera une transaction, dont les droits seront dus à raison des conventions qu'elle contiendra. — V. *Transaction*.

6998. Retrait de droits litigieux. — Si les cessions de droits litigieux présentent, dans certains cas, quelques avantages, elles ont aussi leurs inconvénients et leurs dangers, qui ont motivé de la part du législateur certaines règles spéciales. Des hommes avides, abusant de la position d'un créancier qui n'aurait pas les moyens de poursuivre son débiteur, pourraient acheter à vil prix les droits du premier, et les exercer contre le second avec une rigueur excessive. C'est pour prévenir cet abus que la loi a accordé à celui contre lequel on a cédé un droit litigieux, la faculté de s'en faire tenir quitte par le cessionnaire, en lui remboursant le prix réel de la cession (1699 C. C.).

1. ENREGISTREMENT. — Le retrait de droits litigieux autorisé par l'art. 1699 C. C. ne donne ouverture qu'au droit de 50 cent. pour 100 ; c'est un retrait légal (1764 J. E.).

Mais s'il ne s'agit pas réellement d'un droit litigieux dans le sens de l'art. 1700 C. C. (*V.* 6994), le retrait est passible du droit de mutation. — *V.* 7000.

Prix réel. — C'est le prix réel, dit l'art. 1699, qui doit être remboursé ; et dès lors toutes les fois que le débiteur pourra prouver que le prix ostensible est mensonger et que la somme réellement payée est moindre, c'est cette dernière qu'il remboursera. Bien entendu, c'est aussi de ce prix seulement que les intérêts seront dus ; et, bien plus, c'est également sur ce prix réel que se calculera le chiffre des droits de mutation à rembourser, quoique le cessionnaire ait payé ces mêmes droits sur la totalité du prix porté au contrat (Marcadé *sur* 1699 à 1701 n° 2). Il est vrai qu'alors le cessionnaire ne sera pas indemnisé complétement et pourra faire une perte considérable ; mais c'est là précisément un résultat très-juste, très-légal et très-désirable. Il est fort juste que des sommes payées par le cessionnaire, non comme conséquence de son acquisition, mais uniquement pour organiser une fraude, restent à sa charge ; telle est aussi la règle du Code, puisqu'elle demande la restitution des *loyaux coûts*, et que rien n'est moins loyal que le coût dont il s'agit ici.

Ainsi, dans cette hypothèse, le droit de retrait ne devra porter que sur les sommes réellement remboursées et non sur le prix porté au contrat de cession.

6999. Nullité. — C'est le même esprit qui a dicté la défense qui est faite par l'art. 1597 C. C. aux juges, à leurs suppléants, aux magistrats remplissant le ministère public, aux greffiers, huissiers, avoués, défenseurs officieux et notaires, de devenir cessionnaires des procès, droits et actions litigieux qui sont de la compétence du tribunal dans le ressort duquel ils exercent leurs fonctions, à peine de nullité, et des dépens, dommages-intérêts.

Mais ici le sens des mots *droits litigieux* n'est plus le même que lorsqu'il s'agit de l'application des art. 1699 et 1700. C'est ce qui semble assez clairement résulter de ce que Portalis disait, en exposant les motifs de la loi : « Les ordonnances ont toujours prohibé aux juges, etc., de se rendre cessionnaires d'actions ou de droits litigieux qui *sont ou peuvent être portés* devant le tribunal où ils exercent leurs fonctions... *Cette disposition est rappelée.* » C'est ce que l'on doit conclure encore des termes mêmes dans lesquels est conçue la prohibition de l'art. 1597 : « Les juges... ne peuvent devenir cessionnairss des *procès*, *droits* et *actions litigieux* qui sont de la *compétence* du tribunal... » Si les mots *droits litigieux* avaient ici le même sens que dans l'art. 1700, ils signifieraient absolument la même chose que *procès* ; ce serait un pléonasme que l'on ne doit pas supposer. Il est donc plus raisonnable de croire que, par *droits litigieux*, le législateur a entendu ici ceux qui sont par eux-mêmes douteux et embarrassés, de telle sorte qu'il y ait lieu de s'attendre à essuyer quelques contestations avant d'en pouvoir jouir ; et que, s'il a réuni ces trois expressions *procès*, *droits* et *actions*, c'est afin que la prohibition soit générale et comprenne, sans en rien excepter, tout ce qui est ou peut être un objet de litige. D'ailleurs, la loi n'a pas dit *les droits qui sont pendants* devant le tribunal, mais *qui sont de la compétence* ; ce n'est pas la litispendance seule, mais bien la compétence qui est la mesure de la capacité ou de l'incapacité : or, des droits qui n'ont pas encore donné lieu à une action n'en sont pas moins de la compétence du tribunal que si déjà l'action était intentée (Delvincourt t. 3 p. 128, Duranton t. 16 n° 141, Troplong n° 200, Roll. de Vill. v° *Droits litigieux* n° 8).

1. ENREGISTREMENT. — *Quid*, dans ce cas, des droits d'enregistrement exigibles, soit sur la cession, soit sur le retrait ? Ils sont les mêmes que ceux applicables dans les hypothèses qui ont fait l'objet des n°s 6996 et 6998, car une maxime de tout temps reçue en France, c'est que les *nullités* n'ont pas lieu de plein droit ; d'où la conséquence que l'acte nul, même d'une nullité absolue et d'ordre public, n'en a pas moins effet tant qu'il n'a pas été annulé par les tribunaux. D'où la conséquence encore, au point de vue de l'enregistrement, que les vices d'un contrat ne sont pas un obstacle à la perception du droit d'enregistrement, parce qu'il est possible que, malgré ces vices, l'acte reçoive son exécution.

7000. Exception au droit de retrait. — La disposition portée à l'art. 1699 cesse, aux termes de l'art. 1071 C. C. :

1° *Cohéritier ou copropriétaire.* — Dans le cas où la cession a été faite à un cohéritier ou copropriétaire du droit cédé ;

2° *Créancier.* — Lorsqu'elle a été faite à un créancier en payement de ce qui lui est dû ;

3° *Possesseur.* — Lorsqu'elle a été faite au possesseur de l'héritage sujet au droit litigieux ;

4° *Donation.* — Une quatrième exception à l'art. 1699 C. C. a lieu lorsque la cession des droits litigieux est faite à titre gratuit. L'art. 1701 n'a pas consacré cette exception parmi celles qu'il énumère. Mais, ainsi que le fait remarquer Troplong *de la Vente* n° 1009, ce ne peut être qu'un oubli ; car il n'a pas été dans son intention de condamner comme odieuse la donation d'un droit litigieux et de l'assimiler à un achat dicté par la cupidité et l'amour de la chicane. Au surplus, ce qui supplée à ce silence, c'est l'impossibilité d'appliquer l'art. 1699 au cas d'une donation. En effet, le retrait est toujours subordonné au payement du prix de la cession ; de là il faut conclure que la cession doit avoir un prix, c'est-à-dire qu'elle doit être faite à titre onéreux ; car si elle est à titre gratuit, s'il n'a rien été payé, la disposition de l'art. 1699 tombe comme manquant d'objet (Pothier *de la Vente* n° 592, Duranton t. 16, n° 637).

Jugé, spécialement, que l'on doit considérer comme n'ayant pas le caractère d'une cession de droits litigieux, mais comme constituant une démission de biens à titre d'avancement d'hoirie, la cession par un père à l'un de ses enfants, moyennant certaines charges purement viagères, de l'action en rescision pour cause de lésion d'une vente qu'il avait antérieurement consentie à un autre de ses enfants (Cass. 24 déc. 1855, S. 56-1-153, Troplong *Vente* 1010) ;

5° *Cession accessoire.* — Une cinquième exception, qui n'est pas prévue par l'art. 1701 C. C. mais qui est indiquée par la raison, c'est lorsque le droit litigieux se trouve cédé comme conséquence ou dépendance d'une autre chose non litigieuse qui a été vendue. Par exemple, vous m'avez vendu une terre avec les créances que vous aviez contre les fermiers. Si, parmi les créances, il en est quelques-unes de litigieuses, on ne peut pas dire que je les ai achetées *animo vexandi* (Troplong n° 1011) : je n'en suis devenu propriétaire que par suite de l'acquisition de la terre et parce que le vendeur n'a voulu se rien réserver de ce que ses fermiers lui devaient (Pothier *de la Vente* n° 595, Marcadé sur l'art. 1701, Duvergier n° 397) ;

6° *Enregistrement. — Retrait.* — Dans ces diverses hypothèses, l'art. 1699 restant sans application, c'est-à-dire que celui contre lequel on a cédé un droit litigieux, n'ayant pas la faculté de s'en faire tenir quitte par le cessionnaire en lui remboursant le prix de la cession, il faut reconnaître que le retrait qui pourrait lui être consenti serait passible du droit de mutation.

DROITS PERSONNELS OU RÉELS.

7001. — Les droits *personnels* sont ceux qui ne s'exercent que contre la personne même qui s'est directement obligée ou ses héritiers ; les droits *réels* affectent les biens du débiteur et s'exercent contre tous ceux qui les détiennent. Les droits *personnels* s'entendent encore des droits exclusivement attachés à la personne et non transmissibles.

7002. Droits réels. — Le propriétaire qui revendique sa chose exerce un droit *réel*, le *jus in re*. Le créancier envers lequel on s'oblige à donner ou faire quelque chose n'a contre l'obligé ou ses héritiers qu'un droit personnel, le *jus ad rem* (L. 2, ff. *de Reg. jur.*). Mais l'hypothèque peut lui procurer un droit *réel*, qui l'autorise à poursuivre les biens du débiteur en quelques mains qu'ils passent (2114 C. C.).

Les droits *réels* sont un démembrement de la propriété, de sorte que nulle aliénation ne peut être faite au préjudice de celui qui en est saisi. « C'est une partie concédée à un tiers, dit M. Toullier t. 3 n° 95, des droits dont la réunion forme la propriété parfaite. »

Les principaux droits *réels* sont le gage, l'hypothèque, les servitudes, l'emphytéose, les rentes foncières, le domaine congéable, et autrefois les dîmes, les champarts, la directe féodale ou censuelle, tous les droits seigneuriaux.

7003. Droits personnels. — Quant aux droits *personnels*, ils se diversifient comme les obligations dont ils résultent. On les comprend généralement sous la dénomination de *créance*.

Les droits *personnels*, exclusivement attachés à la personne et non transmissibles, ne peuvent être exercés par les créanciers au nom de leurs débiteurs (1167 C. C.).

Mais quels sont ces droits? La règle générale que donnent les auteurs ne lève pas la difficulté. Ils appellent ainsi les droits qui demandent une *acceptation précise* de la personne à laquelle ils sont accordés, ou qui, parvenus dans ses mains, sont *incessibles et non transmissibles à ses héritiers* (Proudhon *de l'Usufr.* n° 2341, Merlin *Quest. de Droit* v° *Hypoth.* § 4 n° 4, Toullier t. 6 n° 375, Grenier *Hypoth.* n° 44).

7004. Droits exclusivement attachés à la personne. — Sont exclusivement attachés à la personne :

1° *Usage et habitation.* — Les droits d'usage et d'habitation (631, 634 C. C.);

2° *Retrait successoral.* — Le droit de retrait successoral, puisque, pour l'exercice, il faut avoir personnellement la qualité d'héritier (841 C. C., Proudhon n° 2345) ;

3° *Acceptation de donation.* — Le droit d'accepter une donation entre-vifs (Toullier t. 6 n° 375) ;

4° *Aliments.*—Le droit de demander des aliments (205 C. C.);

5° *Héritier d'un absent.* — Le droit résultant de l'envoi en possession des biens d'un absent qui ne donne autre chose à l'héritier présomptif que la qualité d'administrateur ou dépositaire (C. Metz 7 août 1833) ;

6° *Séparation de biens.* — La faculté de demander la séparation de biens : il ne conviendrait pas que, dans le silence de la femme, des créanciers pussent troubler la paix d'un ménage (1446 C. C.) ; cependant, si la séparation avait lieu de plein droit, comme dans le cas de faillite ou de déconfiture, ils seraient admis à exercer les droits de leur débitrice ;

7° *Nullité de mariage.* — Les demandes en nullité de mariage (130, 180, 182 C. C.).

7005. Droits non exclusivement attachés à la personne. — Ne sont pas attachés exclusivement à la personne :

L'action en nullité pour défaut d'autorisation maritale ou pour minorité, ou pour erreur, dol, violence ou lésion. L'art. 2012 C. C. ne fait exception, dans le cas de minorité, que pour les actions et les débiteurs solidaires (Merlin *Quest. de Droit* v° *Hypoth.* § 4 n° 4, Grenier *Hypoth.* n° 44, Proudhon n° 2347, Delvincourt t. 2 p. 523, Duranton t. 10 n° 561 ; — *Contrà* Toullier t. 7 n° 566 ; — C. Grenoble 2 août 1827, 6706 J. N.).

DROITS SUCCESSIFS.

DIVISION

SOMMAIRE

CHAPITRE PREMIER. — NATURE ET ÉTENDUE DE LA CESSION

[7006-7014]

7006. Définition. — Les droits successifs sont ceux attachés à la qualité d'héritier.

7007. Distinction entre la cession des droits successifs de la vente d'une chose de la succession. — Celui qui acquiert, par un acte distinct et particulier, chacun des objets composant une hérédité, a des droits essentiellement différents de ceux qui lui seraient conférés par l'acquisition générale et complexe de l'hérédité entière. Dans un cas, il y a autant de ventes que de choses, et les principes ordinaires sont applicables à chacune d'elles; dans l'autre, il y a également vente, mais une vente unique, soumise à des règles spéciales.

C'est avec raison que le législateur a tracé ces dernières règles dans le chapitre consacré à la vente des choses incorporelles; car, ainsi qu'il est dit au *Répertoire de jurisprudence* (v° *Hérédité* n° 11), « quoiqu'une hérédité comprenne tous les biens, meubles et immeubles du défunt, on ne laisse pas de la considérer comme une chose purement incorporelle, parce qu'il n'est pas de son essence qu'il s'y trouve des biens : *hæreditas etiam sine ullo corpore juris intellectum habet* (L. 50 ff. *de Petitione hæreditatis*). Ainsi, un homme qui ne laisse rien en mourant ne laisse pas d'avoir une hérédité comme le plus riche propriétaire. »

Pour se faire une idée à la fois générale et juste des effets que produit la vente d'une hérédité, des rapports qu'elle crée, des choses qu'elle transmet, il est nécessaire de bien saisir ce qu'on doit entendre par cette expression : « On appelle succession ou hérédité la masse des biens, des droits et des charges qu'une personne laisse après sa mort, soit que les biens excèdent les charges, soit que les charges excèdent les biens ; et on appelle aussi hérédité ou succession le droit qu'a l'héritier de recueillir les biens et les droits d'un défunt tels qu'ils pourront être. » C'est la définition que donne Domat (*des Héritiers en général* t. 1er sect. 1re n° 3). — Il ajoute, n° 6 :

« Comme une hérédité consiste aux biens et aux droits sujets aux dettes et aux autres charges et qu'il peut arriver, ou que les dettes et les charges excèdent les biens, ou que les biens, s'il y en avait au delà des charges, se diminuent ou même périssent, ce mot d'hérédité est un nom de droit (*nomen juris*), c'est-à-dire qu'il ne marque aucune sorte de bien particulier, mais qu'il signifie en général le droit qu'a l'héritier, et qui convient autant à une succession onéreuse et ruinée aux charges qu'à une succession où il reste des biens. Ainsi, l'héritier peut n'avoir que ce nom sans aucun profit ou même avec perte. »

1. PART DANS UNE COMMUNAUTÉ CONJUGALE. — Ainsi il a été décidé, avec raison, par l'Administration belge, que ne constitue pas une cession de droits successifs la vente d'une part dans un immeuble déterminé et dans des meubles dépendant d'une communauté conjugale :

« Considérant qu'il n'y a vente de droits successifs que lorsque la vente porte sur le titre même d'héritier et les droits qui en dérivent; que les auteurs et la jurisprudence distinguent entre la vente par laquelle on transmet à un tiers ses droits dans une hérédité et celle par laquelle on aliène sa part dans des objets déterminés faisant partie d'une succession; que la première a pour objet la cession d'un droit incorporel et la seconde constitue une transmission d'objets corporels; que le retrait successoral admis pour l'une n'est pas possible pour l'autre (*V.* Cass. 26 nov. 1861); — Considérant qu'en admettant que la qualification de droit incorporel puisse être appliquée à la part revenant au cédant dans une communauté conjugale, il faudrait que la cession portât sur la totalité de la communaute et ne fût pas restreinte, comme dans l'espèce, à la partie mobilière ; — Considérant que, d'après ce qui précède, l'acte emportant vente d'une part dans un immeuble déterminé et dans des meubles dépendant d'une communauté conjugale, les principes admis en matière de cession de droits successifs ne trouvent pas d'application » (9577 J. E. belge).

7008. Conséquence de cette distinction. — De là il résulte que celui qui vend une hérédité n'a pas, ne peut pas avoir l'intention de garantir qu'elle se compose de tels ou tels objets, que ces objets ont telle ou telle valeur, qu'ils ne sont grevés d'aucunes dettes ou charges, ou que ces dettes et charges ne s'élèvent qu'à une somme déterminée ; il exprime seulement la volonté de transmettre tout ce qui compose activement et passivement la succession qu'il est appelé à recueillir, tout ce à quoi lui donne droit sa qualité d'héritier.

En conséquence, celui qui vend une hérédité est tenu à la garantie de sa qualité d'héritier; mais il ne doit aucune garantie, quant à l'émolument de la succession. En second lieu, l'acquéreur est saisi de toutes valeurs de la succession, et il est passible de toutes les charges ; tels sont les effets de la vente de l'hérédité, sous le rapport de la garantie due par le vendeur et de la transmission opérée en faveur de l'acheteur (Duvergier *de la Vente* t. 2e n° 299).

7009. Quels sont les biens qui se trouvent compris dans la cession des droits successifs. — Dans la vente qui nous occupe, le cédant, sans vendre son titre d'héritier (ce qui n'est pas possible, puisqu'il ne saurait donner à des étrangers la qualité de parent du défunt, ni se soustraire aux obligations dont il est tenu envers les créanciers et légataires de la succession), vend tous les droits pécuniaires, actifs et passifs, attachés à ce titre. L'acheteur aura donc, ni plus ni moins, tout ce que l'héritier a recueilli ou recueillerait plus tard s'il n'avait pas vendu, à l'exception seulement de ce que celui-ci se réserverait par la convention.

7010. Droits au moment de l'ouverture de l'hérédité et droits au moment de la vente. — A ce point de vue, une vente de droits successifs comprend non-seulement ce qui existait au moment où l'hérédité s'est ouverte (art. 1697 C. C.), mais encore tout ce en quoi elle consistait à l'époque à laquelle la vente s'effectue.

Ainsi on doit y comprendre les fruits perçus depuis le jour du décès; car on connaît la maxime : *fructus augent hæreditatem* (Art. 1697).

On doit y faire entrer non-seulement ce qui a augmenté l'hérédité, mais encore ce qui doit l'augmenter un jour, *non solùm quod jam pervenit, sed quod et quandoque pervenerit.*

Enfin, le vendeur doit tenir compte à l'acheteur du prix des effets de la succession, qu'il a aliénés avant la vente de l'hérédité (art. 1697); car, à moins de clauses contraires, la vente de l'hérédité englobe tout ce que cette hérédité embrassait à l'instant où elle s'est ouverte.

Le vendeur n'est tenu de délivrer les choses héréditaires que dans l'état où elles se trouvent : *ut neque amplius neque minus juris emptor habeat quam apud hæredem futurum esset.*

Ainsi, il importe peu que le vendeur ait avant la vente dégradé les immeubles ou les meubles; car, étant alors maître de la succession, il avait droit d'user et d'abuser, et on ne peut lui imputer à faute l'usage d'une faculté légitime.

Il importe peu qu'il ait laissé prescrire quelque créance dans l'intervalle qui s'est écoulé depuis l'ouverture de la cession jusqu'à la vente; il n'est pas responsable des choses qui ont péri avant la vente par force majeure.

Il n'est pas même responsable de celles qui ont péri par sa faute; car il est propriétaire et l'on ne saurait commettre une faute envers soi-même (Troplong nos 961, 964).

7011. Biens donnés. — Les donations faites par le vendeur avant la vente donnent également lieu à un recours de la part de l'acheteur; car le vendeur doit faire raison de tout ce qui lui est parvenu de la succession. La vente de l'hérédité comprend donc l'estimation des objets donnés, (Pothier *de la Vente* n° 535, Duranton t. 16 n° 522, Troplong *de la Vente* n° 967, Zachariæ t. 2 n° 563, Marcadé sur les art. 1696 à 1698 ; — *Contrà* Duvergier n° 318). — Il en est autrement si une réserve a été faite à cet égard. Sans doute, on doit se montrer facile pour voir cette réserve dans les circonstances ou les termes de la convention; mais il faut néanmoins que la réserve existe, il faut que l'exception puisse être constatée en fait; car, sans cela et si rien ne permettait d'échapper au principe, si le vendeur, par exemple, n'avait pas même pensé à instruire l'acheteur de la donation qu'il a faite, les biens donnés feraient partie de la vente, comme tous autres (Mêmes auteurs).

7012. Cessation de l'extinction des dettes de l'héritier par confusion. — Si l'héritier était, avant l'ouverture de sa succession, débiteur du défunt ou grevé sur l'un de ses immeubles d'une servitude au profit d'un bien de celui-ci, la dette où la servitude, qui se sont éteintes par confusion, renaîtront au profit de l'acheteur par l'effet de la cession, puisqu'il faut que cet acheteur obtienne tout ce qui provient de la succession, et par conséquent la créance ou la servitude active qui appartenaient au défunt. C'est toujours en conséquence de ce principe que l'héritier vendeur ne peut rien conserver de l'hérédité et que tout ce qu'elle contient doit aller au cessionnaire. Il est évident, au surplus, que, quand une créance renaît ainsi contre l'héritier, elle ne renaîtrait pas de même contre les tiers accessoirement obligés à la dette comme cautions ou autrement : pour eux, la dette, une fois éteinte, demeure éteinte, l'acte qui la fait revivre étant pour eux *res inter alios acta* (Troplong nos 970, 971).

7013. Accroissement. — Du principe qui attribue à l'acquéreur d'une hérédité non-seulement ce qui existait au moment de l'ouverture de la succession et au moment de la vente, mais tout ce qui pourra advenir à une époque quelconque, *non tantùm quod ad venditorem pervenit, sed quod et quandoque pervenerit*, il résulte que la part d'un cohéritier du vendeur qui lui échoit, par droit d'accroissement, postérieurement à la vente, doit profiter à l'acheteur. Ce point a cependant été contesté, mais il est évident que l'accroissement qui se réalise au profit d'un cohéritier n'est que le développement de son droit successif, que quand il prend ce à quoi cet accroissement l'appelle, il n'y a là que l'exercice de ce droit successif, et que, par conséquent, c'est à l'acheteur de ce droit successif que l'émolument appartient.

1. INTENTION DES PARTIES. — Dans tous les cas, il ne faut pas perdre de vue que s'il résulte de la convention que l'intention des contractants a été de n'aliéner que la part héréditaire dont le vendeur était ou se croyait actuellement saisi, il est évident que l'acheteur n'a jamais droit qu'à cette part; mais, si cette restriction n'existe pas, s'il y a vente pure et simple du droit successif, l'accroissement appartient à l'acheteur. Telle est la doctrine professée par Marcadé (1696-1698) et Duvergier n° 339, et qui nous semble devoir prévaloir sur celle de Troplong qui enseigne, n° 972, qu'à moins de stipulation contraire, il vaut mieux s'arrêter à l'idée que le vendeur n'a entendu se défaire que de ses droits successifs tels qu'ils étaient au moment de la vente, c'est-à-dire d'une fraction déterminée de la succession.

7014. Succession d'une personne vivante. — Les choses qui n'existent pas encore, mais qui doivent exister plus tard, peuvent très-bien être l'objet d'une promesse. Ainsi je puis vous vendre la récolte que mon champ produira l'année prochaine. Mais la loi fait exception à ce principe quand la chose future est une succession. Ainsi l'art. 791 C. C. déclare qu'on ne peut faire aucun pacte sur la succession d'une personne encore vivante, même dans un contrat de mariage, malgré la faveur d'un tel acte. C'est là une dérogation à notre ancienne jurisprudence, et l'art. 1130 C. C. veut que, contrairement au droit romain, de pareilles stipulations ne deviennent pas même possibles par l'assentiment de celui de la succession duquel il s'agit.

Au point de vue de l'enregistrement, une pareille stipulation, quoique frappée d'une nullité absolue, n'est point exempte des droits proportionnels (1236 n° 2 I. G., 12759-1 J. E., Demante n° 256).

CHAPITRE II. — TARIF ET LIQUIDATION DU DROIT

[7015-7033]

7015. Tarif. — Les cessions de droits successifs sont sujettes au droit de 50 cent., de 1 franc, de 2 fr., de 4 fr., ou de 5 fr. 50 cent. pour 100, suivant la nature des biens qui en font l'objet et selon que la cession est ou non de nature à être transcrite.

1. IMPUTATION. — Les règles d'imputation prescrites par l'I. G. n° 342 pour les partages, ne s'appliquent pas aux cessions de droits successifs. Le cessionnaire est censé acquérir la portion des cédants, et, cette portion s'étendant à la totalité des biens indivis, il s'ensuit que l'acquéreur est investi d'une part proportionnelle dans chaque espèce de bien. L'administration l'a ainsi décidé par une Sol. 20 août 1871, et c'est ce qui résulte d'un jugement de la Seine du 8 février 1878 (4914 R. P.). Mais cette doctrine a été contestée (V. J. du not. n° 3054; — Compiègne, 30 janv. 1878, 4914 R. P.)—Nous l'avons examinée avec développement au n° 1914 R. P. — V. 12401, 10847 et 15246.

7016. Transcription. — Quant à ce qui est du droit de transcription à percevoir sur les cessions de droits successifs lorsqu'elles ne font pas cesser l'indivision entre les cohéritiers, nous nous réservons d'en traiter au mot *Licitation*. La solution des nombreuses difficultés auxquelles l'application de ce droit peut donner naissance se rattache à des principes généraux qui doivent être exposés sous ce dernier mot.

SECTION PREMIÈRE. — DETTES DE L'HÉRÉDITÉ

[7017-7025]

7017. Principe. — La vente des droits successifs, en transmettant à l'acheteur tout l'actif de la succession, lui en transmet-il aussi de plein droit le passif? Cette question est discutée en ces termes par Bosquet : « On a dit, enseigne-t-il, qu'en considérant l'obligation que contracte un cessionnaire de droits successifs comme un risque qu'il y ait des dettes, ce risque ne peut former un prix effectif capable de donner ouverture à d'autres droits que ceux résultant du prix stipulé ; que tout acquéreur court des risques et qu'il n'a jamais été ordonné que les droits seront payés pour les risques; que la clause aux risques et périls du cessionnaire n'est point équivalente à celle qui l'aurait chargé expressément d'acquitter les dettes, puisque, s'il était expressément chargé de payer les dettes, le vendeur pourrait l'y contraindre à quelque somme qu'elles montassent, au lieu que, n'ayant acquis qu'à ses risques, il est le maître de s'en exempter en abandonnant les droits acquis et en consentant à perdre le prix. — Mais ces moyens ne sont pas même spécieux : la condition de payer les dettes est la suite de la cession des droits successifs ; et cette condition exprimée en termes exprès ou en termes équivalents produit le même effet. C'est une augmentation du prix de la cession » (Bosquet t. 1er p. 466). — La jurisprudence du conseil était fixée en ce sens (Arrêt du 4 nov. 1755).

Sous l'empire de la loi du 22 frimaire an 7, Merlin disait également : « Comme c'est souvent afin de se débarrasser des dettes d'une succession qu'on s'en défait, il est de droit que tout acquéreur demeure chargé du passif, quand même il n'en serait pas fait mention » (Merlin *Rép.* v° *Droits successifs* § 3).

Cette doctrine a prévalu en jurisprudence.

La C. Cass. a décidé, en effet, « qu'un acquéreur ou cessionnaire de droits successifs subrogé à l'héritier qu'il représente est *de plein droit* tenu de payer les dettes de la succession, comme en aurait été tenu l'hériter lui-même ; que ces dettes forment nécessairement ainsi une charge dans le sens de l'art. 15 n° 6 L. 22 frimaire an 7 et doivent, par suite, être ajoutées au prix pour la liquidation et le payement du droit proportionnel » (Cass. 3 déc. 1873, 3776 R. P., *arrêt rapporté* 7022-2. — *Conf.* : Foix 23 nov. 1874, 4075 R. P.).

La même règle a été consacrée par deux arrêts antérieurs du 20 nivôse an 12 et 12 juin 1817, portant :

Arrêt du 20 nivôse an 12. — « Considérant qu'il est incontestable, en droit, qu'un acquéreur de droits successifs est subrogé à l'héritier qu'il représente ; que l'actif de la succession devient la propriété de cet acquéreur ; que les dettes passives sont également à sa charge, comme elles auraient été à la charge de l'héritier, que ces principes, conformes au droit commun, sont d'autant plus applicables à la cause, que la charge de payer les dettes de la succession a été imposée aux cessionnaires de droits successifs ; que la Régie a été, par conséquent, fondée à prétendre que la valeur des droits successifs cédés devait être déterminée, tant d'après le prix exprimé dans les divers contrats de cession, que d'après les charges qui formaient la plus forte partie de ce prix » (1477, 1782 J. E., 7162 J. N., S. 4-2-143 et 7-2-938).

Arrêt du 12 juin 1817. — « Attendu que le cessionnaire de droits successifs est tenu de payer les dettes de la succession ; que, dès lors, les droits sont dûs tant sur le prix que sur la déclaration des dettes ; que, la demanderesse étant cessionnaire des droits de la succession dont il s'agit, le jugement attaqué, en la condamnant à payer les droits demandés par la Régie, s'est entièrement conformé aux dispositions des lois de la matière. »

Il en résulte directement que les dettes font partie du prix, puisque le n° 6 de l'art. 15 L. 22 frimaire an 7 veut que la perception des droits auxquels une vente donne ouverture soit assise sur le prix exprimé en y ajoutant les charges (V. Seine 13 mai 1859, 1180 R. P., 16638 J. N., 11547 G., 17040 J. E.). — V. 7012.

7018. Dettes dues au cédant. — Les dettes dues par la succession au cédant sont, en tout point, assimilables aux dettes dues au tiers, en sorte que, le payement en étant imposé au cessionnaire, il n'est pas douteux qu'elles doivent être ajoutées au prix pour la perception (Châlon-sur-Saône 13 juill. 1848).

7019. Dettes dues par le cédant à la succession. — S'il est stipulé au contrat que le cédant, comme prix de la cession, se trouvera libéré des sommes qu'il doit à l'hérédité, le cessionnaire se trouve par cela même chargé de tenir compte de tout ce qui excède la part virile de son cédant : il y a pour cet excédant charge susceptible d'être ajoutée au prix (Sol. 6 janv. 1859).

7020. Rapports. — Lorsque le cédant, qui était tenu au rapport de biens à lui donnés, impose au cessionnaire l'obligation d'effectuer ce rapport en ses lieu et place, la charge du rapport se résout en une obligation de souffrir l'imputation sur la part du cédant, qui n'abandonne réellement que le surplus des biens ; il n'y a donc pas lieu d'ajouter le rapport au prix passible de l'impôt.

7021. Héritier bénéficiaire. — Lorsqu'un héritier bénéficiaire cède ses droits successifs, on pourrait prétendre que les droits ne sont dus que sur la portion de biens qui aurait pu revenir au cédant, déduction faite des dettes. Mais le tribunal de Montpellier ne s'est pas rangé à cette opinion : il a considéré avec raison que le cessionnaire n'avait pas seulement acheté le reliquat, les dettes ayant été mises formellement à sa charge sans le concours du cédant (5 déc. 1857, 11221 C.).

7022. Dettes non évaluées. — Les dettes faisant partie du prix, il en résulte, en combinant l'art. 6 L. 22 frimaire an 7 avec l'art. 16 de la même loi, d'après lequel, lorsque les sommes et valeurs ne sont pas déterminées dans l'acte, les parties sont tenues d'y suppléer, avant l'enregistrement, par une déclaration estimative certifiée et signée au pied de l'acte, que, quand une cession de droits successifs est présentée à la formalité et qu'elle ne contient pas l'indication du montant des dettes, on doit exiger une déclaration estimative, l'ajouter au prix et percevoir le droit sur le tout (1180 § 2, 1210 § 10, 1209 n° 1er I. G. ; — Niort, 14 août 1876.).

Plusieurs décisions ont cependant refusé de sanctionner cette conséquence ; elles ont admis que cette déclaration ne peut être exigée lorsque l'acte ne contient aucune clause relative au payement des dettes, qu'on ne doit faire qu'une simple invitation aux parties et passer outre en cas de refus (D. m.f. 3 nov. 1820, 6842 J. E., Dél. 13 mai 1829, 2531 Roll., Sol. 12 mars 1832, 3676 Roll. ; — Muret 30 avr. 1842 13041-1 J. E., D. N. t. 13 p. 122 n° 378 ; — Saint-Gaudens 16 juill. 1872, 3626 R. P., jugement cassé par l'arrêt du 3 déc. 1873, *rapporté infrà* § 2).

Mais cette interprétation est contredite par les termes généraux des arrêts que nous avons rapportés au n° 7017 et desquels il résulte que l'obligation de payer les dettes, partant de les évaluer, existe de plein droit et quoiqu'il n'y ait aucune stipulation à cet égard dans le contrat.

1. DROITS ACTIFS ET PASSIFS. — On doit considérer comme une stipulation expresse obligeant le cessionnaire au payement des dettes, la clause portant « qu'il exercera les droits du cédant activement et passivement comme aurait pu le faire le cédant lui-même. » — Le tribunal de la Seine avait cependant décidé qu'il n'y avait là aucune stipulation relative au payement des dettes, ni, par voie de conséquence, aucune obligation d'acquitter un droit de mutation sur ces dettes : « Attendu que la cession de droits successifs a été consentie moyennant 10,000 francs ; qu'outre cette somme il n'a été stipulé expressément qu'aucune charge ait pu être ajoutée au prix exprimé ; qu'on ne peut dire qu'à ce prix doit être ajoutée la charge de payer les dettes de la succession, encore qu'elle ne soit pas exprimée ; qu'en effet la charge de payer les dettes est bien une clause ordinaire dans les ventes de droits successifs, mais n'est pas tellement de l'essence de cette espèce de contrat qu'il ne puisse exister sans elle et que l'acquéreur doive nécessairement payer les dettes de la succession, lors même qu'il n'y est pas soumis. » Mais ce jugement a été cassé par l'arrêt du 20 nivôse an 12 *rapporté* n° 7017.

2. FORFAIT, PÉRILS ET RISQUES. — Il en est de même

de la clause portant que la cession est faite à forfait, aux périls et risques du cessionnaire. Cela signifie que l'acheteur en acquérant les droits actifs de l'héritier demeure également tenu du passif dont ces droits sont chargés ; en d'autres termes, qu'il se soumet au payement de la part du cédant dans les dettes héréditaires (Réquisitoire de M. l'avocat Blanche, 3770 R. P.) Aussi a-t-il été décidé que dans ce cas le droit proportionnel était dû sur le montant des dettes à valoir : « Attendu, porte un arrêt de cass. du 3 décembre 1873, que la cession, dans l'espèce, a été faite sous la clause de forfait, aux périls et risques de l'acheteur, laquelle clause équivaut à l'engagement de payer les dettes ; que, dans ces circonstances, l'Administration était bien fondée à exiger, lors de la présentation de l'acte à la formalité et avant l'enregistrement, une déclaration du montant des dettes, afin qu'elles fussent ajoutées, à titre de charges, au prix de la cession » (3776 R. P.). — *Conf.* : Foix, 23 nov. 1874.

7023. Stipulation contraire au payement des dettes par le cessionnaire. — Mais, à côté du principe que les dettes sont à la charge du cessionnaire, il en est un autre plus général, c'est que les actes sont susceptibles de toutes les stipulations qui ne sont pas prohibées par les lois et les bonnes mœurs. Si donc les dettes, par une clause quelconque, ne doivent pas être à la charge du cessionnaire, elles ne sont pas susceptibles d'être ajoutées au prix.

C'est ainsi que la C. cass. a jugé, le 5 mars 1833 (8011 J. N., S. 33-1-485, 10578 J. E.), que le cohéritier qui achète les droits de ses cohéritiers, mais après que la succession aura été purgée des dettes qui les grèvent par des délégations aux créanciers de la succession à faire sur le prix de la vente, est censé n'acquérir que le reliquat net de la succession, et le droit n'est exigible que sur le prix fixé sans y ajouter le montant des dettes.

7024. Dettes ultérieurement découvertes. — Insuffisance. — Lorsque l'insuffisance du chiffre des dettes énoncées dans une cession de droits successifs est constatée par des documents ultérieurs opposables à l'une ou à l'autre des parties, peut-on poursuivre le payement des droits supplémentaires par voie de simple contrainte ?

Nous avons examiné cette question en thèse générale, en parlant au chapitre de l'*Expertise* du mode de constater les insuffisances et il ne nous reste plus qu'à faire ici l'application du système qui nous a paru répondre au texte comme à l'esprit de la loi.

S'il s'agit d'une cession de droits immobiliers, ou, ce qui est la même chose, d'une cession de droits mobiliers et immobiliers donnant lieu au droit unique de 5 fr. 50 cent. pour 100, l'Administration a le droit d'expertise pour constater les insuffisances du prix stipulé, et toute énonciation relative au montant exact de ce prix, dès lors qu'elle ne résulte pas d'un contrat formant titre entre les parties, ne saurait autoriser la réclamation d'un droit supplémentaire, et le préposé doit se borner à poursuivre l'expertise. C'est ce que l'Administration a décidé dans ses I. G. 1180 § 2, 1210 § 10, 1229 § 11 et 1337 n° 234 ; (*Conf.* : D. m. f. 7 déc. 1814, 3738, 5021, 8602 et 8671 J. E.). —Nous considérons donc comme mal rendus les jugements qui ont reconnu depuis à l'Administration le droit de décerner contrainte pour le payement du complément exigible sur l'insuffisance constatée par un partage ou une déclaration de succession (Seine 22 juin 1842, 13027 J. E.), — un aveu judiciaire (Lavaur 17 fév. 1860, 17105 J. N., 17225 J. E., 1419 R. P.), — ou un jugement (Guéret 18 juin 1855, 528 R. P.).

Il en est autrement de la cession de droits successifs mobiliers. Comme l'Administration n'a pas la voie de l'expertise pour constater les insuffisances existant dans la valeur imposable des meubles, elle peut invoquer les actes ou lesprésomptions, ainsi que nous l'avons expliqué au mot *Expertise*.

Le tribunal d'Yvetot a donc pu reconnaître l'exigibilité du droit supplémentaire dans une espèce où la valeur des objets mobiliers était déterminée dans un inventaire dont les parties ne contestaient pas l'exactitude (Yvetot 8 juill. 1862, 17595 J. E.).

Dans le même ordre d'idées, le tribunal de Nevers a décidé, le 12 mai 1866 (2353 R. P.), qu'une sentence arbitrale ayant fixé le montant d'une créance comprise pour un capital inférieur dans une cession de droits successifs mobiliers, il était dû un supplément de droit sur la différence.

On conçoit, du reste, que cette seconde règle serait applicable à la cession de droits mobiliers et immobiliers, si l'Administration prenait soin de provoquer en temps utile l'expertise des immeubles qui en font l'objet. Il nous paraît certain qu'une fois la valeur de l'immeuble régulièrement déterminée, il lui serait loisible de démontrer en la forme ordinaire l'insuffisance applicable aux objets mobiliers.

1. DISSIMULATIONS. — Les observations qui précèdent sont relatives aux insuffisances qui ne procèdent pas d'une intention de fraude. Si les dettes avaient été dissimulées en parfaite connaissance de cause pour atténuer le montant des droits, on retomberait alors sous l'application des art. 12 et 13 L. 23 août 1871 qui organisent un mode de preuve et des pénalités spéciales que nous faisons connaître au mot *Expertise*.

7025. Reconnaissance de dettes. — Lorsque le cessionnaire est chargé de payer la part du cédant dans les dettes d'hoirie et que ces dettes ne résultent pas d'un titre enregistré, l'acceptation du cédant a paru constituer une reconnaissance de dettes passible du droit de 1 pour 100 sur la part du cédant (17790 J. E.).

7025 *bis*. Legs. — Le montant des legs particuliers de sommes doit être déduit de l'actif héréditaire pour la perception du droit de cession. — V. *Succession* n° 16767.

SECTION 2. — QUESTIONS DIVERSES

[7026-7033]

7026. Charge. — Frais de poursuites du partage. — L'obligation imposée à l'acquéreur de poursuivre le partage à ses frais ne constitue pas une charge à ajouter au prix. « Ces frais, en effet, ne peuvent incomber qu'à l'acquéreur seul, car ils constituent des frais à faire postérieurement à la cession qui est actuelle et immédiate, et, comme tels, ils ne peuvent être considérés que comme frais accessoires du contrat dont l'Administration ne doit tenir aucun compte » (art. 1393 C. C. J. E.; — (Dinan 19 nov. 1862, 9218 J. E. belge).

1. LEGS. — Par application de la jurisprudence indiquée au n° 16767, un tribunal a décidé que les legs de sommes non payées doivent être déduites du prix (Narbonne 17 nov. 1874, 4190). Mais cette doctrine n'est pas acceptée par l'administration

7027. Condition suspensive. — La faculté accordée par l'art. 891 C. C. au défendeur à l'action en rescision d'un partage ou d'une cession de droits successifs pour cause de lésion, d'empêcher un nouveau partage, en fournissant au demandeur le supplément de sa portion, soit en nature, soit en argent, n'a pas pour conséquence de suspendre les effets de la rescision prononcée avant qu'aucune offre n'ait été faite et d'arrêter la perception du droit proportionnel (Cass. 27 fév. 1872, 3414 R. P., 2447-3 I. G., S. 72-1-139, D. 72-1-83, P. 72-312).

7028. Disposition alternative. — Prix en argent ou en immeubles. — La disposition d'un acte de cession de droits successifs, par laquelle le cessionnaire se réserve la faculté de se libérer, soit par le payement d'un prix déterminé, soit par l'abandon d'un immeuble désigné, ne rend pas l'obligation conditionnelle, mais établit seulement une alternative quant au mode de libération. Cette stipulation ne peut faire que l'obligation ne soit complète, irrévocable et dès lors passible du droit de vente (Cass. 9 juill. 1839) : « Attendu, porte cet arrêt, en droit, qu'il faut distinguer dans les actes ce qui touche l'obligation et ce qui touche le mode d'y satisfaire ; que le droit stipulé en faveur de l'une des parties de se libérer de l'engagement par elle contracté, par le payement d'une somme déterminée, ou par l'abandon d'un immeuble désigné dans l'acte, ne rend pas l'obligation conditionnelle, mais établit seulement une alternative quant au mode de libération ; que, malgré cette stipulation, l'obligation est complète, irrévocable, et, dès lors, passible du droit d'enregistrement fixé par la loi, suivant la nature de la convention ; et attendu, en fait, que l'acte sous seing privé fait entre Julien Sadourny et Maurice Sadourny, son frère, le 9 février 1828, contient, de la part de Julien Sadourny, au profit de Maurice Sadourny, cession de ses droits dans les successions de leurs père et mère ; qu'à la vérité, Maurice Sadourny peut se libérer du prix de cette cession, soit par le payement d'une somme de 95,000 fr., soit par l'abandon à son frère du domaine des Barthes pour une valeur de 80,0000 francs, et l'accomplissement de quelques autres conditions exprimées dans l'acte ; mais que cette faculté, relative seulement au mode de libération, ne modifie en aucune manière la convention en elle-même, qui reste, dans tous les cas, passible du droit d'enregistrement comme cession de droits héréditaires » (12348 J. E., 10410 J. N., 1601 § 16 I. G., S. 39-1-679).

Il en est de même du cas où une fille cède à son père ses droits successifs maternels moyennant une somme déterminée, sous réserve d'opter à sa majorité pour le tiers des biens présents du père. La cession moyennant une somme d'argent est actuelle, la faculté d'opter n'empêche pas qu'il y ait vente passible du droit sur la somme fixée (Angoulême 16 juin 1857).

7029. Disposition principale. — Lorsque, pour terminer la liquidation de la communauté, une veuve cède aux héritiers du mari moyennant une rente viagère ses droits dans les acquêts composés de meubles meublants, créances et titres au porteur, la disposition principale donnant lieu à l'impôt est la cession des valeurs indivises, et non pas la constitution de la rente (Seine 22 janv. 1870, 3108 R. P.). — V. *Acte contenant plusieurs dispositions.*

7030. Partage. — Lorsque la cession de droits successifs est précédée ou suivie d'un partage faisant connaître la nature et l'importance des objets formant le lot du cédant, cette circonstance est-elle de nature à influer sur la perception ?

1. PARTAGE AVANT LA CESSION. — Quand le partage précède la cession il va de soi qu'il détermine exactement les valeurs abandonnées et qu'il doit être pris en considération pour la perception.

2. PARTAGE POSTÉRIEUR A LA CESSION. — RESTITUTION. — Ici, il faut distinguer si le partage n'a été soumis à l'enregistrement qu'après la cession, ou s'il a été formalisé avant ou en même temps.

Dans le premier cas, les droits perçus sont définitivement acquis au Trésor et l'art. 60 s'oppose à toute restitution, lors même que le partage aurait fait entrer au lot du cédant des valeurs exemptes de l'impôt. — Ainsi, il a été reconnu que le droit proportionnel perçu sur une cession de droits successifs, faite par un héritier à ses cohéritiers, jusqu'à concurrence de la somme dont il était débiteur envers la succession, n'est pas restituable lorsque, par le partage postérieur, le cédant se libère en moins prenant (Dél. 7-14 juill. 1835, 11245 J. E.). — V. 11268.

Mais rien ne s'opposerait à la perception d'un supplément de droit si le partage attribuait au cessionnaire des valeurs qui par leur nature seraient assujetties à un tarif supérieur. Dans cet ordre d'idées la C. cass. a décidé, le 6 juillet 1825, « que lorsque la succession dans laquelle les droits sont cédés comprend des immeubles, le droit est dû au taux fixé pour les immeubles ; et que si l'Administration a provoqué l'expertise, on ne peut se prévaloir contre elle d'un partage fait postérieurement à la cession, et qui n'aurait attribué au cédant que des valeurs mobilières. Le droit est acquis au Trésor par la cession, et, par une conséquence nécessaire, ceux résultant d'une expertise sont exigibles » (1180-2 I. G.).

Dans le second cas, c'est-à-dire lorsque le partage postérieur à la cession est cependant formalisé avant ou en même temps, nous pensons qu'il doit servir de base à la perception si sa date est tellement rapprochée du décès qu'on peut en induire qu'il ne comprend que les biens existant au décès : à notre avis l'art. 883 C. C. s'applique aussi bien au cessionnaire qu'à l'héritier, parce que, d'après l'art. 68 § 3 n° 27 L. 22 frimaire an 7, il suffit, pour que l'acte ait le caractère et les effets du partage, d'une indivision à quelque titre que ce soit. Nous ne partageons donc pas l'opinion contraire d'un jugement du tribunal de Bordeaux du 1er février 1859 (16897 J. E., 1164 C., 1265 R. P.).

On comprend que le partage ne serait pas susceptible d'être admis, si sa date éloignée du décès et de l'acte de cession ne permettait plus de penser que les valeurs qui en font l'objet sont celles existant au décès : c'était l'espèce sur laquelle a statué le tribunal de Bordeaux et cette circonstance a dû déterminer le tribunal.

3. CESSION SUBORDONNÉE AU PARTAGE. — EXIGIBILITÉ ACTUELLE. — L'acte contenant vente de parts et portions indivises d'immeubles renferme une cession actuelle et immédiate de droits successifs immobiliers, soumise au droit proportionnel, bien que les vendeurs ne s'engagent à abandonner à l'acquéreur les immeubles vendus qu'après en avoir opéré le partage (Dinan 19 nov. 1862, 9218 J. E. belge).

7031. Confusion. — Si des enfants sont créanciers de leur père du montant des constitutions dotales de leur mère décédée, ils deviennent, après le décès de celui-ci et l'acceptation de sa succession, créanciers et débiteurs tout à la fois, et il s'opère une confusion qui éteint la créance et la dette (V. *Partage*). Lors donc que, dans cette position, un enfant cède ses droits successifs paternels et ses droits successifs maternels consistant en reprises dotales hypothéquées sur les biens du père, moyennant un prix, dont une partie est déclarée applicable à la succession de la mère, le droit de 4 pour 100 est dû sur la *totalité* du prix. Le prix donné aux droits immobiliers doit être, en effet, augmenté du prix déclaré applicable aux droits mobiliers de la mère, puisque la valeur des droits immobiliers cédés se trouve augmentée du montant de la constitution qui est éteinte.

Les tribunaux de Brives et de Tulle ont consacré ce principe les 29 avril et 21 juin 1851 (14438 J. N., 18208-2 J. E.).

7032. Expertise. — Une cession de droits successifs mobiliers, non décrits ni détaillés, et immobiliers, constitue une vente de droits immobiliers, par application de l'art. 3 L. 22 frimaire an 7, et est attaquable par voie d'expertise, si le prix exprimé paraît inférieur à la valeur vénale (Cass. 15 juin 1847 : « Attendu, porte cet arrêt, que les cohéritiers qui se cèdent entre eux ou qui cèdent à des tiers, à prix d'argent, leur quote-part dans la succession à partager, sont de véritables vendeurs, dont les ventes sont soumises à l'application de l'art. 17 L. 22 frimaire an 7 » (13313 J. N., 14286 J. E., 1796 § 5 I. G.).

7033. Restitution. — Les droits perçus sur la vente faite par un cohéritier de ses droits dans une succession immobilière, ne sont pas sujets à restitution, lors même que le seul immeuble qui existait dans la succession est, par suite de licitation, adjugé à l'un des cohéritiers : ici ne s'applique pas l'art. 883 C. C. (Cass. 6 juillet 1825, 5484 J. N). — V. *Restitution* 14529.

On ne peut pas non plus restituer les droits perçus sur une cession faite par un héritier à un cohéritier jusqu'à concurrence d'une somme dont il était débiteur envers la succession, par le motif que cette somme aurait été comprise, en moins prenant, dans le lot attribué au cédant lors d'un partage ultérieur (Dél. 14 juill. 1835, 11245 J. E., *loc. cit.* 14564). — V. *Restitution*.

De même, le droit de résolution à 4 pour 100 perçu sur un jugement portant rescision pour cause de lésion d'une cession de droits successifs immobiliers, n'est pas restituable par suite du payement fait en vertu de l'art. 891 C. C., du supplément de portion héréditaire fixé par ce jugement. « La faculté accordée par l'art. 891 C. C. au défendeur à l'action en rescision d'un partage pour cause de lésion, d'empêcher un nouveau partage, en fournissant au demandeur le supplément de sa portion, soit en nature, soit en argent, n'a pas pour conséquence de suspendre les effets de la rescision prononcée avant qu'aucune offre n'ait été faite » (Cass. 27 fév. 1872, 3414 R. P., 2447-3 I. G., S. 72-1-139, D. 72-1-83, P. 72-312).

CHAPITRE III. — DROITS SUCCESSIFS MOBILIERS ET IMMOBILIERS

[7034-7042]

7034. Principe. — Dans une cession de droits successifs mobiliers et immobiliers, la nature des objets est souvent incertaine puisqu'elle ne sera fixée que par l'événement du partage ; il y a, en outre, le plus souvent impossibilité de détailler les meubles. On pourrait donc croire que l'art. 9 L. 22 frimaire an 7 ne s'applique pas aux cessions de droits successifs, et c'est, en effet, l'opinion de Champ. et Rig. n° 3299 et de Dalloz n° 2984.

Les feudistes avaient pensé également que cette désignation n'était pas nécessaire, mais la jurisprudence du centième denier n'adopta pas leur doctrine. « Les droits de centième denier, dit Bosquet (v° *Droits successifs*), sont dus, à l'instant des ventes et cessions de droits immobiliers, sur tout le prix qui y est stipulé, quand bien même il s'agirait de droits mobiliers vendus conjointement, dès que le contrat ne contient point de distinction de prix et de désignation de choses. »

L'art. 9 L. 22 frimaire an 7 est la consécration formelle de la jurisprudence du centième denier, et c'est, dit M. Demante (n° 269) aller contre le but précis de la loi que de limiter sa disposition par les considérations qu'elle a voulu proscrire.

La jurisprudence a consacré l'application rigoureuse de cette doctrine par une foule de décisions dont on trouvera le développement au mot *Vente* n° 17772. (Cass. 7 janv. 1839, 12218 J. E., 10239 J. N.; — Cass. 12 déc. 1842, 11536 J. N., S. 43-1-52, 1693-5 I. G.; — Cass. 7 janv. 1850, 13950 J. N., 14887 J. E., 1857-2 I. G.; — Cass. 2 août 1853, 1986-15 I. G.), 15713 J. E., — Villefranche 10 fév. 1843, 13216-9 J. E.; — Saint-Etienne 4 déc. 1844, 13678-5 J. E.;—Lyon 17 mars 1845, 12473 J. N.; — Libourne 27 avr. 1847, 14350 J. E.; — Ussel 31 août 1849, 14856 J. E.;—Tournon 20 déc. 1849, 14871-11 J. E.; —Nice 6 janv. 1864, 2347 R. P.;—Le Havre 5 juill. 1861, 17239 J.N., 12164 C., 17341 J. E., 146 Rev.; — Seine 21 juill. 1866, 2444 R. P., Rev. 1787.

7035. Renvoi. — L'application aux cessions de droits successifs de l'art. 9 L. 22 frimaire an 7 soulève une série de difficultés qui se rattachent à l'interprétation générale de ce texte. Nous avons dû les comprendre dans le travail d'ensemble auquel nous nous sommes livré au mot *Vente* nos 17772 et suiv.

Nous ne conservons ici que quelques décisions toutes spéciales à la matière.

7036. Deux actes. — Si les ventes des droits successifs mobiliers et immobiliers sont faites à la même personne, le même jour et par deux actes séparés, on doit percevoir sur chaque acte le droit exigible à raison de la nature des biens qu'il a pour objet, encore que les valeurs mobilières ne soient pas détaillées. (12706-1, 11533-1, 15538-2 J. E.).

7037. Dispositions distinctes dans le même acte. — Au contraire, lorsque la cession des droits immobiliers et celle des droits mobiliers font l'objet de deux dispositions distinctes d'un même acte, il y a lieu, à défaut d'estimation d'article par article, d'appliquer l'art. 9 L. 22 frimaire an 7 dont les dispositions sont générales et formelles (Cass. 12 déc. 1842).

Cet arrêt est ainsi conçu :

« Vu l'art. 9 tit. 1er L. 22 frimaire an 7: Attendu, que cette disposition est conçue dans les termes les plus généraux et les plus absolus; qu'il en résulte que la règle générale qu'il pose s'applique à tous les actes de vente qui contiennent mutation de propriété de meubles et d'immeubles, et que la seule exception qui puisse être admise à cette règle générale, c'est celle contenue dans le même article, c'est-à-dire le cas où l'acte contient tout à la fois stipulation de prix particulier et estimation article par article des objets mobiliers; qu'en effet, on ne saurait trouver une exception à la règle générale de l'art. 9 dans la disposition de l'art. 11 de la loi; qu'il résulte des termes dans lesquels cet article est conçu, qu'il est corrélatif à l'art. 10 auquel il se réfère exclusivement, et qu'il ne déroge nullement à la règle générale de l'art. 9, lequel est spécial pour les actes qui contiennent cumulativement transmission de propriété mobilière et immobilière, et qui a essentiellement pour objet de prévenir les fraudes auxquelles les actes de cette nature peuvent donner lieu; qu'il suit de là que, quelle que soit la rédaction de l'acte contenant translation de propriété mobilière et immobilière, il donne ouverture, par la totalité du prix, aux droits fixés pour la vente des immeubles, à moins qu'il ne se trouve dans le cas d'exception prévu par l'art. 9 de la loi; — Attendu qu'il est constaté par le jugement attaqué que, par acte authentique du 8 octobre 1839, Victoire Arnault a vendu aux mariés Remondet une maison située à Aix, dans laquelle existait un établissement d'hôtel garni, moyennant le prix de 15,000 francs, et que, par le même acte, elle leur a vendu, moyennant 17,000 francs, tout le mobilier dudit hôtel garni, consistant en meubles meublants, argenterie, vaisselle, matériel de table, de cuisine, de cave et généralement tous les objets mobiliers garnissant ledit hôtel, sans désignation article par article et sans estimation de chacun de ces articles; que l'art. 9 était donc sans application » (11536 J. N., S. 43-1-52, 1693-5 I. G.).

7038. Cession supplémentaire. — Quand après un acte de cession de droits successifs mobiliers et immobiliers, les parties découvrent de nouvelles valeurs mobilières qu'elles n'avaient pas entendu comprendre dans la première cession et qu'elles en font l'objet d'un second acte, il n'est dû sur ce second acte que le droit de cession au taux réglé pour les valeurs mobilières (Sol. 9 juin 1848, 16609-2 J. E.).

Mais il en serait autrement si les parties se bornaient, dans un second acte, à fixer un supplément de prix en énonçant que ce supplément de prix s'applique aux valeurs mobilières déjà comprises dans le premier acte. Le droit de 5 fr. 50 cent. pour 100 serait dû : « Attendu que, pour l'application du droit de vente mobilière, il ne suffit pas d'un prix distinct pour chaque nature de biens, il faut encore que les meubles soient désignés, article par article dans le contrat, ce qui n'a pas été fait dans les actes de transaction dont s'agit. » (Castelnaudary 24 déc. 1858).

Décidé, de même, que, quand après avoir réglé leurs droits dans une succession mobilière et immobilière, des héritiers payent à leurs cohéritiers une somme déterminée leur revenant dans cette succession, le droit de 5 fr. 50 cent. pour 100 est exigible sur cette somme (Saint-Etienne 26 août 1846, 14106 J. E.).

7039. Droits immobiliers inconnus. — La cession de droits successifs mobiliers, portant qu'elle s'étendra aux droits successifs immobiliers qui pourraient être découverts, ultérieurement, donne ouverture au droit de 5 fr. 50 cent. pour 100 (12781-1 J. E.).

7040. Droits immobiliers litigieux. — Lorsque la cession de droits successifs comprend des droits mobiliers et des droits immobiliers litigieux, le droit de vente est dû sur le tout au taux réglé pour les immeubles, et le droit perçu n'est pas restituable lorsque, par le résultat de l'instance, la vente immobilière est sans objet (Sol. 28 mars 1863). — V. *Droits litigieux*.

7041. Créances et meubles corporels. — Il a été reconnu par une décision du 10 septembre 1819 et par une solution du 31 mars 1831, qu'en thèse générale, les lois sur l'enregistrement n'autorisent pas à confondre le prix affecté aux créances et celui affecté au mobilier pour percevoir 2 pour 100 sur le tout; d'où il suit qu'à défaut d'un prix distinct dans l'acte de vente, on ne peut se dispenser d'admettre la déclaration estimative des parties (Dél. 5 avr. 1833, 10589 J. E., 8063 J. N.). — V. *Vente d'immeubles*.

7042. Argent comptant. — Lorsque les valeurs cédées comprennent du numéraire et que le prix est payé comptant, on ne saurait percevoir aucun droit proportionnel sur le numéraire, puisqu'en réalité le cessionnaire n'acquitte aucune valeur. Mais, si le prix de la cession était stipulé payable à terme, on ne pourrait considérer la remise de l'argent comptant que comme une obligation de sommes sujette au droit de 1 pour 100. En tous cas, on ne saurait appliquer à cette disposition la règle de l'art. 9 et l'assujettir au droit immobilier.

CHAPITRE IV. — CESSION POUR UN PRIX EN SUS DES CONSTITUTIONS DOTALES

[7043-7051]

SECTION PREMIÈRE. — SOMMES DONNÉES ET NON PAYÉES

[7043-7044]

7043. Principe. — De nombreuses difficultés ont surgi au sujet de la liquidation du droit de cession quand elle a lieu pour un prix en sus des constitutions dotales du cédant. Cette matière comporte plusieurs distinctions.

Lorsque la somme n'a pas été payée, tous les droits du donataire s'évanouissent au décès. Il ne saurait se prétendre créancier de l'hoirie, puisque la libéralité ne devait pas survivre au disposant et qu'il serait, dès lors, sans titre pour réclamer l'éxécution d'un contrat évanoui. Il n'est pas non plus débiteur, car il n'a reçu aucune valeur sujette au rapport. Sa position est absolument la même que celle de ses cosuccessibles, et il doit être traité au regard du partage comme un héritier ordinaire. Par conséquent, si, au lieu de recevoir sa part en nature des meubles et des immeubles indivis, l'ancien donataire se contente de stipuler à son profit le payement de la somme qui formait son avant d'hoirie, il cède réellement à ses cohéritiers sa fraction du patrimoine commun. « Le contrat, dit la C. cass. dans un arrêt du 7 janvier 1850, ne peut être la cession d'une créance qui n'existe plus. Il constitue une cession de droits successifs, et si la succession est en partie mobilière, en partie immobilière, la cession de droits successifs contient un transport de droits mobiliers et immobiliers et donne lieu à la perception, sur la totalité du prix, du droit fixé pour les immeubles » (1857 § 2 I. G., 13950 J. N.).

C'est ce qu'ont également reconnu les tribunaux de Mende le 25 mai 1857 (16177 J. N., 16583 J. E.); d'Oloron le 23 décembre 1856 (16440 J. E.) et de Gaillac le 24 mai 1864 (18275 J. N., 1985 R. P.; — *Conf.* : opin. J. du not. n° 2155, 1695).

L'Administration avait appliqué le même principe, en décidant, le 12 avril 1844 (13488 § 1er J. E.), que la cession à un tiers par deux cohéritiers de leurs droits dans la succession de leur père moyennant une somme déterminée, avec condition que les cédantes se réservent leurs constitutions dotales dont partie reste due, donne ouverture au droit de mutation sur ce qui reste dû des constitutions dotales, puisque ce reliquat grève le cessionnaire.

7044. Constitution déléguée à un tiers. — Il en est de même quoique le donataire ait, avant l'ouverture de la succession, cédé à un tiers la somme qui lui avait été promise. On ne peut pas considérer la constitution de dot comme une dette ordinaire due à une personne étrangère à la succession et passible du droit sur la portion seule du cédant. Elle conserve son entier caractère d'avancement d'hoirie à l'égard du donataire et de la succession du donateur, en sorte que si ce donataire oblige son cessionnaire, comme condition du transport de ses droits, à lui payer cette somme ou à son délégataire, cette obligation constitue une augmentation réelle du prix (Florac 10 mai 1862, 1766 R. P.).

SECTION 2. — SOMMES DONNÉES ET PAYÉES

[7045-7051]

7045. Payement fait par le donateur. — Quand le donataire par avancement d'hoirie d'une somme d'argent l'a effectivement reçue du donateur avant le décès, il en devient débiteur lors de l'événement qui résout la libéralité. La loi lui réserve à la vérité le moyen de ne point la reverser à la masse et dispose qu'elle sera imputée sur sa portion héréditaire. Mais c'est là un effet du partage : le donataire est censé avoir rapporté la somme, puis s'en être immédiatement ressaisi à titre de lotissement. Cette attribution fictive, opérée *brevi manu*, ne saurait donner lieu à aucun droit proportionnel.

Conformément à ce principe, il a été reconnu que la cession, moyennant un prix en sus des constitutions dotales payées par les père et mère, n'est passible du droit que sur le prix exprimé en la cession, parce que, d'après l'art. 869 C. C., l'héritier pouvant garder les sommes en argent qui lui ont été données et payées en avancement d'hoirie et dont le rapport à la succession ne s'opère alors que fictivement, il ne transmet au cessionnaire que la portion qui excède la somme ainsi reçue et le droit de prendre en corps héréditaires la valeur de cet excédant (Cass. 7 nov. 1820, 1209 § 1er n° 2 I. G., arrêt rapporté n° 7056).

De même, on ne saurait ajouter au prix stipulé pour la cession par un fils à sa mère légataire du quart en propriété du défunt, des droits qui lui appartiennent dans la succession, le quart d'une somme que le fils aurait reçue de son père à titre d'avancement d'hoirie, « attendu que l'avancement d'hoirie forme entre les mains du fils, non une dette envers la succession, mais une donation imputable sur sa part héréditaire, qu'il peut conserver, même en renonçant à la succession » (Seine 13 mai 1859, 1180 R. P., 16638 J. N., 11347 C. 17040 J. E.).

1. DONATIONS NON ENREGISTRÉES. — On suppose, dans le numéro précédent, que la constitution dotale résulte d'un acte enregistré. D'autres règles ont été admises pour le cas contraire.

S'il était prouvé que l'héritier a, en effet, reçu de son père une somme à titre de constitution ou d'avancement d'hoirie, la succesion ne se composerait réellement, ainsi qu'il vient d'être expliqué, que de l'excédant de droits revenant au cédant dans la succession paternelle, et le droit d'enregistrement ne devrait être perçu que sur le prix exprimé de la cession; mais il en est autrement si la simple énonciation de l'héritier, n'étant appuyée d'aucun acte, n'établit pas qu'il ait reçu cette constitution en avancement d'hoirie. Au moyen d'une pareille déclaration, les parties pourraient facilement déguiser et atténuer le prix réel de la cession pour éluder le payement du droit d'enregistrement, sans que l'Administration pût, en aucune manière, reconnaître la fraude ; le droit de cession doit, dans ce cas, être perçu non-seulement sur le prix stipulé, mais encore sur la somme que le cédant déclare avoir reçue en avancement d'hoirie, sauf à lui à produire des actes authentiques pour prouver que le payement déclaré a réellement eu lieu (1209 § 1er n° 3 I. G.).

Cette doctrine est critiquée par le D. N. t. 13 p. 126 n° 395 par le motif qu'il n'appartient pas à l'Administration de s'inscrire en faux contre les déclarations de dons manuels contenues dans les actes et dont la loi de 1850 admet la validité ; selon lui, la fraude ne doit pas se supposer et si elle existe, c'est à l'Administration d'en rapporter la preuve. Il suffira de faire remarquer que, dans les cessions comme dans les partages, l'Administration peut exiger la justification de la copropriété, c'est-à-dire de la qualité des parties et de leurs droits sur les biens indivis (*V. Partage*). Or, il s'agit bien ici d'une justification de l'espèce, puisque l'allégation du don manuel tend à augmenter la part apparente du cessionnaire dans les biens réels de la succession. C'est donc aux parties qu'il appartient de faire la preuve, sauf à recourir pour cela, non-seulement comme le dit l'Administration à un acte authentique, mais à tous les éléments de justification compatibles avec la loi fiscale.

7046. Payement fait par le cessionnaire du vivant du donateur. — Lorsque les constitutions dotales ont été payées du vivant des donateurs par un tiers qui achète ensuite les droits successifs du donataire, le montant des constitutions dotales payées doit il s'ajouter au prix?

Voici en quels termes les principes de la perception ont été résumés par l'Administration dans deux solutions des 25 mai et 28 juin 1867, conformément à l'avis que nous avions précédemment exprimé au n° 1985 R. P. « Lorsque le payement a été l'objet d'une stipulation expresse de subrogation suivant l'art. 1250-1 C. C., il n'a pas eu pour effet de libérer l'ascendant donateur, si celui qui paye n'était pas obligé au payement (Art. 1233 C. C.). Cet ascendant est donc resté débiteur de la dot constituée, jusqu'au jour de son décès, en sorte que la somme payée par le cessionnaire n'est autre chose qu'une avance par lui faite au donataire. Mais, au décès du donateur, la dette de celui-ci s'évanouit, pour faire place, au profit de l'enfant doté, au droit de prendre en nature sa portion héréditaire. Il en résulte que, si le cédant conserve la somme qui lui a été avancée par le cessionnaire, en échange, jusqu'à due concurrence, de ses droits dans l'hérédité, le droit proportionnel est dû lors de l'enregistrement de la cession, sur le montant intégral de la somme avancée. — Si, au contraire, le payement a été effectué pour le compte et à la libération du donateur, sans mention de subrogation, son effet a été de libérer celui-ci envers le donateur, sauf l'action en répétition de celui qui a payé contre la succession du donateur : Conséquemment, quand, après le décès du donateur, le donataire cède tous ses droits dans la succession à celui qui lui a payé sa dot et conserve la somme qu'il a reçue de lui à ce titre, il ne fait qu'un rapport en moins prenant, qui ne peut donner ouverture au droit de mutation. Mais la dot payée par le cessionnaire doit être comprise dans les dettes de la succession, et le droit de cession est dû sur la part de cette dot que le cessionnaire est chargé de supporter du chef du cédant » (2497 R. P.).

En ce sens, il a été jugé que lorsque l'un des héritiers cède ses droits successifs à son cohéritier, moyennant un prix déterminé en sus des constitutions dotales payées au cédant par le cessionnaire à titre de subrogation, le droit est exigible sur le montant de ces constitutions (1209 § 1er n° 5 I. G.; — Tulle 29 juill. 1865, 2274 R. P.; — Rodez 29 juin 1867, 2497 R. P.; — Agen 6 avril 1878; — *Contrà*, Gaillac 14 mai 1864, 18275 J. N., 1985 R. P.; — V. également Riom 29 janv. 1835; — Sol. 5 janv. 1855, 1010 I. G., 9510 J. E.; — Dél. 14 mai 1838, 12068-2 J. E.).

7047. Payement fait par le cessionnaire après le décès du donateur. — Le même principe reçoit directement son application au cas où les constitutions dotales ont été payées par le tiers devenu depuis cessionnaire, après le décès des donataires.

Une somme de 4,400 francs a été constituée en dot à B... par ses père et mère, suivant son contrat de mariage du 22 mai 1812. Cette dot a été payée, après le décès des donateurs, par le sieur D. B..., frère du donataire, qui lui en a donné quittance notariée, le 25 septembre 1841. Le 28 du même mois, aussi par acte notarié, B... fait cession à D. B..., son frère, de tous ses droits successifs, moyennant la somme de 300 francs, sans aucune autre réserve que ce qu'il avait reçu jusqu'à la même époque, le tribunal de Mirande a jugé, le 31 août 1843 (13381 J. E.), que le droit de mutation était exigible sur 4,700 francs.

1. CHARGE DE LA SUCCESSION DES DONATEURS. — Lorsque le cessionnaire a payé les constitutions dotales pour le compte des donateurs ou s'est fait subroger par eux, il est devenu leur créancier ; et sa créance, si elle ne lui a pas été remboursée, forme au décès une charge de l'hérédité. Il en résulte que si, dans le contrat de cession, il a été chargé de l'acquit des dettes, la quote-part à la charge du cédant dans la créance du cessionnaire forme une charge qui, comme nous l'avons vu, doit s'ajouter au prix pour la perception des droits.

7048. Part virile de cessionnaire chargé de payer la dot. — On a quelquefois soutenu, d'après l'I. G. 1209 § 1er n° 4, qu'une déduction devait être opérée en faveur du cessionnaire, en vertu de l'art. 873 C. C., à raison d'une prétendue portion héréditaire, dont il serait tenu dans les constitutions dotales payées par lui en sus de son prix. La portion héréditaire, ou, pour employer le langage défectueux du Code (V. la critique de tous les auteurs à cet égard), la portion *virile*, dont parle l'art. 873, ne s'applique qu'aux *dettes* et *charges* de la succession : or, il est certain que dans les hypothèses qui ont fait l'objet des numéros précédents, il n'y a ni charge ni dette, ainsi que l'ont fort bien dit et l'Administration et la C. Cass. La créance sur la succession ne se produit que dans le cas de l'art. 845, dont nous parlerons au n° 7066.

Dans les hypothèses actuelles, le cédant est un héritier pur et simple. Cet héritier, s'il a été payé de ses constitutions dotales, les confond, soit en nature, soit en moins prenant, dans la masse commune pour partager le tout avec ses cohéritiers, dans une proportion égale, s'il n'a pas été disposé de la quotité disponible, ou proportionnellement à ses droits, si cette portion disponible a été attribuée par le défunt. Que si, au contraire, les constitutions dotales de l'héritier restent dues au décès du donateur, elles s'évanouissent, et l'héritier n'a plus qu'à se faire attribuer ses droits dans la masse de la succession. Donc, dire que le cohéritier cessionnaire a payé ou paye les constitutions dotales, c'est employer un terme impropre qui peut jeter la confusion dans les esprits. Il n'y a plus de constitutions dotales, il n'y a qu'une part héréditaire que le cessionnaire acquiert en compensant sur son prix ce qu'il a pu payer de ce qui fut autrefois une constitution dotale, ou en employant une partie de ce prix à éteindre ce qui représentait cette constitution non payée et aujourd'hui évanouie. Or, soit qu'il y ait compensation, soit qu'il y ait payement effectif, il n'y a jamais qu'un prix que le cessionnaire doit intégralement.

Ainsi, supposons A..., B... et C... venant à partage de la succession de D..., leur père, qui a doté A... d'une somme de 10,000 francs payée par B... : la succession se compose de valeurs immobilières s'élevant à 45,000 francs. La part de chaque enfant étant de 15,000 francs, B... achète la portion de A... moyennant 5,000 francs en sus des constitutions dotales qu'il a payées. Le droit à 5 fr. 50 cent. pour 100 est exigible sur 15,000 francs.

Il arrive cependant assez souvent que l'on raisonne ainsi :

Les constitutions dotales de A... grèvent la succession d'une charge de.	10,000 fr. » c.
La portion virile de B... dans cette charge est d'un tiers, en vertu de l'art. 873 C. C.; à déduire.	3,333 fr. 33 c.
Reste.	6,666 fr. 67 c.
A ajouter le prix. . .	5,000 fr.
Total. . . .	11,666 fr. 67 c.

et l'on établit le droit sur 11,680, au lieu de le percevoir sur 15,000.

C'est, nous le répétons, faire une étrange confusion ; c'est fondre dans une règle impossible les deux principes contradictoires posés par les I. G. 1209 § 1er n° 4 et 1510, principes dont le second a complétement anéanti le premier.

7049. Legs par préciput. — Cession à un successible. — Déduction de sa part. — Le même principe s'applique à la cession par le cohéritier d'un legs par préciput.

Le préciput est l'avantage fait à un héritier en sus de sa portion héréditaire. Il se prélève, à la vérité, sur la masse à laquelle le bénéficiaire avait un droit indivis en qualité de successible, et diminue ainsi la part qui lui eût été dévolue à ce titre si le défunt était mort intestat. Mais le prélegs n'en constitue pas moins, entre les mains du bénéficiaire, une copropriété personnelle dans laquelle les cohéritiers ne participent en aucune façon. Si le légataire transporte cette copropriété à un successible, nous n'apercevons pas pourquoi on ferait subir une déduction quelconque au prix de la vente. L'acquéreur, comme représentant partiel de l'hoirie, était bien sans doute débiteur personnel d'une fraction du legs et il le demeurera encore après la vente. Mais, et voici l'essentiel, sa seconde obligation sera le prix d'une transmission de meubles ou d'immeubles auxquels il n'avait antérieurement aucun droit et elle ne sera point la simple confirmation de son engagement légal. En d'autres termes, le *droit réel* a passé de la tête du légataire sur celle de son cohéritier ; cette mutation semble justifier la perception intégrale de l'impôt sans qu'il y ait à considérer si le lien personnel qui unissait les parties a changé de nature.

La question serait plus délicate s'il s'agissait d'un legs constituant une simple créance sur l'hoirie. On pourrait soutenir que le cohéritier, débiteur du legs pour un quart, par exemple, qui devient cessionnaire de ce legs, moyennant un prix payable à terme, ne contracte envers le bénéficiaire aucun engagement nouveau par rapport à sa portion personnelle, puisque après l'acte de cession, comme auparavant, il devra toujours le quart du legs ; que, dès lors, il y a seulement acquisition et prix de vente pour le surplus (*V.* 1696 J. du not.).

Cette conclusion ne devrait cependant pas être généralisée. Le transport, en effet, peut avoir pour résultat de nover la dette du cohéritier et de transformer en un *prix de vente* son obligation *héréditaire*. On conçoit la gravité de cette situation au point de vue des actions attachées à chaque nature de dette, et l'intérêt que peuvent avoir les parties à opérer ces transformations. Or, si la novation existait, c'est-à-dire si le cohéritier avait réellement voulu acheter la créance du préciputaire, il faudrait percevoir le droit d'obligation sur la portion du prix correspondant à sa part.

7050. Sommes prêtées. — Les sommes prêtées sont assimilées, au point de vue qui nous occupe, aux sommes données. Il faut également distinguer pour la perception si les payements dont il s'agit ont été effectués par les père et mère ou par le cohéritier cessionnaire. Dans le premier cas, la somme reçue par le cédant de son père donne lieu à un rapport purement fictif dans la succession paternelle. En conservant cette somme, le cédant ne transmet que le supplément de ses droits successifs, et le droit d'enregistrement ne doit être perçu que sur le prix stipulé pour cette cession.

Mais si les payements ont été faits par le cohéritier cessionnaire, il en est résulté, au profit de ce dernier, sur le cédant, une créance dont le remboursement fait partie du prix de la cession. Le droit d'enregistrement doit alors être exigé, tant sur le prix exprimé de la cession que sur les sommes antérieurement payées par le cessionnaire (1209 § 1er n° 5 I. G.).

Dans ce cas, d'ailleurs, il importe aussi d'examiner si le payement a eu lieu ou non du vivant de l'auteur de la succession et si le tiers a payé avec ou sans subrogation ou pour le compte du défunt.

7051. Régime dotal. — Immeubles paternels grevés de la dot de la mère. — D'après l'I. G. 1209 § 1er n° 6 lorsque des droits successifs paternels et maternels sont cédés, moyennant une somme déterminée, avec ventilation de ce qui se rapporte à la succession de la mère consistant dans la dot reçue par le père, « il y a lieu d'effectuer une ventilation des deux successions et d'exiger le droit de cession sur chaque succession séparément d'après leur nature. »

Ces termes ambigus ont été diversement expliqués. Les uns ont pensé que le droit de vente immobilière doit être perçu sur la totalité du prix stipulé représentant la valeur des immeubles cédés, et qu'il faut exiger en outre le droit de

1 franc pour 100, comme cession de créance, sur le montant de la dot ou des reprises dotales de la femme. D'autres jugeaient, au contraire, que le droit de cession de créance est dû sur le montant de ces reprises, mais que le droit de vente d'immeubles ne peut être perçu que sur la différence entre les reprises et le prix total.

Chacun de ces modes de perception présentait une erreur évidente. Dans le premier cas, il y a double perception sur les mêmes objets; dans le second, les immeubles transmis ne sont frappés, pour une partie de leur valeur, que du droit déterminé pour les cessions de créances.

La règle établie dans l'I. G. 1209 n'est pas exacte. En effet, si le décès de la mère est arrivé avant celui du père, les enfants sont devenus créanciers de ce dernier pour le montant de la dot de la défunte; mais, à l'époque du décès du père, la dette s'est éteinte par confusion de la qualité de créancier et de débiteur dans la personne des enfants. Si, au contraire, la mère a survécu, les enfants qui avaient été chargés de cette dette, comme héritiers de leur père, ont été libérés en héritant de leur mère, de sorte que la cession des droits paternels et maternels n'a réellement et ne peut avoir pour objet que les immeubles délaissés par le père.

Si, au lieu de faire une cession de leurs droits successifs, les enfants procédaient au partage des deux successions, il en résulterait que, toute compensation faite, chacun d'eux aurait droit seulement à une quote-part des immeubles du père, et que si cette quote-part, au lieu d'être délivrée en nature, était payée des deniers d'un cohéritier ou copartageant, la somme payée constituerait une soulte ou serait considérée comme le prix d'une licitation, sujettes l'une et l'autre au droit de 4 pour 100. Ce qui est vrai à l'égard d'un partage avec soulte, ou d'une licitation des deux successions, l'est aussi à l'égard d'une vente au profit d'un cohéritier ou d'un étranger, sauf la quotité du droit.

Aussi, doit-on décider, conformément à des solutions des 30 novembre 1846 et 1er novembre 1862, que le droit, dans le cas de cession de droits successifs paternels et maternels, comprenant, du chef de la mère, une simple reprise à exercer sur les biens de la succession du père, est exigible sur la totalité du prix, au taux déterminé selon la nature des biens qui composent la succession de ce dernier; mais aucun droit n'est exigible à raison des reprises de la mère.

CHAPITRE V. — DES DIFFÉRENTS ACTES RENFERMANT UNE CESSION DE DROITS SUCCESSIFS

[7052-7070]

7052. Transition. — Il est peu de contrats qui revêtent une form plus différente que la cession de droits successifs. Elle se réalise à propos de toutes les conventions par lesquelles les successions se liquident et elle en emprunte dès lors les divers aspects. Il est cependant assez facile, en général, de la caractériser. Nous allons parcourir, à titre d'exemples, les principales hypothèses résolues en jurisprudence.

7053. Cession de créances. — Par contrat de mariage du 3 novembre 1813, le sieur S... père avait constitué à Marie S..., sa fille, épouse de M..., à titre de dot et en avancement d'hoirie, une somme sur laquelle, à l'époque de son décès, il restait dû 2,600 francs.

Le 10 août 1831, Pierre, son fils, Marie A..., sa femme, communs en biens, et autre Marie A..., veuve et héritière d'autre Pierre S..., ont payé ces 2,600 francs à Marie S... et au sieur S..., son mari. — L'acte porte : « Moyennant ce payement, le contrat du 3 novembre 1813 demeure sans effet quant auxdits M... mariés, mais en vigueur à l'égard de leurs frères et belles-sœurs, toutefois sans aucune garantie que celle de la légitimité de la constitution, expliquant que ceux-ci agissent comme héritiers en partie du sieur S... père. » Quel est le droit à percevoir?

Si l'acte constituait une cession, même implicite, de droits successifs, le droit de cession de droits successifs serait fondé; mais, d'une part, cette cession ne peut pas s'induire des termes de l'acte, duquel il ne résulte qu'un transport de créance sans garantie; d'autre part, les cessionnaires de la créance de 2,600 francs n'ont d'autre droit que celui de s'en faire payer sur la succession. — Il n'est donc dû que le droit de cession de créance (Sol. 7 avr. 1832, 10287 J. E.)

1. DÉLÉGATION. — On ne peut non plus voir une cession de droits successifs dans l'acte par lequel le débiteur d'une dette non établie par titre enregistré, déclare déléguer, céder et transporter à son créancier, en vue de se libérer, la part lui appartenant dans la succession de son père, à percevoir dans le produit de la vente des biens. « En effet, l'acte ne confère au créancier qu'un droit de créance sur les biens de l'hérédité et non un droit de copropriété; en agissant ainsi, les parties peuvent avoir voulu éviter l'exercice du retrait successoral par les cohéritiers du délégant; ce dernier a donc conservé ses droits de copropriété dans les biens dépendants de la succession de son père. » Le seul droit exigible est celui de 1 pour 100 (Sol. belge 19 avr. 1871).

7054. Compte. — L'acte duquel il résulte qu'un héritier reçoit une somme de ses cohéritiers pour tout ce qui lui revient dans la succession commune n'est pas un simple compte, mais une cession. — V. 4802.

7055. Dot constituée avec imputation de droits successifs. — Nous avons développé, sous les nos 5295 et suiv., les effets que produisent les constitutions de dot faites par le survivant des père et mère avec imputation des droits du donateur sur la succession du prédécédé et nous avons fait ressortir les hypothèses où une pareille constitution emporte cession des droits successifs du prétendu donataire. Nous n'avons à faire connaître ici que quelques décisions qui viennent à l'appui des règles posées sous ces derniers numéros.

Lorsque, dans un contrat de mariage, le futur reconnaît que, au moyen de la donation en argent qui vient de lui être faite par sa mère, il n'a aucun droit mobilier ni immobilier à exercer sur la succession de son père contre sa mère, dont les reprises ont absorbé toutes les valeurs, le droit de 5 fr. 50 cent. pour 100 est exigible, surtout s'il est prouvé que toutes valeurs n'avaient pu être absorbées par les reprises (Versailles 4 mars 1847, 14203 J. E.).

Le même droit est exigible sur la constitution dotale d'une somme d'argent faite par une mère à sa fille, sous la condition que la donataire jouira pendant sa vie de tous les biens, meubles et immeubles, composant la succession de son mari (Privas 16 mai 1842, 13025-1 J. E.).

Et sur la somme payée au futur par son père, au moyen de quoi le futur n'aura plus rien à réclamer dans la succession de sa mère (Barbezieux 11 nov. 1844, 13626-1 J. E.).

7056. Constitution de dot par le frère pour droits successifs. — Lorsque, dans un contrat de mariage, le frère aîné constitue en dot à sa sœur, pour la remplir de ses droits successifs paternels et maternels, une somme déterminée, sans préjudice de plus grands droits sur les biens de ses père et mère, le droit de cession est exigible sur cette disposition (C. cass. 7 nov. 1820).

« Attendu, porte l'arrêt, que, d'après les termes formels de la clause par laquelle Fabre a constitué en dot à sa sœur, dans son contrat de mariage avec le sieur M..., une somme de 3,000 francs, cette constitution a eu pour objet de remplir cette dernière de ses droits dans les successions des père et mère communs; que, par une telle stipulation, Fabre a évidemment été subrogé à sa sœur dans ces mêmes droits, et qu'ainsi il y a eu évidemment transport et cession au profit dudit Fabre, et par conséquent lieu à la perception du droit proportionnel de 4 pour 100, auquel l'art. précité de la loi assujettit ces sortes de contrats; attendu que, si, à la suite de cette clause, Thérèse Fabre se réserve cependant de faire valoir ses plus grands droits, cette réserve éventuelle, qui ne peut donner lieu de sa part qu'à une demande en supplément d'hérédité pour le cas où ces droits excéderaient le montant de la somme stipulée, ne fait point obstacle à ce que l'aliénation de ces droits n'ait été consommée au profit de son frère jusqu'à concurrence de ladite somme, en telle sorte que, si ses droits n'excèdent pas la somme, Thérèse Fabre se trouvera définitivement remplie de ses parts héréditaires, sans pouvoir désormais les réclamer en nature; et que, d'autre part, si ces parts n'atteignaient pas même la somme dont il s'agit, André Fabre ne pourrait néanmoins se dispenser de le payer intégralement; qu'il suit de là qu'en qualifiant de *prêt* ou d'*obligation* la constitution dotale faite par Fabre à sa sœur, dans son contrat de mariage, et en la déclarant, par suite, sujette au simple droit de 1 franc par 100 francs, le tribunal a faussement appliqué le numéro 3 du paragraphe 3 de l'art. 69 L. 22 frimaire an 7, et directement violé le numéro 1er du paragraphe 7 du même article » (1209 § 2 n° 1er I. G., S. 21-1-334., 6876 J. E.).

1. DISTINCTION ENTRE LA CONSTITUTION POUR REMPLIR DE TOUS DROITS OU CELLE A VALOIR. — Il résulte de la jurisprudence établie par cet arrêt, qu'une constitution dotale faite par un frère à sa sœur, pour la remplir de ses droits dans les successions ouvertes des père et mère, doit être considérée comme opérant une cession de droits successifs, nonobstant toute réserve de demander partage; mais que, lorsque la constitution dotale est faite seulement à valoir sur les droits successifs ou avec expressions équivalentes, qui laissent à la sœur le libre exercice de ses droits dans leur intégrité, il en résulte pour le frère une simple créance qui ne donne ouverture qu'au droit de 1 franc pour 100, sauf toutefois à exiger le droit de mutation si quelque fait ultérieur venait à fournir la preuve que la cession s'est réalisée au profit du frère (1209 § 2 n° 1er I. G.; — *Conf.*: Sol. 19 mai 1854).

2. IMPUTATION. — Ainsi, la disposition d'un contrat de mariage par laquelle le frère de la future promet de lui payer une somme déterminée, laquelle sera imputée jusqu'à due concurrence sur les droits immobiliers que cette dernière peut prétendre dans la succession ouverte de son père, ne donne pas ouverture au droit de mutation (13715 J. N.).

7057. Constitutions payées par le père après le décès de la mère. — Partage anticipé. — Les constitutions dotales faites au futur par sa mère ont été payées depuis le décès de cette dernière par le père; par un partage anticipé, postérieur à ce payement, le père a attribué tous ses biens à l'un de ses fils, à charge de payer en argent les parts de ses frères et sœurs. Dans cet état de choses, l'acte par lequel ceux-ci font cession à leur frère de leurs droits dans la succession maternelle, est sujet au droit de mutation, tant sur le prix exprimé que sur le montant des constitutions dotales acquittées par le père commun. En effet, le cédant, n'ayant point reçu les constitutions dotales du vivant de sa mère, ne peut en faire le rapport à la succession. D'un autre côté, la cession de ses droits emportant acceptation de cette succession, il n'est point libre de retenir les constitutions dotales et d'exiger le payement en argent de la succession; la constitution dotale est annulée de fait. La cession faite par lui comprend donc la totalité de ses droits en biens héréditaires; et le prix de cette cession se compose, non-seulement de la somme actuellement payée, mais encore du montant des constitutions dotales payées par le père.

7058. Donation.—Disposition indépendante.
Si l'acte de cession contient donation entre-vifs par le cédant au cessionnaire du prix de la cession, le droit de donation est dû indépendamment du droit de cession, car il y a deux dispositions distinctes (Montpellier 9 déc. 1857, 11221 C., 16673 J. E.). — *Vente d'immeubles*, nos 17684 et 17864.

Il y a également donation si la cession est faite moyennant une rente viagère inférieure au produit des biens (Saint-Malo 27 fév. 1875).

7059. Legs. — Délivrance. — Quittance. — La quittance donnée par le fils puîné du montant de son legs, sans payement d'un supplément par l'héritier principal, ne constitue pas une cession de droits successifs au profit de ce dernier. En effet, aux termes de l'art. 845 du C. C., tout héritier qui renonce à la succession peut réclamer le legs à lui fait. La quittance de ce legs, lors même qu'elle n'exprime pas la renonciation à succession, n'opère qu'une simple libération au profit, soit de la succession, soit de l'héritier institué, et n'est passible que du droit fixé pour les délivrances de legs.

1. SUPPLÉMENT. — Mais si, dans la quittance de la somme léguée, ou par acte postérieur, l'héritier principal paye un supplément, ce supplément reçu par le frère puîné prouve que celui-ci est venu au partage de la succession;

qu'ainsi il a pris qualité d'héritier, et anéanti sa qualité de légataire, qui ne peut subsister concurremment avec celle d'héritier. Cet acte saisit l'héritier institué des droits successifs du puîné, et produit tous les effets d'une cession, dont le prix sujet au droit de mutation, se compose tant du montant du legs que du supplément qui y est ajouté (Dél. 28 oct. 1828, 9593 J. E.).

Cependant on avait pensé que, dans le cas où le légataire aurait renoncé à la succession, il n'aurait plus la faculté d'exiger un supplément, et que celui qui lui serait payé ou promis ne donnerait ouverture qu'au droit de quittance ou d'obligation. — Mais cette distinction, relative à l'existence ou à la non-existence d'une renonciation à succession de la part du légataire, ne doit point être admise. Il faut considérer, à ce sujet, qu'une renonciation n'est pas un engagement absolu ; que l'art. 790 C. C. prévoit le cas où l'héritier qui a renoncé à la succession peut encore l'accepter; que c'est bien user de cette faculté et faire acte d'héritier que de recevoir une somme payée par l'héritier principal, en sus du legs, pour compléter les droits du cédant dans la succession; qu'enfin on ne peut objecter que l'acceptation par un autre héritier s'oppose à ce que celui qui avait renoncé, accepte de nouveau et fasse acte d'héritier, puisque, dans l'espèce, les cohéritiers sont d'accord et passent le nouvel acte qui établit leurs qualités respectives. Ainsi le droit de cession doit être perçu lorsqu'il y a supplément payé ou promis, soit qu'il y ait ou non renonciation à la succession de la part du légataire ou du cédant (1209 § 2 n° 2 I. G.).

7060. Licitation. — Vente. — Dans quel cas une cession de droits successifs faite aux risques et périls du cessionnaire et sans autre garantie que la qualité d'héritier du cédant a le caractère d'une vente ou d'une licitation. — V. *Partage* n° 12355.

7061. Partage. — Soulte. — Il résultait de l'I. G. 1209 § 2 n° 3, que l'acte constatant la délivrance par un frère, qui a payé ou paye une partie de la constitution dotale faite à sa sœur par leur père, d'un immeuble de la succession pour l'acquit de l'autre partie de cette constitution, n'est, comme simple lotissement, sujet qu'au droit fixe (aujourd'hui droit gradué). Les motifs que nous avons rappelés n° 7046, doivent ici dominer la question, et l'on doit percevoir le droit de soulte ou de cession sur la somme payée par le frère, attendu que ce payement ne le rend pas simplement créancier de la succession paternelle, mais cessionnaire des droits de sa sœur pour ce qui excède l'immeuble délivré en nature (Sol. 5 janv. 1836, 1510 I. G.).

1. IMPUTATION SUR LA PORTION SUCCESSIBLE DU CÉDANT. — A l'égard d'une cession de droits successifs pour un prix déterminé en sus de sommes payées par le cessionnaire, suivant acte enregistré, mais à tout autre titre qu'à l'acquit de la constitution dotale ou de la donation faite par les père et mère, il a été établi que, par suite des payements effectués, le cessionnaire se trouvait avoir sur le cédant une créance dont le remboursement fait partie du prix réel de la cession, et qui doit être ajoutée au prix exprimé pour la perception du droit d'enregistrement.

La même règle est applicable lorsque, dans l'acte de partage de la succession, la somme précédemment payée par l'un des cohéritiers est imputée sur la portion successible de l'héritier qui l'a reçue. Par l'effet de cette imputation, l'héritier créancier est remboursé des sommes par lui payées, au moyen de l'abandon d'une partie des droits héréditaires de l'héritier débiteur. Il a été reconnu que cette disposition produit une soulte de partage, dont le prix, formé du montant des sommes payées antérieurement, est sujet au droit de cession mobilière ou immobilière, suivant la nature des biens sur lesquels il est imputable, conformément aux règles prescrites par l'I. G. 342 (1209 § 2 n° 4 I. G.).

2. LOTISSEMENT POUR TENIR LIEU DE TOUS DROITS. — L'effet de la délivrance par un frère à sa sœur d'un immeuble de la succession du père commun, pour la remplir de tous ses droits, sous la condition que le frère la garantira des dettes, s'il en existe, et avec déclaration qu'on n'en connaît aucune, est de faire cesser l'indivision qui existait entre les deux cohéritiers. La charge de payer la portion de dettes dont serait grevée la part héréditaire de la sœur, semble, il est vrai, former le prix d'une plus-value dans le lot du frère; mais la déclaration que les parties ne connaissent aucune dette passive de la succession, empêche que le droit de soulte, qui serait exigible, puisse être perçu. Il n'est dû que le droit fixe gradué de partage.

Toutefois, le receveur devrait vérifier la déclaration négative des dettes passives de la succession, et en constater, s'il y avait lieu, l'inexactitude, pour faire acquitter le droit proportionnel sur la portion de ces dettes qui auraient été à la charge de la sœur (1209 § 3 n° 3 I. G.).

7062. Promesse de tenir compte. — Si la dot est donnée par les père et mère, mais payée des deniers du frère de l'époux, sous la condition que ce dernier lui en tiendra compte en principal et intérêts, lors du partage des successions de leur père et mère, l'I. G. 1209 § 3 n° 1er, porte que cette clause éloigne toute idée de cession, et qu'il n'est dû que 1 pour 100 sur le montant de la créance. Nous ajouterons qu'elle éloigne également toute idée de donation. Il est de la nature des donations que la chose donnée soit transportée, et, dans l'espèce, elle ne l'est pas, puisque le prétendu donataire n'est qu'un débiteur tenu de payer les intérêts de la somme qui lui est avancée (*Conf.* : Sol. 15 juin 1859).

1. OBLIGATION. — Un frère paye à sa sœur un à-compte sur la dot promise par le père commun décédé. *Quid* du droit à percevoir? On a vu ci-dessus qu'une dot ou une somme donnée et non payée ne devient une créance sur la succession qu'autant que le donataire veut s'en tenir à cette dot. Dès lors, il n'y a pas transport de créance; il n'y a pas non plus cession de droits successifs, puisque la cession n'est pas exprimée et que rien ne peut la faire présumer; il n'y a pas quittance, puisque le frère n'est pas débiteur de la somme. Le seul droit exigible est celui d'obligation (*Conf.* : Sol. 19 mai 1854).

7063. Procuration. — La procuration donnée par des cohéritiers à l'un d'eux, à l'effet de vendre les biens héréditaires pour payer les dettes, est une cession de droits successifs, si, en même temps, ils lui cèdent à forfait tout ce qu restera d'actif; mais le montant des dettes ne doit pas être ajouté au prix pour la liquidation du droit, puisque la cession est limitée au reliquat effectif après la libération de la succession (Cass. 5 mars 1833) : « Attendu, porte cet arrêt, en droit, que les actes sont susceptibles de toutes les stipulations qui ne sont pas prohibées par les lois et les bonnes mœurs; que ces stipulations peuvent appartenir aux divers contrats, soit de mandat, soit de vente, ou autres; attendu, en fait, que l'acte du 15 juin 1814 contient de doubles stipulations de ce genre, notamment le mandat d'effectuer premièrement la libération des dettes de la succession Bouillon par des aliénations et des délégations au nom de tous les héritiers de la branche maternelle de la succession du feu duc de Bouillon ; attendu que la cession contenue audit traité était limitée au reliquat effectif, après ladite libération, et que ce reliquat, fixé par un prix exprimé, ne peut être accru du passif de l'hérédité bénéficiaire, objet de la première stipulation; qu'en expliquant ainsi les stipulations de l'acte du 15 juin 1814, le tribunal de la Seine n'a aucunement violé l'art. 15 L. 22 frimaire an 7 » (10578 J. E.).

7064. Quittance. — Droits mobiliers. — Marie B... reconnaît avoir reçu des héritiers de B... 580 francs « pour tout ce qui peut lui revenir dans la succession mobilière de son père et compte de tutelle, et pour tous ses droits et prétentions aux fins des inventaires, ventes mobilières ou autrement, qu'elle pourrait avoir à exercer contre ces héritiers. » On ne peut considérer l'acte comme un compte du prix de ventes mobilières; il ne rappelle ni les dates ni l'enregistrement de ces prétendues ventes : c'est une transaction, une cession de droits mobiliers sujette au droit de 2 pour 100 (7012 J. E.).

7065. Ratification. — L'acte par lequel des cohéritiers ratifient la cession ou la vente des biens de la succession faite par l'un d'eux, moyennant l'obligation qu'il contracte de leur payer leur part dans le prix, n'est point un transport de droits successifs (8177 J. E.).

7066. Renonciation. — Payement de dot. — Aux termes de l'art. 845 C. C., tout héritier qui renonce à la succession peut retenir le don qui lui a été fait. Si ce don, consistant en sommes d'argent, n'est pas acquitté au décès du donateur, l'héritier, par l'effet de sa renonciation, doit être considéré comme simple créancier de la succession. Le payement par l'héritier principal de la somme donnée ou constituée n'est par conséquent passible que du droit de quittance de 50 centimes pour 100.

Ce droit ne serait exigible que sur la somme payée par un frère à sa sœur, et à laquelle elle déclare se restreindre sur sa dot en renonçant à la succession paternelle, attendu que cette réduction est censée déterminée par l'insuffisance des forces de la succession, pour faire face à la totalité de la dot et aux portions réservées par la loi aux cosuccessibles (1209 § 3 n° 2 I. G.).

L'instruction ne porte point qu'il soit nécessaire que la renonciation précède le payement, ou qu'elle ait lieu au greffe. La renonciation peut même être postérieure au payement (4528 J. E.); mais, si cependant la renonciation qui serait faite dans l'acte même n'était que la conséquence du payement, elle équivaudrait à une cession.

C'est ainsi que le tribunal de Tarbes a vu une cession de droits successifs passible du droit proportionnel de vente dans un acte par lequel des enfants, après le décès des père et mère qui les ont dotés, déclarent que le montant des dots a été payé par l'un d'eux du vivant des donateurs et qu'au moyen de ce payement ils se tiennent pour satisfaits, cédant au besoin à celui qui a payé tout ce qui pourrait leur revenir dans les successions paternelle et maternelle, à la charge par celui-ci de payer leur part de dettes (Tarbes 12 avr. 1859, 16987 J. E., 11609 C., 1240 R. P.).

De même, le tribunal de Libourne, le 21 février 1845 (12321 J. N.), a décidé qu'on doit considérer comme une cession l'acte par lequel une sœur déclare s'en tenir pour tous droits dans la succession de son père à la dot mobilière qui lui a été constituée par ce dernier et que son frère s'oblige de lui payer, au moyen de quoi tous les autres biens de la succession appartiendront au frère, la veuve lui en faisant tous transport, abandon et délaissement nécessaires.

Le D. N. (t. 13 p. 124 n° 422) explique, en se fondant sur une Dél. 30 janvier 1829 que, dans le cas précédent, si la sœur se réservait de provoquer le partage, le droit de cession ne serait pas dû. Nous ne partageons pas cette manière de voir, attendu que le payement de la dot est imposé au frère comme corrélatif de la cession de droits successifs égaux, ce qui suffit, quels que soient les résultats du partage ultérieur, à rendre les droits de cession exigibles. — *V.* n° 7056.

Le *Journal du notariat* a également pensé que, si un fils légataire du disponible paye à sa sœur la somme donnée en avancement d'hoirie à celle-ci, qui, reconnaissant que cette somme excédait sa part légitimaire, a déclaré se désister de tous plus amples droits dans la succession de son père et mettre son frère en ses lieu et place, à la charge par celui-ci de payer toutes les dettes de la succession, cette quittance est une cession de droits successifs (15 janv. 1868 n° 2218).

1. FRAUDE. — Au reste, la renonciation pourrait quelquefois être frauduleuse, c'est-à-dire faite dans le seul but d'échapper au droit de mutation. L'interprétation de la convention doit donc faire souvent décider souverainement de la perception à établir sur l'acte. Dans ce sens, le tribunal d'Orthez a jugé, le 13 janvier 1847 (14188-1 J. E.), que si, après avoir renoncé par acte au greffe, aux successions de ses père et mère, un enfant donne décharge, à un autre enfant qui a accepté ces successions, d'une somme de 600 francs pour solde de la dot qui lui avait été promise et de 1,299 francs que ses père et mère lui avaient constitués verbalement, le droit de 5 fr. 50 cent. pour 100 est exigible sur ces deux sommes réunies.

2. QUOTITÉ DISPONIBLE. — L'enfant doté par son père en avancement d'hoirie ne peut, en renonçant à la succession du donateur, retenir le montant de sa constitution dotale quand la quotité disponible a été absorbée par une donation antérieure; dès lors, l'acte par lequel les cohéritiers de l'enfant renonçant lui payent le montant de sa constitution dotale est une cession de droits successifs passible du droit de 5 fr. 50 cent. pour 100 (Tulle 21 déc. 1872, 19176 J. E.).

7067. Retrait successoral. — L'acte par lequel l'héritier de la femme prédécédée acquiert d'un héritier du mari les droits lui revenant dans la succession de ce dernier ne peut, quoique qualifié retrait successoral, être considéré, pour la perception, que comme une cession de droits successifs (Rambouillet 11 mai 1855, 16056 J. E., 15636 J. N.). — V. *Retrait successoral.*

7068. Révélation de succession. — Lorsque l'abandon des droits successifs est motivé par la révélation qui a été faite de la succession, le droit proportionnel de vente est exigible. Le tribunal de Blois, par un jugement du 26 juin 1849, l'a ainsi décidé dans une espèce où les héritiers ayant cédé au révélateur une somme égale au tiers de ce qui pouvait leur revenir, l'autorisaient à notifier son titre afin d'opérer à son profit *la saisine de la portion cédée* (13828 J. N., 14767 J. E.).

Il ne faut pas perdre de vue que, dans le cas de cession motivée par une révélation, la cause déterminante de la convention, si à la révélation se joignent les soins donnés à la justification des droits des héritiers, est un marché. Si donc les objets cédés consistent en valeurs exemptes de l'impôt, telles que de l'argent comptant, des rentes sur l'État, le droit proportionnel de 1 pour 100 n'en est pas moins exigible (Sol. 2 juin 1851). — *V.* 11190.

En matière civile, il a été également décidé que la cession faite, à un individu chargé de procéder à une liquidation de succession, d'une certaine portion de cette succession, à raison de ses soins et démarches, doit être considérée comme une simple rémunération d'un mandat d'agent d'affaires, et non comme une vente de secret concernant une succession encore inconnue ou comme un contrat aléatoire, s'il est établi qu'il n'y avait ni secret ni aléa (Cass. 18 avr. et 7 fév. 1855, D. 55-1-205. — *V.* aussi Paris 17 mai 1867, S. 68-2-5).

7069. Survenance d'enfants. — Traité. — B... lègue tous ses biens à ses deux frères. Postérieurement, il se marie, il a un enfant, il meurt sans avoir révoqué son testament. Ses frères, légataires, et sa veuve, agissant tant en son nom propre que comme tutrice de son enfant, stipulent que, si le mineur vit, se marie et a des enfants, les frères du défunt ne réclameront rien sur la succession, mais que, s'il meurt sans postérité, le testament aura son entière exécution, sauf que la veuve jouira de l'usufruit.

« L'acte, porte l'I. G. 1173 § 7, est sujet au droit proportionnel, comme cession de droits successifs. Les légataires ne renoncent pas à l'effet de leur legs : ils en disposent. Ce qu'ils auraient recueilli, par la réduction du testament à la quotité disponible, ils le transmettent, en nue-propriété, au mineur acceptant par sa mère, et en usufruit à celle-ci agissant en son propre nom. Ils reçoivent, pour l'équivalent de cette cession, l'assurance de l'exécution pleine et entière du testament, dans le cas de décès du mineur sans enfants, et comme s'il n'eût jamais existé. Il n'y a point à opposer que la renonciation prématurée, faite par la veuve, à la portion qui lui reviendrait dans la succession de son fils encore vivant, ne serait pas valable : une convention nulle peut avoir son exécution, si les parties n'en requièrent pas la nullité, et d'ailleurs l'Administration ne doit point entrer dans l'examen de la validité des stipulations. »

7070. Transaction. — L'acte qualifié transaction, qui, sur la demande en partage d'une succession formée par le curateur aux biens d'un des ayants droit à cette succession intervient, sur l'appel du jugement qui a accueilli la demande entre le curateur et les cohéritiers de celui qu'il représente, transaction par laquelle le curateur renonce à toutes prétentions sur l'hérédité au moyen d'une somme qu'on s'oblige de lui payer, doit être considéré comme une véritable cession de droits successifs à titre onéreux, sujette au droit proportionnel de 4 pour 100 (Cass. sect. réun. 2 fév. 1808). — *V. Transaction.*

DUPLICATA.

7071. — C'est le double d'une quittance, d'une minute, d'un écrit quelconque.

7072. Acte en double minute. — Les actes passés en double minute doivent être enregistrés tant sur la première que sur la seconde minute, au bureau de la résidence de chacun des notaires qui les reçoivent. Les droits sont acquittés par le plus ancien des notaires qui ont instrumenté, lorsqu'ils sont l'un et l'autre domiciliés dans l'arrondissement du même bureau, ou que la résidence de chacun d'eux est étrangère au bureau dans le ressort duquel l'acte a été passé. Mais le payement des droits est effectué par celui des deux notaires attachés au bureau d'où dépend le lieu où l'acte a été passé, si l'un des deux officiers seulement est domicilié dans le ressort.

Les minutes doivent faire mention expresse de celui des deux notaires qui, d'après ces règles, est tenu du payement, et l'enregistrement, dans le bureau où il n'y a pas lieu à perception, est fait *pour mémoire*, avec désignation du bureau où les droits ont été payés et du notaire chargé de les acquitter. (D. m. f. 16 août 1818, 400 § 1er I. G., D. N. t. 1er p. 211 n° 103, 12602-1 J. E.). L'enregistrement pour mémoire ne donne d'ailleurs lieu à aucun salaire de *formalité* (528 et 2249 J. E., Champ. et Rig., n° 3904.).

7073. Timbre. — Le duplicata de tous actes, titres et pièces soumis au timbre ne peut être donné que sur papier timbré.

Quand il doit être requis, dans plusieurs bureaux d'*hypothèques*, une inscription de la même créance, le duplicata à délivrer de la quittance des droits, doit être sur une demi-feuille de papier au timbre de 60 centimes. Si les droits d'hypothèque restent en suspens, le duplicata doit être délivré sur des demi-feuilles de papier visées pour timbre et dont la destination sera énoncée au registre du visa (Circ. 1521, 1676, 8750 J. E.).

V. *Effet de commerce* nos 7210 et suiv.

E

EAU.

7074. — Parmi les choses que les hommes ont été forcés de laisser dans cette communauté originaire que les lois romaines appelaient *res nullius* (Instit. *de Rer. div.* § 1er) sont l'eau, l'air, que la nature a destinés à l'usage de tous.

7075. Propriété privée. — Toutefois, moins déliée que l'air et toujours attachée à la terre et contenue par elle, l'eau perd son indépendance naturelle en touchant au sol, et devient, en général, susceptible d'une propriété privée. Aussi est-elle considérée alors par la loi civile comme l'accessoire, ou plutôt comme une portion du fonds, soit qu'elle y naisse, soit qu'elle y tombe : *pars agri videtur aqua viva* (L. 11, D. *quod vi aut clam*); ne fût-elle que passer sur le fonds, elle en devient partie tant et aussi longtemps qu'elle y reste : *Aqua ingressa fundum meum mea est* (L. 1re § 11, D. *de aq. et aq. plur.*).

7076. Diverses espèces d'eaux. — Suivant que l'on considère leur volume, leur origine ou leur destination, les eaux forment : ou des rivières soit navigables et flottables, soit flottables seulement, où toute espèce de cours d'eau, qui n'est ni navigable ni flottable, — ou des eaux pluviales et vicinales, — ou des fontaines, puits, étangs, etc.

Les eaux sont encore ou *stagnantes* ou *courantes ;* elles le sont naturellement ou par le fait de l'homme.

Les eaux *stagnantes* forment les lacs, les étangs, les mares, les marais, les canaux, viviers, citernes et autres réservoirs.

Les eaux *courantes*, dites *cours d'eau*, sont les fleuves et rivières, les ruisseaux, les torrents et ravins, les sources ou fontaines, les eaux de pluie tombées sur la surface de la terre.

7077. Renvoi. — Il n'entre pas dans le cadre de cet ouvrage de traiter de ces diverses espèces d'eaux. Au point de vue de l'enregistrement, les règles varient suivant que les eaux sur lesquelles interviennent les conventions peuvent être considérées comme présentant le caractère mobilier ou immobilier.

On trouve notamment au mot *Concession* l'exposé des règles de la matière.

ÉCHANGE.

DIVISION

SOMMAIRE

CHAPITRE PREMIER. — CONSIDÉRATIONS PRÉLIMINAIRES

[7078-7081]

7078. Définition. — L'échange est un contrat par lequel les parties se donnent respectivement une chose pour une autre (1702 C. C.).

7079. Origine. — L'usage de la monnaie est une découverte tardive de la civilisation. Il suit de là que l'échange, c'est-à-dire le contrat par lequel les parties se donnent respectivement une chose en nature pour une autre, a dû précéder la vente, dont l'un des éléments est un prix en argent. La vente ne date que de l'établissement d'un signe monétaire. L'échange se perd dans la nuit des temps; il est contemporain des premières transactions que le besoin a fait naître (Troplong *de l'Échange* n° 1er).

7080. Affinité de la vente et de l'échange. — C'est avec la vente que l'échange présente la plus grande affinité, *permutatio vicina emptioni* (L. 2 ff. *de Rer. permut.*). Aussi, le C. C., art. 1707, a-t-il déclaré communes à l'échange les règles de la vente auxquelles il ne fait pas exception.

D'abord, l'échange est un contrat consensuel, il est parfait par le consentement des parties (1703 C. C.); — en second lieu, il est, comme la vente, synallagmatique et intéressé de part et d'autre; — en troisième lieu, la vente et l'échange ont ce point de ressemblance que, d'après les principes du C. C. tous deux doivent transférer la propriété; — en quatrième lieu, la clause résolutoire est sous-entendue dans la vente et dans l'échange, pour le cas d'inexécution des conventions stipulées (1184 C. C.); — en cinquième lieu, l'obligation de garantir est commune aux deux contrats (Pothier n° 621, Duvergier *de la Vente* n° 3, Troplong *de l'Échange* n° 3).

C'est pourquoi la jurisprudence a pu dire que : « en droit l'échange est un contrat dans lequel chaque coéchangeant doit être considéré comme acheteur de l'objet par lui acquis à titre d'échange et comme vendeur de l'objet par lui cédé en contre échange » (Cass. 15 fév. 1813).

7081. Différences entre la vente et l'échange. — Quant aux différences entre les deux contrats elles sont peu nombreuses.

Dans le contrat de vente, il n'y a qu'une chose vendue et qu'un seul prix; il n'y a par conséquent aussi qu'un vendeur et un acheteur. Dans l'échange, chacune des deux choses est à la fois la chose et le prix, et l'on ne peut distinguer le prix de la chose : chacun des contractants est en même temps vendeur et acquéreur. L'obligation de garantir est réciproque, tandis que dans la vente elle ne pèse que sur le vendeur. La rescision pour lésion n'a pas lieu dans le contrat d'échange (1706 C. C.). Enfin, dans la vente, le prix doit consister en argent ou en des choses qu'il est d'usage et qu'il a été dans l'intention des parties d'assimiler à une somme d'argent, tandis que dans l'échange, le prix doit consister en nature.

CHAPITRE II. — DU TARIF

[7082-7084]

7082. Historique. — 1. CONTROLE. — Sous l'empire du tarif de 1722, le droit de contrôle des échanges se percevait sur l'une des deux parts : il était dû sur la plus forte, et au taux fixé pour la vente; mais à ce tarif venaient s'en joindre d'autres qui rendaient les échanges passibles de droits énormes, c'est-à-dire que, dans quelques provinces ou sous quelques coutumes, le droit montait jusqu'à 27 pour 100 (*V.* Bosquet *Échange*).

2. LOI DE 1790. — L'énormité de cet impôt avait fait abandonner la voie des échanges au grand préjudice de l'agriculture. Aussi la loi du 5-19 décembre 1790 se hâta de faire cesser cet état de choses. Tandis que les ventes, les adjudications d'immeubles furent soumises à un droit de 40 sous pour 100 livres, l'échange ne donna ouverture qu'à un droit moindre de moitié. Mais le droit de vente était exigible sur le retour ou la plus-value.

3. LOI DU 22 FRIMAIRE AN 7. — Lors de la discussion de la loi du 22 frimaire an 7, quelques orateurs allèrent jusqu'à proposer la suppression de tout droit proportionnel sur les échanges. Mais, ainsi que le font remarquer Champ. et Rig. n° 2169, la position du Trésor ne permettait pas de l'admettre actuellement. Aussi, la loi de l'an 7, conservant les bases proposées dans celle de 1790, tout en restant dans ses tendances qui étaient d'augmenter les droits établis par cette dernière loi, rangea les échanges de biens immeubles parmi les actes soumis au droit de 2 pour 100, moitié du droit à percevoir sur les ventes.

Son art. 69 § 5 n° 3, est ainsi conçu : « Sont sujets au droit de 2 pour 100 les échanges de biens immeubles. Le droit sera perçu sur la valeur d'une des parts lorsqu'il n'y aura aucun retour. S'il y a retour, le droit sera payé à raison de 2 pour 100 sur la moindre portion, et comme pour vente sur le retour ou la plus-value. »

4. LOI DU 16 JUIN 1824. — En 1824, les temps étant plus prospères, l'idée d'affranchissement émise dans la discussion de la loi de l'an 7 fut consacrée par la législation dans une certaine mesure.

L'art. 2 L. 16 juin 1824 porte : « Les droits sur les échanges de biens immeubles sont modérés ainsi qu'il suit : « Les échanges d'immeubles ruraux ne payeront qu'un franc fixe pour tout droit d'enregistrement et de transcription, lorsque l'un des immeubles échangés sera contigu aux propriétés de celui des échangistes qui le recevra. A l'égard de tous les autres échanges de biens immeubles, quelle que soit leur nature, le droit de 2 pour 100, fixé par l'art. 69 L. 12 décembre 1798 (22 frim. an 7), est réduit à 1 pour 100; il sera perçu, comme par le passé, sur la valeur d'une des parts seulement, et celui d'un et demi pour cent, fixé par l'art. 54 L. 28 avril 1816, n'aura lieu également que sur la valeur d'une des parts. Dans tous les cas, le droit réglé par l'art. 52 de la même loi continuera d'être perçu sur le montant de la soulte ou de la plus-value. »

5. LOI DU 24 MAI 1834. — Mais cette loi, toute de faveur pour l'agriculture, offrait le grand inconvénient d'ouvrir une libre carrière à la fraude. Il suffisait, en effet, d'acheter une parcelle de la pièce de terre que l'on devait recevoir en échange pour se trouver dans les conditions voulues afin de ne rendre exigible qu'un simple droit fixe. L'abus que l'on fit du texte de la loi devait en amener la suppression. Aussi la nouvelle disposition fut-elle abrogée par l'art. 16 L. 24 mai 1834, ainsi conçu : « La disposition de l'art. 2 L. 16 juin 1824 qui réduit à 1 franc fixe le droit d'enregistrement des échanges dans lesquels l'une des parties reçoit des biens qui lui sont contigus, est et demeure abrogée. — Ces échanges jouiront toutefois de la modération du droit introduit pour les échanges en général dans la seconde disposition du même article. »

Un fait digne de remarque, néanmoins, c'est que l'art. 2 L. 16 juin 1824 ne tomba pas devant les considérations que nous venons d'indiquer, mais devant une accusation inqualifiable. Elle avait pour but de remédier à ces morcellements de la propriété si funestes à l'agriculture, on l'accusa d'avoir été inspirée par une pensée aristocratique. On prétendit que la Restauration avait voulu régénérer le principe aristocratique en facilitant la régénération de la grande propriété[1].

6. LOI DU 27 JUILLET 1870. — A la suite de l'enquête agricole de 1869 on en revint au principe de la loi du 24 mai 1834, et on le fit pour combattre les effets du morcellement. « Les partisans les plus convaincus de la division légitime et naturelle de la propriété, porte l'exposé des motifs de la loi du 27 juillet 1870, ne méconnaissent pas les inconvénients qui naissent parfois du morcellement exagéré des parcelles ; aussi tout le monde voit-il avec faveur les opérations qui tendent à réunir plusieurs parcelles trop morcelées en une seule, particulièrement lorsque cette réunion s'opère par la voie de l'échange, car alors il y a moins de parcelles et il n'y a pas moins de propriétaires. » Seulement, tout en accordant des concessions fiscales, on a cherché à prévenir les abus qui s'étaient produits dans l'exécution de la loi du 24 mai 1834.

L'art. 4 de la loi du 27 juillet 1870 a été, en conséquence, rédigé de la manière suivante :

« A partir de la promulgation de la présente loi il ne sera perçu, sur les échanges d'immeubles ruraux non bâtis, que 20 centimes par 100 francs, pour tout droit proportionnel d'enregistrement et de transcription, lorsqu'il sera justifié, conformément aux énonciations de l'acte : 1° que l'un des immeubles échangés est contigu aux propriétés de celui des échangistes qui le reçoit; — 2° que les immeubles échangés ont été acquis par les contractants par acte enregistré depuis plus de deux ans, ou recueillis par eux à titre héréditaire; — 3° que les immeubles échangés sont situés dans le même canton ou dans les cantons limitrophes; — 4° que la contenance de la parcelle contiguë aux propriétés de l'un des échangistes ne dépasse pas 50 ares.

« Est en outre réduit à 1 franc pour 100 le droit perçu sur le montant de la soulte ou de la plus-value des échanges opérés conformément aux dispositions qui précèdent, lorsque ces soulte ou plus-value n'excèdent pas un quart de la valeur de la moindre part.

1. Parmi les lois de la Restauration, il y en avait une fort bonne, et surtout fort innocente, qui, dans la vue de favoriser les échanges de propriétés contiguës, allégeait les droits d'enregistrement et de transcription de ces sortes de mutations. Cette loi avait été conçue dans une pensée favorable à l'agriculture; mais dans la pratique elle donna lieu à quelques abus, et la régie de l'Enregistrement, plus préoccupée de la rentrée de l'impôt que des progrès agricoles, en demanda l'abrogation en 1834. Quel fut son argument? Ce fut de soutenir que cette loi de 1824 avait été conçue par la Restauration pour régénérer le principe aristocratique par la régénération des grandes propriétés. Oh! vous concevez que la Chambre des députés ne pouvait rester froide devant cette formidable accusation! Il est vrai que cette pauvre loi de 1824, qui ne se croyait pas si méchante, aurait pu tout aussi bien être présentée et aurait été très-certainement soutenue par un aristocrate de la façon de M. François de Neufchâteau, dans les idées agronomiques duquel elle rentrait complétement. Mais n'importe! le mot fatal avait été prononcé, et la loi ne résista pas. Ai-je donc si grand tort de redouter que des susceptibilités jalouses ne viennent s'ajouter à l'apathie trop naturelle aux intérêts agricoles, pour contrarier longtemps encore les réunions de parcelles réclamées par les agronomes intelligents de tous les partis? (Troplong *Préface de l'Échange*).

« Dans les cas où les énonciations relatives à l'une des conditions spécifiées au paragraphe 1er seraient inexactes, les droits seront dus au taux ordinaire, indépendamment d'un droit en sus.

« La réduction du droit sur la soulte ou sur la plus-value cessera également d'être applicable en cas d'insuffisance de ces soulte ou plus-value. Il sera en outre perçu, à titre d'amende, un droit en sus.

« La demande des droits devra être formée dans le délai fixé par l'art. 61 nº 1er L. 22 frimaire an 7. »

7083 Loi du 21 juin 1875. — Enfin est intervenue la loi du 21 juin 1875 portant, art. 4 : « Le droit proportionnel des échanges d'immeubles réduit à 1 0/0 par l'art. 2 L. 16 juin 1824 est reporté, indépendamment du droit de transcription, à 2 0/0, conformément à l'art. 69 § 5 nº 2 de la L. du 22 frim. an 7. Mais la formalité de la transcription ne donnera plus lieu à aucun droit proportionnel. Sont maintenues les dispositions de l'art. 4 de la loi du 27 juillet 1870, en ce qui concerne les échanges d'immeubles ruraux contigus.

Il faut donc distinguer 1º les échanges antérieurs à 1824; 2º les échanges d'immeubles ruraux contigus; 3º les échanges soumis au tarif de 1875.

7084. Acte antérieur à 1824. — 1. ACTE SOUS SEING PRIVÉ. — Nul doute d'abord que le droit fixe de 1 franc, déterminé par la loi de 1824, doive encore être appliqué aux actes contenant échange d'immeubles *ruraux contigus* faits sous l'empire de la loi de 1824, lors même que ces actes n'auraient pas acquis date certaine antérieurement à la loi du 24 mai 1834, et qu'ils seraient présentés ultérieurement à l'enregistrement et à la transcription (Narbonne 5 janv. 1836; — La Réole 12 mai 1837, 5104, 5316 Roll.).

En effet, l'art. 15 de cette loi porte que ses dispositions seront applicables aux *perceptions à faire* au moment de sa publication. D'où il s'ensuit que tous les actes d'échange, quelle que soit leur date, ne sont passibles que des droits fixés par l'art. 2 (8802 J. E.; — Les Andelys 15 nov. 1853, 85 R. P.).

2. ACTE NOTARIÉ. — A plus forte raison en serait-il ainsi, si l'acte constatant l'échange avait été rédigé devant notaire (Dél. 23 fév. 1835, Sol. 28 fév. et 5 mars 1835, 4556 Roll., 11143 J. N.).

CHAPITRE III. — ÉCHANGES D'IMMEUBLES CONTIGUS.

[7085-7096]

7085. Loi du 27 juillet 1870. — Quant à la loi du 27 juillet 1870, ses dispositions exceptionnelles sont certainement destinées, par suite des nombreuses restrictions dont elle est entourée, à une application pratique restreinte. Il sera très-rare qu'un acte renferme toutes les justifications nécessaires pour autoriser la perception des droits réduits et dans la plupart des cas les parties préféreront acquitter le droit ordinaire que de s'imposer, pour une différence de droit très-minime l'ennui de ces justifications.

7086. Immeubles ruraux. — L'art. 4 L. 27 juillet 1870 limite le bénéfice de la réduction aux immeubles ruraux non bâtis.

Il ne s'applique donc ni aux immeubles urbains non bâtis ni aux bâtiments soit urbains, soit ruraux.

Le premier point a été reconnu dans la discussion de la loi par l'un des membres de la commission. On demandait si l'immunité pourrait profiter à un terrain cultivé d'une valeur considérable, compris dans l'enceinte de Paris ou d'une autre grande ville. Il a été répondu : « Le projet de loi dit *immeubles ruraux*, on ne pourra jamais dire d'un immeuble situé à Paris que c'est un immeuble rural. »

Seulement, la loi n'indique pas à quels caractères on distinguera quand le terrain sera rural ou urbain. S'il n'y a pas de doute pour les grandes villes, il peut en exister à l'égard des petites agglomérations d'habitants, des bourgs ou des villages. Ce sera inévitablement une question d'appréciation à décider d'après les circonstances.

V. pour la détermination des biens ruraux nº 8443 *bis*.

7087. Immeubles bâtis. — Quant aux immeubles bâtis, ils échappent absolument, et quelle que soit leur situation, à l'action de la loi. « L'art. 4, porte le rapport de la commission du budget, ne s'applique qu'aux immeubles ruraux non bâtis, et exclut par cela même les bâtiments, maisons et usines du bénéfice de la loi. C'est une précaution commandée par l'un des abus que la loi de 1824 avait fait naître. »

Si l'échange comprenait à la fois des terrains ruraux et des bâtiments, il faudrait donc diviser le contrat afin de réduire le bénéfice de la loi à la partie qui concerne les terrains. Cette réduction aurait lieu naturellement au moyen d'une ventilation faite par les parties.

Mais nous croyons que la ventilation ne serait pas nécessaire s'il s'agissait simplement d'une construction sans importance établie sur le terrain loué, comme une petite maisonnette dans un jardin, un hangar dans un terrain considérable, etc. Ces bâtiments n'ont, par eux-mêmes, aucune valeur distincte de celle du terrain, et la propriété, dans son ensemble, est bien ce que la loi entend par un immeuble rural non bâti. Mais ici, encore, il peut s'élever des questions d'appréciation d'une solution difficile et qu'il faudrait trancher par l'examen des lieux ou de la valeur comparée des terrains et des constructions.

7088. Contiguïté. — La première condition exigée par la loi est la contiguïté pour l'un des immeubles échangés. « Une contiguïté double serait une entrave qui laisserait la loi à peu près sans effets possibles ; mais la contiguïté simple est la raison d'être même de la disposition nouvelle et doit, par conséquent, en être la condition première » (*Rapport de la commission*).

1. COURS D'EAU. — Il a été jugé, à cet égard, en matière

civile, que les fonds séparés par un cours d'eau ne sont point contigus et ne sauraient dès lors être l'objet d'une action en délimitation et en bornage (Cass. 6 nov. 1866, S. 66-1-427; Pardessus *Serv.* t. 1er n° 118, Demolombe *Serv.* t. 1er n° 266).

2. INDIVISION. — Celui qui acquiert une portion désignée d'un immeuble avec indication du côté où cette portion devra être prise, ne devient pas propriétaire par indivis de l'immeuble ; il y a lieu non pas à partage, mais à plantation de bornes pour marquer la limite séparative de la propriété vendue. Aussi, a-t-il été jugé, sous l'empire de la loi du 16 juin 1824, que lorsqu'une personne qui avait acquis, dans ces conditions, une portion d'un immeuble, recevait quelques jours plus tard, à titre d'échange, le surplus du même immeuble, elle était réputée recevoir une parcelle contiguë à ses propriétés et ne devait que le droit fixe de 1 franc (Cass. 18 août 1829, S. 29-1-422, 9416 J. E.).

Cette jurisprudence s'appliquerait encore aujourd'hui.

7089. Possession antérieure. — Il faut, en second lieu, que les immeubles échangés aient été acquis par les contractants par acte enregistré depuis plus de deux ans ou recueillis par eux à titre héréditaire.

« Cette précaution, a dit le rapporteur de la loi, est destinée à garantir la loyale exécution de la loi, en exigeant un intérêt existant préalablement à l'échange et non point créé facticement en vue de la transaction elle-même. »

La loi parle d'un acte enregistré depuis plus de deux ans ; mais, d'après les explications du rapporteur, il semble que la formalité de l'enregistrement peut être remplacée par les autres circonstances qui confèrent date certaine aux actes. Nous croyons que, s'il était établi par un acte revêtu de la signature d'une personne décédée depuis plus de deux ans que la propriété appartenait déjà à l'échangiste à ce moment, il n'y aurait pas de raison d'écarter l'application de la loi. L'art. 4 ne parle de l'enregistrement que comme *de eo quod plerumque fit.*

Mais la loi exige impérativement que les deux immeubles soient acquis depuis plus de deux ans. Il ne suffirait donc pas que l'un d'eux seul, et notamment celui qui va s'augmenter par l'échange, fût dans ce cas.

7090. Situation. — La troisième condition c'est que les immeubles échangés soient situés dans le même canton ou dans des cantons limitrophes. « En dehors de cette limitation, l'échange perdrait le caractère qui justifie la faveur de la loi » (*Rapport de la commission*).

Le canton est la circonscription administrative et non le tirage cadastral (Sol. 11 mars 1875, 19740 J. E.).

7091. Contenance. — Enfin il faut, en quatrième lieu, que la contenance de la parcelle contiguë aux propriétés des échangistes ne dépasse pas 50 ares. « La loi, ne doit, en effet, placer certaines transactions en dehors du droit commun, qu'avec une grande réserve et en vue d'un intérêt certain et nettement déterminé. Dans l'espèce, quand il s'agit de parcelles dont l'une est inférieure à 50 ares, l'intérêt de la transaction est incontestable, et de plus les immeubles, par leur modicité même, ont besoin d'être protégés contre de fortes perceptions. Pour les immeubles d'une contenance supérieure, il n'y a plus qu'une convenance au lieu d'une nécessité de culture, et leur valeur même les affranchit du besoin d'invoquer un droit privilégié » (*Rapport de la commission*).

On avait proposé de décider que la parcelle à réunir par l'échange devrait être moins grande que celle à laquelle elle devait être réunie, mais cet amendement n'a pas été accepté, et il a paru que la limitation relative à la contenance protégerait suffisamment le Trésor contre la fraude.

L'échange peut s'appliquer à plusieurs parcelles, pourvu que chacune ne soit pas d'une contenance supérieure à 50 ares (Sol. 26 avr. 1876, 4595 R. P.).

Si une des parcelles ne réunit pas les conditions nécessaires, il faut faire ventiler le revenu de cette parcelle et la soumettre au droit ordinaire (Sol. 27 avr. 1877, 4732 R. P.).

7092. Soulte et plus-value. — La loi réduit à 1 franc pour 100 le droit perçu sur le montant de la soulte ou de la plus value des échanges opérés conformément aux dispositions précédentes, lorsque ces soultes ou plus-values n'excèdent pas un quart de la valeur de la moindre part.

Sans cette limitation, de véritables ventes auraient pu être faites au droit réduit, comme accessoire d'un échange insignifiant.

Le texte de la loi n'indique nullement qu'il s'agisse de la valeur fictive résultant de la capitalisation du revenu plutôt que de la valeur réelle, et comme la soulte est une sorte de prix de vente, on pourrait soutenir qu'elle ne peut être comparée qu'à la valeur vénale de l'immeuble. Mais des complications naîtraient de la comparaison de la soulte à la valeur vénale que le contrat ne peut révéler ; tandis que la valeur déterminée pour la perception étant connue, il est naturel de penser que le législateur a voulu l'adopter. C'est aussi ce que décide l'I. G. 2404. « Il s'agit ici, dit-elle, de la valeur déterminée par le revenu capitalisé. »

7093. Justification. — La réduction des droits n'a lieu qu'après la justification que l'échange réunit les conditions imposées par la loi. « Ni la teneur ni le mode des justifications ne sont indiqués ; mais comme il s'agit d'une modération de taxe qui rentre dans les exceptions de droit étroit, les parties devront fournir sur chacune de ces conditions des indications assez précises pour permettre, soit d'établir la justification au moment même de l'enregistrement, soit d'exercer le droit de contrôle que le paragraphe 3 de l'art. 4 de la loi confère à l'Administration. Ainsi, par exemple, et sous réserve de ce contrôle ultérieur, la contiguïté peut être justifiée par la désignation des tenants et aboutissants des parcelles échangées ou par la production d'un extrait du plan cadastral. La possession antérieure est établie par l'indication de la date des actes d'acquisition et de leur enregistrement, ou par des déclarations constatant la transmission par décès. Il suffit de l'énonciation des cantons et des lieuxdits en ce qui concerne la situation des immeubles, et enfin d'une simple mention relativement à leur contenance » (30 juill. 1870 n° 2404 I. G., n° 3175 R. P.).

7094. Pénalités. — Lorsqu'il existe une inexactitude dans l'énonciation des conditions applicables à l'échange, les droits d'échange et de soulte sont dus au taux ordinaire indépendamment d'un droit en sus.

Ce droit en sus s'applique alors, à défaut de limitation spéciale dans la loi, à la totalité des droits de l'échange, c'est-à-dire au droit dû pour la soulte ou pour la plus-value comme au droit dû pour l'échange proprement dit.

Si, au contraire, les immeubles dont l'échange a été opéré se trouvaient dans les conditions prescrites par la loi, mais que le montant de la soulte ou de la plus-value ait été réduit afin de jouir du bénéfice de la modération du tarif applicable à cette disposition, le montant réel de la soulte ou de la plus-value est seul passible des droits ordinaires et du droit en sus. — Les droits d'échange restent alors fixés à 20 centimes pour 100.

7095. Poursuites. — D'après l'art. 4 § 5 de la loi de 1870, la demande des droits devra être formée dans le délai fixé par l'art. 61 n° 1er L. 22 frimaire an 7. — Par conséquent, l'Administration a deux années, à compter du jour de l'enregistrement du contrat, pour constater l'inexactitude des énonciations de l'acte d'échange ou l'insuffisance des soultes, soit à l'aide d'actes et documents propres à les établir, soit au moyen d'une demande en expertise (2404 I. G., 3175 R. P.).

7096. Transcription. — Les tarifs établis par la nouvelle loi, dans les conditions qu'elle détermine, comprennent à la fois les droits d'enregistrement et de transcription. Il n'y aura donc pas lieu à la perception du droit fixe de transcription de 1 franc établi par l'art. 61 L. 28 avril 1816. Il a été entendu, en effet, que la rédaction du § 1er de l'art. 4 doit être interprétée en ce sens que le droit de 20 centimes comprend *tout droit proportionnel d'enregistrement et tout droit de transcription* (2404 I. G., 3175 R. P.).

CHAPITRE IV. — AUTRES ÉCHANGES

[7097-7138]

SECTION PREMIÈRE. — DU TARIF ET DE SES APPLICATIONS

[7097-7115]

7097. Tarif. — En dehors des exceptions précédentes l'échange effectué dans les conditions ordinaires est assujetti à deux droits différents.

1. DROIT D'ÉCHANGE. — L'un, qui s'élève à 3 fr. 50 cent. pour 100, y compris le droit de transcription, est perçu sur la valeur de l'une des deux parts lorsqu'il n'y a aucun retour. S'il y a retour, il est perçu sur *la moindre portion* (L. 21 juin 1875, art. 4).

2. DROIT DE SOULTE. — L'autre droit a été réglé, suivant la loi de 1824, par l'art. 52 L. 28 avril 1816, à 5 fr. 50 cent. pour 100; il est établi sur la soulte, le retour ou la plus-value.

3. MOTIF DU TARIF. — Comme on le voit, et abstraction faite du droit de transcription, le droit de mutation de l'échange est fixé au quart du droit de la vente. Si l'on considère, d'une part, que ce droit se liquide sur un capital formé d'après le revenu, et, de l'autre, qu'il porte seulement sur l'un des lots, on reconnaîtra que, pour la plupart des échanges, le droit de mutation ne frappe guère qu'un quart de la valeur totale des biens qui en font l'objet.

Cette faveur se justifie par deux motifs principaux : l'intérêt de l'agriculture, qui détermine la plupart des échanges, et cette considération que l'échange n'augmente en aucune façon la fortune immobilière des contractants. Mais cette dernière considération n'est applicable qu'à l'échange dont l'une des parts forme exactement le prix de l'autre. Toutes les fois qu'il y a retour ou soulte en argent, la somme payée forme évidemment le prix d'une vente, et l'impôt devait être, sur cette partie du contrat, le même que pour la vente.

4. CESSATION DE L'INDIVISION. — TRANSCRIPTION. — Il n'est pas sans difficulté de savoir si un échange qui fait cesser l'indivision entre des copropriétaires au même titre est passible du droit proportionnel sans addition du droit de transcription, ou s'il faut lui appliquer le droit indivisible de 3 fr. 50 cent. pour 100.

Si le tarif résultait comme celui de la vente ou de la soulte d'échange d'une disposition unique qui embrasse le droit de transcription et celui de mutation dans un seul droit, il serait aisé de répondre que la quotité du tarif ne peut être décomposée parce qu'elle représente dans l'esprit de la loi une taxe unique de 5 fr. 50 cent. ou de 3 fr. 50 cent. pour 100 dont il n'y a pas à rechercher la formation. C'est, en effet, ce que l'on a décidé au sujet des licitations ayant le caractère de vente (V. *Licitation*); et c'est l'un des motifs de l'arrêt rendu à propos de soultes d'échange le 17 juin 1850 (n° 7126). — Mais le droit de 3 fr. 50 cent. exigible sur les échanges se compose, selon l'art. 2 L. 16 juin 1824, d'abord d'un droit proportionnel de mutation à 2 pour 100, puis du droit de 1 fr. 50 cent. pour 100 perçu sur la valeur d'une des parts en vertu de l'art. 54 L. 28 avril 1816. Or, d'après cet art. 54 de la loi de 1816 le droit de 1 fr. 50 cent. pour 100, n'est exigible que quand les actes sont de nature à être transcrits. L'échange qui fait cesser l'indivision entre les parties produisant, malgré son caractère translatif, tous les effets du partage de même que les licitations (art. 883, 888 C. C.), on en peut conclure que ce n'est pas le lieu d'appliquer l'art. 54 de la loi de 1816 et que le droit de 1 fr. 50 cent. pour 100 n'est pas exigible. Le tribunal de Montmédy s'est prononcé en ce sens par un jugement du 28 mai 1857 contre la doctrine duquel nous ne trouvons pas de raison péremptoire. La question d'ailleurs est des plus rares, car, la plupart du temps les conventions de l'espèce révèlent la forme du partage ou doivent y être assimilées pour la perception de l'impôt. — *V.* 7110.

7098. Immeubles contre un immeuble. — C'est l'abandon d'un immeuble contre un immeuble que le tarif dont nous venons de parler a eu en vue. Ainsi, lorsque la chose donnée est un immeuble et la chose reçue également un immeuble, il y a échange : la convention ne doit pas être prise pour une vente donnant ouverture au droit de 5 fr. 50 cent. pour 100 (Champ. et Rig. n° 1767, Dalloz n° 3206).

7099. Immeuble contre des meubles. — Nous avons dit, n° 7081, que, dans l'échange, les équivalents doivent être des choses en nature. Mais ces équivalents doivent-ils être d'espèce à espèce (*species pro specie*)? On décidait le contraire autrefois dans l'application aux droits seigneuriaux et au retrait lignager (Pothier *de la Vente* n° 629); mais on est généralement d'accord aujourd'hui que la cession d'un meuble contre un immeuble doit conserver le caractère d'échange (Delvincourt t. 3 p. 125, Duranton n° 119, Duvergier nos 49, 147 et 405, Troplong n° 4. — *Contrà* Champ. et Rig. n° 1770).

Quoi qu'il en soit des divergences d'opinion qui pourraient exister au point de vue civil, il ne peut y avoir lieu à hésitation en matière fiscale. — C'est ce qu'enseignaient déjà les feudistes. « Les droits seigneuriaux sont dus, dit Legrand (*sur Troyes* art. 55 n° 22), *encore que ce ne soit pas achat et vente, mais échange.* » — Fonmaur dit également (*Lods et ventes* n° 327) : « L'échange d'un immeuble contre un meuble ne peut avoir le caractère d'une vente ; mais en ce qui *concerne le payement des lods*, le contrat est considéré *comme une vente.* » — Dumoulin avait dit de même (*sur Paris* § 78 n° 8), qu'il y a dans ce cas ouverture aux lods, comme dans une vraie vente, *sicut in vera venditione.*

On doit donc tenir pour vente une transmission faite au moyen, non-seulement d'une somme d'argent, mais encore de meubles (Champ. et Rig. n° 1769 et suiv., Dalloz n° 3208, G. n° Demante 308).

Le droit proportionnel de mutation d'immeuble est donc incontestablement exigible; mais la question, dit M. Demante, se complique de la perception du droit de transcription. « Si cette opération est une vraie vente, comme le veulent quelques-uns, le droit de 5 fr. 50 cent. pour 100 est exigible, en vertu de l'art. 52 L. 1816, sans tenir compte de l'utilité de la transcription. Si c'est un échange, le droit de 1 fr. 50 cent. ne peut être ajouté au droit de 4 pour 100, qu'en vertu de l'art. 54 de la même loi, c'est-à-dire que le droit de 5 fr. 50 cent. est exigible en tant que l'acte est de *nature à être transcrit* » (N° 310).

C'est dans ce dernier sens que la question paraît devoir être résolue.

7100. Immeuble contre des droits incorporels. — A plus forte raison faut-il décider qu'il y a vente lorsque l'équivalent de l'immeuble abandonné consiste en un droit incorporel. On ne pourrait donc percevoir un autre droit que celui de 5 fr. 50 cent. pour 100, sur l'échange d'un immeuble contre une créance ou contre une rente, alors même que la créance eût pour origine le prix d'un immeuble, ou que la rente fût la condition d'une cession de même nature.

1. ACTION DANS UNE SOCIÉTÉ. — Décidé, dans ce sens, que l'échange stipulé sans soulte d'un immeuble contre un autre immeuble et la part de l'échangiste dans une société *non dissoute*, donne ouverture au droit de soulte, sur le capital du revenu attribué à la part sociale, qui, tant que la société subsiste, est réputée mobilière (Dél. 2 mars 1841, 12693 J. E.; — Seine 4 août 1841, 12811 J. E.).

2. DROIT A UN BAIL. — De même encore, l'échange d'un immeuble contre un autre immeuble et un droit à un bail de quatre-vingt-dix-neuf ans, *non emphythéotique*, est passible d'un droit de soulte sur la portion de revenu correspondante au prix du bail, bien qu'il soit dit qu'il n'y a pas soulte, et que les lots échangés soient déclarés produire un revenu égal, parce que le droit au bail ne peut être considéré que comme une valeur mobilière malgré la durée du bail (Seine 15 déc. 1848, 14637 J. E.).

3. DROITS MOBILIERS ET IMMOBILIERS. — Mais un échange de droits mobiliers et *immobiliers* contre un immeuble ne donne ouverture qu'au droit d'échange, attendu que, pour la perception, les droits mobiliers non détaillés et les droits immobiliers donnent ouverture au même droit que les immeubles (12493-3 J. E.).

7101. Immeuble contre une obligation de faire. — La solution doit être la même à l'égard de l'échange d'un immeuble contre une obligation de faire. C'est ainsi que, dans l'ancien Droit français, l'acte par lequel on cédait une maison ruinée à la charge d'en rebâtir une autre donnait ouverture au droit de lods (Fonmaur n° 599). Une pareille convention rendrait aujourd'hui exigible le droit de vente (Dalloz n° 3299, Champ. et Rig n° 1773).

Cependant, une Dél. du 9 avr. 1830 (2053 C., 7183 J. N.), a reconnu que la convention par laquelle un entrepreneur s'engage à construire un pont et la commune à lui donner *en échange* deux pièces de terre estimées 1,300 francs, et les matériaux du vieux pont évalués 150 francs, n'est ni une vente ni un échange dans son ensemble, mais une convention complexe donnant ouverture au droit de mutation immobilière sur les pièces de terre abandonnées, et au droit de marché sur les matériaux.

Il résulte évidemment de ce que nous avons dit ci-dessus qu'une pareille convention, toutes les fois que l'abandon des objets en nature constituera uniquement le prix du marché, donnera ouverture au droit de vente. Que si les objets abandonnés n'entrent que secondairement dans le prix, il nous semble que le droit de vente devra encore être perçu sur la portion de prix correspondant à leur valeur. L'Administration s'est fondée, pour décider le contraire, sur ce que le marché était l'objet principal de la convention. Mais il ne s'agit pas ici d'une disposition principale qui empêche de percevoir un droit sur une disposition qui en est la conséquence, mais de deux conventions parfaitement caractérisées, constituant l'une un marché et l'autre une vente.

7102. Immeuble contre une action immobilière. — Une action qui aurait un caractère immobilier, telle qu'une action en rescision de la vente d'un immeuble et autres, pourrait être échangée contre un immeuble, sans donner ouverture au droit de vente. Il y aurait ici échange entre des choses en nature.

1. ACTIONS IMMOBILISÉES. — Ce principe peut, il est vrai, rouvrir la porte aux subtilités par lesquelles, moyennant l'échange d'un fonds contre une rente, les parties éludaient jadis ouvertement l'application des lods et ventes. Celui qui a l'intention d'acheter un immeuble acquiert, par exemple, un nombre d'actions de la Banque équivalant au prix de cet immeuble ; il immobilise ces actions, puis il les échange. Le lendemain de l'échange, le vendeur, s'il le juge convenable, rend aux actions leur qualité d'effets mobiliers, et les revend comme telles. Malgré le préjudice qui en résulterait pour le Trésor, une telle combinaison est licite, car elle n'a rien de simulé (Demante n° 311).

2. SÉPARATIONS DE BIENS. — ACTION EN REVENDICATION. — Si la femme mariée sous le régime dotal abandonne à son mari, après séparation de biens, son action en revendication de ses immeubles dotaux aliénés, au moyen de quoi celui-ci lui remet des immeubles qui lui sont propres en échange de ses biens dotaux aliénés, le droit d'échange, et non celui de dation en payement, est exigible (Auch 18 août 1841, 12840 J. E., D. N. t. 5 p. 279 n° 114. — V. *Dation de payement*).

Mais la cession par un mari à sa femme d'immeubles propres pour s'acquitter de ce qui est dû à celle-ci sur le prix de vente de ses biens dotaux, en échange des droits qu'elle peut avoir à exercer contre lui, n'est pas un échange, parce que la créance de la femme contre le mari ne constitue pas une action immobilière (Clermont-Ferrand 28 août 1843, 13303 J. E., D. N. t. 5 p. 279 n° 115). — C'est un point qui se trouve développé au mot *Partage de communauté*.

7103. Meubles. — Les lois sur l'enregistrement ne font pas mention des échanges de meubles. On doit dès lors les considérer comme des ventes ou transports, selon la nature des biens, et cela avec d'autant plus de raison, que la réduction du droit proportionnel en faveur de l'échange n'a eu pour cause que l'intérêt de l'agriculture. D'ailleurs, il faut invoquer ici la règle *qui de uno dicit de altero negat*. C'est donc le droit de 2 pour 100 qui est exigible.

On avait prétendu que, chaque chose étant le prix de l'autre, deux droits de vente étaient exigibles (Sol. 5 prair. an 8, 465 J. E.). Mais des D. m. f. et j. 1er juin, 3 septembre et 5 novembre 1811 (4179, 4944 J. E., 963 J. N.) ont reconnu que le droit de vente n'était dû que sur la valeur de l'un des effets échangés. Cette décision est évidemment la seule vraie, car il résulterait de la doctrine contraire qu'un droit de vente serait perçu sur l'objet vendu et un autre sur son prix, puisqu'un des objets abandonnés forme toujours le prix de l'autre.

Mais si le droit n'est dû que sur l'une des deux parts, il est inutile de dire qu'il l'est sur la plus forte, si les deux parts ne sont pas égales (D. m. f. 1er juin, 3 sept. et 5 nov. 1811, 963 J. N.).

7104. Appréciation des circonstances. — De l'affinité que nous avons signalée entre la vente et l'échange, il résulte qu'en cette matière, comme en toute autre, l'expression de la volonté des parties peut laisser du doute. D'un autre côté, il peut arriver que les parties, au lieu de vouloir faire une vente sincère, aient voulu la déguiser sous la forme d'un échange, par exemple pour éviter l'action en lésion. La simulation ne peut l'emporter sur la réalité des faits. Il faut donc recourir à l'appréciation des circonstances.

7105. Donation. — Lorsqu'un immeuble est donné à charge d'abandonner au donateur un autre immeuble d'un revenu légal, il y a échange. — V. 6656-2.

Mais la donation par un père à sa fille d'un immeuble à condition qu'il sera subrogé aux droits de la future dans diverses successions, constitue un échange. — V. *Contrat de mariage*.

En ce qui concerne l'analogie existant entre la donation mutuelle et l'échange — V. 6747 et suiv.

7106. Privilége du vendeur. — Remise des titres. — L'acte qualifié échange, dans lequel un des échangistes se réserve le privilége du vendeur sur les immeubles par lui cédés et le droit d'inscription de ce privilége jusqu'à concurrence de la somme à laquelle ces immeubles sont évalués dans le contrat et l'autre échangiste est dispensé de la remise des titres des biens qu'il est censé abandonner en échange, doit être considéré comme déguisant une vente sous la forme d'un contrat d'échange. C'est ce que la C. cass. a décidé, le 20 mars 1839, par le motif que la nature des contrats se détermine par l'objet des conventions qu'ils renferment et non par la forme extérieure dont ils sont revêtus (10347 J. N., 12283 J. E., 1590 § 8 I. G., S. 39-1-346, P. 39-1-464). — «De telles stipulations, dit Dalloz n° 3201, sont en effet propres à la vente plus qu'à l'échange. »

Champ. et Rig. repoussent, au contraire, cette décision (*Suppl.* n° 465). « L'art. 1707 C. C., disent-ils, porte que toutes les règles prescrites pour la vente, autres que celles qui sont nommément exceptées, s'appliquent à l'échange. La plupart des auteurs en ont conclu que l'échangiste jouit du privilége du vendeur, ce qui est unanimement reconnu pour le cas de soulte. La stipulation de ce privilége n'a donc rien qui résiste à la qualification d'échange, surtout dans la pensée des parties qui peuvent se tromper sur ce point de droit. On ne voit pas davantage comment la dispense de remettre les titres est caractéristique de la vente, lorsque l'art. 1065 C. C. fait expressément, de cette remise, la première obligation des vendeurs. »

7107. Estimation des objets échangés. — Dans l'ancienne jurisprudence, on avait d'abord considéré comme ventes les contrats d'échange dans lesquels les immeubles étaient estimés. On pensait alors que l'estimation de l'immeuble avait pour objet de lui donner le caractère de prix. Mais, plus tard, il fut admis en règle générale que l'estimation même de la dot n'en faisait pas vente. — V. *Contrat de mariage*.

Il faut donc tenir pour constant aujourd'hui, que l'estimation des choses échangées ne modifie pas la nature de l'échange.

Cependant, il pourrait se faire qu'il fût dans l'intention des parties de ne donner un prix à l'un des immeubles que pour transformer à son égard le contrat en vente. Alors le droit à 5 fr. 50 cent. pour 100 serait incontestablement exigible sur ce prix. Cette règle, qui était suivie sous l'ancienne législation est enseignée par Champ. et Rig. n° 1776, et par Dalloz n° 3211.

Exemple : Pour vous payer votre maison, qui vaut 10,000 francs, je vous abandonne mon jardin estimé 6,000 et je vous donne 4,000 francs en espèces : dans ce cas, l'intention des parties est manifeste. On n'a pas voulu donner le jardin en échange, on a entendu que sa valeur entrerait jusqu'à concurrence dans le prix de la maison. Le droit de vente est exigible sur 10,000 francs, mais il faut remarquer que cette intention ne peut jamais se présumer, elle doit résulter clairement de l'acte.

7108. Prix de la vente de l'une des deux parts garanti.— Les feudistes (Fonmaur n° 27, Dumoulin § 33 gl. 2 n° 93, Tiraqueau *préface* n° 79) enseignaient que si l'une des deux parties s'oblige à faire vendre au prix convenu le bien qu'il a donné en échange, la fraude est suffisamment établie, parce qu'il est égal de compter soi-même le prix, ou de le faire compter par un tiers, et que dans ce cas le droit de vente est exigible. — Décidé, en ce sens, qu'un acte qualifié échange, par lequel le propriétaire de l'un des immeubles échangés garantit que la vente prochaine qu'en fera son coéchangiste s'élèvera à une somme déterminée, qu'il s'engage à compléter si elle n'est pas atteinte, produit l'effet d'une vente (Cass. 20 mars 1839, 1590 § 8 I. G., 10347 J. N., S. 39-1-346, P. 39-1-464 ; — Guéret 23 août 1847, 14329 J. E. ; — Agen 26 fév. 1842, 12952 J. E. ; — Laon 21 juill. 1836, 11578 J. E. ; — Bellac 12 mai 1842, 12999 J. E., 6336 C. ; — Nontron, 27 déc. 1876, 4765 R. P.). — *Conf.* : Champ. et Rig. t. 6 n° 340).

1. DROIT D'ÉCHANGE ET DE RÉTROCESSION. — Les feudistes réglaient, dans cette espèce, la perception des droits comme il suit : 1° le droit d'échange sur l'acte au jour du contrat, parce que la convention ne contient, en réalité, qu'un échange soumis à une condition résolutoire, la vente étant subordonnée à une condition suspensive ; — 2° le droit de vente, lorsque le retrait s'exerce, par le motif que le caractère du contrat se trouve déterminé par l'événement de la condition. Mais, sur ce droit de vente, on imputait le droit d'échange précédemment perçu, attendu qu'on ne peut pas payer deux fois les droits de mutation du même bien.

Cette solution doit évidemment s'appliquer au droit d'enregistrement. L'acte est, en effet, véritablement un échange actuellement, sauf la condition résolutoire qui n'empêche pas la perception actuelle selon la nature du contrat. La condition s'accomplissant, le contrat cesse d'être un échange et devient une vente, ayant toujours eu ce caractère, par l'effet rétroactif des conditions. Il devient certain que le droit d'échange n'était pas celui qu'il fallait percevoir, mais bien celui de vente, qui, étant plus élevé que le précédent, exige réclamation d'un supplément (Champ. et Rig. n° 1778).

Ainsi, le contrat par lequel un immeuble est vendu pour une somme en payement de laquelle l'acquéreur vend à son tour un immeuble de la même valeur, mais avec faculté de pouvoir le reprendre dans l'espace de cinq ans, en remboursant le prix, est simplement un échange. Mais si le rachat s'effectue, il donne ouverture au droit de vente (D. m. f. 4 sept. 1810, D. N. t. 5 p. 279 n° 16).

Délibéré, dans ce sens, par l'Administration, le 24 février 1829 (1781 C., D. N. t. 10 p. 760 n° 122), que si dans un acte d'échange l'un des échangistes se réserve la faculté de racheter l'immeuble qu'il abandonne, en payant la somme à laquelle est évalué cet immeuble, le seul droit exigible est celui d'échange, attendu que la rétrocession stipulée est soumise à un événement futur et incertain le payement du prix dans le délai déterminé.

Seulement, quand, à l'arrivée de l'événement, l'échange se transforme en vente, il y a lieu d'imputer sur le droit de ce dernier contrat celui qui a été originairement perçu sur l'échange. L'Administration l'a reconnu par une Sol. du 3 mars 1859.

7109. Réméré. — Les règles de la vente s'appliquant à l'échange (*V.* 7080) quand la loi n'établit pas d'exception, il s'ensuit, d'après Duranton t. 16 n° 548, que chacun des copermutants, considéré tout à la fois comme vendeur et acheteur, a les actions du vendeur et est soumis aux actions dont est tenu l'acheteur : les droits de l'un et les obligations de l'autre résident en sa personne et passent à ses héritiers. Aussi le réméré peut être convenu dans les échanges comme dans les ventes, soit au profit de l'une des parties seulement, soit au profit de l'une et de l'autre, et avec les conditions et modifications que les parties contractantes jugent à propos d'insérer dans leur contrat, mais sans toutefois qu'elle puissent utilement convenir d'un délai excédant cinq années. Le délai stipulé pour plus de cinq ans serait réduit à ce terme, comme en matière de vente (Art. 1707 et 1660 C. C.).

2. OBLIGATIONS DE RACHETER. — « S'il y a obligation, de la part de l'un des échangistes, dit Fonmaur n° 827, de racheter ou de faire racheter un des héritages échangés, ce contrat est réputé vente à l'égard de l'héritage baillé en contre de celui-là : conséquemment, cet héritage demeure sujet à tous les droits de vente. » C'est également ce qui devrait être décidé sous l'empire de notre législation ; une pareille stipulation résisterait invinciblement à l'idée d'échange (Dalloz n° 3203, Champ. et Rig. n° 1779. — *V.* Troplong n° 9).

7110. Actes entre cohéritiers. — L'art. 888 C. C., en soumettant à l'action en rescision l'acte qualifié de vente, d'échange, de transaction ou de toute autre manière qui a pour objet de faire cesser l'indivision entre cohéritiers, indique suffisamment qu'il assimile ces actes *à un partage proprement dit.* (Merlin *Répert.*, V. *Partage* § 11).

Les échanges, dit Chabot, sur l'*Échange*, art. 888, faits entre les cohéritiers pendant que la succession est encore indivise, contiennent évidemment partage ; en ce que les héritiers qui échangent reçoivent, soit pour leur portion dans la masse de la succession, soit pour leur portion dans les immeubles déterminés, les biens qui leur sont donnés en échange. »

1. ÉCHANGE AVANT PARTAGE. — Donc, l'échange que les parties font de leurs lots ou des biens qui peuvent leur échoir avant le partage consommé, n'est point une disposition translative : cette convention n'a pas d'autre objet que la fixation des parts, et substitue jusqu'à un certain point le choix ou l'attribution au tirage au sort ; mais elle n'emporte pas aliénation. — « Cet échange, dit très-exactement Bosquet, fait sans soulte ne peut être considéré comme translatif de propriété, puisqu'il a été fait au même instant que la propriété venait d'être déterminée, par le même acte et sans aucun temps intermédiaire qui pût autoriser à dire que l'un des frères a été plutôt propriétaire d'un objet que d'un autre ; ainsi, c'est moins un échange que la consommation de l'acte » (t. 2 p. 325). — Le droit exigible est donc celui de partage pur et simple et non celui d'échange (D. m. f. 5 nov. 1811, 8939 J. E., Champ. et Rig. n° 2713, Dalloz n° 2640). — V. 7097.

2. ÉCHANGE APRÈS PARTAGE. — « Le partage une fois fait, dit Bosquet (Dict. des Dom. *du Partage* § 3 n° 10), tous les actes qui se passent entre les copartageants rentrent dans les règles générales et ordinaires, en sorte que si l'un cède sa part à l'autre, ou s'ils font un échange entre eux, ce n'est plus un partage : chacun avait sa part distincte, et n'avait plus aucun droit sur celle des autres : ainsi toutes conventions postérieures, par lesquelles ils échangent ou se transportent le tout ou partie de ce qui leur était échu, opèrent de véritables mutations sujettes aux lods, au centième denier et aux autres droits, quels que soient les termes qui s'y trouvent employés. Les lois féodales ont favorisé les premiers actes faits entre cohéritiers et copropriétaires, pour faire sortir de communauté les biens qu'ils possédaient par indivis ; mais cette faveur ne peut s'étendre au-delà. »

Ce principe est parfaitement applicable de nos jours, et le droit d'échange est dû comme si les parties n'avaient jamais possédé indivisément. C'est ce que porte une D. m. f. 19 juillet 1808 (2953 J. E.).

3. PARTAGE. — Il est essentiel de ne pas confondre l'échange avec le partage. Ces deux contrats ont souvent une grande analogie. Nous indiquerons, v° *Partage* n° 12362 ce qui peut les faire distinguer.

7111. Usufruit. — Nue-propriété. — Copropriété. — Dans tous les cas, pour que les règles que nous venons de poser soient applicables, il faut qu'une indivision quelconque existe entre les parties qui procèdent à l'échange. — Jugé dans ce sens que, lorsque le nu-propriétaire et l'usufruitier de divers immeubles font entre eux le partage de ces immeubles et prennent chacun une part en toute propriété, en faisant abandon de leurs droits à l'usufruit et à la nue-propriété, il y a échange, car aucune copropriété n'existant entre eux, puisque les droits d'usufruit et de nue-propriété sont séparés et distincts, il n'y avait pas à partager. (Cass. entre particuliers, 3 août 1829, 9425 J. E. ; — Cass. 14 août 1838, 10111 J. N., S. 38-1-709, 12138 J. E.) :

« Attendu, porte ce dernier arrêt que la veuve Leblond, ayant renoncé à la communauté établie entre elle et son mari, n'avait plus à prétendre dans la succession de celui-ci que ses reprises matrimoniales et en outre l'usufruit de la totalité des biens dont elle était donataire ; attendu que le droit d'usufruit était absolument distinct de celui des héritiers de la nue-propriété, et qu'il ne résultait pas de cet état de choses un cas d'indivision pouvant donner lieu à un partage ; qu'ainsi, en décidant que l'acte de 1832, par lequel la veuve Leblond recevait, à la place de son usufruit, une part des biens meubles et immeubles franche de toute contribution aux dettes, caractérisait non un partage, mais un échange et un retour d'échange, le jugement attaqué a fait une juste appréciation de la convention qui réglait les parties » — (*Conf.* : Cambrai 6 fév. 1847, 14182 J. E. ; — Versailles 6 fév. 1851, 14474 J. N., 15156 J. E.).

Nous nous réservons de donner à cette question, au mot *Licitation*, tous les développements qu'elle est susceptible de recevoir. Nos 10873 et suiv. V. également *Partage*, n° 12341.

2. USUFRUIT ÉCHANGÉ POUR UN AUTRE USUFRUIT. — L'acte par lequel un donateur abandonne au donataire de la nue-propriété d'un immeuble, l'usufruit qu'il s'était réservé sur cet immeuble et reçoit l'usufruit d'autres immeubles, constitue un échange (Mortagne 12 mai 1848, 14498 J. E.).

7112. Échange en deux opérations. — Vente et dation en payement. — Pour que le contrat d'échange conserve toute sa pureté, il faut que la chose donnée en contre-échange arrive entre les mains de celui qui doit la recevoir, sans aucun fait intermédiaire. (Troplong *de l'Échange* n° 9).

Pour faire comprendre cette idée, supposons que nous convenions ensemble que je vous livrerai ma maison pour 10,000 fr. et que, par une addition postérieure à cette convention, je consente à recevoir en payement de cette somme votre jardin. Un tel contrat ne sera pas un échange ; ce sera une vente et un contrat de dation en payement. Votre jardin ne m'étant arrivé que par la substitution convenue de cet immeuble à la somme de 10,000 fr., il y a là un fait intermédiaire qui fait de notre convention autre chose qu'un échange.

De même, si je vous cède ma maison pour 20,000 fr., et que, le jour même, j'emploie cette somme à l'achat de votre bois de même valeur, on ne pourra pas dire que j'ai acquis ce bois par le moyen d'un échange. Je me suis défait de ma maison par une vente, c'est une autre vente qui m'a fait acquérir votre bois (C. Agen 10 juill. 1833, D. 34-2-206).

7113. Vente et dation en payement simultanés. — Mais supposons que je vous aie cédé une maison pour 20,000 fr., en payement desquels il a été convenu, incontinent et sans désemparer, que vous donneriez votre bois. On doit voir là un contrat d'échange, malgré l'obscurité tortueuse d'un pareil acte. Pothier ne partage pas ce sentiment (V. *Vente* n° 618) mais, ainsi que le fait remarquer Troplong, *de l'Échange* n° 9, en approfondissant le fait qui s'est passé entre les parties, on voit clairement que c'est un échange qu'elles ont entendu faire, et qu'elles ont seulement voulu estimer en argent la chose échangée. La réalité doit l'emporter sur des paroles obscures. *Nec enim ordo scripturæ spectatur, sed potius ex jure sumitur in quod agi videtur* (L. C. D. *de solutionibus*).

Une D. m. f. a reconnu, en ce sens, que si, par le même acte un particulier vendait un immeuble moyennant un prix déterminé et recevait ensuite un autre immeuble en place de ce prix, le contrat constituait un échange et non pas une vente suivie de dation en payement. (D. N. t. 5 p. 279 n° 126).

7114. Double vente. — Toutes ces questions reposent avant tout sur l'interprétation des actes et de l'intention des parties. Ainsi, il n'est pas impossible que le même contrat renferme des ventes réciproques au lieu d'un échange « Si deux particuliers, dit Bosquet, au lieu de faire un échange entre eux se font une vente réciproque, il s'agit de savoir si l'acte doit être considéré comme un échange dont les droits appartiennent au roi ou si ce sont deux ventes dont les droits appartiennent aux seigneurs. Il faut considérer le contrat comme deux ventes puisque c'est la stipulation même de l'acte à moins que la simulation ne soit évidente. Il y a beaucoup de raisons, en effet, qui engagent les contractants à faire deux ventes plutôt qu'un échange. Ils ne sont garants l'un envers l'autre que des simples intérêts d'éviction, ils ne sont point exposés, dans le cas d'éviction, à se voir dépossédés du fonds qu'ils ont acquis (Bosquet 2-351.)

Cette difficulté avait été résolue en des sens très-divers dans l'ancienne jurisprudence. Si elle se reproduisait aujourd'hui, il faudrait interpréter le contrat comme un échange, à moins que l'intention des parties de faire une double vente fût bien manifeste.

7115. Éviction. — Payement d'une somme. — S'il a été convenu, dans l'échange, de la numération d'une somme en cas d'éviction d'un des immeubles échangés, et que ce cas arrive, l'acte sera réputé vente par rapport à l'immeuble non évincé, qui est réellement vendu. C'est le cas d'une vente soumise à une condition suspensive, dont l'événement a un effet rétroactif au jour du contrat (Troplong *de l'Échange* n° 9). Dans ce cas, le droit de vente devrait être exigé lors de l'accomplissement de la condition, sauf imputation du droit d'échange déjà perçu. — V. 7109.

SECTION 2. — DE LA LIQUIDATION DU DROIT

[7116-7123]

7116. Principe général. — De l'ensemble des règles posées par la loi du 22 frimaire an 7, pour la liquidation des droits, il résulte qu'elle a admis deux bases : 1° pour toute transmission de propriété ou de jouissance *à titre onéreux*, la perception s'établit sur le prix déclaré ; — 2° pour toute transmission *à titre gratuit* ou *par décès*, la perception s'établit sur une évaluation dont la base est le revenu des biens.

7117. Le droit s'établit sur le revenu. — Une seule exception a été faite à ces règles, elle a été établie pour l'échange. — Bien qu'il constitue un contrat à *titre onéreux* il n'est assujetti au droit que sur l'évaluation en revenu des biens échangés.

L'art. 15 n° 4 L. 22 frimaire an 7 porte, en effet :

« La valeur de la propriété, de l'usufruit et de la jouissance des immeubles est déterminée, pour la liquidation et le payement du droit proportionnel... « Pour les échanges, par « une évaluation qui doit être faite en capital d'après le revenu « annuel multiplié par 20, sans distraction des charges. »

Le motif de cette exception se fonde naturellement sur ce que l'échange, par sa nature, ne comporte pas de prix. — V. 7081.

Cependant, l'expression dont s'est servi le législateur : *une évaluation en capital, d'après le revenu*, avait laissé des doutes sur la question de savoir si c'était le capital ou le revenu que les parties devaient déclarer. Mais l'ensemble des dispositions de l'art. 15 démontre que c'est le revenu annuel des biens que l'on doit évaluer, et que le capital se forme ensuite de vingt fois ce revenu (2797 J. E.).

1. IMMEUBLES RURAUX. — Pour les immeubles ruraux, le droit se liquide sur 25 fois le revenu (L. 21 juin 1875, 2157 § 2 I. G.). — V. 8443 *bis*.

Si on échange des biens ruraux contre des immeubles urbains produisant le même revenu, la différence de capitalisation donne lieu au droit de soulte (Sol. 26 août 1876, 17 janv. et 20 fév. 1878).

7118. Actions immobilières. — Les actions immobilières sont considérées comme des immeubles et doivent s'évaluer d'après la capitalisation du revenu. Celà a été ainsi reconnu au sujet du droit de succession pour les actions de la Banque (Sol. 12 janv. 1867, 2506 R. P.) et on doit admettre le principe pour tous les cas où le droit est perçu d'après le revenu, ainsi que pour toutes les actions de la même nature. — V. *Sociétés*.

7119. Contributions. — Le revenu des immeubles échangés doit être déclaré en revenu *brut*, c'est-à-dire sans défalcation des contributions et autres charges qui peuvent le grever (Arr. d'Ad. 7 janv. 1823, 7381 J. E.). — V. *Expertise*.

Cependant, si le revenu avait été déclaré *net* sans autre explication, il serait bon, avant d'ajouter d'office la contribution, de faire expliquer qu'elle a été l'intention des parties en se servant de cette expression qui pourrait n'être que vicieuse.

1. BAIL. — Lorsque l'un des immeubles échangés est affermé, on doit ajouter au prix du bail, pour obtenir le revenu de cet immeuble, les contributions et autres charges imposées au fermier (Bordeaux 26 août 1846, 14075 J. E. ; — Cass. 16 avr. 1847, 14335 J. E., 13129 J. N.).

7120. Expertise. — Bail courant. — Le revenu doit être déclaré dans l'acte ; mais l'existence d'un bail courant dont le prix est supérieur au revenu déclaré ne suffit pas pour constater l'insuffisance de l'évaluation faite par les parties et n'autorise pas l'Administration à demander les droits que cette insuffisance produirait. Il faut de toute nécessité recourir à l'expertise. — V. *Expertise*.

7121. Terrain à bâtir. — 1. APPRÉCIATION DU REVENU. — La loi n'ayant autorisé la perception de l'impôt, en matière d'échange, que sur le capital du revenu, on ne saurait sous aucun prétexte avoir égard à la valeur vénale de l'immeuble, encore bien que cette valeur soit considérable lorsque le revenu est à peine appréciable. C'est ce qui a lieu notamment au sujet des terrains à bâtir situés dans la traverse des villes ou villages. On a quelquefois soutenu que, pour obtenir le revenu du terrain, il fallait estimer la valeur vénale et fixer le produit annuel au vingtième. Mais rien n'est plus arbitraire ni moins justifié. Il ne s'agit pas d'apprécier le revenu que le propriétaire retirerait du prix de l'immeuble s'il l'aliénait, mais celui qu'il eût obtenu en louant le terrain et au jour de la transmission. Si ce revenu est hors de toute proportion avec la valeur vénale de l'immeuble, le contribuable bénéficiera de l'imperfection de la loi, mais on ne saurait en méconnaître les dispositions formelles dans le but d'assurer une répartition plus équitable de l'impôt (Seine 11 juill. 1857, 16580 J. E., 927 R. P.). — V. *Instance.*

2. VENTE. — En dehors de cette difficulté, on peut se demander comment il faut considérer l'acte par lequel un propriétaire échange un immeuble contre un terrain nu sur lequel le coéchangiste s'engage à faire élever des constructions.

On doit, pour cela, distinguer :

Si l'engagement de construire a les caractères d'une obligation de faire ou d'une sorte de marché, elle ne peut représenter qu'un véritable prix de vente. Ainsi que le dit exactement une Sol. belge 26 mai 1862, « le terrain nu étant immédiatement abandonné à l'échangiste, les constructions à y élever seront sa propriété, en vertu de l'art. 553 C. C., et n'auront jamais appartenu au cédant, qui dès lors n'a pu les abandonner à titre d'échange. L'obligation de construire, contractée par ce dernier, serait, si elle correspondait à une prestation mobilière, un véritable marché donnant ouverture au droit établi par l'art. 69 § 3 1° L. de frimaire, mais, mise en regard d'un abandon d'immeubles, et vu l'unité du contrat, elle ne peut être considérée que comme formant un véritable prix de vente » (9173 J. E. belge).

3. ÉCHANGE. — Il peut arriver que l'échangiste entende recevoir le terrain couvert de ses constructions et que dans sa pensée il s'agisse réellement de l'échange de la maison en tant qu'elle sera construite. Rien ne s'oppose à un pareil contrat, et nous verrons en parlant de la vente qu'il est actuellement passible du droit proportionnel. Dans ce cas, les parties doivent être admises à déclarer le revenu du terrain et des bâtiments à élever, comme s'il s'agissait d'un immeuble ordinaire.

« Attendu, porte un arrêt de Cass. du 21 juin 1869, qu'aux termes du contrat d'échange intervenu entre Olagnier et Detenre père, le 24 mars 1864, Detenre père s'obligeait à livrer à Olagnier à l'état de complet achèvement et de location immédiate les constructions alors commencées sur les terrains qu'il lui donnait en échange ; que cette obligation inconditionnelle et absolue était de nature à produire un plein et entier effet quant à la transmission de la propriété de la chose qu'elle avait en vue et à toutes les conséquences de cette transmission, particulièrement en ce qui touche la perception intégrale du droit s'y référant ; qu'on ne peut nier, en effet, que les constructions commencées et celles qui devaient les compléter dans un délai déterminé n'aient, au moment même du contrat, constitué les unes comme les autres et au même titre, la valeur donnée en échange par Detenre père à Olagnier, et dès lors qu'elles devaient toutes, à défaut de l'énonciation de leur valeur dans l'acte, être de la part des parties l'objet d'une déclaration estimative lors de la présentation de cet acte à la formalité de l'enregistrement » (2938 R. P., 2393-3 I. G., S. 69-1-387, D. 69-1-474, P. 69-949).

4. DÉLAI. — Le délai appartenant à l'Administration pour contrôler l'exactitude de cette estimation ne courrait pas à compter de l'enregistrement de l'échange, il ne partirait que du jour où, les constructions étant terminées, il est devenu possible d'en apprécier le produit. L'Administration l'a fait ainsi décider par le tribunal de Lyon, le 11 mars 1863.

5. CHARGE. — Enfin l'obligation de construire peut avoir le caractère d'une charge susceptible du droit de soulte. — V. 7133-3.

7122. Usufruit. — Le droit proportionnel doit-il être établi sur vingt fois le revenu, lorsqu'il s'agit d'un usufruit?

On a soutenu que la disposition de l'art. 15 n° 4 L. 22 frimaire an 7, ne distinguant pas entre la pleine propriété et l'usufruit ou la nue-propriété le seul multiplicateur à employer pour obtenir le capital du revenu des biens immobiliers échangés est le chiffre 20, soit qu'il s'agisse d'une propriété entière, d'un usufruit ou d'une nue-propriété. (Mayenne 7 janv. 1847, 14166 J. E.; 11684, 14330, 15491 J. E.; Sol. belge 6 juin 1853, 15675 J. E.).

Nous ne saurions partager cette opinion.

Il est vrai que, suivant l'art. 15 n° 4 L. 22 frimaire an 7, la valeur des immeubles est déterminée, pour la perception du droit proportionnel d'enregistrement sur les *échanges*, par une évaluation qui doit être faite en capital, d'après le revenu annuel multiplié par 20, sans distraction des charges. Mais ce mode d'évaluation ne peut évidemment s'appliquer qu'à la propriété entière, et quoique la loi fiscale n'ait point expressément prévu l'échange de l'usufruit, il est impossible d'admettre qu'elle ait entendu prescrire, pour l'évaluation de l'usufruit, absolument la même base que pour celle de la propriété. En effet, sous le même art. 15 de la loi, on trouve que, pour les transmissions, soit entre-vifs à titre gratuit, soit par décès, l'usufruit est évalué à *dix fois* le produit des biens. Il est raisonnable de penser que, dans l'intention du législateur, le même mode d'évaluation doit être adopté pour les transmissions d'usufruit à titre d'échange.

Si la L. 22 frimaire an 7 ne s'est pas expressément occupée des échanges d'usufruit, ce n'est pas la seule lacune qui y existe relativement aux contrats de cette nature. Elle n'a point, notamment, déterminé le délai pour l'expertise des biens échangés, et c'est uniquement par assimilation aux transmissions à titre gratuit, pour lesquelles les droits d'enregistrement sont perçus proportionnellement au revenu annuel, que la C. cass. a appliqué aux échanges, ainsi que nous le verrons au mot *Expertise*, le délai de deux ans déterminé par l'art. 61 de la loi précitée (V. 1634 § 20 I. G.). La même assimilation doit être admise quant au mode d'évaluation de l'usufruit immobilier et nous tenons, pour constant, que les échanges d'usufruit sont régis par le principe posé à l'art. 15 n° 8 de L. 22 frimaire an 7, d'après lequel la valeur des immeubles est fixé à dix fois leur revenu pour les transmissions d'usufruit.

Ce système ressortait déjà d'une Dél. 6 avril 1827, portant qu'il n'est pas nécessaire, pour donner ouverture au droit de soulte, que le retour soit formellement stipulé, qu'il suffit qu'il y ait une différence dans la valeur capitale des biens. Ainsi, la propriété s'évaluant au denier 20 et *l'usufruit au denier* 10, il s'ensuit qu'un échange sans soulte d'une nue-propriété d'immeuble contre l'usufruit d'un autre, évalués tous deux 200 francs de revenu, est passible du droit de soulte sur 2,000 francs, parce que l'une des propriétés vaut 4,000 francs et l'autre 2,000 francs (1819 Roll.).

Depuis lors, cette doctrine a été affirmée par diverses solutions.

Une Dél. 15 octobre 1847 a reconnu que le jugement du tribunal de Mayenne du 7 janvier précédent (*suprà*) ne serait pas suivi; — et il a été décidé en conséquence, à diverses reprises, que le revenu des biens, cédés en usufruit, devait être capitalisé au denier 10 (Sol. 14 sept. 1854, 21 nov. 1856, 3 fév. 1860, 29 sept. 1862).

C'est également ce qui résulte de la dernière jurisprudence des tribunaux (Montmorillon 16 janv. 1861, 11960 C., 17327 J. E.; — Tulle 7 fév. 1861, 17219 J. N., 12086 C., 17327 J. E.; — Marseille 24 août 1863, 1934-7 R. P., 17952 J. N., 889 Rev.).

7123. Nue-propriété. — En principe, la nue-propriété s'évalue comme la propriété entière, parce qu'elle est naturellement destinée à se compléter tôt ou tard par l'adjonction de l'usufruit qui en est momentanément séparé. Mais si, lors de la séparation de cet usufruit, le nu-propriétaire a acquitté le droit sur la valeur entière, il se trouve avoir payé l'impôt par avance sur la jouissance dont il est appelé à profiter ultérieurement. D'un autre côté, il est aujourd'hui reconnu que le versement anticipé du droit applicable à la réunion de l'usufruit peut être invoqué par les représentants du nu-propriétaire, successeurs ou cessionnaires (2188 I. G. — V. *Usufruit*). — Dès lors, quand le nu-propriétaire ou ses acquéreurs cèdent à titre d'échange une nue-propriété, à l'occasion de laquelle le droit proportionnel a été perçu à l'origine sur la valeur entière, il faut faire abstraction de l'usufruit qui n'est pas actuellement transmis et a payé antérieurement le droit, pour limiter la perception à la valeur de la nue-propriété. Cette nue-propriété s'estime à la moitié de la valeur de l'immeuble, et pour l'obtenir, on capitalise le revenu par 10. La doctrine administrative paraît fixée en ce sens par des Sol. des 22 février 1853, 22 février et 12 mars 1862 et 3 février 1866; — *Conf.*: 17212 J. E., 2403 J. du not.).

Le tribunal d'Épernay a jugé, dans ce sens, le 28 décembre 1873, que quand la nue-propriété d'un immeuble qui a déjà supporté le droit de la valeur entière est échangée contre la toute propriété d'autres immeubles, cette nue-propriété ne doit être évaluée que d'après le revenu multiplié par 10, tandis que la toute propriété des biens cédés en contre-échange s'évalue au denier 20 du revenu : « Attendu qu'il y a lieu de distinguer entre l'acquisition originaire de la nue-propriété et la transmission qui en serait faite ultérieurement; qu'en effet, dans le premier cas, le payement du droit de l'usufruit par le nu-propriétaire constitue une perception par anticipation sur la mutation devant résulter de la réunion de l'usufruit à la nue-propriété; mais que, dans le second cas, il ne peut être perçu un nouveau droit sur l'usufruit, puisque la réunion de la jouissance à la nue-propriété ne doit se produire qu'une seule fois et que, par conséquent, l'usufruit ne sera toujours l'objet que d'une seule mutation; qu'ainsi donc, au au point de vue fiscal, la nue-propriété transmise une seconde fois par l'effet de l'échange consenti par les époux Berlin aux époux Maricot, doit être évaluée déduction faite de la valeur de l'usufruit » (3769 R. P.).

1. RÉSERVE D'USUFRUIT. — Mais si le droit n'a pas encore été payé pour la réunion ultérieure de l'usufruit lors de l'échange, il n'y a plus de raison pour réduire le capital imposable de la nue-propriété. L'échangiste qui reçoit cette nue-propriété reçoit en même temps l'expectative d'y joindre plus tard l'usufruit, sans acquitter aucun impôt. Il est donc juste, dans le système de la loi, qu'il acquitte aujourd'hui le droit sur la valeur entière, tout comme l'héritier appelé à recueillir la nue-propriété d'un bien dont le défunt a légué la jouissance à un tiers. La nue-propriété se déterminera donc par le capital au denier 20 du revenu.

Les tribunaux de Montmorillon, de Tulle et de Marseille l'ont ainsi décidé, avec raison, au sujet de l'échange d'un immeuble dont le cédant se réservait l'usufruit (Jugements des 16 janv. 1861, 11960 C., 7 fév. 1861, 17219 J. N., 12086 C., 17327 J. E., et 24 août 1863, 1934 R. P., 17952 J. N., 889 Rev.).

2. RÉUNION D'USUFRUIT. — Lorsque le nu-propriétaire reçoit, à titre d'échange, l'usufruit de son immeuble et cède soit la toute propriété, soit la nue-propriété, soit même l'usufruit d'un autre bien, le contrat renferme deux dispositions distinctement tarifées. La réunion de l'usufruit opérée, après le payement antérieur du droit lors du démembrement originaire de la propriété, donne lieu au droit fixe de 4 francs 50 centimes avec ou sans droit de transcription selon les cas (V. *Usufruit*). Au contraire, la cession de la propriété ou de l'usufruit à l'autre coéchangiste opère une transmission passible des droits ordinaires. Nous croyons que c'est d'après cette seconde disposition qu'il faut régler la perception des droits, et, nonobstant la dispense dont profite la simple réunion de jouissance, liquider le droit d'échange à 2 fr 50 cent. p. 100 sur la valeur d'une des parts. Si l'une est supérieure à l'autre le droit d'échange sera perçu sur la plus faible, selon la règle habituelle, et on exigera le droit de soulte sur la plus-value.

SECTION 3. — DE LA SOULTE

[7124-7138]

7124. Principe. — L'échange se trouve quelquefois mélangé de vente. C'est ce qui arrive lorsqu'il ne se fait pas but à but et qu'on stipule le payement d'une soulte en argent. Dans ce cas, il y a vente jusqu'à concurrence de la soulte.

Par exemple, j'ai échangé un héritage de la valeur de 12,000 francs contre un héritage du prix de 4,000 francs et une soulte de 8,000 francs. La soulte étant ici des deux tiers de la valeur de l'échange, c'est comme si j'avais vendu les deux tiers de mon immeuble et échangé le surplus.

Une question très-controversée dans l'ancien droit était de savoir si, dans ce cas, l'acte doit être qualifié d'échange ou de vente. Nous l'examinerons au mot *Rétrocession*, et nous verrons qu'elle exerce une certaine influence sur la perception, suivant que l'importance de la soulte peut être de nature à la faire considérer comme principale dans le contrat ou seulement comme accessoire. Mais lorsqu'il y a lieu de percevoir les droits d'enregistrement sur l'acte d'échange lui-même, aucune distinction n'est à faire.

Quelle que soit la valeur de la soulte, on la considère comme opérant une vente à proportion de son étendue; mais le droit de vente n'est pas perçu sur la totalité du contrat, il n'est perçu que jusqu'à concurrence de la soulte: le surplus paye comme contrat d'échange. C'est aussi ce qui avait lieu dans l'ancien droit. Les lods et ventes n'étaient perçus que sur le montant du retour.

7125. Quotité du droit. — Le droit de soulte se perçoit comme *pour vente*, ce droit est donc de 5 fr. 50 cent. pour 100. — V. 7082-3.

1. TRANSCRIPTION. — Une question vivement controversée est celle de savoir si, lorsque l'indivision cesse au moyen d'un échange dans lequel un des héritiers reçoit la totalité des biens héréditaires, pour l'abandon qu'il fait d'un immeuble qui lui est propre, la soulte qui est stipulée est passible du droit de 4 ou de 5 fr. 50 cent. pour 100.

Suivant de nombreux arrêts de la C. cass., les licitations d'immeubles et les cessions de portions d'immeubles indivis, lorsqu'elles ont pour effet de mettre fin à l'indivision, ne sont sujettes qu'au droit de 4 pour 100.

Cette jurisprudence est motivée, d'une part, sur ce que l'art. 69 § 7 L. 22 frimaire an 7, a soumis au droit de 4 pour 100 les portions d'immeubles indivis acquises par licitation et les soultes de partages; d'autre part, sur ce que l'art. 52 L. 28 avril 1816, qui a élevé à 5 fr. 50 cent. pour 100 le droit d'enregistrement des ventes d'immeubles, ne s'applique qu'aux ventes proprement dites et a laissé subsister la disposition de la loi du 22 frimaire an 7 qui tarife au droit de 4 pour 100 les licitations et soultes de partage.

Cette loi (Art. 69 § 7 n° 5) n'assujettissait également qu'au droit de 4 pour 100 les soultes d'échange, et, l'art. 52 L. 28 avril 1816 ne faisant pas plus mention des soultes d'échange que des licitations et soultes de partage, il en résultait que, sous l'empire de cette loi, les unes pas plus que les autres, n'étaient soumises au droit de 5 et demi pour 100.

Mais l'art. 2 L. 16 juin 1824 porte : « A l'égard de tous les autres échanges de biens immeubles (autres que ceux qui avaient pour objet des biens ruraux contigus), quelle que soit leur nature, le droit de 2 pour 100, fixé par l'art. 69 L. 22 frimaire an 7, est réduit à 1 pour 100; il sera perçus sur la valeur d'une des parts seulement, etc. Dans tous les cas, le droit réglé par l'art. 52 L. 28 avril 1816 continuera d'être perçu sur le montant de la soulte ou de la plus-value. »

La rédaction de la disposition finale de cet article n'est point exacte, car, comme on vient de le voir, les retours d'échanges n'étaient point soumis au droit de 5 et demi pour 100, réglé par l'art. 52 L. 28 avril 1816; on a donc improprement dit que ce droit *continuerait* d'être perçu sur la soulte ou la plus-value.

Cependant, l'intention de soumettre les soultes d'échange au droit de 5 fr. 50 cent. pour 100 est positivement exprimée dans l'art. 2 L. 16 juin 1824, et cette disposition, soit qu'elle applique, soit qu'elle étende celle de l'art. 52 L. 28 avril 1816, déroge à l'art. 69 § 7 n° 5 L. 22 frimaire an 7.

Il faut donc conclure que les soultes d'échanges sont, dans tous les cas, sujettes au droit de 5 fr. 50 cent. pour 100, lors même qu'elles portent sur des portions d'immeubles indivis et que l'échange a pour effet de faire cesser complétement l'indivision.

C'est d'ailleurs ce qu'a décidé la C. cass. par un arrêt de la Ch. civ., en date du 17 juin 1850 (14983 J. E., 14099 J. N., 1875 § 4 I. G., S. 50-1-683, P. 50-2-74) conçu en ces termes :

« Vu l'art. 2 de la loi du 16 juin 1824 : Attendu que, d'après les dispositions de cet article, les droits d'enregistrement dus pour les échanges de biens immeubles sont fixés à 2 et demi pour 100 sur la valeur d'une des deux parts seulement et à 5 et demi pour 100 sur le montant de la soulte; attendu que, par acte passé devant notaires le 10 mars 1847, la dame Thiry a cédé à Reynier de Massa, son frère, à titre d'échange, divers immeubles à elle appartenant, et a reçu en contre-échange la moitié qui appartenait à ce dernier dans une portion de bois qu'elle possédait indivisément avec lui; attendu que de la qualification que les parties ont donnée à cet acte, de son ensemble et des stipulations particulières qu'il contient, il résulte que cet acte renferme un véritable contrat d'échange; que ce contrat ne perd pas son caractère par cela que l'une des parties reçoit en contre-échange une portion d'immeubles dont elle était copropriétaire par indivis; que les parties, après avoir présenté l'acte du 10 mars comme un acte d'échange, pour ne payer sur la valeur des biens propres à la dame Thiry et cédés par elle, que le droit de 2 et demi pour 100 au lieu de 5 et demi pour 100 exigé pour toute transmission d'immeubles, ne peuvent donner à ce même acte un autre caractère lorsqu'il s'agit du droit dû pour le montant de la soulte; que le contrat ne peut être divisé; que, dès qu'il contient un échange, il est dans toutes les parties soumis aux dispositions de la loi du 16 juin 1824; attendu d'ailleurs que l'acte du 10 mars contenant cession de biens propres à la dame Thiry était de nature à être transcrit; que la transcription a eu lieu; que la transcription est un acte indivisible; que dès lors le droit a dû être perçu sur le prix intégral porté au contrat.[1] »

---

1. Champ. et Rig. n° 2719, *Suppl.* n° 600 et Dalloz n° 2702, se sont prononcés contre l'exigibilité du droit de transcription.

Jugé, dans ce sens, que, lorsque, par un acte qualifié échange et faisant cesser l'indivision, un contractant reçoit des biens indivis, et abandonne un bien propre, le droit à percevoir sur la soulte mise à sa charge est de 4 pour 100 et non de 5,50 pour 100 (Bar-le-Duc 12 janv. 1843, 13236 J. E.). — Un arrêt de Cass. du 8 août 1836 (11655 J. E., S. 36-1-798), vient à l'appui de cette doctrine. Il a été rendu dans une espèce où une femme, légataire en usufruit de son mari, et indivise avec les héritiers de celui-ci, à raison de cet usufruit, en avait fait abandon, moyennant un immeuble propre au

7126. Plus-value égalant la soulte. — Il n'y a aucune difficulté lorsque la différence entre les revenus de chaque immeuble, capitalisée par *vingt*, est égale à la soulte stipulée, c'est-à-dire lorsque la *plus-value* ou le *retour* sont égaux : dans ce cas, le droit d'échange se perçoit sur un capital formé de *vingt* fois le revenu de la moindre part, et le droit de vente sur le retour ou la plus-value.

Mais les difficultés naissent lorsque la valeur vénale des biens échangés n'est pas, relativement à leur revenu, dans une proportion égale.

7127. Distinction entre le retour et la plus-value. — Et d'abord, que doit-on entendre par ces mots *retour* et *plus-value* employés dans l'art. 69 § 5 n° 3 L. 22 frimaire an 7, d'après lequel le droit d'échange doit être payé, « s'il y a retour, à raison de 2 francs pour 100 sur la moindre portion, et, comme pour vente, sur *le retour* ou *la plus-value?* »

Le retour ou la soulte est, suivant Denisart, « ce qui est donné pour récompenser le copermutant qui donne en échange une chose qui vaut mieux que celle qu'il reçoit. » — La plus-value, au contraire, n'est point la somme *payée*, mais la différence qui résulte de la comparaison d'un immeuble avec l'autre. — Dans l'échange, le retour est à la plus-value ce que dans la vente le prix exprimé est à la valeur vénale ; de même que *le prix* ne représente pas toujours *la valeur vénale, le retour* n'est pas toujours *la plus-value*.

Le législateur s'est clairement expliqué pour la vente. Sa pensée se trouve nettement formulée dans l'art. 15, n° 6, et l'art. 17 L. 22 frimaire an 7 combinés. D'une part, il veut que le prix payé par l'acquéreur soit frappé de l'impôt, car ce prix, qui peut être très-élevé en raison de certaines convenances, est en définitive ce qui représente, *à l'égard de l'acquéreur*, la valeur que peut avoir la mutation. Mais, d'un autre côté, il entend également que, *dans tous les cas*, la valeur vénale supporte l'impôt, car cette valeur vénale est *pour l'Etat* la représentation de la mutation qui s'opère, mutation que, par suite de circonstances particulières, l'acquéreur pourrait obtenir à un prix au-dessous de la valeur de l'immeuble acquis. C'est à ce double point de vue qu'a été rédigé l'art. 15 n° 6, qui veut que le droit de vente soit perçu sur le prix, *encore qu'il excède la valeur*, ou sur cette valeur, *si le prix est inférieur*.

Or, ce que la loi a dit en plusieurs lignes pour la vente, elle l'a exprimé par ces deux mots, *sur le retour* ou *la plus-value*, pour l'échange. Ces deux mots ne sont pas synonymes. Le législateur a voulu établir une alternative pour garantir, dans tous les cas, les droits du Trésor.

Cette distinction, combattue par les réd. J. N. (11955, 12120 13226 J. N.), est pleinement adoptée par Champ. et Rig. n° 3453, *Suppl.* n° 467, et Dalloz, n° 4677. — Elle ressort nettement de la dissertation qui fait l'objet du n° 7132.

Elle a été admise : 1° par un jugement du tribunal de la Seine du 8 avril 1859, portant que « le droit de soulte est dû sur le retour ou la plus-value et que ces deux expressions établissent deux bases distinctes de perception dont l'alternative est laissée au choix de l'Administration » (16580 J. N., 16963 J. E., 11573 C., 1218 R. P.) ;

2° Et par un arrêt de cass. du 18 mai 1865, ainsi conçu : « Attendu que l'art. 69 § 5 n° 3 L. 22 frimaire an 7, en disposant qu'en matière d'échange le droit serait payé comme pour vente sur le *retour* ou la *plus-value*, a eu en vue deux modes distincts d'évaluation ; qu'on doit entendre par le retour la soulte stipulée par les parties, par la plus-value la soulte résultant de l'évaluation au denier 20 du revenu des immeubles échangés, lorsque l'Administration ne croit pas devoir s'en référer aux déclarations des parties intéressées. » (12863 C., 18279 J. N., 1177 Rev., 2112 R. P., S. 65-1-287, 2326 § 2 I. G., D. 65-1-369).

La jurisprudence est donc définitivement fixée sur ce point.

7128. Plus-value sans soulte exprimée. — Il résulte de là que, si de la comparaison des revenus entre eux ressort une plus-value, le droit de vente est exigible sur cette plus-value, alors même qu'aucun retour n'aurait été stipulé ; car ici la plus-value prouve la supériorité d'un immeuble sur l'autre, et l'excédant qui forme cette supériorité ne peut passer d'une main dans une autre sans payer un droit de mutation.

La C. cass. l'a ainsi décidé, le 22 février 1843 (11588 J. N., 13206 J. E., 1697 § 3 I. G., S. 43-1-255), dans une espèce où l'acte portait que les échanges étaient faits sans soulte ni retour, attendu, était-il dit, que les biens échangés étaient de part et d'autre de valeur égale, suivant une expertise à laquelle les contractants avaient fait procéder. De la comparaison des revenus donnés dans l'acte à chacun des lots il résultait une plus-value en revenu de 1,124, sur le capital de laquelle le receveur avait perçu le droit de soulte, droit que la cour suprême a maintenu.

Cet arrêt est conçu en ces termes :

« Attendu que, de ces expressions *comme pour vente* qu'on lit dans le n° 3 § 5 de l'art. 69, on ne saurait induire que la loi aurait assimilé l'échange à la vente et que cette assimilation doit s'appliquer au mode d'évaluation des biens qui doit servir de base à la fixation des droits en matière d'échange ; que, pour saisir le sens et faire une juste application de la disposition contenue dans le n° 3 § 5 de l'art. 69, il suffit de remarquer sous quels titres se trouvent placés les art. 15 et 69 de la loi ; que c'est au titre intitulé *des valeurs sur lesquelles le droit proportionnel est assis*, et *de l'expertise*, c'est-à-dire au titre qui fixe la base sur laquelle la perception doit être assise, que l'art. 15 n° 4 décide que la valeur de la propriété, quant à la liquidation et au payement du droit

mari. Le tribunal de Langres avait ordonné la perception du droit d'échange, mais le jugement a été cassé : « Attendu que l'acte n'a eu pour objet que de faire cesser l'indivision de propriété et de jouissance qui existait entre les enfants Loigelot comme héritiers de leur père et de la dame Loigelot, leur mère, soit comme commune en biens, soit comme donataire en usufruit de la moitié des biens de son mari. »

C'est encore ainsi que le tribunal de Mirecourt a posé en principe, le 6 décembre 1847 (13221 J. N.), « que les immeubles indivis ne peuvent être valablement grevés d'hypothèques tant que l'indivision n'a point cessé d'exister ; que lorsqu'un coacquéreur devient propriétaire de la totalité d'un immeuble indivis, il importe peu que ce soit par suite d'acquisition ou d'échange, car il est censé l'avoir toujours possédé ; qu'ainsi le recevant, libre de toute hypothèque, du chef de son cédant, il n'a aucun intérêt à faire opérer la transcription » — (*V.* également Lyon 5 mars 1847, 13044 J. N. ; — Mirecourt 29 nov. 1847, 14460-1 J. E.).

proportionnel, est déterminée pour les échanges par la capitalisation du revenu; et que c'est au titre intitulé *de la fixation des droits* que se trouve placé le n° 3 § 5 de l'art. 69, qui porte que ce droit sera payé pour les échanges sur la valeur d'une des parts à raison de 2 pour 100 et, s'il y a retour, comme pour vente, sur le retour ou la plus-value; que, de ce rapprochement, il résulte que la loi n'a assimilé le contrat d'échange au contrat de vente que pour la fixation de la quotité du droit dû soit pour la soulte, soit pour la plus-value, et qu'il n'a pas été dérogé par l'art. 69 à la disposition de l'art. 15 relative au mode d'évaluation des biens en matière d'échange; qu'enfin, pour constater la plus-value des biens compris dans un acte d'échange, le seul mode légal est la capitalisation des revenus, faite en conformité de l'art. 15 n° 4 de la loi; attendu, dans l'espèce, que c'est d'après ce mode d'évaluation qu'ont été fixés les droits perçus sur les échanges faits par l'acte du 3 nov. 1808 » (*Conf.* : Seine 18 juin 1834, 11152 J. E., 20 mars 1844, 13478 J. E.).

1. HOSPICE. — DONATION. — Un échange par lequel un hospice reçoit des immeubles produisant un revenu plus considérable que ceux qu'il cède lui-même au contre-échangiste est passible du droit de soulte sur la différence du revenu, quoique l'échange ait été consenti sans soulte ni retour, parce que l'excédant de valeur attribué à l'hospice ne présente ni le caractère ni les effets d'une donation; que rien n'annonce une libéralité et que la portion cédée par l'hospice, qui produit un moindre revenu, peut compenser l'importance de l'autre par une valeur de convenance particulière (Dél. 6 mars 1827, 1803 Roll.).

7129. Soulte exprimée sans plus-value apparente. — La situation inverse se présente lorsque, les revenus étant déclarés égaux, il est néanmoins stipulé une soulte. C'est ici le cas d'appliquer à l'échange le principe établi en matière de vente, qui veut que le droit soit perçu sur le prix exprimé (*V.* 7127), alors même que ce prix est supérieur à la valeur vénale. La soulte, en effet, représente la valeur supérieure qu'a pour l'échangiste le lot qu'il reçoit en échange. Cette valeur peut bien n'être pas réelle, mais elle est au moins de convenance, et cela suffit pour donner ouverture au droit de vente. — *V.* 7132.

7130. Plus-value supérieure à la soulte exprimée. — Lorsque la soulte exprimée est inférieure à la plus-value qui ressort de la comparaison des revenus, le droit de vente doit être perçu sur la plus-value sans avoir égard à la soulte. Ce n'est plus ici le cas du prix exprimé dans la vente dont il faut faire l'application, mais celui de la valeur vénale qui doit supporter l'impôt, puisque cette valeur vénale doit payer le droit, alors même que l'acquéreur pourrait l'obtenir pour un prix inférieur (*Contrà* : Lyon 27 juill. 1876, 4586 R. P.).

7131. Plus-value inférieure à la soulte exprimée. — Enfin, une dernière hypothèse, c'est celle où la soulte est supérieure à la plus-value. Nous retombons ici dans l'application de la règle que nous avons posée au n° 7129 : le droit de vente est exigible sur la soulte sans avoir égard à la plus-value.

La cour de cassation l'a ainsi décidé en ces termes, le 14 ventôse an 13 :

« Vu l'art. 15 § 3 n° 6 L. 22 frimaire an 7; et attendu que les biens cédés par Roques à Berseilles, par le contrat d'échange passé entre eux par acte authentique du 17 pluviôse an 11, sont grevés d'une rente annuelle qui excède de 175 fr. 75 cent. celles affectées sur les biens donnés en contre-échange par celui-ci audit Roques; d'où il suit que l'estimation faite par les parties à 5,000 francs pour la valeur de chaque portion échangée ne peut être exacte; qu'en conséquence le receveur de l'enregistrement a été bien fondé à percevoir le droit proportionnel sur la plus-value dont il s'agit, puisqu'elle est une charge dont le capital représentatif d'une partie de la valeur des biens a dû être formé pour percevoir le droit en résultant. »

Le même principe résulte d'un autre arrêt du 28 avril 1830, (1336 § 6 I. G., S. 30-1-181, *arrêt rapporté* 7133).

Dans une espèce où la capitalisation des revenus ne présentait qu'une différence de 100,000 francs, alors néanmoins qu'il avait été stipulé un retour de 140,000 francs, on avait prétendu que le droit de vente ne devait pas être liquidé sur le retour stipulé, mais bien sur la plus-value. Mais la C. cass., par arrêt de la chambre civile du 8 décembre 1847, a décidé que, si les parties stipulent une soulte, le droit est exigible sur son importance, encore bien que la différence existant entre le capital du revenu de chacun des lots n'égale pas cette soulte.

« Attendu, porte cet arrêt, que l'art. 69 § 5 n° 3 L. 22 frimaire an 7, en disposant qu'en matière d'échange le droit sera payé, comme pour vente, sur le retour ou la plus-value, établit deux modes distincts d'évaluation pour des cas différents, savoir : 1° pour le cas où un retour a été stipulé dans l'acte d'échange et se trouve accepté par l'Administration; — 2° pour le cas où le contrat n'a pas exprimé de retour, ou bien n'a exprimé qu'un retour que l'Administration repousse comme insuffisant; qu'au premier cas le droit doit être perçu sur le montant du retour stipulé, et que les parties ne sauraient être admises à se plaindre d'une liquidation assise sur une évaluation qu'elles ont elles-mêmes déterminée; qu'au second cas le droit est acquitté sur la plus-value, telle qu'elle sera démontrée par une évaluation conforme à la loi; qu'il faut donc reconnaître que les mots *retour* ou *plus-value*, dont se sert l'art. 69, n'expriment pas une même chose, mais bien deux manières de procéder à la liquidation, suivant la diversité des circonstances; attendu que cette interprétation de la loi ne présente aucune antinomie avec le § 4 de l'art. 15, qui dispose que, pour les échanges, l'évaluation sera faite en capital, d'après le revenu annuel multiplié par vingt, puisque tel sera, en effet, le mode à suivre toutes les fois qu'il faudra rechercher la plus-value en dehors du contrat; ce qui ne fait pas obstacle à ce que cette plus-value ne puisse être établie par la volonté et la stipulation des parties » (14386 J. E., 13226 J. N., 1814 § 10 I. G., S. 48-1-137, P. 47-2-652. — *V.* dans le même sens Seine 7 et 21 fév. 1844, 3596 et 13439 J. E., arrêt d'admission 21 mars 1833, 10770 J. E.; — Seine 29 nov. 1838, 12198 J. E., D. N. t. 5 p. 273 n° 82).

7132. Soulte payée par le copermutant dont l'immeuble donne le revenu le plus fort. — Supposons que A..., riche fermier, cède à B... une ferme d'un revenu de 10,000 francs et lui paye une soulte de 80,000 francs, pour recevoir en échange un château et ses dépendances produisant un revenu de 5,000 francs. Sur quelle base établira-t-on les droits?

Deux systèmes sont en présence :

L'Administration belge a décidé (3 mars 1853) que le droit d'échange est dû sur 100,000 francs, capital du revenu du château, et que le droit de soulte doit être perçu sur 80,000 francs payés à titre de retour.

L'Administration française veut, au contraire (Dél. 14 déc. 1846, 15661 J. E.), que le droit d'échange soit perçu sur le même capital de 100,000 francs, mais que le droit de soulte soit établi : 1° sur le retour de 80,000 francs; 2° sur le capital de la différence entre les deux revenus, soit sur 100,000 francs pour un revenu de 5,000 francs.

Le système belge se fonde sur ce qu'il résulte de l'esprit et du texte des diverses dispositions de la loi du 22 frimaire an 7, que le droit d'échange n'est dû, lorsque les parts ne sont pas égales sous le rapport du revenu, que sur le capital formé de vingt fois le moindre revenu.

Le système français est basé sur le même motif d'un côté, et, de l'autre, sur ce que la loi fait porter le droit sur le retour et sur la plus-value, et que dans l'espèce il y a retour d'un côté et plus-value de l'autre.

Nous avons, dans nos éditions antérieures, proposé un troisième système.

Pourquoi, aux yeux de A..., le château qu'il reçoit de B..., quoiqu'il ne produise qu'un revenu de 5,000 francs, c'est-à-dire la moitié moins que la ferme qu'il lui abandonne, a-t-il cependant une valeur supérieure à cette ferme, valeur tellement supérieure, qu'il lui paye une soulte de 80,000 francs? C'est que des sentiments divers l'agitent et le poussent à faire cette acquisition, les uns secrets, les autres hautement avoués. Il paye ce qu'on nomme habituellement la convenance.

Si, en effet, les châteaux et leurs dépendances ont, en général, une valeur considérable, alors qu'ils sont presque improductifs, c'est que leurs riches possesseurs trouvent dans les jouissances de diverses natures qu'ils leur procurent un ample dédommagement à ce qui leur manque du côté du revenu. Tout est relatif dans la propriété de luxe; elle n'a que peu de prix aux yeux du spéculateur qui achète pour morceler et revendre, alors que sa valeur est considérable pour l'opulent rentier qui cherche les jouissances du bien-être et la satisfaction de l'amour-propre.

Or, le législateur, en établissant, par l'art. 15 n° 6 L. de l'an 7, le droit de vente sur le prix exprimé ou sur une estimation d'experts, si le prix exprimé paraît inférieur à la valeur vénale, a voulu atteindre, non-seulement la valeur vénale, c'est-à-dire la valeur réellement utile, la valeur absolue pour tous, mais encore cette valeur relative dont nous venons de parler; et sa pensée a été la même lorsqu'il s'est agi de l'échange, qui, en définitive, n'est qu'une espèce de vente. — *V.* 7127.

En se plaçant à ce point de vue, toutes les difficultés disparaissent, les dispositions de la loi relatives aux échanges trouvent une explication des plus simples.

Et d'abord, si l'on cherche à se rendre un compte exact de l'art. 15 n° 4 L. du 22 frimaire an 7, on acquiert la conviction que le législateur, en voulant que pour les échanges le droit proportionnel soit établi sur une évaluation faite en capital d'après le revenu multiplié par 20, a posé une règle subordonnée au principe général de l'art. 4 de cette loi. Or, d'après ce principe, le droit proportionnel est assis sur les valeurs, c'est-à-dire que ce n'est que lorsque la valeur des deux parts a été déterminée d'une manière absolue l'une par rapport à l'autre, que la multiplication du revenu par 20 doit se faire pour liquider le droit d'échange. La position des deux articles dans la loi démontre suffisamment cette dépendance de l'un à l'égard de l'autre. L'art. 4 fait, en effet, partie du titre de la loi qui contient tous les principes généraux, de l'enregistrement des droits et de leur application, alors que l'art. 15 n° 4 est classé dans le titre qui indique les moyens à employer pour liquider le droit proportionnel; or il est évident que l'on ne liquide un droit que lorsque l'on sait sur quoi il doit être assis.

Ce qui prouve d'ailleurs invinciblement cette dépendance, c'est que l'art. 69 § 5 n° 3, qui n'a pas à s'occuper de la liquidation du droit, mais seulement de l'objet sur lequel il doit être établi, ne dit pas que, lorsqu'il y aura retour, le droit d'échange sera perçu sur la part produisant le plus petit revenu, mais bien que le droit sera perçu sur la moindre portion, c'est-à-dire sur la portion qui aura la moindre importance dans le rapport des valeurs entre elles, dans le rapport de ces valeurs réelles ou fictives, absolues ou relatives, que l'art. 4 a voulu atteindre, abstraction faite du revenu. Le revenu, en effet, ne donne la mesure que des valeurs purement utiles et jamais des valeurs de convenance.

Or, au point de vue de la convenance, il est incontestable, pour suivre notre exemple, que la ferme qui produit un revenu de 10,000 francs a une valeur bien inférieure au château qui ne donne que 5,000 francs. Elle est donc, des deux immeubles échangés, cette moindre portion dont parle l'art. 69 § 5 n° 3 L. de l'an 7, portion sur laquelle doit être établi le droit d'échange.

Nous pensons donc que l'Administration belge a méconnu la pensée du législateur lorsqu'elle a déclaré que le droit d'échange devait être perçu sur le capital du revenu du château, et cela sous le prétexte que, lorsque les parts ne sont pas égales sous le rapport du revenu, il résulte du texte et de l'esprit de la loi que le droit d'échange doit être établi sur un capital formé de vingt fois le moindre revenu. Le texte et l'esprit de la loi ne comportent, en effet, rien de semblable, ainsi qu'on vient de le voir.

Si nous examinons le système de l'Administration française, nous y trouvons deux erreurs : la première résulte de l'assiette du droit d'échange sur le capital du moindre revenu qui est celui du château; la seconde consiste dans la perception de deux droits de vente, l'un sur le retour stipulé et l'autre sur la plus-value. Nous avons démontré la première erreur, passons à la seconde.

L'art. 69 § 5 n° 3 L. du 22 frimaire an 7 ne dit pas que le droit de vente sera perçu sur le retour et la plus-value, mais bien sur le retour ou la plus-value, ce qui est différent. Si le législateur se fût servi de la particule conjonctive *et*, on serait fondé à croire qu'il a supposé qu'il pourrait se présenter tel cas où le droit devrait être perçu et sur le retour et sur la plus-value. L'emploi de la particule disjonctive *ou* démontre invinciblement qu'il a été dans sa pensée que ces deux droits ne pourront jamais être perçus parallèlement sur une même disposition. C'est l'un ou l'autre et jamais l'un et l'autre.

Comment en serait-il autrement, d'ailleurs? De deux choses l'une : les parts échangées sont égales ou inégales.

Dans l'hypothèse d'égalité, il n'y a ni plus-value ni retour : aucune difficulté ne peut s'élever. Nous n'avons pas à nous occuper de la question de savoir s'il existe des inégalités qui auraient été dissimulées; leur découverte ferait nécessairement tomber l'acte dans l'un des cas que nous allons examiner.

Dans l'hypothèse d'inégalité, il y a toujours une plus petite portion, qui tire son infériorité d'une valeur moindre, soit absolument, soit relativement. Alors cinq cas peuvent se présenter en dehors de celui qui nous occupe :

1° Ou il y a plus-value sans soulte exprimée : j'échange mon champ d'un revenu de 100 francs contre votre jardin d'un revenu de 200 francs; alors le droit de vente est perçu sur 2,000 francs de plus-value;

2° Ou il y a soulte exprimée sans plus-value apparente : j'échange mon champ d'un revenu de 100 francs contre votre jardin d'un revenu de 100 francs, et je vous paye une somme de 2,000 francs; — alors le droit de vente est exigible sur 2,000 francs de soulte;

3° Ou il y a plus-value égale à la soulte exprimée : j'échange mon champ d'un revenu de 100 francs contre votre jardin d'un revenu de 200 francs, et je vous paye une soulte de 2,000 francs; alors le droit de vente est assis sur 2,000 francs, représentant la soulte et la plus-value qui se confondent;

4° Ou il y a plus-value avec soulte inférieure à la plus-value : j'échange mon champ d'un revenu de 100 francs contre votre jardin d'un revenu de 200 francs, et je vous paye une soulte de 1,000 francs; — alors le droit de vente s'établit sur les 2,000 francs de plus-value qui absorbent la soulte;

5° Ou, enfin, il y a plus-value avec soulte supérieure à la plus-value : j'échange mon champ d'un revenu de 100 francs contre votre jardin d'un revenu de 200 francs, et je vous paye une soulte de 3,000 francs; — alors le droit de vente est perçu sur les 3,000 francs de soulte qui absorbent la plus-value.

On le voit, dans ces cinq hypothèses il n'est jamais perçu qu'un seul droit de vente, droit qui porte tantôt sur la plus-value, tantôt sur la soulte, mais jamais sur la soulte et la plus-value prises isolément; et cependant, sur ces cinq hypothèses, les trois dernières présentent en même temps et soulte et plus-value. Pourquoi en est-il ainsi? C'est que toutes les fois qu'il y a inégalité dans les parts échangées, cette inégalité est nécessairement représentée, comme on l'a vu dans ces trois hypothèses, ou par une soulte et une plus-value qui, étant égales, se combinent, ou par une soulte qui absorbe la plus-value, ou par une plus-value qui absorbe la soulte. Il n'y a jamais qu'un excédant de la plus forte sur la plus petite portion, et cet excédant seul peut engendrer le droit de vente.

Dans notre espèce cet excédant est la soulte que la ferme paye au château qui lui est supérieur en valeur. Percevoir un second droit de vente sur une prétendue plus-value de la ferme sur le château, c'est dire que les deux immeubles sont réciproquement supérieurs en valeur l'un à l'autre, ce qui est contradictoire.

De la réfutation que nous venons de faire des deux systèmes en vigueur ressort nettement le troisième système que nous adoptons. Nous pensons que le droit d'échange doit être perçu sur le capital au denier 20 du revenu de la ferme, soit sur 200,000 francs, et le droit de vente sur le retour stipulé, soit sur 80,000 francs.

Ce système, qui produit 2,750 francs de plus que le système belge au bénéfice du Trésor, et 3,300 francs de plus que le système français au bénéfice de la partie, ne lèse personne, car il fait une application exacte de la loi du 22 frimaire an 7. En effet, il prend les valeurs pour ce qu'elles doivent être au point de vue de l'art. 4; il établit les droits de soulte et d'échange d'après les principes de l'art. 69 § 5 n° 3, qui veut que, lorsqu'il y a retour, le droit de vente soit perçu sur ce retour et le droit d'échange sur la moindre portion. Enfin, il ne viole en rien l'art. 15 n° 4, puisqu'il prend pour base du droit d'échange une évaluation en capital d'après le revenu annuel multiplié par 20.

Il faut donc tenir pour certain que, toutes les fois que, dans l'échange de deux immeubles, celui qui produira le plus fort revenu aura néanmoins une soulte à payer, c'est que, pour une cause ou pour une autre, appréciable ou non, cet immeuble aura une moindre valeur que l'immeuble cédé en retour. Dès lors, comme dans l'exemple sur lequel nous avons opéré, le droit d'échange devra être établi sur le capital du revenu le plus fort, et le droit de soulte perçu sur le retour stipulé.

« Ce système, dit M. Demante, est certainement très-rationnel et tout à fait conforme à la vérité de l'opération. Il est constant, en fait, que, pour les parties, le château n'est pas la moindre portion, puisque celui qui donne le château reçoit un retour en argent. Mais, quand la loi présume qu'il fait nuit en plein midi, le juge doit fermer les yeux à toute clarté. Il faut s'en tenir rigoureusement au mode d'évaluation déterminée par la loi, le droit d'échange sur la plus faible des parts en revenu et le droit de soulte sur le retour payé (n° 315). — Nous ne croyons pas, pour nous, que l'on soit aussi étroitement tenu par les textes. Quand leur interprétation littérale conduit comme ici à l'absurde ou à l'impossible, il nous semble qu'il faut en rechercher l'esprit. C'est le cas de se souvenir du conseil de Montesquieu : « Lorsqu'on fait tant que de vouloir rendre raison de la loi, il faut que cette raison soit digne d'elle » (*Esprit des lois* liv. 29 ch. 16).

Notre opinion a fini d'ailleurs par triompher.

Une Sol. du 27 juillet 1867 a reconnu que, quand, dans un acte d'échange, l'échangiste qui reçoit un immeuble d'un revenu inférieur à celui de l'immeuble qu'il donne en contre-échange, paye néanmoins une soulte, le droit d'échange est dû sur le capital au denier vingt du revenu le plus élevé et celui de la soulte sur le montant de la soulte. « Il importe peu, dit l'Administration, que le capital du revenu des immeubles du sieur B..., montant à 12,500 francs, soit supérieur au capital du revenu des biens qui lui sont cédés (6,900 francs). La présomption de supériorité dans la valeur, résultant de la différence des revenus, doit céder devant la preuve contraire, et cette preuve contraire se trouve évidemment établie du moment où les parties ont imposé le payement de la soulte à l'immeuble du revenu le plus fort. Le droit de 2 fr. 50 cent. pour 100 doit donc être liquidé sur 12,500 francs. Quant au droit de vente ou de soulte à 5 fr. 50 cent. pour 100, il ne peut atteindre, d'après l'art. 69 précité, que la somme de 1,500 francs, présentant la « plus-value » assignée par les parties à l'immeuble cédé par le bureau de bienfaisance, c'est-à-dire le « retour » stipulé » (2625 R. P., 18450 J. E., 19120 J. N.).

7133. Charges. — Le droit est déterminé, a-t-on vu n° 7117, par une évaluation qui doit être faite en capital, d'après le revenu annuel, multiplié par 20, sans distraction des charges. Il résulte de là que, toutes les fois que des charges grèvent un lot, leur valeur doit être ajoutée au capital ainsi formé pour la perception.

Jugé dans ce sens, que, nonobstant l'énonciation que le revenu de chaque lot est de valeur égale, un droit de soulte est exigible si l'un des échangistes prend l'engagement de payer des charges qui grèvent le lot de l'autre, attendu que ces charges constituent une véritable stipulation de retour (Cass. 28 avr. 1830) : « Attendu, porte cet arrêt, qu'il ne suffit pas que les parties aient énoncé vaguement, dans un contrat d'échange, que le revenu des immeubles est de valeur égale, parce que celui qui paraît d'une valeur supérieure à l'autre a été évalué sans distraction des charges, pour que le receveur de l'enregistrement soit obligé de s'en rapporter à cette déclaration ou de demander l'expertise ; que cette alternative n'est nécessaire que dans le cas où l'acte n'établit pas par lui-même, et sans avoir besoin de recourir à aucune autre preuve, que l'un des lots a été chargé d'une soulte envers l'autre ; attendu, en fait, que, dans l'espèce, il est prouvé, par le contrat d'échange du 23 septembre 1827, que la brasserie et ses dépendances n'étaient pas d'un revenu égal à celui du domaine de Vouvray, puisque le sieur Desbans, pour devenir propriétaire du domaine de Vouvray, a donné d'abord, en échange de ce domaine, sa brasserie et ses dépendances, et, de plus, a payé ou s'est engagé de payer, en l'acquit du sieur Boissard, la somme de 40,000 francs, montant d'une dette personnelle du sieur Boissard et qui n'était pas une charge réelle du domaine de Vouvray » (7165 J. N., 9632 J. E., 1336 § 6 I. G., S. 30-1-181).

1. PRIVATION DE JOUISSANCE. — La différence d'entrée en jouissance des coéchangistes emporte une privation des fruits pour celui dont le terme est le plus éloigné : aussi cette privation forme une charge qui doit être ajoutée au prix.

Il y a lieu toutefois d'appliquer pour la réserve du terme courant les principes que nous avons exposés au mot *Vente*.

2. TRAVAUX A EXÉCUTER. — S'il est dit que les deux lots échangés sont d'égale valeur moyennant des travaux que l'un des échangistes prend l'engagement de faire sur le lot qu'il abandonne, le droit de soulte est exigible sur l'évaluation de ces travaux, qui n'existaient pas au moment de l'échange (*Conf.* : J. du not. n° 1953).

3. CONSTRUCTIONS A ÉLEVER. — Lorsque, dans un acte d'échange, fait sans soulte, à raison de l'égalité actuelle dans la valeur des immeubles échangés, il est dit que l'un des échangistes fera ou achèvera des constructions à évaluer par experts, le droit de soulte est exigible sur le montant de l'estimation des experts, qui augmente d'autant la valeur de l'immeuble sur lequel existent ces constructions (Marseille 30 août 1850 et 28 août 1851, 15047-3, 15192-2 J. E. ; — *Conf.* : Merlin *Rép.* v° *Ech.* § 6, J. du not. 1953).

Dans ce cas, si le montant des frais de constructions n'est pas déterminé, il appartient aux parties de l'évaluer par une déclaration estimative, et le tribunal ne pourrait pas ordonner une expertise dans les termes du droit commun (Cass. 21 juin 1869, 2938 R. P., 2393-3 I. G., S. 69-1-387, D. 69-1-474, P. 69-949, 18784 J. E.). — *V. Déclaration pour la perception.*

Il y a lieu cependant de distinguer entre le cas où les constructions sont imposées à titre de charge et celui où l'échangiste a entendu faire de la maison construite l'objet de l'échange. — *V.* n° 7121.

4. RENTE. — Lorsqu'un contrat contient échange, sans stipulation de soulte, d'un bien grevé d'une rente, contre un autre bien grevé aussi d'une rente, évalués l'un et l'autre 250 francs de revenu, y compris la rente, on doit percevoir outre le droit d'échange sur 5,000 francs (capital du revenu), celui de retour sur l'excédant de la plus forte rente sur la plus faible, puisque cet excédant est une charge (Cass. 14 vent. an 13, 1336 § 6 I. G., *arrêt rapporté* n° 7131). — Il n'est pas nécessaire de recourir à l'expertise pour constater la soulte (Cass. 28 avr. 1830, 1336 § 6 I. G., *arrêt rapporté* n° 7133).

7134. Frais d'actes. — 1. SOULTE. — De nombreuses solutions administratives avaient reconnu que l'obligation imposée à l'un des échangistes de payer tous les frais de l'acte n'autorisait point la perception d'un droit de soulte (Sol. 15 mai 1827, 13 janv. 1829, 17 sept. 1839, 21 fév. 1840). — Et cette doctrine était vivement appuyée par le D. N. 4e édit. v° *Echange* n° 85, par le J. du not. 1864 et par le *Répertoire du Palais* v° *Enregistrement* 2112.

Il n'y a pas plus-value, disait-on, puisque les biens échangés sont égaux en revenu et par conséquent en valeur ; il n'y a pas non plus retour ou soulte, c'est-à-dire payement d'une somme par l'un des échangistes au profit ou à la décharge de l'autre, car d'une part celui qui n'a pas eu à supporter les frais de l'acte n'a rien reçu de son coéchangiste, et de l'autre, comme il ne s'était jamais soumis à leur payement, il n'a pu être déchargé d'une obligation qu'il n'avait pas contractée.

Cette argumentation nous avait toujours paru spécieuse et nous l'avons combattue dans nos éditions précédentes.

Le coéchangiste dispensé des frais de l'acte n'avait sans doute point *contracté* l'engagement de les supporter ; mais son consentement était inutile pour cela, puisque c'est la loi elle-même qui les lui impose. Dans la vente, en effet, le coût de l'acte est de droit à la charge de l'acheteur ; or, comme chacune des parties qui figurent dans l'échange est acquéreur, il en résulte que les frais doivent être partagés par moitié, à moins de convention contraire (Duvergier 425, Troplong 43). Par conséquent, si un seul des échangistes doit les acquitter, il s'engage à payer la dette de son cocontractant et le décharge d'une obligation légale. C'est là une véritable soulte.

La jurisprudence s'est prononcée dans le sens de notre opinion.

« Si l'un des échangistes, porte un jugement du tribunal de la Seine du 30 janvier 1864, prend à sa charge la portion de frais qui incombent à l'autre, il reconnaît nécessairement que l'immeuble par lui acquis présente un excédant de valeur égal aux frais qui n'auraient pas dû être à sa charge » (17680 C., 1876 R. P.).

Ce jugement a été confirmé par un arrêt de cass. du 18 mai 1865, ainsi conçu : « Attendu que le prix d'un immeuble vendu ou échangé se compose nécessairement, non-seulement de la chose ou du prix remis directement aux mains du vendeur ou coéchangiste, mais encore de toute somme payée en son acquit; que c'est donc à bon droit que le jugement attaqué a maintenu le droit de soulte perçu sur les droits dont la comtesse de Talleyrand-Périgord n'était pas tenue personnellement, mais qui avaient été mis à sa charge par les stipulations du contrat d'échange » (12863 C., 18279 J. N., 1177 Rev., 2112 R. P., S. 65-1-287, P. 65-673, 2326-2 I. G.; — *Conf.* : Bressuire 12 fév. 1867, 1041 Rev., 18315 J. E., 14060 C., Sol. belge 22 nov. 1867, 10646 J. E. belge; — Bernay 5 fév. 1867, 3292 R. P.; — Bazas 7 juin 1870, 3492 R. P.).

2. PLUS-VALUE. — En est-il encore de même quand il y a simplement plus-value? Est-on autorisé à distraire du capital de cette plus-value la portion des frais que l'autre coéchangiste paye en l'acquit de son contractant? La C. cass. a décidé la négative, le 19 août 1872, en ces termes : « Attendu qu'en supposant, ce qui n'est pas à examiner, qu'il y ait des cas où, la perception se faisant sur le chiffre de la plus-value écrit dans l'échange, cette plus-value doit être diminuée des frais d'acte mis par cet acte même à la charge de celui qui reçoit la plus-value, il n'en est pas moins vrai que cette diminution ne doit pas être ordonnée dans le cas où les stipulations du contrat d'échange ont été justement écartées en ce qui touche le fisc, pour y substituer l'évaluation indiquée dans le n° 4 de l'art. 15, que, toutes les fois que l'administration de l'Enregistrement recourt, comme elle doit le faire, à ce mode d'évaluation, les clauses du contrat relatives au chiffre de la soulte et au payement des frais d'acte continuent sans doute de régler les parties, mais elles ne subsistent plus à l'égard du fisc, pour lequel la différence ou plus-value par lui trouvée au moyen de l'opération et des calculs qui lui sont propres devient tellement le chiffre normal de la plus-value servant de base à l'impôt, que tout retranchement opéré dans ce chiffre serait une mesure arbitraire et condamnée par le texte non moins que par l'esprit de la loi » (3519 R. P., 2456-5 I. G., D. 72-1-417).

Cette doctrine peut être justifiée en droit strict. Dans l'esprit de la loi, la plus-value c'est l'excédant de valeur d'un lot sur l'autre, déterminé, sans égard aux stipulations de soulte, par la comparaison des revenus. La plus-value est donc indépendante de toutes les mesures prises par les deux parties, soit pour la compenser par une somme d'argent, soit pour en atténuer l'effet par des charges imposées à l'autre lot. Ces modalités du contrat n'annulent pas la plus-value comme elles annuleraient la soulte dans le même cas. Si donc on se trouve dans une hypothèse où le droit est dû sur cette plus-value, il faut l'atteindre dans son entier.

L'argumentation qui précède ne reste cependant pas sans réponse.

Le législateur, en effet, a considéré la plus-value comme l'expression exacte de l'excédant d'un lot sur l'autre, ou de la valeur dont le coéchangiste s'enrichissait et pour l'acquisition de laquelle il devait payer l'impôt. Si donc l'attributaire du lot inférieur paye néanmoins une somme à l'autre ou en son acquit, comment ne pas tenir compte de cette somme et dire que l'autre échangiste est censé lui devoir la valeur de tout l'excédant de son lot? N'est-il pas certain, au contraire, que, si cet échangiste a reçu ou doit recevoir 1,000 francs, c'est 1,000 francs de moins qu'il doit pour la valeur dont il profite? On a beau chercher des distinctions entre la soulte ou la plus-value, la vérité est que le législateur les a prises l'une pour l'autre et n'a donné en certains cas la préférence à la plus-value que comme un moyen d'atteindre plus sûrement la soulte. Les traiter différemment, c'est donc méconnaître l'esprit de la loi. D'ailleurs, quelle règle de perception faudrait-il choisir quand la soulte égale la plus-value? La partie prétendrait naturellement que le droit est dû sur la soulte, parce qu'alors elle obtiendrait la déduction; l'Administration soutiendrait de son côté que c'est sur la plus-value sans aucune distraction. Il n'y aurait aucun moyen légal de trancher le conflit.

Pour établir le contraire, on allègue, en produisant les motifs d'un arrêt de cass. du 22 février 1843, que, si la loi fiscale dispose, art. 69 § 5 n° 3, que le droit proportionnel sera payé *comme pour vente* sur le retour ou la plus-value, cette assimilation ne se réfère qu'au tarif et non pas à la *liquidation* du droit. On en tire uniquement la preuve de ce que l'art. 69 § 5 n° 3 est placé au titre de la *fixation* des droits.

Mais cet argument ne nous touche pas. L'art. 69, en effet, renferme beaucoup de dispositions relatives au mode d'évaluation ou de liquidation du droit. Il suffit de citer le § 1er nos 1er, 2, le § 2 nos 1er, 2, 3, 4, 5, le § 3 n° 2, le § 5 nos 1er et 3. Il n'est donc pas vrai de dire que l'art. 69, étant placé sous la rubrique de la fixation des droits, demeure par cela même étranger à leur liquidation. Nombre de dispositions y sont, au contraire, spéciales. Par conséquent, quand l'art. 69 a décidé que le droit serait perçu sur le retour ou la plus-value comme pour vente, il a pu aussi bien se référer au mode de liquidation qu'à la quotité seule du droit.

3. DÉDUCTION. — Lorsque, par un échange fait moyennant une soulte, les frais de l'acte restent à la charge de celui qui la reçoit, le droit de 5 fr. 50 cent. pour 100 ne doit pas être perçu sur la totalité de cette soulte : il faut en retrancher la partie des frais qui se rapportent à cette soulte qui opère vente (Seine 30 janv. 1833, 4294 Roll., D. N. t. 5 p. 274 n° 86). Ici, en effet, celui qui paye la soulte est acquéreur par vente, dès lors les frais qui se rapportent à son prix, c'est-à-dire à la soulte, sont de droit à sa charge, ainsi que nous l'avons dit, et le vendeur, en les payant à sa décharge, diminue d'autant la soulte qu'il reçoit.

7135. Usufruit. — Nue-propriété. — Propriété entière. — La valeur de la propriété étant déterminée par un capital formé de vingt fois le revenu des biens, et celle de l'usufruit par une évaluation portée seulement à dix fois ce revenu, il en résulte qu'en cas d'échange de la propriété d'un immeuble contre l'usufruit d'un autre immeuble il faut, pour qu'il y ait égalité entre les deux lots, que l'immeuble dont la propriété est cédée produise seulement la moitié du revenu de celui dont l'usufruit est abandonné; autrement la différence entre les deux capitaux constituerait une plus-value d'un lot sur l'autre, passible du droit de 5 fr. 50 cent. pour 100 francs (Arg. L. 22 frim. an 7, art. 15 nos 4 et 8).

Ainsi, l'échange par lequel on cède la propriété d'un bien évalué à 100 francs de revenu, contre l'usufruit d'un autre produisant 200 francs aussi de revenu, n'est passible que du droit déterminé pour les échanges, sur l'un des deux capitaux de 2,000 francs.

Tandis qu'il y aurait plus-value de l'un des lots si l'immeuble dont la propriété est cédée produisait un revenu égal à l'autre, ou seulement supérieur à la moitié du produit de l'immeuble cédé en usufruit.

De même, si une propriété est échangée contre une nue-propriété et que les revenus déclarés soient égaux, il y a plus-value passible du droit de soulte quand la nue-propriété doit être seulement capitalisée au denier 10, d'après les règles que nous avons indiquées au n° 7122.

Il en est ainsi également de l'échange d'une nue-propriété contre un usufruit.

Le mode de liquidation précédent conduit à ce singulier résultat qu'on ne saurait réclamer aucun droit de soulte dans des cas où la plus-value est manifeste. Il est certain, par exemple, que, si je vous cède la propriété d'une ferme de 2,000 francs de revenu dont je me réserve l'usufruit contre la toute propriété d'un autre domaine d'un même produit, la nue-propriété que vous recevez n'est point égale à la toute propriété dont je suis saisi. Cependant, comme il n'y a pas de retour stipulé et que de part et d'autre la valeur imposable se détermine par la capitalisation du revenu par 20, il ne reste aucun motif à la perception d'un droit de soulte. Une expertise n'aboutirait pas à un résultat différent, puisque l'estimation ne saurait avoir lieu sur d'autres bases.

C'est pourquoi nous pensons que, dans l'hypothèse contraire de l'échange d'une nue-propriété à capitaliser au denier 10 contre une autre nue-propriété capitalisable par 20, le droit de retour est régulièrement exigible, bien que dans la réalité des choses il n'y ait ni soulte ni plus-value. C'est là sans doute une conséquence bizarre du mode de liquidation adopté par la loi. Mais ce mode est absolu et il nous paraît devoir être suivi aussi bien quand il nuit aux parties que quand il leur profite.

7136. État. — Lorsque, dans un contrat d'échange entre l'État et des particuliers, il est stipulé un retour au profit de l'État, le droit est dû à raison de 2 pour 100 sur ce retour, considéré comme le prix d'une aliénation des biens de l'État (1233 I. G.).

Mais il n'est dû aucun droit si le retour est payé par l'État (Arg. L. 22 frim. an 7, art. 70 § 2 n° 1er). — *V. Adjudication* et *suprà* 7147.

7137. Chemin vicinal. — Utilité publique. — S'il y a retour ou plus-value dans un contrat d'échange, entre un particulier et une commune de terrains destinés à l'établissement de chemins vicinaux, ou à d'autres travaux d'utilité publique, et dont l'expropriation aurait pu être autorisée à défaut de convention amiable, il n'est dû aucun droit sur le retour payé par la commune; mais le droit de 5 fr. 50 cent. par 100 francs est exigible si la soulte est, au contraire, à la charge du particulier (Arg. L. 28 avr. 1816, art. 52, 16 juin 1824, art. 2, 7 juill. 1833, art. 58, 21 mai 1836 art. 20, et 3 mai 1841 art. 58). — *V.* 3805.

7138. Acte postérieur. — L'Administration peut-elle se prévaloir, pour exiger un droit de soulte, de la déclaration faite par un des échangistes dans un acte postérieur au contrat d'échange, par exemple, dans un testament portant qu'il a été payé une soulte qui n'a pas été exprimée au contrat? La négative a été jugée par le tribunal de Limoges, le 3 mars 1836, contrairement à une Dél. 20 octobre 1835 (D. N. t. 5 p. 279 n° 119). Autrefois, le droit de l'Administration se bornait, en effet, à pouvoir requérir l'expertise dans le délai que la loi détermine. Mais la situation a été modifiée par la loi du 23 août 1871 sur les dissimulations de prix.

On trouvera au chapitre de *l'Expertise* le développement de cette question.

CHAPITRE V. — QUESTIONS DIVERSES

[7139-7163]

7139. Bail. — Échange. — Cession. — Nous avons dit au n° 7081 que l'échange constituait une double vente, et au n° 7103 que, la loi n'ayant prévu que l'échange d'immeubles, les échanges de meubles devaient être considérés comme des ventes. — Ce même principe est applicable à l'échange que deux fermiers pourraient faire entre eux de leurs baux respectifs. Il y a dans ce contrat deux cessions de baux; seulement, par application du principe posé au même n° 7103, le droit de 20 cent. pour 100, comme cession, ne doit être perçu que sur le prix cumulé du bail le plus élevé. Des auteurs avaient d'abord exprimé l'opinion (11126 J. E.) qu'un pareil acte donnait ouverture à deux droits de cession, par application, sans doute, de la doctrine qui a été un instant en vigueur en matière d'échange de meubles; mais, mieux inspirés, ils ont ensuite reconnu (14093-2 J. E.) que le droit était seulement exigible sur le bail le plus élevé. — L'acte par lequel deux personnes échangent la jouissance d'immeubles est un échange et non un bail (Saint-Quentin 25 mars 1874, 3821 R. P.). — *V.* 2521-4.

7140. Bien d'autrui. — Résolution. — Transaction. — Par une transaction à l'effet d'éviter une action en résolution, un mari qui avait vendu un bien propre de sa femme, sans l'intervention de celle-ci, obtient de son acquéreur le désistement de ses droits, moyennant la délivrance qu'il lui fait d'un autre bien à lui appartenant personnellement. On ne peut voir dans cet acte qu'un échange d'immeubles, assujetti au droit de 2 fr. 50 (3 fr. 50) pour 100 sur la valeur d'une des parts (7421 J. E.).

7141. Biens étrangers. — Lorsque l'échange comprend des immeubles étrangers, faut-il liquider les droits comme s'il s'agissait seulement de biens français? — V. *Acte passé hors du territoire.*

7142. Cession de créances. — L'échange d'une créance contre une créance est passible du droit de cession de créance. — V. *Cession de créances.*

7143. Clause résolutoire. — On a vu, n° 3557, que la clause résolutoire ne suspend point l'effet de l'obligation, d'où nous avons tiré la conclusion que le droit proportionnel est exigible comme si l'obligation était pure et simple. Il résulte de là que, bien qu'un contrat d'échange contienne une clause qu'il n'est que provisoire, mais qu'après l'expiration du délai fixé il sera définitif et exécutoire s'il n'est expressément résilié par l'une des deux parties, le droit d'échange est dû comme s'il ne contenait point de condition résolutoire ([illegible]2 J. E.).

7144. Commune. — Nouvelle distribution de propriété entre les habitants. — En 1806, les habitants de la commune d'Aiserey (Côte-d'Or) sont convenus de faire procéder à une nouvelle distribution de leurs propriétés, de manière que chacun d'eux ne puissse avoir dans un canton plus de pièces qu'il n'y aura de classes différentes dans ce même canton. Ils ont obtenu, le 19 septembre même année, un décret portant « autorisation de faire, sous la surveillance de l'Administration, un échange réciproque et un nouveau partage des terres qu'ils possèdent dans ladite commune, sans que l'acte qui en sera dressé soit assujetti à d'autres droits que le droit fixe de 1 franc, sauf le cas où il y aurait soulte en argent; et alors les droits d'enregistrement seront perçus sur le montant de la soulte. » — La même faveur a été accordée, par D. m. f. 7 avril 1826, aux habitants de la commune de Brazey (1200 § 6 I. G., 5820 J. N., 8417 J. E.). — Un acte semblable doit donner lieu de vérifier si les quantités de terrain pour lesquelles les droits de chaque propriétaire auront été reconnus n'excèdent pas celles à l'égard desquelles il existe des titres enregistrés, et de réclamer les droits exigibles sur les mutations secrètes, conformément à l'art. 12 L. 22 frimaire an 7 (Même I. G.).

7145. Délégation. — Disposition indépendante. — Lorsqu'un échange est déclaré fait sans soulte ni retour (les biens ayant le même revenu) et que, néanmoins l'un des immeubles étant grevé d'une rente au profit d'un tiers, l'échangiste auquel il est cédé reçoit un capital moyennant lequel il s'oblige de payer la rente, on ne peut considérer cette disposition comme constituant une soulte, puisque les biens sont égaux en revenu : c'est une délégation de rente passible du droit de 2 pour 100 (Dél. 12 oct. 1827, 1236 § 3 I. G., 8866 J. E., 6413 J. N.). — V. *Délégation.*

7146. Délai. — Les échanges de *meubles* ordinaires ne sont point assujettis à l'enregistrement dans un délai déterminé ; ceux d'*immeubles* ou de valeurs assimilées (fonds de commerce, navires) passés sous seing privé doivent être présentés à l'enregistrement *dans le délai de trois mois*, à peine d'un droit en sus, et, à défaut d'acte, une déclaration doit être faite dans le même délai au bureau de la situation des biens (L. 22 frim. an 7 art. 22 et 38, 27 vent. an 9 art. 4). Ces échanges d'immeubles sont d'ailleurs soumis, au sujet du délai et des peines de retard, aux dispositions que l'art. 14 L. 23 août 1871 que nous développons au mot *Mutation.*

7147. Domaine de l'État. — Les échanges de biens-fonds entre l'État et des particuliers sont enregistrables *gratis* (L. de frim. art. 70). — Ils peuvent être faits par arrêtés des préfets ou par actes notariés ; dans ce cas ils sont sujets au timbre et enregistrables *gratis* dans les vingt jours de leur date et susceptibles d'être portés au répertoire du secrétaire général de la préfecture (D. m. f. 1er déc. 1812, 4389 J. E). Nul doute que, s'ils étaient faits par actes sous signature privée, ils devraient également être enregistrés *gratis* et acquitter le droit de timbre.

Comme tous les frais de l'échange sont supportés par moitié entre l'État et le particulier, il a été reconnu que la moitié des droits de timbre du contrat demeure à la charge du Domaine (Sol. 17 mars 1865). — *V.* 7136.

7148. Domaine de la couronne. — Liste civile. — Les biens de la liste civile ne cessaient pas d'appartenir à l'Etat; par cette raison, les échanges qui s'en faisaient étaient enregistrés *gratis*. La transcription ne donnait lieu qu'au salaire du conservateur (Déc. 11 juil. 1812, 580 et 598 I. G. 4267 J. E.)

Il en serait évidemment de même aujourd'hui que ces biens sont rentrés complétement dans la possession de l'État.

7149. Domaine privé. — Mais les échanges concernant le domaine privé du chef de l'État étaient soumis au même droit d'enregistrement que ceux des particuliers (Dél. 4 fév. 1831, 7375 J. N.).

7150. Donation. — Quand la soulte stipulée est donnée en avancement d'hoirie par l'échangiste à qui elle était due, à son coéchangiste qui la devait, le contrat contient deux dispositions indépendantes et le droit de donation est exigible indépendamment de celui de soulte (Orthez 22 mars 1862, 12547 C., 17570 J. E.). La même solution a été rendue au sujet de la cession d'un office suivi immédiatement de la donation du prix au cessionnaire. — V. *Office* et *Vente d'immeubles.*

7151. Double droit. — Quotité. — On enseigne que, le droit de transcription compris dans le tarif de l'échange étant distinct du droit d'enregistrement, puisqu'il se perçoit en vertu de l'art. 54 L. 28 avril 1816, si un échange d'immeubles n'est pas enregistré dans le délai légal, le droit en sus ne peut frapper que le droit de 2 pour 100 et non celui de transcription qui est le prix d'une formalité volontaire (D. N. t. 5 p. 275 n° 92). Mais cette opinion est mal fondée. Si le *droit* en sus est dû sur un échange, il l'est sur le droit de *transcription*, comme sur celui d'échange. Le *double droit* se perçoit sur la totalité des droits dont l'acte est passible lors de l'enregistrement (A. Cons. d'Ét. 23 oct. 1817, 7287, 8934, J. E.) : « Considérant, porte cet arrêt, que le double droit doit se percevoir sur la totalité des droits dus lors de la présentation de l'acte et, conséquemment, sur l'augmentation du droit résultant de l'art. 54 L. 28 avril 1816. »

1. ENTRÉE EN POSSESSION. — Si les parties déclarent positivement, dans un échange, qu'elles sont entrées *en possession* plus de trois mois avant cet acte, le double droit est encouru, conformément aux art. 38 L. 22 frimaire an 7, et 4 L. 27 ventôse an 9 (Dél. 9 nov. 1827, 8868 J. E.).

7152. Établissement public. — Sous l'empire de l'art. 7 L. 16 juin 1824, qui ne soumettait qu'au droit fixe les *acquisitions*, faites par les communes et établissements publics, d'immeubles qui devaient recevoir une destination d'utilité publique et ne pas produire de revenu, il s'était élevé la question de savoir si l'échange qu'opérait la transmission, au profit d'une commune, d'un immeuble de cette nature était sujet au droit proportionnel. La question avait été résolue affirmativement (Dél. 5 janv. 1825, 5012 J. N.). Mais, l'art. 7 L. 16 juin 1824 ayant été abrogé par l'art. 18 L. 18 avril 1841 (7442 J. N.), et les acquisitions par les communes étant aujourd'hui, sans distinction, soumises aux mêmes droits que celles faites par les particuliers, la difficulté ne peut plus se reproduire.

7153. Légion d'honneur. — Sénat. — Les biens de la Légion d'honneur et de l'ancien Sénat, quoique affectés à des établissements particuliers, appartenaient toujours à l'État; les échanges qui en étaient faits étaient *enregistrés gratis* (Déc. 28 mars 1806, Circ. 11 sept. 1807, 2582 J. E.).

7154. Obligation. — Si l'un des échangistes remet à l'autre une somme pour la payer à un créancier inscrit sur l'immeuble qu'il cède, cette disposition est indépendante de l'acte d'échange et donne lieu au droit d'obligation, comme dépôt de somme chez un particulier (Seine 1er déc. 1848, 14633 J. E., 13677 J. N.; — Seine 10 janv. 1850, 14929-5 J. E.).

Champ. et Rig. t. 6 n° 86, objectent que l'obligation de l'échangiste n'est pas actuelle et qu'il ne sera obligé à rendre que si le véritable débiteur ne paye pas; mais il n'en est pas moins vrai que l'échangiste, recevant des deniers, est, dès le moment du contrat, débiteur de la somme, soit qu'il la paye au créancier, soit qu'il la rende à celui de qui il l'a reçue.

Le droit d'obligation est encore exigible si l'un des échangistes se charge de désintéresser un créancier inscrit sur l'immeuble qu'il a reçu et que l'autre s'oblige à lui rembourser la somme qu'il payera (Seine 21 avr. 1846, 13983 J. E.).

7155. Office. — En cas d'échange d'offices, la perception ne peut être établie que sur la valeur de l'office le plus important. — V. *Office* 12055.

7156. Partage anticipé. — On doit considérer comme produisant simultanément l'effet d'un partage, d'un échange, et d'une donation passible du droit de 1 pour 100, l'acte par lequel une veuve abandonne à ses enfants, à titre de partage anticipé, la nue-propriété de ses biens propres et de ses conquêts de communauté encore indivis, contre l'usufruit des biens échus aux donataires par le décès de leur père (Dél. 7 nov. 1828, 2385 Roll.).

7157. Payement des droits. — Les droits d'un échange peuvent être réclamés à chacun des échangistes. — V. 1527.

7158. Régime dotal. — L'échange joue un rôle important dans le régime dotal. Il est le seul moyen de tirer le fonds inaliénable de la femme de cet état de séquestration qui paralyse le mouvement de la propriété d'une manière si fâcheuse dans les pays soumis à ce régime. Mais, quelque faible que soit ce moyen, il est encore aggravé dans la pratique par des formalités gênantes qui le font presque toujours négliger.

1. SOCIÉTÉ D'ACQUÊTS. — Il a été décidé que le jugement qui prononce, entre deux époux, l'échange d'un immeuble dotal de la femme contre un bien de la société d'acquêts qui existe entre elle et son mari, est passible du droit proportionnel d'échange à raison de 2 francs 50 centimes pour 100, sur la valeur de la totalité de l'un des immeubles échangés (Fougères 4 déc. 1850). — Nous ne saurions approuver ce jugement, en présence de ce que nous avons dit au mot *Communauté*, sur la copropriété de la femme à l'égard des biens de la communauté ou, ce qui est la même chose, de la société d'acquêts.

En effet, par suite de l'échange qui nous occupe, l'immeuble dotal de la femme passe à la société d'acquêts, et celui qui dépendait de cette société devient propre à la femme. Ainsi, la femme n'abandonne réellement que la moitié de son bien dotal, puis qu'il devient indivis entre elle et son mari. Ce dernier, de son côté, ne lui cède réellement que la moitié de l'immeuble qui leur appartenait en commun et dont la femme devient seule propriétaire. Par conséquent, le droit d'échange n'était exigible que sur la moitié qui forme réellement l'objet du contrat commutatif.

7159. Remploi. — Un effet très-remarquable de l'échange, c'est que la chose reçue à la place de celle qu'on a donnée lui est subrogée de plein droit et se revêt de toutes ses qualités extrinsèques. *Subrogatum capit naturam subrogati.* — Ainsi, si le fonds dotal est échangé, l'immeuble reçu en contre-échange est dotal; de même, si pendant la communauté les époux échangent un immeuble propre de la femme, celui qui prendra sa place n'entrera pas en communauté; il sera propre, tout aussi bien que celui qui a été aliéné et auquel il a été subrogé (Troplong n° 11).

Il suit de là que la déclaration que les biens échangés tiendront lieu à chaque partie de ceux donnés en échange et seront de même nature, n'est point passible du droit fixe comme déclaration de remploi : la déclaration n'existerait pas, que les biens reçus en échange tiendraient néanmoins lieu de ceux donnés. Elle est donc sans objet ou entièrement dépendante de l'échange (7613 J. E.). — V. aussi art. 164 R. P.

1° ÉCHANGE AVEC SOULTE. — Il pourrait s'élever quelques doutes sur l'exactitude de cette doctrine appliquée à l'échange avec soulte.

Cette difficulté avait surgi dans l'ancien droit et Pothier l'avait résolue en ces termes : « D'Argentré, sur l'art. 418 de la Coutume de Bretagne, suivi par Lebrun et Duplessis, décide que, nonobstant la soulte, l'héritage ne laissera pas d'être propre pour le total, sauf récompense. La raison est que la soulte n'est qu'un accessoire du contrat qui n'en doit pas changer la nature : ce contrat, nonobstant la soulte, est principalement un contrat d'échange, lequel rend propre de subrogation l'héritage reçu en contre-échange. Si, néanmoins, le conjoint, pour acquérir l'héritage, avait donné une somme de deniers égale à peu près à la valeur de l'héritage qu'il a donné en échange, ou même qui la surpassât, on ne pourrait se dispenser de considérer le contrat comme un contrat mixte mêlé de vente et d'échange, et, en conséquence, l'héritage acquis par le contrat comme conquêt au prorata de la somme de deniers donnée par l'acquisition » (*Traité de la communauté* n° 197).

Cette distinction, de laquelle plusieurs commentateurs ont vainement voulu s'écarter (Bellot, Delvincourt, Toullier 12-119, Duranton 19-195), est aujourd'hui encore le sentiment général de la doctrine (Zachariæ 3-423 note 42, Rodière et Pont n° 500, Odier 131, Troplong 638, Dalloz v° *Contr. de mar.* n° 804). Les auteurs enseignent que, sauf l'appréciation souveraine des juges, il faut admettre le remploi légal pour la totalité de l'immeuble quand la valeur du bien cédé en échange par le conjoint dépasse le montant de la soulte qu'il y ajoute. Il faudrait régler aussi selon les mêmes bases la perception du droit fixe de déclaration de remploi.

Dans cet ordre d'idées une Dél. 24 juillet 1863 a décidé que l'acte par lequel une femme mariée échange ses biens propres contre d'autres immeubles est, dans son entier, quoiqu'elle ait payé une soulte, un remploi légal dispensé d'acceptation, alors que la valeur des biens cédés était loin d'atteindre la soulte ; et que, dès lors, le droit fixe de 2 francs (3 fr.) n'est pas dû (1962 R. P.).

2. APPRÉCIATION DE L'ACTE. — L'acte par lequel la femme cède un de ses immeubles à la communauté et reçoit en échange un immeuble de cette communauté n'est passible que du droit fixe de 2 francs (3 fr.) et du droit de transcription, attendu qu'une telle stipulation n'est, à vrai dire, qu'une forme de remploi immobilier dans le sens de l'art. 1434 C. C. (Brest 10 déc. 1862, 17629 J. E.).

7160. Rescision. — Lésion. — Contrairement à la doctrine de Pothier (*de l'Échange* n. 626), le C. C. dispose (art. 1786) que « la rescision pour cause de lésion n'a pas lieu dans le contrat d'échange. » Cet article a innové à l'ancien droit. La rescision pour lésion de sept douzièmes n'est plus admise, même pour les immeubles.

Il suit de là que la rescision qui serait prononcée par jugement opérerait ou un nouvel échange, si elle rétablissait les parties dans leurs biens respectivement échangés, ou une vente, si l'un des échangistes, en rentrant en possession de l'objet par lui cédé, conservait la propriété des biens qui lui auraient été attribués en contre-échange ; ou enfin un supplément à titre de soulte, si la partie contre laquelle la lésion aurait été jugée restait propriétaire en payant la plus-value (245 § 2 I. G.).

7161. Départements. — On a vu, n° 7147, que l'exemption du droit s'applique aux échanges passés entre l'État et les particuliers. La même règle était autrefois suivie pour les échanges de propriétés, pour la construction des routes départementales, qui étaient considérées comme une dépendance du domaine public. C'est ce qui résulte de deux D. m. f., 21 mai 1838 et 6 août 1834 (1249 § 1er 1468 I. G.).

Les départements sont aujourd'hui des individualités distinctes de l'État et ils acquittent, pour leurs acquisitions, les droits imposés aux particuliers. — V. *Acquisition et Acte administratif.*

7162. Servitude. — L'acte par lequel des propriétaires se concèdent réciproquement le droit de passer sur des terrains contigus qu'ils possèdent sur le même terroir doit être considéré, non comme un échange, mais comme une transaction ne contenant aucune stipulation de somme et passible du droit fixe de 3 francs (4 fr. 50 cent.) (Sol. 23 sept. 1830, 9952 J. E.). — V. 13832.

7163. Usufruit. — L'acte par lequel un donateur abandonne au donataire de la nue-propriété d'un immeuble, l'usufruit qu'il s'était réservé sur cet immeuble et reçoit l'usufruit d'autres immeubles, constitue un échange (Mortagne 12 mai 1848, 14498 J. E.).

FIN DU TOME SECOND

Paris. — Imp. Tolmer et Isidor Joseph, 43, rue du Four-Saint-Germain.

www.ingramcontent.com/pod-product-compliance
Lightning Source LLC
LaVergne TN
LVHW020958300926
849160LV00007B/188